Handbuch der Rechtspraxis

Band 7

Handbuch der Rechtspraxis

Band 7

Krafka/Willer/Kühn

Registerrecht

von

Dr. Alexander Krafka
Notar in Passau
Lehrbeauftragter an den
Universitäten Bremen und Passau

Dr. Ulrich Kühn
Richter am
Registergericht München

8., neu bearbeitete Auflage
des von
Dr. jur. h. c. Theodor Keidel
und Dr. Hans Schmatz begründeten
sowie von
Dr. Helmut Keidel und Kurt Stöber
bis zur 5. Auflage fortgeführten
und von
Dr. Alexander Krafka und Dr. Heinz Willer
bis zur 7. Auflage verfassten Handbuchs

Verlag C. H. Beck München 2010

Verlag C. H. Beck im Internet:
beck.de

ISBN 978 3 406 60040 1

© 2010 Verlag C. H. Beck oHG
Wilhelmstraße 9, 80801 München
Satz: Druckerei C. H. Beck Nördlingen
Druck: Bercker Graphischer Betrieb,
Hooge Weg 100, 47623 Kevelaer

Gedruckt auf säurefreiem, alterungsbeständigem Papier
(hergestellt aus chlorfrei gebleichtem Zellstoff)

Vorwort zur 8. Auflage

Nach Erscheinen der Vorauflage im Frühjahr 2007 sind erneut umfassende gesetzliche Änderungen eingetreten, die eine Neuauflage erforderlich gemacht haben. Vor allem die Reform des GmbH-Rechts durch das MoMiG, die Generalreform der freiwilligen Gerichtsbarkeit mit der Ablösung des FGG durch das FamFG und die Umsetzung der Aktionärsrechterichtlinie durch das ARUG haben teils bedeutende Neuerungen mit sich gebracht. Zudem haben sich durch weitere gesetzgeberische Maßnahmen Änderungen vor allem im Genossenschafts- und Vereinsrecht durch das Bilanzrechtsmodernisierungsgesetz und das Gesetz zur Erleichterung elektronischer Anmeldungen zum Vereinsregister und anderer vereinsrechtlicher Änderungen ergeben. Die Zielsetzung des Handbuchs ist weiterhin neben der Darstellung des aktuellen Registerrechts für alle Verfahrensbeteiligten auch die Veranschaulichung der Eintragungssystematik im Register zur Erleichterung der Arbeit der Registergerichte.

Im Übrigen ist zu erwarten, dass die dynamische Entwicklung des Registerrechts zunächst weiter anhalten wird. So stellen sich immer noch die Frage der Zusammenfassung aller Rechtsträger in einem „Unternehmensbuch" und vor allem die Problematik, ob weitere Rechtsträger, wie insbesondere Stiftungen und in eingeschränktem Umfang auch Gesellschaften bürgerlichen Rechts in die Justizregisterführung integriert werden sollen. Die Entwicklungen auf europäischer Ebene werden gleichfalls aller Voraussicht nach nicht stillstehen: Seit November 2009 liegt ein Grünbuch „Verknüpfung von Unternehmensregistern" [KOM (2009) 614 endgültig] der Europäischen Kommission vor, mit dem eine staatenübergreifende Vernetzung der nationalen Handelsregister in den Blick genommen wird.

Für das Handbuch hat dieser andauernden Wandel des Registerverfahrens zur Folge, dass Dr. Heinz Willer nach dem Beginn seines Ruhestands an der Neuauflage nicht mehr mitgewirkt hat. Seine große Erfahrung und die Bereitschaft, das Buch mit enormem Aufwand zur 6. Auflage zwischen 2000 und 2003 neu mitzuschreiben waren entscheidende und fortwirkende Voraussetzungen auch für diese nunmehr 8. Auflage des Handbuchs. Gerade die durch ihn eingebrachten wertvollen Erkenntnisse aus der Praxis eines großen Registergerichts sollen durch Dr. Ulrich Kühn, Richter am Registergericht des Amtsgerichts München als neu gewonnenem Mitautor für das Handbuch erhalten bleiben.

Wie bei den vergangenen Auflagen wird auch weiterhin um Verbesserungsvorschläge aus dem Kreis der Benutzer gebeten. Für ihre Mithilfe bei der Erstellung der vorliegenden Auflage gilt im Übrigen ein besonderer Dank den Herren Notaren Thorsten Langnau (Passau) und Patrick Schneider (Babenhausen) sowie Frau Staatsanwältin Susanne Krafka, derzeit wissenschaftliche Mitarbeiterin am Bundesverfassungsgericht (Karlsruhe).

Passau und München, im Januar 2010
Dr. Alexander Krafka
Dr. Ulrich Kühn

Inhaltsübersicht

	Seite
Inhaltsverzeichnis	IX
Abkürzungs- und Literaturverzeichnis	XXXI

Teil 1. Handelsregister ... 1
Erster Abschnitt. Allgemeiner Teil des Handelsregisterrechts ... 1
  A. Grundsätze des Handelsregisterrechts ... 1
  B. Gestaltung des Handelsregisters ... 14
  C. Anmeldungen zum Handelsregister ... 23
  D. Die elektronische Einreichung der Handelsregisteranmeldung ... 43
  E. Das Verfahren zur Eintragung in das Handelsregister ... 44
  F. Allgemeine Grundsätze des Firmenrechts ... 69
  G. Registerliche Behandlung von Zweigniederlassungen ... 95
  H. Verlegung der Hauptniederlassung oder des Sitzes ... 119
  I. Registerliche Behandlung der Prokura ... 127
  J. Eintragungen von Amts wegen und Amtslöschungsverfahren ... 137
  K. Kosten in Handelsregistersachen ... 161

Zweiter Abschnitt. Handelsregister Abteilung A ... 165
  A. Einzelkaufmann ... 165
  B. Offene Handelsgesellschaft ... 193
  C. Kommanditgesellschaft ... 218
  D. Juristische Personen ... 254
  E. Europäische wirtschaftliche Interessenvereinigung ... 263

Dritter Abschnitt. Handelsregister Abteilung B ... 274
  A. Gesellschaft mit beschränkter Haftung ... 274
  B. Aktiengesellschaft ... 412
  C. Investmentaktiengesellschaft ... 543
  D. Europäische Aktiengesellschaft (SE) ... 545
  E. Kommanditgesellschaft auf Aktien ... 556
  F. Versicherungsverein auf Gegenseitigkeit ... 562

Teil 2. Genossenschaftsregister ... 575

Teil 3. Partnerschaftsregister ... 615

Teil 4. Vereinsregister ... 635

Teil 5. Güterrechtsregister ... 701

Teil 6. Zwangsgeld- und Ordnungsgeldverfahren ... 715

Teil 7. Beschwerdeverfahren ... 737

Anhänge ... 753
  1. Mustereintragungen ... 755
  2. Verordnung über die Einrichtung und Führung des Handelsregisters (Handelsregisterverordnung – HRV) ... 803

Inhaltsübersicht

	Seite
3. Verordnung über das Genossenschaftsregister	825
4. Verordnung über die Einrichtung und Führung des Partnerschaftsregisters (Partnerschaftsregisterverordnung – PRV)	834
5. Vereinsregisterverordnung	842
6. Publizitätsrichtlinie	854
7. Zweigniederlassungsrichtlinie	862
Sachregister	867

Inhaltsverzeichnis

Seite

Abkürzungs- und Literaturverzeichnis XXXI

Teil 1. Handelsregister

Erster Abschnitt. Allgemeiner Teil des Handelsregisterrechts

A. Grundsätze des Handelsregisterrechts 1
    I. Aufgabe und Gegenstand des Handelsregisters 1
    II. Einfluss des Europarechts auf das deutsche Handelregisterwesen 2
    III. Sachliche und örtliche Zuständigkeit 3
    IV. Organe der Handelsregisterführung 7
        1. Funktionelle Zuständigkeit des Richters 8
        2. Funktionelle Zuständigkeit des Rechtspflegers 9
        3. Funktionelle Zuständigkeit des Urkundsbeamten der Geschäftsstelle ... 9
        4. Ablehnung und Ausschließung 10
            a) Ablehnung und Ausschließung von Richtern 10
            b) Ablehnung und Ausschließung des Rechtspflegers 11
            c) Ablehnung und Ausschließung des Urkundsbeamten der Geschäftsstelle .. 11
        5. Mitwirkung weiterer Behörden und Einrichtungen 11
    V. Verhältnis des Registerrechts zu anderen Rechtsgebieten 12
        1. Verhältnis zum materiellen Handels- und Gesellschaftsrecht 12
        2. Verhältnis zum öffentlichen Recht (§ 7 HGB) 13
    VI. Das Unternehmensregister 14

B. Gestaltung des Handelsregisters 14
    I. Einrichtung des Handelsregisters aufgrund der HRV 14
    II. Führung der Registerakten 14
        1. Registerakten (§ 8 HRV) 14
        2. Registerordner (§ 9 HRV) 15
        3. Aktenzeichen 16
    III. Aufbewahrung von Register und Akten 17
    IV. Einsichtnahme in das Handelsregister 17
        1. Einsicht in Register und Registerordner 17
        2. Einsicht in Registerakten 17
        3. Ausdrucke aus dem Handelsregister 18
    V. Führung des elektronischen Handelsregisters 18
        1. Spalteneinteilung 19
            a) Firma, Sitz, Geschäftsanschrift, Zweigniederlassung 19
            b) Vertretungsregelungen 19
            c) Rechtsverhältnisse 19
            d) Bemerkungsspalte 20
        2. Verweise auf andere Registerstellen 21
        3. Verbot der Teilrötung 21
        4. Übergangstexte 22

C. Anmeldungen zum Handelsregister 23
    I. Allgemeines zu Registeranmeldungen 23
        1. Rechtsnatur der Anmeldung 23
        2. Inhalt der Anmeldung 23

Inhaltsverzeichnis

	Seite
3. Bedingungen und Befristungen	25
4. Wirksamwerden der Anmeldung	25
II. Form und Rücknahme der Anmeldung	26
1. Form der Anmeldung	26
2. Rücknahme der Anmeldung	26
III. Eintragungsfähige und anmeldungspflichtige Tatsachen	27
1. Allgemeines	27
2. Eintragungsfähige Tatsachen	28
a) Eintragungspflichtige Tatsachen	29
b) Nicht eintragungspflichtige Tatsachen	30
3. Nicht eintragungsfähige Tatsachen	31
IV. Anmeldepflichtige Personen	32
V. Vertretung im Handelsregisterverfahren	33
1. Allgemeines	33
2. Gesetzliche Stellvertretung	34
3. Rechtsgeschäftliche Vertretungsmacht (Vollmacht)	35
4. Organschaftliche Vertretung	36
5. Vertretung durch den Notar	37
a) Allgemeines zur Vertretung durch den Notar	37
b) Anwendungsbereich des § 378 Abs. 2 FamFG	38
c) Handeln des Notars aufgrund § 378 Abs. 2 FamFG	38
VI. Rechtsnachfolge und Anmeldungen zum Handelsregister	39
VII. Anlagen zur Anmeldung (Einreichung von Dokumenten)	41
VIII. Einreichung und Offenlegung von Übersetzungen	42
IX. Erzwingen der Anmeldung durch Zwangsmittel	43
D. Die elektronische Einreichung der Handelsregisteranmeldung	**43**
1. Erfassung und Übermittlung von Registerdaten durch Notare	43
2. Verwendung der Registerdaten durch das Gericht	44
E. Das Verfahren zur Eintragung in das Handelsregister	**44**
I. Allgemeines zum Registerverfahren	44
II. Beteiligte in Registersachen	45
1. Allgemeines	45
2. Antragsteller und betroffener Rechtsträger	45
3. Betroffene Personen	45
a) Allgemeines	45
b) Bestellung von Vertretern	46
c) Abberufung von Vertretern	46
d) Satzungsänderungen und Kapitalmaßnahmen	46
e) Unternehmensverträge und Umwandlungen	47
III. Allgemeine Eintragungsvoraussetzungen	47
IV. Beweismittel im Registerverfahren	49
V. Behandlung der Anmeldung durch das Registergericht	50
1. Prüfung der Anmeldung	50
2. Vornahme einer materiellen Prüfung	52
3. Anhörung sachkundiger Stellen im Registerverfahren	55
a) Allgemeines	55
b) Industrie- und Handelskammer, Handwerkskammer, Landwirtschaftskammer	55
c) Überschneidung von Gemeindegrenzen und Registerbezirken	56
VI. Zwischenverfügung des Registergerichts	56
VII. Verfahrensaussetzung und Freigabeverfahren	58
1. Aussetzung des Verfahrens	58
2. Freigabeverfahren	59

Inhaltsverzeichnis

	Seite
a) Umwandlungen und Eingliederungen	59
b) Freigabeverfahren bei Hauptversammlungsbeschlüssen	59
VIII. Vornahme der Eintragung in das Handelsregister	60
1. Allgemeines	60
2. Eintragung in das Handelsregister	61
a) Allgemeines zur Eintragung	61
b) Änderungen, Löschungen und Schreibversehen	61
c) Spezialfälle von Registereintragungen	62
d) Umschreibung eines Registerblattes	63
e) Gegenstandslosigkeit aller Eintragungen	63
3. Vornahme mehrerer Eintragungen	63
4. Wirkung der Eintragung im Handelsregister	65
IX. Ablehnung des Eintragungsantrags	65
X. Benachrichtigung, Mitteilungen und öffentliche Bekanntmachung	66
1. Benachrichtigung der Beteiligten	66
2. Mitteilung an andere Stellen	67
3. Öffentliche Bekanntmachung	68
XI. Berichtigung von Eintragungen im Handelsregister	68
F. Allgemeine Grundsätze des Firmenrechts	**69**
I. Bedeutung der Firma und Überblick über das Firmenrecht seit 1998	69
II. Grundsätze der Firmenbildung	70
1. Allgemeine Grundsätze des Firmenordnungsrechts	70
2. Kennzeichnungseignung	71
3. Unterscheidungskraft	74
4. Irreführungsverbot	74
5. Rechtsformzusatz	76
6. Geschützte Firmenbestandteile	78
III. Die Bildung der Firma im Einzelnen	79
1. Allgemeine Grundsätze bei der Firmenbildung	79
2. Firma des Einzelkaufmanns	81
3. Firma der offenen Handelsgesellschaft	81
4. Firma der Kommanditgesellschaft	82
5. Firma der GmbH	83
6. Firma der Aktiengesellschaft	83
7. Firma der SE	84
8. Firma der KGaA	84
9. Firma des Versicherungsvereins auf Gegenseitigkeit	84
10. Name der Partnerschaftsgesellschaft	85
11. Firma der eingetragenen Genossenschaft	87
12. Firma der SCE	87
13. Firma der EWIV	87
14. Firmenbildung bei Zweigniederlassungen	88
a) Allgemeines	88
b) Auslandsbezug	89
15. Firmenbildung bei Umwandlungen	90
IV. Grundsätze der Firmenfortführung	92
1. Fortführung bei Namensänderungen (§ 21 HGB)	92
2. Fortführung bei Erwerb des Handelsgeschäfts (§ 22 HGB)	92
3. Fortführung bei Änderungen im Gesellschafterbestand (§ 24 HGB)	93
G. Registerliche Behandlung von Zweigniederlassungen	**95**
I. Errichtung einer Zweigniederlassung	95
1. Vorliegen einer Zweigniederlassung	95
a) Räumliche Selbstständigkeit	96

Inhaltsverzeichnis

Seite

    b) Vornahme sachlich gleichartiger Geschäfte 96
    c) Organisatorische Selbstständigkeit 96
    d) Leiter mit Befugnis zu selbstständigem Handeln 96
  2. Anmeldung einer Zweigniederlassung 97
  3. Prüfung, Eintragung und Bekanntmachung 98
  4. Hinsichtlich der Niederlassungen beschränkte Vertretungsmacht 98
II. Einfluss von Umwandlungsmaßnahmen 99
  1. Allgemeines 99
  2. Verschmelzung, Spaltung und Formwechsel 99
  3. Anmeldung und Eintragung 100
III. Änderung und Aufhebung von Zweigniederlassungen 100
  1. Änderungen von Zweigniederlassungen 100
  2. Aufhebung von Zweigniederlassungen 101
  3. Verlegung einer Zweigniederlassung 101
IV. Inländische Zweigniederlassungen ausländischer Unternehmen 101
  1. Allgemeines zu Zweigniederlassungen ausländischer Unternehmen 101
  2. Errichtung einer Zweigniederlassung im Inland 104
  3. Anmeldung zur Eintragung der Zweigniederlassung 105
    a) Allgemeines zur Anmeldung 105
    b) Besonderheiten bei Kapitalgesellschaften 106
    c) Weitere Besonderheiten bei ausländischen Gesellschaften mit beschränkter Haftung 109
    d) Weitere Besonderheiten bei ausländischen Aktiengesellschaften 111
  4. Prüfung und Eintragung durch das Registergericht 112
    a) Allgemeines 112
    b) Eintragung bei ausländischen Gesellschaften mit beschränkter Haftung ... 113
    c) Eintragung bei ausländischen Aktiengesellschaften 114
  5. Anmeldung und Eintragung späterer Änderungen 115
    a) Allgemeines 115
    b) Besonderheiten bei Gesellschaften mit beschränkter Haftung 116
    c) Besonderheiten bei Aktiengesellschaften 116
  6. Eintragungen bei Insolvenzverfahren 116
  7. Bestehen mehrerer Zweigniederlassungen 117
  8. Aufhebung und Löschung der Zweigniederlassung 118

H. Verlegung der Hauptniederlassung oder des Sitzes 119
  I. Allgemeines 119
  II. Änderung der Geschäftsanschrift oder der Geschäftsräume 120
  III. Anmeldung zur Eintragung in das Handelsregister 121
  IV. Prüfung durch das Gericht und Eintragung in das Handelsregister 123
  V. Gemeinsame Anmeldung weiterer Eintragungen 125
  VI. Mehrfachsitz 125
    1. Zulässigkeit eines Mehrfachsitzes 125
    2. Registerrechtliche Behandlung eines Mehrfachsitzes 126

I. Registerliche Behandlung der Prokura 127
  I. Erteilung von Prokura 127
    1. Person des Prokuristen 129
    2. Gesamtprokura 129
    3. Umfang der Prokura 130
  II. Erlöschen der Prokura 131
  III. Anmeldungen zum Handelsregister betreffend die Prokura 132
    1. Erteilung der Prokura 132
    2. Änderung des Umfangs der Prokura 134
    3. Erlöschen der Prokura 135

Inhaltsverzeichnis

	Seite
4. Anmeldepflichtige Personen	136
5. Prüfung und Eintragung durch das Registergericht	136

J. Eintragungen von Amts wegen und Amtslöschungsverfahren ... 137

    I. Allgemeines ... 137
    II. Amtseintragungen auf Veranlassung des Registergerichts ... 137
    III. Amtseintragungen auf Anzeige anderer Stellen ... 138
        1. Eintragungen aufgrund der Insolvenzordnung ... 138
            a) Abweisung des Eröffnungsantrags mangels Masse ... 138
            b) Sonstige Eintragungen bei und nach Eröffnung des Insolvenzverfahrens ... 138
        2. Weitere Amtseintragungen aufgrund der Anzeige anderer Stellen ... 141
        3. Mitteilung und öffentliche Bekanntmachung ... 142
    IV. Löschung einer erloschenen Firma (§ 31 Abs. 2 HGB, § 393 FamFG) ... 142
        1. Allgemeines ... 142
        2. Verfahren und Zuständigkeit ... 143
        3. Widerspruch der Beteiligten gegen die angekündigte Löschung ... 143
        4. Eintragung der Löschung ... 144
        5. Rechtsmittel ... 144
    V. Löschung von Handelsgesellschaften wegen Vermögenslosigkeit (§ 394 FamFG) ... 145
        1. Allgemeines zur Anwendung des § 394 FamFG ... 145
        2. Verfahren, Widerspruch und Eintragung ... 146
        3. Nachtragsliquidation ... 147
        4. Beseitigung der Löschung gemäß § 395 FamFG ... 148
    VI. Löschung unzulässiger Eintragungen (§ 395 FamFG) ... 149
        1. Voraussetzungen der Löschung nach § 395 FamFG ... 149
        2. Verfahren und Zuständigkeit ... 151
        3. Eintragung der Löschung ... 152
        4. Rechtsmittel, sonstige Löschungsmöglichkeiten ... 152
    VII. Von Amts wegen vorzunehmende Änderungen (§ 384 Abs. 2 FamFG) ... 153
        1. Voraussetzungen für die Eintragung von Änderungen ... 153
            a) Allgemeines ... 153
            b) Folgeänderungen bei Amtsauflösungen ... 154
            c) Folgeänderungen bei Insolvenzvermerken ... 154
        2. Inhalt der Änderungseintragung ... 154
        3. Weiteres Vorgehen des Registergerichts ... 155
    VIII. Löschung nichtiger Gesellschaften (§ 397 FamFG) ... 155
        1. Löschung einer AG bzw. KGaA ... 156
        2. Löschung einer GmbH ... 156
        3. Verfahren, Zuständigkeit und Eintragung ... 157
    IX. Löschung nichtiger Hauptversammlungs- und Gesellschafterbeschlüsse (§ 398 FamFG) ... 157
        1. Voraussetzungen zur Löschung nach § 398 FamFG ... 157
        2. Verfahren, Zuständigkeit und Wirkung der Löschung ... 159
    X. Auflösung einer AG, KGaA, GmbH wegen Satzungsmangel (§ 399 FamFG) ... 159
        1. Allgemeines ... 159
        2. Mängel der Satzung bzw. des Gesellschaftsvertrags ... 159
            a) Firma ... 159
            b) Sitz ... 160
            c) Grund- oder Stammkapital ... 160
            d) Aktien oder Stammeinlagen ... 160
            e) Inhaber- oder Namensaktien ... 160
            f) Vorstandsbestimmung ... 160
        3. Zuständigkeit und Verfahren ... 160

Inhaltsverzeichnis

	Seite
K. Kosten in Handelsregistersachen	161
I. Gerichtskosten	161
II. Notarkosten	162
III. Auslagen	162
IV. Kostenvorschüsse	162
V. Geschäftswertfestsetzung durch das Gericht	163
VI. Kostenerstattung	164

Zweiter Abschnitt. Handelsregister Abteilung A

A. Einzelkaufmann	165
I. Anmeldung und Eintragung eines einzelkaufmännischen Unternehmens	166
1. Allgemeines	166
a) „Istkaufleute"	166
b) „Kannkaufleute"	167
c) Betriebe der Land- und Forstwirtschaft	167
d) Kaufleute kraft Eintragung	168
2. Anmeldung der Firma	168
3. Prüfungspflicht des Registergerichts	168
4. Eintragung im Handelsregister	169
II. Änderungen bei einem bestehenden einzelkaufmännischen Unternehmen	170
1. Änderung der Firma	170
a) Vorliegen einer Firmenänderung	170
b) Anmeldung der Firmenänderung	171
c) Eintragung der Firmenänderung	171
2. Änderung der inländischen Geschäftsanschrift	171
3. Verlegung des Ortes der Hauptniederlassung	172
4. Zweigniederlassungen und Prokuren	173
5. Änderung der Person des Inhabers	173
a) Vorliegen einer Inhaberänderung	173
b) Anmeldung der Inhaberänderung	174
c) Eintragung der Inhaberänderung	175
6. Fortführung der Firma durch neuen Inhaber	177
a) Möglichkeit der Firmenfortführung durch Erwerb eines Handelsgeschäfts	177
b) Anmeldung der Firmenfortführung und eines Vermerks nach § 25 Abs. 2 HGB	177
c) Prüfung und Eintragung durch das Registergericht	178
7. Erwerb des Handelsgeschäfts von Todes wegen	180
a) Anmeldung des Erwerbs eines Handelsgeschäfts von Todes wegen	180
b) Eintragung des Inhaberwechsels durch Nachfolge von Todes wegen	181
8. Aufnahme eines Gesellschafters in das Handelsgeschäft	182
III. Erlöschen der Firma eines Einzelkaufmanns	184
1. Grund des Erlöschens der Firma	184
2. Anmeldung des Erlöschens	184
3. Eintragung	184
IV. Umwandlungsvorgänge	185
1. Ausgliederung aus dem Vermögen eines Einzelkaufmanns	185
a) Allgemeines	185
b) Beispielsfall einer Ausgliederung aus dem Vermögen eines e.K. zur Neugründung auf eine GmbH	185
2. Verschmelzung einer Kapitalgesellschaft mit dem Vermögen des Alleingesellschafters	190
a) Allgemeines	190
b) Beispielsfall der Verschmelzung einer GmbH mit dem Vermögen ihres Alleingesellschafters	191

Inhaltsverzeichnis

	Seite
B. Offene Handelsgesellschaft	193
I. Allgemeines zur offenen Handelsgesellschaft	193
a) Gesellschafter einer OHG	193
b) Firma einer OHG	195
c) Sitz und Beginn einer OHG	195
II. Ersteintragung einer OHG	196
1. Anmeldung der OHG zur Eintragung in das Handelsregister	196
a) Errichtung einer Offenen Handelsgesellschaft	196
b) Errichtung durch Eintritt in das Geschäft eines Einzelkaufmanns	198
c) Errichtung unter Erwerb eines Handelsgeschäfts	198
2. Prüfungspflicht und Eintragung	199
III. Änderungen bei einer bestehenden OHG	200
1. Anmeldung zur Eintragung von Änderungen	200
2. Änderung der Firma	201
3. Sitzverlegung, Geschäftsanschrift, Prokura und Zweigniederlassungen	202
4. Eintritt eines neuen Gesellschafters	202
a) Rechtsgeschäftlicher Eintritt eines neuen Gesellschafters	202
b) Eintritt eines Gesellschafters im Wege der Erbfolge	203
5. Ausscheiden eines Gesellschafters	205
6. Änderung der Vertretungsbefugnis eines Gesellschafters	207
IV. Auflösung und Liquidation einer OHG	208
1. Auflösung der OHG	208
a) Auflösungsgründe	208
b) Anmeldung der Auflösung	209
c) Eintragung der Auflösung im Handelsregister	210
2. Liquidation der OHG	211
a) Vornahme der Liquidation der OHG	211
b) Durchführung der Liquidation	211
c) Anmeldung der Liquidatoren	212
d) Beendigung der Liquidation und Erlöschen der Firma	213
V. Fortsetzung einer OHG	214
VI. Geschäftsübernahme durch einen Gesellschafter	214
VII. Geschäftsübernahme durch einen Dritten; Betriebsaufgabe	216
VIII. Umwandlungsvorgänge	217
1. Verschmelzung	217
2. Spaltung	217
3. Formwechsel	217
C. Kommanditgesellschaft	218
I. Allgemeines zur Kommanditgesellschaft	218
II. Ersteintragung einer Kommanditgesellschaft	220
1. Anmeldung der KG zur Eintragung in das Handelsregister	220
a) Anmeldepflichtige Personen	220
b) Inhalt der Erstanmeldung einer KG	221
c) Errichtung der Gesellschaft aus bereits eingetragenen Rechtsträgern	223
2. Prüfungspflicht und Eintragung	225
III. Änderungen bei einer bestehenden Kommanditgesellschaft	226
1. Allgemeine Änderungen	226
2. Eintritt und Ausscheiden von Kommanditisten	227
a) Allgemeines	227
b) Eintritt eines neuen Gesellschafters und Austritt eines bisherigen Gesellschafters	228
c) Mitgliederwechsel durch Übertragung der Gesellschaftsbeteiligung	229
d) Tod eines Kommanditisten und andere Fälle der Gesamtrechtsnachfolge	233
3. Wechsel der Stellung als Komplementär und Kommanditist	235

Inhaltsverzeichnis

	Seite
4. Testamentsvollstreckung bei Kommanditgesellschaften	237
5. Bestellung eines Nießbrauchs an einer Kommanditbeteiligung	238
6. Prüfung und Behandlung durch das Registergericht	238
7. Erhöhung oder Herabsetzung der Kommanditeinlage	239
IV. Auflösung und Liquidation einer Kommanditgesellschaft	240
1. Auflösung der KG	240
2. Liquidation der KG	241
V. Umwandlungsvorgänge	242
1. Allgemeines	242
2. Beispiel eines Formwechsels einer GmbH in eine KG	242
3. Beispiel eines Formwechsels einer GmbH & Co. KG in eine GmbH	244
VI. Weitere Aufgaben des Registergerichts hinsichtlich einer Kommanditgesellschaft	246
1. Entscheidungen hinsichtlich des Überwachungsrechts eines Kommanditisten	246
2. Bestellung eines Notgeschäftsführers	247
3. Bestellung und Abberufung von Liquidatoren	247
VII. Besonderheiten bei einer Kapitalgesellschaft & Co. KG (insbesondere GmbH & Co. KG)	248
1. Allgemeines	248
2. Ersteintragung der „GmbH & Co. KG"	249
a) Errichtung der Gesellschaft	249
b) Anmeldung zum Handelsregister	249
c) Prüfung und Eintragung durch das Gericht	251
3. Aufsichtsrat bei einer GmbH & Co. KG	252
4. Auflösung und Abwicklung einer GmbH & Co. KG	252
a) Allgemeines	252
b) Liquidation einer „GmbH & Co. KG"	253
c) Anmeldung und Eintragung in das Handelsregister	254
D. Juristische Personen	254
I. Allgemeines	254
II. Einzelfragen	255
1. Betreiben eines Handelsgewerbes	255
2. Firma	256
3. Sitz	257
4. Gegenstand des Unternehmens	257
5. Allgemeine Vertretungsbefugnis	257
6. Prokura	258
7. Sonstige Rechtsverhältnisse	258
III. Ersteintragung einer Juristischen Person	259
1. Anmeldung zur Eintragung in das Handelsregister	259
2. Eintragungen	260
3. Zweigniederlassungen	260
IV. Änderungen, Auflösung und Amtseintragungen	260
1. Änderungen	260
2. Auflösung	261
3. Eintragungen von Amts wegen	261
4. Umwandlungen	261
E. Europäische wirtschaftliche Interessenvereinigung	263
I. Allgemeines zur EWIV	263
II. Ersteintragung einer EWIV	264
1. Gründung einer EWIV	264
2. Anmeldung der EWIV zur Eintragung in das Handelsregister	265
3. Prüfungspflicht und Eintragung in das Handelsregister	267
a) Prüfung durch das Registergericht	267

Inhaltsverzeichnis

Seite

  b) Eintragung der EWIV in das Handelsregister 267
  c) Öffentliche Bekanntmachung der Ersteintragung der EWIV 268
 III. Änderungen bei einer bestehenden EWIV 268
  1. Allgemeine Änderungen 268
   a) Änderung der Firma 269
   b) Verlegung des Sitzes 269
   c) Änderung der inländischen Geschäftsanschrift 269
   d) Änderung des Unternehmensgegenstandes 269
   e) Änderung der Vertragsbestimmung 269
   f) Errichtung und Aufhebung einer Zweigniederlassung 269
   g) Erteilung der Prokura 269
  2. Eintritt und Ausscheiden von Mitgliedern der EWIV 269
  3. Änderungen bei den Geschäftsführern der EWIV 270
  4. Prüfung und Behandlung durch das Registergericht 271
  5. Sonstige Änderungen des Gründungsvertrags der EWIV 271
 IV. Auflösung und Abwicklung sowie Nichtigkeit einer EWIV 271
  1. Auflösung der EWIV 271
  2. Abwicklung der EWIV 272
  3. Fortsetzung der EWIV 272
  4. Nichtigkeit der EWIV 273
 V. Zwangsgeldverfahren 273
 VI. Umwandlungsvorgänge 273

Dritter Abschnitt. Handelsregister Abteilung B

A. Gesellschaft mit beschränkter Haftung 274
 I. Bedeutung und Rechtsnatur der GmbH 274
 II. Gründung einer Gesellschaft mit beschränkter Haftung 274
  1. Errichtung einer GmbH 275
   a) Abschluss des Gesellschaftsvertrags und Behandlung des Gründungsstadiums 275
   b) Gründer der GmbH 277
   c) Firma der Gesellschaft 277
   d) Sitz der Gesellschaft 278
   e) Gegenstand des Unternehmens 278
   f) Betrag des Stammkapitals 280
   g) Bestimmung der übernommenen Geschäftsanteile 281
   h) Unternehmergesellschaft (haftungsbeschränkt) 283
   i) Weiterer Inhalt des Gesellschaftsvertrags 285
   j) Gründung in einem vereinfachten Verfahren 286
  2. Anmeldung der Gründung einer GmbH zum Handelsregister 288
   a) Allgemeines zur Anmeldung der Ersteintragung einer GmbH .. 288
   b) Versicherungserklärungen der Geschäftsführer zur Bewirkung der Stammeinlagen 290
   c) Inländische Geschäftsanschrift und empfangsberechtigte Personen 292
   d) Angabe der Vertretungsbefugnis der Geschäftsführer 293
   e) Persönliche Versicherungserklärungen der Geschäftsführer 294
   f) Erklärungen der Geschäftsführer zur Belehrung über die Auskunftspflicht nach BZRG 298
   g) Anlagen zur Erstanmeldung einer GmbH 299
   h) Änderung des Gesellschaftsvertrags vor Ersteintragung der GmbH ... 302
   i) Anmeldung einer in einem vereinfachten Verfahren gegründeten GmbH .. 303
  3. Eintragung der GmbH in das Handelsregister 304
   a) Prüfungsbefugnis des Registergerichts 304
   b) Eintragung der GmbH im Handelsregister 307

Seite

c) Insbesondere: Eintragung der Vertretungsbefugnis der Geschäftsführer im Handelsregister	308
d) Öffentliche Bekanntmachung	314
III. Zweigniederlassungen von Gesellschaften mit beschränkter Haftung	316
IV. Anmeldung und Eintragung von Änderungen des Gesellschaftsvertrags	317
1. Allgemeines zur Anmeldung und Eintragung von Änderungen des Gesellschaftsvertrags	317
a) Gesellschafterbeschluss zur Änderung des Gesellschaftsvertrags	317
b) Anmeldung der Gesellschaftsvertragsänderung zur Eintragung in das Handelsregister	320
c) Prüfung von Gesellschafterbeschlüssen durch das Registergericht	323
d) Eintragung der Gesellschaftsvertragsänderung in das Handelsregister	327
e) Bekanntmachung der Eintragung der Gesellschaftsvertragsänderung	328
f) Registersperre	328
2. Kapitalerhöhung bei einer GmbH	329
a) Allgemeines zur Kapitalerhöhung	329
b) Barkapitalerhöhung	331
c) Sachkapitalerhöhung	334
d) Kapitalerhöhung aus Gesellschaftsmitteln	335
e) Kapitalerhöhung zum Zweck der Durchführung einer Umwandlungsmaßnahme	337
f) Genehmigtes Kapital	338
3. Kapitalherabsetzung bei einer GmbH	340
4. Kapitalmaßnahmen aufgrund der Währungsumstellung auf Euro	342
V. Änderungen der Geschäftsführung	343
1. Allgemeines zu Änderungen der Geschäftsführung	343
a) Änderung der Personen der Geschäftsführer	343
b) Änderung der Vertretungsbefugnis der Geschäftsführer	345
2. Niederlegung des Geschäftsführeramts	346
3. Anmeldung und Eintragung der Änderung in der Geschäftsführung	348
VI. Gesellschafterwechsel und wirtschaftliche Neugründung	350
1. Änderungen im Gesellschafterbestand	350
2. Wirtschaftliche Neugründung	355
VII. Unternehmensverträge einer GmbH	356
VIII. Auflösung und Liquidation einer GmbH	359
1. Auflösung der Gesellschaft (§§ 60 bis 65 GmbHG)	359
a) Auflösungsgründe	359
b) Anmeldung der Auflösung	361
c) Eintragung der Auflösung	362
2. Liquidation der Gesellschaft (§§ 66 bis 77 GmbHG)	363
a) Erforderlichkeit einer Liquidation	363
b) Bestellung der Liquidatoren	364
c) Anmeldung der Liquidatoren	364
d) Eintragung der Liquidatoren	365
e) Bestellung und Abberufung von Liquidatoren durch das Gericht	366
f) Liquidation und Durchführung des Insolvenzverfahrens	367
g) Verwahrung der Bücher und Schriften	368
3. Beendigung der Liquidation und Erlöschen der Gesellschaft	369
4. Nachtragsliquidation	371
IX. Fortsetzung einer GmbH	373
1. Möglichkeit zur Fortsetzung der Gesellschaft	373
2. Anmeldung und Eintragung der Fortsetzung der Gesellschaft	374
X. Umwandlungsvorgänge unter Beteiligung einer GmbH	376
1. Allgemeines	376
2. Verschmelzung	376

Inhaltsverzeichnis

	Seite
a) Verschmelzung durch Aufnahme	376
b) Verschmelzung zur Neugründung	382
c) Grenzüberschreitende Verschmelzung	385
3. Spaltungen	386
a) Allgemeines zur Spaltung	386
b) Spaltungs- und Übernahmevertrag	387
c) Zustimmungsbeschlüsse zur Spaltung	387
d) Anmeldung der Spaltung	387
e) Eintragung der Spaltung	388
4. Vermögensübertragung	391
5. Formwechsel	391
a) Allgemeines	391
b) Umwandlungsbeschluss	392
c) Anmeldung des Formwechsels	392
d) Eintragung des Formwechsels	393
6. Muster zu Umwandlungen unter Beteiligung von Gesellschaften mbH	396
a) Verschmelzung zweier GmbHs auf eine weitere GmbH zur Aufnahme mit Kapitalerhöhung	396
b) Muster Verschmelzung einer GmbH zur Aufnahme auf eine bestehende KG	399
c) Muster Verschmelzung einer GmbH zur Aufnahme auf eine bestehende AG	401
d) Abspaltung von einer GmbH zur Aufnahme mit Kapitalerhöhung und Kapitalherabsetzung	403
e) Formwechsel einer GmbH in eine AG	406
f) Weitere Beispielsfälle unter Beteiligung einer GmbH	409
XI. Sonstige Aufgaben des Registergerichts bezüglich einer GmbH	409
1. Bestellung eines Notgeschäftsführers oder Notliquidators	409
2. Bestehen eines Aufsichtsrats	411
3. Kontrolle der Angaben auf Geschäftsbriefen	412
4. Löschungen von Amts wegen	412
B. Aktiengesellschaft	412
I. Bedeutung und Rechtsnatur der AG	412
II. Gründung einer Aktiengesellschaft	413
1. Maßnahmen bis zur Anmeldung zum Handelsregister	413
a) Feststellung der Satzung	413
b) Notwendiger Inhalt der Satzung	414
c) Zusätzliche Satzungsbestimmungen	416
d) Übernahme der Aktien	417
e) Bestellung des Aufsichtsrats	418
f) Bestellung der Abschlussprüfer	419
g) Bestellung des ersten Vorstands	419
h) Einzahlung des eingeforderten Betrags	420
i) Gründungsbericht, Gründungsprüfung, Gründungsprüfer	422
2. Anmeldung der Ersteintragung der AG	425
a) Vornahme der Anmeldung zur Eintragung	425
b) Inhalt der Anmeldung	426
c) Anlagen zur Anmeldung	427
3. Prüfung der Anmeldung durch das Gericht	429
a) Allgemeines zur registerlichen Prüfung des Gründungsvorgangs	429
b) Weitere Prüfung im Einzelfall	430
c) Grenzen des Prüfungsrechts	431
4. Verfahren des Gerichts nach Prüfung der Anmeldung	431
a) Zwischenverfügung bei behebbaren Mängeln; Zurückweisung	431
b) Eintragung der Gesellschaft	431
c) Öffentliche Bekanntmachung	433
d) Weiterer Inhalt der Eintragungsverfügung	434

Inhaltsverzeichnis

	Seite
5. Behebung von Mängeln im Eintragungsverfahren	434
a) Fehlerhafte Prüfung der Anmeldung	434
b) Inhaltliche Mängel der Satzung	435
c) Fehlerhafte Eintragung	436
III. Zweigniederlassungen der AG	439
1. Zweigniederlassung der AG mit Sitz im Inland	439
2. Zweigniederlassung der AG mit Sitz im Ausland	439
a) Anmeldung der Zweigniederlassung	439
b) Anlagen zur Anmeldung der Zweigniederlassung	441
c) Eintragung der Zweigniederlassung	442
d) Veröffentlichung der Zweigniederlassungseintragung	443
IV. Anmeldung und Eintragung von Satzungsänderungen der AG	443
1. Allgemeine Satzungsänderungen der AG	443
a) Allgemeine Behandlung von Satzungsänderungen	443
b) Inhalt der Anmeldung zur Eintragung im Handelsregister	444
c) Prüfung und Eintragung durch das Registergericht	445
d) Öffentliche Bekanntmachung	447
e) Sondervorschriften für Satzungsänderungen	447
2. Kapitalerhöhungen bei Aktiengesellschaften	449
a) Kapitalerhöhung gegen Einlagen	449
b) Kapitalerhöhung aus Gesellschaftsmitteln	461
c) Kapitalmaßnahmen zur Euroumstellung	467
d) Kapitalerhöhung bei Umwandlungen	470
e) Genehmigtes Kapital	473
f) Bedingte Kapitalerhöhung	482
3. Kapitalherabsetzungen bei Aktiengesellschaften	489
a) Ordentliche Kapitalherabsetzung	489
b) Vereinfachte Kapitalherabsetzung	493
c) Kapitalherabsetzung durch Einziehung von Aktien	495
V. Sonstige Eintragungen bei Aktiengesellschaften	498
1. Nachgründung	498
a) Allgemeines zur Nachgründung	498
b) Behandlung der Nachgründung durch das Registergericht	500
2. Vorstandsänderungen (§§ 76 bis 94 AktG)	501
a) Allgemeines zur Vertretungsregelung bezüglich des Vorstands	501
b) Bestellung und Abberufung von Vorstandsmitgliedern	501
c) Prüfung und Eintragung der Änderungen des Vorstands	503
3. Unternehmensverträge	504
a) Begründung eines Unternehmensvertrags (§§ 293 bis 299 AktG)	505
b) Anmeldung des Unternehmensvertrags	507
c) Prüfung und Eintragung durch das Registergericht	508
d) Änderung des Unternehmensvertrags (§ 295 AktG)	509
e) Beendigung des Unternehmensvertrags (§§ 296 bis 299 AktG)	510
4. Eingegliederte Gesellschaften	512
a) Eingliederung einer Aktiengesellschaft (§§ 319 bis 327 AktG)	512
b) Anmeldung der Eingliederung	513
c) Prüfung und Eintragung der Eingliederung durch das Registergericht	514
d) Ende der Eingliederung (§ 327 AktG)	514
5. Ausschluss von Minderheitsaktionären („Squeeze-out", §§ 327a ff. AktG)	516
VI. Auflösung und Abwicklung einer Aktiengesellschaft	517
1. Auflösung einer Aktiengesellschaft	517
a) Gründe für die Auflösung einer AG	517
b) Anmeldung der Auflösung	518
c) Prüfung und Eintragung der Auflösung	519
2. Eintragungen über Abwickler	520

Inhaltsverzeichnis

	Seite
a) Vornahme einer Abwicklung	520
b) Anmeldung und Eintragung der Abwickler	520
c) Änderungen in den Personen der Abwickler	522
3. Fortsetzung einer aufgelösten Gesellschaft	522
4. Schluss der Abwicklung und Nachtragsabwicklung	523
a) Schluss der Abwicklung	523
b) Nachtragsabwicklung	524
VII. Umwandlungsvorgänge unter Beteiligung von Aktiengesellschaften	525
1. Verschmelzung	525
2. Spaltungen	526
3. Formwechsel	527
4. Muster für Umwandlungen von Aktiengesellschaften	527
VIII. Sonstige Aufgaben des Amtsgerichts im Zusammenhang mit Eintragungen im Register	527
1. Bestellung von Gründungs-, externen Sacheinlage-, Abschluss- und Sonderprüfern	527
a) Bestellung von Gründungsprüfern (§ 33 Abs. 3 AktG)	528
b) Bestellung von externen Sacheinlageprüfern (§ 183a Abs. 3 AktG)	529
c) Bestellung von Abschlussprüfern (§ 318 Abs. 3 bis 5 HGB)	530
d) Bestellung von Sonderprüfern	531
2. Bestellung und Abberufung von Organmitgliedern und sonstigen Vertretern	532
a) Bestellung und Abberufung von Aufsichtsratsmitgliedern (§§ 104, 103 AktG)	532
b) Bestellung von Vorstandsmitgliedern (§ 85 AktG)	535
c) Bestellung besonderer Vertreter (§§ 147, 350 AktG)	537
d) Bestellung und Abberufung von Abwicklern (§ 265 Abs. 3 bis 6, § 273 Abs. 4 AktG)	538
3. Festsetzung der Kosten für Treuhänder nach § 71 UmwG	539
4. Aufbewahrung und Einsicht von Büchern und Schriften (§ 273 Abs. 2 und 3 AktG)	539
5. Genehmigung der Kraftloserklärung von Aktien (§ 73 AktG)	539
6. Ermächtigung von Aktionären zur Einberufung der Hauptversammlung (§ 122 Abs. 3 AktG)	540
7. Befreiung von Prüfung während der Abwicklung (§ 270 Abs. 3 AktG)	541
IX. Sonstige Tätigkeiten des Gerichts bei Aktiengesellschaften ohne Eintragung	541
1. Einreichung von Dokumenten	541
a) Niederschriften über Hauptversammlungen	541
b) Mitglieder und Vorsitzender des Aufsichtsrats	542
c) Urteile zur Nichtigkeit von Hauptversammlungsbeschlüssen	542
d) Satzung der Gesellschaft	543
e) Klage auf Nichtigerklärung der Gesellschaft	543
f) Verschmelzungsvertrag	543
2. Erzwingung vorgeschriebener Angaben auf Geschäftsbriefen	543
C. Investmentaktiengesellschaft	543
I. Allgemeines zur Investmentaktiengesellschaft	543
II. Besonderheiten bei der Errichtung einer Investmentaktiengesellschaft	544
1. Allgemeines	544
2. Investmentaktiengesellschaften mit veränderlichem Kapital	544
III. Registerrechtliche Behandlung von Investmentaktiengesellschaften	545
D. Europäische Aktiengesellschaft (SE)	545
I. Allgemeines zur SE	545
1. Rechtliche Grundlagen	545
2. Struktur der SE	546
3. Anzuwendende Vorschriften	547

Inhaltsverzeichnis

Seite

    II. Ersteintragung einer SE 547
        1. Errichtung einer SE 547
            a) Errichtung durch Verschmelzung 547
            b) Errichtung einer Holding-SE und einer Tochter-SE 549
            c) Errichtung durch Umwandlung 549
        2. Anmeldung einer SE 549
            a) Allgemeines zur Anmeldung der Ersteintragung 549
            b) Gründung durch Verschmelzung 550
            c) Gründung einer Holding-SE und einer Tochter-SE 551
            d) Errichtung durch Umwandlung 552
        3. Eintragung einer SE 553
        4. Bekanntmachung der Ersteintragung einer SE 554
    III. Änderungen bei einer bestehenden SE 554
        1. Anzumeldende Vorgänge 554
        2. Eintragungen im Handelsregister 555
        3. Sitzverlegung ins Ausland 555
        4. Einzureichende Unterlagen 555
    IV. Auflösung und Abwicklung einer SE 555

E. Kommanditgesellschaft auf Aktien 556
    I. Rechtsnatur 556
    II. Errichtung einer KGaA 556
        1. Gründung einer KGaA 556
        2. Anmeldung der KGaA 557
        3. Eintragung der KGaA 558
    III. Vertretung der KGaA 558
    IV. Veränderungen bei der KGaA 558
        1. Satzungsänderungen 559
        2. Eintritt und Ausscheiden eines persönlich haftenden Gesellschafters ... 559
        3. Umwandlungen und Unternehmensverträge 560
        4. Auflösung der KGaA 560
            a) Auflösungsgründe 560
            b) Anmeldung und Eintragung der Auflösung und der Abwickler ... 561

F. Versicherungsverein auf Gegenseitigkeit 562
    I. Begriff und Wesen eines VVaG 562
    II. Entstehung eines VVaG 562
    III. Anmeldung zum Handelsregister 563
    IV. Eintragung in das Handelsregister 564
    V. Anmeldung und Eintragung späterer Änderungen 565
        1. Satzungsänderungen 565
        2. Sitzverlegung 566
        3. Änderungen des Vorstands 566
        4. Zweigniederlassungen 566
    VI. Auflösung und Abwicklung eines VVaG 566
        1. Auflösungsgründe 566
        2. Anmeldung und Eintragung der Auflösung eines VVaG 567
        3. Abwicklung (§§ 46 bis 48 VAG) 568
    VII. Fortsetzung eines VVaG (§ 49 VAG) 569
        1. Fortsetzungsbeschluss und Genehmigung 569
        2. Anmeldung und Eintragung der Fortsetzung 569
    VIII. Umwandlungsvorgänge bei VVaG 570
        1. Verschmelzung 570
        2. Spaltungen und Vermögensübertragungen 571
        3. Formwechsel 571

Inhaltsverzeichnis

	Seite
IX. Konzernrecht	571
X. Sonstige Aufgaben des Amtsgerichts oder Registergerichts	572
1. Einreichung von Unterlagen	572
2. Bestellung von Organmitgliedern und sonstige Aufgaben des Gerichts	572
XI. Löschung von Amts wegen	573

Teil 2. Genossenschaftsregister

I. Allgemeines zur eingetragenen Genossenschaft (eG)	575
II. Einrichtung und Führung des Genossenschaftsregisters	576
1. Sachliche und örtliche Zuständigkeit	576
2. Einrichtung des Genossenschaftsregisters	576
a) Genossenschaftsregister	576
b) Einsichtnahme und Ausdrucke	577
3. Organe der Registerführung	577
a) Richter und Rechtspfleger	577
b) Urkundsbeamter der Geschäftsstelle	577
III. Ersteintragung einer Genossenschaft	577
1. Anmeldung zur Eintragung im Genossenschaftsregister	577
2. Prüfungspflicht des Registergerichts	579
a) Allgemeines	579
b) Zwischenverfügung, Ablehnung der Eintragung	580
3. Eintragung	581
4. Benachrichtigung, öffentliche Bekanntmachung (Veröffentlichung)	583
IV. Zweigniederlassungen eingetragener Genossenschaften	583
1. Allgemeines	583
2. Anmeldung einer Zweigniederlassung	584
3. Behandlung des Vorgangs durch das Registergericht	584
a) Prüfung der Anmeldung	584
b) Eintragung der Zweigniederlassung	584
c) Bekanntmachung und Anzeigen	584
4. Laufende Anmeldungen und Eintragungen	584
5. Aufhebung einer Zweigniederlassung	585
6. Zweigniederlassungen mit Auslandsbezug	585
V. Sonstige Eintragungen im Genossenschaftsregister	585
1. Änderungen des Vorstands	585
a) Anmeldung der Vorstandsänderung	585
b) Prüfung und Eintragung der Vorstandsänderung durch das Gericht	586
2. Prokura	587
3. Satzungsänderungen	588
a) Allgemeines	588
b) Anmeldung zur Eintragung im Register	589
c) Behandlung der Anmeldung durch das Gericht	590
d) Sonderfall der Sitzverlegung	592
VI. Auflösung und Liquidation einer eingetragenen Genossenschaft	593
1. Auflösung der Genossenschaft	593
a) Auflösungsgründe	593
b) Anmeldung zur Eintragung im Register	594
c) Eintragung der Auflösung im Register	594
2. Liquidation der Genossenschaft	595
3. Fortsetzung der aufgelösten Genossenschaft	597
VII. Umwandlungsvorgänge unter Beteiligung von eingetragenen Genossenschaften	598
1. Verschmelzungen	598
2. Spaltungen	599

Inhaltsverzeichnis

Seite

    3. Formwechsel 599
        a) Formwechsel in die Rechtsform der Genossenschaft 599
        b) Formwechsel aus der Rechtsform der Genossenschaft 599
    4. Beispiel für die Verschmelzung einer eG auf eine andere eG 600
VIII. Eintragungen von Amts wegen im Genossenschaftsregister 602
    1. Amtseintragungen auf Veranlassung des Gerichts 602
    2. Amtseintragungen auf Anzeige anderer Behörden 602
    3. Löschung der Genossenschaft wegen Vermögenslosigkeit 603
    4. Nichtigkeit der Genossenschaft 603
        a) Nichtigerklärung durch Urteil 603
        b) Löschung von Amts wegen 604
    5. Nichtigkeit von Generalversammlungsbeschlüssen 604
    6. Löschung unzulässiger Eintragungen 605
IX. Sonstige Aufgaben des Registergerichts 605
    1. Bestellung und Abberufung von Organmitgliedern 605
    2. Tätigkeiten im Zusammenhang mit Generalversammlungen 605
    3. Bestellung eines Prüfers oder eines Prüferverbands 606
    4. Aufbewahrung von Büchern und Schriften 606
X. Zwangsgeld- und Ordnungsgeldverfahren 606
XI. Europäische Genossenschaft (SCE) 607
    1. Allgemeines zur SCE – „Societas Cooperativa Europaea" 607
        a) Rechtliche Grundlagen 607
        b) Natur und Struktur der SCE 608
        c) Anzuwendende Vorschriften 608
    2. Ersteintragung einer SCE 609
        a) Errichtung der SCE 609
        b) Anmeldung der Errichtung 609
        c) Ersteintragung der SCE 610
        d) Bekanntmachung der Ersteintragung 611
    3. Änderungen bei einer bestehenden SCE 611
        a) Anzumeldende Vorgänge 611
        b) Eintragungen im Register 611
        c) Sitzverlegung ins Ausland 612
    4. Auflösung und Abwicklung einer SCE 612
XII. Kosten in Genossenschaftsregistersachen 612
    1. Gebührenfreie Vorgänge 612
    2. Erhebung von Gebühren 612
    3. Erhebung von Auslagen 613
    4. Kostenschuldner 613

Teil 3. Partnerschaftsregister

I. Allgemeines zur Partnerschaftsgesellschaft 615
II. Errichtung und Führung des Partnerschaftsregisters 617
    1. Sachliche und örtliche Zuständigkeit 617
    2. Einrichtung des Partnerschaftsregisters und Einsichtnahme 618
    3. Organe der Registerführung 619
        a) Richter und Rechtspfleger 619
        b) Urkundsbeamte der Geschäftsstelle 619
        c) Berufskammern und sonstige berufsständische Organe 619
III. Ersteintragung einer Partnerschaft im Register 620
    1. Anmeldung der Partnerschaft zur Eintragung in das Register 620
    2. Prüfung und Eintragung durch das Registergericht 622
IV. Zweigniederlassungen einer Partnerschaft 624

Inhaltsverzeichnis

Seite

V. Sonstige Eintragungen im Partnerschaftsregister 625
   1. Änderung des Namens der Partnerschaft 625
   2. Sitzverlegung 625
   3. Eintritt eines neuen Partners 625
   4. Ausscheiden eines Partners 626
   5. Änderung der Vertretungsbefugnis 627
   6. Änderung des Gegenstands der Partnerschaft 628
VI. Auflösung und Liquidation einer Partnerschaft 628
   1. Auflösung einer Partnerschaft 628
      a) Auflösungsgründe 628
      b) Anmeldung der Auflösung 629
      c) Eintragung der Auflösung im Partnerschaftsregister 629
   2. Liquidation einer Partnerschaft 630
      a) Durchführung der Liquidation 630
      b) Anmeldung der Liquidatoren 631
      c) Gerichtliche Bestellung von Liquidatoren 631
      d) Abberufung von Liquidatoren 631
      e) Vertretung der Partnerschaft durch Liquidatoren 632
      f) Beendigung der Liquidation 632
   3. Fortsetzung einer Partnerschaft 632
VII. Umwandlungsvorgänge unter Beteiligung von Partnerschaften 633
VIII. Sonstige Aufgaben des Registergerichts; Kosten 633

Teil 4. Vereinsregister

I. Einrichtung und Führung des Vereinsregisters 635
   1. Sachliche und örtliche Zuständigkeit in Vereinssachen 635
   2. Organe der Registerführung (Funktionelle Zuständigkeit) 636
      a) Aufgaben des Rechtspflegers 636
      b) Aufgaben des Urkundsbeamten 637
      c) Aufgaben der Notare 637
   3. Führung des Vereinsregisters 637
      a) Allgemeines zur Registerführung 637
      b) Aktenführung und Aufbewahrung 639
   4. Einsichtnahme und Abschriftenerteilung 639
II. Eintragungsfähigkeit des Vereins 640
   1. Inländervereine 640
   2. Ausländervereine 643
   3. Ausländische Vereine 643
III. Die Rechtsverhältnisse des Vereins 644
   1. Gründung eines Vereins 644
   2. Zwingende Bestandteile der Satzung des Vereins 644
      a) Zweck des Vereins 645
      b) Name des Vereins 645
      c) Sitz des Vereins 646
      d) Absicht der registerlichen Eintragung des Vereins 646
      e) Eintritt und Austritt der Mitglieder 646
      f) Beiträge der Mitglieder 647
      g) Bildung des Vorstands 647
      h) Voraussetzungen der Mitgliederversammlungseinberufung 649
      i) Form der Berufung der Mitgliederversammlung 649
      j) Beurkundung der Beschlüsse der Mitgliederversammlung 649
   3. Fakultative Satzungsbestimmungen 650
IV. Anmeldung des Vereins 650
   1. Anmeldung durch den Vorstand 650

Inhaltsverzeichnis

	Seite
2. Form und Inhalt der Anmeldung	651
3. Anlagen zur Anmeldung	652
4. Bearbeitung der Anmeldung durch das Gericht	652
V. Prüfung der Anmeldung; Mitwirkung der Verwaltungsbehörde	652
VI. Ersteintragung des Vereins	654
1. Eintragung	654
2. Inhalt der Eintragung	654
3. Besondere Vertreter und Zweigniederlassungen	657
4. Mitteilung und Veröffentlichung der Eintragung	658
5. Zurückweisung der Anmeldung	658
VII. Weitere anzumeldende Eintragungen im Vereinsregister	659
1. Vorstandsänderung	659
2. Satzungsänderung	661
a) Vorliegen einer Satzungsänderung	661
b) Anmeldung der Satzungsänderung	662
c) Prüfung, Eintragung und Zurückweisung einer Satzungsänderung	663
3. Sitzverlegung	664
a) Sitzverlegung im Inland	664
b) Sitzverlegung in das Ausland	665
4. Auflösung und Liquidation des Vereins	665
a) Auflösungsgründe bei eingetragenen Vereinen	665
b) Eintragung der Auflösung des eingetragenen Vereins	666
c) Liquidation des eingetragenen Vereins	667
d) Beendigung der Liquidation	668
e) Nachtragsliquidation	669
5. Fortsetzung des Vereins	669
6. Verzicht auf die Rechtsfähigkeit	670
VIII. Umwandlungsvorgänge unter Beteiligung von Vereinen	670
1. Verschmelzung unter Beteiligung eingetragener Vereine	670
a) Allgemeines zur Verschmelzung von eingetragenen Vereinen	670
b) Verschmelzung eines e.V. zur Aufnahme auf einen anderen e.V.	672
c) Beispiel der Verschmelzung eines e.V. zur Aufnahme auf einen anderen e.V.	672
2. Spaltung von eingetragenen Vereinen	675
a) Allgemeines zur Spaltung eingetragener Vereine	675
b) Beispiel einer Ausgliederung von Vermögensteilen eines e.V. zur Aufnahme auf eine bestehende Aktiengesellschaft	675
3. Formwechsel von eingetragenen Vereinen	680
a) Allgemeines zum Formwechsel eines e.V.	680
b) Muster für einen Formwechsel eines e.V. in eine GmbH	680
IX. Eintragungen im Vereinsregister von Amts wegen	683
1. Allgemeine Voraussetzungen für Eintragungen von Amts wegen	683
2. Beispielsfälle für Amtslöschungen im Vereinsregister	684
3. Verfahren bei Vornahme einer Amtslöschung	685
4. Wirkung der Amtslöschung	685
5. Bekanntmachung und Rechtsmittel bei Amtslöschungen	685
X. Sonstige Aufgaben des Amtsgerichts in Vereinssachen	686
1. Gerichtliche Bestellung von Vorstandsmitgliedern	686
a) Formelle und materielle Voraussetzungen	686
b) Bestellungsbeschluss des Gerichts; Rechtsmittel	687
c) Dauer der Bestellung, Eintragung und Bekanntmachung	688
d) Beispiel eines Verfahrens zur Bestellung eines Notvorstands	688
2. Entziehung der Rechtsfähigkeit	691
3. Ermächtigung zur Berufung einer Mitgliederversammlung	692
a) Einberufung der Mitgliederversammlung aufgrund Minderheitsverlangen	692

Inhaltsverzeichnis

	Seite
b) Gerichtliche Ermächtigung zur Berufung der Mitgliederversammlung	692
c) Beispiel eines Verfahrens zur Ermächtigung hinsichtlich der Einberufung einer Mitgliederversammlung	694
XI. Zwangsmittel des Gerichts	696
1. Allgemeines zu Zwangsmitteln in Vereinssachen	696
2. Einzelfälle zur Anwendung von Zwangsmitteln	696
3. Verfahren bei der Anwendung von Zwangsmitteln in Vereinssachen	697
XII. Kosten in Vereinssachen	697
1. Anmeldungen für Eintragungen im Vereinsregister (Notargebühren)	697
2. Eintragungen in das Vereinsregister (§ 80 KostO)	698
3. Gerichtliche Maßnahmen und Zwangsgeldverfahren	698
4. Abschriften, Bescheinigungen, Auslagen und Kostenschuldner	699
5. Beschwerdeverfahren	699

Teil 5. Güterrechtsregister

I. Allgemeines zur Führung des Güterrechtsregisters	701
1. Eheliche Güterstände	701
2. Sachliche und örtliche Zuständigkeit zur Registerführung	701
3. Funktionelle Zuständigkeit zur Registerführung	702
4. Aktenführung	703
II. Eintragungen im Güterrechtsregister	703
1. Eintragungsantrag	703
2. Prüfungspflicht des Registergerichts	706
3. Zulässige Eintragungen im Güterrechtsregister	707
4. Vornahme der Eintragung im Güterrechtsregister	709
a) Inhalt und Form des Güterrechtsregisters	709
b) Wirkung der Eintragung	711
c) Löschung einer Eintragung	712
5. Bekanntmachung und Veröffentlichung	712
III. Eintragungen von Amts wegen im Güterrechtsregister	712
IV. Einsicht, Erteilung von Abschriften, Bescheinigungen	713
V. Kosten in Güterrechtsregistersachen	713
1. Anmeldungen zur Eintragung im Güterrechtsregister	713
2. Eintragungen im Güterrechtsregister	713
3. Sonstige Kosten in Güterrechtsregistersachen	714

Teil 6. Zwangsgeld- und Ordnungsgeldverfahren

I. Allgemeines zum Zwangs- und Ordnungsgeldverfahren	715
1. Zwangsgeld	715
2. Ordnungsgeld	716
3. Funktionelle Zuständigkeit	716
4. Sachliche und örtliche Zuständigkeit	717
II. Pflicht des Gerichts zum Einschreiten	717
III. Durchführung des Zwangs- und Ordnungsgeldverfahrens	717
1. Beteiligte	717
2. Beginn des Verfahrens	718
3. Erfüllung der Verpflichtung bzw. Einspruch des Beteiligten	720
a) Begründeter Einspruch	721
b) Erörterungstermin	721
4. Kein Einspruch des Beteiligten	723
5. Einspruch gegen die wiederholte Androhungsverfügung	723
6. Wiedereinsetzung bei Versäumung der Einspruchsfrist	725
7. Absehen von der Zwangsgeldfestsetzung; weiterer Fortgang des Verfahrens	725

Inhaltsverzeichnis

	Seite
IV. Beschwerde im Zwangs- und Ordnungsgeldverfahren	726
1. Beschwerde gegen Zwangsgeldfestsetzung und Einspruchsverwerfung	726
2. Beschwerde gegen Ablehnung des Einschreitens und Aufhebung der Androhungsverfügung	727
V. Firmenmissbrauchsverfahren	728
1. Allgemeines	728
2. Unzulässiger Namens- und Firmengebrauch	728
3. Durchführung des Ordnungsgeldverfahrens	729
VI. Zwangsgeldverfahren nach § 35 FamFG	731
1. Einzelfälle	731
2. Zuständigkeit und Verfahren	731
VII. Kosten, Vollstreckung	732
1. Kosten im Zwangsgeld- und Ordnungsgeldverfahren	732
2. Vollstreckung festgesetzten Zwangsgeldes bwz. Ordnungsgeldes	733
VIII. Formulare für einzelne Zwangsgeldverfahren	733

Teil 7. Beschwerdeverfahren

I. Allgemeines	737
II. Statthaftigkeit der Beschwerde	738
1. Allgemeines zur Statthaftigkeit der Beschwerde	738
2. Unstatthaftigkeit der Beschwerde	739
a) Allgemeines	739
b) Eintragungsvorgänge	739
c) Unstatthaftigkeit kraft Gesetzes	739
3. Fassungsbeschwerde	740
a) Eintragung von Tatsachenangaben	740
b) Eintragung rechtlicher Verhältnisse	740
c) Ablauf des Verfahrens	740
III. Einlegung der Beschwerde	741
IV. Beschwerdeberechtigung	742
1. Unmittelbare Betroffenheit	742
2. Ablehnung einer Anmeldung zur Eintragung	742
a) Allgemeines	742
b) Eintragungen bei juristischen Personen	743
c) Eintragungen bei Personenhandelsgesellschaften	744
d) Beschwerderecht der Gesellschafter	744
3. Ablehnung eines sonstigen Antrags	745
4. Sonstige Beschwerdemöglichkeiten	745
5. Beschwerderecht der berufsständischen Organe	746
V. Ablauf des Beschwerdeverfahrens	746
VI. Rechtsbeschwerde	747
1. Allgemeines zur Rechtsbeschwerde	747
2. Einlegung der Rechtsbeschwerde	749
3. Entscheidung der Rechtsbeschwerdeinstanz	749
VII. Erinnerung gegen die Entscheidung des Rechtspflegers	750
VIII. Rechtskraft	750
1. Formelle Rechtskraft	750
2. Materielle Rechtskraft	751

Anhänge

	Seite
1. Mustereintragungen	755
I. Einzelfirma (A-Firma)	757
1. Chronologischer Ausdruck	758
2. Aktueller Ausdruck	760
II. GmbH	765
1. Chronologischer Ausdruck	766
2. Aktueller Ausdruck	772
III. Aktiengesellschaft	779
1. Chronologischer Ausdruck	780
2. Aktueller Ausdruck	788
2. Handelsregisterverordnung (HRV)	803
3. Genossenschaftsregisterverordnung (GenRegV)	825
4. Partnerschaftsregisterverordnung (PRV)	834
5. Vereinsregisterverordnung (VRV)	842
6. Publizitätsrichtlinie	854
7. Zweigniederlassungsrichtlinie	862
Sachregister	867

Abkürzungs- und Literaturverzeichnis

Zeitschriften und Entscheidungssammlungen werden mit Jahrgang, Erscheinungsjahr oder Band und Seite (oder Nummer) der Entscheidung zitiert. Kommentare und Mehrautorenwerke werden z. B. folgendermaßen zitiert: *Bearbeiter*, in: Palandt, BGB.

a. A.	anderer Ansicht
a. a. O.	am angegebenen Ort
Abk.	Abkommen
ABl.	Amtsblatt (der Europäischen Gemeinschaften bzw. künftig der Europäischen Union)
abl.	ablehnend(er)
Abs.	Absatz
Abt.	Abteilung
Abschn.	Abschnitt
abw.	abweichend
AcP	Archiv für zivilistische Praxis
a. E.	am Ende
AEUV	Vertrag über die Arbeitsweise der Europäischen Union
a. F.	alte Fassung
AG	Aktiengesellschaft, Amtsgericht (mit Ortsnamen), auch Die Aktiengesellschaft (Zeitschrift)
AktG	Aktiengesetz
AktO	Aktenordnung
Alt.	Alternative
a. M.	anderer Meinung
ÄndG	Gesetz zur Änderung
Anh.	Anhang
Anm.	Anmerkung
AnwKommBGB	Anwaltkommentar zum BGB, Kommentar, 2003 f.
AO	Abgabenordnung
AR	Allgemeines Register (Aktenzeichen)
ARUG	Gesetz zur Umsetzung der Aktionärsrechterichtlinie vom 30. 7. 2009 (BGBl. I S. 2479)
Art.	Artikel
Aufl.	Auflage
AusfG	Ausführungsgesetz
AV	Allgemeine Verfügung, Ausführungsverordnung
Az.	Aktenzeichen
Baden-Württ.	Baden Württemberg
BAFin	Bundesanstalt für Finanzdienstleistungsaufsicht
BAnz	Bundesanzeiger
Bassenge/Roth, FamFG/RPflG	Bassenge/Roth, FamFG/RPflG, Kommentar, 12. Aufl. 2009
Baumbach/Hopt, HGB	Baumbach/Hopt, Handelsgesetzbuch, Kommentar, 34. Aufl. 2010
Baumbach/Hueck, AktG	Baumbach/Hueck, Aktiengesetz, 13. Aufl. 1968, Ergänzungsband 1970
Baumbach/Hueck, GmbHG	Baumbach/Hueck, GmbHG, Kommentar, 19. Aufl. 2010

Abkürzungs- und Literaturverzeichnis

Bay	Bayern, bayerisch(es)
BayAGBGB	Bayerisches Ausführungsgesetz zum BGB
BayAGGVG	Bayerisches Ausführungsgesetz zum Gerichtsverfassungsgesetz
BayBauKaG	Bayerisches Baukammerngesetz
BayBSVJu	Bereinigte Sammlung der bayerischen Justizverwaltungsvorschriften
BayHKaG	Bayerisches Heilberufe-Kammergesetz
BayNotZ (BayNotV, MittBayNot)	Bayerische Notariatszeitschrift, Zeitschrift für das Notariat in Bayern, Mitteilungen des Bayerischen Notarvereins
BayObLG	Bayerisches Oberstes Landesgericht
BayObLG Z	Entscheidungen des Bayerischen Obersten Landesgerichts in Zivilsachen (amtliche Sammlung)
BayRS	Bayerische Rechtssammlung
BayZ	Zeitschrift für Rechtspflege in Bayern
BB	Betriebs-Berater (Zeitschrift)
Bbg.	Brandenburg
Bearb.	Bearbeitung
Beil	Beilage
Bek.	Bekanntmachung
Bem.	Bemerkung
Berl.	Berlin, berliner
Bet.	Beteiligter, Beteiligte
BetrVG (BVG)	Betriebsverfassungsgesetz
Beuthien, GenG	Beuthien, Kommentar zum Genossenschaftsgesetz, 14. Aufl. 2004
BFH	Bundesfinanzhof, auch Sammlung der Entscheidungen und Gutachten des Bundesfinanzhofs
BGB	Bürgerliches Gesetzbuch
BGBl. I, II, III	Bundesgesetzblatt, Teil I, Teil II, Teil III
RGRK, BGB	Das BGB mit besonderer Berücksichtigung der Rechtsprechung des RG und des BGH, Kommentar, herausgegeben von Mitgliedern des BGH, 12. Aufl. 1974 ff.
BGH	Bundesgerichtshof
BGH Warn	Rechtsprechung des BGH in Zivilsachen
BGH Z	Entscheidungen des Bundesgerichtshofs in Zivilsachen (amtliche Sammlung)
BiRiLiG	Gesetz zur Durchführung der Vierten, Siebenten und Achten Richtlinie des Rates der Europäischen Gemeinschaften zur Koordinierung des Gesellschaftsrechts – Bilanzrichtlinien-Gesetz
Bl.	Blatt
BMJ	Bundesminister der Justiz
BNotO	Bundesnotarordnung
BOStB	Berufsordnung der Steuerberater
Böttcher/Ries, Registerrecht	Böttcher/Ries, Formularpraxis des Registerrechts, 2. Aufl. 2009
BRAGO	Bundesrechtsanwaltsgebührenordnung
BRAO	Bundesrechtsanwaltsordnung
BRD	Bundesrepublik Deutschland
BR-Drucks.	Drucksachen des Bundesrats
Brehm, Freiwillige Gerichtsbarkeit	Brehm, Freiwillige Gerichtsbarkeit, 3. Aufl. 2002
brem.	bremisch
BT	Bundestag
BT-Drucks.	Drucksachen des Deutschen Bundestags
Bumiller/Harders, FamFG	Bumiller/Harders, FamFG, Freiwillige Gerichtsbarkeit, 9. Aufl. 2009
BVerfG	Bundesverfassungsgericht

Abkürzungs- und Literaturverzeichnis

BVerfG E	Entscheidungen des Bundesverfassungsgerichts (amtliche Sammlung)
BVerwG	Bundesverwaltungsgericht
BWNotZ	Zeitschrift für das Notariat in Baden-Württemberg
BZRG	Gesetz über das Zentralregister und das Erziehungsregister – Bundeszentralregistergesetz
bzw.	beziehungsweise
Canaris, Handelsrecht	Canaris, Handelsrecht, 23. Aufl. 2006
Co.	Company
c/o	care of
DB	Der Betrieb (Zeitschrift)
DBest	Durchführungsbestimmungen
DDR	Deutsche Demokratische Republik
ders.	derselbe
DFG	Deutsche Freiwillige Gerichtsbarkeit (Zeitschrift)
DGWR	Deutsches Gemein- und Wirtschaftsrecht (Zeitschrift)
Diss.	Dissertation
DJ	Die Deutsche Justiz (Zeitschrift)
DJZ	Deutsche Juristenzeitung
DMBG	D-Mark-Bilanzgesetz
DMBErgG	D-Mark-Bilanzergänzungsgesetz
DNotI-Report	Informationsdienst des Deutschen Notarinstituts (Zeitschrift)
DNotZ	Deutsche Notar-Zeitschrift
DONot	Dienstordnung für Notare
DR	Deutsches Recht (Zeitschrift)
DrittelbG	Gesetz über die Drittelbeteiligung der Arbeitnehmer im Aufsichtsrat (Drittelbeteiligungsgesetz)
DRiZ	Deutsche Richterzeitung
Drucks	Drucksache
DStR	Deutsches Steuerrecht (Zeitschrift)
DV(O)	Durchführungsverordnung
DVBl	Deutsches Verwaltungsblatt (Zeitschrift)
E	Entwurf
EBAO	Einforderungs- und Beitreibungsordnung
Ebenroth/Boujong/ Joost/Strohn, HGB	Ebenroth/Boujong/Joost/Strohn, Handelsgesetzbuch, Kommentar, 2. Aufl. 2008
EDV	Elektronische Datenverarbeitung
EG	Einführungsgesetz, Europäische Gemeinschaft, Vertrag zur Gründung der Europäischen Gemeinschaft
eG	eingetragene Genossenschaft
EGAktG	Einführungsgesetz zum Aktiengesetz
EGGmbHG	Einführungsgesetz zum Gesetz betreffend die Gesellschaften mit beschränkter Haftung
EGHGB	Einführungsgesetz zum Handelsgesetzbuch
EGStGB	Einführungsgesetz zum Strafgesetzbuch
EHUG	Gesetz über elektronische Handelsregister und Genossenschaftsregister sowie das Unternehmensregister
Eidenmüller, Ausländische Kapitalgesellschaften	Eidenmüller, Ausländische Kapitalgesellschaften im deutschen Recht, 2004
e.K., e.Kfm., e.Kfr.	eingetragener Kaufmann, eingetragene Kauffrau

Abkürzungs- und Literaturverzeichnis

Einl	Einleitung
EintrVfG	Eintragungsverfügung
ErgBand	Ergänzungsband
ErgG	Ergänzungsgesetz
ERJuKoG	Gesetz über elektronische Register und Justizkosten für Telekommunikation
Erl.	Erlass
EU	Europäische Union
EuGH	Europäischer Gerichtshof
EuInsVO	VO (EG) Nr. 1346/2000 des Rates vom 29. 5. 2000 über Insolvenzverfahren
EuZW	Europäische Zeitschrift für Wirtschaftsrecht
e. V.	eingetragener Verein
EWG	Europäische Wirtschaftsgemeinschaft
EWiR	Europäisches Wirtschaftsrecht (Zeitschrift)
EWIV	Europäische wirtschaftliche Interessenvereinigung
EWIV-AG	Gesetz zur Ausführung der EWG-Verordnung über die Europäische wirtschaftliche Interessenvereinigung
EWIV-VO	Verordnung (EWG) Nr. 2137/85 über die Schaffung einer Europäischen wirtschaftlichen Interessenvereinigung
EWR	Europäischer Wirtschaftsraum
Eylmann/Vaasen, BNotO	Eylmann/Vaasen, Bundesnotarordnung, Beurkundungsgesetz, Kommentar, 2. Aufl. 2004
FamFG	Gesetz über das Verfahren in Familiensachen und in den Angelegenheiten der freiwilligen Gerichtsbarkeit
FamRZ	Zeitschrift für das gesamte Familienrecht
FGG	Gesetz über die Angelegenheiten der freiwilligen Gerichtsbarkeit (am 31. 8. 2009 außer Kraft getreten)
FGPrax	Praxis der Freiwilligen Gerichtsbarkeit (Zeitschrift)
Fleischhauer/Preuß Handelsregisterrecht	Fleischhauer/Preuß, Handelsregisterrecht, 2006
Fn.	Fußnote
FreiwG	Freiwillige Gerichtsbarkeit
FS	Festschrift
G	Gesetz, auch Gericht
GBl	Gesetzblatt
GBO	Grundbuchordnung
GBV	Grundbuchverfügung
GenG	Gesetz betreffend Erwerbs- und Wirtschaftsgenossenschaften
GenRegV	Verordnung über das Genossenschaftsregister
Ges	Gesellschaft, auch Gesetz
GewO	Gewerbeordnung
GG	Grundgesetz für die Bundesrepublik Deutschland
ggf.	gegebenenfalls
GKG	Gerichtskostengesetz
GleichberG	Gesetz über die Gleichberechtigung von Mann und Frau auf dem Gebiet des bürgerlichen Rechts (Gleichberechtigungsgesetz)
GmbH	Gesellschaft mit beschränkter Haftung
GmbH-ÄndG	GmbH-Änderungsgesetz
GmbHG	Gesetz betreffend die Gesellschaften mit beschränkter Haftung
GmbHR	GmbH-Rundschau (Zeitschrift)
GMBl.	Gemeinsames Ministerialblatt (verschiedener Bundesminister)
GnR	Genossenschaftsregister

Abkürzungs- und Literaturverzeichnis

GO	Gemeindeordnung
Godin/Wilhelmi, AktG	Godin/Wilhelmi, Aktiengesetz, 4. Aufl. 1972
GPR	Zeitschrift für Gesellschaftsprivatrecht
GrEStG	Grunderwerbsteuergesetz
GroßKommAktG	Großkommentar zum Aktiengesetz, 3. Aufl. 1970 ff., 4. Aufl. 1992 ff.
GRUR	Gewerblicher Rechtsschutz und Urheberrecht (Zeitschrift)
GS	Gesetzsammlung
Gustavus, Handelsregisteranmeldungen	Gustavus, Handelsregisteranmeldungen, 7. Aufl. 2009
GV	Gesetz- und Verordnungsblatt
GVBl	Gesetz- und Verordnungsblatt
GVG	Gerichtsverfassungsgesetz
GVNW	Gesetz- und Verordnungsblatt für das Land Nordrhein-Westfalen
Habersack, Europäisches Gesellschaftsrecht	Habersack, Europäisches Gesellschaftsrecht, 3. Aufl. 2006
Hachenburg, GmbHG	Hachenburg, GmbHG, Großkommentar, 7. Aufl. 1975/1984, 8. Aufl. 1990 ff.
Halbs.	Halbsatz
HambJVBl	Hamburgisches Justizverwaltungsblatt
h. c.	honoris causa
Heckschen, Das MoMiG in der notariellen Praxis	Heckschen, Das MoMiG in der notariellen Praxis, 2009
Henssler, PartGG	Henssler, Kommentar zum Partnerschaftsgesellschaftsgesetz, 2. Aufl. 2008
Heymann, HGB	Heymann, Handelsgesetzbuch, Kommentar, 2. Aufl. 1995 ff.
HGB	Handelsgesetzbuch
h. M.	herrschende Meinung
Hofmann, Prokurist	Hofmann, Der Prokurist, 7. Aufl. 1996
HReg (HR)	Handelsregister
HRA	Handelsregister Abteilung A (Aktenzeichen)
HRB	Handelsregister Abteilung B (Aktenzeichen)
HRefG	Gesetz zur Neuregelung des Kaufmanns- und Firmenrechts und zur Änderung anderer handels- und gesellschaftsrechtlicher Vorschriften (Handelsrechtsreformgesetz)
HRegGebVO	Handelsregistergebührenverordnung
HRR	Höchstrichterliche Rechtsprechung (Zeitschrift)
HRV	Handelsregisterverordnung (vormals Handelsregisterverfügung)
Hüffer, AktG	Hüffer, Aktiengesetz, Kommentar, 8. Aufl. 2008
HV	Hauptversammlung
HypBankG	Hypothekenbankgesetz
i. d.	in der
i. d. F.	in der Fassung
IHK	Industrie- und Handelskammer
IN	Insolvenzverfahren (Aktenzeichen)
InsO	Insolvenzordnung
InvG	Investmentgesetz
IPrax	Praxis des Internationalen Privat- und Verfahrensrechts (Zeitschrift)
i. V. m.	in Verbindung mit
Jansen, FGG	Jansen, FGG, Großkommentar, 3. Aufl. 2006
JBl	Justizblatt

JFG	Jahrbuch für Entscheidungen in Angelegenheiten der freiwilligen Gerichtsbarkeit und des Grundbuchrechts
JMBl	Justizministerialblatt
JR	Juristische Rundschau (Zeitschrift)
JuMiG	Justizmitteilungsgesetz
JurBüro	Das Juristische Büro (Zeitschrift)
JurP	Juristische Person
JuS	Juristische Schulung (Zeitschrift)
Justiz	Die Justiz, Amtsblatt des Baden-Württ. Justizministeriums
JVBl	Justizverwaltungsblatt
JW	Juristische Wochenschrift (Zeitschrift)
JZ	Juristenzeitung (Zeitschrift)
Kallmeyer, UmwG	Kallmeyer, Umwandlungsgesetz, Kommentar, 2. Aufl. 2001
KapCoRiLiG	Gesetz zur Durchführung der Richtlinie des Rates der Europäischen Union zur Änderung der Bilanz- und der Konzernbilanzrichtlinie hinsichtlich ihres Anwendungsbereichs (90/605/EWG), zur Verbesserung der Offenlegung von Jahresabschlüssen und zur Änderung anderer handelsrechtlicher Bestimmungen – Kapitalgesellschaften- und Co-Richtlinie-Gesetz
KapErhG	Gesetz über die Kapitalerhöhung aus Gesellschaftsmitteln und über die Verschmelzung von Gesellschaften mit beschränkter Haftung
Keidel, FamFG	Keidel, Gesetz über das Verfahren in Familiensachen und in den Angelegenheiten der freiwilligen Gerichtsbarkeit, Kommentar, 16. Aufl. 2009
KG	Kammergericht, Kommanditgesellschaft
KGaA	Kommanditgesellschaft auf Aktien
KG J	Jahrbuch für Entscheidungen des KG in Sachen der freiwilligen Gerichtsbarkeit
KO	Konkursordnung
Koller/Roth/Morck, HGB	Koller/Roth/Morck, Handelsgesetzbuch, Kommentar, 6. Aufl. 2007
KölnKommAktG	Kölner Kommentar zum Aktiengesetz, hrsg. v. Zöllner, 2. Aufl. 1986 ff.
KOM	Dokument(e) der Kommission der Europäischen Gemeinschaften (Jahr und Nummer)
KonsG	Konsulargesetz
KonTraG	Gesetz zur Kontrolle und Transparenz im Unternehmensbereich
KoordG	Gesetz zur Durchführung der Ersten Richtlinie des Rates der Europäischen Gemeinschaft zur Koordinierung des Gesellschaftsrechts
Kopp/Heidinger, Notar und Euro	Kopp/Heidinger, Notar und Euro, 2. Aufl. 2001
KostO	Kostenordnung
KostVfg	Kostenverfügung
Krafka, Einführung in das Registerrecht	Krafka, Einführung in das Registerrecht, 2. Aufl. 2008
Kroiß/Everts/Poller, GmbH-Registerrecht	Kroiß/Everts/Poller, GmbH-Registerrecht, 2008
KTS	Konkurs, Treuhand, Sanierung (Zeitschrift)
KWG	Gesetz über das Kreditwesen
LAG	Landesarbeitsgericht, auch Lastenausgleichsgesetz
Lang/Weidmüller, GenG	Lang/Weidmüller, Genossenschaftsgesetz, 36. Aufl. 2008
LFGG	Landesgesetz über die freiwillige Gerichtsbarkeit (Baden-Württ.)
LG	Landgericht (mit Ortsnamen), auch Landesgesetz

Limmer, Unternehmensumwandlungen	Limmer, Handbuch der Unternehmensumwandlungen, 3. Aufl. 2007
lit.	Buchstabe
LM	Nachschlagewerk des BGH in Zivilsachen, herausgegeben von Lindenmeier-Möhring
Lorz/Gerber/Pfisterer, Aktienrecht	Lorz/Gerber/Pfisterer, Beck'sches Formularbuch Aktienrecht, 2004
LöschG	Gesetz über die Auflösung und Löschung von Gesellschaften und Genossenschaften
LSA	Land Sachsen-Anhalt
Lutter, UmwG	Lutter, Kommentar zum Umwandlungsgesetz, 3. Aufl. 2004
Lutter/Hommelhoff, GmbHG	Lutter/Hommelhoff, GmbHG, Kommentar, 17. Aufl. 2009
LV	Landesverfügung
MarkenG	Markengesetz
MBl.	Ministerialblatt
MDR	Monatsschrift für Deutsches Recht (Zeitschrift)
m. E.	mit Eingang
Meilicke/Westphalen/Hoffmann/Lenz/Wolff, PartGG	Meilicke/Graf von Westphalen/Hoffmann/Lenz/Wolff, Kommentar zum Partnerschaftsgesellschaftsgesetz, 2. Aufl. 2006
Melchior/Schulte, HRV	Melchior/Schulte, Handelsregisterverordnung, Kommentar, 2. Aufl. 2009
Meyer-Stolte/Herrmann/Hansens/Rellermeyer, RPflG	Arnold/Meyer-Stolte/Herrmann/Hansens/Rellermeyer, RPflG, 6. Aufl. 2002
Michalski, GmbHG	Michalski, GmbHG, Kommentar, 2002
Michalski/Römermann, PartGG	Michalski/Römermann, Kommentar zum Partnerschaftsgesellschaftsgesetz, 3. Aufl. 2005
MitbestG	Gesetz über die Mitbestimmung der Arbeitnehmer
MitbestErgG	Gesetz zur Ergänzung des Gesetzes über die Mitbestimmung der Arbeitnehmer in den Aufsichtsräten und Vorständen der Unternehmen des Bergbaus und der Eisen und Stahl erzeugenden Industrie
MittBayNot	Mitteilungen des Bayer. Notarvereins, der Notarkasse und der Landesnotarkammer Bayern (Zeitschrift)
MittRhNotK	Mitteilungen der Rheinischen Notarkammer (Zeitschrift)
MiZi	Einheitliche Anordnung über Mitteilungen in Zivilsachen
MoMiG	Gesetz zur Modernisierung des GmbH-Rechts und zur Bekämpfung von Missbräuchen (MoMiG) vom 23. 10. 2008 (BGBl. I S. 2026).
MontanMitbestG	Gesetz über die Mitbestimmung der Arbeitnehmer bei den Aufsichtsräten und Vorständen der Unternehmen des Bergbaues und der Eisen und Stahl erzeugenden Industrie
Müller, GenG	Müller, Kommentar zum Gesetz betreffend die Erwerbs- und Wirtschaftsgenossenschaften Band 1, 2. Aufl. 1991, Band 2, 2. Aufl. 1998, Band 1–3, 1. Aufl. 1976–1980
MünchHandbGesR	Münchener Handbuch des Gesellschaftsrechts, Band 1–4; Band I und II, 1991 ff.; Band III und IV, 2. Aufl. 1999 ff.
MünchKommAktG	Münchener Kommentar zum AktG, hrsg. v. J. Semler/B. Kropff, 2. Aufl. 2000 ff.
MünchKommBGB	Münchener Kommentar zum BGB, hrsg. v. Rebmann/Säcker/Rixecker, 4. Aufl. 2000 ff., soweit in 4. Aufl. noch nicht erschienen: 3. Aufl. 1993 ff.

Abkürzungs- und Literaturverzeichnis

MünchKommHGB	Münchener Kommentar zum HGB, hrsg. v. Karsten Schmidt, 2. Aufl. 2005 ff.
MünchKommInsO	Münchener Kommentar zur Insolvenzordnung, hrsg. v. Kirchhof/Lwowski/Stürner, 2. Aufl. 2008
MünchKommZPO	Münchener Kommentar zur ZPO, hrsg. u. a. v. Thomas Rauscher, 3. Aufl. 2005 ff., Band 4 (FamFG), 3. Aufl. 2009
Müther, Handelsregister	Müther, Das Handelsregister in der Praxis, 2. Aufl. 2007
M-V	Mecklenburg-Vorpommern
m. w. N.	mit weiteren Nachweisen
Nachf.	Nachfolger
Nachw.	Nachweise
NaStraG	Gesetz zur Namensaktie und zur Erleichterung der Stimmrechtsausübung
Nds.	Niedersachsen
NdsFGG	Niedersächsisches Gesetz über die freiwillige Gerichtsbarkeit
NdsRpfl	Niedersächsische Rechtspflege (Zeitschrift)
NF	Neue Folge
n. F.	neue Fassung
NJW	Neue Juristische Wochenschrift (Zeitschrift)
NJW-RR	NJW-Rechtsprechungs-Report (Zeitschrift)
Noack, EHUG	Noack (Hrsg.), Das neue Gesetz über elektronische Handelsregister und Genossenschaftsregister sowie das Unternehmensregister, 2007
notar	notar (Zeitschrift)
NotBZ	Zeitschrift für die notarielle Beratungs- und Beurkundungspraxis
Nr.	Nummer
NRW, NW	Nordrhein-Westfalen
NZG	Neue Zeitschrift für Gesellschaftsrecht
Oetker, HGB	Oetker, Handelsgesetzbuch, Kommentar, 2009
OGH	Oberster Gerichtshof für die Britische Zone
OGHZ	Sammlung der Entscheidungen des Obersten Gerichtshofs für die Britische Zone in Zivilsachen
OHG	Offene Handelsgesellschaft
OLG	Oberlandesgericht (mit Ortsnamen)
OLGE	Sammlung der Rechtsprechung der Oberlandesgerichte auf dem Gebiete des Zivilrechts
OLGZ	Entscheidungen der Oberlandesgerichte in Zivilsachen (1965 bis 1994)
Palandt, BGB	Palandt, BGB, Kommentar, 68. Aufl. 2009
PartGG	Gesetz über Partnerschaftsgesellschaften
PatAnwO	Patentanwaltsordnung
ppa.	per Prokura
PR	Partnerschaftsregister (Aktenzeichen)
PrFGG	Preußisches Gesetz über die freiwillige Gerichtsbarkeit
Pöhlmann/Fandrich/Bloehs, GenG	Pöhlmann/Fandrich/Bloehs, Kommentar zu dem Gesetz betreffend die Erwerbs- und Wirtschaftsgenossenschaften und zu den umwandlungsrechtlichen Vorschriften für Genossenschaften, 3. Aufl. 2007
Prölss, VAG	Prölss, Versicherungsaufsichtsgesetz, Kommentar, 11. Aufl. 1997
PRV	Partnerschaftsregisterverordnung
PublG	Publizitätsgesetz – Gesetz über die Rechnungslegung von bestimmten Unternehmen und Konzernen

Abkürzungs- und Literaturverzeichnis

RAnz	Deutscher Reichsanzeiger und Preußischer Staatsanzeiger
RdErl.	Runderlass
Rd L	Recht der Landwirtschaft (Zeitschrift)
Recht	Das Recht (Zeitschrift)
Reg	Register
RegBl	Regierungsblatt
RegG	Registergericht
RegVBG	Gesetz zur Vereinfachung und Beschleunigung registerrechtlicher und anderer Verfahren (Registerverfahrensbeschleunigungsgesetz)
Reichert, VereinsR	Reichert, Handbuch des Vereins- und Verbandsrechts, 10. Aufl. 2005
RG	Reichsgericht
RGZ	Entscheidungen der Reichsgerichte in Zivilsachen (amtliche Sammlung)
RGBl. I, II	Reichsgesetzblatt Teil I, Teil II
Rh-Pf	Rheinland-Pfalz
RIW	Recht der internationalen Wirtschaft (Zeitschrift)
RJA	Entscheidungen in Angelegenheiten der freiwilligen Gerichtsbarkeit und des Grundbuchrechts, zusammengestellt im Reichsjustizamt
RJM	Reichsminister der Justiz
RMBl	Reichsministerialblatt
RNotO	Reichsnotarordnung
RNotZ	Rheinische Notar-Zeitschrift (Zeitschrift)
Roth/Altmeppen, GmbHG	Roth/Altmeppen, GmbHG, Kommentar, 6. Aufl. 2009
Rowedder/Schmidt-Leithoff, GmbHG	Rowedder/Schmidt-Leithoff, GmbHG, Kommentar, 4. Aufl. 2002
Rpfleger	Der Deutsche Rechtspfleger (Zeitschrift)
RPflG	Rechtspflegergesetz
RpflJahrbuch	Rechtspfleger-Jahrbuch
Röhricht/Westphalen, HGB	Röhricht/Graf von Westphalen, HGB, Kommentar, 3. Aufl. 2008
Rs.	Rechtssache (Aktenzeichen)
RV	Reichsverfassung
Rz.	Randzeichen, Randziffer
S., s.	Satz, Seite, siehe
s. a.	siehe auch
sächs.	sächsisches
Sagasser/Bula/Brünger, Umwandlungen	Sagasser/Bula/Brünger, Umwandlungen, 3. Aufl. 2002
Sauter/Schweyer/Waldner, Verein	Sauter/Schweyer/Waldner, Der eingetragene Verein, 18. Aufl. 2006
SCE	Societas Cooperativa Europaea, Europäische Genossenschaft
SCEAG	Gesetz zur Ausführung der Verordnung (EG) Nr. 1435/2003 des Rates vom 22. 7. 2003 über das Statut der Europäischen Genossenschaft (SCE) – SCE-Ausführungsgesetz
SCEBG	Gesetz über die Beteiligung der Arbeitnehmer und Arbeitnehmerinnen in einer Europäischen Genossenschaft (SCE-Beteiligungsgesetz)
SCE-VO	Verordnung (EG) Nr. 1435/2003 des Rates vom 22. 7. 2003 über das Statut der Europäischen Genossenschaft (SCE)
Schlegelberger, HGB	Schlegelberger, Handelsgesetzbuch, Kommentar, 5. Aufl. 1973–1992
Schlegelberger/Quassowski, AktG	Schlegelberger/Quassowski, Aktiengesetz, 3. Aufl. 1939
SchlH	Schleswig-Holstein
SchlHAnz.	Schleswig-Holsteinische Anzeigen
Schmidt, Handelsrecht	Karsten Schmidt, Handelsrecht, 5. Aufl. 1999

Abkürzungs- und Literaturverzeichnis

Schmidt/Sikora/ Tiedtke, Handelsrecht	Schmidt/Sikora/Tiedtke, Handelsrecht und Kostenrecht, 6. Aufl. 2009
Schmitt/Hörtnagl/ Stratz, UmwG	Schmitt/Hörtnagl/Stratz, Umwandlungsgesetz, Kommentar, 4. Aufl. 2006
Scholz, GmbHG	Scholz, GmbHG, Kommentar, 9. Aufl. 2000/2002
Schöner/Stöber, Grundbuchrecht	Schöner/Stöber, Grundbuchrecht, 14. Aufl. 2007
Schulte-Bunert/ Weinreich, FamFG	Schulte-Bunert, FamFG, Kommentar, 2009
Schwarz, SE-VO	Schwarz, Verordnung (EG) Nr. 2157/2001 des Rates vom 8. 10. 2001 über das Statut der Europäischen Gesellschaft (SE), Kommentar, 2006
SE	Societas Europaea, Europäische Gesellschaft („Europäische Aktiengesellschaft")
SEAG	Gesetz zur Ausführung der Verordnung (EG) Nr. 2157/2001 des Rates vom 8. 10. 2001 über das Statut der Europäischen Gesellschaft (SE) – SE-Ausführungsgesetz
SEBG	Gesetz über die Beteiligung der Arbeitnehmer in einer Europäischen Gesellschaft (SE-Beteiligungsgesetz)
SE-VO	Verordnung (EG) Nr. 2157/2001 des Rates vom 8. 10. 2001 über das Statut der Europäischen Gesellschaft (SE)
Semler/Stengel, UmwG	Semler/Stengel, Umwandlungsgesetz, Kommentar, 2. Aufl. 2008
SeuffA	Seufferts Archiv für Entscheidungen der Obersten Gerichte in den Deutschen Staaten
SJZ	Süddeutsche Juristenzeitung
Soergel, BGB	Soergel, BGB, Kommentar, 12. Aufl. 1987 ff., 13. Aufl. 2000 ff.
Sp.	Spalte
Spindler/Stilz, AktG	Spindler/Stilz, Aktiengesetz, Kommentar, 2007
Staub, HGB	Staub, HGB, Großkommentar, 5. Aufl. 2009.
Staudinger, BGB	Staudinger, Kommentar zum Bürgerlichen Gesetzbuch, 12. Aufl. 1978 ff.; 13. Bearb. 1993 ff.
StBerG	Steuerberatungsgesetz
Stöber, VereinsR	Stöber, Handbuch zum Vereinsrecht, 9. Aufl. 2004
sublit.	Unterbuchstabe(n)
Süß/Wachter, Handbuch des internationalen GmbH-Rechts ...	Süß/Wachter, Handbuch des internationalen GmbH-Rechts, 2006
Thomas/Putzo, ZPO ..	Thomas/Putzo, Zivilprozessordnung, Kommentar, 30. Aufl. 2009
Thür	Thüringen
TransPuG	Transparenz- und Publizitätsgesetz – Gesetz zur weiteren Reform des Aktien- und Bilanzrechts, zu Transparenz und Publizität
TVG	Tarifvertragsgesetz
u. a. (u. A.)	unter anderem, und andere (Andere)
UBGG	Gesetz über Unternehmensbeteiligungsgesellschaften
UdG	Urkundsbeamter der Geschäftsstelle
UG	Unternehmergesellschaft
Ulbert, GmbH im Registerverfahren	Ulbert, Die GmbH im Handelsregisterverfahren, 1997
UmwG	Umwandlungsgesetz
URNr.	Nummer der Urkundenrolle
UStG	Umsatzsteuergesetz
UWG	Gesetz gegen den unlauteren Wettbewerb

v	vom
VAG	Gesetz über die Beaufsichtigung der Versicherungsunternehmen (Versicherungsaufsichtsgesetz)
VereinsG	Gesetz zur Regelung des öffentlichen Vereinsrechts
Verf	Verfassung, Verfahren
VerglO	Vergleichsordnung
VersAusglG	Gesetz über den Versorgungsausgleich (Versorgungsausgleichsgesetz)
VersR	Versicherungsrecht (Zeitschrift)
Vfg.	Verfügung
VG	Verwaltungsgericht
VGBest	Bestimmungen des Bundesrats über das Vereinsregister und das Güterrechtsregister
vgl.	vergleiche
v. g. u.	vorgelesen, genehmigt und unterschrieben
VO	Verordnung
VOBl	Verordnungsblatt
VR	Vereinsregister (Aktenzeichen)
VRV	Vereinsregisterverordnung
VVaG	Versicherungsverein auf Gegenseitigkeit
WarnR	Warneyers Rechtsprechung des Reichsgerichts auf dem Gebiet des Zivilrechts
WBG	Gesetz zur Bereinigung des Wertpapierwesens (Wertpapierbereinigungsgesetz)
WEG	Wohnungseigentumsgesetz
WiB	Wirtschaftsrechtliche Beratung (Zeitschrift)
Wicke, GmbHG	Wicke, GmbHG, Kommentar, 2008
Widmann/Mayer, UmwG	Widmann/Mayer, Umwandlungsrecht, Kommentar (Loseblatt)
Winkler, BeurkG	Winkler, Beurkundungsgesetz, Kommentar, 16. Aufl. 2008
WM	Wertpapiermitteilungen (Zeitschrift)
WpHG	Wertpapierhandelsgesetz
WPO	Wirtschaftsprüferordnung
WRP	Wettbewerb in Recht und Praxis (Zeitschrift)
WV	Wiedervorlage
ZBlFG	Zentralblatt für Freiw. Gerichtsbarkeit und Notariat
ZBlHR	Zentralblatt für Handelsrecht
ZEV	Zeitschrift für Erbrecht und Vermögensnachfolge
ZfG	Zeitschrift für das gesamte Genossenschaftswesen
ZGR	Zeitschrift für Unternehmens- und Gesellschaftsrecht
ZHR	Zeitschrift für das gesamte Handels- und Wirtschaftsrecht
ZIP	Zeitschrift für Wirtschaftsrecht
ZNotP	Zeitschrift für die Notarpraxis
ZPO	Zivilprozessordnung
ZRP	Zeitschrift für Rechtspolitik
ZustErgG	Zuständigkeitsergänzungsgesetz
ZuVO	Zuständigkeitsverordnung
ZZP	Zeitschrift für Zivilprozeß

Teil 1. Handelsregister

Erster Abschnitt. Allgemeiner Teil des Handelsregisterrechts

A. Grundsätze des Handelsregisterrechts

I. Aufgabe und Gegenstand des Handelsregisters

Das Handelsregister dient der **Offenbarung von Tatsachen und Rechtsverhältnissen der Kaufleute und Handelsgesellschaften**, die für den Rechtsverkehr von wesentlicher Bedeutung sind.[1] Als öffentliches Verzeichnis von Rechtstatsachen ist es insbesondere ein Mittel zur Steigerung der Unternehmenspublizität mit der Aufgabe, den allgemeinen Schutz des Rechtsverkehrs zu erhöhen.[2] Das Ziel des Handelsregisters ist es, die einzutragenden Tatsachen zuverlässig, vollständig und lückenlos wiederzugeben.[3] Im Vordergrund steht dabei die Darstellung der **Existenz, Vertretungs- und Haftungsverhältnisse** des betroffenen Rechtsträgers. 1

Die Eintragungen im Handelsregister können für die Gestaltung der Rechtsverhältnisse kaufmännischer Unternehmen einerseits rechtsbegründend sein, also eine Änderung der Rechtslage bewirken und auf diese Weise „konstitutiv" wirken oder andererseits lediglich bezeugend die bestehende Rechtslage offen legen und somit letztlich kundmachend und „deklaratorisch" wirken. Die rechtliche Bedeutung von erfolgten oder unterlassenen Eintragungen im Handelsregister gegenüber Dritten im Geschäftsverkehr richtet sich nach § 15 HGB, der in seiner geltenden Fassung die Vorgaben der im Jahre 2003 reformierten europäischen Publizitätsrichtlinie 68/151/EWG umsetzt.[4] 2

Eintragungen in das Handelsregister liefern darüber hinaus einen **Beweis ersten Anscheins** für das Bestehen der bezeugten Rechtstatsache. Insbesondere im Rahmen des Grundbuchverfahrens ist nach § 32 GBO der Nachweis der Vertretungsbefugnis bei Handelsgesellschaften durch Vorlage eines Handelsregisterauszugs möglich.[5] 3

Neben der **Publizitätsfunktion** des Handelsregisters wird durch die Registerführung seitens des Registergerichts auch eine **Prüfungs- und Kontrollfunktion** ausgeübt,[6] insbesondere in Verwirklichung des Systems der Normativbestimmungen[7] bei der Gründung sowie hinsichtlich der Kapitalaufbringung bei Kapitalgesellschaften. Nicht nur die Darstellung und Auskunft über die Rechtsverhältnisse von Unternehmen ist also 4

---

[1] BGH NJW 1998, 1071 (= FGPrax 1998, 68 = Rpfleger 1998, 161); BGH NJW 1992, 1452; **BayObLG** Z 1978, 182 (186); **BayObLG** Z 1977, 76 (78); *Koch,* in: Staub, HGB, § 8 Rz. 1; *Schaub,* in: Ebenroth/Boujong/Joost/Strohn, HGB, § 8 Rz. 48; *Krafka,* in: MünchKommHGB, § 8 Rz. 3.
[2] *Koch,* in: Staub, HGB, § 8 Rz. 1; *Baumbach/Hopt,* HGB, § 8 Rz. 1.
[3] KG FGPrax 2000, 249 (= DNotZ 2001, 408); **OLG Hamm** NJW-RR 1993, 807 (= Rpfleger 1993, 288 = MittBayNot 1993, 304).
[4] Erste gesellschaftsrechtliche Richtlinie vom 9. 3. 1968 (ABl. Nr. L 65/8), zuletzt maßgeblich geändert durch die Richtlinie 2003/58/EG vom 15. 7. 2003 (ABl. Nr. L 221/13), abgedruckt im Anhang.
[5] Hierzu BayObLG Z 1993, 137 (= MittBayNot 1993, 212).
[6] *Koch,* in: Staub, HGB, § 8 Rz. 3; *Schaub,* in: Ebenroth/Boujong/Joost/Strohn, HGB, § 8 Rz. 127 ff.; *Krafka,* in: MünchKommHGB, § 8 Rz. 8 ff.
[7] Hierzu *Karsten Schmidt,* Gesellschaftsrecht, § 8 II 5.

Ziel der Registerführung, sondern auch die Ausübung staatlicher Kontrolle zur Einhaltung gesetzlicher Anforderungen an die registrierten Unternehmen.[1]

5 Im Handelsregister erfolgen Eintragungen über Einzelkaufleute, juristische Personen, offene Handelsgesellschaften, Kommanditgesellschaften, Europäische wirtschaftliche Interessenvereinigungen, Gesellschaften mit beschränkter Haftung, Aktiengesellschaften, Europäische Gesellschaften (SE); Kommanditgesellschaften auf Aktien sowie Versicherungsvereine auf Gegenseitigkeit. Nicht im Handelsregister als Rechtsträger eintragbar sind hingegen Gesellschaften bürgerlichen Rechts und stille Gesellschaften. Für Vereine, Genossenschaften, Europäische Genossenschaften (SCE) und Partnerschaftsgesellschaften sind derzeit noch eigenständige Register eingerichtet, die jedoch dem Handelsregister weitgehend angepasst wurden. Der gesamte Regelungskomplex des Registerrechts lässt sich als Schnittfläche der Freiwilligen Gerichtsbarkeit sowie dem Handels- und Gesellschaftsrecht zu- als auch aufgrund seiner inneren Spezifität als eigenständiges Rechtsgebiet einordnen.[2]

II. Einfluss des Europarechts auf das deutsche Handelsregisterwesen

6 Von steigender Bedeutung ist im Registerrecht der wachsende Einfluss des Europarechts auf das nationale Recht. Nicht nur in der vielfältigen Abänderung der nationalstaatlichen materiell-rechtlichen Regelungen, sondern auch bei der Führung und Gestaltung der nationalen Handelsregister besteht die Tendenz zu einer **zunehmenden Harmonisierung** der in den Mitgliedsstaaten zugrunde liegenden Rechtsvorschriften.[3]

7 In den zurück liegenden Jahrzehnten war dies bei der Tätigkeit des Gesetzgebers insbesondere im Rahmen der Umsetzung der Elften gesellschaftsrechtlichen Richtlinie des Rates der Europäischen Gemeinschaften[4] durch die grundlegende Neufassung des Rechts der Zweigniederlassungen im Jahre 1993 ebenso zu erkennen wie bei der Erweiterung der Publizitätspflichten im Rahmen des KapCoRiLiG im Jahr 2000. Schließlich sind mit der europäischen Verordnung über die innergemeinschaftliche Koordinierung des Aufbaus von Unternehmensregistern für statistische Verwendungszwecke[5] bereits europaweite Vorgaben für die innerstaatlichen Unternehmensregister vorhanden. Seit 1.1. 2007 sind aufgrund der im Jahr 2003 erfolgten Novellierung der „Publizitätsrichtlinie", die Erste gesellschaftsrechtliche Richtlinie[6] sämtliche Mitgliedsstaaten verpflichtet, die jeweiligen **Handelsregister** elektronisch zu führen sowie Anmeldungen und Urkunden **in elektronischer Form** entgegenzunehmen, und sind umgekehrt etwaigen Einsichtnehmenden die Eintragungen und die der Einsicht unterliegenden Urkunden sowohl in Papierform als auch in elektronischer Form zur Verfügung zu stellen. In der Bundesrepublik Deutschland wurden diese Anforderungen durch das „Gesetz über elektronische Handelsregister und Genossenschaftsregister sowie das Unternehmens-

---

[1] Siehe *Krafka*, in: MünchKommHGB § 8 Rz. 3 ff.; *Schaub*, in: Ebenroth/Boujong/Joost/Strohn, HGB, § 8 Rz. 51 ff.

[2] *Krafka*, Einführung in das Registerrecht; zur Entwicklung des Registerrechts siehe *Kögel*, Rpfleger 2009, 291; *Munzig* FGPrax 2006, 47, 94 und 139; *Hintzen*, Rpfleger 2005, 344; *Munzig* FGPrax 2003, 101; *Hintzen* Rpfleger 2003, 337.

[3] *Schemman*, in: Fleichhauer/Preuß, Handelsregisterrecht, Teil C; *Steding* NZG 2000, 913; *Großfeld* WM 1992, 2121; *Behrens* GmbHR 1993, 129.

[4] Richtlinie 89/666/EWG – „Zweigniederlassungsrichtlinie" – vom 21. 12. 1989, ABl. Nr. L 395/36, hier abgedruckt als Anhang 7.

[5] 93/2186/EWG v 22. 7. 1993; ABl. der EG Nr. L 196 v 5. 8. 1993.

[6] Richtlinie 2003/58/EG des Europäischen Parlaments und des Rates vom 15. 7. 2003 (ABl. Nr. L 221/13 vom 4. 9. 2003); hierzu *Schmidt-Kessel* GPR 2006, 6; *Schemmann* GPR 2003/2004, 92; *Scholz* EuZW 2004, 172.

register (EHUG)"¹ umgesetzt. Der Zukunft ist weiterhin eine Regelung zu grenzüberschreitenden Sitzverlegungen von Handelsgesellschaften in Europa vorbehalten. Die hierzu vorhandenen Entwürfe bedürfen noch der Verabschiedung durch die zuständigen Organe. Bereits seit umgesetzt ist dagegen die Richtlinie zur Regelung grenzüberschreitender Verschmelzungen (vgl. §§ 122 a ff. UmwG).

Auch der Einfluss der Rechtsprechung des **EuGH** nimmt im Rahmen des Gesellschafts- und Registerrechts stetig zu.² Neben der Entscheidung zur Frage der Gerichtsgebühren für das Registerverfahren³ trat hierbei eine Entscheidung zur Frage der Verlagerung des Tätigkeitsbereichs einer Gesellschaft aus einem Mitgliedsstaat in einen anderen⁴ sowie mehrere Entscheidungen zur Frage von ausländischen „Briefkastengesellschaften" und deren Zweigniederlassungen im Inland⁵ in den Vordergrund der Diskussion. Eine weitere Beschäftigung des EuGH mit Fragen von registerrechtlicher Relevanz ist mit Sicherheit zu erwarten. Von besonderer Bedeutung sind hierbei Entscheidungen im Rahmen des Vorabentscheidungsverfahrens nach Art. 267 AEUV (ehemals Art. 234 EGV). Die Vorlage einer Rechtsfrage an den EuGH durch das Amtsgericht als Registergericht im Rahmen eines Verfahrens der freiwilligen Gerichtsbarkeit ist allerdings nur dann zulässig, wenn ein Rechtsstreit anhängig ist und das Gericht daher im Rahmen eines Verfahrens zu entscheiden hat, das auf eine Entscheidung mit Rechtsprechungscharakter abzielt.⁶ Hieran fehlt es, solange eine gerichtliche Verfügung oder ein Beschluss nicht von einem der Beteiligten mit einem Rechtsmittel angegriffen worden ist.⁷ 8

III. Sachliche und örtliche Zuständigkeit

Die Führung des Handelsregisters erfolgt durch die **Gerichte** (§ 8 Abs. 1 HGB). Zuständig sind die Amtsgerichte (§ 23 a Abs. 2 Nr. 3 und Nr. 4 GVG). Die in den 1990er Jahren erwogene Verlagerung der Handelsregisterführung von der Justiz auf die Industrie- und Handelskammern⁸ wurde letztendlich nicht realisiert. 9

Sachlich ist das Registergericht vor allem zur Vornahme von **Eintragungen** in das Handelsregister zuständig und ggf. zur Erstellung von **Bescheinigungen** aufgrund der Eintragungen im Handelsregister (§ 9 Abs. 5 HGB, § 386 FamFG). 10

Daneben ist das gemäß § 377 FamFG zuständige Gericht der freiwilligen Gerichtsbarkeit für unternehmensrechtliche Verfahren im Sinne des § 375 FamFG zuständig. Im Einzelnen sind als Antragsverfahren zur Bestellung von Organmitgliedern und Prüfern sowie zur Wahrnehmung sonstiger Aufgaben unter anderem folgende weitere Zuständigkeiten der Amtsgerichte gesetzlich normiert (vgl. die unvollständige Aufzählung in § 375 FamFG): 11

---

[1] Gesetz vom 10. 11. 2006, BGBl. I S. 2553, hierzu *Sikora/Schwab* MittBayNot 2007, 1; *Noack* NZG 2006, 801; *Dauner-Lieb/Linke*, DB 2006, 767; *Grashoff*, DB 2006, 513; *Krafka* MittBayNot 2005, 290; *Meyding/Bödeker*, BB 2006, 1009 und *Ries* Rpfleger 2006, 233.
[2] *Kögel* Rpfleger 2004, 325; *Müther* Rpfleger 2000, 316; *Kögel* Rpfleger 2001, 279.
[3] Siehe **EuGH** ZIP 1998, 206 („Fantask") sowie **BayObLG** FGPrax 1999, 36 (= MittBayNot 1999, 90 mit Anm. *Engel* = Rpfleger 1999, 195); **BayObLG** Rpfleger 1999, 197 (= MittBayNot 1999, 202); **OLG Zweibrücken** FGPrax 1999, 191 (= MittBayNot 1999, 402).
[4] **EuGH**, Urt. v. 5. 11. 2002, Rs. C-208/00 – „Überseering".
[5] Vgl. **EuGH**, Urt. v. 30. 9. 2003, Rs. C-167/01 – „Inspire Art", NJW 2003, 3331; **EuGH**, Urt. v. 9. 3. 1999, Rs. C-212/97 – „Centros", NJW 1999, 2027. Zur Rechtsprechung bis dahin siehe v. a. **EuGH** NJW 1989, 2186 – „Daily Mail".
[6] Vgl. **EuGH** NJW 2001, 3179 (= Rpfleger 2002, 16); *Brehm*, Freiwillige Gerichtsbarkeit, Rz. 25 ff.
[7] **EuGH**, Urt. vom 16. 12. 2008, Rs. C-210/06 – „Cartesio", NJW 2009, 569 = NZG 2009, 61; **EuGH** NJW 2001, 3179 (= Rpfleger 2002, 16).
[8] Vgl. *Stober* ZRP 1998, 224; *Schöpe* ZRP 1999, 449; *Ulmer* ZRP 2000, 47.

- § 146 Abs. 2 HGB (Liquidatorenbestellung bei einer OHG);
- § 147 HGB (Abberufung von Liquidatoren einer OHG);
- § 166 Abs. 3 HGB (Kontrollrecht des Kommanditisten);
- § 233 Abs. 3 HGB (Kontrollrecht des stillen Gesellschafters);
- § 318 Abs. 3 HGB (Bestellung eines Abschlussprüfers);
- § 66 Abs. 2 und 3 GmbHG (gerichtliche Bestellung und Abberufung von Liquidatoren);
- entsprechend § 29 BGB (Bestellung eines Notgeschäftsführers einer GmbH);
- § 85 Abs. 1 AktG (Bestellung eines Vorstandsmitglieds);
- § 104 Abs. 1 AktG (Bestellung von Aufsichtsratsmitgliedern);
- § 142 Abs. 2 AktG (Bestellung von Sonderprüfern);
- § 147 Abs. 3 AktG (Bestellung besonderer Vertreter bei Ersatzansprüchen);
- § 258 Abs. 1 AktG (Bestellung von Sonderprüfern);
- § 260 Abs. 1 AktG (abschließende Feststellungen der Sonderprüfer);
- § 265 Abs. 3 AktG (Bestellung und Abberufung von Abwicklern);
- § 273 Abs. 4 AktG (Bestellung von Nachtragsabwicklern);
- § 315 AktG (Bestellung von Sonderprüfern);
- § 47 Abs. 2 VAG (Bestellung von Abwicklern).

Hält sich das Registergericht ebenso wie eine andere Abteilung des Amtsgerichts für unzuständig, so ist zur Behebung dieses negativen Kompetenzkonflikts das Bestimmungsverfahren entsprechend § 36 Abs. 1 Nr. 6, § 37 ZPO einzuleiten.[1]

12 Das Handelsregister wird von dem **Amtsgericht** geführt, in dessen Bezirk ein Landgericht seinen Sitz hat, und zwar für sämtliche Amtsgerichte in diesem Landgerichtsbezirk (§ 8 HGB, § 376 Abs. 1 FamFG, § 1 HRV). Durch landesrechtliche Bestimmungen kann anderen oder zusätzlichen Amtsgerichten die Registerführung übertragen werden. Ebenso können die Registerbezirke abweichend festgelegt werden (§ 376 Abs. 2 FamFG).

13 Im Einzelnen wird die Umsetzung der Konzentrationsvorschrift durch die verschiedenen Bundesländer derzeit unterschiedlich gehandhabt:[2]
- **Baden-Württemberg:** Die Zuständigkeit zur Führung des Handelsregisters wurde bei vier Amtsgerichten zentralisiert:[3] Zuständig ist das *Amtsgericht Freiburg im Breisgau* für die Amtsgerichtsbezirke Bad Säckingen, Breisach am Rhein, Donaueschingen, Emmendingen, Ettenheim, Freiburg im Breisgau, Gengenbach, Kehl, Kenzingen, Konstanz, Lahr, Lörrach, Mühlheim, Oberkirch, Offenburg, Radolfzell, St. Blasien, Schönau im Schwarzwald, Schopf, Singen (Hohentwiel), Staufen im Breisgau, Stockach, Titisee-Neustadt, Überlingen, Villingen-Schwenningen, Waldkirch, Waldshut-Tiengen und Wolfach (§ 5a Abs. 1 Nr. 1 ZuVOJu); das *Amtsgericht Mannheim* ist zuständig für die Amtsgerichtsgerichtsbezirke Achern, Adelsheim, Baden-Baden, Bretten, Bruchsal, Buchen (Odenwald), Bühl, Ettingen, Gernsbach, Heidelberg, Karlsruhe, Karlsruhe-Durlach, Maulbronn, Mannheim, Mosbach, Pforzheim, Philippsburg, Rastatt, Schwetzingen, Sinsheim, Tauberbischofsheim, Weinheim, Wertheim und Wiesloch (§ 5a Abs. 1 Nr. 2 ZuVOJu); das *Amtsgericht Stuttgart* ist zuständig für die Amtsgerichtsbezirke Albstadt, Backnang, Bad Urach, Balingen, Besigheim, Böblingen, Brackenheim, Calw, Esslingen am Neckar, Freudenstadt, Hechingen, Heilbronn, Horb am Neckar, Kirchheim unter Teck, Künzelsau, Leonberg, Ludwigsburg, Marbach am Neckar, Münsingen, Nagold, Nürtingen,

---

[1] OLG Hamm FGPrax 2007, 142.
[2] S. die Aufstellung von *Heinemann* in: Keidel, FamFG, § 376 Rz. 10 ff.
[3] § 5a der VO des Justizministeriums über Zuständigkeiten in der Justiz (ZuVOJu) vom 20. 11. 1998 (GBl. S. 680), zuletzt geändert am 5. 5. 2008 (GBl. S. 162).

Oberndorf am Neckar, Öhringen, Reutlingen, Rottenburg am Neckar, Rottweil, Schorndorf, Schwäbisch Hall, Spaichingen, Stuttgart, Stuttgart-Bad Cannstatt, Tübingen, Tuttlingen, Vaihingen an der Enz und Waiblingen (§ 5 a Abs. 1 Nr. 3 ZuVO-Ju) und das *Amtsgericht Ulm* ist zuständig für die Amtsgerichtsbezirke Aalen, Bad Mergentheim, Bad Saulgau, Bad Waldsee, Biberach an der Riß, Crailsheim, Ehingen (Donau), Ellwangen (Jagst), Geislingen an der Steige, Göppingen, Heidenheim an der Brenz, Langenburg, Leutkirch im Allgäu, Neresheim, Ravensburg, Riedlingen, Schwäbisch Gmünd, Sigmaringen, Tettnang, Ulm und Wangen im Allgäu (§ 5 a Abs. 1 Nr. 4 ZuVOJu);
- **Bayern:** Grundsätzlich verbleibt es bei der Regelung des § 376 Abs. 1 FamFG. Lediglich für vereinzelte Registerbezirke (Erding und Freising werden vom *Amtsgericht München* geführt, Erlangen, Fürth und Neustadt an der Aisch durch das *Amtsgericht Fürth* sowie Straubing durch das *Amtsgericht Straubing*) wurde die Zuständigkeit abweichend geregelt (§§ 9 ff. GZVJu).[1]
- **Berlin:** Das Amtsgericht Charlottenburg ist für das gesamte Landesgebiet zuständig.[2]
- **Brandenburg:** Die Registerführung wird nach § 376 Abs. 2 FamFG von den Amtsgerichten Cottbus, Frankfurt an der Oder, Neuruppin und Potsdam geführt.
- **Bremen:** Zuständig sind das Amtsgericht Bremerhaven für seinen Gerichtsbezirk, im Übrigen das Amtsgericht Bremen.[3]
- **Hamburg:** Zuständig ist das Amtsgericht Hamburg.
- **Hessen:** Von der Dekonzentrationsmöglichkeit des § 376 Abs. 2 FamFG wurde Gebrauch gemacht. Die Zuständigkeitsverteilung ist im Einzelnen detailliert geregelt.[4] Danach sind zuständig jeweils für seinen und die genannten weiteren Amtsgerichtsbezirke das *Amtsgericht Bad Homburg v. d. Höhe* für sich und Usingen, das *Amtsgericht Bad Hersfeld* für sich und Rothenburg an der Fulda, das *Amtsgericht Eschwege* nur für sich; das *Amtsgericht Friedberg (Hessen)* für sich, Büdingen und Nidda; das *Amtsgericht Fritzlar* für sich und Melsungen; das *Amtsgericht Königstein im Taunus* nur für sich, das Amtsgericht Korbach für sich und Bad Arolse; das *Amtsgericht Offenbach am Main* für sich, Langen (Hessen) und Seligenstadt; das *Amtsgericht Wetzlar* für sich und Dillenburg; im Übrigen verbleibt es bei der allgemeinen Zuständigkeitskonzentration nach § 376 Abs. 1 FamFG.
- **Mecklenburg-Vorpommern:** Eine Dekonzentration wurde nicht verordnet, so dass es bei der Zuständigkeitsordnung des § 376 Abs. 1 FamFG verbleibt.
- **Niedersachsen:** Die Führung des Handelsregisters wurde einzelnen Gerichten zugewiesen:[5] zuständig ist das *Amtsgericht Aurich* für die Amtsgerichtsbezirke Aurich, Emden, Leer (Ostfriesland), Norden und Wittmund; das *Amtsgericht Braunschweig* für die Bezirke Bad Gandersheim, Braunschweig, Clausthal-Zellerfeld, Golsar, Helmstedt, Salzgitter, Seesen, Wolfenbüttel und Wolfsburg; das *Amtsgericht Göttingen* für die Bezirke Duderstadt, Einbeck, Göttingen, Herzberg am Harz, Hann. Münden, Northeim und Osterode am Harz, das *Amtsgericht Hannover* für die Amtsgerichtsbezirke Burgwedel, Hameln, Hannover, Neustadt am Rüben-

---

[1] VO über gerichtliche Zuständigkeiten im Bereich des Staatsministeriums der Justiz und für Verbraucherschutz (GZVJu) vom 16. 11. 2004 (GVBl S. 471), zuletzt geändert durch VO vom 14. 11. 2008 (GVBl S. 900).
[2] §§ 5, 6 der VO über die Zuweisung amtsgerichtlicher Zuständigkeiten vom 8. 5. 2008 (GVBl S. 116).
[3] § 1 Abs. 2 der VO vom 16. 10. 2001 (Brem. GBl S. 363).
[4] VO über gerichtliche Zuständigkeiten im Bereich des Ministeriums der Justiz vom 16. 9. 2008 (GVBl I S. 822), zuletzt geändert am 23. 10. 2008 (GVBl I S. 926).
[5] § 16d ZustVO-Justiz vom 22. 1. 1998 (GVBl S. 66), zuletzt geändert am 18. 6. 2008 (GVBl S. 221).

berge, Springe und Wennigsen (Deister); das *Amtsgericht Hildesheim* für die Bezirke Alfeld (Leine), Burgdorf, Elze, Gifhorn, Hildesheim, Lehrte und Peine, das Amtsgericht Lüneburg für die Bezirke der Amtsgerichte Celle, Dannenberg (Elbe), Lüneburg, Soltau, Uelzen und Winsen (Luhe); das *Amtsgericht Oldenburg* für die Bezirke Brake (Unterweser), Cloppenburg, Delmenhorst, Jever, Nordernham, Oldenburg, Varel, Vechta, Westerstede, Wildeshausen und Wilhemlshaven; das *Amtsgericht Osnabrück* für die Bezirke Bad Iburg, Bersenbrück, Lingen (Ems), Meppen, Nordhorn, Osnabrück und Papenburg; das *Amtsgericht Tostedt* für die Bezirke Bremervörde, Buxtehude, Cuxhaven, Langen, Otterndorf, Stade, Tostedt und Zeven; das *Amtsgericht Stadthagen* für sich und die Bezirke Bückeburg sowie Rinteln; das *Amtsgericht Walsrode* für die Bezirke Achim, Diepholz, Nienburg (Weser), Osterholz-Scharmbeck, Rotenburg (Wümme), Stolzenau, Sulingen, Syke, Verden (Aller) und Walsrode.

- **Nordrhein-Westfalen:** Seit 1.1. 2005 sind 30 zentrale Registergerichte für die Führung des Handelsregisters zuständig;[1] zuständig sind die Amtsgerichte Aachen, Arnsberg, Bad Oyenhausen, Bielefeld, Bochum, Bonn, Düsseldorf, Duisburg, Dortmund, Düren, Essen, Gelsenkirchen, Gütersloh, Hagen, Hamm, Iserlohn, Kleve, Köln, Krefeld, Lemgo, Mönchengladbach, Münster, Neuss, Paderborn, Recklinghausen, Siegburg, Siegen, Steinfurt und Wuppertal.
- **Rheinland-Pfalz:** Von der Möglichkeit einer Zuständigkeitsdekonzentration nach § 376 Abs. 2 FamFG wurde in sehr differenziertem Maße Gebrauch gemacht.[2] Zuständig sind die Amtsgerichte Bad Kreuznach, Koblenz, Landau in der Pfalz, Ludwigshafen am Rhein, Mainz, Montabaur, Wittlich und Zweibrücken.
- **Saarland:** Zuständig ist allein das Amtsgericht Saarbrücken.[3]
- **Sachsen:** Über die Vorschrift des § 376 Abs. 1 FamFG hinaus wurde die Zuständigkeit bei drei Amtsgerichten (Chemnitz, Dresden, Leipzig) konzentriert.[4]
- **Sachsen-Anhalt:** Zuständig ist ausschließlich das Amtsgericht Stendal.[5]
- **Schleswig-Holstein:** In den Landgerichtsbezirken Kiel, Flensburg und Lübeck führen die jeweils dort gelegenen Amtsgerichte das Register für den gesamten Landgerichtsbezirk; für den Landgerichtsbezirk Itzehoe wurde die Führung dem Amtsgericht Pinneberg zugewiesen.[6]
- **Thüringen:** Für das gesamte Landesgebiet ist das Amtsgericht Jena zuständig.[7]

14 Die **örtliche Zuständigkeit** ergibt sich aus § 377 Abs. 1 FamFG[8] und ist ausschließlich. Eintragungen eines unzuständigen Gerichts sind aber gemäß § 2 Abs. 3 FamFG

---

[1] § 1 Abs. 1 i.V.m. Anlage 1 der VO über die elektronische Registerführung und die Zuständigkeiten der Amtsgerichte in Nordrhein-Westfalen in Registersachen vom 19. 12. 2006 (GV. NRW. S. 606), zuletzt geändert am 16. 10. 2008 (GV. NRW S. 645); siehe dazu die Aufstellung von *Heinemann*, in: Keidel, FamFG, § 376 Rz. 20.

[2] § 3 Abs. 1 der LandesVO über die gerichtliche Zuständigkeit in Zivilsachen und Angelegenheiten der freiwilligen Gerichtsbarkeit vom 22. 11. 1985, zuletzt geändert am 8. 5. 2006 (GVBl S. 199).

[3] § 1 Abs. 1 RegisterVO vom 29. 7. 2003 (ABl. des Saarlandes S. 2238).

[4] VO des Sächsischen Staatsministeriums der Justiz über die Organisation der Justiz vom 14. 12. 2007 (VGBl. S. 600), zuletzt geändert am 6. 6. 2008 (GVBl S. 336).

[5] § 15 der Grundbuch- und Register-VO vom 13. 12. 2004 (GVBl LSA S. 829) in der Fassung der VO vom 18. 7. 2006 (GVBl LSA S. 416), zuletzt geändert am 28. 7. 2008 (GVBl LSA S. 287).

[6] § 1 VO vom 2. 3. 2004 (GVOBl Schl.-H. S. 76), zuletzt geändert am 12. 12. 2006 (GVOBl. Schl-H. S. 361).

[7] § 2 Thüringer VO über gerichtliche Zuständigkeiten in der ordentlichen Gerichtsbarkeit vom 12. 8. 1993 (GVBl S. 563), zuletzt geändert am 16. 12. 2008 (GVBl S. 587).

[8] Kritisch zum Wortlaut dieser Vorschrift *Nedden-Boeger* FGPrax 2009, 144, und *Nedden-Boeger*, in: Schulte-Bunert/Weinreich, FamFG, § 377 Rz. 6.

nicht unwirksam; ihre Beseitigung kommt bei Einzelkaufleuten und Personenhandelsgesellschaften allenfalls nach § 395 FamFG in Betracht;[1] bei Kapitalgesellschaften ist entsprechend § 2 Abs. 3 FamFG zu verfahren (siehe Rz. 1341). Örtlich zuständig ist das Amtsgericht, in dessen Bezirk der Einzelkaufmann seine **Handelsniederlassung** (§ 29 HGB), also seine kaufmännische Leitung hat. Bei juristischen Personen gemäß § 33 HGB ist der Ort der Hauptniederlassung des gewerblichen Unternehmens maßgeblich,[2] bei Handelsgesellschaften oder bei Versicherungsvereinen auf Gegenseitigkeit der jeweilige Sitz, also im Regelfall der Betriebsmittelpunkt (§ 106 Abs. 1, § 161 Abs. 2 HGB; § 278 Abs. 3 i.V.m. § 5 AktG; § 7 Abs. 1 i.V.m. § 4a GmbHG; § 30 VAG). Der Satzungssitz bzw. die maßgebliche Niederlassung muss im Inland liegen; bei Gesellschaften mit beschränkter Haftung und Aktiengesellschaften darf sich nach der Neufassung der einschlägigen Vorschriften durch das MoMiG (§ 4a GmbHG, § 5 AktG) der tatsächliche Verwaltungssitz allerdings im Ausland befinden. Trotz des missverständlichen Wortlauts des § 377 Abs. 1 FamFG ist hierbei das registerführende Gericht unabhängig von einer gegebenenfalls bereits vorgenommenen Verlagerung des Sitzes oder der Niederlassung solange für etwaige Registerverfahren insbesondere bezüglich Eintragungen und Löschungen zuständig, bis die Verlegung des Sitzes oder der Niederlassung im Register eingetragen ist (vgl. § 13h HGB).[3]

Die Zuständigkeit für **Zweigniederlassungen** von Einzelkaufleuten, juristischen Personen und Handelsgesellschaften, die ihren Sitz im Ausland haben, bestimmt sich nach § 13d Abs. 1 HGB sowie § 106 Abs. 2 VAG. Da Zweigniederlassungen inländischer Rechtsträger nur noch im Register der Hauptniederlassung vermerkt werden (§ 13 HGB), besteht hierfür keine besondere Zuständigkeit mehr. Bei einem nur noch in seltenen Fällen zulässigen **Mehrfachsitz** von juristischen Personen und Kapitalgesellschaften ist jedes Amtsgericht, in dessen Bezirk sich ein Sitz befindet, örtlich zuständig (siehe hierzu Rz. 355 ff.).

IV. Organe der Handelsregisterführung

Die Geschäfte des Registergerichts bei der Führung des Handelsregisters und der Behandlung der sonstigen dem Gericht zugewiesenen Handelssachen sind zwischen Richter, Rechtspfleger und Urkundsbeamten der Geschäftsstelle verteilt (**funktionelle Zuständigkeit**). Maßgebend hierfür sind die Bestimmungen der §§ 387 Abs. 1, 383 Abs. 2 FamFG; §§ 4, 9 Abs. 3 § 17 Abs. 1, §§ 25, 27 bis 31 HRV; §§ 1, 3 Nr. 2 lit. d, §§ 17, 26, 28 RPflG.

Die folgenden Ausführungen behalten die primär durch die einzelnen Verfahrensvorschriften vorgesehenen funktionellen Zuteilungen im Blick, auch wenn mittels landesrechtlicher Vorschriften verschiedene dem Richtervorbehalt unterliegende Tätigkeiten auf Rechtspfleger verlagert werden können[4] (§ 19 Abs. 1 Satz 1 Nr. 6 RPflG: nur die in § 17 Nr. 1 lit. a RPflG genannten Angelegenheiten müssen in der Zuständigkeit eines Richters verbleiben). Allerdings werden gegenüber den angeordneten Zuständigkeiten teilweise insofern Verschiebungen vorgenommen, als bei vielen Gerichten Rechtspfle-

---

[1] *Bumiller/Harders*, FamFG, § 377 Rz. 2; *Nedden-Boeger*, in: Schulte-Bunert/Weinreich, FamFG, § 377 Rz. 24 f.
[2] BayObLG FGPrax 2000, 209 (= DNotZ 2001, 75 = Rpfleger 2001, 551); *Krafka*, in: MünchKommHGB, § 29 Rz. 8 f.
[3] *Nedden-Boeger* FGPrax 2009, 144 (145) und in Schulte-Bunert/Weinreich, FamFG, § 377 Rz. 7 schlägt dazu eine teleologische Reduktion des § 377 Abs. 1 FamFG vor.
[4] Gebrauch haben hiervon insbesondere **Baden-Württemberg** (§ 1 VO vom 3. 12. 2004, GBl. S. 919), **Niedersachsen** (§ 16h VO vom 22. 1. 1998 i.d. Fassung vom 19. 7. 2005, GBl. S. 258) und **Rheinland-Pfalz** (§ 1 der VO vom 15. 5. 2008, GVBl S. 81) gemacht.

gern auch die Funktion des Urkundsbeamten der Geschäftsstelle zugewiesen wurde, etwa um die anspruchsvollere Aufgabe der Eintragung von Insolvenzvermerken durch diese vornehmen zu lassen (siehe § 29 Abs. 1 Nr. 3 HRV). Ausdrücklich ist im Übrigen vorgesehen, dass die Registereintragungen der Richter bzw. Rechtspfleger ohne weitere Verfügung selbst vornehmen kann (§ 27 Abs. 1 HRV). Dasselbe gilt letztlich auch für Folgemaßnahmen. Die Veröffentlichung (§ 383 Abs. 2 FamFG, § 10 HGB) wird regelmäßig automatisch aus der Eintragung übernommen. Ergänzungen und Änderungen müsste der Richter bzw. Rechtspfleger zusätzlich verfügen. Diese Verfügung nimmt regelmäßig mehr Zeit in Anspruch, als die Erstellung und entsprechende Freigabe durch den Eintragenden. Ähnliches gilt in weiter zunehmendem Maße auch für die Erstellung von Mitteilungen und für die Behandlung der Kosten. Die Auskunftserteilung wird zum größten Teil über die Online-Einsicht erfolgen (§ 9 Abs. 1 HGB).

1. Funktionelle Zuständigkeit des Richters

18 Die Aufgaben des **Richters** sind in § 17 RPflG aufgezählt. Er ist zuständig für die Ersteintragung einer AG, SE, KGaA, GmbH und eines VVaG (§§ 36 bis 40, 278 Abs. 3 AktG, §§ 7 bis 10 GmbHG, §§ 30 bis 33 VAG), ferner für die Ersteintragung von inländischen Zweigniederlassungen vergleichbarer ausländischer Gesellschaften (§§ 13e, 13f und 13g HGB).

19 Bei diesen Gesellschaftstypen ist er auch für die Eintragung von Satzungsänderungen, die nicht nur die Fassung betreffen (§§ 181, 278 Abs. 3 AktG, §§ 53 bis 59 GmbHG; § 40 VAG), von Umwandlungen nach dem UmwG, von Unternehmensverträgen (§§ 291 ff. AktG; teilweise entsprechend bei einer GmbH) und von Löschungen von Amts wegen (§§ 394, 395 und 397f. FamFG sowie § 43 Abs. 2 KWG) zuständig, sowie für die dem Amtsgericht zugewiesenen unternehmensrechtlichen Verfahren nach § 375 FamFG mit einigen Ausnahmen (§§ 146, 147, 157 Abs. 2, 166 Abs. 3 und § 233 Abs. 3 HGB sowie § 28 Abs. 2 KWG) und für die Bestellung von Liquidatoren nach Amtslöschungen. Zu den Satzungsänderungen gehören naturgemäß auch die Erhöhung und die Herabsetzung des Grund- und Stammkapitals sowie die Sitzverlegung. Allerdings ist davon auszugehen, dass die Vorprüfung des abgebenden Registergerichts bei der Sitzverlegung in einen anderen Registerbezirk auch durch den Rechtspfleger vorgenommen werden kann, da es sich nicht um eine endgültige Entscheidung zu einer Eintragung handelt. Vorprüfungen und sonstige Begleitmaßnahmen unterliegen nicht den strengen gesetzlich vorgeschriebenen Zuständigkeitsbestimmungen.[1]

20 Nach § 17 Nr. 1 lit. b RPflG sind Eintragungen von Satzungsänderungen ausgenommen, die nur die Fassung betreffen (vgl. § 179 Abs. 1 Satz 2 AktG). Für deren Eintragung ist also der Rechtspfleger funktionell zuständig. Zu denken ist etwa an eine bloße sprachliche Neufassung, beispielsweise die Umstellung des Satzungswortlauts auf die neue Rechtschreibung. Dieser Bestimmung kommt allerdings nur geringe tatsächliche Bedeutung zu, da die Feststellung, ob nicht zugleich eine inhaltliche Änderung der Satzung vorliegt, ohnehin eine umfassende Prüfung durch den Richter erfordert. Keine Satzungsänderungen und daher dem Rechtspfleger übertragen sind im Übrigen der Wechsel in der personellen Besetzung des Vorstands, der Geschäftsführung, bei den Prokuristen sowie die Errichtung von und Änderungen bei Zweigniederlassungen, soweit es sich nicht um inländische Zweigniederlassungen ausländischer Rechtsträger handelt. Bei diesen gehören Satzungsänderungen ebenfalls zu den Richteraufgaben. Soweit dem Rechtspfleger übertragene Eintragungen gleichzeitig

---

[1] Ebenso *Melchior/Schulte*, HRV, § 20 Rz. 4; anderer Ansicht: **OLG Köln** FGPrax 2005, 40 (= Rpfleger 2005, 30); **OLG Frankfurt** FGPrax 2002, 184 (= Rpfleger 2002, 455).

mit dem Richter vorbehaltenen Eintragungen zu erledigen sind, ist für die gesamte Eintragung der Richter zuständig (§ 6 RPflG).

2. Funktionelle Zuständigkeit des Rechtspflegers

Alle sonstigen richterlichen Geschäfte in Handelssachen im Sinne von Buch 5 des FamFG (§§ 374 bis 409 FamFG) sind dem **Rechtspfleger** übertragen (§ 3 Nr. 2 lit. d RPflG). Es spricht daher generell die Vermutung für die Zuständigkeit des Rechtspflegers.[1] In seinen Zuständigkeitsbereich fallen insbesondere die Entscheidungen über Anträge und Anmeldungen auf Eintragung in das Handelsregister Abteilung A uneingeschränkt (Einzelkaufleute, offene Handelsgesellschaften, Kommanditgesellschaften und Juristische Personen gemäß § 33 HGB) und über solche in Abteilung B, soweit sie nicht nach § 17 RPflG dem Richter vorbehalten sind. Der Rechtspfleger ist allein zuständig für das Zwangs- und Ordnungsgeldverfahren nach § 35 FamFG (siehe aber § 4 Abs. 2 Nr. 2 i.V.m. Abs. 3 RPflG), §§ 388 bis 391 und § 392 FamFG i.V.m. § 37 HGB einschließlich der Entscheidung über einen etwaigen Einspruch.

21

Zur Erledigung der ihm übertragenen Geschäfte kann der Rechtspfleger alle Maßnahmen treffen, die sich aus dem einschlägigen Verfahrensrecht (z.B. FamFG, HGB) ergeben (§ 4 Abs. 1 RPflG). Er kann im Rahmen der ihm obliegenden Ermittlungspflichten (§ 26 FamFG) Beteiligte hören, Zeugen vernehmen sowie Gutachten (siehe § 380 FamFG, § 23 HRV), insbesondere der Industrie- und Handelskammer und der Handwerkskammer, einholen. Er kann Zwangs- bzw. Ordnungsgeld androhen und festsetzen, jedoch nicht Ordnungshaft (§ 4 Abs. 2 Nr. 2 RPflG); insofern ist seine Strafgewalt gegenüber Zeugen und Sachverständigen beschränkt (siehe z.B. § 29 FamFG i.V.m. § 380 ZPO). Nicht befugt ist er zur Anordnung einer Beeidigung, zur Abnahme eines Eides von Zeugen, Sachverständigen oder Beteiligten (§ 4 Abs. 2 Nr. 1 RPflG), wohl aber zur Abnahme eidesstattlicher Versicherungen (§ 31 FamFG). Hält der Rechtspfleger eine Maßnahme im Sinne des § 4 Abs. 2 Nr. 1 oder 2 RPflG für geboten, was bei zutreffendem Verständnis der Funktion des Registergerichts äußerst selten sein dürfte, so muss er die Sache dem Richter (§ 28 RPflG) zur Entscheidung vorlegen (§ 4 Abs. 2 Nr. 1 RPflG). Im Übrigen hat er ihm übertragene Geschäfte an den Richter vorzulegen, wenn sich ergibt, dass eine Entscheidung des Bundesverfassungsgerichts oder eines für Verfassungsstreitigkeiten zuständigen Gerichts eines Landes nach Art. 100 GG einzuholen ist oder zwischen dem übertragenen Geschäft und einer **Richtersache** ein so **enger Zusammenhang** besteht, dass eine getrennte Behandlung nicht sachdienlich ist. Dies ist vorbehaltlich eines Antrags auf getrennten Vollzug regelmäßig der Fall, wenn gleichzeitig Anmeldungen in Richter- und Rechtspflegersachen vorliegen. Die gebotene möglichst kostengünstige Erledigung erfordert eine umfassende Bearbeitung durch den Richter. Bei Streit oder Ungewissheit, ob ein Geschäft vom Richter oder Rechtspfleger zu bearbeiten ist, entscheidet der Richter über die Zuständigkeit durch unanfechtbaren Beschluss (§ 7 RPflG). Das auf eine solche Entscheidung vorgenommene Geschäft ist auf alle Fälle wirksam (siehe § 8 Abs. 1 und Abs. 4 Satz 2 RPflG). Über die Ablehnung des Rechtspflegers entscheidet der Richter (§ 10 RPflG).

22

3. Funktionelle Zuständigkeit des Urkundsbeamten der Geschäftsstelle

Die Aufgaben des **Urkundsbeamten** der Geschäftsstelle bei der Führung des Handelsregisters werden durch das RPflG nicht berührt (siehe § 26 RPflG). Soweit er gemäß

23

---

[1] *Heinemann*, in: Keidel, FamFG, § 377 Rz. 22; *Bumiller/Harders*, FamFG, § 376 Rz. 6.

den Bestimmungen der HRV zuständig ist, ordnet § 4 Abs. 1 Satz 2 HRV an, dass die §§ 5 bis 8 RPflG in Bezug auf den Urkundsbeamten der Geschäftsstelle entsprechend gelten. Damit ist insbesondere klargestellt, dass der Urkundsbeamte die ihm übertragenen Geschäfte in besonders geregelten Fällen dem Richter vorlegen muss bzw. kann (§ 5 RPflG) und der Richter die übertragenen Geschäfte mit erledigen darf (§ 6 RPflG). Dem Urkundsbeamten obliegt es, sofern der registerführende Richter oder Rechtspfleger nicht – wie regelmäßig und sinnvollerweise gemäß § 27 Abs. 1 HRV der Fall – selbst einträgt, die Ausführung der Eintragungsverfügung zu veranlassen, die Eintragung zu signieren und die verfügten Bekanntmachungen herbeizuführen (§ 27 Abs. 2 Satz 3 HRV). Von der Ausführungsdelegation an den Urkundsbeamten sollte allerdings durch den Richter oder Rechtspfleger, von Ausnahmefällen mit unüblichen längeren und nicht bausteinartig erfassten Texten abgesehen, kein Gebrauch gemacht werden, da nur so der erforderliche Aufbau von Eintragungen mit einer sinnvollen Aussage der Eintragungen sowohl in der chronologischen als auch in der zusammengefassten aktuellen Ausgabe des Registers (§ 30a Abs. 4 HRV) gewährleistet werden kann.

23a Der Kernbereich der Zuständigkeit des Urkundsbeamten liegt darin, Abschriften und Ausdrucke zu erteilen oder die elektronische Übermittlung der Eintragungen und der zum Register eingereichten Schriftstücke und Dokumente zu erledigen (§ 29 Abs. 1 Nr. 1 HRV) sowie Bescheinigungen nach § 9 Abs. 5 HGB und § 386 FamFG zu erteilen (§ 29 Abs. 1 Nr. 2 HRV). Ferner besteht die bereits in Rz. 17 erwähnte Zuständigkeit zur Eintragung von Insolvenzvermerken nach § 32 InsO (§ 29 Abs. 1 Nr. 3 HRV). Über Anträge, die auf Änderung einer Entscheidung des Urkundsbeamten gerichtet sind, entscheidet der Richter, nicht der Rechtspfleger (§ 4 Abs. 2 Nr. 3 RPflG, § 29 Abs. 2 HRV).

4. Ablehnung und Ausschließung

24 a) **Ablehnung und Ausschließung von Richtern.** Der **Richter** ist von der Ausübung des Richteramts kraft Gesetzes in den in § 6 Abs. 1 FamFG i.V.m. § 41 ZPO bezeichneten Fällen **ausgeschlossen.** Er hat sich in diesen Fällen der Amtsausübung zu enthalten. Ausgeschlossen ist z.B. ein Richter, der Gesellschafter einer OHG oder KG, der Vorstandsmitglied einer AG, einer Genossenschaft oder eines eingetragenen Vereins ist, in den diese Gesellschaften und juristische Personen betreffenden Angelegenheiten. Nicht ausgeschlossen ist dagegen ein Richter, der lediglich Mitglied eines e.V. oder Aktionär einer AG oder Mitglied einer Genossenschaft ist, wenn es sich um die Erledigung einer diese juristischen Personen betreffenden Sache handelt.[1]

25 Nach § 6 Abs. 1 FamFG i.V.m. § 48 ZPO kann der Richter wegen Befangenheit selbst eine entsprechende Anzeige machen (**Selbstablehnung**). Hierzu ist er verpflichtet, wenn er ausreichend sichere Kenntnis von einem Verhältnis im Sinne des § 41 ZPO bekommt. Über die Selbstablehnung entscheidet aufgrund der Anzeige in Handelsregistersachen ein anderer Richter der Amtsgerichts (§ 48 i.V.m. § 45 Abs. 2 ZPO). Eine Selbstablehnung ist dem Betroffenen zur Stellungnahme zuzuleiten.

26 Eine **Ablehnung** des Richters **durch die Beteiligten** ist zulässig. Verfahren und Rechtsmittelzug bestimmen sich hierbei grundsätzlich nach den Vorschriften des FamFG, ergänzend sind gemäß § 6 Abs. 1 FamFG die §§ 41 bis 49 ZPO entsprechend anzuwenden. Für das Ablehnungsgesuch und seine Behandlung gelten § 44 Abs. 1 bis 3, §§ 45 bis 47 ZPO; auch § 44 Abs. 4 i.V.m. § 43 ZPO ist anzuwenden. Über ein Ablehnungs-

---

[1] Siehe *Keidel* Rpfleger 1957, 9; *Bumiller/Harders*, FamFG, § 6 Rz. 5.

gesuch darf nicht erst in den Gründen der Hauptsacheentscheidung befunden werden. Hält der abgelehnte Amtsrichter das Ablehnungsgesuch für begründet, so bedarf es keiner Entscheidung (§ 45 Abs. 2 Satz 2 ZPO); er erstellt lediglich einen Aktenvermerk und der Vertreter tritt an seine Stelle.[1] Ist ein Ablehnungsgesuch rechtskräftig zurückgewiesen, so kann das Vorbringen des Ablehnungsverhältnisses keinen selbstständigen Beschwerdegrund für ein Rechtsmittel gegen die Hauptsacheentscheidung darstellen.[2] Auch kann eine unterbliebene Ablehnung nicht mit einem Rechtsmittel gegen die Hauptsache nachgeholt werden.[3] An die Stelle des ausgeschlossenen oder befangenen Richters tritt sein Stellvertreter nach den für die Vertretung von Richtern geltenden Vorschriften.

Für die Anfechtung der Entscheidung über die Ablehnung gilt gemäß § 6 Abs. 1 FamFG die Vorschrift des § 46 Abs. 2 ZPO. Gegen einen Beschluss, durch den die Ablehnung des Richters für unbegründet oder unzulässig erklärt wird, findet die sofortige Beschwerde statt.[4] Die Entscheidung, durch welche die Ablehnung für begründet erklärt wird, ist unanfechtbar (§ 46 Abs. 2 ZPO).

b) Ablehnung und Ausschließung des Rechtspflegers. Für die Ablehnung und Ausschließung des **Rechtspflegers** sind die für den Richter geltenden Vorschriften entsprechend anzuwenden (§ 10 Satz 1 RPflG). Im Fall der Selbstablehnung hat der Rechtspfleger die Anzeige an den Richter des Gerichts zu richten, bei dem er tätig ist und der nach der Geschäftsverteilung das betreffende Rechtsgebiet, auf das sich die Sache bezieht, zu bearbeiten hat (§ 10 Satz 2 i.V.m. § 28 RPflG, § 48 Abs. 1 ZPO). Dieser entscheidet über die Berechtigung der Selbstablehnung (§ 45 Abs. 1 ZPO). Über ein Ablehnungsgesuch eines Beteiligten entscheidet ebenfalls der vorbezeichnete Richter. Gegen Beschlüsse eines ausgeschlossenen Rechtspflegers können die Beteiligten, soweit es sich um anfechtbare Entscheidungen handelt, Beschwerde einlegen (§ 11 Abs. 1 RPflG, §§ 58 ff. FamFG).

c) Ablehnung und Ausschließung des Urkundsbeamten der Geschäftsstelle. Für den **Urkundsbeamten** der Geschäftsstelle ist in Registersachen § 6 FamFG sinngemäß anzuwenden (§ 4 Abs. 2 HRV). Darüber hinaus schreibt das Landesrecht die Anwendung dieser Vorschriften auf den Urkundsbeamten der Geschäftsstelle vielfach vor. Auch für den Urkundsbeamten ist daher auf die vorstehenden Ausführung zu verweisen. Über die Ablehnung des Urkundsbeamten entscheidet der Richter (siehe § 4 Abs. 2 Nr. 3 RPflG).

5. Mitwirkung weiterer Behörden und Einrichtungen

Im Registerverfahren wirken weiter folgende Institutionen mit:
- die Organe des Handelsstandes – Industrie und Handelskammer – (§ 380 FamFG, §§ 23, 37 Nr. 1 HRV);[5] Gutachten dieser Stellen sind nach § 23 Satz 4 HRV elektronisch einzuholen und zu übermitteln;
- die Organe des Handwerksstandes – Handwerkskammern –, soweit es sich um die Eintragung von handwerklichen Unternehmen handelt (§ 380 FamFG, siehe auch §§ 23, 37 Nr. 2 HRV);
- die Organe des land- und forstwirtschaftlichen Berufsstandes, soweit es sich um die Eintragung eines land- oder forstwirtschaftlichen Unternehmens handelt (§ 380 FamFG; siehe auch §§ 23, 37 Nr. 3 HRV);

---

[1] *Hüßtege*, in: Thomas/Putzo, ZPO, § 45 Rz. 4.
[2] Siehe **BGH NJW 1954, 658**.
[3] **KG OLGZ 1970, 285**; **BayObLG Z 1970, 5**; **KG OLGZ 1967, 215**.
[4] Siehe *Bassenge/Herbst/Roth*, FGG, § 6 Rz. 20.
[5] Zur Beschwerdebefugnis der Organe des Handelsstandes siehe § 380 Abs. 5 FamFG.

- **Gerichte,**[1] Staatsanwaltschaften, Polizei- und Gemeindebehörden, Notare und Steuerbehörden (§ 379 FamFG);
- die **Bundesanstalt für Finanzdienstleistungsaufsicht** (vgl. § 30 Abs. 2, § 43 Abs. 2, § 87 Abs. 5 VAG und gemäß §§ 6, 32 ff., § 39 Abs. 3, §§ 42, 43 KWG); ein nach § 37 Abs. 1 Satz 2 KWG bestellter einzelvertretungsberechtigter Abwickler ist auf entsprechende Anmeldung hin als solcher im Handelsregister einzutragen[2];
- die **berufsständischen Organe der freien Berufe** (vgl. § 380 Abs. 1 Nr. 4 FamFG) wie zum Beispiel die örtlich zuständige Anwaltskammer bei Rechtsanwaltsgesellschaften (§§ 59 c ff. BRAO) durch Beteiligung im Rahmen des Zulassungsverfahrens gemäß § 59 g BRAO; oder die zuständige Architektenkammer, sofern eine Kapitalgesellschaft dem Tätigkeitsbereich des jeweils einschlägigen Landesgesetzes unterfällt (z. B. Art. 1 ff. BayBauKaG);
- das **Insolvenzgericht** nach § 31 InsO.

V. Verhältnis des Registerrechts zu anderen Rechtsgebieten

1. Verhältnis zum materiellen Handels- und Gesellschaftsrecht

31 Das Registerrecht ist grundsätzlich **reines Verfahrensrecht der freiwilligen Gerichtsbarkeit.**[3] Jedoch knüpft das materielle Handels- und Gesellschaftsrecht oftmals zur Ableitung bestimmter Rechtsfolgen an Eintragungen im Handelsregister, so beispielsweise in § 11 Abs. 1 GmbHG, § 105 Abs. 2 Satz 1 HGB oder § 176 Abs. 1 Satz 1 HGB. Getragen wird das Registerrecht von dem Grundsatz, dass Anmeldungen nur solcher **Tatsachen** und Rechtsverhältnisse möglich sind, **die** entweder **bereits vorliegen** oder jedenfalls **mit Eintragung äußerlich wirksam werden.** Vereinzelt wird vertreten, dass bei Vorliegen eines besonderen Rechtsschutzbedürfnisses des Antragstellers, wie es beispielsweise bei Umstrukturierungsmaßnahmen von Kapitalgesellschaften vorliegen kann, auch aufschiebend befristete Eintragungen im Handelsregister vorgenommen werden können.[4] Derartige konstitutive Vorabeintragungen anhand eines typologisierenden Kriterienkatalogs in das Ermessen der Beteiligten zu stellen,[5] ist jedoch ein mit den Grundsätzen der registerrechtlichen Verfahrensordnung nicht in Einklang zu bringender Systembruch, der zur Folge hätte, dass das Register zumindest zwischenzeitlich mit irrelevanten Eintragungen belastet wird.

32 Das Handels- und Gesellschaftsrecht kennt einerseits verlautbarende, deklaratorische Eintragungen, zum anderen konstitutive Eintragungen in das Handelsregister. Im Regelfall enthält die von den Beteiligten eingereichte Registeranmeldung allerdings **keine materiell-rechtlichen Erklärungen** sondern stellt lediglich die verfahrenseinleitende Handlung dar, die letztlich auf die entsprechende Registereintragung abzielt (siehe Rz. 75).[6] Auf Handelsregisteranmeldungen finden dem gemäß **nicht** die Vorschriften der §§ 104 ff. BGB Anwendung, insbesondere sind sie nicht wegen Willensmängeln anfechtbar. Allenfalls können auf verfahrensrechtlichem Weg über § 395 FamFG er-

---

[1] Über die Mitteilungspflichten der Nachlassgerichte an das Registergericht siehe MiZi Teil XVII Nr. 4; siehe zudem MiZi Teil I Nr. 2; über die Mitteilungspflicht des Landgerichts bei gerichtlicher Auflösung einer AG/KGaA vergleiche §§ 396, 398 AktG.
[2] OLG Hamm FGPrax 2007, 138 (= Rpfleger 2007, 203).
[3] *Krafka*, Einführung in das Registerrecht, Rz. 37 ff.
[4] *Scheel* DB 2004, 2355.
[5] Wie dies *Scheel* DB 2004, 2355 (2361) vorschlägt.
[6] Vgl. BayObLG Z 1989, 34; BayObLG Z 1986, 253; BayObLG Z 1985, 82; BayObLG Z 1984, 29; OLG Hamm OLGZ 1981, 419; BayObLG Z 1978, 282; BayObLG DNotZ 1971, 107 (= Rpfleger 1970, 288); *Krafka*, in: MünchKommHGB § 12 Rz. 4; *Preuß*, in: Oetker, HGB, § 12 Rz. 5; anders *Schaub* in: Ebenroth/Boujong/Joost/Strohn, HGB, § 12 Rz. 29.

folgte Eintragungen von Amts wegen beseitigt werden. Ebenso ist die Vorschrift des § 181 BGB auf Registeranmeldungen nicht anwendbar.[1]

Zu beachten ist in diesem Zusammenhang, dass Eintragungen im Handelsregister 33 Grundlage eines „In-Vollzug-Setzens" im Sinne der Grundsätze zur Behandlung fehlerhafter Gesellschaften sein können.[2] Ist also die angemeldete Tatsache, beispielsweise ein Gesellschafterwechsel bei einer OHG, tatsächlich vor der Anmeldung nicht erfolgt, gleichwohl aber aufgrund formell einwandfreier Anmeldung in das Register eingetragen und bekannt gemacht worden, so kann eine Löschung nach § 395 FamFG nicht vorgenommen werden, wenn im Übrigen keine vorrangigen Schutzinteressen bestehen. Die erforderliche In-Vollzug-Setzung nach Außen und somit der Eintritt der angemeldeten Tatsache liegt in diesem Fall in der Vornahme der Eintragung in das Handelsregister und deren öffentlichen Bekanntmachung. Die somit eingetretene Rechtsänderung kann nicht mit Wirkung für die Vergangenheit beseitigt werden. Lediglich ex nunc kann für die Zukunft die Rückgängigmachung der eingetretenen Rechtsänderung veranlasst werden.

2. Verhältnis zum öffentlichen Recht (§ 7 HGB)

Aufgrund der Bestimmung des § 7 HGB ist das Handelsregisterrecht grundsätzlich 34 unabhängig von den Bestimmungen des sonstigen öffentlichen Rechts. Insbesondere obliegt dem Registergericht nicht die Kontrolle und Überprüfung der angemeldeten Tätigkeit anhand der Bestimmungen des Wirtschaftsverwaltungsrechts, beispielsweise der GewO. Vielmehr liegt dies im Verantwortungsbereich der jeweils zuständigen Behörden, wie beispielsweise dem Gewerbeaufsichtsamt oder der Bundesanstalt für Finanzdienstleistungsaufsicht. Nur soweit dies ausdrücklich **gesetzlich vorgeschrieben** ist, hat auch das Registergericht die entsprechende öffentlich-rechtliche Zulässigkeit zu überprüfen. Durch das MoMiG und das ARUG wurden die in diesem Zusammenhang relevanten Prüfungspflichten für das Registergericht bei der Gründung und Satzungsänderung einer AG, einer GmbH, eines VVaG, einer KGaA sowie einer inländischen Zweigniederlassung einer ausländischen Kapitalgesellschaft ersatzlos abgeschafft.

Eine **Ausnahme** von diesem Grundsatz statuiert die Rechtsprechung allerdings dann, 35 wenn ohne weitere Prüfung feststeht, dass der Gewerbetätigkeit ein evidentes und unbehebbares rechtliches Hindernis entgegensteht.[3] Dies mag letztlich nur in besonderen Ausnahmefällen gegeben sein. Zu Recht wird von der Literatur diese vom eindeutigen Wortlaut des § 7 HGB ohne Not abweichende Rechtsprechung überwiegend abgelehnt.[4]

Die ersatzlose Streichung der Vorschrift des § 36 HGB a. F., wonach öffentlich-recht- 36 liche juristische Personen von der Eintragung im Handelsregister befreit waren, durch das Handelsrechtsreformgesetz im Jahre 1998 bedeutete im Übrigen einen weiteren konsequenten Schritt zur Verwirklichung eines vollständig von öffentlich-rechtlichen Einschränkungen bereinigten Registers von juristischen Personen, Handelsgesellschaften und weiteren gewerblich tätigen Rechtsträgern.

---

[1] **BayObLG** Z 1977, 76 (= DNotZ 1977, 683); **BayObLG** Z 1970, 133 (= NJW 1970, 1796); *Schaub*, in: Ebenroth/Boujong/Joost/Strohn, HGB, § 12 Rz. 35; *Krafka*, in: MünchKomm-HGB, § 12 Rz. 4.
[2] BGH Z 26, 330 (334 f.); *Krafka*, Einführung in das Registerrecht, Rz. 47.
[3] So **OLG Düsseldorf** GmbHR 1986, 395 (= BB 1985, 1933); **OLG Hamm** BB 1985,1415; BayObLG Z 1982, 158; s. a. BGH Z 172, 200 (= NJW 2007, 2328).
[4] *Baumbach/Hopt*, HGB, § 7 Rz. 6; *Körber*, in: Oetker, HGB, § 7 Rz. 11; *Kindler*, in: Ebenroth/Boujong/Joost/Strohn, HGB, § 7 Rz. 6; *Oetker*, in: Staub, HGB, § 7 Rz. 13.

VI. Das Unternehmensregister

37 Das mit vollständiger Umsetzung der elektronischen Registerführung zum 1. 1. 2007 neu eingeführte Unternehmensregister (§ 8 b HGB) ist eine Plattform zur **Sammlung unternehmensbezogener Daten**, die wie das Handelsregister der unbeschränkten Einsicht durch das auskunftssuchende Publikum unterliegt (§ 9 Abs. 6 HGB). Der Zusammenhang zum Handelsregister wird vor allem dadurch bewirkt, dass die Bekanntmachungen der Eintragungen im Handelsregister nach § 10 HGB in das Unternehmensregister aufzunehmen sind (§ 8 b Abs. 2 Nr. 1 HGB). Damit wird allerdings deutlich, dass der Betreiber des Unternehmensregisters, also in Ausübung der Verordnungsermächtigung nach § 9 a Abs. 1 HGB die Bundesanzeiger Verlag GmbH mit Sitz in Köln als Beliehener, keine eigenständigen Registereintragungen vornimmt, sondern lediglich abgeleitet die Bekanntmachungen und eingereichten Unterlagen ordnungsmäßig sammelt und als zentrales Zugangsportal zur Einsichtnahme zur Verfügung hält. Die in diesem Handbuch dargestellte gerichtliche Registerführung wird somit durch das Unternehmensregister nicht berührt.

B. Gestaltung des Handelsregisters

I. Einrichtung des Handelsregisters aufgrund der HRV

38 Das **Handelsregister** wird nach der **Handelsregisterverordnung (HRV)** geführt.[1] Es besteht aus den zwei **Abteilungen A** und **B**, die in getrennten Registern nach besonderen Mustern geführt werden (§§ 3, 39 HRV). Die Register waren ursprünglich in dauerhaft gebundenen Bänden enthalten (§ 7 Abs. 1 HRV). Seit 1. 1. 2007 wird das Handelsregister von allen Gerichten elektronisch geführt (§ 8 Abs. 1 HGB) und sind alle Anmeldungen und Dokumente ausschließlich elektronisch einzureichen (§ 12 HGB).

39 Die **Abteilung A** des Handelsregisters dient zur Eintragung von Einzelkaufleuten, Juristischen Personen nach § 33 HGB, Offenen Handelsgesellschaften, Kommanditgesellschaften und Europäischen wirtschaftlichen Interessenvereinigungen. In **Abteilung B** werden Aktiengesellschaften, Europäische Gesellschaften (SE), Kommanditgesellschaften auf Aktien, Gesellschaften mit beschränkter Haftung und Versicherungsvereine auf Gegenseitigkeit eingetragen (§ 3 Abs. 2 und 3 HRV). Die Eintragung in Abteilung A erfolgt in 6 Spalten nach § 40 HRV, die Eintragung in Abteilung B in 7 Spalten nach § 43 HRV.

40 Jeder Einzelkaufmann, jede juristische Person und jede Handelsgesellschaft wird in der jeweiligen Abteilung unter fortlaufender Nummer (**Registerblatt**) in das Handelsregister eingetragen (§ 13 Abs. 1 HRV).[2] **Zweigniederlassungen von Unternehmen mit Sitz oder Hauptniederlassung im Inland** werden nur auf dem Registerblatt der Hauptniederlassung vermerkt.

II. Führung der Registerakten

1. Registerakten (§ 8 HRV)

41 Registerakten[3] sind für jede in das Handelsregister eingetragene Firma nach § 8 HRV zu bilden. Die Registerakten entsprechen dem bis 31. 12. 2006 als Hauptband be-

---

[1] Die HRV beruht auf der Ermächtigung des § 387 Abs. 2 FamFG.
[2] Zur Eintragung in ein neues Registerblatt bei Umschreibung (nicht: Firmenänderung) und bei Umwandlungsvorgängen siehe § 13 Abs. 3 HRV sowie *Böhringer* Rpfleger 1997, 55.
[3] Gemäß Nr. 4 der AV des RJM v 24. 2. 1939 (DJ 385) über die Einführung einheitlicher Aktenumschläge sollen in Angelegenheiten der freiwilligen Gerichtsbarkeit die Aktenumschläge

zeichneten Teil der Gerichtsakten in Registersachen und umfassen damit z. B. den Schriftwechsel zwischen Gericht und Beteiligten, Gutachten und Auskünfte der Industrie- und Handelskammer, der Handwerkskammer oder von Behörden, etwaige Verfügungen des Registergerichts, auch soweit sie sich auf die der unbeschränkten Einsicht unterliegenden Schriftstücke beziehen, Verfügungen und Beschlüsse in Zwangs- und Ordnungsgeldverfahren oder Kostenrechnungen.

Zu den Registerakten gehören auch die **Schriften oder Dokumente** über solche gerichtlichen Handlungen, die, ohne auf eine Registereintragung zu zielen, mit den im Register vermerkten rechtlichen Verhältnissen in Zusammenhang stehen (§ 8 Abs. 1 Satz 2 HRV). Damit sind beispielsweise auch die Akten, also Anträge, Schriftstücke und Entscheidungen in Angelegenheiten, in denen das Gericht nach § 375 FamFG tätig wird, zu den Registerakten zu nehmen. Zwar handelt es sich bei derartigen unternehmensrechtlichen Verfahren um sonstige Verfahren der freiwilligen Gerichtsbarkeit, für die das Amtsgericht als solches, nicht jedoch als „Registergericht" zuständig ist (siehe § 23a Abs. 2 Nr. 4 i. V. m. Abs. 1 Nr. 2 GVG).[1] Daher wäre an die Anlegung eigener Akten für diese Verfahren zu denken. Zwischen den Registersachen und den zur jeweiligen Firma eingeleiteten unternehmensrechtlichen Verfahren besteht jedoch ein enger Zusammenhang. So sind regelmäßig aus den Registerakten ersichtliche Informationen zum Gesellschafterbestand, den Organen und sonstigen Rechtsverhältnissen für die Entscheidung der unternehmensrechtlichen Verfahren erforderlich. Umgekehrt führen die dort getroffenen Entscheidungen, z. B. die Bestellung und die Abberufung von Liquidatoren nach §§ 146, 147, 148 Abs. 2 HGB, zu Eintragungen von Amts wegen oder sind jedenfalls für die Organisation der betroffenen Rechtsträger so wesentlich, dass sie bei Vornahme durch die Gesellschaft selbst dem Registergericht mitzuteilen wären (vgl. § 106 AktG für Änderungen im Aufsichtsrat). Die Akten für derartige Verfahren sind daher bei den jeweiligen Registerakten gemäß § 8 Abs. 1 Satz 2 HRV ggf. als Unterhefte zu führen. 42

Die Registerakten werden zunächst weiterhin in **Papierform** geführt. Die Landesjustizverwaltung kann allerdings bestimmen, dass auch die Registerakten elektronisch zu führen sind. § 8 Abs. 3 HRV enthält hierzu nähere Bestimmungen, die insbesondere für das Beschwerdegericht den unbeschränkten Aktenzugang sichern sollen. Bis dahin sind allerdings eingehende Dokumente, beispielsweise nach § 23 Satz 4 HRV elektronisch übermittelte Gutachten und Anfragen hierzu nach entsprechendem Medienwechsel in Papierform zur Akte zu nehmen. 43

2. Registerordner (§ 9 HRV)

Neben den so zu führenden Registerakten wird für jeden eingetragenen Rechtsträger nach § 9 HRV ein **Registerordner** angelegt, der alle zum Handelsregister eingereichten und nach § 9 Abs. 1 HGB der unbeschränkten Einsicht unterliegenden Dokumente enthält, zum Beispiel also Anmeldungen zur Eintragung, Gesellschaftsverträge und Satzungen bei Kapitalgesellschaften, Hauptversammlungsprotokolle gemäß § 130 Abs. 5 AktG und Gesellschafterlisten gemäß § 40 GmbHG.[2] Diese bis 31. 12. 2006 als Sonderband geführten Akten werden den Auskunftsuchenden **online zur Einsicht** 44

---

hellgrün sein. Es bewährt sich jedoch, innerhalb eines Registergerichts verschiedene Farben für die Aktenumschläge in Handels-, Genossenschafts-, Partnerschafts- und Vereinsregistersachen zu verwenden.

[1] **OLG Frankfurt** OLGZ 1993, 412 (= Rpfleger 1993, 327 = GmbHR 1993, 230); *Krafka,* in: MünchKommZPO, § 375 FamFG Rz. 2.

[2] Näher hierzu sowie zur Unterscheidung von sonstigen Dokumenten gemäß § 8 Abs. 1 Satz 2 HRV: *Melchior/Schulte,* HRV, § 9 Rz. 4 und 5.

zur **Verfügung** gestellt. Hierbei wird durch die EDV-Programmgestaltung sichergestellt, dass Abfragen sowohl in Bezug auf die aktuellen Unternehmensdokumente separat möglich sind, als auch gesondert auf die entsprechenden historischen Unterlagen zugegriffen werden kann. Nach § 9 Abs. 1 Satz 2 HRV sind die eingereichten Dokumente daher in der zeitlichen Folge ihres Eingangs und nach der Art des Dokuments abrufbar zu halten. Sofern von der Möglichkeit des § 11 HGB Gebrauch gemacht wurde, ist die eingereichte Übersetzung dem jeweiligen Ursprungsdokument zuzuordnen und bei Einreichung eines aktuellen Dokuments bei früheren Fassungen kenntlich zu machen, dass die Übersetzung nicht mehr dem aktuellen Stand entspricht (§ 9 Abs. 1 Satz 3 und 4 HRV). Um die Auffindbarkeit der Dokumente im Registerordner zu gewährleisten, ist die eindeutige **Bezeichnung eines Dokuments** mit Art und Datum geboten. Aus diesem Grund entscheidet der Richter bzw. Rechtspfleger bei der Vornahme einer Eintragung, welche Dokumente als Grundlage der Eintragung zugeordnet und in den Registerordner aufzunehmen sind. Dabei ist auf die korrekte Bezeichnung zu achten. Entsprechend haben auch die einreichenden Notare bereits bei Vornahme der Anmeldung auf eine korrekte und vollständige Bezeichnung achten.

45 Bereits vor dem 1.1.2007 eingereichte Dokumente können zur Ersetzung der Urschrift unter Berücksichtigung des § 9 Abs. 4 HRV in ein elektronisches Dokument übertragen und in den Registerordner eingestellt werden (§ 9 Abs. 2 Satz 1 HRV). Zwingend erforderlich ist dies allerdings erst dann, wenn ein Antrag auf Übertragung bei einem vorausgehenden Zeitraum zur Einreichung des Dokuments von zehn Jahren gestellt wird (§ 9 Abs. 2 HGB) oder ein Antrag auf elektronische Übermittlung nach § 9 Abs. 2 HGB vorliegt (§ 9 Abs. 2 Satz 2 HRV). Damit wird die Vorgabe des Art. 3 Abs. 3 Unterabs. 2 der Publizitätsrichtlinie exakt eingehalten. Eine Überleitung der bereits vor dem 1.1.2007 elektronisch erfassten Dokumente sieht § 9 Abs. 5 HRV vor. Für die Durchführung eines Beschwerdeverfahrens hat das Registergericht ggf. Ausdrucke aus dem Registerordner für das Beschwerdegericht zu erstellen (§ 9 Abs. 6 HRV).

3. Aktenzeichen

46 Das **Aktenzeichen** für Handelsregistersachen lautet für die Abteilung A „**HRA**" und für die Abteilung B „**HRB**", jeweils verbunden mit der Eintragungsnummer (§ 4 Abs. 1 und 5 AktO) – z.B. also „HRA 13 500" oder „HRB 125 000". Die Bestimmung des § 13 Abs. 2 HRV eröffnet die Möglichkeit, bei einem für die Bezirke mehrerer Amtsgerichte zuständigen Registergericht getrennte Nummernkreise unter Hinzufügung eines Buchstabens, die den jeweiligen Bezirk kennzeichnen, zu führen. Von dieser, den Verkehr unter Umständen verwirrenden Gestaltung hat nur Schleswig-Holstein Gebrauch gemacht. Zwar fügen auch die übrigen Länder des Entwicklungsverbundes AUREG dem Aktenzeichen einen Buchstaben hinzu, der aber nicht zur Kennzeichnung eines eigenständigen Nummernkreises dient. Für Schriftstücke, bei denen zweifelhaft ist, ob sie zu angelegten Akten gehören oder ob Registerakten in Zukunft angelegt werden, sind Blattsammlungen mit dem Aktenzeichen **AR** zu bilden. Hierzu ist ein „Allgemeines Register" zu führen (siehe Anlage 3 zur AktO). Werden für die Sache später Registerakten gebildet, so ist die Blattsammlung unter dem neuen Aktenzeichen weiter zu führen (§ 8 Abs. 1 und 4 AktO; siehe auch § 23 Abs. 1 AktO). Als Blattsammlungen unter dem Aktenzeichen AR werden zunächst insbesondere Anträge auf Registereintragungen geführt, die sich nicht auf eine bereits vorhandene Eintragung beziehen.

III. Aufbewahrung von Register und Akten

Das Handelsregister ist **dauernd aufzubewahren**. Registerakten, und somit auch der elektronische Registerordner, sind während des Bestehens eines Rechtsträgers und nach Löschung des Rechtsträgers für weitere zehn Jahre aufzubewahren (Bestimmungen über die Aufbewahrungsfristen für Akten, Register und Urkunden bei den Justizbehörden vom 23./24. 11. 1971; Neufassung 1983).[1] Wechselt ein Rechtsträger seine Rechtsform und muss er deshalb in einer anderen Abteilung des Handelsregisters eingetragen werden, so sind die bisher geführten Akten bei den neu anzulegenden aufzubewahren (§ 24 Abs. 4 AktO). Entsprechendes gilt für die Akten von verschmolzenen Rechtsträgern. 47

IV. Einsichtnahme in das Handelsregister

1. Einsicht in Register und Registerordner

Die **Einsicht** in das Handelsregister und in die dort eingereichten Dokumente, die nach § 9 HRV in den Registerordner eingestellt werden, ist jedem zu Informationszwecken[2] gestattet (§ 9 Abs. 1 Satz 1 HGB), also ohne Nachweis eines besonderen Interesses (vgl. auch § 10 HRV). Die Einsichtnahme erfolgt regelmäßig **durch automatisierten Datenabruf** („online-Einsicht") gemäß § 9 Abs. 1 HGB und § 52 HRV. Zur Durchführung einer möglichen Kontrolle der ordnungsgemäßen Nutzung der Einsichtnahmemöglichkeit werden die elektronischen Abrufe gemäß § 53 HRV **protokolliert**. 48

Die Festlegung des elektronischen Informations- und Kommunikationssystems über das die Daten abrufbar sind, ist ebenso wie die Abwicklung des elektronischen Abrufverfahrens nach § 9 Abs. 1 Satz 2 HGB Sache der Bundesländer. Diese können eine gemeinsame Abwicklung bestimmen und auch mit dessen Zustimmung eine Übertragung auf den Betreiber des Unternehmensregisters vereinbaren (§ 9 Abs. 1 Satz 5 HGB). 49

Bei der Einsichtnahme kann es geschehen, dass auf Dokumente zugegriffen werden muss, die seinerzeit in **Papierform** eingereicht wurden. Für diesen Fall kann nach § 9 Abs. 2 HGB eine elektronische Übermittlung nur verlangt werden, wenn die Dokumente vor weniger als zehn Jahren vor dem Zeitpunkt der Antragstellung zum Handelsregister eingereicht wurden (siehe Rz. 45). 50

2. Einsicht in Registerakten

Für die Einsicht in die Registerakten, also dem bis Ende 2006 unter der Bezeichnung „Hauptband" geführten Teil der Akten (§ 8 HRV), gilt **§ 13 FamFG**, so dass seitens Dritter stets ein **berechtigtes Interesse** vorliegen muss. Diesbezüglich entscheidet der Registerrichter, in den ihm übertragenen Aufgaben der Rechtspfleger (§ 4 Abs. 1 RPflG). Auskünfte von Steuerbehörden für Zwecke der Gebührenberechnung oder zur Verhütung unrichtiger Eintragungen unterliegen gemäß § 379 Abs. 2 FamFG nicht der Akteneinsicht gemäß § 13 FamFG. Sie kommen allerdings nur ausgesprochen selten vor und sind ggf. für jede Abteilung separat aufzubewahren, die ständig unter Verschluss zu halten sind und nur von den mit der Registerführung und der Kostenberechnung befassten Beamten eingesehen werden dürfen (§ 24 Abs. 6 AktO). Dagegen sind auch die von einer Steuerbehörde eingereichten Anregungen zur Durchführung einer Amtslöschung zu den normalen Registerakten zu nehmen. 51

---

[1] Siehe die landesrechtlichen Bek. bei *Piller-Herrmann,* Justizverwaltungsvorschriften Nr. 1 Anh. II.
[2] Nicht aber zur Mikroverfilmung für gewerbliche Zwecke, **BGH** Z 108, 32 (= GmbHR 1989, 369 = DB 1989, 1919 = NJW 1989, 2818).

52 Solange eine Eintragung noch nicht erfolgt ist und die Unterlagen und Dokumente unter dem Aktenzeichen AR geführt werden, hat der Richter bzw. der Rechtspfleger nach § 13 FamFG über die Zulässigkeit der Einsicht zu entscheiden. Voraussetzung ist danach ein berechtigtes Interesse des Antragstellers.[1] Zur Erteilung von Abschriften und Ausdrucken sowie deren Beglaubigung und zur Erteilung von Bescheinigungen (Negativattest) siehe § 9 Abs. 5 HGB, § 386 FamFG und §§ 29 bis 31 HRV.

3. Ausdrucke aus dem Handelsregister

53 Für die Erteilung eines Ausdrucks aus dem Handelsregister, also dem Registerblatt oder dem Registerordner, enthält § 30a HRV in Ausführung von § 9 Abs. 4 HGB nähere Bestimmungen. Neben der Differenzierung zwischen einem „Amtlichen Ausdruck", der mit Dienstsiegel versehen wird (§ 30a Abs. 3 HRV), und einem einfachen „Ausdruck" ist die Unterscheidung zwischen dem **„chronologischen Ausdruck"** und dem **„aktuellen Ausdruck"** (§ 30a Abs. 4 HRV) von besonderer Relevanz. Während der chronologische Ausdruck alle Eintragungen des Registerblattes wiedergibt (§ 30a Abs. 4 Satz 2 HRV), ist im aktuellen Ausdruck nur der letzte Stand der Eintragungen enthalten, der automatisch aus den vorhandenen chronologischen Eintragungen mittels Filterung generiert wird (§ 30a Abs. 4 Satz 3 HRV). Damit sind in den aktuellen Ausdruck die geröteten Eintragungen (§ 16 HRV) und die Übergangstexte nach § 16a HRV und das jeweilige Eintragungsdatum nicht zu übernehmen (§ 30a Abs. 4 Satz 4 HRV). Bei der Vornahme der Eintragungen – vor allem bei der Verwendung von Übergangstexten (§ 16a HRV) und der Rötung von Eintragungen (§ 16 HRV) – ist daher besonders sorgfältig darauf zu achten, dass der jeweils erzeugte aktuelle Ausdruck vollständig aussagekräftige Informationen wiedergeben kann. Darüber hinaus wird auch das vor Umstellung auf die elektronische Registerführung gültige Karteiblatt in gescannter Form als **historischer Ausdruck** zur Verfügung gestellt.

54 Sofern nicht anders gewählt, erhält der Einsichtnehmende regelmäßig einen **aktuellen Ausdruck** (§ 30a Abs. 4 Satz 6 HRV). Zu übermitteln ist der Ausdruck ggf. auch elektronisch, bei einem amtlichen Ausdruck unter Verwendung einer qualifizierten elektronischen Signatur nach dem Signaturgesetz (§ 9 Abs. 3 HGB; § 30a Abs. 5 HRV).

V. Führung des elektronischen Handelsregisters

55 Seit 1. 1. 2007 wird das **Handelsregister** bundesweit von den Gerichten nach § 8 Abs. 1 HGB **elektronisch geführt**. Die elektronische Registerführung hat wesentliche inhaltliche Änderungen der Registerführung mit sich gebracht.[2] Kernpunkt der Änderungen war, dass Ausdrucke aus dem maschinell geführten Handelsregister sowohl als chronologischer als auch als aktueller Ausdruck erteilt werden (§ 30a Abs. 4 HRV; siehe hierzu Rz. 53).

56 Um diesen Anforderungen gerecht werden zu können, wurden **folgende Änderungen** für die Führung des elektronischen Registers („EDV-Register") in die HRV aufgenommen:
 – eine seinerzeit neue Einteilung der Registerspalten, siehe nun §§ 40, 43 HRV;
 – bei Nennung von Rechtsträgern, die in einem öffentlichen Register enthalten sind, müssen jeweils deren Name/Firma, Sitz und Registerstelle an der jeweiligen Stelle

---

[1] Siehe hierzu *Bumiller/Harders*, FamFG, § 13 Rz. 9 f.
[2] Siehe *Willer/Krafka*, Rpfleger 2002, 411. Die folgenden Ausführungen behandeln aufgrund des bestehenden Sachzusammenhangs zugleich auch die elektronische Registerführung bei Genossenschaften, Partnerschaften und Vereinen.

im Eintragungstext, also nicht in der Bemerkungsspalte, mit aufgenommen werden (§ 40 Nr. 7, § 43 Nr. 8 HRV);
– eine Teilrötung von bestehenden Eintragungen ist unzulässig (§ 16 Abs. 3 HRV);
– wiederholende, erläuternde oder begründende Eintragungen im Register sind als sogenannte „Übergangstexte" gemäß § 16a HRV besonders hervorzuheben, da diese Texte nicht in den aktuellen Ausdruck übernommen werden.

1. Spalteneinteilung

Die Einteilung der Registerspalten richtet sich für die Abteilung A nach § 40 HRV und für die Abteilung B nach § 43 HRV.

a) Firma, Sitz, Geschäftsanschrift, Zweigniederlassung. In Spalte 2 Unterspalte b sind der **Sitz** – mit Ausnahme von Partnerschaften und Vereinen – samt inländischer **Geschäftsanschrift** sowie bei Vorhandensein von **Zweigniederlassungen** deren Firma, der Ort samt Postleitzahl, ihre inländische Geschäftsanschrift sowie dazugehörige Erläuterungstexte zur Errichtung, Aufhebung oder Änderung (§ 40 Nr. 2, § 43 Nr. 2 HRV) einzutragen. Änderungstexte, d. h. Übergangstexte (§ 16a HRV; siehe hierzu Rz. 73 f.) zu Änderungen bei Firma, Sitz und Gegenstand des Unternehmens können im Handelsregister Abteilung A und im Partnerschaftsregister, in denen nicht ohnehin Eintragungen zu den entsprechenden Satzungsänderungen erfolgen, an dieser Stelle eingetragen werden, soweit sie nicht – wie herkömmlich und in Übereinstimmung mit den sonstigen Registerarten – ebenfalls als Übergangstexte in der Rechtsverhältnisspalte a vermerkt werden.

Denkbar ist also z. B. bei einer Firmenänderung nur unter Löschung der alten Firma in der Spalte 2 Unterspalte a die neue Firma folgendermaßen zu vermerken:

Geändert, nun: (Vorstehendes als Übergangstext gemäß § 16a HRV) Axarlis oHG

b) Vertretungsregelungen. In Spalte 3 Unterspalten a und b sind im Handelsregister Abteilung A – ebenso im Partnerschaftsregister und im Vereinsregister – bzw. in Spalte 4 Unterspalten a und b im Handelsregister Abteilung B und im Genossenschaftsregister die organschaftlichen Vertretungsregelungen einzutragen. Hierbei ist jeweils in der Unterspalte a die **allgemeine**, abstrakte **Vertretungsregelung**, wie sie sich aus dem Gesetz oder dem Gesellschaftsvertrag bzw. der Satzung ergibt, einzutragen. An dieser Stelle ist auch eine durch die Satzung bzw. den Gesellschaftsvertrag für alle jeweiligen gesetzlichen Vertreter vorgesehene Befreiung von den Beschränkungen des § 181 BGB einzutragen sowie eine allgemeine Verfügungsbeschränkung bei Vereinsvorständen.

In Spalte 3 bzw. 4 Unterspalte b sind die Personalien (Familienname, Vorname, Wohnort, Geburtsdatum bzw. bei eingetragenen Rechtsträgern Name/Firma, Sitz oder Niederlassung sowie Registerstelle) und gegebenenfalls eine von der allgemeinen Vertretungsregelung abweichende **besondere**, konkrete **Vertretungsbefugnis** der einzelnen Vertretungspersonen einzutragen. In diese Spalte gehören auch Texte, die einzutragende Änderungen erläutern, also beispielsweise die Abberufung von Organmitgliedern, die Änderung der Vertretungsbefugnis oder der Vermerk über eine Namensänderung.

c) Rechtsverhältnisse. In der Unterspalte a der **Rechtsverhältnisspalte** (Spalte 4 im Vereins- und Partnerschaftsregister bzw. Spalte 5 im Handelsregister Abteilung A und Spalte 6 im Handelsregister Abteilung B und im Genossenschaftsregister) ist jeweils die Rechtsform sowie bei Rechtsformen mit einzutragender Satzung (Vereine, juristische Personen im Handelsregister Abteilung A, sämtliche Rechtsformen im Handelsregister Abteilung B sowie bei Genossenschaften) das **Datum der Gründung** sowie **jede Änderung der Satzung** aufzunehmen. Bei einem VVaG ist auch der Tag aufzunehmen, an dem der Geschäftsbetrieb erlaubt wurde. Im aktuellen Ausdruck ist jeweils ein Festtext vorgesehen, welcher die Rechtsform und bei den Rechtsformen mit einzutragender Satzung diese unter Angabe des ersten Feststellungsdatums sowie des Datums des letzten Änderungsbeschlusses enthält.

63 In der Unterspalte b sind die **sonstigen Rechtsverhältnisse** aufzunehmen. Dabei handelt es sich insbesondere um folgende Eintragungen:
– Eintragungen über **Umwandlungen** (vorab etwa ein Entstehungsvermerk: „Entstanden durch formwechselnde Umwandlung/Verschmelzung/Abspaltung der Firma/ Sitz/Registerstelle") sowie Eingliederungen. Nicht hierher gehören jedoch Satzungsänderungen, insbesondere Kapitalerhöhungen, die im Rahmen von Umwandlungsvorgängen erfolgen. Diese sind stets in die Unterspalte a aufzunehmen;
– **Unternehmensverträge** und diesbezügliche Änderungen;
– die **Zeitdauer** der Gesellschaft bei Rechtsträgern im Handelsregister Abteilung B, nicht jedoch bloße Kündigungsmöglichkeiten oder eine Mindestdauer der Gesellschaft;
– bei Aktiengesellschaften ein **bedingtes Kapital;** der Hauptversammlungsbeschluss und die Höhe des bedingten Kapitals sind neben der diesbezüglichen Satzungsänderung einzutragen. Nachdem diese Eintragung von der Satzungsänderung losgelöst ist und im aktuellen Ausdruck auch keinem konkreten Beschluss mehr zugeordnet werden kann, hat diese Eintragung auch das Beschlussdatum und möglichst eine sonstige eindeutige Bezeichnung (z. B. „Bedingtes Kapital 2010/I") zu enthalten, da nur auf diesem Weg bei der Ausgabe von Bezugsaktien und der Eintragung der Durchführung eine klare Zuordnung möglich ist. In diesem Spaltenteil, der regelmäßig als fiktive EDV-Unterspalte geführt wird, sind auch spätere Inanspruchnahmen, Änderungen oder Aufhebungen des bedingten Kapitals zu vermerken. Die jeweils zugehörigen Satzungsänderungen sind nicht hier, sondern stets in der Unterspalte a einzutragen;
– bei Aktiengesellschaften und Gesellschaften mit beschränkter Haftung ein **genehmigtes Kapital,** also der Hauptversammlungsbeschluss und die Höhe der Ermächtigung. Das Erfordernis der eindeutigen Bezeichnung gilt hier ebenso wie bei einem bedingten Kapital. Änderungen und die verbleibende Höhe des genehmigten Kapitals bei einer teilweisen Ausnutzung sind ebenfalls hier einzutragen, nicht jedoch die eigentliche Kapitalerhöhung oder eine diesbezügliche Satzungsänderung; diese beiden Vorgänge sind in der Unterspalte a einzutragen;
– **Insolvenzvermerke** (§ 32 HGB);
– **Squeeze-Out** bei Aktiengesellschaften (§§ 327 a ff. AktG);
– **Auflösung, Fortsetzung** und **Löschung** des Rechtsträgers.
Ferner sind in Unterspalte c der Rechtsverhältnisspalte **Kommanditisten** und **Mitglieder einer EWIV** einzutragen; die Eintragung dieser Personen, bei den Kommanditisten unter Einschluss der Haftsumme, ist dort im Handelsregister Abteilung A vorgesehen. Auch diesbezügliche Änderungen haben in dieser Unterspalte zu erscheinen.

64 d) **Bemerkungsspalte.** Die Bemerkungsspalte (Spalte 4 des Partnerschaftsregisters, Spalte 6 des Handelsregisters Abteilung A und des Vereinsregisters, Spalte 7 des Handelsregisters Abteilung B und des Genossenschaftsregisters) enthält in Unterspalte a das **Eintragungsdatum.** Im aktuellen Ausdruck ist hier nur noch das Datum der letzten Eintragung vorgesehen.

65 Die Unterspalte b hat derzeit nur in sehr wenigen Fällen (siehe etwa Rz. 336) noch eine Funktion und wurde aus traditionellen Gründen bis auf weiteres beibehalten. Verweisungen auf Registerstellen und Aktenzeichen von Gerichtsverfahren (z. B. bei Insolvenzvermerken) sind an den jeweiligen Textstellen im Register aufzunehmen (s. u. Rz. 67 f.). Dagegen erscheinen Fundstellen der zugrunde liegenden Unterlagen im Re-

gister nicht mehr, da die relevanten Dokumente im Registerordner ohnehin einer konkreten Eintragung zugeordnet sind.

Im aktuellen Ausdruck erscheinen die bis zur Einführung des Registerordners als elektronisches Urkundenarchiv erfolgten Eintragungen der Unterspalte b der Bemerkungsspalte nicht, da es sich um interne Verweise handelt, die im Zusammenhang mit der externen Statusinformation des aktuellen Ausdrucks keine Aussagefähigkeit haben, sondern nur bei Einsicht des Registerakts Informationsgehalt haben. Bei Einsichtnahme in den früheren Sonderband der Registerakten, die regelmäßig nur bei intensiverer Beschäftigung mit dem rechtlichen Werdegang eines Rechtsträgers erfolgen wird, sollte ohnehin der chronologische Ausdruck in Anspruch genommen werden.

2. Verweise auf andere Registerstellen

Registerstellen eingetragener Rechtsträger sind **an der jeweiligen Textstelle** anzugeben (§ 40 Nr. 7, § 43 Nr. 8 HRV). Grund hierfür ist, dass eine Firma oder ein sonstiger eingetragener Rechtsträger, insbesondere bei Firmen- und Sitzwechseln, eindeutig nur durch Firma, Sitz und Registerstelle bezeichnet wird. Die früher übliche Aufnahme in der Bemerkungsspalte führt dazu, dass diese wichtige Information nicht im erforderlichen Maß an der gebotenen Publikation teilnimmt, da die Bemerkungsspalte nicht bekannt gemacht wird. Auch wird sie innerhalb einer Eintragung als ausgelagerte Information in der Bemerkungsspalte zu wenig wahrgenommen.

Derartige Verweise können in der Vertretungsspalte auftauchen, z. B. wenn ein persönlich haftender Gesellschafter oder ein Liquidator eine Handelsgesellschaft oder ein sonst eingetragener Rechtsträger ist, ferner in der Rechtsverhältnisspalte Unterspalte b bei Umwandlungen und Unternehmensverträgen und in der Rechtsverhältnisspalte Unterspalte c, wenn es sich bei Kommanditisten oder Mitgliedern einer EWIV um eingetragene Rechtsträger handelt. Auch Verweise auf sonstige Gerichtsverfahren, die Grundlage einer Eintragung sind, sollten jeweils im Text vermerkt werden, z. B. bei Insolvenzvermerken, da auch hier der Öffentlichkeit möglichst einfach der Zugang zu diesen Informationen ermöglicht werden sollte.

3. Verbot der Teilrötung

§ 16 Abs. 3 HRV lässt **Rötungen von Teilen** von Eintragungen nur zu, wenn dadurch die Verständlichkeit der Eintragung und des aktuellen Ausdrucks nicht beeinträchtigt werden. Hierdurch soll vermieden werden, dass im aktuellen Ausdruck, in dem gerötete oder sonst als gegenstandslos gekennzeichnete Texte nicht aufgenommen werden, unvollständige und damit unverständliche Texte erscheinen.

Beispiele für unzulässige Teilrötungen:
- „Der Vorstand ist durch Beschluss der Hauptversammlung vom 20. 12. 2009 ermächtigt, das Grundkapital bis zum 20. 12. 2011 um (...) zu erhöhen." Lediglich der Betrag wäre bei einer späteren teilweisen Ausschöpfung nach bisherigem Verständnis gerötet. Das Verbot der Teilrötung erfordert hier jedoch, dass der ursprüngliche Ermächtigungsbetrag erhalten bleibt („Der Vorstand ist durch Beschluss der Hauptversammlung vom 20. 12. 2009 ermächtigt, das Grundkapital bis zum 20. 12. 2011 um 250 000 € zu erhöhen") und bei einer späteren Teilausschöpfung unter eindeutiger Bezeichnung des in Anspruch genommenen genehmigten Kapitals der Restbetrag vermerkt wird: „Das genehmigte Kapital gemäß Beschluss der Hauptversammlung vom 20. 12. 2009 beträgt nach Teilausschöpfung noch 150 000 €". Erst bei einer vollständigen Inanspruchnahme dieses genehmigten Kapitals sind sämtliche diesbezüglichen Eintragungen zu röten.
- Der Familienname einer Geschäftsführerin hat sich durch Eheschließung geändert. Würde nur der bislang bestehende Familienname gerötet, würde damit von der ur-

sprünglichen Eintragung: „Müller Helga, Hamburg, geboren am 12. 5. 1975", nur noch auftauchen: „Helga, Hamburg, geboren am 12. 5. 1975". An späterer Stelle würde folgender Text erkennbar werden: „Die Geschäftsführerin Müller heißt infolge Verehelichung Sollhardt". Derartige nicht mehr zuzuordnende Eintragungen sind durch das Verbot der Teilrötung ausgeschlossen. Die alte Eintragung zur betroffenen Geschäftsführerin ist daher vollständig zu röten; die Geschäftsführerin ist unter Erläuterung des Änderungsgrundes in der nunmehr zutreffenden Form vorzutragen, also etwa in folgender Form: „Der Familienname der Geschäftsführerin Müller, Helga hat sich infolge Verehelichung geändert; nun: (bis hierher handelt es sich um einen „Übergangstext" gemäß § 16a HRV, der im aktuellen Ausdruck nicht auftaucht; siehe hierzu Rz. 73 f.) Sollhardt, Helga, Hamburg, geboren am 12. 5. 1975". Nur dieser letzte Textteil erscheint im aktuellen Ausdruck.

71 All dies bedeutet nicht, dass sämtliche Teile einer Eintragung immer gleichzeitig gerötet werden müssen. Enthält z. B. die Eintragung eine Kapitalerhöhung und zugleich eine Geschäftsführerbestellung und fällt später dieser Geschäftsführer weg, so ist naturgemäß nicht auch das eingetragene Kapital zu röten und in die neue Eintragung vorzutragen. Erforderlich ist lediglich, dass inhaltlich zusammengehörende Eintragungsteile durch die Rötung nicht zerrissen werden. Dies würde eine übersichtliche Auskunftserteilung und die Erstellung des aktuellen Ausdrucks stören oder gar unmöglich machen.

72 **Zusammengehörende Textblöcke**, innerhalb derer keine Teilrötung erfolgen darf, sind z. B. alle Informationen zu einer Zweigniederlassung, zum Gegenstand des Unternehmens, zur allgemeinen Vertretungsregelung, zu Personalien und zur besonderen Vertretungsbefugnis einer organschaftlichen Vertretungsperson oder eines Prokuristen, sowie jeder Eintragungsblock in der Rechtsverhältnisspalte b und die Personalien und Haftsumme eines Kommanditisten.

4. Übergangstexte

73 **Übergangstexte** sind gemäß § 16a HRV solche, die andere Teile der Eintragung lediglich erläutern oder begründen. Sie werden nicht in den aktuellen Ausdruck, welcher lediglich den jeweiligen momentanen Status darzustellen hat, übernommen. Solche Textteile sind – wie allgemein der Registerinhalt – knapp und verständlich zu fassen (vgl. § 12 HRV) und sollten problemlos von dem für den aktuellen Ausdruck verbleibenden Textteil zu trennen sein. In diesem Handbuch sind Übergangstexte bei den einzelnen Eintragungsbeispielen stets grau hinterlegt gekennzeichnet.

74 **Beispiele** für Übergangstexte:
- in Spalte 2 Unterspalte b sind sämtliche Texte zu Errichtung oder Änderungen von Zweigniederlassungen Übergangstexte, etwa „Errichtet: (...)"; „Die Firma der Zweigniederlassung ist geändert; nun: (...)"; „Die inländische Geschäftsanschrift hat sich geändert, nun: (...).";
- in der Vertretungsspalte sind die Texte zur Bestellung und zum Ausscheiden von Vertretungspersonen sowie zur Änderung von Personalien oder der konkreten Vertretungsbefugnis Übergangstexte; z. B. „Bestellt: (...)", „Ausgeschieden: (...)", „Vertretungsbefugnis geändert, nun: (...)"; stets sind danach die einschlägigen Angaben unter Berücksichtigung des Verbots der Teilrötung (§ 16 Abs. 3 HRV) vollständig zu wiederholen;
- entsprechendes gilt für die Prokuristenspalte, z. B.: „Vertretungsbefugnis geändert, nun: Einzelprokura: Meier, Hermann, Grünwald, geboren am 31. 10. 1960" wäre bis auf den nicht grau hinterlegten Textteil als Übergangstext zu behandeln;
- alle Eintragungen in der Rechtsverhältnisspalte Unterspalte a zu Änderungen der Satzung oder der in Spalten 2 oder 3 besonders einzutragenden Rechtsverhältnisse

sind Übergangstexte, die mit der Eintragung des neuen Zustands überholt sind; z.B. „Die Firma wurde geändert"; „Die Gesellschafterversammlung vom 21. Mai 2010 hat die Änderung des § 3 (Geschäftsjahr) der Satzung beschlossen". In letzterem Beispiel ist für den Status der Gesellschaft nur noch relevant, in welchem Zustand sich die Satzung nunmehr befindet, so dass im aktuellen Ausdruck folgender Festtext erscheint: „Gesellschaftsvertrag vom 20. Dezember 1995, zuletzt geändert mit Beschluss vom 21. Mai 2010".

– in der Rechtsverhältnisspalte Unterspalte c sind alle Texte zum Eintritt, Ausscheiden oder zu Änderungen bei Kommanditisten und deren Einlagen Übergangstexte, z.B.: „Eingetreten: (…)", „Kommanditeinlage des Kommanditisten Uwe Braumüller geändert, nun: (…)". Auch die Texte zur Gesamtrechts- oder Sonderrechtsnachfolge sind Übergangstexte.

C. Anmeldungen zum Handelsregister

I. Allgemeines zu Registeranmeldungen

1. Rechtsnatur der Anmeldung

Eintragungen in das Handelsregister setzen in der Regel eine formgerechte **Anmeldung** voraus. Eintragungen von Amts wegen finden nur ausnahmsweise statt (vgl. §§ 393 ff. FamFG; siehe Rz. 400 ff.). Die Anmeldung ist – was im Einzelnen nicht unumstritten ist[1] – als **Eintragungsantrag** Verfahrenshandlung, also verfahrensrechtliche Erklärung, nicht aber rechtsgeschäftliche Willenserklärung,[2] und daher frei widerruflich, nicht aber nach den Bestimmungen des BGB anfechtbar (s.o. Rz. 31 f.). Insbesondere findet im Rahmen einer Vertretung § 181 BGB keine Anwendung.[3] Die Anmeldung enthält den an das Registergericht gerichteten Antrag auf Vornahme einer Eintragung im Register. Mit ihrem vorgeschriebenen Inhalt ist die Anmeldung zugleich **Eintragungsgrundlage**, in der die dazu verpflichteten oder berechtigten Personen die einzutragenden Tatsachen glaubhaft[4] und plausibel darstellen und damit deren Eintragung gestatten sowie die sonst zur Eintragung erforderlichen Erklärungen vortragen. Die Registeranmeldung ist jedoch **keine Garantieerklärung** der Anmeldenden.[5]

75

2. Inhalt der Anmeldung

Für die **Anmeldung** als Grundlage der Eintragung verlangt die Sicherheit des Rechtsverkehrs einen **klaren und bestimmten Inhalt**. Die Anmeldung muss daher die eintragungsfähige Tatsache eindeutig und vollständig bezeichnen. Daraus folgt jedoch nicht, dass sie einen bestimmten Wortlaut haben muss. Der Anmeldende ist insbesondere nicht verpflichtet, die einzutragende Tatsache in Übereinstimmung mit dem Wortlaut

76

---

[1] Siehe *Ammon* DStR 1993, 1025; *Krafka*, Einführung in das Registerrecht, Rz. 229 f.
[2] Vgl. **BayObLG** Z 1989, 34; **BayObLG** Z 1986, 253; **BayObLG** Z 1985, 82; **BayObLG** Z 1984, 29; **OLG Hamm** OLGZ 1981, 419; **BayObLG** Z 1970, 133 (= NJW 1970, 1796 = DNotZ 1971, 107); siehe auch *Koch*, in: Staub, HGB, § 8 Rz. 5 ff.; *Schaub*, in: Ebenroth/Boujong/Joost/Strohn, HGB, § 12 Rz. 26 ff.; *Ammon* DStR 1993, 1025; *Böttcher/Rudolph*, in: Böttcher/Ries, Registerrecht, Rz. 33.
[3] Vgl. **BayObLG** Z 1977, 76 (= DNotZ 1977, 683); **BayObLG** Z 1970, 133 (= Rpfleger 1970, 288); *Schaub*, in: Ebenroth/Boujong/Joost/Strohn, HGB, § 12 Rz. 35; *Krafka*, in: MünchKommHGB, § 12 Rz. 4.
[4] **BayObLG** Z 1977, 76 (= DNotZ 1977, 683).
[5] So **BGH** Z 116, 190 (198) unter Ablehnung der Auffassung des BayObLG (**BayObLG** Z 1982, 198; **BayObLG** Z 1985, 82).

des Gesetzes oder in Anlehnung an diesen darzustellen oder so abzufassen, dass sie ohne Änderung in das Handelsregister übernommen werden kann.[1] Die Formulierung der Eintragung ist vielmehr allein Sache des Registergerichts[2], auch wenn die erforderlichen Informationen bereits strukturiert im Wege eines unmittelbar verwendbaren Datenformats eingereicht werden (siehe hierzu Rz. 137 ff.). Als Verfahrensantrag und -erklärung ist die Anmeldung **auslegungsfähig**.[3] Ihr muss daher jedenfalls im Wege der Auslegung die einzutragende registerfähige Tatsache eindeutig zu entnehmen sein. Ferner muss aus der Anmeldung unzweifelhaft hervorgehen, ob der Anmeldende in eigenem Namen oder in fremdem Namen handelt.[4] In der Anmeldung soll zur Aufnahme in die Bekanntmachung (§ 34 HRV) auch der **Gegenstand des Unternehmens,** soweit er sich nicht bereits aus der Firma ergibt, und – soweit sie nicht als inländische Geschäftsanschrift zur Eintragung in das Handelsregister angemeldet wird oder dort bereits als solche eingetragen ist – die **Lage der Geschäftsräume** samt Straße und Hausnummer angegeben werden (§ 24 Abs. 2 HRV). Für den Unternehmensgegenstand (§ 24 Abs. 4 HRV) gilt dies nur, wenn er nicht bereits den sonstigen vom Antragsteller eingereichten Dokumenten entnommen werden kann, so dass es einer gesonderten Aufnahme dieser Angabe in der Anmeldung nur bei einem einzelkaufmännischen Unternehmen, einer oHG oder einer KG bedarf, nicht aber bei einer GmbH oder AG.[5]

77 Genügend ist beispielsweise für die Eintragung des Erlöschens der für ein Einzelhandelsgeschäft erteilten Prokura und die Neuerteilung der Prokura für die entstandene OHG oder KG (§ 53 Abs. 1 und 3 HGB) die Anmeldung, dass „die Prokura bestehen bleibt".[6] Auch gebietet § 143 Abs. 1 HGB nicht die Verwendung des Wortes „Auflösung"; vielmehr genügt es, wenn sich aus der Anmeldung zweifelsfrei ergibt, dass eine OHG oder KG nicht mehr besteht, weil das Ausscheiden eines von zwei Gesellschaftern und die Geschäftsfortführung der Firma durch einen bisherigen Gesellschafter als Einzelkaufmann angemeldet ist.[7] Bei der Vertretungsbefugnis von Organen besteht kein sachlicher Unterschied zwischen den Formulierungen „Einzelvertretung" oder „Alleinvertretung", sodass die rechtlich zutreffende Fassung der Registereintragung insoweit die Aufgabe des Gerichts, nicht des Anmeldenden ist.[8] Die Anmeldung des bisherigen Prokuristen als Inhaber des Handelsgeschäfts, Geschäftsführer der GmbH oder Vorstand der AG kann hingegen nicht zwingend dahingehend ausgelegt werden, dass darin zugleich eine Anmeldung des Erlöschens der Prokura (§ 53 Abs. 3 HGB) zu sehen ist, da neben die materiell-rechtliche Wirkung eines solchen Vorgangs grundsätzlich auch der verfahrensrechtliche Antrag treten muss. Hingegen sind bei einem Kommanditistenwechsel nicht zwingend die Worte „Eintritt" und „Austritt" in der Anmeldung zu verwenden.[9]

---

[1] **OLG Köln** FGPrax 2004, 88 (= Rpfleger 2004, 356); **BayObLG** MittBayNot 1978, 17; **BayObLG** Rpfleger 1970, 288; **LG Krefeld** MittRhNotK 1989, 275; *Krafka,* in: MünchKomm-HGB, § 12 Rz. 8; *Koch,* in: Staub, HGB, § 8 Rz. 17.

[2] BGH NJW 2007, 3287 (= Rpfleger 2007, 475).

[3] KG FGPrax 2007, 238 (= NZG 2007, 665 = Rpfleger 2007, 551); **OLG Hamm** FGPrax 2005, 39; *Schaub,* in: Ebenroth/Boujong/Joost/Strohn, HGB, § 12 Rz. 38.

[4] Siehe **OLG Düsseldorf** OLGZ 1966, 346.

[5] Siehe andeutungsweise *Fleischhauer,* in: Fleischhauer/Preuß, Handelsregisterrecht, Teil J Rz. 6 (Seite 398); unrichtig dagegen *Melchior/Schulte,* HRV, § 24 Rz. 4, da der Unternehmensgegenstand bei Kapitalgesellschaften zwar eintragungs- nicht aber anmeldepflichtig ist.

[6] **BayObLG** Z 1970, 317 (= DNotZ 1971, 191).

[7] **KG** OLGZ 1965, 124 (= NJW 1965, 254); strenger **KG** FGPrax 2007, 238 (= NZG 2007, 665 = Rpfleger 2007, 551).

[8] BGH NJW 2007, 3287 (= Rpfleger 2007, 475).

[9] BayObLG MittBayNot 1978, 17.

3. Bedingungen und Befristungen

Die Handelsregisteranmeldung ist ein Antrag im Sinne des § 25 FamFG[1] und als solcher **bedingungsfeindlich**.[2] Der Eintragungsantrag kann daher nicht von einem außerverfahrensmäßigen Ereignis abhängig gemacht werden. Hingegen sind Rechtsbedingungen und innerverfahrensmäßige Abhängigkeiten auch bei Anmeldungen zur Eintragung in das Handelsregister zulässig. Ob zeitnahe **Befristungen bei Handelsregisteranmeldungen** erlaubt sind, ist umstritten. Viele Registergerichte zeigen sich hierbei zu Recht kulant, wenn die Anmeldung nur eine kurze Zeitspanne verfrüht eingeht und von Personen unterzeichnet ist, die im Zeitpunkt des Zugangs vertretungsbefugt sind. 78

Eine Zurückweisung eines derart gestellten Antrags wäre verfahrenstechnisch zwar möglich, jedoch kaum dienlich, sofern der Antrag unmittelbar nachfolgend erneut gestellt werden könnte. Ist der Antrag also zugleich von Personen abgegeben, die im Zeitpunkt des späteren Vollzugs der Eintragung anmeldebefugt sind, spricht nichts dagegen, den Antrag zunächst „liegen zu lassen" und ihn sodann bei Eintritt des fraglichen Termins abschließend zu behandeln (vgl. Rz. 147). Die Vornahme der Eintragung ist allerdings auch in diesen Fällen bei deklaratorisch wirkenden Vermerken erst möglich, wenn die angemeldete Tatsache vorliegt und bei konstitutiv wirkenden Eintragungen nur dann, wenn hierdurch der Rechtsakt endgültig verwirklicht, also äußerlich wirksam wird. Aufschiebend befristete Eintragungen sind auch bei konstitutiv wirkenden Registerakten nicht möglich (Rz. 31). 78a

4. Wirksamwerden der Anmeldung

Bedeutung erlangt die Anmeldung zur Eintragung in das Register erst **mit Eingang bei Gericht**.[3] Die Abgabe der Erklärung oder die notarielle Beglaubigung der darauf befindlichen Unterschriften bzw. die elektronische Erstellung der öffentlich beglaubigten Erklärung ist somit für sich gesehen wirkungslos. Entscheidend ist entsprechend den allgemeinen Grundsätzen des materiellen Rechts wie auch des Verfahrensrechts, dass im Zeitpunkt des Zugangs der Erklärung bei Gericht die angemeldeten Umstände tatsächlich vorliegen,[4] wobei jedoch für die Frage, wann alle Erklärungen und Nachweise formgerecht bei den Akten sein müssen, auf den Zeitpunkt der Eintragung, nicht auf den der Anmeldung abzustellen ist.[5] In diesem Sinne kann auch eine formnichtige Anmeldung fristwahrend sein (siehe Rz. 82).[6] Allerdings ist für die Frage der bestehenden Vertretungsmacht bei einer Anmeldung mittels eines rechtsgeschäftlichen oder eines organschaftlichen Vertreters der Zeitpunkt der Abgabe der Erklärung im Sinne der Absendung an das Registergericht maßgeblich, also nicht der Zeitpunkt der Unterzeichnung beim Notar.[7] Bereits bei Gericht eingereichte Anmeldungen verlieren ihre Bedeutung nicht zwingend bereits durch Rücknahme des Eintragungsantrags (Rz. 84). 79

---

[1] Vgl. **BayObLG** DNotZ 1993, 197 (= GmbHR 1992, 672).
[2] **OLG Hamm** FGPrax 2007, 186; **OLG Düsseldorf** FGPrax 2000, 72 (= DNotZ 2000, 529 = Rpfleger 2000, 218); **BayObLG** DNotZ 1993, 197 (= GmbHR 1992, 672); *Waldner* ZNotP 2000, 188; *Bärwaldt* GmbHR 2000, 421; siehe *Koch*, in: Staub, HGB, § 12 Rz. 20; *Schaub*, in: Ebenroth/Boujong/Joost/Strohn, HGB, § 12 Rz. 34.
[3] **BayObLG** GmbHR 2003, 1356 (= ZIP 2003, 2361); **OLG Hamm** OLGZ 1981, 419 (423); *Krafka*, in: MünchKommHGB, § 12 Rz. 6; *Schaub*, in: Ebenroth/Boujong/Joost/Strohn, HGB, § 12 Rz. 31; *Böttcher/Rudolph*, in: Böttcher/Ries, Registerrecht, Rz. 29: *Preuß*, in: Fleischhauer/Preuß, Handelsregisterrecht, Teil A Rz. 99.
[4] *Waldner* ZNotP 2000, 188; *Bärwaldt* GmbHR 2000, 421.
[5] **OLG Hamm** MittBayNot 2002, 408; hierzu *Krafka* MittBayNot 2002, 365.
[6] **OLG Thüringen** MittBayNot 2003, 303.
[7] Unzutreffend daher **BayObLG** GmbHR 2003, 1356 (= ZIP 2003, 2361).

II. Form und Rücknahme der Anmeldung

1. Form der Anmeldung

80 **Anmeldungen** zur Eintragung in das Handelsregister sind elektronisch in **öffentlich beglaubigter Form** einzureichen[1] (§ 12 Abs. 1 Satz 1 HGB). Die Beglaubigung der vorgelegten Anmeldung kann als einfaches elektronisches Zeugnis nach § 39a BeurkG erfolgen. Zuständig hierfür ist der Notar (§ 20 Abs. 1 BNotO)[2]. Die notarielle Beurkundung (§§ 6 ff. BeurkG) ersetzt die Unterschriftsbeglaubigung. Das gleiche gilt für die Aufnahme der Erklärung in einen Prozessvergleich (§§ 127a, 129 Abs. 2 BGB). Auch in diesen Fällen bedarf es allerdings der elektronischen Einreichung nach § 12 Abs. 1 Satz 1 HGB, so dass auch hier die Erstellung des Zeugnisses nach § 39a BeurkG nach Vorlage einer Ausfertigung oder beglaubigten Abschrift unvermeidlich ist. Der Notar soll zur vorangehenden Unterschriftsbeglaubigung nach §§ 39f. BeurkG die Identität der Person, welche die Anmeldung unterschreibt, zweifelsfrei feststellen und sie im Beglaubigungsvermerk so bezeichnen, dass Zweifel und Verwechslungen ausgeschlossen sind (§ 40 Abs. 4 i.V.m. § 10 Abs. 1 und 2 BeurkG, § 26 DONot).

81 Möglich ist die **Einschränkung** und die **Ergänzung** der eingereichten Anmeldung, wobei entsprechend bei Erweiterungen der bereits vorliegenden Anmeldung die Formvorschrift des § 12 Abs. 1 Satz 1 HGB zu beachten ist. Berichtigt oder ergänzt der hierzu ermächtigte Notar eine von ihm unterschriftsbeglaubigte oder beurkundete Anmeldungserklärung im Wege einer **Eigenurkunde** und reicht diese elektronisch ein, so genügt auch dies den Anforderungen des § 12 Abs. 1 Satz 1 HGB.[3] Nach verbreiteter Auffassung[4] genügt hierbei sogar eine signierte elektronische Berichtigungsnachricht. Sofern diese aufgrund ihres Formats nicht in den Registerordner (§ 9 HRV) eingestellt und von dort abgerufen werden kann, ist diese Ansicht jedoch abzulehnen.

82 Bei Nichteinhaltung der Form kann – insbesondere bei umwandlungsrechtlichen Eintragungen – ein zunächst zum Beispiel per Telefax eingereichter **unwirksamer Antrag fristwahrend** wirken, wenn im noch laufenden Verfahren der Eintragungsantrag formgerecht nachgereicht wird.[5] Wird die Anmeldung durch rechtsgeschäftliche **Vertreter** vorgenommen, ist im Übrigen § 12 Abs. 1 Satz 2 HGB zu beachten (siehe hierzu Rz. 114 ff.). Ferner ist für die Form der Einreichung von Dokumenten, vor allem als Anlagen zu einzelnen Registeranmeldungen auf Rz. 131 f. zu verweisen.

2. Rücknahme der Anmeldung

83 Die Anmeldung kann bis zum Vollzug der Eintragung (§ 382 Abs. 1 FamFG) formlos **zurückgenommen** werden.[6] Bei einer Mehrheit von Anmeldenden kann jeder Beteiligte seine Anmeldung widerrufen mit der Folge, dass die Eintragung unterbleiben muss, wenn ein Zusammenwirken aller bzw. mehrerer Anmeldeberechtigter erforderlich ist. Gegebenenfalls sind die infolge der Rücknahme fehlenden Anmeldungserklärungen zu erzwingen (§ 14 HGB, §§ 388 ff. FamFG). Die Zurücknahme eines auf Unterbleiben einer Anmeldung gerichteten Widerrufs bedeutet eine Neuanmeldung und bedarf daher der Form des § 12 Abs. 1 Satz 1 HGB.[7]

---

[1] Zum Sinn dieser Formvorschrift *Heneweer* FGPrax 2004, 259.
[2] Zur Einreichung durch eine Behörde **OLG Stuttgart** FGPrax 2009, 129 (= GmbHR 2009, 666 = Rpfleger 2009, 461).
[3] Siehe **OLG Frankfurt** DNotZ 2006, 767; **BGH** Z 78, 36 (zu § 29 GBO); *Ammon* DStR 1993, 1025 (1027).
[4] **OLG Schleswig** Rpfleger 2008, 25 (= DNotZ 2008, 709 = FGPrax 2008, 217).
[5] **OLG Schleswig** FGPrax 2007, 283; **OLG Thüringen** MittBayNot 2003, 303.
[6] **OLG Düsseldorf** Rpfleger 1989, 201.
[7] BayObLG Z 1966, 337, 341 (insbesondere zur Zurücknahme zwecks Behebung eines Vollzugshindernisses).

Allerstnitt C. Anmeldungen zum Handelsregister

Allerdings ist zu beachten, dass durch die Rücknahme **kein Antragsverbrauch** eintritt. 84
Damit kann eine einmal formgerechte Erklärung als Anmeldung erneut verwendet
werden, sofern dem nicht ein mangelndes Rechtsschutzbedürfnis entgegensteht.[1] Ein
Rechtsschutzbedürfnis für die erneute Einreichung wird jedenfalls dann zu bejahen
sein, wenn weitere Dokumente mit eingereicht werden oder sich die Rechtslage zwischenzeitlich geändert hat bzw. die Eintragung auch auf neue Umstände gestützt wird.

III. Eintragungsfähige und anmeldungspflichtige Tatsachen

1. Allgemeines

Eintragungsfähig im Handelsregister sind nur Tatsachen, die vom Gesetz zur Eintra- 85
gung bestimmt und zugelassen sind. Der Kreis der eintragungsfähigen Tatsachen ist
grundsätzlich gesetzlich geregelt. Das Handelsregister soll nur die für den Rechtsverkehr wichtigen Rechtsverhältnisse der Kaufleute und Handelsgesellschaften offen legen. Lediglich die Tatsachen und Rechtsverhältnisse, für deren Eintragung ein **erhebliches Bedürfnis des Rechtsverkehrs** besteht, dürfen in das Handelsregister eingetragen
werden.[2] Dieses hat nicht die Aufgabe, sonstige Rechtsverhältnisse der Unternehmer
und Unternehmen darzustellen, insbesondere nicht solche interne Verhältnisse, die
z.B. auf die Vertretung des Rechtsträgers durch Organe oder Prokuristen keinen
Einfluss haben. Ein umfassendes Bild über die Verhältnisse und Beziehungen eingetragener Unternehmen soll das Handelsregister nicht geben, da sonst die Gefahr
besteht, dass es unübersichtlich würde und seine Aufgabe letztlich nicht erfüllen könnte.[3] Was das Gesetz zur Eintragung **nicht zulässt,** darf deshalb in das Register nicht eingetragen werden.[4]

Einzutragende **Personen** sind nach der HRV (§ 40 Nr. 3 bis 5, § 43 Nr. 4 und 5) mit 86
Familiennamen, Vornamen, Geburtsdatum und Wohnort zu bezeichnen. Ein **Name**
fremden Ursprungs wird – soweit sinnvoll und technisch möglich – mit den der fremden
Sprache eigentümlichen Schriftzeichen (Akzent, Häkchen usw.) versehen. Eine Adelsbezeichnung ist als Bestandteil des Familiennamens (Art. 109 Weimarer RV) einzutragen.[5]
Die Eintragung von akademischen Graden (Doktor, Doktor h.c., Diplomgrade, Magister- und Mastertitel) ist nach der HRV nicht vorgesehen und kommt daher nur in Betracht, soweit sie gewohnheitsrechtlich Bestandteil des Familiennamens sind.[6] Davon
kann man allenfalls bei „Doktor" und „Professor" ausgehen. Zusätze hierzu sind nur
eintragungsfähig, soweit dessen Führung – wie etwa bei ausländischen Graden – Pflicht
ist.[7] Jedenfalls besteht keine Anmeldepflicht für akademische Grade.[8] Als **Wohnort** ist
der Name der politischen Gemeinde in der amtlichen Schreibweise anzugeben. Ein

---
[1] KG FGPrax 2005, 130; *Krafka*, Einführung in das Registerrecht, Rz. 227; siehe auch *Nedden-Boeger*, in: Schulte-Bunert/Weinreich, FamFG, § 382 Rz. 86 f. und *Melchior/Schulte*, HRV, § 26 Rz. 4.
[2] BGH NJW 1998, 1071 (= FGPrax 1998, 68 = Rpfleger 1998, 161 = MittBayNot 1998, 117); BGH NJW 1992, 1452; **OLG Hamburg** NZG 2009, 957 (= GmbHR 2009, 252); **BayObLG** Z 2000, 213 (= Rpfleger 2000, 504 = MittBayNot 2000, 568); **BayObLG** Z 1987, 449 (451).
[3] BayObLG Z 1980, 195 (= Rpfleger 1980, 428); BayObLG Z 1971, 55; **OLG Karlsruhe** GmbHR 1964, 78; *Krafka*, Einführung in das Registerrecht, Rz. 171 ff.
[4] RG Z 132, 138, 140; BayObLG NJW 1973, 2162; **OLG Hamburg** NZG 2009, 957 (= GmbHR 2009, 252).
[5] Zur vergleichbaren Rechtslage nach der Grundbuchordnung *Schöner/Stöber*, Grundbuchrecht, Rz. 233.
[6] BGH Z 38, 380.
[7] Weitergehend hingegen *Keidel/Schmatz/Stöber*, Registerrecht, 5. Auflage 1991, Rz. 17 d.
[8] Siehe **BayObLG** Z 1995, 140; **BayObLG** Z 1990, 41 (= MDR 1990, 635).

Ortsteil kann zusätzlich angegeben werden, wenn dies der näheren Individualisierung dient und es ausdrücklich beantragt wird; im Allgemeinen ist dies jedoch nicht erforderlich. Ausländische Orte können in der Schreibweise ihres Landes oder in der allgemein üblichen deutschen Bezeichnung geschrieben werden. Zudem kann der deutschen Schreibweise die fremde Bezeichnung in Klammern hinzugefügt werden, beispielsweise bei „Pressburg (Bratislava/Slowakei)". Im Übrigen sollte zur eindeutigen Kennzeichnung bei ausländischen Wohnorten stets der zugehörige Staat angegeben werden, z. B. „Paris, Texas (USA)" oder „Bamberg, South Carolina (USA)".

2. Eintragungsfähige Tatsachen

87 Eintragungsfähig sind Tatsachen bzw. Rechtsverhältnisse, deren Eintragung **gesetzlich angeordnet** ist. Das kann der Fall sein mit der Bestimmung, dass
– eine Verpflichtung zur Anmeldung besteht (z. B. §§ 29, 31, 53, 106 Abs. 1 HGB); sogenannte **eintragungspflichtige** Tatsachen;[1]
– die Eintragung auf Anmeldung zu erfolgen hat, eine Anmeldepflicht jedoch nicht besteht (z. B. § 2 Satz 2, § 3 Abs. 2 und 3, § 25 Abs. 2 und § 28 Abs. 2 HGB; §§ 7, 54, § 57 Abs. 1, § 58 Abs. 1 Nr. 3 i. V. m. § 79 Abs. 2 GmbHG); sogenannte **nur eintragungsfähige** Tatsachen;
– die Eintragung **von Amts wegen** vorzunehmen ist (vgl. §§ 393 ff. FamFG; § 32 HGB).

88 Eintragungsfähig sind ferner Tatsachen und Rechtsverhältnisse, deren Eintragung Sinn und Zweck des Handelsregisters erfordern, auch wenn es an einer ausdrücklichen **gesetzlichen Normierung fehlt**. Hierbei ist mit Rücksicht auf die strenge Formalisierung des Registerrechts bei gesetzlich nicht vorgesehenen Eintragungen äußerste Zurückhaltung geboten.[2] Insbesondere darf das Handelsregister nicht unübersichtlich werden oder zu Missverständnissen Anlass geben. Anerkannt ist beispielsweise unter Berücksichtigung dieser Grundsätze die Eintragung der für einen Prokuristen vorgesehenen Befugnis zur Veräußerung und Belastung von Grundstücken (Rz. 368) und die Eintragung der Gesamt- oder Sonderrechtsnachfolge bei dem Gesellschafterwechsel einer Personenhandelsgesellschaft (Rz. 747ff.).

89 **Nicht eintragungsfähig** sind z. B. güterrechtliche Tatsachen, der Familienstand und Beschränkungen der Geschäftsfähigkeit eines Eingetragenen. Nicht zulässig ist auch die Eintragung einer Tatsache, die erst in einem zukünftigen Zeitpunkt wirksam werden soll, z. B. die Bestellung eines Geschäftsführers mit Wirkung vom 1. Januar des nächsten Jahres an (siehe Rz. 31 und 146). Ein diesbezüglicher Klarstellungsvermerk ist im Registerverfahrensrecht wie auch nach materiellem Recht nicht vorgesehen. Zudem ist die Eintragung nicht mehr gültiger Tatsachen grundsätzlich unzulässig, beispielsweise ist also eine zwischenzeitlich verwendete, nunmehr aber nicht mehr geführte Firma nicht im Register einzutragen. Jedoch ist gegebenenfalls die gegensätzliche Tatsache einzutragen, sofern dies wegen der Wirkung des § 15 Abs. 1 HGB angezeigt ist. Bei befristeten und auflösend bedingten Tatsachen verhält sich dies ebenso. Eine Ausnahme von diesem Grundsatz der unnötigen **überholten Zwischeneintragung** gilt bei der Übertragung von Kommanditbeteiligungen (vgl. Rz. 751).

90 Wurde also z. B. ein Geschäftsführer einer GmbH nicht zur Eintragung im Handelsregister angemeldet und sodann wieder abberufen, so ist anzumelden und einzutragen, dass diese Person nicht mehr Geschäftsführer ist. Die Voreintragung als Geschäftsführer und der besonderen Vertretungsbefugnis findet hingegen nicht statt.

91 Schließlich ist allgemein danach zu unterscheiden, ob jeweils eine **Anmeldepflicht** besteht, da nur in diesen Fällen der Registerzwang des § 14 HGB Anwendung findet.

---

[1] Zur Terminologie siehe *Krafka*, MünchKommHGB, § 8 Rz. 28 ff.
[2] Siehe **BGH** NJW 1998, 1071 (= FGPrax 1998, 68 = Rpfleger 1998, 161 = MittBayNot 1998, 117); **BGH** NJW 1992, 1452; **OLG Hamburg** NZG 2009, 957 (= GmbHR 2009, 252).

Ob dies gegeben ist, lässt sich aus den Anordnungen des Gesetzgebers oder den jeweiligen hierzu von der Rechtsprechung entwickelten Grundsätzen ersehen.

a) **Eintragungspflichtige Tatsachen.** Folgende **anmelde- und eintragspflichtige** Tatsachen und Rechtsverhältnisse sind u. a. ausdrücklich gesetzlich normiert: 92

Einzelkaufleute, Zweigniederlassungen und Prokura: 93
- § 13 und §§ 13d bis 13g HGB (Zweigniederlassungen);
- § 13h HGB (Verlegung der Hauptniederlassung bzw. des Sitzes im Inland);
- § 29 HGB (Firmenanmeldung);
- § 31 Abs. 1 HGB (Änderung von Firma, Inhaber, inländischer Geschäftsanschrift und Verlegung der Niederlassung);
- § 31 Abs. 2 HGB (Erlöschen der Firma);
- § 33 HGB (Juristische Personen);
- § 34 HGB (Änderungen bei Juristischen Personen);
- § 53 HGB (Prokura).

Offene Handelsgesellschaft: 94
- § 106 Abs. 1 HGB (Errichtung der Gesellschaft);
- § 107 HGB (Firmenänderung, Sitzverlegung, Änderung der inländischen Geschäftsanschrift, Eintritt eines Gesellschafters);
- § 143 HGB (Auflösung, Ausscheiden eines Gesellschafters);
- § 144 HGB (Fortsetzung nach Insolvenz);
- §§ 148, 150 HGB (Liquidation);
- § 157 HGB (Erlöschen der Firma nach Liquidation).

Kommanditgesellschaft: 95
- § 162 Abs. 1 und 2 HGB (Kommanditist und Einlage);
- § 162 Abs. 3 HGB (Kommanditanteilsübertragung);
- § 175 HGB (Änderung der Einlage).

Gesellschaft mit beschränkter Haftung: 96
- § 39 Abs. 1 GmbHG (Veränderung bei der Geschäftsführung);
- § 65 Abs. 1 GmbHG (Auflösung der Gesellschaft);
- § 67 GmbHG (Anmeldung der Liquidatoren);
- § 74 GmbHG (Beendigung der Liquidation).

Aktiengesellschaft: 97
- § 81 AktG (Änderung des Vorstands);
- § 201 AktG (Ausgabe von Bezugsaktien);
- § 227 AktG (Durchführung der ordentlichen Herabsetzung des Grundkapitals);
- § 239 AktG (Durchführung der Kapitalherabsetzung durch Aktieneinziehung);
- § 263 AktG (Auflösung);
- § 266 AktG (Anmeldung der Abwickler);
- § 273 AktG (Beendigung der Abwicklung);
- § 298 AktG (Beendigung eines Unternehmensvertrags).

Hingegen sind folgende Tatsachen und Rechtsverhältnisse **eintragungs- und anmeldepflichtig**, obwohl eine gesetzliche Normierung hierzu nicht existiert, wobei die Anmeldepflicht (§ 14 HGB) mit der deklaratorischen Wirkung der Eintragung übereinstimmt: 98
- Zur Vertretungsbefugnis von Organmitgliedern (Geschäftsführern, persönlich haftenden Gesellschaftern) ist die Befreiung von Beschränkungen des § 181 BGB eine eintragungspflichtige Tatsache;[1]

---

[1] **BGH** Z 87, 59; **BGH** DNotZ 1983, 633 mit Anm. *Kanzleiter;* **OLG Hamburg** ZIP 1986, 1186; ebenso *Krafka,* in: MünchKommHGB, § 8 Rz. 33; *Koch,* in: Staub, HGB, § 8 Rz. 54 ff.; anderer Ansicht: **OLG Hamm** BB 1983, 858.

– Eintragung der einem Prokuristen erteilten Befugnis zur Veräußerung und Belastung von Grundstücken (§ 49 Abs. 2 HGB);[1]
– Fortsetzung der aufgelösten OHG oder KG entsprechend § 144 Abs. 2 HGB;
– Ernennung eines Testamentsvollstreckers;[2] einzutragen ist unstreitig dessen Stellung als Inhaber des einzelkaufmännischen Unternehmens, wenn er das Geschäft im eigenen Namen führt.[3]

99 Im Übrigen sind verschiedene Eintragungen, v. a. Löschungen **von Amts wegen**, im Handelsregister durch das Registergericht ohne Anmeldung der Beteiligten vorzunehmen (vgl. hierzu Rz. 400 ff.). An dieser Stelle seien lediglich die Vorschriften der §§ 393 ff. FamFG und des § 32 HGB (Insolvenzvermerke) erwähnt.

100 **b) Nicht eintragungspflichtige Tatsachen.** Folgende Umstände sind zwar eintragungsfähig, müssen teilweise auch eingetragen werden, um wirksam zu sein, jedoch besteht keine Anmeldepflicht, so dass insbesondere § 14 HGB keine Anwendung findet. Soll die Eintragung nach dem Willen der Beteiligten vorgenommen werden, so bedarf es selbstverständlich auch einer Registeranmeldung im Sinne des § 12 Abs. 1 HGB.

101 Kraft Gesetzes sind **eintragungsfähig**, jedoch **nicht anmeldepflichtig** im Sinne der Erzwingbarkeit des § 14 HGB:

Allgemeine Eintragungen:
– § 2 Satz 2 HGB (Kleingewerbetreibende);
– § 3 Abs. 2 HGB (Land- und forstwirtschaftliche Unternehmen);
– § 25 Abs. 2 HGB (Haftungsausschluss bei Firmenfortführung);
– § 28 Abs. 2 HGB (Haftungsausschluss bei Eintritt in ein einzelkaufmännisches Unternehmen).

Gesellschaften mit beschränkter Haftung:
– § 7 GmbHG (Ersteintragung);
– § 54 GmbHG (Satzungsänderung);
– § 57 Abs. 1 GmbHG (Erhöhung des Stammkapitals);
– § 58 Abs. 1 Nr. 3 GmbHG (Herabsetzung des Stammkapitals).

Aktiengesellschaft:
– § 36 AktG (Ersteintragung);
– § 45 AktG (Sitzverlegung);
– § 52 Abs. 6 AktG (Nachgründung);
– § 181 AktG (Satzungsänderung);
– § 184 AktG (Beschluss über die Erhöhung des Grundkapitals);
– § 188 AktG (Durchführung der Kapitalerhöhung);
– § 195 AktG (Beschluss einer Bedingten Kapitalerhöhung);
– § 210 AktG (Kapitalerhöhung aus Gesellschaftsmitteln);
– § 223 AktG (Ordentliche Kapitalherabsetzung);
– § 237 Abs. 4 AktG (Kapitalherabsetzung durch Einziehung von Aktien);
– § 294 Abs. 1 AktG (Abschluss eines Unternehmensvertrags);
– § 319 Abs. 3 AktG (Eingliederung);
– § 327 e AktG (Squeeze-Out).

---

[1] **BayObLG** DB 1980, 2232 (= BB 1980, 1487); **BayObLG** NJW 1971, 810; *Krafka*, in: MünchKommHGB, § 8 Rz. 50; *Weber*, in: Ebenroth/Boujong/Joost, HGB, § 49 Rz. 18.
[2] Unklar dazu *Baumbach/Hopt*, HGB, § 8 Rz. 5; bejahend *Brandner*, in: MünchKommBGB, § 2205 Rz. 23; *Karsten Schmidt*, in: Schlegelberger, HGB, § 139 Rz. 50 und § 177 Rz. 34 *Ulmer* NJW 1990, 73 (82); *Canaris*, Handelsrecht, § 9 Rz. 38; anderer Ansicht: **KG** FGPrax 1995, 202 (= MittBayNot 1995, 53 mit Anm. *Weidlich*).
[3] **BGH** Z 12, 100 (102).

Umwandlungsgesetz:
- § 16 Abs. 1 UmwG (Verschmelzung);
- § 38 UmwG (Verschmelzung zur Neugründung);
- § 129 UmwG (Spaltung);
- § 137 Abs. 1 und 2 UmwG (Spaltung zur Neugründung);
- §§ 176 Abs. 1, 177 Abs. 1, 178 Abs. 1, 179 Abs. 1, 180 Abs. 1, 184 Abs. 1, 186, 188 Abs. 1, 189 Abs. 1 UmwG (Vermögensübertragung);
- §§ 198, 222, 235, 246, 254, 265, 296 UmwG (Formwechsel).

Die **Rechtsprechung** hält die Eintragung von nicht durch das Gesetz bestimmten oder zugelassenen Tatsachen in das Handelsregister für zulässig, wenn der Sinn und Zweck des Handelsregisters die Eintragung erfordert und daran ein erhebliches Bedürfnis des Rechtsverkehrs besteht.[1] Erforderlich ist insbesondere, dass die angestrebte Eintragung der Publizitätsfunktion des Handelsregisters hinreichend Rechnung trägt. Bei Eintragung der Vertretungsbefugnis bedeutet dies im Interesse der Schnelligkeit des Geschäftsverkehrs, dass eine solche Eintragung ohne Zuziehung anderer Registerblätter oder zum Handelsregister eingereichter Urkunden aus sich heraus verständlich sein muss.[2]

102

Hiernach sind, zwar **ohne gesetzliche Verpflichtung**, jedoch aufgrund Lehre und Rechtsprechung folgende Umstände im Handelsregister **eintragbar**, ohne dass eine erzwingbare Anmeldepflicht besteht:
- Gesamt- oder Sonderrechtsnachfolge bei Gesellschafterwechsel in Personengesellschaften (hierzu Rz. 747 ff.);
- Befreiung von den Beschränkungen des § 181 BGB bei Prokuristen;[3]
- Eintragung von Unternehmensverträgen (die Eintragung wirkt konstitutiv; es besteht jedoch keine erzwingbare Anmeldepflicht)[4] bei einer beherrschten GmbH.

103

3. Nicht eintragungsfähige Tatsachen

Verschiedene Umstände sind weder kraft Gesetzes noch aufgrund eines allgemeinen Bedürfnisses hierzu in das Handelsregister eintragbar. Einer entsprechenden Anmeldung ist somit nicht Folge zu leisten:
- Die Erteilung einer **Handlungsvollmacht**[5] ist, auch wenn sie zur gemeinsamen Vertretung mit einem Prokuristen berechtigt, ebenso wenig eintragungsfähig wie die Erteilung einer **Generalvollmacht**,[6] die regelmäßig als Generalhandlungsvollmacht zu verstehen sein wird, da andernfalls die typisierte und eintragungspflichtige Prokura im Ergebnis kaum Bedeutung hätte; sofern die zulässige Generalvollmachtserteilung für eintragungsfähig gehalten würde – was angesichts der sehr unterschiedlichen Ausgestaltungen überaus problematisch wäre –, wäre dies kon-

104

---

[1] **BayObLG** Z 2000, 213 (= MittBayNot 2000, 568) unter Bezugnahme auf **BGH** NJW 1992, 1452 und **BGH** NJW 1998, 1071 (= FGPrax 1998, 68 = Rpfleger 1998, 161 = MittBayNot 1998, 117) sowie **OLG Hamburg** GmbHR 2009, 252; **BayObLG** Z 1987, 449 (= DNotZ 1988, 515 = Rpfleger 1988, 268).
[2] **OLG Stuttgart** FGPrax 2008, 83 (= DNotZ 2008, 303); **BayObLG** Z 2000, 106 (= MittBayNot 2000, 568) unter Bezugnahme auf **BayObLG** Z 1999, 349 (= DNotZ 2000, 527 = Rpfleger 2000, 115).
[3] **OLG Hamm** MittRhNotK 1983, 195; **BayObLG** DNotZ 1981, 189.
[4] *Krafka,* in: MünchKommHGB, § 8 Rz. 37 und **BGH** Z 105, 324 (328).
[5] *Karsten Schmidt,* Handelsrecht, S. 483.
[6] So die herrschende Meinung, siehe **OLG Hamburg** NZG 2009, 957 (= GmbHR 2009, 252); *Koch,* in: Staub, HGB, § 8 Rz. 70; *Weber,* in: Ebenroth/Boujong/Joost/Strohn, HGB, § 53 Rz. 2; *Krebs,* in: MünchKommHGB, § 53 Rz. 4, anderer Ansicht: *Baumbach/Hopt,* HGB, § 8 Rz. 5; *Schroeder/Oppermann* JZ 2007, 176.

sequenterweise nur möglich, wenn zugleich ihre Anmeldepflichtigkeit statuiert würde.[1] Einzutragen sind derartige Bevollmächtigte daher nur als „ständige Vertreter" nach § 13e Abs. 2 Satz 4 Nr. 3 HGB bei inländischen Zweigniederlassungen ausländischer Kapitalgesellschaften, zumal deren Befugnisse zumindest teilweise gesetzlich normiert sind;
- Etwaige **Beschränkungen der Verfügungsbefugnis** und **gesetzliche Vertreter** wie z. B. bei eingetragenen Minderjährigen, die Anordnung einer Nacherbfolge[2] und Verfügungsbeschränkungen des Einzelkaufmannes sind nicht eintragbar. Güterrechtliche Beschränkungen sind ebenfalls nicht in das Handelsregister einzutragen;[3] ebenso wenig ein betreuungsrechtlicher Einwilligungsvorbehalt des Geschäftsinhabers.
- Nicht einzutragen sind auch kraft Gesetzes oder kraft Gesellschaftsvertrag bestehende **abstrakte Befugnisse von Gesellschaftsorganen,** wie beispielsweise die Möglichkeit zur Gestattung des Selbstkontrahierens durch einen Geschäftsführer seitens der Gesellschafterversammlung einer GmbH;[4] ebenso ist der Stellvertreterzusatz bei GmbH-Geschäftsführern nicht eintragbar.[5]
- Bei Personengesellschaften nicht eintragbar sind der **Gesellschaftsvertrag** und der vereinbarte **Gesellschaftszweck** etwa als Gegenstand des Unternehmens einer OHG beziehungsweise KG; ebensowenig gesetzliche oder organschaftliche Vertreter von Gesellschaftern von Personengesellschaften;[6] auch nicht eintragbar sind Gesellschafter von Gesellschaftern, etwa wenn eine Personenhandelsgesellschaft Gesellschafterin einer eben solchen Gesellschaft ist, mit Ausnahme der Kommanditistenstellung einer Gesellschaft bürgerlichen Rechts und der Eintragung deren Gesellschafter auf dem Registerblatt der Kommanditgesellschaft (§ 162 Abs. 1 Satz 2 HGB). Verpfändungen von Gesellschaftsanteilen an einer OHG oder KG können gleichfalls nicht im Handelsregister eingetragen werden.[7]
- Die **Testamentsvollstreckung** an Gesellschaftsanteilen von Personengesellschaften ist nach der sehr stark kritisierten Auffassung der bisherigen Rechtsprechung ebenfalls nicht eintragbar.[8]

IV. Anmeldepflichtige Personen

105 **Anmeldepflichtig** oder -berechtigt sind nach näherer Bestimmung der jeweiligen Vorschriften des HGB, AktG, GmbHG und VAG
- der **Einzelkaufmann** (§§ 29, 31 HGB) sowie
- sämtliche Gesellschafter einer **OHG** (§§ 108, 143 Abs. 1 und 2, § 148 Abs. 1 HGB) oder **KG** (§§ 108, 143 Abs. 1 und 2, § 148 Abs. 1 i. V. m. § 161 Abs. 2 HGB) oder

---

[1] Wie etwa von *Canaris,* Handelsrecht, § 4 Rz. 11.
[2] *Preuß,* in: Oetker, HGB, § 8 Rz. 52; *Koch,* in: Staub, HGB, § 8 Rz. 50; *Krafka,* in: MünchKommHGB, § 8 Rz. 55.
[3] *Preuß,* in: Oetker, HGB, § 8 Rz. 52.
[4] **OLG Hamm** FGPrax 1996, 236 (= Rpfleger 1997, 169); **OLG Frankfurt** GmbHR 1994, 118; **OLG Hamm** MittRhNotK 1993, 73 (= GmbHR 1993, 500); **OLG Frankfurt** BB 1984, 238; **LG Köln** GmbHR 1993, 501; *Baumbach/Hopt,* HGB, § 8 Rz. 5.
[5] **BGH** NJW 1998, 1071 (= FGPrax 1998, 68 = Rpfleger 1998, 161 = MittBayNot 1998, 117).
[6] *Baumbach/Hopt,* HGB, § 106 Rz. 2.
[7] *Karsten Schmidt,* in: MünchKommHGB, § 135 Rz. 34 m. w. N.
[8] **KG** FGPrax 1995, 202 (= MittBayNot 1996, 53 mit Anm. *Weidlich); Damrau* BWNotZ 1990, 69; anderer Ansicht: **LG Konstanz** NJW-RR 1990, 716 (= DB 1990, 726); *Baumbach/Hopt,* HGB, § 8 Rz. 5 und § 139 Rz. 21, 24; *Koch,* in: Staub, HGB, § 8 Rz. 68; *Preuß,* in: Oetker, HGB, § 8 Rz. 46; *Schaub,* in: Ebenroth/Boujong/Joost/Strohn, HGB, § 8 Rz. 121; *Schaub* ZEV 1994, 71; *Ulmer* NJW 1990, 82; *Reimann* DNotZ 1990, 194; *Mayer* ZIP 1990, 978.

nur deren vertretende Gesellschafter (z. B. § 13 Abs. 1 und 5, § 53 Abs. 1 und 3 i. V. m. § 125 Abs. 1, § 161 Abs. 2 HGB) oder deren Liquidatoren (§ 157 Abs. 1, § 161 Abs. 2 HGB),
- die Mitglieder des Vorstands einer **Aktiengesellschaft** (sämtliche oder in vertretungsberechtigter Zahl, z. B. § 36 Abs. 1, § 81 Abs. 1, § 181 Abs. 1, § 201 Abs. 1, § 227 Abs. 1, § 239 Abs. 1, §§ 263, 266 Abs. 1, § 298 AktG) sowie deren Abwickler (§ 266 Abs. 1 AktG), Gründer (§ 36 Abs. 1 AktG) und Mitglieder des Aufsichtsrats (§ 36 Abs. 1 AktG) oder dessen Vorsitzender (§ 184 Abs. 1, § 188 Abs. 1, § 195 Abs. 1, § 223 AktG); bei einer **SE** treten an die Stelle des Vorstands das Leitungsorgan und an die Stelle des Aufsichtsrats das Aufsichtsorgan und bei Wahl des monistischen Systems die geschäftsführenden Direktoren an die Stelle des Vorstands und der Verwaltungsratsvorsitzende an die Stelle des Aufsichtsratsvorsitzenden;
- die Geschäftsführer oder Liquidatoren einer **GmbH** (sämtliche oder in vertretungsberechtigter Zahl, § 78 GmbHG),
- sämtliche Mitglieder des Vorstands einer **juristische Person** (§ 33 Abs. 1 HGB) bzw. der Vorstand in vertretungsfähiger Besetzung (§ 34 Abs. 3 HGB).

Bei **unechter Gesamtvertretung** (§ 78 Abs. 3 Satz 1 AktG, auch § 125 Abs. 3 Satz 1 HGB) kann eine Anmeldung, die nicht durch sämtliche Mitglieder des Vorstands oder sämtliche Geschäftsführer bzw. alle Gesellschafter zu erfolgen hat, von einzelnen Vorstandsmitgliedern, Geschäftsführern oder vertretenden Gesellschaftern je in Gemeinschaft mit einem Prokuristen erfolgen.[1] Dies gilt jedenfalls, soweit keine höchstpersönlichen Erklärungen abzugeben sind.[2] Von einem **Prokuristen** allein – ohne Beteiligung eines Mitglieds des Vorstands, eines Geschäftsführers oder vertretenden Gesellschafters – kann eine Anmeldung die das Unternehmen des Prinzipals betrifft, nicht erklärt werden.[3]

106

Unter Umständen sind auch Rechtsnachfolger anmeldepflichtig, so etwa im Erbfall nach § 22 HGB oder ein Testamentsvollstrecker. Ebenso ist gegebenenfalls der **Insolvenzverwalter**[4] anmeldepflichtig, sofern die einzelne anmeldepflichtige Tatsache gegenständlich der Insolvenzmasse zuzuordnen ist. Damit ist beispielsweise bei Insolvenz einer GmbH die Anmeldung von Geschäftsführeränderungen weiterhin von den Geschäftsführern anzumelden, da insoweit kein Bezug zur Insolvenzmasse herzustellen ist.[5]

107

Bei der Anmeldung von Kapitalgesellschaften handeln die gesetzlichen Vertretungsorgane regelmäßig als Anmeldende im Namen der Gesellschaft,[6] so dass auch diese und nicht nur jedes anmeldende Organmitglied, formell verfahrensbeteiligt ist (siehe Rz. 143).

108

V. Vertretung im Handelsregisterverfahren

1. Allgemeines

Die Anmeldung zur Eintragung in das Handelsregister kann durch einen Vertreter, insbesondere durch einen **Bevollmächtigten** vorgenommen werden[7] (§ 10 Abs. 1, § 378

109

---

[1] BayObLG DNotZ 1978, 692; BayObLG Z 1973, 158 (= NJW 1973, 2068 = DNotZ 1974, 42); RG Z 134, 303; KG JFG 18, 196 (= JW 1938, 3121).
[2] Siehe *Schaub*, in: Ebenroth/Boujong/Joost/Strohn, HGB, § 12 Rz. 107.
[3] BGH Z 116, 190 (193); BGH NJW 1977, 1879; BayObLG Z 1988, 51 (= DNotZ 1989, 241); BayObLG Z 1982, 198 (= MittBayNot 1982, 255); vgl. *Bärwaldt* NJW 1997, 1404.
[4] So andeutungsweise **OLG Karlsruhe** FGPrax 1997, 71; s. a. **OLG Köln** GmbHR 2001, 923.
[5] **OLG Rostock** Rpfleger 2003, 444; *Nedden-Boeger*, in: Schulte-Bunert/Weinreich, FamFG, Vor § 378 Rz. 27; anderer Ansicht **AG Charlottenburg** ZIP 1996, 683.
[6] BGH Z 105, 324 (328); vgl. BGH Z 117, 323 (= NJW 1992, 1844); **OLG Köln** FGPrax 2001, 214 (= RNotZ 2001, 593); BayObLG FGPrax 2000, 40.
[7] Siehe hierzu *Gustavus* GmbHR 1978, 219; *Schaub* DStR 1999, 1699 und MittBayNot 1999, 539.

FamFG, § 12 Abs. 1 Satz 2 HGB). Eine Vertretung durch einen Anmeldungsbevollmächtigten ist sogar dann zulässig, allerdings im Regelfall unzweckmäßig, wenn „in", d. h. mit der Anmeldung eine persönlich abzugebende Versicherung einzureichen ist (vgl. z. B. § 8 Abs. 2 GmbHG), die dann, höchstpersönlich und gesondert abgegeben, der Anmeldung durch den Vertreter in der Form des § 12 Abs. 1 Satz 1 HGB beigefügt sein muss (vgl. Rz. 115). Eine gesonderte Vollmacht zur Anmeldung kann auch hinsichtlich des Unternehmens des Prinzipals einem **Prokuristen** erteilt werden, muss dann jedoch der Form des § 12 Abs. 1 Satz 2 HGB genügen. Die Vollmacht berechtigt nur zur Vertretung des Vollmachtgebers bei der Anmeldung und ermöglicht die Vornahme oder Mitwirkung bei einer Anmeldung daher nicht, wenn der Vollmachtgeber als Gesellschafter, Geschäftsführer oder Vorstandsmitglied ausgeschieden und somit nicht mehr anmeldepflichtig bzw. anmeldeberechtigt ist.[1] Für die **Form der Vollmacht** ist gemäß § 12 Abs. 1 Satz 1 und 2 HGB öffentliche Beglaubigung unter elektronischer Einreichung vorgeschrieben.[2]

110 Für den Zeitpunkt des Vorliegens der Vertretungsmacht ist nach allgemeinen Grundsätzen auf die Abgabe der Erklärung im Sinne der Vorlage bei dem Registergericht abzustellen (vgl. § 164 Abs. 1 BGB, siehe Rz. 79). Bei der Anmeldung handelt es sich um eine Verfahrenshandlung im Rahmen der freiwilligen Gerichtsbarkeit, auf die **§ 181 BGB** weder bei der gesetzlichen, noch bei der organschaftlichen oder rechtsgeschäftlichen Vertretung Anwendung findet.[3] Ob tatsächlich zugleich seitens des Vertreters auch eigenen Namens gehandelt wird, lässt sich regelmäßig aus dem Beglaubigungsvermerk des Notars erkennen.

2. Gesetzliche Stellvertretung

111 Für **Geschäftsunfähige** erfolgt die Anmeldung durch den gesetzlichen Vertreter. In der Geschäftsfähigkeit Beschränkte, die zum selbstständigen Betrieb des Erwerbsgeschäfts ermächtigt sind (§ 112 BGB), können jedoch selbst anmelden.[4] Andernfalls handelt für sie ebenfalls der gesetzliche Vertreter. Wird ein minderjähriges Kind von den Eltern vertreten, so müssen beide Elternteile die Anmeldung vornehmen (§§ 1626 Abs. 1, 1629 Abs. 1 Satz 2 BGB). Eine Vollmacht des einen Elternteils für den anderen bedarf der Form des § 12 Abs. 1 Satz 2 HGB. Ist nur ein Elternteil sorgeberechtigt, so vertritt dieser das Kind allein (§ 1629 Abs. 1 Satz 3 BGB). Eine nach §§ 1643, 1822 Nr. 3, 10 und 11 BGB etwa erforderliche **familiengerichtliche Genehmigung** ist hinsichtlich Erteilung und Wirksamwerden (§ 1829 Abs. 1 BGB) bei der Anmeldung nachzuweisen.[5] Dagegen spielen die Beschränkungen der Vertretungsmacht im Rahmen des § 1795 BGB ebenso wie im Zusammenhang mit § 181 BGB bestehende Vertretungsverbote im Registerverfahren keine Rolle (siehe Rz. 110).

112 Im Fall eines bestellten Vormunds (§§ 1773 ff. BGB) oder eines Betreuers (§§ 1896 ff. BGB) ist die Anmeldung durch diesen vorzunehmen. Dasselbe gilt bei Vorhandensein eines Insolvenzverwalters[6] (§ 80 InsO), zumindest bezüglich der Eintragungen, die sich auf Handlungen beziehen, die der Insolvenzmasse zuzurechnen sind (Rz. 107).

---

[1] *Stöber*, Vereinsrecht, Rz. 299 a; anderer Ansicht: **LG Stuttgart** DB 1982, 638.
[2] Zur Form bei Erteilung der Vollmacht durch eine Behörde vgl. **OLG Düsseldorf** MittRhNotK 1997, 436.
[3] Vgl. **BayObLG** Z 1977, 76 (= DNotZ 1977, 683); **BayObLG** Z 1970, 133 (= Rpfleger 1970, 288); *Schaub,* in: Ebenroth/Boujong/Joost/Strohn, HGB, § 12 Rz. 35; *Böttcher/Rudolph*, in: Böttcher/Ries, Registerrecht, Rz. 33; *Krafka*, in: MünchKommHGB, § 12 Rz. 4.
[4] *Hefermehl*, in: Soergel, BGB, § 112 Rz. 1.
[5] **OLG Frankfurt** NZG 2008, 749; *Schaub,* in: Ebenroth/Boujong/Joost/Strohn, HGB, § 12 Rz. 129; *Stöber* Rpfleger 1968, 2 (11).
[6] **OLG Düsseldorf** MDR 1970, 425; **BayObLG** Z 1963, 19.

Ebenso sind der Testamentsvollstrecker und der Nachlassverwalter im Rahmen ihrer jeweiligen Verwaltungsbefugnisse zur Vornahme von Registeranmeldungen berechtigt und verpflichtet.[1]

Der **Nachweis der Vertretungsmacht** ist durch die Eltern im Zweifel, also nur sofern nicht die Angaben in einer vorgelegten Urkunde glaubhaft sind,[2] durch Vorlage von Personenstandsurkunden zu erbringen. Im Übrigen weisen sich die gesetzlichen Vertreter möglichst durch ihre Bestallungsurkunde (vgl. § 1791 – Vormund i. V. m. § 1915 – Pfleger, § 1985 BGB – Nachlassverwalter) oder Bestellungsurkunde (§ 290 FamFG – Betreuer) aus. Im Übrigen ist ein Testamentsvollstreckerzeugnis (§ 2368 BGB) bzw. die Urkunde über die Bestellung zum Insolvenzverwalter (§ 56 Abs. 2 InsO; vgl. auch Rz. 107) vorzulegen. Für den Nachweis gilt kein Formzwang, so dass jedenfalls die in der Form des § 12 Abs. 2 HGB übermittelte Beibringung einer beglaubigten Abschrift der genannten Dokumente genügt. Ein Testamentsvollstreckerzeugnis muss jedoch regelmäßig als Aufzeichnung einer Ausfertigung vorliegen (s. u. Rz. 152). 113

3. Rechtsgeschäftliche Vertretungsmacht (Vollmacht)

Die Registeranmeldung kann aufgrund rechtsgeschäftlicher Vertretungsmacht erfolgen, wobei keine Rolle spielt, ob es sich um eine General- oder Spezialvollmacht handelt. Auch aufgrund einer post- oder transmortalen Vollmacht ist die Vornahme einer Registeranmeldung möglich.[3] Aus dem Wortlaut der Vollmacht muss sich eindeutig, allerdings keineswegs ausdrücklich ergeben, dass Handelsregisteranmeldungen vom Umfang der Vertretungsmacht umfasst sind.[4] Eine Auslegung über den Wortlaut hinaus ist nach allgemeinen Grundsätzen ausgeschlossen. In diesem Sinne kann allerdings als bevollmächtigter „Geschäftsführer" auch der alleinvertretungsberechtigte persönlich haftende Geschäftsführer zu verstehen sein.[5] 114

Der Kreis möglicher **Verfahrensbevollmächtigter** ist zwar in Sachen der freiwilligen Gerichtsbarkeit gemäß § 10 Abs. 2 FamFG weitgehend beschränkt. Als Vertreter im erstinstanzlichen wie auch im Beschwerdeverfahren kommen danach nur noch Rechtsanwälte (§ 10 Abs. 2 Satz 1 FamFG), Notare (§ 10 Abs. 2 Satz 2 Nr. 3 FamFG) sowie Beschäftigte des Beteiligten (§ 10 Abs. 2 Satz 2 Nr. 1 FamFG), volljährige Familienangehörige, Personen mit Befähigung zum Richteramt und andere Beteiligte, wenn die Vertretung nicht im Zusammenhang mit einer entgeltlichen Tätigkeit steht (§ 10 Abs. 2 Satz 2 Nr. 2 FamFG), in Betracht. Allerdings gilt diese Beschränkung in Verfahren, die auf eine Registereintragung zielen gemäß **§ 378 Abs. 1 FamFG** nicht, sofern diese Erklärungen in öffentlicher oder öffentlich-beglaubigter Form abzugeben sind. Damit bestehen für die bei Publikumshandelsgesellschaften geübte Praxis der Bevollmächtigung eines Mitgesellschafters zur Abgabe von Handelsregisteranmeldungen keine Hindernisse.[6] 114a

---

[1] Vgl. **BGH** NJW 1989, 3152; **OLG München** NZG 2009, 1234; *Schaub* MittBayNot 1999, 539 (544); *Zöller* MittRhNotK 1999, 121 (141).

[2] *Schaub* MittBayNot 1999, 539, 544; *Schaub,* in: Ebenroth/Boujong/Joost/Strohn, HGB, § 12 Rz. 128.

[3] **OLG Hamm** FGPrax 2005, 39; **OLG Hamburg** DNotZ 1967, 30.

[4] Vgl. **LG München II** MittBayNot 1997, 246 zur Frage, ob die von einem Komplementär erteilte Generalvollmacht auch zur Vornahme von Handelsregisteranmeldungen für die Kommanditgesellschaft berechtigt; siehe ferner **KG** FGPrax 2005, 173 zur Auslegung einer Vollmacht.

[5] **KG** FGPrax 2005, 173.

[6] Anders wäre die Rechtslage ohne § 378 Abs. 1 FamFG gewesen, der erst nachträglich, gleichwohl aber rechtzeitig vor Inkrafttreten des FamFG erlassen wurde, s. *Krafka*, NZG 2009, 650 (651) und *Meyer/Bormann*, RNotZ 2009, 470.

115 Eine gewillkürte Stellvertretung scheidet stets aus, sofern es sich um **höchstpersönliche Erklärungen** handelt.[1] Dies ist nach herrschender Ansicht der Fall, wenn der Inhalt der Erklärung strafrechtlich gegen unrichtige Angaben geschützt ist, wie z.B. bei der GmbH die Versicherungen nach § 8 Abs. 2 und § 57 Abs. 2 GmbHG.[2] Dasselbe gilt nach § 37 Abs. 2 und § 188 Abs. 2 AktG für die Gründung und Kapitalerhöhung gegen Einlagen bei Aktiengesellschaften. Hiervon nicht umfasst ist jedoch die Anmeldung der GmbH zur Eintragung im Handelsregister als solche, da zwar die strafrechtlich relevante Versicherungserklärung zur Einzahlung des Stamm- bzw. Grundkapitalbetrags dem Gesetzeswortlaut nach „in" der Handelsregisteranmeldung abzugeben ist, dies jedoch keineswegs als zwingende Anordnung zu verstehen ist[3] (vgl. Rz. 945). Im Umwandlungsrecht ist im Rahmen des § 55 UmwG auch rechtsgeschäftliche Vertretung möglich, da dort die Versicherung nach § 57 Abs. 2 GmbHG nicht abzugeben ist, an welche die strafrechtliche Verantwortlichkeit gemäß § 82 GmbHG anknüpft. Hingegen ist für die höchstpersönliche Erklärung bzw. Versicherung nach § 16 Abs. 2 Satz 1 UmwG eine Vertretung durch einen Bevollmächtigten ausgeschlossen.[4]

116 Ein **Prokurist** ist nicht befugt, Handelsregisteranmeldungen für das Unternehmen seines Prinzipals abzugeben. Sehr wohl aber kann der Prokurist vertreten (siehe § 10 Abs. 2 Satz 2 Nr. 1 FamFG und § 378 Abs. 1 FamFG), soweit es um Anmeldungen bei Unternehmen geht, an welchen der Vollmachtgeber beteiligt ist. Soweit die Vertretungsmacht des Prokuristen zur Vornahme der entsprechenden Rechtsakte reicht, kann er auch die entsprechende Anmeldung der Tatsachen zur Eintragung in das Handelsregister vornehmen,[5] jedoch nicht bei der Abgabe höchstpersönlicher Erklärungen mitwirken.[6] Die Auffassung, dass die Vertretungsbefugnis des Prokuristen ich darüber hinaus auch auf Anmeldungen bei **Grundlagengeschäften** erstrecke,[7] wird den spezifischen Erfordernissen des Registerverfahrens nicht gerecht, da die Anmeldebefugnis mit der Vertretungsmacht und der entsprechenden materiell-rechtlichen Kompetenz korrespondiert.[8] Dieser Grundsatz beruht auf den Plausibilitätserfordernissen des Anmeldeverfahrens, in dem nur aufgrund dieser Befugniskorrespondenz auf die Beibringung näherer Nachweise für das Vorliegen der angemeldeten Tatsache verzichtet werden kann.[9] Streitig ist im Übrigen, ob die Mitwirkung eines Prokuristen bei seiner eigenen Eintragung auch dann ausgeschlossen ist, wenn im Rahmen der unechten Gesamtvertretung ein Nachweis der Bestellung des Prokuristen vorgelegt wird (siehe Rz. 361 und 395).

4. Organschaftliche Vertretung

117 Die Organe einer Handelsgesellschaft oder juristischen Person vertreten diese im Registerverfahren. Sie geben als organschaftliche Vertreter für sie **auch** die erforderlichen **höchstpersönlichen Erklärungen** ab, da den Gesellschaften das Handeln ihrer Reprä-

---

[1] Vgl. BGH Z 116, 190; BayObLG Z 1986, 454 (= DB 1987, 215); BayObLG Z 1986, 203 (= NJW 1987, 136 = BB 1986, 1530); *Schaub,* in: Ebenroth/Boujong/Joost/Strohn, HGB, § 12 Rz. 101 ff.
[2] **BayObLG** Z 1986, 454 (= DB 1987, 215); **BayObLG** Z 1986, 203 (= NJW 1987, 136 = BB 1986, 1530); *Bayer,* in: Lutter/Hommelhoff, GmbHG, § 7 Rz. 1; *Gustavus* GmbHR 1978, 219.
[3] **OLG Köln** NJW 1987, 135 (= Rpfleger 1987, 70 = WM 1986, 1413).
[4] *Melchior* GmbHR 1999, 520.
[5] **BGH** Z 116, 190 (194); **LG Aachen** MittRhNotK 2000, 354; *Krebs,* in: MünchKommHGB, § 49 Rz. 25.
[6] *Schaub,* in: Ebenroth/Boujong/Joost/Strohn, HGB, § 12 Rz. 150.
[7] *Renaud/Hensen* GmbHR 2008, 687.
[8] So auch zu Recht die hM, siehe nur *Schubert,* in: Oetker, HGB, § 49 Rz. 12.
[9] Dieser Gesichtspunkt wird von *Renaud/Hensen* GmbHR 2008, 687, übergangen.

sentanten unmittelbar zuzurechnen ist.¹ Wird eine Gesellschaft vertreten, so kann die Anmeldung auch durch in unechter Gesamtvertretung handelnde Geschäftsführer bzw. Vorstandsmitglieder mit einem Prokuristen vorgenommen werden.² Die Beschränkung des Umfangs der Prokura für Anmeldungen zum Handelsregister findet insoweit keine Anwendung.³

Das Bestehen der Vertretungsmacht ist durch das Registergericht von Amts wegen zu prüfen. Eine Berufung auf § 15 HGB ist nicht möglich.⁴ Der **Nachweis** der Vertretungsmacht wird durch die Vorlage eines amtlichen Ausdrucks aus dem Handelsregister (§ 9 Abs. 4 HGB) oder durch eine Notarbescheinigung (§ 21 Abs. 1 BNotO) erbracht. In entsprechender Anwendung des § 34 GBO genügt die Bezugnahme auf das Register oder bei noch fehlender Eintragung auf die Registerakten, nur wenn dieses bei demselben Gericht geführt wird. Die allgemein gegebene online-Einsichtsmöglichkeit genügt demgegenüber nicht, sodass das Registergericht hierauf nicht verwiesen werden kann.⁵ Im Übrigen kann die Übersendung der Bestellungsdokumente (Beschluss, Gesellschaftsvertrag) ausreichen. Im Fall einer Gesellschaft bürgerlichen Rechts bedarf es der Übermittlung eines notariell beurkundeten Gesellschaftsvertrags oder entsprechend § 12 Abs. 1 Satz 2 HGB eines Gesellschaftsvertrags mit notariell beglaubigten Unterschriften.

118

5. Vertretung durch den Notar

a) Allgemeines zur Vertretung durch den Notar. Jeder deutsche⁶ Notar gilt als ermächtigt, im Namen eines jeden zur Anmeldung Verpflichteten die Eintragung zu beantragen, wenn er die zu einer Eintragung erforderliche Erklärung beurkundet oder unterschriftsbeglaubigt hat (§ 378 Abs. 2 FamFG).⁷ Dies begründet für den Notar allerdings kein eigenständiges Antragsrecht. § 378 Abs. 2 FamFG schafft lediglich eine widerlegliche gesetzliche Vermutung für das Bestehen einer rechtsgeschäftlichen Vertretungsmacht des Notars, den erforderlichen Eintragungsantrag für den Antragsberechtigten zu stellen. Dem Notar stehen gleich der Notarvertreter (§ 39 BNotO) und der Notariatsverwalter (§§ 56 ff. BNotO). Das tatsächliche Bestehen einer entsprechenden Vollmacht ist vom Registergericht nicht zu überprüfen.

119

Seitens des Registergerichts ist auch außerhalb des Anwendungsbereichs des § 378 Abs. 2 FamFG **stets davon auszugehen**, dass der Notar nicht ohne **Vollmacht** tätig wird.⁸ Auch in Zweifelsfällen kann sich aus sonstigen Umständen ergeben, dass nach freier Überzeugung des Registergerichts eine entsprechende Vollmacht vorliegt.⁹ Allgemein bestehen an der Erteilung einer rechtsgeschäftlichen Vollzugsvollmacht an den beurkundenden Notar keine Bedenken, wie insbesondere die Vorschriften des §§ 378 Abs. 2, 10 Abs. 2 Satz 2 Nr. 3 FamFG und § 15 GBO zeigen.¹⁰

120

---

¹ *Schaub,* in: Ebenroth/Boujong/Joost/Strohn, HGB, § 12 Rz. 130.
² BGH Z 99, 76 (81).
³ LG Aachen MittRhNotK 2000, 354; *Schaub* MittBayNot 1999, 539 (545).
⁴ **OLG Schleswig** FGPrax 1998, 150 (= MittBayNot 1998, 456); wohl ebenso **OLG München** FGPrax 2009, 127 (129); anderer Ansicht offenbar **OLG Frankfurt** FGPrax 2005, 135.
⁵ **OLG Hamm** DNotZ 2008, 530 (= Rpfleger 2008, 298).
⁶ Die Vermutungen insbesondere auch des § 129 FGG finden nur auf deutsche Notare Anwendung vgl. *Krafka,* in: MünchKommZPO, § 378 FamFG Rz. 1.
⁷ § 378 FamFG stimmt mit § 15 GBO überein; siehe daher auch die Ausführungen in *Schöner/ Stöber,* Grundbuchrecht, Rz. 174 ff.
⁸ BayObLG NZG 2000, 1232 (= MittRhNotK 2000, 173); *Preuß,* in: Fleischhauer/Preuß, Handelsregisterrecht, Teil A Rz. 112; *Schaub,* in: Ebenroth/Boujong/Joost/Strohn, HGB, § 12 Rz. 117 m.w.N.
⁹ *Heinemann,* in: Keidel, FamFG, § 378 Rz. 10; *Steder,* in: Jansen, FGG, § 129 Rz. 4.
¹⁰ *Winkler,* BeurkG, § 7 Rz. 8.

121 **b) Anwendungsbereich des § 378 Abs. 2 FamFG.** Aus der Neufassung des § 378 Abs. 2 FamFG geht hervor, dass diese Vorschrift auch in den Fällen gilt, in denen nur ein Recht, aber keine öffentlich-rechtliche Pflicht zur Anmeldung besteht. Damit gilt die entsprechende Vollmachtsvermutung auch bei nicht erzwingbaren Eintragungen, wie etwa GmbH-Gründungen und Gesellschaftsvertragsänderungen.

122 Allerdings ist auch weiterhin zu beachten, dass bei der Erstanmeldung einer GmbH (§ 7 Abs. 1 GmbHG) und der Anmeldung der Erhöhung oder Herabsetzung des Stammkapitals (§ 57 Abs. 1, § 58 Abs. 1 Nr. 3 i.V.m. § 78 GmbHG) sowie bei entsprechenden Anmeldungen von Aktiengesellschaften die nach § 7 Abs. 2 und 3 i.V.m. § 8 Abs. 2 und § 57 Abs. 2 GmbHG in die Anmeldung aufzunehmenden Versicherungen nur von den anmeldenden Geschäftsführern persönlich abgegeben werden können, so dass, und nur in dieser Hinsicht, eine Stellvertretung auch durch den Notar ausscheidet.

123 Die zur Eintragung erforderliche Erklärung, deren Beurkundung oder Beglaubigung die Antragsermächtigung des Notars nach § 378 Abs. 2 FamFG begründet, kann jede materiellrechtliche **Eintragungsgrundlage** sein,[1] beispielsweise ein Vertrag,[2] ein Beschluss oder eine sonstige Erklärung, deren Inhalt eingetragen werden soll. Auch die Handelsregisteranmeldung selbst ist als erforderlicher Verfahrensantrag Eintragungsgrundlage in diesem Sinne.[3]

124 **c) Handeln des Notars aufgrund § 378 Abs. 2 FamFG.** Wenn der Notar eine Anmeldung beurkundet oder beglaubigt hat, enthält sie bereits den Eintragungsantrag, so dass ihre Einreichung genügt. Der nach § 378 Abs. 2 FamFG dazu ermächtigte Notar kann aber auch gesondert den Eintragungsantrag im Namen des zur Anmeldung Verpflichteten stellen. Bedeutung hat dies insofern, als nur bei Antragstellung auch durch den Notar diesem eine Eintragungsmitteilung zuzusenden ist, dem Notar die Befugnis zur Rücknahme seines Antrags zusteht und er für die Beteiligten Beschwerde einlegen kann.

125 Eine vom Notar eingelegte **Beschwerde** gilt im Rahmen des § 378 Abs. 2 FamFG im Zweifel als im Namen der Beteiligten gestellt, für die er tätig geworden ist, wobei der Ausdruck „lege ich Beschwerde ein" hierbei ohne Bedeutung ist,[4] sich jedoch aus der Beschwerdeschrift gegebenenfalls mittels Auslegung die Person des Beschwerdeführers ergeben muss.[5] Hierbei geht die Auslegung im Zweifel dahin, dass die vom Notar eingelegte Beschwerde namens der anmeldenden Beteiligten eingelegt worden ist. Ein eigenes Beschwerderecht verleiht § 378 Abs. 2 FamFG dem Notar nicht.[6] Im Rahmen einer **Rechtsbeschwerde** (§§ 70 ff. FamFG) müssen sich die Beteiligten vor dem Bundesgerichtshof bei einem dort zugelassenen Rechtsanwalt vertreten lassen (§ 10 Abs. 4 FamFG).

126 Immer sollte der Notar bei Einreichung einer Anmeldung klare Verhältnisse mit der **ausdrücklichen Erklärung** schaffen, ob er aufgrund § 378 Abs. 2 FamFG als Vertreter oder nur als Bote für den Antragsteller tätig werden will. Legt der Notar eine Anmel-

---

[1] *Heinemann,* in: Keidel, FamFG, § 378 Rz. 3.
[2] **LG Weiden** MittBayNot 1980, 174 mit Anm. *Schmidt.*
[3] Ebenso *Nedden-Boeger,* in: Schulte-Bunert/Weinreich, FamFG, § 378 Rz. 9; *Steder,* in: Jansen, FGG, § 129 Rz. 12; *Preuß,* in: Fleischhauer/Preuß, Handelsregisterrecht, Teil A Rz. 111; *Böttcher/Rudolph,* in: Böttcher/Ries, Registerrecht, Rz. 108; bezüglich HRA-Anmeldungen; *Krafka,* in: MünchKommHGB, § 12 Rz. 24 und MünchKommZPO, § 378 FamFG Rz. 2; anderer Ansicht allerdings *Schaub,* in: Ebenroth/Boujong/Joost/Strohn, HGB, § 12 Rz. 114.
[4] **OLG Zweibrücken** MittRhNotK 2000, 440; **OLG Frankfurt** DNotZ 1978, 750.
[5] *Heinemann,* in: Keidel, FamFG, § 378 Rz. 14.
[6] **BayObLG** Z 1984, 29; **OLG Köln** OLGZ 1983, 267; **KG** Rpfleger 1977, 309; *Krafka,* in: MünchKommZPO, § 378 FamFG Rz. 8.

dung nur als **Bote** vor, so kann er den gestellten Antrag nicht zurücknehmen, muss keine Eintragungsmitteilung erhalten und kann nicht für den Anmeldenden Beschwerde einlegen. Der Notar kann einen Antrag, den er zunächst nur als Bote eingereicht hat auch später noch für einen Antragsberechtigten wiederholen; das ist anzunehmen, wenn der Notar auf Beanstandungen entsprechende Ausführungen macht. Stellt der Notar einen Eintragungsantrag, so liegt ein Antrag eines Beteiligten, gestellt durch den Notar als Vertreter (§ 10 Abs. 2 Satz 2 Nr. 3 FamFG), vor. Daneben ist der in der Anmeldung enthaltene Eintragungsantrag des Beteiligten nicht als selbständiger Eintragungsantrag Verfahrensgrundlage. Eine Antragstellung durch den Notar nach § 378 Abs. 2 FamFG hat zur Folge, dass der Verfahrensvertreter nunmehr für den Beteiligten das Verfahren betreibt, nicht etwa beide nebeneinander.[1] Die in der Anmeldung über den Eintragungsantrag hinaus enthaltene Erklärung der dazu verpflichteten oder berechtigten Personen, die Eintragungsgrundlage ist, wird durch das Antragsrecht und die Antragstellung des Notars nicht berührt. Der Notar kann diese Erklärung, also die Anmeldung der Beteiligten daher nicht abändern, ihr keinen anderen Inhalt geben, sie nicht einschränken und nicht ergänzen, sehr wohl aber den von ihm selbst als Vertreter gestellten Vollzugsantrag.

Hat der Notar den Eintragungsantrag gestellt, so wird ohne weiteres vermutet, dass er von dem zur Anmeldung Verpflichteten zur Antragstellung ermächtigt ist. Der Notar kann den von ihm gestellten Antrag bis zum Vollzug ohne Vollmachtsnachweis und Mitwirkung eines Antragsberechtigten bzw. eines zur Anmeldung Verpflichteten **zurücknehmen**. Die Zurücknahme ist wirksam, wenn sie entsprechend der Einreichung mit einer qualifizierten elektronischen Signatur des Notars versehen wird; eine Beglaubigung der Unterschrift des Notars ist nicht erforderlich (vgl. § 24 Abs. 3 BNotO). Den als Anmeldung eines Beteiligten von diesem selbst gestellten Eintragungsantrag, den der Notar nur als Bote überbracht hat, kann der Notar hingegen nicht aufgrund der Vollmachtsvermutung des § 378 Abs. 2 FamFG zurücknehmen. Demgegenüber ist ein Antragsberechtigter stets befugt, den von einem Notar für ihn gestellten Antrag zurückzunehmen. Ist der Antrag bereits von einem Beteiligten gestellt und hat sich diesem der Notar noch nachträglich angeschlossen, so kann der Notar als jetzt handelnder Vertreter den Antrag ohne Mitwirkung des Antragsberechtigten bzw. des zur Anmeldung Verpflichteten oder Berechtigten zurücknehmen. Hat ein Notar unter Vorlage einer von ihm beglaubigten Anmeldung den Vollzug dieser Anmeldung beantragt, dann aber – erkennbar ohne Aufgabe der Eintragungsabsicht – die Anmeldung nur deshalb zurückgenommen, weil kurzfristig ein Vollzugshindernis zu beheben war, so bedarf es zur beantragten Eintragung lediglich eines neuen formlosen Vollzugsantrags für die alte Anmeldung.[2]

VI. Rechtsnachfolge und Anmeldungen zum Handelsregister

Bei Anmeldungen, die der **Rechtsnachfolger** eines im Handelsregister Eingetragenen vornimmt, ist der Nachweis dieser Rechtsnachfolge durch **öffentliche Urkunden** in elektronischer Gestalt (§ 371a Abs. 2 ZPO) zu erbringen (§ 12 Abs. 1 Satz 3 HGB).[3] Die Erbfolge ist in der Regel durch einen Erbschein (§§ 2353ff. BGB) nachzuweisen, soweit sie auf gesetzlicher Erbfolge oder auf einer privatschriftlichen Verfügung von Todes wegen beruht.[4] Den Erbfolgenachweis durch eine notariell beurkundete Verfü-

---

[1] Vgl. zum Grundbuchverfahren *Schöner/Stöber,* Grundbuchrecht, Rz. 183.
[2] **BayObLG** Z 1966, 337.
[3] Vgl. **OLG Hamm** Rpfleger 1986, 139 (= MittRhNotK 1986, 128); **OLG Hamburg** NJW 1966, 986.
[4] KG FGPrax 2000, 249 (= MittRhNotK 2000, 397).

gung von Todes wegen zusammen mit der Niederschrift über deren Eröffnung kann in Anlehnung an § 35 Abs. 1 GBO das Registergericht nach pflichtgemäßem Ermessen als ausreichend ansehen,[1] sofern die Verfügung von Todes wegen keine unlösbaren Auslegungsschwierigkeiten bereitet, sich also aus die Erbfolge der Verfügung von Todes wegen mit hinreichender Deutlichkeit ergibt.[2] Bei verbleibenden Zweifeln oder in tatsächlicher Hinsicht erforderlichen Ermittlungen ist von den Beteiligten ein Erbschein anzufordern.[3] Der Urkundennachweis ist untunlich im Sinne von § 12 Abs. 1 Satz 3 HGB, wenn sich die Rechtsnachfolge in der vorgeschriebenen Form aus den Akten des Registergerichts selbst oder aus **Nachlassakten** ergibt, die bei demselben Gericht geführt werden. Es genügt in einem solchen Fall, wenn der Anmeldepflichtige auf diese Akten Bezug nimmt.[4] Das Registergericht hat die in Bezug genommenen Nachlassakten beizuziehen und die dort nachgewiesene Erbfolge in den Registerakten zu vermerken.[5] Untunlich ist die Beschaffung eines Erbscheins jedoch nicht schon infolge des damit verbundenen Kosten- und Zeitaufwands.[6] Ein **Erbschein** war vor dem 1. 1. 2007 im Papierregisterverfahren in Ausfertigung vorzulegen.[7] Nach Ansicht der Bundesregierung soll nunmehr ausreichen, dass ein **beglaubigtes elektronisches Dokument** übermittelt wird, das zur Abbildung der vorliegenden Ausfertigung des Erbscheins hergestellt wurde, sofern der Beglaubigungsvermerk zeitnah zur anschließenden Übermittlung zum Handelsregister erstellt ist.[8]

129 Eine Niederschrift über die Eröffnung einer Verfügung von Todes wegen, in der die Beteiligten Erklärungen darüber abgegeben haben, welche Personen zu welcher Quote Erben geworden sind, stellt keinen Nachweis über die Rechtsnachfolge im Sinne des § 12 Abs. 1 Satz 3 HGB dar.[9] Durch Personenstandsurkunden kann ein Erbfolgenachweis ebenfalls nicht erbracht werden.[10] Für den Nachweis der Verfügungsbefugnis des **Testamentsvollstreckers** ist als öffentliche Urkunde eine Abbildung des Testamentsvollstreckerzeugnis (§ 2368 BGB) vorzulegen. Die Vorlage des Testamentsvollstreckerzeugnisses ersetzt im Übrigen nicht den Nachweis der Erbfolge gemäß den vorstehenden Ausführungen, da dieses nur die Rechtsstellung des Testamentsvollstreckers bezeugt, nicht hingegen die Person des Erben.[11] Bei **Vor- und Nacherbfolge** ist bis zum Eintritt des Nacherbfalls allein der Vorerbe anmeldeberechtigt. Die angeordnete Nacherbfolge ist im Handelsregister – anders als im Grundbuch (§ 51 GBO) – nicht zu vermerken.[12] Die Nacherbfolge ist nach deren Eintritt gemeinsam von dem

---

[1] KG FGPrax 2007, 91 (= NZG 2007, 101), KG FGPrax 2000, 249 (= MittRhNotK 2000, 397); **OLG Hamm** Rpfleger 1986, 139 (= MittRhNotK 1986, 128); **OLG Hamburg** NJW 1966, 986.
[2] KG FGPrax 2007, 91 (= NZG 2007, 101).
[3] KG FGPrax 2007, 91 (= NZG 2007, 101).
[4] KG FGPrax 2007, 91 (= NZG 2007, 101).
[5] OLG Hamm Rpfleger 1986, 139 (= MittRhNotK 1986, 128); BayObLG Z 1983, 176 (= DNotZ 1984, 44); KG J 20 A 289; *Krafka*, in: MünchKommHGB, § 12 Rz. 39; *Schaub*, in: Ebenroth/Boujong/Joost/Strohn, HGB, § 12 Rz. 161.
[6] OLG Köln FGPrax 2005, 41 (= DNotZ 2005, 555 = Rpfleger 2005, 145); KG FGPrax 2000, 249 (= MittRhNotK 2000, 397); OLG Hamm Rpfleger 1986, 139 (= MittRhNotK 1986, 128); *Böttcher/Rudolph*, in: Böttcher/Ries, Registerrecht, Rz. 144.
[7] OLG Köln FGPrax 2005, 41 (= DNotZ 2005, 555 = Rpfleger 2005, 145); KG FGPrax 2000, 249 (= MittRhNotK 2000, 397); **OLG Hamm** Rpfleger 1986, 139 (= MittRhNotK 1986, 128).
[8] BT-Drucks. 16/960, S. 45.
[9] BayObLG Z 1983, 176 (= DNotZ 1984, 44).
[10] OLG Hamm Rpfleger 1986, 139 (= MittRhNotK 1986, 128).
[11] OLG Köln FGPrax 2005, 41 (= DNotZ 2005, 555 = Rpfleger 2005, 145); KG FGPrax 2003, 42 (= Rpfleger 2003, 197); KG FGPrax 2000, 249 (= MittRhNotK 2000, 397).
[12] OLG München JFG 22, 89; *Krafka*, in: MünchKommHGB, § 12 Rz. 41; *Edenhofer*, in: Palandt, BGB, § 2112 Rz. 6.

Vorerben bzw. – falls das zum Eintritt der Nacherbfolge vorgesehene Ereignis dessen Tod war – von dessen Erben und den Nacherben zur Eintragung in das Register anzumelden.[1] Vorzulegen ist ein die Nacherbfolge ausweisender Erbschein betreffend die Rechtsnachfolge des ursprünglichen Erblassers. Allein die Vorlage des für den Vorerben erteilten Erbscheins samt Nachweisen über den Eintritt der die Nacherbfolge auslösenden Tatsache genügt daher nicht.[2]

Das Registergericht ist nicht verpflichtet, sich selbst ein Urteil über die Erbfolge zu bilden, sofern diese zweifelhaft ist. Vielmehr fällt die gerichtliche Prüfung der Erbfolge allein in die **Kompetenz des Nachlassgerichts**, welches hierüber im Erbscheinsverfahren zu befinden hat.[3] Im Übrigen macht die Vorlage einer trans- oder postmortalen Vollmacht bei Eintragung des Erben eines Kommanditisten zwar die Mitwirkung des Erben, nicht aber die Vorlage eines Erbscheins entbehrlich.[4]

VII. Anlagen zur Anmeldung (Einreichung von Dokumenten)

Eine Reihe gesetzlicher Bestimmungen sieht vor, dass gemeinsam mit der Registeranmeldung oder auch unabhängig davon bestimmte Dokumente z. B. Verträge, Hauptversammlungsprotokolle, Bilanzen, Geschäftsberichte, Listen, Bekanntmachungen usw. einzureichen sind:
– bei der AG: § 37 Abs. 4 bis 6, §§ 106, 130 Abs. 5, § 145 Abs. 4 AktG;
– bei der GmbH: § 8 Abs. 1, §§ 40, 57 Abs. 3, § 57i Abs. 1, § 58 Abs. 1 Nr. 4 GmbHG;
– im Umwandlungsrecht: §§ 17, 130, 199 UmwG.

Die Einreichung der geforderten Dokumente erfolgt elektronisch nach § 12 Abs. 2 Satz 1 HGB, vielfach – aber etwa in den Fällen des § 99 Abs. 5 Satz 3, § 132 und § 248 Abs. 1 Satz 2 AktG nicht zwingend[5] – in Verbindung mit einer Anmeldung. Das **Dokument** muss nur dann **signiert** sein im Sinne des § 39a BeurkG, wenn gesetzlich zwingend die Einreichung einer notariell beurkundeten Erklärung oder einer öffentlich beglaubigten Abschrift vorgesehen ist (§ 12 Abs. 2 Satz 2 Halbs. 2 HGB), wie etwa in § 130 Abs. 5 Halbs. 1 AktG und § 199 Halbs. 1 UmwG. Dagegen genügt die Übermittlung einer **einfachen Aufzeichnung** (§ 12 Abs. 2 Satz 2 Halbs. 1 HGB) insbesondere im Fall des § 39 Abs. 2 GmbHG, da dort auch die Einreichung einer Urschrift der zugrunde liegenden „Urkunde" genügt.[6] Einzureichen haben die Dokumente die dazu gesetzlich verpflichteten Personen (Vorstandsmitglieder, Geschäftsführer). Bei unechter Gesamtvertretung (§ 78 Abs. 3 Satz 1 AktG) kann die Einreichung auch durch einzelne Vorstandsmitglieder bzw. Geschäftsführer in Gemeinschaft mit einem Prokuristen erfolgen. Diese Unterlagen sind, wie beschrieben, **in elektronischer Form** zu übermitteln. Sofern nach den einschlägigen Verfahrensvorschriften die Einreichung einer Urschrift oder einer einfachen Abschrift vorgesehen ist, genügt nach § 12 Abs. 2 Satz 2 Halbs. 1 HGB die Übermittlung einer elektronischen Aufzeichnung, die nicht mit einer qualifi-

---

[1] *Krafka*, in: MünchKommHGB, § 12 Rz. 41; *Schaub*, in: Ebenroth/Boujong/Joost/Strohn, HGB, § 12 Rz. 166.
[2] BGH Z 84, 196; *Schaub*, in: Ebenroth/Boujong/Joost/Strohn, HGB, § 12 Rz. 166.
[3] **KG** FGPrax 2007, 91 (= NZG 2007, 101); **KG** FGPrax 2000, 249 (= MittRhNotK 2000, 397); vgl. auch **KG** FGPrax 2003, 42 (= Rpfleger 2003, 197); **OLG Frankfurt** NJW-RR 1994, 10; **BayObLG** Z 1983, 176 (= MittRhNotK 1984, 44).
[4] **KG** FGPrax 2003, 42 (= Rpfleger 2003, 197).
[5] Siehe *Müther* Rpfleger 2008, 233 (234).
[6] Für eine Erstellung von Vermerken nach § 39a BeurkG auch dort, wo dies gesetzlich nicht vorgeschrieben ist – wie von *Sikora/Schwab* MittBayNot 2007, 1 empfohlen –, besteht kein Anlass.

zierten elektronischen Signatur versehen sein muss. Diese Form reicht also insbesondere bei den nach § 188 Abs. 3 Nr. 1 AktG und § 8 Abs. 1 Nr. 3 GmbHG einzureichenden Unterlagen und bei den gemäß § 40 Abs. 1 Satz 1 GmbHG durch die Geschäftsführer zu erstellenden Listen. Sofern allerdings zwingend die Einreichung der Ausfertigung oder beglaubigten Abschrift einer notariellen Urkunde oder eine beglaubigten Abschrift eines Schriftstücks vorgesehen ist (siehe etwa § 130 Abs. 5 Halbs. 1 AktG, § 199 UmwG), muss ein Dokument eingereicht werden, das mit einem einfachen elektronischen Zeugnis nach § 39a BeurkG versehen ist.

VIII. Einreichung und Offenlegung von Übersetzungen

133 Nach § 11 Abs. 1 HGB können die zum Handelsregister **einzureichenden Dokumente** und der **Inhalt einer Eintragung** zusätzlich in jeder Amtssprache der Europäischen Union übermittelt werden. Damit steht es unter Umsetzung der europäischen Richtlinienvorgabe den im Register eingetragenen Rechtsträgern **freiwillig** offen, zusätzlich zu den gesetzlich vorgeschriebenen deutschsprachigen Unterlagen auch hiervon selbst erstellte Übersetzungen mit einzureichen. Das Ziel dieser Regelung war es, den grenzüberschreitenden Zugang zu Unternehmensinformationen zu erleichtern.[1] Um die eingereichten Übersetzungen auch für Dritte einsehbar zu machen, ist im Rahmen der Auskunftserteilung sicher zu stellen, dass durch einen Hinweis auf ihr Vorliegen der Abruf über § 9 HGB auch effektiv durchgeführt werden kann (§ 11 Abs. 1 Satz 2 und 3 HGB). In näherer Ausgestaltung dieses Grundsatzes sieht § 13 Abs. 4 HRV vor, dass die zur Offenlegung eingereichten Übersetzungen dem Registerblatt und der jeweiligen Eintragung zuzuordnen sind (s.a. § 9 Abs. 1 Satz 4 HRV).

134 Verlangt wird nur die **Offenlegung der tatsächlich eingereichten Übersetzungen.** Weder das Gericht, noch der jeweilige Rechtsträger sind verpflichtet, die eingereichten Übersetzungen zu pflegen oder bereits vorliegende und weitere Unterlagen oder Eintragungen zu übersetzen oder in Übersetzung einzureichen.[2] Zum Inhalt der Übersetzung wurde im Rahmen der europäischen Richtlinienvorgabe bewusst davon abgesehen, eine Beglaubigung zu verlangen, da die Unternehmen im eigenen Interesse aufgrund der Haftung nach § 11 Abs. 2 HGB bei unrichtigen Wiedergaben auf eine zutreffende Übersetzung achten werden.[3] Da die Aktualisierung des Übersetzungsstands nicht gewährleistet ist, sieht § 15 Satz 1 HRV vor, dass mit der Vornahme einer Eintragung im Handelsregister, mit welcher eine eingereichte Übersetzung unrichtig wird, kenntlich zu machen ist, dass die nach § 9 HGB online abrufbare Übersetzung nicht mehr dem aktuellen Stand der Registereintragung entspricht. Als Kenntlichmachung in diesem Sinne soll nach den Ausführungen der Bundesregierung genügen, dass sich die Übersetzung erkennbar auf einen bestimmten Stand, also ein exakt bezeichnetes Datum des Registerstands bezieht und daneben erkennbar wird, wann das Register zuletzt durch eine Eintragung geändert wurde.[4] Wird anschließend eine neue Übersetzung eingereicht, ist die Kenntlichmachung wieder zu beseitigen (§ 15 Satz 2 HRV).

135 Eine Überprüfung der Übersetzung durch das Registergericht ist nicht vorgesehen.[5] Auch hat eine Bekanntmachung des Vorliegens einer Übersetzung nach § 10 HGB nicht zu erfolgen. Damit beschränkt sich die **Tätigkeit des Gerichts** auf die Entgegen-

---

[1] Erwägungsgrund 9 der Richtlinie 2003/58/EG des Europäischen Parlaments und des Rates vom 15.7.2003 (ABl. Nr. L 221/13 vom 4.9.2003).
[2] Siehe BT-Drucks. 16/960, S. 45.
[3] BT-Drucks. 16/960, S. 45.
[4] BT-Drucks. 16/960, S. 58.
[5] *Krafka,* in: MünchKommHGB, § 11 Rz. 7; *Koch,* in: Staub, HGB, § 11 Rz. 8; *Preuß,* in: Oetker, HGB, § 11 Rz. 4; *Schaub,* in: Ebenroth/Boujong/Joost/Strohn, HGB, § 11 Rz. 5.

nahme der Übersetzung, deren Einstellung in den Registerordner und die Anbringung eines Vermerks nach § 15 Satz 1 HRV im Fall der Vornahme einer Eintragung, durch welche die eingereichte Übersetzung einer Eintragung unrichtig wird.

IX. Erzwingen der Anmeldung durch Zwangsmittel

Die Vornahme von Anmeldungen und die Einreichung von Dokumenten können, soweit gesetzlich angeordnet, durch **Festsetzung von Zwangsgeld** erzwungen werden (§ 14 HGB, §§ 407, 408 AktG, § 79 GmbHG, § 16 VAG). Das Verfahren richtet sich nach den §§ 388 ff. FamFG; hierüber und zu bestimmten Einzelfällen siehe Rz. 2351 ff. **136**

D. Die elektronische Einreichung der Handelsregisteranmeldung

Von der eigentlichen „Anmeldung zur Eintragung im Register" gemäß § 12 Abs. 1 Satz 1 HGB ist deren tatsächliche **Vorlage beim Registergericht** auf elektronischem Weg zu unterscheiden. Das Gesetz sieht hierfür ohne nähere Spezifizierung die Einreichung der Anmeldung und etwaiger dazugehöriger Dokumente in elektronischer Form vor (§ 12 Abs. 1 Satz 1 und Abs. 2 Satz 1 HGB). Detaillierte Bestimmungen enthält hierzu eine jeweils auf landesrechtlicher Ebene erlassene Rechtsverordnung für den elektronischen Rechtsverkehr mit Gerichten und Staatsanwaltschaften, die von allen Landesregierungen im Wesentlichen einheitlich gestaltet ist, und mit der die für Einreichungen zulässigen Datenformate festgesetzt werden. Allein durch Beachtung dieser Vorgaben werden aber die Möglichkeiten einer zeitgemäßen Registerführung nicht ausgeschöpft. Ziel der Verfahrensgestaltung ist vielmehr die unmittelbare und automatische Übernahme einer Vielzahl von Daten aus der Anmeldung, mit der sowohl die angestrebte Beschleunigung des Eintragungsverfahrens ermöglicht, als auch die unnötige Inanspruchnahme staatlicher Ressourcen und die Gefahr von Fehlern bei der manuellen Übertragung vermieden wird. Die Register der meisten europäischen Staaten bieten hierzu eigene elektronische Formulare an, in denen die Anmeldepflichtigen ihre Angaben strukturiert zur unmittelbaren Übernahme in das elektronische Register eingeben. **137**

1. Erfassung und Übermittlung von Registerdaten durch Notare

Nachdem im deutschen Registerverfahren dem Notar durch das – im Gesetzgebungsverfahren zur Registerrechtsreform durch das „Gesetz über elektronische Handelsregister und Genossenschaftsregister sowie das Unternehmensregister (EHUG)"[1] umstrittene – Erfordernis der notariell beglaubigten Anmeldung als „ausgelagertem Arm der Justiz", der die Rechtsträger und deren Repräsentanten bei der Vertragsgestaltung und der Anmeldung individuell und persönlich unterstützt, weiterhin eine wichtige Bedeutung zukommt, wurde für diesen Teil des Registerverfahrens ein eigenes sogenanntes **XML-Verfahren** unter dem Namen „XNotar" entwickelt.[2] Dieses Verfahren ermöglicht es, eine Vielzahl von Eintragungsinhalten aus der Anmeldung in den Eintragungsentwurf zu übernehmen. Die Arbeit des Registergerichts kann sich somit auf die erforderliche inhaltliche Kontrolle an Hand der ebenfalls elektronisch übermittelten Dokumente beschränken. Eine **zwingende Datenübermittlung** im XML-Format **138**

---

[1] Gesetz vom 10. 11. 2006, BGBl. I S. 2553, hierzu *Jeep/Wiedemann* NJW 2007, 2439; *Liebscher/Scharff* NJW 2006, 3745; *Melchior* NotBZ 2006, 409; *Nedden-Boeger* FGPrax 2007, 1; *Sikora/Schwab* MittBayNot 2007, 1; *Noack* NZG 2006, 801; *Grashoff*, DB 2006, 513; *Krafka* MittBayNot 2005, 290; *Meyding/Bödeker* BB 2006, 1009 und *Ries* Rpfleger 2006, 233.
[2] Siehe *Jeep/Wiedemann* NJW 2007, 2439 (2440).

ist weder gesetzlich noch kraft Verordnung vorgesehen. Faktisch allerdings ist die zügige Bearbeitung von Registeranmeldungen nur dann gewährleistet, wenn sie im Rahmen der Vorerfassung unter Verwendung des Programms „XNotar" erfolgt. Eine den verfahrensrechtlichen Vorgaben entsprechende anderweitige Übermittlung kann zwar nicht zurückgewiesen oder durch eine Zwischenverfügung (§ 382 Abs. 4 FamFG) beanstandet werden, birgt aber die Gefahr von Verzögerungen in sich, da die unverzügliche Erledigung durch das Registergericht erst nach Neustrukturierung der eingereichten Daten möglich ist.

2. Verwendung der Registerdaten durch das Gericht

139 Mit dem Programm „XNotar" wird durch die in dem „XML-Dokument" eingegebenen Standardbestandteile einer Anmeldung – sogenannte Metadaten – unmittelbar der **Entwurf der Registereintragung** ganz oder zumindest teilweise erzeugt. Zwar ist im herkömmlichen Registerverfahren anerkannt, dass Ausgestaltung und Formulierung der Eintragung Sache des Registergerichts ist (siehe Rz. 173). Ein vernünftiger Registerrichter bzw. -rechtspfleger wird daher seiner Ansicht nach überflüssige Teile der Anmeldung ohne weiteres, also ohne Zwischenverfügung und ohne Rücksprache, nicht in die Eintragung übernehmen oder ihm nicht zusagende Formulierungen umgestalten, so wie er sie im Rahmen der gesetzlichen Anforderungen für zweckmäßig erachtet. Regelmäßig werden die maßgeblichen Basisdaten auf diesem Weg bereits durch den Notar erfasst und diese sodann in wesentlichen Teilen, unmittelbar in den Eintragungsentwurf übernommen. Notare sollten sich daher bei der Eingabe in „XNotar" an die von den Gerichten verwendeten Standards halten, wenngleich ihnen dies durch das Gesetz nicht vorgeschrieben ist und auch eine nicht-standardgemäße Vorlage im XML-Format nicht zu einer Zwischenverfügung (§ 382 Abs. 4 FamFG) führen kann.[1] Sogar eine unrichtige Eingabe in diesem System kann allenfalls zu einer Rückfrage, nicht aber zu einer Beanstandung durch das Registergericht führen.

E. Das Verfahren zur Eintragung in das Handelsregister

I. Allgemeines zum Registerverfahren

140 Das Registerverfahren als Teilgebiet der freiwilligen Gerichtsbarkeit findet seine gesetzliche Regelung einerseits in den teils zugleich dem materiellen Recht zuzuordnenden Vorschriften insbesondere des HGB, des GmbHG sowie des AktG, andererseits v. a. in den verfahrensrechtlichen Vorschriften der §§ 374 ff. FamFG[2] und der §§ 8 ff. HGB. Soweit dort nicht Sonderregelungen enthalten sind, finden daneben die allgemeinen Vorschriften des FamFG Anwendung, insbesondere also die Bestimmungen von Buch 1 des FamFG. Spezielle Vorschriften zur Registerführung enthält zudem die HRV.[3] Geprägt wird das Registerverfahren durch den Grundsatz **der Einleitung durch einen Antrag**, die sogenannte Handelsregisteranmeldung. Nur ausnahmsweise wird das Registergericht dagegen von Amts wegen tätig, insbesondere gemäß §§ 393 ff. FamFG. Zudem wird das Verfahren durch den Grundsatz der **Amtsermittlung** nach § 26 FamFG bestimmt. Im Rahmen des Verfahrens treffen die Beteiligten jedoch viel-

---

[1] Ebenso *Melchior* NotBZ 2006, 409 (413).
[2] Maßgeblich für die Anwendung des FamFG an Stelle des FGG ist die Einleitung des Verfahrens nach dem 31. 8. 2009, Art. 111 FGG-Reformgesetz vom 17. 12. 2008 (BGBl. I S. 2586). Siehe hierzu **OLG Köln** FGPrax 2009, 241.
[3] Handelsregisterverordnung vom 12. 8. 1937, zuletzt geändert durch Gesetz vom 10. 11. 2006, BGBl I S. 2553, ergangen aufgrund der nunmehr in § 387 Abs. 2 FamFG enthaltenen Ermächtigung, abgedruckt im Anhang dieses Buchs.

fältige **Mitwirkungspflichten** und -obliegenheiten,[1] deren Erfüllung erst eine erfolgreiche Bewältigung des Registerverfahrens ermöglicht. Das Verfahren zielt regelmäßig auf die Vornahme einer Eintragung in das Register durch das Gericht. Es ist hierzu verpflichtet, wenn die gesetzlichen Voraussetzungen vorliegen.

Durch § 25 Abs. 1 Satz 2 HRV wird angeordnet, dass über eine Anmeldung zur Eintragung in das Handelsregister durch das Gericht **unverzüglich zu entscheiden** ist. Ausdrücklich wurde damit die Anordnung einer kurzen, starren Eintragungsfrist bei Kapitalgesellschaften oder der längeren festen Bearbeitungsdauer von einem Monat, die zwischenzeitlich angeordnet war, zugunsten einer flexiblen, gleichwohl aber überprüfbaren Verfahrensbeschleunigung abgelehnt.[2] In diesem Sinne ist es die primäre Aufgabe des Registergerichts, für eine schnelle und möglichst die Beteiligten nicht belastende Entscheidung über den gestellten Eintragungsantrag Sorge zu tragen. 141

II. Beteiligte in Registersachen

1. Allgemeines

Wer Beteiligter des jeweiligen Verfahrens ist, ergibt sich aus der generalklauselartigen Bestimmung des § 7 FamFG. Beteiligt sind neben dem Antragsteller (§ 7 Abs. 1 FamFG) diejenigen Personen, die als Beteiligte hinzuzuziehen sind, weil ihr Recht durch das Verfahren unmittelbar betroffen wird (§ 7 Abs. 2 Nr. 1 FamFG) oder weil sie auf Grund Gesetzes von Amts wegen oder auf Antrag zu beteiligen sind (§ 7 Abs. 2 Nr. 2 FamFG). Die Hinzuziehung bedarf keiner Förmlichkeiten, insbesondere keines Beschlusses.[3] Bedeutung hat die Beteiligtenstellung insbesondere für die Pflicht des Gerichts zur Übermittlung des Antrags gemäß § 23 Abs. 2 FamFG, für die abschließende Bekanntgabe des Registervollzugs nach § 383 Abs. 1 FamFG, für das Akteneinsichtsrecht nach § 13 Abs. 1 FamFG und für die gegebenenfalls erforderliche persönliche Anhörung gemäß § 34 FamFG. Ob der Gesetzgeber die hiermit verbundenen und im Widerspruch zu dem Beschleunigungsgebot des § 25 Abs. 1 Satz 2 HRV stehenden Verfahrensverzögerungen in Abkehr von der bisherigen Registerpraxis gesehen und gewollt hat, ist fraglich. 142

2. Antragsteller und betroffener Rechtsträger

Stets sind nach § 7 Abs. 1 FamFG diejenigen Personen Beteiligte, die im Registerverfahren als Antragsteller (vgl. § 23 Abs. 1 FamFG) auftreten. Bei Registeranmeldungen sind dies deren Unterzeichner, also diejenigen Personen oder Rechtsträger, die anmeldebefugt beziehungsweise anmeldeverpflichtet sind, ferner die Personen, die im Zuge der Anmeldung persönliche Erklärungen abgeben (siehe Rz. 145). Als Antragsteller im Sinne des § 7 Abs. 1 FamFG ist nicht nur die Person anzusehen, die konkret die Anmeldung zur Eintragung unterzeichnet (vgl. § 12 Abs. 1 HGB). Zugleich wird stets für den betroffenen Rechtsträger gehandelt. Seiner besonderen Hinzuziehung nach § 7 Abs. 2 Nr. 1 FamFG bedarf es daher nicht.[4] Bedeutung hat dies vor allem im Rahmen der Beschwerdeberechtigung, die gemäß der entsprechend anzuwendenden Vorschrift des § 59 Abs. 2 FamFG bei Registeranmeldungen nur dem „Antragsteller" zusteht. 143

3. Betroffene Personen

a) **Allgemeines.** Für die Abwicklung der Verfahren in Registersachen ist von besonderer Bedeutung, wer als Beteiligter nach § 7 Abs. 2 Nr. 1 FamFG hinzuzuziehen ist. 144

---

[1] Vgl. beispielsweise **KG** FGPrax 1997, 154 (= Rpfleger 1997, 440).
[2] Siehe BT-Drucks. 16/960, S. 58 f. und S. 82 f.
[3] *Zimmermann*, Das neue FamFG, 2008, Rz. 24.
[4] Ebenso *Ries* NZG 2009, 654 (655); siehe **BGH** Z 105, 324 (327 f.).

Entscheidend ist hierbei, wer durch das Verfahren unmittelbar in seinen Rechten betroffen wird. Sinn dieser Generalklausel ist es, eine aktive und effektive Verfahrensteilhabe derjenigen zu sichern, die dem jeweiligen Verfahren in rechtlicher Hinsicht so nahe stehen, dass ihre Mitwirkung geboten ist.[1] Allgemein verlangt § 7 Abs. 2 Nr. 1 FamFG für die obligatorische Hinzuziehung, dass durch das Verfahren ein subjektives Recht der fraglichen Person betroffen wird. Die bloße Berührung rein wirtschaftlicher Interessen reicht dagegen nicht aus.[2]

145 **b) Bestellung von Vertretern.** Bei der **Bestellung organschaftlicher Vertreter** von Kapitalgesellschaften ist ein neuer Geschäftsführer einer GmbH oder ein neues Vorstandsmitglied einer Aktiengesellschaft stets an der Anmeldung seiner Eintragung durch die Abgabe persönlicher Versicherungserklärungen (vgl. § 39 Abs. 2 GmbHG, § 81 Abs. 2 AktG) im Sinne des § 7 Abs. 1 FamFG beteiligt (vgl. Rz. 144).[3] Ohne weiteres findet § 7 Abs. 1 FamFG für Änderungen im Gesellschafterbestand einer Personenhandelsgesellschaft Anwendung, da hierzu immer die Anmeldung aller Mitgesellschafter (vgl. § 108 HGB) erforderlich ist. Bei **Prokuristen** ist eine obligatorische Hinzuziehung nach § 7 Abs. 2 Nr. 1 FamFG nicht geboten, da durch die Eintragung der Vertretungsbefugnis zwar deren künftige Handlungsberechtigung für den betroffenen Rechtsträger zum Ausdruck kommt, insoweit aber nicht auf bereits bestehende Rechte eingewirkt wird. Allein die Möglichkeit, als Passivvertreter bei der Entgegennahme einer Willenserklärung (§ 164 Abs. 3 BGB) in Betracht zu kommen, löst keine Rechtsbetroffenheit aus, worauf es bei der Anwendung des § 7 Abs. 2 Nr. 1 FamFG maßgeblich ankommt.

145a **c) Abberufung von Vertretern.** Bei der **Abberufung von Vertretungspersonen** wirken diese meist nicht selbst bei ihrer Austragung aus dem Register mit, da sie regelmäßig nicht anmeldebefugt sind. Allerdings können sie durch das Verfahren unmittelbar in ihren Rechten betroffen sein und sind daher nach § 7 Abs. 2 Nr. 1 FamFG notwendigerweise **als Beteiligte hinzuzuziehen.** Zwar ist die Löschung im Register nur deklaratorisch.[4] Ist aber der zugrunde liegende Rechtsakt unwirksam, kommt ihr nach § 15 Abs. 2 HGB positive Publizität zu. Da der eingetragenen Vertretungsfunktion in der Regel ein arbeits- oder dienstrechtliches Verhältnis zugrunde liegt, aus dem der Vertretungsperson ein Recht zur Einräumung der nun zur Löschung anstehenden Vertretungsbefugnis zusteht, führt dies dazu, die obligatorische Hinzuziehung dieser Personen nach § 7 Abs. 2 Nr. 1 FamFG jedenfalls in den Fällen zu bejahen, in denen der Betroffene an der zugrunde liegenden Beschlussfassung nicht mitgewirkt hat, insbesondere also dann, wenn er an dem fraglichen Rechtsträger nicht beteiligt ist und auch sonst keinen aktiven Einfluss im Rahmen der der Anmeldung zugrunde liegenden Rechtshandlung (z. B. durch eigene Kündigung) ausgeübt hat, da ihm andernfalls eine Gewähr rechtlichen Gehörs versagt bliebe.[5] Dies gilt entsprechend bei der Änderung der Vertretungsbefugnis, etwa bei der Herabstufung der Einzel- zur Gesamtvertretungsbefugnis, hinsichtlich der Beteiligung des davon betroffenen Vertreters in dem darauf gerichteten Eintragungsverfahren.

145b **d) Satzungsänderungen und Kapitalmaßnahmen.** Da die Eintragung im Register im Fall von Satzungs- und Gesellschaftsvertragsänderungen bei Kapitalgesellschaften sowie bei Kapitalmaßnahmen konstitutiv wirkt (vgl. § 54 Abs. 3 GmbHG, §§ 181 Abs. 3, 189 AktG), liegt durch das darauf gerichtete Verfahren zwar eine Beeinträchtigung

---

[1] Siehe BT-Drucks 16/6308, S. 177 f.
[2] Vgl. BT-Drucks 16/6308, S. 178.
[3] *Heinemann* DNotZ 2009, 6 (31); *Krafka* NZG 2009, 650 (652).
[4] Allein hierauf stellen *Heinemann* DNotZ 2009, 6 (31 f.) und *Ries* NZG 2009, 654 (655) ab und verneinen daher die Erforderlichkeit der Hinzuziehung.
[5] Siehe näher hierzu *Krafka* NZG 2009, 650.

eigener Mitgliedschaftsrechte der Gesellschafter, Mitglieder oder Aktionäre vor. Allerdings sind durch die Eintragung der angemeldeten Tatsache deren Rechte nicht „unmittelbar" beeinträchtigt, weil für sie bereits zuvor die Möglichkeit der Teilnahme an der entsprechenden Beschlussfassung bestand und gegebenenfalls gegen diese Maßnahme vorgegangen werden kann. Einer Hinzuziehung dieser Personen nach § 7 Abs. 2 Nr. 1 FamFG bedarf es daher nicht.[1]

e) **Unternehmensverträge und Umwandlungen.** Für Unternehmensverträge stellt sich die Frage, ob bei der Anmeldung eines Gewinnabführungs- und Beherrschungsvertrags etwa im GmbH-Konzern bei der beherrschten Gesellschaft auch die herrschende Gesellschaft nach § 7 Abs. 2 Nr. 1 FamFG zu beteiligen ist. In ihren subjektiven Rechten kann dieses Unternehmen jedenfalls insoweit beeinträchtigt sein, als einerseits die Eintragung nach Auffassung der Rechtsprechung konstitutiv wirkt[2] und zum anderen entsprechend § 302 AktG eine Verpflichtung zur Verlustübernahme eintreten kann. Zur Wahrung rechtlichen Gehörs ist daher auch die herrschende Gesellschaft am Registerverfahren zur Eintragung des Unternehmensvertrags zu beteiligen, sofern man nicht deren „Beteiligung" im Rahmen des Unternehmensvertragsschlusses als ausreichend ansieht (siehe Rz. 145a). Ähnliches gilt bei Umwandlungsmaßnahmen, die den Bestand eines Rechtsträgers durch Eintragung im Register eines anderen Rechtsträgers betreffen. So wird eine Verschmelzung – mit der Folge des liquidationslosen Erlöschens des übertragenden Rechtsträgers – mit Eintragung dieses Vorgangs im Register des übernehmenden Rechtsträgers wirksam (§ 20 Abs. 1 UmwG). Damit greift die Eintragung der Verschmelzung im Register des übertragenden Rechtsträgers als nur vorbereitende Maßnahme, die ohnehin regelmäßig mit einem entsprechenden Unwirksamkeitsvorbehalt zu versehen ist (siehe § 19 Abs. 1 Satz 2 UmwG), zwar nicht in Rechte des übernehmenden Rechtsträgers ein. Sehr wohl aber berührt die endgültige Eintragung im Register des übernehmenden Rechtsträgers fundamentale subjektive Rechte des übertragenden Rechtsträgers. Die Gewährung rechtlichen Gehörs zur Wahrung eigener subjektiver Rechte ist auch insoweit geboten und daher die Hinzuziehung nach § 7 Abs. 2 Nr. 1 FamFG erforderlich.[3] Denkbar wäre vor dem Hintergrund des Beschleunigungsgebotes in § 25 Abs. 1 Satz 2 HRV allerdings auch, das Verfahren zur Eintragung der Verschmelzung in den Registern sämtlicher beteiligter Rechtsträger aufgrund seiner Wechselbezüglichkeit als einheitliches Verfahren anzusehen, wodurch etwa die übertragende Gesellschaft aufgrund ihrer eigenen Anmeldung gleichzeitig an dem von der übernehmenden Gesellschaft angemeldeten Eintragungsvorgang beteiligt würde.[4] Dasselbe gilt umgekehrt für die damit gleichfalls unentbehrliche Beteiligung des übernehmenden Rechtsträgers im Fall der abschließenden Anmeldung eines Spaltungsvorgangs im Register des übertragenden Rechtsträgers (vgl. § 131 Abs. 1 UmwG).

III. Allgemeine Eintragungsvoraussetzungen

Eintragungen in das Handelsregister können nur hinsichtlich solcher Tatsachen und Rechtsverhältnisse erfolgen, die bereits eingetreten sind oder durch Vornahme der Eintragung im Handelsregister eintreten. Die **Eintragung zukünftiger Ereignisse** ist somit nicht möglich (siehe Rz. 31).[5] Beispielsweise kann ein Geschäftsführer einer GmbH,

---

[1] Vgl. *Krafka* NZG 2009, 650.
[2] **BGH**, Beschl. v. 24. 10. 1988 – Az. II ZB 7/88, BGHZ 105, 324 (327f.).
[3] *Ries* NZG 2009, 654 hält diesbezüglich eine Beteiligung im Rahmen des Vertragsschlusses für ausreichend.
[4] Siehe auch § 16 Abs. 1 Satz 2 UmwG.
[5] **BayObLG** DB 2003, 761; anders *Scheel* DB 2004, 2355, zur Vornahme von befristeten und bedingten Handelsregistereintragungen bei der Umstrukturierung von Kapitalgesellschaften.

der ab einem bestimmten Datum als solcher bestellt wurde, nicht vor diesem Termin in das Handelsregister eingetragen werden.[1] Ebenso sind auflösende Bedingungen und Befristungen, etwa bei der Bestellung von organschaftlichen Vertretern nicht in das Handelsregister einzutragen, sondern vielmehr die Beendigung der Organstellung zu gegebener Zeit von den Beteiligten mit dem Ziel der entsprechenden Löschung formgerecht anzumelden.[2] Auch sind erst in Zukunft wirksame Unternehmensverträge noch nicht eintragbar, sofern nicht gesetzliche Vorschriften – auch solche des Steuerrechts – anordnen, dass solche Verträge nur dann berücksichtigt werden, wenn sie bereits vor Beginn des Geschäftsjahres, für das sie gelten sollen, im Register eingetragen sein müssen.[3] Die Auffassung, Satzungsänderungen, wie zum Beispiel eine Sitzverlegung bei einer Aktiengesellschaft,[4] seien bereits vorab eintragbar, würde unlösbare Schwierigkeiten mit sich bringen, etwa hinsichtlich der gerichtlichen Zuständigkeit, zumal in der Registereintragung die Bedingung oder Befristung nicht angemessen zum Ausdruck gebracht werden kann. Zudem besteht die Gefahr, dass andernfalls das Handelsregister seiner Funktion, nur wesentliche und für den Rechtsverkehr aktuell wichtige Tatsachen zu verlautbaren, nicht gerecht werden kann. Entsprechend ist auch eine auflösend bedingte[5] oder befristete Bestellung eines Geschäftsführers einer Gesellschaft mit beschränkter Haftung nicht in der Handelsregistereintragung zum Ausdruck zu bringen; vielmehr bedarf es bei Erlöschen der Vertretungsmacht erneut der formgerechten Anmeldung dieses Umstands.[6] Aus demselben Grund sind vergangene Ereignisse nur einzutragen, wenn und soweit dies aus Gründen der Gutglaubensvorschriften (§ 15 Abs. 1 HGB) erforderlich ist (siehe Rz. 89).

147 Lediglich eingeschränkte Bedeutung hat dies für die Frage, ob die **Eintragungsvoraussetzungen** bereits im Zeitpunkt der Anmeldung, also zur Zeit des Eingangs der Erklärung bei Gericht, vollständig vorzuliegen haben.[7] Zwar kann dem Registergericht ein Datum für die Vornahme einer Eintragung nicht bindend vorgegeben werden. Auch kann eine Handelsregisteranmeldung nicht unter eine außerverfahrensmäßige Bedingung gestellt werden. Hingegen begegnet es keinen grundsätzlichen Bedenken zeitnahe **Befristungen** insofern zuzulassen, als eine erst künftig in Kraft tretende Rechtswirkung bereits kurz zuvor angemeldet werden kann, um eine möglichst kurzfristige Bearbeitung sicherzustellen.[8] Eine Zurückweisung des gestellten Eintragungsantrags kommt jedenfalls dann nicht in Frage, wenn die eingereichte Anmeldung zunächst allein aus dem Grund nicht vollziehbar ist, weil die einzutragende Tatsache noch nicht eingetreten ist. Dies setzt allerdings voraus, dass die Anmeldung durch bereits im Zeitpunkt des Zugangs[9] der Anmeldung vertretungsbefugte Personen unterzeichnet ist, da sie andernfalls sofort zurückzuweisen wäre. Aus verfahrensökonomischen Gründen

---

[1] Vgl. allgemein **OLG Düsseldorf** DNotZ 2000, 529 (= GmbHR 2000, 232); **BayObLG** DNotZ 1993, 197 (= GmbHR 1992, 672); *Waldner* ZNotP 2000, 188; *Bärwaldt* GmbHR 2000, 421; siehe auch *Schaub*, in: Ebenroth/Boujong/Joost/Strohn, HGB, § 12 Rz. 34; *Böttcher/Rudolph*, in: Böttcher/Ries, Registerrecht, Rz. 28.

[2] **OLG München** FGPrax 2007, 281, 283 (= Rpfleger 2008, 140).

[3] Siehe zu diesem Thema *Grashoff* BB 1997, 1647.

[4] *Gutachten des Deutschen Notarinstituts*, DNotI-Report 2008, 25; *Hüffer*, AktG, § 129 Rz. 25.

[5] Vgl. **BGH** NZG 2006, 62 (= DNotZ 2006, 214).

[6] *Gutachten des Deutschen Notarinstituts*, DNotI-Report 2009, 113 unter Berufung auf **BGH** NZG 2006, 62 (= DNotZ 2006, 214).

[7] Vgl. **OLG Hamm** FGPrax 2007, 186 (= Rpfleger 2007, 327); **OLG Hamm** MittBayNot 2002, 408; hierzu *Krafka* MittBayNot 2002, 365.

[8] Siehe *Gustavus*, Handelsregisteranmeldungen, S. 1.

[9] *Waldner* ZNotP 2000, 188; *Bärwaldt* GmbHR 2000, 421.

ist es nicht sinnvoll, den an sich ordnungsgemäßen Eintragungsantrag zunächst abzulehnen, der unmittelbar anschließend erneut vorgelegt werden könnte und nunmehr vollzogen werden müsste. Daher ist die Fortsetzung des Verfahrens zutreffender Weise dann angezeigt, wenn die Anmeldung ferner durch Personen erfolgt ist, die auch nach Eintritt der einzutragenden Tatsache vertretungsbefugt sind. Nur in diesem Fall ist es möglich, die Anmeldung bis zur Eintragungsreife „liegen zu lassen" und nach Eintritt der angemeldeten Tatsache sofort die Eintragung vorzunehmen. All dies wird nur bei kurzen Befristungen von bis zu zwei Wochen (vgl. § 15 Abs. 2 HGB) in Betracht kommen (siehe auch Rz. 78 f.).

Hiervon ist zu unterscheiden, dass naturgemäß im Zeitpunkt des Eingangs der Anmeldung sämtliche verfahrensmäßigen Voraussetzungen vorzuliegen haben.[1] Hingegen sind **bedingt gestellte Anmeldungen** bezüglich außerverfahrensmäßiger Tatsachen grundsätzlich im Registerverfahren nicht möglich. Dies gilt jedenfalls dann, wenn der Bedingungseintritt weder im Rahmen des laufenden Verfahrens verwirklicht wird,[2] noch sonst für das Registergericht, z.B. aufgrund anderweitig vorgenommener Registereintragungen offenkundig ist. 148

Stets ist zu beachten, dass die Einzahlung eines **Kostenvorschusses** verlangt werden kann (§ 8 Abs. 2 Satz 1 KostO). Insbesondere bei konstitutiv wirkenden Eintragungen, v. a. also bei der Ersteintragung einer GmbH oder AG, ist ein derartiger Vorschuss grundsätzlich stets anzufordern.[3] Allerdings ist es im Hinblick auf das Gebot der Beschleunigung (§ 25 Abs. 1 Satz 2 HRV) und die durch die Kostenvorschussanforderungen verursachten zusätzlichen Verfahrensgänge sowie die dadurch für den Staat verursachten Kosten dem Registergericht nicht verwehrt, von einer Kostenvorschussanforderung in geeigneten Fällen abzusehen (siehe § 8 Abs. 2 Satz 2 Nr. 4 und Nr. 5 KostO). 149

Sofern im Übrigen der einreichende Notar erklärt hat, dass er für die Kostenschuld des Antragstellers die persönliche Haftung übernimmt (§ 8 Abs. 2 Satz 2 Nr. 2 KostO), ist ein Kostenvorschuss nicht zu erheben (siehe hierzu Rz. 491). 150

IV. Beweismittel im Registerverfahren

Bei der Durchführung des Verfahrens hat das Gericht nach der allgemein in Angelegenheiten der freiwilligen Gerichtsbarkeit geltenden Vorschrift des § 26 FamFG den Sachverhalt grundsätzlich **von Amts wegen zu ermitteln**. Die Ermittlungen sind hierbei so weit auszugestalten, dass der Sachverhalt vollständig aufgeklärt wird, und abzuschließen, wenn von weiteren Ermittlungen ein die Entscheidung beeinflussendes Ergebnis nicht mehr zu erwarten ist (vgl. § 29 FamFG).[4] Stets sind überflüssige oder auch nur ergänzende Ermittlungen durch das Gericht zu unterlassen. Aufgrund des besonderen Charakters der Handelsregisteranmeldung als Eintragungsantrag und als Vortrag der zur Eintragung erforderlichen Tatsachen, sind allerdings im Registerverfahren im Regelfall keine weiteren Ermittlungen veranlasst (siehe Rz. 75 und 159). Besondere Bedeutung kommt dagegen der Amtsermittlungspflicht insbesondere bei einer amtswegigen Löschung eines eingetragenen Rechtsträgers nach § 394 FamFG wegen Vermögenslosigkeit (hierzu Rz. 431 ff.) zu. Entsprechend den Grundsätzen der freiwilligen Gerichtsbarkeit hat das Registergericht im Einzelfall die nach pflichtge- 151

---

[1] OLG Düsseldorf DNotZ 2000, 529 (= MittBayNot 2000, 242) und *Auer* DNotZ 2000, 498; *Böcker* MittRhNotK 2000, 61; *Britz* MittRhNotK 2000, 197; *Bärwaldt* GmbHR 2000, 421.
[2] Vgl. mittelbar **OLG Hamm** MittBayNot 2002, 408; hierzu *Krafka* MittBayNot 2002, 365.
[3] So *Amelung* in: Beck'sches Richterhandbuch, D. V Rz. 15.
[4] KG FGPrax 2006, 225 (226).

mäßem Ermessen zu treffende Wahl, ob es den erheblichen Tatsachenstoff gegebenenfalls durch formlose Ermittlungen oder durch eine förmliche Beweisaufnahme feststellen will (siehe § 30 FamFG).

152 Eine strenge Bindung an bestimmte Dokumentenvorlagen kennt das Registerverfahren somit insbesondere im Gegensatz zum Grundbuchverfahren (vgl. § 29 GBO) nicht, sofern nicht einzelne verfahrensrechtliche Bestimmungen spezielle Regelungen hierzu enthalten. Hinsichtlich des Nachweises der Erbfolge schreibt etwa § 12 Abs. 1 Satz 3 HGB vor, dass der Nachweis durch öffentliche Urkunden zu führen ist. Von **Erbscheinen** und **Testamentsvollstreckerzeugnissen** genügt allerdings die Vorlage eines beglaubigten elektronischen Dokuments, sofern dieses zeitnah zur Handelsregistereinreichung von einer vorgelegten Ausfertigung erstellt wird (Rz. 128). Auch ist bei der **Vorlage ausländischer Urkunden,**[1] soweit möglich, auf die Beibringung einer dem deutschen Recht vergleichbaren öffentlichen Urkunde zu dringen. Die Anbringung einer Apostille oder Legalisation ist hierbei jedoch kein zwingender Nachweis, insbesondere nicht für die inhaltliche Richtigkeit der jeweils in der fraglichen Urkunde enthaltenen Erklärung. Vielmehr sind im Einzelfall sämtliche Umstände einer umfassenden Abwägung zu unterziehen.[2] Für den internationalen Urkundenverkehr, insbesondere hinsichtlich deutscher Botschaften und Konsulate, gelten die allgemeinen hierfür anzuwendenden Rechtsvorschriften.[3] Für die Einreichung von **Dokumenten** war mit der Vorlage unsignierter elektronischer Aufzeichnungen im Rahmen des § 12 Abs. 2 Satz 2 Halbs. 1 HGB eine vom Gesetzgeber gewollte Herabsetzung der Beweisanforderungen zur Vereinfachung des Verfahrens bezweckt, die nicht durch strengere Anforderungen im Rahmen der Beweiswürdigung durch das Gericht unterlaufen werden darf.[4]

V. Behandlung der Anmeldung durch das Registergericht[5]

1. Prüfung der Anmeldung

153 Dem Registergericht kommt die Aufgabe zu, anhand der gegebenenfalls auszulegenden eingereichten Unterlagen (siehe Rz. 76) die formellen Voraussetzungen für die Vornahme der gewünschten Eintragung festzustellen und bei konkreten sachlichen Zweifeln zu ermitteln, ob die mitgeteilten Tatsachen vorliegen.[6] Ausgangspunkt für dieses Prüfungsrecht, dem eine hierzu kongruente **Prüfungspflicht** entspricht,[7] ist die sich aus § 26 FamFG ergebende – und in § 380 Abs. 1 FamFG ausdrücklich aufscheinende – Pflicht, unrichtige Eintragungen in das Handelsregister zu verhindern.[8] Hierbei besteht hinsichtlich des Prüfungsumfangs kein Unterschied zwischen **konstitutiven** und **deklaratorischen Eintragungen.**[9] Lediglich der Gegenstand der Prüfung ist jeweils ein anderer, nämlich einerseits die Voraussetzungen der erst zu bewirkenden

---

[1] Dazu im Einzelnen *Schaub,* in: Ebenroth/Boujong/Joost/Strohn, HGB, Anh. zu § 12 Rz. 20 ff.
[2] OLG **Schleswig** FGPrax 2008, 219 (= Rpfleger 2008, 499).
[3] Dazu *Bindseil* DNotZ 1992, 275.
[4] BT-Drucks. 16/960, S. 45; *Müther* Rpfleger 2008, 233 (235).
[5] Dazu *Baumbach/Hopt,* HGB, § 8 Rz. 7 f.; *Krafka,* in: MünchKommHGB, § 8 Rz. 56 ff.
[6] Siehe *Krafka,* in: MünchKommHGB, § 8 Rz. 68 m. w. N.
[7] OLG **Köln** NJW 1989, 173; *Koch,* in: Staub, HGB, § 8 Rz. 93; *Preuß,* in: Oetker, HGB, § 8 Rz. 87; *Ammon/Ries,* in: Röhricht/Westphalen, HGB, § 8 Rz. 33; *Krafka,* in: MünchKommHGB, § 8 Rz. 59.
[8] KG FGPrax 1997, 154; OLG **Köln** Rpfleger 1989, 66; **BayObLG** DNotZ 1973, 125; *Krafka,* in: MünchKommHGB, § 8 Rz. 9; *Schaub,* in: Ebenroth/Boujong/Joost/Strohn, HGB, § 8 Rz. 131.
[9] Siehe OLG **Hamm** Rpfleger 2002, 32 (= DNotZ 2001, 959); KG FGPrax 1997, 154 (= Rpfleger 1997, 440); BayObLG GmbHR 1992, 304; OLG **Köln** Rpfleger 1990, 170 (= MittRhNotK 1989, 274 = GmbHR 1990, 82).

Rechtsänderung, anderseits das Vorliegen der behaupteten bereits eingetretenen Rechtsänderung. Maßgeblicher **Zeitpunkt** für das Vorliegen der Eintragungsvoraussetzungen ist hierbei die Vornahme der Eintragung.[1]

Allgemein gilt, dass das Gericht vor Eintragung stets die **formellen Voraussetzungen** 154 der Eintragung zu prüfen hat[2] und **nur** bei Vorliegen eines Anlasses hierzu **im Einzelfall** die **materielle Richtigkeit** der Anmeldung festzustellen hat. Mit anderen Worten hat das Gericht, sofern die angemeldeten Tatsachen schlüssig dargestellt sind und aufgrund der Erfahrung des Gerichts in sich glaubwürdig sind, ohne weiteres keine Nachforschungen anzustellen.[3]

Als **formelle Eintragungsvoraussetzungen** sind bei jeder Eintragung in das Handelsregister zu prüfen: 155

a) als Verfahrensgrundlage das Vorliegen eines **Eintragungsantrags** oder der gesetzlichen Eintragungsvoraussetzungen bei einer von Amts wegen zu vollziehenden Eintragung;

b) die sachliche und örtliche **Zuständigkeit** des Gerichts;

c) die **Anmeldung** daraufhin, ob
  – sie durch einen oder erforderlichenfalls alle dazu Verpflichteten oder Berechtigten erfolgt ist und gegebenenfalls deren Geschäftsfähigkeit (bei juristischen Personen u. U. auch deren Rechtsfähigkeit);
  – sie alle erforderliche Angaben, auch notwendige Erklärungen, z. B. nach § 8 Abs. 2 bis 4 GmbHG, enthält;
  – die Vertretungsmacht eines Vertreters bei der Anmeldung nachgewiesen ist;[4] hierbei erfolgt der Nachweis der Vertretungsbefugnis insbesondere durch einen zeitnahen amtlichen Registerausdruck oder eine Notarbescheinigung[5] (siehe Rz. 118);
  – die Form der Anmeldung (§ 12 Abs. 1 Satz 1 HGB) und gegebenenfalls auch einer Vollmacht zur Anmeldung (§ 12 Abs. 1 Satz 2 HGB) gewahrt ist;
  – für den Rechtsnachfolger eines Beteiligten die Rechtsnachfolge ordnungsgemäß nachgewiesen ist (§ 12 Abs. 1 Satz 3 HGB);

d) die **Eintragungsfähigkeit** der angemeldeten Tatsache;

e) das Vorliegen sämtlicher **Anlagen**, also etwa der Anmeldung beizufügender Dokumente, u. U. auch einer familien- oder betreuungsgerichtlichen Genehmigung.[6] Im Übrigen sind behördliche Genehmigungen entsprechend § 7 HGB im Registerverfahren nur in den gesetzlich vorgeschriebenen Ausnahmefällen vorzulegen und das Gericht hierbei an etwaige Negativatteste gebunden.[7] Zu prüfen ist insbesondere, ob die eingereichten Dokumente in der vorgeschriebenen Form vorliegen (§ 12 Abs. 2 HGB).

Im Übrigen ist bei der **Erstanmeldung** einer AG oder einer GmbH außerdem zu prü- 156 fen, ob die Gesellschaft ordnungsgemäß errichtet ist (§ 38 Abs. 1 AktG, § 9 c Abs. 1 GmbHG); dies jedoch nur mit eingeschränkter Prüfungskompetenz (§ 38 Abs. 3 AktG; § 9 c Abs. 2 GmbHG). Bei einer **Änderung der Satzung** der AG bzw. des Ge-

---

[1] OLG Hamm FGPrax 2007, 186 (= Rpfleger 2007, 327); OLG Hamm MittBayNot 2002, 408; *Schaub*, in: Ebenroth/Boujong/Joost/Strohn, HGB, § 8 Rz. 141.

[2] Siehe *Krafka*, in: MünchKommHGB, § 8 Rz. 56 ff.; *Preuß*, in: Oetker, HGB, § 8 Rz. 90 ff.; *Böttcher/Rudolph*, in: Böttcher/Ries, Registerrecht, Rz. 172 f.

[3] Siehe *Schaub*, in: Ebenroth/Boujong/Joost/Strohn, HGB, § 8 Rz. 135; *Böttcher/Rudolph*, in: Böttcher/Ries, Registerrecht, Rz. 174 f.

[4] KG FGPrax 2004, 45 (47); OLG Schleswig FGPrax 1998, 150 (= MittBayNot 1998, 456).

[5] LG Berlin MittBayNot 1998, 457 mit Anm. *Singer*; OLG Schleswig FGPrax 1998, 150 (= MittBayNot 1998, 456).

[6] OLG Frankfurt NZG 2008, 749; *Preuß*, in: Oetker, HGB, § 8 Rz. 93.

[7] BayObLG FGPrax 2000, 161 (= Rpfleger 2000, 458).

sellschaftsvertrages der GmbH ist zu prüfen, ob die Änderung, insbesondere also der zugrunde liegende Beschluss, nach den vorzulegenden Dokumenten, ordnungsgemäß zustande gekommen ist (hierzu Rz. 1025 ff.). Dabei ist die geänderte Satzung oder der geänderte Gesellschaftsvertrag **immer zu überprüfen**
– auf Vollständigkeit des notwendigen Inhalts (§ 23 AktG, § 3 GmbHG);
– uneingeschränkt daraufhin, ob alle geänderten Bestimmungen gesetzlich abstrakt zulässig sind;
– ob die Rechtsverhältnisse ohne Gesetzesverstoß geregelt sind, ob z.B. die Firma richtig gebildet ist und ob gegen gesetzliche Verbote verstoßen wird, wie etwa bei der Beschränkung der Vertretungsmacht des Vorstands oder des Geschäftsführers, § 82 Abs. 1 AktG, § 37 Abs. 2 GmbHG.

157 Hingegen ist nur **bei begründetem Anlass,** also bei Vorliegen vernünftiger Zweifel an der Richtigkeit bzw. Wirksamkeit der zugrundeliegenden Umstände, im Einzelfall zu prüfen, ob eine Änderung der Satzung bzw. des Gesellschaftsvertrags ordnungsgemäß zustande gekommen ist (Rz. 1025 ff.).

158 Im Übrigen findet die **eingeschränkte Prüfungskompetenz** nach § 9c Abs. 2 GmbHG bei der Prüfung von Satzungsänderungen **keine Anwendung,** da ein entsprechender Verweis in den Vorschriften der §§ 53 ff. GmbHG fehlt und die Spannungslage zwischen Eintragungsinteresse und umfänglicher Richtigkeitsgewähr bei Vornahme der Ersteintragung mit derjenigen bei späteren Eintragungen grundsätzlich nicht vergleichbar ist (siehe Rz. 1031).[1]

2. Vornahme einer materiellen Prüfung

159 Eine **Prüfung,** ob die angemeldete **Tatsache sachlich richtig** ist und insbesondere ob die zugrunde liegenden Rechtsakte wirksam sind, z.B. die Erteilung oder das Erlöschen der Prokura wirksam erfolgt ist, der Gesellschaftsvertrag wirksam zustande gekommen ist, der Eintritt oder das Ausscheiden eines Gesellschafters tatsächlich stattgefunden hat, **erfolgt in der Regel nicht.**[2] Die einzutragenden Tatsachen sind mit der Anmeldung glaubhaft gemacht, auch wenn der Handelsregisteranmeldung nicht die Bedeutung einer Art „Garantieerklärung" unterlegt werden darf.[3] Ausgangsvermutung für das Registergericht ist, dass die angemeldeten Tatsachen sachlich richtig sind.[4] Davon, dass die Beteiligten nur solche Tatsachen und Rechtsverhältnisse anmelden, die der Rechtswirklichkeit entsprechen, ist somit nach dem ersten Anschein auszugehen.[5] Was schlüssig dargelegt und nach der Lebens- und Geschäftserfahrung in sich glaubwürdig, also plausibel ist, wird daher nicht weiter auf seine Richtigkeit überprüft.[6] Unzulässige und damit auch unrichtige Eintragungen hat das Registergericht jedoch zum Schutz des Rechtsverkehrs möglichst zu vermeiden.[7] Daher sind

---

[1] Vgl. **KG** FGPrax 2006, 30 (= Rpfleger 2006, 197 = DNotZ 2006, 304); **BayObLG** Z 2001, 137 (= RNotZ 2001, 401 = Rpfleger 2001, 500); **LG München I** GmbHR 2001, 114; *Lutter,* in: Lutter/Hommelhoff, GmbHG, § 57a Rz. 1; anderer Ansicht *Zöllner* in: Baumbach/Hueck, GmbHG, § 54 Rz. 18; *Zimmermann,* in: Rowedder/Schmidt-Leithoff, GmbHG, § 54 Rz. 15; *Ullrich,* Registergerichtliche Inhaltskontrolle, 2006.
[2] **BGH** Z 113, 335 (352); **KG** MittBayNot 1998, 453; **BayObLG** DNotZ 1975, 230 (232); vgl. hierzu *Koch,* in: Staub, HGB, § 8 Rz. 80 ff.; *Krafka,* in: MünchKommHGB, § 8 Rz. 59 ff.; *Preuß,* in: Oetker, HGB, § 8 Rz. 98; *Heinemann,* in: Keidel, FamFG, § 374 Rz. 49 ff.
[3] **BGH** Z 116, 190 (198) gegen **BayObLG** Z 1982, 198 (202).
[4] **BayObLG** Z 1982, 198 (202).
[5] **BayObLG** Z 1977, 76 (= DNotZ 1977, 683).
[6] Siehe **OLG Düsseldorf** MittRhNotK 1996, 136 (= GmbHR 1995, 592); *Krafka,* in: MünchKommHGB, § 8 Rz. 62; *Nedden-Boeger,* in: Schulte-Bunert/Weinreich, FamFG, Vor § 378 Rz. 74; *Hornung* Rpfleger 1995, 481 (487).
[7] **BGH** NJW 1983, 222; **BayObLG** Z 1981, 266 (269).

Anmeldungen im Einzelfall auf ihre Richtigkeit hin zu prüfen, wenn die eintragungsfähigen Tatsachen nicht schlüssig dargelegt sind oder das Angemeldete nach der Lebens- und Geschäftserfahrung in sich nicht glaubwürdig ist,[1] insbesondere **wenn begründete Zweifel oder erhebliche Bedenken an der Richtigkeit** angemelder Tatsachen bestehen.[2] Derartige Zweifel müssen auf konkreten Anhaltspunkten im Einzelfall beruhen, die dafür sprechen, dass sachliche Unstimmigkeiten vorliegen. Immer von Amts wegen ist die rechtliche Zulässigkeit einer angemeldeten Firma zu prüfen,[3] jedoch aufgrund der Bestimmung des § 18 Abs. 2 Satz 2 HGB hinsichtlich der Irreführungseignung nur mit eingeschränkter Prüfungsintensität (vgl. Rz. 224) und ggf. bei dennoch verbleibenden Zweifeln unter Einholung eines Gutachtens der Industrie- und Handelskammer (§ 380 FamFG, § 23 Satz 2 HRV). Das Recht und die Pflicht des Registergerichts zu materieller Nachprüfung sind im Übrigen im Rahmen der **Amtsermittlung** gemäß § 26 FamFG nach den allgemeinen Verfahrensgrundsätzen der freiwilligen Gerichtsbarkeit wahrzunehmen (siehe Rz. 151).

Eine nur **eingeschränkte** materielle **Prüfungsbefugnis** ist dem Registergericht bei der 160 Errichtung einer GmbH oder einer AG nach § 9c Abs. 2 GmbHG und § 38 Abs. 3 AktG eingeräumt.[4] Zur Prüfung der materiellen Rechtmäßigkeit zählt allerdings auch hierbei die Überprüfung der gesetzlich vorgesehenen Versicherungen auf ihre inhaltliche Richtigkeit, wobei eine nähere Prüfung nur angezeigt ist, wenn Anlass zu Zweifeln besteht[5] (vgl. Rz. 980 f.).

Die Eintragung einer eintragungsfähig angemeldeten Tatsache hat zu erfolgen, auch 161 wenn sich bei der Prüfung ergibt, dass die Anmeldung einer denselben Rechtsträger betreffenden anmeldepflichtigen weiteren Tatsache unterblieben ist oder mit Eintragung die Firma unrichtig, insbesondere täuschend (§ 18 Abs. 2 Satz 1 HGB) wird, da dies die rechtliche Zulässigkeit der angemeldeten Eintragung und damit auch die Vornahme der Eintragung der angemeldeten Rechtsverhältnisse nicht berührt. Der Erlass einer Zwischenverfügung (§ 382 Abs. 4 FamFG) ist in diesen Fällen nicht zulässig.[6] Zur Erfüllung der weiteren Anmeldepflicht ist erforderlichenfalls das **Erzwingungsverfahren** nach § 14 HGB, zur Unterlassung des Gebrauchs der unrichtig gewordenen Firma nötigenfalls das **Ordnungsgeldverfahren** nach § 37 Abs. 1 HGB einzuleiten. Firmenrechtliche Beanstandungen können auch in einem **Amtslöschungsverfahren** gemäß § 395 FamFG zu verfolgen sein.

Zur Veranschaulichung der Prüfungskompetenz des Registerrechts dient die folgende 162 Darstellung teilweise streitiger **Einzelfälle:**[7]
– die Beanstandung der Anmeldung einer neuen Firma des Erwerbers eines Handelsgeschäfts darf nicht deshalb erfolgen, weil keine zugleich erforderliche Anmeldung des Erlöschens der nicht fortgeführten Firma des bisherigen Inhabers vorgelegt wird;[8]

---

[1] *Krafka*, in: MünchKommHGB, § 8 Rz. 64; *Schaub*, in: Ebenroth/Boujong/Joost/Strohn, HGB, § 8 Rz. 135.
[2] Siehe **BGH** Z 113, 335; **BGH** NJW 1952, 742; **RG** Z 140, 174; **KG** Rpfleger 1998, 474 (= MittBayNot 1998, 453 = MittRhNotK 1998, 285); **BayObLG** Z 1981, 266; **BayObLG** Z 1977, 256 (= DNotZ 1978, 172); **BayObLG** Z 1977, 76 (= DNotZ 1977, 683); **BayObLG** Z 1973, 168 (= NJW 1973, 2068 = DNotZ 1974, 42); **BayObLG** Z 1973, 158.
[3] **BayObLG** Z 1978, 182 (= DNotZ 1978, 692).
[4] Einzelheiten hierzu finden sich bei den Erläuterungen zur GmbH und AG in diesem Handbuch.
[5] **BGH** Z 113, 335 (351); s. a. *Böhringer* Rpfleger 2002, 551.
[6] Näher hierzu *Krafka*, Einführung in das Registerrecht, Rz. 65 ff.
[7] Siehe *Koch*, in: Staub, HGB, § 8 Rz. 96 ff.; *Preuß*, in: Oetker, HGB, § 8 Rz. 99 ff.; *Krafka*, in: MünchKommHGB, § 8 Rz. 59 ff.; *Schaub*, in: Ebenroth/Boujong/Joost/Strohn, HGB, § 8 Rz. 145 ff.
[8] **BayObLG** MittBayNot 1978, 228 (= DB 1978, 2407).

- die Eintragung eines Gesellschafterwechsels (Ausscheiden, auch Eintritt von Gesellschaftern) bei einer Personenhandelsgesellschaft muss sogleich vollzogen werden, auch wenn dies zur Täuschungseignung der Gesellschaftsfirma (§ 18 Abs. 2 HGB) führt und deren Änderung nicht angemeldet ist;[1]
- die Eintragung weiterer, nicht zu beanstandender Anmeldungen kann, wenn eine eingetragene Firma bereits infolge Veränderung der Verhältnisse nachträglich unrichtig geworden ist, gleichermaßen nicht von der vorherigen Änderung der Firma abhängig gemacht werden;[2]
- eine materielle Prüfung, beispielsweise hinsichtlich der **Wirksamkeit des Gesellschafterbeschlusses einer GmbH,** bei deklaratorischen Eintragungen (etwa § 39 GmbHG)[3] erfolgt nur bei begründeten Zweifeln.[4] Entsprechend ist bei der Überprüfung von Gesellschafterbeschlüssen einer GmbH der gefasste Beschluss für das Registergericht grundsätzlich verbindlich, wenn er vom Versammlungsleiter dem Protokoll nach festgestellt wurde,[5] ebenso ein notariell beurkundeter Beschluss[6] sowie ein Beschluss, der von sämtlichen Gesellschaftern unterzeichnet ist.[7] Auch ist nur bei begründeten Zweifeln die Rechtsfähigkeit eines beschließenden Gesellschafters (z.B. bei einer ausländischen Gesellschaft)[8] in Frage zu stellen; die Gesellschaftereigenschaft[9] ist anhand eines Vergleichs mit der im Handelsregister aufgenommenen Gesellschafterliste zu prüfen (vgl. ausführlich hierzu Rz. 1025 ff.);
- bei Satzungs- bzw. Gesellschaftsvertragsänderungen besteht ein uneingeschränktes Prüfungsrecht hinsichtlich etwaiger Gesetzesverletzungen, Unklarheiten und Widersprüche[10] in Bezug auf die geänderten Bestimmungen. Bei Sitzänderungen findet dagegen durch das neu zuständige Gericht keine materielle Prüfung der bisherigen unveränderten Satzungsbestimmungen statt;[11] eine vollständige Prüfung des Gesellschaftsvertrags erfolgt allerdings, wenn im Weg der **Neufassung** der gesamte Vertrag neu beschlossen wurde (siehe Rz. 1033); auch dann sind jedoch die allgemeinen Grundsätze, beispielsweise hinsichtlich der Fortführung einer zwischenzeitlich nicht mehr zulässigen Firma, zu beachten;
- eine Prüfungsbefugnis besteht bei Kapitalerhöhungen einer GmbH nur, wenn im konkreten Fall begründete Zweifel gegeben sind,[12] wobei hierzu insbesondere bei Sachkapitalerhöhungen vieles streitig ist;

---

[1] Zum Rechtsstand vor dem Handelsrechtsreformgesetz: **BGH** NJW 1977, 1879 (= DNotZ 1977, 675); **BayObLG** Z 1988, 51 (= DNotZ 1989, 241).
[2] **KG** OLGZ 1965, 124 (= NJW 1965, 254).
[3] **OLG Düsseldorf** RNotZ 2001, 348 (= NJW-RR 2001, 902); **BayObLG** Z 2000, 325 (= DNotZ 2001, 887 = Rpfleger 2001, 184); *Buchberger* Rpfleger 1997, 71.
[4] **OLG Hamm** FGPrax 1996, 117 (ebenso **BayObLG** Z 1973, 158); anderer Ansicht: **OLG Köln** Rpfleger 1989, 66.
[5] **BayObLG** Z 1991, 337 (= MittBayNot 1992, 221 = GmbHR 1992, 306).
[6] **BayObLG** Z 1991, 371 (= MittBayNot 1992, 223).
[7] **BayObLG** Z 2000, 325 (= DNotZ 2001, 887 = Rpfleger 2001, 184).
[8] **KG** FGPrax 1997, 154 (= DB 1997, 1125).
[9] **OLG Hamm** Rpfleger 2002, 32 (= DNotZ 2001, 959); **BayObLG** GmbHR 1992, 304; **OLG Köln** Rpfleger 1990, 170 (= MittRhNotK 1989, 274); vgl. zu konstitutiven Eintragungen *Priester,* in: Scholz, GmbHG, § 54 Rz. 33.
[10] **BayObLG** Z 2001, 137 (= RNotZ 2001, 401 = Rpfleger 2001, 500); **BayObLG** Z 1992, 318 (= DB 1993, 156); **BayObLG** WM 1985, 572; **BayObLG** DB 1971, 1612.
[11] **LG Nürnberg-Fürth** MittBayNot 1999, 398.
[12] **KG** MittBayNot 1998, 453; **OLG Düsseldorf** MittBayNot 1996, 228; **BayObLG** MittBayNot 1995, 67; **LG Augsburg** MittBayNot 1996, 317 (mit Anm. *Haslinger* MittBayNot 1996, 278).

– die inhaltliche Richtigkeit eines Verschmelzungsvertrags und eines Verschmelzungsberichts wird nicht überprüft;[1]
– die Richtigkeit der angemeldeten inländischen Geschäftsanschrift wird nicht überprüft, da zumindest bei juristischen Personen im Fall von Unrichtigkeiten nur die erleichterte Möglichkeit einer öffentlichen Zustellung gemäß § 15a HGB eröffnet wird; es ist damit allein Sache der Anmeldenden, für die Richtigkeit dieser Angaben zu sorgen.

Bei der Vornahme von **Eintragungen von Amts wegen**, insbesondere bei Löschungen, ist wegen der teilweise schwerwiegenden Folgen der Eintragung das Vorliegen der Tatbestandsvoraussetzungen für die amtswegige Eintragung eingehend und mit besonderer Sorgfalt zu prüfen, wobei auch hier das Registergericht auf die Mitwirkung der Betroffenen angewiesen ist, die dieser Obliegenheit nachzukommen haben (siehe Rz. 151).[2]

163

3. Anhörung sachkundiger Stellen im Registerverfahren

a) **Allgemeines.** Das Gericht wird im Registerverfahren von den berufsständischen Organen insbesondere zur Vermeidung unrichtiger Eintragungen und zur Berichtigung und Vervollständigung des Registers unterstützt (vgl. § 380 Abs. 1 FamFG). Formlos – und daher ggf. ausschließlich telefonisch – anzuhören sind diese Stellen allerdings nur in zweifelhaften Fällen (§ 380 Abs. 2 FamFG). Die Beurteilung, ob dies erforderlich ist, liegt ebenso im pflichtgemäßen Ermessen des Registergerichts, wie letztendlich die Verwertung der erhaltenen Auskünfte.[3] Eine Hinzuziehung als Beteiligter gemäß § 7 Abs. 2 Nr. 2 FamFG erfolgt jedoch nur auf entsprechenden Antrag der betroffenen Stelle (§ 380 Abs. 2 Satz 2 FamFG). Wurden berufsständische Organe im Rahmen des Verfahrens angehört oder beteiligt, so ist ihnen die Entscheidung des Gerichts bekannt zu geben (§ 380 Abs. 4 FamFG). Gegen einen Beschluss des Gerichts besteht für sie die Möglichkeit, Beschwerde einzulegen (§ 380 Abs. 5 FamFG).

164

b) **Industrie und Handelskammer, Handwerkskammer, Landwirtschaftskammer.** Zur Vermeidung unzulässiger Eintragungen kann **in Zweifelsfällen** auf elektronischem Weg (§ 23 Satz 4 HRV) ein Gutachten der **Industrie- und Handelskammer** eingeholt werden (§ 23 Satz 2 HRV). Derartige Fälle liegen insbesondere bei Fragen der Zulässigkeit der Firmierung sowie bei der Bewertung von Sacheinlagen vor. Zwar müsste das Registergericht zur sachlich zutreffenden Beurteilung auch bei der Frage, ob ein in kaufmännischer Weise eingerichteter Geschäftsbetrieb im Sinne des § 1 Abs. 2 HGB vorliegt, sowie bei Fragen im Rahmen der Errichtung einer Zweigniederlassung (§ 13 HGB) regelmäßig sachkundige Hilfe zur Beurteilung der faktischen Gegebenheiten in Anspruch nehmen. Da allerdings im Eintragungsverfahren die Voraussetzungen des § 1 Abs. 2 HGB nicht zu prüfen sind (siehe Rz. 512 zum Einzelkaufmann und Rz. 619 zu Personenhandelsgesellschaften) und es keiner näheren Untersuchung bedarf, ob eine angemeldete Zweigniederlassung tatsächlich errichtet wurde (§ 13 Abs. 1 HGB), wird eine Hinzuziehung der sachkundigen Stellen nach § 23 HRV aus verfahrensrechtlichen Gründen nur noch selten in Frage kommen. Holt das Registergericht ein Gutachten der IHK ein, so hat es darüber hinaus eine Stellungnahme der Handwerkskammer anzufordern, wenn es sich um ein handwerkliches Unternehmen

164a

---

[1] *Sagasser/Bula/Brünger,* Umwandlungen, Abschnitt J Rz. 142; *Limmer,* Unternehmensumwandlung, Rz. 766.
[2] Vgl. KG FGPrax 2006, 225; **BayObLG** FGPrax 1999, 114 (= GmbHR 1999, 414).
[3] *Krafka,* in: MünchKommZPO, § 380 FamFG Rz. 5 f.; anderer Ansicht *Nedden-Boeger* FGPrax 2009, 144 (145) und in Schulte-Bunert/Weinreich, FamFG, § 380 Rz. 22: kein Ermessen, sondern Beurteilungsspielraum des Gerichts.

handelt oder handeln kann oder das Gutachten der Landwirtschaftskammer bzw. der nach Landesrecht sonst zuständigen Stelle, wenn es sich um ein land- oder forstwirtschaftliches Unternehmen handelt oder handeln kann (§ 23 HRV). Bei einem VVaG entfällt hingegen das Erfordernis eines Gutachtens bei der IHK im Regelfall, da mit Genehmigung der Aufsichtsbehörde auch die Firma feststeht. Im Rahmen der Pflicht zur Gewährung rechtlichen Gehörs (Art. 103 Abs. 1 GG) ist dem Antragsteller Gelegenheit zu geben, sich zu solchen Gutachten zu äußern. Stets ist der Kammer, die das Gutachten erstattet hat, die Entscheidung mitzuteilen (§ 380 Abs. 4 FamFG). Soweit sich das Gutachten auf Vorgänge stützt, die dem Antragsteller nicht zugänglich sind, etwa auf finanzamtliche Auskünfte, ist im Übrigen eine Verwertung im Registerverfahren nicht zulässig.[1]

165 **c) Überschneidung von Gemeindegrenzen und Registerbezirken.** Sollte ein Ort oder eine Gemeinde zum Bezirk verschiedener Registergerichte gehören, so hat das Gericht vor Eintragung einer neuen Firma oder Firmenänderung bei den anderen beteiligten **Registergerichten** anzufragen, ob gegen die Eintragung Bedenken im Hinblick auf § 30 HGB bestehen (§ 38 HRV). Unter „Ort" ist hierbei ein geografischer Bezirk zu verstehen, der durch seinen Namen gekennzeichnet ist.[2] „Gemeinde" ist als politische Gemeinde eine Gebietskörperschaft mit Selbstverwaltung (Art. 28 Abs. 2 GG). Teilweise wird von einem geografisch und politisch abgegrenzten Bezirk gesprochen.[3]

VI. Zwischenverfügung des Registergerichts

166 Vor der Zurückweisung einer Anmeldung ist dem Anmeldenden durch eine **Zwischenverfügung** – die wie aus § 382 Abs. 4 FamFG ersichtlich ist, gerade nicht in Form eines Beschlusses ergeht[4] – Gelegenheit zur Behebung etwaiger Mängel zu geben (§ 382 Abs. 4 FamFG).[5] Die Zwischenverfügung ist eine der endgültigen Entscheidung vorausgehende Entscheidung, die auf die Beseitigung eines der Eintragung entgegenstehenden Hindernisses gerichtet ist.[6] Ergehen kann eine gemäß § 382 Abs. 4 Satz 2 FamFG – unter Abweichung vom Grundsatz des § 58 Abs. 1 FamFG, wonach nur „Endentscheidungen" beschwerdefähig sind – anfechtbare[7] Zwischenverfügung nur, wenn der Mangel behebbar ist. Unmittelbar durch Beschluss abzulehnen (siehe § 382 Abs. 3 FamFG) ist der Eintragungsantrag dagegen, wenn er überhaupt nicht vollziehbar ist.[8] Hingegen kann es nicht Gegenstand einer Zwischenverfügung sein, den Antragsteller zur Rücknahme seiner Anmeldung zu bewegen.[9] Ebenso berechtigt eine falsche Eingabe der Eintragungsinformationen in das Datenerfassungsprogramm „XNotar" nicht zum Erlass einer Zwischenverfügung (siehe Rz. 139). Zu beachten

---

[1] Siehe **BayObLG** BB 1983, 524.
[2] **KG** J 8, A 11.
[3] OLG Hamm BB 1958, 1001.
[4] *Krafka*, in: MünchKommZPO, § 382 FamFG Rz. 23; *Nedden-Boeger*, in: Schulte-Bunert/Weinreich, FamFG, § 382 Rz. 22; *Holzer* ZNotP 2009, 214; anderer Ansicht *Heinemann*, in: Keidel, FamFG, § 382 Rz. 25.
[5] OLG **Hamburg** NJW 1960, 870 (872); zur Gewährung rechtlichen Gehörs siehe **BVerfG** E 19, 49 sowie **BGH** Z 35, 1 (8).
[6] OLG Hamm FGPrax 2006, 276; **BayObLG** DNotZ 1992, 175; **BayObLG** Z 1987, 449 (= DNotZ 1988, 515 = NJW-RR 1988, 869); OLG Hamm Rpfleger 1986, 139; OLG Hamm Rpfleger 1990, 426.
[7] Vgl. nur **BayObLG** Z 1999, 345 (= FGPrax 2000, 39 = Rpfleger 2000, 163); OLG Hamm OLGZ 1986, 21 (23).
[8] OLG Hamm FGPrax 2006, 276; OLG Hamm Rpfleger 1990, 426 mit Anm. *Buchberger*; **BayObLG** Z 1987, 449 (= DNotZ 1988, 515).
[9] OLG Hamm Rpfleger 1990, 426 mit Anm. *Buchberger*.

ist, dass mit einer Zwischenverfügung dem Antragsteller nur aufgegeben werden darf, ein dem Vollzug der vorliegenden Anmeldung entgegenstehendes Hindernis zu beheben mit der Folge, dass nach dessen Behebung die Anmeldung, so wie sie vorliegt, vollzogen wird.[1] Daher soll die Zwischenverfügung grundsätzlich sämtliche Umstände enthalten, die dem Vollzug der Anmeldung entgegenstehen. Eine weitere Zwischenverfügung soll dem gemäß im Regelfall nur auf Umstände gestützt werden, die nach Ergehen der vorangehenden Zwischenverfügung eingetreten sind. Denkbar ist eine Zwischenverfügung z. B. zur Einholung einer Genehmigung eines bislang unwirksamen Beschlusses (etwa der Änderung des Unternehmensgegenstands einer GmbH).[2]

Eine Zwischenverfügung – für die nicht die Beschlussform der §§ 38 ff. FamFG vorgesehen ist (siehe Rz. 166) – hat somit typischerweise folgenden **Inhalt:** 167
- die knappe Bezeichnung der Eintragungshindernisse und die Begründung der bislang fehlenden Eintragungsfähigkeit;
- das kurze Aufzeigen der Möglichkeiten zur Behebung der Hindernisse; da zwar nicht Adressat, regelmäßig aber Empfänger der Zwischenverfügung der einreichende Notar ist, kann sich dies auf eine kurze Darstellung beschränken;
- eine Fristsetzung zur Behebung der Hindernisse mit Zurückweisungsdrohung;[3]
- entsprechend § 39 FamFG eine Rechtsbehelfsbelehrung.[4]

Die zur Behebung gesetzte **Frist** soll ausreichend sein, d. h. mindestens einen Monat 168 betragen.[5] Im Übrigen führt das Fehlen einer Fristsetzung nicht schon von sich aus zur Aufhebung der Verfügung im Fall der Einlegung einer Beschwerde.[6] Die Zwischenverfügung muss **nicht zugestellt** werden, da die Beschlussform und somit grundsätzlich auch die insoweit vorgesehenen Verfahrensformalitäten (siehe § 41 Abs. 1 Satz 2 FamFG) nicht einschlägig sind.[7] Die Zwischenverfügung ist selbstständig mittels **Beschwerde** anfechtbar (§ 382 Abs. 4 Satz 2 FamFG), wobei einzelne Punkte gegebenenfalls getrennt angreifbar sind[8] (siehe Rz. 2438) Ergeht nach der Zwischenverfügung ein Zurückweisungsbeschluss, so ist nur noch dieser anfechtbar.[9]

Statt einer Zwischenverfügung besteht die Möglichkeit der formlosen Beanstandung 169 einer Anmeldung als **Meinungsäußerung des Registergerichts,** mithin als bloßer Hinweis auf ein bei vorläufiger Prüfung im Sinne einer ersten Durchsicht des Antrags festgestelltes Eintragungshindernis oder als bloße Äußerung der Ansicht des Registergerichts verbunden mit der Ankündigung einer in Aussicht genommenen Entscheidung, z. B. der Antragsablehnung oder einer Zwischenverfügung, falls ein Hindernis fortbesteht oder auch nur der Antrag aufrechterhalten wird. Wird vom Gericht in einer Benachrichtigung keine Frist zur Behebung eines genannten Hindernisses ge-

---

[1] **BayObLG** Z 1997, 285 (= NJW 1998, 1162 = MittBayNot 1998, 46 = Rpfleger 1998, 74); **BayObLG** Z 1987, 449 (= DNotZ 1988, 515).
[2] **OLG Hamm** MittBayNot 2002, 408; **BayObLG** Z 2000, 325 (= DNotZ 2001, 887 = Rpfleger 2001, 184); vgl. *Krafka* MittBayNot 2002, 365.
[3] **BayObLG** DNotZ 1992, 175 (= Rpfleger 1991, 156).
[4] *Krafka,* in: MünchKommZPO, § 382 FamFG Rz. 23; *Nedden-Boeger,* in: Schulte-Bunert/Weinreich, FamFG, § 382 Rz. 23; *Heinemann* FGPrax 2009, 1 (3). Fehlt die Rechtsbehelfsbelehrung, so wird im Rahmen einer Wiedereinsetzung in die Frist des § 63 FamFG das Fehlen eines Verschuldens vermutet (§ 17 Abs. 2 FamFG).
[5] *Bumiller/Harders,* FamFG, § 382 Rz. 17; *Heinemann,* in: Keidel, FamFG, § 382 Rz. 25.
[6] **BGH** Rpfleger 1980, 173; **BayObLG** Z 1987, 449; **OLG Hamm** OLGZ 1986, 21 (23); **BayObLG** Rpfleger 1972, 138 (= DNotZ 1972, 343).
[7] Anderer Ansicht *Heinemann,* in: Keidel, FamFG, § 382 Rz. 28; *Nedden-Boeger,* in: Schulte-Bunert/Weinreich, FamFG, § 382 Rz. 24.
[8] **BayObLG** Rpfleger 1970, 288.
[9] *Ries* Rpfleger 2009, 441.

setzt und der Antrag auch nicht durch Beschluss abgelehnt, so ist davon auszugehen, dass es sich um eine bloße Meinungsäußerung handelt. Eine solche ist nicht anfechtbar, da es hierfür an dem für eine angreifbare Entscheidung unverzichtbaren Merkmal der Verbindlichkeit fehlt.[1] Eine derartige Benachrichtigung kann der Verwirklichung des **rechtlichen Gehörs** des Antragstellers dienen und daher im Einzelfall vor einer zurückweisenden Entscheidung geboten sein.

VII. Verfahrensaussetzung und Freigabeverfahren

1. Aussetzung des Verfahrens

170 Ist die Entscheidung über den Eintragungsantrag von der **Beurteilung einer streitigen Rechtsfrage** abhängig, z. B. dem Erbrecht des Anmeldenden, so kann das Gericht das **Verfahren aussetzen**, bis über das Rechtsverhältnis im Wege des Rechtsstreits,[2] ggf. auch im Verfahren der Freiwilligen Gerichtsbarkeit, im Insolvenz-, Straf- oder verwaltungsgerichtlichen Verfahren, entschieden ist (§§ 21, 381 FamFG). Es hat, wenn ein Rechtsstreit noch nicht anhängig ist, einem der Beteiligten eine Frist zur Erhebung der Klage zu bestimmen (§ 381 Satz 2 FamFG), wobei die Klageerhebung jedoch nicht mittels Zwangsgeld erzwungen werden kann, sondern vielmehr das Registergericht bei ergebnislosem Fristablauf das Verfahren formlos wieder aufzunehmen, die erforderlichen Ermittlungen selbst anzustellen (§ 26 FamFG) und sodann in der Registersache zu entscheiden hat.[3]

171 Die Aussetzung wird nach pflichtgemäßem **Ermessen**[4] auf Antrag oder von Amts wegen angeordnet. Für die Aussetzung sind besonders triftige Gründe erforderlich, die in der Entscheidung im Einzelnen darzulegen sind.[5] Sie soll nicht erfolgen, wenn im Interesse der Beteiligten eine sofortige Entscheidung geboten ist.[6] Gleichwohl ist ein allgemeines Aussetzungsverbot auch in derartigen Fällen nicht anzuerkennen. Vielmehr dürfte zur Vermeidung späterer Amtslöschungsverfahren im Zweifel die Aussetzung des Eintragungsverfahrens vorzuziehen sein. Allerdings darf das Registergericht das Verfahren bei Eintragungsentscheidungen, die keinen Aufschub dulden, nur aussetzen, wenn sie entweder nicht ohne schwierige, zeitraubende und umfangreiche Ermittlungen getroffen werden können oder sie von zweifelhaften, in Rechtsprechung und Rechtslehre unterschiedlich beantworteten Rechtsfragen abhängen.[7] Grundsätzlich verbleibt es aber auch in diesen Fällen dabei, dass das Registergericht die Tat- und Rechtsfragen selbst zu prüfen, diesbezügliche Ermittlungen anzustellen und zu entscheiden hat[8] (§ 26 FamFG). An Entscheidungen des Prozessgerichts ist es nur hinsichtlich der ausgesprochenen Rechtsfolge gebunden, hat jedoch im Übrigen wie stets die formelle und ggf. materielle Prüfung der einzutragenden Tatsachen zu über-

---

[1] BGH Rpfleger 1980, 273; BayObLG Z 1999, 345 (= FGPrax 2000, 39 = Rpfleger 2000, 163); BayObLG DNotZ 1992, 175; BayObLG NJW-RR 1988, 869.
[2] Hierzu *Krafka*, in: MünchKommZPO, § 381 FamFG Rz. 2.
[3] **BayObLG** DB 1995, 2517; OLG Zweibrücken Rpfleger 1990, 77; *Schaub*, in: Ebenroth/Boujong/Joost/Strohn, HGB, § 8 Rz. 174; *Krafka*, in: MünchKommZPO, § 381 FamFG Rz. 6; *Nedden-Boeger*, in: Schulte-Bunert/Weinreich, FamFG, § 381 Rz. 19.
[4] Vgl. OLG Hamm FGPrax 1998, 190 (= Rpfleger 1998, 522); **KG** NJW 1967, 401; OLG Hamm JMBl NRW 1957, 203 (Ermessen auch hinsichtlich der Frage, wem aufgegeben wird, Klage zu erheben); *Steder*, in: Jansen, FGG, § 127 Rz. 17.
[5] OLG Düsseldorf NZG 2009, 351.
[6] BayObLG Rpfleger 1983, 74; KG NJW 1967, 401; BayObLG Z 1964, 231 (235).
[7] OLG Düsseldorf FGPrax 2008, 123 (= NZG 2009, 351); OLG Hamm FGPrax 1998, 190 (= Rpfleger 1998, 522).
[8] OLG Düsseldorf FGPrax 2008, 123 (= NZG 2009, 351).

prüfen[1] (vgl. § 16 HGB, § 18 HRV). Nur die inhaltliche Richtigkeit der gerichtlichen Entscheidung ist nicht zu prüfen.

2. Freigabeverfahren

a) **Umwandlungen und Eingliederungen.** Bei umwandlungsrechtlichen Vorgängen kann das Oberlandesgericht gemäß § 16 Abs. 3 UmwG nach Erhebung einer Anfechtungsklage gegen einen Verschmelzungsbeschluss auf Antrag des betroffenen Rechtsträgers durch Beschluss feststellen, dass die Erhebung der Klage der Eintragung nicht entgegensteht (vgl. Rz. 1175). Auf diesem Weg des so genannten gerichtlichen **Freigabeverfahrens** kann die Registersperre nach § 16 Abs. 2 Satz 2 UmwG außer Kraft gesetzt werden, da das Registergericht an die, die Eintragung gestattende Freigabeentscheidung des Prozessgerichts gebunden ist.[2] Das Registergericht kann allerdings – wie stets – die Eintragung gegebenenfalls aus anderen Gründen verweigern und ist insoweit nicht in seiner Prüfungsbefugnis eingeschränkt. Auch wenn die Klage später erfolgreich sein sollte, kann die vorgenommene Registereintragung nicht mehr beseitigt werden (§ 16 Abs. 3 Satz 9 UmwG). Eine vergleichbare Regelung enthält für den Spezialfall der Eingliederung bei Aktiengesellschaften § 319 Abs. 6 AktG; auf diese Vorschrift verweist wiederum § 327e Abs. 2 AktG für den Fall des Ausschlusses von Minderheitsaktionären („Squeeze-Out"). 171a

b) **Freigabeverfahren bei Hauptversammlungsbeschlüssen.** Für Eintragungen bei Aktiengesellschaften aufgrund angefochtener Hauptversammlungsbeschlüsse sieht im Übrigen § 246a AktG ein – gegenüber den § 16 Abs. 3 UmwG und § 319 Abs. 6 AktG nachrangiges – **Freigabeverfahren** vor, in welchem gleichfalls das Oberlandesgericht auf Antrag der Gesellschaft durch Beschluss feststellen kann, dass die Klageerhebung der Eintragung nicht entgegensteht. Dies gilt allerdings gemäß § 246a Abs. 1 AktG nur bei Beschlüssen über eine Maßnahme der **Kapitalbeschaffung, Kapitalherabsetzung** (§§ 182 bis 240 AktG) oder einen **Unternehmensvertrag** (§§ 291 bis 307 AktG). An den rechtskräftigen Beschluss des Prozessgerichts ist das Registergericht gemäß § 246a Abs. 3 Satz 5 AktG gebunden. Auch insoweit bleibt allerdings das Prüfungsrecht des Registergerichts aus anderen Gründen, als den beim Prozessgericht anhängig gemachten, uneingeschränkt bestehen. Ebenso steht dem Registergericht im Fall einer Freigabe durch das Oberlandesgericht wegen Unzulässigkeit oder offensichtlicher Unbegründetheit der Anfechtungsklage die Prüfung offen, ob der fragliche Hauptversammlungsbeschluss etwaige dem Schutz öffentlicher Interessen dienende Vorschrift verletzt, da diese in den genannten Fällen nicht Gegenstand der gerichtlichen Entscheidung waren.[3] Das Vorliegen einer gesetzlichen Registersperre ist keine Voraussetzung für die Anwendung des Verfahrens nach § 246a AktG, sodass insbesondere bei einer nur drohenden Vorgehensweise nach § 381 FamFG bereits ein entsprechendes Freigabeverfahren angestrengt werden kann.[4] Die aufgrund solcher Eintragungen vorgenommenen Maßnahmen und die Eintragung selbst bleiben auch dann erhalten, wenn der entsprechende Hauptversammlungsbeschluss für nichtig erklärt wird (§ 246a Abs. 4 AktG).[5] Das Gericht darf daher wegen des ergangenen Freigabebeschlusses auch bei einer später erfolgreichen Klage keinen Vermerk nach § 248 Abs. 1 AktG anbringen und keine Löschung nach § 398 FamFG vornehmen (vgl. § 242 Abs. 2 Satz 5 Halbs. 2 AktG). 171b

---

[1] *Krafka*, in: MünchKommHGB, § 16 Rz. 7; s.a. **BayObLG** Z 1969, 184; **KG** J 53, A 91; **KG** JW 1931, 2992; **KG** J 37, A 142.
[2] *Schmitt/Hörtnagl/Stratz*, UmwG, § 16 Rz. 46 m.w.N.
[3] BT-Drucks. 15/5092, S. 27.
[4] Siehe BT-Drucks. 15/5092, S. 27.
[5] *Hüffer*, AktG, § 246a Rz. 3.

VIII. Vornahme der Eintragung in das Handelsregister

1. Allgemeines

172 Die **Registereintragung** erfolgt mit einem Eintragungsvermerk, der die offenzulegenden registerfähigen Rechtsverhältnisse auf dem Registerblatt genau und vollständig anzugeben hat. Für die Fassung der Eintragung treffen die Bestimmungen über die Führung des Handelsregisters (§ 387 Abs. 2 FamFG) für die Abteilung A des Handelsregisters in § 40 HRV und für Abteilung B des Handelsregisters in § 43 HRV detaillierte Anordnungen. Die Eintragungen sind deutlich, klar, verständlich sowie in der Regel ohne Verweis auf die gesetzlichen Vorschriften, beispielsweise auf solche des UmwG, und ohne Abkürzung abzufassen (§ 12 HRV). Damit wird der Grundsatz zum Ausdruck gebracht, dass Eintragungen aus sich heraus für den Benutzer, der oftmals nicht rechtskundig ist, begreifbar sein müssen. Ordnungsvorschriften über die Eintragung und deren äußere Form enthalten ferner die Vorschriften der §§ 13 bis 22 HRV.

173 Die **Fassung des Eintragungsvermerks** bestimmt schon aus Gründen der Wahrung einer einheitlichen Gestaltung des Registers das jeweils zuständige Gericht. An den Fassungsvorschlag, also den gestellten Antrag eines Beteiligten, ist es nicht gebunden.[1] Ein Beteiligter kann Bestimmungen über die Formulierung der Eintragung für das Registergericht somit nicht verbindlich treffen. Die Beteiligten haben jedoch einen öffentlich-rechtlichen Anspruch gegenüber dem Registergericht auf eine richtige Registereintragung und daher auf eine eindeutige sowie rechtlich zutreffende Fassung der angemeldeten Eintragungen unter Beachtung der Sollvorschriften des Registerverfahrensrechts. Die zutreffende Einhaltung der Rechtschreibung und Zeichensetzung der Firma gründet sich auf das Recht zur Firmenführung. Die Eintragung der zulässig gewählten Firma hat daher übereinstimmend mit der Anmeldung, also nicht abgeändert oder berichtigt, zu erfolgen.[2] Ein Anspruch darauf, dass eine Firma in einem bestimmten Schriftbild, z.B. nur mit Großbuchstaben oder mit kleinen Anfangsbuchstaben in das Handelsregister eingetragen wird, besteht hingegen nicht.[3]

174 Die richtige Fassung und Formulierung der Eintragung einer registerfähigen Tatsache kann mit der „**Fassungsbeschwerde**" (hierzu Rz. 2442 ff.) gegen die Ablehnung eines die Neufassung der Eintragung verlangenden Antrags durchgesetzt werden. Mit der Fassungsbeschwerde kann ebenso die Klarstellung eines Eintragungsvermerks verlangt werden, der die Rechtsverhältnisse zwar inhaltlich richtig und vollständig wiedergibt, aber dennoch unklar oder ungenau gefasst ist. Selbstverständlich kann sich das Registergericht nicht darauf berufen, dass die verwendete Registersoftware eine gesetzlich gebotene Eintragungsfassung nicht erlaubt, da in diesem Fall die technischen Voraussetzungen entsprechend angepasst werden müssen.[4] Im Übrigen besteht gegen die Vornahme der Eintragung kein Rechtsbehelf (§ 383 Abs. 3 FamFG).

---

[1] **BGH** NJW 2007, 3287 (= Rpfleger 2007, 475); **OLG Hamm** FGPrax 2008, 167 (= DNotZ 2008, 630); **OLG Köln** FGPrax 2004, 88 (= Rpfleger 2004, 356); **KG** FGPrax 2000, 248 (= MittRhNotK 2000, 396 = GmbHR 2000, 1101); **OLG Düsseldorf** NJW-RR 1998, 245 (= MittRhNotK 1997, 437); **BayObLG** MittBayNot 1978, 17; **BayObLG** Z 1971, 163 (= DNotZ 1971, 431); **OLG Karlsruhe** NJW 1970, 1379 (= DNotZ 1970, 702); **BayObLG** Z 1970, 133; **BayObLG** NJW 1968, 364.
[2] Vgl. **LG Münster** Rpfleger 1989, 415.
[3] **KG** FGPrax 2000, 248 (= MittRhNotK 2000, 396 = GmbHR 2000, 1101); **BayObLG** Rpfleger 1971, 257; **OLG Karlsruhe** DNotZ 1970, 702; **BayObLG** Z 1967, 272 (= NJW 1968, 364).
[4] **OLG Köln** FGPrax 2004, 88 (= Rpfleger 2004, 356).

2. Eintragung in das Handelsregister

a) Allgemeines zur Eintragung. Die Eintragung wird durch den Richter bzw. Rechtspfleger in der Regel selbst vorgenommen (§ 27 Abs. 1 Alt. 1 HRV). Nur ausnahmsweise wird er gemäß § 27 Abs. 1 Alt. 2 HRV die Eintragung mittels **Verfügung** anordnen; in diesem Fall hat der Richter oder Rechtspfleger in der Verfügung den Wortlaut der Eintragung festzustellen (§ 27 Abs. 2 HRV). Bei der Eintragung wird nicht auf den vorformulierten Eintragungsvorschlag der Anmeldung Bezug genommen, sondern werden Eintragungsformulare und Textbausteine durch die Registergerichte verwendet, die nicht nur der Arbeitsvereinfachung für die Gerichte dienen, sondern aufgrund der dadurch erzielbaren gleichartigen Information die Handhabung und Benutzung des Registers für das einsichtnehmende Publikum erheblich vereinfachen. Fallen Verfügung und Eintragung zeitlich auseinander, so ist zu beachten, dass die rechtlich bedeutsamen Wirkungen, insbesondere bei konstitutiven Registereintragungen, nicht an die Verfügung, sondern allein an die tatsächliche Eintragung auf dem Registerblatt anknüpfen (siehe § 382 Abs. 1 Satz 2 FamFG). Entsprechend ist die Rücknahme des gestellten Eintragungsantrags ggf. bis zum Vollzug der Verfügung zu beachten. Zur Verwendung von **Übergangstexten** (§ 16a HRV) als Hilfsmittel bei Registereintragungen wird auf die Ausführungen in Rz. 73 verwiesen. Beizufügen ist stets der **Tag der Eintragung** (§ 382 Abs. 2 FamFG; § 27 Abs. 4 HRV). Abgeschlossen wird die Eintragung nach § 28 HRV durch Hinzusetzung des Nachnamens des Eintragenden und **elektronische Signierung** der Eintragungen und des Nachnamens. Nach § 27 Abs. 3 HRV muss die Wirksamkeit der Eintragung in Entsprechung zu § 8a Abs. 1 HGB in geeigneter Weise überprüft werden. Ferner soll die eintragende Person die Eintragung auf ihre Richtigkeit und Vollständigkeit hin, sowie ihre Abrufbarkeit aus dem Datenspeicher prüfen (§ 27 Abs. 3 HRV). 175

Die **Bekanntmachung gemäß § 10 HGB** nimmt der eintragende Richter bzw. Rechtspfleger regelmäßig selbst vor (§ 27 Abs. 2 Alt. 1 HRV) und wird daher insbesondere bei Gläubigeraufrufen nach den Bestimmungen des Umwandlungsrechts, bei Kapitalherabsetzungsbeschlüssen und Eingliederungen den zusätzlichen Bekanntmachungstext anfügen. Nur ausnahmsweise wird der Urkundsbeamte in Ausführung einer entsprechenden Verfügung handeln (§ 27 Abs. 1 Alt. 2 HRV). Die **Benachrichtigung der Beteiligten** erfolgt nach § 383 Abs. 1 FamFG und § 36 HRV. 176

Zu begründen ist nach § 38 Abs. 3 Satz 1 FamFG der Beschluss des Registergerichts, durch den eine Eintragung abgelehnt wird (siehe § 382 Abs. 3 FamFG). 177

Die Eintragungen erfolgen auf dem Registerblatt nach ihrer zeitlichen Reihenfolge unter fortlaufender Nummer durch einen Querstrich voneinander getrennt (§ 14 Abs. 1 HRV). Gleichzeitige Eintragungen erhalten nur eine Nummer (§ 14 Abs. 2 HRV). Bei der Bearbeitung ist das Registergericht nicht an die zeitliche Reihenfolge des Eingangs gebunden. Eine der Vorschrift des § 17 GBO entsprechende Regelung besteht für das Registerverfahren nicht. 178

b) Änderungen, Löschungen und Schreibversehen. Änderungen von neuen Eintragungen sind vor Signierung (§ 28 HRV) unproblematisch im Eintragungsentwurf möglich. Später sind **Änderungen** des Inhalts einer Eintragung sowie **Löschungen** unter einer neuen fortlaufenden Nummer im Register einzutragen. Eintragungen, die durch spätere Eintragungen ihre Bedeutung verloren haben, sind rot zu unterstreichen. Auch der Vermerk über ihre Löschung ist zu röten (§ 16 Abs. 1 HRV). Besondere Berücksichtigung verdient das Verbot der Teilrötung (§ 16 Abs. 3 HRV), das in Rz. 69 ff. näher dargestellt ist. 179

Schreibversehen und ähnliche offenbare **Unrichtigkeiten** in einer Eintragung sind nach Maßgabe des § 17 HRV zu berichtigen. Dies kann auch durch eine nur im Da- 180 tenverarbeitungssystem, nicht aber im Ausdruck nachvollziehbare neue Eintragung erfolgen. Gegebenenfalls kann auch die gesamte Eintragung unter Verwendung einer als Übergangstext (§ 16a HRV) gehaltenen Vorbeschreibung gerötet (§ 16 HRV) und neu vorgetragen werden:

> Wegen Schreibversehen von Amts wegen neu vorgetragen: *(Vorstehender Satz als Übergangstext)* Geschäftsführer: Bauer, Rainer, Kassel, * 13. 5. 1965.

181 Die Berichtigung ist den Beteiligten mitzuteilen (§ 17 Abs. 2 Satz 1 HRV). Zwar ist eine öffentliche Bekanntmachung nach § 10 HGB nur vorgesehen, wenn die Berichtigung nicht offensichtlich einen unwesentlichen Punkt der Eintragung betrifft (§ 17 Abs. 2 Satz 2 HRV). Da der Aufwand der nur noch elektronisch stattfindenden Bekanntmachung gering ist, wird eine Veröffentlichung allerdings im Regelfall erfolgen. Versehentliches oder **unrichtiges Röten** bzw. eine falsche Kennzeichnung als Übergangstext sind als neuer Fall im Sinne eines weiteren Datenverabeitungsvorgangs, nicht also unbedingt im Wege einer neuen Eintragung, mit dem zutreffenden Attribut zu versehen. Diese Attributänderung muss nicht aus dem chronologischen Ausdruck erkennbar sein, jedoch immer aus dem Datenspeicher nachvollziehbar bleiben.

182 Mit der **Änderung des Namens** eingetragener Personen, etwa durch Eheschließung, nach Scheidung, mit Kindesannahme, Namenserteilung, auch durch amtliche Änderung oder Umfirmierung eines Einzelkaufmanns, persönlich haftenden Gesellschafters, Kommanditisten, Vorstandsmitglieds, Geschäftsführers, Abwicklers oder Prokuristen, ändert sich auch die Bezeichnung des Eingetragenen, nicht aber die im Handelsregister eingetragene Tatsache. Die Namensänderung ist gleichwohl **eine anmeldepflichtige Änderung** der eingetragenen Rechtsverhältnisse.[1] Eine Namensänderung ist deshalb nicht als Berichtigung der fortbestehenden Eintragung gemäß § 395 FamFG von Amts wegen in das Handelsregister einzutragen. Dem Registergericht obliegt daher insoweit keine Ermittlungspflicht. Vielmehr sind ausschließlich diejenigen Beteiligten, in deren Person die Änderung eingetreten ist, verpflichtet, an der Aktualisierung des Informationsgehalts des Registers mitzuwirken (siehe Rz. 201) und entsprechender Nachweise, etwa Personenstandsbelege, beizubringen. Als Nachweis genügt – etwa bei der Umfirmierung eines Mitgesellschafters einer Personenhandelsgesellschaft (siehe Rz. 625) – im Übrigen auch eine Bestätigung des Notars, bei eingetragenen Firmen nach § 21 Abs. 1 Nr. 2 BNotO bzw. Bezugnahme auf das Handelsregister, der bei Beurkundung oder Beglaubigung die Namensänderung durch Einsicht in den Personalausweis feststellt. Die Änderung kann nur durch eine neue Eintragung nach den allgemeinen Regeln in der jeweils betroffenen Spalte erfolgen, wobei der Grundsatz des Verbots der Teilrötung (§ 16 Abs. 3 HRV) besonders zu beachten ist (hierzu Rz. 69 ff.). Entsprechendes gilt für die Änderung des Wohnorts einer eingetragenen Person. Als Änderungsnachweis kann hier die förmliche Anmeldung der eingetragenen Person oder die Anmeldung der Änderung bei Anmeldung einer anderen Registertatsache genügen.

183 c) **Spezialfälle von Registereintragungen. Sonderfälle** zur Eintragung in das Handelsregister:
- bei Eintragungen, die aufgrund rechtskräftiger oder vollstreckbarer **Entscheidungen des Prozessgerichts** erfolgen (§ 16 HGB), ist diese Tatsache an der Stelle im Register zu vermerken, an der die von dem Rechtsstreit betroffene Tatsache einzutragen ist, regelmäßig also in der Spalte der „Sonstige Rechtsverhältnisse"; dasselbe gilt für die Aufhebung der Entscheidung (§ 18 HRV; siehe auch §§ 44, 45 HRV). Anzugeben ist bei der Eintragung das Prozessgericht, das Datum und das Aktenzeichen der Entscheidung (§ 18 Satz 1 HRV).

---

[1] Streitig, siehe hierzu *Melchior/Schulte*, HRV, § 17 Rz. 13 f.

– bei der **amtswegigen Löschung** einer Eintragung, die mangels einer wesentlichen Voraussetzung unzulässig ist (§ 395 FamFG), erfolgt die Löschung durch Eintragung des Vermerks „von Amts wegen gelöscht" in der jeweils betroffenen Spalte bzw. Unterspalte. Sonstige Eintragungen von Amts wegen haben den Hinweis auf die gesetzliche Grundlage und den Vermerk „von Amts wegen eingetragen" oder im Fall des § 384 Abs. 2 FamFG auch den Vermerk „von Amts wegen berichtigt", zu enthalten (siehe §§ 393 ff. FamFG sowie § 38 KWG). Dies gilt nicht bei der Eintragung von Insolvenzvermerken (§ 19 Abs. 2 Satz 2 HRV).
– die Eintragung der **Sitzverlegung** von Unternehmen ist unter Hinweis auf die neue Registerstelle auf dem bisherigen Registerblatt in der jeweiligen Unterspalte b der Spalte 2 zu vermerken (siehe § 20 HRV).

Insbesondere dann, wenn die **Eintragung anfänglich unrichtig** gewesen ist, unterliegt sie der Amtslöschung nach § 395 FamFG. Eine Neuanmeldung des anfänglichen Nichteintritts der ursprünglich angemeldeten und eingetragenen Tatsache kann hingegen nicht nach § 14 HGB erzwungen werden.[1] **184**

d) Umschreibung eines Registerblattes. Die **Umschreibung eines Registerblatts** hat zu erfolgen, wenn es unübersichtlich geworden ist (§ 21 HRV). Dabei kann von der Vergabe einer neuen Registernummer abgesehen werden; die Umschreibung erfolgt dann unter der nächsten fortlaufenden Eintragungsnummer. Das Absehen von der Vergabe einer neuen Registernummer dürfte sich im Interesse der betroffenen Firmen, welche bei Vergabe einer neuen Nummer ihre Geschäftsbriefe (siehe § 37a HGB) ändern müssten, und auch im Interesse der Rechtssicherheit, da jede Änderung der Registernummer zu weiteren Nachforschungserfordernissen führt, anbieten. Es empfiehlt sich, vor der Umschreibung mit den Beteiligten Kontakt aufzunehmen (siehe § 21 Abs. 3 HRV), damit etwa notwendig werdende Ergänzungen zuvor veranlasst werden und das neue Registerblatt bzw. dessen Zusammenfassung den gegenwärtigen Stand der Rechtsverhältnisse vollständig und richtig wiedergibt. Im Übrigen kann bei der Übernahme der noch aktuellen Einträge ggf. neu formuliert werden, soweit dadurch der rechtliche Gehalt der Eintragung nicht verändert wird (§ 21 Abs. 1 Satz 2 HRV). Stets ist auf den verwendeten Blättern wechselseitig aufeinander zu verweisen (§ 21 Abs. 1 Satz 3 HRV). Bei gleich bleibender Registernummer kann dies durch Aufnahme des Vermerks „Wegen Unübersichtlichkeit umgeschrieben" in die Bemerkungsunterspalte b geschehen. Nach der Umschreibung ist der neue Inhalt des Registerblatts den Beteiligten mitzuteilen (§ 21 Abs. 2 HRV). **185**

e) Gegenstandslosigkeit aller Eintragungen. Sind **alle Eintragungen** auf einem Registerblatt **gegenstandslos** geworden, so sind sämtliche Seiten rot zu durchkreuzen oder zu röten (§ 22 Abs. 1 Satz 1 HRV). Vorzugswürdig ist stets die Variante des Durchkreuzens, da auf diesem Weg der letzte Stand der aktuellen Eintragungen einfacher rekonstruiert werden kann. Dies gilt auch bei Löschungen aufgrund von Umwandlungsvorgängen oder bei Sitzverlegungen in einen anderen Registerbezirk. Das Blatt erhält einen Vermerk, der es gemäß § 22 Abs. 1 Satz 2 HRV als „geschlossen" kennzeichnet. Selbstverständlich bleibt das Registerblatt als gelöschtes Blatt weiter vorhanden (§ 22 Abs. 2 HRV) und unterliegt der öffentlichen Einsicht. **186**

3. Vornahme mehrerer Eintragungen

Wenn **mehrere Eintragungen**, d.h. mehrere selbständige registerfähige Tatsachen zugleich, also in einem Antrag zusammengefasst angemeldet oder Eintragungsanträge zwar nicht gleichzeitig gestellt bzw. eingegangen sind, aber zur gemeinsamen Erledigung vorliegen, sind sie gleichzeitig zu vollziehen (siehe auch § 14 Abs. 2 HRV über **187**

---
[1] Vgl. **OLG Naumburg** FGPrax 2000, 121; **KG** FGPrax 1999, 156.

die Eintragung unter einer laufenden Nummer). Beispiele hierfür wären die gleichzeitige Anmeldung der Erteilung einer Prokura und der Neubestellung eines Geschäftsführers bei einer GmbH oder die Änderung der Firma einer KG und das Ausscheiden eines Kommanditisten.

188 Steht nur einer der beantragten Eintragungen ein Hindernis entgegen, so kommt es darauf an, ob der getrennte Vollzug der vorliegenden Anmeldungen zulässig ist.[1] Hiervon kann regelmäßig dann ausgegangen werden, wenn die Eintragungen mit **verschiedenen Anmeldungen** übermittelt wurden, es sei denn es ist ausdrücklich der gemeinsame Vollzug beantragt oder ein derartiger Antrag ergibt sich aus sonstigen Umständen. Bei der Anmeldung verschiedener Gegenstände **in einer Erklärung** ist regelmäßig davon auszugehen, dass nur der gemeinschaftliche Vollzug gewollt ist. Steht einem Teil einer derart beantragten Eintragung ein Hindernis entgegen, ist damit auch der Vollzug im Übrigen nicht möglich, es sei denn, es wird ausdrücklich erklärt, dass auch getrennter Vollzug zulässig ist. Eine solche Erklärung ist auch nachträglich – etwa nach Erhalt einer Zwischenverfügung (§ 382 Abs. 4 FamFG) bezüglich eines von mehreren Eintragungsgegenständen – jederzeit möglich.

189 Dem getrennten Vollzug zugänglich ist neben der gleichzeitig erfolgenden Anmeldung von Änderungen der Satzung und der Geschäftsführung bzw. Prokuristen auch die Anmeldung der Änderung mehrerer Bestimmungen einer Satzung durch einen einheitlichen Beschluss. Beschließt etwa die Gesellschafterversammlung einer GmbH die Änderung von § 1 (Firma), § 4 (Vertretungsregelung) und § 10 (Bekanntmachungen) des Gesellschaftsvertrags, so könnte die Geschäftsführung jede dieser Änderungen gesondert anmelden, sofern keine abweichende Weisung der Gesellschafterversammlung vorliegt. Auch wenn der Beschluss zunächst insgesamt angemeldet wird, kann die Geschäftsführung – z. B. wegen einer Beanstandung – die Anmeldung bezüglich einer oder mehrerer Bestimmungen zurücknehmen oder auch getrennten Vollzug beantragen. Allerdings ist stets die geeignete bescheinigte Satzung (§ 54 Abs. 1 Satz 2 GmbHG) unter Berücksichtigung nur der angemeldeten bzw. vorab zu vollziehenden Änderungen vorzulegen. In diesem Fall müssten zunächst die noch verbleibenden bzw. sofort vollziehbaren Änderungen eingetragen werden und erst später bei weiterer Anmeldung oder Korrektur der beanstandeten Fehler die verbleibenden Änderungen. Ein solches Vorgehen ist allerdings **nicht möglich,** wenn die Gesellschafterversammlung eine **Neufassung** der Satzung beschlossen hat, da in diesem Fall die Trennung einzelner Bestimmungen von den übrigen Regelungen der Satzung nicht durchführbar ist, weil der Beschluss zur Neufassung in der Regel den gesamten neuen Wortlaut umfasst.

190 Die einheitliche Erledigung der **Erstanmeldung** einer **Aktiengesellschaft** (§ 36 Abs. 1 AktG) bzw. einer **GmbH** (§ 7 Abs. 1 GmbHG)[2] erfordert, dass der im Handelsregister anzugebende Inhalt der Eintragung (§ 39 Abs. 1 AktG, § 10 Abs. 1 und 2 GmbHG) übereinstimmend mit der Anmeldung vollzogen wird und dass mit Eintragung des Tages der Feststellung, d. h. Errichtung der Satzung bzw. des Gesellschaftsvertrags (§ 39 Abs. 1 AktG, § 10 Abs. 1 GmbHG) alle in ihm enthaltenen körperschaftlichen Rechtsverhältnisse der Gesellschaft offengelegt werden. Insoweit gelten dieselben Grundsätze wie bei der Eintragung einer Satzungsneufassung (Rz. 189). Als Teilvollzug unzulässig ist daher eine von der nach § 37 Abs. 3 Nr. 2 AktG oder § 8 Abs. 4 Nr. 2 GmbHG er-

---

[1] Vgl. **BayObLG** MittBayNot 1994, 348; **BayObLG** Z 1987, 74 (= Rpfleger 1987, 459 = GmbHR 1987, 391); **BayObLG** Z 1970, 235 (237); **OLG Hamm** NJW 1963, 1554; **OLG Hamburg** DNotZ 1950, 472.

[2] Dasselbe gilt im Übrigen bei Ersteintragung eines Vereins in das Vereinsregister (§ 59 Abs. 1 BGB) sowie einer Genossenschaft in das Genossenschaftsregister (§ 11 Abs. 1 GenG).

folgten Anmeldung abweichende Eintragung der Vertretungsbefugnis[1] der Vorstandsmitglieder der Aktiengesellschaft sowie der Geschäftsführer der GmbH. Zu dieser gehört auch die Frage der Befreiung eines Geschäftsführers von den Beschränkungen des § 181 BGB. Desgleichen kommt eine teilweise Ablehnung der Anmeldung und Eintragung im Übrigen nicht in Betracht, wenn einzelne Bestimmungen der Satzung oder des Gesellschaftsvertrags unwirksam sind,[2] wobei stets der nach § 38 Abs. 3 AktG bzw. § 9c Abs. 2 GmbHG eingeschränkte Prüfungsrahmen zu berücksichtigen ist.

4. Wirkung der Eintragung im Handelsregister

Teilweise ordnen die materiellen Rechtsvorschriften an, dass die Eintragung im Handelsregister zu einer Heilung etwaiger Mängel der zugrundeliegenden Rechtsverhältnisse führt. Dies gilt in besonderem Maß für das **Umwandlungsrecht**[3] (vgl. § 20 Abs. 1 Nr. 4; § 125, § 202 Abs. 1 Nr. 3 UmwG), jedoch nach § 242 Abs. 1 und 2 AktG auch für die Eintragung von Hauptversammlungsbeschlüssen bei **Aktiengesellschaften** sowie in entsprechender Anwendung auch bei einer unwirksamen Bestimmung in einem Gesellschaftsvertrag einer **GmbH**.[4] Zu beachten ist im Übrigen, dass nach bisher h. M. in der Eintragung einer im Grunde sachlich nicht zutreffenden Tatsache bei Personenhandelsgesellschaften ein In-Vollzug-Setzen im Sinne der Lehre über **fehlerhafte Gesellschaftsverhältnisse** liegen kann (vgl. Rz. 33). Gerade die Eintragung führt dann unter Umständen dazu, dass die bislang nicht vorliegende Tatsache als gegeben anzusehen ist und auch nicht mit Rückwirkung beseitigt werden kann.

191

IX. Ablehnung des Eintragungsantrags

Eine nur in seltenen Fällen[5] zu erwägende **Ablehnung** des Eintragungsantrags (§ 382 Abs. 3 FamFG) erfolgt, wenn ein nicht zu beseitigendes Hindernis der Eintragung entgegensteht oder die in einer ergangenen Zwischenverfügung gesetzte Frist erfolglos verstrichen ist. Eine Ablehnung der Eintragung kann auch erfolgen, wenn abgesehen von formellen Hindernissen gegen die Wirksamkeit der angemeldeten Tatsache oder Rechtsverhältnisse oder gegen die rechtliche Zulässigkeit der Eintragung begründete Bedenken bestehen.[6] Oftmals wird, trotz der damit verbundenen Verfahrensverzögerung, vom Gericht vor der Antragszurückweisung dem Antragsteller anheim gestellt, die **Anmeldung** im Kosteninteresse (vgl. §§ 3 und 4 HRegGebVO) **zurückzunehmen**.[7] Ein mit Rechtsmitteln verfolgbarer Anspruch auf eine solche Vorgehensweise besteht jedoch nicht.[8]

192

Für den Ablehnungsbeschluss gelten die Formalitäten der §§ 38 ff. FamFG, insbesondere also das Erfordernis der Begründung (§ 38 Abs. 3 FamFG) und der Rechtsbehelfsbelehrung (§ 39 FamFG). Der Beschluss ist gemäß § 41 Abs. 1 FamFG den Beteiligten mittels Zustellung (siehe hierzu § 15 Abs. 2 FamFG) bekanntzugeben. Anfechtbar ist er durch die binnen eines Monats nach Bekanntgabe (§ 63 FamFG) beim Amtsgericht (§ 64 Abs. 1 FamFG) einzulegende **Beschwerde** (§§ 58 ff. FamFG). Das

192a

---

[1] BayObLG Z 1987, 232 (= Rpfleger 1988, 472).
[2] BayObLG DNotZ 1988, 50; BayObLG NJW-RR 1987, 1178.
[3] Vgl. **BGH** Z 144, 365 (= NJW 2000, 2819) sowie *Sagasser/Bula/Brünger*, Umwandlungen, Abschnitt J Rz. 145.
[4] Siehe **BGH** Z 144, 365 (= NJW 2000, 2819); **BGH** Z 80, 212.
[5] Siehe **BayObLG** Z 1987, 449.
[6] **OLG Hamm** FGPrax 1997, 34 (35).
[7] *Melchior/Schulte*, HRV, § 26 Rz. 4; *Nedden-Boeger*, in: Schulte-Bunert/Weinreich, FamFG, § 382 Rz. 32.
[8] *Melchior/Schulte*, HRV, § 26 Rz. 4.

Registergericht kann der Beschwerde abhelfen (§ 68 Abs. 1 Satz 1 FamFG). Eine Begründung für die Nichtabhilfe ist nicht vorgesehen, vielmehr ist in diesem Fall die Beschwerde unverzüglich an das zuständige Oberlandesgericht (§ 119 Abs. 1 Nr. 1 GVG) als Beschwerdegericht vorzulegen.

193 Ein **Ablehnungsbeschluss** könnte demnach wie folgt lauten:

In der Handelsregistersache
Planlos GmbH, Sitz: Grünwald, Landkreis München
ergeht am 22. 7. 2010 folgender

Beschluss

Die Anmeldung vom 3. 2. 2010 – URNr. 235/2010 des Notars Theo Tauglich in Passau wird kostenpflichtig zurückgewiesen.

Gründe:

I.
Mit der Anmeldung vom 3. 2. 2010 wurde eine Satzungsänderung angemeldet. Mit Verfügung vom 8. 2. 2010 wurden die Eintragungshindernisse gerügt und für deren Behebung eine Frist von einem Monat gesetzt. Trotz weiterer Zwischenverfügung vom 15. 3. 2010 mit Ablehnungsandrohung und weiterer Frist bis 1. 4. 2010 wurden die Eintragungshindernisse nicht behoben.

II.
Die Anmeldung ist zurückzuweisen. Der Eintragung stehen nach wie vor die in der gerichtlichen Verfügung vom 8. 2. 2010 genannten Gründe entgegen. Insbesondere wurde ein Nachweis für die Gesellschafterstellung der Herren Müller und Schmitz nicht erbracht, die zwar die Satzungsänderung beschlossen haben jedoch nicht in der zuletzt in den Registerordner aufgenommenen Gesellschafterliste aufgeführt sind.

Rechtsbehelfsbelehrung:

Gegen diese Entscheidung ist das Rechtsmittel der **Beschwerde** zulässig. Die Beschwerde ist **binnen einer Frist von einem Monat** unter Angabe des Geschäftszeichens beim Amtsgericht München, Infanteriestrasse 5, 80325 München schriftlich oder zur Niederschrift der Geschäftsstelle einzulegen. Die Frist beginnt mit dem Zeitpunkt der schriftlichen Bekanntgabe der Entscheidung an die Beteiligten.

Gründlich, Richter am Amtsgericht

193a Durch die Ablehnung tritt **kein Antragsverbrauch** der eingereichten Registeranmeldung ein. Einer erneuten Einreichung steht somit grundsätzlich nichts im Wege. Jedoch kann die Antragstellung aus Gründen mangelnden Rechtsschutzbedürfnisses dann unzulässig sein, wenn sich seit der ablehnenden Entscheidung die Sach- und Rechtslage nicht geändert hat (siehe Rz. 84).

X. Benachrichtigung, Mitteilungen und öffentliche Bekanntmachung

1. Benachrichtigung der Beteiligten

194 Die **Bekanntgabe an den Antragsteller** im Sinne der Benachrichtigung hat bei jeder Eintragung zu erfolgen (§ 383 Abs. 1 FamFG). Bei Antragstellung durch einen gesetzlichen oder rechtsgeschäftlichen Vertreter ist dieser zu benachrichtigen.[1] Die Eintragung ist allen am Verfahren Beteiligten (siehe Rz. 142 ff.) entgegen dem Wortlaut des § 383 Abs. 1 FamFG nicht durch Zustellung oder Aufgabe zur Post (vgl. § 15 Abs. 2 FamFG), sonder regelmäßig formlos gemäß § 38a Abs. 2 Satz 1 HRV auf elektroni-

---

[1] Vgl. **OLG Stuttgart** OLGZ 1974, 113 (= NJW 1974, 705); *Bumiller/Harders*, FamFG, § 383 Rz. 2; *Heinemann*, in: Keidel, FamFG, § 383 Rz. 5.

schem Weg mitzuteilen.¹ Da es sich lediglich um eine Ordnungsvorschrift handelt,² ist das Unterbleiben der Benachrichtigung für die Wirksamkeit der Eintragung unschädlich. Die Mitteilung wird durch den Urkundsbeamten veranlasst (vgl. § 36 HRV). Auf die Benachrichtigung kann, worauf das Gericht in geeigneten Fällen hinweisen soll, formlos verzichtet werden (§ 383 Abs. 1 Halbs. 2 FamFG, § 36 Satz 2 HRV), jedoch empfiehlt es sich im Hinblick auf § 839 Abs. 3 BGB nicht, auf einen solchen Verzicht hin zu wirken.³

Im Wege der Zustellung bekannt zu geben sind ferner den Beteiligten die mit Gründen versehene Ablehnung eines Eintragungsantrags (§ 382 Abs. 3 FamFG) und der Erlass von Zwischenverfügungen (§ 382 Abs. 4 FamFG). Die Bekanntgabe ist ferner vorgesehen für die Berichtigung (§ 17 Abs. 2 HRV) sowie die Umschreibung von Registerblättern (§ 21 Abs. 2 HRV). Hat der Notar einen Antrag nach § 378 Abs. 2 FamFG gestellt, so sind Eintragungsnachricht, Zurückweisung und Zwischenverfügung zusätzlich an ihn zu richten,⁴ auch wenn daneben noch ein Antragsberechtigter selbst den Eintragungsantrag gestellt hat. Die Benachrichtigung nur des Antragsberechtigten ist in diesen Fällen nicht ausreichend. Hat der Notar den Eintragungsantrag lediglich als Bote dem Registergericht zugeleitet, erhält nicht er, sondern der Antragsteller die Eintragungsnachricht bzw. die Ablehnung oder Zwischenverfügung.

195

2. Mitteilung an andere Stellen

Neben die Benachrichtigung des Antragstellers tritt die **Mitteilung** von Eintragungen **an weitere öffentliche Stellen**. Mitzuteilen ist jede Neuanlegung und jede Änderung eines Registerblattes an die zuständige **Industrie- und Handelskammer** (§ 37 Abs. 1 Nr. 1 HRV), wenn es sich um ein handwerkliches Unternehmen handelt oder handeln kann, auch an die zuständige **Handwerkskammer** (§ 37 Abs. 1 Nr. 2 HRV) oder, wenn es sich um ein land- oder forstwirtschaftliches Unternehmen handelt oder handeln kann, auch an die zuständige Landwirtschaftskammer bzw. die sonst nach Landesrecht zuständige Stelle⁵ (§ 37 Abs. 1 Nr. 3 HRV). Zudem besteht die Pflicht zur Mitteilung der Anmeldung der Verlegung einer Hauptniederlassung eines Einzelkaufmannes oder einer juristischen Person sowie die Sitzverlegung einer Handelsgesellschaft an das **neu zuständige Registergericht** (§ 13h Abs. 2 Satz 1 HGB) unter Beifügung der Anmeldung und der bisherigen Eintragungen sowie der bei dem bisher zuständigen Gericht aufbewahrten Unterlagen.⁶ Die Eintragung einer Sitzverlegung bzw. der Verlegung der Hauptniederlassung ist dem **bisher zuständigen Gericht** mitzuteilen⁷ (§ 13h Abs. 2 Satz 5 HGB, § 20 Satz 1 HRV). Bei einer EWIV oder einer SE sind bestimmte Eintragungen dem „Amt für amtliche Veröffentlichungen der Europäischen Gemeinschaften" in Luxemburg⁸ mitzuteilen (§ 34a HRV, § 4 Abs. 2 EWIV-AusfG, Art. 14 SE-VO). Bei Eintragungen, die zu einem Wechsel im Grundeigentum oder zum Übergang eines Erbbaurechts oder eines Rechts an einem Gebäude auf fremdem Boden führen können, ist das zuständige **Finanzamt (Grunderwerbsteuerstelle)** zu verständigen.⁹ Zu **Form, Inhalt** und **Zeitpunkt** der Mitteilungen sind die in MiZi Teil XXI Nr. 1 Abs. 3 getroffenen besonderen Regelungen zu beachten.

196

---

[1] Vgl. *Nedden-Boeger* FGPrax 2009, 144 (146).
[2] *Heinemann*, in: Keidel, FamFG, § 383 Rz. 2; *Krafka*, in: MünchKommZPO, § 383 FamFG Rz. 1.
[3] Vgl. RGZ 138, 114.
[4] Dazu allgemein *Schöner/Stöber*, Grundbuchrecht, Rz. 186 ff.
[5] Vgl. MiZi Teil XXI Nr. 1.
[6] Siehe MiZi Teil XXI Nr. 1 Abs. 2 Nr. 2.
[7] Vgl. MiZi Teil XXI Nr. 1 Abs. 2 Nr. 3 lit. a.
[8] Siehe MiZi Teil XXI Nr. 1 Abs. 2 Nr. 8.
[9] Siehe MiZi Teil XXI Nr. 1 Abs. 2 Nr. 9.

3. Öffentliche Bekanntmachung

197 Alle Eintragungen im Handelsregister sind grundsätzlich ihrem ganzen Inhalt nach öffentlich bekannt zu machen, sogenannte **Veröffentlichung** (§ 10 HGB, § 383 Abs. 2 FamFG). Dies erfolgt in dem von der Landesjustizverwaltung bestimmten elektronischen Informations- und Kommunikationsmedium in der zeitlichen Reihenfolge ihrer Eintragung getrennt nach Tagen (§ 10 HGB).

198 Zum **Inhalt der Bekanntmachung** enthalten §§ 33, 34 HRV besondere Vorschriften. Im Übrigen ist – vorbehaltlich besonderer Vorschriften (siehe Rz. 199f.) – stets der gesamte Eintragungsinhalt zu veröffentlichen (§ 10 Satz 2 HGB). Zur Bedeutung der Bekanntmachung vergleiche § 15 HGB. Die Bekanntmachung wird regelmäßig durch den eintragenden Richter bzw. Rechtspfleger veranlasst (§ 27 Abs. 1 Alt. 1 HRV) und nur ausnahmsweise nach entsprechender Verfügung durch den Urkundsbeamten erledigt (§ 27 Abs. 1 Alt. 2 HRV). Zu Inhalt und Fassung vergleiche § 33 HRV. Auf die Veröffentlichung kann, abgesehen von Ausnahmefällen bei geringfügigen Berichtigungen (§ 17 Abs. 2 Satz 2 HRV), nicht verzichtet werden.

199 **Nicht veröffentlicht** werden grundsätzlich die Insolvenzvermerke (§ 32 Abs. 2 HGB; vgl. Rz. 421). Beispiele zu unterlassender Bekanntmachungen enthalten § 162 Abs. 2 und 3 HGB sowie § 175 Satz 2 HGB hinsichtlich der Eintragungen bezüglich Kommanditisten und deren Hafteinlage.

200 Beispiele für von der Eintragung **abweichende Veröffentlichungen (Zusatzbekanntmachungen)**, die besonders zu verfügen sind (§ 27 Satz 2 HRV), enthalten insbesondere §§ 19 Abs. 3 i.V.m. § 22 Abs. 1 Satz 3 UmwG (Verschmelzung), §§ 61 Abs. 3 Satz 2 und § 111 Satz 2 UmwG (Hinweis bei Einreichung eines Verschmelzungsvertrags), einschließlich gegebenenfalls kraft entsprechender Verweisung bei Spaltungen nach § 125 UwG sowie § 201 UmwG (Formwechsel) und § 225 Abs. 1 AktG (Kapitalherabsetzung), § 321 AktG (Eingliederung).

XI. Berichtigung von Eintragungen im Handelsregister

201 Für die Berichtigung von **Schreibfehlern** bei der Vornahme einer Eintragung sieht § 17 HRV die Möglichkeit einer Korrektur ohne Anmeldung vor (siehe u.a. Rz. 180ff.). Bei der Änderung **tatsächlicher Umstände**, kann eine Korrektur regelmäßig nur aufgrund formeller Anmeldung des Betroffenen erfolgen. Der Mitwirkung weiterer Personen bedarf es allerdings nicht, so dass z.B. die eingetragene Wohnortangabe eingetragener Vertretungspersonen (Geschäftsführer, Vorstandsmitglieder, Prokuristen) oder Gesellschafter (persönlich haftende Gesellschafter, Kommanditisten) geändert werden können, ohne dass es der Mitwirkung aller anderen Gesellschafter, Geschäftsführer oder sonst zur ordnungsgemäßen Vertretung erforderlicher Personen bedarf; die einschlägigen Vorschriften (etwa § 108 HGB) sind hinsichtlich der angeordneten Anmeldebefugnis entsprechend teleologisch zu reduzieren, da die Plausibilität der vorzunehmenden Änderung bereits durch die Anmeldung der betroffenen Person sicher gestellt ist. Soweit möglich ist allerdings ein Nachweis für die angemeldete Änderung beizubringen.

202 Wird beispielsweise mitgeteilt, ein für einen eingetragenen Kaufmann bestellter Prokurist habe seinen Wohnsitz statt in München nunmehr in Dortmund, so ist eine neue Eintragung erforderlich, da aufgrund des Verbots der Teilrötung (§ 16 Abs. 3 HRV; hierzu Rz. 69ff.) keine Änderungen oder Ergänzungen bei einer bestehenden Eintragung möglich sind:

> Neuvortragung aufgrund Wohnsitzwechsels: *(Vorstehendes als Übergangstext; dies erscheint somit nicht im aktuellen Ausdruck)* Einzelprokura: Mertens, Fritz, Dortmund, *15. 5. 1965 *(Die gesamte bisherige Eintragung zu diesem Prokuristen ist zu röten)*

F. Allgemeine Grundsätze des Firmenrechts

I. Bedeutung der Firma und Überblick über das Firmenrecht seit 1998

Die Firma eines Kaufmanns oder einer Handelsgesellschaft ist der Name, unter dem der Rechtsträger des Unternehmens seine Geschäfte betreibt und seine Unterschrift abgibt (§ 17 Abs. 1 HGB). Nach wie vor hat die Firma vor allem **Namensfunktion**,[1] dient also der Identifikation des Rechtsträgers im Rechts- und Geschäftsverkehr. Der Rechtsträger hat daher seine Firma im Geschäftsverkehr ohne Hinzufügungen und ohne Abkürzungen zu benutzen.[2] Die Firma ist sowohl Persönlichkeitsrecht als auch Immaterialgüterrecht.[3]

203

Das Kaufmanns- und Firmenrecht wurde durch das Handelsrechtsreformgesetz im Jahr 1998 vollständig neu gefasst.[4] Die bis dahin außerordentlich strengen Vorschriften über die Firmenbildung wurden zum Zwecke größerer Wahlfreiheit der Unternehmen deutlich liberalisiert und an die weniger strengen Vorschriften anderer europäischer Staaten angeglichen.[5] Waren die ersten theoretisierenden Reaktionen auf das neue Firmenrecht noch relativ verhalten, so hat die Praxis von Beginn an von der Liberalisierung des Firmenrechts mit Nachdruck Gebrauch gemacht.[6]

204

Geprägt ist das nunmehr geltende Firmenrecht von einigen wenigen Grundsätzen, nicht mehr von starren Firmenbildungsregeln. So steht es nunmehr den Rechtsträgern frei, ob sie ihre Firma als Sach-, Personen-, Fantasie- oder Mischfirma bilden. Jedoch muss die Firma folgenden grundlegenden Anforderungen genügen:
- die gebildete Firma muss zur **Kennzeichnung** geeignet sein (§ 18 Abs. 1 HGB);
- die Firma muss **Unterscheidungskraft** besitzen (§ 18 Abs. 1 HGB);
- sie darf **keine Angaben** enthalten, **die geeignet sind**, über geschäftliche Verhältnisse, die für die angesprochenen Verkehrskreise wesentlich sind, **irrezuführen** (§ 18 Abs. 2 Satz 1 HGB);
- zudem hat die Firma einen zutreffenden **Rechtsformzusatz** zu enthalten (§ 19 HGB und § 4 AktG, § 4 GmbHG, § 5a Abs. 1 GmbHG, § 18 Abs. 2 Satz 2 VAG, § 3 Abs. 1 GenG);

205

Zu beachten ist, dass das Registergericht bei der Eintragung der Firma im Handelsregister nicht an eine **bestimmte Schreibweise** gebunden ist, da die grafische Gestaltung des Schriftbildes einer Firma keine namensrechtliche und somit auch keine firmenrechtliche Relevanz hat.[7] Die exakte Schreibweise in der Registeranmeldung, etwa die Verwendung von nur Groß- oder nur Kleinbuchstaben, bindet also das Registergericht nicht, so dass bei einer abweichenden Verwendung durch den Rechtsträger auch keine Änderung der Firma vorliegt. Ob das Gericht dem Vorschlag des Anmel-

206

---

[1] OLG Frankfurt NJW 2002, 2400 (= FGPrax 2002, 131 = Rpfleger 2002, 365); **BayObLG** Z 2001, 83 (= NJW 2001, 2337 = Rpfleger 2001, 427); **KG** FGPrax 2000, 248 (= MittRhNotK 2000, 396 = GmbHR 2000, 1101); **OLG Celle** DB 1999, 40 (= GmbHR 1999, 412).

[2] **BayObLG** BB 1992, 943 (= DStR 1992, 439 = MittBayNot 1992, 284); **BayObLG** Z 1967, 353; *Schlingloff,* in: Oetker, HGB, § 17 Rz. 20.

[3] Siehe **BGH**, Urt. v. 27. 9. 1982 Az. II ZR 51/82, BGHZ 85, 221 (223); *Schlingloff,* in: Oetker, HGB, § 17 Rz. 4; *Baumbach/Hopt,* HGB, § 17 Rz. 5; *Canaris,* Handelsrecht, § 10 Rz. 7.

[4] Hierzu insbesondere *Bokelmann* GmbHR 1998, 57; *Busch* Rpfleger 1998, 178; *Gustavus* GmbHR 1998, 17; *Jung* ZIP 1998, 677; *Kögel* BB 1998, 1645; *Lutter/Welp* ZIP 1999, 1073; *Schaefer* DB 1998, 1269; *Schmidt* DB 1998, 61.

[5] Vgl. BT-Drucks. 13/8444, S. 35 ff.

[6] Vgl. die ersten Bestandsaufnahmen *Kögel* Rpfleger 2000, 255; *Möller* DNotZ 2000, 830.

[7] **KG** FGPrax 2000, 248 (= MittRhNotK 2000, 396 = GmbHR 2000, 1101); BayObLGZ 1978, 18.

denden für eine bestimmte Schreibweise folgt, ist nach pflichtgemäßem Ermessen zu entscheiden.[1] Die Ermessensentscheidung unterliegt der Überprüfung des Gerichts der Rechtsbeschwerde nur in beschränktem Umfang, da dieses nicht befugt ist, seine Entscheidung an die Stelle der Ermessensausübung des Ausgangsgerichts und des Beschwerdegerichts zu setzen, sondern vielmehr nur die Ermessensausübung daraufhin zu überprüfen hat, ob es das ihm eingeräumte Ermessen ausgeübt hat und ob ihm eine Ermessensüberschreitung oder ein Ermessensfehlgebrauch unterlaufen ist.[2] Zur Behandlung von Sonderzeichen siehe Rz. 215.

207 In den zunehmend seltenen Fällen des Fehlens eines Rechtsformzusatzes bei Altfirmen genügt nach der **Übergangsvorschrift** des Art. 38 EGHGB bei den vor dem 1. Juli 1998 im Handelsregister eingetragenen Firmen für die Anmeldung der Beifügung des Rechtsformzusatzes eine einfache Mitteilung, für die es nicht der Einhaltung einer bestimmten Form, insbesondere nicht der des § 12 Abs. 1 Satz 1 HGB, bedarf.[3]

II. Grundsätze der Firmenbildung

208 Trotz der erheblichen Liberalisierung des Firmenrechts sind die genannten gesetzlich vorgeschriebenen Regeln bei der Bildung der Firma zwingend zu berücksichtigen. Hinzu treten bestimmte **allgemeine Grundsätze**, die auch nach Inkrafttreten des Handelsrechtsreformgesetzes im Jahr 1998 zu beachten sind:

1. Allgemeine Grundsätze des Firmenordnungsrechts

209 Zum Grundbestand des Firmenrechts zählen die Grundsätze der Firmenwahrheit, der Firmenbeständigkeit, der Unterscheidbarkeit und der Firmeneinheit.

210 Der **Grundsatz der Firmenwahrheit** findet seinen Niederschlag im allgemeinen Irreführungsverbot des § 18 Abs. 2 HGB. Nicht nur der Firmenkern, sondern auch etwaige Zusätze und Nebenbestandteile haben der Wirklichkeit zu entsprechen.[4] Zweck des Grundsatzes der Firmenwahrheit ist neben dem Schutz des Publikums vor Irreführung auch die Lauterkeit des Wettbewerbs und der Schutz der Mitbewerber. Bei einer Verletzung dieses Grundsatzes kommt es nicht auf eine konkrete Täuschungsabsicht des Firmeninhabers an. Ausreichend ist stets die objektive Täuschungseignung.

211 Gegenseitige Grenzen schaffen einander die Grundsätze der Firmenwahrheit und der **Firmenbeständigkeit**. So erlaubt die Möglichkeit der Fortführung einer zulässig gebildeten Firma die weitere Verwendung einer im Grunde nicht mehr der Wirklichkeit entsprechenden Firma. Die Erhaltung des Firmenwerts steht insoweit im Vordergrund der hierzu bestehenden Vorschriften (v. a. § 22 HGB). Beispielsweise kann eine bislang zulässige Personenfirma von einem Nachfolger ohne weiteren Zusatz fortgeführt werden (§ 22 Abs. 1 HGB). Gleichwohl findet auch dies seine Grenze am Verbot der Irreführung[5] (§ 18 Abs. 2 HGB). Daher sind benennende und nunmehr unrichtig ge-

---

[1] KG FGPrax 2000, 248 (= MittRhNotK 2000, 396 = GmbHR 2000, 1101) unter Verweis auf **OLG Düsseldorf** MittRhNotK 1997, 437; s. a. **BayObLG** NJW 1968, 364; **BayObLG** DNotZ 1971, 431; **OLG Karlsruhe** NJW 1970, 1379.
[2] KG FGPrax 2000, 248 (= MittRhNotK 2000, 396 = GmbHR 2000, 1101).
[3] Zur Begründung siehe *Krafka/Willer*, Registerrecht, 7. Aufl. 2007, Rz. 207; *Böttcher/Rudolph*, in: Böttcher/Ries, Registerrecht, Rz. 340.
[4] Siehe z. B. **BayObLG** BB 1982, 1572; *Heidinger*, in: MünchKommHGB, Vor § 17 Rz. 22 f.
[5] Vgl. **BGH** Z 44, 116 (120); **BGH** Z 44, 286; **BGH** Z 53, 65; **BGH** Z 68, 12 (14); **BGH** Z 68, 271 (273).

wordene Inhaber- und Nachfolgezusätze ebenso zu streichen wie unrichtige Rechtsformzusätze oder ein akademischer Titel eines Vorinhabers.[1]

Die **Unterscheidbarkeit von Firmen** findet ihren Ausdruck in der Vorschrift des § 30 HGB. Jede neue Firma muss sich danach von allen anderen an demselben Ort oder in derselben Gemeinde bereits bestehenden und im Handelsregister oder im Genossenschaftsregister eingetragenen Firmen deutlich unterscheiden. Die Vorschrift dient der Vermeidung von Verwechslungen verschiedener Rechtsträger. Die Reichweite der Unterscheidbarkeit richtet sich hinsichtlich des Ortes nach der Verkehrsauffassung. So kann der „Ort" im Sinne des § 30 Abs. 1 HGB auch mehrere politische Gemeinden umfassen.[2] Hinsichtlich des anzulegenden Maßstabs („deutlich unterscheiden", § 30 Abs. 1 HGB) ist auf den Gesamteindruck abzustellen, also auf das Klangbild für Auge und Ohr.[3] Von besonderer Bedeutung, jedoch nicht alleine entscheidend ist die Branchennähe.[4] Ausreichende Unterscheidbarkeit wird bei Personenfirmen bereits durch die Beifügung eines Vornamens erreicht.[5] Hingegen führt allein ein unterschiedlicher Rechtsformzusatz noch nicht zu ausreichender Unterscheidbarkeit im Sinne des § 30 Abs. 1 HGB (siehe Rz. 220).[6] Bei Zweigniederlassungen am Ort der Hauptniederlassung ist zumindest ein Filialzusatz in die Firma aufzunehmen (§ 30 Abs. 3 HGB). 212

Der **Grundsatz der Firmeneinheit** besagt, dass für ein und dasselbe Handelsgeschäft auch dieselbe Firma zu führen ist.[7] Sofern ein Kaufmann mehrere tatsächlich voneinander selbstständige Unternehmen führt, kann er jedoch für diese auch unterschiedliche Firmen wählen und jede einzelne als solche mit jeweils eigener Registernummer im Handelsregister eintragen lassen.[8] Handelsgesellschaften und eingetragene Genossenschaften können hingegen nur eine Firma führen.[9] Lediglich bei der Firmenbildung für Zweigniederlassungen sind beschränkte und im Übrigen nur scheinbare Ausnahmen hiervon zulässig (hierzu Rz. 268 ff.). Der Grund liegt letztlich in der Namensfunktion der Firma (§ 17 Abs. 1 HGB). Genau wie natürliche Personen können auch handelsrechtliche Rechtsträger grundsätzlich nur einen Namen führen. Im Übrigen würden ohne den Grundsatz der Firmeneinheit ernste Gefahren für den Rechtsverkehr und ständige Verwirrung über die Zuordnung einzelner Rechts- und Haftungsverhältnisse entstehen. 213

2. Kennzeichnungseignung

Entsprechend der Namensfunktion der Firma (§ 17 Abs. 1 HGB; siehe Rz. 203), muss die verwendete Firma zur Kennzeichnung des Kaufmanns geeignet sein (§ 18 214

---

[1] **OLG Köln** FGPrax 2008, 125 (= DNotZ 2009, 140).
[2] *Heidinger*, in: MünchKommHGB, § 30 Rz. 8; *Schlingloff*, in: Oetker, HGB, § 30 Rz. 3; *Zimmer*, in: Ebenroth/Boujong/Joost/Strohn, HGB, § 30 Rz. 5.
[3] **BGH** Z 46, 7 (12); **RG** Z 104, 341; vgl. *Heidinger*, in: MünchKommHGB, § 30 Rz. 22 ff.
[4] *Baumbach/Hopt*, HGB, § 30 Rz. 5; vgl. aber *Ammon*, in: Röhricht/Westphalen, HGB, § 30 Rz. 17; *Schlingloff*, in: Oetker, HGB, § 30 Rz. 9 f.
[5] **BGH** NJW 1993, 2236; **BayObLG** Z 20, 355; *Ammon*, in: Röhricht/Westphalen, HGB, § 30 Rz. 18; *Zimmer*, in: Ebenroth/Boujong/Joost/Strohn, HGB, § 30 Rz. 20.
[6] **BGH** Z 46, 7 (12); *Böttcher/Rudolph*, in: Böttcher/Ries, Registerrecht, Rz. 508; *Heidinger*, in: MünchKommHGB, § 30 Rz. 23.
[7] Siehe **BGH** NJW 1991, 2023; *Heidinger*, in: MünchKommHGB, Vor § 17 Rz. 34 ff.; *Zimmer*, in: Ebenroth/Boujong/Joost/Strohn, HGB, § 17 Rz. 7.
[8] **BGH** Z 31, 197; **BGH** NJW 1991, 2023; *Ammon*, in: Röhricht/Westphalen, HGB, § 17 Rz. 21; *Baumbach/Hopt*, HGB, § 17 Rz. 8; *Schlingloff*, in: Oetker, HGB, § 17 Rz. 11.
[9] **BayObLG** Z 1992, 59 (= Rpfleger 1992, 395 = MittBayNot 1992, 225); **BayObLG** Z 1990, 151 (= Rpfleger 1990, 422).

Abs. 1 Alt. 1 HGB). Daher müssen Firmenkern und Firmenzusätze grundsätzlich **eine wörtliche und aussprechbare Bezeichnung** darstellen.[1] Insbesondere Bildzeichen, wie beispielsweise „*"; „#" „$", „€", „§" oder „ =", haben keine namens- und somit auch keine firmenrechtliche Funktion, auch wenn sie sich üblicherweise auf einer Schreibtastatur finden.[2] Hingegen werden Satzzeichen (z. B. „!" „;" „?" „()" „:" „.") im Allgemeinen anstandslos[3] ebenso wie das kaufmännische („&") und mathematische („+") „Und-Zeichen" als Firmenbestandteil akzeptiert. Als Begründung hierfür wird angegeben, dass bei diesen Zeichen die Aussprache eindeutig wäre („&"; „+") bzw. bei Satzzeichen offensichtlich sei, dass sie nicht ausgesprochen werden sollen.[4] Letztlich einleuchten mag dies nur aus Gründen der anerkannten Verkehrsgeltung dieser Firmenbestandteile, an deren Verwendung die Registerpraxis nicht sehenden Auges vorbeigehen kann. Satzzeichen dürfen in diesem Sinne allerdings nicht buchstabenersetzend verwendet werden, etwa ein „!" als umgekehrtes „i". Eine Firma „F!rmenhilfe Mayer GmbH" wäre daher nicht zulässig.[5]

215 **Sonderzeichen** hingegen sind im Handelsregister nicht eintragungsfähig, da sie in ihrer Aussprache objektiv mehrdeutig sind. Dies hat jedenfalls solange zu gelten, bis diese Zeichen eine eindeutige Verkehrsgeltung erlangt haben. Nach Ansicht etwa des *BayObLG*[6] hatte das Zeichen „@" Mitte 2001 eine solche Verkehrsgeltung noch nicht erreicht. Zudem bleibt bei dessen Verwendung unklar, ob es sich lediglich um die modische Schreibweise des Buchstabens „a" handeln soll (z. B. „Konr@d AG") oder ob die Benutzung des Zeichens als solches beabsichtigt ist (z. B. „SAB Shopping@Berlin AG").[7] Jedenfalls dann, wenn die Suchfunktionen für Registerdaten das Auffinden nicht nur unter Vewendung des Sonderzeichens gestatten, sprechen mittlerweile allerdings keine überwiegenden Gründe mehr gegen die Zulassung dieses inzwischen sehr weit verbreiteten Zeichens.[8]

216 Die vom Antragsteller gewählte **Schreibweise** seiner Firma bindet im Übrigen das Registergericht nicht. Dieses hat vielmehr nach eigenem Ermessen zu entscheiden, welche Schreibweise Eingang in die Eintragung zu finden hat[9] (Näheres hierzu Rz. 173 und 206).

---

[1] Vgl. **BGH** NZG 2009, 192; **KG** FGPrax 2008, 35 (= Rpfleger 2008, 85); **BayObLG** Z 2001, 83 (= NJW 2001, 2337 = Rpfleger 2001, 427); **KG** FGPrax 2000, 248 (= MittRhNotK 2000, 396 = GmbHR 2000, 1101); *Ammon*, in: Röhricht/Westphalen, HGB, § 18 Rz. 10 ff.; *Heidinger*, in: MünchKommHGB, § 18 Rz. 11.

[2] Siehe **BayObLG** Z 2001, 83 (= NJW 2001, 2337 = Rpfleger 2001, 427); **KG** FGPrax 2000, 248 (= MittRhNotK 2000, 396 = GmbHR 2000, 1101); *Schlingloff*, in: Oetker, HGB, § 18 Rz. 8.

[3] Vgl. **BGH** Z 135, 257 (= NJW 1997, 1854) zum Namen einer Partnerschaft; **BayObLG** NJW 1996, 3016; **BayObLG** Z 2001, 83 (= NJW 2001, 2337 = Rpfleger 2001, 427); s. a. *Wachter* GmbHR 2001, 467; *Schlingloff*, in: Oetker, HGB, § 18 Rz. 8.

[4] **OLG Hamm** FGPrax 2008, 78 (= Rpfleger 2008, 313); **BayObLG** Z 2001, 83 (= NJW 2001, 2337 = Rpfleger 2001, 427).

[5] Anders ohne entsprechende Differenzierung *Schlingloff*, in: Oetker, HGB, § 18 Rz. 8.

[6] Siehe **BayObLG** Z 2001, 83 (= NJW 2001, 2337 = Rpfleger 2001, 427 = GmbHR 2001, 476); ebenso **OLG Braunschweig** OLGR 2001, 31; **LG Braunschweig** MittBayNot 2000, 569; kritisch *Mankowski* EWiR 2001, 275; zustimmend *Ammon*, in: Röhricht/Westphalen, HGB, § 18 Rz. 16; anderer Ansicht **LG Berlin** GmbHR 2004, 428; **LG Cottbus** NJW-RR 2000, 332 und *Wachter* GmbHR 2001, 477; *Heidinger*, in: MünchKommHGB, § 18 Rz. 13.

[7] Zur Auflösung dieser Problematik *Heidinger*, in: MünchKommHGB, § 18 Rz. 13 und *Schlingloff*, in: Oetker, HGB, § 18 Rz. 8.

[8] **LG München I** MittBayNot 2009, 315.

[9] Vgl. **KG** FGPrax 2004, 248 (= Rpfleger 2004, 633); **KG** FGPrax 2000, 248 (= MittRhNotK 2000, 396 = GmbHR 2000, 1101); **BayObLG** Z 1978, 18.

Zur Kennzeichnungskraft von **Buchstabenkombinationen** ist zu beachten, dass die rechtstatsächliche Entwicklung es nicht mehr gestattet, derartigen Firmenbestandteilen allgemein die Namensfunktion abzusprechen.[1] Dies gilt unabhängig davon, ob es sich um eine Abkürzung (etwa „MH" für Münchner Handelsgemeinschaft) oder um eine frei gewählte Fantasiekombination von Buchstaben ohne weitere Zusätze oder um eine Kombination von Buchstaben und Zahlen handelt.[2] Erforderlich ist nur, dass die Buchstabenfolge – was stets der Fall ist – für sich artikulierbar ist; es muss sich nicht um ein für sich aussprechbares Wort handeln.[3] Auch der Grundsatz der Einheitlichkeit der Kennzeichnungsrechte spricht für eine großzügige Handhabung des Firmenrechts in Bezug auf Buchstabenkombinationen. Ein zwingendes Freihaltebedürfnis der Allgemeinheit oder anderer Unternehmen steht dem nicht entgegen, da durch strenge Anforderungen an die Verwechslungsgefahr der Schutzbereich auf das erforderliche Maß beschränkt wird. Allerdings können unaussprechbare und auch optisch kaum überblickbare Kombinationen von Buchstabenblöcken, insbesondere die Voransetzung einer Vielzahl des Buchstabens „A", um letztlich in Namensverzeichnissen möglichst an erster Stelle zu stehen, nicht Firmenbestandteil sein, da derartigen Zusammensetzungen eine Kennzeichnungseignung nicht zuzuerkennen ist und eine solche Firmenwahl letztlich einen Missbrauch der namensrechtlichen Gestaltungsfreiheit darstellt.[4] 217

Bestandteile einer Firma können **Eigennamen** oder der **Gegenstand des** betriebenen Unternehmens sein. Allerdings haben schlichte Gattungsangaben („Handels-", „Handwerk")[5] nicht die erforderliche Kennzeichnungskraft. Nötig sind sodann weitere Zusätze, beispielsweise eine Buchstabenkombination („MH Handelsgesellschaft KG") oder eine Ortsbezeichnung[6] („MH Schwerin eK"). Auch **Fantasieworte** bewirken eine ausreichende Individualisierung. Da Fantasiebezeichnungen und Namen oftmals nicht unterscheidbar sind, spielt die genaue Zuordnung im Rahmen der Kennzeichnungskraft keine Rolle. Gegebenenfalls irreführende Firmenbestandteile sind jedoch nach § 18 Abs. 2 HGB nicht zulässig. 218

Bei der Verwendung **ausländischer Namensbestandteile** kann die Kennzeichnungskraft nicht allein deswegen abgelehnt werden, weil sie bei deutscher Aussprache wenig eingängig sind. Im Zweifel ist es Dritten bei einer fremdsprachigen Firma zumutbar, gegebenenfalls eine Individualisierung anhand des genauen Wortlauts vorzunehmen. Eine Firmenbildung aus nicht lateinischen Buchstaben kann allerdings weiterhin abgelehnt werden.[7] 219

---

[1] Zum Folgenden **BGH** Z 145, 279 (= NJW 2001, 1868) in Bezug auf Unternehmenskennzeichen im Markenrecht (§ 5 Abs. 2 MarkenG); s.a. *Ammon,* in: Röhricht/Westphalen, HGB, § 18 Rz. 12 f. und 15; *Zimmer,* in: Ebenroth/Boujong/Joost/Strohn, HGB, § 18 Rz. 28 f.; *Wachter* GmbHR 2001, 477; *Schulenburg* NZG 2000, 1156.
[2] *Ammon,* in: Röhricht/Westphalen, HGB, § 18 Rz. 12; *Lutter/Welp* ZIP 1999, 1073; *Schulenburg* NZG 2000, 1156; zurückhaltender *Kögel* Rpfleger 2000, 255; *Müther* GmbHR 1998, 1058; *Zimmer,* in: Ebenroth/Boujong/Joost/Strohn, HGB, § 18 Rz. 28.
[3] **BGH** NZG 2009, 192, gegen **OLG Celle** DNotZ 2007, 56.
[4] **OLG Frankfurt** NJW 2002, 2400 (= FGPrax 2002, 131 = Rpfleger 2002, 365); **OLG Celle** DB 1999, 40 (= GmbHR 1999, 412).
[5] Nicht ausreichend daher „Profi-Handwerker GmbH" nach **BayObLG** Rpfleger 2003, 589 (= NZG 2003, 1029).
[6] **KG** FGPrax 2008, 35 (= Rpfleger 2008, 85).
[7] **BGH** NZG 2009, 192.

3. Unterscheidungskraft

220 Die Firma muss gemäß § 18 Abs. 1 Alt. 2 HGB Unterscheidungskraft besitzen.[1] Das heißt, dass die Firma geeignet sein muss, im Rechtsverkehr die gedankliche Verbindung zu einem ganz bestimmten Unternehmen herzustellen. Die Bezeichnung muss also vom Verkehr als individualisierender Herkunftshinweis aufgefasst werden können.[2] Entscheidend hierfür ist der Gesamteindruck des Klangbildes für Auge und Ohr,[3] wobei von der vollständigen Firma, wie sie im Handelsregister einzutragen ist, ausgegangen werden muss. Für die Unterscheidbarkeit genügt bei gleichem Firmenkern noch nicht allein der erforderliche unterschiedliche Rechtsformzusatz.[4] Besonders stellt sich dieses Problem der Verwechslungsgefahr bei mehreren Firmen, die als Bestandteil denselben bürgerlichen Namen enthalten.[5] Hier können Orts- oder Namenszusätze („Hans Müller KG" gegenüber „Klaus Müller OHG" und „Müller Hamburg e. K.") zu ausreichender Unterscheidbarkeit führen.

221 Grundsätzlich haben reine **Gattungsbezeichnungen** („Handels-KG") keine ausreichende Unterscheidungskraft[6] (siehe Rz. 218 zur Kennzeichnungseignung). Allerdings können auch hier individualisierende Zusätze abhelfen; ausreichend ist nach der Rechtsprechung bereits die Zuordnung eines Ortsnamens („Autodienst Berlin").[7] Schließlich kann die Verwendung in abweichendem Sinne („Fahrschule Karo-As")[8] zu ausreichender Unterscheidungskraft führen, sofern sie nicht geeignet ist, über wesentliche geschäftliche Verhältnisse irrezuführen (§ 18 Abs. 2 HGB). Zudem ist denkbar, dass ein bestimmter Gattungsbegriff kraft Verkehrsgeltung als Bezeichnung eines einzelnen Unternehmens anzusehen ist.[9] Hieran sind aufgrund des allgemeinen Freihaltebedürfnisses jedoch strenge Anforderungen zu stellen.[10] Die Prüfung der konkreten Unterscheidung von bereits im Handels- oder Genossenschaftsregister eingetragenen Firmen erfolgt gemäß § 30 HGB.

4. Irreführungsverbot

222 Als allgemeine Ausprägung des Grundsatzes der Firmenwahrheit findet sich in § 18 Abs. 2 HGB die Bestimmung, dass die Firma keine Angaben enthalten darf, die geeignet sind, über geschäftliche Verhältnisse, die für die angesprochenen Verkehrskreise wesentlich sind, **irrezuführen**. Erfasst sind hiervon sämtliche Firmenbestandteile, also sowohl Firmenkern als auch etwaige Zusätze sowie die Firma in ihrer Gesamtheit.[11]

---

[1] Hierzu **OLG Frankfurt** FGPrax 2005, 133 (= Rpfleger 2005, 366) – „Hessen-Nassau Grundbesitz AG" genügt nicht.
[2] Vgl. **BGH** NJW-RR 1996, 230; *Zimmer,* in: Ebenroth/Boujong/Joost/Strohn, HGB, § 18 Rz. 4.
[3] **BGH** Z 46, 7 (12).
[4] So die h. M. unter Verweis auf **BGH** Z 46, 7; vgl. *Baumbach/Hopt*, HGB, § 18 Rz. 5; *Zimmer,* in: Ebenroth/Boujong/Joost/Strohn, HGB, § 18 Rz. 32; *Heidinger*, in: MünchKommHGB, § 30 Rz. 32; anderer Ansicht: *Kögel* Rpfleger 1998, 317 (320); s. a. **KG** J 26 A 215, A 217.
[5] **BGH** MittBayNot 1991, 89; vgl. auch *Zimmer,* in: Ebenroth/Boujong/Joost/Strohn, HGB, § 18 Rz. 7 f.; *Schlingloff*, in: Oetker, HGB, § 18 Rz. 11.
[6] **KG** FGPrax 2008, 35 (= Rpfleger 2008, 85); **BayObLG** Rpfleger 2003, 589 (= NZG 2003, 1029); *Schlingloff*, in: Oetker, HGB, § 18 Rz. 12; *Koller/Roth/Morck*, HGB, § 18 Rz. 4; zu u. U. gebotenen europarechtlichen Korrekturen siehe **OLG München** NZG 2007, 824 (= GmbHR 2007, 855).
[7] **KG** FGPrax 2008, 35 (= Rpfleger 2008, 85).
[8] Abweichend wird hier der Zusatz „Karo-As" verwendet, der passend im Falle eines Wettbüros, einer Spielbank oder eines Handelsbetriebs für Spielkarten wäre.
[9] **BGH** NJW 1987, 438.
[10] Vgl. **BGH** NJW-RR 1994, 1255; *Ammon*, in: Röhricht/Westphalen, HGB, § 18 Rz. 22.
[11] **BayObLG** BB 1982, 1573 zur Rechtslage vor 1998.

Unzulässig ist die Irreführung in Bezug auf geschäftliche Verhältnisse, also nicht nur rein private Angelegenheiten, die für den Rechtsverkehr unwesentlich sind. Bei den **geschäftlichen Verhältnissen** kann es sich etwa um Art, Größe, Umfang und Bedeutung des Unternehmens handeln, ebenso wie um geografische Angaben, die den Anspruch einer Alleinstellung beinhalten können, wobei jedoch die bloße Voranstellung des Ortsnamens des Sitzes in der Firma keine derartige führende Stellung des Unternehmens ausdrückt.[1] Auch Landschafts- und Regionalbezeichnungen haben keine ersichtliche Irreführungseignung.[2] Ebenso können Berufsbezeichnungen oder die Angabe des Alters des Unternehmens zu den geschäftlichen Verhältnissen zählen. Bei Personenfirmen dürfte im Regelfall anzunehmen sein, dass die angesprochenen Verkehrskreise objektive Anhaltspunkte zur konkreten Verbindung des Namensträgers mit dem Unternehmen voraussetzen. Fehlen diese, so können dem Unternehmen schutzwürdige Interessen an der Namensführung kaum zugebilligt werden.[3] Die Verbindung kann sich hierbei auch aus der Lage der Geschäftsräume, z. B. dem Stadtteil („Ludwigsapotheke e. K." bei Geschäftsräumen in der Ludwigsvorstadt) oder dem Straßennamen („Ristorante Verdi OHG" bei Geschäftsräumen in der Verdistraße), ergeben.

Zudem müssen die jeweils betroffenen Verhältnisse für die angesprochenen Verkehrskreise **wesentlich** sein. Angaben von geringer wettbewerblicher Relevanz (vgl. § 3 Abs. 1 UWG) oder nur nebensächlich untergeordneter Bedeutung sind also bei der Untersuchung der Eignung zur Irreführung außer Betracht zu lassen. Das Kriterium der **„angesprochenen Verkehrskreise"** ist dem Wettbewerbsrecht entlehnt (siehe § 3 Abs. 2 UWG) und sorgt dafür, dass auch insoweit europarechtliche Einflüsse im Firmenrecht zu verzeichnen sind.[4] Entscheidend ist daher letztlich nicht allein das Verständnis eines nicht unerheblichen Teils der angesprochenen Verkehrskreise, sondern objektiviert die Sicht des durchschnittlichen Angehörigen des betroffenen Verkehrskreises bei verständiger Würdigung.[5] Maßgeblich ist nur die objektive Eignung zur Irreführung, nicht aber die subjektive Absicht hierzu. 223

Im **Registerverfahren** ist die Eignung der Irreführung nur zu berücksichtigen, wenn sie ersichtlich ist (§ 18 Abs. 2 Satz 2 HGB). Neben den materiell-rechtlichen Einschränkungen nach § 18 Abs. 2 Satz 1 HGB dient diese verfahrensrechtliche Begrenzung des Prüfungsumfangs insbesondere der Beschleunigung des Eintragungsverfahrens und schränkt somit den allgemeinen Ermittlungsgrundsatz des § 26 FamFG ein. Eine **Ersichtlichkeit** der Täuschungseignung ist danach anzunehmen, wenn sie nicht allzu fern liegt und ohne umfangreiche Beweisaufnahme, etwa durch demoskopische Gutachten eines Meinungsforschungsinstituts,[6] offen zu Tage liegt.[7] Eine Publikumsbefragung ist hierzu regelmäßig nicht erforderlich.[8] Im Übrigen ist ersichtlich, was für das Registergericht aus dem Akteninhalt unter Berücksichtigung eigenen Wissens, 224

---

[1] OLG Stuttgart FGPrax 2004, 40; **OLG Stuttgart** Rpfleger 2001, 186; **LG Heilbronn** Rpfleger 2002, 158; vgl. *Zimmer*, in: Ebenroth/Boujong/Joost/Strohn, HGB, § 18 Rz. 53 ff.; anderer Ansicht **OLG Frankfurt** Rpfleger 2001, 428; *Kögel* GmbHR 2002, 642 (644).

[2] OLG Stuttgart FGPrax 2004, 40.

[3] *Schlingloff*, in: Oetker, HGB, § 18 Rz. 39; *Zimmer*, in: Ebenroth/Boujong/Joost/Strohn, HGB, § 18 Rz. 11.

[4] Vgl. BT-Drucks. 13/8444, S. 53; *Zimmer*, in: Ebenroth/Boujong/Joost/Strohn, HGB, § 18 Rz. 7 ff.; *Baumbach/Hopt*, HGB, § 18 Rz. 12; *Böttcher/Rudolph*, in: Böttcher/Ries, Registerrecht, Rz. 294 ff.

[5] Vgl. die Begründung des Gesetzesentwurfs in BT-Drucks. 13/8444, S. 38.

[6] Hierzu **OLG Naumburg** FGPrax 1998, 67 zur Rechtslage vor Inkrafttreten des HRefG; *Böttcher/Rudolph*, in: Böttcher/Ries, Registerrecht, Rz. 300: „Kursorische Prüfung".

[7] OLG Stuttgart FGPrax 2004, 40; **BayObLG** FGPrax 1999, 157 (= Rpfleger 1999, 448).

[8] **OLG Stuttgart** FGPrax 2004, 40; zu § 5 UWG siehe BGH Z 156, 250 (= NJW 2004, 1163).

des bestehenden Prüfungs- und Recherchematerials und etwaiger Auskünfte üblicher Informationsquellen ohne weiteres erkennbar ist.[1] Das Kriterium der Ersichtlichkeit sollte nach dem Willen des Gesetzgebers einem weiteren Rechtsstreit entzogen werden. Ist das Registergericht der Ansicht, dass die Irreführung ersichtlich ist, gegebenenfalls auch unter Anstellung zu weitgehender Ermittlungen, so kann dies nicht im Wege der Beschwerde angegriffen werden. Vielmehr liegt aufgrund des Aktenmaterials die Ersichtlichkeit auch für das Beschwerdegericht vor.[2] Naturgemäß unberührt bleibt hiervon die rechtliche Beurteilung der Eignung zur Irreführung durch die höhere Instanz.

225 Besonderheiten sind bei der Verwendung von **Rechtsformzusätzen** zu beachten. Da vom Rechtsverkehr in der Regel nicht erwartet werden kann, mehr als einen derartigen Zusatz pro Firma zuordnen zu können, ist die Verwendung mehrerer solcher Zusätze grundsätzlich geeignet über wesentliche geschäftliche Verhältnisse, nämlich die Frage der bestehenden Rechtsform, zu täuschen. Auch die Möglichkeit zur Fortführung einer bestehenden Firma ändert hieran nichts, da die Vorschriften zur Firmenfortführung unter dem Vorbehalt des Irreführungsverbots stehen. So kann der Rechtsformzusatz „OHG" in der Firma des Einzelkaufmannes, der dieses Unternehmen fortführt, jedenfalls dann nicht beibehalten werden, wenn kein Nachfolgezusatz beigefügt wird, der eindeutig klarstellt, welche Rechtsform aktuell wirksam ist.[3]

226 Folgende **Beispiele** können einen ersten Eindruck vermitteln, welche Bestandteile verstärkt einer Prüfung der Eignung zur Irreführung unterzogen werden:
– keine Irreführung durch Verwendung nur eines Teils eines Doppelnamens in der Firma; jedoch ist bei der Verwendung von Namen ein „Bezug zum Unternehmen" erforderlich;[4]
– ein Fantasiezusatz täuscht auch dann nicht, wenn man ihn für einen Familiennamen halten könnte;[5]
– die Bestandteile „Euro/European" sind als Namensbestandteile unbedenklich – außer es bestehen konkrete Anhaltspunkte für eine Täuschungseignung;[6]
– keine Irreführung tritt durch die Verwendung eines Fantasiezusatzes ein, der auf verschiedene Unternehmensgegenstände hinzuweisen geeignet ist („Meditec").[7]
– eine Irreführung kann sich aus der Beibehaltung des akademischen Titels eines vormaligen Inhabers oder ausgeschiedenen Mitgesellschafters ergeben.[8]

5. Rechtsformzusatz

227 Nach § 19 HGB sind umfassend Rechtsformzusätze für die Rechtsträger des HGB vorgeschrieben. So haben Einzelkaufleute entweder eine entsprechende ausgeschriebene Bezeichnung oder eine allgemein verständliche Abkürzung, z. B. „e. K.", als Fir-

---

[1] Siehe *Zimmer*, in: Ebenroth/Boujong/Joost/Strohn, HGB, § 18 Rz. 71.
[2] BT-Drucks. 13/8444, S. 54; *Schmidt* NJW 1998, 2161 (2167); *Zimmer*, in: Ebenroth/Boujong/Joost/Strohn, HGB, § 18 Rz. 71; strenger ist *Schlingloff*, in: Oetker, HGB, § 18 Rz. 29, der die Beseitigung aller nicht mehr stimmenden Rechtsformzusätze verlangt.
[3] Vgl. **OLG Hamm** FGPrax 1999, 186 (= Rpfleger 1999, 495 = DNotZ 1999, 839); *Ammon*, in: Röhricht/Westphalen, HGB, § 22 Rz. 48; *Zimmer*, in: Ebenroth/Boujong/Joost/Strohn, HGB, § 22 Rz. 58.
[4] **LG Passau** MittBayNot 2000, 332.
[5] **LG Landshut** MittBayNot 2000, 333.
[6] **OLG Hamm** FGPrax 1999, 232 (= DNotZ 1999, 842 = Rpfleger 1999, 545) zum Namen eines Vereins.
[7] **BayObLG Z** 1999, 114 (= FGPrax 1999, 157 = Rpfleger 1999, 448 = MittBayNot 1999, 391 = NJW-RR 2000, 111).
[8] **OLG Köln** FGPrax 2008, 125 (= DNotZ 2009, 140).

menbestandteil zu führen (§ 19 Abs. 1 Nr. 1 HGB). Dasselbe gilt für offene Handelsgesellschaften (§ 19 Abs. 1 Nr. 2 HGB) und Kommanditgesellschaften (§ 19 Abs. 1 Nr. 3 HGB). Stets ist zu beachten, dass nicht mehr zutreffende Rechtsformzusätze aus der Firma zu entfernen sind, sofern nicht durch einen Nachfolgezusatz die aktuelle Rechtsform eindeutig hervortritt[1] (siehe Rz. 225).

Weitere Vorschriften zu vorgeschriebenen Rechtsformzusätzen enthalten § 4 AktG, § 4 GmbHG, § 5a Abs. 1 GmbHG, § 18 VAG, § 3 Abs. 1 GenG und § 2 Abs. 1 PartGG. Nachdem der Rechtsform im Geschäfts- und Rechtsverkehr erhebliche Bedeutung zukommt, sind bei der Anwendung dieser Vorschriften strenge Maßstäbe anzusetzen. 228

Ist bei einer Personenhandelsgesellschaft **keine natürliche Person persönlich haftender Gesellschafter,** muss die Firma eine Bezeichnung enthalten, welche die Haftungsbeschränkung kennzeichnet (§ 19 Abs. 2 HGB). Der unter der früheren Gesetzeslage bestehende Streit[2] hinsichtlich einer mehrstöckigen GmbH & Co. KG oder GmbH & Co. OHG ist vom Gesetzgeber dahingehend entschieden worden, dass ein die Haftungsbeschränkung bezeichnender Zusatz nur erforderlich ist, wenn in der KG oder der OHG keine natürliche Person persönlich haftet und zwar unabhängig davon, auf welcher Stufe dies der Fall ist, so dass der Zusatz auch dann entbehrlich ist, wenn eine natürliche Person erst auf zweiter oder dritter Stufe als persönlich haftender Gesellschafter in Erscheinung tritt.[3] Als Abkürzung, die der Bestimmung des § 19 Abs. 2 HGB genügt, ist die Bezeichnung „GmbH & Co." bzw. „AG & Co." oder „Stiftung & Co." in Verbindung mit dem Zusatz der Gesellschaftsform OHG oder KG allgemein gebräuchlich; für den Fall einer „UG (haftungsbeschränkt) & Co. KG" ist diese Bezeichnung zu verwenden, nicht aber das Kürzel GmbH (§ 5a Abs. 1 GmbHG)[4]. Der Zwischenbestandteil „& Co." oder eine ähnlich aussagekräftige Bezeichnung (z.B. „& Cie." oder „& Comp.") ist zwingend erforderlich, da bei der unmittelbaren Aneinanderreihung von Rechtsformzusätzen (z.B. bei „GmbH KG") unklar ist, welche Rechtsform der eingetragene Rechtsträger hat. Ebenso unzulässig ist daher die Reihenfolge „KG GmbH & Co.", da ebenfalls die Rechtsform letztlich unklar bleibt. Dagegen ist die Voranstellung der ausgeschriebenen eigentlichen Rechtsform anerkannt worden, wenn der Firmenkern zwischen die Rechtsformzusätze gestellt wird („Kommanditgesellschaft Union-Bau Altona GmbH & Co.").[5] Gesellschaftsrechtlich nicht vorgesehene Rechtsformbezeichnungen sind als irreführend nicht anzuerkennen. Die Bezeichnung als „Kommanditgesellschaft mit beschränkter Haftung" bzw. „KGmbH" oder „beschränkt haftende Kommanditgesellschaft" bzw. „bHKG" sind daher nicht anzuerkennen.[6] Ebenso ist die Verwendung des Kürzels „gGmbH" für gemeinnützige Gesellschaften mit beschränkter Haftung unzulässig, da der Rechtsverkehr im Allgemeinen mit dieser Buchstabenkombination keine ausreichende Zuordnung zu einer bestimmten Rechtsform vornehmen kann; naturgemäß begegnet die ausgeschrieben Variante „gemeinnützige GmbH" keinen Bedenken.[7] 229

---

[1] OLG Hamm FGPrax 1999, 186 (= Rpfleger 1999, 495 = DNotZ 1999, 839).
[2] Siehe die gegensätzlichen Entscheidungen **KG** NJW-RR 1989, 33 und **BayObLG** MittBayNot 1994, 563.
[3] BT-Drucks. 13/8444, S. 56.
[4] KG NZG 2009, 1159.
[5] BGH Z 68, 271 (273); anderer Ansicht **OLG Oldenburg** Rpfleger 1997, 263 bei Voranstellung des Zusatzes „KG".
[6] Ebenso *Zimmer,* in: Ebenroth/Boujong/Joost/Strohn, HGB, § 19 Rz. 20; eine weitere Beobachtung mahnt *Schlingloff,* in: Oetker, HGB, § 19 Rz. 12, an.
[7] **OLG München** NJW 2007, 1601; zustimmend *Paulick* DNotZ 2008, 167 und *Rohde* GmbHR 2007, 268; ablehnend dagegen *Krause* NJW 2007, 2156 und *Ullrich* NZG 2007, 656.

230 Besondere Fragen wirft die **Beteiligung ausländischer Gesellschaften** an deutschen Personengesellschaften auf.[1] Auch hier ist gegebenenfalls ein Zusatz nach § 19 Abs. 2 HGB erforderlich, der klarstellt, dass bei der Gesellschaft keine natürliche Person als persönlich haftender Gesellschafter zur Verfügung steht.[2] Erforderlich ist zudem bei solchen Rechtsformzusätzen, die mit deutschen identisch sind, eine Hervorhebung der staatlichen Zugehörigkeit der haftenden Gesellschaft („österreichische GmbH & Co. KG" oder „AG schweizerischen Rechts & Co. KG").[3] In sonstigen Fällen, insbesondere im Fall der Verwendung einer englischen private limited company als Komplementärin einer deutschen Kommanditgesellschaft spricht nichts gegen den Rechtsformzusatz „Ltd & Co. KG".

231 Zu beachten ist im Übrigen, dass auch die Verwendung eines Rechtsformzusatzes gegebenenfalls geeignet ist, irrezuführen. So ist insbesondere bei **inländischen Zweigniederlassungen ausländischer Firmen** zu bedenken, dass die alleinige Verwendung eines deutschen Rechtsformkürzels in der Regel irreführend wirken wird. Erforderlich ist vielmehr ein Zusatz, der klarstellt, dass es sich um eine bestimmte ausländische Rechtsform handelt. So kann etwa eine Gesellschaft mit beschränkter Haftung nach ungarischem Recht nicht lediglich den Zusatz „GmbH" aufnehmen. Erforderlich ist vielmehr die zusätzliche Verwendung des Kürzels „Kft." unter Klarstellung, dass es sich nicht um einen inländischen Rechtsträger handelt.

6. Geschützte Firmenbestandteile

232 Für bestimmte Firmenbestandteile existieren **besondere gesetzliche Vorgaben**. Diese beruhen in der Regel auf dem Gedanken der besonderen Schutzbedürftigkeit und den Regelerwartungen des allgemeinen Rechtsverkehrs bei Auftreten eines Rechtsträgers mit diesem bestimmten Firmenbestandteil.

233 Insbesondere handelt es sich um folgende gesetzlichen Vorgaben:
– Rechtsanwaltsgesellschaft[4] (§ 59k Abs. 2 BRAO).
– Steuerberatungsgesellschaft (§ 43 Abs. 1, § 53 Abs. 1, § 161 StBerG);
– Wirtschaftsprüfungsgesellschaft, Buchprüfungsgesellschaft (§§ 27, 31, 133 WPO);
– Architekt, Ingenieur, entsprechend den einschlägigen Landesgesetzen (z.B. Art. 8 BayBauKaG);
– Bank, Bankier (§ 39 Abs. 1 KWG);
– Volksbank (§ 39 Abs. 2 KWG);
– Sparkasse (§ 40 Abs. 1 KWG);
– Spar- und Darlehenskasse (§ 40 Abs. 2 KWG);
– Bausparkasse (§ 1 BausparkassenG);
– Kapitalanlagegesellschaft, Investmentgesellschaft, Investmentfonds, Kapitalanlage, Investmentaktiengesellschaft (§ 3 InvG);
– Unternehmensbeteiligungsgesellschaft (§ 20 Abs. 1 UBGG);
– „und Partner", Partnerschaft[5] (§ 11 Abs. 1 PartGG).

---

[1] Hierzu *Heidinger*, in: MünchKommHGB, § 19 Rz. 28 ff.; *Zimmer*, in: Ebenroth/Boujong/Joost/Strohn, HGB, § 19 Rz. 21; *Baumbach/Hopt*, HGB, § 19 Rz. 27.

[2] Siehe OLG Saarbrücken NJW 1990, 647; BayObLG Z 1986, 61 (= NJW 1986, 3029); BayObLG DB 1986, 2530.

[3] Derzeit sehr streitig, wie hier die wohl noch überwiegende Auffassung; zur Gegenansicht, die europarechtliche Argumente anführt: *Heidinger*, in: MünchKommHGB, § 19 Rz. 31.

[4] Vgl. auch *Henssler* NZG 2000, 875; *Kempter/Kopp* NJW 2001, 781; *Kilian* NZG 2001, 151; *Muthers* NZG 2001, 930.

[5] Siehe hierzu *Kögel* Rpfleger 2007, 590.

III. Die Bildung der Firma im Einzelnen

1. Allgemeine Grundsätze bei der Firmenbildung

Die bis 1998 starren gesetzlichen Vorschriften zur Firmenbildung sind wesentlich freieren Möglichkeiten zur Gestaltung der Firma gewichen. Grundsätzlich steht danach allen Rechtsträgern die Wahl frei, ob die Firma als Personen-, Sach- oder Fantasiefirma gebildet wird oder eine Kombination dieser Möglichkeiten als Mischfirma gewählt wird. Kapitalgesellschaften können daher Personenfirmen haben ebenso wie Personenhandelsgesellschaften die Annahme einer Sachfirma offen steht. 234

Bei der Bildung einer **Personenfirma** (z. B. „Robert Mayer AG") wird der Eigenname oder die Firma eines anderen Rechtsträgers als Firmenkern verwendet. Ausreichend ist stets der Familienname.[1] Jedoch kann bei sog. Sammelnamen die Beifügung des Vornamens zur Herstellung der Unterscheidbarkeit nach § 30 HGB erforderlich sein (siehe Rz. 220). Bei Gesellschaften ist nach der Neufassung der Vorschriften über die Firmenbildung durch das Handelsrechtsreformgesetz nicht ausdrücklich normiert, dass der Namensgeber Mitgesellschafter sein muss. Vielmehr ist dies anhand der Eignung zur Irreführung nach § 18 Abs. 2 HGB zu beurteilen. Allgemein wird teilweise noch vertreten, dass im Rechtsverkehr in der Regel von der namensgebenden Person auf die entsprechende Haftungsmasse geschlossen wird. Als Angabe von wettbewerblicher Relevanz kann dies allerdings allenfalls dort von Bedeutung sein, wo dieser Schluss auf einer nachvollziehbaren rationalen Basis beruht. Da dieser Schluss bei Kapitalgesellschaften der Rechtslage zufolge keine Grundlage findet, ist bei diesen von vorneherein für die Firmenbildung gleichgültig, ob der Namensgeber Mitgesellschafter ist.[2] Erforderlich ist lediglich, dass der verwendete Name einen Bezug zum Unternehmen des Rechtsträgers aufweist.[3] Anders wurde dies bislang für Einzelkaufleute und Personenhandelsgesellschaften gesehen. Hier soll nach bisheriger Ansicht regelmäßig die Verwendung des Namens einer Person, die nicht persönlich haftet oder zumindest an der Gesellschaft beteiligt ist, die Eignung zur Irreführung über wesentliche geschäftliche Verhältnisse begründen, sofern nicht die Vorschriften der §§ 22 ff. HGB einschlägig sind.[4] Im Übrigen ist nur in Ausnahmefällen gesetzlich vorgesehen, dass die Firmenbildung zwingend unter Aufnahme des Namens mindestens eines Gesellschafters zu erfolgen hat (vgl. § 59 k Abs. 1 BRAO für Rechtsanwaltsgesellschaften). 235

Von einer **Sachfirma** ist die Rede, wenn der Firmenkern aus dem Gegenstand des Unternehmens entnommen wird (z. B. „AB Keks- und Schokoladenfabrik GmbH"). Besonders ist darauf zu achten, dass der Firma Kennzeichnungs- und Unterscheidungskraft zukommen muss (§ 18 Abs. 1 HGB). Die Verwendung von Gattungsangaben bzw. Branchen- und Sachbezeichnungen (z. B. „Handelsgesellschaft") genügt daher für sich allein nicht (siehe Rz. 218). Erforderlich ist vielmehr die Beifügung individualisierender Zusätze.[5] Ausreichend hierfür ist nicht ohne weiteres der Rechtsformzu- 236

---

[1] *Schlingloff*, in: Oetker, HGB, § 18 Rz. 11; *Zimmer*, in: Ebenroth/Boujong/Joost/Strohn, HGB, § 18 Rz. 6.

[2] *Koller/Roth/Morck*, HGB, § 18 Rz. 15; *Zimmer*, in: Ebenroth/Boujong/Joost/Strohn, HGB, § 18 Rz. 11; *Schlingloff*, in: Oetker, HGB, § 18 Rz. 26.

[3] **LG Passau** MittBayNot 2000, 332; **LG Wiesbaden** NZG 829; ebenso *Schlingloff*, in: Oetker, HGB, § 18 Rz. 26; *Ammon*, in: Röhricht/Westphalen, HGB, § 18 Rz. 34.

[4] *Zimmer*, in: Ebenroth/Boujong/Joost/Strohn, HGB, § 18 Rz. 11; *Baumbach/Hopt*, HGB, § 19 Rz. 16; anderer Ansicht für die Verwendung des Kommanditistennamens **OLG Saarbrücken** FGPrax 2006, 131.

[5] **BayObLG** Rpfleger 2003, 589 (= NZG 2003, 1029); **BayObLG** FGPrax 1997, 196 (= MittBayNot 1997, 307).

satz, sehr wohl aber eine Buchstaben- bzw. Zahlenkombination[1] (z. B. „SK 77 Mietwagen GmbH") oder eine Ortsbezeichnung[2]. Zu beachten ist allgemein auch das Irreführungsverbot des § 18 Abs. 2 HGB, so dass eine Sachfirma, die keinerlei Bezug zum Gegenstand des Unternehmens aufweist, grundsätzlich unzulässig ist.

237 Ebenso können **Fantasieworte** als Firmenkern verwendet werden (z. B. „Meditec e. K.").[3] Gleiches gilt für Zahlen- und Buchstabenkombinationen, sofern diese ausreichend Kennzeichnungs- und Unterscheidungskraft haben. Hingegen ist eine nur aus Zahlen bestehende Firma mangels ausreichender Kennzeichnungs- und Unterscheidungskraft unzulässig.[4] Der teilweise geäußerten Auffassung,[5] dass nicht aussprechbare Buchstabenkombinationen im Verkehr keine Kennzeichnungsfunktion haben, kann nicht beigetreten werden (vgl. Rz. 217). Schon seit längerer Zeit hat sich das Publikum an derartige Verbindungen als Firmen gewöhnt (z. B. „AEG"; „AOL"). Die Aussprechbarkeit ist stets gewahrt, da die Buchstaben auch einzeln einer sprachlichen Verwendung zugänglich sind.[6] Nur in besonderen Fällen sind Fantasieworte unzulässig, die auf eine vom Rechtsträger abweichende bestimmte Rechtsform hindeuten.[7] Die für das bis 1998 geltende Firmenrecht herrschende Auffassung, dass auch Endsilben täuschend wirken können (z. B. „Indrohag GmbH" als Hinweis auf eine Aktiengesellschaft),[8] lässt sich angesichts der generellen Zulässigkeit von Fantasiefirmen nicht mehr aufrecht erhalten.[9] Einer Fantasiefirma steht nicht entgegen, dass das Wort auch als Name einer Person verstanden werden kann,[10] da dies bei der Mehrzahl aller Fantasieworte abstrakt möglich ist. Im Übrigen führt nicht allein die Tatsache, dass die Firma auf mehrere Unternehmensgegenstände hindeutet, zur Irreführungseignung nach § 18 Abs. 2 HGB.[11]

238 Stets kann die Firma auch aus einer **Kombination** von Bestandteilen einer Personen-, Sach- und Fantasiefirma gebildet werden (z. B. „HT Waldhuber Modeagentur AG"). Im Fall der Eintragung ist die Firma in ihrer Gesamtheit an der Vorschrift des § 18 HGB zu messen. Ob die einzelnen Bestandteile ausreichend Kennzeichnungskraft haben, ist gleichgültig, sofern dies bei der Gesamtfirma der Fall ist.[12]

239 Zur besonderen Frage der **Verwendung bestimmter Elemente** bei der Firmenbildung ist an dieser Stelle auf die einschlägigen Kommentierungen zu verweisen.[13] Problematisch können v. a. geografische und historische Hinweise sowie Hinweise auf die Grö-

---

[1] *Schlingloff*, in: Oetker, HGB, § 18 Rz. 9; *Heidinger*, in: MünchKommHGB, § 18 Rz. 19 f.; *Wachter* GmbHR 2001, 477.
[2] KG FGPrax 2008, 35 (= Rpfleger 2008, 85).
[3] **BayObLG** Z 1999, 114 (= FGPrax 1999, 157 = Rpfleger 1999, 448 = MittBayNot 1999, 391 = NJW-RR 2000, 111).
[4] *Zimmer*, in: Ebenroth/Boujong/Joost/Strohn, HGB, § 18 Rz. 28.
[5] Siehe *Baumbach/Hopt*, HGB, § 18 Rz. 4.
[6] BGH NZG 2009, 192.
[7] Siehe **BayObLG** DB 1982, 2129 („BAG GmbH"); BayObLG DB 1978, 1269 („Trebag GmbH"); **LG Hannover** BB 1976, 59 („Gesag OHG"); KG NJW 1965, 255 („Delbag").
[8] BayObLG DB 1982, 2129; BayObLG BB 1979, 1466.
[9] OLG Köln GRUR-RR 2007, 163; *Heidinger*, in: MünchKommHGB, § 18 Rz. 171; *Schlingloff*, in: Oetker, HGB, § 18 Rz. 31; anderer Ansicht: *Ammon*, in: Röhricht/Westphalen, HGB, § 18 Rz. 36.
[10] **LG Landshut** MittBayNot 2000, 333; anderer Ansicht: *Zimmer*, in: Ebenroth/Boujong/Joost/ Strohn, HGB, § 18 Rz. 13.
[11] BayObLG Z 1999, 114 (= FGPrax 1999, 157 = Rpfleger 1999, 448) – „Meditec".
[12] *Zimmer*, in: Ebenroth/Boujong/Joost/Strohn, HGB, § 18 Rz. 31.
[13] Siehe etwa *Heidinger*, in: MünchKommHGB, § 18 Rz. 106 ff. *Baumbach/Hopt*, HGB, § 18 Rz. 23 ff.; *Zimmer*, in: Ebenroth/Boujong/Joost/Strohn, HGB, § 18 Rz. 45 ff.; *Koller/Roth/ Morck*, HGB, § 18 Rz. 11 ff.

2. Firma des Einzelkaufmanns

Über die allgemeinen Grundsätze hinaus besteht bei der Firma des **Einzelkaufmannes** 240 das Problem der Andeutung eines **Gesellschaftszusatzes**. Zwar enthält das Gesetz kein ausdrückliches derartiges Verbot, jedoch wäre ein solcher Firmenbestandteil ersichtlich geeignet, über wesentliche geschäftliche Verhältnisse irrezuführen (§ 18 Abs. 2 HGB), nämlich über die bestehenden Haftungsverhältnisse.[1] Daher sind Zusätze wie etwa „& Sohn", „& Söhne",[2] „& Company" oder „& friends" bei der Firma eines Einzelkaufmannes ebenso unzulässig wie etwa die Bezeichnung als „Institut".[3]

Wird ein einzelkaufmännisches Unternehmen von Ehegatten in Gütergemeinschaft 241 geführt, so muss bei einer Personenfirma nicht zwingend der Zusatz „in Gütergemeinschaft" beigefügt werden. Schon nach der Rechtslage vor Inkrafttreten des Handelsrechtsreformgesetzes war die Voranstellung der Bezeichnung „Eheleute" unproblematisch.[4] Nach nunmehr geltender Rechtslage kann auch dieser Zusatz entfallen, da der Inhaber bei der Firmenbildung nicht zwingend eine Personenfirma zu bilden hat.

Eine seinerzeit durch das Handelsrechtsreformgesetz eingeführte Neuerung war die 242 Pflicht des Einzelkaufmanns, einen **Rechtsformzusatz** in seine Firma aufzunehmen (§ 19 Abs. 1 Nr. 1 HGB). Zumindest für die im Handelsregister seit 1. Juli 1998 eingetragenen Kaufleute gilt diese Pflicht uneingeschränkt. Seit 1. April 2003 haben auch bereits zuvor eingetragene Kaufleute den Rechtsformzusatz aufzunehmen (Art. 38 EGHGB), vgl. hierzu Rz. 207. Der Zusatz kann entweder ausgeschrieben verwendet werden („Albertine Holzmann eingetragener Kaufmann") oder in allgemein verständlich abgekürzter Form. Das Gesetz schlägt hierzu in nicht abschließender Aufzählung die Kürzel „e.K.", „e. Kfm." oder „e. Kfr." vor.

3. Firma der offenen Handelsgesellschaft

Für die Firmenbildung bei der **offenen Handelsgesellschaft** (§§ 105 ff. HGB) sind die 243 dargestellten allgemeinen Grundsätze zu beachten. Besondere Erwähnung verdient bei der OHG die Bildung einer **Personenfirma**. Zulässig ist hierbei nur die Verwendung der Namen von Personen, die Gesellschafter sind.[5] Andernfalls ist die Firma zur Irreführung über die für den Verkehr wesentlichen Haftungsverhältnisse geeignet (§ 18 Abs. 2 HGB). Ebenso ist die Aufnahme der Firma einer an der OHG beteiligten Handelsgesellschaft als Personenfirma möglich. Die Firma des Gesellschafters muss nicht vollständig übernommen werden. Denkbar ist auch die Aufnahme von bloßen Firmenbestandteilen als originäre Firmenbildung der OHG.[6] Insbesondere muss der Rechtsformzusatz des Gesellschafters nicht übernommen werden,[7] da dies gesetzlich nicht angeordnet und auch eine Eignung zur Irreführung nicht zu unterstellen ist. Lediglich für den Fall, dass keine natürliche Person Gesellschafter ist, bedarf es einer entsprechenden Kennzeichnung gemäß § 19 Abs. 2 HGB. Beispielsweise kann die aus

---

[1] OLG Düsseldorf MittRhNotK 2000, 298; *Koller/Roth/Morck*, HGB, § 18 Rz. 15.
[2] OLG Düsseldorf MittRhNotK 2000, 298; s. a. AG Augsburg Rpfleger 2001, 187.
[3] OLG Düsseldorf FGPrax 2004, 294 (= Rpfleger 2004, 570).
[4] **BayObLG** Z 1991, 283 (= MittBayNot 1991, 267); *Baumbach/Hopt*, HGB, § 19 Rz. 6.
[5] Vgl. *Baumbach/Hopt*, HGB, § 19 Rz. 13; *Zimmer*, in: Ebenroth/Boujong/Joost/Strohn, HGB, § 18 Rz. 6 ff.; anderer Ansicht: *Priester* DNotZ 1998, 691 (699).
[6] *Zimmer*, in: Ebenroth/Boujong/Joost/Strohn, HGB, § 18 Rz. 33.
[7] *Zimmer*, in: Ebenroth/Boujong/Joost/Strohn, HGB, § 18 Rz. 33; anderer Ansicht: *Baumbach/Hopt*, HGB, § 19 Rz. 15.

den Gesellschaftern Gilbert Ross und der „Falter GmbH" bestehende OHG als Firma die Bezeichnung „Falter Modewerk & Co. OHG" wählen. Bei der Bildung einer Personenfirma ist darauf zu achten, dass durch die Firma nicht der **Anschein der Beteiligung** einer Zahl von Gesellschaftern erweckt wird, der nicht der Wirklichkeit entspricht (§ 18 Abs. 2 HGB). Eine aus A und B bestehende OHG dürfte also nicht als „A, B & Co. OHG" firmieren.

244 Zwingend ist auch für die OHG die Aufnahme eines **Rechtsformzusatzes** (§ 19 Abs. 1 Nr. 2 HGB). Die Aufnahme des Zusatzes „& Co." genügt für sich allein nicht mehr den Anforderungen der gesetzlichen Bestimmungen. Ausreichend ist jedoch neben der Verwendung der vollen Bezeichnung „offene Handelsgesellschaft" das weit verbreitete Kürzel „OHG" und die selten anzutreffende Mischform „offene HG". Hingegen ist die Abkürzung „OH" nicht ausreichend, da sie im Rechtsverkehr bislang völlig ungebräuchlich ist.[1]

245 Besondere Beachtung verdient die Bestimmung des **§ 19 Abs. 2 HGB**. Haftet bei der OHG keine natürliche Person, so hat die Firma eine Bezeichnung zu enthalten, welche die Haftungsbeschränkung kennzeichnet. Entgegen früherer Streitigkeiten spielt seit 1998 bei mehrstöckigen Gesellschaftskonstruktionen keine Rolle mehr, auf welcher Ebene die natürliche Person haftet.[2] Erforderlich ist stets, dass die Rechtsform der Gesellschaft als OHG erkennbar ist.

4. Firma der Kommanditgesellschaft

246 Für die Bildung der Firma einer **Kommanditgesellschaft** (§§ 161 ff. HGB) sind die allgemeinen Grundsätze heranzuziehen. Es kann eine Personen-, Sach-, Fantasie-, oder eine Kombinations- bzw. Mischfirma gebildet werden. Zu berücksichtigen ist bei der Bildung einer Personenfirma, dass neben den Namen von persönlich haftenden Gesellschaftern ggf. auch ausschließlich der Name eines Kommanditisten verwendet werden kann, da hierdurch keine Irreführung (§ 18 Abs. 2 HGB) eintritt,[3] nicht aber der Name einer real existierenden Person, die nicht an der Gesellschaft beteiligt ist, sofern damit eine Irreführungseignung verbunden sein kann (siehe Rz. 235).

247 Bei der Aufnahme des **Rechtsformzusatzes** (§ 19 Abs. 1 Nr. 3 HGB) genügt nicht allein der Bestandteil „& Co.". Erforderlich ist vielmehr die ausgeschriebene Bezeichnung „Kommanditgesellschaft" oder eine allgemein verständliche Abkürzung. Gebräuchlich ist das Kürzel „KG". Denkbar sind auch die Bezeichnungen „Kommanditges." oder „KommanditG". Dagegen begegnet das Kürzel „KommGes" Zweifeln, da dieses dem Rechtsverkehr eine eindeutige Zuordnung aufgrund seiner Mehrdeutigkeit verwehrt.[4]

248 Besonderheiten sind nach § 19 Abs. 2 HGB bei der **„GmbH & Co. KG"** zu beachten. Die Firma bedarf eines klarstellenden Zusatzes, wenn keine natürliche Person unbeschränkt haftet (siehe Rz. 229). Von entscheidender Bedeutung ist, dass der Firma deutlich entnommen werden kann, dass der Rechtsträger eine Kommanditgesellschaft ist. Dies geschieht üblicherweise durch die Verwendung der Beifügung „GmbH & Co. KG", wobei im Fall einer „UG (haftungsbeschränkt)" diese Bezeichnung anstelle von „GmbH" zu benützen ist. Dasselbe gilt bei den Gestaltungen der „AG & Co.

---

[1] *Zimmer*, in: Ebenroth/Boujong/Joost/Strohn, HGB, § 19 Rz. 9; *Schlingloff*, in: Oetker, HGB, § 19 Rz. 4; anderer Ansicht die Begründung in BT-Drucks. 13/8444, S. 56.

[2] BT-Drucks. 13/8444, S. 56.

[3] **OLG Saarbrücken** FGPrax 2006, 131 (= Rpfleger 2006, 415); *Canaris*, Handelsrecht, § 11 Rz. 5; *Zimmer*, in: Ebenroth/Boujong/Joost/Strohn, HGB, § 18 Rz. 12; anderer Ansicht *Baumbach/Hopt*, HGB, § 19 Rz. 22; *Koller/Roth/Morck*, HGB, § 18 Rz. 15.

[4] Ebenso *Zimmer*, in: Ebenroth/Boujong/Joost/Strohn, HGB, § 19 Rz. 14; anderer Ansicht: *Baumbach/Hopt*, HGB, § 19 Rz. 20.

KG" bzw. der „Stiftung & Co. KG" oder der „e. V. & Co. KG". Bei einer GmbH & Co. KG muss die Firma nicht aus dem Namen der GmbH oder deren Unternehmensgegenstand gebildet sein. Auch muss bei der Bildung einer Personenfirma nicht die gesamte Firma der GmbH vollständig übernommen werden. Vielmehr kann die KG auch eine eigene originäre Sach-, Fantasie- oder Kombinationsfirma bilden. Von der Firma der KG kann somit nicht auf die Firma der Komplementär-GmbH geschlossen werden.

5. Firma der GmbH

Die Firma der GmbH ist nach den **allgemeinen Grundsätzen** zu bilden[1] (§ 13 Abs. 3 GmbHG, § 6 Abs. 2 i. V. m. §§ 17 ff. HGB). Denkbar sind daher Personen-, Sach-, Fantasie- und Kombinations- bzw. Mischfirmen. Bei der Bildung einer Personenfirma genügt es, wenn der Namensträger einen Bezug zu dem Unternehmen der GmbH aufweist. Da anders als bei Personengesellschaften die Haftungslage grundsätzlich nicht von der Gesellschafterzusammensetzung abhängt, begegnet dies auch unter Berücksichtigung der Bestimmung des § 18 Abs. 2 HGB keinen Bedenken (vgl. Rz. 235). 249

Nach § 4 GmbHG muss der Firma, auch wenn sie nach § 22 HGB fortgeführt wird, ein Rechtsformzusatz beigefügt sein. Neben der ausgeschriebenen Variante „Gesellschaft mit beschränkter Haftung" genügt auch eine allgemein verständliche Abkürzung. Üblich ist das Kürzel „GmbH". Denkbar sind Mischformen („Baugesellschaft mbH") oder andere verständliche Abkürzungen[2] („GesmbH"). Die Buchstaben „mbH" genügen jedoch nicht, wenn die Firma im Übrigen das Wort „Gesellschaft" nicht enthält. Auch genügt statt „Gesellschaft" mangels Allgemeinverständlichkeit die Abkürzung „& Co." oder „& Cie." nicht.[3] Unzulässig wäre daher die Firma „Albert & Co. mbH". Für zulässig wurde hingegen die ausgeschriebene Verwendung als „Company mbH" erachtet.[4] Auch bei Ein-Personen-Gesellschaften ist die Bezeichnung „Gesellschaft" oder deren Abkürzung zwingend erforderlich.[5] Zur Abkürzung „gGmbH" bei gemeinnützigen Gesellschaften siehe Rz. 229. 250

Hat die Gesellschaft ein Stammkapital unter 25 000 €, so darf die Bezeichnung „Gesellschaft mit beschränkter Haftung" oder eine entsprechende Kurzbezeichnung nicht in der Firma verwendet werden, sondern muss die Bezeichnung **„Unternehmergesellschaft (haftungsbeschränkt)"** oder **„UG (haftungsbeschränkt)"** geführt werden (§ 5a Abs. 1 GmbHG). Im Übrigen gelten allerdings dieselben Anforderungen an die Firmenbildung wie bei einer regulären Gesellschaft mit beschränkter Haftung. Der abweichende Rechtsformzusatz kann auch dann beibehalten werden, wenn im Rahmen einer Kapitalerhöhung der genannte Mindestbetrag erreicht oder überschritten wird (§ 5a Abs. 5 GmbHG). 250a

6. Firma der Aktiengesellschaft

Für die Firmierung der **Aktiengesellschaft** sind keine wesentlichen Besonderheiten zu beachten (vgl. § 3 Abs. 1 AktG, § 6 Abs. 2 i. V. m. §§ 17 ff. HGB). Die Gesellschaft kann seit Inkrafttreten des Handelsrechtsreformgesetzes eine Personen-, Sach- oder Fantasiefirma oder eine Kombination derselben wählen. Aufgrund § 4 AktG hat die 251

---

[1] Vgl. hierzu *Müther* GmbHR 1998, 1058.
[2] Vgl. *Bayer,* in: Lutter/Hommelhoff, GmbHG, § 4 Rz. 24.
[3] *Bayer,* in: Lutter/Hommelhoff, GmbHG, § 4 Rz. 25.
[4] **LG Nürnberg-Fürth** MittBayNot 1994, 162; anderer Ansicht: *Bayer,* in: Lutter/Hommelhoff, GmbHG, § 4 Rz. 25; *Roth/Altmeppen,* GmbHG, § 8 Rz. 47.
[5] *Roth/Altmeppen,* GmbHG, § 4 Rz. 45; *Schmidt-Leithoff,* in: Rowedder/Schmidt-Leithoff, GmbHG, § 4 Rz. 55.

Firma die Bezeichnung „Aktiengesellschaft" oder eine allgemein verständliche Abkürzung dieser Bezeichnung zu enthalten. Auch „Altfirmen" aus der Zeit vor dem 1. Januar 1900 haben nunmehr den Rechtsformzusatz zu führen (vgl. § 26a EGAktG in Abweichung von Art. 22 Abs. 1 EGHGB). Der Standort des Rechtsformzusatzes ist grundsätzlich frei wählbar.[1] Als allgemein verständliche Abkürzung ist derzeit lediglich „AG" gebräuchlich.[2] Andere Abkürzungen sind nicht generell unzulässig, sofern nur die Rechtsformzuordnung für den allgemeinen Rechtsverkehr unproblematisch möglich ist. Nicht ausreichend ist allerdings die Verwendung des Zusatzes „Gesellschaft auf Aktien" oder nur die Aufnahme des Bestandteils „Aktien", wie z.B. in der Firma „Münchner Aktienbrauerei".[3]

7. Firma der SE

252 Für die Firma der Europäischen Gesellschaft (SE) schreibt Art. 11 Abs. 1 SE-VO die Voran- oder Nachstellung des Zusatzes „SE" vor. Im Übrigen sind für die Firmenbildung für eine SE mit Sitz im Bundesgebiet die deutschen aktienrechtlichen Vorschriften (Rz. 251), und damit letztendlich die allgemeinen firmenrechtlichen Regelungen der §§ 17ff. HGB anzuwenden (Art. 9 Abs. 1 lit. c SE-VO).

8. Firma der KGaA

253 Auch die Firma der **Kommanditgesellschaft auf Aktien** muss nach § 279 Abs. 1 AktG die Bezeichnung ihrer Rechtsform in der gebildeten Firma enthalten oder eine allgemein verständliche Abkürzung. Die Bildung der Firma unterliegt im Übrigen den allgemeinen Grundsätzen (§ 6 Abs. 2 i.V.m. §§ 17ff. HGB), so dass auch hier eine Personen-, Sach- oder Fantasiefirma oder entsprechende Kombinationen möglich sind. Als abgekürzter Rechtsformzusatz ist „KGaA" allgemein gebräuchlich. Hingegen haben sich andere Bezeichnungen (KAG, KoAG, KGA) nicht durchgesetzt.[4]

254 Haftet in der Gesellschaft keine natürliche Person unbeschränkt als persönlich haftender Gesellschafter, so muss dies nach § 279 Abs. 2 AktG die Firma erkennen lassen. Es ist also eine Bezeichnung aufzunehmen, welche die Haftungsbeschränkung offen legt. Wie im Rahmen der Bestimmung des § 19 Abs. 2 HGB (hierzu Rz. 229) spielt es keine Rolle, auf welcher Ebene die natürliche Person haftet, so dass eine Offenlegung auch dann entbehrlich ist, wenn die natürliche Person bei einer mehrstöckigen Konstruktion nicht schon unmittelbar persönlich haftender Gesellschafter der KGaA ist.[5] Im Übrigen genügt eine Offenlegung beispielsweise durch den Rechtsformzusatz „GmbH & Co. KGaA".[6]

9. Firma des Versicherungsvereins auf Gegenseitigkeit

255 Gemäß § 18 Abs. 2 Satz 1 VAG soll die Firma den **Sitz** des Versicherungsvereins auf Gegenseitigkeit erkennen lassen. Die Firma, d.h. der Firmenkern oder ein Zusatz hat zudem erkennen zu lassen, dass **Versicherung auf Gegenseitigkeit** betrieben wird (§ 18 Abs. 2 Satz 2 VAG). Denkbar sind insoweit auch die Zusätze „VaG", „aG" oder „Gegenseitig", wenn der Gesamtfirma die vorgeschriebene Bedeutung zu entnehmen ist.[7] Statt des Begriffs „Versicherung" genügt nach allgemeinem Sprachgebrauch auch das

---

[1] *Hüffer*, AktG, § 4 Rz. 17; *Heider*, in: MünchKommAktG, § 4 Rz. 17.
[2] Vgl. *Heider*, in: MünchKommAktG, § 4 Rz. 18.
[3] *Hüffer*, AktG, § 4 Rz. 17; *Heider*, in: MünchKommAktG, § 4 Rz. 17ff.
[4] *Hüffer*, AktG, § 279 Rz. 2; *Semler/Perlitt*, in: MünchKommAktG, § 279 Rz. 4; *Mertens*, in: KölnKommAktG, § 279 Rz. 2.
[5] BT-Drucks. 13/8444, S. 56; siehe auch *Hüffer*, AktG, § 279 Rz. 3.
[6] Hierzu bereits vor Inkrafttreten des HRefG 1998 **BGH** Z 134, 392.
[7] **KG** J 26 A 69; *Weigel*, in: Prölls, VAG, § 18 Rz. 2 m.w.N.

Wort „Kasse".[1] Im Übrigen ist der VVaG in der Wahl seiner Firma (Sach-, Personen- oder Fantasie- bzw. Mischfirma) ebenso frei wie andere Handelsgesellschaften (§ 16 Satz 1 VAG i. V. m. §§ 17 ff. HGB).

10. Name der Partnerschaftsgesellschaft

Zwar führt die **Partnerschaftsgesellschaft** keine Firma sondern einen Namen (§ 2 Abs. 1 PartGG). Jedoch sind für die Bildung des Namens der Partnerschaft und für deren Verwendung durch § 2 Abs. 2 PartGG die Vorschriften des HGB für die Firma weitgehend für entsprechend anwendbar erklärt worden.

256

Gemäß § 2 Abs. 1 Satz 1 PartGG muss der Name der Partnerschaft **den Familiennamen mindestens eines Partners**[2] (siehe § 2 Abs. 1 Satz 2 PartGG), den **Rechtsformzusatz** „und Partner" oder „Partnerschaft" sowie **die Berufsbezeichnungen aller in der Partnerschaft vertretenen Berufe** enthalten. Namen anderer Personen als der Gesellschafter dürfen in den Namen der Partnerschaft nicht aufgenommen werden (§ 2 Abs. 1 Satz 3 PartGG). Auch darf im Namen der Partnerschaft neben dem Namen eines Partners nicht allein der als Begleitname bestimmte Geburtsname eines weiteren Partners enthalten sein, selbst wenn er zuvor so als Bezeichnung einer BGB-Gesellschaft verwendet wurde, sofern hiermit die Gefahr einer Irreführung des Rechtsverkehrs über die Personen der Gesellschafter verbunden ist.[3] Die Zusammensetzung mehrerer Namen zu einem Wort genügt gleichfalls nicht den strengen Anforderungen des § 2 Abs. 1 PartGG.[4]

257

Zudem sind im Namen der Partnerschaft alle in der Gesellschaft **ausgeübten Berufe** aufzuführen. Hierbei darf die Mehrzahl des Berufes („Ärzte") nur im Namen verwendet werden, wenn der Beruf auch von mehr als einem Partner in der Partnerschaft ausgeübt wird. Bei der Verwendung der Berufsbezeichnung ist grundsätzlich an § 1 Abs. 2 PartGG anzuknüpfen. Da die dortige Aufzählung nicht abschließend ist, können auch unbenannte freie Berufe in den Namen aufgenommen werden. Bezüglich des Berufs eines „Unternehmensberaters" ist dies gängige Praxis. Da die Bezeichnung eines „Fachanwalts" kein vom Beruf des „Rechtsanwalts" abweichender eigener Beruf ist, kann diese Bezeichnung nicht in den Namen der Partnerschaft aufgenommen werden.[5]

258

Als **Rechtsformzusatz** stehen der Gesellschaft die Varianten „Partnerschaft" sowie „und Partner" zur grundsätzlich freien Auswahl zur Verfügung.[6] Das „und" kann auch durch allgemein gebräuchliche Zeichen („+" oder „&") ersetzt werden.[7] Die Verwendung des Zusatzes „und Partner" ist nur möglich, wenn außer den namentlich genannten Gesellschaftern zumindest ein weiterer ggf. auch namensgleicher Partner vorhanden ist, andernfalls ist der Zusatz „Partnerschaft" zu verwenden,[8] da sonst die Gefahr einer Irreführung über die Gesellschafterzusammensetzung besteht (§ 2 Abs. 2 PartGG, § 18 Abs. 2 HGB). Andere Rechtsformzusätze, wie etwa „Partnerschaftsge-

259

---

[1] *Weigel*, in: Prölls, VAG, § 18 Rz. 1.
[2] Hierzu siehe bzgl. der Verwendung eines Berufs- oder Künstlernamens **OLG Frankfurt** NJW 2003, 364 (= FGPrax 2003, 43 = Rpfleger 2003, 198).
[3] **OLG Karlsruhe** MittBayNot 1999, 491.
[4] **OLG Frankfurt** FGPrax 2008, 167.
[5] **OLG Hamburg** Rpfleger 1998, 28.
[6] Vgl. hierzu *Kögel* Rpfleger 2007, 590.
[7] Vgl. **BGH** Z 135, 257 (= NJW 1997, 1854); *Michalski/Römermann*, PartGG, § 2 Rz. 11; *Hornung* Rpfleger 1995, 481 (484).
[8] Ebenso *Seibert*, in: Ebenroth/Boujong/Joost/Strohn, HGB, PartGG § 2 Rz. 3; *Henssler*, PartGG, § 2 Rz. 6.

sellschaft" oder „PartG" sind ebenfalls zulässig,[1] da sie wie die in § 2 Abs. 1 PartGG genannten Zusätze die Rechtsform offen legen.

260 Als Bestandteil kann im Namen der Partnerschaft neben dem Namenskern auch ein **weiterer Zusatz** enthalten sein.[2] Beispiele[3] hierfür sind die Bezeichnungen „Sozietät", „Gemeinschaftspraxis", „Institut", „Zentrum" oder auch individualisierende Fantasiezusätze wie etwa „attax". Im Einzelnen sehen die verschiedenen Berufsordnungen hierzu Besonderheiten vor.[4]

261 Wie im allgemeinen Firmenrecht wird der gebildete Name anhand § 18 Abs. 2 HGB auf eine Gefahr der **Irreführung** hin überprüft (§ 2 Abs. 2 PartGG). Bei Erwerb der Partnerschaft darf der Name mit oder ohne Nachfolgezusatz unter den Voraussetzungen des § 22 Abs. 1 HGB fortgeführt werden[5] (§ 2 Abs. 2 PartGG). Nach § 24 HGB darf der Name eines Partners auch dann behalten werden, wenn dieser unter Gestattung der Beibehaltung aus der Partnerschaft ausscheidet (§ 2 Abs. 2 PartGG). Jedoch ist die Berufsbezeichnung des ausgeschiedenen Partners aus dem Namen zu entfernen, wenn dieser Beruf von keinem weiteren Gesellschafter ausgeübt wird[6] (§ 18 Abs. 2 HGB). Zudem kann eine Namensaufnahme neuer Partner in den Partnerschaftsnamen so tief greifende Bedeutung haben, dass der Name eines bereits ausgeschiedenen Partners zu entfernen ist.[7] Für die Unterscheidbarkeit des Namens gelten nach § 2 Abs. 2 PartGG die Grundsätze des § 30 HGB.

262 Im Fall einer **formwechselnden Umwandlung** einer Gesellschaft bürgerlichen Rechts in eine Partnerschaft findet nach § 2 Abs. 2 Halbs. 2 PartGG die Bestimmung des § 24 Abs. 2 HGB Anwendung. Der Name eines Gesellschafters der BGB-Gesellschaft kann also auch dann als Bestandteil des Namens der Partnerschaft fortgeführt werden, wenn der Namensträger nicht deren Gesellschafter wird, beispielsweise weil er vor der Umwandlung bereits ausgeschieden oder verstorben ist. Voraussetzung ist jedoch, dass der Namensträger der Weiterverwendung seines Namens zugestimmt hat.

263 Die Rechtsformzusätze „Partnerschaft", „und Partner" sowie bei nicht eindeutig bestimmter Rechtsform auch „Partner"[8] sind **für die Partnerschaftsgesellschaft** nach **§ 11 Satz 1 PartGG reserviert.**[9] Die Eintragung einer neuen Firma mit dem Bestandteil „& Partner" für andere Rechtsträger als Partnerschaftsgesellschaften und somit auch bei der im Inland verwendeten Firma der Zweigniederlassung eines ausländischen Rechtsträgers[10] ist somit nicht möglich. Nach Ablauf einer zweijährigen Übergangsfrist am 30. Juni 1997 sind nunmehr alle Gesellschaften, die seit der Zeit vor Inkrafttreten des PartGG am 1. Juli 1995 eine dieser Bezeichnungen in ihrer Firma führen, verpflichtet, entweder diesen Firmenbestandteil aus ihrer Firma zu entfernen

---

[1] Ebenso *Michalski/Römermann*, PartGG, § 2 Rz. 9; *Seibert*, in: Ebenroth/Boujong/Joost/Strohn, HGB, PartGG § 2 Rz. 3 (zumindest bezüglich „Partnerschaftsgesellschaft"); *Meilicke/Westphalen/Hoffmann/Lenz*, PartGG, § 2 Rz. 4; anderer Ansicht: *Ulmer*, in: MünchKommBGB, § 2 PartGG Rz. 8.

[2] *Michalski/Römermann*, PartGG, § 2 Rz. 10a; *Meilicke/Westphalen/Hoffmann/Lenz*, PartGG, § 2 Rz. 7.

[3] Vgl. *Seibert*, in: Ebenroth/Boujong/Joost/Strohn, HGB, PartGG § 2 Rz. 6.

[4] Hierzu *Michalski/Römermann*, PartGG, § 2 Rz. 20 ff.; zur Zulässigkeit des Bestandteils „Gemeinschaftspraxis" bei einer Ärztepartnerschaft siehe **OLG Schleswig** FGPrax 2003, 37.

[5] Hierzu **LG Essen** RNotZ 2003, 267.

[6] Ebenso *Seibert*, in: Ebenroth/Boujong/Joost/Strohn, HGB, PartGG, § 2 Rz. 13.

[7] **OLG Frankfurt** FGPrax 2005, 270 (= Rpfleger 2005, 671).

[8] **KG** FGPrax 2004, 248 (= Rpfleger 2004, 633).

[9] Vgl. **BGH** Z 135, 257 (= NJW 1997, 1854) nach Vorlage **BayObLG** NJW 1996, 3016 gegen **OLG Frankfurt** NJW 1996, 2237; **BayObLG** NZG 2003, 477 (= Rpfleger 2003, 317).

[10] *Wachter*, in: Süß/Wachter, Handbuch des internationalen GmbH-Rechts, § 2 Rz. 152.

oder einen Hinweis auf ihre Rechtsform hinzuzufügen[1] (§ 11 Satz 2 und 3 PartGG). Bei weitergehenden Firmenänderungen ist der Rechtsträger verpflichtet, den Bestandteil „& Partner" aus der Firma zu entfernen.[2] Hat die Gesellschaft den erforderlichen richtigen Rechtsformzusatz nicht beigefügt, so kann der Zusatz „& Partner" im Fall einer Fortführung nach § 22 HGB nicht übernommen werden, da die zu übernehmende Firma nicht mehr zulässig war.[3] Wurde der Zusatz beigefügt oder bereits immer geführt, so kann der Zusatz „& Partner" bei einer formwechselnden Umwandlung mitgenommen werden.[4] Allerdings ist damit die Verwendung des Wortes „Partner" als Firmenbestandteil keineswegs zugunsten der Partnerschaftsgesellschaften monopolisiert, sodass zum Beispiel die Kombination „GV-Partner" Teil der Firma einer GmbH sein kann.[5]

11. Firma der eingetragenen Genossenschaft

Für die Eintragung der Firma der Genossenschaft im Genossenschaftsregister gelten **keine grundlegenden Besonderheiten.** Da die eingetragenen Genossenschaften nach § 17 Abs. 2 GenG als Kaufleute im Sinne des HGB gelten, sind für die Firmenbildung die allgemeinen Vorschriften der §§ 17 ff. HGB zu beachten. Nach § 3 Satz 1 GenG hat die Firma der Genossenschaft auch dann, wenn es sich um eine fortgeführte Firma handelt, den Zusatz „eingetragene Genossenschaft" oder die Abkürzung „eG" zu enthalten. Andere **Rechtsformzusätze** sind für die Genossenschaft nicht vorgesehen. 264

12. Firma der SCE

Für die Firma der SCE mit Satzungssitz im Bundesgebiet gilt grundsätzlich das deutsche Genossenschaftsrecht (Art. 8 Abs. 1 lit. c SCE-VO), so dass auf die Ausführungen in Rz. 264 zu verweisen ist. Anstelle des Rechtsformzusatzes „eG" ist das Kürzel SCE der Firma voran- oder nachzustellen und gegebenenfalls auch der ausgeschriebene Zusatz „mit beschränkter Haftung" (Art. 5 Abs. 4 Spiegelstrich 1 SCE-VO). 265

13. Firma der EWIV

Die Europäische wirtschaftliche Interessenvereinigung hat nach Art 5 lit. a der EWIV-VO einen Namen zu führen mit den voran- oder nachgestellten Worten „Europäische wirtschaftliche Interessenvereinigung" oder der Abkürzung „EWIV", sofern diese Worte bzw. die Abkürzung nicht bereits im Namen enthalten sind. § 2 Abs. 2 Nr. 1 des deutschen EWIV-AusfG bestimmt, dass der so gebildete Name, dort als Firma bezeichnet, zur Eintragung in das Handelsregister anzumelden ist. Für die Bildung des Namens im Übrigen sind nach § 1 EWIV-AusfG die Vorschriften des HGB für die OHG anzuwenden[6] (hierzu Rz. 243 ff.). 266

Mit Inkrafttreten des Handelsrechtsreformgesetzes ist gesetzlich geregelt, dass die gebildete Firma nicht zwingend eine Personenfirma zu sein hat. Der bis 1998 geführte Rechtsstreit, ob die EWIV eine Sachfirma führen darf,[7] ist damit hinfällig geworden. 267

---

[1] Hierzu auch **LG München I** MittBayNot 1998, 270.
[2] **OLG Stuttgart** FGPrax 2000, 145 (= MittRhNotK 2000, 297 = Rpfleger 2000, 336).
[3] **OLG Karlsruhe** NJW 1998, 1160.
[4] **OLG Frankfurt** MittBayNot 1999, 394.
[5] **OLG München** FGPrax 2007, 95 (= Rpfleger 2007, 205).
[6] Vgl. zur Firmenbildung der EWIV auch *Hakenberg,* in: Ebenroth/Boujong/Joost/Strohn, HGB, EWIV Rz. 20.
[7] Vgl. **EuGH** NJW 1998, 972 (nach Vorlage von **OLG Frankfurt** FGPrax 1997, 38); **LG Bonn** EuZW 1993, 550; **AG München** EuZW 1990, 135.

14. Firmenbildung bei Zweigniederlassungen

268 **a) Allgemeines.** In der Regel hat die Zweigniederlassung **keine eigene Firma,**[1] da sie keine eigenständige Rechtsperson, sondern vielmehr unselbstständiger Teil des Gesamtunternehmens ist.[2] Nach dem Grundsatz der Firmeneinheit kann also für die Zweigniederlassung die Firma der Hauptniederlassung geführt werden.

269 Ohne weiteres möglich, nicht aber zwingend nötig, ist die Beifügung eines **Firmenzusatzes,** der erkennbar macht, dass es sich nicht um die Hauptniederlassung des Unternehmens handelt (etwa „Filiale Hamburg", „Zweigniederlassung Münster"). Ein derartiger „Filialzusatz" ist allerdings erforderlich, wenn die Vertretungsmacht eines Prokuristen oder eines persönlich haftenden Gesellschafters auf den Betrieb einer Niederlassung beschränkt sein soll (§ 50 Abs. 3 Satz 2 HGB, § 126 Abs. 3 HGB). Eine Aufnahme dieses bloßen Firmenzusatzes in die Satzung beziehungsweise in den Gesellschaftsvertrag ist bei der Zweigniederlassung von Kapitalgesellschaften nicht notwendig.[3] Besteht an dem Ort oder in der Gemeinde der Zweigniederlassung bereits eine gleiche eingetragene Firma, so ist gemäß § 30 Abs. 3 HGB die Beifügung eines Zusatzes nach § 30 Abs. 2 HGB angezeigt. Ausreichend ist auch insoweit ein Filialzusatz unter Angabe des Ortes der Zweigniederlassung.[4]

270 Bis zur Einführung des Handelsrechtsreformgesetzes war herrschende Meinung, dass entweder der **Firmenkern** beider Firmen **einheitlich** sein **oder** die Firma der Zweigniederlassung bei selbstständigem Firmenkern die Zugehörigkeit zur Hauptniederlassung durch einen **entsprechenden Zusatz** klarstellen muss.[5] So kann z. B. die Firma der Zweigniederlassung der „Postalis AG" auch „Reltema Zweigniederlassung der Postalis AG" lauten. An dieser Rechtslage hat sich auch durch die Reform des Firmenrechts nichts geändert.[6] Nach wie vor lässt die unveränderte Bestimmung des § 50 Abs. 3 Satz 1 HGB erkennen, dass Haupt- und Zweigniederlassung verschiedene Firmen haben können, also insbesondere der Firmenkern unterschiedlich sein kann. Dass in diesem Fall ein erweiterter Filialzusatz aufzunehmen ist, aus welchem die Firma der Hauptniederlassung zu ersehen ist, ist eine Konsequenz des auch nach dem Handelsrechtsreformgesetz weiterhin gültigen Grundsatzes der **Firmenwahrheit.**[7] Wählt eine Kapitalgesellschaft oder juristische Person nach § 33 HGB für die Zweigniederlassung eine Firma mit abweichendem Firmenkern und Filialzusatz, so hat sie auch die Firma der Zweigniederlassung in die Satzung mit aufzunehmen,[8] da andernfalls die Durchbrechung des Grundsatzes der Firmeneinheit nicht durch Entscheidungen der intern für die Firmenbildung zuständigen Organe der Rechtsperson legitimiert wäre (siehe ferner § 3 Abs. 1 Nr. 1 GmbHG; § 23 Abs. 3 Nr. 1 AktG).

---

[1] *Krafka,* in: MünchKommHGB, § 13 Rz. 21; *Koch,* in: Staub, HGB, § 13 Rz. 84; *Preuß,* in: Oetker, HGB, § 13 Rz. 31.

[2] *Ammon,* in: Röhricht/Westphalen, HGB, § 13 Rz. 7; *Baumbach/Hopt,* HGB, § 13 Rz. 4; *Pentz,* in: Ebenroth/Boujong/Joost/Strohn, HGB, § 13 Rz. 17.

[3] BayObLG Z 1992, 59 (= Rpfleger 1992, 395 = MittBayNot 1992, 225 = NJW-RR 1992, 1062).

[4] *Karsten Schmidt,* Handelsrecht, § 12 II 3 b; *Ammon,* in: Röhricht/Westphalen, HGB, § 30 Rz. 23.

[5] **RG Z 113, 213; RG Z 114, 320** sowie **BayObLG Z 1992, 59** (= Rpfleger 1992, 395 = MittBayNot 1992, 225); *Baumbach/Hopt,* HGB, § 13 Rz. 7.

[6] *Ammon/Ries,* in: Röhricht/Westphalen, HGB, § 13 Rz. 13; *Preuß,* in: Oetker, HGB, § 13 Rz. 33; *Pentz,* in: Ebenroth/Boujong/Joost/Strohn, HGB, § 13 Rz. 22; *Krafka,* in: MünchKommHGB, § 13 Rz. 22.

[7] Ebenso *Karsten Schmidt,* Handelsrecht, § 12 II 3 a; *Koch,* in: Staub, HGB, § 13 Rz. 85; anderer Ansicht: *Koller/Roth/Morck,* HGB, § 17 Rz. 15.

[8] **BayObLG Z 1992, 59** (= Rpfleger 1992, 395 = MittBayNot 1992, 225).

Somit kann unter Berücksichtigung der vorstehenden Darstellung die Firma einer Zweigniederlassung bestehen: 271
– in einer exakten Wiedergabe der Firma der Hauptniederlassung,
– in einer Wiedergabe der Firma beziehungsweise des Firmenkerns der Hauptniederlassung unter Beifügung eines Filialzusatzes oder
– in einer Firma mit neuem Firmenkern unter Beifügung eines erweiterten Filialzusatzes unter Wiedergabe der Firma der Hauptniederlassung.

b) **Auslandsbezug.** Mit Abweichungen gelten diese Ausführungen auch für **Zweigniederlassungen ausländischer Unternehmen**. Zunächst ist insoweit festzuhalten, dass zumindest im europarechtlichen Kontext regelmäßig ein Recht des Unternehmens besteht, seine nach ausländischem Recht gebildete Firma auch im Bundesgebiet grundsätzlich unverändert für eine Zweigniederlassung verwenden zu können.[1] Allerdings muss es dem Rechtsverkehr möglich sein, den Rechtsträger der Zweigniederlassung aus der Firmierung zuordnen zu können. Um diesbezüglich Verwechslungen mit deutschen Rechtsformzusätzen und Fantasiefirmen vermeiden zu können, ist der ausländischen Bezeichnung ein Zusatz beizufügen, der diese Einordnung ermöglicht. Denkbar ist insoweit eine eindeutige geografische Bezeichnung (Helgafjell EHF – Reykjavik [für eine Gesellschaft mit beschränkter Haftung nach isländischem Recht]) oder ein Filialzusatz (Gerbruck AG Zweigniederlassung Deutschland [für eine österreichische oder schweizerische Aktiengesellschaft]). Dieser vernachlässigbare Eingriff in die unternehmerische Freiheit der ausländischen Rechtsträger begegnet keinen durchgreifenden Bedenken, da er weder die interne gesellschaftsrechtliche Struktur angreift, noch die grundsätzlich einheitliche Firmierung aufbricht oder diskriminierend wirkt. Ähnliches gilt für in der ausländischen Firma enthaltene, **in Deutschland irreführende Rechtsformzusätze**. Hat ein kroatischer Rechtsträger etwa die Firma „Trockenbau GmbH d. o. o." gewählt, kann diese Firma aus zwei Gründen nicht für die hiesige Zweigniederlassung benutzt werden. Zunächst ist der Bestandteil „Trockenbau" nicht zur Kennzeichnung ausreichend; dem könnte man durch einen bloßen kennzeichnenden Zusatz in der Zweigniederlassungsfirma begegnen. Zum anderen mag der Bestandteil „GmbH" zwar im Heimatstaat unproblematisch sein. In Deutschland allerdings stellt er eine wesentliche Täuschung über die Rechtsform dar, da der Zusatz „GmbH" auf eine inländische Gesellschaftsform hindeutet, tatsächlich aber eine kroatische Gesellschaft vorliegt. Dieser Mangel kann nur dadurch beseitigt werden, dass dieser Bestandteil aus der ausländischen Firma entfernt wird. 272

Wie die Bestimmung des § 13 d Abs. 2 HGB zeigt, gelten im Übrigen für die Firmenbildung der Zweigniederlassungen ausländischer Unternehmen[2] keine grundlegenden Besonderheiten. Die Firma hat den deutschen Bestimmungen zu entsprechen, insbesondere darf sie **nicht irreführend** sein,[3] in Deutschland über keine Kennzeichnungskraft verfügen oder gegen § 30 HGB verstoßen.[4] Diese Anforderungen verstoßen nicht gegen europarechtliche Vorgaben, da sich der Gebrauch einer Firma jeweils örtlich anders darstellt und deshalb nicht in die Firmenbildung im Land der Haupteintragung eingegriffen wird, sondern nur der örtliche Gebrauch im Rahmen der Zweigniederlassung beanstandet wird. So mag die Firmenverwendung einer „Deutschen Investmentgesellschaft" in England oder Frankreich unproblematisch sein, da ihre Bedeutung wegen der sprachlichen Unterschiede nicht in gleicher Weise erfasst wird wie 272a

---

[1] *Krafka*, in: MünchKommHGB, § 13 d Rz. 18; *Koch*, in: Staub, HGB, § 13 d Rz. 24; *Wachter*, in: Süß/Wachter, Handbuch des internationalen GmbH-Rechts, § 2 Rz. 145.
[2] Hierzu insbesondere *Kögel* Rpfleger 1993, 8: *Bokelmann* ZGR 1994, 340.
[3] Siehe **LG Hagen** NJW 1973, 2162.
[4] **LG München I**, Beschl. vom 24. 8. 2006 – Az. 17 HKT 12800/06.

in Deutschland, wo der Begriff „Deutsch" wegen der damit verbundenen Bedeutungsberühmung problematisch und der Bestandteil „Investmentgesellschaft" geschützt ist. Ähnlich wäre eine Firma „Royal Barbers GmbH" mit Sitz in Gelsenkirchen unproblematisch, eine Zweigniederlassung in England darf jedoch wegen des dort geschützten Bestandteils „Royal" diese Firma nicht benutzen. Auch die Firmierung als „Unternehmensberatung Kft" dürfte in Ungarn auf keine Probleme stoßen, weil dieser deutsche Ausdruck für eine Firma durchaus individuell sein mag, wie es umgekehrt der entsprechende ungarische Begriff für eine deutsche GmbH wäre. In Deutschland aber ist wegen des unterschiedlichen sprachlichen Umfelds die Firma nicht ausreichend kennzeichnend. Während im letzteren Fall ein Zusatz in der Firma der Zweigniederlassung ausreicht, die Zulässigkeit herbeizuführen (z. B. „RS C Intelligent Zweigniederlassung der Unternehmensberatungs Kft"), ist im ersten Fall eine Änderung der Firma der Haupteintragung erforderlich, da auch eine „Reell Vermögensberatung Zweigniederlassung der Deutsche Investmentgesellschaft Ltd." sowohl hinsichtlich beider Bestandteile der Limited-Firma täuschend wäre, als auch der geschützte Bestandteil weiter enthalten wäre. In diesem Fall käme eine Lösung nur über eine Änderung der Firma der Limited in Betracht.

272b Bei den dahin gehenden Prüfungen wird sich allerdings das inländische Registergericht **besondere Zurückhaltung** auferlegen und insbesondere im Rahmen des § 18 HGB eine an der europäischen Niederlassungsfreiheit orientierte Rechtsanwendung bevorzugen.[1] Ob nämlich die von der Zweigniederlassung geführte Firma der Hauptniederlassung dem jeweils anzuwendenden ausländischen Recht entspricht, ist vom deutschen Registergericht allenfalls kursorisch zu überprüfen.[2] Für die Bildung eines ausländischen Rechtsformzusatzes ist auf die in der Heimatrechtsordnung bestehenden Vorschriften abzustellen; bei einer englischen private company limited by shares kommt hierbei zwar die Kurzbezeichnung „Limited" oder „ltd." in Betracht, nicht aber die für public companies limited by shares reservierte Abkürzung „plc".[3]

15. Firmenbildung bei Umwandlungen

273 Im Rahmen von **Umwandlungsvorgängen** kann es aufgrund von Neugründungen zu Fragen der originären Firmenbildung kommen.[4] Hierzu enthalten § 18 UmwG (Verschmelzung), § 125 UmwG i. V. m. § 18 UmwG (Aufspaltung) und § 200 UmwG (Formwechsel) Sondervorschriften, die weitgehend die Beibehaltung der bisher geführten Firma unter Beifügung des richtigen und ggf. Entfernung des unrichtig gewordenen Rechtsformzusatzes ermöglichen. Sofern nicht unzweifelhaft durch einen Nachfolgevermerk die aktuelle Form des Rechtsträgers klargestellt wird,[5] ist der nunmehr falsche Rechtsformzusatz zu entfernen.

274 Bei der Vornahme einer **Verschmelzung** kann von dem aufnehmenden oder neu gegründeten übernehmenden Rechtsträger die Firma eines der übertragenden Rechtsträger mit oder ohne Nachfolgezusatz fortgeführt werden (§ 18 Abs. 1 UmwG). Dies entspricht der Vorschrift des § 22 Abs. 1 HGB bei regulärem Erwerb eines Handelsgeschäfts, so dass für die Bildung des möglichen Nachfolgezusatzes auf die Erläuterungen zu § 22 HGB zu verweisen ist (Rz. 281 ff.). Sofern in der fortgeführ-

---

[1] **OLG Frankfurt** FGPrax 2008, 165; **KG** FGPrax 2008, 35 (= Rpfleger 2008, 85); **OLG München** NZG 2007, 824 (= GmbHR 2007, 855); *Koch,* in: Staub, HGB, § 13 d Rz. 25.
[2] **BGH** NJW 1971, 1522; *Krafka,* in: MünchKommHGB, § 13 d Rz. 17.
[3] *Wachter,* in: Süß/Wachter, Handbuch des internationalen GmbH-Rechts, § 2 Rz. 157.
[4] *Kögel* GmbHR 1996, 168.
[5] Siehe **OLG Hamm** FGPrax 1999, 186 (= Rpfleger 1999, 495 = DNotZ 1999, 839 = DB 1999, 1946); *Vollrath,* in: Widmann/Mayer, UmwG, § 18 Rz. 21.

ten Firma der Name einer natürlichen Person enthalten ist, die am übernehmenden Rechtsträger nicht beteiligt ist, bedarf es zur Fortführung dessen Einwilligung (§ 18 Abs. 2 UmwG). Denkbar ist dies bei nicht verhältniswahrenden Aufspaltungen und wenn der namensgebende Anteilsinhaber nach §§ 29 ff. UmwG aus dem übernehmenden Rechtsträger ausscheidet. Wie bei der Anwendung der Parallelvorschrift des § 24 Abs. 2 HGB findet § 18 Abs. 2 UmwG auf Kapitalgesellschaften keine Anwendung.[1]

Die Firmenfortführung ist nur zulässig, wenn die bisherige Firma berechtigterweise geführt wurde. Zudem kann die Firma nur von einem Rechtsträger fortgeführt werden, der selbst firmenfähig ist. Möglich ist insbesondere auch die Fortführung der Firma einer GmbH im Fall der Verschmelzung auf deren Alleingesellschafter, sofern dieser Einzelkaufmann ist oder dies durch die Verschmelzung wird[2] (siehe § 122 Abs. 1, § 18 Abs. 1 UmwG). Wie § 22 HGB (hierzu Rz. 281 ff.) setzt auch § 18 Abs. 1 UmwG voraus, dass das Unternehmen fortgeführt wird und erlaubt grundsätzlich nur die unveränderte Verwendung der Firma.[3] 275

Nimmt eine **Partnerschaftsgesellschaft** an einer Verschmelzung teil, so ist § 18 Abs. 3 UmwG zu beachten. Eine Firma kann als Name der übernehmenden Partnerschaft daher nur unter den Voraussetzungen des § 2 Abs. 1 PartGG fortgeführt werden. Gegebenenfalls ist also der Name eines Partners hinzuzufügen sowie die Berufsbezeichnung aller in der Partnerschaft ausgeübten Berufe sowie der erforderliche Rechtsformzusatz. 276

Für **Spaltungen** ist nur bei Aufspaltungen (§ 123 Abs. 1 UmwG) die Firmenfortführung durch einen aufnehmenden Rechtsträger möglich (§ 125 Satz 1, § 18 UmwG). Dies gilt jedoch nur für den Rechtsträger auf den das Handelsgeschäft des firmenführenden Rechtsträgers in seiner Gesamtheit übergeht,[4] da es andernfalls zur freien Übertragbarkeit der Firma käme. Da hingegen bei Abspaltungen (§ 123 Abs. 2 UmwG) oder Ausgliederungen (§ 123 Abs. 3 UmwG) der spaltende Rechtsträger erhalten bleibt, ist auch eine Übertragung der Firma auf den übernehmenden Rechtsträger in diesen Fällen nicht möglich.[5] Denkbar allerdings bleibt die Möglichkeit einer originären Firmenbildung mit gleichem Wortlaut an einem anderen Ort oder mit ähnlichem Wortlaut unter Berücksichtigung des § 30 HGB am selben Ort. 277

Im Fall eines **Formwechsels** ist § 200 UmwG zu beachten. Die Firma kann daher fortgeführt werden, sofern Bezeichnungen, die auf die alte Rechtsform hindeuten, entfernt werden (§ 200 Abs. 1 UmwG). Wird der Bestandteil „& Partner" zu Recht geführt, so darf er auch im Zuge eines Formwechsels beibehalten werden.[6] Der nunmehr passende Rechtsformzusatz ist nach § 200 Abs. 2 UmwG der Firma beizufügen. Sofern im Zuge des Formwechsels die namensgebende Person aus dem formwechselnden Rechtsträger ausscheidet, bedarf die Fortführung der Firma seiner Einwilligung (§ 200 Abs. 3 UmwG). Auch hier ist für entstehende Partnerschaftsgesellschaften ein Name anzunehmen, der den Erfordernissen des § 2 Abs. 1 PartGG genügt (§ 200 Abs. 4 UmwG). 278

---

[1] *Schlingloff*, in: Oetker, HGB, § 24 Rz. 4; *Vollrath*, in: Widmann/Mayer, UmwG, § 18 Rz. 28; anderer Ansicht: *Zimmer*, in: Ebenroth/Boujong/Joost/Strohn, HGB, § 24 Rz. 7.
[2] OLG **Düsseldorf** FGPrax 1997, 236 (= Rpfleger 1997, 74).
[3] *Marsch-Barner*, in: Kallmeyer, UmwG, § 18 Rz. 3 ff.; *Stratz*, in: Schmitt/Hörtnagl/Stratz, UmwG, § 18 Rz. 5 f.; *Schwanna*, in: Semler/Stengel, UmwG, § 18 Rz. 2; *Vollrath*, in: Widmann/Mayer, UmwG, § 18 Rz. 17 ff.
[4] *Teichmann*, in: Lutter, UmwG, § 125 Rz. 6; *Zimmer*, in: Ebenroth/Boujong/Joost/Strohn, HGB, § 22 Rz. 87; anderer Ansicht: *Kögel* GmbHR 1996, 168 (172 f.).
[5] Vgl. hierzu BT-Drucks. 12/6699, S. 117.
[6] OLG **Frankfurt** FGPrax 1999, 115.

IV. Grundsätze der Firmenfortführung

1. Fortführung bei Namensänderungen (§ 21 HGB)

279 Unabhängig davon, welcher Rechtsträger vorliegt, kann eine Personenfirma auch dann ohne Änderung fortgeführt werden, wenn die namensgebende Person – ohne Inhaberwechsel – ihren **Namen geändert** hat (§ 21 HGB). Eine Änderung bei namensgebenden natürlichen Personen kann beispielsweise durch Eheschließung (§ 1355 BGB) oder durch Adoption (§§ 1756, 1757 Abs. 2 BGB) eintreten. Bei sonstigen Rechtsträgern kann eine Änderung durch Umfirmierung eintreten.

280 Die Fortführung der Firma unter Berufung auf § 21 HGB ist jedoch nur zulässig, wenn die Firma vor Namensänderung Bestand hatte, sei es aufgrund Eintragung im Handelsregister oder bei Einzelkaufleuten und Personenhandelsgesellschaften aufgrund Vorliegen eines Handelsgewerbes[1] (§ 1 Abs. 2 HGB). Durch die Fortführung der Firma darf nicht der Eindruck erweckt werden, es sei ein Inhaberwechsel eingetreten. Unzulässig ist daher die Fortführung der Firma unter Beifügung eines Inhaberzusatzes mit dem neuen Namen des Namensgebers.[2]

2. Fortführung bei Erwerb des Handelsgeschäfts (§ 22 HGB)

281 Nur wenn ein bereits bestehendes Handelsgewerbe unter Lebenden oder von Todes wegen auf einen neuen Inhaber übergeht, darf die bisherige Firma fortgeführt werden, sofern der frühere Inhaber dem zustimmt (§ 22 Abs. 1 HGB). Erwerbsgründe unter Lebenden sind unter anderem die Einbringung des Unternehmens als Sacheinlage, Kauf des Unternehmens oder Erwerb kraft eines vorübergehenden Nutzungsrechts (Nießbrauch, Pacht)[3] gemäß § 22 Abs. 2 HGB.

282 Voraussetzung ist stets der **Erwerb des Unternehmens** im Gesamten, also der Übergang derjenigen Bestandteile, welche die Betriebsfortführung ermöglichen und Unternehmenskontinuität erwarten lassen.[4] Die Fortführung ist auch möglich, wenn der Betrieb des Handelsgewerbes nur vorübergehend eingestellt wurde, sofern die Möglichkeit zur Wiederaufnahme des Betriebs jederzeit gegeben ist.[5] Unter diesen Voraussetzungen ist die Firmenfortführung auch im Falle der Liquidation[6] oder Insolvenz des bisherigen Inhabers möglich.[7] Zudem muss die bisherige Firma **zulässigerweise gebildet** und **geführt** worden sein. Sofern die Eintragung im Handelsregister nicht, wie in den Fällen der §§ 2, 105 Abs. 2 HGB konstitutiv wirkt, kann auch eine bislang nicht im Handelsregister eingetragene Firma nach § 22 HGB fortgeführt werden.[8]

283 § 22 Abs. 1 HGB verlangt, dass der **bisherige Inhaber** der Firmenfortführung **zustimmt**. Die Zustimmung kann vor oder nach Vollendung des Erwerbstatbestands erfolgen und bedarf keiner besonderen Form, kann also dem Registergericht auch privat-

---

[1] Vgl. *Koller/Roth/Morck*, HGB, § 21 Rz. 3; *Zimmer*, in: Ebenroth/Boujong/Joost/Strohn, HGB, § 21 Rz. 10.

[2] *Baumbach/Hopt*, HGB, § 21 Rz. 5; *Heidinger*, in: MünchKommHGB, § 21 Rz. 1; anderer Ansicht **OLG Celle** BB 1990, 302.

[3] Zur Verpachtung an eine Auffanggesellschaft **OLG Hamm** FGPrax 1998, 72 (= Rpfleger 1998, 303).

[4] **BGH** NJW 1991, 1353; **BGH** NJW 1972, 2123; *Baumbach/Hopt*, HGB, § 22 Rz. 4.

[5] **BayObLG** MittRhNotK 2000, 216; **OLG Karlsruhe** NJW-RR 1995, 1310.

[6] Vgl. **BGH** MittBayNot 1991, 89.

[7] Siehe **BGH** NJW 1992, 911; *Zimmer*, in: Ebenroth/Boujong/Joost/Strohn, HGB, § 22 Rz. 9; vgl. ausführlich *Brenner* Rpfleger 2002, 342.

[8] *Zimmer*, in: Ebenroth/Boujong/Joost/Strohn, HGB, § 22 Rz. 23 ff.; *Schlingloff*, in: Oetker, HGB, § 22 Rz. 10; *Baumbach/Hopt*, HGB, § 22 Rz. 7; *Ammon*, in Röhricht/Westphalen, HGB, § 22 Rz. 15 unter Verweis auf **BayObLG** Z 1988, 344.

schriftlich nachgewiesen werden. Zu beachten ist jedoch, dass zwischen Erwerb und Firmenverwendung ein zeitlicher Zusammenhang[1] dergestalt gewahrt sein muss, dass es dem Rechtsverkehr möglich ist, die Firmenfortführung mit dem Erwerb in Verbindung bringen zu können. Unterzeichnet der bisherige Inhaber die Handelsregisteranmeldung, so ist darin die Einwilligung in die Firmenfortführung zu sehen.[2] Die Einwilligung hat durch den Verfügungsberechtigten zu erfolgen. Bei Kapitalgesellschaften genügt die Erklärung durch das vertretungsbefugte Organ. Bei Personengesellschaften ist nicht die Zustimmung aller Gesellschafter erforderlich; ausreichend ist die Mitwirkung von Gesellschaftern in vertretungsberechtigter Zahl.[3] Im Fall der Insolvenz ist die Firma selbst Teil der Insolvenzmasse (§§ 35, 36 InsO), so dass die Einwilligung vom Insolvenzverwalter zu erteilen ist.[4]

Die Fortführung erlaubt grundsätzlich nur die unveränderte Weiterführung der bisherigen Firma. Unwesentliche Änderungen sind zulässig.[5] Zusätze, die zur Irreführung geeignet sind (§ 18 Abs. 2 HGB), müssen entfernt werden. Dies gilt auch für inzwischen **unrichtig gewordene Rechtsformzusätze**. An deren Stelle ist der nunmehr passende Rechtsformzusatz zu setzen. Im Übrigen kann auch sonst die Entfernung täuschender Zusätze geboten sein: Die Firma „Hanusch & Brüder OHG" kann von einem Einzelkaufmann beispielsweise als „Hanusch e.K." fortgeführt werden. Der Zusatz „& Brüder" ist hingegen wegen Anklingens eines Gesellschaftsverhältnisses ebenso zu entfernen wie der OHG-Zusatz. Dem kann auch nicht durch Beifügung eines Inhaberzusatzes, wie ihn allgemein § 22 Abs. 1 HGB erlaubt, begegnet werden. Seit 1998 hat vielmehr der stets richtig zu führende Rechtsformzusatz kraft Gesetzes eine derartige Bedeutung erlangt, dass die Führung mehrerer solcher Zusätze stets zur Irreführung geeignet sein kann, sofern nicht unzweifelhaft feststeht, welches der aktuelle Rechtsformzusatz ist (zum Beispiel bei „Hanusch e.k., vormals Hanusch & Brüder OHG"). Im Einzelfall kann die wesentliche Änderung der Firma geboten sein, wenn sonst über Gegenstand, Umfang oder Sitz des Unternehmens unrichtige Angaben in der Firma verbleiben würden.[6] Dies gilt auch für akademische Titel des bisherigen Namensgebers.[7] Im Übrigen kann eine fortgeführte Firma später beispielsweise durch die Beifügung oder Entfernung von Sachbezeichnungen geändert werden, wenn dies durch Entwicklungen gerechtfertigt ist, die nach der Unternehmensübernahme eingesetzt haben.[8]

3. Fortführung bei Änderungen im Gesellschafterbestand (§ 24 HGB)

Die Vorschrift des § 24 HGB erlaubt die **Beibehaltung einer Firma** auch bei Änderungen im Bestand der Gesellschafter einer Personenhandelsgesellschaft und bei Eintritt

---

[1] Hierzu *Ammon,* in: Röhricht/Westphalen, HGB, § 22 Rz. 21; *Zimmer,* in: Ebenroth/Boujong/Joost/Strohn, HGB, § 22 Rz. 29.
[2] Siehe BGH Z 68, 271 (276); *Zimmer,* in: Ebenroth/Boujong/Joost/Strohn, HGB, § 22 Rz. 26; *Heidinger,* in: MünchKommHGB, § 22 Rz. 32.
[3] *Zimmer,* in: Ebenroth/Boujong/Joost/Strohn, HGB, § 22 Rz. 35; *Koller/Roth/Morck,* HGB, § 22 Rz. 9.
[4] *Zimmer,* in: Ebenroth/Boujong/Joost/Strohn, HGB, § 22 Rz. 43 ff.; *Koller/Roth/Morck,* HGB, § 22 Rz. 13.; *Ammon,* in: Röhricht/Westphalen, HGB, § 22 Rz. 33.
[5] Allgemein hierzu *Heidinger,* in: MünchKommHGB, § 22 Rz. 45 ff.; streng insoweit OLG Düsseldorf FGPrax 2007, 277 (= Rpfleger 2007, 611).
[6] *Baumbach/Hopt,* HGB, § 22 Rz. 15; *Zimmer,* in: Ebenroth/Boujong/Joost/Strohn, HGB, § 22 Rz. 67.
[7] OLG Köln FGPrax 2008, 125 (= DNotZ 2009, 140).
[8] OLG Hamm FGPrax 2002, 232 (= Rpfleger 2002, 572 = RNotZ 2002, 460); noch weitergehend: BayObLG Z 1971, 163; LG Nürnberg-Fürth BB 1976, 810.

eines Gesellschafters in das Handelsgeschäft eines Einzelkaufmannes. Voraussetzung ist wie bei § 22 HGB, dass die Firma besteht und in rechtmäßiger Weise gebildet wurde. Sofern also nicht erst die Eintragung im Handelsregister konstitutiv wirkt, kann auch eine nicht eingetragene Firma nach § 24 HGB fortgeführt werden, keinesfalls aber eine bereits durch Vollbeendigung des Unternehmens erloschene Firma.[1] Im Gegensatz zu § 22 HGB betrifft § 24 HGB außer in den Fällen der Einbringung als Sacheinlage in eine Handelsgesellschaft (§ 24 Abs. 1 Alt. 1 HGB) grundsätzlich nicht den Fall der Übertragung des Handelsgeschäfts auf einen neuen Rechtsträger sondern lediglich die Fälle der Änderung des Personenbestands des Rechtsträgers.

286 Nach wohl noch überwiegender Auffassung findet § 24 HGB **keine Anwendung** auf Kapitalgesellschaften (GmbH, AG, KGaA), da der dort erfolgende Wechsel im Gesellschafterbestand im Wesen der Kapitalgesellschaft als bürgerlich-rechtlichem Verband begründet ist und daher auf die geführte Firma keinen Einfluss haben kann.[2] Im Sonderfall des Ausscheidens des vorletzten Gesellschafters einer Personenhandelsgesellschaft und der damit verbundenen Gesamtrechtsnachfolge der einzig verbliebenen Person findet ebenfalls § 24 HGB Anwendung.[3] Erwirbt ein Gesellschafter sämtliche Gesellschaftsanteile der übrigen Mitgesellschafter, so findet auf die damit erfolgte Auflösung der Gesellschaft ebenfalls § 24 HGB Anwendung, so dass es zur Fortführung der Zustimmung des namensgebenden Gesellschafters bedarf.[4]

287 Die Firma ist **grundsätzlich unverändert fortzuführen**, wobei unwesentliche Änderungen stets zulässig sind.[5] Wesentliche Veränderungen dürfen vorgenommen werden, wenn hierfür ein legitimes Allgemeininteresse vorliegt oder ein besonderes Interesse des Inhabers. Denkbar ist insbesondere auch die Einfügung eines Zusatzes der auf einen veränderten Tätigkeitsbereich hinweist.[6] Stets ist die Entfernung irreführender Firmenbestandteile geboten (§ 18 Abs. 2 HGB); dies gilt in der Regel auch für die Ersetzung des unrichtig gewordenen Rechtsformzusatzes durch den nunmehr Passenden.

288 Nur im Falle des **Ausscheidens eines namensgebenden Gesellschafters** bedarf es gemäß § 24 Abs. 2 HGB dessen Zustimmung. Dies gilt, wie beschrieben, nicht bei Kapitalgesellschaften.[7] Zu beachten ist, dass die Einwilligung in der Regel nicht die Zustimmung zur Vervielfältigung der Firma beinhaltet. Insbesondere die spätere Verselbstständigung von Zweigniederlassungen ist nicht ohne weiteres von der Zustimmung gedeckt.[8] Im Übrigen kann die Zustimmung bereits in der Mitunterzeichnung der Handelsregisteranmeldung zu sehen sein.[9]

---

[1] OLG München DNotZ 2009, 73.

[2] Vgl. *Baumbach/Hopt*, HGB, § 24 Rz. 12; *Koller/Roth/Morck*, HGB, § 24 Rz. 8; anderer Ansicht: *Zimmer*, in: Ebenroth/Boujong/Joost/Strohn, HGB, § 24 Rz. 4 ff.; *Ammon*, in: Röhricht/Westphalen, HGB, § 24 Rz. 18; siehe auch *Heidinger*, in: MünchKommHGB, § 24 Rz. 3 f.; nach *Schlingloff*, in: Oetker, HGB, § 24 Rz. 2 und 4 findet dagegen § 24 Abs. 1 auf alle Gesellschaftsformen Anwendung.

[3] *Zimmer*, in: Ebenroth/Boujong/Joost/Strohn, HGB, § 24 Rz. 22.

[4] Vgl. BayObLG MittRhNotK 2000, 216 (= NZG 2000, 641); nach anderer Ansicht ist § 22 HGB anwendbar, so dass es stets der Zustimmung der ausscheidenden Gesellschafter bedarf, siehe *Zimmer*, in: Ebenroth/Boujong/Joost/Strohn, HGB, § 24 Rz. 22.

[5] OLG Hamm NZG 2002, 866; OLG Hamm NJW-RR 1998, 611 (= NZG 1998, 467); streng insoweit **OLG Frankfurt** FGPrax 2005, 270.

[6] OLG Rostock FGPrax 1997, 113.

[7] OLG Rostock FGPrax 1997, 113; **OLG München** GmbHR 1993, 102.

[8] BGH WM 1980, 1360; *Zimmer*, in: Ebenroth/Boujong/Joost/Strohn, HGB, § 24 Rz. 30; kritisch hierzu *Karsten Schmidt*, Handelsrecht, § 12 II 3 c.

[9] BGH Z 68, 271 (276); **BayObLG** NJW 1998, 1158; *Schlingloff*, in: Oetker, HGB, § 24 Rz. 15; *Zimmer*, in: Ebenroth/Boujong/Joost/Strohn, HGB, § 24 Rz. 29; *Koller/Roth/Morck*, HGB, § 24 Rz. 10.

G. Registerliche Behandlung von Zweigniederlassungen

I. Errichtung einer Zweigniederlassung

Die **Zweigniederlassung** ist rechtlich gesehen ein unselbstständiger Teil des Gesamtunternehmens der Hauptniederlassung[1] und hat keine eigene Rechtspersönlichkeit – auch dann nicht, wenn es sich um die Zweigniederlassung eines ausländischen Unternehmens handelt.[2] Dennoch kann das Vorliegen einer Zweigniederlassung nur bejaht werden, wenn dem Gesamtbild nach eine in personeller und organisatorischer Hinsicht selbständige Organisationseinheit vorliegt, die ohne weiteres als eigenständiges Unternehmen fortgeführt werden könnte.[3] In das Handelsregister eintragbar sind auch inländische Zweigniederlassungen von **ausländischen Unternehmen** (§§ 13 d bis 13 g HGB). Hingegen können ausländische Zweigniederlassungen von inländischen Unternehmen nicht im deutschen Handelsregister eingetragen werden,[4] auch wenn dies de lege ferenda durchaus wünschenswert wäre, um dem Rechtsverkehr ein umfassendes Bild vom Organisationsstand des Unternehmens zu vermitteln. In diesem Fall ist daher bislang ausschließlich eine entsprechende Anmeldung an die zuständige Behörde im Ausland zu richten. Das Recht der Zweigniederlassungen wurde im Zuge und anlässlich der Umsetzung von EG-Richtlinien in den Jahren 1993 und 2006 umfassend umgestaltet. Am Ende dieser Entwicklung stand die Schließung der bis dahin gesondert geführten Zweigniederlassungsregisterblätter bei inländischen Rechtsträgern.

289

1. Vorliegen einer Zweigniederlassung

Die Errichtung einer Zweigniederlassung erfolgt durch deren tatsächliche Einrichtung, die Eintragung im Handelsregister ist lediglich **deklaratorischer Natur.**[5] Bei Vorliegen einer Zweigniederlassung besteht die – gegebenenfalls nach § 14 HGB zu erzwingende – Pflicht, die Zweigniederlassung im Handelsregister eintragen zu lassen (§ 13 Abs. 1 HGB). Demgegenüber wird nunmehr wie etwa bei der Eintragung eines kleingewerblichen Unternehmens oder einer vermögensverwaltenden Personengesellschaft die Entscheidung, einen Unternehmensteil als selbstständige Zweigniederlassung zu führen, grundsätzlich ohne registergerichtliche Prüfung akzeptiert. Nur wenn offensichtlich keine Zweigniederlassung im Sinne des Gesetzes vorliegt, ist die entsprechende Eintragung abzulehnen (§ 13 Abs. 2 HGB). Der Einholung eines Gutachtens der Industrie- und Handelskammer gemäß § 380 Abs. 2 FamFG bedarf es daher in diesem Fall nicht. Mangels Legaldefinition unterliegen die Merkmale der Zweigniederlassung einer **Gesamtbetrachtung,** deren Ergebnis letztlich eine Frage des Einzelfalls ist. Leitidee ist hierbei die mögliche Fortführung dieses Unternehmensteils als eigenständiges Wirtschaftsgebilde.[6] Schon begrifflich kann die Hauptniederlassung

290

---

[1] Nachstehend wird der Begriff der Hauptniederlassung stellvertretend auch für den Sitz einer Handelsgesellschaft gebraucht.
[2] RG Z 108, 267; *Krafka,* in: MünchKommHGB, § 13 Rz. 18; *Koch,* in: Staub, HGB, § 13 d Rz. 20.
[3] BayObLG Z 1979, 159 (= MittBayNot 1979, 122 = DB 1979, 1936); *Preuß,* in: Oetker, HGB, § 13 Rz. 9; *Krafka,* in: MünchKommHGB, § 13 Rz. 8; *Koch,* in: Staub, HGB, § 13 Rz. 29; *Pentz,* in: Ebenroth/Boujong/Joost/Strohn, HGB, § 13 Rz. 20.
[4] OLG Düsseldorf NZG 2009, 1355; LG Köln DB 1979, 984; *Pentz,* in: Ebenroth/Boujong/Joost/Strohn, HGB, § 13 d Rz. 24.
[5] **BayObLG** Z 1979, 159 (= MittBayNot 1979, 122 = DB 1979, 1936); **BayObLG** Z 1992, 59 (= Rpfleger 1992, 395 = MittBayNot 1992, 225 = NJW-RR 1992, 1062); *Krafka,* in: MünchKommHGB, § 13 Rz. 16.
[6] *Müther,* Handelsregister, § 12 Rz. 1.

keine Zweigniederlassung des Unternehmens sein, also auch dann nicht, wenn ihre Lage von derjenigen der im Handelsregister eingetragenen inländischen Geschäftsanschrift abweicht.[1] Folgende Kriterien sind hierbei in typologischer Betrachtung zu berücksichtigen:

291 a) **Räumliche Selbstständigkeit.** Zu beachten ist, dass zwar eigene, von der Hauptniederlassung unterschiedene Räumlichkeiten[2] zur Begründung einer Zweigniederlassung erforderlich sind, nicht aber die Lage in einer anderen politischen Gemeinde, wie sich mittelbar der Bestimmung des § 30 Abs. 3 HGB entnehmen lässt. Eine Zweigniederlassung kann also innerhalb oder außerhalb des Ortes oder des Gerichtsbezirks der Hauptniederlassung errichtet werden.

292 b) **Vornahme sachlich gleichartiger Geschäfte.** Die Zweigniederlassung dient der Erledigung von Geschäften, die zumindest einen Ausschnitt aus dem Gegenstand des Unternehmens darstellen. Nicht erforderlich ist, dass die Zweigniederlassung alle Geschäftsarten der Hauptniederlassung ausübt. Die Zweigniederlassung muss nicht selbst nach Art und Umfang ein Handelsgewerbe betreiben.[3] Jedoch genügt die bloße Ausführung von untergeordneten Hilfs- oder Ausführungsgeschäften ohne eigenständige Bedeutung für das Vorliegen einer Zweigniederlassung nicht. Erforderlich ist jedenfalls, dass auch in der Zweigniederlassung die Tätigkeiten ausgeführt werden, die das Wesen des geschäftlichen Unternehmens prägen. Bloße Warenlager, Verkaufsstellen und Vermittlungsstellen sind daher keine Zweigniederlassungen.[4]

293 c) **Organisatorische Selbstständigkeit.** Die Aufnahme beispielsweise des Betriebs lediglich für die Dauer einer Messe ist keine Zweigniederlassung.[5] Erforderlich sind äußere Einrichtungen ähnlich einer Hauptniederlassung, also u. a. die Führung eines Geschäftslokals. Von der früher herrschenden Ansicht[6] wurde gefordert, dass für die Zweigniederlassung ein eigenes Bankkonto und eine weitgehend gesonderte Buchführung erforderlich sind, wobei ausreichend sein sollte, dass die **gesonderte Buchführung** bei der Hauptniederlassung eingerichtet ist.[7] Aufgrund der weitgehenden unternehmensinternen Zentralisierung wird die Bedeutung dieses Kriteriums zunehmend angezweifelt.[8] Gleichwohl wird typischerweise davon auszugehen sein, dass eine organisatorische Selbstständigkeit der Zweigniederlassung nur gegeben ist, wenn die den Unternehmensteil betreffenden Zahlungsein- und -ausgänge feststellbar, also die Geschäfte der Zweigniederlassung gesondert ausweisbar sind.[9] Eindeutiges Anzeichen für das Vorliegen einer Zweigniederlassung ist der **eigenständige Forderungseinzug**. Nicht erforderlich ist jedoch die Ausstattung mit gesondertem Vermögen. Dem Gestaltungsspielraum des Unternehmensträgers ist bei der Beurteilung dieses Kriteriums ausreichend Rechnung zu tragen.

294 d) **Leiter mit Befugnis zu selbstständigem Handeln.** Oftmals ist in der Zweigniederlassung ein Handlungsbevollmächtigter tätig. Auch die Bestimmung des § 13e Abs. 2

---

[1] Anderer Ansicht *Roth/Altmeppen*, GmbHG, § 4a Rz. 5 und *Wicke*, GmbHG, § 4a Rz. 7, der vorschlägt nach § 13h HGB vorzugehen.

[2] KG JW 1929, 671; *Preuß*, in: Oetker, HGB, § 13 Rz. 41; *Krafka*, in: MünchKommHGB, § 13 Rz. 10; *Pentz*, in: Ebenroth/Boujong/Joost/Strohn, HGB, § 13 Rz. 19.

[3] *Baumbach/Hopt*, HGB, § 13 Rz. 3; *Koch*, in: Staub, HGB, § 13 Rz. 31.

[4] *Krafka*, in: MünchKommHGB, § 13 Rz. 14; *Koch*, in: Staub, HGB, § 13 Rz. 30.

[5] Vgl. *Karsten Schmidt*, Handelsrecht, § 4 III 2a.

[6] **BayObLG** Z 1979, 159 (= MittBayNot 1979, 122 = DB 1979, 1936).

[7] Vgl. nur **BayObLG** Z 1979, 159 (= MittBayNot 1979, 122 = DB 1979, 1936); s. a. **LG Mainz** MDR 1969, 148; *Ammon*, in: Röhricht/Westphalen, HGB, § 13 Rz. 5.

[8] *Baumbach/Hopt*, HGB, § 13 Rz. 3; *Koch*, in: Staub, HGB, § 13 Rz. 29; *Karsten Schmidt* Handelsrecht, § 4 III 2a.

[9] Vgl. *Pentz*, in: Ebenroth/Boujong/Joost/Strohn, HGB, § 13 Rz. 20.

Satz 5 Nr. 3 HGB geht davon aus, dass in der Zweigniederlassung ein „ständiger Vertreter" vorhanden ist. Typisch für das Vorliegen einer Zweigniederlassung ist, dass ein intern weisungsgebundener Leiter nach außen selbstständig für die Zweigniederlassung auftritt.[1]

2. Anmeldung einer Zweigniederlassung

Das Bestehen einer Zweigniederlassung ist unter Angabe ihres Ortes und der inländischen Geschäftsanschrift der Zweigniederlassung anmeldepflichtig und kann somit nach § 14 HGB durch Festsetzung von Zwangsgeld[2] erzwungen werden. Anmeldung und Eintragung erfolgen **bei dem Gericht der Hauptniederlassung (§ 13 Abs. 1 HGB)**. Die Anmeldung und Eintragung der *inländischen Geschäftsanschrift der Zweigniederlassung* dient der Sicherung möglicher Zustellungen und hat – ebenso wie in den Fällen der inländischen Geschäftsanschrift der Hauptniederlassung (§ 29 HGB) – grundsätzlich mit der Lage der Geschäftsräume dieser Zweigniederlassung überein zu stimmen. Nur bei Zweigniederlassungen von juristischen Personen, insbesondere also von Kapitalgesellschaften (§ 10 Abs. 1 Satz 1 GmbHG, § 39 Abs. 1 Satz 1 AktG), kann aufgrund der Möglichkeit einer öffentlichen Zustellung nach § 15a HGB, § 185 Nr. 2 ZPO auch bei der einzutragenden Zweigniederlassungsanschrift von der tatsächlichen Lage der Geschäftsräume abgewichen werden; ist dies der Fall, so muss deren Lage allerdings zusätzlich in der Anmeldung angegeben werden (§ 24 Abs. 2 und 3 HRV).

295

Die Anmeldung der Zweigniederlassung hat jeweils durch Personen zu geschehen, die für den betroffenen Rechtsträger handlungs- beziehungsweise vertretungsberechtigt sind, bei einer **OHG/KG** also durch persönlich haftende Gesellschafter in vertretungsberechtigter Zahl (§§ 125, 126, 161 Abs. 3 HGB), bei einer **AG** von Vorstandsmitgliedern in vertretungsberechtigter Zahl (§ 78 Abs. 1 AktG) und bei einer **GmbH** von den Geschäftsführern in vertretungsberechtigter Zahl (§ 35 Abs. 1 GmbHG). Eine Anmeldung durch einen **Prokuristen** ist im Rahmen unechter Gesamtvertretung jederzeit, sonst ohne gesonderte Vollmacht gemäß § 12 Abs. 1 Satz 2 HGB aber nicht möglich, selbst wenn man der Ansicht ist, dass es sich bei der tatsächlichen Errichtung der Zweigniederlassung um kein Grundlagengeschäft handelt.[3] Keiner gesonderten Anmeldung bedarf die Erstreckung der bestehenden **Prokuren** auf die Vertretung der Zweigniederlassung. Lediglich Beschränkungen auf einzelne Niederlassungen sind gemäß § 50 Abs. 3 HGB entsprechend anzumelden.

296

Beispiel einer bei dem Gericht der Hauptniederlassung einzureichenden Anmeldung einer errichteten **Zweigniederlassung eines Einzelkaufmanns:**

297

> In Passau habe ich unter der Firma „Gilbert Holzmaier e. K. Zweigniederlassung Niederbayern" eine Zweigniederlassung errichtet. Die inländische Geschäftsanschrift der Zweigniederlassung ist 94036 Passau, Neuburger Straße 230.
>
> Die für die Hauptniederlassung erteilte Einzelprokura des Herrn Robert Rand, geboren am 31. 12. 1959, wohnhaft in München, erstreckt sich nicht auf den Betrieb der Zweigniederlassung.
>
> Herrn Franz Lang, geboren am 13. 5. 1965, wohnhaft in Freyung, wurde Einzelprokura erteilt mit der Beschränkung, dass diese nur zur Vertretung der Zweigniederlassung in Passau befugt.

---

[1] *Pentz*, in: Ebenroth/Boujong/Joost/Strohn, HGB, § 13 Rz. 20; *Preuß*, in: Oetker, HGB, § 13 Rz. 43; *Koller/Roth/Morck*, HGB, § 13 Rz. 6.

[2] Zuständig ist das Gericht der Hauptniederlassung, vgl. **KG** JFG 20, 134; *Heinemann*, in: Keidel, FamFG, § 388 Rz. 24.

[3] Vgl. *Canaris*, Handelsrecht, § 12 Rz. 14.

Unternehmensgegenstand von Haupt- und Zweigniederlassung ist der Handel mit Kraftfahrzeugen.

298 Beispiel für die Anmeldung der **Zweigniederlassung einer GmbH:**

> In Augsburg wurde unter der Firma „Franz Holzmaier GmbH Zweigniederlassung Augsburg" eine Zweigniederlassung errichtet. Die inländische Geschäftsanschrift der Zweigniederlassung ist 82152 Gräfelfing, Tassilostraße 30. Die Geschäftsräume der Zweigniederlassung befinden sich in 86150 Augsburg, Zeitstraße 1.
>
> Herrn Franz Lang, geboren am 13. 5. 1965, wohnhaft in Augsburg, wurde Einzelprokura erteilt mit der Beschränkung, dass diese nur zur Vertretung der Zweigniederlassung in Augsburg befugt.

3. Prüfung, Eintragung und Bekanntmachung

299 Stets hat das Registergericht die **formelle Ordnungsmäßigkeit** der Anmeldung zu überprüfen (siehe Rz. 155). Die **materielle Prüfung** ist nach § 13 Abs. 2 HGB darauf reduziert, dass eine Eintragung der Zweigniederlassung nur dann ausnahmsweise versagt werden kann, wenn diese offensichtlich nicht errichtet wurde. Dies bedeutet, dass regelmäßig keine Prüfung der Errichtung der Zweigniederlassung stattfindet und es somit nicht der Einholung eines Gutachtens der Industrie- und Handelskammer (§ 380 Abs. 2 FamFG) bedarf. Ferner ist keine Prüfung der Zweigniederlassungsfirmierung nach § 30 HGB vorzunehmen.

300 Die **Eintragung** der Zweigniederlassung erfolgt ausschließlich auf dem Registerblatt der Hauptniederlassung in Spalte 2 Unterspalte b unter Angabe des Ortes der Zweigniederlassung samt Postleitzahl und ihrer Firma, soweit diese von derjenigen der Hauptniederlassung abweicht sowie der inländischen Geschäftsanschrift der Zweigniederlassung (§ 40 Nr. 2 lit. b HRV, § 43 Nr. 2 lit. b HRV). Sofern die Vertretungsmacht eines bereits eingetragenen Prokuristen im Zuge der Errichtung der Zweigniederlassung auf eine Niederlassung beschränkt wird, ist aufgrund des Verbots der Teilrötung (§ 16 Abs. 3 HRV, hierzu Rz. 69 ff.) die fragliche Person insgesamt neu vorzutragen und die alte Eintragung komplett zu röten.

301 Beispiel für die Eintragung der Zweigniederlassung eines Einzelkaufmanns im Register der **Hauptniederlassung:**

> **Spalte 2**
> **Unterspalte b (Sitz):**
>
> Errichtet: *(Vorstehendes Wort als Übergangstext nach § 16a HRV)* Zweigniederlassung in 94036 Passau unter der Firma „Gilbert Holzmaier e. K. Zweigniederlassung Niederbayern". Inländische Geschäftsanschrift der Zweigniederlassung: 94036 Passau, Neuburger Straße 230.
>
> **Spalte 4 (Prokura):**
>
> Einzelprokura, beschränkt auf die Zweigniederlassung Passau: Lang, Franz, Freyung, *13. 5. 1965
>
> Vertretungsbefugnis geändert, nun: *(Vorstehende Worte als Übergangstext nach § 16a HRV)* Einzelprokura, beschränkt auf die Hauptniederlassung: Rand, Robert, München, *31. 12. 1959 *(und Rötung der bisherigen Eintragung zu diesem Prokuristen)*

Die Eintragung ist nach § 10 HGB bekannt zu machen und den Beteiligten nach § 383 Abs. 1 FamFG mitzuteilen.

4. Hinsichtlich der Niederlassungen beschränkte Vertretungsmacht

302 Für den Unternehmensträger besteht die Möglichkeit, die Vertretungsmacht einzelner Personen, nämlich von Prokuristen und persönlich haftenden Gesellschaftern, auf

einzelne Niederlassungen zu beschränken. Denkbar ist insbesondere die Beschränkung der Prokura auf die Hauptniederlassung.[1] Allerdings ist dies gemäß § 50 Abs. 3 Satz 2 HGB und § 126 Abs. 3 HGB nur möglich, wenn der **Firma** der jeweiligen Zweigniederlassung zumindest ein **Filialzusatz** beigefügt ist. Hinsichtlich firmenidentischer Niederlassungen sind also auch die Vertretungsverhältnisse dieselben. Im Register ist die Prokura bei der **Eintragung** als Filialprokura zu bezeichnen. Eintragungsbeispiele finden sich in Rz. 384.

II. Einfluss von Umwandlungsmaßnahmen

1. Allgemeines

Bei der **Umwandlung** von Rechtsträgern ist eine differenzierte registerliche Behandlung der eingetragenen Zweigniederlassungen erforderlich. Tritt durch den Umwandlungsvorgang eine Zuständigkeitsänderung ein, z. B. bei einem Registerwechsel vom Genossenschaftsregister in das Handelsregister oder auch nur von Abteilung A des Handelsregisters in Abteilung B, oder erfolgte aufgrund materiell-rechtlicher Bestimmungen notwendigerweise die Aufhebung der Zweigniederlassung, weil der neue Rechtsträger – etwa als eingetragener Verein – keine Zweigniederlassung haben kann, ist unzweifelhaft, dass nicht ohne Weiteres das bisherige Registerblatt unverändert fortgeführt werden kann. Allerdings kann auch dann, wenn für den neuen Rechtsträger ohne Änderung der Registerart ein neues Registerblatt anzulegen ist, z. B. bei einem Formwechsel einer GmbH in eine AG oder umgekehrt, die Eintragung der Zweigniederlassung nicht unbesehen übernommen werden. In verfahrensrechtlicher Hinsicht beruht dies darauf, dass der einzutragende Hinweis „nunmehr Zweigniederlassung der ABC Verwaltung AG mit Sitz in Rostock" keineswegs zur Darstellung der Veränderungen genügt. Zudem steht die zu erwartende Neuanmeldung oder das Erlöschen der Zweigniederlassung mit der wirtschaftlichen Realität im Einklang, da bei Umwandlungsvorgängen regelmäßig die Organisationsstruktur des gesamten Unternehmenskonglomerats geändert wird und sich dies insbesondere auf bislang bestehende Zweigniederlassungen auswirkt. So ist beispielsweise bei der Verschmelzung von filialgeprägten Großunternehmen nur sehr eingeschränkt vorstellbar, dass sämtliche Zweigniederlassungen des übertragenden Rechtsträgers fortgeführt werden und daher die Eintragung eines Vermerks „nunmehr Zweigniederlassung der ABX-Bank AG" zutreffend wäre. Auszugehen ist vielmehr davon, dass die bislang bestehenden Zweigniederlassungen bei der übernehmenden Gesellschaft neu organisiert werden.

2. Verschmelzung, Spaltung und Formwechsel

Im Einzelnen gilt für **Verschmelzungen** Folgendes: Ist die Hauptniederlassung übertragender Rechtsträger, so ist die Zweigniederlassung mit Erlöschen der Hauptniederlassung aufgehoben. Soll die Zweigniederlassung bestehen bleiben, ist dies bei der Anmeldung der Verschmelzung ausdrücklich anzumelden und sodann eine neue Zweigniederlassung des übernehmenden Rechtsträgers einzutragen. Ist die Hauptniederlassung übernehmender Rechtsträger, so berührt die Verschmelzung die dort bestehenden Zweigniederlassungen dagegen regelmäßig nicht. Bei **Spaltungen** gilt Ähnliches: Ist die Hauptniederlassung übertragender Rechtsträger, so berührt dies die bestehenden Zweigniederlassungen grundsätzlich nicht. Nur dann, wenn der Betrieb der Zweigniederlassung ganz oder teilweise übertragen wird, kann dies Auswirkungen auf die Eintragung der Zweigniederlassung haben, die jedoch ausdrücklich zur Eintragung in

---

[1] Vgl. *Canaris*, Handelsrecht, § 12 Rz. 18; *Weber*, in: Ebenroth/Boujong/Joost/Strohn, HGB, § 50 Rz. 6.

das Handelsregister anzumelden sind. Ist die Hauptniederlassung übernehmender Rechtsträger, so hat dies regelmäßig auf die bestehenden eingetragenen Zweigniederlassungen keinen Einfluss. Allenfalls kann die Übernahme eines Betriebs zu einer neuen Zweigniederlassung des übernehmenden Rechtsträgers führen, welche auf dem üblichen Weg anzumelden und einzutragen ist. Auch bei einem **Formwechsel** folgt die Zweigniederlassung regelmäßig dem Schicksal der Hauptniederlassung. Es ist also, soweit überhaupt eine Zweigniederlassung des neuen Rechtsträgertyps gewünscht ist, diese anzumelden oder in der Anmeldung zumindest der Wunsch nach deren Fortbestand anzugeben.

3. Anmeldung und Eintragung

305 In jedem Fall ist stets **anzumelden**, ob die bislang bestehenden Zweigniederlassungen als solche des neuen Rechtsträgers fortgeführt werden oder aufgehoben werden, welche Bezeichnung sie führen sollen, welche inländische Geschäftsanschrift die Zweigniederlassungen haben sowie ob und in welcher Form die erteilten Filialprokuren weiter bestehen. Dies folgt schon daraus, dass eine Eintragung der Zweigniederlassung in diesem Fall nicht von Amts wegen vorgesehen ist. Auch versteht sich nicht von selbst, dass im Rahmen einer Umwandlung Zweigniederlassungen in entsprechender Form fortgeführt werden. Eine Neueintragung der Rechtsverhältnisse von Zweigniederlassungen ohne ausdrückliche Erklärung durch die Anmeldenden wäre auch aus praktischen Gründen – wie beschrieben – nicht angezeigt.

306 Gegebenenfalls ist somit nach entsprechender Anmeldung die bisherige Zweigniederlassung des übertragenden Rechtsträgers auf dem Registerblatt des aufnehmenden bzw. neuen Rechtsträgers **neu einzutragen.** Ohne Anmeldung erfolgt aber keine Neueintragung; soweit das Blatt des alten Rechtsträgers gelöscht wird, geht somit die Eintragung der Zweigniederlassung ohne ausdrückliche Anmeldung unter. Allerdings ist die in der Anmeldung enthaltene Äußerung, dass „die bestehende Zweigniederlassung in Hannover bei dem übernehmenden Rechtsträger fortbesteht", in diesem Zusammenhang ausreichend, da sich die gewünschte Eintragung hierbei regelmäßig im Wege der Auslegung eindeutig entnehmen lässt. Besteht eine Zweigniederlassung bei dem übertragenden Rechtsträger und enthält die Anmeldung hierzu keinerlei Angaben, so ist es „nobile officium" des Registergerichts, nachzufragen, ob die Zweigniederlassung im Rahmen des Umwandlungsvorgangs untergehen soll oder eine Neueintragung bei dem nunmehr zuständigen Hauptrechtsträger erfolgen soll.

III. Änderung und Aufhebung von Zweigniederlassungen

1. Änderungen von Zweigniederlassungen

307 **Anmeldungen** von Änderungen bei bestehenden Zweigniederlassungen sind durch die für den betroffenen Rechtsträger handlungs- beziehungsweise vertretungsberechtigten Personen (s. Rz. 296) bei dem Gericht der Hauptniederlassung einzureichen, da nur dort Registereintragungen bewirkt werden (§ 13 Abs. 1 Satz 2 HGB). Dies betrifft beispielsweise die Umfirmierung der Zweigniederlassung, die Änderung von Filialprokuren oder die Änderung der inländischen Geschäftsanschrift der Zweigniederlassung. Die Eintragung wird durch das Gericht anschließend gemäß § 10 HGB öffentlich bekannt gemacht und den Beteiligten nach § 383 Abs. 1 FamFG mitgeteilt. Bei einer Änderung der Lage der Geschäftsräume genügt bei juristischen Personen eine dahin gehende formlose Mitteilung (§ 24 Abs. 2 Satz 3 und Abs. 3 HRV); bei anderen Rechtsträgern ist die damit verbundene Änderung der inländischen Geschäftsanschrift der Zweigniederlassung nach § 13 Abs. 1 Satz 2 HGB formgerecht anzumelden.

2. Aufhebung von Zweigniederlassungen

Wie die Einrichtung ist auch die **Aufhebung der Zweigniederlassung** ein tatsächlicher Akt, dessen Eintragung im Handelsregister lediglich deklaratorisch ist. Für die registerliche Behandlung finden nach § 13 Abs. 3 HGB die Vorschriften über die Errichtung entsprechende Anwendung, so dass die Aufhebung anzumelden und vom Gericht in Spalte 2 Unterspalte b (§ 40 Nr. 2 lit. b HRV; § 43 Nr. 2 lit. b HRV) einzutragen und nach § 10 HGB bekannt zu machen ist. Bei Anmeldung der Aufhebung ist auch das Erlöschen der auf die aufgehobene Zweigniederlassung beschränkten Prokuren anzumelden. Eine Anmeldung könnte folgendermaßen aussehen:

308

> Die Zweigniederlassung in Augsburg wurde aufgehoben. Die lediglich auf diese Niederlassung beschränkt erteilten Prokuren sind erloschen.

3. Verlegung einer Zweigniederlassung

Wie § 20 HRV zeigt, kann der Ort einer Zweigniederlassung verlegt werden. In einem solchen Fall ist entsprechend § 13 Abs. 1 HGB zu verfahren.[1] Die **Anmeldung** zur Verlegung einer Zweigniederlassung kann folgenden Inhalt haben:

309

> Die Zweigniederlassung in Passau wurde nach München verlegt. Die Firma der Zweigniederlassung lautet nunmehr „Gilbert Holzmaier Zweigniederlassung Bayern e.K.". Die auf diese Zweigniederlassung beschränkten Prokuren bleiben bestehen. Die inländische Geschäftsanschrift dieser Niederlassung ist nunmehr 80802 München, Brienner Straße 88.

Bei der **Eintragung** der Verlegung, die als Niederlassungsänderung in Spalte 2 Unterspalte b zu erfolgen hat, ist zu beachten, dass gegebenenfalls bestehende Filialprokuren und sonstige Vertretungsbeschränkungen an eine neue Firmierung der Zweigniederlassung anzupassen sind. Dies hat unter Berücksichtigung des Verbots der Teilrötung (§ 16 Abs. 3 HRV, hierzu Rz. 69 ff.) unter Neuvortrag der betroffenen Personen zu erfolgen:

310

Spalte 2

Unterspalte b (Sitz):

Verlegt, nun: *(Vorstehendes als Übergangstext)* Zweigniederlassung in 80802 München unter der Firma „Franz Holzmaier Zweigniederlassung Bayern e.K.". Inländische Geschäftsanschrift der Zweigniederlassung: 80802 München, Brienner Straße 88. *(Röten der bezüglich dieser Zweigniederlassung in dieser Spalte bisher vorhandenen Eintragung)*

Spalte 4 (Prokura):

Infolge Umfirmierung neu vorgetragen, nun: *(Vorstehendes als Übergangstext)* Einzelprokura, beschränkt auf die Zweigniederlassung „Franz Holzmaier Zweigniederlassung Bayern e.K.", München: Rand, Robert, München, *31.12.1959 *(und Rötung der bisherigen Eintragung zu diesem Prokuristen)*

IV. Inländische Zweigniederlassungen ausländischer Unternehmen

1. Allgemeines zu Zweigniederlassungen ausländischer Unternehmen

Durch die Einfügung der §§ 13d bis 13g HGB existieren im HGB seit Umsetzung der europäischen Zweigniederlassungsrichtlinie im Jahr 1993 ausführliche Regelungen zur

311

---

[1] *Baumbach/Hopt*, HGB, § 13h Rz. 1; *Pentz*, in: Ebenroth/Boujong/Joost/Strohn, HGB, § 13 Rz. 60; gegen die Möglichkeit der Eintragung einer Verlegung, da hierfür kein Bedürfnis mehr besteht: *Krafka*, in: MünchKommHGB, § 13h Rz. 11.

Errichtung von Zweigniederlassungen im Inland durch Unternehmen mit Hauptniederlassung bzw. Sitz im Ausland. Durch das MoMiG wurden weitere Einzelheiten geregelt. Dabei erscheinen die gesetzlichen Regelungen rudimentär, da sie auf dem für deutsche Gesellschaften nicht mehr geltenden Konzept einer gesonderten Registrierung der Zweigniederlassung aufbauen. Mit dem Wegfall dieser separaten Eintragung der Zweigniederlassung in dem für ihren Sitz zuständigen Register wurde jedoch auch auf allgemeine Grundregeln hierfür verzichtet. Dies kann bei abnehmender Kenntnis der Registergerichte hinsichtlich der früheren Behandlung von Zweigniederlassungen allgemein zu Schwierigkeiten führen.

311a Grundsätzlich wird der eine Zweigniederlassung betreffende Registerinhalt vom Register der Hauptniederlassung bestimmt. Bei der früheren Eintragung einer Zweigniederlassung inländischer Unternehmen war dem entsprechend klar, dass die Eintragung beim Zweigniederlassungsregister nur das **Spiegelbild der Eintragung beim Hauptregister** sein konnte. Von manchen Registergerichten, die die Hauptniederlassung führten, wurde eine Übernahme mit exakt identischem Wortlaut von den Zweigniederlassungsregistern eingefordert. Lediglich bei Eintragungen, die die Hauptniederlassung nicht betreffen, zum Beispiel im Bereich der Prokuren, wurde eine selbstständige Gestaltung für zulässig erachtet. Erst die schrittweise Einführung elektronischer Register, die zeitweilig zu parallelen Papierregistern mit abweichenden Eintragungsregeln führte, brachte es mit sich, dass als entscheidend nicht mehr die exakt wortgleiche, sondern lediglich die inhaltlich identische Übernahme angesehen wurde. Mit umfassender Einführung der elektronischen Registerführung wurde eine separate Auskunft über die Zweigniederlassungen zum 1. 1. 2007 abgeschafft (vgl. Art. 61 Abs. 6 EGHGB), da Informationen über das Hauptregister genauso einfach und sogar zuverlässiger zu erlangen waren als über ein separates Zweigniederlassungsblatt, bei dem mit zusätzlichen Fehlerquellen bei der Übernahme der Daten gerechnet werden musste. Für Zweigniederlassungen ausländischer Unternehmen ist – trotz der elektronischen Zugänglichkeit der meisten europäischen Register über das EBR (European Business Register) – der **Verweis auf das Hauptregister** allerdings **nicht** ohne weiteres **gleichwertig**, da das ausländische Register regelmäßig in einer Fremdsprache verfasst und vor allem häufig unterschiedlich aufgebaut ist.

311b Dennoch gilt weiterhin der ungeschriebene Grundsatz, dass, im Gleichklang mit der Maßgeblichkeit des Heimatrechts für die materiellen Strukturen des Rechtsträgers, für dessen Registrierung – abgesehen von lediglich für die Zweigniederlassung geltenden Informationen wie zum Beispiel deren Firma oder Personendaten und Vertretungsbefugnis eines gegebenenfalls bestimmten ständigen Vertreters – die **Eintragungen im Hauptregister bestimmend** sind. Dies gilt nicht nur für die nach deutschem Recht konstitutiven Eintragungen wie Gründung, Satzungsänderungen oder Verschmelzung[1] sondern auch für deklaratorische, wie die Bestellung und Abberufung von Vertretungsorganen, da eine nach deutschem Recht deklaratorische Eintragung nach dem Heimatrecht konstitutiv sein kann. Darüber hinaus verfügen die hiesigen Registergerichte in aller Regel über keine gesicherten Kenntnisse zu den Eintragungsvoraussetzungen beim Heimatregister wie etwa unterschiedliche Mehrheits- oder Formerfordernisse. Vor Eintragung von directors einer englischen private limited company prüft das Companies House beispielsweise auch, ob die bestellte Person nicht auf der dort geführten Liste der disqualified directors verzeichnet und dadurch als director ausgeschlossen ist.

311c Grundvoraussetzung für jede Eintragung im deutschen Zweigniederlassungsregister ist demgemäß, dass sich das Registergericht durch **beglaubigten Auszug, eigene Ein-**

---

[1] **OLG München** NZG 2008, 342 (= Rpfleger 2008, 263).

sicht beim Heimatregister oder auf **sonstige förmliche Weise** davon überzeugt, dass **die neu angemeldete Tatsache Inhalt des Heimatregisters ist.** Einschränkungen gelten nur, sofern das Heimatregister bestimmte Aussagen, die nach deutschem Registerrecht erforderlich sind, grundsätzlich nicht trifft, wie zum Beispiel Aussagen zu Vertretungsbefugnissen der Organe beim englischen Companies House. Für die Ersteintragung einer Zweigniederlassung einer ausländischen Gesellschaft ist dieser **Nachweis** in der Zweigniederlassungsrichtlinie und entsprechend in § 13e Abs. 2 Satz 2 HGB ausdrücklich geregelt. Entsprechendes gilt aber **auch für spätere Änderungen.** Zu berücksichtigen ist dabei, dass „Registrierung" nicht in allen Fällen „Eintragung" im Sinne des deutschen Registerverfahrens bedeuten muss. Vielfach handelt es sich lediglich um die Entgegennahme entsprechender Urkunden in den Registerinhalt, der Grundlage für die verbindliche öffentliche Beauskunftung ist. Soweit dies dem jeweiligen Verfahrensrecht entspricht, genügt dies selbstverständlich im Zusammenhang mit einer formgerechten dahingehenden Anmeldung für eine Übernahme der Eintragung in das Registerblatt der deutschen Zweigniederlassung.

Größere praktische Bedeutung haben die Vorschriften über die Behandlung von Zweigniederlassungen ausländischer Unternehmen erst nach Ergehen einiger Entscheidungen des **Europäischen Gerichtshofs**[1] erlangt, die unter Berufung auf die vertraglich vorgegebene Niederlassungsfreiheit den „Wettbewerb der mitgliedstaatlichen Gesellschaftsrechte" forcieren sollten. Diese Grundsätze sind zwar nur im Bereich der Europäischen Union, des Europäischen Wirtschaftsraums und aufgrund bilateral-staatsvertraglicher Grundlagen – insbesondere also auch bei Gesellschaften aus den USA[2] – bindend. Zur Vermeidung etwaiger Ungleichbehandlungen soll nachfolgend aber davon ausgegangen werden, dass diese nur in diesem Rahmen zwingenden Vorgaben grundsätzlich auch bei Unternehmen aus sonstigen Staaten anzuwenden sind.[3] Hierfür spricht, dass auch die einschlägigen Vorschriften der §§ 13d bis 13g HGB nicht nach der Herkunft des jeweiligen Rechtsträgers differenzieren. Für die folgenden Ausführungen wird als regelmäßiger Ausgangspunkt die inländische Zweigniederlassung einer englischen private limited company genommen, da es sich hierbei um die Rechtform handelt, die bislang im Vordergrund der Registerpraxis steht.[4] Zu beachten ist aber, dass – wie beschrieben – auch für US-amerikanische Gesellschaften gesonderte völkerrechtliche Vereinbarungen bestehen, denen zufolge Vergleichbares gilt, wie bei Zweigniederlassungen von Gesellschaften aus dem Bereich der EU beziehungsweise des EWR.[5]

Für das Eintragungsverfahren findet als lex fori das **deutsche Registerrecht** Anwendung.[6] Entsprechend sind auch alle Unterlagen zumindest in deutscher Sprache (§ 184 GVG) einzureichen, gegebenenfalls also in beglaubigter Übersetzung, wenigstens sofern sie von Gesetzes wegen einzureichen und gemäß § 9 HRV in den Registerordner einzustellen sind.[7] Dagegen ist für die Beurteilung der gesellschaftsrecht-

---

[1] EuGH, Urt. v. 30. 9. 2003, Rs. C-167/01 – „Inspire Art", NJW 2003, 3331; **EuGH**, Urt. v. 5. 11. 2002, Rs. C-208/00 – „Überseering", NJW 2002, 3614; **EuGH**, Urt. v. 9. 3. 1999, Rs. C-212/97 – „Centros", NJW 1999, 2027; einen Überblick hierzu gibt *Horn* NJW 2004, 893.
[2] Vgl. **BGH** Z 153, 353 (= NJW 2003, 1607).
[3] Ebenso **OLG Hamm** GmbHR 2006, 1163; zum Streitstand siehe *Zimmer*, in: Ebenroth/Boujong/Joost/Strohn, HGB, § 17 Rz. 17.
[4] Vgl. *Wachter*, in: Süß/Wachter, Handbuch des internationalen GmbH-Rechts, § 2 Rz. 6 ff.
[5] Siehe **BGH** Z 153, 353 (= NJW 2003, 1607) und *Pfeiffer* Rpfleger 2006, 173.
[6] **OLG Hamm** FGPrax 2008, 167 (= DNotZ 2008, 630); **OLG Jena** FGPrax 2006, 127 (= NZG 2006, 434); **KG** FGPrax 2004, 45 (= NZG 2004, 49); *Pentz*, in: Ebenroth/Boujong/Joost/Strohn, HGB, § 13d Rz. 16; *Krafka*, in: MünchKommHGB, § 13d Rz. 2.
[7] Einschränkend auf Urkunden, Anträge und Erklärungen der Beteiligten: **OLG Schleswig** Rpfleger 2008, 498 (= DNotZ 2008, 709 = FGPrax 2008, 217).

lichen Verhältnisse das Gesellschaftsstatut maßgeblich, im europarechtlichen Kontext (EU, EWR) also das Recht des Satzungssitzes – bei sonstigem Ausland, etwa bei der Schweiz, ist nach Ansicht des Bundesgerichtshofs weiterhin auf den Ort des effektiven Verwaltungssitzes abzustellen[1] – und damit ausländisches Recht, über dessen Inhalt sich das Gericht Klarheit zu verschaffen hat. Grundsätzlich ist die Zweigniederlassung des ausländischen Rechtsträgers nach deutschem Verfahrensrecht als „Hauptniederlassung" des ausländischen Unternehmens im Inland zu behandeln, soweit nicht das ausländische Recht zu Abweichungen zwingt (§ 13 d Abs. 3 HGB). Sämtliche die Zweigniederlassung betreffenden Anmeldungen, Eintragungen und Einreichungen sind dementsprechend bei dem Gericht der Zweigniederlassung zu veranlassen (§ 13 d Abs. 1 HGB). Besonderheiten enthält das Gesetz für Zweigniederlassungen **ausländischer Kapitalgesellschaften** (§ 13 e HGB) mit wiederum weiteren Spezialnormen für ausländische Aktiengesellschaften (§ 13 f HGB) und ausländische Gesellschaften mit beschränkter Haftung (§ 13 g HGB). Allgemein dienen die Eintragungen im inländischen Register – wie oben (Rz. 311 ff.) dargestellt – als **Spiegelbild der ausländischen Hauptniederlassung**.[2] Handelt es sich um Eintragungen, die nicht nur die Zweigniederlassung als solche, sondern den gesamten Rechtsträger betreffen, wie zum Beispiel organschaftliche Vertreter und Änderungen des Gesellschaftsvertrags, so ist die Eintragung bei der inländischen Niederlassung daher nur vorzunehmen, wenn sie bereits im Ausland erfolgt ist. Soweit vom Anwendungsbereich her umfasst, sind bei der Anwendung dieser Vorschriften die Bestimmungen der Zweigniederlassungsrichtlinie[3] zu berücksichtigen.

2. Errichtung einer Zweigniederlassung im Inland

313 Für den Begriff der Zweigniederlassung kann grundsätzlich auf die zu § 13 HGB dargestellten Kriterien der Zweigniederlassungen inländischer Unternehmen Bezug genommen werden (Rz. 291 ff.).[4] Allerdings liegt – letztlich unter Berücksichtigung der europarechtlich vorgegebenen Niederlassungsfreiheit – eine „Zweigniederlassung" in diesem Sinn auch dann vor, wenn sich der tatsächliche Verwaltungssitz der Gesellschaft allein an diesem Ort befindet und somit im Ausland nur der Satzungssitz liegt,[5] jedoch dort keinerlei unternehmerische Tätigkeiten entfaltet werden. Die Errichtung ist durch das Registergericht zu überprüfen (Rz. 326). Dabei führt jedoch allein die Übernahme der Komplementärstellung in einer Kommanditgesellschaft noch nicht zwangsläufig zu der – anmeldepflichtigen – Errichtung einer Zweigniederlassung.[6] Die Eintragung der Zweigniederlassung im Register hat rein **deklaratorische Wirkung**.[7]

---

[1] BGH Z 178, 182 (= NJW 2009, 289 mit Anm. *Kieninger*).
[2] *Krafka*, in: MünchKommHGB, § 13 d Rz. 2 und Rz. 24.
[3] Elfte Richtlinie 89/666/EWG des Rates vom 21. Dezember 1989, abgedruckt im Anhang dieses Buchs.
[4] *Ammon*, in: Röhricht/Westphalen, HGB, § 13 d Rz. 9; *Pentz*, in: Ebenroth/Boujong/Joost, HGB, § 13 d Rz. 8.
[5] **KG** FGPrax 2004, 45 (= NZG 2004, 49 = Rpfleger 2004, 221); **OLG Zweibrücken** FGPrax 2003, 135.
[6] **OLG Frankfurt** FGPrax 2008, 215 (= Rpfleger 2008, 496 = DNotZ 2008, 860); anderer Ansicht: *Ammon/Ries* in: Röhricht/Westphalen, HGB, § 13 e Rz. 14; *Krafka*, in: MünchKommHGB, § 33 Rz. 7.
[7] **OLG Frankfurt** FGPrax 2008, 165; **OLG München** NZG 2006, 513; **KG** FGPrax 2004, 45 (= NZG 2004, 49 = Rpfleger 2004, 221).

3. Anmeldung zur Eintragung der Zweigniederlassung

a) Allgemeines zur Anmeldung. Anzumelden ist die Zweigniederlassung bei Gesellschaften jeweils durch Organmitglieder in vertretungsberechtigter Zahl[1] (zur zusätzlichen Erklärung sämtlicher Organmitglieder über Bestellungshindernisse siehe Rz. 322). Ein ständiger Vertreter nach § 13e Abs. 2 Satz 5 Nr. 3 HGB kann bei einer Kapitalgesellschaft die Anmeldung daher nur aufgrund einer entsprechenden formgerechten Vollmacht (§ 12 Abs. 1 Satz 2 HGB) vornehmen.[2] Bei einzelkaufmännischen Unternehmen erfolgt die Anmeldung durch den Geschäftsinhaber. Das Bestehen des Rechtsträgers im Ausland ist bei der Anmeldung ggf. durch Vorlage eines Registerauszugs nachzuweisen.[3] Ist dies aus rechtlichen Gründen nicht möglich, so kann der Nachweis auch durch eine Konsularbescheinigung, eine Bescheinigung eines ausländischen Notars oder durch Vorlage der Gründungsurkunde erbracht werden. Auch eine **Bescheinigung eines deutschen Notars** nach § 21 BNotO genügt, die auf der Einsichtnahme des in Europa durchwegs elektronisch geführten ausländischen Handelsregisters beruht, da dieses auf der Grundlage der Publizitätsrichtlinie mit Gutglaubensschutz versehen und daher mit dem deutschen Handelsregister vergleichbar ist.[4] Auch wenn die Beweiswirkung einer solchen Bescheinigung im Registerverfahren umstritten ist, da die Vorschriften des notariellen Berufsrechts nicht auf die Ausgestaltung und Handhabung ausländischer Register abgestimmt sind[5], wird eine entsprechende Bescheinigung zumindest für die Umstände anzuerkennen sein, die dem ausländischen Register unmittelbar zu entnehmen sind. Für das Companies House in Cardiff sind dies zum Beispiel Firma, Sitz, Registernummer, Kapital und Namen der organschaftlichen Vertreter, nicht aber deren Vertretungsmacht. Letztere kann von einem deutschen Notar nur gutachtlich bei entsprechender Kenntnis des ausländischen Rechts und unter Berufung hierauf bestätigt werden.

In der Anmeldungen sind stets die **Firma** (hierzu Rz. 272 ff.) – sofern derjenigen der Zweigniederlassung ein Zusatz beigefügt ist, auch dieser –, der **Ort samt inländischer Geschäftsanschrift** der Zweigniederlassung und der **Unternehmensgegenstand der Zweigniederlassung** (siehe Rz. 327) anzugeben (§ 13e Abs. 2 Satz 3 HGB), nicht aber derjenige der Gesellschaft selbst, sofern dieser weitergehend ist, als der der Zweigniederlassung.[6] Der Bereich der Zweigniederlassungstätigkeit ist hierbei den deutschen Vorschriften gemäß grundsätzlich ausreichend bestimmt zu bezeichnen, so dass eine aussagekräftige Eintragung möglich wird.[7] Das Registergericht hat im Übrigen mangels eines gesetzlich angeordneten Prüfungsauftrags nicht näher zu untersuchen, ob

314

---

[1] *Baumbach/Hopt* § 13e Rz. 2; *Pentz,* in: Ebenroth/Boujong/Joost/Strohn, HGB, § 13e Rz. 63; *Ammon/Ries* in: Röhricht/Westphalen, HGB, § 13e Rz. 4 f.; anderer Ansicht (sämtliche Mitglieder): *Koch,* in: Staub, HGB, § 13d Rz. 58.
[2] *Wachter,* in: Süß/Wachter, Handbuch des internationalen GmbH-Rechts, § 2 Rz. 180; *Ammon,* in: Röhricht/Westphalen, HGB, § 13e Rz. 65.
[3] Hierzu *Pentz,* in: Ebenroth/Boujong/Joost/Strohn, HGB, § 13e Rz. 68.
[4] OLG Schleswig FGPrax 2008, 217 (= Rpfleger 2008, 498 = DNotZ 2008, 709); vgl. auch *Limmer,* in: Eylmann/Vaasen, BNotO, § 21 Rz. 9; *Süß* DNotZ 2005, 180 (184); *Melchior/Schulte* NotBZ 2003, 344 (346); anderer Ansicht: *Koch,* in: Staub, HGB, § 13d Rz. 68.
[5] Vgl. *Heckschen* NotBZ 2005, 24; *Wachter,* in: Süß/Wachter, Handbuch des internationalen GmbH-Rechts, § 2 Rz. 61 f.
[6] Ausführlich hierzu *Wachter,* in: Süß/Wachter, Handbuch des internationalen GmbH-Rechts, § 2 Rz. 130 ff.; *Koch,* in: Staub, HGB, § 13e Rz. 22 ff.
[7] **OLG Schleswig** FGPrax 2008, 217 (= Rpfleger 2008, 500); **OLG Celle** GmbHR 2007, 681; **OLG Frankfurt** FGPrax 2006, 126 (= NZG 2006, 515); **OLG Düsseldorf** NZG 2006, 317; *Wachter,* in: Süß/Wachter, Handbuch des internationalen GmbH-Rechts, § 2 Rz. 142.

der Gegenstand der Zweigniederlassung vom Unternehmensgegenstand des ausländischen Rechtsträgers mit umfasst ist.[1]

315 **b) Besonderheiten bei Kapitalgesellschaften.** *aa) Weitere anzumeldende Tatsachen.* Die Vorschrift des § 13e HGB enthält zusammengefasst einige Besonderheiten für die Behandlung von Zweigniederlassungen ausländischer Kapitalgesellschaften. Bei solchen Zweigniederlassung ist daher auch – sofern der ausländische Staat entsprechende Register führt (§ 13e Abs. 2 Satz 5 Nr. 1 HGB) – das **Register, bei dem die Gesellschaft im Ausland** eingetragen ist sowie die Nummer des Registereintrags und die **Rechtsform der Gesellschaft** (§ 13e Abs. 2 Satz 5 Nr. 2 HGB) anzugeben. Außerdem müssen die gegebenenfalls bestellten **ständigen Vertreter** nach § 13e Abs. 2 Satz 5 Nr. 3 HGB unter Angabe ihrer Vertretungsbefugnis in der Anmeldung angeführt werden (hierzu Rz. 317ff.). Zudem ist in der Anmeldung das **Recht des Staates** anzuführen, dem die Gesellschaft unterliegt, sofern es nicht das Recht eines Mitgliedstaates der EU oder des EWR ist (§ 13e Abs. 2 Satz 5 Nr. 4 HGB). Die Angabe empfiehlt sich auch dann, wenn das Recht eines EU-Mitglied- oder EWR-Staates anwendbar ist, da die nationalen Rechtsordnungen nicht unerheblich voneinander abweichen. Bei Gesellschaftsformen, die nicht eindeutig einem bestimmten Gesellschaftstyp deutschen Rechts zugeordnet werden können, ist ferner die ausländische Originalbezeichnung anzugeben (z.B. „Limited Liability Company nach dem Recht des Staates Michigan/USA"). Darüber hinaus ist es zur Vermeidung von Fehlübersetzungen und unrichtigen rechtlichen Einordnungen stets ratsam, auch die ausländische Rechtsformbezeichnung anzugeben. Ferner ist zu beachten, dass für die gesetzlichen Vertreter die für inländische Gesellschaften mit beschränkter Haftung (§ 6 Abs. 2 Satz 2 und 3 GmbHG) und Aktiengesellschaften (§ 76 Abs. 3 Satz 2 AktG) vorhandenen **Inhabilitätsvorschriften** entsprechend gelten (§ 13e Abs. 3 Satz 2 HGB).

316 *bb) Empfangsberechtigte Person.* Nach § 13e Abs. 2 Satz 4 HGB steht es den Beteiligten frei, eine Person – also nicht mehrere Personen – mit einer inländischen Anschrift zur Eintragung in das Handelsregister anzumelden, die für Willenserklärungen und Zustellungen an die Gesellschaft empfangsberechtigt ist. Ist eine solche Person im Register eingetragen, gilt ihre **Empfangsberechtigung** bis zur Löschung als fortbestehend, sofern der die Erklärung Abgebende diesbezüglich nicht bösgläubig ist. Ausweislich der Begründung des Gesetzesentwurfs ist vor allem an einen Gesellschafter, Steuerberater oder Notar, mithin also an natürliche Personen, gedacht; gleichfalls denkbar ist allerdings ein Mitglied eines Aufsichtsgremiums oder ein sonst nur gesamtvertretungsberechtigtes Organmitglied[2] oder – wie die Formulierung in § 43 Nr. 2 lit. a HRV deutlich macht – eine juristische Person, die sodann mit Firma und Rechtsform einzutragen ist. Ein Nachweis für die Bestellung ist nicht vorgesehen und daher nicht mit einzureichen. Die Eintragung einer solchen Person erfolgt ohne Geburtsdatum und Wohnort gemäß § 43 Nr. 2 lit. a HRV in Spalte 2 Unterspalte b des Registers:

Spalte 2

Unterspalte b (Empfangsberechtigte Person):
Bestellt: Empfangsberechtigte Person: Hradovec; Lena, Geschäftsanschrift: 53111 Bonn, Rotstraße 35.

oder:

Bestellt: Empfangsberechtigte Person: Lotrecht GmbH mit Sitz in Bonn; Geschäftsanschrift: 53111 Bonn, Rotstraße 35.

---

[1] OLG Schleswig FGPrax 2008, 217 (= Rpfleger 2008, 500); OLG Hamm FGPrax 2006, 276; OLG Frankfurt FGPrax 2006, 126 (= NZG 2006, 515); OLG Hamm FGPrax 2006, 32; OLG Düsseldorf NZG 2006, 317.
[2] *Krafka*, in: MünchKommHGB, § 13e Rz. 11.

cc) Ständige Vertreter der Zweigniederlassung. Im Übrigen sind bei Kapitalgesellschaften die Personen aufzuführen, die befugt sind, als **ständige Vertreter** für die Tätigkeit der Zweigniederlassung die Gesellschaft gerichtlich und außergerichtlich zu vertreten[1] und zwar unter Angabe ihrer Befugnisse (§ 13 e Abs. 2 Satz 5 Nr. 3 HGB). Mit der Befugnisangabe ist ausschließlich die besondere Vertretungsbefugnis gemeint; eine allgemeine Vertretungsregelung ist bei ständigen Vertretern im Handelsregister nicht eintragbar. Mit Aufnahme der Vertreter in das Register soll sichergestellt werden, dass auch solche Handlungsbevollmächtigte, denen ständige Prozessführungsbefugnis eingeräumt ist (§ 54 Abs. 2 HGB), oder sonstige „Generalbevollmächtigte" im Register eingetragen werden. Prokuristen sind nur dann zugleich als ständige Vertreter einzutragen, wenn die Vertretungsbefugnisse jeweils abweichend geregelt sind, v. a. also bei einem Gesamtprokuristen,[2] der zum einzelvertretungsberechtigen ständigen Vertreter ernannt wird. Zulässig ist es, ein Mitglied des Vertretungsorgans zum ständigen Vertreter zu bestellen,[3] was sinnvoll sein kann, wenn dort mehrere Personen die Gesellschaft gemeinsam vertreten, im Inland aber einer von ihnen allein die deutsche Zweigniederlassung der Gesellschaft gerichtlich und außergerichtlich vertreten soll. Dieser erhält damit für das Inland eine umfassende gerichtliche und außergerichtliche Einzelvertretungsbefugnis. Es besteht keine Pflicht zur Bestellung solcher Vertreter, sondern nur zur entsprechenden Anmeldung, wenn sie tatsächlich bestellt wurden.[4] Die Eintragung zu der betreffenden Person sollte dann folgendermaßen erfolgen:[5]

317

Spalte 4
Unterspalte b (Vorstand und besondere Vertretungsbefugnis):
Bestellt: director: Rorty, Richard, Charlotte, North Carolina/USA, *3. 5. 1938; zugleich ständiger Vertreter, als solcher einzelvertretungsbefugt.

Möglich ist aber auch eine „zweifache Eintragung":

Spalte 4
Unterspalte b (Vorstand und besondere Vertretungsbefugnis):
Bestellt: director: Rorty, Richard, Charlotte, North Carolina/USA, *3. 5. 1938;
Bestellt: ständiger Vertreter: Rorty, Richard, Charlotte, North Carolina/USA, *3. 5. 1938; einzelvertretungsbefugt.

Ferner kann bei einem ständigen Vertreter die Befreiung von den Beschränkungen des § 181 BGB im Register eingetragen werden, da für das Vertretungsverhältnis als Vollmachtsstatut deutsches Recht zur Anwendung kommt. Dies gilt daher unabhängig davon, ob das ausländische Gesellschaftsstatut eine solche Befreiung kennt und zur Vermeidung etwaiger Behinderung im inländischen Geschäftsverkehr auch dann,

318

---

[1] Vgl. hierzu *Heidinger* MittBayNot 1998, 72; *Pentz,* in: Ebenroth/Boujong/Joost/Strohn, HGB, § 13 e Rz. 75; *Koch,* in: Staub, HGB, § 13 e Rz. 30 ff.
[2] Zutreffend *Heidinger* MittBayNot 1998, 72 (75); *Koch,* in: Staub, HGB, § 13 e Rz. 32; *Preuß,* in: Oetker, HGB, § 13 e Rz. 41; anderer Ansicht: *Baumbach/Hopt,* HGB, § 13 e Rz. 2; *Pentz,* in: Ebenroth/Boujong/Joost/Strohn, HGB, § 13 e Rz. 75.
[3] Ebenso *Koch,* in: Staub, HGB, § 13 e Rz. 33; *Schall* NZG 2006, 54 (55); *Süß* DNotZ 2005, 180 (186); hierzu auch *Klose-Mokroß* DStR 1005, 1013 (1016); offen gelassen von **OLG München** NZG 2006, 512, 513 (= Rpfleger 2006, 546); anderer Ansicht: **OLG Hamm** FGPrax 2006, 276; *Heidinger* MittBayNot 1998, 72; *Wachter,* in: Süß/Wachter, Handbuch des internationalen GmbH-Rechts, § 2 Rz. 108; *Herchen* RIW 2005, 529 (532).
[4] **OLG München** NZG 2008, 342 (= Rpfleger 2008, 263).
[5] Siehe *Willer/Krafka* NZG 2006, 495 (496).

wenn es sich um eine Person handelt, die zugleich Organträger ist.[1] **Änderungen** in Bezug auf die Bestellung, Abberufung oder Vertretungsbefugnis der ständigen Vertreter erfolgen entweder aufgrund Anmeldung durch die vertretungsberechtigten Organe des Rechtsträgers oder gemäß § 13e Abs. 3 Satz 1 HGB durch die ständigen Vertreter selbst und zwar angesichts des eindeutigen Wortlauts der Vorschrift auch dann ohne weitere Nachweise (siehe Rz. 319), wenn sie selbst von der Änderung betroffen sind. Die Antragsberechtigung setzt allerdings nach allgemeinen Grundsätzen die Vertretungsberechtigung voraus, sodass bei einer Gesamtvertretung die Anmeldung eines Vertreters nicht genügt und das eigene Ausscheiden nicht mehr angemeldet werden kann, wenn die Vertretungsbefugnis bereits erloschen ist.

319 Gesetzlich nicht geregelt ist, welche Voraussetzungen für die Bestellung eines ständigen Vertreters dem Registergericht **nachgewiesen** werden müssen. Insoweit ist ähnlich wie bei Prokuristen die ordnungsgemäße Anmeldung zur Eintragung ausreichend, ohne dass es der Vorlage eines Bestellungsbeschlusses bedarf. Daher ist auch eine nähere Untersuchung, ob nach dem Innenverhältnis des ausländischen Gesellschaftsstatuts eine etwaige Befreiung des ständigen Vertreters von den Beschränkungen des § 181 BGB wirksam ist, entbehrlich. Die Eintragung ist – wie bei Prokuristen – deklaratorisch.[2]

320 *dd) Nachweise und Genehmigungen.* Zur Anmeldung sieht § 13e Abs. 2 Satz 2 HGB ferner allgemein für Zweigniederlassungen von Kapitalgesellschaften vor, dass das Bestehen der Gesellschaft als solcher nachzuweisen ist. Im Zuge der Verfahrensvereinfachung durch das MoMiG ist hingegen die Vorlage einer staatlichen Genehmigung für die Tätigkeit der Zweigniederlassung nicht mehr erforderlich. Das **Bestehen der Gesellschaft** im Ausland muss aktuell nachgewiesen werden (§ 13e Abs. 2 Satz 2 HGB),[3] mithin durch eine regelmäßig nicht mehr als zwei bis vier Wochen alte Bestätigung.[4] Diese muss inländischen Standards entsprechen, also gegebenenfalls mit Apostille oder Legalisation versehen sein. Grundsätzlich bedürfen ausländische öffentliche Urkunden zum Nachweis ihrer Echtheit der **Legalisation** durch die zuständige deutsche Auslandsvertretung nach § 13 Abs. 2 KonsularG. Erleichterungen hiervon, etwa in Form einer **Apostille** durch die zuständigen Behörden des ausländischen Staates oder gar kraft genereller Anerkennung sind in der Regel nur möglich, sofern diesbezüglich völkerrechtliche Vereinbarungen bestehen.[5] Eine **beglaubigte Übersetzung** ist beizufügen, wobei stets ausreichend ist, dass die übersetzende Person in einem deutschen Bundesland gerichtlich bestellt ist.[6] Ungenauigkeiten bei der Übersetzung rechtfertigen hierbei weitere Nachforschungen oder gar die Zurückweisung des Antrags nur, wenn sie nicht durch eigene Kenntnisse des Gerichts behoben werden können.[7] Im Fall einer englischen Gesellschaft genügt als Nachweis der Existenz ein „Certificate of incorporation", ein „Certificate of good standing" oder eine Bescheinigung eines englischen oder eines deutschen Notars nach § 21 BNotO, der in das

---

[1] Siehe *Willer/Krafka* NZG 2006, 495; *Koch*, in: Staub, HGB, § 13e Rz. 33; entgegen der Ansicht des **OLG München** NZG 2006, 512 (= Rpfleger 2006, 546) und des **OLG Hamm** FGPrax 2006, 276.
[2] *Heidinger* MittBayNot 1998, 72 (75).
[3] Siehe hierzu LG Wiesbaden GmbHR 2005, 1134; *Heckschen* NotBZ 2005, 24; *Wachter*, in: Süß/Wachter, Handbuch des internationalen GmbH-Rechts, § 2 Rz. 49ff.
[4] *Wachter*, in: Süß/Wachter, Handbuch des internationalen GmbH-Rechts, § 2 Rz. 52.
[5] OLG Schleswig Rpfleger 2008, 498 (= DNotZ 2008, 709 = FGPrax 2008, 217). Eine Übersicht über bestehende Verträge findet sich unter: http://www.konsularinfo.diplo.de/Vertretung/konsularinfo/de/05/Urkundenverkehr.html.
[6] **OLG Hamm** FGPrax 2008, 167 (= DNotZ 2008, 630).
[7] **OLG Hamm** FGPrax 2008, 167 (= DNotZ 2008, 630).

elektronische Register des Companies House Einsicht genommen hat (siehe Rz. 314). Ein Nachweis im Sinne der Beschlussfassung der Anteilsinhaber oder gar die Bestätigung einer weiteren Person – bei einer private limited company englischen Rechts etwa des secretary – des betroffenen Rechtsträgers hinsichtlich der Errichtung der Zweigniederlassung in Deutschland ist nicht zu führen.[1]

Ferner sind als Anlagen Dokumente einzureichen, aus denen sich die **Legitimation der** einzutragenden **organschaftlichen Vertreter** ergibt (vgl. § 13 g Abs. 2 Satz 2 HGB i. V. m. § 8 Abs. 1 Nr. 2 GmbHG).[2] Eines gesonderten Nachweises hierzu bedarf es nur dann nicht, wenn die Bestellung im eingereichten Gesellschaftsvertrag erfolgt ist. Für eine englische private limited company genügt als Nachweis die Vorlage eines „Certificate of good standing" samt beglaubigter Übersetzung und Apostille oder einer entsprechenden Bescheinigung eines englischen Notars samt Apostille.[3] Die Einreichung eines Bestellungsbeschlusses ist zwar allein nicht hinreichend, da aus diesem nicht feststellbar ist, ob die betreffende Person bereits ordnungsgemäß im Heimatregister des Rechtsträgers vermerkt wurde (vgl. Rz. 311a ff.).[4] Aufgrund der Verweisungen in § 13f Abs. 5 HGB auf § 81 Abs. 2 AktG und in § 13g Abs. 5 HGB auf § 39 Abs. 2 GmbHG ist ein solcher jedoch – neben dem Nachweis einer Eintragung im Heimatregister – vorzulegen. Der gesonderte **Nachweis der Vertretungsbefugnis** einzutragender Organträger (§ 13 g Abs. 2 Satz 2 HGB i. V. m. § 8 Abs. 4 Nr. 2 GmbHG und § 13 g Abs. 3 GmbHG) kann auf Grundlage der Eintragung im Heimatregister erfolgen, soweit diese aus dem jeweiligen Register unmittelbar hervorgeht. Ist dies nicht der Fall, wie zum Beispiel beim englischen Companies House, so genügt eine gutachterliche Äußerung eines dortigen Notars[5] gegebenenfalls samt Apostille oder eines des jeweiligen Landesrechts kundigen Experten, zum Beispiel auch eines deutschen Notars. Unter Umständen genügt auch eine Bescheinigung der registrierenden Behörde, in England also des registrars of companies.[6]

c) Weitere Besonderheiten bei ausländischen Gesellschaften mit beschränkter Haftung. Für Zweigniederlassungen ausländischer **Gesellschaften mit beschränkter Haftung** ist neben den Besonderheiten für Kapitalgesellschaften (dazu Rz. 315 ff.) die Sondervorschrift des § 13 g HGB zu beachten. Um eine GmbH in diesem Sinne handelt es sich, wenn die ausländische Gesellschaftsform unabhängig von ihrer Bezeichnung einer deutschen GmbH im Wesentlichen entspricht.[7] Ausdrücklich anzumelden ist die Vertretungsbefugnis der Geschäftsführer (§ 8 Abs. 4 Nr. 2 GmbHG) und zwar – wie üblich – einerseits die allgemeine Vertretungsregelung und andererseits die gegebenenfalls hiervon für einzelne Organträger abweichende besondere **Vertretungsbefugnis**. Soweit ausländische Rechtsordnungen keine echte allgemeine Vertretungsregelung kennen, sondern vorsehen, dass bei Vorhandensein eines „Geschäftsführers" dieser allein vertritt, bei Bestellung mehrerer „Geschäftsführer" aber die Vertretungsbefugnisse gesellschaftsrechtlich von den Beteiligten konkret bestimmt werden müssen,

321

322

---

[1] **OLG Düsseldorf** NZG 2006, 317 (= GmbHR 2006, 548).
[2] **KG** FGPrax 2004, 45 (= NZG 2004, 49 = Rpfleger 2004, 221).
[3] *Wachter,* in: Süß/Wachter, Handbuch des internationalen GmbH-Rechts, § 2 Rz. 82.
[4] *Wachter,* in: Süß/Wachter, Handbuch des internationalen GmbH-Rechts, § 2 Rz. 83; anders **KG** FGPrax 2004, 45 (= NZG 2004, 49 = Rpfleger 2004, 221) und **OLG Dresden** DNotZ 2008, 146.
[5] **OLG Hamm** FGPrax 2008, 167 (= DNotZ 2008, 630).
[6] **LG Berlin** NZG 2004, 1014; ablehnend: *Wachter,* in: Süß/Wachter, Handbuch des internationalen GmbH-Rechts, § 2 Rz. 102.
[7] Siehe *Bayer,* in: Lutter/Hommelhoff, GmbHG, Anh. I § 4a Rz. 9 mit einer umfassenden Darstellung der Rechtsformen für die dies der Fall ist; s. a. *Pentz,* in: Ebenroth/Boujong/Joost/Strohn, HGB, § 13e Rz. 34 ff.

ist entweder dies in Spalte 4 Unterspalte b zu vermerken oder aber nur die konkrete Vertretungsbefugnis einzutragen. Rechtliche Vertretungsbeschränkungen, die denen des § 181 BGB gleich kommen und Befreiungen hiervon sind im Register nicht mit aufzunehmen, da sie allenfalls auf einer pseudojuristischen Paralellwertung beruhen können, die keinesfalls gestattet ist.[1] Für eine englische private limited company bedeutet dies, dass die regelmäßige Eintragung der allgemeinen Vertretungsregelung lautet:

> Ist nur ein Geschäftsführer (director) bestellt, vertritt er die Gesellschaft allein. Sind mehrere Geschäftsführer bestellt, so wird die Gesellschaft durch die Geschäftsführer gemeinsam vertreten.

Außer den sonstigen persönlichen Angaben zu den **Organmitgliedern** (Name, Vorname, Wohnort, Geburtsdatum) ist ferner eine Erklärung zu etwaigen Bestellungshindernissen entsprechend § 6 Abs. 2 Satz 2 und 3 GmbHG bzw. § 76 Abs. 3 Satz 2 und 3 AktG erforderlich (§ 13g Abs. 2 Satz 2 HGB i.V.m. § 8 Abs. 3 GmbHG; § 13f Abs. 2 Satz 2 HGB i.V.m. § 37 Abs. 2 AktG). Die Versicherungserklärung ist, da im Fall falscher Angaben gemäß § 82 Abs. 1 Nr. 5 GmbHG bzw. § 399 Abs. 1 Nr. 6 AktG mit Strafe bedroht, von sämtlichen Organmitgliedern höchstpersönlich abzugeben.[2] Diese im Vergleich zur bisherigen Rechtslage deutliche Erschwernis bei der Anmeldung von Zweigniederlassungen zielt an sich auf „Scheinauslandsgesellschaften",[3] trifft aber in gleichem Maße die Organmitglieder etablierter und im Ausland aktiver Gesellschaften und wird dort sicherlich nicht selten auf großes Unverständnis und Unwillen stoßen. Sie wird lediglich durch die nunmehr ausdrückliche Möglichkeit der diesbezüglichen Belehrung auch durch einen ausländischen Notar oder einen Konsularbeamten (§ 8 Abs. 3 Satz 2 GmbHG; § 37 Abs. 2 Satz 2 AktG) abgemildert. Wird die vom Gesetz geforderte Erklärung sämtlicher Organmitglieder jedoch nicht erbracht, ist der Eintragungsantrag zurückzuweisen. Beizufügen ist der Anmeldung neben dem Registerauszug in der Originalsprache und ggf. beglaubigter Übersetzung nach § 13g Abs. 2 Satz 1 HGB der **Gesellschaftsvertrag** in Originalsprache und ggf. in deutscher Übersetzung in Urschrift oder in öffentlich beglaubigter Abschrift. Bei einer englischen private limited company besteht die Satzung in der Regel aus dem „memorandum of association" und den „articles of association". Verweisen die articles auf Regelungen der im englischen Gesellschaftsrecht angebotenen Mustersatzung („Table A"), so ist für diese, als ausländischer Rechtsvorschrift, keine Übersetzung zu erstellen.[4] Sind seit der Eintragung der GmbH im Ausland zwei Jahre noch nicht vergangen, so ist bei Sacheinlagen auch ggf. § 5 Abs. 4 GmbHG zu beachten, sofern nicht – wie etwa bei der englischen private limited company – das ausländische Recht keine derartige Festsetzung vorsieht (§ 13g Abs. 2 Satz 3 HGB).

323 Die Anmeldung zur Eintragung der Zweigniederlassung einer englischen private limited company kann folgendermaßen aussehen:

> Im Handelsregister von England und Wales (Companies House in Cardiff) ist unter der Firmennummer 5832210 die Firma Gromolino Ltd. mit Sitz in London, eine Gesellschaft mit

---

[1] **OLG Frankfurt** FGPrax 2008, 165; **OLG Düsseldorf** NJW-RR 2006, 1040; **OLG München** NZG 2006, 512 (513); **OLG Hamm** FGPrax 2006, 276; **OLG München** NZG 2005, 850 (= DNotZ 2006, 152 = Rpfleger 2006, 84); **OLG Celle** GmbHR 2005, 1303; *Willer/Krafka* NZG 2006, 495; *Herchen* RIW 2005, 529 (531).

[2] Ebenso *Preuß*, in: Oetker, HGB, § 13e Rz. 18 und 61; anderer Ansicht: *Krafka*, in: MünchKommHGB, § 13e Rz. 9ff., wonach die Erklärungen nicht persönlich abzugeben sind, da mangels eindeutiger Verweisung keine Strafbewehrung besteht.

[3] BT-Drucks. 16/6140, S. 49 f.; s. dort auch zu ihrer vermeintlichen Europarechtskonformität; s. zu den gleichwohl bestehenden erheblichen Bedenken *Krafka*, in: MünchKommHGB, § 13e Rz. 11.

[4] **OLG Zweibrücken** GmbHR 2009, 147 (= DNotZ 2008, 795).

beschränkter Haftung nach englischem Recht, eingetragen. Das Nominalkapital der Gesellschaft beträgt 100 britische Pfund; davon sind drei Anteile zu je einem britischen Pfund gezeichnet. Sacheinlagen wurden weder vereinbart noch geleistet. Der Gesellschaftsvertrag wurde am 10. 1. 2009 abgeschlossen; er sieht vor, dass die Geschäftsführer der Gesellschaft (directors) folgendermaßen vertreten: Ist nur ein Geschäftsführer (director) bestellt, so vertritt er die Gesellschaft allein. Sind mehrere Geschäftsführer bestellt, so wird die Gesellschaft durch die Geschäftsführer (directors) gemeinsam vertreten.

Die vorgenannte Gesellschaft hat in Frankfurt am Main (Deutschland) eine Zweigniederlassung unter der Firma Gromolino Ltd. errichtet, deren inländische Geschäftsanschrift 60 548 Frankfurt am Main, Baaderstraße 14, lautet. Gegenstand der Zweigniederlassung ist der Vertrieb von Zeitungen.

Director ist Franz Gromo, Hanau, geboren am 12. 3. 1967. Er ist zugleich ständiger Vertreter der Zweigniederlassung und als solcher einzelvertretungsberechtigt mit der Befugnis, im Namen der Gesellschaft mit sich im eigenen Namen oder als Vertreter eines Dritten Rechtsgeschäfte abzuschließen. Für die Person des directors wird versichert:
– Es liegen keine Umstände vor, aufgrund derer er nach § 6 Abs. 2 Satz 2 und 3 GmbHG vom Amt eines Geschäftsführers ausgeschlossen wäre: Während der letzten fünf Jahre erfolgte weder im Inland noch im Ausland wegen einer vergleichbaren Tat eine Verurteilung wegen einer oder mehrerer Straftaten,
  • des Unterlassens der Stellung des Antrags auf Eröffnung des Insolvenzverfahrens (Insolvenzverschleppung),
  • nach §§ 283 bis 283 d StGB (Insolvenzstraftaten),
  • der falschen Angaben nach § 82 GmbHG oder § 399 AktG,
  • der unrichtigen Darstellung nach § 400 AktG, § 331 HGB, § 313 UmwG oder des § 17 PublG oder
  • nach den §§ 263 bis 264a oder den §§ 265b bis 266a StGB zu einer Freiheitsstrafe von mindestens einem Jahr;
– auch wurde ihm weder durch gerichtliches Urteil noch durch vollziehbare Entscheidung einer Verwaltungsbehörde die Ausübung eines Berufs, Berufszweigs, Gewerbes oder Gewerbezweigs untersagt, somit auch nicht im Bereich des Unternehmensgegenstands der Gesellschaft; ferner wurde er nicht aufgrund einer behördlichen Anordnung in einer Anstalt verwahrt.
– Vom beglaubigenden Notar wurde über die unbeschränkte Auskunftspflicht gegenüber dem Gericht gemäß § 53 BZRG belehrt.

Zum weiteren ständigen Vertreter der Zweigniederlassung wurde bestellt: Herr Robert Lino, Ulm, geboren am 1. 3. 1978. Er vertritt die Zweigniederlassung stets einzeln.

Die im Handelsregister einzutragende empfangsberechtigte Person der Zweigniederlassung ist Petra Klein, 80802 München, Potsdamer Straße 4.

Diesem Schriftsatz sind folgende Anlagen beigefügt:
– Certificate of good standing mit Apostille in englischem Original und beglaubigter Übersetzung
– Satzung der Gesellschaft in aktueller Fassung (memorandum of association und articles of association) mit Bestätigung des Notars Jonathan Nott in Birmingham (England) mit Apostille in englischem Original und beglaubigter Übersetzung

d) Weitere Besonderheiten bei ausländischen Aktiengesellschaften. Ist der fragliche Rechtsträger durch Substitution als einer deutschen Aktiengesellschaft vergleichbar einzuordnen, findet § 13 f HGB Anwendung. Der Anmeldung beizufügen ist daher als Dokument die Satzung der Gesellschaft, beruhend auf einer öffentlich beglaubigten Abschrift; ist die Satzung in fremder Sprache, muss eine beglaubigte Übersetzung beigefügt werden (§ 13 f Abs. 2 Satz 1 HGB). Stets ist in der Anmeldung die – mangels Satzungsregelung einschlägige gesetzliche – allgemeine Vertretungsregelung und gegebenenfalls besondere Vertretungsbefugnisse des Vorstands und seiner Mitglieder anzumelden (§ 13 f Abs. 2 Satz 2 HGB i. V. m. § 37 Abs. 3 Nr. 2 AktG). Ferner sind – 324

soweit nicht das ausländische Recht Abweichungen erfordert – in die Anmeldung nach § 13 f Abs. 2 Satz 3 HGB folgende Angaben der Gesellschaft ausdrücklich aufzunehmen:
- die Firma und der Sitz (§ 23 Abs. 3 Nr. 1 AktG);
- der Unternehmensgegenstand (§ 23 Abs. 3 Nr. 2 AktG);
- die Höhe des Grundkapitals (§ 23 Abs. 3 Nr. 3 AktG);
- die Zerlegung des Grundkapitals samt Angabe der Aktienzahl und gegebenenfalls der Nennbeträge der Aktien, bei mehreren Gattungen auch nähere Angaben hierzu (§ 23 Abs. 3 Nr. 4 AktG);
- die Zuordnung als Inhaber- oder Namensaktien (§ 23 Abs. 3 Nr. 5 AktG);
- die Bestimmungen der Satzung über die Zahl der Mitglieder des Vorstands oder die Regeln, nach denen diese Zahl festgelegt wird (§ 23 Abs. 3 Nr. 6 AktG) und diejenigen über die Zusammensetzung des Vorstands (§ 13 f Abs. 2 Satz 3 HGB);
- die Bestimmungen über die Form der freiwilligen Bekanntmachungen der Gesellschaft (§ 23 Abs. 4 AktG) sowie über etwaige weitere Gesellschaftsblätter (§ 25 Satz 2 AktG);
- die Bestimmungen darüber, ob Namens- in Inhaberaktien beziehungsweise umgekehrt umgewandelt werden können (§ 24 AktG).

325 Meist lassen sich diese Angaben unmittelbar aus der Satzung entnehmen und sind daher leicht festzustellen. Gleichwohl bedarf es der ausdrücklichen Angabe in der Anmeldung, da nicht jede Rechtsordnung diese oder vergleichbare Bestimmungen als notwendigen Satzungsinhalt vorschreibt. Wenn die Anmeldung der Zweigniederlassung **innerhalb von zwei Jahren nach der Ersteintragung** der Gesellschaft erfolgt, müssen in der Anmeldung außerdem die Festsetzungen von Sondervorteilen und zum Gründungsaufwand (§ 26 AktG) und zu Sacheinlagen und -übernahmen (§ 27 AktG) und der Ausgabebetrag der Aktien sowie Name und Wohnort der Gründer aufgenommen werden (§ 13 f Abs. 2 Satz 3 Halbs. 2 HGB). Ferner muss – sofern vorhanden – in diesem Fall die ergangene gerichtliche Bekanntmachung beigefügt werden (§ 13 f Abs. 2 Satz 4 HGB). Ebenfalls erforderlich ist die nach § 13 f Abs. 2 Satz 3 HGB i. V. m. § 37 Abs. 2 Satz 1 AktG vorgeschriebene Versicherungserklärung bezüglich der organschaftlichen Vertreter der Gesellschaft entsprechend § 76 Abs. 2 Satz 2 und 3 AktG (s. Rz. 322).

4. Prüfung und Eintragung durch das Registergericht

326 a) **Allgemeines.** Anders als nach § 13 Abs. 1 HGB hat das Registergericht bei Zweigniederlassungen ausländischer Rechtsträger die entsprechende Anmeldung nicht nur formell zu prüfen, sondern auch sachlich festzustellen, ob die **Zweigniederlassung** im Inland tatsächlich errichtet wurde.[1] Sofern hieran Zweifel bestehen, kann sich das Gericht zur Klärung auch der Mithilfe durch die zuständige Industrie- und Handelskammer bedienen (§ 380 Abs. 2 FamFG). Es ist nicht zu beanstanden, wenn das Gericht überprüft, ob die Gesellschaft über die angegebene Adresse postalisch erreichbar ist, und eine Vorwegleistungspflicht bezüglich der Eintragungsgebühr und der Bekanntmachungskosten angeordnet wird. Weitere Nachfragen durch das Gericht lassen sich im Übrigen durch Vorlage einer Gewerbeanmeldung vermeiden.[2] Dagegen ist unbedeutend, ob die Gesellschaft im Staat ihres Satzungssitzes eine Geschäftstätigkeit enfaltet, weil davon das Vorliegen einer Zweigniederlassung nicht abhängt (siehe Rz. 313). Ferner spielt keine Rolle, ob etwaige gesellschaftsrechtliche Erfordernisse

---
[1] *Kindler*, in: Münchener KommentarBGB, Internationales Wirtschaftsrecht, Rz. 950; *Wachter*, in: Süß/Wachter, Handbuch des internationalen GmbH-Rechts, § 2 Rz. 45.
[2] *Wachter*, in: Süß/Wachter, Handbuch des internationalen GmbH-Rechts, § 2 Rz. 45.

im Innenverhältnis der Anteilsinhaber beziehungsweise der Geschäftsführung gegeben sind, sodass etwa ein entsprechender Gesellschafterbeschluss nicht vorgelegt werden muss.[1]

Hinsichtlich des **Unternehmensgegenstands** hat das Registergericht nicht zu prüfen, ob der für die Zweigniederlassung angegebene auch von demjenigen der ausländischen Gesellschaft gedeckt ist.[2] Eine nähere Untersuchung des ausländischen Satzungstextes erübrigt sich daher. Insoweit versteht sich von selbst, dass für das Verfahren zur Eintragung der Zweigniederlassung irrelevant ist, ob die Formulierung der ausländischen Satzung dem Maßstab, der an inländische Ausgestaltungen des Unternehmensgegenstands angelegt wird, genügen würde.[3] Im Register einzutragen und bekannt zu machen ist allein der angemeldete Gegenstand der Zweigniederlassung, nicht also der Gegenstand des Unternehmens der ausländischen Kapitalgesellschaft.[4] 327

Eine nähere Prüfung, ob dem alleinvertretungsberechtigten Geschäftsführer bzw. director der ausländischen Gesellschaft ein **Gewerbeverbot im Inland** in dem Bereich auferlegt ist, in welchem die Zweigniederlassung tätig wird, erledigt sich aufgrund der erforderlichen Versicherungserklärung gemäß § 13 g Abs. 2 Satz 2 HGB i. V. m. § 8 Abs. 3 GmbHG. Im Übrigen war der Bundesgerichtshof bereits zur alten Rechtslage letztlich aus Gründen der Einheit der Rechtsordnung der Ansicht, dass im Fall eines solchen Verbots die Eintragung der Zweigniederlassung europarechtskonform zu verweigern ist.[5] Ist also ein solches Verbot bekannt, kommt die Eintragung der Zweigniederlassung nicht in Betracht. 328

Zu beachten ist, dass ausländische Rechtsordnungen als Organmitglieder teilweise auch juristische Personen anerkennen. In diesem Fall ist im Register nur diese Person beziehungsweise Gesellschaft einzutragen, nicht wiederum deren Vertretungsberechtigte.[6] Allerdings bedarf es entsprechender Nachweise über die Existenz und Vertretungsverhältnisse der beispielsweise als „director" einer englischen private limited company bestellten Gesellschaft, sofern diese bei der Anmeldung zur Eintragung der Zweigniederlassung auftritt.[7] Die Eintragung der empfangsberechtigten Person nach § 13e Abs. 2 Satz 3 HGB erfolgt in Spalte 2 Unterspalte b (§ 43 Nr. 2 lit. b HRV, siehe Rz. 316), die Eintragung der ständigen Vertreter einer Kapitalgesellschaft im Inland erfolgt gemäß § 43 Nr. 4 lit. b HRV in Spalte 4 Unterspalte b. Sie hat die Vertretungsbefugnis zu enthalten, insbesondere auch, ob es sich um Einzel- oder Gesamtvertretungsmacht handelt.[8] Sofern, wie bei italienischen oder französischen Gesellschaften nicht ungewöhnlich, die Dauer der Gesellschaft beschränkt ist, ist dies in Spalte 6 Unterspalte b (§ 43 Nr. 6 lit. b sublit. aa HRV) einzutragen. 329

b) Eintragung bei ausländischen Gesellschaften mit beschränkter Haftung. Nach § 13g Abs. 3 HGB sind bei der Eintragung der Zweigniederlassung einerseits die in § 10 Abs. 1 und 2 GmbHG (Firma, Sitz und Stammkapital der Gesellschaft sowie Unter- 330

---

[1] OLG Düsseldorf NZG 2006, 317 (= GmbHR 2006, 548).
[2] OLG Schleswig FGPrax 2008, 217 (= Rpfleger 2008, 500); OLG Hamm FGPrax 2006, 276; OLG Frankfurt FGPrax 2006, 126 (= NZG 2006, 515); OLG Hamm FGPrax 2006, 32; OLG Düsseldorf NZG 2006, 317.
[3] OLG Hamm FGPrax 2006, 32; OLG Jena DNotZ 2006, 153.
[4] OLG Frankfurt FGPrax 2006, 126 (= Rpfleger 2006, 265); ausführlich hierzu *Wachter*, in: Süß/Wachter, Handbuch des internationalen GmbH-Rechts, § 2 Rz. 103 ff.; *Herchen* RIW 2005, 529 (531 f.); anderer Ansicht OLG Hamm NZG 2005, 930 (= Rpfleger 2005, 672); LG Hechingen Rpfleger 2005, 318; LG Bielefeld Rpfleger 2004, 708.
[5] BGH Z 172, 200 (= NJW 2007, 2328); hierzu *Eidenmüller/Rehberg* NJW 2008, 28.
[6] *Klose-Mokroß* DStR 2005, 1013 (1015); anderer Ansicht *Süß* DNotZ 2005, 180 (184).
[7] Anders *Wachter*, in: Süß/Wachter, Handbuch des internationalen GmbH-Rechts, § 2 Rz. 50.
[8] Siehe *Krafka*, in: MünchKommHGB, § 13e Rz. 7; BT-Dr. 12/3908, S. 16.

Teil 1. Handelsregister

nehmensgegenstand der Zweigniederlassung) und andererseits die in § 13e Abs. 2 Satz 5 HGB enthaltenen Angaben aufzunehmen. Zu Firma (Rz. 272 ff.) und Unternehmensgegenstand (Rz. 327) ist auf die vorstehenden Ausführungen Bezug zu nehmen. Als **Stammkapital** ist nur das aktuell gezeichnete Kapital einzutragen, also nicht das Nominalkapital (authorized capital) der Satzung. Dieses entspricht in etwa einem genehmigten Kapital einer deutschen Aktiengesellschaft oder Gesellschaft mit beschränkter Haftung.[1] Allerdings ist in der Satzung lediglich das authorized capital als Nominalkapital vorgesehen, das tatsächlich gezeichnete Kapital erscheint dort nicht. Da die Kapitalerhöhung sodann außerhalb von Satzung und Register erfolgt, wäre die Verwendung der deutschen Begriffe irreführend. Es ist daher die englische Bezeichnung (authorized capital) zu verwenden. Die Eintragung der deutschen Zweigniederlassung einer englischen private limited company kann folgendermaßen aussehen:

Spalte 2
Unterspalte a (Firma): Gromolino Ltd.
Unterspalte b (Sitz):
Frankfurt am Main; Zweigniederlassung der Gromolino Ltd. mit Sitz in London/Großbritannien (Handelsregister von Cardiff, Nr. 5832210).
Inländische Geschäftsanschrift der Zweigniederlassung: 60548 Frankfurt am Main, Baaderstraße 14.
Empfangsberechtigte Person: Klein, Petra, 80802 München, Potsdamer Straße 4.
Unterspalte c (Gegenstand des Unternehmens): Vertrieb von Zeitungen

Spalte 3 (Stammkapital): 3 GBP

Spalte 4
Unterspalte a (Allgemeine Vertretungsregelung):
Ist nur ein director bestellt, so vertritt er die Gesellschaft allein. Sind mehrere directors bestellt, vertreten sie die Gesellschaft gemeinsam.
Unterspalte b (Geschäftsführer, Vertretungsberechtigte):
director: Gromo, Franz, Offenbach, *12. 3. 1967, zugleich ständiger Vertreter der Zweigniederlassung, als solcher einzelvertretungsbefugt; mit der Befugnis, im Namen der Gesellschaft mit sich im eigenen Namen oder als Vertreter eines Dritten Rechtsgeschäfte abzuschließen. Ständiger Vertreter der Zweigniederlassung: Lino, Robert, Ulm, geboren am 1. 3. 1978, einzelvertretungsberechtigt.

Spalte 5 (Prokura): –

Spalte 6
Unterspalte a (Rechtsform, Beginn, Satzung):
private limited company (Gesellschaft mit beschränkter Haftung nach englischem Recht).
Satzung vom 10. 1. 2009
Unterspalte b (Sonstige Rechtsverhältnisse):
Es besteht ein authorized capital von 100 GBP

331 **c) Eintragung bei ausländischen Aktiengesellschaften.** § 13f Abs. 3 HGB sieht vor, dass bei der Eintragung der Zweigniederlassung auch die in § 39 AktG enthaltenen Angaben aufzunehmen sind und außerdem die in § 13e Abs. 2 Satz 5 HGB genannten Umstände. Ein Beispiel für die Eintragung nach § 13f Abs. 3 HGB kann folgendermaßen aussehen:

Spalte 2
Unterspalte a (Firma): West America Bank N. A.
Unterspalte b (Sitz): München; Zweigniederlassung der West America Bank, National Association mit dem Sitz in Charlotte, North Carolina/USA (Comptroller of the Currency beim Finanzministerium in Washington). Inländische Geschäftsanschrift der Zweigniederlassung: 81375 München, Isarstraße 57.

---

[1] *Klose-Mokroß* DStR 2005, 1013 (1016).

Unterspalte c (Gegenstand des Unternehmens): Bankdienstleistungen folgenden Umfangs: Gewährung von Gelddarlehen und Akzeptkrediten – Kreditgeschäfte gemäß § 1 Abs. 1 Satz 2 Nr. 2 KWG

Spalte 3 (Grundkapital): 500 000 000 USD

Spalte 4
Unterspalte a (Allgemeine Vertretungsregelung):
Jeder director vertritt die Gesellschaft einzeln
Unterspalte b (Vorstand und besondere Vertretungsbefugnis):
director: Rorty, Paul, Charlotte, North Carolina/USA, *3. 5. 1948
director: Davidson, Daniel, Phoenix, Arizona/USA, *5. 8. 1963
Geschäftsleiter (§ 53 Abs. 2 Nr. 1 Satz 3 KWG): Nowak, Karl, München, *4. 2. 1975; einzelvertretungsberechtigt

Spalte 5 (Prokura): Einzelprokura: Nowak, Karl, München, *4. 2. 1975

Spalte 6
Unterspalte a (Rechtsform, Beginn, Satzung):
National Association (Aktiengesellschaft nach dem Recht der Vereinigten Staaten von Amerika). Satzung vom 1. 6. 1812, zuletzt geändert am 1. 4. 2009.
Unterspalte b (Sonstige Rechtsverhältnisse): –

5. Anmeldung und Eintragung späterer Änderungen

a) **Allgemeines.** Stets anzumelden sind Änderungen der für die Zweigniederlassung eingetragenen Umstände, also insbesondere von Firma, Sitz oder inländischer Geschäftsanschrift, Gegenstand der Zweigniederlassung sowie ständigen Vertretern oder auf die Zweigniederlassung beschränkten Prokuristen. Derartige, **nur die Zweigniederlassung betreffende** und dementsprechend im Heimatregister nicht verzeichnete **Rechtstatsachen** können ohne Nachweis einer entsprechenden Eintragung im Register der Hauptniederlassung angemeldet und vollzogen werden. Eine Verlegung der Zweigniederlassung ist, wie § 20 HRV zeigt, möglich, und entsprechend § 13h HGB zu behandeln. Bei Zweigniederlassungen von Kapitalgesellschaften ist nach § 13e Abs. 3 HGB ferner von den ständigen Vertretern auch jede Änderung ihrer Personen oder deren Vertretungsbefugnis zur Eintragung in das Handelsregister anzumelden (siehe Rz. 318). Anzumelden ist schließlich die Aufhebung der Zweigniederlassung (§ 13f Abs. 6 HGB, § 13g Abs. 6 HGB).

Änderungen bei der ausländischen Gesellschaft bewirken Anmeldepflichten auch bezüglich der inländischen Zweigniederlassung, jedenfalls soweit sie im ausländischen Heimatregister vorgenommen wurden. Dort noch nicht erfolgte Eintragungen können aber nicht vorab bei der inländischen Zweigniederlassung geschehen, insbesondere wenn es sich nach inländischem Recht um konstitutiv wirkende Eintragungen handelt, wie zum Beispiel bei einer Verschmelzung (siehe Rz. 311a ff.).[1] Derartigen Anmeldungen muss daher stets ein Nachweis der Eintragung oder „Registrierung" im Heimatregister (siehe Rz. 311) beigefügt werden. Die Anmeldepflicht gilt insbesondere:

– für Satzungsänderungen bei Kapitalgesellschaften (siehe § 13f Abs. 4 HGB, § 13g Abs. 4 HGB);
– für Änderungen der organschaftlichen Vertreter beziehungsweise ihrer Vertretungsbefugnis (siehe § 13f Abs. 5 HGB, § 13g Abs. 5 HGB);
– für Umwandlungsvorgänge;
– bei Auflösung der Gesellschaft, Bestellung und Änderung der Liquidatoren oder ihrer Vertretungsbefugnis und bei Beendigung der Liquidation (vgl. § 13f Abs. 5 HGB, § 13g Abs. 5 HGB);
– für ein Insolvenzverfahren (§ 13e Abs. 4 HGB), siehe hierzu Rz. 335ff.

---

[1] OLG München NZG 2006, 513.

333 **b) Besonderheiten bei Gesellschaften mit beschränkter Haftung.** Wird eine Änderung der vertretungsberechtigten Organmitglieder angemeldet (§ 13g Abs. 5 HGB i. V. m. § 39 Abs. 1 und 2 GmbHG), so gilt für die entsprechenden Nachweise dasselbe wie bei der Erstanmeldung der Zweigniederlassung. Vorzulegen ist daher regelmäßig eine Bestätigung, aus der ersichtlich ist, dass die Eintragung im Register des Herkunftsstaates erfolgt ist sowie der entsprechende Beschluss (Rz. 321). Änderungen des Gesellschaftsvertrages der ausländischen GmbH bedürfen der Anmeldung auch zur Eintragung in das Register der inländischen Zweigniederlassung durch die Geschäftsführer in vertretungsbefugter Zahl, wobei § 54 Abs. 1 und 2 GmbHG anzuwenden sind, soweit das ausländische Recht nicht eine Abweichung nötig macht (§ 13g Abs. 4 HGB). Der Anmeldung ist daher in der Regel ein Nachweis der „Registrierung" im Heimatregister sowie der Gesellschaftsvertrag in seiner aktuellen Fassung beizugeben.[1] Für die Anmeldung von Auflösung (§ 65 Abs. 1 Satz 1 GmbHG), Liquidatorenbestellung (§ 67 Abs. 1 und 2 GmbHG) und Beendigung der Liquidation (§ 74 Abs. 1 Satz 1 GmbHG) sind die Anmeldungen nach dem GmbHG entsprechend für die Zweigniederlassung vorzunehmen, sofern wiederum nicht das ausländische Recht zu Abweichungen nötigt (§ 13g Abs. 5 HGB).

334 **c) Besonderheiten bei Aktiengesellschaften.** Nach § 13f Abs. 5 HGB sind Satzungsänderungen auch bei dem Register der Zweigniederlassung anzumelden, wobei § 181 Abs. 1 und 2 AktG vorbehaltlich der Regelungen des ausländischen Rechts entsprechend anzuwenden sind, insbesondere also der aktuelle Wortlaut der Satzung einzureichen ist. Hinsichtlich der Änderung der Vorstandsmitglieder sind § 81 Abs. 1 und 2 AktG, bezüglich der Auflösung und Löschung der AG § 263 Satz 1, § 266 Abs. 1 und 2 sowie § 273 Abs. 1 Satz 1 AktG entsprechend anzuwenden (§ 13f Abs. 6 HGB), wiederum vorbehaltlich der ausländischen Rechtsvorschriften.

6. Eintragungen bei Insolvenzverfahren

335 Wird über das Vermögen der ausländischen Gesellschaft das **Insolvenzverfahren** eröffnet oder mangels Masse die Eröffnung abgelehnt, so haben dies die ständigen Vertreter (§ 13e Abs. 2 Satz 5 Nr. 3 HGB) oder die gesetzlichen Organmitglieder der Gesellschaft in vertretungsberechtigender Zahl zur Eintragung in das Handelsregister der Zweigniederlassung anzumelden (§ 13e Abs. 4 HGB). Aufgrund des grenzüberschreitenden Bezuges ist bei der Registrierung von Insolvenzvermerken zu unterscheiden, ob das Insolvenzverfahren durch ein inländisches oder ein ausländisches Insolvenzgericht durchgeführt wird.

335a Insolvenzverfahren vor einem **deutschen Insolvenzgericht** über das Vermögen eines ausländischen Rechtsträgers mit Zweigniederlassung im Inland sind sowohl als **Hauptinsolvenzverfahren** über das Gesamtvermögen der Gesellschaft (Art. 3 Abs. 1 EuInsVO) als auch als **Partikularinsolvenzverfahren** über dessen Inlandsvermögen (§§ 354ff. InsO, Art. 3 Abs. 2 EuInsVO) denkbar. In beiden Fällen sind die jeweiligen Insolvenzvermerke auf Mitteilung des Insolvenzgerichts gemäß § 31 InsO einzutragen. Die diesbezügliche Anmeldepflicht der ständigen Vertreter oder Vertretungsorgane der Gesellschaft gemäß § 13e Abs. 4 HGB besteht vor allem im Hinblick auf ein mögliches ausländisches Insolvenzverfahren, in dem keine Mitteilungen von Amts wegen erfolgen. Das Fehlen einer derartigen Anmeldung steht einer Eintragung von Amts wegen aufgrund der Mitteilung eines inländischen Insolvenzgerichtes allerdings nicht entgegen.[2]

---

[1] *Ammon/Ries* in: Röhricht/Westphalen, HGB, § 13g Rz. 9.
[2] *Schmahl*, in: MünchKommInsO, § 31 Rz. 37.

Ein Insolvenzverfahren über das Vermögen der ausländischen Gesellschaft kann aber 335b
auch durch das für den Sitz der Gesellschaft zuständige **ausländische Insolvenzgericht**
durchgeführt werden. Ist dieses Verfahren als Partikularinsolvenzverfahren auf Vermögensgegenstände der Gesellschaft im dortigen Ausland beschränkt, lässt es das
Vermögen der Gesellschaft in Deutschland unberührt und ist dem entsprechend im
deutschen Handelsregister der hier befindlichen Zweigniederlassung nicht zu berücksichtigen. Hauptinsolvenzverfahren über das Gesamtvermögen der Gesellschaft im
In- und Ausland werden für **EU-Mitgliedstaaten mit Ausnahme Dänemarks** aufgrund
der **EuInsVO**[1] allgemein anerkannt. Dabei obliegt dem nach Art. 102 §§ 1, 6 EGInsO
zuständigen deutschen Insolvenzgericht auf Mitteilung des ausländischen Insolvenzverwalters oder des ausländischen Insolvenzgerichtes gemäß Art. 22 Abs. 2 EuInsVO
die Prüfung, ob die Voraussetzungen für die Eintragung eines Insolvenzvermerks gegeben sind. Liegen diese Voraussetzungen vor, so ersucht das deutsche Insolvenzgericht das Registergericht um Eintragung des Insolvenzvermerks und legt auch dessen
Inhalt fest (Art. 102 § 6 Abs. 2 EGInsO). Das Registergericht hat daneben kein eigenständiges Prüfungsrecht.[2] Erhält das Registergericht auf anderem Weg, etwa gemäß
§ 13e Abs. 4 HGB, Mitteilung über die Durchführung eines Insolvenzverfahrens im
Ausland, so hat es seine Erkenntnisse dem nach Art. 102 §§ 6, 1 EGInsO zuständigen
deutschen Insolvenzgericht vorzulegen und eine Eintragung erst auf dessen Ersuchen
hin vorzunehmen.[3]

Für **Insolvenzverfahren außerhalb des Anwendungsbereiches der EuInsVO** sieht das 335c
Gesetz keine Vorprüfung durch ein deutsches Insolvenzgericht vor. Das Registergericht hat daher, nachdem es, durch Anmeldung gemäß § 13e Abs. 4 HGB oder auf
sonstigem Weg, von einem Insolvenzverfahren über das Vermögen der Gesellschaft
Kenntnis erlangt hat, in eigener Verantwortung zu prüfen, ob es sich hierbei um ein
auch das Vermögen im Inland erfassendes Hauptinsolvenzverfahren handelt, ob dieses gemäß § 343 InsO im Inland anzuerkennen ist und ob das jeweilige Ereignis entsprechend § 32 HGB einzutragen ist.[4] Den Inhalt ausländischer Rechtsvorschriften
hat das Registergericht dabei von Amts wegen zu ermitteln (§ 26 FamFG).

7. Bestehen mehrerer Zweigniederlassungen

Allgemein ist für ausländische Kapitalgesellschaften zu beachten, dass bei der Errich- 336
tung **mehrerer Zweigniederlassungen** nach § 13e Abs. 5 HGB die Möglichkeit, nicht
aber die Pflicht,[5] besteht, in der Anmeldung eine inländische Zweigniederlassung als
„Hauptzweigniederlassung" zu bezeichnen. Wurde von diesem Wahlrecht Gebrauch
gemacht, ist die Satzung nur zum Register der führenden Hauptzweigniederlassung
einzureichen. Auch sind spätere Satzungsänderungen nur dort zu führen. Die Bestimmung dieses „Zentralgerichts" ist zur Eintragung unter Angabe des Registergerichts und der Registernummer anzumelden und bei sämtlichen übrigen Zweigniederlassungen – nicht aber im Register des Zentralgerichts selbst – folgendermaßen in
Spalte 7 Unterspalte b zu vermerken (§ 13e Abs. 5 Satz 2 HGB):

Spalte 7
Unterspalte b (Bemerkungen):
Beim Amtsgericht Frankfurt am Main ist unter HRB 50 065 eine weitere Zweigniederlassung
eingetragen. Dort werden die Satzung und deren Änderungen geführt.

---

[1] VO (EG) Nr. 1346/2000 des Rates vom 29. 5. 2000 über Insolvenzverfahren.
[2] *Schmahl*, in: MünchKommInsO, § 31 Rz. 55, 61.
[3] *Schmahl*, in: MünchKommInsO, § 31 Rz. 59.
[4] *Schmahl*, in: MünchKommInsO, § 31 Rz. 65.
[5] **OLG Schleswig** NZG 2007, 918 (= Rpfleger 2007, 666).

8. Aufhebung und Löschung der Zweigniederlassung

337 Anzumelden und im Register einzutragen ist auch die **Aufhebung** der Zweigniederlassung (vgl. § 13 f Abs. 5 HGB, § 13 g Abs. 5 HGB), ohne dass zuvor eine Liquidation stattfinden muss.[1] Hingegen kann eine Liquidation allein bezüglich der Zweigniederlassung nicht im Register erfasst werden, da es sich diesbezüglich um einen rechtlich unselbständigen Teil des ausländischen Rechtsträgers handelt. Die entsprechende Anmeldung könnte lauten:

> Die Zweigniederlassung wurde aufgehoben. Die Firma der Zweigniederlassung ist erloschen.

337a Eine **Löschung** der Zweigniederlassung ist allerdings nach § 395 FamFG von Amts wegen durchzuführen, wenn die Hauptniederlassung im ausländischen Heimatregister nicht mehr eingetragen ist, insbesondere wenn sie ihrerseits von Amts wegen gelöscht wurde. Dies betrifft die Fälle einer Löschung nach Durchführung eines ausländischen oder inländischen Insolvenzverfahrens, aber ebenso eine Löschung aus anderen Gründen. Gerade bei private limited companies nach englischem Recht ist der Fall nicht selten, dass diese wegen Nichterfüllung ihrer jährlich einzuhaltenden Pflicht zur Einreichung der Gesellschaftsunterlagen und der daraus gefolgerten Einstellung ihrer Geschäftstätigkeit aus dem Register gestrichen werden („striking off").[2] Wird eine Gesellschaft aus diesem Grund im Heimatregister gelöscht („dissolved"), so verliert sie hierdurch ihre Rechtsfähigkeit.[3] Dies bedeutet, dass **auch die Zweigniederlassung** einer nicht mehr existenten Hauptniederlassung mangels eigenständiger Rechtspersönlichkeit **zu löschen** ist. Hat das Registergericht von einer Löschung der Gesellschaft etwa durch Registereinsicht Kenntnis erlangt,[4] so hat es zu der nunmehr gegenstandslosen Eintragung der Zweigniederlassung ein Löschungsverfahren gemäß § 395 FamFG durchzuführen. Der Fortbestand etwaiger Vermögenswerte in Deutschland ist insoweit ohne Bedeutung, als die Entscheidung des für die Hauptniederlassung zuständigen Heimatregisters bindend ist und verbleibendes Vermögen – sofern es nicht ohnehin der englischen Krone zufällt[5] – für die Löschungsentscheidung wegen Fehlens einer Hauptniederlassung nicht maßgeblich ist.

337b Bestehen nach Löschung der Hauptniederlassung im Heimatregister wegen Einstellung der Geschäftstätigkeit noch Vermögenswerte in Deutschland, so fallen diese aufgrund der territorialen Beschränktheit hoheitlicher Enteignungsmaßnahmen nicht der englischen Krone zu, sondern bleiben als Vermögen einer so genannten Rest- oder Spaltgesellschaft bestehen.[6] Diese Restgesellschaft kann jedoch nicht als private limited company nach englischem Recht qualifiziert werden, da das insoweit zu beachtende englische Recht gerade die Beendigung dieser Gesellschaft bestimmt. Die Bestellung eines Nachtragsliquidators kommt daher hierfür nicht in Betracht, zumal dessen Registrierung erhebliche Unklarheiten mit sich brächte.[7] Zumindest für die

---

[1] LG Krefeld NZG 2006, 676.
[2] Sec. 652 Companies Act 1985, Sec. 1000 Companies Act 2006.
[3] **Thüringer OLG** GmbHR 2007, 1109 (= NZG 2007, 877 = DNotZ 2008, 298); **OLG Nürnberg** NZG 2008, 76; *Krömker/Otte* BB 2008, 964; *Borges* IPrax 2005, 136; *Süß* DNotZ 2005, 189. Zur Wiedereintragung: *Krömker/Otte* BB 2008, 966.
[4] Ein europaweites Informationssystem zur Benachrichtigung von Registern über wesentliche Veränderungen im Register der Hauptniederlassung (BDS – Branch Disclosure Service) ist bereits im Pilotbetrieb.
[5] Sec. 654 Companies Act 1985, Sec. 1012 Companies Act 2006.
[6] Anderer Ansicht: **AG Charlottenburg** GmbHR 2009, 321.
[7] *Ammon/Ries* in: Röhricht/Westphalen, HGB, § 13 g Rz. 14; anderer Ansicht: **Thüringer OLG** GmbHR 2007, 1109 (= NZG 2007, 877 = DNotZ 2008, 298).

Liquidation der Restgesellschaft kann eine Pflegschaft gemäß § 1913 BGB bestellt werden.[1]

Für den Bereich der **Europäischen Union** ist geplant, für das künftige Verfahren dem Register der Hauptniederlassung die Errichtung der Zweigniederlassung samt Registerstelle mitzuteilen. Statusänderungen der Hauptniederlassung wiederum sollen den Registern der Zweigniederlassungen übermittelt werden. Die deutschen Registergerichte nehmen an diesem im Interesse verlässlicher Registereintragungen dringend wünschenswerten und noch in einer Pilotphase befindlichen **branch disclosure service** („BDS") bereits teil. Eine derartige Information hätte insbesondere zur Folge, dass die Löschung der ausländischen Hauptniederlassung unmittelbar auch den Registern der Zweigniederlassungen zur Kenntnis gebracht wird. Wurde insbesondere nach Durchführung eines inländischen Hauptinsolvenzverfahrens dessen Beendigung dem Heimatregister der Gesellschaft nicht mitgeteilt und die Gesellschaft demzufolge nicht gelöscht, kann das Registergericht die Zweigniederlassung nicht allein aufgrund des Insolvenzverfahrens löschen, da eine Beendigung der Gesellschaft sich allein nach deren ausländischem Gesellschaftsrecht richtet. Eine Löschung von Amts wegen gemäß § 395 FamFG kommt jedoch bereits in Betracht, sofern die Zweigniederlassung mangels entsprechender wirtschaftlicher Mittel nicht mehr unterhalten wird. Bei Vorliegen diesbezüglicher Hinweise hat das Registergericht hierzu Ermittlungen von Amts wegen anzustellen (§ 26 FamFG). Eine Löschung nach § 394 FamFG kommt dagegen nicht in Betracht, da lediglich die Zweigniederlassung eingetragen ist, die mangels eigenständiger Rechtspersönlichkeit ohnehin nicht über eigenes Vermögen verfügt.

337c

H. Verlegung der Hauptniederlassung oder des Sitzes

I. Allgemeines

Die **Verlegung der Hauptniederlassung** des Einzelkaufmanns, einer juristischen Person (§ 33 HGB) bzw. des Sitzes einer OHG oder KG besteht darin, dass der Mittelpunkt des Unternehmens an einen anderen Ort übertragen wird. Die Verlegung ist in diesen Fällen eine Maßnahme der Geschäftsführung,[2] die Eintragung im Register demnach lediglich deklaratorisch.[3] Bei einer GmbH, AG, KGaA oder bei einem VVaG bedarf die Verlegung des Sitzes hingegen einer Änderung des Gesellschaftsvertrags bzw. der Satzung (§§ 179 ff., 278 AktG; § 53 GmbHG, §§ 18, 39 VAG); der VVaG bedarf zudem der Genehmigung der Aufsichtsbehörde (§ 13 VAG). Die Sitzverlegung wird entsprechend erst mit Eintragung im Handelsregister wirksam (§ 54 Abs. 3 GmbHG, § 45 Abs. 2 Satz 5, § 181 Abs. 3 AktG). Eine Anzeigepflicht besteht bei der Verlegung der Niederlassung oder des Sitzes von Kreditinstituten (siehe § 24 Abs. 1 Nr. 5 KWG). Erfolgt die **Verlegung** der Hauptniederlassung oder des Sitzes **innerhalb des Gerichtsbezirks** der bisherigen Hauptniederlassung bzw. des Sitzes, so hat dieses Gericht sämtliche Prüfungshandlungen vorzunehmen und sodann die Verlegung auf dem bisherigen Registerblatt zu vermerken (§ 13h Abs. 3 HGB).

338

Wird die Hauptniederlassung oder der Sitz an den **Ort der bisherigen Zweigniederlassung** verlegt und wird diese Hauptniederlassung bzw. Sitz, so muss zugleich die Aufhebung der Zweigniederlassung nach Maßgabe von § 13 Abs. 3 HGB angemeldet und eingetragen werden, es sei denn die bisherige Hauptniederlassung soll ihrerseits

---

[1] **OLG Nürnberg** NZG 2008, 77.
[2] *Krafka*, in: MünchKommHGB, § 13h Rz. 2; *Preuß*, in: Oetker, HGB, § 13h Rz. 10 f.; *Pentz*, in: Ebenroth/Boujong/Joost/Strohn, HGB, § 13h Rz. 13.
[3] KG FGPrax 1997, 72 (= Rpfleger 1997, 217).

als Zweigniederlassung fortbestehen. Beim Gericht der nunmehrigen Hauptniederlassung und bisherigen Zweigniederlassung ist – wie bei einer sonstigen Sitzverlegung – ein neues Registerblatt für den Rechtsträger anzulegen. Wird die Hauptniederlassung oder der Sitz verlegt und verbleibt am bisherigen Ort eine Zweigniederlassung, so muss diese neu angemeldet werden. Mit Durchführung der Sitzverlegung wird zugleich die Änderung der Zweigniederlassungen eingetragen.

339 Bei der **Verlegung** der Hauptniederlassung eines Einzelkaufmanns oder einer juristischen Person (§ 33 HGB) **ins Ausland**[1] ist nach bisheriger Auffassung deren Erlöschen anzumelden. Die statutarische Verlegung des Sitzes einer Handelsgesellschaft ins Ausland wäre zwar als Auflösung zu behandeln,[2] jedoch ist eine darauf gerichtete Entscheidung, insbesondere ein Beschluss, regelmäßig als nichtig anzusehen, da sie auf den Fortbestand des Rechtsträgers gerichtet ist, was nach derzeitigem Stand eine unmögliche Rechtsfolge ist.[3] Wird lediglich der tatsächliche Verwaltungssitz in einen anderen EU-Mitgliedsstaat verlegt, so führt dies nicht dazu, dass die Gesellschaft ihre Rechts- und Parteifähigkeit verliert.[4] Die für innereuropäische Sitzverlegungen in Arbeit befindlichen Entwürfe für entsprechende Richtlinien der EG sind bislang noch nicht verbindlich.[5] Die Rechtsprechung jedenfalls hält weiterhin an der bisherigen Rechtsauffassung fest, so dass eine Verlegung auch in einen EU-Mitgliedsstaat in das deutsche Handelsregister nicht eingetragen werden kann.[6] Bei Sitzverlegung **aus dem Ausland** nach Deutschland ist ebenfalls nicht von einer identitätswahrenden Verlegung auszugehen, sondern vielmehr eine Neuerrichtung bzw. Neugründung erforderlich.[7] Im Ergebnis kann daher nach bisherigem Rechtsstand eine Verlegung des Satzungssitzes an einen ausländischen Ort nicht in das deutsche Handelsregister eingetragen werden.[8]

II. Änderung der Geschäftsanschrift oder der Geschäftsräume

340 Für sämtliche im Handelsregister einzutragenden Rechtsträger besteht die Pflicht, eine **inländische Geschäftsanschrift** anzumelden, sofern sie dem Gericht nicht bereits vor Inkrafttreten des MoMiG als „Lage der Geschäftsräume" im Sinne des § 24

---

[1] Hierzu allgemein *Krafka,* in: MünchKommHGB, § 13 d Rz. 25 ff.; *Koch,* in: Staub, HGB, § 13 h Rz. 25 ff.; *Preuß,* in: Oetker, HGB, § 13 h Rz. 12 und 35 ff.
[2] OLG Hamm FGPrax 1997, 193; BayObLG Z 1992, 113 (= NJW-RR 1993, 43 = MittBayNot 1992, 350); *Hueck/Fastrich,* in: Baumbach/Hueck, GmbHG, § 4 a Rz. 10; *Hüffer,* AktG, § 5 Rz. 12.
[3] *Krafka,* in: MünchKommHGB, § 13 h Rz. 15 m. w. N. zum Streitstand; *Bayer,* in: Lutter/Hommelhoff, GmbHG, § 4 a Rz. 19.
[4] Vgl. EuGH, Urt. v. 5. 11. 2002, Rs. C-208/00, NJW 2002, 3614 – „Überseering".
[5] Derzeit existiert nur ein Vorentwurf einer Richtlinie zur Verlegung des Gesellschaftssitzes innerhalb der EU vom April 1997 (KOM XV/6002/97), veröffentlicht in ZIP 1997, 1721 und ZGR 1999, 157; siehe auch *Ammon,* in: Röhricht/Westphalen, HGB, § 13 h Rz. 15 ff.; *Neye* ZGR 1999, 12.
[6] OLG München FGPrax 2008, 38 (= RNotZ 2008, 107); OLG Brandenburg FGPrax 2005, 78; BayObLG Z 2004, 24 (= FGPrax 2004, 133 = GmbHR 2004, 490 mit Anm. *Stieb* = Rpfleger 2004, 425 = DNotZ 2004, 725 mit Anm. *Thoelke*); OLG Hamm NJW 2001, 2183 (= FGPrax 2001, 123 = Rpfleger 2001, 430), OLG Düsseldorf NJW 2001, 2184 (= FGPrax 2001, 127 = RNotZ 2001, 287); s. a. EuGH, Urt. v. 16. 12. 2008 – S-210/06, NJW 2009, 569 – „Cartesio".
[7] Siehe OLG München NJW 1986, 2197; OLG Zweibrücken DB 1990, 1660; LG Marburg NJW-RR 1993, 222; *Hueck/Fastrich,* in: Baumbach/Hueck, GmbHG, § 4 a Rz. 11 m. w. N.; hierzu *Ebenroth/Auer* RIW 1992, Beil 1, 8).
[8] OLG München FGPrax 2008, 38 (= RNotZ 2008, 107); OLG Brandenburg FGPrax 2005, 78; BayObLG Z 2004, 24 (= FGPrax 2004, 133 = GmbHR 2004, 490 mit Anm. *Stieb* = Rpfleger 2004, 425); *Krafka,* in: MünchKommHGB, § 13 h Rz. 15.

Abs. 2 HRV mitgeteilt wurde[1] (siehe § 13 Abs. 1 Satz 1, § 13 d Abs. 2, § 13 e Abs. 2 Satz 3, §§ 29, 106 HGB, Art. 65 EGHGB; für GmbH: § 8 Abs. 4 Nr. 1 GmbHG, § 3 EGGmbHG; für AG: § 37 Abs. 3 Nr. 1 AktG, § 18 EGAktG). Diese ist im Handelsregister einzutragen (siehe § 40 Nr. 2 lit. b HRV, § 43 Nr. 2 lit. b HRV, § 13 Abs. 2 HGB, § 13 d Abs. 2 HGB, § 13 f Abs. 3 HGB und § 13 g Abs. 3 HGB je i. V. m. § 13 e Abs. 2 Satz 3 HGB). Auch Änderungen der Geschäftsanschrift sind, gemäß § 14 HGB erzwingbar, in der Form des § 12 Abs. 1 Satz 1 HGB anzumelden.[2] Die Eintragung soll der vereinfachten Auffindung einer zustellungsfähigen Adresse dienen. Befinden sich an der angegebenen Anschrift die Geschäftsräume oder eine andere Stelle, an der Schriftstücke nach den Vorschriften der ZPO an die Gesellschaft zugestellt werden können, kann die exakte Zuordnung auch durch einen c/o-Zusatz („care of", also „bei" oder „im Hause") bestimmt werden, da es sich insoweit nur um eine nähere Konkretisierung der exakten Anschrift handelt.[3] Bei **juristischen Personen** hat sie darüber hinaus Bedeutung für die Möglichkeit einer öffentlichen Zustellung nach § 15 a HGB, § 185 Nr. 2 ZPO. Für diese, vor allem also bei **Kapitalgesellschaften** (SE, AG, GmbH, KGaA, VVaG) ist es damit in deren elementarem Eigeninteresse, die eingetragene Anschrift zu pflegen und ggf. Änderungen anzumelden. Die inländische Geschäftsanschrift muss nicht mit der **Lage der Geschäftsräume** übereinstimmen. Stimmen beide überein, bedarf es keiner gesonderten Mitteilung der Lage der Geschäftsräume. Fallen sie auseinander, so ist auch die Lage der Geschäftsräume sowie deren Änderung, obwohl nicht im Handelsregister einzutragen, dem Registergericht formlos mitzuteilen (§ 24 Abs. 2 HRV). Aufgrund der durch das MoMiG bewirkten Rechtslage ist es nunmehr durchaus denkbar, dass die formlos mitzuteilende und nicht im Register einzutragende Lage der Geschäftsräume in Paris (Frankreich), der registrierte Satzungssitz in Bremen und die im Register eingetragene und bei Änderungen durch erzwingbare Anmeldung nach § 12 Abs. 1 HGB zu korrigierende inländische Geschäftsanschrift in 10 120 Berlin, Hertzstraße 5, liegt. Eine Überprüfung der angemeldeten Geschäftsanschrift durch das Registergericht ist nicht veranlasst. Konsequenz einer nicht zutreffenden aber eingetragenen Geschäftsanschrift ist allerdings bei juristischen Personen, dass Zustellungen an die Gesellschaft gegebenenfalls gemäß § 15 a HGB in Form einer öffentlichen Zustellung bewirkt werden können.[4]

Bei **Einzelkaufleuten, OHG, KG und EWIV** ist die Hauptniederlassung oder der Sitz 341 stets am Ort der faktischen Geschäftsleitung, so dass sich in diesen Fällen – anders als bei Kapitalgesellschaften (siehe Rz. 340) – die inländische Geschäftsanschrift stets mit der Lage der Geschäftsräume deckt.[5] Damit bedarf es der Einreichung einer nach § 12 HGB formgerechten Erklärung nunmehr auch bei einer Verlagerung der Geschäftsleitung und damit der inländischen Geschäftsanschrift innerhalb einer politischen Gemeinde. Eine gesonderte Mitteilung über die Lage der Geschäftsräume ist insoweit nach § 24 Abs. 2 HRV nicht mehr nötig.

III. Anmeldung zur Eintragung in das Handelsregister

Die Verlegung der Hauptniederlassung oder des Satzungssitzes ist bei dem Register- 342
gericht der bisherigen Hauptniederlassung bzw. des bisherigen Sitzes **anzumelden**

---

[1] OLG München NZG 2009, 304 (= GmbHR 2009, 380 = BB 2009, 572); **OLG München** Rpfleger 2009, 460 (= ZIP 2009, 619).
[2] BT-Drucks. 16/6140, S. 36.
[3] OLG Naumburg NZG 2009, 956.
[4] Zum Anwendungsbereich des § 15 a HGB siehe *Preuß*, in: Oetker, HGB, § 15 a Rz. 8 ff.; *Koch*, in: Staub, HGB, § 15 a Rz. 3 ff.; *Krafka*, in: MünchKommHGB, § 15 a Rz. 2 ff.
[5] Anderer Ansicht *Schmidt/Sikora/Tiedtke*, Handelsrecht, Rz. 174.

(§ 13h Abs. 1 HGB, § 45 Abs. 1 AktG). Bei einem **Einzelkaufmann** erfolgt die Anmeldung durch diesen (§ 31 HGB), bei der juristischen Person (§ 33 HGB) durch den Vorstand in vertretungsberechtigter Zahl (§ 34 Abs. 3 HGB), bei der **OHG, KG** durch sämtliche Gesellschafter, bei der KG auch durch die Kommanditisten (§§ 107, 108, 161 Abs. 2 HGB). Die Mitwirkung eines Prokuristen in unechter Gesamtvertretung ist möglich. Regelmäßig – bei Kapitalgesellschaften aber keinesfalls zwingend – wird mit der Sitzverlegung auch eine Änderung der inländischen Geschäftanschrift (siehe Rz. 340f.) einhergehen. Insoweit bedarf es einer dahingehenden ausdrücklichen Anmeldung. Ein Nachweis über die nach öffentlich-rechtlichen Vorschriften erforderliche Gewerbeummeldung ist nicht beizubringen.[1]

343 Bei deklaratorischer Wirkung der Eintragung, also insbesondere bei Einzelkaufleuten und Personenhandelsgesellschaften ist die Sitzverlegung konkret anzumelden:

> Der Sitz der „Reimershoff KG" wurde von Hamburg nach München verlegt.
> Die inländische Geschäftsanschrift hat sich geändert und ist nunmehr 81377 München, Bergstraße 15. Der Unternehmensgegenstand ist unverändert der Handel mit Kraftfahrzeugen.

344 Bei der **AG** und **KGaA** ist die Anmeldung durch den Vorstand bzw. die persönlich haftenden Gesellschafter in vertretungsberechtigter Zahl zu erklären (§§ 181, 283 Nr. 1 AktG), bei unechter Gesamtvertretung (§ 78 Abs. 3 AktG) ggf. in Gemeinschaft mit einem Prokuristen.[2] Eine öffentlich beglaubigte Abschrift der Niederschrift über den Hauptversammlungsbeschluss, der vollständige Wortlaut der Satzung mit notarieller Bescheinigung sowie die Urkunden über eine etwaige Genehmigung (relevant nur für Versicherungsgesellschaften, siehe § 13 Abs. 1 Satz 1, § 5 Abs. 3 Nr. 1 VAG) sind elektronisch gemäß § 12 Abs. 2 HGB als Dokumente der Anmeldung beizufügen (§ 130 Abs. 5, § 181 Abs. 1 AktG). Bei einem **Versicherungsverein auf Gegenseitigkeit** erfolgt die Anmeldung durch den Vorstand in vertretungsberechtigter Zahl (§ 34 VAG); eine Abschrift des Beschlusses der obersten Vertretung sowie die ggf. erforderliche Genehmigungsurkunde sind in der Form des § 12 Abs. 2 HGB beizufügen. Im Übrigen ist auch bei Gegenständen, deren Eintragung ausnahmsweise von einer Genehmigung abhängig ist, eine nochmalige Erteilung der Erlaubnis oder eine Bestätigung des Fortbestands der Erlaubnis bei einer Sitzverlegung nicht erforderlich.

345 Bei der **GmbH** wird durch die Geschäftsführer in vertretungsberechtigter Zahl angemeldet (§§ 78, 54 GmbHG), bei unechter Gesamtvertretung ggf. auch in Gemeinschaft mit einem Prokuristen. Eine beglaubigte Abschrift des Gesellschafterbeschlusses sowie der vollständige Wortlaut des Gesellschaftsvertrags mit notarieller Bescheinigung (§ 54 Abs. 1 Satz 2 GmbHG) sind in der Form des § 12 Abs. 2 HGB beizufügen; die Vorlage einer staatlichen Genehmigung ist nicht vorgesehen.

346 Die Anmeldung kann bei Kapitalgesellschaften auf das beigefügte Beschlussprotokoll Bezug nehmen.

> Die Verlegung des Sitzes der „Reimershoff GmbH" und die entsprechende Änderung von § 1 Abs. 2 des Gesellschaftsvertrags wurden beschlossen. Auf das beigefügte notarielle Beschlussprotokoll wird Bezug genommen.
> Die inländische Geschäftsanschrift hat sich geändert und ist künftig 81377 München, Bergstraße 15.
> Als Anlage sind beigefügt
> – Protokoll der Gesellschafterversammlung vom 3. 8. 2009
> – Aktuelle Fassung des Gesellschaftsvertrags samt notarieller Bescheinigung gemäß § 54 Abs. 1 Satz 2 GmbHG.

---

[1] **LG Augsburg** Rpfleger 2008, 367.
[2] *Hüffer*, AktG, § 45 Rz. 2.

IV. Prüfung durch das Gericht und Eintragung in das Handelsregister

Das **Gericht** der bisherigen Niederlassung bzw. **des bisherigen Sitzes prüft** – bei Kapitalgesellschaften nicht zwingend durch den zuständigen Richter, sondern auch durch einen Rechtspfleger, da es sich lediglich um eine Vorprüfung, nicht um die Vornahme einer Eintragung handelt[1] – ausschließlich die formelle Ordnungsmäßigkeit der Anmeldung[2] und teilt bei einer Verlegung in einen neuen Gerichtsbezirk unverzüglich dem nunmehr zuständigen Gericht die Verlegung mit (§ 13h Abs. 2 Satz 1 HGB, § 45 Abs. 1 Satz 1 AktG). Beizufügen sind der Mitteilung die Eintragungen für die bisherige Hauptniederlassung bzw. Sitz und die dort aufbewahrten Urkunden bzw. Dokumente (§ 13h Abs. 2 Satz 2 HGB, § 45 Abs. 2 Satz 2 AktG). In diesem Verfahrensstadium ist das bisher zuständige Gericht nicht berechtigt, das Registerblatt schon zu schließen oder sämtliche Eintragungen nach § 395 FamFG zu löschen.[3] Geht bei einer GmbH die Sitzverlegung mit einer Veränderung im Gesellschafterbestand einher und haben die neuen Gesellschafter die Satzungsänderung beschlossen, so sollte bereits das Gericht des bisherigen Sitzes eine mit eingereichte Gesellschafterliste in das Handelsregister aufnehmen (§ 16 Abs. 1 Satz 2 GmbHG), um die damit verbundene Wirksamkeitsfolge sicher herbeizuführen (siehe Rz. 1102).

347

Das **Gericht** der neuen Hauptniederlassung bzw. **des neuen Sitzes** hat das Verfahren zunächst zu übernehmen und **prüft** sodann (§ 13h Abs. 2 Satz 3 HGB, § 45 Abs. 2 Satz 3 AktG) – ohne an das formelle Prüfungsergebnis des abgebenden Gerichts gebunden zu sein[4] – seine Zuständigkeit, die Ordnungsmäßigkeit der Anmeldung und der Sitzverlegung, z.B. Vorliegen und Wirksamkeit der Satzungsänderung, und hinsichtlich der Firma das Vorliegen der Voraussetzungen des § 30 HGB, nicht dagegen die Ordnungsmäßigkeit der bisherigen Eintragungen (§ 13h Abs. 2 Satz 4 HGB).[5] Hält das Gericht der neuen Niederlassung bereits vorgenommene Eintragungen für unzulässig, so hat es nach erfolgter Verlegung der Niederlassung ein Verfahren nach § 395 FamFG von Amts wegen einzuleiten.[6] In vielen Fällen ist es allerdings zweckmäßig, vor der Eintragung im Register des neuen Sitzes die Beteiligten auf bestehende Bedenken hinzuweisen und anzufragen, ob bereits vor der Eintragung Mängel behoben werden sollen bzw. Einverständnis mit einer abweichenden Eintragung besteht. Allerdings muss das neu zuständige Registergericht die Eintragungen nicht wortgleich übernehmen, sondern ist wie stets zur eigenständigen Formulierung und Gestaltung befugt.

348

Ergeben sich keine Bedenken, so nimmt es die **Eintragung** auf einem neuen Registerblatt vor. Es übernimmt die bisherigen Eintragungen, soweit diese noch gültig sind,

349

---

[1] Ebenso *Melchior/Schulte*, HRV, § 20 Rz. 4; *Koch*, in: Staub, HGB, § 13h Rz. 12; anderer Ansicht **OLG Köln** FGPrax 2005, 40 (= Rpfleger 2005, 30); **OLG Frankfurt** FGPrax 2002, 184 (= Rpfleger 2002, 455).

[2] **OLG Frankfurt** FGPrax 2002, 184 (= Rpfleger 2002, 455); **OLG Hamm** Rpfleger 1991, 317; **OLG Köln** Rpfleger 1975, 251; **OLG Hamm** Rpfleger 1974, 195; **LG Düsseldorf** BB 1966, 1036; *Krafka*, in: MünchKommHGB, § 13h Rz. 5; anderer Ansicht: *Buchberger* Rpfleger 1991, 513.

[3] *Melchior/Schulte*, HRV, § 20 Rz. 10.

[4] **OLG Frankfurt** FGPrax 2008, 164 (= Rpfleger 2008, 425); *Koch*, in: Staub, HGB, § 13h Rz. 16.

[5] Siehe **LG Nürnberg-Fürth** MittBayNot 1999, 398; *Pentz*, in: Ebenroth/Boujong/Joost/Strohn, HGB, § 13h Rz. 29; *Koch*, in: Staub, HGB, § 13h Rz. 18.

[6] **OLG Oldenburg** BB 1977, 12; **KG** J 44, A 152; *Krafka*, in: MünchKommHGB, § 13h Rz. 6; *Pentz*, in: Ebenroth/Boujong/Joost/Strohn, HGB, § 13h Rz. 29.

trägt die Sitzverlegung ein und nimmt die eingereichten Dokumente sowie die bereits durch das Gericht des bisherigen Sitzes dort freigegebenen Dokumente in seinen Registerordner auf (§ 9 HRV). Dem Gericht des früheren Sitzes bzw. Niederlassung teilt es die Eintragung mit (§ 13 h Abs. 2 Satz 5 HGB). Letzteres nimmt die erforderlichen Löschungen vor, trägt die Verlegung gemäß § 20 HRV unter Schließung des Registerblattes nach § 22 Abs. 1 HRV ein und verweist auf das Register des neuen Gerichts[1] (§ 13 h Abs. 2 Satz 6 HGB). Kommt das Gericht des vorgesehenen neuen Sitzes bzw. der neuen Hauptniederlassung zu einem negativen Prüfungsergebnis, so hat es die Anmeldung zurückzuweisen[2] (§ 382 Abs. 3 FamFG) und nach Kostenerhebung die Akten an das Registergericht des alten Sitzes zurück zu senden. Das zuständige Gericht des bisherigen Sitzes hat ggf. die danach weiter angezeigten amtswegigen Konsequenzen zu ziehen und die unter Umständen zusätzlich angemeldeten weiteren Tatsachen im Register einzutragen,[3] jedoch nur, soweit ein entsprechender Teilvollzug ausdrücklich oder implizit beantragt ist.

350 Die **Eintragung** im Register des neu zuständigen Gerichts kann folgendermaßen aussehen:

351 **Spalte 2**
Unterspalte a (Firma):
Gilbert Holzmaier e. K.
Unterspalte b (Sitz):
Von München (Amtsgericht München HRB 35 700) verlegt, nun: *(bis hierher als Übergangstext gemäß § 16 a HRV)* Augsburg
Verlegt, nun: *(Vorstehendes als Übergangstext)* Inländische Geschäftsanschrift: 86150 Augsburg, Rosenstraße 3
Spalte 3
Unterspalte a (Allgemeine Vertretungsregelung):
Der Inhaber/die Inhaberin handelt allein.
Unterspalte b (Inhaber):
Holzmaier, Gilbert, München, *3. 3. 1965
Spalte 5 (Rechtsverhältnisse):
(Wahlweise statt der Verwendung des Übergangstextes in Spalte 2 Unterspalte b) Die Hauptniederlassung wurde von München (Amtsgericht München HRB 35 700) nach Augsburg verlegt.

352 Das bislang zuständige Gericht hat folgende Eintragung vorzunehmen und sodann das Registerblatt nach § 22 Abs. 1 HRV zu schließen:

Spalte 2
Unterspalte b (Niederlassung): Augsburg
Spalte 5
Unterspalte b (Sonstige Rechtsverhältnisse):
Die Hauptniederlassung wurde von München nach Augsburg (Amtsgericht Augsburg HRA 15 800) verlegt.

353 **Öffentlich bekannt zu machen** haben beide Gerichte ihre Eintragung nach § 10 HGB. Für die Benachrichtigung der Beteiligten gilt § 383 Abs. 1 FamFG.

---

[1] Vgl. OLG Frankfurt FGPrax 2002, 184 (= Rpfleger 2002, 455).
[2] *Krafka*, in: MünchKommHGB, § 13 h Rz. 6; *Pentz*, in: Ebenroth/Boujong/Joost/Strohn, HGB, § 13 h Rz. 33; *Koch*, in: Staub, HGB, § 13 h Rz. 20.
[3] *Melchior/Schulte*, HRV, § 20 Rz. 8.

V. Gemeinsame Anmeldung weiterer Eintragungen

Werden gemeinsam mit der Verlegung des Sitzes bzw. der Hauptniederlassung noch andere eintragungspflichtige Vorgänge angemeldet, so kann schon in der Anmeldung bestimmt werden, ob die übrigen Änderungen noch durch das bisher zuständige Gericht vollzogen werden sollen.[1] Ist dies nicht der Fall und ergeben sich auch sonst keine hinreichenden Anhaltspunkte für den Wunsch eines Teilvollzugs, handelt es sich um eine einheitliche Anmeldung, die regelmäßig vollständig durch das Gericht des neuen Sitzes zu vollziehen ist.[2] Je nach dem nimmt das Gericht des bisherigen Sitzes die weiteren Eintragungen selbst vor oder übersendet dem neu zuständigen Registergericht die Akten zur Prüfung und Eintragung der gesamten Anmeldung.[3] Zur Frage des Vollzugs weiterer Eintragungen im Rahmen einer Sitzverlegung wird hingegen auch die Auffassung vertreten, dass das bislang zuständige Gericht insofern eine Ermessensentscheidung trifft, welche bei Abgabe an das neue Gericht jedenfalls dann nicht angreifbar sein soll, wenn die weiteren Anmeldungen noch nicht erledigungsreif waren.[4] Ebenso soll die vollständige Erledigung durch das Gericht des neuen Sitzes angezeigt sein, wenn es sich um eine einheitliche Angelegenheit handelt,[5] bei der ein Teilvollzug ausgeschlossen ist. Vorrangig allerdings kann die Ausgestaltung des Verfahrens nach den **umwandlungsrechtlichen Gegebenheiten** geboten sein. So erfordert etwa eine mit einer Kapitalerhöhung verbundene Verschmelzung ggf. noch die Eintragung der Kapitalerhöhung vor der Sitzverlegung durch das bisher zuständige Gericht.[6]

354

VI. Mehrfachsitz

1. Zulässigkeit eines Mehrfachsitzes

Die **Zulässigkeit** des Mehrfach- insbesondere eines Doppelsitzes von Kapitalgesellschaften (AG, KGaA, GmbH) konnte bereits nach früherem Recht nicht gerechtfertigt werden. Im Hinblick auf die wirtschaftliche Notwendigkeit und verschiedene gesetzliche Bestimmungen[7] wurde die Zulässigkeit des Doppelsitzes in der Nachkriegszeit für Kapitalgesellschaften trotzdem grundsätzlich bejaht.[8] Für Personenhandelsgesellschaften wird die Möglichkeit, einen Mehrfachsitz zu begründen hingegen mehrheitlich abgelehnt.[9] Ob unter den nunmehr herrschenden Verhältnissen ein

355

---

[1] *Krafka*, in: MünchKommHGB, § 13h Rz. 8; s. ferner *Preuß*, in: Oetker, HGB, § 13h Rz. 31; *Koch*, in: Staub, HGB, § 13h Rz. 22.
[2] Ebenso *Melchior/Schulte*, HRV, § 20 Rz. 7.
[3] Vgl. hierzu **KG** FGPrax 1997, 72 (= Rpfleger 1997, 217); **OLG Hamm** OLGZ 1991, 275 (= Rpfleger 1991, 317 = GmbHR 1991, 321 = NJW-RR 1991, 1001); **OLG Frankfurt** Rpfleger 1991, 508; *Ziegler* Rpfleger 1991, 485.
[4] Siehe **KG** FGPrax 1997, 72 (= Rpfleger 1997, 217); *Koch*, in: Staub, HGB, § 13h Rz. 23.
[5] *Ammon/Ries*, in: Röhricht/Westphalen, HGB, § 13h Rz. 5; s.a. **OLG Hamm** OLGZ 1991, 275 (= Rpfleger 1991, 317 = GmbHR 1991, 321 = NJW-RR 1991, 1001); **OLG Frankfurt** Rpfleger 1991, 508; **OLG Zweibrücken** GmbHR 1992, 678.
[6] **OLG Frankfurt** FGPrax 2005, 38 (= Rpfleger 2005, 200).
[7] § 62 WBG, § 2 Abs. 3 der 35. DVO UStG, Abschn. 2 § 5 DMBErgG, § 1 Abs. 5 DMBG Berlin-West.
[8] Siehe **BayObLG** Z 1962, 107 (= NJW 1962, 1014); **BayObLG** Z 1985, 111 (= NJW-RR 1986, 31 = DNotZ 1986, 165); **KG** OLGZ 1975, 63; **OLG Düsseldorf** NJW-RR 1988, 354; **OLG Stuttgart** NJW 1953, 748.
[9] *Baumbach/Hopt*, HGB, § 106 Rz. 8; *Krafka*, in: MünchKommHGB, § 13 Rz. 33; anderer Ansicht: **LG Köln** NJW 1950, 871; *Koch*, in: Staub, HGB, § 13 Rz. 54.

Mehrfachsitz zumindest bei körperschaftlich organisierten Rechtsträgern als weiterhin zulässig begründet werden kann, ist streitig.[1] Nach Auffassung der Rechtsprechung kann die Zulassung eines Doppelsitzes zwar auch heute noch geboten sein, jedoch nur in sehr begrenzten Ausnahmefällen,[2] wenn ein unabdingbares Bedürfnis der Gesellschaft an der Existenz von zwei statutarischen Sitzen besteht.[3] Davon soll auszugehen sein, wenn ohne Doppelsitz das Fortbestehen der Gesellschaft in Zweifel steht oder wenn eine außergewöhnlich traditionsreiche Verbindung zu den Sitzorten besteht, die nicht willkürlich zugunsten eines Ortes entschieden werden kann. Unter diesen sehr streng zu handhabenden Kriterien soll auch bei einer Verschmelzung ausnahmsweise die Begründung eines Mehrfachsitzes bei einer Kapitalgesellschaft denkbar sein.[4] Nach zutreffender Ansicht ist dagegen heute kein plausibler Grund mehr ersichtlich, auch in Sonderfällen einen Mehrfachsitz zuzulassen.[5]

2. Registerrechtliche Behandlung eines Mehrfachsitzes

356 Bei der **registerrechtlichen Behandlung** waren sämtliche Register als „das Handelsregister" anzusehen, so dass konstitutive Eintragungen erst mit Eintragung in allen Registern wirksam waren und sämtlichen Registergerichten hierbei ggf. ein eigenständiges und unabhängiges Prüfungsrecht zustand.[6] Nach nunmehr geltendem Recht wäre in diesen Fällen die entsprechende Anwendung des § 13e Abs. 5 HGB zu erwägen, so dass das Unternehmen ein Register zu wählen hat, in welchem als „Zentralregister" die Hauptverwaltung geführt wird.[7] Die registerliche Behandlung vereinfacht sich auf diesem Wege gegenüber den sonst erheblichen Schwierigkeiten aufgrund der bestehenden konkurrierenden örtlichen Zuständigkeit. Bei unternehmensrechtlichen Verfahren nach § 375 FamFG findet die Regelung des § 2 Abs. 1 FamFG Anwendung, so dass das Gericht zu entscheiden hat, das in der Sache zuerst tätig geworden ist.[8]

357 Die Problematik des Mehrfachsitzes ist hingegen nicht einschlägig, wenn Einzelkaufleute verschiedene selbstständige Unternehmen mit jeweils eigener Firma führen. Ebenso richtet sich die Frage eines Mehrfachsitzes einer **juristischen Person** (§ 33 HGB) allein nach deren zugrunde liegenden Rechtsvorschriften.[9] Allerdings ist hier nur das Registergericht für die Haupthandelsniederlassung, welche von den satzungsmäßigen

---

[1] Ablehnend nun auch *Heinemann,* in: Keidel, FamFG, § 377 Rz. 13; bejahend *Borsch* GmbHR 2003, 258; s. a. *Katschinski* ZIP 1997, 620; *König* AG 2000, 18 (21 ff.).

[2] Vgl. BayObLG Z 1985, 111 (= NJW-RR 1986, 31 = DNotZ 1986, 165); *Krafka,* in: MünchKommHGB, § 13 Rz. 34; *Heider,* in: MünchKommAktG, § 5 Rz. 41 ff.

[3] Vgl. *Heider,* in: MünchKommAktG, § 5 Rz. 46; noch weitergehender *Borsch* GmbHR 2003, 258.

[4] LG Essen AG 2001, 429; *Katschinski* ZIP 1997, 620; anderer Ansicht: *Hüffer,* AktG, § 5 Rz. 10; *Heider,* in: MünchKommAktG, § 5 Rz. 46; BayObLG Z 1985, 111 (= NJW-RR 1986, 31 = DNotZ 1986, 165); **AG Essen** AG 2001, 434.

[5] *Krafka,* in: MünchKommZPO, § 377 FamFG Rz. 6; *Heinemann,* in: Keidel, FamFG, § 377 Rz. 13; ablehnend auch *Preuß,* in: Oetker, HGB, § 8 Rz. 73 f.; anderer Ansicht etwa *Koch,* in: Staub, HGB, § 13 Rz. 51 f.

[6] BayObLG Z 1962, 107 (= NJW 1962, 1014); BayObLG Z 1985, 111 (= NJW-RR 1986, 31); KG AG 1992, 29; KG OLGZ 1975, 62; OLG **Stuttgart** NJW 1953, 7748; **LG Hamburg** DB 1973, 2237; vgl. *Heider,* in: MünchKommAktG, § 5 Rz. 49.

[7] *Krafka,* in: MünchKommHGB, § 13 Rz. 36.

[8] **KG** Rpfleger 1991, 510; **LG Hamburg** DB 1973, 2237; ebenso *Heider,* in: MünchKommAktG, § 5 Rz. 57; *Katschinski* ZIP 1997, 620; anderer Ansicht: BayObLG Z 1985, 111 (= NJW-RR 1986, 31 = DNotZ 1986, 165).

[9] **BayObLG** Z 2000, 210 (= FGPrax 2000, 209 = Rpfleger 2000, 551); **OLG Frankfurt** FGPrax 2001, 86 (= Rpfleger 2000, 185).

Sitzen abweichen kann (§ 29 HGB), zuständig. Somit kommt es in diesem Bereich nicht zu Doppelzuständigkeiten.

Ist ein Mehrfachsitz im Handelsregister noch eingetragen, so sind **Anmeldungen** zur Eintragung in das Handelsregister, welche die Gesellschaft als Ganzes oder eine eingetragene Zweigniederlassung betreffen, bei sämtlichen Registergerichten aller Sitze zu bewirken,[1] es sei denn, es wird entsprechend § 13e Abs. 5 HGB verfahren.

I. Registerliche Behandlung der Prokura

I. Erteilung von Prokura

Die **Prokura**[2] ist eine rechtsgeschäftliche Vertretungsmacht mit gesetzlich festgelegtem Umfang, die nur ein Kaufmann, eine Handelsgesellschaft, eine juristische Person (§ 33 HGB), eine eG oder eine SCE (§ 42 Abs. 1 GenG) erteilen kann (§§ 48 bis 50 HGB). Sie wird vom Inhaber des Handelsgeschäfts oder seinem gesetzlichen Vertreter eingeräumt (§ 48 Abs. 1 HGB).

Ein **Bevollmächtigter**, insbesondere ein Prokurist ist, auch wenn er ausdrücklich hierzu ermächtigt wäre, nicht dazu befugt, Prokura zu erteilen. Gleichwohl kann für die Handelsregisteranmeldung der vom Inhaber erteilten Prokura ein hierzu Bevollmächtigter tätig werden[3] (§ 12 Abs. 1 Satz 2 HGB). Dagegen sind gesetzliche Vertreter (Eltern, Vormund, Betreuer, – alle gegebenenfalls unter Genehmigung des Familien- oder Betreuungsgerichts –;[4] Organe) aber auch Vertreter kraft Amtes (Nachlasspfleger, Nachlassverwalter)[5] zur Erteilung einer Prokura befugt. Wenn eine familien- oder betreuungsgerichtliche Genehmigung erforderlich ist, also etwa in den Fällen des § 112 BGB, nicht jedoch bei Erteilung durch eine Personenhandelsgesellschaft, wenn ein Gesellschafter minderjährig ist,[6] ist diese dem Registergericht nachzuweisen. Auch der Insolvenzverwalter kann Prokura erteilen.[7] Eine in Liquidation befindliche Gesellschaft kann ebenso Prokura erteilen,[8] wie eine Erbengemeinschaft, die das Handelsgeschäft des Erblassers als solche fortführt, dies im Rahmen der ordnungsgemäßen Nachlassverwaltung kann.[9] Sofern ein Testamentsvollstrecker das Handelsgeschäft als Treuhänder im eigenen Namen führt, kann auch er Prokuristen bestellen.[10] Ob eine Vorgesellschaft (Vor-GmbH, Vor-AG) Prokura erteilen kann, ist streitig. Jedenfalls ist sie im Register nicht eintragbar, da auch die Vorgesellschaft nicht eingetragen ist.[11] Im Einzelfall sehen Spezialgesetze vor, dass die Erteilung einer Prokura

---

[1] **BayObLG** Z 1962, 107 (= NJW 1962, 1014 = DNotZ 1963, 495); **BayObLG** Z 1985, 111 (= NJW-RR 1986, 31 = DNotZ 1986, 165); *Hüffer,* AktG, § 5 Rz. 10 m. w. N.
[2] Allgemein zur Prokura: *Hofmann,* Der Prokurist, 7. Auflage (1996); *Bohnstedt* MittRhNotK 1974, 579; *Walchshöfer* Rpfleger 1975, 381.
[3] Vgl. *Krebs,* in: MünchKommHGB, § 53 Rz. 9.
[4] Siehe § 1822 Nr. 11 BGB i. V. m. § 1643 Abs. 1 BGB bzw. § 1915 Abs. 1 BGB.
[5] So die heute h. M. siehe *Krebs,* in: MünchKommHGB, § 48 Rz. 17; *Baumbach/Hopt,* HGB, § 48 Rz. 1; *Wagner,* in: Röhricht/Westphalen, HGB, § 48 Rz. 9; *Weber,* in: Ebenroth/Boujong/Joost/Strohn, HGB, § 48 Rz. 10.
[6] **BGH** Z 38, 26.
[7] *Weber,* in: Ebenroth/Boujong/Joost/Strohn, HGB, § 48 Rz. 14; *Schubert,* in: Oetker, HGB, § 48 Rz. 19.
[8] Siehe *Schmidt* BB 1989, 229; *Koller/Roth/Morck,* HGB, § 48 Rz. 2; *Krebs,* in: MünchKommHGB, § 48 Rz. 10.
[9] **OLG Stuttgart** WM 1976, 703; *Baumbach/Hopt,* HGB, § 48 Rz. 1.
[10] **KG** NJW 1959, 1086; *Krebs,* in: MünchKommHGB, § 48 Rz. 17.
[11] *Krebs,* in: MünchKommHGB, § 48 Rz. 7; *Koller/Roth/Morck,* HGB, § 48 Rz. 2.

ausgeschlossen ist, beispielsweise kann aufgrund apothekenrechtlicher Bestimmungen (vgl. § 7 Satz 1 des Gesetzes über das Apothekenwesen) der Inhaber einer in handelsrechtlicher Form betriebenen Apotheke keine Prokura erteilen.[1] Hingegen stehen die landesrechtlichen Vorschriften des Sparkassenrechts der Erteilung einer Prokura nicht entgegen.

361 Die **Bestellung** als Prokurist erfolgt bei der OHG **durch** den bzw. die vertretungsberechtigte Zahl von Gesellschaftern, bei der KG durch den bzw. die vertretungsberechtigte Zahl persönlich haftender **Gesellschafter**, bei juristischen Personen, AG, und VVaG durch die **Vorstandsmitglieder**, bei einer SE durch die Mitglieder des Leitungsorgans oder die geschäftsführenden Direktoren, bei der KGaA durch die persönlich haftenden Gesellschafter, bei der GmbH durch die **Geschäftsführer**, je in vertretungsberechtigter Zahl.[2] Erfolgt die Bestellung des Prokuristen allerdings bereits im Gründungsstadium, vor Eintragung einer juristischen Person, so kann sie selbstverständlich – sofern für zulässig erachtet – nur unter Mitwirkung der Gesellschafter selbst erfolgen. Bei unechter Gesamtvertretung (§ 78 Abs. 3 Satz 1 AktG, § 125 Abs. 3 Satz 1 HGB) agiert der Prokurist nicht als rechtsgeschäftlicher Stellvertreter, sondern als Kontrollperson zur Vervollständigung der vorgesehenen organschaftlichen Vertretung. Daher kann in diesem Fall auch ein Prokurist in Gemeinschaft mit einem Vorstandsmitglied, einem Geschäftsführer oder einem vertretenden Gesellschafter an der Bestellung einer anderen Person zum Prokuristen mitwirken. Seine eigene Bestellung zum Prokuristen kann dieser selbst allerdings auch in unechter Gesamtvertretung grundsätzlich und ohne weitere Nachweise nicht anmelden.[3] Anmeldeberechtigt ist der Prokurist aber jedenfalls dann, wenn er hierzu in notariell beglaubigter Form (§ 12 Abs. 1 Satz 2 HGB) von dem Prokura erteilenden Organ bevollmächtigt wird. Zudem wird auch bei Vorlage eines Nachweises der ordnungsgemäßen Bestellung des Prokuristen dieser bei unechter Gesamtvertretung zur Anmeldung seiner eigenen Eintragung befugt sein,[4] da beispielsweise für die Neuanmeldung von Geschäftsführern einer GmbH keine weitergehenden Anforderungen gestellt werden (siehe auch Rz. 395).

362 Im **Innenverhältnis**, also vom Registergericht nicht nachzuprüfen,[5] ist die Prokuraerteilung bei der OHG von der Zustimmung aller geschäftsführenden Gesellschafter bzw. bei der KG, auch bei der GmbH & Co KG, von der Zustimmung aller persönlich haftenden Gesellschafter, außer wenn Gefahr im Verzug ist (§ 116 Abs. 3, § 161 Abs. 2, § 164 HGB), bei der AG und KGaA von der Zustimmung des Aufsichtsrats, wenn die Satzung dies vorschreibt, bei der GmbH von der Zustimmung der Gesellschafterversammlung (§ 46 Nr. 7 GmbHG) abhängig. Die Erteilung hat mittels **ausdrücklicher Erklärung** zu erfolgen, z. B. durch Ausstellung einer als Prokura bezeichneten Vollmachtsurkunde. Die bloße Anmeldung der Vollmacht als Prokura genügt.[6]

---

[1] OLG Celle Rpfleger 1988, 487 (= NJW-RR 1989, 483); anderer Ansicht: *Krebs*, in: MünchKommHGB, § 48 Rz. 14.

[2] Siehe **BGH Z 62, 166**.

[3] OLG Frankfurt FGPrax 2005, 135; BayObLG NJW 1973, 2068 (= DNotZ 1974, 142), ebenso *Weber*, in: Ebenroth/Boujong/Joost/Strohn, HGB, § 53 Rz. 5 m. w. N.; *Schmidt/Sikora/Tiedtke*, Handelsrecht, Rz. 1613.

[4] *Bärwaldt* NJW 1997, 1404; anderer Ansicht ausdrücklich OLG Frankfurt FGPrax 2005, 135.

[5] BGH Z 62, 166 (169); s. a. OLG Düsseldorf FGPrax 1998, 148 (= Rpfleger 1998, 346 = DB 1998, 1026); allgemeine Auffassung auch der Literatur, siehe nur *Weber*, in: Ebenroth/Boujong/Joost/Strohn, HGB, § 53 Rz. 6; *Hofmann*, Prokurist, S. 51.

[6] RG Z 134, 304; *Baumbach/Hopt*, HGB, § 48 Rz. 3.

1. Person des Prokuristen

Zum **Prokuristen** bestellt werden kann jede **natürliche,** auch eine in der Geschäftsfähigkeit beschränkte **Person** (§ 165 BGB). Prokurist kann auch z. B. ein stiller Gesellschafter, ein Kommanditist,[1] ebenso ein von der Vertretung ausgeschlossener Gesellschafter[2] sein. Zum Prokuristen einer GmbH & Co KG kann auch der Geschäftsführer der Komplementär-GmbH bestellt werden.[3] 363

Nicht zum Prokuristen bestellt werden kann hingegen eine **juristische Person,**[4] da die Prokura ihrer Natur nach auf einem besonderen persönlichen Vertrauensverhältnis zwischen Bevollmächtigtem und Vollmachtgeber beruht. Ebenfalls nicht Prokurist sein kann eine mit dem Vollmachtgeber identische Person,[5] daher nicht der Geschäftsinhaber, nicht ein Miterbe einer Erbengemeinschaft,[6] die ein Handelsgeschäft betreibt, nicht ein vertretungsberechtigter Gesellschafter und nicht ein Vorstandsmitglied einer AG bzw. ein Geschäftsführer einer GmbH für diese. 364

2. Gesamtprokura

Die Bestellung mehrerer Prokuristen ist ohne weiteres möglich. Dies kann auch in der Weise erfolgen, dass die Prokuristen nur gemeinschaftlich für den Geschäftsinhaber oder die Gesellschaft handeln können (§ 48 Abs. 2 HGB, **Gesamtprokura**).[7] Prokura ist bei gemischter Gesamtvertretung auch dergestalt zulässig, dass der Prokurist zusammen mit einem Gesellschafter einer OHG bzw. KG, einem Vorstandsmitglied einer AG, eines VVaG oder einem Geschäftsführer einer GmbH gesamtvertretungsberechtigt sein soll – „unechte Gesamtprokura".[8] Der Prokurist ist danach, ohne dass seine Vertretungsmacht erweitert ist, an die Mitwirkung eines Gesellschaftsorgans gebunden, so dass es sich letztlich um eine stärkere personelle Bindung als bei der klassischen Gesamtprokura des § 48 Abs. 2 HGB handelt. Hierbei spielt die Vertretungsbefugnis des organschaftlichen Vertreters keine Rolle, insbesondere ist für die Prokura gleichgültig, ob das Organmitglied selbst einzel- oder gesamtvertretungsbefugt ist. Dementsprechend kann Prokura auch in der Weise erteilt werden, dass neben einem allein vertretungsberechtigten Gesellschafter einer OHG bzw. KG, einem Vorstandsmitglied einer AG, eines VVaG oder einem vertretungsberechtigten Geschäfts- 365

---

[1] *Baumbach/Hopt,* HGB, § 48 Rz. 2; *Weber,* in: Ebenroth/Boujong/Joost/Strohn, HGB, § 48 Rz. 17; *Krebs,* in: MünchKommHGB, § 48 Rz. 32; *Müther,* Handelsregister, § 11 Rz. 13.

[2] *Walchshöfer* Rpfleger 1975, 381; *Krebs,* in: MünchKommHGB, § 48 Rz. 32; *Weber,* in: Ebenroth/Boujong/Joost/Strohn, HGB, § 48 Rz. 19.

[3] **BayObLG** Z 1980, 195 (= DNotZ 1981, 189 = DB 1980, 2232); **OLG Hamm** DB 1977, 1255; *Sonnenschein/Weitemeyer,* in: Heymann, HGB, § 48 Rz. 10; *Krebs,* in: MünchKommHGB, § 48 Rz. 34; offen hingegen BGH Rpfleger 1977, 359.

[4] **KG** FGPrax 2002, 35 (= Rpfleger 2002, 84); **BayObLG** DNotZ 1981, 189 (= GmbHR 1981, 14); *Baumbach/Hopt,* HGB, § 48 Rz. 2; *Krebs,* in: MünchKommHGB, § 48 Rz. 26.

[5] *Krebs,* in: MünchKommHGB, § 48 Rz. 29 ff.; *Weber,* in: Ebenroth/Boujong/Joost/Strohn, HGB, § 48 Rz. 18.

[6] So zumindest die h. M. nach BGH Z 30, 391; anderer Ansicht: *Weber,* in: Ebenroth/Boujong/Joost/Strohn, HGB, § 48 Rz. 22.

[7] Zu den verschiedenen Gestaltungen der Gesamtprokura siehe *Krafka,* in: Zehn Jahre Deutsches Notarinstitut (2003), 223 ff.; *Baumbach/Hopt,* HGB, § 48 Rz. 5 ff. und *Wagner,* in: Röhricht/Westphalen, HGB, § 48 Rz. 47 ff.; *Weber,* in: Ebenroth/Boujong/Joost/Strohn, HGB, § 48 Rz. 37 ff.; kritisch zur herrschenden Auffassung *Krebs,* in: MünchKommHGB, § 48 Rz. 70 ff.

[8] **BGH** Z 99, 76; *Böttcher/Rudolph,* in: Böttcher/Ries, Registerrecht, Rz. 2111 ff.; *Ziegler* Rpfleger 1984, 5.

führer einer GmbH ein Prokurist bestellt wird, der nur gemeinschaftlich mit dem allein zur Vertretung der Gesellschaft Berechtigten handeln kann („**halbseitige unechte Gesamtprokura**").[1] Es können auch mögliche Formen der Gesamtprokura wahlweise vorgesehen werden, so z. B. Prokura zusammen mit einem Vorstandsmitglied bzw. Geschäftsführer etc. oder einem anderen Prokuristen.

366 Im Übrigen ist zu beachten, dass der Inhaber eines einzelkaufmännischen Unternehmens Prokura nicht so erteilen kann, dass der Prokurist nur gemeinschaftlich mit dem Inhaber vertritt,[2] da hiermit keine rechtlich aktiv nutzbare Vertretungsmacht verbunden wäre. Ebenso kann die Prokura einer KG nicht an die Mitwirkung eines Organs der für die KG persönlich haftenden Kapitalgesellschaft geknüpft werden.[3] Unzulässig ist es auch, eine Gesamtprokura in der Weise zu erteilen, dass der Prokurist nur zusammen mit einem Handlungsbevollmächtigten vertreten kann, da dieser nicht aus dem Handelsregister ersichtlich ist.[4] Nicht zulässig ist auch eine Gesamtprokura gemeinsam mit einem „Geschäftsführer, welcher Steuerberater ist". Hier ist ebenfalls mangels Eintragung des Berufes bei den Geschäftsführern nicht ersichtlich, mit wem der Prokurist vertritt. Selbst wenn der Beruf bei den Geschäftsführern eingetragen sein sollte, unterliegt diese Eintragung jedenfalls nicht der registerlichen Prüfung und auch nicht dem Schutz des § 15 HGB, da insoweit keine eintragungspflichtige Tatsache gegeben ist.

367 Die Regelung einer **unechten** organschaftlichen **Gesamtvertretung**, d. h. die Einschränkung der Organvertretungsbefugnis eines von mehreren geschäftsführenden Gesellschaftern einer OHG oder KG, eines Vorstandsmitglieds oder eines Geschäftsführers in der Weise, dass das Gesellschaftsorgan auch in Gemeinschaft mit einem Prokuristen vertretungsberechtigt sein soll (§ 125 Abs. 3 Satz 1 HGB, § 78 Abs. 3 Satz 1 AktG, § 34 VAG) erfordert als Regelung der gesetzlichen Vertretungsverhältnisse der Gesellschaft eine entsprechende Bestimmung im Gesellschaftsvertrag bzw. in der Satzung und erlangt somit für die Erteilung der Prokura als rechtsgeschäftliche Vertretungsmacht keine Bedeutung.

3. Umfang der Prokura

368 Der in § 49 Abs. 1 HGB gesetzlich festgelegte **Umfang der Vertretungsmacht** eines Prokuristen kann auf die Veräußerung bzw. Belastung von Grundstücken erweitert werden (§ 49 Abs. 2 HGB). Eine entsprechende Anmeldung und Eintragung im Handelsregister hat zu erfolgen[5] (siehe Rz. 383). Diese Erweiterung des Umfangs der Vertretungsmacht kann dahingehend eingeschränkt werden, dass zur Veräußerung/Belastung von Grundstücken die Mitwirkung eines weiteren Prokuristen oder eines Organmitglieds erforderlich ist, da insoweit sämtliche Mitwirkenden aus dem Register erkennbar sind.

---

[1] **BGH** Z 62, 166; **BayObLG** NJW 1971, 810 (= DNotZ 1971, 243); **OLG Stuttgart** Rpfleger 1969, 245; offen gelassen in **BayObLG** Z 1997, 285 (= NJW 1998, 1162 = MittBayNot 1998, 46 = Rpfleger 1998, 74).

[2] **BayObLG** Z 1997, 285 (= NJW 1998, 1162 = MittBayNot 1998, 46 = Rpfleger 1998, 74); *Baumbach/Hopt*, HGB, § 48 Rz. 7; anderer Ansicht: *Bärwaldt/Hadding* NJW 1998, 1104; *Koller/Roth/Morck*, HGB, § 48 Rz. 20.

[3] **OLG Frankfurt** Rpfleger 2001, 86; **BayObLG** NJW 1994, 2965 (= MittBayNot 1994, 564); *Böttcher/Rudolph*, in: Böttcher/Ries, Registerrecht, Rz. 2112.

[4] **BGH** BB 1964, 151; *Baumbach/Hopt*, HGB, § 48 Rz. 7; siehe auch **OLG Hamburg** GmbHR 2009, 252.

[5] **BayObLG** Z 1971, 55 (= NJW 1971, 810 = DNotZ 1971, 243); **BayObLG** Z 1980, 195 (= DNotZ 1981, 189 = DB 1980, 2232); vgl. *Koch*, in: Staub, HGB, § 8 Rz. 69; *Weber*, in: Ebenroth/Boujong/Joost/Strohn, HGB, § 49 Rz. 18 m. w. N.

Zudem kann der Prokurist von den **Beschränkungen des § 181 BGB** befreit werden. 369
Auch insoweit hat eine Eintragung in das Handelsregister zu erfolgen[1] (siehe Rz. 382).
Anders als bei der Erweiterung nach § 49 Abs. 2 HGB besteht hierbei keine nach
§ 14 HGB erzwingbare Anmeldepflicht.[2]

Der Umfang der Prokura kann im Übrigen nach Maßgabe von **§ 50 Abs. 3 HGB** be- 370
schränkt werden, etwa auf den Betrieb einer Zweigniederlassung, jedoch nur, wenn
diese durch einen Firmenzusatz als solche bezeichnet ist oder eine selbstständige Firma hat.

II. Erlöschen der Prokura

Die Prokura erlischt durch einen jederzeit zulässigen **Widerruf** (§ 52 Abs. 1 HGB). 371
Der Widerruf kann ggf. auch nur teilweise durch Einschränkung der Einzelprokura
mit Umwandlung in eine echte oder unechte Gesamtprokura erfolgen. Auch die Immobiliarklausel (§ 49 Abs. 2 HGB) kann für sich allein bei Fortbestehen der Prokura
im Übrigen widerrufen werden.[3] Anzumelden ist dies als **Änderung der Vertretungsmacht** des Prokuristen. Eine familien- oder betreuungsgerichtliche Genehmigung ist
für den Widerruf nicht erforderlich. Der Widerruf kann durch den Einzelkaufmann
erfolgen, im Fall des Betreibens des Handelsgeschäfts durch eine Erbengemeinschaft
von jedem einzelnen Miterben (siehe § 2038 BGB). Bei Personenhandelsgesellschaften
ist der Widerruf durch jeden einzelnen persönlich haftenden Gesellschafter möglich,
der zur Erteilung oder zur Mitwirkung bei der Erteilung befugt ist, ebenso bei einer
KGaA (siehe § 116 Abs. 3, § 164 Satz 2 HGB und § 278 Abs. 2 AktG). Im Fall des
Widerrufs einer Prokura eines Kommanditisten bedarf es seitens des Registergerichts
keiner Prüfung, ob ein wichtiger Grund für den Widerruf gegeben ist.[4] Bei einer juristischen Person, AG oder einem VVaG erfolgt der Widerruf durch die Vorstandsmitglieder, bei der GmbH durch die Geschäftsführer, bei der SE durch die Mitglieder des
Leitungsorgans oder die geschäftsführenden Direktoren, je in vertretungsberechtigter
Zahl (§ 78 AktG, § 35 GmbHG, § 34 VAG).

Bei der **Veräußerung des Handelsgeschäfts** eines Einzelkaufmanns unter Lebenden 372
erlöschen die erteilten Prokuren, da sich diese jeweils von der Person des Geschäftsinhabers ableiten.[5] Eine erteilte Prokura erlischt auch, wenn in das Handelsgeschäft
eines Einzelkaufmannes weitere Personen als Gesellschafter eintreten und so das Geschäft in die neu gegründete Personenhandelsgesellschaft eingebracht wird (§ 28
HGB). Jedoch kann jeweils die Neuerteilung der Prokura durch den neuen Inhaber
dergestalt angemeldet werden, dass die erteilten Prokuren „bestehen bleiben".[6]

Wird der bisherige Prokurist **selbst Inhaber** des Handelsgeschäfts **oder Organmitglied** 373
(Vorstand, Geschäftsführung) der Gesellschaft, so erlischt die erteilte Prokura ebenfalls
ohne weiteres. Dennoch ist auch insoweit eine gesonderte Anmeldung zur Eintragung
des Erlöschens im Handelsregister erforderlich. Der teilweise vertretenen Gegenauffassung, wonach eine Anmeldung des Erlöschens der Prokura nicht erforderlich sei,[7] ist
nicht zu folgen. Vielmehr bedarf es auch insoweit eines gesonderten Verfahrensantrags

---

[1] BayObLG Z 1980, 195 (= DNotZ 1981, 189 = DB 1980, 2232); **OLG Hamm** OLGZ 1983, 195 (= MittRhNotK 1983, 92 = Rpfleger 1983, 280).
[2] *Weber*, in: Ebenroth/Boujong/Joost/Strohn, HGB, § 53 Rz. 3 m.w.N.
[3] *Baumbach/Hopt*, HGB, § 52 Rz. 1; *Weber*, in: Ebenroth/Boujong/Joost/Strohn, HGB, § 53 Rz. 3.
[4] OLG Düsseldorf FGPrax 1998, 148 (= Rpfleger 1998, 346 = DB 1998, 1026).
[5] BayObLG Z 1970, 317 (= DNotZ 1971, 191); *Baumbach/Hopt*, HGB, § 53 Rz. 5.
[6] BayObLG Z 1970, 317 (= DNotZ 1971, 191).
[7] **LG Bremen** MittBayNot 1999, 88; **LG Düsseldorf** MittRhNotK 1979, 134; **OLG Karlsruhe** NJW 1969, 1724; *Weber*, in: Ebenroth/Boujong/Joost/Strohn, HGB, § 53 Rz. 8.

des Handelsgeschäftsinhabers, da eine Eintragung bzw. Löschung nur auf der Grundlage einer dahingehenden **Anmeldung** erfolgen darf, die nicht ohne weiteres in der Anmeldung des Prokuristen als neues Organmitglied gesehen werden kann. Allerdings ist das Registergericht gegebenenfalls verpflichtet, auf die Löschung der nunmehr unrichtigerweise eingetragenen Prokura notfalls aufgrund § 14 HGB hin zu wirken.

374 Die Prokura erlischt auch durch den **Tod** oder Eintritt der Geschäftsunfähigkeit des Prokuristen, nicht aber bei Ableben des Inhabers des Handelsgeschäfts (§ 52 Abs. 3 HGB). Bei **Einstellung des Geschäftsbetriebs** und bei Erlöschen der Firma erlischt auch die entsprechende Prokura.

375 Mit **Auflösung** einer Personengesellschaft erlöschen nach der bisher vertretenen Auffassung sämtliche erteilten Prokuren. Nach zutreffender Auffassung wird die Prokura hingegen lediglich auf den Liquidationszweck beschränkt.[1] Die Prokura bleibt jedenfalls dann bestehen, wenn eine OHG oder KG dadurch aufgelöst wird, dass alle Gesellschafter bis auf einen, der das Handelsgeschäft fortführt, ausscheiden. Unumstritten ist, dass bei der Auflösung einer Kapitalgesellschaft erteilte Prokuren nicht erlöschen. Jedoch erlischt die Prokura als rechtsgeschäftliche Vollmacht aber durch **Eröffnung des Insolvenzverfahrens** (§ 117 InsO; vgl. Rz. 412).[2] Das Erlöschen ist mit Eintragung des Insolvenzvermerks (§ 32 HGB) nach § 384 Abs. 2 FamFG von Amts wegen einzutragen (Rz. 450 d).

376 Hingegen führt eine **Umwandlung** in Gestalt eines Formwechsels (§ 1 Abs. 1 Nr. 4, §§ 190 ff. UmwG) grundsätzlich nicht zum Erlöschen erteilter Prokuren, da der jeweilige Rechtsträger zwar seine Form, nicht jedoch seine Identität ändert.[3] Ebenso erlischt die Prokura nicht, sofern im Rahmen des Umwandlungsvorgangs der übertragende Rechtsträger bestehen bleibt, wie etwa im Fall der Abspaltung (§ 123 Abs. 2 UmwG) oder der Ausgliederung (§ 123 Abs. 3 UmwG).[4] Dies bedeutet jedoch nicht, dass das verfahrensrechtliche Erfordernis einer Anmeldung für die Eintragung der Prokura bei der zur Entstehung gelangenden neuen Rechtsform entfällt. Deutlich wird dies insbesondere bei erteilten unechten Gesamtprokuren. Im Fall eines Formwechsels, etwa einer Aktiengesellschaft in eine Kommanditgesellschaft, wird dies offensichtlich. So geht es über die Formulierungsfreiheit des Registergerichts hinaus, wenn dieses ohne dahingehende Anmeldung eine Gesamtprokura, die es bislang erlaubte, gemeinsam mit einem Vorstandsmitglied zu vertreten, dahingehend umschreibt oder gar umschreiben müsste, dass nunmehr der Prokurist gemeinsam mit einem persönlich haftenden Gesellschafter vertritt.

III. Anmeldungen zum Handelsregister betreffend die Prokura

377 Zur Eintragung in das Handelsregister sind folgende Umstände **anzumelden**, wobei die Vornahme der Anmeldung dem Registerzwang des § 14 HGB unterliegt:

1. Erteilung der Prokura

378 Die **Erteilung der Prokura** sowie die Art und Weise der Vertretungsberechtigung ist anzumelden, z.B. Einzelprokura, Gesamtprokura (gemeinsam mit einem weiteren

---

[1] So *Baumbach/Hopt*, HGB, § 48 Rz. 1 und *Weber*, in: Ebenroth/Boujong/Joost/Strohn, HGB, § 52 Rz. 19; anderer Ansicht: **RG Z 72, 119**; *Böttcher/Rudolph*, in: Böttcher/Ries, Registerrecht, Rz. 2124.
[2] Ebenso *Baumbach/Hopt*, HGB, § 52 Rz. 5; *Koller/Roth/Morck*, HGB, § 52 Rz. 9; *Karsten Schmidt*, Handelsrecht, § 16 III 5 c; *Weber*, in: Ebenroth/Boujong/Joost/Strohn, HGB, § 52 Rz. 17.
[3] **OLG Köln** FGPrax 1996, 229 (= DNotZ 1996, 700 = Rpfleger 1997, 28).
[4] *Sagasser/Bula/Brünger*, Umwandlungen, Rz. F 47.

Prokuristen und/oder mit einem persönlich haftenden Gesellschafter/Geschäftsführer), unter Angabe von Familienname, Vorname, Geburtsdatum und Wohnort des Prokuristen. Eine Namenszeichnung des Prokuristen ist seit 1. 1. 2007 nicht mehr vorgesehen, sodass der betroffene Prokurist am Verfahren seiner eigenen Anmeldung nicht zu beteiligten ist (siehe Rz. 145). Ändern sich die persönlichen Daten (Name, Wohnort) des Prokuristen, so ist unter Beibringung etwaiger Nachweise eine entsprechende formelle Anmeldung an das Registergericht veranlasst. Regelmäßig ist ein neu bestellter Prokurist im Rahmen unechter Gesamtvertretung nicht berechtigt, sich selbst zur Eintragung mit anzumelden (Rz. 361). Dokumente zur Prokuraerteilung müssen nicht mit eingereicht werden. Lediglich bei der Bestellung durch Minderjährige ist die entsprechende Genehmigung durch das Familien- oder Betreuungsgericht (siehe § 1822 Nr. 11 BGB) nachzuweisen.[1]

Nicht anzumelden, da nicht im Handelsregister eintragungsfähig, ist eine lediglich im Gesellschaftsvertrag oder in der Satzung enthaltene gesellschaftsinterne Anweisung, wonach Prokura nur in bestimmter Weise, etwa als Gesamtprokura zu erteilen sein soll. Anzumelden ist stets nur die Vertretungsweise des konkreten Prokuristen, wobei ohne weitere Angabe vom gesetzlichen Umfang auszugehen ist, d. h. Einzelprokura ohne die Befugnis zur Veräußerung und Belastung von Grundstücken. Eine Anmeldung und Eintragung ohne Erwähnung der Vertretungsbefugnis ist jedoch zu vermeiden. Stets bedarf der Rechtsverkehr der Information, in welcher Weise der Prokurist vertritt, so dass auch der gesetzliche Normalfall der Einzelvertretung in das Handelsregister mit einem dahingehenden Vermerk („Einzelprokura") einzutragen ist. Daher empfiehlt sich auch eine entsprechend formulierte Anmeldung. 379

Die Anmeldung zur Eintragung einer Prokura kann folgendermaßen aussehen: 380

> Robert Timm, geboren am 5. 10. 1970, Münster, wurde Einzelprokura erteilt.
> *Alternativbeispiele für die Vertretungsbefugnis des Prokuristen:*
> Gesamtprokura zusammen mit einem anderen Prokuristen.
> Gesamtprokura zusammen mit einem anderen Prokuristen oder einem Geschäftsführer *(Alternativ: Vorstandsmitglied).*
> *Möglich, wenn auch selten sind folgende Beispiele:*
> Gesamtprokura zusammen mit dem weiteren Prokuristen (Name, Wohnort, Geburtsdatum).
> Gesamtprokura zusammen mit dem Geschäftsführer (Name, Wohnort, Geburtsdatum).

Unzulässig ist die Erteilung einer Prokura zusammen mit einem Geschäftsführer der „Gruppe A oder des Familienstammes B", sofern die aktuelle Vertretungsbefugnis des Prokuristen nicht unmittelbar aus dem Register erkennbar ist. Nur dann, wenn die Gruppenmitglieder ausdrücklich namentlich benannt sind, ist eine entsprechende Eintragung im Handelsregister möglich. 381

Die **Befreiung** eines Prokuristen **von** den Beschränkungen des **§ 181 BGB** ist in einigen Varianten denkbar, wobei stets nicht notwendig Einzelprokura bestehen muss: 382

> Einzelprokura mit der Befugnis, im Namen der Gesellschaft mit sich im eigenen Namen oder als Vertreter eines Dritten Rechtsgeschäfte abzuschließen.
> Einzelprokura mit der Befugnis, im Namen der Gesellschaft mit sich als Vertreter eines Dritten Rechtsgeschäfte abzuschließen.
> Einzelprokura mit der Befugnis, im Namen der Gesellschaft mit sich im eigenen Namen Rechtsgeschäfte abzuschließen.
> *Möglich, jedoch sehr selten ist folgende Gestaltung:*
> Einzelprokura mit der Befugnis, im Namen der Gesellschaft mit sich als Vertreter der ART Altmann GmbH mit Sitz in Hamburg (Amtsgericht Hamburg HRB 44 433) Rechtsgeschäfte abzuschließen.

---

[1] *Müther*, Handelsregister, § 11 Rz. 9 mit Verweis auf **RG** Z 127, 153 (158).

> *Nicht möglich ist die Gestaltung einer Befreiung von § 181 BGB hinsichtlich etwaiger Vertretungsgeschäfte im Namen der Gesellschaft mit sich als Vertreter von Konzerngesellschaften, sofern diese nicht ausdrücklich benannt werden. Nur im letztgenannten Fall könnte man den Umfang der Befreiung aus dem Register selbst erkennen, was stets für die Eintragungsfähigkeit des Umfangs der Prokura entscheidend ist.*

383 Beispielsfälle zu Prokuren mit erweitertem Umfang nach § 49 Abs. 2 HGB:

> *Einzelprokura mit der Befugnis zur Veräußerung (alternativ: und Belastung) von Grundstücken*
>
> *Sehr selten, wenngleich möglich ist folgende Gestaltungsform:*
> *Einzelprokura, zusammen mit einem weiteren Prokuristen oder einem Geschäftsführer ist er/sie auch zur Veräußerung (und Belastung) von Grundstücken befugt*

384 Nach § 50 Abs. 3 HGB kann unter den dort genannten Voraussetzungen eine Prokura auf einzelne Niederlassungen beschränkt werden. Aus der Eintragung muss hervorgehen, für welche Niederlassung die Prokura Geltung haben soll. Allerdings sind insoweit nur Einschränkungen zum Ausdruck zu bringen. Eine uneingeschränkte Prokura für alle Niederlassungen ist also ohne Zusatzvermerk einzutragen. Im Übrigen bedarf es keines besonderen Hinweises darauf, dass ein auf eine bestimmte Zweigniederlassung in der Vertretung beschränkter Gesamtprokurist selbstverständlich nur mit solchen Personen vertreten kann, die auch für diese Zweigniederlassung vertretungsbefugt sind. Beispiele:

> *Einzelprokura: (...)*
> *Einzelprokura, beschränkt auf die Hauptniederlassung: (...)*
> *Einzelprokura, beschränkt auf die Zweigniederlassung in (...) unter der Firma (...):*
> *Einzelprokura, beschränkt auf die Hauptniederlassung und die Zweigniederlassung in (...) unter der Firma (...):*

2. Änderung des Umfangs der Prokura

385 Die **Erweiterung des Umfangs** der Prokura nach § 49 Abs. 2 HGB (d.h. Veräußerung und Belastung von Grundstücken)[1] ist zur Eintragung in das Handelsregister anzumelden. Diese Erweiterung kann dergestalt erteilt werden, dass entweder nur die Belastung oder nur die Veräußerung von Grundstücken gestattet ist oder beiderlei Arten von Geschäften von der Prokura mit umfasst sind. Hierbei müssen Anmeldung und Eintragung eindeutig zum Ausdruck bringen, welchen Umfang die Vertretungsmacht des Prokuristen hat (siehe Rz. 383).

386 Ebenso anzumelden ist die Erweiterung der Prokura bei **Gestattung von In-Sich-Geschäften**[2] (Befreiung von den Beschränkungen des § 181 BGB). Hierbei sind verschiedene Varianten denkbar: So kann der Prokurist entweder nur vom Verbot der Mehrfachvertretung befreit werden oder nur für den Fall der Vornahme von Geschäften mit sich selbst oder für beide genannten Fälle. Auch sonstige Erweiterungen des Vertretungsumfangs im Rahmen des § 181 BGB sind eintragbar, soweit sich aus dem Register eindeutig, also ohne Zuhilfenahme außerhalb des Registers liegender Umstände, der Befreiungsumfang ergibt. Beispielsweise ist eintragungsfähig die Befugnis, zugleich als Vertreter für eine bestimmte andere Gesellschaft handeln zu dürfen. Die Bezugnahme auf einen nicht registerlich ermittelbaren Kreis von Unternehmen (beispielsweise „verbundene Unternehmen") ist jedoch nicht eintragbar. Zu Eintragungsbeispielen vgl. Rz. 382.

---

[1] **BayObLG** NJW 1971, 810 (= DNotZ 1971, 243).
[2] Siehe **BayObLG** DNotZ 1981, 189; **OLG Hamm** MittRhNotK 1983, 92.

Die **Beschränkung der Prokura** nach § 50 Abs. 3 HGB[1] oder die Entziehung der Befugnisse nach § 49 Abs. 2 HGB ist ebenfalls zur Eintragung anzumelden. Ebenso sind **Änderungen in der Vertretungsmacht**, also sowohl Erweiterungen als auch Einschränkungen, beispielsweise die Umwandlung der Gesamt- in eine Einzelprokura oder umgekehrt, anzumelden. Wird etwa eine neue Zweigniederlassung angemeldet und soll der schon bislang eingetragene Prokurist diese nicht vertreten können, so ist dies als Beschränkung der Vertretungsmacht zur Eintragung in das Register der Hauptniederlassung anzumelden. 387

Ein Anmeldungsbeispiel zur Änderung bei bestehenden Prokuren könnte folgendermaßen aussehen: 388

> Die Gesamtprokura von Robert Timm, geboren am 5. 10. 1970, Münster, wurde geändert.
> Er hat Einzelprokura mit der Befugnis erhalten, Grundstücke zu veräußern und zu belasten.

Änderungen in der Vertretungsbefugnis sind unter Berücksichtigung des Verbots der Teilrötung (§ 16 Abs. 3 HRV) dahingehend zu behandeln, dass der betroffene Prokurist neu vorgetragen wird. Ebenso verhält es sich bei einer Änderung oder Berichtigung der Personalien eines Prokuristen. Hat eine bisherige Einzelprokuristin geheiratet und den Namen ihres Ehemanns angenommen, so ist ihre bisherige Eintragung vollständig zu röten und neu unter Angabe der Personalien und der Vertretungsbefugnis einzutragen: 389

> Familienname geändert, nun: *(bis hierher als Übergangstext nach § 16a HRV)* Einzelprokura: Graf, Hedda, geborene Salvenmoser, Potsdam, *13. 5. 1985.
> *(Die bisherige Eintragung zu dieser Prokuristin ist insgesamt zu röten)*

390

Dasselbe gilt im Fall einer Änderung der Vertretungsbefugnis. Wird eine Gesamtprokura zur Einzelprokura geändert, könnte die Eintragung folgendermaßen vorgenommen werden: 391

> Prokura geändert, nun: *(bis hierher als Übergangstext nach § 16a HRV)* Einzelprokura: Müller, Erwin, Limburg, *12. 3. 1964.
> *(Die Eintragung zur Gesamtprokura wird durch Rötung der diesen Prokuristen bisher betreffenden Eintragungen insgesamt hinfällig)*

Weitere Beispiele für solche Übergangsänderungstexte, jeweils zu verbinden mit der Rötung der nicht mehr zutreffenden Registereintragung: 392

> Nicht mehr befugt, für die Gesellschaft mit sich im eigenen Namen oder als Vertreter eines Dritten Rechtsgeschäfte abzuschließen, nun: (...)
> Nicht mehr zur Veräußerung oder Belastung von Grundstücken befugt, nun: (...)
> Neu vorgetragen wegen Wohnsitzwechsels: (...)

3. Erlöschen der Prokura

Schließlich ist gemäß § 53 Abs. 3 HGB das **Erlöschen der Prokura** anzumelden, z. B. durch Widerruf, Tod des Prokuristen, Eintritt der Geschäftsunfähigkeit des Prokuristen, Insolvenz des Geschäftsinhabers, ferner Einstellung des Geschäftsbetriebs, Erlöschen der Firma, Erwerb des Handelsgeschäfts durch den Prokuristen, Geschäftsveräußerung unter Lebenden, Bestellung des Prokuristen zum Geschäftsführer oder Vorstandsmitglied, bei Aufhebung einer Zweigniederlassung hinsichtlich einer für diese eingetragene Prokura oder Umwandlung einer Einzelfirma in eine OHG oder KG. Die entsprechende Anmeldung lautet beispielsweise: 393

> Die Gesamtprokura von Robert Timm, geb. am 5. 10. 1970, Münster, ist erloschen.

---

[1] Dazu *Baumbach/Hopt*, HGB, § 50 Rz. 2.

4. Anmeldepflichtige Personen

394 **Anmeldepflichtig** sind der Inhaber oder sein gesetzlicher Vertreter, bei juristischen Personen und Handelsgesellschaften die zur Vertretung berechtigten Personen, und zwar jeweils so viele, wie zur Vertretung erforderlich sind. Der einzutragende Prokurist muss bei der Anmeldung nicht mitwirken.

395 Ein **Prokurist** kann bei unechter Gesamtvertretung (§ 78 Abs. 3 Satz 1 AktG, § 125 Abs. 3 Satz 1 HGB) zusammen mit einem Gesellschafter, Vorstandsmitglied oder Geschäftsführer die Erteilung einer anderen Prokura mit anmelden. Er kann jedoch regelmäßig nicht bei Anmeldungen betreffend die ihm selbst erteilte Prokura mitwirken (siehe näher Rz. 361).[1] Durch besondere, formgerechte Vollmacht kann aber der Prokurist allein zur Anmeldung, auch seiner eigenen Prokura berechtigt werden.[2] Die Erteilung der Prokura in notariell beglaubigter Form enthält jedoch grundsätzlich nicht auch die Vollmacht zur Vornahme der entsprechenden Registereintragung, da es sich nicht um ein Problem der Form, sondern vielmehr allein des Umfangs der Vertretungsmacht handelt.[3] Allerdings ist der Prokurist einer GmbH als persönlich haftender Gesellschafterin einer KG befugt, die GmbH bei der Erteilung einer **Prokura für die KG** zu vertreten, da es sich nicht um ein Grundlagengeschäft der Gesellschaft handelt, deren rechtsgeschäftlicher Vertreter der handelnde Prokurist ist.[4]

5. Prüfung und Eintragung durch das Registergericht

396 Das **Gericht** prüft die Ordnungsmäßigkeit der Anmeldung. Eine Prüfung der Wirksamkeit der Erteilung oder des Widerrufs der Prokura findet durch das Registergericht hingegen nicht statt, insbesondere nicht hinsichtlich gesellschaftsintern einzuhaltender Kompetenzverteilungen,[5] da im Außenverhältnis die Prokura vom Anmeldenden gemäß § 52 Abs. 1 HGB jederzeit wirksam widerrufen werden könnte. Die Eintragung erfolgt mit Vorname, Familienname, Geburtsdatum und Wohnort des Prokuristen (§ 40 Nr. 4, § 43 Nr. 5 HRV). Bei der Eintragung ist die Vertretungsbefugnis auch dann aufzunehmen, wenn sie dem gesetzlichen Regelfall entspricht („Einzelprokura"), da das Handelsregister nicht nur rechtskundigen Personen Auskunft geben soll. Zur Benachrichtigung der Beteiligten und zur öffentlichen Bekanntmachung siehe oben Rz. 194 ff.

397 Die Eintragungen erfolgen in Spalte 4 (Abteilung A) bzw. Spalte 5 (Abteilung B) des Handelsregisters bzw. in Spalte 5 des Genossenschaftsregisters und können beispielsweise folgendermaßen lauten:

Einzelprokura: Leicht, Robert, Bonn, *13. 5. 1930

Prokura gemeinschaftlich mit einem weiteren Prokuristen oder einem Geschäftsführer:
Leicht, Robert, Bonn, *13. 5. 1930
Ullmann, Ulf, Schwerin, *15. 8. 1967

Prokura gemeinschaftlich mit einem Geschäftsführer: Leicht, Robert, Bonn,*13. 5. 1930

Einzelprokura mit der Befugnis zur Veräußerung (und/oder Belastung) von Grundstücken: Leicht, Robert, Bonn, *13. 5. 1930

---

[1] So die ganz h. M. siehe **BGH** Z 116, 190; **OLG Frankfurt** FGPrax 2005, 135; **BayObLG** NJW 1973, 2068 (= DNotZ 1974, 142); anderer Ansicht: *Bärwaldt* NJW 1997, 1404.

[2] *Walchshöfer* Rpfleger 1975, 381; *Krebs*, in: MünchKommHGB, § 53 Rz. 9.

[3] Dazu auch *Krebs*, in: MünchKommHGB, § 53 Rz. 9.

[4] Siehe **BGH** Z 116, 190; wesentlich weitergehend und die spezifischen Plausibilitätsprinzipien des Registerverfahrens ignorierend *Renaud/Hensen* GmbHR 2008, 687.

[5] Vgl. **BGH** Z 62, 166 (169); s. a. **OLG Düsseldorf** FGPrax 1998, 148 (= Rpfleger 1998, 346 = DB 1998, 1026).

Einzelprokura mit der Befugnis Rechtsgeschäfte mit sich selbst oder als Vertreter eines Dritten abzuschließen: Leicht, Robert, Bonn, *13. 5. 1930

Das **Erlöschen** der Prokura wird unter Rötung der den jeweiligen Vertreter betreffenden Eintragungen ebenfalls in der Prokuraspalte vermerkt: 398/399

Prokura erloschen: Endler, Erich, Hannover, *5. 3. 1970

J. Eintragungen von Amts wegen und Amtslöschungsverfahren

I. Allgemeines

Eintragungen sind **im Handelsregister von Amts wegen** nur vorzunehmen, wenn dies ausdrücklich gesetzlich vorgesehen ist. Angeordnet sind die Amtslöschung erloschener oder vermögensloser Firmen (§ 31 Abs. 2 HGB, §§ 393, 394 FamFG), unzulässiger Eintragungen (§ 395 FamFG) und nichtiger Handelsgesellschaften (§ 397 FamFG), Hauptversammlungs-, Generalversammlungs- und Gesellschafterbeschlüsse (§ 398 FamFG), die Eintragung der Auflösung einer Kapitalgesellschaft nach rechtskräftiger Feststellung eines Mangels der Satzung bzw. des Gesellschaftsvertrags (§ 399 FamFG) sowie die Vornahme weiterer amtswegiger Eintragungen in einer Reihe von Einzelfällen[1] (vgl. § 384 Abs. 2 FamFG; § 32 HGB, Art. 52 Satz 2 EGHGB). Im Übrigen erfolgen sie teilweise auch aufgrund der Anzeige anderer öffentlicher Stellen. Die nachfolgende Darstellung bezieht – soweit angezeigt – auch amtswegige Eintragungen und Löschungen im Genossenschafts-, Partnerschafts- und Vereinsregister mit ein. 400

II. Amtseintragungen auf Veranlassung des Registergerichts

Auf **Veranlassung des Registergerichts** erfolgen die Eintragung gerichtlich bestellter Vorstandsmitglieder, Geschäftsführer, Liquidatoren und Abwickler sowie die Eintragung der gerichtlichen Abberufung derselben. Zu den einzelnen Fällen siehe § 34 Abs. 4, § 148 Abs. 2, § 161 Abs. 2 HGB, § 266 Abs. 4, § 278 Abs. 3 AktG, § 67 Abs. 4 GmbHG, § 47 Abs. 3 Satz 1 VAG, §§ 29, 48 Abs. 1, § 67 Abs. 2 BGB. Bei einer AG, KGaA oder einem VVaG werden nur die vom Gericht bestellten und abberufenen Abwickler von Amts wegen eingetragen. Vom Gericht bestellte Vorstandsmitglieder (§ 85 AktG, § 34 Abs. 1 VAG) haben ihre Bestellung gemäß § 81 AktG selbst anzumelden. Ihr Ausscheiden hat der neubestellte Vorstand anzumelden. 401

Bei **Umwandlungsvorgängen** erfolgen amtswegige Eintragungen im Handelsregister nach § 19 Abs. 2 Satz 2, § 130 Abs. 2 Satz 2, §§ 135, 198 Abs. 2 UmwG. Letztlich beruhen diese Eintragungen jedoch auf einer Anmeldung der Beteiligten zur Vornahme der entsprechenden Eintragung, so dass der Hinweis auf die Eintragung von Amts wegen nach § 19 Abs. 2 HRV entbehrlich ist. 402

Die amtswegigen Eintragungen des Registergerichts sind den Beteiligten regelmäßig **mitzuteilen** (§ 383 Abs. 1 FamFG) und **öffentlich bekannt zu machen** (§ 10 HGB). Eine Ausnahme hiervon besteht bei der Eintragung von Insolvenzvermerken (§ 32 Abs. 2 Satz 1 HGB), bei denen eine Veröffentlichung grundsätzlich unterbleibt (vgl. Rz. 421). 403

---

[1] Vgl. allgemein zu Amtslöschungen *Buchberger* Rpfleger 1992, 508 sowie zur Neufassung der seinerzeitigen §§ 141 ff. FGG (nun §§ 393 ff. FamFG) *Vallender* NZG 1998, 249; *Schmidt* GmbHR 1994, 829; *Uhlenbruck* GmbHR 1995, 195.

III. Amtseintragungen auf Anzeige anderer Stellen

1. Eintragungen aufgrund der Insolvenzordnung

404 Besonders hervorzuheben sind die seitens des Insolvenzgerichts veranlassten Eintragungen im Zuge eines **Insolvenzverfahrens** (vgl. § 31 InsO, § 32 HGB, im Vereinsregister § 75 BGB). Einzutragen sind hierbei Vermerke nach § 32 HGB bezüglich der Bestellung eines vorläufigen Insolvenzverwalters sowie die Eintragung eines allgemeinen Verfügungsverbotes oder der Zustimmungsbedürftigkeit von Verfügungen des Schuldners (§ 21 Abs. 2 Nr. 1 und 2, § 23 Abs. 1 und 2 InsO) und die Aufhebung dieser Maßnahmen, zudem die Eröffnung des Insolvenzverfahrens, gegebenenfalls zusammen mit der unter Umständen dadurch bedingten Auflösung (§ 143 Abs. 1 HGB, § 9 Abs. 1 PartGG, § 262 Abs. 1 Nr. 3 AktG, § 101 GenG, § 75 Abs. 1 Satz 1 BGB). Außerdem sind einzutragen die Anordnung der Eigenverwaltung durch den Schuldner und deren Aufhebung sowie die Anordnung der Zustimmungsbedürftigkeit bestimmter Rechtsgeschäfte des Schuldners, die Einstellung des Verfahrens und der einzelnen Sicherungsmaßnahmen, die Überwachung der Erfüllung eines Insolvenzplans und die Aufhebung der Überwachung (siehe wiederum § 32 HGB für sämtliche Handelsgesellschaften, § 9 Abs. 1 PartGG für die Partnerschaftsgesellschaften, § 102 Abs. 1 GenG für die Genossenschaften und § 75 BGB für eingetragene Vereine).

405 a) **Abweisung des Eröffnungsantrags mangels Masse.** Die am häufigsten vorkommende Eintragung im Rahmen von Amtseintragungen bei Maßnahmen nach der Insolvenzordnung ist die Abweisung der Verfahrenseröffnung mangels Masse (§ 26 InsO). Diese ist einzutragen bei Kapitalgesellschaften (GmbH, AG, KGaA, VVaG; siehe § 60 Abs. 1 Nr. 5 GmbHG, § 262 Abs. 1 Nr. 4 AktG, § 289 Abs. 2 Nr. 1 AktG; § 42 Nr. 4 VAG), Genossenschaften (§ 81a Nr. 1 GenG) und eingetragenen Vereinen (§ 75 Abs. 1 Satz 1 BGB). Bei Personengesellschaften (offene Handelsgesellschaft und Kommanditgesellschaft) ist sie **nur** dann einzutragen, **wenn sich unter den persönlich haftenden Gesellschaftern keine natürliche Person befindet** (§§ 143 Abs. 1 Satz 2 i.V.m. § 131 Abs. 2 Nr. 1 HGB). In all diesen Fällen bewirkt die Abweisung des Insolvenzantrags aufgrund § 26 InsO die Auflösung des Rechtsträgers. An die Eintragung der Insolvenzabweisung mangels Masse wird sich regelmäßig die Einleitung eines Verfahrens zur Löschung der Gesellschaft wegen Vermögenslosigkeit nach § 394 FamFG anschließen (hierzu Rz. 431 ff.).

406 Die **Eintragung** im Handels-, Genossenschafts- oder Vereinsregister lautet in diesen Fällen.

> Von Amts wegen eingetragen gemäß § 131 Abs. 2 HGB *(bei Personengesellschaften;* § 65 Abs. 1 GmbHG *bei einer GmbH;* § 263 AktG *bei einer AG;* § 289 Abs. 6 AktG *bei einer KGaA;* § 45 VAG *bei einem VVaG;* § 82 GenG *bei Genossenschaften und* § 75 BGB *bei Vereinen):* Die Gesellschaft *(bei Versicherungsvereinen auf Gegenseitigkeit: Der Versicherungsverein auf Gegenseitigkeit; bei Vereinen: Der Verein)* ist durch rechtskräftige Abweisung eines Antrags auf Eröffnung des Insolvenzverfahrens mangels Masse (Amtsgericht Flensburg 6 IN 26/02) aufgelöst.

407–409 Daneben sind wie auch bei allen anderen amtswegig einzutragenden Auflösungen (mit Ausnahme der Eröffnung des Insolvenzverfahrens, vgl. hierzu Rz. 410 ff.) die Eintragungen zur Vertretung gemäß § 384 Abs. 2 FamFG zu berichten (hierzu Rz. 450a ff.), da sich regelmäßig die Vertretungssituation durch die Auflösung der Gesellschaft ändert.

410 b) **Sonstige Eintragungen bei und nach Eröffnung des Insolvenzverfahrens.** Durch die **Eröffnung des Insolvenzverfahrens** wird die betroffene Gesellschaft, Genossenschaft,

der Verein und der Versicherungsverein auf Gegenseitigkeit zwar aufgelöst (§ 131 Abs. 1 Nr. 3, § 161 Abs. 2 HGB, § 60 Abs. 1 Nr. 4 GmbHG, § 262 Abs. 1 Nr. 3, § 289 Abs. 1 AktG, § 101 GenG, § 42 BGB, § 42 Nr. 3 VAG), jedoch findet keine Liquidation statt. Vielmehr übernimmt die Abwicklung des Gesellschaftsvermögens der Insolvenzverwalter; die bisherigen Gesellschaftsorgane bleiben für die Wahrnehmung der Rechte und Pflichten des Gemeinschuldners erhalten. Auch die spätere Bestellung von Geschäftsführern oder Vorstandsmitgliedern während des Insolvenzverfahrens ist möglich (Rz. 107). Die Eintragungen zur Vertretung der Gesellschaft können dem gemäß erhalten bleiben. Allenfalls kommt ein Hinweis auf die Einschränkung der Vertretungsbefugnis in Betracht. Dieser Hinweis dürfte aber hinlänglich durch die Eintragung über das bestehende Insolvenzverfahren gegeben sein.

Wird später das **Insolvenzverfahren** mangels Masse **eingestellt** (§ 207 InsO), verbleibt es bei der Fortwirkung des Auflösungstatbestandes des eröffneten Insolvenzverfahrens (§ 262 Abs. 1 Nr. 3 AktG, § 60 Abs. 1 Nr. 4 GmbHG, § 131 Abs. 1 Nr. 3 HGB), so dass nunmehr die regulären Vorschriften über die Durchführung der Liquidation zu berücksichtigen sind. Für die registerliche Behandlung bedeutet dies, dass neben dem nach § 32 Abs. 1 Satz 2 Nr. 4 HGB einzutragenden Vermerk über die Einstellung des Verfahrens mangels Masse gemäß § 207 InsO auch die Änderung der Vertretungsverhältnisse einzutragen ist, da nunmehr die Vertretung der Gesellschaft nicht mehr durch das reguläre Organ, sondern durch die Abwickler bzw. Liquidatoren erfolgt. Bei der **Aufhebung** des Insolvenzverfahrens nach Vollzug der Schlussverteilung (§ 200 Abs. 1 InsO; amtswegig im Register nach § 32 Abs. 1 Satz 2 Nr. 4 HGB einzutragen) könnte man dies nicht für erforderlich halten, da nach § 199 InsO auch eine eventuelle Verteilung an die Gesellschafter durch den Insolvenzverwalter stattfindet. Auch hier können sich aber noch vor Löschung nachträgliche Liquidationshandlungen als erforderlich erweisen, die dann von den Liquidatoren vorzunehmen sind. 411

Mit der Eröffnung des Insolvenzverfahrens erlöschen die erteilten **Prokuren** gemäß § 117 Abs. 1 InsO.[1] Auch dieses Erlöschen muss bei der Eintragung der Insolvenzeröffnung von Amts wegen gemäß § 384 Abs 2 FamFG vermerkt werden, da ein Unterlassen zu einer falschen Registerauskunft führen würde (Rz. 450 d). Da nach zutreffender Ansicht[2] auch nach Insolvenzeröffnung eine Prokuraerteilung denkbar ist, könnte insbesondere beim aktuellen Ausdruck (§ 30 a Abs. 4 Satz 3 HRV) auch durch einen Rechtskundigen sonst nicht mehr festgestellt werden, ob es sich um eine frühere, erloschene oder eine neue, noch gültige Prokura handelt. 412

Beispiele für Eintragungen im Register im Zuge eines Insolvenzverfahrens: 413

Von Amts wegen eingetragen nach § 32 HGB *(bei Genossenschaften: § 102 GenG; bei Vereinen: § 75 BGB)*: Über das Vermögen der Gesellschaft ist durch Beschluss des Amtsgerichts Kiel vom 13. 5. 2009 (Az. 3 IN 26/09) die vorläufige Insolvenzverwaltung angeordnet und bestimmt, dass Verfügungen der Schuldnerin nur mit Zustimmung des vorläufigen Insolvenzverwalters wirksam sind.

Von Amts wegen eingetragen nach § 32 HGB *(bei Genossenschaften: § 102 GenG; bei Vereinen: § 75 BGB)*: Über das Vermögen der Gesellschaft ist durch Beschluss des Amtsgerichts Würzburg vom 12. 4. 2009 (Az. 4 IN 42/09) die vorläufige Insolvenzverwaltung angeordnet und der Schuldnerin ein allgemeines Verfügungsverbot auferlegt.

Von Amts wegen eingetragen nach § 32 HGB *(bei Genossenschaften: § 102 GenG; bei Vereinen: § 75 BGB)*: Die vorläufige Insolvenzverwaltung und die Anordnung, dass Verfügungen der Schuldnerin nur mit Zustimmung des vorläufigen Insolvenzverwalters wirksam sind,

---

[1] *Koller/Roth/Morck,* HGB, § 52 Rz. 9; *Schmidt,* Handelsrecht, § 16 III 5 c; *Krebs,* in: MünchKommHGB, § 52 Rz. 30.

[2] Vgl. *Karsten Schmidt* BB 1989, 229.

Teil 1. Handelsregister

sind durch Beschluss des Amtsgerichts Bremen vom 3. 9. 2008 (Az. 3 IN 26/08) aufgehoben.

Von Amts wegen eingetragen nach § 32 HGB *(bei Genossenschaften: § 102 GenG; bei Vereinen: § 75 BGB)*: Die vorläufige Insolvenzverwaltung und das allgemeine Verfügungsverbot sind durch Beschluss des Amtsgerichts Würzburg vom 8. 1. 2009 (Az. 4 IN 42/09) aufgehoben.

Von Amts wegen eingetragen nach § 32 HGB *(bei Genossenschaften: § 102 GenG; bei Vereinen: § 75 BGB)*: Das Insolvenzverfahren ist durch Beschluss des Amtsgerichts München vom 14. 9. 2009 (Az: 15 IN 222/09) wegen Wegfall des Eröffnungsgrundes eingestellt.

Von Amts wegen eingetragen nach § 32 HGB *(bei Genossenschaften: § 102 GenG; bei Vereinen: § 75 BGB)*: Das Insolvenzverfahren ist durch Beschluss des Amtsgerichts Oldenburg vom 3. 8. 2009 (Az. 15 IN 712/09) mit Zustimmung der Gläubiger eingestellt.

Von Amts wegen eingetragen nach § 32 HGB *(bei Genossenschaften: § 102 GenG; bei Vereinen: § 75 BGB)*: Das Insolvenzverfahren ist durch Beschluss des Amtsgerichts München vom 11. 11. 2009 (Az. 15 IN 5433/09) mangels einer die Kosten des Verfahrens deckenden Masse eingestellt.

Von Amts wegen eingetragen nach § 32 HGB *(bei Genossenschaften: § 102 GenG; bei Vereinen: § 75 BGB)*: Das Insolvenzverfahren ist durch Beschluss des Amtsgerichts Hamburg vom 5. 10. 2009 (Az 7 IN 1558/09) nach Anzeige der Masseunzulänglichkeit eingestellt worden.

Von Amts wegen eingetragen nach § 32 HGB *(bei Genossenschaften: § 102 GenG; bei Vereinen: § 75 BGB)*: Das Insolvenzverfahren ist durch Beschluss des Amtsgerichts Köln vom 29. 9. 2009 (Az. 8 IN 1297/09) nach Bestätigung des Insolvenzplans aufgehoben. Die Erfüllung des Insolvenzplans wird überwacht.

Von Amts wegen eingetragen nach § 32 HGB *(bei Genossenschaften: § 102 GenG; bei Vereinen: § 75 BGB)*: Die angeordnete Überwachung der Planerfüllung ist durch Beschluss des Amtsgerichts Köln vom 15. 2. 2009 (Az. 8 IN 97/09) aufgehoben.

Von Amts wegen eingetragen nach § 32 HGB *(bei Genossenschaften: § 102 GenG; bei Vereinen: § 75 BGB)*: Das Insolvenzverfahren ist durch Beschluss des Amtsgerichts Hannover vom 1. 4. 2009 (15 IN 644/09) nach Schlussverteilung aufgehoben worden.

Von Amts wegen eingetragen nach § 32 HGB *(bei Genossenschaften: § 102 GenG; bei Vereinen: § 75 BGB)*: Durch Beschluss des Amtsgerichts Mainz vom 2. 7. 2009 (Az. 4 IN 1112/09) ist die Eigenverwaltung durch den Schuldner und die Zustimmungsbedürftigkeit bestimmter Rechtsgeschäfte (... Bezeichnung ...) angeordnet worden.

Von Amts wegen eingetragen nach § 32 HGB *(bei Genossenschaften: § 102 GenG; bei Vereinen: § 75 BGB)*: Durch Beschluss des Amtsgerichts Magdeburg vom 29. 11. 2009 (Az. 4 IN 5112/09) wurde die Aufhebung der Anordnung der Eigenverwaltung angeordnet.

Eintragung der Aufhebung des Insolvenzverfahrens ohne Angabe eines Grundes, z. B. aufgrund einer Beschwerde:

Von Amts wegen eingetragen nach § 32 HGB *(bei Genossenschaften: § 102 GenG; bei Vereinen: § 75 BGB)*: Das Insolvenzverfahren ist durch Beschluss des Amtsgerichts Stuttgart vom 8. 8. 2009 (Az. 3 IN 821/09) aufgehoben.

414 Die vorstehenden Beispiele sind mit Ausnahme des bis zum Doppelpunkt reichenden Übergangstextes (§ 16a HRV) im Register als Normaltexte einzutragen. Dies gilt auch bei Eintragung der Aufhebung oder Einstellung des Verfahrens bzw. bei einzelnen einzutragenden Maßnahmen, soweit dadurch die Auflösungswirkung der ursprünglichen Maßnahmen erhalten bleibt. In diesem Fall ist auch die entsprechende Voreintragung nicht zu röten. Entfällt durch die Aufhebung einer Maßnahme jegliche Wirkung, sind Ursprungseintragung und Eintragung über die Aufhebung zu röten.

2. Weitere Amtseintragungen aufgrund der Anzeige anderer Stellen

415 Neben den bedeutsamen Vermerken aufgrund der Mitteilung des Insolvenzgerichts sind Eintragungen im Register aufgrund der Anzeige sonstiger Stellen bei der **Auflö-**

sung einer AG oder KGaA durch Urteil (§§ 396, 398 AktG), im Fall des **Widerrufs** der Erlaubnis für den Geschäftsbetrieb eines VVaG (§ 87 Abs. 5 VAG), bei der **Auflösung** eines **Kreditinstituts** und der Bestellung und Abberufung von Abwicklern durch die Aufsichtsbehörde (§ 38 KWG, siehe Rz. 30) sowie bei Maßnahmen gegen eine AG, KGaA, GmbH, eG oder einen VVaG aufgrund § 17 i.V.m. §§ 3, 13 **VereinsG** vorzunehmen.

Ein Eintragungsbeispiel für eine entsprechende amtswegige Eintragung könnte folgendermaßen lauten: 416

> Von Amts wegen eingetragen gemäß § 398 AktG: *(bis hierher als Übergangstext nach § 16a HRV)* Die Gesellschaft ist durch Urteil des Landgerichts Aachen vom 13. 4. 2009 (Az. ...) aufgelöst.

Auch in diesem Fall ist die allgemeine Vertretungsregelung in Spalte 4 Unterspalte a sowie eventuell abweichende besondere Vertretungsbefugnisse in Spalte 4 Unterspalte b zu röten und ggf. von Amts wegen einzutragen (siehe Rz. 450b ff.): 417

> **Spalte 4**
> **Unterspalte a (Allgemeine Vertretungsregelung):**
> Von Amts wegen berichtigt: *(Vorstehendes als Übergangstext nach § 16a HRV)* Die Gesellschaft wird durch den/die Liquidatoren vertreten. *(Zusätzlich Rötung der bisherigen Vertretungsregelung)*
> **Unterspalte b (Geschäftsführer und besondere Vertretungsbefugnis):**
> Von Amts wegen berichtigt: *(Vorstehendes als Übergangstext nach § 16a HRV)* Liquidator: Kurz, Robert, Mannheim, *25. 5. 1954.
> Von Amts wegen berichtigt: *(Vorstehendes als Übergangstext nach § 16a HRV)* Liquidator: Lang, Richard, Starnberg, *10. 8. 1965.
> *(Zugleich Rötung der bisher eingetragenen Vorstandsmitglieder)*

Ebenso ist bezüglich der einzutragenden Vertretungsregelung in folgenden Beispielsfällen vorzugehen: 418

> Von Amts wegen eingetragen nach § 87 Abs. 5 VAG: *(Vorstehendes als Übergangstext nach § 16a HRV)* Der Versicherungsverein auf Gegenseitigkeit ist durch Widerruf der Erlaubnis für den Geschäftsbetrieb aufgelöst.
> Von Amts wegen eingetragen nach § 38 Abs. 1 KWG: *(Vorstehendes als Übergangstext nach § 16a HRV)* Die Gesellschaft ist durch Beschluss der Bundesanstalt für Finanzdienstleistungsaufsicht vom 5. 6. 2009 aufgelöst.

Auch in diesem Fall sind die Änderungen zur Vertretung des Rechtsträgers einzutragen, wobei das Registergericht gemäß § 38 Abs. 2 KWG auf Antrag der Bundesanstalt für Finanzdienstleistungsaufsicht Abwickler zu bestellen hat, die sodann als Vertretungsberechtigte einzutragen sind (siehe Rz. 30). 419

> Von Amts wegen eingetragen nach § 7 VereinsG: *(Vorstehendes als Übergangstext nach § 16a HRV)* Der Verein ist durch Verbot der zuständigen Behörde (...) vom 14. 4. 2009 aufgelöst. Das Vermögen des Vereins ist beschlagnahmt.
> Von Amts wegen eingetragen nach §§ 7, 17 VereinsG: *(Vorstehendes als Übergangstext nach § 16a HRV)* Die Gesellschaft *(Genossenschaft oder der Versicherungsverein auf Gegenseitigkeit)* ist durch Verbot der zuständigen Behörde (...) vom 11. 3. 2009 aufgelöst.

Auch hier sind die Änderungen bezüglich der Vertretung, ggf. auch die gemäß § 10 Abs. 3 VereinsG bestellten Verwalter oder das Erlöschen des Vereins bzw. der Gesellschaft oder Genossenschaft einzutragen. 420

3. Mitteilung und öffentliche Bekanntmachung

421 Auch amtswegige Eintragungen aufgrund der Mitteilung anderer Stellen sind den Beteiligten **mitzuteilen** (§ 383 Abs. 1 FamFG) und grundsätzlich **öffentlich bekannt zu machen** (§ 10 HGB). Jedoch ordnet die Bestimmung des § 32 Abs. 2 Satz 1 HGB an, dass die Vermerke im Zusammenhang mit der Durchführung oder Vorbereitung eines Insolvenzverfahrens nicht bekannt zu machen sind. Dies bezieht sich aber nicht auf Eintragungen, in denen zugleich die Auflösung des betroffenen Rechtsträgers eingetragen wird, insbesondere also auf die Eröffnung des Insolvenzverfahrens sowie auf die Abweisung der Insolvenzeröffnung mangels Masse bei Kapitalgesellschaften, Genossenschaften, Vereinen und Personengesellschaften ohne natürliche Person als Komplementär. Hierfür ist § 32 Abs. 2 HGB nicht abschließend einschlägig, so dass es insoweit bei der allgemeinen Regel des § 10 Abs. 1 HGB, § 156 GenG bzw. § 66 Abs. 1 BGB verbleibt. Zudem ist die Aufhebung eines Insolvenzvermerks auch dann zu veröffentlichen, wenn die Ausgangseintragung veröffentlicht wurde.

IV. Löschung einer erloschenen Firma
(§ 31 Abs. 2 HGB, § 393 FamFG)

1. Allgemeines

422 Das **Erlöschen** der eingetragenen **Firma** eines Einzelkaufmanns oder einer Personengesellschaft ist von Amts wegen im Handelsregister unter folgenden Voraussetzungen einzutragen:

a) Beim Einzelkaufmann erlischt die Firma z. B. durch die Aufgabe des Gewerbebetriebs, dauernden Nichtgebrauch oder Umstellung auf eine freiberufliche Tätigkeit, da ein Gewerbe Voraussetzung auch für den Kannkaufmann nach § 2 HGB ist. Das Herabsinken der Tätigkeit auf den Umfang eines Kleingewerbebetreibenden führt demgegenüber nicht zum Erlöschen der Firma, vielmehr hat der Inhaber in diesem Fall die Löschungsoption nach § 2 Satz 3 HGB.

b) Bei einer OHG oder KG tritt das Erlöschen in der Regel nach Durchführung der Liquidation[1] (§§ 157, 161 HGB) ein.[2]

c) Bei einer AG, KGaA oder einem VVaG tritt nach Schluss der Abwicklung das Erlöschen der Gesellschaft ein (§§ 273, 278 Abs. 3 AktG, § 47 Abs. 3 VAG). Das gleiche gilt für die GmbH.[3] Hingegen ist § 31 Abs. 2 HGB nicht auf Kapitalgesellschaften anwendbar, vgl. §§ 273, 278 Abs. 3 AktG, § 394 FamFG.

d) Bei der juristischen Person (§ 33 HGB) erlischt die Firma wie beim Einzelkaufmann mit der Aufgabe oder Veräußerung des Geschäftsbetriebs.

e) Bei Zweigniederlassungen, die aufgehoben sind (§ 13 Abs. 3 HGB) und bei denen die Anmeldung nicht nach § 14 HGB, §§ 388 ff. FamFG erzwungen wird, kann ebenfalls nach § 31 Abs. 2 HGB, § 393 FamFG vorgegangen werden.[4]

423 In sämtlichen Fällen muss die Anmeldung zur Löschung durch die hierzu Verpflichteten auf dem Weg des § 14 HGB durch Festsetzung von Zwangsgeld nicht zu erreichen sein, z. B. bei unbekanntem Aufenthalt der anmeldepflichtigen Person, oder

---

[1] Nicht aber, wenn noch ein aus dem Geschäftsbetrieb der Gesellschaft herrührender Geldbetrag hinterlegt ist, **OLG Frankfurt** Rpfleger 1982, 427.

[2] RG Z 155, 75; *Heinemann*, in: Keidel, FamFG, § 393 Rz. 7; *Steder*, in: Jansen, FGG, § 141 Rz. 15 ff.

[3] *Steder*, in: Jansen, FGG, § 141 Rz. 20 ff.; vgl. *Heinemann*, in: Keidel, FamFG, § 393 Rz. 6.

[4] *Steder*, in: Jansen, FGG, § 141 Rz. 27; *Heinemann*, in: Keidel, FamFG, § 393 Rz. 6; *Krafka*, in: MünchKommZPO, § 393 FamFG Rz. 3; *Nedden-Boeger*, in: Schulte-Bunert/Weinreich, FamFG, § 393 Rz. 10.

die Festsetzung von Zwangsgeld muss wegen Vermögenslosigkeit der Betreffenden nicht zum Erfolg geführt haben oder deswegen aussichtslos sein.[1]

2. Verfahren und Zuständigkeit

Sind die Voraussetzungen gegeben, so **muss** das **Registergericht** (Rechtspfleger, § 3 Nr. 2 lit. d RPflG) das Löschungsverfahren von Amts wegen einleiten, und zwar in den Fällen Nr. 1 a und b, d und e nach § 393 FamFG, im Fall Nr. 1 c gemäß § 394 FamFG.[2] Für die Löschung einer Zweigniederlassung ist hierbei das Registergericht der Hauptniederlassung örtlich zuständig. 424

Die **Einleitung** des Verfahrens nach § 393 FamFG erfolgt grundsätzlich durch Benachrichtigung der Beteiligten, worin die Absicht, die eingetragene Firma von Amts wegen zu löschen, mitgeteilt und ihnen zugleich eine angemessen Frist gesetzt wird, innerhalb derer Widerspruch eingelegt werden kann; der Hinweis auf die Widerspruchsmöglichkeit muss hierbei den Förmlichkeiten einer Rechtsbehelfsbelehrung (§ 39 FamFG) genügen. Die Frist ist nach dem jeweiligen Einzelfall entsprechend festzulegen, muss aber mindestens so lang sein, dass dem Betroffenen ausreichend Reaktionszeit verbleibt, um die Löschung vermeiden zu können. Untere Grenze der Fristsetzung ist die Beschwerdefrist von einem Monat (§ 63 Abs. 1 FamFG).[3] Eine zu kurze Fristsetzung ist jedenfalls dann unschädlich, wenn die Beteiligten sich damit einverstanden erklären oder innerhalb dieser Frist ein Widerspruch geltend gemacht wird. Die Frist kann auf Antrag des Beteiligten verlängert werden (§ 16 Abs. 2 FamFG, § 224 Abs. 2 ZPO). 425

Die Löschungsankündigung ist den Beteiligten nach § 15 Abs. 1 FamFG bekannt zu geben, da mit der Benachrichtigung die Widerspruchsfrist zu laufen beginnt. **Beteiligte** sind nach § 7 Abs. 2 Nr. 1 FamFG bei einem einzelkaufmännischen Unternehmen dessen Inhaber, bei Personengesellschaften diese selbst und deren Gesellschafter, bei einer Kommanditgesellschaft einschließlich der Kommanditisten,[4] und bei juristischen Personen ausschließlich diese. Sind allerdings die Beteiligten unbekannt oder ist ihr Aufenthalt nicht bekannt, so ist die Löschungsankündigung durch einmalige Bekanntmachung nach § 10 HGB zu veröffentlichen (§ 393 Abs. 2 FamFG). 426

3. Widerspruch der Beteiligten gegen die angekündigte Löschung

Wird **Widerspruch erhoben** – der schriftlich oder zu Protokoll der Geschäftsstelle des Registergerichts (§ 25 Abs. 1 FamFG) eingelegt werden kann, auch nach Fristablauf solange die Löschung noch nicht erfolgt ist[5] – so hat das Gericht, gegebenenfalls nach Vornahme weiterer Ermittlungen, über den Widerspruch zu entscheiden. Widerspruch ist jede Erklärung eines Beteiligten, dass er mit einer beabsichtigten Löschung nicht einverstanden ist, einer besonderen Begründung bedarf es nicht.[6] Hält das Gericht den Widerspruch für begründet, so ist die Löschungsankündigung durch Beschluss 427

---

[1] Siehe *Steder*, in: Jansen, FGG, § 141 Rz. 28 ff.; *Krafka*, in: MünchKommZPO, § 393 FamFG Rz. 5; *Heinemann*, in: Keidel, FamFG, § 393 Rz. 3; *Nedden-Boeger*, in: Schulte-Bunert/Weinreich, FamFG, § 393 Rz. 16 ff.; **OLG Stuttgart** BB 1954, 74.
[2] *Bassenge* Rpfleger 1974, 173 (176).
[3] *Krafka*, in: MünchKommZPO, § 393 FamFG Rz. 10; *Heinemann*, in: Keidel, FamFG, § 393 Rz. 16.
[4] KG Rpfleger 1978, 323 = DNotZ 1978, 370.
[5] **BayObLG** Z 1977, 320 (= Rpfleger 1978, 181).
[6] *Steder*, in: Jansen, FGG, § 141 Rz. 43; *Heinemann*, in: Keidel, FamFG, § 393 Rz. 19; *Krafka*, in: MünchKommZPO, § 393 FamFG Rz. 12.

gemäß § 393 Abs. 3 Satz 1 FamFG aufzuheben und dies den Beteiligten mitzuteilen. Dasselbe gilt für den Fall der Zurückweisung des Widerspruchs; in diesem Beschluss sind dem Beteiligten zugleich die Kosten des Widerspruchsverfahrens aufzuerlegen (§ 393 Abs. 4 FamFG).

4. Eintragung der Löschung

428 Ist die **Widerspruchsfrist abgelaufen** oder ist der den Widerspruch zurückweisende Beschluss rechtskräftig (siehe hierzu § 45 FamFG) geworden (§ 393 Abs. 5 FamFG), kann das Gericht die Löschungsverfügung erlassen bzw. die Löschung vornehmen. Es hat vorher jedoch zu prüfen, ob die Löschung zu diesem Zeitpunkt tatsächlich gerechtfertigt ist.[1] Nur wenn dies der Fall ist, darf die Löschung erfolgen;[2] andernfalls wäre der bereits ergangene Beschluss entsprechend § 48 Abs. 1 FamFG zu ändern.[3] Zur **Eintragung** siehe § 19 Abs. 2 HRV. Anschließend ist das Registerblatt rot zu durchkreuzen (§ 22 Abs. 1 HRV). Zur Mitteilung und öffentlichen Bekanntmachung siehe Rz. 194 ff.

429 Die Eintragung in Unterspalte b der Rechtsverhältnisspalte (Abteilung A: Spalte 5; Abteilung B: Spalte 6) lautet:

> Von Amts wegen eingetragen aufgrund § 31 Abs. 2 HGB: Die Firma ist erloschen.

5. Rechtsmittel

430 An **Rechtsmitteln** stehen den Beteiligten im Rahmen des Verfahrens nach § 393 FamFG folgende Möglichkeiten zur Verfügung:
 a) Gegen einen Beschluss, durch den ein Antrag der Industrie- und Handelskammer bzw. der Handwerkskammer oder eines in seinem Recht beeinträchtigten Dritten auf Einleitung des Amtslöschungsverfahrens abgelehnt wird, findet die Beschwerde statt (§§ 58 ff., 380 Abs. 5 FamFG; § 11 RPflG).
 b) Das gleiche gilt für die Verfügung, durch die auf Widerspruch die Androhungsverfügung aufgehoben wird.
 c) Gegen die Zurückweisung des Widerspruchs ist gleichfalls die Beschwerde gegeben (§ 393 Abs. 3, §§ 58 ff. FamFG; § 11 RPflG).
 d) Die Löschung – als vollzogene Eintragung im Register – ist nicht anfechtbar (vgl. § 383 Abs. 3 FamFG).[4] Ist sie entgegen § 393 Abs. 5 FamFG vorzeitig während des Beschwerdeverfahrens durchgeführt worden, so wird der Rechtsbehelf damit nicht unzulässig. Er kann aber nur zur Einleitung eines Amtslöschungsverfahrens führen (§ 395 FamFG). Das „Rechtsmittel" ist als Anregung einer Amtslöschung der verfahrenswidrigen vorzeitigen Löschung nach § 24 Abs. 1 FamFG zu betrachten.[5] Auch sonst kann die vollzogene Löschung nur durch ein neues Amtslöschungsverfahren nach § 395 FamFG beseitigt werden.[6]

---

[1] Vgl. **KG** JFG 1, 260; *Heinemann*, in: Keidel, FamFG, § 393 Rz. 28; *Steder*, in: Jansen, FGG, § 141 Rz. 58.
[2] **OLG Schleswig** FGPrax 2000, 160 (= NJW-RR 2001, 30); *Nedden-Boeger*, in: Schulte-Bunert/Weinreich, FamFG, § 393 Rz. 64.
[3] *Krafka*, in: MünchKommZPO, § 393 FamFG Rz. 15; anderer Ansicht: *Heinemann*, in: Keidel, FamFG, § 393 Rz. 29, der allein das Vorgehen nach § 395 FamFG für zulässig hält.
[4] *Krafka*, in: MünchKommZPO, § 393 FamFG Rz. 17.
[5] **BayObLG** Z 1977, 320 (= Rpfleger 1978, 181); vgl. auch **OLG Schleswig** FGPrax 2000, 160 (= GmbHR 2000, 777); *Heinemann*, in: Keidel, FamFG, § 393 Rz. 29.
[6] **OLG Zweibrücken** NJW-RR 2002, 825; **KG** JFG 9, 142; *Steder*, in: Jansen, FGG, § 141 Rz. 61; *Krafka*, in: MünchKommZPO, § 393 FamFG Rz. 18.

V. Löschung von Handelsgesellschaften wegen Vermögenslosigkeit (§ 394 FamFG)

1. Allgemeines zur Anwendung des § 394 FamFG

Eine AG, KGaA oder GmbH, die kein Aktivvermögen hat (§ 394 Abs. 1 FamFG), oder eine offene Handelsgesellschaft und eine Kommanditgesellschaft, bei denen kein persönlich haftender Gesellschafter eine natürliche Person ist und bei der sowohl die Gesellschaft als auch die persönlich haftenden Gesellschafter vermögenslos sind, kann von Amts wegen oder auf Antrag der Steuerbehörde im Handelsregister gelöscht werden (§ 394 Abs. 4 FamFG). **431**

Vermögenslosigkeit als Löschungsvoraussetzung ist das Fehlen jeglicher praktisch einen Wert darstellenden Aktivvermögensgegenstände, wodurch sich die Lebensunfähigkeit der Gesellschaft ergibt.[1] Das Vorliegen von Forderungen gegen eine Gesellschaft hindert die Löschung nicht,[2] dies dürfte vielmehr sogar der Regelfall sein. Allerdings sollte das Gericht eine Löschung nicht forcieren, wenn ein Gläubiger meint, doch noch Vermögenswerte, in die vollstreckt werden kann, ermitteln zu können. Demgegenüber hindern lediglich formale Vermögenswerte, z. B. eingetragene Grundschulden oder sonstige Eintragungen im Grundbuch zugunsten der Gesellschaft die Löschung, auch wenn in materiell-rechtlicher oder wirtschaftlicher Hinsicht die Rechte keinen Wert aufweisen oder materiell-rechtlich nicht mehr bestehen oder die Gesellschaft zur Abgabe einer Löschungsbewilligung verpflichtet ist.[3] Auch die Erforderlichkeit der Abgabe sonstiger Erklärungen (z. B. Steuererklärungen) steht einer Amtslöschung entgegen, da diese nicht den Zweck hat, die Rechte Dritter zu vereiteln oder zu erschweren, sondern lediglich der Registerbereinigung dient. Erhebliche Steuerschulden und schlechte Zahlungsmoral können daher eine Vermögenslosigkeit im Sinne des § 394 FamFG nicht begründen.[4] Eine Löschung nach § 394 FamFG ist ferner nicht angezeigt, wenn zwar die Eröffnung eines Insolvenzverfahrens mangels Masse abgelehnt wurde, aber absehbar ist, dass noch Abwicklungsmaßnahmen vorzunehmen sein werden, zum Beispiel weil die Gesellschaft noch Eigentümerin eines über seinen Wert hinaus belasteten Grundstücks ist.[5] Auch stellt ein Betrag von 3000 € auf einem für die Gesellschaft bestehenden Treuhandkonto Vermögen dar, das einem Vorgehen nach § 394 FamFG entgegensteht.[6] Ebenso ist die Löschung nach § 394 FamFG noch nicht angezeigt, wenn absehbar ist, dass seitens einer Kommanditgesellschaft, an der die vermeintlich vermögenslose GmbH als Komplementärin beteiligt ist, noch Erklärungen abzugeben sein könnten.[7] Schon das konkrete Behaupten und ernsthafte Verfolgen einer Forderung genügt seitens der Gesellschaft vorerst, um ihre Löschung zu verhindern.[8] **432**

Bei der Einleitung des Verfahrens besteht für das Gericht ein **Beurteilungsspielraum**[9] auch wenn der Antrag von einer antragsberechtigten Behörde gestellt wird.[10] Das Re- **433**

---

[1] Vgl. **BayObLG** FGPrax 1999, 114; **BayObLG** FGPrax 1995, 46; **BayObLG** FGPrax 1995, 203; **OLG Frankfurt** DB 1983, 1088 (= MDR 1983, 493); **BayObLG** Rpfleger 1979, 313; **BayObLG** Rpfleger 1982, 384; **BayObLG** WM 1984, 602 (= GmbHR 1985, 53); *Heinemann*, in: Keidel, FamFG, § 394 Rz. 7 ff.; *Nedden-Boeger*, in: Schulte-Bunert/Weinreich, FamFG, § 394 Rz. 5 ff.
[2] **BayObLG** Z 1995, 9 (= Rpfleger 1995, 419).
[3] Anders *Steder*, in: Jansen, FGG, § 141a Rz. 15 unter anderem mit Verweis auf **OLG Brandenburg** NJW-RR 2001, 176.
[4] Vgl. **LG Marburg** GmbHR 1987, 100.
[5] **OLG Frankfurt** FGPrax 2006, 83.
[6] **OLG Frankfurt** FGPrax 2006, 83.
[7] Siehe **OLG Frankfurt** FGPrax 2005, 269.
[8] **KG** FGPrax 2007, 237 (= GmbHR 2007, 659 = NZG 2007, 474).
[9] **OLG Karlsruhe** FGPrax 1999, 235; **OLG Frankfurt** OLGZ 1978, 48 (= Rpfleger 1978, 22).
[10] **BayObLG** Rpfleger 1979, 313; **OLG Frankfurt** OLGZ 1978, 48 (= Rpfleger 1978, 22).

gistergericht ist verpflichtet, Anregungen von anderer Seite, insbesondere von Gläubigern der vermögenslosen Gesellschaft, nachzugehen.[1] Einem die Löschung anregenden Gläubiger fehlt jedoch bei Ablehnung seiner Anregung die Beschwerdeberechtigung.[2] Die Umstände, aus denen auf die Vermögenslosigkeit der Gesellschaft geschlossen werden kann, sind wegen der schwerwiegenden Folgen der Löschung **genau und gewissenhaft zu prüfen** und festzustellen.[3] Die Überzeugung von der Lebensunfähigkeit der Gesellschaft muss auf ausreichenden Ermittlungen des Registergerichts beruhen. Sie darf sich nicht allein auf unterlassene Darlegungen des Geschäftsführers stützen.[4] Umgekehrt dürfen aber die Anforderungen an die Ermittlungen auch nicht überspitzt werden.[5] Wurde ein Antrag auf Eröffnung des Insolvenzverfahrens mangels Masse abgewiesen oder sind Zwangsvollstreckungsmaßnahmen von Steuerbehörden ergebnislos verlaufen, wird die Vermögenslosigkeit regelmäßig hinreichend indiziert sein, es sei denn der Geschäftsführer leistet überprüfbare Angaben über noch vorhandenes Vermögen oder es ergeben sich sonstige konkrete Hinweise auf noch vorhandene Vermögensgegenstände der Gesellschaft. Allein die Möglichkeit, einen Verlustvortrag der Gesellschaft steuerlich geltend zu machen ist jedoch nicht ausreichend.[6] Im Übrigen sieht § 394 Abs. 1 Satz 2 FamFG die amtswegige Löschung vor, wenn das **Insolvenzverfahren** über das Vermögen der Gesellschaft **durchgeführt** worden ist und keine Anhaltspunkte dafür vorliegen, dass die Gesellschaft noch Vermögen hat. Hierdurch soll erreicht werden, dass die Gesellschaft insbesondere dann gelöscht werden kann, wenn sich zu diesem Zeitpunkt ihre Organe nicht mehr um die Gesellschaft kümmern.[7]

2. Verfahren, Widerspruch und Eintragung

434 Für das **Verfahren** nach § 394 FamFG ist bei Kapitalgesellschaften der Richter, ansonsten der Rechtspfleger berufen (§ 17 Nr. 1 lit. e und Nr. 2 lit. b RPflG). Die Absicht der Löschung ist den gesetzlichen Vertretern der Gesellschaft anzukündigen. Zugleich ist ihnen eine angemessene Frist – ohne gesetzliche Vorgabe einer Mindestlänge – zur Erhebung des Widerspruchs zu setzen (§ 394 Abs. 2 Satz 1 FamFG). Für die Frist wird regelmäßig die Beschwerdefrist von einem Monat (§ 63 Abs. 1 FamFG) einen passenden Anhaltspunkt für die Untergrenze einer angemessenen Fristsetzung darstellen.[8] Ein bestimmter Inhalt der zu verfügenden Löschungsankündigung ist gesetzlich nicht vorgeschrieben. Zur **Gewährung rechtlichen Gehörs** sollte allerdings nicht nur die beabsichtigte Löschung des Rechtsträgers und deren gesellschaftsrechtliche Folge der Auflösung samt liquidationslosem Erlöschen beschrieben werden, sondern gegebenenfalls sind auch konkrete Ermittlungsergebnisse zu behandeln.[9] Die Löschungsankündigung wird den **gesetzlichen Vertretern** des betroffenen Rechtsträgers

---

[1] OLG Frankfurt Rpfleger 1976, 213 (= BB 1976, 810).
[2] BayObLG Z 1968, 276 (= Rpfleger 1969, 56).
[3] KG NZG 2007, 430; KG FGPrax 2006, 225; OLG Düsseldorf FGPrax 2006, 226; OLG Düsseldorf FGPrax 1997, 36 (= Rpfleger 1997, 171); OLG Köln FGPrax 1995, 41; BayObLG Rpfleger 1982, 384; BayObLG GmbHR 1985, 54; OLG Frankfurt GmbHR 1983, 303.
[4] OLG Düsseldorf FGPrax 2006, 226; OLG Düsseldorf FGPrax 1997, 36 (= Rpfleger 1997, 171); BayObLG GmbHR 1985, 53; OLG Frankfurt ZIP 1983, 309; *Nedden-Boeger*, in: Schulte-Bunert/Weinreich, FamFG, § 394 Rz. 21.
[5] Müther, Rpfleger 1999, 10; Steder, in: Jansen, FGG, § 141 a Rz. 37.
[6] OLG München Beschl. v. 10. 2. 2009 – Az. 31 Wx 139/08.
[7] Steder, in: Jansen, FGG, § 141 a Rz. 25 ff.; Heinemann, in: Keidel, FamFG, § 394 Rz. 2.
[8] Krafka, in: MünchKommZPO, § 394 FamFG Rz. 13; Heinemann, in: Keidel, FamFG, § 394 Rz. 20.
[9] *Steder*, in: Jansen, FGG, § 141a Rn. 45; anderer Ansicht: *Heinemann*, in: Keidel, FamFG, § 394 Rz. 19, der die entsprechenden Angaben nur für „ratsam", nicht aber für geboten erachtet.

bekannt gemacht (§ 394 Abs. 2 Satz 1 FamFG), also gemäß § 15 Abs. 1 und 2 FamFG entweder nach den Bestimmungen der §§ 166 bis 195 ZPO zugestellt oder dies dadurch bewirkt, dass die Verfügung unter der Anschrift des Adressaten zur Post gegeben wird. Ist kein gesetzlicher Vertreter vorhanden oder dessen Aufenthalt unbekannt, kann das Gericht die Löschungsankündigung und die Fristbestimmung nach Maßgabe des § 10 HGB öffentlich bekannt machen (§ 394 Abs. 2 Satz 2 FamFG); eine Pflicht hierzu besteht nicht.

Zur Erhebung des **Widerspruchs** sind nicht nur die gesetzlichen Vertreter der Gesellschaft für diese,[1] sondern alle Personen berechtigt, die an der Unterlassung der Löschung ein berechtigtes Interesse haben, z. B. Gesellschafter[2] und Gesellschaftsgläubiger, unabhängig davon, ob die Löschungsankündigung öffentlich bekannt gemacht worden ist.[3] Widerspruch ist jede Erklärung eines Beteiligten, dass er mit der beabsichtigten Löschung nicht einverstanden ist.[4] Das Widerspruchsverfahren gleicht im Übrigen dem nach § 393 FamFG (siehe § 394 Abs. 3 FamFG). 435

Die **Eintragung** erfolgt nach § 19 Abs. 2 HRV (siehe auch §§ 16, 22 HRV). Sie ist den Beteiligten mitzuteilen (§ 383 Abs. 1 FamFG) und nach § 10 HGB zu veröffentlichen. Mit der Löschung gilt die Gesellschaft als aufgelöst, eine Liquidation findet nicht statt. Der Eintragungsvermerk würde dem gemäß lauten: 436

> Von Amts wegen eingetragen nach § 394 FamFG: Die Gesellschaft ist wegen Vermögenslosigkeit gelöscht.

3. Nachtragsliquidation

Stellt sich **nach** der **Löschung** das **Vorhandensein** von **Vermögen** heraus, so findet diesbezüglich eine Nachtragsliquidation statt[5] (§§ 264 ff., 290 AktG, §§ 66 ff. GmbHG). Allein die Erforderlichkeit der Zustellung eines Steuerbescheids rechtfertigt allerdings eine Nachtragsliquidation nach § 66 Abs. 5 GmbHG mit registerlicher Eintragung der Nachtragsliquidatoren nicht;[6] vielmehr muss das Vorhandensein von Vermögen dargetan werden, mit welchem der Steueranspruch durchgesetzt werden soll.[7] Entsprechendes gilt, wenn sich die Notwendigkeit sonstiger Abwicklungsmaßnahmen, wie etwa die Abgabe rechtsgeschäftlicher Erklärungen der gelöschten Komplementär-GmbH für die Kommanditgesellschaft, ergibt.[8] Im Übrigen genügt zur Bestellung von Nachtragsliquidatoren das Bestehen greifbarer Anhaltspunkte dafür, dass ein vorhandener Anspruch mit noch verteilbarem Vermögen der Gesellschaft befriedigt werden kann. Im Einzelnen schwierige rechtliche und tatsächliche Fragen hat das Registergericht hierbei nicht abschließend zu beurteilen.[9] Ausreichend ist, dass eine Zwangsvollstreckung wegen einer unvertretbaren Handlung vorzunehmen ist, z. B. wegen Erteilung eines Zeugnisses oder zur Ausfüllung von Arbeitspapieren.[10] Anders verhält 437

---

[1] Vgl. BayObLG FGPrax 1995, 203 (= Rpfleger 1996, 72); *Nedden-Boeger*, in: Schulte-Bunert/Weinreich, FamFG, § 394 Rz. 44.
[2] BayObLG DNotZ 1995, 217.
[3] **BayObLG** FGPrax 1995, 46 (= DNotZ 1995, 973); *Nedden-Boeger* FGPrax 2009, 144 (147).
[4] **BayObLG** Z 1977, 320 (= Rpfleger 1978, 127); **BayObLG** Rpfleger 1978, 181.
[5] *Steder*, in: Jansen, FGG, § 141 a Rz. 79 ff.; *Heinemann*, in: Keidel, FamFG, § 394 Rz. 35 f.; *Nedden-Boeger*, in: Schulte-Bunert/Weinreich, FamFG, § 394 Rz. 77 ff.
[6] Vgl. **OLG Hamm** FGPrax 1997, 33 (= Rpfleger 1997, 115); anderer Ansicht **BayObLG** DB 1984, 870 (= GmbHR 1985, 55).
[7] Siehe **OLG Karlsruhe** NJW-RR 1990, 100.
[8] **OLG Hamm** OLGZ 1987, 59 (= DNotZ 1987, 249 = NJW-RR 1987, 348).
[9] **OLG Celle** GmbHR 1997, 752; s. a. **OLG Bremen** OLGZ 1984, 142.
[10] Vgl. **KG** FGPrax 2001, 86 (= Rpfleger 2001, 239); **LAG München** JurBüro 1987, 940.

es sich dagegen mit einer Bestellung von Nachtragsliquidatoren entsprechend § 273 Abs. 4 AktG, die eine erneute Eintragung des Rechtsträgers im Register nicht erfordert; insoweit muss nicht das Vorhandensein verteilbaren Vermögens gegeben sein, vielmehr genügt, dass Rechtsbeziehungen oder Tatsachen bekannt werden, die eine gesetzliche Vertretung der Gesellschaft erfordern.[1] Für die Bestellung eines Nachtragsliquidators zur gerichtlichen Durchsetzung behaupteter Ansprüche gegen die Gesellschaft ist allerdings ein konkreter Vortrag über noch bestehendes Gesellschaftsvermögen erforderlich.[2]

438 Das Gericht hat auf Antrag eines Beteiligten die Nachtragsliquidatoren zu ernennen. Bereits vor der Löschung tätig gewesene Liquidatoren, auch Geschäftsführer, setzen ihre Tätigkeit bei Kapitalgesellschaften nicht automatisch fort, vielmehr besteht nur die Möglichkeit der **gerichtlichen Bestellung** um der Gesellschaft wieder zu einem Vertretungsorgan zu verhelfen.[3] Eine allgemeine Verpflichtung des bisherigen Liquidators, früherer Geschäftsführer, auch des vormaligen Alleingesellschafters zur Übernahme des Amtes als Nachtragsliquidator besteht nicht.[4] Allerdings kann dies im Fall einer rechtsmissbräuchlichen Verweigerung anders sein. Im Gegensatz zur herrschenden Meinung sollten hierbei die praktischen Folgen ausreichend berücksichtigt und daher die Anforderungen nicht zu hoch angesetzt werden. Auch wenn eine Erledigung über andere außenstehende Personen als Nachtragsliquidatoren zumeist abstrakt denkbar ist, betrifft die Maßnahme gleichwohl in erster Linie oftmals **die Gesellschafter**, etwa dann, wenn diese anschließend in Regress genommen werden sollen und sie nach einem rechtskräftigen Urteil gegen die Gesellschaft nicht mehr gegen die Forderung als solche vorgehen können. In einem solchen Fall sind die Gesellschafter erste und einzig richtige Ansprechpartner für die Durchführung der Nachtragsliquidation. Bei Bestellung eines außenstehenden Nachtragsliquidators läuft dieser dagegen Gefahr, sich späteren Schadensersatzansprüchen der Gesellschaft auszusetzen. Es spricht daher kein vernünftiger Grund dafür, durch die Verlagerung der Verantwortung Grundlage für neue Streitigkeiten zu schaffen. Die Gesellschaft ist nach § 66 Abs. 5 GmbHG als in Liquidation befindlich unter der bisherigen Registernummer **wieder einzutragen,** soweit dies wegen des Umfangs der vorzunehmenden Abwicklungshandlungen erforderlich erscheint. Im Übrigen genügt entsprechend § 273 Abs. 4 AktG die Herausgabe einer **Ausfertigung des Bestellungsbeschlusses** zur Legitimation des Nachtragsliquidators.[5] Eine Fortsetzung der Gesellschaft scheidet immer dann aus, wenn der Auflösungsgrund wegen Rechts- oder Bestandskraft nicht mehr zu beseitigen ist, z.B. wenn ein rechtskräftiger Beschluss über die Abweisung eines Insolvenzantrags mangels Masse[6] vorliegt.

4. Beseitigung der Löschung gemäß § 395 FamFG

438a Eine **Beseitigung der Löschung** im Verfahren **nach § 395 FamFG** ist nur bei Verletzung wesentlicher Verfahrensvorschriften des Löschungsverfahrens, also insbesondere bei nicht ausreichender Löschungsankündigung[7] möglich, nicht aber deshalb, weil

---

[1] OLG München FGPrax 2008, 171 (= Rpfleger 2008, 555).
[2] KG GmbHR 2007, 542 (= Rpfleger 2007, 398).
[3] Vgl. **BGH** NJW 1985, 2479 (= DNotZ 1986, 158); **BayObLG** FGPrax 1998, 73.
[4] KG FGPrax 2000, 155; KG FGPrax 2001, 86 (= Rpfleger 2001, 239).
[5] Vgl. OLG München FGPrax 2008, 171 (= Rpfleger 2008, 555); OLG Düsseldorf DNotZ 1980, 170; **KG** WM 1967, 283; *Piorreck* Rpfleger 1978, 175.
[6] **BayObLG** Z 1993, 341 (= Rpfleger 1995, 363 = DNotZ 1994, 190); **BayObLG** DNotZ 1995, 975; **KG** OLGZ 1994, 162.
[7] Hierzu **KG** NZG 2007, 430; **KG** FGPrax 2006, 225 (= Rpfleger 2006, 474).

sich nachträglich herausstellt, dass noch Vermögen vorhanden ist.[1] Ein wesentlicher Verfahrensverstoß in diesem Sinne liegt auch dann vor, wenn die Löschung erfolgt, obwohl über den Widerspruch gegen die Löschungsankündigung noch nicht abschließend entschieden wurde.[2] Dagegen ist ein Vorgehen nach § 395 FamFG nicht geboten, wenn die Ankündigung ordnungsgemäß und nur die Anhörung der Industrie- und Handelskammer nach § 394 Abs. 2 Satz 3 FamFG nicht erfolgt ist. Dies gilt jedenfalls dann, wenn dem gesamten Verfahrensablauf zufolge auszuschließen ist, dass hierbei weitere relevante Tatsachen ermittelt worden wären.[3]

VI. Löschung unzulässiger Eintragungen (§ 395 FamFG)

Eintragungen im Handelsregister, die zur Zeit der Eintragung wegen Fehlens einer wesentlichen Voraussetzung[4] unzulässig waren oder die zwar im Zeitpunkt ihrer Vornahme zutreffend waren, nachträglich aber unzulässig geworden sind,[5] können von Amts wegen vom Registergericht gelöscht werden (§ 395 Abs. 1 FamFG). Zur Einleitung des Verfahrens ist das Gericht nicht verpflichtet; es hat hierüber vielmehr nach pflichtgemäßem Ermessen zu entscheiden. Von seiner Löschungsbefugnis wird es regelmäßig dann Gebrauch zu machen haben, wenn der Fortbestand der unrichtigen Eintragung dem öffentlichen Interesse an der Richtigkeit und Vollständigkeit des Handelsregisters widersprechen oder Schädigungen Dritter zur Folge haben würde.[6] Ist der Mangel inzwischen behoben worden, so ist folglich die Löschung nicht mehr zulässig.[7] Da eine entsprechende Anmeldeverpflichtung nicht besteht, kann die zu erzielende Eintragung nicht mittels Zwangsgeld nach § 14 HGB herbeigeführt werden,[8] so dass keine Konkurrenz zu dem Verfahren nach § 395 FamFG besteht. 439

1. Voraussetzungen der Löschung nach § 395 FamFG

Voraussetzung für die Einleitung des Löschungsverfahrens ist das Vorliegen eines Verfahrensverstoßes oder eines sachlich-rechtlichen Mangels. Erforderlich ist stets, dass es sich um den Mangel einer wesentlichen Eintragungsvoraussetzung handelt. Die Wesentlichkeit ist durch das Registergericht nach Lage des Falles zu beurteilen.[9] Es handelt sich um eine vom Beschwerdegericht nur beschränkt überprüfbare Ermessensentscheidung.[10] 440

Bei **deklaratorischen**, rechtsfeststellenden **Eintragungen** rechtfertigen sachlich-rechtliche Mängel stets die Löschung, verfahrensrechtliche Mängel jedoch nur dann, wenn die Eintragung sachlich unrichtig ist.[11] Beispiele: 441

---

[1] KG FGPrax 2006, 225 (= Rpfleger 2006, 474); OLG Düsseldorf FGPrax 2006, 226; OLG Düsseldorf FGPrax 1998, 231 (= Rpfleger 1999, 29); OLG Düsseldorf DNotZ 1980, 170 (= GmbHR 1979, 227); OLG Frankfurt NJW-RR 1998, 612 (= GmbHR 1997, 1004).
[2] OLG Düsseldorf FGPrax 2006, 226.
[3] KG FGPrax 2006, 225.
[4] Vgl. BayObLG Z 1970, 269.
[5] BT-Drucks. 16/6308, S. 649.
[6] KG FGPrax 2009, 177; *Steder*, in: Jansen, FGG, § 142 Rz. 45.
[7] OLG München Rpfleger 2008, 643; BayObLG DNotZ 1996, 167 (= Rpfleger 1995, 465); *Heinemann*, in: Keidel, FamFG, § 395 Rz. 19; *Nedden-Boeger*, in: Schulte-Bunert/Weinreich, FamFG, § 395 Rz. 12; *Steder*, in: Jansen, FGG, § 142 Rz. 34.
[8] KG FGPrax 1999, 156 (= NZG 1999, 555); *Steder*, in: Jansen, FGG, § 142 Rz. 3.
[9] Vgl. *Richert* Rpfleger 1954, 501.
[10] OLG München Rpfleger 2008, 643.
[11] BayObLG Rpfleger 2001, 599 (= NZG 2001, 889); OLG Hamm Rpfleger 1971, 402; KG Rpfleger 1966, 181; BayObLG Z 1955, 333 (339); *Steder*, in: Jansen, FGG, § 142 Rz. 30.

- keine Löschung erfolgt, wenn die Eintragung sachlich zutreffend war[1] z.B. die Eintragung der Fortsetzung einer OHG mit den Erben eines verstorbenen Gesellschafters (§ 107 HGB) nicht auf Antrag aller Gesellschafter (§ 108 HGB) erfolgt war;[2] wenn die fehlerhaft gelöschte Kapitalgesellschaft (Löschung einer AG nach Anmeldung, die Abwicklung sei beendet, bei fehlendem Auflösungsgrund) im Zeitpunkt der Löschung vermögenslos war;[3] wenn die Eintragung von einer unzuständigen Person angeordnet, aber von der zuständigen vollzogen wurde;
- die Löschung kann dagegen erfolgen, wenn z.B. die Erteilung einer Handlungsvollmacht statt einer Prokura eingetragen wurde, wenn ein Geschäftsübergang ohne Anmeldung des bisherigen Geschäftsinhabers eingetragen wurde, die Eintragung seinem Willen nicht entspricht und die Rechtslage unsicher ist,[4] wenn die Firma gegen § 18 Abs. 2 HGB verstößt[5] oder wenn eine nach § 6 Abs. 2 GmbHG ungeeignete Person zum Geschäftsführer bestellt wurde.[6] Ist nur der Zusatz einer Firma unzulässig, so ist dennoch die gesamte Firma zu löschen.[7] Denkbar ist die Löschung, wenn irrtümlich die Übertragung eines Kommanditgesellschaftsanteils an die „ABC Verwaltungs GmbH" angemeldet und eingetragen wurde, obwohl tatsächlich die Übertragung an die „ABC GmbH & Co. KG" erfolgt ist.

442 **Konstitutive**, rechtsbegründende **Eintragungen** können sowohl bei Vorliegen **sachlich-rechtlicher Mängel** als auch bei wesentlichen **Verfahrensverstößen** gelöscht werden.[8] Beispielsweise kann die Löschung erfolgen, wenn die Anmeldung der Ersteintragung einer AG nur durch einen Teil der Gründer, Vorstands- und Aufsichtsratsmitglieder erfolgt ist oder wenn eine Erhöhung des Stammkapitals einer GmbH zu einem niedrigeren Betrag angemeldet und eingetragen wurde, als sie beschlossen ist.[9] Auch eine verfrühte verfahrenswidrig vorgenommene Löschung nach § 394 FamFG kann nach § 395 FamFG gelöscht werden (Rz. 438a).[10]

443 Die Verletzung bloßer **Ordnungsvorschriften** rechtfertigt dagegen bei deklaratorischen Eintragungen die Löschung nicht,[11] z.B. wenn die Anmeldung nicht in der Form des § 12 Abs. 1 Satz 1 HGB erfolgt ist. Sogar das gänzliche Fehlen einer Anmeldung kann eine amtswegige Löschung nach § 395 FamFG nicht rechtfertigen, wenn die eingetragene **Tatsache sachlich-rechtlich vorliegt**, da das Registergericht sonst mit der Entfernung der zwar formell unrichtig ergangenen Eintragungen die Rechtslage im Register nunmehr unrichtig wiedergeben würde.[12] Auch kommt eine Eintragung nach § 395 Abs. 1 FamFG mit dem Ziel, eine aufgrund entsprechender Anmeldung erloschene Firma erneut im Register einzutragen, da noch weitere Handlungen erforderlich sind,

---

[1] BayObLG FGPrax 2001, 213 (= Rpfleger 2001, 599); **OLG Düsseldorf** FGPrax 1999, 70 (= Rpfleger 1999, 228); **KG** OLGZ 9, 257.
[2] BayObLG RJA 16, 105; KG RJA 12, 60.
[3] **OLG Düsseldorf** NJW-RR 1988, 354; **KG** OLGZ 1986, 296 (= NJW-RR 1986, 1240).
[4] KG OLGE 43, 202.
[5] Vgl. **BayObLG** Rpfleger 1980, 18 (= MittBayNot 1980, 32); **OLG Hamm** Rpfleger 1974, 198; OLG Stuttgart OLGZ 1974, 340.
[6] **OLG Zweibrücken** FGPrax 2001, 125 (= Rpfleger 2001, 354); **OLG Naumburg** FGPrax 2000, 121.
[7] KG NJW 1955, 1926; OLG Hamm NJW 1959, 1973; **BayObLG** Z 1971, 329 (= NJW 1972, 957 = Rpfleger 1972, 14); OLG Saarbrücken OLGZ 1976, 33.
[8] *Steder,* in: Jansen, FGG, § 142 Rz. 31 m.w.N.
[9] RG Z 85, 205.
[10] OLG Schleswig FGPrax 2000, 160 (= GmbHR 2000, 777); **OLG Düsseldorf** FGPrax 1998, 231 (= Rpfleger 1999, 29).
[11] KG J 31, A 147.
[12] **BayObLG** FGPrax 2001, 213 (= Rpfleger 2001, 599); **KG** OLGZ 9, 257.

nicht in Betracht. In diesen Fällen bedarf es vielmehr bei Kapitalgesellschaften entsprechend der Regelung des § 273 Abs. 4 AktG oder gemäß § 66 Abs. 5 GmbHG der Bestellung eines Nachtragsliquidators.[1] Nach § 395 FamFG ist in diesen Fällen nur dann vorzugehen, wenn die Löschungseintragung selbst auf einem wesentlichen Verfahrensmangel beruhte.[2]

Ein **Beschluss der Haupt- oder Gesellschafterversammlung** einer AG, KGaA oder GmbH kann grundsätzlich nur unter den Voraussetzungen des § 398 FamFG gelöscht werden, allenfalls in Ausnahmefällen bei schwerwiegenden Verfahrensmängeln nach der allgemeinen Vorschrift des § 395 Abs. 1 FamFG,[3] zum Beispiel bei Fehlen jeglicher Anmeldung zur Vornahme der erfolgten konstitutiv wirkenden Eintragung. Im Übrigen können auch amtswegige Löschungen im Verfahren nach § 395 FamFG gelöscht werden.[4] Allerdings kann nach herrschender Auffassung aufgrund § 395 FamFG eine bereits im Register der aufnehmenden Gesellschaft eingetragene Verschmelzung nicht aufgehoben werden.[5] § 398 FamFG betrifft nur im Register einzutragende Beschlüsse, bei Gesellschaften mit beschränkter Haftung also zum Beispiel Änderungen des Gesellschaftsvertrags, nicht aber Fälle, in denen ein Gesellschafterbeschluss nur die Grundlage für eine vorzunehmende Eintragung ist, wie beispielsweise bei Änderungen in der Geschäftsführung einer Gesellschaft mit beschränkter Haftung. Daher bemisst sich die Löschung eines nach § 6 Abs. 2 GmbHG ungeeigneten Geschäftsführers – dessen Bestellung kraft Gesetzes nichtig oder nachträglich unwirksam geworden ist – zutreffend nach § 395 FamFG.[6]

444

2. Verfahren und Zuständigkeit

Die **Einleitung** des Löschungsverfahrens steht im pflichtgemäßen Ermessen des Gerichts.[7] Zuständig ist für Eintragungen in Abteilung A des Handelsregisters der Rechtspfleger, für Abteilung B der Richter, § 3 Nr. 2 lit. d, § 17 Nr. 1 lit. e RPflG. Die Löschung setzt voraus, dass der Sachverhalt eine hinreichende Grundlage für die Annahme bildet, dass die Voraussetzungen des § 395 FamFG gegeben sind, wobei das Registergericht hierbei den Sachverhalt zu ermitteln[8] und das Ergebnis pflichtgemäß zu würdigen hat.[9] Dies erfolgt in sachgerechter Abwägung aller Umstände unter Berücksichtigung des Interesses der Beteiligten und der Öffentlichkeit und der eventuel-

445/446

---

[1] **OLG Hamm** FGPrax 2001, 210 (= GmbHR 2001, 819).
[2] **BayObLG** NJW-RR 1998, 613 (= GmbHR 1997, 1003); **OLG Frankfurt** OLGZ 1994, 39 (= Rpfleger 1993, 249); *Steder*, in: Jansen, FGG, § 142 Rz. 32.
[3] **OLG Köln** Rpfleger 2002, 209 (= ZIP 2002, 573); **BayObLG** Z 1969, 215; **BayObLG** Z 1956, 303; **OLG Hamm** OLGZ 1994, 415 (= NJW-RR 1994, 548); **OLG Hamm** OLGZ 1979, 313; **OLG Karlsruhe** OLGZ 1986, 155; **KG** JFG 1, 253; näher hierzu *Steder*, in: Jansen, FGG, § 142 Rz. 4.
[4] **KG** JFG 1, 260; **KG** JFG 9, 142; **OLG Frankfurt** BB 1977, 675.
[5] **OLG Frankfurt** FGPrax 2003, 231 (= Rpfleger 2003, 512); **OLG Frankfurt** FGPrax 2003, 40 (= NZG 2003, 236); **OLG Hamm** DB 2001, 85 (= ZIP 2001, 569); **BayObLG** DB 1999, 2504 (= AG 2000, 130); anderer Ansicht zur Wahrung verfassungsrechtlicher Anforderungen bei einem Verstoß gegen § 16 Abs. 2 UmwG durch das Registergericht *Horsch* Rpfleger 2005, 577 (582).
[6] *Krafka*, in: MünchKommZPO, § 395 FamFG Rz. 4; anderer Ansicht: *Heinemann*, in: Keidel, FamFG, § 395 Rz. 7; *Nedden-Boeger*, in: Schulte-Bunert/Weinreich, FamFG, § 395 Rz. 55; *Steder*, in: Jansen, FGG, § 142 Rn. 42.
[7] Vgl. **OLG München** Rpfleger 2008, 643; **BayObLG** Z 1970, 269; **BayObLG** Rpfleger 1972, 400; **BayObLG** Rpfleger 1980, 18 (= MittBayNot 1980, 32); **KG** OLGZ 1967, 97 (= NJW 1967, 933).
[8] Hierzu **OLG Düsseldorf** FGPrax 1997, 194 (= MittRhNotK 1997, 319).
[9] **BayObLG** Rpfleger 1979, 19; **OLG Hamm** Rpfleger 1981, 66.

len Schädigung Dritter. Eine Löschung ist schlussendlich nur angezeigt, wenn die bestehende Sach- und Rechtslage völlig zweifels- und bedenkenfrei ist, auch wenn eine umfangreiche Beweisaufnahme insoweit nicht angezeigt ist.[1] Liegt die Anregung eines Dritten, der sich in seinen Rechten beeinträchtigt glaubt, oder der Industrie- und Handelskammer bzw. der Handwerkskammer vor, so ist das Gericht verpflichtet, in eine sachliche Prüfung der Löschungsfrage einzutreten.[2]

447 Wie in den Fällen der §§ 393, 394 FamFG hat das Registergericht zunächst gemäß § 395 Abs. 2 Satz 1 FamFG durch **Verfügung** die Beteiligten von der beabsichtigten Löschung zu benachrichtigen und dabei eine Frist zur Geltendmachung eines Widerspruchs zu bestimmen. Die zu löschende Eintragung und die angenommenen Gründe ihrer Unzulässigkeit sind dabei so genau zu bezeichnen, dass es den Beteiligten möglich ist, im Rahmen eines etwaigen Widerspruchs dazu substantiiert vortragen zu können. Die spätere Löschung muss sich im Rahmen dieser Löschungsankündigung halten.[3] Die Einhaltung dieser Verfahrensvorschriften dient dem Schutz der Beteiligten, insbesondere auch dazu, den Beteiligten die Möglichkeit einzuräumen, den Mangel, auf dem die Unzulässigkeit der Eintragung beruht, zu beheben.[4] Verzichten sie auf deren Einhaltung, so ist es dem Registergericht gestattet, die Löschung gegebenenfalls sofort, also ohne entsprechende Ankündigung oder Bekanntmachung vorzunehmen.[5] Sind die Beteiligten unbekannten Aufenthalts, so kann eine Bekanntmachung nach § 10 HGB erfolgen (§ 395 Abs. 2 Satz 2, § 394 Abs. 2 Satz 1 und 2 FamFG). Unbekannten Beteiligten ist nach § 1913 BGB ein Pfleger zu bestellen.

448 Zum weiteren Verfahren[6] siehe die Ausführungen zu § 393 FamFG (Rz. 422 ff.). Die Löschung darf nur erfolgen, wenn die Unzulässigkeit der Eintragung zweifelsfrei ist, sonst ist die Klarstellung den Beteiligten im Prozessweg zu überlassen.[7] Auf jeden Fall muss der Mangel der Eintragung noch bestehen.[8] Die Löschung kann unterbleiben, wenn sie für den Betroffenen schwere wirtschaftliche Nachteile zur Folge haben würde, aber niemandem nützt.

3. Eintragung der Löschung

449 Die Löschung erfolgt durch **Eintragung** des Vermerks „von Amts wegen gelöscht" unter Hinweis auf die gesetzliche Grundlage (§ 395 Abs. 1 Satz 2 FamFG, § 19 Abs. 1 HRV). Zur Bekanntmachung und Veröffentlichung siehe allgemein Rz. 194 ff.

4. Rechtsmittel, sonstige Löschungsmöglichkeiten

450 Zu Rechtsmitteln siehe die Ausführungen zu § 393 FGG (Rz. 430). § 395 FamFG gilt im Übrigen auch dann, wenn als Firma oder Zusatz zu einer Firma die Bezeichnungen Bank, Bankier, Volksbank, Sparkasse, Bausparkasse, Spar- und Darlehenskasse, Kapitalanlagegesellschaft, Investor, Investmentgesellschaft oder Investmentfonds geführt werden, obwohl ihr Gebrauch nach §§ 39 ff. KWG, § 3 InvG unzulässig ist (vgl.

---

[1] OLG Zweibrücken FGPrax 2004, 42.
[2] BayObLG Z 1955, 333; KG OLGZ 1967, 97 (100); **OLG Hamm** Rpfleger 1971, 402; **OLG Frankfurt** Rpfleger 1976, 213.
[3] *Heinemann*, in: Keidel, FamFG, § 395 Rz. 33; *Steder*, in: Jansen, FGG, § 142 Rn. 54.
[4] *Jansen* NJW 1966, 1813; *Steder*, in: Jansen, FGG, § 142 Rz. 55.
[5] **BayObLG** Rpfleger 1990, 200; **KG** JFG 16, 189; *Nedden-Boeger*, in: Schulte-Bunert/Weinreich, FamFG, § 395 Rz. 101.
[6] Vgl. **OLG Hamm** Rpfleger 1974, 198.
[7] BayObLG Z 1958, 16 (21); **OLG Hamm** Rpfleger 1971, 402.
[8] **BayObLG** Z 1956, 303 (312); *Heinemann*, in: Keidel, FamFG, § 395 Rz. 19; *Steder*, in: Jansen, FGG, § 142 Rz. 34.

auch § 43 Abs. 2 KWG). Über die Zulässigkeit entscheidet in Zweifelsfällen die Bundesanstalt für Finanzdienstleistungsaufsicht (§ 42 KWG); diese Entscheidung ist aber für das Registergericht nicht bindend.[1] Das Löschungsverfahren richtet sich nach § 395 i. V. m. § 393 FamFG.[2] Ist im Handelsregister eine Firma eingetragen, die ganz oder hinsichtlich des Firmenzusatzes nach §§ 39 bis 41 KWG unzulässig ist, so hat das Registergericht nach § 43 Abs. 2 Satz 1 KWG das Amtslöschungsverfahren einzuleiten. Abweichend von § 395 Abs. 1 Satz 1 FamFG steht aber dem Gericht kein Verfahrensermessen zu, da das Gesetz stets ein öffentliches Interesse an der Unterlassung der unzulässigen Firmenführung voraussetzt. **Zuständig** ist der Richter, siehe § 17 Nr. 1 lit. e RPflG.

VII. Von Amts wegen vorzunehmende Änderungen (§ 384 Abs. 2 FamFG)

Durch von Amts wegen vorgenommene Eintragungen im Handelsregister können rechtliche Folgen eintreten, durch die wiederum andere Eintragungen auf demselben Registerblatt unrichtig werden. Da grundsätzlich Eintragungen im Register nur auf Antrag der Beteiligten erfolgen, besteht in diesen Fällen die Gefahr, dass der Registerstand infolge der amtswegigen Eintragung ein in sich widersprüchliches Bild abgibt und somit für das auskunftsuchende Publikum keine Hilfe mehr bietet. Um dies zu vermeiden, kann gemäß § 384 Abs. 2 FamFG das Registergericht die weiteren Eintragungen auf dem Registerblatt von Amts wegen vornehmen, die aufgrund einer anderen amtswegigen Eintragung geboten sind, um **die Unrichtigkeit des Registerstandes zu beseitigen.** Vor der elektronischen Registerführung war eine Vornahme solcher Korrekturen nicht von entscheidender Bedeutung, da das Registerblatt nur in chronologischer Fassung einsehbar war und daher die zeitliche Abfolge der Eintragung die entsprechende rechtliche Schlussfolgerung zuließ. Inzwischen ist allerdings an die Stelle der Kopie des Registerblatts regelmäßig der aktuelle Ausdruck (§ 30 a Abs. 4 Satz 3 HRV) getreten, aus dem sich nicht ersehen lässt, in welcher zeitlichen Abfolge die Eintragungen vorgenommen wurden. Damit sind Einsichtnehmende darauf angewiesen, dass sie bei amtswegigen Eintragungen auf damit verbundene Auswirkungen für andere auf diesem Registerblatt eingetragene Tatsachen hingewiesen werden.

450a

1. Voraussetzungen für die Eintragung von Änderungen

a) **Allgemeines.** Voraussetzung für eine Änderungseintragung nach § 384 Abs. 2 FamFG ist die Vornahme einer vorangehenden amtswegigen Eintragung – die nachfolgend zur sprachlichen Vereinfachung als „Amtsvoreintragung" bezeichnet wird – durch das Registergericht. In Betracht kommen hierbei vor allem Eintragungen nach §§ 397 ff. FamFG und § 32 HGB. Erforderlich ist stets, dass durch die amtswegige Eintragung eine andere im Register vorhandene Eintragung unrichtig wird, also die Rechtsfolge der Amtsvoreintragung eine andere Eintragung unrichtig macht. Gemeint ist damit allerdings nicht, dass beispielsweise infolge der Löschung einer Geschäftsführereintragung nach § 395 FamFG auch die durch diesen Geschäftsführer angemeldeten Eintragungen zu beseitigen sind, da § 384 Abs. 2 FamFG nur auf die Beseitigung der Folgen des in sich sonst widersprüchlich werdenden Registerblatts abzielt, nicht aber auf die gegebenenfalls angezeigte Korrektur eines bereits abgeschlossenen, seinerzeit aber fehlerhaft durchgeführten Anmeldungsverfahrens.[3]

450b

---

[1] Vgl. *Heinemann*, in: Keidel, FamFG, § 395 Rz. 53.
[2] Siehe *Heinemann*, in: Keidel, FamFG, § 395 Rz. 54.
[3] *Krafka*, in: MünchKommZPO, § 384 FamFG Rz. 12; *Heinemann*, in: Keidel, FamFG, § 384 Rz. 14.

450c **b) Folgeänderungen bei Amtsauflösungen.** Einerseits findet § 384 Abs. 2 FamFG seinen wesentlichen Anwendungsbereich im Rahmen der amtswegigen Eintragung der Auflösung von Kapitalgesellschaften. In den Fällen der Amtsauflösung nach § 399 FamFG und der Eintragung der Auflösung nach § 65 Abs. 1 Satz 3 GmbHG und § 263 Satz 3 AktG treten regelmäßig Änderungen im Bereich der organschaftlichen Vertretung ein.[1] Noch einschneidender ist teilweise die Änderung der Vertretungslage bei der Auflösung von Personenhandelsgesellschaften, da beispielsweise bei einer Kommanditgesellschaft die Liquidation kraft Gesetzes durch alle Gesellschafter, also auch durch die bei einer werbenden Gesellschaft nicht vertretungsbefugten Kommanditisten erfolgt, wenn nicht durch Gesellschafterbeschluss oder Gesellschaftsvertrag Abweichendes bestimmt wird (§ 161 Abs. 2 und § 146 Abs. 1 HGB). Zwar sind die für die Gesellschaft mit der Auflösung vertretungsberechtigten Liquidatoren in den sonstigen Fällen oft personell mit den Geschäftsführern identisch, sofern auch hier nichts Abweichendes geregelt ist oder beschlossen wird (§ 66 Abs. 1 GmbHG, § 265 Abs. 1 AktG). Entscheidend ist in diesem Zusammenhang aber, dass sich mit der Auflösung nicht nur die Funktionsbezeichnung, sondern auch die Vertretungsbefugnis ändert, da sowohl die allgemeine Vertretungsregelung, als auch besondere Vertretungsbefugnisse der Geschäftsführer sich nicht auch auf die Liquidatoren beziehen, selbst wenn sie personenidentisch sind. Bei Personenhandelsgesellschaften vertreten etwa die Liquidatoren dem gesetzlichen Regelfall zufolge gemeinschaftlich (§ 150 Abs. 1 HGB). Damit sind in allen Fällen amtswegig eingetragener Auflösungen (mit Ausnahme der Eröffnung des Insolvenzverfahrens, hierzu Rz. 410 ff.) nach § 384 Abs. 2 FamFG Änderungen in den Vertretungsspalten vorzunehmen.

450d **c) Folgeänderungen bei Insolvenzvermerken.** Ähnliches wie bei der Voreintragung von Amtsauflösungen gilt bei der Eintragung eines Insolvenzvermerks nach § 32 HGB. Allerdings liegt insoweit der Schwerpunkt für die Aktualisierung des Registerstands bei gegebenenfalls eingetragenen Prokuren, da rechtsgeschäftliche Vertretungsmachten nach § 117 Abs. 1 InsO mit Eröffnung des Insolvenzverfahrens erlöschen. Zwar kann auch im Insolvenzverfahren nach zutreffender Auffassung Prokura erteilt werden. Infolge der Einsichtsgewährung mittels eines aktuellen Ausdrucks (§ 30a Abs. 4 Satz 3 HRV) lässt sich diese zeitliche Abfolge für einen Einsichtnehmenden aber nicht unmittelbar erschließen. Im Übrigen gilt ferner für die Eintragung der Insolvenzvermerke in den Fällen des § 131 Abs. 2 HGB, dass in der Folge nach § 384 Abs. 2 FamFG auch die Vertretungsverhältnisse entsprechend zu korrigieren sind, sofern die Auflösung der Gesellschaft durch die entsprechend vermerkte Insolvenzmaßnahme bewirkt wurde.

2. Inhalt der Änderungseintragung

450e Durch die Eintragung der Änderung nach § 384 Abs. 2 FamFG soll primär die **Unrichtigkeit des Registerstands beseitigt** werden, die durch die Rechtsfolgen der vorangegangenen amtswegigen Eintragung bewirkt wurden. Es ist allerdings nicht Aufgabe des Registergerichts, die bislang noch nicht bekannte tatsächliche Rechtslage zutreffend wiederzugeben oder diese durch entsprechende Ermittlungen zu erforschen.[2] Diesen Anforderungen genügt daher eine Eintragung, die einen **allgemeinen Hinweis** auf die geltende Rechtslage enthält. Die wirklich bestehende Rechtslage muss dem

---

[1] Siehe *Heinemann*, in: Keidel, FamFG, § 284 Rz. 15.
[2] Siehe BT-Drucks. 16/960, S. 54; *Heinemann*, in: Keidel, FamFG, § 384 Rz. 16; *Ries* Rpfleger 2006, 233 (236) versteht dies so, dass nach § 144c FGG keine positive Angabe zur Vertretungsregelung erfolgen darf; ebenso *Nedden-Boeger*, in: Schulte-Bunert/Weinreich, FamFG, § 384 Rz. 6. Wir sind hierzu anderer Auffassung (siehe Rz. 450e).

Vollzug einer entsprechenden Anmeldung zur Eintragung durch die Beteiligten vorbehalten bleiben. Das Gesetz beschreibt dies dahingehend, dass die Unrichtigkeit der Eintragungen, die durch die Amtsvoreintragung ungültig geworden sind, nur in geeigneter Weise kenntlich zu machen ist. Gemäß § 19 Abs. 2 Satz 1 HRV ist der Vermerk „von Amts wegen eingetragen" beizufügen, der passend auch „von Amts wegen berichtigt" lauten kann. Diese nach § 384 Abs. 2 FamFG vorgenommene Eintragung mag zwar nicht sehr aussagekräftig sein. Sie beseitigt jedoch zumindest die sonst bestehende falsche registerliche Verlautbarung. Bei Personengesellschaften ist bei einer amtswegigen Auflösung eine weitere Änderung bei den eingetragenen Gesellschaftern nicht veranlasst, da die Gesellschafter ihre jeweilige Stellung, mit der sie eingetragen sind, behalten. Bei Kapitalgesellschaften tritt von Gesetzes wegen eine Funktionsänderung ein (siehe z. B. § 66 GmbHG, § 265 AktG). Diese ist ebenfalls zu vermerken, indem die frühere Eintragung gelöscht wird und die Geschäftsführer/Vorstandsmitglieder mit dem Zusatz „Geändert, nun Liquidator: (Angabe der Personalien)" oder „Von Amts wegen berichtigt" neu vorgetragen werden. Auch hier wird man, soweit nicht eine Anmeldung der Gesellschaft vorliegt, von Angaben zur besonderen Vertretungsbefugnis absehen müssen.

Für den Fall einer amtswegigen Auflösung einer GmbH kann die **Eintragung** somit folgendermaßen aussehen, wobei in Spalte 4 Unterspalte b alle eingetragenen Geschäftsführer vollständig neu als Liquidatoren vorzutragen sind:

450f

Spalte 4
Unterspalte a (Allgemeine Vertretungsregelung):
Von Amts wegen berichtigt: *(Vorstehendes als Übergangstext)* Die Gesellschaft wird durch den/die Liquidatoren vertreten. *(Zusätzlich Rötung der bisherigen Vertretungsregelung)*
Unterspalte b (Geschäftsführer und besondere Vertretungsbefugnis):
Von Amts wegen berichtigt: *(Vorstehendes als Übergangstext)* Liquidator: Kurz, Robert, München, *25. 5. 1954.
Von Amts wegen berichtigt: *(Vorstehendes als Übergangstext)* Liquidator: Lang, Richard, Gauting, *10. 8. 1965.
(Zugleich Rötung der bisher eingetragenen Geschäftsführer)
Spalte 6
Unterspalte a (Rechtsform, Gesellschaftsvertrag): *(Keine Änderung)*
Unterspalte b (Sonstige Rechtsverhältnisse): Von Amts wegen eingetragen gemäß § 65 Abs. 1 GmbHG: Die Gesellschaft ist durch rechtskräftige Abweisung eines Antrags auf Eröffnung des Insolvenzverfahrens mangels Masse (Amtsgericht München 14 IN 3259/09) aufgelöst.

3. Weiteres Vorgehen des Registergerichts

Von der Eintragung ist abschließend die Gesellschaft durch Übersendung einer Vollzugsnachricht zu informieren. Außerdem muss die gesamte Eintragung nach § 10 HGB bekannt gemacht werden.[1]

450g

VIII. Löschung nichtiger Gesellschaften (§ 397 FamFG)

Eine in das Handelsregister eingetragene AG, KGaA oder GmbH kann als nichtig gelöscht werden, wenn die Voraussetzungen vorliegen, unter denen nach §§ 275, 276 AktG oder §§ 75, 76 GmbHG Klage auf **Nichtigerklärung der Gesellschaft** erhoben werden könnte (§ 397 Satz 1 FamFG). Die Löschungsgründe sind in § 397 FamFG durch die Bezugnahme auf die Vorschriften des AktG und des GmbHG abschließend

451

---

[1] *Heinemann*, in: Keidel, FamFG, § 384 Rz. 19.

bezeichnet.¹ Zudem stellt § 397 Satz 2 FamFG eine Sonderregelung dar, welche die allgemeine Vorschrift des § 395 FamFG verdrängt.² Dem Vertrauen der Öffentlichkeit in den Bestand der Gesellschaft wird damit ein besonders hoher Schutz eingeräumt.³

1. Löschung einer AG bzw. KGaA

452 Die **Löschung** einer **AG** oder einer **KGaA** (§ 278 Abs. 3 AktG) kann erfolgen:
   a) wenn in der Satzung keine Bestimmung über die Höhe des Grundkapitals enthalten ist (siehe § 23 Abs. 3 Nr. 3 AktG). Ist der Betrag zwar angegeben, die Bestimmung aber nichtig, etwa weil der Nennbetrag nicht den Vorschriften über Währung und Mindesthöhe entspricht, so ist nicht § 397, sondern § 399 FamFG einschlägig;[4]
   b) wenn in der Satzung keine Bestimmung über den Gegenstand des Unternehmens enthalten ist (siehe § 23 Abs. 3 Nr. 2 AktG);
   c) wenn die Bestimmungen der Satzung über den Gegenstand des Unternehmens nichtig sind, z. B. wegen Verstoß gegen die guten Sitten oder Verschleierung der Gründung einer verbotenen Gesellschaft.[5]

453 **Keinen Löschungsgrund** bilden hingegen eine verdeckte Sacheinlage (§ 27 Abs. 3 AktG), ein Beurkundungsmangel oder die Geschäftsunfähigkeit eines Gründers.[6]

454 Die Löschung kann unabhängig davon erfolgen, ob die Nichtigkeit von vornherein gegeben oder erst nachträglich eingetreten ist. Das Löschungsverfahren kann auch nach Ablauf der Klagefrist des § 275 Abs. 3 AktG durchgeführt werden; eine bereits erhobene Nichtigkeitsklage hindert das Löschungsverfahren nicht, ist jedoch regelmäßig Anlass zur Aussetzung des Verfahrens nach § 21 FamFG.[7] Die Löschung darf nicht mehr vorgenommen werden, wenn der **Mangel** die Bestimmungen über den Gegenstand des Unternehmens betrifft (§ 276 AktG) und dieser Mangel unter Berücksichtigung der Vorschriften zur Satzungsänderung (§§ 179 ff., 278 Abs. 3 AktG) durch einen entsprechenden in das Handelsregister eingetragenen Beschluss der Hauptversammlung **geheilt** ist (§ 276 AktG). Diese Heilung kann auch eintreten, wenn die Widerspruchsfrist abgelaufen oder der Widerspruch rechtskräftig zurückgewiesen worden ist. Sie ermöglicht die Fortsetzung der Gesellschaft nach § 274 AktG, auch wenn die Nichtigkeit der Gesellschaft aufgrund rechtskräftigen Urteils oder Amtslöschung bereits eingetreten ist.

2. Löschung einer GmbH

455 Eine **GmbH** kann gelöscht werden:
   a) wenn in der Satzung keine Bestimmung über die Höhe des Stammkapitals enthalten ist (siehe § 3 Abs. 1 Nr. 3 GmbHG). Ist der Betrag zwar angegeben, die Bestimmung aber nichtig, so gilt nicht § 397, vielmehr ist § 399 FamFG anzuwenden;[8]

---

[1] **KG** FGPrax 2001, 31 (= Rpfleger 2001, 135); **OLG Frankfurt** FGPrax 2002, 78 (= Rpfleger 2002, 208).

[2] **OLG Frankfurt** FGPrax 2002, 78 (= Rpfleger 2002, 208); **OLG Hamm** OLGZ 1979, 313 = Rpfleger 1979, 308;

[3] **BGH**, Beschl. v. 9. 10. 1956 – Az. II ZB 11/56, BGHZ 21, 378 (381); **KG** FGPrax 2001, 31 (= Rpfleger 2001, 135);

[4] *Heinemann*, in: Keidel, FamFG, § 397 Rz. 10; *Steder*, in: Jansen, FGG, § 144 Rz. 23; MünchKommAktG/*Hüffer*, § 275 Rz. 17.

[5] Vgl. *Heinemann*, in: Keidel, FamFG, § 397 Rz. 10; *Steder*, in: Jansen, FGG, § 144 Rz. 19; MünchKommAktG/*Hüffer*, § 275 Rz. 27.

[6] **KG** FGPrax 2001, 31 (= Rpfleger 2001, 135).

[7] *Krafka*, in: MünchKommZPO, § 397 FamFG Rz. 11; siehe auch *Heinemann*, in: Keidel, FamFG, § 397 Rz. 7.

[8] *Krafka*, in: MünchKommZPO, § 397 FamFG Rz. 6; *Heinemann*, in: Keidel, FamFG, § 397 Rz. 10.

b) wenn in der Satzung keine Bestimmung über den Gegenstand des Unternehmens enthalten ist (siehe § 3 Abs. 1 Nr. 2 GmbHG);
c) wenn die Bestimmungen der Satzung über den Gegenstand des Unternehmens nichtig sind, z. B. gegen die guten Sitten verstoßen. Die Nichtigkeit kann sich aus einem erst nach Errichtung in Kraft getretenen Gesetz ergeben, da es für das Löschungsverfahren gleichgültig ist, ob die Bestimmung des Unternehmensgegenstands von Anfang an unwirksam war. Das Löschungsverfahren kann ferner eingeleitet werden, wenn der im Register eingetragene Unternehmensgegenstand von der faktisch ausgeübten Geschäftstätigkeit vollständig abweicht, also keine Überschneidung besteht, auch wenn diese Situation erst nachträglich eingetreten ist.[1]

Keinen Löschungsgrund bildet ein bloßer Mangel im Gründungsverfahren, z. B. die Formunwirksamkeit des Gründungsakts. 456

Die **Löschung** kann **nicht mehr vorgenommen werden**, wenn der **Mangel** die Bestimmungen über den Gegenstand des Unternehmens betrifft und er durch einstimmigen, in das Handelsregister eingetragenen Beschluss der Versammlung der Gesellschafter (§ 76 i. V. m. §§ 53, 54 GmbHG) **geheilt** ist. Die Heilung ist an keine Frist gebunden. Sie kann auch noch nach Ablauf der Widerspruchsfrist oder rechtskräftiger Zurückweisung des Widerspruchs herbeigeführt werden. Die Zurückverwandlung einer nach § 75 GmbHG für nichtig erklärten oder von Amts wegen gelöschten Gesellschaft ist zulässig. 457

3. Verfahren, Zuständigkeit und Eintragung

Zur Vornahme der Löschung **zuständig** ist das Registergericht (Richter, § 17 Nr. 1 lit. e RPflG) des Sitzes der Gesellschaft (§ 397 FamFG). Für die Durchführung des **Verfahrens** gelten die gleichen Grundsätze wie für das Amtslöschungsverfahren bei sonst unzulässigen Eintragungen (§ 395 FamFG). Wenn es sich um heilbare Mängel handelt, soll auf die Möglichkeit der Heilung hingewiesen werden (§ 45 Abs. 1 HRV). Zur Eintragung der Löschung siehe § 45 Abs. 2 HRV. Zugleich ist stets die Auflösung der Gesellschaft einzutragen. Der Eintrag kann dem gemäß lauten: 458

> Von Amts wegen eingetragen aufgrund § 397 FamFG: Die Gesellschaft ist nichtig und daher aufgelöst.

Die Wirkung der Amtslöschung einer AG, KGaA richtet sich nach §§ 277, 278 Abs. 3 AktG, die einer GmbH nach § 77 GmbHG.

IX. Löschung nichtiger Hauptversammlungs- und Gesellschafterbeschlüsse (§ 398 FamFG)

1. Voraussetzungen zur Löschung nach § 398 FamFG

Im Handelsregister eingetragene **Beschlüsse der Hauptversammlung einer AG, KGaA**, auch über die Eingliederung in eine andere Gesellschaft,[2] **oder der Gesellschafterversammlung einer GmbH können als nichtig gelöscht werden**, wenn sie durch ihren Inhalt zwingende Vorschriften des Gesetzes verletzen und ihre Beseitigung im öffentlichen Interesse erforderlich erscheint (§ 398 FamFG). Die Vorschrift des § 398 FamFG enthält eine abschließende Regelung, welche diejenige des § 395 Abs. 1 FamFG, bei welcher bereits das Fehlen einer wesentlichen Eintragungsvoraussetzung 459

---

[1] *Steder*, in: Jansen, FGG, § 144 Rn. 20; *Schulze-Osterloh/Zöllner*, in: Baumbach/Hueck, GmbHG, § 75 Rn. 16; anderer Anicht: *Heinemann*, in: Keidel, FamFG, § 397 Rz. 10.
[2] OLG Hamm OLGZ 1979, 313 (= DB 1979, 1452).

zur Löschung genügt, grundsätzlich verdrängt,[1] und zwar auch dann, wenn im konkreten Fall die Voraussetzungen des § 398 FamFG nicht gegeben sind.[2] Für die Anwendung des § 395 FamFG verbleibt allenfalls bei Vorliegen von Nicht- oder Scheinbeschlüssen oder bei außerordentlich schwerwiegenden Verfahrensfehlern (Rz. 444) Raum.[3] Im Rahmen des § 398 FamFG ist im Übrigen das **Prüfungsrecht** des Registergerichts **stark eingeschränkt**. Das Verfahren dient insbesondere nicht dazu, etwaige Fehler des Anmelde- oder Eintragungsverfahrens zu korrigieren.[4] Erforderlich ist stets, dass der zu löschende Beschluss seinem Inhalt nach, nicht nur durch die Art seines Zustandekommens zwingende gesetzliche Vorschriften verletzt.[5] Anwendung findet § 398 FamFG nicht nur auf Eintragungen aufgrund von Beschlussfassungen der zuständigen Organe, sondern auch auf die Eintragung der Durchführung einer Kapitalmaßnahme einer Aktiengesellschaft (§§ 188, 227 AktG), sei es z.B. aufgrund einer regulären Barkapitalerhöhung oder durch Nutzung eines genehmigten Kapitals.[6]

460 Die Löschung gemäß § 398 FamFG hängt von folgenden Tatbestandsmerkmalen ab, wobei zur Entscheidung dem Registergericht letztendlich ein Ermessensspielraum verbleibt:[7] **Zwingende Vorschriften** des Gesetzes i.S.d. § 398 FamFG sind z.B. diejenigen über den Mindestbetrag der Aktien oder Stammeinlagen, über die Unzulässigkeit der Rückzahlung der Einlagen (§§ 7, 8, 9, 57, 58, 66, 69, 72, 119, 150 AktG, §§ 5, 19, 30, 31 GmbHG); auch sittenwidrige Beschlüsse der Hauptversammlung oder der Gesellschafterversammlung rechtfertigen ein Einschreiten nach § 398 FamFG (siehe § 241 Nr. 4 AktG). Allein das fehlerhafte Zustandekommen oder ein fehlerhaftes Registerverfahren genügt in diesem Zusammenhang nicht.[8] Die bloße Verletzung von Satzungsregelungen rechtfertigt nicht die Löschung eines Beschlusses.[9] Ob die **Beseitigung** des Beschlusses **im öffentlichen Interesse** geboten erscheint, hängt von seiner Bedeutung, den Interessen der Beteiligten, z.B. der Gesellschaftsgläubiger, und der Schwere der Gesetzesverletzung ab. Allein das Interesse der Aktionäre ist hierbei nicht ausreichend.[10] Genügend sind jedoch unter Berücksichtigung der Bestimmung

---

[1] Siehe **OLG Köln** Rpfleger 2002, 209 (= ZIP 2002, 573); **OLG Hamm** DB 2001, 85 (hierzu **BVerfG** WM 2004, 2354); **OLG Karlsruhe** FGPrax 2001, 161; **BayObLG** Z 1969, 215; **BayObLG** Z 1956, 303; **OLG Hamm** OLGZ 1994, 415 (= NJW-RR 1994, 548); **OLG Hamm** OLGZ 1979, 313; **OLG Karlsruhe** OLGZ 1986, 155; **KG** JFG 1, 253.

[2] **OLG Düsseldorf** FGPrax 2004, 294; **OLG Frankfurt** FGPrax 2002, 35 (= Rpfleger 2002, 211); **OLG Köln** Rpfleger 2002, 209 (= ZIP 2002, 573); **BayObLG** BB 1991, 1729; **OLG Karlsruhe** OLGZ 1986, 155; *Krafka,* in: MünchKommZPO, § 398 FamFG Rz. 6; *Heinemann,* in: Keidel, FamFG, § 398 Rz. 4.

[3] Siehe **BayObLG** Z 1991, 337 (= MittBayNot 1992, 221); **BayObLG** BB 1991, 1729 sowie *Krafka,* in: MünchKommZPO, § 398 FamFG Rz. 6; *Heinemann,* in: Keidel, FamFG, § 398 Rz. 5; für eine Anwendung von § 398 FamFG auch in diesen Fällen: *Hüffer,* in: MünchKommAktG, § 241 Rz. 82.

[4] **OLG Frankfurt** FGPrax 2002, 35 (= Rpfleger 2002, 211); **BayObLG** GmbHR 1996, 441; **BayObLG** GmbHR 1992, 304.

[5] **OLG Frankfurt** FGPrax 2002, 35 (= Rpfleger 2002, 211).

[6] Siehe **OLG Karlsruhe** OLGZ 1986, 155; **OLG Frankfurt** FGPrax 2002, 35 (= Rpfleger 2002, 211); s.a. MünchKommAktG/*Hüffer,* § 241 Rz. 75.

[7] **KG** JW 1938, 3048; *Steder,* in: Jansen, FGG, § 144 Rz. 48 f.; *Krafka,* in: MünchKommZPO, § 398 FamFG Rz. 10; anderer Ansicht: MünchKommAktG/*Hüffer,* § 241 Rz. 80.

[8] **OLG Frankfurt** FGPrax 2002, 35 (= Rpfleger 2002, 211); **OLG Karlsruhe** FGPrax 2001, 161.

[9] **BayObLG** NJW-RR 1992, 295 (= GmbHR 1992, 306); **BayObLG** GmbHR 1996, 441; *Krafka,* in: MünchKommZPO, § 398 FamFG Rz. 8; *Heinemann,* in: Keidel, FamFG, § 398 Rz. 15.

[10] **OLG Karlsruhe** OLGZ 1986, 155; *Nedden-Boeger,* in: Schulte-Bunert/Weinreich, FamFG, § 395 Rz. 57.

des § 241 Nr. 3 AktG Gesichtspunkte des Gläubigerschutzes.[1] Sieht das Gesetz als Folge des Verstoßes lediglich die Anfechtbarkeit des Beschlusses vor, so spricht dies grundsätzlich gegen das Vorliegen eines öffentlichen Interesses an dessen Löschung.[2] Die Prüfung dieses Tatbestandsmerkmals des § 398 FamFG ist vom Registergericht nach der Lage des konkreten Falls zu beurteilen.[3]

Zur **Löschung** nach Heilung durch Zeitablauf gemäß § 242 Abs. 1 AktG trifft § 242 Abs. 3 Satz 3 und Satz 5 AktG je nach dem Grund der Nichtigkeit und dem Verfahrensablauf differenzierte Regelungen. Hierbei ist insbesondere zu beachten, dass eine Löschung nach § 398 FamFG **nicht in Betracht kommt**, wenn die Eintragung des Beschlusses aufgrund eines durchgeführten **Freigabeverfahrens** nach § 246 a AktG (hierzu Rz. 171 b) vorgenommen wurde (§ 242 Abs. 2 Satz 5 Halbs. 2 AktG). 461

2. Verfahren, Zuständigkeit und Wirkung der Löschung

Hinsichtlich der **Zuständigkeit** und des **Verfahrens** gelten die gleichen Grundsätze wie bei der Anwendung des § 397 FamFG (hierzu Rz. 458). Insbesondere liegt also die Ausgestaltung des Verfahrens im pflichtgemäßen Ermessen des Gerichts. Zur **Eintragung der Löschung** siehe §§ 44, 45 Abs. 1 HRV. Beteiligte des Verfahrens sind die betroffene Gesellschaft und deren gesetzliche Vertreter, nicht jedoch die einzelnen Gesellschafter bzw. Aktionäre. 462

Die **Löschung vernichtet den Beschluss** mit Rückwirkung, vorbehaltlich des Schutzes Dritter nach § 15 Abs. 3 HGB.[4] 463

X. Auflösung einer AG, KGaA, GmbH wegen Satzungsmangel (§ 399 FamFG)

1. Allgemeines

Das Verfahren nach § 399 FamFG bezieht sich auf das Fehlen oder die Nichtigkeit einer nach § 23 Abs. 3 Nr. 1, 4, 5 oder 6 AktG **wesentlichen Bestimmung** der Satzung oder auf die Nichtigkeit der Bestimmung der Satzung über die Höhe des Grundkapitals nach § 23 Abs. 3 Nr. 3 ggf. i. V. m. § 278 Abs. 3 AktG. Bei der GmbH gilt das Verfahren sinngemäß, wenn der Gesellschaftsvertrag eine der nach § 3 Abs. 1 Nr. 1 oder 4 GmbHG vorgeschriebenen Bestimmungen nicht enthält oder eine dieser Bestimmungen oder die Bestimmung des Gesellschaftsvertrags über den Betrag des Stammkapitals nichtig ist (§ 399 Abs. 4 FamFG). Das Verfahren führt bei widerspruchsloser Beendigung gemäß § 399 Abs. 2 und 4 FamFG zur Auflösung der Gesellschaft (§ 262 Abs. 1 Nr. 5 AktG, § 60 Abs. 1 Nr. 6 GmbHG). 464

2. Mängel der Satzung bzw. des Gesellschaftsvertrags

Als **feststellbare Mängel der Satzung oder des Gesellschaftsvertrags** kommen in Betracht: 465

a) **Firma:** Das Fehlen oder die Nichtigkeit der Firma, welche die Satzung der AG bzw. KGaA oder der Gesellschaftsvertrag der GmbH enthalten muss (siehe § 23 Abs. 3 Nr. 1, § 278 Abs. 3 AktG, § 3 Abs. 1 Nr. 1 GmbHG), rechtfertigt eine Aufforderung des Registergerichts nach § 399 Abs. 1 FamFG. Ein Fehlen der Firma ist

---

[1] OLG Karlsruhe OLGZ 1986, 155; *Hüffer*, AktG, § 241 Rz. 30.
[2] OLG Karlsruhe FGPrax 2001, 161; OLG Hamm OLGZ 1994, 415; *Steder*, in: Jansen, FGG, § 144 Rz. 36; *Hüffer*, AktG, § 241 Rz. 30; differenzierend hingegen MünchKommAktG/*Hüffer*, § 241 Rz. 77; *Heinemann*, in: Keidel, FamFG, § 398 Rz. 17, spricht sich bei angeordneter Nichtigkeit für eine Vermutung für die Löschungsbedürftigkeit aus.
[3] Vgl. BayObLG Z 1956, 303; *Krafka*, in: MünchKommZPO, § 398 FamFG Rz. 9; *Heinemann*, in: Keidel, FamFG, § 398 Rz. 16.
[4] Vgl. *Hüffer*, AktG, § 241 Rz. 33.

praktisch kaum denkbar. Nichtigkeit der Firma ist z. B. gegeben, wenn diese nach § 4 AktG oder §§ 4, 5 a Abs. 1 GmbHG unzulässig ist, gegen § 18 Abs. 2 HGB verstößt oder §§ 22, 30 HGB verletzt.[1]

b) **Sitz:** Ebenso ist für die Einleitung eines Verfahrens nach § 399 FamFG das Fehlen oder die Nichtigkeit einer Bestimmung in der Satzung der AG bzw. KGaA oder im Gesellschaftsvertrag der GmbH über den Sitz ausreichend (siehe § 23 Abs. 3 Nr. 1, § 278 Abs. 3 AktG; § 3 Abs. 1 Nr. 1 GmbHG). Erforderlich ist ein Satzungssitz im Inland, während gleichgültig ist, wo sich der effektive Verwaltungssitz und damit die Lage der Geschäftsräume befinden.

c) **Grund- oder Stammkapital:** Die Nichtigkeit der Bestimmungen über das Grundkapital der AG bzw. KGaA oder das Stammkapital der GmbH (siehe § 23 Abs. 3 Nr. 3, § 278 Abs. 3 AktG, § 3 Abs. 1 Nr. 3 GmbHG) begründet ebenfalls ein Verfahren nach § 399 FamFG. Sie kann sich aus §§ 6, 7 AktG, § 5 Abs. 1 GmbHG ergeben.[2]

d) **Aktien oder Stammeinlagen:** Das Fehlen der Bestimmungen über Aktien bei der AG bzw. KGaA oder Stammeinlagen bei der GmbH oder deren Nichtigkeit (siehe § 23 Abs. 3 Nr. 4, § 278 Abs. 3 AktG, § 3 Abs. 1 Nr. 4 GmbHG) und Verletzungen der §§ 8, 11 AktG, § 5 GmbHG sind Mängel im Sinne des § 399 FamFG.

e) **Inhaber- oder Namensaktien:** Das Fehlen oder die Nichtigkeit der Satzungsbestimmung einer AG bzw. KGaA darüber, ob die Aktien auf den Inhaber oder auf den Namen ausgestellt werden (siehe § 23 Abs. 3 Nr. 5, § 278 Abs. 3 AktG) rechtfertigt ein Verfahren nach § 399 FamFG.

f) **Vorstandsbestimmung:** Das Fehlen oder die Nichtigkeit der Satzungsbestimmung einer AG über die Zahl der Mitglieder des Vorstands oder die Regeln, nach denen diese Zahl festgelegt wird (siehe § 23 Abs. 3 Nr. 6 AktG), führt ebenfalls zu einem Verfahren nach § 399 FamFG.

Für das Fehlen oder die Nichtigkeit der entsprechenden Satzungsbestimmung oder Regelung im Gesellschaftsvertrag ist als **maßgeblicher Zeitpunkt** auf die Eröffnung des Verfahrens abzustellen, wobei spätere Umstände bis zum Ausspruch der Feststellung des Satzungsmangels zu berücksichtigen sind.

3. Zuständigkeit und Verfahren

466 Sachlich **zuständig** ist das Registergericht, und zwar das Registergericht des Sitzes der Gesellschaft (örtliche Zuständigkeit, § 377 Abs. 1 FamFG). Zur Entscheidung berufen ist der Richter (§ 17 Nr. 1 lit. f RPflG).

467 Die Voraussetzungen für die **Einleitung des Verfahrens** ergeben sich aus § 399 Abs. 1 und 4 FamFG. Das Registergericht wird von Amts wegen tätig. Die Anregungen zur Einleitung des Verfahrens können Organe des Handelsstands (§ 380 FamFG), Behörden, Gesellschaftsorgane oder Dritte geben.

468 Das **Verfahren beginnt** mit einer Verfügung, die den Mangel der Satzung oder des Gesellschaftsvertrags genau bezeichnen und eine Aufforderung enthalten muss, binnen einer bestimmten angemessenen Frist eine Satzungsänderung oder eine Änderung des Gesellschaftsvertrags, durch die der Mangel behoben wird, zur Eintragung in das Handelsregister anzumelden oder die Unterlassung durch Widerspruch zu rechtfertigen sowie einen Hinweis darüber, dass ein nicht behobener Mangel nach § 399 Abs. 2 FamFG festzustellen ist und die Gesellschaft mit der Rechtskraft einer solchen Verfügung gemäß § 262 Abs. 1 Nr. 5, § 289 Abs. 2 Nr. 2 AktG oder nach § 60 Abs. 1

---

[1] Siehe **BayObLG** Z 1989, 44 (= NJW-RR 1989, 867); *Heinemann*, in: Keidel, FamFG, § 399 Rz. 9.

[2] *Steder*, in: Jansen, FGG, § 144 a Rz. 13; *Heinemann*, in: Keidel, FamFG, § 399 Rz. 12.

Nr. 6 GmbHG aufgelöst ist. Die Bekanntmachung erfolgt durch Zustellung nach § 15 Abs. 2 FamFG an die gesetzlichen Vertreter der Gesellschaft.

Wird der **Mangel behoben,** so ist das Verfahren erledigt. Es bedarf keiner weiteren besonderen Verfügung. Über einen **Widerspruch,** für dessen Einlegung keine bestimmte Form vorgeschrieben ist, entscheidet das Registergericht. Gegen den Beschluss, durch den der Widerspruch zurückgewiesen wird, ist die Beschwerde gegeben (§ 399 Abs. 3 FamFG). Wird der Widerspruch für begründet erklärt, ist gegen diesen Beschluss gleichfalls die Beschwerde zulässig. Wird kein Widerspruch erhoben und auch die verlangte Anmeldung nicht getätigt oder wird der Widerspruch zurückgewiesen, so hat das Registergericht den **Beschluss über die Feststellung des Mangels** zu erlassen. Diese Verfügung kann mit der Zurückweisung des Widerspruchs verbunden werden. Die Verfügung ist nach § 15 Abs. 2 FamFG durch Zustellung bekannt zu machen. Gegen den Beschluss, durch die der Mangel festgestellt wird, findet ebenfalls die Beschwerde statt (§ 399 Abs. 3 FamFG). Sind die beiden Beschlüsse miteinander verbunden, so kann gegen beide zusammen Beschwerde eingelegt werden. Wird der Mangel nach Erlass der Entscheidung behoben, so muss die Gesellschaft diesen Umstand mit der Beschwerde geltend machen. Die Beschwerdeinstanz hat lediglich die Beanstandungen zu überprüfen, die das Registergericht zum Gegenstand des vorgeschalteten Widerspruchsverfahrens gemacht hat.[1] 469

Mit der **Rechtskraft** des Beschlusses über die Feststellung des Mangels wird die **Gesellschaft** kraft Gesetzes **aufgelöst** (§ 262 Abs. 1 Nr. 5, § 289 Abs. 2 Nr. 2 AktG; § 60 Abs. 1 Nr. 6 GmbHG). Das Registergericht hat die Auflösung und ihren Grund von Amts wegen in das Handelsregister einzutragen (§ 263 Satz 2 AktG; § 65 Abs. 1 Satz 2 und 3 GmbHG; § 45 Abs. 2 HRV) sowie zur Korrektur der Vertretungslage nach § 384 Abs. 2 FamFG vorzugehen (Rz. 450a ff.). Nach der Auflösung findet die Abwicklung statt (§§ 264 ff. AktG; §§ 66 ff. GmbHG). Die AG bzw. KGaA kann nach Maßgabe des § 274 Abs. 1, Abs. 2 Nr. 2 und Abs. 4 AktG fortgesetzt werden. Dies gilt entsprechend auch für die GmbH.[2] 470

Die Eintragung im Handelsregister würde lauten: 471

> Von Amts wegen eingetragen nach § 263 AktG *(bzw. nach § 289 Abs. 6 AktG bei einer KGaA oder nach § 65 GmbHG bei einer GmbH):* Mit Beschluss vom (...) wurde die Nichtigkeit der Satzung festgestellt. Die Gesellschaft ist dadurch aufgelöst.

(Randnummern derzeit nicht besetzt) 472–481

K. Kosten in Handelsregistersachen

Der Funktion dieses Handbuchs nach sind die folgenden Anmerkungen lediglich als erster Ansatz eines oberflächlichen Überblicks zu den in Registersachen anfallenden Kosten zu verstehen. Zu eingehenden Darstellungen sind die einschlägigen Kommentierungen heranzuziehen.[3] 482

I. Gerichtskosten

Die **Gebühren für Eintragungen** in das Handelsregister sowie insbesondere auch für die Bekanntmachung von Verträgen oder Vertragsentwürfen nach dem UmwG sowie für die Übertragung von eingereichten Schriftstücken in ein elektronisches Dokument 483

---

[1] OLG Zweibrücken NJW-RR 1991, 1509.
[2] *Steder,* in: Jansen, FGG, § 144 a Rz. 55; *Heinemann,* in: Keidel, FamFG, § 399 Rz. 6.
[3] Siehe insbesondere *Korintenberg/Lappe/Bengel/Reimann,* KostO, 17. Auflage 2008; *Rohs/ Wedewer,* KostO; *Göttlich/Mümmler,* KostO; *Hartmann,* Kostengesetze.

Teil 1. Handelsregister

werden gemäß § 79 KostO nach der Handelsregistergebührenverordnung (HRegGeb-VO),[1] die auf der Ermächtigung des § 79 a KostO beruht, berechnet.[2] Hierzu enthält die Anlage dieser Verordnung ein detailliertes Gebührenverzeichnis, das den zugrunde liegenden europarechtlichen Anforderungen[3] gerecht werden soll. Zur Zurückweisung und Zurücknahme von Anträgen siehe §§ 3 und 4 HRegGebVO, wonach die Rücknahme günstiger als die Zurückweisung ist. Zu gebührenfreien Geschäften des Registergerichts vgl. § 87 KostO. Zum Löschungs- und Auflösungsverfahren siehe § 88 KostO. Zur Gebühr für die Erteilung eines Ausdrucks aus dem Register vgl. § 89 i. V. m. § 73 Abs. 1 bis 4 KostO.

484 Für die vor Ort erteilte **Registereinsicht** wird eine Gebühr nicht erhoben (§ 90 KostO). Die Gebühren für Ablichtungen und Ausdrucke richtet sich nach § 89 KostO. Für die Nutzung eines automatisierten Verfahrens zum Abruf von Daten aus dem Register werden die Gebühren nach § 7 b der Justizverwaltungskostenordnung berechnet. Gebühren und Geschäftswert in Zwangsgeld- und Ordnungsgeldverfahren sind in § 119 KostO geregelt. Für sonstige gerichtliche Geschäfte siehe § 121 KostO. Zu Anordnungen über die Verwahrung von Geschäftsbüchern usw. siehe § 120 Nr. 3 KostO (Geschäftswert hierfür § 30 Abs. 1, evtl. Abs. 2 KostO).

485/486 *(Randnummern zur Zeit nicht besetzt)*

II. Notarkosten

487 Zur Gebühr für die Beurkundung von Anmeldungen zum Handelsregister siehe § 38 Abs. 2 Nr. 7, § 86 Satz 1, § 141 KostO; für die öffentliche Beglaubigung von Anmeldungen zum Handelsregister durch den Notar vgl. § 45 regelmäßig i. V. m. § 145 Abs. 1 Satz 3 KostO. Den Geschäftswert bestimmt § 41 a KostO (siehe auch §§ 28 bis 30 KostO). Zur Mehrheit von Anmeldungen in einer Verhandlung siehe § 44 KostO. Die Beurkundung von Organbeschlüssen regelt § 47 KostO; der Geschäftswert hierfür ermittelt sich nach § 41 c KostO.

488 In den Gebieten des staatlichen badischen Beamtennotariats begegnen die Notargebühren in Handelsregistersachen aus europarechtlichen Gründen ähnlichen Bedenken wie vor Inkrafttreten der HRegGebVO die Gerichtskosten.[4]

III. Auslagen

489 Eine **Dokumentenpauschale** wird erhoben bei Gericht nach § 136 KostO und in sonstigen Fällen nach § 137 KostO, beim Notar gleichfalls nach § 136 i. V. m. § 141 KostO und in sonstigen Fällen nach § 137 (i. V. m. §§ 152, 153) KostO. Hinsichtlich der gerichtlichen Auslagen sind insbesondere die Kosten der **öffentlichen Bekanntmachung** nach § 10 HGB zu beachten, die nach § 137 Abs. 1 Nr. 5 KostO zu erheben sind. Zur Umsatzsteuer des Notars siehe § 151 a KostO.

IV. Kostenvorschüsse

490 Eine **Vorschusspflicht** besteht nach § 8 Abs. 1 KostO bei Geschäften, die auf Antrag vorzunehmen sind, für Gebühren und Auslagen. Der Vorschuss für die Gebühren ist

---

[1] Ursprünglich vom 30. 9. 2004 (BGBl. I S. 2562), abgedruckt beispielsweise in *Korintenberg/Lappe/Bengel/Reimann*, KostO, Anh. zu §§ 79, 79 a.
[2] Eine Übergangsvorschrift enthält § 164 KostO.
[3] Hierzu *Keidel/Krafka/Willer*, Registerrecht, 6. Auflage 2003, Rz. 484 m. w. N.
[4] Vgl. **EuGH** DNotZ 2002, 389 mit Anm. *Fabis*; **EuGH** NJW 2000, 939 (= MittBayNot 1999, 497 mit Anm. *Vollrath*) – „Modelo".

in der Höhe so zu bemessen, dass er sämtliche durch die Vornahme der beantragten und die Erledigung etwaiger weiterer Geschäfte entstehenden Gebühren deckt. Der Vorschuss für Auslagen richtet sich nach der voraussichtlichen Höhe der entstehenden Kosten (§ 8 Abs. 1 Satz 1 KostO). Bei Antragsgeschäften vorschusspflichtig ist in erster Linie der Antragsteller (§ 2 Nr. 1 KostO). Die Kostenschuld aus der Vorschusspflicht entsteht also schon vor der Vornahme des Geschäfts. Bei Geschäften von Amts wegen kann ein Vorschuss zur Deckung der voraussichtlich entstehenden Gebühren und Auslagen erhoben werden (§ 8 Abs. 1 Satz 2 KostO). Ferner sind auch Notare zur Anordnung eines Kostenvorschusses berechtigt (siehe § 141 KostO).

Im Übrigen kennt das Kostenrecht eine sogenannte **Vorwegleistungspflicht** (§ 8 Abs. 2 Satz 1 KostO): Während die Vorschusspflicht lediglich eine vorverlegte Fälligkeit der Kosten bewirkt, bedeutet die Vorwegleistungspflicht, dass das Gericht die Vornahme des Geschäfts von der Zahlung der Kosten abhängig macht. Letzteres gilt **nur für Antragsgeschäfte**. Bei diesen soll das Gericht die Vornahme des Geschäfts davon abhängig machen, dass der Vorschuss gezahlt oder sichergestellt wird. Diese Sollvorschrift wurde für das Registergericht weitgehend als Amtspflicht ausgelegt, von der nur in Ausnahmefällen abgesehen werden konnte. Nachdem aber der Gesetzgeber im Handelsrechtsreformgesetz das Interesse der Antragsteller an einer schnellen Eintragung (vgl. die Gesetzesbegründung zu § 9c Abs. 2 GmbHG, § 38 Abs. 3 AktG) in den Vordergrund gestellt hat, wurde nicht selten von der Vorschusserhebung abgesehen. Zwar enthält § 8 Abs. 2 Satz 2 KostO eine nähere Aufzählung von Tatbeständen, in denen die Vorwegleistungspflicht entfällt, jedoch ist Nr. 4 dieser Vorschrift nach wie vor so restriktiv formuliert, dass die gewünschte Beschleunigung des Registerverfahrens (siehe § 25 Satz 2 HRV) dafür spricht, die bisherige Praxis beizubehalten. Im Übrigen ist auf § 8 Abs. 2 Satz 2 Nr. 3 KostO hinzuweisen, wonach die Vorwegleistungspflicht auch dann entfällt, wenn der – beispielsweise einen Antrag zum Registergericht einreichende – Notar erklärt hat, dass er für die Kostenschuld des Antragstellers die persönliche Haftung übernimmt. Im Rahmen der elektronischen Übermittlung einer Registeranmeldung kann hierfür das Feld „Bemerkungen" im Programm XNotar verwendet werden.[1]

Die **gerichtliche Anordnung** der Abhängigmachung und der angeforderte Vorschuss sind dem Antragsteller bekannt zu machen. Wird in den Fällen, in denen die Vorwegleistungspflicht vom Gericht angeordnet wird, der **Vorschuss nicht bezahlt** und erfolgt auch keine entsprechende Sicherstellung, so unterbleibt die Eintragung, der Antrag wird zurückgewiesen.[2] Die **Vorschusspflicht** nach § 8 Abs. 1 KostO besteht aber auch in den Fällen, in denen keine Vorwegleistungspflicht gegeben ist. Vorschuss- und Vorwegleistungspflicht entfallen, wenn dem Kostenschuldner Prozesskostenhilfe bewilligt ist (§ 8 Abs. 2 Nr. 1 KostO; siehe § 76 FamFG und §§ 114 ff. ZPO) oder wenn Gebührenfreiheit besteht (§ 8 Abs. 2 Satz 2 Nr. 2 KostO). Zur **Zurückzahlung** von Vorschüssen, wenn diese den Gesamtbetrag der für das Geschäft bis zu dessen Beendigung entstandenen Kosten übersteigen, siehe § 9 KostO.

V. Geschäftswertfestsetzung durch das Gericht

Soweit außerhalb des Bereichs des Gebührenverzeichnisses der HRegGebVO erforderlich, obliegt die Feststellung des Geschäftswerts (§ 31 KostO) zunächst dem Kostenbeamten, der den Kostenansatz aufstellt (§ 14 Abs. 1 KostO). Diese Befugnis hat der Kostenbeamte nicht, wenn gesetzlich bestimmt ist, dass das Gericht den Wert von

---
[1] *Melchior* NotBZ 2006, 409 (412).
[2] **LG München I** DNotZ 1955, 662.

Amts wegen festzusetzen hat. Von diesen Sondervorschriften abgesehen setzt das **Gericht** nach § 31 Abs. 1 Satz 1 KostO den Geschäftswert fest, wenn der Zahlungspflichtige oder die Staatskasse dies beantragt oder das Gericht dies für angemessen hält. Zuständig ist das Gericht, bei dem die Kosten anzusetzen sind. Handelt es sich um eine dem Rechtspfleger in der Hauptsache übertragene Angelegenheit, so trifft dieser die Entscheidung. Die Wertfestsetzung erfolgt durch Beschluss, der zu begründen und dem Kostenschuldner bekannt zu machen ist. Der Beschluss ergeht gebührenfrei. Zum Verfahren siehe § 31 Abs. 2 KostO, zur Beschwerde und weiteren Beschwerde vgl. § 31 Abs. 3 und § 14 Abs. 3 und 4 KostO. Das Gericht (Richter, Rechtspfleger) kann seine Entscheidung auf Anregung eines Beteiligten oder von Amts wegen ändern. Befindet sich das Verfahren wegen der Hauptsache, wegen der Entscheidung über den Geschäftswert, den Kostenansatz oder die Kostenfestsetzung in der Rechtsmittelinstanz, so ist auch das Rechtsmittelgericht hierzu befugt (§ 31 Abs. 1 KostO). Über die zeitliche Grenze der Änderungsmöglichkeit siehe § 31 Abs. 1 Satz 3 KostO.

VI. Kostenerstattung

494 Sind in gerichtlichen Angelegenheiten, insbesondere bei unternehmensrechtlichen Verfahren nach § 375 FamFG mehrere Personen im Streitsinne beteiligt, kann das Gericht (Richter, Rechtspfleger) anordnen, dass die Kosten, die zur zweckentsprechenden Erledigung der Angelegenheit notwendig waren, von einem Beteiligten ganz oder teilweise zu erstatten sind (§ 81 FamFG). Es handelt sich um eine Entscheidung über die Pflicht zur Tragung **außergerichtlicher** Kosten, ausnahmsweise auch von Gerichtskosten, im Verhältnis mehrerer am Verfahren Beteiligter. Im ersten Rechtszug ist davon auszugehen, dass jeder Beteiligte seine außergerichtlichen Kosten selbst zu tragen hat.[1] Die Auferlegung von Kosten ist in das Ermessen des Gerichts gestellt und davon abhängig, dass sie der Billigkeit entspricht. Es müssen besondere Umstände des Einzelfalls die Erstattungsanordnung rechtfertigen. Eine Pflicht zur Auferlegung der Kosten besteht nur in den Fällen des § 84 FamFG. Hat ein Beteiligter durch grobes Verschulden oder durch ein unbegründetes bzw. unzulässiges Rechtsmittel Kosten veranlasst, so sind ihm diese Kosten aufzuerlegen. § 84 FamFG gilt aber nicht für das Verfahren bei unbegründetem Widerspruch oder Einspruch.

495 Die **Kostenfestsetzung** aufgrund einer Kostenentscheidung nach § 81 FamFG erfolgt in entsprechender Anwendung der §§ 103 bis 107 ZPO. Über die Kostenfestsetzung entscheidet der Rechtspfleger (§ 104 Abs. 1 ZPO i. V. m. § 21 RPflG). Gegen den Kostenfestsetzungsbeschluss des Rechtspflegers und gegen den Beschluss des Gerichts (Amtsgericht, Kammer des Landgerichts) ist die sofortige Beschwerde zum Landgericht bzw. OLG gegeben (Beschwerdegrenze 100 €, § 567 Abs. 2 ZPO). Eine sofortige weitere Beschwerde ist nicht statthaft.

---

[1] **BayObLG** Z 1963, 183; *Bumiller/Harders*, FamFG, § 81 Rz. 9.

Zweiter Abschnitt. Handelsregister Abteilung A

A. Einzelkaufmann

Einzelkaufmännische Unternehmen werden in Abteilung A des Handelsregisters eingetragen (§ 29 HGB; §§ 3, 39 und 40 HRV). Kaufmann, das heißt Inhaber des Handelsgeschäfts, ist der Unternehmer eines Handelsgewerbes, also derjenige, in dessen Namen oder unter dessen Firma ein Gewerbebetrieb geführt wird, gleichgültig auf wessen Rechnung und mit wessen Mitteln. Im Fall der Verpachtung eines Handelsgewerbes ist beispielsweise für die Dauer der Pachtzeit der Pächter Kaufmann (vgl. § 22 Abs. 2 HGB), nicht jedoch der Verpächter.[1]   496

Kaufmann kann jede Rechtsperson sein. Ist der Inhaber **beschränkt geschäftsfähig**,[2] so ist die Ermächtigung durch den gesetzlichen Vertreter sowie eine familiengerichtliche Genehmigung erforderlich (§ 112 BGB). Wird diese erteilt, so kann der Minderjährige sämtliche erforderlichen Handelsregisteranmeldungen selbst vornehmen. Andernfalls handelt der beschränkt geschäftsfähige Inhaber durch seinen gesetzlichen Vertreter. Stets ist bei der Anmeldung von familiengerichtlich genehmigungsbedürftigen Handlungen, etwa der Erteilung einer Prokura (§§ 1643 Abs. 1, 1822 Nr. 11 BGB) die Vorlage der Genehmigung und der Nachweis ihres Wirksamwerdens dem Registergericht vorzulegen. Betreibt der Minderjährige das Geschäft ohne eine erforderliche gerichtliche Genehmigung, so ist er nicht Kaufmann.[3]   497

Eine **geschäftsunfähige Person** handelt als Inhaber eines Handelsgeschäfts stets durch ihren gesetzlichen Vertreter. Erforderliche Anmeldungen haben durch diesen zu erfolgen. Auch hier sind erforderliche gerichtliche Genehmigungen beizubringen und dem Registergericht nachzuweisen. Leben **Ehegatten** im Güterstand der Zugewinngemeinschaft, so stellt sich allenfalls im Fall der Veräußerung des Handelsgeschäfts in besonderen Ausnahmefällen die Frage der Unwirksamkeit aufgrund der Verfügungsbeschränkung des § 1365 BGB. Im Übrigen bestehen keinerlei registerrechtliche Schwierigkeiten, da die Vermögensmassen der Ehegatten getrennt bleiben (§ 1363 Abs. 2 Satz 1 BGB) und jeder sein Vermögen selbst verwaltet (§ 1364 BGB). Bei Vorliegen einer Vereinbarung des Güterstands der Gütertrennung entfällt das Verfügungsverbot des § 1365 BGB. Ist durch Ehevertrag der Güterstand der **Gütergemeinschaft** gegeben, so treten Besonderheiten nur dann ein, wenn das Handelsgeschäft nicht gemäß § 1418 Abs. 2 BGB Vorbehaltsgut ist und daher in das Gesamtgut fällt (§ 1418 Abs. 1 BGB). Möglich ist dies auch dann, wenn das Geschäft im Namen nur eines Ehegatten geführt wird.[4] Wird das Gesamtgut von beiden Ehegatten gemeinschaftlich verwaltet (§§ 1450 ff. BGB) – was unzweckmäßig ist und sehr selten sein dürfte –, so sind beide Ehegatten als Inhaber und Kaufleute in das Handelsregister einzutragen, nicht aber „die Gütergemeinschaft", da diese nicht als solche Unternehmensträgerin   498

---

[1] BGH Z 23, 307 (312); OLG Köln NJW 1963, 541; *Karsten Schmidt*, in: MünchKommHGB, § 1 Rz. 54; *Kindler*, in: Ebenroth/Boujong/Joost/Strohn, HGB, § 1 Rz. 83; *Körber*, in: Oetker, HGB, § 1 Rz. 86.

[2] Hierzu *Baumbach/Hopt*, HGB, § 1 Rz. 32; *Kindler*, in: Ebenroth/Boujong/Joost/Strohn, HGB, § 1 Rz. 61 ff.; *Karsten Schmidt*, in: MünchKommHGB, § 1 Rz. 39 und 56.

[3] BayObLG Z 1972, 108; *Baumbach/Hopt*, HGB, § 1 Rz. 33; anderer Ansicht: *Karsten Schmidt*, in: MünchKommHGB, § 1 Rz. 39.

[4] BGH Z 65, 79.

ist.¹ Wird das Gesamtgut hingegen von nur einem der Ehegatten verwaltet (§§ 1422 ff. BGB), so ist dieser allein Kaufmann.² Dasselbe gilt, wenn ein Ehegatte mit Genehmigung des Gesamtgutverwalters selbst ein Handelsgeschäft betreibt (§ 1431 BGB). Das Registergericht hat das Fehlen der Einwilligung des das Gesamtgut verwaltenden Ehegatten zum selbständigen Betrieb eines Erwerbsgeschäfts durch den anderen Ehegatten oder dessen Einspruch hiergegen (§ 1431 BGB) nicht zu beachten, so dass trotz eines Widerspruchs die Registereintragung erfolgen muss. Entsprechendes gilt bei gemeinsamer Verwaltung des Gesamtguts (vgl. § 1456 BGB).

I. Anmeldung und Eintragung eines einzelkaufmännischen Unternehmens

1. Allgemeines

499 In der Fassung des **Handelsrechtsreformgesetzes** ist jeder Gewerbebetrieb ein Handelsgewerbe, es sei denn, dass das Unternehmen nach Art oder Umfang einen in kaufmännischer Weise eingerichteten Geschäftsbetrieb nicht erfordert (§ 1 Abs. 2 HGB), also nur ein kleingewerbliches Unternehmen vorliegt. Auch Inhaber kleingewerblicher Unternehmen haben jedoch die Möglichkeit, sich in das Handelsregister eintragen zu lassen und mit der sodann konstitutiv wirkenden Eintragung Kaufleute zu werden (§ 2 Satz 1 HGB).

500 a) „Istkaufleute". Kaufmann ist, ohne dass es auf eine Eintragung im Handelsregister ankommt, jeder Gewerbetreibende, sofern er kein Kleingewerbe betreibt (§ 1 Abs. 2 HGB). Naturgemäß muss es sich überhaupt um einen Gewerbebetrieb handeln. Dies setzt nach überwiegender Auffassung eine selbstständige, nach außen gerichtete und planmäßige Tätigkeit in Gewinnerzielungsabsicht³ oder zumindest eine entgeltliche Tätigkeit am Markt voraus, die sich nicht als bloße Verwaltung eigenen Vermögens darstellt.⁴ Gleichgültig ist hierbei, welcher Branche der Unternehmensgegenstand zuzurechnen ist, so dass insbesondere handwerkliche Unternehmen uneingeschränkt der Vorschrift des § 1 Abs. 2 HGB unterfallen. Wird im Sinne eines Mischunternehmens zugleich auch einer freiberuflichen Tätigkeit nachgegangen, so ist auf den tatsächlichen Schwerpunkt abzustellen.⁵

501 Ob das jeweilige Unternehmen die Kriterien nach § 1 Abs. 2 HGB erfüllt, ist im Registerverfahren nicht zu überprüfen, da unabhängig davon, ob im Einzelfall ein in kaufmännischer Weise eingerichteter Gewerbebetrieb erforderlich ist, in der Registeranmeldung regelmäßig die Ausübung des Wahlrechts nach § 2 Satz 2 HGB zu sehen ist (vgl. Rz. 504). Allenfalls im Erzwingungsverfahren nach § 14 HGB wäre eine Überprüfung angezeigt, die in Zweifelsfällen im Wege der Einholung eines Sachverständigengutachtens der IHK (§ 380 Abs. 2 FamFG) erfolgen würde.

502 Liegt ein Handelsgewerbe nach § 1 Abs. 2 HGB kraft Gesetzes vor, so ist der Inhaber als Kaufmann nach **§ 29 HGB** dazu verpflichtet, seine Eintragung im Handelsregister

---

¹ Vgl. BayObLG Z 1991, 283 (= NJW-RR 1992, 33 = DNotZ 1992, 176); *Karsten Schmidt*, in: MünchKommHGB, § 1 Rn. 51; *Körber*, in: Oetker, HGB, § 1 Rz. 81; zur Firmierung *Heidinger*, in: MünchKommHGB, § 19 Rn. 39.

² BayObLG Z 1991, 283 (= NJW-RR 1992, 33 = DNotZ 1992, 176); **BayObLG** Z 1978, 5 (= DNotZ 1978, 437); *Kanzleiter*, in: MünchKommBGB, § 1416 Rz. 8; *Kindler,* in: Ebenroth/ Boujong/Joost/Strohn, HGB, § 1 Rz. 87.

³ Zur Frage der Notwendigkeit einer Gewinnerzielungsabsicht siehe **BGH** Z 155, 240; *Kindler,* in: Ebenroth/Boujong/Joost/Strohn, HGB, § 1 Rn. 26 ff.; *Karsten Schmidt,* in: MünchKommHGB, § 1 Rn. 31.

⁴ **BayObLG** Z 2002, 95; *Baumbach/Hopt,* HGB, § 1 Rz. 12 ff.; *Kindler,* in: Ebenroth/Boujong/ Joost/Strohn, HGB, § 1 Rz. 9; *Karsten Schmidt,* in: MünchKommHGB, § 1 Rz. 27 ff.

⁵ *Koller/Roth/Morck,* HGB, § 1 Rz. 15 m.w.N.

herbeizuführen. Für die Rechtspraxis ist die Erforderlichkeit kaufmännischer Einrichtungen nach § 1 Abs. 2 HGB im Rahmen einer typologischen Betrachtung nach qualitativen (Art der Geschäftstätigkeit) und quantitativen Kriterien (Umfang der Geschäftstätigkeit) zu bestimmen. Jedenfalls bei Vorliegen eines Jahresumsatzes von mehr als 250 000 €[1] wird in der Regel auch die Erforderlichkeit eines in kaufmännischer Weise eingerichteten Betriebs nicht verneint werden können. Die Vermutung des § 1 Abs. 2 HGB ist für den Registerrichter allerdings aufgrund der Pflicht zur Amtsermittlung (§ 26 FamFG) unbeachtlich. Lediglich im Fall der Nichterweislichkeit spiegelt sich die Wirkung des § 1 Abs. 2 HGB im Rahmen der materiellen Beweislastverteilung wieder, so dass auch hier bei nicht aufklärbaren Zweifeln vom Vorliegen eines Handelsgewerbes auszugehen ist.[2]

b) **„Kannkaufleute"**. Kaufmann ist auch, wer nicht schon nach § 1 Abs. 2 HGB ein Handelsgewerbe betreibt, jedoch die Firma seines gewerblichen Unternehmens nach § 2 Satz 1 HGB in das Handelsregister **eintragen lässt**. Die Eintragung in das Handelsregister ist in diesem Fall für die Kaufmannseigenschaft konstitutiv. Auf den Zeitpunkt der Anmeldung oder die Bekanntmachung der Eintragung kommt es nicht an.[3] Eine Eintragungspflicht besteht für derartige kleingewerbliche Unternehmen allerdings nicht (vgl. § 1 Abs. 2 i. V. m. § 29 HGB). 503

Dem Kleingewerbetreibenden wird dem Gesetz nach freigestellt, ob er sich in das Register eintragen lassen möchte. Der **Antrag** hierzu ist Verfahrens- und Willenserklärung zugleich,[4] deren Abgabe im Regelfall der Anmeldung zur Eintragung in das Handelsregister zu entnehmen ist.[5] Sofern keine besonderen Umstände vorliegen, kann seitens des Registergerichts somit davon ausgegangen werden, dass einem Eintragungsantrag eine entsprechende Ausübung der Eintragungsoption im Sinne des § 2 Satz 1 HGB zugrunde liegt. Ziel der Novellierung durch das Handelsrechtsreformgesetz war es, diesbezüglich das Registergericht im Eintragungsverfahren generell von der Prüfung zu befreien, ob der angemeldete Gewerbebetrieb kaufmännische Einrichtungen erfordert oder nicht.[6] 504

Eine **Löschung** des Unternehmens im Handelsregister erfolgt auf Antrag des Unternehmers, sofern nicht mittlerweile die Voraussetzungen des § 1 Abs. 2 HGB gegeben sind (§ 2 Satz 3 HGB). Im Zeitpunkt der Löschung muss also ein kleingewerbliches Unternehmen vorliegen, da andernfalls ein unauflöslicher Widerspruch zur Eintragungspflicht nach § 1 Abs. 2, § 29 HGB entstünde. 505

c) **Betriebe der Land- und Forstwirtschaft.** Unternehmen mit einem Betrieb der **Land- bzw. Forstwirtschaft** unterfallen gemäß § 3 Abs. 1 HGB nicht der Bestimmung des § 1 HGB. Jedoch kann sich ein solches Unternehmen in das Handelsregister entsprechend § 2 HGB eintragen lassen, wenn es nach Art und Umfang einen in kaufmännischer Weise eingerichteten Gewerbebetrieb erfordert (§ 3 Abs. 2 HGB). Allerdings steht nach h. M. auch kleingewerblichen land- bzw. forstwirtschaftlichen Betrieben 506

---

[1] OLG Dresden NJW-RR 2002, 33; *Müther,* Handelsregister, § 8 Rn. 15, *Kindler,* in: Ebenroth/Boujong/Joost/Strohn, HGB, § 1 Rn. 52; *Böttcher/Rudolph,* in: Böttcher/Ries, Registerrecht, Rz. 258.

[2] Siehe *Baumbach/Hopt,* HGB, § 1 Rz. 25; *Karsten Schmidt,* in: MünchKommHGB, § 1 Rz. 76; *Canaris,* Handelsrecht, § 3 Rn. 12.

[3] *Baumbach/Hopt,* HGB, § 2 Rz. 3; *Körber,* in: Oetker, HGB, § 2 Rz. 19.

[4] Siehe *Röhricht,* in: Röhricht/Westphalen, HGB, § 2 Rz. 10; *Baumbach/Hopt,* HGB, § 2 Rz. 4; *Koller/Roth/Morck,* HGB, § 2 Rz. 3; *Lieb* NJW 1999, 36; *Canaris,* Handelsrecht, § 3 Rz. 19; anderer Ansicht: *Karsten Schmidt,* in: MünchKommHGB, § 2 Rz. 18 f.; *Körber,* in: Oetker, HGB, § 2 Rz. 12; *Kindler,* in: Ebenroth/Boujong/Joost/Strohn, HGB, § 2 Rz. 15.

[5] *Baumbach/Hopt,* HGB, § 2 Rz. 4; differenzierend *Canaris,* Handelsrecht, § 3 Rz. 21 ff.

[6] So BT-Drucks. 13/8444, S. 32; kritisch dazu *Canaris,* Handelsrecht, § 3 Rz. 23.

die Eintragung in das Handelsregister offen.[1] Die Veranlassung der Eintragung steht dem jeweiligen Inhaber frei. Auch hier wirkt die Eintragung konstitutiv für den Erwerb der Stellung als Kaufmann. Eine **Löschung** des eingetragenen Unternehmens ist nur nach den allgemeinen Vorschriften möglich (§ 3 Abs. 2 HGB), so dass insbesondere § 2 Satz 3 HGB (Löschung auf Antrag) keine Anwendung findet.[2] Für landwirtschaftliche Nebengewerbe ist die Vorschrift des § 3 Abs. 3 HGB zu berücksichtigen.

507 d) **Kaufleute kraft Eintragung.** Nach § 5 HGB kann bei Vorliegen einer Eintragung in das Handelsregister nicht geltend gemacht werden, dass das unter der Firma betriebene Gewerbe kein Handelsgewerbe sei. Dies gilt aufgrund der materiell-rechtlichen Bedeutung dieser Fiktion auch bei der Vornahme von Amtshandlungen des Registergerichts, sofern nicht aufgrund der gebotenen Amtsermittlung (§ 26 FamFG) Anlass zu weiteren Beweiserhebungen gegeben ist.

2. Anmeldung der Firma

508 Kaufleute, die ein Handelsgewerbe im Sinne des § 1 Abs. 2 HGB betreiben, sind verpflichtet, ihre **Firma**, den **Ort der Handelsniederlassung** und ihre **inländische Geschäftsanschrift** (siehe hierzu Rz. 340 f.) bei dem Gericht, in dessen Bezirk sich die Niederlassung (Hauptniederlassung) befindet, zur Eintragung in das Handelsregister **anzumelden**, § 29 HGB. Die Anmeldung ist nach § 14 HGB erzwingbar und hat elektronisch in öffentlich beglaubigter Form zu erfolgen (§ 12 Abs. 1 HGB). Eine Anmeldung des Beginns der Tätigkeit des Unternehmens ist nicht vorgesehen und daher auch nicht erforderlich. Zur Firmenbildung siehe die Ausführungen in Rz. 240 ff. Zu beachten ist insbesondere der erforderliche Rechtsformzusatz nach § 19 Abs. 1 Nr. 1 HGB, beispielsweise „e. K.", „e. Kfm." oder „e. Kfr.".

509 Soweit sich aus der Firma der Geschäftszweig des Unternehmens nicht ergibt, soll der **Gegenstand des Unternehmens** bei der Anmeldung angegeben werden (§ 24 Abs. 4 HRV). Da bei Einzelkaufleuten die inländische Geschäftsanschrift mit der **Lage der Geschäftsräume** identisch ist (vgl. Rz. 341), bedarf es deren Angabe in der Registeranmeldung nicht (§ 24 Abs. 2 Satz 2 HRV). Personen, die Land- oder Forstwirtschaft oder ein land- oder forstwirtschaftliches Nebengewerbe im Sinne des § 3 Abs. 3 HGB betreiben („Kannkaufleute"), können in gleicher Weise ihre Anmeldung zur Eintragung im Handelsregister vornehmen.

510 **Beispiel** der Anmeldung zur Eintragung eines einzelkaufmännischen Unternehmens im Handelsregister:

> Ich, Hugo Huber, geboren am 15. 5. 1965, wohnhaft in München, betreibe unter der Firma „Verlag Hugo Huber e. K." ein Verlagsgeschäft. Der Ort der Handelsniederlassung ist München, die inländische Geschäftsanschrift ist 80802 München, Rotstraße 17.

3. Prüfungspflicht des Registergerichts

511 Das Registergericht prüft zunächst die **formelle Ordnungsmäßigkeit** der Anmeldung, insbesondere die Einhaltung der Formvorschriften für die Anmeldung (§ 29 i. V. m. § 12 HGB, § 24 HRV).

512 Ob ein **Gewerbebetrieb** im Sinne des § 1 Abs. 1 HGB vorliegt, hat das Gericht ebenfalls zu prüfen, jedoch ist ohne besondere Anhaltspunkte hiervon auszugehen. Art

---

[1] *Baumbach/Hopt,* HGB, § 3 Rz. 2; *Kindler,* in: Ebenroth/Boujong/Joost/Strohn, HGB, § 3 Rz. 34 m. w. N.; *Karsten Schmidt,* in: MünchKommHGB, § 3 Rz. 7; *Böttcher/Rudolph,* in: Böttcher/Ries, Registerrecht, Rz. 272; anderer Ansicht: *Koller/Roth/Morck,* HGB, § 3 Rz. 1.

[2] Ebenso *Kindler,* in: Ebenroth/Boujong/Joost/Strohn, HGB, § 3 Rz. 30; *Canaris,* Handelsrecht, § 3 Rz. 31; anderer Ansicht: *Körber,* in: Oetker, HGB, § 3 Rz. 24; *Baumbach/Hopt,* HGB, § 3 Rz. 2; *Olshausen* Rpfleger 2001, 53.

bzw. Umfang des Unternehmens sowie die Erforderlichkeit kaufmännischer Einrichtungen ist durch das Registergericht nicht festzustellen,[1] da die Eintragung im Handelsregister hiervon aufgrund der Bestimmung des § 2 HGB nicht abhängt. Weil im Antrag auf Eintragung im Register regelmäßig auch die Ausübung des Wahlrechts nach § 2 Satz 1 HGB zu sehen ist, hat das Gericht auch insoweit keine weitere Prüfungspflicht.

Zu überprüfen ist allerdings die rechtliche Zulässigkeit der **Firma** (§§ 17 bis 19 HGB)[2] und ihre Unterscheidbarkeit von bereits eingetragenen Firmen (§ 30 Abs. 1 HGB) sowie die richtige Bestimmung des **Orts der Niederlassung**, wobei als solcher eine politische Gemeinde zu benennen ist. Das Vorliegen einer etwa notwendigen familiengerichtlichen **Genehmigung** (§§ 1645, 1823 BGB) ist ebenfalls zu prüfen,[3] nicht aber die Erfüllung öffentlich-rechtlicher Erfordernisse zum Betrieb des Handelsgeschäfts (§ 7 HGB). Das Registergericht hat jedoch eine Eintragung abzulehnen, wenn die gesetzlichen Vorschriften den Betrieb des konkreten Gewerbes in der Rechtsform eines einzelkaufmännischen Unternehmens untersagen, wie etwa im Falle der Ausübung von nach § 32 KWG genehmigungsbedürftigen Geschäften (§ 2a Abs. 1 KWG). 513

Zur Anhörung der Industrie- und Handelskammer und der Handwerkskammer sowie des Organs des land- und forstwirtschaftlichen Berufsstandes siehe die Bestimmungen der § 380 FamFG, § 23 HRV; zur Erholung von Auskünften bei einer Steuerbehörde siehe § 379 Abs. 2 FamFG. 514

4. Eintragung im Handelsregister

Einzutragen in das Handelsregister Abteilung A sind (§§ 39, 40 HRV) die Firma in Spalte 2 Unterspalte a (§ 40 Nr. 2 lit. a HRV), der Ort der Niederlassung samt inländischer Geschäftsanschrift und Zweigniederlassungen in Spalte 2 Unterspalte b (§ 40 Nr. 2 lit. b HRV), in Spalte 3 Unterspalte a (§ 40 Nr. 3 lit. a HRV) ein Vermerk, der zum Ausdruck bringt, dass der Unternehmer stets einzeln für das Unternehmen handelt,[4] ferner der Familienname, der Vorname, das Geburtsdatum und der Wohnort des Inhabers des einzelkaufmännischen Unternehmens in Spalte 3 Unterspalte b (§ 40 Nr. 3 lit. b HRV) und die Erteilung etwaiger Prokuren in Spalte 4 (§ 40 Nr. 4 HRV). Zudem ist in Spalte 5 Unterspalte a zu vermerken, dass es sich bei dem eingetragenen Rechtsträger um einen Einzelkaufmann handelt (§ 40 Nr. 5 lit. a HRV). 515

In Spalte 5 Unterspalte b ist ein „Entstehungsvermerk" aufzunehmen, wenn das einzelkaufmännische Unternehmen durch einen Umwandlungsvorgang (hierzu Rz. 594 ff.) entstanden ist (§ 40 Nr. 5 lit. b sublit. ee HRV). Ein derartiger Vermerk könnte folgendermaßen lauten: 516

Entstanden durch Verschmelzung der „ABC Set GmbH" mit dem Sitz in Berlin (Amtsgericht Charlottenburg HRB 77 342) mit dem Vermögen des Alleingesellschafters.

---

[1] *Baumbach/Hopt,* HGB, § 2 Rz. 7; *Kindler,* in: Ebenroth/Boujong/Joost/Strohn, HGB, § 2 Rz. 18; *Karsten Schmidt,* in: MünchKommHGB, § 2 Rz. 11; *Röhricht,* in: Röhricht/Westphalen, HGB, § 1 Rz. 144; *Ammon* DStR 1998, 1474; anderer Ansicht: *Lieb* NJW 1999, 36; *Canaris,* Handelsrecht, § 3 Rz. 23.

[2] Siehe **BayObLG** DB 1988, 1487; *Krafka,* in: MünchKommHGB, § 29 Rz. 15; anderer Ansicht: *Baumbach/Hopt,* HGB, § 29 Rz. 4.

[3] *Röhricht,* in: Röhricht/Westphalen § 1 Rz. 87; *Stöber* Rpfleger 1968, 2 (11); *Haegele* BW-NotZ 1969, 2 (3); anderer Ansicht: *Körber,* in: Oetker, HGB, § 1 Rz. 66; *Baumbach/Hopt,* HGB, § 1 Rz. 32.

[4] Diese an sich rechtlich unzweifelhafte Angabe wird zur Information für das auskunftsuchende Publikum – beispielsweise bei Fantasiefirmen – allgemein für unerlässlich gehalten (siehe *Keidel/Krafka/Willer,* Registerrecht, 6. Auflage 2003, Rz. 517).

517 Zur **Benachrichtigung** der Beteiligten und zur **öffentlichen Bekanntmachung** siehe Rz. 194 ff. Neben der Eintragung ist auch die inländische Geschäftsanschrift in die öffentliche Bekanntmachung aufzunehmen (§ 34 Satz 2 HRV).

518 Eine **Eintragung** im Handelsregister kann demnach folgendermaßen aussehen:

519 **Spalte 2**
Unterspalte a (Firma): Verlag Hugo Huber e. K.
Unterspalte b (Sitz): München; Geschäftsanschrift: 80802 München, Rotstraße 17
Spalte 3
Unterspalte a (Allgemeine Vertretung): Der Inhaber/die Inhaberin handelt allein
Unterspalte b (Inhaber): Inhaber: Huber, Hugo, München, *15. 5. 1965
Spalte 5
Unterspalte a (Rechtsform): Eingetragener Kaufmann

II. Änderungen bei einem bestehenden einzelkaufmännischen Unternehmen

520 Nach § 31 Abs. 1 HGB ist eine Änderung der **Firma** oder ihres **Inhabers** sowie die Verlegung der **Niederlassung** an einen anderen Ort sowie die Änderung der **inländischen Geschäftsanschrift** nach der Vorschrift des § 29 HGB zur Eintragung in das Handelsregister anzumelden. Die Herbeiführung einer entsprechenden Anmeldung ist gemäß § 14 HGB durch das Registergericht erzwingbar.

1. Änderung der Firma

521 a) **Vorliegen einer Firmenänderung.** Anzumelden ist jede **Änderung der Firma** (§ 31 Abs. 1 Alt. 1 HGB), also die Änderung des Handelsnamens des Kaufmanns (§ 17 Abs. 1 HGB), somit auch die Annahme einer neuen Firma durch den gleichbleibenden Inhaber. Das Registergericht prüft, ob die geänderte bzw. die neue Firma den §§ 18, 19, 30 HGB entspricht. Eine Namensänderung des Inhabers erfordert keine Anmeldung einer Firmenänderung (§ 21 HGB). Dies gilt insbesondere im Fall der Namensänderung bei Verehelichung oder Verpartnerung.[1]

522 Grundsätzlich unzulässig ist nach noch h. M. die Änderung einer Firma bei **Fortführung** im Rahmen des Erwerbs des Handelsgeschäfts mit Genehmigung des bisherigen Geschäftsinhabers oder dessen Erben (§ 22 Abs. 1 HGB), da in diesem Fall nach herkömmlicher Auffassung die bisherige Firma unverändert fortzuführen ist (siehe Rz. 281 ff.).[2] Die Aufnahme bisher nicht geführter Zusätze oder die Weglassung von Firmenteilen, auch nur eines bislang in der Firma enthaltenen Vornamens, ist daher nur ausnahmsweise zulässig. Möglich ist lediglich die Beifügung eines das Nachfolgeverhältnis andeutenden Zusatzes (z. B. „vormals", „Inhaber", „Nachfolger", „Erben"). Erlaubt und notwendig ist allerdings die Entfernung täuschend gewordener Firmenbestandteile[3] (§ 18 Abs. 2 HGB). Nicht beibehalten darf daher der Einzelkaufmann in einer übernommenen Firma einer Personenhandelsgesellschaft den Zusatz „OHG" oder einen anderen Gesellschaftszusatz, wenn nicht ein zutreffender **Nachfolgevermerk** und der nunmehr gültige Rechtsformzusatz unmissverständlich hinzugefügt wird.[4] Ein Nachfolgezusatz in einer abgeleiteten Firma (§ 22 Abs. 1 HGB) weist auf den gegenwärtigen Inhaber hin und darf daher nach erneuter Weiterveräußerung, z. B.

---

[1] Vgl. **LG Flensburg** MDR 1953, 178.
[2] *Schlingloff,* in: Oetker, HGB, § 22 Rz. 26 ff.; *Baumbach/Hopt,* HGB, § 22 Rz. 15; *Heidinger,* in: MünchKommHGB, § 22 Rz. 45 ff.; *Zimmer,* in: Ebenroth/Boujong/Joost/Strohn, HGB, § 22 Rz. 55 ff.
[3] Hierzu *Heidinger,* MünchKommHGB, § 22 Rz. 53.
[4] **OLG Hamm** FGPrax 1999, 186; allgemein hierzu *Heidinger,* MünchKommHGB, § 22 Rz. 60 ff.

bei Fortführung des Handelsgeschäfts durch eine Erbengemeinschaft, als nunmehr täuschend nicht unverändert fortgeführt werden.[1] Die Beifügung eines Nachfolgezusatzes und die Aufgabe täuschend gewordener Firmenbestandteile ist eine Firmenänderung, die zur Eintragung in das Handelsregister in der Form des § 12 Abs. 1 HGB angemeldet werden muss. Der Nachfolgezusatz kann später abgelegt werden. Zu betonen ist generell, dass durch die Fortführung einer Firma nach § 22 HGB eine **spätere Änderung der Firma keinesfalls ausgeschlossen** wird. In diesem Fall erlischt also nicht die bisherige Firma, sondern ist vielmehr die Änderung der noch bestehenden Firma auf demselben Registerblatt nach § 13 Abs. 3 HRV einzutragen.[2]

b) Anmeldung der Firmenänderung. Anmeldepflichtig ist der Firmeninhaber. Ein Beispiel für die Anmeldung einer Firmenänderung eines Einzelkaufmanns könnte folgendermaßen aussehen: 523

> Als Inhaber der im Handelsregister des Amtsgerichts München unter HRA 15176 eingetragenen Firma „Verlag Hugo Huber e. K." melde ich zur Eintragung in das Handelsregister an: Die Firma ist geändert in „Buchhandel und Verlag Hugo Huber e. K." Der Unternehmensgegenstand ist nunmehr das Betreiben eines Verlags und des Buchhandels.

c) Eintragung der Firmenänderung. Die Änderung der Firma ist auf dem bisherigen Registerblatt **einzutragen** (§ 13 Abs. 3 Satz 1 HRV). Die Eintragung der Firmenänderung erfolgt nach § 40 Nr. 2 HRV in Spalte 2 Unterspalte a, die frühere Firma ist zu röten (§ 16 Abs. 1 Satz 2 HRV).[3] 524

Der Änderungstext „Die Firma ist geändert" oder auch nur „Geändert, nun:" ist als Übergangstext im Sinne des § 16a HRV einzutragen, der im aktuellen Ausdruck (§ 30a Abs. 4 HRV) nicht zu erscheinen hat. Er ist in Spalte 2 Unterspalte a unter Rötung der bisherigen Firma zu vermerken (siehe § 40 Nr. 2 HRV am Ende: „und die sich jeweils darauf beziehenden Änderungen"). 525

Die **Eintragung** im Handelsregister gestaltet sich in den betroffenen Registerspalten folgendermaßen: 526

> **Spalte 2**
> **Unterspalte a (Firma):**
> Geändert, nun: *(Vorstehendes als Übergangstext nach § 16a HRV)* Buchhandel und Verlag Hugo Huber e. K. *(Zugleich ist die bisher eingetragene Firma zu röten)*

2. Änderung der inländischen Geschäftsanschrift

Gemäß § 31 Abs. 1 HGB ist auch jede Änderung der **inländischen Geschäftsanschrift** formgerecht gemäß § 12 HGB zur Eintragung in das Handelsregister anzumelden. Da die entsprechende Eintragung ausschließlich der vereinfachten Auffindung zustellungsfähiger Personen dient, ist die einzutragende Anschrift bei Einzelkaufleuten zwingend diejenige der Geschäftsräume. In diesem Punkt unterscheidet sich damit die Rechtslage zur Behandlung juristischer Personen, für die aufgrund der Möglichkeit einer öffentlichen Zustellung nach § 15a HGB und § 185 Nr. 2 ZPO keine derartige Identität erforderlich ist (siehe Rz. 340f.). 527

Die **Eintragung** erfolgt im Handelsregister in Spalte 2 Unterspalte b (§ 40 Nr. 2 lit. b HRV): 528

---

[1] OLG Hamm DNotZ 1986, 185.
[2] **BayObLG** Z 1971, 163; **BayObLG** MittBayNot 1978, 228; vgl. auch **OLG Hamm** Rpfleger 2002, 572.
[3] Siehe auch **BayObLG** NJW 1971, 1616 (= DNotZ 1971, 431).

Teil 1. Handelsregister

Spalte 2
Unterspalte b (Geschäftsanschrift):
Geändert, nun: *(Vorstehendes als Übergangstext nach § 16a HRV)* Geschäftsanschrift: 81375 München, Großhaderner Straße 35. *(Zugleich ist die bisher eingetragene Geschäftsanschrift zu röten)*

3. Verlegung des Ortes der Hauptniederlassung

529 Wird die Hauptniederlassung des einzelkaufmännischen Unternehmens **innerhalb derselben** politischen **Gemeinde** verlegt, bedarf es der Anmeldung und Eintragung der neuen inländischen Geschäftsanschrift (siehe Rz. 527 f.).

530 Die Verlegung der Hauptniederlassung, allgemein als „Sitzverlegung" bezeichnet (hierzu ausführlich Rz. 338 ff.), richtet sich im Übrigen nach § 13h Abs. 3 HGB. Neben der ordnungsgemäßen **Anmeldung** ist lediglich zu prüfen, ob die Hauptniederlassung tatsächlich verlegt ist, wovon grundsätzlich – es sei denn es liegen gegenteilige Anhaltspunkte vor – ohne weitere Prüfung auszugehen ist, und ob § 30 HGB auch beim neuen Sitz beachtet ist. Die Anmeldung ist bei dem bisher zuständigen Registergericht (§§ 13h, 31 Abs. 1, 29 HGB) einzureichen:

> Als Inhaber der Firma „Buchhandel Hugo Huber e. K." im Handelsregister des Amtsgerichts München HRA 15 176 melde ich zur Eintragung in das Handelsregister an:
> Die Hauptniederlassung wurde von München nach Gräfelfing verlegt. Die neue inländische Geschäftsanschrift ist 82162 Gräfelfing, Bergstraße 74. Unternehmensgegenstand ist nach wie vor der Handel mit Büchern und sonstigen Verlagserzeugnissen.

531 Die **Eintragung** im Register erfolgt durch Aufnahme des neuen Sitzes in Spalte 2 Unterspalte b und Eintragung des Änderungsvermerks („Der Sitz ist verlegt") in Spalte 2 Unterspalte b als Übergangstext („Geändert, nun:" oder „Sitz verlegt, nun:"), siehe oben Rz. 525. Ebenfalls einzutragen ist die mit anzumeldende Änderung der inländischen Geschäftsanschrift.

532 Bei der Verlegung der Hauptniederlassung in eine Gemeinde außerhalb des bisherigen Registerbezirks richtet sich das Verfahren nach § 13h Abs. 2 HGB. Auch hier hat die Anmeldung wie bei der Sitzverlegung innerhalb des Registerbezirks bei dem bisher zuständigen Gericht zu erfolgen. Das Gericht der bisherigen Niederlassung vermerkt in den Akten die geplante Verlegung und sendet die Akten samt einem amtlichen Ausdruck an das **neu zuständige Gericht**. Dieses prüft nach § 30 HGB ob die Firma frei ist und übernimmt sämtliche noch aktuellen Eintragungen. Als Übergangstext (§ 16a HRV) wird in Spalte 2 Unterspalte b eingetragen:

> **Spalte 2**
> **Unterspalte b (Niederlassung, Geschäftsanschrift):** Hauptniederlassung verlegt von München (Amtsgericht München HRA 15176), nun: *(Vorstehendes als Übergangstext nach § 16a HRV)* Augsburg. Geändert, nun: *(Vorstehendes als Übergangstext nach § 16a HRV)* Geschäftsanschrift: 81375 München, Großhaderner Straße 35. *(Zugleich ist die bisher eingetragene Geschäftsanschrift zu röten)*

533 Das **Gericht der bisherigen Niederlassung** trägt in Spalte 2 Unterspalte b die Niederlassungsverlegung samt Verweisung auf die neue Registerstelle ein und rötet sodann alle Seiten des Registerblatts oder lässt sie rot durchkreuzen (§ 22 HRV):

> **Spalte 2**
> **Unterspalte b (Niederlassung):** Hauptniederlassung verlegt, nun: *(Vorstehendes als Übergangstext nach § 16a HRV)* Augsburg (Amtsgericht Augsburg HRA 2288).

4. Zweigniederlassungen und Prokuren

Zur Anmeldung der Errichtung, Aufhebung und Änderung von **Zweigniederlassungen** siehe § 13 HGB und § 40 Nr. 2 lit. b HRV sowie die allgemeinen Ausführungen in Rz. 289 ff. Zur Anmeldung und Änderung bestehender **Prokuren** siehe die Anmerkungen und Formulierungsmuster in Rz. 359 ff. 534

Ein Beispiel für die **Anmeldung** der Errichtung einer Zweigniederlassung bei dem Gericht der Hauptniederlassung (§ 13 Abs. 1 HGB) findet sich in Rz. 301. 535

Das Gericht der Hauptniederlassung trägt bei einer derartigen Anmeldung einer Zweigniederlassung nach § 13 Abs. 2 HGB i.V.m. § 40 Nr. 2 lit. b HRV nach Feststellung der formellen Ordnungsmäßigkeit der Anmeldung die Zweigniederlassung im Register der Hauptniederlassung ein, sofern nicht offensichtlich ist, dass die Zweigniederlassung nicht errichtet wurde (zum Prüfungsumfang bei der Errichtung von Zweigniederlassungen siehe Rz. 301). Bei der Eintragung des Ortes ist zur näheren Zuordnung die Postleitzahl mit aufzunehmen und eine inländische Geschäftsanschrift auch der Zweigniederlassung aufzuführen (§ 40 Nr. 2 lit. b HRV). Die Eintragung erfolgt dann beispielsweise folgendermaßen: 536

Spalte 2
Unterspalte b (Sitz): Errichtet: *(Vorstehendes als Übergangstext nach § 16a HRV)* Zweigniederlassung in 94032 Passau unter der Firma „Buchhandlung Inge Müller e.K." Geschäftsanschrift der Zweigniederlassung: 94032 Passau, Nikolastraße 5.

Die Eintragung ist nach § 10 HGB durch das Gericht der Hauptniederlassung bekannt zu machen. 537/538

5. Änderung der Person des Inhabers

a) **Vorliegen einer Inhaberänderung.** Eine Änderung in der Person **des Inhabers** eines einzelkaufmännischen Unternehmens kann eintreten durch eine – auch dem Insolvenzverwalter[1] oder dem Nachlassverwalter[2] mögliche – Veräußerung, Verpachtung, Nießbrauchsbestellung (§ 22 Abs. 2 HGB) oder Übernahme des Handelsgeschäfts durch den früheren Inhaber nach Beendigung der Pacht oder des Nießbrauchs oder im Wege des Erbgangs (§ 22 Abs. 1 HGB) sowie durch den Tod des Inhabers, sofern das Geschäft fortgeführt wird. Voraussetzung eines Inhaberwechsels ist, dass ein neuer Inhaber das Unternehmen unter eigenem Namen fortführt. Der Erwerb des Handelsgeschäfts durch den Pächter, etwa durch den Verkauf an diesen, ist daher kein Inhaberwechsel.[3] Die Abgrenzung zu einem **Erlöschen und der Neueintragung einer Firma** erfolgt dergestalt, dass von einem Inhaberwechsel nur auszugehen ist, wenn abstrakt betrachtet eine Haftung für Altverbindlichkeiten in Betracht käme oder die Fortführung in einem anderen Register vermerkt werden könnte.[4] Führt eine Erbengemeinschaft das ererbte Handelsgewerbe fort, so ist diese als neuer Inhaber und zugleich das Erlöschen der Prokuren eines etwaigen Miterben anzumelden.[5] Beschränkt Geschäftsfähige als Miterben sind durch die Bestimmung des § 1629a BGB, eingefügt 539

---

[1] *Heidinger,* in: MünchKommHGB, § 22 Rz. 73 ff.; *Brenner* Rpfleger 2002, 342.
[2] Vgl. *Grziwotz* DB 1990, 924.
[3] Siehe *Tönnies* MittRhNotK 1987, 29.
[4] *Müther,* Handelsregister, § 10 Rz. 34.
[5] **RGZ 132, 138 (142); BayObLGZ 1978, 5;** siehe *Schmidt/Sikora/Tiedtke,* Handelsrecht, Rz. 223 ff.; *Baumbach/Hopt,* HGB, § 1 Rz. 37; *Kindler,* in: Ebenroth/Boujong/Joost/Strohn, HGB, § 1 Rz. 77; *Karsten Schmidt,* in: MünchKommHGB, § 1 Rz. 52 m.w.N.; *Körber,* in: Oetker, HGB, § 1 Rz. 83 f.

im Jahr 1998 durch das Minderjährigenhaftungsbeschränkungsgesetz[1] geschützt. Wird der Übergang eines Handelsgeschäfts aufgrund eines privatrechtlichen Treuhandvertrags eingetragen, so ist das Treuhandverhältnis im Handelsregister nicht ersichtlich zu machen.[2]

540 Bei einer Änderung der Person des Inhabers durch den Erwerb des Handelsgeschäfts unter Lebenden oder von Todes wegen ist für das Recht zur Fortführung der **bisherigen Firma** (§ 22 HGB) nicht entscheidend, ob diese bereits **im Handelsregister eingetragen** war. Die bisherige Firma muss jedoch zulässigerweise geführt worden sein. Eine nicht eingetragene Firma kann daher nur bei Erwerb des Handelsgeschäfts eines „Istkaufmanns" (§ 1 Abs. 2 HGB) fortgeführt werden. Keine Firma führt hingegen der nicht eingetragene Kleingewerbetreibende (§ 2 HGB) und das nicht eingetragene land- bzw. forstwirtschaftliche Unternehmen (§ 3 HGB), so dass von ihnen ein Handelsgeschäft mit dem Recht der Firmenfortführung unter Lebenden oder von Todes wegen nicht erworben werden kann. Eine nicht herbeigeführte Eintragung ist durch den Geschäftsnachfolger nicht nachholbar,[3] so dass der alte Name in diesen Fällen nicht als „Firma" fortgeführt werden kann, sondern allenfalls im Rahmen einer neuen originären Firmenbildung verwendet werden kann. Ist bei Erwerb eines kaufmännisch geführten Handelsgeschäfts die bisherige Firma, die mit oder ohne Zusatz fortgeführt werden soll, noch nicht im Handelsregister eingetragen, so müssen zugleich die Firma (§ 29 HGB) und der Inhaberwechsel, also die Fortführung (§ 31 Abs. 1 HGB) sowie gegebenenfalls eine Änderung der Firma, insbesondere die Aufnahme eines Rechtsformzusatzes, angemeldet und in das Handelsregister eingetragen werden. Die Rechtsvorgänge, die der Firmenfortführung zugrunde liegen, sind in der Spalte 5 Unterspalte b (vgl. § 40 Nr. 5 lit. b sublit. ff. HRV) einzutragen.[4]

541 **b) Anmeldung der Inhaberänderung. Anmeldepflichtig** (§ 31 Abs. 1 Alt. 2 HGB) sind bei einer Änderung des Inhabers durch Rechtsgeschäft unter Lebenden der bisherige und der neue Inhaber.[5] Dies gilt in jedem Fall einer Geschäftsübertragung mit Firmenfortführung, gleichgültig, ob der Veräußerer oder der Erwerber Einzelkaufmann, Personenhandelsgesellschaft oder Kapitalgesellschaft ist. Bei einem Erwerb durch Erbgang ist der Erbe, bei Fortführung durch eine Erbengemeinschaft sind die Erben anmeldepflichtig. Ein Miterbe bleibt auch dann anmeldepflichtig, wenn er seinen Erbteil übertragen hat.[6] Bei Eintritt eines Nacherbfalls sind neben den Vorerben bzw. deren Erben[7] auch die Nacherben anmeldepflichtig.[8] Der Testamentsvollstrecker ist anmeldepflichtig, wenn er das Geschäft im eigenen Namen für Rechnung der Erben fortführt. Führt er das Geschäft im Namen der Erben und unter deren persönlicher Haftung fort, so sind diese selbst anmeldepflichtig.[9] Die nach § 22 Abs. 1 HGB erforderliche **Einwilligung** des bisherigen Geschäftsinhabers oder dessen Erben hinsichtlich der Zulässigkeit der Firmenfortführung muss vorliegen und ist vom Registergericht zu prüfen.

---

[1] Dazu *Behnke* NJW 1998, 3078; *Habersack* FamRZ 1999, 1; *Grunewald* ZIP 1999, 597.
[2] RG Z 99, 158; **OLG Hamm** NJW 1963, 1554 (= DNotZ 1964, 421); *Kindler*, in: Ebenroth/Boujong/Joost/Strohn, HGB, § 1 Rz. 84.
[3] **BayObLG** NJW-RR 1989, 241; **OLG Zweibrücken** NJW-RR 1988, 998.
[4] Siehe zum Papierregister **BayObLG** DNotZ 1978, 692.
[5] KG J 39, A 107; **KG** OLGE 1923, 202; *Baumbach/Hopt*, HGB, § 31 Rz. 1; *Zimmer*, in: Ebenroth/Boujong/Joost/Strohn, HGB, § 31 Rz. 7; *Krafka*, in: MünchKommHGB, § 31 Rz. 12.
[6] *Heinen* MittRhNotK 1962, 108.
[7] KG OLGZ 1991, 261 (264).
[8] KG HRR 1934 Nr. 1041; *Krafka*, in: MünchKommHGB, HGB, § 31 Rz. 13.
[9] Dazu *Kindler*, in: Ebenroth/Boujong/Joost/Strohn, HGB, § 1 Rz. 88 ff.; *Karsten Schmidt*, in: MünchKommHGB, § 1 Rz. 58 ff.; *Röhricht*, in: Röhricht/Westphalen, HGB, § 1 Rz. 80 ff.

Eine **Anmeldung** zur Eintragung im Handelsregister könnte dementsprechend folgendermaßen aussehen: 542

> Der Verleger Hugo Huber in München ist als Inhaber der Firma „Buchhandel und Verlag Hugo Huber e. K." im Handelsregister des Amtsgerichts München unter HRA 15 176 eingetragen.
> Das unter dieser Firma betriebene Geschäft wurde an Ludwig Lainer, geboren am 6. 3. 1968, Oldenburg, veräußert. Der Veräußerer Hugo Huber willigt ein, dass das Geschäft unter der bisherigen Firma mit oder ohne Beifügung eines das Nachfolgeverhältnis andeutenden Zusatzes fortgeführt wird. Der Erwerber Ludwig Lainer führt die Firma ohne Zusatz fort.
> Zur Eintragung in das Handelsregister wird entsprechend angemeldet, dass nunmehr Ludwig Lainer Inhaber der Firma ist. Außerdem ist in das Handelsregister einzutragen, dass der Übergang der in dem Betrieb des Geschäfts begründeten Verbindlichkeiten bei dem Erwerb des Geschäfts durch Ludwig Lainer ausgeschlossen ist.
> Im Übrigen bleibt die Einzelprokura des Fritz Fix bestehen.
> *(Unterschriften von Hugo Huber und Ludwig Lainer)*

Für den Inhaberwechsel infolge einer **Verpachtung des Handelsgeschäfts** gelten keine 543 grundsätzlichen Besonderheiten. Anzumelden ist, dass

> das Geschäft mit dem Recht zur Fortführung der Firma mit oder ohne Nachfolgezusatz an (...) verpachtet worden ist und *dass die bisherige Firma unverändert fortgeführt wird* **oder** *dass die bisherige Firma unter Beifügung des Zusatzes „Nachfolger (...)" fortgeführt wird.*

Der Pächter wird als neuer Inhaber ohne Vermerk der Pächterstellung eingetragen. 544 Nach Beendigung des Pachtverhältnisses ist der erneute Inhaberwechsel in entsprechender Weise anzumelden und einzutragen. Hat der Pächter die bisherige Firma fortgeführt, bedarf es nicht seiner Einwilligung zur weiteren Firmenfortführung durch den Verpächter. Hat der Pächter inzwischen die Firma geändert und hat sich der Verpächter damit abgefunden, so ist die ursprüngliche Firma erloschen. Der Verpächter kann die vom Pächter neu gebildete Firma fortführen, nun aber nur mit dessen Einwilligung, oder er muss eine ganz neue Firma gemäß § 18 HGB bilden. Wird das Handelsgeschäft unmittelbar an eine weitere Person neu verpachtet, so haben den Inhaberwechsel der Verpächter, der alte und der neue Pächter zur Eintragung in das Handelsregister anzumelden. In diesen Fällen bedarf es im Rahmen der Anwendung des § 25 Abs. 2 HGB nach Auffassung der Rechtsprechung einer Vereinbarung zwischen dem alten und dem neuen Pächter.[1]

c) **Eintragung der Inhaberänderung.** Die Änderung des Inhabers ist nach § 40 Nr. 3 545 HRV in das Handelsregister **einzutragen.**[2] Der Erwerber des Handelsgeschäfts ist als neuer Geschäftsinhaber in Spalte 3 Unterspalte b einzutragen. Der frühere Firmeninhaber ist zu röten (§ 16 Abs. 1 Satz 2 HRV). Eine kurze textliche Erläuterung zu dem Vorgang ist als Übergangstext gemäß § 16 a HRV wie auch sonst in der Spalte 3 Unterspalte b zu vermerken, beispielsweise „Nicht mehr: [Daten des alten Inhabers]" und „Geändert, nun: [Daten des neuen Inhabers]". Diese erläuternden Registertexte dienen der gebotenen besseren Verständlichkeit der Eintragung.
Nicht einzutragen ist jedoch der Übergang des Handelsgeschäfts als solcher. Vielmehr 546 ist nach **§ 25 Abs. 2 HGB** lediglich eine von § 25 Abs. 1 HGB abweichende Vereinbarung über den Ausschluss des Übergangs von Forderungen und Verbindlichkeiten in

---

[1] BGH NJW 1984, 1185; anderer Ansicht: *Lieb*, in: MünchKommHGB, § 25 Rz. 48; *Zimmer*, in: Ebenroth/Boujong/Joost/Strohn, HGB, § 25 Rz. 28.
[2] Siehe **LG Frankfurt** DNotZ 1975, 235.

Spalte 5 Unterspalte b (§ 40 Nr. 5 lit. b sublit. ff. HRV) zu vermerken. Ist eine abweichende Vereinbarung nach § 25 Abs. 2 HGB nicht getroffen und treten daher die in § 25 Abs. 1 HGB geregelten Folgen ein, so ist im Handelsregister kein Hinweis hierauf einzutragen. Der früher mitunter hier anzutreffende Vermerk „Das Handelsgeschäft ist mit Aktiven und Passiven auf den neuen Inhaber übergegangen" ist unzulässig.

547 Führt der Erwerber eines Handelsgeschäfts dessen Firma zunächst einige Zeit als abgeleitete fort und **ändert sie erst später,** erlischt die bisherige Firma nicht. Die Änderung der noch bestehenden Firma ist daher auf demselben Registerblatt nach Maßgabe des § 13 Abs. 3 HRV einzutragen (siehe Rz. 522).

548 Macht der Erwerber des Handelsgeschäfts vom Recht zur Firmenfortführung keinen Gebrauch, sondern führt er eine Firma, die den Vorschriften über die Bildung einer ursprünglichen Firma entspricht, so **erlischt die Firma** des bisherigen Geschäftsinhabers.[1] Zur Eintragung in das Handelsregister anzumelden haben dann der bisherige Geschäftsinhaber das Erlöschen seiner Firma (§ 31 Abs. 2 HGB) und der Erwerber des Handelsgeschäfts seine neue Firma und den Ort seiner Handelsniederlassung samt Geschäftsanschrift nach § 29 HGB. Nimmt der Pächter nach Erwerb des Handelsgeschäfts (Kauf, sonstiger Erwerb unter Lebenden oder von Todes wegen) neu eine ursprüngliche Firma an, so erlischt eine von ihm bisher abgeleitet mit oder ohne Inhaberzusatz geführte Firma. Er hat seine neue Firma und den Ort seiner Handelsniederlassung samt Geschäftsanschrift dann nach § 29 HGB anzumelden. Als letzter Firmeninhaber hat der bisherige Pächter allein auch das Erlöschen der von ihm bislang geführten Firma anzumelden. Der Erwerber und dessen Firma sind auf einem neuen Registerblatt einzutragen (§ 13 Abs. 1 HRV). Die **neue Firma** des Erwerbers des Handelsgeschäfts kann nicht auf dem bisherigen Registerblatt unter Rötung der Firma des früheren Inhabers – wie eine Firmenänderung – eingetragen werden.[2] Durch Zwischenverfügung (§ 382 Abs. 4 FamFG) mit Androhung der Zurückweisung darf die Anmeldung der vom Erwerber des Handelsgeschäfts nach allgemeinen Grundsätzen neu gebildeten Firma, auch wenn sie in der Anmeldung lediglich als Änderung der bisherigen Firma bezeichnet ist, nicht deshalb beanstandet werden, weil die nicht fortgeführte Firma des bisherigen Firmenträgers erloschen und zunächst im Handelsregister zu löschen sei.[3]

549 Die **Eintragung des Inhaberwechsels** unter Eintragung einer Ausschlussvereinbarung nach § 25 Abs. 2 HGB (hierzu Rz. 554 ff.) kann folgendermaßen vorgenommen werden.

Spalte 3
Unterspalte b (Inhaber):
Nicht mehr Inhaber: Huber, Hugo *(Vorstehendes und die Eintragung zum bisherigen Inhaber röten);* nun: *(Vorstehendes Wort als Übergangstext)* Inhaber: Lainer, Ludwig, Augsburg, *6. 3. 1968

550 **Spalte 5**
Unterspalte b (Sonstige Rechtsverhältnisse):
Der Übergang der in dem Betrieb des Geschäfts begründeten Verbindlichkeiten ist bei dem Erwerb des Geschäfts durch Ludwig Lainer ausgeschlossen.

551 Die Benachrichtigung der Beteiligten und die öffentliche Bekanntmachung der Eintragung richten sich nach den allgemeinen Grundsätzen (siehe Rz. 194 ff.).

---

[1] **BayObLG** NJW 1971, 1616 (= DNotZ 1971, 431); **KG** Rpfleger 1966, 181.
[2] So **BayObLG** NJW 1971, 1616 (= DNotZ 1971, 431); **KG** Rpfleger 1966, 181.
[3] **BayObLG** MittBayNot 1978, 228.

6. Fortführung der Firma durch neuen Inhaber

a) Möglichkeit der Firmenfortführung durch Erwerb eines Handelsgeschäfts. Bei einer Übertragung des Handelsgeschäfts steht es den Beteiligten frei, ob die Firma fortgeführt werden soll oder nicht (siehe Rz. 281 ff.). Sofern die Firma nicht fortgeführt wird, sind deren Erlöschen und die Ersteintragung der neuen Firma anzumelden. Wird hingegen bei dem Erwerb eines Handelsgeschäfts unter Lebenden (§ 22 Abs. 1 HGB) die bisherige **Firma** – gegebenenfalls auch nur als Geschäftsbezeichnung – **fortgeführt**,[1] aber eine von § 25 Abs. 1 HGB abweichende Vereinbarung wegen der Haftung für die im Betrieb des früheren Inhabers begründeten Verbindlichkeiten oder des Übergangs der Forderungen getroffen, so muss diese, um Dritten gegenüber wirksam zu sein, im Handelsregister eingetragen und öffentlich bekannt gemacht werden[2] (**§ 25 Abs. 2 HGB**). Keine Firmenfortführung im Sinne des § 25 HGB liegt aber vor, wenn nur eine bislang nicht als Firma benutzte Geschäfts- oder Etablissementbezeichnung (vgl. § 5 Abs. 2 Satz 1 Alt. 3 MarkenG) durch den Erwerber weiter verwendet wird.[3] Der Ausschluss nach § 25 Abs. 2 HGB kann auch bezüglich einzelner Forderungen bestimmter Gläubiger oder generell anteilsmäßig, also prozentual, erfolgen. Danach wäre etwa der Übergang der Verbindlichkeiten zu jeweils 40 % ausgeschlossen. Unmöglich ist dagegen eine Beschränkung bis zu einem bestimmten Höchstbetrag,[4] z. B. „bis zum Betrag von 100 000 €". Allerdings ist die Eintragung des Haftungsausschlusses nach § 25 Abs. 2 HGB dann ausgeschlossen, wenn es an einer Geschäftsübernahme sowie einer Vereinbarung fehlt, weil neben einem fortbestehenden Handelsgeschäft eine weitere Gesellschaft mit identischem oder ähnlichem Namen fortgeführt wird.[5]

552

Die Situation einer Firmenfortführung kann auch durch Übertragung des Geschäfts einer Handelsgesellschaft, z. B. einer KG oder GmbH auf einen Einzelkaufmann oder umgekehrt bzw. bei einer Übertragung unter verschiedenen Gesellschaften[6] eintreten. Sofern eine Person zusätzlich zu einem bestehenden Handelsgeschäft ein weiteres einzelkaufmännisches Unternehmen betreibt, besteht die Möglichkeit jeweils eine eigene Firma zu führen, so dass mehrere Registerblätter anzulegen sind.[7]

553

b) Anmeldung der Firmenfortführung und eines Vermerks nach § 25 Abs. 2 HGB. Die **Anmeldung** des Inhaberwechsels haben Veräußerer und Erwerber gemeinsam vorzunehmen. Für die Vereinbarung nach § 25 Abs. 2 HGB, die gegebenenfalls auch allein vom neuen Inhaber angemeldet werden kann,[8] muss dies unverzüglich nach der Geschäftsübernahme geschehen.[9] Der genaue Zeitrahmen hierfür ist umstritten[10] und

554

---

[1] Dazu **OLG München** FGPrax 2008, 169 (= Rpfleger 2008, 494); *Baumbach/Hopt*, HGB, § 25 Rz. 6 ff. sowie *Zimmer*, in: Ebenroth/Boujong/Joost/Strohn, HGB, § 25 Rz. 47 ff.
[2] *Baumbach/Hopt*, HGB, § 25 Rz. 13 ff.; *Lieb*, in: MünchKommHGB, § 25 Rz. 114 ff.
[3] *Zimmer*, in: Ebenroth/Boujong/Joost/Strohn, HGB, § 25 Rz. 47; *Vossler*, in: Oetker, HGB, § 25 Rz. 26;
[4] RG Z 152, 78; *Ammon*, in: Röhricht/Westphalen, HGB, § 25 Rz. 40; *Baumbach/Hopt*, HGB, § 25 Rz. 13; *Lieb*, in: MünchKommHGB, § 25 Rz. 114; *Zimmer*, in: Ebenroth/Boujong/Joost/Strohn, HGB, § 25 Rz. 82.
[5] **OLG Frankfurt** FGPrax 2005, 225.
[6] Hierzu **OLG Düsseldorf** FGPrax 2003, 233 (= Rpfleger 2003, 664), das zu Recht auch eine Eintragung eines Vermerks nach § 25 Abs. 2 HGB in der Abteilung B des Handelsregisters für möglich hält.
[7] BGH NJW 1991, 2023; *Ammon*, in: Röhricht/Westphalen, HGB, § 17 Rz. 21; *Baumbach/Hopt*, HGB, § 17 Rz. 8; *Emmerich*, in: Heymann, HGB, § 17 Rz. 24.
[8] **OLG München** FGPrax 2008, 169 (= Rpfleger 2008, 494).
[9] **BayObLG** MittBayNot 1984, 270 (= DB 1984, 1672 = Rpfleger 1984, 469).
[10] Siehe **OLG Frankfurt** FGPrax 2005, 226.

nach dem jeweils spezifischen Verfahrensablauf zu bestimmen. Danach kann nach Auffassung der Rechtsprechung zwar im Normalfall der Zeitraum von vier[1] bzw. sieben[2] Monaten zwischen Anmeldung und Übernahme zu lang, aber in besonderen Fällen auch ein Zeitraum von fünf bis sechs Monaten nicht hinderlich sein (siehe auch Rz. 558).[3] Jedenfalls bei einer Zwischenzeit von drei Monaten soll die Eintragung des Vermerks „noch nicht offensichtlich wirkungslos" und daher ohne weiteres zulässig sein.[4] Im Fall des Übergangs eines Handelsgeschäfts nach Beendigung eines Pachtverhältnisses durch Neuverpachtung an einen weiteren Pächter ist auch der Verpächter als zwischenzeitlicher Inhaber anmeldepflichtig.[5] Zu beachten ist, dass bei einer Veräußerung durch den Insolvenzverwalter die Eintragung eines Haftungsausschlusses nach § 25 Abs. 2 HGB nicht in Frage kommt, da in diesem Fall die insolvenzrechtlichen Bekanntmachungen und die Beteiligung nach den Vorschriften der InsO für zwingenden und abschließenden Gläubigerschutz sorgen, so dass in diesem Fall § 25 HGB überhaupt keine Anwendung findet.[6]

555 Eine entsprechende **Handelsregisteranmeldung** könnte folgendermaßen aussehen:

> Das unter der Firma „Buchhandel Bermann e. K." betriebene Handelsgewerbe (Amtsgericht München HRA 74 500) wurde vom bisherigen Inhaber Roman Graf mit dem Recht zur Fortführung der Firma mit oder ohne Beifügung eines das Nachfolgeverhältnis andeutenden Zusatzes veräußert. Neuer Inhaber ist Karl König, München, geboren am 20. 1. 1965.
>
> Die Firma wird durch den neuen Inhaber unverändert fortgeführt. Die Haftung des Erwerbers für die im Betrieb begründeten Verbindlichkeiten des bisherigen Inhabers sowie der Übergang der in dem Betrieb begründeten Forderungen auf den Erwerber wurden ausgeschlossen.
>
> Der Unternehmensgegenstand ist der Handel mit Büchern und sonstigen Verlagserzeugnissen.

556 Wird die Firma von einem bereits im Handelsregister eingetragenen und fortbestehenden Rechtsträger erworben, so ist zur Erlangung der Haftungsbeschränkung des § 25 Abs. 2 HGB im Handelsregister des **die Firma fortführenden Rechtsträgers** eine entsprechende Eintragung zu bewirken, da allein bei diesem aus Sicht des Rechtsverkehrs ein Informationsbedürfnis zur Darstellung der fehlenden gesetzlichen Haftungsausweitung besteht. Auch bei entsprechender Anmeldung erfolgt dagegen keine Eintragung im Registerblatt des bisherigen Firmenträgers,[7] da dort keine Haftungsbeschränkung eintritt (siehe Rz. 559).

557 c) **Prüfung und Eintragung durch das Registergericht.** Dem **Registergericht** obliegt die **Überprüfung**, ob die Haftungsvoraussetzungen des § 25 Abs. 2 HGB vorliegen, also ob ein Erwerb eines Handelsgeschäfts unter Lebenden gegeben ist, das Geschäft weitergeführt und die Firma fortgeführt wird,[8] wobei allerdings ausreichend ist, dass

---

[1] **OLG Frankfurt** FGPrax 2001, 211; ähnlich **OLG Frankfurt** FGPrax 2005, 226.
[2] **OLG München** MittBayNot 2007, 333.
[3] **OLG Düsseldorf** FGPrax 2003, 233 (= Rpfleger 2003, 664); **OLG Hamm** FGPrax 1999, 67 (= DB 1998, 2590).
[4] **OLG München** FGPrax 2008, 169 (= Rpfleger 2008, 494).
[5] *Lieb,* in: MünchKommHGB, § 25 Rz. 48 unter Hinweis auf **BGH** NJW 1984, 1186 (= DNotZ 1984, 580).
[6] Siehe *Müther,* Handelsregister, § 10 Rz. 42 und **BAG** NJW 2007, 942; **BGH** Z 104, 151 (= NJW 1988, 1912).
[7] *Krafka,* in: MünchKommHGB, § 8 Rz. 55a.
[8] **OLG Düsseldorf** FGPrax 2003, 233 (= Rpfleger 2003, 664).

nach der Verkehrsauffassung der Kern der alten und der neuen Firma sich gleichen.[1] Eintragungsfähig ist ein derartiger Haftungsausschluss also bereits dann, wenn unter Anwendung der hierzu entwickelten Grundsätze zumindest die **ernsthafte Möglichkeit** in Betracht kommt, dass die Voraussetzungen des § 25 Abs. 1 HGB gegeben sein könnten.[2] Andernfalls bestünde die Gefahr, dass die Eintragung des Haftungsausschlusses zwar vom Registergericht abgelehnt würde und deshalb die Eintragung unterbliebe, das später urteilende Prozessgericht jedoch die Voraussetzungen des § 25 Abs. 1 HGB bejahen würde.[3] Ausreichend ist ein insoweit plausibler Vortrag des Anmeldenden. Damit ist die Eintragung eines Haftungsausschlusses **nur zu versagen**, wenn eindeutig und zweifelsfrei eine Haftung nach § 25 Abs. 1 Satz 1 HGB nicht in Betracht kommt.[4]

Die **Eintragung** erfolgt nach § 40 Nr. 5 lit. b sublit. ff. HRV in Spalte 5 Unterspalte b. 558
Ist der übernehmende Rechtsträger in Abteilung B des Handelsregisters eingetragen, so ist der Vermerk in Spalte 6 Unterspalte b einzutragen. Zwar besteht hierzu keine ausdrückliche Anordnung in der HRV, jedoch ist nach Ansicht der Rechtsprechung eine entsprechende Eintragung möglich[5] und systematisch dort sinnvoll. Zur Benachrichtigung der Beteiligten und zur öffentlichen Bekanntmachung siehe Rz. 194 ff. Die Eintragung und Bekanntmachung müssen in einem engen zeitlichen Zusammenhang mit der Geschäftsübernahme erfolgen (siehe Rz. 554).[6] Der Antrag auf Eintragung des Haftungsausschlusses ist zurückzuweisen, wenn seit dem Wechsel des Unternehmensträgers so viel Zeit vergangen ist, dass die Außenwirkung der Eintragung durch die Bekanntmachung faktisch nicht mehr eintreten kann.[7] Der höchstrichterlichen Rechtsprechung[8] zufolge setzt daher die Eintragung des Haftungsausschlusses voraus, dass der neue Unternehmensträger die Anmeldung unverzüglich vornimmt und sodann Eintragung und Bekanntmachung in angemessenem Zeitabstand folgen. Die „Angemessenheit" bezieht sich stets auf das konkrete Registerverfahren, so dass eine Festlegung auf eine absolute Zeitgrenze nicht möglich ist, wobei in Einzelfällen für den Zeitraum zwischen Anmeldung und Eintragung sechs bis zehn Wochen als nicht mehr angemessen angesehen wurden.[9] Kommt es im Rahmen des Verfahrens zur Einlegung eines Rechtsmittels oder zu weiteren verfahrensbedingten Verzögerungen, so steht auch ein mehrere Monate dauernder Zeitraum zwischen Geschäftsübernahme und Bekanntmachung der Eintragung des Haftungsausschlusses nicht entgegen (siehe Rz. 554). Eine eingehendere Prüfung dieser Umstände kommt allerdings nur in Betracht, wenn offensichtlich ist, dass der Zweck der Eintragung unter Umständen nicht mehr erreichbar ist.[10]

---

[1] **BGH** Z 146, 374 (= NJW 2001, 1352); **BGH** NJW 1992, 922 (= MittBayNot 1992, 208); BayObLG NJW-RR 1988, 869; **OLG Hamm** FGPrax 1999, 67 (= DB 1998, 2590); **OLG Hamm** NJW-RR 1994, 1119.
[2] **OLG München** FGPrax 2008, 169 (= Rpfleger 2008, 494); **OLG Düsseldorf** FGPrax 2003, 233 (= Rpfleger 2003, 664); **BayObLG** NZG 2003, 482 (= Rpfleger 2003, 370).
[3] Siehe **OLG Düsseldorf** FGPrax 2003, 233 (= Rpfleger 2003, 664); **OLG Hamm** FGPrax 1999, 67 (= DB 1998, 2590).
[4] **OLG München** FGPrax 2008, 169 (= Rpfleger 2008, 494).
[5] **OLG Düsseldorf** FGPrax 2003, 233 (= Rpfleger 2003, 664).
[6] **BGH** Z 29, 1.
[7] **OLG München** FGPrax 2008, 169 (= Rpfleger 2008, 494); **OLG Düsseldorf** FGPrax 2003, 233 (= Rpfleger 2003, 664); **OLG Hamm** FGPrax 1999, 67 (= DB 1998, 2590).
[8] Siehe **BGH** Z 29, 1.
[9] **RG** Z 75, 140.
[10] Siehe **OLG München** FGPrax 2008, 169 (= Rpfleger 2008, 494); **OLG Düsseldorf** FGPrax 2003, 233 (= Rpfleger 2003, 664); **OLG Hamm** FGPrax 1999, 67 (= DB 1998, 2590).

559 Sofern der das Handelsgeschäft samt Firma **übertragende Rechtsträger fortbesteht**, erfolgt bei diesem außer der ggf. erforderlichen Firmenänderung keine Eintragung.[1] Erlischt durch die Übertragung des Handelsgeschäfts der in Abteilung A des Handelsregisters eingetragene Rechtsträger, ist bei einem in Abteilung B des Handelsregisters eingetragenen Erwerber, der die Firma fortführt, jeweils wechselseitig auf die jeweiligen Registerblätter zu verweisen (§ 42 HRV).

560 Die Eintragung im Handelsregister gestaltet sich neben der Inhaberänderung in Spalte 5 Unterspalte b folgendermaßen (vgl. Rz. 549 f.):

> Der Übergang der in dem Betrieb des Geschäfts begründeten Verbindlichkeiten ist bei dem Übergang des Geschäfts auf Karl König ausgeschlossen.

Bei einer GmbH könnte sie lauten:

> Die Haftung der Gesellschaft für die in dem Betrieb der Gesellschaft „Maier Werkzeugfabrik GmbH" in Augsburg (Amtsgericht Augsburg HRB 70 417) begründeten Verbindlichkeiten ist ausgeschlossen.

7. Erwerb des Handelsgeschäfts von Todes wegen

561 a) **Anmeldung des Erwerbs eines Handelsgeschäfts von Todes wegen.** Wird bei dem **Erwerb durch Erbgang** das Handelsgeschäft von dem bzw. den Erben unter der bisherigen Firma fortgeführt, so sind sie auf ihre Anmeldung hin unter Nachweis der Erbfolge (§ 12 Abs. 1 Satz 3 HGB; hierzu Rz. 128 ff.) als neue Inhaber einzutragen. Anmeldepflichtig sind sämtliche Erben. Geht das Geschäft bei Eintritt einer angeordneten Nacherbfolge von den Vor- auf die Nacherben über, so sind alle Vor- und Nacherben anmeldepflichtig, u. U. auch die Erben der Vorerben.[2] In entsprechender Anwendung des § 25 Abs. 2 HGB (vgl. § 27 Abs. 1 HGB) können die Erben die unbeschränkte Haftung für die vom Erblasser begründeten Geschäftsschulden durch unverzügliche Herbeiführung der Eintragung und öffentliche Bekanntmachung der Haftungsablehnung ausschließen.[3] Wird bei der **Erbauseinandersetzung** (§ 2042 BGB) das Handelsgeschäft auf einen der Miterben übertragen, so bedarf es hierfür ebenfalls der Anmeldung aller Miterben unter Vorlage eines Erbnachweises. Der neue Inhaber ist sodann ohne weitere Besonderheiten im Handelsregister einzutragen. Dasselbe gilt bei der Übertragung aus dem Nachlass an einen **Vermächtnisnehmer**.

562 Naturgemäß steht den Erben auch die Möglichkeit offen, das **Handelsgeschäft zu verpachten**. Unabhängig davon, ob die Erben im Handelsregister bereits eingetragen sind oder nicht, haben sie und der Pächter den Vorgang zur Eintragung anzumelden. Stellt sich hierbei heraus, dass nach dem Tod des Erblassers das Geschäft zunächst von den Erben in Erbengemeinschaft ohne Eintragung im Handelsregister weiterbetrieben worden ist, muss das Registergericht darauf bestehen, dass die Eintragung der Erben nachgeholt wird. Erfolgt jedoch die Verpachtung sogleich nach dem Anfall, ohne dass die Erben selbst das Geschäft betrieben haben (vgl. § 27 Abs. 2 HGB), kann der Pächter unmittelbar nach dem Erblasser in das Handelsregister eingetragen werden. Dasselbe gilt für die Verpachtung des Geschäfts durch einen etwaigen Testamentsvollstrecker.

---

[1] *Krafka*, in: MünchKommHGB, § 8 Rz. 55 a; *Vossler*, in: Oetker, HGB, § 25 Rz. 37 unter Verweis auf **OLG Düsseldorf** RNotZ 2008, 424 mit Anm. *Heil* (= NJW-RR 2008, 1211).

[2] **KG** OLGZ 1991, 261, 264 (= DNotZ 1990, 278); **KG** HRR 1934 Nr. 1041; *Zimmer*, in: Ebenroth/Boujong/Joost/Strohn, HGB, § 31 Rz. 7; *Krafka*, in: MünchKommHGB, § 31 Rz. 12.

[3] So die h. L. siehe **LG Koblenz** MittRhNotK 1974, 263; *Baumbach/Hopt*, HGB, § 27 Rz. 8; anderer Ansicht: *Lieb*, in: MünchKommHGB, § 27 Rz. 50 m. w. N.; *Zimmer*, in: Ebenroth/Boujong/Joost/Strohn, HGB, § 27 Rz. 35.

563 Ist ein **Testamentsvollstrecker** (§§ 2197 ff. BGB) zur Verwaltung des Handelsgeschäfts,[1] z. B. auch für eine bestimmte Zeitdauer nach dem Tod des Erblassers, bestellt worden (§ 2209 BGB), so bestehen grundsätzlich zwei Möglichkeiten: Entweder wird das Geschäft vom Testamentsvollstrecker unter dem Namen der Erben und bei deren persönlicher Haftung, mit der Möglichkeit der Haftungsbeschränkung nach §§ 25, 27 HGB, fortgeführt. Anzumelden haben dann nur die Erben. Nur diese werden als Inhaber der Firma im Handelsregister eingetragen. Die Testamentsvollstreckung wird im Handelsregister nicht vermerkt. Die Anordnung der Testamentsvollstreckung und die Rechtsverhältnisse zwischen Testamentsvollstrecker und Erben berühren das Registergericht insoweit nicht. Die zweite Möglichkeit besteht darin, dass der Testamentsvollstrecker das Geschäft im eigenen Namen und mit eigener Haftung fortführt. Ihm steht lediglich die Möglichkeit der Haftungsbeschränkung nach § 25 Abs. 2 HGB offen.[2] Im zuletzt genannten Fall hat nur der Testamentsvollstrecker anzumelden, da er – nicht aber die Erben – als Geschäftsinhaber in das Handelsregister einzutragen ist. Da lediglich der Inhaberwechsel (§ 31 Abs. 1 HGB), nicht aber sein Rechtsgrund einzutragen ist, wird im Handelsregister das Amt des Testamentsvollstreckers nicht angegeben.

564 Beispiel einer **Anmeldung** der Erbfolge bei dem Handelsgeschäft eines Einzelkaufmanns:

> Der im Handelsregister des Amtsgerichts Augsburg HRA 5522 als Inhaber der Firma „Buchhandel und Verlag Hugo Huber Nachf. Martin Malcher e. K." eingetragene Martin Malcher ist am 19. April 2009 verstorben.
>
> Nach der beigefügten Ausfertigung des Erbscheins des Amtsgerichts Augsburg vom 29. Oktober 2009, VI 539/09, wurde er von uns beerbt.
>
> Zur Eintragung in das Handelsregister melden wir an, dass wir in Erbengemeinschaft das Geschäft unter der geänderten Firma „Buchhandel und Verlag Hugo Huber e. K." fortführen.

565 Die **Anmeldung eines Testamentsvollstreckers** hätte zu lauten:

> Der im Handelsregister des Amtsgerichts Augsburg HRA 5522 eingetragene Inhaber der Firma „Buchhandel und Verlag Hugo Huber Nachf. Martin Malcher e. K.", Herr Martin Malcher, ist am 19. April 2009 verstorben. Er hat mich laut Testamentsvollstreckerzeugnis des Amtsgerichts Augsburg vom 8. Juli 2009, Az. VI 539/09, das ich in Ausfertigung vorlege, zum Testamentsvollstrecker eingesetzt mit der Anordnung, das unter der vorbezeichneten Firma betriebene Handelsgeschäft auf die Dauer von zehn Jahren seit seinem Tode zu verwalten.
>
> Zur Eintragung in das Handelsregister melde ich an:
>
> Ich führe das Geschäft unter eigenem Namen mit der bisherigen Firma, jedoch ohne den Nachfolgezusatz ‚Nachf. Martin Malcher' fort.
>
> Die Herrn Fritz Fix erteilte Prokura bleibt bestehen.

566 In diesem Fall ist das Ende der Inhaberschaft durch den Testamentsvollstrecker (19. April 2019) nicht im Handelsregister einzutragen. Bei der Übertragung auf die Erben nach Ablauf der Zehnjahresfrist ist vielmehr vom Testamentsvollstrecker und den Erben der Übergang des Geschäfts auf die Erben und dessen Fortführung in Erbengemeinschaft oder in anderer Form entsprechend anzumelden und einzutragen.

567 b) Eintragung des Inhaberwechsels durch Nachfolge von Todes wegen. Dass das einzelkaufmännische Unternehmen durch eine Erbengemeinschaft weiter betrieben wird,

---

[1] Vgl. *Zimmer*, in: Ebenroth/Boujong/Joost/Strohn, HGB, § 31 Rz. 7; *Körber*, in: Oetker, HGB, § 1 Rz. 94 ff.; *Karsten Schmidt*, in: MünchKommHGB, § 1 Rz. 58 ff.

[2] RGZ 132, 238; KG DNotZ 1939, 344; siehe *Schelter* DNotZ 1976, 703.

ist mit dem Inhaberwechsel in Spalte 3 Unterspalte b einzutragen. Bei Erwerb durch einen Alleinerben wird dieser als neuer Geschäftsinhaber in Spalte 3 Unterspalte b eingetragen und der verstorbene Geschäftsinhaber gerötet. Der früher oftmals in Spalte 5 eingetragene Vermerk „Geschäft und Firma sind im Wege der Erbfolge auf (...) übergegangen", ist in diesem Fall überflüssig. Der Rechtsgrund des Inhaberwechsels wird in das Handelsregister weder bei einem Inhaberwechsel unter Lebenden noch bei der Inhaberänderung durch Erbgang eingetragen.

568 Die Eintragung der Fortführung des Geschäfts durch eine Erbengemeinschaft würde im Handelsregister folgendermaßen aussehen:

569 **Spalte 2**
Unterspalte a (Firma):
Geändert, nun: *(Vorstehendes als Übergangstext gemäß § 16 a HRV):* Buchhandel und Verlag Hugo Huber e. K. *(und Rötung der bisherigen Firma)*
Spalte 3
Unterspalte a (Allgemeine Vertretungsbefugnis): –
Unterspalte b (Inhaber): Nicht mehr Inhaber: Malcher, Martin, München, *1. 3. 1934 *(Vorstehendes ist zu röten)* nun: *(Vorstehendes Wort als Übergangstext)*
Inhaber in Erbengemeinschaft:
Malcher, Michael, Augsburg, *2. 2. 1950;
Muggenthaler, Maria, Kempten, *3. 3. 1955;
Meinhold, Mina, Neu-Ulm, *4. 4. 1960;
gemeinschaftlich handelnd.

8. Aufnahme eines Gesellschafters in das Handelsgeschäft

570 Wird in ein bestehendes Handelsgeschäft eines Einzelkaufmanns ein persönlich haftendender **Gesellschafter** oder ein Kommanditist **aufgenommen,** so kann trotz der dadurch bedingten Umwandlung der Einzelhandelsfirma in eine OHG bzw. KG die Firma fortgeführt werden (§ 24 Abs. 1 HGB). Die Aufnahme des nunmehr zutreffenden **Rechtsformzusatzes** (z. B. OHG oder KG) ist gemäß § 19 Abs. 1 Nr. 2 und 3 HGB zwingend erforderlich.

571 Die Änderung der Inhaberschaft ist vom bisherigen Inhaber und sämtlichen eintretenden Personen gemeinsam zur Eintragung in das Handelsregister **anzumelden** (§§ 31, 107, 108, 161 Abs. 2 HGB). Bei bereits eingetragenen **Prokuren** ist anzumelden, ob sie erloschen sind oder ob sie bestehen bleiben, da eine durch den Einzelkaufmann erteilte Prokura bei Eintritt eines Gesellschafters in das Handelsgeschäft grundsätzlich erlischt[1] (Rz. 372). Falls keine dahin gehende Erkärung in der Anmeldung enthalten ist, wird das Registergericht um Aufklärung bitten. Es ist jedoch weder berechtigt, noch verpflichtet, ohne entsprechende Erklärung des Anmelders oder des einreichenden Notars (§ 378 Abs. 2 FamFG) eine Löschung der Prokuren vorzunehmen.

572 Die neue Gesellschaft **haftet** in diesem Fall, unabhängig davon, ob sie die frühere Firma des Alleininhabers fortführt oder nicht, für alle im Betrieb entstandenen Verbindlichkeiten des früheren Geschäftsinhabers. Ebenso gelten die im Betrieb begründeten **Forderungen** als auf die Gesellschaft übergegangen. Ein etwaiger **Ausschluss** dieser Rechtsfolgen, auch in der Weise, dass lediglich die Haftung des Eintretenden ausgeschlossen ist,[2] bedarf, um gegen Dritte zu wirken, entweder der Mitteilung an den Dritten oder der Eintragung ins Handelsregister in Verbindung mit einer öffentlichen Bekanntmachung (§ 28 Abs. 2 HGB). Die Anmeldung, dass der Übergang von Forderungen und Verbindlichkeiten ausgeschlossen sein soll, haben der bisherige In-

---
[1] **BayObLG** DNotZ 1971, 191; *Krebs,* in: MünchKommHGB, § 52 Rz. 35 m. w. N.
[2] **OLG Celle** Rpfleger 1980, 387.

haber und der Eintretende unverzüglich zu bewirken. Die Eintragung darf durch das Registergericht nicht verzögert werden. Unterbleibt ein solcher Ausschluss und treten damit die in § 28 Abs. 1 HGB geregelten Folgen ein, so erfolgt allerdings kein Hinweis hierauf im Handelsregister.

Beispiel für die **Anmeldung** des Eintritts eines Gesellschafters in das Handelsgeschäft eines Einzelkaufmannes: 573

> Der Verleger Ludwig Lainer in Augsburg ist als Inhaber der Firma „Buchhandel und Verlag Hugo Huber e. K." im Handelsregister des Amtsgerichts Augsburg unter HRA 5522 eingetragen.
>
> In das unter dieser Firma betriebene Handelsgeschäft ist Martin Malcher, Augsburg, geboren am 11. 1. 1975, als persönlich haftender Gesellschafter eingetreten. Die offene Handelsgesellschaft führt die bisherige Firma unter Abänderung des Rechtsformzusatzes wie folgt fort: „Buchhandel und Verlag Hugo Huber OHG". Die Gesellschaft hat ihren Sitz in Augsburg.
>
> Zur Vertretung der Gesellschaft ist jeder Gesellschafter einzeln berechtigt. Die Herrn Fritz Fix erteilte Einzelprokura bleibt bestehen.

Die **Eintragung** erfolgt gemäß § 40 Nr. 3 und 5 HRV auf dem bisherigen Registerblatt, wenn die Firma mit einem Gesellschafterzusatz fortgeführt wird. Die Eintragung erfolgt ebenso auf dem bisherigen Registerblatt, wenn für die mit Gesellschafteraufnahme entstandene OHG oder KG eine neue Firma gebildet wird. Denn auch in diesem Fall handelt es sich nicht um ein Erlöschen der bisherigen Firma (§ 31 Abs. 2 Satz 1 HGB), sondern um deren Änderung bei Gesellschafteraufnahme.[1] In diesem Fall kann aber auch die Eintragung der neuen Firma auf einem neuen Registerblatt erfolgen (vgl. § 41 Abs. 1 HRV). Allerdings ist bei Eintragung der neuen Firma unter neuer Nummer auf einem anderen Registerblatt der Gesellschaftereintritt in das Einzelhandelsgeschäft und ebenso eine von § 28 Abs. 1 HGB abweichende Vereinbarung nach § 41 HRV in Spalte 5 des Registers bei der neuen Firma zu vermerken und in Spalte 6 Unterspalte b auf das jeweils andere Registerblatt zu verweisen. Das bisher geführte Registerblatt wird in diesem Fall nach § 22 HRV gerötet. Die Eintragung des Ausschlusses nach § 28 Abs. 2 HGB erfolgt gemäß § 40 Nr. 5 lit. b sublit. gg HRV. 574

Beispiel für die Vornahme der **Eintragung** im Handelsregister in den betroffenen Registerspalten: 575

> **Spalte 2** 576
> **Unterspalte a (Firma):** Geändert, nun: *(Vorstehendes als Übergangstext)*
> Buchhandlung und Verlag Hugo Huber OHG *(Die bisherige Firma ist zu röten)*
> **Spalte 3**
> **Unterspalte a (Allgemeine Vertretung):**
> Jeder persönlich haftende Gesellschafter vertritt einzeln. *(Die bisherige Regelung ist zu röten)*
> **Unterspalte b (Persönlich haftende Gesellschafter):**
> Geändert, nun: *(vorstehender Text ist als Übergangstext einzutragen)*
> Persönlich haftender Gesellschafter: Lainer, Ludwig, Augsburg, *6. 3. 1968
> Eingetreten: *(vorstehendes Wort als Übergangstext)*
> Persönlich haftender Gesellschafter: Malcher, Martin, Augsburg, *11. 1. 1975
> **Spalte 5 (Rechtsverhältnisse):**
> **Unterspalte a (Rechtsform, Beginn und Satzung):**
> Geändert, nun: *(vorstehendes Wort wiederum als Übergangstext)*
> Offene Handelsgesellschaft. *(Die bisherige Rechtsform ist zu röten)*

---

[1] OLG Hamm BB 1977, 967 (= DNotZ 1978, 114).

III. Erlöschen der Firma eines Einzelkaufmanns

1. Grund des Erlöschens der Firma

577 Die **Firma** des Einzelkaufmanns **erlischt** durch endgültige Aufgabe des Gewerbebetriebs,[1] nicht also bei nur vorübergehender Stilllegung.[2] Ebenso erlischt die Firma bei dauerndem Nichtgebrauch sowie auf Antrag bei Vorliegen eines kleingewerblichen Unternehmens (§ 2 Satz 3 HGB). Bei letzterem ist vom Registergericht zu überprüfen, ob die Voraussetzungen des § 1 Abs. 2 HGB vorliegen, da in diesem Fall eine Löschung auf Antrag nicht stattfinden kann (Rz. 505). Die Firma erlischt ferner bei Veräußerung des Gewerbebetriebes ohne Firma sowie im Erbgang, wenn die Erben das Geschäft unter neuer Firma fortführen. Zudem erlischt die Firma bei einer Ausgliederung des gesamten Unternehmens des Einzelkaufmannes durch die Eintragung der Ausgliederung (§ 155 Satz 1 UmwG). Der Tod des Inhabers führt dagegen nicht automatisch zum Erlöschen der Firma, da diese von den Erben fortgeführt werden kann.

2. Anmeldung des Erlöschens

578 Das **Erlöschen** ist vom bisherigen Inhaber bzw. dem Veräußerer zum Handelsregister **anzumelden** (§ 31 Abs. 2 HGB). Zudem ist das Erlöschen bestehender Prokuren anzumelden. Ist der bisherige Inhaber verstorben, so sind seine Erben anmeldepflichtig, wenn sie das Geschäft unter neuer Firma fortführen. Ist eine Firma bereits bei Lebzeiten des Erblassers erloschen, so sind die Erben zur Anmeldung berechtigt, aber nicht verpflichtet.[3] Unterbleibt die Anmeldung so hat die Löschung von Amts wegen im Verfahren nach § 393 FamFG zu erfolgen. Wenn bei Veräußerung des Handelsgeschäfts die Firma nicht fortgeführt wird, hat der Veräußerer das Erlöschen der Firma anzumelden. Erlischt die von einem Pächter abgeleitet geführte Firma, hat dieser als letzter Firmeninhaber allein das Erlöschen anzumelden.[4] Bei Erlöschen der Firma im Fall der **Insolvenz** ist der Gemeinschuldner anmeldepflichtig, nicht aber der Insolvenzverwalter, da die Anmeldung erst nach Abschluss des Insolvenzverfahrens möglich ist. Bei Erlöschen der Firma durch **Ausgliederung** des gesamten Unternehmens ist das Erlöschen der Firma von Amts wegen einzutragen (§ 155 Satz 2 UmwG).

579 Beispiel für die **Anmeldung** des Erlöschens der Firma

> Zur Eintragung in das Handelsregister wird angemeldet: Die Firma samt allen gegebenenfalls im Handelsregister eingetragenen Prokuren ist erloschen.

3. Eintragung

580 Die **Eintragung** des Erlöschens ist in Spalte 5 Unterspalte b nach § 40 Nr. 5 lit. b sublit. dd HRV im Handelsregister zu vermerken. Das Registerblatt wird rot durchkreuzt (§ 22 Abs. 1 Alt. 2 HRV). Hingegen empfiehlt sich die Vorgehensweise nach § 22 Abs. 1 Alt. 1 HRV alle Eintragungen rot zu unterstreichen nicht, da auf diesem Weg eine denkbare Wiederherstellung des Registerblattes erheblich erschwert wird. Zur Bekanntmachung an die Beteiligten und die öffentliche Bekanntmachung siehe Rz. 194 ff.

581 Die Eintragung in Spalte 5 Unterspalte b lautet:

> Die Firma ist erloschen.

---

[1] **BayObLG** Rpfleger 1990, 56; **BayObLG** Z 1967, 459.
[2] *Baumbach/Hopt*, HGB, § 17 Rz. 23; *Schlingloff*, in: Oetker, HGB, § 17 Rz. 17.
[3] **KG** JW 1926, 1675.
[4] **LG Augsburg** Rpfleger 1982, 70; **LG Nürnberg-Fürth** BB 1976, 810; *Tönnies* MittRhNotK 1987, 28; anderer Ansicht: **OLG Düsseldorf** Rpfleger 1987, 203.

IV. Umwandlungsvorgänge
1. Ausgliederung aus dem Vermögen eines Einzelkaufmanns

a) Allgemeines. Nach § 124 Abs. 1 UmwG ist es einem Einzelkaufmann möglich, sich als übertragender Rechtsträger an einer **Ausgliederung** zu beteiligen. Besondere Vorschriften hierzu enthalten die Bestimmungen der §§ 152 bis 160 UmwG. Hiernach setzt die Teilnahme an derartigen Vorgängen zunächst zwingend voraus, dass das einzelkaufmännische Unternehmen im Handelsregister eingetragen ist (§ 152 Satz 1 UmwG). Zudem ist eine Ausgliederung zur Aufnahme des Unternehmens oder von Teilen hiervon nur möglich durch Personenhandelsgesellschaften (OHG oder KG), Kapitalgesellschaften (GmbH, AG, KGaA) oder eingetragene Genossenschaften (vgl. § 152 Satz 1 UmwG). Eine Ausgliederung zur Neugründung kann nur zu einer Kapitalgesellschaft als neuem Rechtsträger führen (§ 152 Satz 1 UmwG).

Die Erstellung eines Ausgliederungsberichts ist entbehrlich (§§ 153, 158 UmwG). Voraussetzung der Ausgliederung ist aber, dass nicht offensichtlich die Verbindlichkeiten des Einzelkaufmannes sein Vermögen übersteigen (§§ 154, 160 Abs. 2 UmwG). Im Fall der Ausgliederung zur Neugründung hat der Einzelkaufmann hierzu eine Aufstellung vorzulegen, in welcher sein Vermögen seinen Verbindlichkeiten gegenübergestellt wird (§ 159 Abs. 3 UmwG). Für die Anmeldung ist bei einer Neugründung § 160 Abs. 1 UmwG zu beachten, wonach die Anmeldung nach § 137 Abs. 1 UmwG von dem Einzelkaufmann und den Geschäftsführern oder den Mitgliedern des Vorstandes und des Aufsichtsrats einer neuen Gesellschaft vorzunehmen ist.

b) Beispielsfall einer Ausgliederung aus dem Vermögen eines e. K. zur Neugründung auf eine GmbH. Am 30. 8. 2009 geht beim Amtsgericht Bonn folgende Anmeldung ein:

> **Betrifft: BBD Biobauern-Dienst e. K. mit Sitz in Bonn, HRA 1000**
> In der Anlage überreiche ich, der unterzeichnende alleinige Inhaber der Firma „BBD Biobauern-Dienst e. K." (Amtsgericht Bonn HRA 1000) und alleiniger Geschäftsführer der neugegründeten BBD Biobauern-Dienst GmbH mit Sitz in Bonn:
> – Ausfertigung des Ausgliederungsplans nebst Gesellschaftsvertrag der neu gegründeten BBD Biobauern-Dienst GmbH vom heutigen Tage – URNr. 1200/2009 des beglaubigenden Notars;
> – Gesellschafterliste der neuen GmbH;
> – von mir als einzigem Gesellschafter unterzeichneten Sachgründungsbericht;
> – Bilanz des übertragenden Rechtsträgers zum 31. 12. 2008;
> und melde zur Eintragung in das Handelsregister an:
> Ich habe im Wege der Ausgliederung zur Neugründung eine Gesellschaft mit beschränkter Haftung unter der Firma BBD Biobauern-Dienst GmbH gegründet und das gesamte Vermögen des vorgenannten einzelkaufmännischen Unternehmens auf diese übertragen.
> Auf die Anfechtung des Ausgliederungsplanes wurde verzichtet. Ein Ausgliederungsbeschluss ist nach §§ 125, 13 UmwG nicht erforderlich, da der Alleininhaber der Einzelfirma auch Alleingesellschafter der GmbH ist. Ein Ausgliederungsbericht ist nach §§ 158, 153 UmwG nicht erforderlich. Eine Ausgliederungsprüfung entfällt nach § 125 Satz 2 UmwG. Ich versichere, dass meine Verbindlichkeiten mein Vermögen nicht übersteigen.
> Der Sitz der Gesellschaft ist Bonn, die inländische Geschäftsanschrift ist Beethovenallee 21, 53113 Bonn.
> Die allgemeine Vertretungsregelung lautet: Ist nur ein Geschäftsführer bestellt, so vertritt dieser die Gesellschaft alleine. Sind mehrere Geschäftsführer bestellt, so wird die Gesellschaft durch zwei Geschäftsführer gemeinschaftlich oder durch einen Geschäftsführer in Gemeinschaft mit einem Prokuristen vertreten.
> Zum Geschäftsführer wurde ich bestellt. Ich vertrete stets einzeln. Von den Beschränkungen des § 181 BGB bin ich befreit.

Es liegen keine Umstände vor, aufgrund derer ich nach § 6 Abs. 2 Satz 3 und 4 GmbHG vom Amt eines Geschäftsführers ausgeschlossen wäre: Während der letzten fünf Jahre erfolgte weder im In- noch wegen einer vergleichbaren Straftat im Ausland eine Verurteilung wegen einer oder mehrerer Straftaten
- des Unterlassens der Stellung des Antrags auf Eröffnung des Insolvenzverfahrens (Insolvenzverschleppung),
- nach den §§ 283 bis 283 d StGB,
- der falschen Angaben nach § 82 GmbHG oder § 399 AktG,
- der unrichtigen Darstellung nach § 400 AktG, § 331 HGB, § 313 UmwG oder § 17 PublG oder
- nach den §§ 263 bis 264 a oder den §§ 265 b bis 266 a StGB,

auch wurde mir weder durch gerichtliches Urteil noch durch vollziehbare Entscheidung einer Verwaltungsbehörde die Ausübung eines Berufs, Berufszweigs, Gewerbes oder Gewerbezweigs untersagt, somit auch nicht im Bereich des Unternehmensgegenstands der Gesellschaft; ferner wurde ich nicht aufgrund einer behördlichen Anordnung in einer Anstalt verwahrt. Weiter versichere ich: Ich wurde vom Notar eingehend belehrt, auch darüber, dass ich dem Registergericht gegenüber unbeschränkt auskunftspflichtig bin.

Nach Eintragung der Gesellschaft im Handelsregister bitte ich um Eintragungsmitteilung an die Gesellschaft und den beglaubigenden Notar.

Bonn, den 25. August 2009

Es folgt eine Unterschrift mit Beglaubigungsvermerk.

585 Beim **Registergericht prüft** zunächst der für den Einzelkaufmann zuständige Rechtspfleger die ordnungsgemäße Anmeldung, sodann der – vorbehaltlich abweichender landesrechtlicher Vorschriften – für die GmbH nach § 17 Nr. 1 lit. a und c RPflG zuständige Richter die Erfordernisse für den Formwechsel sowie die zusätzlichen Anforderungen an die Neugründung einer GmbH. Insbesondere prüft er, ob die Frist des § 17 Abs. 2 UmwG i. V. m. § 125 UmwG eingehalten ist und ob die Anlagen zur Anmeldung nach § 17 Abs. 1, §§ 125, 136 UmwG in der notwendigen Form, hier also lediglich der notariell beurkundete Ausgliederungsplan, Bilanz und Sachgründungsbericht (vgl. § 159 Abs. 1 UmwG), eingereicht wurden, ob die neue Rechtsform zu den möglichen neuen Rechtsträgern nach § 152 UmwG gehört und ob die Anforderungen an den Ausgliederungsplan nach § 126 UmwG erfüllt sind. Nachdem im vorliegenden Fall das gesamte einzelkaufmännische Unternehmen übertragen wird, ist die Darstellung der zu übertragenden Werte insofern einfacher, als in gesteigertem Maße Sachgesamtheiten aufgeführt werden können; auch hier ist aber die Bestimmbarkeit der einzelnen, zu übertragenden Vermögenswerte erforderlich. Ferner bedarf es auch bei einer solchen Ausgliederung, bei der das gesamte Unternehmen übertragen werden soll, einer Darstellung der Auswirkung auf die Arbeitnehmer und ggf. deren Vertretungen nach § 126 Abs. 1 Nr. 11 UmwG, bei Übertragung auf einen bestehenden Rechtsträger auch bezüglich des übernehmenden Rechtsträgers. Ein Ausgliederungsbericht ist hingegen nach § 153 UmwG nicht erforderlich (siehe Rz. 583). Zu § 154 UmwG wurde die Versicherung in der Anmeldung abgegeben; diese Erklärung des Inhabers, dass sein Vermögen die Verbindlichkeiten des Einzelkaufmanns übersteigen, bedarf ohne konkrete Anhaltspunkte des Gegenteils keiner weiteren Überprüfung durch das Registergericht.

586 Darüber hinaus ist nach § 159 UmwG die Gründung wie eine **Sachgründung** zu behandeln. Es ist daher ein Sachgründungsbericht vorzulegen, der den Anforderungen des § 5 Abs. 4 Satz 2 GmbHG entspricht, der also nachvollziehbar darstellt, dass das übertragene Unternehmen die übernommenen Geschäftsanteile wert ist. Nachdem ein Unternehmen übertragen wird, müssen auch die Jahresergebnisse der beiden letzten Geschäftsjahre angegeben werden. Dies ist nur dann nicht erforderlich, soweit das

Unternehmen so lange noch nicht bestanden hat.[1] In diesem Zusammenhang kommt es nur auf die tatsächliche Dauer des Unternehmens, nicht aber auf den Zeitpunkt der Eintragung in das Handelsregister Abteilung A an. Gegebenenfalls kann das Gericht zusätzliche Unterlagen zur Bewertung anfordern. Zur Ablehnung ist das Gericht allerdings nur dann verpflichtet, wenn eine Überbewertung für das Gericht erkennbar ist.[2] Auch die übrigen Anforderungen bei Neugründung einer GmbH, also insbesondere die Gesetzmäßigkeit der Satzung unter den Einschränkungen des § 9c Abs. 2 GmbHG und die ordnungsgemäße Bestellung der Geschäftsführer, sind zu beachten. Sodann trägt zunächst der Registerrichter nach §§ 130, 137 Abs. 3 UmwG die neue GmbH unter Bezugnahme auf die Ausgliederung, wenn die Eintragung nicht an allen betroffenen Registerstellen am selben Tag erfolgt mit Wirksamkeitsvorbehalt (z. B. HRB 5500) ein:

Spalte 2
Unterspalte a (Firma): BBD Biobauern-Dienst GmbH
Unterspalte b (Sitz): Bonn; Geschäftsanschrift: Beethovenalle 21, 53113 Bonn
Unterspalte c (Gegenstand des Unternehmens):
Groß- und Einzelhandel mit biologischen Lebensmitteln

Spalte 3 (Stammkapital): 25 000 €

Spalte 4
Unterspalte a (Allgemeine Vertretungsregelung):
Ist nur ein Geschäftsführer bestellt, so vertritt er die Gesellschaft allein. Sind mehrere Geschäftsführer bestellt, so wird die Gesellschaft durch zwei Geschäftsführer gemeinsam oder durch einen Geschäftsführer gemeinsam mit einem Prokuristen vertreten.
Unterspalte b (Geschäftsführer und besondere Vertretungsbefugnis):
Heusenstamm, Günter, Bonn, *14. 4. 1962, einzelvertretungsberechtigt mit der Befugnis, im Namen der Gesellschaft mit sich im eigenen Namen oder als Vertreter eines Dritten Rechtsgeschäfte abzuschließen.

Spalte 6 (Rechtsverhältnisse):
Unterspalte a (Rechtsform, Gesellschaftsvertrag):
Gesellschaft mit beschränkter Haftung. Gesellschaftsvertrag vom 25. 8. 2009
Unterspalte b (Sonstige Rechtsverhältnisse):
Entstanden durch Ausgliederung des von Herrn Günter Heusenstamm, Bonn, *14. 4. 1962, als Inhaber unter der Firma „BBD Biobauern-Dienst e. K." mit Niederlassung in Bonn (Amtsgericht Bonn HRA 1000) betriebenen Unternehmens. Die Ausgliederung wird erst wirksam mit Eintragung in das Register des übertragenden Rechtsträgers.

Eine Bekanntmachung dieser Eintragung gemäß § 10 HGB ist nach § 137 Abs. 3 Satz 3 UmwG noch nicht zulässig. Es erfolgt jedoch neben der Eintragungsmitteilung an das Unternehmen und den einreichenden Notar (§ 383 Abs. 1 FamFG) auch eine solche zur Registerakte des Einzelkaufmanns.
Der Rechtspfleger, ggf. auch der Richter nach § 5 Abs. 1 Nr. 2 RPflG, trägt nach Erhalt der Mitteilung über die Eintragung der neuen GmbH in das **Register der Einzelfirma** in Spalte 5 Unterspalte b (§ 43 Nr. 5 lit. b sublit. ee HRV) ein:

Das Unternehmen ist gemäß Ausgliederungsplan vom 25. 8. 2009 aus dem Vermögen des Inhabers auf die neu gegründete „BBD Biobauern-Dienst GmbH" mit Sitz in Bonn (Amtsgericht Bonn HRB 5500) ausgegliedert.

---

[1] *Bayer*, in: Lutter/Hommelhoff, GmbHG, § 5 Rz. 33.
[2] *Bayer*, in: Lutter/Hommelhoff, GmbHG, § 9c Rz. 21; *Schmidt-Leithoff*, in: Rowedder/Schmidt-Leithoff, GmbHG, § 9c Rz. 25 ff.; *Heyder*, in: Michalski, GmbHG, § 9c Rz. 25.

591 Diese Eintragung wird gemäß § 10 HGB mit dem Gläubigerhinweis nach §§ 125, 22 UmwG **bekannt gemacht**. Das Registerblatt ist mit dieser Eintragung durch Kreuzung oder sonstiges Kenntlichmachen zu schließen (§ 22 Abs. 1 HRV). Die Akten sind nach Kostenbehandlung als Vorband bei der Registerakte der neuen GmbH zu führen. Der Gläubigerhinweis lautet:

> „Den Gläubigern der an der Ausgliederung beteiligten Rechtsträger ist, wenn sie binnen sechs Monaten nach dem Tag, an dem die Eintragung der Ausgliederung in das Register des Rechtsträgers, dessen Gläubiger sie sind, nach §§ 125, 19 Abs. 3 UmwG als bekannt gemacht gilt, ihren Anspruch nach Grund und Höhe schriftlich anmelden, Sicherheit zu leisten, soweit sie nicht Befriedigung verlangen können. Dieses Recht steht ihnen jedoch nur zu, wenn sie glaubhaft machen, dass durch die Ausgliederung die Erfüllung ihrer Forderung gefährdet wird."

Die Eintragung wird überdies dem Unternehmen, dem einreichenden Notar und dem Registergericht der neuen GmbH mitgeteilt. Der Richter trägt sodann unter der nächsten fortlaufender Eintragungsnummer im **Registerblatt der GmbH** ein:

> Die Ausgliederung wurde am (...) in das Register des übertragenden Rechtsträgers eingetragen.

592 Diese Eintragung ist zugleich mit dem Wirksamkeitsvorbehalt bei der ersten Eintragung zu röten. Beide Eintragungen erscheinen im aktuellen Ausdruck (§ 30a Abs. 4 Satz 3 HRV) nicht mehr.

593 Nunmehr hat die Bekanntmachung der neuen GmbH zu erfolgen, wobei die Eintragung zur Wirksamkeit in Spalte 6 Unterspalte b am besten in einem Text zusammengefasst wird:

> Entstanden durch Ausgliederung der „BBD Biobauern-Dienst e. K." mit Sitz in Bonn (Amtsgericht Bonn HRA 1000). Die Eintragung wurde wirksam mit Eintragung der Ausgliederung in das Register des übertragenden Rechtsträgers am (...).

Hier ist ein Gläubigerhinweis nicht erforderlich, da es noch keine Gläubiger der GmbH gegeben hat, die von der Ausgliederung betroffen sein könnten.

593a Ein Prüfungsschema für die Vornahme der Ausgliederung eines einzelkaufmännischen Unternehmens auf eine GmbH kann folgendermaßen aussehen:

> **A. Phase I: Übernehmende GmbH**
>> **I. Anmeldung**
>> Zu allen beteiligten Rechtsträgern
>> **1. durch jeweilige Vertretungsorgane** (§ 16 Abs. 1 UmwG)
>> **Kaufmann und Geschäftsführer** (§ 160 Abs. 1, § 137 Abs. 1 UmwG)
>> **2. bei jeweils zuständigem Registergericht**
>> **3. Erklärung, dass <u>keine Klage gegen Verschmelzungsbeschluss</u>** (§ 14 UmwG)
>> Erhoben oder anhängig (§ 16 Abs. 2 Satz 1 UmwG)
>> Oder <u>notariell beurkundeter Verzicht</u> der Klageberechtigten (§ 16 Abs. 2 Satz 2 UmwG)
>> **4. Erklärung, dass Verbindlichkeiten des eK sein Vermögen nicht übersteigen** (§§ 152, 154, 160 Abs. 2 UmwG)
>> **5. *(für übernehmenden Rechtsträger: Erklärungen für Neugründung***
>>> a) *Legitimation der Geschäftsführer* (§ 6 GmbHG)
>>> Wenn nicht schon im Gesellschaftsvertrag (§ 8 Abs. 1 Nr. 2 GmbHG)
>>> Genaue Personalien, Wohnort, Geburtsdaten

- **b) Versicherung über Bewirkung von Leistungen (§ 7 Abs. 2 und 3 GmbHG) sowie freie Verfügung**
  Durch alle Geschäftsführer (§ 78 GmbHG)
  Konkret: wer, wie viel (§ 8 Abs. 2 Satz 1 GmbHG)
  mindestens 12 500 € (sofern keine Gründung als Unternehmergesellschaft)
  Mindesteinzahlung von $1/4$ (§ 7 Abs. 2 Satz 1 GmbHG) auf jede Stammeinlage
- **c) Versicherung über Belehrung zu unbeschränkter Auskunftspflicht (§ 6 Abs. 2 GmbHG)** unter Anführung der Bestellungshindernisse im Einzelnen
- **d) Angabe über Vertretungsbefugnis der Geschäftsführer** (§ 8 Abs. 4 GmbHG)
  allgemeine Vertretungsregelung und besondere Vertretungsbefugnisse
  Übereinstimmung mit dem Gesellschaftsvertrag
  gegebenenfalls zusätzlich Gesellschafterbeschluss für konkrete Befugnis
  Bestellung/Vertretungsregelung (§ 46 Nr. 5 GmbHG)
- **e) Inländische Geschäftsanschrift**

II. Ausgliederungsplan (§§ 4, 5, 126, 136 UmwG)
1. durch Einzelkaufmann (§ 136 UmwG)
2. notariell beurkundet (§§ 125, 6 UmwG)
3. Firma und Sitz aller beteiligten Rechtsträger (§ 126 Abs. 1 Nr. 1 UmwG)
4. Vereinbarung über Übertragung des Vermögens gegen Gewährung von Anteilen (§ 126 Abs. 1 Nr. 2 UmwG)
5. Zeitpunkt, ab dem die übertragenen Anteile Anspruch auf Bilanzgewinn gewähren (§ 126 Abs. 1 Nr. 5 UmwG)
6. Spaltungsstichtag (§ 126 Abs. 1 Nr. 6 UmwG)
7. besondere Rechte für einzelne Anteilsinhaber (§ 126 Abs. 1 Nr. 7 UmwG)
8. besondere Vorteile einzelner Mitglieder der Vertretungs-/Aufsichtsorgane (§ 126 Abs. 1 Nr. 8 UmwG)
9. genaue Bezeichnung der übertragenen Gegenstände (§ 126 Abs. 1 Nr. 9 UmwG) mit **genauer Bestimmung** für eindeutige dingliche Zuordnung (§§ 126 Abs. 2, 131 UmwG), beachte § 28 GBO
10. Folgen für Arbeitnehmer oder deren Vertretung (§ 126 Abs. 1 Nr. 11 UmwG)

III. Zustimmungsbeschlüsse
Niederschrift über Verschmelzungsbeschlüsse (§§ 125, 13 UmwG)
  Notariell beurkundet
  Bei Alleingesellschafter bloße Formalität

IV. Ausgliederungsbericht (§§ 127, 8 UmwG)
Nicht erforderlich (§§ 153, 158 UmwG)

V. Nachweis über rechtzeitige Zuleitung an Betriebsrat (§§ 125, 5 Abs. 3 UmwG)
  Spätestens 1 Monat vor Versammlung
  Frist verzichtbar
  Ggf. Hinweis auf Fehlen eines Betriebsrates

VI. Bilanz des übertragenden Einzelkaufmannes (§ 17 Abs. 2 UmwG)
  Mit Aufstellung, dass Verbindlichkeiten des eK sein Vermögen nicht übersteigen (§§ 154, 160 Abs. 2, 159 Abs. 3 UmwG)
  Stichtag maximal 8 Monate vor der Anmeldung
  Von eK unterschrieben (§ 245 HGB)
  Nur bei eK vorzulegen

VII. Neugründung
1. **Liste der Gesellschafter**
   Name, Vorname, Geburtsdatum, Wohnort, Nummern und Höhe der Geschäftsanteile (§ 8 Abs. 1 Nr. 3, § 57 Abs. 3 Nr. 2 GmbHG)
   Unterschrieben durch sämtliche Geschäftsführer (§ 8 Abs. 1 Nr. 3, § 78 GmbHG)
2. **Verträge über Sacheinlagen (§ 8 Abs. 1 Nr. 4 GmbHG)**

3. **Sachgründungsbericht** (§§ 138, 159 II, 58 UmwG i. V. m. § 5 Abs. 4 GmbHG)
mit Prüfung einer Aufstellung über Vermögen und Verbindlichkeiten des Kaufmannes (§§ 159 Abs. 3, 152, 154, 160 Abs. 2 UmwG)
mit Geschäftsverlauf und Lage der übertragenen Rechtsgüter (§§ 159, 58 Abs. 1 UmwG)
gegebenenfalls mit Jahresbilanzen der beiden letzten Geschäftsjahre (§ 5 Abs. 4 Satz 2 GmbHG)
durch alle Gesellschafter unterschrieben
4. **Unterlagen über Wert der Sacheinlagen** (§ 8 Abs. 1 Nr. 5 GmbHG)
5. **wirksamer Gesellschaftsvertrag**

VIII. Eintragung
„Entstanden durch Ausgliederung"
Mitteilung an Gericht des übertragenden eK
mit Wirksamkeitsvorbehalt
keine Veröffentlichung (§ 137 Abs. 3 Satz 3 UmwG)

B. Phase II: Übertragender Rechtsträger: Einzelkaufmann
Ohne Wirksamkeitsvorbehalt
Mitteilung an Gericht übernehmende GmbH
Mit Sonderveröffentlichung (§§ 125, 22 UmwG)

C. Phase III: Übernehmender Rechtsträger: GmbH
Eintragung, dass Ausgliederung bei übernehmendem Rechtsträger eingetragen und gleichzeitige Rötung (§ 130 Abs. 2 Satz 2 UmwG)
Rötung für Wirksamkeitsvorbehalt
Bekanntmachung der Neueintragung der GmbH

2. Verschmelzung einer Kapitalgesellschaft mit dem Vermögen des Alleingesellschafters

594 **a) Allgemeines.** Die Vorschriften der §§ 120 bis 122 UmwG sehen die Möglichkeit vor, eine Kapitalgesellschaft im Wege der Aufnahme mit dem Vermögen des Alleingesellschafters zu **verschmelzen**. Denkbar ist dies nur, wenn die fragliche Person sämtliche Anteile an der übertragenden GmbH, AG oder KGaA[1] hält oder die Gesellschaft ansonsten lediglich eigene Anteile hält (§ 120 Abs. 2 UmwG). Für die Verschmelzung sind auf Seiten der Kapitalgesellschaft die jeweils einschlägigen Grundvorschriften zu beachten (§ 121 UmwG). Sofern der Alleingesellschafter noch nicht im Handelsregister eingetragen ist, jedoch als natürliche Person die Voraussetzungen des § 1 Abs. 2 HGB erfüllt und in diesem Fall obligatorisch die Eintragung beantragt, ist er in das Handelsregister als Einzelkaufmann einzutragen (vgl. § 122 Abs. 1 UmwG). Besteht keine Pflicht zur Eintragung nach § 1 Abs. 2 HGB, beantragt er jedoch die Eintragung als Kaufmann im Sinne des § 2 HGB, ist auch diese Eintragung im Handelsregister Abteilung A vorzunehmen. In beiden Fällen erfolgt die Eintragung bei der übertragenden Kapitalgesellschaft – sofern nicht alle Eintragungen am selben Tag erfolgen – unter Wirksamkeitsvorbehalt, der nach Mitteilung der Einzelkaufmannseintragung in einer weiteren Schlusseintragung gelöscht wird. Besteht keine Pflicht zur Eintragung und wird auch kein entsprechender Antrag gestellt, so erfolgt die Eintragung der Verschmelzung beim übertragenden Rechtsträger ohne Wirksamkeitsvorbehalt; die Verschmelzung wird mit dieser Eintragung nach § 122 Abs. 2 UmwG wirksam. Es ist bereits mit dieser Eintragung das Blatt zu durchkreuzen bzw. sonst als gelöscht zu kennzeichnen (§ 22 Abs. 1 HRV). Die Eintragung ist unter „Löschungen" gemäß § 10 HGB bekanntzumachen.

---

[1] Vgl. hierzu *Bärwaldt/Schabacker* NJW 1997, 93; *Marsch-Barner*, in: Kallmeyer, UmwG, § 120 Rz. 2; *Maier-Reimer*, in: Semler/Stengel, UmwG, § 120 Rz. 27 ff.

b) **Beispielsfall der Verschmelzung einer GmbH mit dem Vermögen ihres Alleingesellschafters.** Beim Amtsgericht Limburg gehen am 15. 7. 2009 folgende Anmeldungen ein: 595

Betrifft: Café am Dom GmbH – HRB 6000
In der Anlage überreicht Peter Stürzer als einzelvertretungsberechtigter Geschäftsführer und Alleingesellschafter der Gesellschaft:
- Notariell beglaubigte Abschrift des Verschmelzungsvertrags vom 14. 4. 2009 (URNr. 500/2006 des Notars Eduard Graf von Salm in Limburg);
- Notariell beglaubigte Abschrift der Niederschrift über die Gesellschafterversammlung der Café am Dom GmbH mit Sitz in Limburg vom gleichen Tag mit der Zustimmung zum Verschmelzungsvertrag und den erforderlichen Verzichtserklärungen;
- Schlussbilanz der Café am Dom GmbH mit Sitz in Limburg zum 31. 12. 2008.

Ich erkläre gemäß § 16 Abs. 2 Satz 2 UmwG, dass ich als alleiniger Gesellschafter auf die Anfechtung des Zustimmungsbeschlusses zur Verschmelzung verzichtet habe. Darüber hinaus versichere ich, dass bei der übertragenden Gesellschaft ein Betriebsrat nicht vorhanden ist.

Ich melde zur Eintragung an:
Die Gesellschaft ist aufgrund des Verschmelzungsvertrags vom 14. 4. 2009 und des Beschlusses der Gesellschafterversammlung vom gleichen Tag nebst Erklärung der Zustimmung des Alleingesellschafters mit dem Vermögen des Alleingesellschafters Peter Stürzer verschmolzen, welcher das Unternehmen als in das Handelsregister einzutragendes Einzelunternehmen mit Hauptniederlassung in Limburg weiterführt.

Nach Vollzug bitte ich um Eintragungsnachricht an das Unternehmen und den Notar.
Limburg, den 10. 7. 2009
Es folgt eine Unterschrift mit Beglaubigungsvermerk.

Am gleichen Tag geht beim Amtsgericht Limburg folgende weitere Anmeldung ein: 596

Betrifft: Neueintragung der Firma „Café am Dom e. K." mit Sitz in Limburg aufgrund Verschmelzung der „Cafe am Dom GmbH" (HRB 6000)
In der Anlage überreicht der einzelvertretungsberechtigte Geschäftsführer und Alleingesellschafter der Café am Dom GmbH mit dem Sitz in Limburg (Amtsgericht Limburg HRB 6000) als künftiger Einzelkaufmann:
- Notariell beglaubigte Abschrift des Verschmelzungsvertrags vom 14. 4. 2009 (URNr. 500/2009 des Notars Eduard Graf von Salm in Limburg);
- Notariell beglaubigte Abschrift der Niederschrift über die Gesellschafterversammlung der vorgenannten Gesellschaft vom gleichen Tage nebst Zustimmung durch den Alleingesellschafter und den erforderlichen Verzichtserklärungen.

Es wird versichert, dass in der vorgenannten Urkunde auf die Anfechtung des Zustimmungsbeschlusses verzichtet wurde. Ein Betriebsrat besteht bei der übertragenden Gesellschaft nicht, sodass auch keine Zuleitung des Entwurfs des Verschmelzungsvertrags an denselben möglich war.

Ich melde zur Eintragung an:
Die Café am Dom GmbH mit Sitz in Limburg (Amtsgericht Limburg HRB 6000) ist aufgrund des Verschmelzungsvertrags vom 14. 4. 2009 und des Beschlusses der Gesellschafterversammlung vom selben Tag und der ausdrücklichen weiteren Zustimmung des Alleingesellschafters mit dessen Vermögen verschmolzen. Das Unternehmen wird unter der Firma „Café am Dom e. K." in Limburg (Alte Gasse 4) vom Alleingesellschafter weitergeführt. Die Eintragung als eingetragener Kaufmann wird hiermit beantragt.

Nach Vollzug der Eintragung bitte ich um Eintragungsmitteilung an mich und den Notar.
Es folgt eine Unterschrift mit Beglaubigungsvermerk.

Der für die GmbH zuständige Registerrichter (§ 17 Nr. 1 lit. c RPflG) nimmt zunächst die bei Verschmelzungen üblichen Prüfungen vor (vgl. Rz. 1173 ff.). Eine Kapi- 597 talerhöhung scheidet hier aus zwei Gründen von vornherein aus: Zum einen ist die Übernehmerin keine Kapitalgesellschaft, zum anderen führt die Verschmelzung zu einer Neueintragung. Auch hier ist auf die Einhaltung der Frist nach § 17 Abs. 2 UmwG zu achten und auch auf das Behandeln der Folgen für Arbeitnehmer und ihre Vertretungen im Verschmelzungsvertrag (§ 5 Abs. 1 Nr. 9 UmwG). Ferner ist die Vorlage eines Nachweises über die rechtzeitige Zuleitung an den Betriebsrat nach § 17 Abs. 1 UmwG oder die Erklärung, dass ein solcher nicht besteht, erforderlich. Sodann trägt der Registerrichter in Spalte 6 Unterspalte b (§ 43 Nr. 6 lit. b sublit. ee HRV) ein bzw. verfügt die Eintragung:

> Die Gesellschaft ist aufgrund des Verschmelzungsvertrags vom 14. 4. 2009 und des Beschlusses der Gesellschafterversammlung vom 14. 4. 2009 mit dem Vermögen des Alleingesellschafters verschmolzen, welcher das Unternehmen als eingetragener Kaufmann unter der Firma „Café am Dom e. K." mit Niederlassung in Limburg weiterführt. Die Verschmelzung wird erst wirksam durch Eintragung in das Register des neuen Rechtsträgers.

598 Diese Eintragung wird nach § 10 HGB mit dem Gläubigerhinweis nach § 22 UmwG bekannt gemacht:

> Den Gläubigern der an der Verschmelzung beteiligten Rechtsträger ist, wenn sie binnen sechs Monaten nach dem Tag, an dem die Eintragung der Verschmelzung in das Register desjenigen Rechtsträgers, dessen Gläubiger sie sind, nach § 19 Abs. 3 UmwG als bekannt gemacht gilt, ihren Anspruch nach Grund und Höhe schriftlich anmelden, Sicherheit zu leisten, soweit sie nicht Befriedigung verlangen können. Dieses Recht steht ihnen jedoch nur zu, wenn sie glaubhaft machen, dass durch die Verschmelzung die Erfüllung ihrer Forderung gefährdet wird.

599 Eine **Eintragungsmitteilung** geht an das Unternehmen, den einreichenden Notar (§ 383 Abs. 1 FamFG) sowie an das Registergericht zur Neueintragung des einzelkaufmännischen Unternehmens. Dort trägt der Rechtspfleger oder auch der Richter nach § 5 Abs. 1 Nr. 2 RPflG ein bzw. verfügt die **Eintragung:**

> **Spalte 2**
> **Unterspalte a (Firma):** Café am Dom e. K.
> **Unterspalte b (Sitz):** Limburg, Geschäftsanschrift: Alte Gasse 4, 65550 Limburg
> **Spalte 3**
> **Unterspalte a (Allgemeine Vertretungsregelung):**
> Der Inhaber handelt allein.
> **Unterspalte b (Inhaber):** Inhaber: Stürzer, Peter, Limburg, *15. 10. 1952
> **Spalte 5**
> **Unterspalte a (Rechtsform):** Eingetragener Kaufmann
> **Unterspalte b (Sonstige Rechtsverhältnisse):** Entstanden durch Verschmelzung der Café am Dom GmbH mit Sitz in Limburg (Amtsgericht Limburg HRB 6000) auf das Vermögen des Alleingesellschafters.

600 Diese Eintragung wird ebenfalls nach § 10 HGB mit dem Gläubigerhinweis nach § 22 UmwG mit identischem Wortlaut wie bei der GmbH bekannt gemacht. Der Gläubigerhinweis ist erforderlich, weil zwar das Einzelunternehmen neu entsteht, der eigentliche Rechtsträger, nämlich der Inhaber, jedoch durchaus Gläubiger haben kann, deren Forderungen beeinträchtigt werden könnten. Eintragungsmitteilungen gehen an das Unternehmen, den einreichenden Notar und zur Registerakte der GmbH. Der Richter nimmt sodann bei der GmbH in Spalte 6 Unterspalte b die **Schlusseintragung** vor bzw. verfügt sie:

> Die Verschmelzung wurde am 25. 7. 2009 in das Register der neu eingetragenen Einzelfirma eingetragen (siehe Amtsgericht Limburg HRA 766).

Damit wird das Blatt gekreuzt oder auf sonstige Weise als gelöscht gekennzeichnet 601
(§ 22 Abs. 1 HRV). Diese Eintragung wird nach § 10 HGB unter Löschungen (ohne
Gläubigerhinweis) bekannt gemacht. Die Akten werden nach Kostenbehandlung als
Vorband zum Akt der Einzelfirma geleitet.

B. Offene Handelsgesellschaft

I. Allgemeines zur offenen Handelsgesellschaft

Die OHG ist eine Gesellschaft, deren Zweck sich auf den **Betrieb eines Handelsge-** 602
werbes[1] unter einer **gemeinschaftlichen Firma** richtet und bei der die **sämtliche Gesell-**
schafter den Gläubigern **unbeschränkt haften** (§ 105 Abs. 1 HGB). Die OHG ist eine
Gesamthandsgesellschaft, keine juristische Person, die jedoch unter ihrer Firma Rechte erwerben und Verbindlichkeiten eingehen kann (§ 124 Abs. 1 HGB). Denkbar ist,
dass Gesellschafter einer OHG nur juristische Personen sind, deren Haftung beschränkt ist, beispielsweise bei einer aus mehreren Gesellschaften mit beschränkter
Haftung bestehenden GmbH & Co. OHG. Die Entstehung einer OHG setzt den Abschluss eines Vertrags zwischen den Gesellschaftern voraus, der grundsätzlich keiner
besonderen Form bedarf[2] und daher auch stillschweigend zustande kommen kann.

a) **Gesellschafter einer OHG.** Gesellschafter einer OHG sind natürliche bzw. juristi- 603
sche Personen. Auch eine Vor-GmbH kann Gesellschafterin einer OHG sein.[3] **Min-**
derjährige bedürfen zum Abschluss des Gesellschaftsvertrags der familiengerichtlichen Genehmigung[4] (§§ 1643 Abs. 1, 1822 Nr. 3 BGB). Liegen die Voraussetzungen
der §§ 1629 Abs. 2, 1795 BGB vor, ist also insbesondere ein Elternteil des Minderjährigen Mitgesellschafter, so bedarf es für den wirksamen Abschluss des Gesellschaftsvertrags der Bestellung eines Ergänzungspflegers (§ 1909 BGB), da der Vertragsabschluss aufgrund möglicher Haftungen nicht lediglich rechtlich vorteilhaft ist.[5] Für
mehrere Minderjährige ist jeweils ein Ergänzungspfleger zu bestellen, da durch den
Gesellschaftsvertrag auch zwischen den Minderjährigen Rechtsbeziehungen zustande
kommen, so dass insoweit § 181 BGB der Bestellung eines für mehrere Minderjährige
handelnden Pflegers entgegensteht.[6] Dasselbe gilt für den unwahrscheinlichen Fall
der Beteiligung eines Betreuten (§ 1908 i BGB).

Auch eine andere OHG oder eine KG kann Gesellschafter einer OHG sein.[7] Aller- 604
dings ist es einer OHG nicht möglich, an sich selbst beteiligt zu sein, da die Existenz
„eigener Gesellschaftsanteile" bei Personenhandelsgesellschaften ausgeschlossen ist.[8]

---

[1] Hierzu **BayObLG** Z 2002, 95 (= Rpfleger 2002, 454); **OLG Düsseldorf** NJW-RR 2003, 1120.
[2] *Baumbach/Hopt*, HGB, § 105 Rz. 54 ff.; *Karsten Schmidt*, in: MünchKommHGB, § 105 Rz. 132 ff.
[3] **BGH** NJW 1985, 736; *Baumbach/Hopt*, HGB, § 105 Rz. 28; *Karsten Schmidt*, in: Münch-KommHGB, § 105 Rz. 86; *Weitemeyer*, in: Oetker, HGB, § 105 Rz. 34.
[4] **BayObLG** Z 1976, 281; **OLG Hamm** Rpfleger 1974, 152; ferner **OLG Frankfurt** NZG 2008, 749 (zur Kommanditgesellschaft); *Weitemeyer*, in: Oetker, HGB, § 105 Rz. 16; *Wertenbruch*, in: Ebenroth/Boujong/Joost/Strohn, HGB, § 105 Rz. 56; *Karsten Schmidt*, in: MünchKomm-HGB, § 105 Rz. 83 und Rz. 145; *Stöber* Rpfleger 1968, 2; *Haegele* BWNotZ 1969, 2; *Winkler* ZGR 1973, 177.
[5] **BGH** Z 68, 225 (= NJW 1977, 1339); *Weitemeyer*, in: Oetker, HGB, § 105 Rz. 33.
[6] **OLG Zweibrücken** NZG 1999, 717.
[7] Siehe **BGH** WM 1973, 1291; **BFH** DB 1991, 889; *Weitemeyer*, in: Oetker, HGB, 105 Rz. 35; *Wertenbruch*, in: Ebenroth/Boujong/Joost/Strohn, HGB, § 105 Rz. 96.
[8] **BGH** Z 119, 346, 356; *Baumbach/Hopt*, HGB, § 105 Rz. 30; *Karsten Schmidt*, in: Münch-KommHGB, § 105 Rz. 93.

Immer noch zweifelhaft ist, ob eine **Gesellschaft des bürgerlichen Rechts** Gesellschafterin einer OHG sein kann.[1] Als Gründe dagegen werden die nach Außen fehlende Einheit und die mangelnde Registerpublizität der GbR angeführt. Zumindest das erstgenannte Argument ist mit der Entscheidung des BGH[2] für die Rechtsfähigkeit der Außen-GbR hinfällig. Im Übrigen wurde im Zuge einer weiteren Entscheidung des BGH,[3] wonach eine GbR Kommanditistin sein kann, mit der Bestimmung des § 162 Abs. 1 Satz 2 HGB eine ausdrückliche Regelung zur registerlichen Behandlung dieser Problematik in das Gesetz aufgenommen. Dem Anlass der gesetzlichen Regelung, die beiläufig im Verfahren eines anderen Gesetzesvorhabens eingeführt wurde, lässt sich nicht entnehmen, dass hierdurch die Möglichkeit der GbR, auch Gesellschafterin einer OHG sein zu können, ausgeschlossen werden sollte. Da auch deren externe Haftungsverfassung nach der Rechtsprechung des BGH der einer OHG gleicht, bestehen nunmehr keine durchgreifenden Bedenken gegen die Fähigkeit der GbR, Gesellschafterin einer OHG sein zu können.[4] Die registerliche Behandlung erfolgt entsprechend § 162 Abs. 1 Satz 2 HGB, so dass sämtliche Gesellschafter der GbR in das Handelsregister einzutragen sind und auch jede Änderung im Bestand der GbR zur Eintragung in das Handelsregister der OHG anzumelden ist. Dass die Vertretungsregelung der eingetragenen GbR registerlich nicht vermerkt wird, spricht nicht gegen die Möglichkeit persönlich haftende Gesellschafterin sein zu können,[5] da auch für die Vor-GmbH trotz fehlender Registerpublizität die Komplementärfähigkeit bejaht wird.

604a Anzumerken bleibt, dass die **praktische Handhabung** nach der Änderung des § 162 BGB (hierzu Rz. 708) zu kaum tragbaren Belastungen führt und letztlich zur Unübersichtlichkeit des Registers. Im Hinblick auf die erforderliche Praktikabilität der Registerführung wäre es auch nach Anerkennung ihrer Grundbuchfähigkeit zwingend erforderlich, gesetzlich zu bestimmen, dass Gesellschaften bürgerlichen Rechts, welche als einzutragende Gesellschafter bei offenen Handelsgesellschaften oder Kommanditgesellschaften, ggf. auch bei sonstigen Rechtsträgern auftreten wollen – und nur solche –, einer registerlichen Eintragungspflicht unterliegen.[6] Diese Rechtsform könnte problemlos im Handelsregister Abteilung A unter Ausweisung als Gesellschaft bürgerlichen Rechts untergebracht werden. Ihr sollte eine feste firmenähnliche Bezeichnungsmöglichkeit zuerkannt werden. Änderungen im Gesellschafterbestand müssten sodann allein im Registerblatt der GbR festgehalten werden. Damit wäre einer Überlastung der Spalten 3 und 5 im Registerblatt von Handelsgesellschaften Einhalt geboten. Auch wären dort nicht laufend Änderungen erforderlich, die den Bestand des eingetragenen Rechtsträgers nur mittelbar berühren (siehe ferner zu Eintragungen und Abänderungen diesbezüglich Rz. 708). Eine Eintragung der GbR als Gesellschafterin einer OHG würde folgendermaßen aussehen:

---

[1] Vgl. *Wertenbruch,* in: Ebenroth/Boujong/Joost/Strohn, HGB, § 105 Rz. 97; *Baumbach/Hopt,* HGB, § 105 Rz. 29; *Karsten Schmidt,* in: MünchKommHGB, § 105 Rz. 96 ff.

[2] **BGH** Z 146, 341 (= NJW 2001, 1056).

[3] **BGH** Z 148, 291 (= FGPrax 2001, 251).

[4] *Karsten Schmidt,* in: MünchKommHGB, § 105 Rz. 99; *Weitemeyer,* in: Oetker, HGB, § 105 Rz. 35; *Wertenbruch,* in: Ebenroth/Boujong/Joost/Strohn, HGB, § 105 Rz. 97.

[5] Anderer Ansicht: *Heil* NJW 2002, 2158; wie hier *Steinbeck* DStR 2001, 1162; anders ebenfalls **LG Berlin** NZG 2003, 580, wonach die Vertretungsregelung der GbR im Register der Personenhandelsgesellschaft eingetragen werden soll, ebenso *Schmidt/Bierly* NJW 2004, 1210 ohne nähere Begründung.

[6] Mit ähnlichen Erwägungen de lege ferenda zur Grundbuchfähigkeit der GbR: **BayObLG** NJW 2003, 70 (= Rpfleger 2003, 78 mit Anm. *Dümig*); siehe nunmehr allerdings § 47 GBO und § 899a BGB.

Spalte 2
Unterspalte b (Persönlich haftende Gesellschafter und besondere Vertretung):
Persönlich haftender Gesellschafter:
Gesellschaft bürgerlichen Rechts mit der Bezeichnung „ABC Grundstücksverwaltung Sonnenstraße GbR" mit Sitz in München, bestehend aus:
Huber, Hugo, München, *15. 5. 1965
Lang, Gerhard, Rosenheim, *3. 3. 1974

Eine **Erbengemeinschaft** kann, trotz ihrer Stellung als Gesamthandsgemeinschaft aufgrund der Besonderheiten der §§ 2032 ff. BGB nicht Mitglied einer OHG sein.[1] Ferner kann auch eine stille Gesellschaft nicht OHG-Gesellschafterin sein, ebenso wenig die eheliche Gütergemeinschaft als solche[2] (vgl. §§ 1417, 717, 719 BGB). Die Beteiligung eines in **Gütergemeinschaft** lebenden Ehegatten an einer OHG gehört somit grundsätzlich zu dessen Sondergut, sofern nicht im Gesellschaftsvertrag die freie Übertragbarkeit von Gesellschaftsanteilen festgelegt wurde, mit der Folge, dass mangels abweichender ehevertraglicher Regelungen die Beteiligung in das Gesamtgut der ehelichen Gütergemeinschaft fällt (zur Eintragung siehe Rz. 700).[3] Sofern ein Dritter nicht beteiligt ist, können in Gütergemeinschaft lebende Ehegatten daher unter sich eine OHG nur durch Zuweisung der Gesellschaftsanteile zum jeweiligen Vorbehaltsgut errichten.[4] 605

b) **Firma einer OHG.** (Siehe hierzu auch Rz. 243 ff.). Denkbar ist eine Personen-, Sach-, Fantasie- oder Mischfirma. Zwingend erforderlich ist ein Rechtsformzusatz (§ 19 Abs. 1 Nr. 2 HGB), so dass allein die Bezeichnung „& Co." nicht ausreicht. Zur Vermeidung einer Irreführung (§ 18 Abs. 2 HGB), darf einer mit den Namen aller Gesellschafter gebildeten Firma kein das Vorhandensein weiterer Gesellschafter andeutender Zusatz angefügt werden. Besteht die Gesellschaft aus A und B, so kann die Firma etwa A & B OHG, A & Co. OHG lauten, nicht aber A, B & Co. OHG. Die Firma eines Einzelkaufmanns kann bei Aufnahme eines Gesellschafters in das Handelsgeschäft fortgeführt werden (§ 24 Abs. 1 HGB). Die Einwilligung des Einzelkaufmanns ist nicht erforderlich und somit auch nicht durch das Gericht zu prüfen. Hierbei ist die Firma grundsätzlich unverändert fortzuführen. Allerdings ist eine originäre Firmenbildung unter Verwendung von Bestandteilen der bisherigen Firma des einzelkaufmännischen Unternehmens zulässig. Ein Nachfolgezusatz, ggf. auch als Gesellschaftszusatz, ist möglich, aber nicht nötig.[5] Wird eine Kommanditgesellschaft nach Ausscheiden des letzten Kommanditisten zur OHG, so darf die bisherige Firma ebenfalls fortgeführt werden (§ 24 Abs. 1 HGB), allerdings nur unter Anpassung des Rechtsformzusatzes. 606

c) **Sitz und Beginn einer OHG.** Der **Sitz** der OHG befindet sich am Ort der tatsächlichen Geschäftsführung.[6] Das ist der Ort, an welchem der Schwerpunkt ihrer unternehmerischen Betätigung liegt, also der Ort der Hauptverwaltung des Unternehmens. Eine freie, rechtsgeschäftliche statutarische Bestimmung des Sitzes ist dagegen nicht möglich, so dass einer abweichenden gesellschaftsvertraglichen Bestimmung keine Be- 607

---

[1] BGH NJW 1983, 2377; *Baumbach/Hopt,* HGB, § 105 Rz. 29; *Wertenbruch,* in: Ebenroth/Boujong/Joost/Strohn, HGB, § 105 Rz. 100; *Karsten Schmidt,* MünchKommHGB, § 105 Rz. 104.
[2] Siehe *Baumbach/Hopt,* HGB, § 105 Rz. 29; *Karsten Schmidt,* in: MünchKommHGB, § 105 Rz. 105; *Wertenbruch,* in: Ebenroth/Boujong/Joost/Strohn, HGB, § 105 Rz. 100.
[3] Vgl. **BayObLG** Z 1980, 414 (418); *Apfelbaum* MittBayNot 2006, 185.
[4] BGH Z 65, 79; anderer Ansicht: *Apfelbaum* MittBayNot 2006, 185 (189).
[5] BGH Z 62, 216 (224).
[6] BGH WM 1969, 293 (= BB 1969, 329 = MDR 1969, 662); BGH WM 1957, 999 (= BB 1957, 799).

deutung zukommt.¹ Die Begründung eines Doppel- oder Mehrfachsitzes ist bei einer OHG ausgeschlossen.² Der Wohnsitz der Gesellschafter ist ebenfalls grundsätzlich ohne Bedeutung, sofern nicht vom Wohnsitz eines Gesellschafters aus die Hauptverwaltung des Unternehmens durchgeführt wird.

608 Die OHG, deren Geschäftsbetrieb auf ein Handelsgewerbe (§ 1 Abs. 2 HGB) gerichtet ist, **beginnt** mit der Aufnahme ihrer Tätigkeit, wenn sie ihre Geschäftstätigkeit vor Eintragung ins Handelsregister aufnimmt, andernfalls mit der Eintragung (§ 123 HGB). Ist das Gewerbe der OHG nicht schon nach § 1 Abs. 2 HGB Handelsgewerbe oder handelt es sich um eine vermögensverwaltende OHG nach § 105 Abs. 2 HGB, so beginnt die Gesellschaft erst mit der Eintragung (§ 123 HGB). Da der Beginn der Gesellschaft nicht im Handelsregister eingetragen wird, sind auch dahingehende Ausführungen in der Handelsregisteranmeldung überflüssig.

II. Ersteintragung einer OHG

1. Anmeldung der OHG zur Eintragung in das Handelsregister

609 a) **Errichtung einer Offenen Handelsgesellschaft.** Anzumelden ist die bestehende OHG zur Eintragung in das Handelsregister vor oder unverzüglich nach Geschäftsbeginn und zwar bei dem Gericht, in dessen Bezirk sie ihren Sitz, also den Unternehmensschwerpunkt, hat (§ 106 Abs. 1 HGB, § 377 Abs. 1 FamFG). Die Erfüllung dieser sowohl öffentlich-rechtlichen als auch den Mitgesellschaftern gegenüber zivilrechtlichen Pflicht kann einerseits vom Registergericht gemäß § 14 HGB, §§ 388 ff. FamFG, andererseits von den Mitgesellschaftern im Wege eines Zivilprozesses (vgl. § 16 HGB) erzwungen werden.

610 Die Anmeldung ist von **sämtlichen Gesellschaftern** zu bewirken, auch wenn einzelne von ihnen von der Vertretung der Gesellschaft ausgeschlossen sind (§ 108 HGB). Für Geschäftsunfähige und beschränkt Geschäftsfähige handelt deren gesetzlicher Vertreter, der auch zugleich für sich und den Vertretenen anmelden kann, da für die Verfahrenshandlungen der Registeranmeldungen § 181 BGB nicht zur Anwendung kommt (siehe Rz. 75).³ Ist der beschränkt Geschäftsfähige selbstständig zum Betrieb eines Handelsgeschäfts befugt (§ 112 BGB), so kann er auch selbst die Anmeldung vornehmen. Für juristische Personen handeln deren Organe in vertretungsberechtigter Zahl, also auch in unechter Gesamtvertretung, so dass im letztgenannten Fall für eine AG die Anmeldung durch ein Vorstandsmitglied und einen Prokuristen erfolgen kann. Da es sich bei der angemeldeten Tatsache regelmäßig um eine solche handelt, die dem sachlichen Umfang des § 49 Abs. 1 HGB zugeordnet werden kann, ist auch die Vornahme der Anmeldung durch einen Prokuristen zulässig, ohne dass es einer gesonderten Vollmacht hierfür in der Form des § 12 Abs. 1 Satz 2 HGB bedarf.⁴

611 Die **Anmeldung** muss enthalten (§ 106 Abs. 2 HGB): Die **Personalien** (Familienname, Vorname, Geburtsdatum und Wohnort) jedes Gesellschafters, bei Gesellschaftern, die

---

¹ Herrschende Auffassung siehe *Märtens,* in: Ebenroth/Boujong/Joost/Strohn, HGB, § 106 Rz. 13; *Weitemeyer,* in: Oetker, HGB, § 106 Rz. 22; anderer Ansicht: *Koch* ZHR 173 (2009), 101.

² *Baumbach/Hopt,* HGB, § 106 Rz. 9; *Märtens,* in: Ebenroth/Boujong/Joost/Strohn, HGB, § 106 Rz. 13; *Weitemeyer,* in: Oetker, HGB, § 106 Rz. 22.

³ **BayObLG** Z 1970, 133 (= NJW 1970, 1796); **BayObLG** Z 1977, 76 (= DNotZ 1977, 683); *Krafka,* in: MünchKommHGB, § 12 Rz. 4.

⁴ **BGH** Z 116, 190; hierzu *Joost* ZIP 1992, 463; *Renaud/Hensen* GmbHR 2008, 687; anderer Ansicht: *Baumbach/Hopt,* HGB, § 108 Rz. 3; *Märtens,* in: Ebenroth/Boujong/Joost/Strohn, HGB, § 108 Rz. 13.

juristische Personen oder Personengesellschaften sind, Namen bzw. Firma, Sitz und ggf. die genaue Registerstelle deren Eintragung, nicht dagegen deren gesetzliche Vertreter. Bei Gesellschaften bürgerlichen Rechts (siehe hierzu Rz. 604 f.) bedarf es regelmäßig deren Kurzbezeichnung und entsprechend § 162 Abs. 1 Satz 2 HGB der Personendaten sämtlicher Gesellschafter, also z.B. „Entwicklungsgesellschaft Berliner Straße 52 GbR, bestehend aus Alois Müller, Bremen, *12. 12. 1962; Winfried Maier, Jena, *13. 1. 1965". Zudem muss die **Firma** und der **Ort**, also die politische Gemeinde, an dem die OHG ihren Sitz hat, angemeldet werden, ferner auch die **inländische Geschäftsanschrift**. Der Zeitpunkt, mit welchem die Gesellschaft ihr Handelsgewerbe unter der gemeinschaftlichen Firma begonnen hat, ist nicht im Handelsregister einzutragen und bedarf auch keiner Erwähnung in der Anmeldung.[1]

Außerdem ist die allgemeine **Vertretungsmacht der Gesellschafter** sowie eine etwaige Besonderheit der Vertretungslage bezüglich einzelner Gesellschafter, z.B. der etwaige Ausschluss eines Gesellschafters von der Vertretung, die Anordnung einer Gesamtvertretung oder einer Gesamtvertretung in der Art, dass ein Gesellschafter zusammen mit einem Prokuristen handeln darf (§ 125 Abs. 3 Satz 1 HGB), zur Eintragung anzumelden (§ 106 Abs. 2 Nr. 4 HGB).[2] Regelmäßig bedeutet dies die Anmeldung, dass jeder persönlich haftende Gesellschafter gemäß der gesetzlichen Bestimmung des § 125 Abs. 1 HGB die Gesellschaft einzeln vertritt. Bei einer hiervon abweichenden vertraglichen Regelung sind grundsätzlich beliebige Kombinationen möglich.[3] Ist jedoch ein einziger vorhandener Gesellschafter vertretungsberechtigt, so darf er nicht an die Mitwirkung eines Prokuristen gebunden werden.[4] Ebenso ist naturgemäß der Ausschluss sämtlicher Gesellschafter von der Vertretungsbefugnis unzulässig. Ist ein Gesellschafter von der Vertretung ausgeschlossen, so ist dieser Wortlaut bei der Anmeldung und bei der Eintragung zu wählen; die positive Ausdrucksweise („zur Vertretung der Gesellschaft ist nur X ermächtigt") entspricht nicht dem Wortlaut des Gesetzes und führt bei späteren Veränderungen in der Vertretungsbefugnis zu Schwierigkeiten und Missverständnissen. Beschränkungen des Umfangs der Vertretungsmacht der Gesellschafter können auf den Betrieb einer von mehreren Niederlassungen nur vorgenommen werden, wenn diese eine abweichende Firma führt (§ 126 Abs. 3, § 50 Abs. 3 HGB). Für die Hauptniederlassung muss dieser Gesellschafter stets vertretungsberechtigt bleiben. Die einem vertretenden Gesellschafter erteilte allgemeine Befreiung vom **Verbot des Selbstkontrahierens** (§ 181 BGB) ist zur Eintragung in das Handelsregister anzumelden[5] und zwar sowohl die Befreiung von beiden Varianten der In-Sich-Geschäfte des § 181 BGB, als auch die Befreiung nur für die Fälle des Selbstkontrahierens oder nur der Mehrfachvertretung. Aufgrund der Bedeutung der Eintragung für den Rechtsverkehr handelt es sich bei der Eintragung der Befreiung von § 181 BGB entsprechend § 10 Abs. 1 GmbHG um eine eintragungspflichtige Tatsache.[6]

612

---

[1] Vgl. die Aufhebung des § 106 Abs. 2 Nr. 3 HGB durch Art. 12 d Abs. 2 des 1. Justizmodernisierungsgesetzes vom 24. 8. 2004, BGBl. I S. 2198 und hierzu BT-Drucks. 15/3483, S. 25.
[2] Eingehend hierzu *Busch* Rpfleger 2003, 329; für Altfälle siehe Art. 52 EGHGB.
[3] Vgl. RG Z 90, 21.
[4] **BGH** Z 26, 330 (333).
[5] **OLG Hamburg** DNotZ 1986, 571 (= ZIP 1986, 1186); **OLG Hamm** MittRhNotK 1983, 92 (= BB 1983, 858); **LG Augsburg** MittBayNot 1982, 74 (= Rpfleger 1983, 28); **LG Düsseldorf** MittRhNotK 1983, 94 und MittRhNotK 1988, 238; anderer Ansicht **OLG Hamburg** OLGZ 1983, 23 (= MittRhNotK 1983, 164); **LG Berlin** Rpfleger 1982, 427.
[6] **OLG Frankfurt** FGPrax 2006, 273 (= NZG 2006, 230); *Karsten Schmidt*, in: MünchKomm-HGB, § 125 Rz. 57; *Weitemeyer*, in: Oetker, HGB, § 106 Rz. 25; *Baumbach/Hopt*, HGB, § 125 Rz. 26.

613 Die sonstigen **Einzelheiten des Gesellschaftsvertrags**, z. B. hinsichtlich der Dauer der Gesellschaft, sind nicht anzumelden und auch nicht im Register einzutragen. Die Anmeldung soll allerdings, wie stets, den **Unternehmensgegenstand** erkennen lassen (§ 24 Abs. 4 HRV). Da ohnehin die inländische Geschäftsanschrift zur Eintragung in das Handelsregister förmlich anzumelden ist, bedarf es keiner Mitteilung zur Lage der Geschäftsräume (§ 24 Abs. 2 HRV). Im Übrigen sind bestehende **Prokuren** und Zweigniederlassungen anzumelden (Rz. 363 ff.). **Nachweise** sind nicht beizufügen, insbesondere bedarf es keiner Vorlage des Gesellschaftsvertrags.

614 Beispiel für die Anmeldung der Ersteintragung einer OHG:

> Wir, Hugo Huber, München, geboren am 15. 5. 1965, und Gerhard Lang, Rosenheim, geboren am 3. 3. 1974, haben unter der Firma „Verlag Hugo Huber OHG" eine offene Handelsgesellschaft mit Sitz in München gegründet. Die inländische Geschäftsanschrift ist 80802 München, Buchstraße 41.
>
> Jeder Gesellschafter vertritt stets einzeln.
>
> Der Unternehmensgegenstand ist der Betrieb eines Verlagsgeschäfts.

615 **b) Errichtung durch Eintritt in das Geschäft eines Einzelkaufmanns.** Entsteht die OHG dadurch, dass gemäß § 28 Abs. 1 HGB jemand als **Gesellschafter in das Geschäft eines Einzelkaufmanns eintritt**, so ist neben der Gesellschaftsgründung gegebenenfalls auch ein vereinbarter Haftungsausschluss bzw. der Ausschluss des Forderungsübergangs gemäß **§ 28 Abs. 2 HGB** in Anlehnung an die Regelung des § 25 Abs. 2 HGB (hierzu Rz. 554 ff.) anzumelden und einzutragen (vgl. § 40 Nr. 5 lit. b sublit. gg HRV). Gesellschaftsrechtlich handelt es sich in diesem Fall um die Gründung der Gesellschaft unter Einbringung des bisherigen Geschäfts des Einzelkaufmanns im Wege der Sacheinlage.[1] Die Formulierung der gesetzlichen Vorschrift des § 28 HGB geht hingegen darauf zurück, dass in diesem Fall das Registerblatt des Einzelkaufmanns fortgeführt wird, dort die Firma mit zumindest geändertem Rechtsformzusatz (§ 19 Abs. 1 Nr. 2 HGB) neu vorgetragen und die übrigen angemeldeten Tatsachen eingetragen werden. Alternativ sieht allerdings § 41 HRV bei Bildung einer neuen Firma auch die Eintragung der OHG auf einem neuen Registerblatt vor, wobei sodann in beiden Blättern aufeinander wechselseitig zu verweisen ist.

616 Im Fall des § 28 HGB kann die **Handelsregisteranmeldung** folgendermaßen aussehen:

> In das von mir, Robert Rupp, München, geboren am 1. 1. 1950, bislang als Einzelkaufmann betriebene, im Handelsregister des Amtsgerichts München HRA 75 850 eingetragene Handelsgeschäft ist Gerhard Lang, Rosenheim, geboren am 3. 3. 1974, als persönlich haftender Gesellschafter eingetreten. Die inländische Geschäftsanschrift lautet: Buchstraße 41, 80802 München.
>
> Die bisherige Firma „Rupp Verlagsline e. K." wird von der hierdurch errichteten OHG mit Sitz in München unter der Firma „Rupp Verlagsline OHG" fortgeführt. In die Fortführung der Firma wird eingewilligt.
>
> Jeder Gesellschafter vertritt einzeln. In das Handelsregister soll eingetragen werden, dass die Gesellschaft nicht für die im Betrieb des Geschäfts entstandenen Verbindlichkeiten des bisherigen Geschäftsinhabers haftet.
>
> Der Unternehmensgegenstand ist der Betrieb eines Verlagsgeschäfts.
>
> *Beglaubigte Unterschriften von Robert Rupp und Gerhard Lang*

617 **c) Errichtung unter Erwerb eines Handelsgeschäfts.** Die unmittelbare Anwendung des **§ 25 HGB** kommt in Betracht, wenn mehrere Personen im Rahmen der Gründung

---

[1] *Vossler*, in: Oetker, HGB, § 28 Rz. 1.

einer OHG das Handelsgeschäft eines bisherigen Einzelkaufmanns oder einer sonstigen Handelsgesellschaft erwerben und dessen bzw. deren bisherige Firma mit oder ohne Nachfolgezusatz unter korrigiertem Rechtsformzusatz (§ 19 Abs. 1 Nr. 2 HGB) fortführen, ohne dass der oder die bisherigen Unternehmensinhaber Mitgesellschafter werden. In diesem Fall ist neben der Neuerrichtung der OHG auch das Erlöschen der etwaigen einzelkaufmännischen Firma anzumelden, sofern diese im Handelsregister eingetragen war.[1] Ein etwaiger Haftungsausschluss nach § 25 Abs. 2 HGB ist unter den allgemeinen hierfür zu beachtenden Voraussetzungen (hierzu Rz. 554 ff.) im Handelsregister auf dem Blatt der OHG mit der Ersteintragung zu vermerken (vgl. § 40 Nr. 5 lit. b sublit. ff. HRV). Das bisher für den Einzelkaufmann geführte Registerblatt kann für die neue Gesellschaft fortgeführt werden, wenn die Firma übernommen wird.[2]

Zudem ist die OHG zur Eintragung in das Handelsregister **anzumelden**. Unabhängig davon, ob nach § 22 Abs. 1 HGB die Einwilligung des bisherigen Firmeninhabers erforderlich ist oder ein Haftungsausschluss nach § 25 Abs. 2 HGB angemeldet wird, ist stets die Mitunterzeichnung des bisherigen Inhabers des einzelkaufmännischen Unternehmens als neuem Gesellschafter erforderlich: 618

> Wir, Hugo Huber, München, geboren am 15. 5. 1965, und Gerhard Lang, Rosenheim, geboren am 3. 3. 1974, haben eine Offene Handelsgesellschaft mit Sitz in München gegründet. Deren inländische Geschäftsanschrift lautet: Buchstraße 41, 80802 München.
> Die Gesellschaft führt die bisher durch den im Handelsregister (Amtsgericht München HRA 75 680) eingetragenen Einzelkaufmann Robert Rupp geführte Firma „Rupp Verlagsline e. K." unter Abänderung des Rechtsformzusatzes folgendermaßen fort: „Rupp Verlagsline OHG". Der bisherige Inhaber hat in die Firmenfortführung eingewilligt. In das Handelsregister soll eingetragen werden, dass die Gesellschaft nicht für die im Betrieb des Geschäfts entstandenen Verbindlichkeiten des bisherigen Geschäftsinhabers haftet.
> Jeder Gesellschafter vertritt einzeln.
> Der Unternehmensgegenstand ist der Betrieb eines Verlagsgeschäfts.

2. Prüfungspflicht und Eintragung

Das **Registergericht prüft** neben der formellen Ordnungsmäßigkeit des Eintragungsantrags, ob die **OHG rechtswirksam gegründet** wurde. Von einem wirksamen Vertragsschluss darf das Gericht ohne weiteres ausgehen, wenn die Gesellschaft durch sämtliche Mitgesellschafter angemeldet wird (vgl. § 108 HGB). Die Eintragung ist also stets vorzunehmen, wenn kein sachlich berechtigter Anlass zu Zweifeln an der ordnungsmäßigen Errichtung und Anmeldung der Gesellschaft besteht.[3] Bei der Beteiligung Minderjähriger erstreckt sich diese Prüfung auf deren zutreffende gesetzliche Vertretung und auf das Vorliegen erforderlicher familiengerichtlicher Genehmigungen.[4] Hingegen ist das Vorliegen sonstiger öffentlich-rechtlicher Genehmigungen, deren die Gesellschaft im Rahmen ihres Unternehmensgegenstands bedarf, vom Registergericht nicht zu prüfen (§ 7 HGB). Lediglich dann, wenn feststeht, dass der Tätigkeit der Gesellschaft ein unbehebbares Hindernis kraft öffentlichen Rechts entge- 619

---

[1] Anderer Ansicht *Kallrath,* in: Fleischhauer/Preuß, Handelsregisterrecht, Teil D Rz. 17, der registertechnisch den Vorgang unzutreffend als Inhaberwechsel deutet.
[2] Zutreffend *Kallrath,* in: Fleischhauer/Preuß, Handelsregisterrecht, Teil D Rz. 17.
[3] *Langhein,* in: MünchKommHGB, § 106 Rz. 40; *Märtens,* in: Ebenroth/Boujong/Joost/Strohn, HGB, § 106 Rz. 20.
[4] **OLG Frankfurt** NZG 2008, 749 (zur Übertragung einer Kommanditgesellschaftsbeteiligung); *Weitemeyer,* in: Oetker, HGB, § 105 Rz. 16; *Stöber* Rpfleger 1968, 2 (11); *Winkler* ZGR 1973, 177.

gensteht, wird zum Teil vertreten, dass die Eintragung in Ausnahmefällen versagt werden kann.[1] Ob ein Handelsgewerbe im Sinne des § 1 Abs. 2 HGB vorliegt, ist seitens des Gerichts nicht zu prüfen. Dies gilt auch für rein vermögensverwaltende Gesellschaften (§ 105 Abs. 2 Satz 1 Alt. 2 HGB), da die wirtschaftliche Sinnhaftigkeit der Rechtsformwahl nicht Gegenstand der registergerichtlichen Prüfungsbefugnis ist.[2] Allerdings ist eine Prüfung dahingehend erforderlich, ob der angemeldete Unternehmensgegenstand den Erfordernissen der § 1 Abs. 1, § 105 Abs. 1 HGB oder des § 105 Abs. 2 HGB genügt. Ferner ist stets die rechtliche Zulässigkeit der Firma (§§ 18, 19 HGB) und ihre Unterscheidbarkeit von bestehenden Firmen (§ 30 HGB) zu prüfen.

620 Die **Eintragung** erfolgt nach § 40 Nr. 2, 3 und 5 HRV. Besondere Vertretungsbestimmungen, die von der allgemeinen Vertretungsregelung abweichen, – und nur solche – sind somit bei dem jeweiligen Gesellschafter in Spalte 3 Unterspalte b zu vermerken (§ 40 Nr. 3 lit. b HRV a. E.). Zur **öffentlichen Bekanntmachung** siehe § 10 HGB; zur Mitteilung an die Beteiligten vgl. § 383 Abs. 1 FamFG.

621 Ist die Gesellschaft durch Eintritt eines persönlich haftenden Gesellschafters in das Geschäft eines eingetragenen Einzelkaufmanns entstanden (vgl. **§ 28 HGB**) und wird die Firma des bislang eingetragenen Rechtsträgers nicht fortgeführt, so ist bei Anlegung eines neuen Registerblatts für die OHG der Eintritt nach § 41 Abs. 1 HRV in beiden Registerblättern ausdrücklich zu vermerken. Zudem ist in beiden Registerblättern wechselseitig aufeinander zu verweisen (§ 41 Abs. 2 HRV). Ein Forderungsübergangs- bzw. Haftungsausschluss nach § 28 Abs. 2 HRV ist nur im tatsächlich fortgeführten Registerblatt einzutragen.

622 Die reguläre **Ersteintragung** einer OHG sieht danach folgendermaßen aus:

623 **Spalte 2**
Unterspalte a (Firma): Verlag Huber und Lang OHG
Unterspalte b (Sitz): München, Geschäftsanschrift: 80802 München, Buchstraße 41
Spalte 3
Unterspalte a (Allgemeine Vertretungsregelung):
Jeder persönlich haftende Gesellschafter vertritt einzeln.
Unterspalte b (Persönlich haftende Gesellschafter und besondere Vertretung):
Persönlich haftender Gesellschafter: Huber, Hugo, München, *15. 5. 1965
Persönlich haftender Gesellschafter: Lang, Gerhard, Rosenheim, *3. 3. 1974
Spalte 5
Unterspalte a (Rechtsform): Offene Handelsgesellschaft.
Unterspalte b (Rechtsverhältnisse): –

III. Änderungen bei einer bestehenden OHG

1. Anmeldung zur Eintragung von Änderungen

624 Die **Anmeldung** von Änderungen, die nach der Eintragung der OHG eintreten, muss stets von **sämtlichen Gesellschaftern** bewirkt werden, auch von denjenigen, die von der Vretretung ausgeschlossen sind (§§ 108, 143 Abs. 1 und 2 HGB).

625 Einer besonderen formellen Anmeldung bedarf auch die Korrektur der im Handelsregister eingetragenen **Tatsachenangaben** zu den eingetragenen Personen, insbesondere

---

[1] **OLG Düsseldorf** OLGZ 1985, 431 (= BB 1985, 1933); **OLG Frankfurt** OLGZ 1983, 25; **OLG Schleswig** Rpfleger 1982, 186; zurückhaltender **OLG Hamm** BB 1985, 1415; anderer Ansicht: *Körber*, in: Oetker, HGB, § 7 Rz. 11; *Krafka*, in: MünchKommHGB, § 7 Rz. 6.
[2] *Baumbach/Hopt*, HGB, § 105 Rz. 13; *Karsten Schmidt*, in: MünchKommHGB, § 105 Rz. 67; offengelassen von **OLG München** MittBayNot 2009, 52; anderer Ansicht: *Wertenbruch*, in: Ebenroth/Boujong/Joost/Strohn, HGB, § 105 Rz. 23.

der Gesellschafter und Prokuristen. Ändert sich beispielsweise deren Name oder Wohnort, so besteht die Verpflichtung der jeweils betroffenen Person, durch Beibringung ausreichender Nachweise bei dem Registergericht eine Berichtigung der eingetragenen Angaben anzumelden (vgl. Rz. 182 und Rz. 201). Ausreichend ist die Vorlage durch den betroffenen Gesellschafter.[1] Keiner Anmeldung bedarf selbstverständlich die Übertragung des Teils einer geleisteten Einlage an einen Mitgesellschafter, da der personelle Gesellschafterbestand in diesem Fall unverändert bleibt.

2. Änderung der Firma

Anzumelden ist die **Änderung** der **Firma** (§ 107 Alt. 1 HGB). Eine solche liegt bei jeder Änderung des „Namens" der OHG (§ 17 Abs. 1 HGB), somit auch bei der Annahme einer neuen Firma durch die gleichbleibende Personenhandelsgesellschaft, vor. 626

Bei Ausscheiden eines Gesellschafters, dessen Name in der Firma enthalten ist, bedarf es zur unveränderten Fortführung der Firma der ausdrücklichen Einwilligung dieses Gesellschafters oder seiner Erben (§ 24 Abs. 2 HGB). Wird die Einwilligung nicht erklärt, ist die Firma zu ändern. Erwirbt die OHG ein anderes Geschäft mit dem Recht der Firmenfortführung (vgl. § 22 Abs. 1 HGB), so darf sie ihr Unternehmen nicht unter zwei verschiedenen Firmen führen.[2] Allenfalls kann die übernommene Firma oder die bisherige Firma mit einem entsprechenden Zusatz als Firma des als Zweigniederlassung fortbestehenden Unternehmensteils verwendet werden. Die von dem Erben des Firmenstifters nach dessen Tod gegebene Einwilligung zur Fortführung des Erblassernamens in der Gesellschaftsfirma macht den Erben nicht selbst zum Namensgeber. Dieser kann deshalb auch nicht bei seinem späteren Ausscheiden aus der Gesellschaft die Befugnis beanspruchen, nach § 24 Abs. 2 HGB als derjenige, „dessen Name in der Firma enthalten ist", erneut über die Berechtigung der Gesellschaft zur Fortführung der Firma zu entscheiden.[3] 627

Hat jedoch der ausscheidende Gesellschafter als Erbe des Firmengründers in die neu mit einem Dritten gebildete Gesellschaft eine von ihm zuvor zulässigerweise geführte abgeleitete Firma eingebracht, die seinen Familiennamen enthält, bedarf es zur Fortführung dieser Firma seiner ausdrücklichen Einwilligung.[4] Die Bedeutung dieser Rechtsfragen ist seit Inkrafttreten des Handelsrechtsreformgesetzes erheblich vermindert, da nunmehr bereits aufgrund des personellen und chronologischen Sachzusammenhangs oftmals die originäre Neubildung der Firma unter diesen Gesichtspunkten in Betracht kommen wird, so dass es einer Erfüllung der bis dahin angewendeten Kriterien zur Fortführung der bisherigen Firma nicht mehr bedarf. Zu firmenrechtlichen Fragen siehe im Übrigen Rz. 203 ff. 628

Die **Anmeldung** einer Firmenänderung könnte wie folgt aussehen: 629

Die Firma ist geändert und lautet nunmehr „Verlag Huber und Lang OHG". Der Unternehmensgegenstand ist der Betrieb eines Verlagsgeschäfts.

Das Registergericht prüft stets, ob die geänderte bzw. die neue Firma den §§ 18, 19, 30 HGB entspricht. Die **Eintragung** im Handelsregister (§ 40 Nr. 2 und 5 HRV) ist lediglich deklaratorisch und erfolgt unter Rötung der bisherigen Firma in Spalte 2 Unterspalte a samt einem entsprechenden Vermerk als Übergangstext (§ 16 a HRV) Die Eintragung sieht folgendermaßen aus: 630

---

[1] *Märtens,* in: Ebenroth/Boujong/Joost/Strohn, HGB, § 107 Rz. 13 hält die entsprechende Anmeldung für freiwillig, sieht aber gleichfalls nur die Abgabe durch den Betroffenen vor.
[2] **OLG Schleswig** NJW 1963, 1062.
[3] BGH NJW 1989, 1789 (= DNotZ 1990, 181).
[4] *Esch* NJW 1984, 339; *Göbel* DNotZ 1979, 133.

Spalte 2
Unterspalte a (Firma):
Geändert, nun: *(Vorstehendes als Übergangstext nach § 16a HRV)* Verlag Huber und Lang OHG *(und Rötung der bisherigen Firma)*

3. Sitzverlegung, Geschäftsanschrift, Prokura und Zweigniederlassungen

631 Anzumelden ist die **Verlegung des Sitzes** der Gesellschaft an einen anderen Ort, d. h. eine andere politische Gemeinde (§ 107 Alt. 2 HGB), auch innerhalb desselben Registerbezirks.[1] Die Sitzverlegung[2] erfolgt als Maßnahme der Geschäftsführung durch die tatsächliche Änderung des Orts der Geschäftsführung. Allgemeine Bestimmungen zur registerlichen Behandlung einer Sitzverlegung enthält § 13h HGB (hierzu Rz. 338 ff.). Ferner anzumelden ist auch die Änderung der **inländischen Geschäftsanschrift** (siehe Rz. 341), so dass auch die Änderung der Geschäftsräume innerhalb derselben politischen Gemeinde der entsprechenden förmlichen Anmeldung bedarf. Für die Anmeldung der Erteilung oder des Erlöschens einer **Prokura** (siehe Rz. 363 ff.) und der Errichtung oder Aufhebung einer **Zweigniederlassung** (siehe Rz. 292 ff.) genügt abweichend von § 108 HGB die Anmeldung durch so viele Gesellschafter, als zur Vertretung erforderlich sind[3] (vgl. § 125 HGB, § 53 Abs. 1 HGB).

4. Eintritt eines neuen Gesellschafters

632 a) **Rechtsgeschäftlicher Eintritt eines neuen Gesellschafters.** Der **Eintritt** eines neuen **Gesellschafters** (§ 107 Alt. 3 HGB) erfolgt grundsätzlich originär durch einen Aufnahmevertrag sämtlicher Gesellschafter mit dem Eintretenden, oder aber derivativ durch Übertragung eines bestehenden Anteils an der Gesellschaft (Rz. 644). Bei Eintritt eines minderjährigen Gesellschafters ist eine familiengerichtliche Genehmigung erforderlich,[4] nicht jedoch bei einem automatischen Eintritt als Erbe aufgrund einer Nachfolgeklausel oder bei der Aufnahme von Gesellschaftern durch den minderjährigen und die anderen bisherigen Gesellschafter.[5] Die Firma kann nach Aufnahme weiterer Gesellschafter auch dann fortgeführt werden, wenn sie den Namen eines bisherigen Gesellschafters enthält (vgl. § 24 Abs. 1 HGB).

633 Eine etwaige Anmeldung ist durch sämtliche bisherige und den neu eingetretenen Gesellschafter vorzunehmen. Auch zwischenzeitlich wieder ausgeschiedene Gesellschafter sind anmeldepflichtig.[6] Wie stets ist der Unternehmensgegenstand anzugeben (§ 24 Abs. 4 HRV). Die Vertretungsbefugnis des neuen Gesellschafters ist nur mit anzumelden, wenn sie von der allgemeinen Vertretungsregelung abweicht.

> Als weiterer persönlich haftender Gesellschafter ist eingetreten:
> Thomas Roth, Hamburg, geboren am 15. 5. 1970. Er vertritt die Gesellschaft abweichend von der allgemeinen Vertretungsregelung nur gemeinschaftlich mit einem weiteren Gesellschafter.

634 Die **Eintragung** des Eintritts eines weiteren persönlich haftenden Gesellschafters in eine bereits bestehende OHG erfolgt im Handelsregister in Spalte 3 Unterspalte b (§ 40 Nr. 3 lit. b HRV), dem Inhalt nach stets gleich, unabhängig davon, ob der Eintritt auf einem originären oder derivativen Rechtserwerb beruht:

---

[1] AG Koblenz BB 1967, 430.
[2] Vgl. KG Rpfleger 1997, 217 (= FGPrax 1997, 72).
[3] *Koller/Roth/Morck,* HGB, § 53 Rz. 3; *Schubert,* in: Oetker, HGB, § 53 Rz. 5; zur Zweigniederlassung *Preuß,* in: Oetker, HGB, § 13 Rz. 47.
[4] Vgl. BGH Z 38, 26; *Wertenbruch,* in: Ebenroth/Boujong/Joost/Strohn, HGB, § 105 Rz. 89.
[5] BGH Z 38, 26; hierzu *Stöber* Rpfleger 1968, 2; *Winkler* ZGR 1973, 177.
[6] **BayObLG** Rpfleger 1978, 254.

Spalte 3 635
Unterspalte a (Allgemeine Vertretungsregelung): *(keine Änderung)*
Unterspalte b (Persönlich haftende Gesellschafter und besondere Vertretung):
Eingetreten: *(Vorstehendes Wort als Übergangstext nach § 16a HRV)*
Persönlich haftender Gesellschafter: Roth, Thomas, Hamburg, *15. 5. 1970; vertritt nur gemeinschaftlich mit einem weiteren persönlich haftenden Gesellschafter

b) **Eintritt eines Gesellschafters im Wege der Erbfolge.** Ein oder mehrere **Erben** treten 636 in die Gesellschaft an Stelle eines verstorbenen Gesellschafters ein, wenn nicht dieser mit seinem Tod ausgeschieden ist (§ 131 Abs. 3 Nr. 1 HGB; siehe hierzu auch Rz. 648) oder die Fortsetzung mit einem Nichtgesellschafter bestimmt ist (§ 139 Abs. 1 HGB). Das erfordert, dass der Anteil des verstorbenen Gesellschafters durch gesellschaftsvertragliche Bestimmung vererblich gestellt ist („einfache Nachfolgeklausel"). Die Nachfolge vollzieht sich hinsichtlich der Mitgliedschaft grundsätzlich entsprechend der erbrechtlichen Verteilung.[1] Bei mehreren Miterben, die nach gesellschaftsvertraglicher Bestimmung als Nachfolger eintreten, tritt hinsichtlich des Gesellschaftsanteils von vornherein eine **Sonderrechtsnachfolge** ein, so dass sie nicht in Erbengemeinschaft Gesellschafter werden, sondern vielmehr einzeln in die Gesellschafterstellung des Erblassers einrücken.[2] Ist im Rahmen einer „qualifizierten Nachfolgeklausel" nur einer der Miterben gesellschaftsvertraglich für den Eintritt als Gesellschafter zugelassen, so erwirbt dieser den Anteil des Erblassers unmittelbar im Ganzen.[3] Miterben, die im Gesellschaftsvertrag nicht als Nachfolger vorgesehen sind, können auch nicht aufgrund ihrer Erbfolge Gesellschafter werden. Kein Eintritt eines neuen Gesellschafters, sondern nur das Ausscheiden des Erblassers ist anzumelden, wenn die Gesellschaft unter den übrigen Gesellschaftern fortbestehen, ein Erbe sonach nicht Gesellschafter werden soll oder wenn der durch gesellschaftsvertragliche Bestimmung vererblich gestellte Anteil des Erblassers auf einen Erben übergeht, der selbst schon persönlich haftender Gesellschafter der OHG ist. Wird die Rechtsnachfolge zur Eintragung im Handelsregister angemeldet, so haben hieran stets **sämtliche Erben mitzuwirken** und die Erbfolge in der gesetzlich vorgeschriebenen Form (§ 12 Abs. 1 Satz 3 HGB) nachzuweisen (hierzu Rz. 128 ff.). Enthält die Firma den Namen des Verstorbenen, so ist zudem § 24 Abs. 1 HGB zu beachten.

Sieht der Gesellschaftsvertrag keine besonderen Regelungen vor, so würde die entsprechende Anmeldung der Gesellschafter und sämtlicher Erben des Verstorbenen folgenden Inhalt haben: 637

Der persönlich haftende Gesellschafter Robert Müller, Hannover, geb. am 1. 2. 1945, ist am 1. 12. 2009 verstorben und hierdurch aus der Gesellschaft ausgeschieden. Als Nachweis der Erbfolge wird eine aktuell erstellte elektronische Aufzeichnung einer Ausfertigung des Erbscheins des Amtsgerichts Hannover vom 15. 2. 2010 vorgelegt *(Oder: „Als Nachweis der Erbfolge werden elektronische Aufzeichnungen der beglaubigten Abschriften des notariell beurkundeten Testaments des Verstorbenen vom 10. 3. 2004 samt Eröffnungsprotokoll des Amtsgerichts Hannover vorgelegt").*

Ist vertraglich vorgesehen, dass die Gesellschaft mit sämtlichen Erben fortgesetzt wird, so würde die Anmeldung lauten: 638

---

[1] BGH Z 68, 225; siehe auch *Esch* NJW 1984, 339; *Göbel* DNotZ 1979, 133; *Knieper/Fromm* NJW 1980, 2677; *Ulmer* BB 1977, 805.
[2] BGH Z 119, 346.
[3] BGH Z 68, 225.

> Der persönlich haftende Gesellschafter Robert Müller, Hannover, geb. am 1. 2. 1945, ist am 1. 12. 2009 verstorben und hierdurch aus der Gesellschaft ausgeschieden. Als Erben sind in die Gesellschaft als persönlich haftende Gesellschafter eingetreten:
> Rembert Schwarz, Osnabrück, geboren am 15. 10. 1965 und
> Oswald Schwarz, Köln, geboren am 30. 8. 1970.
> Als Nachweis der Erbfolge wird eine aktuell erstellte elektronische Aufzeichnung einer Ausfertigung des Erbscheins des Amtsgerichts Hannover vom 15. 2. 2010 vorgelegt *(Oder: „Als Nachweis der Erbfolge werden elektronische Aufzeichnungen der beglaubigten Abschriften des notariell beurkundeten Testaments des Verstorbenen vom 10. 3. 2004 samt Eröffnungsprotokoll des Amtsgerichts Hannover vorgelegt")*.

639 Den Erben steht nach § 139 HGB die Möglichkeit offen, ihren Verbleib in der Gesellschaft davon abhängig zu machen, dass dem jeweiligen Erben, der sein Recht unabhängig von der Wahl der etwaigen Miterben ausüben kann,[1] die Stellung eines Kommanditisten eingeräumt wird. Erfolgt die Geltendmachung dieses Wahlrechts innerhalb der Frist des § 139 Abs. 3 HGB, so richtet sich die Haftung des Rechtsnachfolgers grundsätzlich nach den Vorschriften des Erbrechts (§ 139 Abs. 4 HGB) und nach §§ 171 ff. HGB. Das Wahlrecht nach § 139 HGB besteht allerdings nicht, wenn der Nachfolger ohnehin unbeschränkt persönlich haftet, weil er bereits Komplementär der Gesellschaft ist.[2] War hingegen der Erbe bereits Kommanditist, so kann er verlangen, dass auch die hinzu erworbene Beteiligung in eine Kommanditbeteiligung umgewandelt wird.[3] Eine Erhöhung der Haftsumme ist jedoch nicht zwingend erforderlich,[4] da mit der Änderung der Gesellschaftsbeteiligung im Innenverhältnis nicht zwingend auch eine Erhöhung der Haftsumme verbunden sein muss, sofern man vom Grundsatz der Einheitlichkeit der Beteiligung an einer Personengesellschaft ausgeht.[5] Ist der einzige Kommanditist alleiniger Rechtsnachfolger des einzigen Komplementärs, so kann entsprechend § 27 Abs. 2 HGB innerhalb von drei Monaten der Geschäftsbetrieb eingestellt werden, ohne dass die beendete Gesellschaft zur Haftung des Kommanditisten als Gesamtrechtsnachfolger führt.[6]

640 Eine **Anmeldung** nach Ausübung des Rechts aus § 139 Abs. 1 HGB durch alle Gesellschafter und sämtliche Erben des verstorbenen Gesellschafters lautet folgendermaßen:

> Der persönlich haftende Gesellschafter Robert Müller, Hannover, geboren am 1. 2. 1945, ist am 1. 12. 2009 verstorben und hierdurch aus der Gesellschaft ausgeschieden. Als Erbe ist in die Gesellschaft als Kommanditist eingetreten: Rembert Schwarz, Osnabrück, geboren am 15. 10. 1965, mit einer Hafteinlage in Höhe von 2000 €.
>
> Die Gesellschaft ist nunmehr Kommanditgesellschaft. Bezüglich der Firma wurde dem gemäß der Rechtsformzusatz OHG durch den Zusatz KG ersetzt. Die Firma lautet nunmehr: „Verlag Palastwerke KG". Der allgemeinen Vertretungsregelung zufolge vertritt jeder persönlich haftende Gesellschafter einzeln.
>
> Als Nachweis der Erbfolge wird eine aktuell erstellte elektronische Aufzeichnung einer Ausfertigung des Erbscheins des Amtsgerichts Hannover vom 15. 2. 2010 vorgelegt *(Oder: „Als*

---

[1] BGH Z 55, 267, 270; KG DNotZ 1955, 418; *Lorz,* in: Ebenroth/Boujong/Joost/Strohn, HGB, § 139 Rz. 103.

[2] **KG** JW 1936, 2933; *Baumbach/Hopt,* HGB, § 139 Rz. 8; *Kamanabrou,* in: Oetker, HGB, § 139 Rz. 65; *Lorz,* in: Ebenroth/Boujong/Joost/Strohn, HGB, § 139 Rz. 100.

[3] *Kamanabrou,* in: Oetker, HGB, § 139 Rz. 64.

[4] Diesbezüglich widersprüchlich: *Gerkan,* in: Röhricht/Westphalen, HGB, § 139 Rz. 38 f.

[5] Siehe hierzu **BGH** NJW 1987, 3184; **BayObLG** ZIP 2000, 1214; **OLG Hamm** NZG 1999, 344 und *Eckardt* NZG 2000, 449; gegen den Grundsatz der Beteiligungseinheitlichkeit: *Fett/Brand* NZG 1999, 45; *Grunewald,* in: MünchKommHGB, § 161 Rz. 4 f. m. w. N.

[6] **BGH** Z 113, 132.

Nachweis der Erbfolge werden elektronische Aufzeichnungen der beglaubigten Abschriften des notariell beurkundeten Testaments des Verstorbenen vom 10. 3. 2004 samt Eröffnungsprotokoll des Amtsgerichts Hannover vorgelegt").

Bei angeordneter **Vor- und Nacherbfolge** (§§ 2100 ff. BGB) ist zunächst allein der Vorerbe als derzeitiger Verfügungsbefugter anmeldeberechtigt. Scheidet sodann der Vorerbe durch Tod oder Eintritt des Nacherbfalls aus der Gesellschaft aus, sind diesbezüglich gemäß § 143 Abs. 2 HGB nicht nur die übrigen Gesellschafter und die Nacherben anmeldebefugt, sondern darüber hinaus ggf. auch die Erben des Vorerben zur Anmeldung verpflichtet.[1] Anzumelden sind somit als Ein- bzw. Austritt sowohl der Eintritt des Vorerben als auch dessen Austritt bzw. Eintritt des Nacherben. 641

Ein **Testamentsvollstrecker** (§§ 2197 ff. BGB) kann den Anteil eines persönlich haftenden Gesellschafters nicht verwalten.[2] Die Testamentsvollstreckung umfasst lediglich die abspaltbaren Vermögensrechte der Beteiligung, nicht aber diese selbst.[3] Die Eintragung eines Testamentvollstreckervermerks ist dem gemäß bei der Eintragung eines Erben ausgeschlossen.[4] Der Testamentsvollstrecker kann daher für den Erben das Ausscheiden des Erblassers als persönlich haftender Gesellschafter und den Eintritt des Erben als Gesellschafter nicht zum Handelsregister anmelden,[5] wenn die Gesellschaft mit dem oder den Erben als Nachfolger fortgesetzt wird. Hingegen kann der Testamentsvollstrecker das Ausscheiden des Erblassers dann anmelden, wenn es sich um eine Verwaltungsvollstreckung handelt und eine Fortsetzung der Gesellschaft mit den Erben nicht erfolgt.[6] 642

5. Ausscheiden eines Gesellschafters

Anzumelden ist auch das **Ausscheiden** eines **Gesellschafters** unter Fortbestand der Gesellschaft (§ 143 Abs. 2 HGB). Das Ausscheiden kann aufgrund einer Bestimmung des Gesellschaftsvertrags, Vereinbarung der Gesellschafter, Beschluss der übrigen Gesellschafter zur Ausschließung, Kündigung oder aufgrund gerichtlicher Entscheidung erfolgen.[7] Das Ausscheiden eines minderjährigen Gesellschafters bedarf der familiengerichtlichen Genehmigung (§ 1643 Abs. 1 i.V.m. § 1822 Nr. 3 BGB), nicht aber die Zustimmung des minderjährigen Gesellschafters zum Ausscheiden eines anderen Gesellschafters.[8] Scheidet der vorletzte Gesellschafter aus, so ist ohne Anmeldung und Eintragung dieses Umstands unmittelbar das Erlöschen der Gesellschaft zur Eintragung in das Handelsregister anzumelden (siehe Rz. 659).[9] 643

Das Ausscheiden und der Neueintritt von Gesellschaftern können zeitlich zusammentreffen, sich aber auch durch einen Mitgliederwechsel in der Weise vollziehen, dass ein Gesellschafter seinen **Gesellschaftsanteil** mit Zustimmung der übrigen Gesellschafter, die auch bereits im Gesellschaftsvertrag vorweggenommen sein kann, an 644

---

[1] KG NJW-RR 1991, 835; *Lorz*, in: Ebenroth/Boujong/Joost/Strohn, HGB, § 143 Rz. 12.
[2] **RG** Z 170, 392 (394); **BGH** Z 24, 106 (112); **BGH** Z 68, 225 (239); **BGH** Z 108, 187.
[3] Vgl. *Mayer*, in: Bengel/Reimann, Handbuch der Testamentsvollstreckung, 3. Aufl. 2001, Kap. 5 Rz. 158 ff.
[4] **RG** Z 132, 138 (zum Einzelkaufmann); **KG** NJW-RR 1991, 835 (837); ohne Entscheidung in der Streitfrage hingegen **BGH** Z 108, 187 (190); anderer Ansicht: *Reimann* DNotZ 1990, 194; *Dieter Mayer* ZIP 1990, 978; *Ulmer* NJW 1990, 82.
[5] **OLG Hamburg** NJW 1966, 986;
[6] KG NJW-RR 1991, 835; *Lorz*, in: Ebenroth/Boujong/Joost/Strohn, HGB, § 143 Rz. 10.
[7] Zur Wirkung der Beendigung einer OHG, die Gesellschafterin einer anderen OHG ist, vgl. *Engelhard* NJW 1962, 1489.
[8] Vgl. *Stöber* Rpfleger 1968, 2 (3).
[9] **KG** NZG 2007, 665.

einen Dritten **abtritt** mit der Folge, dass dieser derivativer Rechtsnachfolger des Veräußerers wird.[1] Auch die gleichzeitige Übertragung aller Gesellschaftsanteile auf mehrere Erwerber ist zulässig.[2] Der ausscheidende Gesellschafter hat bei der Anmeldung mitzuwirken, sofern nicht das Ausscheiden aufgrund eines Gerichtsurteils erfolgt (§ 16 HGB). Ein besonderer Vermerk über die Sonderrechtsnachfolge durch Abtretung des Gesellschaftsanteils wird bei der OHG in das Handelsregister nicht eingetragen, weil der Anteilserwerb ohne Auswirkungen auf die ohnedies bestehende persönliche Haftung des Eintretenden bleibt (§ 130 i. V. m. § 128 HGB).[3] Zur Fortführung der Firma siehe § 24 HGB.

645 Zu beachten ist, dass bei Fortführung einer Firma im Fall des Ausscheidens des namensgebenden Gesellschafters dessen Einwilligung gemäß § 22 Abs. 1 HGB erforderlich ist. Der Unternehmensgegenstand ist in der Anmeldung anzugeben (§ 24 Abs. 4 HRV). Beispiel für die **Anmeldung** des Ausscheidens eines Gesellschafters aus der OHG durch alle Gesellschafter samt dem Ausgeschiedenen (§ 143 Abs. 1 und 2 HGB):

> Folgender persönlich haftender Gesellschafter ist aus der Gesellschaft ausgeschieden: Thomas Roth, Hamburg, geboren am 15. 5. 1970.

646 Die **Eintragung** erfolgt in Spalte 3 Unterspalte b (§ 40 Nr. 3 lit. b HRV):

> **Spalte 3 (Persönlich haftende Gesellschafter):**
> **Unterspalte a (Allgemeine Vertretungsregelung):** *(keine Änderung)*
> **Unterspalte b (Persönlich haftende Gesellschafter und besondere Vertretung):**
> Ausgeschieden: Persönlich haftender Gesellschafter: Roth, Thomas, Hamburg, *15. 5. 1970.
> *(Eintragung und sämtliche Voreintragungen zu dieser Person in dieser Unterspalte röten)*

647 Scheidet ein Gesellschafter durch **Tod** aus (§ 131 Abs. 3 Nr. 1 HGB), so haben das Ausscheiden neben sämtlichen verbleibenden Gesellschaftern auch die Erben des Verstorbenen anzumelden, und zwar auch dann, wenn sie nach dem Gesellschaftsvertrag nicht nachfolge- oder eintrittsberechtigt sind,[4] es sei denn, dass ihrer Mitwirkung besondere Hindernisse entgegenstehen[5] (§ 143 Abs. 3 HGB), beispielsweise die Erben unbekannt sind oder sich im Ausland aufhalten.[6] Dies gilt, wenn die Gesellschaft nur unter den übrigen Gesellschaftern fortgesetzt wird, ebenso aber, wenn zugleich von sämtlichen verbleibenden Gesellschaftern und einem eintretenden Erben dessen Eintritt in die Gesellschaft angemeldet wird (§ 107 Alt. 3 HGB). Die Anmeldepflicht obliegt individuell jedem einzelnen Gesellschafter und jedem Erben. Da keine Gesamtanmeldepflicht besteht, darf eine nicht zu bemängelnde Anmeldung bei Säumnis der übrigen Anmeldepflichtigen nicht zurückgewiesen werden. Vielmehr sind die übrigen Anmeldepflichtigen zur Anmeldung anzuhalten[7] (§ 14 HGB, §§ 388 ff. FamFG). Wird die Firma fortgeführt, so müssten die Erben hierzu einwilligen, sofern der verstorbene Gesellschafter namensgebend war (§ 22 Abs. 1 HGB). Zur Formulierung der **Anmeldung** im Fall des Todes eines Gesellschafters vgl. Rz. 637. Anders als bei einer Grund-

---

[1] Siehe nur *Karsten Schmidt*, in: MünchKommHGB, § 105 Rz. 213.
[2] BGH Z 71, 296.
[3] Missverständlich dagegen *Kamanabrou*, in: Oetker, HGB, § 143 Rz. 7, deren Ausführungen sich aber wohl nur auf Beteiligungen als Kommanditisten beziehen.
[4] KG FGPrax 2007, 91; **BayObLG** Rpfleger 1993, 288 (= BB 1993, 386).
[5] **BayObLG** DNotZ 1979, 109 (= MittBayNot 1978, 230 = Rpfleger 1978, 450).
[6] *Müther*, Handelsregister, § 8 Rz. 44; *Kamanabrou*, in: Oetker, HGB, § 143 Rz. 8; *Lorz*, in: Ebenroth/Boujong/Joost/Strohn, HGB, § 143 Rz. 14.
[7] **BayObLG** DNotZ 1979, 109 (= MittBayNot 1978, 230 = Rpfleger 1978, 450).

buchberichtigung¹ muss als Anlage zur Anmeldung weder der Gesellschaftsvertrag vorgelegt, noch in der Anmeldung eine Versicherungs- oder Wissenserklärung dahingehend abgegeben werden, dass der Gesellschaftsvertrag keine von der gesetzlichen Regelfolge abweichende Bestimmung vorsieht. Während das Grundbuchrecht als Rechtsobjekteregister auf fortbestehende Rechtspositionen bedacht ist, betrifft die handelsregisterliche Abwicklung ausschließlich Vertretungs- und Haftungsfragen, deren Behandlung durch die seitens aller potenziell betroffenen Personen plausibel dargelegt wird und daher nach allgemeinen Grundsätzen weder eines weiteren Nachweises, noch einer näheren Prüfung bedarf.²

Bei Eröffnung des **Insolvenzverfahrens** über das Vermögen eines Gesellschafters scheidet dieser gemäß § 131 Abs. 3 Nr. 2 HGB aus der Gesellschaft aus. Die Anmeldung zur Eintragung in das Handelsregister erfolgt durch alle Mitgesellschafter und ferner für den betroffenen Gesellschafter entsprechend § 146 Abs. 3 HGB durch den Insolvenzverwalter.³

648

6. Änderung der Vertretungsbefugnis eines Gesellschafters

Nachträgliche **Änderungen** in der **Vertretungsbefugnis** der Gesellschafter können sich z. B. durch die Vereinbarung von Gesamtvertretung nach § 125 Abs. 2 und 3 HGB oder durch den Ausschluss eines Gesellschafters von der Vertretung ergeben. In letzterem Fall ist auch der ausgeschlossene Gesellschafter zur Mitwirkung bei der Anmeldung verpfichtet, es sei denn, dass die Entziehung durch Gerichtsentscheidung erfolgt (§§ 127, 16 HGB). Die übrigen Gesellschafter haben sodann unter Vorlage des mit Zustellungsnachweis versehenen Vollstreckungstitels den Ausschluss anzumelden. In diesem Fall kann die Eintragung in Spalte 3 Unterspalte b bei dem betroffenen Gesellschafter z. B. lauten:

649

> Persönlich haftender Gesellschafter: Rupp, Robert, München, *3. 3. 1950. Diesem Gesellschafter ist durch einstweilige Verfügung der Kammer für Handelssachen des Landgerichts München I vom 15. 8. 2009 die Befugnis zur Vertretung der Gesellschaft entzogen.

Die Bestellung eines Nichtgesellschafters zum Vertreter einer OHG kann nur durch das Prozessgericht erfolgen,⁴ nicht jedoch unter entsprechender Anwendung des § 29 BGB im Verfahren der freiwilligen Gerichtsbarkeit.⁵ Die Eintragung eines solchen Vertreters in das Handelsregister ist gesetzlich nicht vorgesehen und daher abzulehnen. Dem Prozessgericht steht ein Eintragungsersuchen gegenüber dem Registergericht nicht zu.⁶

650

Eine **Anmeldung** zur Eintragung des rechtsgeschäftlichen Ausschlusses eines bislang vertretungsberechtigten Gesellschafters kann beispielsweise lauten:

651

> Der persönlich haftende Gesellschafter Robert Rupp, München, geboren am 3. 3. 1950, ist von der Vertretung der Gesellschaft ausgeschlossen.
>
> *Denkbar wäre auch z. B. folgende Anmeldung:*
> Die Gesellschaft wird durch sämtliche persönlich haftenden Gesellschafter gemeinschaftlich vertreten. Der Gesellschafter Robert Rupp, München, geboren am 3. 3. 1950, ist von der Vertretung der Gesellschaft ausgeschlossen.

---

[1] Vgl. *Schöner/Stöber,* Grundbuchrecht, Rz. 983 a ff.
[2] Unzutreffend daher die gegenteilige Auffassung von *Munzig* FGPrax 2006, 47 (51).
[3] *Baumbach/Hopt,* HGB, § 143 Rz. 3; *Müther,* Handelsregister, § 8 Rz. 43.
[4] Vgl. **BGH** Z 33, 105.
[5] Siehe *Hillmann,* in: Ebenroth/Boujong/Joost/Strohn, HGB, § 125 Rz. 6.
[6] **KG** JW 1931, 2992.

Bei gesellschaftsvertraglich vereinbarter Gesamtvertretung (§ 125 Abs. 2 Satz 1 HGB) wäre anzumelden:
Die Gesellschaft wird durch jeweils zwei persönlich haftende Gesellschafter gemeinschaftlich vertreten.
Bei gesellschaftsvertraglich vereinbarter unechter Gesamtvertretung (§ 125 Abs. 3 Satz 1 HGB) wäre anzumelden:
Die Gesellschaft wird durch jeweils zwei persönlich haftende Gesellschafter gemeinschaftlich oder durch einen persönlich haftenden Gesellschafter in Gemeinschaft mit einem Prokuristen vertreten.

652 Das **Gericht prüft,** abgesehen von den sonstigen Voraussetzungen, das Vorliegen der Erfordernisse für die Eintragung des angemeldeten Vorgangs. Die **Eintragung** erfolgt nach § 40 Nr. 3 lit. a (allgemeine Vertretungsregelung) und b (abweichende, besondere Vertretungsregelung) HRV. Sodann erfolgen die öffentliche Bekanntmachung (§ 10 HGB) und die Mitteilung an die Beteiligten (§ 383 Abs. 1 FamFG).

653 Die Änderung der Vertretungsmacht kann im Register nach Rötung der nicht mehr geltenden Vertretungsregelungen z. B. folgendermaßen eingetragen werden:

Spalte 3
Unterspalte a (Allgemeine Vertretungsregelung):
Geändert, nun: *(Vorstehendes als Übergangstext)* Die Gesellschaft wird durch jeweils zwei persönlich haftende Gesellschafter gemeinschaftlich vertreten.
Unterspalte b (Persönlich haftende Gesellschafter, besondere Vertretung):
Geändert, nun: *(Vorstehendes als Übergangstext)* Persönlich haftender Gesellschafter Rupp, Robert, München, *3. 3. 1950; von der Vertretung der Gesellschaft ausgeschlossen.

IV. Auflösung und Liquidation einer OHG

1. Auflösung der OHG

654 Die Auflösung der OHG bedeutet das Aufgeben des Erwerbszwecks und die Umwandlung in eine Abwicklungsgesellschaft. Sie ist von der Vollbeendigung zu unterscheiden, die in der Regel nach der Abwicklung eintritt.
a) **Auflösungsgründe.** Die Vorschrift des § 131 HGB sieht folgende **Auflösungsgründe** vor:

655 **Zeitablauf** bewirkt die Auflösung der OHG, wenn die Gesellschaft auf eine kalendermäßig bestimmte Zeit eingegangen oder als Endtermin ein bestimmtes Ereignis vereinbart ist (§ 131 Abs. 1 Nr. 1 HGB).

656 Der entsprechende **Beschluss der Gesellschafter** (§ 131 Abs. 1 Nr. 2 HGB) führt ebenfalls zur Auflösung der Gesellschaft. Er bedarf der Zustimmung aller Gesellschafter, wenn nicht der Gesellschaftsvertrag etwas anderes vorsieht. In der Anmeldung der Auflösung durch sämtliche Gesellschafter kann ein entsprechender Beschluss gesehen werden.[1] Geschäftsunfähige und in der Geschäftsfähigkeit beschränkte Gesellschafter bedürfen gemäß § 1823 BGB für ihre Zustimmung zu einem Auflösungsbeschluss der Genehmigung des Familiengerichts.[2]

657 Die Eröffnung des **Insolvenzverfahrens** über das Vermögen der Gesellschaft (§ 131 Abs. 1 Nr. 3 HGB) bewirkt gleichfalls ihre Auflösung. Sie tritt mit dem Eröffnungsbeschluss ein. Wird das Insolvenzverfahren auf Antrag des Schuldners eingestellt oder wird das Verfahren infolge Bestätigung eines Insolvenzplans, der den Fortbestand der

---

[1] Siehe **OLG Köln** DNotZ 1979, 54.
[2] *Stöber* Rpfleger 1968, 2 (10); *Haegele* BWNotZ 1969, 2 (17); anderer Ansicht *Winkler* ZGR 1973, 177 (205).

Gesellschaft vorsieht, aufgehoben, so können die Gesellschafter nach § 144 Abs. 1 HGB die Fortsetzung der Gesellschaft beschließen. Für die Anmeldung eines Ein- oder Austritts von Gesellschaftern während eines laufenden Insolvenzverfahrens ist allein der Insolvenzverwalter anmeldebefugt, nicht aber sind dies die Gesellschafter selbst.[1] Im Übrigen führt, wie die nur für den Regelfall einer GmbH & Co. KG oder einer AG & Co. KG einschlägige Vorschrift des § 131 Abs. 2 Nr. 1 HGB zeigt (hierzu Rz. 822 ff.), die Ablehnung der Eröffnung des Insolvenzverfahrens mangels Masse nicht zur Auflösung der Gesellschaft.[2]

Mit der entsprechenden **gerichtlichen Entscheidung**, d.h. mit dem rechtskräftigen Urteil des Prozessgerichts, nicht schon durch eine einstweilige Verfügung, § 133 HGB, wird die Gesellschaft aufgelöst (vgl. auch § 16 HGB). Einen öffentlich-rechtlichen Auflösungsgrund enthält zudem § 38 KWG. 658

Auch das **Ausscheiden sämtlicher Gesellschafter** bis auf einen, der das Geschäft fortführt, bewirkt die Auflösung und Beendigung der Gesellschaft,[3] nicht aber die Übertragung des gesamten Vermögens auf eine andere Rechtsperson. Scheidet von zwei verbliebenen Gesellschaftern einer aus und tritt gleichzeitig ein neuer ein, so kann dies je nach dem Willen der Beteiligten die Auflösung der alten und die Bildung einer neuen Gesellschaft oder das Fortbestehen der bisherigen Gesellschaft zur Folge haben. 659

Dagegen führen seit Inkrafttreten des Handelsrechtsreformgesetzes der **Tod eines Gesellschafters** (§ 131 Abs. 3 Nr. 1 HGB), die Eröffnung des Insolvenzverfahrens über das Vermögen eines Gesellschafters (§ 131 Abs. 3 Nr. 2 HGB) und die **Kündigung eines Gesellschafters** oder eines Privatgläubigers eines Gesellschafters (§ 131 Abs. 3 Nr. 3 und 4 HGB) nicht zur Auflösung der Gesellschaft, sondern lediglich zum Ausscheiden des betroffenen Gesellschafters. Demnach ist nach allgemeinen Grundsätzen von allen Gesellschaftern das Ausscheiden des betreffenden Gesellschafters anzumelden (§ 143 Abs. 1 und 2 HGB). Für den insolventen Gesellschafter handelt dessen Insolvenzverwalter (§ 80 Abs. 1 InsO). Jedoch kann im Gesellschaftsvertrag durch eine hiervon abweichende Bestimmung jeder dieser Tatbestände zum Auflösungsgrund erklärt werden. 660

Besonderheiten gelten für eine OHG, bei der kein persönlich haftender Gesellschafter eine natürliche Person ist. Dort führt auch die Rechtskraft des Beschlusses, mit welchem die Eröffnung eines Insolvenzverfahrens über das Vermögen der OHG mangels Masse abgelehnt wird (§ 131 Abs. 2 Nr. 1 HGB), und die Löschung wegen Vermögenslosigkeit nach § 394 Abs. 4 FamFG zur Auflösung der OHG. Im erstgenannten Fall ist an die gemäß § 32 HGB vorzunehmende Eintragung des Insolvenzvermerks auch die daran anknüpfende Auflösung samt Änderung der Vertretungslage nach § 384 Abs. 2 FamFG (hierzu Rz. 450 a ff.) in das Handelsregister von Amts wegen einzutragen. 661

b) Anmeldung der Auflösung. In allen Fällen – bis auf die Situation der Auflösung durch Eröffnung des Insolvenzverfahrens – ist die Auflösung von sämtlichen Gesellschaftern zur Eintragung in das Handelsregister **anzumelden** (§ 143 Abs. 1 Satz 1 HGB). Die Anmeldung ist nach § 14 HGB erzwingbar. Sofern aufgrund gesellschaftsvertraglicher Bestimmung der Tod eines Gesellschafters die Auflösung der Gesellschaft zur Folge hat, sind dessen Erben zur Mitwirkung bei der Anmeldung verpflichtet, soweit nicht der Mitwirkung besondere Hinderungsgründe entgegenstehen (§ 143 662

---

[1] OLG Köln RNotZ 2001, 593; **BGH** DNotZ 1981, 453.
[2] Vgl. *Baumbach/Hopt*, HGB, § 131 Rz. 10; *Lorz*, in: Ebenroth/Boujong/Joost/Strohn, HGB, § 131 Rz. 23.
[3] **BGH** Z 113, 132; **BGH** Z 65, 79; **KG** NZG 2007, 665; *Baumbach/Hopt*, HGB, § 131 Rz. 35; *Buchberger* Rpfleger 1994, 54.

Abs. 3 HGB, siehe Rz. 647). Die Auflösung der Gesellschaft ist auch dann anzumelden, wenn die OHG bisher nicht im Handelsregister eingetragen war.[1] Auf entsprechende Anmeldung hin, ist sodann die Gesellschaft und zugleich deren Auflösung im Register einzutragen.[2]

663 Der **Auflösungsgrund ist** in der Registeranmeldung **anzugeben**, um eine Nachprüfung durch das Gericht zu ermöglichen.[3] Als selbstständige Registertatsache darf die Eintragung der ordnungsgemäß angemeldeten Auflösung der Gesellschaft nicht deshalb zurückgestellt oder gar zurückgewiesen werden, weil eine gleichzeitig angemeldete weitere selbstständige Registereintragung, z. B. die Anmeldung des Ein- und Austritts von Gesellschaftern mit Firmenfortführung, nicht vollzogen werden kann.[4] Zudem ist die **Vertretungsbefugnis der Liquidatoren** anzumelden, die sich nach der gesetzlichen Folge mangels abweichender Bestimmung der Gesellschafter als Gesamtvertretung darstellt (§ 150 Abs. 1 HGB).

664 Die Anmeldung der Auflösung einer OHG durch Beschlussfassung der Gesellschafter kann folgenden Inhalt haben:

> Die Gesellschaft ist durch Beschluss der Gesellschafter aufgelöst. Liquidatoren sind sämtliche persönlich haftenden Gesellschafter. Die Liquidatoren vertreten gemeinsam.

665 **c) Eintragung der Auflösung im Handelsregister.** Die **Eintragung** der Auflösung erfolgt nach § 40 Nr. 3 und Nr. 5 lit. b sublit. dd HRV. Nur bei der Eintragung aufgrund gerichtlicher Entscheidung, die vorzulegen ist, ist der Grund zu vermerken (§ 18 HRV). Zur **öffentlichen Bekanntmachung** der Eintragung siehe § 10 HGB; zur Mitteilung an die Beteiligten vgl. § 383 Abs. 1 FamFG.

666 Bei Auflösung der Gesellschaft durch Gesellschaftsinsolvenz (§ 131 Abs. 1 Nr. 3 HGB) wird der Eröffnungsbeschluss dem Registergericht durch die Geschäftsstelle des Insolvenzgerichts mitgeteilt (§ 31 Nr. 1 InsO). Sie ist von Amts wegen einzutragen. Zwar sieht § 32 HGB i. V. m. § 6 HGB lediglich die Eintragung eines Insolvenzmerks vor. Jedoch ist gemäß § 384 Abs. 2 FamFG gleichfalls die eingetretene Auflösung der Gesellschaft von Amts wegen in Spalte 5 Unterspalte b gemäß § 40 Nr. 5 lit. b sublit. dd HRV einzutragen. Weitere Vermerke zur allgemeinen Vertretungsregelung und zu den Gesellschaftern unterbleiben in diesem Fall (siehe Rz. 410). Ferner sieht grundsätzlich § 32 HGB vor, dass eine Bekanntmachung der Eintragung des Insolvenzvermerks unterbleibt, jedoch ist stets die sonst nicht verlautbarte Auflösung der Gesellschaft bekannt zu machen, so dass zur Vereinfachung in der Regel allgemein die Bekanntmachung der Eintragung der Auflösung samt Grund (Eröffnung des Insolvenzverfahrens) erfolgt.

667 Beispiel der Eintragung der Auflösung einer OHG:

668 **Spalte 3**
Unterspalte a (Allgemeine Vertretungsregelung):
Geändert, nun: *(Vorstehendes als Übergangstext nach § 16a HRV)* Die Liquidatoren vertreten gemeinschaftlich. *(Und Rötung der bisherigen Vertretungsregelung)*
Unterspalte b (Persönlich haftende Gesellschafter und besondere Vertretung):
(Im Hinblick auf das Verbot der Teilrötung bedarf es der Rötung der bisherigen Eintragungen, obwohl die Stellung als persönlich haftender Gesellschafter weiter fortbesteht; die liquidierenden Gesellschafter sind in folgender Form neu vorzutragen)

---

[1] RGZ 127, 98; OLG Hamburg OLGE 40, 189.
[2] BayObLG Z 1978, 182 (187).
[3] OLG Köln DNotZ 1979, 54; *Lorz*, in: Ebenroth/Boujong/Joost/Strohn, HGB, § 143 Rz. 16; anderer Ansicht *Gustavus* GmbHR 1978, 219; *Böttcher/Rudolph*, in: Böttcher/Ries, Registerrecht, Rz. 391 (Angabe des Auflösungsgrunds entbehrlich).
[4] **BayObLG** Rpfleger 1984, 20 (= MittRhNotK 1983, 222).

Geändert, nun: *(Vorstehendes als Übergangstext nach § 16a HRV)* Persönlich haftender Gesellschafter und Liquidator: Huber, Hugo, München, *15. 5. 1965
Geändert, nun: *(Vorstehendes als Übergangstext nach § 16a HRV)* Persönlich haftender Gesellschafter und Liquidator: Lang, Gerhard, Rosenheim, *3. 3. 1974

Spalte 5
Unterspalte a (Rechtsform): *(Keine Änderung)*
Unterspalte b (Sonstige Rechtsverhältnisse): Die Gesellschaft ist aufgelöst.

2. Liquidation der OHG

a) **Vornahme der Liquidation der OHG.** Nach Auflösung der Gesellschaft findet regelmäßig die **Liquidation** statt (§ 145 Abs. 1 HGB). Keine Liquidation erfolgt allerdings im Fall der Eröffnung des **Insolvenzverfahrens** über das Vermögen der Gesellschaft (§ 145 Abs. 1 HGB). Zur Möglichkeit der Fortsetzung bei Aufhebung oder Einstellung des Insolvenzverfahrens und über die Anmeldung dieser Fortsetzung siehe § 144 HGB. Ebenso findet keine Liquidation statt, wenn die Gesellschafter eine **andere Art** der Auseinandersetzung **vereinbaren** (§ 145 Abs. 1 HGB), z.B. die Veräußerung des Handelsgeschäfts im Ganzen.[1] Eine Liquidation hat zudem nicht zu erfolgen,[2] wenn das gesamte Gesellschaftsvermögen auf einen Gesellschafter übertragen wird, sei es durch Austritt aller übrigen Gesellschafter oder durch Übertragung von deren Gesellschaftsanteilen,[3] da die Gesellschaft in diesen Fällen ohne weiteres beendet wird. Ist die Gesellschaft durch Kündigung des Gläubigers eines Gesellschafters oder durch Eröffnung des Insolvenzverfahrens über das Vermögen eines Gesellschafters aufgelöst, kann die Liquidation nur mit Zustimmung des Gläubigers bzw. des Insolvenzverwalters unterbleiben. Sofern Eigenverwaltung angeordnet ist, tritt an die Stelle der Zustimmung des Insolvenzverwalters die Schuldners (§ 145 Abs. 2 HGB). Unterbleibt die Liquidation und führt die Auseinandersetzung zum **Erlöschen** der Firma, so ist das Erlöschen von sämtlichen Gesellschaftern zur Eintragung **anzumelden** (§ 157 Abs. 1 HGB).

b) **Durchführung der Liquidation.** Die **Liquidation** erfolgt **durch sämtliche Gesellschafter** als Liquidatoren (§ 146 Abs. 1 Satz 1 HGB). Sie kann aber durch Beschluss der Gesellschafter oder durch den Gesellschaftsvertrag einzelnen Gesellschaftern oder anderen Personen übertragen werden. Wird ein Dritter als Liquidator benannt, so erlangt er diese Stellung erst mit Annahme des Amtes. Beendet wird die Stellung des Dritten durch Erledigung der ihm übertragenen Tätigkeit, durch Übergang zu einer anderen Art der Auseinandersetzung, durch Kündigung oder durch Niederlegung des Amtes gegenüber sämtlichen Gesellschaftern.[4] Bestellung und Abberufung von Liquidatoren erfolgen im Übrigen außerhalb des Handelsregisters, so dass die jeweilige Eintragung lediglich rechtsbekundende, deklaratorische Wirkung hat.[5] Mehrere Erben eines verstorbenen Gesellschafters haben einen gemeinschaftlichen Vertreter zu bestellen (§ 146 Abs. 1 Satz 2 HGB). Wenn der durch Beschluss der Gesellschafter oder durch Gesellschaftsvertrag bestimmte Liquidator wegfällt, treten, solange nicht gemäß § 146 Abs. 1 und 2 HGB etwas anderes bestimmt wird, die gesetzlichen Abwickler, also sämtliche Gesellschafter an seine Stelle.[6] An die Stelle eines in Insolvenz be-

---

[1] BayObLG Z 1980, 429 (439); s.a. **BGH** BB 1958, 891; **OLG Oldenburg** WM 1955, 383.
[2] S.a. BayObLG FGPrax 2001, 213 (= Rpfleger 2001, 599); **BGH** Z 113, 132; **OLG Düsseldorf** Rpfleger 1998, 27 (= MittRhNotK 1997, 437).
[3] Vgl. *Hillmann*, in: Ebenroth/Boujong/Joost/Strohn, HGB, § 145 Rz. 22.
[4] BayObLG Z 1980, 429 (= Rpfleger 1981, 197).
[5] BayObLG Z 1980, 429 (437); *Hillmann*, in: Ebenroth/Boujong/Joost/Strohn, HGB, § 148 Rz. 1.
[6] **OLG Hamm** OLGZ 1982, 149 (= Rpfleger 1982, 71).

findlichen Gesellschafters tritt der Insolvenzverwalter (§ 146 Abs. 3 HGB), an die Stelle eines oder mehrerer Erben kann der Testamentsvollstrecker oder der Nachlassverwalter treten.

672 **c) Anmeldung der Liquidatoren.** Die **Anmeldung der Liquidatoren** sowie jede Änderung ihrer Person ist von sämtlichen Gesellschaftern – nicht also durch die Liquidatoren selbst[1] – zu bewirken (§ 148 Abs. 1 HGB). Zur Entbehrlichkeit der Mitwirkung etwaiger Erben siehe § 148 Abs. 1 Satz 3 HGB. In der Anmeldung anzugeben sind Familienname, Vorname, Geburtsdatum und Wohnort der Liquidatoren, sofern diese nicht bereits im Handelsregister eingetragen sind und hierauf zumindest mittelbar Bezug genommen wird, und deren Vertretungsmacht (hierzu Rz. 675). Zur **Eintragung** siehe § 40 Nr. 3 und 5 lit. b HRV. Ist beispielsweise eine AG, GmbH, OHG oder KG Liquidator, so ist diese, nicht ihr organschaftlicher Vertreter (z. B. Geschäftsführer oder Vorstand), als Liquidator einzutragen. Ein Geschäftsunfähiger oder in der Geschäftsfähigkeit beschränkter Gesellschafter ist ebenfalls als Liquidator einzutragen. Die Rechte und Pflichten übt sodann der gesetzliche Vertreter, mehrere Vertreter (z. B. Eltern) gemeinschaftlich, aus.

673 Auf Antrag eines Beteiligten kann das **Amtsgericht**, in dessen Bezirk die Gesellschaft ihren Sitz hat (§ 377 Abs. 1 FamFG, § 17 Nr. 2 lit. a RPflG: Rechtspfleger), aus wichtigen Gründen an Stelle der gesetzlich oder vertragsmäßig Berufenen **Liquidatoren bestellen** (§ 146 Abs. 2 HGB). Antragsberechtigt sind nach der ausdrücklichen Vorschrift des § 146 Abs. 2 Satz 2 HGB nur Gesellschafter, wozu unabhängig von der tatsächlichen Nachfolge auch jeder Erbe eines verstorbenen Gesellschafters zu zählen ist, sowie Gläubiger eines Gesellschafters, die nach § 135 HGB die Gesellschaft gekündigt haben, nicht aber sonstige Gläubiger eines Gesellschafters oder Gläubiger der Gesellschaft. Antragsberechtigt ist auch der Insolvenzverwalter über das Vermögen eines Gesellschafters (§ 146 Abs. 3 HGB), ferner ein Testamentsvollstrecker,[2] nicht aber ein Nachlassverwalter.[3] Gerichtlich bestellt werden können auch andere Personen als Gesellschafter[4] (§ 146 Abs. 2 S. 1 Halbs. 2 HGB). Sie werden vom Registergericht von Amts wegen **eingetragen** (§§ 146 Abs. 2, 148 Abs. 2 HGB; siehe hierzu auch § 19 Abs. 2 HRV). Eine Beschwerde gegen die Bestellung ist in der Hauptsache erledigt, wenn der Liquidator abberufen wird.[5]

674 Die Liquidatoren können durch einstimmigen Beschluss der Gesellschafter (Gläubiger, Insolvenzverwalter, § 146 Abs. 2 und 3, § 147 HGB) **abberufen** werden. Auf Antrag eines Beteiligten[6] erfolgt die Abberufung auch durch das Gericht[7] (§ 147 HGB; § 375 Nr. 1 FamFG, § 17 Nr. 2 lit. a RPflG: Rechtspfleger). Sie wird in diesem Fall von Amts wegen im Handelsregister eingetragen (§ 148 Abs. 2 HGB).

675 Sind mehrere Liquidatoren bestellt, so gilt der Grundsatz der **Gesamtvertretungsbefugnis**. Stets ist auch in diesem Fall die allgemeine Vertretungsregelung zur Eintragung in das Handelsregister anzumelden. Weicht die besondere Vertretungsbefugnis

---

[1] **OLG Hamm** FGPrax 2007, 279 (= Rpfleger 2007, 666).
[2] *Baumbach/Hopt*, HGB, § 146 Rz. 5; *Hillmann*, in: Ebenroth/Boujong/Joost/Strohn, HGB, § 146 Rz. 15.
[3] **BayObLG** Z 1988, 24 (= BB 1988, 791); anderer Ansicht: *Habersack*, in: Staub, HGB, § 146 Rz. 37.
[4] Vgl. **OLG Karlsruhe** Rpfleger 1967, 176; **OLG Hamm** BB 1958, 497.
[5] **OLG Frankfurt** Rpfleger 1981, 238.
[6] Nicht des Nachlassverwalters, siehe **BayObLG** Z 1988, 24 (= BB 1988, 791); eine (vorläufige) Abberufung oder Beschränkung der Vertretungsmacht durch einstweilige Verfügung ist unzulässig, **OLG Frankfurt** NJW-RR 1989, 98 (= MDR 1988, 169).
[7] Zu Abberufungsgründen siehe **OLG Hamm** BB 1958, 497; **OLG Hamm** BB 1960, 918 und 1355; **OLG Köln** BB 1989, 1432.

einzelner Liquidatoren hiervon ab, so ist auch die besondere Vertretungsbefugnis anzumelden und im Register zwingend in Spalte 3 Unterspalte b bei dem betroffenen Liquidator (§ 40 Nr. 3 HRV a. E.) einzutragen. Wird durch Gesellschafterbeschluss oder durch den Gesellschaftsvertrag für die Liquidatoren Einzelvertretung angeordnet, so ist auch dies durch sämtliche Gesellschafter anzumelden (§ 148 Abs. 1 HGB) und im Handelsregister **einzutragen** (§ 40 Nr. 3 lit. a HRV). Wird bei Bestellung der Abwickler durch das Gericht eine derartige Anordnung geschaffen, so ist sie von Amts wegen **einzutragen** (§ 148 Abs. 2 HGB).

Im **Handelsregister** (vgl. § 40 Nr. 3 und 5 lit. b sublit. dd HRV) sind die bisherigen persönlich haftenden Gesellschafter zu röten und aufgrund des Verbots der Teilrötung (§ 16 Abs. 3 HRV) als solche und zugleich als Liquidatoren in Spalte 3 Unterspalte b neu vorzutragen. Sind sie neben sonstigen Liquidatoren nicht vertretungsbefugt, so sind sie nur weiterhin als persönlich haftende Gesellschafter vorzutragen. Ferner ist, wie beschrieben, in Spalte 3 Unterspalte a die allgemeine Vertretungsbefugnis der Liquidatoren einzutragen und die Auflösung in Spalte 5 Unterspalte b (siehe Rz. 667 f.). 676

d) **Beendigung der Liquidation und Erlöschen der Firma.** Nach Beendigung der Liquidation ist das **Erlöschen der Firma** von sämtlichen Liquidatoren **anzumelden** (§ 157 Abs. 1 HGB). Anmeldeberechtigt sind auch alle Gesellschafter, da diese gleichfalls im Register eingetragen sind und sie die Liquidatoren jederzeit abberufen und sich selbst zu solchen ernennen könnten.[1] Die Voreintragung der Liquidatoren ist bei Anmeldung des Erlöschens nach bereits beendeter Liquidation nicht erforderlich. Ob die Liquidation wirklich beendet ist, prüft das Registergericht nur, wenn begründete Zweifel bestehen. Nicht beendet ist die Liquidation etwa, solange die Gesellschafter über die Verteilung noch streiten.[2] Zur **Eintragung** siehe § 40 Nr. 5 lit. b sublit. dd HRV. Zur öffentlichen Bekanntmachung und zur Mitteilung an die Beteiligten siehe Rz. 194 ff. 677

Stellt sich nachträglich das Vorhandensein von Gesellschaftsvermögen heraus, so kann das Gericht die Eintragung des Erlöschens seinerseits von Amts wegen nach § 395 FamFG löschen. Die Abwicklung ist sodann ohne weiteres fortzusetzen. Die Vertretungsbefugnis der Liquidatoren besteht weiter.[3] Das neuerliche Erlöschen der Firma ist nach § 157 HGB anzumelden und einzutragen. 678

Über die **Verwahrung der Bücher** und Papiere der aufgelösten Gesellschaft kann in Ermangelung einer Verständigung der Liquidatoren untereinander das Amtsgericht, in dessen Bezirk die Gesellschaft ihren Sitz hat (§ 375 Nr. 1 i. V. m. § 377 Abs. 1 FamFG, § 17 Nr. 2 lit. a RPflG: Rechtspfleger), eine Anordnung treffen (§ 157 Abs. 2 HGB). 679

Eine entsprechende **Anmeldung** würde lauten: 680

Die Liquidation ist beendet, die Firma somit erloschen. Die Bücher und Papiere der Gesellschaft wurden dem Liquidator Robert Müller zur Verwahrung übergeben.

Die Eintragung erfolgt im Register in Spalte 5 in Unterspalte b (§ 40 Nr. 5 lit. b sublit. dd HRV) unter anschließender Rötung des gesamten Registerblattes (§ 22 Abs. 1 HRV). 681

---

[1] *Müther,* Handelsregister, § 8 Rz. 68 m. w. N.; anderer Ansicht *Böttcher/Rudolph,* in: Böttcher/Ries, Registerrecht, Rz. 403.
[2] BayObLG Rpfleger 1983, 73; zur Beendigung durch Hinterlegung siehe BayObLG Z 1978, 353 (= MDR 1979, 404).
[3] BGH NJW 1979, 1987; *Hillmann,* in: Ebenroth/Boujong/Joost/Strohn, HGB, § 157 Rz. 7; anderer Ansicht *Riehm* NZG 2003, 1054.

V. Fortsetzung einer OHG

682 Während der Liquidation besteht mit **Zustimmung aller Gesellschafter** die Möglichkeit, falls der Gesellschaftsvertrag für diesen Fall nicht die Zulässigkeit eines Mehrheitsbeschlusses vorsieht, jederzeit die **Fortsetzung der Gesellschaft** zu beschließen, im Fall der Gesellschaftsinsolvenz allerdings nur bei Vorliegen der Voraussetzungen des § 144 HGB. Nach Beendigung der Liquidation kann die Fortsetzung der Gesellschaft nicht mehr beschlossen werden, da in diesem Fall lediglich die Gründung einer neuen Gesellschaft in Betracht kommt. Geschäftsunfähige und in der Geschäftsfähigkeit beschränkte Gesellschafter bedürfen zur Fortsetzung der Gesellschaft einer Genehmigung des Familiengerichts.[1] Sofern die Liquidation nicht durch sämtliche Gesellschafter erfolgte, sind die Liquidatoren abzuberufen und dies zur Eintragung im Handelsregister anzumelden.

683 Ist die Gesellschaft durch Kündigung des Gläubigers eines Gesellschafters oder durch Eröffnung des Insolvenzverfahrens über das Vermögen eines Gesellschafters aufgelöst, so müssen der Gläubiger bzw. der Insolvenzverwalter zustimmen (§ 145 Abs. 2 HGB). Durch den Fortsetzungsbeschluss verwandelt sich der Rechtsträger wieder in eine werbende Gesellschaft. Die Fortsetzung ist entsprechend § 144 Abs. 2 HGB von allen Gesellschaftern zur Eintragung in das Handelsregister **anzumelden**. Zur **Eintragung** in Spalte 5 des Registers siehe § 40 Nr. 5 lit. b sublit. dd HRV.

684 Beispiel zur **Anmeldung** der Fortsetzung einer OHG durch sämtliche Gesellschafter:

> Die aufgelöste Gesellschaft wird als werbende Gesellschaft unter der bisherigen Firma fortgesetzt. Die Liquidation war noch nicht beendet.
>
> Persönlich haftende Gesellschafter sind:
>
> Hugo Huber, München, *15. 5. 1965,
> Gerhard Lang, Bremen, *3. 3. 1974.
> Jeder Gesellschafter vertritt einzeln.

685 Mit **Zustimmung** aller – auch des oder der ausscheidenden – Gesellschafter kann unter Beachtung der §§ 144, 145 HGB die **Fortsetzung** durch einen **Teil der Gesellschafter beschlossen** werden. Sie ist mit dem Ausscheiden der Gesellschafter zur Eintragung in das Handelsregister **anzumelden** (§ 143 Abs. 1 und 2 HGB). Zur **Eintragung** in Spalte 5 Unterspalte b siehe § 40 Nr. 5 lit. b sublit. dd HRV.

VI. Geschäftsübernahme durch einen Gesellschafter

686 Durch **Ausschließung von Gesellschaftern** nach § 140 Abs. 1 Satz 2 HGB kann die Situation eintreten, dass nur noch ein Gesellschafter vorhanden ist. Die Gesellschaft wird in diesem Fall durch den Ausschluss des vorletzten Gesellschafters nicht nur aufgelöst, sondern zugleich beendet, so dass der letzte verbleibende Gesellschafter Alleininhaber des Unternehmens wird.[2] Sämtliche Aktiva und Passiva gehen sodann im Wege der Gesamtrechtsnachfolge auf den verbleibenden „Gesellschafter" über. Eine Liquidation nach §§ 145 ff. HGB hat daher nicht zu erfolgen. Zudem kann der Gesellschaftsvertrag vorsehen, dass ein Gesellschafter bei Vorliegen bestimmter Umstände berechtigt ist, das Geschäft der Gesellschaft mit zwei oder mehr Gesellschaftern zu übernehmen.[3] Schließlich kann ein Gesellschafter durch **Übernahmevertrag**

---

[1] *Stöber* Rpfleger 1968, 2 (10); *Haegele* BWNotZ 1969, 2 (17); siehe auch *Winkler* ZGR 1973, 177 (190); hierzu *Baumbach/Hopt*, HGB, § 131 Rz. 31.
[2] Vgl. **BGH** Z 113, 132 (133); **BGH** Z 50, 307 (309); **KG** NZG 2007, 665.
[3] **BGH** Z 50, 307 (308).

aller Gesellschafter auch noch nach Auflösung, nicht mehr jedoch nach Beendigung der Gesellschaft, das Geschäft ohne Liquidation mit Aktiven und Passiven übernehmen, auch wenn im Gesellschaftsvertrag ein derartiges Übernahmerecht nicht vorgesehen ist.[1]

687 Die **Firma** kann der übernehmende Gesellschafter für sein einzelkaufmännisches Handelsgeschäft fortführen (§ 24 Abs. 1 HGB). Von der ausdrücklichen Einwilligung des Ausscheidenden oder seiner Erben ist die Firmenfortführung nach § 24 Abs. 2 HGB nur dann abhängig, wenn sein Name in der Firma enthalten ist. Fortzuführen ist die Firma unverändert; ein Nachfolgezusatz ist jedoch zulässig. Die Entfernung täuschend gewordener Firmenteile (§ 18 Abs. 2 HGB) und die Änderung des Rechtsformzusatzes ist naturgemäß auch in diesem Fall notwendig. Die Änderung der Firma ist zur Eintragung in das Handelsregister anzumelden (§ 31 Abs. 1 HGB). Einzutragen ist dies oder die Annahme einer neu gebildeten Firma durch den übernehmenden Gesellschafter auf dem Registerblatt der bisherigen OHG (§ 13 Abs. 3 Satz 1 HRV).

688 In all diesen Fällen müssen sämtliche Gesellschafter die Auflösung der Gesellschaft und die Fortführung des Unternehmens durch den übernehmenden Gesellschafter **anmelden** (§ 143 Abs. 1, § 31 Abs. 1 HGB). Die Mitwirkung des ausscheidenden Gesellschafters ist allerdings nicht nötig, wenn der Übergang kraft rechtskräftigen Urteils eintritt, § 16 HGB. Nicht zwingend erforderlich ist, dass die „Auflösung" angemeldet wird, wenn sich diese zweifelsfrei aus dem Text der Anmeldung ergibt, beispielsweise durch die Erklärung, mit Ausscheiden des vorletzten Gesellschafters sei das Geschäft auf die einzig verbliebene Person im Wege der Gesamtrechtsnachfolge übergegangen.[2] Zur **Eintragung** siehe § 40 Nr. 5 lit. b HRV.

689 **Anzumelden** ist grundsätzlich durch sämtliche Gesellschafter:

> Die Gesellschaft ist durch Beschluss der Gesellschafter aufgelöst. Der bisherige persönlich haftende Gesellschafter Martin Malcher, Berlin, geboren am 15. 6. 1945, führt das Geschäft unter der bisherigen Firma mit Nachfolgezusatz und neuem Rechtsformzusatz folgendermaßen fort:
>
>> „Reisebüro Kaiserplatz Nachf. Martin Malcher e. K."
>
> Die bisher erteilten Prokuren bleiben bestehen.

690 Die **Eintragung** im Handelsregister erfolgt folgendermaßen:

691 **Spalte 2**
Unterspalte a (Firma): Geändert, nun: *(Vorstehendes als Übergangstext nach § 16 a HRV)* Reisebüro Kaiserplatz Nachf. Martin Malcher e. K. *(und Rötung der bisherigen Firma)*

Spalte 3
Unterspalte a (Allgemeine Vertretungsregelung): Geändert, nun: *(bis hier als Übergangstext)* Der Inhaber handelt allein
Unterspalte b (Inhaber und besondere Vertretung):
Ausgeschieden: [...] *(Vorstehendes ist zu röten)*
Nun: *(bis hier als Übergangstext)* Inhaber: Malcher, Martin, Augsburg, *15. 6. 1945

Spalte 5
Unterspalte a (Rechtsform): Geändert, nun: *(bis hier als Übergangstext)* Einzelkaufmann *(und Rötung der bisherigen Rechtsform)*
(Zudem sind die unrichtig gewordenen Eintragungen in Spalten 2, 3 und 5 zu röten)

---

[1] BGH Z 50, 307; BGH Z 48, 203; **BayObLG** Rpfleger 1980, 66 (= MittBayNot 1980, 24).
[2] KG OLGZ 1965, 124 (= NJW 1965, 254); KG OLGE 41, 195.

VII. Geschäftsübernahme durch einen Dritten; Betriebsaufgabe

692 Die **Geschäftsübernahme durch einen Dritten** kann durch Übertragung aller Gesellschaftsanteile auf eine einzige Person als Erwerber, auch auf eine juristische Person, insbesondere eine GmbH, erfolgen.[1] Der Erwerber wird damit ohne Auflösung und ohne Liquidation im Weg der Gesamtrechtsnachfolge Übernehmer des Gesellschaftsvermögens, wobei zugleich die Gesellschaft erlischt. In diesem Fall müssen der Erwerber und sämtliche Gesellschafter deren Ausscheiden sowie für den „Eintritt" des Erwerbers als Rechtsnachfolger aller Gesellschafter die Übernahme des Geschäfts durch diesen ohne Liquidation mit Aktiven und Passiven anmelden. Gegebenenfalls ist auch die Änderung der Firma anzumelden (§§ 107, 143, 157, 31 HGB).

693 **Eingetragen** wird das Ausscheiden der Gesellschafter und der Eintritt des Erwerbers durch Übernahme des Geschäfts auf dem Registerblatt der Handelsgesellschaft nach § 40 Nr. 3 HRV (Name des Erwerbers mit Rötung der bisher persönlich haftenden Gesellschafter nach § 16 Abs. 1 Satz 2 HRV samt Vermerk des Ausscheidens und des Eintritts mit Rötung des Vermerks über das Ausscheiden nach § 16 Abs. 1 Satz 3 HRV). Wenn der Erwerber gleichzeitig die Firma ändert, wird dies auf demselben Registerblatt eingetragen (§ 13 Abs. 3 Satz 1 HRV). Als Änderung der Firma auf dem bisherigen Registerblatt einzutragen ist auch die Annahme einer neu gebildeten Firma durch den Erwerber, da auch dies ein Fall der Firmenänderung ist, nämlich der Änderung durch den als Rechtsnachfolger aller Gesellschafter eingetretenen Inhaber.

694 Die Geschäftsübernahme durch einen Dritten kann auch mit der **Veräußerung** oder **Verpachtung** des Handelsgeschäfts erfolgen. Sie ermöglichen als Erwerb unter Lebenden nach Maßgabe des § 22 HGB die Fortführung der Firma, bewirken aber in gesellschaftsrechtlicher Hinsicht nicht, dass der Erwerber in die Gesellschaft eintritt oder bisherige Gesellschafter ausscheiden. Um eine registerlich auch für Dritte unmittelbar nachvollziehbare, deutliche Abgrenzung zu dem in Rz. 693 geschilderten Fall zu erreichen, könnte es sich anbieten, die Fortführung der Firma durch den Erwerber oder auch die Änderung der Firma bei oder nach einem Inhaberwechsel nicht auf dem Registerblatt der OHG einzutragen, und somit § 13 Abs. 3 HRV für nicht anwendbar zu erachten.[2] Unter Berücksichtigung dieser Auffassung könnten somit bei Verpachtung an eine andere OHG oder KG deren Gesellschafter nicht auf dem Registerblatt der verpachtenden Gesellschaft „als neue persönlich haftende Gesellschafter" bzw. Kommanditisten eingetragen werden. Der Erwerber als Inhaber des Handelsgeschäfts, insbesondere eine andere neue OHG oder KG als Pächterin des Handelsgeschäfts, wäre vielmehr als Kaufmann (die OHG bzw. KG nach § 106 i. V. m. § 162 Abs. 1 HGB) neu zur Eintragung in das Handelsregister anzumelden und auf einem neuen Registerblatt einzutragen[3] (§ 13 Abs. 1 HRV). Allerdings wird auch Gegenteiliges vertreten,[4] da das – nach heutiger Auffassung zumindest zweifelhafte – System der §§ 17 ff. HGB nicht den Unternehmensträger, sondern vielmehr die ggf. fortgeführte Firma in den Vordergrund der registerlichen Handhabung stellt. Zur Erreichung der grundsätzlich wünschenswerten Registerkontinuität sollte daher dem ausdrücklichen Antrag einer **Eintragung auf dem alten Registerblatt** im Fall der §§ 22, 24 HGB bei einer auch nur vorläufigen Firmenfortführung entsprochen werden. Auch eine spätere Firmenänderung ist dann auf diesem, alten Registerblatt einzutragen.[5] Wenn die bisherige Gesell-

---

[1] BGH Z 71, 296.
[2] So *Keidel/Krafka/Willer*, Registerrecht, 6. Auflage 2003, Rz. 694; anders dagegen **LG Darmstadt** Rpfleger 1982, 228.
[3] Anderer Ansicht insoweit **LG Darmstadt** Rpfleger 1982, 228.
[4] *Krafka*, in: MünchKommHGB, § 31 Rz. 8.
[5] Zum Ganzen siehe nochmals *Krafka*, in: MünchKommHGB, § 31 Rz. 8.

schaft nach Veräußerung oder Verpachtung des Handelsgeschäfts fortbestehen soll, ist mit nicht nur vorübergehender Aufgabe des Geschäftsbetriebs ein wesentliches Begriffsmerkmal für den weiteren Bestand der Gesellschaft als OHG entfallen, sofern nicht der Unternehmensgegenstand im Sinne einer bloßen Verwaltung eigenen Vermögens (§ 105 Abs. 2 HGB) geändert wird. Zur Eintragung in das Handelsregister ist daher regelmäßig nicht die Auflösung, sondern von allen Gesellschaftern das Erlöschen der Firma (§§ 157, 31 Abs. 2 HGB) anzumelden[1] und auf dem Registerblatt der OHG, die veräußert oder verpachtet hat, einzutragen. Das gilt auch, wenn der **Geschäftsbetrieb** endgültig **eingestellt** ist.

VIII. Umwandlungsvorgänge

Als Personenhandelsgesellschaft ist die OHG geeigneter Rechtsträger für Umwandlungsvorgänge nach dem UmwG (vgl. § 3 Abs. 1 Nr. 1 UmwG, § 124 Abs. 1 UmwG, § 191 Abs. 1 Nr. 1 und Abs. 2 Nr. 2 UmwG). Zu unterscheiden ist zwischen der Verschmelzung, der Spaltung (Aufspaltung, Abspaltung und Ausgliederung) und dem Formwechsel. Bei der **formwechselnden Umwandlung** (§§ 190 ff. UmwG) ändert die Gesellschaft lediglich ihre Rechtsform unter Aufrechterhaltung ihrer Identität. Bei der **Verschmelzung** (§§ 2 ff. UmwG) geht das Vermögen der alten Gesellschaft im Weg der Gesamtrechtsnachfolge auf einen anderen, nicht notwendigerweise neu gegründeten Rechtsträger über, wobei die übertragende Gesellschaft ohne Liquidation aufgelöst wird. Bei der **Spaltung** (§§ 123 ff. UmwG) werden Teile des oder das gesamte Vermögen auf andere Rechtsträger übertragen.

695

1. Verschmelzung

Für **Verschmelzungen** gelten die üblichen, bei der GmbH ausführlich dargestellten Anforderungen (siehe Rz 1173 ff.). Daneben bestehen nur wenige Sonderbestimmungen. § 39 UmwG verbietet die Verschmelzung, wenn die Liquidation und auch die Verschmelzung nach dem Gesellschaftsvertrag ausgeschlossen sind. § 41 UmwG sieht einen Verschmelzungsbericht nur vor, wenn einzelne Gesellschafter nicht an der Geschäftsführung beteiligt sind. § 42 UmwG regelt die Unterrichtung der Gesellschafter vom Verschmelzungsvertrag, § 43 UmwG regelt die notwendigen Mehrheiten: Abs. 1 sieht grundsätzlich Einstimmigkeit vor; Ausnahmen kann der Gesellschaftsvertrag im Rahmen des Abs. 2 vorsehen. Bei nicht einstimmigen Beschlüssen muss auf Verlangen eines Gesellschafters eine Prüfung stattfinden.

696

2. Spaltung

Für **Spaltungen** sind neben den allgemeinen Spaltungsvorschriften und den Sondervorschriften für Personengesellschaften bei Verschmelzungen nach §§ 39 bis 45 UmwG keine weiteren Spezialvorschriften vorgesehen.

697

3. Formwechsel

Ein **Formwechsel** ist von der OHG nur in die Form einer Kapitalgesellschaft oder einer eingetragenen Genossenschaft möglich (§ 214 Abs. 1 UmwG). Stets bedarf es der Zustimmung sämtlicher Gesellschafter (§ 217 UmwG). Mit dem Umwandlungsbeschluss muss gemäß § 218 UmwG auch der Gesellschaftsvertrag geschlossen (GmbH) oder die Satzung festgestellt (AG, KGaA, eG) werden. Hierbei sind die jeweiligen Gründungsvorschriften der neuen Rechtsform zu beachten (§ 197 UmwG). Anzumelden ist der Formwechsel durch alle Mitglieder des künftigen Vertretungsorgans so-

698

---

[1] Vgl. **BayObLG** Z 1967, 458 (464); **RG** Z 155, 75 (83).

wie, wenn zwingend ein Aufsichtsrat zu bilden ist, auch durch dessen sämtliche Mitglieder (§ 222 Abs. 1 UmwG). Wurde die Rechtsform einer AG angenommen, so bedarf es zudem der Anmeldung durch die Personen, die den Gründungsgesellschaftern der AG gleichstehen (§ 222 Abs. 2 UmwG). Die Anmeldung hat zur Eintragung in das Register der formwechselnden OHG zu erfolgen (§ 198 Abs. 1 UmwG). Als Anlage zur Anmeldung sind elektronisch (§ 12 Abs. 2 Satz 2 Halbs. 2 HGB) in Ausfertigung oder beglaubigter Abschrift oder, soweit nicht notariell beurkundet, in Urschrift oder Abschrift die Niederschrift des Umwandlungsbeschlusses, gesetzlich erforderliche Einzelzustimmungen, der Umwandlungsbericht, soweit nicht alle Gesellschafter geschäftsführend tätig sind (§ 215 UmwG) oder auf den Bericht verzichtet wurde (§ 192 Abs. 3 UmwG), sowie ein Nachweis über die Zuleitung des Entwurfs des Umwandlungsbeschlusses an den Betriebsrat beizufügen (§ 194 Abs. 2 UmwG), sofern ein solcher vorhanden ist. Bei einem Formwechsel in eine KGaA sind zudem die Dokumente über den Beitritt aller persönlich haftenden Gesellschafter gemäß § 12 Abs. 2 Satz 2 Halbs. 2 HGB einzureichen (§§ 221, 223 UmwG).

699 Mit dem Formwechsel der OHG ist nur dann ein **Registerwechsel** verbunden, wenn die neue Rechtsform die der eingetragenen Genossenschaft ist. Der bloße Wechsel aus der Abteilung A in die Abteilung B des Handelsregisters ist hingegen kein Registerwechsel im Sinne des § 198 Abs. 2 Satz 1 UmwG.[1] Der Formwechsel ist daher neben der Anmeldung zum Register der OHG auch zur Eintragung in das nunmehr zuständige Register nur bei einem Formwechsel in die Form der eG oder bei einem Zuständigkeitswechsel infolge einer zugleich erfolgenden Sitzverlegung anzumelden (§ 198 Abs. 2 Satz 2 UmwG). Die Eintragung des Formwechsels in das Register der OHG ist in diesen Sonderfällen mit dem Vermerk zu versehen, dass der Formwechsel mit Eintragung des neuen Rechtsträgers in das für diesen maßgebliche Register wirksam wird, sofern nicht die Eintragung in allen Registern am selben Tag erfolgt (§ 198 Abs. 2 Satz 4 UmwG). Im Übrigen darf der neue Rechtsträger erst eingetragen werden, wenn der Vermerk über den Formwechsel im Register der OHG eingetragen wurde (§ 198 Abs. 2 Satz 5 UmwG). Für die Bekanntmachung der Eintragungen ist die Vorschrift des § 201 UmwG zu beachten.

C. Kommanditgesellschaft

I. Allgemeines zur Kommanditgesellschaft

700 Die **Kommanditgesellschaft** ist eine Gesellschaft, deren Zweck auf den Betrieb eines Handelsgewerbes unter gemeinschaftlicher Firma gerichtet ist, wenn bei einem oder einigen Gesellschaftern die Haftung gegenüber den Gesellschaftsgläubigern auf den Betrag einer bestimmten Einlage beschränkt ist (**Kommanditist**), während bei dem anderen Teil der Gesellschafter eine Beschränkung der Haftung nicht stattfindet (persönlich haftender Gesellschafter, **Komplementär**, § 161 Abs. 1 HGB); ausreichend ist ein Komplementär und ein Kommanditist. Für die Errichtung und die Mitgliedschaft gilt, abgesehen von den im folgenden behandelten Sondervorschriften, das gleiche wie bei der OHG (§ 161 Abs. 2 HGB). Ihre Entstehung setzt daher den Abschluss eines Vertrags zwischen den Gesellschaftern (Komplementäre und Kommanditisten) voraus, der auch stillschweigend zustande kommen kann, sofern nicht besondere Formvorschriften für die Gründung aufgrund eingegangener Verpflichtungen einschlägig sind (z. B. § 311 b Abs. 1 Satz 1 BGB, § 15 Abs. 4 GmbHG). Gesellschafter einer KG können in-

---

[1] *Zimmermann,* in: Kallmeyer, UmwG, § 198 Rz. 5; *Stratz,* in: Schmitt/Hörtnagl/Stratz, UmwG, § 198 Rz. 8; *Schwanna,* in: Semler/Stengel, UmwG, § 198 Rz. 4.

und ausländische natürliche und juristische Personen[1] sein, auch eine Vor-GmbH,[2] OHG oder KG. Eine Gesellschaft bürgerlichen Rechts (§§ 705 ff. BGB) kann gemäß § 162 Abs. 1 Satz 2 HGB Kommanditist sein und ferner nach der insoweit entsprechend anzuwendenden Vorschrift auch Komplementärin (siehe Rz. 604 f.). Ein nichtrechtsfähiger Verein, eine Erbengemeinschaft oder die eheliche Gütergemeinschaft als solche können nicht als Gesellschafter einer KG in das Handelsregister eingetragen werden. Einzutragen sind – jedenfalls sofern sie Gesellschafter sind – stets deren einzelne Beteiligte, da das Handelsregister nur Auskunft über haftende Personen, nicht aber über haftende Vermögensmassen zu geben hat.[3]

Ausländische Gesellschaften können Komplementär oder Kommanditist einer KG sein, wenn ihre Rechtsfähigkeit nach den allgemeinen Bestimmungen des Internationalen Gesellschaftsrechts im Inland anzuerkennen ist.[4] Infolge der Rechtsprechung des EuGH[5] ist zumindest bei Gesellschaften mit Satzungssitz in einem EU- oder EWR-Mitgliedstaat nach der so genannten Gründungstheorie darauf abzustellen, in welchem Staat der fragliche Rechtsträger gegründet und immer noch inkorporiert, regelmäßig also registriert ist.[6] Dasselbe gilt aufgrund von Staatsverträgen auch für Rechtsträger aus den USA.[7] Auf die tatsächliche Ausübung einer Geschäftstätigkeit in diesem Staat kommt es nicht an. Für andere Staaten, insbesondere also für die Schweiz, soll es hingegen für die Ermittlung des international privatrechtlichen Gesellschaftsstatuts bei der Anwendung der Sitztheorie verbleiben, so dass darauf abzustellen ist, wo sich der effektive Verwaltungssitz der Gesellschaft befindet, nicht aber darauf, wo der Rechtsträger seinen registrierten Satzungssitz hat.[8] Insgesamt besteht in diesem Bereich zwar Klarheit über die registerrechtliche Behandlung, nicht aber über sämtliche damit verbundenen Folgefragen, insbesondere etwa dem Bereich des Kapitalschutzrechts.[9] **Minderjährige**, die nur Kommanditisten werden sollen, bedürfen zum Abschluss des Gesellschaftsvertrags der familiengerichtlichen Genehmigung[10] (§§ 1643 Abs. 1, 1822 Nr. 3 BGB). Wie bei Gründung einer OHG (siehe Rz. 603) ist bei Vorliegen der Voraussetzungen der § 1629 Abs. 2, § 1795 BGB für den wirksamen Abschluss des Gesellschaftsvertrags die Bestellung eines Ergänzungspflegers erforderlich (§ 1909 BGB).[11] Für mehrere Minderjährige muss auch in diesem Fall jeweils ein Ergänzungspfleger bestellt werden.[12] Die KG ist wie die OHG Gesamthandsgesellschaft, nicht juristische Person. Zu ihrer Rechtsstellung siehe § 161 Abs. 2 i.V.m.

701

---

[1] Zum Eintritt einer in Liquidation befindlichen GmbH als Kommanditistin siehe **LG Köln** DNotZ 1980, 422 (= MittRhNotK 1980, 55).
[2] **BGH** Z 80, 129.
[3] Vgl. *Köbler* DB 1972, 2241; bei Eheleuten in Gütergemeinschaft sind diese selbst, nicht die „Gemeinschaft" Gesellschafter, **BayObLG** FGPrax 2003, 132 (= DNotZ 2003, 454 = Rpfleger 2003, 251). Siehe ausführlich *Apfelbaum* MittBayNot 2006, 185.
[4] **OLG Frankfurt** FGPrax 2006, 273 (= Rpfleger 2007, 31); **BayObLG** Z 1986, 61 (= NJW 1986, 3029); **OLG Saarbrücken** NJW 1990, 647 (= DNotZ 1990, 194 = MittBayNot 1989, 278); hierzu *Thorn*, in: Palandt, BGB, Anh. zu Art. 12 Rz. 1 ff.
[5] **EuGH**, Urt. vom 5. 11. 2002, Rs. C-208/00 – Überseering, NJW 2002, 3614; **EuGH**, Urt. vom 30. 9. 2003, Rs. 167/01 – Inspire Art, NJW 2003, 3331.
[6] Siehe *Krafka*, in: MünchKommHGB, § 13 d Rz. 5 ff.
[7] **BGH** Z 153, 353 (= NJW 2003, 1607) und **BGH** DNotZ 2005, 141 m. Anm. *Thölke*.
[8] **BGH** Z 178, 192 (= NJW 2009, 289 mit Anm. *Kieninger*).
[9] Vgl. *Karsten Schmidt*, in: MünchKommHGB, § 105 Rz. 89.
[10] **BGH** Z 17, 160 (162); vgl. auch **OLG Frankfurt** NZG 2008, 749; *Stöber* Rpfleger 1968, 2; *Winkler* ZGR 1973, 177.
[11] Anderer Ansicht wegen des damit allein verbundenen rechtlichen Vorteils bei Erwerb einbezahlter Kommanditanteile: **OLG Bremen** NZG 2008, 750.
[12] Vgl. **OLG Zweibrücken** NZG 1999, 717.

§ 124 Abs. 1 HGB. Da die Beteiligung an einer Personengesellschaft stets einheitlich zu behandeln ist, kann eine Person nicht zugleich persönlich haftender Gesellschafter und Kommanditist sein.[1] Die Frage, welche Anforderungen an die Position des persönlich haftenden Gesellschafters einer KG zu stellen sind, ist ebenso zu beantworten wie bei der OHG (hierzu Rz. 603 ff.).

702 Zur **Firma** der KG siehe die Ausführungen in Rz. 246 ff. Sie kann Personen-, Sach-, Fantasie- oder Mischfirma sein. Stets ist gemäß § 19 Abs. 1 Nr. 3 HGB ein Rechtsformzusatz, z.B. „KG", erforderlich. Da die Firma keine Angaben enthalten darf, die zur Irreführung geeignet sind (§ 18 Abs. 2 HGB), darf im Fall einer konkreten Verwechslungsgefahr kein Name verwendet werden, dessen Träger nicht auch Gesellschafter ist (vgl. Rz. 246).[2] Die Firma eines Einzelkaufmanns kann bei Aufnahme eines Gesellschafters zur Gründung einer KG fortgeführt werden (§ 24 Abs. 1 HGB). Eine Einwilligung des Einzelkaufmanns ist nicht erforderlich und somit vom Registergericht nicht zu prüfen.

703 Der **Sitz** der KG befindet sich wie der Sitz einer OHG am Ort der tatsächlichen Geschäftsführung[3] (siehe hierzu Rz. 607). Die KG, deren Geschäftsbetrieb auf ein Handelsgewerbe (§ 1 Abs. 2 HGB) gerichtet ist, **beginnt** mit der Aufnahme ihrer Tätigkeit, wenn sie ihre Geschäfte vor Eintragung in das Handelsregister aufnimmt, andernfalls mit der Eintragung (§ 161 Abs. 2, § 123 HGB). Ist das Gewerbe der KG nicht schon nach § 1 Abs. 2 HGB Handelsgewerbe oder handelt es sich um eine vermögensverwaltende KG nach § 161 Abs. 2, § 105 Abs. 2 HGB, so beginnt die Gesellschaft erst mit der Eintragung (§§ 161 Abs. 2, 123 HGB).

II. Ersteintragung einer Kommanditgesellschaft

1. Anmeldung der KG zur Eintragung in das Handelsregister

704 Anzumelden ist die Kommanditgesellschaft zur Eintragung in das Handelsregister bei dem Gericht, in dessen Bezirk sie ihren Sitz, also ihren Betriebsmittelpunkt hat (§ 161 Abs. 2, § 106 HGB). Die **Anmeldung** hat im Hinblick auf § 176 HGB im Interesse der Beteiligten unverzüglich zu erfolgen und ist gemäß § 14 HGB erzwingbar. Nach Abschluss des Gesellschaftsvertrags kann die Anmeldung jederzeit erfolgen, auch wenn der Geschäftsbetrieb noch nicht begonnen hat.[4]

705 a) **Anmeldepflichtige Personen.** Die Anmeldung ist **von allen Gesellschaftern** einschließlich der Kommanditisten zu bewirken (§ 161 Abs. 2, § 108 HGB). Ist eine juristische Person oder eine Personenhandelsgesellschaft als Gesellschafter beteiligt, so genügt für sie die Mitwirkung einer vertretungsberechtigten Zahl von Vorstandsmitgliedern, Geschäftsführern oder Gesellschaftern.[5] Die Anmeldung kann auch in unechter Gesamtvertretung (ein Vorstandsmitglied, Geschäftsführer oder Gesellschafter

---

[1] Siehe **BGH** Z 24, 106; **BGH** NJW 1984, 363; *Baumbach/Hopt*, HGB, § 161 Rz. 4; *Koller/Roth/Morck*, HGB, § 161 Rz. 5; mit Ausnahmen bei Nacherbfolge, Testamentsvollstreckung und Nutzungsrechten Dritter: *Fett/Brand* NZG 1999, 53; *Wertenbruch*, in: Ebenroth/Boujong/Joost/Strohn, HGB, § 105 Rz. 32 ff.

[2] Vgl. *Baumbach/Hopt*, HGB, § 19 Rz. 22; *Koller/Roth/Morck*, HGB, § 18 Rz. 15; *Zimmer*, in: Ebenroth/Boujong/Joost/Strohn, HGB, § 18 Rz. 11; *Lutter/Welp* ZIP 1999, 1081; **OLG Saarbrücken** FGPrax 2006, 131 (= Rpfleger 2006, 415).

[3] Zur OHG: **BGH** BB 1969, 329 (= MDR 1969, 662); **BGH** BB 1957, 799 (= WM 1957, 999); **KG** WM 1955, 892; für eine freie Sitzwahl spricht sich *Koch* ZHR 173 (2009), 101 aus.

[4] Vgl. *Langhein*, in: MünchKommHGB, § 106 Rz. 10.

[5] **OLG Hamm** OLGZ 1983, 257 (= Rpfleger 1983, 316); siehe auch **BayObLG** Z 1974, 283 (= DNotZ 1975, 230).

und ein Prokurist) erfolgen. Ein Gesellschafter kann bei der Anmeldung auch von einem Prokuristen vertreten werden.[1]

b) **Inhalt der Erstanmeldung einer KG.** Die **Erstanmeldung einer Kommanditgesellschaft** muss gemäß §§ 162, 106 HGB folgenden Inhalt haben: 706

Aufzunehmen sind Familienname, Vorname, Geburtsdatum und Wohnort der persönlich haftenden **Gesellschafter** und der Kommanditisten. Bei Gesellschaftern, die Handelsgesellschaft oder juristische Person sind, ist der Name bzw. die Firma, unter der diese auftreten, sowie Rechtsform und Sitz anzugeben (siehe § 40 Nr. 3 lit. b und Nr. 5 lit. c HRV), nicht dagegen deren gesetzliche Vertreter. Anlagen sind nicht mit einzureichen, insbesondere bedarf es keiner Vorlage eines Gesellschaftsvertrags bei dem Registergericht. 707

Ist eine **Gesellschaft bürgerlichen Rechts** an der KG beteiligt, so sind deren sämtliche Gesellschafter samt Personalien zur Eintragung anzumelden (§ 162 Abs. 1 Satz 2 HGB). Die Anmeldung kann in diesem Fall seitens der Gesellschaft bürgerlichen Rechts durch einen oder mehrere ihrer Gesellschafter erfolgen, wenn ein Vertretungsnachweis gemäß § 12 Abs. 1 Satz 2 HGB beigebracht wird; stets ausreichend ist allerdings die Anmeldung durch alle im Register einzutragenden Gesellschafter. Bei der Eintragung ist die regelmäßig angegebene Bezeichnung der Gesellschaft mit aufzuführen. Die mit diesem Vermerk verbundenen Schwierigkeiten sind beachtlich: So ist einerseits systembedingt zwar eine Recherche nach der Gesellschaft bürgerlichen Rechts durch Auskunftssuchende möglich, nicht aber nach deren Gesellschaftern, die nach der bestehenden Rechtslage nicht Kommanditisten sind, sondern lediglich im Register der KG mit eingetragen werden. Die Eintragung im Handelsregister hat folgenden Inhalt: 708

Spalte 5
Unterspalte c (Kommanditisten, Mitglieder):
Kommanditist:
Gesellschaft bürgerlichen Rechts mit der Bezeichnung „ABC Grundstücksverwaltung Sonnenstraße GbR" mit Sitz in München bestehend aus:
Huber, Hugo, München, *15. 5. 1965
Lang, Gerhard, Bremen, *3. 3. 1974
Einlage: 500 €

Bei Änderungen im Gesellschafterbestand ist die gesamte Eintragung zur Gesellschaft bürgerlichen Rechts neu vorzutragen:

Spalte 5
Unterspalte c (Kommanditisten, Mitglieder):
Gesellschafterbestand geändert: *(Vorstehendes als Übergangstext)* Kommanditist:
Gesellschaft bürgerlichen Rechts „ABC Grundstücksverwaltung Sonnenstraße GbR" mit Sitz in München bestehend aus:
Huber, Hugo, München, *15. 5. 1965
Kurz, Sieglinde, Hamburg, *5. 9. 1963
Einlage: 5000 € *(und Rötung der bisherigen Eintragung zu diesem Kommanditisten)*

Anzumelden ist außerdem die **Firma** der KG und der Ort, an dem die Gesellschaft ihren **Sitz** hat (siehe hierzu Rz. 607). Zudem ist die **inländische Geschäftsanschrift** zur Eintragung in das Handelsregister anzumelden (vgl. dazu Rz. 340 f.). Ferner ist der Betrag der Hafteinlage des oder der **Kommanditisten**, also der Geldbetrag, der als 709

---

[1] **BGH** Z 116, 190 (193); *Baumbach/Hopt*, HGB, § 49 Rz. 2; *Renaud/Hensen* GmbHR 2008, 687.

Höchstmaß seiner Haftung im Gesellschaftsvertrag festgelegt ist, anzugeben (vgl. § 172 Abs. 1 HGB); bei in Gütergemeinschaft lebenden Ehegatten (siehe Rz. 605) ist im Fall der Beteiligung im Gesamtgut die Haftsumme jeweils getrennt einzutragen (vgl. zur Haftung §§ 1437f., 1459f. BGB). Die Haftsumme ist von der Einlage zu unterscheiden, zu deren Leistung der Kommanditist sich gegenüber den übrigen Gesellschaftern verpflichtet hat[1] (Pflichteinlage, siehe § 705 BGB). Einen Mindestbetrag sieht das Gesetz für die einzutragende Haftsumme nicht vor, so dass auch unverhältnismäßig geringfügige Hafteinlagen denkbar sind (z. B. 1 €), sofern kein Rechtsformenmissbrauch vorliegt. Wird in der Anmeldung die Bezeichnung „Bareinlage" verwendet, ist dies unschädlich.[2] Der Betrag ist zwingend in Euro anzugeben, insbesondere die Angabe in einer ausländischen Währung ist daher nicht möglich.

710 Anzumelden ist auch die allgemeine **Vertretungsmacht der Gesellschafter** sowie etwaige Besonderheiten zur Vertretung bezüglich einzelner Gesellschafter (vgl. Rz. 612), z. B. der etwaige Ausschluss eines persönlich haftenden Gesellschafters von der Vertretung oder die Anordnung einer Gesamtvertretung (§ 161 Abs. 2, § 125 Abs. 3 Satz 1 HGB).[3] Regelmäßig ist also anzumelden, dass jeder persönlich haftende Gesellschafter gemäß der gesetzlichen Bestimmung des § 125 HGB die Gesellschaft einzeln vertritt. Unzulässig ist der Ausschluss sämtlicher persönlich haftender Gesellschafter von der Vertretung.[4] Dem einzigen Komplementär kann zwar die Geschäftsführungsbefugnis, nicht aber die Vertretungsbefugnis entzogen sein.[5] Bei vertraglich vorgesehener Gesamtvertretung ist zu beachten, dass bei Verbleiben nur eines persönlich haftenden Gesellschafters dieser die Gesellschaft allein vertritt,[6] was ebenfalls zur Eintragung im Register zu bringen ist. Auch der Ausschluss eines persönlich haftenden Gesellschafters durch gerichtliche Anordnung gemäß § 161 Abs. 2, § 127 HGB muss zur Eintragung angemeldet werden. Ein Kommanditist kann nicht zum organschaftlichen Vertreter, sondern allenfalls zum rechtsgeschäftlich vertretenden Prokuristen bestellt werden.[7] Die einem vertretenden persönlich haftenden Gesellschafter erteilte allgemeine Befreiung vom Verbot des Selbstkontrahierens (§ 181 BGB) ist zur Eintragung in das Handelsregister anzumelden (siehe hierzu ferner Rz. 809a).[8]

711 Zur Anmeldung einer **Prokura** siehe Rz. 363 ff., zum Haftungsausschluss und zum Ausschluss des Forderungsübergangs bei Eintritt eines persönlich haftenden Gesellschafters in das Handelsgeschäft eines Einzelkaufmanns (§ 28 Abs. 2 HGB in Anlehnung an die Regelung des § 25 Abs. 2 HGB) vgl. Rz. 570 ff.

712 Die Anmeldung soll zudem, wie stets, den Unternehmensgegenstand enthalten (§ 24 Abs. 4 HRV).

713 Beispiel für die **Erstanmeldung** einer Kommanditgesellschaft:

714 Wir, Hugo Huber, München, geboren am 15. 5. 1965, und Gerhard Lang, Rosenheim, geboren am 3. 3. 1974, haben unter der Firma „Verlag Hugo Huber KG" eine Kommanditgesell-

---

[1] Zur Terminologie: *Baumbach/Hopt*, HGB, § 171 Rz. 1; *Koller/Roth/Morck*, HGB, § 171 Rz. 4; *Karsten Schmidt*, in: MünchKommHGB, §§ 171, 172 Rz. 5 ff.
[2] OLG **Celle** Rpfleger 1975, 228.
[3] Hierzu ausführlich *Busch* Rpfleger 2003, 329.
[4] BGH Z 41, 367; *Martens*, in: Schlegelberger, HGB, § 170 Rz. 3.
[5] BGH Z 51, 198.
[6] BGH Z 41, 367.
[7] OLG **Frankfurt** FGPrax 2006, 82.
[8] OLG **Frankfurt** FGPrax 2006, 273 (= NZG 2006, 230); OLG **Hamburg** DNotZ 1986, 571; OLG **Hamm** MittRhNotK 1983, 92; LG **Augsburg** MittBayNot 1982, 74 (= Rpfleger 1983, 28); LG **Düsseldorf** MittRhNotK 1983, 94 und MittRhNotK 1988, 238; anderer Ansicht: OLG **Hamburg** OLGZ 1983, 23 (= MittRhNotK 1983, 164); LG **Berlin** Rpfleger 1982, 427.

schaft mit Sitz in München gegründet. Herr Huber ist persönlich haftender Gesellschafter. Kommanditist ist Herr Gerhard Lang mit einer Haftsumme in Höhe von 100 000 €. Die inländische Geschäftsanschrift ist 80802 München, Buchstraße 41.
Die allgemeine Vertretungsregelung sieht vor, dass jeder persönlich haftende Gesellschafter einzeln vertritt.
Der Unternehmensgegenstand ist der Betrieb eines Verlagsgeschäfts.

c) Errichtung der Gesellschaft aus bereits eingetragenen Rechtsträgern. Die Gründung einer Kommanditgesellschaft kann auf verschiedene Arten erfolgen. Neben der regulären Neuerrichtung kommt auch die Möglichkeit in Betracht, dass einer der Gesellschafter im Rahmen der Gründung sein einzelkaufmännisches Unternehmen in die neu entstehende KG einbringt. Die Bestimmung des § 28 HGB formuliert dies registertechnisch als **Eintritt eines** oder mehrerer **Kommanditisten in das Handelsgeschäft des Einzelkaufmanns.** Erforderlich ist in diesem Fall die Abänderung des Rechtsformzusatzes der Firma (§ 19 Abs. 1 HGB). Wird die bisherige Firma fortgeführt, so bedarf es der Einwilligung des bisherigen Inhabers, sofern dessen Name in der Firma enthalten ist und die Voraussetzungen nach § 22 Abs. 1 HGB vorliegen. Anzumelden ist von dem bisherigen Inhaber und dem bzw. den eintretenden Kommanditisten: 715

Ich, Thomas Roth, Hamburg, geboren am 15. 5. 1970, bin als Inhaber des einzelkaufmännischen Unternehmens unter der Firma „Reisepalast Roth e. K." mit Niederlassung in Hamburg im Handelsregister des Amtsgerichts Hamburg (HRA 12 570) eingetragen.
In das Handelsgeschäft wurde Gustav Dreiet, Bremen, geboren am 20. 9. 1980, als Kommanditist aufgenommen. Seine Kommanditeinlage beträgt 5000 €. Die Gesellschaft führt unter Einwilligung des bisherigen Firmeninhabers die Firma „Reisepalast Roth KG". Sitz der Gesellschaft ist Hamburg. Die allgemeine Vertretungsregelung besagt, dass die Gesellschaft durch jeden persönlich haftenden Gesellschafter einzeln vertreten wird. Unternehmensgegenstand der Gesellschaft ist der Betrieb eines Reisebüros.

Angemeldet werden kann gemäß § 28 Abs. 2 HGB, dass die neu entstandene Gesellschaft nicht für die bisher im Betrieb des Einzelkaufmanns begründeten Verbindlichkeiten haftet (hierzu Rz. 570 ff.). In die Anmeldung wäre aufzunehmen: 716

Die Kommanditgesellschaft haftet nicht für die im Geschäft entstandenen Verbindlichkeiten des bisherigen Inhabers.

Die **Eintragung** im Handelsregister erfolgt grundsätzlich im bisherigen Registerblatt des Einzelkaufmanns. Wird die Firma nicht fortgeführt, so ist allerdings ein neues Blatt anzulegen, der Eintritt auch auf dem Blatt des Einzelkaufmanns vor dessen Löschung zu vermerken und auf beiden Blättern wechselseitig aufeinander zu verweisen (§ 41 HRV). Wird die Firma fortgeführt, so ergibt sich im Handelsregister folgende Eintragung: 717

Spalte 2 718
Unterspalte a (Firma):
Geändert, nun: *(Vorstehende Worte als Übergangstext gemäß § 16 a HRV)*
Reisepalast Roth KG *(und Rötung der bisherigen einzelkaufmännischen Firma)*
Unterspalte b (Sitz): *(keine Änderung)*
Spalte 3
Unterspalte a (Allgemeine Vertretungsregelung):
Jeder persönlich haftende Gesellschafter vertritt einzeln.
Unterspalte b (Persönlich haftende Gesellschafter und besondere Vertretung):
Geändert, nun: *(Vorstehende Worte als Übergangstext)*
Persönlich haftender Gesellschafter: Roth, Thomas, Hamburg, *15. 5. 1970

(Die Löschung und neue Vortragung des bisherigen Inhabers ist im Hinblick auf das Verbot der Teilrötung nach § 16 Abs. 3 HRV unumgänglich)

Spalte 5
Unterspalte a (Rechtsform, Beginn und Satzung):
Geändert, nun: *(bis hierher Übergangstext)* Kommanditgesellschaft *(Zudem Rötung der bisherigen Rechtsform)*
Unterspalte b (Sonstige Rechtsverhältnisse):
(Ggf. ist bei entsprechender Anmeldung einzutragen:) Die Kommanditgesellschaft haftet nicht für die im Geschäft entstandenen Verbindlichkeiten des bisherigen Inhabers.
Unterspalte c (Kommanditisten, Mitglieder):
Eingetreten: *(Vorstehendes Wort als Übergangstext)*
Kommanditist: Dreiet, Gustav, Bremen, *20. 9. 1980; Kommanditeinlage: 5000 €.

Spalte 6
Unterspalte a (Tag der Eintragung): 10. 1. 2010

719 Neben dem Eintritt eines Kommanditisten in das Geschäft eines Einzelkaufmannes ist denkbar, dass die KG dadurch zur Entstehung gelangt, dass eine Person als **Kommanditist in eine** bereits bestehende **OHG eintritt**. Die Anmeldung zur Eintragung lautet, wiederum zumindest unter Beifügung des nunmehr zutreffenden Rechtsformzusatzes der Firma (§ 19 Abs. 1 Nr. 3 HGB), folgendermaßen:

In die „Reisebüro Zuck OHG" mit Sitz in Hamburg (Amtsgericht Hamburg HRA 15650) ist als Kommanditist eingetreten: Gustav Dreiet, Bremen, geboren am 20. 9. 1980, Kommanditeinlage: 5000 €.
Die Gesellschaft führt nunmehr als Kommanditgesellschaft die bisherige Firma nicht fort. Die neue Firma lautet: En Route Hamburg KG. Sitz der Gesellschaft ist Hamburg. Die allgemeine Vertretungsregelung sieht vor, dass jeder persönlich haftende Gesellschafter einzeln vertritt. Unternehmensgegenstand der Gesellschaft ist der Betrieb eines Reisebüros.

720 Die entsprechende **Eintragung im Handelsregister** (§ 40 Nr. 2 lit. a und Nr. 5 lit. a und lit. c HRV) würde lauten:

721 **Spalte 2**
Unterspalte a (Firma): Geändert, nun: *(Vorstehendes als Übergangstext)*
En Route Hamburg KG *(und Rötung der bisherigen Firma)*
Spalte 5
Unterspalte a (Rechtsform, Beginn und Satzung): Nunmehr: *(Vorstehendes Wort als Übergangstext)* Kommanditgesellschaft *(und Rötung der bisherigen Rechtsform)*
Unterspalte b (Sonstige Rechtsverhältnisse): –
Unterspalte c (Kommanditisten, Mitglieder): Eingetreten: *(Vorstehendes als Übergangstext)*
Kommanditist: Dreiet, Gustav, Bremen, *20. 9. 1980; Kommanditeinlage: 5000 €.

722 Zudem kann eine Kommanditgesellschaft auch dadurch entstehen, dass bei einer bisherigen OHG ein **persönlich haftender Gesellschafter** in die Stellung eines **Kommanditisten** wechselt. Zu beachten ist, dass die Firma nunmehr den korrekten Rechtsformzusatz (§ 19 Abs. 1 Nr. 3 HGB) enthalten muss. Demnach ist stets zugleich eine Änderung der Firma anzumelden. Die entsprechende Anmeldung könnte lauten:

Bei der „Reisebüro Zuck OHG" mit Sitz in Hamburg (Amtsgericht Hamburg HRA 15650) ist der bisherige persönlich haftende Gesellschafter Gustav Dreiet, Bremen, geboren am 20. 9. 1980, nunmehr Kommanditist mit einer Kommanditeinlage in Höhe von 5000 €.
Die Gesellschaft führt als Kommanditgesellschaft künftig folgende Firma: En Route Hamburg KG. Die allgemeine Vertretungsregelung sieht vor, dass jeder persönlich haftende Ge-

sellschafter einzeln vertritt. Unternehmensgegenstand der Gesellschaft ist der Betrieb eines Reisebüros.

Die **Eintragung im Handelsregister** (§ 40 Nr. 2 lit. a und Nr. 5 lit. a und c HRV) würde folgendermaßen aussehen: 723

Spalte 2 724
Unterspalte a (Firma): Geändert, nun: *(Vorstehendes als Übergangstext)*
En Route Hamburg KG *(und Rötung der bisherigen Firma)*
Spalte 3
Unterspalte b (Persönlich haftende Gesellschafter):
Ausgeschieden: Dreiet, Gustav, Bremen, *20. 9. 1980
(Vorstehenden Text röten; ebenso Rötung der bisherigen Eintragungen zu Dreiet Gustav in dieser Unterspalte)
Spalte 5
Unterspalte a (Rechtsform, Beginn und Satzung):
Nunmehr: *(Vorstehendes Wort als Übergangstext)* Kommanditgesellschaft *(und Rötung der bisherigen Rechtsform)*
Unterspalte b (Sonstige Rechtsverhältnisse): –
Unterspalte c (Kommanditisten, Mitglieder):
Eingetreten: *(Vorstehendes als Übergangstext)*
Kommanditist: Dreiet, Gustav, Bremen, *20. 9. 1980; Kommanditeinlage: 5000 €.

2. Prüfungspflicht und Eintragung

Die **Prüfungspflicht des Gerichts** entspricht derjenigen bei Eintragung einer OHG im Handelsregister (hierzu Rz. 619). Insbesondere ist nicht festzustellen, ob die Gesellschaft tatsächlich ein Handelsgewerbe im Sinne des § 1 Abs. 2 HGB ausübt. Eine Prüfung erfolgt nur dahingehend, ob der mitgeteilte Unternehmensgegenstand abstrakt den Erfordernissen der §§ 161 Abs. 2, 1 Abs. 1, 105 Abs. 1 HGB oder des § 105 Abs. 2 HGB genügt. Stets ist zu prüfen, ob die gewählte Firma rechtlich zulässig (§§ 18, 19 HGB) und von bereits bestehenden Firmen unterscheidbar ist (§ 30 HGB). 725

Zur **Eintragung** der KG im Handelsregister siehe § 40 Nr. 2, 3 und 5 HRV. Die Eintragung der **allgemeinen Vertretungsregelung** erfolgt in Spalte 3 Unterspalte a. Die gesetzlich vorgesehene allgemeine Vertretungsregelung[1] einer KG (§ 125 Abs. 1 HGB) lautet folgendermaßen: 726

> Jeder persönlich haftende Gesellschafter vertritt einzeln.

Bei juristischen Personen oder Personenhandelsgesellschaften als Gesellschafter, auch als Kommanditisten, wird deren Firma, Rechtsform und Sitz, nicht aber deren Gesellschafter eingetragen (§ 40 Nr. 3 lit. b und Nr. 5 lit. c HRV). Lediglich bei einer Gesellschaft bürgerlichen Rechts als Kommanditistin sind auch deren Gesellschafter mit in die Eintragung aufzunehmen (§ 162 Abs. 1 Satz 2 HGB), hierzu Rz. 708. Wird der Name oder die Firma des Gesellschafters der KG geändert, so genügt eine entsprechende förmliche Anmeldung (§ 12 Abs. 1 HGB) durch diesen Gesellschafter an das Gericht unter Vorlage entsprechender Nachweise, z.B. einem amtlichen Registerausdruck oder einer Notarbescheinigung nach § 21 BNotO. Ein Einzelkaufmann als Gesellschafter einer KG ist mit seinem Namen oder unter der Firma einzutragen, wenn der Beitritt bzw. die Anmeldung unter dieser erfolgt und der Eintragung der bürgerliche Name beigefügt wird.[2] Die Eintragung einer Zweigniederlassung als Gesellschaf- 727

---

[1] Zu weiteren Möglichkeiten und Eintragungsvarianten siehe *Busch* Rpfleger 2003, 329.
[2] **BayObLG** Z 1973, 46 (= DNotZ 1973, 561 = MittBayNot 1973, 111).

ter ist nicht gestattet.¹ Bei der Eintragung der Vertretungsbefugnis ist zu beachten, dass gemäß § 106 Abs. 2 Nr. 4 HGB nur die organschaftliche Vertretungsmacht eingetragen wird. Die gesonderte einem Kommanditisten eingeräumte Vertretungsmacht kann daher nicht nach dieser Vorschrift, sondern nur als weitere Eintragung als Prokurist registerlich zum Ausdruck gebracht werden.²

728 Jeder **Kommanditist** ist in Spalte 5 Unterspalte c des Handelsregisters mit Familiennamen, Vornamen, Geburtsdatum, Wohnort (bzw. Firma, Sitz und Registerstelle) und Betrag seiner Hafteinlage einzutragen.

729 Zur öffentlichen **Bekanntmachung** siehe § 10 i.V.m. § 162 Abs. 2 HGB. Bei der Bekanntmachung sind keine Angaben zu den Kommanditisten zu machen, so dass weder die Zahl, noch die Namen oder der Betrag der Hafteinlagen bekannt zu machen sind. Zu den Mitteilungen an die Beteiligten siehe § 383 Abs. 1 FamFG.

730 Beispielsweise kann die **Ersteintragung** einer regulär angemeldeten Kommanditgesellschaft folgendermaßen aussehen:

731 **Spalte 2**
Unterspalte a (Firma): Verlag Hugo Huber KG
Unterspalte b (Sitz): München, Geschäftsanschrift: 80802 München, Buchstraße 41

Spalte 3
Unterspalte a (Allgemeine Vertretungsregelung):
Jeder persönlich haftende Gesellschafter vertritt einzeln.
Unterspalte b (Persönlich haftende Gesellschafter und besondere Vertretung):
Persönlich haftender Gesellschafter: Huber, Hugo, München, *15. 5. 1965

Spalte 5
Unterspalte a (Rechtsform, Beginn und Satzung): Kommanditgesellschaft
Unterspalte b (Sonstige Rechtsverhältnisse): *(Keine Eintragung)*
Unterspalte c (Kommanditisten, Mitglieder): Kommanditist: Lang, Gerhard, Rosenheim, *3. 3. 1974; Einlage: 5000 €.

Spalte 6
Unterspalte a (Tag der Eintragung): 10. 1. 2010

III. Änderungen bei einer bestehenden Kommanditgesellschaft

1. Allgemeine Änderungen

732 **Anzumelden** sind die Änderung der Firma (siehe Rz. 626 ff.), Verlegung des Sitzes³ (siehe Rz. 338 ff.), Änderung der inländischen Geschäftsanschrift (siehe Rz. 340 f.), Eintritt und Austritt persönlich haftender Gesellschafter (siehe Rz. 632 ff.) und die Änderung der Vertretungsbefugnis der persönlich haftenden Gesellschafter (siehe Rz. 649 ff.) in gleicher Weise wie bei der OHG (§ 161 Abs. 2, §§ 107, 108, 143 Abs. 2 HGB).

733 Wenn eine offene Handelsgesellschaft mit Eintritt eines Kommanditisten in eine KG umgewandelt wird, darf die bisherige **Firma fortgeführt** werden (§ 24 Abs. 1 HGB), jedoch verbietet sich die Beibehaltung nunmehr täuschender Firmenbestandteile (§ 18 Abs. 2 HGB), insbesondere ist der Rechtsformzusatz zu ändern. Der Zusatz „OHG" ist daher in den Zusatz „KG" zu ändern (§ 19 Abs. 1 HGB). Der Name des „ausscheidenden" Gesellschafters darf, auch wenn dieser Kommanditist wird, in der mit

---

¹ OLG Celle NZG 2000, 701; *Krafka*, in: MünchKommHGB, § 13 Rz. 20.
² OLG Frankfurt FGPrax 2006, 82.
³ Zur Erzwingbarkeit der entsprechenden Anmeldung: **BayObLG** Rpfleger 1975, 244.

zwei Gesellschafternamen gebildeten KG-Firma selbst dann fortgeführt werden, wenn nur noch ein persönlich haftender Gesellschafter vorhanden ist[1] („X. & Y. KG" nach Ausscheiden des X).

Die Änderungen, die nach Errichtung der KG eintreten, müssen von **sämtlichen Gesellschaftern** zur Eintragung in das Handelsregister angemeldet werden, mithin auch von allen Kommanditisten. Für die Anmeldung der Erteilung oder des Erlöschens einer Prokura und der Errichtung oder Aufhebung einer Zweigniederlassung genügt die Anmeldung durch die vertretungsberechtigte Zahl persönlich haftender Gesellschafter oder bei unechter Gesamtvertretung der berufenen Personen. 734

Das **Registergericht prüft**, abgesehen von den allgemeinen formellen Voraussetzungen, das Vorliegen der Erfordernisse für die Eintragung des angemeldeten Vorgangs. Die **Eintragung** erfolgt nach § 40 Nr. 2, 3 und Nr. 5 HRV. Beispielsweise ist der Eintritt eines persönlich haftenden Gesellschafters in Spalte 3 Unterspalte b einzutragen. Zur öffentlichen Bekanntmachung siehe § 10 HGB und zur Mitteilung an Beteiligte § 383 Abs. 1 FamFG. 735

2. Eintritt und Ausscheiden von Kommanditisten

a) **Allgemeines.** Der Eintritt (§ 107 i.V.m. § 161 Abs. 2 HGB) und das Ausscheiden (§ 143 Abs. 2 i.V.m. § 161 Abs. 2 HGB) eines Kommanditisten sind ebenfalls zur Eintragung in das Handelsregister einzutragen. **Anzumelden** haben sämtliche Gesellschafter (§§ 108, 143 Abs. 1 und 2 i.V.m. § 161 Abs. 2 HGB), somit auch alle Kommanditisten und der eintretende oder ausscheidende Kommanditist bzw. dessen Erben[2]. Für neu eintretende Kommanditisten ist die Haftsumme stets in Euro anzugeben; unter Umständen noch in DM eingetragene Haftsummen anderer Kommanditisten sind anlässlich einer auf dem betroffenen Registerblatt vorzunehmenden Neueintragung gemäß einem entsprechend zu stellenden konkreten Eintragungsantrag auf Euro umzustellen (siehe Rz. 752). Ist eine Gesellschaft bürgerlichen Rechts Kommanditistin, so sieht § 162 Abs. 1 Satz 2 HGB vor, dass auch deren Gesellschafter und spätere Änderungen in der Zusammensetzung der Gesellschafter zur Eintragung anzumelden sind (zur Eintragung siehe Rz. 708). 736

Beispiel für die **Anmeldung** des Eintritts eines weiteren Kommanditisten: 737

> In die Gesellschaft ist als weiterer Kommanditist mit einer Haftsumme von 50 000 € eingetreten: Gold, Rudolf, Stuttgart, geboren am 5. 6. 1960.

Einzutragen ist der Eintritt eines persönlich haftenden Gesellschafters in Spalte 3 Unterspalte b (§ 40 Nr. 3 lit. b HRV), der Eintritt eines Kommanditisten in Spalte 5 Unterspalte c (§ 40 Nr. 5 lit. c HRV). Eine öffentliche Bekanntmachung unterbleibt (§ 162 Abs. 2 und 3 HGB). Beispiel für die Eintragung des Eintritts eines neuen Kommanditisten: 738

> **Spalte 5** 739
> **Unterspalte c (Kommanditisten, Mitglieder):**
> Eingetreten: *(Vorstehendes Wort als Übergangstext gemäß § 16 a HRV)*
> Kommanditist: Gold, Rudolf, Stuttgart, *5. 6. 1960; Einlage: 50 000 €.

Das **Ausscheiden** des einzigen Kommanditisten oder aller Kommanditisten bewirkt die automatisch eintretende Umwandlung der KG in eine OHG, wenn noch mindes- 740

---
[1] OLG Köln DNotZ 1988, 518 (= NJW-RR 1988, 998).
[2] Nicht der Testamentsvollstrecker, siehe **OLG München** NZG 2009, 1234.

tens zwei Gesellschafter verbleiben. Dieser Wechsel der Rechtsform ist samt der erforderlichen Firmenänderung in Bezug auf den Rechtsformzusatz neben dem Ausscheiden des Kommanditisten anzumelden und in das Handelsregister einzutragen.

741 Nach herrschender Meinung kann jeder Gesellschafter an einer Kommanditgesellschaft nur mit der **Gesamtheit** aller Rechte und Pflichten aus dem Gesellschaftsverhältnis, sonach nur mit **einem** rechtlich einheitlichen Gesellschaftsanteil beteiligt sein (siehe Rz. 701). Eine Aufspaltung oder verschiedene rechtliche Ausgestaltung der Rechtsstellung eines Gesellschafters einer KG ist somit ausgeschlossen. Derselbe Gesellschafter kann daher **nicht Kommanditist und zugleich Komplementär** sein, auch nicht durch späteren Eintritt als weiterer Komplementär oder als weiterer Kommanditist.[1] Wird ein persönlich haftender Gesellschafter Erbe eines Kommanditisten oder wird an diesen ein Kommanditanteil ganz oder teilweise übertragen, so ist daher nur das Ausscheiden des verstorbenen oder übertragenden Kommanditisten (§ 143 Abs. 2 i. V. m. § 161 Abs. 2 HGB) anzumelden und in das Handelsregister einzutragen, nicht aber auch eine Änderung der Rechtsstellung des persönlich haftenden Gesellschafters. Das schließt jedoch nach zutreffender Auffassung nicht die Eintragung eines Vermerks über die Gesamt- oder Sonderrechtsnachfolge des Komplementärs in die Rechtsstellung eines Kommanditisten (hierzu Rz. 747 ff.) aus, da der Vermerk der Vermeidung des Anscheins einer Haftung des Übertragenden, nicht des Erwerbers dient.[2]

742 Hingegen ist, wenn umgekehrt ein Kommanditist Sonderrechtsnachfolger eines von mehreren persönlich haftenden Gesellschaftern wird, die Eintragung eines besonderen Vermerks hierüber naturgemäß ausgeschlossen. Daher ist in diesem Fall nur das Ausscheiden des bisherigen persönlich haftenden Gesellschafters sowie der Eintritt des Erwerbers als neuer persönlich haftender Gesellschafter und das hierdurch kraft Gesetzes erfolgende Erlöschen der Stellung als Kommanditist der fortbestehenden KG anzumelden und einzutragen bzw. ggf. nach Ausübung des Wahlrechts nach § 139 Abs. 1 HGB die Erhöhung der Haftsumme als Kommanditist.

743 **b) Eintritt eines neuen Gesellschafters und Austritt eines bisherigen Gesellschafters. Ausscheiden und Neueintritt von Kommanditisten** können als selbstständige Änderungen der Gesellschafter ohne rechtlichen Zusammenhang zeitlich zusammentreffen. Besonderheiten bei der Anmeldung und Eintragung ergeben sich nicht. Die Gesellschafter haften einzeln und unabhängig voneinander bis zur Höhe ihrer jeweiligen Einlage (§§ 171, 172 HGB). Die Haftung des Eintretenden bezieht sich auch auf Altschulden (§ 173 HGB). Die auf die Tatsache des Ausscheidens (§ 143 Abs. 2 HGB) und des Eintritts (§ 107 HGB) beschränkte Handelsregisteranmeldung gibt die Rechtslage daher zutreffend und erschöpfend wieder.[3] Erfolgt der Eintritt eines Kommanditisten zur Vermeidung der eventuellen Haftung nach § 176 Abs. 2 HGB unter der aufschiebenden Bedingung der Eintragung des Eintritts im Handelsregister, so muss dies in der Anmeldung nicht angegeben werden. Wird es gleichwohl mit aufgeführt, so ergeben sich für die Behandlung der Anmeldung durch das Registergericht keine Konsequenzen.[4] Findet das Ausscheiden eines Kommanditisten während eines laufenden Insolvenzverfahrens statt, so ist allein der Insolvenzverwalter anmeldeberechtigt.[5]

---

[1] **BGH** BB 1963, 1076; **KG** JW 1936, 2933; **OLG Hamm** OLGZ 1982, 139 (= DNotZ 1982, 496 = NJW 1982, 835).
[2] Vgl. **BGH** Z 81, 82; ebenso *Wolfsteiner* BB 1985, 1217; richtig daher **LG Aachen** Rpfleger 1983, 356; unzutreffend hingegen **BayObLG** MittBayNot 1983, 49 (= MDR 1983, 493); **LG Stuttgart** Rpfleger 1989, 414.
[3] So bereits **RG** DNotZ 1944, 195 (= WM 1964, 1130).
[4] *Müther*, Handelsregister, § 9 Rz. 22.
[5] **OLG Köln** RNotZ 2001, 593; **OLG Düsseldorf** DNotZ 1970, 306.

Beispiel für die **Anmeldung** des Aus- und Eintritts von Kommanditisten: 744

Aus der Gesellschaft ist der Kommanditist Gold, Rudolf, Stuttgart, geboren am 5. 6. 1960 (Einlage: 50 000 €) ausgeschieden. Als Kommanditist ist in die Gesellschaft Roth, Herbert, Bonn, geboren am 10. 10. 1945, mit einer Einlage von 30 000 € eingetreten.

Die **Eintragung** erfolgt im Handelsregister in Spalte 5 Unterspalte c (§ 40 Nr. 5 lit. c 745 HRV), wobei gemäß § 162 Abs. 2 und 3 HGB eine öffentliche Bekanntmachung unterbleibt. Beispiel für die Vornahme einer entsprechenden Eintragung:

Spalte 5 746
Unterspalte c (Kommanditisten, Mitglieder):
Ausgeschieden: Kommanditist: Roth, Herbert, Bonn, *10. 10. 1945 *(Vorstehender Text ist zu röten; ebenso die sonstigen diesen Kommanditisten betreffenden Eintragungen).*
Eingetreten: *(Vorstehendes Wort als Übergangstext gemäß § 16a HRV)*
Kommanditist: Gold, Rudolf, Stuttgart, *5. 6. 1960; Einlage: 30 000 €.

c) Mitgliederwechsel durch Übertragung der Gesellschaftsbeteiligung. Auch durch die 747 Übertragung eines bestehenden Kommanditanteils kann im Wege des **Mitgliederwechsels** das Ausscheiden und der Neueintritt als Kommanditist in der Weise vollzogen werden, dass der ausscheidende Kommanditist seinen Gesellschaftsanteil – mit Zustimmung der übrigen Gesellschafter oder aufgrund einer entsprechenden Bestimmung des Gesellschaftsvertrags – an den als Kommanditist Eintretenden **abtritt** mit der Folge, dass dieser ohne weiteres in die Rechtsstellung eintritt, die der Veräußerer innehatte und somit „derivativer Rechtsnachfolger" des Veräußerers wird. Das Gesetz sieht diesen Sonderfall nicht vor und verlangt lediglich, dass nach § 107 i.V.m. § 161 Abs. 2 HGB anzumelden und in das Handelsregister einzutragen ist einerseits der Eintritt des neuen Kommanditisten und andererseits nach § 143 Abs. 2 i.V.m. § 161 Abs. 2 HGB das Ausscheiden des bisherigen Kommanditisten. Dieser Fall des Kommanditistenwechsels durch **Sonderrechtsnachfolge** unterscheidet sich allerdings in seinen Rechtsfolgen, insbesondere der Haftung für die Gesellschaftsschulden, wesentlich von demjenigen des bloßen gleichzeitigen Austritts eines alten und Eintritts eines neuen Kommanditisten.[1] Infolge der Übertragung des Kommanditanteils übernimmt der neue Kommanditist nicht nur hinsichtlich der Einlageschuld gegenüber der Gesellschaft, sondern auch hinsichtlich der Haftung gegenüber den Gesellschaftsgläubigern diejenige Rechtsposition, die bis zur Abtretung der frühere Kommanditist innehatte.[2] Die Haftsumme verdoppelt sich somit nicht.[3] Die Eintragung nur des Ausscheidens des alten und des Eintritts des neuen Kommanditisten in das Handelsregister macht jedoch die Haftung auf nur eine Einlage (§ 172 Abs. 1 HGB) nicht ersichtlich, gibt daher bei der Sonderrechtsnachfolge die Rechtslage nicht vollständig wieder. Das rechtfertigt und erfordert die Verlautbarung eines auf die Sonderrechtsnachfolge hinweisenden zusätzlichen **Vermerks**.[4] Selbiges gilt bei Eintritt im Wege der

---

[1] Vgl. **RG** DNotZ 1944, 195 (= WM 1964, 1130); **BGH** Z 81, 82; **BGH** NZG 2006, 15 (= DNotZ 2006, 135 = Rpfleger 2006, 89 mit Anm. *Müther* Rpfleger 2006, 129).

[2] **BGH** Z 81, 82.

[3] **BGH** NZG 2006, 15 (= DNotZ 2006, 135 = Rpfleger 2006, 89 mit Anm. *Müther* Rpfleger 2006, 129).

[4] Allgemeine Auffassung: **BGH** NZG 2006, 15 (= DNotZ 2006, 135 = Rpfleger 2006, 79 mit Anm. *Müther* Rpfleger 2006, 129); **RG** DNotZ 1944, 195 (= WM 1964, 1130); **BayObLG** Z 1977, 76 (= DNotZ 1977, 683); **BayObLG** MittBayNot 1983, 22 (= BB 1983, 334); **OLG Köln** DNotZ 1953, 435; **OLG Oldenburg** DNotZ 1992, 186; **OLG Zweibrücken** MittBayNot 2000, 440 (= Rpfleger 2002, 157 mit Anm. *Waldner*); **AG Charlottenburg** DNotZ 1988, 519 (mit Anm. *Bokelmann*).

Gesamtrechtsnachfolge, z. B. im Fall der Verschmelzung des bisherigen Kommanditisten auf einen anderen Rechtsträger (§§ 2 ff. UmwG). In diesem Fall bedarf es der Eintragung eines Vermerks unter Hinweis auf die eingetretene Gesamtrechtsnachfolge (vgl. Rz. 756 ff.).

748 Die Eintragung eines derartigen Vermerks ist mit Änderung der Bestimmung des § 162 Abs. 2 HGB im Jahr 2001 nicht hinfällig geworden.[1] Auch wenn die Bestimmung des § 15 HGB bezüglich der Kommanditisten danach keine Anwendung mehr finden soll, bedarf weiterhin die Haftungslage im Fall des Mitgliederwechsels durch Übertragung der Beteiligung einer eindeutigen Verlautbarung im Handelsregister, da Gläubiger nur hieraus ersehen können, wie sich die Haftungslage im Außenverhältnis gestaltet. Die insoweit jahrzehntelang geübte einheitliche Registerpraxis und der hierdurch eingetretene Vertrauensbestand der Auskunftssuchenden führen dazu, dass die Eintragung eines beantragten Sonder- oder Gesamtrechtsnachfolgevermerk nunmehr aufgrund entsprechenden **Gewohnheitsrechts** für zulässig zu erachten ist.[2]

749 Folge der Eintragung des Kommanditistenwechsels im Wege der Sonderrechtsnachfolge ist, dass Gesellschaftsgläubiger insbesondere dem ausgeschiedenen Kommanditisten nicht entgegengehalten können, dass sich die Haftsumme verdoppelt habe.[3] Allerdings ist naturgemäß der Umstand, ob und auf welche Weise eine Kommanditeinlage erbracht wurde, keine im Handelsregister eintragungsbedürftige oder auch nur eintragungsfähige Tatsache,[4] ebenso nicht, ob die Einlage zurückbezahlt ist und daher Gläubigern gegenüber als nicht geleistet gilt (§ 172 Abs. 4 Satz 1 HGB) und somit gleichermaßen nicht, ob ein Anspruch auf Rückzahlung der Einlage besteht, bestehen kann oder ausgeschlossen ist.

750 Die Eintragung des auf die Sonderrechtsnachfolge hinweisenden zusätzlichen Vermerks setzt eine entsprechende **Anmeldung** voraus. Für die Prüfung des Registergerichts, ob Ausscheiden und Neueintritt des Kommanditisten infolge einer Sonderrechtsnachfolge in einem rechtlichem Zusammenhang stehen, wird seitens der Registergerichte in der Regel eine **Versicherung der Beteiligten** verlangt, dass der ausscheidende Kommanditist von Seiten der Gesellschaft keinerlei Abfindung für die von ihm aufgegebenen Rechte aus dem Gesellschaftsvermögen gewährt oder versprochen erhalten habe.[5] Die Versicherung ist als bewährtes generalisiertes Beweismittel zur Abgrenzung der Anteilsübertragung vom getrennten Aus- und Eintritt anzusehen[6] und muss in der Regel von persönlich haftenden Gesellschaftern in vertretungsberechtigter Anzahl und von dem übertragenden Kommanditisten abgegeben werden, nicht aber von

---

[1] BGH NZG 2006, 15 (= DNotZ 2006, 135 = Rpfleger 2006, 79 mit Anm. *Müther* Rpfleger 2006, 129); *Terbrack* Rpfleger 2003, 105; *Karsten Schmidt* ZIP 2002, 413; *Wilhelm* DB 2002, 1979; *Böttcher/Rudolph,* in: Böttcher/Ries, Registerrecht, Rz. 436; *Gutachten des Deutschen Notarinstituts,* DNotI-Report 2002, 113.

[2] BGH NZG 2006, 15 (= DNotZ 2006, 135 = Rpfleger 2006, 79 mit Anm. *Müther* Rpfleger 2006, 129); siehe auch **OLG Köln** FGPrax 2004, 88 (= Rpfleger 2004, 356) und **OLG Hamm** FGPrax 2005, 39.

[3] BGH NZG 2006, 15 (= DNotZ 2006, 135 = Rpfleger 2006, 79 mit Anm. *Müther* Rpfleger 2006, 129); BGH Z 81, 82.

[4] BGH BGHZ 81, 82.

[5] BGH NZG 2006, 15 (= DNotZ 2006, 135 = Rpfleger 2006, 79 mit Anm. *Müther* Rpfleger 2006, 129); RG DNotZ 1944, 195 (= WM 1964, 1130); KG FGPrax 2009, 177 (= NZG 2009, 905); BayObLG MittBayNot 1983, 22 (= BB 1983, 334); **OLG Zweibrücken** Rpfleger 1986, 482; **LG München I** Rpfleger 1990, 516 (= DB 1990, 1814). Anderer Ansicht (keine Versicherung) **AG Charlottenburg** DNotZ 1988, 519 mit abl. Anm. *Bokelmann; Grunewald,* in: MünchKommHGB, § 162 Rz. 13.

[6] BGH NZG 2006, 15 (= DNotZ 2006, 135 = Rpfleger 2006, 79 mit Anm. *Müther* Rpfleger 2006, 129), gegen den Vorlagebeschluss KG NZG 2004, 809.

den übrigen Kommanditisten und auch nicht von dem Erwerber.¹ Üblich ist die Abgabe der Versicherung in der Anmeldungserklärung. Als Beweismittel für die Tatsachenfeststellung (§ 26 FamFG, siehe ferner §§ 29 ff. FamFG) kann auch die elektronische Aufzeichnung einer **privatschriftlichen Versicherung** in nicht öffentlich-beglaubigter Form genügen.² Keinesfalls ist es erforderlich, dass die Versicherungen **persönlich** abgegeben werden, vielmehr ist auch rechtsgeschäftliche Vertretung unter Vollmachtsnachweis zulässig, da eine unzutreffende Erklärung allenfalls mittelbare strafrechtliche Folgen haben kann. Üblicherweise wird für die Frage der Höchstpersönlichkeit bestimmter Versicherungen im Registerverfahren allerdings an gesondert hierfür vorgesehene Straftatbestände (vgl. § 399 Abs. 1 AktG, § 82 GmbHG) an.³ Grund für das Erfordernis einer derartigen Versicherungserklärung ist, dass das Registergericht unrichtige Eintragungen zum Schutz des Rechtsverkehrs zu vermeiden hat. Da die Verlautbarung eines auf die Sonderrechtsnachfolge hinweisenden Vermerks zur Darstellung, dass sich die Haftsumme nicht verdoppelt hat, gegenüber der einfachen Änderung des Gesellschafterbestands (Ausscheiden und Neueintritt von Kommanditisten ohne rechtlichen Zusammenhang) einen Sonderfall darstellt, sind die Beteiligten gehalten, dies eindeutig klarzustellen, wofür allein eine entsprechende Antragstellung nicht ausreicht.⁴ Für die Tatsachenfeststellung nach dem Amtsermittlungsgrundsatz (§ 26 FamFG) ist zur Sachaufklärung die dargestellte „Abfindungsversicherung" der Beteiligten für die Prüfung der Richtigkeit der Anmeldung nicht nur nach pflichtgemäßem Ermessen des Registergerichts nach § 26 FamFG ein geeignetes Mittel, sondern nach steter Registerpraxis die bewährte Grundlage zur Beurteilung der Richtigkeit der Anmeldung. Sie ist nicht deshalb unzulässig, weil eine Sanktionsmöglichkeit für eine wahrheitswidrige Versicherung fehlt. Vielmehr handelt es sich lediglich um ein Beweismittel für die Überzeugungsbildung des Registergerichts nach § 26 FamFG.⁵

Mehrere durch Mitgliederwechsel als Kommanditisten eintretende Personen werden einzeln mit jeweils dem ihnen übertragenen Anteil der Hafteinlage Sonderrechtsnachfolger, wenn der Ausscheidende seinen Gesellschaftsanteil – mit Zustimmung der übrigen Gesellschafter – geteilt abgetreten hat. Der auf die Sonderrechtsnachfolge hinweisende Vermerk ist in diesem Fall für den Kommanditistenwechsel mit Ausscheiden des alten und Eintritt aller neuen Kommanditisten mit dem jeweiligen Anteil der Hafteinlage einzutragen. Ziel der Registerführung ist eine Darstellung der **lückenlosen Kette der Kommanditbeteiligungen**. Daher ist ggf. jeder Zwischenerwerber in das Register einzutragen unabhängig davon, ob ein Fall der Gesamt- oder Sonderrechtsnachfolge vorliegt.⁶ Die Herstellung eines unmittelbaren Bezugs zur Herkunft der Beteiligung mittels ausdrücklicher Eintragung im Handelsregister ist allerdings auch in diesen Fällen nicht angezeigt (siehe Rz. 754 a). Erwirbt den Anteil ein **Minderjähri-**

751

---

¹ Vgl. **KG** FGPrax 2009, 177 (= NZG 2009, 905); **OLG Zweibrücken** Rpfleger 2002, 156; *Weipert*, in: Ebenroth/Boujong/Joost/Strohn, HGB, § 162 Rz. 40; *Gerkan*, in: Röhricht/Westphalen, HGB, § 162 Rz. 15.

² **KG** FGPrax 2009, 177 (= NZG 2009, 905); *Böttcher/Rudolph*, in: Böttcher/Ries, Registerrecht, Rz. 440; anderer Ansicht ist *Müther*, Rpfleger 2006, 129 (130), der die Einhaltung des § 12 Abs. 1 Satz 1 HGB auch für die Versicherungserklärung für erforderlich erachtet.

³ Zutreffend *Waldner* Rpfleger 2002, 156, *Terbrack* Rpfleger 2003, 105; *Böttcher/Rudolph*, in: Böttcher/Ries, Registerrecht, Rz. 443; unrichtig dagegen **KG** FGPrax 2009, 177 (= NZG 2009, 905); **OLG Zweibrücken** MittRhNotK 2000, 440 (= Rpfleger 2002, 156); **OLG Oldenburg** DNotZ 1992, 186.

⁴ BGH NZG 2006, 15 (= DNotZ 2006, 135) mit Anm. *Müther* Rpfleger 2006, 129.

⁵ BGH NZG 2006, 15 (= DNotZ 2006, 135).

⁶ **OLG Hamm** FGPrax 2005, 39; **OLG Köln** FGPrax 2004, 88 (= Rpfleger 2004, 356); **KG** FGPrax 2003, 42 (= Rpfleger 2003, 197); **OLG Hamm** MittBayNot 1993, 304.

ger, so bedarf es der Vorlage der familiengerichtlichen Genehmigung (§§ 1643 Abs. 1, 1822 Nr. 3 BGB) an das Registergericht auch dann, wenn die auf den Kommanditanteil zu erbringende Einlage vollständig geleistet ist[1] oder der Unternehmensgegenstand ausschließlich in der Verwaltung eigenen Grundbesitzes besteht, da zur Vermeidung unlösbarer Abgrenzungsschwierigkeiten im Rahmen der Genehmigungspflicht allein auf die Rechtsform, nicht auf den Zweck der Gesellschaft abzustellen ist.[2] Gegebenenfalls ist die Mitwirkung eines Ergänzungspflegers (§ 1909 BGB) erforderlich, da der Erwerb aufgrund etwaiger Haftungsgefahren (siehe § 176 Abs. 2 HGB, § 172 Abs. 4 HGB) nicht nur rechtlich vorteilhaft ist.[3]

752 Bei einer neuen Eintragung bezüglich der Haftsumme von Kommanditisten ist ein bisheriger DM-Betrag **in Euro** gemäß dem amtlichen Kurs (1 € = 1,95583 DM) **umzurechnen.** Da es sich bei der eingetragenen Summe um einen Haftungsbetrag, nicht um eine Beteiligungsquote handelt, ist der bisherige Betrag rechnerisch auf Cent zu runden und der gerundete Betrag ohne weitere registerliche Erläuterung einzutragen. Ist nur die Beteiligung eines Kommanditisten betroffen, so können die etwaigen weiteren Kommanditisten weiterhin mit den bisherigen DM-Beträgen eingetragen bleiben. Eine Pflicht zur Anpassung an die nunmehr bestehende Währungslage besteht nicht, da die Umstellung ohne weiteres kraft Gesetzes erfolgt ist. Sollte allerdings eine KG die Umstellung der Kommanditeinlagen auf Eurobeträge wünschen, ist dies, für die einzelnen Haftsummen ausgerechnet, ggf. auch formlos zu beantragen.[4]

753 Beispiel für die **Anmeldung** der Rechtsnachfolge in eine bestehende Kommanditbeteiligung (s. a. Rz. 776 zur Übertragung auf einen anderen Kommanditisten):

> Der Kommanditist Rudolf Gold, Stuttgart, geboren am 5. 6. 1960, hat seine gesamte Beteiligung (Einlage: 50 000 €) auf den damit neu in die Gesellschaft eingetretenen Kommanditisten Herberth Roth, Bonn, geboren am 10. 10. 1945, im Wege der Sonderrechtsnachfolge übertragen. Der Kommanditist Rudolf Gold ist damit aus der Gesellschaft ausgeschieden.
>
> Sämtliche vertretungsberechtigten Gesellschafter und der übertragende Kommanditist versichern, dass der ausgeschiedene Kommanditist aus dem Gesellschaftsvermögen keine Abfindung erhalten hat und ihm eine solche auch nicht versprochen wurde.

754 **Einzutragen** ist der Vermerk zur Sonderrechtsnachfolge in der Spalte 5 Unterspalte c (§ 40 Nr. 5 lit. c HRV), wobei eine öffentliche Bekanntmachung nach § 162 Abs. 2 und 3 HGB unterbleibt:

> Im Wege der Sonderrechtsnachfolge ausgeschieden: Kommanditist: Rudolf Gold, Stuttgart, *1. 3. 1958 *(Vorstehender Text ist zu röten; ebenso die sonstigen diesen Kommanditisten betreffenden Eintragungen)*
> Im Wege der Sonderrechtsnachfolge eingetreten: *(Vorstehender Text als Übergangstext gemäß § 16a HRV)* Kommanditist: Roth, Herbert, Bonn, *10. 10. 1945, Einlage: 50 000 €.
> **Oder:**
> Kommanditeinlage im Wege der Sonderrechtsnachfolge erhöht: *(Vorstehender Text als Übergangstext gemäß § 16a HRV)* Kommanditist: Roth, Herbert, Bonn, *10. 10. 1945, Einlage: 100 000 € *(und Rötung der bisherigen Eintragungen zu diesem Kommanditisten)*

---

[1] OLG Frankfurt NZG 2008, 749; OLG Bremen NZG 1999, 588 (= NJW-RR 1999, 876); OLG Zweibrücken NJW-RR 2001, 145; *Ivo* ZEV 2005, 193 (195); anderer Ansicht ohne nähere Begründung: OLG Bremen NZG 2008, 750 (751).
[2] *Grunewald*, in: MünchKommHGB, § 161 Rz 23; *Werner* GmbHR 2006, 737; anderer Ansicht: OLG München MittBayNot 2009, 52
[3] Anderer Ansicht: OLG Bremen NZG 2008, 750.
[4] Vgl. Art. 45 Abs. 1 EGHGB für die privatschriftlich zulässige Anmeldung der Währungsumstellung.

Bei der Eintragung bedarf es hinsichtlich des Abtretungsempfängers keiner besonderen Hervorhebung, von wem die Beteiligung erworben wurde. Die hierzu teils von der Rechtsprechung weitergehend geforderten Informationen[1] ergeben sich regelmäßig aus der zugrunde liegenden Handelsregisteranmeldung, die online abrufbar im Registerordner (§ 9 HRV) zur Verfügung steht. 754a

d) Tod eines Kommanditisten und andere Fälle der Gesamtrechtsnachfolge. Im Wege der Erbfolge treten die Erben gemäß § 177 HGB an die Stelle eines verstorbenen Kommanditisten.[2] Der Kommanditanteil ist kraft Gesetzes vererblich. Der Tod eines Kommanditisten führt grundsätzlich nicht zur Auflösung der Gesellschaft. Der Eintritt des Erben erfordert daher nicht, dass der Anteil des Verstorbenen durch gesellschaftsvertragliche Bestimmung vererblich gestellt ist. Besonderheiten gelten jedoch, wenn die Vererblichkeit der Kommanditbeteiligung durch Gesellschaftsvertrag ausgeschlossen ist oder wenn besondere Nachfolgeklauseln vorgesehen sind. Mehrere Erben werden nicht in Erbengemeinschaft Kommanditisten, sondern einzeln jeweils mit einem dem Erbanteil entsprechenden Anteil der Hafteinlage.[3] Sofern die Haftsumme nicht einheitlich teilbar ist, muss der jeweils im Handelsregister einzutragende Betrag nach kaufmännischen Grundsätzen auf Cent gerundet werden. **Anzumelden** ist von allen Erben des Verstorbenen unter Beibringung eines Erbennachweises (§ 12 Abs. 1 Satz 3 HGB; hierzu Rz. 128 ff.) und den übrigen Mitgesellschaftern das Ausscheiden des verstorbenen Kommanditisten sowie der Eintritt des oder der Erben als neue Kommanditisten im Wege der **Gesamtrechtsnachfolge als Sondererberfolge**.[4] Bei der Eintragung in das Handelsregister muss die Haftung auf nur eine Einlage (Eintritt des Erben in die Rechtsstellung, die der Erblasser eingenommen hat, § 1922 Abs. 1 BGB) damit kenntlich gemacht werden, dass der Wechsel im Bestand der Kommanditisten aufgrund Gesamtrechtsnachfolge eingetreten ist.[5] Eine Versicherung, dass der ausscheidende Kommanditist bzw. seine Erben von Seiten der Gesellschaft keinerlei Abfindung für aufgegebene Rechte aus dem Gesellschaftsvermögen gewährt oder versprochen erhalten habe, wird hier – im Gegensatz zur Rechtsnachfolge unter Lebenden – nicht benötigt. Ist der Erbe bereits persönlich haftender Gesellschafter, so ist nach dem Grundsatz der Einheitlichkeit der Beteiligung an einer Personengesellschaft registerlich allein das Ausscheiden des Verstorbenen als Kommanditist anzumelden und einzutragen. War der Erbe bereits Kommanditist der Gesellschaft, so ist ggf. die Erhöhung der Haftsumme zur Eintragung anzumelden. 755

Da Funktion des Handelsregisters bezüglich der Kommanditbeteiligungen eine lückenlose Darstellung der Haftungslage ist,[6] bedarf es bei einer **Teilungsanordnung** (§ 2048 BGB) nicht nur der Eintragung des letztendlichen Erwerbers der Beteiligung, sondern auch der Voreintragung sämtlicher Miterben. Wird ein Kommanditanteil im Wege eines **Vermächtnisses** (§§ 2147 ff. BGB) zugewendet, so sind zunächst die Erben entsprechend ihren Erbquoten als Rechtsnachfolger im Wege der Sondererbfolge und sodann der Vermächtnisnehmer als Kommanditist im Wege der Sonderrechtsnachfolge im Handelsregister einzutragen. Hierbei können als Kommanditisten in diesem 756

---

[1] OLG Köln FGPrax 2004, 88 (= Rpfleger 2004, 356).
[2] Siehe hierzu *Krug* ZEV 2001, 51 sowie *Schaub* ZEV 1994, 71.
[3] **BGH** Z 58, 316; **BayObLG** WM 1983, 1092; **KG** MittRhNotK 2000, 397; **OLG Hamburg** ZIP 1984, 1226; **RG** DR 1943, 1228; *Karsten Schmidt*, in: MünchKommHGB, § 177 Rz. 16.
[4] **OLG Hamm** FGPrax 2005, 39.
[5] **RG** DNotZ 1944, 195 (= WM 1964, 1130); **KG** MittRhNotK 2000, 397.
[6] **OLG Hamm** FGPrax 2005, 39; **OLG Köln** FGPrax 2004, 88, 90 (= Rpfleger 2004, 356); **KG** FGPrax 2003, 42 (= Rpfleger 2003, 197); **KG** FGPrax 2000, 249; **OLG Hamm** NJW-RR 1993, 807 (= MittBayNot 1993, 304).

Rahmen auch Personen eingetragen werden, die nicht mehr leben, da es insoweit ausschließlich um die vollständige Darstellung der Haftungslage geht. Bei späteren **Erbteilsübertragungen** ist es letztlich eine Frage der Auslegung der Übertragungsvereinbarungen und der gesellschaftsvertraglichen Regelungen, ob ein ererbter Kommanditanteil mitveräußert wurde.[1] War ein Nachlasspfleger bestellt, so kann dieser jedoch ohne Voreintragung der Erben einen Vermächtnisnehmer bezüglich eines Kommanditanteils im Handelsregister zur Eintragung anmelden.[2]

757 Bei **Vor- und Nacherbfolge** (§§ 2100 ff. BGB) ist zunächst der Vorerbe als neuer Kommanditist im Handelsregister einzutragen. Zur Eintragung des Vorerben bedarf es der Mitwirkung sämtlicher Gesellschafter und ggf. aller Vorerben, nicht jedoch der Nach- oder Ersatznacherben. Der Vorerbe ist bis zum Eintritt des Nacherbfalls (§§ 2139, 2106 Abs. 1 BGB) vollwertiger Gesellschafter, die Eintragung eines Nacherbenvermerks kennt das Registerrecht im Gegensatz zum Grundbuchrecht (§ 51 GBO) nicht. Mit Eintritt des Nacherbfalls wird der Nacherbe Rechtsnachfolger des Erblassers, auch wenn in registerrechtlicher Hinsicht der Nacherbe als Rechtsnachfolger des Vorerben anzusehen ist.[3] Zum Vollzug der hiernach veranlassten Eintragung im Handelsregister bedarf es einer Anmeldung sämtlicher Gesellschafter sowie aller Nacherben und des Vorerben bzw. dessen Erben.[4]

758 Für weitere **Fälle der Gesamtrechtsnachfolge** (z. B. nach §§ 2 ff. UmwG) gilt Entsprechendes.[5] Hingegen ist kein rechtlicher Zusammenhang infolge Gesamtrechtsnachfolge, sondern eine selbständige Änderung des Gesellschafterbestands mit Ausscheiden und Neueintritt von Kommanditisten gegeben und zur Eintragung anzumelden, wenn die Vererblichkeit der Kommanditbeteiligung durch den Gesellschaftsvertrag ausgeschlossen war, der „Erbe" aber rechtsgeschäftlich durch Aufnahmevertrag mit sämtlichen schon vorhandenen Gesellschaftern als Kommanditist eintritt.

759 Beispiel der **Anmeldung** der Rechtsnachfolge eines Alleinerben in die Rechtsstellung eines Kommanditisten:

> Der Kommanditist Rudolf Gold, Stuttgart, geboren am 5. 6. 1960, (Einlage: 50 000 €) ist am 15. 3. 2009 verstorben und somit aus der Gesellschaft ausgeschieden. Als dessen Alleinerbe ist im Wege der Sondererbfolge Herbert Roth, Bonn, geboren am 10. 10. 1945, als Kommanditist mit einer Einlage von 50 000 € in die Gesellschaft eingetreten.
>
> Als Erbnachweis wird eine aktuelle elektronische Aufzeichnung einer Ausfertigung des Erbscheins des Amtsgerichts Stuttgart vom 10. 10. 2009 vorgelegt *(Oder: Als Erbnachweis wird eine elektronische Aufzeichnung einer beglaubigten Abschrift des notariellen Testaments vom 3. 1. 2000 samt Eröffnungsprotokoll des Amtsgerichts Stuttgart vom 10. 10. 2009 vorgelegt).*

760 **Einzutragen** ist mit einem Vermerk zur Gesamtrechtsnachfolge in der Spalte 5 Unterspalte c (§ 40 Nr. 5 lit. c HRV), wobei eine öffentliche Bekanntmachung nach § 162 Abs. 2 und 3 HGB unterbleibt:

> <u>Im Wege der Gesamtrechtsnachfolge ausgeschieden: Kommanditist, Gold, Rudolf, Stuttgart, *5. 6. 1960</u> (Vorstehender Text ist zu röten; ebenso die sonstigen diesen Kommanditisten betreffenden Eintragungen): Eingetreten: (Vorstehendes Wort als Übergangstext) Kommanditist: Roth, Herbert, Bonn, *10. 10. 1945, Einlage: 50 000 €

---

[1] Vgl. allgemein *Edenhofer*, in: Palandt, BGB, § 2032 Rz. 8.
[2] **LG Frankenthal** Rpfleger 1995, 74 (= MittBayNot 1994, 459).
[3] Vgl. *Strohn*, in: Ebenroth/Boujong/Joost/Strohn, HGB, § 177 Rz. 11.
[4] Vgl. *Lorz*, in: Ebenroth/Boujong/Joost/Strohn, HGB, § 143 Rz. 11.
[5] So bereits **RG** DNotZ 1944, 195 (= WM 1964, 1130).

War der Erbe bereits Kommanditist der Gesellschaft, könnte die **Anmeldung** durch alle Gesellschafter und den Erben folgendermaßen aussehen: 761

> Der Kommanditist Rudolf Gold, Stuttgart, geboren am 5. 6. 1960 (Einlage: 50 000 €) ist am 15. 3. 2009 verstorben und somit aus der Gesellschaft ausgeschieden. Alleinerbe ist der Kommanditist Herbert Roth, Bonn, geboren am 10. 10. 1945, dessen Einlage im Wege der Sondererbfolge von 30 000 € um 50 000 € auf 80 000 € erhöht ist.
>
> Als Erbnachweis wird eine aktuelle elektronische Aufzeichnung einer Ausfertigung des Erbscheins des Amtsgerichts Stuttgart vom 10. 10. 2009 vorgelegt *(Oder: Als Erbnachweis wird eine elektronische Aufzeichnung einer beglaubigten Abschrift des notariellen Testaments vom 3. 1. 2000 samt Eröffnungsprotokoll des Amtsgerichts Stuttgart vom 10. 10. 2009 vorgelegt).*

Beispiel einer Anmeldung der Rechtsnachfolge mehrer Erben in die Rechtsstellung eines Kommanditisten durch alle Gesellschafter und sämtliche Erben: 762

> Der Kommanditist Rudolf Gold, Stuttgart, geboren am 5. 6. 1960 (Einlage: 50 000 €) ist am 15. 3. 2009 verstorben und somit aus der Gesellschaft ausgeschieden. Als Erben sind im Wege der Rechtsnachfolge als Kommanditisten in die Gesellschaft eingetreten:
> 1. Herbert Roth, Bonn, geboren am 10. 10. 1945 (Einlage: 10 000 €)
> 2. Malte Roth, Konstanz, geboren am 15. 8. 1948 (Einlage: 15 000 €)
> 3. Christiane Roth, Mainz, geboren am 20. 10. 1952 (Einlage: 25 000 €)
>
> Als Erbnachweis wird eine aktuelle elektronische Aufzeichnung einer Ausfertigung des Erbscheins des Amtsgerichts Stuttgart vom 10. 10. 2009 vorgelegt *(Oder: Als Erbnachweis wird eine elektronische Aufzeichnung einer beglaubigten Abschrift des notariellen Testaments vom 3. 1. 2000 samt Eröffnungsprotokoll des Amtsgerichts Stuttgart vom 10. 10. 2009 vorgelegt).*

Beispiel einer Anmeldung der Rechtsnachfolge eines bisherigen persönlich haftenden Gesellschafters als Erbe in die Rechtsstellung eines Kommanditisten: 763

> Der Kommanditist Rudolf Gold, Stuttgart, geboren am 5. 6. 1960 (Einlage: 50 000 €) ist am 15. 3. 2009 verstorben und somit aus der Gesellschaft ausgeschieden. Alleinerbe ist der persönlich haftende Gesellschafter Herbert Roth, Bonn, geboren am 10. 10. 1945.
>
> *(Alternativ bei bloßer Miterbenstellung:)*
> Miterbe ist der persönlich haftende Gesellschafter Herbert Roth, Bonn, geboren am 10. 10. 1945.
>
> Im Übrigen sind als Erben im Wege der Sondererbfolge als Kommanditisten in die Gesellschaft eingetreten:
> 1. Stefan Roth, Bonn, geboren am 8. 10. 1947 (Einlage: 10 000 €)
> 2. Malte Roth, Konstanz, geboren am 15. 8. 1948 (Einlage: 15 000 €)
>
> Als Erbnachweis wird eine aktuelle elektronische Aufzeichnung einer Ausfertigung des Erbscheins des Amtsgerichts Stuttgart vom 10. 10. 2009 vorgelegt *(Oder: Als Erbnachweis wird eine elektronische Aufzeichnung einer beglaubigten Abschrift des notariellen Testaments vom 3. 1. 2000 samt Eröffnungsprotokoll des Amtsgerichts Stuttgart vom 10. 10. 2009 vorgelegt).*

3. Wechsel der Stellung als Komplementär und Kommanditist

Der rechtsgeschäftliche **Wechsel** der Stellung eines persönlich haftenden Gesellschafters in die eines Kommanditisten ist als Ausscheiden dieses Gesellschafters als Komplementär (§ 143 Abs. 2 mit § 161 Abs. 2 HGB) und Eintritt als Kommanditist (§ 107 i. V. m. § 161 Abs. 2 und § 162 HGB) anzumelden und in das Handelsregister einzutragen.[1] Allein dies entspricht der registerlichen Behandlung der materiell-recht- 764

---
[1] **BayObLG** Z 1970, 133 (= NJW 1970, 1796 = DNotZ 1971, 107).

lichen Vorgänge. Genügend bestimmt ist hierbei auch die Anmeldung, dass der namentlich zu bezeichnende, persönlich haftende Gesellschafter die Rechtsstellung eines Kommanditisten mit dem zu bezeichnenden Einlagebetrag erlangt hat.[1] Im Handelsregister ist die Beteiligungsumwandlung jedoch nicht in dieser Weise zu verlautbaren, sondern vielmehr ist nach den gesetzlich vorgesehenen registerpflichtigen Tatsachen das Ausscheiden (§ 143 Abs. 2 HGB) und der Eintritt (§ 107 HGB) einzutragen. Entsprechendes gilt für den umgekehrten Fall, dass die Stellung eines Kommanditisten in die eines persönlich haftenden Gesellschafters umgewandelt wird.[2] Die Eintragung eines Sonderrechtsnachfolgevermerks ist hinsichtlich des neuen Komplementärs nicht veranlasst, da der bisherige Kommanditist infolge der Beteiligungsumwandlung ohnehin nach § 130 HGB unbeschränkt haftet.[3]

765 Beispiel für die **Anmeldung** des Wechsels zwischen Kommanditisten- und Komplementärstellung:

> Der Kommanditist Rudolf Gold, Stuttgart, geboren am 5. 6. 1960, ist als Kommanditist aus der Gesellschaft ausgeschieden. Er ist als persönlich haftender Gesellschafter in die Gesellschaft eingetreten. Der bisherige persönlich haftende Gesellschafter Malte Roth, Konstanz, geboren am 15. 8. 1948, ist aus der Gesellschaft als persönlich haftender Gesellschafter ausgeschieden. Er ist als Kommanditist in die Gesellschaft mit einer Hafteinlage in Höhe von 15 000 € eingetreten.

Denselben Aussagegehalt hat folgende Anmeldung und ist somit entsprechend gleich zu vollziehen:

> Der Kommanditist Rudolf Gold, Stuttgart, geboren am 5. 6. 1960, ist nunmehr persönlich haftender Gesellschafter. Der bisherige persönlich haftende Gesellschafter Malte Roth, Konstanz, geboren am 15. 8. 1948, ist nunmehr Kommanditist (Einlage: 15 000 €).

766 Die **Eintragung** ist durch Rötung der bisherigen Eintragungen der betroffenen Personen in den Spalten 3 und 5 gekennzeichnet sowie durch die Neueintragung in den jeweils anderen Spalten (§ 40 Nr. 3 lit. b und Nr. 5 lit. c HRV). Eine öffentliche Bekanntmachung findet nur zu den vorgenommenen Eintragungen bzgl. der persönlich haftenden Gesellschafter in Spalte 3 Unterspalte b statt.

> **Spalte 3**
> **Unterspalte b (Persönlich haftende Gesellschafter):**
> Ausgeschieden: Persönlich haftender Gesellschafter: Roth, Malte, Konstanz, *15. 8. 1948 (*Vorstehender Text ist zu röten; ebenso die sonstigen diesen persönlich haftenden Gesellschafter betreffenden Eintragungen*)
> Eingetreten: (*Vorstehendes Wort als Übergangstext gemäß § 16 a HRV*)
> Persönlich haftender Gesellschafter: Gold, Rudolf, Stuttgart, *5. 6. 1960
> **Spalte 5**
> **Unterspalte c (Kommanditisten):**
> Ausgeschieden: Kommanditist: Gold, Rudolf, Stuttgart, *5. 6. 1960; Einlage: 50 000 € (*Vorstehender Text ist zu röten; ebenso die sonstigen diesen Kommanditisten betreffenden Eintragungen*)
> Eingetreten: (*Vorstehendes Wort als Übergangstext gemäß § 16 a HRV*)
> Kommanditist: Roth, Malte, Konstanz, *15. 8. 1948, Einlage: 15 000 €.

---

[1] BayObLG Z 1970, 133 (= NJW 1970, 1796 = DNotZ 1971, 107).
[2] OLG Düsseldorf OLGZ 1976, 386 (= Rpfleger 1976, 364).
[3] BGH NJW 1987, 3186; *Baumbach/Hopt*, HGB, § 130 Rz. 2; *Boesche*, in: Oetker, HGB, § 130 Rz. 4; *Hillmann*, in: Ebenroth/Boujong/Joost/Strohn, HGB, § 130 Rz. 5; *Koller/Roth/Morck*, HGB, § 130 Rz. 1; *Böttcher/Rudolph*, in: Böttcher/Ries, Registerrecht, Rz. 457.

4. Testamentsvollstreckung bei Kommanditgesellschaften

Ein **Testamentsvollstrecker** kann, wenn für den Kommanditanteil Dauertestamentsvollstreckung angeordnet ist, die mit der Beteiligung verbundenen Mitgliedschaftsrechte ausüben.[1] Erforderlich ist, dass die übrigen Gesellschafter einzeln oder mittels Abschluss des Gesellschaftsvertrags der Testamentsvollstreckung zugestimmt haben.[2] Hingegen unterliegt der Anteil eines persönlich haftenden Gesellschafters nicht der Möglichkeit einer Verwaltungstestamentsvollstreckung.[3] Der Testamentsvollstrecker hat den durch die Vererbung des Kommanditanteils eintretenden Gesellschafterwechsel zusammen mit den übrigen Gesellschaftern zur Eintragung in das Handelsregister anzumelden, wenn es sich um eine sog. Verwaltungsvollstreckung nach § 2209 Satz 1 Halbs. 1 BGB oder um eine sog. Dauertestamentsvollstreckung gemäß § 2209 Satz 1 Halbs. 2 BGB handelt.[4] Der oder die Erben sind einschließlich des in die Beteiligung nachfolgenden Erben in diesem Fall von der Mitwirkung bei der Anmeldung ausgeschlossen,[5] allerdings nach § 7 Abs. 2 Nr. 1 FamFG als Beteiligte im Rahmen des Eintragungsverfahrens hinzuzuziehen. Hingegen ändert eine bloße Auseinandersetzungs- bzw. Abwicklungsvollstreckung nichts an der ohne weiteres eintretenden Sondererbfolge in die bestehenden Kommanditbeteiligungen bei mehreren Erben, so dass nicht der Testamentsvollstrecker, sondern der nachfolgende Erbe selbst für sich anmeldeberechtigt ist, während die übrigen Erben durch den Testamentsvollstrecker vertreten werden.[6]

767

War der Erbe bereits vor dem Erbfall Gesellschafter, so bewirkt der erbrechtliche Zuerwerb eine vergrößerte einheitliche Kommanditbeteiligung. Da eine Aufspaltung des einheitlichen Gesellschaftsanteils nicht möglich ist, lässt sich in einem solchen Fall die Testamentsvollstreckung nicht verwirklichen;[7] die Anmeldung hat durch den Erben selbst zu erfolgen. Einschränkungen des Verwaltungsrechts des Testamentsvollstreckers (§ 2205 BGB) für den Kommanditanteil ergeben sich daraus, dass der Testamentsvollstrecker nicht befugt ist, den Erben persönlich zu verpflichten. Der Testamentsvollstrecker ist daher zur Mitwirkung an einer Erhöhung der Haftsumme ohne Zustimmung des Erben nicht befugt.[8] Wenn der Testamentsvollstrecker die ohne Zustimmung des Erben beschlossene Erhöhung seiner Einlage anmeldet, hat das Registergericht den Antrag mangels Wirksamkeit des Erhöhungsbeschlusses zurückzuweisen. Geboten ist allerdings eine vorherige Anhörung des bzw. der Erben (vgl. § 7 Abs. 2 Nr. 1 FamFG). Für die Anmeldung der Änderung der Firma und der Verlegung des Sitzes (§ 107 HGB) durch den Testamentsvollstrecker kann hingegen eine Mitwirkung der Erben nicht gefordert werden, da die zugrunde liegenden Maßnahmen von der Verwaltungsbefugnis gedeckt sind. Eintritt sowie Ausscheiden eines Ge-

768

---

[1] BGH Z 108, 187; hierzu *Ulmer* NJW 1990, 73; *Dieter Mayer* ZIP 1990, 976; *Klein* DStR 1992, 292; *Quack* BB 1989, 2271; *Reimann* DNotZ 1990, 190.
[2] BGH Z 108, 187.
[3] BGH Z 108, 187 (195).
[4] BGH Z 108, 187; **KG** OLGZ 1991, 261 (= DNotZ 1990, 278); *Karsten Schmidt,* in: Schlegelberger, HGB § 177 Rz. 31 und 33.
[5] Ebenso *Reimann,* in: Staudinger, BGB, § 2205 Rz. 133; *Reimann* DNotZ 1990, 193, *Ulmer* NJW 1990, 73 (82 f.); *Karsten Schmidt,* in: MünchKommHGB, § 177 Rz. 36; anderer Ansicht: *Dieter Mayer* ZIP 1990, 976; *Koller/Roth/Morck,* HGB, § 177 Rz. 7.
[6] **KG** OLGZ 1991, 261 (= DNotZ 1990, 278); anderer Ansicht: **LG Mainz** MittRhNotK 1982, 118.
[7] BGH Z 108, 187; *Reimann* DNotZ 1990, 193; *Ulmer* NJW 1990, 73 (76 f.); siehe aber **BGH** NJW 1996, 1284 sowie **BGH** Z 98, 48; anderer Ansicht: *Karsten Schmidt,* in: MünchKommHGB, § 177 Rz. 29; *Strohn,* in: Ebenroth/Boujong/Joost/Strohn, HGB, § 177 Rz. 21.
[8] Siehe **BGH** Z 108, 187; *Karsten Schmidt,* in: MünchKommHGB, § 177 Rz. 31.

sellschafters (§§ 107, 143 Abs. 2 HGB) und auch die Auflösung der Gesellschaft (§ 143 Abs. 1 HGB), desgleichen eine Herabsetzung der Haftsumme (§ 175 HGB) erfordern infolge der zugrunde liegenden Vertragsänderungen die Mitwirkung des Kommanditisten-Erben neben dem Testamentsvollstrecker.[1]

769 Die Anordnung, dass ein Kommanditanteil der **Testamentsvollstreckung** unterliegt, kann **nicht in das Handelsregister eingetragen** werden,[2] da die Verlautbarungen der Kommanditbeteiligungen der Darlegung der Haftungsverhältnisse dienen, jedoch keine Aussage zu Fragen der Verfügungsbefugnis treffen. Der derzeit von der Rechtsprechung noch nicht akzeptierten Gegenmeinung zufolge[3] soll bei dem betreffenden Kommanditisten bezüglich der fraglichen Einlage aufgrund einer dahingehenden Anmeldung im Fall einer Dauer- oder Verwaltungstestamentsvollstreckung (§ 2209 Satz 1 BGB) vermerkt werden:

> Testamentsvollstreckung ist angeordnet.

5. Bestellung eines Nießbrauchs an einer Kommanditbeteiligung

770 Die Bestellung eines Nießbrauchs ist sowohl bezüglich der Beteiligung eines persönlich haftenden Gesellschafters als auch hinsichtlich einer Kommanditbeteiligung grundsätzlich zulässig,[4] jedenfalls wenn sämtliche anderen Gesellschafter der Bestellung zugestimmt haben. Es handelt sich jeweils um einen Nießbrauch an einem Recht gemäß §§ 1068 ff. BGB. Mit Bestellung des Nießbrauchs ändert sich nichts an der Stellung der Gesellschafter, da der Nießbraucher zwar ein dingliches Recht an der Beteiligung erhält, jedoch nicht selbst Gesellschafter wird. Insbesondere haftet nach h. M. der Nießbraucher nicht gegenüber Dritten.[5] Da das Handelsregister bezüglich der Eintragung der Gesellschafter lediglich die Haftungslage wiedergeben soll, hat folgerichtig eine **Eintragung des Nießbrauchs** im Handelsregister **zu unterbleiben**.[6]

6. Prüfung und Behandlung durch das Registergericht

771 Die **Prüfung des Registergerichts** umfasst wie stets die formelle Ordnungsmäßigkeit der gestellten Anträge sowie das Vorliegen der Erfordernisse für die beantragte Ein-

---

[1] Vgl. hierzu *Ulmer* NJW 1990, 73 (82 f.); anders hingegen *Karsten Schmidt*, in: MünchKomm-HGB, § 177 Rz. 31.

[2] So zutreffend KG FGPrax 1995, 202 (= NJW-RR 1996, 228) mit abl. Anm. *Schaub* ZEV 1996, 67; **BayObLG** Rpfleger 1983, 442; *Müther*, Handelsregister, § 9 Rz. 20; in der Argumentation überholt **OLG Frankfurt** NJW 1983, 1806 (= DNotZ 1983, 384); *Damrau* BWNotZ 1991, 69; *Esch* NJW 1981, 2222; *Koch* NJW 1983, 1762; anderer Ansicht ist das neuere Schrifttum, siehe *Ulmer* NJW 1990, 73 (82); *Strohn*, in: Ebenroth/Boujong/Joost/Strohn, HGB, § 177 Rz. 22; *Oetker*, in: Oetker, HGB, § 177 Rz. 15.

[3] Siehe *Dieter Mayer*, in: Bengel/Reimann, Handbuch der Testamentsvollstreckung, Kap. 4 Rz. 212 mit Anmeldungsbeispiel bei Rz. 213; *Plank* ZEV 1998, 325.

[4] Vgl. **BGH** Z 108, 187 (199); **BGH** NJW 1999, 571 (572); *Koller/Roth/Morck*, HGB, § 105 Rz. 22; vgl. auch *Kruse* RNotZ 2002, 69; *Lindemeier* RNotZ 2001, 155; *Hermanns* MittRhNotK 1999, 237.

[5] *Baumbach/Hopt*, HGB, § 105 Rz. 44; *Wertenbruch*, in: Ebenroth/Boujong/Joost/Strohn, HGB, § 105 Rz. 116; anderer Ansicht: *Koller/Roth/Morck*, HGB, § 105 Rz. 22; *Lindemeier* RNotZ 2001, 155.

[6] Anderer Auffassung ist folgerichtig **LG Köln** RNotZ 2001, 170 unter Hinweis auf die abzulehnende Ansicht, die eine Außenhaftung des Nießbrauchers annimmt; ebenso *Frank*, in: Staudinger, BGB, Anh. zu §§ 1068, 1069 Rz. 92; *Koller/Roth/Morck*, HGB, § 105 Rz. 22; *Schön* ZHR 158 (1994), 256; wie hier hingegen *Wertenbruch*, in: Ebenroth/Boujong/Joost/Strohn, HGB, § 105 Rz. 116; *Baumbach/Hopt*, HGB, § 105 Rz. 44; *Karsten Schmidt*, MünchKomm-HGB, Vor § 230 Rz. 16.

tragung. Zur **Eintragung** des Eintritts oder Ausscheidens eines Kommanditisten vgl. § 40 Nr. 5 lit. c HRV mit dortiger Rötung dieses Eintrags und der Eintragung des Kommanditisten (§ 16 Abs. 1 Satz 2 und 3 HRV), des Kommanditistenwechsels vgl. § 40 Nr. 5 Abs. 2 lit. c und e HRV mit Rötung des Eintrags über das Ausscheiden und der Eintragung des ausgeschiedenen Kommanditisten in Spalte 5 (§ 16 Abs. 1 Satz 2 und 3 HRV).

Der Vermerk über die **Gesamt-, Sondererb- oder Sonderrechtsnachfolge** wird in Spalte 5 Unterspalte c eingetragen. Die Eintragung eines Beteiligungswechsels in eine Kommanditbeteiligung ist nach § 40 Nr. 5 lit. c HRV mit Rötung des persönlich haftenden Gesellschafters in Spalte 3 Unterspalte b sowie des Vermerks über sein Ausscheiden einzutragen. Die Eintragung des Beteiligungswechsels in die Rechtsstellung eines persönlich haftenden Gesellschafters erfolgt nach § 40 Nr. 3 Unterspalte b und Nr. 5 lit. c HRV mit Rötung des Eintrags über die Beteiligung als Kommanditist sowie des Vermerks über sein Ausscheiden (§ 16 Abs. 1 Satz 2 und 3 HRV). Zur öffentlichen **Bekanntmachung** siehe §§ 10, 162 Abs. 2 und 3 HGB. Hinsichtlich der Kommanditisten ist dem gemäß eine Bekanntmachung weder bei der Ersteintragung noch bei späteren Änderungen vorzunehmen (§ 162 Abs. 2 und 3 HGB). Zur Mitteilung an die Beteiligten siehe § 383 Abs. 1 FamFG. 772

7. Erhöhung oder Herabsetzung der Kommanditeinlage

Die Erhöhung oder Herabsetzung der Hafteinlage des Kommanditisten (§§ 174, 175 HGB) ist ebenfalls in das Handelsregister einzutragen. Die **Anmeldung** hat durch sämtliche Gesellschafter, auch durch die Kommanditisten zu erfolgen (§ 175 Satz 1 HGB). Die Anmeldung der Eintragung in das Handelsregister kann nicht nach § 14 HGB erzwungen werden (§ 175 Satz 3 HGB). Die **Eintragung** hat den Namen des Kommanditisten sowie den Betrag, auf den die Einlage erhöht oder herabgesetzt wird, zu enthalten. Der Tag der Eintragung ist im Hinblick auf § 174 HGB von haftungsrechtlicher Bedeutung. Eine öffentliche Bekanntmachung unterbleibt gemäß § 175 Satz 2 i. V. m. § 162 Abs. 2 HGB. 773

Die Erhöhung der Einlage kann auch durch einen **Mitgliederwechsel** in der Weise bewirkt werden, dass ein ausscheidender Kommanditist seinen Gesellschaftsanteil ganz oder teilweise mit Zustimmung der übrigen Gesellschafter an einen der Gesellschaft bereits als Kommanditist angehörenden Gesellschafter abtritt, desgleichen dadurch, dass auf diesen Gesellschafter als **Erbe** der Anteil eines verstorbenen Kommanditisten übergeht. Die Erhöhung der Einlage tritt in diesen Fällen mit Sonderrechts-, Sondererb- oder Gesamtrechtsnachfolge ein, da der erwerbende Kommanditist als Gesellschafter an der Personenhandelsgesellschaft nur mit einem rechtlich einheitlichen Gesellschaftsanteil beteiligt sein kann (siehe Rz. 701). Anzumelden sind durch sämtliche Gesellschafter, auch durch alle Kommanditisten sowie durch den übertragenden Kommanditisten bzw. alle Erben des verstorbenen Kommanditisten das Ausscheiden des übertragenden oder verstorbenen Kommanditisten (§ 143 Abs. 2 i. V. m. § 161 Abs. 2 HGB) und die Erhöhung der Hafteinlage des erwerbenden Kommanditisten (§ 175 Satz 1 HGB). Dass sich die Haftsumme nicht verdoppelt hat, weil der Kommanditist mit der erhöhten Einlage die Rechtsstellung des ausgeschiedenen Kommanditisten einnimmt, wird durch **Eintragung eines** auf die Sonder- oder Gesamtrechtsnachfolge hinweisenden zusätzlichen **Vermerks** verlautbart (vgl. Rz. 747 ff.). Erforderlich ist auch hierfür eine nicht zwingend persönlich abzugebende Versicherung der Beteiligten, dass der ausscheidende Kommanditist von Seiten der Gesellschaft keinerlei Abfindung für die von ihm aufgegebenen Rechte aus dem Gesellschaftsvermögen gewährt oder versprochen erhalten hat (vgl. Rz. 750). Ebenso ist zu verfahren, wenn 774 die Herabsetzung der Einlage eines Kommanditisten (§ 174 HGB) mit der Erhöhung der Hafteinlage eines anderen Kommanditisten (§ 175 HGB) in rechtlichem Zusammenhang steht, weil eine teilweise Übertragung eines Gesellschaftsanteils erfolgt ist.

775 **Anmeldung** einer regulären Erhöhung der Haftsumme eines Kommanditisten:

> Die Haftsumme des Kommanditisten Rudolf Gold, Stuttgart, geboren am 5. 6. 1960, wurde von 50 000 € um 20 000 € auf 70 000 € erhöht.

776 Anmeldung der Erhöhung der Haftsumme eines Kommanditisten durch Erwerb mittels Sonderrechtsnachfolge von einem anderen Kommanditisten:

> Der Kommanditist Rudolf Gold, Stuttgart, geboren am 5. 6. 1960, hat von seiner Beteiligung (Einlage: 50 000 €) auf den Kommanditisten Herbert Roth, Bonn, geboren am 10. 10. 1945 (Einlage bislang: 50 000 €) durch Sonderrechtsnachfolge einen Teil übertragen, so dass die Haftsumme des Kommanditisten Rudolf Gold nunmehr 30 000 € beträgt und die Haftsumme des Kommanditisten Herbert Roth nunmehr 70 000 €.
>
> Sämtliche vertretungsberechtigten Gesellschafter und der übertragende Kommanditist versichern, dass Letzterer aus dem Gesellschaftsvermögen keine Abfindung erhalten hat und ihm eine solche auch nicht versprochen wurde.

777 Anmeldung einer regulären Herabsetzung der Haftsumme eines Kommanditisten:

> Die Haftsumme des Kommanditisten Rudolf Gold, Stuttgart, geboren am 5. 6. 1960, wurde von 50 000 € um 20 000 € auf 30 000 € herabgesetzt.

778 **Einzutragen** ist die Änderung der Haftsumme in Spalte 5 Unterspalte c nach § 40 Nr. 5 lit. c HRV. Zu beachten ist, dass in der Regel die bisherigen Eintragungen hinsichtlich des betroffenen Kommanditisten zu röten sind und dieser mit der nunmehr zutreffenden Haftsumme neu vorzutragen ist.

IV. Auflösung und Liquidation einer Kommanditgesellschaft

1. Auflösung der KG

779 Für die **Auflösung einer Kommanditgesellschaft** gelten die Ausführungen zur OHG entsprechend (§ 161 Abs. 2, §§ 131 ff. HGB und Rz. 654 ff.), ebenso zur Fortsetzung der Gesellschaft (siehe Rz. 682 ff.). Die Auflösung ist mit Ausnahme der Eröffnung des Insolvenzverfahrens über das Vermögen der Gesellschaft stets von sämtlichen Gesellschaftern einschließlich der Kommanditisten – nicht aber durch die Liquidatoren (siehe Rz. 672) – zur Eintragung anzumelden (§ 143 Abs. 1 i. V. m. § 161 Abs. 2 HGB). Der Insolvenzverwalter der mit Eröffnung des Insolvenzverfahrens aufgelösten Gesellschaft (§ 131 Abs. 1 Nr. 3 i. V. m. § 161 Abs. 2, HGB) hat an Stelle der Gesellschafter Änderungen der Rechtsverhältnisse anzumelden. Eine Auflösung der Gesellschaft tritt auch durch Ausscheiden des vorletzten von zwei verbliebenen Gesellschaftern ein. In diesem Fall ist nur die Auflösung der Gesellschaft einzutragen (§ 143 Abs. 1 HGB i. V. m. § 161 Abs. 2 HGB) und ggf. die neue Firma desjenigen, der das Unternehmen übernommen hat.[1] Die Eintragung eines Vermerks der eingetretenen Gesamtrechtsnachfolge hat in diesem Fall jedoch zu unterbleiben, da sich diese kraft Gesetzes ergibt, so dass kein weiterer Klarstellungsbedarf besteht. Wird die Firma nicht fortgeführt, so ist zusätzlich deren Erlöschen einzutragen (§ 157 HGB i. V. m. § 161 Abs. 2 HGB).

---

[1] Vgl. **BayObLG** Rpfleger 1993, 495; **LG Berlin** Rpfleger 1997, 218; s. a. **KG** NZG 2007, 665.

Der **Tod** eines persönlich haftenden Gesellschafters (§ 131 Abs. 3 Nr. 1 HGB) oder eines Kommanditisten (§ 177 HGB) löst die KG grundsätzlich nicht auf. Beide Vorschriften sind nicht zwingend, so dass der Gesellschaftsvertrag eine hiervon abweichende Regelung enthalten kann. An die Stelle des verstorbenen Kommanditisten treten seine Erben (siehe Rz. 755 ff.). 780

Scheidet der einzige persönlich haftende Gesellschafter aus, so kann die Gesellschaft fortgesetzt werden, wenn ein neuer persönlich haftender Gesellschafter aufgenommen wird. Ausscheiden und Neueintritt sind von sämtlichen Gesellschaftern und den Erben des Verstorbenen anzumelden (§ 108 i. V. m. § 161 Abs. 2 HGB). Ist nach Ausscheiden des letzten Komplementärs nur noch ein weiterer Gesellschafter vorhanden, so führt dies zum liquidationslosen Erlöschen der Kommanditgesellschaft, sodass mit der Auflösung in diesem Fall die Vollbeendigung der Gesellschaft einhergeht.[1] Ebenso erlischt die Gesellschaft ohne Liquidation, wenn sämtliche Anteile an ihr auf einen Dritten übertragen werden.[2] Auch hier **fallen** also **Auflösung und Erlöschen** der Gesellschaft **zusammen**. 781

2. Liquidation der KG

Die Liquidation vollzieht sich nach denselben Grundsätzen wie bei der OHG (§ 161 Abs. 2, §§ 145 bis 158 HGB; siehe Rz. 669 ff.). Neben allen persönlich haftenden Gesellschaftern zählen auch sämtliche Kommanditisten zu den gesetzlich berufenen Liquidatoren (§ 146 Abs. 1 HGB). Die Kommanditisten haben daher bei der Anmeldung mitzuwirken (§ 148 HGB), sofern nicht die Durchführung der Liquidation gemäß § 146 Abs. 1 HGB einzelnen Gesellschaftern oder anderen Personen übertragen wird. Nach Beendigung der Liquidation werden die Bücher und Papiere der Gesellschaft einem der Gesellschafter oder einem Dritten in Verwahrung gegeben. Dieser Gesellschafter oder der Dritte wird in Ermangelung einer Verständigung hierüber durch das Gericht (Rechtspfleger) bestimmt, in dessen Bezirk die Gesellschaft ihren Sitz hat (§ 157 Abs. 2 i. V. m. § 161 Abs. 2 HGB). Die Liquidatoren können aber nicht durch Festsetzung von Zwangsgeld angehalten werden, die Bücher und Schriften der Gesellschaft in Verwahrung zu geben. Die Erfüllung dieser Verpflichtung kann von den Gesellschaftern oder von Gläubigern der Gesellschaft nur im ordentlichen Klageweg durchgesetzt werden.[3] Die Vertretungsbefugnis der Liquidatoren besteht im Übrigen auch nach Löschung der Gesellschaft im Register fort, jedenfalls wenn die KG nur aus natürlichen Personen besteht.[4] 782

Die **Eintragung** der Auflösung kann zugleich mit Eintragung des Erlöschens der Firma erfolgen. Zu beachten ist stets die neu einzutragende **allgemeine Vertretungsregelung**, die notfalls mangels Anmeldung bei einer Amtsvoreintragung nach § 384 Abs. 2 FamFG von Amts wegen zu vermerken ist (siehe Rz. 450 a ff.). Einzutragen ist mangels besonderer Anordnung, dass sämtliche Liquidatoren die Gesellschaft gemeinsam vertreten. Erfolgt die Liquidation durch die Gesellschafter, so ist deren Stellung als persönlich haftender Gesellschafter oder Kommanditist nicht zu röten, da die entsprechenden Eintragungen für die Haftung der Beteiligten weiterhin relevant bleiben. Die jeweiligen Personen sind allerdings zusätzlich als **Liquidatoren** in Spalte 3 Unterspalte b einzutragen. Die Voreintragung der Liquidatoren ist jedenfalls dann nicht er- 783

---

[1] **OLG Hamm** FGPrax 2003, 235 (= Rpfleger 2003, 665); *Baumbach/Hopt,* HGB, § 131 Rz. 35; *Lorz,* in: Ebenroth/Boujong/Joost/Strohn, HGB, § 131 Rz. 10.
[2] **OLG Frankfurt** FGPrax 2003, 283 (= Rpfleger 2004, 52).
[3] BayObLG Z 1967, 240.
[4] **BGH** NJW 1979, 1987; **OLG Hamm** FGPrax 1997, 33; *Baumbach/Hopt,* HGB, § 157 Rz. 3; *Hillmann,* in: Ebenroth/Boujong/Joost/Strohn, HGB, § 155 Rz. 22.

forderlich, wenn die Anmeldung der Beendigung der Liquidation und des Erlöschens der Firma durch sämtliche Gesellschafter stattfindet und keine Anhaltspunkte dafür vorliegen, dass nicht sämtliche Gesellschafter auch Liquidatoren sind.[1]

V. Umwandlungsvorgänge

1. Allgemeines

784 Wie die OHG ist auch die KG als Personenhandelsgesellschaft ein geeigneter Rechtsträger für Umwandlungsvorgänge nach dem UmwG (vgl. für Verschmelzungen § 3 Abs. 1 Nr. 1 UmwG, für Spaltungen § 124 Abs. 1 UmwG und für einen Formwechsel § 191 Abs. 1 Nr. 1 und Abs. 2 Nr. 2 UmwG). Zu unterscheiden ist auch hier zwischen der Verschmelzung, der Spaltung (Aufspaltung, Abspaltung und Ausgliederung) und dem Formwechsel. Bei der **formwechselnden Umwandlung** (§§ 190 ff. UmwG) ändert die Gesellschaft lediglich ihre Rechtsform unter Aufrechterhaltung ihrer Identität. Bei der **Verschmelzung** (§§ 2 ff. UmwG) geht das Vermögen der alten Gesellschaft im Weg der Gesamtrechtsnachfolge auf einen anderen, nicht notwendigerweise neu gegründeten Rechtsträger über, wobei die übertragende Gesellschaft ohne Liquidation aufgelöst wird. Bei der **Spaltung** (§§ 123 ff. UmwG) werden Vermögensteile oder das gesamte Vermögen auf andere Rechtsträger übertragen. Als Sonderregelung findet sich lediglich die Bestimmung des § 40 UmwG. Nach dessen Abs. 1 muss im Verschmelzungsvertrag nicht nur bestimmt werden, dass die bisherigen Gesellschafter die Stellung eines Gesellschafters der KG erlangen, vielmehr ist festzulegen, ob sie persönlich haftende Gesellschafter oder Kommanditisten werden sollen. In letzterem Fall muss auch die Kommanditeinlage festgesetzt werden. Anteilsinhabern, die beim übertragenden Rechtsträger nicht persönlich haften, ist nach § 40 Abs. 2 UmwG auf Verlangen die Stellung eines Kommanditisten einzuräumen.

785 Im Übrigen ist grundsätzlich auf die Ausführungen zur OHG Bezug zu nehmen (Rz. 695 ff.). Für den Fall des Formwechsels von einer Kapitalgesellschaft (z. B. GmbH, AG) in eine KG ist es ausreichend, dass der persönlich haftende Gesellschafter bis zur Eintragung der KG im Handelsregister beigetreten ist. Nicht erforderlich ist daher, dass er der Gesellschaft bereits im Zeitpunkt der Fassung des Umwandlungsbeschlusses angehört.[2] Nachfolgend ist an zwei Beispielen der Formwechsel einer GmbH in eine KG (Rz. 786 ff.) und derjenige einer GmbH & Co. KG in eine GmbH (Rz. 792 ff.) dargestellt.

2. Beispiel eines Formwechsels einer GmbH in eine KG

786 Am 13. 7. 2009 geht beim Amtsgericht-Registergericht Stuttgart folgende Anmeldung (zweifach) ein

> **Betrifft: HRB 24 700 – Stuttgarter Industriebuchbinderei Ephraim Gschaidle GmbH mit Sitz in Stuttgart**
>
> In der Anlage überreiche ich in elektronischer Aufzeichnung eine beglaubigte Abschrift der Urkunde des Notars Dr. Sigmund Freund in Waiblingen (URNr. 224/2009) enthaltend den Umwandlungsbeschluss, die erforderlichen Zustimmungs- und Verzichtserklärungen sowie die Abtretung eines Geschäftsanteils von 100 € von Herrn Ephraim Gschaidle an die Stuttgart Industriebuchbinderei Ephraim Gschaidle Verwaltungs GmbH mit Sitz in Stuttgart.
>
> Es wird erklärt, dass die Gesellschaft keinen Betriebsrat hat.

---

[1] BayObLG FGPrax 2001, 161.
[2] BayObLG FGPrax 2000, 39.

Zur Eintragung wird angemeldet:

Der Formwechsel der Gesellschaft in die Rechtsform der Kommanditgesellschaft unter der Firma „Stuttgarter Industriebuchbinderei Ephraim Gschaidle GmbH & Co. KG" mit Sitz in Stuttgart. Gegenstand der Kommanditgesellschaft ist der Betrieb einer Industriebuchbinderei. Im Innenverhältnis unter den Gesellschaftern bzw. zwischen den Gesellschaftern soll der Formwechsel zum 1. 1. 2009 als erfolgt gelten.

Gesellschafter sind:
– die Stuttgarter Industriebuchbinderei Ephraim Gschaidle Verwaltungs GmbH mit dem Sitz in Stuttgart (Amtsgericht Stuttgart HRB 34 222) als persönlich haftende Gesellschafterin;
– Herr Ephraim Gschaidle, Stuttgart, geboren 3. 3. 1945, als Kommanditist mit einer Hafteinlage von 1 000 000 €.

Die Gesellschaft wird durch jeden persönlich haftenden Gesellschafter einzeln vertreten. Es wird versichert, dass gegen den Umwandlungsbeschluss Klage nicht erhoben ist, im Übrigen alle Beteiligten bei der Beurkundung des Umwandlungsbeschlusses zu notarieller Urkunde auf Anfechtungsrechte verzichtet haben.

Die inländische Geschäftsanschrift der Gesellschaft lautet: Silvrettastraße 25, 70327 Stuttgart.

Der für die GmbH zuständige Registerrichter (§ 17 Nr. 1 lit. c RPflG) und der für die KG zuständige Rechtspfleger (§ 3 Nr. 2 lit. d RPflG; ggf. auch der Richter nach § 5 Abs. 1 Nr. 2 RPflG) nehmen die bei jedem Formwechsel notwendigen **Prüfungen** (siehe Rz. 1200 ff.) vor, insbesondere auch die Prüfung zur Vollständigkeit der Anforderungen an den Umwandlungsbeschluss, hier auch die Zusatzanforderung des § 40 UmwG, sowie die Anforderungen an die Gründung einer KG. Eine Werthaltigkeitsprüfung ist nicht erforderlich, da es sich bei der neuen Rechtsform nicht um eine Kapitalgesellschaft handelt. Daher ist auch keine Bilanz einzureichen, da ein Formwechsel als solcher keine erfordert und diese auch nicht für eine Bewertung benötigt wird. Allerdings muss der ggf. zu erstellende Umwandlungsbericht eine Vermögensaufstellung enthalten.[1] Sodann wird Zug um Zug **eingetragen:**

Bei der GmbH in Spalte 6 Unterspalte b (§ 43 Nr. 6 lit. b sublit. ee HRV):

Die Gesellschafterversammlung vom 2. 7. 2009 hat die formwechselnde Umwandlung in die neu errichtete Stuttgarter Industriebuchbinderei Ephraim Gschaidle GmbH & Co KG mit Sitz in Stuttgart (Amtsgericht Stuttgart HRA 8971) beschlossen.

Ein Wirksamkeitsvermerk (vgl. § 198 Abs. 2 Satz 4 UmwG) ist hier nicht einzutragen, da die Eintragung der neuen Form des Rechtsträgers zeitgleich erfolgt. Das Registerblatt der bisherigen Rechtsform wird durch Kreuzung oder sonstige Kenntlichmachung geschlossen (vgl. § 22 Abs. 1 HRV). Die Eintragung wird nach § 10 HGB und § 201 UmwG unter „Löschungen" mit folgendem **Gläubigerhinweis** veröffentlicht:

Den Gläubigern der am Formwechsel beteiligten Rechtsträger ist, wenn sie binnen sechs Monaten nach dem Tag, an dem die Eintragung des Formwechsels nach § 201 UmwG als bekannt gemacht gilt, ihren Anspruch nach Grund und Höhe schriftlich anmelden, Sicherheit zu leisten, soweit sie nicht Befriedigung erlangen können. Das Recht steht ihnen jedoch nur zu, wenn sie glaubhaft machen, dass durch den Formwechsel die Erfüllung ihrer Forderung gefährdet wird.

Eintragungsmitteilungen ergehen an die Firma und den einreichenden Notar. Nach Abwicklung der Kosten wird der Akt der Kommanditgesellschaft als Vorband zum

---

[1] Siehe **OLG Frankfurt** FGPrax 2003, 276.

Registerakt der GmbH genommen. Bei der KG wird auf dem nächsten freien Registerblatt (vorliegend HRA 8971) im Register eingetragen:

Spalte 2
Unterspalte a (Firma):
Stuttgarter Industriebuchbinderei Ephraim Gschaidle GmbH & Co. KG
Unterspalte b (Sitz): Stuttgart; Geschäftsanschrift: Silvrettastraße 25, 70327 Stuttgart
Spalte 3
Unterspalte a (Allgemeine Vertretungsregelung):
Jeder persönlich haftende Gesellschafter vertritt einzeln.
Unterspalte b (Persönlich haftende Gesellschafter und besondere Vertretung):
Persönlich haftender Gesellschafter: Stuttgarter Industriebuchbinderei Ephraim Gschaidle Verwaltungs GmbH mit Sitz in Stuttgart (Amtsgericht Stuttgart HRB 34 222)
Spalte 5
Unterspalte a (Rechtsform, Beginn und Satzung):
Kommanditgesellschaft
Unterspalte b (Sonstige Rechtsverhältnisse):
Entstanden durch formwechselnde Umwandlung der Stuttgart Industriebuchbinderei Ephraim Gschaidle GmbH mit Sitz in Stuttgart (Amtsgericht Stuttgart HRB 24 700)
Unterspalte c (Kommanditisten, Mitglieder):
Kommanditist: Gschaidle, Ephraim, Waiblingen, *3. 3. 1945; Einlage: 1 000 000 €

791 Auch diese Eintragung wird nach § 10 HGB und § 201 UmwG unter Neueintragungen **veröffentlicht**. Ein Gläubigerhinweis entfällt hier, da die KG noch keine Gläubiger haben kann. Die Veröffentlichung des Kommanditisten entfällt nach § 162 Abs. 2 HGB. Eine Eintragungsmitteilung erfolgt an das Unternehmen und den einreichenden Notar.

3. Beispiel eines Formwechsels einer GmbH & Co. KG in eine GmbH

792 Am 13. 7. 2009 geht beim Amtsgericht-Registergericht Stuttgart folgende Anmeldung (zweifach) ein:

Betrifft: HRA 8971 – Stuttgarter Industriebuchbinderei Ephraim Gschaidle GmbH & Co. KG
Zur Eintragung wird angemeldet:
Der Formwechsel der Gesellschaft in die Rechtsform einer GmbH unter der Firma Stuttgart Industriebuchbinderei Ephraim Gschaidle GmbH mit Sitz in Stuttgart; die Bestellung der Geschäftsführer Christian Gschaidle, Waiblingen, geboren am 24. 12. 1968, und Adrian Gschaidle, Waiblingen, geboren am 24. 12. 1968. Beide Geschäftsführer sind einzelvertretungsberechtigt und von den Beschränkungen des § 181 BGB befreit. Die inländische Geschäftsanschrift ist Grobstraße 100 in 70182 Stuttgart.

Die allgemeine Vertretungsregelung lautet: Ist nur ein Geschäftsführer bestellt, so vertritt er die Gesellschaft allein. Sind mehrere Geschäftsführer bestellt, wird die Gesellschaft durch zwei Geschäftsführer gemeinsam oder einen Geschäftsführer zusammen mit einem Prokuristen vertreten.

Jeder Geschäftsführer versichert für seine Person: Es liegen keine Umstände vor, aufgrund derer ich nach § 6 Abs. 2 Satz 3 und 4 GmbHG vom Amt eines Geschäftsführers ausgeschlossen wäre: Während der letzten fünf Jahre erfolgte weder im In- noch wegen einer vergleichbaren Straftat im Ausland eine Verurteilung wegen einer oder mehrerer Straftaten
– des Unterlassens der Stellung des Antrags auf Eröffnung des Insolvenzverfahrens (Insolvenzverschleppung),
– nach den §§ 283 bis 283 d StGB,
– der falschen Angaben nach § 82 GmbHG oder § 399 AktG,

Zweiter Abschnitt. C. Kommanditgesellschaft

- der unrichtigen Darstellung nach § 400 AktG, § 331 HGB, § 313 UmwG oder § 17 PublG oder
- nach den §§ 263 bis 264 a oder den §§ 265 b bis 266 a StGB,

auch wurde mir weder durch gerichtliches Urteil noch durch vollziehbare Entscheidung einer Verwaltungsbehörde die Ausübung eines Berufs, Berufszweigs, Gewerbes oder Gewerbezweigs untersagt, somit auch nicht im Bereich des Unternehmensgegenstands der Gesellschaft; ferner wurde ich nicht aufgrund einer behördlichen Anordnung in einer Anstalt verwahrt. Weiter versichere ich: Ich wurde vom Notar eingehend belehrt, auch darüber, dass ich dem Registergericht gegenüber unbeschränkt auskunftspflichtig bin.

Als Anlagen sind beigefügt:
- beglaubigte Abschrift des Umwandlungsbeschlusses samt Geschäftsführerbestellung und Verzichtserklärungen der Gesellschafter auf Erstellung eines Umwandlungsberichts und der Anfechtung des Beschlusses sowie Abtretungserklärung bezüglich des Geschäftsanteils der Stuttgarter Industriebuchbinderei Ephraim Gschaidle Verwaltungs GmbH an Herrn Ephraim Geschaidle (URNr. 899/2009 des Notars Dr. Sigmund Freund in Waiblingen);
- Liste der Gesellschafter gemäß Umwandlungsbeschluss;
- berichtigte Liste nach Abtretung;
- Sachgründungsbericht aller Gesellschafter;
- Unterlagen über die Werthaltigkeit des übertragenen Vermögens (vom Steuerberater erläuterte Bilanz zum 31. 12. 2008 samt Darstellung zur Wertentwicklung bis zur Anmeldung).

Die Gesellschaft verfügt über keinen Betriebsrat. Eine Zuleitung an den Betriebsrat kam daher nicht in Betracht.

Es folgen die Unterschriften der beiden Geschäftsführer mit notarieller Unterschriftbeglaubigung.

Auch hier nehmen der für die KG zuständige Rechtspfleger und der für die GmbH zuständige Richter (evtl. der Richter für beide Rechtsträger nach § 5 Abs. 1 Nr. 2 RPflG) die üblichen **Prüfungen** zum Formwechsel und für den neuen Rechtsträger vor. Nachdem es sich vorliegend um eine Kapitalgesellschaft handelt, ist dem Gesichtspunkt der Werthaltigkeit, welche zum Zeitpunkt der Anmeldung bzw. der Eintragung vorliegen muss, besondere Aufmerksamkeit zu schenken. Die erforderlichen Eintragungen werden sodann Zug um Zug vorgenommen. **793**

Bei der **Kommanditgesellschaft** in Spalte 5 Unterspalte b (§ 40 Nr. 5 lit. b sublit. ee HRV) wird eingetragen: **794**

> Die Gesellschafterversammlung vom 2. 7. 2009 hat die formwechselnde Umwandlung in die Stuttgart Industriebuchbinderei Ephraim Gschaidle GmbH mit Sitz in Stuttgart (Amtsgericht Stuttgart HRB 36781) beschlossen.

Ein **Wirksamkeitsvorbehalt** (vgl. § 198 Abs. 2 Satz 4 UmwG) wird im Hinblick auf die zeitnahe Eintragung der GmbH nicht eingetragen: Die Eintragung ist somit zugleich Schlusseintragung bei der Kommanditgesellschaft. Das Blatt ist zu löschen (§ 22 Abs. 1 HRV). Die Eintragung ist gemäß § 10 HGB und § 201 UmwG zu veröffentlichen und zwar bei der Kommanditgesellschaft mit dem Gläubigerhinweis nach §§ 204, 22 UmwG (vgl. Rz. 789). Unternehmen und einreichender Notar erhalten eine Eintragungsmitteilung. Die Registerakte wird nach Kostenbehandlung als Vorakte zum neuen GmbH-Akt genommen. **795**

Bei der **GmbH** wird unter der nächsten offenen Nummer (vorliegend HRB 36781) im Register eingetragen: **796**

Spalte 2
Unterspalte a (Firma): Stuttgarter Industriebuchbinderei Ephraim Gschaidle GmbH
Unterspalte b (Sitz): Stuttgart, Geschäftsanschrift: Grobstraße 100, 70182 Stuttgart
Unterspalte c (Gegenstand des Unternehmens): Betrieb einer Industriebuchbinderei
Spalte 3 (Stammkapital): 200 000 €
Spalte 4
Unterspalte a (Allgemeine Vertretungsregelung):
Ist nur ein Geschäftsführer bestellt, so vertritt er die Gesellschaft allein. Sind mehrere Geschäftsführer bestellt, so wird die Gesellschaft durch zwei Geschäftsführer gemeinsam oder durch einen Geschäftsführer gemeinsam mit einem Prokuristen vertreten.
Unterspalte b (Geschäftsführer und besondere Vertretungsbefugnis):
Geschäftsführer: Gschaidle, Christian, Waiblingen, *24. 12. 1968; einzelvertretungsberechtigt, mit der Befugnis, für die Gesellschaft mit sich selbst oder als Vertreter eines Dritten Rechtsgeschäfte abzuschließen;
Geschäftsführer: Gschaidle, Adrian, Waiblingen, *24. 12. 1968, einzelvertretungsberechtigt, mit der Befugnis, für die Gesellschaft mit sich selbst oder als Vertreter eines Dritten Rechtsgeschäfte abzuschließen.
Spalte 6
Unterspalte a (Rechtsform, Gesellschaftsvertrag):
Gesellschaft mit beschränkter Haftung. Gesellschaftsvertrag vom 2. 7. 2009.
Unterspalte b (Sonstige Rechtsverhältnisse):
Entstanden durch formwechselnde Umwandlung der Stuttgarter Industriebuchbinderei Ephraim Gschaidle GmbH & Co KG mit Sitz in Stuttgart (Amtsgericht Stuttgart HRA 8971).

797 Diese Eintragung ist nach § 10 HGB und § 201 UmwG als „Neueintragung" zu veröffentlichen, allerdings ohne Gläubigerhinweis, da die neue GmbH grundsätzlich noch keine Gläubiger hat. Eintragungsmitteilungen gehen an das Unternehmen und den einreichenden Notar.

798 Das vorstehende Beispiel zeigt besonders deutlich, wie wichtig die Kennzeichnung eines Rechtsträgers nicht nur nach Firma und Sitz, sondern auch nach der jeweiligen Registerstelle ist. Fälle der vorliegenden Art, dass unter Beibehaltung oder nur geringfügiger, erforderlicher Anpassung der Firma durch Umwandlungsvorgänge neue Rechtsträger geschaffen werden, sind, vornehmlich aus steuerlichen Gründen, häufiger geworden.

VI. Weitere Aufgaben des Registergerichts hinsichtlich einer Kommanditgesellschaft

1. Entscheidungen hinsichtlich des Überwachungsrechts eines Kommanditisten

799 Auf Antrag des Kommanditisten kann das Amtsgericht (Rechtspfleger) als Gericht der freiwilligen Gerichtsbarkeit, in dessen Bezirk die Kommanditgesellschaft ihren Sitz hat (§ 375 Nr. 1 und § 377 Abs. 1 FamFG), wenn wichtige Gründe vorliegen[1] die Mitteilung einer Bilanz[2] oder sonstige Aufklärungen, z. B. die für die Gewinnermittlung erheblichen Abschnitte eines Prüfberichts,[3] sowie die Vorlage der Bücher und Papiere der Gesellschaft an den Kommanditisten anordnen[4] (§ 166 Abs. 3 HGB). Für das Verfahren gilt nach § 26 FamFG der Amtsermittlungsgrundsatz, auch wenn der Ablauf streitähnlich ist. Die Erfüllung der Vorlegungspflicht erfolgt nach § 35 FamFG.[5] Wenn

---

[1] Vgl. **OLG Hamm** OLGZ 1971, 486; **OLG Stuttgart** OLGZ 1970, 262 (= Rpfleger 1970, 174).
[2] OLG Hamm OLGZ 1971, 486; OLG Köln OLGZ 1967, 362.
[3] OLG Hamburg MDR 1965, 666.
[4] OLG Hamm OLGZ 1970, 195.
[5] *Krafka*, in: MünchKommZPO, § 375 FamFG Rz. 7; *Nedden-Boeger*, in: Schulte-Bunert/Weinreich, FamFG, § 375 Rz. 20.

Kommanditisten einer Publikumsgesellschaft eine Sonderprüfung durchführen lassen, darf das Registergericht den Sonderprüfer jedoch nicht entsprechend § 145 Abs. 4 AktG durch Androhung eines Zwangsgeldes veranlassen, den Bericht beim Registergericht einzureichen.[1]

2. Bestellung eines Notgeschäftsführers

Für den Fall einer Kommanditgesellschaft, deren persönlich haftende Gesellschafterin ausschließlich eine juristische Person ist, kann entsprechend § 29 BGB erwogen werden, durch das Gericht auf einen dahin gehenden Antrag einen **Notgeschäftsführer** der Kommanditgesellschaft zu bestellen.[2] Allerdings ist zu beachten, dass durch ein derartiges Vorgehen nicht etwaige Probleme bei der Feststellung der organschaftlichen Vertretung der Komplementärgesellschaft umgangen werden dürfen, sondern vielmehr eine notfalls gerichtliche Entscheidung für diesen Rechtsträgers zu erwirken ist.[3] Damit verbleibt ein Rückgriff auf eine analoge Anwendung des § 29 BGB für die Kommanditgesellschaft hauptsächlich dann, wenn hinsichtlich der Komplementärgesellschaft keine Möglichkeit besteht, im Rahmen eines inländischen Verfahrens für eine ordnungsgemäße Vertretung dieses Rechtsträgers zu sorgen, vor allem also bei Kapitalgesellschaften mit Sitz im Ausland.[4]

799a

3. Bestellung und Abberufung von Liquidatoren

Wie bei der OHG ist nach § 161 Abs. 2, § 146 Abs. 2 HGB aus wichtigem Grund das Amtsgericht (§ 375 Nr. 1 und § 377 FamFG) als Gericht der freiwilligen Gerichtsbarkeit berechtigt, auf Antrag eines Beteiligten **Liquidatoren** zu **bestellen** (vgl. hierzu Rz. 673). Ebenso kann gemäß §§ 161 Abs. 2, 147 Halbs. 2 HGB auf Antrag eines Beteiligten aus wichtigem Grund die Abberufung von Liquidatoren durch das Gericht erfolgen. In diesen Fällen wird die Eintragung nach §§ 161 Abs. 2, 148 Abs. 2 HGB von Amts wegen vorgenommen. Antragsberechtigt ist jeder Gesellschafter, also auch jeder Kommanditist, bei mehreren Erben jeder Miterbe sowie ein etwa amtierender Testamentsvollstrecker, sofern ein Gesellschaftsanteil seiner Verfügungsbefugnis untersteht. Hingegen ist ein Nachlassverwalter nicht antragsbefugt.[5] Gläubigern der Gesellschaft steht das Antragsrecht nur zu, wenn sie nach § 135 HGB die Gesellschaft gekündigt haben (§ 146 Abs. 2 Satz 2 HGB) oder sie den Gesellschaftsanteil nach Auflösung der Gesellschaft gepfändet haben.[6] Gemäß § 146 Abs. 3 HGB ist im Fall der Eröffnung des Insolvenzverfahrens über das Vermögen eines Gesellschafters der bestellte Insolvenzverwalter antragsbefugt. Dabei beschränkt sich die Bedeutung dieses Verfahrens in der gerichtlichen Bestellung eines Liquidators, um eine ordnungsgemäße Durchführung der Liquidation sicherzustellen. Eine Bedeutung für die Frage, ob die Gesellschaft sich überhaupt im Liquidationsstadium befindet, hat das Verfahren nach § 146 Abs. 2 HGB nicht.[7]

800

Erforderlich ist stets das Vorliegen eines **wichtigen Grundes**. Für die Ernennung von Liquidatoren (§ 146 Abs. 2 HGB) ist erforderlich, dass ohne die gerichtliche Bestellung eine sachgemäße und zügige Liquidation nicht zu erwarten ist und hierdurch

801

---

[1] BayObLG Z 1985, 257 (= NJW 1986, 140).
[2] So OLG Saarbrücken OLGZ 1977, 291.
[3] OLG Hamm FGPrax 2007, 279 (= Rpfleger 2007, 666).
[4] OLG Saarbrücken OLGZ 1977, 291.
[5] Vgl. BayObLG DB 1988, 853.
[6] *Hillmann*, in: Ebenroth/Boujong/Joost/Strohn, HGB, § 146 Rz. 15; *Baumbach/Hopt*, HGB, § 146 Rz. 5; *Habersack*, in: Staub, HGB, § 146 Rz. 37.
[7] OLG Hamm FGPrax 2007, 279 (= Rpfleger 2007, 666).

erhebliche Nachteile für die berechtigen Interessen der abzuwickelnden Gesellschaft oder der Beteiligten drohen.[1] Als wichtiger Grund für die Abberufung (§ 147 HGB) kommt ein Umstand in der Person des Liquidators in Betracht, der den Abwicklungszweck gefährden oder berechtigte Interessen der Gesellschaft oder der Beteiligten erheblich beeinträchtigen könnte, wenn also das weitere Amtieren des Liquidators unzumutbar ist.[2] Eine nähere Überprüfung, ob die Gesellschaft tatsächlich aufgelöst ist, hat das Amtsgericht nicht vorzunehmen.[3]

802 Bei einer **Publikums-KG** kommen die Vorschriften des Personenhandelsgesellschaftsrechts insoweit nicht zur Anwendung. Vielmehr finden nur die Regeln für den Nachtragsliquidator einer Aktiengesellschaft (§ 273 Abs. 4 AktG) entsprechende Anwendung.[4]

VII. Besonderheiten bei einer Kapitalgesellschaft & Co. KG (insbesondere GmbH & Co. KG)

1. Allgemeines

803 Die „GmbH & Co. KG" ist keine selbstständige Gesellschaftsform sondern vielmehr im Grundsatz Personenhandelsgesellschaft und zwar in der Form einer Kommanditgesellschaft, an der eine GmbH als persönlich haftender Gesellschafter beteiligt ist. Ebenso wie eine natürliche Person haftet die GmbH uneingeschränkt mit ihrem gesamten Vermögen, also ihrem Gesellschaftsvermögen, § 13 Abs. 2 GmbHG. In der Regel ist eine GmbH einziger Komplementär, neben dem weitere natürliche Personen oder andere juristische Personen als Kommanditisten beteiligt sind. Vielfach sind bei einer GmbH & Co. KG die Gesellschafter der KG (Kommanditisten) zugleich und im selben Verhältnis auch Gesellschafter bei der GmbH, um eine einheitliche Willensbildung des betriebenen Unternehmens zu gewährleisten. Die Zulässigkeit der Errichtung einer GmbH & Co. KG ist allgemein anerkannt und hat im Gesetz in den Bestimmungen des § 19 Abs. 2, § 172 Abs. 6 HGB Niederschlag gefunden. Auch eine Unternehmergesellschaft (haftungsbeschränkt) kann Komplementärin einer „UG (haftungsbeschränkt) & Co. KG" sein.[5] Etwaige Beschränkungen aus der Gestaltung des Gesellschaftsvertrages, der dem Registergericht nicht vorzulegen ist (siehe §§ 162, 106 HGB), können im Eintragungsverfahren zu keiner anderen Bewertung führen. Im Grundsatz entspricht die Behandlung einer „AG & Co. KG" derjenigen einer „GmbH & Co. KG"; zu berücksichtigen ist allerdings insbesondere die Vertretungsbeschränkung des § 112 AktG.

804 Trotz der zunächst gleichen rechtlichen Qualität ergeben sich wegen des Fehlens einer natürlichen Person als persönlich haftender Gesellschafter **eine Reihe gravierender Unterschiede,** insbesondere im Hinblick auf die Pflichten zur Einreichung der Jahresabschlüsse. Auch die Bestellung von Liquidatoren erfolgt, jedenfalls bei der häufigen Publikums-GmbH & Co. KG, entsprechend den Regeln des Aktiengesetzes.

---

[1] KG J 32, A 129; **OLG Köln** BB 1989, 1432.
[2] OLG Düsseldorf NJW-RR 1999, 37; **BayObLG** DB 1998, 255; **OLG Köln** BB 1989, 1432.
[3] OLG Hamm FGPrax 2007, 279 (= Rpfleger 2007, 666).
[4] **BayObLG** NJW-RR 1993, 359 (= MittBayNot 1993, 95); **OLG Hamm** OLGZ 1991, 13 (= NJW-RR 1990, 1371); OLG Hamm FGPrax 1997, 33 (= Rpfleger 1997, 115); vgl. zur Löschung der Löschung einer Kommanditgesellschaft **BayObLG** ZNotP 2000, 363.
[5] *Wicke,* GmbHG, § 5a Rz. 19; *Roth/Altmeppen,* GmbHG, § 5a Rz. 10; *Bormann* GmbHR 2007, 897; *Stenzel* NZG 2009, 168; *Kock/Vater/Mraz* BB 2009, 848.

2. Ersteintragung der „GmbH & Co. KG"

a) Errichtung der Gesellschaft. Die **Errichtung** einer „GmbH & Co. KG" setzt das 805 Bestehen einer GmbH voraus. Die Vor-GmbH, die nach formgerechtem Abschluss des Gesellschaftsvertrags der neu gegründeten GmbH zustande kommt, kann bereits persönlich haftende Gesellschafterin der KG sein.[1] Allerdings wird das Erfordernis, auf dem Registerblatt der KG letztlich auch die Registerstelle der GmbH zu vermerken, bei parallel geführten Eintragungsverfahren oft dazu führen, dass das Gericht die Voreintragung der GmbH abwartet (siehe Rz. 818). Für die Errichtung der „GmbH & Co. KG" gelten die für die Errichtung einer KG maßgebenden Vorschriften. Sie wird durch den Abschluss eines Gesellschaftsvertrags errichtet, der grundsätzlich formfrei ist.[2] Dabei wird die GmbH durch ihre vertretungsberechtigten Geschäftsführer vertreten (§ 35 Abs. 1 GmbHG), bei unechter Gesamtvertretung auch durch einen Geschäftsführer in Gemeinschaft mit einem Prokuristen (vgl. § 78 Abs. 3 AktG). Für die Kapitalaufbringung und -erhaltung bei der Komplementär-GmbH ist zu beachten, dass eine darlehensweise Durchreichung des Stammkapitals an die Kommanditgesellschaft nicht gestattet ist.[3]

b) Anmeldung zum Handelsregister. Bei der unmittelbaren Errichtung der GmbH & 806 Co. KG ist diese zur Eintragung in das Handelsregister von allen Gesellschaftern einschließlich der Kommanditisten anzumelden (§ 161 Abs. 2, § 108 HGB). Für die (Vor-)GmbH haben ihre Geschäftsführer in vertretungsberechtigter Zahl (§ 35 GmbHG) anzumelden. Bei unechter Gesamtvertretung entsprechend § 78 Abs. 3 AktG kann die Anmeldung auch durch einen Geschäftsführer in Gemeinschaft mit einem Prokuristen erfolgen. Auch von einem Prokuristen kann die Anmeldung für die GmbH erklärt werden, da keine Eintragung hinsichtlich des Unternehmens des „Prinzipals" betroffen ist (vgl. Rz. 116). Wurde die GmbH bereits in das Handelsregister eingetragen und ist sie somit als solche bereits existent (§ 11 Abs. 1 GmbHG) und soll mit ihr als Komplementär sowie anderen Personen als Kommanditisten die Gründung einer „GmbH & Co. KG" angemeldet werden, so hat die Anmeldung folgende Umstände zu enthalten (§ 162 Abs. 1 i.V.m. § 106 Abs. 2 HGB):

Aufzunehmen ist die Firma der GmbH als **Komplementär**, ihr Sitz und ihre Register- 807 stelle sowie Familienname, Vorname, Geburtsdatum und Wohnort und die jeweilige Haftsumme der **Kommanditisten**. Eine Anmeldung der gesetzlichen Vertreter der GmbH ist nicht angezeigt. Sind weitere Komplementäre vorhanden, so sind auch deren Daten aufzunehmen.

Zudem ist aufzunehmen die **Firma** der „GmbH & Co. KG" unter besonderer Berücksichtigung 808 des Rechtsformzusatzes (§ 19 Abs. 2 HGB) und der Ort ihres **Sitzes** samt der **inländischen Geschäftsanschrift** (siehe hierzu Rz. 341) anzumelden. Der Sitz der Gesellschaft muss mit demjenigen der persönlich haftenden GmbH nicht übereinstimmen. Außerdem ist aufzunehmen die **allgemeine Vertretungsregelung** der Gesellschaft sowie eine hiervon etwa abweichende besondere Vertretungsbefugnis für einzelne persönlich haftende Gesellschafter (§ 162 Abs. 1 Satz 1 i.V.m. § 106 Abs. 2 Nr. 4 HGB).

Für die zuletzt genannte **Vertretungsmacht** der persönlich haftenden Gesellschafter 809 gilt grundsätzlich, dass diese mangels abweichender Bestimmung der Gesellschafter die „GmbH & Co. KG" stets einzeln vertreten (§§ 161 Abs. 2 i.V.m. § 125 Abs. 1 HGB). Denkbar ist, dass allen oder einzelnen vertretungsberechtigten Komplementären, also z.B. der einzig haftenden GmbH, seitens der KG die **Befreiung von** den Be-

---

[1] Siehe *Karsten Schmidt* NJW 1981, 1345.
[2] Siehe näher hierzu *Binz/Mayer* NJW 2002, 3054.
[3] BGH Z 174, 370 (= NZG 2008, 143 = GmbHR 2008, 203).

schränkungen des § 181 BGB (In-Sich-Geschäfte) erteilt wird.¹ Die Befreiung kann hierbei auch einerseits auf die Fälle des Selbstkontrahierens, andererseits auf die Fälle der Mehrfachvertretung (ggf. auch gegenüber bestimmt zu bezeichnenden Personen) beschränkt werden. Die Befreiung ist bei der Vertretungsmacht des jeweiligen Komplementärs im Handelsregister der KG einzutragen. Wie stets sind hierbei im Register nur die aktuellen Vertretungsverhältnisse zu vermerken, nicht also aufgrund des Gesellschaftsvertrags bloß mögliche, derzeit aber noch nicht realisierte Vertretungsbefugnisse.²

809a Darüber hinaus kann nach Auffassung der Rechtsprechung im Handelsregister der KG vermerkt werden, dass den Geschäftsführern der persönlich haftenden GmbH seitens der KG die Befreiung von den auch ihnen persönlich gegenüber bestehenden Beschränkungen des § 181 BGB erteilt wurde.³ Insoweit ist jedoch zu beachten, dass die Eintragung auf dem Registerblatt der KG aus sich heraus verständlich sein muss. Dies wäre bei der grundsätzlich angezeigten namentlichen Nennung der von der KG befreiten GmbH-Geschäftsführer nicht der Fall, da für den Geschäftsverkehr eine Eintragung nur dann eindeutig ist, wenn sie nicht durch Eintragungen in anderen Registerblättern unrichtig werden kann. Diesen Anforderungen genügt nach Auffassung des vormaligen *BayObLG* allein die im Einzelfall auch zutreffende Verlautbarung, dass **alle Geschäftsführer** der konkret zu benennenden Komplementärin oder aller jeweiligen Komplementäre seitens der KG von den Beschränkungen des § 181 BGB befreit wurden.⁴ Im Fall einer **AG & Co. KG** kommt im Verhältnis zur KG § 112 AktG naturgemäß nicht zur Anwendung, sodass insoweit etwaigen Vorstandsmitgliedern der persönlich haftenden AG seitens der KG Befreiung sowohl vom Verbot des Mehrfachvertretens, als auch vom Verbot des Selbstkontrahierens erteilt werden kann.⁵ Die Befreiung der Organe der Komplementärin – zum Beispiel bei einer englischen private limited company ihres directors – von den Beschränkungen des § 181 BGB kann auch dann im Register eingetragen werden, wenn es sich bei der Komplementärin um eine ausländische Gesellschaft handelt, da es sich insoweit um eine Vertretungsfrage hinsichtlich der nach deutschem Recht zu beurteilenden KG handelt.⁶

810 Denkbar ist im Übrigen, dass die Geschäftsführer der einzigen persönlich haftenden GmbH zu **Prokuristen** der KG bestellt werden.⁷

811 Der Anmeldung ist als **Anlage** beizufügen ein Registerauszug über die Eintragung der GmbH in das Handelsregister, wobei die Bezugnahme auf das Handelsregister desselben Gerichts nach allgemeinen Grundsätzen genügt. Die Anmeldung soll zudem den Unternehmensgegenstand enthalten (§ 24 Abs. 4 HRV). Die KG bedarf gemäß § 7 HGB nicht der Vorlage etwaiger staatlicher Genehmigungen.

812 Ein **Anmeldungsbeispiel** für die Ersteintragung kann lauten:

> Zur Eintragung in das Handelsregister melden wir die Autohandel Spektral GmbH & Co. KG mit Sitz in München an. Einzige persönlich haftende Gesellschafterin ist die „Auto-Huber GmbH" mit Sitz in Augsburg (AG Augsburg HRB 15 700). Einziger Kommanditist ist Hugo Huber, München, geboren am 15. 5. 1965, mit einer Haftsumme in Höhe von 100 000 €. Die inländische Geschäftsanschrift ist 80802 München, Buchstraße 41.

---

¹ Vgl. OLG Frankfurt FGPrax 2006, 273 (= Rpfleger 2007, 31).
² OLG Köln NZG 2004, 666.
³ OLG Frankfurt FGPrax 2006, 273 (= Rpfleger 2007, 31); **BayObLG** Z 1999, 349 (= MittBayNot 2000, 53 = NJW-RR 2000, 562); **BayObLG** MittBayNot 2000, 241; **BayObLG** Z 2000, 106 (= MittBayNot 2000, 330).
⁴ **BayObLG** Z 2000, 106 (= MittBayNot 2000, 330); *Krafka*, in: MünchKommHGB, § 8 Rz. 49.
⁵ Siehe *Krafka*, in: MünchKommHGB, § 8 Rz. 49.
⁶ OLG Frankfurt FGPrax 2006, 273 (= Rpfleger 2007, 31).
⁷ OLG Hamm OLGZ 1973, 265.

Die allgemeine Vertretungsregelung sieht vor, dass jeder persönlich haftende Gesellschafter einzeln vertritt.
Der Unternehmensgegenstand ist der Betrieb eines Gebrauchtwagenhandels.

Im Handelsregister erfolgt die **Eintragung** gemäß § 40 Nr. 1, 2, 3 und 5 HRV. Bei der öffentlichen Bekanntmachung unterbleiben gemäß § 162 Abs. 2 HGB Angaben zu den Kommanditisten. Beispielsweise kann die **Ersteintragung** einer regulär angemeldeten Kommanditgesellschaft folgendermaßen aussehen: 813

Spalte 2
Unterspalte a (Firma): Autohandel Spektral GmbH & Co. KG
Unterspalte b (Sitz): München; Geschäftsanschrift: 80802 München, Buchstraße 41
Spalte 3
Unterspalte a (Allgemeine Vertretungsregelung):
Jeder persönlich haftende Gesellschafter vertritt einzeln.
Unterspalte b (Persönlich haftende Gesellschafter und besondere Vertretung):
Persönlich haftender Gesellschafter: Auto-Huber GmbH mit Sitz in Augsburg (AG Augsburg HRB 15 700)
Spalte 5
Unterspalte a (Rechtsform, Beginn und Satzung): Kommanditgesellschaft
Unterspalte b (Sonstige Rechtsverhältnisse): –
Unterspalte c (Kommanditisten, Mitglieder):
Kommanditist: Huber, Hugo, München, *15. 5. 1965; Einlage: 100 000 €

(Randnummern zur Zeit nicht besetzt) 814–816

c) Prüfung und Eintragung durch das Gericht. Zur Prüfungspflicht des Gerichts und zur Eintragung der Gesellschaft in das Handelsregister siehe Rz. 725. Gemäß §§ 40 Nr. 7, 43 Nr. 8 HRV ist die jeweilige Registerstelle der GmbH im Handelsregister der KG unter Angabe von Art und Ort des Registers und der Registernummer zu vermerken. Zur öffentlichen Bekanntmachung und zur Mitteilung an die Beteiligten siehe Rz. 194 ff. 817

Die **Eintragung** der „GmbH & Co. KG" in das Handelsregister ist, schon zur Beschränkung der Haftung der Kommanditisten (§ 176 HGB), auch bereits möglich, wenn zunächst nur die **Vor-GmbH** persönlich haftende Gesellschafterin ist.[1] Dennoch wird sich im Regelfall empfehlen, die Eintragung der KG erst dann vornehmen zu lassen, wenn die für die endgültige Eintragung erforderliche Registerstelle der GmbH bekannt ist. Dies dient nicht nur der grundsätzlichen Vermeidung zusätzlicher und letztlich überflüssiger Eintragungen sondern auch der Ersparnis unnötiger Kosten. Sollte ausnahmsweise bereits die Eintragung der Vor-GmbH als Komplementärin gewünscht werden bzw. vom Registergericht vorgenommen werden, so ist zu beachten, dass als persönlich haftende Gesellschafterin die Vor-GmbH unter der Firma der künftigen GmbH mit dem Zusatz „in Gründung" als Hinweis darauf einzutragen ist, dass die künftige juristische Person zulässigerweise bereits körperschaftlich handelt. Erforderlich hierfür ist ein Nachweis der Geschäftsführerbestellung sowie, dass die Gesellschafter der Vor-GmbH deren Geschäftsführer übereinstimmend ermächtigt haben, bereits vor Eintragung der GmbH für diese die zur Errichtung der KG und Beteiligung an ihr als persönlich haftende Gesellschafterin erforderlichen Rechtsgeschäfte abzuschließen, da sonst keine Vertretungsmacht der Geschäftsführer[2] und da- 818

---

[1] Vgl. *Schmidt* NJW 1981, 1345 (1347); *Fleck* GmbHR 1983, 5 (16).
[2] BGH NJW 1985, 736 (= DNotZ 1986, 38).

her kein wirksamer Gesellschaftsvertrag über die Errichtung der KG vorliegt. Weiter ist nachzuweisen, dass die Eintragung der GmbH in das Handelsregister noch betrieben wird und dass eine Vorbelastung des Anfangskapitals der GmbH mit Beteiligung an der bereits beginnenden KG die Registereintragung der GmbH nicht behindern wird. Da diese Nachweise nur umständlich zu erbringen sind, dürfte die Registereintragung der KG mit einer werdenden GmbH als persönlich haftender Gesellschafterin auch künftig zu den Ausnahmefällen gehören. Im Übrigen ist bei späterer Eintragung der GmbH im Handelsregister der Zusatz „in Gründung" im Register der KG auf Antrag der Beteiligten zu streichen,[1] gegebenenfalls also die persönlich haftende Gesellschaft entsprechend neu vorzutragen. Hingegen ist nur die GmbH als persönlich haftende Gesellschafterin einzutragen, wenn sie bei Eintragung der Kommanditgesellschaft bereits als solche in das Handelsregister eingetragen ist, auch wenn die Kommanditgesellschaft ihre Geschäfte bereits mit der Vor-GmbH begonnen hat.[2]

819 Als **Zeitpunkt des Beginns** der „GmbH & Co. KG" kann ohne weiteres ein früherer Zeitpunkt als derjenige der Eintragung der GmbH in das Handelsregister angesehen werden. Da allerdings diesbezüglich weder Anmeldung noch Eintragung im Register erfolgen, sind Erklärungen oder Nachweise hierzu entbehrlich.

820 Eine „GmbH & Co. KG" kann im Wege der „**mittelbaren Errichtung**" auch dadurch entstehen, dass eine GmbH als persönlich haftende Gesellschafterin in eine aus natürlichen Personen bestehende KG oder in eine OHG unter Umwandlung dieser in eine KG eintritt. Für die Anmeldung und Eintragung des Eintritts der GmbH gelten die allgemein für den Eintritt eines persönlich haftenden Gesellschafters in eine KG bestehenden Grundsätze unter Heranziehung der einschlägigen Ausführungen dieses Abschnitts.[3]

3. Aufsichtsrat bei einer GmbH & Co. KG

821 Die „GmbH & Co. KG" ist als Kommanditgesellschaft eine Personenhandelsgesellschaft und keine Kapitalgesellschaft. Sie ist daher nicht verpflichtet, aufgrund der Bestimmungen des DrittelbG einen Aufsichtsrat zu bilden.[4]

4. Auflösung und Abwicklung einer GmbH & Co. KG

822 a) **Allgemeines.** Für die Auflösung einer „GmbH & Co. KG" gelten die Bestimmungen der § 161 Abs. 2 i. V. m. §§ 131 ff. HGB (siehe hierzu Rz. 779 ff.). Sondervorschriften zur Auflösung enthält § 131 Abs. 2 HGB für den Fall, dass kein persönlich haftender Gesellschafter eine natürliche Person ist.

823 Die Auflösung der Komplementär-GmbH steht dem Tod eines Gesellschafters nicht gleich, so dass diese bis zu ihrer Vollbeendigung die Vertretungsbefugnis für die KG behält.[5] Wird über das Vermögen der **GmbH** das **Insolvenzverfahren** eröffnet, so führt dies gemäß § 60 Abs. 1 Nr. 4 GmbHG zur Auflösung der GmbH und nach § 131 Abs. 3 Nr. 2 HGB zum Ausscheiden der GmbH aus der KG. Ist kein weiterer persönlich haftender Gesellschafter vorhanden, so hat dies auch die Auflösung der KG zur Folge, allerdings kann ein Fortsetzungsbeschluss bei Aufnahme eines neuen persönlich haftenden Gesellschafters gefasst werden.[6] War neben der GmbH nur ein Kom-

---

[1] Vgl. *Krafka*, in: MünchKommHGB, § 8 Rz. 52.
[2] **BGH** NJW 1985, 736 (= DNotZ 1986, 38).
[3] Vgl. auch **BayObLG** Z 1972, 326 (= Rpfleger 1972, 449).
[4] Vgl. *Hölters* DB 1980, 2225; *Hölters* GmbHR 1980, 50.
[5] Siehe **OLG Hamburg** NJW 1987, 1896; *Baumbach/Hopt*, HGB, Anh. § 177a Rz. 45.
[6] **BGH** Z 8, 35 (37); vgl. auch *Eckardt* NZG 2000, 449.

manditist vorhanden, so ist die Gesellschaft mit Ausscheiden der GmbH nach allgemeinen Grundsätzen erloschen.[1] Dies soll allerdings nicht gelten, wenn zugleich ein Insolvenzverfahren über das Vermögen des Kommanditisten durchgeführt wird, so dass in diesem Fall die Liquidation nach den jeweils einschlägigen Vorschriften durchzuführen ist, bei Insolvenz der KG also durch deren Insolvenzverwalter.[2] Wird die Eröffnung des Insolvenzverfahrens über das Vermögen der GmbH mangels Masse abgelehnt, so ist die GmbH ebenfalls gemäß § 60 Abs. 1 Nr. 5 GmbHG aufgelöst. Jedoch führt dies weder zum Ausscheiden der GmbH aus der KG, noch zur Auflösung der KG.[3] Bei der durch eine Insolvenzmaßnahme herbeigeführten Auflösung der KG ist zu beachten, dass nach § 384 Abs. 2 FamFG auch die daran anschließenden Berichtigungen zu den Vertretungsverhältnissen von Amts wegen im Register vorzunehmen sind (siehe Rz. 450a ff.).

Mit Eröffnung des **Insolvenzverfahrens über das Vermögen der KG** wird diese nach § 131 Abs. 1 Nr. 3 i.V.m. § 161 Abs. 2 HGB aufgelöst. Wird die Eröffnung des Insolvenzverfahrens über das Vermögen der KG mangels Masse abgelehnt, so wird die KG mit der Rechtskraft des hierauf gerichteten Beschlusses aufgelöst, wenn keiner der persönlich haftenden Gesellschafter eine natürliche Person ist (§ 131 Abs. 2 Satz 1 Nr. 1 HGB i.V.m. § 161 Abs. 2 HGB). Im Übrigen kann eine „GmbH & Co. KG" auch nach § 394 Abs. 4 FamFG gelöscht werden, wenn sie kein Vermögen besitzt. Auch dies führt naturgemäß zugleich zur Auflösung der Gesellschaft (§ 131 Abs. 2 Satz 1 Nr. 2 HGB i.V.m. § 161 Abs. 2 HGB). All dies gilt jedoch nur, wenn zu den persönlich haftenden Gesellschaftern nicht eine OHG oder eine KG gehört, deren persönlich haftender Gesellschafter eine natürliche Person ist (§ 131 Abs. 2 Satz 2 HGB). Bei einer **simultanen Insolvenz** von Komplementär-GmbH und KG tritt jedenfalls dann nicht die Vollbeendigung der KG ein, wenn kein weiterer Kommanditist vorhanden ist, insbesondere also, wenn auch dieser aufgrund eines Insolvenzverfahrens simultan aus der Gesellschaft ausscheiden würde. Für diesen Fall findet nach zutreffender Auffassung § 131 Abs. 3 Nr. HGB aufgrund einer entsprechenden teleologischen Reduktion keine Anwendung, so dass die KG regulär mit allen insolventen Gesellschaftern fortbesteht und ihrerseits im Rahmen des Insolvenzverfahrens abzuwickeln ist.[4] 824

Für alle Auflösungsgründe der KG ist zu beachten, dass die Auflösung der „GmbH & Co. KG" auf den Fortbestand der GmbH, soweit nicht für deren Auflösung ein Grund vorliegt, keinen Einfluss hat, wenn nicht im Gesellschaftsvertrag der GmbH gemäß § 60 Abs. 2 GmbHG etwas anderes bestimmt ist. Wird jedoch umgekehrt die persönlich haftende Gesellschafterin im Handelsregister gelöscht, so ist das auch bei der KG zur Eintragung anzumelden, da dies nach § 131 Abs. 3 Nr. 1 i.V.m. § 161 Abs. 2 HGB zum Ausscheiden der GmbH aus der KG führt. 825

b) **Liquidation einer „GmbH & Co. KG".** Nach der Auflösung der „GmbH & Co. KG" findet die Liquidation statt, sofern nicht eine andere Art der Auseinandersetzung von den Gesellschaftern vereinbart oder über das Vermögen der Gesellschaft das Insolvenzverfahren eröffnet wurde (§ 161 Abs. 2 i.V.m. § 145 Abs. 1 HGB). Die Liquidation erfolgt, wenn sie nicht durch Beschluss der Gesellschafter oder durch den 826

---

[1] Vgl. **BGH** NZG 2004, 611; **BGH** Z 113, 132; **OLG Hamm** FGPrax 2003, 235 (= Rpfleger 2003, 665); *Baumbach/Hopt*, HGB, § 131 Rz. 35; *Lieb* ZIP 2002, 1716; *Eckardt* NZG 2000, 449.

[2] **OLG Hamm** FGPrax 2003, 235 (= Rpfleger 2003, 665).

[3] Vgl. **BGH** Z 75, 178 (181); *Schlitt* NZG 1998, 584; *Baumbach/Hopt*, HGB, Anh. § 177a Rz. 45; anderer Ansicht: *Schmidt* BB 1980, 1497.

[4] **OLG Hamm** NZI 2007, 584 (= ZIP 2007, 1233); *Henze*, in: Ebenroth/Boujong/Joost/Strohn, HGB, Anh. A zu § 177a Rz. 242a; *Kamanabrou*, in: Oetker, HGB, § 131 Rz. 32.

Gesellschaftsvertrag einzelnen Gesellschaftern oder anderen Personen übertragen ist, durch sämtliche Gesellschafter als Liquidatoren (§ 146 HGB; siehe auch § 147 HGB). Zur Rechtsstellung der Liquidatoren und zur Durchführung der Liquidation siehe §§ 149 bis 157 HGB.

827 c) **Anmeldung und Eintragung in das Handelsregister.** Die Auflösung ist von sämtlichen Gesellschaftern einschließlich der Kommanditisten zur Eintragung in das Handelsregister **anzumelden** (§ 161 Abs. 2 i.V.m. § 143 Abs. 1 HGB). Die GmbH wird hierbei durch die Geschäftsführer in vertretungsberechtigter Zahl vertreten (§ 35 GmbHG). Zur **Eintragung** siehe § 40 Nr. 5 lit. b sublit. dd HRV. Ein etwaiger Beschluss über die **Fortsetzung der KG** ist ebenfalls von sämtlichen Gesellschaftern anzumelden (§ 144 Abs. 2 HGB entsprechend). Zur Eintragung siehe gleichfalls § 40 Nr. 5 lit. b sublit. dd HRV. Das **Erlöschen der Firma** ist nach Beendigung der Liquidation von sämtlichen Liquidatoren zur Eintragung anzumelden (§ 161 Abs. 2 i.V.m. § 157 Abs. 1 HGB). Zur Eintragung siehe wiederum § 40 Nr. 5 lit. b sublit. dd HRV.

828 Zur **Fortsetzung der Abwicklung** und zur weiter bestehenden Vertretungsbefugnis der Liquidatoren siehe Rz. 678. Die gerichtliche Bestellung eines oder mehrerer Liquidatoren für eine „Publikums-GmbH & Co. KG" ist entsprechend § 273 Abs. 4 AktG möglich,[1] beispielsweise zur Bewilligung der nachträglichen Löschung eines Grundpfandrechts.[2] Dies wird jedoch nur dann erforderlich sein, wenn die Liquidation nicht einzelnen Gesellschaftern zugewiesen worden war, z.B. einem persönlich haftenden Gesellschafter, da in diesem Fall dessen fortbestehende Vertretungsmacht die Handlungsfähigkeit der Gesellschaft zur Vornahme der noch erforderlichen Abwicklungsmaßnahmen ausreichend sichert.

D. Juristische Personen

I. Allgemeines

829 Juristische Personen, die ein **Handelsgewerbe** betreiben, sind nach § 33 HGB in das Handelsregister einzutragen. Ursprünglich, d.h. bis zum Inkrafttreten des Handelsrechtsreformgesetzes im Jahr 1998, war die Eintragung von öffentlich-rechtlichen Unternehmen in zwei Vorschriften des HGB, nämlich in § 33 HGB und in § 36 HGB a.F. geregelt. Dabei fielen unter § 33 HGB selbstständige juristische Personen, die unmittelbar ein Handelsgewerbe ausübten, also z.B. Sparkassen, Landesbanken und öffentlich-rechtliche Versicherungsanstalten. Demgegenüber war § 36 HGB a.F. Grundlage für die Eintragung von Unternehmen, die von öffentlich-rechtlichen Gebietskörperschaften außerhalb der allgemeinen Verwaltung, jedoch ohne eigene Rechtspersönlichkeit betrieben werden, insbesondere die rechtlich unselbstständigen wirtschaftlichen Eigen- sowie Regiebetriebe der Gemeinden. Während für die juristischen Personen nach § 33 HGB eine Eintragungspflicht vorgesehen war und der Umfang der Eintragung dem der Eintragung von Kapitalgesellschaften entsprach, sah § 36 HGB a.F. lediglich ein Wahlrecht für die Eintragung vor. Der Eintragungsumfang war beschränkt auf Firma, Sitz und Gegenstand des Unternehmens.

830 Diese nach dem Wortlaut des Gesetzes scheinbar eindeutige Unterscheidung[3] wurde vom *Reichsgericht*[4] dahingehend ausgelegt, dass die §§ 33 ff. HGB allgemein öffent-

---

[1] Vgl. **OLG München** NZG 2008, 555; **BayObLG** Z 1992, 328 (= NJW-RR 1993, 359); OLG Hamm FGPrax 1997, 33 (= Rpfleger 1997, 115 = NJW 1997, 32).
[2] OLG Hamm NJW-RR 1990, 1371 (= MittRhNotK 1990, 200).
[3] Vgl. *Hüffer*, in: Staub, HGB, 4. Aufl. § 36 Rz. 6.
[4] RG Z 166, 339.

lich-rechtliche Unternehmen behandeln und das Wahlrecht des § 36 HGB a.F. auch für juristische Personen, wie beispielsweise Sparkassen, bezüglich der Eintragung eröffnen. Von diesem damit allen öffentlich-rechtlichen Unternehmen zur Verfügung stehenden negativen Wahlrecht wurde weitgehend Gebrauch gemacht, so dass die Eintragung öffentlich-rechtlicher Unternehmen unter Geltung des § 36 HGB a.F. keine praktische Bedeutung erlangte. So war etwa im Handelsregister des Amtsgerichts München bei einem Bestand von mehr als 65 000 „lebenden" eingetragenen Rechtsträgern zum Zeitpunkt des Inkrafttretens des Handelsrechtsreformgesetzes im Jahr 1998 nur das „Staatliche Hofbräuhaus" in München als öffentlich-rechtliches Unternehmen im Handelsregister eingetragen. Hauptsächlich finden sich unter dieser Registerrubrik derzeit öffentlich-rechtlich organisierte Kreditinstitute, vor allem Sparkassen, und kommunale Eigenbetriebe.[1] Ferner können insoweit eingetragene Vereine, die mittels Nebenzweckprivileg auch als Unternehmensträger auftreten können, wirtschaftliche Vereine, Stiftungen des privaten und öffentlichen Rechts sowie Anstalten und Körperschaften des öffentlichen Rechts sowie beispielsweise Krankenkassen in das Handelsregister einzutragen sein.[2]

Der Gesetzgeber des **Handelsrechtsreformgesetzes** sah in diesem Wahlrecht eine ungerechtfertigte Bevorzugung öffentlich-rechtlicher Unternehmen und ist dem dadurch begegnet, dass die Vorschrift des § 36 HGB a.F. ersatzlos aufgehoben wurde. Erklärter Wille war dabei, dass damit beide Typen öffentlich-rechtlicher Unternehmen von der Eintragungspflicht des § 33 HGB erfasst sein sollten.[3] Damit wurde zugleich die Beschränkung des Eintragungsumfangs bei Eigen- und Regiebetrieben aufgehoben. Während für öffentlich-rechtliche Anstalten die rechtlichen Strukturen noch weitgehend mit juristischen Personen wie der GmbH und der AG vergleichbar sind, stellt sich gerade bei Eigenbetrieben häufig die Frage, ob den Grundsätzen des Registerrechts, insbesondere des Handelsregisters, Rechnung zu tragen ist oder aber das öffentliche Recht Vorrang hat. Die bisherige obergerichtliche Rechtsprechung hat zwar die Auffassung vertreten, dass durch das Handelsrechtsreformgesetz öffentlich-rechtliche Vorschriften nicht abgeändert werden konnten.[4] Dennoch wurden für die Frage des Umfangs der Eintragung häufig registerrechtliche Aspekte herangezogen. 831

II. Einzelfragen

1. Betreiben eines Handelsgewerbes

Eine Verpflichtung zur Anmeldung besteht nur, wenn die Juristische Person ein Handelsgewerbe im Sinne des § 1 HGB betreibt (§ 33 Abs. 1 HGB). Ziel des Gesetzgebers war es hierbei, unter Aufhebung der bisherigen Privilegierung der Unternehmen der öffentlichen Hand, diese mit den privatwirtschaftlichen Unternehmen gleich zu stellen. Entsprechend liegt es nahe, für sämtliche Unternehmen auch dieselben Kriterien anzusetzen.[5] Entscheidend für die Einordnung der kommunalen Unternehmen wird vielfach sein, ob für das Vorliegen eines Gewerbes auch eine **Gewinnerzielungsabsicht** vorausgesetzt wird oder ob ausreichend sein soll, dass der Betrieb **nach kaufmännischen Grundsätzen** geführt wird, so dass Ausgaben durch regelmäßige Einnahmen 832

---

[1] *Kornblum* Rpfleger 2009, 481 (482).
[2] Vgl. *Kornblum* Rpfleger 2009, 481.
[3] Vgl. BT-Drucks. 13/8444, S. 34, 57 f.
[4] Vgl. **BayObLG** Z 2001, 357 (= DB 2002, 370).
[5] Vgl. zu diesem Problemkreis *Kohler-Gehrig* Rpfleger 2000, 45; *Boos* DB 2000, 1061; *Burgard*, in: Staub, HGB, § 33 Rz. 12 ff.

gedeckt werden.¹ Unzweifelhaft zählen jedenfalls Gewerbebetriebe zu den anmeldepflichtigen Unternehmen, während z. B. Schulen, öffentliche Theater und Bibliotheken in der Regel nicht anmeldepflichtige Unternehmungen darstellen.² Sofern im Übrigen nach den Vorschriften der jeweiligen Gemeindeordnung des Landes das Unternehmen – sei es als organisatorisch verselbstständigter Eigenbetrieb oder als vollständig in der Gemeindeverwaltung integrierter Regiebetrieb – Ertrag für den Haushalt der Gemeinde abwerfen soll,³ ist auch davon auszugehen, dass es sich um anmeldepflichtige Unternehmen handelt. Im Übrigen können in diesem Sinne auch Unternehmen von privatrechtlichen Stiftungen, wirtschaftlichen und auch Idealvereinen eintragungspflichtig sein.⁴ Nicht gemäß §§ 33 ff. HGB, sondern aufgrund der jeweils einschlägigen vorrangigen Spezialvorschriften sind die Rechtsformen der AG, KGaA, GmbH, SE, eG, SCE und VVaG einzutragen. Eine Eintragung entfällt für die Bundesbank (§ 29 Abs. 3 BBankG) und für die Landeszentralbanken (§ 29 Abs. 3 i. V. m. § 8 BBankG).

2. Firma

833 Im Handelsregister ist als Firma des Rechtsträgers die Bezeichnung des Unternehmens einzutragen. Bei juristischen Personen ist somit die satzungsmäßige Bezeichnung, bei Eigen- und Regiebetrieben die Bezeichnung dieses Betriebs, nicht jedoch der Name des dahinter stehenden kommunalen Rechtsträgers einzutragen. Beispielsweise ist also einzutragen „Stadtwerke A-Stadt", und nicht etwa „Kreisstadt A-Stadt".

834 Es wurde jedoch für zulässig erachtet, für eine juristische Person **mehrere Firmen** einzutragen, soweit das einschlägige öffentliche Recht dies vorsieht.⁵ Erlauben also die öffentlich-rechtlichen Vorschriften die Bezeichnung eines Rechtsträgers mit mehreren Namen, z. B. die alternativen Bezeichnungen „Kreissparkasse A", „Kreissparkasse B" und „Kreissparkasse C" für eine einzige juristische Person, so sind im Handelsregister als Firma sämtliche drei Bezeichnungen einzutragen.

835 Ein **Rechtsformzusatz** „eingetragener Kaufmann" (e. K.) oder dergleichen ist nicht erforderlich.⁶ Ein solcher Zusatz ist nach § 19 HGB nur für Einzelkaufleute vorgesehen, nicht aber für die eigenständig geregelten juristischen Personen. Eine erweiternde Auslegung ist nicht geboten. Der Grund für die Erweiterung der Erforderlichkeit des Rechtsformzusatzes war insbesondere die Zulassung der Fantasiefirma auch für einzelkaufmännische Unternehmen. Bei der Bezeichnung „Aurora" würde man beispielsweise nicht erkennen, um welche Art von Rechtsträger es sich hierbei handelt. Bei den Bezeichnungen von juristischen Personen des öffentlichen Rechts ist jedoch zumindest dann, wenn die konkrete Rechtsform der Firma unmissverständlich zu entnehmen ist, auch ohne einen solchen Zusatz ohne weiteres erkennbar, welcher Rechtsform der Rechtsträger zuzuordnen ist.⁷ Es besteht daher keine Veranlassung, die seinerzeit vom Gesetzgeber nur zögernd vorgenommene Erweiterung der Rechtsformzusätze auch auf diesen Bereich auszudehnen.

---

¹ Vgl. hierzu *Kornblum* Rpfleger 2009, 481; *Burgard,* in: Staub, HGB, § 33 Rz. 13.
² Siehe *Waldner* MittBayNot 2000, 13; *Kohler-Gehrig* Rpfleger 2000, 45.
³ Vgl. etwa Art. 95, 96 BayGO.
⁴ *Krafka,* in: MünchKommHGB, § 33 Rz. 2; *Burgard,* in: Staub, HGB, § 33 Rz. 16.
⁵ BayObLG Z 2001, 69 (= FGPrax 2001, 126).
⁶ *Krafka,* in: MünchKommHGB, § 33 Rz. 12; *Schlingloff,* in: Oetker, HGB, § 33 Rz. 4; *Zimmer,* in: Ebenroth/Boujong/Joost/Strohn, HGB, § 33 Rz. 7; anderer Ansicht: *Heidinger,* in: MünchKommHGB, § 19 Rz. 40; kritisch zu dieser Frage *Roth,* in: Festschrift Lutter, S. 651 ff.; nach Rechtsformen differenzierend: *Burgard,* in: Staub, HGB, § 33 Rz. 26.
⁷ Siehe *Kornblum* Rpfleger 2009, 481 (486).

3. Sitz

Bei selbstständigen juristischen Personen ist der satzungsmäßige **Sitz** einzutragen, bei Eigen- und Regiebetrieben der Ort der Hauptniederlassung,[1] also z.B. bei einer staatlichen Weinkellerei des Freistaates Bayern, welche ihre Verwaltung in Würzburg hat, Würzburg, nicht etwa München als Landeshauptstadt. Bei Sparkassen wurde die Zulässigkeit eines **Mehrfachsitzes** bejaht.[2] Maßgeblich sind insofern wiederum die öffentlich-rechtlichen Bestimmungen. Allerdings wurden die üblichen Schwierigkeiten bei einem Mehrfachsitz dadurch entschärft, dass lediglich das Registergericht, in dessen Bezirk die juristische Person ihre Hauptniederlassung hat, für die Eintragung als zuständig erachtet wurde. Es erfolgt also auch bei Bestehen eines Mehrfachsitzes nur eine Eintragung in Spalte 2 Unterspalte b (§ 40 Nr. 2 lit. b HRV), in der gegebenenfalls mehrere Orte vermerkt sind.[3] Sollten diese in verschiedenen Registerbezirken liegen, ist gegebenenfalls der tatsächliche Ort der Hauptverwaltung des Rechtsträgers – der unter Umständen anhand der im Register einzutragenden inländischen Geschäftsanschrift zu ermitteln ist – für die Feststellung der Zuständigkeit nach § 377 Abs. 1 FamFG maßgeblich.

836

4. Gegenstand des Unternehmens

Bei juristischen Personen ist auch der **Gegenstand des Unternehmens** einzutragen (§ 33 Abs. 2 HGB). Soweit dieser in der Satzung definiert ist, wird man regelmäßig auf die dortige Formulierung zurückgreifen. Jedoch ist grundsätzlich das Registergericht in der Formulierung des Gegenstands frei. Nach dem Zweck des Handelsregisters, als Informationsquelle für den allgemeinen Geschäftsverkehr zu dienen, ist eine aus sich heraus verständliche Beschreibung des Gegenstands, möglichst ohne Bezugnahme auf Vorschriften, Satzungen oder dergleichen zu wählen, also z.B. bei Sparkassen **nur:** „Führung von Bankgeschäften" oder „örtliche Versorgung mit Finanzdienstleistungen" **nicht** aber: „Die Sparkasse ist ein Unternehmen in der Rechtsform einer gemeinnützigen, mündelsicheren Anstalt des öffentlichen Rechts mit Trägerschaft des Landkreises A. und der Aufgabe, die örtliche Versorgung mit Finanzdienstleistungen nach Maßgabe der Verordnung über die Organisation und den Geschäftsbetrieb der Sparkassen vom 1.12.2002 (Fundstelle des Gesetz- und Verordnungsblattes) sicherzustellen. In diesem Rahmen betreibt die Sparkasse als Kreditinstitut nach dem Gesetz über das Kreditwesen (KWG) alle banküblichen Geschäfte."

837

Die Bezeichnung der Rechtsform ist nicht bei den Ausführungen zum Gegenstand des Unternehmens aufzunehmen, sondern in Spalte 5 Unterspalte a einzutragen (§ 40 Nr. 5 lit. a HRV). Die Art, wie das Unternehmen seine Geschäfte ausführt, ist ebenfalls nicht sein Gegenstand und hat deshalb nicht in Spalte 2 Unterspalte c zu erscheinen.

838

5. Allgemeine Vertretungsbefugnis

Nach § 33 Abs. 2 HGB ist wie bei sämtlichen Handelsgesellschaften auch die **Vertretungsbefugnis der Vorstandsmitglieder** in allgemeiner Form anzumelden und in der Eintragung im Register (§ 40 Nr. 3 lit. a HRV) in der Spalte 3 Unterspalte a zu vermerken. Bei konkreten Abweichungen der Vertretungsbefugnis einzelner Vorstandsmitglieder ist auch die besondere Vertretungsbefugnis bei den betreffenden Vorstandsmitgliedern in Spalte 3 Unterspalte b zu vermerken (§ 40 Nr. 3 lit. b HRV).

839

---

[1] *Hüffer*, in: Staub, HGB, § 33 Rz. 11; *Zimmer*, in: Ebenroth/Boujong/Joost, HGB, § 33 Rz. 8; *Krafka*, in: MünchKommHGB, § 33 Rz. 13; für Angabe von Sitz und Hauptniederlassungsort *Ammon*, in: Röhricht/Westphalen, HGB, § 33 Rz. 9.
[2] Vgl. **BayObLG** FGPrax 2000, 209.
[3] Siehe **BayObLG** FGPrax 2000, 209.

840 Nicht einzutragen ist, dass Rechtshandlungen dann für die juristische Person, insbesondere bei Sparkassen, verbindlich sind, wenn sie von Vorstandsmitgliedern im Rahmen eines **Unterschriftenverzeichnisses** unterzeichnet sind.[1] Eine solche Eintragung verbietet sich aufgrund der Publizitätsfunktion des Handelsregisters. Diesem ließe sich nämlich der Inhalt des Unterschriftenverzeichnisses nicht entnehmen, so dass die zu verlautbarende Vertretungsbefugnis nicht ohne Hinzuziehung weiterer außerregisterlicher Unterlagen festgestellt werden könnte. Auch scheidet die Übernahme sonstiger im Unterschriftenverzeichnis aufgeführter Personen aus, da deren Eintragung nach dem HGB und der HRV nicht vorgesehen ist.[2] Ebenso können „**Verhinderungsvertreter**" etwa im Sinne der Sparkassengesetze nicht im Register eingetragen werden, weil ihre Vertretungsbefugnis in verschiedener Hinsicht beschränkt ist und diese Beschränkungen eine Vergleichbarkeit mit einzutragenden stellvertretenden Organmitgliedern bei Kapitalgesellschaften verhindern.[3]

841 Für Unternehmen, die ohne eine eigene Rechtspersönlichkeit von einer Gebietskörperschaft betrieben werden („**Eigen- und Regiebetriebe**"), ist unter „Vorstand" im Sinne des § 33 Abs. 2 HGB nicht der übliche gesetzliche Vertreter der Gebietskörperschaft, also etwa bei einer bayerischen Gemeinde der Erste Bürgermeister zu verstehen, sondern die nach den jeweiligen öffentlich-rechtlichen Vorschriften vorgesehenen Organe für die Vertretung des jeweiligen Eigenbetriebs.[4] Im Gegensatz zum Verbot der sachlichen Beschränkung der Vertretungsbefugnis bei Vertretungsorganen von Handelsgesellschaften wird allerdings bei juristischen Personen seitens der Rechtsprechung die Eintragungsfähigkeit eines Zusatzes „im Rahmen der laufenden Geschäfte" befürwortet.[5] Dies steht im Widerspruch zur Intention des Gesetzgebers, dass sich nach Abschaffung des Registerprivilegs (§ 36 HGB a. F.) jedermann über die Rechts- und Vertretungsverhältnisse von Unternehmen der öffentlichen Hand wie bei anderen kaufmännischen Unternehmen schnell und einfach, also auch ohne öffentlich-rechtliche Vorkenntnisse, informieren können soll. Abweichungen von den Eintragungsgrundsätzen bei Handelsgesellschaften sollten daher möglichst vermieden werden.

6. Prokura

842 Für die Anmeldung von Prokuren ergeben sich keine Besonderheiten. Anmeldepflichtig ist der Vorstand in vertretungsberechtigter Zahl nach Maßgabe der Ausführungen unter Rz. 359 ff.

7. Sonstige Rechtsverhältnisse

843 In Spalte 5 Unterspalte a ist – wie bei allen Rechtsträgern – die Rechtsform anzugeben (siehe § 40 Nr. 5 lit. a HRV), also etwa „Körperschaft des öffentlichen Rechts", „Eigenbetrieb des Landes Hessen", „Regiebetrieb der Landeshauptstadt Stuttgart". Daneben ist hier, soweit eine Satzung vorhanden ist, das Datum der Erstellung und jede Änderung der Satzung des eingetragenen Rechtsträgers anzugeben. Bei einer **Ersteintragung** sind das Datum der ersten Satzung und das Datum der letzten Satzungsänderung anzugeben. Satzungsänderungen sind wie solche bei Kapitalgesellschaften unter schlagwortartiger Angabe der Änderung einzutragen. Auf Änderungen

---

[1] **BayObLG** Z 2000, 213 (= Rpfleger 2000, 504 = MittBayNot 2000, 568).
[2] **BayObLG** Z 2000, 213 (= Rpfleger 2000, 504 = MittBayNot 2000, 568).
[3] **OLG Düsseldorf** FGPrax 2000, 157 (= MittRhNotK 2000, 395).
[4] Vgl. **BayObLG** Z 2001, 357 (= Rpfleger 2002, 316 = DB 2002, 370); **OLG Frankfurt** Rpfleger 2002, 270; s.a. *Waldner* MittBayNot 2000, 13; *Boos* DB 2000, 1061; *Holland* ZNotP 1999, 466.
[5] Siehe **BayObLG** Z 2001, 357 (= Rpfleger 2002, 316 = DB 2002, 370).

III. Ersteintragung einer Juristischen Person

1. Anmeldung zur Eintragung in das Handelsregister

Die **Anmeldung** zur Eintragung ins Handelsregister hat für die Juristischen Personen durch sämtliche Vorstandsmitglieder bei dem Registergericht zu erfolgen, in dessen Bezirk sie ihre Hauptniederlassung haben (§§ 33, 29 HGB). Die Form des § 12 Abs. 1 HGB ist für die Anmeldung einzuhalten, wobei jedoch die von einer öffentlichen Behörde ausgestellte gesiegelte Urkunde keiner Unterschriftsbeglaubigung bedarf.[1] 844

Die Anmeldung muss gemäß § 33 Abs. 2 HGB **enthalten:** 845/846
– die Bezeichnung der Juristischen Person, die Träger des Unternehmens ist;
– die Firma; § 30 HGB kann einen Zusatz erforderlich machen. § 18 Abs. 2 HGB ist stets zu beachten;
– den Gegenstand des Unternehmens;
– den Sitz der juristischen Person und den Ort der Hauptniederlassung des Unternehmens, wenn dieser vom Ort des Sitzes verschieden ist; die Anmeldung und Eintragung einer inländischen Geschäftsanschrift ist nicht vorgesehen;
– die Mitglieder des Vorstandes (Familienname, Vorname, Geburtsdatum und Wohnort);
– die Vertretungsmacht der Vorstandsmitglieder in allgemeiner Form sowie bei Abweichungen hiervon auch die besondere Vertretungsbefugnis der einzelnen Vorstandsmitglieder;
– etwaige besondere Bestimmungen der Satzung über die Zeitdauer des Unternehmens;
– erteilte Prokuren.

Der Anmeldung sind als Anlage in der Form des § 12 Abs. 2 Satz 2 Halbs. 2 HGB **beizufügen** (§ 33 Abs. 2 HGB): 847
– die Satzung der juristischen Person in Urschrift oder öffentlich beglaubigter Abschrift;
– die Urkunde über die Bestellung des Vorstands der Juristischen Person in Urschrift oder öffentlich beglaubigter Abschrift;
– der Nachweis der Rechtsfähigkeit der Juristischen Person, z.B. bei einem eingetragenen Verein ein beglaubigter Auszug aus dem Vereinsregister oder bei einer Stiftung die Verleihungsurkunde;

Nach Beseitigung von § 8 Abs. 1 Nr. 6 GmbHG a.F. und § 37 Abs. 4 Nr. 5 AktG a.F. durch das MoMiG ist kein Nachweis der Genehmigung für den Betrieb des Unternehmens mehr erforderlich.

Eine **Anmeldung** durch sämtliche Mitglieder des Vorstands, einzureichen in der Form des § 12 Abs. 1 HGB, kann dem entsprechend folgendermaßen aussehen: 848

> Unter Vorlage einer öffentlich beglaubigten Abschrift der notariell errichteten Urkunde vom 21. 3. 2009 über die Errichtung der Stiftung „Meier's Waisenhausstiftung", der Genehmigungsurkunde vom 7. 4. 2009 und der Bestätigung der Regierung von Oberbayern über unsere Bestellung zu Vorstandsmitgliedern melden wir zur Eintragung in das Handelsregister an, dass die Stiftung unter der Firma „Meier's Waisenhausstiftung" in München eine Brauerei betreibt.
>
> Nach den Bestimmungen der Stiftungsurkunde sind je zwei Vorstandsmitglieder gemeinsam vertretungsberechtigt.

---

[1] **BayObLG** Z 1975, 227 (= DNotZ 1976, 120 = Rpfleger 1975, 315).

2. Eintragungen

849 In das Handelsregister **einzutragen** sind nach § 33 HGB und § 40 HRV Firma, Ort der Hauptniederlassung (ausnahmsweise im Handelsregister ohne Eintragung einer inländischen Geschäftsanschrift), die Vorstandsmitglieder, der Gegenstand des Unternehmens, etwa erteilte Prokuren, die nähere Bezeichnung der Juristischen Person, ihr Sitz, Sonderbestimmungen über die Vertretungsbefugnis des Vorstands und die etwaige Zeitdauer des Unternehmens.

850 Zur öffentlichen Bekanntmachung der Eintragung und Mitteilung an die Beteiligten siehe allgemein Rz. 194 ff. Die Eintragung kann demnach folgendermaßen aussehen:

851 **Spalte 2**
Unterspalte a (Firma): Meier's Waisenhausstiftung
Unterspalte b (Sitz): München
Unterspalte c (Unternehmensgegenstand): Brauereibetrieb
Spalte 3
Unterspalte a (Allgemeine Vertretungsregelung):
Je zwei Vorstandsmitglieder sind gemeinsam vertretungsberechtigt.
Unterspalte b (Persönlich haftende Gesellschafter und besondere Vertretung):
Vorstandsmitglied: Abauer, Albert, München, *30. 4. 1965
Vorstandsmitglied: Ebauer, Emil, Wolfratshausen, *15. 3. 1968
Vorstandsmitglied: Ibauer, Isidor, Wolfratshausen, *5. 5. 1955
Spalte 5
Unterspalte a (Rechtsform, Beginn und Satzung):
Stiftung
Die Stiftung wurde am 21. 3. 2009 errichtet.
Unterspalte b (Sonstige Rechtsverhältnisse): –

3. Zweigniederlassung

852 Die Errichtung einer Zweigniederlassung ist durch die Mitglieder des Vorstands in vertretungsberechtigter Zahl (§ 33 Abs. 3 HGB) bei dem Gericht der Hauptniederlassung anzumelden (§ 13 HGB; siehe im Übrigen Rz. 292 ff.).

IV. Änderungen, Auflösung und Amtseintragungen

1. Änderungen

853 Änderungen der eintragungspflichtigen Tatsachen oder der Satzung, z. B. der Firma, des Unternehmensgegenstands oder der Besetzung des Vorstands, sind durch die Vorstandsmitglieder in vertretungsberechtigter Zahl zur Eintragung **anzumelden** (§ 34 Abs. 1 und 3, § 33 Abs. 2 HGB). Die Anmeldung ist nach § 14 HGB i. V. m. §§ 388 ff. FamFG erzwingbar. Bei einer Änderung des Vorstands haben die ausscheidenden Mitglieder nicht mitzuwirken, wohl aber die neu eintretenden. Im Fall einer Satzungsänderung ist eine entsprechende Urkunde mit vorzulegen. Die **Eintragung** erfolgt nach § 40 HRV. Bei Satzungsänderungen genügt im Fall des § 34 Abs. 2 HGB, ausgenommen die Fälle des § 33 Abs. 2 Satz 2 und 3 HGB, die Bezugnahme auf die dem Gericht eingereichten Dokumente.

854 Als Beispiel sei die **Anmeldung** einer Änderung der Besetzung des Vorstands dargestellt, elektronisch einzureichen durch Vorstandsmitglieder in vertretungsberechtigter Zahl, in öffentlich beglaubigter Form:

Als gemeinsam vertretungsberechtigte Vorstandsmitglieder der im Handelsregister des Amtsgerichts München Abteilung A Nummer 15 179 eingetragenen „Meier's Waisenhausstiftung" melden wir zur Eintragung in das Handelsregister an:

Das bisherige Vorstandsmitglied Albert Abauer, München, ist am 14. 7. 2009 verstorben. Sterbeurkunde ist beigefügt. Zum weiteren Vorstandsmitglied bin ich, Otto Obauer, München, geboren am 3. 4. 1967, bestellt. Eine Bescheinigung der Regierung von Oberbayern über die Bestellung legen wir beigefügt vor.

Vorzunehmen wäre sodann folgende **Eintragung**: 855

Spalte 3 856
Unterspalte b (Vorstand):
Ausgeschieden: Vorstand Abauer, Albert, München, *30. 4. 1965 *(Vorstehender Text ist zu röten, ebenso die zu dieser Person gehörigen bisherigen Eintragungen in dieser Unterspalte)*
Bestellt: *(Vorstehendes Wort als Übergangstext nach § 16 a HRV)*
Vorstand: Obauer, Otto, München, *3. 4. 1967

2. Auflösung

Die Auflösung der Juristischen Person, die durch Zeitablauf oder, z. B. bei wirtschaftlichen Vereinen, durch Auflösungsbeschluss oder Entziehung der Rechtsfähigkeit eintreten kann, ist – außer im Fall des Insolvenzverfahrens (vgl. § 32 HGB) – durch die Vorstandsmitglieder in vertretungsberechtigter Zahl zur Eintragung in das Handelsregister **anzumelden.** Gleichzeitig sind die **Liquidatoren** sowie die Bestimmungen über deren Vertretungsbefugnis anzumelden. Sie haben Änderungen zu ihrer Person oder ihrer Vertretungsmacht selbst anzumelden. Zur Eintragung siehe § 40 HRV. 857

Das **Erlöschen der Firma,** sei es nach durchgeführter Abwicklung oder nach Aufgabe des Handelsgewerbes, ist ebenfalls von den vertretungsberechtigten Organen zur Eintragung anzumelden (§ 31 Abs. 2 HGB). Als Beispiel kann folgende **Anmeldung** dienen: 858

Der im Handelsregister des Amtsgerichts München Abteilung A Nummer 14 662 unter der Firma „Meier's Waisenhausstiftung" eingetragene Brauereibetrieb wird nicht mehr fortgeführt. Wir melden daher das Erlöschen der Firma zur Eintragung in das Handelsregister an.

Die entsprechende **Eintragung** unter vollständiger Durchkreuzung des Registerblattes würde folgendermaßen aussehen: 859

Spalte 5
Unterspalte b (Rechtsverhältnisse):
Die Firma ist erloschen. *(Vorstehender Text ist zu röten, das Registerblatt ist nach § 22 Abs. 1 HRV zu schließen)*

3. Eintragungen von Amts wegen

Gerichtlich bestellte Vorstandsmitglieder oder Liquidatoren (§§ 29, 48 Abs. 1 BGB; für Unternehmen öffentlicher Körperschaften ausgeschlossen, siehe § 89 BGB) sind von **Amts wegen einzutragen,** ebenso die Eröffnung, Aufhebung oder Einstellung des Insolvenzverfahrens (§ 34 Abs. 4 und 5, § 32 HGB). 860

4. Umwandlungen

Öffentlich-rechtliche Juristische Personen können an Umwandlungen beteiligt sein, an einer Ausgliederung als übertragender Rechtsträger (§ 124 Abs. 1, §§ 168 bis 173 UmwG), an einer Vermögensübertragung (§§ 174, 175 UmwG) oder auch an einem Formwechsel in eine Kapitalgesellschaft (§§ 191 Abs. 1 Nr. 6, 301 bis 304 UmwG). 861

862 Eine **Ausgliederung** (§§ 124 Abs. 1, §§ 168 bis 173 UmwG)[1] darf nur stattfinden, wenn ihr das maßgebende Bundes- oder Landesrecht nicht entgegensteht. Übernehmender Rechtsträger darf nur eine bestehende Personengesellschaft, Kapitalgesellschaft oder eingetragene Genossenschaft oder eine durch die Ausgliederung entstehende Kapitalgesellschaft oder Genossenschaft sein (§ 168 UmwG). Stets ist ein Sachgründungsbericht zu erstellen (§ 170 UmwG). Ein darüber hinausgehender Ausgliederungsbericht ist regelmäßig nicht erforderlich (§ 169 UmwG). Nach § 171 UmwG tritt auch bei der Ausgliederung aus eingetragenen öffentlich-rechtlichen Juristischen Personen die Wirksamkeit erst bei Eintragung im Register des übernehmenden oder neuen Rechtsträgers ein. Daneben ist aber auch die Eintragung im Register des übertragenden Rechtsträgers nach den allgemeinen Vorschriften des UmwG (§ 125 i.V.m. §§ 16 Abs. 1, 137 Abs. 1 und 2 UmwG) erforderlich, wobei bei beiden Eintragungen kein Wirksamkeitsvorbehalt vorgesehen ist.[2] Im Übrigen gelten für die Anmeldung und Eintragung die für Kapitalgesellschaften bestehenden Regeln.

863 **Vermögensübertragungen** sind Umwandlungsvorgänge, bei denen ein Rechtsträger sein gesamtes Vermögen oder einen Teil seines Vermögens auf einen anderen Rechtsträger überträgt, aber wegen der Art der oder des beteiligten Rechtsträgers das Entgelt nicht in der Gewährung von Anteilsrechten oder Mitgliedschaften am übernehmenden Rechtsträger besteht. An Vermögensübertragungen können im Handelsregister Abteilung A eingetragene juristische Personen in mehrfacher Hinsicht beteiligt sein:

864 Denkbar ist die Teilnahme als übertragender Rechtsträger nach § 175 Nr. 2 lit. c UmwG (Übertragung von einem öffentlich-rechtlichen Versicherungsunternehmen auf Versicherungs-Aktiengesellschaften oder Versicherungsvereine auf Gegenseitigkeit) oder als übernehmender Rechtsträger nach § 175 Nr. 1 UmwG (Übertragung von einer Kapitalgesellschaft auf eine Gebietskörperschaft, soweit die übertragenen Vermögenswerte in das Vermögen eines eingetragenen Eigen- oder Regiebetriebs einfließen sollen) oder nach § 175 Nr. 2 lit. a und b UmwG (Übertragung von einer Versicherungs-Aktiengesellschaft oder einem Versicherungsverein auf Gegenseitigkeit auf ein öffentlich-rechtliches Versicherungsunternehmen). Zu beachten ist, dass bei allen Übertragungsfällen zwar grundsätzlich die Verschmelzungsvorschriften entsprechende Anwendung finden, jedoch die Wirksamkeit mit Eintragung im Register des übertragenden Rechtsträgers eintritt (§ 176 Abs. 3 UmwG). Lediglich bei Übertragungen von öffentlich-rechtlichen Versicherungsunternehmen auf Aktiengesellschaften oder Versicherungsvereine auf Gegenseitigkeit knüpft die Wirksamkeit an die Eintragung beim übernehmenden Rechtsträger an; vgl. § 188 Abs. 2 UmwG, der § 176 Abs. 3 UmwG nicht für anwendbar erklärt.

865 Die Eintragung wird bei nicht im Register eingetragenen übertragenden Rechtsträgern durch die Genehmigung der Aufsichtsbehörde ersetzt, die Bekanntmachung der Eintragung durch diejenige der Genehmigung im elektronischen Bundesanzeiger (§§ 186 Satz 2, 187 UmwG). Soweit der übernehmende Rechtsträger ebenfalls eingetragen ist, ist auch die Anmeldung und Eintragung beim Register des übernehmenden Rechtsträgers erforderlich.[3] Auch die Veröffentlichung des Hinweises gemäß § 22 Abs. 1 Satz 3 UmwG hat bei allen beteiligten Rechtsträgern, soweit sie in einem Register eingetragen sind und dementsprechend eine Eintragung zur Vermögensübertragung vorgenommen werden muss, zu erfolgen.

866 Ein **Formwechsel** ist nur zulässig, wenn das maßgebende öffentliche Recht dies vorsieht oder zulässt (§ 301 Abs. 2 UmwG). Das bloße Schweigen des Gesetzes ist nicht

---

[1] Zur Ausgliederung kommunaler Unternehmen siehe *Lepper* RNotZ 2006, 313.
[2] *Widmann/Mayer*, UmwG, § 171 Rz. 2.
[3] *Widmann/Mayer*, UmwG, § 178 Rz. 5.

ausreichend.¹ Neuer Rechtsträger kann nur eine Kapitalgesellschaft oder eine eingetragene Genossenschaft² sein. Die Anmeldung zur Eintragung im Register hat nach § 198 UmwG bei dem Gericht des formwechselnden Rechtsträgers zu erfolgen. Die Wirksamkeit des Formwechsels tritt nach § 304 UmwG erst bei Eintragung des neuen Rechtsträgers ein. Die Eintragung hat zunächst im Register des übertragenden Rechtsträgers, sodann möglichst gleichzeitig im Register für den neuen Rechtsträger zu erfolgen. Ein Wirksamkeitsvorbehalt und eine deshalb erforderliche Zweiteintragung mit dem Vermerk des Eintritts der Wirksamkeit und der Löschung ist nur bei einem zugleich erfolgenden Sitzwechsel und einer daraus resultierenden Zuständigkeit eines anderen Registergerichts erforderlich, jedoch auch in diesen Fällen nicht, wenn die Eintragungen in den Registern aller beteiligten Rechtsträger am selben Tag erfolgen (§ 198 Abs. 2 Satz 4 UmwG). Der Wechsel von der Abteilung A zur Abteilung B stellt im Übrigen keinen einen Wirksamkeitsvorbehalt begründenden Registerwechsel dar.

Nach § 302 UmwG sind im Übrigen grundsätzlich die allgemeinen Vorschriften für den Formwechsel anwendbar, jedoch nur soweit sich nicht aus dem maßgebenden öffentlichen Recht etwas anderes ergibt. Nicht selten werden Formwechsel öffentlichrechtlicher juristischer Personen in Kapitalgesellschaften unmittelbar durch ein Gesetz geregelt. Nach § 303 UmwG ist § 220 UmwG entsprechend anzuwenden, so dass für das Registergericht die Prüfung der Werthaltigkeit des eingebrachten Vermögens erforderlich ist. Bei einem Formwechsel in eine KGaA ist die Zustimmung der beitretenden persönlich haftenden Gesellschafter erforderlich (§ 303 Abs. 2 UmwG). Bei der Veröffentlichung ist auch der Gläubigerhinweis nach §§ 204, 22 UmwG aufzunehmen, soweit nicht nach den öffentlich-rechtlichen Vorschriften ausdrücklich eine solche Sicherheitsleistung ausgeschlossen ist. 867

E. Europäische wirtschaftliche Interessenvereinigung

I. Allgemeines zur EWIV

Die **Europäische wirtschaftliche Interessenvereinigung** (EWIV) ist eine Rechtsform des europäischen Gesellschaftsrechts.³ Sie soll die grenzüberschreitende Zusammenarbeit von Unternehmen und Angehörigen freier Berufe aus verschiedenen Mitgliedstaaten der Europäischen Gemeinschaften erleichtern. Ihre Gründung ermöglicht die auf der Grundlage des seinerzeitigen Art. 235 des EWG-Vertrages (nun Art. 352 AEUV = ex-Art. 308 EG) vom Rat der Europäischen Gemeinschaften beschlossene „Verordnung über die Schaffung einer Europäischen wirtschaftlichen Interessenvereinigung (EWIV)".⁴ Diese EWIV-VO regelt im Wesentlichen nur die für die Gründung und die innere Verfassung einer Europäischen wirtschaftlichen Interessenvereinigung wichtigen Fragen. Soweit die EWIV-VO als höherrangige Rechtsgrundlage nicht zwingendes Recht schafft, sind Vorschriften des deutschen Rechts anzuwenden. Einzelregelungen trifft das Gesetz zur Ausführung der EWG-Verordnung über die 868

---

[1] *Widmann/Mayer,* UmwG, § 301 Rz. 25; *Stratz,* in: Schmitt/Hörtnagl/Stratz, UmwG, § 301 Rz. 3.
[2] *Widmann/Mayer,* UmwG, § 301 Rz. 30.
[3] Allgemein zur EWIV: *Habersack,* Europäisches Gesellschaftsrecht, Rz. 353 ff.; *Böttcher/Rudolph,* in: Böttcher/Ries, Registerrecht, Rz. 585 ff.; *Müller-Gugenberger* NJW 1989, 1449; *Neye* DB 1997, 861; *Steding* NZG 2000, 913; *Hakenberg,* in: Ebenroth/Boujong/Joost/Strohn, HGB, nach Anh. § 160 (S. 1827 ff.).
[4] ABl. EG Nr. L 199 vom 31. 7. 1985, S. 1.

Europäische wirtschaftliche Interessenvereinigung (EWIV-Ausführungsgesetz,[1] EWIV-AG). Die EWIV ist danach der offenen Handelsgesellschaft weitgehend gleichgestellt, der sie im deutschen Recht am meisten ähnelt. Die Mitglieder der Vereinigung haften unbeschränkt und gesamtschuldnerisch für deren Verbindlichkeiten jeder Art (Art. 24 Abs. 1 Satz 1 EWIV-VO). Ein bestimmtes Stamm- oder Grundkapital ist nicht vorhanden. Oberstes Organ sind die gemeinschaftlich handelnden Mitglieder. Jedoch werden die Geschäfte, anders als bei der OHG, von Geschäftsführern geführt, die auch für die Vertretung der EWIV zuständig sind (Art. 19 und 20 EWIV-VO). Die Vereinigung ist stets Handelsgesellschaft (§ 1 EWIV-AG).

II. Ersteintragung einer EWIV

1. Gründung einer EWIV

869 Die **Gründung** der Vereinigung erfordert den Abschluss eines Gesellschaftsvertrags zwischen mindestens zwei Gesellschaftern aus verschiedenen Mitgliedstaaten der EU bzw. des EWR[2] (zu Einzelheiten siehe Art. 4 Abs. 2 EWIV-VO) und die Eintragung in das Handelsregister (Art. 1 Abs. 1, Art. 6 EWIV-VO). Der notwendige internationale Bezug erfordert bei Mitgliedsgesellschaften, dass diese Sitz und Hauptverwaltung in unterschiedlichen Staaten haben (Art. 4 Abs. 1 lit. a EWIV-VO), bei natürlichen Personen ist auf den Ort der Ausübung der Haupttätigkeit abzustellen, nicht auf die Staatsangehörigkeit.[3] Der **Gründungsvertrag** ist bei dem Registergericht zu hinterlegen (Art. 6 EWIV-VO). Dies erfordert den **schriftlichen** Abschluss des Vertrags, notarielle Beurkundung ist nicht erforderlich. **Mitglieder** der Vereinigung können nur Gesellschaften i. S. des Art. 48 Abs. 2 EG sein sowie andere juristische Einheiten (Personen) des öffentlichen Rechts oder des Privatrechts, die nach dem Recht eines Mitgliedstaats gegründet worden sind und ihren Sitz oder ihre Hauptverwaltung in der EG haben (vgl. Art. 4 Abs. 1 lit. a EWIV-VO), außerdem natürliche Personen, die eine gewerbliche, kaufmännische, handwerkliche, landwirtschaftliche oder freiberufliche Tätigkeit in der Gemeinschaft ausüben oder dort andere Dienstleistungen erbringen (Art. 4 Abs. 1 lit. b EWIV-VO). An jeder Gründung einer EWIV in der Bundesrepublik muss mindestens ein Unternehmen oder eine Person aus einem anderen Mitgliedstaat der EU beteiligt sein,[4] nicht aber unbedingt eine deutsche natürliche Person oder Gesellschaft.[5] Mitgliedsfähig ist auch eine deutsche Gesellschaft bürgerlichen Rechts, wenn sie Außengesellschaft ist und einen Erwerbszweck hat.[6] Eine Vereinigung selbst darf nicht Mitglied einer anderen EWIV sein (Art. 3 Abs. 2 lit. e EWIV-VO).

870 Von der Eintragung an hat die EWIV die Fähigkeit, Träger von Rechten und Pflichten jeder Art zu sein, Verträge zu schließen oder andere Rechtshandlungen vorzunehmen und vor Gericht zu stehen (Art. 1 Abs. 2 EWIV-VO). Durch die Anwendung des Rechts der offenen Handelsgesellschaft (§ 1 EWIV-AG) ist jedoch aufgrund des Art. 1 Abs. 3 EWIV-VO bestimmt, dass die im Handelsregister eingetragene EWIV keine Rechtspersönlichkeit hat. Ihre Rechtsstellung entspricht somit der einer OHG (§ 124 Abs. 1 HGB).

---

[1] Gesetz ursprünglich vom 14. 4. 1988, BGBl. I S. 514.
[2] Siehe *Hakenberg*, in: Ebenroth/Boujong/Joost/Strohn, HGB, EWIV Rz. 15; *Böttcher/Rudolph*, in: Böttcher/Ries, Registerrecht, Rz. 601.
[3] *Hakenberg*, in: Ebenroth/Boujong/Joost/Strohn, HGB, EWIV Rz. 15.
[4] Vgl. BT-Drucks. 11/352, S. 6.
[5] *Habersack*, Europäisches Gesellschaftsrecht, Rz. 363.
[6] *Habersack*, Europäisches Gesellschaftsrecht, Rz. 362 m. w. N.

Vertreten wird die EWIV ausschließlich **durch den Geschäftsführer**, wenn es mehrere 871
sind, durch jeden Geschäftsführer einzeln (Art. 20 Abs. 1 EWIV-VO), der auch im
Innenverhältnis der Beteiligten die Geschäfte führt (Art. 19 EWIV-VO). Der Gründungsvertrag kann vorsehen, dass die Vereinigung nur durch zwei oder mehrere gemeinschaftlich handelnde Geschäftsführer wirksam verpflichtet und somit vertreten
werden kann (Art. 20 Abs. 2 EWIV-VO). Diese Regelung kann Dritten nur nach
Maßgabe des Art. 9 Abs. 1 EWIV-VO entgegengesetzt werden, wenn sie ordnungsgemäß bekannt gemacht (Art. 20 Abs. 2 i. V. m. Art. 8 EWIV-VO), somit in das Handelsregister eingetragen und veröffentlicht (§ 10 HGB) wurde. Die ausschließliche
Vertretung der Vereinigung durch den oder die Geschäftsführer (Art. 20 Abs. 1
EWIV-VO) schließt eine Bestimmung und die Eintragung einer Vertretung durch einen Geschäftsführer in Gemeinschaft mit einem Prokuristen aus.[1] Eine Vertretungsregelung in Anlehnung an § 125 Abs. 3 HGB oder § 78 Abs. 3 AktG im Sinne einer
„unechten Gesamtvertretung" kann daher bei einer EWIV nicht erfolgen und somit
auch nicht in das Handelsregister eingetragen werden. Geschäftsführer können **nur
natürliche Personen** sein (Art. 19 Abs. 1 EWIV-VO). Bestellt werden die Geschäftsführer durch den Gründungsvertrag oder durch Beschluss der Mitglieder (Art. 19
Abs. 1 EWIV-VO). Denkbar ist, dass entsprechend der Rechtslage bei der OHG allen
oder einzelnen Geschäftsführern eingeschränkt oder in vollem Umfang Befreiung von
den Beschränkungen des § 181 BGB erteilt wird.[2]

Der **Gründungsvertrag** muss (Art. 5 EWIV-VO) den **Namen** der Vereinigung enthal- 872
ten. Dieser kann als Personen-, Sach- oder Fantasiefirma gebildet werden. Anwendbar sind die Bestimmungen des HGB zur OHG, § 1 EWIV-AG. Dem Namen der Vereinigung sind die Worte „Europäische wirtschaftliche Interessenvereinigung" oder die
Abkürzung „EWIV" voran- oder nachzustellen, es sei denn, dass diese Worte oder
auch die Abkürzung bereits im Namen enthalten sind (Art. 5 lit. a EWIV-VO). Damit
ist zugleich dem Erfordernis des § 19 Abs. 1 HGB entsprochen, so dass ein weiterer
Rechtsformzusatz entbehrlich ist. Zudem hat der Gründungsvertrag den **Sitz** der Vereinigung zu enthalten. Zu bestimmen ist als Sitz entweder der Ort, an dem die Vereinigung ihre Hauptverwaltung hat, oder der Ort, an dem eines der Mitglieder der
Vereinigung seine Hauptverwaltung hat oder als natürliche Person seine Haupttätigkeit ausübt, sofern die Vereinigung dies dort tatsächlich bewerkstelligt (Art. 12
EWIV-VO). Außerdem muss im Vertrag der **Unternehmensgegenstand** angegeben
werden, für den die Vereinigung gegründet worden ist. Er ist entsprechend der allgemeinen Zweckbeschreibung in Art. 3 EWIV-VO auf die Unterstützung der Mitglieder
beschränkt. Die Tätigkeit der EWIV muss danach im Zusammenhang mit der wirtschaftlichen Tätigkeit ihrer Mitglieder stehen und darf lediglich eine Hilfstätigkeit
hierzu bilden. Darüber hinaus muss der Vertrag den Namen, die Firma, die Rechtsform, den Wohnsitz oder den Sitz sowie ggf. die Nummer und den Ort der Registereintragung eines jeden **Mitglieds** der Vereinigung enthalten und die **Dauer** der Vereinigung, sofern diese nicht unbestimmt ist.

2. Anmeldung der EWIV zur Eintragung in das Handelsregister

Anzumelden ist die EWIV bei dem Gericht, in dessen Bezirk sie ihren im Gründungs- 873
vertrag genannten Sitz hat (§ 2 Abs. 1 EWIV-AG). Die Anmeldung zur Eintragung in
das Handelsregister ist in der Form des § 12 Abs. 1 HGB einzureichen und durch
sämtliche Geschäftsführer vorzunehmen (§ 3 Abs. 1 EWIV-AG).

---
[1] *Böttcher/Rudolph*, in: Böttcher/Ries, Registerrecht, Rz. 609.
[2] *Hakenberg*, in: Ebenroth/Boujong/Joost/Strohn, HGB, EWIV Rz. 37; *Böttcher/Rudolph*, in:
Böttcher/Ries, Registerrecht, Rz. 609.

874 Die Anmeldung zur Eintragung der Vereinigung in das Handelsregister hat nach § 2 Abs. 2 EWIV-AG zu enthalten: die Firma der Vereinigung, deren Sitz, ihre inländische Geschäftsanschrift (vgl. § 2 Abs. 4 i. V. m. § 1 EWIV-AG und § 106 Abs. 1 HGB, siehe hierzu Rz. 340 f.), den Unternehmensgegenstand, den Namen, die Firma und Rechtsform, den Wohnsitz oder den Sitz sowie ggf. die Nummer und den Ort der Registereintragung eines jeden Mitglieds der Vereinigung, die Dauer der Vereinigung, sofern sie nicht unbestimmt ist, sowie außerdem den oder die Geschäftsführer mit Familien- und Vornamen, Geburtsdatum und Wohnsitz sowie mit der Angabe, welche Vertretungsbefugnis sie haben. Im Übrigen ist stets die allgemeine **Vertretungsbefugnis** der Geschäftsführer anzumelden, auch wenn dies nicht den Bestimmungen des EWIV-AG sondern lediglich den Vorschriften des § 40 Nr. 5 Nr. 3 lit. a und lit. b HRV zu entnehmen ist.

875 In der Anmeldung haben die **Geschäftsführer zu versichern**, dass keine Umstände vorliegen, die nach Art. 19 Abs. 1 EWIV-VO ihrer Bestellung entgegenstehen, und dass sie über ihre unbeschränkte Auskunftspflicht gegenüber dem Gericht belehrt worden sind (§ 3 Abs. 3 EWIV-AG). Die Belehrung nach § 53 Abs. 2 BZRG kann auch durch einen Notar vorgenommen werden. Der **Gründungsvertrag**, desgleichen die Bestellung der Geschäftsführer der EWIV, sofern sie nicht sogleich im Gründungsvertrag enthalten ist, ist bei dem Registergericht zu **hinterlegen** (Art. 7 EWIV-VO), also als Anlage der Anmeldung mit einzureichen. Die **Erstanmeldung** einer EWIV durch deren Geschäftsführer würde z. B. folgendermaßen aussehen:

> Unter dem Namen „Alphatex EWIV" wurde auf unbestimmte Dauer eine Europäische wirtschaftliche Interessenvereinigung mit Sitz in Berlin errichtet. Gegenstand des Unternehmens ist die Unterstützung bei der Herstellung von und dem Handel mit Textilerzeugnissen. Die inländische Geschäftsanschrift ist 10215 Berlin, Engelsstraße 25.
>
> Die Vereinigung hat folgende Mitglieder:
> - Huber Textil GmbH (Gesellschaft mit beschränkter Haftung nach dem Recht der Bundesrepublik Deutschland) mit Sitz in Berlin (AG Charlottenburg HRB 18750) und
> - Kesting Textil GesmbH (Gesellschaft mit beschränkter Haftung nach dem Recht der Republik Österreich) mit Sitz in Salzburg (Landesgericht Salzburg FN 256789 z).
>
> Die Vereinigung hat einen oder mehrere Geschäftsführer. Ist nur ein Geschäftsführer bestellt, so vertritt dieser die Vereinigung allein. Sind mehrere Geschäftsführer bestellt, so wird die Vereinigung durch zwei Geschäftsführer gemeinsam vertreten.
>
> Geschäftsführer ist Robert Koch, Berlin, geboren am 23. 9. 1965. Er erklärt:
>
> „Ich versichere, dass keine Umstände vorliegen, die nach Art. 19 Abs. 1 der ‚Verordnung (EWG) Nr. 2137/85 des Rates vom 25. Juli 1985 über die Schaffung einer Europäischen wirtschaftlichen Interessenvereinigung (EWIV)' meiner Bestellung zum Geschäftsführer entgegenstehen. Mir ist bekannt, dass nach dieser Bestimmung der EWIV-VO Geschäftsführer einer Vereinigung nicht sein können Personen, die nach dem auf sie anwendbaren Recht oder nach dem innerstaatlichen Recht der Bundesrepublik, in der die Vereinigung ihren Sitz hat, oder aufgrund einer in einem Mitgliedstaat ergangenen oder anerkannten gerichtlichen Entscheidung oder Verwaltungsentscheidung dem Verwaltungs- oder Leitungsorgan von Gesellschaften nicht angehören dürfen oder nicht als Geschäftsführer einer Europäischen wirtschaftlichen Interessenvereinigung handeln dürfen. Durch solche Umstände ist meine Bestellung zum Geschäftsführer nicht ausgeschlossen. Ich versichere ebenso, dass ich über meine unbeschränkte Auskunftspflicht gegenüber dem Gericht durch den Notar belehrt worden bin."
>
> Als Anlage wird beigefügt:
> - der Gründungsvertrag der Vereinigung;
> - der Beschluss der Mitglieder der Vereinigung über die Bestellung des ersten Geschäftsführers.

3. Prüfungspflicht und Eintragung in das Handelsregister

a) Prüfung durch das Registergericht. Das **Gericht prüft**, ob die EWIV ordnungsgemäß gegründet und angemeldet ist. Zu prüfen sind somit die allgemeinen Voraussetzungen der Eintragung sowie außerdem, ob der notwendige Mindestinhalt im Gründungsvertrag (Art. 5 EWIV-VO) enthalten ist und seine Bestimmungen über die Regelung der registerpflichtigen Tatsachen dem Gesetz entsprechen. Auf die Rechtswirksamkeit des Gründungsvertrags erstreckt sich die Prüfung, weil im Gegensatz zum Recht der OHG nicht sämtliche Gesellschafter, sondern allein die Geschäftsführer für die Anmeldung zuständig sind. Die einzutragenden Tatsachen sind damit nicht bereits durch die Anmeldung sämtlicher Mitglieder der EWIV glaubhaft gemacht, sondern wie bei Anmeldung der Geschäftsführer für die GmbH durch den einzureichenden und daher zu prüfenden Gründungsvertrag auszuweisen. Zur Behebung von Mängeln ist nach den allgemeinen Regeln mit einer Zwischenverfügung Gelegenheit zu geben (§ 382 Abs. 4 FamFG). 876

Den für die Registereintragung irrelevanten Inhalt des wirksamen Gründungsvertrags hat das Registergericht nicht zu prüfen. Eine Beanstandung einer Bestimmung dieses weiteren Vertragsinhalts kann daher durch das Registergericht nicht erfolgen und somit auch nicht Grundlage für eine Zurückweisung der Anmeldung sein, es sei denn die Unwirksamkeit der nicht einzutragenden Bestimmung hat Auswirkungen auf den einzutragenden Inhalt des Vertrages. Dies folgt aus Art. 39 Abs. 1 Satz 1 EWIV-VO, wonach es ergänzender staatlicher Ausführungsvorschriften über das für die Eintragung zuständige Register und die für die Eintragung geltenden Vorschriften bedarf. Für das deutsche Rechtssystem regelt dies das EWIV-AG, durch welches die EWIV für die Registereintragung der OHG, die Geschäftsführer der Vereinigung hingegen den GmbH-Geschäftsführern gleichgestellt werden. Sonstige Rechtsverhältnisse sind auch bei Eintragung der nach § 2 Abs. 1 und 2 EWIV-AG registerpflichtigen Tatsachen nicht zu prüfen. 877

Die Einholung einer gutachtlichen Stellungnahme der Industrie- und Handelskammer erfolgt in Zweifelsfällen nach § 23 HRV, § 380 Abs. 2 FamFG. Zur Unterscheidbarkeit der Firma findet die Bestimmung des § 30 HGB Anwendung. 878

Die **Zuständigkeit des Rechtspflegers** ergibt sich aus § 3 Nr. 2 lit. d RPflG. Denkbar ist die Vorlage an den Richter bei Anwendung ausländischen Rechts gemäß § 5 Abs. 1 Nr. 3 RPflG, wobei jedoch die Anwendung ausländischen Gesellschaftsrechts auf einzelne Mitglieder diesen Vorlagefall nicht begründet. Die EWIV-VO gilt im Übrigen im Bundesgebiet unmittelbar, so dass auch dies allein eine Vorlage an den Richter nicht rechtfertigt. 879

b) Eintragung der EWIV in das Handelsregister. Die **Eintragung** erfolgt in Abteilung A des Handelsregisters (§ 3 Abs. 2 HRV). Eingetragen wird nach der Bestimmung des § 2 Abs. 2 EWIV-AG gemäß § 40 HRV: 880

- in Spalte 2 Unterspalte a die Firma, also der Name der Vereinigung, in Unterspalte b ihr Sitz samt inländischer Geschäftsanschrift und in Unterspalte c der Unternehmensgegenstand (§ 40 Nr. 2 HRV); 881
- in Spalte 3 Unterspalte a die allgemeine Vertretungsregelung und in Unterspalte b die Geschäftsführer unter der Bezeichnung als solche mit Familiennamen, Vornamen, Geburtsdatum und Wohnort und deren etwa abweichende besondere Vertretungsbefugnis (vgl. § 40 Nr. 3 HRV);
- in Spalte 5 Unterspalte a die Rechtsform sowie das Datum des Abschlusses des Gesellschaftsvertrags (§ 40 Nr. 5 lit. a HRV), in Unterspalte b etwaige Bestimmung des Gründungsvertrags über die Zeitdauer der Vereinigung (§ 40 Nr. 5 lit. b sublit. aa HRV), und in Unterspalte c die Mitglieder der Vereinigung mit Familien-

und Vornamen, Geburtsdatum und Wohnort oder Firma und Rechtsform sowie Sitz, ggf. auch mit Angabe der Nummer und von Art und Ort der Registereintragung eines Mitglieds (§ 40 Nr. 5 lit. c HRV).
– Ein „Beginn" der Vereinigung ist nicht anzumelden, somit auch nicht einzutragen.

882 Beispiel für die Eintragung einer EWIV:

883 **Spalte 2**
Unterspalte a (Firma): Alphatex EWIV
Unterspalte b (Sitz): Berlin; Geschäftsanschrift: 10 215 Berlin, Engelsstraße 25
Unterspalte c (Unternehmensgegenstand):
Unterstützung bei der Herstellung von und dem Handel mit Textilerzeugnissen

Spalte 3
Unterspalte a (Allgemeine Vertretungsregelung):
Die Vereinigung hat einen oder mehrere Geschäftsführer. Ist nur ein Geschäftsführer bestellt, so vertritt dieser die Vereinigung allein. Sind mehrere Geschäftsführer bestellt, so wird die Vereinigung durch zwei Geschäftsführer gemeinsam vertreten.
Unterspalte b (Geschäftsführer und besondere Vertretung):
Koch, Robert, Berlin, *23. 9. 1965

Spalte 5
Unterspalte a (Rechtsform, Beginn und Satzung):
Europäische wirtschaftliche Interessenvereinigung, gegründet durch Vertrag vom 28. 12. 2009.
Unterspalte b (Sonstige Rechtsverhältnisse):
(Keine Eintragung)
Unterspalte c (Mitglieder):
Mitglied: Huber Textil GmbH (Gesellschaft mit beschränkter Haftung nach dem Recht der Bundesrepublik Deutschland) mit Sitz in Berlin (AG Charlottenburg HRB 18 750)
Mitglied: Kesting Textil GesmbH (Gesellschaft mit beschränkter Haftung nach dem Recht der Republik Österreich) mit Sitz in Salzburg (Landesgericht Salzburg FN 256 789 z).

884 c) **Öffentliche Bekanntmachung der Ersteintragung der EWIV.** Die Bekanntmachung der Eintragung erfolgt in vollständigem Wortlaut gemäß § 10 HGB. Die Eintragungsmitteilung ist an die Geschäftsführer zu richten (§ 383 Abs. 1 FamFG) und an die Industrie- und Handelskammer (§ 37 HRV). Nach der Bekanntmachung (§ 10 HGB) wird die Gründung der Vereinigung unter Angabe von Nummer, Tag und Ort der Eintragung sowie von Tag und Ort der Bekanntmachung und Titel des Mitteilungsblatts im Amtsblatt der europäischen Gemeinschaften angezeigt (Art. 11 EWIV-VO). Das Registergericht hat deshalb diese zu veröffentlichenden Angaben binnen eines Monats nach der Bekanntmachung in Deutschland dem Amt für amtliche Veröffentlichungen der EG mitzuteilen (§ 4 Abs. 2 EWIV-AG).

III. Änderungen bei einer bestehenden EWIV

1. Allgemeine Änderungen

885 Die **Anmeldung** von Änderungen, die nach Eintragung der EWIV eintreten, ist von den Geschäftsführern in vertretungsberechtigter Zahl vorzunehmen (§ 3 Abs. 1 EWIV-AG). Besonderheiten sind vorgesehen für die Anmeldung des Ausscheidens eines Mitglieds aus der Vereinigung und die Auflösung der Vereinigung durch Beschluss ihrer Mitglieder. Diese zuletzt genannten Änderungen kann jeder Beteiligte (Art. 29 Satz 2, Art. 31 Abs. 4 Satz 2 EWIV-VO), somit auch jedes Mitglied der EWIV einzeln anmelden. Dies gilt ebenso für die Klausel, die ein neues Mitglied gemäß Art. 26 Abs. 2 EWIV-VO von der Haftung für Verbindlichkeiten befreit, die vor seinem Beitritt entstanden sind; diese Klausel kann auch das neue Mitglied allein anmelden (§ 3 Abs. 2 EWIV-AG).

Anzumelden sind

a) die **Änderung der Firma** der Vereinigung (§ 2 Abs. 3 Nr. 1 i.V.m. Abs. 2 Nr. 1 EWIV-AG). Sie bedarf der Änderung des Gründungsvertrags (Art. 5 lit. a EWIV-VO), die durch einstimmigen Beschluss der Mitglieder erfolgt, sofern nichts anderes bestimmt ist, Art. 17 Abs. 2 lit. g EWIV-VO. Die Urkunde über den Mitgliederbeschluss ist bei dem Registergericht zu hinterlegen (Art. 7 Satz 2 EWIV-VO), sonach mit der Anmeldung einzureichen. Die Eintragung erfolgt in Spalte 2 Unterspalte a (§ 40 Nr. 2 lit. a HRV). 886

b) die **Verlegung des Sitzes** der Vereinigung (§ 2 Abs. 3 Nr. 1 und Abs. 2 Nr. 2 EWIV-AG) bei dem Gericht des bisherigen Sitzes (§ 13h Abs. 1 HGB). Die Sitzverlegung kann innerhalb der Gemeinschaft erfolgen (Art. 13 Satz 1 EWIV-VO). Die Verlegung innerhalb des Bundesgebiets erfordert einen Beschluss der Mitglieder (Art. 13 Satz 2 und Art. 17 Abs. 2 lit. g EWIV-VO). Die Urkunde über den Mitgliederbeschluss ist bei dem Registergericht zu hinterlegen (Art. 7 Satz 2 lit. a EWIV-VO), also mit der Anmeldung einzureichen. Die Sitzverlegung in einen anderen Mitgliedstaat der EG ist in Art. 14 EWIV-VO näher geregelt. 887

c) die **Änderung der inländischen Geschäftsanschrift** der Vereinigung (§ 2 Abs. 4 und § 1 EWIV-AG i.V.m. §§ 106 f. HGB) entweder ohnehin im Zusammenhang mit einer Sitzverlegung oder ohne nähere Nachweise bei Verlegung innerhalb derselben politischen Gemeinde (siehe allgemein Rz. 341).

d) die **Änderung des Unternehmensgegenstandes** (§ 2 Abs. 3 Nr. 1 i.V.m. Abs. 2 Nr. 3 EWIV-AG). Sie erfolgt durch einstimmigen Mitgliederbeschluss (Art. 17 Abs. 2 lit. a EWIV-VO). Die Urkunde über den Mitgliederbeschluss ist bei dem Registergericht zu hinterlegen (Art. 7 Satz 2 lit. a EWIV-VO), daher mit der Anmeldung einzureichen. Die Eintragung erfolgt in Spalte 2 Unterspalte c (§ 40 Nr. 2 lit. c HRV). 888

e) die Änderung der Vertragsbestimmung über die **Dauer der Vereinigung** (§ 2 Abs. 3 Nr. 1 mit Abs. 2 Nr. 6 EWIV-AG). Die Änderung erfordert einen einstimmigen Mitgliederbeschluss (Art. 17 Abs. 2 lit. d EWIV-VO). Die Eintragung erfolgt in Spalte 5 Unterspalte b (§ 40 Nr. 5 lit. b sublit. aa HRV). 889

f) die Errichtung und Aufhebung einer **Zweigniederlassung** (Art. 7 Satz 2 lit. b EWIV-VO, § 2 Abs. 3 Nr. 3 EWIV-AG) ist bei dem Gericht des Sitzes anzumelden (§ 13 Abs. 1 HGB). 890

g) die Erteilung einer **Prokura** und deren Erlöschen (§ 53 Abs. 1 und 3 HGB i.V.m. § 2 Abs. 4 EWIV-VO). Die Erteilung wie die Anmeldung erfolgt durch die vertretungsberechtigten Geschäftsführer in hierzu ausreichender Zahl. Die Eintragung erfolgt in Spalte 4 nach § 40 Nr. 4 HRV. 891

2. Eintritt und Ausscheiden von Mitgliedern der EWIV

Der **Eintritt** eines neuen Mitglieds ist unter Angabe des Familien- und Vornamens oder der Firma und der Rechtsform, des Wohnsitzes oder Sitzes sowie ggf. der Nummer und Art und Ort der Registereintragung anzumelden. Ebenso ist das **Ausscheiden eines Mitglieds** (§ 2 Abs. 3 Nr. 1 i.V.m. Abs. 2 Nr. 4 EWIV-AG) anzumelden. Die Aufnahme eines Mitglieds erfordert eine einstimmige Mitgliederentscheidung (Art. 26 Abs. 1 EWIV-VO). Es kann auch jedes Mitglied der Vereinigung mit Zustimmung aller übrigen Mitglieder seine Beteiligung ganz oder teilweise an ein anderes Mitglied oder einen Dritten, der damit als Mitglied eintritt, abtreten (Art. 22 Abs. 1 EWIV-VO). Für die Kündigung und den Ausschluss enthält Art. 27 EWIV-VO nähere Regelungen, zum Ausscheiden mit Tod oder aus anderen Gründen siehe Art. 28 EWIV-VO. Im Übrigen scheidet ein Mitglied auch dann aus der EWIV aus, wenn über sein Vermögen das Insolvenzverfahren eröffnet wird (§ 8 EWIV-AG). Bei Ausscheiden eines Mitglieds sieht Art. 30 EWIV-VO das Fortbestehen der Vereinigung vor. Ein Mit- 892 gliederbeschluss über die Mitgliederänderung durch ganze oder teilweise Abtretung der Beteiligung (Art. 22 Abs. 1 EWIV-VO) ist bei dem Registergericht zu hinterlegen (Art. 7 Abs. 2 lit. e EWIV-VO), also mit der Anmeldung einzureichen. Sonst erfolgt die Hinterlegung der „Angabe" mit der Anmeldung, deren Inhalt die in Art. 7 Satz 2 lit. a EWIV-VO bezeichneten Angaben zu enthalten hat. Die Eintragung erfolgt in Spalte 5 Unterspalte c (§ 40 Nr. 5 lit. c HRV).

893 Eine Klausel, die ein neues Mitglied gemäß Art. 26 Abs. 2 EWIV-VO von der **Haftung für Verbindlichkeiten befreit,** die vor seinem Beitritt entstanden sind (§ 2 Abs. 3 Nr. 7 EWIV-AG) bedarf ebenfalls der Anmeldung zur Eintragung im Handelsregister. Die Befreiung kann durch eine Klausel im Gründungsvertrag oder in dem Rechtsakt über die Aufnahme des neuen Mitglieds erfolgen (Art. 26 Abs. 2 Satz 2 EWIV-VO). Die Eintragung erfolgt in Spalte 5 Unterspalte b (§ 40 Nr. 5 lit. b sublit. cc HRV).

894 **Anmeldung** des Eintritts eines weiteren Mitglieds, dessen Haftung für Verbindlichkeiten, die vor seinem Beitritt entstanden sind, ausgeschlossen ist:

> Als Mitglied ist in die Vereinigung eingetreten: „Golbert Textil GmbH" mit Sitz in Hamburg (AG Hamburg HRB 35 000). Die Haftung dieses neuen Mitglieds für Verbindlichkeiten, die vor seinem Beitritt entstanden sind, ist ausgeschlossen. Sämtliche Mitglieder der Vereinigung haben dem Eintritt zugestimmt. Als Anlage ist der Vertrag über die Aufnahme des neuen Mitglieds beigefügt

895 Die **Eintragung** im Register gestaltet sich folgendermaßen:

896 **Spalte 5**
Unterspalte a (Rechtsform, Beginn und Satzung): *(Keine Änderung)*
Unterspalte b (Sonstige Rechtsverhältnisse): Hinsichtlich des Mitglieds Golbert Textil GmbH mit Sitz in Hamburg (AG Hamburg HRB 35 000) wurde die Haftung für Verbindlichkeiten, die vor dem Beitritt entstanden sind, ausgeschlossen.
Unterspalte c (Mitglieder): Eingetreten: *(Vorstehendes Wort als Übergangstext gem. § 16a HRV)* Mitglied: Golbert Textil GmbH (Gesellschaft mit beschränkter Haftung nach dem Recht der Bundesrepublik Deutschland) mit Sitz in Hamburg (AG Hamburg HRB 35 000).

3. Änderungen bei den Geschäftsführern der EWIV

897 Anzumelden und einzutragen sind zudem **Änderungen** in der Person der **Geschäftsführer** (Neubestellung, Abberufung usw.) sowie Änderung in der **Vertretungsbefugnis** der Geschäftsführer (§ 2 Abs. 3 Nr. 1 und Abs. 2 Nr. 5 EWIV-AG). Die Änderung der Vertretungsbefugnis bedarf einer Änderung des Gesellschaftsvertrags (vgl. Art. 20 Abs. 2 EWIV-VO). Die Bestellung und ebenso die Abberufung (zu letzterer siehe § 7 EWIV-AG) der Geschäftsführer erfolgt durch Beschluss der Mitglieder (Art. 19 Abs. 1 EWIV-VO) einstimmig oder nach der Regelung des Gründungsvertrags (Art. 19 Abs. 3 EWIV-VO). Der Mitgliederbeschluss ist bei dem Registergericht zu hinterlegen (Art. 7 Satz 2 lit. d EWIV-VO), also mit der Anmeldung einzureichen. Ein neuer Geschäftsführer hat in der Anmeldung zu versichern, dass keine Umstände vorliegen, die nach Art. 19 Abs. 1 EWIV-VO seiner Bestellung entgegenstehen, und dass er über seine unbeschränkte Auskunftpflicht gegenüber dem Gericht belehrt worden ist, wobei die Belehrung nach § 53 Abs. 2 BZRG auch durch einen Notar vorgenommen werden kann (vgl. § 3 Abs. 5 und Abs. 3 EWIV-AG). Eingetragen wird der neue Geschäftsführer im Register in Spalte 3 Unterspalte b unter der Bezeichnung als solchem mit Familien- und Vornamen, Geburtsdatum und Wohnort (§ 40 Nr. 3 lit. b HRV). Die Änderung der allgemeinen Vertretungsregelung der Geschäftsführer ist in Spalte 3 Unterspalte a zu vermerken (§ 40 Nr. 3 lit. a HRV).

4. Prüfung und Behandlung durch das Registergericht

Das Gericht **prüft** die Anmeldung sowie das Vorliegen der weiteren Voraussetzungen für die Eintragung des angemeldeten Vorgangs, soweit eine Urkundenvorlage erforderlich ist, auch den Urkundeninhalt nach Maßgabe der vorstehenden Ausführungen. Die **Eintragung** erfolgt nach § 40 HRV. Die **Bekanntmachung** des vollständigen Wortlauts der Eintragung erfolgt nach § 10 HGB. Ausnahmen gelten jedoch für den bei Sitzverlegung in einen anderen EG-Mitgliedsstaat zu erstellenden Verlegungsplan (vgl. Art. 14 Abs. 1 EWIV-VO) sowie bei Abtretung der gesamten oder eines Teils der Beteiligung an der Vereinigung durch ein Mitglied nach Art. 22 Abs. 1 EWIV-VO. In diesen Sonderfällen erfolgt gemäß § 4 Abs. 1 EWIV-AG die Bekanntmachung nach § 10 HGB durch einen Hinweis auf die Einreichung der Urkunden beim Handelsregister. Die Mitteilung der Änderungen zur Bekanntmachung im Amtsblatt der Europäischen Gemeinschaften erfolgt nicht. Nach Art. 11 EWIV-VO sind nur die Gründung der Vereinigung und der Schluss der Abwicklung im Amtsblatt anzuzeigen. Zur Eintragungsmitteilung an die Geschäftsführer siehe § 383 Abs. 1 FamFG, an die Industrie- und Handelskammer siehe § 37 HRV. 898

5. Sonstige Änderungen des Gründungsvertrags der EWIV

Eine Änderung des sonstigen, nicht registerpflichtigen Inhalts des Gründungsvertrags ist nicht zur Eintragung in das Handelsregister anzumelden, so dass eine Urkunde hierüber auch nicht bei dem Registergericht zu hinterlegen ist. Art. 7 Satz 2 lit. a EWIV-VO zur Hinterlegung aller Urkunden über jede Änderung des Gründungsvertrags findet nur nach den ergänzenden Vorschriften des deutschen Rechts über die für die Eintragung geltenden Vorschriften Anwendung (Art. 39 Abs. 1 Satz 1 EWIV-VO). Diese sehen im EWIV-AG die Eintragung weiterer Tatsachen im Handelsregister nicht vor, so dass die Änderung des nicht für die Registereintragung bestimmten weiteren Inhalts des Gründungsvertrags nicht eintragbar ist. 899

IV. Auflösung und Abwicklung sowie Nichtigkeit einer EWIV

1. Auflösung der EWIV

Die **Auflösung** der EWIV kann durch einstimmigen oder nach der abweichenden Regelung des Gründungsvertrags gefassten Mitgliederbeschluss erfolgen (Art. 31 Abs. 1 EWIV-VO), außerdem durch gerichtliche Anordnung (Art. 31 Abs. 2 Satz 2 sowie Art. 32 EWIV-VO). Sie tritt infolge Anwendung des OHG-Rechts (§ 1 EWIV-AG) auch mit Zeitablauf und durch Eröffnung des Insolvenzverfahrens über das Vermögen der Gesellschaft ein (§ 131 Abs. 1 Nr. 1 und 3 HGB). Die Eröffnung des Insolvenzverfahrens über das Vermögen eines Mitglieds hat die Auflösung nicht zur Folge (§§ 8, 9 EWIV-AG), desgleichen regelmäßig nicht der Tod eines Mitglieds (Art. 28 i. V. m. 30 EWIV-VO). 900

Die Auflösung ist von den Abwicklern in vertretungsberechtigter Zahl zur Eintragung in das Handelsregister **anzumelden** (§ 2 Abs. 3 Nr. 4 und § 3 Abs. 1 EWIV-AG). Die Urkunde über den Mitgliederbeschluss ist bei dem Registergericht zu hinterlegen (Art. 7 Satz 2 lit. f EWIV-VO), also mit der Anmeldung einzureichen. Die Eröffnung des Insolvenzverfahrens über das Vermögen der Vereinigung wird dem Registergericht von der Geschäftsstelle des Amtsgerichts – Insolvenzgericht mitgeteilt und von Amts wegen eingetragen. Die **Eintragung** der Auflösung erfolgt in Spalte 5 Unterspalte b (§ 40 Nr. 5 lit. b sublit. dd HRV). Gegebenenfalls weitere gebotene Eintragungen sind von Amts wegen nach § 384 Abs. 2 FamFG vorzunehmen (siehe Rz. 450 a ff.). 901

2. Abwicklung der EWIV

902 Die Auflösung der Vereinigung hat, außer im Fall des Insolvenzverfahrens, die **Abwicklung** zur Folge (Art. 35 Abs. 1 EWIV-VO, § 10 EWIV-AG). Anwendung finden (nach Art. 35 Abs. 2 EWIV-VO i. V. m. § 1 EWIV-AG) die Vorschriften über die Liquidation der OHG (§§ 145 ff. HGB). Jedoch erfolgt die Abwicklung durch die Geschäftsführer als „geborene Abwickler", wenn sie nicht durch den Gründungsvertrag oder durch Beschluss der Mitglieder der Vereinigung anderen Personen übertragen ist (§ 10 Abs. 1 EWIV-AG). Die Ernennung eines Abwicklers kann auf Antrag eines Beteiligten aus wichtigem Grund auch durch das Gericht erfolgen (§ 146 Abs. 2 HGB). Die Abwickler dürfen, wie die Geschäftsführer, nicht aus den Gründen des Art. 19 Abs. 1 Satz 2 EWIV-VO ausgeschlossen sein (§ 10 Abs. 2 EWIV-AG). Die **Vertretung** erfolgt grundsätzlich durch jeden Abwickler einzeln, da es insoweit bei der Bestimmung des Art. 20 Abs. 1 EWIV-VO verbleibt. § 146 Abs. 1 HGB findet diesbezüglich auch keine entsprechende Anwendung, da die Abwicklung gerade nicht durch die Mitglieder, sondern durch die Abwickler als weiteres Organ erfolgt. Bestand die EWIV nur noch aus zwei Mitgliedern, so kann die Abwicklung vermieden werden, indem ein Mitglied ausscheidet und das verbleibende Mitglied das Unternehmen samt allen Aktiva und Passiva übernimmt.[1]

903 **Anzumelden** zur Eintragung in das Handelsregister sind die Abwickler mit Familien- und Vornamen, Geburtsdatum und Wohnsitz, sowie mit der Angabe, welche Vertretungsbefugnis sie haben (§ 2 Abs. 3 Nr. 5 EWIV-AG). Anzumelden haben die Abwickler in vertretungsberechtigter Zahl (§ 3 Abs. 1 EWIV-AG). Alle Abwickler haben zu versichern, dass keine Umstände vorliegen, die nach Art. 19 Abs. 1 EWIV-VO ihrer Bestellung entgegenstehen, und dass sie über ihre unbeschränkte Auskunftspflicht gegenüber dem Gericht belehrt worden sind (§ 10 Abs. 2 i. V. m. § 3 Abs. 3 EWIV-AG). Im Register ist die allgemeine Vertretungsbefugnis der Abwickler in Spalte 3 Unterspalte a, die Abwickler, ihre Personalien und eine etwa abweichende konkrete Vertretungsbefugnis in Spalte 3 Unterspalte b **einzutragen** (§ 40 Nr. 3 lit. a und b HRV).

904 Die Anmeldung von **Änderungen** in den Personen der **Abwickler** sowie ihrer Vertretungsbefugnis hat wie die Anmeldung der Abwickler selbst zu erfolgen (§ 2 Abs. 3 Nr. 5 i. V. m. § 10 Abs. 2 und § 3 Abs. 3, 4 EWIV-AG). Die Eintragung und die Änderung der Person der Geschäftsführer und ihrer Vertretungsbefugnis mit Namen usw. sind im Register in den Unterspalten a und b der Spalte 3 (§ 61 Nr. 3 HRV) einzutragen.

905 Der **Schluss der Abwicklung** der Vereinigung ist durch sämtliche Abwickler zur Eintragung in das Handelsregister anzumelden (§ 2 Abs. 3 Nr. 6 i. V. m. § 3 Abs. 1 EWIV-AG). Die Eintragung erfolgt in Spalte 5 Unterspalte b (§ 40 Nr. 5 lit. b sublit. dd HRV). Nach der öffentlichen Bekanntmachung (§ 10 HGB) wird der Schluss der Abwicklung unter Angabe von Nummer, Tag und Ort der Eintragung sowie von Tag und Ort der Bekanntmachung und Titel des Mitteilungsblatts im Amtsblatt der Europäischen Gemeinschaften angezeigt (Art. 11 EWIV-VO). Das Registergericht hat deshalb diese zu veröffentlichenden Angaben binnen eines Monats nach der Bekanntmachung in Deutschland dem Amt für amtliche Veröffentlichungen der Europäischen Gemeinschaften mitzuteilen (§ 4 Abs. 2 EWIV-AG).

3. Fortsetzung der EWIV

906 Die **Fortsetzung** der EWIV kann während der Liquidation durch einstimmigen Beschluss der Mitglieder bestimmt werden. Insoweit findet das Recht der OHG gemäß

---

[1] *Hakenberg*, in: Ebenroth/Boujong/Joost/Strohn, HGB, EWIV Rz. 46.

Art. 35 Abs. 2 EWIV-VO i. V. m. § 1 EWIV-AG entsprechende Anwendung. Die Anmeldung zur Eintragung in das Handelsregister hat durch alle Geschäftsführer zu erfolgen. Die Eintragung ist im Register in Spalte 5 Unterspalte b vorzunehmen (§ 40 Nr. 5 lit. b sublit. dd HRV).

4. Nichtigkeit der EWIV

Eine Nichtigkeit der Vereinigung muss durch gerichtliche Entscheidung festgestellt werden (Art. 15 Abs. 1 EWIV-VO). Die Nichtigkeit ist von den Geschäftsführern in vertretungsberechtigter Zahl (§ 3 Abs. 1 EWIV-AG) zur Eintragung in das Handelsregister anzumelden (§ 2 Abs. 3 Nr. 2 EWIV-AG). Das gerichtliche Urteil ist bei dem Registergericht zu hinterlegen (Art. 7 Satz 2 lit. c EWIV-VO), sonach mit der Anmeldung einzureichen. Die Eintragung erfolgt in Spalte 5 Unterspalte b (§ 40 Nr. 5 lit. b sublit. dd HRV). Die Nichtigkeit der Vereinigung bewirkt gemäß Art. 15 Abs. 2 EWIV-VO deren Abwicklung nach Art. 35 EWIV-VO.

907

V. Zwangsgeldverfahren

Die Erfüllung der Pflichten zur Anmeldung zum Handelsregister sowie zur Hinterlegung des Gründungsvertrags und anderer Urkunden (Art. 7 EWIV-VO) kann nach § 14 HGB durch die Festsetzung von Zwangsgeld erzwungen werden. Die Möglichkeit der Anordnung eines Zwangsgelds gegen Geschäftsführer oder Abwickler zur Erfüllung der Verpflichtung, bestimmte Angaben auf Briefen, Bestellscheinen und ähnlichen Schriftstücken zu machen (Art. 25 EWIV-VO), sieht § 12 EWIV-AG vor. Das Verfahren richtet sich auch in diesen Fällen nach §§ 388 ff. FamFG.

908

VI. Umwandlungsvorgänge

Für die EWIV ist umstritten, wie sich der nationale Verweis auf die Anwendbarkeit der Bestimmungen zur OHG (§ 1 EWIV-AG) auf deren Umwandlungsfähigkeit auswirkt. Einerseits wird aus dem Generalverweis geschlossen, die EWIV sei, ohne dass das Analogieverbot des § 1 Abs. 2 UmwG dem entgegenstünde, auch im Anwendungsbereich des UmwG als OHG zu behandeln und somit im Rahmen dieser Vorschriften als Personenhandelsgesellschaft gemäß § 3 Abs. 1 Nr. 1 UmwG anzusehen. Sie sei daher möglicher Teilnehmer an Verschmelzungen, Spaltungen (§ 124 Abs. 1 UmwG) und Formwechseln (§ 191 Abs. 1 Nr. 1 UmwG).[1] Die hiervon abweichende Auffassung beruft sich auf eine unnötig strikte Anwendung des Analogieverbots des § 1 Abs. 2 UmwG.[2]

909

---

[1] *Schmitt/Hörtnagl/Stratz*, UmwG, § 3 Rz. 10; *Lutter*, UmwG, § 3 Rz. 5; *Kallmeyer/Marsch-Barner*, UmwG, § 3 Rz. 4; *Stengel*, in: Semler/Stengel, UmwG, § 3 Rz. 14; *Schmidt* NJW 1995, 1, 7; *Wertenbruch* ZIP 1995, 712.

[2] Vgl. *Widmann/Mayer*, UmwG, § 1 Rz. 26.

Dritter Abschnitt. Handelsregister Abteilung B

A. Gesellschaft mit beschränkter Haftung

I. Bedeutung und Rechtsnatur der GmbH

910 Die Gesellschaft mit beschränkter Haftung ist heute die bei weitem häufigste Rechtsform in der Registerpraxis. Sie ist eine Handelsgesellschaft mit körperschaftlicher Organisation und eigener Rechtspersönlichkeit und kann zu jedem zulässigen, nicht notwendigerweise gewerblichen Zweck gegründet werden.[1] Die Gesellschaft selbst haftet unbeschränkt, die Gesellschafter hingegen lediglich für die Aufbringung des in Einlagen – Geschäftsanteile (vgl. § 14 GmbHG) – zerlegten Stammkapitals, im Übrigen jedoch für Verbindlichkeiten der Gesellschaft grundsätzlich nicht.

911 Die GmbH zählt zur Gruppe der Kapitalgesellschaften und ist als Handelsgesellschaft kraft Gesetzes Kaufmann (§§ 1, 13 Abs. 3 GmbHG, § 6 Abs. 2 HGB). Als juristische Person (§ 13 Abs. 1 GmbHG) existiert sie erst mit Eintragung im Handelsregister (§ 11 Abs. 1 GmbHG). Die Eintragung erfolgt in der Abteilung B des Handelsregisters (§ 3 Abs. 3, §§ 43 bis 46 HRV).

II. Gründung einer Gesellschaft mit beschränkter Haftung

912 Die Errichtung einer GmbH erfolgt durch eine oder mehrere Personen (§ 1 GmbHG). Besondere Sicherungen der Kapitalaufbringung bei Errichtung nur durch eine Person bestehen nicht mehr. Bei der Errichtung wird entweder ein Gesellschaftsvertrag abgeschlossen (§ 2 Abs. 1 GmbHG) oder das vereinfachte Verfahren durch Verwendung des Gründungsprotokolls nach § 2 Abs. 1a GmbHG durchlaufen. Beträgt das satzungsgemäße Stammkapital weniger als 25 000 €, sind die für Unternehmergesellschaften nach § 5a GmbHG geltenden Besonderheiten zu beachten (vgl. Rz. 940a ff.).

913 Der **Gesellschaftszweck** kann jeden gesetzlich nicht verbotenen geschäftlichen Bereich umfassen. Allerdings sind beispielsweise folgende Tätigkeitsbereiche der GmbH verschlossen:
– Versicherungsunternehmen (§ 7 Abs. 1 VAG);
– private Bausparkassen (§ 2 Abs. 1 BausparkassenG);
– Übernahme von Insolvenzverwaltungen (§ 56 Abs. 1 InsO);
– Versteigerungsgewerbe (§ 34b Abs. 5 GewO);
– Apotheken (§ 8 ApothekenG).

914 Beschränkungen bestehen aufgrund landesrechtlicher Bestimmungen auch hinsichtlich der Ausübung von freiberuflichen Tätigkeiten im medizinischen Bereich.[2] Sondervorschriften existieren u.a. für Steuerberatungs-, Wirtschaftsprüfungs- und Rechtsanwaltsgesellschaften[3] (vgl. §§ 49, 50 StBerG; §§ 27, 28 WPO; §§ 59c ff. BRAO; s.a. §§ 52c PatAnwO).

---

[1] *Hueck/Fastrich*, in: Baumbach/Hueck, GmbHG, Einl. Rz. 14; *Michalski*, in: Michalski, GmbHG, § 1 Rz. 9; *Schmidt-Leithoff*, in: Rowedder/Schmidt-Leithoff, GmbHG, § 1 Rz. 1; *Westermann*, in: Scholz, GmbHG, Einl. Rz. 28 ff.

[2] Siehe Art. 18 Abs. 1 Satz 2 BayHKaG; § 31 Abs. 2 BbgHeilberG; § 4a Abs. 4 BerlKammerG; § 32 Abs. 1 NdsHKG; § 29 Abs. 3 NWHeilBerG; § 16 Abs. 4 SächsHKaG; hierzu *Schmidt-Leithoff*, in: Rowedder/Schmidt-Leithoff, GmbHG, § 1 Rz. 13.

[3] Hierzu beispielsweise *Zuck* MDR 1998, 1317; *Henssler* NJW 1999, 241; *Römermann* GmbHR 1999, 1175 sowie *Michalski*, in: Michalski, GmbHG, § 1 Rz. 21 ff.

1. Errichtung einer GmbH

a) Abschluss des Gesellschaftsvertrags und Behandlung des Gründungsstadiums. Mit 915
der **notariellen Beurkundung** des Gesellschaftsvertrags oder Gründungsprotokolls (§ 2
GmbHG) bzw. notariellen Beurkundung der Gründungserklärung des Alleingesellschafters entsteht eine Vorgesellschaft („Vor-GmbH"). Die Gründung durch Bevollmächtigte bedarf als Wirksamkeitsvoraussetzung der notariell errichteten oder beglaubigten Vollmacht (§ 2 Abs. 2 GmbHG). Die Vertretung von Gesellschaften bzw. juristischen Personen als Gründungsgesellschafter ist durch Vorlage eines Organvertretungsnachweises z.B. in Form eines amtlichen Ausdrucks oder einer notariellen Bescheinigung nach § 21 Abs. 1 Nr. 1 BNotO nachzuweisen. Etwaige Formmängel hinsichtlich des Gesellschaftsvertragsabschlusses werden durch die Eintragung der GmbH in das Handelsregister grundsätzlich geheilt.[1]

Der Gesellschaftsvertrag kann in einer **fremden Sprache** verfasst sein, ist jedoch so- 916
dann für das Verfahren zur Eintragung der Gesellschaft im Handelsregister zu übersetzen und in deutscher Sprache vorzulegen.[2] Die Übersetzung ist auf die in gerichtlichen Verfahren vorgesehene Weise, also durch einen für die jeweilige Sprache allgemein beeidigten und öffentlich bestellten Übersetzer zu beglaubigen. Soweit bei einer zweisprachigen Fassung die deutsche Fassung Vorrang hat, ist keine Übersetzung erforderlich. Hat jedoch eine fremdsprachige Fassung Vorrang, ist die deutsche Fassung wie bei Übersetzung einer ausschließlich fremdsprachigen Urkunde durch den Übersetzer zu beglaubigen. Gemäß § 50 BeurkG genügt auch die Bescheinigung durch einen sprachkundigen Notar.

Änderungen des Gesellschaftsvertrags **vor Eintragung** der GmbH im Handelsregister 917
bedürfen der Form des § 2 Abs. 1 GmbHG.[3] Die Vorschriften der §§ 53 f. GmbHG finden also keine Anwendung, so dass es der Mitwirkung aller Gründer bedarf. Dies gilt auch für den Eintritt und den Austritt von Gesellschaftern vor der Eintragung der Gesellschaft.[4] Allerdings bedarf es keiner erneuten formellen Anmeldung der „Satzungsänderung" zur Eintragung im Handelsregister. Ausreichend ist vielmehr, dass die notariell beurkundete Änderung des Gesellschaftsvertrags in beglaubigter Abschrift von den Geschäftsführern samt einer entsprechend § 54 Abs. 1 Satz 2 GmbHG notariell bestätigten Satzungsfassung dem Registergericht elektronisch eingereicht wird (§ 12 Abs. 2 Satz 1 HGB).

Die **Vor-GmbH** ist eine Vorform der GmbH. Letztere entsteht erst mit Eintragung im 918
Handelsregister (§ 11 Abs. 1 GmbHG). Jedoch sind Vor-GmbH und die hieraus hervorgehende GmbH rechtsidentische Personen.[5] Die Vor-GmbH ist eine Personenvereinigung eigener Art. Anwendbar sind auf sie grundsätzlich sämtliche Vorschriften

---

[1] Vgl. *Hueck/Fastrich,* in: Baumbach/Hueck, GmbHG, § 2 Rz. 36; *Michalski,* in: Michalski, GmbHG, § 2 Rz. 68; *Schmidt-Leithoff,* in: Rowedder/Schmidt-Leithoff, GmbHG, § 2 Rz. 57.

[2] LG Düsseldorf Rpfleger 1999, 334 (= GmbHR 1999, 609); siehe allgemein zur Beurkundung des Gesellschaftsvertrags im Ausland *Emmerich,* in: Scholz, GmbHG, § 2 Rz. 18; *Hueck/Fastrich,* in: Baumbach/Hueck, GmbHG, § 2 Rz. 9 a.E.; *Michalski,* in: Michalski, GmbHG, § 2 Rz. 21; *Wicke,* GmbHG, § 2 Rz. 5.

[3] BGH Z 134, 133 (= NJW 1997, 1507); **OLG Zweibrücken** FGPrax 2000, 253 (= DNotZ 2001, 411 = Rpfleger 2001, 34); KG GmbHR 1997, 412; *Emmerich,* in: Scholz, GmbHG, § 2 Rz. 21; *Michalski,* in: Michalski, GmbHG, § 2 Rz. 38; *Schmidt-Leithoff,* in: Rowedder/Schmidt-Leithoff, GmbHG, § 11 Rz. 62; *Hueck/Fastrich,* in: Baumbach/Hueck, GmbHG, § 2 Rz. 13; für die Anwendung der §§ 53, 54 GmbHG: *Karsten Schmidt,* in: Scholz, GmbHG, § 11 Rz. 47.

[4] Vgl. nur *Hueck/Fastrich,* in: Baumbach/Hueck, GmbHG, § 2 Rz. 13.

[5] BGH Z 80, 129 (138); *Hueck/Fastrich,* in: Baumbach/Hueck, GmbHG, § 6 Rz. 51; *Michalski,* in: Michalski, GmbHG, § 11 Rz. 118; *Schmidt-Leithoff,* in: Rowedder/Schmidt-Leithoff, GmbHG, § 11 Rz. 15; *Karsten Schmidt,* in: Scholz, GmbHG, § 11 Rz. 25.

des GmbHG und – wenn vorhanden (vgl. § 2 Abs. 1a GmbHG) – des Gesellschaftsvertrags, soweit diese nicht gerade an die Eintragung in das Handelsregister anknüpfen oder mit dem Gründungsstadium nicht vereinbar sind.[1] Die Vor-GmbH ist durch ihre Geschäftsführer als Vertretungsorgan handlungsfähig.[2] Die Bestellung sowie Abberufung oder Neubestellung der Geschäftsführer der Vor-GmbH erfolgt durch Mehrheitsbeschluss der Gesellschafter (§ 6 Abs. 3 Satz 2 Alt. 2 i.V.m. § 46 Nr. 5 und § 47 Abs. 1 GmbHG). Denkbar – wenn auch im Hinblick auf spätere Geschäftsführungsänderungen wenig praktikabel – ist auch die Bestellung der Geschäftsführer im Gesellschaftsvertrag (§ 6 Abs. 3 Satz 2 Alt. 1 GmbHG). Die Vertretungsmacht der Geschäftsführer in der Vorgesellschaft ist grundsätzlich durch den Zweck begrenzt, die Entstehung der juristischen Person zu fördern und bis dahin eingebrachtes Vermögen zu verwalten und zu erhalten.[3] Die Gründer können aber die Vertretungsmacht der Geschäftsführer durch übereinstimmende Erklärung erweitern.[4] Mit Eintragung der GmbH im Handelsregister geht die Vorgesellschaft in dieser auf, so dass Rechte und Pflichten aus Geschäften der Vor-GmbH damit auf die GmbH übergehen.

919 Unstreitig ist die Vor-GmbH aktiv und passiv parteifähig.[5] Sie kann auch **Beteiligte in einem Verfahren der Freiwilligen Gerichtsbarkeit** sein, insbesondere bei der eigenen Anmeldung zur Eintragung in das Handelsregister (siehe Rz. 143).[6] Im Übrigen hat die Vor-GmbH die Fähigkeit, **Komplementär oder Kommanditistin einer KG zu sein**.[7] Zwar kann die Vor-GmbH im Handelsregister nicht als solche eingetragen werden, gleichwohl führt sie bereits die Firma der künftigen GmbH mit einem Zusatz, der auf ihre Stellung als Vor-GmbH hinweist („i.G.", „in Gründung").[8]

920 Zur **Haftung der Gründungsgesellschafter** im Stadium der Vor-GmbH besteht ein von der Rechtsprechung erarbeitetes, in sich nahezu geschlossenes Konzept der „Differenzhaftung". Vor der Eintragung im Handelsregister haften danach die Gesellschafter grundsätzlich anteilig entsprechend ihrer Beteiligungsquote im Wege der Innenhaftung gegenüber der Gesellschaft unbeschränkt[9] (Verlustdeckungshaftung). Nach der Eintragung wandelt sich diese in eine Vorbelastungshaftung nach denselben Grundsätzen um. Gegebenenfalls haften alle Gesellschafter für offene Forderungen entsprechend § 24 GmbHG. Nur in Ausnahmefällen[10] (Vermögenslosigkeit der Gesellschaft, Ein-Personen-Gesellschaft) besteht die Möglichkeit des Gläubigers der Gesellschaft, direkt auf das Vermögen eines Gesellschafters zuzugreifen.

---

[1] BGH Z 134, 133 (= NJW 1997, 1507).
[2] Siehe *Hueck/Fastrich,* in: Baumbach/Hueck, GmbHG, § 11 Rz. 18 m.w.N.
[3] *Hueck/Fastrich,* in: Baumbach/Hueck, GmbHG, § 11 Rz. 19f.; *Schmidt-Leithoff,* in: Rowedder/Schmidt-Leithoff, GmbHG, § 11 Rz. 86; für unbeschränkte Vertretungsmacht: *Karsten Schmidt,* in: Scholz, GmbHG, § 11 Rz. 63ff. m.w.N.
[4] BGH Z 80, 129.
[5] BGH NJW 1998, 1079; **OLG Köln** GmbHR 1997, 601.
[6] BGH Z 117, 323 (= NJW 1992, 1844); *Hueck/Fastrich,* in: Baumbach/Hueck, GmbHG, § 11 Rz. 17; *Schmidt-Leithoff,* in: Rowedder/Schmidt-Leithoff, GmbHG, § 11 Rz. 81; *Bayer,* in: Lutter/Hommelhoff, GmbHG, § 11 Rz. 6; *Karsten Schmidt,* in: Scholz, GmbHG, § 11 Rz. 32; *Michalski,* in: Michalski, GmbHG, § 11 Rz. 68.
[7] BGH Z 80, 129 (132); BGH NJW 1985, 736; *Hueck/Fastrich,* in: Baumbach/Hueck, GmbHG, § 11 Rz. 16 m.w.N.
[8] BGH Z 117, 323 (= NJW 1992, 1844); *Schmidt-Leithoff,* in: Rowedder/Schmidt-Leithoff, GmbHG, § 11 Rz. 75; *Karsten Schmidt,* in: Scholz, GmbHG, § 11 Rz. 30; *Bayer,* in: Lutter/Hommelhoff, GmbHG, § 11 Rz. 9.
[9] BGH Z 134, 333 (339ff.); **BAG** NJW 1998, 628; **BAG** NJW 1997, 3331; **BFH** NJW 1998, 2926; **BSG** MittRhNotK 2000, 121; vgl. *Heidinger* GmbHR 2003, 189.
[10] Vgl. BGH Z 134, 133 (= NJW 1997, 1507); *Schmidt-Leithoff,* in: Rowedder/Schmidt-Leithoff, GmbHG, § 11 Rz. 99f.; *Hueck/Fastrich,* in: Baumbach/Hueck, GmbHG, § 11 Rz. 27.

b) Gründer der GmbH. Gründer einer GmbH kann jede natürliche oder juristische 921
Person und jede rechtsfähige Personengesellschaft sein, somit auch eine OHG oder
KG. Ein Einzelkaufmann hat die Möglichkeit, sich unter seiner Firma als Gründer zu
beteiligen. Eine Gesellschaft bürgerlichen Rechts (§§ 705 ff. BGB) kann gleichfalls
einen Geschäftsanteil übernehmen.[1] Entsprechendes gilt für nicht-rechtsfähige Vereine sowie für Erbengemeinschaften.[2] Nicht voll geschäftsfähige Personen bedürfen,
zumindest sofern die Gesellschaft ein Erwerbsgeschäft betreibt, der gerichtlichen Genehmigung[3] (§ 1822 Nr. 3 BGB, § 1822 Nr. 10 BGB).

Nach § 3 Abs. 1 Nr. 4 GmbHG müssen, auch bei einer Ein-Personen-Gesellschaft,[4] 922
die **Namen der Gründer** der Gesellschaft im ursprünglichen Gesellschaftsvertrag enthalten sein.[5] Bei Gesamthandsgemeinschaften[6] (Gesellschaft bürgerlichen Rechts, Erbengemeinschaft, Gütergemeinschaft) sind ferner deren sämtliche Mitglieder aufzunehmen, bei Gesellschaften im Übrigen ihr Name (Partnerschaftsgesellschaft, eV) bzw.
ihre Firma (OHG, KG, GmbH, AG, SE, KGaA, EWIV, eG, SCE) sowie ihr Sitz und
möglichst auch ihre Registerstelle (z. B. „Gromolino OHG mit Sitz in Berlin, Amtsgericht Charlottenburg HRA 35 455").

Bei **ausländischen Gründungsgesellschaften** ist zu bedenken, dass der Gesellschafts- 923
vertrag gegebenenfalls wegen Umgehung eines gesetzlichen Verbots nichtig sein kann,
wenn den Beteiligten eine selbstständige Erwerbstätigkeit mit der Aufenthaltserlaubnis untersagt ist.[7] Für das Registergericht begründen derart gelagerte Einzelfälle keine
besondere Ermittlungspflicht nach § 26 FamFG. Eine Aufgabenzuweisung an das Registergericht, aufgrund bloßer Vermutungen, ohne nur ausnahmsweise anzunehmenden Anlass, entsprechende Untersuchungen einzuleiten, besteht nicht. Ebenso wenig
obliegt es dem Registergericht, eine Eintragung zu verweigern, weil nicht auszuschließen ist, dass die Gesellschafter der neu gegründeten GmbH diese zur Begehung von
Straftaten benutzen wollen, auch wenn der alleinige Gründungsgesellschafter einschlägig vorbestraft ist.

c) Firma der Gesellschaft. Die **Firma** der GmbH ist zwingender Bestandteil des Ge- 924
sellschaftsvertrags (§ 3 Abs. 1 Nr. 1 Alt. 1 GmbHG). Fehlt die Firma oder ist ihre Bildung unzulässig, so ist der gesamte Gesellschaftsvertrag nichtig[8] und die Eintragung
in das Handelsregister abzulehnen (§ 9c Abs. 2 Nr. 1 GmbHG). Wurde die Gesellschaft dennoch im Register eingetragen, so ist ein Amtsauflösungsverfahren nach
§ 399 FamFG einzuleiten.

Für die GmbH ist die Zulässigkeit der Firma nach den allgemeinen Bestimmungen der 925
§§ 17, 18 HGB zu beurteilen. Die spezielle Vorschrift des § 4 GmbHG fügt dem, ent-

---

[1] **BGH** Z 78, 311; **OLG Hamm** FGPrax 1996, 71 (= GmbHR 1996, 363); *Hueck/Fastrich,* in: Baumbach/Hueck, GmbHG, § 1 Rz. 33.
[2] Zu letzteren siehe **OLG Hamm** DNotZ 1976, 49.
[3] Siehe im Einzelnen **OLG München** MittBayNotZ 2009, 52 f. (= GmbHR 2008, 1264 ff. = NJW-RR 2009, 152 ff.); *Hueck/Fastrich,* in: Baumbach/Hueck, GmbHG, § 2 Rz. 21 ff.; *Michalski,* in: Michalski, GmbHG, § 2 Rz. 84 ff.; *Schmidt-Leithoff,* in: Rowedder/Schmidt-Leithoff, GmbHG, § 2 Rz. 15 m. w. N.; *Müther,* Handelsregister, § 6 Rz. 7.
[4] **OLG Hamm** NJW 1987, 263; *Hueck/Fastrich,* in: Baumbach/Hueck, GmbHG, § 3 Rz. 19.
[5] **LG Gießen** GmbHR 1986, 162.
[6] Hierzu *Hueck/Fastrich,* in: Baumbach/Hueck, GmbHG, § 1 Rz. 33 ff.
[7] Vgl. **KG** Rpfleger 1997, 389; *Tountopoulos* Rpfleger 1997, 458; s. a. **OLG Stuttgart** GmbHR 1984, 156; **LG Köln** GmbHR 1984, 157; **LG Köln** GmbHR 1983, 48; **LG Krefeld** GmbHR 1983, 48; **LG Hannover** GmbHR 1976, 111.
[8] *Hueck/Fastrich,* in: Baumbach/Hueck, GmbHG, § 3 Rz. 22 und § 4 Rz. 28; *Emmerich,* in: Scholz, GmbHG, § 4 Rz. 63; nur unter Anwendung von § 139 BGB: *Schmidt-Leithoff,* in: Rowedder/Schmidt-Leithoff, GmbHG, § 4 Rz. 66.

sprechend § 19 HGB, lediglich das zwingende Gebot eines Rechtsformhinweises hinzu. Gebildet werden kann somit eine Personen-, Sach- oder Fantasiefirma, wenn sie Kennzeichnungskraft hat, zur Unterscheidung geeignet ist, nicht irreführend ist und die nach § 4 GmbHG erforderliche Rechtsformbezeichnung enthält. Näheres siehe hierzu Rz. 203 ff. und zur GmbH Rz. 249 ff. Bei spezifischen Firmierungen, etwa als gemeinnützige GmbH im Sinne der Abgabenordnung[1] oder als Rechtsanwaltsgesellschaft,[2] sind auch für die weitere Gestaltung des Gesellschaftsvertrags die jeweils einschlägigen Besonderheiten zu beachten. Für Gesellschaften, deren Stammkapital unter 25 000 € liegt, muss gemäß § 5a Abs. 1 GmbHG in der Firma anstelle der Bezeichnung „Gesellschaft mit beschränkter Haftung" oder einer dahin gehenden Abkürzung zwingend die Bezeichnung „Unternehmergesellschaft (haftungsbeschränkt)" oder „UG (haftungsbeschränkt)" enthalten sein.

926 **d) Sitz der Gesellschaft.** Als **Ort des Sitzes** kommt nur eine im Gesellschaftsvertrag oder im Gründungsprotokoll nach § 2 Abs. 1a GmbHG bezeichnete politische Gemeinde im Inland in Betracht (§ 4a Abs. 1 GmbHG). Die zusätzliche Angabe eines genauen Ortsteils ist möglich,[3] für sich allein aber nicht ausreichend. Der inländische Satzungssitz kann, da durch das MoMiG § 4a Abs. 2 GmbHG a. F. gestrichen wurde, nunmehr von dem Verwaltungssitz der Gesellschaft abweichen. Dieser nicht in das Handelsregister einzutragende Verwaltungssitz muss nicht in Deutschland liegen.[4] Er kann durch die Gesellschafter nunmehr – anders als nach der bisherigen Rechtslage[5] – frei gewählt werden. Um dennoch eine postalische Erreichbarkeit der Gesellschaft zu gewährleisten, ist für diese eine **inländische Geschäftsanschrift** mit der Anmeldung anzugeben (vgl. Rz. 340) und einzutragen (§§ 8 Abs. 4 Nr. 1, 10 Abs. 1 Satz 1 GmbHG). Der tatsächliche Hauptverwaltungssitz der Gesellschaft ist auch dann nicht gesondert anzumelden oder im Register einzutragen, wenn er vom Satzungssitz und von der inländischen Geschäftsanschrift abweicht.[6] Da der Hauptverwaltungssitz keine „Zweigniederlassung" ist, bedarf es keiner entsprechenden Anmeldung und Eintragung gemäß § 13 HGB. Einschlägig ist allenfalls § 24 Abs. 2 HRV, wonach die gegebenenfalls auch im Ausland befindliche Lage der Geschäftsräume in der Anmeldung anzugeben – nicht aber explizit „anzumelden" und daher nicht in das Handelsregister einzutragen – ist, wenn sie von der angemeldeten oder bereits eingetragenen inländischen Geschäftsanschrift abweicht.

928 **e) Gegenstand des Unternehmens.** Der **Gegenstand des Unternehmens** (§ 3 Abs. 1 Nr. 2 GmbHG) bestimmt den sachlichen Bereich, in welchem die GmbH tätig werden soll.[7] Die Absicht der Entfaltung entsprechender Tätigkeiten muss gegeben sein.[8] Der Unternehmensgegenstand ist so konkret und individuell anzugeben, dass der Schwerpunkt der Gesellschaftstätigkeit für die beteiligten Kreise hinreichend erkenn-

---

[1] *Priester* GmbHR 1999, 149; *Schlüter,* GmbHR 2002, 535.
[2] **BayObLG** FGPrax 1996, 235; vgl. *Michalski,* in: Michalski, GmbHG, § 1 Rz. 25; *Schmidt-Leithoff,* in: Rowedder/Schmidt-Leithoff, GmbHG, § 1 Rz. 14 ff.; *Henssler* NJW 1999, 241; *Römermann* GmbHR 1999, 1175.
[3] Vgl. **OLG Hamm** Rpfleger 1977, 275; **BayObLG Z** 1976, 21; **BayObLG** MittBayNot 1976, 20, jeweils zur Eintragung eines vormals selbstständigen Gemeindeteils als Sitz eines eingetragenen Vereins.
[4] S. BT-Drucks. 16/6140, S. 29. Allerdings ggf. mit unterschiedlichen kollisionsrechtlichen Folgen; siehe nur *Leitzen* NZG 2009, 728 m. w. N.
[5] **LG Memmingen** Rpfleger 2002, 157; siehe jedoch **BayObLG** Rpfleger 2002, 458 (= BB 2002, 907).
[6] Anderer Ansicht *Wicke,* GmbHG, § 4a Rz. 7; *Wicke* NZG 2009, 296 (297).
[7] **BayObLG** DNotZ 1976, 777; *Schröder/Cannivé* NZG 2008, 1; *Streuer* GmbHR 2002, 407.
[8] **KG** GmbHR 1997, 412.

bar wird[1] und kann daher mit nur allgemein gehaltenen Formulierungen nicht bezeichnet werden.[2] Die Angabe dient neben der gesellschaftsinternen Bindung der Erkennbarkeit des Tätigkeitsbereichs der Gesellschaft für Dritte im Rechtsverkehr.

Ausreichend sind beispielsweise folgende Bezeichnungen:[3] 929
- „Handel mit Waren verschiedener Art, insbesondere (...)";
- „Durchführung von Transporten und Umzügen, die nicht der Genehmigung nach dem GüKG bedürfen";[4]
- „Betrieb von Gaststätten";[5]
- „ingenieurmäßige Planung der haustechnischen Gewerke des Bauvorhabens Erdweg";
- „Verwaltung von Vermögen und Beteiligung an anderen Unternehmen";[6] dies gilt auch ohne weitere Konkretisierung von sonstigen geplanten Nebentätigkeiten.[7]

Umstritten ist die **Anfügung weiterer Zusätze**, wie z.B. „(...) sowie alle damit verbundenen Nebengeschäfte". Im Regelfall sind die genannten Geschäftsfelder von der ausdrücklich benannten Haupttätigkeit mit umfasst, so dass eine entsprechende Eintragung im Handelsregister zu unterbleiben hat, wenn nicht im Einzelfall eine substanzielle Erweiterung des unternehmerischen Tätigkeitsfeldes mit den genannten Nebengeschäften verbunden ist.[8] Denkbar ist allerdings auch nach Abschaffung der dahingehenden Prüfungspflichten des Registergerichts der im Handelsregister einzutragende Zusatz, dass bestimmte genehmigungsbedürftige Geschäfte nicht ausgeübt werden.[9] Jedoch ist eine dahingehende Eintragung nur dann erforderlich, wenn der Gegenstand die Ausübung der fraglichen genehmigungspflichtigen Tätigkeit nahe legt, etwa im Fall der „Unternehmensberatung, jedoch keine Rechts- und Steuerberatung" oder bei der „Bebauung von Grundstücken, jedoch keine nach § 34c GewO erlaubnispflichtigen Tätigkeiten" oder bei dem Betrieb einer „Spedition, jedoch ohne Durchführung eigener Transporte". 930

Zulässig ist insbesondere auch eine so genannte **„offene Vorratsgründung"**. Eine solche liegt vor, wenn die Gesellschaft zunächst errichtet wird, der exakte Tätigkeitsbereich jedoch erst später bei Bedarf, u. U. auch erst nach Übertragung sämtlicher Geschäftsanteile an Dritte durch jene erfolgen soll und dies nach Außen offen gelegt wird, indem der Unternehmensgegenstand zu Beginn ausdrücklich auf die „Verwaltung eigenen Vermögens" beschränkt wird.[10] 931

Zur Bestimmung des Unternehmensgegenstands **nicht ausreichend** sind allgemeine Beschreibungen[11] wie etwa der „Betrieb kaufmännischer Geschäfte"[12] oder „alle Geschäfte und Rechtshandlungen, die dem Zweck der Gesellschaft dienlich sind".[13] 932

---

[1] BayObLG Z 1994, 224; BayObLG Z 1993, 317.
[2] Siehe **OLG Köln** GmbHR 1981, 195; **OLG Frankfurt** DNotZ 1980, 173; **BayObLG** DNotZ 1976, 777; **OLG Hamburg** BB 1968, 267.
[3] Vgl. allgemein hierzu *Ulbert*, GmbH im Registerverfahren, S. 67 ff.
[4] **LG Wuppertal** MittRhNotK 1995, 109.
[5] Siehe **OLG Frankfurt** DNotZ 1980, 173; **BayObLG** Rpfleger 1978, 181.
[6] **OLG Düsseldorf** NJW 1970, 815.
[7] **OLG Frankfurt** MittBayNot 1987, 108 (= NJW-RR 1987, 287).
[8] **BayObLG** GmbHR 1994, 60; hingegen für die generelle Eintragung von nichtssagenden Zusätzen: **LG Bielefeld** RNotZ 2001, 594.
[9] **BayObLG** GmbHR 1994, 60 zur Nichtausübung von Tätigkeiten nach § 34c GewO.
[10] **BGH** Z 117, 323 (= NJW 1992, 1844); **BGH** Z 153, 158 (= NJW 2003, 892).
[11] Siehe **BayObLG** GmbHR 1995, 722; **BayObLG** MittBayNot 1994, 564.
[12] **LG Frankfurt** DNotZ 1980, 173.
[13] **LG Köln** GmbHR 1981, 195 (Leitsatz).

Ebenso ist die Bezeichnung des Gegenstands des Unternehmens mit „Produktion von Waren aller Art" mangels erforderlicher **Individualisierung** nicht ausreichend.[1] Dasselbe gilt für die „Erbringung von Dienstleistungen aller Art". Umstritten ist die Eintragung des „Handels mit Waren aller Art, sofern nicht besondere Genehmigungspflichten bestehen". Auch wenn es tatsächlich Gesellschaften gibt, die mit allem handeln, was ihnen „in die Quere kommt", empfiehlt sich jedenfalls die Angabe von Tätigkeitsschwerpunkten.[2] Hingegen bedürfen Dienstleistungen und die Warenproduktion naturgemäß einer gewissen Spezialisierung. Zu beachten ist, dass die unzulängliche Spezifizierung des Unternehmensgegenstands ein Hindernis für die Ersteintragung einer GmbH darstellt (§ 9c Abs. 2 Nr. 1 GmbHG).

933 Bei einer Komplementär-GmbH einer GmbH & Co. KG genügt die Angabe des Unternehmensgegenstands in der Form, dass die Übernahme der Vertretung bei einer bestimmten KG oder bei einer Mehrzahl von Kommanditgesellschaften erfolgt.[3] Es bedarf insbesondere keiner Darstellung des Unternehmensgegenstands der jeweiligen KG, deren Komplementär die GmbH ist.

934 Dem Registergericht ist eine Korrektur des unzureichenden Unternehmensgegenstands versagt. Ebenso kommt eine nur teilweise Vornahme der Eintragung nicht in Betracht.[4] Gegebenenfalls haben die Gesellschafter unter Einhaltung der Gründungsvorschriften den Gesellschaftsvertrag entsprechend zu ändern, um die Eintragung zu ermöglichen. Die **Veränderung des statutarischen Unternehmensgegenstands** erfordert eine Änderung des Gesellschaftsvertrags oder einen Nachtrag zum Gründungsprotokoll, vor Eintragung unter Anwendung des § 2 GmbHG, nach Ersteintragung der Gesellschaft unter Berücksichtigung der Vorschriften der §§ 53, 54 GmbHG. Jedoch führt ein späteres Auseinanderfallen von satzungsmäßigem Unternehmensgegenstand und tatsächlichem Tätigkeitsbereich nicht dazu, dass vom Registergericht entsprechend § 397 Satz 2 FamFG ein Amtslöschungsverfahren eingeleitet werden kann.[5] Die zutreffende Angabe des Unternehmensgegenstands steht in erster Linie im Interesse der Gesellschaft, die regelmäßig ihren Tätigkeitsbereich korrekt mit Außenwirkung darstellen will. Im Übrigen ist die richtige Eintragung des Unternehmensgegenstands für die Geschäftsführer der Gesellschaft bedeutsam, um die für sie ohne besondere Rückfrage bei den Gesellschaftern zulässigen Tätigkeiten zu belegen. Sollte in seltenen Einzelfällen eine GmbH zur Tarnung illegaler Tätigkeiten dienen, können die sicherheits- und ordnungsrechtlich gebotenen Maßnahmen nicht durch das Registergericht eingeleitet werden, da dies allein Sache der jeweiligen Ordnungs- und Aufsichtsbehörden ist, die ggf. mit einer Gewerbeuntersagung oder sonstigen polizeilichen Mitteln einzuschreiten haben.

935 **f) Betrag des Stammkapitals.** Der Gesellschaftsvertrag oder das Gründungsprotokoll nach § 2 Abs. 1a GmbHG muss die **Höhe des Stammkapitals** ausweisen (§ 3 Abs. 1 Nr. 3 GmbHG). Der Mindestbetrag ist 25 000 €. Wird dieser Mindestbetrag bei Gründung der Gesellschaft unterschritten, muss in der Firma, abweichend von § 4 GmbHG die Bezeichnung „Unternehmergesellschaft (haftungsbeschränkt)" oder „UG (haftungsbeschränkt)" geführt werden (§ 5a Abs. 1 GmbHG).[6] Für die Festlegung des

---

[1] BayObLG Z 1994, 224.
[2] **BayObLG** Rpfleger 2003, 301 (= NZG 2003, 482).
[3] **BayObLG** GmbHR 1996, 360; **BayObLG** NJW-RR 1996, 413; *Hueck/Fastrich*, in: Baumbach/Hueck, GmbHG, § 3 Rz. 9 m.w.N.
[4] LG Bielefeld RNotZ 2001, 594; **LG München I** GmbHR 1991, 270.
[5] Vgl. *Emmerich*, in: Scholz, GmbHG, § 3 Rz. 17; anderer Ansicht: *Hueck/Fastrich*, in: Baumbach/Hueck, GmbHG, § 3 Rz. 10.
[6] Zu den weiteren abweichenden Regelungen in § 5a GmbHG s. Rz. 940a ff.

Stammkapitals ist zu beachten, dass die Summe der Nennbeträge aller Geschäftsanteile mit dem im Gesellschaftsvertrag bestimmten Stammkapital übereinstimmen muss (§ 5 Abs. 3 Satz 2 GmbHG).

g) **Bestimmung der übernommenen Geschäftsanteile.** Der Gesellschaftsvertrag bzw. das gemäß § 2 Abs. 1a GmbHG verwendete Gründungsprotokoll hat Zahl und Nennbeträge der von jedem Gesellschafter auf das Stammkapital zu leistenden Einlagen zu enthalten (**Geschäftsanteile,** § 3 Abs. 1 Nr. 4 GmbHG). Dabei kann ein Gesellschafter auch bei Gesellschaftsgründung mehrere Geschäftsanteile übernehmen (§ 5 Abs. 2 Satz 2 GmbHG). Die Übernehmer der Geschäftsanteile sind im Gesellschaftsvertrag namentlich zu bezeichnen; allein die Angabe in der Gründungsniederschrift reicht nur bei Verwendung des Gründungsprotokolls gemäß § 2 Abs. 1a GmbHG.[1] Der Mindestbetrag eines Geschäftsanteils ist 1 € und muss auf volle Euro lauten (§ 5 Abs. 2 Satz 1 GmbHG). Es ist zulässig, ein Stammkapital von 25 000 € bereits bei Gründung in 25 000 einzelne Geschäftsanteile aufzuteilen. Die Nennbeträge der Geschäftsanteile können unterschiedlich sein, auch bei Übernahme durch denselben Gründer (§ 5 Abs. 3 Satz 1 GmbHG). Deren Stückelung ist in der Satzung anzugeben (§ 3 Abs. 1 Nr. 4 GmbHG). Die Summe der Nennbeträge aller Geschäftsanteile muss mit dem Stammkapital übereinstimmen (§ 5 Abs. 3 Satz 2 GmbHG). Die Höhe der zu leistenden Stammeinlage (§ 3 Abs. 1 Nr. 4 GmbHG) bestimmt sich nach dem im Gesellschaftsvertrag festgesetzten Nennbetrag der jeweiligen Geschäftsanteile (§ 14 GmbHG). Die ohnehin nur im Zeitpunkt der Errichtung zutreffenden Angaben nach § 3 Abs. 1 Nr. 4 GmbHG können im Zuge späterer Änderungen des Gesellschaftsvertrags ersatzlos entfallen (siehe Rz. 1016).

936

Bei der Gründung ist im Gesellschaftsvertrag festzulegen, ob die Erbringung der Einlage durch Barzahlung oder durch eine Sacheinlage zu erfolgen hat. Bei **Sacheinlagen**[2] ist deren Gegenstand im Gesellschaftsvertrag festzusetzen (§ 5 Abs. 4 Satz 1 GmbHG). Da die rechtliche Behandlung von Bar- und Sacheinlage aus Gründen des Gläubigerschutzes erheblich voneinander abweicht (siehe § 5 Abs. 4, § 7 Abs. 3, § 9 GmbHG), ist eine strenge Überprüfung der Einhaltung der vertraglich vorgesehenen Einlageverpflichtungen durch das Registergericht angezeigt. Eine Bareinlage kann daher nicht durch Leistung einer Sacheinlage erfüllt werden. Als Sacheinlage ist auch die Erfüllung einer Verbindlichkeit der Gesellschaft anzusehen,[3] insbesondere wenn es sich um eine Verbindlichkeit gegenüber einem der Gründer handelt,[4] nicht aber eine Dienstleistung des Gründers oder sonstige obligatorische Ansprüche gegen den Gründer.[5] Um eine **verdeckte Sacheinlage** (§ 19 Abs. 4 Satz 1 GmbHG)[6] handelt es sich insbesondere dann, wenn von den Gesellschaftern zunächst die Bareinlageverpflichtung erfüllt wird, jedoch mit den einbezahlten Mitteln die Anschaffung von Sachwerten der Gesellschafter geplant ist. Nicht selten liegen derartige Fälle bei der Übertragung von bislang einzelkaufmännisch geführten Unternehmen auf eine neu errichtete GmbH vor, da die Mühen einer Ausgliederung nach dem Umwandlungsgesetz oder der Festsetzung einer Sacheinlage gescheut werden, so dass zunächst die Stammeinlage in bar eingezahlt wird und sodann die Barmittel für den Kauf des Unternehmens verwendet

937

---

[1] OLG Hamm NJW 1987, 263 (= OLGZ 1986, 159); **LG Gießen** GmbHR 1986, 162.
[2] OLG Zweibrücken MittBayNot 1982, 39.
[3] OLG Naumburg GmbHR 1999, 1037; **OLG Dresden** GmbHR 1999, 1035.
[4] BGH MittBayNot 1994, 344.
[5] BGH NJW 2009, 2375 (= NZG 2009, 463 = GmbHR 2009, 540).
[6] Vgl. hierzu **BGH** NJW 2009, 2375 (= NZG 2009, 463 = GmbHR 2009, 540); **BGH** Z 171, 113 (= NJW 2007, 3285); **BGH** Z 132, 133; **BGH** Z 118, 83; *Pentz,* in: Rowedder/Schmidt-Leithoff, GmbHG, § 19 Rz. 115 ff.; *Hueck/Fastrich,* in: Baumbach/Hueck, GmbHG, § 19 Rz. 38 ff.

werden. Derartige verdeckte Sacheinlagen haben – anders als nach der bisherigen Rechtsprechung[1] – nach der durch das MoMiG geänderten Fassung des § 19 Abs. 4 GmbHG nicht mehr die Nichtigkeit der ihnen zugrunde liegenden Verträge und Rechtshandlungen zu ihrer Ausführung zur Folge. Zwar bleibt die Geldeinlagepflicht weiterhin bestehen. Der Wert des eingebrachten Vermögensgegenstandes zur Zeit der Anmeldung oder der späteren Überlassung wird jedoch auf diese Verpflichtung angerechnet. Dies geschieht allerdings nicht vor Eintragung der Gesellschaft (§ 19 Abs. 4 Satz 4 GmbHG). Bereits vor der Eintragung geleistete Sacheinlagen müssen daher offenbart werden.[2] Unwahre Angaben hierüber erfüllen den Straftatbestand des § 82 Abs. 1 Nr. 1 GmbHG und stellen ein **Eintragungshindernis** gemäß § 9c Abs. 1 Satz 1 GmbHG dar.[3]

938 Die Einlage ist an die Gesellschaft so zu leisten, dass diese durch ihre Geschäftsführer über den Leistungsgegenstand **endgültig frei verfügen** kann (vgl. § 8 Abs. 2 GmbHG). Dies ist nicht der Fall, wenn die geleistete Zahlung als „Einlage/Darlehen" gebucht wird.[4] Fließt die Einlageleistung aufgrund vorheriger Absprache wieder an den Gesellschafter zurück[5] und ist sie nicht als verdeckte Sacheinlage im Sinne von § 19 Abs. 4 GmbHG zu beurteilen[6] (s. Rz. 937), so führt sie – anders als nach der Rechtsprechung vor Inkrafttreten des MoMiG[7] – zu einer Befreiung des Gesellschafters von seiner Einlageverpflichtung, wenn die Leistung durch einen **vollwertigen Rückgewähranspruch** gedeckt ist, der **jederzeit fällig ist oder durch fristlose Kündigung fällig gestellt werden kann** (§ 19 Abs. 5 Satz 1 GmbHG). Ein derartiger Fall des „Hin- und Herzahlens" ist in der Handelsregisteranmeldung der Errichtung der Gesellschaft anzugeben (§ 19 Abs. 5 Satz 2 GmbHG). Obwohl die Regelungen für eine Berücksichtigung solcher zurückfließender Zahlungen gemäß § 3 Abs. 4 Satz 1 EGGmbHG auch für Einlageleistungen vor Inkrafttreten des MoMiG gelten, ist dieser Umstand nicht nachträglich offenzulegen, da § 19 Abs. 5 Satz 2 GmbHG ausdrücklich auf die Anmeldung gemäß § 8 GmbHG, also nur auf die Anmeldung der Errichtung Bezug nimmt. Im Fall einer wirtschaftlichen Neugründung lebt die Pflicht zur Anmeldung bei entsprechender Anwendung der Gründungsvorschriften (s. Rz. 1109) jedoch wieder auf.

939 Für die Festlegung des Gegenstands der **Sacheinlage** genügt bei Sachgesamtheiten die Angabe einer verkehrsüblichen Bezeichnung unter Berücksichtigung des sachenrechtlichen Bestimmtheitsgrundsatzes. Werden Beteiligungen an Gesellschaften eingebracht, so reicht bei Handelsgeschäften die Angabe von Firma, Sitz und Registerstelle.[8] Sofern einzelne Aktiva oder Passiva nicht übergehen, sind diese exakt zu bezeichnen.[9] Die Bestimmungen zur Bezeichnung der Sacheinlage sind bis zum Ablauf der Verjährungsfrist für die Einlageverpflichtung von zehn Jahren (vgl. Rz. 1016) beizubehalten, können also erst danach aus dem Gesellschaftsvertrag entfernt wer-

---

[1] S. z. B. **BGH** Z 153, 107 (= NJW 2003, 825).
[2] S. BT-Drucks. 16/9737, S. 97.
[3] *Roth/Altmeppen*, GmbHG, § 19 Rz. 83, 85 a; *Wicke*, GmbHG, § 19 Rz. 27.
[4] **BGH** NJW 2006, 509; **BGH** NJW 2006, 906.
[5] **BGH** NZG 2009, 463 (= GmbHR 2009, 540 = BB 2009, 973).
[6] Zur Abgrenzung von verdeckter Sacheinlage und Hin- und Herzahlen beim Cash-Pooling siehe **BGH** DB 2009, 1755 (= ZIP 2009, 1561).
[7] **BGH** Z 153, 107 (= NJW 2003, 825); **OLG Schleswig** MittRhNotK 2000, 399; **OLG Köln** MittBayNot 1995, 482.
[8] Siehe *Schmidt-Leithoff*, in: Rowedder/Schmidt-Leithoff, GmbHG, § 5 Rz. 59; *Hueck/Fastrich*, in: Baumbach/Hueck, GmbHG, § 5 Rz. 45; *Ulmer*, in: Hachenburg, GmbHG, § 5 Rz. 121; *Zeidler*, in: Michalski, GmbHG, § 5 Rz. 213; so nun auch *Bayer*, in: Lutter/Hommelhoff, GmbHG, § 5 Rz. 31.
[9] **OLG Düsseldorf** GmbHR 1996, 214.

den.¹ Der den Betrag der Stammeinlage übersteigende Wert der Sacheinlage kann als Gesellschafterdarlehen verbucht werden² oder auch ohne Ausweisung eines vorweg hierfür bestimmten Betrags in die Rücklage eingestellt werden.³ Eine Forderung gegen einen Gesellschafter ist nach allgemeiner Auffassung kein tauglicher Gegenstand einer Sacheinlage.⁴

Anzugeben ist in der Bestimmung des Gesellschaftsvertrags auch der zur Sacheinlage befugte Gesellschafter, da jede Stammeinlage einem bestimmten Gesellschafter zugeordnet ist. Die Angemessenheit der Leistungen ist durch alle Gesellschafter in einem **Sachgründungsbericht** darzulegen (§ 5 Abs. 4 Satz 2 GmbHG), der kein Bestandteil des Gesellschaftsvertrags ist und daher nicht der notariellen Beurkundung bedarf. Die Gesellschafter haben den Bericht höchstpersönlich zu erstellen, so dass eine rechtsgeschäftliche Stellvertretung ausscheidet.⁵ Der Bericht soll dem Registergericht die Prüfung erleichtern, ob die Gesellschaft ordnungsgemäß errichtet wurde (§ 9c Abs. 1 GmbHG). Welche Einzelangaben im Sachgründungsbericht zur Darlegung der Angemessenheit der Leistungen für Sacheinlagen zu machen sind, bestimmt sich nach dem jeweils vorliegenden Einzelfall. Es müssen zwar nicht bis in jedes Detail, jedoch gleichwohl nachvollziehbar die Erwägungen der Gesellschafter zur Werthaltigkeit der Sacheinlage enthalten sein. Bei der Übertragung von Gegenständen werden häufig Kaufpreis, Kaufdatum, die übliche Gebrauchsdauer und der konkrete Abnutzungszustand erforderlich sein. Die Umsatzsteuer ist dabei regelmäßig nicht anzusetzen, weil diese bei einem üblichen Erwerb durch die Gesellschaft absetzbar wäre, nicht aber bei dem Erwerb von einem Privaten, wie dem Gründungsgesellschafter. Es kann auch auf eingereichte Unterlagen, insbesondere Bewertungsgutachten von fachkundigen Personen, Bezug genommen werden. Die Vorlage einer solchen Stellungnahme ersetzt aber den Sachgründungsbericht nicht. Für den Fall, dass ein bestehendes Unternehmen in die Gesellschaft eingebracht wird, sind auch die Jahresergebnisse der beiden letzten Geschäftsjahre anzugeben (§ 5 Abs. 4 Satz 2 GmbHG). 940

h) Unternehmergesellschaft (haftungsbeschränkt). Durch das MoMiG wurde mit § 5a GmbHG die **Unternehmergesellschaft (haftungsbeschränkt)** als Variante der GmbH geschaffen. Sie ist als Gegenmodell insbesondere zur Konkurrenz ausländischer Rechtsformen konzipiert und soll in Kombination mit dem allen Gesellschaften mit beschränkter Haftung zur Verfügung stehenden Gründungsprotokoll gemäß § 2 Abs. 1a GmbHG zu erhöhter Flexibilität, Schnelligkeit, Einfachheit und Kostengünstigkeit bei der Errichtung führen. Die Unternehmergesellschaft (haftungsbeschränkt) ist eine Gesellschaft mit beschränkter Haftung, bei deren Gründung allerdings das Mindestkapital des § 5 Abs. 1 GmbHG unterschritten wird. Sie kann daher mit einem Kapitaleinsatz von mindestens einem Euro, durch einen Gründungsgesellschafter, der einen Geschäftsanteil im Mindestwert (§ 5 Abs. 2 Satz 1 GmbHG) übernimmt, bis zu 24 999 € ge- 940a

---

¹ So die h. M.; siehe *Hueck/Fastrich*, in: Baumbach/Hueck, GmbHG, § 5 Rz. 49; *Winter*, in: Scholz, GmbHG, § 5 Rz. 86; *Schmidt-Leithoff*, in: Rowedder/Schmidt-Leithoff, GmbHG, § 5 Rz. 56; *Zeidler*, in: Michalski, GmbHG, § 5 Rz. 167; anderer Ansicht, nämlich für eine Anwendung von § 27 Abs. 5 AktG: **LG Hamburg** MDR 1968, 1013 (= GmbHR 1968, 207).
² Vgl. **BayObLG** GmbHR 1979, 139; **LG München I** MittBayNot 1996, 230; *Kurz* MittBayNot 1996, 172.
³ Siehe **LG München I** MittBayNot 2004, 291; zur gemischten Sacheinlage **BGH** Z 170, 47 (= NJW 2007, 765).
⁴ **BGH** NJW 2009, 2375 (= NZG 2009, 463 = GmbHR 2009, 540); **KG** FGPrax 2005, 223 (= Rpfleger 2005, 542); *Priester*, in: Scholz, GmbHG, § 56 Rz. 14.
⁵ *Schmidt-Leithoff*, in: Rowedder/Schmidt-Leithoff, GmbHG, § 5 Rz. 63; *Bayer*, in: Lutter/Hommelhoff, GmbHG, § 5 Rz. 34; *Winter*, in: Scholz, GmbHG, § 5 Rz. 100; *Zeidler*, in: Michalski, GmbHG, § 5 Rz. 177; *Priester* DNotZ 1980, 515 (520).

gründet werden. In ihrer Firma darf sie jedoch nicht die Bezeichnung „GmbH" sondern muss sie die Bezeichnung „Unternehmergesellschaft (haftungsbeschränkt)" oder „UG (haftungsbeschränkt)" führen (§ 5 a Abs. 1 GmbHG), um den Rechtsverkehr auf ihr niedrigeres Stammkapital hinzuweisen. Eine Abkürzung des Zusatzes „haftungsbeschränkt" ist im Interesse dieser Warnfunktion nicht zulässig.[1] Die Unternehmergesellschaft (haftungsbeschränkt) ist dabei jedoch **keine eigenständige Rechtsform** sondern unterliegt, sofern nicht die Sonderregelungen des § 5 a GmbHG eingreifen, ohne weitere Einschränkungen den Rechtsvorschriften für die GmbH.[2]

940b Das Stammkapital der Unternehmergesellschaft (haftungsbeschränkt) muss vor der Anmeldung in vollem Umfang und als **Bareinlage** eingezahlt worden sein (§ 5 a Abs. 2 GmbHG). Da Sacheinlagen gemäß § 5 a Abs. 2 Satz 2 GmbHG ausdrücklich untersagt sind, kann auch eine verdeckte Sacheinlage nach § 134 BGB nicht wirksam vereinbart werden; § 19 Abs. 4 Satz 2 GmbHG wird insofern von der für die Unternehmergesellschaft (haftungsbeschränkt) geltenden spezielleren Norm verdrängt,[3] so dass eine Anrechnung der geleisteten Sacheinlage auf die Bareinlagepflicht gemäß § 19 Abs. 4 Satz 3 GmbHG nicht erfolgen kann.

940c Angesichts des geringeren Stammkapitals von nicht selten nur einem Euro besteht für die Unternehmergesellschaft (haftungsbeschränkt) ein erhöhtes **Überschuldungsrisiko**. Der Gesetzgeber hat vor diesem Hintergrund in § 5 a Abs. 4 GmbHG den Geschäftsführer verpflichtet, abweichend von § 49 Abs. 3 GmbHG im Falle drohender Zahlungsunfähigkeit der Gesellschaft – gemäß § 18 Abs. 2 InsO, wenn sie voraussichtlich nicht in der Lage sein wird, die bestehenden Zahlungspflichten im Zeitpunkt ihrer Fälligkeit zu erfüllen – unverzüglich eine Gesellschafterversammlung einzuberufen. Eine darüber hinausgehende Pflicht, auch im Falle eines Verlustes der Hälfte des Stammkapitals die Gesellschafterversammlung einzuberufen, sollte ausdrücklich nicht auferlegt werden.[4] Zur Vermeidung von Zahlungsunfähigkeit oder Überschuldung – gemäß § 19 Abs. 2 InsO, wenn das Vermögen der Gesellschaft die bestehenden Verbindlichkeiten nicht mehr deckt – mit der Folge einer Pflicht zur Stellung eines Insolvenzantrages gemäß § 15 a InsO ist bei Gründung einer Unternehmergesellschaft (haftungsbeschränkt) darauf zu achten, dass ein von der Gesellschaft entsprechend § 26 Abs. 2 AktG übernommener Gründungsaufwand (s. Rdnr. 941) nicht bereits den Betrag des Stammkapitals überschreitet. Ein derartiges Überschreiten und die damit einhergehende Überschuldung wären ein vom Gericht zu berücksichtigendes Eintragungshindernis gemäß § 9 c Abs. 1 GmbHG.[5] Bei Verwendung des Gründungsprotokolls gemäß § 2 Abs. 1 a GmbHG besteht diese Gefahr angesichts dessen Formulierung in Nr. 5 Satz 1 nicht („Die Gesellschaft trägt die mit der Gründung verbundenen Kosten ... höchstens jedoch bis zum Betrag ihres Stammkapitals").

940d Die Unternehmergesellschaft (haftungsbeschränkt) wurde mit dem erklärten Ziel eingeführt, Existenzgründungen zu erleichtern ohne das Gebot eines Mindeststammkapitals für Gesellschaften mit beschränkter Haftung generell aufzugeben.[6] Sie ist dementsprechend als Durchgangsstadium zu der regulären Gesellschaft mit beschränkter Haftung eingerichtet, innerhalb dessen eine fortschreitende Erweiterung des Eigenkapitals der Gesellschaft durch eine Pflicht zur **Rücklagenbildung** gesichert werden soll.

---

[1] BT-Drucks. 16/6140, S. 31.
[2] BT-Drucks. 16/6140, S. 75.
[3] *Wicke*, GmbHG, § 5 a Rz. 8; anderer Ansicht *Roth/Altmeppen*, GmbHG, § 5 a Rz. 15, allerdings unter Ablehnung einer Nachholungsmöglichkeit.
[4] BT-Drucks. 16/6140, S. 75.
[5] *Drygala* NZG 2007, 562.
[6] BT-Drucks. 16/6140, S. 70 f.

Gemäß § 5a Abs. 3 GmbHG hat die Gesellschaft jährlich ein Viertel ihres Jahresüberschusses gekürzt um einen etwaigen Verlustvortrag aus dem Vorjahr in eine gesetzliche Rücklage einzustellen. Diese Rücklage darf nur zur Kapitalerhöhung aus Gesellschaftsmitteln gemäß § 57c GmbHG sowie zum Ausgleich eines Jahresfehlbetrages oder eines Verlustvortrages verwendet werden. Eine Obergrenze für diese Rücklage ist, anders als in § 150 Abs. 2 AktG, weder in zeitlicher noch betragsmäßiger Hinsicht vorgesehen. Erst wenn die Gesellschaft ihr Kapital aus dieser Rücklage oder auch durch reguläre **Kapitalerhöhung auf mindestens 25 000 €** erhöht, entfällt die Pflicht zur Rücklagenbildung (§ 5a Abs. 5 Halbs. 1 GmbHG). Ab diesem Zeitpunkt ist sie wie eine normale Gesellschaft mit beschränkter Haftung zu behandeln. Die Bezeichnung „Unternehmergesellschaft (haftungsbeschränkt)" kann, muss sie aber nicht zu Gunsten des Rechtsformzusatzes „GmbH" aufgeben (§ 5a Abs. 5 Halbs. 2 GmbHG).

i) **Weiterer Inhalt des Gesellschaftsvertrages.** Zudem können die Gründer im Gesellschaftsvertrag u. a. zu folgenden Gegenständen Regelungen treffen:

- Bestimmungen über die **Beschränkung** des Unternehmens auf eine kalendermäßig bestimmte oder sonst bestimmbare **Zeit** (§ 3 Abs. 2 GmbHG);
- Bestimmungen über **Nebenleistungen der Gesellschafter** außer der Leistung der Kapitaleinlagen, z. B. Dienstleistungen, Wettbewerbsverpflichtungen;
- Bestimmungen darüber, dass die **Abtretung** von Geschäftsanteilen von der **Genehmigung** der Gesellschaft oder anderen Voraussetzungen abhängig sein soll (§ 15 Abs. 5 GmbHG), sowie Bestimmungen zur Teilung und Zusammenlegung von Geschäftsanteilen (§ 46 Nr. 4 GmbHG);
- die Begründung einer **Nachschusspflicht** (§ 26 Abs. 1, §§ 27, 28 GmbHG);
- die Zulassung eines **genehmigten Kapitals** (§ 55a GmbHG);
- Vorschriften über die **Einziehung** von Geschäftsanteilen (§ 46 Nr. 4, § 34 Abs. 1 GmbHG);
- Sonderrechte und Sonderpflichten der GmbH gegenüber den Gesellschaftern, z. B. Gründungsvorteile;[1]
- Bestimmungen über die Bildung eines **Aufsichtsrats** (§ 52 GmbHG);
- Festsetzung **weiterer** als der in § 60 Abs. 1 GmbHG vorgesehenen **Auflösungsgründe** (§ 60 Abs. 2 GmbHG); z. B. Tod oder Kündigung eines Gesellschafters;
- die Übernahme von **Gründungsaufwand**, der zu Lasten der GmbH an Gründer oder sonstige Personen gezahlt werden soll. Das gilt auch, wenn die Verpflichtung der Gründer entsprechend § 26 Abs. 2 AktG abbedungen werden soll, der GmbH die Gründungskosten zu erstatten, die sie im Außenverhältnis – allein oder neben den Gründern – geschuldet und bezahlt hat[2] (z. B. Kosten für die Anmeldung zum und Eintragung in das Handelsregister; Beratungskosten). Trifft der Gesellschaftsvertrag hierzu keine Regelung, sind die angefallenen Kosten von den Gesellschaftern zu tragen. Gegebenenfalls sind im Gesellschaftsvertrag die einzelnen Kosten zusammengefasst als Gesamtbetrag auszuweisen. Beträge, die noch nicht genau beziffert werden können, müssen geschätzt und somit als Zirka-Betrag angegeben werden. Festzusetzen ist daher nicht ein beliebiger Betrag, auch dann nicht, wenn dieser als Höchstbetrag ausgewiesen wird.[3] Zwar kann bei Erstellung der Gründungsurkunde häufig der genaue Betrag noch nicht genannt werden. Zu erfolgen hat dann jedoch eine angemessene Schätzung, da nur so der Zweck der Information der Außenstehenden

---

[1] Siehe etwa **BGH NJW** 1969, 131.
[2] **BGH Z** 107, 1; **BayObLG BB** 1988, 2195; **OLG Düsseldorf** MittRhNotK 1986, 172; **OLG Hamm** DNotZ 1984, 509; **LG Gießen** GmbHR 1995, 453; *Mayer* MittBayNot 1989, 128.
[3] Vgl. **LG Essen** GmbHR 2003, 471.

über die Anfangsbelastung der Gesellschaft erreicht werden kann. Bei Schätzungen, die den tatsächlichen Anfall um mehr als 50% übersteigen, wird man dies nicht mehr annehmen können. Die Angaben zur Übernahme des Gründungsaufwands können erst zehn Jahre nach Eintragung der Gesellschaft beseitigt werden;[1]
- **Abfindungsklauseln** im Fall des Ausscheidens eines Gesellschafters;[2]
- die Bestellung der **Geschäftsführer** (§ 6 Abs. 3 GmbHG) und deren Vertretungsbefugnis (§ 35 Abs. 2 GmbHG) und nur im Innenverhältnis Wirkung entfaltende Beschränkungen ihres Auftrags (§ 37 GmbHG), sowie Beschränkungen des Widerrufs ihrer Bestellung (§ 38 Abs. 2 GmbHG);
- Bestimmungen über das **Geschäftsjahr**;[3]
- ferner sonstige Bestimmungen über das Verhältnis der Gesellschafter untereinander, z.B. über die **Gewinnverteilung** (§ 29 Abs. 2 und 3 GmbHG), Stimmrecht und Austrittsrecht eines Gesellschafters.

941a j) **Gründung in einem vereinfachten Verfahren.** Durch das MoMiG wurde in § 2 Abs. 1a GmbHG die Möglichkeit geschaffen, GmbH-Gründungen in einem vereinfachten Verfahren auf der Grundlage eines Musterprotokolls durchzuführen. Da für den Notar gemäß § 17 BeurkG die Pflicht zu einer umfassenden Belehrung bestehen bleibt, hat die Gründung im vereinfachten Verfahren hauptsächlich – aufgrund der Einfügung des § 41d KostO – Kostenvorteile für die Gründer. Daneben soll die Verwendung des vom Gesetzgeber vorgegebenen Musterprotokolls durch einen reduzierten Prüfungsaufwand der Gerichte zu einer Beschleunigung des Eintragungsverfahrens führen. Die Gründung im vereinfachten Verfahren kann gemäß § 2 Abs. 1a GmbHG nur in Anspruch genommen werden, wenn die Gesellschaft bei ihrer Errichtung **höchstens drei Gründungsgesellschafter und nur einen Geschäftsführer** hat.

941b Für die Verwendung des Musterprotokolls ist keine bestimmte Höhe des Stammkapitals vorgegeben. Regelmäßig wird seine Verwendung insbesondere für die Gründung von Unternehmergesellschaften (haftungsbeschränkt) mit einem unter 25 000 € liegenden Stammkapital interessant sein,[4] da hierbei häufig die Kostenersparnis im Vordergrund steht und gerade im Falle eines reduzierten Stammkapitals geringere Kosten für die notarielle Beurkundung anfallen. Die Verwendung des vereinfachten Verfahrens ist jedoch vom Gesetzgeber nicht auf derartige Fälle beschränkt, so dass sie **auch für** die Gründung einer regulären GmbH mit einem **Stammkapital von 25 000 € oder höheren Beträgen** offen steht. Bei der Aufteilung des Stammkapitals auf bis zu drei Gesellschafter kann allerdings jeder Gesellschafter nur jeweils einen Geschäftsanteil übernehmen. Anders als § 5 Abs. 2 GmbHG lässt das Musterprotokoll die Übernahme mehrerer Geschäftsanteile durch einen Gesellschafter nicht zu. Die Höhe der jeweiligen Geschäftsanteile ist dabei nicht vorgegeben, so dass diese bei mehreren Gesellschaftern nicht einheitlich sein müssen (vgl. Rz. 936). Die Geschäftsanteile müssen als **Bareinlage** geleistet werden. Die Übernahme von Sacheinlagen erlaubt das Musterprotokoll nicht.

941c Im Rahmen einer Gründung nach dem vereinfachten Verfahren unter Verwendung des Musterprotokolls kann für die GmbH nur **ein Geschäftsführer** bestellt werden (§ 2 Abs. 1a Satz 1 GmbHG). Dieser Geschäftsführer ist jeweils in Ziffer 4 des Musterprotokolls von den Beschränkungen des § 181 BGB befreit. Die Befreiung ist aufgrund ihrer eindeutigen Zuordnung zu diesem Geschäftsführer als besondere, kon-

---

[1] LG Berlin GmbHR 1993, 590 zur damaligen Rechtslage; zur Änderung der Verjährungsfristen siehe Rz. 1016.
[2] Hierzu *Bacher/Spieth* GmbHR 2003, 517.
[3] Dazu *Kleinert/Xylander* GmbHR 2003, 506.
[4] So auch vom Gesetzgeber intendiert, siehe BT-Drucks. 16/6140, S. 31.

krete Vertretungsbefugnis für eben diesen aufzufassen.[1] Eine allgemeine, abstrakte Vertretungsregelung ist dem Musterprotokoll nicht zu entnehmen, so dass gemäß § 35 Abs. 2 Satz 1 GmbHG die gesetzliche Vertretungsregelung gilt. Sofern also im weiteren Verlauf der Existenz der Gesellschaft ein **weiterer Geschäftsführer** zu bestellen ist, wird – sofern für diesen sowie den bereits bestellten Geschäftsführer eine von der gesetzlichen Vorgabe abweichende Vertretungsregelung gewünscht wird (so etwa auch die Möglichkeit der Erteilung von Einzelvertretungsmacht) –, hierfür ein abändernder Gesellschafterbeschluss benötigt (§§ 2 Abs. 1 a Satz 5 i. V. m. 53 Abs. 1 GmbHG), dessen Regelungen entsprechend § 54 Abs. 3 GmbHG erst mit ihrer Eintragung im Handelsregister in Kraft treten. Falls dabei ferner die Möglichkeit eröffnet werden soll, die Geschäftsführer durch Mehrheitsbeschluss der Gesellschafter von den Beschränkungen des § 181 BGB zu befreien, ist diese Möglichkeit ebenfalls ausdrücklich im Gesellschaftsvertrag festzuhalten (s. Rz. 952). Die hiervon abweichende in der Registerpraxis teils anzutreffende Ansicht, die unterstellt, dass bei Verwendung des Musterprotokolls die Gesellschaft bis zum Abschluss eines abändernden Gesellschaftsvertrages nur einen Geschäftsführer haben kann, überzeugt dagegen schon deshalb nicht, weil es sich bei diesem in § 2 Abs. 1a GmbHG genannten Kriterium nur um eine Voraussetzung für die Verwendung des Musterprotokolls bei Errichtung der Gesellschaft handelt, nicht aber um eine auch nach der Gründung noch fortwirkende Abweichung von der Regelung des § 35 GmbHG. Insofern gilt diesbezüglich dasselbe wie für die unbestritten bestehende Möglichkeit, den Kreis der Gesellschafter nach Eintragung der GmbH im Register auch bei Verwendung des Musterprotokolls auf mehr als drei Personen zu erweitern.

Bei der Gründung in einem vereinfachten Verfahren ist eines der beiden im Anhang zu § 2 Abs. 1a GmbHG festgesetzten **Musterprotokolle** zu verwenden. Die beiden Musterprotokolle unterscheiden sich insofern, als Anlage 1a auf die Gründung einer Einpersonengesellschaft abstellt, die Anlage 1b dagegen auf die Gründung einer Mehrpersonengesellschaft mit bis zu drei Gesellschaftern. Das Musterprotokoll ist Gründungsprotokoll und Protokoll über die Geschäftsführerbestellung in einem und fungiert gleichzeitig als Gesellschafterliste (§ 2 Abs. 1a Satz 4 GmbHG). Der Text des Musterprotokolls ist grundsätzlich einzuhalten, so dass den Gründern individuelle Entscheidungsmöglichkeiten nur bezüglich der im Musterprotokoll offen gelassenen oder als Alternative angebotenen Inhalte zur Verfügung stehen. Diese sind: Firma, Sitz, Gegenstand des Unternehmens, Höhe des Stammkapitals, Erbringung des Stammkapitals (alternativ: sofort oder zunächst zu 50 % und im Übrigen auf Einforderung der Gesellschafterversammlung) und Person des Geschäftsführers. Hinsichtlich Firma, Sitz, Unternehmensgegenstand und Höhe des Stammkapitals sowie Person des Geschäftsführers gelten für die Gründung in einem vereinfachten Verfahren die allgemeinen Bestimmungen des GmbHG. Die Erbringung der Einlagen ist im Hinblick auf den eindeutigen Wortlaut des Musterprotokolls auf Bareinlagen beschränkt. Im Fall der Gründung einer Unternehmergesellschaft (haftungsbeschränkt) ist gemäß § 5a Abs. 2 Satz 1 GmbHG nur die sofortige Erbringung des vollen Betrags gestattet. Die Alternative einer zunächst hälftigen Einzahlung ist in diesem Fall ausgeschlossen. 941d

Die Regelung des § 2 Abs. 1a Satz 3 GmbHG bestimmt darüber hinaus, dass **keine weiteren** vom Gesetz abweichenden **Bestimmungen** getroffen werden dürfen. Eine Wiederholung einzelner gesetzlicher Regelungen im Rahmen des Musterprotokolls ist so- 941e

---

[1] **OLG Stuttgart** FGPrax 2009, 182 (= NZG 2009, 754 = GmbHR 2009, 827) lässt, ohne Rückhalt im Wortlaut des Musterprotokolls, die Befreiung bei Bestellung eines weiteren oder anderen Geschäftsführers entfallen; zu Recht ablehnend *Ries* NZG 2009, 739; *Wachter* GmbHR 2009, 785 (791); wie hier auch **OLG Bremen** NZG 2009, 1193.

mit ausdrücklich zugelassen. Nicht aus dem Gesetz folgende individuelle Bestimmungen etwa über die Vinkulierung von Geschäftsanteilen, die Abhaltung von Gesellschafterversammlungen oder das Ausscheiden von Gesellschaftern können im vereinfachten Verfahren nach § 2 Abs. 1a GmbHG dagegen nicht in das Gründungsprotokoll aufgenommen werden. Im Musterprotokoll vorgesehen ist lediglich die Anfügung individueller Hinweise des Notars. Obwohl dort nicht ausdrücklich geregelt, müssen zusätzlich notwendige beurkundungsrechtliche Feststellungen wie beispielsweise die Hinzuziehung eines Dolmetschers oder von Schreibzeugen in das Protokoll mit aufgenommen werden. Im Hinblick auf den im Gesetzgebungsverfahren zum Ausdruck gebrachten Willen einer Vereinfachung des Gründungsverfahrens sind ein späterer Nachtrag zum Musterprotokoll oder Änderungen durch Gesellschafterbeschluss entsprechend § 53 Abs. 1 GmbHG nicht ausgeschlossen.[1]

2. Anmeldung der Gründung einer GmbH zum Handelsregister

942 a) **Allgemeines zur Anmeldung der Ersteintragung einer GmbH.** Die Gesellschaft ist bei dem Gericht, in dessen Bezirk sie ihren satzungsmäßigen Sitz hat, **durch sämtliche Geschäftsführer** – einschließlich der stellvertretenden Geschäftsführer (§ 44 GmbHG) – in der Form des § 12 Abs. 1 Satz 1 HGB zur Eintragung in das Handelsregister **anzumelden** (§ 7 Abs. 1, § 78 GmbHG). Die gegebenenfalls auch im Ausland befindliche Lage der Geschäftsräume im Sinne des Hauptverwaltungssitzes ist nach § 24 Abs. 3 HRV in der Anmeldung nur mitzuteilen – nicht aber explizit „anzumelden" – wenn sie von der angemeldeten inländischen Geschäftsanschrift (§ 8 Abs. 4 Nr. 1 GmbHG) abweicht. Einer ausdrücklichen Aufführung des Unternehmensgegenstands der Gesellschaft gemäß § 24 Abs. 4 HRV bedarf es nicht, da er den eingereichten Dokumenten zu entnehmen ist. Die Anmeldungserklärung selbst (§ 7 Abs. 1 GmbHG) kann durch einen Bevollmächtigten erfolgen (§ 12 Abs. 1 Satz 2 HGB). Nur die Versicherungserklärungen nach § 8 Abs. 2 und 3 GmbHG müssen angesichts der damit verbundenen Strafdrohung (§ 82 Abs. 1 Nr. 5 GmbHG) von allen Geschäftsführern persönlich abgegeben werden. Die Bestimmung, wonach diese Versicherungen „in der Anmeldung" abzugeben sind, steht der Möglichkeit einer Stellvertretung bei der Anmeldung – mit Ausnahme der bezeichneten Versicherungserklärungen – nicht entgegen,[2] da es sich hierbei lediglich um eine Ordnungsvorschrift handelt, deren Zweck die Anordnung der Formpflicht des § 12 Abs. 1 Satz 1 HGB auch für die Versicherungserklärungen ist. Ein Zwangsgeld zur Herbeiführung der Anmeldung kann nicht angeordnet werden (§ 79 Abs. 2, § 7 GmbHG).

943 Zulässig ist die Anmeldung erst, wenn **auf jeden Geschäftsanteil ein Viertel eingezahlt** ist (§ 7 Abs. 2 Satz 1 GmbHG). Minderzahlungen auf eine Einlage können nicht durch Mehrzahlungen auf eine andere Einlage ausgeglichen werden. Insgesamt müssen auf das Stammkapital mindestens 12 500 € eingezahlt sein (§ 7 Abs. 2 Satz 2 GmbHG). Auch wenn das Stammkapital teils durch Stammeinlagen in Geld und teils durch Einlagen in Sachwerten aufzubringen ist, kann die Gesellschaft erst angemeldet werden, wenn ein Mindestvermögen von 12 500 € aufgebracht wurde. Zwar ist die vor formgerechter Beurkundung der Gesellschaftserrichtung unter Umständen bestehende Vorgründungsgesellschaft nicht mit der späteren GmbH identisch; gleichwohl soll es genügen, wenn Giralgeldleistungen bereits **zuvor an diese Gesellschaft entrichtet** wurden, wenn die Vorauszahlung mit einer eindeutigen entsprechenden Zweckbestimmung erfolgt ist, diese Einlageleistung unangetastet und getrennt vom Vermögen der Gesellschafter geführt wurde und von der Vor-GmbH in voller Höhe zur freien Ver-

---

[1] BT-Drucks. 16/6140, S. 27.
[2] **OLG Köln** NJW 1987, 135; anderer Ansicht für den Fall der Anmeldung einer Kapitalerhöhung **BayObLG** NJW 1987, 136.

fügung der Geschäftsführer übernommen wurde.[1] Die Existenz von Bar- und Sachvermögen von zusammen mindestens diesem Betrag soll etwaigen Gläubigern ein Mindestmaß an finanzieller Leistungsfähigkeit der Gesellschaft gewährleisten. Die Anmeldung darf daher in einem solchen Fall erst erfolgen, wenn auf jede Geldeinlage ein Viertel eingezahlt ist und der Gesamtbetrag der eingezahlten Geldeinlagen zuzüglich des Gesamtbetrags der Stammeinlagen, für die Sacheinlagen zu leisten sind, 12 500 € erreicht (§ 7 Abs. 2 Satz 2 GmbHG). Eine Sicherheitsleistung für noch ausstehende Einzahlungen auf das Stammkapital, wie sie nach altem Recht (§ 7 Abs. 2 Satz 3, § 8 Abs. 2 Satz 2, § 19 Abs. 4 GmbHG a. F.) für Ein-Personen-GmbHs vorgesehen war, ist nach der Änderung durch das MoMiG nicht mehr zu erbringen. Nach damaligem Recht geleistete Sicherheiten können jedoch, unter Berücksichtigung von § 30 Abs. 1 Satz 1 GmbHG, nur unter der Voraussetzung einer Volleinzahlung auf das Stammkapital, der Herabsetzung des Stammkapitals oder einer Erweiterung der Zahl der Gesellschafter freigegeben werden.

Keine „Leistung zur freien Verfügung der Gesellschaft" im Sinne des § 8 Abs. 2 GmbHG liegt vor, wenn die Bareinlage zwar zunächst geleistet, aufgrund einer bereits vorab getroffenen Vereinbarung aber wieder – meist in der Form eines Darlehens – an den Gesellschafter zurückfließt. In Abkehr von der bisherigen Rechtsprechung[2] befreit ein derartiges „**Hin- und Herzahlen**" den Gesellschafter gemäß § 19 Abs. 5 Satz 1 GmbHG dennoch von seiner Einlageverpflichtung, wenn es nicht als verdeckte Sacheinlage im Sinne von § 19 Abs. 4 GmbHG zu beurteilen ist – wie insbesondere bei der Tilgung bereits bestehender Darlehensverbindlichkeiten[3] – und der Rückgewähranspruch der Gesellschaft **vollwertig**[4] und jederzeit **fällig** ist oder durch fristlose Kündigung durch die Gesellschaft fällig gestellt werden kann. Sind diese Voraussetzungen nicht erfüllt, so liegt unter Berücksichtigung der insoweit weiterhin relevanten Rechtsprechung keine wirksame Leistung auf die Einlagepflicht vor.[5] Eine auch nur teilweise Anrechnung des nicht mit vollem Wert anzusetzenden Rückgewähranspruches findet nicht statt.[6]

Sacheinlagen sind bereits vor der Anmeldung der Gesellschaft zur Eintragung in das Handelsregister so an die Gesellschaft zu bewirken, dass sie endgültig zur freien Verfügung der Geschäftsführer stehen (§ 7 Abs. 3 GmbHG). Bei Einbringung von Grundstücken oder Rechten an Grundstücken erfordert dies die Grundbucheintragung der „Gesellschaft in Gründung" als Grundstückseigentümerin oder als Inhaberin des Rechts. Die Verschaffung der Berechtigung hieran ist schon vor Eintragung der GmbH in das Handelsregister möglich, da die Vor-GmbH als Berechtigte im Grundbuch eingetragen werden kann (vgl. § 7 Abs. 3 GmbHG). Die Erlangung lediglich einer Vormerkung zur Sicherung des der Gesellschaft zustehenden Anspruchs im Grundbuch ist dagegen grundsätzlich nicht ausreichend. Dem liegt die Erwägung zugrunde, dass auch bei der Einbringung von Grundstücken bzw. Grundstücksrechten als Sacheinlage ein Interesse daran besteht, dass diese möglichst vollständig erbracht wird und endgültig zur freien Verfügung der Geschäftsführer der Gesellschaft steht. Da die Gesellschaft bereits im Gründungsstadium im Grundbuch als Berechtigte eingetragen

---

[1] **OLG Frankfurt** FGPrax 2005, 134; **OLG Düsseldorf** GmbHR 1994, 398; *Munzig* FGPrax 2006, 139.
[2] **BGH** Z 165, 352, 356 (= NJW 2006, 906 = NZG 2006, 227); **BGH** NJW-RR 2006, 1630 (= NZG 2006, 716).
[3] BT-Drucks. 16/6140, S. 34.
[4] Dies kann auch bei einem unbesicherten Darlehen der Fall sein, **BGH** GmbHR 2009, 199 (= BB 2009, 118).
[5] *Büchel* GmbHR 2007, 1068; *Wicke*, GmbHG, § 19 Rz. 35.
[6] BT-Drucks. 16/6140, S. 76.

werden kann und „dieses Verfahren sowohl den Interessen des einbringenden Gesellschafters wie der Gesellschaft und der Gläubiger gerecht werde", wurde vom Gesetzgeber davon abgesehen, „darüber hinaus auch die Vormerkung zuzulassen".[1] Jedoch erkennt die h. M. an, dass in **Ausnahmefällen**, wenn die zu erwartende Dauer des Grundbuchverfahrens, z. B. wegen Überlastung oder wegen erforderlicher Vermessungen, die Eintragung der Gesellschaft unangemessen behindert, eine Ersteintragung der Gesellschaft im Handelsregister bereits dann möglich ist, wenn der Rechtserwerb hinreichend sicher gewährleistet ist. Dies setzt eine formgerechte Auflassung, eine bindende Eintragungsbewilligung und einen rangwahrenden Grundbuchantrag voraus.[2] Gegebenenfalls ist dies durch eine entsprechende Bestätigung des Notars oder des Grundbuchamts zu belegen.

945 **b) Versicherungserklärungen der Geschäftsführer zur Bewirkung der Stammeinlagen.** Sämtliche, auch die nur „stellvertretenden" Geschäftsführer müssen persönlich „in der Anmeldung" die **Versicherung** abgeben, dass die vorgeschriebenen Mindestleistungen auf die einzelnen **Geschäftsanteile** (§ 7 Abs. 2 und 3 GmbHG) **bewirkt sind** und dass der Gegenstand der Leistung sich endgültig in der freien Verfügung der Geschäftsführer befindet[3] (§ 8 Abs. 2 Satz 1 GmbHG). Eine rechtsgeschäftliche Stellvertretung ist bezüglich dieser Versicherungserklärung wegen der hierzu bestehenden Strafdrohung (§ 82 Abs. 1 Nr. 1 GmbHG) ausgeschlossen. Werden vor der Eintragung der GmbH Änderungen in der Geschäftsführung vorgenommen, so sind die Versicherungserklärungen auch von den neu bestellten Geschäftsführern abzugeben.[4] **Versichert werden** müssen die Tatsachen, aus denen das Registergericht die Erfüllung der gesetzlichen Bestimmungen zweifelsfrei entnehmen kann. Bei Bareinlagen muss zahlenmäßig angegeben werden, welchen Geldbetrag jeder Gesellschafter auf seine Geschäftsanteile geleistet hat.[5] Wurde das Stammkapital vollständig einbezahlt, so genügt naturgemäß die ohne weiteres Zahlenwerk versehene Erklärung, dass dies der Fall ist.[6] Eine Versicherung des Inhalts, dass auf jeden Geschäftsanteil „der gesetzliche Anteil" eingezahlt ist, oder „die gesetzliche Mindestleistung" oder „ein Viertel" der vertraglich festgesetzten Summe, genügt dagegen nicht,[7] da die Ziehung der rechtlichen Schlussfolgerung aus den mitgeteilten Zahlen allein Sache des Registergerichts ist. Hat ein Gesellschafter mehrere Geschäftsanteile übernommen, so muss die Versicherung eindeutig erkennen lassen, auf welchen Geschäftsanteil welcher Betrag geleistet wurde. Die Versicherung hat sich auch darauf zu erstrecken, inwieweit das bare Anfangskapital bereits durch Schulden **vorbelastet** ist,[8] da das Registergericht auch dies zu prüfen

---

[1] So die Beschlussempfehlung und der Bericht des Rechtsausschusses, BT-Drucks. 8/3908, Seite 71.

[2] *Wicke*, GmbHG, § 7 Rz. 8; *Hueck/Fastrich*, in: Baumbach/Hueck, GmbHG, § 7 Rz. 14; *Bayer*, in: Lutter/Hommelhoff, GmbHG, § 7 Rz. 17; *Priester* DNotZ 1980, 523; anderer Ansicht: *Heyder*, in: Michalski, GmbHG, § 7 Rz. 42; *Winter*, in: Scholz, GmbHG, § 7 Rz. 40.

[3] **BayObLG** GmbHR 1994, 116; **LG Bonn** GmbHR 1988, 19; allgemein hierzu *Gustavus* GmbHR 1988, 47.

[4] **KG** NJW 1972, 951; *Schmidt-Leithoff*, in: Rowedder/Schmidt-Leithoff, GmbHG, § 8 Rz. 16; *Müther*, Handelsregister, § 6 Rz. 18; anderer Ansicht: *Heyder*, in: Michalski, GmbHG, § 8 Rz. 35; *Wicke*, GmbHG, § 8 Rz. 8.

[5] **OLG Hamm** GmbHR 1987, 430; **OLG Celle** NJW-RR 1986, 1482; **OLG Hamm** DNotZ 1982, 706; **BayObLG** DNotZ 1980, 646.

[6] **OLG Frankfurt** DNotZ 1992, 744; **OLG Düsseldorf** DNotZ 1986, 180; **LG Hannover** MittRhNotK 2000, 259.

[7] Siehe **BayObLG** DNotZ 1980, 646; **LG Münster** NJW 1987, 264 (zur Anmeldung einer Kapitalerhöhung).

[8] **BGH** Z 80, 129 (143); **BayObLG** DNotZ 1999, 439 (= MittBayNot 1999, 86 = Rpfleger 1999, 131); **OLG Düsseldorf** Rpfleger 1997, 70; **KG** GmbHR 1997, 412; **OLG Düsseldorf**

hat.¹ Im Regelfall ist daher der Versicherung der Satz beizufügen, dass das eingezahlte Stammkapital bislang nicht durch Verbindlichkeiten der Gesellschaft vorbelastet ist, ausgenommen etwa die im Gesellschaftsvertrag übernommenen Gründungskosten. Liegt ein offen zu legender Fall des „Hin- und Herzahlens" gemäß § 19 Abs. 5 GmbHG vor, so ist dies anzugeben und zu versichern, dass die Leistung durch einen vollwertigen Rückgewähranspruch gedeckt ist, der jederzeit fällig ist oder durch fristlose Kündigung durch die Gesellschaft fällig werden kann. Die Versicherung soll „in" der Anmeldung enthalten sein, kann jedoch auch in einer gesonderten Erklärung erfolgen, die allerdings ihrerseits der Form des § 12 Abs. 1 Satz 1 HGB unterliegt.²

Für den **Zeitpunkt der Richtigkeit der Versicherung** wird überwiegend auf den Zugang der Anmeldung bei Gericht abgestellt.³ Ob dagegen auf den Zeitpunkt der **Abgabe der Erklärung** im Sinne des In-Verkehr-Bringens an das Registergericht abzustellen ist,⁴ dürfte bei der zwingenden elektronischen Übermittlung dieselben Ergebnisse zeitigen.⁵ Abzulehnen ist dagegen die sachlich nicht begründbare, vereinzelt gebliebene Auffassung, dass es auf den Zeitpunkt der zunächst rechtlich irrelevanten Errichtung der Erklärungen ankommen soll.⁶ In der Literatur besteht Einigkeit darüber, dass es unproblematisch möglich ist, die Anmeldung bei einem Notar bereits vorweg zu unterzeichnen und ihm mit der Treuhandauflage zu übergeben, die Anmeldung erst dann an das Registergericht weiterzuleiten, wenn die Vornahme der erforderlichen Einzahlungen dem Notar mitgeteilt wird.⁷ Bei Angabe des „Hin- und Herzahlens" (§ 19 Abs. 5 GmbHG) ist maßgeblicher Zeitpunkt, insbesondere für die Frage der Vollwertigkeit des Rückgewähranspruches der Zeitpunkt der Mittelausreichung.⁸ 945a

Im Übrigen ist ein besonderer **Nachweis für die Einzahlung des Stammkapitals** – anders als in § 37 Abs. 1 AktG für die Einzahlung des Grundkapitals einer AG – gesetzlich nicht vorgesehen. Der Konzeption nach hat das Registergericht demnach die strafbewehrte Versicherungserklärung der Geschäftsführer (§ 82 Abs. 1 Nr. 1 GmbHG) grundsätzlich nicht weiter zu überprüfen, es sei denn im Sinne des § 8 Abs. 2 Satz 2 GmbHG bestehen erhebliche Zweifel an der Richtigkeit der Versicherungserklärungen der Geschäftsführer. Nur in diesem Fall sind nach § 26 FamFG im Einzelfall weitere Ermittlungen angezeigt⁹ (siehe Rz. 980 f.). 946

Die **Versicherungserklärung der Geschäftsführer** kann bei Bareinlagen daher folgendermaßen ausgestaltet sein: 947

> Der Geschäftsführer, bei mehreren jeder für sich, versichert:
> Der Gesellschafter Robert Gromo hat auf seinen Geschäftsanteil in Höhe von 10 000 € einen Betrag in Höhe von 5000 €, der Gesellschafter Hans Lino hat auf seinen Geschäftsanteil in Höhe von 15 000 € einen Betrag in Höhe von 7500 € bewirkt. Der Gegenstand der Leistungen befindet sich endgültig in der freien Verfügung der Geschäftsführer der Gesell-

---

FGPrax 1996, 234; **BayObLG** MittBayNot 1992, 62; **OLG Frankfurt** GmbHR 1992, 531; **BayObLG** MittBayNot 1988, 134; siehe hierzu *Lindemeier* RNotZ 2003, 503 (505 f.).
¹ **BGH** Z 80, 129; **BayObLG** NZG 1999, 27; **OLG Düsseldorf** NJW-RR 1997, 738; **BayObLG** GmbHR 1992, 109 (= MittBayNot 1992, 62); **OLG Frankfurt** OLGZ 1992, 388.
² Vgl. *Schmidt-Leithoff*, in: Rowedder/Schmidt-Leithoff, GmbHG, § 8 Rz. 17.
³ **BayObLG** GmbHR 1992, 109 (110); *Heyder*, in: Michalski, GmbHG, § 8 Rz. 25; *Winter*, in: Scholz, GmbHG, § 8 Rz. 21; *Heidinger* Rpfleger 2003, 545 (549); *Meyding/Schnorbus/Hennig* ZNotP 2006, 122 (123).
⁴ *Auer* DNotZ 2000, 498 (504).
⁵ *Krafka*, Einführung in das Registerrecht, Rz. 271 f.
⁶ *Fritzsche* Rpfleger 2002, 552.
⁷ *Böttcher/Ries*, Handelsregisterrecht, Rz. 323; *Heidinger* Rpfleger 2003, 545 (548 f.).
⁸ *Wicke*, GmbHG, § 19 Rz. 36
⁹ Vgl. *Böhringer* Rpfleger 2002, 551 m. w. N.

schaft. Das Vermögen der Gesellschaft ist, abgesehen von dem im Gesellschaftsvertrag festgesetzten Gründungsaufwand, nicht durch Verbindlichkeiten vorbelastet.

Für den Fall einer **Aufteilung auf mehrere Geschäftsanteile**:

Der Gesellschafter Robert Gromo hat auf das Stammkapital insgesamt 12 500 € eingezahlt, auf jeden Geschäftsanteil (Nr. 1 bis Nr. 25 000) einen Betrag von 0,50 €. Der Gegenstand der Leistung befindet sich endgültig in der freien Verfügung der Geschäftsführer der Gesellschaft. Das Vermögen der Gesellschaft ist, abgesehen von dem im Gesellschaftsvertrag festgesetzten Gründungsaufwand, nicht durch Verbindlichkeiten vorbelastet.

Die Offenlegung eines „Hin- und Herzahlens" könnte lauten:

Aufgrund Vereinbarung mit der Alleingesellschafterin gewährt die Gesellschaft dieser ein Darlehen in Höhe von 25 000 € zu 4% Zinsen pro Jahr ab dem 25. 5. 2010. Der Geschäftsführer versichert, dass der Rückzahlungsanspruch vollwertig und jederzeit fällig ist bzw. durch fristlose Kündigung durch die Gesellschaft jederzeit fällig gestellt werden kann. Die Vereinbarung ist der Anmeldung beigefügt.

947a c) **Inländische Geschäftsanschrift und empfangsberechtigte Personen.** In der Anmeldung ist gemäß § 8 Abs. 4 Nr. 1 GmbHG eine **inländische Geschäftsanschrift** der Gesellschaft anzugeben. Dies resultiert aus der Möglichkeit der Gesellschaft, ihren Sitz auch außerhalb Deutschlands zu wählen und soll die Erreichbarkeit der Gesellschaft gewährleisten.[1] Im Hinblick auf Wortlaut und Zweck der Regelung kann nur **eine** Geschäftsanschrift angegeben werden, die, um Zustellungen gemäß §§ 178 ff. ZPO zu ermöglichen, keine Postfachanschrift sein kann. Sie muss, wie § 24 Abs. 2 Satz 2 und § 34 Satz 2 HRV ersichtlich machen, weder mit der Lage der Geschäftsräume im Sinne des Hauptverwaltungssitzes übereinstimmen, noch am Ort des Satzungssitzes gelegen sein. Denkbar ist somit, dass sich der Satzungssitz in Bremen, die Geschäftsräume in Paris und die „inländische Geschäftsanschrift" in Berlin befindet. Unter der gemäß § 10 Abs. 1 Satz 1 GmbHG im Register einzutragenden inländischen Geschäftsanschrift können Willenserklärungen an alle Vertreter der Gesellschaft abgegeben und Schriftstücke zugestellt werden (§ 35 Abs. 2 Satz 3 GmbHG). Die Gesellschaft hat aus Eigeninteresse darauf zu achten, dass sie unter der angemeldeten Geschäftsanschrift stets erreichbar ist, da andernfalls unter den Voraussetzungen der § 15a HGB, § 185 Nr. 2 ZPO eine öffentliche Zustellung erfolgen kann. Vor dem Hintergrund derart weit reichender Folgen hat das Registergericht darauf Wert zu legen, dass die inländische Geschäftsanschrift ausdrücklich als solche zur Eintragung in das Handelsregister angemeldet und nicht lediglich im Sinne des § 24 Abs. 2 HRV als Lage der Geschäftsräume mitgeteilt wird. Sofern sich an der angegebenen Anschrift die Geschäftsräume oder eine andere Stelle befindet, an der Schriftstücke nach den Vorschriften der ZPO an die Gesellschaft zuverlässig wirksam zugestellt werden können, kann die exakte Zuordnung auch anhand eines c/o-Zusatzes („care of", also „bei" oder „im Hause") erfolgen, da es sich insoweit nur um eine nähere Konkretisierung der exakten Anschrift handelt.[2] Darüber hinaus kann für die Gesellschaft freiwillig eine **Person** angemeldet werden, **die** für Willenserklärungen und Zustellungen an diese im Inland **empfangsberechtigt ist** (§ 10 Abs. 2 Satz 2 GmbHG). Diese Empfangsberechtigung gilt gegenüber Dritten grundsätzlich bis zu ihrer Löschung und deren Bekanntmachung. Die Löschung kann, spiegelbildlich zur Eintragung, nur durch die Geschäftsführer in vertretungsberechtigter Zahl, bei unechter Gesamtvertretung unter Mitwirkung eines Prokuristen bewirkt werden (§ 78 GmbHG).

---

[1] BT-Drucks. 16/6140, S. 35 f.
[2] **OLG Naumburg** NZG 2009, 956.

d) Angabe der Vertretungsbefugnis der Geschäftsführer. Anzugeben – und letztendlich in das Handelsregister differenziert einzutragen (siehe Rz. 987 ff.) – ist in der Anmeldung ferner, welche **Vertretungsbefugnis** die Geschäftsführer nach dem Gesellschaftsvertrag oder nach der gesetzlichen Regelung (§ 35 Abs. 1, Abs. 2 Satz 1 und 2 GmbHG) haben (§ 8 Abs. 4 Nr. 2 GmbHG). 948

Die anzumeldende Vertretungsregelung muss ausdrücklich, vollständig und generell formuliert sein, auch wenn sie mit der gesetzlichen Regelung übereinstimmt oder aus dieser ableitbar wäre (siehe Rz. 142 f.).[1] Anzumelden ist in dieser Weise auch die Alleinvertretungsbefugnis des einzigen Geschäftsführers.[2] Es ist die für die Geschäftsführer generell bestehende Vertretungsbefugnis anzugeben (**Anmeldung der allgemeinen** bzw. abstrakten **Vertretungsregelung**). Soweit die Vertretungsbefugnis für einzelne oder auch alle bestellten Geschäftsführer abweichend von der allgemeinen Vertretungsregelung bestimmt ist – und nur dann – muss diese spezielle Befugnis (**Anmeldung der besonderen** bzw. konkreten **Vertretungsbefugnis**) zusätzlich angegeben werden.[3] Die Vertretungsbefugnis muss ausdrücklich und vollständig in der Anmeldung offen gelegt werden. Nicht ausreichend ist, dass sie durch eine mögliche rechtliche Schlussfolgerung festgestellt werden kann.[4] Die Bezugnahme in der Anmeldung auf die Regelung im beigefügten Gesellschaftsvertrag genügt für die Angabe der Vertretungsbefugnis nicht. Unbedingt zu vermeiden ist es, die allgemeine Vertretungsregelung bei der Anmeldung bestimmter Geschäftsführer zu wiederholen, da in diesem Fall der Text im Register unter Umständen in Unterspalte a und b der Spalte 4 und damit doppelt aufgenommen wird, jedoch nur die Eintragung in der Unterspalte a bei Änderungen gepflegt wird. Stimmt daher die Vertretungsbefugnis einzelner Geschäftsführer mit der allgemeinen Vertretungsregelung überein, so bedarf es hierzu keiner weiteren Anmeldung. Auch die Beschreibung, dass der Geschäftsführer „satzungsgemäß" vertritt, ist überflüssig und somit entbehrlich. 949

Wird bestimmten Geschäftsführern die Befugnis erteilt, die Gesellschaft stets einzeln zu vertreten, so wird dies von den beteiligten Verkehrskreisen teilweise als „**Alleinvertretungsbefugnis**" bezeichnet. Die Verwendung des Wortes „allein" lässt nicht zwingend darauf schließen, dass die Einzelvertretung nur für den Fall gilt, dass keine weiteren Geschäftsführer vorhanden sind.[5] Da auch das Gesetz für den Fall, dass neben dem einzelvertretungsberechtigten Organmitglied weitere Personen bestellt sind, die Bezeichnung „allein" verwendet (siehe § 78 Abs. 3 Satz 1 AktG, § 24 Abs. 2 und § 25 Abs. 2 Satz 1 GenG), spricht nichts dagegen, eine entsprechende Wortwahl in der Anmeldung zu akzeptieren.[6] Wird ein Geschäftsführer also als „stets alleinvertretungsbefugt" oder als „alleinvertretend, auch wenn weitere Geschäftsführer bestellt sind" bezeichnet, so ist dies in der Regel dahingehend aufzufassen, dass es sich um einen „stets einzelvertretungsbefugten" Geschäftsführer handelt. 950

---

[1] **EuGH** BB 1974, 1500; **BayObLG** FGPrax 1997, 158 (= DB 1997, 1272 = BB 1997, 1327); **OLG Frankfurt** GmbHR 1994, 117 (= DB 1993, 2478); **OLG Zweibrücken** GmbHR 1993, 97 (= NJW-RR 1993, 933).
[2] Siehe **LG Wuppertal** GmbHR 1993, 99.
[3] **BayObLG** FGPrax 1997, 158 (= DB 1997, 1272 = BB 1997, 1327); **OLG Hamm** NJW 1982, 1763; **BayObLG** DB 1980, 681; **BayObLG** Z 1979, 182; **BayObLG** DNotZ 1975, 117.
[4] **BayObLG** MittBayNot 2000, 53; **BayObLG** MittBayNot 1980, 80.
[5] **BGH** NJW 2007, 3287 (= NZG 2007, 519); unrichtig und überholt dagegen **OLG Zweibrücken** DB 1992, 2337 (= GmbHR 1993, 97); **OLG Naumburg** DB 1993, 2277 (= GmbHR 1994, 119).
[6] **BGH** NJW 2007, 3287 (= NZG 2007, 519); **OLG Frankfurt** GmbHR 1994, 118 (= DB 1993, 2174); **OLG Brandenburg** NZG 2006, 832 (= Rpfleger 2006, 658).

951 Wenn der Gesellschaftsvertrag die Gesellschafterversammlung **ermächtigt**, die Einzel- oder Gesamtvertretungsbefugnis für bestimmte Geschäftsführer abweichend zu regeln, ist nicht diese Vertragsbestimmung, sondern die im Einzelfall bestehende besondere Vertretungsbefugnis des jeweils betroffenen Geschäftsführers anzugeben, da das Handelsregister nur über bereits bestehende Tatsachen Auskunft zu geben hat, nicht über bloße derzeit unter Umständen nicht aktuell genutzte Regelungsmöglichkeiten.[1] Wird also vorerst von der Ermächtigung kein Gebrauch gemacht, so erfolgt keine ausdrückliche Eintragung der entsprechenden Möglichkeit.

952 Auch die **Befreiung von den Beschränkungen des § 181 BGB**, also vom Verbot des In-Sich-Geschäfts für die Fälle des Selbstkontrahierens und der Mehrfachvertretung, ist ein Bestandteil der Vertretungsbefugnis (§ 35 Abs. 4 GmbHG) und muss daher allgemein oder im Einzelfall personenbezogen in der Anmeldung angegeben werden.[2] Wie bei der Möglichkeit zur Verleihung von Einzelvertretungsmacht ist die im Gesellschaftsvertrag vorgesehene bloße Möglichkeit, dass die Gesellschafterversammlung einzelne Geschäftsführer von den Beschränkungen des § 181 BGB befreit, nicht im Handelsregister einzutragen,[3] vielmehr allein eine aufgrund dieser Satzungsregelung erteilte konkrete Befreiung bestimmter Geschäftsführer. Hinsichtlich der Befreiung von den Beschränkungen des § 181 BGB kann in der Satzung und in der Anmeldung auf diese Gesetzesbestimmung Bezug genommen werden, so dass nicht der volle Wortlaut der Vorschrift wiedergegeben werden muss. Denkbar sind sämtliche Möglichkeiten der Befreiung in abstrakter und konkreter Weise, insbesondere also die vollständige Befreiung für Rechtsgeschäfte mit sich oder als Vertreter eines Dritten oder nur eine der beiden Varianten, also nur die Befreiung für Rechtsgeschäfte mit sich selbst (Befreiung vom Verbot des Selbstkontrahierens) oder nur für Rechtsgeschäfte mit sich als Vertreter eines Dritten (Befreiung vom Verbot der Mehrfachvertretung). Ebenso ist es möglich, eine Befreiung nur für Rechtsgeschäfte mit sich als Vertreter bestimmter Dritter, insbesondere weiterer konkret benannter Gesellschaften,[4] zu erteilen und im Register einzutragen.[5] Die Satzung oder, bei entsprechender Grundlage in der Satzung der Bestellungsbeschluss, können auch die Befreiung für Rechtsgeschäfte mit „verbundenen Unternehmen" vorsehen. Dies ist jedoch mit diesem Wortlaut nicht im Register eintragbar, da der Umfang dieser Befreiung nicht ohne weitere Informationen außerhalb des Registers, also des betroffenen Registerblattes, erkennbar ist. Eine derartige Befreiung müsste daher unter Angabe konkret benannter Firmen angemeldet und eingetragen werden. Stets ist zu beachten, dass Befreiungen von den Beschränkungen des § 181 BGB eine **satzungsmäßige Grundlage** erfordern, wenn sie über einen ad-hoc stattfindenden Einzelfall hinausgehen,[6] wie dies regelmäßig bei zur Eintragung beantragten Vertretungsbefugnissen der Fall ist.

953 e) **Persönliche Versicherungserklärungen der Geschäftsführer.** Die Geschäftsführer haben in der Anmeldung zu **versichern**, dass keine Umstände vorliegen, die ihrer Bestellung nach **§ 6 Abs. 2 Satz 2 Nr. 2 und 3 sowie Satz 3 GmbHG** entgegenstehen, und dass sie über ihre unbeschränkte Auskunftspflicht gegenüber dem Gericht be-

---

[1] OLG Hamm MittRhNotK 1996, 426; BayObLG BB 1982, 577; OLG Frankfurt BB 1984, 238; OLG Karlsruhe BB 1984, 238.
[2] OLG Stuttgart FGPrax 2008, 83 (= DNotZ 2008, 303 mit. Anm. *Altmeppen*); BayObLG DB 1984, 1517; OLG Frankfurt GmbHR 1997, 349.
[3] OLG Frankfurt DB 1993, 2174; OLG Frankfurt DB 1984, 238; anderer Ansicht LG Köln GmbHR 1993, 501; LG Köln MittRhNotK 1991, 157.
[4] OLG Düsseldorf FGPrax 1995, 42 (= NJW-RR 1995, 488).
[5] OLG Stuttgart FGPrax 2008, 83 (= DNotZ 2008, 303 mit. Anm. *Altmeppen*).
[6] KG FGPrax 2006, 170 (= NZG 2006, 718).

lehrt worden sind (§ 8 Abs. 3 Satz 1 GmbHG, siehe Rz. 960 ff.). Die Versicherung ist angesichts der Strafdrohung des § 82 Abs. 1 Nr. 5 GmbHG von jedem einzelnen Geschäftsführer höchstpersönlich abzugeben.[1] Die bloße Bezugnahme auf die gesetzlichen Bestimmungen genügt zwar nicht. Jedoch können die gesetzlichen Bestellungshindernisse auch zusammenfassend bezeichnet werden. Ausreichend wäre daher z. B. folgende Formulierung:

> Jeder Geschäftsführer versichert für sich:
> Es liegen keine Umstände vor, aufgrund derer ich nach § 6 Abs. 2 Satz 2 und 3 GmbHG vom Amt eines Geschäftsführers ausgeschlossen wäre: Während der letzten fünf Jahre erfolgte weder im In- noch wegen einer vergleichbaren Straftat im Ausland eine Verurteilung wegen einer oder mehrerer Straftaten
> – des Unterlassens der Stellung des Antrags auf Eröffnung des Insolvenzverfahrens (Insolvenzverschleppung),
> – nach den §§ 283 bis 283 d StGB,
> – der falschen Angaben nach § 82 GmbHG oder § 399 AktG,
> – der unrichtigen Darstellung nach § 400 AktG, § 331 HGB, § 313 UmwG oder § 17 PublG oder
> – nach den §§ 263 bis 264 a oder den §§ 265 b bis 266 a StGB,
> auch wurde mir weder durch gerichtliches Urteil noch durch vollziehbare Entscheidung einer Verwaltungsbehörde die Ausübung eines Berufs, Berufszweigs, Gewerbes oder Gewerbezweigs untersagt, somit auch nicht im Bereich des Unternehmensgegenstands der Gesellschaft; ferner wurde ich nicht aufgrund einer behördlichen Anordnung in einer Anstalt verwahrt.

Nicht genügend ist hingegen eine Formulierung, aus der sich nur die Belehrung über die Nichtberücksichtigung etwaiger Anstaltsverwahrungszeiten ergibt, jedoch keine Aussage über das tatsächliche Vorliegen solcher getroffen wird.

Geschäftsführer kann nur eine natürliche, unbeschränkt geschäftsfähige Person sein (§ 6 Abs. 2 Satz 1 GmbHG). Nach § 6 Abs. 2 Satz 2 GmbHG kann Geschäftsführer nicht sein – und ist insoweit „inhabil" –, wer als Betreuter (§§ 1896 ff. BGB) bei der Besorgung seiner Vermögensangelegenheiten ganz oder teilweise einem Einwilligungsvorbehalt nach § 1903 BGB unterliegt. Wer wegen einer **Straftat** der Insolvenzverschleppung, nach §§ 283 bis 283 d StGB (Insolvenzstraftaten), der falschen Angaben nach § 82 GmbHG oder § 399 AktG, der unrichtigen Darstellung nach § 400 AktG, § 331 HGB, § 313 UmwG oder § 17 PublG oder nach den §§ 263 bis 264 a oder den §§ 265 b bis 266 a StGB zu einer Freiheitsstrafe von mindestens einem Jahr oder im Ausland wegen einer vergleichbaren Tat **verurteilt** worden ist, kann auf die Dauer von fünf Jahren seit der Rechtskraft des Urteils nicht Geschäftsführer sein.[2] Im Fall eines Verstoßes gegen diese Voraussetzungen ist die Bestellung zum Geschäftsführer nichtig. Die Bestimmung, dass in die vorgenannte Frist die Zeit nicht eingerechnet wird, in welcher der Täter auf behördliche Anordnung in einer Anstalt verwahrt worden ist, entspricht den im Strafrecht in vergleichbaren Fällen üblichen Regelungen (vgl. § 70 Abs. 4 Satz 3 StGB). In Betracht kommen z. B. der Vollzug einer Freiheitsstrafe oder von Maßregeln der Besserung und Sicherung. Für die Verlängerung der Frist kommt es nicht darauf an, ob die zu verbüßende Strafe gerade wegen einer der genannten Straftaten verhängt worden ist.

954

Geschäftsführer kann außerdem nicht sein, wem durch gerichtliches Urteil oder durch vollziehbare Entscheidung einer Verwaltungsbehörde die **Ausübung eines Berufs**, Berufszweiges, **Gewerbes** oder Gewerbezweiges **untersagt** worden ist, und zwar

955

---

[1] Siehe *Müther*, Handelsregister, § 6 Rz. 75.
[2] Zur zeitlichen Anwendbarkeit des § 6 Abs. 2 Nr. 3 GmbHG siehe *Böttcher/Hassner* GmbHR 2009, 1321.

für die Zeit, für welche das Verbot wirksam ist, bei einer Gesellschaft, deren Unternehmensgegenstand ganz oder teilweise mit dem Gegenstand des Verbots übereinstimmt (§ 6 Abs. 2 Satz 4 GmbHG). Die behördliche Anordnung des Verbots steht der Bestellung zum Geschäftsführer bereits entgegen, wenn deren sofortige Vollziehbarkeit angeordnet ist. Im Übrigen richtet sich die Dauer des Ausschlusses nach der Dauer des verwaltungsrechtlich angeordneten Verbots.[1] Eine Handwerksuntersagung nach § 16 Abs. 3 HandwO sowie ein nur gegen die GmbH verhängtes Gewerbeverbot (§ 35 Abs. 1 GewO) bewirken hingegen nicht die Amtsunfähigkeit eines Geschäftsführers nach § 6 Abs. 2 Satz 4 GmbHG.[2]

956 Die **Versicherung der Geschäftsführer** hat zu ergeben, dass den Geschäftsführern sämtliche gesetzlichen Bestellungshindernisse bekannt sind und sie deren Vorliegen nach sorgfältiger Prüfung wahrheitsgemäß verneinen.[3] Sie kann nach unserer Auffassung nach dem Gesetzeswortlaut des § 8 Abs. 3 GmbHG auch allgemein gefasst sein, indem offen gelegt wird, dass **sowohl im Inland als auch im Ausland keine Verurteilung** wegen einer Straftat erfolgt und durch gerichtliches Urteil oder durch vollziehbare Entscheidung einer Verwaltungsbehörde die Ausübung eines Berufs, Berufszweiges, Gewerbes oder Gewerbezweiges **überhaupt nicht untersagt** worden ist. Über den Wortlaut des § 8 Abs. 3 GmbH hinaus muss die Versicherung dann weder den Gesetzeswortlaut des § 6 Abs. 2 GmbHG noch die Überschriften der einzelnen Straftatbestände wiedergeben.[4] Wird jedoch in der Erklärung **nicht pauschal versichert**, dass der betreffenden Person gar keine Tätigkeit untersagt ist, sondern die Versicherung dahingehend eingeschränkt ist, dass nur eine Tätigkeit auf dem Gebiet der Gesellschaft nicht untersagt ist, so darf die Versicherung keine Zweifel und Irrtümer aufkommen lassen.[5] Das gilt insbesondere bei einem weit gefassten Unternehmensgegenstand, weil die Prüfung, ob der Unternehmensgegenstand ganz oder teilweise mit dem Gegenstand eines Verbots übereinstimmt, dem Registergericht obliegt[6] und zudem die Strafbestimmung des § 82 Abs. 1 Nr. 5 GmbHG die eindeutige Fassung der Versicherung gebietet. In diesem Fall muss das etwaige Bestellungshindernis offen gelegt werden, damit das Registergericht die erforderlichen Auskünfte einholen und unter die Bestimmung des GmbHG subsumieren kann.[7] Erforderlichenfalls kann von dem Betroffenen auch die Klarstellung der Versicherung verlangt werden.

957 Die bewusste oder unbewusste **Bestellung** einer Person trotz deren Inhabilität zum Geschäftsführer (§ 6 Abs. 2 Satz 2 und 3 GmbHG) ist **nichtig**. Das ergibt sich aus dem Wortlaut des Gesetzes („kann [...] nicht Geschäftsführer sein"). Maßgebend ist der Zeitpunkt, in dem der Bestellte sein Amt übernimmt. Dabei ist allerdings die Übergangsregelung des § 3 Abs. 2 EGGmbHG für den Fall einer vor dem 1. 11. 2008 rechtskräftigen Verurteilung zu beachten. Gutgläubige Dritte werden in ihrem Vertrauen auf eine wirksame Bestellung durch § 15 HGB geschützt. Gesellschafter, die vorsätzlich oder grob fahrlässig einer Person, die nicht Geschäftsführer sein kann, die

---

[1] Siehe *Lutter* DB 1980, 1320; *Hueck/Fastrich*, in: Baumbach/Hueck, GmbHG, § 6 Rz. 11.
[2] **BayObLG** NJW-RR 1986, 1362.
[3] **OLG München** NZG 2009, 717 (= GmbHR 2009, 831); **OLG München** NZG 2009, 718 (= GmbHR 2009, 829).
[4] **OLG Thüringen** MittBayNot 1994, 570; *Tebben* RNotZ 2008, 449. Die hiervon **abweichende Ansicht** des **OLG München** NZG 2009, 717 (= GmbHR 2009, 831), der Versichernde könne annehmen, Straftatbestände des Handels- und Gesellschaftsrechts seien hiervon nicht umfasst, ist nicht überzeugend.
[5] **OLG Düsseldorf** DB 1996, 2381; **BayObLG** DNotZ 1982, 181.
[6] **OLG Düsseldorf** DB 1992, 1469; **BayObLG** DNotZ 1982, 181.
[7] **OLG Düsseldorf** GmbHR 1997, 71 (= FGPrax 1997, 36); **OLG Thüringen** GmbHR 1995, 453.

Führung der Geschäfte überlassen, haften darüber hinaus der Gesellschaft für einen Schaden aus Obliegenheitsverletzungen dieser Person (§ 6 Abs. 5 GmbHG).

Ein **Ausländer** kann Geschäftsführer einer inländischen GmbH sein und ist als solcher in das Handelsregister einzutragen. Bei Nicht-EU-Ausländern wird die Auffassung vertreten, dass dies nur gelte, wenn sie aufgrund einer entsprechenden Aufenthalts- oder Arbeitserlaubnis die jederzeitige Möglichkeit haben, nach Deutschland einzureisen,[1] um elementare Grundpflichten für die GmbH zu erfüllen. Dies gelte auch dann, wenn weitere, inländische Geschäftsführer bestellt sind. Derartige Kriterien seien jedenfalls bei Angehörigen eines Staates, der in der „Positivliste" nach Anhang II der Verordnung (EG) Nr. 539/2001[2] (EU-Visum-Verordnung; eine aktuelle Länderliste ist über die Internetseite des Auswärtigen Amts abrufbar) enthalten ist, stets gegeben,[3] da diese befugt sind, für kürzere Aufenthalte ohne weiteres einzureisen. Diese Meinung verkennt, dass derartige, unnötige, vom Gesetz nicht aufgestellte unsystematische Aufbürdungen polizeilicher Aufgaben auf das Registergericht letztlich ungeeignet sind, den gewünschten Erfolg zu erzielen. Auch EU-Ausländer und sogar deutsche Staatsangehörige können nicht zu ihren notwendigen Aufgaben als Geschäftsführer nicht herangezogen werden, wenn sie sich der Wahrnehmung ihrer Aufgaben verweigern. Bei einer nicht geringen Anzahl derartiger „schwarzer Schafe", die ihren Wohnsitz an einem Ort innerhalb oder außerhalb der EU haben, besteht keine praktische Möglichkeit, sie zur Erfüllung ihrer Geschäftsführerpflichten zu bewegen. Umgekehrt ist es jedem – auch Nicht-EU-Ländern – möglich, zunächst die wesentlichen Geschäfte über vorhandene Telekommunikationsmöglichkeiten zu führen. Für die Erledigung der von der angeführten Meinung gegen ihre Bestellung ins Feld geführten Aktivitäten reicht dies aus, zumal nach Neufassung des § 4a GmbHG der Verwaltungssitz einer Gesellschaft sogar im Ausland liegen kann.[4] Soweit Missbrauch der Eintragung als Geschäftsführer im ausländerrechtlichen Bereich befürchtet wird, ist dem durch sicherheitsrechtliche Maßnahmen und nicht in atypischer Weise durch die Handlungsmöglichkeiten des Registergerichts zu begegnen.

Für die **Prüfung des Registergerichts**, ob ein zur Eintragung angemeldeter Geschäftsführer aufgrund Inhabilität von seinem Amt ausgeschlossen ist, gelten die allgemeinen Grundsätze des Registerverfahrens. Haben die Geschäftsführer die erforderliche Versicherung abgegeben, darf das Registergericht gemäß § 26 FamFG weitere Ermittlungen daher nur anstellen, wenn konkrete Anhaltspunkte dazu Anlass geben. Das Registergericht kann – wenn im Einzelfall Zweifel an der Richtigkeit und Vollständigkeit der Versicherung bestehen – insbesondere einen Auszug aus dem Bundeszentralregister einholen.[5] Die Auskunft darf jedoch nur für das laufende Eintragungsverfahren verwendet (§ 41 Abs. 4 BZRG) und nur den mit der Bearbeitung der Registerangelegenheit betrauten Bediensteten zur Kenntnis gebracht werden (§ 44

---

[1] Siehe **OLG Celle** NZG 2007, 633; **OLG Stuttgart** NZG 2006, 789; **OLG Dresden** GmbHR 2003, 537 mit Anm. *Wachter*; **OLG Zweibrücken** GmbHR 2001, 435; **OLG Köln** NZG 1999, 269 (= MittBayNot 1999, 394 = Rpfleger 1999, 130); **OLG Hamm** NZG 1999, 1004 (= MittBayNot 1999, 579); **LG Duisburg** Rpfleger 2002, 366; ebenso *Wicke*, GmbHG, § 6 Rz. 7; anderer Ansicht: *Erdmann* NZG 2002, 503; *Wachter* MittBayNot 1999, 534; *Wachter* NotBZ 2001, 233; *Hueck/Fastrich*, in: Baumbach/Hueck, GmbHG, § 6 Rz. 9; eingehend hierzu *Bohlscheid* RNotZ 2005, 505 (522 ff.).
[2] Verordnung des Rates vom 15. 3. 2001, ABl. Nr. L 81 v. 21. 3. 2001, S. 1, zuletzt geändert durch Verordnung (EG) Nr. 851/2005 v. 2. 6. 2005, ABl. Nr. L 141, S. 3; siehe *Bohlscheid* RNotZ 2005, 505 (508).
[3] **OLG Frankfurt** FGPrax 2001, 124 mit Anm. *Wachter* in NotBZ 2001, 233.
[4] **OLG Düsseldorf** FGPrax 2009, 178 (= NZG 2009, 678 = GmbHR 2009, 776).
[5] Siehe auch **BayObLG** Rpfleger 1990, 23.

BZRG). Sie ist daher nicht zu den Registerakten zu nehmen, sondern ähnlich wie im Fall des § 379 Abs. 2 Satz 2 FamFG gesondert abzulegen.

960 f) **Erklärungen der Geschäftsführer zur Belehrung über die Auskunftspflicht nach BZRG.** Die Versicherungserklärung nach § 8 Abs. 3 GmbHG hat sich auch darauf zu erstrecken, dass die Geschäftsführer **über ihre unbeschränkte Auskunftspflicht** gegenüber dem Gericht nach § 53 Abs. 2 BZRG **belehrt** worden sind. Diese Belehrung hat zur Folge, dass eine in die Fünf-Jahres-Frist fallende Verurteilung wegen einer der in § 6 Abs. 2 GmbHG genannten Straftaten dem Registergericht auch dann angegeben werden muss, wenn sie nicht mehr in das Führungszeugnis oder nur noch in ein Führungszeugnis für Behörden (vgl. § 32 Abs. 3 und 4 BZRG) aufgenommen wird. Dass Verurteilungen in bestimmten Fällen entweder von vornherein nicht oder doch nach Fristablauf (kürzeste Frist: drei Jahre) nicht mehr in das Führungszeugnis aufgenommen werden, bestimmen § 32 Abs. 2 und § 33 BZRG. Sobald demnach eine Verurteilung nicht mehr in ein Führungszeugnis aufgenommen wird, hat der Verurteilte nach § 53 Abs. 1 BZRG das Recht, sich als unbestraft zu bezeichnen, und zwar auch gegenüber Behörden. Gerichte erhalten jedoch auf ausdrückliches Ersuchen eine unbeschränkte Auskunft aus dem Bundeszentralregister. Ihnen wird auch die Kenntnis von noch nicht getilgten, in ein Führungszeugnis jedoch überhaupt nicht oder doch nach Zeitablauf nicht mehr aufzunehmenden Verurteilungen verschafft (§ 41 BZRG). In Übereinstimmung mit diesem Auskunftsrecht entfällt gegenüber Gerichten das in § 53 Abs. 1 BZRG begründete Recht, eine nicht in das Führungszeugnis aufzunehmende Verurteilung zu verschweigen. Voraussetzung dafür ist jedoch, dass der Betroffene über den Wegfall des Verschweigungsrechts belehrt ist. Diese Belehrung nach § 53 Abs. 2 BZRG kann durch einen deutschen **Notar**, einen im Ausland bestellten Notar, einen Vertreter eines nach Qualifikation und Aufgabenstellung vergleichbaren rechtsberatenden Berufs, oder einen deutschen Konsularbeamten erfolgen (§ 8 Abs. 3 Satz 2 GmbHG). Zu belehren ist mithin über den Wegfall des in § 53 Abs. 1 BZRG begründeten Verschweigungsrechts, also darüber, dass in der Versicherung dem Gericht alle Verurteilungen wegen einer der in § 6 Abs. 2 Satz 2 und 3 GmbHG genannten Straftaten anzugeben sind, die in die Fünf-Jahres-Frist fallen, wobei auf die Verlängerung bei behördlich angeordneter Anstaltsverwahrung zu achten ist, wenn die Tilgung im Bundeszentralregister noch nicht erfolgt ist. Auch solche Verurteilungen, die in einem Führungszeugnis nicht mehr offen gelegt werden, sind anzugeben.

961 Eine im Bundeszentralregister bereits getilgte Eintragung unterliegt dem Verwertungsverbot des § 51 BZRG. Im Ausnahmefall der Tilgung vor Ablauf von fünf Jahren muss die Verurteilung daher in der Versicherung nicht mehr angegeben werden. Der Verurteilte darf sich dann auch dem Gericht gegenüber stets als unbestraft bezeichnen (vgl. § 53 Abs. 1 Nr. 2 BZRG). Eine bereits rechtskräftige, im Bundeszentralregister jedoch noch nicht eingetragene Verurteilung darf nicht verschwiegen werden. Ein Verschweigungsrecht begründet § 53 Abs. 1 BZRG nur für Verurteilungen, nicht aber auch für andere Eintragungen in das Bundeszentralregister, mithin insbesondere nicht für Entscheidungen von Gerichten oder Verwaltungsbehörden, welche die Ausübung eines Berufs oder Gewerbes untersagen (§ 3 Nr. 3 i.V.m. § 10 BZRG). Da eine solche Verurteilung oder Entscheidung in der Zeit, für welche das Verbot wirksam ist, somit immer offen gelegt werden muss, bedarf es hierüber keiner gesonderten Belehrung. Im Fall der Abgabe einer inhaltlich unrichtigen Versicherung greift der Straftatbestand des § 82 Abs. 1 Nr. 5 GmbHG ein.

962 Es ist auch möglich, sich durch das Registergericht (Rechtspfleger) belehren zu lassen. Praktisch kommt dies jedoch so gut wie nie vor. Falls ausnahmsweise doch, empfiehlt es sich, die Belehrung aktenkundig zu machen. Auch wenn die Belehrung durch das Registergericht erfolgt ist, hat der Geschäftsführer die Versicherung nach § 8 Abs. 3

GmbHG mit der Anmeldung in öffentlich beglaubigter Form elektronisch einzureichen. Weil sich ein Verurteilter vor Belehrung unter den Voraussetzungen des § 53 Abs. 1 BZRG als unbestraft bezeichnen darf, erfüllt nur eine Versicherung die Eintragungsvoraussetzungen des § 8 Abs. 3 GmbHG, die nicht vor der Belehrung nach § 53 Abs. 2 BZRG in öffentlich beglaubigter Form abgegeben ist. Das schließt, ebenso wie § 12 HGB, die Aufnahme der Versicherung, dass die Belehrung erfolgt ist und keine Umstände vorliegen, die einer Bestellung zum Geschäftsführer nach § 6 Abs. 2 Satz 3 und 4 GmbHG entgegenstehen, zur Niederschrift des Registergerichts aus.

Die **Belehrung** kann auch **in schriftlicher Form** (§ 8 Abs. 3 Satz 2 GmbHG) und – sofern der entsprechende Nachweis in der deutschen Gerichtssprache geführt wird – in einer fremden Sprache erfolgen. Ein Nachweis des exakten Inhalts der Belehrung ist auch in diesen Fällen nicht vorgesehen und kann nur bei konkreten Zweifeln angefordert werden. 963

Die Erklärung des Geschäftsführers kann folgendermaßen lauten: 964

> Jeder Geschäftsführer versichert für sich:
> Ich wurde vom beglaubigenden Notar *(ggf. von dem Notar Richard Ustorf, Hamburg, schriftlich)* über die unbeschränkte Auskunftspflicht gegenüber dem Gericht gemäß § 53 BZRG belehrt.

g) Anlagen zur Erstanmeldung einer GmbH. Der Anmeldung zur Ersteintragung der GmbH sind verschiedene Unterlagen als **Anlagen** gemäß § 12 Abs. 2 HGB beizufügen (§ 8 Abs. 1 GmbHG): 965

Einerseits ist der **Gesellschaftsvertrag** (§ 8 Abs. 1 Nr. 1 GmbHG) - bei Verwendung des Musterprotokolls die gemäß § 2 Abs. 1a GmbHG errichtete Gründungsniederschrift - einzureichen, der alle nach dem Gesetz erforderlichen Bestimmungen zu enthalten hat.[1] Ausreichend hierzu ist die übliche, beurkundungsrechtlich zulässige Aufteilung in eine „Gründungsniederschrift" und eine mit verlesene Anlage (§ 9 Abs. 1 Satz 2 BeurkG), die den Gesellschaftsvertrag enthält.[2] Etwaige Vollmachten zur Unterzeichnung des Gründungsakts (§ 2 Abs. 2 GmbHG) sind vorzulegen, können allerdings auch in der beurkundungsrechtlich gebotenen Form (s. § 12 BeurkG) als Anlage der Gründungsniederschrift nachgewiesen werden. Außerdem ist **der Beschluss** über die **Bestellung der Geschäftsführer** (§ 46 Nr. 5 GmbHG) mit einzureichen, sofern diese nicht im Gesellschaftsvertrag erfolgt ist (§ 8 Abs. 1 Nr. 2 GmbHG). Denkbar ist insoweit entweder die Übermittlung einer vollständigen signierten Aufzeichnung des Gründungsakts (§ 12 Abs. 2 Halbs. 2 HGB), ebenso aber die Einreichung jeweils einer gleichfalls signierten auszugsweise erstellten beglaubigten Abschrift der Gründungsniederschrift einerseits und des Gesellschaftsvertrags andererseits; letzteres hat den Vorteil, dass damit die zur Einsichtnahme in den Registerordner (§ 9 HRV) einzustellenden Unterlagen exakt zugeordnet werden können und nicht doppelt zur Auskunftserteilung vorgehalten werden. Die von den Anmeldenden, also sämtlichen Geschäftsführern (§ 78 Abs. 1 GmbHG), unterschriebene **Liste der Gesellschafter** (§ 8 Abs. 1 Nr. 3 GmbHG) ist unsigniert gemäß § 12 Abs. 2 Satz 2 Halbs. 1 HGB beizufügen. Darzustellen ist der Mitgliederstand im Zeitpunkt der Anmeldung mit Name, Vorname, Geburtsdatum und Wohnort der Gesellschafter, bei juristischen Personen Firma und Sitz. Die Geschäftsanteile sind mit ihren Nennbeträgen sowie fortlaufend nummeriert anzugeben. Dies dient der Identifizierung der einzelnen Geschäftsanteile und somit auch deren eindeutiger Zuordnung im Fall einer Übertragung. Auf Grund- 966

---

[1] **OLG Hamm** NJW 1987, 263; **OLG Frankfurt** DNotZ 1981, 706; **OLG Köln** DNotZ 1979, 359; **BayObLG** Rpfleger 1978, 143.
[2] **OLG Hamm** NJW 1987, 263; **BayObLG** Rpfleger 1978, 143; s. a. *Winkler* DNotZ 1980, 578.

lage der Gesellschafterliste ist unter Umständen sogar ein gutgläubiger Erwerb bestehender Geschäftsanteile möglich (§ 16 Abs. 3 GmbHG). Die Nummerierung hat, wie auch im Musterprotokoll vorgesehen,[1] selbst bei Bestehen nur eines Geschäftsanteiles zu erfolgen. Bei Änderungen vor Eintragung der Gesellschaft ist eine aktualisierte Liste gemäß § 40 Abs. 1 und 2 GmbHG einzureichen, bei Erstellung durch den oder die Geschäftsführer unsigniert (§ 12 Abs. 2 Satz 2 Halbs. 1 HGB), bei Erstellung durch einen Notar in signierter Form (§ 12 Abs. 2 Satz 2 Halbs. 2 HGB). Bei Gesamthandsgemeinschaften sind in der Liste deren sämtliche Mitglieder mit Wohnort und Geburtsdatum aufzuführen.[2]

967 Wenn Stammeinlagen ganz oder teilweise als **Sacheinlagen** geleistet werden sollen (§ 5 Abs. 4 GmbHG) sind nach § 8 Abs. 1 Nr. 4 und 5 GmbHG unsigniert gemäß § 12 Abs. 2 Satz 2 Halbs. 1 HGB vorzulegen:
– die Verträge, die den Festsetzungen zugrunde liegen oder zu ihrer Ausführung geschlossen worden sind,
– der Sachgründungsbericht, sowie
– die Unterlagen darüber, dass der Wert der Sacheinlagen den Betrag der dafür übernommenen Geschäftsanteile erreicht. Diese sollen die gerichtliche Nachprüfung ermöglichen, ob für Sacheinlagen kein zu hoher Wert angesetzt worden ist. In Betracht kommen beispielsweise Kursnachweise, Preislisten, aber auch ein Sachverständigengutachten.[3]
Im Falle eines vorab vereinbarten „Hin- und Herzahlens" (§ 19 Abs. 5 GmbHG) sind in der Regel die zugrunde liegenden Verträge sowie Unterlagen zur Vollwertigkeit des Rückzahlungsanspruches vorzulegen, um die vom Gesetzgeber vorgesehene Prüfung durch das Gericht zu ermöglichen.[4] Zwar ist § 8 Abs. 1 Nr. 4 und 5 GmbHG hier nicht unmittelbar anwendbar, da kein Fall der verdeckten Sacheinlage vorliegt, jedoch ist nach der Gesetzesbegründung dieser Fall sogar noch strenger zu behandeln.[5] Zur Bewertung von Vollwertigkeit und Liquidität des Anspruches erforderliche Nachweise werden daher regelmäßig nach § 26 FamFG anzufordern sein.

968 Die Pflicht, eine **staatliche Genehmigungsurkunde** vorzulegen, falls im Rahmen des statuarischen Unternehmensgegenstandes genehmigungspflichtige Tätigkeiten von der Gesellschaft ausgeübt werden, ist im Interesse einer Entkopplung des Registerverfahrens von staatlichen Genehmigungsverfahren zugunsten einer Beschleunigung der Eintragung entfallen.[6] Sofern der Unternehmensgegenstand jedoch grundsätzlich nicht in Form einer GmbH verfolgt werden darf (s. Rz. 913 f.), hindert dies nach wie vor die Eintragung der Gesellschaft in das Handelsregister.[7] Auch in anderen Gesetzen normierte Eintragungshindernisse im Fall des Nichtvorliegens einer Genehmigung, wie beispielsweise in § 43 Abs. 1 KWG, sind von der Streichung des § 8 Abs. 1 Nr. 6 GmbHG a. F. nicht betroffen, sodass das Registergericht das Vorliegen der entsprechenden Genehmigung zu prüfen hat.

969 Ist demnach das Führen einer bestimmten **Firma** oder nach spezialgesetzlicher Regelung auch ein bestimmter Unternehmensgegenstand von besonderen Voraussetzungen, gegebenenfalls auch dem Vorliegen einer staatlichen Genehmigung abhängig

---
[1] Anlage 1 zu § 2 Abs.1 a GmbHG.
[2] *Mayer* ZIP 2009, 1037 (1042); siehe auch § 47 Abs. 2 GBO.
[3] **LG Freiburg** Rpfleger 2009, 386 (= GmbHR 2009, 1106); **BayObLG** FGPrax 1995, 44 zur Sachkapitalerhöhung.
[4] BT-Drucks. 16/9737, S. 98; s.a. *Drygala* NZG 2007, 564; *Wälzholz* MittBayNot 2008, 431; *Markwardt* BB 2008, 2421.
[5] BT-Drucks. 16/6140, S. 76.
[6] Siehe BT-Drucks. 16/6140, S. 34.
[7] Vgl. **OLG Hamm** Rpfleger 1986, 435.

(s. Rz. 232 f.), hat das Gericht vor Eintragung das Vorliegen dieser Voraussetzungen zu prüfen und kann auch deren Nachweis verlangen (§ 26 FamFG). Da derartige Fälle von der bisherigen Regelung des § 8 Abs. 1 Nr. 6 GmbHG a. F. nicht umfasst waren, hat die Streichung dieser Vorschrift hierauf keinen Einfluss.[1] Gesellschafter, die daraus resultierende Verzögerungen vermeiden wollen, können dies durch die Wahl einer insoweit unproblematischen Firma beeinflussen. Sofern Zweifel über das Erfordernis einer Genehmigung bestehen, kann die Vorlage eines Negativattestes der zuständigen Verwaltungsbehörde verlangt werden,[2] durch dessen Vorlage die Nichterforderlichkeit der Genehmigung dargetan wird.[3] Das Registergericht ist an ein solches Negativattest gebunden.[4]

970 Schließlich ist mit der Anmeldung auch das **Dokument** über die etwaige **Bestellung eines** gesellschaftsvertraglich oder kraft Gesetzes vorgeschriebenen **Aufsichtsrats** (§ 52 Abs. 2 GmbHG i. V. m. § 37 Abs. 4 Nr. 3 AktG) einzureichen. Falls in der Anmeldung selbst nicht enthalten, ist die **Versicherung der Geschäftsführer** einzureichen, dass die in § 7 Abs. 2 GmbHG geforderten Leistungen auf die Geschäftsanteile erfolgt sind und sich in den Händen der Geschäftsführer befinden (§ 8 Abs. 2 GmbHG); hierzu Rz. 945 ff. In die Anmeldung aufzunehmen ist auch die Angabe der Vertretungsbefugnisse der Geschäftsführer (§ 8 Abs. 4 Nr. 2 GmbHG; hierzu Rz. 948 ff.).

971 Zusammenfassend dargestellt kann eine vollständige **Anmeldung zur Ersteintragung** einer GmbH folgenden Inhalt haben:

> Unter der Firma „Prometheus GmbH" wurde mit Sitz in Kassel eine Gesellschaft mit beschränkter Haftung errichtet.
> Die allgemeine Vertretungsregelung der Geschäftsführer sieht vor, dass die Gesellschaft einen oder mehrere Geschäftsführer hat. Ist nur ein Geschäftsführer bestellt, so vertritt dieser die Gesellschaft allein. Sind mehrere Geschäftsführer bestellt, so wird die Gesellschaft durch zwei Geschäftsführer gemeinsam oder durch einen Geschäftsführer gemeinsam mit einem Prokuristen vertreten.
> Geschäftsführer der Gesellschaft sind Robert Kurz, München, geboren am 25. 5. 1954 und Richard Lang, Köln, geboren am 10. 8. 1965. Die Geschäftsführer Robert Kurz und Richard Lang vertreten stets einzeln und sind befugt, im Namen der Gesellschaft mit sich im eigenen Namen oder als Vertreter eines Dritten Rechtsgeschäfte abzuschließen.
> Der Geschäftsführer, bei mehreren jeder für sich, versichert:
> – Es liegen keine Umstände vor, aufgrund derer ich nach § 6 Abs. 2 Satz 2 und 3 GmbHG vom Amt eines Geschäftsführers ausgeschlossen wäre: Während der letzten fünf Jahre erfolgte weder im Inland noch im Ausland wegen einer vergleichbaren Tat eine Verurteilung wegen einer oder mehrerer Straftaten
>   – des Unterlassens der Stellung des Antrags auf Eröffnung des Insolvenzverfahrens (Insolvenzverschleppung),
>   – nach §§ 283 bis 283 d StGB (Insolvenzstraftaten)
>   – der falschen Angaben nach § 82 GmbHG oder § 399 AktG,
>   – der unrichtigen Darstellung nach § 400 AktG, § 331 HGB, § 313 UmwG oder des § 17 PublG oder
>   – nach den §§ 263 bis 264 a oder den §§ 265 b bis 266 a StGB zu einer Freiheitsstrafe von mindestens einem Jahr;
>   auch wurde mir weder durch gerichtliches Urteil noch durch vollziehbare Entscheidung einer Verwaltungsbehörde die Ausübung eines Berufs, Berufszweigs, Gewerbes oder Gewerbezweigs untersagt, somit auch nicht im Bereich des Unternehmensgegenstands der Gesellschaft; ferner wurde ich nicht aufgrund einer behördlichen Anordnung in einer An-

---

[1] *Leitzen* GmbHR 2009, 480.
[2] BayObLG NJW-RR 1990, 869.
[3] BayObLG Rpfleger 1978, 448.
[4] BayObLG FGPrax 2000, 161 (= Rpfleger 2000, 458).

stalt verwahrt. Vom beglaubigenden Notar wurde ich über die unbeschränkte Auskunftspflicht gegenüber dem Gericht gemäß § 53 BZRG belehrt.
- Der Gesellschafter *(Name)* hat auf seinen Geschäftsanteil in Höhe von 10 000 € einen Betrag in Höhe von 5000 €, der Gesellschafter *(Name)* hat auf seinen Geschäftsanteil in Höhe von 15 000 € einen Betrag in Höhe von 7500 € bewirkt. Der Gegenstand der Leistungen befindet sich endgültig in der freien Verfügung der Geschäftsführer der Gesellschaft. Das Vermögen der Gesellschaft ist, abgesehen von dem im Gesellschaftsvertrag festgesetzten Gründungsaufwand, nicht durch Verbindlichkeiten vorbelastet.
- *(zusätzlicher Versicherungstext bei Sacheinlagen)* Die von dem Gesellschafter Robert Kurz zu leistende Sacheinlage *(nähere Bezeichnung des Gegenstands der Sacheinlage)* wurde auf die Gesellschaft übertragen. Über die Vereinbarungen des beigefügten Vertrags hinaus wurden keine zusätzlichen Vereinbarungen getroffen.

Die inländische Geschäftsanschrift lautet: 34109 Kassel, Arabellastraße 4.[1]

Als Anlage fügen wir dieser Anmeldung bei:
- Gründungsniederschrift samt Gesellschaftsvertrag und Bestellung der Geschäftsführer
- Liste der Gesellschafter
- *(bei Sacheinlagen zusätzlich)* Verträge, die den Festsetzungen der Sacheinlagen zugrunde liegen oder zu ihrer Ausführung geschlossen worden sind und den Sachgründungsbericht

972 h) **Änderung des Gesellschaftsvertrags vor Ersteintragung der GmbH.** Die Änderung des Gesellschaftsvertrags vor der Ersteintragung der GmbH hat durch alle Gesellschafter zu erfolgen.[2] § 53 GmbHG findet hinsichtlich der Fassung eines Mehrheitsbeschlusses noch keine Anwendung. Die Änderung bedarf der notariellen Beurkundung (§ 2 GmbHG). Eine Anmeldung der Änderung des Gesellschaftsvertrags in der Form des § 12 Abs. 1 Satz 1 HGB ist jedoch nicht erforderlich. Ausreichend ist die elektronische Einreichung des Dokuments über die Änderung entsprechend § 12 Abs. 2 Satz 2 Halbs. 2 HGB durch die Geschäftsführer.[3] Dabei können sich die Geschäftsführer eines Bevollmächtigten bedienen, beispielsweise der Mitwirkung des beurkundenden Notars (vgl. § 378 FamFG).

973 Auch bei einem Nachtrag im Gründungsstadium kann eine bescheinigte vollständige Satzung unter Einarbeitung der geänderten Bestimmungen entsprechend § 54 Abs. 1 Satz 2 GmbHG verlangt werden.[4] Die Aufnahme aller Bestimmungen, also sowohl der unveränderten als auch der geänderten, in eine nach den Vorschriften über Willenserklärungen (§§ 6 ff. BeurkG) errichtete notarielle Urkunde ist hingegen nicht erforderlich;[5] die Einreichung des neuen, vollständigen Satzungswortlauts, der mit der Gründungsurkunde und der Nachtragsurkunde verbunden ist, genügt.[6] Sinn der entsprechenden Ordnungsvorschrift des analog anzuwendenden § 54 Abs. 1 Satz 2 GmbHG ist, dass jedem Einsichtnehmenden, auch dem Gericht und später weitere Änderungen beurkundenden Notaren, die Satzung in einer Urkunde zur Verfügung stehen soll. Hierbei ist es gleichgültig, ob die Änderung in einem echten Satzungsänderungsbeschluss oder einem Nachtrag im Gründungsstadium erfolgt ist.

---

[1] Die Angabe des Unternehmensgegenstands (§ 24 Abs. 4 HRV) ist bei Registeranmeldungen von Kapitalgesellschaften entbehrlich (siehe Rz. 76 und 942).
[2] **BGH** Z 134, 133 (= NJW 1997, 1507); **OLG Zweibrücken** GmbHR 2000, 1204; **KG** GmbHR 1997, 412; **OLG Düsseldorf** NJW-RR 1986, 550; *Hueck/Fastrich*, in: Baumbach/Hueck, GmbHG, § 2 Rz. 13; anderer Ansicht: *Schmidt* ZIP 1997, 671; *Priester* ZIP 1987, 280.
[3] **OLG Zweibrücken** Rpfleger 2001, 34 (= DNotZ 2001, 411): **BayObLG** Rpfleger 1978, 143 (= DB 1978, 880); **BayObLG** MittBayNot 1974, 228.
[4] **KG** GmbHR 1997, 412; **BayObLG** GmbHR 1994, 62; **OLG Frankfurt** Rpfleger 1981, 309; **OLG Köln** GmbHR 1973, 11.
[5] *Winter*, in: Scholz, GmbHG, § 8 Rz. 4.
[6] **BayObLG** Rpfleger 1978, 143; einschränkend **OLG Frankfurt** Rpfleger 1981, 309.

Die Vorlage der erstellten Unterlagen durch die Geschäftsführer oder durch einen Bevollmächtigten kann beispielsweise durch folgendes **Begleitschreiben** erfolgen. 974

> In Ergänzung unserer Anmeldung zur Eintragung der „Rossfeld GmbH" mit Sitz in Osnabrück im Handelsregister legen wir beigefügt die Änderung des Gesellschaftsvertrags durch die Urkunde vom 25. 3. 2009 vor (URNr. 450/2009 des Notars Günter Alt in Osnabrück).
> Als Anlage ist die aktuelle Fassung des Gesellschaftsvertrags samt notarieller Bescheinigung gemäß § 54 Abs. 1 Satz 2 GmbHG beigefügt.

i) Anmeldung einer in einem vereinfachten Verfahren gegründeten GmbH. Für die Anmeldung einer im vereinfachten Verfahren nach § 2 Abs. 1a GmbHG unter Verwendung des Musterprotokolls gegründeten GmbH ergeben sich im Wesentlichen keine Unterschiede zu einer im herkömmlichen Verfahren gegründeten Gesellschaft. Das Musterprotokoll macht eine gesonderte Anmeldung nicht entbehrlich. Diese ist durch den Geschäftsführer unterschrieben, in der Form des § 12 Abs. 1 Satz 1 HGB einzureichen. Allerdings wird als Anlage zu der Anmeldung in der Regel die Vorlage des Musterprotokolls ausreichen, das gleichzeitig als Gründungsprotokoll, Beschluss über die Bestellung des Geschäftsführers sowie Gesellschafterliste (§ 2 Abs. 1a Satz 4 GmbHG) fungiert. Eine Sacheinlage ist nach dem Musterprotokoll nicht vorgesehen, so dass auch keine Anlagen hierzu einzureichen sind. Im Interesse künftig in das Register Einsicht Nehmender empfiehlt es sich jedoch, das Musterprotokoll in elektronischer Form zweifach einzureichen, einmal als Gesellschaftsvertrag, einmal als Gesellschafterliste bezeichnet, um dem Registergericht zu ermöglichen, „beide Dokumente" im elektronischen Register abrufbar bereit zu halten (siehe § 9 Abs. 1 Satz 2 HRV). Im Rahmen der Anmeldung sind sowohl die allgemeine, abstrakte Vertretungsregelung als auch die besondere, konkrete Vertretungsbefugnis der Geschäftsführer anzugeben (siehe Rz. 949). Dabei entspricht die allgemeine oder abstrakte Vertretungsregelung, mangels anderweitiger allgemeiner Regelung im Gesellschaftsvertrag, der Regelung in § 35 Abs. 2 Satz 1 GmbHG.[1] Allerdings ist auch die Einzelvertretungsbefugnis im Falle der Bestellung lediglich eines Geschäftsführers mit anzumelden.[2] Die Anmeldung der **allgemeinen Vertretungsregelung** im Falle einer Gründung in einem vereinfachten Verfahren lautet demgemäß wie folgt: 974a

> Allgemein ist die Vertretung durch die Geschäftsführer wie folgt geregelt: Ist nur ein Geschäftsführer bestellt, so vertritt dieser die Gesellschaft allein. Sind mehrere Geschäftsführer bestellt, so wird die Gesellschaft durch diese gemeinsam vertreten.

Bei Anmeldung der **besonderen Vertretungsbefugnis** ist für den bei der Gründung bestellten Geschäftsführer dessen Befreiung von den Beschränkungen des § 181 BGB anzugeben. Diese Befreiung ist nach dem Wortlaut sowie systematischer Stellung der Regelung innerhalb des Musterprotokolls gerade auf den konkret bestellten Geschäftsführer, und nicht auch möglicherweise künftig zu bestellende Geschäftsführer bezogen[3] und besteht für diesen Geschäftsführer nach einer etwaigen Bestellung weiterer Geschäftsführer fort, ohne allerdings stets zugunsten eines jeweils alleinigen Geschäftsführers im Sinne einer dahingehenden allgemeinen Vertretungsregelung zu wirken.[4] Die Anmeldung der **besonderen Vertretungsbefugnis** lautet demgemäß:

> Geschäftsführer der Gesellschaft ist Robert Kurz, München, geboren am 25. 5. 1954. Dieser Geschäftsführer ist befugt, im Namen der Gesellschaft mit sich im eigenen Namen oder als Vertreter eines Dritten Rechtsgeschäfte abzuschließen.

---

[1] OLG Bremen NZG 2009, 1193.
[2] LG Wuppertal GmbHR 1993, 99.
[3] OLG Stuttgart FGPrax 2009, 182 (= NZG 2009, 754 = GmbHR 2009, 827).
[4] Zutreffend **OLG Bremen** NZG 2009, 1193, **OLG Hamm** GmbHR 2009, 1334 und *Ries* NZG 2009, 739 gegen OLG Stuttgart FGPrax 2009, 182 (= NZG 2009, 754 = GmbHR 2009, 827).

Teil 1. Handelsregister

Die entsprechenden **Eintragungen im Handelsregister** sind somit folgendermaßen vorzunehmen:

Spalte 4
Unterspalte a (Allgemeine Vertretungsregelung):
Ist nur ein Geschäftsführer bestellt, so vertritt dieser die Gesellschaft allein. Sind mehrere Geschäftsführer bestellt, so wird die Gesellschaft durch die Geschäftsführer gemeinsam vertreten.
Unterspalte b (Geschäftsführer und besondere Vertretungsbefugnis):
Geschäftsführer: Kurz, Robert, München, *25. 5. 1954; mit der Befugnis, mit sich im eigenen Namen oder als Vertreter eines Dritten Rechtsgeschäfte abzuschließen.

3. Eintragung der GmbH in das Handelsregister

975 a) **Prüfungsbefugnis des Registergerichts.** Das Gericht, in diesem Fall grundsätzlich der Richter (§ 17 Nr. 1 lit. a RPflG), prüft, ob die Gesellschaft ordnungsgemäß errichtet und angemeldet ist (§ 9c Abs. 1 GmbHG). Wie stets ist zunächst die formelle Ordnungsmäßigkeit der Anmeldung zu prüfen (siehe Rz. 155 ff.). Hinsichtlich der angemeldeten allgemeinen Vertretungsregelung ist festzustellen, ob sie mit den einschlägigen Bestimmungen des Gesellschaftsvertrags bzw. mit der gesetzlichen Regelung in Einklang steht.

976 Zur Beschleunigung des Verfahrens der Ersteintragung wurde der **Prüfungsumfang** zunächst durch das Handelsrechtsreformgesetz und in noch weiterem Umfang durch das MoMiG **eingeschränkt**. Nach § 9c Abs. 2 GmbHG kann die Ablehnung der Eintragung wegen Mängeln des Gesellschaftsvertrags nur erfolgen, wenn der Mangel eintragungspflichtige Umstände betrifft (§ 9c Abs. 2 Nr. 1 GmbHG) oder elementare Schutzbestimmungen, insbesondere zugunsten etwaiger Gläubiger, verletzt (§ 9c Abs. 2 Nr. 2 GmbHG) oder die Nichtigkeit des Gesellschaftsvertrags zur Folge hat (§ 9c Abs. 2 Nr. 3 GmbHG). Entsprechend erfordert die Prüfung der **ordnungsmäßigen Errichtung** der Gesellschaft, ob der Gesellschaftsvertrag in notarieller Form errichtet ist (§ 2 GmbHG), ob der notwendige Mindestinhalt des Gesellschaftsvertrags (§ 3 GmbHG; hierzu Rz. 924 ff.) wirksam geregelt ist, ob das Stammkapital durch die Stammeinlagen gedeckt ist und im Gesellschaftsvertrag vereinbarte Sacheinlagen insbesondere nicht unwesentlich überbewertet sind (§ 9c Abs. 1 Satz 2 GmbHG). Als prüfungsbedürftige Satzungsklauseln,[1] weil **die Gläubiger schützenden Bestimmungen** tangierend, werden angesehen Regelungen zur Aufstellungsfrist für den Jahresabschluss (§ 264 Abs. 1 HGB) oder zur Differenzierung der Abfindungshöhe, je nachdem ob an einen Gesellschafter oder einen Gläubiger zu leisten ist. Im öffentlichen Interesse sind Regelungen untersagt, die den gesetzlichen Minderheitenschutz (z. B. § 50 Abs. 1 GmbHG) abbedingen sollen oder beispielsweise eine Bestimmung, der zu Folge die Erhebung der Auflösungsklage zur Zwangseinziehung des Geschäftsanteils des klagenden Gesellschafters führen kann.[2] Allerdings ist es nicht Aufgabe des Registergerichts, strittige gesellschaftsrechtliche Detailfragen im Vorhinein im Rahmen der Ersteintragung einer GmbH zu klären, da dies letztlich im Rahmen eines Prozesses durch die ordentliche Gerichtsbarkeit im Klageweg zu erfolgen hat. Eine überzogene registergerichtliche Prüfung würde unnötigerweise die Möglichkeiten zu neuartigen Gestaltungen von vornherein verhindern.

976a Im Gesetzeswortlaut ist zwar die **Prüfungspflicht** nicht ausdrücklich herausgestellt. Dass das Gericht die Eintragungsvoraussetzungen prüfen muss, ergibt sich jedoch daraus, dass der gesetzlichen Regelung zufolge die Eintragung der Gesellschaft abzuleh-

---

[1] Siehe *Müther*, Handelsregister, § 6 Rz. 49 ff. m. w. N. und Kommentierungen zu § 9c GmbHG.
[2] Siehe **BayObLG** Z 1978, 227 (= DNotZ 1979, 49 = GmbHR 1979, 61).

nen ist, wenn die Gesellschaft nicht ordnungsgemäß errichtet und angemeldet ist (§ 9 c Abs. 1 GmbHG). Zur Feststellung der ordnungsgemäßen Errichtung kann ausnahmsweise auch die Überprüfung der beruflichen Stellung der Gründungsgesellschafter, beispielsweise bei einer Rechtsanwaltsgesellschaft, erforderlich sein.[1] Das Gericht hat den Beteiligten stets zur Beseitigung behebbarer Mängel Gelegenheit zur Abhilfe durch Erlass einer Zwischenverfügung zu geben (§ 382 Abs. 4 FamFG; siehe Rz. 166 ff.).

977 Die gerichtliche Prüfung bei der Ersteintragung einer GmbH erstreckt sich auch auf die **materielle Wirksamkeit** der angemeldeten Rechtsverhältnisse, somit auf die Rechtsverbindlichkeit des Gesellschaftsvertrags, sofern ein Mangel die Nichtigkeit des gesamten Gesellschaftsvertrags zur Folge hat (§ 9 c Abs. 2 Nr. 3 GmbHG). Die Klarstellung missverständlicher Satzungsbestandteile kann allerdings nur verlangt werden, wenn durch die erkennbare Unstimmigkeit Umstände im Sinne des § 9 c Abs. 2 GmbHG betroffen sind. Verletzt der Gesellschaftsvertrag keine derartigen Vorschriften, kann eine Anmeldung nicht deshalb beanstandet werden, weil das Gericht eine statutarische Bestimmung für unzweckmäßig hält[2] oder weil einzelne Bestimmungen des Gesellschaftsvertrags weitere Fragen aufwerfen oder weil die Regelung einen möglichen Konflikt nicht interessengerecht zu lösen imstande sein wird. Eine **Zweckmäßigkeitskontrolle** statutarischer Bestimmungen findet somit nicht statt.[3]

978 Bei einer **Sachgründung** stehen dem Registergericht für die Prüfung insbesondere die der Anmeldung beigefügten Dokumente (Sachgründungsbericht, Übertragungsverträge, Wertnachweise; vgl. § 8 Abs. 1 Nr. 4 und 5 GmbHG) zur Verfügung. Verbleiben dennoch begründete Zweifel, die auf eine **nicht nur unwesentliche Überbewertung** (§ 9 c Abs. 1 Satz 2 GmbHG) hindeuten, kann das Gericht nach § 26 FamFG alle zulässigen Beweismittel heranziehen, um sich Gewissheit darüber zu verschaffen, ob die Sacheinlagen zutreffend bewertet worden sind. Bei Grundstücken ist hierbei nicht nur der Verkehrswert heranzuziehen, sondern sind naturgemäß auch unter Umständen fortbestehende auf dem Grundstück durch Grundpfandrechte abgesicherte Verbindlichkeiten zu beachten.[4] Das Gericht wird sich gerade in diesem Zusammenhang der nach § 387 FamFG vorgesehenen, zu deren Pflichtaufgaben gehörenden Unterstützung durch die Industrie- und Handelskammer bzw. sonstiger berufsständischer Organe bedienen. Auch wenn bekannt wird, dass der Wert einer Sacheinlage nach der Anmeldung unter den im Gesellschaftsvertrag angegebenen Betrag gesunken ist, ist die Eintragung zumindest bei erheblichen Zweifeln an der Leistungsfähigkeit der mit der Vorbelastungshaftung belasteten Gesellschafter abzulehnen.[5]

978a Im Falle eines gemäß § 19 Abs. 5 Satz 2 und § 8 GmbHG anzumeldenden „Hin- und Herzahlens" unterliegt die Vollwertigkeit und Liquidität des Rückgewähranspruches der Prüfung des Gerichts.[6] Insbesondere die Bewertung, ob dieser Anspruch „jederzeit fällig ist oder durch fristlose Kündigung durch die Gesellschaft fällig werden kann" (§ 19 Abs. 5 Satz 1 GmbHG), ist anhand der vorgelegten oder gemäß § 26

---

[1] **OLG Köln** MittBayNot 1998, 46; **BayObLG** MittBayNot 1994, 565.
[2] So bereits zur Rechtslage vor 1998: **OLG Köln** BB 1981, 1596; **OLG Stuttgart** Rpfleger 1980, 388; **BayObLG** Z 1974, 479.
[3] **BayObLG** GmbHR 1993, 167; **OLG Karlsruhe** GmbHR 1993, 101; **BayObLG** BB 1985, 546; **BayObLG** BB 1983, 83; **BayObLG** Z 1982, 368; **OLG Köln** GmbHR 1982, 187; **BayObLG** Z 1974, 479; s. a. *Winter*, in: Scholz, GmbHG, § 9 c Rz. 11.
[4] **OLG Frankfurt** FGPrax 2006, 172.
[5] **BayObLG** Z 1992, 109; anderer Ansicht: **OLG Düsseldorf** GmbHR 1996, 214; *Bayer*, in: Lutter/Hommelhoff, GmbHG, § 9 c Rz. 16; *Heyder*, in: Michalski, GmbHG, § 9 c Rz. 32; *Schmidt-Leithoff*, in: Rowedder/Schmidt-Leithoff, GmbHG, § 9 c Rz. 27; *Hueck/Fastrich*, in: Baumbach/Hueck, GmbHG, § 9 c Rz. 12; *Winter*, in: Scholz, GmbHG, § 9 c Rz. 33.
[6] S. BT-Drucks. 16/9737, S. 98.

FamFG anzufordernden Verträge zu beurteilen. Auch die Frage der Vollwertigkeit des Rückgewähranspruches ist anhand vorzulegender Nachweise über die Zahlungsfähigkeit des Gesellschafters zu prüfen.[1]

979 Das bei Gründung der GmbH auf die Stammeinlage **eingezahlte Kapital** muss im Zeitpunkt der Eintragung noch summenmäßig vorhanden sein.[2] Der Rechtsverkehr soll sich darauf verlassen dürfen, dass die GmbH im Zeitpunkt der Eintragung, in dem sie entsteht (§ 11 Abs. 1 GmbHG), über ihre als Mindestkapital garantierte Haftungsgrundlage tatsächlich verfügt. Daher kann sich bei einer Bargründung die Prüfung auch darauf erstrecken, inwieweit das Anfangskapital bereits durch Schulden vorbelastet ist.[3] Gründungskosten, die nach der Vereinbarung im Gesellschaftsvertrag zu Lasten der GmbH gehen, wie insbesondere Notar- und Eintragungsgebühren sowie Bekanntmachungskosten, können aus dem Gesellschaftsvermögen bezahlt werden. Die Eintragung der GmbH trotz unzureichender Kapitalausstattung ist nicht etwa deshalb möglich, weil die Gesellschafter persönlich anteilig für die Differenz haften, die sich durch Vorbelastungen zwischen dem Stammkapital und dem Wert des Gesellschaftsvermögens im Zeitpunkt der Eintragung ergibt.[4]

980 Sofern **erhebliche Zweifel** daran bestehen, **ob die Versicherung** über die Leistung der Einzahlungen auf die Geschäftsanteile (§ 8 Abs. 2 GmbHG) **richtig ist** oder ob eingezahltes Kapital noch vorhanden ist, kann das Gericht die Erklärungen der Geschäftsführer, dass die Leistungen auf die Geschäftsanteile bewirkt sind, nachprüfen (§ 8 Abs. 2 Satz 2 GmbHG, § 26 FamFG). Diesem Prüfungsrecht korrespondiert eine entsprechende Prüfungspflicht des Registergerichts.[5] Im Einzelfall müssen begründete, erhebliche Zweifel bestehen. Allgemeine Verdachtsmomente, die sich auf keine konkreten Anhaltspunkte stützen, rechtfertigen es dagegen nicht, Nachweise für die Einzahlung zu verlangen.[6] Der Gesetzgeber hat bei der Novellierung des Rechts der GmbH im Jahre 1980 ausdrücklich davon abgesehen, eine Bankbestätigung oder einen sonstigen generellen Nachweis über die Leistung der Bareinlagen zu fordern[7] und die Prüfungskompetenz durch das MoMiG im Jahr 2008 noch weiter eingeschränkt.[8] Im Regelfall genügt es daher, wenn die Geschäftsführer der Gesellschaft gemäß § 8 Abs. 2 GmbHG die vorgeschriebene Versicherung abgeben.[9] Sofern allerdings Belege für geleistete Einzahlungen dem Gericht vorgelegt werden, können diese auch Anlass für erhebliche Zweifel und somit weitere Nachprüfungen sein. Dabei ist zu bedenken, dass ein ggf. eingereichter Bankbeleg im Registerordner (siehe § 9 HRV) der online-Einsichtnahme durch jedermann unterliegt (§ 9 Abs. 1 HGB).[10]

---

[1] *Wicke*, GmbHG, § 8 Rz. 13.
[2] BGH Z 150, 197 (= NJW 2002, 1716); BayObLG NZG 1999, 27; OLG Düsseldorf ZIP 1996, 1705; OLG Hamm DB 1993, 86; BayObLG GmbHR 1992, 109 (= MittBayNot 1992, 62).
[3] BGH Z 105, 300; BayObLG NZG 1999, 27; OLG Düsseldorf NJW-RR 1997, 738; BayObLG GmbHR 1992, 109 (= MittBayNot 1992, 62); OLG Frankfurt OLGZ 1992, 388.
[4] BGH Z 80, 129 (137); OLG Düsseldorf BB 1998, 1497; OLG Düsseldorf ZIP 1996, 1705; OLG Hamm NJW-RR 1993, 1381 (= GmbHR 1993, 95); BayObLG GmbHR 1992, 109 (= MittBayNot 1992, 62); OLG Frankfurt WM 1992, 1315 (1318).
[5] OLG Düsseldorf MittBayNot 1998, 194 (= GmbHR 1998, 235).
[6] LG Bonn GmbHR 1993, 99; LG Aachen MittRhNotK 1986, 170; LG Wuppertal MittRhNotK 1986, 170; vgl. auch *Böhringer* Rpfleger 2002, 551.
[7] Siehe BT-Drucks. 8/3908, S. 71.
[8] BT-Drucks. 16/6140, S. 35.
[9] BGH Z 113, 335; OLG Düsseldorf MittBayNot 1998, 194 (= GmbHR 1998, 235 = Rpfleger 1997, 70); BayObLG Z 1994, 23 (= MittBayNot 1994, 59); OLG Frankfurt NJW-RR 1992, 1253; ebenso *Böhringer* Rpfleger 2002, 551.
[10] OLG Hamm Rpfleger 2007, 80.

Grundsätzlich müssen bereits die Versicherungen der Geschäftsführer (§ 8 Abs. 2 GmbHG) die Umstände der Einlageleistungen so genau darlegen, dass dem Registergericht eine Prüfung möglich ist. Das Registergericht darf **zusätzliche Informationen** oder den **Nachweis** über die in der Versicherung behaupteten Umstände regelmäßig nur verlangen, wenn die Versicherungen unklar sind oder sonst sachlich berechtigter Anlass besteht, an ihrer inhaltlichen Richtigkeit erheblich zu zweifeln.[1] Ein solcher Anlass liegt allerdings insbesondere dann vor, wenn bekannt wird, dass erhebliche Vorbelastungen eingetreten sind und die dadurch begründeten Differenzhaftungsansprüche wegen schlechter Vermögenslage der Gesellschafter nicht durchsetzbar erscheinen.[2]

981

Die **Eintragung** der Gesellschaft **ist abzulehnen**, wenn die Mindesteinlage auf das Stammkapital den Geschäftsführern nicht mehr in vollem Umfang zur freien Verfügung steht, sondern teilweise anderweitig, auch für Gesellschaftszwecke oder weil einem Dritten ein Darlehen gewährt ist, verbraucht wurde.[3] Der Ausgleich von Vorbelastungen muss in diesem Fall vor der Eintragung der GmbH im Handelsregister erfolgen.

982

b) **Eintragung der GmbH im Handelsregister.** Der Inhalt der **Eintragung im Handelsregister** ist in § 10 Abs. 1 und 2 GmbHG beschrieben. Die Eintragung erfolgt in Abteilung B (§ 3 Abs. 1 und 3 HRV) folgendermaßen (§ 43 HRV):

983

- In Spalte 1 laufende Nummer „1" (erste Eintragung der Gesellschaft, § 43 Nr. 1 HRV);
- in Spalte 2 Unterspalte a die **Firma**, in Unterspalte b der **Sitz** der Gesellschaft, die **inländische Geschäftsanschrift** und gegebenenfalls der Name und Vorname oder die Firma und Rechtsform einer **empfangsberechtigten Person** sowie etwaige Zweigniederlassungen unter Angabe des Ortes der Zweigniederlassung samt Postleitzahl und inländischer Geschäftsanschrift, einer eventuell abweichenden Firma oder eines Zusatzes (wie z.B. „Zweigniederlassung Berlin") und in Unterspalte c der **Gegenstand des Unternehmens** (§ 43 Nr. 2 HRV);
- in Spalte 3 die **Höhe des Stammkapitals** (§ 43 Nr. 3 HRV);
- in Spalte 4 Unterspalte a ist die allgemeine Vertretungsregelung der Geschäftsführer und in Unterspalte b sind die **Geschäftsführer** und ihre Stellvertreter[4] mit Vornamen, Familiennamen, Geburtsdatum und Wohnort einzutragen, samt einer im Einzelfall von der allgemeinen Vertretungsregelung abweichenden besonderen Vertretungsbefugnis (§ 43 Nr. 4 HRV);
- in Spalte 5 alle die **Prokura** betreffenden Eintragungen unter Angabe von Vornamen, Familiennamen, Geburtsdatum und Wohnort der Prokuristen (§ 43 Nr. 5 HRV);
- in Spalte 6 Unterspalte a die **Rechtsform der Gesellschaft**, also „Gesellschaft mit beschränkter Haftung" und der Tag des Abschlusses des Gesellschaftsvertrags, wobei im Fall von Gründungsnachträgen vor der Ersteintragung sowohl das Datum der ursprünglichen Beurkundung als auch diejenigen der Nachträge aufzunehmen sind. In Unterspalte b sind etwaige Bestimmungen über die Zeitdauer der Gesellschaft sowie über das genehmigte Kapital (§ 55a GmbHG) einzutragen. Bei der Ersteintragung ist auch ein Entstehungsvermerk nach UmwG aufzunehmen

---

[1] BGHZ 113, 335 (352); BayObLG Z 1994, 23 (= MittBayNot 1994, 59); BayObLG BB 1988, 716.
[2] BayObLG MittBayNot 1992, 125 (= GmbHR 1992, 109).
[3] LG Berlin GmbHR 1999, 1034.
[4] Die Stellvertreter sind ohne entsprechenden Zusatz einzutragen: BGH NJW 1998, 1071 (= FG-Prax 1998, 68 = Rpfleger 1998, 161).

sowie Eintragungen hinsichtlich bestehender Unternehmensverträge (§ 43 Nr. 6 HRV);
– in Spalte 7 in Unterspalte a der Tag der Eintragung (§§ 43 Nr. 7, 40 Nr. 6 HRV).

984 **Beispiel für die Ersteintragung einer GmbH im Handelsregister:**

Spalte 2
Unterspalte a (Firma): Prometheus GmbH
Unterspalte b (Sitz): Kassel; Geschäftsanschrift: Arabellastraße 4, 34109 Kassel
Unterspalte c (Gegenstand des Unternehmens): Handel mit Kraftfahrzeugen
Spalte 3 (Stammkapital): 25 000 €
Spalte 4
Unterspalte a (Allgemeine Vertretungsregelung):
Ist nur ein Geschäftsführer bestellt, so vertritt dieser die Gesellschaft allein. Sind mehrere Geschäftsführer bestellt, so wird die Gesellschaft durch zwei Geschäftsführer gemeinsam oder durch einen Geschäftsführer gemeinsam mit einem Prokuristen vertreten.
Unterspalte b (Geschäftsführer und besondere Vertretungsbefugnis):
Geschäftsführer: Kurz, Robert, München, *25. 5. 1954; einzelvertretungsberechtigt, mit der Befugnis, mit sich im eigenen Namen oder als Vertreter eines Dritten Rechtsgeschäfte abzuschließen.
Geschäftsführer: Lang, Richard, Köln, *10. 8. 1965; einzelvertretungsberechtigt, mit der Befugnis, mit sich im eigenen Namen oder als Vertreter eines Dritten Rechtsgeschäfte abzuschließen.
Spalte 5 (Prokura): –
Spalte 6
Unterspalte a (Rechtsform, Gesellschaftsvertrag):
Gesellschaft mit beschränkter Haftung. Gesellschaftsvertrag vom 10. 11. 2009 *(ggf. mit Nachtrag vom 22. 11. 2009).*
Unterspalte b (Sonstige Rechtsverhältnisse):
Die Geschäftsführer sind durch den Gesellschaftsvertrag vom 10. 11. 2009 ermächtigt, das Stammkapital bis zum 1. 11. 2014 gegen Bar- und/oder Sacheinlagen einmal oder mehrmals um insgesamt bis zu 12 500 € zu erhöhen (Genehmigtes Kapital 2009/I).

985/986 *(Randnummern zur Zeit nicht besetzt)*

987 **c) Insbesondere: Eintragung der Vertretungsbefugnis der Geschäftsführer im Handelsregister.** *aa) Eintragung der allgemeinen Vertretungsregelung.* Die **Vertretungsbefugnis** der Geschäftsführer ist (vgl. Rz. 948 ff.), auch wenn sie sich nach dem Gesetz bestimmt, in allgemeiner Form im Register in Spalte 4 Unterspalte a (§ 43 Nr. 4 lit. a HRV) des Handelsregisters einzutragen (§ 10 Abs. 1 Satz 2 GmbHG).[1] In dieser Weise ist auch die Einzelvertretungsbefugnis des einzigen Geschäftsführers einzutragen,[2] da sich die kraft Gesetzes oder Gesellschaftsvertrag bestehende Gesamtvertretung bei Verbleiben eines einzigen Geschäftsführers nicht zwingend in eine „Alleinvertretungsbefugnis" umwandelt,[3] es sei denn die Vertretung durch einen Geschäftsführer ist für diesen Fall durch die Satzung ausdrücklich vorgesehen. Dem genügt beispielsweise folgende Formulierung nicht: „Sind mehrere Geschäftsführer bestellt, wird die Gesellschaft durch (...) vertreten". Erforderlich ist vielmehr ggf. der Zusatz: „Ist nur ein Geschäftsführer bestellt, so vertritt dieser die Gesellschaft allein."

---

[1] OLG Frankfurt Rpfleger 1987, 419 (= GmbHR 1988, 65); BayObLG Z 1974, 49 (= DNotZ 1975, 117); OLG Hamm NJW 1972, 1763; OLG Köln DNotZ 1970, 748; OLG Frankfurt DNotZ 1970, 431.
[2] EuGH BB 1974, 1500; BGH Z 63, 261 (264); BayObLG DB 1997, 1272 (= BB 1997, 1327); OLG Frankfurt GmbHR 1994, 117 (= DB 1993, 2478); OLG Zweibrücken GmbHR 1993, 97 (= NJW-RR 1993, 933).
[3] OLG Hamburg DNotZ 1988, 331 (= NJW-RR 1988, 1182).

Mit Eintragung der generellen bzw. abstrakten, **allgemeinen Vertretungsregelung** weist   988
das Handelsregister diese sogleich für künftige Veränderungen in der Person und in der Zahl der Geschäftsführer aus. Bei Änderungen in der Geschäftsführung bedarf es daher keiner besonderen Anmeldung und Eintragung der Vertretungsbefugnis. Auch bei Bestellung zunächst nur eines Geschäftsführers ist demnach sogleich auch die sich aus dem Gesellschaftsvertrag oder dem Gesetz ergebende Vertretungsbefugnis bei Vorhandensein mehrerer Geschäftsführer einzutragen.[1] Ist die Vertretungsbefugnis bestimmter Geschäftsführer besonders geregelt, so ist deren Vertretungsbefugnis im Register in Spalte 4 Unterspalte b bei dem jeweils betroffenen Geschäftsführer zusätzlich personenbezogen einzutragen.[2] Die Eintragung, dass Gründungsgesellschafter als Geschäftsführer jeweils einzelvertretungsberechtigt sind, ist unzulässig,[3] da nicht dem Register, sondern allenfalls den im Registerordner befindlichen Dokumenten entnommen werden kann, wer Gründungsgesellschafter ist, sich die Vertretungslage aber abschließend aus den Handelsregistereintragungen ergeben muss.[4] Ähnlich ist auch eine allgemeine Vertretungsregelung nicht eintragungsfähig, die vorsieht, dass allgemein Gesellschafter, die zum Geschäftsführer bestellt werden, einzelvertretungsberechtigt sind; ebenfalls nicht, dass Geschäftsführer, welche Steuerberater sind, einzelvertretungsberechtigt sind. Auch diese Umstände können dem Registerinhalt nicht entnommen werden. Selbst in Fällen, in welchen der Beruf im Register eingetragen ist, unterliegt die Berufsbezeichnung nicht der abschließenden registerlichen Prüfung und kann damit auch nicht Bezugspunkt der Vertretungsregelung sein. In all diesen Fällen ist jeweils bei den betroffenen Geschäftsführern die Sonderregelung im Rahmen der besonderen Vertretungsbefugnis anzumelden und einzutragen.

Wenn es der Gesellschaftsvertrag der Gesellschafterversammlung überlässt, die Einzel- oder Gesamtvertretungsbefugnis für einzelne Geschäftsführer abweichend zu regeln, so ist nicht diese Vertragsbestimmung, sondern allein die im Einzelfall tatsächlich bestehende Vertretungsbefugnis bei dem betroffenen Geschäftsführer einzutragen. **Unechte Gesamtvertretung**, also die Regelung der Vertretungsbefugnis in der Weise, dass einer von mehreren Geschäftsführern auch in Gemeinschaft mit einem Prokuristen vertretungsberechtigt sein soll (entsprechend § 78 Abs. 3 AktG), ist nur bei Bestimmung im Gesellschaftsvertrag einzutragen. Der einzige Geschäftsführer der GmbH kann hierbei nicht in der Weise in seiner Vertretungsmacht beschränkt sein, dass er nur zusammen mit einem Prokuristen handeln kann.[5] Als Vertretungsbefugnis wird nur die des § 35 Abs. 1, Abs. 2 Satz 1 und 2 GmbHG eingetragen, nicht auch, dass bei Abgabe einer Willenserklärung gegenüber der Gesellschaft der Zugang an einen Geschäftsführer genügt (§ 35 Abs. 2 Satz 3 GmbHG). Ebenso sind etwaige organschaftliche Ermächtigungen unter mehreren Geschäftsführern nicht im Register einzutragen.   989

bb) Beispiele für Eintragungen der allgemeinen Vertretungsregelung. Eine übliche   990
Fassung der Vertretungsbefugnis kann bei entsprechender Regelung im Gesellschaftsvertrag lauten:[6]

Ist nur ein Geschäftsführer bestellt, so vertritt er die Gesellschaft allein. Sind mehrere Geschäftsführer bestellt, so wird die Gesellschaft durch zwei Geschäftsführer gemeinsam oder durch einen Geschäftsführer zusammen mit einem Prokuristen vertreten.

---

[1] BayObLG Z 1974, 49; **OLG Köln** DNotZ 1970, 748.
[2] BayObLG Z 1974, 49; **OLG Hamm** DNotZ 1974, 44.
[3] BayObLG MittBayNot 1980, 80; **LG Koblenz** DNotZ 1973, 127.
[4] OLG Stuttgart FGPrax 2008, 83 (= NZG 2008, 36 = DNotZ 2008, 303 m. Anm. *Altmeppen*).
[5] Vgl. BGH Z 26, 330 (332).
[6] Zu Formulierungs- und Eintragungsvorschlägen siehe *Groß* Rpfleger 1970, 156.

991 Weitere Beispiele allgemein im Handelsregister einzutragender Vertretungsregelungen sehen folgendermaßen aus (siehe auch Rz. 1001 f.):

Bei gesellschaftsvertraglich vorgesehener Einzelvertretungsbefugnis:
Jeder Geschäftsführer vertritt einzeln.

Bei gesellschaftsvertraglicher Gesamtvertretung durch stets zwei Organmitglieder:
Die Gesellschaft wird durch zwei Geschäftsführer gemeinsam vertreten.

Besteht zudem die Möglichkeit unechter Gesamtvertretung, hat die Eintragung folgendermaßen auszusehen:
Die Gesellschaft wird durch zwei Geschäftsführer oder durch einen Geschäftsführer zusammen mit einem Prokuristen vertreten.

Denkbar ist auch folgende Regelung im Gesellschaftsvertrag:
Ist nur ein Geschäftsführer bestellt, so vertritt er die Gesellschaft allein. Sind mehrere Geschäftsführer bestellt, so wird die Gesellschaft durch zwei Geschäftsführer gemeinsam vertreten.

Der gesetzlichen Gesamtvertretungsregelung entspricht folgende Eintragung, die vorzunehmen ist, wenn der Gesellschaftsvertrag keine abweichende Festsetzung enthält: Die Gesellschaft wird durch die Geschäftsführer gemeinsam vertreten.

992 Unüblich, gleichwohl jedoch nicht zu beanstanden sind folgende Vertretungsregelungen:

Ist nur ein Geschäftsführer bestellt, so vertritt er allein und ist befugt, mit der Gesellschaft mit sich im eigenen Namen oder als Vertreter eines Dritten Rechtsgeschäfte abzuschließen. Sind mehrere Geschäftsführer bestellt, so wird die Gesellschaft durch zwei Geschäftsführer gemeinsam oder durch einen Geschäftsführer zusammen mit einem Prokuristen vertreten.

Die Gesellschaft wird durch zwei Geschäftsführer gemeinsam vertreten. Jeder Geschäftsführer ist bei Rechtsgeschäften mit der Bourdieu GmbH & Co. KG mit Sitz in Völklingen (AG Saarbrücken HRA 5613) einzelvertretungsberechtigt.

Häufig bei ausländischen Gesellschaftern ist folgende Vertretungsregelung anzutreffen:
Die Gesellschaft hat nur einen Geschäftsführer, welcher sie alleine vertritt.

Im Grunde genommen keine allgemeine Vertretungsregelung ist folgende Variante, die in Fällen von ausländischen Zweigniederlassungen vorkommt, bei welchen es keine regelrechte allgemeine, sondern stets nur konkret bestimmte Vertretungsbefugnisse gibt:
Ist nur ein Geschäftsführer bestellt, vertritt er allein. Sind mehrere Geschäftsführer bestellt, so ist deren Vertretungsbefugnis im Bestellungsbeschluss festzulegen.

993 Hingegen sind folgende Vertretungsregelungen **nicht eintragungsfähig,** da nach den dargestellten Grundsätzen die Vertretung der betroffenen Gesellschaft nicht allein aus dem Registerinhalt entnommen werden kann:

Ist ein Gesellschafter Geschäftsführer, vertritt er allein. Im Übrigen (...).

Die Geschäftsführer vertreten bei Rechtsgeschäften mit Konzerngesellschaften einzeln. Im Übrigen (...).

Ein Geschäftsführer, welcher Wirtschaftsprüfer ist, vertritt einzeln. Im Übrigen (...).

994 Für die registerlich wenig praktikable **Vertretungsregelung nach Familienstämmen** ist zu beachten, dass folgende Variante mangels registerlicher Bestimmtheit ausscheidet:

Die Gesellschaft wird durch je einen Geschäftsführer des Stammes Anklamm und einen des Stammes Barlach vertreten.
Denkbar wäre allein folgende Eintragung im Zusammenhang mit einem Vermerk der besonderen Vertretungsbefugnis der einzelnen Geschäftsführer:
Geschäftsführer Anklamm, Ansgar, Hamburg, *1. 1. 1950, vertritt gemeinsam mit Geschäftsführer Barlach, Bertram oder Geschäftsführerin Barlach, Barbara.

Geschäftsführerin Anklamm, Adelheid, Hamburg, *1.2. 1955, vertritt gemeinsam mit Geschäftsführer Barlach, Bertram oder Geschäftsführerin Barlach, Barbara.
Geschäftsführer Barlach, Bertram, Berlin, *1.5. 1960, vertritt gemeinsam mit Geschäftsführer Anklamm, Ansgar oder Geschäftsführerin Anklamm, Adelheid.
Geschäftsführerin Barlach, Barbara, Bremen, *1.7. 1963, vertritt gemeinsam mit Geschäftsführer Anklamm, Ansgar oder Geschäftsführerin Anklamm, Adelheid.
Allerdings ist hierbei zu bedenken, dass jede Änderung in den Personen der Geschäftsführer Auswirkungen auf die eingetragene besondere Vertretungsbefugnis verschiedener anderer Geschäftsführer hat. Infolgedessen sind die betroffenen Geschäftsführer und deren geänderte besondere Vertretungsbefugnis in korrigierter Form dann neu vorzutragen.

cc) Eintragung der besonderen Vertretungsbefugnis einzelner Geschäftsführer. Die **besondere Vertretungsbefugnis** einzelner Geschäftsführer ist nur anzumelden und einzutragen, soweit sie von der allgemeinen Vertretungsregelung abweicht. Im Übrigen genügt die Anmeldung der Person mit Familienname, Vorname, Wohnort und Geburtsdatum. Auch bei der Neuanmeldung weiterer Geschäftsführer ist in der Anmeldung der Zusatz, dass der neu angemeldete Geschäftsführer „satzungsgemäß" vertritt, entbehrlich (Rz. 949). Unrichtig wäre allerdings eine Anmeldung, die nur die derzeitige Situation wiedergibt, also z. B. die Anmeldung als einzelvertretungsbefugt, nur weil der Geschäftsführer derzeit der einzige ist, oder eine Anmeldung, wonach zwei angemeldete Geschäftsführer jeweils gemeinsam oder zusammen mit einem Prokuristen vertreten, obwohl nach der Satzung und dem der Bestellung zugrunde liegenden Beschluss auch eine Vertretung durch einen Geschäftsführer möglich ist, wenn der zweite wegfällt. Jedoch sollte das Registergericht eine solche Anmeldung satzungskonform auslegen und damit ohne weitere Rückfrage die Eintragung einer besonderen Vertretungsbefugnis entfallen lassen. 995

dd) Befreiung von den Beschränkungen des § 181 BGB. Die Befreiung eines Geschäftsführers von dem Verbot, Geschäfte der GmbH mit sich selbst oder als Vertreter eines Dritten abzuschließen (**Verbot der In-Sich-Geschäfte, § 181 BGB**) ist eine eintragungspflichtige Tatsache.[1] Dies folgt aus der Bestimmung des § 10 Abs. 1 Satz 2 GmbHG. Die Eintragung, dass die Vertretungsbefugnis eines Geschäftsführers um den Abschluss von In-Sich-Geschäften erweitert ist, soll den Rechtsverkehr u. a. auf die Gefahr hinweisen, dass Vermögen zwischen Gesellschaft und Geschäftsführer verlagert werden kann. Inhalt der Vertretungsbefugnis der Geschäftsführer und daher eintragungsfähig ist auch die Befreiung vom Verbot des Selbstkontrahierens nur für bestimmte Arten von Rechtsgeschäften, z. B. nur für Grundstücksgeschäfte.[2] 996

Eingeschränkt nach § 181 BGB ist auch die Vertretungsbefugnis des alleinigen Gesellschafters und Geschäftsführers (§ 35 Abs. 3 GmbHG), ebenso wie die des Geschäftsführers einer Gesellschaft mit mehreren Gesellschaftern. Befreiung von den Beschränkungen des § 181 BGB besteht, wenn dem Geschäftsführer **generell durch den Gesellschaftsvertrag** oder **im Einzelfall für einen bestimmten Geschäftsführer durch Gesellschafterbeschluss** In-Sich-Geschäfte gestattet sind.[3] Die Befreiung durch Mehr- 997

---

[1] BGH Z 87, 59; **OLG Stuttgart** FGPrax 2008, 83 (= NZG 2008, 36 = DNotZ 2008, 303 m. Anm. *Altmeppen*); **OLG Stuttgart** GmbHR 1985, 221; **OLG Frankfurt** NJW 1983, 944; **BayObLG** Z 1979, 182 (= GmbHR 1979, 207); vgl. auch *Bärwaldt* Rpfleger 1990, 102; *Kirstgen* MittRhNotK 1988, 219; Anregungen, die eine Anwendung des § 181 BGB im Gesellschaftsrecht nur noch in Bezug auf das Innenverhältnis vorsehen und daher keine Registereintragungen mehr zur Folge hätte (*Willer/Krafka* NZG 2006, 495) wurden bislang nur von *Roth/Altmeppen*, GmbHG, § 35 Rz. 76 in abgewandelter Form aufgegriffen.
[2] **OLG Düsseldorf** GmbHR 1995, 51 (= FGPrax 1995, 42); *Simon* GmbHR 1999, 588; *Kanzleiter* Rpfleger 1984, 1; anderer Ansicht: **LG Berlin** Rpfleger 1981, 309.
[3] BGH Z 87, 59.

heitsbeschluss der Gesellschafterversammlung erfordert eine Ermächtigung im Gesellschaftsvertrag,[1] sofern nicht lediglich ad hoc für die Vornahme eines speziellen Rechtsgeschäfts Befreiung erteilt wird.[2] Der Gesellschafterbeschluss, der aufgrund einer im Gesellschaftsvertrag bereits enthaltenen Ermächtigung für einen oder für mehrere Geschäftsführer Befreiung von den Beschränkungen des § 181 BGB erteilt, unterliegt selbst nicht den Bestimmungen des § 181 BGB, kann somit bei der Ein-Personen-GmbH von ihrem einzigen Gesellschafter auch dann gefasst werden, wenn ihm selbst als Geschäftsführer Befreiung erteilt wird.[3] Allerdings soll nach überwiegender Auffassung die Stimmabgabe eines Vertreters bei dessen Bestellung zum Geschäftsführer nur wirksam sein, wenn er selbst vom Vertretenen von der einschlägigen Beschränkung des § 181 BGB befreit war.[4] Gemäß § 48 Abs. 3 GmbHG ist über den Beschluss ggf. eine schriftliche Niederschrift zu erstellen.

998 Wenn die nach dem Gesellschaftsvertrag dazu berechtigte Gesellschafterversammlung aufgrund einer Ermächtigung im Gesellschaftsvertrag **Befreiung** von den Beschränkungen des § 181 BGB **erteilt**, bewirkt dies eine Änderung in der Art der Vertretungsbefugnis des Geschäftsführers, die zur Eintragung in das Handelsregister anzumelden ist[5] (§ 39 Abs. 1 GmbHG). Beizufügen ist der Anmeldung das Dokument über die Änderung der Vertretungsbefugnis des Geschäftsführers (§ 39 Abs. 2 GmbHG; bei Erstanmeldung als Legitimation des Geschäftsführers nach § 8 Abs. 1 Nr. 2 und Abs. 4 Nr. 2 GmbHG). Erforderlich ist somit die Vorlage der Niederschrift über die Beschlussfassung, die schriftlich (§ 126 Abs. 1 BGB) aufzunehmen und zu unterschreiben ist (vgl. für die Ein-Personen-GmbH § 48 Abs. 3 GmbHG). In das Handelsregister einzutragen ist die durch Gesellschafterbeschluss angeordnete Befreiung des jeweils zu bezeichnenden Geschäftsführers als dessen Vertretungsbefugnis, nicht darüber hinaus auch noch die im Gesellschaftsvertrag enthaltene Ermächtigung als solche allgemein; diese bleibt nicht einzutragende Rechtsgrundlage, auf der die nach § 39 Abs. 1 GmbHG einzutragende Vertretungsbefugnis beruht.[6]

999 Enthält der Gesellschaftsvertrag keine Ermächtigung zur Befreiung des Geschäftsführers von den **Beschränkungen des § 181 BGB,** ist eine über einen Einzelfall hinausgehende Befreiung zunächst ausgeschlossen.[7] Soll dennoch eine Befreiung erfolgen, bedarf es einer Änderung des Gesellschaftsvertrags gemäß §§ 53, 54 GmbHG. Dieser Beschluss muss somit notariell beurkundet werden (§ 53 Abs. 2 Satz 1 GmbHG) und ist erst mit Eintragung im Handelsregister wirksam.[8] Erfolgt die Änderung des Ge-

---

[1] KG FGPrax 2006, 170 (= NZG 2006, 718); OLG Köln GmbHR 1993, 37; OLG Stuttgart OLGZ 1985, 37 (= Rpfleger 1985, 116 = GmbHR 1985, 221); OLG Frankfurt OLGZ 1983, 182 (= DNotZ 1983, 641); **BayObLG** DB 1984, 1517; **BayObLG Z** 1981, 132 (= DNotZ 1981, 699).
[2] KG GmbHR 2002, 327; **BayObLG Z** 1980, 209 (= 1981, 185); LG Wuppertal MittRhNotK 1989, 275; Zöllner/Noack, in: Baumbach/Hueck, GmbHG, § 35 Rz. 133 m. w. N.; anderer Ansicht: **BayObLG Z** 1984, 109; **OLG Köln** GmbHR 1993, 37.
[3] **BayObLG Z** 1984, 109 (= GmbHR 1985, 116); OLG Zweibrücken MittBayNot 1982, 81.
[4] **BayObLG Z** 2000, 325 (= NZG 2001, 128); **LG Berlin** GmbHR 1997, 750; Zöllner, in: Baumbach/Hueck, GmbHG, § 47 Rz. 60.
[5] **OLG Hamm** FGPrax 1998, 149; OLG Stuttgart OLGZ 1985, 37; **BayObLG Z** 1982, 41.
[6] So **OLG Hamm** MittRhNotK 1996, 426 (= DB 1996, 2272); OLG Frankfurt BB 1984, 238; **OLG Karlsruhe** BB 1984, 238; offen gelassen bei **BayObLG Z** 1982, 41; für die Eintragung der Ermächtigungsklausel bei Ausnutzung durch Gesellschafterbeschluss OLG Zweibrücken GmbHR 1993, 97.
[7] KG FGPrax 2006, 170 (= NZG 2006, 718); anderer Ansicht: Roth/Altmeppen, GmbHG, § 35 Rz. 76.
[8] Vgl. **OLG Stuttgart** OLGZ 1985, 37; **OLG Frankfurt** Rpfleger 1983, 114 (= DB 1983, 545); **BayObLG Z** 1981, 132; **BayObLG Z** 1980, 209; anderer Ansicht **LG Köln** RNotZ 2001, 402 mit Anm. Lohr.

sellschaftsvertrags in der Weise, dass nun der Gesellschafterversammlung die Ermächtigung erteilt wird, Geschäftsführer von den Beschränkungen des § 181 BGB zu befreien, dann ist nur diese Änderung der einschlägigen Bestimmung des Gesellschaftsvertrags allgemein durch Bezugnahme auf den Gesellschaftsvertrag zur Eintragung anzumelden und lediglich die Satzungsänderung, nicht aber die Ermächtigung als solche in das Handelsregister einzutragen. Dann bedarf es wiederum eines Gesellschafterbeschlusses, der den jeweils betroffenen Geschäftsführer auf der Grundlage dieser Ermächtigung von den Beschränkungen des § 181 BGB befreit. Diese Befreiung durch Gesellschafterbeschluss ist sodann als Änderung der Vertretungsbefugnis (§ 39 GmbHG) anzumelden und einzutragen. Dass der Gesellschafterbeschluss über die Befreiung eines Geschäftsführers von den Beschränkungen des § 181 BGB zeitlich bereits vor der Registereintragung der Änderung des Gesellschaftsvertrags und damit vor Wirksamwerden der ermächtigenden Bestimmung des Gesellschaftsvertrags (§ 54 Abs. 3 GmbHG) gefasst und auch die Befreiung zur Eintragung in das Handelsregister angemeldet, nicht aber eingetragen wird, ist unproblematisch, da ein solcher Änderungsbeschluss unter der aufschiebenden Bedingung steht, dass die ermächtigende Grundlage mit Änderung des Gesellschaftsvertrags durch Registereintragung wirksam wird.

Eine **Befreiung von** den Beschränkungen des § 181 BGB, die davon abhängig ist, dass der Geschäftsführer zugleich Alleingesellschafter ist, kann entsprechend den dargestellten Grundsätzen (Rz. 988) nicht im Handelsregister eingetragen werden, weil sich die Gesellschaftereigenschaft und deren Anzahl nicht aus dem Registereintrag selbst ergibt und daher die Eintragung nicht erkennbar machen würde, ob dem jeweiligen Geschäftsführer Geschäfte mit sich selbst gestattet sind.[1] Eingetragen werden kann dagegen die von der Zahl der Geschäftsführer abhängige Befreiung von § 181 BGB, weil sich diese Umstände aus dem Handelsregister ergeben.[2] Die einem Geschäftsführer einer mehrgliedrigen GmbH erteilte und im Handelsregister eingetragene Befreiung von den Beschränkungen des § 181 BGB erlischt nicht dadurch, dass eine Ein-Personen-GmbH entsteht, deren Alleingesellschafter dieser Geschäftsführer ist.[3] Deshalb kann die Befreiung dieses Geschäftsführers durch die Satzung oder aufgrund entsprechender Satzungsgrundlage auch für den Fall, dass aus der mehrgliedrigen Gesellschaft später eine Ein-Personen-Gesellschaft entsteht, nicht gesondert in das Handelsregister eingetragen werden.[4] 1000

ee) Beispiele für Eintragungen zur Befreiung von den Beschränkungen des § 181 1001
BGB. **Einzutragen** in Spalte 4 Unterspalte a und anzumelden ist die generelle Befreiung der oder des alleinigen Geschäftsführers in allgemeiner Form. Wenn nur einem bestimmten Geschäftsführer Befreiung erteilt wurde, ist dies konkret anzumelden[5] und in Spalte 4 Unterspalte b im Register einzutragen. Bei der Eintragung soll jedoch nicht nur auf die Bestimmung des § 181 BGB verwiesen, sondern die Vertretungsbefugnis in Worten wie folgt offen gelegt werden:[6]

> Der Geschäftsführer [Personalien] ist befugt, die Gesellschaft bei der Vornahme von Rechtsgeschäften mit sich selbst [zutreffendenfalls auch: oder als Vertreter eines Dritten] uneingeschränkt zu vertreten.

---

[1] **BGH** Z 87, 59; **OLG Frankfurt** OLGZ 1984, 44; s.a. **OLG Stuttgart** FGPrax 2008, 83 (= NZG 2008, 36 = DNotZ 2008, 303 m. Anm. *Altmeppen*).
[2] **BayObLG** Z 1979, 182.
[3] **BGH** Z 114, 167 (= NJW 1991, 1731); s.a. **OLG Düsseldorf** BB 1991, 233; *Schmidt* MittBayNot 1987, 179.
[4] Durch **BGH** Z 114, 167 (= NJW 1991, 1731) überholt: BayObLG Z 1989, 375 (= MittBayNot 1990, 53 = Rpfleger 1990, 25).
[5] **BayObLG** Z 1980, 209; *Kanzleiter* Rpfleger 1984, 1.
[6] Siehe **BayObLG** Z 1979, 182.

1002 Die folgenden Regelungen zur allgemeinen Befreiung von den Beschränkungen des § 181 BGB können neben den allgemeinen Vertretungsregeln (Rz. 987 ff.) eingetragen werden:

> *Bei einer umfassenden Befreiung von § 181 BGB:*
> Die Geschäftsführer sind befugt, die Gesellschaft bei Rechtsgeschäften mit sich im eigenen Namen oder als Vertreter eines Dritten uneingeschränkt zu vertreten.
>
> *Bei einer eingeschränkten Befreiung nur für den Fall des Selbstkontrahierens:*
> Die Geschäftsführer sind befugt, die Gesellschaft bei Rechtsgeschäften mit sich im eigenen Namen zu vertreten.
>
> *Bei einer eingeschränkten Befreiung nur für den Fall der Mehrfachvertretung:*
> Die Geschäftsführer sind befugt, mit der Gesellschaft Rechtsgeschäfte mit sich als Vertreter eines Dritten abzuschließen.
>
> *Bei einer eingeschränkten Befreiung für bestimmte Fälle der Mehrfachvertretung:*
> Die Geschäftsführer sind befugt, mit der Gesellschaft Rechtsgeschäfte mit sich als Vertreter der Werrach GmbH mit Sitz in Hamburg (AG Hamburg HRB 1255) und der ADONIS AG mit Sitz in Berlin (AG Charlottenburg HRB 4455) abzuschließen.
>
> *Wie beschrieben, ist hingegen folgende Regelung mangels registerlicher Bestimmtheit* **nicht** *zulässig:*
> Die Geschäftsführer sind befugt, mit der Gesellschaft Rechtsgeschäfte mit sich als Vertreter von Konzerngesellschaften abzuschließen.

1003 **d) Öffentliche Bekanntmachung.** In der öffentlichen Bekanntmachung (§ 10 HGB; § 27 Abs. 1 HRV) ist der gesamte Inhalt der Eintragung nach § 34 HRV, jedoch unter Weglassung der in Spalte 7 enthaltenen Abgaben, wiederzugeben. Die nach § 5 Abs. 4 Satz 1 GmbHG getroffenen Festsetzungen über Sacheinlagen sowie die etwaige Bestimmung des Gesellschaftsvertrags, dass öffentliche Bekanntmachungen der Gesellschaft neben der Publikation im elektronischen Bundesanzeiger auch in weiteren Gesellschaftsblättern erfolgen (§ 12 Satz 2 GmbHG), sind nicht zu veröffentlichen.

1004 Hat die Gesellschaft einen fakultativen **Aufsichtsrat** (§ 52 Abs. 1 GmbHG) oder einen obligatorischen Aufsichtsrat (DrittelbG, §§ 1, 6 MitbestG, § 1 MitbestErgG), sind die Geschäftsführer verpflichtet, den ersten Aufsichtsrat dem Registergericht mitzuteilen, sofern die Bestimmungen des AktG nach der Satzung der GmbH Anwendung finden sollen.[1] Dem Gericht ist im Zuge der Erstanmeldung der GmbH durch die Geschäftsführer als weitere **Anlage** gemäß § 52 Abs. 2 Satz 1 GmbHG i. V.m. § 37 Abs. 4 Nr. 3 und Nr. 3a AktG die Urkunde über die Bestellung des Aufsichtsrats gemäß § 12 Abs. 2 Satz 2 Halbs. 1 HGB einzureichen und ferner eine Liste der Aufsichtsratsmitglieder, aus der sich Name, Vorname, ausgeübter Beruf und Wohnort jedes Mitglieds ergibt. Bei jeder späteren Änderung der Besetzung des Aufsichtsrats haben die Geschäftsführer unverzüglich eine entsprechend neu gefasste Liste aller Aufsichtsratsmitglieder bei dem Registergericht einzureichen; das Gericht macht sodann gemäß § 10 HGB einen Hinweis darauf bekannt, dass die Liste eingereicht wurde (§ 52 Abs. 2 Satz 2 GmbHG).

1005 **Mitzuteilen** ist die Eintragung jedem Beteiligten, regelmäßig dem einreichenden Notar und der Gesellschaft nach § 383 Abs. 1 FamFG und der Industrie- und Handelskammer (§ 37 Abs. 1 Nr. 1 HRV).

1005a Als **Prüfungsschema** kann im Rahmen der Ersteintragung einer GmbH folgendermaßen vorgegangen werden:

---

[1] Siehe z. B. *Zöllner,* in: Baumbach/Hueck, GmbHG, § 52 Rz. 13.

Dritter Abschnitt. A. Gesellschaft mit beschränkter Haftung

I. **Anmeldung** (§ 8 GmbHG)
  1. durch **sämtliche Geschäftsführer** unterschrieben (§§ 7 Abs. 1, 78 GmbHG)
  2. **Versicherung** über die Bewirkung von Leistungen gemäß § 7 Abs. 2 und 3 GmbHG sowie freie Verfügung
     durch alle Geschäftsführer (§ 78 GmbHG)
     konkret: wer, wie viel, auf welchen Geschäftsanteil (§ 8 Abs. 2 Satz 1 GmbHG)
     mindestens 12 500 € (§ 7 Abs. 2 Satz 2 GmbHG)
     Mindesteinzahlung von ¼ (§ 7 Abs. 2 Satz 1 GmbHG) auf jeden Geschäftsanteil
  3. **Versicherung der Geschäftsführer** gemäß § 8 Abs. 3, § 6 Abs. 2 GmbHG sowie über Belehrung zu unbeschränkter Auskunftspflicht
  4. Angabe über **Vertretungsbefugnis** der Geschäftsführer (§ 8 Abs. 4 GmbHG)
     abstrakt und konkret
     Übereinstimmung mit dem Gesellschaftsvertrag
  5. Inländische Geschäftsanschrift (§ 8 Abs. 4 GmbHG)
II. **Liste der Gesellschafter** (§ 8 Abs. 1 Nr. 3 GmbHG)
   mit Name, Vorname, Geburtsdatum, Wohnort, Nummer und Höhe der Geschäftsanteile, siehe § 8 Abs. 1 Nr. 3 GmbHG
   unterschrieben durch sämtliche Geschäftsführer (§ 78 GmbHG), siehe § 8 Abs. 1 Nr. 3 GmbHG
III. **Legitimation** der Geschäftsführer (§ 6 GmbHG)
   wenn nicht Bestellung im Gesellschaftsvertrag enthalten, siehe § 8 Abs. 1 Nr. 2, § 46 Nr. 5 GmbHG
IV. **Bei Sacheinlage:** § 8 Abs. 1 Nr. 4 und 5 GmbHG
  1. Verträge über Sacheinlagen § 8 Abs. 1 Nr. 4 GmbHG
  2. Sachgründungsbericht § 8 Abs. 1 Nr. 4, § 5 Abs. 4 GmbHG
     von allen Gesellschaftern unterschrieben
     gegebenenfalls mit Jahresergebnissen der beiden letzten Geschäftsjahre (§ 5 Abs. 4 Satz 2 GmbHG)
  3. Unterlagen über Wert der Sacheinlagen (§ 8 Abs. 1 Nr. 5 GmbHG)
V. **Genehmigungsurkunde** (sofern überhaupt noch erforderlich)
VI. **Urkunde** über Bestellung eines Aufsichtsrats (§ 52 Abs. 2 GmbHG i. V. m. § 37 Abs. 4 Nr. 3 AktG) und Liste der Mitglieder des Aufsichtsrats
VII. **Gesellschaftsvertrag**
  1. wirksam zustande gekommen (§ 9 c Abs. 1 Satz 1 GmbHG)
     a) **Form** (§ 2 Abs. 1 GmbHG)
        Notariell
        Von allen Gesellschaftern unterschrieben
     b) **Rechtsfähigkeit** aller Gesellschafter
     c) **Vollmacht** zum Vertragsschluss (§ 2 Abs. 2, § 8 Abs. 1 Nr. 1 GmbHG)
     d) Betreuungsgerichtliche/Familiengerichtliche **Genehmigung**
        §§ 1822 Nr. 3, 1822 Nr. 10 BGB
  2. zwingende gesetzliche Vorschriften (§ 9 c Abs. 2 Nr. 1 GmbHG)
     a) zulässige **Firma** (§ 3 Abs. 1 Nr. 1, § 4 GmbHG, §§ 18 ff. HGB)
        Unterscheidungskraft § 18 Abs. 1 HGB
        Nicht irreführend § 18 Abs. 2 HGB
     b) **Sitz** (§ 4 a, § 3 Abs. 1 Nr. 1 GmbHG)
     c) Zulässiger Unternehmens**gegenstand** (§ 3 Abs. 1 Nr. 2 GmbHG)
        Rechtsform der GmbH nicht ausgeschlossen
        Kein Verstoß gegen Gesetz/gute Sitten
        Ausreichend individualisiert
     d) **Stammkapital** (§ 3 Abs. 1 Nr. 3, § 5 GmbHG)
        mindestens 25 000 Euro – sofern nicht als UG (haftungsbeschränkt) errichtet
     e) **Geschäftsanteile** (§ 3 Abs. 1 Nr. 4, § 5 GmbHG)
        Zahl und Nennbeträge
        Gesamtbetrag = Stammkapital

Übernehmer der Geschäftsanteile
Bei Sacheinlage: Gegenstand und Betrag (§ 5 Abs. 4 GmbHG)
- **f)** Festsetzungen zur Übernahme des **Gründungsaufwandes** entsprechend § 26 Abs. 2 AktG
- **g)** Wirksame Regelung der **Vertretungsmacht** (§ 6 Abs. 3, § 35 Abs. 2, §§ 37, 38 Abs. 2 GmbHG)
- **h)** Wirksame Bestimmung über **Zeitdauer** (§ 3 Abs. 2 GmbHG)
- **i)** Vorschriften über **Einziehung** von Gesellschaftsanteilen (§ 34 Abs. 1 GmbHG)
- **j)** Gesetzlicher Minderheitenschutz (§ 50 Abs. 1 GmbHG)
3. Gläubigerschutzvorschriften (§ 9c Abs. 2 Nr. 2 GmbHG)
4. Gesamtnichtigkeit des Gesellschaftsvertrages (§ 9c Abs. 2 Nr. 3 GmbHG)
VII. Gegebenenfalls Gesellschaftsvertragsfassung mit Notarbescheinigung gemäß § 54 Abs. 1 Satz 2 GmbHG bei Abänderung nach Gründung

III. Zweigniederlassungen von Gesellschaften mit beschränkter Haftung

1006 Für die **Zweigniederlassung einer GmbH** gelten im Wesentlichen dieselben Vorschriften wie für die Zweigniederlassung des Einzelkaufmanns (dazu Rz. 289ff.). **Anzumelden** ist die Errichtung der Zweigniederlassung durch die Geschäftsführer in vertretungsberechtigter Zahl (§ 13 Abs. 1 Satz 1 HGB i.V.m. § 78 GmbHG). Bei unechter Gesamtvertretung kann die Anmeldung auch durch einen Geschäftsführer in Gemeinschaft mit einem Prokuristen erfolgen. Anzumelden ist zunächst nur die Tatsache der Errichtung einer Zweigniederlassung unter Angabe des Ortes und ihrer inländischen Geschäftsanschrift sowie des Zusatzes, der ggf. der Firma der Zweigniederlassung beigefügt ist. Unterlagen sind nicht beizufügen.

1007 Das Gericht nimmt die **Eintragung** der Zweigniederlassung sodann im Registerblatt der Gesellschaft in Spalte 2 Unterspalte b vor (§ 43 Nr. 2 lit. b HRV). Eine Prüfung nach § 30 HGB oder der tatsächlichen Errichtung der Zweigniederlassung findet nicht statt. Der Antrag darf nur in extremen Missbrauchsfällen zurückgewiesen werden, nämlich dann, wenn die Zweigniederlassung nach Kenntnis des Gerichts offensichtlich nicht errichtet wurde.

1008 Für inländische Zweigniederlassungen von Gesellschaften mit beschränkter Haftung mit Sitz im Ausland sind im Übrigen die Vorschriften der §§ 13d, 13e und 13g HGB zu beachten (hierzu Rz. 311ff.).

1009 **Beispiel** für die Anmeldung der Zweigniederlassung einer inländischen GmbH durch die Geschäftsführer, einzureichen bei dem Gericht des Sitzes (zur Eintragung siehe Rz. 301):

> In Hamburg wurde unter der Firma „Rossfeld GmbH Zweigniederlassung Hamburg" eine Zweigniederlassung der „Rossfeld GmbH" errichtet. Die inländische Geschäftsanschrift der Zweigniederlassung lautet: 20221 Hamburg, Römerstraße 30.

Die entsprechende Eintragung im Handelsregister der Gesellschaft sieht folgendermaßen aus:

> **Spalte 2**
> **Unterspalte b (Sitz): Errichtet:** Zweigniederlassung unter gleicher Firma mit Zusatz: Zweigniederlassung Hamburg, 20221 Hamburg, Geschäftsanschrift: Römerstraße 30, 20221 Hamburg.
> **Spalte 5:** Einzelprokura beschränkt auf die Zweigniederlassung Hamburg: Klein, Herbert, 22. 6. 1964, Hamburg

1010 Anzumelden und einzutragen sind sodann **Änderungen** der im Register eingetragenen Umstände, die die Zweigniederlassung betreffen, also Veränderungen von Ort, Geschäftsanschrift und ggf. Firmenzusatz (§ 13 Abs. 1 Satz 2 HGB). Ferner ist die **Auf-**

hebung der Zweigniederlassung gleichfalls zur Eintragung in das Handelsregister anzumelden (§ 13 Abs. 3 HGB). Insoweit gelten die Ausführungen zur Ersteintragung entsprechend.

IV. Anmeldung und Eintragung von Änderungen des Gesellschaftsvertrags

Jede Änderung des Wortlauts des Gesellschaftsvertrags – also auch eine nur orthografische Korrektur wie zum Beispiel die Umstellung auf eine neue Rechtschreibung – bewirkt dessen **Abänderung** im Sinne der §§ 53 und 54 GmbHG,[1] die erst mit der Eintragung im Handelsregister wirksam ist (§ 54 Abs. 3 GmbHG). Die Änderung kann den notwendigen Inhalt (§ 3 GmbHG) oder fakultative Regelungen des Gesellschaftsvertrags betreffen, auch solche aufheben. Die Änderung kann ihn inhaltlich, also sachlich, oder nur sprachlich, d. h. redaktionell im Sinne von Fassungsänderungen, abändern. Satzungsänderung ist auch die vollständige **Neufassung**, bei welcher der Gesellschaftsvertrag neu erstellt bzw. neu formuliert wird. Ob im Einzelfall nur eine Änderung bestimmter Paragrafen der Satzung oder eine vollständige Neufassung vorliegt, bestimmt sich nicht nach dem Umfang der Änderungen, sondern nach dem Inhalt der Beschlussfassung, also nach dem Willen der hieran Beteiligten. Keine eigentliche Satzungsänderung liegt bei der bloßen Abänderung von Bestimmungen der Gründungsgesellschafter und Vereinbarungen der Gesellschafter vor, die nicht die Rechtsverhältnisse der Gesellschaft regeln und somit auch nicht in der Satzung enthalten sein müssen, wie beispielsweise die Bestellung und Abberufung von Geschäftsführern (§ 6 Abs. 3 Satz 2 GmbHG) oder Gehalts- und Provisionsvereinbarungen mit diesen.[2] Sind derartige Rechtsverhältnisse jedoch im Gesellschaftsvertrag enthalten und wird dessen Wortlaut entsprechend bei einer späteren Änderung angepasst, handelt es sich auch hierbei um eine Satzungsänderung im Sinne der §§ 53 und 54 GmbHG.

1011

1. Allgemeines zur Anmeldung und Eintragung von Änderungen des Gesellschaftsvertrags

a) Gesellschafterbeschluss zur Änderung des Gesellschaftsvertrags. Änderungen des Gesellschaftsvertrags bedürfen eines **Beschlusses der Gesellschafter** (§ 53 Abs. 1 GmbHG). Erforderlich ist die Zustimmung von drei Viertel der abgegebenen Stimmen (§ 53 Abs. 2 GmbHG). Die Stimmen der Gesellschafter bemessen sich nach der Höhe ihrer Geschäftsanteile (§ 47 Abs. 1 und 2 GmbHG), es sei denn, der Gesellschaftsvertrag sieht eine hiervon abweichende Regelung vor, beispielsweise in Form von Vorzugsgeschäftsanteilen.[3] Rechtsgeschäftliche Vertretung einzelner Gesellschafter ist, auch im Rahmen einer Handlungsvollmacht nach § 54 HGB[4], aufgrund einer in Textform erteilten Vollmacht möglich (§ 47 Abs. 3 GmbHG). Zugleich als Vertreter eines Mitgesellschafters kann ein Gesellschafter bei Satzungsänderung nur stimmen, wenn dieser ihm das In-Sich-Geschäft gestattet hat;[5] eine stillschweigende Gestattung ist allerdings möglich. Ein Verstoß begründet bei Mehr-Personen-Gesellschaften nur die Anfechtbarkeit des Beschlusses, so dass eine dahingehende Prüfung des Beschlusses durch das Registergericht in diesem Fall nicht statt zu finden hat

1012

---

[1] BayObLG DB 1971, 1612; **OLG Celle** GmbHR 1959, 113.
[2] Vgl. BGH Z 18, 205.
[3] Vgl. BGH Z 14, 264; siehe im Übrigen *Zöllner*, in: Baumbach/Hueck, GmbHG, § 47 Rz. 71 f.; *Roth/Altmeppen*, GmbHG, § 47 Rz. 17.
[4] BGH GmbHR 2008, 1316 mit Anm. *Werner*.
[5] BGH NJW 1989, 168 (= DNotZ 1989, 26); s. a. *Kirstgen* GmbHR 1989, 406 und *Zöllner*, in: Baumbach/Hueck, GmbHG, § 47 Rz. 46 f.

(siehe Rz. 1027). Lediglich bei Vorliegen begründeter Zweifel daran, dass überhaupt ein Gesellschafterbeschluss vorliegt oder hinsichtlich des Vorliegens von Nichtigkeitsgründen ist eine nähere Prüfung erforderlich (vgl. Rz. 1025 ff.). Vor der Ersteintragung der Gesellschaft liegt keine Abänderung des Gesellschaftsvertrags im Sinne der §§ 53, 54 GmbHG vor, sondern vielmehr ein Nachtrag zum Gründungsakt, zu dessen Wirksamkeit die Zustimmung aller Gründungsgesellschafter erforderlich ist[1] (siehe Rz. 917). Der Gesellschaftsvertrag kann für die Wirksamkeit eines Satzungsänderungsbeschlusses **weitere Erfordernisse**, z. B. Einstimmigkeit, aufstellen. Die Vermehrung der satzungsmäßigen Leistung eines Gesellschafters bedarf im Übrigen stets dessen Zustimmung (§ 53 Abs. 3 GmbHG). Ebenso müssen einem Gesellschafterbeschluss, der mittels Satzungsänderung die Einziehung von Geschäftsanteilen regelt, alle Gesellschafter zustimmen.[2] Sondervorschriften gelten für eine Kapitalerhöhung (§§ 55, 56 GmbHG) und eine Herabsetzung des Stammkapitals (§ 58 GmbHG).

1012a Auch bei im vereinfachten Verfahren unter Verwendung eines Musterprotokolls gegründeten Gesellschaften ist eine nachträgliche Abänderung des Gesellschaftsvertrags möglich (§ 2 Abs. 1 a Satz 5 GmbHG).[3] Dabei sind richtigerweise die Ziffern 1–5 des Musterprotokolls als eigentliche Satzungsbestimmungen anzusehen. Allerdings ist zu beachten, dass eine Abänderung von Firma oder Sitz in Ziffer 1 („Die Erschienenen errichten hiermit ...") bei Beibehaltung des Wortlautes zu einer falschen Aussage führen würde, da die Gesellschaft eben nicht unter der neuen Firma oder mit dem neuen Sitz errichtet wurde, so dass Ziffer 1 insgesamt zu ändern ist,[4] mit der möglichen Folge eines Verlusts der Kostenprivilegierung nach § 41 d KostO.

1013 Der Gesellschafterbeschluss über die Änderung des Gesellschaftsvertrags muss **notariell beurkundet** werden (§ 53 Abs. 2 GmbHG). Eine Vollmacht zur Vertretung einzelner Gesellschafter bei der Beschlussfassung bedarf allerdings lediglich der Textform (§ 47 Abs. 3 GmbHG). Auch durch einen ausländischen Notar kann die nach § 53 Abs. 2 GmbHG vorgeschriebene Beurkundung des Beschlusses der Gesellschafter erfolgen. Voraussetzung ist allerdings, dass die ausländische Beurkundung der deutschen gleichwertig ist.[5] Änderungen des Gesellschaftsvertrags sind im Übrigen während der Liquidation[6] und auch nach Eröffnung des Insolvenzverfahrens, z. B. zur Änderung der Firma, nicht ausgeschlossen.[7]

1014 **Wirksam** ist die Satzungsänderung erst **mit Eintragung im Handelsregister** (§ 54 Abs. 3 GmbHG). Dem steht nicht entgegen, dass mit Erlangen der Wirksamkeit eine Rückwirkung eintritt, soweit dies nicht aus sonstigen Gründen, insbesondere solchen des Gläubigerschutzes, ausgeschlossen ist. Für die *Änderung des Geschäftsjahrs* wird allgemein vertreten, dass eine rückwirkende Änderung jedenfalls nicht mehr stattfinden kann, wenn bereits über die Jahresbilanz beschlossen wurde. Nach h. M. ist eine rück-

---

[1] BGH Z 134, 133 (= NJW 1997, 1507); **OLG Zweibrücken** GmbHR 2000, 1204; **KG** GmbHR 1997, 412; **OLG Düsseldorf** NJW-RR 1986, 550.

[2] BayObLG Z 1978, 227 (= DNotZ 1979, 49).

[3] **OLG München** GmbHR 2010, 40; *Bayer*, in: Lutter/Hommelhoff, GmbHG, Anh. zu § 2 Rz. 58.

[4] OLG München v. 3. 11. 09, 31 Wx 131/09.

[5] BGH Z 80, 76 (Beurkundung in Zürich); **OLG Düsseldorf** NJW 1989, 2200 (Beurkundung in den Niederlanden); **LG Köln** MittRhNotK 1990, 21 (= Rpfleger 1990, 121) anderer Ansicht hingegen: **LG Augsburg** GmbHR 1996, 941 für Beurkundung nach UmwG; vgl. zudem *Goette* DStR 1996, 711; *Schervier* NJW 1992, 593 (m. w. N.); *Priester* ZGR 1990, 446; *Heckschen* DB 1990, 161; *Heckschen* MittRhNotK 1990, 14; *Jakobs* MittRhNotK 1985, 57; *Geimer*, DNotZ 1981, 406; *Winkler* NJW 1974, 1032.

[6] BayObLG Rpfleger 1995, 363.

[7] OLG Karlsruhe GmbHR 1993, 101.

wirkende Änderung auch ausgeschlossen, wenn das Geschäftsjahr, ggf. ein Rumpfgeschäftsjahr, bereits beendet ist. Kontrovers ist der Meinungsstand zur Frage, ob es dabei ausreicht, dass die Änderung nur rechtzeitig beschlossen oder auch angemeldet ist,[1] oder ob sie vor Schluss des Geschäftsjahrs bereits eingetragen sein muss.[2] Während die Beschlussfassung als solche allgemein als nicht ausreichend angesehen wird, weil dies der Geschäftsführung übermäßig Manipulationsspielraum für die Bestimmung des Geschäftsjahrs und damit die Ausgestaltung der Bilanz ließe, ist ein rechtzeitiger Eingang der Anmeldung beim Registergericht als Frist wahrend anzusehen, da die Gesellschaft in diesem Fall noch vor Zeitablauf ihren endgültigen Willen bekundet hat und Verzögerungen im Bereich des Registergerichts nicht zu Lasten der Gesellschaft gehen sollten.

Im Einzelnen ist Folgendes zu beachten: Bei einer Änderung der **Firma** muss die neue Firma den Grundsätzen des § 4 GmbHG ebenso wie bei der erstmaligen Bildung der Firma entsprechen.[3] Auch eine Verlegung des **Sitzes** (allgemein dazu Rz. 338 ff.) bedarf einer Änderung des Gesellschaftsvertrags (hierzu Rz. 926). Eine Änderung des **Gegenstands des Unternehmens** wird insbesondere bei dauernder Erweiterung oder Verlagerung des Tätigkeitsbereichs der GmbH erforderlich sein. Der Unternehmensgegenstand muss auch bei seiner Änderung bestimmt, also konkret und individuell bezeichnet sein (siehe Rz. 928 ff). Im Fall einer Sitzverlegung sind weitere zur Eintragung angemeldete Vorgänge entweder gemäß der Erklärung der Beteiligten, ansonsten im Regelfall durch das neu zuständige Gericht zu vollziehen.[4] Entsprechend nimmt entweder das Gericht des bisherigen Sitzes die weiteren Eintragungen vor oder übersendet dem neu zuständigen Registergericht die Akten zur Prüfung und Eintragung der gesamten Anmeldung[5] (siehe Rz. 354). 1015

Änderungen des **Stammkapitals** erfordern als Kapitalmaßnahmen ebenfalls eine Änderung des Gesellschaftsvertrags (hierzu Rz. 1041). Die Angaben über die ursprünglichen **Stammeinlagen** und die Personen ihrer Übernehmer (§ 3 Abs. 1 Nr. 4 GmbHG) können allerdings bei der Neufassung des Gesellschaftsvertrags sogar dann entfallen, wenn die Stammeinlagen noch nicht voll einbezahlt sind,[6] sofern nur etwaige Angaben über Sacheinlagen bis zum Ablauf der Verjährungsfrist nach § 9 Abs. 2 GmbHG erhalten bleiben.[7] Grund hierfür ist, dass diese Angaben der im Registerordner (§ 9 HRV) be- 1016

---

[1] **OLG Frankfurt** GmbHR 1999, 484 (= MittBayNot 1999, 490); **LG Dresden** NotBZ 2000, 383 mit Anm. *Heins;* **LG Berlin** Rpfleger 1978, 143; siehe auch **LG Frankfurt** GmbHR 1979, 208; **LG Frankfurt** GmbHR 1978, 112; die Frage offen lassend **OLG Karlsruhe** Rpfleger 1975, 178; vgl. auch *Herrmann* BB 1999, 2273; *Wolff* DB 1999, 2149.

[2] So **LG Essen** GmbHR 2002, 1032; s. a. **LG Mühlhausen** GmbHR 1997, 313; **OLG Schleswig** NJW-RR 2000, 1425; **BFH** GmbHR 1997, 670; *Bayer,* in: Lutter/Hommelhoff, GmbHG, § 53 Rz. 43; *Priester,* in: Scholz, GmbHG, § 54 Rz. 63; *Zimmermann,* in: Rowedder/Schmidt-Leithoff, GmbHG, § 54 Rz. 34; *Zöllner,* in: Baumbach/Hueck, GmbHG, § 53 Rz. 65; *Meyding/Schnorbus/Hennig* ZNotP 2006, 122 (129).

[3] **BayObLG** Z 1988, 194 (= NJW 1988, 248); **BayObLG** Z 1984, 129; **OLG Stuttgart** DNotZ 1971, 249.

[4] **OLG Hamm** MittRhNotK 1991, 156; anders im Fall einer Verschmelzung im Zusammenhang mit einer Sitzverlegung der übernehmenden Gesellschaft **OLG Frankfurt** FGPrax 2005, 38 (= Rpfleger 2005, 200).

[5] Vgl. hierzu **KG** FGPrax 1997, 72 (= Rpfleger 1997, 217); **OLG Hamm** OLGZ 1991, 275 (= Rpfleger 1991, 317 = GmbHR 1991, 321 = NJW-RR 1991, 1001); **OLG Frankfurt** Rpfleger 1991, 508; *Ziegler* Rpfleger 1991, 485.

[6] **BayObLG** MittBayNot 1997, 49 (= ZIP 1996, 2109) in Abweichung von **OLG Hamm** OLGZ 1984, 266 (= Rpfleger 1984, 274); s.a. *Ulmer,* in: GroßKommGmbHG, § 3 Rz. 29; *Roth/Altmeppen,* GmbHG, § 3 Rz. 18; *Müller* GmbHR 1997, 923.

[7] *Hueck/Fastrich,* in: Baumbach/Hueck, GmbHG, § 5 Rz. 49; bislang wurden entsprechend der damaligen Verjährungsfrist fünf Jahre ab Ersteintragung für ausreichend erachtet: *Winter,* in:

findlichen Gründungssatzung entnommen werden können. Die bisherigen Angaben können allerdings auch im Gesellschaftsvertrag beibehalten werden.[1]

1017 Die **Vertretungsbefugnis** der Geschäftsführer kann durch den Gesellschaftsvertrag bestimmt werden (§ 35 Abs. 2 GmbHG) und somit auch nachträglich durch Vornahme einer Änderung der Satzung abweichend geregelt werden. Zu beachten ist, dass die geänderte Vertretungsbefugnis entsprechend § 39 Abs. 1 GmbHG ausdrücklich zur Eintragung in das Handelsregister anzumelden ist.

1018 **b) Anmeldung der Gesellschaftsvertragsänderung zur Eintragung in das Handelsregister.** Die Änderung des Gesellschaftsvertrags ist von den Geschäftsführern in vertretungsberechtigter Zahl zur Eintragung in das Handelsregister **anzumelden** (§ 54 Abs. 1, § 78 GmbHG). Die Anmeldung ist nicht erzwingbar; § 14 HGB findet somit keine Anwendung. Bei unechter Gesamtvertretung entsprechend § 78 Abs. 3 Satz 1 AktG kann die Anmeldung durch einen Geschäftsführer in Gemeinschaft mit einem Prokuristen erfolgen. Da gemäß § 129 Abs. 2 BGB die öffentliche Beglaubigung durch die notarielle Beurkundung der Erklärung ersetzt wird, kann dem Formerfordernis des § 12 Abs. 1 HGB auch dadurch genügt werden, dass die Anmeldung in derselben Urkunde aufgenommen wird, in welcher die Beschlussfassung notariell protokolliert wurde und sodann dieses Protokoll elektronisch übermittelt wird. Eine Bestimmung, wonach eine Anmeldung zum Handelsregister nicht in einer Urkunde zusammen mit anderen Erklärungen enthalten sein dürfte, besteht nicht. Sofern die Antragstellung eindeutig aus der Urkunde hervorgeht und die Prüfung der Anmeldung durch das Registergericht nicht unzumutbar erschwert wird, bestehen gegen eine derartige Zusammenfassung keine Bedenken.[2]

1019 Die Anmeldung hat als Eintragungsantrag **die im Gesellschaftsvertrag geänderten Bestimmungen gegenstandsmäßig inhaltlich zu bezeichnen** (siehe ferner allgemein Rz. 144 und zur Aktiengesellschaft Rz. 1372). Deren geänderter Wortlaut muss in der Anmeldung nicht dargestellt werden.[3] Stets sind bei der Änderung der nach § 10 Abs. 1 und 2 GmbHG in das Handelsregister einzutragenden Angaben diese Änderungen in der Anmeldung zumindest schlagwortartig zu bezeichnen.[4] Dies gilt nicht bei jeder Änderung des entsprechenden Paragrafen des Gesellschaftsvertrags, sondern nur wenn der einzutragende Inhalt geändert wurde (siehe ferner Rz. 1372). Ist dies der Fall, so genügt es nicht, dass bei der Anmeldung lediglich die Tatsache der Änderung und ggf. der völligen Neufassung des Gesellschaftsvertrags erwähnt wird.[5] Auch wenn der bisherige Gesellschaftsvertrag in vollem Umfang aufgehoben und durch eine neue, redaktionell und inhaltlich wesentlich geänderte Satzung ersetzt wird, also bei einer **Neufassung des Gesellschaftsvertrags,** muss daher die Abänderung der nach § 10 Abs. 1 und 2 GmbHG einzutragenden Angaben schlagwortartig bezeichnet werden.[6] Wird bei einer Neufassung lediglich der Wortlaut einer nicht ausdrücklich einzu-

---

Scholz, GmbHG, § 5 Rz. 86; *Schmidt-Leithoff,* in: Rowedder/Schmidt-Leithoff, GmbHG, § 5 Rz. 56; *Zeidler,* in: Michalski, GmbHG, § 5 Rz. 167.

[1] **LG Hannover** Rpfleger 1972, 142; s. a. *Groß* Rpfleger 1972, 126.
[2] **BayObLG** MittBayNot 1993, 386.
[3] **OLG Düsseldorf** MittRhNotK 1992, 223; *Krafka* MittBayNot 2002, 365 (366).
[4] **BGH** NJW 1987, 3191 (= DNotZ 1988, 182); **OLG Frankfurt** FGPrax 2003, 282 (= Rpfleger 2003, 667); **OLG Hamm** ZIP 2001, 2229 (= BB 2001, 2496); **OLG Düsseldorf** NJW 1999, 400 (= MittBayNot 1999, 198); s. a. *Winkler* NJW 1980, 2683.
[5] **OLG Düsseldorf** OLGZ 1978, 313 (= DNotZ 1978, 564); **OLG Düsseldorf** MittRhNotK 1981, 172; **OLG Düsseldorf** MittRhNotK 1981, 173.
[6] **OLG Hamm** ZIP 2001, 2229 (= BB 2001, 2496); **BayObLG** Z 1985, 82 (= DNotZ 1986, 52); ebenso *Müther,* Handelsregister, § 6 Rz. 144; anderer Ansicht: **OLG Schleswig** DNotZ 1973, 482.

tragenden gesellschaftsvertraglichen Bestimmung geändert, z.B. der Unternehmensgegenstand durch Aufnahme des Zusatzes: „Die Gesellschaft kann in diesem Rahmen auch Zweigniederlassungen errichten" oder die Vertretungsregelung durch Beifügung des Zusatzes „Den Geschäftsführern kann durch Gesellschafterbeschluss Einzelvertretungsbefugnis erteilt werden", so ist diese Änderung nicht gesondert ausdrücklich anzumelden. Soweit allerdings durch die Satzungsänderung die allgemeine Vertretungsregelung geändert wird und sich dies unmittelbar auf die Vertretungslage auswirkt, handelt es sich nicht nur um eine Abänderung des Gesellschaftsvertrags, sondern zugleich auch um eine neue Vertretungsregelung, die nach allgemeinen Grundsätzen, also ausdrücklich im Wortlaut anzumelden ist.[1] Sonstige geänderte Bestimmungen sind im Übrigen in der Anmeldung nicht einzeln darzustellen, da insoweit die Bezugnahme auf die mit der Anmeldung eingereichten Urkunden über die Abänderung genügt, es sei denn, dass hierdurch Zweifel oder Unklarheiten über den Inhalt der einzutragenden Umstände aufgeworfen werden.[2]

Gleichzeitig ist gemäß § 3 Abs. 1 Satz 1 und 2 EGGmbHG, § 8 Abs. 4 Nr. 1 GmbHG die **inländische Geschäftsanschrift** der Gesellschaft anzumelden. Hat die Gesellschaft diese bis zum 31.10.2009 nicht mitgeteilt, ist sie auch unabhängig von einer sonstigen Anmeldung zur Anmeldung derselben verpflichtet. Nach der gesetzlichen Formulierung entfällt die Anmeldepflicht, sofern die Gesellschaft ihre inländische Geschäftsanschrift gemäß § 24 Abs. 2 HRV bereits zu einem früheren Zeitpunkt mitgeteilt hat und sich diese seither nicht geändert hat.[3] In der Praxis sollte die inländische Geschäftsanschrift jedoch **stets mit angemeldet** werden. Hierfür spricht zum einen die im Interesse einer Funktionsfähigkeit des Registers gebotene Entlastung der Registergerichte, die ansonsten ab dem 31.10.2009 in einer Vielzahl von Fällen zunächst ihren Aktenbestand auf mitgeteilte oder sonst bekannt gewordene Anschriften überprüfen und diese dann eintragen müssen (§ 3 Abs. 1 Satz 3 bis 5 EGGmbHG). Zum anderen eröffnen §§ 15a HGB, 185 Nr. 2 ZPO die Möglichkeit einer öffentlichen Zustellung an die Gesellschaft, sofern der Zugang unter der eingetragenen Anschrift nicht erreichbar ist und eine andere Anschrift ohne weitere Ermittlungen nicht bekannt ist. Vor diesem Hintergrund ist es im wohlverstandenen Eigeninteresse der Gesellschaft, die Eintragung ihrer zutreffenden Geschäftsanschrift zu überwachen und durch eine entsprechende Anmeldung aktiv herbeizuführen.[4]

1019a

Der Anmeldung ist die **Niederschrift über den zugrunde liegenden Gesellschafterbeschluss** gemäß § 12 Abs. 2 Satz 2 Halbs. 2 HGB beizufügen sowie der vollständige **Wortlaut des Gesellschaftsvertrags**, der mit einer **Bescheinigung des Notars**[5] versehen sein muss, dass die geänderten Bestimmungen mit dem Beschluss über die Änderung und die unveränderten Bestimmungen mit dem zuletzt zum Handelsregister eingereichten vollständigen Wortlaut des Gesellschaftsvertrags übereinstimmen (§ 54 Abs. 1 Satz 2 GmbHG). Dies gilt auch bei Änderung der im Rahmen eines vereinfachten Gründungsverfahrens vereinbarten Bestimmungen des Musterprotokolls (§ 2 Abs. 1a Satz 5 GmbHG).[6] Dabei genügt es nach der hier vertretenen Auffassung, sofern am Text des Musterprotokolls festgehalten wird, lediglich dessen Ziffern 1–5 als eigentlichen Gesellschaftsvertrag wiederzugeben.

1020

---

[1] Vgl. *Gutachten des Deutschen Notarinstituts* DNotI-Report 2002, 172.
[2] **BayObLG** Z 1978, 282.
[3] **OLG München** NZG 2009, 304 (= GmbHR 2009, 380 = BB 2009, 572).
[4] So auch *Wicke* NZG 2009, 296 und *Wachter* GmbHR 2009, 785 (789).
[5] Hierzu *Winkler* DNotZ 1980, 578; *Röll* DNotZ 1970, 337 sowie DNotZ 1981, 16; *Gustavus* DNotZ 1971, 229; *Groß* Rpfleger 1972, 241.
[6] **OLG München** GmbHR 2010, 40; anderer Ansicht: *Wälzholz* GmbHR 2008, 841 (843).

Teil 1. Handelsregister

1021 Beispiel für die Anmeldung einer Abänderung des Gesellschaftsvertrags:

> Der Gesellschaftsvertrag wurde geändert. Geändert wurden § 1 (Firma) und § 2 (Sitz) des Gesellschaftsvertrags. § 15 des Gesellschaftsvertrags (Bekanntmachungen) wurde aufgehoben. Die inländische Geschäftsanschrift lautet: Arabellastrasse 4, 81 925 München.
> Als Anlage fügen wir bei:
> – Beschluss der Gesellschafterversammlung vom 23. 10. 2009, URNr. 1865/2009 des Notars Roland Groß (München);
> – Gesellschaftsvertrag samt Notarbescheinigung gemäß § 54 Abs. 1 Satz 2 GmbHG.

1022 Im Fall einer Neufassung des Gesellschaftsvertrags kann der Anmeldungstext folgendermaßen lauten:

> Der Gesellschaftsvertrag wurde neu gefasst. Geändert wurden hierbei u. a. die Bestimmungen zur Firma und zum Gegenstand des Unternehmens.

1023 Bei der Erstellung des **notariell bescheinigten Gesellschaftsvertrags** (§ 54 Abs. 1 Satz 2 GmbHG) ist besondere Sorgfalt anzuwenden, da sich einmal eingeschlichene Fehler häufig in den Folgebescheinigungen bis zur nächsten Neufassung fortsetzen. Die Bescheinigung kann nur von einem deutschen Notar erteilt werden, muss jedoch nicht von dem Notar stammen, der den satzungsändernden Beschluss beurkundet hat. Sinn der Bestimmung ist es, dass der gültige Wortlaut des Gesellschaftsvertrags aus einem einzigen, im Registerordner (§ 9 HRV) von jedermann elektronisch abrufbaren Dokument ersichtlich ist. Auch bei einer vollständigen **Neufassung** ist daher eine Bescheinigung nach § 54 Abs. 1 Satz 2 GmbHG unbedingt erforderlich.[1] Gerade bei der elektronischen Registerführung ist dies angesichts der Einstellung des aktuellen Satzungswortlauts in den Registerordner (§ 9 HRV) von großer Bedeutung. Dies gilt insbesondere dann, wenn die Neufassung in einem umfangreichen Beschlusswerk enthalten ist, da der Gesellschaftsvertrag für Einsicht nehmende Dritte sonst kaum auffindbar wäre. Die Herstellung des redaktionell berichtigten Satzungstextes obliegt zwar den Geschäftsführern, wird jedoch in der Regel durch den hierzu beauftragten Notar bewirkt.[2] Es sind lediglich in die ursprüngliche Fassung des Gesellschaftsvertrags die feststellbaren Änderungen einzuarbeiten; überholte oder vermeintlich gegenstandslose Regelungen sind ohne entsprechende Beschlussfassung nicht herauszunehmen. Ohne Satzungsänderung können daher die Bezeichnung der Gründungsgesellschafter, und zwar auch nach Abtretung ihrer Geschäftsanteile, sogar wenn diese voll einbezahlt sind, sowie die nach § 5 Abs. 4 GmbHG festgesetzten Sacheinlagen nicht weggelassen werden. Beispiel des Wortlauts einer Bescheinigung nach § 54 Abs. 1 Satz 2 GmbHG:

> Zu dem in der Anlage befindlichen Gesellschaftsvertrag bescheinige ich gemäß § 54 Abs. 1 Satz 2 GmbHG, dass der dort enthaltene vollständige Wortlaut des Gesellschaftsvertrags hinsichtlich der geänderten Bestimmungen mit dem Beschluss über die Änderung vom 15. 2. 2010 (URNr. 223/2010 des Notars Robert Klein, München) übereinstimmt und hinsichtlich der unveränderten Bestimmungen mit dem zuletzt zum Handelsregister eingereichten vollständigen Wortlaut des Gesellschaftsvertrags.

1024 Die Einreichung ist Teil der Anmeldung, die daher erst nach **Vorlage des bestätigten Gesellschaftsvertrags** vollzogen wird. Sie ist, auch noch nach Vollzug der Anmeldung,

---

[1] Ebenso **OLG Schleswig** DNotZ 1973, 482; anderer Ansicht vor Etablierung der zwingenden elektronischen Registerführung **OLG Zweibrücken** FGPrax 2002, 34 (= Rpfleger 2002, 155 = MittBayNot 2002, 53); **OLG Zweibrücken** Rpfleger 1984, 104 (= MittBayNot 1984, 93); **OLG Celle** OLGZ 1982, 317 (= Rpfleger 1982, 288).
[2] **BayObLG** Z 1988, 281 (= DNotZ 1989, 393).

gemäß § 14 HGB erzwingbar.[1] Wenn die Anmeldung der Änderung zurückgenommen oder auch nur teilweise zurückgewiesen wird, darf Einsicht in den bestätigten aber nicht geltenden Wortlaut des Vertrags nicht gewährt werden. Nach Teileintragung ist die Einreichung eines notariell bestätigten Wortlauts des dann geltenden Gesellschaftsvertrags erforderlich und nach § 14 HGB erzwingbar. Ist ein Teil der angemeldeten Satzungsänderungen zunächst unzulässig und Teilvollzug der übrigen geänderten Bestimmungen noch vor Behebung der Mängel beantragt, so kann und muss das Registergericht eine bescheinigte „Zwischensatzung" lediglich unter Berücksichtigung der eintragungsfähigen Änderungen fordern. Das Registergericht kann auch zunächst die Eintragung unzulässiger Bestimmungen ablehnen und den Vollzug der weiteren Anmeldung von der Einreichung des nunmehr feststellbaren Vertragswortlauts abhängig machen.[2] Ebenso ist im Fall eines beantragten Teilvollzugs einer beschlossenen Satzungsänderung zunächst eine Fassung des Gesellschaftsvertrags mit einzureichen, die dem Stand nach der vorerst beantragten Eintragung entspricht. Erweist sich der mit Notarbescheinigung vorgelegte Gesellschaftsvertrag nach Eintragung als unrichtig oder unvollständig, so ist ein berichtigtes Exemplar einzureichen.[3] Auch zur Erfüllung dieser Verpflichtung des Geschäftsführers kann das Zwangsgeldverfahren (§ 14 HGB) durchgeführt werden. Eine spätere Anmeldung kann aber nicht mit einer Zwischenverfügung deshalb beanstandet werden, weil eine frühere Anmeldung einer Satzungsänderung ohne Vorlage des mit Notarbestätigung versehenen Gesellschaftsvertrags oder eines Exemplars mit unrichtigem oder nicht vollständigem Wortlaut vollzogen wurde.[4] Die spätere Anmeldung einer weiteren Änderung des Gesellschaftsvertrags erfordert jedoch die Einreichung eines vollständigen Wortlauts des Gesellschaftsvertrags mit Notarbestätigung (§ 54 Abs. 1 Satz 2 GmbHG), die sich zugleich darauf zu erstrecken hat, dass die eingereichte Satzung nicht nur die angemeldeten, sondern auch die zwischenzeitlich bereits eingetragenen Änderungen berücksichtigt. Die Vorlage dieses Exemplars des Gesellschaftsvertrags ist ein Eintragungserfordernis der neuerlichen Satzungsänderung. Ihr Fehlen ist mit einer Zwischenverfügung (§ 382 Abs. 4 FamFG) zu beanstanden.

c) **Prüfung von Gesellschafterbeschlüssen durch das Registergericht.** *aa) Allgemeines.* 1025
Das **Registergericht**, in der Regel der Rechtspfleger, bei Änderungen des Gesellschaftsvertrags allerdings der Richter (§ 17 Nr. 1 lit. b RPflG), **prüft** die formellen Voraussetzungen der Eintragung und bei begründeten Bedenken auch die Richtigkeit der mitgeteilten Tatsachen. Wird die Registereintragung aufgrund eines Beschlusses der Gesellschafterversammlung vorgenommen (z.B. §§ 39, 54 GmbHG), so ist der Prüfungsumfang davon unabhängig, ob die Eintragung konstitutive oder deklaratorische Wirkung hat.[5] Ohne besondere Veranlassung hat das Registergericht grundsätzlich von der Wahrheit der angemeldeten Tatsachen auszugehen.[6] **Begründete Zweifel** an deren Richtigkeit können nur dann zur Verweigerung der Eintragung berechtigen, wenn sie ggf. die Nichtigkeit des vorgelegten Beschlusses begründen würden.[7] Zur Begründung der Zweifel des Registergerichts kann die Unstimmigkeit des

---

[1] BayObLG Z 1988, 281 (= DNotZ 1989, 393).
[2] Vgl. *Groß* Rpfleger 1972, 241 (244).
[3] BayObLG Z 1988, 281.
[4] BayObLG Z 1988, 281.
[5] OLG Hamm Rpfleger 2002, 32.
[6] BayObLG Z 2000, 325 (= NZG 2001, 128); **KG** FGPrax 1997, 154; **OLG Hamm** FGPrax 1996, 117; BayObLG GmbHR 1992, 304; BayObLG Z 1991, 337.
[7] OLG Hamm FGPrax 2007, 278; **OLG Hamm** FGPrax 1996, 117; **OLG Köln** BB 1993, 318; OLG Köln MittRhNotK 1981, 286; **BayObLG** DB 1972, 1015.

Akteninhalts[1] ebenso herangezogen werden, wie die unschlüssige Darlegung der angemeldeten Tatsachen oder sonstige, dem Registergericht bekannt gewordene Umstände.[2] Im Falle lediglich anfechtbarer Beschlüsse kann das Registergericht, insbesondere wenn die Anfechtbarkeit gerichtlich geltend gemacht wird, das Eintragungsverfahren aussetzen (§§ 21 Abs. 1, 381 FamFG).

1026 *bb) Einzelheiten.* Im Einzelnen gilt für die Praxis, dass das Registergericht zu prüfen hat, ob die angemeldete Änderung des Gesellschaftsvertrags durch die vorgelegte Niederschrift über den Gesellschafterbeschluss nachgewiesen ist. Dasselbe gilt bei Änderungen der Geschäftsführung (§ 39 GmbHG) hinsichtlich des diesbezüglichen Beschlusses.

1027 Eine Eintragung des Beschlusses durch das Gericht hat zu unterbleiben, wenn der vorgelegte Beschluss **unwirksam oder nichtig** ist. Hierbei finden für die GmbH die aktienrechtlichen Vorschriften über Nichtigkeit von Beschlüssen und deren Heilung (§§ 241, 242 AktG) entsprechende Anwendung.[3] Hat ein Mangel nur die Anfechtbarkeit des Beschlusses zur Folge, so ist dies im Eintragungsverfahren vorbehaltlich §§ 21 Abs. 1, 381 FamFG unbeachtlich. Maßgeblich ist, dass ein vom Versammlungsleiter festgestellter, wenn auch fehlerhafter Gesellschafterbeschluss für das Registergericht vorläufig verbindlich ist, so dass formelle oder materielle Mängel nur durch Erhebung der Anfechtungsklage geltend gemacht werden können,[4] die innerhalb einer nach den konkreten Umständen des jeweiligen Falles angemessenen[5] oder gegebenenfalls durch das Gericht gemäß § 381 Satz 2 FamFG gesetzten Zeitspanne zu erheben ist, wobei eine Satzungsbestimmung unwirksam wäre, die eine Anfechtungsfrist von weniger als einem Monat vorsieht.[6] Mangels gesellschaftsvertraglicher Regelung ist grundsätzlich entsprechend § 246 Abs. 1 AktG von einer Anfechtungsfrist von einem Monat auszugehen.[7] Einer **Anfechtungsklage** bedarf es nur dann nicht, wenn die Feststellung des Beschlussergebnisses durch den Versammlungsleiter offensichtlich und zweifelsfrei willkürlich war.[8] Stellt die Satzung für die Wirksamkeit eines Beschlusses weitere Erfordernisse auf, so sind diese vom Registergericht zu beachten.[9] Allerdings gilt auch hier, dass die entsprechende formgerechte **Feststellung des Versammlungsleiters** für das Registergericht grundsätzlich ausreichend ist.[10] Dem durch einen Versammlungsleiter festgestellten Beschluss steht in diesen Wirkungen die **notarielle Beurkundung** ebenso gleich, wie die Unterzeichnung des Beschlusses durch sämtliche Gesellschafter im Rahmen einer **Vollversammlung** oder eines Umlaufbeschlusses.[11] Zu beachten ist zudem, dass die unrichtige Feststellung des Abstimmungsergebnisses, insbesondere wegen Mitzählens der Stimmen in Wahrheit

---

[1] OLG Düsseldorf RNotZ 2001, 348; KG FGPrax 1997, 154.
[2] OLG Hamm FGPrax 1996, 117; OLG Düsseldorf NJW-RR 1995, 233; OLG Hamburg OLGZ 1984, 308; BayObLG Rpfleger 1978, 225; BayObLG Z 1977, 76.
[3] BGH Z 144, 365 (= NJW 2000, 2819); *Koppensteiner*, in: Rowedder/Schmidt-Leithoff, GmbHG, § 47 Rz. 94; *Römermann*, in: Michalski, GmbHG, Anh. § 47 Rz. 64.
[4] **BayObLG** Z 1991, 337 (= MittBayNot 1992, 221); **OLG Frankfurt** GmbHR 2009, 378 (= RPfleger 2009, 321).
[5] BGH Z 111, 224; BGH Z 104, 66.
[6] BGH Z 104, 66; *Rohleder* GmbHR 1989, 236.
[7] BGH NZG 2009, 1110 (= GmbHR 2009, 1101 f.).
[8] **BayObLG** Z 1991, 337; **BayObLG** Z 1955, 333; **OLG Frankfurt** GmbHR 2009, 378.
[9] **BayObLG** Z 1991, 337.
[10] Vgl. auch **LG Aachen** GmbHR 1987, 358.
[11] **BayObLG** Z 2000, 325 (= NZG 2001, 128); **BayObLG** Z 1991, 371; zur möglichen Unwirksamkeit kombinierter Beschlussfassungen siehe **BGH** NJW 2006, 2044; zu den Voraussetzungen einer Universalversammlung siehe **BGH** BB 2009, 689.

nicht stimmberechtigter Personen, nur die Anfechtbarkeit eines Beschlusses begründet.[1]

Zur **Nichtigkeit des Beschlusses** führt entsprechend § 241 Nr. 1 AktG insbesondere die fehlende Ladung einzelner Gesellschafter bei der Einberufung einer Gesellschafterversammlung. Aus diesem Grund wird vereinzelt angenommen, bei vorgelegten Gesellschafterbeschlüssen sei im Fall begründeter Zweifel die Stellung der an der Beschlussfassung Beteiligten als Gesellschafter durch das Gericht zu überprüfen.[2] Dabei ist das Gericht nach der Neufassung des § 16 Abs. 1 Satz 1 GmbHG an die Angaben in der gemäß § 40 GmbHG eingereichten und in das Handelsregister aufgenommenen **Gesellschafterliste** gebunden. Die Gesellschafterliste ist in ihrer Funktion insofern an das Aktienregister (§ 67 Abs. 2 AktG) angenähert.[3] Als Gesellschafter gilt demnach unwiderleglich, wer als solcher in der in das Handelsregister aufgenommenen Gesellschafterliste eingetragen ist.[4] Aufgenommen bedeutet unter Bezugnahme auf § 9 Abs. 1 Satz 1 und 2 HRV, dass die Liste im Handelsregister abrufbar bereitgehalten, somit zur Beauskunftung im Internet freigegeben wird. Im Falle eines – nicht selten vorkommenden – zeitgleich mit der Satzungsänderung bewirkten Gesellschafterwechsels genügt es für die Legitimation des neuen Gesellschafters, dass die seine Gesellschafterstellung bestätigende Gesellschafterliste **unverzüglich**, also ohne schuldhaftes Zögern (§ 121 Abs. 1 Satz 1 BGB) **nach Vornahme der Rechtshandlung,** also der Satzungsänderung, im Handelsregister aufgenommen wird (§ 16 Abs. 1 Satz 2 GmbHG). Hierdurch wird die zunächst schwebend unwirksame Rechtshandlung wirksam.[5] Eine im Verantwortungsbereich des Registergerichts liegende Verzögerung zwischen Einreichung der Liste und Einstellen in den Registerordner ist nach der hier vertretenen Auffassung weder der Gesellschaft noch dem neuen Gesellschafter zuzurechnen, zumal deren Folgen sich im Wesentlichen auf innergesellschaftliche Verhältnisse beziehen. In der Praxis empfiehlt es sich, zur Vermeidung von Schwierigkeiten im Zusammenhang mit der Aufnahme der Gesellschafterliste, zeitgleich mit einem Gesellschafterwechsel stattfindende Gesellschafterbeschlüsse sowohl durch die scheidenden als auch die neu eintretenden Gesellschafter fassen zu lassen.[6] Im Fall einer **Sitzverlegung** (siehe Rz. 347) sollte bereits das Gericht des bisherigen Sitzes eine etwa mit eingereichte Gesellschafterliste in den Registerordner aufnehmen, um diesbezüglich keine Schwierigkeiten zu verursachen. Ein der Gesellschafterliste zugeordneter **Widerspruch** (§ 16 Abs. 3 Satz 4 GmbHG) wirkt sich nur auf die Möglichkeit eines gutgläubigen Erwerbs aus. Die Befugnisse der Gesellschafter in Bezug auf die Gesellschaft, wie etwa die Ausübung des Stimmrechts bleiben davon unberührt.[7]

1028

Bei der Frage, ob die unwirksame **Vertretung eines Gesellschafters** bei der Beschlussfassung in einer Gesellschafterversammlung zur Nichtigkeit oder nur zur Anfechtbarkeit des Beschlusses führt, ist zu differenzieren. Bei der Ein-Personen-Gesellschaft hat die fehlerhafte Stimmabgabe die Unwirksamkeit des Beschlusses zur Folge, so dass das Gericht die Beschlussfassung diesbezüglich zu überprüfen hat,[8] wobei zu beachten ist, dass eine nachträgliche Genehmigung der Beschlussfassung auch bei Ein-

1029

---

[1] BGH Z 104, 66; BayObLG Z 2000, 325 (= NZG 2001, 128); BayObLG Z 1991, 325; OLG Frankfurt GmbHR 2009, 378.
[2] KG FGPrax 1997, 154; **OLG Köln** Rpfleger 1990, 170.
[3] BT-Drucks. 16/6140, S. 44.
[4] *Wicke*, GmbHG, § 16 Rz. 3.
[5] BT-Drucks. 16/6140, S. 38.
[6] *Müller/Federmann* BB 2009, 1375 empfehlen eine Beschlussfassung der Altgesellschafter vor der Abtretung.
[7] BT-Drucks. 16/6140, S. 39.
[8] OLG Hamm FGPrax 2007, 278; **BayObLG** Z 2000, 325 (= NZG 2001, 128).

Personen-Gesellschaften zu ihrer rückwirkenden Wirksamkeit führt.[1] Dasselbe gilt, wenn sämtliche Gesellschafter nicht wirksam vertreten waren.[2] Steht hingegen fest, dass zumindest eine Stimmabgabe in zulässiger Weise erfolgt ist, so ist der Beschluss bei fehlerhafter Vertretung eines oder mehrerer weiterer Gesellschafter bei der Abstimmung nur anfechtbar, so dass die Eintragung durch das Gericht ohne weitere Prüfung zu erfolgen hat,[3] sofern nicht sonstige Nichtigkeitsgründe vorliegen. Hieraus ergibt sich, dass das Registergericht die **Vorlage einer** privatschriftlichen **Vollmacht** eines bei der Beschlussfassung vertretenen Gesellschafters (§ 47 Abs. 3 GmbHG) oder einen Nachweis für die **organschaftliche Vertretung** einer Gesellschaft als Gesellschafterin der GmbH in der Regel nicht zu verlangen hat, da dies für die Wirksamkeit des Beschlusses ohne Belang ist, es sei denn die Vertretung *aller* an der Beschlussfassung teilnehmenden Gesellschafter ist zweifelhaft.[4] In diesem Sinne können auch Verstöße gegen das Vertretungsverbot des § 181 BGB bei der Stimmrechtsausübung zu berücksichtigen sein.[5] Zu bedenken ist zudem, dass bei der Beschlussfassung einer Gesellschaft eine etwaige Vollmachtsurkunde nur vorzulegen ist, wenn dies verlangt wird, da die Zulassung des Vertreters zur Abstimmung ohne Vollmachtsnachweis durch die übrigen Gesellschafter jederzeit möglich ist,[6] so dass eine wirksame Beschlussfassung von der Vorlage der schriftlichen Vollmacht nicht abhängt. Allerdings sind von den Beteiligten dennoch vorgelegte und dem Registergericht damit bekannte Vollmachten zu überprüfen und nach allgemeinen Grundsätzen zu beanstanden, wenn die Vertretungsmacht die vorgenommenen Handlungen nicht deckt. In diesem Fall sind bei verbleibenden Unstimmigkeiten die eingereichten Unterlagen aus sich heraus nicht schlüssig, so dass begründete Zweifel im dargelegten Sinn bestehen.

1030 Zusammenfassend ist somit festzuhalten, dass zunächst die Feststellungen in der Beschlussniederschrift des Versammlungsleiters bzw. der an der Beschlussfassung Beteiligten durch das Registergericht zu akzeptieren sind. Nur wenn sich aus anderen Gründen hinsichtlich aller erfolgten Stimmabgaben **Zweifel** daran ergeben, **ob die abstimmenden Personen berechtigt** waren, **Gesellschafterrechte auszuüben** oder diese ordnungsgemäß vertreten wurden, ist denkbar, dass überhaupt kein Gesellschafterbeschluss, also ein „Nichtbeschluss" bzw. „Scheinbeschluss" vorliegt. Daher sind in diesen Fällen, wie beschrieben, aufgrund **begründeter Zweifel** weitere Ermittlungen des Registergerichts angezeigt. Die bestehenden Zweifel können hierbei durch eine entsprechende Erklärung der beteiligten Personen, durch die Beibringung nachweisender Unterlagen oder durch eidesstattliche Versicherungen behoben werden. Dabei wird, sofern das Gesetz bei einer natürlichen Person als Gesellschafter eine Vertretung aufgrund privatschriftlicher Vollmacht ohne Identitätskontrolle ausreichen lässt, auch bei juristischen Personen kein strengerer Maßstab an den Nachweis der Vertretungsmacht angelegt werden können, so dass unter Berücksichtigung des Gewichts der zu registrierenden Veränderungen auf Gesellschafter oder Gläubiger der Gesellschaft auch bei ausländischen Rechtsträgern nur im Einzelfall aufgrund konkreter begründeter Zweifel an der Ordnungsmäßigkeit der Beschlussfassung eine beglaubigte Vertretungsbescheinigung verlangt werden kann.[7]

---

[1] **OLG Frankfurt** FGPrax 2003, 134 (= NZG 2003, 438).

[2] **OLG Köln** Rpfleger 1989, 66; hierzu *Kirstgen* Rpfleger 1989, 67; *Gustavus* Rpfleger 1989, 287; *Lichtenberger* MittBayNot 1989, 105.

[3] Anderer Ansicht **OLG Hamm** FGPrax 1996, 117.

[4] **OLG Köln** Rpfleger 1989, 66; anders **OLG Hamm** FGPrax 1996, 117 und *Müther*, Handelsregister, § 6 Rz. 123, der stets die Vorlage der Vollmachtsurkunde verlangt.

[5] **BayObLG** Z 2000, 325 (= NZG 2001, 128); *Schemmann* NZG 2008, 89.

[6] **BGH** Z 49, 183 (194); **KG** NZG 2000, 787.

[7] Siehe **LG Hamburg** notar 2009, 356 mit zustimmender Anm. *Jeep*.

cc) Besonderheiten bei der Anmeldung von Gesellschaftsvertragsänderungen. Bei der 1031 Prüfung einer Änderung des Gesellschaftsvertrags ist das Registergericht nicht an die Beschränkungen des § 9c Abs. 2 GmbHG gebunden,[1] da auf diese Vorschrift in §§ 54 ff. GmbHG nicht verwiesen wird und sich die Interessenlage bei Ersteintragung (vgl. § 11 Abs. 1 GmbHG) erheblich von derjenigen bei Eintragung einer Satzungsänderung unterscheidet. Die Gesetzesbegründung geht davon aus, dass die besondere Eilsituation, wie sie regelmäßig bei der Ersteintragung einer Gesellschaft gegeben ist, bei einer Satzungsänderung nicht vorliegt und deshalb der **Gesetzmäßigkeit des Gesellschaftsvertrags** der Vorrang gebührt.[2] Allerdings gilt auch hier der Grundsatz der registerlichen Zurückhaltung, so dass neuartige Gestaltungen, die ausschließlich das Innenverhältnis der Gesellschafter betreffen, nicht von vornherein verhindert werden. Treten mit neu eingefügten oder geänderten Bestimmungen des Gesellschaftsvertrags 1032 Widersprüche zu unveränderten Bestimmungen auf, so hat das Registergericht dies nur zu beanstanden, wenn hierdurch Regelungen betroffen sind, die auch für Nichtgesellschafter relevant sind.[3] Im Übrigen kann die Eintragung einer Satzungsänderung nicht allein deswegen abgelehnt werden, weil das Registergericht meint, eine weitere, zweckmäßige Bestimmung in der Satzung fehle.[4] Die beschlossene Satzungsänderung ist durch das Registergericht nur dahingehend zu prüfen, ob die geänderten Bestimmungen des Gesellschaftsvertrags einen **Gesetzesverstoß** enthalten. Ggf. ist auf eine Klarstellung hinzuwirken, in welchem Umfang und in welcher Weise der Gesellschaftsvertrag geändert wird. Offensichtlich falsche oder irreführende Formulierungen können jedoch zurückgewiesen werden (siehe auch Rz. 1012 a).[5] Das Gericht prüft außerdem die formelle Ordnungsmäßigkeit der Gesellschaftsvertragsurkunde und der Notarbestätigung nach § 54 Abs. 1 Satz 2 GmbHG, nicht aber den eingereichten Wortlaut des Gesellschaftsvertrags. Eine mit erkennbar unrichtigem Wortlaut eingereichte Urkunde hat das Registergericht jedoch zu beanstanden.
Bei Anmeldung einer **Neufassung** des Gesellschaftsvertrags erstreckt sich die Prüfung 1033 in jedem Fall auf den gesamten Inhalt der Neufassung, ohne Rücksicht darauf, ob und inwieweit diese mit der bisherigen Satzung übereinstimmt. Somit können auch Bestimmungen, die bei der Eintragung der Gesellschaft oder bei einer früheren Satzungsänderung fälschlicherweise unbeanstandet geblieben waren, bei der Anmeldung der Neufassung beanstandet werden.[6]

d) Eintragung der Gesellschaftsvertragsänderung in das Handelsregister. Die Eintra- 1034 gung der Satzungsänderung erfolgt als Übergangstext in Spalte 6 Unterspalte a (§ 43 Nr. 6 lit. a HRV). Daneben sind, auch bei Anmeldung einer Neufassung des Gesellschaftsvertrags, in den dafür vorgesehenen Spalten bei gleichzeitiger Rötung der überholten Eintragungen (§ 16 Abs. 1 Satz 2 HRV) die eventuell beschlossene Änderung

---

[1] **KG** FGPrax 2006, 30 (= Rpfleger 2006, 197 = DNotZ 2006, 304); **BayObLG** Z 2001, 137 (= RNotZ 2001, 401 = Rpfleger 2001, 500); **LG München I** GmbHR 2001, 114; *Hoffmann*, in: Michalski, GmbHG, § 54 Rz. 33; *Wicke*, GmbHG, § 54 Rz. 6; anderer Ansicht *Zöllner*, in: Baumbach/Hueck, GmbHG, § 54 Rz. 21; *Zimmermann*, in: Rowedder/Schmidt-Leithoff, GmbHG, § 54 Rz. 15.
[2] BT-Drucks. 13/8444, S. 80; dem haben sich insbesondere **KG** FGPrax 2006, 30 (= Rpfleger 2006, 197 = DNotZ 2006, 304) und **BayObLG** Z 2001, 137 (= RNotZ 2001, 401 = Rpfleger 2001, 500) angeschlossen; anderer Ansicht ist beispielsweise *Ullrich*, Registergerichtliche Inhaltskontrolle von Gesellschaftsverträgen und Satzungsänderungsbeschlüssen, 2006, S. 125 ff.
[3] **BayObLG** Z 1992, 318 (= MittBayNot 1993, 39); **BayObLG** WM 1985, 572.
[4] **BayObLG** MittBayNot 1997, 49; **BayObLG** BB 1983, 83.
[5] **OLG München** v. 3. 11. 09, 31 Wx 131/09.
[6] **KG** FGPrax 2006, 30 (= Rpfleger 2006, 197 = DNotZ 2006, 304); **OLG München** NZG 2006, 35; anderer Ansicht *Priester* GmbHR 2007, 296.

der Firma (Spalte 2 Unterspalte a), des Sitzes (Spalte 2 Unterspalte b), des Gegenstands des Unternehmens (Spalte 2 Unterspalte c), der allgemeinen Vertretungsregelung (Spalte 4 Unterspalte a) und einer Bestimmung über die Zeitdauer der Gesellschaft (Spalte 6 Unterspalte b) vorzunehmen (§§ 54 Abs. 2, 10 Abs. 1 und 2 GmbHG). Im Übrigen genügt die Angabe, welche Paragrafen (Nummer und schlagwortartige Bezeichnung) geändert wurden (siehe § 43 Nr. 6 lit. a HRV).

1035 Bei der **Eintragung einer Neufassung** ist nur diese in Spalte 6 Unterspalte a zu vermerken, bei der Änderung der eigens einzutragenden Gegenstände ist auch anzugeben, dass bei der Neufassung diese Änderungen enthalten waren. Also z. B.: „Die Gesellschafterversammlung vom (...) hat die Neufassung der Satzung beschlossen. Dabei wurden geändert: Firma und Vertretungsregelung." Eine Angabe des entsprechenden Paragrafen ist hier nicht erforderlich. Sie ist auch nicht angezeigt, da sich bei der Neufassung ggf. auch die Nummerierung der Paragrafen geändert hat.

1036 **Eintragungsbeispiele** einer Abänderung des Gesellschaftsvertrags:

> **Spalte 6**
> **Unterspalte a (Rechtsform, Gesellschaftsvertrag):**
> Die Gesellschafterversammlung vom 25. 10. 2009 hat die Änderung von § 9 (Gesellschafterversammlung) und § 13 (Geschäftsjahr) des Gesellschaftsvertrags beschlossen.

1037 > **Spalte 2**
> **Unterspalte a (Firma):**
> Nun: (Vorstehendes als Übergangstext) Prometheus GmbH *(Rötung der bisherigen Firma)*
> **Spalte 6**
> **Unterspalte a (Rechtsform, Gesellschaftsvertrag):**
> Die Gesellschafterversammlung vom 25. 10. 2006 hat die Änderung von § 1 (Firma), § 9 (Gesellschafterversammlung) und § 13 (Geschäftsjahr) des Gesellschaftsvertrags beschlossen.
> **Unterspalte b (Sonstige Rechtsverhältnisse):** –

1038 Eintragungsbeispiel einer **Neufassung** des Gesellschaftsvertrags (s. a. Rz. 1035):

> **Spalte 6**
> **Unterspalte a (Rechtsform, Gesellschaftsvertrag):**
> Die Gesellschafterversammlung vom 25. 10. 2009 hat die Neufassung des Gesellschaftsvertrags beschlossen.

1039 e) **Bekanntmachung der Eintragung der Gesellschaftsvertragsänderung.** Öffentlich **bekannt zu machen** ist der gesamte Inhalt der Eintragung in den Spalten 2 bis 6 des Handelsregisters (§ 10 HGB). Für die **Mitteilungen an die Beteiligten** gilt § 383 Abs. 1 FamFG, hinsichtlich der Industrie- und Handelskammer siehe § 37 HRV; an Behörden vgl. MiZi XXI/1.

1040 f) **Registersperre.** Eine **allgemeine Handelsregistersperre** bei Gesellschaften mit beschränkter Haftung, die am 1. 1. 1986, also bei In-Kraft-Treten des Bilanzrichtliniengesetzes[1] (BiRiLiG) in das Handelsregister eingetragen waren, sieht Art. 7 des GmbHÄndG (eingefügt durch Art. 11 Abs. 2 des BiRiLiG) für Änderungen des Gesellschaftsvertrags vor. Änderungen der Satzung können hier nur dann in das Handelsregister eingetragen werden, wenn die bisherige Satzung bereits eine **Gewinnverwendungsregelung** (vgl. § 29 Abs. 1 GmbHG) enthält, also eine Regelung zu der Frage, wann und in welcher Höhe ein Gesellschaftsgewinn auszuschütten ist oder wie die Gesellschafter dies zu bestimmen haben. Davon zu unterscheiden ist die Frage der **Gewinnverteilung** (§ 29 Abs. 3 GmbHG), die zum Gegenstand hat, in welchem Um-

---

[1] Vom 19. 12. 1985, BGBl. I S. 2355; abgedruckt beispielsweise bei *Roth/Altmeppen*, GmbHG, § 29 Rz. 3.

fang der einzelne Gesellschafter an einem auszuschüttenden Gewinn beteiligt ist. Erforderlich ist, dass eine Regelung zur Gewinnverwendung im Gesellschaftsvertrag bereits enthalten ist oder eine solche im Rahmen der nunmehrigen Änderung in die Satzung aufgenommen wird. Hierbei genügt es, dass auf die Anwendbarkeit des § 29 GmbH i.d.F. des BiRiLiG verwiesen wird. Ist einmal durch Aufnahme einer Gewinnverwendungsregelung die Registersperre entfallen, so kann jene später wieder beseitigt werden, ohne dass die Registersperre erneut auflebt.

2. Kapitalerhöhung bei einer GmbH

a) Allgemeines zur Kapitalerhöhung. Die **Erhöhung des Stammkapitals** gemäß § 3 Abs. 1 Nr. 3 GmbHG (§§ 55 ff. GmbHG) erfordert einen **Beschluss der Gesellschafter** in der Form der Satzungsänderung (§ 53 Abs. 1 und 2 GmbHG). Ist einer der Gesellschafter minderjährig, so bedarf es, zumindest sofern die Gesellschaft auf den Betrieb eines Erwerbsgeschäftes gerichtet ist, der familiengerichtlichen Genehmigung[1] (siehe Rz. 921). Der Beschluss muss den Betrag der Erhöhung ersichtlich machen. Hierbei ist auch die Angabe einer Höchst- bzw. Mindestgrenze ausreichend,[2] wenn ein Endzeitpunkt für die Übernahme der neuen Geschäftsanteile festgelegt wird.[3] Der Betrag, um welchen das Stammkapital erhöht werden soll sowie die Nennbeträge der einzelnen Geschäftsanteile müssen auf volle Euro lauten (§ 55 Abs. 4 i.V.m. § 5 Abs. 2 und 3 GmbHG). Nicht erforderlich ist, dass das bisherige Stammkapital voll einbezahlt ist. Eine Kapitalerhöhung kann auch der alleinige Gesellschafter einer GmbH, der zugleich ihr Geschäftsführer ist, beschließen. Er darf, auch wenn ihm das Selbstkontrahieren (§ 181 BGB) nicht gestattet ist, die auf das erhöhte Stammkapital zu leistende Stammeinlage übernehmen, da kein Interessenkonflikt vorliegt, wie ihn § 181 BGB im Auge hat.[4]

1041

Die Kapitalerhöhung erfolgt durch die **Übernahme neuer Geschäftsanteile,** die den Bestimmungen des § 5 Abs. 2 und 3 GmbHG entsprechen müssen (§ 55 Abs. 4 GmbHG). Sie können von den bisherigen Gesellschaftern oder von Dritten übernommen werden. Ein Gesellschafter kann auch mehrere Geschäftsanteile übernehmen. Eine Erbengemeinschaft kann einen auf das erhöhte Kapital zu leistenden Geschäftsanteil jedenfalls dann übernehmen, wenn sie nach § 15 Abs. 1 GmbHG durch Erbgang einen Geschäftsanteil erworben hat und es sich bei dem Erwerb des mit der Eintragung der Satzungsänderung entstehenden Geschäftsanteils um einen Surrogationserwerb nach § 2041 BGB handelt.[5] Unzweifelhaft kann auch eine Gesellschaft bürgerlichen Rechts einen Geschäftsanteil im Wege der Kapitalerhöhung erwer-

1042

---

[1] OLG München GmbHR 2008, 1264 (= NJW-RR 2009, 152 ff.); OLG Stuttgart GmbHR 1980, 102; *Lutter,* in: Lutter/Hommelhoff, GmbHG, § 55 Rz. 35; *Wagenitz,* in: MünchKomm-BGB § 1822 Rz. 65; *Wicke,* GmbHG, § 55 Rz. 13; anderer Ansicht beispielsweise *Bürger* RNotZ 2006, 156 (177) und *Winkler* ZGR 1990, 138.

[2] Vgl. *Zöllner,* in: Baumbach/Hueck, GmbHG, § 55 Rz. 10 f.; *Hermanns,* in: Michalski, GmbHG, § 55 Rz. 16; OLG Celle NdsRpfl 1948, 174; RG Z 85, 207; KG J 29, A 102.

[3] *Lutter,* in: Lutter/Hommelhoff, GmbHG, § 55 Rz. 9; *Poller,* in: Kroiß/Everts/Poller, GmbH-Registerrecht, § 1 Rz. 425; *Priester,* in: Scholz, GmbHG, § 55 Rz. 20; *Zimmermann,* in: Rowedder/Schmidt-Leithoff, GmbHG, § 55 Rz. 9; OLG München NZG 2009, 1274 (zur AG); anderer Ansicht: *Wicke,* GmbHG, § 55 Rz. 5; *Zöllner,* in: Baumbach/Hueck, GmbHG, § 55 Rz. 11.

[4] Ebenso LG Berlin GmbHR 1986, 90; LG Berlin Rpfleger 1985, 446 (= GmbHR 1986, 396); LG Kleve MittRhNotK 1989, 21; *Zimmermann,* in: Rowedder/Schmidt-Leithoff, GmbHG, § 55 Rz. 41; *Zöllner,* in: Baumbach/Hueck, GmbHG, § 55 Rz. 35; anderer Ansicht jedoch BGH Z 33, 189.

[5] OLG Hamm OLGZ 1975, 164 (= DNotZ 1976, 49).

ben.[1] Die GmbH selbst kann einen eigenen Geschäftsanteil nicht direkt im Rahmen einer Kapitalerhöhung erwerben.[2] Eine GmbH & Co. KG, an der die Gesellschaft als alleiniger persönlich haftender Gesellschafter beteiligt ist und deren sämtliche Geschäftsanteile durch die KG gehalten werden („Einheits-GmbH & Co. KG"), darf einen auf das erhöhte Stammkapital zu leistenden Geschäftsanteil ebenfalls nicht übernehmen.[3] Die Übernahmeerklärungen haben die einzelnen übernommenen Geschäftsanteile betragsmäßig ihrer Höhe nach darzustellen, sofern nicht die Bezugnahme auf den Kapitalerhöhungsbeschluss zweifelsfrei feststellbar offen legt, welcher Geschäftsanteil übernommen wird.[4]

1043 Durch die Erhöhung einzelner Geschäftsanteile im Sinne einer **Aufstockung**, ohne Untergrenze um einen Betrag, der lediglich auf volle Euro lauten muss, kann die Kapitalerhöhung jedenfalls dann erfolgen, wenn der Anteilsinhaber zu den Gründern gehört oder wenn der Anteil voll einbezahlt ist und eine Nachschusspflicht nicht besteht.[5] Die Übernahmeerklärung muss notariell beurkundet oder öffentlich beglaubigt[6] sein (§ 55 Abs. 1 GmbHG). Eine Zusammenfassung des Kapitalerhöhungsbeschlusses und der Übernahmeerklärung in einer Urkunde ist möglich.[7] Eine gesonderte Übernahmeerklärung, die in die über den Kapitalerhöhungsbeschluss errichtete notarielle Urkunde mit aufgenommen werden kann, ist auch dann erforderlich, wenn die neuen Geschäftsanteile ausschließlich von den bisherigen Gesellschaftern übernommen werden sollen und diese in dem einstimmig gefassten Kapitalerhöhungsbeschluss bereits mit den neuen Anteilen aufgeführt sind.[8]

1044 Einer besonderen, ausdrücklichen **Anpassung des** Wortlauts des **Gesellschaftsvertrags** im Sinne einer redaktionellen Änderung durch Beschluss der Gesellschafterversammlung bedarf es bei der Kapitalerhöhung an sich nicht.[9] Der geänderte Satzungsinhalt ergibt sich aus dem Erhöhungsbeschluss und den Erklärungen zur Übernahme neuer Stammeinlagen. Üblich – und aufgrund unterschiedlicher Ansichten der Registergerichte sowie zur Gewährleistung eines eindeutigen Wortlauts der künftigen Satzung auch ratsam – ist bei einer Kapitalerhöhung jedoch auch ein Beschluss der Gesellschafter über die redaktionelle Neufassung der einschlägigen Bestimmung des Gesellschaftsvertrags. Diese sollte sich, unabhängig von der Volleinzahlung des Kapitals auf die Angabe der Höhe des neuen Stammkapitals beschränken (siehe Rz. 1016).

1044a Kapitalerhöhungen bei einer **Unternehmergesellschaft (haftungsbeschränkt)** folgen grundsätzlich den selben Regeln wie bei einer regulären GmbH. Deren Anmeldung darf jedoch erst erfolgen, wenn die Einlagen auf das neue Stammkapital **in voller**

---

[1] OLG Hamm MittBayNot 1996, 126.
[2] *Zöllner,* in: Baumbach/Hueck, GmbHG, § 55 Rz. 19; *Roth/Altmeppen,* GmbHG, § 55 Rz. 30.
[3] LG Berlin DNotZ 1987, 374; *Lutter,* in: Lutter /Hommelhoff, GmbHG, § 55 Rz. 34; anderer Ansicht: *Hermanns,* in: Michalski, GmbHG, § 55 Rz. 83; *Priester,* in: Scholz, GmbHG, § 55 Rz. 111; *Zimmermann,* in: Rowedder/Schmidt-Leithoff, GmbHG, § 55 Rz. 28; *Zöllner,* in: Baumbach/Hueck, GmbHG, § 55 Rz. 19.
[4] OLG Celle GmbHR 1999, 1253.
[5] BayObLG DB 1986, 738; OLG Hamm OLGZ 1982, 306 (= DB 1982, 945); LG Berlin DB 1992, 89; LG Berlin MittRhNotK 1982, 225; vgl. *Zöllner,* in: Baumbach/Hueck, GmbHG, § 55 Rz. 46.
[6] Vgl. zur Erklärung einer öffentlich-rechtlichen Körperschaft LG Dortmund NJW 1962, 401 (= DNotZ 1962, 146); s.a. *Wilhelm* NJW 1961, 12.
[7] BGH DNotZ 1967, 520.
[8] OLG Celle NJW-RR 1986, 1482.
[9] OLG Stuttgart OLGZ 1973, 413; OLG Frankfurt GmbHR 1964, 248; *Priester,* in: Scholz, GmbHG, § 55 Rz. 36; *Zimmermann,* in: Rowedder/Schmidt-Leithoff, GmbHG, § 55 Rz. 19.

Höhe eingezahlt sind (§ 5a Abs. 2 Satz 1 GmbHG). Erhöht die Gesellschaft ihr Stammkapital auf 25 000 € oder mehr, ist sie wie eine reguläre GmbH zu behandeln und darf, muss aber nicht, die Bezeichnung GmbH führen (§ 5a Abs. 5 GmbHG). Die **Anmeldung zur Eintragung im Handelsregister** ist durch sämtliche Geschäftsführer vorzunehmen (§ 57 Abs. 1 i.V.m. § 78 GmbHG). Zulässig ist die Anmeldung erst, wenn auf jeden neuen Geschäftsanteil ein Viertel eingezahlt ist (§ 56a i.V.m. § 7 Abs. 2 GmbHG). Minderzahlungen auf eine Einlage können somit nicht durch Mehrzahlungen auf eine andere Einlage ausgeglichen werden. Den geänderten Inhalt des Gesellschaftsvertrags hat die Anmeldung schlagwortartig hervorzuheben. Einer inhaltlichen, wortgetreuen Wiedergabe der Änderung unter Angabe des Kapitalerhöhungsbetrags bedarf es nicht.[1] Die Anmeldung muss ferner die Versicherung nach § 57 Abs. 2 Satz 1 GmbHG enthalten (hierzu Rz. 1050), die auch in einem gesonderten notariell unterschriftsbeglaubigten Schriftstück enthalten sein kann.

1045

Der Anmeldung sind als Anlagen nach § 12 Abs. 2 HGB **beizufügen** (§ 57 GmbHG):
- der notariell beurkundete Erhöhungsbeschluss in Ausfertigung oder beglaubigter Abschrift (signiert);
- die zumindest unterschriftsbeglaubigten Übernahmeerklärungen (signiert);
- eine Liste der neuen Gesellschafter nach Maßgabe des § 57 Abs. 3 Nr. 2 GmbHG, unterzeichnet durch sämtliche Geschäftsführer (unsigniert);
- der vollständige neue Wortlaut des Gesellschaftsvertrags mit Notarbestätigung – signiert (§ 54 Abs. 1 Satz 2 GmbHG) sowie
- eine neue vom Notar erstellte aktuelle Gesellschafterliste (§ 40 Abs. 2 GmbHG) unter Berücksichtigung der mit Eintragung der Kapitalerhöhung entstehenden Beteiligungen (signiert) (siehe hierzu Rz. 1051a und Rz. 1101ff.).

1046

Hinsichtlich der mit einzureichenden **Übernahmeerklärung des neuen Gesellschafters** (§ 55 Abs. 1 GmbHG) ist zu beachten, dass bei deren Abgabe durch einen rechtsgeschäftlichen Vertreter auch die Vollmacht notarieller Beglaubigung bedarf.[2] Die Organstellung von Vertretern bei Personengesellschaften oder juristischen Personen ist wie bei der Neugründung einer GmbH durch einen beglaubigten Registerauszug oder durch notarielle Bescheinigung (§ 21 Abs. 1 BNotO) zu belegen.

1047

Die **Prüfungspflicht** des Registergerichts ist bezüglich der Aufbringung des erhöhten Stammkapitals in gleicher Weise wie bei der Gründung der Gesellschaft geregelt (§ 57a i.V.m. § 9c Abs. 1 GmbHG). Die **Eintragung** in das Handelsregister erfolgt nach § 54 Abs. 2, § 10 Abs. 1 GmbHG, § 43 Nr. 3 und 6 lit. a HRV. Erst mit der konstitutiven Eintragung ist der Beschluss wirksam (§ 54 Abs. 3 GmbHG). Zur **öffentlichen Bekanntmachung** siehe § 10 HGB. § 57b Satz 1 GmbHG a.F., der bei einer Kapitalerhöhung mit Sacheinlagen noch eine Zusatzbekanntmachung vorsah, ist durch das MoMiG gestrichen worden.

1048

b) **Barkapitalerhöhung.** Im Falle einer **Kapitalerhöhung durch Bareinzahlungen**[3] müssen die Mindestleistungen von einem Viertel pro Geschäftsanteil vor dem Eingang der Anmeldung bei Gericht erbracht sein[4] (§ 56a i.V.m. § 7 Abs. 2 Satz 1 GmbHG). Wird die Leistung erst danach erbracht, so hindert dies allerdings nicht die grundsätzliche Eintragungsfähigkeit der Kapitalerhöhung.[5] Problematisch ist die Behand-

1049

---

[1] BGH NJW 1987, 1391 (= DNotZ 1988, 182); OLG Frankfurt FGPrax 2003, 282 (= Rpfleger 2003, 667).
[2] *Zöllner,* in: Baumbach/Hueck, GmbHG, § 55 Rz. 32; *Lutter,* in: Lutter/Hommelhoff, GmbHG, § 55 Rz. 32; *Zimmermann,* in: Rowedder/Schmidt-Leithoff, GmbHG, § 55 Rz. 38; vgl. BayObLG GmbHR 2002, 497.
[3] Allgemein hierzu *Ulmer* GmbHR 1993, 189.
[4] Zur Kapitalaufbringung siehe *Wegmann* MittBayNot 2003, 199.
[5] *Zöllner,* in: Baumbach/Hueck, GmbHG, § 56a Rz. 8.

lung von **Einzahlungen vor der Fassung des Beschlusses** über die Kapitalerhöhung.[1] Sofern ein enger zeitlicher Zusammenhang zwischen Einzahlung und Beschlussfassung bestand und die Zweckbestimmung der Zahlung als Vorausleistung objektiv feststellbar ist[2] sowie die Vorausleistung im Zeitpunkt der Beschlussfassung und der mit ihr üblicherweise verbundenen Übernahmeerklärung noch zweifelsfrei im Gesellschaftsvermögen vorhanden ist, spricht nichts dagegen, der Zahlung Erfüllungswirkung zuzuschreiben.[3] Nach der Rechtsprechung kann eine Voreinzahlung ansonsten nur in extremen Ausnahmesituationen Tilgungswirkung entfalten, was unter anderem das Vorliegen eines akuten Sanierungsfalls voraussetzt.[4] Nicht ausreichend ist es daher, wenn die Einlage auf ein Konto der Gesellschaft überwiesen und dort mit bestehenden Schulden verrechnet wird.[5]

1050 Bei der **Versicherungserklärung der Geschäftsführer nach § 57 Abs. 2 GmbHG** sind die von jedem Übernehmer geleisteten Geldbeträge einzeln anzugeben,[6] es sei denn alle Stammeinlagen wurden voll eingezahlt.[7] Dabei ist bei Übernahme mehrerer Geschäftsanteile durch denselben Gesellschafter in der Versicherung eindeutig zu bezeichnen, auf welchen Geschäftsanteil welcher Betrag geleistet wurde. Vom früheren Erfordernis der „wertgleichen Deckung" ist die Rechtsprechung für die Kapitalerhöhung abgerückt, so dass allein die Versicherung nötig ist, dass der Betrag der Einzahlung zur freien Verfügung der Geschäftsführung für die Zwecke der Gesellschaft eingezahlt ist und auch in der Folge nicht an die Einleger zurückgezahlt wurde.[8] Die Versicherung kann und sollte jedoch in der Regel eine am Gesetzeswortlaut orientierte Fassung haben, wonach ein bestimmter Betrag auf die Einlage geleistet wurde und dieser endgültig zur freien Verfügung steht. Lediglich wenn der Einzahlungsbetrag bereits wieder zum Teil für Gesellschaftszwecke verwendet wurde, bietet sich die vom Bundesgerichtshof vorgeschlagene Formulierung an.

1051 Wie bei der Bargründung ist das Registergericht nicht berechtigt, ohne begründete Zweifel weitere **Belege über die Einzahlung der Geschäftsanteile** zu verlangen.[9] Im Hinblick auf die durch das MoMiG reduzierten Prüfungskompetenzen – gemäß § 8 Abs. 2 Satz 2 GmbHG nur noch bei erheblichen Zweifeln – wird sich für eine Stichprobenkontrolle der Registergerichte kaum noch eine Begründung finden lassen. Die unaufgeforderte Zusendung von Einzahlungsbelegen ist daher nicht geboten. Die Vereinbarung eines „Ausschüttungs-Rückhol-Verfahrens" (Hin- und Herzahlen im Sinne von § 19 Abs. 5 GmbHG) muss ebenfalls ausdrücklich angemeldet werden. Zwar nimmt § 19 Abs. 5 Satz 2 GmbHG nur Bezug auf die Anmeldung zur Ersteintragung der Gesellschaft in § 8 GmbHG und wird von § 57 GmbHG nicht zitiert. Die nach der Gesetzesbegründung gewünschte Kontrolle durch das Registergericht[10] kann auch im Fall einer Kapitalerhöhung, die vom Anwendungsbereich des § 19 Abs. 5 GmbHG nicht ausge-

---

[1] Vgl. *Zöllner* in Baumbach/Hueck, GmbHG, § 56a Rz. 9ff.; *Eckhardt* MittRhNotK 1997, 289; *Ehlke* ZGR 1995, 426; *Groß* GmbHR 1995, 845; *Karollus* DStR 1995, 1065; *Klaft/Maxem* GmbHR 1997, 586; *Müther* NJW 1999, 404.
[2] Vgl. **BGH** Z 158, 283 (= NJW 2004, 2592).
[3] **BGH** Z 168, 201 (= NJW 2007, 515); *Ehlke* ZIP 2007, 749.
[4] **BGH** Z 168, 201 (= NJW 2007, 515).
[5] **BGH** GmbHR 2008, 766 (= NZG 2008, 512). Anders sofern später wieder Habensaldo besteht: **OLG Oldenburg** GmbHR 2008, 1270.
[6] **OLG Hamm** WM 1987, 406; **OLG Celle** GmbHR 1986, 309.
[7] **OLG Düsseldorf** DNotZ 1986, 180.
[8] **BGH** Z 150, 197 (= NJW 2002, 1716); hierzu *Henze* BB 2002, 955; *Brauer/Manger* GmbHR 2002, 548; *Wagner* NotBZ 2002, 380.
[9] **KG** MittBayNot 1998, 453 (= FGPrax 1998, 193); **LG Aachen** GmbHR 1987, 358.
[10] BT-Drucks. 16/9737, S. 98.

schlossen ist, jedoch nur bei Offenlegung der zugrunde liegenden Vereinbarungen gewährleistet werden, so dass § 19 Abs. 5 Satz 2 GmbHG zumindest entsprechend anzuwenden ist.[1] Abgesehen von der im Gesetz vorgesehenen Anrechnung bleibt eine spätere nur für die Zukunft wirksame Heilung durch Vornahme einer Satzungsänderung möglich,[2] ebenso eine Umwidmung einer Bar- in eine Sacheinlage.[3] Problematisch ist die Erfüllung der Einlagepflicht bei einer unmittelbaren Leistung an einen Gläubiger der Gesellschaft, zumindest wenn jegliche Verfügungsmöglichkeit der Geschäftsführer ausgeschlossen war.[4]

1051a Es ist außerdem die von allen Geschäftsführern unterschriebene **Liste der Übernehmer** der neuen Geschäftsanteile vorzulegen (§ 57 Abs. 3 Nr. 2 GmbHG). Die Verpflichtung zur Einreichung einer neuen, **aktualisierten Gesellschafterliste** mit dem nach Eintragung der Kapitalerhöhung vorhandenen Gesamtbestand ergibt sich aus § 40 Abs. 1 Satz 1, Abs. 2 Satz 1 GmbHG. Die Liste kann unter Hinweis auf die erst wirksam werdende Kapitalerhöhung bereits mit deren Eintragungsunterlagen an das Registergericht zugesendet werden. Der Bezugnahme des § 40 Abs. 1 und 2 GmbHG auf das Wirksamwerden der Veränderung kann durch den bei der Vorlage an das Registergericht möglichen ausdrücklichen Hinweis auf die verfahrensinterne Bedingung der Eintragung im Rahmen der Einreichung Rechnung getragen werden.[5] Eine entsprechende Klarstellung kann zusätzlich etwa in der Bezeichnung der Liste („Gesellschafterliste vom 7. 10. 2010 nach Durchführung der Kapitalerhöhung auf 50 000 €") erfolgen. Nicht erlaubt ist sie jedoch im Rahmen des nach § 40 Abs. 2 GmbHG zu errichtenden notariellen Vermerks, da in diesem Fall die Aussagekraft der Gesellschafterliste unzulässig geschmälert wird und ihre Geltung von der rechtlichen Interpretation weiterer Handelsregistereintragungen abhängen würde.[6] In den Registerordner (§ 9 HRV) ist die neue Gesellschafterliste sodann mit Vollzug der Kapitalerhöhung einzustellen.

1052 Beispiel der Anmeldung einer Barkapitalerhöhung durch sämtliche Geschäftsführer:

> Das Stammkapital wurde von 25 000 € auf 50 000 € erhöht. § 3 des Gesellschaftsvertrags wurde entsprechend geändert.
>
> Die Geschäftsführer versichern, dass auf die 25 000 neuen Geschäftsanteile des neuen Gesellschafters Jan Klein in Höhe von je 1 € je ein Betrag in Höhe von 0,50 €, somit insgesamt 12 500 € einbezahlt wurden. Der Betrag der Einzahlung wurde zur freien Verfügung der Geschäftsführung für die Zwecke der Gesellschaft eingezahlt und steht endgültig zur freien Verfügung der Geschäftsführung *(bzw. und ist in der Folge nicht an den Einleger zurückgezahlt worden)*.
>
> Als Anlage fügen wir dieser Anmeldung bei:
> – Beschluss der Gesellschafterversammlung vom 25. 10. 2009, URNr. 1912/2009 des Notars Roland Groß (Frankfurt am Main)
> – Gesellschaftsvertrag samt Notarbescheinigung gemäß § 54 Abs. 1 Satz 2 GmbHG;
> – Übernahmeerklärung des neuen Gesellschafters
> – Liste des Übernehmers der neuen Stammeinlage
> – Aktuelle Gesellschafterliste unter Berücksichtigung der angemeldeten Kapitalerhöhung.

---

[1] So im Ergebnis auch *Wicke*, GmbHG, § 19 Rz. 35.
[2] BGH Z 132, 141; hierzu *Mayer* MittBayNot 1996, 164; *Priester* GmbHR 1998, 861; *Schiessl/Rosengarten* GmbHR 1997, 772.
[3] OLG Hamburg GmbHR 1997, 70.
[4] Siehe **BGH Z** 119, 177 (188 f.); Erfüllung bejahend: **OLG Oldenburg** GmbHR 2008, 1270.
[5] Anderer Ansicht **LG Augsburg** v. 16. 2. 2009 – 1 HKT 323/09; *Wachter* GmbHR 2009, 785 (794); *Mayer* ZIP 2009, 1037 (1048).
[6] OLG München NZG 2009, 1421 (= GmbHR 2009, 825).

1053 Die **Eintragung** der Kapitalerhöhung erfolgt in Spalte 3 und Spalte 6:

> **Spalte 3 (Stammkapital):** 50 000 € *(Rötung der bisherigen Eintragung)*
> **Spalte 6**
> **Unterspalte a (Rechtsform, Gesellschaftsvertrag):**
> Die Gesellschafterversammlung vom 25. 10. 2009 hat die Erhöhung des Stammkapitals um 25 000 € auf 50 000 € und die Änderung von § 3 (Stammkapital) des Gesellschaftsvertrags beschlossen.

1054 c) **Sachkapitalerhöhung.** Für die Sonderform der **Sachkapitalerhöhung** sieht § 56 Abs. 1 GmbHG vor, dass der Gegenstand der Sacheinlage und der Nennbetrag des Geschäftsanteils, auf den sich die Sacheinlage bezieht, im Beschluss der Gesellschafterversammlung über die Kapitalerhöhung festgesetzt werden.[1] Wird beispielsweise ein Unternehmen als Sacheinlage eingebracht, so muss im Erhöhungsbeschluss dargestellt sein, inwiefern auch Passiva übernommen werden;[2] bei einer gemischten Sacheinlage ist zu bestimmen, ob der den Einlagebetrag übersteigende Wert als Darlehen gewährt oder in die Rücklage eingestellt wird (siehe Rz. 939). Sollen Einzelgegenstände des Unternehmens nicht mit eingebracht werden, so sind auch diese aufzuführen.[3] Für die **Unternehmergesellschaft (haftungsbeschränkt)** sind Sacheinlagen ausgeschlossen (vgl. § 5a Abs. 2 Satz 2 GmbHG), sofern nicht durch die Kapitalerhöhung wenigstens der Betrag des Mindeststammkapitals einer regulären GmbH in Höhe von 25 000 € erreicht wird.[4]

1055 Die in § 7 Abs. 2 Satz 1 und Abs. 3 GmbHG vorgeschriebene Leistungspflicht besteht auch bei der Kapitalerhöhung (§ 57 Abs. 2 GmbHG). In die **Übernahmeerklärung** (§ 55 Abs. 1 GmbHG) für das erhöhte Kapital, nicht dagegen in den Gesellschaftsvertrag selbst, ist die Festsetzung des Gegenstands der Sacheinlage aufzunehmen (§ 56 Abs. 1 Satz 2 GmbHG). Die Sacheinlagen sind bereits vor der Anmeldung des Erhöhungsbeschlusses zur Eintragung in das Handelsregister so an die Gesellschaft zu bewirken, dass sie endgültig zur freien Verfügung der Geschäftsführer stehen (§ 56a i. V. m. § 7 Abs. 3 GmbHG).

1056 Bei einer Kapitalerhöhung mit Sacheinlagen sind der Anmeldung zur Eintragung in das Handelsregister als Anlage (§ 12 Abs. 2 Satz 2 Halbs. 1 HGB) auch die **Verträge beizufügen,** die den Festsetzungen nach § 56 GmbHG zugrunde liegen oder zu ihrer Ausführung geschlossen worden sind (§ 57 Abs. 3 Nr. 3 GmbHG). Ein förmlicher „Sacheinlagebericht" ist nicht erforderlich.[5] Allerdings müssen Anlagen beigefügt werden, aus denen sich die auf den Zeitpunkt der Anmeldung zu ermittelnde[6] Werthaltigkeit der Sacheinlage ergibt. In diesem Zusammenhang werden häufig Erläuterungen zur Darstellung der Werthaltigkeit seitens der Gesellschafter oder Übernehmer ähnlich einem Sacheinlagenbericht notwendig sein. Dies führt nicht zwingend zur Verpflichtung der Beibringung eines Sachverständigengutachtens.[7] So kann beispielsweise bei wertbeständigen Gegenständen, etwa bei Grundstücken, auch die Vorlage

---

[1] **LG Augsburg** MittBayNot 1996, 317; *Haslinger* MittBayNot 1996, 278.
[2] **OLG Düsseldorf** MittBayNot 1993, 307.
[3] **OLG Düsseldorf** MittBayNot 1996, 228 (= FGPrax 1996, 73 = GmbHR 1996, 214).
[4] *Freitag/Riemenschneider* ZIP 2007, 1485, 1491; *Klose* GmbHR 2009, 296; *Waldenberger/Sieber* GmbHR 2009, 119.
[5] **OLG Köln** DB 1996, 2069; *Zöllner,* in: Baumbach/Hueck, GmbHG, § 56 Rz. 17; *Lutter,* in: Lutter/Hommelhoff, GmbHG, § 56 Rz. 7; *Müther,* Handelsregister, § 6 Rz. 177; anderer Ansicht: **OLG Stuttgart** GmbHR 1982, 110; **OLG Thüringen** GmbHR 1994, 710 (712); *Priester,* in: Scholz, GmbHG, § 56 Rz. 90.
[6] **OLG Frankfurt** FGPrax 2006, 172; **OLG Düsseldorf** FGPrax 1996, 72 (= BB 1996, 338).
[7] **BayObLG** MittBayNot 1995, 67 (= FGPrax 1995, 44).

des Erwerbsvertrags genügen. Stets sind auf dem eingebrachten Gegenstand ruhende Lasten wertmindernd zu berücksichtigen, bei Grundstücken also auch eingetragene Grundpfandrechte.[1] Eine intensivere Werthaltigkeitsprüfung durch das Registergericht, ggf. unter Beiziehung der berufsständischen Organe (§ 380 FamFG), ist allerdings nur dann angezeigt, wenn begründete Zweifel an den Angaben der Geschäftsführer angebracht sind[2] oder die Bewertung für das Registergericht nicht nachvollziehbar ist, weil hierzu jegliche eigene Sachkenntnis fehlt.

Beispiel der Anmeldung einer Sachkapitalerhöhung durch sämtliche Geschäftsführer: 1057

> Das Stammkapital wurde um 25 000 € auf 50 000 € erhöht. § 3 des Gesellschaftsvertrags wurde entsprechend geändert.
>
> Die Geschäftsführer versichern, dass vom neuen Gesellschafter Jan Klein auf dessen neuen Geschäftsanteil von 25 000 € die der festgesetzten Sacheinlage zugrunde liegenden Gegenstände auf die Gesellschaft übertragen wurden und sich endgültig zur freien Verfügung der Geschäftsführung befinden.
>
> Als Anlage fügen wir dieser Anmeldung bei:
> – Beschluss der Gesellschafterversammlung vom 23. 5. 2010, URNr. 665/2010 des Notars Roland Groß (München)
> – Gesellschaftsvertrag samt Notarbescheinigung gemäß § 54 Abs. 1 Satz 2 GmbHG;
> – Übernahmeerklärung des neuen Gesellschafters
> – Verträge, die den Festsetzungen nach § 56 GmbHG zugrunde liegen und Unterlagen zur Beurteilung des Werts der Sacheinlagen
> – Liste des bzw. der Übernehmer der neuen Geschäftsanteile
> – Aktuelle Gesellschafterliste unter Berücksichtigung der angemeldeten Kapitalerhöhung

d) Kapitalerhöhung aus Gesellschaftsmitteln. Eine **Kapitalerhöhung aus Gesellschafts-** 1059
mitteln („nominelle Kapitalerhöhung")[3] kann durch Umwandlung von Rücklagen in Stammkapital erfolgen (§ 57c Abs. 1 GmbHG). Die Erhöhung erfolgt durch Beschluss der Gesellschafter (§ 57c Abs. 4 i. V. m. § 53 Abs. 1 GmbHG) mit einer drei Viertel Mehrheit. Weitere Erfordernisse, nicht jedoch Erleichterungen, können durch die Satzung vorgesehen werden. Zeitliche Grenzen für die Beschlussfassung gibt § 57c Abs. 2 GmbHG vor. Danach muss der letzte Jahresabschluss festgestellt und über die Ergebnisverwendung Beschluss gefasst worden sein. Dem Kapitalerhöhungsbeschluss ist eine Bilanz zugrunde zu legen (§ 57c Abs. 3 GmbHG; s. a. §§ 57d bis 57g GmbHG). Ausgeführt werden kann die Kapitalerhöhung durch Bildung neuer Geschäftsanteile oder durch Erhöhung des Nennbetrags der bisherigen Geschäftsanteile (§ 57h Abs. 1 Satz 1 GmbHG). Bei teileingezahlten Geschäftsanteilen kann die Kapitalerhöhung aus Gesellschaftsmitteln nur durch Aufstockung erfolgen (§ 57l Abs. 2 Satz 2 GmbHG). Die neuen Geschäftsanteile sowie die Geschäftsanteile, deren Nennbetrag erhöht wurde, müssen auf einen Betrag gestellt werden, der auf volle Euro lautet (§ 57h Abs. 1 Satz 2 GmbHG). Der Beschluss muss im Übrigen die Art der Erhöhung angeben (§ 57h Abs. 2 GmbHG).

Anzumelden ist der Erhöhungsbeschluss zur Eintragung in das Handelsregister durch 1060
sämtliche Geschäftsführer (§ 78 GmbHG, § 57i GmbHG). Der Anmeldung sind nach § 12 Abs. 2 HGB beizufügen (§ 57i GmbHG):
– der Erhöhungsbeschluss (signiert)
– die zugrunde gelegte Bilanz (unsigniert). Der Bilanzstichtag darf höchstens acht Monate vor der Anmeldung liegen (§ 57f Abs. 1 Satz 2 GmbHG); die Frist errechnet sich ab Eingang der Anmeldung bei Gericht (vgl. hierzu das Beispiel bei

---

[1] OLG Frankfurt FGPrax 2006, 172.
[2] OLG Düsseldorf FGPrax 1995, 160; LG Augsburg GmbHR 1996, 216.
[3] Zu typischen Problemen hierzu siehe *Fett/Spiering* NZG 2002, 358.

Rz. 1220). Eine Fristüberschreitung ist nicht zulässig,[1] allerdings kann die ordnungsgemäß aufgestellte Bilanz nachgereicht werden, sodass die Anmeldung allein bereits fristwahrend wirkt.[2] Stets erforderlich ist die Vorlage der Bestätigung der Prüfer (§ 57f Abs. 2 Satz 3 GmbHG), also entgegen § 316 Abs. 1 HGB auch bei kleinen Kapitalgesellschaften gemäß § 267 Abs. 1 HGB.[3] Zudem ist die letzte Jahresbilanz beizufügen, sofern sie noch nicht gemäß § 325 Abs. 1 HGB eingereicht wurde (§ 57i Abs. 1 Satz 1 GmbHG);
- die Erklärung der Anmeldenden, dass nach ihrer Kenntnis seit dem Stichtag der zugrunde gelegten Bilanz bis zum Tag der Anmeldung keine Vermögensminderung eingetreten ist, die der Kapitalerhöhung entgegen stünde, wenn sie am Tag der Anmeldung beschlossen worden wäre (§ 57i Abs. 1 Satz 2 GmbHG);
- der mit der Notarbestätigung versehene vollständige Wortlaut des Gesellschaftsvertrags (§ 57c Abs. 4, § 54 Abs. 1 GmbHG);
- die von dem Notar erstellte, aktualisierte Gesellschafterliste (§ 40 Abs. 1 Satz 1, Abs. 2 Satz 1 GmbHG); die Erstellung einer Liste der Übernehmer (§ 57 Abs. 3 Nr. 2 GmbHG) ist nicht erforderlich.[4]

1061 Beispiel der Anmeldung einer Kapitalerhöhung aus Gesellschaftsmitteln durch sämtliche Geschäftsführer:

> Das Stammkapital wurde aus Gesellschaftsmitteln um 20 000 € auf 45 000 € erhöht. § 3 des Gesellschaftsvertrags wurde entsprechend geändert.
>
> Die Geschäftsführer versichern, dass nach ihrer Kenntnis seit dem Stichtag der Bilanz, die der Kapitalerhöhung aus Gesellschaftsmitteln zugrunde gelegt wurde, bis zum heutigen Tag der Anmeldung keine Vermögensminderung eingetreten ist, die der Kapitalerhöhung entgegenstünde, wenn sie am heutigen Tag beschlossen worden wäre.
>
> Als Anlage fügen wir dieser Anmeldung bei:
> - Beschluss der Gesellschafterversammlung vom 23. 5. 2010, URNr. 665/2010 des Notars Roland Groß (Bonn)
> - Gesellschaftsvertrag samt Notarbescheinigung gemäß § 54 Abs. 1 Satz 2 GmbHG
> - Aktuelle Gesellschafterliste unter Berücksichtigung der angemeldeten Kapitalerhöhung
> - Die der Kapitalerhöhung zugrunde gelegte Bilanz, versehen mit dem Bestätigungsvermerk des Abschlussprüfers *(wenn der Kapitalerhöhung eine Zwischenbilanz zugrunde gelegt wurde)*

1062 Der **Überprüfung durch das Registergericht**[5] unterliegt die Anmeldung samt der ordnungsgemäßen Einreichung der beizufügenden Unterlagen. Zu prüfen ist auch, ob die Bilanzen festgestellt sind, ob sie den erforderlichen Bestätigungsvermerk des Prüfers aufweisen und ob sie den notwendigen Umwandlungsbetrag gemäß § 57d Abs. 1 und 2 GmbHG enthalten. Im Übrigen ist zu prüfen, ob § 57h Abs. 2 GmbHG beachtet wurde, also die Art der Erhöhung im Beschluss angegeben wurde und ob hierbei § 57h Abs. 1 Satz 2 GmbHG berücksichtigt wurde. Allerdings ist das Registergericht zur Prüfung, ob die Bilanzen den gesetzlichen Vorschriften entsprechen, nicht verpflichtet (§ 57i Abs. 3 GmbHG). Ein Prüfungsverbot ergibt sich daraus jedoch nicht. Keine Prüfung erfolgt hinsichtlich der ordnungsgemäßen Wahl der Prüfer.

---

[1] OLG Frankfurt OLGZ 1981, 412 (= DB 1981, 1511).
[2] *Müther*, Handelsregister, § 6 Rz. 188; *Heinemann*, in: SK-GmbHG, § 57e Rz. 9.
[3] *Zöllner*, in: Baumbach/Hueck, GmbHG, § 57f Rz. 3; *Lutter*, in: Lutter/Hommelhoff, GmbHG, § 57g Rz. 3.
[4] *Heinemann*, in: SK-GmbHG, § 57i Rz. 7; *Zöllner*, in: Baumbach/Hueck, GmbHG, § 57i Rz. 12.
[5] Vgl. hierzu *Zöllner*, in: Baumbach/Hueck, GmbHG, § 57i Rz. 13; *Lutter*, in: Lutter/Hommelhoff, GmbHG, § 57i Rz. 8; *Priester*, in: Scholz, GmbHG, § 57i Rz. 8ff.; *Roth/Altmeppen*, GmbHG, § 57i Rz. 8.

Grundsätzlich erfolgt die **Eintragung** als Kapitalerhöhung, jedoch ist im Handelsregister anzugeben, dass die Kapitalerhöhung aus Gesellschaftsmitteln erfolgt ist (§ 57i Abs. 4 GmbHG). 1063

e) **Kapitalerhöhung zum Zweck der Durchführung einer Umwandlungsmaßnahme.** 1064
Bei **Verschmelzungen** sowie bei **Spaltungen** in Form von Ab- und Aufspaltungen, bei denen der übernehmende Rechtsträger eine GmbH ist, ist bei dieser nach § 55 UmwG (ggf. i. V. m. § 125 Satz 1 UmwG) eine Kapitalerhöhung durchzuführen, soweit nicht eine Ausnahme nach § 54 UmwG vorliegt. Bei Ausgliederungen findet nach § 125 UmwG die Vorschrift des § 54 UmwG keine Anwendung, so dass stets eine Kapitalerhöhung vorzunehmen ist.

Eine Kapitalerhöhung ist nach § 54 Abs. 1 Satz 1 UmwG nicht zulässig, soweit die 1065
übernehmende Gesellschaft Anteile des übertragenden Rechtsträgers innehat soweit der übertragende Rechtsträger eigene Anteile hält oder ein übertragender Rechtsträger Geschäftsanteile an der übernehmenden Gesellschaft innehat, auf welche die Einlagen nicht in voller Höhe bewirkt sind; sie ist nach Satz 2 nicht erforderlich, soweit die Übernehmerin eigene Geschäftsanteile innehat oder ein übertragender Rechtsträger Geschäftsanteile an der übernehmenden Gesellschaft hat, auf welche die Einlagen bereits in voll Höhe bewirkt sind oder wenn die Voraussetzungen des § 54 Abs. 2 UmwG vorliegen oder gemäß § 54 Abs. 1 Satz 3 UmwG vorgegangen wird. Ansonsten muss die Kapitalerhöhung im Verschmelzungsvertrag bzw. im Spaltungs- und Übernahmevertrag vorgesehen sein und tatsächlich von der Gesellschafterversammlung der übernehmenden Gesellschaft beschlossen und im Rahmen der Verschmelzung bzw. Spaltung durch die Geschäftsführer angemeldet werden. Einer **Übernahmeerklärung** bedarf es **nicht**, da sie durch die Vereinbarungen im Verschmelzungsvertrag etc. ersetzt wird (vgl. § 55 Abs. 1 Satz 1 UmwG ggf. i. V. m. § 125 UmwG).

Der **Registerrichter** (§ 17 Nr. 1 lit. b und c RPflG) **prüft** einerseits die allgemeinen Vor- 1066
aussetzungen für eine Satzungsänderung und eine Kapitalerhöhung, wobei die Kapitalerhöhung zum Zwecke der Durchführung einer Umwandlungsmaßnahme einer Sachgründung bzw. Sachkapitalerhöhung gleicht. Es ist also insbesondere die Werthaltigkeit des eingebrachten Rechtsträgers bzw. der eingebrachten Vermögenswerte zu prüfen. Daneben hat das Gericht bereits in diesem Stadium alle Erfordernisse des gesamten Umwandlungsvorgangs, also der Verschmelzung oder Spaltung zu prüfen, weil die Kapitalerhöhung in ihrer Wirksamkeit letztlich von der Eintragung der Verschmelzung oder Spaltung abhängig ist. Ist also abzusehen, dass zwar die Kapitalerhöhung korrekt ist, sich aber bei der Umwandlung selbst Schwierigkeiten ergeben werden, so ist die Eintragung der Kapitalerhöhung zu vermeiden, da diese bei endgültigem Scheitern der Umwandlung wieder gelöscht werden müsste. Hierbei ist § 53 UmwG lediglich als Vorschrift zur Regelung der zeitlichen Reihenfolge der Eintragungen zu verstehen, nicht aber dahingehend, dass die Kapitalerhöhung und deren Eintragung von derjenigen der zugehörigen Umwandlungsmaßnahme völlig unabhängig sind. Die **Eintragung** der nach § 53 UmwG als erster Schritt bei einem Umwandlungsvorgang einzutragenden Kapitalerhöhung lautet:

> Die Gesellschafterversammlung vom 6. 3. 2010 hat die Erhöhung des Stammkapitals um 10 000 € auf 35 000 € zum Zwecke der Verschmelzung mit der Rossberg GmbH mit Sitz in Hohenbrunn (Amtsgericht München HRB 112 000) und die Änderung des § 3 (Stammkapital) der Satzung beschlossen.

Die Angabe des Zweckes der Kapitalerhöhung samt genauen Daten des übertragen- 1067
den Rechtsträgers ist erforderlich, einerseits um deutlich zu machen, dass die Kapitalerhöhung ohne die dazugehörige Verschmelzung keinen Bestand hat und auch um dem Gericht des übertragenden Rechtsträgers anzuzeigen, dass diese Voraussetzung

für seine Folgeeintragung eingetreten ist. Diese Eintragung wird nach § 10 HGB **veröffentlicht** sowie dem Unternehmen, dem einreichenden Notar und dem Registergericht des übertragenden Rechtsträgers **mitgeteilt**.

1068 f) **Genehmigtes Kapital.** In Anlehnung an die entsprechende Regelung im Aktienrecht (§§ 202, 205 AktG, siehe Rz. 1473 ff.) können die Geschäftsführer einer GmbH durch den Gesellschaftsvertrag ermächtigt werden, innerhalb von **höchstens fünf Jahren** seit Eintragung der Gesellschaft deren Stammkapital durch Ausgabe neuer Geschäftsanteile gegen Einlage zu erhöhen (§ 55a Abs. 1 Satz 1 GmbHG). Der genau zu bestimmende Nennbetrag – genehmigtes Kapital – darf **höchstens die Hälfte** des zur Zeit der Ermächtigung vorhandenen Stammkapitals erreichen (§ 55a Abs. 1 Satz 2 GmbHG). Eine Erhöhung gegen **Sacheinlagen** ist nur bei ausdrücklicher Ermächtigung möglich (§ 55a Abs. 3 GmbHG). Die Ermächtigung kann auch durch **nachträgliche Satzungsänderung**, mit Stimmenmehrheit von mindestens drei Vierteln (§ 53 Abs. 2 GmbHG),[1] für höchstens fünf Jahre nach deren Eintragung erteilt werden (§ 55a Abs. 2 GmbHG). Wegen des eindeutigen Wortlauts des § 55a Abs. 1 Satz 1 GmbHG („Ausgabe neuer Geschäftsanteile gegen Einlagen") ist eine Kapitalerhöhung aus Gesellschaftsmitteln auf der Grundlage eines genehmigten Kapitals nicht möglich.[2] Die Ermächtigung ist in das Handelsregister einzutragen (§ 10 Abs. 2 Satz 1 GmbHG).

1068a Die Eintragung könnte lauten:

> **Spalte 6**
> **Unterspalte a (Rechtsform, Satzung):**
> Die Gesellschafterversammlung vom 14. 12. 2009 hat die Änderung der Satzung durch Einfügung des § 3 (Genehmigtes Kapital) beschlossen. Die nachfolgenden Paragrafen wurden entsprechend umnummeriert.
> **Unterspalte b (Sonstige Rechtsverhältnisse):**
> Die Geschäftsführer sind durch Beschluss der Gesellschafterversammlung vom 14. 12. 2009 ermächtigt, das Stammkapital bis zum 10. 12. 2014 gegen Bar- und/oder Sacheinlagen einmal oder mehrmals um insgesamt bis zu 12 500 € zu erhöhen (Genehmigtes Kapital 2009/I).

1069 Die **Durchführung** der Kapitalerhöhung unter Ausnutzung eines genehmigten Kapitals erfolgt grundsätzlich nach den allgemeinen Regeln für eine Kapitalerhöhung gegen Bareinlagen (Rz. 1041 ff.) oder Sacheinlagen (Rz. 1054 ff.). Dabei wird der Gesellschafterbeschluss über die Erhöhung des Stammkapitals aufgrund der Ermächtigung durch einen in Anlehnung an § 77 Abs. 1 Satz 1 AktG einstimmig zu fassenden[3] **Beschluss der Geschäftsführer** ersetzt. Diese entscheiden nach pflichtgemäßem Ermessen gemeinsam ob, wann und in welchem Umfang das Stammkapital, gegebenenfalls auch teilweise, im Rahmen der Vorgaben der Ermächtigung erhöht werden soll.[4] Der Beschluss ist formlos möglich. Da die Anmeldung der Kapitalerhöhung durch sämtliche Geschäftsführer zu unterzeichnen ist (§ 57 Abs. 1 i. V. m. § 78 GmbHG), muss, sofern die notwendigen Angaben darin vollständig enthalten sind, daneben ein Beschlussprotokoll oder sonstiger Nachweis der Beschlussfassung nicht vorgelegt werden.[5]

---

[1] *Priester* GmbHR 2008, 1178; *Schnorbus/Donner* NZG 2009, 1241; *Wicke*, GmbHG, § 55a Rz. 6; *Roth/Altmeppen*, GmbHG, § 55a Rz. 5.
[2] *Priester* GmbHR 2008, 1178; *Wicke*, GmbHG § 55a Rz. 7.
[3] *Herrler*, in: SK-GmbHG, § 55a Rz. 15.
[4] *Wicke*, GmbHG, § 55a Rz. 13; für ein darüber hinaus gehendes Weisungsrecht der Gesellschafter aus § 37 GmbHG: *Priester* GmbHR 2008, 1179.
[5] *Wicke*, GmbHG, § 55a Rz. 15; *Roth/Altmeppen*, GmbHG, § 55a Rz. 24.

Problematisch ist, wie eine etwa zu bewirkende **Anpassung des Satzungsinhalts** an die 1070
Kapitalerhöhung herbeigeführt werden kann. Anders als in § 179 Abs. 1 Satz 2 AktG
hat der Gesetzgeber, im Widerspruch zu seiner Begründung,[1] nicht die Möglichkeit geschaffen, die Anpassung der Satzung von der Gesellschaftsversammlung weg zu delegieren. Für eine analoge Anwendung des § 179 Abs. 1 Satz 2 AktG ist nur wenig Raum, da Gesellschaften mit beschränkter Haftung in der Regel nicht über einen Aufsichtsrat (§ 52 GmbHG) verfügen. Eine Delegation an die Geschäftsführer kann, da § 179 Abs. 1 Satz 2 AktG diese Entscheidung gerade nicht dem Vorstand als den Beschluss fassendem Vertretungsorgan überwiesen hat, aus einer entsprechenden Anwendung dieser Vorschrift nicht abgeleitet werden.[2] Zur praktischen Umsetzung empfiehlt sich daher, bereits im Rahmen der Ermächtigung die Geschäftsführer zur Abhaltung einer Gesellschafterversammlung über die Anpassung der Satzung an den Erhöhungsbeschluss zu bevollmächtigen (§ 47 Abs. 3 GmbHG). Bei einer zwischenzeitlichen Änderung des Gesellschafterbestands muss allerdings darauf geachtet werden, dass auch neu hinzutretende Gesellschafter eine entsprechende Vollmacht erteilen.

Das Registergericht **prüft** insbesondere, ob bei Ausnutzung des genehmigten Kapitals 1071
die gesetzlichen Grenzen für die Ermächtigung (Zeitraum, Nennbetrag) sowie die Vorgaben der Ermächtigung selbst eingehalten wurden.[3] Die **Eintragung** der **Durchführung der Kapitalerhöhung** durch Ausnutzung eines genehmigten Kapitals erfolgt gemäß § 43 Nr. 3 und Nr. 6 lit. a und b sublit. hh HRV. Dabei wird der neue Betrag des Stammkapitals in Spalte 3 eingetragen, der bisher eingetragene Stammkapitalbetrag gerötet und in Spalte 6 Unterspalte a die Satzungsänderung sowie die Durchführung der Kapitalerhöhung in der angemeldeten Höhe unter Hinweis auf die Ermächtigung eingetragen. In Spalte 6 Unterspalte b sind die Angaben zu dem ausgenutzten genehmigten Kapital zu aktualisieren, sodass unter Rötung des bisherigen Vermerks die Eintragung neu vorzunehmen und der verbleibende Betrag einzusetzen ist.

Die **Eintragung** könnte wie folgt lauten: 1071a

Spalte 3 (Grundkapital): 27 500 €
Spalte 6
Unterspalte a (Rechtsform, Satzung):
Aufgrund der in der Satzung vom 20. 8. 2009 enthaltenen Ermächtigung (oder: Aufgrund der durch Beschluss der Gesellschafterversammlung vom 20. 8. 2009 erteilten Ermächtigung) – Genehmigtes Kapital 2009/I – ist die Erhöhung des Stammkapitals um 2500 € durchgeführt. Durch Beschluss der Gesellschafterversammlung vom 13. 10. 2009 ist § 3 (Stammkapital, Genehmigtes Kapital) der Satzung geändert.
Unterspalte b (Sonstige Rechtsverhältnisse): Das Genehmigte Kapital 2009/I beträgt noch 10 000 €.

Ist die aufgrund der Ermächtigung durchgeführte Kapitalerhöhung **bis zum Höchst-** 1071b
betrag durchgeführt, ist die frühere Eintragung über die Ermächtigung, sei es in der Satzung, sei es durch Satzungsänderung, als gegenstandslos zu röten (§ 16 Abs. 1 Satz 2 HRV). Ist nur eine **teilweise Ausschöpfung** erfolgt, bleibt die Eintragung über die Ermächtigung erhalten. Die Rötung allein der Höhe der Ermächtigung ist wegen des Verbots der Teilrötung (§ 16 Abs. 3 HRV) unzulässig (vgl. das Beispiel in Rz. 70). Bei mehreren Teilausschöpfungen ist die überholte Eintragung über die zwischenzeitliche Höhe der Ermächtigung zu röten. Die Veröffentlichung der Eintragung erfolgt gemäß § 10 HGB.

---

[1] BT-Drs. 16/9737, S. 99.
[2] Anderer Ansicht *Schnorbus/Donner* NZG 2009, 1241 (1245); *Klett* GmbHR 2008, 1312 (1314); *Roth/Altmeppen*, GmbHG, § 55 a Rz. 31.
[3] *Wicke*, GmbHG, § 55 a Rz. 16.

3. Kapitalherabsetzung bei einer GmbH

1072 Eine **Kapitalherabsetzung** (§ 58 GmbHG) mindert die ziffernmäßige Höhe des Stammkapitals. Sie kann zur Beseitigung einer Unterbilanz, zur Zurückzahlung von Stammeinlagen oder zum Zwecke des Erlasses der auf diese geschuldeten Einzahlungen erfolgen (vgl. § 222 Abs. 3 AktG). Eine Herabsetzung des Nennbetrags der Geschäftsanteile ist neben der Kapitalherabsetzung nicht gesondert zu beschließen, kann aber zur Klarstellung erfolgen und ist wünschenswert. Der gesetzliche Mindestbetrag für Stammkapital und Geschäftsanteile (§ 5 GmbHG) darf nicht unterschritten werden (§ 58 Abs. 2 Satz 1 GmbHG). Die Herabsetzung des Stammkapitals hin zu einer oder bei einer Unternehmergesellschaft (haftungsbeschränkt) ist demgemäß nicht möglich.

1073 Eine ordnungsgemäße Kapitalherabsetzung erfordert:
- den **Beschluss der Gesellschafter** in Form einer Satzungsänderung (notarielle Beurkundung, § 53 Abs. 1 und 2 GmbHG). Er muss angeben, auf welchen Betrag das Kapital herabgesetzt werden soll. Dabei kann unter bestimmten Umständen auch lediglich eine Höchstgrenze bestimmt werden.[1] In dem Beschluss ist unter sinngemäßer Anwendung von § 222 Abs. 3 AktG auch anzugeben, zu welchem Zweck die Herabsetzung stattfindet;[2]
- die **Bekanntmachung des Beschlusses** durch die Geschäftsführer und Verständigung der bekannten Gläubiger nach § 58 Abs. 1 Nr. 1 GmbHG; in der Bekanntmachung muss der Zweck der Kapitalherabsetzung nicht angegeben werden;[3] die Bekanntgabe hat einmalig in den Gesellschaftsblättern, regelmäßig also nur im elektronischen Bundesanzeiger (§ 12 GmbHG), zu erfolgen (siehe hierzu Rz. 1148 a);
- die Befriedigung oder Sicherstellung der **Gläubiger** nach § 58 Abs. 1 Nr. 2 GmbHG.

1074 Nach Ablauf des Sperrjahres (§ 58 Abs. 1 Nr. 3 GmbHG) kann die **Anmeldung** des Herabsetzungsbeschlusses zur Eintragung im Handelsregister durch sämtliche Geschäftsführer (§ 78 GmbHG) erfolgen. Nach § 58 Abs. 1 Nr. 4 GmbHG haben die Geschäftsführer zu versichern, dass die Gläubiger, welche sich bei der Gesellschaft gemeldet und der Kapitalherabsetzung nicht zugestimmt haben, befriedigt oder sichergestellt sind.[4] Eine rechtsgeschäftliche Vertretung bei Abgabe dieser Versicherung ist aufgrund der Strafbewehrung einer Versicherung unrichtigen Inhalts (§ 82 Abs. 2 Nr. 1 GmbHG) ausgeschlossen. Beizufügen sind der Anmeldung nach § 58 Abs. 1 Nr. 4 GmbHG zudem die Bekanntmachung des Beschlusses sowie ein notariell bestätigter vollständiger Wortlaut des Gesellschaftsvertrags (§ 54 Abs. 1 Satz 2 GmbHG). Mit einzureichen ist möglichst bereits die aktualisierte Gesellschafterliste (§ 40 Abs. 1 Satz 1 GmbHG). Die Anmeldung kann nicht erzwungen werden (§ 79 Abs. 2, § 58 Abs. 1 Nr. 3 GmbHG).

1075 Beispiel für die **Anmeldung** einer Kapitalherabsetzung durch sämtliche Geschäftsführer:

> Die Gesellschafterversammlung vom 10. 10. 2009 hat die Herabsetzung des Stammkapitals um 50 000 € auf 200 000 € und die entsprechende Änderung von § 3 des Gesellschaftsvertrags beschlossen.

---

[1] *Waldner*, in: Michalski, GmbHG, § 58 Rz. 6; *Zimmermann*, in: Rowedder/Schmidt-Leithoff, GmbHG, § 58 Rz. 14; *Zöllner*, in: Baumbach/Hueck, GmbHG, § 58 Rz. 18.
[2] **BayObLG** Z 1979, 4 (= DNotZ 1979, 357 = GmbHR 1979, 111); *Lutter*, in: Lutter/Hommelhoff, GmbHG, § 58 Rz. 8; *Halm* DStR 1997, 1333; kritisch hierzu *Zöllner*, in: Baumbach/Hueck, GmbHG, § 58 Rz. 20.
[3] **LG Augsburg** MittBayNot 1979, 123.
[4] Hierzu **BayObLG** Z 1974, 359.

Die Geschäftsführer versichern, dass sich Gläubiger, welche der Herabsetzung des Stammkapitals nicht zustimmen, bei der Gesellschaft nicht gemeldet haben. *(Alternativ: Die Geschäftsführer versichern, dass die Gläubiger, welche sich bei der Gesellschaft gemeldet und der Herabsetzung nicht zugestimmt haben, befriedigt oder sichergestellt sind)*
Als Anlage fügen wir dieser Anmeldung bei:
- Beschluss der Gesellschafterversammlung vom 10. 10. 2009, URNr. 865/2009 des Notars Roland Groß (Frankfurt am Main)
- Gesellschaftsvertrag samt Notarbescheinigung gemäß § 54 Abs. 1 Satz 2 GmbHG
- Aktuelle Gesellschafterliste unter Berücksichtigung der angemeldeten Kapitalherabsetzung
- Belegexemplar der Veröffentlichung des Beschlusses der Kapitalherabsetzung und der Gläubigeraufforderung im Gesellschaftsblatt.

Das **Gericht** (Richter, § 17 Nr. 1 lit. b RPflG) **prüft** die Ordnungsmäßigkeit der Anmeldung. Wie es zu verfahren hat, wenn ein Gläubiger der Eintragung widerspricht, weil seine Forderung weder befriedigt noch sichergestellt ist, ist umstritten.[1] Es wird nach zutreffender Auffassung gemäß § 381 Satz 2 FamFG eine Frist zur Erhebung einer Klage gegen die Gesellschaft setzen und nach deren Erhebung das Verfahren auszusetzen haben. Zur Nachprüfung des Bestehens einer Forderung gegen die GmbH ist das Registergericht nicht verpflichtet.[2] Die **Eintragung** erfolgt nach § 54 Abs. 2, § 10 Abs. 1 GmbHG, § 43 Nr. 3 und 6 lit. a HRV; zur **Veröffentlichung** siehe § 10 HGB. Die **Eintragung** der Kapitalherabsetzung erfolgt in Spalte 3 und Spalte 6:

1076

Spalte 3 (Stammkapital): 200 000 € *(Rötung der bisherigen Eintragung)*
Spalte 6
Unterspalte a (Rechtsform, Gesellschaftsvertrag):
Die Gesellschafterversammlung vom 10. 10. 2009 hat die Herabsetzung des Stammkapitals um 50 000 € auf 200 000 € und die Änderung von § 3 (Stammkapital) des Gesellschaftsvertrags beschlossen.
Unterspalte b (Sonstige Rechtsverhältnisse): –

1077

Die Möglichkeit der **vereinfachten Kapitalherabsetzung** besteht nach den Vorschriften der §§ 58 a bis 58 f GmbHG.[3] Sie dient dem Ausgleich von Wertminderungen oder der Deckung sonstiger Verluste (§ 58 a Abs. 1 GmbHG). Auch hier ist entsprechend § 78 GmbHG die Anmeldung durch sämtliche Geschäftsführer erforderlich. Die Beifügung der Versicherung nach § 58 Abs. 1 Nr. 4 GmbHG und des Belegexemplars der Veröffentlichung des Beschlusses kann unterbleiben, da ein Sperrjahr nicht vorgesehen ist. Der Umfang des richterlichen Prüfungsrechts ist umstritten, da der Gläubigerschutz bei der vereinfachten Kapitalherabsetzung durch strenge Gläubigerschutzvorschriften erzielt wird, andererseits die Anforderungen der regulären Kapitalherabsetzung auf diesem Weg nicht umgangen werden dürfen. Gegebenenfalls wird der Registerrichter zumindest eine Erklärung der Geschäftsführer verlangen, welche die wirtschaftlichen Grundlagen plausibel darstellt.[4] Genügt dies nicht, so kann im Einzelfall auch die Vorlage einer ungeprüften Zwischenbilanz verlangt werden.[5]

1078

---

[1] Vgl. *Zöllner*, in: Baumbach/Hueck, GmbHG, § 58 Rz. 28; s. a. *Waldner*, in: Michalski, GmbHG, § 58 Rz. 25; *Zimmermann*, in: Rowedder/Schmidt-Leithoff, GmbHG, § 58 Rz. 37; wie hier: *Poller*, in: Kroiß/Everts/Poller, GmbH-Registerrecht, § 1 Rz. 475.
[2] KG JFG 5, 261.
[3] Siehe *Maser/Sommer* GmbHR 1996, 22.
[4] So *Zöllner*, in: Baumbach/Hueck, GmbHG, § 58 a Rz. 32; die Vorlage der letzten Jahresbilanz hält *Waldner* (in: Michalski, GmbHG, § 58 a Rz. 22) für regelmäßig ausreichend.
[5] *Lutter*, in: Lutter/Hommelhoff, GmbHG, § 58 a Rz. 24; *Zimmermann*, in: Rowedder/Schmidt-Leithoff, GmbHG, § 58 a Rz. 29.

4. Kapitalmaßnahmen aufgrund der Währungsumstellung auf Euro

1079 Im Zuge der Einführung des Euro mit 1. 1. 1999 wurden die Vorschriften über die Kapitalausstattung der GmbH geändert.[1] Als Mindestsumme genügen seitdem 25 000 €. Für Altgesellschaften, die bereits vor diesem Datum im Handelsregister eingetragen wurden, besteht keine Verpflichtung, das Stammkapital von DM auf Euro umzustellen. Auch wurde keine allgemeine Registersperre angeordnet. Änderungen in der Geschäftsführung oder allgemeine Satzungsänderungen können daher unter Beibehaltung des in DM eingetragenen Stammkapitals vorgenommen werden. Lediglich bei der Eintragung von Änderungen des Stammkapitals besteht die Verpflichtung, zugleich die Währungsumstellung auf Euro vorzunehmen (§ 1 Abs. 1 Satz 4 EGGmbHG).

1080 Jederzeit möglich ist für die eingetragene Gesellschaft die **rein rechnerische Umstellung** des Kapitals unter Beachtung des amtlichen Umrechnungskurses[2] (1 Euro = 1,95583 DM). Der Beschluss zur Umstellung bedarf der einfachen Mehrheit und nicht der notariellen Beurkundung (§ 1 Abs. 3 Satz 1 EGGmbHG). Die erforderliche Eintragung der formellen Satzungsänderung erfolgt aufgrund einer Anmeldung gemäß § 12 Abs. 2 Satz 2 Halbs. 1 HGB (vgl. Art. 45 Abs. 1 Satz 1 EGHGB), der kein neuer Satzungswortlaut nach § 54 Abs. 1 Satz 2 GmbHG beigefügt werden muss (§ 1 Abs. 3 Satz 2 EGGmbHG). Eine öffentliche Bekanntmachung der Eintragung kann gemäß Art. 45 Abs. 1 Satz 2 EGHGB unterbleiben. Durch die entstehenden krummen Beträge wird das Auftreten im Rechtsverkehr nicht unbedingt erleichtert. Im Übrigen ist durch die bloße Umrechnung die partielle Registersperre des § 1 Abs. 1 Satz 4 EGGmbHG nicht aufgehoben.

1081 Im Regelfall wird daher die rechnerische Umstellung mit weiteren Kapitalmaßnahmen zur **Glättung** der Beträge verbunden. Für derartige Maßnahmen verbleibt es grundsätzlich bei den Formalien der §§ 55 ff. GmbHG. Die Beträge der in Euro ausgestellten Geschäftsanteile müssen nach der Umstellung auf volle Euro lauten. Die Glättung kann durch eine normale Kapitalerhöhung mittels Aufstockung, durch eine Kapitalerhöhung aus Gesellschaftsmitteln oder aber durch eine Kapitalherabsetzung nach § 58 GmbHG erreicht werden. Sofern das Sperrjahr (§ 58 Abs. 1 Nr. 3 GmbHG) unbeachtet bleiben soll, muss zugleich mit der Herabsetzung das Kapital gegen Bareinlagen um einen die Herabsetzung übersteigenden Betrag erhöht werden[3] (§ 1 Abs. 3 Satz 3 EGGmbHG).

1082 In aller Regel wird neben der Umstellung auf Euro eine reguläre **Barkapitalerhöhung zur Glättung** der Beträge des Stammkapitals und der Geschäftsanteile durchgeführt. Hierzu ist die Aufstockung der bestehenden Geschäftsanteile auf volle Eurobeträge unabhängig davon möglich, ob sie voll einbezahlt sind bzw. Nachschusspflichten bestehen.[4] Für den gewählten Aufstockungsbetrag ist naturgemäß nicht erforderlich, dass die Voraussetzungen des § 5 Abs. 2 Satz 1 GmbHG eingehalten werden.[5]

1083 Beispiel der **Anmeldung** einer Glättung des Kapitals im Zuge der Euro-Umstellung durch sämtliche Geschäftsführer:

---

[1] Siehe hierzu umfassend: *Deutsches Notarinstitut*, Gutachten zur Euroumstellung im Gesellschaftsrecht, 2001; sowie *Seibert* ZGR 1998, 1; *Geyrhalter* BB 1998, 905; *Geyrhalter* ZIP 1998, 1608; *Schick/Trapp* GmbHR 1998, 209; *Kallmeyer* GmbHR 1998, 963; *Schneider* DB 1998, 1449; *Schneider* NJW 1998, 3158; *Theile/Köhler* GmbHR 1999, 516; *Kopp* MittBayNot 1999, 161; *Ries* GmbHR 2000, 264; *Heidinger* GmbHR 2000, 414; *Habel* GmbHR 2000, 267; *Kopp/Heidinger,* Notar und Euro, 2. Aufl. 2001.
[2] Art. 1 der VO Nr. 2866/98 des Rates vom 31. 12. 1998 (ABl. EG 98, L 359, S. 1).
[3] Vgl. *Zöllner,* in: Baumbach/Hueck, GmbHG, § 55 Rz. 66.
[4] *Bayer,* in: Lutter/Hommelhoff, GmbHG, § 1 EGGmbHG Rz. 20.
[5] **LG Bonn** MittRhNotK 2000, 124; **LG Bremen** MittBayNot 1999, 581 (= GmbHR 2000, 287).

Das bisherige Stammkapital in Höhe von 50 000 DM wurde zunächst auf Euro umgestellt, beträgt danach gerundet 25 564,59 € und wurde sodann um 435,41 € auf 26 000 € erhöht. § 3 des Gesellschaftsvertrags wurde entsprechend geändert. Zudem wurde geändert: § 6 (Gesellschafterversammlung) des Gesellschaftsvertrags.

Die Geschäftsführer versichern, dass durch die Übernehmer der Erhöhungsbeträge folgende einzuzahlenden Beträge in Höhe von insgesamt 435,41 € vollständig einbezahlt wurden:
– Jan Rukow ein Erhöhungsbetrag von 217,70 €;
– Gustav Dobert ein Erhöhungsbetrag von 148,04 €;
– Malte Reinart ein Erhöhungsbetrag von 69,67 €.
Die eingezahlten Beträge stehen endgültig zur freien Verfügung der Geschäftsführung.
Als Anlage fügen wir dieser Anmeldung bei:
– Beschluss der Gesellschafterversammlung vom 23. 5. 2010, URNr. 865/2010 des Notars Roland Groß (Frankfurt am Main)
– Gesellschaftsvertrag samt Notarbescheinigung gemäß § 54 Abs. 1 Satz 2 GmbHG
– Übernahmeerklärungen der Gesellschafter
– Liste der Übernehmer der Erhöhungsbeträge
– Aktuelle Gesellschafterliste unter Berücksichtigung der angemeldeten Kapitalerhöhung

Die **Eintragung** erfolgt in Spalte 3 und Spalte 6:   1084

Spalte 3 (Stammkapital): 26 000 € *(Rötung der bisherigen Eintragung)*   1085

Spalte 6
Unterspalte a (Rechtsform, Gesellschaftsvertrag):
Die Gesellschafterversammlung vom 23. 5. 2010 hat die Umstellung auf Euro sowie die Erhöhung des Stammkapitals um 435,41 € auf 26 000 € sowie die Änderung von § 3 (Stammkapital) und § 6 (Gesellschafterversammlung) der Satzung beschlossen.

V. Änderungen der Geschäftsführung

1. Allgemeines zu Änderungen der Geschäftsführung

a) **Änderung der Personen der Geschäftsführer. Änderungen** in der Person der Geschäftsführer (Neubestellung; Abberufung;[1] Amtsniederlegung; Gewerbeverbot;[2] strafgerichtliche Verurteilung im Sinne von § 6 Abs. 2 Satz 2 und 3 GmbHG; Wegfall der unbeschränkten Geschäftsfähigkeit[3] – siehe § 6 Abs. 2 Satz 1 GmbHG; Tod) sind von den Geschäftsführern in vertretungsberechtigter Zahl zur Eintragung in das Handelsregister **anzumelden** (§ 39 Abs. 1 GmbHG). Die bloße spätere Veränderung der Personalien, z. B. Namensänderung oder Wohnsitzverlegung, ist dagegen nicht förmlich zur Eintragung anzumelden, jedoch zur Berichtigung dem Registergericht gemäß § 12 Abs. 2 Satz 2 Halbs. 1 HGB mitzuteilen und ggf. nachzuweisen. Bei den letztgenannten lediglich berichtigenden Änderungen ist der betroffene Geschäftsführer mit den korrekten Daten neu vorzutragen und ggf. zu veröffentlichen (vgl. § 17 Abs. 2 und 3 HRV).[4] Vgl. im Übrigen zu den allgemeinen Anforderungen an die Neuanmeldung von Geschäftsführern die Ausführungen in Rz. 948 ff. Erfolgt die Bestellung eines Ge-   1086

---

[1] Vgl. **BGH** NJW 1983, 938 (= DNotZ 1983, 764).
[2] **OLG Frankfurt** FGPrax 1995, 42.
[3] **BGH** Z 115, 78; **BayObLG** MittBayNot 1993, 303; **BayObLG** Z 1982, 267 (= BB 1982, 1508).
[4] Eine Anmeldepflicht verneinend: *Schneider*, in: Scholz, GmbHG, § 39 Rz. 4 und *Koppensteiner*, in: Rowedder/Schmidt-Leithoff, GmbHG, § 39 Rz. 4; eine förmliche Anmeldepflicht bejahend: *Kleindiek*, in: Lutter/Hommelhoff, GmbHG, § 39 Rz. 3; *Zöllner/Noack*, in: Baumbach/Hueck, GmbHG, § 39 Rz. 4; *Terlau/Schäfers* (in: Michalski, GmbHG, § 39 Rz. 5) halten Änderungen echter Namensbestandteile für anmeldungspflichtig, hingegen sonstige Änderungen lediglich für eintragungsfähig.

schäftsführers befristet[1] oder auflösend bedingt[2], so ist dieser Umstand nicht im Handelsregister einzutragen; vielmehr bedarf es bei Ablauf des Amtes zu gegebener Zeit einer entsprechenden gesonderten Registeranmeldung und -eintragung.[3]

1087 Die Bestellung und Abberufung (§ 38 GmbHG) hat durch **Beschluss der Gesellschafter** zu erfolgen (§ 46 Nr. 5 i. V. m. § 48 GmbHG). Dieser bedarf im Fall der Abberufung nur dann notarieller Beurkundung, wenn in der Satzung für den betreffenden Gesellschafter Sonderrechte enthalten sind.[4] Kann die Abberufung nur aus wichtigen Gründen erfolgen (§ 38 Abs. 2 GmbHG), hat das Gericht die sachliche Berechtigung allenfalls überschlägig daraufhin zu prüfen, ob offensichtlich kein wichtiger Grund vorliegt, keinesfalls jedoch ist in eine umfassende Prüfung der Sach- und Rechtslage einzutreten.[5] Nicht stimmberechtigt ist der GmbH-Gesellschafter, über dessen Abberufung als Geschäftsführer aus wichtigem Grund abgestimmt wird. Dies gilt auch für den Gesellschafter einer BGB-Gesellschaft, die für die GmbH einen Geschäftsführer stellt.[6] Ferner müssen – insbesondere organschaftliche – Vertreter, die sich in Ausübung des fremden Stimmrechts selbst zu Geschäftsführern bestellen wollen, die Befreiung von den Beschränkungen des § 181 BGB nachweisen.[7] Bei der Stimmrechtsausübung für Minderjährige ist zwar § 1795 BGB zu beachten, nicht jedoch § 1822 Nr. 11 BGB, sodass es keiner gerichtlichen Genehmigung bedarf.[8] Ein Testamentsvollstrecker, der als solcher Anteilsrechte an einer GmbH verwaltet, darf bei seiner Wahl zum Geschäftsführer unmittelbar oder mittelbar durch Bestellung eines gemeinsamen Stimmführers nur mitwirken, wenn der Erblasser oder die Erben ihm dies gestattet haben.[9] Die Satzung kann diese Aufgaben auch anderen Organen, etwa dem Aufsichtsrat, einzelnen Gesellschaftern oder – was im Detail umstritten ist[10] – Dritten übertragen.[11]

1088 Mit rechtskräftiger **Verurteilung** wegen einer der in § 6 Abs. 2 Satz 2 Nr. 3 und Satz 3 GmbHG genannten Straftaten[12] oder mit einem Berufsverbot durch ein gerichtliches Urteil oder eine vollziehbare Entscheidung einer Verwaltungsbehörde (§ 6 Abs. 2 Satz 2 Nr. 2 GmbHG) erlischt kraft Gesetzes das Amt des Geschäftsführers.[13] Als Änderung in der Person des Geschäftsführers ist auch diese Beendigung des Geschäftsführeramtes von den übrigen Geschäftsführern in vertretungsberechtigter Zahl zur Eintragung in das Handelsregister anzumelden (§ 39 Abs. 1 GmbHG). Falls eine Anmeldung auch mit Zwangsmitteln nicht erreichbar ist (§ 14 HGB), kann die Lö-

---

[1] OLG München FGPrax 2007, 281 (= Rpfleger 2008, 140).
[2] BGH NZG 2006, 22 (= DNotZ 2006, 214).
[3] OLG München FGPrax 2007, 281 (= Rpfleger 2008, 140); *Zöllner/Noack*, in: Baumbach/Hueck, GmbHG, § 38 Rz. 96.
[4] OLG Nürnberg MittRhNotK 2000, 169.
[5] BayObLG GmbHR 1992, 304; BayObLG DB 1981, 2219; BayObLG Rpfleger 1973, 309; OLG Köln GmbHR 1982, 211; *Koppensteiner*, in: Rowedder/Schmidt-Leithoff, GmbHG, § 39 Rz. 11; *Zöllner/Noack*, in: Baumbach/Hueck, GmbHG, § 39 Rz. 19; *Kleindiek*, in: Lutter/Hommelhoff, GmbHG, § 39 Rz. 10; anderer Ansicht hingegen die Literatur und Rechtsprechung vor 1940 (Nachweise bei Zöllner).
[6] Vgl. BGH NJW 1969, 1483 (= DNotZ 1970, 113); **LG Frankfurt** DNotZ 1952, 40.
[7] OLG Düsseldorf MittBayNot 2007, 327; BayObLG Z 2000, 325 (= NZG 2001, 128); *Zöllner*, in: Baumbach/Hueck, GmbHG, § 47 Rz. 60; *Bayer*, in: Lutter/Hommelhoff, GmbHG, § 47 Rz. 31; *Goetze* GmbHR 2001, 217; s. a. *Schemmann* NZG 2008, 89.
[8] OLG Düsseldorf MittBayNot 2007, 327.
[9] BGH Z 51, 209.
[10] Siehe zum Streitstand *Hueck/Fastrich*, in: Baumbach/Hueck, GmbHG, § 6 Rz. 19 m. w. N.
[11] BGH Z 12, 337.
[12] OLG Naumburg GmbHR 2000, 379.
[13] BayObLG Z 1989, 81 (= NJW-RR 1989, 934).

schung der Eintragung des betroffenen Geschäftsführers von Amts wegen nach § 395 FamFG erfolgen. Entsprechendes gilt, wenn gegen den Geschäftsführer ein uneingeschränktes zivilgerichtliches Tätigkeitsverbot von ungewisser Dauer rechtskräftig ausgesprochen wird. Wird durch rechtskräftiges Urteil eines Zivilgerichts, das auch gegen die Gesellschaft wirkt, die Ausübung der Geschäftsführertätigkeit verboten, so ist dieses Verbot von Amts wegen zu beachten.[1] Bei der Anmeldung der Abberufung eines Geschäftsführers bedarf es keines urkundlichen Nachweises über den Zugang der Abberufungsmitteilung an den betroffenen Geschäftsführer.[2]

Erfolgt eine **Neubestellung** des zwischenzeitlich **abberufenen**, aber noch im Register eingetragenen **Geschäftsführers**, ist es aus Publizitätsgründen nicht erforderlich, diese Person neu vorzutragen,[3] da registerlich keine Änderung der Rechtslage eintritt. Allerdings ist eine erneute, aktuelle Versicherungserklärung nach § 39 Abs. 3 GmbHG abzugeben. Ferner sind die der Abberufung und der Bestellung zugrunde liegenden Unterlagen entsprechend § 39 Abs. 2 GmbHG einzureichen. Lediglich die Vornahme einer Eintragung im Register entfällt. 1088a

Beispiel für die Anmeldung des **Ausscheidens** und der **Bestellung eines neuen Geschäftsführers**: 1089

> Robert Kurz, München, geboren am 25. 5. 1954, ist nicht mehr Geschäftsführer. Heinrich Müller, geboren am 13. 8. 1935, ist am 23. 8. 2006 verstorben und somit nicht mehr Geschäftsführer.
>
> Zum Geschäftsführer wurde Richard Lang, Magdeburg, geboren am 10. 8. 1965, bestellt. Er vertritt stets einzeln und ist befugt, im Namen der Gesellschaft und zugleich mit sich im eigenen Namen oder als Vertreter eines Dritten Rechtsgeschäfte abzuschließen.
>
> Der neu bestellte Geschäftsführer versichert:
> Es liegen keine Umstände vor, aufgrund derer ich nach § 6 Abs. 2 Satz 2 und 3 GmbHG vom Amt eines Geschäftsführers ausgeschlossen wäre: Während der letzten fünf Jahre erfolgte keine Verurteilung wegen des Unterlassens der Stellung des Antrags auf Eröffnung des Insolvenzverfahrens (Insolvenzverschleppung), nach §§ 283 bis 283 d StGB (Insolvenzstraftaten), wegen falscher Angaben nach § 82 GmbHG oder § 399 AktG, wegen unrichtiger Darstellung nach § 400 AktG, § 331 HGB, § 313 UmwG oder § 17 PublG oder nach den §§ 263 bis 264 a StGB oder §§ 265 b bis 266 a StGB; auch im Ausland wurde ich nicht wegen einer vergleichbaren Straftat verurteilt. Mir wurde weder durch gerichtliches Urteil noch durch vollziehbare Entscheidung einer Verwaltungsbehörde die Ausübung eines Berufs, Berufszweigs, Gewerbes oder Gewerbezweigs untersagt, somit auch nicht im Bereich des Unternehmensgegenstands der Gesellschaft; ferner wurde ich nicht aufgrund einer behördlichen Anordnung in einer Anstalt verwahrt. Vom beglaubigenden Notar wurde ich über die unbeschränkte Auskunftspflicht gegenüber dem Gericht gem. § 53 BZRG belehrt.
>
> Als Anlage fügen wir dieser Anmeldung bei:
> – Niederschrift über die Gesellschafterversammlung betreffend die Änderungen in der Geschäftsführung
> – Sterbeurkunde des Geschäftsführers Heinrich Müller

b) Änderung der Vertretungsbefugnis der Geschäftsführer. Die Änderung der **Vertretungsbefugnis**, z.B. Änderung der Gesamtvertretung (§ 35 Abs. 2 GmbHG) in Einzelvertretung oder die nachträgliche Befreiung von den Beschränkungen des § 181 BGB bei entsprechender Beschlussfassung durch die Gesellschafterversammlung aufgrund einer im Gesellschaftsvertrag verankerten Bestimmung, ist von den Geschäftsführern in vertretungsberechtigter Zahl unter elektronischer Übermittlung der Dokumente über die Änderungen anzumelden (vgl. § 39 Abs. 2 GmbHG); das insoweit einzurei- 1090

---

[1] Vgl. BayObLG Z 1989, 81 (= NJW-RR 1989, 934).
[2] OLG Hamm FGPrax 2003, 38.
[3] *Müther*, Handelsregister, § 6 Rz. 70.

chende Dokument muss gemäß § 12 Abs. 2 Satz 2 Halbs. 1 HGB nicht mit einem Zeugnis nach § 39a BeurkG versehen, mithin nicht signiert sein (Rz. 132). Das Registergericht hat zu überprüfen, ob die Eintragung nach der geltenden Satzung zulässig ist oder ob diese zum Vollzug der Anmeldung geändert werden muss.[1] In letzterem Fall ist die Anmeldung durch eine Zwischenverfügung (§ 382 Abs. 4 FamFG) zu beanstanden. Wird einem Geschäftsführer auf satzungsmäßiger Grundlage Einzelvertretungsbefugnis erteilt, so ist diese auch dann in das Handelsregister einzutragen, wenn derzeit weitere Geschäftsführer nicht bestellt sind und ohnehin der alleinige Geschäftsführer kraft Gesetzes die Gesellschaft einzeln vertritt.[2] Die Änderung der Vertretungsbefugnis kann auch durch eine Abänderung der einschlägigen Regelungen des Gesellschaftsvertrags eintreten. In diesem Fall ist die neue Vertretungsbefugnis der Geschäftsführer ausdrücklich zur Eintragung in das Handelsregister anzumelden.[3]

1091 Anmeldung einer Änderung der Vertretungsbefugnis eines Geschäftsführers:

> Der Geschäftsführer Robert Kurz, München, geboren am 25. 5. 1954, ist nunmehr stets einzelvertretungsbefugt.
>
> Als Anlage fügen wir dieser Anmeldung bei:
> – Niederschrift über die Gesellschafterversammlung betreffend die Änderung der Vertretungsbefugnis des Geschäftsführers Kurz

2. Niederlegung des Geschäftsführeramts

1092 Die **Amtsniederlegung** des Geschäftsführers[4] durch Erklärung gegenüber dem Bestellungsorgan, also gegenüber den Gesellschaftern, § 46 Nr. 5 GmbHG, wird nach materiellem Recht ohne Eintragung im Handelsregisters wirksam.[5] Die formfrei jederzeit und fristlos zulässige[6] Niederlegung des Geschäftsführeramts „mit sofortiger Wirkung" erlangt also sogleich Wirksamkeit, auch wenn Streit über die objektive Berechtigung der Gründe für die Niederlegung besteht. Im Übrigen ist allgemein für die Niederlegung ein wichtiger Grund nicht erforderlich.[7] Der Gesellschaftsvertrag kann besondere Form- und Fristbestimmungen zur Niederlegung vorsehen, jedoch nicht die Möglichkeit der Niederlegung bei Vorliegen eines wichtigen Grundes ausschließen. Der Geschäftsführer, welcher sein Amt mit Wirkung zu einem Zeitpunkt niederlegt, der vor demjenigen der Handelsregisteranmeldung liegt, kann sein eigenes Ausscheiden nicht mehr selbst anmelden.[8] **Angemeldet** werden muss das Ausscheiden

---

[1] BayObLG Z 1980, 209.
[2] BayObLG FGPrax 1997, 158 (= GmbHR 1997, 741).
[3] *Gutachten des Deutschen Notarinstituts* DNotI-Report 2002, 172.
[4] Siehe hierzu *Zöllner/Noack*, in: Baumbach/Hueck, GmbHG, § 38 Rz. 83 ff.; *Kleindiek*, in: Lutter/Hommelhoff, GmbHG, § 38 Rz. 41 ff.; *Schneider*, in: Scholz, GmbHG, § 38 Rz. 84 ff.; *Koppensteiner*, in: Rowedder/Schmidt-Leithoff, GmbHG, § 38 Rz. 33 ff.; *Terlau/Schäfers*, in: Michalski, GmbHG, § 38 Rz. 82 ff.; vgl. auch *Kießling/Eichele* GmbHR 1999, 1165; *Lohr* RNotZ 2002, 164; *Khatib-Shahidi/Bögner* BB 1997, 1161; *Trölitzsch* GmbHR 1995, 857; *Münch* DStR 1993, 916; *Schneider* GmbHR 1980, 4; *Gröger* Rpfleger 1976, 286; *Wachter* GmbHR 2001, 1129.
[5] BayObLG Z 1981, 227.
[6] BGH Z 121, 257 (= NJW 1993, 1198); **BayObLG** GmbHR 1994, 259; **OLG Frankfurt** GmbHR 1993, 738.
[7] BGH Z 121, 257 (= NJW 1993, 1198); **OLG Köln** FGPrax 2008, 79 (= NZG 2008, 340 = Rpfleger 2008, 366); **OLG Frankfurt** NJW-RR 1994, 105; **OLG Koblenz** GmbHR 1995, 730; anderer Ansicht: *Koppensteiner*, in: Rowedder/Schmidt-Leithoff, GmbHG, § 38 Rz. 34 m.w.N.
[8] **OLG Zweibrücken** GmbHR 1999, 479; **OLG Hamm** GmbHR 1989, 35; **OLG Frankfurt** OLGZ 1983, 385 (= DNotZ 1983, 771); **BayObLG** Z 1981, 227 (= MittBayNot 1981, 201);

dieses Geschäftsführers sodann von den anderen satzungsgemäß bestellten Geschäftsführern oder, wenn solche fehlen, von einem Notgeschäftsführer, der entsprechend § 29 BGB zu bestellen wäre.[1] Allerdings kann entgegen der bislang h. M. in Betracht gezogen werden, die Beendigung der Organstellung im Wege der Amtslöschung als nachträglich unzulässig gewordene Eintragung gemäß § 395 FamFG zu vollziehen. Für dieses Löschungsverfahren ist die Bestellung eines Notgeschäftsführers durch das Amtsgericht nicht erforderlich. Zu beteiligen ist vielmehr neben der Gesellschaft auch der noch eingetragene Geschäftsführer, dessen Organstellung gelöscht werden soll.[2] Dagegen wird man nicht zum Ergebnis kommen können, dass eine „nachwirkende Anmeldebefugnis" auch desjenigen besteht, der sein Amt bereits niedergelegt hat, weil seine Organstellung und damit auch seine Anmeldeberechtigung bereits erloschen ist.[3] Als **Urkunde** über die Beendigung der Vertretungsbefugnis ist gemäß § 12 Abs. 2 Satz 2 Halbs. 1 HGB unsigniert die Erklärung des Geschäftsführers über die Amtsniederlegung sowie der Nachweis über den Zugang an die Gesellschafter (§ 39 Abs. 2 GmbHG) vorzulegen.[4] Bei mündlicher Amtsniederlegung genügt die Vorlage eines Bestätigungsschreibens der Gesellschafter.[5] Ausreichend ist unter Anwendung der allgemeinen Grundsätze der Empfangszuständigkeit bei Gesamtvertretung im Gesellschaftsrecht die Niederlegung gegenüber einem der Gesellschafter (siehe § 46 Nr. 5 und § 35 Abs. 2 Satz 2 GmbHG), so dass eine Benachrichtigung der übrigen Gesellschafter unterbleiben kann.[6] Die Erklärung gegenüber sich selbst kann nur im Fall einer Ein-Personen-Gesellschaft ausreichen; in diesen Fällen wird allerdings oftmals die Unwirksamkeit infolge Rechtsmissbrauchs nahe liegen (siehe Rz. 1093). Keinesfalls soll die Erklärung ausschließlich gegenüber einem anderen Geschäftsführer genügen, wenn dieser nicht selbst Gesellschafter ist.[7]

Naturgemäß kann der ausscheidende Geschäftsführer die Amtsniederlegung selbst noch zur Eintragung in das Handelsregister anmelden, wenn die Amtsniederlegung bzw. die Beendigung des Amtes durch einen Auflösungsvertrag erst **mit Wirkung vom Zeitpunkt der Eintragung** des Ausscheidens im Handelsregister erklärt wurde,[8] letztlich also die Niederlegung unter der ohne weiteres zulässigen Rechtsbedingung der Eintragung im Handelsregister steht. Im Übrigen wird die Eintragung, dass die Vertretungsbefugnis des einzigen Geschäftsführers erloschen ist, nicht dadurch gehindert, dass nicht zugleich auch die Bestellung eines neuen Geschäftsführers angemeldet wird oder die Bestellung eines Notgeschäftsführers erfolgt.[9] Die Eintragung des auf eine Amtsniederlegung gestützten Erlöschens der Vertretungsbefugnis des Geschäftsfüh- 1093

---

vgl. auch *Bärwaldt* GmbHR 2001, 290; anderer Ansicht: *Kießling/Eichele* GmbHR 1999, 1165; *Wachter* GmbHR 2001, 1129 (1136).

[1] Siehe **BayObLG** Z 1981, 227.

[2] Vgl. für das Vereinsrecht *Stöber* Rpfleger 1967, 346; zur herrschenden Meinung *Kießling/Eichele* GmbHR 1999, 1165 (1168).

[3] **OLG Zweibrücken** GmbHR 1999, 479; *Müther*, Handelsregister, § 6 Rz. 102; **LG Köln** GmbHR 1998, 183; **LG Berlin** GmbHR 1993, 291.

[4] **OLG Düsseldorf** FGPrax 2005, 224 (= Rpfleger 2005, 609) und FGPrax 2004, 300 (= Rpfleger 2005, 92).

[5] **OLG Naumburg** RNotZ 2001, 349 mit abl. Anm. *Maurer* und *Wachter* GmbHR 2001, 1129; **BayObLG** Z 1981, 227

[6] **BGH** Z 149, 28 (= DNotZ 2002, 302).

[7] **OLG Düsseldorf** FGPrax 2005, 224 (= Rpfleger 2005, 609).

[8] Vgl. **LG Frankenthal** GmbHR 1996, 939; **LG Berlin** Rpfleger 1993, 202 (= GmbHR 1993, 291); *Commichau* MittBayNot 1996, 17; *Bärwaldt* GmbHR 2001, 290.

[9] **LG Krefeld** MittRhNotK 1981, 142 (= GmbHR 1981, 266); *Poller*, in: Kroiß/Everts/Poller, GmbH-Registerrecht, § 1 Rz. 295.

rers ist allerdings abzulehnen, wenn die **Amtsniederlegung** offensichtlich **rechtsmissbräuchlich** und daher unwirksam ist. Dies ist insbesondere dann der Fall, wenn die Niederlegung während der Eröffnung eines Insolvenzverfahrens erfolgt[1] oder wenn der einzige Geschäftsführer, der zugleich alleiniger Gesellschafter oder maßgeblicher Mehrheitsgesellschafter[2] ist, sein Amt niederlegt, ohne zugleich einen neuen Geschäftsführer zu bestellen.[3] Aufgrund der durch das MoMiG geänderten Rechtslage ist es zwar im Fall einer Führungslosigkeit der Gesellschaft möglich, Willenserklärungen an diese gegenüber jedem Gesellschafter und an die inländische Geschäftsanschrift der Gesellschaft abzugeben sowie Schriftstücke dorthin zuzustellen (§ 35 Abs. 1 Satz 2 und Abs. 2 Satz 2 und 3 GmbHG); an der Berechtigung der beschriebenen Rechtsprechung ändert dies jedoch nichts, da die Gesellschaft gleichwohl mangels vorhandenem Aktivvertreter weiter handlungsunfähig bliebe und gerade darin der Umstand der Rechtsmissbräuchlichkeit der Amtsniederlegung begründet ist.

1094 Die Anmeldung der Amtsniederlegung eines Geschäftsführers kann lauten:

> Der Geschäftsführer Kurz Robert, München, geboren am 25. 5. 1954, hat sein Amt niedergelegt. *(Die Niederlegung ist aufschiebend bedingt durch die Vornahme der Eintragung des Ausscheidens als Geschäftsführer im Handelsregister)*
> Als Anlage fügen wir dieser Anmeldung bei:
> – Schreiben des ausscheidenden Geschäftsführers an die Gesellschaft samt Zugangsnachweis

3. Anmeldung und Eintragung der Änderung in der Geschäftsführung

1095 Ein neu bestellter Geschäftsführer kann bei der **Anmeldung seiner eigenen Bestellung** mitwirken, da die Eintragung im Handelsregister lediglich deklaratorisch wirkt. Dies gilt jedenfalls dann, wenn er seine Anmeldebefugnis gesondert nachweist.[4] Der einzige oder ein einzelvertretungsberechtigter Geschäftsführer kann somit seine eigene Bestellung selbst anmelden.[5] Ein ausgeschiedener Geschäftsführer kann bei der Anmeldung nicht mehr mitwirken. Der abberufene Geschäftsführer ist jedoch anmeldebefugt, wenn die Abberufung unter der Rechtsbedingung der Eintragung seines Ausscheidens im Handelsregister steht (siehe Rz. 1093).[6] Bei unechter Gesamtvertretung (entsprechend § 78 Abs. 3 AktG) kann die Anmeldung durch einen Geschäftsführer in Gemeinschaft mit einem Prokuristen erfolgen. Vereinzelt wird zu Unrecht vertreten, dass die Amtsniederlegung eines Geschäftsführers auch durch einen vertretungsberechtigten Prokuristen angemeldet werden kann;[7] in diesem Fall ist allerdings nach § 395 FamFG vorzugehen. Zu beachten ist im Übrigen, dass für die Frage der Vertretungsbefugnis auf den Zeitpunkt der Abgabe der Anmeldung abgestellt wird (siehe Rz. 79).[8] Wurde über das Vermögen der Gesellschaft das Insolvenzverfahren eröffnet, so ist eine Änderung in der Geschäftsführung durch die Geschäftsführer, nicht durch

---

[1] **OLG Köln** FGPrax 2008, 79 (= NZG 2008, 340 = Rpfleger 2008, 366).
[2] **OLG Köln** FGPrax 2008, 79 (= NZG 2008, 340 = Rpfleger 2008, 366).
[3] **OLG Köln** FGPrax 2008, 79 (= NZG 2008, 340 = Rpfleger 2008, 366); **OLG Zweibrücken** FGPrax 2006, 132 (= DNotZ 2006, 709); **OLG Düsseldorf** RNotZ 2001, 236 (= Rpfleger 2001, 136); **BayObLG** Z 1999, 171 (= Rpfleger 1999, 494 = NJW-RR 2000, 179); **BayObLG** MittBayNot 1993, 95; **OLG Hamm** OLGZ 1988, 411 (= DNotZ 1989, 396); **BayObLG** Z 1981, 266 (= MittBayNot 1981, 200); **LG Mainz** Rpfleger 2006, 131.
[4] **OLG Düsseldorf** MittBayNot 2000, 242.
[5] **BayObLG** Z 1973, 158 (= NJW 1973, 2068).
[6] **LG Frankenthal** GmbHR 1996, 939; **LG Berlin** Rpfleger 1993, 202 (= GmbHR 1993, 291); **LG Frankfurt** MittRhNotK 1989, 222.
[7] *Munzig* FGPrax 2006, 47 (48).
[8] **BayObLG** NZG 2004, 421.

den Insolvenzverwalter anzumelden.¹ Mit anzugeben ist in der Anmeldung die **Vertretungsbefugnis** eines neu bestellten Geschäftsführers, sofern sie von der allgemeinen Vertretungsregelung abweicht. Eine Wiederholung der bereits im Register in Spalte 4 Unterspalte a vermerkten Vertretungsregelung ist keinesfalls erforderlich und kann sogar zu vermeidbaren Missverständnissen führen (siehe Rz. 949). Selbst die Aufnahme der Bezeichnung, dass der Geschäftsführer „satzungsgemäß" vertritt ist überflüssig, da mangels abweichender Bestimmungen ohnehin die allgemeine Vertretungsregelung eingreift.

Die **Dokumente über die Bestellung und das Ausscheiden,** also der Beschluss über die Abberufung, die Niederlegungserklärung oder die Sterbeurkunde, sind der Anmeldung formgerecht nach § 12 Abs. 2 Satz 2 Halbs. 1 HGB beizufügen² (§ 39 Abs. 2 Satz 1 GmbHG). Bei einer Abberufung bedarf es keines Nachweises des Zugangs der Mitteilung hierüber an den betroffenen Geschäftsführer.³ Der neue Geschäftsführer hat in der Anmeldung zu versichern, dass bezüglich seiner Person keine Umstände vorliegen, die der Bestellung nach § 6 Abs. 2 Satz 2 Nr. 2 und 3 GmbHG entgegenstehen und dass er über seine unbeschränkte Auskunftspflicht gegenüber dem Gericht belehrt worden ist (§ 39 Abs. 3 GmbHG). Die Belehrung kann auch durch einen im Ausland bestellten Notar, den Vertreter eines vergleichbaren rechtsberatenden Berufs oder einen Konsularbeamten und auch schriftlich erfolgen (§ 39 Abs. 3 Satz 2 GmbHG i. V. m. § 8 Abs. 3 Satz 2 GmbHG). 1096

Das **Registergericht** (Rechtspfleger) **prüft**⁴ neben der formellen Ordnungsmäßigkeit der Anmeldung, ob die angemeldete Änderung des Geschäftsführers oder der Vertretungsbefugnis durch das vorgelegte Dokument (§ 39 Abs. 2 GmbHG) nachgewiesen ist⁵ und ob die Versicherungserklärung eines neuen Geschäftsführers (§ 39 Abs. 3 GmbHG) ordnungsgemäß abgegeben wurde und demnach kein Ausschließungsgrund vorliegt. Ein vorgelegter Gesellschafterbeschluss über die Bestellung oder Abberufung eines Geschäftsführers ist im Rahmen der allgemeinen Prüfungsbefugnis des Registergerichts auf seine Wirksamkeit hin zu überprüfen⁶ (vgl. hierzu ausführlich Rz. 1025 ff.). Insbesondere kann der durch den Alleingesellschafter gefasste Beschluss unwirksam sein, wenn bei der Stimmabgabe gegen die Grundsätze des § 181 BGB verstoßen wurde. Dies ist auch der Fall, wenn sich ein nicht von § 181 BGB befreiter Vertreter des Alleingesellschafters durch den vorgelegten Beschluss zum Geschäftsführer bestellen lässt.⁷ Im Übrigen ist die weitere Überprüfung der Eintragungsgrundlagen allgemein nur bei **begründeten Zweifeln** angezeigt.⁸ Zweifel sind jedenfalls dann angebracht, wenn der Beschluss von einer Person als angeblichem Alleingesellschafter gefasst wurde, die nach den Angaben der vorliegenden aktuellen Gesellschafterliste nicht Gesellschafter ist⁹ (siehe nochmals Rz. 1025 ff.). 1097

Die **Eintragung** in das Handelsregister erfolgt nach § 43 Nr. 4 HRV. Die Änderungen in der Person der Geschäftsführer oder der von der abstrakten Vertretungsbefugnis 1098

---

¹ **OLG Köln** FGPrax 2001, 214 (= Rpfleger 2001, 552 = RNotZ 2001, 593).
² Zur Vorlage von Auszügen **LG Bad Kreuznach** Rpfleger 1960, 164.
³ **OLG Hamm** FGPrax 2003, 38.
⁴ Vgl. hierzu allgemein *Buchberger* Rpfleger 1997, 71 sowie **BayObLG** Z 2000, 325 (= NZG 2001, 128) und **OLG Düsseldorf** RNotZ 2001, 348.
⁵ Vgl **BayObLG** Z 1981, 227; **BayObLG** Z 1981, 266.
⁶ **BayObLG** Z 2000, 325 (= NZG 2001, 128); **OLG Düsseldorf** RNotZ 2001, 348.
⁷ **BayObLG** Z 2000, 325 (= NZG 2001, 128); vgl. auch **OLG Düsseldorf** MittBayNot 2007, 327.
⁸ **OLG München** GmbHR 2009, 663; **OLG Hamm** FGPrax 1996, 117 (ebenso **BayObLG** Z 1973, 158); anders dagegen: **OLG Köln** Rpfleger 1989, 66.
⁹ **OLG Düsseldorf** RNotZ 2001, 348.

abweichenden besonderen Vertretungsbefugnis der Geschäftsführen werden im Register nur in Spalte 4 Unterspalte b eingetragen. Zur **öffentlichen Bekanntmachung** vgl. § 10 HGB.

1099 Eintragung eines Geschäftsführerwechsels im **Register:**

Spalte 4

1100 **Unterspalte b (Geschäftsführer und besondere Vertretungsbefugnis):**
Ausgeschieden: Geschäftsführer: Kurz, Robert, München, *25. 5. 1954 *(und Rötung des vorstehenden Textes und der diese Person betreffenden Eintragungen in dieser Spalte)* Bestellt: *(Vorstehendes Wort als Übergangstext)* Geschäftsführer: Lang, Richard, Magdeburg, *10. 8. 1965, einzelvertretungsberechtigt, mit der Befugnis, für die Gesellschaft mit sich selbst im eigenen Namen oder als Vertreter eines Dritten Rechtsgeschäfte abzuschließen.

VI. Gesellschafterwechsel und wirtschaftliche Neugründung

1. Änderungen im Gesellschafterbestand

1101 Nach § 8 Abs. 1 Nr. 3 GmbHG haben die Geschäftsführer mit der Erstanmeldung einer GmbH eine **Liste der Gesellschafter** einzureichen (siehe auch Rz. 966), aus welcher Familienname, Vorname, Geburtsdatum und Wohnort der Gesellschafter sowie Nennbeträge und die laufenden Nummern der übernommenen Geschäftsanteile ersichtlich sind. Bei der Beteiligung von Handelsgesellschaften als Gesellschafter sind deren Firma und Sitz anzugeben. Gesellschaften bürgerlichen Rechts sind entsprechend § 47 Abs. 2 GBO unter Angabe von Name, Wohnort und Geburtsdatum sämtlicher Mitglieder zu bezeichnen. Die fortlaufende Nummerierung dient der eindeutigen Identifizierung der Geschäftsanteile und hat, aus dem durch den Gesetzgeber formulierten Musterprotokoll ersichtlich, auch bei Existenz nur eines Geschäftsanteiles zu erfolgen. Zu unterzeichnen ist diese erste Gesellschafterliste von sämtlichen Geschäftsführern (§ 8 Abs. 1 Nr. 3 i. V. m. § 78 GmbHG). Zudem sieht § 40 Abs. 1 Satz 1 GmbHG vor, dass die Geschäftsführer unverzüglich nach Wirksamwerden jeder Veränderung in den Personen der Gesellschafter oder des Umfangs ihrer Beteiligung eine von ihnen unterzeichnete aktualisierte Gesellschafterliste einzureichen haben. Damit soll der Beteiligungsstand einer GmbH im Registerordner (§ 9 HRV) dokumentiert werden.

1102 Die nach der Ersteintragung **aktualisierten Gesellschafterlisten** (§ 40 Abs. 1 Satz 1 GmbHG) sind **von den Geschäftsführern** in vertretungsberechtigter Anzahl zu unterzeichnen und gemäß § 12 Abs. 2 Satz 2 Halbs. 1 HGB elektronisch einzureichen. Die Änderung der Liste erfolgt auf **Mitteilung und Nachweis** (§ 40 Abs. 1 Satz 2 GmbHG), die der Prüfung durch den Geschäftsführer unterliegen. Die Übermittlung wird im Regelfall durch einen Notar unter Verwendung eines Vorstrukturierungsprogramms (Rz. 137 ff.) erfolgen. Die Aufzeichnung der Liste kann aber auch von den Beteiligten selbst über ein elektronisches Gerichtspostfach an die elektronische Gerichtspoststelle übermittelt werden. Stets muss die Liste das Datum ihrer Erstellung erkennen lassen. Hinsichtlich der Beteiligungen der Gesellschafter sind die einzelnen selbstständigen Geschäftsanteile (vgl. § 15 Abs. 2 GmbHG) aufzuführen, nicht der quotenmäßige Umfang oder ausschließlich die summierte fiktive „Gesamtbeteiligung".[1] Auch eigene Anteile der Gesellschaft sind in der Liste anzugeben, ebenso bereits, beispielsweise infolge Einziehung, untergegangene Geschäftsanteile unter Angabe des Grundes.[2] Allerdings besteht eine Verpflichtung zur Einreichung einer ak-

---

[1] *Schneider,* in: Scholz, GmbHG, § 40 Rz. 3; *Terlau/Schäfers,* in: Michalski, GmbHG, § 40 Rz. 8; *Zöllner/Noack,* in: Baumbach/Hueck, GmbHG, § 40 Rz. 7.

[2] *Zöllner,* in: Baumbach/Hueck, GmbHG, § 40 Rz. 8; *Schneider,* in: Scholz, GmbHG, § 40 Rz. 3; *Roth/Altmeppen,* GmbHG, § 40 Rz. 9.

tualisierten Gesellschafterliste erst nach Inkrafttreten der jeweiligen Änderung. Angaben über Pfand- oder Nießbrauchsrechte an einzelnen Geschäftsanteilen oder auch über deren noch nicht wirksame bedingte oder befristete Abtretung sind nicht zulässig, da die Gesellschafterliste zum einen einen gutgläubigen lastenfreien Erwerb nicht vermitteln kann, zum anderen da eine uneinheitliche Aufnahme derartiger Informationen die Klarheit des Registers beeinträchtigt.[1] Stets ist eine vollständige neue Liste zu erstellen, also auch bei der Änderung des Namens oder des Wohnortes eines Gesellschafters. Die bloße Mitteilung der geänderten Tatsache genügt nicht.[2] Im Gegensatz zur bisherigen Rechtslage ist jede Veränderung, auch bei unmittelbarer zeitlicher Abfolge, zu dokumentieren. Durch das MoMiG wurde die Gesellschafterliste dem Aktienregister (§ 67 AktG) angenähert.[3] Weitergehend als bei diesem ist die Gesellschafterliste aber auch in den Registerordner des Handelsregisters aufzunehmen (§ 9 HRV). Neben dem Gläubigerschutz werden hierdurch weitere Zwecke verfolgt: die Legitimation in die Liste aufgenommener Personen gegenüber der Gesellschaft als Gesellschafter (§ 16 Abs. 1 GmbHG), damit einhergehend deren Haftung für rückständige Einlageverpflichtungen (§ 16 Abs. 2 GmbHG) sowie die Wirkung als Rechtsscheinträger für den gutgläubigen Erwerb von Geschäftsanteilen (§ 16 Abs. 3 GmbHG).

Zwar ist die Eintragung in die Gesellschafterliste sowie deren Aufnahme im Handelsregister keine Wirksamkeitsvoraussetzung für den Erwerb von Geschäftsanteilen.[4] Sie führt aber zu der unwiderleglichen **Vermutung** gegenüber der Gesellschaft, dass der Eingetragene **Inhaber der Geschäftsanteile** ist (§ 16 Abs. 1 Satz 1 GmbHG). Nehmen Erwerber von Geschäftsanteilen, wie nicht selten, bereits unmittelbar nach deren Erwerb Gesellschafterrechte wahr, so gelten diese Rechtshandlungen als von Anfang an wirksam, wenn die Liste unverzüglich (§ 121 BGB) nach Vornahme der Rechtshandlung **in das Handelsregister aufgenommen** wird (§ 16 Abs. 1 Satz 2 GmbHG). Aufgenommen bedeutet unter Bezugnahme auf § 9 Abs. 1 Satz 1 und 2 HRV, dass die Liste im Handelsregister abrufbar bereitgehalten, somit zur Einsichtnahme freigegeben wird. Hierdurch wird die zunächst schwebend unwirksame Rechtshandlung wirksam.[5] Die Bestellung eines durch Neugesellschafter schwebend unwirksam bestellten Geschäftsführers berechtigt diesen unter Berücksichtigung des Normzweckes des § 16 Abs. 1 Satz 2 GmbHG allerdings bereits zur Anmeldung sowie zur Einreichung der neuen Gesellschafterliste.[6] Eine im Verantwortungsbereich des Registergerichts liegende Verzögerung zwischen Einreichung der Liste und Einstellen in den Registerordner ist nach der hier vertretenen Auffassung weder der Gesellschaft noch dem neuen Gesellschafter zuzurechnen, zumal deren Folgen sich im Wesentlichen auf innergesellschaftliche Verhältnisse beziehen. Zur Vermeidung von Schwierigkeiten im Zusammenhang mit der Aufnahme der Gesellschafterliste empfiehlt es sich, zeitgleich mit einem Gesellschafterwechsel stattfindende Gesellschafterbeschlüsse sowohl durch die scheidenden als auch die neu eintretenden Gesellschafter fassen zu lassen.[7] Im Fall einer **Sitzverlegung** (siehe Rz. 347) hat bereits das Gericht des bisherigen Sitzes eine

---

[1] OLG München BB 2009, 2167; *Mayer* ZIP 2009, 1037 (1043); *Wachter* GmbHR 2009, 785 (793); anderer Ansicht **LG Aachen** NZG 2009, 1157 sowie *Herrler* BB 2009, 2272.
[2] Vgl. *Zöllner*, in: Baumbach/Hueck, GmbHG, § 40 Rz. 9.
[3] BT-Drucks. 16/6140, S. 37.
[4] *Roth/Altmeppen*, GmbHG, § 16 Rz. 5; *Wicke*, GmbHG, § 16 Rz. 2; *Mayer* DNotZ 2008, 404; *Wälzholz* MittBayNot 2008, 434.
[5] BR-Drucks. 16/6140, S. 38.
[6] *Wicke*, GmbHG, § 16 Rz. 11.
[7] Weitere mögliche Vorgehensweisen bei *Roth/Altmeppen*, GmbHG, § 16 Rz. 8; *Hasselmann* NZG 2009, 411 und *Müller/Federmann* BB 2009, 1375.

etwa mit eingereichte Gesellschafterliste in den Registerordner aufnehmen, um diesbezüglich keine Verzögerung zu bewirken.

1103 Hat ein **Notar** an Veränderungen in den Personen der Gesellschafter oder des Umfangs ihrer Beteiligung mitgewirkt, insbesondere also bei Geschäftsanteilsübertragungen nach § 15 Abs. 3 GmbHG, Kapitalmaßnahmen durch Satzungsänderung oder bei Restrukturierungen nach dem Umwandlungsgesetz, hat er unverzüglich nach deren Wirksamkeit anstelle der Geschäftsführer eine von ihm unterschriebene Liste der Gesellschafter zum Handelsregister einzureichen (§ 40 Abs. 2 Satz 1 GmbHG). Eine **Mitwirkung** an der Veränderung liegt stets vor, wenn die sie unmittelbar begründende Maßnahme durch den Notar beurkundet wurde (§ 15 Abs. 3 GmbHG). Im Fall einer nur mittelbaren Beteiligung des Notars dürfte ausschlaggebend sein, ob der Notar aus seiner konkreten amtlichen Tätigkeit heraus sichere Kenntnis von den im Zusammenhang mit dieser Tätigkeit bewirkten Veränderungen im Gesellschafterbestand einer bestimmten Gesellschaft erlangt. Dann wird er zur Einreichung einer entsprechend veränderten Liste verpflichtet sein.[1] Die Verpflichtung trifft ihn stets erst **nach Wirksamwerden** der Veränderung, jedoch ohne Rücksicht auf etwaige später eintretende Unwirksamkeitsgründe, wie auflösende Bedingungen oder Rückübertragungsklauseln. Im Fall einer Kapitalerhöhung kann die geänderte Liste unter Hinweis auf die erst wirksam werdende Kapitalerhöhung bereits mit deren Eintragungsunterlagen eingereicht werden (siehe Rz. 1051a). Sind an dem Übertragungsvorgang **mehrere Notare** beteiligt, richtet sich die Verpflichtung zur Einreichung der neuen Liste nach dem erteilten Vollzugsauftrag; bei dessen Fehlen ist der Notar verpflichtet, dessen Amtshandlung den letzten für die Wirksamkeit der Übertragung maßgeblichen Akt betroffen hat. Die Pflicht des Notars zur Erstellung und Einreichung der geänderten Liste besteht „anstelle der **Geschäftsführer**", ersetzt somit deren damit entfallende Verpflichtung nach § 40 Abs. 1 Satz 1 GmbHG. Die Liste ist von dem Notar zu unterschreiben sowie mit einer **Bescheinigung** zu versehen, dass die geänderten Eintragungen den Veränderungen entsprechen, an denen er mitgewirkt hat und die übrigen Eintragungen mit dem Inhalt der zuletzt im Handelsregister aufgenommenen Liste übereinstimmen (§ 40 Abs. 2 Satz 2 GmbHG). Dabei kann auch auf eine vor Inkrafttreten des EHUG lediglich in den Sonderband der Papierregister aufgenommene Gesellschafterliste Bezug genommen werden.[2] Problematisch ist, dass das Datum der Aufnahme der Gesellschafterliste im Registerordner derzeit im Wege der Online-Einsicht nicht beauskunftet wird. Unklarheiten wird der Notar daher im Wege der Einsichtnahme unmittelbar bei dem zuständigen Register klarstellen müssen.[3] Über den Wortlaut des § 40 Abs. 2 Satz 2 GmbHG hinausgehende oder diesen einschränkende Zusätze sind zu unterlassen.[4] Im Fall der künftig vorgesehenen Online-Auskunft über das Datum der erstmaligen Freigabe zur elektronischen Einsicht wird allerdings zu berücksichtigen sein, dass Gesellschafterlisten, die etwa gemäß Art. 61 Abs. 3 Satz 1 EGHGB zeitlich nach der „aktuellen Liste" in den Registerordner aufgenommen wurden, nicht als „zuletzt aufgenommen" im Sinne von § 40 Abs. 2 Satz 2 GmbHG anzusehen sind. Die eingereichte Liste hat der Notar gemäß § 12 Abs. 2 Satz 2 Halbs. 2 HGB in signierter Form an das Registergericht und gleichzeitig auch an die Gesellschaft zu übermitteln (§ 40 Abs. 2 Satz 1 GmbHG).

1104 Im Zuge der Umstellung der Beteiligungen von einer Liste vor Inkrafttreten des MoMiG ist die Vornahme der Nummerierung der Geschäftsanteile ausschließlich Sache

---

[1] Zum Meinungsstand: *Wicke*, GmbHG, § 40 Rz. 14.
[2] OLG München NZG 2009, 1421 (= GmbHR 2009, 825).
[3] OLG München NZG 2009, 1421 (= GmbHR 2009, 825).
[4] OLG München NZG 2009, 1421 (= GmbHR 2009, 825).

desjenigen, der nach § 40 GmbHG die Liste zu erstellen hat. Hierbei kann es sich zur Erreichung ausreichender Bestimmtheit empfehlen, bei Unklarheiten – insbesondere bei verschiedenen Anteilen in gleicher Höhe desselben Gesellschafters – klarzustellen, woher die Anteile stammen, etwa „erworben durch Übertragung des Gesellschafters Robert Mayer vom 3. 8. 1995" oder „erworben aus der Kapitalerhöhung vom 25. 1. 2005".

Das Registergericht hat die neu eingereichte Liste auf ihre formelle Ordnungsmäßigkeit nach § 40 Abs. 1 Satz 1 GmbHG zu **prüfen**, insbesondere ob sie von vertretungsbefugten Personen oder einem Notar unterzeichnet ist und ggf. an die bisher aktuelle Liste anknüpft.[1] Zu einer weitergehenden, insbesondere materiellen Prüfung der Liste ist das Registergericht nicht verpflichtet. Nur ausnahmsweise kann es diese wegen offensichtlich falscher Angaben zurückweisen.[2] Sodann ist die neue Liste in den online abrufbaren Registerordner (§ 9 HRV) einzustellen. Wird die Liste gleichzeitig mit den Eintragungsunterlagen zu weiteren Veränderungen der Gesellschaftsverhältnisse eingereicht, so ist im Hinblick auf § 16 Abs. 1 Satz 2 GmbHG über ihre Aufnahme in den Registerordner sofort und unabhängig von den weiteren Anmeldungen zu entscheiden. Eine weitergehende Prüfung findet im Übrigen nicht statt.[3] Insbesondere eine Überprüfung, ob ein in der Liste genannter Anteilserwerber tatsächlich Gesellschafter geworden ist, steht dem Registergericht nicht zu. Es kann daher keinen Nachweis über die Veränderung fordern, somit auch nicht verlangen, dass eine seiner Meinung nach erforderliche familien- oder betreuungsgerichtliche Genehmigung beigebracht wird. Erkennt aber das Registergericht die Unrichtigkeit der Liste, so hat es die Geschäftsführer bzw. Liquidatoren oder den Notar gemäß § 14 HGB zur Einreichung einer richtigen Liste anzuhalten.[4] Verweigert es jedoch die Aufnahme der Liste in den Registerordner, so kann hiergegen Beschwerde eingelegt werden.[5] Eintragungen im Handelsregister oder sonstige Bekanntmachungen erfolgen nicht. Zweck des § 40 Abs. 1 GmbHG ist die Offenlegung der Beteiligungsverhältnisse und deren Entwicklung zur Einsicht durch jedermann (§ 9 Abs. 1 HGB).

1105

Der Liste kann auf Initiative des wahren Anteilsberechtigten oder des Geschäftsführers[6] ein Widerspruch zugeordnet werden. Er hat den Zweck, den Erwerb von Geschäftsanteilen von einem Nichtberechtigten zu verhindern (§ 16 Abs. 3 Satz 3 GmbHG) und wird aufgrund einer vor dem Zivilgericht erwirkten einstweiligen Verfügung oder aufgrund einer Bewilligung desjenigen, gegen dessen Berechtigung sich der Widerspruch richtet, zugeordnet (§ 16 Abs. 3 Satz 4 GmbHG). Die Zuordnung erfolgt im Registerordner durch eine bei Registereinsicht erkennbare technische Verknüpfung mit der Gesellschafterliste und ist zudem besonders hervorzuheben (§ 9 Abs. 1 Satz 3 HRV). Hierfür ist der Widerspruch in der Form des § 12 Abs. 2 Satz 2 Halbs. 1 HGB einzureichen. Auswirkungen auf die Legitimation des in der Liste Eingetragenen gegenüber der Gesellschaft (§ 16 Abs. 1 und 2 GmbHG) hat der Widerspruch nicht, ebenso wenig auf das Recht des tatsächlich Berechtigten, seinen Anteil wirksam zu veräußern.[7] Das Gericht prüft vor Aufnahme eines Widerspruchs lediglich

1105a

---

[1] *Hasselmann* NZG 2009, 86 m. w. N.: *Koppensteiner*, in: Rowedder/Schmidt-Leithoff, GmbHG, § 40 Rz. 7; *Terlau/Schäfers*, in: Michalski, GmbHG, § 40 Rz. 14.
[2] **OLG München** NZG 2009, 1421 (= GmbHR 2009, 825).
[3] BT-Drucks. 16/6140, S. 38 stellt klar, dass das Registergericht „nicht prüfende, sondern nur verwahrende (…) Stelle" ist; **BayObLG** Z 1985, 393 (= Rpfleger 1985, 366 = MittBayNot 1985, 141).
[4] **KG** DJZ 1930, 101; **LG Frankfurt** GmbHR 1962, 118.
[5] **OLG München** NZG 2009, 1421 (= GmbHR 2009, 825).
[6] *Roth/Altmeppen*, GmbHG, § 16 Rz. 70; *Wicke*, GmbHG, § 16 Rz. 26.
[7] BT-Drucks. 16/6140, S. 39.

dessen formelle Voraussetzungen gemäß § 16 Abs. 3 Satz 4 GmbHG. Nicht einzutragen ist jedoch ein Widerspruch mit Bewilligung des Berechtigten gegen dessen eigene Gesellschafterstellung, der im Falle einer aufschiebend bedingten Veräußerung eines Geschäftsanteils – angelehnt an die Vormerkung im Grundbuch, § 883 BGB – lediglich der Verhinderung einer weiteren Verfügung durch den Berechtigten dienen soll. Die Aufnahme eines solchen, offenkundig unzutreffenden Widerspruchs ist durch das Gericht zurückzuweisen.[1]

1106 Beispiel einer einzureichenden Gesellschafterliste:

> Gesellschafterliste der Rossgert GmbH mit Sitz in Bremen
> Amtsgericht Bremen, eingetragen im Handelsregister unter HRB 25 250 (*freiwillig kann zur Zuordnung folgende Bezeichnung angefügt werden:* unter Berücksichtigung der Kapitalerhöhung vom 1. 4. 20010 *oder:* unter Berücksichtigung der Geschäftsanteilsübertragung vom 3. 5. 2010)

Höhe des Stammkapitals:			100 000 €	
Lfd. Nr. des Geschäftsanteils	Veränderungen	Name, Geburtsdatum, Wohnort oder Firma, Sitz des Gesellschafters	Nennbetrag	Gesamtbetrag
1–25 000		Albert Huber, *9. 1. 1956, 80802 München	1 €	25 000 €
25 001–80 000		Robert Zeidler, *6. 7. 1976, 80689 München	1 €	55 000 €
80 001–100 000		Gulbert GmbH, Sitz: Hamburg, Amtsgericht Hamburg HRB 12 375	1 €	20 000 €

> *Es folgen Datum und Unterschrift durch Geschäftsführer in vertretungsberechtigter Zahl oder des Notars samt Bescheinigung nach § 40 Abs. 2 Satz 2 GmbHG*

1107 Formblatt zur **Information der Geschäftsführer** durch das Registergericht über ihre Verpflichtung zur Einreichung von Gesellschafterlisten:

> Die Geschäftsführer (Liquidatoren) sind gemäß § 40 Abs. 1 Satz 1 GmbHG verpflichtet, nach jeder Veränderung in den Personen der Gesellschafter oder des Umfangs ihrer Beteiligung, eine Gesellschafterliste dem Registergericht ohne besondere Aufforderung einzureichen.
>
> Die Gesellschafterliste muss Namen, Vornamen, Geburtsdatum und Wohnort eines jeden Gesellschafters, ferner die Nennbeträge und die laufenden Nummern der von einem jeden Gesellschafter übernommenen Geschäftsanteile enthalten. Hält ein Gesellschafter mehrere Geschäftsanteile, so sind diese gesondert aufzuführen. Die Gesellschafterliste muss von so vielen Geschäftsführern (Liquidatoren) unterschrieben werden, als zur Vertretung der Gesellschaft erforderlich sind.
>
> Die Einreichung der Gesellschafterliste hat auch während der Abwicklung einer Gesellschaft und während eines Insolvenzverfahrens in der bezeichneten Weise zu erfolgen. Sie werden gebeten, vorstehende Ausführungen zu beachten.

1108 Formblatt zur Verfügung eines **Zwangsgeldes** wegen fehlender Einreichung einer aktuellen Gesellschafterliste:

> Der/Die Geschäftsführer (Liquidator/en) – ist/sind – trotz Aufforderung der Verpflichtung aus § 40 Abs. 1 Satz 1 GmbHG gegenüber dem Registergericht nicht nachgekommen:
>
> Der Geschäftsführer (Liquidator) – muss nach jeder Veränderung in den Personen der Gesellschafter oder des Umfangs ihrer Beteiligung unverzüglich eine von ihm unterschriebene Liste der Gesellschafter, aus welcher Name, Vorname, Geburtsdatum und Wohnort der Letzteren sowie die Nennbeträge und die laufenden Nummern der von einem jeden derselben übernommenen Geschäftsanteile zu entnehmen sind, zum Handelsregister einreichen.

---

[1] *Begemann/Galla* GmbHR 2009, 1065, 1067 m.w.N.; *Weigl* NZG 2009, 1173; anderer Ansicht: *Herrler* BB 2009, 2272, 2274; *Schneider* NZG 2009, 1167; **LG Köln** ZIP 2009, 1915.

Herrn/Frau (…) wird daher gemäß § 14 HGB, § 388 FamFG unter Androhung eines Zwangsgeldes von (…) € aufgegeben, dieser Verpflichtung binnen (…) Wochen/Monaten nachzukommen oder die Unterlassung mittels Einspruch gegen diese Verfügung zu rechtfertigen.

2. Wirtschaftliche Neugründung

Nach Ansicht des Bundesgerichtshofes sind bei **Vorliegen einer wirtschaftlichen Neugründung**, insbesondere bei im Zuge der Übertragung sämtlicher Anteile an einer GmbH vorgenommenen Änderungen des Gesellschaftsvertrags – z. B. Firma, Sitz und Unternehmensgegenstand – wie dies etwa bei der Verwendung eines „**GmbH-Mantels**" oder einer **Vorratsgesellschaft** der Fall ist, die Gründungsvorschriften entsprechend anzuwenden.[1] Ob eine wirtschaftliche Neugründung vorliegt, ist im Einzelfall schwierig zu beurteilen und wurde durch die Rechtsprechung bislang wenig aussagekräftig dahin gehend bestimmt, dass die Gesellschaft „mit einem Unternehmen ausgestattet" wird und dies „seinen Geschäftsbetrieb aufnimmt". Diese wirtschaftlich geprägte Terminologie[2] erfordert im Registerverfahren keine nähere Subsumtion, da die Geschäftsführung der Gesellschaft die Tatsache der „wirtschaftlichen Neugründung" offen zu legen hat und die in § 8 Abs. 2 und § 7 Abs. 2 und 3 GmbHG vorgesehenen Versicherungserklärungen abgeben muss. Nur im Fall einer entsprechenden Offenlegung oder wenn sich die Neugründung durch den Inhalt der Anmeldung aufdrängt – zum Beispiel etwa bei Austausch aller Gesellschafter und Beschluss zur Änderung von Firma und Unternehmensgegenstand am gleichen Tag – hat daher das Registergericht in die entsprechend § 9c GmbHG auszugestaltende Prüfung einzutreten. Zu beachten ist, dass in diesem Zusammenhang keine eigenständige Eintragung oder Bekanntmachung der „Neugründung" erfolgt, sondern lediglich ggf. die kraft gesetzlicher Anordnungen angezeigten Registervorgänge (Satzungsänderungen, Geschäftsführerwechsel) vorzunehmen sind. Für die Versicherung nach § 8 Abs. 2 GmbHG[3] ist hierbei auf die im Handelsregister eingetragene Stammkapitalziffer abzustellen, also nicht zwingend nur auf die gesetzliche Mindestgröße von 25 000 €.[4] Zwar knüpft eine Strafbarkeit an eine falsche Versicherungserklärung aufgrund des Analogieverbotes nicht an. Gleichwohl ist zur Herstellung einheitlicher Haftungsverhältnisse gemäß § 78 GmbHG die Abgabe durch sämtliche Geschäftsführer erforderlich.[5] Aus demselben Grund ist auch, in entsprechender Anwendung des § 19 Abs. 5 Satz 2 GmbHG, die Vereinbarung einer Rückzahlung der Einlage offen zu legen. 1109

Als Formulierung einer Erklärung gegenüber dem Registergericht zur **Verwendung einer Vorratsgesellschaft** kann in Anlehnung an *Melchior*[6] folgender Text verwendet werden: 1109a

Die Gesellschaft wurde wirtschaftlich neu gegründet, soweit die rechtlichen Voraussetzungen hierfür vorliegen.

Jeder Geschäftsführer versichert gemäß § 8 Abs. 2 GmbHG:

Der ursprünglichen Alleingesellschafter Niklas Alström hat seine Stammeinlage vollständig bewirkt. Der Gegenstand der Leistungen befindet sich weiterhin endgültig in der freien Ver-

---

[1] BGH Z 153, 158 (= NJW 2003, 892); BGH Z 155, 318 (= NJW 2003, 3198); hierzu zusammenfassend *Wicke* NZG 2005, 409 und *Heidinger* ZGR 2005, 101.
[2] BGH Z 140, 35.
[3] Siehe hierzu *Lindemeier* RNotZ 2003, 503 (508 ff.).
[4] BGH Z 155, 318 (= NJW 2003, 3198).
[5] *Heidinger* ZGR 2005, 101 (108); *Heidinger/Meyding* NZG 2004, 1129 (1132); *Bärwaldt/Balda* GmbHR 2004, 50 (51) und GmbHR 2004, 352; *Wicke* NZG 2005, 409 (413).
[6] *Melchior* in: Gustavus, Handelsregisteranmeldungen, S. 103 f.; ein weiterer Formulierungsvorschlag findet sich bei *Meyding/Schnorbus/Hennig* ZNotP 2006, 122.

fügung des Geschäftsführers. Das Vermögen der Gesellschaft ist – abgesehen von den Gründungskosten – nicht durch Verbindlichkeiten vorbelastet.

(Anzufügen ist ferner die Anmeldung zur Eintragung der ohnehin registerpflichtigen Vorgänge, insbesondere Satzungsänderungen und Geschäftsführerwechsel)

Zur Anzeige der **Reaktivierung einer Mantelgesellschaft** kann folgende Formulierung verwendet werden:[1]

Die Gesellschaft wurde wirtschaftlich neu gegründet, soweit die rechtlichen Voraussetzungen hierfür vorliegen.

Jeder Geschäftsführer versichert gemäß § 8 Abs. 2 GmbHG:
Der ursprüngliche Alleingesellschafter Niklas Alström hat seine Stammeinlage vollständig bewirkt. Das gesamte Stammkapital der Gesellschaft ist wertmäßig noch vorhanden und befindet sich zur freien Verfügung des Geschäftsführers. Es ist in der Folge nicht an den bzw. die Gesellschafter zurückbezahlt worden. Die Gesellschaft ist Inhaberin von Gegenständen, deren Vermögenswert abzüglich etwaiger Verbindlichkeiten der Gesellschaft den Betrag des im Handelsregister eingetragenen Stammkapitals übersteigt.

(Anzufügen ist gegebenenfalls die Anmeldung zur Eintragung der registerpflichtigen Vorgänge, insbesondere Satzungsänderungen und Geschäftsführerwechsel)

VII. Unternehmensverträge einer GmbH

1110 Zu den verbundenen Unternehmen im Sinn der §§ 15 ff. und §§ 291 ff. AktG kann auch eine GmbH gehören.[2] Ein zwischen zwei Gesellschaften mit beschränkter Haftung in schriftlicher Form (§ 293 Abs. 3 AktG) abgeschlossener **Unternehmensvertrag** (§§ 291, 292 AktG) ist ein gesellschaftsrechtlicher Organisationsvertrag.[3] Er bedarf zu seiner Wirksamkeit in entsprechender Anwendung von § 293 Abs. 1 AktG der Zustimmung durch Beschluss der Gesellschafterversammlung der beherrschten Gesellschaft. Der Zustimmungsbeschluss der **beherrschten Gesellschaft** muss notariell beurkundet werden[4] und bedarf nach der hier vertretenen Auffassung einer Mehrheit, die mindestens drei Viertel des bei der Beschlussfassung vertretenen Stammkapitals umfasst[5] (vgl. § 293 Abs. 1 Satz 2 AktG), wobei eine satzungsmäßige Erschwerung möglich ist. Das Formerfordernis beruht auf einer entsprechenden Anwendung des § 53 Abs. 2 Satz 1 GmbHG, da der wirksame Vertrag einer Zweck- und somit einer Gesellschaftsvertragsänderung gleichkommt[6] (vgl. Rz. 1596). Hingegen fordert die wohl h. M. aufgrund der einschneidenden Bedeutung des Zustimmungsbeschlusses die Zustimmung aller Gesellschafter der beherrschten Gesellschaft.[7] Bei Gewinnab-

---

[1] Siehe gleichfalls *Melchior* in: Gustavus, Handelsregisteranmeldungen, S. 113.
[2] *Mues* RNotZ 2005, 1; *Halm* NZG 2001, 728; *Hoffmann-Becking* WiB 1994, 57; *Krieger* DStR 1992, 432. Zum Abschluss durch eine UG (haftungsbeschränkt) siehe *Wicke*, GmbHG § 5a Rz. 20; *Veil*, GmbHR 2007, 1084; *Waldenberger/Sieber* GmbHR 2009, 119 f.
[3] Vgl. zur Eintragung einer stillen Gesellschaft **BayObLG** GmbHR 2003, 534 mit Anm. *Weigl*; *Schmidt-Ott* GmbHR 2001, 182; *Schmidt-Ott* GmbHR 2002, 784; *Weigl* GmbHR 2002, 778; zur Sonderfrage der Verschmelzung der herrschenden Gesellschaft siehe *Zilles* GmbHR 2001, 21.
[4] **BGH** Z 105, 324 (342); **BFH** AG 1998, 491.
[5] Zum Streitstand: *Koppensteiner*, in: Rowedder/Schmidt-Leithoff, GmbHG, Anh. § 52 Rz. 55; *Emmerich*, in: Scholz, GmbHG, Anh. KonzernR Rz. 153 f.; *Zeidler*, in: Michalski, GmbHG, Syst. Darst. 4 Rz. 59 f.
[6] Vgl. *Zöllner*, in: Baumbach/Hueck, GmbHG, Schlussanh. I Rz. 50.
[7] Vgl. *Zöllner*, in: Baumbach/Hueck, GmbHG, Schlussanh. I Rz. 55; *Priester*, in: Scholz, GmbHG, § 53 Rz. 171; *Zeidler*, in: Michalski, GmbHG, Syst. Darst. 4 Rz. 60; anderer Ansicht: *Koerfer/Selzner* GmbHR 1997, 285 alle m. w. N.; vgl. auch *Kleinert/Lahl* GmbHR 2003, 698.

führungsverträgen ist aufgrund Abschnitt 66 III 2 und 3 KStR 2004 darauf zu achten, dass die steuerliche Anerkennung des Vertrags davon abhängt, dass die entsprechende Anwendung von § 302 Abs. 1, 2 und 3 AktG ausdrücklich vereinbart wurde oder der Vertrag inhaltlich entsprechend ausgestaltet ist.

Ein Beherrschungs- und/oder Gewinnabführungsvertrag, jedoch nicht auch ein bei einer GmbH weder anmeldungspflichtiger, noch eintragungsfähiger Teilgewinnabführungsvertrag,[1] bedarf außerdem entsprechend § 293 Abs. 2 AktG der Zustimmung durch Beschluss der Gesellschafterversammlung der **herrschenden Gesellschaft**. Sämtlichen Beschlüssen über die Zustimmung zu einem Unternehmensvertrag ist der Vertrag selbst beurkundungsrechtlich im Sinne einer unechten Bezugnahme[2] beizufügen. Der Zustimmungsbeschluss der herrschenden Gesellschaft bedarf ebenfalls einer Drei-Viertel-Mehrheit des bei Beschlussfassung vertretenen Stammkapitals (entsprechend § 293 Abs. 2 Satz 2 und Abs. 1 Satz 2 AktG), jedoch ist eine notarielle Beurkundung nicht erforderlich,[3] sofern es sich bei der herrschenden Gesellschaft nicht um eine AG handelt (vgl. § 130 Abs. 1 AktG). Wirksam wird der Unternehmensvertrag mit der konstitutiv wirkenden **Eintragung in das Handelsregister** der beherrschten Gesellschaft (§ 294 Abs. 2 AktG analog).[4] Eine Eintragung des Unternehmensvertrags im Register des herrschenden Unternehmens ist dagegen nicht vorgesehen.[5] 1111

Der Unternehmensvertrag und der Zustimmungsbeschluss der beherrschten Gesellschaft sind von deren Geschäftsführern in vertretungsberechtigter Zahl entsprechend § 54 Abs. 1 Satz 1 GmbHG zur Eintragung in das Handelsregister **anzumelden**.[6] Es besteht keine mit Zwangsgeld erzwingbare Anmeldepflicht. Der Anmeldung sind der Zustimmungsbeschluss der Gesellschafterversammlung der beherrschten Gesellschaft und der Unternehmensvertrag beizufügen. Dem Registergericht ist außerdem der Zustimmungsbeschluss der Gesellschafterversammlung der herrschenden Gesellschaft vorzulegen[7] (vgl. § 294 Abs. 1 Satz 2 AktG). Steht der Unternehmensvertrag unter einer aufschiebenden Bedingung (§ 158 Abs. 1 BGB), so ist auch ein Nachweis über den Bedingungseintritt beizubringen,[8] gegebenenfalls also eine schriftliche Bestätigung der Vertragsbeteiligten, dass der Vertrag wirksam geworden ist. 1112

Anmeldung der Eintragung eines Unternehmensvertrags: 1113

> Die Gesellschaft hat als beherrschte Gesellschaft mit der „Alström GmbH" mit Sitz in Hamburg (AG Hamburg HRB 15600) am 25.11.2008 einen Unternehmensvertrag (Gewinnabführungsvertrag/Beherrschungsvertrag) abgeschlossen. Die Gesellschafterversammlung der Gesellschaft hat am 2.12.2008 durch Beschluss diesem Vertrag zugestimmt.

---

[1] BayObLG Z 2003, 21 (= FGPrax 2003, 133 = Rpfleger 2003, 445).
[2] *Mues* RNotZ 2005, 1 (16).
[3] *Zöllner*, in: Baumbach/Hueck, GmbHG, Schlussanh. I Rz. 54 m.w.N.; anderer Ansicht: *Heckschen* DB 1989, 29.
[4] BGH Z 116, 37; BGH Z 105, 324; BGH NJW 1992, 1452; OLG München FGPrax 2009, 233; OLG Zweibrücken AG 1999, 328; BayObLG Z 1988, 201 (= DB 1988, 1646).
[5] LG Frankfurt GmbHR 1997, 75; AG Duisburg DB 1993, 2522; AG Erfurt GmbHR 1996, 859; *Müther*, Handelsregister, § 12 Rz. 8; *Vetter* AG 1994, 110; hingegen halten **LG Düsseldorf** RNotZ 2001, 171 und **LG Bonn** MittRhNotK 2000, 78 die Eintragung im Register der herrschenden Gesellschaft für möglich – zustimmend *Dorsemagen* RNotZ 2001, 171; für eintragungspflichtig im Handelsregister des herrschenden Unternehmens hielt das **LG Bonn** MittBayNot 1993, 130 den Unternehmensvertrag – hierzu ablehnend *Vetter* AG 1994, 110.
[6] BGH Z 105, 324 (342).
[7] BGH Z 105, 324 (343).
[8] *Mues* RNotZ 2005, 1 (14).

> Als Anlage fügen wir bei:
> – Unternehmensvertrag
> – Niederschrift über die Zustimmung der Gesellschafterversammlung der beherrschten Gesellschaft
> – Niederschrift über die Zustimmung der Gesellschafterversammlung der herrschenden Gesellschaft

1114 Aus der **Eintragung** haben sich das Bestehen und die Art des Unternehmensvertrags sowie der Name des anderen Vertragsteils zu ergeben. Zudem ist das Datum des Vertragsschlusses sowie des Beschlusses der beherrschten Gesellschaft **anzumelden und im Register einzutragen**.[1] Bezüglich des Zustimmungsbeschlusses der herrschenden Gesellschaft ist lediglich dessen Vorlage notwendig, nicht aber eine entsprechende Anmeldung und Eintragung. Mit dieser Fassung der Eintragung ist zugleich die vom Bundesgerichtshof geforderte Bezugnahme auf den Unternehmensvertrag und den Zustimmungsbeschluss erfolgt. Die Bezugnahme auch auf den Zustimmungsbeschluss der herrschenden Gesellschaft hat nicht zu erfolgen, weil dieser keine offenlegungspflichtige Tatsache darstellt und keinen näheren Eintragungsinhalt ausweist.

1115 Beispiel der **Eintragung** eines Unternehmensvertrags in Spalte 6 Unterspalte b (§ 43 Nr. 6 lit. b sublit. cc HRV):

> Die Gesellschaft hat am 3. 5. 2009 einen Beherrschungs- und Gewinnabführungsvertrag mit der „Alström-Holding AG" mit Sitz in Hamburg (Amtsgericht Hamburg HRB 33 726) geschlossen. Die Gesellschafterversammlung vom selben Tag hat zugestimmt.

1116 Für die **Änderung** eines Unternehmensvertrags gilt dasselbe wie für den Abschluss (siehe § 43 Nr. 6 lit. b sublit. cc HRV). Auch hierfür bedarf es also der Einhaltung der erforderlichen Form sowie der jeweiligen Zustimmungsbeschlüsse und der Eintragung im Handelsregister der beherrschten Gesellschaft. Für die einverständliche **Aufhebung** eines Unternehmensvertrages, die nicht rückwirkend vereinbart werden kann,[2] ist hingegen in analoger Anwendung von § 296 AktG weder die Zustimmung der Gesellschafter der beherrschten noch die der herrschenden Gesellschaft erforderlich.[3] Sowohl die Änderung als auch die Beendigung des Vertrags bedürfen dagegen der Anmeldung und Eintragung im Handelsregister der beherrschten Gesellschaft[4] und zwar unter Angabe des Grundes und des Zeitpunkts der Beendigung (§ 43 Nr. 6 lit. a sublit. cc HRV). Die Eintragung hat allerdings lediglich deklaratorische Bedeutung.[5] Ob für die Verlängerung der Laufzeit eines Unternehmensvertrages die Anmeldung und Eintragung im Register nötig ist, hängt von der Ausgestaltung des Einzelfalls ab. Ist rechtsgeschäftlich vorgesehen, dass sich der Vertrag automatisch verlängert, wenn er nicht von einer Seite durch Erklärung für beendet erklärt wird, so bedarf das Nichtgebrauchmachen von der Kündigungsmöglichkeit und die damit verbundene Verlängerung nicht der Eintragung im Handelsregister.[6] Ansonsten handelt es sich um eine eintragungspflichtige Beendigung.

---

[1] BGH Z 105, 324 (347).
[2] BGH NJW 2002, 822; **OLG Oldenburg** NZG 2000, 1138.
[3] **OLG Karlsruhe** DNotZ 1994, 690 (= GmbHR 1994, 807); **OLG Frankfurt** DNotZ 1994, 685 (= GmbHR 1994, 809); **LG Konstanz** MittBayNot 1993, 308; *Hüffer*, AktG, § 296 Rz. 5; *Bungert* NJW 1995, 1118; *Kallmeyer* GmbHR 1995, 578; *Vetter* ZIP 1995, 435; anderer Ansicht: *Schwarz* DNotZ 1996, 68; *Priester* ZGR 1996, 189; *Ehlke* ZIP 1995, 355; *Schlögell* GmbHR 1995, 401.
[4] **OLG Hamm** FGPrax 2009, 231; *Kerkhoff* GmbHR 1999, 226.
[5] BGH Z 116, 37; *Schlögell* GmbHR 1995, 401; **BayObLG** GmbHR 2003, 476.
[6] *Milatz* GmbHR 1995, 369.

Anmeldung der Beendigung eines Unternehmensvertrags: 1117

Der Unternehmensvertrag (Gewinnabführungsvertrag/Beherrschungsvertrag) mit der „Alström GmbH" mit Sitz in Hamburg (AG Hamburg HRB 15600) wurde mit Wirkung zum Ende des Geschäftsjahres (31. 12. 2009) aufgehoben *(alternativ: durch die herrschende/beherrschte Gesellschaft gekündigt).*
Als Anlage fügen wir bei:
– Aufhebungsvertrag vom 10. 10. 2009 (alternativ: Beglaubigte Abschrift der Kündigung des Unternehmensvertrags vom 3. 11. 2009)

Gerötete **Eintragung** der Beendigung eines Unternehmensvertrags samt Rötung der Voreintragung. Diese Eintragung ist nach § 10 HGB samt Gläubigeraufruf nach § 303 AktG bekannt zu machen: 1118
„Den Gläubigern der Gesellschaft, deren Forderungen begründet worden sind, bevor die Eintragung der Beendigung des Vertrages in das Handelsregister nach § 10 des Handelsgesetzbuches als bekanntgemacht gilt, hat der andere Vertragsteil Sicherheit zu leisten, wenn sie sich binnen sechs Monaten nach der Bekanntmachung der Eintragung zu diesem Zweck bei ihm melden."

Der Beherrschungs- und Gewinnabführungsvertrag vom 3. 5. 2008 mit der „Alström-Holding AG" in Hamburg ist durch Kündigung zum 31. 12. 2009 beendet.

VIII. Auflösung und Liquidation einer GmbH

1. Auflösung der Gesellschaft (§§ 60 bis 65 GmbHG)

Die Auflösung der GmbH bewirkt, dass sie lediglich zum Zweck der Abwicklung fortbesteht. Bis zur Beendigung der Liquidation bleibt die Gesellschaft juristische Person. 1119

a) **Auflösungsgründe.** Die **Auflösung** tritt ein (§ 60 GmbHG) durch **Ablauf** der im Gesellschaftsvertrag bestimmten **Zeit** (§ 60 Abs. 1 Nr. 1 i. V. m. § 3 Abs. 2 GmbHG). Die Verkürzung und Verlängerung durch satzungsändernden Beschluss der Gesellschafter ist zulässig (§ 53 GmbHG). Ebenso wird die Gesellschaft durch **Gesellschafterbeschluss** (§ 60 Abs. 1 Nr. 2 GmbHG) mit 75% der abgegebenen Stimmen aufgelöst, falls der Gesellschaftsvertrag nicht eine größere oder kleinere Mehrheit vorsieht. Die Kompetenz der Gesellschafterversammlung ist zwingend.[1] Der Auflösungsbeschluss enthält in der Regel keine Satzungsänderung und bedarf daher nicht der notariellen Beurkundung.[2] Jedoch muss dem Gericht zur Ermöglichung der gebotenen materiellen Prüfung ein entsprechender Nachweis erbracht werden, z. B. durch Übersendung des Beschlusses oder durch Unterzeichnung der Auflösungsanmeldung seitens der Gesellschafter.[3] Enthält er aber, etwa bei Auflösung der Gesellschaft vor Ablauf der satzungsmäßig festgesetzten Zeitdauer, eine Satzungsänderung, so bedarf es der notariellen Beurkundung des Beschlusses (§ 53 Abs. 2 GmbHG). Auch durch rechtskräftiges **Gerichtsurteil** nach Maßgabe von § 61 GmbHG[4] (§ 60 Abs. 1 Nr. 3 GmbHG) wird die Gesellschaft aufgelöst. Die Satzung darf diesen Auflösungsgrund nicht einschränken oder beseitigen, so dass eine Bestimmung, die für den Fall der Auflösungsklage die Nichtauflösung und Fortsetzung der Gesellschaft unter den ver- 1120

---

[1] *Kleindiek,* in: Lutter/Hommelhoff, GmbHG, § 60 Rz. 6; *Karsten Schmidt,* in: Scholz, GmbHG, § 60 Rz. 12; *Schulze-Osterloh,* in: Baumbach/Hueck, GmbHG, § 60 Rz. 17; *Rasner,* in: Rowedder/Schmidt-Leithoff, GmbHG, § 60 Rz. 18.
[2] RG Z 101, 78; **BayObLG** GmbHR 1995, 54; **OLG Karlsruhe** GmbHR 1982, 276.
[3] RG Z 101, 78; **OLG Karlsruhe** Rpfleger 1982, 289 (= GmbHR 1982, 276).
[4] Vgl. **BGH** NJW 1981, 2302; zur Auflösung durch ein Schiedsgericht: **BayObLG** Z 1984, 45.

bleibenden Gesellschaftern vorsieht, unzulässig ist;[1] auch sonstige Sanktionen der Erhebung der Auflösungsklage sind unzulässig, also insbesondere die Klausel, dass die Einziehung der Geschäftsanteile eines Gesellschafters beschlossen werden kann, wenn er Auflösungsklage erhebt.[2] Allerdings wird eine derartige Klausel bei Ersteintragung der Gesellschaft zunächst nicht gemäß § 9c Abs. 2 GmbHG beanstandet werden können, bei späterer Einfügung oder Neufassung der Satzung jedoch durchaus (siehe Rz. 1031).

1121 Außerdem wird die Gesellschaft durch **Verwaltungsakt** oder **Verwaltungsurteil** nach Maßgabe von § 62 GmbHG (§ 60 Abs. 1 Nr. 3 GmbHG) aufgelöst.[3] Überwiegend wird § 62 Abs. 2 GmbHG als gesetzliche Ermächtigung zum Erlass eines auflösenden Verwaltungsaktes angesehen, der von der Gesellschaft sodann im Verwaltungsrechtsweg anfechtbar ist.[4] Weitere Auflösungsgründe sind die **Eröffnung des Insolvenzverfahrens** über das Vermögen der Gesellschaft[5] (§ 60 Abs. 1 Nr. 4 GmbHG), der rechtskräftige **Beschluss des Insolvenzgerichts**, durch den ein Antrag auf Eröffnung des Insolvenzverfahrens mangels einer die Kosten des Verfahrens entsprechenden Insolvenzmasse abgewiesen wird (§ 60 Abs. 1 Nr. 5 GmbHG), die rechtskräftige Verfügung des Registergerichts, durch welche nach § 399 FamFG ein **Mangel des Gesellschaftsvertrags** (§ 3 Abs. 1 Nr. 1, 3 und 4 GmbHG) festgestellt worden ist (§ 60 Abs. 1 Nr. 6 GmbHG) sowie die Löschung wegen **Vermögenslosigkeit** (§ 60 Abs. 1 Nr. 7 GmbHG; § 394 FamFG), wobei allerdings gemäß § 65 Abs. 1 Satz 4 GmbHG die Eintragung der Auflösung im Register unterbleibt, da die Gesellschaft ohnehin gelöscht wurde.[6] Schließlich tritt die Auflösung auch durch **Eintragung der Nichtigkeit** der Gesellschaft in das Handelsregister aufgrund rechtskräftigen Nichtigkeitsurteils (§§ 75, 77 GmbHG) oder von Amts wegen nach § 397 FamFG ein sowie durch sonstige im Gesellschaftsvertrag vorgesehene Gründe, insbesondere Kündigung (§ 60 Abs. 2 GmbHG).

1122 Eine **Verlegung des Satzungssitzes einer GmbH in das Ausland** auch innerhalb der Europäischen Union ist derzeit nicht möglich.[7] § 4a GmbHG fordert als Sitz der Gesellschaft einen Ort im Inland. Ungeachtet der Möglichkeit eines ausländischen tatsächlichen Verwaltungssitzes[8] bewirkt die Verlegung des *Satzungssitzes* ins Ausland nach herrschender Auffassung die Auflösung der Gesellschaft.[9] Dies steht nach Auffassung des EuGH, vorbehaltlich einer anderweitigen europarechtlichen Regelung,

---

[1] **BayObLG** Z 1978, 227 (= DNotZ 1979, 49).
[2] **BayObLG** Z 1978, 227 (= DNotZ 1979, 49).
[3] Über Zurücknahme der Erlaubnis der BAFin für eine GmbH, die Bankgeschäfte betreibt, siehe §§ 1, 5, 35, 38 KWG. Zum Verbot einer GmbH aufgrund §§ 17 mit 3 ff. VereinsG ist zu beachten, dass nach § 30 Abs. 2 Nr. 3 VereinsG die Vorschrift des § 62 GmbHG unberührt bleibt.
[4] Siehe *Osterloh/Fastrich*, in: Baumbach/Hueck, GmbHG, § 62 Rz. 11; *Roth/Altmeppen*, GmbHG, § 62 Rz. 4; *Karsten Schmidt*, in: Scholz, GmbHG, § 62 Rz. 8; *Nerlich*, in: Michalski, GmbHG, § 62 Rz. 23; *Rasner*, in: Rowedder/Schmidt-Leithoff, GmbHG, § 62 Rz. 7; *Kleindiek*, in: Lutter/Hommelhoff, GmbHG, § 62 Rz. 2.
[5] Vgl. *Loussen* GmbHR 1994, 159.
[6] Vgl. hierzu *Schmidt* GmbHR 1994, 832; *Vallender* NZG 1998, 249.
[7] **OLG Brandenburg** FGPrax 2005, 78; **BayObLG** FGPrax 2004, 133 (= GmbHR 2004, 490 mit Anm. *Stieb*); *Krafka*, in: MünchKommHGB, § 13h Rz. 15; zur europarechtlichen Zulässigkeit derartiger Beschränkungen: EuGH, Urt. v. 16. 12. 2008, C-210/06 – „Cartesio", NJW 2009, 569 (= NZG 2009, 61).
[8] Siehe dazu *Leitzen* NZG 2009, 728.
[9] **OLG Hamm** FGPrax 2001, 123; **OLG Düsseldorf** FGPrax 2001, 127; **BayObLG** DB 1998, 2318; **OLG Hamm** ZIP 1997, 1696; **BayObLG** BB 1992, 1400; s. a. *Hueck/Fastrich*, in: Baumbach/Hueck, GmbHG, § 4a Rz. 10.

nicht im Widerspruch zur europarechtlich gewährleisteten Niederlassungsfreiheit (Art. 49 AEUV = ex-Art. 43 EG), sofern die Gesellschaft trotz Verlegung Ihres Satzungssitzes als deutsche Gesellschaft mit beschränkter Haftung fortgeführt werden soll. Sofern die Gesellschaft mit der Sitzverlegung gleichzeitig in eine Gesellschaft nach dem Recht des neuen Staates umgewandelt werden soll, darf dies durch deutsches Recht nur aufgrund zwingender Gründe des Allgemeininteresses verwehrt werden.[1] Vom Satzungssitz zu unterscheiden ist der tatsächliche **Verwaltungssitz** einer Gesellschaft, der nicht in der Satzung festgestellt werden muss. Dieser Verwaltungssitz kann bereits mit der Gründung oder auch nachträglich vom Satzungssitz abweichend festgelegt werden und sich auch im Ausland befinden oder dorthin verlegt werden.[2] Eine Verlegung des Verwaltungssitzes ins Ausland führt nicht zur Auflösung der Gesellschaft. Da der Verwaltungssitz nicht im Handelsregister eingetragen wird[3] und eine inländische Geschäftsanschrift – die mit dem Verwaltungssitz nicht übereinstimmen muss – ohnehin stets anzugeben ist, führt seine Verlegung ins Ausland nicht zu einer Eintragung im Register.

b) Anmeldung der Auflösung. Die Auflösung ist unter Angabe des Auflösungsgrundes zur Eintragung in das Handelsregister **anzumelden** (§ 65 Abs. 1 Satz 1 GmbHG).[4] Das damit zugleich eintretende Erlöschen der Vertretungsmacht der bisherigen Geschäftsführer muss nicht ausdrücklich angemeldet werden, sondern ergibt sich mittelbar aus der Anmeldung der Auflösung und der Liquidatoren samt deren Vertretungsbefugnis.[5] Lediglich im Fall der Auflösung aufgrund eines eröffneten oder abgelehnten Insolvenzverfahrens[6] (§ 60 Abs. 1 Nr. 4 und 5 GmbHG) und der gerichtlichen Feststellung eines Satzungsmangels (§ 60 Abs. 1 Nr. 6 GmbHG; § 399 Abs. 4 FamFG) erfolgt die Eintragung der Auflösung von Amts wegen (§ 65 Abs. 1 Satz 2 und 3 GmbHG). Von den insolvenzrechtlichen Geschehnissen erfährt das Registergericht durch Übersendung der entsprechenden Unterlagen durch das Insolvenzgericht (§§ 26, 31 InsO). Wird die Gesellschaft nach § 394 FamFG wegen Vermögenslosigkeit gelöscht, so entfällt nach § 65 Abs. 1 Satz 4 GmbHG die Eintragung der Auflösung.

1123

Die Anmeldung der Auflösung erfolgt durch die Geschäftsführer, wenn die Eintragung im Handelsregister konstitutiv wirkt, im Übrigen durch die Liquidatoren, also durch die bisherigen Geschäftsführer oder durch die sonst neu bestellten Liquidatoren[7] je in vertretungsberechtigter Zahl (§ 65 Abs. 1 Satz 1 GmbHG). Anzumelden sind zudem die Liquidatoren und deren Vertretungsbefugnis (§ 67 Abs. 1 GmbHG). Die Anmeldung ist erzwingbar (§ 14 HGB). Enthält der Auflösungsbeschluss eine Satzungsänderung, so ist diese stets von den bisherigen Geschäftsführern anzumelden. Das Dokument, aus dem sich die Auflösung ergibt (z. B. Gesellschaftsvertrag, rechtskräftiges Urteil, Gesellschafterbeschluss) ist mit vorzulegen, damit sich das Gericht (Rechtspfleger) im Rahmen des § 26 FamFG von der Richtigkeit der angemeldeten Auflösung überzeugen kann. Erfolgt die Anmeldung der Auflösung bei einem datierten Beschluss vor deren Inkrafttreten, kann die Registereintragung erst nach deren Wirksamkeit vorgenommen werden.[8]

1124

Beispiel zur Anmeldung der Gesellschaftsauflösung:

1125

---

[1] EuGH, Urt. v. 16. 12. 2008, C-210/06 – „Cartesio", NJW 2009, 569 (= NZG 2009, 61).
[2] BT-Drucks. 16/6140, S. 29.
[3] Anderer Ansicht: *Wicke*, GmbHG, § 4a Rz. 7, nach dessen Auffassung der Verwaltungssitz als Zweigniederlassung zu behandeln ist.
[4] Siehe allgemein hierzu *Pfeifer* Rpfleger 2008, 408.
[5] BayObLG GmbHR 1994, 478 (480).
[6] Jeweils aufgrund Mitteilung des Insolvenzgerichts nach § 32 HGB.
[7] BayObLG MittBayNot 1994, 348 (= GmbHR 1994, 478); LG Bielefeld NJW 1987, 1089.
[8] OLG Hamm Rpfleger 2007, 327 (328.

Die Gesellschaft ist durch Beschluss der Gesellschafterversammlung vom 13. 3. 2010 aufgelöst. Die Vertretungsbefugnis der Geschäftsführer ist erloschen.

Zu Liquidatoren wurden bestellt:
Robert Kurz, München, geboren am 25. 5. 1954, und
Richard Lang, Gauting, geboren am 10. 8. 1965.

Die allgemeine Vertretungsregelung des Gesellschaftsvertrags für die Liquidatoren sieht vor, dass die Gesellschaft einen oder mehrere Liquidatoren hat. Ist nur ein Liquidator bestellt, so vertritt dieser die Gesellschaft allein. Sind mehrere Liquidatoren bestellt, so wird die Gesellschaft durch zwei Geschäftsführer gemeinsam oder durch einen Liquidator gemeinsam mit einem Prokuristen vertreten.

Die Liquidatoren Robert Kurz und Richard Lang vertreten stets einzeln und sind befugt, im Namen der Gesellschaft mit sich im eigenen Namen oder als Vertreter eines Dritten Rechtsgeschäfte abzuschließen.

Der Liquidator, bei mehreren jeder für sich, versichert:
Es liegen keine Umstände vor, aufgrund derer ich nach § 66 Abs. 4 i. V. m. § 6 Abs. 2 Satz 2 Nr. 2 und 3 sowie Satz 3 GmbHG vom Amt eines Liquidators ausgeschlossen wäre: Während der letzten fünf Jahre erfolgte im Inland wie im Ausland wegen einer vergleichbaren Tat keine Verurteilung wegen des Unterlassens der Stellung des Antrags auf Eröffnung des Insolvenzverfahrens, nach §§ 283 bis 283 d StGB (Insolvenzstraftaten), wegen falscher Angaben nach § 82 GmbHG oder § 399 AktG, unrichtiger Darstellung nach § 400 AktG, § 331 HGB, § 313 UmwG, § 17 PublG oder nach den §§ 263 bis 264 a oder den §§ 265 b bis 266 a StGB; auch wurde mir weder durch gerichtliches Urteil noch durch vollziehbare Entscheidung einer Verwaltungsbehörde die Ausübung eines Berufs, Berufszweigs, Gewerbes oder Gewerbezweigs untersagt, somit auch nicht im Bereich des Unternehmensgegenstands der Gesellschaft; ferner wurde ich nicht aufgrund einer behördlichen Anordnung in einer Anstalt verwahrt. Vom beglaubigenden Notar wurde ich über die unbeschränkte Auskunftspflicht gegenüber dem Gericht gemäß § 53 BZRG belehrt.

Als Anlage fügen wir dieser Anmeldung bei:
– Niederschrift der Gesellschafterversammlung enthaltend die Beschlussfassung über die Auflösung der Gesellschaft und die Bestellung der Liquidatoren

1126 c) **Eintragung der Auflösung.** Die **Eintragung** der Auflösung in das Handelsregister erfolgt ohne Aufnahme des Auflösungszeitpunkts[1] in Spalte 6 Unterspalte b (§ 43 Nr. 6 lit. b sublit. dd HRV), die der Liquidatoren in Spalte 4 Unterspalte b, die der allgemeinen Vertretungsregelung der Liquidatoren in Spalte 4 Unterspalte a. Zugleich ist bei allen Auflösungsfällen, mit Ausnahme der Eröffnung des Insolvenzverfahrens, die **allgemeine Vertretungsregelung** für die Geschäftsführer zu röten, da diese nicht mehr vertretungsbefugt sind. Ein Belassen der bisherigen allgemeinen Vertretungsregelung verbietet sich, da insbesondere im aktuellen Ausdruck die zeitliche Abfolge der Eintragungen nicht mehr feststellbar ist und daher eine nunmehr unrichtige Form der Vertretung ausgewiesen würde. Auch die bisherigen Geschäftsführer sind zu röten und, soweit dies zutrifft, mit ihrer neuen Funktion als Liquidatoren und der hierfür vorgesehenen Vertretungsbefugnis neu vorzutragen. Bei der Eintragung einer Auflösung von Amts wegen – mit Ausnahme der Insolvenzeröffnung – sind gemäß § 384 Abs. 2 FamFG ebenfalls die bisherigen Geschäftsführer zu röten und im Hinblick auf § 66 GmbHG neu als Liquidatoren vorzutragen (siehe Rz. 450 a ff.). Da der Anmeldende zwar nicht den Wortlaut, sehr wohl aber den Inhalt der Eintragung bestimmt, ist der Funktionswechsel der Organmitglieder bei einer angemeldeten Auflösung der Gesellschaft ebenfalls anmeldepflichtig.[2] Allerdings wird man an die Formulierung der Anmeldung keine übertriebenen Anforderungen stellen können. So genügt etwa

---

[1] *Müther*, Handelsregister, § 6 Rz. 206.
[2] Vgl. hingegen **BayObLG** Z 1994, 102 (= GmbHR 1994, 478 = MittBayNot 1994, 349).

eine Anmeldung des Inhalts, dass die Gesellschaft aufgelöst ist und der bisherige Geschäftsführer alleiniger Liquidator ist. Auch der geborene Liquidator hat erneut, auch wenn er bereits die entsprechenden Versicherungen bei seiner Anmeldung als Geschäftsführer abgegeben hat, die **Versicherungen** nach § 67 Abs. 3 GmbHG abzugeben.[1]

Im Register wäre folgende **Eintragung** vorzunehmen: 1127

Spalte 4 1128
Unterspalte a (Allgemeine Vertretungsregelung):
Geändert, nun: *(Vorstehendes als Übergangstext)* Ist nur ein Liquidator bestellt, so vertritt dieser die Gesellschaft allein. Sind mehrere Liquidatoren bestellt, so wird die Gesellschaft durch zwei Liquidatoren gemeinsam oder durch einen Liquidator gemeinsam mit einem Prokuristen vertreten. *(Zusätzlich Rötung der bisherigen Vertretungsregelung)*
Unterspalte b (Geschäftsführer und besondere Vertretungsbefugnis):
Geändert, nun: *(Vorstehendes als Übergangstext)* Liquidator: Kurz, Robert, München, *25. 5. 1954, einzelvertretungsberechtigt, mit der Befugnis, mit sich im eigenen Namen oder als Vertreter eines Dritten Rechtsgeschäfte abzuschließen.
Geändert, nun: *(Vorstehendes als Übergangstext)* Liquidator: Lang, Richard, Gauting, *10. 8. 1965, einzelvertretungsberechtigt, mit der Befugnis, mit sich im eigenen Namen oder als Vertreter eines Dritten Rechtsgeschäfte abzuschließen.
(Zugleich Rötung der bisher eingetragenen Geschäftsführer, auch wenn sie mit den bestellten Liquidatoren personenidentisch sind)
Spalte 6
Unterspalte a (Rechtsform, Gesellschaftsvertrag): *(Keine Änderung)*
Unterspalte b (Sonstige Rechtsverhältnisse): Die Gesellschaft ist aufgelöst.

Zur öffentlichen **Bekanntmachung** siehe § 10 HGB, zur Mitteilung an die Beteiligten 1129 § 383 Abs. 1 FamFG. Die bisherigen Geschäftsführer sind, außer im Fall der Auflösung mit Eröffnung oder Ablehnung eines Insolvenzverfahrens, auch ohne gesonderte Anmeldung zu röten (§ 16 Abs. 1 Satz 2 HRV). Mit Auflösung treten die Liquidatoren an die Stelle der Geschäftsführer. Die Beendigung der Vertretungsbefugnis der Geschäftsführer ist mit Eintragung der Gesellschaftsauflösung (§ 65 Abs. 1 GmbHG) aus dem Register ersichtlich. Dennoch bedarf es, wie dargestellt, einer entsprechenden wenigstens konkludenten Anmeldung nach § 39 Abs. 1 GmbHG[2] und einer Eintragung im Handelsregister. Wenn die Liquidation durch die bisherigen Geschäftsführer erfolgt, sind diese neu in Spalte 4 Unterspalte b als Liquidatoren einzutragen. Auch die **von Amts wegen** einzutragende Auflösung mit Eröffnung des Insolvenzverfahrens ist öffentlich bekannt zu machen.[3]

2. Liquidation der Gesellschaft (§§ 66 bis 77 GmbHG)

a) Erforderlichkeit einer Liquidation. Nach Auflösung der GmbH findet in der Regel 1130 die Liquidation, d.h. die Abwicklung statt (§ 66 Abs. 1 GmbHG). **Keine Abwicklung** ist bei Auflösung der Gesellschaft nach § 60 Abs. 1 Nr. 4 GmbHG vorzunehmen, da das Liquidationsverfahren insoweit durch das Insolvenzverfahren ersetzt wird. Der Insolvenzverwalter kehrt etwa nach Befriedigung der Gläubiger noch verbleibendes Vermögen an die Gesellschafter aus (§ 199 Abs. 2 InsO). Nachträglich auftauchende Vermögensbestandteile müssen allerdings zu bestellende Liquidatoren verteilen. Inso-

---

[1] BayObLG ZIP 1987, 1182; BayObLG Z 1982, 303 (= WM 1982, 1291).
[2] Anders: BayObLG Z 1994, 102 (= GmbHR 1994, 478 = MittBayNot 1994, 349); für eine Anmeldepflicht: **OLG Köln** Rpfleger 1984, 319 (= MittBayNot 1984, 203).
[3] Vgl. *Groß* Rpfleger 1979, 175.

fern tritt dieselbe Situation ein, wie bei einer Auflösung durch Abweisung des Insolvenzverfahrens mangels Masse.

1131 **b) Bestellung der Liquidatoren.** Die **Liquidation** erfolgt durch die Geschäftsführer zur Zeit der Auflösung („geborene Liquidatoren"). Der Gesellschaftsvertrag kann andere Personen als Abwickler bestimmen. Auch durch Gesellschafterbeschluss kann, selbst wenn der Gesellschaftsvertrag dahingehende Bestimmungen getroffen hat, die Abwicklung anderen Personen übertragen werden („gekorene Liquidatoren"). Liquidator kann nicht sein, wer als Betreuter bei der Besorgung seiner Vermögensangelegenheiten ganz oder teilweise einem Einwilligungsvorbehalt gemäß § 1903 BGB unterliegt, wegen einer oder mehrerer der in § 6 Abs. 2 Satz 2 Nr. 3 benannten Straftaten bestraft oder mit einem Berufsverbot belegt worden ist (§ 66 Abs. 4 i.V.m. § 6 Abs. 2 Satz 2 und 3 GmbHG). Abwickler kann jedoch eine juristische Person sein,[1] da § 6 Abs. 2 Satz 1 GmbHG keine Anwendung findet (§ 66 Abs. 4 GmbHG).

1132 Mehrere Liquidatoren **vertreten** die Gesellschaft grundsätzlich gemeinsam im Wege der Gesamtvertretung (§ 68 Abs. 1 GmbHG). Eine hiervon abweichende Regelung kann im Gesellschaftsvertrag oder durch einen Gesellschafterbeschluss getroffen werden. Sie muss sich jedoch ausdrücklich auf die Liquidatoren beziehen. Eine Weitergeltung der Vertretungsregeln für die Geschäftsführer lediglich aufgrund Personenidentität zwischen Geschäftsführer und Liquidatoren kann nicht angenommen werden.[2] Die Regelung kann für mehrere Liquidatoren auch die Vertretung durch zwei gemeinsam oder durch einen Liquidator zusammen mit einem Prokuristen vorsehen. Durch Gesellschafterbeschluss kann jederzeit eine andere Vertretungsweise, z.B. generelle Einzelvertretungsbefugnis, festgelegt werden, da die Gesamtvertretung kraft Gesetzes nur subsidiär eingreift[3] (vgl. § 68 Abs. 1 Satz 2 GmbHG). Die Befreiung eines Liquidators von dem Verbot, Geschäfte der Liquidationsgesellschaft mit sich selbst oder als Vertreter eines Dritten abzuschließen (Verbot von In-Sich-Geschäften, § 181 BGB), ist wie bei Geschäftsführern möglich. Auch sie kann, wiederum nur bei ausdrücklicher Bezugnahme auf Liquidatoren,[4] im Gesellschaftsvertrag vorgesehen sein oder durch Beschluss der Gesellschafter auf der Grundlage einer entsprechenden Ermächtigung im Gesellschaftsvertrag vorgenommen werden.

1134 **c) Anmeldung der Liquidatoren.** Die ersten Liquidatoren sowie ihre Vertretungsbefugnis sind zur Eintragung in das Handelsregister **anzumelden** (§ 67 Abs. 1 GmbHG). Die Anmeldung hat, wenn Liquidatoren die bisherigen Geschäftsführer sind, durch diese, sonst durch die bestellten Liquidatoren, in vertretungsberechtigter Zahl zu erfolgen (§ 67 Abs. 1 GmbHG). Wie stets genügt auch hier die Anmeldung eines Liquidators mit einem Prokuristen in unechter Gesamtvertretung, sofern dies gesellschaftsvertraglich oder durch Beschlussfassung der Gesellschafterversammlung zur allgemeinen Vertretungsregelung vorgesehen ist, zumal die Auflösung der Gesellschaft das Fortbestehen erteilter Prokuren nicht berührt.[5] Dokumente über die Bestellung der Liquidatoren sind der Anmeldung gemäß § 12 Abs. 2 HGB beizufügen (§ 67 Abs. 2 GmbHG). Der Beschluss hat auch eine bei Bestellung etwa getroffene Bestimmung über die Vertretung auszuweisen. Stets ist daher die allgemeine Vertretungsregelung

---

[1] Vgl. *Schmidt* NJW 1980, 1773.
[2] **BGH** GmbHR 2009, 212 (= NZG 2009, 72); **BayObLG** GmbHR 1997, 176 (= MittBayNot 1997, 49).
[3] **BGH** GmbHR 2009, 212 (= NZG 2009, 72); *Müther,* Handelsregister, § 6 Rz. 218 m.w.N.
[4] **BGH** GmbHR 2009, 212 (= NZG 2009, 72); **BayObLG** Z 1985, 189 (= DNotZ 1986, 170 = GmbHR 1985, 392); **OLG Düsseldorf** NJW-RR 1990, 51 (= GmbHR 1989, 465); siehe auch *Reymann* GmbHR 2009, 176.
[5] Vgl. *Osterloh/Fastrich,* in: Baumbach/Hueck, GmbHG, § 68 Rz. 8; *Kleindiek,* in: Lutter/Hommelhoff, GmbHG, § 68 Rz. 2; *Karsten /Schmidt,* in: Scholz, GmbHG § 68 Rz. 5.

der Liquidatoren anzumelden sowie eine etwa hiervon abweichende besondere Vertretungsbefugnis einzelner Liquidatoren.[1] Sofern die Vertretungsweise der gesetzlichen Vorgabe oder dem bereits bestehenden Gesellschaftsvertrag entspricht, bedarf es keines weiteren **Nachweises**. Tritt ein Wechsel in den Personen oder bezüglich der Vertretungsmacht der Liquidatoren ein, sind die neuen Tatsachen anzumelden und im Handelsregister einzutragen, § 67 Abs. 1, § 68 Abs. 1 GmbHG. Zur Erzwingbarkeit siehe § 14 HGB.

Die Pflicht zur Anmeldung der ersten Liquidatoren besteht auch dann noch, wenn zugleich das Erlöschen der Firma angemeldet wird.[2] Einer Versicherung der Liquidatoren, dass keine Umstände vorliegen, die ihrer Bestellung nach § 66 Abs. 4 i.V.m. § 6 Abs. 2 Satz 2 Nr. 2und 3 sowie Satz 3 GmbHG entgegenstehen, bedarf es gemäß § 67 Abs. 3 Satz 1 GmbHG. Ebenso ist die Bestätigung erforderlich, dass sie über ihre unbeschränkte Auskunftspflicht gegenüber dem Gericht belehrt worden sind (§ 67 Abs. 3 GmbHG). Die Belehrung nach § 53 Abs. 2 BZRG wird, wie bei Geschäftsführern, durch einen Notar, den Vertreter eines vergleichbaren rechtsberatenden Berufs oder einen Konsularbeamten vorgenommen (§ 67 Abs. 3 Satz 2 i.V.m. § 8 Abs. 3 Satz 2 GmbHG). Die Versicherung ist auch abzugeben, wenn die Liquidation durch die bisherigen Geschäftsführer oder durch einen von ihnen erfolgt, für deren Eintragung eine Versicherung bereits nach § 8 Abs. 3 oder § 39 Abs. 3 GmbHG abgegeben wurde.[3] Für die Eintragung als Liquidator ist die Befähigung nach § 6 Abs. 2 Satz 2 und 3 i.V.m. § 66 Abs. 4 GmbHG, insbesondere im Hinblick auf einen zwischenzeitlich eingetretenen Ausschließungsgrund, neu zu prüfen. Ein **Musterbeispiel** zur Anmeldung der Liquidatoren ist bei Rz. 1125 zu finden.

1135

d) **Eintragung der Liquidatoren.** Einzutragen sind die Liquidatoren in Spalte 4 Unterspalte b (§ 43 Nr. 4 lit. b HRV) – vgl. Rz. 1127. Wie bei Geschäftsführern ist die allgemeine Vertretungsregelung in Spalte 4 Unterspalte a, die Personalien des Liquidators und ggf. dessen besondere Vertretungsbefugnis dort in Unterspalte b einzutragen. Die bisherige eingetragene allgemeine Vertretungsregelung der Geschäftsführer sowie die Geschäftsführer samt konkreter Vertretungsbefugnis sind aufgrund einer diesbezüglichen gesonderten Anmeldung zu löschen,[4] da sonst im aktuellen Ausdruck nicht mehr relevante Tatsachen enthalten wären. Der Einsichtnehmer hätte im Übrigen keine Möglichkeit, aus der Reihenfolge der Eintragungen zu erschließen, dass nach Auflösung der Gesellschaft die Vertretung ggf. anders geregelt ist. Auch die bisherigen Geschäftsführer sind inklusive Funktion und konkreter Vertretungsbefugnis im Hinblick auf das Verbot der Teilrötung (§ 16 Abs. 3 HRV) zu löschen. Eine Eintragung etwa des Inhalts, dass „der bisherige Geschäftsführer nunmehr alleinvertretungsbefugter Liquidator ist" wäre unzulässig, da jedenfalls für den aktuellen Ausdruck ein solcher zeitlicher Bezug (bisher/nunmehr) nicht nachvollziehbar wäre. Die Eintragung würde richtigerweise etwa lauten:

1136

Nicht mehr Geschäftsführer, nun: *(vorstehender Text als Übergangstext gemäß § 16a HRV)*
Liquidator: Müller, Gerhard, Bielefeld, *12. 12. 1940, einzelvertretungsberechtigt.

Die Liquidatoren haben jede **Änderung** in der Person und Vertretungsbefugnis unter Beifügung der Dokumente über die entsprechend gefassten Beschlüsse[5] zum Handels-

1137

---

[1] Vgl. **BGH** NJW-RR 2007, 1261 (= NZG 2007, 595), hierzu *Wachter* GmbHR 2007, 878.
[2] **BayObLG** Rpfleger 1982, 429 (= DB 1982, 2127).
[3] **BayObLG** Z 1982, 303 (= BB 1982, 1750 = GmbHR 1982, 274); **LG Düsseldorf** MittRhNotK 1983, 16.
[4] **BayObLG** Z 1994, 102 (= GmbHR 1994, 478 = MittBayNot 1994, 349) hält eine entsprechende Anmeldung für entbehrlich.
[5] Siehe hierzu *Pfeifer* Rpfleger 2008, 408 (410).

register anzumelden (§ 67 Abs. 1 GmbHG). Zur Erzwingbarkeit siehe § 14 HGB. Die Versicherung nach § 67 Abs. 3 GmbHG ist bei jedem Wechsel von Liquidatoren bezüglich der bei dem Wechsel neu bestellten Liquidatoren einzureichen, nicht aber, wenn lediglich eine Änderung der Vertretungsbefugnis der gleich bleibenden Liquidatoren angemeldet wird. Im Übrigen hindert der Eintritt in das Liquidationsstadium nicht, dass Satzungsänderungen durch die Gesellschaft vorgenommen werden. Dies gilt insbesondere dann, wenn die Änderung dem Liquidationszweck dient.[1]

1138 Zur öffentlichen **Bekanntmachung** der Eintragungen siehe § 10 HGB; bezüglich der Mitteilung an die Beteiligten vgl. § 383 Abs. 1 FamFG.

1139 e) **Bestellung und Abberufung von Liquidatoren durch das Gericht.** Die **Bestellung** von Liquidatoren kann gemäß § 66 Abs. 2 GmbHG auf Antrag von Gesellschaftern, deren Geschäftsanteile zusammen mindestens dem zehnten Teil des Stammkapitals entsprechen, aus wichtigen Gründen durch das nach § 377 Abs. 1 i.V.m. § 375 Nr. 6 FamFG zuständige Gericht (Rechtspfleger) erfolgen.[2] Die Bestellung zum Liquidator kann nicht mit der Begründung abgelehnt werden, die Gesellschaft habe einen Notliquidator, da dieser nur ein vorübergehendes, nicht aber ein ordentliches Vertretungsorgan ist. Wichtiger Grund für die Bestellung eines Liquidators ist auch das Fehlen eines ordentlichen Liquidators auf Dauer.[3] Im Verfahren auf Bestellung des Liquidators nach § 66 Abs. 2 GmbHG ist die Gesellschaft formell zu beteiligen.[4] Im Übrigen soll eine Person nicht zum Liquidator bestellt werden, wenn sie erklärt hat, das Amt nicht antreten zu wollen (siehe aber Rz. 438).[5] Gegen den Bestellungsbeschluss können sowohl die Gesellschaft als auch die Gesellschafter Beschwerde einlegen.[6]

1140 Unter den gleichen Voraussetzungen, insbesondere also nur bei Vorliegen eines wichtigen Grundes, können Liquidatoren auch vom Gericht **abberufen** werden (§ 66 Abs. 3 GmbHG). Bei der gerichtlichen Abberufung eines durch Gesellschafterbeschluss bestellten Liquidators hat neben der Gesellschaft und dem abberufenen Liquidator auch jeder Gesellschafter, der an dem Bestellungsbeschluss beteiligt war, ein eigenes Beschwerderecht.[7] Wichtige Gründe für die **Abberufung** sind stets grobe Pflichtverletzungen und die Unfähigkeit zur ordnungsgemäßen Geschäftsführung.[8] Zudem kommen Umstände in Betracht, die einem Gesellschafter Anlass geben können, erhebliche Nachteile für die Liquidität zu befürchten, insbesondere wenn bestimmte Tatsachen Misstrauen gegen die Unparteilichkeit des Liquidators hervorrufen oder die Gefahr eines Interessenwiderstreits besteht. Das Misstrauen muss nicht auf einem Verschulden des Liquidators beruhen.[9] Ein wichtiger Grund zur Abberufung ist auch darin zu erkennen, dass der Liquidator nicht hätte bestellt werden dürfen, weil der Antragsteller lediglich eigennützige Zwecke verfolgt und die beabsichtigten Maßnahmen nicht der Abwicklung dienen.[10]

---

[1] **BayObLG** Rpfleger 1995, 363.
[2] **BayObLG** Rpfleger 1990, 23 (= NJW-RR 1990, 52); **BayObLG** Z 1963, 84.
[3] **BayObLG** Rpfleger 1987, 250 (= GmbHR 1987, 306).
[4] **BayObLG** Rpfleger 1987, 250 (= GmbHR 1987, 306); *Krafka*, in: MünchKommZPO, § 375 FamFG Rz. 45.
[5] **BayObLG** FGPrax 1998, 194.
[6] **BayObLG** FGPrax 1998, 194; einschränkend **KG** FGPrax 2006, 28 (29) unter Bezugnahme auf **KG** ZIP 1982, 59 (61.)
[7] Siehe **OLG Düsseldorf** FGPrax 1998, 229.
[8] **KG** FGPrax 2006, 28 (29); **BayObLG** Z 1987, 222 (= NJW-RR 1988, 96); **BayObLG** NJW 1969, 65; **BayObLG** NJW 1955, 1678.
[9] **KG** FGPrax 2006, 28 (29); **BayObLG** NJW-RR 1996, 1394; **BayObLG** Z 1987, 222; BayObLG Z 1987, 65.
[10] **KG** FGPrax 2006, 28 (29).

Vom Gericht bestellte Liquidatoren sind von Amts wegen einzutragen. Das gleiche gilt bei der Abberufung durch das Gericht (§ 67 Abs. 4 GmbHG, § 19 Abs. 2 HRV). Für gerichtlich bestellte Liquidatoren ist eine Versicherung über die Amtsfähigkeit nach § 67 Abs. 3 GmbHG nicht Eintragungserfordernis, jedoch wird sich das Gericht regelmäßig bei Bestellung von Personen, die nicht üblicherweise für ähnliche Funktionen verwendet werden (z.B. gerichtlich bekannte Insolvenzverwalter), deren Eignung durch eine solche Versicherung nachweisen lassen. Dass keine Ausschließungsgründe nach § 66 Abs. 4 i.V.m. § 6 Abs. 2 Satz 2 und 3 GmbHG vorliegen, ist bei der Bestellung zu prüfen. 1141

In dringenden Fällen kann das Gericht bis zur Behebung des Mangels auf Antrag eines Beteiligten Liquidatoren entsprechend §§ 29, 48 BGB („**Notliquidatoren**") ernennen.[1] Das Gericht wird hierbei – ebenso wie bei der Ernennung von Liquidatoren nach § 66 Abs. 2 GmbHG[2] – nicht als Registergericht sondern im Rahmen eines unternehmensrechtlichen Verfahrens als sonstiges Gericht der freiwilligen Gerichtsbarkeit nach §§ 375ff. FamFG tätig. Das Bestellungsrecht des Gerichts besteht neben seinem Ernennungsrecht nach § 66 Abs. 2 GmbHG. Die Bestellung eines Liquidators für die einzige Komplementär-GmbH kann auch ein Kommanditist einer GmbH & Co KG beantragen.[3] Im Übrigen ist antragsberechtigt insbesondere der ehemalige Geschäftsführer, ein vorhandener Liquidator, jeder Gesellschafter sowie jeder Gläubiger der Gesellschaft.[4] Gegen die gerichtliche Entscheidung besteht gemäß § 402 Abs. 1 i.V.m. §§ 58ff. FamFG die Möglichkeit der Beschwerde. 1142

f) Liquidation und Durchführung des Insolvenzverfahrens. Mit Auflösung durch Eröffnung des Insolvenzverfahrens (§ 60 Abs. 1 Nr. 4 GmbHG) erlischt das Amt des Geschäftsführers nicht; er wird insbesondere nicht nach § 66 Abs. 1 GmbHG durch einen Liquidator ersetzt.[5] Daher hat in diesem Fall weder eine Anmeldung noch eine Eintragung von Liquidatoren zu erfolgen. Allerdings wird die Zuständigkeit der Geschäftsführer als Vertretungsorgan weitgehend durch die Verwaltungs- und Verfügungsbefugnisse des Insolvenzverwalters (§ 80 Abs. 1 InsO) verdrängt (vgl. allgemein zur Eintragung von Insolvenzvermerken im Register Rz. 404ff.). Für die Anmeldung der Eintragung von Angelegenheiten, die im Zusammenhang mit der Ausübung der Rechte des Insolvenzverwalters zur Verwaltung und Verwertung der Insolvenzmasse stehen, z.B. bei der Firmenänderung im Zuge der Veräußerung der bisherigen Firma, ist also der Insolvenzverwalter anmeldebefugt.[6] Lediglich im insolvenzfreien Bereich, sofern also die Insolvenzmasse nicht berührt wird, bleiben die Befugnisse der Gesellschafter und des Geschäftsführers bestehen,[7] so dass beispielsweise für die Anmeldung von Änderungen in der Geschäftsführung weiterhin die Geschäftsführer anmeldebefugt sind.[8] Das Insolvenzverfahren hat den Zweck, die Gesellschaft vollständig zu liquidieren (§ 199 Satz 2 InsO). Wird das Insolvenzverfahren mangels Masse (§§ 207ff. InsO), wegen Wegfalls des Insolvenzgrundes (§ 212 InsO) oder nach Zustimmung aller Insolvenzgläubiger (§ 213 InsO) eingestellt, so wirkt die nach § 60 Abs. 1 Nr. 4 GmbHG eingetretene Auflösung fort, jedoch ist nunmehr das reguläre Liquidationsverfahren nach §§ 66ff. GmbHG durchzuführen. Die Aufhebung des Insolvenzverfahrens nach Vollziehung der Schlussverteilung ist gemäß § 32 Abs. 1 Nr. 4 1143

---

[1] *Osterloh/Fastrich*, in: Baumbach/Hueck, GmbHG, § 66 Rz. 32 m.w.N.
[2] Sierzu **BayObLG** NJW-RR 1990, 52.
[3] Vgl. **BayObLG** Z 1976, 126 (= Rpfleger 1976, 357).
[4] Siehe *Osterloh/Fastrich,* in: Baumbach/Hueck, GmbHG, § 66 Rz. 32.
[5] *Kleindiek*, in: Lutter/Hommelhoff, GmbHG, § 66 Rz. 1.
[6] **OLG Köln** FGPrax 2001, 214 (= RNotZ 2001, 593).
[7] *Uhlenbruck* GmbHR 1995, 205; *Vallender* NZG 1998, 249.
[8] **OLG Rostock** Rpfleger 2003, 444; **OLG Köln** FGPrax 2001, 214 (= RNotZ 2001, 593).

HGB von Amts wegen in das Handelsregister einzutragen. Sodann bedarf es der durch die Geschäftsführer zu bewirkenden Anmeldung und Eintragung des Erlöschens der Firma (§ 31 HGB). Im Regelfall ist die Gesellschaft allerdings auch ohne Anmeldung von Amts wegen nach § 394 Abs. 1 Satz 2 FamFG zu löschen, wenn nach der Durchführung des Insolvenzverfahrens keine Anhaltspunkte dafür gegeben sind, dass die Gesellschaft noch Vermögen besitzt.[1] Gemäß § 394 Abs. 2 Satz 3 FamFG sind vor der Löschung die berufsständischen Organe, insbesondere die Industrie- und Handelskammer anzuhören (§ 380 FamFG).

1144 Durch die Insolvenzeröffnung erlöschen allerdings etwa erteilte **Prokuren** (§ 117 Abs. 1 InsO). Sie sind daher von Amts wegen zusammen mit der Eintragung der Eröffnung zu löschen, da die ursprünglich zutreffende Eintragung nachträglich unrichtig geworden ist (§ 395 Abs. 1 FamFG und § 384 Abs. 2 FamFG). Dies gilt wiederum in besonderem Maße unter Berücksichtigung des aktuellen Ausdrucks, da diesem das Eintragungsdatum nicht entnommen werden kann, jedoch auch der Insolvenzverwalter Prokura erteilen kann.[2] Daher wäre es nicht möglich, festzustellen, ob es sich bei einem aufscheinenden Prokuristen um einen vor Insolvenzeröffnung bestellten handelt, dessen Prokura erloschen ist, oder um einen vom Insolvenzverwalter bestellten.

1145 Bei **Einstellung des Insolvenzverfahrens** sind zugleich mit deren amtsweiger Eintragung (§ 32 Abs. 1 Nr. 4 HGB) die allgemeine Vertretungsregelung der Geschäftsführer, die Personendaten der Geschäftsführer und deren eventuell eingetragene konkrete Vertretungsbefugnis von Amts wegen zu löschen (§ 384 Abs. 2 FamFG), da auch hier der aktuelle Ausdruck sonst unzutreffende Informationen liefern würde. Ohne besondere Anmeldung ist die allgemeine Vertretungsregelung zu ersetzen durch den Satz:

Die Gesellschaft wird durch den/die Liquidatoren vertreten.

Dieser Satz ist zwar nicht besonders aussagekräftig. Eine konkretere Aussage würde jedoch die Gefahr mit sich bringen, dass eine materiell falsche Vertretungsbefugnis verlautbart würde. Zudem sind die bisherigen Geschäftsführer und deren konkrete Vertretungsbefugnis von Amts wegen zu löschen und durch die Eintragung als Liquidatoren zu ersetzen. Konkretere Aussagen zur Vertretung können im Bedarfsfall durch die Liquidatoren angemeldet und ggf. auch erzwungen werden.[3]

1146 Die mit rechtskräftiger **Ablehnung des Insolvenzantrags** mangels Masse aufgelöste GmbH (§ 60 Abs. 1 Nr. 5 GmbHG) hat das Liquidationsverfahren nach §§ 66 ff. GmbHG durchzuführen.[4] Die ersten Liquidatoren (§ 66 Abs. 1 GmbHG) und ihre Vertretungsbefugnis sind hierfür zur Eintragung in das Handelsregister anzumelden[5] (§ 67 GmbHG). Die Liquidatoren haben die in § 67 Abs. 3 GmbHG vorgeschriebene Versicherung über ihre Amtsfähigkeit abzugeben.

1147 g) **Verwahrung der Bücher und Schriften.** Gemäß § 74 Abs. 2 Satz 1 GmbHG sind die **Bücher und Schriften der Gesellschaft** nach Beendigung der Liquidation für die Dauer von zehn Jahren einem der Gesellschafter oder einem Dritten in Verwahrung zu geben. Ist weder durch Gesellschaftsvertrag noch durch Gesellschafterbeschluss ein Gesellschafter oder ein Dritter bestimmt, der die Aufbewahrung zu übernehmen hat, so

---

[1] Siehe *Vallender* NZG 1998, 249.
[2] Vgl. *Karsten Schmidt* BB 1989, 229.
[3] Anders hierzu **BayObLG** Z 1987, 222 für die Führung als Papierregister, bei der die hier beschriebenen Probleme jedoch nicht auftreten konnten.
[4] *Osterloh/Fastrich,* in: Baumbach/Hueck, GmbHG, § 60 Rz. 27; *Schmidt* GmbHR 1994, 829; *Vallender* NZG 1998, 249.
[5] **BayObLG** Z 1987, 222 (= NJW-RR 1988, 96 = GmbHR 1987, 468).

ist er auf Antrag durch das nach § 377 Abs. 1 i.V.m. § 375 Nr. 6 FamFG zuständige Gericht (Rechtspfleger) zu bestimmen (§ 74 Abs. 2 Satz 2 GmbHG). Zur Erfüllung der Verpflichtung, die Bücher und Schriften in Verwahrung zu geben, können die Liquidatoren nicht durch Zwangsgeld angehalten werden. Durchgesetzt werden kann die Verpflichtung nur im ordentlichen Klageweg.[1] Jeder der Gesellschaftsgläubiger kann vom Gericht (Rechtspfleger) zur **Einsicht** ermächtigt werden (§ 74 Abs. 3 Satz 2 GmbHG). Die Einsicht kann durch Zwangsgeld und Zwangsmittel nach § 35 FamFG erzwungen werden.[2]

3. Beendigung der Liquidation und Erlöschen der Gesellschaft

Ist die Abwicklung beendet, so haben die Liquidatoren in vertretungsberechtigter Zahl den **Schluss der Abwicklung** zur Eintragung im Handelsregister **anzumelden** (§ 74 Abs. 1 Satz 1 GmbHG). Es bedarf keiner besonderen Anmeldung des Erlöschens der Liquidatorenämter, da die entsprechende Amtsbeendigung unmittelbar mit der Firmenlöschung verbunden ist.[3] Sodann ist vom Registergericht die Firma der Gesellschaft gemäß § 74 Abs. 1 Satz 2 GmbHG zu löschen. Die Anmeldung ist erzwingbar. Da dem Registergericht in der Regel die Umstände der Beendigung der Liquidation nicht bekannt werden, kommt ein Vorgehen nach § 14 HGB jedoch nur in besonderen Ausnahmefällen in Betracht. 1148

Mit der Anmeldung ist nach Abschluss der regulären Liquidation ein Belegexemplar der gemäß § 65 Abs. 2 GmbHG erforderlichen **Bekanntmachung in den Gesellschaftsblättern** einzureichen. Ausreichend ist für die Bekanntmachung der Auflösung seit Inkrafttreten der Änderung des § 65 Abs. 2 Satz 1 und § 73 Abs. 1 GmbHG zum 1. 9. 2009 die einmalige Veröffentlichung.[4] Gemäß § 12 Satz 1 GmbHG hat die Bekanntmachung zumindest im elektronischen Bundesanzeiger zu erfolgen. Besteht aus der Zeit vor In-Kraft-Treten dieser gesetzlichen Anordnung am 1. 4. 2005 eine gesellschaftsvertragliche Bestimmung, der zu Folge Veröffentlichungen „im Bundesanzeiger" erfolgen, so ist dies nach der deklaratorischen Vorschrift des § 12 Satz 3 GmbHG im Sinne der Bezugnahme auf dessen elektronische Ausgabe zu verstehen, insbesondere nachdem die Papierfassung des Bundesanzeigers ihr Erscheinen eingestellt hat. Für sonstige Anordnungen zu etwaigen Gesellschaftsblättern aus der Zeit vor dem 1. 4. 2005 wird in der Literatur teilweise vertreten,[5] dass derartige Anordnungen insgesamt hinfällig sind und somit nur in Ausnahmefällen, nämlich dann, wenn die Anordnung weiterer Gesellschaftsblätter im Sinne des § 12 Satz 2 GmbHG nach dem 1. 4. 2005 beschlossen wurde, die Bekanntmachung der Auflösung samt Gläubigeraufruf auch in diesen weiteren Medien erfolgen muss. Nur wenn man dieser – gerichtlich bislang noch nicht bestätigten – Ansicht folgt, kommt man zum Ergebnis, dass auch in den beschriebenen Fällen die Veröffentlichung allein im elektronischen Bundesanzeiger ausreicht. 1148a

Die entsprechende Handelsregisteranmeldung kann folgendermaßen ausgestaltet werden: 1149

---

[1] BayObLG Z 1967, 240 (= NJW 1968, 65).
[2] Vgl. KG JW 1937, 2289; anderer Ansicht: *Heinemann*, in: Keidel, FamFG, § 375 Rz. 17.
[3] BayObLG GmbHR 1994, 259 (260); *Kleindiek*, in: Lutter/Hommelhoff, GmbHG, § 74 Rz. 10.
[4] Siehe ohne besondere Übergangsregelung Art. 14b Nr. 7 und 9 des Gesetzes zur Umsetzung der Aktionärsrechterichtlinie (ARUG) vom 30. 7. 2009 (BGBl. I S. 2479).
[5] *Krafka* MittBayNot 2005, 293 (294); *Oppermann* RNotZ 2005, 597 (602); anderer Ansicht: *Noack* DB 2005, 599 (600), *Gutachten des Deutschen Notarinstituts*, DNotI-Report 2005, 81 (82); zur Ausnahmesituation der Übergangszeit OLG **München** FGPrax 2006, 33 (= DNotZ 2006, 222 = RPfleger 2006, 21).

> Die Liquidation ist beendet. Die Firma ist somit erloschen. Die Bücher und Schriften der Gesellschaft werden von Robert Mikart, geboren am 23. 8. 1960, München, Herzstraße 30, verwahrt. Beigefügt ist ein Belegexemplar über die Veröffentlichung der Auflösung samt Gläubigeraufruf in den Gesellschaftsblättern.

1150 Das **Gericht** (Rechtspfleger) **prüft** die Ordnungsmäßigkeit der Anmeldung sowie im Zweifelsfall, ob die Abwicklung beendet ist. Ob das Registergericht den Ablauf des Sperrjahres[1] (§ 73 Abs. 1 Satz 1 GmbHG) zu beachten hat, ist umstritten.[2] Zu bedenken ist jedoch, dass die Liquidation tatsächlich mit der Vermögensverteilung endet. Wenn damit die Vertretungsmacht der Liquidatoren beendet und die Firma erloschen ist, kann diese Tatsache auch nicht mit dem Hinweis auf ein fehlerhaftes Verhalten der Liquidatoren, insbesondere mit dem Verstoß gegen § 73 Abs. 1 GmbHG, ausgeräumt werden. Fraglich kann allenfalls sein, welche Anforderungen an die Nachprüfung durch das Registergericht zu stellen sind, ob die Liquidation tatsächlich beendet ist. Hierfür gilt jedoch nichts anderes als für die Nachprüfung sonstiger Anmeldungen durch das Registergericht. Sonach kann das Registergericht davon ausgehen, dass die ordnungsgemäß angemeldete Tatsache auch zutreffend ist. Versichern die Liquidatoren, dass bei der Gesellschaft keine Prozesse anhängig sind, dass mit der Verteilung des Gesellschaftsvermögens noch nicht begonnen wurde und dass eine solche Verteilung mangels vorhandenen Vermögens auch nicht erfolgen wird, so kann das **Erlöschen** der Gesellschaft sofort **ohne Liquidation** mit der Auflösung angemeldet und eingetragen werden.[3] Dabei ist, bei entsprechenden Erkenntnissen des Registergerichts, im Fall von Zahlungsunfähigkeit oder Überschuldung der Gesellschaft die Pflicht zur Stellung eines Insolvenzantrages gemäß § 15a InsO sowie zur vorrangigen Durchführung eines Insolvenzverfahrens zu beachten. Zur Vermeidung einer späteren Nachtragsliquidation kann es auch sinnvoll sein, sich vor Eintragung des Erlöschens bei dem zuständigen Finanzamt nach noch andauernden Steuerverfahren zu erkundigen. Eine gleichzeitige **Anmeldung sowohl der Auflösung der Gesellschaft als auch des Erlöschens der Firma** könnte demgemäß lauten:

> Die Gesellschaft ist durch Beschluss vom 3. 4. 2010 aufgelöst.
> Die Firma ist erloschen.
> Es wird versichert:
> – Vermögen oder Verbindlichkeiten der Gesellschaft sind nicht vorhanden. Insbesondere stehen keine Zahlungen auf Geschäftsanteile aus. Auch sind keine Ausschüttungen beziehungsweise Auszahlungen des Gesellschaftsvermögens an Gesellschafter über einen ordentlichen Gewinnverteilungsplan hinaus erfolgt.
> – Es sind keine gerichtlichen Rechtsstreite anhängig, an welchen die Gesellschaft beteiligt ist.
> – Ein Fall der Zahlungsunfähigkeit oder Überschuldung der Gesellschaft liegt nicht vor.

1151 **Einzutragen** sind der Schluss der Liquidation und die Löschung der GmbH gemäß § 43 Nr. 6 lit. b sublit. ff HRV in Spalte 6 Unterspalte b des Handelsregisters. Das Registerblatt ist anschließend insgesamt zu röten (§ 22 Abs. 1 HRV). Die Eintragung ist nach § 10 HGB unter „Löschungen" zu veröffentlichen. Zur Eintragungsmitteilung vgl. § 383 Abs. 1 FamFG. Die Eintragung lautet:

> Die Liquidation ist beendet. Die Firma ist erloschen.

---

[1] Hierzu *Erle* GmbHG 1998, 216.
[2] Vgl. **BayObLG** Rpfleger 1982, 429 (= DB 1982, 2127); siehe *Kleindiek*, in: Lutter/Hommelhoff, GmbHG, § 74 Rz. 3.
[3] **OLG Köln** FGPrax 2005, 80 mit Anm. *Munzig* (= DNotZ 2005, 314 = Rpfleger 2005, 314); **OLG Naumburg** RNotZ 2002, 462 (= GmbHR 2002, 858); **BayObLG** Rpfleger 1982, 429 (= MittBayNot 1982, 257).

4. Nachtragsliquidation

Werden nach Abschluss der Liquidation und Löschung der Gesellschaft (§ 74 Abs. 1 Satz 2 GmbHG) **weitere Abwicklungsmaßnahmen** nötig,[1] so lebt die Vertretungsbefugnis der früheren Liquidatoren nicht ohne weiteres wieder auf. Da auch eine Löschung des Erlöschens der Gesellschaft nach § 395 FamFG nicht möglich ist,[2] findet eine **Nachtragsliquidation** statt. Weitere Abwicklungsmaßnahmen in diesem Sinne können insbesondere dann vorzunehmen sein, wenn erst nach Erlöschen weitere Vermögensrechte bekannt werden, z. B. bezüglich hinfällig gewordener, im Grundbuch eingetragener Rechte Löschungsbewilligungen (§ 19 GBO) seitens der Gesellschaft abzugeben sind. Eine Nachtragsliquidation findet aber auch statt, um den zunächst unbeachtet gebliebenen Anspruch der Gesellschaft auf Einzahlung der gesamten Stammeinlage zu erfüllen.[3] Ausreichend für die Bestellung eines Nachtragsliquidators kann aber auch sein, dass Rechtsbeziehungen oder Tatsachen bekannt werden, die eine gesetzliche Vertretung der Gesellschaft, etwa im Rahmen eines Hinterlegungsverfahrens, zur Erteilung eines Arbeitszeugnisses, zur Löschung einer Grundbucheintragung oder zur Erfüllung ihrer steuerlichen Pflichten verlangen; Voraussetzung für eine Nachtragsliquidation ist hierbei nicht das Vorhandensein von noch verteilungsfähigem Vermögen, sondern allein das Vorliegen von Tatsachen, die eine gesetzliche Vertretung des Rechtsträgers erfordern.[4] Dabei kann es genügen, dass die Beteiligung der GmbH am steuerlichen Verfahren es ermöglicht, Ansprüche gegen Dritte verfolgen zu können.[5] Kein ausreichendes Bedürfnis für eine Nachtragsliquidation soll aber dann bestehen, wenn eine fortwirkende Prozessvollmacht vorliegt, mit der noch für die gelöschte Gesellschaft gehandelt werden kann.[6]

1152

Ein Antrag auf Bestellung eines Nachtragsliquidators könnte demgemäß folgendermaßen lauten:

> Die Passeé-GmbH mit Sitz in Rostock (HRB 3309) wurde am 5. 10. 2009 aus dem Handelsregister gelöscht.
> Aufgrund eines Schreibens des zuständigen Finanzamtes wurde nun bekannt, dass bereits abgeführte Körperschaftsteuer in Höhe von 2065,– EUR an die Gesellschaft zurück zu erstatten ist. Zur Entgegennahme des Steuerbescheides sowie des Erstattungsbetrages und anschließenden Verteilung an die Gesellschafter beantrage ich, mich als vormaligen Liquidator der Gesellschaft zum Nachtragsliquidator mit dem entsprechenden Wirkungskreis zu bestellen.
> Entsprechend § 66 Abs. 4 GmbHG versichere ich:
> Es liegen keine Umstände vor, aufgrund derer ich nach § 6 Abs. 2 Satz 2 und 3 GmbHG vom Amt eines Geschäftsführers ausgeschlossen wäre: Während der letzten fünf Jahre erfolgte weder im In- noch wegen einer vergleichbaren Straftat im Ausland eine Verurteilung wegen einer oder mehrerer Straftaten
> – des Unterlassens der Stellung des Antrags auf Eröffnung des Insolvenzverfahrens (Insolvenzverschleppung),
> – nach den §§ 283 bis 283 d StGB,
> – der falschen Angaben nach § 82 GmbHG oder § 399 AktG,
> – der unrichtigen Darstellung nach § 400 AktG, § 331 HGB, § 313 UmwG oder § 17 PublG oder
> – nach den §§ 263 bis 264 a oder den §§ 265 b bis 266 a StGB,

---

[1] Hierzu **OLG Frankfurt** FGPrax 2005, 271.
[2] **OLG Hamm** NJW-RR 2002, 324.
[3] Was konkret vorzutragen ist, **KG** FGPrax 2007, 185 (= GmbHR 2007, 542 = Rpfleger 2007, 398); siehe auch **BayObLG** Rpfleger 1985, 69 (= GmbHR 1985, 215).
[4] **OLG München** FGPrax 2008, 171 (= GmbHR 2008, 822).
[5] **OLG München** FGPrax 2008, 171 (= GmbHR 2008, 823).
[6] **BayObLG** FGPrax 2004, 297 (= Rpfleger 2004, 707).

auch wurde mir weder durch gerichtliches Urteil noch durch vollziehbare Entscheidung einer Verwaltungsbehörde die Ausübung eines Berufs, Berufszweigs, Gewerbes oder Gewerbezweigs untersagt, somit auch nicht im Bereich des Unternehmensgegenstands der Gesellschaft; ferner wurde ich nicht aufgrund einer behördlichen Anordnung in einer Anstalt verwahrt.

In der Anlage übersende ich eine Einverständniserklärung der beiden Gesellschafter Parchow und Kessin mit meiner Bestellung sowie eine Bestätigung über meine Einzahlung eines Kostenvorschusses in Höhe von 52,- EUR (zwei Gebühren aus einem Gegenstandswert bis 3000,- EUR).

1153 Das Registergericht hat durch den zuständigen Richter[1] in entsprechender Anwendung des § 273 Abs. 4 AktG[2] auf Antrag die bisherigen oder andere **Liquidatoren neu zu bestellen.**[3] Der Wirkungskreis des Nachtragsliquidators ist regelmäßig auf die für den Bestellungsgrund notwendigen Handlungen zu beschränken.[4] Gegen die Bestellung steht den Gesellschaftern insbesondere bei Abwicklungsmaßnahmen mit Bezug zum Vermögen der GmbH ein Beschwerderecht zu.[5] Der Nachtragsliquidator ist – zumindest sofern er gegen seinen Willen bestellt wurde, weil das Gericht seine Verpflichtung zur Übernahme des Amtes annimmt – ebenfalls beschwerdebefugt.[6] Die Auswahl der Person – nicht aber die Entscheidung über die Anordnung als solche – unterliegt dem pflichtgemäßen Ermessen des Gerichts.[7] Keine pflichtgemäße Ausübung dieses Ermessen liegt wegen der drohenden Interessenkollision bei der Bestellung einer Person vor, gegen die aufgrund der früheren Tätigkeit als Liquidator Ansprüche geltend gemacht werden sollen.[8] Die Einholung des Einverständnisses der zu bestellenden Person ist im Übrigen regelmäßig Voraussetzung für die Wirksamkeit der Bestellung (siehe aber Rz. 438).[9] Die neu bestellten Liquidatoren sind von Amts wegen in das Handelsregister einzutragen, es sei denn, die Nachtragsliquidation beschränkt sich auf einzelne, genau zu bezeichnende Rechtshandlungen (z. B. Bewilligung der Löschung einer Hypothek). Die **Eintragung im Handelsregister kann** nach pflichtgemäßem Ermessen des Gerichts **unterbleiben,** wenn der zu erwartende Umfang der nachträglich erforderlichen Handlungen der Liquidatoren eine Eintragung nicht erfordert.[10] Dies ist in der Praxis der Registergerichte nahezu der Regelfall. Wenn eine Eintragung im Register erfolgt, ist die Rötung des Registerblatts wieder aufzuheben, da sonst keine Eintragungen vorgenommen werden können. Im Rechtsverkehr genügt im Übrigen stets eine Ausfertigung des Beschlusses des Gerichts als Nachweis der Bestellung.

1154 Die bestellten Nachtragsliquidatoren können nicht durch Gesellschafterbeschluss **abberufen** werden. Zuständig hierfür ist nach § 66 Abs. 3 Satz 1 GmbHG wiederum das

---

[1] OLG Schleswig NJW-RR 2000, 769.
[2] Für eine entsprechende Anwendung von § 66 Abs. 5 GmbHG hingegen *Müther,* Handelsregister, § 6 Rz. 240.
[3] OLG München FGPrax 2008, 171 (= GmbHR 2008, 822); **OLG Hamm** FGPrax 1997, 33 (= Rpfleger 1997, 117); **OLG Köln** GmbHR 1993, 823; **OLG Hamm** NJW-RR 1993, 359; BayObLG BB 1984, 446; **OLG Köln** DB 1976, 1572; BayObLG Z 1955, 288 (= DNotZ 1955, 638).
[4] OLG München FGPrax 2008, 171 (= GmbHR 2008, 822).
[5] OLG München FGPrax 2008, 171 (= GmbHR 2008, 822); KG NZG 2005, 934.
[6] OLG München FGPrax 2008, 171 (= GmbHR 2008, 822); **KG** GmbHR 2000, 660 (= NJW-RR 2001, 900); **OLG Hamm** NJW 1997, 32.
[7] BayObLG FGPrax 2004, 43.
[8] OLG Hamm FGPrax 1997, 33 (= Rpfleger 1997, 115 = GmbHR 1997, 75).
[9] OLG Hamm FGPrax 1997, 33.
[10] Ebenso **OLG München** FGPrax 2008, 171 (= GmbHR 2008, 823); *Krafka,* in: MünchKommZPO, § 375 FamFG Rz. 39; *Heinemann,* in: Keidel, FamFG, § 375 Rz. 63; *Müther,* Handelsregister, § 6 Rz. 243; anderer Ansicht: **OLG Koblenz** RNotZ 2007, 290 (= NZG 2007, 432).

Gericht.¹ Nach Wiedereintragung haben die Liquidatoren nach Beendigung der Abwicklungsmaßnahmen den **Schluss der Abwicklung** erneut zur Eintragung in das Handelsregister anzumelden. Für eine vor Eintragung aufgelöste GmbH kann das Gericht keinen Liquidator bestellen.

IX. Fortsetzung einer GmbH

1. Möglichkeit zur Fortsetzung der Gesellschaft

Die Fortsetzung der GmbH² kann von den Gesellschaftern mit der für den Auflösungsbeschluss notwendigen Mehrheit (§ 60 Abs. 1 Nr. 2 GmbHG: drei Viertel der abgegebenen Stimmen, sofern der Gesellschaftsvertrag keine höhere Mehrheit vorsieht, vgl. § 274 Abs. 1 AktG) beschlossen werden, wenn mit der Verteilung des Vermögens der Gesellschaft nach §§ 72 ff. GmbHG noch nicht begonnen wurde³ und das vorhandene Gesellschaftsvermögen mindestens die Schulden deckt. Letzteres ist nicht anhand einer gemäß §§ 238 ff., 264 ff. HGB aufzustellenden Bilanz zu klären, sondern ergibt sich aus einem Überschuldungsstatus.⁴ 1155

Zu beachten sind folgende **Besonderheiten**: Bei der Auflösung durch Zeitablauf (§ 60 Abs. 1 Nr. 1 GmbHG) ist zu bedenken, dass eine Änderung der Satzung erforderlich ist. Im Übrigen gelten wie bei der Fortsetzung nach Auflösung durch Gesellschafterbeschluss (§ 60 Abs. 1 Nr. 2 GmbHG) die dargestellten allgemeinen Grundsätze. Im Fall der Auflösung durch rechtskräftiges Urteil (§ 60 Abs. 1 Nr. 3, § 61 GmbHG) oder durch rechtskräftige Entscheidung der Verwaltungsbehörde (§ 60 Abs. 1 Nr. 3, § 62 GmbHG) scheidet eine Fortsetzung der Gesellschaft nicht von vorneherein aus. Jedoch müssen neben den allgemeinen Erfordernissen im ersteren Fall auch die Auflösungskläger zustimmen, im letzteren Fall muss die Verwaltungsbehörde, die das Verfahren betrieben hat, die Entscheidung, die zur Auflösung geführt hat, aufheben oder zurücknehmen.⁵ Nach Auflösung der Gesellschaft durch Eröffnung eines Insolvenzverfahrens (§ 60 Abs. 1 Nr. 4 GmbHG) kommt eine Fortsetzung in Betracht, wenn das Insolvenzverfahren wegen Wegfalls des Insolvenzgrundes (§ 212 InsO) oder nach Zustimmung aller Insolvenzgläubiger (§ 213 InsO) eingestellt wurde. Bei Eröffnung des Insolvenzverfahrens kann bei Vorliegen eines durch die Gesellschafter bestätigten Insolvenzplans, der den Fortbestand der Gesellschaft vorsieht, ein Gesellschafterbeschluss zur Fortsetzung der Gesellschaft gefasst werden (vgl. § 60 Abs. 1 Nr. 4 GmbHG).⁶ Ebenso ist ein Fortsetzungsbeschluss zulässig, wenn das Verfahren auf Antrag des Schuldners eingestellt wird (siehe § 60 Abs. 1 Nr. 4 GmbHG). Dagegen kann im Falle der Auflösung der Gesellschaft durch rechtskräftige Abweisung des Insolvenzantrags mangels Masse (§ 60 Abs. 1 Nr. 5 GmbHG) eine Fortsetzung durch die Gesellschafter auch dann nicht beschlossen werden, wenn der Gesellschaft neues Ka- 1156

---

¹ OLG Köln FGPrax 2003, 86 (= Rpfleger 2003, 301); *Osterloh/Fastrich,* in: Baumbach/Hueck, GmbHG, § 60 Rz. 66; *Roth/Altmeppen,* GmbHG, § 74 Rz. 16; *Kleindiek,* in: Lutter/Hommelhoff, GmbHG, § 74 Rz. 21; anderer Ansicht: *Karsten Schmidt,* in: Scholz, GmbHG, § 74 Rz. 22.
² Hierzu *Fichtelmann* GmbHR 2003, 67; *Scholz* GmbHR 1982, 228; *Fischer* GmbHR 1955, 165.
³ Siehe **OLG Düsseldorf** GmbHR 1979, 276; *Kleindiek,* in: Lutter/Hommelhoff, GmbHG, § 60 Rz. 29; *Osterloh/Fastrich,* in: Baumbach/Hueck, GmbHG, § 60 Rz. 52; *Karsten Schmidt,* in: Scholz, GmbHG, § 60 Rz. 46; anderer Ansicht: *Roth/Altmeppen,* GmbHG, § 60 Rz. 25; *Erle* GmbHR 1997, 973.
⁴ BayObLG GmbHR 1998, 540.
⁵ Vgl. *Osterloh/Fastrich,* in: Baumbach/Hueck, GmbHG, § 60 Rz. 54.
⁶ Siehe *Vallender* NZG 1998, 249.

pital zugeführt werden soll.[1] Wurde die Gesellschaft gemäß § 394 FamFG als vermögenslos gelöscht (§ 60 Abs. 1 Nr. 7 GmbHG) ist ein Fortsetzungsbeschluss ebenfalls ausgeschlossen.[2] Bei Auflösung der Gesellschaft durch das Registergericht wegen eines Satzungsmangels (§ 399 FamFG) kann die Fortsetzung in entsprechender Anwendung des § 274 Abs. 2 Nr. 2 AktG erfolgen, sofern der Satzungsmangel heilbar ist.[3]

1157 Der **Fortsetzungsbeschluss** bedarf nicht der notariellen Beurkundung, es sei denn, dass er eine Satzungsänderung enthält, etwa im Fall der Änderung der Dauer der Gesellschaft (§ 60 Abs. 1 Nr. 1 GmbHG, § 3 Abs. 2 GmbHG) oder der Aufhebung eines gesellschaftsvertraglichen und bereits verwirklichten Auflösungsgrundes (§ 60 Abs. 1 GmbHG). In diesen Fällen sind die Bestimmungen für eine reguläre Änderung des Gesellschaftsvertrags zu beachten (§§ 53, 54 GmbHG).

2. Anmeldung und Eintragung der Fortsetzung der Gesellschaft

1158 Die Fortsetzung der Gesellschaft und die Neubestellung von Geschäftsführern ist von diesen in vertretungsberechtigter Zahl unter Beilage des Fortsetzungsbeschlusses und der sonstigen Unterlagen zur Eintragung ins Handelsregister **anzumelden**. Dabei ist nachzuweisen, zumindest aber von den Geschäftsführern zu versichern, dass mit der Verteilung des Vermögens unter den Gesellschaftern noch nicht begonnen wurde[4] (vgl. § 274 Abs. 3 AktG).

1159 Beispiel zur Anmeldung der Fortsetzung der Gesellschaft:

> Der Auflösungsbeschluss vom 13. 5. 2009 wurde durch Beschluss der Gesellschafterversammlung vom 20. 8. 2009 aufgehoben und die Fortsetzung der Gesellschaft beschlossen. Die bisherigen Liquidatoren wurden abberufen.
>
> Die allgemeine Vertretungsregelung der Geschäftsführer sieht vor, dass die Gesellschaft einen oder mehrere Geschäftsführer hat. Ist nur ein Geschäftsführer bestellt, so vertritt dieser die Gesellschaft allein. Sind mehrere Geschäftsführer bestellt, so wird die Gesellschaft durch zwei Geschäftsführer gemeinsam oder durch einen Geschäftsführer gemeinsam mit einem Prokuristen vertreten.
>
> Zu Geschäftsführern wurden bestellt:
> Robert Kurz, München, geboren am 25. 5. 1954, und Richard Lang, Münster, geboren am 10. 8. 1965. Die Geschäftsführer Robert Kurz und Richard Lang vertreten stets einzeln und sind befugt, im Namen der Gesellschaft mit sich im eigenen Namen oder als Vertreter eines Dritten Rechtsgeschäfte abzuschließen.
>
> Der Geschäftsführer, bei mehreren jeder für sich, versichert:
> – Es liegen keine Umstände vor, aufgrund derer ich nach § 6 Abs. 2 Satz 2 Nr. 2 und 3 sowie Satz 3 GmbHG vom Amt eines Geschäftsführers ausgeschlossen wäre: Während der letzten fünf Jahre erfolgte , weder im Inland noch im Ausland wegen einer vergleichbaren Tat, keine Verurteilung wegen des Unterlassens der Stellung des Antrags auf Eröffnung des Insolvenzverfahrens, nach §§ 283 bis 283 d StGB, wegen falscher Angaben nach § 82 GmbHG oder § 399 AktG, wegen unrichtiger Darstellung nach § 400 AktG, § 331 HGB, § 313 UmwG oder § 17 PublG oder nach §§ 263 bis 264 a oder 265 b bis 266 a StGB; auch wurde mir weder durch gerichtliches Urteil noch durch vollziehbare Entscheidung einer Verwaltungsbehörde die Ausübung eines Berufs, Berufszweigs, Gewerbes oder Gewerbezweigs untersagt, somit auch nicht im Bereich des Unternehmensgegenstands der Gesell-

---

[1] *Vallender* NZG 1998, 249; s. a. zum damaligen Konkursrecht **BayObLG** NJW 1996, 417 (= Rpfleger 1995, 363); **KG** NJW-RR 1994, 229; **KG** DB 1998, 2409; anderer Ansicht: *Kallweit* NZG 2009, 1416; *Roth/Altmeppen*, GmbHG, § 75 Rz. 29.

[2] **OLG Celle** GmbHR 2008, 211 (= NZG 2008, 271).

[3] Vgl. **OLG Düsseldorf** MittRhNotK 1979, 163 (= DB 1979, 2269 = GmbHR 1979, 276); *Osterloh/Fastrich*, in: Baumbach/Hueck, GmbHG, § 60 Rz. 61.

[4] **OLG Stuttgart** BWNotZ 1961, 183.

Dritter Abschnitt. A. Gesellschaft mit beschränkter Haftung

schaft; ferner wurde ich nicht aufgrund einer behördlichen Anordnung in einer Anstalt verwahrt. Vom beglaubigenden Notar wurde ich über die unbeschränkte Auskunftspflicht gegenüber dem Gericht gemäß § 53 BZRG belehrt.
– Mit der Verteilung des Vermögens der Gesellschaft an die Gesellschafter wurde noch nicht begonnen. Das Vermögen der Gesellschaft übersteigt die bestehenden Verbindlichkeiten.
– Die inländische Geschäftsanschrift der Gesellschaft lautet: Schillerstraße 15, 99423 Weimar.

Als Anlage fügen wir dieser Anmeldung bei:
– Niederschrift der Gesellschafterversammlung, enthaltend die Beschlussfassung über die Fortsetzung der Gesellschaft und die Abberufung der Liquidatoren und die Bestellung der Geschäftsführer

Zur deklaratorisch wirkenden **Eintragung** im Handelsregister siehe § 43 Nr. 6 lit. b sublit. dd HRV; zur öffentlichen Bekanntmachung siehe § 10 HGB. Sofern die Fortsetzung keine Satzungsänderung erfordert, kann die Anmeldung der Eintragung des gefassten Beschlusses erzwungen werden (§ 14 HGB). Wurde die Auflösung bislang nicht im Handelsregister eingetragen, kann bei einer Fortsetzung die Eintragung der Auflösung unterbleiben, wenn sie nicht aus dem Handelsregister aus sonstigen Gründen ersichtlich war, wie etwa im Falle der Auflösung wegen Ablaufs der Dauer der Gesellschaft[1] (§ 60 Abs. 1 Nr. 1 GmbHG). 1160

Die **Eintragung** der Fortsetzung gestaltet sich folgendermaßen: 1161

Spalte 4 1162
Unterspalte a (Allgemeine Vertretungsregelung):
Geändert, nun: *(Vorstehendes als Übergangstext)*
Ist nur ein Geschäftsführer bestellt, so vertritt dieser die Gesellschaft allein. Sind mehrere Geschäftsführer bestellt, so wird die Gesellschaft durch zwei Geschäftsführer gemeinsam oder durch einen Geschäftsführer gemeinsam mit einem Prokuristen vertreten. *(Zusätzlich Rötung der bisherigen Vertretungsregelung)*
Unterspalte b (Geschäftsführer und besondere Vertretungsbefugnis):
Geändert, nun: *(Vorstehendes als Übergangstext)*
Geschäftsführer: Kurz, Robert, München, *25. 5. 1954; einzelvertretungsberechtigt, mit der Befugnis, mit sich im eigenen Namen oder als Vertreter eines Dritten Rechtsgeschäfte abzuschließen.
Geändert, nun: *(Vorstehendes als Übergangstext)*
Geschäftsführer: Lang, Richard, Erding, *10. 8. 1965; einzelvertretungsberechtigt, mit der Befugnis, mit sich im eigenen Namen oder als Vertreter eines Dritten Rechtsgeschäfte abzuschließen.
(Zusätzlich Rötung der bisher eingetragenen Liquidatoren, auch wenn sie mit den bestellten Geschäftsführern personenidentisch sind)

Spalte 6
Unterspalte a (Rechtsform, Gesellschaftsvertrag): *(Keine Änderung)*
Unterspalte b (Sonstige Rechtsverhältnisse): Die Gesellschafterversammlung vom 20. 8. 2006 hat die Fortsetzung der Gesellschaft beschlossen. *(Rötung dieser Eintragung und der Eintragung zur Auflösung der Gesellschaft)*

(Randnummern zur Zeit nicht besetzt) 1163–1171

---

[1] Vgl. *Hoffman* GmbHR 1975, 217 (227); anderer Ansicht: *Karsten Schmidt*, in: Scholz, GmbHG, § 65 Rz. 4.

X. Umwandlungsvorgänge unter Beteiligung einer GmbH

1. Allgemeines

1172 Ebenso wie die GmbH die häufigste Rechtsträgerform in Deutschland ist, finden Umwandlungsvorgänge regelmäßig unter Beteiligung von Gesellschaften mit beschränkter Haftung statt. Aus diesem Grund sollen die Grundstrukturen von Umwandlungen an dieser Stelle erläutert werden. Gesellschaften mit beschränkter Haftung können sich an Verschmelzungen (§ 3 Abs. 1 Nr. 2 UmwG), Spaltungen (§ 124 Abs. 1 UmwG) und an einem Formwechsel (§ 191 Abs. 1 Nr. 2 UmwG) beteiligen, und zwar jeweils sowohl als übertragende als auch als übernehmende Rechtsträger bzw. als neue Rechtsträgerform. Dies gilt grundsätzlich auch für die Unternehmergesellschaft (haftungsbeschränkt), bei der es sich lediglich um eine Variante der GmbH handelt. Sofern die UG (haftungsbeschränkt) als aufnehmender, neu zu gründender oder neuer Rechtsträger fungiert, sind jedoch die für sie geltenden Sonderregeln des § 5a Abs. 2 GmbHG, der Sacheinlagen verbietet, zu beachten; teilweise wird hieraus geschlossen, eine UG (haftungsbeschränkt) könne nicht aufnehmende Gesellschaft im Rahmen einer Verschmelzung oder Spaltung sein (siehe Rz. 1185).[1] Die folgenden Ausführungen sollen als Einführung und Überblick Anhaltspunkte für die registerliche Bewältigung der meist komplexen Umwandlungsvorgänge dienen. Für Einzelfragen und Detailprobleme ist auf die umfangreiche Spezialliteratur zu verweisen.[2]

2. Verschmelzung

1173 **a) Verschmelzung durch Aufnahme.** Bei der Verschmelzung durch Aufnahme finden zunächst die Vorschriften der §§ 4 bis 35 UmwG Anwendung. Grundlage der Verschmelzung ist der durch die Vertretungsorgane der beteiligten Gesellschaften abgeschlossene **Verschmelzungsvertrag**, dessen Inhalt in § 5 UmwG bestimmt ist und der nach § 6 UmwG der notariellen Beurkundung bedarf. § 311b Abs. 2 BGB gilt für ihn nicht (siehe § 4 Abs. 1 Satz 2 UmwG).[3] Alle Punkte des § 5 UmwG sind im Verschmelzungsvertrag und zwar in Bezug auf sämtliche beteiligten Rechtsträger zu behandeln. Dies gilt grundsätzlich auch für die Gesichtspunkte, die tatsächlich im Einzelfall nicht zutreffen. Hat zum Beispiel ein an einer Verschmelzung teilnehmender Rechtsträger keine Arbeitnehmer oder keine Arbeitnehmervertretungen (vgl. § 5 Abs. 1 Nr. 9 UmwG),[4] hat der Verschmelzungsvertrag insofern dazu Stellung zu nehmen, als zumindest auf diesen Umstand hinzuweisen ist.[5] Sollte dies im Verschmelzungsvertrag übersehen worden sein, wird man bei Fehlen von Arbeitnehmern oder Arbeitnehmervertretungen auch eine entsprechende Erklärung des Vertretungsorgans für ausreichend erachten können. Zu beachten ist allerdings, dass im Verschmelzungsvertrag grundsätzlich auf die Auswirkungen bei allen beteiligten Rechtsträgern einzugehen ist, nicht nur bei den übertragenden. Dies ergibt sich aus der Formulierung des § 5 Abs. 1 Nr. 9

---

[1] *Heinemann* NZG 2008, 820 (822); siehe näher *Heckschen*, Das MoMiG in der notariellen Praxis, Rz. 228 ff.; anderer Ansicht: *Lutter*, in: Lutter/Hommelhoff, GmbHG, § 5a Rz. 33.
[2] Siehe v. a. die Kommentarliteratur: *Widmann/Mayer*, UmwG; *Lutter*, UmwG; *Semler/Stengel*, UmwG; *Schmitt/Hörtnagl/Stratz*, UmwG, *Kallmeyer*, UmwG.
[3] Allerdings geht das Eigentum an Grundstücken mit Eintragung der Verschmelzung nur über, wenn diese nach § 28 Satz 1 GBO bezeichnet wurden; BGHZ 175, 123 (= NZG 2008, 436 = NJW-RR 2008, 756).
[4] Allgemein hierzu *Dzida/Schramm* NZG 2008, 521.
[5] OLG Düsseldorf NZA 1998, 766; *Mayer*, in: Widmann/Mayer, UmwG, § 5 Rz. 180 ff.; anderer Ansicht *Simon*, in: Semler/Stengel, UmwG, § 5 Rz. 93; *Willemsen*, in: Kallmeyer, UmwG, § 5 Rz. 78.

UmwG. Praktisch ist im Einzelfall durchaus denkbar, dass etwa ein Stellenabbau bei der übernehmenden und nicht bei der übertragenden Gesellschaft beabsichtigt ist. Eine Ablehnung der Eintragung im Handelsregister wird in Bezug auf diese Angaben allerdings nur in seltenen Ausnahmefällen in Betracht kommen, da diesbezüglich allenfalls eine formelle Prüfung durch das Registergericht stattfindet.[1] Zudem ist den betroffenen Rechtsträgern diesbezüglich auch nach Fristablauf die Möglichkeit einer Nachbesserung der entsprechenden Angaben einzuräumen.[2] Bei der Beteiligung einer GmbH ist für den Inhalt des Verschmelzungsvertrags außerdem § 46 UmwG zu beachten.

1174 Vor der Beschlussfassung der Anteilsinhaber nach § 13 UmwG haben die Vertretungsorgane der beteiligten Rechtsträger, auf Seiten der GmbH also die Geschäftsführer in vertretungsberechtigender Zahl,[3] einen **Verschmelzungsbericht** nach § 8 UmwG insbesondere über das Umtauschverhältnis und eventuelle bare Zuzahlungen zu erstatten. Auf diesen Bericht kann nach § 8 Abs. 3 UmwG durch alle Anteilsinhaber (Gesellschafter) in der Form notarieller Beurkundung verzichtet werden, was in der Praxis häufig im Zusammenhang mit der Beurkundung der Zustimmungsbeschlüsse (§ 13 Abs. 3 UmwG) geschieht. Auch im Falle einer Konzernverschmelzung von der Tochter- auf die Muttergesellschaft ist ein Bericht entbehrlich. Eine **Prüfung** nach §§ 9 ff. UmwG findet bei Gesellschaften mit beschränkter Haftung nach § 48 UmwG nur statt, wenn einer ihrer Gesellschafter dies fordert. Der von den Vertretungsbefugten der beteiligten Rechtsträger, also auf Seiten der GmbH von den Geschäftsführern, geschlossene Verschmelzungsvertrag wird nur wirksam, wenn die Anteilsinhaber der beteiligten Rechtsträger ihm durch Beschluss zustimmen (§ 13 Abs. 1 UmwG). Grundlage eines derartigen **Verschmelzungsbeschlusses** kann auch ein von den Vertretungsorganen unterzeichneter schriftlicher Entwurf des Vertrags sein (siehe § 4 Abs. 2 UmwG). Auf Seiten der beteiligten Gesellschaften mit beschränkter Haftung ist vor der entsprechenden Gesellschafterversammlung den Gesellschaftern der Vertrag oder sein Entwurf und der Verschmelzungsbericht zu übersenden und gleichzeitig die Gesellschafterversammlung einzuberufen, wobei darauf hinzuweisen ist, dass in dieser Versammlung über die Verschmelzung beschlossen werden soll (§§ 47, 49 UmwG). Ab der Einberufung sind im Geschäftsraum der Gesellschaft die Jahresabschlüsse und Lageberichte der, d.h. aller an der Verschmelzung beteiligten Rechtsträger für die letzten drei Jahre zur Einsicht auszulegen. Auf Verlangen haben die Geschäftsführer den Gesellschaftern auch jederzeit Auskunft über alle für die Verschmelzung wesentlichen Angelegenheiten der anderen beteiligten Rechtsträger zu erteilen. Der Zustimmungsbeschluss jeder beteiligten GmbH bedarf nach § 50 Abs. 1 GmbHG mindestens einer Dreiviertelmehrheit, die im Gesellschaftsvertrag erschwert werden kann, und ist notariell zu beurkunden. Werden Minderheits- oder Sonderrechte von Gesellschaftern durch die Verschmelzung beeinträchtigt, bedarf der Verschmelzungsbeschluss einer übertragenden GmbH darüber hinaus der Zustimmung der betroffenen Gesellschafter (§ 50 Abs. 2 GmbH). Sonderzustimmungserfordernisse sind in § 51 UmwG geregelt. Eine Anfechtung von Verschmelzungsbeschlüssen ist nach § 14 Abs. 1 UmwG nur binnen Monatsfrist zulässig. Dies gilt für alle Rechtsformen, auch unabhängig von deren jeweiliger Satzung.[4] Die Anfechtungsklage kann nicht darauf gestützt werden, dass das Umtauschverhältnis zu niedrig bemessen sei oder die Mitgliedschaft beim übernehmenden Rechtsträger keinen ausreichenden Gegenwert für

---

[1] **OLG Düsseldorf** NZA 1998, 766; *Simon*, in: Semler/Stengel, UmwG, § 5 Rz. 95; *Willemsen*, in: Kallmeyer, UmwG, § 5 Rz. 58.
[2] *Mayer*, in: Widmann/Mayer, UmwG, § 5 Rz. 206.
[3] Siehe **BGH** NZG 2007, 714.
[4] *Heckschen*, in: Widmann/Mayer, UmwG, § 14 Rz. 9, 11, 13.

die Anteile oder Mitgliedschaft beim übertragenden Rechtsträger darstelle (§ 14 Abs. 2 UmwG). Es kann vielmehr lediglich eine Entschädigung in Form einer baren Zuzahlung vom übernehmenden Rechtsträger nach § 15 UmwG verlangt werden, was im Registerverfahren jedoch nicht zu berücksichtigen ist. Soweit dies nach §§ 54, 55 UmwG erforderlich oder zumindest möglich ist, findet die Beschlussfassung über die **Kapitalerhöhung** zum Zwecke der Verschmelzung – die im Fall einer Verschmelzung von Schwestergesellschaften nicht erforderlich ist, wenn auf die Gewährung von Geschäftsanteilen formgerecht verzichtet wird (siehe § 54 Abs. 1 Satz 3 UmwG) – regelmäßig im Rahmen der Gesellschafterversammlung statt, welche über die Zustimmung zum Verschmelzungsbeschluss beschließt. Da bei **Unternehmergesellschaften (haftungsbeschränkt)** Sachkapitalerhöhungen bis zum Erreichen eines Stammkapitals von 25 000 Euro durch § 5a Abs. 2 Satz 2 GmbHG ausgeschlossen sind (s. Rz. 1054), sind Verschmelzungen zur Aufnahme auf eine Unternehmergesellschaft (haftungsbeschränkt) als übernehmende Gesellschaft bis zu dieser Grenze nicht möglich.[1]

1175 Die Vertretungsorgane der beteiligten Rechtsträger, seitens einer beteiligten GmbH also die Geschäftsführer in vertretungsberechtigter Zahl, haben die Verschmelzung samt einer eventuell dazugehörigen Kapitalerhöhung zu dem Register ihres Rechtsträgers **anzumelden**. Das Vertretungsorgan des übernehmenden Rechtsträgers kann dies auch für die übertragenden Rechtsträger erledigen (§ 16 Abs. 1 UmwG). Hierbei haben die Vertretungsorgane zu erklären, dass gegen die Wirksamkeit eines Verschmelzungsbeschlusses, d.h. aller Verschmelzungsbeschlüsse, keine Klage, jedenfalls keine fristgemäße, erhoben wurde oder eine solche rechtskräftig zurückgewiesen oder zurückgenommen wurde (§ 16 Abs. 2 Satz 1 UmwG).[2] Diese Erklärung kann auch außerhalb der Anmeldung formlos von den Vertretungsorganen abgegeben werden, jedoch erst nach Ablauf der Anfechtungsfrist.[3] Liegt eine derartige Erklärung nicht vor, darf die Verschmelzung nur eingetragen werden, wenn die klageberechtigten Anteilsinhaber, bezüglich einer GmbH also deren Gesellschafter, durch notariell beurkundete Verzichtserklärung auf die Erhebung einer Klage gegen den Verschmelzungsbeschluss verzichten (§ 16 Abs. 2 Satz 2 UmwG). Auch wenn fristgemäß Klage erhoben wurde, kann das für die Klage zuständige Oberlandesgericht das Vollzugshindernis durch einen Beschluss beseitigen, der besagt, dass die Klageerhebung der Eintragung nicht entgegensteht (vgl. § 16 Abs. 3 UmwG, hierzu Rz. 171a). Der Beschluss ist unanfechtbar. Erweist sich die im Beschluss gestellte Prognose als falsch und wird letztlich entschieden, dass die Anfechtungsklage Erfolg hat, ist die zwischenzeitlich vorgenommene Eintragung nicht zu löschen, da die Wirkungen der eingetretenen Verschmelzung endgültig sind (siehe § 20 UmwG). Allerdings kann von dem Rechtsträger, der den Beschluss erwirkt hat, nach § 16 Abs. 3 Satz 8 UmwG Schadensersatz, jedoch nicht in Form der Beseitigung der Eintragung, verlangt werden.

1176 Der Anmeldung sind nach § 17 UmwG als **Anlage** nach § 12 Abs. 2 HGB beizufügen, jeweils in Ausfertigung oder öffentlich beglaubigter Abschrift, soweit keine notarielle Beurkundung vorgesehen ist, in Original oder Abschrift (also jeweils signiert bzw. unsigniert):
– der Verschmelzungsvertrag (§§ 4 ff. UmwG),
– die Niederschriften der Verschmelzungsbeschlüsse jeweils mit Verschmelzungsvertrag oder Entwurf als Anlage (§ 13 Abs. 1 UmwG), etwa erforderliche Zustimmungserklärungen einzelner Anteilsinhaber (§ 13 Abs. 2 UmwG),

---

[1] *Roth/Altmeppen*, GmbHG, § 5a Rz. 30; *Wicke* GmbHG, § 5a Rz. 16.
[2] Zum Vorgehen des Registergerichts bis zum Ablauf der Klagefrist siehe zum Spannungsfeld im Rahmen des § 26 FamFG *Horsch* Rpfleger 2005, 577 (579).
[3] **BGH** NZG 2006, 956 (= DB 2006, 2563 = RPfleger 2007, 78 = NJW 2007, 224).

– der Verschmelzungsbericht (§ 8 UmwG), der Prüfungsbericht (§ 12 UmwG) oder Verzichtserklärungen nach § 8 Abs. 3, § 9 Abs. 3 oder § 12 Abs. 3 UmwG,
– der Nachweis über die rechtzeitige Zuleitung des Verschmelzungsvertrags oder seines Entwurfs an den zuständigen Betriebsrat[1] (§ 5 Abs. 3 UmwG), sowie – sofern dies ausdrücklich vorgeschrieben ist – für die Verschmelzung erforderliche Genehmigungsurkunden (z. B. bei Versicherungsgesellschaften siehe § 14a VAG). Eine Zuleitung an den Betriebsrat und deren entsprechender Nachweis sind naturgemäß dann nicht erforderlich, wenn kein Betriebsrat vorhanden ist. Hierauf ist jedoch in geeigneter Weise in der Anmeldung hinzuweisen, da ansonsten eine Zwischenverfügung (§ 382 Abs. 4 FamFG) zu erwarten ist. Im Übrigen ist die Zuleitungsfrist, nicht aber die ordnungsgemäße Zuleitung selbst, bei entsprechender schriftlicher Zustimmung des Betriebsrats verzichtbar.[2]

Darüber hinaus ist gemäß § 17 Abs. 2 UmwG bei der **Anmeldung zu den übertragenden Rechtsträgern** jeweils auch eine Bilanz dieses Rechtsträgers beizufügen, deren Stichtag höchstens acht Monate vor der Anmeldung liegen darf (**Schlussbilanz**). Durch die Vorlage sollen Bilanzkontinuität, Gläubigerschutz sowie (im Falle einer Kapitalerhöhung) Kapitalerhaltungskontrolle gewährleistet werden.[3] Hinsichtlich des Stichtages ist nach dem Gesetz auf die Anmeldung abzustellen. Zur Behandlung hierzu denkbarer Probleme liegt eine beachtliche Menge an Literatur vor. Bei der Handhabung der einzelnen Registergerichte bestehen unterschiedliche Auffassungen darüber, ob an diese fristwahrende Anmeldung besondere Anforderungen im Sinne einer möglichst richtigen Anmeldung zu stellen sind.[4] Zu derartigen zusätzlichen Anforderungen besteht jedoch keinerlei Anlass. Sinn der Frist ist es lediglich, eine zeitliche Grenze für die Äußerung der Gesellschaft zu setzen, um eine derart wichtige Maßnahme im zeitlichen Zusammenhang mit der Schlussbilanz an das Registergericht heranzutragen. Das Aufstellen zusätzlicher Anforderungen durch das Gericht führt hingegen zu einer unüberschaubaren und insbesondere für die beteiligten Unternehmen unvorhersehbaren Kasuistik. Wenngleich natürlich regelmäßig eine Anmeldung richtig und vollständig sein sollte und es eine der Hauptaufgaben des Notars ist, dafür zu sorgen, dürfen Fehler – ohne ausdrückliche Festlegung im Gesetz – in wirtschaftlich derart bedeutsamen Fragen nicht ohne weiteres zu einer so gravierenden Folge wie dem Ausschluss einer Verschmelzung zu einem beabsichtigten und für wirtschaftlich richtig erachteten Zeitpunkt führen. Es ist daher davon auszugehen, dass der Zugang jeder Anmeldung, sogar einer nicht formgerechten, auch wenn sie nicht durch alle erforderlichen Anmeldungsberechtigten abgegeben und selbst einer mit sonstigen gravierenden Fehlern behafteten **Anmeldung, fristwahrend** ist.[5] Eine solche Auslegung ist nicht nur im grundsätzlich vorrangigen wirtschaftlichen Interesse der beteiligten Rechtsträger (vgl. Art. 12 GG) geboten, sondern auch geeignet, die üblicherweise bei Ablauf der Anmeldefrist – also zumeist Ende August – auftretende Arbeitsüberlastung bei Gerichten und Notaren zu entschärfen. Allerdings

1177

---

[1] Hierzu **OLG Naumburg** FGPrax 2003, 275. Zur Bestimmung des „zuständigen" Betriebsrates: *Dzida* GmbHR 2009, 459 ff.
[2] *Willemsen*, in: Kallmeyer, UmwG, § 5 Rz. 76; *Mayer*, in: Widmann/Mayer, UmwG, § 5 Rz. 259, 266; *Melchior* GmbHR 1996, 836 f.
[3] **OLG Frankfurt**, Beschl. v. 23. 10. 1996 – Az. 20 W 291/96, **KG** NJW-RR 1999, 186 ff. (= GmbHR 1998, 1230 ff.), **BayObLG** NJW-RR 1999, 833 (= GmbHR 1999, 295), **OLG Hamm** GmbHR 2006, 255 ff, **OLG Schleswig** DNotZ 2007, 957 f.
[4] Vgl. etwa **KG** NJW-RR 1999, 186; **LG Frankfurt** DB 1998, 410; **LG Dresden** NotBZ 1997, 138; **AG Duisburg** GmbHR 1996, 372.
[5] Ebenso **OLG Schleswig** FGPrax 2007, 283; **OLG Thüringen** NZG 2003, 43 (= MittBayNot 2003, 303).

ist nach dem Gesetzeswortlaut erforderlich, dass die **Anmeldung** zu dem oder den **übertragenden Rechtsträgern** erfolgt ist und nicht nur zum übernehmenden Rechtsträger.[1] Häufig wird übersehen, dass die einzureichenden Bilanzen die gemäß § 245 HGB erforderlichen Unterschriften, also bei der GmbH nach § 41 GmbHG die **aller Geschäftsführer**,[2] zu tragen haben. Die Unterschrift des Steuerberaters oder Wirtschaftsprüfers genügt nicht. Auch insoweit genügt allerdings die zeitnahe Nachreichung der korrekt unterzeichneten Unterlagen.[3]

1178 Bei der **Fristberechnung** im Rahmen des § 17 Abs. 2 Satz 4 UmwG finden die Bestimmungen der §§ 186 ff. BGB Anwendung.[4] Nach § 193 BGB kann sich demnach der Ablauf der Frist verlängern, wenn Stichtag ein Sonn- oder Feiertag oder ein Samstag ist. Bei der gebotenen wirtschaftlichen Betrachtungsweise ist darauf abzustellen, dass eine Bilanz regelmäßig zu einem Jahres- oder Monatsende erstellt wird, nur selten zu einem konkret fixierten Datum. Wenn also Wirtschaftsjahr eines übertragenden Rechtsträgers März bis Februar ist, ist unter Heranziehung des Rechtsgedankens des § 192 BGB auch der Eingang der Anmeldung am 31. 10. unter Vorlage einer Bilanz zum 28. 2. noch ausreichend. Demgegenüber ist eine Wiedereinsetzung bei einem versäumten Stichtag nicht möglich, soweit nicht aufgrund ggf. auch landesrechtlicher Vorschriften für den Fall technischer Störungen der elektronischen Übermittlung Abweichendes gilt (siehe z. B. § 10 BayERVV).

1179 Mit besonderer Sorgfalt ist darauf zu achten, dass die **Registeranmeldungen,** auch wenn sie in einer Urkunde für alle beteiligten Rechtsträger zusammengefasst werden, zu allen beteiligten Rechtsträgern **gesondert** erfolgen müssen und bei allen beteiligten Rechtsträgern sämtliche Unterlagen als Anlagen einzureichen sind. Es sind also jeweils die Zustimmungsbeschlüsse bezüglich aller Rechtsträger vorzulegen, auch der Nachweis über die rechtzeitige Zuleitung an den Betriebsrat. Dies gilt selbst dann, wenn die verschiedenen Rechtsträger bei demselben Registergericht geführt werden. Auch in diesem Fall sind nämlich für jeden Rechtsträger gesonderte Registerordner angelegt und bestehen eventuell unterschiedliche Zuständigkeiten der Richter und Rechtspfleger. Lediglich die **Schlussbilanz** ist nach § 17 Abs. 2 UmwG nur bei den jeweils betroffenen übertragenden Rechtsträgern vorzulegen. Deren Vorlage kann allerdings auch zum übernehmenden Rechtsträger notwendig werden, wenn bei diesem eine Kapitalerhöhung zum Zwecke der Verschmelzung stattfinden soll. Regelmäßig kann das Registergericht nämlich nur bei Vorlage der Bilanz des übertragenden Rechtsträgers für den kapitalerhöhenden übernehmenden Rechtsträger die Werthaltigkeit des für das neue Kapital eingebrachten Unternehmens oder Rechtsträgers beurteilen.

1180 Das **Registergericht,** bei der GmbH der Richter (siehe § 17 Nr. 1 lit. c RPflG), **prüft** sodann, und zwar grundsätzlich separat für jeden Rechtsträger, ob die Anmeldung von den anmeldebefugten Organen vorgenommen wurde, ob sie ordnungsgemäß ist, insbesondere ob die erforderliche Versicherung zur Nichtanfechtung (§ 16 Abs. 2 UmwG) abgegeben wurde oder ein ausreichender Ersatz hierfür vorliegt und ob die vorgesehenen Anlagen in der notwendigen Form beigefügt sind. Sofern nicht durch

---

[1] Andeutend **BayObLG** FGPrax 1999, 70 (= Rpfleger 1999, 334) hierzu *Schwalb* FGPrax 2000, 32.

[2] Zu einer Aufstellung der erforderlichen Unterschriften für sämtliche Rechtsformen siehe *Widmann,* in: Widmann/Mayer, UmwG, § 24 Rz. 83.

[3] **OLG Schleswig** FGPrax 2007, 283; **OLG Thüringen** NZG 2003, 43 (= MittBayNot 2003, 303); **LG Kassel** Rpfleger 2007, 668; *Bork,* in: Lutter, UmwG, § 17 Rz. 6; *Schmitt/Hörtnagl/Stratz,* UmwG, § 17 Rz. 46; *Weiler* MittBayNot 2006, 366 (379).

[4] **OLG Köln** GmbHR 1998, 1058; *Bork,* in: Lutter, UmwG, § 17 Rz. 6; *Müller,* in: Kallmeyer, UmwG, § 17 Rz. 24.

Vorlage entsprechender, notariell beurkundeter Verzichtserklärungen nachweislich eine Klage gegen die Wirksamkeit des Verschmelzungsbeschlusses ausgeschlossen ist, darf die Eintragung gemäß § 16 Abs. 2 Satz 2 UmwG erst nach Vorliegen der Negativerklärung erfolgen.[1] In materieller Hinsicht wird die Vollständigkeit und Gesetzmäßigkeit des Verschmelzungsvertrags, bei Verschmelzungen mit Kapitalerhöhung deren Voraussetzungen, insbesondere auch die Werthaltigkeit (s. o. Rz. 1066), sowie das ordnungsgemäße Zustandekommen der Verschmelzungsbeschlüsse und der sonstigen Zustimmungen geprüft.

Sodann sind die **Eintragungen in das Register** in folgender Reihenfolge vorzunehmen: 1181

1. Nur bei Verschmelzungen mit Kapitalerhöhungen bei einer übernehmenden GmbH, AG oder KGaA: Die **Kapitalerhöhung** zum Zwecke der Verschmelzung bei der übernehmenden Gesellschaft (§ 53 UmwG).
2. Die **Verschmelzung bei den übertragenden Rechtsträgern** mit dem Vermerk, dass die Verschmelzung erst mit Eintragung im Register des übernehmenden Rechtsträgers wirksam wird. Die Eintragung des Wirksamkeitsvermerks unterbleibt, wenn die Eintragungen in den Registern aller beteiligten Rechtsträger am selben Tag erfolgen; dies wird regelmäßig der Fall sein, wenn für alle Eintragungen dasselbe Gericht zuständig ist, kann aber auch in anderen Fällen zum Beispiel durch telefonische Abstimmung erreicht werden.
3. Die **Verschmelzung bei dem übernehmenden Rechtsträger** (§ 19 Abs. 1 UmwG). Diese ist nach § 20 UmwG die für die Wirksamkeit des gesamten Verschmelzungsvorgangs entscheidende Eintragung.
4. Schließlich ist **bei den übertragenden Rechtsträgern** einzutragen, an welchem Tag die Eintragung beim übernehmenden Rechtsträger erfolgt ist. Zugleich ist das Blatt der übertragenden Rechtsträger zu schließen und der zugehörige Akt nach Erledigung der Kosten zum Register des übernehmenden Rechtsträgers zu leiten, wo er als Vorband geführt wird (§ 19 Abs. 2 Satz 2 UmwG). Die Schlusseintragung entfällt bei tagleicher Eintragung der Verschmelzung bei allen beteiligten Rechtsträgern ohne Wirksamkeitsvorbehalt. (§ 19 Abs. 1 Satz 2 UmwG).

Der genannte erste Schritt der Eintragung einer Kapitalerhöhung kann entfallen, wenn eine solche nicht erforderlich ist (vgl. etwa §§ 54, 55 UmwG). Im Übrigen können Eintragungen entfallen, soweit für einen der beteiligten Rechtsträger keine Registereintragung vorgesehen ist. Um dem jeweils nachfolgenden Gericht Kenntnis von der vorausgehenden Eintragung zu verschaffen, hat das vorgehende Gericht dem Folgenden eine **Eintragungsmitteilung** zuzuleiten. Dies gilt auch für die Kapitalerhöhung, bei der dieses Vorgehen nicht ausdrücklich in § 19 Abs. 2 Satz 1 UmwG festgelegt ist. Nach Eintragung des Wirksamkeitsvermerks nach dem genannten vierten und letzten Schritt beim übertragenden Rechtsträger ist keine Eintragungsmitteilung an das Register des übernehmenden Rechtsträgers erforderlich, da der Verschmelzungsvorgang abgeschlossen ist und der Akt insgesamt als Vorband zum Register des übernehmenden Rechtsträgers übergeleitet wird. Es sind auch keine beglaubigten Abschriften nach § 8 Abs. 2 HRV zurückzubehalten.[2] Diese Vorschrift gilt nur für die Rückgabe von Unterlagen an den Einreichenden. Bei dem ursprünglich zuständigen Registergericht verbleibt lediglich das geschlossene Registerblatt mit der Verweisung auf das Blatt des übernehmenden Rechtsträgers und damit auch auf den Aufbewahrungsort der Akten des übertragenden Rechtsträgers. Daneben gehen, wie üblich, Eintragungsmitteilungen an den jeweiligen Rechtsträger und den einreichenden Notar. Für den Fall, dass zu erkennen ist oder nahe liegt, dass durch die Verschmelzung auch Grundstücke übergehen, ist nach MiZi XXI/1 Abs. 1 Nr. 9, Abs. 2 Nr. 9 und Abs. 3 1182

---

[1] **BGH** NJW 2007, 224 (= NZG 2006, 956).
[2] Anderer Ansicht: *Bork*, in: Lutter, UmwG, § 19 Rz. 4.

Nr. 3 auch das Finanzamt (Grunderwerbsteuerstelle) von der Eintragung der Verschmelzung, die deren Wirksamkeit bewirkt, also von dem genannten dritten Schritt, zu verständigen.

1183 Nur wenn die Kapitalerhöhung vor dem dritten Schritt vergessen wurde, also vor der Eintragung der Verschmelzung bei dem übernehmenden Rechtsträger, ist die Eintragung nach § 398 FamFG zu löschen.¹ Ansonsten sind die übrigen Eintragungen deklaratorisch nachzuholen, praktisch also die genannten Schritte 2 und 4 zu kombinieren.² Diese Art der Heilung (§ 20 Abs. 1 Nr. 4 UmwG) entbindet das Registergericht jedoch nicht von der strengen Beachtung der vorgesehenen Reihenfolge, da sonst die Zuständigkeit des Richters bzw. Rechtspflegers des übertragenden Rechtsträgers, insbesondere auch mit der ausschließlich ihm obliegenden Pflicht und Möglichkeit zur Prüfung, ob die Anmeldung im Sinne des § 17 Abs. 2 UmwG rechtzeitig erfolgt ist, verletzt wird.

1184 Das Registergericht hat alle Eintragungen gemäß § 10 HGB **bekannt zu machen.** Dies gilt nach § 19 Abs. 3 UmwG auch für einen beteiligten Rechtsträger, bei dem üblicherweise eine solche Bekanntmachung von Veränderungen nicht vorgesehen ist. Die Bekanntmachung der Eintragungen der Verschmelzung, also die obigen Schritte 2 und 3, nicht aber die Bekanntmachung zur Kapitalerhöhung zum Zwecke der Verschmelzung (Schritt 1) und auch die nur deklaratorische Eintragung zur Wirksamkeit der Verschmelzung beim übertragenden Rechtsträger (Schritt 4), sind mit dem Hinweis an die Gläubiger nach § 22 UmwG zu versehen. Die Schritte 1 bis 3 sind als „Veränderungen" zu veröffentlichen, der Schritt 4 als „Löschung"; bei einer Eintragung von Schritt 2 ohne Wirksamkeitsvorbehalt ist bereits diese als Löschung zu veröffentlichen.

1185 b) **Verschmelzung zur Neugründung.** Nach § 36 UmwG sind grundsätzlich die Vorschriften der Verschmelzung zur Aufnahme bei einem bestehenden Rechtsträger anzuwenden. Lediglich § 16 Abs. 1 und § 27 UmwG sind ausgenommen. Hierbei ist für das Registerverfahren die **Anmeldevorschrift** des § 16 Abs. 1 UmwG relevant. Ersetzt wird diese Norm durch § 38 UmwG. Danach erfolgen die Anmeldungen bei den übertragenden Rechtsträgern jeweils ausschließlich durch ihre eigenen Vertretungsorgane in vertretungsberechtigter Zahl und die des neuen Rechtsträgers durch die vertretungsberechtigten Organe aller übertragenden Rechtsträger. Daneben sind die Gründungsvorschriften für den neu entstehenden Rechtsträger zu beachten (§ 36 Abs. 2 UmwG). Dies bedeutet z. B. bei einer neu entstehenden GmbH, dass sich die neuen Geschäftsführer mit den üblichen Versicherungen zu ihrer Person (§ 8 Abs. 3 GmbHG) anmelden müssen. Die Neugründung einer Unternehmergesellschaft (haftungsbeschränkt) im Wege der Verschmelzung ist wegen § 5 a Abs. 2 Satz 1 GmbHG als Sachgründung ausgeschlossen.³

1186 In den **Gesellschaftsvertrag** des neu gegründeten Rechtsträgers sind die Festsetzungen über Sondervorteile, Gründungsaufwand, Sacheinlagen und Sachübernahmen, die in den entsprechenden Urkunden der übertragenden Rechtsträger vorhanden waren, zu übernehmen (§ 57 UmwG). Die Vorschriften über die **Kapitalerhöhung** zum Zwecke der Durchführung der Verschmelzung beim übernehmenden Rechtsträger entfallen, technisch schon deshalb, weil es vor Eintragung der Verschmelzung, welche immer mit der Eintragung des neuen Rechtsträgers identisch ist, diesen noch gar nicht gibt.

---

¹ *Schwarz,* in: Widmann/Mayer, UmwG, § 19 Rz. 15.1.
² Ebenso *Bork,* in: Lutter, UmwG, § 19 Rz. 3.
³ *Wicke,* GmbHG, § 5 a Rz. 16; *Heinemann* NZG 2008, 820 (822); *Heckschen,* Das MoMiG in der notariellen Praxis, Rz. 228; anderer Ansicht: *Lutter,* in: Lutter/Hommelhoff, GmbHG, § 5 a Rz. 33.

Inhaltlich ist eine Kapitalerhöhung nicht erforderlich, weil durch die Gründung einer Kapitalgesellschaft immer neues Stamm- oder Grundkapital geschaffen wird, welches den Anteilsinhabern der bisherigen Rechtsträger zum Ausgleich für den Verlust der Beteiligung an den übertragenden Rechtsträgern zugute kommt. Die Gründung ist wie eine **Sachgründung** zu behandeln, sodass auch ein Sachgründungsbericht erforderlich ist, soweit die übertragenden Rechtsträger nicht ihrerseits Kapitalgesellschaften oder eingetragene Genossenschaften waren (§ 58 UmwG). Jedenfalls ist eine Überprüfung der Werthaltigkeit der eingebrachten Vermögenswerte durch das Registergericht erforderlich. Auch hier haben die übertragenden Rechtsträger **Zustimmungsbeschlüsse** zu fassen, wobei ohne diese auch der Gesellschaftsvertrag der neuen Gesellschaft als Teil der Verschmelzung nicht wirksam wird (§ 59 UmwG).

Bei Verschmelzungen zur Neugründung und auch bei Satzungsneufassungen im Rahmen von Umwandlungsvorgängen sollten Auszüge der Urkunden, welche ausschließlich die neue **Satzung** enthalten, ähnlich einer gemäß § 54 Abs. 1 Satz 2 GmbHG bescheinigten Satzung, als separates Dokument vorgelegt werden. Dies ist zwar nicht ausdrücklich vorgeschrieben. Nachdem aber der Gesellschaftsvertrag möglichst einfach im Registerordner (§ 9 HRV) für Einsichten zur Verfügung stehen soll, ist zu gewährleisten, dass er leicht aufzufinden ist und sich möglichst nicht nur als eine von mehreren Anlagen in den zum Teil sehr umfangreichen Umwandlungsurkunden befindet. **1187**

Für die **Prüfung durch das Gericht** ergeben sich keine Besonderheiten mit der Maßgabe, dass auch der für die Eintragung des neuen Rechtsträgers zuständige Richter oder Rechtspfleger, bei der Verschmelzung durch Neugründung einer GmbH der Richter (§ 17 Abs. 1 Nr. 1 lit. a und c RPflG), neben den allgemeinen Prüfpflichten für eine Verschmelzung auch die Regeln für die Eintragung des neuen Rechtsträgers beachten muss. Aus der **Eintragung** muss erkennbar sein, dass es sich um eine Gründung im Wege der Verschmelzung handelt. Dies geschieht regelmäßig durch Eintragung des Entstehungsvermerks („Entstanden durch Verschmelzung der übertragenden Rechtsträger" unter Angabe von Firma bzw. Name, Sitz und Registerstelle), welcher an erster Stelle in der Spalte b der Rechtsverhältnisspalte, also bei der GmbH in Spalte 6 Unterspalte b (§ 43 Nr. 6 lit. b sublit. ee HRV) aufzunehmen ist. Es handelt sich hierbei wie bei allen Eintragungen zu Umwandlungen um einen Normaltext, der auch im aktuellen Ausdruck erhalten bleibt, also nicht um einen Übergangstext im Sinne des § 16a HRV. Ausnahmen von dieser Regel bei Umwandlungseintragungen stellen lediglich folgende Beispiele dar: Die Eintragung einer Kapitalerhöhung oder Kapitalherabsetzung zum Zwecke einer Umwandlung, welche als Eintragung einer Satzungsänderung als Übergangstext in Spalte 6 Unterspalte a zu erfolgen hat (s. o. Rz. 1034 ff.), und eines Wirksamkeitsvorbehalts und dessen Gegeneintragung (s. o. Schritt 4, Rz. 1181), welche beide bei der Eintragung des Eintritts der Wirksamkeit zu röten sind, sofern sie nicht unterbleiben können, weil alle Eintragungen am selben Tag erfolgen (siehe § 19 Abs. 1 Satz 2 UmwG). Bei der Löschung als abschließendem Schritt bei dem übertragenden Rechtsträgers geschieht dies durch Kreuzen bzw. sonstiges Löschen des gesamten Blattes (§ 22 Abs. 1 HRV). Erfolgt die Eintragung bei allen Rechtsträgern am selben Tag (siehe § 19 Abs. 4 UmwG), so erfolgt die Löschung eines übertragenden Rechtsträgers bereits mit Eintragung der Verschmelzung. Zu beachten ist, dass eine eingetragene Verschmelzung nicht wieder aufgehoben werden kann.[1] **1188**

---

[1] **OLG Frankfurt** FGPrax 2003, 231 (= Rpfleger 2003, 512); **OLG Frankfurt** FGPrax 2003, 40 (= NZG 2003, 236); **OLG Hamm** DB 2001, 85 (= ZIP 2001, 569); **BayObLG** DB 1999, 2504 (= AG 2000, 130); anderer Ansicht zur Wahrung verfassungsrechtlicher Anforderungen bei

Teil 1. Handelsregister

Übersicht zur registerlichen Behandlung von Verschmelzungsvorgängen:

1. Anzumelden ist bei allen betroffenen Rechtsträgern, wobei die Vertreter des Übernehmers auch bei übertragenden Rechtsträgern anmelden können (§ 16 Abs. 1 UmwG).
2. Vorab ist bei allen beteiligten Rechtsträgern festzustellen, ob der übernehmende Rechtsträger eine Kapitalgesellschaft ist (GmbH, AG, KGaA) und ob zum Zwecke der Verschmelzung eine **Kapitalerhöhung** vorgesehen bzw. eine solche zulässig oder erforderlich ist. Wird dies bejaht, ist bei dem übernehmenden Rechtsträger zunächst die Kapitalmaßnahme einzutragen, wobei allerdings bereits insgesamt die Verschmelzung zu prüfen ist. Bei den übertragenden Rechtsträgern findet zunächst lediglich die Prüfung der Verschmelzung und ggf. eine Beseitigung von Mängeln statt. Im Übrigen ist die Eintragungsmitteilung der zur Durchführung der Verschmelzung vorgenommenen Kapitalerhöhung bei dem übernehmenden Rechtsträger abzuwarten.

   Ist eine Kapitalerhöhung erforderlich, jedoch nach den eingereichten Unterlagen nicht vorgesehen, so ist dies bei allen beteiligten Rechtsträgern als notwendiger Bestandteil des Verschmelzungsvorgangs zu beanstanden. Eine Absprache zwischen den beteiligten Richtern bzw. Rechtspflegern ist in diesem Fall dringend anzuraten.
3. Notwendige mit der Anmeldung **einzureichende Unterlagen** (§ 17 UmwG):
   a) Verschmelzungsvertrag (notariell beurkundet);
   b) Verschmelzungsbeschlüsse aller beteiligten Unternehmen (notariell beurkundet);
   c) evtl. Zustimmungserklärung einzelner Anteilsinhaber einschließlich der Zustimmungserklärungen nicht erschienener Anteilsinhaber (notariell beurkundet);
   d) Verschmelzungsbericht (schriftlich); nicht erforderlich in den gesetzlich vorgesehenen Fällen (vgl. § 8 Abs. 3 UmwG);
   e) Prüfungsbericht (schriftlich); nicht erforderlich in den gesetzlich vorgesehenen Fällen (vgl. § 9 Abs. 3 i. V. m. § 8 Abs. 3 UmwG);
   f) Nachweis über die rechtzeitige Zuleitung des Verschmelzungsvertrags (bei Neugründung inklusive Satzung) oder dessen Entwurfs an die Betriebsräte der beteiligten Gesellschaften oder Erklärung, dass kein Betriebsrat besteht;
   g) bei übertragenden Rechtsträgern Beifügung der jeweiligen Bilanz (Schlussbilanz, deren Stichtag höchstens acht Monate vor der Anmeldung liegen darf); bei dem übernehmenden Rechtsträger ist die Bilanz der übertragenden Rechtsträger ggf. zur Eintragung der Kapitalerhöhung im Rahmen der Werthaltigkeit erforderlich;
   h) In der Anmeldung haben die Beteiligten zu versichern, dass eine Klage gegen die Verschmelzungsbeschlüsse nicht oder nicht fristgemäß erhoben ist, bzw. eine Klage abgewiesen oder zurückgenommen ist. Spätere formlose Erklärung ist ebenfalls ausreichend. Auch bei Vorliegen einer Klage kann bei Vorliegen eines Beschlusses des Oberlandesgerichts nach § 16 Abs. 3 UmwG eingetragen werden.
4. Materielle **Prüfung durch das Registergericht**:
   a) Verschmelzungsfähigkeit der beteiligten Rechtsträger;
   b) Regelung aller nach § 55 Abs. 1 Nr. 1 bis 9 UmwG notwendigen Punkte durch den Verschmelzungsvertrag; weitergehende inhaltliche Kontrolle findet nicht statt;
   c) Vorliegen der erforderlichen Mehrheit bei den Zustimmungsbeschlüssen;
   d) Zustimmung einzelner Anteilsinhaber erforderlich und gültig abgegeben;
5. Einhaltung der **Eintragungsreihenfolge** nach §§ 19, 53, 66 UmwG:
   a) Kapitalerhöhung bei dem übernehmenden Rechtsträger, falls erforderlich oder zulässig und beschlossen;
   b) Eintragung bei allen übertragenden Rechtsträgern;
   c) Eintragung bei dem übernehmenden Rechtsträger;
   d) Schlusseintragung bei den übertragenden Rechtsträgern, sofern nicht die Eintragung der Verschmelzung bei allen Rechtsträgern am selben Tag ohne Wirksamkeitsvorbehalt erfolgt.

---

einem Verstoß gegen § 16 Abs. 2 UmwG durch das Registergericht *Horsch* Rpfleger 2005, 577 (582).

c) **Grenzüberschreitende Verschmelzung.** Grenzüberschreitende Verschmelzungen von Kapitalgesellschaften wurden mit Umsetzung der Richtlinie 2005/56/EG über die Verschmelzung von Kapitalgesellschaften aus verschiedenen Mitgliedstaaten[1] im Jahr 2007[2] in den §§ 122a–122l UmwG geregelt. Deren Wirkungskreis ist auf Verschmelzungen zwischen dem deutschen Recht unterliegenden Kapitalgesellschaften und einer oder mehrerer Kapitalgesellschaften, die nach dem Recht eines anderen EU- oder EWR-Staates gegründet sind und ihren Sitz, Hauptverwaltung oder Hauptniederlassung in einem EU- oder EWR-Staat haben, beschränkt.[3] Dabei sind **für die deutsche Gesellschaft** grundsätzlich die allgemeinen **Regeln für inländische Verschmelzungen** anzuwenden, sofern sich aus §§ 122a ff. UmwG keine Abweichungen ergeben (§ 122a Abs. 2 UmwG).

1188a

Hinsichtlich der Abweichungen im Verschmelzungsverfahren, die sich insbesondere auch aus dem Zusammenwirken unterschiedlicher Rechtsordnungen ergeben können, muss auf die umfangreiche Spezialliteratur verwiesen werden. Wesentlich ist, dass im Rahmen grenzüberschreitender Verschmelzungen kein – schuldrechtlich bindender – Verschmelzungsvertrag vereinbart sondern ein notariell zu beurkundender **Verschmelzungsplan** aufgestellt wird, der gemäß § 122c UmwG auch einen in Einzelpunkten von den Vorgaben für einen Verschmelzungsvertrag abweichenden Pflichtinhalt hat.[4] Hervorzuheben sind hierbei die notwendige Einfügung der Satzung der übernehmenden oder neuen Gesellschaft (§ 122c Abs. 2 Nr. 9 UmwG), Angaben über das Verfahren zur Regelung der Arbeitnehmerbeteiligung (§ 122c Abs. 2 Nr. 10 UmwG), Angaben zur Bewertung des übernommenen Vermögens (§ 122c Abs. 2 Nr. 11 UmwG) sowie der Bilanzstichtag für sämtliche beteiligten Rechtsträger (§ 122c Abs. 2 Nr. 12 UmwG). Auf die Erstellung eines **Verschmelzungsberichtes** kann nicht verzichtet werden. Auch im Rahmen von Konzernverschmelzungen ist ein Verschmelzungsbericht zu erstatten (§ 122e Satz 3 UmwG). Dieser hat zudem Ausführungen über die Auswirkungen der Verschmelzung auf Gläubiger und Arbeitnehmer der Gesellschaften zu enthalten und ist spätestens einen Monat vor der beschlussfassenden Versammlung dem jeweiligen Betriebsrat zuzuleiten (§ 122e Satz 2 UmwG). Eine **Verschmelzungsprüfung** ist auch bei Gesellschaften mit beschränkter Haftung die Regel.

1188b

In der **Anmeldung zu der übertragenden Gesellschaft** ist zusätzlich zu versichern, dass allen Gläubigern der Gesellschaft, im Falle eines dahin gehenden Anspruches, Sicherheit geleistet wurde (§ 122k Abs. 1 Satz 3, Abs. 2, § 122j UmwG). Sofern ein Spruchverfahren anhängig ist, ist auch dies in der Anmeldung mitzuteilen. Das deutsche Registergericht **prüft** den Verschmelzungsvorgang nur insoweit, als er sich auf die deutsche Gesellschaft bezieht[5] und stellt eine **Verschmelzungsbescheinigung gemäß § 122k Abs. 2 UmwG** aus, wonach die Voraussetzungen der Verschmelzung nach deutschem Recht vorliegen. Gemäß § 122k Abs. 2 Satz 2 UmwG genügt auch die Nachricht über die Eintragung der Verschmelzung im Register als Verschmelzungsbescheinigung. Da diese Bescheinigung für das ausländische Register als Bestätigung für die Rechtmäßigkeit nach deutschem Recht fungieren soll, sollte dies im Rahmen der Eintragung auch deutlich zum Ausdruck kommen.

1188c

---

[1] Zehnte gesellschaftsrechtliche Richtlinie, ABl. EU Nr. L 310/1 v. 25. 11. 2005.
[2] Zweites Gesetz zur Änderung des Umwandlungsrechts vom 19. 4. 2007 (BGBl. I S. 542).
[3] *Bayer,* in: Lutter, UmwG, § 122a Rz. 3; *Heckschen,* in: Widmann/Mayer, UmwG § 122a Rz. 17 ff.
[4] Zur Einreichung und Bekanntmachung des Verschmelzungsplans siehe *Pfeiffer/Heilmeier* GmbHR 2009, 1317.
[5] *Bayer,* in: Lutter, UmwG § 122a Rz. 16, § 122k Rzn. 2, 6, 12; *Heckschen,* in: Widmann/ Mayer, UmwG § 122a Rzn. 8, 17, 91.

1188d Beispiel für die **Eintragung:**

> **Spalte 6**
> **Unterspalte b (Sonstige Rechtsverhältnisse):** Die Gesellschaft ist aufgrund Verschmelzungsplanes vom 16. 5. 2009 und den Beschlüssen der Gesellschafterversammlungen vom selben Tag mit der Umtextil AG mit dem Sitz in Wien/Österreich (Firmenbuch des Handelsgerichts Wien, Nr. FN 568123 y) verschmolzen. Die Voraussetzungen der Verschmelzung nach deutschem Recht liegen vor. Die Verschmelzung wird erst wirksam sobald die Voraussetzungen nach dem Recht, dem die übernehmende Gesellschaft unterliegt, erfüllt sind.

1188e Sofern die **übernehmende oder neue Gesellschaft** dem deutschen Recht unterliegt, ist der **Anmeldung** der Verschmelzung bei dem deutschen Registergericht die **höchstens sechs Monate alte Verschmelzungsbescheinigung** bezüglich des übertragenden Rechtsträgers beizufügen. Aussteller dieser Bescheinigung ist je nach Maßgabe des ausländischen Rechts ein Gericht, Notar oder eine sonstige zuständige Behörde[1]. Die Verschmelzungsbescheinigung wird nicht von Amts wegen übersandt. Da die Verschmelzungsbescheinigung gegebenenfalls nicht in deutscher Sprache abgefasst ist, wird sie im Interesse potentieller in das Register Einsicht Nehmender zu übersetzen sein. Um zeitlichen Verzug durch eine vom Gericht veranlasste Übersetzung – nach Kostenvorschuss gemäß § 8 KostO – zu vermeiden, empfiehlt es sich, der Anmeldung bereits eine Übersetzung durch einen öffentlich bestellten und vereidigten Übersetzer beizugeben. Das deutsche Registergericht **prüft** lediglich die **Voraussetzungen der Verschmelzung bezogen auf die deutsche Gesellschaft.**[2] Hinsichtlich der Wirksamkeit im Ausland ist es an die Bescheinigung des ausländischen Gerichtes, Notars oder der ausländischen Behörde gebunden. Gemäß § 122 l Abs. 2 UmwG prüft es insbesondere, ob die Zustimmungsbeschlüsse zu einem gleich lautenden Verschmelzungsplan ergangen sind und ob gegebenenfalls eine Vereinbarung über die Beteiligung der Arbeitnehmer geschlossen wurde.

1188f Auf die Mitteilung des Registers der übernehmenden oder neuen Gesellschaft über die Wirksamkeit der Verschmelzung hin erfolgt, wie auch bei einer inländischen Verschmelzung, bei der **übertragenden Gesellschaft** eine Eintragung des Zeitpunkts der Wirksamkeit der Verschmelzung und die Schließung des Blattes. Zumindest die elektronischen Dokumente des Gerichts der übertragenden Gesellschaft werden an das Register der übernehmenden Gesellschaft versandt (§ 122 k Abs. 4 UmwG).

3. Spaltungen

1189 a) **Allgemeines zur Spaltung.** Die GmbH kann sich an allen in § 123 UmwG vorgesehenen Spaltungsarten als übertragender und übernehmender Rechtsträger beteiligen (§ 124 Abs. 1 UmwG). Stets ist die Spaltung sowohl zur Aufnahme von Vermögensteilen durch einen bereits bestehenden Rechtsträger als auch zur Gründung eines neuen Rechtsträgers möglich. Im Übrigen wird danach unterschieden, ob der übertragende Rechtsträger sein gesamtes Vermögen auf verschiedene übernehmende Rechtsträger überträgt (**Aufspaltung,** § 123 Abs. 1 UmwG) oder ob er nur Teile seines Vermögens auf einen oder mehrere übernehmende Rechtsträger gegen Gewährung von Anteilen oder Mitgliedschaften am übernehmenden Rechtsträger an seine Anteilsinhaber (**Abspaltung,** § 123 Abs. 2 UmwG) oder an den übertragenden Rechtsträger selbst (**Ausgliederung,** § 123 Abs. 3 UmwG) überträgt. Hinsichtlich der Unternehmergesellschaft (haftungsbeschränkt) sind, wie bei Verschmelzungen, die Beschränkungen des § 5 a Abs. 2 GmbHG zu beachten, sodass eine Spaltung zur Neugründung einer UG (haf-

---

[1] Art. 10 der Richtlinie 2005/56/EG vom 26. 10. 2005, ABl. EU Nr. L 310/1 v. 25. 11. 2005.
[2] *Bayer,* in: *Lutter,* UmwG § 122 l Rz. 9, 19.

tungsbeschränkt) ausgeschlossen ist.[1] Insbesondere scheidet damit die Errichtung einer UG (haftungsbeschränkt) nach §§ 152 ff. UmwG aus. Darüber hinaus dürfen Kapitalherabsetzungen bei der übertragenden Gesellschaft gemäß § 58 Abs. 2 Satz 1 GmbHG auch bei einer Unternehmergesellschaft (haftungsbeschränkt) nicht zu einer Unterschreitung des Mindeststammkapitals von 25 000 Euro führen und sind somit ausgeschlossen.

b) **Spaltungs- und Übernahmevertrag.** Dem Verschmelzungsvertrag entspricht bei der Spaltung der **Spaltungs- und Übernahmevertrag**, dessen Inhalt in § 126 UmwG geregelt ist. Es gelten somit die vorstehenden Ausführungen zum Verschmelzungsvertrag entsprechend (Rz. 1173). Auch bei der Spaltung sind die einzelnen Punkte des § 126 Abs. 1 Nr. 1 bis 11 UmwG sorgfältig und jeweils für alle beteiligten Rechtsträger vollständig abzuhandeln. Besondere Sorgfalt ist, da es sich nicht um eine einheitliche Übertragung sämtlicher Vermögenswerte eines Rechtsträgers handelt, auf die möglichst genaue Bestimmung der Vermögenswerte und sonstigen Positionen, die durch den Spaltungsvorgang übertragen werden sollen, zu verwenden. Zwar können mehrere gleichartige Positionen zu Sachgesamtheiten zusammengefasst werden oder es kann auch eine negative Bestimmung dahingehend erfolgen, dass sämtliche Vermögenswerte mit Ausnahme von genau bestimmten Positionen übergehen sollen. Es muss jedoch durch den Spaltungs- und Übernahmevertrag eine eindeutige dingliche Zuordnung erfolgen können, sodass regelmäßig ausführliche Aufstellungen beizufügen sind. Sind Vermögenswerte nicht eindeutig zur Übertragung bestimmt, gehen sie auch durch eine bei dem übertragenden Rechtsträger eingetragene und damit nach § 131 UmwG wirksam gewordene Spaltung nicht über. Ist für den Richter erkennbar, dass die zu übertragenden Vermögensgegenstände nicht hinreichend bestimmt sind, hat er dies zu beanstanden. Insbesondere ist in diesem Zusammenhang für Grundstücke § 28 GBO zu beachten (vgl. § 126 Abs. 2 UmwG).

1190

c) **Zustimmungsbeschlüsse zur Spaltung.** Auch bei Spaltungen sind **Zustimmungsbeschlüsse** der Anteilsinhaber- bzw. Mitgliederversammlungen aller beteiligten Rechtsträger mit denselben Mehrheitserfordernissen wie bei Verschmelzungen und ggf. Sonderzustimmungen (siehe § 128 UmwG) erforderlich. Diesen Beschlüssen hat wie bei Verschmelzungen ein **Bericht der Vertretungsorgane** der beteiligten Rechtsträger vorauszugehen (§ 127 UmwG). Bei Beteiligung von GmbHs sind auch die Vorschriften über die **Kapitalerhöhung** bei dem übernehmenden Rechtsträger und die der **Kapitalherabsetzung** nach § 139 UmwG bei einer übertragenden GmbH anzuwenden. Nach § 139 UmwG kann die Herabsetzung auch in vereinfachter Form erfolgen. Eine solche Kapitalherabsetzung ist dann nicht erforderlich, wenn der Wertverlust bei der übertragenden Gesellschaft durch Verwendung von Reserven oder Rücklagen oder eines Gewinnvortrags ausgeglichen werden kann. Sie ist, trotz des Wortlauts von § 139 UmwG, regelmäßig nicht erforderlich bei einer Ausgliederung, da der übertragende Rechtsträger für die übertragenen Vermögenswerte die Beteiligung an dem übernehmenden Rechtsträger erhält oder ihm die übertragenen Vermögenswerte über seine Beteiligung jedenfalls wirtschaftlich zuzurechnen sind.[2]

1191

d) **Anmeldung der Spaltung.** Für die **Anmeldung der Spaltung** zur Eintragung im Register gilt § 16 UmwG entsprechend (§ 125 UmwG). Es haben also grundsätzlich die Vertretungsorgane des jeweiligen Rechtsträgers in vertretungsberechtigter Zahl anzumelden. Nach § 129 UmwG kann die Anmeldung der Spaltung auch durch die Vertretungsorgane jedes der übernehmenden Rechtsträger erfolgen. Ebenso gilt § 17

1192

---

[1] *Heckschen*, Das MoMiG in der notariellen Praxis, Rz. 228.
[2] *Mayer*, in: Widmann/Mayer, UmwG, § 139 Rz. 16 und 21; *Priester*, in: Lutter, UmwG, § 139 Rz. 4; *Kallmeyer*, UmwG, § 139 Rz. 4; zu Ausnahmen siehe *Mayer*, a.a.O., § 139 Rz. 17 f.

UmwG entsprechend, insbesondere ist zu jedem übertragenden Rechtsträger nach dieser Vorschrift eine „Schlussbilanz" vorzulegen,[1] für die ebenfalls die Achtmonatsfrist gilt (hierzu Rz. 1178). Die Vorlage von Teilbilanzen bei dem übernehmenden Rechtsträger kann zur Bestimmung der zu übertragenden Vermögensgegenstände und im Zusammenhang mit einer erforderlichen Kapitalmaßnahme notwendig oder zumindest sinnvoll sein. Bei unterjährigen Spaltungen aufgrund einer Zwischenbilanz, insbesondere bei solchen Ausgliederungen, wird die Vorlage einer Teilbilanz ausreichen. Bei der Anmeldung einer Abspaltung oder Ausgliederung von Vermögenswerten einer GmbH, nicht aber bei einer völligen Aufspaltung, haben die Geschäftsführer einer übertragenden GmbH auch zu erklären, dass die Voraussetzungen für eine Gründung weiterhin vorliegen (§ 140 UmwG). Diese etwas unklar gefasste Vorschrift ist im Zusammenhang mit § 139 UmwG zu sehen, wonach durch die Spaltung nicht eine Unterbilanz der übertragenden GmbH entstehen soll. Regelmäßig wird der Registerrichter keinen Anlass haben, diese Erklärung der Geschäftsführer anzuzweifeln, da nicht selten Bewertungsreserven vorliegen. Es ist jedoch angezeigt, durch die Versicherung nach § 140 UmwG, tunlichst unterstützt durch einen Hinweis darauf, dass eine Kapitalherabsetzung aus bestimmten Gründen nicht erforderlich ist, klarzustellen, dass eine etwa erforderliche Kapitalherabsetzung nicht übersehen wurde.

1193 e) **Eintragung der Spaltung.** Die **Prüfung durch** den zuständigen Rechtspfleger bzw. **Richter** erfolgt wie bei der Verschmelzung (Rz. 1180). Die **Eintragungsreihenfolge** ist nach § 130 UmwG gegenüber der Reihenfolge bei den Verschmelzungen allerdings umgekehrt. Hier ist zunächst die Eintragung bei den übernehmenden Rechtsträgern mit Wirksamkeitsvorbehalt vorzunehmen, erst danach diejenige bei den übertragenden Rechtsträgern; der Wirksamkeitsvorbehalt unterbleibt, wenn die Eintragungen bei allen Rechtsträgern am selben Tag erfolgt (§ 130 Abs. 1 Satz 2 UmwG). Als dritte Eintragung folgt bei den übernehmenden Rechtsträgern nach § 130 Abs. 2 Satz 2 UmwG die Eintragung des Hinweises, dass nunmehr die mit den Wirkungen des § 131 UmwG versehene Eintragung bei den übertragenden Rechtsträgern erfolgt ist. Sowohl diese durch ihre Eintragung selbst gegenstandslos gewordene Eintragung als auch der ggf. eingetragene Wirksamkeitsvorbehalt sind sodann zu röten. Eine Löschung des übernehmenden Rechtsträgers hat nicht zu erfolgen, da dieser erhalten bleibt. Eine Löschung der übertragenden Rechtsträger findet nur im Fall der Aufspaltung (§ 123 Abs. 1 UmwG) statt. Durch diese Umkehrung der Eintragungsreihenfolge ergibt sich die weitere Besonderheit, dass trotz der Reihenfolge der §§ 53, 139 UmwG, wonach die **Kapitalerhöhung** vor der Eintragung der Umwandlung bei dem übernehmenden Rechtsträger bzw. die Kapitalherabsetzung vor der Eintragung der Umwandlung bei dem übertragenden Rechtsträger eingetragen sein muss, diese beiden Eintragungen jeweils verbunden werden können. Sinn der Reihenfolge ist nämlich lediglich, zu gewährleisten, dass eine Verschmelzung bzw. Spaltung nicht ohne die dazugehörigen Kapitalmaßnahmen eingetragen und wirksam wird. Zu beachten ist in diesem Zusammenhang auch, dass es sich bei der Kapitalmaßnahme und der eigentlichen Spaltung um zwei verschiedene Vorgänge handelt, die auch beide zweifelsfrei zu vollziehen sind. Mit einer Eintragung, wonach die Gesellschafterversammlung eine Kapitalerhöhung zum Zwecke einer bestimmten Spaltung beschlossen hat, ist noch nicht die Spaltung als solche eingetragen und können daher auch nicht deren Wirkungen herbeigeführt werden. Im Register wird dies deutlich, indem die Kapitalmaßnahme als Satzungsänderung in Spalte 6 Unterspalte a einzutragen ist, wohingegen die Spaltung selbst als Umwandlungsvorgang in Spalte 6 Unterspalte b gehört (§ 43 Nr. 6 lit. b sublit. ee HRV).

---

[1] Hierzu *Kallmeyer/Müller*, in: Kallmeyer, UmwG § 125 Rz. 23.

Es ergeben sich somit bei Spaltungen folgende **Vollzugsschritte:** 1194

1. **Übernehmende Rechtsträger:**
   - Eintragung der Kapitalerhöhung zum Zwecke der Spaltung (falls erforderlich)
   - Eintragung der Spaltung, ggf. mit Wirksamkeitsvorbehalt (§ 130 Abs. 1 Satz 2 UmwG)
2. **Übertragende Rechtsträger:**
   - Eintragung der Kapitalherabsetzung zum Zwecke der Spaltung (falls erforderlich)
   - Eintragung der Spaltung (Wirksamkeit nach § 131 UmwG)
3. **Übernehmende Rechtsträger:**
   - Eintragung des Eintritts der Wirksamkeit nach § 131 UmwG unter Angabe des Eintragungsdatums. Diese Eintragung ist ebenso wie der ggf. eingetragene Wirksamkeitsvorbehalt zu röten. Schritt 3 entfällt bei tagglicher Eintragung von Schritt 1 und 2 ohne Wirksamkeitsvorbehalt (§ 130 Abs. 1 Satz 2 UmwG).

Für die registerliche **Eintragung** ist im Gegensatz zum Spaltungs- und Übernahmevertrag nicht vorgesehen, die übergehenden Vermögensgegenstände aufzuschlüsseln. Um jedoch der Eintragung hinreichende Aussagekraft zukommen zu lassen und sie eindeutig von anderen Spaltungsvorgängen zu unterscheiden, ist es angezeigt, neben der Angabe des zugrunde liegenden Vertrags und der Zustimmungsbeschlüsse die übertragenen bzw. übernommenen Vermögenswerte bei den Eintragungen der Spaltung sowohl bei den übertragenden als auch bei den übernehmenden Rechtsträgern schlagwortartig zu charakterisieren (z. B. „Betriebsteil Vertrieb"; „Geschäftsanteile an verschiedenen Softwarehäusern"; „das Grundstück an der Mooshammerstraße 6 in Lilienthal"). 1195

Die Eintragungen der Schritte 1 und 2 sind nach § 130 Abs. 1 bzw. 2 UmwG den für 1196 die jeweils auf der anderen Seite beteiligten Rechtsträger zuständigen Registergerichten **mitzuteilen.** Falls Kapitalmaßnahmen und Spaltung selbst in verschiedene Eintragungen aufgeteilt wurden, sind beide Eintragungen mitzuteilen, da sie jeweils Eintragungsvoraussetzungen für die erforderlichen Folgeeintragungen darstellen. Eine Mitteilung von Schritt 3 an die Registergerichte der übertragenden Rechtsträger erübrigt sich, da eine weitere Eintragung im Zusammenhang mit der Spaltung nicht mehr erfolgt. Daneben ergehen wie üblich Eintragungsmitteilungen an die beteiligten Rechtsträger und den einreichenden Notar. Von einer Spaltungseintragung bei dem übertragenden Rechtsträger, durch die Grundstückseigentum übergeht, ist nach MiZi XXI/1 Abs. 1 Nr. 9, Abs. 2 Nr. 9 und Abs. 3 Nr. 3 auch dem für die Grunderwerbsteuer zuständigen Finanzamt Mitteilung zu machen.

Die Eintragungen sind nach § 10 HGB zu **veröffentlichen**; nach dem entsprechend 1197 anwendbaren § 19 Abs. 3 UmwG (§ 125 UmwG) gilt dies auch für Rechtsträger, bei denen sonstige Veränderungen nicht veröffentlicht werden müssen. Mit der Eintragung der Spaltung bei übertragenden und übernehmenden Rechtsträgern – nicht auch bei Bekanntmachung einer eventuell gesondert eingetragenen Kapitalmaßnahme und nicht bei Eintragung des Vollzugsschrittes 3 – ist auch der Gläubigerhinweis nach § 22 UmwG, welcher ebenfalls entsprechend § 125 UmwG Anwendung findet, zu veröffentlichen.

Die **Spaltung zur Neugründung** ist geregelt in §§ 135 bis 137 UmwG. Wie bei der Ver- 1198 schmelzung zur Neugründung unterscheidet sich diese Spaltung von der zur Aufnahme der Vermögenswerte bei bereits bestehenden Rechtsträgern nur dadurch, dass auch die Vorschriften für die **Neugründung** des neuen Rechtsträgers zu beachten sind. An Stelle des Spaltungs- und Übernahmevertrags tritt nach § 136 UmwG der „Spaltungsplan". Die Anmeldung des neuen Rechtsträgers erfolgt durch die Vertretungsorgane der übertragenden Rechtsträger (§ 137 Abs. 2 UmwG), wobei jedoch wiederum die Gründungsvorschriften des neuen Rechtsträgers in Bezug auf Versicherungserklärungen einzelner Organträger zu beachten sind. Auch hier hat wie bei den übrigen Spaltungsvorgängen die Eintragung des neuen Rechtsträgers vor der Eintragung der Spaltung bei den übertragenden Rechtsträgern zu erfolgen. Die Eintragung bei dem neuen Rechtsträger mit dem obligatorischen Entstehungsvermerk („entstanden durch Spaltung") ist mit einem Wirksamkeitsvorbehalt zu versehen. Nach Erhalt der Eintragungsmitteilung von den Registergerichten der übertragenden Rechtsträger ist der Umstand dieser Eintragung mit Datum in einer zweiten Eintragung im Register des neuen Rechtsträgers zu vermerken. Der Wirksamkeitsvermerk sowie der ggf. eingetragene Wirksamkeitsvorbehalt sind als überholt zu löschen. Die Bekanntmachung des neuen Rechtsträgers erfolgt nach § 137 Abs. 3 Satz 3 UmwG erst nach dieser zweiten Eintragung. Diese Bekanntmachung ist sinnvollerweise gemeinschaftlich mit der Bekanntmachung des Wirksamkeitsvermerks vorzunehmen. Werden die Eintragungen bei allen betroffenen Rechtsträgern am selben Tag vorgenommen, so ist eine Eintragung des Wirksamkeitsvorbehalts und die entsprechende Bekanntmachung sowie die abschließende Eintragung des Schlussvermerks entbehrlich (§ 130 Abs. 1 Satz 2 UmwG).

Übersicht zur registerlichen Behandlung von Spaltungsvorgängen:

1. **Anzumelden** ist bei allen betroffenen Rechtsträgern, wobei nach § 129 UmwG die Vertreter des bzw. der Übernehmer auch bei den übertragenden Rechtsträgern anmelden können.
2. Vorab ist bei allen beteiligten Rechtsträgern festzustellen, ob der Übernehmer eine Kapitalgesellschaft ist. In diesem Fall ist zum Zwecke der Spaltung eine **Kapitalerhöhung** beim Übernehmer vorzunehmen. Umgekehrt ist zu prüfen, ob bei einem übertragenden Rechtsträger, welcher eine Kapitalgesellschaft ist, eine **Kapitalherabsetzung** erforderlich ist. Dies ist bei Abspaltungen dann der Fall, wenn die Übertragung nicht durch stille Reserven oder Gewinne ausgeglichen werden kann. Bei der Ausgliederung ist eine Kapitalherabsetzung regelmäßig nicht erforderlich, da die Gesellschaft für die Vermögenswerte die Beteiligung am übernehmenden Rechtsträger erhält. Nur wenn diese Beteiligung nicht gleichwertig ist, stellt sich die Frage der Kapitalherabsetzung.
3. Notwendige mit der Anmeldung **einzureichende Unterlagen** (§§ 125, 17 UmwG):
    a) Spaltungs- und Übernahmevertrag bzw. Ausgliederungsvertrag, Spaltungsplan (notariell beurkundet)
    b) Spaltungsbeschlüsse aller beteiligten Unternehmen (§ 128 UmwG; notariell beurkundet)
    c) Evtl. Zustimmungserklärung einzelner Anteilsinhaber einschließlich Zustimmungserklärungen nicht erschienener Anteilsinhaber (notariell beurkundet)
    d) Spaltungsbericht (schriftlich); nicht erforderlich, wenn nach den gesetzlichen Vorschriften entbehrlich (vgl. §§ 127, 8 Abs. 3 UmwG)
    e) Prüfungsbericht (schriftlich), falls nicht entbehrlich (§§ 125, 9 Abs. 3 UmwG)
    f) Nachweis über rechtzeitige Zuleitung des Spaltungs- und Übernahmevertrags (bei Neugründung inklusive Satzung) oder Entwurfs an die Betriebsräte der beteiligten Gesellschaften oder Erklärung, dass kein Betriebsrat besteht
    g) Bei übertragenden Rechtsträgern Beifügung der Bilanz („Schlussbilanz", deren Stichtag höchstens acht Monate vor der Anmeldung liegen darf); bei übernehmendem Rechtsträger ist Bilanz der übertragenden Rechtsträger ggf. bei Eintragung einer Kapitalerhöhung zur Bewertung erforderlich
    h) In der Anmeldung haben die Beteiligten zu versichern, dass eine Klage gegen die gefassten Beschlüsse nicht oder nicht fristgemäß erhoben ist, bzw. eine Klage abgewiesen oder zurückgenommen ist. Spätere formlose Erklärung ist ebenfalls ausreichend. Auch im Fall einer Klage kann bei Vorliegen eines Beschlusses des Oberlandesgerichts nach §§ 125, 16 Abs. 3 UmwG eingetragen werden
4. Materielle **Prüfung durch das Registergericht:**
    a) Spaltungsfähigkeit der beteiligten Rechtsträger
    b) Regelung aller nach § 126 Abs. 1 Nr. 1 bis 11 UmwG vorgeschriebenen Inhaltsvorgaben durch den Spaltungs- und Übernahmevertrag; eine darüber hinausgehende in-

haltliche Kontrolle findet nicht statt. Allerdings muss die Aufzählung der zu übertragenden Werte hinreichend bestimmt sein
   c) Vorliegen der erforderlichen Mehrheit bei den Zustimmungsbeschlüssen
   d) Zustimmung einzelner Anteilsinhaber erforderlich und gültig abgegeben
5. Einhaltung der **Eintragungsreihenfolge** nach §§ 130, 145, 53, 66 UmwG, wobei die Eintragungen a) und b) einerseits und c) und d) andererseits jeweils in einer Eintragung zusammengefasst werden können:
   a) Kapitalerhöhung bei allen übernehmenden Rechtsträgern
   b) Eintragung der Übernahme durch Spaltung bei allen übernehmenden Rechtsträgern
   c) evtl. Eintragung der Kapitalherabsetzung bei den übertragenden Rechtsträgern
   d) Eintragung der Übertragung durch Spaltung bei den übertragenden Rechtsträgern
   e) Schlusseintragung der Übertragung im Register der übernehmenden Rechtsträger, entbehrlich wenn die Eintragung bei allen betroffenen Rechtsträgern am selben Tag ohne Wirksamkeitsvorbehalt erfolgt (§ 130 Abs. 1 Satz 2 UmwG).

4. Vermögensübertragung

Vermögensübertragungen sind in §§ 174 bis 189 UmwG geregelt. Eine GmbH kann an einer Vermögensübertragung nur in der Form einer Voll- oder Teilübertragung des Vermögens auf den Bund, ein Land, eine Gebietskörperschaft oder auf Zusammenschlüsse von Gebietskörperschaften beteiligt sein (§ 175 Nr. 1 UmwG). Dabei sind auf die Vollübertragung die Vorschriften für die Verschmelzung nach Maßgabe von § 176 UmwG und für die Teilübertragung die Vorschriften für die Spaltung nach Maßgabe von § 177 UmwG analog anwendbar. Hierbei besteht die Gegenleistung für die Übertragung des Vermögens nicht in der Gewährung von Anteilen oder Mitgliedschaften, sondern in der Gewährung sonstiger Gegenleistungen für die Gesellschafter nach § 174 Abs. 1 UmwG. 1199

5. Formwechsel

a) Allgemeines. Die Umwandlung durch einen **Formwechsel** ist in den §§ 190 bis 304 UmwG geregelt, die allgemeinen Vorschriften befinden sich in §§ 190 bis 217 UmwG, die Sondervorschriften für den Formwechsel von Kapitalgesellschaften in §§ 226 bis 257 UmwG. 1200

Einen Formwechsel können die in § 191 UmwG genannten Rechtsträger, darunter die GmbH als Kapitalgesellschaft (§ 3 Abs. 1 Nr. 2 UmwG), von der die Unternehmergesellschaft (haftungsbeschränkt) mit umfasst ist, vornehmen. Dabei findet zwischen GmbH und UG (haftungsbeschränkt) kein Formwechsel statt, da es sich jeweils um dieselbe Rechtsform einer Gesellschaft mit beschränkter Haftung handelt.[1] Der Weg von einer GmbH zur UG (haftungsbeschränkt) ist darüber hinaus durch § 58 Abs. 2 GmbHG verschlossen. Ferner ist zu berücksichtigen, dass die Unternehmergesellschaft (haftungsbeschränkt) allgemein als Zielrechtsform im Rahmen eines Formwechsels ausscheidet, da es sich um eine verbotene Form der Sachgründung (siehe § 5a Abs. 2 Satz 2 GmbHG) handeln würde.[2] Dagegen bestehen keine Bedenken gegen einen Formwechsel von einer Unternehmergesellschaft (haftungsbeschränkt) in die Form einer Personengesellschaft, Partnerschaftsgesellschaft oder eingetragenen Genossenschaft.[3] Zulässig ist der Formwechsel nach § 191 Abs. 2 UmwG auch für Rechtsträger, die aufgelöst sind, aber die Fortsetzung beschließen könnten. Ein Formwechsel ist demnach für die GmbH vor allem dann ausgeschlossen, wenn sie durch Eröffnung des Insolvenzverfahrens oder Abweisung des Insolvenzantrags man- 1201

---

[1] *Roth/Altmeppen*, GmbHG, § 5a Rz. 3; *Wicke*, GmbHG, § 5a Rz. 15.
[2] *Heckschen*, Das MoMiG in der notariellen Praxis, Rz. 235.
[3] *Heckschen*, Das MoMiG in der notariellen Praxis, Rz. 248.

gels Masse aufgelöst ist. Bei den übrigen Auflösungsgründen ist jeweils dafür zu sorgen, dass er hinfällig ist.

1202 Zur Vorbereitung des Formwechsels hat das Vertretungsorgan des formwechselnden Rechtsträgers, bei der GmbH somit deren Geschäftsführer oder ggf. auch der Liquidator, einen schriftlichen **Umwandlungsbericht** nach § 192 UmwG zu erstatten. Dieser Bericht ist nicht erforderlich, wenn es nur einen Anteilinhaber, d. h. einen Gesellschafter, gibt. Es kann auf den Bericht in notariell beurkundeter Form durch alle Anteilsinhaber verzichtet werden (§ 192 Abs. 2 Satz 2 UmwG).

1203 b) **Umwandlungsbeschluss.** Grundlage des Formwechsels ist der in einer Anteilsinhaber- bzw. Gesellschafterversammlung zu fassende, notariell zu beurkundende **Umwandlungsbeschluss** nach § 193 UmwG. Der notwendige Inhalt dieses Beschlusses ist in § 194 UmwG aufgeführt. Der dort bezeichnete Katalog ist wie bei den anderen Umwandlungsformen sorgfältig und umfassend abzuarbeiten. Aus der Erfahrung in der Praxis ist es veranlasst, besonders darauf hinzuweisen, dass auch die Folgen des Formwechsels für die Arbeitnehmer und ihre Vertretungen sowie diesbezüglich vorgesehene Maßnahmen dargestellt werden müssen (§ 194 Abs. 1 Nr. 7 UmwG). Es mag zwar offensichtlich erscheinen, dass sich bei den bestehenden Arbeitsverhältnissen durch den Formwechsel wenig ändert. Nach der genannten Bestimmung müssen jedoch die tatsächlichen Absichten ausdrücklich im Umwandlungsbeschluss dargelegt werden. Ähnliches gilt in Bezug auf die Vertretungen der Arbeitnehmer. Auch wenn derzeit kein Betriebsrat vorhanden ist, muss dies dargestellt werden; zudem ist es erforderlich, eine Aussage darüber zu treffen, wie die Handhabung in der Zukunft sein wird. Ähnlich wie bei der Verschmelzung und der Spaltung hat das Umwandlungsgesetz eine einheitliche Frist von einem Monat für die Erhebung einer **Anfechtungsklage** gegen den Umwandlungsbeschluss geschaffen und die Anfechtung wegen Unstimmigkeiten bei der Bewertung ausgeschlossen (§ 195 UmwG). Nach § 197 UmwG sind neben den Umwandlungsvorschriften grundsätzlich, soweit im Umwandlungsgesetz nichts anderes bestimmt ist, die Regeln für die Gründung des neuen Rechtsträgers zu beachten, wobei die in Gründungsvorschriften, z. B. beim Verein oder der Genossenschaft, vorgesehenen Erfordernisse an die Zahl der Gründer nicht eingreifen. Für Unternehmergesellschaften (haftungsbeschränkt) führt die Anwendung der Gründungsregeln dazu, dass aufgrund des Sachgründungsverbotes in § 5a Abs. 2 Satz 2 GmbHG die UG (haftungsbeschränkt) nicht Zielgesellschaft eines Formwechsels sein kann (siehe Rz. 1201).[1]

1204 c) **Anmeldung des Formwechsels.** Die **Anmeldung** erfolgt bei dem Registergericht **des formwechselnden Rechtsträgers,** wenn hierfür kein Register oder aber ein anderes Register oder eine andere örtliche Zuständigkeit für den neuen Rechtsträger besteht, bei dem Registergericht, das für den neuen Rechtsträger zuständig ist (§ 198 UmwG). In diesem Zusammenhang gelten Abteilung A und Abteilung B des Handelsregisters als dasselbe Register.[2] Soweit überhaupt eine Registereintragung vorliegt, ist nicht nur bei dem Register der neuen Rechtsform, sondern nach § 198 Abs. 2 Satz 3 UmwG auch bei dem Register des formwechselnden Rechtsträgers anzumelden. Bei einem Formwechsel in eine nicht eintragungsfähige Rechtsform (z. B. Gesellschaft bürgerlichen Rechts) scheidet die Anmeldung bei dem Register der neuen Rechtsform naturgemäß aus. Sie erfolgt ausschließlich zum Register des formwechselnden Rechtsträgers (§ 235 UmwG). Bezüglich der Person des Anmeldenden kennt das Umwand-

---

[1] *Wicke,* GmbHG, § 5a Rz. 18; *Heckschen,* Das MoMiG in der notariellen Praxis, Rz. 235.
[2] *Vossius,* in: Widmann/Mayer, UmwG, § 198 Rz. 7 bis 11; *Schwanna,* in: Semler/Stengel, UmwG, § 198 Rz. 4; *Decher,* in: Lutter, UmwG, § 198 Rz. 3; *Zimmermann,* in: Kallmeyer, UmwG, § 198 Rz. 5; *Priester* DNotZ 1995, 449.

lungsrecht eine Reihe von Einzelvorschriften: Beim Formwechsel einer Personengesellschaft erfolgt die Anmeldung bei der neuen Rechtsform durch die Vertretungsorgane des neuen Rechtsträgers nach § 222 UmwG (ggf. auch durch einen bestellten Aufsichtsrat), diejenige beim formwechselnden Rechtsträger kann auch von den vertretungsberechtigten persönlich haftenden Gesellschaftern vorgenommen werden; beim Formwechsel von Kapitalgesellschaften erfolgt die Anmeldung durch die Vertretungsorgane des formwechselnden Rechtsträgers neben der Anmeldung der Vertretungsorgane des neuen Rechtsträgers durch diese selbst, wobei deren Versicherungen zur Person, nicht aber die zur Kapitalaufbringung abzugeben sind (§§ 246, 256 UmwG); beim Formwechsel von Genossenschaften und Vereinen gilt ebenfalls § 222 UmwG. In der Anmeldung ist stets die Versicherung nach § 16 Abs. 2 UmwG abzugeben (§ 198 Abs. 3 UmwG).

Für die **Anmeldung der neuen Rechtsform** gelten grundsätzlich die Vorschriften für eine übliche Neuanmeldung. Dies bedeutet, dass auch **Zweigniederlassungen, Prokuren** und – zum Beispiel bei einem Formwechsel einer GmbH in eine Aktiengesellschaft – eingetragene **Unternehmensverträge**, die auch bei der neuen Rechtsform gelten sollen, angemeldet werden müssen. Dem kann nicht entgegengehalten werden, dass diese Umstände durch den Formwechsel nicht betroffen werden, deshalb automatisch weiter gelten und somit auch ohne Anmeldung eingetragen werden müssten. Zunächst ergeben sich durch den Wechsel der Rechtsform in der Regel inhaltliche Änderungen: So kann beispielsweise eine „Prokura zusammen mit einem persönlich haftenden Gesellschafter" bei einem Formwechsel einer OHG in eine GmbH nicht unverändert fortgeführt werden. Eine automatische Umgestaltung in eine „Prokura gemeinsam mit einem Geschäftsführer" kann durch das Registergericht nicht ohne weiteres unterstellt werden. Die gegenteilige Auffassung verkennt die Bedeutung der Anmeldung. Einzutragen ist – zwar nicht vom Wortlaut, sehr wohl aber vom Inhalt – das, was in der Anmeldung angegeben ist. Sind dort keine Angaben zu Zweigniederlassungen oder Prokuren enthalten, kann auch keine entsprechende Eintragung vorgenommen werden. Von den zugrunde liegenden dogmatischen Überlegungen abgesehen, ändern sich rein praktisch im Zusammenhang mit Formwechseln oftmals die zugrunde liegenden wesentlichen betriebsorganisatorischen Umstände. Es muss daher sichergestellt werden, dass in die neue Eintragung nur die Daten eingehen, die tatsächlich noch relevant sind. Allerdings sollten umgekehrt keine übertriebenen Anforderungen an die Gestaltung der Anmeldung gestellt werden. Ein Satz in der Anmeldung, wonach die bisher eingetragenen Zweigniederlassungen bzw. Prokuren bestehen bleiben, reicht regelmäßig aus, sofern keine Unklarheiten über die jeweilige Ausgestaltung verbleiben.

1205

Als **Anlagen zur Anmeldung** sind der Umwandlungsbeschluss, die Zustimmungserklärungen besonderer Anteilsinhaber, der Nachweis über den rechtzeitigen Zugang des Entwurfs des Umwandlungsbeschlusses an den Betriebsrat sowie die für die neue Rechtsform erforderlichen Unterlagen vorzulegen (§ 199 UmwG). Nicht erforderlich ist bei einem Formwechsel die Vorlage einer Schlussbilanz; entsprechend kommt hier aus registerrechtlicher Sicht auch keine Acht-Monats-Frist zum Tragen. Allerdings kann die Vorlage einer möglichst neuen Bilanz für den Nachweis der Werthaltigkeit bezüglich des Kapitals einer neuen Kapitalgesellschaft angezeigt sein.

1206

d) **Eintragung des Formwechsels.** Die **Zuständigkeit** für Eintragungen eines Formwechsels richtet sich danach, bei welchem Rechtsträger eine Eintragung vorzunehmen ist. Wechselt z.B. der Rechtsträger von der Form einer OHG in eine GmbH, so ist für die Eintragung des Formwechsels bei der OHG nach § 3 Nr. 2 lit. d RPflG der Rechtspfleger, für die Eintragung der neuen GmbH hingegen der Richter nach § 17 Nr. 1 lit. a und c RPflG zuständig. Eine Vorlage nach § 5 Abs. 1 Nr. 2 RPflG auch der

1207

393

Eintragung bei der OHG erscheint allerdings möglich. Diese Zuständigkeitsteilung zeigt jedoch deutlich, dass es sich bei der Eintragung beim formwechselnden Rechtsträger und derjenigen der neuen Rechtsform um zwei voneinander zu unterscheidende Vorgänge handelt, wobei für die neue Rechtsform zunächst ein AR-Akt anzulegen ist. Aus diesem Grund ist es für den Anmeldenden ratsam, wie auch bei anderen Umwandlungsvorgängen zwei Sätze Dokumente zuzusenden, wobei allerdings auch bei der Anmeldung der neuen Rechtsform erkennbar sein muss, dass es sich um einen Formwechsel handelt. Ansonsten besteht die Gefahr, dass der erforderliche Formwechselvermerk nicht eingetragen wird und damit die gewünschte Rechtsfolge nicht eintritt, weil die nach § 198 Abs. 2 Satz 4 und 5 UmwG eventuell vorgesehene Reihenfolge nicht eingehalten wird. Auch bei einem Formwechsel ist es bei Kapitalgesellschaften angezeigt, ein getrenntes Dokument mit der Satzung bzw. dem Gesellschaftsvertrag des neuen Rechtsträgers vorzulegen (s. o. Rz. 1187).

1208 Die jeweils zuständigen Rechtspfleger bzw. **Richter prüfen** grundsätzlich unabhängig voneinander, wobei eine informelle Abstimmung dringend angezeigt erscheint, ob die formellen Voraussetzungen der Anmeldung erfüllt sind, insbesondere auch die Versicherung nach § 16 Abs. 2 UmwG abgegeben oder die entsprechenden sonstigen Voraussetzungen nach § 16 Abs. 3 UmwG vorliegen, der Umwandlungsbeschluss den Anforderungen, insbesondere nach § 194 UmwG entspricht und die vorgeschriebenen Anlagen mit gesandt wurden. Daneben sind die Eintragungsvoraussetzungen für den neuen Rechtsträger zu prüfen. Bei einem Formwechsel in eine GmbH sind die Regeln der Sachgründung anzuwenden (§§ 220, 245 UmwG). Es ist daher ein Sachgründungsbericht der Umwandlungsgesellschafter und eine Prüfung der Werthaltigkeit erforderlich. Lediglich bei einem Formwechsel einer Aktiengesellschaft oder einer Kommanditgesellschaft auf Aktien in eine GmbH sieht das Gesetz keine Prüfung der Werthaltigkeit vor (§ 245 Abs. 4 UmwG).

1209 Sodann ist zunächst der Formwechsel bei dem formwechselnden bisherigen Rechtsträger **einzutragen**. Soweit dieser in einem anderen Register, wobei die verschiedenen Abteilungen A und B des Handelsregisters keine unterschiedlichen Register im Sinne dieser Vorschrift sind (siehe Rz. 1204), als der neue Rechtsträger eingetragen ist, oder aber die Zuständigkeit eines anderen Registergerichts für die neue Rechtsform des Rechtsträgers besteht, ist die Eintragung mit dem Zusatz zu versehen, dass der Formwechsel erst mit Eintragung des Rechtsträgers in der neuen Rechtsform wirksam wird, sofern nicht sämtliche Eintragungen am selben Tag erfolgen (§ 198 Abs. 2 Satz 4 und 5 UmwG). Danach erfolgt die gemäß § 202 UmwG zur Wirksamkeit des Formwechsels führende Eintragung des Rechtsträgers in seiner neuen Rechtsform, wobei der Entstehungsvermerk mit dem Verweis auf den formwechselnden bisherigen Rechtsträger (Firma bzw. Name, Sitz und Registerstelle) in die Unterspalte b der Rechtsverhältnisspalte aufzunehmen ist (§§ 40 und 43 Nr. 5 bzw. Nr. 6 lit. b sublit. ee HRV; § 26 Nr. 6 lit. cc GenRegV; § 5 Abs. 4 Nr. 2 PRV; § 3 Nr. 4 lit. b sublit. aa VRV). Soweit aufgrund eines Register- bzw. Zuständigkeitswechsels und nicht taggleichen Vollzugszeitpunkten ein Wirksamkeitsvorbehalt erforderlich war, ist nach Eintragung des Rechtsträgers in seiner neuen Form im bisherigen Registerblatt des formwechselnden Rechtsträgers der Eintritt der Wirksamkeit durch einen Vermerk dieser Eintragung mit Eintragungsdatum zu verlautbaren und das Blatt zu schließen. Bei taggleicher Eintragung können Wirksamkeitsvorbehalt sowie Schlusseintragung entfallen (§ 198 Abs. 2 Satz 4 UmwG). Soweit verschiedene Beteiligte an der Eintragung des Formwechsels mitwirken, insbesondere bei unterschiedlichen Registern oder unterschiedlichen Zuständigkeiten, hat jeweils das in der Eintragungsreihenfolge vorausgehende Gericht dem nächsten eine Eintragungsmitteilung zukommen zu lassen, um die Eintragungsvoraussetzung der Voreintragung zu belegen.

Dritter Abschnitt. A. Gesellschaft mit beschränkter Haftung

Alle Eintragungen sind nach § 10 HGB **bekannt zu machen**. Dies gilt nach § 201 UmwG für den Rechtsträger neuer Form auch dann, wenn nach den sonstigen Vorschriften für diesen Rechtsträger keine solche Bekanntmachung vorgeschrieben ist. Die weitergehende Erforderlichkeit der Bekanntmachung in den in der Satzung des betreffenden Rechtsträgers vorgesehenen Blättern kann demgegenüber der Vorschrift des § 201 UmwG nicht entnommen werden.[1] Bei der Bekanntmachung zum formwechselnden Rechtsträger ist auch der Gläubigerhinweis nach §§ 204, 22 UmwG zu veröffentlichen.

1210

Übersicht zur registerlichen Behandlung eines Formwechsels:

1211

1. Anzumelden ist grundsätzlich von den Vertretungsorganen des neuen Rechtsträgers, welche auch die Versicherungen zu ihrer Person abgeben müssen (§ 197 UmwG). Daneben ist aber im Einzelfall (vgl. etwa § 222 Abs. 3 UmwG) auch eine gesonderte Anmeldung durch die Vertretungsorgane des formwechselnden Rechtsträgers erforderlich.[2]
2. Notwendige mit der Anmeldung **einzureichende Unterlagen** (§ 199 UmwG):
   a) Umwandlungsbeschluss, bei Rechtsträgern mit eintragungspflichtiger Satzung (Kapitalgesellschaften, Genossenschaften, Vereine) unter Einschluss der neuen Satzung (notariell beurkundet)
   b) Evtl. Zustimmungserklärungen einzelner Anteilsinhaber (notariell beurkundet)
   c) Umwandlungsbericht (schriftlich); verzichtbar (notarielle Beurkundung); nicht erforderlich, wenn nur ein Anteilsinhaber beteiligt ist
   d) Prüfungsbericht (soweit Vorschriften für den neuen Rechtsträger dies vorschreiben, § 220 Abs. 3 UmwG)
   e) Nachweis über rechtzeitige Zuleitung des Entwurfs des Umwandlungsbeschlusses an den Betriebsrat (§§ 199, 194 Abs. 2 UmwG)
   f) Nicht erforderlich ist hier die Vorlage einer Schlussbilanz; es besteht somit für registerrechtliche Zwecke auch keine Vorlagefrist im Sinne des § 17 Abs. 2 UmwG. Beim Formwechsel in eine Kapitalgesellschaft wird allerdings eine Bilanz zumeist zum Nachweis der Werthaltigkeit und im Rahmen des Sachgründungsberichts erforderlich.
3. Daneben sind alle Unterlagen notwendig, die für die Gründung des neuen Rechtsträgers erforderlich sind (§ 197 UmwG).
4. Materielle Prüfung des Registergerichts:
   a) Zulässigkeit des Formwechsels zwischen den beteiligten Rechtsträgerarten
   b) Regelung aller nach § 194 Nr. 1 bis 7 UmwG erforderlichen Punkte im Umwandlungsbeschluss. Häufig wird davon ein Großteil in der Satzung geregelt sein; Nr. 7 wird jedoch oft übersehen, wenn nicht – wie wünschenswert – die einzelnen Punkte im Umwandlungsbeschluss selbst und nicht nur unter Einbeziehung der neuen Satzung geregelt sind
   c) Vorliegen der erforderlichen Mehrheit für den Umwandlungsbeschluss
   d) Zustimmung einzelner Anteilsinhaber erforderlich und gültig erteilt
   e) Alle für den jeweiligen neuen Rechtsträger vorgeschriebenen Erfordernisse
5. Einhaltung der Eintragungsreihenfolge nach § 198 Abs. 2 UmwG:
   a) Wenn ein Formwechsel bei demselben Gericht und in derselben Registerart erfolgt, also insbesondere beim Formwechsel zwischen verschiedenen Handelsgesellschaften (Personen- und Kapitalgesellschaften) im selben Registerbezirk, erfolgt die Eintragung Zug um Zug im Register der alten Form und im Register der neuen Rechtsform. Die Eintragung eines Wirksamkeitsvorbehalts entfällt. Dasselbe gilt bei allen sonstigen Fällen eines Formwechsels, wenn aufgrund Absprache zwischen den zuständigen Registern taggleiche Eintragungen erfolgen.
   b) Wenn bei beiden Rechtsträgern Eintragungen erfolgen müssen, jedoch keiner der unter a) dargestellten Fälle vorliegt: Zunächst Eintragung im Register der alten Form des Rechtsträgers ggf. mit Wirksamkeitsvorbehalt, sodann Eintragung im Register der

---

[1] Anderer Ansicht noch *Vossius*, in: Widmann/Mayer, UmwG, § 201 Rz. 37.
[2] Vgl. im Einzelnen *Vossius*, in: Widmann/Mayer, UmwG, § 198 Rz. 25–35.

neuen Rechtsform und schließlich Schlusseintragung im Register der bisherigen Rechtsform mit Löschung des Registerblattes.

c) Wenn der neue Rechtsträger nicht eintragungsfähig ist (z. B. GbR), nur Eintragung im Register des formwechselnden Rechtsträgers ohne Wirksamkeitsvorbehalt.

d) Wenn der formwechselnde Rechtsträger nicht eintragungsfähig ist, nur Eintragung des Rechtsträgers neuer Form, selbstverständlich ebenfalls ohne Wirksamkeitsvorbehalt.

6. Muster zu Umwandlungen unter Beteiligung von Gesellschaften mbH

1212 Abschließend sei an verschiedenen Beispielen der typische registermäßige Ablauf einiger Umwandlungsmaßnahmen dargestellt.

1213 a) **Verschmelzung zweier GmbHs auf eine weitere GmbH zur Aufnahme mit Kapitalerhöhung.** Am Mittwoch, den 4. 9. 2002,[1] geht beim Amtsgericht München folgende Anmeldung ein:

Betrifft: RUHESANFT Hotelbetriebs GmbH mit dem Sitz in München – HRB 88 888

In der Anlage überreichen Herr Amadeus Kleingewitter und Frau Jana Bleibtreu als sämtliche Geschäftsführer der Gesellschaft:
- Verschmelzungsvertrag vom 29. 8. 2002, URNr. 933/2002, des Notars Adalbert Rödig in Cham
- Niederschrift über die gemeinsame Gesellschafterversammlung der RUHESANFT Hotelbetriebs GmbH mit Sitz in München, der RUHESANFT Hotel GmbH mit Sitz in Köln (Amtsgericht Köln HRB 12 388) und der RUHESANFT Hotel GmbH mit Sitz in Berlin (Amtsgericht Charlottenburg HRB 27 000) zu Urkunde des Notars Adalbert Rödig in Cham (URNr. 934/2002) vom 29. 8. 2002 mit den Beschlüssen über die Zustimmung zum Verschmelzungsvertrag sowie dem Beschluss zur Kapitalerhöhung und den Verzichtserklärungen betreffend die Verschmelzungsprüfung, den Prüfungsbericht und den Verschmelzungsbericht
- Liste der Gesellschafterin, welche den neuen Geschäftsanteil übernommen hat
- berichtigte Gesellschafterliste samt Notarbescheinigung (Gesellschafterstand nach Vollzug der Verschmelzung)
- vollständigen Wortlaut des Gesellschaftsvertrags mit Bescheinigung des Notars gemäß § 54 Abs. 1 Satz 2 GmbHG
- Stellungnahme der Union Wirtschaftsprüfungsgesellschaft mbH vom 20. 8. 2002 zum Kapitalerhöhungsbetrag mit beigefügten Bilanzen der übertragenden Gesellschaften;
- Nachweis über die Zuleitung des Entwurfs des Verschmelzungsvertrags an den Betriebsrat der RUHESANFT Hotelbetriebs GmbH in München am 15. 7. 2002.

Es wird gemäß § 16 Abs. 2 Satz 2 UmwG versichert, dass eine Anfechtung aufgrund der in den Beschlüssen abgegebenen Verzichtserklärungen ausgeschlossen ist und daher eine Erklärung zur Nichtanfechtung entbehrlich ist. Weiterhin wird versichert, dass von den beteiligten Gesellschaften nur die RUHESANFT Hotelbetriebs GmbH in München über einen Betriebsrat verfügt.

Wir melden zur Eintragung in das Handelsregister an:

Die RUHESANFT Hotel GmbH mit Sitz in Köln (Amtsgericht Köln HRB 12 388) und die RUHESANFT Hotel GmbH mit Sitz in Berlin (Amtsgericht Charlottenburg HRB 27 000) sind aufgrund des Verschmelzungsvertrags vom 29. 8. 2002 und der Beschlüsse der Gesellschafterversammlungen aller beteiligter Gesellschaften vom selben Tag mit der RUHESANFT Hotelbetriebs GmbH mit Sitz in München (Amtsgericht München HRB 88 888) verschmolzen; das Stammkapital der Gesellschaft ist zum Zweck der Durchführung dieser Verschmelzung von 800 000 EUR um 50 000 EUR auf 850 000 EUR erhöht. § 3 Abs. 1 des Gesellschaftsvertrags ist entsprechend geändert.

Die inländische Geschäftsanschrift lautet: Schlossstrasse 4, 81675 München.

Cham, den 29. 8. 2002

---

[1] Unabhängig von der Datierung wird die Anwendung des im Zeitpunkt des Erscheinens dieses Buches bestehende Rechtslage zugrunde gelegt.

Bereits am Montag, den 2. 9. 2002, war beim Amtsgericht Köln folgende Anmeldung 1214
eingegangen:

> **Betrifft: RUHESANFT Hotel GmbH mit Sitz in Köln – HRB 12 388**
> Inländische Geschäftsanschrift: Heinzelmännchenweg 13, 50825 Köln
>
> In der Anlage überreicht Herr Jupp Kleinwirt als einziger Geschäftsführer der RUHESANFT Hotel GmbH mit Sitz in Köln:
> – Verschmelzungsvertrag vom 29. 8. 2002, URNr. 933/2002 des Notars Adalbert Rödig in Cham
> – notariell beglaubigte Abschrift der gemeinsamen Gesellschafterversammlung der RUHE-SANFT Hotelbetriebs GmbH mit dem Sitz in München (Amtsgericht München HRB 88 888), der RUHESANFT Hotel GmbH mit dem Sitz in Köln (Amtsgericht Köln HRB 12 388) und der RUHESANFT Hotel GmbH mit dem Sitz in Berlin (Amtsgericht Charlottenburg HRB 27 000) zu Urkunde des Notars Adalbert Rödig in Cham vom 29. 8. 2002 (URNr. 934/2002) mit den Beschlüssen über die Zustimmung zum Verschmelzungsvertrag und den Verzichtserklärungen betreffend Verschmelzungsprüfung, den Prüfungsbericht und den Verschmelzungsbericht
> – vom Geschäftsführer unterschriebene Bilanz zum 31. 12. 2001
> – Nachweis der Zuleitung des Entwurfs des Verschmelzungsvertrags an den Betriebsrat der RUHESANFT Hotelbetriebs GmbH mit dem Sitz in München am 15. 7. 2002.
>
> Es wird gemäß § 16 Abs. 2 Satz 2 UmwG versichert, dass eine Anfechtung aufgrund der in den Beschlüssen abgegebenen Verzichtserklärungen ausgeschlossen ist und daher eine Erklärung zur Nichtanfechtung nicht erforderlich ist. Weiterhin wird erklärt, dass ein Betriebsrat lediglich bei der RUHESANFT Hotelbetriebs GmbH in München vorhanden ist.
>
> Zur Eintragung in das Handelsregister wird angemeldet:
> Die Gesellschaft ist aufgrund des Verschmelzungsvertrags vom 29. 8. 2002 und den Beschlüssen der beteiligten Gesellschaften vom selben Tag mit der RUHESANFT Hotelbetriebs GmbH in München verschmolzen.
>
> Cham, den 29. 8. 2002

Eine inhaltlich identische Anmeldung hat die Geschäftsführerin Mizzi Großhans der 1215
RUHESANFT Hotel GmbH mit Sitz in Berlin am Montag, den 2. 9. 2002 beim
Amtsgericht Charlottenburg eingereicht.

Das **Registergericht** München (Richter; § 17 Nr. 1 lit. c RPflG) **prüft**, ob die Anmel- 1216
dung mit der nach § 16 Abs. 2 UmwG, ggf. auch der nach § 52 UmwG erforderlichen
Versicherung in der Form des § 12 Abs. 1 Satz 1 HGB von Geschäftsführern in vertretungsberechtigter Zahl (ein Fall des § 78 GmbHG liegt trotz der Kapitalerhöhung
nicht vor),[1] ob der beurkundete Verschmelzungsvertrag für alle beteiligten Gesellschaften die nach § 5 UmwG erforderlichen Festlegungen enthält, ob ein Verschmelzungsbericht und eine eventuell erforderliche Prüfung stattgefunden hat oder auch darauf verzichtet wurde und ob die Verschmelzungsbeschlüsse ordnungsgemäß zustande
gekommen sind. Diese Prüfungen zur Verschmelzung nimmt er bereits vor der Eintragung der Kapitalerhöhung vor, da diese Teil der Verschmelzung ist und eine Eintragung
tunlichst nicht erfolgen soll, wenn nicht zu erwarten ist, dass es später auch zur Eintragung der Verschmelzung kommt. Bezüglich der Kapitalerhöhung selbst prüft er, ob diese nicht nach § 54 Abs. 1 Satz 3 und Abs. 2 UmwG ausgeschlossen ist und ob der Wert
der übertragenden Gesellschaften den Erhöhungsbetrag erreicht. Ferner ist der Anmeldung nach § 55 Abs. 2 UmwG i. V. m. § 57 Abs. 2 Nr. 2 GmbHG die Übernehmerliste
und nach § 52 Abs. 2 UmwG die berichtigte Gesellschafterliste samt Notarbescheinigung gemäß § 40 Abs. 2 Satz 2 GmbHG beizufügen. Wie bei jeder Satzungsänderung

---

[1] Vgl. *Schwarz*, in: Widmann/Mayer, UmwG, § 16 Rz. 9.2; *Winter*, in: Lutter, UmwG, § 52 Rz. 4.

Teil 1. Handelsregister

ist ferner der neue bescheinigte Gesellschaftsvertrag nach § 54 Abs. 1 Satz 2 GmbHG einzureichen.

1217 Nicht erforderlich ist, dass bei der Anmeldung zur Eintragung der Verschmelzung bei dem übernehmenden Rechtsträger die **Frist** des § 17 Abs. 2 Satz 4 UmwG gewahrt ist; diese Frist bezieht sich vielmehr nur auf die Anmeldung zum übertragenden Rechtsträger.

1218 Der Richter nimmt sodann folgende Eintragung vor:

> **Spalte 3 (Stammkapital):** 850 000 € (die bisherige Eintragung in Spalte 3 ist zu röten)
> **Spalte 6**
> **Unterspalte b (Sonstige Rechtsverhältnisse):** Die Gesellschafterversammlung vom 29. 8. 2002 hat die Erhöhung des Stammkapitals um 50 000 € auf 850 000 € zum Zwecke der Durchführung der Verschmelzung mit der RUHESANFT Hotel GmbH mit Sitz in Köln (Amtsgericht Köln HRB 12 388) und der RUHESANFT Hotel GmbH mit Sitz in Berlin (Amtsgericht Charlottenburg HRB 27 000) beschlossen.

1219 Diese Eintragung ist nach § 10 HGB ohne Gläubigerhinweis nach § 22 UmwG zu **veröffentlichen**. **Eintragungsmitteilungen** gehen an die Gesellschaft, den einreichenden Notar und die Registergerichte der übertragenden Gesellschaften.

1220 Die für die **übertragenden Gesellschaften** zuständigen Richter nehmen dieselben Prüfungen wie die Registerrichter der übernehmenden Gesellschaft vor, mit Ausnahme der Prüfung der Werthaltigkeit der Kapitalerhöhung. Darüber hinaus haben sie festzustellen, ob die nach § 17 Abs. 2 UmwG erforderliche Schlussbilanz eingereicht ist und die Frist hierzu gewahrt ist. Im vorliegenden Fall wäre die Frist nach § 188 Abs. 2 BGB zwar bereits am 31. 8. abgelaufen, nachdem dies im Jahr 2002 aber ein Samstag war, konnte die Anmeldung nach § 193 BGB auch noch am nächsten Werktag, also am Montag, den 2. 9. 2002 erfolgen.

1221 Es wird sodann bei beiden übertragenden Gesellschaften nach Erhalt der Eintragungsmitteilung über die Kapitalerhöhung bzw. sonstiger Kenntnis von dieser Eintragung folgende **Eintragung** in Spalte 6 Unterspalte b vorgenommen:

> Die Gesellschaft ist aufgrund des Verschmelzungsvertrags vom 29. 8. 2002 sowie der Beschlüsse der Gesellschafterversammlungen vom selben Tag mit der RUHESANFT Hotelbetriebs GmbH mit Sitz in München (Amtsgericht München HRB 88 888) verschmolzen. Die Verschmelzung wird erst wirksam mit Eintragung im Register des übernehmenden Rechtsträgers. *(Der Wirksamkeitsvorbehalt kann bei tagggleicher Eintragung beim übernehmenden Rechtsträger entfallen.)*

1222 Auch diese Eintragung wird nach § 10 HGB **veröffentlicht**, nunmehr mit dem Gläubigerhinweis nach § 22 UmwG folgenden Inhalts:

> Den Gläubigern der an der Verschmelzung beteiligten Rechtsträger ist, wenn sie binnen sechs Monaten nach dem Tag, an dem die Eintragung der Verschmelzung in das Register des Sitzes desjenigen Rechtsträgers, dessen Gläubiger sie sind, nach § 19 Abs. 3 UmwG als bekannt gemacht gilt, ihren Anspruch nach Grund und Höhe schriftlich anmelden, Sicherheit zu leisten, soweit sie nicht Befriedigung verlangen können. Dieses Recht steht ihnen jedoch nur zu, wenn sie glaubhaft machen, dass durch die Verschmelzung die Erfüllung ihrer Forderung gefährdet wird.

Diese Bekanntmachung erfolgt unter der Rubrik „Veränderungen", wenn sie einen Wirksamkeitsvorbehalt enthält; im Übrigen unter der Rubrik „Löschungen".

1223 Von der Eintragung erhält neben den Gesellschaften und dem einreichenden Notar das Registergericht München eine **Eintragungsmitteilung**. Es wird sodann folgende Eintragung in Spalte 6 Unterspalte b des Registers der übernehmenden Gesellschaft vom Registerrichter in München vorgenommen:

Die RUHESANFT Hotel GmbH mit Sitz in Köln (Amtsgericht Köln 12 388) und die RUHE-SANFT Hotel GmbH mit Sitz in Berlin (Amtsgericht Charlottenburg HRB 27 000) sind aufgrund des Verschmelzungsvertrags vom 29. 8. 2002 sowie der Beschlüsse der Gesellschafterversammlungen vom selben Tag mit der Gesellschaft verschmolzen.

Diese Eintragung wird ebenfalls mit dem Gläubigerhinweis nach § 22 UmwG, welcher mit dem bei den übertragenden Gesellschaften identisch ist, **bekannt gemacht.** **Eintragungsmitteilungen** gehen an die Gesellschaft, den einreichenden Notar und die Registergerichte der übertragenden Gesellschaften, bei Übertragung von Grundbesitz auch an das Finanzamt – Grunderwerbsteuerstelle. Bei den Registern der übertragenden Gesellschaften nehmen die Richter nach Erhalt der Eintragungsmitteilungen vom Registergericht München die **Schlusseintragungen** vor, soweit nicht nach § 19 Abs. 1 Satz 2 UmwG a. E. verfahren wurde: **1224**

> Die Verschmelzung wurde im Register des übernehmenden Rechtsträgers am (...) eingetragen.

Damit wird das Registerblatt der übertragenden Gesellschaften geschlossen, die Bekanntmachung erfolgt unter „Löschungen" und die Akten werden nach Absenden der Eintragungsmitteilungen an die übernehmende Gesellschaft (die übertragende Gesellschaft existiert zu diesem Zeitpunkt nicht mehr, siehe § 20 UmwG) und Abschluss der Kostenbehandlung an das Registergericht München übersandt. **1225**

b) Muster Verschmelzung einer GmbH zur Aufnahme auf eine bestehende KG. Beim Amtsgericht Köln gehen am 30. 5. 2009 je eine Anmeldung zur FrissDichFett GmbH mit Sitz in Köln (Amtsgericht Köln HRB 12 737) sowie zur IssDichFit GmbH & Co. KG ebenfalls mit Sitz in Köln (Amtsgericht Köln HRA 7977) ein: **1226**

> **Betrifft: FrissDichFett GmbH mit dem Sitz in Köln (HRB 12 737)**
>
> Dieser Anmeldung sind als Anlage beigefügt:
> – Urkunde vom 15. 4. 2009 (URNr. 566/2009) des Notars Dr. Aloisius Lukullus in Köln, welche den Verschmelzungsvertrag der FrissDichFett GmbH mit dem Sitz in Köln (AG Köln HRB 12 737) und der IssDichFit GmbH & Co. KG mit dem Sitz in Köln (AG Köln HRA 7977) sowie die Gesellschafterversammlungen der bei der Verschmelzung beteiligten Gesellschaften jeweils mit Zustimmungsbeschluss zum Verschmelzungsvertrag enthält
> – Schlussbilanz der FrissDichFett GmbH mit dem Sitz in Köln zum 31. 12. 2008
>
> Es wird gemäß § 16 Abs. 2 UmwG versichert, dass gegen die Verschmelzungsbeschlüsse keine Anfechtungsklagen erhoben wurden. Weiterhin wird erklärt, dass bei den beteiligten Gesellschaften kein Betriebsrat vorhanden ist.
>
> Es wird angemeldet:
> Die Gesellschaft ist aufgrund des Verschmelzungsvertrags und der Zustimmungsbeschlüsse vom 15. 4. 2009 mit der IssDichFit GmbH & Co. KG mit dem Sitz in Köln (AG Köln HRA 7977) durch Aufnahme verschmolzen.
> Die inländische Geschäftsanschrift lautet: Domgässchen 13, 50667 Köln.
> *Es folgt die Unterschrift des Geschäftsführers der GmbH.*
>
> **Betrifft: IssDichFit GmbH & Co. KG mit Sitz in Köln (HRA 7977)**
>
> Dieser Anmeldung ist als Anlage beigefügt:
> – Urkunde vom 15. 4. 2009 (URNr. 566/2009) des Notars Dr. Aloisius Lukullus in Köln, welche den Verschmelzungsvertrag zwischen der FrissDichFett GmbH mit dem Sitz in Köln (AG Köln HRB 12 737) und der IssDichFit GmbH & Co. KG mit dem Sitz in Köln (AG Köln HRA 7977) sowie die Gesellschafterversammlungen der bei der Verschmelzung beteiligten Gesellschaften jeweils mit Zustimmungsbeschluss zum Verschmelzungsvertrag enthält

Teil 1. Handelsregister

> Es wird gemäß § 16 Abs. 2 UmwG versichert, dass gegen die Verschmelzungsbeschlüsse keine Anfechtungsklage erhoben wurde. Weiterhin wird erklärt, dass bei den beteiligten Gesellschaften kein Betriebsrat vorhanden ist.
> Es wird angemeldet:
> Die FrissDichFett GmbH mit dem Sitz in Köln (AG Köln HRB 12 737) ist aufgrund des Verschmelzungsvertrags und der Zustimmungsbeschlüsse vom 15. 4. 2009 mit der Gesellschaft durch Aufnahme verschmolzen.
> Mit Wirksamkeit dieser Verschmelzung geht die Kommanditbeteiligung der übertragenden Gesellschaft in Höhe von 10 000 € aufgrund der Zuweisung im Verschmelzungsvertrag gemäß § 20 Abs. 1 Nr. 3 UmwG auf ihre Gesellschafterin, die GutEssen AG mit Sitz in Köln (AG Köln HRB 24 555), über. Die bisherige Kommanditistin scheidet damit aus; die GutEssen AG tritt mit derselben Hafteinlage in Höhe von 10 000 € als Kommanditistin ein.
> Die inländische Geschäftsanschrift lautet: Domgässchen 15, 50667 Köln.
> *Es folgen drei Unterschriften (Geschäftsführer der geschäftsführenden Gesellschaft der KG; Geschäftsführer der übertragenden GmbH; einzelvertretungsberechtigtes Vorstandsmitglied der GutEssen AG)*

1227 Der für die übertragende GmbH zuständige **Registerrichter** (§ 17 Nr. 1 lit. c RPflG) **prüft,** ob die Anmeldung mit der nach § 16 Abs. 2 UmwG erforderlichen Versicherung in der Form des § 12 Abs. 1 Satz 1 HGB von Geschäftsführern in vertretungsberechtigter Zahl rechtzeitig unter Einhaltung der Acht-Monats-Frist des § 17 Abs. 2 UmwG eingegangen ist, ob der Verschmelzungsvertrag für alle beteiligten Gesellschaften die nach § 5 UmwG erforderlichen Festlegungen enthält, ob ein Verschmelzungsbericht vorliegt und eine eventuell erforderliche Prüfung stattgefunden hat, hierauf in der gehörigen Form verzichtet wurde oder die Geschäftsanteile der GmbH sämtlich in der Hand der übernehmenden Kommanditgesellschaft liegen (§ 8 Abs. 3, § 9 Abs. 3 UmwG), zudem ob der Verschmelzungsvertrag und die Verschmelzungsbeschlüsse, ggf. die Zustimmung einzelner Gesellschafter, formgerecht vorliegen, der Vertrag durch die vertretungsberechtigten Organe der beteiligten Rechtsträger geschlossen und die Beschlüsse mit den notwendigen Mehrheiten gefasst wurden und die Belege über die rechtzeitige Zuleitung an die vorhandenen Betriebsräte aller beteiligter Unternehmen nach § 5 Abs. 3 UmwG sowie die von den Geschäftsführern der GmbH unterzeichnete Schlussbilanz vorliegen.

1228 Nachdem all dies vorliegt und im gegebenen Fall auch keine Kapitalerhöhung bei der übernehmenden Gesellschaft erforderlich ist, da es sich hierbei um eine Personengesellschaft handelt, nimmt der Richter im Register die Eintragung vor. Zu beachten ist, dass eine eventuelle Erhöhung einer Kommanditeinlage oder die Übernahme einer Beteiligung nicht wie die Kapitalerhöhung bei einer übernehmenden Kapitalgesellschaft vor der Eintragung der Verschmelzung selbst bei der übernehmenden Gesellschaft einzutragen ist. Es bleibt also bei der Reihenfolge des § 19 UmwG. Die **Eintragung** in Spalte 6 Unterspalte b gestaltet sich folgendermaßen:

> Die Gesellschaft ist aufgrund des Verschmelzungsvertrags vom 15. 4. 2009 und den Beschlüssen der Gesellschafterversammlungen vom selben Tag verschmolzen. *(Nur sofern nicht gemäß § 19 Abs. 1 Satz 2 UmwG entbehrlich zusätzlich:* Die Verschmelzung wird erst wirksam mit Eintragung im Register des übernehmenden Rechtsträgers.)

1229 Die Eintragung ist nach § 10 HGB in der Rubrik „Veränderungen" (bei Entfallen des Wirksamkeitsvorbehalts unter der Rubrik „Löschungen") zu **veröffentlichen,** und zwar zusammen mit dem Gläubigerhinweis nach § 22 UmwG (vgl. Rz. 1222). Von der Eintragung erhält neben den Gesellschaften und dem einreichenden Notar das Registergericht Köln zu HRA 7977 eine **Eintragungsmitteilung.**

Dritter Abschnitt. A. Gesellschaft mit beschränkter Haftung

Der für die KG zuständige **Rechtspfleger prüft** für seine Gesellschaft dieselben Aspekte wie der Richter bei der GmbH. Dabei hat er wegen des Kommanditistenwechsels auch noch zu prüfen, ob die Gesellschafter der Kommanditgesellschaft, vertreten durch ihre ordnungsgemäß bestellten Organe, die Anmeldung abgegeben haben. Im Übrigen muss er sich von der Voreintragung der Verschmelzung bei der übertragenden GmbH, regelmäßig über die von dort an ihn versandte Eintragungsmitteilung oder durch Einsichtnahme in das Register, Gewissheit verschaffen. Sodann trägt er ein: 1230

Spalte 5
Unterspalte a (Rechtsform): –
Unterspalte b (Sonstige Rechtsverhältnisse):
Die FrissDichFett GmbH mit dem Sitz in Köln (Amtsgericht Köln HRB 12 737) ist aufgrund des Verschmelzungsvertrags vom 15. 4. 2009 und der Beschlüsse der Gesellschafterversammlungen vom selben Tag mit der Gesellschaft verschmolzen.
Unterspalte c (Kommanditisten):
Durch Verschmelzung: *(Vorstehendes als Übergangstext)*
Als Kommanditist ausgeschieden: *(Nächste Zeile röten!)*
FrissDichFett GmbH mit Sitz in Köln (AG Köln HRB 12 737);
Eingetreten: *(Vorstehendes als Übergangstext)*
Kommanditist: GutEssen AG mit dem Sitz in Köln (Amtsgericht Köln HRB 24 555); Einlage: 10 000 €.

Die Eintragung in Spalte 5 Unterspalte b wird nach § 10 HGB zusammen mit dem Gläubigerhinweis nach § 22 UmwG **veröffentlicht**. Die Bekanntmachung der Eintragung in Spalte 5 Unterspalte c unterbleibt nach § 162 Abs. 2 und 3 UmwG. 1231

c) Muster Verschmelzung einer GmbH zur Aufnahme auf eine bestehende AG. Anmeldung bei der übertragenden GmbH, welche am 17. 7. 2009 beim Amtsgericht Nettetal eingeht. 1232

Betrifft: Hämmerlein GmbH mit Sitz in Nettetal (HRB 736)
Inländische Geschäftsanschrift: Am Wasserturm 26, 41334 Nettetal

Hiermit melden wir, als die zwei Geschäftsführer der Hämmerlein GmbH mit Sitz in Nettetal an:

Aufgrund des Verschmelzungsvertrags vom 6. 7. 2009 und des Zustimmungsbeschlusses der Gesellschafterversammlung vom selben Tag ist die Gesellschaft unter Ausschluss der Abwicklung durch Übertragung ihres Vermögens als Ganzes auf die Siebenzwerge AG mit Sitz in Goslar (Amtsgerichts Goslar HRB 1266) mit dieser als übernehmender Gesellschaft verschmolzen worden.

Die Siebenzwerge AG hat als alleinige Gesellschafterin der übertragenden Gesellschaft in der Gesellschafterversammlung vom 6. 7. 2009 dieser Verschmelzung zugestimmt und auf die Erhebung der Anfechtungsklage gegen den von ihr gefassten Verschmelzungsbeschluss unwiderruflich verzichtet.

Die Unterlagen im Sinne des § 63 Abs. 1 Nr. 1 bis 3 UmwG wurden einen Monat vor der Gesellschafterversammlung der Hämmerlein GmbH, die über die Zustimmung zum Verschmelzungsvertrag beschlossen hat, in den Räumen der Siebenzwerge AG zur Einsicht der Aktionäre ausgelegt (§ 62 Abs. 3 UmwG). Mit Schreiben vom 18. 5. 2009 hat die Siebenzwerge AG den Verschmelzungsvertragsentwurf beim Amtsgericht-Registergericht Goslar zur Bekanntmachung eingereicht (§ 61 UmwG). Im elektronischen Bundesanzeiger vom 23. 5. 2009 hat die Siebenzwerge AG ihren Aktionären die beabsichtigte Verschmelzung unter Hinweis auf die ausgelegten Unterlagen bekannt gegeben und auf das Recht, die Einberufung einer Hauptversammlung zu verlangen, hingewiesen (§ 62 Abs. 3 Satz 2 und 3 UmwG).

> Eines Zustimmungsbeschlusses der Siebenzwerge AG zur Verschmelzung bedarf es nicht, weil die Einberufung der Hauptversammlung von keinem ihrer Aktionäre verlangt wurde (§ 62 Abs. 2 und 3 Satz 5 UmwG), was hiermit ausdrücklich versichert wird.
> Der Entwurf des Verschmelzungsvertrags wurde dem zuständigen Betriebsrat der Siebenzwerge AG am 8. 5. 2009 zugeleitet. Bei der Hämmerlein GmbH besteht kein Betriebsrat, weshalb eine Zuleitung nicht erfolgen konnte.
> Da sich alle Geschäftsanteile der Hämmerlein GmbH, Nettetal, in der Hand der Siebenzwerge AG befinden, hat die Siebenzwerge AG weder ihr Grundkapital erhöht, noch Aktien oder eine sonstige Gegenleistung gewährt.
> Wir fügen folgende Unterlagen bei:
> – Verschmelzungsvertrag zwischen der Hämmerlein GmbH und der Siebenzwerge AG vom 6. 7. 2009
> – Niederschrift über die Gesellschafterversammlung der Hämmerlein GmbH vom selben Tag mit der Zustimmung zum in beglaubigter Abschrift beigefügten Verschmelzungsvertrag
> – Nachweis über die rechtzeitige Zuleitung des Verschmelzungsvertragsentwurfs an den zuständigen Betriebsrat der Siebenzwerge AG
> – Nachweis der Bekanntmachung im elektronischen Bundesanzeiger vom 23. 5. 2009
> – Bilanz der Hämmerlein GmbH zum 31. 12. 2008
>
> Ein Verschmelzungsbericht ist gemäß § 8 Abs. 3 Satz 1 UmwG nicht erforderlich, weil sich alle Anteile der Hämmerlein GmbH in der Hand der Siebenzwerge AG befinden. Aus dem gleichen Grund ist auch gemäß § 9 Abs. 2 UmwG eine Verschmelzungsprüfung nicht erforderlich.
>
> *Es folgen die Unterschriften der beiden Geschäftsführer mit notarieller Beglaubigung.*

1233 Eine inhaltlich gleiche Anmeldung geht ebenfalls am 17. 7. 2009 beim Amtsgericht Goslar zum Register der Siebenzwerge AG, unterschrieben von einem Vorstandsmitglied und einem Prokuristen, ein. Es fehlt lediglich die Bilanz der Hämmerlein GmbH.

1234 Die jeweils zuständigen **Registerrichter** (§ 17 Nr. 1 lit. c RPflG) **prüfen** in gleicher Weise den ordnungsgemäßen Abschluss des Verschmelzungsvertrags und das ordnungsgemäße Zustandekommen des Verschmelzungsbeschlusses bei der übertragenden Gesellschaft und das Vorliegen der Voraussetzungen für einen Verzicht auf einen Hauptversammlungsbeschluss bei der übertragenden Gesellschaft nach § 62 UmwG. Neben den üblichen Voraussetzungen bei der GmbH wird auch geprüft, ob bei der Aktiengesellschaft die Möglichkeit eines Verzichts auf die Verschmelzungsprüfung vorlag. Beide Registerrichter müssen sich auch davon überzeugen, dass die Voraussetzungen für eine Verschmelzung ohne Kapitalerhöhung vorlagen, was hier nach § 68 Abs. 1 Nr. 1 UmwG der Fall ist.

1235 Der Registerrichter der übertragenden GmbH nimmt sodann nach Feststellung, dass die Anmeldung durch die berechtigten Geschäftsführer erfolgt ist, die erforderlichen Anlagen in der erforderlichen Form beilagen und die Frist des § 17 Abs. 2 UmwG gewahrt ist, folgende **Eintragung** in Spalte 6 Unterspalte b vor:

> Die Gesellschaft ist durch Verschmelzungsvertrag vom 6. 7. 2009 und Beschluss der Gesellschafterversammlung vom selben Tag mit der Siebenzwerge AG mit Sitz in Goslar (Amtsgericht Goslar HRB 1266) verschmolzen. *(Nur sofern nicht gemäß § 19 Abs. 1 Satz 2 UmwG entbehrlich zusätzlich:* Die Verschmelzung wird erst wirksam mit Eintragung in das Register des übernehmenden Rechtsträgers.)

1236 Diese Eintragung wird gemäß § 10 HGB als Änderung (bei Entfallen des Wirksamkeitsvorbehalts unter Löschungen) zusammen mit dem Gläubigerhinweis nach § 22 UmwG (s. o. Rz. 1222) veröffentlicht und der Firma, dem einreichenden Notar und dem Registergericht des übernehmenden Rechtsträgers, also dem Amtsgericht Goslar **mitgeteilt**. Nach Erhalt dieser Mitteilung oder sonstiger Kenntnis von der Eintragung beim Amtsgericht Nettetal **trägt** der Registerrichter in Goslar im Register der übernehmenden Siebenzwerge AG in Spalte 6 Unterspalte b **ein**:

> Die Hämmerlein GmbH mit Sitz in Nettetal (Amtsgericht Nettetal HRB 736) ist durch Verschmelzungsvertrag vom 6. 7. 2009 und Beschluss ihrer Gesellschafterversammlung vom selben Tag mit der Gesellschaft verschmolzen.

Diese Eintragung wird ebenfalls gemäß § 10 HGB als Änderung zusammen mit dem Gläubigerhinweis nach § 22 UmwG (s. o. Rz. 1222) veröffentlicht und der Firma, dem einreichenden Notar und dem Registergericht des übertragenden Rechtsträgers, also dem Amtsgericht Nettetal mitgeteilt. Nach Erhalt dieser Mitteilung trägt der Registerrichter in Nettetal im Register der übertragenden GmbH ein – sofern dies nicht nach § 19 Abs. 1 Satz 2 UmwG entbehrlich ist, weil die Eintragungen bei allen beteiligten Rechtsträgern am selben Tag vorgenommen werden:

> Die Verschmelzung wurde am 30. 7. 2009 im Register des übernehmenden Rechtsträgers eingetragen (siehe Amtsgericht Goslar HRB 1266).

Sodann wird das Registerblatt der übertragenden GmbH geschlossen. Die Eintragung wird gemäß § 10 HGB als „Löschung" ohne Gläubigerhinweis veröffentlicht. Eintragungsmitteilungen gehen diesmal nur an die Firma und den einreichenden Notar. An das Amtsgericht Goslar ist keine weitere Mitteilung erforderlich, weil dort im Zusammenhang mit der Verschmelzung keine Eintragungen mehr erfolgen. Allerdings wird die Registerakte der Hämmerlein GmbH nach Abschluss der Kostenbehandlung an das Amtsgericht Goslar als Vorband zum Akt der Siebenzwerge AG übersandt.

d) Abspaltung von einer GmbH auf andere GmbH zur Aufnahme mit Kapitalerhöhung und Kapitalherabsetzung. Am 30. 6. 2009 geht beim Amtsgericht Traunstein folgende Anmeldung ein:

> **Betrifft: HRB 3972 – Sparimmer Markt GmbH mit Sitz in Trostberg**
>
> Als gesamtvertretungsbefugte Geschäftsführer der Sparimmer Markt GmbH mit dem Sitz in Trostberg melden wir zur Eintragung in das Handelsregister an:
> – Auf die Sparimmer Markt GmbH wurde im Zuge einer Abspaltung unter Anwendung der Vorschriften des Umwandlungsgesetzes der Teilbetrieb „Trostberg" der Sparimmer SB-Warenhausgesellschaft mbH mit Sitz in Penzberg (Amtsgericht München HRB 51 246) übertragen.
> – Das Stammkapital ist zum Zweck der Durchführung der Abspaltung von 4 200 000 € um 2 100 000 € auf 6 300 000 € erhöht worden. § 3 der Satzung ist entsprechend geändert.
>
> Als Anlagen überreichen wir:
> – Spaltungsvertrag zu Urkunde des Notars Samuel Kupfer in München vom heutigen Tage (URNr. 995/2009)
> – Spaltungsbeschluss der Gesellschafterin der übertragenden Sparimmer SB-Warenhausgesellschaft mbH mit Sitz in Penzberg und der aufnehmenden Gesellschaft Sparimmer Markt GmbH mit Sitz in Trostberg enthaltend die Verzichtserklärungen nach § 8 Abs. 3, § 9 Abs. 3 und § 12 Abs. 3 UmwG, die Zustimmungsbeschlüsse zum Spaltungsvertrag und den Beschluss über die Erhöhung des Stammkapitals nebst entsprechender Satzungsänderung
> – Liste der Gesellschafter des übernommenen Geschäftsanteils
> – berichtigte Gesellschafterliste samt Notarbescheinigung nach § 40 Abs. 2 Satz 2 GmbHG
> – vollständigen Wortlaut des Gesellschaftsvertrags mit Bescheinigung des Notars nach § 54 Abs. 1 S. 2 GmbHG
> – „Abspaltungsbilanz" mit Stellungnahme zur Werthaltigkeit durch die Wirtschaftsprüfer Old & Handsome betreffend den Teilbetrieb Trostberg
> – Nachweis über die rechtzeitige Zuleitung des Entwurfs des Spaltungsvertrages an die Betriebsräte der beteiligten Gesellschaften.

Teil 1. Handelsregister

Wir erklären gemäß § 16 Abs. 2 UmwG unter Bezugnahme auf die im Spaltungsbeschluss abgegebenen Anfechtungsverzichtserklärungen der alleinigen Gesellschafterin der übertragenden und aufnehmenden Gesellschaft, dass eine Anfechtung ausgeschlossen ist und daher eine Negativerklärung entbehrlich ist.

Die inländische Geschäftsanschrift lautet: Herzog-Otto-Straße 9, 83308 Trostberg.

München, den 25. 6. 2009

Es folgen zwei Unterschriften mit notariellem Beglaubigungsvermerk.

1240 Beim Amtsgericht München – Registergericht – geht gleichfalls am 30. 6. 2009 folgende Anmeldung ein:

Betrifft: HRB 51 246 – Sparimmer SB-Warenhausgesellschaft mbH mit Sitz in Penzberg

Als gesamtvertretungsbefugte Geschäftsführer melden wir zum Handelsregister an:
- Das Stammkapital ist von 5 100 000 € um 2 100 000 € auf 3 000 000 € herabgesetzt. § 3 der Satzung wurde entsprechend geändert. Die Kapitalherabsetzung erfolgte als vereinfachte Kapitalherabsetzung gemäß den Bestimmungen des § 139 Satz 1 UmwG i. V. m. §§ 58 a ff. GmbHG.
- Unter Fortbestand der Gesellschaft ist ein Teil ihres Vermögens, nämlich der Teilbetrieb Trostberg, im Wege der Abspaltung nach Maßgabe des eingereichten Spaltungsvertrags auf die Sparimmer Markt GmbH mit dem Sitz in Trostberg (Amtsgericht Traunstein HRB 3972) übertragen worden.

Als Anlagen überreichen wir:
- Spaltungsvertrag vom heutigen Tage zu Urkunde des Notars Samuel Kupfer in München (URNr. 995/2009)
- Spaltungsbeschluss der Gesellschafterin der Sparimmer SB-Warenhausgesellschaft mbH mit dem Sitz in Penzberg und der Sparimmer Markt GmbH mit dem Sitz in Trostberg enthaltend die Verzichtserklärungen nach § 8 Abs. 3, § 9 Abs. 3 und § 12 Abs. 3 UmwG, die Zustimmungsbeschlüsse zum Spaltungsvertrag und den Beschluss über die Herabsetzung des Stammkapitals unter entsprechender Änderung von § 3 der Satzung
- bescheinigte Satzung gemäß § 54 Abs. 1 Satz 2 GmbH
- berichtigte Gesellschafterliste samt Bescheinigung nach § 40 Abs. 2 Satz 2 GmbHG
- Schlussbilanz der Sparimmer Warenhausgesellschaft mbH mit dem Sitz in Penzberg zum 31. 12. 2008
- Nachweis über die rechtzeitige Zuleitung des Entwurfs des Spaltungsvertrags an Betriebsräte der beteiligten Gesellschaften

Gemäß § 140 UmwG wird versichert, dass die durch Gesetz und Gesellschaftsvertrag vorgesehenen Voraussetzungen für die Gründung der Sparimmer Warenhausgesellschaft mbH mit dem Sitz in Penzberg unter Berücksichtigung der Abspaltung im Zeitpunkt der Anmeldung vorliegen.

Gemäß § 16 UmwG wird weiterhin versichert, dass eine Klage gegen die Wirksamkeit der Spaltungsbeschlüsse nicht erhoben worden ist und aufgrund der in den Spaltungsbeschlüssen enthaltenen Anfechtungsverzichtserklärungen der Alleingesellschafterin beider beteiligter Gesellschaften auch nicht erhoben werden kann.

Die inländische Geschäftsanschrift lautet: Am Isabellenschacht 5, 82377 Penzberg.

Es folgen zwei Unterschriften mit notariellem Beglaubigungsvermerk.

1241 Für die Eintragung ist hier bei beiden Gesellschaften nach § 17 Nr. 1 lit. c RPflG der Registerrichter **zuständig**. Zunächst ist die Frage der **Reihenfolge der Eintragungen** zu klären. Ohne Berücksichtigung der Kapitalmaßnahmen hat nach § 130 UmwG die Eintragung bei dem übernehmenden Rechtsträger vor der Eintragung beim übertragenden Rechtsträger zu erfolgen. Darüber hinaus sind §§ 55, 53 und §§ 69, 66 UmwG nach § 125 UmwG entsprechend anzuwenden, d. h. dass die Eintragung der Verschmelzung bei dem übernehmenden Rechtsträger erst nach der Eintragung einer erforderlichen Kapitalerhöhung stattfinden darf. Dabei ist auch hier nicht erforderlich, dass die beiden Eintragungen unter zwei verschiedenen Eintragungsnummern erfolgen. Es soll lediglich sichergestellt werden, dass die Spaltung nicht ohne die dazugehörige Kapitalerhöhung stattfindet. Aus diesem Grund kann im vorliegenden Fall die Eintragung der Kapitalerhöhung mit der Eintragung der Spaltung bei dem übernehmenden Rechtsträger kombiniert werden. Die Eintragung der Kapitalherabsetzung muss, soweit überhaupt erforderlich, der Eintragung der Spaltung bei dem übertragenden Rechtsträger vorausgehen (§§ 139, 145 UmwG). Auch dies bedeutet aber nicht, dass die beiden Eintragungen unter verschiedenen Eintragungsnummern ausgeführt werden müssten, vielmehr ist auch hier eine Verknüpfung möglich. Nach diesen beiden, eventuell jeweils mit einer Kapitalmaßnahme verbundenen Eintragungen erfolgt bei dem übernehmenden Rechtsträger die Schlusseintragung, die den Wirksamkeitszeitpunkt wiedergibt. Diese Eintragung sowie der Wirksamkeitsvorbehalt – die entbehrlich sind, wenn die Eintragungen bei allen Rechtsträgern am selben Tag erfolgen (§ 130 Abs. 1 Satz 2 UmwG) – sind sodann zu röten, da der Vorbehalt nicht mehr zutrifft und der Wirksamkeitsvermerk ohne Vorbehalt gegenstandslos ist. Nachdem nur bei einer Aufspaltung der übertragende Rechtsträger erlischt, ist allerdings bei einer bloßen Abspaltung das Registerblatt des übertragenden Rechtsträgers nicht zu schließen.

Im Übrigen nimmt der Richter ähnliche formelle und materielle **Prüfungen** vor, wie bei der Verschmelzung, darüber hinaus die üblichen Prüfungen bei einer Kapitalerhöhung durch Sacheinlage und einer Kapitalherabsetzung. Zunächst trägt der für den **übernehmenden Rechtsträger** zuständige Richter im Register insbesondere in Spalte 6 in den Unterspalten a und b ein: **1242**

> **Spalte 3 (Stammkapital):** 6 300 000 € *(Das bisherige Stammkapital ist zu röten)*
> **Spalte 6**
> **Unterspalte a (Rechtsform, Gesellschaftsvertrag):**
> Die Gesellschafterversammlung vom 25. 6. 2009 hat zum Zwecke der Abspaltung das Stammkapital um 2 100 000 € auf 6 300 000 € erhöht und die Änderung des § 3 (Stammkapital) der Satzung beschlossen. *(Achtung: Eine genauere Bezeichnung der Abspaltung ist nicht erforderlich, wenn wie hier durch Verbindung in einer Eintragungsnummer diese ohnehin klar bezeichnet ist; es handelt sich bei dieser Eintragung um einen Übergangstext nach § 16a HRV, von dem lediglich das Beschlussdatum in den aktuellen Ausdruck übernommen wird)*
> **Unterspalte b (Sonstige Rechtsverhältnisse):** –
> Die Gesellschaft hat durch Spaltungsvertrag vom 25. 6. 2009 Teile des Vermögens (den Betriebsteil „Trostberg") der Sparimmer SB-Warenhandelsgesellschaft mbH mit Sitz in Penzberg (Amtsgericht München HRB 51 246) übernommen. *(Nur sofern nicht gemäß § 130 Abs. 1 Satz 2 UmwG entbehrlich zusätzlich: Die Spaltung wird erst wirksam mit Eintragung in das Register des übertragenden Rechtsträgers.)*

Diese Eintragung wird nach § 10 HGB mit dem Gläubigerhinweis nach § 22 UmwG veröffentlicht: **1243**

> Den Gläubigern der an der Spaltung beteiligten Rechtsträger ist, wenn sie binnen sechs Monaten nach dem Tag, an dem die Eintragung der Spaltung in das Register des Sitzes desjenigen Rechtsträgers, dessen Gläubiger sie sind, nach §§ 125, 19 Abs. 3 UmwG als bekannt gemacht gilt, ihren Anspruch nach Grund und Höhe schriftlich anmelden, Sicherheit zu leisten, soweit sie nicht Befriedigung verlangen können. Dieses Recht steht ihnen jedoch nur zu, wenn sie glaubhaft machen, dass durch die Spaltung die Erfüllung ihrer Forderung gefährdet wird.

Der Gläubigerhinweis ist noch nicht bei getrennter Eintragung der Kapitalerhöhung erforderlich; in einem solchen Fall erfolgt der Hinweis erst bei der Eintragung der **1244**

Übernahme durch Spaltung. Eine **Mitteilung der Eintragung** ergeht an das Unternehmen, den einreichenden Notar sowie das Gericht des übertragenden Rechtsträgers (§ 130 Abs. 2 UmwG). Nach Erhalt der Mitteilung oder sonstiger gesicherter Kenntnis von der Eintragung beim übernehmenden Rechtsträgers trägt der Registerrichter des übertragenden Rechtsträgers ein:

> **Spalte 3 (Stammkapital):** 3 000 000 € (Das bisherige Stammkapital ist zu röten)
> **Spalte 6**
> **Unterspalte a (Rechtsform, Gesellschaftsvertrag):**
> Die Gesellschafterversammlung vom 25. 6. 2009 hat die Herabsetzung des Stammkapitals in vereinfachter Form um 2 100 000 € auf 3 000 000 € und die Änderung des § 3 (Stammkapital) der Satzung beschlossen. *(Achtung: Im Hinblick auf die Verbindung der Eintragung von Kapitalmaßnahme und Spaltung ist eine genauere Bezeichnung der der Kapitalherabsetzung zugrunde liegenden Spaltung nicht erforderlich. Bei Trennung der beiden Eintragungen müsste die zugrunde liegende Spaltung genauer bezeichnet werden; auch diese Eintragung ist Übergangstext nach § 16a HRV, von dem lediglich das Beschlussdatum in den aktuellen Ausdruck übernommen wird.)*
> **Unterspalte b (Sonstige Rechtsverhältnisse):** –
> Die Gesellschaft hat durch Spaltungsvertrag vom 25. 6. 2009 Teile ihres Vermögens (den Betriebsteil „Trostberg") auf die Sparimmer Markt GmbH mit Sitz in Trostberg (Amtsgericht Traunstein HRB 3972) übertragen.

1245 Diese Eintragung wird nach § 10 HGB mit dem Gläubigerhinweis nach § 22 UmwG (s. o. Rz. 1243 f.) veröffentlicht. Der Gläubigerhinweis ist noch nicht erforderlich bei einer getrennten Eintragung der Kapitalherabsetzung; in einem solchen Fall erfolgt der Hinweis erst bei der Eintragung der Übertragung durch Spaltung. Eine **Eintragungsmitteilung** geht an das Unternehmen, den einreichenden Notar und das Gericht des übernehmenden Rechtsträgers. Dieses nimmt sodann die Schlusseintragung in Spalte 6 Unterspalte b vor, sofern nicht die Eintragungen bei allen beteiligten Rechtsträgern am selben Tag ohne Wirksamkeitsvorbehalt erfolgt sind (§ 130 Abs. 1 Satz 2 UmwG).

> Die Spaltung wurde am 1. 7. 2009 in das Register des übertragenden Rechtsträgers eingetragen.

1246 Diese Eintragung wird ebenso wie der Wirksamkeitsvorbehalt in der vorangehenden Eintragung gerötet. Eine Löschung findet nicht statt, weil – abgesehen vom Fall der Aufspaltung – der übertragende Rechtsträger erhalten bleibt. Die Veröffentlichung erfolgt entsprechend gemäß § 10 HGB unter „Veränderungen", nicht unter „Löschungen". Eine Eintragungsmitteilung ergeht an das Unternehmen und den einreichenden Notar.

1247 **e) Formwechsel einer GmbH in eine AG.** Am 31. 10. 2009 geht beim Amtsgericht Hamburg folgende Anmeldung ein:

> **Betrifft: HRB 88 188 – HB Hans Bauer Vertriebsgesellschaft mbH**
> **mit Sitz in Hamburg**
>
> Als alleiniger Geschäftsführer der Gesellschaft überreiche ich in jeweils zwei Exemplaren:
> – Urkunde des Notars Jan von Kockenbrink in Hamburg vom 14. 9. 2009 (URNr. 1444/2009) mit der Beschlussfassung über die Umstellung des Stammkapitals auf Euro, Barkapitalerhöhung und Formwechsel in eine Aktiengesellschaft und der Satzung der Aktiengesellschaft
> – Niederschrift über die Bestellung des Vorstands durch den Aufsichtsrat
> – Bericht der Gesellschafter, die der Umwandlung zugestimmt haben (Gründer), über den Hergang der Umwandlung (Gründungsbericht)

- Bericht des Vorstands und des Aufsichtsrats über den Hergang der Umwandlung (Gründungsprüfungsbericht)
- Prüfungsbericht des vom Gericht bestellten Prüfers über den Hergang der Umwandlung (Bericht des Gründungsprüfers)
- Berechnung der für die Gesellschaft durch die Umwandlung entstehenden Kosten (Gründungsaufwand)
- Liste der Übernehmer betreffend die Kapitalerhöhung durch Bareinlagen
- Einzahlungsbeleg zur Barkapitalerhöhung in Kopie

Zur Eintragung in das Handelsregister wird angemeldet:

I. Umstellung auf Euro und Barkapitalerhöhung.

Die Gesellschaft hat ihr Stammkapital von 150 000 DM auf Euro umgestellt.

Durch Beschluss der Gesellschafterversammlung vom 14. 9. 2009 ist das Stammkapital der Gesellschaft zur Schaffung von runden Eurobeträgen von 76 693,78 € um 48 306,22 € auf 125 000 € erhöht. Die Satzung wurde in § 3 (Stammkapital) angepasst.

Als alleiniger Geschäftsführer versichere ich, dass die übernommenen Geschäftsanteile jeweils in voller Höhe durch Überweisung auf ein Konto der Gesellschaft geleistet wurden, und zwar durch Herrn Hans Bauer auf den von ihm übernommenen Geschäftsanteil in Höhe von 43 375,60 € ein Betrag von 43 375,60 € und durch Frau Maria Bauer auf den von ihr übernommenen Geschäftsanteil von 4830,62 € ein Betrag von 4830,62 € und die genannten Beträge in der Folgezeit nicht an die Einleger zurückgewährt wurden.

II. Formwechsel

Die Gesellschaft ist mit Wirksamkeit der Kapitalerhöhung im Wege des Formwechsels gemäß den Bestimmungen des Umwandlungsgesetzes, insbesondere § 1 Abs. 1 Nr. 4, §§ 190 bis 213, § 226 und §§ 238 bis 250 UmwG, in eine Aktiengesellschaft umgewandelt. Eine Anfechtungsklage wurde nicht erhoben. Das bisherige Stammkapital der Gesellschaft in Höhe von 125 000 € ist nunmehr Grundkapital der Aktiengesellschaft.

Der Gesellschaftsvertrag (Satzung) wurde gemäß Anlage zum Umwandlungsbeschluss festgestellt. Die Aktiengesellschaft führt die Firma HB Vertriebs AG und hat ihren Sitz in Hamburg (Inländische Geschäftsanschrift: Otto-Meyer-Ring 12, 21347 Hamburg). Gründer der Gesellschaft mit auf den Namen lautenden Stückaktien mit einem rechnerischen Anteil am Grundkapital von 1 € je Stückaktie sind: Hans Bauer, Hamburg, geboren am 5. 10. 1941, mit 62 500 Stückaktien, sowie Maria Bauer, Hamburg, geboren am 31. 7. 1949, mit 62 500 Stückaktien.

Zum Vorstand wurde bestellt: Hans Bauer, Hamburg, geboren am 5. 10. 1941. Er vertritt die Gesellschaft stets einzeln und ist vom Verbot der Mehrfachvertretung befreit.

Die allgemeine Vertretungsregelung lautet: Ist nur ein Vorstandsmitglied bestellt, so vertritt es die Gesellschaft allein. Sind mehrere Mitglieder des Vorstands bestellt, so vertreten zwei Mitglieder des Vorstands gemeinsam oder ein Mitglied des Vorstands gemeinsam mit einem Prokuristen.

Der Vorstand Hans Bauer versichert, dass keine Umstände vorliegen, die seiner Bestellung nach § 76 Abs. 3 Satz 2 und 3 AktG entgegenstehen, insbesondere dass er nicht wegen einer Straftat des Unterlassens der Stellung des Antrags auf Eröffnung des Insolvenzverfahrens (Insolvenzverschleppung), nach §§ 283 bis 283d Strafgesetzbuch, wegen falscher Angaben nach § 399 AktG oder § 82 GmbHG, wegen unrichtiger Darstellung nach § 400 AktG, § 331 HGB, § 313 UmwG, § 17 PublG, nach den §§ 263 bis 264a oder §§ 265b bis 266a StGB oder wegen einer vergleichbaren Tat im Ausland verurteilt worden ist und ihm weder durch gerichtliches Urteil noch durch vollziehbare Entscheidung einer Verwaltungsbehörde im In- und Ausland die Ausübung eines Berufes, Berufszweiges, Gewerbes oder Gewerbezweiges untersagt worden ist. Ich bin vom beglaubigenden Notar darüber belehrt worden, dass ich zur unbeschränkten Auskunft hierüber verpflichtet bin und dass falsche Angaben insofern strafbar nach § 399 Abs. 1 AktG sind. Ich bin gegenüber dem Gericht voll auskunftspflichtig im Sinne des Bundeszentralregistergesetzes.

Mitglieder des Aufsichtsrats sind:
- Dr. Peter Mühlendorf, Kaufmann, Hamburg, geboren am 24. 2. 1948
- Irma Seidensieffer, Oberstudienrätin, Bremen, geboren am 2. 10. 1947
- Prof. Dr. Eustazius Heinekamp, Wirtschaftsprüfer, Hamburg, geboren am 29. 5. 1946

Es wird erklärt, dass die Gesellschafter der formwechselnden Gesellschaft auf ein eventuelles Klagerecht verzichtet haben.

Die Gesamtprokura von Herrn Adalbert Winkler, Hamburg, geboren am 9. 9. 1952, besteht fort. Er ist nunmehr gemeinsam mit einem Vorstandsmitglied oder einem weiteren Prokuristen vertretungsberechtigt.

Es folgen die Unterschriften von Hans und Maria Bauer sowie der drei Aufsichtsratsmitglieder mit Beglaubigungsvermerken.

1248 Der nach § 17 Nr. 1 lit. c RPflG zuständige **Registerrichter prüft** nacheinander die formellen und materiellen Voraussetzungen für die Euroumstellung und die Kapitalerhöhung, den Umwandlungsbeschluss und die Neugründung der Aktiengesellschaft. Hierbei hat er insbesondere auch die Werthaltigkeit der eingebrachten GmbH zu prüfen. Im Gegensatz zur Verschmelzung und der Spaltung ist bei einem Formwechsel eine Frist entsprechend § 17 Abs. 2 Satz 4 UmwG nicht zu beachten. Nachdem hier ein Sitzwechsel außerhalb des Registerbezirks nicht stattfindet und GmbH und AG im selben Registertyp (Handelsregister) eingetragen werden, erfolgen die Eintragungen bei GmbH und AG unmittelbar nacheinander.

1249 Der Registerrichter nimmt im Registerblatt der formwechselnden GmbH folgende **Eintragung** vor:

> **Spalte 3 (Stammkapital):** 125 000 € (Und Rötung des bisherigen Stammkapitals)
> **Spalte 6**
> **Unterspalte a (Rechtsform, Gesellschaftsvertrag):**
> Die Gesellschafterversammlung vom 14. 9. 2009 hat die Umstellung auf Euro sowie die Erhöhung des Stammkapitals um 48 306,22 € auf 125 000 € sowie die Änderung von § 3 (Stammkapital) des Gesellschaftsvertrags beschlossen.
> **Unterspalte b (Sonstige Rechtsverhältnisse):**
> Die Gesellschafterversammlung vom 14. 9. 2009 hat die formwechselnde Umwandlung in die gleichzeitig errichtete HB Vertriebs AG mit Sitz in Hamburg (Amtsgericht Hamburg HRB 145 321) beschlossen.

1250 Diese Eintragung wird nach § 10 HGB zusammen mit dem Gläubigerhinweis nach §§ 201, 204, 22 UmwG veröffentlicht:

> Den Gläubigern des formwechselnden Rechtsträger ist, wenn sie binnen sechs Monaten nach dem Tag, an dem die Eintragung des Formwechsels nach § 201 UmwG als bekannt gemacht gilt, ihren Anspruch nach Grund und Höhe schriftlich anmelden, Sicherheit zu leisten, soweit sie nicht Befriedigung verlangen können. Dieses Recht steht ihnen jedoch nur zu, wenn sie glaubhaft machen, dass durch den Formwechsel die Erfüllung ihrer Forderung gefährdet wird.

1251 Darüber hinaus trägt er auf einem neuen Blatt unter nächster fortlaufender Registernummer (hier HRB 145 321) die Aktiengesellschaft ein:

> **Spalte 2**
> **Unterspalte a (Firma):** HB Vertriebs AG
> **Unterspalte b (Sitz):** Hamburg; Geschäftsanschrift: Otto-Meyer-Ring 12, 21347 Hamburg
> **Unterspalte c (Gegenstand des Unternehmens):** Vertrieb von Waren aller Art, insbesondere Computern
> **Spalte 3 (Grundkapital):** 125 000 €

Dritter Abschnitt. A. Gesellschaft mit beschränkter Haftung

Spalte 4
Unterspalte a (Allgemeine Vertretungsregelung):
Ist nur ein Vorstandsmitglied bestellt, so vertritt dieses die Gesellschaft allein. Sind mehrere Mitglieder des Vorstands bestellt, so wird die Gesellschaft durch zwei Mitglieder des Vorstands oder ein Mitglied des Vorstands gemeinsam mit einem Prokuristen bestellt.
Unterspalte b (Vorstand und besondere Vertretungsbefugnis):
Vorstand: Bauer, Hans, Hamburg, *5. 10. 1941, einzelvertretungsberechtigt, mit der Befugnis, mit der Gesellschaft Rechtsgeschäfte mit sich als Vertreter eines Dritten abzuschließen.
Spalte 5 (Prokura): Gesamtprokura gemeinsam mit einem Vorstandsmitglied oder einem weiteren Prokuristen: Winkler, Adalbert, Hamburg, *9. 9. 1952
Spalte 6
Unterspalte a (Rechtsform, Satzung):
Aktiengesellschaft. Satzung vom 14. 9. 2009.
Unterspalte b (Sonstige Rechtsverhältnisse):
Entstanden durch formwechselnde Umwandlung der HB Vertriebs GmbH mit Sitz in Hamburg (Amtsgericht Hamburg HRB 88 188).

Auch diese Eintragung ist nach § 10 HGB als Neueintragung zu veröffentlichen, wobei kein Gläubigerhinweis nach § 201 UmwG erforderlich ist, da die neue Aktiengesellschaft noch keine eigenen Gläubiger hat. 1252

f) Weitere Beispielsfälle unter Beteiligung einer GmbH. Weitere Musterbeispiele für Umwandlungsvorgänge unter Beteiligung einer GmbH finden sich an folgenden Stellen: 1253
- Verschmelzung einer GmbH mit dem Vermögen ihres Alleingesellschafters: Rz. 595 ff.;
- Ausgliederung aus dem Vermögen eines e. K. zur Neugründung auf eine GmbH: Rz. 584 ff.;
- Formwechsel einer GmbH in eine KG: Rz. 786 ff.;
- Formwechsel einer GmbH & Co. KG in eine GmbH: Rz. 792 ff.

XII. Sonstige Aufgaben des Registergerichts bezüglich einer GmbH

1. Bestellung eines Notgeschäftsführers oder Notliquidators

Genügt die Anzahl der Geschäftsführer nicht den satzungsmäßigen Vorgaben, so können in dringenden Fällen auf Antrag eines Beteiligten (Gesellschafter,[1] Gläubiger, Geschäftsführer) **durch das Amtsgericht** – Rechtspfleger – des Sitzes der GmbH in entsprechender Anwendung des § 29 BGB **Geschäftsführer bestellt** werden,[2] gegebenenfalls auch für einen eingeschränkten Aufgabenkreis,[3] wobei etwaige Beschränkungen nur im Innenverhältnis wirken. Kein Anlass zur Bestellung derartiger Notgeschäftsführer ist gegeben, wenn der rechtmäßig bestellte Geschäftsführer in einer bestimmten Angelegenheit untätig bleibt oder eine Maßnahme als unzweckmäßig ablehnt.[4] Anders verhält es sich hingegen wenn er es ablehnt, überhaupt für die GmbH zu handeln, da seine Untätigkeit dann einer Amtsniederlegung gleich kommt. Insbesondere können 1254

---

[1] BayObLG FGPrax 1997, 235.
[2] OLG München FGPrax 2007, 281; OLG Düsseldorf NZG 2002, 338; OLG Zweibrücken Rpfleger 2001, 501; OLG Frankfurt Rpfleger 2001, 241; BayObLG FGPrax 1997, 235; BayObLG Z 1956, 303; allgemein hierzu *Kögel* NZG 2000, 20; *Kutzer* ZIP 2000, 655; *Gustavus* GmbHR 1992, 15.
[3] OLG München FGPrax 2007, 281; BayObLG Z 1998, 179 (186); **LG Frankenthal** GmbHR 2003, 586.
[4] KG JFG 15, 101 (= HRR 1937 Nr. 920).

Meinungsverschiedenheiten oder Differenzen zwischen den Beteiligten nicht durch die gerichtliche Bestellung eines Geschäftsführers entschieden werden.[1] § 29 BGB bietet auch keine Handhabe dafür, einen ungeeigneten oder unwilligen Geschäftsführer aus seinem Amt zu entfernen. Zu Recht kann ein entsprechender Antrag auf Bestellung eines Notgeschäftsführers auch dann zurückgewiesen werden, wenn eine zur Übernahme des Amtes bereite Person weder vom Antragsteller benannt wird, noch durch das Amtsgericht unter Mitwirkung der Organe des Handelsstandes gefunden werden kann.[2] Die Bestellung eines Notgeschäftsführers ist als schwerwiegender hoheitlicher Eingriff nur in enger Auslegung der Ermächtigungsvorschrift zulässig.[3] All dies gilt entsprechend § 48 Abs. 1 BGB im Übrigen sinngemäß für die Bestellung von Notliquidatoren.[4]

1255 Ein **dringender Fall,** der ein antragsgemäßes Tätigwerden des Gerichts rechtfertigt, liegt vor, wenn der Geschäftsführer für die GmbH tätig werden muss und die Maßnahme nicht bis zur ordentlichen Neubestellung eines Geschäftsführers aufgeschoben werden kann. Das Fehlen eines Geschäftsführers liegt beispielsweise nach Amtsbeendigung sämtlicher Geschäftsführer vor, aber auch bei tatsächlicher oder rechtlicher Verhinderung der vorhandenen Organträger. Auch im Falle eines Streits über die Wirksamkeit einer Geschäftsführerabberufung kann die Bestellung eines Notgeschäftsführers in Betracht kommen. War hingegen die Abberufung des vertretungsbefugten Geschäftsführers unwirksam, so scheidet eine gerichtliche Bestellung aus.[5] Ein dringender Fall liegt nur dann vor, wenn ohne Bestellung der Gesellschaft ein Schaden entstehen würde oder alsbald erforderliche Handlungen nicht vorgenommen werden könnten und sich die Gesellschaft nicht durch eigene Maßnahmen helfen kann.[6] Insbesondere bei Vorhandensein eines handlungsfähigen Mehrheitsgesellschafters kann ein dringender Fall in diesem Sinne nicht vorliegen.[7] In diesem Sinne dringlich kann allerdings die Anmeldung der Abberufung des bisherigen Geschäftsführers sowie die zeitgerechte Erstellung und Offenlegung des Jahresabschlusses sein.[8]

1256 Eine als Notgeschäftsführer **ausgewählte Person** kann ihre Berufung ablehnen; abweichendes mag aufgrund gesellschaftsinterner Pflichten für einen Mitgesellschafter gelten. Vor der gerichtlichen Bestellung ist daher zu klären, ob die zu ernennende Person zur Annahme des Amtes bereit ist. Im Übrigen erfolgt die Bestellung des Notgeschäftsführers durch das Gericht bei freier Auswahl, auch wenn ein Vorschlag der Gesellschaft vorliegt.[9] Den Gläubigern der Gesellschaft steht allerdings ein Beschwerderecht gegen die Auswahlentscheidung zu.[10] Der Bestellte tritt vollständig in die Stellung des Geschäftsführers ein, für den er bestellt wird. Bei der Begründung seiner Vertretungsmacht sind die satzungsmäßigen Bestimmungen maßgeblich, so dass bei Vorliegen entsprechender Bedürfnisse auch eine Befreiung von den Beschränkungen des § 181 BGB möglich ist,[11] die jedoch nur in seltenen Fällen angezeigt sein wird. Der Bestellte muss daher nach § 6 Abs. 2 Satz 2 und 3 GmbHG amtsfähig sein; dies ist bei der Bestellung

---

[1] Vgl. **OLG Frankfurt** GmbHR 1986, 432; **LG Frankfurt** MDR 1986, 763.
[2] OLG Frankfurt FGPrax 2006, 81; OLG Hamm FGPrax 1996, 70.
[3] **OLG Frankfurt** FGPrax 2006, 81.
[4] Siehe **OLG Köln** FGPrax 2007, 281.
[5] BayObLG GmbHR 1999, 1292.
[6] BayObLG FGPrax 1997, 235; *Zöllner/Noack,* in: Baumbach/Hueck, GmbHG, § 35 Rz. 7 und *Hueck/Fastrich,* in: Baumbach/Hueck, GmbHG, § 6 Rz. 21.
[7] BayObLG GmbHR 1995, 896.
[8] OLG München FGPrax 2007, 281.
[9] OLG München FGPrax 2007, 281; **BayObLG** Z 1996, 129 (= FGPrax 1996, 194).
[10] **OLG Hamm** FGPrax 1996, 70.
[11] **OLG Düsseldorf** ZNotP 2002, 116.

zu prüfen, wobei sinngemäß wie bei der regulären Eintragung eines Organvertreters im Register eine entsprechend § 8 Abs. 3 Satz 1 GmbHG abgegebene Erklärung der fraglichen Person genügt. Zudem muss der gerichtlich Bestellte die in der Satzung für den Geschäftsführer vorgeschriebene Qualifikation haben.[1] Die Beschränkung des **Wirkungskreises** des Bestellten ist als Beschränkung der Vertretungsbefugnis nicht zulässig (§ 37 Abs. 2 GmbHG), betrifft somit nur die Geschäftsführungsbefugnis im Innenverhältnis gegenüber der Gesellschaft.[2] Der Anspruch auf Vergütung des Notgeschäftsführers für seine Tätigkeit richtet sich gegen die Gesellschaft, nicht gegen die Gesellschafter oder gegen die Staatskasse oder gegen den Beteiligten, der die Bestellung beantragt hat,[3] und ist im Zivilprozessweg geltend zu machen. Das Gericht der freiwilligen Gerichtsbarkeit hat darüber nicht zu entscheiden,[4] kann jedoch die Bestellung gemäß § 8 KostO von der Zusage der Zahlung einer Vergütung abhängig machen.[5]

Aus wichtigem Grund kann ein gerichtlich bestellter Notgeschäftsführer auf Antrag durch das Gericht **abberufen** werden.[6] Den Antrag hierzu können Gesellschafter oder weitere vorhandene Geschäftsführer stellen. Zugleich mit der gerichtlichen Abberufung ist bei Fortbestehen der dringlichen Situation durch das Gericht ein neuer Notgeschäftsführer zu bestellen. Der Beschluss über die Abberufung ist mit einfacher Beschwerde anfechtbar.[7] 1257

Die **Eintragung** des Bestellten in das Handelsregister erfolgt entsprechend § 67 Abs. 2 BGB **von Amts wegen**. Für den bestellten Geschäftsführer ist eine Versicherung über seine Amtsfähigkeit nach § 39 Abs. 3 i.V.m. § 6 Abs. 2 Satz 2 Nr. 2 und 3 sowie Satz 3 GmbHG nicht Eintragungserfordernis;[8] dass keine Ausschließungsgründe vorliegen, ist bereits bei der Bestellung zu prüfen. Soweit es sich allerdings nicht um einen gerichtsbekannten, regelmäßig für solche oder ähnliche Funktionen herangezogenen Rechtsanwalt handelt, wird das Gericht sich regelmäßig auch eine solche Versicherung vorlegen lassen. **Einzutragen** ist beispielsweise: 1258

Von Amts wegen eingetragen entsprechend § 67 Abs. 2 BGB: Bestellt: Geschäftsführer: Huxfeld, Robert, Hamburg, *30. 12. 1970.

Mit der Bestellung ordentlicher Geschäftsführer **erlischt das Amt** des gerichtlich Bestellten, ohne dass es einer förmlichen Abberufung durch die Gesellschafter oder das Registergericht bedarf.[9] Seine Eintragung ist bei Eintragung des von den Gesellschaftern neu berufenen Geschäftsführers daher zu röten (§ 16 Abs. 1 Satz 2 HRV). 1259

2. Bestehen eines Aufsichtsrats

Sofern für einen Aufsichtsrat die Bestimmungen des AktG Anwendung finden sollen (vgl. § 52 Abs. 1 GmbHG), ist jeder **Wechsel** von Aufsichtsratsmitgliedern durch elektronisch gemäß § 12 Abs. 2 Satz 2 Halbs. 1 HGB erfolgende Einreichung einer entsprechend korrigierten Liste nach § 52 Abs. 2 Satz 2 Halbs. 1 GmbHG anzuzei- 1260

---

[1] BayObLG Z 1980, 306 (= MDR 1981, 322).
[2] BayObLG NJW-RR 1986, 523 (= DB 1986, 422 = GmbHR 1986, 189).
[3] BayObLG Z 1988, 261 (= NJW-RR 1988, 1500); BayObLG Rpfleger 1975, 354.
[4] BayObLG Z 1988, 261 (= NJW-RR 1988, 1500); AG Hamburg GmbHR 1954, 60.
[5] *Müther*, Handelsregister, § 6 Rz. 104; *Poller*, in: Kroiß/Everts/Poller, GmbH-Registerrecht, § 1 Rz. 306.
[6] OLG Düsseldorf NZG 2002, 338; OLG Düsseldorf FGPrax 1997, 157; *Zöllner/Noack*, in: Baumbach/Hueck, GmbHG, § 38 Rz. 95.
[7] BayObLG ZIP 1999, 1845.
[8] Ebenso *Müther*, Handelsregister, § 6 Rz. 108.
[9] OLG Köln FGPrax 2007, 281.

gen. Das Gericht hat sodann nach § 10 HGB einen Hinweis darauf bekannt zu machen, dass eine neue Liste eingereicht wurde (§ 52 Abs. 2 Satz 2 Halbs. 2 GmbHG).

1261 Bei **Ergänzung des Aufsichtsrats** gilt Folgendes: Für den fakultativen Aufsichtsrat nach § 52 GmbHG kommt eine Ergänzung in entsprechender Anwendung des § 104 AktG nicht in Frage, da diese Bestimmung in § 52 Abs. 1 GmbHG nicht für anwendbar erklärt wird. Auch eine Abberufung von Aufsichtsratsmitgliedern nach § 103 Abs. 3 AktG ist nicht vorgesehen. Für den obligatorischen Aufsichtsrat nach den Bestimmungen des DrittelbG und § 1 MitbestG (außerdem mit Besonderheiten nach Montan-MitbestG und MitbestErgG) gilt dagegen für die Ergänzung des Aufsichtsrats durch das Gericht § 104 AktG. Auch § 103 AktG über die Abberufung von Aufsichtsratsmitgliedern ist anwendbar.

3. Kontrolle der Angaben auf Geschäftsbriefen

1262 Geschäftsführer oder Liquidatoren, die §§ 35a, 71 Abs. 5 GmbHG zur Anbringung der vorgeschriebenen **Angaben auf Geschäftsbriefen** nicht befolgen, sind dazu durch das Registergericht mittels Festsetzung von Zwangsgeld (hierzu Rz. 2351 ff.) anzuhalten (§ 79 Abs. 1 GmbHG).

4. Löschungen von Amts wegen

1263 Im Handelsregister eingetragene **Beschlüsse** der **Versammlung der Gesellschafter** können vom Registergericht des Sitzes als nichtig gelöscht werden, wenn sie durch ihren Inhalt zwingende Vorschriften des Gesetzes verletzen und ihre Beseitigung im öffentlichen Interesse erforderlich erscheint (§ 398 FamFG). Siehe im Übrigen zu den Voraussetzungen hierfür und hinsichtlich des Verfahrens Rz. 459 ff. Nach der Löschung darf Einsicht in den eingereichten bestätigten Wortlaut des Gesellschaftsvertrags nicht mehr gewährt werden. Soweit nicht ein bei früherer Eintragung bestätigter und nun wieder zutreffender Vertrag vorliegt, ist die Einreichung eines notariell bestätigten Wortlauts des geltenden Gesellschaftsvertrags erforderlich und nach § 14 HGB erzwingbar (§ 54 Abs. 1 Satz 2 GmbHG).

1264–1268 *(Randnummern zur Zeit nicht besetzt)*

B. Aktiengesellschaft

I. Bedeutung und Rechtsnatur der AG

1269 Die **Aktiengesellschaft** ist als juristische Person des Privatrechts eine Gesellschaft mit eigener Rechtspersönlichkeit, deren Gesellschafter (Aktionäre) mit Einlagen (Kapital) an dem in Aktien zerlegten Grundkapital beteiligt sind, ohne persönlich für die Verbindlichkeiten der Gesellschaft zu haften (§ 1 Abs. 1 AktG). Sie ist eine Kapitalgesellschaft und stets Handelsgesellschaft (§ 3 Abs. 1 AktG). Sie unterliegt somit den Vorschriften für kaufmännische Unternehmen (§ 6 Abs. 2 HGB). Die AG entsteht mit Eintragung in das Handelsregister (§ 41 Abs. 1 Satz 1 AktG), die in dessen Abteilung B erfolgt (§§ 3 Abs. 3, §§ 43 bis 46 HRV).

1270 Bestimmte Rechtsvorschriften schreiben für einzelne Unternehmungen die Rechtsform der AG vor. So ist für Bausparkassen (§ 2 Abs. 1 BausparkassenG), wahlweise mit dem VVaG für Versicherungsunternehmen (§ 7 Abs. 1 VAG), sowie wahlweise mit der GmbH für Kapitalanlagegesellschaften (§ 6 Abs. 1 InvG) und Unternehmensbeteiligungsgesellschaften (§ 2 Abs. 1 UBGG), zwingend die Rechtsform der AG vorgesehen. Die seit 2007 spezialgesetzlich vorgesehene Sonderform der Immobilien-Aktiengesellschaft mit börsennotierten Anteilen als Real Estate Investment Trust

II. Gründung einer Aktiengesellschaft

1. Maßnahmen bis zur Anmeldung zum Handelsregister

a) Feststellung der Satzung. Voraussetzung der Gesellschaftsgründung ist die Feststellung der Satzung (§ 23 Abs. 1 Satz 1 AktG): Sie erfolgt durch einen[3] oder mehrere Gründer (§§ 2, 28 AktG) in notariell beurkundeter Form. Die h. M. befürwortet die Anerkennung der notariellen Beurkundung im Ausland, sofern diese der inländischen gleichwertig ist, das Verfahren also den tragenden Grundsätzen des deutschen Beurkundungsrechts entspricht.[4] Im Einzelnen besteht hierbei eine Vielzahl von Unklarheiten.[5]

1271

Soll eine festgestellte Satzung vor der Eintragung der Gesellschaft in das Handelsregister geändert werden, muss Einstimmigkeit unter den Beteiligten herrschen und die Form der notariellen Beurkundung gewahrt werden. Eine Änderung in diesem Sinne liegt auch dann vor, wenn in der Person oder Zahl der Gründer eine Veränderung eintritt. Stirbt ein Gründer, bevor die Gesellschaft im Handelsregister eingetragen wurde, so berührt dies den Gründungsvorgang grundsätzlich nicht.[6]

1272

Außer natürlichen und juristischen Personen können auch BGB-Gesellschaften[7] oder eine OHG bzw. KG **Gründer** sein. Daneben können deren Gesellschafter neben diese – unter Beachtung des § 181 BGB – als Gründer treten. Ein nicht rechtsfähiger Verein und eine Erbengemeinschaft können nach noch herrschender Meinung wegen der möglichen Haftungsbeschränkung nicht Gründer sein.[8] Ein Testamentsvollstrecker kann ebenfalls nicht mit Wirkung für den Nachlass bei der Gründung einer Aktiengesellschaft mitwirken.[9] Für **nicht voll geschäftsfähige Personen** handeln deren gesetzliche Vertreter. Diese bedürfen der betreuungs- oder familiengerichtlichen Genehmigung nach § 1822 Nr. 3 BGB i. V. m. § 1643 Abs. 1 BGB.[10] Sind Eltern und ihre nicht voll geschäftsfähigen Kinder an der Gründung beteiligt, so muss für jedes Kind ein Ergänzungspfleger bestellt werden (§§ 1909, 1926, 1795, 181 BGB). **Bevollmächtigte** bedürfen einer notariell beglaubigten Vollmacht (§ 23 Abs. 1 Satz 2 AktG).

1273

---

[1] Siehe das Gesetz über deutsche Immobilien-Aktiengesellschaften mit börsennotierten Anteilen (REIT-Gesetz) vom 28. 5. 2007 (BGBl. I S. 914).
[2] Siehe hierzu *Wienbracke* NJW 2007, 2721; *Friedrich/Fleischer* DB 2007, 2019; *Klühs* RNotZ 2008, 509.
[3] Zur Ein-Personen-AG ausführlich *Bachmann* NZG 2001, 961.
[4] Vgl. **BGH** Z 80, 76 (78); **RG** Z 88, 227, 231.
[5] Siehe **OLG Hamm** OLGZ 1974, 149 (= NJW 1974, 1057); **LG Augsburg** ZIP 1996, 1872; *Limmer*, in: Spindler/Stilz, AktG, § 23 Rz. 9 ff.; *van Randeborgh/Kallmeyer* GmbHR 1996, 908; *Sick/Schwarz* NZG 1998, 540; *Hüffer*, AktG, § 23 Rz. 11.
[6] Siehe *Hüffer*, AktG, § 28 Rz. 4; *Pentz*, in: MünchKommAktG, § 28 Rz. 15; *Limmer*, in: Spindler/Stilz, AktG, § 28 Rz. 4.
[7] Vgl. **BGH** Z 118, 83 (= NJW 1992, 2222); **BGH** Z 126, 226 (= NJW 1994, 2536); *Hüffer*, AktG, § 2 Rz. 10.
[8] *Kraft*, in: KölnKommAktG, § 2 Rz. 27 ff.; anderer Ansicht *Heider*, in: MünchKommAktG, § 2 Rz. 18 f.; *Hüffer*, AktG, § 2 Rz. 10 f.; *Grunewald* AcP 197 (1997), 305 (310 f.).
[9] Siehe *Haegele/Winkler*, Der Testamentsvollstrecker, Rz. 405 f. und 410 m. w. N.
[10] Vgl. *Hüffer*, AktG, § 2 Rz. 6; *Heider*, in: MünchKommAktG, § 2 Rz. 10; *Drescher*, in: Spindler/Stilz, AktG, § 3 Rz. 8; *Rust* DStR 2005, 1942 (1944); *Kurz* NJW 1992, 1798 (1800); *Klüsener* Rpfleger 1990, 321 (328 f.); anderer Ansicht die ältere Literatur z. B. *Winkler* ZGR 1973, 177 (181 f.).

1274　**b) Notwendiger Inhalt der Satzung.** Die Bestimmungen der § 23 Abs. 3 und 4 AktG enthalten Maßgaben für den zwingend erforderlichen Inhalt der Satzung einer AG. Das Gesetz verwendet die Ausdrücke „Satzung" und „Gesellschaftsvertrag" gleichbedeutend (§ 2 AktG). In der Praxis wird regelmäßig in das notarielle Gründungsprotokoll die Satzung (§ 23 Abs. 3 und 4 AktG), die Übernahme der Aktien (§ 23 Abs. 2 AktG) sowie die Bestellung des ersten Aufsichtsrats und der Abschlussprüfer für das erste Voll- oder Rumpfgeschäftsjahr (§ 30 Abs. 1 bis 3 AktG) aufgenommen. Zudem bedarf es der Bestellung des ersten Vorstands (§ 30 Abs. 4 AktG), die grundsätzlich nur der einfachen Schriftform bedarf (§ 107 Abs. 2 AktG). Etwa erforderliche Gründungsprüfer bestellt das Gericht (§ 33 Abs. 2 und 3 AktG). Für den Satzungsinhalt bei Versicherungsunternehmen enthält § 9 VAG besondere Vorschriften.

Notwendiger Satzungsinhalt sind somit die folgenden Regelungsbestandteile:

1275　– **Firma** und **Sitz** der Gesellschaft (§ 23 Abs. 3 Nr. 1 AktG). Die **Firma** (§ 4 AktG; vgl. Rz. 251) muss die Bezeichnung „Aktiengesellschaft" oder eine allgemein verständliche Abkürzung, also etwa „AG" enthalten (§ 4 Abs. 1 Satz 2 AktG). Sonstige Abkürzungen dürften kaum allgemein verständlich sein. Im Hinblick auf die Bedeutung der Rechtsform für den Geschäftsverkehr wird man hier strenge Maßstäbe anlegen müssen. Ausdrücke wie „GAG" oder gAG" für eine gemeinnützige Aktiengesellschaft (vgl. Rz. 229) oder die Einbeziehung in andere Bestandteile der Firma, wie z.B. „Actienbrauerei" entsprechen diesen Anforderungen nicht. Im Übrigen gelten die allgemeinen Vorschriften des HGB zur Firmenbildung, insbesondere §§ 18, 22 und 30 HGB, auch für die Aktiengesellschaft[1] (siehe hierzu Rz. 209 ff.). Als **Sitz** muss die Aktiengesellschaft nach Wegfall des § 5 Abs. 2 AktG a. F. nicht mehr den Ort bestimmen, an welchem die Gesellschaft einen Betrieb hat oder sich die Geschäftsleitung befindet oder ihre Verwaltung geführt wird. Der durch die Satzung bestimmte (Satzungs-)Sitz und der tatsächliche Verwaltungssitz können nunmehr auseinanderfallen.[2] Als Ort des (Satzungs-)Sitzes kommt jedoch nur eine politische Gemeinde im Inland in Betracht.

1276　– **Gegenstand des Unternehmens** (§ 23 Abs. 3 Nr. 2 AktG). Die Satzung muss angeben, auf welchem Gebiet sich die AG betätigen will.[3] Der Gegenstand des Unternehmens muss gesetzlich zulässig sein. Namentlich sind die Arten der Erzeugnisse und Waren, die hergestellt und gehandelt werden sollen, näher anzugeben (§ 23 Abs. 3 Nr. 2 Halbs. 2 AktG). Wie bei der GmbH ist auch hier denkbar, dass eine Aktiengesellschaft tatsächlich Handel mit Waren unterschiedlichster Art betreibt und deshalb als Gegenstand „Handel mit Waren aller Art" aufnimmt, sofern ein Tätigkeitsschwerpunkt angegeben wird (Rz. 932). Demgegenüber sind die Produktion von Waren aller Art oder Vornahme von Dienstleistungen nicht hinreichend bestimmt.[4]

1277　– **Höhe des Grundkapitals** (§ 23 Abs. 3 Nr. 3 AktG). Grundkapital ist der von den Aktionären in die Gesellschaft einzubringende Kapitalbetrag, der ziffernmäßig festgelegt sein muss, auf Euro zu lauten hat (§ 6 AktG) und mindestens[5] 50 000 € betragen muss (§ 7 AktG). Ist ein bedingtes Kapital beschlossen, muss auch dieses in der Satzung enthalten sein, da es sich hierbei im Ergebnis um „latentes Grundkapi-

---

[1] Siehe im Übrigen zu einzelnen Firmenbestandteile §§ 39, 40 KWG („Bank", „Sparkasse"), § 3 InvG („Kapitalanlagegesellschaft", „Investmentgesellschaft", „Investmentfonds", „Investmentaktiengesellschaft), § 16 BausparkassenG („Bausparkasse").
[2] BT-Drucks. 16/6140, S. 29.
[3] Siehe hierzu *Hüffer*, AktG, § 23 Rz. 21–24; *Limmer*, in: Spindler/Stilz, AktG, § 23 Rz. 16.
[4] Siehe BayObLG Z 1994, 224.
[5] Zu Unternehmensbeteiligungsgesellschaften siehe § 2 Abs. 4 UBGG: mindestens 1 000 000 €.

tal" handelt, das auch ohne weiteres Zutun der Gesellschaft jederzeit zu unbedingtem Grundkapital werden kann.

– Die **Zerlegung des Grundkapitals** in Nennbetrags- oder in Stückaktien. Bei Nennbetragsaktien sind die Nennbeträge der einzelnen Aktien anzugeben und die Zahl der Aktien jeden Nennbetrags, wobei naturgemäß die Summe der Nennbeträge die Höhe des Grundkapitals wiedergeben muss sowie, wenn mehrere Gattungen bestehen, die Gattung der einzelnen Aktien (§ 23 Abs. 3 Nr. 4 AktG). Hierbei bilden Aktien mit gleichen Rechten jeweils eine „Gattung" (siehe § 11 Satz 2 AktG). Jedoch können auch Aktien gebildet werden, die verschiedene Rechte gewähren (§ 11 Satz 1 AktG; „Aktien besonderer Gattung", z.B. Vorzugsaktien unterschiedlicher Art). Mehrstimmrechtsaktien sind allerdings nicht zulässig (§ 12 Abs. 2 AktG) Die früher mögliche Ausgabe derartiger Mehrstimmrechtsaktien bedurfte der behördlichen Genehmigung[1] (§ 12 Abs. 2 Satz 2 AktG a. F.). Der **Mindestnennbetrag** einer Aktie muss auf 1 € lauten. Aktien über einen geringeren Nennbetrag sind nichtig (§ 8 Abs. 2 Satz 1 und 2 AktG). Höhere Aktiennennbeträge müssen auf volle Euro lauten (§ 8 Abs. 2 Satz 4 AktG). **Stückaktien** lauten auf keinen Nennbetrag. Alle Stückaktien sind am Grundkapital in gleichem Umfang beteiligt. Der rechnerisch ermittelbare anteilige Betrag am Grundkapital darf 1 € nicht unterschreiten (§ 8 Abs. 3 AktG). Über diesen Betrag hinaus ist aber jeder Betrag möglich, auch wenn dieser „krumm" ist. Die tatsächliche **Ausgabe der Aktien** darf erst nach der Eintragung der AG in das Handelsregister erfolgen (§ 41 Abs. 4 AktG). 1278

– Angabe, ob die Aktien auf den **Inhaber** oder auf den **Namen** ausgestellt werden (§ 23 Abs. 3 Nr. 5 AktG). Inhaber- und Namensaktien können in der Satzung nebeneinander zugelassen werden. Die Satzung kann auch bestimmen, dass auf Verlangen eines Aktionärs seine Inhaberaktie in eine Namensaktie oder seine Namensaktie in eine Inhaberaktie umzuwandeln ist (§ 24 AktG). Die Aktien müssen auf den Namen lauten, wenn sie vor der vollen Leistung des Nennbetrags oder des höheren Ausgabebetrags ausgegeben werden (§ 10 Abs. 2 Satz 1 AktG). Bei Wirtschaftsprüfungsgesellschaften und Steuerberatungsgesellschaften müssen die Aktien auf den Namen lauten; die Übertragung muss an die Zustimmung der Gesellschaft gebunden sein (§ 28 Abs. 4 WPO, § 50 Abs. 5 StBerG). 1279

– Angabe über die **Zahl der Mitglieder des Vorstands** oder die Regeln, nach denen diese Zahl festgelegt wird (§ 23 Abs. 3 Nr. 6 AktG). Üblich und zulässig ist in diesem Zusammenhang die Festlegung einer Höchst- und Mindestzahl mit der Delegation einer konkreten Bestimmung an den Aufsichtsrat.[2] 1280

– Bestimmungen über die Form der **Bekanntmachungen** der Gesellschaft (§ 23 Abs. 4 AktG). Besondere Regelungen zur Vornahme der Pflichtveröffentlichungen, die kraft Gesetzes im „elektronischen Bundesanzeiger" (§ 25 Satz 1 AktG) erfolgen, müssen in der Satzung nicht enthalten sein.[3] In der Satzung muss im Übrigen zwingend gemäß § 23 Abs. 4 AktG für die Bekanntmachungen eine Regelung getroffen werden, die allerdings nicht als Bestimmung weiterer Veröffentlichungsmedien für Pflichtbekanntmachungen missdeutet werden darf.[4] Die Formulierung in der Satzung sollte hierzu im Interesse der Aktionäre eindeutig sein. Unklarheiten bestanden insoweit, ob im Wege der Auslegung einer vor dem 1. 1. 2003 erfolgten satzungs- 1281

---

[1] Vgl. hierzu *Hüffer,* AktG, § 12 Rz. 9. Siehe zu Mehrstimmrechten alten Rechts § 5 EGAktG.
[2] Siehe *Limmer,* in: Spindler/Stilz, AktG, § 23 Rz. 22.
[3] *Hüffer,* AktG, § 23 Rz. 32; *Pentz,* in: MünchKommAktG, § 23 Rz. 143; *Oppermann* RNotZ 2006, 597 (600).
[4] Siehe *Oppermann* RNotZ 2005, 597 (604) m.w.N., der darin nur eine Bestimmung für freiwillige Bekanntmachungen sieht.

mäßigen Festsetzung des „Bundesanzeigers" als Bekanntmachungsblatt automatisch der „elektronische Bundesanzeiger" an dessen Stelle trat.[1] Nach Beendigung des Erscheinens der Papierfassung des „Bundesanzeigers" besteht allerdings kein Hindernis mehr, davon auszugehen, dass nunmehr der elektronische Bundesanzeiger mit einer entsprechenden Satzungsbestimmung gemeint sein muss (siehe im Übrigen § 12 Satz 3 GmbHG). Zur Klarstellung mag sich gleichwohl eine Anpassung der Satzung dahingehend empfehlen, dass freiwillige Bekanntmachungen der Gesellschaft im „elektronischen Bundesanzeiger oder in einem später als Pflichtveröffentlichungsmedium an seine Stelle tretenden Medium"[2] erfolgen sollen. Werden im Übrigen neben dem Pflichtveröffentlichungsorgan weitere Medien benannt, so genügt, wenn eines davon sein Erscheinen einstellt, die Bekanntmachung in den weiteren aufgeführten Medien.

1282 c) **Zusätzliche Satzungsbestimmungen.** Neben den vorstehend aufgeführten zwingenden Bestimmungen kann die Satzung weitere Regelungen enthalten, um den individuellen Bedürfnissen und Zwecken sowie dem Charakter der jeweiligen Rechtspersönlichkeit gerecht zu werden.[3] Jedoch darf nach dem **Grundsatz der Satzungsstrenge** (§ 23 Abs. 5 AktG) von den Vorschriften des AktG nur abgewichen werden, wenn dies ausdrücklich zugelassen ist.

1283 Mögliche **Regelungsgegenstände** eröffnet das AktG z. B. in § 11 (Aktien mit unterschiedlichen Rechten), § 24 (Umwandlung von Inhaber- und Namensaktien), § 25 (Regelungen zu Bekanntmachungen), § 31 Abs. 2 (Bestimmungen zur Beschlussfassung des Aufsichtsrats bei Sachgründung), § 55 (Nebenverpflichtungen der Aktionäre), § 58 (Verwendung des Jahresüberschusses), § 60 Abs. 3 (Gewinnverteilung), § 63 Abs. 1 Satz 2 und Abs. 3 (Nichteinzahlung der Einlagen), § 68 Abs. 2 („vinkulierte Namensaktien") und § 76 Abs. 2 (persönliche Eigenschaften für Vorstandsmitglieder). Abweichende Satzungsbestimmungen sind im Übrigen zulässig, sofern das AktG keine abschließende Regelung getroffen hat,[4] z. B. im Rahmen des § 88 Abs. 1 AktG (Gestattung einer Wettbewerbstätigkeit) und § 271 AktG (Verteilung des Vermögens bei Abwicklung). Allgemein anerkannt ist die Bestellung gesetzlich nicht notwendiger, zusätzlicher Organe, z. B. eines Beirats (vgl. § 285 Nr. 9 HGB), denen allerdings keinesfalls gesetzlich angeordnete Funktionen notwendiger Organe, also des Aufsichtsrats oder der Hauptversammlung übertragen werden dürfen.

1284 Nach Eintragung der Gesellschaft in das Handelsregister können fehlende Bestimmungen über Sondervorteile und Gründungsaufwand nicht mehr nachgeholt und damit zusammenhängende Verträge und Rechtshandlungen wegen ihrer Unwirksamkeit nicht mehr durch Satzungsänderung geheilt werden (§ 26 Abs. 3 AktG). Die eingeschränkte Zulässigkeit der Änderung und Beseitigung von Bestimmungen dieser Art haben die Regelungen der § 26 Abs. 4 und 5 AktG zum Gegenstand; diese Vorschriften gelten nach § 27 Abs. 5 AktG entsprechend für die Änderung oder Beseitigung der Bestimmungen zu Sacheinlagen und Sachübernahmen. Insbesondere bei einer etwaigen späteren Neufassung der Satzung ist darauf zu achten, dass diese Festsetzungen nicht vorzeitig aufgehoben werden. Nicht selten werden bei Neufassungen auch standardmäßig Festsetzungen übernommen, die von den ursprünglichen Rege-

---

[1] So *Seibert* NZG 2002, 608; *Ihrig/Wagner* BB 2002, 789 (792); *Grage* RNotZ 2002, 326 (331); *D. Mayer* MittBayNot 2003, 96 (98); anderer Ansicht: *Oppermann* RNotZ 2005, 597 (605).
[2] Siehe *Oppermann* RNotZ 2005, 597 (606); *Munzig* FGPrax 2003, 247.
[3] Ausführlich samt Mustern hierzu beispielsweise *Baumeister*, in: Lorz/Pfisterer/Gerber, Aktienrecht, Teil C (S. 199 ff.).
[4] Vgl. *Hüffer*, AktG, § 23 Rz. 38; *Pentz*, in: MünchKommAktG, § 23 Rz. 157 ff.

lungen abweichen; dies ist jedenfalls dann nicht zulässig, wenn dadurch höhere Gründungskosten oder sonstige Belastungen der AG „festgestellt" werden.

Von Bedeutung sind Vorschriften über die **„qualifizierte Gründung"**. Um eine solche handelt es sich, wenn besondere Risiken mit der Gründung verbunden sind und das Gesetz deshalb ausdrücklich bestimmte Satzungsbestimmungen, in den meisten Fällen auch die Bestellung von Gründungsprüfern (§ 33 Abs. 2 bis 5 AktG) anordnet. Dies gilt auch dann, wenn diese besonderen Rechte allen Aktionären zugestanden werden.[1] Hierbei kommen in Betracht: 1285

– **Sondervorteile** (§ 26 Abs. 1 AktG): Jeder einem Aktionär oder Dritten eingeräumte besondere Vorteil, also jeder sich nicht aus dem Recht der Aktie ergebende Vorteil, wie z.B. ein Recht auf Benutzung von Anlagen oder Einrichtungen der AG, auf Bezug oder Lieferung von Waren,[2] muss in der Satzung unter Bezeichnung des Berechtigten festgesetzt werden. 1286

– **Gründungsaufwand** (§ 26 Abs. 2 AktG): Der Gesamtaufwand, der zu Lasten der Gesellschaft an Aktionäre oder an andere Personen als Entschädigung oder als Belohnung für die Gründung oder ihre Vorbereitung gewährt wird, ist in der Satzung gesondert festzusetzen. Hierzu gehören insbesondere auch Notar- und Gerichtskosten, Auslagen für Bekanntmachungen und Druck der Aktien. Grundsätzlich sind diese Kosten von den Gründern zu tragen; sollen sie von der Gesellschaft getragen werden, ist dies in der Satzung zu verankern. Dabei ist in der Satzung nur der Gesamtaufwand anzugeben; eine Aufstellung im Einzelnen muss aber nach § 37 Abs. 4 Nr. 2 AktG der Anmeldung beigefügt werden. Der anzugebende Betrag stellt notwendigerweise eine Schätzung dar. Diese muss sich aber an die tatsächlichen Begebenheiten im Einzelfall halten. Wäre die Angabe eines „Mondbetrages" auch als Höchstwert zulässig, wäre diese Pflichtangabe überflüssig. 1287

– **Sacheinlagen** (§ 27 Abs. 1 AktG): Sollen Aktionäre ihre Einlagen nicht in Geld, sondern durch andere geldwerte Gegenstände erbringen (z.B. Grundstücke, Forderungen, Patente, Marken, wobei es sich um bilanzfähige Vermögenswerte handeln muss,[3] deren Nutzungsdauer und damit wirtschaftlicher Wert feststellbar ist;[4] Dienstleistungen sind daher ausgeschlossen,[5] § 27 Abs. 2 AktG), so müssen in der Satzung der Gegenstand der Sacheinlage, die Person, von der die Gesellschaft den Gegenstand erwirbt, und der Nennbetrag, bei Stückaktien die Zahl der bei der Sacheinlage zu gewährenden Aktien festgesetzt werden. 1288

– **Sachübernahmen** (§ 27 Abs. 1 AktG): Soll die AG vorhandene oder herzustellende Anlagen oder andere Vermögensgegenstände übernehmen, so müssen in der Satzung der Gegenstand der Sachübernahme, die Person, von der die Gesellschaft den Gegenstand erwirbt, und die zu gewährende Vergütung festgesetzt werden. 1289

d) **Übernahme der Aktien.** Errichtet ist die Gesellschaft mit **Übernahme aller Aktien** durch die Gründer (§ 29 AktG). Mit der Verpflichtung der Aktionäre, die Satzung festgestellt haben (vgl. § 28 AktG), die Aktien zu übernehmen, entsteht die „Vorgesellschaft".[6] Die Übernahme der Aktien muss notariell beurkundet werden (§ 23 Abs. 2 AktG). 1290

---

[1] Siehe *Hüffer*, AktG, § 26 Rz. 2 ff.
[2] Siehe **RG** Z 81, 404; *Hüffer*, AktG, § 26 Rz. 3; *Pentz*, in: MünchKommAktG, § 26 Rz. 8 ff.
[3] **BGH** NJW 1996, 458; *Hüffer*, AktG, § 27 Rz. 20 ff.
[4] **BGH** Z 144, 290 (= NJW 2000, 2356); **OLG Nürnberg** AG 1999, 381; *Hüffer*, AktG, § 27 Rz. 26.
[5] Vgl. dazu **BGH** NJW 2009, 2375.
[6] Vgl. **BGH** Z 21, 242; **BGH** Z 80, 129; **BGH** Z 117, 323 (= NJW 1992, 1844); **BGH** Z 119, 177; siehe *Hüffer*, AktG, § 41 Rz. 2 ff.

1291 e) **Bestellung des Aufsichtsrats.** Die Gründer müssen in notariell beurkundeter Form den **ersten Aufsichtsrat** bestellen (§ 30 Abs. 1 AktG). Die Bestellung kann gesondert von der Beurkundung der Satzung und der Übernahme der Aktien erfolgen. Auch für den ersten Aufsichtsrat gelten die Regelungen in § 95 AktG über die Zahl der Mitglieder des Aufsichtsrats, § 100 AktG zu den persönlichen Voraussetzungen für Aufsichtsratsmitglieder und § 101 Abs. 3 AktG, wonach keine Stellvertreter, jedoch Ersatzmitglieder möglich sind. Nach § 30 Abs. 3 Satz 1 AktG können die Mitglieder des ersten Aufsichtsrates nicht für längere Zeit als bis zur Beendigung der Hauptversammlung bestellt werden, die über die Entlastung für das erste Voll- oder Rumpfgeschäftsjahres beschließt. Bestimmen die Gründer diesbezüglich eine längere Frist, so ist zwar die Bestellung der Aufsichtsratsmitglieder wirksam, deren Amtszeit endet jedoch mit Ablauf der gesetzlichen Frist.[1]

1292 In Registersachen erlangt für die Zusammensetzung des Aufsichtsrats und die Bestellung von Aufsichtsratsmitgliedern und damit auch für die Bestellung und Abberufung durch das Gericht sowie für die obligatorische Bildung des für eine Unternehmensform sonst nicht vorgeschriebenen Aufsichtsrats die **Mitbestimmung der Arbeitnehmer** in Unternehmen besondere Bedeutung.[2] Die Beteiligung der Arbeitnehmer in den Unternehmensorganisationen der Kapitalgesellschaften regeln das DrittelbG, das MitbestG, das Montan-MitbestG und das Montan-MitbestErgG. Es gelten hiernach:

1293 – §§ 1 bis 3, 4 **DrittelbG**[3] für
 – AG und KGaA mit in der Regel mehr als 500, aber nicht mehr als 2000 Arbeitnehmern; bei in der Regel weniger als 500 Arbeitnehmern besteht ein Mitbestimmungsrecht dann, wenn die Gesellschaft vor dem 10. 8. 1994 im Handelsregister eingetragen wurde und keine Familiengesellschaft gemäß § 1 Abs. 1 Nr. 1 Satz 3 DrittelbG ist (§ 1 Abs. 1 Nr. 1 und Abs. 2 Nr. 1 DrittelbG; § 1 Abs. 1 MitbestG);
 – GmbH sowie Genossenschaften mit in der Regel mehr als 500, aber nicht mehr als 2000 Arbeitnehmern (§ 1 Abs. 1 Nr. 3 und 5 sowie Abs. 2 Nr. 1 DrittelbG; § 1 Abs. 1 MitbestG);
 – VVaG mit in der Regel mehr als 500 Arbeitnehmern, sofern ein Aufsichtsrat besteht, ohne Obergrenze, da VVaG nicht unter das MitbestG fallen;
 je soweit die Unternehmen nicht dem MitbestG, dem Montan-MitbestG und dem Montan-MitbestErgG unterliegen (§ 1 Abs. 2 Nr. 1 DrittelbG) und nicht als Tendenz- oder Medienbetriebe oder Religionsgemeinschaften ausgenommen sind (§ 1 Abs. 2 Nr. 2 DrittelbG);

1294 – das Gesetz über die Mitbestimmung der Arbeitnehmer[4] (Mitbestimmungsgesetz – **MitbestG**) für Unternehmen in der Rechtsform einer AG, einer KGaA, einer GmbH sowie einer Genossenschaft je mit in der Regel mehr als 2000 Arbeitnehmern, soweit die Unternehmen nicht dem Montan-MitbestG oder dem Montan-MitbestErgG unterliegen (§ 1 Abs. 2 MitbestG) und nicht als Tendenz- oder Medienbetriebe sowie Religionsgemeinschaften ausgeschlossen sind (§ 1 Abs. 4 MitbestG);

1295 – das Gesetz über die Mitbestimmung der Arbeitnehmer in den Aufsichtsräten und Vorständen der Unternehmen des Bergbaus und der Eisen und Stahl erzeugenden Industrie[5] (**Montan-MitbestG**) für Unternehmen in der Rechtsform einer AG oder

---

[1] *Pentz,* in: MünchKommAktG, § 30 Rz. 23; *Hüffer,* AktG, § 30 Rz. 7.

[2] Vgl. *Hüffer,* AktG, § 96 Rz. 4 ff.

[3] Drittelbeteiligungsgesetz vom 18. 5. 2004 (BGBl. I S. 974) zuletzt geändert durch Art. 10 des Gesetzes vom 30. 7. 2009 (BGBl. I S. 2479).

[4] Vom 4. 5. 1976 (BGBl. I S. 1153), geändert durch Art. 9 des Gesetzes vom 30. 7. 2009 (BGBl. I S. 2479).

[5] Vom 21. 5. 1951 (BGBl. I S. 347), geändert durch Art. 220 der Verordnung vom 31. 10. 2006 (BGBl. I S. 2407).

GmbH, deren Betriebszweck überwiegend in der Förderung von Steinkohle, Braunkohle oder Eisenerz oder in der Aufbereitung, Verkokung, Verschwelung oder Brikettierung dieser Grundstoffe liegt und deren Betrieb unter der Aufsicht der Bergbehörde steht, sowie für bestimmte Unternehmen der Eisen und Stahl erzeugenden Industrie und für abhängige Unternehmen, je nach näherer Maßgabe von § 1 dieses Gesetzes;

– das Gesetz zur Ergänzung des Gesetzes über die Mitbestimmung der Arbeitnehmer in den Aufsichtsräten und Vorständen der Unternehmen des Bergbaus und der Eisen und Stahl erzeugenden Industrie[1] (**Montan-MitbestErgG**) für AG und GmbH, die nach ihrem Betriebszweck nicht unter das Montan-MitbestG fallen, aber ein anderes Unternehmen (oder mehrere) beherrschen, die dem Montan-MitbestG unterliegen (§ 1 Montan-MitbestErgG mit weiteren Erfordernissen nach §§ 2, 3 und 16 dieses Gesetzes).

1296

Diese Vorschriften über die Bestellung von Aufsichtsratsmitgliedern der Arbeitnehmer sind auf die Zusammensetzung und die Bestellung des **ersten Aufsichtsrats** durch die Gründer **nicht anzuwenden** (§ 30 Abs. 2 AktG). Der erste Aufsichtsrat kann somit allein mit Aktionärsvertretern besetzt werden. Mitglieder der Arbeitnehmer brauchen nicht bestellt zu werden. Jedoch ist bei einer Sachgründung mit Einbringung oder **Übernahme eines Unternehmens** oder Unternehmensteils, wenn somit bei Gründung ein fester Arbeitnehmerstamm bereits vorhanden ist, der erste Aufsichtsrat nur nach der Sonderregelung des § 31 Abs. 1 AktG zu bestellen. Sind die Gründer der Ansicht, das MitbestG sei anzuwenden, haben sie sechs, acht oder zehn Aufsichtsratsmitglieder zu bestellen. Sind sie der Auffassung, § 1 Abs. 1 DrittelbG sei einschlägig, so sind ²/₃ der satzungsgemäßen Gesamtzahl der Aufsichtsratsmitglieder zu bestellen. Soll diese Gesamtzahl aber nur zwei betragen, so sind drei zu bestellen (§ 31 Abs. 1 Satz 2 AktG). Die Ansicht der Gründer (§ 31 Abs. 1 Satz 1 AktG) ist allein maßgebend für die Zusammensetzung des Aufsichtsrats. Der Registerrichter kann die Auffassung der Gründer nicht beanstanden. Die Amtsdauer des ersten Aufsichtsrats bestimmt sich nach § 30 Abs. 3 i. V. m. den Sondervorschriften nach § 31 Abs. 3 bis 5 AktG.

1297

f) **Bestellung der Abschlussprüfer.** Die Gründer müssen in notariell beurkundeter Form die Abschlussprüfer für das erste Voll- oder Rumpfgeschäftsjahr bestellen (§ 30 Abs. 1 AktG). Eine solche Bestellung ist allerdings nur erforderlich, soweit überhaupt eine Prüfungspflicht besteht. Eine fehlende Bestellung hindert nicht die Eintragung der Aktiengesellschaft im Handelsregister, da auch ohne diese Bestellung die Aktiengesellschaft ordnungsgemäß errichtet ist.[2]

1298

g) **Bestellung des ersten Vorstands.** Der **erste Vorstand** wird nach § 30 Abs. 4 AktG durch den Aufsichtsrat bestellt. Die Niederschrift hierüber bedarf nur der Schriftform (§ 107 Abs. 2 AktG), auch wenn vielfach die Bestellung in das notariell errichtete Gründungsprotokoll aufgenommen wird. Dabei ist bereits nach der festgestellten Satzung zu verfahren. Enthält die Satzung keine besonderen Bestimmungen über den Vorstand, so sind § 76 Abs. 2 und § 78 Abs. 2 AktG maßgebend.

1299

Sieht die Satzung einen **mehrgliedrigen Vorstand** vor, so muss dieser vollständig besetzt werden, weil alle Vorstandsmitglieder bei der Anmeldung zur Eintragung der Gesellschaft im Handelsregister mitwirken müssen (§ 36 Abs. 1 AktG). Fällt ein Mitglied vor der Anmeldung weg, muss es ersetzt werden. Mitglied des Vorstands kann

1300

---

[1] Vom 7. 8. 1956 (BGBl. I S. 707), geändert durch Art. 13 Abs. 16 des Gesetzes vom 25. 5. 2009 (BGBl. I S. 1102).
[2] *Hüffer*, AktG, § 30 Rz. 10; *Pentz*, in: MünchKommAktG, § 30 Rz. 47; *Gerber*, in: Spindler/Stilz, AktG, § 30 Rz. 19.

nur eine **natürliche**, unbeschränkt geschäftsfähige **Person** sein und darf nicht ein Betreuer sein, der bei der Besorgung seiner Vermögensangelegenheiten teilweise oder ganz einem Einwilligungsvorbehalt unterliegt (§ 76 Abs. 3 Satz 1 und 2 Nr. 1 AktG). Weiterhin kann nicht Vorstandsmitglied sein (§ 76 Abs. 3 Satz 2 und 3 AktG), wer wegen einer oder mehrerer vorsätzlich begangener Straftaten des Unterlassens der Stellung des Antrags auf Eröffnung des Insolvenzverfahrens, nach den §§ 283 bis 283 d StGB (Insolvenzstraftaten), falscher Angaben nach § 399 AktG oder § 82 GmbHG, unrichtiger Darstellung nach § 400 AktG, § 331 HGB, § 313 UmwG oder § 17 Publizitätsgesetz oder nach den §§ 263 bis 264a oder §§ 265b bis 266a StGB zu einer Freiheitsstrafe von mindestens einem Jahr verurteilt worden ist, und zwar auf die Dauer von 5 Jahren seit der Rechtskraft des Urteils, wobei die Zeit einer behördlich angeordneten Anstaltsverwahrung nicht eingerechnet wird. Auch im Ausland darf er nicht entsprechend wegen einer vergleichbaren Tat verurteilt worden sein. Darüber hinaus darf ihm nicht durch gerichtliches Urteil oder durch vollziehbare Entscheidung einer Verwaltungsbehörde die Ausübung eines Berufs, Berufszweiges, Gewerbes oder Gewerbezweiges untersagt worden sein, und zwar für die Zeit, für welche das Verbot wirksam ist, bei einer Gesellschaft, deren Unternehmensgegenstand ganz oder teilweise mit dem Gegenstand des Verbots übereinstimmt (siehe hierzu im Einzelnen die Ausführungen zur GmbH bei Rz. 953 ff.).

1301 Zur **Vertretungsbefugnis der Vorstandsmitglieder** ist zwingend zu beachten, dass im Hinblick auf § 112 AktG sowohl allgemein als auch konkret nur die Befreiung vom Verbot der Mehrfachvertretung (§ 181 Alt. 2 BGB) vorgesehen werden kann, d. h. ein Vorstandsmitglied darf allenfalls zugleich als Vertreter eines Dritten ein Rechtsgeschäft mit der Gesellschaft abschließen. Im Aktienrecht kann ein Vorstandsmitglied vom Verbot der In-Sich-Geschäfte somit **nicht hinsichtlich des Selbstkontrahierens befreit werden**, da die Gesellschaft bei derartigen Geschäften nach der zwingenden Vorschrift des § 112 AktG durch den Aufsichtsrat vertreten wird. Satzungsbestimmungen, Beschlüsse oder Anmeldungen, die dies nicht berücksichtigen, sind durch das Registergericht ausnahmslos zu beanstanden. Zur Bezeichnung als Einzel- oder Alleinvertretungsbefugnis gilt für Vorstandsmitglieder dasselbe wie für den Geschäftsführer einer GmbH (siehe hierzu Rz. 950).

1302 Die Bestellung eines Arbeitsdirektors (§ 76 Abs. 2 Satz 3 AktG) als gleichberechtigtes Mitglied des zur gesetzlichen Vertretung des Unternehmens berufenen Organs sehen, als Sonderregelungen für dessen Zusammensetzung, § 33 MitbestG, § 13 Montan-MitbestG und § 13 Montan-MitbestErgG vor. Für den ersten Vorstand braucht und kann ein Arbeitsdirektor noch nicht bestellt werden.[1]

1303 **h) Einzahlung des eingeforderten Betrags.** Nach der Bestellung des Vorstands muss auf jede Aktie der „eingeforderte Betrag" eingezahlt werden. Vor diesem Zeitpunkt ist eine Einzahlung nicht möglich, da der Vorstand die zu leistenden Beträge einfordert (§ 63 Abs. 1 Satz 1 AktG) und entgegennimmt. Später kann die Einzahlung nicht erfolgen, weil schon im Gründungsbericht festgestellt werden muss, dass der eingeforderte Betrag eingezahlt ist und endgültig zur freien Verfügung des Vorstands steht (vgl. § 399 Abs. 1 Nr. 1 und 2 AktG). Ist ein Aufgeld (§ 9 Abs. 2 AktG) zu zahlen, so spricht man von einer „Überpariemission". Unter dem Nennbetrag oder bei Stückaktien dem Betrag, der anteilig aus dem Grundkapital auf jede einzelne Aktie entfällt, dürfen Aktien nicht ausgegeben werden, so dass dies der „geringste Ausgabebetrag" ist (§ 9 Abs. 1 AktG). Auf welche Weise die Einzahlung geschehen kann, regelt § 54 Abs. 3 AktG. Ist eine Bareinlage vereinbart, so darf diese, da Sacheinlagen aus Gründen des Gläubigerschutzes wesentlich anderen Vorgaben hinsichtlich Publizität und

---

[1] **AG Bremen** AG 1979, 207; *Hüffer,* AktG, § 30 Rz. 12.

Werthaltigkeitsprüfung unterliegen, nicht als Sacheinlage erfüllt werden. Eine Umgehung dieses Grundsatzes liegt im Falle einer **verdeckten Sacheinlage** (§ 27 Abs. 3 Satz 1 AktG) vor, wenn zwar eine Bareinlage vereinbart wird, die Gesellschaft aber bei wirtschaftlicher Betrachtung von dem Einleger aufgrund einer im Zusammenhang mit der Übernahme der Einlage getroffenen Absprache tatsächlich einen Sachwert erhält.[1] Derartige verdeckte Sacheinlagen haben nach der Neufassung des § 27 Abs. 3 Satz 2 AktG nicht mehr die Nichtigkeit der ihr zugrunde liegenden Verträge und Rechtshandlungen zu ihrer Ausführung zur Folge.[2] Zwar bleibt die Geldeinlagepflicht weiterhin bestehen. Der Wert des eingebrachten Vermögensgegenstandes zur Zeit der Anmeldung oder der späteren Überlassung wird jedoch auf diese Verpflichtung angerechnet. Besteht kein offensichtlicher Wertunterschied, so hat die verdeckte Sacheinlage auch keinen Einfluss auf das Stimmrecht des Gesellschafters (§ 134 Abs. 2 Satz 2 AktG). Die Anrechnung geschieht allerdings nicht vor Eintragung der Gesellschaft (§ 27 Abs. 3 Satz 4 AktG). Bereits vor der Eintragung geleistete Sacheinlagen müssen daher offenbart werden. Erkennt das Registergericht die nicht offen gelegte Sacheinlage, so muss es die Eintragung gemäß § 38 Abs. 1 Satz 2 AktG ablehnen.

Die Einlage ist an die Gesellschaft so zu leisten, dass sie endgültig zur freien Verfügung des Vorstandes steht (§ 36 Abs. 2 AktG). Fließt die Einlageleistung aufgrund vorheriger Absprache wieder an den Gesellschafter zurück[3] und ist sie weder als verdeckte Sacheinlage im Sinne von § 27 Abs. 3 AktG noch als Darlehen zum Zweck des Aktienerwerbs im Sinne von § 71 a AktG[4] zu beurteilen, so führt dies aufgrund des geänderten § 27 Abs. 4 AktG[5] zu einer Befreiung des Gesellschafters von seiner Einlageverpflichtung, wenn die Leistung durch einen **vollwertigen Rückgewähranspruch** gedeckt ist, der **jederzeit fällig ist oder durch fristlose Kündigung fällig gestellt werden kann**. Ein derartiger Fall des „Hin- und Herzahlens" ist in der Handelsregisteranmeldung der Errichtung der Gesellschaft anzugeben (§ 27 Abs. 4 Satz 2 AktG). Obwohl die Regelungen für eine Berücksichtigung solcher zurückfließender Zahlungen gemäß § 20 Abs. 7 Satz 1 EGAktG auch für Einlageleistungen vor dem 1. 9. 2009 gelten, ist dieser Umstand nicht nachträglich offenzulegen, da § 27 Abs. 4 Satz 2 AktG ausdrücklich auf die Anmeldung gemäß § 37 AktG, also nur auf die Anmeldung der Errichtung Bezug nimmt.

Der durch den Vorstand eingeforderte Betrag muss mindestens **¼ des geringsten Ausgabebetrags** und bei Ausgabe der Aktien für einen höheren als den Nennbetrag, auch den vollständigen **Mehrbetrag** umfassen (§ 36 a Abs. 1 AktG). **Sacheinlagen** sind nach § 36 a Abs. 2 AktG grundsätzlich vor Eintragung der Gesellschaft vollständig zu leisten. Lediglich dann, wenn die Sacheinlage in einem Anspruch des Gründers auf Bewirkung einer Sache an ihn durch Dritte besteht, muss dieser innerhalb einer Frist von fünf Jahren auch tatsächlich gegenüber der Gesellschaft erfüllt sein.[6] Wie bei der GmbH wird man allerdings in Fällen, in denen die rechtzeitige Erfüllung zu einer nicht

1304

---

[1] BT-Drucks. 16/13 098, S. 53.
[2] Zur früheren Rechtslage siehe **BGH Z** 175, 265 (= NZG 2008, 425 = BB 2008, 1026); **BGH Z** 170, 47 (= NZG 2007, 144 = BB 2007, 458).
[3] **BGH** NZG 2009, 463 (= GmbHR 2009, 540 = BB 2009, 973).
[4] Siehe BT-Drucks. 16/13 098, S. 55.
[5] Zur früheren Rechtslage siehe **BGH Z** 153, 107 (= NJW 2003, 825); **OLG Schleswig** MittRhNotK 2000, 399; **OLG Köln** MittBayNot 1995, 482.
[6] Siehe *Kraft*, in: KölnKommAktG, § 36 a Rz. 10; anderer Ansicht *Hüffer*, AktG, § 36 a Rz. 4; *Pentz*, in: MünchKommAktG, § 36 a Rz. 9 ff., wonach in allen Fällen, in denen die Leistung ein dingliches Erfüllungsgeschäft erfordert, und nicht bloß die Gewährung einer Nutzung, die Erfüllung in der Frist des § 36 a Abs. 2 Satz 2 AktG erfolgen kann.

vertretbaren Verzögerung der Handelsregistereintragung führen würde, z. B. bei der Einbringung von Grundstücken, insbesondere wenn auch erst noch Vermessungen oder Aufteilungen in Wohnungseigentum erforderlich sind, die Anforderungen nicht überspannen, sondern ausreichen lassen, dass der verpflichtete Gründer alles veranlasst hat, was von seiner Seite zu tun ist (z. B. Erklärung der Auflassung, unwiderrufliche Anweisung des Notars mit der Einreichung beim Grundbuchamt). Das Registergericht ist in Fällen, in denen keine vollständige Erbringung vor Eintragung erforderlich ist, nicht verpflichtet, die tatsächliche spätere Einbringung zu überwachen.

1305 i) **Gründungsbericht, Gründungsprüfung, Gründungsprüfer. Alle Gründer** haben persönlich einen schriftlichen Bericht („**Gründungsbericht**") über den Hergang der Gründung zu erstatten (§ 32 Abs. 1 AktG), der als Schutz gegen betrügerische Gründungen, Grundlage für die Gründungsprüfung gemäß § 33 AktG sowie Erleichterung für die registergerichtliche Prüfung gemäß § 38 AktG dienen soll.[1] Erforderlich ist, dass sämtliche Gründer den Bericht – angesichts der angeordneten Strafandrohung (§ 399 Abs. 1 Nr. 2 AktG) unter Ausschluss der Möglichkeit einer gewillkürten Stellvertretung persönlich – unterzeichnen (§ 126 BGB).[2] Für Geschäftsunfähige, in der Geschäftsfähigkeit Beschränkte, juristische Personen und Personengesellschaften handeln die gesetzlichen Vertreter in vertretungsberechtigter Zahl, ggf. unter Nachweis ihrer Vertretungsbefugnis. Anders als bei Vornahme des Gründungsakts (siehe § 23 Abs. 1 Satz 2 AktG) ist hierfür eine Bevollmächtigung ausgeschlossen.

1306 Der Gründungsbericht muss enthalten:
– Die Feststellung, dass die Gründung den gesetzlichen Vorschriften entspricht. Es müssen z. B. angegeben werden: Name bzw. Firma und Anschrift der Gründer; Ort, Datum und Beurkundung der Feststellung der Satzung; Firma, Sitz, Höhe des Grundkapitals und seine Einteilung, Besonderheiten der Aktien (§§ 9 ff. AktG), Übernahme der Aktien, Höhe des eingeforderten Betrags, Art und Weise der Einzahlung; Erklärung darüber, dass der Vorstand uneingeschränkt hierüber verfügen kann; wer zum Aufsichtsrats- und Vorstandsmitglied bestellt ist; welche Bekanntmachungsmedien die Satzung bestimmt; ob eine Verbindung mit anderen Unternehmen gemäß §§ 15 ff. AktG besteht; ob Sondervorteile oder ein Gründungsaufwand in Betracht kommen – zu ihrer Angemessenheit und zur Bewertung von Sacheinlagen ist Stellung zu nehmen.
– Besondere Aufmerksamkeit bei der Erstellung des Gründungsberichts ist auf die in § 32 Abs. 2 und 3 AktG aufgeführten Umstände zu legen, wenn die Voraussetzungen hierfür vorliegen. Insbesondere ist daher darzulegen, welche Umstände für die Werthaltigkeit einer Sacheinlage maßgeblich sind. Auch zu den Gründungskosten ist Stellung zu nehmen; insbesondere sind Ausführungen zu deren Angemessenheit erforderlich, wenn die Höhe der Gründungskosten vom Standard abweicht.

1307 Im Anschluss daran haben die Vorstands- und Aufsichtsratsmitglieder den Hergang der Gründung **zu prüfen** (§ 33 Abs. 1 AktG). Der Gründungsbericht muss somit zeitlich vor der Prüfung durch Vorstand und Aufsichtsrat vorliegen. Das Ergebnis dieser Prüfung ist ebenfalls in einem **schriftlichen Bericht** niederzulegen (§ 34 Abs. 2 AktG), der von allen Vorstands- und Aufsichtsratsmitgliedern zu unterschreiben ist. Auch hier ist eine Vertretung durch Bevollmächtigte ausgeschlossen.[3] Den Inhalt des Berichts regelt im Einzelnen die Bestimmung des § 34 AktG.

---

[1] *Pentz,* in: MünchKommAktG, § 32 Rz. 4; *Kraft,* in: KölnKommAktG, § 32 Rz. 2; *Hüffer,* AktG, § 32 Rz. 1.
[2] *Gerber,* in: Spindler/Stilz, AktG, § 32 Rz. 3.
[3] *Hüffer,* AktG, § 33 Rz. 2; *Gerber,* in: Spindler/Stilz, AktG, § 34 Rz. 12 m. w. N.

Die weitere Prüfung durch einen oder mehrere vom Gericht bestellte **Gründungsprüfer** ist nur in den in § 33 Abs. 2 AktG aufgeführten Fällen erforderlich. Ein die Durchführung einer Gründungsprüfung nach § 33 Abs. 2 Nr. 1 und 2 AktG erfordernder Sachverhalt liegt auch vor, wenn Gründer ein Rechtsträger ist, der zwar nicht selbst Vorstand oder Aufsichtsrat wird, dessen vertretungsberechtigtes Organ aber hierzu bestellt wird. Gemäß § 33 Abs. 3 AktG kann der den Gründungsakt beurkundende Notar in den Fällen des § 33 Abs. 2 Nr. 1 und 2 AktG die Prüfung anstelle eines Gründungsprüfers im Auftrag der Gründer übernehmen (siehe Rz. 1309).[1] Einer Bestellung externer Gründungsprüfer durch das Gericht bedarf es in diesen Fällen nur, wenn der Notar nicht bereit ist, diese Aufgabe zu übernehmen.

1308

Beispiel eines notariellen Gründungsprüfungsberichts:[2]

1309

I. Vorbemerkungen

1. Zu meiner Urkunde v 13. 10. 2009 (URNr. 2055/2009) wurde die „Phytopalace AG" mit Sitz in München gegründet und deren Satzung festgestellt. Zu Mitgliedern des ersten Aufsichtsrats wurden Robert Stein, Steuerberater, München, geboren am 5. 11. 1950, Dr. Friedrich Mai, Angestellter, Augsburg, geboren am 1. 10. 1945, und Elisabeth Fischer, Rechtsanwältin, Nürnberg, geboren am 20. 11. 1970, bestellt.
2. Der Aufsichtsrat hat in seiner ersten Sitzung vom 13. 10. 2009 Frau Elisabeth Fischer zur Aufsichtsratsvorsitzenden und Herrn Stein zu deren Stellvertreter gewählt und Frau Sieglinde Bauer, München, geboren am 6. 6. 1942, zum alleinigen Mitglied des Vorstands bestellt.
3. Bei Gründung der Gesellschaft wurden 100 Aktien durch das Aufsichtsratsmitglied Mai und 100 Aktien durch das Mitglied des Vorstands Bauer übernommen, so dass gemäß § 33 Abs. 2 Nr. 1 AktG eine Gründungsprüfung stattzufinden hat.
4. Im Auftrag der Gründer habe ich den Hergang der Gründung geprüft. Zur Prüfung standen folgende Unterlagen zur Verfügung: Die eingangs bezeichnete Niederschrift über die Gründung der Gesellschaft, die Niederschrift über die erste Sitzung des Aufsichtsrats am 13. 10. 2009, die Bestätigung der Deutschen Bank AG München über die Einzahlung der Einlagebeträge in Höhe von insgesamt 50 000 €.

II. Prüfungsergebnis

1. Die Gesellschaft wurde am 13. 10. 2009 zu meiner Urkunde (URNr. 2055/2009) errichtet. Zugleich wurde die Satzung festgestellt. Das in Bareinlagen zu erbringende Grundkapital der Gesellschaft beträgt 50 000 €. Das Grundkapital wurde von den Gründern der Gesellschaft vollständig übernommen. Sacheinlagen und Sachübernahmen sind nach den Gründungsurkunden und den sonstigen vorliegenden Unterlagen weder vereinbart noch geleistet worden.
Durch Einsichtnahme in die Bestätigung der Deutschen Bank AG München habe ich mich davon überzeugt, dass der auf das Grundkapital einzuzahlende Betrag in Höhe von 50 000 € auf ein Konto der Gesellschaft bei der bezeichneten Bank eingezahlt wurde und gemäß deren Bestätigung endgültig zur freien Verfügung des Vorstands steht.
Voreinzahlungen auf das Grundkapital wurden nach den Angaben der Gründer der Gesellschaft und des einzigen Vorstandsmitglieds und der Mitglieder des Aufsichtsrats nicht geleistet. Das Grundkapital ist nach den Angaben der Gründer und der Mitglieder des Vorstands und des Aufsichtsrats weder ganz noch teilweise an die Gründer zurückgezahlt worden. Tatbestände der verdeckten Sacheinlage sind nach den Angaben der Gründer und der Vorstands- und Aufsichtsratsmitglieder nicht verwirklicht. Umstände, die Zweifel an der Richtigkeit der Angaben der Gründer und Mitglieder des Vorstands und Aufsichtsrats der Gesellschaft begründen könnten, sind mir nicht bekannt.

---

[1] Hierzu *Mayer* MittBayNot 2003, 96; *Papmehl* MittBayNot 2003, 187; *Grage* RNotZ 2002, 326 (330); *Hermanns* ZIP 2002, 1785.
[2] Nach *Hermanns* ZIP 2002, 1785 (1788 f.).

2. Ich habe mich davon überzeugt, dass die Mitglieder des ersten Aufsichtsrats der Gesellschaft durch Beschluss der Gründer vom 13. 10. 2009 ordnungsgemäß bestellt wurden, sowie dass der erste Aufsichtsrat der Gesellschaft in seiner Sitzung vom 13. 10. 2009 Frau Elisabeth Fischer zur Vorsitzenden und Herrn Robert Stein zu deren Stellvertreter gewählt hat und dass Frau Sieglinde Bauer vom Aufsichtsrat zum Mitglied des Vorstands der Gesellschaft bestellt wurde.
3. Der von der Gesellschaft übernommene Gründungsaufwand gemäß § 26 AktG in Höhe von 2500 € ist nach meiner Einschätzung angemessen. Ich habe mich ferner davon überzeugt, dass die im Gründungsbericht der Mitglieder des Vorstands und des Aufsichtsrats enthaltenen Angaben zutreffend sind.

III. Zusammenfassung

Der Hergang der Gründung unterliegt somit nach meiner pflichtgemäßen Prüfung keinen Beanstandungen.

1309a Eine **Ausnahme von der Pflicht zur externen Werthaltigkeitsprüfung** kann gemäß § 33a Abs. 1 AktG gemacht werden, wenn Vermögensgegenstände eingebracht werden sollen, für deren Bewertung eindeutige Anhaltspunkte vorliegen. Dies ist unter Berücksichtigung der Anforderungen des § 33a Abs. 1 Nr. 1 AktG bei übertragbaren Wertpapieren oder Geldmarktinstrumenten im Sinne von § 2 Abs. 1 Satz 1 und Abs. 1a WpHG der Fall oder im Rahmen des § 33a Abs. 1 Nr. 2 AktG, sofern für den Vermögensgegenstand eine Bewertung durch einen unabhängigen, ausreichend vorgebildeten und erfahrenen Sachverständigen nach allgemein anerkannten Bewertungsgrundsätzen vorliegt und der Bewertungsstichtag nicht mehr als sechs Monate vor dem Tag der Einbringung liegt. In diesem Fall kann – sofern diese Vermögensgegenstände nur einen Teil der Sacheinlage ausmachen nur bezogen auf diesen Teil – auf eine Prüfung durch einen externen Gründungsprüfer (§ 33 Abs. 2 Nr. 4 AktG) und infolgedessen auch im Prüfungsbericht durch Vorstand und Aufsichtsrat auf Ausführungen zum Wert dieser Vermögensgegenstände (§ 34 Abs. 1 Nr. 2 AktG) verzichtet werden (vgl. Rz. 1315a). Ist zum Zeitpunkt der Einbringung der festgestellte Durchschnittswert (§ 33a Abs. 1 Nr. 1 AktG) durch außergewöhnliche Umstände erheblich beeinflusst worden[1] oder der tatsächliche Zeitwert aufgrund neuer oder neu bekannt gewordener Umstände erheblich niedriger als der von dem Sachverständigen angenommene Zeitwert (§ 33a Abs. 1 Nr. 2 AktG), so ist eine Sachgründung ohne externe Gründungsprüfung ausgeschlossen (§ 33a Abs. 2 AktG). Zur Anmeldung in diesem Fall siehe Rz. 1315a, zum Umfang der Prüfung durch das Gericht siehe Rz. 1320b.

1310 Bei Notwendigkeit einer externen Gründungsprüfung sollen nach § 33 Abs. 4 AktG **Prüfer** – wenn die Prüfung keine anderen Kenntnisse erfordert – nur in der Buchführung ausreichend vorgebildete und erfahrene Personen sein, somit auch Steuerberater. In den Fällen, in denen allerdings im Hinblick auf Sacheinlagen Unternehmensbewertungen vorgenommen werden müssen, wird man regelmäßig Wirtschaftsprüfer zu bestellen haben. In diesem Prüfungsbericht ist in erster Linie darzustellen, dass die Angaben zur Übernahme, zu den Gründungskosten und Sondervorteilen (§ 34 Abs. 1 Nr. 1 AktG) korrekt sind und dass die Sacheinlagen den Wert des geringsten Ausgabebetrages und auch – richtigerweise – eines dafür darüber hinaus gewährten Darlehens erreichen. Nur in diesem Fall erbringen die Gründer tatsächlich den geschuldeten Wert, was letztlich mit Durchführung der externen Gründungsprüfung verifiziert werden soll. Die Ausführungen des Berichts müssen hinsichtlich dieser Prüfungsgegenstände vollumfänglich nachvollziehbar sein. Insbesondere muss dargestellt sein,

---

[1] Siehe hierzu BT-Drucks. 16/11642, S. 22.

welche Art der Prüfung vorgenommen wurde und wie der Wert ermittelt wurde. Die bloße Angabe des Prüfers, nach seiner Meinung sei Werthaltigkeit gegeben, genügt somit nicht.

Beispiel für einen Antrag auf **Bestellung eines Gründungsprüfers** durch sämtliche Gründer, wobei eine Unterschriftsbeglaubigung nicht erforderlich ist: **1311**

> Mit notarieller Urkunde vom 10. 10. 2009 wurde von den Unterzeichneten, nämlich der Süddeutschen Wirtschaftsbank Aktiengesellschaft in München (AG München HRB 90 567), vertreten durch ihre Vorstandsmitglieder Dr. Bernhard Bach und Stefan Reiser, ferner Dr. Richard Mars, geboren am 8. 10. 1955, Karl Kollmann, geboren am 15. 3. 1965, Ferdinand Feltner, geboren am 20. 9. 1970, und Dr. Christian Lermer, geboren am 3. 7. 1968, sämtliche in München, ein Gesellschaftsvertrag über die Errichtung einer Aktiengesellschaft unter der Firma „Alpha Chemische Fabrik AG" mit dem Sitz in München abgeschlossen. Das Grundkapital soll 500 000 € betragen. Da eine Gründung mit Sacheinlagen vorliegt, beantragen wir die Bestellung eines Gründungsprüfers durch das Gericht. Hierfür benennen wir Herrn Peter Luhmann, Wirtschaftsprüfer in München, Sternstraße 17.

Zur Bestellung eines Gründungsprüfers durch das Amtsgericht werden bei Eingang des Antrags nach Eintragung in das AR-Register die Akten dem Richter vorgelegt. Vor der Bestellung ist eine Anhörung der örtlichen Industrie- und Handelskammer nicht mehr zwingend vorgeschrieben, so dass diese nur dann erfolgt, wenn der zu bestellende Prüfer dem Gericht nicht ohnehin als zuverlässig bekannt ist. Stets ist der benannte Gründungsprüfer anzuhören, um festzustellen, ob er mit seiner Bestellung einverstanden ist und dass keine Hinderungsgründe gegen die Bestellung nach § 33 Abs. 5 AktG bestehen. Eine Verzögerung des Verfahrens kann vermieden werden, wenn mit dem Antrag eine Einverständniserklärung des vorgeschlagenen Prüfers vorgelegt wird. **1312**

> **I. Schreiben an Industrie- und Handelskammer** *(nur sofern erforderlich)*
> Die Gründer der in Gründung befindlichen „Alpha Chemische Fabrik AG" in München, Kaufingerstraße 80, haben die Bestellung des Herrn Peter Luhmann, Wirtschaftsprüfer in München, Sternstraße 17, zum Gründungsprüfer beantragt. Um Stellungnahme wird gebeten.
>
> **II. Schreiben an Herrn WP Peter Luhmann** (München, Sternstraße 17)
> Die Gründer der in Gründung befindlichen „Alpha Chemische Fabrik Aktiengesellschaft" in München, Kaufingerstr. 80, haben Ihre Bestellung zum Gründungsprüfer gemäß § 33 Abs. 3 AktG beantragt. Sie werden um Mitteilung gebeten, ob Sie mit Ihrer Bestellung einverstanden sind und ob Sie mit der Gründung und den daran beteiligten Personen in irgendeiner Weise verbunden sind (§ 33 Abs. 5 AktG).

Die **Verfügung** nach erfolgtem Eingang der Stellungnahmen kann folgendermaßen aussehen: **1313**

> Auf Antrag der Gründer der in Gründung befindlichen „Alpha Chemische Fabrik AG" in München, Kaufingerstraße 80, wird Herr Peter Luhmann, Wirtschaftsprüfer in München, Sternstraße 17, zum Gründungsprüfer für die genannte Gesellschaft bestellt (§ 33 Abs. 3 AktG; § 375 Nr. 3 FamFG). Der Geschäftswert dieses Beschlusses beträgt 50 000 €.

2. Anmeldung der Ersteintragung der AG

a) Vornahme der Anmeldung zur Eintragung.[1] Die Aktiengesellschaft ist bei dem Gericht, in dessen Bezirk sie ihren Sitz hat (§ 14 AktG, § 377 Abs. 1 FamFG), von allen Gründern, allen Vorstandsmitgliedern, auch den stellvertretenden Vorstandsmitgliedern (§ 94 AktG) und allen Aufsichtsratsmitgliedern in der Form des § 12 Abs. 1 **1314**

---
[1] Hierzu ausführlich *Terbrack* Rpfleger 2005, 237.

Satz 1 HGB zur Eintragung in das Handelsregister **anzumelden** (§ 36 Abs. 1 AktG). Eine Vertretung durch Bevollmächtigte ist nur hinsichtlich der höchstpersönlichen Versicherungserklärungen, nicht aber bezüglich der reinen Anmeldungshandlung ausgeschlossen.[1] Für juristische Personen und Personengesellschaften melden deren vertretungsberechtigte Organe in vertretungsberechtigter Zahl, ggf. unter Nachweis ihrer Vertretungsbefugnis an. Eine durch Zwangsgeldfestsetzung erzwingbare Pflicht zur Anmeldung besteht nicht (vgl. § 407 Abs. 2 AktG).

1315 b) **Inhalt der Anmeldung.** In der Anmeldung ist zu erklären, dass die Voraussetzungen des § 36 Abs. 2 und des § 36a AktG erfüllt sind. Ergibt sich aus der Erklärung, dass der Vorstand **über den eingeforderten Betrag frei verfügen** kann, „soweit er nicht bereits zur Bezahlung der bei der Gründung angefallenen Steuern und Gebühren verwandt wurde", muss die Satzung eine Bestimmung gemäß § 26 Abs. 2 AktG über den Gründungsaufwand enthalten. Bei Vereinbarung eines sogenannten „**Hin- und Herzahlens**" (§ 27 Abs. 4 AktG) ist dieses offenzulegen und zu versichern, dass die Leistung durch einen vollwertigen Rückgewähranspruch gedeckt ist, der jederzeit fällig ist oder durch fristlose Kündigung durch die Gesellschaft fällig werden kann (siehe Rz. 947). Der Betrag, zu dem die Aktien ausgegeben werden und der darauf eingezahlte Betrag bzw. die geleistete Sacheinlage sind in der Anmeldung anzugeben (§ 37 Abs. 1 Satz 1 AktG). Zudem hat die Anmeldung wiederzugeben, welche allgemeine **Vertretungsbefugnis** die Vorstandsmitglieder nach der Satzung oder, falls dort keine abschließende Regelung enthalten ist, nach dem Gesetz haben, sowie darüber hinaus die besondere Vertretungsbefugnis von Vorstandsmitgliedern, wenn diese von der allgemeinen Vertretungsregelung abweicht (§ 37 Abs. 3 Nr. 2 AktG), siehe hierzu Rz. 949. Enthält die Satzung ein **genehmigtes Kapital**, ist auch dieses anzumelden, da der Antrag den Eintragungsinhalt grundsätzlich spiegelbildlich wiedergeben soll.

1315a Soll **von einer externen Gründungsprüfung abgesehen werden**, so ist dies in der Anmeldung ausdrücklich zu erklären (§ 37a Abs. 1 Satz 1 AktG). Der Gegenstand der Sacheinlage oder Sachübernahme muss so beschrieben werden, dass dessen Wert anhand der Beschreibung eingeschätzt werden kann (§ 37a Abs. 1 Satz 2 AktG).[2] Zudem muss erklärt werden, dass der Wert der Sacheinlage den geringsten Ausgabebetrag der dafür zu gewährenden Aktien oder der Wert der Sachübernahme den Wert der dafür zu gewährenden Leistungen erreicht (§ 37a Abs. 1 Satz 3 AktG). Die Erklärung muss auch den bezifferten Wert des Gegenstandes, die Quelle der Bewertung – bei Wertpapieren beispielsweise Ermittlungen der Bundesanstalt für Finanzdienstleistungsaufsicht[3] – sowie die angewandte Bewertungsmethode enthalten (§ 37a Abs. 1 Satz 4 AktG). Ferner haben die Anmeldenden zu versichern, dass ihnen außergewöhnliche Umstände, die den gewichteten Durchschnittspreis der einzubringenden Wertpapiere oder Geldmarktinstrumente während der letzten drei Monate vor dem Tag ihrer tatsächlichen Einbringung erheblich beeinflusst haben könnten, oder Umstände, die darauf hindeuten, dass der beizulegende Zeitwert der Vermögensgegenstände am Tag ihrer tatsächlichen Einbringung auf Grund neuer oder neu bekannt gewordener Umstände erheblich niedriger ist als der von dem Sachverständigen angenommene Wert, nicht bekannt geworden sind (§ 37a Abs. 2 AktG). Ein entspre-

---

[1] **OLG Köln** NJW 1987, 135; anderer Ansicht **BayObLG** Z 1986, 293 (= NJW 1987, 136); **BayObLG** Z 1986, 454; *Hüffer*, AktG, § 36 Rz. 4; *Pentz*, in: MünchKommAktG, § 36 Rz. 26; *Döbereiner*, in: Spindler/Stilz, AktG, § 36 Rz. 14; ebenso *Terbrack* Rpfleger 2005, 237 (238) der den Wortlaut von § 37 Abs. 1 AktG ontologisierend überbewertet und nicht – wie zutreffend (siehe Rz. 942) – als Ordnungs- und Formvorschrift begreift.
[2] BT-Drucks. 16/11642, S. 23.
[3] BT-Drucks. 16/11642, S. 22.

> Von einer externen Gründungsprüfung wurde gemäß § 33a Abs. 1 Nr. 2 AktG abgesehen. Gegenstand der Sacheinlage ist das Grundstücks Flst. 223 der Gemarkung Sendling. Der Wert der Sacheinlage erreicht den geringsten Ausgabebetrag der dafür zu gewährenden Aktien und beträgt unter Heranziehung des durch den Sachverständigen Dr. Karl Jansen (80802 München, Josefstraße 35) ermittelten Marktpreises (Verkehrswert) 125 000 €.
>
> Wir versichern, dass uns Umstände, die darauf hindeuten, dass der beizulegende Zeitwert am Tag seiner tatsächlichen Einbringung auf Grund neuer oder neu bekannt gewordener Umstände erheblich niedriger ist, als der von dem Sachverständigen angenommene Wert, nicht bekannt geworden sind.
>
> Als Anlage fügen wir dieser Anmeldung das Gutachten des genannten Sachverständigen bei, auf das sich die beschriebene Bewertung stützt.

1316 Die Vorstandsmitglieder haben in der Anmeldung zu **versichern**, dass keine Umstände vorliegen, die ihrer Bestellung entgegenstehen und sie über ihre unbeschränkte Auskunftspflicht belehrt worden sind (§ 37 Abs. 2 Satz 1 AktG). Hierbei gelten dieselben Grundsätze wie für die Versicherung der Geschäftsführer einer GmbH, so dass auf die Darstellung hierzu (Rz. 953 ff.) verwiesen werden kann. Weiter ist anzumelden, wer zum **Vorsitzenden** und Stellvertreter **im Aufsichtsrat** gewählt ist (§ 107 Abs. 1 Satz 2 AktG). In der Anmeldung ist ferner die **inländische Geschäftsanschrift** anzugeben (§ 37 Abs. 3 Nr. 1 AktG), gegebenenfalls auch eine empfangsberechtigte Person (§ 39 Abs. 1 Satz 2 und 3 AktG); einer Wiedergabe des Unternehmensgegenstands (§ 24 Abs. 4 HRV) bedarf es nicht, weil dieser der eingereichten Satzung (vgl. Rz. 1317) zu entnehmen ist. Ein Widerruf der Anmeldung seitens einer Person, die bereits angemeldet hat, führt zur Ablehnung der Eintragung, es sei denn, dass diese bereits vollzogen wurde.[1]

1317 c) **Anlagen zur Anmeldung.** Der Anmeldung sind in der Form des § 12 Abs. 2 HGB nach § 37 Abs. 4 AktG folgende Dokumente beizufügen:
– die **Satzung** und die Urkunden, in denen die Satzung festgestellt worden ist und die Aktien von den Gründern übernommen worden sind (§ 37 Abs. 4 Nr. 1 AktG);
– im Fall der §§ 26 und 27 AktG die Verträge, die den Festsetzungen zugrunde liegen oder zu ihrer Ausführung geschlossen wurden, und eine Berechnung des der Gesellschaft auferlegten Gründungsaufwands unter Angabe von Art, Höhe und Empfänger (§ 37 Abs. 4 Nr. 2 AktG). Gleichartige Kosten können zusammengefasst werden. Noch nicht angefallene Auslagen können angemessen geschätzt werden;
– die Urkunden über die **Bestellung des Vorstands** (Aufsichtsratsbeschluss) und des Aufsichtsrats; die entsprechenden Vorgänge sind oftmals in der notariellen Gründungsurkunde enthalten (§ 37 Abs. 4 Nr. 3 AktG);
– eine **Liste der Mitglieder des Aufsichtsrats** (§ 37 Abs. 4 Nr. 3a AktG);
– der **Gründungsbericht** (§ 32 Abs. 1 AktG) und der **Prüfungsbericht** der Mitglieder des Vorstands und des Aufsichtsrats (§ 33 Abs. 1 AktG) sowie im Fall des Vorliegens der entsprechenden Voraussetzungen (siehe § 33 Abs. 2 AktG) der Bericht der externen Gründungsprüfer nebst ihren urkundlichen Unterlagen (vgl. § 34 Abs. 3 Satz 1 AktG);
– bei **Sachgründung ohne externe Gründungsprüfung** Unterlagen über die Ermittlung des gewichteten Durchschnittspreises der einzubringenden Wertpapiere oder Geldmarktinstrumente (§ 37a Abs. 3 Nr. 1 AktG) und/oder sämtliche Sachverständigengutachten, auf die sich die Bewertung des Vermögensgegenstandes stützt (§ 37a Abs. 3 Nr. 2 AktG);

---

[1] KG OLGE 43, 204.

Teil 1. Handelsregister

- bei **Bargründungen** der **Nachweis**, dass der eingezahlte **Betrag endgültig zur freien Verfügung** des Vorstands **steht**, regelmäßig in Form einer entsprechenden Bankbescheinigung (§ 37 Abs. 1 Satz 2 AktG mit Besonderheiten in Sätzen 3 bis 5). Dieser Nachweis hat grundsätzlich den gesetzlichen Wortlaut „endgültig zur freien Verfügung des Vorstands" zu enthalten[1]; sind von dem eingezahlten Betrag Steuern und Gebühren bezahlt worden, so ist dies nach Art und Höhe der Beträge nachzuweisen (§ 37 Abs. 1 Satz 5 AktG). Für die allgemein bekannten Notar- und Gerichtskosten ist kein besonderer Nachweis erforderlich.
- Im Falle eines vorab vereinbarten **„Hin- und Herzahlens"** (§ 27 Abs. 4 AktG) sind in der Regel die zugrunde liegenden Verträge sowie Unterlagen zur Bewertung von Vollwertigkeit und Liquidität des Rückzahlungsanspruches vorzulegen, um eine Prüfung durch das Gericht zu ermöglichen.

Die Pflicht zur Vorlage einer **Genehmigungsurkunde**, sofern vom Unternehmensgegenstand genehmigungspflichtige Tätigkeiten umfasst sind, ist im Interesse einer beschleunigten Eintragung entfallen.[2] Sofern die Vorlage einer Genehmigung in anderen Gesetzen normiert wurde, wie etwa in § 43 Abs. 1 KWG, bleibt diese Verpflichtung von der Streichung des § 37 Abs. 4 Nr. 5 AktG a. F. unberührt, sodass das Registergericht deren Erfüllung auch weiterhin zu prüfen hat. Zur Genehmigungspflicht bestimmter Firmenbestandteile siehe Rz. 969.

1318 **Beispiel** der Anmeldung einer Ersteintragung einer AG durch alle Gründer, alle Mitglieder des Aufsichtsrats und sämtliche Vorstandsmitglieder in der Form des § 12 Abs. 1 Satz 1 HGB:

> Wir, die sämtlichen Gründer, Mitglieder des Aufsichtsrats und des Vorstands der „Alpha Chemische Fabrik Aktiengesellschaft" melden die Gesellschaft, die Bestellung der Herren Dr. Wendelin Weiß, Dr. Dagobert Daiß und Karl Keller zu Vorstandsmitgliedern und die Bestellung des Herrn Dr. Wendelin Weiß zum Vorsitzenden des Vorstandes zur Eintragung in das Handelsregister an.
>
> Ist nur eine Person zum Vorstand bestellt, ist sie allein vertretungsberechtigt. Sind mehrere Vorstandsmitglieder bestellt, sind zwei gemeinsam oder eines zusammen mit einem Prokuristen vertretungsberechtigt.
>
> Der Vorstandsvorsitzende Dr. Wendelin Weiß vertritt stets einzeln.
>
> Die Aktien werden zum Nennwert zuzüglich eines Aufgeldes von 5%, also zum Kurs von 105% ausgegeben. Auf jede Aktie, soweit nicht Sacheinlagen vereinbart sind, ist der eingeforderte Betrag in Höhe der Hälfte des Nennbetrages zuzüglich des Aufgeldes eingezahlt. Wir nehmen auf die schriftliche Bestätigung der Bank Bezug, aus der sich ergibt, dass der Vorstand in der Verfügung über den eingezahlten Betrag, soweit er nicht bereits zur Bezahlung der in dem vorgelegten Nachweis nach Art und Höhe einzeln bezeichneten, bei der Gründung angefallenen Steuern und Gebühren verwendet wurde, nicht, namentlich nicht durch Gegenforderungen, beschränkt ist. Der eingeforderte Betrag steht damit in der in beigefügter Bestätigung der Bank bezeichneten Höhe endgültig zur freien Verfügung des Vorstands.
>
> Die vollständige Leistung des durch den Gründer Dr. Christian Lermer als Sacheinlage eingebrachten Patents ergibt sich aus der vorgelegten notariellen Urkunde vom 10. 10. 2009.
>
> Es wurde ein genehmigtes Kapital geschaffen, wonach der Vorstand bis zum 31. 08. 2014 ermächtigt ist, das Grundkapital bis zu einem Betrag von insgesamt 100 000 € ein- oder mehrmalig durch Ausgabe neuer Aktien gegen Bar- oder Sacheinlage zu erhöhen.
>
> Jedes Vorstandsmitglied versichert:
>
> Es liegen keine Umstände vor, aufgrund derer ich nach § 76 Abs. 3 Satz 2 und 3 AktG vom Amt eines Vorstandes ausgeschlossen wäre: Während der letzten fünf Jahre erfolgte weder

---

[1] **BGH** NZG 2008, 304.
[2] BT-Drucks. 16/6140, S. 34.

im Inland noch im Ausland wegen einer vergleichbaren Tat eine Verurteilung wegen einer oder mehrerer Straftaten
- des Unterlassens der Stellung des Antrags auf Eröffnung des Insolvenzverfahrens (Insolvenzverschleppung),
- nach §§ 283 bis 283 d StGB (Insolvenzstraftaten)
- der falschen Angaben nach § 82 GmbHG oder § 399 AktG,
- der unrichtigen Darstellung nach § 400 AktG, § 331 HGB, § 313 UmwG oder des § 17 PublG oder
- nach den §§ 263 bis 264 a oder den §§ 265 b bis 266 a StGB zu einer Freiheitsstrafe von mindestens einem Jahr;

auch wurde mir weder durch gerichtliches Urteil noch durch vollziehbare Entscheidung einer Verwaltungsbehörde die Ausübung eines Berufs, Berufszweigs, Gewerbes oder Gewerbezweigs untersagt, somit auch nicht im Bereich des Unternehmensgegenstands der Gesellschaft; ferner wurde ich nicht aufgrund einer behördlichen Anordnung in einer Anstalt verwahrt. Vom beglaubigenden Notar wurde ich über die unbeschränkte Auskunftspflicht gegenüber dem Gericht gemäß § 53 BZRG belehrt.

Wir zeigen gleichzeitig an, dass Herr Dr. Klaus Klarwein zum Vorsitzenden des Aufsichtsrats und Herr Dr. Sigmund Sauer zu seinem Stellvertreter gewählt sind.

Die inländische Geschäftsanschrift der Gesellschaft lautet: 80333 München, Kaufingerstraße 80.

In der Anlage wird überreicht:
- Urkunde vom 10. 10. 2009, welche die Satzung, die Übernahme der Aktien, die Bestellung des ersten Aufsichtsrats und die Vereinbarung über eine Sacheinlage sowie deren Erfüllung enthält
- Beschluss über die Bestellung des ersten Vorstands
- Gründungsbericht der Gründer
- Prüfungsbericht der Mitglieder des Vorstands und des Aufsichtsrats
- Gründungsprüfungsbericht des Gründungsprüfers
- Bestätigung der Dresdner Bank in München über die erfolgte Einzahlung als Nachweis, dass der eingezahlte Betrag auf Gesellschaftskonto endgültig zur freien Verfügung des Vorstands steht
- Aufstellung über die von dem eingezahlten Betrag bezahlten Steuern und Gebühren samt Nachweisen

3. Prüfung der Anmeldung durch das Gericht

a) Allgemeines zur registerlichen Prüfung des Gründungsvorgangs. Das Gericht prüft, 1319 ob die Gesellschaft **ordnungsgemäß errichtet und angemeldet** ist (§ 38 Abs. 1 Satz 1 AktG). Gemäß § 17 Nr. 1 lit. a RPflG ist grundsätzlich der Richter zuständig. Festzustellen ist stets die formelle Ordnungsmäßigkeit der Anmeldung (vgl. Rz. 153 ff.). Genehmigungspflichten für die geplante Tätigkeit der Gesellschaft sind vom Registergericht nur dann zu überprüfen, wenn hiervon die Eintragung im Handelsregister kraft Gesetzes ausdrücklich abhängig gemacht wird, wie etwa im Fall des § 43 Abs. 1 KWG (siehe Rz. 1317). Daneben ist unter Beachtung der Einschränkungen des § 38 Abs. 4 AktG die materielle Gesetzmäßigkeit der Gründung zu prüfen.[1] Ob die Gesellschaft gesetzesgemäß errichtet ist, erfordert zudem eine Prüfung,
- ob die Gründer überhaupt fähig sind, Gründer zu sein,
- des Vorhandenseins und der Wirksamkeit der notwendigen Satzungsbestimmungen, wobei jedoch dem Gericht ähnlich wie bei der Gründung einer GmbH nach § 38 Abs. 4 AktG nur ein eingeschränktes Prüfungsrecht zusteht, zudem
- ob bei der qualifizierten Gründung die zusätzlichen Erfordernisse in der Satzung erfüllt sind und

---

[1] **BGH** Z 113, 335 (351); *Pentz*, in: MünchKommAktG, § 38 Rz. 17.

- die entsprechenden Anlagen mit zugesandt wurden,
- ob alle Aktien übernommen sind,
- ob der Aufsichtsrat nach den sich aus Gesetz und Satzung ergebenden Bestimmungen bestellt ist,
- ob der Vorstand ordnungsgemäß bestellt ist,
- ob der Gründungsbericht und der Prüfungsbericht des Vorstands und des Aufsichtsrats, ggf. auch der des Gründungsprüfers, richtig und vollständig sind und den gesetzlichen Vorschriften entsprechen.

1320 Wenn eine Gründung mit **Sacheinlagen** oder Sachübernahmen vorliegt, hat das Gericht neben der Prüfung, ob der Bericht der Gründungsprüfer vorliegt, die Aufgabe, in eigener Verantwortung zu prüfen, ob der Wert der Sacheinlagen oder Sachübernahmen wesentlich hinter dem Nennbetrag der dafür zu gewährenden Aktien oder dem Wert der dafür zu gewährenden Leistungen zurückbleibt (§ 38 Abs. 2 Satz 2 AktG). Dies gilt auch für Sacheinlagen, die für ein genehmigtes Kapital vorgesehen sind (§ 206 AktG). Die entsprechende Prüfung, bei der sich das Registergericht nach § 380 Abs. 1 FamFG nicht selten des Beistands der in wirtschaftlichen Dingen erfahrenen Industrie- und Handelskammer bedienen wird, kann auch unter Zuhilfenahme von Sachverständigen schwierig sein. Jedoch empfiehlt es sich, im Interesse der Gläubiger der AG eher einen **strengen Maßstab** anzulegen. Haben die Gründungsprüfer erklärt oder ist es offensichtlich, dass der **Gründungsbericht** oder der Prüfungsbericht der Vorstands- und Aufsichtsratsmitglieder **unrichtig** oder unvollständig ist oder den gesetzlichen Vorschriften nicht entspricht, so muss das Gericht die Eintragung ablehnen[1] (§ 38 Abs. 2 Satz 1 AktG). Die Erklärung der Gründungsprüfer kann das Gericht nach pflichtgemäßem Ermessen überprüfen. Zu entscheiden hat es dann nach dem Ergebnis seiner Überprüfung.

1320a Im Falle eines gemäß § 27 Abs. 4 Satz 2 und § 37 AktG anzumeldenden „Hin- und Herzahlens" hat das Gericht die Fälligkeit des Anspruchs zunächst anhand der vorgelegten oder gemäß § 26 FamFG anzufordernden Verträge zu beurteilen. Die Frage der Vollwertigkeit des Rückgewähranspruches ist mithilfe vorzulegender Nachweise über die Zahlungsfähigkeit des Gesellschafters zu prüfen.

1320b Wurde bei einer **Sachgründung auf eine externe Gründungsprüfung verzichtet** (§ 33 a AktG, siehe Rz. 1309 a und 1315 a), hat das Gericht lediglich zu prüfen, ob die Erklärungen und Versicherungen nach § 37 a Abs. 1 und 2 AktG abgegeben sowie die Unterlagen nach § 37 a Abs. 3 AktG vorgelegt wurden (§ 38 Abs. 3 Satz 1 AktG). Im Hinblick auf eine mögliche Überbewertung der Sacheinlagen oder Sachübernahmen, insbesondere nach § 33 a Abs. 2 AktG darf das Gericht die Eintragung nur ablehnen, wenn diese offenkundig, also ohne weitere Ermittlungen feststellbar (§ 291 ZPO), und erheblich ist (§ 38 Abs. 3 Satz 2 AktG).

1321 b) **Weitere Prüfung im Einzelfall.** Wie weit dem Gericht darüber hinaus ein Prüfungsrecht zusteht, lässt sich nicht abschließend festhalten. Grundsätzlich erstreckt sich die Prüfungspflicht nur auf das, was die vorgelegten Dokumente als Grundlage bieten.[2] **Begründete Zweifel** an der Richtigkeit der sich hieraus ergebenden Tatsachen machen es dem Gericht zur Pflicht, in eine Nachprüfung einzutreten (siehe Rz. 159 ff.). Keinesfalls darf das Gericht daran mitwirken, dass Unrichtiges in das Register eingetragen wird. Satzungsmängel sind im Rahmen des § 38 Abs. 4 AktG zu beanstanden. Es hat daher einzugreifen, wenn die Mängel Tatsachen oder Rechtsverhältnisse betreffen, die zwingend in der Satzung geregelt sein müssen oder die in das Handelsregister einzutragen oder zu veröffentlichen sind (§ 38 Abs. 4 Nr. 1 AktG). Darüber hinaus

---

[1] *Pentz,* in: MünchKommAktG, § 38 Rz. 52 ff.
[2] Vgl. OLG Hamburg JFG 11, 175.

besteht bei der Gründung nur ein Recht zur Beanstandung von Bestimmungen, die ausschließlich oder überwiegend Gläubigerinteressen dienen oder sonst im öffentlichen Interesse liegen (§ 38 Abs. 4 Nr. 2 AktG) oder aber zur Nichtigkeit der gesamten Satzung führen (§ 38 Abs. 4 Nr. 3 AktG). Letzteres soll dazu führen, dass bei Fehlen einer salvatorischen Klausel jede fehlerhafte Satzungsbestimmung zu beanstanden ist.[1] Im Übrigen führen Bestimmungen, welche – auch zwingende – gesetzliche Vorschriften verletzen, die lediglich das Verhältnis zwischen den Aktionären betreffen, nicht zur Beanstandung oder gar Zurückweisung der Anmeldung einer neuen Aktiengesellschaft. Bei späteren Änderungen gilt diese Einschränkung allerdings nicht. Der eingeschränkte Prüfungsumfang wurde lediglich für die Neuanmeldung eingeführt, da das Interesse an der alsbaldigen Ersteintragung einer gegründeten Kapitalgesellschaft (Aktiengesellschaft und Gesellschaft mit beschränkter Haftung) als vorrangig angesehen wurde.[2]

c) **Grenzen des Prüfungsrechts.** Die durch das Gericht vorzunehmende Kontrolle beschränkt sich auf eine Rechtsprüfung.[3] Nicht zu prüfen hat das Registergericht daher z.B. die wirtschaftliche Lebensfähigkeit der Gesellschaft[4] und die Auffassung der Gründer über die Zusammensetzung des Aufsichtsrats nach § 31 Abs. 1 Satz 1 AktG (siehe Rz. 1297). Sofern ausnahmsweise zur Eintragung die Vorlage einer staatlichen Genehmigung erforderlich ist (siehe Rz. 1317), unterliegt die Entscheidung der zuständigen Behörde darüber, ob der Gegenstand des Unternehmens einer Genehmigung bedarf und ob diese Genehmigung erteilt oder versagt wird,[5] ebenfalls keiner näheren Prüfung durch das Registergericht.

1322

4. Verfahren des Gerichts nach Prüfung der Anmeldung

a) **Zwischenverfügung bei behebbaren Mängeln; Zurückweisung.** Ergibt die Prüfung Mängel, so sind möglichst alle Mängel auf einmal mit einer **Zwischenverfügung** (§ 382 Abs. 4 FamFG) zu beanstanden. Zur Beseitigung der Vollzugshindernisse ist eine Frist zu setzen. Die sofortige Ablehnung der Eintragung dürfte sehr selten in Betracht kommen, nämlich nur dann, wenn keine Heilungsmöglichkeit der beanstandeten Mängel besteht. Denkbar ist dies z.B. wenn die Satzung nicht notariell beurkundet wurde (§ 23 Abs. 1 AktG) oder die Aktien nicht übernommen sind (§ 29 AktG) oder auch wenn eine nur ausnahmsweise erforderliche staatliche Genehmigung (siehe Rz. 1317) von der zuständigen Behörde bestandskräftig abgelehnt wurde. Auch bei Vorliegen von Umständen, die sofort eine Zurückweisung rechtfertigen würden, wird zumeist der Grundsatz der Gewährung rechtlichen Gehörs erfordern, auf die bevorstehende **Zurückweisung** hinzuweisen und Gelegenheit zur Stellungnahme bzw. Antragsrücknahme zu bieten. Werden die Mängel innerhalb der Frist, auch ggf. nach einer Fristverlängerung nicht behoben oder beharren die Anmeldenden auf ihrem Antrag, so ist die Eintragung durch begründeten Beschluss abzulehnen (§ 38 Abs. 1 Satz 2 AktG, § 382 Abs. 3 i. V. m. §§ 38 f. FamFG).

1323

b) **Eintragung der Gesellschaft.**[6] Stehen der Eintragung in das Handelsregister keine Bedenken entgegen, so hat der Richter die Eintragung vorzunehmen oder die Geschäftsstelle durch Eintragungsverfügung anzuweisen, mit welchem Wortlaut der Ur-

1324

---

[1] *Müther*, Handelsregister, § 7 Rz. 16.
[2] Siehe die seinerzeitige Gesetzesbegründung zu Art. 10 Nr. 4 HRefG, BT-Drucks. 13/8444, S. 77; s. a. zur Parallelvorschrift des § 9c Abs. 2 GmbHG: **BayObLG** Z 2001, 137 (= RNotZ 2001, 401).
[3] *Hüffer*, AktG, § 38 Rz. 3; *Pentz*, in: MünchKommAktG, § 38 Rz. 17 ff. und Rz. 45 ff.
[4] KG JW 1924, 1178; *Hüffer*, AktG, § 38 Rz. 3; *Döbereiner*, in: Spindler/Stilz, AktG, § 38 Rz. 6.
[5] BayObLG FGPrax 2000, 161 (= Rpfleger 2000, 458).
[6] Hierzu *Terbrack* Rpfleger 2003, 225.

kundsbeamte die Eintragung vorzunehmen hat (§ 27 Abs. 1 HRV). Der Inhalt der Eintragung ist in § 39 AktG ausdrücklich geregelt. Die Eintragung erfolgt in Abteilung B des Handelsregisters (§ 3 Abs. 1 und 3 HRV):

1325 In **Spalte 1** ist bei der ersten Eintragung die laufende Nummer „1" einzutragen (§ 43 Nr. 1 HRV).

1326 In **Spalte 2** ist in der Unterspalte a die **Firma**, in Unterspalte b der **Sitz** der Gesellschaft, die **inländische Geschäftsanschrift** sowie gegebenenfalls Familien- und Vorname oder Firma und Rechtsform samt Anschrift einer im Inland **empfangsberechtigten Person** sowie etwaige Zweigniederlassungen (samt unter Umständen abweichender Firma, Ort und inländischer Geschäftsanschrift der Zweigniederlassung) und in Unterspalte c der **Gegenstand des Unternehmens** einzutragen (§ 43 Nr. 2 lit. a bis c i. V. m. § 40 Nr. 2 Satz 1 HRV). Bei Eintragungen zum Unternehmensgegenstand ist Überflüssiges, d. h. etwa die Art der Tätigkeit der Gesellschaft Konkretisierendes wegzulassen (siehe Rz. 928 ff.). So wird beispielsweise folgender standardmäßiger Zusatz nicht eingetragen: „Die Gesellschaft ist zu allen Geschäften und Maßnahmen befugt, die zur Erreichung des Gesellschaftszwecks notwendig oder nützlich erscheinen, sie ist berechtigt zum Erwerb und zur Veräußerung von Grundstücken, zur Errichtung von Zweigniederlassungen im Inland und Ausland, zur Beteiligung an Unternehmungen gleicher oder verwandter Art sowie zum Abschluss von Interessengemeinschaftsverträgen und Unternehmensverträgen".

1327 In **Spalte 3** ist die **Höhe des Grundkapitals** in Zahlen (z. B. 500 000 €), nicht in Buchstaben, einzutragen (§ 43 Nr. 3 HRV). Bei Investmentaktiengesellschaften mit veränderlichen Kapital (§§ 104 ff. InvG) ist die Höhe des Mindestkapitals anzugeben (§ 43 Nr. 3 HRV). Im Übrigen ist ein genehmigtes Kapital oder ein bedingtes Kapital als latentes Kapital jeweils nicht in Spalte 3 zu vermerken, da dort stets auf einen Blick nur das aktuelle gezeichnete Grundkapital erkennbar gemacht werden soll (vgl. § 43 Nr. 6 lit. b sublit. gg und hh HRV).

1328 In **Spalte 4** ist zunächst in Unterspalte a die allgemeine **Vertretungsregelung** und sodann sind in Unterspalte b die Mitglieder des Vorstands und ihre Stellvertreter einzutragen und zwar mit Familiennamen, Vornamen, Geburtsdatum und Wohnort (nicht aber die Anschrift) sowie deren besondere Vertretungsbefugnis, wenn sie von der allgemeinen Vertretungsregelung abweicht (vgl. § 43 Nr. 4 HRV a. E.). Zur Vertretungsbefugnis der Vorstandsmitglieder ist zwingend die Vorschrift des § 112 AktG zu beachten, so dass allgemein oder speziell nur die Befreiung von § 181 Alt. 2 BGB („Mehrfachvertretung"), nicht aber von § 181 Alt. 1 („Selbstkontrahieren") vorgesehen werden kann. Satzungsbestimmungen, Beschlüsse oder Anmeldungen, die dies nicht berücksichtigen, sind stets zu beanstanden. Ist ein **Vorsitzender des Vorstands** bestellt, ist er als solcher zu bezeichnen (§ 43 Nr. 4 lit. b HRV). Sonstige Rangordnungen oder Aufgabenverteilungen innerhalb des Vorstands (z. B. „Sprecher des Vorstands", „stellvertretender Vorstandsvorsitzender") sind nicht einzutragen, ebenso wenig die Stellung als stellvertretendes Vorstandsmitglied.[1] Die **Vertretungsbefugnis** muss sich, unabhängig davon, ob auf Gesetz oder Satzung beruhend, unmittelbar aus dem Handelsregister ersehen lassen (vgl. auch § 37 Abs. 3 AktG). Bei dieser Eintragung soll nicht am Wortlaut der Satzung gehaftet werden, der manchmal weitschweifige Formulierungen zu entnehmen sind. Vielmehr ist **so knapp wie möglich** und bei jeweils gleichem rechtlichen Inhalt auch gleichlautend zu formulieren. Formelhafte Ausdrucksweisen sind angebracht, so dass ungewöhnliche Vertretungsbefugnisse durch ihren abweichenden Wortlaut im Rechtsverkehr unmittelbar auffallen. Bloße **Ermächtigungen** für die Gestaltung der konkreten Vertretungsbefugnisse wie z. B. die

---

[1] Siehe **BGH NJW** 1998, 1071 (= FGPrax 1998, 68 = Rpfleger 1998, 161).

Möglichkeit, „Einzelvertretungsbefugnis kann erteilt werden", sind **nicht** in die einzutragende allgemeine Vertretungsregelung aufzunehmen (siehe Rz. 951).

In **Spalte 5** werden alle die Prokura betreffenden Eintragungen samt Änderungen vorgenommen (§ 43 Nr. 5 HRV). Prokuristen sind mit Familienname, Vorname, Geburtsdatum und Wohnort einzutragen. Stets ist die Vertretungsbefugnis konkret mit aufzunehmen (siehe im Einzelnen Rz. 378 ff.). 1329

In **Spalte 6** ist die Art der Gesellschaft, also „Aktiengesellschaft" anzugeben (§ 43 Nr. 6 lit. a HRV) sowie der Tag der Satzungsfeststellung durch die Gründer (§ 43 Nr. 6 lit. b HRV). Wurde die Satzung nicht nur an einem Tag beurkundet oder ist sie später abgeändert worden, so sind sämtliche Tage einer Satzungsbeurkundung anzugeben, wobei nachträgliche Zustimmungen im Sinne des § 182 Abs. 1 BGB auf Grund der ihnen beikommenden Rückwirkung (§ 184 Abs. 1 BGB) außer Betracht bleiben. Zudem enthält Spalte 6 etwaige Satzungsbestimmungen über die Dauer der Gesellschaft (§ 43 Nr. 6 lit. b sublit. aa HRV), eine Eingliederung der Gesellschaft (§ 43 Nr. 6 lit. b sublit. bb HRV), Unternehmensverträge (§ 43 Nr. 6 lit. b sublit. cc HRV), Eintragungen nach dem Umwandlungsgesetz, also bei der Neueintragung der Entstehungsvermerk, wenn die Aktiengesellschaft durch einen Umwandlungsvorgang (Formwechsel, Spaltung oder Verschmelzung) entstanden ist, ein eventueller Haftungsausschluss nach § 25 Abs. 2 HGB und das Bestehen eines genehmigten Kapitals (§ 43 Nr. 6 lit. b sublit. hh HRV). Bei Investmentgesellschaften mit veränderlichem Kapital ist in Spalte 6 Unterspalte b die Bandbreite des statutarisch genehmigten Kapitals (§ 104 Satz 1 InvG) einzutragen (§ 43 Nr. 6 lit. b sublit. ii HRV). 1330

In **Spalte 7** ist in Unterspalte a der Tag der Eintragung zu vermerken (§ 43 Nr. 7 i. V. m. § 40 Nr. 6 HRV). 1331

Die Ersteintragung einer AG gestaltet sich z. B. folgendermaßen: 1332

Spalte 2
Unterspalte a (Firma): Alpha Chemische Fabrik AG
Unterspalte b (Sitz): München; Geschäftsanschrift: Kaufingerstraße 80, 80333 München
Unterspalte c (Gegenstand des Unternehmens): Vertrieb chemischer Erzeugnisse

Spalte 3 (Grundkapital): 500 000 €

Spalte 4
Unterspalte a (Allgemeine Vertretungsregelung):
Ist nur ein Vorstandsmitglied bestellt, so vertritt dieses die Gesellschaft allein. Sind mehrere Vorstandsmitglieder bestellt, so wird die Gesellschaft durch zwei Vorstandsmitglieder gemeinschaftlich oder durch ein Vorstandsmitglied in Gemeinschaft mit einem Prokuristen vertreten.
Unterspalte b (Vorstand und besondere Vertretungsbefugnis):
Vorstandsvorsitzender:
Dr. Weiß Wendelin, München, *1. 1. 1950; einzelvertretungsbefugt
Vorstand: Dr. Durst, Dagobert, München, *1. 2. 1960
Vorstand: Keller, Karl, München, *1. 3. 1965

Spalte 5 (Prokura): –

Spalte 6
Unterspalte a (Rechtsform, Beginn, Satzung):
Aktiengesellschaft. Satzung vom 10. 10. 2009 mit Nachtrag vom 24. 10. 2009.
Unterspalte b (Sonstige Rechtsverhältnisse):
Der Vorstand ist ermächtigt, bis zum 31. 12. 2013 das Grundkapital bis zu einem Betrag von höchstens 100 000 € durch Ausgabe neuer Aktien gegen Einlagen zu erhöhen (Genehmigtes Kapital 2009/I).

c) Öffentliche Bekanntmachung. Sodann nimmt der Richter die **Bekanntmachung** vor (§ 27 Abs. 1 HRV). Das ist bei der ersten Eintragung einer AG der gesamte Inhalt 1333 dessen, was in das Handelsregister eingetragen ist (§ 10 HGB). Eine zusätzliche Bekanntmachung weiterer Daten des Gründungsvorgangs findet nicht mehr statt, da sie nunmehr problemlos den im Registerordner (§ 9 HRV) per online-Einsicht abrufbaren Gründungsdokumenten zu entnehmen sind.

1334–1336 *(Randnummern zur Zeit nicht belegt).*

1337 **d) Weiterer Inhalt der Eintragungsverfügung.** Soweit die Eintragungsmitteilungen nicht unmittelbar elektronisch angeordnet werden (§ 27 Abs. 1 HRV), sind folgende Umstände festzulegen:

1338 Zunächst ist zu bestimmen, wem die Eintragung **mitzuteilen** ist (§ 383 Abs. 1 FamFG) ist. Eintragungsnachricht erhalten die Anmeldenden sowie die Gesellschaft (s. Rz. 143) und der Notar, was sich zumeist aus dem Vorlageschreiben ergibt. Die Industrie- und Handelskammer (§ 37 HRV), ggf. auch die Handwerkskammer oder die Landwirtschaftskammer erhalten ebenfalls eine Eintragungsnachricht. In Fällen, in denen die Eintragung zu einem Wechsel im Grundstückseigentum, zum Übergang eines Erbbaurechts oder eines Rechts an einem Gebäude auf fremden Boden führen kann, also insbesondere bei Umwandlungsvorgängen, bei denen solche Rechte übertragen werden, ist das nach § 17 GrEStG zuständige Finanzamt zu verständigen (MiZi XXI/1).

1339 Erforderlich ist im Übrigen die Zuleitungsverfügung an den Kostenbeamten. Zudem ist ggf. die Erstellung und Übersendung von Ausdrucken aus dem Register entsprechend den gestellten Anträgen vorzunehmen (vgl. § 9 Abs. 4 HGB).

5. Behebung von Mängeln im Eintragungsverfahren

1340 **a) Fehlerhafte Prüfung der Anmeldung.** Mängel, die ihren Grund darin haben, dass bei der Prüfung der Anmeldung Fehler unterlaufen sind, können unterschiedliche Folgen haben:

1341 – Dass ein sachlich **unzuständiges Gericht** (§§ 376 Abs. 1, 377 Abs. 1 FamFG) tätig wird, ist kaum vorstellbar. Dessen Handlungen wären im Übrigen nicht unwirksam und auch mit der Beschwerde oder Rechtsbeschwerde nicht anfechtbar (§§ 65 Abs. 4, 72 Abs. 2 FamFG). Übersieht ein sachlich zuständiges Gericht, dass es örtlich unzuständig ist, so gilt § 2 Abs. 3 FamFG entsprechend. Ist eine Eintragung vorgenommen worden, so ist die Aktiengesellschaft damit wirksam entstanden. Allerdings ist der Vorgang an das örtlich zuständige Gericht zur Übernahme abzugeben und gegebenenfalls mit Umtragung der Gesellschaft in das Register des zuständigen Gerichts nach § 395 FamFG zu verfahren.

1342 – **Fehlt** es endgültig an einer **Anmeldung**, sind z. B. nur die Anlagen (§ 37 Abs. 4 AktG) eingereicht und ist daraufhin die Eintragung vollzogen worden, so ist die AG infolge der rechtsbegründenden Wirkung der Eintragung zwar entstanden. Jedoch kann eine Amtslöschung nach § 395 FamFG durchgeführt werden, da insoweit aufgrund des besonders schwer wiegenden Verfahrensfehlers die Regelung des § 397 FamFG nicht abschließend ist (siehe Rz. 444).[1] Leidet die Anmeldung dagegen nur an einem förmlichen oder sachlichen **Mangel**, z. B. fehlender oder unvollständiger Beglaubigung oder unvollständiger Anmeldung durch alle Anmeldepflichtigen oder unzulässige rechtsgeschäftliche Stellvertretung bzw. Unvollständigkeit der eingereichten Unterlagen, so ist hingegen § 397 FamFG abschließend.

1343 – Mängel im Rahmen des **Gründungsakts** können sich auf verschiedene Weise auswirken: Ist eine AG eingetragen worden, ohne dass deren Satzung festgestellt worden ist oder sind die Aktien nicht oder nicht vollzählig übernommen worden, so ist keine Gesellschaft „errichtet" (§ 29 AktG). Die Eintragung kann in diesem Fall

---

[1] *Hüffer*, AktG, § 40 Rz. 4; anderer Ansicht hierzu *Heinemann*, in: Keidel, FamFG, § 397 Rz. 4.

keine Heilung bewirken, so dass keine juristische Person zur Entstehung gelangt ist. Die Eintragung ist gemäß § 395 FamFG von Amts wegen zu löschen.

b) Inhaltliche Mängel der Satzung. Weist der Inhalt der Satzung Mängel auf, so ist zu unterscheiden:

– Enthält die Satzung keine Bestimmung über den **Gegenstand des Unternehmens** (§ 23 Abs. 3 Nr. 2 AktG) oder die **Höhe des Grundkapitals** (§ 23 Abs. 3 Nr. 3 AktG) oder ist die Bestimmung der Satzung über den Gegenstand des Unternehmens nichtig, so kann das Registergericht ohne zeitliche Beschränkung die Gesellschaft nach § 397 FamFG von Amts wegen löschen (§ 275 Abs. 3 Satz 2 AktG). Das Gericht kann nach pflichtgemäßem Ermessen zur Vornahme der Löschung verpflichtet sein. Zudem ist zu beachten, dass binnen drei Jahren nach der Eintragung auch Nichtigkeitsklage nach § 275 AktG erhoben werden kann. Enthält die Satzung keine Bestimmung über die **Firma**, was kaum vorstellbar ist, jedoch ausdrücklich in § 399 FamFG geregelt wurde, oder den **Sitz** der Gesellschaft (§ 23 Abs. 3 Nr. 1 AktG) oder über die Zerlegung des Grundkapitals unter Bestimmung der Nennbeträge bzw. Stückzahl und evtl. der Gattungen (§ 23 Abs. 3 Nr. 4 AktG), oder darüber, ob die Aktien auf den Inhaber oder auf den Namen ausgestellt werden (§ 23 Abs. 3 Nr. 5 AktG) oder über die Zahl der Mitglieder des Vorstands oder die Regeln, nach denen diese Zahl festgelegt wird (§ 23 Abs. 3 Nr. 6 AktG), oder ist eine dieser Bestimmungen oder die Bestimmung über die Höhe des Grundkapitals (§ 23 Abs. 3 Nr. 3 AktG) nichtig, so hat das Registergericht nach § 399 FamFG zu verfahren. 1344

– Satzungsbestimmungen, die **gegen das Gesetz verstoßen,** ohne zu den vorstehend genannten zu gehören, berühren die Wirksamkeit der Eintragung grundsätzlich nicht, werden aber nicht durch die Eintragung der AG in das Handelsregister geheilt. Das gilt auch für den Fall, dass Sacheinlagen oder Sachübernahmen vorgesehen sind, aber die gemäß § 27 Abs. 1 AktG erforderlichen Festsetzungen nicht in der Satzung enthalten sind (§ 27 Abs. 3 Satz 2 AktG). Ist die Vereinbarung einer solchen Sacheinlage unwirksam, ist der Aktionär verpflichtet, den Nennbetrag oder den höheren Ausgabebetrag der Aktie einzuzahlen (§ 27 Abs. 3 Satz 3 AktG). Im Übrigen besteht keine Möglichkeit, die Beseitigung solcher Mängel zu erzwingen. Das gilt auch für die Vorschrift des § 23 Abs. 4 AktG über die Form der Bekanntmachungen. Der Registerrichter wird jedoch auf Mängel dieser Art hinweisen und empfehlen, dass sie durch satzungsändernden Beschluss beseitigt werden. 1345

– Haben die Gründer **keinen Aufsichtsrat** bestellt, so kann auch kein ordnungsgemäß bestellter Vorstand vorhanden sein (§ 30 Abs. 4 AktG). Dieser Fall dürfte allerdings nur theoretische Bedeutung haben, da alle Mitglieder des Vorstands und des Aufsichtsrats die Gesellschaft anmelden müssen (§ 36 Abs. 1 AktG). Es fehlt jedoch in diesem Fall an zwei notwendigen Organen der AG. Immerhin würde die AG als juristische Person zur Entstehung gelangen; eine Löschung nach § 395 FamFG könnte aufgrund der abschließenden Regelung des § 397 FamFG nicht erfolgen. Ist ein Aufsichtsrat bestellt, der Vorgang aber nicht notariell beurkundet (§ 30 Abs. 1 Satz 2 AktG), so wird dieser Mangel durch die Eintragung geheilt. Haben die Gründer die Vorschriften des § 95 Satz 1 bis 4 AktG über Mindest- und Höchstzahl der Aufsichtsratsmitglieder und Teilbarkeit der Mitgliederzahl durch drei nicht beachtet, kann das die Wirksamkeit und Unangreifbarkeit der Eintragung nicht berühren. Die Aufsichtsratsmitglieder werden ohnehin nicht in das Handelsregister eingetragen. Haben die Gründer z. B. fünf Aufsichtsratsmitglieder bestellt, obwohl die Satzung sechs vorschreibt, und tritt dieser Fehler erst nach der Eintragung zutage, so wird der Registerrichter die Gesellschaft hierauf hinweisen. Das fehlende Aufsichtsratsmitglied muss dann durch eine Hauptversammlung hinzugewählt werden. Nur der „erste" Aufsichtsrat wird von den Gründern bestellt (§ 30 Abs. 1 1346

Satz 1 AktG). Natürlich kann auch eine Bestellung gemäß § 104 AktG durch das Gericht erfolgen. Ob im Übrigen im Fall des § 31 AktG für die Bestellung des Aufsichtsrates das **MitbestG** oder das **DrittelbG** anzuwenden ist, hat der Registerrichter nicht zu prüfen. Eine unzutreffende Zusammensetzung des Aufsichtsrats kann daher die Wirksamkeit der Eintragung nicht berühren.

1347 – Hat der Aufsichtsrat entgegen § 30 Abs. 4 AktG den ersten **Vorstand** nicht bestellt, so fehlt ein notwendiges Organ der AG. Durch die Eintragung entsteht die Gesellschaft als juristische Person; eine Löschung der Eintragung kann nicht erfolgen. Sind bei der Bestellung des Vorstandes die Bestimmungen der Satzung nicht beachtet worden, ist insbesondere ein mehrgliedriger Vorstand nicht vollständig besetzt, so berührt das die Wirksamkeit der Eintragung nicht. Nur müsste ein zu Unrecht eingetragenes Vorstandsmitglied gemäß § 395 FamFG gelöscht werden, z.B. bei Vorliegen einer Personenverwechslung, einer fehlerhaften und daher unwirksamen Bestellung oder einer über die satzungsmäßig zulässige Zahl hinaus vorgenommenen Bestellung von Vorstandsmitgliedern.

1348 – Ist der **eingeforderte Betrag**, also der geringste Ausgabebetrag (§ 9 Abs. 1 AktG) und bei Überpariemission der Mehrbetrag (§ 36a Abs. 1 AktG), ganz oder teilweise nicht oder nicht ordnungsgemäß (§ 54 Abs. 3 AktG) einbezahlt oder steht der eingeforderte Betrag nicht zur freien Verfügung des Vorstands (§ 36 Abs. 2 AktG), so berührt das nicht die Wirksamkeit und Unangreifbarkeit der Eintragung. Sind die vorgenannten Pflichten materiell ordnungsgemäß erfüllt, aber die Erklärung in der Anmeldung über die Voraussetzungen des § 36 Abs. 2 und des § 36a AktG (§ 37 Abs. 1 Satz 1 AktG) materiell oder formell fehlerhaft, so ist die Eintragung wirksam. Der Mangel ist auch nicht so wesentlich, dass ein Amtslöschungsverfahren gemäß § 395 FamFG eingeleitet werden müsste.

1349 – Fehlen der **Gründungsbericht** (§ 32 AktG), der Bericht der Vorstands- und Aufsichtsratsmitglieder (§ 33 Abs. 1 AktG) oder ggf. der Bericht der Gründungsprüfer (§ 33 Abs. 2 AktG), berührt das die Eintragung nicht. Das Registergericht wird aber die fehlenden Berichte nachfordern. Die nachträgliche Einreichung dieser Anlagen kann mit Zwangsgeld erzwungen werden.

1350 – Sofern eine ausnahmsweise erforderliche staatliche Genehmigung fehlt, ordnen gegebenenfalls die einschlägigen Spezialvorschriften die hieraus abzuleitenden Folgen an (vgl. § 37 KWG).

1351 c) **Fehlerhafte Eintragung.** Enthält die Eintragung Fehler, obwohl die Anmeldung ordnungsgemäß erfolgt war, so dass eine unrichtige Sachbehandlung durch das Gericht vorliegt und ist dadurch eine unrichtige Eintragung bewirkt worden, handelt es sich, soweit nicht reine „Schreibversehen" vorliegen, ggf. um „**offensichtliche Unrichtigkeiten**", die gemäß § 17 Abs. 1 HRV zu berichtigen sind. So kann z.B. die Firma unrichtig wiedergegeben sein, als Sitz ein anderer als der in der Satzung Genannte bezeichnet sein, der Gegenstand des Unternehmens nur unvollständig aus der Satzung übernommen sein, die Angabe des Grundkapitals falsch sein, die Bezeichnung des Vorstandsvorsitzenden, et cetera sowie die Eintragung eines genehmigten Kapitals unterblieben sein. Die Berichtigung kann formlos angeregt werden.[1]

1352 Eine öffentliche **Bekanntmachung** der Berichtigung kann erforderlich sein (vgl. § 17 Abs. 2 Satz 2 HRV; zur Nichterhebung von Kosten siehe § 16 KostO). Schleichen sich bei ordnungsgemäßer Eintragung Fehler bei der öffentlichen Bekanntmachung ein, so ist der Mangel zu beheben, insbesondere Fehlendes zu ergänzen. Dies gilt auch für Schreibversehen und offenbare Unrichtigkeiten der Anmeldung, denen durch Berichtigung seitens des Notars oder des jeweils Anmeldenden begegnet werden kann.

---

[1] *Hüffer*, AktG, § 39 Rz. 5.

Dritter Abschnitt. B. Aktiengesellschaft

Folgendes **Prüfungsschema** kann bei der Ersteintragung einer AG verwendet werden: **1352a**

I. **Anmeldung (§§ 36, 37 AktG)**
Durch alle Gründer, Mitglieder des Vorstandes und des Aufsichtsrates (§ 36 Abs. 1 AktG)
1. **Erklärung über Einzahlung und freie Verfügung** (§ 37 Abs. 1 AktG)
Unter Angabe von Ausgabewert und Höhe der Einzahlung
Nachweis durch Kontoauszug (§ 37 Abs. 1 Satz 2 und 3 AktG) mit Bestätigung der freien Verfügung
2. **Versicherung der Vorstandsmitglieder** (§ 37 Abs. 2 AktG)
Keine Umstände gemäß § 76 Abs. 3 Satz 2 und 3 AktG
Belehrung über unbeschränkte Auskunftspflicht
3. **Vertretungsbefugnis der Vorstandsmitglieder** (§ 37 Abs. 3 Nr. 2 AktG)
4. **Inländische Geschäftsanschrift** (§ 37 Abs. 3 Nr. 1 AktG)
5. **beizufügende Unterlagen** (§ 37 Abs. 4 AktG)
   a) Satzung (§ 37 Abs. 4 Nr. 1 AktG)
   b) Beschluss über Satzung (§ 37 Abs. 4 Nr. 1 AktG)
   c) Urkunde über Übernahme der Aktien (§ 37 Abs. 4 Nr. 1 AktG)
   d) Verträge über Sondervorteile, Sacheinlagen, -übernahmen (§ 37 Abs. 4 Nr. 2, §§ 26, 27 AktG)
   Gegebenenfalls Angaben, Versicherung und Unterlagen gemäß § 37 a AktG
   e) Berechnung des Gründungsaufwandes (§ 37 Abs. 4 Nr. 2 AktG)
   Einzeln aufgeschlüsselt
   f) Urkunde über Bestellung des Vorstandes und des Aufsichtsrates (§ 37 Abs. 4 Nr. 3 AktG)
   g) Liste der Aufsichtsratsmitglieder (§ 37 Abs. 4 Nr. 3 a AktG)
   Name, Vorname, ausgeübter Beruf, Wohnort
   h) Gründungsbericht und Prüfungsberichte (§ 37 Abs. 4 Nr. 4 AktG)

II. **Gründung**
1. **Gründer gründungsfähig (§§ 2, 28 AktG)**
Nicht: eingetragener Verein, Erbengemeinschaft
Ggf. Vertretung, nur in Ausnahmefällen staatliche Genehmigung
bei Vollmacht: Form – notariell beglaubigt (§ 23 Abs. 1 Satz 2 AktG)
2. **notarielle Form**
3. **Satzung**
Eingeschränktes Prüfungsrecht (§ 38 Abs. 4 AktG)
   a) Notwendiger Inhalt (§ 23 Abs. 3 und 4 AktG)
   01. Firma (§ 23 Abs. 3 Nr. 1 und § 4 AktG)
   02. Sitz (§ 23 Abs. 3 Nr. 1 und § 5 AktG)
   03. Gegenstand des Unternehmens (§ 23 Abs. 3 Nr. 2 AktG)
   Gesetzlich zulässig
   Genau angegeben
   04. Höhe des Grundkapitals (§ 23 Abs. 3 Nr. 3 AktG)
   In Euro (§ 6 AktG)
   Mindestens 50 000 € (§ 7 AktG)
   Auch bedingtes Kapital
   05. Zerlegung des Grundkapital in Nennbetrags- oder Stückaktien (§ 23 Abs. 3 Nr. 4 AktG)
   Nennbetragsaktien: Angabe der Höhe und Anzahl
   Mindestnennbetrag 1 €
   Stückaktien ohne Nennbetrag
   (Ausgabe erst nach Eintragung der AG, § 41 Abs. 4 AktG)
   06. Angabe, ob Inhaber- oder Namensaktien (§ 23 Abs. 3 Nr. 5 AktG)
   Ggf. auch nebeneinander
   Wirtschaftsprüfer- oder SteuerberaterAG: nur Namensaktien

437

07. Zahl der Vorstandsmitglieder (§ 23 Abs. 3 Nr. 6 AktG)
  oder Regeln für deren Ermittlung
08. Form der Bekanntmachungen (§ 23 Abs. 4 AktG)
b) Bei „Qualifizierter Gründung" zusätzlich
  Änderung erst 5 Jahre nach Eintragung möglich (§ 26 Abs. 4, § 27 Abs. 5 AktG)
  Beseitigung erst 30 Jahre nach Eintragung (§ 26 Abs. 4, § 27 Abs. 5 AktG)
  01. Sondervorteile für Aktionäre oder Dritte (§ 26 Abs. 1 AktG)
  02. Gründungsaufwand (§ 26 Abs. 2 AktG)
    Nur Gesamtaufwand, geschätzt
  03. Sacheinlagen (§ 27 Abs. 1 AktG)
    Nicht: Dienstleistungen (§ 27 Abs. 2 AktG)
    Gegenstand, Person, Wert
  04. Sachübernahme (§ 27 Abs. 1 AktG)
    Gegenstand, Person, Vergütung

III. Aktien übernommen (§ 29 AktG)
  Notariell beurkundet (§ 23 Abs. 2 AktG)

IV. Aufsichtsrat bestellt (§ 30 Abs. 1 AktG)
  In notarieller Form
  In gebotener Anzahl (§ 95 AktG)
  Persönliche Voraussetzungen (§§ 100, 105 AktG)
  Keine Stellvertreter, aber Ersatzmitglieder (§ 101 Abs. 3 AktG)
  Bis zur Beendigung der Hauptversammlung über erstes Geschäftsjahr (§ 30 Abs. 3 Satz 1 AktG)
  Mitbestimmungsrechte der Arbeitnehmer (in der Regel ab 500 Arbeitnehmern) noch nicht zu berücksichtigen, § 30 Abs. 2 AktG, aber ggf. § 31 Abs. 1 AktG (Zahl der Aufsichtsratsmitglieder)

V. Vorstand bestellt (§ 30 Abs. 4 AktG)
  Durch Aufsichtsrat
  Schriftform ausreichend (§ 107 Abs. 2 AktG)
  Nach Vorgaben der Satzung oder § 76 Abs. 2, § 78 Abs. 2 AktG
  Keine Befreiung vom Verbot des Selbstkontrahierens, sondern nach § 112 AktG allenfalls Befreiung vom Verbot der Mehrfachvertretung

VI. Einzahlung des eingeforderten Betrages
  Nach Bestellung des Vorstands (§ 63 Abs. 1 Satz 1 AktG)
  Bareinlage nach § 54 Abs. 3 AktG
  Mindestens ¼ des geringsten Ausgabebetrages (+ ggf. Mehrbetrag (§ 9 Abs. 2 AktG)
  voll § 36 a Abs. 1 AktG)
  Sacheinlagen vollständig (§ 36 a Abs. 2 AktG)

VII. Gründungsbericht (§ 32 Abs. 1 AktG)
  1. durch sämtliche Gründer unterzeichnet
    Bevollmächtigung ausreichend
  2. Prüfungsbericht des Vorstands (§ 33 Abs. 1, § 34 AktG)
  3. Prüfungsbericht des Aufsichtsrats (§ 34 AktG)
  4. ggf. des Gründungsprüfers (§ 33 Abs. 2 AktG)
    ggf. durch Notar (§ 33 Abs. 3 AktG)
    sonst bestellt durch Amtsgericht
    in Buchführung ausreichend vorgebildet und erfahren (§ 33 Abs. 4 AktG)
    insbesondere zu Gründungskosten, Sondervorteilen, Sacheinlagen (§ 34 Abs. 1 Nr. 1 AktG)
    nicht, wenn hiervon gemäß § 33 a AktG abgesehen wurde

VIII. Wert der Sacheinlagen/-übernahmen (§ 38 Abs. 2 Satz 2 AktG)
  Auch für genehmigtes Kapital (§ 206 AktG)

Dritter Abschnitt. B. Aktiengesellschaft

III. Zweigniederlassungen der AG

1353 Für die Zweigniederlassung einer AG gelten dieselben Vorschriften wie für die Zweigniederlassung einer jeden Handelsgesellschaft (siehe hierzu Rz. 292 ff.).

1. Zweigniederlassung der AG mit Sitz im Inland

1354 Bei Zweigniederlassungen von Aktiengesellschaften mit Sitz im Inland (§ 13 HGB) ist auf Anmeldung bei dem Gericht der Hauptniederlassung hin (§ 13 Abs. 1 Satz 1 HGB) lediglich zu prüfen, ob eine selbstständige Zweigniederlassung offensichtlich nicht errichtet wurde. Insbesondere findet keine Überprüfung der Zweigniederlassungsfirma bezüglich des Ortes der Zweigniederlassung nach § 30 HGB statt. Bei der Eintragung ist neben dem Ort der Zweigniederlassung samt Postleitzahl (§ 43 Nr. 2 Lit. b HRV) sowie deren inländischer Geschäftsanschrift bei der Firma ein eventueller Zusatz einzutragen (§ 13 Abs. 2 HGB). Die Bekanntmachung erfolgt nach § 10 HGB.

1355 **Anmeldungsbeispiel** der Zweigniederlassung einer AG:

> Wir, die vertretungsberechtigten Mitglieder des Vorstands der „Alpha Hamburg AG" mit dem Sitz in Hamburg, melden zur Eintragung in das Handelsregister an:
> In 80436 München wurde eine Zweigniederlassung unter der Firma „Alpha Hamburg AG Zweigniederlassung München" errichtet. Deren inländische Geschäftsanschrift lautet: Steinstraße 55, 80436 München.

1356 Die Eintragung im Handelsregister erfolgt in Spalte 2 Unterpalte b (§ 43 Nr. 2 lit. b HRV) unter Angabe der inländischen Geschäftsanschrift der Zweigniederlassung und einer gegebenenfalls von der Firma der Gesellschaft abweichenden Firmenbildung der Zweigniederlassung:

1357
> **Spalte 2**
> **Unterspalte b (Sitz):** Errichtet: (Vorstehendes als Übergangstext nach § 16 a HRV) Zweigniederlassung Bremen mit der Firma „Chemische Lilienbasaltwerke AG Zweigniederlassung der Alpha Chemische Fabrik AG, 28213 Bremen; Geschäftsanschrift: Universitätsalle 35, 28213 Bremen

2. Zweigniederlassung der AG mit Sitz im Ausland

1358 Befindet sich der Sitz der Gesellschaft im Ausland, so gelten für ihre Zweigniederlassungen im Inland die auf der europäischen Zweigniederlassungsrichtlinie[1] beruhenden Vorschriften der §§ 13 d bis 13 f HGB (siehe hierzu allgemein Rz. 311 ff.).

1359 a) **Anmeldung der Zweigniederlassung.** Die Anmeldung hat durch Vorstandsmitglieder in vertretungsberechtigter Zahl (§ 13 e Abs. 2 Satz 1 HGB) in der Form des § 12 Abs. 1 Satz 1 HGB in deutscher Sprache zu erfolgen. Für das Registerverfahren gilt als lex fori deutsches Recht.[2] In die **Anmeldung** sind aufzunehmen:
– die **Rechtsform** unter Angabe der maßgeblichen Rechtsordnung, da nur so die Bezeichnung aussagekräftig ist (siehe § 13 e Abs. 2 Satz 5 Nr. 2 HGB);
– die **Firma** und der **Sitz** der Gesellschaft sowie der Zweigniederlassung. Hinsichtlich der Sitzangabe sollten bei ausländischen Ortsnamen zur Vermeidung von Zweifeln die fremdstaatlichen Bezeichnungen verwendet werden, auch wenn es dafür deutsche Namen gibt; deren Beifügung in einem Klammerzusatz ist ggf. empfehlens-

---

[1] Elfte Richtlinie 89/666/EWG vom 21. 12. 1989 (ABl. Nr. L 395/36), abgedruckt beispielsweise als Anhang zu § 13 d in MünchKommHGB.
[2] *Pentz*, in: Ebenroth/Boujong/Joost/Strohn, HGB, § 13 d Rz. 16; *Krafka*, in: MünchKommHGB, § 13 d Rz. 21.

wert: z. B. Lisboa (Lissabon), Athenai (Athen), Bruxelles (Brüssel), Roma (Rom), Bratislava (Pressburg), Praha (Prag);
- die **Registerstelle**, also die Bezeichnung des Registers und der Registernummer (§ 13 e Abs. 2 Satz 5 Nr. 1 HGB),
- die **inländische Geschäftsanschrift** der Zweigniederlassung (§ 13 e Abs. 2 Satz 3 HGB) sowie gegebenenfalls eine empfangsberechtigte Person samt deren Anschrift (§ 13 e Abs. 2 Satz 4 HGB),
- der **Gegenstand des Unternehmens der Zweigniederlassung**, nicht also der Gesellschaft. Für Banken aus dem Europäischen Wirtschaftsraum und als bezüglich Bankenaufsicht aufgrund bilateraler Verträge gleichwertig eingestuften Ländern (z. B. Japan, Australien, USA) gelten im Hinblick auf etwa erforderliche Genehmigungen die Erleichterungen des § 53 b KWG; bei Versicherungsunternehmen sind § 105 VAG bzw. §§ 110 a bis 111 VAG zu beachten;
- die **Höhe des Grundkapitals** (§ 23 Abs. 2 Satz 3 i. V. m. § 23 Abs. 3 Nr. 1 bis 3 AktG) ggf. auch die Höhe eines „authorized capital"; aus der Anmeldung muss sich ergeben, welches Kapital tatsächlich gezeichnet ist und welches lediglich ohne Satzungsänderung gezeichnet werden kann;
- welche **Vertretungsbefugnis** die Vorstandsmitglieder haben; nach Möglichkeit unter ausdrücklicher Aufführung der allgemeinen Vertretungsregelung und, soweit von dieser abweichend, auch die besondere Vertretungsbefugnis einzelner Vorstandsmitglieder (§ 13 f Abs. 2 Satz 2 i. V. m. § 37 Abs. 3 AktG);
- die **ständigen Vertreter** der Zweigniederlassung samt Vertretungsbefugnis (§ 13 e Abs. 2 Satz 5 Nr. 3 HGB), bei Versicherungsunternehmen der Hauptbevollmächtigte nach § 106 Abs. 3 VAG (siehe § 43 Nr. 4 HRV), bei Unternehmen, die Bankgeschäfte nach § 1 Abs. 1 KWG betreiben, die Geschäftsleiter im Sinne des § 53 Abs. 2 Nr. 1 KWG, jeweils samt **Vertretungsbefugnis**;
- die **Nennbeträge der Aktien** und die Zahl der Aktien jeden Nennbetrags sowie, wenn mehrere Gattungen bestehen, die Gattung der Aktien und die Zahl der Aktien jeder Gattung, ob Inhaber- oder Namensaktien ausgegeben werden, ggf. ob die Satzung bestimmt, dass auf Verlangen eines Aktionärs seine Inhaberaktie in eine Namensaktie oder seine Namensaktie in eine Inhaberaktie umzuwandeln ist (§ 13 f Abs. 2 Satz 3 HGB i. V. m. § 23 Abs. 3 Nr. 4 und 5, § 24 AktG);
- die Bestimmungen der Satzung über die Form der **Bekanntmachungen** der Gesellschaft (§ 13 f Abs. 2 Satz 3 HGB i. V. m. § 23 Abs. 4 AktG), ggf. welche Medien als Gesellschaftsblätter in der Satzung bezeichnet sind (§ 13 f Abs. 2 Satz 3 HGB i. V. m. § 25 Satz 2 AktG);
- Bestimmungen der Satzung über die **Zahl der Mitglieder des Vorstands** oder die Regeln, nach denen diese Zahl festgelegt wird, und über die Zusammensetzung des Vorstands (§ 13 f Abs. 2 Satz 3 i. V. m. § 23 Abs. 3 Nr. 6 AktG).

1360 Eine **Versicherung** der Vorstandsmitglieder nach § 37 Abs. 2 AktG ist nun gemäß § 13 f Abs. 2 Satz 2 AktG auch für die Anmeldung ausländischer Zweigniederlassungen vorgesehen (siehe Rz. 322). Die Anmeldung ist gemäß § 14 HGB erzwingbar, jedoch nur gegen anmeldepflichtige Personen, die sich im Inland aufhalten.[1]

1361 Wird die Zweigniederlassung in den **ersten zwei Jahren** nach der Eintragung der Gesellschaft in das Handelsregister[2] ihres ausländischen Sitzes angemeldet, so sind in die Anmeldung weiter aufzunehmen (§ 13 f Abs. 2 Satz 3 Halbs. 2 HGB):

---

[1] BayObLG Z 1978, 121 (127); *Heinemann*, in: Keidel, FamFG, § 388 Rz. 32.
[2] Entsteht die Gesellschaft nach ausländischem Recht ohne Registereintragung, so ist für die Zweijahresfrist auf die Entstehung der Gesellschaft als juristische Person abzustellen.

– Sondervorteile entsprechend § 26 Abs. 1 AktG, Gründungsaufwand entsprechend § 26 Abs. 2 AktG, Sacheinlagen und Sachübernahmen entsprechend § 27 AktG,
– der Ausgabebetrag der Aktien,
– Name und Wohnort der Gründer.[1]

Soweit **ausländisches Recht** Abweichungen nötig macht, kann vom vorbezeichneten Inhalt der Anmeldung abgewichen werden (§§ 13d Abs. 3, 13f Abs. 2 Satz 3 HGB). Dabei soll aber dem deutschen Recht möglichst weitgehend entsprochen werden. 1362

Werden von einer Gesellschaft mehrere Zweigniederlassungen im Inland errichtet, so besteht die Möglichkeit, erforderliche Anmeldungen nur bei einer gewählten „**Hauptzweigniederlassung**" vorzunehmen (siehe hierzu Rz. 336). 1363

b) **Anlagen zur Anmeldung der Zweigniederlassung.** Der Anmeldung sind als **Anlagen** beizufügen, wobei in dem Fall, dass die beizufügenden Dokumente in einer anderen Sprache verfasst sind, daneben auch beglaubigte Übersetzungen in deutscher Sprache einzureichen sind: 1364

– der Nachweis, dass die Aktiengesellschaft als solche besteht (§ 13e Abs. 2 Satz 2 HGB). Dabei wird es sich regelmäßig, insbesondere bei europäischen Staaten, bei denen ausnahmslos Handelsregister bestehen, was für die EU-Mitgliedstaaten Art. 3 der Ersten Gesellschaftsrechtlichen Richtlinie (Publizitätsrichtlinie) vorschreibt, um einen **beglaubigten Registerauszug** handeln, aus dem auch die eintragungsfähigen Tatsachen in aktuell eingetragener Form entnommen werden können; existiert keine solche Möglichkeit, kann ein Nachweis des Bestehens der Gesellschaft durch eine entsprechende amtliche Bescheinigung einer zuständigen Behörde des ausländischen Staates in Betracht kommen, versehen mit einer Bestätigung der deutschen diplomatischen Vertretung. Die Entscheidung, ob es sich bei der fraglichen Gesellschaft um eine solche handelt, deren ausländische Rechtsform der einer inländischen AG gleich kommt, ist durch den Registerrichter zu treffen;[2]
– die **Satzung** der Gesellschaft (§ 13f Abs. 2 Satz 1 HGB) in der derzeit geltenden Fassung, sofern nicht eine weitere Zweigniederlassung im Sinne des § 13e Abs. 5 HGB begründet wird (hierzu Rz. 336);
– die für den Sitz der Gesellschaft ergangene gerichtliche **Bekanntmachung** (§ 13f Abs. 2 Satz 4 HGB). Diese Bekanntmachung wird zumeist nur dann für die Gesellschaft zugänglich sein, wenn sie vor kurzem errichtet wurde. Bei älteren Gesellschaften, bei denen sich häufig auch die zu veröffentlichenden Tatsachen geändert haben werden, ist die erste Bekanntmachung wenig informativ. Sinnvollerweise ist unter teleologischer Reduktion der zugrundeliegenden Vorschrift die entsprechende Bekanntmachung lediglich innerhalb der Zwei-Jahres-Frist nach Errichtung der Gesellschaft zu fordern.

Die genannten amtlichen Unterlagen sind hinsichtlich ihres jeweiligen Ursprungsdokuments gegebenenfalls mit einer **Apostille** oder **Legalisation** zu versehen, so dass sie den Anforderungen des inländischen Urkundenverkehrs genügen.

Beispiel für die **Anmeldung** zur Eintragung einer inländischen Zweigniederlassung einer österreichischen Aktiengesellschaft: 1365

> Wir, d. h. sämtliche Vorstandsmitglieder der Umtextil AG mit dem Sitz in Wien (Österreich), Aktiengesellschaft nach dem Recht der Republik Österreich, eingetragen seit mehr als zwei Jahren im Firmenbuch des Handelsgerichts Wien unter der Nummer FN 568 123 y, melden zur Eintragung in das Handelsregister an:

---

[1] Kennt das ausländische Recht keine „Gründer", so sind die Übernehmer der ersten Aktien anzugeben.
[2] Vgl. die Übersicht zu ausländischen Gesellschaftsformen bei *Schaub*, in: Ebenroth/Boujong/Joost/Strohn, HGB, Anh. § 12 Rz. 51 ff. und *Krafka*, in: MünchKommHGB, § 13e Rz. 5.

In München wurde unter der Firma „Umtextil AG Wien Zweigniederlassung München" eine Zweigniederlassung errichtet mit der inländischen Geschäftsanschrift: Großhaderner Straße 18, 81375 München. Als ständiger Vertreter wurde bestellt: Lukas Alexander, geboren am 15. 5. 1965, München. Er vertritt stets einzeln.

Der Vorstand der Gesellschaft besteht aus einer oder mehreren Personen. Sind mehrere Vorstandsmitglieder bestellt, so wird die Gesellschaft durch zwei Vorstandsmitglieder gemeinschaftlich oder durch ein Vorstandsmitglied in Gemeinschaft mit einem Prokuristen vertreten. Ist nur ein Vorstandsmitglied bestellt, so vertritt dieses die Gesellschaft allein.

Das Grundkapital der Gesellschaft beträgt 1 000 000 € und ist zerlegt in 1 000 000 Stückaktien. Die Aktien werden auf den Namen ausgestellt. Die Bekanntmachungen der Gesellschaft erfolgen im Amtsblatt zur Wiener Zeitung. Die Gesellschaft besteht auf unbestimmte Dauer. Bestimmungen über ein genehmigtes Kapital enthält die Satzung nicht.

Unternehmensgegenstand der Zweigniederlassung ist die Produktion und der Vertrieb von Textilien. Prokuristen sind derzeit nicht bestellt. Die Geschäftsräume befinden sich am Sitz der Gesellschaft in 1020 Wien, Czerningasse 29.

In der Anlage überreichen wir:
– Firmenbuchauszug
– Satzung der Gesellschaft.

Jedes Vorstandsmitglied versichert jeweils für sich selbst:

Es liegen keine Umstände vor, aufgrund derer ich nach § 76 Abs. 3 Satz 2 und 3 AktG vom Amt eines Vorstandes ausgeschlossen wäre: Während der letzten fünf Jahre erfolgte weder im Inland noch im Ausland wegen einer vergleichbaren Tat eine Verurteilung wegen einer oder mehrerer Straftaten
– des Unterlassens der Stellung des Antrags auf Eröffnung des Insolvenzverfahrens (Insolvenzverschleppung),
– nach §§ 283 bis 283 d StGB (Insolvenzstraftaten)
– der falschen Angaben nach § 82 GmbHG oder § 399 AktG,
– der unrichtigen Darstellung nach § 400 AktG, § 331 HGB, § 313 UmwG oder des § 17 PublG oder
– nach den §§ 263 bis 264 a oder den §§ 265 b bis 266 a StGB zu einer Freiheitsstrafe von mindestens einem Jahr;
auch wurde mir weder durch gerichtliches Urteil noch durch vollziehbare Entscheidung einer Verwaltungsbehörde die Ausübung eines Berufs, Berufszweigs, Gewerbes oder Gewerbezweigs untersagt, somit auch nicht im Bereich des Unternehmensgegenstands der Gesellschaft; ferner wurde ich nicht aufgrund einer behördlichen Anordnung in einer Anstalt verwahrt. Vom beglaubigenden Notar wurde ich über die unbeschränkte Auskunftspflicht gegenüber dem Gericht gemäß § 53 BZRG schriftlich belehrt.

1366 c) **Eintragung der Zweigniederlassung.** Die **Eintragung im Handelsregister** hat in derselben Weise zu geschehen, wie die Eintragung der Hauptniederlassung einer deutschen Aktiengesellschaft, soweit nicht das ausländische Recht Abweichungen nötig macht (§ 13 d Abs. 3 HGB). Hierbei ist insbesondere in Spalte 2 Unterspalte b neben dem Ort der Zweigniederlassung auch anzugeben, dass es sich um eine Zweigniederlassung beispielsweise der „Umtextil AG mit Sitz in Wien, Österreich (Handelsgericht Wien FN 568 123 y)" handelt. Bei der Eintragung des Vorstands ist bei ausländischen Gesellschaften denkbar, dass – ähnlich wie in manchen unrichtigen Satzungen deutscher Vereine – Personen als „Vorstand" bezeichnet werden, die keine Vertretungsbefugnis im Außenverhältnis haben, sondern lediglich an der Willensbildung im Innenverhältnis der juristischen Person teilhaben. Solche Personen sind nicht in Spalte 4 Unterspalte b einzutragen, da dort eine Eintragung nur für Mitglieder der Vertretungsorgane vorgesehen ist. Bei den einzutragenden Prokuren sind wie bei den inländischen Zweigniederlassungen nur diejenigen aufzuführen, die entweder umfassend für das gesamte Unternehmen einschließlich der Zweigniederlassung oder aber beschränkt für die jeweilige Zweigniederlassung Vertretungsmacht haben; eine solche Beschränkung ist allerdings nicht in die Eintragung aufzunehmen, da das Blatt der Zweigniederlassung nur Auskunft über die für die Zweigniederlassung relevanten Rechtsverhältnisse zu geben hat. Im Übrigen ist auf die **allgemeinen Ausführungen** zur Eintragung von Zweigniederlassungen ausländischer Rechtsträger in Rz. 311 ff. zu verweisen.

d) Veröffentlichung der Zweigniederlassungseintragung. Die öffentliche Bekanntmachung der Eintragung erfolgt nach § 10 HGB. Zusatzbekanntmachungen sind nicht mehr vorgesehen.

1367

IV. Anmeldung und Eintragung von Satzungsänderungen der AG

1. Allgemeine Satzungsänderungen der AG

a) Allgemeine Behandlung von Satzungsänderungen. Grundsätzlich bedarf jede Satzungsänderung eines notariell beurkundeten **Beschlusses der Hauptversammlung** (§§ 179 Abs. 1 und 2, 130 Abs. 1 AktG). Ausschließlich zuständig ist die Hauptversammlung. Die Bindung an die Zustimmung eines weiteren Organs der AG, eines Dritten oder einer Behörde kommt nicht in Betracht.[1] Die Hauptversammlung muss ordnungsgemäß durch den Vorstand (§ 121 Abs. 2 AktG) bzw. gemäß § 111 Abs. 3 AktG durch den Aufsichtsrat oder nach § 122 AktG durch einzelne ermächtigte Aktionäre einberufen worden sein. Die Satzung kann gemäß § 121 Abs. 2 Satz 3 AktG auch anderen Personen das Recht einräumen, die Hauptversammlung einzuberufen (s. a. § 123 Abs. 1 AktG). Bei Einberufung der Hauptversammlung müssen die beabsichtigte Satzungsänderung als Gegenstand der Tagesordnung und der wesentliche Inhalt der vorgeschlagenen Satzungsänderung bekanntgemacht werden (§ 124 AktG). Bei börsennotierten Aktiengesellschaften sind zudem Veröffentlichungen auf der Internetseite der Gesellschaft vorgeschrieben (§ 124 a AktG). Der Beschluss der Hauptversammlung darf von der konkret vorgeschlagenen Fassung abweichen, soweit er sich sachlich im Rahmen des bekannt gemachten Tagesordnungspunktes hält.[2]

1368

Der Hauptversammlungsbeschluss bedarf einer **Mehrheit** von mindestens drei Vierteln des bei der Beschlussfassung vertretenen Grundkapitals (§ 179 Abs. 2 Satz 1 AktG)[3] sowie einer einfachen Stimmenmehrheit nach § 133 Abs. 1 AktG. Die Satzung kann eine andere Kapitalmehrheit, für eine Änderung des Gegenstands des Unternehmens jedoch nur eine größere Kapitalmehrheit bestimmen. Sie kann weitere Erfordernisse aufstellen (§ 179 Abs. 2 Satz 2 und 3 AktG). Im Übrigen kann auch eine geringere Mehrheit vorgesehen werden, zumindest ist aber eine einfache Kapitalmehrheit der abgegebenen Stimmen erforderlich (§ 133 AktG). Eine Satzungsbestimmung, wonach „Beschlüsse der Hauptversammlung mit einfacher Mehrheit der abgegebenen Stimmen gefasst werden, soweit nicht zwingende gesetzliche Vorschriften etwas anderes bestimmen", lässt das gesetzliche Erfordernis erhöhter Kapitalmehrheit für Satzungsänderungen unberührt, wenn keine sonstigen Anhaltspunkte in der Satzung selbst deutlich auf eine gegenteilige Auslegung hinweisen.[4] Auch wenn eine geringere Kapitalmehrheit als drei Viertel des vertretenen Grundkapitals nach der Sat-

1369

---

[1] Vgl. *Hüffer*, AktG, § 179 Rz. 23.
[2] So i. E. **OLG Celle** AG 1993, 178; ebenso *Hüffer*, AktG, § 124 Rz. 9; *Zöllner*, in: KölnKomm-AktG, § 124 Rz. 18 und 23; anderer Ansicht *Godin/Wilhelmi*, AktG, § 124 Rz. 5.
[3] Zur Möglichkeit der Stimmabgabe in elektronischer Form oder per Brief siehe § 118 Abs. 1 und 2 AktG.
[4] **BGH** NJW 1975, 212 (= MDR 1975, 209); s. a. **BGH** NJW 1988, 260; *Stein*, in: MünchKommAktG, § 179 Rz. 88; *Hüffer*, AktG, § 179 Rz. 18.

zung vorgesehen ist, bleibt bei nicht börsennotierten Gesellschaften das Erfordernis der **notariellen Beurkundung** erhalten, da § 130 Abs. 1 Satz 3 AktG nicht auf das tatsächliche satzungsmäßige Mehrheitserfordernis, sondern auf die vom Gesetz vorgesehene Mehrheit abstellt.

1370 **Beispiele** für besondere Satzungsänderungen:[1]
- Eine Änderung des Gesellschaftszwecks erfordert stets entsprechend § 33 Abs. 1 Satz 2 BGB die Zustimmung aller Aktionäre;[2]
- Eine Änderung der Firma oder des Sitzes ist stets Satzungsänderung, für die grundsätzlich keine Besonderheiten gelten. Nur soweit ein anderes Registergericht hierdurch zuständig wird, ist das Verfahren in § 45 AktG besonders geregelt;
- Für die Änderung des Unternehmensgegenstands kann die Satzung nur eine größere Mehrheit als die 3/4-Mehrheit vorsehen (§ 179 Abs. 2 Satz 2 AktG). Ändert die AG ihren Tätigkeitsbereich, so bedarf es einer Anpassung der Satzung.[3]

1371 Jede Satzungsänderung hat der Vorstand in vertretungsberechtigter Zahl **zur Eintragung** in das Handelsregister **anzumelden** (§ 181 Abs. 1 Satz 1 AktG). Die Anmeldung ist allerdings nicht erzwingbar (§ 407 Abs. 2 AktG). Bei unechter Gesamtvertretung (§ 78 Abs. 3 Satz 1 AktG) kann die Anmeldung auch durch ein Vorstandsmitglied in Gemeinschaft mit einem Prokuristen erfolgen. Der Anmeldung ist der vollständige Wortlaut der Satzung beizufügen; er muss mit der Bescheinigung eines Notars versehen sein, dass die geänderten Bestimmungen der Satzung mit dem Beschluss über die Satzungsänderung und die unveränderten Bestimmungen mit dem zuletzt zum Handelsregister eingereichten vollständigen Wortlaut der Satzung übereinstimmen (§ 181 Abs. 1 Satz 2 AktG). Die Pflicht zur Vorlage der Beschlussniederschrift (§ 130 Abs. 5 AktG) ermöglicht dem Registergericht eine Überprüfung der Stimmigkeit des eingereichten Satzungswortlauts. § 181 Abs. 1 Satz 3 AktG a. F., der die Pflicht zur Vorlage einer staatlichen Genehmigungsurkunde bei Satzungsänderungen vorsah, wurde aufgehoben.[4] Wird in anderen Gesetzen die Eintragung von der Vorlage einer Genehmigungsurkunde abhängig gemacht, wie beispielsweise in § 34 Abs. 1 KWG, so hat das Registergericht dies allerdings nach wie vor zu überprüfen.

1372 **b) Inhalt der Anmeldung zur Eintragung im Handelsregister.** Wie im Fall der Gesellschaften mit beschränkter Haftung (Rz. 1019) ist im Rahmen der Handelsregisteranmeldung zu unterscheiden zwischen einem Beschluss zur Neufassung der Satzung – unabhängig davon, wie viele Satzungsbestimmungen tatsächlich geändert werden – und einem Beschluss zu ihrer punktuellen Änderung bezüglich einzelner Satzungsregelungen (siehe auch Rz. 144). Bei einer **Änderung einzelner Paragrafen** sind die geänderten Bestimmungen stets mit Angabe der Nummer und der schlagwortartigen Bezeichnung des Inhalts anzumelden. Dagegen genügt bei einer **Neufassung** die Anmeldung der Tatsache der Neufassung; ferner ist neben der bloßen Anmeldung dieses Umstands eine zusätzliche ausdrückliche Anmeldung nur erforderlich, wenn eine Änderung vorgenommen wird, die sich auf die Firma, den Sitz, den Unternehmensgegenstand, die Höhe des Grundkapitals, die Vertretungsbefugnis oder die Bestimmungen der Satzung bezieht, die die Dauer der Gesellschaft, ein genehmigtes oder ein bedingtes Kapital zum Gegenstand haben. Bei einer Neufassung ist die Angabe des dazugehörigen Paragrafen in der Anmeldung nicht erforderlich, da sich ggf. auch dessen Be-

---

[1] Siehe *Hüffer*, AktG, § 179 Rz. 33 ff.
[2] *Hüffer*, AktG, § 179 Rz. 33; *Zöllner*, in: KölnKommAktG, § 179 Rz. 113; anderer Ansicht *Wiedemann* JZ 1978, 612.
[3] **BGH** Z 83, 122 (130); **BGH** Z 159, 20 (= NJW 2004, 1860); **OLG Hamburg** ZIP 1980, 1000 (= AG 1981, 344).
[4] Art. 1 Nr. 24 a ARUG.

zeichnung geändert haben mag und daher wenig aussagekräftig wäre. Eine ausdrückliche Erwähnung der im Rahmen der Neufassung vorgenommenen Änderung ist in diesem Sinne im Übrigen nur geboten, wenn der dahingehende Regelungsinhalt geändert wurde, nicht aber, wenn lediglich der Abschnitt oder Paragraf der Satzung geändert wurde, in welchem sich unter anderem auch die ausdrücklich zu bezeichnende, im konkreten Fall aber unverändert gebliebene Bestimmung befindet. So etwa ist bei einer Satzungsneufassung unter Änderung des Paragrafen, in dem auch die Firma geregelt ist, eine schlagwortartige Hervorhebung in der Anmeldung nur erforderlich, wenn tatsächlich die Firma geändert wird, nicht aber, wenn sonstige Regelungsbestandteile dieses Paragrafen betroffen sind. Bei einer Änderung der allgemeinen **Vertretungsregelung** des Vorstands muss nicht nur diese Tatsache, sondern auch der exakte Inhalt der neu getroffenen Bestimmung angemeldet werden, soweit er gemäß § 43 Nr. 4 lit. a HRV in das Handelsregister einzutragen ist.

Beispiel zur **Anmeldung** einer Satzungsneufassung:

Als vertretungsberechtigte Vorstandsmitglieder melden wir zur Eintragung in das Handelsregister an:
Die Hauptversammlung vom 2. 12. 2009 hat die Neufassung der Satzung beschlossen.
Gegebenenfalls zusätzlich: Hierbei wurde insbesondere die Bestimmung über den Sitz geändert.
Oder: Hierbei wurde insbesondere die Bestimmung über die Vertretung durch den Vorstand geändert. Nunmehr gilt folgende allgemeine Vertretungsregelung: Jedes Mitglied des Vorstands vertritt einzeln.
Die inländische Geschäftsanschrift lautet: Alte Gasse 5, 40489 Düsseldorf.[1]
Wir überreichen als Anlagen
– Protokoll der genannten Hauptversammlung
– Satzung mit der Bescheinigung des Notars gemäß § 181 Abs. 1 Satz 2 AktG

Beispiel zur **Anmeldung** einer punktuellen Satzungsänderung:

Als vertretungsberechtigte Vorstandsmitglieder melden wir zur Eintragung in das Handelsregister an:
Die Hauptversammlung vom 2. 12. 2009 hat die Änderung der Satzung beschlossen. Geändert wurde § 14 (Geschäftsjahr) und § 21 (Schlussbestimmungen).
Die inländische Geschäftsanschrift lautet: Alte Gasse 5, 40489 Düsseldorf.
Wir überreichen als Anlagen
– Protokoll der genannten Hauptversammlung
– Satzung mit der Bescheinigung des Notars gemäß § 181 Abs. 1 Satz 2 AktG

c) Prüfung und Eintragung durch das Registergericht. Das **Registergericht prüft** durch den zuständigen Richter, bei Satzungsänderungen, die nur die Fassung betreffen, durch den Rechtspfleger (§ 17 Nr. 1 lit. b RPflG), die Anmeldung und den Satzungsänderungsbeschluss hinsichtlich der formellen und materiellen Gültigkeit, wobei hier die Einschränkung des § 38 Abs. 4 AktG nicht eingreift.[2] Soweit die bisherige Satzung in ihrem Bestand unverändert bleibt, ist die Prüfung auch darauf zu erstrecken, ob die neuen Satzungsbestimmungen damit nicht in Widerspruch stehen. Wurde eine **Satzungsneufassung** beschlossen, ist die gesamte Satzung erneut zu prüfen, auch soweit inhaltlich keine Änderung vorgenommen wurde. Ferner ist darauf zu achten, 1373

---
[1] Anzumelden nur im Fall einer Änderung der inländischen Geschäftsanschrift.
[2] Vgl. BT-Drucks. 13/8444, S. 77 und zu § 9 Abs. 3 GmbHG **BayObLG** Z 2001, 137 (= RNotZ 2001, 401).

dass bei einer qualifizierten Gründung nicht vorzeitig ein notwendiger Satzungsinhalt weggelassen oder dieser abgeändert wird.[1]

1374 Die Genehmigung der Satzungsänderung einer Versicherungsaktiengesellschaft durch die Bundesanstalt für Finanzdienstleistungsaufsicht bewirkt nicht, dass das Registergericht die Eintragung der Satzungsänderung ohne eigene Prüfung vorzunehmen hätte. Die Prüfungskompetenz des Registergerichts schließt auch ein, ob die Satzungsänderung einer den Bestimmungen des MitbestG unterliegenden Gesellschaft mit §§ 25 ff. MitbestG vereinbar oder etwa wegen Verstoßes gegen diese Bestimmungen nichtig ist.[2]

1375 Bei **nichtigen**, unwirksamen[3] oder sonst gesetzwidrigen **Beschlüssen** (vgl. §§ 241 ff. AktG) ist die Eintragung abzulehnen. Der Registerrichter darf auf keinen Fall bewusst darauf abstellen, eine Heilung gemäß § 242 AktG herbeizuführen. Ist Anfechtungsklage nach §§ 243 ff. AktG erhoben, so wird dies häufig ein Anlass zur Aussetzung des Verfahrens gemäß § 21 FamFG sein. Bei offensichtlich unbegründeten Klagen wird jedoch eine Aussetzung nicht angezeigt sein. Das Freigabeverfahren nach § 246a AktG gilt nur für die dort bezeichneten Beschlussgegenstände, nicht aber allgemein für Satzungsänderungen.

1376 Die **Eintragung** der Satzungsänderung **im Handelsregister** hat das Datum der Beschlussfassung sowie die geänderten Vorschriften unter einer allgemeinen Bezeichnung zu enthalten (§ 43 Nr. 6 lit. a HRV). Wurde eine vollständige Neufassung der Satzung beschlossen, ist dies einzutragen. Sind von der Änderung – gegebenenfalls also auch bei der Neufassung – die Firma, der Sitz, der Gegenstand des Unternehmens, die Höhe des Grundkapitals, die Vertretungsbefugnis oder die Bestimmungen der Satzung betroffen, die sich auf die Dauer der Gesellschaft, ein genehmigtes oder ein bedingtes Kapital beziehen, so sind diese Änderungen nicht nur in Spalte 6 Unterspalte a, sondern zusätzlich auch an der jeweils betroffenen anderen Registerstelle zu vermerken, etwa die Änderung der Firma in Spalte 2 Unterspalte a (§ 43 Nr. 2 lit. a HRV) und die Änderung der Dauer der Gesellschaft in Spalte 6 Unterspalte b (§ 43 Nr. 6 lit. b sublit. aa HRV). Die bisherigen Angaben hierzu sind sodann zu röten. Dies gilt in jedem Fall, also sowohl bei Neufassung als auch bei bloßer Änderung einzelner Paragrafen der Satzung unter Änderung dieser Punkte (vgl. § 181 Abs. 2 i.V.m. § 39 AktG). In Spalte 7 Unterspalte a ist wie bei jeder Eintragung das Eintragungsdatum zu vermerken. Siehe zu alledem § 181 Abs. 2, § 39 AktG, sowie § 43 Nr. 2 lit. a, b und c sowie Nr. 3, 6 lit. a und b sublit. aa, gg, hh und Nr. 7 HRV.

1377 Beispiel der **Eintragung** einer Satzungsänderung einer AG im Handelsregister, die als Übergangstext nach § 16a HRV zu erfolgen hat:

1378 **Spalte 6**
Unterspalte a (Rechtsform, Satzung):
Die Hauptversammlung vom 2. 12. 2009 hat die Änderung von § 15 (Vergütung des Aufsichtsrats) und § 22 (Rücklagen) der Satzung beschlossen.

Spalte 7
Unterspalte a (Tag der Eintragung): 5. 2. 2010

In den aktuellen Ausdruck ist lediglich das Datum der letzten Satzungsänderung zu übernehmen.

---

[1] Vgl. allgemein **KG** J 21, A 240, **KG** J 39, A 121; **KG** J 28, A 238; **BayObLG** OLGE 28, 337.
[2] **OLG Hamburg** OLGZ 1984, 307.
[3] Siehe **RG** Z 148, 175 (184); **BGH** Z 48, 141 (143); *Stein*, in: MünchKommAktG, § 181 Rz. 44; *Hüffer*, AktG, § 241 Rz. 6.

Mit der Eintragung im Handelsregister wird die Satzungsänderung wirksam (§ 181 **1379**
Abs. 3 AktG). Dies schließt eine materielle **Rückwirkung der Satzungsänderung** nicht
generell aus;[1] zum Fall der rückwirkenden Änderung des Geschäftsjahres[2] siehe
Rz. 1014. Eine Rückwirkung der Vertretungsregelung ist allerdings ebenso ausgeschlossen, wie eine rückwirkende Umwandlung von Inhaber- in Namensaktien und
umgekehrt oder die Einführung einer Vinkulierung und die Rückwirkung eines Unternehmensvertrags.[3]

d) **Öffentliche Bekanntmachung.** Öffentlich **bekannt zu machen** ist der gesamte In- **1380**
halt dessen, was in den Spalten 2 bis 6 des Handelsregisters eingetragen wurde (§ 10
HGB). Zu den Vollzugsmitteilungen an die Beteiligten siehe § 383 Abs. 1 FamFG, an
die Industrie- und Handelskammer § 37 HRV, siehe im Übrigen auch MiZi XXI/1.

e) **Sondervorschriften für Satzungsänderungen.** Für bestimmte Satzungsänderungen
sind gesetzlich Sonderregelungen vorgesehen, die jeweils zwingend zu berücksichtigen
sind:

– Nach einer **qualifizierten Gründung** können Festsetzungen über Sondervorteile, **1381**
Gründungsaufwand, Sacheinlagen und Sachübernahmen (§§ 26, 27 AktG) erst geändert werden, wenn die Gesellschaft fünf Jahre im Handelsregister eingetragen ist
(§ 26 Abs. 4, § 27 Abs. 5 AktG) und durch Satzungsänderung erst beseitigt werden,
wenn die Gesellschaft 30 Jahre eingetragen ist und wenn die Rechtsverhältnisse,
die den Festsetzungen zugrunde liegen, seit mindestens fünf Jahren abgewickelt
sind (§ 26 Abs. 5, § 27 Abs. 5 AktG).

– Für die Änderungen des **Gegenstands des Unternehmens** darf die Satzung nur eine **1382**
größere als die übliche Drei-Viertel-Mehrheit vorsehen (§ 179 Abs. 2 Satz 2 AktG).

– Die Herabsetzung der satzungsmäßig festgelegten Vergütung der Aufsichtsratsmit- **1383**
glieder kann nach der zwingenden Vorschrift des § 113 Abs. 1 Satz 4 AktG mit **einfacher Mehrheit** beschlossen werden. Die einfache Mehrheit genügt unter gewissen
Voraussetzungen auch bei der Kapitalherabsetzung durch Einziehung; doch ist eine
Erschwerung durch die Satzung zulässig (§ 237 Abs. 3 und 4 AktG). Ferner können
neue Satzungsbestimmungen über die Zusammensetzung des Aufsichtsrats, über
die Zahl der Aufsichtsratsmitglieder sowie über die Wahl, Abberufung und Entsendung von Aufsichtsratsmitgliedern unter den Voraussetzungen des § 97 Abs. 2
AktG mit einfacher Mehrheit beschlossen werden.

– **Sonderbeschlüsse** gewisser Aktionäre können im AktG oder in der Satzung der Ge- **1384**
sellschaft vorgeschrieben sein. Die Sonderbeschlüsse können entweder in einer gesonderten Versammlung dieser Aktionäre („Sonderversammlung") oder in der allgemeinen Hauptversammlung in einer gesonderten Abstimmung dieser Aktionäre
gefasst werden. Zu Einzelheiten siehe § 138 AktG. Betreffen solche Sonderbeschlüsse Satzungsänderungen, so sind sie registerrechtlich wie satzungsändernde
Beschlüsse der Hauptversammlung zu behandeln. Fehlt ein erforderlicher Sonderbeschluss, ist der Satzungsänderungsbeschluss schwebend unwirksam, so dass eine
Eintragung im Register zunächst nicht möglich ist.[4] Gesetzlich geregelte Fälle für
die Notwendigkeit eines Sonderbeschlusses enthalten: § 141 AktG bei Aufhebung
oder Beschränkung von Rechten aus Vorzugsaktien ohne Stimmrecht; für diesen

---

[1] Siehe *Hüffer*, AktG, § 179 Rz. 27 f.; *Dempewolf* NJW 1958, 1212; *Zilias* JZ 1959, 50; *Woeste*
AG 1958, 211.
[2] **OLG Stuttgart** DNotZ 1992, 742; **LG Dresden** NotBZ 2002, 383; **LG Berlin** Rpfleger 1978,
143; **LG Frankfurt** GmbHR 1978, 112; anderer Ansicht **OLG Schleswig** AG 2001, 149; **BFH**
GmbHR 1997, 670; *Stein*, in: MünchKommAktG, § 181 Rz. 77; *Hüffer*, AktG, § 179 Rz. 28.
[3] **OLG Karlsruhe** AG 1994, 283; **OLG Hamburg** NJW 1990, 521; *Hüffer*, AktG, § 294 Rz. 19.
[4] RG Z 148, 175 (187); *Hüffer*, AktG, § 179 Rz. 49; vgl. auch *Zöllner*, in: KölnKommAktG,
§ 179 Rz. 191.

Beschluss der Vorzugsaktionäre ist Drei-Viertel-Mehrheit zwingend vorgeschrieben (§ 141 Abs. 3 AktG); § 179 Abs. 3 AktG bei Änderung des Verhältnisses mehrerer Gattungen von Aktien zum Nachteil einer Gattung; für den Sonderbeschluss der benachteiligten Aktionäre bedarf es mindestens einer Drei-Viertel-Mehrheit; die Satzung kann die Beschlussfassung erschweren; § 182 Abs. 2 AktG bei Kapitalerhöhung und § 222 Abs. 2 AktG bei Kapitalherabsetzung, wenn mehrere Gattungen von Aktien vorhanden sind. Des Weiteren schreibt das AktG Sonderbeschlüsse vor in § 295 Abs. 2, § 296 Abs. 2, § 297 Abs. 2 für außenstehende Aktionäre bei Unternehmensverträgen; doch handelt es sich hier nicht um Satzungsänderungen. Ausdrücklich verneint wird die Notwendigkeit eines Sonderbeschlusses der Aktionäre mit Mehrstimmrechten, wenn die Hauptversammlung beschließt, Mehrstimmrechte zu beseitigen oder zu beschränken (§ 5 Abs. 2 EGAktG).

1385 – Ein Beschluss, der den Aktionären **Nebenverpflichtungen** auferlegt, oder durch den die Übertragung von Namensaktien oder Zwischenscheinen an die Zustimmung der Gesellschaft gebunden wird, bedarf zu seiner Wirksamkeit der Zustimmung aller betroffenen Aktionäre (§ 180 AktG). Die Zustimmung kann in der Weise erfolgen, dass jeder betroffene Aktionär in der Hauptversammlung anwesend ist und dem satzungsändernden Beschluss zustimmt. Die Zustimmung kann aber auch vor oder nach der Hauptversammlung ohne notarielle Beurkundung oder Unterschriftsbeglaubigung erklärt werden. Stets ist diese Zustimmung dem Registergericht nachzuweisen,[1] das für diesen Nachweis keine weitergehende Form verlangen kann.[2] Fehlt es an der Zustimmung aller Aktionäre, ist die Anmeldung nach Fristsetzung zur Abhilfe abzulehnen.

1386 – Bei manchen Satzungsänderungen kann die Genehmigung einer Behörde erforderlich sein, z.B. bei Änderung des Gegenstands des Unternehmens, der der Erlaubnis durch eine Behörde nach dem KWG, VAG, HypBG et cetera bedarf (siehe Rz. 1371). Wie im Falle der Gründung durch die Änderungen des MoMiG ist die Pflicht zur Vorlage einer Genehmigungsurkunde, soweit nicht spezialgesetzlich ausdrücklich vorgeschrieben, im Falle einer nachträglichen Satzungsänderung durch das ARUG endgültig entfallen.

1387 – Sondervorschriften gelten ferner bei Kapitalerhöhung (Rz. 1389 ff.) und Kapitalherabsetzung (Rz. 1525 ff.).

1388 – Satzungsänderungen, die **nur die Fassung betreffen** (z.B. bessere stilistische Fassung, neue Nummerierung der Paragrafen der Satzung, Angleichung der Bestimmung über die Höhe des Grundkapitals an eine rechtlich eingetretene Änderung), kann die Hauptversammlung dem Aufsichtsrat übertragen (§ 179 Abs. 1 Satz 2 AktG). Auch die Delegation durch den Aufsichtsrat an einen seiner Ausschüsse (§ 107 Abs. 3 AktG) ist zulässig.[3] Weitergehend kann bei Versicherungsgesellschaften der Aufsichtsrat auch zu Satzungsänderungen ermächtigt werden, die von der Aufsichtsbehörde vor der Genehmigung des satzungsändernden Beschlusses verlangt werden (§§ 156, 39 Abs. 3 VAG). Die **Delegation** an den Aufsichtsrat **kann generell** in der Satzung **bestimmt** sein oder durch speziellen Hauptversammlungsbeschluss generell geschehen. Aufgrund § 4 Abs. 1 Satz 2 EGAktG kann der Aufsichtsrat auch eine Satzungsänderung beschließen, wenn es sich darum handelt, dass lediglich die Umstellung des Grundkapitals und der Aktiennennbeträge sowie

---

[1] *Stein*, in: MünchKommAktG, § 180 Rz. 37; *Hüffer*, AktG, § 180 Rz. 10; *Holzborn*, in: Spindler/Stilz, AktG, § 180 Rz. 17.
[2] *Stein*, in: MünchKommAktG, § 180 Rz. 37 m.w.N.; *Hüffer*, AktG, § 180 Rz. 10; anders noch RGZ 136, 185 (192).
[3] Siehe nur *Hüffer*, AktG, § 179 Rz. 11 f.

weiterer satzungsmäßiger Betragsangaben auf Euro zum amtlich festgelegten Umrechnungskurs erfolgen. Die **Beschlussfassung des Aufsichtsrats** erfolgt gemäß § 108 AktG; sie ist lediglich privatschriftlich zu protokollieren (§ 107 Abs. 2 AktG). Satzungsänderungen dieser Art sind nach den gewöhnlichen Vorschriften anzumelden, einzutragen und zu veröffentlichen.

2. Kapitalerhöhungen bei Aktiengesellschaften

Folgende Maßnahmen der Kapitalbeschaffung (§§ 182 bis 221 AktG) stehen für Aktiengesellschaften zur Verfügung: 1389
- die Kapitalerhöhung gegen Bar- oder Sach**einlagen** (§§ 182 bis 191 AktG),
- die Kapitalerhöhung aus **Gesellschaftsmitteln** (§§ 207 bis 220 AktG),
- als derzeitige Besonderheit die **Euroumstellung** mit eventueller Glättung (§ 4 EG-AktG),
- die Kapitalerhöhung zum Zwecke der Durchführung von **Umwandlungen** (Verschmelzungen und Spaltungen, §§ 66 bis 69, § 125 UmwG),
- das **genehmigte Kapital** (§§ 202 bis 206 AktG),
- die **bedingte Kapitalerhöhung** (§§ 192 bis 201 AktG).

Sonstige Kapitalmaßnahmen, also insbesondere die Ausgabe von Wandelschuldverschreibungen, Gewinnschuldverschreibungen sowie die Gewährung von Genussrechten (§ 221 AktG) unterliegen nicht der Eintragung und somit auch nicht der Überprüfung durch das Registergericht. Sie sind registerrechtlich lediglich insofern relevant, als sie regelmäßig in Hauptversammlungen beschlossen werden müssen, deren Protokolle beim Registergericht eingereicht werden (§ 130 Abs. 5 AktG) und in den online abrufbaren Registerordner (§ 9 HRV) eingestellt werden. 1390

a) Kapitalerhöhung gegen Einlagen. Den gesetzlichen Grundfall der Kapitalbeschaffung bei Aktiengesellschaften stellt die **Kapitalerhöhung gegen Einlagen** dar (§§ 182 bis 191 AktG). Die Kapitalerhöhung gemäß § 182 AktG kann nur durch Ausgabe neuer Aktien ausgeführt werden (§ 182 Abs. 1 Satz 4 AktG); die früher mögliche Kapitalerhöhung durch Heraufsetzung des Nennbetrags der Aktien ist ausgeschlossen. 1391

Kapitalerhöhungen bei Kapitalgesellschaften bestehen grundsätzlich aus zwei Teilen, nämlich einerseits dem Beschluss der Gesellschafter- bzw. Hauptversammlung, das Kapital in bestimmter Weise zu bestimmten Konditionen zu erhöhen (§ 182 AktG). Diesem Beschluss müssen die Verpflichtungen bereits vorhandener oder neuer Gesellschafter bzw. Aktionäre folgen, den beschlossenen Beitrag zu leisten (§ 185 AktG). Während bei der GmbH erst bei Vorliegen **beider** Voraussetzungen, in Verbindung mit der Erfüllung gesetzlich vorgesehener Mindesteinbringungserfordernisse durch die Übernehmer, Anmeldung und Eintragung in das Handelsregister erfolgen dürfen und deshalb kein besonderer Hinweis auf die Durchführung der Kapitalerhöhung in Anmeldung und Eintragung vorgesehen ist, kennt das **Aktienrecht** die Möglichkeit **getrennter Anmeldungen und Eintragungen**. Die Leitung der Aktiengesellschaft soll nach Erlangen der registerrechtlichen Sicherheit der Eintragung des Erhöhungsbeschlusses (vgl. § 184 Abs. 1 AktG) die Möglichkeit erhalten, an Zeichnungsinteressenten heranzutreten und erst dann, wenn die erforderlichen oder erwünschten Zeichnungen vorliegen, die gesamte oder teilweise Durchführung der beschlossenen Kapitalerhöhung anzumelden (§ 188 Abs. 1 AktG). Auch bei Aktiengesellschaften ist es allerdings ohne weiteres möglich und in der Praxis sogar sehr häufig, dass die gewünschten Zeichnungen bereits vor Anmeldung des Kapitalerhöhungsbeschlusses eingeholt werden und beide Vorgänge gleichzeitig angemeldet und im Handelsregister eingetragen werden (§ 188 Abs. 4 AktG). 1392

Wichtig ist für alle Beteiligten, dass die **Kapitalerhöhung** erst dann zum Abschluss gebracht und **wirksam** ist, **wenn** beide Vorgänge, also **Erhöhungsbeschluss und Durch-** 1393

führung, angemeldet und **eingetragen sind**. Ein Übersehen der Anmeldung und Eintragung der Durchführung kann äußerst unangenehme Folgen haben, insbesondere wenn die auf dem Zeichnungsschein vermerkte Frist für die Eintragung abgelaufen und damit die Verpflichtung der Zeichner weggefallen ist.

1394 aa) *Erhöhungsbeschluss zur Kapitalerhöhung gegen Einlagen. (1) Beschluss der Hauptversammlung.* Notwendig ist zunächst ein **Beschluss der Hauptversammlung** mit mindestens Drei-Viertel-Mehrheit des bei der Beschlussfassung vertretenen Grundkapitals (§ 182 Abs. 1 Satz 1 AktG). Die Satzung kann eine andere Kapitalmehrheit, für die Ausgabe von Vorzugsaktien ohne Stimmrecht jedoch nur eine größere Kapitalmehrheit bestimmen. Sie kann weitere Erfordernisse aufstellen (§ 182 Abs. 1 Satz 2 und 3 AktG). Sind mehrere Gattungen von Aktien vorhanden (§ 11 AktG), so müssen die Aktionäre jeder Gattung in einem Sonderbeschluss (vgl. Rz. 1384) der Kapitalerhöhung zustimmen (§ 182 Abs. 2 AktG).

1395 Bei der Kapitalerhöhung gegen Einlagen kann die Erhöhung nur durch Ausgabe neuer Aktien erfolgen (§ 182 Abs. 1 Satz 4 AktG). Bei Gesellschaften mit Stückaktien muss sich gemäß § 182 Abs. 1 Satz 5 AktG die Zahl der Aktien in demselben Verhältnis wie das Grundkapital erhöhen. Eine Aufstockung von Nennwerten oder dem anteiligen Betrag am Grundkapital bei Stückaktien ähnlich der bei den Gesellschaften mit beschränkter Haftung unter bestimmten Voraussetzungen zulässigen Aufstockung von Geschäftsanteilen ist damit ausgeschlossen.

1396 Sollen die Aktien zu einem höheren Betrag als dem geringsten Ausgabebetrag (§ 9 Abs. 1 AktG) ausgegeben werden, muss der Mindestbetrag, unter dem die Aktien nicht ausgegeben werden sollen, im Erhöhungsbeschluss festgesetzt werden (§ 182 Abs. 3 AktG). Die Hauptversammlung kann den Ausgabebetrag auch genau festsetzen, muss dies aber nicht tun; die genaue Festsetzung kann vielmehr dem Vorstand oder dem Aufsichtsrat überlassen werden. Enthält der Beschluss keine Angaben über die Höhe des Ausgabebetrags, sind die neuen Aktien zum Nennbetrag auszugeben.[1]

1397 Soll die Kapitalerhöhung gegen **Sacheinlagen** erfolgen, muss der Beschluss auch den Gegenstand der Sacheinlage, die Person, von der die Gesellschaft den Gegenstand erwirbt, und den Nennbetrag, bei Stückaktien die Zahl der bei der Sacheinlage zu gewährenden Aktien enthalten (§ 183 Abs. 1 AktG). Auf die geplante Erhöhung gegen Sacheinlagen muss bereits in der Ladung zur Hauptversammlung ausdrücklich hingewiesen werden (§ 183 Abs. 1 Satz 2 AktG). Ohne eine solche Festsetzung im Beschluss sind Zeichnung und Einbringungsverträge unwirksam, so dass ein Zeichner den Ausgabebetrag unter Anrechnung der erfolgten Sachleistung bar einzahlen müsste (§ 183 Abs. 2 i. V. m. § 27 Abs. 3 AktG). Bei einer Kapitalerhöhung mit Sacheinlagen hat außerdem eine Prüfung durch einen vom Gericht zu bestimmenden Sachkapitalerhöhungsprüfer stattzufinden, der schriftlich Bericht zu erstatten hat (§ 183 Abs. 3 Satz 1 i. V. m. § 33 Abs. 3 bis 5, §§ 34, 35 AktG). Erfolgt die Sachkapitalerhöhung in den ersten zwei Jahren nach Eintragung der Gesellschaft im Handelsregister, so kommen daneben auch die Nachgründungsregelungen des § 52 AktG zur Anwendung, so dass der Einbringungsvertrag der Zustimmung der Hauptversammlung und der Eintragung in das Handelsregister bedarf[2] (vgl. Rz. 1568 ff.).

1397a Unter den Voraussetzungen des § 33a AktG kann von einer **externen Prüfung der Sacheinlage abgesehen** werden (§ 183a Abs. 1 AktG). Nach Beschlussfassung über

---

[1] BGH Z 33, 175 (178); anderer Ansicht bei beschlossenem Bezugsrechtsausschluss *Hüffer*, AktG, § 182 Rz. 25 m. w. N.; differenzierend *Pfeifer*, in: MünchKommAktG, § 182 Rz. 51 ff.
[2] BGH Z 173, 145 (= NJW 2007, 3425); OLG Oldenburg AG 2002, 620; *Hüffer*, AktG, § 52 Rz. 11; allgemein zur Sachkapitalerhöhung *Kley* RNotZ 2003, 17.

die Kapitalerhöhung hat der Vorstand in diesem Fall das Datum des Beschlusses sowie die Angaben nach § 37a Abs. 1 und 2 AktG (siehe Rz. 1315) in den Gesellschaftsblättern bekannt zu machen (§ 183a Abs. 2 AktG). Hierdurch sollen die Aktionäre – gegebenenfalls nach Einsicht in die Bewertungsunterlagen bei der Gesellschaft – in die Lage versetzt werden, zu prüfen, ob auch sie eine externe Wertprüfung für entbehrlich halten. Wünschen sie, entgegen der Auffassung des Vorstands, die Durchführung einer externen Sacheinlageprüfung, so kann bis zum Zeitpunkt der Eintragung der Kapitalerhöhung eine qualifizierte Minderheit von Aktionären, die seit dem Tag der Beschlussfassung bis zu ihrer Antragstellung gemeinsam mindestens 5% des Grundkapitals halten, bei dem Amtsgericht – nicht dem Registergericht[1] – im Rahmen eines nach den Bestimmungen des FamFG durchzuführenden Verfahrens einen Antrag auf Bestellung eines oder mehrerer Prüfer stellen. Das Amtsgericht hat – nach Anhörung des Vorstands – dem Antrag zu entsprechen, sofern die Kapitalerhöhung noch nicht eingetragen ist, die Beteiligungsverhältnisse der Aktionäre glaubhaft gemacht und die Voraussetzungen des § 33a Abs. 2 AktG gegeben sind (§ 183a Abs. 3 AktG). Gegen die Entscheidung ist gemäß §§ 58ff. FamFG die Beschwerde gegeben (§ 183a Abs. 3 Satz 4 AktG). Wird durch das Amtsgericht ein Prüfer bestellt, so folgt das weitere Eintragungsverfahren den üblichen Regeln einer Sachkapitalerhöhung mit Prüfung (§ 183a Abs. 4 i.V.m. § 33 Abs. 4 und 5, §§ 34, 35 AktG).

Der Beschluss über die Kapitalerhöhung muss eine Angabe darüber enthalten, in welchem Ausmaß die Erhöhung erfolgen soll. In der Regel wird der **Betrag der Kapitalerhöhung** im Beschluss zahlenmäßig bestimmt und im Zusammenhang damit auch die Stückelung der Aktien festgelegt, also bei Nennbetragsaktien der Nennbetrag der jungen Aktien, auch die Anzahl bei verschieden hohen Nennbeträgen. Dabei ist darauf zu achten, ob die Satzung Nennbeträge in dieser Höhe vorsieht; eine Abweichung hiervon würde eine Änderung der Satzung bedeuten. 1398

Es ist jedoch auch zulässig, dass ein **Erhöhungsrahmen** im Beschluss bestimmt wird, also ein Mindest- und Höchstbetrag[2] oder nur ein Höchstbetrag[3] („um bis zu 500 000 €") festgelegt wird. In einem solchen Fall ist im Erhöhungsbeschluss auch der Zeitraum zu bestimmen, in dem die Zeichnungen zu erfolgen haben. Dieser Zeitraum ist genau zu bezeichnen und eng zu begrenzen, wobei von einer Obergrenze von sechs Monaten auszugehen ist.[4] Darüber hinausgehende Fristen beschneiden das Bestimmungsrecht der Hauptversammlung in unzulässiger Weise und sind als Umgehung der Bestimmungen über das genehmigte Kapital anzusehen.[5] Vielfach enthält der Beschluss auch noch andere Anordnungen, wobei stets zu prüfen ist, ob die gefassten Beschlüsse mit der Satzung in ihrer bisherigen Fassung übereinstimmen oder diese abändern. Beispielsweise ist zu regeln bzw. kann geregelt werden, ob Inhaber- oder Namensaktien ausgegeben werden sollen, die Zeit der Ausgabe der jungen Aktien festgelegt werden, der Beginn der Beteiligung der jungen Aktien am Gewinn festgestellt werden, wobei hierfür die Regelung im Kapitalerhöhungsbeschluss für genügend erachtet wird.[6] Schließlich sind Regelungen über den Ausschluss des Bezugsrechts (§ 186 Abs. 3 und 4 AktG) und über die Ermächtigung des Aufsichtsrats, 1399

---

[1] BT-Drucks. 16/11642, S. 36.
[2] **OLG München** ZIP 2009, 1954 (= DB 2009, 2426); **RG** Z 55, 65 (68); **OLG Hamburg** AG 2000, 326; *Lutter,* in: KölnKommAktG, § 182 Rz. 17.
[3] **RG** Z 85, 205 (207); **LG Hamburg** AG 1999, 239; **LG Hamburg** AG 1995, 92; *Servatius,* in: Spindler/Stilz, AktG, § 182 Rz. 41.
[4] **OLG München** ZIP 2009, 1954 (= DB 2009, 2426).
[5] *Hüffer,* AktG, § 182 Rz. 12; *Pfeifer,* in: MünchKommAktG, § 182 Rz. 36; vgl. auch **LG Hamburg** AG 1995, 92; **KG** J 14, A 19.
[6] **OLG Celle** ZIP 1989, 511.

die Satzung entsprechend den gefassten Beschlüssen neu zu fassen (§ 179 Abs. 1 Satz 2 AktG) möglich. Soll das in § 186 Abs. 1 Satz 1 AktG gewährte **Bezugsrecht** der alten Aktionäre ausgeschlossen werden, ist dies mit der Tagesordnung bekannt zu machen (§ 186 Abs. 4 AktG) und der entsprechende Beschluss von der Hauptversammlung zusammen mit dem Kapitalerhöhungsbeschluss unter Beachtung der im Gesetz vorgeschriebenen Mehrheiten zu fassen (§ 186 Abs. 3 AktG). Da ein Verstoß gegen diese Vorschrift nur die Anfechtbarkeit des Beschlusses zur Folge hat,[1] kommt für das Registergericht eine Prüfung nur in der Richtung in Betracht, ob es die Eintragung des angemeldeten Kapitalerhöhungsbeschlusses aussetzen soll.[2]

1400 Der Beschluss über die Kapitalerhöhung und Beschlüsse über damit in Zusammenhang stehende **Satzungsänderungen** betreffen verschiedene Gegenstände, so dass die Anmeldung und Eintragung jeder Änderung eindeutig und im Einzelnen ausdrücklich zu erfolgen hat. Wurde also im Beschluss über die Kapitalerhöhung auch eine Neustückelung der Aktiennennbeträge festgelegt, oder bestimmt, dass die neuen Aktien im Widerspruch zur bisherigen satzungsmäßigen Festlegung als Namensaktien ausgegeben werden, so muss die darin liegende Satzungsänderung zur Eintragung in das Handelsregister angemeldet werden.

1401 *(2) Anmeldung zur Eintragung im Handelsregister.* Der Beschluss über die Erhöhung des Grundkapitals ist durch Vorstandsmitglieder in vertretungsberechtigter Zahl und vom Vorsitzenden des Aufsichtsrats zur Eintragung in das Handelsregister **anzumelden** (§ 184 Abs. 1 AktG). Sind Sacheinlagen vorgesehen, muss die Anmeldung die in § 183 Abs. 1 Satz 1 AktG aufgeführten Punkte enthalten, da diese „im Beschluss über die Erhöhung des Grundkapitals" festgesetzt werden müssen. Wegen der strafrechtlichen Verantwortung der Anmeldenden nach § 184 Abs. 1 i.V.m. § 399 Abs. 1 Nr. 4 AktG scheidet eine Bevollmächtigung zur Anmeldung aus.[3] Allerdings ist, wie stets, Handeln in unechter Gesamtvertretung unter Mitwirkung eines Prokuristen zulässig.[4] Ebenso kann sich ein verhinderter Aufsichtsratsvorsitzender durch seinen Stellvertreter gemäß § 107 Abs. 1 Satz 3 AktG vertreten lassen, wobei auf das Vorliegen der Verhinderung des Vorsitzenden in der Anmeldung hingewiesen werden sollte, um dem Registergericht die Anmeldebefugnis darzulegen. Die Anmeldung und Eintragung des Kapitalerhöhungsbeschlusses kann mit derjenigen der Durchführung der Kapitalerhöhung verbunden werden (§ 188 Abs. 4 AktG).

1402 In der Anmeldung ist anzugeben, welche **Einlagen** auf das bisherige Grundkapital **noch nicht geleistet** sind und warum sie nicht erlangt werden können (§ 184 Abs. 1 Satz 2 AktG). Diese Vorschrift beruht darauf, dass in diesen Fällen eine Erhöhung des Grundkapitals nicht stattfinden soll, sofern nicht die ausstehenden Einlagen nach ihrer verhältnismäßigen Höhe zu vernachlässigen sind (§ 182 Abs. 4 AktG; hierzu Rz. 1406). Für Versicherungsgesellschaften kann die Satzung in dieser Hinsicht allerdings etwas anderes bestimmen (§ 182 Abs. 4 Satz 2 AktG). Soll von einer externen **Sacheinlageprüfung abgesehen** werden und ist das Datum der Beschlussfassung bereits bekannt gemacht worden (Rz. 1397), müssen die Anmeldenden versichern, dass ihnen seit der Bekanntmachung keine Umstände mit Einfluss auf die Bewertung der einzubringenden Gegenstände im Sinne von § 37a Abs. 2 AktG bekannt geworden sind (§ 184 Abs. 1 Satz 3 AktG).

---

[1] Vgl. **BGH** Z 107, 296 (306); *Hüffer*, AktG, § 186 Rz. 42; *Pfeifer*, in: MünchKommAktG, § 186 Rz. 104.
[2] Siehe *Hüffer*, AktG, § 243 Rz. 51 ff.; *Hüffer*, in: MünchKommAktG, § 243 Rz. 127 ff.; vgl. auch **OLG Köln** BB 1982, 579; **OLG Köln** WM 1981, 1263; **KG** OLGR 34, 348.
[3] *Hüffer*, AktG, § 184 Rz. 3; *Pfeifer*, in: MünchKommAktG, § 184 Rz. 7.
[4] **KG** JW 1938, 3121; *Hüffer*, AktG, § 184 Rz. 3; *Pfeifer*, in: MünchKommAktG, § 184 Rz. 7.

Dritter Abschnitt. B. Aktiengesellschaft

Der Anmeldung brauchen in der Regel keine **Anlagen** beigefügt zu werden. Das Hauptversammlungsprotokoll muss jedoch dem Gericht vorliegen (§ 130 Abs. 5 AktG), bevor die Eintragung erfolgen kann. Bei Besonderheiten, z. B. Sonderbeschlüssen, die außerhalb der Hauptversammlung über die Kapitalerhöhung gefasst werden (§ 182 Abs. 2 AktG), müssen Dokumente hierüber ebenfalls vorliegen. Bei der Kapitalerhöhung mit Sacheinlagen ist der Bericht über deren Prüfung durch den vom Gericht bestellten Erhöhungsprüfer beizufügen, bei Verzicht auf eine externe Prüfung die Unterlagen über die interne Prüfung nach § 37a Abs. 3 AktG (§ 184 Abs. 2 AktG). Natürlich reicht es aus, wenn der Prüfungsbericht dem Gericht zu diesem Akt bereits vorliegt, z. B. weil ihn der Gründungsprüfer, in elektronischer Form, unmittelbar eingereicht hat.[1] Die Anmeldung ist nicht erzwingbar (§ 407 Abs. 2 AktG). 1403

Beispiel für die **Anmeldung** einer Erhöhung des Grundkapitals gegen Einlagen: 1404

> Als Mitglieder des Vorstands und als Vorsitzender des Aufsichtsrats melden wir zur Eintragung in das Handelsregister an:
> Die Hauptversammlung vom 25. 9. 2009 hat die Erhöhung des Grundkapitals um 150 000 € beschlossen.
> Wir erklären, dass Einlagen auf das bisherige Grundkapital nicht rückständig sind. *(Alternativ: Wir erklären, dass auf das bisherige Grundkapital Einlagen in Höhe von 2500 € rückständig sind. Zwangsvollstreckungsmaßnahmen gegen den betroffenen Aktionär sind bislang erfolglos geblieben).*
> In der Anlage überreichen wir:
> – Protokoll der Hauptversammlung vom 25. 9. 2009

Beispiel für eine **Anmeldung** einer bereits **durchgeführten Kapitalerhöhung** gegen Einlagen (vgl. § 188 Abs. 4 AktG; zur Eintragung siehe Rz. 1425): 1405

> Als Mitglieder des Vorstands und als Vorsitzender des Aufsichtsrats melden wir zur Eintragung in das Handelsregister an:
> Die Hauptversammlung vom 25. 5. 2009 hat die Erhöhung des Grundkapitals um 150 000 € beschlossen. Wir erklären, dass Einlagen auf das bisherige Grundkapital nicht rückständig sind.
> Die vorgenannte Kapitalerhöhung wurde vollumfänglich durchgeführt. Die Aktien werden zum Nennwert zuzüglich eines Aufgeldes von 20%, also zum Kurs von 120% ausgegeben. Auf jede Aktie ist der eingeforderte Betrag zuzüglich des Aufgeldes einbezahlt. Der Betrag der Einzahlung ist zur freien Verfügung des Vorstands für die Zwecke der Gesellschaft eingezahlt und auch in der Folge nicht an den jeweiligen Einleger zurückgezahlt worden.[2]
> Aus der beigefügten Bestätigung der Bank ergibt sich, dass der Vorstand in der Verfügung über den eingezahlten Betrag nicht, namentlich nicht durch Gegenforderungen, beschränkt ist.
> Das Grundkapital beträgt nunmehr 650 000 €. Die Satzung wurde durch Beschluss des Aufsichtsrats vom 10. 6. 2009 in § 4 (Höhe und Einteilung des Grundkapitals) geändert.
> In der Anlage überreichen wir:
> – Protokoll der Hauptversammlung vom 25. 5. 2009 samt Ermächtigung des Aufsichtsrats zur Anpassung der Satzung entsprechend der Durchführung der Kapitalerhöhung
> – Protokoll des Aufsichtsratsbeschlusses vom 10. 6. 2009
> – Doppelstücke der Zeichnungsscheine
> – Vom Vorstand unterschriebenes Verzeichnis der Zeichner, das die auf jeden entfallenden Aktien und die auf sie geleisteten Einzahlungen angibt
> – Berechnung der Kosten, die für die Gesellschaft durch die Ausgabe der neuen Aktien entstehen werden

---

[1] Siehe *Hüffer*, AktG, § 184 Rz. 4; *Pfeifer*, in: MünchKommAktG, § 184 Rz. 16.
[2] Vgl. **BGH** Z 150, 197 (= NJW 2002, 1716).

Teil 1. Handelsregister

- Bestätigung der Commerzbank in München über die erfolgten Einzahlungen als Nachweis, dass die eingezahlten Beträge auf einem Gesellschaftskonto endgültig zur freien Verfügung des Vorstands stehen
- Vollständiger Wortlaut der Satzung mit der Bescheinigung des Notars gemäß § 181 Abs. 1 Satz 2 AktG

1406 *(3) Prüfung durch das Registergericht.* Der **Registerrichter** (§ 17 Nr. 1 lit. b RPflG) **prüft** bei der Anmeldung des Kapitalerhöhungsbeschlusses insbesondere, ob etwa ausstehende Einlagen auf das bisherige Grundkapital von „verhältnismäßig unerheblichem Umfang" sind (§ 182 Abs. 4 Satz 3 AktG) oder ob sie „noch erlangt werden können" (§ 182 Abs. 4 Satz 1 AktG). Maßgeblich ist nach Auffassung der Literatur ein Vergleich zwischen den noch ausstehenden Einlagen zu dem bereits geleisteten Kapital, wobei die Wesentlichkeitsgrenze[1] bei einem Grundkapital bis zu 250 000 € insgesamt 5% betragen soll, für ein höheres Grundkapital dagegen nur 1%. Kommt das Gericht hierbei zu einem negativen Ergebnis, so ist die Eintragung der Kapitalerhöhung abzulehnen, obwohl der Beschluss weder nichtig noch anfechtbar ist,[2] und zwar bis zur Eintragung der Durchführung, auch wenn der Kapitalerhöhungsbeschluss bereits eingetragen ist. Werden Beschluss und Durchführung entgegen § 182 Abs. 4 AktG eingetragen, so werden diese allerdings uneingeschränkt wirksam. Im Fall eines **Bezugsrechtsausschlusses** (§ 186 AktG) ist durch das Registergericht bei der Beschlussfassung der Hauptversammlung die Einhaltung der Formalien zu prüfen, und – soweit erforderlich – die Angabe der sachlichen Rechtfertigung (siehe Rz. 1421).[3] Dem gegenüber gehört es nicht zum Prüfungsumfang des Registergerichts festzustellen, ob der Vorstand im Rahmen der Durchführung der Kapitalerhöhung tatsächlich die Ausgaberegelungen beachtet hat. Eine Nachprüfung könnte ohnehin nur anhand eines „Angebotsberichts" erfolgen, der in vielen Fällen recht umfangreich sein müsste; ein solcher ist allerdings gesetzlich nicht vorgesehen. Es ist daher ausschließlich Aufgabe des Vorstands, die Ausgaberegeln zu beachten; bei Verstößen macht er sich schadensersatzpflichtig. Das Registergericht hat wegen der regelmäßig gebotenen Eile bei der Eintragung der Durchführung davon auszugehen, dass der Vorstand sich rechtmäßig verhalten hat. Eine nähere Prüfung oder gar Verweigerung der Eintragung wird nur in Betracht kommen, wenn offensichtlich ist, dass eine sachliche Rechtfertigung nicht vorliegt oder durch eine entsprechende Mitteilung eines Aktionärs auf einen angeblichen Gesetzesverstoß bei Beschlussfassung oder Durchführung hingewiesen wird. Die Beteiligten sind im Übrigen verpflichtet, etwaige Beschlussmängel im Prozessweg zu klären, wo ggf. im Freigabeverfahren nach § 246a AktG eine vorzeitige Eintragung durch das Prozessgericht angeordnet werden kann (siehe Rz. 171b). In Zweifelsfällen kann nach §§ 21, 381 FamFG vorgegangen werden.

1407 Bei **Sacheinlagen**[4] ist ferner zu prüfen, ob die nach § 183 Abs. 1 AktG vorgeschriebenen Festsetzungen eingehalten sind, ob die externe Sacherhöhungsprüfung stattgefunden hat, der Bericht vorliegt (§ 183 Abs. 3 Satz 1, § 184 Abs. 2 AktG) und ob der Wert der Sacheinlage den Nennbetrag der dafür zu gewährenden Aktien erreicht. Ist die Überbewertung nicht unwesentlich, so ist der Beschluss nichtig (§§ 9, 241 Nr. 3 AktG). Die Eintragung im Register führt jedoch nach § 242 Abs. 2 AktG zur Hei-

---

[1] Siehe *Pfeifer*, in: MünchKommAktG, § 182 Rz. 65 f.; *Lutter*, in: KölnKommAktG, § 182 Rz. 38; *Hüffer*, AktG, § 182 Rz. 28.
[2] Vgl. *Lutter* NJW 1969, 1873 (1878); *Pfeifer*, in: MünchKommAktG, § 182 Rz. 69 f.; *Zöllner*, in: KölnKommAktG, § 243 Rz. 63; kritisch *Hüffer*, AktG, § 182 Rz. 29.
[3] Ebenso nun *Müther*, Handelsregister, § 7 Rz. 74.
[4] Umfassend zur Sachkapitalerhöhung bei Aktiengesellschaft *Kley* RNotZ 2003, 17.

lung.¹ Die Eintragung ist gleichwohl abzulehnen, wenn der Wert der Sacheinlage nicht unwesentlich hinter dem Nennbetrag der dafür zu gewährenden Aktien zurückbleibt (§ 184 Abs. 3 Satz 1 AktG). Wurde **auf eine externe Gründungsprüfung verzichtet**, hat das Gericht lediglich zu prüfen, ob die Erklärungen und Versicherungen nach § 37a Abs. 1 und 2 AktG abgegeben sowie die Unterlagen nach § 37a Abs. 3 AktG vorgelegt wurden (§ 184 Abs. 3 Satz 2 i.V.m. § 38 Abs. 3 Satz 1 AktG). Wegen einer Überbewertung der Sacheinlagen darf das Gericht die Eintragung nur ablehnen, wenn diese offenkundig, also ohne weitere Ermittlungen feststellbar (§ 291 ZPO), und erheblich ist (§ 184 Abs. 3 Satz 2 i.V.m. 38 Abs. 3 Satz 2 AktG).

(4) Eintragung des Erhöhungsbeschusses im Handelsregister. Die **Eintragung** des Erhöhungsbeschlusses erfolgt gemäß § 43 Nr. 3, Nr. 6 lit. a HRV. Die Eintragung bildet die beschlussrechtliche Grundlage der durchzuführenden Kapitalerhöhung und bereitet diese somit vor.² Wird der Kapitalerhöhungsbeschluss fehlerhaft eingetragen – z.B. „um 400 000 €" statt richtigerweise „um 200 000 €" –, ist die Eintragung nichtig und nach § 398 i.V.m. § 395 FamFG zu löschen.

1408

Es wird hinsichtlich des Kapitalerhöhungsbeschlusses demnach in Spalte 6 Unterspalte a z.B. eingetragen:

1409

> Die Hauptversammlung vom 4. 11. 2009 hat die Erhöhung des Grundkapitals um 200 000 € beschlossen.

Beispiel für den Fall eines **Erhöhungsrahmens**:

> Die Hauptversammlung vom 8. 3. 2010 hat die Erhöhung des Stammkapitals um 100 000 € bis 200 000 € beschlossen.

Da das Grundkapital erst mit Eintragung der Durchführung der Erhöhung erhöht wird (§ 189 AktG), darf in Spalte 3 zunächst keine Eintragung vorgenommen werden. Die Eintragung in Spalte 6 Unterspalte a ist zu veröffentlichen (§ 10 Abs. 1 HGB).

1410

bb) Durchführung der Kapitalerhöhung gegen Einlagen. (1) Zeichnung der neuen Aktien. Der **Zeichnungsschein**, der doppelt ausgestellt werden soll, muss den in § 185 AktG aufgeführten Inhalt haben, wobei einfache Schriftform genügt. Der Zeichnungsschein hat den Tag der Beschlussfassung über die Kapitalerhöhung zu enthalten und wird deshalb regelmäßig erst danach ausgestellt werden. Eine frühere Zeichnung wird man aber dann für zulässig erachten, wenn Datum und Konditionen der Beschlussfassung bereits feststehen.³ Im Zeichnungsschein ist ferner der Ausgabebetrag der Aktien, der Betrag der festgesetzten Einzahlungen sowie der Umfang der Nebenverpflichtungen gegenüber der Gesellschaft aufzuführen, Verpflichtungen gegenüber den Altgesellschaftern auf Zusatzleistungen etwa in einem Investitionsvertrag werden für zulässig erachtet,⁴ bei einer Kapitalerhöhung mit Sacheinlagen auch die hierfür vorgesehenen Festsetzungen und wenn mehrere Aktiengattungen ausgegeben sind, der auf jede Gattung entfallende Betrag des Grundkapitals sowie der Zeitpunkt, an dem die Zeichnung unverbindlich wird, wenn bis dahin die Durchführung der Kapitalerhöhung nicht in das Handelsregister eingetragen ist.

1411

Enthält der Zeichnungsschein eine der Angaben des § 185 AktG nicht, so ist er nichtig (§ 185 Abs. 2 AktG). Der Zeichnungsschein verfällt, wenn die Durchführung der Kapitalerhöhung nicht bis zu dem im Zeichnungsschein angegebenen Zeitpunkt eingetragen ist (§ 185 Abs. 1 Nr. 4 AktG). Rechtsgeschäftliche Vertretung bei der Zeich-

1412

---

[1] Vgl. nur *Hüffer,* AktG, § 183 Rz. 21.
[2] **OLG Karlsruhe** OLGZ 1986, 155; *Hüffer,* AktG, § 184 Rz. 8.
[3] Vgl. *Hüffer,* AktG, § 185 Rz. 6; *Pfeifer,* in: MünchKommAktG, § 185 Rz. 29; *Lutter,* in: KölnKommAktG, § 185 Rz. 25; anderer Ansicht KG J 19, A 9.
[4] Vgl. **BayObLG** MittBayNot 2002, 304 mit Anm. *Gerber.*

nung ist zulässig;[1] sie muss dem Registergericht in der Regel nicht nachgewiesen werden.

1413 *(2) Anmeldung der Durchführung der Kapitalerhöhung.* Die Durchführung der Kapitalerhöhung ist von Vorstandsmitgliedern in vertretungsberechtigter Zahl und vom Vorsitzenden des Aufsichtsrats zur Eintragung in das Handelsregister **anzumelden** (§ 188 Abs. 1 AktG). Wie bei der Anmeldung des Erhöhungsbeschlusses ist eine rechtsgeschäftliche Vertretung aufgrund der strafrechtlichen Verantwortung der Anmeldenden nach §§ 184 Abs. 1 Satz 2 und 3, 399 Abs. 1 Nr. 4 AktG ausgeschlossen. Seitens des Vorstands kann bei unechter Gesamtvertretung ein Prokurist mitwirken. Der verhinderte Aufsichtsratsvorsitzende kann durch seinen Stellvertreter gemäß § 107 Abs. 1 Satz 3 AktG vertreten werden. Stets kann die Anmeldung und Eintragung des Kapitalerhöhungsbeschlusses mit derjenigen der Durchführung der Kapitalerhöhung verbunden werden (§ 188 Abs. 4 AktG; siehe Rz. 1405).

1414 In der Anmeldung ist der ziffernmäßig **genaue Betrag** anzugeben, um den die Kapitalerhöhung durchgeführt wird. Der Kapitalerhöhungsbeschluss kann demgegenüber auch nur einen Mindest- und Höchstbetrag enthalten (siehe Rz. 1399). Lautet der Kapitalerhöhungsbeschluss von vornherein auf einen bestimmten Betrag, so kann die Durchführung sich nur auf diesen Betrag beziehen, darf ihn also weder unter- noch überschreiten. Die Anmeldenden haben zu erklären, dass die Voraussetzungen des **§ 36 Abs. 2 AktG** erfüllt sind, wobei die Gutschrift auf ein Konto des Vorstands nicht genügt (§ 188 Abs. 2 Satz 2 AktG). Dabei ist der Betrag, zu dem die Aktien ausgegeben werden und der darauf eingezahlte Betrag anzugeben. Es ist nachzuweisen, dass der eingezahlte Betrag endgültig zur freien Verfügung des Vorstands steht (§ 37 Abs. 1, § 188 Abs. 2 Satz 1 AktG). Hierbei ist ausreichend, dass der Betrag für die Gesellschaft eingezahlt wurde und nicht wieder an die Aktionäre zurückgeflossen ist;[2] dies ist von den Anmeldenden ausdrücklich zu versichern. Bei Vereinbarung eines sogenannten **„Hin- und Herzahlens"** ist dieses offenzulegen und zu versichern, dass die Leistung durch einen vollwertigen Rückgewähranspruch gedeckt ist, der jederzeit fällig ist oder durch fristlose Kündigung durch die Gesellschaft fällig werden kann (§ 183 Abs. 2 i. V. m. § 27 Abs. 4 AktG; siehe Rz. 947). Eine **verdeckte Sacheinlage** (Rz. 1303) führt auch im Fall einer Kapitalerhöhung nicht zur Unwirksamkeit der Verträge über die Sacheinlage und der zu ihrer Ausführung bewirkten Rechtshandlungen. Durch die Sacheinlage wird der Inferent zwar nicht von seiner Bareinlageverpflichtung befreit. Der Wert des von ihm tatsächlich eingebrachten Gegenstandes zum Zeitpunkt der Anmeldung der Erhöhung bzw. der tatsächlichen Überlassung wird ihm hierauf jedoch angerechnet (§ 183 Abs. 2 i. V. m. § 27 Abs. 3 AktG). Die Anmeldung ist nicht erzwingbar (§ 407 Abs. 2 AktG).

1415 Mit der Anmeldung und Eintragung der Durchführung ist der durchgeführte Kapitalerhöhungsbeschluss auch dann endgültig erschöpft, wenn der Höchstbetrag der Kapitalerhöhung nicht erreicht ist. Etwas anderes mag gelten, wenn in der Anmeldung darauf hingewiesen wird, dass eine weitere sukzessive Durchführung vorbehalten bleibt. Gegebenenfalls muss allerdings die erforderliche enge zeitliche Begrenzung für die Zeichnung im Kapitalerhöhungsbeschluss beachtet werden.[3]

1416 Der Anmeldung sind für das Gericht als **Anlage** (§ 188 Abs. 3 AktG) nach § 12 Abs. 2 HGB beizufügen: Die Zweitschriften der Zeichnungsscheine; ein vom Vor-

---

[1] RG Z 63, 96; BGH Z 21, 378 (381); *Pfeifer*, in: MünchKommAktG, § 185 Rz. 28; *Hüffer*, AktG, § 185 Rz. 5.
[2] BGH Z 150, 197 (= NJW 2002, 1716).
[3] **OLG München** ZIP 2009, 1954 (= NZG 2009, 1274 = DB 2009, 2426); siehe hierzu *Brücker* NZG 2009, 1339.

stand in vertretungsberechtigter Zahl unterschriebenes Verzeichnis der Zeichner, das die auf jeden entfallenden Aktien und die auf sie geleisteten Einzahlungen angibt (§ 188 Abs. 3 Nr. 1 AktG); eine Berechnung der Kosten, die für die Gesellschaft durch die Ausgabe der neuen Aktien entstehen werden (§ 188 Abs. 3 Nr. 3 AktG), wobei die Ausgabe von Aktienurkunden nicht unbedingt erforderlich ist; unterbleibt sie, so ist das anzugeben. Sind von dem eingezahlten Betrag Steuern und Gebühren bezahlt worden, ist dies nach Art und Höhe der Beträge nachzuweisen (§ 37 Abs. 1 Satz 5 i.V.m. § 188 Abs. 2 Satz 1 AktG). Im Falle eines vorab vereinbarten „Hin- und Herzahlens" (§ 183 Abs. 2 i.V.m. § 27 Abs. 4 AktG) sind die zugrunde liegenden Verträge sowie Unterlagen zur Bewertung von Vollwertigkeit und Liquidität des Rückzahlungsanspruches vorzulegen, um eine Prüfung durch das Gericht zu ermöglichen. Sind **Sacheinlagen** vorgesehen, sind die Verträge, die den Festsetzungen nach § 183 AktG zugrunde liegen oder zu ihrer Ausführung geschlossen worden sind, beizufügen (§ 188 Abs. 3 Nr. 2 AktG). Der erforderliche Erhöhungsprüfungsbericht (vgl. § 183 Abs. 3 AktG) ist bereits bei Anmeldung des Erhöhungsbeschlusses vorzulegen (§ 184 Abs. 2 Alt. 1 AktG).

1417 Wird zudem zutreffend die **Änderung der Satzung** hinsichtlich der Bestimmung über die Höhe des Grundkapitals angemeldet, ist der vollständige Wortlaut der Satzung mit der entsprechenden notariellen Bescheinigung beizufügen (§ 181 Abs. 1 Satz 2 AktG).

1418 **Anmeldungsbeispiel** zur Durchführung einer Kapitalerhöhung gegen Einlagen:

> Als Mitglieder des Vorstands und als Vorsitzender des Aufsichtsrats melden wir zur Eintragung in das Handelsregister an:
>
> Die am 25.11.2009 beschlossene Erhöhung des Grundkapitals um 150 000 € wurde vollumfänglich durchgeführt. Die Aktien werden zum Nennwert zuzüglich eines Aufgeldes von 20%, also zum Kurs von 120% ausgegeben. Auf jede Aktie ist der eingeforderte Betrag zuzüglich des Aufgeldes einbezahlt. Der Betrag der Einzahlung ist zur endgültigen freien Verfügung des Vorstands für die Zwecke der Gesellschaft eingezahlt und auch in der Folge nicht an den jeweiligen Einleger zurückgezahlt worden.[1] Aus der beigefügten Bestätigung der Bank ergibt sich, dass der Vorstand in der Verfügung über den eingezahlten Betrag nicht, namentlich nicht durch Gegenforderungen, beschränkt ist.
>
> Das Grundkapital beträgt nunmehr 650 000 €. Die Satzung wurde durch Beschluss des Aufsichtsrats vom 10.12.2009 in § 4 (Höhe und Einteilung des Grundkapitals) geändert.
>
> In der Anlage überreichen wir:
> - Protokoll der Hauptversammlung vom 25.11.2009 samt Ermächtigung des Aufsichtsrats zur Anpassung der Satzung entsprechend der Durchführung der Kapitalerhöhung
> - Protokoll des Aufsichtsratsbeschlusses vom 10.12.2009
> - Doppelstücke der Zeichnungsscheine
> - Vom Vorstand unterschriebenes Verzeichnis der Zeichner, das die auf jeden entfallenden Aktien und die auf sie geleisteten Einzahlungen angibt
> - Berechnung der Kosten, die für die Gesellschaft durch die Ausgabe der neuen Aktien entstehen werden
> - Bestätigung der Commerzbank in München über die erfolgten Einzahlungen als Nachweis, dass die eingezahlten Beträge auf einem Gesellschaftskonto endgültig zur freien Verfügung des Vorstands stehen
> - Vollständiger Wortlaut der Satzung mit der Bescheinigung des Notars gemäß § 181 Abs. 1 Satz 2 AktG

1419 Sofern auf das erhöhte Kapital Sacheinlagen geleistet werden, sind als Anlagen zusätzlich einzureichen:

> - die diesbezüglichen Verträge über die Einbringung der Sacheinlagen sowie
> - der Prüfungsbericht gemäß § 183 Abs. 3 AktG

---

[1] Vgl. **BGH** Z 150, 197 (= NJW 2002, 1716).

1420 *(3) Prüfung durch das Registergericht.* Der **Registerrichter** (§ 17 Nr. 1 lit. b RPflG) **prüft** bei der Durchführung der Kapitalerhöhung insbesondere, ob die Anmeldung den vorgeschriebenen Inhalt hat. Regelmäßig enthält die Anmeldung auch die Änderung der Satzung bezüglich der Höhe des Grundkapitals. Unterbleibt dies, so ist darauf hin zu wirken, dass die Satzung den neuen Verhältnissen angeglichen wird.

1421 Die **Zeichnungsscheine** müssen die Angaben gemäß § 185 Abs. 1 Satz 3 AktG enthalten, andernfalls sind sie nichtig (§ 185 Abs. 2 AktG). Wird trotz nichtiger Zeichnungsscheine die Kapitalerhöhung eingetragen, ist allerdings deren Amtslöschung nach § 395 FamFG nicht zulässig.[1] Zudem dürfen die Zeichnungsscheine keinen unzulässigen Vorbehalt (§ 185 Abs. 2 AktG) enthalten und der gemäß § 185 Abs. 1 Nr. 4 AktG bestimmte Zeitpunkt darf noch nicht abgelaufen sein, da andernfalls die Zeichnung unverbindlich geworden ist. Auch wenn die Summe der in den Zeichnungsscheinen angegebenen Beträge den im Kapitalerhöhungsbeschluss festgelegten bestimmten Betrag oder den Mindestbetrag nicht erreicht, ist eine Durchführung der Kapitalerhöhung nicht möglich. Zwar sieht § 185 Abs. 3 AktG eine Heilung derart nichtiger oder unverbindlicher Zeichnungsscheine vor. Jedoch darf der Registerrichter nicht bewusst an einer Heilung dieser Art mitwirken. Er hat vielmehr die Eintragung der Durchführung der Kapitalerhöhung abzulehnen.[2] Das Registergericht hat nur in engem Rahmen zu überprüfen, ob eine sachliche Rechtfertigung für einen vorgenommenen **Bezugsrechtsausschluss** vorliegt (siehe Rz. 1406). Dies ist vielmehr Sache der an diesem Vorgang beteiligten Organmitglieder und Aktionäre. Lediglich dann, wenn ein Aktionär gegenüber dem Registergericht vor der Eintragung geltend macht, zu Unrecht übergangen worden zu sein, kommt eine Prüfung im Rahmen des § 26 FamFG und ggf. eine Aussetzung nach §§ 21, 381 FamFG in Betracht. Im Zuge des sodann unter Umständen geführten Rechtsstreits kann durch das Prozessgericht nach § 246a AktG im Freigabverfahren die Vornahme der Eintragung im Beschlusswege angeordnet werden (hierzu Rz. 171b). Wurde ein „**Hin- und Herzahlen**" vereinbart (§ 183 Abs. 2 i.V.m. § 27 Abs. 4 AktG), so hat das Gericht Fälligkeit und Vollwertigkeit des Rückzahlungsanspruches zu prüfen.

1422 Bei **Sacheinlagen** ist zu prüfen,[3] ob ihr Wert den Nennbetrag der dafür zu gewährenden Aktien erreicht. Es gilt hier dasselbe, wie bei der Prüfung der Anmeldung der Kapitalerhöhung (Rz. 1407). Fehlt es bei Sacheinlagen an den gemäß § 183 Abs. 1 Satz 1 AktG erforderlichen Festsetzungen oder sind diese nicht nach § 185 Abs. 1 Satz 3 Nr. 3 AktG im Zeichnungsschein enthalten, ist die Eintragung der Durchführung der Kapitalerhöhung abzulehnen.[4] Erfolgt dennoch die Eintragung im Handelsregister, ist die Kapitalerhöhung zwar wirksam, die Einlage kann jedoch nicht durch die vereinbarte Sachleistung bewirkt werden, sondern nur durch Barzahlung. Wurde **von einer externen Sacheinlageprüfung abgesehen**, so darf die Durchführung der Kapitalerhöhung, im Hinblick auf einen möglichen Aktionärsantrag auf Bestellung eines externen Prüfers (Rz. 1397), **nicht vor** Ablauf von **vier Wochen seit der Bekanntmachung** über die Beschlussfassung eingetragen werden (§ 183a Abs. 2 Satz 2 AktG). Die Veröffentlichung nach § 183a Abs. 2 Satz 1 AktG ist dem Gericht durch die Gesellschaft in geeigneter Form nachzuweisen.[5]

---

[1] KG RJA 3, 126.
[2] Vgl. *Pfeifer*, in: MünchKommAktG, § 185 Rz. 45; *Hüffer*, AktG, § 185 Rz. 15 ff.
[3] *Hüffer*, AktG, § 183 Rz. 13 und § 188 Rz. 21.
[4] Siehe **OLG Frankfurt** AG 1976, 298; *Hüffer*, AktG, § 183 Rz. 18; *Lutter*, in: KölnKommAktG, § 184 Rz. 12.
[5] BT-Drucks. 16/11642, S. 36.

(4) Eintragung und Veröffentlichung der Durchführung der Kapitalerhöhung. Die **1423**
Eintragung der Durchführung der Kapitalerhöhung geschieht nach § 43 Nr. 3, Nr. 6
lit. a HRV. Es wird also der neue Betrag des Grundkapitals in Spalte 3 eingetragen,
der bisher eingetragene Grundkapitalbetrag gerötet und in Spalte 6 Unterspalte a die
Durchführung der Kapitalerhöhung unter Hinweis auf den Erhöhungsbeschluss, in
der Regel auch die entsprechende Satzungsänderung, eingetragen. Wurde von einer
externen Sacheinlageprüfung abgesehen, so ist die Frist des § 183 a Abs. 2 Satz 2
AktG zu beachten. Die Eintragung in Spalte 6 kann z. B. lauten:

> Die am 15. 12. 2009 beschlossene Erhöhung des Grundkapitals um 200 000 € ist durchgeführt. § 4 (Höhe und Einteilung des Grundkapitals) der Satzung ist durch Beschluss des Aufsichtsrats vom 13. 2. 2010 geändert.

Bei nur **teilweiser Durchführung** der Kapitalerhöhung kann der Eintragungswortlaut **1424**
folgendermaßen gestaltet werden:

> Die am 15. 12. 2009 beschlossene Erhöhung des Grundkapitals ist in Höhe von 100 000 €
> durchgeführt. § 4 (Höhe und Einteilung des Grundkapitals) der Satzung ist durch Beschluss
> des Aufsichtsrats vom 13. 2. 2010 geändert.

Sofern, was häufig geschieht, die Eintragung des Kapitalerhöhungsbeschlusses und **1425**
der Durchführung miteinander **verbunden werden** (§ 188 Abs. 4 AktG; zur Anmeldung siehe Rz. 1405), würde die Eintragung lauten:

> Die Hauptversammlung vom 15. 12. 2009 hat die Erhöhung des Grundkapitals um 200 000 €
> sowie die Änderung des § 4 (Höhe und Einteilung des Grundkapitals) der Satzung beschlossen. Die Kapitalerhöhung ist durchgeführt.
> *(Gleichzeitig ist, wie beschrieben, die jeweilige Änderung des Grundkapitals in Spalte 3 einzutragen.)*

Die **Veröffentlichung** erfolgt gemäß § 10 HGB. **1426**

Mit der Eintragung der Durchführung der Erhöhung des Grundkapitals ist das **1427**
Grundkapital erhöht (§ 189 AktG). Die Eintragung hat also konstitutive Wirkung.
Erst jetzt dürfen die neuen Aktien ausgegeben werden (§ 191 AktG). Damit ist das
Registergericht allerdings nicht befasst.

Erfolgt trotz eines Verstoßes gegen die gesetzlichen Vorschriften die Eintragung der **1428**
Durchführung einer Kapitalerhöhung im Register, so kommt eine **amtswegige Löschung** nur unter den engen Voraussetzungen des § 398 FamFG in Betracht.[1] Da
diese Vorschrift in besonderem Maße die Bestandskraft erfolgter Eintragungen absichert,[2] kann die Durchführung der Kapitalerhöhung nur gelöscht werden, wenn diese
ihrem Inhalt nach und nicht allein durch die Art ihres Zustandekommens zwingende
gesetzliche Vorschriften verletzt und die Beseitigung der Eintragung im öffentlichen
Interesse erforderlich erscheint.[3]

Folgendes **Prüfungsschema** kann für eine Kapitalerhöhung gegen Einlagen verwendet **1428a**
werden:

> A. <u>Erhöhungsbeschluss</u>
>   I. **Anmeldung** (§ 184 AktG)
>   1. durch **Vorstandsmitglieder in vertretungsberechtigter Zahl** (ggf. auch mit Prokuristen) **und Vorsitzenden des Aufsichtsrates** (ggf. auch Stellvertreter nach § 107 Abs. 1 Satz 3 AktG bei dargelegter Verhinderung)

---

[1] Siehe **OLG Frankfurt** FGPrax 2002, 35 (= Rpfleger 2002, 211); **OLG Karlsruhe** OLGZ 1986, 155.
[2] Vgl. **OLG Frankfurt** FGPrax 2002, 35 (= Rpfleger 2002, 211); **BayObLG** GmbHR 1996, 441; BayObLG GmbHR 1992, 304.
[3] **OLG Frankfurt** FGPrax 2002, 35 (= Rpfleger 2002, 211).

2. bei Sacheinlagen:
   a) **Angaben über Gegenstand, Person, zu gewährende Aktien** (§ 183 Abs. 1 AktG)
   b) **Prüfungsbericht** (§ 183 Abs. 3 AktG)
      Wert nicht unwesentlich unter geringstem Ausgabebetrag (§ 184 Abs. 3 Satz 1 AktG)
      Durch von Gericht bestellten Erhöhungsprüfer
      Ggf. Erhöhung ohne Prüfung gemäß §§ 183a, 33a AktG
3. Mitteilung, ob bzw. welche Einlagen auf bisheriges Grundkapital noch nicht geleistet wurden (§ 184 Abs. 1 Satz 2 AktG); Hindernis, sofern nicht nur unwesentlich, siehe § 182 Abs. 4 AktG (bis 250 000 €: 5%; darüber: 1%)

II. Hauptversammlungsprotokoll über Erhöhungsbeschluss (§§ 182, 183 AktG)
Kann dem Gericht ggf. bereits gemäß § 130 Abs. 5 AktG vorliegen
1. mindestens ¾ Mehrheit des vertretenen Grundkapitals (§ 182 Abs. 1 Satz 1 AktG)
ggf. andere Regelung durch Satzung
Bei mehreren Gattungen von Aktien: Sonderbeschluss (§ 182 Abs. 2 AktG)
2. Kapitalerhöhung
Konkreter Betrag
Ggf. auch Höchstbetrag (ggf. zusätzl. Mindestbetrag); dann mit Zeitraum für Zeichnung (maximal 6 Monate)
3. Verteilung auf Aktien
Entsprechend der Erhöhung
Ggf. Angabe eines Mindestbetrages, sofern höherer als geringster Ausgabebetrag (§ 182 Abs. 3 AktG)
Genaue Festsetzung kann Vorstand/Aufsichtsrat überlassen werden
4. bei Sacheinlage:
   a) **Gegenstand, Person, Nennbetrag/Stückzahl der Aktien** (§ 183 Abs. 1 AktG)
   b) **Prüfung durch Sachkapitalerhöhungsprüfer**
      Durch Gericht zu bestimmen (§ 183 Abs. 3 Satz 1, § 33 Abs. 3 bis 5, § 34 Abs. 2 und 3, § 35 AktG)
      Sofern nicht Erhöhung ohne Prüfung gemäß § 183a AktG
   c) **Sofern innerhalb der ersten 2 Jahre nach Eintragung der Gesellschaft:**
      Nachgründungsregeln (§ 52 AktG): Zustimmung der Hauptversammlung samt Eintragung in das Handelsregister
5. Ausschluss des Bezugsrechts (§ 186 Abs. 3 und 4 AktG)
Besondere Mehrheitsverhältnisse, § 186 Abs. 3 AktG (mind. ¾)
Sachliche Rechtfertigung § 186 Abs. 3 Satz 4 AktG
In Tagesordnung bekannt gemacht (§ 186 Abs. 4 AktG)
6. Ermächtigung des AR zu entspr. Satzungsneufassung (§ 179 Abs. 1 Satz 2 AktG)

III. Eintragung
nur Beschluss (Spalte 6), noch nicht Stammkapital (Spalte 3)

B. <u>Durchführung der Erhöhung</u>
I. Anmeldung (§ 188 AktG)
Auch gleichzeitig mit Erhöhungsbeschluss (§ 188 Abs. 4 AktG)
Ggf. mit Hinweis, dass weitere Durchführung (bei noch nicht ausgeschöpftem Beschluss) vorbehalten bleibt
1. durch Vorstandsmitglieder in vertretungsberechtigter Zahl und Vorsitzenden des Aufsichtsrates
siehe A. I. 1.
2. Betrag der durchgeführten Kapitalerhöhung
Exakt (nicht Mindest- oder Höchstbetrag)
In Übereinstimmung mit Erhöhungsbeschluss
3. Erklärung über Einzahlung (§ 188 Abs. 2, § 36 Abs. 2, §§ 36a, 37 AktG)
Gutschrift auf Konto des Vorstandes genügt nicht (§ 188 Abs. 2 Satz 2 AktG)

Angabe von Ausgabebetrag und Einzahlung (mind. ¼ des geringsten Ausgabebetrages + ggf. Agio, § 188 Abs. 2 Satz 1, § 36 Abs. 2, § 36 a AktG)
Endgültig zur freien Verfügung des Vorstandes (→ Bankbeleg)
Versicherung, dass Einzahlung nicht an Aktionäre zurückgeflossen
  II. **Zweitschriften der Zeichnungsscheine** (§ 188 Abs. 3 Nr. 1 AktG)
   1. **einfache Schriftform genügt**
   2. **gemäß § 185 AktG vorgeschriebener Inhalt**
      a) **Tag der Beschlussfassung über die Kapitalerhöhung** (§ 185 Abs. 1 Satz 3 Nr. 1 AktG)
      (bei genehmigtem Kapital: Tag der Ermächtigung)
      b) **Ausgabebetrag der Aktien** (§ 185 Abs. 1 Satz 3 Nr. 2 AktG)
      c) **Betrag der festgesetzten Einzahlungen** (§ 185 Abs. 1 Satz 3 Nr. 2 AktG)
      d) **Umfang der Nebenverpflichtungen ggü. der Gesellschaft** (§ 185 Abs. 1 Satz 3 Nr. 2 AktG)
      e) **Bei Sacheinlagen:** § 185 Abs. 1 Satz 3 Nr. 3 AktG
      Gegenstand, Person, zu gewährende Aktien (§ 183 Abs. 1 AktG)
      f) **Bei Ausgabe mehrerer Gattungen** (§ 185 Abs. 1 Satz 3 Nr. 3 AktG)
      Auf jede Gattung entfallender Betrag des Grundkapitals
      g) **Zeitpunkt, an dem die Zeichnung unverbindlich wird** (§ 185 Abs. 1 Satz 3 Nr. 4 AktG)
      Darf zum Zeitpunkt der Eintragung nicht abgelaufen sein
   3. **ohne weiteren Vorbehalt** (§ 185 Abs. 2 AktG)
   4. **in Summe entsprechend dem Erhöhungsbetrag**
 III. **Verzeichnis der Zeichner** (§ 188 Abs. 3 Nr. 1 AktG)
   Vom Vorstand unterschrieben
   Mit auf jeden entfallender Aktien
   Mit geleisteten Einzahlungen
 IV. **Berechnung der Kosten** (§ 188 Abs. 3 Nr. 3 AktG)
   Bei gezahlten Steuern und Gebühren: Nachweis über Art und Höhe (§ 188 Abs. 2 Satz 1, § 37 Abs. 1 Satz 5 AktG)
  V. **Bei Sacheinlagen** (§ 188 Abs. 3 Nr. 2 AktG)
   Verträge für deren Festsetzung oder zur Ausführung nach § 183 AktG

C. **Satzungsänderung** (§ 181 AktG)
  I. **Beschluss**
   Zumind. über Erhöhung des Grundkapitals
   Ggf. aufgrund Ermächtigung gemäß § 179 Abs. 1 Satz 2 AktG durch Aufsichtsrat
   Mit erforderlicher Mehrheit
 II. **Anmeldung durch Vorstand** (§ 181 Abs. 1 AktG)
 III. **Satzungswortlaut samt Notarbescheinigung** (§ 181 Abs. 1 AktG)

b) **Kapitalerhöhung aus Gesellschaftsmitteln.** Die Kapitalerhöhung aus Gesellschaftsmitteln (§§ 207 bis 220 AktG) ermöglicht die Umwandlung der Kapitalrücklage (Bilanz: Passivseite A II, § 266 Abs. 3, § 272 Abs. 2 HGB) und von Gewinnrücklagen (Bilanz: Passivseite A III, § 266 Nr. 3, § 272 Abs. 3 HGB) der Gesellschaft in Grundkapital, das auf diese Weise erhöht wird, ohne dass neue Mittel von außen zugeführt werden. Entsprechend ist hier auch nur die Beschlussfassung, nicht jedoch eine Zeichnung erforderlich. Somit entfällt auch die „Durchführung" der Kapitalerhöhung als eigener Akt, vielmehr wird die Kapitalerhöhung mit der Eintragung des Beschlusses wirksam (§ 211 AktG). Allerdings ist in der Eintragung zu vermerken, dass es sich um eine Kapitalerhöhung aus Gesellschaftsmitteln handelt (§ 210 Abs. 4 AktG). Das neue Kapital steht zwingend den bisherigen Aktionären zu (§ 212 AktG).

aa) Voraussetzungen für die Kapitalerhöhung aus Gesellschaftsmitteln. Dem Beschluss über die Erhöhung des Grundkapitals ist eine **Bilanz** zugrunde zu legen (§ 207 Abs. 3 AktG). In der „zugrunde gelegten Bilanz" (§ 209 AktG) muss die umzuwandelnde

Rücklage ausgewiesen sein (§ 208 Abs. 1 AktG). Denkbar ist auch die Umwandlung einer zuvor durch Sacheinlage gebildeten Rücklage; jedoch darf dieses Vorgehen nicht zur Umgehung der §§ 183 ff. AktG führen, so dass in diesem Fall entgegen § 210 Abs. 3 AktG Nachforschungen des Registergerichts zur Werthaltigkeit anzustellen sind.[1] Die durch das Registergericht festzustellende Umwandlungsfähigkeit der jeweiligen **Rücklagen** ist im Einzelnen in § 208 Abs. 1 und Abs. 2 AktG geregelt. Als Bilanz kann entweder die letzte Jahresbilanz verwendet werden, wenn sie geprüft und mit dem uneingeschränkten Bestätigungsvermerk des Abschlussprüfers versehen ist (§ 209 Abs. 1 AktG), oder es muss eine besondere durch einen Abschlussprüfer geprüfte Bilanz aufgestellt werden (vgl. § 209 Abs. 2 und 3 AktG). Der **Bilanzstichtag** darf höchstens acht Monate vor der Anmeldung des Beschlusses zur Eintragung in das Handelsregister liegen (§ 209 Abs. 1 AktG). Um die besondere Bilanz den Aktionären bekannt zu geben, muss sie der Vorstand von der Einberufung der Hauptversammlung an in dem Geschäftsraum oder über die Internetseite der Gesellschaft zur Einsicht der Aktionäre zugänglich machen; auf Verlangen ist jedem Aktionär unverzüglich eine Abschrift der besonderen Bilanz zu erteilen (§ 209 Abs. 6 i.V.m. § 175 Abs. 2 AktG). Die Beachtung dieser Vorschrift ist erzwingbar (§ 407 Abs. 1 AktG). Ein Verstoß gegen § 209 Abs. 6 AktG macht den Kapitalerhöhungsbeschluss anfechtbar. Auf die Einhaltung dieser Vorschrift kann aber bei einer Vollversammlung mit Einstimmigkeit verzichtet werden.

1431 Ist noch ein **bedingtes Kapital** vorhanden, das zur Gewährung von Umtauschrechten an Gläubiger von Wandelschuldverschreibungen beschlossen worden ist und das sich kraft Gesetzes im gleichen Verhältnis wie das Grundkapital erhöht (§ 218 Satz 1 AktG), so ist zur Deckung des Unterschieds zwischen dem Ausgabebetrag der Schuldverschreibungen und dem höheren Gesamtnennbetrag der für sie zu gewährenden Bezugsaktien eine **Sonderrücklage** zu bilden, soweit nicht Zuzahlungen der Umtauschberechtigten vereinbart sind (§ 218 Satz 2 AktG).

1432 Die **Hauptversammlung beschließt** die Erhöhung des Grundkapitals durch Umwandlung der Kapital- oder von Gewinnrücklagen in Grundkapital mit mindestens Drei-Viertel-Mehrheit des bei der Beschlussfassung vertretenen Grundkapitals. Dabei ist auch die entsprechende **Satzungsänderung** über das Grundkapital zu beschließen. Die Satzung kann eine andere Kapitalmehrheit, für die Ausgabe von Vorzugsaktien ohne Stimmrecht jedoch nur eine größere Mehrheit bestimmen (§ 207 Abs. 1 und 2, § 182 Abs. 1 Satz 1 und 2 AktG). Eines Sonderbeschlusses der Aktionäre jeder Gattung (§ 138 AktG) bedarf es hier nicht, da Rechtsnachteile für die einzelnen Gattungen nicht eintreten. Im Beschluss über die Kapitalerhöhung kann bestimmt werden, dass die neuen Aktien bereits am Gewinn des letzten vor der Beschlussfassung über die Kapitalerhöhung abgelaufenen Geschäftsjahres teilnehmen (siehe hierzu § 217 Abs. 2 AktG). Dem Beschluss über die Kapitalerhöhung muss die „zugrunde gelegte Bilanz" als Grundlage dienen (§ 209 AktG). Wird eine besondere Bilanz aufgestellt und diese von der Hauptversammlung selbst festgestellt (§ 173 AktG), kann dies auch noch in der Hauptversammlung geschehen, die über die Kapitalerhöhung aus Gesellschaftsmitteln beschließt. Bei der Beschlussfassung über die Kapitalerhöhung ist darauf zu achten, dass die in § 209 Abs. 1 und 2, § 217 Abs. 2 Satz 4 und 5 AktG vorgeschriebenen Fristen eingehalten werden können.

1433 Auch eine Kapitalerhöhung aus Gesellschaftsmitteln kann grundsätzlich nur durch die **Ausgabe neuer Aktien** ausgeführt werden (§ 207 Abs. 2 i.V.m. § 182 Abs. 1 Satz 4 AktG). Gesellschaften mit Stückaktien können ihr Grundkapital jedoch auch ohne Ausgabe neuer Aktien im Wege der Kapitalerhöhung aus Gesellschaftsmitteln

---

[1] **OLG Hamm** FGPrax 2008, 120 (= Rpfleger 2008, 310).

erhöhen (§ 207 Abs. 2 Satz 2 AktG). Bei teileingezahlten Aktien kann die Erhöhung des Grundkapitals nur durch Erhöhung des Nennbetrags der Aktien durchgeführt werden. Sind teileingezahlte und volleingezahlte Aktien nebeneinander vorhanden, so muss der Kapitalerhöhungsbeschluss ersehen lassen, ob die Kapitalerhöhung durch Erhöhung des Nennbetrags bei den teileingezahlten Aktien und durch Ausgabe neuer Aktien bei den volleingezahlten Aktien oder durch die Erhöhung des Nennbetrags bei allen Aktien durchgeführt wird (§ 215 Abs. 2 Satz 2 und 3 AktG). Bei der Kapitalerhöhung durch Erhöhung des Nennbetrags der Aktien ist § 215 Abs. 2 Satz 4 AktG zu beachten.

bb) Anmeldung der Kapitalerhöhung aus Gesellschaftsmitteln. Der Beschluss über die **1434** Kapitalerhöhung ist vom Vorstand in vertretungsberechtigter Zahl und vom Vorsitzenden des Aufsichtsrats zur Eintragung in das Handelsregister **anzumelden** (§ 207 Abs. 2 i.V.m. § 184 Abs. 1 AktG). Hierbei gilt dasselbe wie bei der Kapitalerhöhung gegen Einlagen (Rz. 1401 ff.). Die Anmeldung ist nicht erzwingbar (§ 407 Abs. 2 AktG).

Die Anmeldenden haben dem Gericht gegenüber zu erklären, dass nach ihrer Kenntnis seit dem Stichtag der zugrunde gelegten Bilanz bis zum Tag der Anmeldung **keine Vermögensminderung** eingetreten ist, die der Kapitalerhöhung entgegenstünde, wenn sie am Tag der Anmeldung beschlossen worden wäre (§ 210 Abs. 1 Satz 2 AktG). Ausstehende Einlagen auf das bisherige Grundkapital schließen eine Kapitalerhöhung aus Gesellschaftsmitteln nicht aus (vgl. § 215 Abs. 2 AktG). Auch führt § 207 Abs. 2 AktG die Bestimmung des § 182 Abs. 4 AktG nicht auf. Der nach Neufassung des § 184 AktG durch das ARUG insoweit irreführende Verweis des § 207 Abs. 2 AktG auf § 184 Abs. 1 Satz 2 AktG beruht offensichtlich auf einem Redaktionsversehen. Es bedarf daher abweichend hiervon bei der Anmeldung einer Kapitalerhöhung aus Gesellschaftsmitteln auch weiterhin keiner Angabe über ausstehende Einlagen. **1435**

Der Anmeldung für das Gericht sind als **Anlagen** nach § 12 Abs. 2 HGB zu übermitteln: **1436**
- das Protokoll über die Hauptversammlung, in der die Kapitalerhöhung beschlossen wurde, soweit dieses nicht bereits bei dem Registergericht vorliegt (§ 130 Abs. 5 AktG),
- die der Kapitalerhöhung zugrunde gelegte Bilanz mit Bestätigungsvermerk der Abschlussprüfer, wenn es die letzte Jahresbilanz gemäß § 209 Abs. 1 AktG ist; ist eine besondere Erhöhungsbilanz gemäß § 209 Abs. 2 bis 6 AktG aufgestellt worden, ist diese mit dem Bestätigungsvermerk der Prüfer sowie die letzte Jahresbilanz, sofern sie noch nicht eingereicht ist, beizufügen (§ 210 Abs. 1 Satz 1 AktG).

Hinsichtlich der gleichzeitig anzumeldenden Änderung der Satzung zur Höhe des Grundkapitals ist der vollständige **Wortlaut der Satzung** mit der entsprechenden notariellen Bescheinigung beizufügen (§ 181 Abs. 1 Satz 2 AktG). Etwaige weitere Änderungen, beispielsweise zu einem vorhandenen bedingten Kapital sind ausdrücklich anzumelden (siehe Rz. 1431 und 1443). Beispiel: **1437**

Die unterzeichnenden Vorstandsmitglieder und der Vorsitzende des Aufsichtsrats melden zur Eintragung in das Handelsregister an:
Die Hauptversammlung vom 25. 2. 2010 hat die Erhöhung des Grundkapitals um 100 000 € und die Änderung des § 4 (Höhe und Einteilung des Grundkapitals) der Satzung beschlossen. Die Kapitalerhöhung erfolgt durch Ausgabe von 100 000 neuen Stückaktien im rechnerischen Nennwert von 1 €. Die Kapitalerhöhung erfolgt aus Gesellschaftsmitteln. Das Grundkapital beträgt nun 600 000 €.
Wir erklären, dass nach unserer Kenntnis seit dem Stichtag der dieser Kapitalerhöhung zugrunde gelegten Bilanz bis zum heutigen Tag der Anmeldung keine Vermögensminderung

eingetreten ist, die der Kapitalerhöhung entgegenstünde, wenn sie am Tag der Anmeldung beschlossen worden wäre

Als Anlage fügen wir bei:
- Protokoll der Hauptversammlung vom 25. 2. 2010
- Bilanz samt Bestätigungsvermerk des Abschlussprüfers
- Vollständiger Wortlaut der Satzung mit der Bescheinigung des Notars gemäß § 181 Abs. 1 Satz 2 AktG

1438 *cc) Prüfung durch das Registergericht.* Der **Registerrichter** (§ 17 Nr. 1 lit. b RPflG) **prüft** insbesondere, ob die Anmeldung den vorgeschriebenen Inhalt gemäß § 210 Abs. 1 Satz 2 AktG hat,[1] ob die Frist von acht Monaten zwischen dem Stichtag der zugrunde gelegten Bilanz und dem Tag der Anmeldung nicht überschritten ist (§ 209 Abs. 1 und Abs. 2 Satz 2, § 210 Abs. 2 AktG), ob die in der zugrunde gelegten Bilanz, wenn diese eine besondere Erhöhungsbilanz nach § 209 Abs. 2 bis 6 AktG ist auch in der letzten Jahresbilanz, ausgewiesenen Rücklagen geeignet sind für die Umwandlung in Grundkapital, ob § 212 AktG beachtet ist, ob im Fall des § 215 Abs. 2 AktG der Beschluss die Art der Erhöhung angibt und ob im Fall des § 217 Abs. 2 AktG die Drei-Monats-Frist nicht überschritten ist, gerechnet vom Tag der Beschlussfassung über die Kapitalerhöhung bis zur Eintragung in das Handelsregister, nicht bis zur Anmeldung.

1439 Der Registerrichter muss demnach v. a. prüfen, ob die umwandlungsfähigen **Rücklagen** in der Bilanz oder im letzten Beschluss über die Verwendung des Jahresüberschusses oder des Bilanzgewinns als Zuführung zu diesen Rücklagen **ausgewiesen sind**. Zwar hat das Gericht gemäß § 210 Abs. 3 AktG nicht zu prüfen, ob die Bilanzen den gesetzlichen Vorschriften entsprechen, da hierfür der oder die Prüfer zuständig sind. Da aber deren Prüfung sich nicht darauf erstreckt, ob die Rücklagen umwandlungsfähig sind und ein Verstoß gegen § 208 AktG die Nichtigkeit des Kapitalerhöhungsbeschlusses zur Folge hat,[2] besteht in dieser Richtung eine Prüfungspflicht des Registerrichters (siehe auch Rz. 1430). Verstößt der Hauptversammlungsbeschluss gegen § 208 AktG, muss die Eintragung der Kapitalerhöhung abgelehnt werden.[3] Ist Anfechtungsklage nach §§ 243 ff. AktG erhoben, so kann das ein Anlass zur Aussetzung des Verfahrens gemäß § 21 FamFG sein.

1440 Fehlt es an einem der genannten Erfordernisse, ist die **Eintragung abzulehnen**. Wird dennoch eingetragen, gilt Folgendes: Fehlt die Erklärung gemäß § 210 Abs. 1 Satz 2 AktG, so **heilt die Eintragung** diesen Mangel;[4] dasselbe gilt, wenn trotz der Überschreitung der Acht-Monats-Frist eingetragen wird; ein Verstoß gegen § 215 Abs. 2 Satz 3 Halbs. 2 AktG (Angabe der Art der Erhöhung im Hauptversammlungsbeschluss) bewirkt nur Anfechtbarkeit nach §§ 243 ff. AktG; ein Verstoß gegen § 215 Abs. 2 Satz 4 AktG begründet die Nichtigkeit nach §§ 212, 241 AktG,[5] die nicht heilbar ist;[6] wird die Drei-Monats-Frist des § 217 Abs. 2 AktG überschritten, hat das nach der ausdrücklichen Vorschrift in Satz 4 und nach § 241 AktG die Nichtigkeit des Beschlusses über die Kapitalerhöhung und des Beschlusses über die Verwendung des Bilanzgewinns des letzten vor der Beschlussfassung über die Kapitalerhöhung ab-

---

[1] **OLG Hamm** FGPrax 2008, 120 (= Rpfleger 2008, 310).
[2] *Hüffer,* AktG, § 208 Rz. 11; *Volhard,* in: MünchKommAktG, § 208 Rz. 38; *Lutter,* in: KölnKommAktG, § 208 Rz. 25.
[3] Siehe *Hüffer,* AktG, § 208 Rz. 11; *Volhard,* in: MünchKommAktG, § 208 Rz. 39.
[4] *Hüffer,* AktG, § 210 Rz. 10; *Volhard,* in: MünchKommAktG, § 208 Rz. 39; *Lutter,* in: KölnKommAktG, § 210 Rz. 19.
[5] *Hüffer,* AktG, § 215 Rz. 6; *Volhard,* in: MünchKommAktG, § 215 Rz. 17.
[6] *Volhard,* in: MünchKommAktG, § 215 Rz. 17.

gelaufenen Geschäftsjahres zur Folge; die Eintragung heilt aber nach § 242 Abs. 2 und 3 AktG.

dd) Eintragung im Handelsregister. Die **Eintragung** des Beschlusses erfolgt gemäß § 43 Nr. 3, Nr. 6 lit. a HRV. Bei der Eintragung ist anzugeben, dass es sich um eine Kapitalerhöhung aus Gesellschaftsmitteln handelt (§ 210 Abs. 4 AktG). Die Eintragung in Spalte 6 Unterspalte a kann z. B. lauten: 1441

> Die Hauptversammlung vom 25. 2. 2010 hat die Erhöhung des Grundkapitals um 100 000 € und die Änderung des § 4 (Höhe und Einteilung des Grundkapitals) der Satzung beschlossen. Die Kapitalerhöhung erfolgt aus Gesellschaftsmitteln.

In Spalte 3 ist das neue Grundkapital einzutragen und das bisher eingetragene zu röten. Mit der Eintragung des Beschlusses über die Erhöhung des Grundkapitals ist das Grundkapital erhöht (§ 211 AktG). Die Eintragung hat somit konstitutive Wirkung. Eine Durchführung der Kapitalerhöhung entfällt hier. Die Aktien dürfen erst nach der Eintragung ausgegeben werden (§ 219 AktG), womit das Registergericht jedoch nicht befasst ist. Die **Veröffentlichung** erfolgt gemäß § 10 HGB. 1442

Bei Vorhandensein eines **bedingten Kapitals** ist § 218 AktG zu beachten, wonach sich dieses im gleichen Verhältnis wie das Grundkapital erhöht. Das hat zur Folge, dass auch die Bestimmung der Satzung über die Höhe des bedingten Kapitals geändert werden muss, da nur dann die Kapitalverhältnisse, welche zwingender Bestandteil der Satzung sind (vgl. § 23 Abs. 3 AktG), korrekt wiedergegeben werden. Sollte diese Anpassung allerdings bei der Beschlussfassung und auch vom Gericht übersehen werden, ändert dies nichts an der automatischen Anpassung des bedingten Kapitals nach § 218 Satz 1 AktG. Auch die Änderung der Satzungsbestimmung über das bedingte Kapital muss **angemeldet und eingetragen** werden.[1] In der Eintragung ist daneben auch die neue Höhe des bedingten Kapitals in der Spalte Spalte 6 Unterspalte b zu vermerken (§ 43 Nr. 6 lit. b sublit. gg HRV). 1443

Die **Eintragung** kann z. B. lauten: 1444

> **Spalte 3 (Grundkapital):**
> 600 000 €
>
> **Spalte 6**
> **Unterspalte a (Rechtsform, Satzung):**
> Die Hauptversammlung vom 25. 2. 2010 hat die Erhöhung des Grundkapitals um 100 000 € sowie die Änderung der §§ 4 (Höhe und Einteilung des Grundkapitals) und 5 (Bedingtes Kapital) der Satzung beschlossen. Es handelt sich um eine Kapitalerhöhung aus Gesellschaftsmitteln.
>
> **Unterspalte b (Sonstige Rechtsverhältnisse):**
> Das Bedingte Kapital 2006/I beträgt aufgrund des Beschlusses der Hauptversammlung vom 25. 2. 2010 nunmehr 300 000 €.

Zu röten ist der **bisherige Kapitalbetrag** in Spalte 3. Im Register ist eine Rötung des bisherigen Betrags des bedingten Kapitals wegen des Verbots der Teilrötung (§ 16 Abs. 3 HRV) unzulässig. In einem aktuellen Ausdruck (§ 30 a Abs. 4 Satz 3 HRV) würde die Eintragung unter Spalte 6 Unterspalte a bis auf das Beschlussdatum, soweit es das letzte ist, verschwinden, die Eintragung in Spalte 6 Unterspalte b würde durch die Sortierfunktion des EDV-Programms mit der ersten Eintragung über das bedingte Kapital zusammengeführt werden, so dass Spalte 6 Unterspalte b im **aktuellen Ausdruck** lauten würde: 1445

---

[1] *Hüffer*, AktG, § 218 Rz. 3; *Müther*, Handelsregister, § 7 Rz. 97.

Spalte 6
Unterspalte b (Sonstige Rechtsverhältnisse):
Das Grundkapital der Gesellschaft ist durch Beschluss der Hauptversammlung vom 1.3. 2006 um 250 000 € bedingt erhöht (Bedingtes Kapital 2006/I). Das bedingte Kapital 2006/I beträgt aufgrund des Beschlusses der Hauptversammlung vom 25. 2. 2010 nunmehr 300 000 €.

1446 Schwierigkeiten können sich ergeben, wenn im laufenden Geschäftsjahr, jedoch vor der Hauptversammlung, welche die Kapitalerhöhung aus Gesellschaftsmitteln beschließt, Bezugsaktien ausgegeben wurden. Grundsätzlich ist die Ausgabe von Bezugsaktien nach § 201 AktG nur einmal im Jahr im ersten Monat nach Ablauf eines Geschäftsjahrs für das abgelaufene Geschäftsjahr anzumelden. Wegen der sonst eintretenden Verwirrung bei den Kapitalverhältnissen wird man jedoch die Ausgabe der Bezugsaktien bis zum Zeitpunkt der Hauptversammlung hier zulassen, ja sogar fordern müssen. Auf diese baut dann die Kapitalerhöhung aus Gesellschaftsmitteln und auch die Anpassung des bedingten Kapitals auf. Hätten also im vorstehenden Fall bei einem Geschäftsjahr, das dem Kalenderjahr entspricht, Bezugsberechtigte in Höhe von 100 000 € ihre Bezugsrechte ausgeübt, so müsste in der Anmeldung zunächst die Ausübung der Bezugsrechte und die entsprechende Erhöhung des Grundkapitals, sodann darauf aufbauend die Kapitalerhöhung aus Gesellschaftsmitteln und schließlich die Änderung des bedingten Kapitals, also zunächst die Minderung aufgrund der Ausübung der Bezugsrechte auf z. B. 150 000 € und sodann die Anpassung nach § 218 AktG auf 175 000 € angemeldet werden. Die **Eintragung** würde demnach lauten:

Spalte 3 (Grundkapital):
700 000 €

Spalte 6
Unterspalte a (Rechtsform, Satzung):
Aufgrund der am 1. 3. 2005 beschlossenen bedingten Kapitalerhöhung (bedingtes Kapital 2005/I) wurden in der Zeit vom 1. 1. 2009 bis zum 25. 2. 2009 100 000 Bezugsaktien ausgegeben. Die Hauptversammlung vom 25. 2. 2009 hat die Erhöhung des Grundkapitals um weitere 100 000 € sowie die Änderung der §§ 4 (Höhe und Einteilung des Grundkapitals) und 5 (Bedingtes Kapital) der Satzung beschlossen. Es handelt sich um eine Kapitalerhöhung aus Gesellschaftsmitteln.
Unterspalte b (Sonstige Rechtsverhältnisse):
Das Bedingte Kapital 2005/I beträgt aufgrund teilweiser Ausschöpfung und des Beschlusses der Hauptversammlung vom 25. 2. 2009 nunmehr 175 000 €.

1447 Der **aktuelle Ausdruck** würde in Spalte 6 Unterspalte a lediglich das Datum der Beschlussfassung als letztes Änderungsdatum der Satzung wiedergeben, die Spalte 6 Unterspalte b würde lauten:

Spalte 6
Unterspalte b (Sonstige Rechtsverhältnisse):
Das Grundkapital der Gesellschaft ist durch Beschluss der Hauptversammlung vom 1. 3. 2005 um 250 000 € bedingt erhöht (Bedingtes Kapital 2005/I). Das Bedingte Kapital 2005/I beträgt aufgrund teilweiser Ausschöpfung und des Beschlusses der Hauptversammlung vom 25. 2. 2009 nunmehr 175 000 €

1447a Folgendes Prüfungsschema kann bei Kapitalerhöhungen aus Gesellschaftsmitteln unter Heranziehung des Schemas für eine Kapitalerhöhung gegen Einlagen (Rz. 1428a) mit Abweichungen verwendet werden. Erforderlich ist nur Teil A (Erhöhungsbeschluss) und Teil C (Satzungsänderung):

A. Erhöhungsbeschluss
I. Anmeldung (§ 207 Abs. 2, § 184 Abs. 1 AktG)
Zusätzlich: **Erklärung über Vermögensminderung seit Bilanzstichtag** (§ 210 Abs. 1 Satz 2 AktG)
Nicht: A. I. 3 **(Angaben über ausstehende Einlagen)**
Schließen eine Kapitalerhöhung aus Gesellschaftsmitteln nicht aus (§ 215 Abs. 2 AktG)
II. Protokoll über Erhöhungsbeschluss (§ 207 AktG)
Nicht: A. II.1 **(Sonderbeschluss der Aktionäre jeder Gattung)**
Nicht erforderlich, da keine Rechtsnachteile für einzelne Gattungen
A. II. 5 (Bezugsrecht) § 212 AktG
Zusätzlich:
1. ggf. **Beteiligung der neuen Aktien bereits am Gewinn des letzten vor der Beschlussfassung abgelaufenen Geschäftsjahres** (§ 217 Abs. 2 AktG)
Dann Wirksamkeitsvoraussetzung: Eintrag binnen 3 Monaten seit der Beschlussfassung (§ 217 Abs. 2 Satz 4, 5 AktG)
2. sofern (auch) **teileingezahlte Aktien vorhanden**:
Erhöhung des Grundkapitals nur durch Erhöhung des Nennbetrages (zumindest für teileingezahlte Aktien), § 215 Abs. 2 Satz 2, 3 AktG
Entscheidung hierüber erforderlich
Beachte: § 215 Abs. 2 Satz 4 AktG (Deckung)
III. Bilanz mit Bestätigungsvermerk des Abschlussprüfers (§ 207 Abs. 3, 209 AktG)
letzte Jahresbilanz (§ 209 Abs. 1 AktG)
a) **geprüft, mit uneingeschränktem Bestätigungsvermerk**
b) ggf. **auch besondere Bilanz** (§ 209 Abs. 2 und 3 AktG)
dann auch letzte Jahresbilanz vorzulegen
c) **Bilanzstichtag maximal 8 Monate vor Anmeldung des Beschlusses** (§ 209 Abs. 1 AktG)

C. Satzungsänderung
– Bei Vorliegen von bedingtem Kapital § 218 AktG:
Erhöhung im gleichen Verhältnis wie das Grundkapital (automatisch § 218 AktG)
– Eintragung mit Angabe, dass es sich um Kapitalerhöhung aus Gesellschaftsmitteln handelt § 210 Abs. 4 AktG
– Mit Rötung des bisherigen Kapitalbetrages

c) Kapitalmaßnahmen zur Euroumstellung. Die **Einführung des Euro** als neue Währungseinheit zwingt grundsätzlich nicht zur Umstellung des Grundkapitals bei bestehenden Aktiengesellschaften. Allerdings sieht § 3 Abs. 5 EGAktG eine Registersperre zur Durchführung von Kapitalmaßnahmen vor. Sofern das Grundkapital umgestellt wird, empfiehlt es sich, auch sonstige aktuelle Geldbeträge (z. B. Anordnung der Zustimmungspflicht für bestimmte betragsmäßig festgelegte Geschäfte, Festsetzung der Vergütung für Aufsichtsratmitglieder) auf Euro umzustellen. Die ursprünglichen Festsetzungen zum Gründungsaufwand und im Rahmen einer etwaigen Sachgründung sollten jedoch im Zweifel unverändert bestehen bleiben (vgl. §§ 26 Abs. 4, 27 Abs. 5 AktG).

aa) Rechnerische Umstellung des Grundkapitals auf Euro. Das Verfahren für die Umstellung des Grundkapitals auf Euro richtet sich nach § 4 EGAktG. Zunächst ist dort die **einfache Umrechnung** des Grundkapitals und der etwaigen Aktiennennbeträge von DM auf Euro vorgesehen. Der ermittelte Betrag ist auf volle Cent zu runden.[1] Die Beschlussfassung über die Umrechnung der DM-Beträge in der Satzung kann durch Beschluss der Hauptversammlung mit einfacher Mehrheit erfolgen (§ 4

---

[1] *Heider*, in: MünchKommAktG, § 6 Rz. 51; *Ihrig/Streit* NZG 1998, 201; *Kopp/Heidinger*, Notar und Euro, S. 38.

Abs. 1 Satz 1 EGAktG). Dieser Beschluss kann vom Vorstand ohne öffentliche Beglaubigung zur Eintragung im Handelsregister angemeldet werden. Die Vorlage einer entsprechenden notariell bescheinigten Satzung (§ 181 Abs. 1 Satz 2 AktG) ist gemäß § 4 Abs. 1 Satz 3 EGAktG nicht erforderlich. Eine Veröffentlichung der Eintragung der bloßen Euro-Umstellung des Grundkapitals findet nicht statt (Art. 45 Abs. 1 Satz 2 EGHGB).

1450 Die lediglich rechnerische Umstellung des Grundkapitals ermöglicht eine endgültige Lösung für Gesellschaften mit Aktien ohne Nennwert. Dies war ein wesentlicher Grund für die Einführung der **Stückaktien**.[1] Die verbleibenden krummen Beträge des Grundkapitals und der Aktienwerte sind hierbei kein Problem, da nach § 8 Abs. 3 AktG lediglich erforderlich ist, dass der auf die einzelne Aktie entfallende anteilige Betrag des Grundkapitals einen Euro nicht unterschreitet; ein rechnerisch „glatter" Betrag ist jedoch nicht erforderlich.[2] Auch fordert § 3 Abs. 5 EGAktG zwar „glatte" Aktiennennbeträge, jedoch hinsichtlich Stückaktien kein „glattes" Grundkapital. Bei Vorliegen von Stückaktien besteht somit ebenfalls kein Zwang zur Euroumstellung. Allerdings ist zu beachten, dass Kapitalmaßnahmen seit 1. 1. 2002 nur in der gültigen Währung Euro erfolgen können, so dass zuvor die rein rechnerische Umstellung des Grundkapitals vorzunehmen ist.[3]

1451 Bei **Nennwertaktien** muss jedoch bei der nächsten Kapitalmaßnahme nach § 3 Abs. 5 EGAktG wegen der erforderlichen Teilbarkeitsregeln eine weitere Anpassung an die nunmehr geltenden Vorschriften erfolgen, da die Aktiennennbeträge nach § 8 Abs. 2 AktG auf volle Euro lauten müssen.

1452 *bb) Glättung des Grundkapitals nach Umstellung auf Euro*. Eine Anpassung und Glättung des Grundkapitals[4] und der Aktiennennbeträge kann nach § 4 Abs. 2 und 3 EGAktG auf zwei Wegen erfolgen: Entweder durch **Erhöhung** des Grundkapitals **aus Gesellschaftsmitteln** oder durch **Herabsetzung des Grundkapitals**. Hingegen kommt eine Glättung im Wege der Kapitalerhöhung durch Einlagen (§§ 182 ff. AktG) nicht in Betracht, da diese stets durch Ausgabe neuer Aktien zu bewirken ist (§ 182 Abs. 1 Satz 4 AktG) und daher die angestrebte Glättung der Aktiennennwerte nicht zu erreichen ist (siehe Rz. 1456).

1453 Wird durch die Glättung jeweils nur der nächsthöhere oder nächstniedrigere Betrag des Grundkapitals angestrebt, mit dem die Nennbeträge der Aktien auf volle Euro umgestellt werden können, sieht das Gesetz verschiedene materielle **Erleichterungen** vor: So genügt abweichend von den üblichen Vorschriften die einfache Mehrheit des bei der Beschlussfassung vertretenen Grundkapitals, bei Herabsetzung jedoch nur, wenn mindestens die Hälfte des Grundkapitals vertreten ist (§ 4 Abs. 2 Satz 1 EGAktG). Diese Vereinfachung gilt auch für die entsprechende Anpassung eines genehmigten Kapitals oder über die Teilung der auf volle Euro gestellten Aktien sowie für mit der Kapitalmaßnahme verbundene Satzungsänderungen (§ 4 Abs. 2 Satz 2 EGAktG). Die Vereinfachung des § 130 Abs. 1 Satz 3 AktG gilt hier jedoch nicht. Es ist also in jedem Fall die notarielle Beurkundung des Beschlusses über die jeweilige Kapitalmaßnahme erforderlich (§ 4 Abs. 2 Satz 3 EGAktG). Bei der Kapitalerhöhung aus Gesellschaftsmitteln gelten nach § 4 Abs. 5 EGAktG Erleichterungen bezüglich der umwandlungsfähigen Rücklagen. Danach können auch die Kapitalrücklage und die gesetzliche Rücklage sowie deren Zuführungen, auch soweit sie zusammen den

---

[1] StückAG vom 25. 3. 1998, BGBl. I S. 590; siehe *Sprockhoff* NZG 1998, 889.
[2] Siehe BT-Drucks. 13/9573, S. 11 sowie *Hüffer*, AktG, § 8 Rz. 22.
[3] Siehe *Kopp/Heidinger*, Notar und Euro, S. 47.
[4] Siehe hierzu *Schürmann* NJW 1998, 3162; *Kopp/Heidinger*, Notar und Euro, S. 38 ff.; *Deutsches Notarinstitut* (Hrsg.), Gutachten zur Euroumstellung im Gesellschaftsrecht, S. 127 ff.

zehnten Teil oder einen in der Satzung bestimmten höheren Teils des bisherigen Grundkapitals nicht übersteigen, umgewandelt werden. Im Übrigen gelten die üblichen Bestimmungen zur Kapitalerhöhung aus Gesellschaftsmitteln (§§ 207 ff. AktG) sowie zur Herabsetzung des Grundkapitals (§§ 222 ff. AktG), auch die der vereinfachten Herabsetzung, wobei die Voraussetzungen des § 229 Abs. 2 AktG nicht beachtet werden müssen (§ 4 Abs. 5 Satz 2 EGAktG). Im Rahmen einer Hauptversammlung können die Maßnahmen der Euroumstellung, der Glättung der Aktiennennbeträge, der Umstellung von Nennwert- auf Stückaktien und der vereinfachten Kapitalherabsetzung zugleich beschlossen werden. Jedoch müssen die Einzelmaßnahmen schrittweise nachvollziehbar aus dem Beschlussprotokoll und der Handelsregisteranmeldung hervorgehen.[1]

Schließlich kann die Glättung des Grundkapitals und der Nennbetragsaktien auch durch eine **Neueinteilung der Aktiennennbeträge** durchgeführt werden[2] (§ 4 Abs. 3 Satz 1 Alt. 2 EGAktG). Die erforderliche Kapitalerhöhung erfolgt hierbei ohne Berücksichtigung der bisherigen Nennbeträge der Aktien. Die darauf folgende Neustückelung der Aktien geschieht sodann im Wege einer Satzungsänderung und bedarf der Zustimmung aller betroffenen Aktionäre, auf die nicht ihrem Anteil entsprechend volle Aktien oder eine geringere Zahl an Aktien als zuvor entfallen (§ 4 Abs. 3 Satz 2 AktG). 1454

Die Vereinfachungen von § 4 Abs. 2 und 3 EGAktG wird man im Hinblick auf die Intention des Gesetzgebers, die Euroumstellung für die beteiligten Unternehmen möglichst einfach zu gestalten, auch dann zulassen, wenn die Glättungsmaßnahmen nicht gleichzeitig mit der Euroumstellung, sondern erst einige Zeit nach der rein rechnerischen Umstellung vorgenommen werden. 1455

Zu beachten ist, dass eine Glättung im Gegensatz zur Gesellschaft mit beschränkter Haftung **nur auf einem dieser beiden Wege** erfolgen kann, da Kapitalerhöhungen gegen Einlagen nur durch die Zeichnung neuer Aktien erfolgen können. Nachdem diese bei Nennwertaktien dem Erfordernis voller Eurobeträge nach § 8 Abs. 2 AktG unterliegen und bei Stückaktien genauso hoch wie die bisherigen auf einen krummen Eurobetrag lautenden Stückaktien sein müssen, ist kein Weg denkbar, auf dem auf andere Weise die Glättung erreicht werden kann. Eine Aufstockung von Aktien ist nach § 182 Abs. 1 Satz 4 AktG ausgeschlossen. 1456

Bei Stückaktien ist zu bedenken, dass eine rechnerische „Glättung" des Betrages, der vom Grundkapital auf jede Aktie entfällt, ebenfalls nur im Wege der Kapitalerhöhung aus Gesellschaftsmitteln oder aufgrund einer ordentlichen Kapitalherabsetzung zu erreichen und keineswegs gesetzlich vorgeschrieben ist. Auch finden auf diese Fälle die Erleichterungen des § 4 EGAktG keine Anwendung, da die Anwendung dieser Vorschrift aufgrund ihres Wortlauts auf Nennwertaktien beschränkt ist.[3] 1457

Für das **bedingte Kapital** ist in § 4 Abs. 4 EGAktG geregelt, dass ab der Beschlussfassung zur Umstellung, also nicht erst ab der Eintragung, die auszugebenden Aktien an der Änderung der Nennbeträge teilnehmen. Zu besonderen Fragen kann die weitere Ausnutzung eines fortbestehenden **genehmigten Kapitals** führen.[4] Entsprechend § 3 Abs. 4 Satz 2 EGAktG wird dieses grundsätzlich gerundet mit der Kapitalumrechnung ebenfalls auf Euro umgestellt. Zudem ist entsprechend § 3 Abs. 2 Satz 2 EG- 1458

---

[1] **OLG Frankfurt** Rpfleger 2001, 431 (= BB 2001, 1424).
[2] Siehe hierzu *Kopp/Heidinger,* Notar und Euro, S. 41 f.; *Deutsches Notarinstitut* (Hrsg.), Gutachten zur Euroumstellung im Gesellschaftsrecht, S. 127 ff.
[3] *Kopp/Heidinger,* Notar und Euro, S. 49; *Deutsches Notarinstitut* (Hrsg.), Gutachten zur Euroumstellung im Gesellschaftsrecht, S. 153 ff.
[4] Siehe zu Problemen hierbei *Kopp/Heidinger,* Notar und Euro, S. 43 f.

AktG ggf. mit einfacher Beschlussmehrheit eine Anpassung des genehmigten Kapitals zur Glättung der auszugebenden Nennbetragsaktien möglich.

1459 **Anmeldung** der rein rechnerischen Umstellung des Grundkapitals auf Euro:

> Als vertretungsberechtigte Mitglieder des Vorstands melden wir zur Eintragung in das Handelsregister an:
>
> Die Umstellung des Grundkapitals der Gesellschaft (§ 3 der Satzung) sowie aller satzungsmäßigen Betragsangaben mit Ausnahme des Gründungsaufwands nach dem amtlichen Umrechnungskurs auf Euro wurde beschlossen. Entsprechend werden das bestehende bedingte Kapital (§ 4 der Satzung) und das genehmigte Kapital (§ 5 der Satzung) auf Euro umgestellt.
>
> Als Anlage fügen wir das Protokoll über die Hauptversammlung vom 5. 5. 2009 bei.

1460 **Anmeldung** der Erhöhung des Grundkapitals aus Gesellschaftsmitteln zur Glättung bei Nennbetragsaktien:

> Als vertretungsberechtigte Mitglieder des Vorstands und als Vorsitzender des Aufsichtsrates melden wir zur Eintragung in das Handelsregister an:
>
> Die Gesellschaft hat die Umstellung des Grundkapitals auf Euro beschlossen. Das Grundkapital der Gesellschaft wurde von bisher 200 000 DM um 97 741,62 € auf 200 000 € im Wege der Kapitalerhöhung aus Gesellschaftsmitteln erhöht. Die Satzung wurde in § 4 (Höhe und Einteilung des Grundkapitals) geändert. Wir erklären, dass nach unserer Kenntnis seit dem Bilanzstichtag keine Vermögensminderung eingetreten ist, die der Kapitalerhöhung entgegenstünde, wenn sie am Tag der Anmeldung beschlossen worden wäre.
>
> Im Übrigen wurden alle satzungsmäßigen Betragsangaben mit Ausnahme des Gründungsaufwands nach dem amtlichen Umrechnungskurs auf Euro umgestellt.
>
> Als Anlage fügen wir bei:
> – Protokoll über die Hauptversammlung vom 5. 5. 2009
> – Vollständigen neuen Satzungswortlaut samt notarieller Bescheinigung
> – Bilanz mit uneingeschränktem Bestätigungsvermerk

1461 **d) Kapitalerhöhung bei Umwandlungen.** Eine AG muss als übernehmender Rechtsträger bei der **Verschmelzung** (§§ 2 ff. UmwG) und bei der **Spaltung** (§§ 123 ff. UmwG) regelmäßig ihr Kapital **zur Gewährung von Anteilen** für die Gesellschafter des übertragenden Rechtsträgers (§ 5 Abs. 1 Nr. 2, § 20 Abs. 1 Nr. 3 UmwG i.V.m. § 125 UmwG) erhöhen. Ausnahmen hiervon sind für die Verschmelzung in § 68 UmwG, für die Spaltung mit Ausnahme der Ausgliederung in § 125 i.V.m. § 68 UmwG geregelt. Danach darf die aufnehmende AG ihr Grundkapital nicht erhöhen, soweit sie Anteile des übertragenden Rechtsträgers innehat, ein übertragender Rechtsträger eigene Anteile innehat oder ein übertragender Rechtsträger Aktien der AG besitzt, auf die der Ausgabebetrag nicht voll geleistet ist. Darüber hinaus besteht zwar kein Verbot, aber auch keine Verpflichtung zur Kapitalerhöhung bei der aufnehmenden AG, wenn sie eigene Aktien besitzt oder ein übertragender Rechtsträger Aktien der AG besitzt, auf die der Ausgabebetrag bereits voll geleistet ist; ferner kann gemäß § 68 Abs. 1 Satz 3 UmwG auf eine Kapitalerhöhung verzichtet werden.

1462 Für die Kapitalerhöhung im Rahmen von Umwandlungsvorgängen gelten die **Vorschriften für Kapitalerhöhungen gegen Sacheinlagen** (§ 183 ff. AktG), jedoch gemäß § 69 Abs. 1 UmwG mit Einschränkungen, so dass folgende Regelungen nicht zur Anwendung kommen:

– § 182 Abs. 4, § 184 Abs. 1 Satz 2 AktG, d. h. es dürfen unbeschränkt Einlagen ausstehen; daher bedarf es keiner Erklärung in der Anmeldung zu den noch ausstehenden Einlagen;

- § 185 AktG, es bedarf also keiner Zeichnung; diese wird durch die entsprechende Vereinbarung im Verschmelzungsvertrag bzw. Spaltungs- und Übernahmevertrag ersetzt;
- § 186 AktG, es besteht somit kein Bezugsrecht der Aktionäre; der Verzicht hierauf ergibt sich aus der für alle Aktionäre verbindlichen Zustimmung zum Verschmelzungsvertrag bzw. Spaltungs- und Übernahmevertrag; daher darf abweichend von § 187 Abs. 1 AktG den Gesellschaftern bzw. Anteilsinhabern oder sonstigen Berechtigten des übertragenden Rechtsträgers unbedingt der Erwerb der neuen Aktien ohne Vorbehalt zugesichert werden;
- § 188 Abs. 2 und 3 Nr. 1 AktG, es bedarf keiner Erklärungen zur Leistung der Einlage in der Anmeldung und auch nicht der Vorlage der Zeichnungsscheine; all dies wird durch den Verschmelzungsvertrag bzw. Spaltungs- und Übernahmevertrag und dessen Anmeldung und Eintragung ersetzt.

In Anbetracht der in § 60 UmwG angeordneten obligatorischen Durchführung der Verschmelzungsprüfung nach §§ 9 bis 12 UmwG findet bei der Verschmelzung **keine Prüfung der Sacheinlage** nach § 183 Abs. 3 AktG statt, es sei denn, der übertragende Rechtsträger ist eine Personenhandelsgesellschaft, Partnerschaftsgesellschaft oder ein eingetragener Verein oder es liegen folgende besondere Unsicherheiten zur Bewertung vor (vgl. § 69 Abs. 1 UmwG):

- Vermögensgegenstände wurden in der Schlussbilanz eines übertragenden Rechtsträgers höher bewertet, als in der letzten Jahresbilanz,
- die in der letzten Schlussbilanz angesetzten Werte für Vermögensgegenstände eines übertragenden Rechtsträgers wurden nicht als Anschaffungskosten in der Jahresbilanz der übernehmenden Aktiengesellschaft angesetzt oder
- das Registergericht hat Zweifel, ob der Wert der Sacheinlage (Wert des übertragenden Rechtsträgers) den geringsten Ausgabebetrag der dafür zu gewährenden Aktien erreicht. Bei der Spaltung findet demgegenüber in jedem Fall eine Erhöhungsprüfung statt (§ 142 Abs. 1 UmwG).

Die genannten Einschränkungen gegenüber einer üblichen Kapitalerhöhung gegen Sacheinlage gelten auch, wenn die Kapitalerhöhung unter Inanspruchnahme eines genehmigten Kapitals erfolgt, wobei eine solche Kapitalerhöhung unabhängig von ausstehenden Einlagen erfolgen kann (§§ 69 Abs. 1 Satz 3 UmwG, 203 Abs. 3 AktG).

Zudem sind nach § 67 UmwG die Vorschriften über die **Nachgründung** zu beachten, wenn der Verschmelzungsvertrag während der ersten zwei Jahre seit Eintragung der übernehmenden Gesellschaft in das Register geschlossen wird.

Bei der **Anmeldung** der Kapitalerhöhung sind nach § 69 Abs. 2 UmwG bereits neben den in § 188 Abs. 3 Nr. 2 und 3 AktG bezeichneten Dokumenten (Verträge, die den Festsetzungen zugrunde liegen oder zu ihrer Ausführung geschlossen wurden; Berechnung der Kosten der Kapitalerhöhung) insbesondere der Verschmelzungsvertrag und die Zustimmungsbeschlüsse nach § 12 Abs. 2 HGB beizufügen. Entsprechend hat das Gericht auch zu prüfen, ob neben den allgemeinen Erfordernissen für die Kapitalerhöhung, hier insbesondere die Werthaltigkeit der zu übernehmenden Gesellschaft, auch der Verschmelzungsvertrag bzw. Spaltungs- und Übernahmevertrag und die Zustimmungsbeschlüsse ordnungsgemäß sind (vgl. Rz. 1066). Sinn dieser Vorschrift ist es, möglichst die Eintragung einer Kapitalerhöhung zu vermeiden, die wieder gegenstandslos würde und damit gelöscht werden müsste, weil es letztlich nie zu der Verschmelzung bzw. Spaltung kommt, in deren Zusammenhang sie einzig und allein gewollt ist.[1]

---

[1] Siehe *Marsch-Barner*, in: Kallmeyer, UmwG, § 69 Rz. 22; *Stratz*, in: Schmitt/Hörtnagl/Stratz, UmwG, § 69 Rz. 28.

1466 Bei der **Verschmelzung** muss nach § 66 UmwG die Anmeldung der Kapitalerhöhung vor der Anmeldung der dazugehörigen Verschmelzung oder gleichzeitig erfolgen. Sie ist grundsätzlich als erster Schritt vor der Verschmelzung einzutragen, bei taggleicher Vornahme aller Eintragungen zu einem Verschmelzungsvorgang kann sie auch unter einer Eintragungsnummer zusammen mit der eigentlichen Verschmelzung eingetragen werden. Erfolgt die Eintragung der Verschmelzung bei der übernehmenden Aktiengesellschaft vor der Eintragung der Kapitalerhöhung, ist die Eintragung der Verschmelzung zu löschen und ggf. erneut einzutragen.[1] Würde das nicht geschehen, stünde der Wirksamkeitszeitpunkt der Verschmelzung nicht eindeutig fest. Aus diesem Grund muss eine Eintragung der Verschmelzung bei dem übertragenden Rechtsträger vor Eintragung der Kapitalerhöhung – wie es § 66 UmwG widersprechen würde, weil dies erst als zweiter Schritt zu erfolgen hat – nicht gelöscht werden, da diese Eintragung ohnehin nur unter dem Vorbehalt der späteren Eintragung der Verschmelzung bei dem übertragenden Rechtsträger Wirksamkeit entfaltet (§ 19 Abs. 1 UmwG).

1467 Bei der **Spaltung** ist § 66 UmwG entsprechend anzuwenden (§ 125 Satz 1 UmwG), so dass auch hier die Kapitalerhöhung vor der Eintragung der Spaltung im Register eingetragen werden muss. Allerdings sieht § 130 Abs. 1 UmwG für die Eintragungen der Spaltung die umgekehrte Reihenfolge wie bei der Verschmelzung vor, d. h. die Eintragung der Spaltung bei dem übernehmenden Rechtsträger muss vor der Eintragung der Spaltung bei dem übertragenden Rechtsträger erfolgen. Erst durch die Eintragung der Spaltung bei dem übertragenden Rechtsträger tritt die Wirksamkeit der Spaltung ein. Demnach erfolgen die Eintragung der Kapitalerhöhung und die Eintragung der Spaltung bei dem übernehmenden Rechtsträger unmittelbar nacheinander, also insbesondere ohne den Zwischenschritt einer Eintragung bei dem übertragenden Rechtsträger. Daher ist es sinnvoll und auch zulässig, die beiden Eintragungen unter einer Eintragungsnummer vorzunehmen. Sinn der im UmwG festgesetzten Reihenfolge ist es nämlich nicht, unterschiedliche Eintragungen zu erzeugen, sondern lediglich zu gewährleisten, dass eine Spaltung nicht ohne die erforderliche Kapitalmaßnahme wirksam wird. Entsprechend kann auch eine nach § 145 UmwG erforderliche Kapitalherabsetzung bei der übertragenden Aktiengesellschaft mit der Eintragung der Verschmelzung verbunden werden. Auch hier ist gesichert, dass die Umwandlungs- nicht ohne die damit verbundene Kapitalmaßnahme wirksam wird.

1468 Die **Eintragung** wird also bei der übernehmenden Gesellschaft lauten:
Bei der **Verschmelzung** in Spalte 6 Unterspalte a:

> Die Hauptversammlung vom 24. 3. 2009 hat die Erhöhung des Grundkapitals um 50 000 €
> zum Zwecke der Verschmelzung mit der ZAB Adler-GmbH mit Sitz in Memmingen (Amtsgericht Memmingen HRB 7826) und die Änderung des § 3 (Höhe und Einteilung des Grundkapitals) der Satzung beschlossen.

Und bei der **Spaltung:**

> **Spalte 6**
> **Unterspalte a (Rechtsform, Satzung):**
> Die Hauptversammlung vom 24. 3. 2009 hat die Erhöhung des Grundkapitals um 20 000 €
> zum Zwecke der Abspaltung von der ZAB Adler-GmbH mit Sitz in Kempten (Amtsgericht
> Kempten HRB 5340) und die Änderung des § 3 (Höhe und Einteilung des Grundkapitals)
> der Satzung beschlossen.
> **Unterspalte b (Sonstige Rechtsverhältnisse):**
> Die Gesellschaft hat im Wege der Abspaltung von der ZAB Adler-GmbH mit Sitz in Kempten (Amtsgericht Kempten HRB 5340) Teile des Vermögens (den Betriebsteil Montage Lin-

---

[1] *Rieger*, in: Widmann/Mayer, UmwG, § 66 Rz. 10; anderer Ansicht *Zimmermann*, in: Kallmeyer, UmwG, § 66 Rz. 21 und *Stratz*, in: Schmitt/Hörtnagl/Stratz, UmwG, § 66 Rz. 4.

dau) gemäß Spaltungs- und Übernahmevertrag vom 24. 3. 2009 und den Beschlüssen ihrer Hauptversammlung und der Gesellschafterversammlung der übertragenden Gesellschaft vom selben Tag übernommen. *(Nur sofern nicht gemäß § 130 Abs. 1 Satz 2 UmwG wegen taggleicher Eintragung der Spaltung an allen Registerstellen entbehrlich zusätzlich: Die Spaltung wird erst wirksam mit Eintragung der Spaltung im Register des übertragenden Rechtsträgers.)*

Bei der **Eintragung** der Kapitalerhöhung ist in jedem Fall anzugeben, dass es sich um die „Kapitalerhöhung **zum Zweck einer** (bestimmten) **Verschmelzung/Spaltung**" handelt. Nur so wird letztlich erkennbar, dass diese Kapitalerhöhung und die dazugehörige Satzungsänderung, die erst mit der Wirksamkeit des gesamten Umwandlungsvorgangs (Verschmelzung/Spaltung), welcher der Durchführung der Kapitalerhöhung bei einer Kapitalerhöhung gegen Sacheinlagen entspricht, wirksam werden, noch nicht endgültig sind. Außerdem steht für das Gericht des übertragenden Rechtsträgers nur durch eine solche Eintragung fest, dass eine ihm vom Gericht des übernehmenden Rechtsträgers mitgeteilte oder auf sonstige Weise zur Kenntnis gelangte Kapitalerhöhung tatsächlich den Umwandlungsvorgang betrifft, der bei ihm zur Eintragung ansteht. Das Datum der Beschlussfassung allein reicht hierfür nicht aus, weil in einer Hauptversammlung mehrere Kapitalerhöhungen beschlossen werden können. Auch der bloße Vermerk „zum Zweck der Verschmelzung/Spaltung" ist nicht ausreichend, da in einer Hauptversammlung mehrere solche Umwandlungsvorgänge beschlossen werden können. Zu beachten ist weiterhin, dass es sich bei der Kapitalerhöhung einerseits und dem Umwandlungsvorgang andererseits um zwei verschiedene Sachverhalte handelt, die beide im Register zu erfassen sind. 1469

Im **Register** sind Kapitalerhöhung und Satzungsänderung nach § 43 Abs. 6 lit. a HRV in Spalte 6 Unterspalte a, die Spaltung selbst nach § 43 Abs. 6 lit. b sublit. ee HRV in Spalte 6 Unterspalte b einzutragen. Nachdem im **aktuellen Ausdruck** von der Eintragung in Spalte 6 Unterspalte a nur das Beschlussdatum als ggf. letztes Änderungsdatum der Satzung übernommen wird, ist die Eintragung in Spalte 6 Unterspalte b so zu fassen, dass aus sich heraus verständlich wird, von wem nach welchen Grundlagen Vermögensteile übernommen wurden. Die Bezugnahme auf die konkrete Kapitalerhöhung scheidet daher aus. Nach Eintragung der Spaltung bei dem übertragenden Rechtsträger, die dem Register des übernehmenden Rechtsträgers mitzuteilen ist (§ 130 Abs. 2 Satz 1 UmwG), ist dies in einer neuen Eintragung im Register des übernehmenden Rechtsträgers zu vermerken, soweit nicht ohnehin eine taggleiche Eintragung ohne Wirksamkeitsvorbehalt erfolgt war (§ 130 Abs. 2 Satz 2 UmwG). Sowohl der Wirksamkeitsvorbehalt als auch die Eintragung über das Wirksamwerden sind sodann als gegenstandslos zu röten. 1470

Die **Bekanntmachung der Kapitalerhöhung und Satzungsänderungen** richtet sich nach § 10 HGB. Die nach dem UmwG vorgesehenen Gläubigeraufrufe (§§ 22, 125 UmwG) erfolgen erst bei der Bekanntmachung des Umwandlungsvorgangs. 1471

Die Eintragung ist vom Registergericht des übernehmenden Rechtsträgers dem Gericht des übertragenden Rechtsträgers **mitzuteilen**, weil es nur auf diese Weise von der Eintragungsvoraussetzung für den weiteren Vollzug der Umwandlung erfährt. Soweit diese Selbstverständlichkeit in § 69 UmwG nicht ausdrücklich erwähnt wird, handelt es sich um ein Redaktionsversehen. 1472

e) Genehmigtes Kapital. Das Instrument des genehmigten Kapitals (§§ 202 bis 206 AktG) dient der Schaffung größerer Flexibilität bei der Durchführung von Kapitalbeschaffungsmaßnahmen.[1] Häufig bieten sich während des laufenden Geschäftsjahres 1473

---

[1] Siehe *van Venrooy* AG 1981, 205; *Ekkenga* AG 2001, 567 und 615; *Natterer* ZIP 2002, 1672.

kurzfristig Notwendigkeiten zu Kapitalerhöhungen, z. B. wegen Liquiditätsengpässen, günstig erscheinenden Angeboten für Unternehmenskäufe und dergleichen. Auch regelmäßig wiederkehrende Maßnahmen, wie etwa die Ausgabe von Arbeitnehmeraktien, erscheinen oft nicht von solch grundsätzlicher Bedeutung, als dass hierzu die Hauptversammlung befasst werden soll. Aus diesem Grund ist durch das genehmigte Kapital die Möglichkeit eröffnet, den Kapitalerhöhungsbeschluss unter Einhaltung gewisser mengenmäßiger und zeitlicher Grenzen durch eine in der Satzung zu verankernde Ermächtigung zu ersetzen. Zur Durchführung der Kapitalerhöhung ist dann nur noch eine mit dem Aufsichtsrat abgestimmte Entscheidung des Vorstands, bei mehrgliedrigem Vorstand unter Beachtung des § 77 AktG, erforderlich, nach welcher kurzfristig der genaue Umfang und die Konditionen der Kapitalerhöhung festlegt werden und bei der nach Einholung entsprechender Zeichnungen nur noch die Durchführung der Kapitalerhöhung in der gewünschten Höhe zur Eintragung im Handelsregister anzumelden ist (§ 203 Abs. 1 i. V. m. § 188 AktG). Die Durchführung wird zur Schaffung klarer Satzungsverhältnisse regelmäßig mit der entsprechenden Anpassung der Satzung durch den hierzu ermächtigten Aufsichtsrat (§ 179 Abs. 1 Satz 2 AktG) in den Bestimmungen zur Höhe und Einteilung des Grundkapitals einerseits und der Höhe des verbleibenden genehmigten Kapitals andererseits verbunden.

1474 aa) *Ermächtigung durch Satzungsbestimmung.* Die Kapitalbeschaffung durch genehmigtes Kapital erfordert eine in der Satzung festgelegte **Ermächtigung** des Vorstands, sei es in der von den Gründern festgestellten ursprünglichen Satzung (§ 202 Abs. 1 AktG) oder in der durch Beschluss der Hauptversammlung geänderten Satzung (§ 202 Abs. 2 Satz 1 AktG).

1475 Die Ermächtigung unterliegt gesetzlichen Beschränkungen. Zeitlich kann die Ermächtigung nur auf eine **Höchstdauer von fünf Jahren** erstreckt werden, gerechnet vom Tag der Eintragung der AG in das Handelsregister (§ 202 Abs. 1 AktG) oder vom Tag der Eintragung der Satzungsänderung (§ 202 Abs. 2 Satz 1 AktG). Die Frist kann auch kürzer, muss dann aber zeitlich begrenzt sein. Fehlt die Angabe einer Frist oder werden mehr als fünf Jahre bestimmt, so ist die Ermächtigung nichtig,[1] wobei ggf. nach § 242 Abs. 2 AktG Heilung eintritt, wodurch sodann die Höchstfrist von fünf Jahren maßgebend wird.[2]

1476 Die **Höhe des genehmigten Kapitals** darf die Hälfte des Grundkapitals, das zur Zeit der Ermächtigung vorhanden ist, nicht übersteigen (§ 202 Abs. 3 Satz 1 AktG). Bei der Höhe kann eine gleichzeitig einzutragende durchgeführte Kapitalerhöhung mitberücksichtigt werden, da § 202 Abs. 3 AktG nicht auf die Beschlussfassung, sondern auf die Ermächtigung abstellt. Diese wird erst wirksam mit der Eintragung der entsprechenden Satzungsbestimmung. Übersteigt das genehmigte Kapital den zulässigen Höchstbetrag, so muss das Registergericht die Eintragung einer solchen Satzung oder Satzungsänderung ablehnen. Wurde versehentlich doch eingetragen, ist die Anmeldung der Durchführung zurückzuweisen. Wurde auch die Durchführung entgegen der gesetzlichen Vorschrift über die Höhe des genehmigten Kapitals eingetragen, so gilt dasselbe wie bei einem Verstoß gegen die Vorschrift über die zeitliche Begrenzung (vgl. Rz. 1475). Unzulässig ist eine Ermächtigung, die auf die jeweilige Höhe des Grundkapitals zum Zeitpunkt der Durchführung abstellt. Damit würde der zum Zeitpunkt der Beschlussfassung und folgenden Eintragung der Ermächtigung zulässige Rahmen ganz erheblich überschritten.

---

[1] *Hüffer,* AktG, § 202 Rz. 11; *Lutter,* in: KölnKommAktG, § 202 Rz. 13.
[2] *Godin/Wilhelmi,* AktG, § 202 Rz. 2; *Hüffer,* AktG, § 202 Rz. 11; *Baumbach/Hueck,* AktG, § 202 Rz. 4; anderer Ansicht *Lutter,* in: KölnKommAktG, § 202 Rz. 13.

1477 Die Ermächtigung kann sich ferner darauf erstrecken, dass der Vorstand über den **Ausschluss des Bezugsrechts** (§ 186 Abs. 3 und 4 AktG) entscheidet[1] (§ 203 Abs. 2 AktG). In diesem Fall bedarf es bei der Umsetzung des Bezugsrechtsausschlusses keines vorherigen Vorstandsberichts, da ohnehin eine Kontrolle durch den Aufsichtsrat ausgeübt wird und besondere Rechtsschutzmöglichkeiten der Aktionäre bestehen. Zudem ist der Vorstand der nächsten Hauptversammlung gegenüber verpflichtet, einen Bericht zu erstatten und Rede und Antwort zu stehen.[2] Ferner kann dazu ermächtigt werden, dass bei Vorhandensein von Vorzugsaktien ohne Stimmrecht (§§ 139 ff. AktG) neue Vorzugsaktien mit vorhergehenden oder gleichen Rechten ausgegeben werden dürfen (§ 204 Abs. 2 AktG). Auch kann die Ermächtigung die Möglichkeit einräumen, **Aktien gegen Sacheinlagen** auszugeben (§ 205 AktG). Ist ein genehmigtes Kapital, auf das Sacheinlagen zu leisten sind, schon in der ursprünglichen Satzung vorgesehen, ist § 206 AktG zu beachten. Für das Registergericht besteht – unter Berücksichtigung der für Sacheinlagen ohne externe Prüfung nach § 38 Abs. 3 AktG i. V. m. § 206 Satz 2 AktG bestehenden Einschränkungen – immer eine Prüfungspflicht und ein Ablehnungsrecht nach § 38 Abs. 2 AktG. Bei der Ermächtigung zur Ausgabe von Aktien an **Arbeitnehmer** der Gesellschaft (§ 202 Abs. 4 AktG) kommen einige Besonderheiten zur Anwendung (vgl. § 203 Abs. 4, § 204 Abs. 3, § 205 Abs. 4 AktG). So gelten Einlagen von Geldforderungen, die Arbeitnehmern der Gesellschaft aus einer ihnen von der Gesellschaft eingeräumten Gewinnbeteiligung zustehen, nicht als Sacheinlagen. Für die Ausgabe von Aktien an Arbeitnehmer der Gesellschaft gemäß § 204 Abs. 3 AktG gelten im Übrigen die Vorschriften über eine Kapitalerhöhung gegen Bareinlagen, ausgenommen § 188 Abs. 2 AktG (siehe § 204 Abs. 3 Satz 2 AktG).

1478 Die Ermächtigung kann Bestimmungen über den Inhalt der Aktienrechte und die Bedingungen der Aktienausgabe enthalten. Fehlen solche Bestimmungen, so entscheidet hierüber der Vorstand (§ 204 Abs. 1 Satz 1 AktG). Erforderlich ist zudem die Zustimmung des Aufsichtsrats (§ 204 Abs. 1 Satz 2 Halbs. 1 AktG). Ist die Ermächtigung des Vorstands zur Erhöhung des Grundkapitals bereits in der ursprünglichen Satzung enthalten, wird sie mit der **Eintragung** der AG in das Handelsregister wirksam. Wird die Ermächtigung später durch satzungsändernden Beschluss der Hauptversammlung erteilt, so ist dieser Beschluss wie jede Satzungsänderung anzumelden, einzutragen (vgl. § 39 Abs. 2 AktG, § 43 Nr. 6 lit. a HRV) sowie zu veröffentlichen und wird mit der Eintragung wirksam (§ 181 Abs. 3 AktG). Neben der Satzungsänderung ist auch die eigentliche Ermächtigung unter Angabe des Beschlussdatums, der Höhe des genehmigten Kapitals und des Zeitpunkts des Ablaufs der Ermächtigung einzutragen (siehe § 43 Abs. 6 lit. b sublit. hh HRV).

1479 Die **Anmeldung zur Registereintragung** der Einfügung von Bestimmungen zu einem genehmigten Kapital ist als reguläre Satzungsänderung von den Vorstandsmitgliedern in vertretungsberechtigter Zahl, gegebenenfalls auch bei unechter Gesamtvertretung unter Mitwirkung eines Prokuristen zu erklären. Der Mitwirkung des Aufsichtsratsvorsitzenden bedarf es nicht.[3] Das Beispiel einer solchen Anmeldung sieht folgendermaßen aus:

---

[1] Vgl. hierzu **BGH** NZG 2009, 589; **BGH** NJW 2006, 371 („Mangusta/Commerzbank I"); **BGH** NJW 2006, 374 („Mangusta/Commerzbank II"); **BGH** Z 136, 133 (= NJW 1997, 2815) „Siemens/Nold"; **OLG München** ZIP 2002, 1580; *Natterer* ZIP 2002, 1672.
[2] **BGH** NZG 2009, 589; **BGH** NJW 2006, 371 („Mangusta/Commerzbank I"); **BGH** NJW 2006, 374 („Mangusta/Commerzbank II"); zu den Rechtsschutzmöglichkeiten der Aktionäre siehe *Busch* NZG 2006, 81.
[3] *Döbereiner*, in: Lorz/Pfisterer/Gerber, Aktienrecht, Teil O. I.9 (Seite 900).

> Wir, die vertretungsberechtigten Mitglieder des Vorstands, melden zur Eintragung in das Handelsregister an:
> Die Hauptversammlung vom 14. 5. 2009 hat die Änderung der Satzung durch Einfügung des § 5 a zur Schaffung eines genehmigten Kapitals beschlossen.
> In der Anlage überreichen wir:
> – Protokoll der Hauptversammlung vom 14. 5. 2009
> – Satzungswortlaut samt Bescheinigung gemäß § 181 Abs. 1 Satz 2 AktG

1480 Eine Eintragung „bis zum Ablauf von 5 Jahren ab dem Tag der Eintragung" ist im Handelsregister **nicht zulässig,** da im aktuellen Ausdruck (§ 30 a Abs. 4 Satz 3 HRV) nicht ersichtlich ist, wann diese Eintragung vorgenommen wurde und sie somit nicht mehr aus sich heraus verständlich wäre. Es muss daher vom Gericht selbst das Ablaufdatum bestimmt werden, also bei einer Eintragung am 10. 6. 2010 mit einer Laufzeit von fünf Jahren der 10. 6. 2015. Zudem ist es erforderlich, das Beschlussdatum zu wiederholen, da im aktuellen Ausdruck das Datum aus Spalte 6 Unterspalte a bei späteren Änderungen nicht mehr ersichtlich ist und jedenfalls nicht konkret der Beschlussfassung zum genehmigten Kapital zugeordnet werden kann. Die Angabe des Beschlusses in Spalte 6 Unterspalte b ist jedoch nach § 43 Abs. 6 lit. b sublit. hh HRV zur Konkretisierung der Ermächtigung erforderlich.

1481 Nachdem an einem Tag auch mehrere genehmigte Kapitalia beschlossen werden können, ist die genaue Bezeichnung mit **Jahreszahl und Ordnungsziffer** angezeigt. Die bloße Verwendung der Ordnungsziffer reicht häufig nicht, da die Gesellschaften selbst diese Ziffern im Laufe der Zeit mehrfach verwenden und deshalb bei einer Registereinsicht Verwechslungen eintreten können. Es ist also durchaus möglich, dass in der Satzung ein genehmigtes Kapital als „Genehmigtes Kapital III" bezeichnet wird, im Handelsregister dieses genehmigte Kapital jedoch die Ordnungsziffer „2007/I" trägt. Es handelt sich insofern auch nicht etwa um ein unzulässiges Abweichen von Anmeldung und Eintragung. Vielmehr ist diese Übereinstimmung nur bezüglich des rechtlich relevanten Inhalts erforderlich, in der Formulierung und im Aufbau der Eintragung ist jedoch das Registergericht ungebunden. Zu diesem Bereich zählt auch die Wahl der Ordnungsziffer zur Kennzeichnung einer Ermächtigung.

1482 Die Eintragung im **Register** könnte sonach z. B. lauten:

> **Spalte 6**
> **Unterspalte a (Rechtsform, Satzung):**
> Die Hauptversammlung vom 14. 5. 2009 hat die Änderung der Satzung durch Einfügung des § 5 (Genehmigtes Kapital) beschlossen. Die nachfolgenden Paragrafen wurden entsprechend umnummeriert.
> **Unterspalte b (Sonstige Rechtsverhältnisse):**
> Der Vorstand ist durch Beschluss der Hauptversammlung vom 14. 5. 2009 ermächtigt, mit Zustimmung des Aufsichtsrats das Grundkapital bis zum 10. 6. 2014 gegen Bar- und/oder Sacheinlagen einmal oder mehrmals um insgesamt bis zu 100 000 € zu erhöhen (Genehmigtes Kapital 2009/I).

1483 *bb) Durchführung der Kapitalerhöhung aufgrund eines genehmigten Kapitals. (1) Durchführung der Kapitalerhöhung durch den Vorstand.* Für die **Durchführung** der Kapitalerhöhung aufgrund einer eingetragenen Ermächtigung gilt Ähnliches wie für die Durchführung einer Kapitalerhöhung unmittelbar aufgrund eines Hauptversammlungsbeschlusses. Vor der tatsächlichen Durchführung beschließt der Vorstand über deren Höhe und Konditionen und holt die erforderliche Zustimmung des Aufsichtsrats ein (§ 202 Abs. 3 Satz 2 AktG). Sodann müssen die neuen Aktien gezeichnet werden (§ 203 Abs. 1 Satz 1 i. V. m. § 185 AktG). Die Durchführung der Erhöhung kann **stufenweise** erfolgen, so dass z. B. bei einer Ermächtigung des Vorstands zur Erhöhung des Grundkapitals um bis zu 100 000 €, zunächst um 30 000 €, später um weitere 20 000 € et cetera bis zum Erreichen des Gesamthöchstbetrags von 100 000 € durchgeführt werden kann.

Im **Zeichnungsschein** tritt bei einem genehmigten Kapital an die Stelle des Tages der Beschlussfassung über die Kapitalerhöhung (§ 185 Abs. 1 Satz 3 Nr. 1 AktG) der Tag der Ermächtigung (§ 203 Abs. 1 Satz 2 AktG). Ist ein genehmigtes Kapital bereits in der ursprünglichen Satzung vorgesehen (§ 202 Abs. 1 AktG), so können die Zeichnungsscheine nach Errichtung der AG übernommen werden. Maßgeblicher Tag ist somit derjenige, an dem die Satzung mit dem genehmigten Kapital festgestellt wurde (§ 202 Abs. 1 AktG) oder aber der Tag des entsprechenden Beschlusses der Hauptversammlung (§ 202 Abs. 2 AktG), nicht jedoch der Tag der Eintragung der Satzungsänderung.[1] Zwar wird dies häufig im Hinblick auf § 203 Abs. 1 Satz 2 AktG angenommen, der besagt, dass die Ermächtigung an die Stelle des Kapitalerhöhungsbeschlusses trete, diese werde jedoch erst mit Eintragung wirksam (§ 181 Abs. 3 AktG). Allerdings spricht § 185 Abs. 1 Nr. 1 AktG nicht von der Wirksamkeit des Beschlusses, sondern von dessen Datum. Sinn der Aufnahme dieses Umstands in den Zeichnungsschein ist lediglich die genaue Fixierung der Grundlage für die Zeichnung. Diese ist zunächst der Beschluss der Hauptversammlung, welcher durch die Eintragung in Kraft setzend bestätigt wird. Man wird im Übrigen auch im Rahmen eines genehmigten Kapitals das Bedürfnis einer Gesellschaft anerkennen müssen, bereits vor einem sich möglicherweise länger hinziehenden Eintragungsvorgang eine kurzfristige Kapitalerhöhung unter Inanspruchnahme eines beschlossenen, aber noch nicht eingetragenen genehmigten Kapitals durchzuführen. Dies wäre nicht möglich, wenn der Zeichnungsschein das Datum der Eintragung enthalten müsste. Allerdings wird eine vorsichtige Gesellschaft neben dem Datum der Beschlussfassung über die Ermächtigung auch das der Eintragung in das Handelsregister in den Zeichnungsschein aufnehmen lassen. 1484

Ist der Vorstand ermächtigt, das **Bezugsrecht** der alten Aktionäre **auszuschließen** (§ 203 Abs. 2 Satz 1 AktG), sind die Bestimmungen des § 186 AktG zu beachten, wobei die Zustimmung des Aufsichtsrats durch das Registergericht ohne weitere Anhaltspunkte nicht zu überprüfen ist. Ist es aufgrund der Ermächtigung dem Vorstand überlassen, ob Aktien gegen **Sacheinlagen** ausgegeben werden sollen, so obliegen dem Vorstand die entsprechenden Festsetzungen und deren Übernahme in den Zeichnungsschein (§ 205 Abs. 2 Satz 1 AktG). Auch hierfür bedarf es der Zustimmung des Aufsichtsrats (§ 205 Abs. 2 Satz 2 AktG), deren Vorliegen das Registergericht nicht zu prüfen braucht. Will der Vorstand bei Erbringung einer Sacheinlage von einer externen Prüfung unter den Voraussetzungen des § 33a AktG absehen, so hat er seinen Beschluss über die Ausgabe neuer Aktien sowie die Angaben nach § 37a Abs. 1 und 2 AktG in den Gesellschaftsblättern bekannt zu machen (§ 205 Abs. 5 Satz 2 i.V.m. § 183a Abs. 2 Satz 1 AktG). Liegt eine verdeckte Sacheinlage vor, so wird der Wert des Vermögensgegenstandes zum Zeitpunkt der Anmeldung der Kapitalerhöhung oder dessen späterer Überlassung auf die fortbestehende Geldeinlageverpflichtung angerechnet (§ 205 Abs. 3 i.V.m. § 27 Abs. 3 AktG). 1485

(2) Anpassung der Satzung. Soweit die Satzung eine entsprechende Ermächtigung für den Aufsichtsrat vorsieht, muss dieser auch die **Anpassung der Satzung** in den Bestimmungen zum Grundkapital und zum verbleibenden genehmigten Kapital beschließen. Ist eine solche Ermächtigung nicht vorhanden, ist die Anpassung in der nächsten Hauptversammlung nachzuholen, da die richtige Aussage zum Grundkapi- 1486

---

[1] Anderer Ansicht: *Hüffer,* AktG, § 203 Rz. 4; *Lutter,* in: KölnKommAktG, § 203 Rz. 6.

tal zum notwendigen Inhalt der Satzung nach § 23 Abs. 3 Nr. 3 AktG gehört. Die entsprechende Handelsregisteranmeldung kann dann allerdings erst nach dieser Beschlussfassung erfolgen.

1487 *(3) Anmeldung der Kapitalerhöhung zur Eintragung im Handelsregister.* Für die **Anmeldung der Durchführung** der Kapitalerhöhung gilt dasselbe wie bei der Kapitalerhöhung gegen Einlagen (§ 203 Abs. 1 i.V.m. § 188 Abs. 1 bis 3 AktG), auch bezüglich der Anmeldung eines „Hin- und Herzahlens" (§ 205 Abs. 3 i.V.m. § 27 Abs. 4 AktG). Soweit eine Prüfung der Sacheinlage nicht stattfindet, gilt § 184 Abs. 1 Satz 3 und Abs. 2 AktG entsprechend (§ 205 Abs. 6 AktG). Die Anwendung des § 188 Abs. 2 AktG entfällt bei der Ausgabe von Aktien an Arbeitnehmer der Gesellschaft gemäß § 204 Abs. 3 Satz 2 AktG. In diesem Fall haben die Anmeldenden den festgestellten Jahresabschluss mit Bestätigungsvermerk vorzulegen und die Erklärung abzugeben, dass nach ihrer Kenntnis seit dem Stichtag des vorgelegten Jahresabschlusses bis zum Tag der Anmeldung keine Vermögensminderung eingetreten ist, die der Kapitalerhöhung entgegenstünde, wenn sie am Tag der Anmeldung beschlossen worden wäre (§ 204 Abs. 3 Satz 4 i.V.m. § 210 Abs. 1 Satz 2 AktG). In der **ersten Anmeldung** zur Durchführung einer Kapitalerhöhung aufgrund der eingeräumten Ermächtigung ist außerdem anzugeben, welche Einlagen auf das bisherige Kapital noch nicht geleistet sind und warum sie nicht erlangt werden können (§ 203 Abs. 3 Satz 4 AktG). Dies ist nur dann entbehrlich, wenn Aktien an Arbeitnehmer der Gesellschaft ausgegeben werden (§ 203 Abs. 4 AktG). Für Versicherungsgesellschaften kann die Satzung etwas anderes bestimmen (§ 203 Abs. 3 Satz 2 AktG).

1488 Der Anmeldung sind gemäß § 203 Abs. 1 Satz 1 i.V.m. § 188 Abs. 3 AktG – bei Verzicht auf eine externe Sacheinlagenprüfung gemäß § 205 Abs. 6 i.V.m. § 184 Abs. 2 AktG – als **Anlagen** in gleicher Weise Dokumente beizufügen wie bei der Kapitalerhöhung gegen Einlagen (hierzu Rz. 1403, 1416). Werden Aktien an Arbeitnehmer der Gesellschaft gemäß § 204 Abs. 3 AktG ausgegeben, so ist außerdem der festgestellte Jahresabschluss mit Bestätigungsvermerk beizufügen (§ 204 Abs. 3 Satz 3 AktG). Neben der Durchführung der Kapitalerhöhung ist auch die eventuell beschlossene **Satzungsanpassung** unter Berücksichtigung des § 181 AktG anzumelden.

1489 **Anmeldungsbeispiel** zur Durchführung einer Kapitalerhöhung aus genehmigtem Kapital, wobei im Fall unechter Gesamtvertretung auch die Mitwirkung von Prokuristen ausreichend ist:

> Wir, die vertretungsberechtigten Mitglieder des Vorstands und der Vorsitzende des Aufsichtsrats, melden zur Eintragung in das Handelsregister an:
>
> Die Hauptversammlung vom 14. 5. 2009 hat den Vorstand im Rahmen eines genehmigten Kapitals ermächtigt, mit Zustimmung des Aufsichtsrats bis zum 10. 6. 2014 das Grundkapital der Gesellschaft von 500 000 € um bis zu 100 000 € zu erhöhen (Genehmigtes Kapital 2009/I gemäß § 5 a der Satzung).
>
> Aufgrund dieser Ermächtigung ist das Grundkapital unter Zustimmung des Aufsichtsrats vom 25. 5. 2009 um 50 000 € auf 550 000 € erhöht worden. Auf das erhöhte Grundkapital werden neue, auf den Inhaber lautende Aktien ausgegeben, eingeteilt in 10 Aktien im Nennbetrag von jeweils 5000 € gegen Barzahlung zum Ausgabekurs von 120%.
>
> Durch Beschluss des Aufsichtsrats vom 25. 5. 2009 ist die Satzung in § 5 (Höhe und Einteilung des Grundkapitals) entsprechend der durchgeführten Kapitalerhöhung angepasst worden.
>
> Auf jede Aktie ist der volle Ausgabebetrag einbezahlt. Der Betrag der Einzahlung ist zur endgültigen freien Verfügung des Vorstands für die Zwecke der Gesellschaft eingezahlt und auch in der Folge nicht an den jeweiligen Einleger zurückgezahlt worden.[1] Aus der beige-

---

[1] Vgl. **BGH** Z 150, 197 (= NJW 2002, 1716).

fügten Bestätigung der Bank ergibt sich, dass der Vorstand in der Verfügung über den eingezahlten Betrag nicht, namentlich nicht durch Gegenforderungen, beschränkt ist.
In der Anlage überreichen wir:
- Satzungswortlaut samt Bescheinigung gemäß § 181 Abs. 1 Satz 2 AktG
- Protokoll des Aufsichtsratsbeschlusses vom 25. 5. 2009
- Zeichnungsscheine
- Vom Vorstand unterschriebenes Verzeichnis der Zeichner, das die auf jeden entfallenden Aktien und die auf sie geleisteten Einzahlungen angibt
- Berechnung der Kosten, die für die Gesellschaft durch die Ausgabe der neuen Aktien entstehen werden
- Bestätigung der Commerzbank in München über die erfolgten Einzahlungen als Nachweis, dass die eingezahlten Beträge auf einem Gesellschaftskonto endgültig zur freien Verfügung des Vorstands stehen

(4) Prüfung durch das Registergericht. Der Registerrichter (§ 17 Nr. 1 lit. b RPflG) hat bei der Prüfung der Anmeldung dieselben Gesichtspunkte zu beachten wie bei der Anmeldung der Durchführung der Kapitalerhöhung gegen Einlagen (§ 205 Abs. 7 AktG; hierzu Rz. 1420 ff.). Insbesondere sind die Zeichnungsscheine zu überprüfen, wobei diese den Tag der Ermächtigung anstelle des Tages der Beschlussfassung über die Kapitalerhöhung zu enthalten haben (siehe Rz. 1484). Bei der ersten Anmeldung hat er zu prüfen, ob etwa ausstehende Einlagen auf das bisherige Grundkapital, also demjenigen im Zeitpunkt der ersten Anmeldung, von „verhältnismäßig unerheblichem Umfang" sind und ob sie „noch erlangt werden können" (§ 203 Abs. 3 AktG; vgl. Rz. 1406). Bei späteren Anmeldungen zur Eintragung der Durchführung der Kapitalerhöhung bedarf es einer solchen Prüfung nicht, da bezüglich des Grundkapitals, das vor der ersten Anmeldung eingetragen war, keine größeren Beträge rückständig sein können als bei der ersten Anmeldung. Rückstände auf Einzahlungen von Aktien, die aufgrund des genehmigten Kapitals ausgegeben wurden, bleiben unberücksichtigt. Diese Prüfung entfällt bei Aktien, die an Arbeitnehmer der Gesellschaft ausgegeben werden (§ 203 Abs. 4 AktG). Im Fall eines Verstoßes gegen § 203 Abs. 3 AktG hat die Eintragung der Durchführung der Kapitalerhöhung zu unterbleiben.[1] 1490

Im Regelfall erfolgt hingegen **keine Prüfung**, ob die Zustimmung des Aufsichtsrats nach § 202 Abs. 3 Satz 2 und § 204 Abs. 1 Satz 2 Halbs. 1 AktG vorliegt, da aufgrund der Mitwirkung des Aufsichtsratsvorsitzenden an der Anmeldung die ordnungsgemäße Beteiligung dieses Gesellschaftsorgans zu unterstellen ist.[2] 1491

Hat der Vorstand seine Befugnisse überschritten oder liegt sonst ein Gesetzesverstoß im Rahmen des zu prüfenden Umfangs vor, so ist die **Eintragung abzulehnen**. Erfolgt trotz eines Verstoßes gegen die gesetzlichen Vorschriften die Eintragung im Register, kommt eine Löschung nur unter den Voraussetzungen des § 398 FamFG in Betracht.[3] Da diese Vorschrift in besonderem Maße die Bestandskraft erfolgter Eintragungen absichert,[4] kann die Durchführung der Kapitalerhöhung nur gelöscht werden, wenn diese ihrem Inhalt nach und nicht allein durch die Art ihres Zustandekommens zwingende gesetzliche Vorschriften verletzt und die Beseitigung der Eintragung im öffentlichen Interesse erforderlich erscheint.[5] 1492

---
[1] *Hüffer*, AktG, § 203 Rz. 43; *Lutter*, in: KölnKommAktG, § 203 Rz. 63.
[2] Vgl. *Hüffer*, AktG, § 202 Rz. 22; *Lutter*, in: KölnKommAktG, § 202 Rz. 24.
[3] Siehe **OLG Frankfurt** FGPrax 2002, 35 (= Rpfleger 2002, 211); **OLG Karlsruhe** OLGZ 1986, 155.
[4] Vgl. **OLG Frankfurt** FGPrax 2002, 35 (= Rpfleger 2002, 211); **BayObLG** GmbHR 1992, 304; **BayObLG** GmbHR 1996, 441.
[5] **OLG Frankfurt** FGPrax 2002, 35 (= Rpfleger 2002, 211).

1493 Daneben hat das Registergericht auch zu prüfen, ob die **Satzungsanpassung** möglich war und vorgenommen sowie angemeldet wurde. Hierfür gelten die allgemeinen Grundsätze zur Eintragung einer Satzungsänderung nach § 181 AktG (vgl. Rz. 1368 ff.). Wurde von einer externen Sacheinlageprüfung abgesehen, so ist die Registersperre von vier Wochen seit Bekanntmachung des Beschlusses über die Kapitalerhöhung zu beachten (§ 205 Abs. 5 Satz 2 i.V.m. § 183a Abs. 2 Satz 2 AktG).

1494 *(5) Eintragung der Kapitalerhöhung im Handelsregister.* Die **Eintragung** der **Durchführung der Kapitalerhöhung** durch Ausnutzung eines genehmigten Kapitals erfolgt gemäß § 43 Nr. 3 und Nr. 6 lit. a und b sublit. hh HRV. Es wird also der neue Betrag des Grundkapitals in Spalte 3 eingetragen, der bisher eingetragene Grundkapitalbetrag gerötet und in Spalte 6 Unterspalte a die Satzungsänderung sowie die Durchführung der Kapitalerhöhung in der angemeldeten Höhe unter Hinweis auf die Ermächtigung eingetragen. In Spalte 6 Unterspalte b sind die Angaben zu dem ausgenutzten genehmigten Kapital zu aktualisieren, sodass unter Rötung des bisherigen Vermerks die Eintragung neu vorzunehmen und der verbleibende Betrag einzusetzen ist. Als Datum der Satzungsänderung ist der Tag des satzungsändernden Beschlusses, nicht der Eintragung in das Handelsregister anzugeben.

1495 Die **Eintragung** kann z.B. lauten:

1496 **Spalte 3 (Grundkapital):** 530 000 €
Spalte 6
Unterspalte a (Rechtsform, Satzung):
Aufgrund der in der Satzung vom 15. 6. 2008 enthaltenen Ermächtigung (oder: Aufgrund der durch Beschluss der Hauptversammlung vom 15. 6. 2008 erteilten Ermächtigung) – Genehmigtes Kapital 2008/I – ist die Erhöhung des Grundkapitals um 30 000 € durchgeführt. Durch Beschluss des Aufsichtsrats vom 13. 7. 2008 ist § 4 (Höhe und Einteilung des Grundkapitals) der Satzung geändert.
Unterspalte b (Sonstige Rechtsverhältnisse): Das Genehmigte Kapital 2008/I beträgt noch 220 000 €.

1497 Ist die aufgrund der Ermächtigung durchgeführte Kapitalerhöhung **bis zum Höchstbetrag durchgeführt**, ist die frühere Eintragung über die Ermächtigung, sei es in der Satzung, sei es durch Satzungsänderung, als gegenstandslos zu röten (§ 16 Abs. 1 Satz 2 HRV).

1498 Ist nur eine **teilweise Ausschöpfung** erfolgt, bleibt die Eintragung über die Ermächtigung erhalten. Die Rötung der Höhe der Ermächtigung ist wegen des Verbots der Teilrötung (§ 16 Abs. 3 HRV) unzulässig (vgl. das Beispiel in Rz. 70). Bei mehreren Teilausschöpfungen ist die überholte Eintragung über die zwischenzeitliche Höhe der Ermächtigung zu röten. Die Veröffentlichung der Eintragung erfolgt gemäß § 10 HGB.

1499 Mit der Eintragung der Durchführung der Erhöhung des Grundkapitals in der jeweils angegebenen Höhe ist das **Grundkapital** in diesem Ausmaß **erhöht** (§ 203 Abs. 1 Satz 1 i.V.m. § 189 AktG). Die Eintragung wirkt somit konstitutiv. Erst ab diesem Zeitpunkt dürfen die neuen Aktien ausgegeben werden (§ 203 Abs. 1 i.V.m. § 191 AktG). Damit ist das Registergericht allerdings naturgemäß nicht befasst.

1499a Ein **Prüfungsschema** bei der Kapitalerhöhung aus genehmigtem Kapital kann folgendermaßen aussehen:

A. ERMÄCHTIGUNG IN DER SATZUNG
  I. Anmeldung
   Wie Satzungsänderung (§ 181 AktG)
  II. Beschluss
   Ermächtigung des Vorstandes

Dritter Abschnitt. B. Aktiengesellschaft

Maximal für 5 Jahre seit Eintragung § 202 Abs. 1 und Abs. 2 Satz 1 AktG (bei Verlängerung seit deren Eintragung)
Maximal die Hälfte des Grundkapitals § 202 Abs. 3 Satz 1 AktG (einschließlich noch nicht ausgenutzter Genehmigter Kapitalia)
das zur Zeit der Ermächtigung vorhanden (gegebenenfalls gleichzeitig erhöht)
Durch ¾-Mehrheit des vertretenen Grundkapitals § 202 Abs. 2 Satz 2 AktG (oder mehr gemäß Satzung), sowie einfache Stimmenmehrheit (§ 133 AktG)
mögliche zusätzliche Regelungen über
- Ausschluss des Bezugsrechts (§ 203 Abs. 2, § 186 Abs. 3 und 4 AktG)
- Ausgabe neuer Vorzugsaktien § 204 Abs. 2, §§ 139 ff. AktG (Vorzugsaktien ohne Stimmrecht: maximal 50% des Grundkapitals, siehe § 139 Abs. 2 AktG)
- Ausgabe von Aktien gegen Sacheinlagen (§ 205 AktG)
- Bestimmungen über Inhalt der Aktienrechte/Bedingungen der Aktienausgabe (§ 204 Abs. 1 AktG)
bei Fehlen: Entscheidung durch Vorstand mit Zustimmung des Aufsichtsrats
Bei Ausgabe von Aktien an Arbeitnehmer der Gesellschaft § 202 Abs. 4 AktG
Ausgabe auch, wenn nicht alle Einlagen auf Grundkapital geleistet (§ 203 Abs. 3 und 4 AktG)
Einlage auch aus Jahresüberschuss (§ 204 Abs. 3 AktG)
Regelungen über Kapitalerhöhung aus Bareinlage außer § 188 Abs. 2 AktG (§ 204 Abs. 3 AktG)
Einlagen aus Gewinnbeteiligungen nicht nach Regeln über Sacheinlagen (§ 205 Abs. 5 AktG)

III. Eintragung im Handelsregister
1. **Satzungsänderung**
2. **Ermächtigung**
Gemäß § 43 Nr. 6 lit. b sublit. hh HRV
Mit genauer Bezeichnung durch Jahreszahl und Ordnungsziffer

B. DURCHFÜHRUNG DER KAPITALERHÖHUNG (§ 204 AktG), auch stufenweise möglich

I. Vorstandsbeschluss (wie Beschluss der Hauptversammlung bei regulärer Kapitalerhöhung gegen Einlagen)
II. Zustimmung des Aufsichtsrats (§ 202 Abs. 3 Satz 2 AktG), bei Sacheinlagen auch hierüber § 205 Abs. 2 Satz 2 AktG
III. Zeichnung der neuen Aktien (§ 203 Abs. 1 Satz 1, § 185 AktG)
Wie bei Kapitalerhöhung gegen Einlagen
Zeichnungsschein: statt Tag des Beschlusses über Kapitalerhöhung (§ 185 Abs. 1 Satz 3 Nr. 1 AktG): Tag der Ermächtigung (§ 203 Abs. 1 Satz 2 AktG)
IV. Anmeldung
Wie Kapitalerhöhung gegen Einlagen § 203 Abs. 1, § 188 Abs. 1 bis 3 AktG
Aber: § 188 Abs. 2 AktG entfällt bei Aktien an Arbeitnehmer, § 204 Abs. 3 Satz 2 AktG (dann: Vorlage des festgestellten Jahresabschluss mit Bestätigungsvermerk und Erklärung, dass seither keine Vermögensminderung, die der Kapitalerhöhung entgegenstünde, § 204 Abs. 3 Satz 4, § 210 Abs. 1 Satz 2 AktG)
Bei erster Anmeldung zusätzlich: Angabe, welche Einlagen nicht geleistet und warum § 203 Abs. 3 Satz 4 AktG (Ausnahme: Aktien an Arbeitnehmer)
Anlagen: wie bei Kapitalerhöhung gegen Einlage
V. Anpassung der Satzung
Bezüglich Grundkapital und verbleibendem genehmigtem Kapital
Ggf. auch durch Aufsichtsrat (§ 179 Abs. 1 Satz 2 AktG)
Sonst in nächster Hauptversammlung nachzuholen (Anmeldung erst dann)
VI. Eintragung im Handelsregister
1. **neues Grundkapital**
2. **Satzungsänderung und Durchführung der Kapitalerhöhung**
Mit Hinweis auf Ermächtigung
Bei Erfüllung des Höchstbetrages: Eintragung über Ermächtigung röten

3. verbleibender Betrag des genehmigten Kapitals
gegebenenfalls Voreintragung über Höhe des verbleibenden genehmigten Kapitals röten

1500 **f) Bedingte Kapitalerhöhung.** Das **bedingte Kapital** (§§ 193 bis 201 AktG) ist trotz der registerrechtlich nicht unähnlichen Behandlung anders als die Ermächtigung beim genehmigten Kapital bereits die **endgültige** Entscheidung der Gesellschaft über künftige Beteiligungsverhältnisse. Ein bedingtes Kapital darf **nur zu bestimmten Zwecken** ausgegeben werden (§ 192 Abs. 2 AktG), nämlich:
– zur Gewährung von Umtausch- oder Bezugsrechten an Gläubiger von Wandelschuldverschreibungen;
– zur Vorbereitung des Zusammenschlusses mehrerer Unternehmen;
– zur Gewährung von Bezugsrechten an Arbeitnehmer und Mitglieder der Geschäftsführung der Gesellschaft oder eines verbundenen Unternehmens.

1501 Sobald, außerhalb registerrechtlichen Einflusses, Wandelschuldverschreibungen begeben werden, im Rahmen eines Verschmelzungsvertrags die Beteiligung an der Gesellschaft durch Ausgabe einer bestimmten Anzahl von Aktien zugesagt wurde oder den Arbeitnehmern oder Mitgliedern der Geschäftsführung Bezugsrechte, auch kostenlos und ohne bereits erfolgte Fixierung einer Gewinnbeteiligung, zuerkannt werden, liegt die Entscheidung, ob aus dieser potentiellen Beteiligung am Grundkapital eine tatsächliche wird, nicht mehr bei den Organen der Gesellschaft, sondern bei den Optionsberechtigten. Mit der Beschlussfassung über das bedingte Kapital und dessen Eintragung im Handelsregister ist der Einfluss der Hauptversammlung und die Kontrolle durch das Registergericht im Wesentlichen beendet. Die Folgeeintragungen befassen sich nur noch deklaratorisch mit dem Umfang der Ausübung der Rechte durch die begünstigten Dritten und ggf. der entsprechenden Anpassung der Satzung in den Bestimmungen über das Grundkapital und das bedingte Kapital durch die Hauptversammlung oder, wie zumeist, durch den Aufsichtsrat.

1502 Nachdem es sich beim bedingten Kapital bereits von Anfang an um eine entstandene, wenn auch durch die Ausübung des Optionsrechts bedingte Beteiligung am Grundkapital handelt, ist das bedingte Kapital gemäß § 23 Abs. 3 Nr. 3 AktG unter Berücksichtigung der grundlegenden Regelung in Art. 2 lit. c der Zweiten Gesellschaftsrechtlichen Richtlinie 77/91/EWG[1] **in der Satzung zu verankern.**[2] Anders als bei einem genehmigten Kapital ist allerdings grundsätzlich die Schaffung eines bedingten Kapitals nicht schon bei der Gründung, sondern erst durch eine spätere Beschlussfassung der Hauptversammlung möglich.[3] Etwas anderes gilt nur, wenn die Aktiengesellschaft ihrerseits durch einen Umwandlungsvorgang einer bereits bestehenden Aktiengesellschaft entsteht, z.B. im Wege der Verschmelzung, da in diesem Fall der Wortlaut des § 192 AktG („Beschluss der Hauptversammlung") erfüllt ist und zudem der erforderliche Erhalt eines einmal beschlossenen bedingten Kapitals (§ 192 Abs. 4 AktG) zu gewährleisten ist.[4] Die **Konditionen für die Ausgabe** der Optionsrechte sind nicht in das Handelsregister einzutragen und unterliegen nur in sehr begrenztem Umfang, nämlich insoweit sie nach §§ 192, 193 AktG im Beschluss über die bedingte Kapitalerhöhung enthalten sein müssen, der Kontrolle durch das Registergericht.

1503 Da es der Realisierung bestehender Rechte Dritter dient, kann die Hauptversammlung ein bedingtes Kapital nicht mehr aufheben oder sonstige Beschlüsse fassen, die

---

[1] Vom 13. 12. 1976, ABl. Nr. L 26/1, zuletzt geändert durch Beschluss v 1. 1. 1995, ABl. L 1/142.
[2] Vgl. *Hüffer*, AktG, § 192 Rz. 5; anderer Ansicht *Krieger*, in: MünchHdbGesR IV, § 57 Rz. 26.
[3] *Lutter*, in: KölnKommAktG, § 192 Rz. 2, anderer Ansicht *Hüffer*, AktG, § 192 Rz. 7.
[4] Siehe *Vossius*, in: Widmann/Mayer, UmwG, § 23 Rz. 31.1.

diesem entgegenstehen (§ 192 Abs. 4 AktG). Entsprechend darf die Hauptversammlung auch nicht die festgelegten Konditionen für die Ausgabe der Bezugsaktien nach Eintragung des bedingten Kapitals im Handelsregister gemäß § 195 AktG verschlechtern. Nach der Zielrichtung dieser Vorschrift ist allerdings eine Aufhebung oder Änderung möglich, wenn
– sämtliche ausgegebenen Optionsrechte ausgeübt sind,
– der Zeitraum für die Ausübung der Optionsrechte abgelaufen ist oder
– noch keine Optionsrechte ausgegeben oder alle Berechtigten mit der Aufhebung oder Änderung einverstanden sind. Ein solches Einverständnis ist dann nicht erforderlich, wenn die Konditionen ausschließlich verbessert werden.[1]

Mangels Regelung in den Anmeldevorschriften (§ 195 AktG) wird sich das Registergericht in diesen Fällen mit einer dahingehenden Erklärung, sei es in der Beschlussfassung zur entsprechenden Änderung in der Hauptversammlung oder in der Anmeldung durch den Vorstand über das Vorliegen dieser Umstände begnügen, es sei denn, es liegen konkrete Anhaltspunkte für eine unrichtige Erklärung vor.

Der **Nennbetrag des bedingten Kapitals** darf die Hälfte des Grundkapitals, das zur Zeit der Beschlussfassung über die bedingte Kapitalerhöhung vorhanden ist, nicht überschreiten (§ 192 Abs. 3 AktG). Daneben ist zu beachten, dass die Höhe des bedingten Kapitals, das der Gewährung von Optionen für Arbeitnehmer und Mitglieder der Geschäftsführung nach § 192 Abs. 2 Nr. 3 AktG dient, den zehnten Teil des Grundkapitals nicht übersteigen darf.[2] Für beide Grenzen kommt es auf die Höhe des bei Beschlussfassung vorhandenen Grundkapitals an (§ 192 Abs. 3 AktG). Gleichzeitig beschlossene Kapitalerhöhungen dürfen nicht berücksichtigt werden, da auch derartige Beschlüsse erst mit Durchführung und Eintragung wirksam werden (vgl. § 189 AktG).[3] Bei der Berechnung ist nicht nur auf die Höhe des gerade zu beschließenden bedingten Kapitals abzustellen, sondern auf die **Höhe aller** zu diesem Zeitpunkt **vorhandenen bedingten Kapitalia**, wobei bereits ausgeübte Beträge, die damit wirkliches Grundkapital geworden sind, nicht beim bedingten, sondern bei der Höhe des aktuellen Grundkapitals mit zu zählen sind. Ein Verstoß gegen diese Grenzen führt zur Nichtigkeit des Beschlusses, so dass eine Eintragung durch das Registergericht abzulehnen ist.[4]

1504

aa) Beschluss über eine bedingte Kapitalerhöhung. (1) Beschlussfassung der Hauptversammlung. Ein **Beschluss der Hauptversammlung** über eine bedingte Kapitalerhöhung bedarf mindestens einer Drei-Viertel-Mehrheit des bei der Beschlussfassung vertretenen Grundkapitals. Die Satzung kann höhere Anforderungen stellen (§ 193 Abs. 1 Satz 1 und 2 AktG), keinesfalls jedoch geringere. Sind mehrere Gattungen von Aktien vorhanden, müssen die Aktionäre jeder Gattung in einem Sonderbeschluss zustimmen (§ 193 Abs. 1 Satz 3 i. V. m. § 182 Abs. 2 AktG). Im Beschluss müssen auch der **Zweck** der bedingten Kapitalerhöhung (also z. B. zur Durchführung von Wandlungsrechten aus bis zu einem bestimmten Zeitpunkt ausgegebenen Wandelschuldverschreibungen; zur Gewährung von Aktien an die Gesellschafter der durch Verschmelzung zu übertragenden XYZ-GmbH in Altenstadt; zur Durchführung von Mitarbeiteroptionen aus dem in der Hauptversammlung vom 2. 2. 2009 beschlossenen Optionsplan), der **Kreis der Bezugsberechtigten** (Inhaber der bis (...) ausgegebenen Wandelschuldverschreibungen; Gesellschafter der XYZ-GmbH in Altenstadt; Angestellte und Vorstandsmitglieder der Gesellschaft und der verbundenen XYZ-GmbH in

1505

---

[1] Zum sog. Repricing von Stock Options *Ackermann* BB 2002, 1497.
[2] Vgl. *Hüffer*, AktG, § 192 Rz. 24.
[3] Zur Situation bei gleichzeitiger Kapitalerhöhung *Weiler* NZG 2009, 46.
[4] *Hüffer*, AktG, § 192 Rz. 23.

Altenstadt) und der **Ausgabebetrag** oder die Grundlagen für seine Berechnung festgestellt werden; für bedingte Kapitalerhöhungen zur Gewährung von Umtausch- oder Bezugsrechten an Gläubiger von Wandelschuldverschreibungen genügt die Bestimmung eines Mindestausgabebetrags oder der Grundlagen für seine Festlegung im Kapitalerhöhungsbeschluss oder dem Beschluss über die Einräumung dieser Rechte (§ 193 Abs. 2 Nr. 3 AktG). Die Grundlagen müssen eine konkrete Berechnung zulassen und dürfen nicht völlig offen formuliert werden, da sonst der Sinn dieses Erfordernisses nicht erfüllt würde. Bei den Mitarbeiteroptionen müssen nach § 193 Abs. 2 Nr. 4 AktG auch die Aufteilung der Bezugsrechte zwischen Mitgliedern der Geschäftsführung und den Arbeitnehmern, die Erfolgsziele, Erwerbs- und Ausübungszeiträume und eine Wartezeit für die erstmalige Ausübung (mindestens vier Jahre) bestimmt werden. Gerade bei dieser für die Gesellschaft besonders gefährlichen Form des bedingten Kapitals ist es erforderlich, dass diese Konditionen hinreichend präzise und nachvollziehbar sind.[1] Sollen Sacheinlagen erfolgen, so gilt dasselbe wie bei der Kapitalerhöhung gegen Einlagen (vgl. § 194 AktG).

1506 *(2) Anmeldung des Beschlusses der bedingten Kapitalerhöhung.* Der Beschluss über die bedingte Kapitalerhöhung und die dazugehörige Satzungsänderung sind vom Vorstand in vertretungsberechtigter Zahl und vom Vorsitzenden des Aufsichtsrats zur Eintragung in das Handelsregister **anzumelden** (§ 195 Abs. 1 AktG). Darin haben die Anmeldenden anzugeben, welche Einlagen auf das Grundkapital noch nicht geleistet sind und warum sie nicht erlangt werden können (§ 195 Abs. 1 Satz 2 i. V. m. § 184 Abs. 1 Satz 2 AktG). Wurde ein „Hin- und Herzahlen" vereinbart, so ist dies in der Anmeldung offen zu legen (§ 194 Abs. 2 i. V. m. § 27 Abs. 4 AktG). Wurde von einer externen Sacheinlageprüfung abgesehen, so gilt § 183a AktG entsprechend (§ 194 Abs. 5 AktG; siehe Rz. 1397). Der – gemäß § 407 Abs. 2 AktG nicht erzwingbaren – Anmeldung sind, neben dem Hauptversammlungsprotokoll gemäß § 130 Abs. 5 AktG, als **Anlage** beizufügen:
– eine Berechnung der Kosten, die für die Gesellschaft durch die Ausgabe der Bezugsaktien entstehen werden (§ 195 Abs. 2 Nr. 2 AktG);
– sind Sacheinlagen vorgesehen, die Verträge, die den Festsetzungen nach § 194 AktG zugrunde liegen oder zu ihrer Ausführung geschlossen sind und der Bericht über die Prüfung (§ 195 Abs. 2 Nr. 1 AktG); bei Verzicht auf eine externe Prüfung die Bewertungsunterlagen nach § 37a Abs. 3.

1507 **Anmeldungsbeispiel** hinsichtlich des Beschlusses über eine bedingte Kapitalerhöhung:

> Wir, die vertretungsberechtigten Mitglieder des Vorstands und der Vorsitzende des Aufsichtsrats, melden zur Eintragung in das Handelsregister an:
> Die Hauptversammlung vom 14. 5. 2009 hat die bedingte Erhöhung des Grundkapitals um 100 000 € beschlossen. § 5a (Bedingtes Kapital) wurde in die Satzung eingefügt.
> In der Anlage überreichen wir:
> – Protokoll der Hauptversammlung vom 14. 5. 2009
> – Satzungswortlaut samt Bescheinigung gemäß § 181 Abs. 1 Satz 2 AktG
> – Berechnung der Kosten, die für die Gesellschaft durch Ausgabe der Bezugsaktien entstehen werden

1508 *(3) Prüfung durch das Registergericht.* Der **Registerrichter** (§ 17 Nr. 1 lit. b RPflG) **prüft** bei der bedingten Kapitalerhöhung neben den üblichen Voraussetzungen für eine Satzungsänderung insbesondere, ob sie zu einem der in § 192 Abs. 2 AktG ge-

---

[1] Siehe *Hüffer*, AktG, § 193 Rz. 7 ff.; *Weiß* WM 1999, 353; vgl. auch **LG München I** AG 2001, 376; **OLG Stuttgart** AG 2001, 540.

nannten Zwecke erfolgt, ob der Erhöhungsbetrag die Grenzen im Verhältnis zum eingetragenen Grundkapital nicht übersteigt und ob der Beschluss alle erforderlichen Angaben enthält. Werden andere Zwecke verfolgt, so ist die Eintragung abzulehnen.[1] Sie ist jedoch wirksam, wenn entgegen § 192 Abs. 2 AktG eingetragen wird. Bei Sacheinlagen gilt dasselbe wie bei der Kapitalerhöhung gegen Einlagen (siehe Rz. 1407); insbesondere kommt eine Ablehnung der Eintragung dann in Betracht, wenn der Wert der Sacheinlage nicht unwesentlich hinter dem geringsten Ausgabebetrag der dafür zu gewährenden Aktien zurückbleibt (§ 195 Abs. 3 AktG).

(4) Eintragung der bedingten Kapitalerhöhung im Handelsregister. Die **Eintragung** erfolgt gemäß § 43 Nr. 6 lit. a und lit. b sublit. gg HRV und macht den Beschluss wirksam, so dass die Eintragung konstitutive Wirkung hat. Bei Verzicht auf eine externe Sacheinlageprüfung ist die Vier-Wochen-Frist seit Bekanntmachung der Beschlussfassung nach § 194 Abs. 5 i. V. m. § 183a Abs. 2 Satz 2 AktG zu beachten. Zwar bezieht sich § 183a Abs. 2 AktG auf die Durchführung der Erhöhung. Da diese bei bedingtem Kapital bereits ohne Eintragung wirksam wird (Rz. 1513), kann die Registersperre nur bei Eintragung der bedingten Kapitalerhöhung beachtet werden:

1509

Spalte 6
Unterspalte a (Rechtsform, Satzung):
Die Hauptversammlung vom 8. 9. 2009 hat die Einfügung eines neuen § 3a (Bedingtes Kapital) in die Satzung beschlossen.
Unterspalte b (Sonstige Rechtsverhältnisse):
Das Grundkapital ist durch Beschluss der Hauptversammlung vom 8. 9. 2009 um bis zu 200 000 € zur Durchführung von bis zum 31. 7. 2010 begebenen Wandelschuldverschreibungen[2] *(ggf. alternativ: zur Durchführung der Verschmelzung mit der XYZ-GmbH in Altenstadt; zur Durchführung von Optionsrechten aus dem Mitarbeiteroptionsplan vom selben Tag)* bedingt erhöht (Bedingtes Kapital 2009/I)"

1510

Für die Bezeichnung von bedingten Kapitalia mit Jahreszahl und Ordnungsziffer gilt dasselbe wie für das genehmigte Kapital (siehe Rz. 1481). In Spalte 3 darf zunächst noch nichts eingetragen werden, weil die Erhöhung des Grundkapitals erst bei Ausübung der Wandlungsrechte eintritt. Die Bekanntmachung erfolgt nach § 10 HGB.

1511/1512

bb) Durchführung der Kapitalerhöhung aufgrund eines bedingten Kapitals. (1) Bezugserklärung bezüglich der neuen Aktien. Die **Bezugserklärung**, die schriftlich und doppelt ausgestellt werden soll, muss den in § 198 Abs. 1 Satz 3 AktG aufgeführten Inhalt haben. Sie hat die gleiche Wirkung wie eine Zeichnungserklärung (§ 198 Abs. 1 und 2 AktG). Erst nach der Eintragung des Beschlusses über die bedingte Kapitalerhöhung in das Handelsregister dürfen Bezugsaktien ausgegeben werden (§ 197 AktG). Mit ihrer Ausgabe ist sodann das Grundkapital erhöht (§ 200 AktG). Die Durchführung der Kapitalerhöhung vollzieht sich also, anders als bei der Kapitalerhöhung gegen Einlagen (§ 189 AktG), außerhalb des Registers, so dass die diesbezüglich erfolgende Eintragung nur deklaratorisch ist.

1513

Allerdings hat das Registergericht insoweit praktisch keine Kontrollfunktion, da nach § 198 Abs. 3 AktG Heilung eintritt, sobald der Berechtigte seine Rechte ausgeübt hat, also z. B. bei einer Hauptversammlung mitgewirkt hat, oder seine Verpflichtungen erfüllt hat, z. B. den Bezugspreis bezahlt hat, was nach § 201 Abs. 3 AktG ohnehin vor der Anmeldung der Fall sein muss. Hinsichtlich der Bezugserklärung besteht auch keine Frist für die Eintragung im Handelsregister.

1514

---

[1] *Hüffer,* AktG, § 195 Rz. 9.
[2] Die Angabe des Zwecks der bedingten Kapitalerhöhung in der Eintragung ist nicht zwingend vorgeschrieben, oft allerdings zur Ermöglichung einer Unterscheidung verschiedener bedingter Kapitalia geboten.

1515 *(2) Anmeldung der Durchführung der bedingten Kapitalerhöhung.* Der **Vorstand hat** persönlich in vertretungsberechtigter Zahl innerhalb eines Monats nach Ablauf des Geschäftsjahres zur Eintragung in das Handelsregister **anzumelden,** in welchem Umfang im abgelaufenen Geschäftsjahr Bezugsaktien ausgegeben worden sind (§ 201 Abs. 1 AktG). Eine Mitwirkung des Vorsitzenden des Aufsichtsrats oder seines Stellvertreters ist nicht erforderlich. Hierbei versteht sich von selbst, dass eine Anmeldung auch noch nach Ablauf der Einmonatsfrist getätigt werden kann, ja sogar vorgenommen werden muss. Für eine förmliche Verlängerung der Frist besteht weder eine gesetzliche Grundlage noch ein sachliches Bedürfnis. Im Übrigen schließt die Auflösung einer AG nicht aus, dass eine vor Auflösung beschlossene bedingte Kapitalerhöhung noch während der Liquidation durchgeführt wird.[1]

1516 Bei der Vorschrift des § 201 Abs. 1 AktG handelt es sich um eine Ordnungsvorschrift, die insbesondere einer Überforderung von Vorstand und Gericht sowie einer Überlastung des Handelsregisters durch zu viele Ausübungseintragungen entgegenwirken soll. In Einzelfällen kann eine Zwischenanmeldung, z.B. wegen einer darauf aufbauenden Kapitalerhöhung aus Gesellschaftsmitteln durchaus sinnvoll und auch zulässig sein. In der Anmeldung **hat** der **Vorstand** im Übrigen **zu erklären,** dass die Bezugsaktien nur in Erfüllung des im Beschluss über die bedingte Kapitalerhöhung festgesetzten Zwecks und nicht vor der vollen Leistung des Gegenwerts ausgegeben worden sind, der sich aus dem Beschluss ergibt (§ 201 Abs. 3 AktG). Auch Sacheinlagen müssen also voll geleistet sein. Die Ausgabe von Aktienurkunden ist nicht unbedingt erforderlich. Die Anmeldung ist erzwingbar (§ 14 HGB).

1517 Der Anmeldung sind als **Anlage** grundsätzlich nach § 12 Abs. 2 Satz 2 Halbs. 1 HGB in elektronischer Form beizufügen:
 – die Zweitschriften der Bezugserklärungen (§ 198 AktG);
 – ein vom Vorstand unterschriebenes Verzeichnis der Personen, die das Bezugsrecht ausgeübt haben; das Verzeichnis hat die auf jeden Aktionär entfallenen Aktien und die auf sie gemachten Einlagen anzugeben (§ 201 Abs. 2 AktG);
 – wenn der Aufsichtsrat zur Satzungsanpassung ermächtigt ist (§ 179 Abs. 1 Satz 2 AktG), muss darauf geachtet werden, dass auch die Satzungsänderung bezüglich des Grundkapitals und auch der Höhe des verbleibenden bedingten Kapitals angemeldet wird. Es ist dann auch in der Form des § 12 Abs. 2 Satz 2 Halbs. 2 HGB der vollständige Wortlaut der Satzung mit der entsprechenden notariellen Bescheinigung beizufügen (§ 181 Abs. 1 Satz 2 AktG).

1518 **Anmeldungsbeispiel** für die Durchführung einer bedingten Kapitalerhöhung:

> Wir, die vertretungsberechtigten Mitglieder des Vorstands, melden zur Eintragung in das Handelsregister an:
>
> Die Hauptversammlung vom 14. 5. 2007 hat die bedingte Erhöhung des Grundkapitals um 100 000 € beschlossen (Bedingtes Kapital 2007/I gemäß § 5 der Satzung).
>
> Die Erhöhung des Grundkapitals ist in Höhe von 50 000 € durchgeführt. Die Satzung wurde hinsichtlich § 5 (Höhe und Einteilung des Grundkapitals) durch Beschluss des Aufsichtsrats vom 10. 1. 2009 entsprechend angepasst.
>
> Wir versichern: Die Bezugsaktien aus der bedingten Kapitalerhöhung, die im Geschäftsjahr 2008 bezogen worden sind, sind ausschließlich in Erfüllung des im Beschluss über die bedingte Kapitalerhöhung festgesetzten Zwecks und nicht vor der vollen Leistung des Gegenwerts, der sich aus dem Beschluss ergibt, ausgegeben worden.
>
> In der Anlage überreichen wir:
> – Satzungswortlaut samt Bescheinigung gemäß § 181 Abs. 1 Satz 2 AktG
> – Protokoll des Aufsichtsratsbeschlusses vom 10. 1. 2009

---
[1] BGH NJW 1957, 1279.

Dritter Abschnitt. B. Aktiengesellschaft

– die Doppelstücke der Bezugserklärungen
– ein vom Vorstand unterschriebenes Verzeichnis der Zeichner, das die auf jeden entfallenden Aktien und die auf sie geleisteten Einzahlungen angibt

(3) Prüfung durch das Registergericht. Zuständig ist der **Rechtspfleger**, da eine besondere Zuweisung an den Richter in § 17 RPflG nicht vorgesehen ist und es sich auch bei der Satzungsänderung nur um eine lediglich die Fassung betreffende Eintragung handelt. Eine Richterzuständigkeit wäre hier jedoch wünschenswert, da im Übrigen sämtliche Kapitalmaßnahmen durch den Richter zu prüfen und einzutragen sind. Zu prüfen ist insbesondere, ob die Anmeldung den vorgeschriebenen Inhalt hat. Sofern die Bezugserklärungen nicht die Angaben nach § 198 Abs. 1 Satz 3 AktG wiedergeben oder aber Beschränkungen der Verpflichtungen der Zeichner enthalten, sind die Bezugserklärungen nichtig (§ 198 Abs. 2 Satz 2 AktG). Auch eine zeitliche Begrenzung der Bezugserklärung macht sie nichtig. Eine inhaltliche Prüfung der Bezugserklärungen erübrigt sich allerdings weitgehend im Hinblick auf die eingetretene Heilung nach § 198 Abs. 3 AktG. 1519

(4) Eintragung der Kapitalerhöhung im Handelsregister. Die **Eintragung** der Ausgabe von Bezugsrechten erfolgt gemäß § 43 Nr. 3, Nr. 6 lit. a und lit. b sublit. gg HRV und hat, mit Ausnahme der einzutragenden Satzungsänderung, nur deklaratorische Bedeutung. Es ist also der neue Betrag des Grundkapitals in Spalte 3 einzutragen, der bisher eingetragene Grundkapitalbetrag zu röten und in Spalte 6 Unterspalte a die Summe des Betrags der ausgegebenen Bezugsaktien unter Hinweis auf den Erhöhungsbeschluss, sowie in Unterspalte b die Höhe des verbleibenden bedingten Kapitals einzutragen, ferner in Unterspalte a auch die entsprechende Satzungsänderung. Die Eintragung kann z. B. lauten: 1520

Spalte 6 1521
Unterspalte a (Rechtsform, Satzung):
Aufgrund der am 8. 8. 2007 beschlossenen bedingten Erhöhung des Grundkapitals (Bedingtes Kapital 2007/I) sind im Geschäftsjahr 2008 Bezugsaktien im Nennwert von 60 000 € ausgegeben worden; das Grundkapital beträgt jetzt 360 000 €. Durch Beschluss des Aufsichtsrats vom 21. 1. 2009 wurden §§ 4 (Höhe und Einteilung des Grundkapitals) sowie 4 a (Bedingtes Kapital) der Satzung geändert.
Unterspalte b (Sonstige Rechtsverhältnisse): Das in der Hauptversammlung vom 8. 8. 2007 beschlossene bedingte Kapital (Bedingtes Kapital 2007/I) beträgt nach Ausgabe von Bezugsaktien im Geschäftsjahr 2008 noch 90 000 €.

Bei **vollständiger Ausschöpfung** des bedingten Kapitals würde der Eintrag in Spalte 6 Unterspalte a ähnlich wie bei der teilweisen Inanspruchnahme aussehen. Die Eintragung in Spalte 6 Unterspalte b würde lauten. 1522

Das in der Hauptversammlung vom 8. 8. 2007 beschlossene bedingte Kapital (Bedingtes Kapital 2007/I) ist durch Ausgabe von Bezugsaktien im Geschäftsjahr 2008 erloschen.

Bei der Eintragung in Spalte 6 Unterspalte a handelt es sich um einen Übergangstext (§ 16 a HRV), von dem nur das Datum der Beschlussfassung des Aufsichtsrats in den aktuellen Ausdruck als letztes Änderungsdatum der Satzung übernommen wird. Bei der Eintragung in Spalte 6 Unterspalte b darf bei der ursprünglichen Eintragung zum bedingten Kapital wegen des Verbots der Teilrötung (§ 16 Abs. 3 HRV) keine Rötung erfolgen. Vielmehr sind z. B. die beiden Eintragungen zum „Bedingten Kapital 2007/I" zusammen zu lesen. 1523

Erst bei völliger Ausschöpfung eines bedingten Kapitals ist dessen Ersteintragung zu röten. Die Zwischenstände sind allerdings dann vollständig zu röten, wenn insgesamt 1524 ein neuer Zwischenstand eingetragen wird. Es bleiben also immer die Ersteintragung eines bedingten Kapitals und die Eintragung des jeweiligen Zwischenstands bis zu seiner vollständigen Ausnutzung oder sonstigem Erlöschen erhalten. Die Eintragung ist zu **veröffentlichen** (§ 10 HGB).

1524a Ein **Prüfungsschema** bei einer Kapitalerhöhung aus bedingtem Kapital kann folgendermaßen aussehen:

A. Beschlussfassung
I. Anmeldung (§ 195 AktG)
durch Vorstand in vertretungsberechtigter Zahl und den Vorsitzenden des Aufsichtsrats (§ 195 Abs. 1 AktG)
ohne Angabe, welche Einlagen auf Grundkapital geleistet wurden

II. Anlagen
1. **Berechnung der Kosten** für Ausgabe der Bezugsaktien (§ 195 Abs. 2 Nr. 2 AktG)
2. **bei Sacheinlagen:**
   a) **Verträge, die Festsetzungen nach § 194 AktG zugrunde liegen**
   b) **Bericht über Prüfung** (§ 195 Abs. 2 Nr. 1, § 194 Abs. 4 AktG)
   oder Anlagen nach § 37 a Abs. 3 AktG

III. Beschluss (§ 193 AktG)
Nicht schon bei Gründung (arg.: „Hauptversammlung", § 192 Abs. 1 AktG)
Ausnahme: AG entsteht durch Umwandlung aus bereits bestehender AG
Unabänderbar (§ 192 Abs. 4 AktG), es sei denn:
– sämtliche Optionsrechte ausgeübt
– Zeitraum für Ausübung abgelaufen
– noch keine Optionsrechte ausgegeben
– alle Beteiligten einverstanden
– ausschließlich Verbesserung

1. **Nennbetrag bedingtes Kapital** (sämtliches vorhandenes und noch nicht durchgeführtes) darf **Hälfte des Grundkapitals** (zur Zeit der Beschlussfassung; beachte: wirksam erst mit Eintragung, § 189 AktG) **nicht überschreiten,** § 192 Abs. 3 AktG
Bei Bezugsrecht für **Arbeitnehmer/Mitglieder der Geschäftsführung: 10%** des Grundkapitals, § 192 Abs. 3 AktG

2. **mindestens ³/₄-Mehrheit** gegebenenfalls höhere Anforderungen durch Satzung (§ 193 Abs. 1 Satz 1 und 2 AktG)
   a) **gegebenenfalls Sonderbeschluss** bei mehreren Gattungen von Aktien (§ 193 Abs. 1 Satz 3, § 182 Abs. 2 AktG)
   b) **unter Benennung von:**
      aa) **Zweck** (§ 193 Abs. 2 Nr. 1 AktG): Nur für bestimmte Zwecke (§ 192 Abs. 2 AktG)
      bb) **Kreis der Bezugsberechtigten** (§ 193 Abs. 2 Nr. 2 AktG)
      cc) **Ausgabebetrag** (§ 193 Abs. 2 Nr. 3 AktG) oder Grundlage für seine Berechnung
      dd) **Bei Mitarbeiteroption:** Aufteilung der Bezugsrechte zwischen Mitgliedern der Geschäftsführung und Arbeitnehmern, Erfolgsziele, Erwerbs- und Ausübungszeitraum, Wartezeit (mindestens 4 Jahre), § 193 Abs. 2 Nr. 4 AktG
      ee) **Bei Sacheinlagen:** § 194 AktG, Gegenstand, Person des Übertragenden, Nennbetrag/Zahl der Stückaktien

IV. Eintragung in das Handelsregister
1. Bedingte Erhöhung
2. Satzungsänderung

B. Durchführung
I. Anmeldung
Durch Vorstand in vertretungsberechtigter Zahl
Innerhalb eines Monats nach Ablauf des Geschäftsjahres (§ 201 Abs. 1 AktG)
Mit Erklärung, dass Ausgabe nur zur Erfüllung des festgesetzten Zweckes und nicht vor voller Leistung des Gegenwertes (§ 201 Abs. 3 AktG)

Gegebenenfalls auch Anmeldung der **Satzungsänderung durch Aufsichtsrat**
Neue Höhe des Grundkapitals
Höhe des verbleibenden bedingten Kapitals
  II. **Anlagen**
   1. **Zweitschriften der Bezugserklärungen** (§ 198 AktG)
   2. **Verzeichnis derjenigen, die ihr Bezugsrecht ausgeübt haben**
      Mit Angabe der Aktien und der hierauf geleisteten Einlagen (§ 201 Abs. 2 AktG)

3. Kapitalherabsetzungen bei Aktiengesellschaften

Die Kapitalherabsetzung bei einer AG[1] (§§ 222 bis 240 AktG) scheint ähnlich aufgebaut wie die Kapitalerhöhung. Auch hier sieht das Gesetz einerseits eine **Beschlussfassung** der Hauptversammlung **und** andererseits die **Durchführung** der Kapitalherabsetzung vor (§§ 223, 229 Abs. 3, § 239 AktG). Im Gegensatz zur Kapitalerhöhung wird eine Kapitalherabsetzung aber bereits mit der Eintragung des Beschlusses im Handelsregister, bei der Herabsetzung durch Einziehung von Aktien eventuell erst mit der Einziehung, sofern diese danach stattfindet, wirksam (§§ 224, 229 Abs. 3, § 234 AktG). Die Eintragung der Durchführung hat im Gegensatz zur Eintragung der Durchführung einer Kapitalerhöhung rein deklaratorischen Charakter[2] und erfolgt nach Vornahme der Durchführungshandlungen durch den Vorstand. Solche sind teils nicht erforderlich (z.B. bei einer ordentlichen oder vereinfachten Kapitalherabsetzung durch Herabsetzung der Nennbeträge), teils ist ihre Wirksamkeit nicht von der Eintragung abhängig. Ein Übersehen der Anmeldung oder der Eintragung hat somit keine entscheidenden Auswirkungen.[3] De lege ferenda sollte überlegt werden, ob auf diese letztlich überflüssige Eintragung nicht im Interesse der Unternehmen, der Registergerichte und der Übersichtlichkeit des Handelsregisters verzichtet werden sollte. 1525

Je nach dem Zweck unterscheidet man die **effektive Kapitalherabsetzung**, die einer Rückleistung an die Aktionäre dient, und die **nominelle Kapitalherabsetzung**, die dem Ausgleich von Verlusten dient. Das Gesetz sieht als Formen der Kapitalherabsetzung die ordentliche Kapitalherabsetzung (§§ 222 bis 228 AktG), die vereinfachte Kapitalherabsetzung (§§ 229 bis 236 AktG) und die Kapitalherabsetzung mittels Einziehung von Aktien (§§ 237 bis 239 AktG) vor. 1526

a) **Ordentliche Kapitalherabsetzung.** aa) *Beschluss über eine ordentliche Kapitalherabsetzung.* (1) *Beschluss der Hauptversammlung zur Kapitalherabsetzung.* Die ordentliche Kapitalherabsetzung bei einer AG (§§ 222 bis 228 AktG) erfordert einen **Beschluss der Hauptversammlung** mit mindestens Drei-Viertel-Mehrheit des bei der Beschlussfassung vertretenen Grundkapitals (§ 222 Abs. 1 Satz 1 AktG). Die Satzung kann eine größere Kapitalmehrheit und weitere Erfordernisse bestimmen (§ 222 Abs. 1 Satz 2 AktG). Sind mehrere Gattungen von Aktien vorhanden, so müssen die Aktionäre jeder Gattung in einem Sonderbeschluss der Kapitalherabsetzung zustimmen (§ 222 Abs. 2 AktG). Der Beschluss muss den Zweck, also insbesondere die Beseitigung einer Unterbilanz oder Rückzahlung an die Aktionäre (§ 222 Abs. 3 AktG), und die Art (§ 222 Abs. 4 Satz 3 AktG) der Herabsetzung angeben. 1527

In der Regel wird der **Betrag der Kapitalherabsetzung** im Beschluss zahlenmäßig bestimmt. Es wird aber auch die Angabe eines Höchstbetrages mit genauer Bestimmung der Berechnung des Herabsetzungsbetrages (z.B. Orientierung an einer zu 1528

---

[1] Umfassend hierzu *Terbrack* RNotZ 2003, 89.
[2] Siehe *Hüffer*, AktG, § 227 Rz. 1; *Oechsler*, in: MünchKommAktG, § 227 Rz. 1; allgemein zu kapitalherabsetzenden Maßnahmen bei Aktiengesellschaften *Terbrack* RNotZ 2003, 89.
[3] Vgl. *Oechsler*, in: MünchKommAktG, § 227 Rz. 1.

erwartenden Unterbilanz) für zulässig erachtet.[1] Für die genaue Bestimmung muss aber ähnlich wie bei der Kapitalerhöhung mit Erhöhungshöchstbetrag eine enge zeitliche Grenze gesetzt werden (Rz. 1399). Empfehlenswert ist stets die Angabe des alten und des neuen Grundkapitalbetrags. Das Grundkapital darf nach der Herabsetzung nicht weniger als 50 000 € betragen (§ 7 AktG). Nur in Verbindung mit einer gleichzeitig beschlossenen Kapitalerhöhung darf der Mindestnennbetrag des Grundkapitals unterschritten werden (§ 228 AktG). Nach § 241 Nr. 3 AktG ist ein Beschluss nichtig, der die Höhe des Herabsetzungsbetrags in das Ermessen des Vorstands stellt.[2]

1529 Hinsichtlich der **Angabe des Zwecks** der Kapitalherabsetzung ist insbesondere anzugeben, ob eine effektive oder nominelle Kapitalherabsetzung erfolgt. Auch andere Zwecke sind möglich, z. B. Umwandlung eines Teils des Grundkapitals in eine Kapitalrücklage oder Abrundung des Grundkapitals. Auch mehrere Zwecke können angegeben werden, immer aber müssen diese konkret bezeichnet werden. Die allgemeine Angabe, die Herabsetzung sei „zur Anpassung an die wirtschaftlichen Verhältnisse" erforderlich, ist keinesfalls ausreichend.[3] Fehlt die Angabe des Zwecks, so ist der Beschluss nach § 243 Abs. 1 AktG anfechtbar.[4]

1530 Als **Arten** der Kapitalherabsetzung[5] (vgl. § 222 Abs. 4 AktG) kommen bei Stückaktien die bloße Herabsetzung der Grundkapitalziffer, bei Nennbetragsaktien die Herabsetzung des Nennbetrags der Aktien bis zu dem Mindestnennbetrag von 1 € (§ 8 Abs. 2 Satz 1 AktG), ferner die Zusammenlegung der Aktien – nur, soweit der Mindestnennbetrag der Aktien nicht eingehalten werden kann[6] – und die Einziehung von Aktien in Betracht. Unterbleibt die Angabe der Art der Herabsetzung, so ist der Beschluss lediglich anfechtbar.[7]

1531 Bei **Stückaktien** ist keine Änderung veranlasst, solange der auf die Aktie entfallende anteilige Betrag mindestens 1 € ausmacht. Bei **Nennwertaktien** sind die Nennbeträge anzupassen. Wenn der Mindestbetrag von 1 € unterschritten wird, erfolgt die Herabsetzung durch Zusammenlegung von Aktien.

1532 Zudem ist die Satzung dem herabgesetzten Grundkapital und der nunmehrigen Stückelung der Aktien entsprechend anzupassen, da die zutreffende Höhe des Grundkapitals in der Satzung enthalten sein muss (vgl. § 23 Abs. 3 Nr. 3 AktG). Diese **Satzungsanpassung** kann in den Fällen, in denen der genaue Herabsetzungsbetrag erst nach der Hauptversammlung feststeht, dem Aufsichtsrat überlassen werden (§ 179 Abs. 1 Satz 2 AktG).

1533 *(2) Anmeldung des Kapitalherabsetzungsbeschlusses.* Der Beschluss über die ordentliche Kapitalherabsetzung ist vom Vorstand in vertretungsberechtigter Zahl und vom Vorsitzenden des Aufsichtsrats zur Eintragung in das Handelsregister **anzumelden** (§ 223 AktG). Bevollmächtigung ist hierbei zulässig, da keine persönlichen Erklärungen erforderlich sind. Der Anmeldung müssen außer dem Beschluss, soweit sich dieser nicht ohnehin in der Akte befindet (§ 130 Abs. 5 AktG), **keine Dokumente** beigefügt werden. Die Anmeldung ist nicht erzwingbar (§ 407 Abs. 2 AktG). Daneben ist

---

[1] *Hüffer,* AktG, § 222 Rz. 12; *Oechsler,* in: MünchKommAktG, § 222 Rz. 20; *Terbrack* RNotZ 2003, 89 (92 f.).
[2] RG Z 26, 132; *Lutter,* in: KölnKommAktG, § 222 Rz. 13; *Hüffer,* AktG, § 222 Rz. 12.
[3] KG JFG 10, 112; *Hüffer,* AktG, § 222 Rz. 13 und Rz. 20; *Oechsler,* in: MünchKommAktG, § 222 Rz. 39; *Lutter,* in: KölnKommAktG, § 222 Rz. 16.
[4] KG JFG 10, 112; *Lutter,* in: KölnKommAktG, § 222 Rz. 37; *Hüffer,* AktG, § 222 Rz. 17.
[5] Hierzu *Terbrack* RNotZ 2003, 89 (93 f.).
[6] Vgl. **BGH** Z 142, 167 (= NJW 1999, 3197); **BGH** Z 138, 71 (= NJW 1998, 2054).
[7] *Hüffer,* AktG, § 222 Rz. 17; *Lutter,* in: KölnKommAktG, § 222 Rz. 39 ff.; *Oechsler,* in: MünchKommAktG, § 222 Rz. 52; *Terbrack* RNotZ 2003, 89 (95).

für die **Änderung der Satzung** deren vollständiger Wortlaut mit der entsprechenden notariellen Bescheinigung beizufügen (§ 181 Abs. 1 Satz 2 AktG).
Beispiel für die **Anmeldung** des Kapitalherabsetzungsbeschlusses: 1534

> Als Mitglieder des Vorstands und als Vorsitzender des Aufsichtsrats melden wir zur Eintragung in das Handelsregister an:
> Die Hauptversammlung vom 25. 5. 2009 hat die Herabsetzung des Grundkapitals von 500 000 € um 150 000 € auf 350 000 € und die Änderung des § 5 (Höhe und Einteilung des Grundkapitals) der Satzung beschlossen.
> In der Anlage überreichen wir:
> – Protokoll der Hauptversammlung vom 25. 5. 2009
> – Bescheinigte Satzung in der aktuellen Fassung

(3) Prüfung des Registergerichts. Der **Registerrichter** (§ 17 Nr. 1 lit. b RPflG) **prüft** 1535 insbesondere, ob die Vorschriften des § 222 AktG beachtet sind. Fehlt beispielsweise ein etwa erforderlicher Sonderbeschluss (§ 222 Abs. 2, § 138 AktG), so ist die Eintragung abzulehnen. Ein Verstoß gegen die genannten Vorschriften führt stets zur Ablehnung der Eintragung, selbst wenn er lediglich die Anfechtbarkeit des Beschlusses zur Folge hat.[1] Daneben ist die Beachtung der §§ 7, 8 AktG sowie bei Vorhandensein von Vorzugsaktien von § 139 Abs. 2 AktG zu prüfen.

(4) Eintragung des Kapitalherabsetzungsbeschlusses. Die **Eintragung** der Herabsetzung des Grundkapitals erfolgt gemäß § 43 Nr. 3, Nr. 6 lit. a HRV. Es wird also in Spalte 6 Unterspalte a eingetragen: 1536

> Die Hauptversammlung vom (...) hat die Herabsetzung des Grundkapitals um (...) € auf (...) € und die Änderung des § 5 (Höhe und Einteilung des Grundkapitals) der Satzung beschlossen.

In Spalte 3 ist das neue Grundkapital einzutragen und das bisher eingetragene zu röten. Mit der Eintragung des Beschlusses über die Herabsetzung des Grundkapitals ist dieses herabgesetzt (§ 224 AktG), so dass der Eintragung konstitutive Wirkung zukommt. Die **Veröffentlichung** erfolgt nach § 10 HGB. In der Veröffentlichung sind die Gläubiger der Gesellschaft auf ihr Recht hinzuweisen, dass ihnen Sicherheit zu leisten ist, soweit sie nicht Befriedigung verlangen können, wenn sie sich binnen sechs Monaten nach der Bekanntmachung zu diesem Zweck melden (§ 225 Abs. 1 Satz 1 und 2 AktG). Der Hinweis kann etwa lauten: 1537

> Den Gläubigern der Gesellschaft ist, wenn sie binnen sechs Monaten nach dieser Bekanntmachung ihren Anspruch nach Grund und Höhe schriftlich anmelden, Sicherheit zu leisten, soweit sie nicht Befriedigung verlangen können. Das Recht steht ihnen jedoch nicht zu, wenn sie im Fall eines Insolvenzverfahrens ein Recht auf vorzugsweise Befriedigung aus einer Deckungsmasse haben, die nach gesetzlicher Vorschrift zu ihrem Schutz errichtet und staatlich überwacht ist.

bb) Durchführung der ordentlichen Kapitalherabsetzung. (1) Ordnungsgemäße Durchführung der Kapitalherabsetzung. Sind die zur Durchführung der Herabsetzung des Grundkapitals erforderlichen Maßnahmen – sei es die Herabsetzung des Nennbetrags der Aktien (§ 222 Abs. 4 Satz 1 AktG) oder die Zusammenlegung von Aktien (§ 222 Abs. 4 Satz 2, § 226 AktG) – erledigt, hat der Vorstand in vertretungsberechtigter 1538

---

[1] Zurückhaltender *Terbrack* RNotZ 2003, 89 (97) m.w.N., der die Ablehnung bei einem Verstoß nur dann für gerechtfertigt hält, wenn die betreffende Vorschrift Drittinteressen schützt.

Zahl **die Durchführung** zur Eintragung in das Handelsregister **anzumelden** (§ 227 Abs. 1 AktG). Bevollmächtigte können bei der Anmeldung mitwirken; der Vorsitzende des Aufsichtsrats hat nicht mitzuwirken. Die Anmeldung ist erzwingbar (§ 14 HGB). Der Anmeldung brauchen keine Unterlagen beigefügt zu werden.

1539 **Anmeldung** der Durchführung einer Kapitalherabsetzung:

> Als Mitglieder des Vorstands melden wir zur Eintragung in das Handelsregister an:
> Die von der Hauptversammlung am 25. 5. 2009 beschlossene Herabsetzung des Grundkapitals von 500 000 € um 150 000 € auf 350 000 € ist durchgeführt.

1540 Die Maßnahmen zur Durchführung der Herabsetzung vollziehen sich im Übrigen ohne Mitwirkung des Registergerichts (§ 224 AktG). Die Vorschrift des § 226 AktG schließt die Kraftloserklärung von Aktien, die abhanden gekommen oder vernichtet worden sind, gemäß § 72 Abs. 3 AktG nicht aus. Mit diesem Verfahren ist allerdings das Prozessgericht befasst. Das Verfahren nach § 73 AktG, bei dem das Registergericht angegangen werden muss, ist im Fall des § 226 AktG nicht anzuwenden (§ 73 Abs. 4 AktG).

1541 Eine besondere **Prüfung des Registergerichts** (Rechtspfleger, § 3 Nr. 2 lit. d RPflG) – abgesehen von der Einhaltung der Förmlichkeiten bei der Anmeldung – erübrigt sich. Dem Registergericht stehen auch keine Unterlagen für eine etwaige Prüfung zur Verfügung. Erhält es aber Kenntnis davon, dass die Kapitalherabsetzung nicht oder nicht ordnungsgemäß durchgeführt ist, so muss es in eine Prüfung eintreten, bevor die Eintragung in das Handelsregister erfolgt.[1] Eine Nachprüfung, ob die Gläubigerschutzvorschriften gemäß § 225 AktG eingehalten sind, findet nicht statt. Daher kann die Durchführung angemeldet werden, auch wenn die Sperrfrist von sechs Monaten noch nicht abgelaufen ist (vgl. auch § 227 Abs. 2 AktG).

1542 Die **Eintragung der Durchführung** der Kapitalherabsetzung erfolgt gemäß § 43 Nr. 6 lit. a HRV. Zwar wird diese Eintragung dort nicht ausdrücklich aufgeführt. Sie hat jedoch einen sehr engen Bezug zur Kapitaländerung, welche immer mit einer Satzungsänderung verbunden ist, so dass sie auch bei Auseinanderfallen der Eintragung von Beschlussfassung und Durchführung an diese Stelle gehört. In Spalte 6 Unterspalte a wird also lediglich als Übergangstext nach § 16 a HRV, eingetragen:

> Die am (...) beschlossene Herabsetzung des Grundkapitals ist durchgeführt.

1543 Diese Eintragung hat nur deklaratorische Bedeutung. Der Inhalt der Eintragung ist zu **veröffentlichen** (§ 10 HGB). Anmeldung und Eintragung der Durchführung der Herabsetzung des Grundkapitals können mit Anmeldung und Eintragung des Beschlusses über die Herabsetzung verbunden werden (§ 227 Abs. 2 AktG). Dies geschieht sehr häufig, da in den Fällen, in denen keine Zusammenlegung erfolgt, keine weiteren Maßnahmen vorzunehmen sind, weil die Anpassung der Aktienurkunden mit der Durchführung nicht gemeint ist.[2] Auch wird oftmals die erforderliche Zusammenlegungsentscheidung durch den Vorstand bereits vor Anmeldung des Kapitalherabsetzungsbeschlusses getroffen. Mit der Herabsetzung des Grundkapitals kann zugleich eine Kapitalerhöhung beschlossen werden („kombinierter Sanierungsbeschluss").

1544 *(2) Unterschreiten des Mindestbetrags (Kapitalherabsetzung mit gleichzeitiger Kapitalerhöhung).* Bei der ordentlichen Kapitalherabsetzung kann der **Mindestbetrag** des

---

[1] Siehe KG JW 1926, 2930; *Hüffer*, AktG, § 227 Rz. 6; *Lutter*, in: KölnKommAktG, § 227 Rz. 6; *Oechsler*, in: MünchKommAktG, § 227 Rz. 5.
[2] *Hüffer*, AktG, § 227 Rz. 3.

Grundkapitals von 50 000 € (§ 7 AktG) **unterschritten** werden, wenn folgende Bedingungen erfüllt werden: Zugleich mit der Kapitalherabsetzung, also in derselben Hauptversammlung, muss eine Kapitalerhöhung beschlossen werden, die das Grundkapital wieder auf mindestens 50 000 € erhöht. Diese Kapitalerhöhung kann nur eine solche gegen Bareinlagen sein, sodass Sacheinlagen ebenso ausscheiden, wie eine bedingte Kapitalerhöhung und ein genehmigtes Kapital. Die Kapitalherabsetzung, die Kapitalerhöhung und die Durchführung der Kapitalerhöhung müssen **binnen sechs Monaten** nach der Beschlussfassung in das Handelsregister **eingetragen** werden (§ 228 AktG). Das Gesetz stellt hier auf die Eintragung, nicht auf den Zeitpunkt der Anmeldung ab. Das bedeutet für die Gesellschaft, dass sie für eine frühzeitige Anmeldung zu sorgen hat, die dem Registergericht eine rechtzeitige Eintragung im Rahmen des üblichen Geschäftsgangs ermöglicht. Umgekehrt hat sich aber auch das Gericht um eine vorrangige Erledigung zu bemühen. Bei Nichteinhaltung der Frist tritt Nichtigkeit der Beschlüsse ein (§ 228 Abs. 2 Satz 1 AktG). Allerdings wird der Lauf der Frist gehemmt, solange eine Anfechtungs- oder Nichtigkeitsklage anhängig ist (§ 228 Abs. 2 Satz 2 AktG). Infolgedessen muss die **Anmeldung,** die der Vorstand in vertretungsberechtigter Zahl und der Vorsitzende des Aufsichtsrats vornehmen müssen, sich auf die Kapitalherabsetzung, die Kapitalerhöhung und ihre Durchführung beziehen. Dabei ist auch die entsprechende Satzungsänderung mit anzumelden. Der Anmeldung müssen neben dem Hauptversammlungsbeschluss, soweit dieser nicht ohnehin vorliegt, die Dokumente beigefügt werden, die bei der Durchführung der Kapitalerhöhung beizubringen sind. Wird trotz Fristablauf eingetragen, so tritt ggf. nach § 242 Abs. 2 und 3 AktG Heilung der Nichtigkeit ein.

1545 Der **Registerrichter** (§ 17 Nr. 1 lit. b RPflG) **prüft,** ob alle Voraussetzungen für eine Kapitalherabsetzung, Kapitalerhöhung und ihre Durchführung sowie die besonderen Vorschriften des § 228 AktG erfüllt sind. Die **Eintragung** in das Handelsregister erfolgt nach § 43 Nr. 3, Nr. 6 lit. a HRV in Spalte 6 Unterspalte a:

> Die Hauptversammlung vom 2. 5. 2009 hat die Herabsetzung des Grundkapitals um 400 000 € auf 20 000 € und die gleichzeitige Erhöhung des Grundkapitals um 800 000 € auf 820 000 € und die Änderung von § 4 (Höhe und Einteilung des Grundkapitals) der Satzung beschlossen. Die Herabsetzung und die Erhöhung des Grundkapitals sind durchgeführt.

1546 Zu beachten ist, dass gemäß § 228 Abs. 2 Satz 3 AktG die Beschlüsse über die Herabsetzung und Erhöhung des Grundkapitals sowie über die Durchführung der Erhöhung **nur zusammen** in das Handelsregister eingetragen werden sollen. Zudem ist in Spalte 3 das neue Grundkapital einzutragen und das bisher eingetragene zu röten. Bleibt das bisherige Grundkapital infolge der Kapitalerhöhung dasselbe, so entfällt eine Eintragung in Spalte 3.

1547 Die **öffentliche Bekanntmachung** erfolgt gemäß § 10 HGB. Die Veröffentlichung des Gläubigeraufrufs nach § 225 Abs. 1 AktG ist nur dann erforderlich, wenn das neue Kapital, nach Kapitalherabsetzung und Durchführung der Erhöhung, hinter dem ursprünglich eingetragenen zurückbleibt, da ansonsten die Gläubiger durch den Vorgang insgesamt nicht schlechter gestellt werden.

1548 **b) Vereinfachte Kapitalherabsetzung.** Die **vereinfachte Kapitalherabsetzung** (§§ 229 bis 236 AktG) dient nur bestimmten Zwecken, nämlich zum Ausgleich von Wertminderungen, zur Deckung sonstiger Verluste oder zur Einstellung von Beträgen in die Kapitalrücklage (§ 229 Abs. 1 Satz 1 AktG). Sie ist unzulässig, solange ein Gewinnvortrag vorhanden ist (§ 229 Abs. 2 Satz 2 AktG) und nur zulässig unter der Voraussetzung, dass neben dem neuen herabgesetzten Grundkapital keine gesetzliche Rücklage und Kapitalrücklage über 10% des neuen Grundkapitals verbleibt (§ 229 Abs. 2

Satz 1 AktG). Es kann sich also bei der vereinfachten Kapitalherabsetzung immer nur um eine nominelle handeln, die der Sanierung der Gesellschaft dient. Das Ausmaß der Kapitalherabsetzung ist begrenzt; so darf z. B. bei einer Kapitalherabsetzung auf 450 000 € die Bilanz nach der Kapitalherabsetzung nur ein Grundkapital von 450 000 € und höchstens 45 000 € Rücklage, dagegen keinen Gewinn ausweisen. Soll die Kapitalherabsetzung in einem höheren Ausmaß erfolgen, das neue Grundkapital in dem gewählten Beispiel also weniger als 450 000 € betragen, so muss die Form der ordentlichen Kapitalherabsetzung gewählt werden.

1549 Für den **Beschluss der Hauptversammlung** gilt dasselbe wie bei der ordentlichen Kapitalherabsetzung (§ 229 Abs. 3 AktG) mit dem zusätzlichen Erfordernis, dass der konkrete Zweck der Herabsetzung angegeben (§ 229 Abs. 1 Satz 2 AktG), wobei auch eine Kombination der drei zulässigen Zwecke möglich ist, und die Kapitalherabsetzung als „vereinfachte" bezeichnet werden muss.[1]

1550 Die **Anmeldung** vollzieht sich in gleicher Weise wie bei der ordentlichen Kapitalherabsetzung (§ 229 Abs. 3, § 223 AktG). Die **Prüfung des Registergerichts** erstreckt sich insbesondere auf die Beachtung der Bestimmungen in § 222 Abs. 1, 2 und 4 AktG und in § 229 Abs. 2 AktG. Es wird letzteres anhand der vorliegenden Bilanz prüfen. Wurde eine Zwischenbilanz erstellt, die den Vorstand veranlasste, die Kapitalherabsetzung in vereinfachter Form vorzuschlagen, wird es sich diese vorlegen lassen oder sonstige Belege anfordern. Liegen die Voraussetzungen des § 229 AktG nicht vor, ist die Anmeldung zurückzuweisen. Allerdings ist die dennoch erfolgte Eintragung wirksam, ein gegen § 229 Abs. 2 AktG verstoßender Beschluss der Hauptversammlung ist lediglich anfechtbar.

1551 Die **Eintragung** erfolgt gemäß § 43 Nr. 3, Nr. 6 lit. a HRV. Es wird also in Spalte 6 Unterspalte a z. B. eingetragen:

> Die Hauptversammlung vom 28. 3. 2009 hat die vereinfachte Herabsetzung des Grundkapitals um 100 000 € auf 50 000 € und die Änderung des § 4 (Höhe und Einteilung des Grundkapitals) der Satzung beschlossen.

1552 In Spalte 3 ist das neue Grundkapital einzutragen und das bisher eingetragene zu röten. In die Eintragung ist aufzunehmen, dass es sich um eine Kapitalherabsetzung in vereinfachter Form handelt. Mit der Eintragung des Beschlusses ist das **Grundkapital herabgesetzt** (§ 229 Abs. 3, § 224 AktG); die Eintragung wirkt also konstitutiv. Bei der **Veröffentlichung** entfällt die Gläubigerschutzklausel, da die entsprechende Norm in § 229 Abs. 3 AktG nicht aufgeführt ist. Eines solchen Schutzes gemäß § 225 AktG bedürfen die Gläubiger bei der vereinfachten Kapitalherabsetzung nicht. Durch die Herabsetzung wird der Betrag des Grundkapitals nur der wirtschaftlichen Lage der Gesellschaft angeglichen; auf die Rechte der Gläubiger wird durch das Gesetz in anderer Weise (§§ 230 bis 233 AktG) Rücksicht genommen. Die Einhaltung dieser Gläubigerschutzvorschriften wird vom Gericht nicht nachgeprüft.

1553 Schließlich ist die **Durchführung** der vereinfachten Kapitalherabsetzung **anzumelden, einzutragen** und zu **veröffentlichen** (§ 229 Abs. 3, § 227 AktG).

1554 Auch bei der vereinfachten Kapitalherabsetzung kann der Mindestnennbetrag des Grundkapitals (§ 7 AktG) unterschritten werden, wenn gleichzeitig das Grundkapital auf mindestens 50 000 € erhöht wird und die sonstigen Voraussetzungen des § 228 AktG erfüllt sind (§ 229 Abs. 3 AktG).

1555 Die vereinfachte Kapitalherabsetzung – und nur diese – kann **mit Rückwirkung** für das letzte vor der Beschlussfassung über die Herabsetzung abgelaufene Geschäftsjahr

---

[1] *Hüffer*, AktG, § 229 Rz. 23.

beschlossen werden. Erforderlich hierfür ist: Die Bilanz muss das Grundkapital (gezeichnetes Kapital) bereits mit dem herabgesetzten Betrag ausweisen; als gesetzliche Rücklage und Kapitalrücklage (Passivseite A, § 266 Abs. 3 HGB) dürfen höchstens 10% des herabgesetzten Grundkapitals ausgewiesen werden; ein Gewinnvortrag darf nicht vorhanden sein (§ 234 Abs. 1, § 229 Abs. 2 AktG); über die Festsetzung des Jahresabschlusses muss die Hauptversammlung beschließen (§ 234 Abs. 2 Satz 1, § 173 Abs. 2 AktG), der Beschluss soll zugleich mit dem Beschluss über die Kapitalherabsetzung gefasst werden, also in derselben Hauptversammlung (§ 234 Abs. 2 Satz 2 AktG). Der Beschluss über die vereinfachte Kapitalherabsetzung mit Rückwirkung für das abgelaufene Geschäftsjahr muss **binnen drei Monaten** in das Handelsregister **eingetragen** werden (§ 234 Abs. 3 Satz 1 AktG). Im Übrigen gilt für die registerrechtliche Behandlung all das, was über die vereinfachte Kapitalherabsetzung ausgeführt wurde.

1556 Die Kapitalherabsetzung mit Rückwirkung für das letzte Geschäftsjahr kann nach § 234 AktG **mit einer Kapitalerhöhung verbunden** werden, die ebenfalls zurückwirkt. Voraussetzung hierfür ist, dass sie zugleich, also in derselben Hauptversammlung, mit der Kapitalherabsetzung beschlossen wird, vor der Beschlussfassung die neuen Aktien gezeichnet sind, nur Bareinlagen geleistet werden, auf jede Aktie mindestens ein Viertel des Nennbetrags, bei Überpariemission auch der Mehrbetrag, vor der Anmeldung eingezahlt ist und endgültig zur freien Verfügung des Vorstands steht (§ 235 Abs. 1 Satz 1 und 2 AktG) sowie die Beschlüsse über Kapitalherabsetzung, Kapitalerhöhung und die Durchführung der Erhöhung binnen drei Monaten nach der Beschlussfassung in das Handelsregister eingetragen werden (§ 235 Abs. 2 Satz 1 AktG). Die **Anmeldung** vollzieht sich in der gleichen Weise wie bei der ordentlichen Kapitalherabsetzung (§ 229 Abs. 3, § 223 AktG) und bei der Kapitalerhöhung gegen Einlagen (§ 184 Abs. 1 und 2 AktG) und ihrer Durchführung (§ 188 Abs. 1, 2 und 3 Nr. 1 und Nr. 3, § 36 Abs. 2, §§ 36 a, 37 Abs. 1 AktG). Die **Prüfung des Registergerichts** umfasst außer den Punkten, welche auch bei der ordentlichen Kapitalherabsetzung und bei der vereinfachten Kapitalherabsetzung bzw. der Kapitalerhöhung gegen Einlagen und ihrer Durchführung zu prüfen sind, noch das Vorliegen der Voraussetzungen des § 235 AktG. Die Eintragung erfolgt gemäß § 43 Nr. 3, Nr. 6 lit. a HRV. Es wird also in Spalte 6 Unterspalte a eingetragen:

> Die Hauptversammlung vom 24. 4. 2009 hat die vereinfachte Herabsetzung des Grundkapitals mit Rückwirkung für das Geschäftsjahr 2008 um 120 000 € auf 170 000 € und die gleichzeitige Erhöhung des Grundkapitals mit Rückwirkung für das Geschäftsjahr 2008 um 80 000 € auf 250 000 € sowie die Änderung von § 4 (Höhe und Einteilung des Grundkapitals) der Satzung beschlossen. Herabsetzung und Erhöhung des Grundkapitals sind durchgeführt.

1557 In Spalte 3 ist das neue Grundkapital einzutragen und das bisher eingetragene zu röten. Bleibt das bisherige Grundkapital infolge der Kapitalerhöhung dasselbe, so entfällt eine Eintragung in Spalte 3. Die Veröffentlichung erfolgt nach § 10 HGB. Eine Gläubigerschutzklausel ist nicht zu veröffentlichen (siehe Rz. 1552).

1558 c) **Kapitalherabsetzung durch Einziehung von Aktien.** Durch die **Einziehung** („Amortisation") **von Aktien** gemäß §§ 237 bis 239 AktG werden die Rechte der eingezogenen Aktien vernichtet und dadurch das Grundkapital herabgesetzt. Das ist eine notwendige Folge, weil die Summe der Nennbeträge aller Aktien immer gleich dem Grundkapital sein muss. Eine Herabsetzung unter den Mindestnennbetrag des Grundkapitals nach § 7 AktG darf nicht erfolgen, wobei jedoch § 228 AktG (Herabsetzung unter Mindestnennbetrag mit gleichzeitiger Erhöhung) auch bei der Kapitalherabsetzung durch Einziehung von Aktien anwendbar ist. Im Gegensatz zu dem Verfahren nach §§ 237 ff. AktG werden die Rechte aus Aktien beispielsweise im Fall des Ausschlusses säumiger Aktionäre gemäß § 64 AktG („Kaduzierung"), bei dem Erwerb eigener Aktien durch die AG gemäß § 71 AktG und bei der Kraftloserklärung von Aktien, sei es gemäß §§ 72, 73 oder § 226 AktG nicht vernichtet.

1559 Aktien können zwangsweise oder freiwillig nach Erwerb durch die Gesellschaft eingezogen werden (§ 237 Abs. 1 Satz 1 AktG). **Zwangsweise** ist die Einziehung nur zulässig, wenn sie in der ursprünglichen Satzung oder durch eine Satzungsänderung vor Übernahme oder Zeichnung der Aktien angeordnet oder gestattet war (§ 237 Abs. 1 Satz 2 AktG). Der Grund hierfür ist darin zu sehen, dass ein Aktionär bei dem Erwerb der Aktien Klarheit darüber haben muss, dass die Möglichkeit der Einziehung sei es durch Los, durch ein bestimmtes Ereignis oder auf sonstige Weise besteht. Sind die von der Einziehung betroffenen Aktionäre einverstanden, so kann die Satzungsänderung auch nach Übernahme oder Zeichnung der Aktien erfolgen. Nach Erwerb der Aktien durch die Gesellschaft ist die Einziehung auch zulässig, wenn sie in der Satzung nicht vorgesehen ist. § 71 Abs. 1 Nr. 6 AktG gestattet uneingeschränkt den Erwerb eigener Aktien aufgrund eines Beschlusses der Hauptversammlung zur Einziehung nach den Vorschriften über die Herabsetzung des Grundkapitals.

1560 In der Regel sind bei der Einziehung die Vorschriften über die ordentliche Kapitalherabsetzung zu befolgen (§ 237 Abs. 2 Satz 1 AktG). Ausnahmsweise bedarf es keines **Hauptversammlungsbeschlusses,** soweit es sich um eine durch die Satzung angeordnete, also nicht bloß gestattete Zwangseinziehung handelt. Bei der angeordneten Zwangseinziehung muss jedoch aus der Satzung zweifelsfrei ersichtlich sein, unter welchen Voraussetzungen und in welchem Umfang die Einziehung zulässig ist. Die Satzung muss hierzu einen „Einziehungs- bzw. Amortisationsplan" aufstellen. An die Stelle des Hauptversammlungsbeschlusses tritt dann die Entscheidung des Vorstandes über die Einziehung (§ 237 Abs. 6 AktG). **Anzumelden** ist folglich vom Vorstand in vertretungsberechtigter Zahl und vom Vorsitzenden des Aufsichtsrats anstelle des Kapitalherabsetzungsbeschlusses der Hauptversammlung (siehe § 223 AktG) die vom Vorstand getroffene Maßnahme. Auch hier brauchen der Anmeldung keine weiteren Dokumente beigefügt zu werden, weil die Zulässigkeit der Kapitalherabsetzung durch Einziehung von Aktien aus der Satzung ersichtlich ist und der Vorstand seine aufgrund dieser Satzungsbestimmungen getroffenen Maßnahmen anmeldet. Der **Registerrichter prüft,** ob die Satzung ausreichende Bestimmungen über die Zwangseinziehung getroffen hat und ob die Maßnahmen des Vorstands sich im Rahmen dieser Bestimmungen halten. Regelmäßig ist die Anmeldung mit der entsprechenden Satzungsänderung durch Beschluss der Hauptversammlung oder des hierzu ermächtigten Aufsichtsrats zu verbinden. Dabei ist dann auch die neue, notariell bescheinigte Satzung (§ 181 Abs. 1 Satz 2 AktG) vorzulegen.

1561 Die Kapitalherabsetzung durch Einziehung von Aktien kann auch **in vereinfachter Form** erfolgen (§ 237 Abs. 3 AktG), was keinesfalls mit der „vereinfachten Kapitalherabsetzung" (§§ 229 ff. AktG) verwechselt werden darf. Voraussetzung hierfür ist, dass auf jeden Fall die Aktien, die eingezogen werden sollen, voll einbezahlt sind und dass sie entweder der Gesellschaft unentgeltlich zur Verfügung gestellt werden oder zu Lasten des Bilanzgewinns oder einer anderen Gewinnrücklage, soweit sie zu diesem Zweck verwendet werden können, eingezogen werden. Im erstgenannten Fall dürfen die Aktien in der Bilanz nicht als eigene Aktien (§ 266 Abs. 2 Aktivseite B III 2 HGB) der Gesellschaft bilanziert werden. Sind die Voraussetzungen des § 237 Abs. 3 AktG gegeben, so brauchen die Vorschriften über die ordentliche Kapitalherabsetzung nicht befolgt zu werden. Der Beschluss der Hauptversammlung über die Kapitalherabsetzung bedarf, sofern er nicht nach § 237 Abs. 6 AktG entbehrlich ist, nur der einfachen Mehrheit, es sei denn, dass die Satzung eine größere Mehrheit und weitere Erfordernisse bestimmt. Diese Mehrheit genügt auch für die entsprechende Satzungsänderung.[1] Bei mehreren Aktiengattungen bedarf es keines Sonderbeschlusses.[2]

Im Beschluss ist der **Zweck der Kapitalherabsetzung** festzusetzen. Der Vorstand in vertretungsberechtigter Zahl und der Vorsitzende des Aufsichtsrats haben den Beschluss zur Eintragung in das Handelsregister **anzumelden** (§ 237 Abs. 4 Satz 5 AktG). Mit der in § 237 Abs. 5 AktG enthaltenen Bilanzierungsvorschrift ist das Registergericht nicht befasst. Sie dient dem Schutz der Gläubiger der Gesellschaft. Der **Registerrichter prüft**, ob die Voraussetzungen des § 237 Abs. 3 AktG und eventuell weitergehende Satzungsbestimmungen beachtet sind. Verstöße führen zur Nichtigkeit, wenn die Belange der Gläubiger verletzt werden.[3] Im Übrigen ist § 225 AktG bei der vereinfachten Einziehung von Aktien nicht anzuwenden (§ 237 Abs. 3 AktG). Ob die Aktien eingezogen sind oder nicht, braucht der Registerrichter bei der Eintragung der Kapitalherabsetzung nicht zu prüfen. 1562

Die **Eintragung** der Kapitalherabsetzung durch Einziehung von Aktien – sei es in der regulären (§ 237 Abs. 2 AktG) oder in der vereinfachten Form (§ 237 Abs. 3 bis 5 AktG) – in das Handelsregister und die **Veröffentlichung** der Eintragung bieten keine Besonderheiten. Bei der Bekanntmachung ist allerdings zu unterscheiden: Im Regelfall (§ 237 Abs. 2 AktG) ist die Gläubigerschutzklausel gemäß § 225 Abs. 1 Satz 1 und 2 AktG vom Registergericht zu veröffentlichen, im Falle der vereinfachten Form (§ 237 Abs. 3 bis 5 AktG) nicht. 1563

Die **Eintragung** in Spalte 6 Unterspalte a kann lauten: 1564

> Die Hauptversammlung vom 24. 4. 2009 hat die Herabsetzung des Grundkapitals durch Einziehung von Aktien um 50 000 € auf 720 000 € und die Änderung des § 4 (Höhe und Einteilung des Grundkapitals) der Satzung beschlossen.

Nach § 237 Abs. 6 AktG kann die Eintragung (ebenfalls Spalte 6 Unterspalte a) lauten: 1565

> Aufgrund § 4 a der Satzung ist das Grundkapital durch Einziehung von Aktien um 50 000 € auf 720 000 € herabgesetzt. Durch Beschluss des Aufsichtsrats vom 28. 3. 2009 ist § 4 (Höhe und Einteilung des Grundkapitals) der Satzung geändert.

In Spalte 3 ist das neue Grundkapital einzutragen und das bisher eingetragene zu röten, und zwar ohne Rücksicht darauf, wann die Herabsetzung wirksam wird (vgl. hierzu § 238 AktG): Erfolgt zuerst die Einziehung der Aktien und dann die Eintragung des Hauptversammlungsbeschlusses, so wirkt die Eintragung konstitutiv; erfolgt zuerst die Eintragung des Beschlusses und dann die Einziehung der Aktien oder handelt es sich um eine Zwangseinziehung gemäß § 237 Abs. 6 AktG und entscheidet der Vorstand, so wird die Kapitalherabsetzung erst mit der Einziehung wirksam, vollzieht sich also außerhalb des Registers. Abhängig vom Zeitpunkt der Wirksamkeit der Kapitalherabsetzung ist zu diesem Zeitpunkt auch die entsprechende Satzungsänderung anzumelden und im Register einzutragen. 1566

Schließlich hat der Vorstand in vertretungsberechtigter Zahl ohne Mitwirkung des Vorsitzenden des Aufsichtsrats die **Durchführung** der Herabsetzung bei jeder Form der Kapitalherabsetzung durch Einziehung von Aktien – auch bei der Zwangseinzie- 1567

---

[1] Siehe nur *Hüffer*, AktG, § 237 Rz. 35.
[2] *Hüffer*, AktG, § 237 Rz. 35; *Lutter*, in: KölnKommAktG, § 237 Rz. 109; *Oechsler*, in: MünchKommAktG, § 237 Rz. 103.
[3] Vgl. *Hüffer*, AktG, § 237 Rz. 37; *Oechsler*, in: MünchKommAktG, § 237 Rz. 25 und 101.

hung gemäß § 237 Abs. 6 AktG – zur Eintragung in das Handelsregister **anzumelden** (§ 239 Abs. 1 AktG). Diese Anmeldung ist erzwingbar (§ 14 HGB). Anmeldung und Eintragung der Durchführung der Herabsetzung können mit Anmeldung und Eintragung des Beschlusses über die Herabsetzung verbunden werden (§ 239 Abs. 2 AktG).

V. Sonstige Eintragungen bei Aktiengesellschaften

1. Nachgründung

1568 a) **Allgemeines zur Nachgründung.** Verträge der Aktiengesellschaft mit Gründern oder mit qualifiziert beteiligten Aktionären unterliegen nach § 52 Abs. 1 AktG den Nachgründungsvorschriften, wenn sie folgende Voraussetzungen erfüllen:
– es werden vorhandene oder herzustellende Anlagen oder andere Vermögensgegenstände für eine den **zehnten Teil des Grundkapitals übersteigende Vergütung** erworben; auch Verträge über Dienstleistungen gegen eine entsprechende Vergütung fallen unter die Nachgründungsvorschriften.[1] Soweit der Vertrag jedoch im Rahmen der laufenden Geschäfte der Gesellschaft[2], in der Zwangsvollstreckung aufgrund eines Titels zugunsten der Gesellschaft oder an der Börse erfolgt, unterliegt er nicht den Nachgründungsvorschriften (§ 52 Abs. 9);
– der Vertrag wird in den **ersten zwei Jahren** seit Eintragung der AG in das Handelsregister geschlossen;
– **Vertragspartner** ist ein Gründer oder ein Aktionär, der mit mehr als 10% am Grundkapital der Gesellschaft beteiligt ist.

1569 Derartige Verträge werden nur wirksam, wenn ihnen die Hauptversammlung zustimmt und sie **im Handelsregister eingetragen** werden. Sonst sind auch Rechtshandlungen zu deren Ausführung ggf. unwirksam (§ 52 Abs. 1 Satz 2 AktG). Auch im Rahmen von Kapitalerhöhungen geschlossene Einbringungsverträge unterliegen den Nachgründungsvorschriften, wenn sie die genannten Voraussetzungen erfüllen.[3] In diesem Fall sind neben den Sachgründungsvorschriften auch die weiterreichenden Nachgründungsvorschriften zu erfüllen, so dass der Einbringungsvertrag der Zustimmung der Hauptversammlung und der Eintragung in das Handelsregister bedarf.[4]

1570 Nachgründungsverträge bedürfen mindestens der **Schriftform** (§ 52 Abs. 2 Satz 1 AktG). Schreibt das Gesetz eine strengere Form vor (z. B. Grundstückserwerb, § 311 b Abs. 1 BGB), so ist diese zu beachten. Die Verletzung einer Formvorschrift bewirkt die Nichtigkeit des Vertrags (§ 125 Satz 1 BGB), welche auch durch die Zustimmung der Hauptversammlung und die Eintragung im Handelsregister nicht geheilt werden kann. Jedoch ist Heilung durch Nachholung der Form möglich.[5] Die Verträge sind ab der Einberufung der Hauptversammlung, die über die Zustimmung beschließen soll, **in dem Geschäftsraum** der Gesellschaft zur Einsicht für die Aktionäre **oder über die Internetseite** der Gesellschaft **zugänglich zu machen**; auch in der Hauptversammlung ist der Vertrag zugänglich zu machen (§ 52 Abs. 2 AktG). Die Nichteinhaltung dieser Vorschriften führt zur Anfechtbarkeit des Hauptversammlungsbeschlusses. Jedoch

---

[1] Siehe *Hüffer*, AktG, § 52 Rz. 4; *Zimmer* DB 2000, 1265; *Pentz*, in: MünchKommAktG, § 52 Rz. 17; anderer Ansicht *Diekmann* ZIP 1996, 2149; *Kraft*, in: KölnKommAktG, § 52 Rz. 7.
[2] BGH NZG 2007, 144 (147) (= DNotZ 2007, 230 (235 f.) = NJW 2007, 765 (769)).
[3] *Hüffer*, AktG, § 52 Rz. 11; *Kraft*, in: KölnKommAktG, § 52 Rz. 7; *Koch*, Die Nachgründung, 2002, S. 187 ff.; anderer Ansicht *Bork/Stangier* AG 1984, 320.
[4] **OLG Oldenburg** AG 2002, 620.
[5] Ohne Einhaltung jeglicher Form wäre im Übrigen die Prüfungspflicht des Aufsichtsrats, des Nachgründungsprüfers und des Registergerichts nicht sinnvoll erfüllbar.

kann auf ihre Erfüllung in einer Vollversammlung (siehe § 121 Abs. 6 AktG) verzichtet werden. Im Übrigen ist jedem Aktionär auf Verlangen nach § 52 Abs. 2 Satz 3 und Satz 4 AktG eine Abschrift von dem jeweils fraglichen Vertrag zu erteilen sofern dieser nicht über die Internetseite der Gesellschaft zugänglich ist. Der Vorstand kann durch Zwangsgeld zur Einhaltung dieser Verpflichtung gezwungen werden (§ 407 Abs. 1 AktG). Der Niederschrift über die Hauptversammlung ist der Vertrag als Anlage beizufügen (§ 52 Abs. 2 Satz 7 AktG).

1571 Der **Aufsichtsrat** hat vor dem Beschluss der Hauptversammlung den Vertrag zu prüfen und darüber einen schriftlichen Nachgründungsbericht zu erstatten[1] (§ 52 Abs. 3 AktG). Außerdem hat, sofern nicht auf eine externe Gründungsprüfung gemäß § 52 Abs. 4 Satz 3 i. V. m. § 33 a AktG verzichtet wird, eine Prüfung durch einen oder mehrere **Gründungsprüfer** stattzufinden, auf welche die Vorschriften des § 33 Abs. 3 bis 5, §§ 34 und 35 AktG für die Gründungsprüfung entsprechend Anwendung finden (§ 52 Abs. 4 AktG). Unterbleibt der Prüfbericht des Aufsichtsrats oder der Gründungsprüfungsbericht, so ist der Zustimmungsbeschluss der Hauptversammlung lediglich anfechtbar,[2] jedoch aufgrund der fehlenden formalen Unterlagen zur Nachprüfung durch das Registergericht nicht eintragbar.[3]

1572 Die **Hauptversammlung** muss dem Vertrag, der ihr nach § 52 Abs. 2 Satz 5 und 6 AktG vorzulegen und zu erläutern ist, zustimmen. Der Beschluss bedarf einer Drei-Viertel-Mehrheit des in der Hauptversammlung vertretenen Kapitals, bei Vertragsschluss im ersten Jahr nach Eintragung der Gesellschaft im Handelsregister müssen außerdem die Anteile der zustimmenden Mehrheit mindestens ein Viertel des gesamten Grundkapitals erreichen. Die Satzung kann größere Kapitalmehrheiten und weitere Erfordernisse bestimmen (§ 52 Abs. 5 Satz 3 AktG).

1573 Der Vorstand hat in vertretungsberechtigter Zahl nach Zustimmung der Hauptversammlung den **Vertrag zur Eintragung** in das Handelsregister in der Form des § 12 Abs. 1 Satz 1 HGB **anzumelden** (§ 52 Abs. 6 Satz 1 AktG). Bei Absehen von einer externen Gründungsprüfung sind die besonderen Anforderungen des § 37a Abs. 1 und 2 AktG zu beachten (§ 52 Abs. 6 Satz 3 AktG). Die Anmeldung ist nicht erzwingbar (§ 407 Abs. 2 AktG). Ihr sind als **Anlage** beizufügen:
– der Vertrag;
– das Hauptversammlungsprotokoll (vgl. § 52 Abs. 5 Satz 1 i. V. m. § 130 Abs. 1 AktG) mit dem Vertrag als Anlage (§ 52 Abs. 2 Satz 6 AktG) hat der Vorstand unverzüglich nach der Hauptversammlung einzureichen (§ 130 Abs. 5 AktG). Das Registergericht kann nach der Anmeldung vergleichen, ob der mit der Anmeldung eingereichte Vertrag mit dem als Anlage zum Protokoll eingereichten Vertrag übereinstimmt;
– der Nachgründungsbericht des Aufsichtsrats, unterzeichnet von allen Aufsichtsratsmitgliedern;
– der Prüfungsbericht des oder der Gründungsprüfer, unterzeichnet von diesen, nebst den dazugehörigen urkundlichen Unterlagen (§ 52 Abs. 6 Satz 2 AktG) und/oder bei Absehen von einer externen Gründungsprüfung die der Bewertung zu Grunde gelegten Unterlagen (§ 52 Abs. 6 i. V. m. § 37a Abs. 3 AktG).

1574 Beispiel für die **Anmeldung** einer Nachgründung:

> Wir melden als gemeinsam vertretungsberechtigte Vorstandsmitglieder an:
> Die Gesellschaft hat am 22. 2. 2009 im Wege der Nachgründung einen Vertrag über den Erwerb eines Grundstücks zum Kaufpreis von 480 000 € mit dem Gründer Gerd Garunda,

---

[1] Vgl. hierzu *Hartmann/Barcaba* AG 2001, 437.
[2] *Hüffer*, AktG, § 52 Rz. 14; *Pentz*, in: MünchKommAktG, § 52 Rz. 65 f.
[3] *Hüffer*, AktG, § 52 Rz. 14.

geboren am 1. 1. 1955, München, geschlossen. Die Hauptversammlung vom 5. 5. 2009 hat diesem Vertrag zugestimmt.

In der Anlage überreichen wir:
- Kaufvertrag vom 22. 2. 2009
- Nachgründungsbericht des Aufsichtsrats vom 12. 3. 2009
- Bericht des Gründungsprüfers vom 10. 4. 2009
- Protokoll der Hauptversammlung vom 5. 5. 2009

1575 **b) Behandlung der Nachgründung durch das Registergericht.** Das **Registergericht prüft** insbesondere, ob der Nachgründungsvertrag in gehöriger Form abgeschlossen ist, ob er dem Hauptversammlungsprotokoll als Anlage beigefügt ist und mit dem der Anmeldung beiliegenden Vertrag übereinstimmt und ob der Nachgründungsbericht des Aufsichtsrats und der Prüfungsbericht der Gründungsprüfer vorliegen. Haben die Gründungsprüfer erklärt oder ist es offensichtlich, dass der Nachgründungsbericht unrichtig oder unvollständig ist oder nicht den gesetzlichen Vorschriften entspricht oder dass die für die zu erwerbenden Vermögensgegenstände gewährte Vergütung unangemessen hoch ist, so kann das Registergericht die Eintragung ablehnen (§ 52 Abs. 7 AktG). Sofern von einer externen Gründungsprüfung abgesehen wurde, ist das Registergericht nach Maßgabe des § 38 Abs. 3 AktG auf die Prüfung der formalen Anforderungen des § 37a AktG beschränkt (§ 52 Abs. 7 Satz 2 AktG; siehe Rz. 1320). Weiterhin ist zu prüfen, ob der Beschluss der Hauptversammlung mit der erforderlichen Mehrheit gefasst worden ist. **Zuständig** ist trotz Fehlens einer ausdrücklichen Erwähnung in § 17 RPflG der Richter, da es sich um einen Vorgang handelt, der der Gründung der Gesellschaft und damit letztlich der Ersteintragung zuzuordnen ist.[1]

1576 Die **Eintragung** der Nachgründung (§ 52 Abs. 8 AktG) erfolgt in Spalte 6 Unterspalte b (§ 62 Nr. 6 lit. b sublit. kk HRV) des Handelsregisters. Anzugeben sind hierbei der Vertrag mit Zeitpunkt des Vertragsschlusses, der Zustimmungsbeschluss der Hauptversammlung und der oder die Vertragspartner der Gesellschaft (§ 52 Abs. 8 AktG). Die Eintragung wirkt konstitutiv (§ 52 Abs. 1 Satz 1 AktG). Die Veröffentlichung erfolgt gemäß § 10 HGB.

1577 **Beispiel für Eintragung im Handelsregister:**

1578 **Spalte 6**
Unterspalte b:
Die Gesellschaft hat am 22. 2. 2009 im Wege der Nachgründung einen Vertrag über den Erwerb eines Grundstücks mit dem Gründer Gerd Garunda geschlossen. Die Hauptversammlung vom 5. 5. 2009 hat diesem Vertrag zugestimmt.

1579 Bei Übertragung **im Wege einer Kapitalerhöhung:**

1580 **Spalte 3 (Grundkapital):**
500 000 €

Spalte 6:
Unterspalte a (Satzung):
Die Hauptversammlung vom 5. 5. 2009 hat die Erhöhung des Grundkapitals um 250 000 € auf 500 000 € und die Änderung des § 4 (Höhe und Einteilung des Grundkapitals) der Satzung beschlossen. Die Kapitalerhöhung ist durchgeführt.
Unterspalte b (Sonstige Rechtsverhältnisse):
Die Gesellschaft hat am 22. 2. 2009 im Wege der Nachgründung einen Vertrag über den Erwerb eines Grundstücks mit dem Gründer Gerd Garunda geschlossen. Die Hauptversammlung vom 5. 5. 2009 hat diesem Vertrag zugestimmt.

---

[1] *Müther*, Handelsregister, § 7 Rz. 30.

Bei der Eintragung der Nachgründung – nicht auch der Kapitalerhöhung – handelt es 1581
sich um eine Eintragung, die auch im aktuellen Ausdruck zu erscheinen hat, also
nicht um einen „Übergangstext" im Sinne des § 16a HRV. Allerdings ist de lege ferenda zu überlegen, ob nicht nach fünf Jahren (vgl. § 26 Abs. 4 AktG) diese Aussage
ähnlich wie schon lange eingetragene Umwandlungsvorgänge oder Festsetzungen zu
Sondervorteilen erheblich an rechtlicher Bedeutung für den Rechtsverkehr verliert
und daher als überholt aus dem aktuellen Bestand des Registers zu entfernen ist und
im aktuellen Ausdruck nicht mehr erscheinen muss.

2. Vorstandsänderungen (§§ 76 bis 94 AktG)

a) Allgemeines zur Vertretungsregelung bezüglich des Vorstands. Der Vorstand der 1582
Aktiengesellschaft kann aus einer oder mehreren natürlichen Personen bestehen (§ 76
Abs. 2 Satz 1 und Abs. 3 AktG). Besteht er aus mehreren Personen, so sind kraft Gesetzes sämtliche Vorstandsmitglieder nur **gemeinschaftlich** zur Vertretung der AG befugt (§ 78 Abs. 2 AktG). Durch die Satzung kann die Vertretungsbefugnis in anderer
Weise geregelt sein, was häufig derart erfolgt, dass je zwei Vorstandsmitglieder gemeinschaftlich handeln. Die **Satzung** kann aber auch bestimmen, dass Vorstandsmitglieder einzeln oder in Gemeinschaft mit einem Prokuristen zur Vertretung der Gesellschaft befugt sind. Zulässig ist es, die Regelung der Vertretungsbefugnis für einzelne
Vorstandsmitglieder unterschiedlich auszugestalten, auch in der Weise, dass eines von
zwei Vorstandsmitgliedern einzelvertretungsbefugt ist und das andere Vorstandsmitglied nur zusammen mit dem einzelvertretungsbefugten Vorstandsmitglied handeln
darf. Nicht zulässig ist jedoch der Ausschluss eines Vorstandsmitglieds von der Vertretung oder eine sachliche Einschränkung der Vertretungsbefugnis (§ 82 Abs. 1 AktG).
Die Satzung kann die allgemeine Befreiung des Vorstands von dem Verbot, Rechtsgeschäfte mit sich als Vertreter eines Dritten abzuschließen (**§ 181 BGB**), vorsehen. Auch
die Befreiung vom Verbot der Mehrfachvertretung bei bestimmten Dritten oder allgemeiner bei Konzerngesellschaften kann in der Satzung geregelt sein, wobei jedoch
bei der Anmeldung und Eintragung im Handelsregister beachtet werden muss, dass
eine Eintragung nur dann zulässig ist, wenn die Vertretungsbefugnis aus sich heraus
verständlich ist. Daher muss bei einer Befreiung vom Mehrfachvertretungsverbot gegenüber Konzerngesellschaften angemeldet und eingetragen werden, um welche Gesellschaften es sich namentlich (Firma, Sitz, Registerstelle) handelt (vgl. Rz. 952). Eine
Befreiung zur Vornahme von Rechtsgeschäften mit sich selbst ist bei Vorstandsmitgliedern im Hinblick auf § 112 AktG ausgeschlossen (vgl. Rz. 1301). Die Bezeichnung
als „Generaldirektor", „Vorstandsvorsitzender", „Sprecher des Vorstands" oder
„stellvertretendes Vorstandsmitglied" besagt als solche nichts über die Vertretungsbefugnis, und ist deshalb mit Ausnahme der Bezeichnung als „Vorstandsvorsitzender"
(§ 84 Abs. 2 AktG, § 43 Nr. 4 lit. b HRV) nicht eintragungsfähig.[1]

Sofern die Satzung den **Aufsichtsrat** hierzu ermächtigt, kann dieser bezüglich der Ver- 1583
tretungsbefugnis einzelner Vorstandsmitglieder besondere Anordnungen treffen, insbesondere Einzelvertretungsbefugnis erteilen (§ 78 Abs. 3 AktG).

b) Bestellung und Abberufung von Vorstandsmitgliedern. Bestellt werden die Vor- 1584
standsmitglieder durch den Aufsichtsrat (§ 84 Abs. 1 AktG),[2] der sie auch abberufen
kann (§ 84 Abs. 3 AktG). Kein anderes Organ, auch nicht die Hauptversammlung, ist
hierzu befugt. Fehlt ein erforderliches Vorstandsmitglied, so kann es in dringenden
Fällen auf Antrag eines Beteiligten durch das Gericht bestellt werden (§ 85 Abs. 1

---

[1] Vgl. **BGH** NJW 1998, 1071 (= FGPrax 1998, 68 = Rpfleger 1998, 161).
[2] Eine Bestellung allein durch den Aufsichtsratsvorsitzenden genügt nicht; **BGH** NZG 2008, 471 (= NJW-RR 2008, 1488 = ZIP 2008, 1114).

Satz 1 AktG, siehe Rz. 1712 ff.), das ein auf diese Weise bestelltes Vorstandsmitglied auch wieder abberufen kann.

1585 Jede **Änderung des Vorstands** oder **der Vertretungsbefugnis** eines Vorstandsmitglieds, sei es durch Änderung der Satzung – in diesem Fall ist auch die Satzungsänderung mit anzumelden – oder durch einen Beschluss des Aufsichtsrats, hat der Vorstand in vertretungsberechtigter Zahl zur Eintragung in das Handelsregister anzumelden (§ 81 Abs. 1 AktG). Dies gilt auch bei der Bestellung und Abberufung durch das Gericht oder die Aufsichtsbehörde. Als Änderungen im Vorstand kommen jedes Ausscheiden, unabhängig vom Grund (Widerruf der Bestellung gemäß § 84 Abs. 3 AktG, Kündigung, Zeitablauf, Amtsniederlegung, Tod), und jeder Eintritt eines neuen Vorstandsmitglieds in Betracht. Demgegenüber ist die bloße Verlängerung einer Bestellung eines bereits eingetragenen Vorstandsmitglieds (vgl. die Amtsdauerhöchstfrist von fünf Jahren gemäß § 84 Abs. 1 Satz 1 AktG) nicht anmeldepflichtig, da sich hieraus keine Änderung des bereits im Register dokumentierten Zustands ergibt.

1586 **Anzumelden** haben die **Vorstandsmitglieder** in vertretungsberechtigter Zahl, sofern sie im Zeitpunkt des Zugangs der Anmeldung bei Gericht im Amt sind. Letzteres ergibt sich daraus, dass die Eintragung lediglich deklaratorisch ist, sich aber die Bestellung und Abberufung durch den Aufsichtsrat und das Ausscheiden aus sonstigem Grund außerhalb des Registers vollzieht. Ein einzelvertretungsberechtigtes Vorstandsmitglied kann somit seine Bestellung ohne Mitwirkung weiterer Personen selbst anmelden.[1] Ein gemeinschaftlich vertretungsberechtigtes Vorstandsmitglied darf sich ebenso bei der Anmeldung seiner eigenen Bestellung beteiligen. Allerdings kann ein bereits ausgeschiedenes Vorstandsmitglied bei Anmeldungen nicht mehr mitwirken, so dass es auch das Erlöschen seiner eigenen Vertretungsbefugnis nicht alleine oder zusammen mit anderen Vorstandsmitgliedern anmelden kann. Ein Prokurist darf bei unechter Gesamtvertretung (§ 78 Abs. 3 Satz 1 AktG) zusammen mit einem Vorstandsmitglied anmelden.

1587 In der Anmeldung sind unter Berücksichtigung der Eintragungsvorschrift des § 43 Nr. 4 lit. b HRV bei Neuanmeldung eines Vorstandsmitglieds **anzugeben** der Familienname, der Vorname, das Geburtsdatum und der Wohnort des neuen Vorstandsmitglieds, beim Vorstandsvorsitzenden kann, muss aber nicht, auch diese für die Vertretungsbefugnis unmaßgebliche Funktion angegeben werden. Einer gesonderten Anmeldung des Grundes der Veränderung (Abberufung, Amtsniederlegung, Tod) bedarf es nicht, da sich dieser durch das Registergericht zu prüfende Umstand aus den mitzusendenden Dokumenten ergibt. Anzugeben ist allerdings eine ggf. von der allgemeinen Vertretungsregelung abweichende besondere Vertretungsbefugnis neubestellter Vorstandsmitglieder.

1588 Jedes neue Vorstandsmitglied hat in der Anmeldung zu **versichern,** dass keine Umstände vorliegen, die seiner Bestellung nach § 76 Abs. 3 Satz 2 Nr. 2 und 3 sowie Satz 3 AktG entgegenstehen und dass es über seine unbeschränkte Auskunftspflicht gegenüber dem Gericht belehrt wurde (§ 81 Abs. 3 AktG). Dabei reicht ebenso wie bei der Anmeldung des Geschäftsführers einer GmbH nicht die allgemeine Bezugnahme auf diese Vorschrift aus, vielmehr sind Tatsachenerklärungen zu allen einzelnen Erfordernissen abzugeben, die dem Gericht die Subsumtion ermöglichen, ob ein Hinderungsgrund vorliegt (zu Einzelheiten dieser Versicherung siehe Rz. 953 ff.).

1589 Der Anmeldung sind als **Anlage** in der Form einer einfachen Aufzeichnung gemäß § 12 Abs. 2 Satz 2 Halbs. 1 HGB die Dokumente über die Änderung, also z. B. Widerruf oder Kündigung mit Nachweis des Zugangs, Erklärung der Amtsniederlegung mit Nachweis des Zugangs, Sterbeurkunde, Beschluss des Aufsichtsrats über die Bestel-

---

[1] BayObLG Z 1973, 158 (= DNotZ 1974, 42 = NJW 1973, 2068).

lung samt Unterschrift des Protokollanten[1] oder die Änderung der Vertretungsbefugnis eines Vorstandsmitglieds beizufügen (§ 81 Abs. 2 AktG). Anmeldung und Einreichung der erforderlichen Anlagen können erzwungen werden (§ 14 HGB).

Anmeldungsbeispiel für Änderungen im Vorstand: 1590

> Zum Vorstandsmitglied wurde bestellt:
> Robert Blumenreich, Bayreuth, *5. 12. 1970. (*Zusätzlich bei Einräumung einer besonderen Vertretungsbefugnis, die von der allgemeinen Vertretungsregelung der Gesellschaft abweicht, z. B.:* Er ist stets einzelvertretungsbefugt und ist berechtigt im Namen der Gesellschaft und zugleich als Vertreter eines Dritten zu handeln).
> Werner Herrlich, Stuttgart, *12. 12. 1965 und Stefan Herrlich, Stuttgart, *5. 12. 1962, sind als Vorstandsmitglieder ausgeschieden.
>
> Das neue Vorstandsmitglied versichert:
> Es liegen keine Umstände vor, aufgrund derer ich nach § 76 Abs. 3 Satz 2 und 3 AktG vom Amt eines Vorstandes ausgeschlossen wäre: Während der letzten fünf Jahre erfolgte weder im In- noch wegen einer vergleichbaren Straftat im Ausland eine Verurteilung wegen einer oder mehrerer Straftaten
> – des Unterlassens der Stellung des Antrags auf Eröffnung des Insolvenzverfahrens (Insolvenzverschleppung),
> – nach den §§ 283 bis 283 d StGB,
> – der falschen Angaben nach § 82 GmbHG oder § 399 AktG,
> – der unrichtigen Darstellung nach § 400 AktG, § 331 HGB, § 313 UmwG oder § 17 PublG oder
> – nach den §§ 263 bis 264 a oder den §§ 265 b bis 266 a StGB,
> auch wurde mir weder durch gerichtliches Urteil noch durch vollziehbare Entscheidung einer Verwaltungsbehörde die Ausübung eines Berufs, Berufszweigs, Gewerbes oder Gewerbezweigs untersagt, somit auch nicht im Bereich des Unternehmensgegenstands der Gesellschaft; ferner wurde ich nicht aufgrund einer behördlichen Anordnung in einer Anstalt verwahrt. Über meine unbeschränkte Auskunftspflicht gegenüber dem Gericht wurde ich belehrt.
>
> In der Anlage wird überreicht:
> – Niederschrift über den Beschluss des Aufsichtsrats zur Bestellung und Abberufung von Vorstandsmitgliedern,
> – Schreiben des ausgeschiedenen Vorstandsmitglieds an die Gesellschaft zur Amtsniederlegung/Kündigung samt Zugangsnachweis. (*Alternativ: Sterbeurkunde des ausgeschiedenen Vorstandsmitglieds*)

c) **Prüfung und Eintragung der Änderungen des Vorstands.** Das Registergericht 1591 (Rechtspfleger, § 3 Nr. 2 lit. d RPflG, soweit nicht gleichzeitig eine vom Richter zu bearbeitende Anmeldung vorliegt, § 5 Abs. 1 Nr. 2 RPflG) prüft insbesondere, ob die **förmlichen Voraussetzungen** für die angemeldete Vorstandsänderung erfüllt sind. Im Fall des Ausscheidens eines Vorstandsmitglieds ist z. B. zu prüfen, ob bei einem Widerruf der erforderliche Beschluss des Aufsichtsrats, nicht eines Ausschusses (§ 107 Abs. 3 Satz 2 AktG), vorliegt. Nicht zu prüfen ist hierbei, ob ein wichtiger Grund für den Widerruf vorliegt (§ 84 Abs. 3 Satz 4 AktG). Bei einer Kündigung ist zu prüfen, ob eine Kündigungsmöglichkeit besteht und die Kündigung dem Betroffenen zugegangen ist, nicht aber, ob die Kündigung sachlich begründet ist. Bei Zeitablauf ist festzustellen, ob dieser nach Gesetz, Satzung oder Bestellungsbeschluss tatsächlich eingetreten ist. Bei einer Amtsniederlegung ist nicht zu überprüfen, ob hierfür ein wichtiger Grund besteht, da die Wirkung des Erlöschens der Amtsstellung hiervon nach zutreffender Auffassung unabhängig ist (siehe § 84 Abs. 3 Satz 4 AktG).[2]

---

[1] *Müther,* Handelsregister, § 7 Rz. 41.
[2] Vgl. *Hüffer,* AktG, § 84 Rz. 36; *Müther,* Handelsregister, § 7 Rz. 42; **BGH** Z 121, 257 (= NJW 1993, 1198).

1592 Ferner ist zu prüfen, ob die angemeldete Änderung **im Einklang mit der Satzung** steht, also etwa ob die Satzung eine entsprechende Abweichung der besonderen Vertretungsbefugnis von der allgemeinen Vertretungsregelung zulässt. Außerdem ist zu prüfen, ob eine ordnungsgemäße Versicherung nach § 81 Abs. 3 AktG vorliegt und der Bestellung keine Umstände nach § 76 Abs. 3 Satz 2 und 3 AktG entgegenstehen.

1593 **Einzutragen** ist in Spalte 4 Unterspalte b des Handelsregisters das neue Vorstandsmitglied mit Familiennamen, Vornamen, Geburtsdatum und Wohnort (§ 43 Nr. 4 lit. b HRV). Nicht einzutragen ist das Datum der Bestellung und die Dauer der Bestellung. Es scheidet somit auch eine vorzeitige Eintragung eines Vorstandsmitglieds vor dessen Amtszeit oder eine Eintragung seines Ausscheidens vor dessen Wirksamkeit aus. Die Beschreibung der vorgenommenen Änderung, also „Bestellung", „Ausscheiden", „Änderung der Vertretungsbefugnis" oder die Darstellung sonstiger eingetragener Daten ist als Übergangstext (§ 16a HRV) in Spalte 4 Unterspalte b (§ 43 Nr. 4 lit. b HRV) anzugeben. Bei Ausscheiden eines Vorstandsmitglieds ist nur einzutragen, dass die betroffene Person als Vorstandsmitglied ausgeschieden ist oder „nicht mehr Vorstandsmitglied" ist. Dieser Vermerk ist ebenso wie die früheren Eintragungen, die dieses Vorstandsmitglied betreffen, zu röten (§ 16 Abs. 1 Satz 3 HRV). Der Grund des Ausscheidens wird hingegen nicht eingetragen. Handelt es sich lediglich um die Änderung der Vertretungsbefugnis oder eine Änderung der Personalien eines eingetragenen Vorstandsmitglieds, so ist die Eintragung in Spalte 4 Unterspalte b vorzunehmen. Dabei ist das hier zum Tragen kommende **Verbot der Teilrötung** (§ 16 Abs. 3 HRV) zu beachten, so dass stets die bisherige Eintragung des Vorstandsmitglieds vollständig durch die neue Eintragung der nunmehr zutreffenden Personalien und Vertretungsbefugnis zu ersetzen ist, wobei diesem ein Übergangstext (§ 16a HRV) mit einer knappen Erläuterung des Grundes bzw. Inhaltes der Änderung voranzusetzen ist (siehe hierzu Rz. 70).

1594 Der Inhalt der Eintragungen ist gemäß § 10 HGB zu veröffentlichen. Eintragungsmitteilung an Antragsteller: § 383 Abs. 1 FamFG; regelmäßig an die Firma und den einreichenden Notar sowie abberufenes und neu bestelltes Vorstandsmitglied (siehe Rz. 145, 145a).

3. Unternehmensverträge

1595 **Unternehmensverträge** (§§ 291 bis 299 AktG) sind nur die in §§ 291, 292 AktG aufgeführten, vom Gesetz als Beherrschungsvertrag, Gewinnabführungsvertrag, Gewinngemeinschaft, Teilgewinnabführungsvertrag, Betriebspachtvertrag und Betriebsüberlassungsvertrag bezeichneten Verträge, an denen eine AG oder KGaA mit der im Gesetz bestimmten Parteistellung beteiligt ist. Sind Rechtsträger einer anderen Rechtsform an derartigen Verträgen beteiligt, so können Lösungen für die hierzu bestehenden Rechtsfragen in Anlehnung an die Bestimmungen des AktG gefunden werden.[1]

1596 Ist eine AG oder eine KGaA als „herrschende Gesellschaft" an einem Unternehmensvertrag beteiligt, so finden nur die Vorschriften Anwendung, die in §§ 291 ff. AktG ausdrücklich auf die herrschende Gesellschaft abstellen (z.B. § 293 Abs. 2 AktG). Demgegenüber ist etwa eine Anmeldung oder **Eintragung im Register der herrschenden Gesellschaft** nicht vorgesehen. Dies ergibt sich aus § 294 Abs. 1 Satz 2 AktG, der bei der Beifügung des Zustimmungsbeschlusses der herrschenden Gesellschaft nach § 293 Abs. 2 AktG von der herrschenden Gesellschaft als dem „anderen Vertragsteil" spricht, von dem bezüglich der Eintragungspflicht nicht die Rede ist.[2] Für eine erwei-

---

[1] Vgl. **BGH** Z 105, 324 (= NJW 1989, 295); *Hüffer*, AktG, § 291 Rz. 6.
[2] *Altmeppen*, in: MünchKommAktG, § 293 Rz. 97; *Hüffer*, AktG, § 294 Rz. 1.

ternde Auslegung der Eintragungspflicht[1] ergibt sich keine Grundlage im Gesetz. Auch eine bloße Eintragungsmöglichkeit verbietet sich nicht nur aufgrund der mangelnden gesetzlichen Grundlage, sondern auch zur Erhaltung der Eindeutigkeit der Registeraussage.[2] Wenn derartige Vermerke überhaupt in Registereintragungen zu finden sind, so könnte der Geschäftsverkehr leicht zu der rechtlich unzutreffenden Annahme kommen, dass bei Fehlen solcher Eintragungen eine Gesellschaft keine Verträge als herrschendes Unternehmen geschlossen hat. Seit der „Supermarkt-Entscheidung" des BGH[3] besteht Klarheit darüber, dass die Vorschriften der §§ 291 ff. AktG entsprechend anzuwenden sind, wenn die beherrschte Gesellschaft eine GmbH ist. Diese analoge Anwendung beschränkt sich allerdings auf die Hauptformen der Unternehmensverträge, nämlich den Gewinnabführungs- und den Beherrschungsvertrag. Für Teilgewinnabführungsverträge, die einer Zweckänderung der Gesellschaft nicht vergleichbar sind, finden deshalb diese Vorschriften, insbesondere auch das Anmeldungs- und Eintragungserfordernis, keine Anwendung.[4] Auch für sonstige Gesellschaftsformen, also insbesondere **Personengesellschaften**, scheidet eine Eintragung eines bestehenden Unternehmensvertrags aus, da der tragende Grund für den vorgenommenen Analogieschluss, nämlich die Nähe zur Änderung des Unternehmensgegenstands, in diesen Fällen eine Eintragung nicht erforderlich macht, weil bei diesen Gesellschaftstypen der Unternehmensgegenstand ohnehin nicht im Register eingetragen wird.[5]

a) Begründung eines Unternehmensvertrags (§§ 293 bis 299 AktG). Der Unternehmensvertrag muss in **schriftlicher Form** abgeschlossen werden (§ 293 Abs. 3 AktG). Für die AG handelt der Vorstand in vertretungsberechtigter Zahl. Ein Zustimmungsrecht des Aufsichtsrats gemäß § 111 Abs. 4 Satz 2 AktG hat nur interne Wirkung. Ein Verstoß gegen die Schriftform hat jedoch die Nichtigkeit des Vertrags zur Folge (§ 125 Satz 1 BGB). Zum Vertragsinhalt bei den einzelnen Arten der Unternehmensverträge,[6] wobei stets auch Kombinationen zulässig sind, ist hervorzuheben: 1597

Ein **Beherrschungsvertrag** muss, wenn die Gesellschaft nicht auch zur Abführung ihres ganzen Gewinns verpflichtet ist, den außenstehenden Aktionären als angemessenen Ausgleich einen bestimmten jährlichen Gewinnanteil nach der für die Ausgleichszahlung bestimmten Höhe garantieren (§ 304 Abs. 1 Satz 2 AktG). Hat die Gesellschaft zum Zeitpunkt des Vertragsschlusses außenstehende Aktionäre und fehlt eine entsprechende Bestimmung, ist der Vertrag nichtig (§ 304 Abs. 3 Satz 1 AktG). Allerdings ist nicht ohne weiteres jeder mit dem Vertragspartner nicht identische Aktionär als außenstehender Aktionär anzusehen. Vielmehr werden auch mit der Gesellschaft über Eigentumsketten oder über Gewinnabführungsverträge verbundene Unternehmen nicht als außenstehende Aktionäre gewertet.[7] Hat die AG im Zeitpunkt der Beschlussfassung der Hauptversammlung über den Vertrag keinen außenstehenden Ak- 1598

---

[1] Vgl. **LG Bonn** MittBayNot 1993, 130 (= AG 1993, 521); hierzu ablehnend *Vetter* AG 1994, 110.
[2] Vgl. allgemein **LG Frankfurt** GmbHR 1997, 75; **AG Duisburg** DB 1993, 2522; **AG Erfurt** GmbHR 1996, 859; *Krafka*, in: MünchKommHGB, § 8 Rz. 55 a; *Müther*, Handelsregister, § 12 Rz. 8; hingegen halten **LG Düsseldorf** RNotZ 2001, 171 und **LG Bonn** MittRhNotK 2000, 78 die Eintragung im Register der herrschenden Gesellschaft für möglich – zustimmend *Dorsemagen* RNotZ 2001, 171.
[3] **BGH** Z 105, 324 (= NJW 1989, 295).
[4] **BayObLG** GmbHR 2003, 534 mit Anm. *Weigl*.
[5] Streitig, siehe *Hüffer*, AktG, § 291 Rz. 7; s. a. *Altmeppen*, in: MünchKommAktG, § 291 Rz. 18 f.
[6] Zu deren Auslegung siehe **OLG München** GmbHR 2009, 148 (= BB 2009, 631); **OLG Schleswig** NZG 2008, 868. Vgl. auch *Heckschen* MittRhNotK 1990, 269.
[7] *Hüffer*, AktG, § 304 Rz. 2; *Bilda*, in: MünchKommAktG, § 304 Rz. 16 ff.

tionär, so kann von der Bestimmung eines angemessenen Ausgleichs abgesehen werden (§ 304 Abs. 1 Satz 3 AktG). Ein **Gewinnabführungsvertrag** muss einen angemessenen Ausgleich für die außenstehenden Aktionäre durch eine auf die Anteile am Grundkapital bezogene wiederkehrende Geldleistung (Ausgleichszahlung) vorsehen (§ 304 Abs. 1 Satz 1 AktG). Fehlt eine entsprechende Bestimmung, ist der Vertrag nichtig (§ 304 Abs. 3 Satz 1 AktG). Leistungen der Gesellschaft aufgrund eines Beherrschungs- oder Gewinnabführungsvertrags gelten nach § 291 Abs. 3 AktG nicht als Verstoß gegen § 57 AktG (Verbot der Rückgewähr, Verzinsung von Einlagen), § 58 AktG (Verwendung des Jahresüberschusses) und § 60 AktG (Gewinnverteilung). Eine Anfechtung des Beschlusses der Hauptversammlung wegen eines Verstoßes gegen diese Vorschriften ist daher ausgeschlossen. Nichtig ist allerdings eine Abrede über die **Rückwirkung** eines Beherrschungsvertrags auf einen vor Eintragung in das Handelsregister liegenden Zeitpunkt.[1]

1599 Ein **Betriebspacht- oder Betriebsüberlassungsvertrag** und der Beschluss, durch den die Hauptversammlung dem Vertrag zugestimmt hat, sind ebenfalls nicht deshalb nichtig, weil der Vertrag gegen die §§ 57, 58 und 60 AktG verstößt (§ 292 Abs. 3 Satz 1 AktG). Der Beschluss ist jedoch nach §§ 243 ff. AktG anfechtbar (§ 292 Abs. 3 Satz 2 AktG). Wird er mit Erfolg angefochten, ist der Beschluss gemäß § 241 Nr. 5 AktG nichtig und der Unternehmensvertrag gem. § 293 Abs. 1 Satz 1 AktG unwirksam.

1600 Über den Inhalt des Unternehmensvertrags müssen die Aktionäre ausreichend unterrichtet werden. Das geschieht durch Veröffentlichung des wesentlichen Inhalts des Vertrags in der Bekanntmachung der Tagesordnung bei der Einberufung der Hauptversammlung (§ 124 Abs. 2 Satz 2 AktG), durch Zugänglichmachung des Vertrags, der Jahresabschlüsse und Lageberichte der vertragsschließenden Unternehmen für die letzten drei Jahre, der nach § 293 a AktG erstatteten Berichte der Vorstände und der nach § 293 e AktG erstatteten Berichte der Vertragsprüfer (§ 293 f Abs. 1 i. V. m. § 293 g Abs. 1 AktG), sowie der Pflicht des Vorstands, den Vertrag mündlich in der Hauptversammlung zu erläutern (§ 293 g Abs. 2 AktG). Die genannten Unterlagen sind zudem in den Geschäftsräumen der Gesellschaft zur Einsicht der Aktionäre vom Zeitpunkt der Einberufung der Hauptversammlung an auszulegen (§ 293 f Abs. 1 AktG), sofern sie nicht über die Internetseite der Gesellschaft zugänglich sind (§ 293 f Abs. 3 AktG). Auf Verlangen eines Aktionärs ist jeweils eine Abschrift zu erteilen (§ 293 f Abs. 3 AktG) und schließlich der Niederschrift als Anlage beizufügen (§ 293 g Abs. 2 Satz 2 AktG).

1601 Der Unternehmensvertrag wird nur mit **Zustimmung der Hauptversammlung** wirksam (§ 293 Abs. 1 Satz 1 AktG). Voraussetzung ist, dass es sich um einen „Unternehmensvertrag" im Sinne der §§ 291, 292 AktG handelt, die AG also in der im Gesetz bestimmten Parteistellung beteiligt ist. Die AG muss sich also fremder Leitung unterwerfen oder ihren Gewinn abführen, sich zur Teilgewinnabführung bzw. sich zur Pacht oder Betriebsüberlassung verpflichten. Die Zustimmung wird in der Regel nach Abschluss des Unternehmensvertrags erteilt. Sie kann ihm aber auch vorausgehen. Dann muss allerdings der Vertragsentwurf der Hauptversammlung vollständig vorliegen und hernach unverändert abgeschlossen werden.[2] Ist der Vertragsabschluss vorausgegangen, kann ihn die Hauptversammlung nicht abändern. Der Zustimmungsbeschluss bedarf einer Mehrheit, die mindestens drei Viertel des bei der Beschlussfassung vertretenen Grundkapitals umfasst. Die Satzung kann eine größere Kapitalmehrheit und wei-

---

[1] OLG Karlsruhe AG 1994, 283; OLG Hamburg NJW 1990, 521; OLG Hamburg NJW 1990, 3024 (= GmbHR 1990, 83); LG Kassel AG 1997, 239.
[2] Vgl. *Hüffer*, AktG, § 293 Rz. 4; *Altmeppen*, in: MünchKommAktG, § 293 Rz. 34; *Windbichler* AG 1981, 169; anderer Ansicht: *Koppensteiner*, in: KölnKommAktG, § 293 Rz. 5.

tere Erfordernisse bestimmen (§ 293 Abs. 1 Satz 2 und 3 AktG). Ist der andere Vertragsteil als Aktionär an der Gesellschaft beteiligt, so kann er sein Stimmrecht ausüben. Der Beschluss stellt im Übrigen keine Satzungsänderung dar (§ 293 Abs. 1 Satz 4 AktG), da letztlich keine Änderung des Unternehmensgegenstands vorgenommen wird, sondern vielmehr eine Änderung des Gesellschaftszwecks. Dieser ist jedoch nicht Satzungsinhalt. Zugleich mit dem Zustimmungsbeschluss können Satzungsänderungen vorgenommen werden, für welche die gewöhnlichen Vorschriften gelten.

Bei einem Beherrschungs- oder Gewinnabführungsvertrag (§ 291 AktG) gilt folgende Besonderheit: Ist der andere Vertragsteil, also die **herrschende** oder gewinnübernehmende **Gesellschaft** eine inländische **AG oder KGaA**, so muss auch deren Hauptversammlung dem Vertrag zustimmen. Ist das herrschende Unternehmen ein ausländisches, entfällt das Zustimmungserfordernis des § 293 Abs. 2 AktG.[1] Hingegen findet § 293 Abs. 2 AktG entsprechende Anwendung, wenn Obergesellschaft eine **GmbH**[2] oder eine **KG**[3] ist und auch dann, wenn umgekehrt eine AG Obergesellschaft und eine GmbH Untergesellschaft ist.[4] Die Niederschrift über die Versammlung ist gemäß § 130 Abs. 5 AktG zum Handelsregister einzureichen; dies ist erzwingbar (§ 14 HGB). Für den Beschluss gilt § 293 Abs. 1 Satz 2 bis 4 AktG sinngemäß (§ 293 Abs. 2 AktG), d.h. es ist wegen der notwendigen Drei-Viertel-Mehrheit in jedem Fall notarielle Beurkundung erforderlich. Sind an einer Gewinngemeinschaft (§ 292 Abs. 1 Nr. 1 AktG) mehrere Aktiengesellschaften beteiligt, so gelten für jede AG die Vorschriften des § 293 Abs. 1, 3 und 4 AktG. Auch ist bei jeder AG der Unternehmensvertrag anzumelden und einzutragen. 1602

b) **Anmeldung des Unternehmensvertrags.** Der Vorstand der Gesellschaft in vertretungsberechtigter Zahl, also ohne Mitwirkung des Aufsichtsratsvorsitzenden, hat das Bestehen und die Art des Unternehmensvertrags sowie den Namen des anderen Vertragsteils anzumelden; bei Bestehen einer Vielzahl von Teilgewinnabführungsverträgen kann anstelle des Namens des anderen Vertragsteils auch eine andere Bezeichnung eingetragen werden, die den jeweiligen Teilgewinnabführungsvertrag konkret bestimmt (§ 294 Abs. 1 Satz 1 AktG). **Anzumelden** ist nur die Tatsache des Bestehens des Unternehmensvertrags, nicht dessen konkreter Inhalt. Die Art wird hierbei durch die in §§ 291, 292 AktG verwendeten Begriffsbestimmungen gekennzeichnet. Bei Kombinationen verschiedener Vertragsarten sind alle anzugeben.[5] Die Qualifikation des Vertrags muss bei Abschluss, Zustimmung der Hauptversammlung und Anmeldung dieselbe sein, andernfalls ist die Eintragung unwirksam. Die Höhe des abzuführenden Gewinns muss bei Teilgewinnabführungsverträgen nicht mehr angemeldet werden.[6] Der andere Vertragsteil wird in der Regel anhand seiner vollständigen Firma, seinem Sitz und, falls vorhanden, auch der Registerstelle identifiziert. Im Fall des § 293 Abs. 2 AktG hat der Vorstand der herrschenden oder gewinnübernehmenden Gesellschaft keine Anmeldung vorzunehmen. 1603

Bei einer **Gewinngemeinschaft ist** zu beachten, dass der Vorstand jeder AG den Unternehmensvertrag anzumelden hat. Einzutragen ist die Gewinngemeinschaft in das 1604

---

[1] *Hüffer,* AktG, § 293 Rz. 18; *Altmeppen,* in: MünchKommAktG, § 293 Rz. 119; *Koppensteiner,* in: KölnKommAktG, § 293 Rz. 38; *Bärwaldt/Schabacker* AG 1998, 182 (186).
[2] BGH Z 105, 324; BGH NJW 1992, 1452; *Hüffer,* AktG, § 293 Rz. 17; anderer Ansicht: *Gäbelein* GmbHR 1989, 505.
[3] LG Mannheim AG 1995, 142.
[4] BGH NJW 1992, 1452; *Hoffmann-Becking* WiB 1994, 57 (60); *Hüffer,* AktG, § 293 Rz. 17.
[5] *Hüffer,* AktG, § 294 Rz. 5.
[6] *Hüffer,* AktG, § 294 Rz. 6; die andere Ansicht von *Altmeppen,* in: MünchKommAktG, § 294 Rz. 21 und *Koppensteiner,* in: KölnKommAktG, § 294 Rz. 9 gründet auf dem Gesetzeswortlaut vor Abänderung durch das ERJuKoG.

Handelsregister sämtlicher Gesellschaften.[1] Ist eine AG in eine andere eingegliedert, so entfällt bei einem Gewinnabführungsvertrag, einer Gewinngemeinschaft oder einem Teilgewinnabführungsvertrag eine Anmeldung mit allen daraus sich ergebenden Folgerungen (§ 324 Abs. 2 Satz 1 AktG).

1605 Es reicht nach alledem nicht aus, allgemein einen „Unternehmensvertrag" zur Eintragung anzumelden, und zwar auch dann nicht, wenn sich als Überschrift des Vertrags tatsächlich nur diese Bezeichnung wiederfindet. Auch wenn der Vertrag selbst in der Überschrift nur von „Gewinnabführungsvertrag" spricht, tatsächlich aber weitere Beherrschungsklauseln enthalten sind, ist für die Anmeldung ebenso wie für die Eintragung die Bezeichnung als Beherrschungs- und Gewinnabführungsvertrag erforderlich. Eine Falschbezeichnung ist nicht ausreichend. Die **Anmeldung** kann z. B. lauten:

> Die Gesellschaft hat mit der Reichold GmbH in Köln (Amtsgericht Köln HRB 35700) am 22. 5. 2009 mit Zustimmung der Hauptversammlung vom 11. 6. 2009 einen Gewinnabführungsvertrag geschlossen.

1606 Die Anmeldung ist nicht erzwingbar (§ 407 Abs. 2 AktG). Der Anmeldung sind gemäß § 12 Abs. 2 HGB als **Anlage** beizufügen: Der Unternehmensvertrag; der Zustimmungsbeschluss der Hauptversammlung, soweit er nicht ohnehin nach § 130 Abs. 5 AktG beim Registergericht eingereicht wurde; wenn der Vertrag nur mit Zustimmung der Hauptversammlung des anderen Vertragsteils wirksam wird, also im Fall des § 293 Abs. 2 AktG, die Niederschrift dieses Beschlusses und ihre Anlagen (§ 294 Abs. 1 Satz 2 AktG). Ist ein Beherrschungs- oder Gewinnabführungsvertrag aufschiebend bedingt abgeschlossen, so ist der Eintritt der Bedingung bei der Anmeldung nachzuweisen.

1607 c) **Prüfung und Eintragung durch das Registergericht.** Das **Registergericht** (Richter, § 17 Nr. 1 lit. d RPflG) **prüft**,[2] ob es sich bei dem angemeldeten Rechtsgeschäft um einen Unternehmensvertrag handelt. Dazu gehört, außer in den Fällen des § 292 Abs. 1 Nr. 2 und 3 AktG,[3] auch die Prüfung, ob der andere Vertragsteil Handelsgesellschaft, Einzelkaufmann oder sonstiger – auch nicht registerlich eingetragener – Unternehmer ist. Außerdem hat das Gericht zu prüfen, ob der Vertrag formgerecht, also schriftlich abgeschlossen wurde. Eine Eintragung unter Verletzung des § 293 Abs. 3 AktG führt zu **keiner Heilung** und ist daher gemäß § 395 FamFG von Amts wegen zu löschen. Festzustellen ist auch, ob der Inhalt des Vertrags materiell-rechtlich gültig ist, insbesondere ob eine Verlustübernahme nach § 302 AktG und bei Vorhandensein außenstehender Aktionäre ein Ausgleich vorgesehen ist. Erfolgt trotz Nichtigkeit des Vertrags eine Eintragung in das Handelsregister, so wird der Mangel dadurch nicht geheilt. Auch in diesem Fall ist die Eintragung gemäß § 395 FamFG von Amts wegen zu löschen.[4] Enthält ein Beherrschungs- oder Gewinnabführungsvertrag keine Bestimmung über die Abfindung gemäß § 305 AktG, so bewirkt das keine Nichtigkeit des Vertrags.[5] Der Registerrichter kann aber die Anmeldung wegen Unvollständigkeit des Vertrags zurückweisen. Schließlich ist zu prüfen, ob die Zustimmung gemäß § 293 Abs. 1 AktG, ggf. auch nach § 293 Abs. 2 AktG wirksam erteilt ist. Fehlt es an der erforderlichen Zustimmung, ist der Unternehmensvertrag unwirksam. Die Eintragung heilt in diesem Fall den bestehenden Mangel nicht, so dass die Eintragung von Amts wegen gemäß § 395 FamFG zu löschen ist.

---

[1] *Kropff* Rpfleger 1966, 33 (36).
[2] Hierzu *Hüffer,* AktG, § 294 Rz. 10 ff.
[3] Vgl. *Hüffer,* AktG, § 292 Rz. 3; *Altmeppen,* in: MünchKommAktG, § 292 Rz. 46; s. a. *Koppensteiner,* in: KölnKommAktG, § 292 Rz. 5.
[4] **OLG Hamm** FGPrax 2009, 231; *Hüffer,* AktG, § 294 Rz. 21.
[5] **BGH** Z 119, 1 (= NJW 1992, 2760); **BGH** Z 135, 374 (= NJW 1997, 2242).

Dritter Abschnitt. B. Aktiengesellschaft

Die **Eintragung** erfolgt gemäß § 43 Nr. 6 lit. b sublit. cc HRV in Spalte 6 Unterspalte b des Handelsregisters. Einzutragen ist das Bestehen eines Unternehmensvertrags mit einer Präzisierung durch das Datum des Vertragsschlusses unter Angabe der tatsächlich vorliegenden Vertragsart und des Vertragspartners sowie des Zustimmungsbeschlusses der beherrschten Gesellschaft. Die Eintragung des Zustimmungsbeschlusses der herrschenden Gesellschaft erfolgt nicht. Die vormals erforderliche Angabe der Höhe der Beteiligung bei Teilgewinnabführungsverträgen ist entfallen. Bei einer Vielzahl von Teilgewinnabführungsverträgen kann daher alternativ eine Kurzbezeichnung für die Vertragspartner gewählt werden (§ 294 Abs. 1 Satz 1 Halbsatz 2 AktG, § 43 Nr. 6 lit. b sublit. cc HRV). Dennoch ist auch in diesem Fall nach § 294 Abs. 1 Satz 2 AktG weiterhin erforderlich, dass sämtliche Verträge zum Registerordner (§ 9 HRV) eingereicht werden. Die Einreichung eines „Mustervertrags" genügt nicht. Erst mit der Eintragung wird der Unternehmensvertrag wirksam (§ 294 Abs. 2 AktG). Die Eintragung wirkt somit **konstitutiv.** Zu veröffentlichen ist die Eintragung gemäß § 10 HGB. 1608

Bei der Eintragung ist besonders auf die zutreffende **Einordnung des Vertragstyps** zu achten (siehe Rz. 1605). Auch wenn der Abschluss eines kombinierten Beherrschungs- und Gewinnabführungsvertrages der offensichtliche Regelfall ist, kann es durchaus vorkommen, dass der angemeldete Vertrag nur eines von beiden, also entweder Beherrschungs- oder Gewinnabführungsvertrag ist. In diesem Fall darf selbstverständlich nur die tatsächlich vorliegende Vertragsart eingetragen werden. Denkbar ist auch, dass die Vertragspartner von Beherrschungsvertrag einerseits und Gewinnabführungsvertrag andererseits nicht identisch sind. Bei Beteiligungsverträgen mit **Wagniskapitalgesellschaften** empfiehlt es sich, auch die Höhe der Beteiligung einzutragen, da häufig am selben Tag mehrere derartige Verträge geschlossen werden und daher die Höhe der Beteiligung als Identifikationsmerkmal geeignet ist. Auch gibt die Beteiligungshöhe für den Geschäftsverkehr einen Hinweis auf die Höhe der Wagnisbeteiligungen und damit auch auf den Kapitalstand der Gesellschaft. Ferner empfiehlt es sich, bei Anmeldungen mehrerer solcher Beteiligungen diese Verträge jeweils gesondert einzutragen, da sie nicht selten unterschiedliche Schicksale erleiden. Würde man sie in einer Eintragung zusammenfassen, könnte es im Hinblick auf die wegen des Verbots der Teilrötungen (§ 16 Abs. 3 HRV) eingebauten technischen Sperren leicht zu Schwierigkeiten kommen. 1609

Entsprechende **Eintragungen**[1] können beispielsweise lauten: 1610

> Die Gesellschaft hat mit der Reichold Betriebs GmbH in Köln (Amtsgericht Köln HRB 12344) am 23. 3. 2009 einen Beherrschungs- und Gewinnabführungsvertrag geschlossen. Die Hauptversammlung vom 11. 4. 2009 hat zugestimmt.
>
> Die Gesellschaft hat am 11. 12. 2008 mit der tbg Technologie-Beteiligungs-Gesellschaft mbH der Deutschen Ausgleichsbank mit Sitz in Bonn (Amtsgericht Bonn HRB 4940) einen Teilgewinnabführungsvertrag (Beteiligung: 1 200 000 €) geschlossen. Die Hauptversammlung vom 13. 1. 2009 hat zugestimmt.
>
> Die Gesellschaft hat im Jahre 2008 mit 212 stillen Gesellschaftern (Stille Gesellschafter 1 bis 212 gemäß Anlage IV des Hauptversammlungsprotokolls vom 28. 1. 2009) Teilgewinnabführungsverträge in Form von atypisch stillen Gewinnbeteiligungen geschlossen. Die Hauptversammlung vom 28. 1. 2009 hat diesen Verträgen zugestimmt.

d) Änderung des Unternehmensvertrags (§ 295 AktG). Für die Änderung eines Unternehmensvertrags gelten die Vorschriften der §§ 293, 294 AktG sinngemäß (§ 295 Abs. 1 Satz 2 AktG). Eine „Änderung" liegt nur vor, wenn die Art des Vertrags dieselbe bleibt. Auch unwesentliche Änderungen sind als Änderung im Sinne des § 295 1611

---
[1] Vgl. **BGH** Z 105, 324.

AktG zu behandeln. Erforderlich ist für die Vertragsänderung die Einhaltung der Schriftform (§ 293 Abs. 3 AktG), der Berichts- und Prüfungspflicht (§§ 293 a ff. AktG), der Zustimmung der Hauptversammlung sowie die Anmeldung und Eintragung. Auch für Änderungen wirkt die Eintragung in das Handelsregister konstitutiv. **Anzumelden** ist nur die Tatsache der Änderung. Wird bei einem Teilgewinnabführungsvertrag die Höhe des abzuführenden Gewinns geändert, so ist auch dies anzumelden, jedoch nur unter Bezugnahme auf die eingereichten Dokumente einzutragen. Beizufügen ist der Vertrag über die Änderung, im Fall des § 293 Abs. 2 AktG auch die Niederschrift der Hauptversammlung des anderen Vertragsteils.

1612 Hat die Gesellschaft außenstehende Aktionäre und soll eine aus den § 304 AktG (angemessener Ausgleich) oder § 305 AktG (Abfindung) herrührende Verpflichtung geändert werden, so bedarf es eines **Sonderbeschlusses** dieser Aktionäre (§ 295 Abs. 2 AktG). Der Sonderbeschluss bedarf derselben Mehrheit und Erfordernisse wie der Zustimmungsbeschluss der Hauptversammlung (§ 295 Abs. 2 Satz 2 i.V.m. § 293 Abs. 1 Satz 2 und 3 AktG). Die ordentliche **Kündigung** eines Unternehmensvertrags durch das herrschende Unternehmen und der Neuabschluss zu geänderten Bedingungen bedürfen hingegen nicht der Zustimmung der außenstehenden Aktionäre.[1] Der **Zustimmungsbeschluss der Hauptversammlung** gemäß § 295 Abs. 1 Satz 1 AktG und der gegebenenfalls zu fassende Sonderbeschluss der außenstehenden Aktionäre ist nach § 138 i.V.m. § 130 Abs. 5 AktG einzureichen.

1613 Die **Eintragung** in Spalte 6 Unterspalte b (§ 43 Nr. 6 lit. b sublit. cc HRV) kann z.B. lauten:

> Der mit der Reichold Betriebs GmbH in Köln (Amtsgericht Köln HRB 12 344) abgeschlossene Beherrschungs- und Gewinnabführungsvertrag vom 23. 3. 2008 ist durch Vertrag vom 28. 2. 2009 geändert. Die Hauptversammlung vom 11. 4. 2009 hat zugestimmt.

1614 **e) Beendigung des Unternehmensvertrags (§§ 296 bis 299 AktG).** Als **Gründe für die Beendigung** eines Unternehmensvertrags nennt das Gesetz die Aufhebung (§ 296 AktG) und die Kündigung (§ 297 AktG). Die Beendigung kann aber auch auf anderen Gründen beruhen. Dazu gehören Zeitablauf bei einem befristeten Unternehmensvertrag ohne Verlängerungsklausel, regelmäßig Eröffnung des Insolvenzverfahrens über das Vermögen der beherrschten oder herrschenden Gesellschaft,[2] bei Beherrschungs- und Gewinnabführungsverträgen die Sonderbestimmungen des § 307 AktG sowie Verschmelzung oder Eingliederung der beherrschten Gesellschaft.[3] Die Beendigung durch Aufhebungsvertrag kann nur zum Ende eines Geschäftsjahres oder des sonst vertraglich bestimmten Zeitraums erfolgen, keinesfalls rückwirkend (§ 296 Abs. 1 Satz 1 und 2 AktG). Ein Recht zur **ordentlichen Kündigung** muss sich aus dem Inhalt des Unternehmensvertrags oder aus entsprechenden Rechtsvorschriften (z.B. §§ 595 a, 627, 723 BGB) ergeben. Die Kündigung bedarf der Schriftform (§ 297 Abs. 3 AktG). Ein Verstoß hiergegen bewirkt die Nichtigkeit der Kündigung. Die Nichtigkeit eines Unternehmensvertrages etwa aufgrund Anfechtung führt jedoch nicht zur Eintragung der Nichtigkeit, sondern zur Löschung gemäß § 395 FamFG.[4]

1615 Der Vorstand hat in vertretungsberechtigter Zahl die Beendigung eines Unternehmensvertrags, den Grund, also z.B. „Aufhebungsvertrag vom 25. 10. 2009" oder „Kündigung vom 10. 3. 2010" und den Zeitpunkt der Beendigung unverzüglich zur

---

[1] BGH NJW 1979, 2103; **OLG Düsseldorf** AG 1990, 490; *Hüffer*, AktG, § 295 Rz. 7.
[2] BGH Z 103, 1 (= DNotZ 1988, 621); BayObLG Z 1998, 231; s.a. *Hüffer*, AktG, § 298 Rz. 22; *Veil*, in: Spindler/Stilz, AktG, § 297 Rz. 38.
[3] **LG Mannheim** AG 1995, 89; *Altmeppen*, in: MünchKommAktG, § 295 Rz. 16; *Hüffer*, AktG, § 295 Rz. 6.
[4] **OLG Hamm** NZG 2009, 1117.

Eintragung in das Handelsregister **anzumelden** (§ 298 AktG). Da jede Beendigung aufgrund von Tatsachen eintritt, die sich außerhalb des Registers vollziehen, wirkt die Eintragung nur deklaratorisch.[1] Die Anmeldung ist erzwingbar, auch wenn § 298 in § 407 Abs. 1 AktG nicht aufgeführt ist (vgl. § 14 HGB).

Der Anmeldung sind verschiedene **Anlagen** beizufügen: Im Fall der Aufhebung ist der schriftliche Vertrag (§ 296 Abs. 1 Satz 3 AktG) gemäß § 12 Abs. 2 Satz 2 Halbs. 1 HGB in einfacher Aufzeichnung einzureichen. Wenn der Vertrag zur Leistung eines Ausgleichs an die außenstehenden Aktionäre oder zum Erwerb ihrer Aktien verpflichtet, ist zugleich der zustimmende Sonderbeschluss der außenstehenden Aktionäre einzureichen; für diesen Sonderbeschluss gelten § 293 Abs. 1 Satz 2 und 3 AktG sinngemäß (§ 296 Abs. 2 AktG). Demnach gelten dieselben Vorschriften wie bei der Änderung eines Unternehmensvertrags. Es entfällt lediglich der Zustimmungsbeschluss der Hauptversammlung. Die Notwendigkeit, die Niederschrift über den Sonderbeschluss einzureichen, ergibt sich schon aus § 130 Abs. 5 i.V.m. § 138 AktG. Sind im Fall der ordentlichen Kündigung außenstehende Aktionäre der Gesellschaft vorhanden oder ist diese zum Erwerb ihrer Aktien verpflichtet, ist der zustimmende Sonderbeschluss der außenstehenden Aktionäre einzureichen. Für diesen gelten ebenfalls § 293 Abs. 1 Satz 2 und 3 sowie § 295 Abs. 2 Satz 3 AktG sinngemäß (§ 297 Abs. 2 AktG).

1616

Im Fall der außerordentlichen **Kündigung aus wichtigem Grund** hat das Gericht dessen tatsächliches Vorliegen allenfalls dann zu prüfen, wenn aus den vorliegenden Unterlagen Anhaltspunkte dafür vorliegen, dass ein Kündigungsgrund nicht vorliegt.[2] Jedenfalls sind Nachweise zur Kündigung in Schriftform sowie hinsichtlich des Zeitpunkts des Eingangs beim anderen Vertragsteil in der Form des § 12 Abs. 2 Satz 2 Halbs. 1 HGB zu erbringen. Dies ist erforderlich, da die Kündigung mit Zugang wirksam wird (§ 130 BGB) und der Zeitpunkt der Beendigung eines Unternehmensvertrags anzumelden und im Handelsregister einzutragen ist (§ 298 AktG). Hat die Gesellschaft im Zeitpunkt der Beschlussfassung ihrer Hauptversammlung über einen Beherrschungs- oder Gewinnabführungsvertrag keinen außenstehenden Aktionär und **endet der Vertrag** durch die **Beteiligung eines außenstehenden Aktionärs** (§ 307 AktG), so ist der Nachweis über dessen Beitritt zu führen. Das kann z. B. in folgender Weise geschehen: Hat der andere Vertragsteil, der bisher Inhaber aller Aktien der beherrschten Gesellschaft war, solche Aktien an einen Dritten veräußert, kann der Veräußerer oder der Erwerber der Aktien eine entsprechende Erklärung abgeben oder es kann ein Verzeichnis der Teilnehmer an einer Hauptversammlung (§ 129 AktG) vorgelegt werden, aus dem sich diese Tatsache ergibt. Sind bei einer Kapitalerhöhung der herrschenden Gesellschaft neue Aktien von Dritten übernommen worden, kann der Zeichnungsschein (§ 185 AktG) vorgelegt werden. Anzugeben ist auch in diesem Fall, wann der Vertrag endet. Das ist in der Regel das Ende des Geschäftsjahrs der beherrschten Gesellschaft (§ 307 AktG). **Endet** der Unternehmensvertrag aus einem **anderen Grund,** ist der entsprechende Nachweis zu führen. Ein solcher ist zwar dem Wortlaut des Gesetzes zufolge nicht gefordert. Er ist aber zu erbringen, um dem Registerrichter die erforderliche Nachprüfung zu ermöglichen. Ein Nachweis kann allerdings dann entfallen, wenn im Unternehmensvertrag der Zeitpunkt für seine Beendigung festgelegt ist.

1617

Das **Registergericht** (Richter, § 17 Nr. 1 lit. d RPflG) **prüft** insbesondere, ob die Voraussetzungen für die Eintragung der Beendigung des Unternehmensvertrags, des Grundes und des Zeitpunkts der Beendigung erfüllt sind.[3] Der „Grund" der Beendi-

1618

---

[1] BayObLG GmbHR 2003, 476; *Hüffer,* AktG, § 298 Rz. 5; *Veil,* in: Spindler/Stilz, AktG, § 298 Rz. 1; *Hermanns,* in: Fleischhauer/Preuß, Handelsregisterrecht, Teil L Rz. 28.
[2] OLG München Rpfleger 2009, 318.
[3] OLG München Rpfleger 2009, 318.

gung ist nur in formeller, nicht in materieller Hinsicht zu prüfen. Diese Tatsachen sind sodann in das Handelsregister einzutragen, wobei die Eintragung nur deklaratorisch wirkt. Die Eintragung erfolgt gemäß § 43 Nr. 6 lit. b sublit. cc HRV in Spalte 6 Unterspalte b des Handelsregisters. Sie kann erst nach dem vorgesehenen Ende des Unternehmensvertrags erfolgen.[1] Sie kann lauten:

> Der Beherrschungs- und Gewinnabführungsvertrag mit der Reichold Betriebs GmbH mit Sitz in Köln (Amtsgericht Köln HRB 13244) vom 23. 3. 2005 ist durch Vertrag vom 8. 8. 2009 zum 31. 12. 2009 aufgehoben worden.

1619 Diese Eintragung und die früheren Eintragungen über die Begründung und evtl. Änderung des Unternehmensvertrags sind **zu röten** (§ 16 Abs. 1 Satz 2 und 3 HRV). Zu veröffentlichen ist der Wortlaut der Eintragung (§ 10 HGB). Bei einem Beherrschungs- oder Gewinnabführungsvertrag sind außerdem die Gläubiger in einem Zusatz auf ihr Recht auf Sicherheitsleistung hinzuweisen (§ 303 Abs. 1 AktG).

4. Eingegliederte Gesellschaften.

1620 a) **Eingliederung einer Aktiengesellschaft (§§ 319 bis 327 AktG).** Die **Eingliederung** (§§ 319 bis 327 AktG) ist eine enge Verbindung zwischen der „eingegliederten Gesellschaft" und der „Hauptgesellschaft" mit den im Gesetz bestimmten Folgen, wobei jede Gesellschaft ihre rechtliche Selbständigkeit behält.[2] Sie ist nur möglich zwischen inländischen Aktiengesellschaften, angesichts deren Gleichstellung auch unter Beteiligung einer SE.[3] Voraussetzung für eine Eingliederung ist, dass die künftige Hauptgesellschaft Inhaberin von mindestens 95% des Grundkapitals der einzugliedernden Gesellschaft ist (§§ 319, 320 AktG).

1621 Erforderlich ist ein Beschluss der Hauptversammlung der einzugliedernden Gesellschaft („**Eingliederungsbeschluss**"). Bei der Eingliederung nach § 319 AktG müssen sich alle Aktien der Gesellschaft, also 100 % in der Hand der zukünftigen Hauptgesellschaft befinden (§ 319 Abs. 1 Satz 1 AktG). Aktien in der Hand der einzugliedernden Gesellschaft dürfen also nicht der zukünftigen Hauptgesellschaft zugerechnet werden. Befinden sich **alle Aktien** in der Hand der zukünftigen Hauptgesellschaft, so handelt es sich stets um den Beschluss einer Vollversammlung, die zwar nur einstimmig die Eingliederung beschließen kann, für deren Abhaltung jedoch die Einhaltung der gesetzlichen und satzungsmäßigen Einberufungsbestimmungen nicht erforderlich ist. Die einzugliedernde AG ist im Verhältnis zur zukünftigen Hauptgesellschaft stets eine Ein-Personen-AG. Der Beschluss wird vom Vorstand der zukünftigen Hauptgesellschaft in vertretungsberechtigter Zahl gefasst. Dabei kann nur in einheitlichem Sinn abgestimmt werden.

1622 Befinden sich mindestens **95% des Grundkapitals** in der Hand der zukünftigen Hauptgesellschaft, so kann die Hauptversammlung der einzugliedernden Gesellschaft die Eingliederung beschließen (§ 320 Abs. 1 Satz 1 AktG). Eigene Aktien und Aktien, die einem anderen für Rechnung der einzugliedernden Gesellschaft gehören, sind dabei vom Grundkapital abzusetzen (§ 320 Abs. 1 Satz 2 AktG). Das Gesetz spricht von einem „Gesamtbetrag von fünfundneunzig vom Hundert des Grundkapitals". Selbstverständlich ist dies der Mindestprozentsatz, so dass der Anteil auch größer sein kann, jedoch dürfen es nicht „alle Aktien" sein, da in diesem Fall § 319 AktG ein-

---

[1] **BayObLG** GmbHR 2003, 476; *Hermanns,* in: Fleischhauer/Preuß, Handelsregisterrecht, Teil L Rz. 28.
[2] Vgl. *Grunewald,* in: MünchKommAktG, Vor § 319 Rz. 3, *Singhof,* in: Spindler/Stilz, AktG, § 319 Rz. 2; *Hüffer,* AktG, § 319 Rz. 2.
[3] *Singhof,* in: Spindler/Stilz, AktG, § 319 Rz. 3.

schlägig ist. Nachdem die Aktien der Minderheitsaktionäre auf die Hauptgesellschaft übergehen, müssen die ausscheidenden Aktionäre abgefunden werden. Es ist daher auch in der Bekanntmachung der Hauptversammlungstagesordnung der einzugliedernden wie auch der Hauptgesellschaft anzugeben, dass und in welcher Höhe die Minderheitsaktionäre eine Abfindung bekommen (§ 320 Abs. 2 Nr. 2 AktG). Erfolgt dies nicht, kann der Beschluss angefochten werden.

Auf den Beschluss sind die Bestimmungen des Gesetzes und der Satzung über **Satzungsänderungen** nicht anzuwenden (§ 319 Abs. 1 Satz 2 und § 320 Abs. 1 Satz 3 AktG). Der Eingliederungsbeschluss enthält somit keine Änderung der Satzung, sondern bewirkt vielmehr eine Änderung des Status der Gesellschaft, der jedoch nicht Satzungsinhalt ist. 1623

Die Eingliederung wird nur mit **Zustimmung der Hauptversammlung der zukünftigen Hauptgesellschaft** wirksam. Der Zustimmungsbeschluss kann vor oder nach dem Eingliederungsbeschluss gefasst werden. Er bedarf einer Mehrheit, die mindestens drei Viertel des bei der Beschlussfassung vertretenen Grundkapitals umfasst. Die Satzung kann eine größere Kapitalmehrheit und weitere Erfordernisse bestimmen (§ 319 Abs. 2 Satz 3, § 320 Abs. 1 Satz 3 AktG). Bei der Eingliederung durch Mehrheitsbeschluss (§ 320 AktG) müssen in der Bekanntmachung der zukünftigen Hauptgesellschaft dieselben Angaben enthalten sein, wie in der Bekanntmachung der einzugliedernden Gesellschaft (§ 320 Abs. 2 Satz 2 AktG). Der Beschluss stellt ebenfalls keine Satzungsänderung dar (§ 319 Abs. 1 Satz 2 i. V.m. § 319 Abs. 2 Satz 4, § 320 Abs. 1 Satz 3 AktG). Eine Eintragung im Register der Hauptgesellschaft ist nicht vorgesehen, lediglich die übliche Einreichung des Hauptversammlungsprotokolls (§ 130 Abs. 5 AktG). 1624

b) **Anmeldung der Eingliederung.** Der Vorstand der einzugliedernden Gesellschaft hat in vertretungsberechtigter Zahl die Tatsache der Eingliederung unter Angabe der Firma, des Sitzes und, im Hinblick auf die Regelung zur Eintragung von registrierten Rechtsträgern (§ 40 Nr. 7 und § 43 Nr. 8 HRV), auch der Registerstelle der Hauptgesellschaft anzumelden. Das Gesetz verlangt zwar nur die Angabe der Firma der eingegliederten Gesellschaft. Zusätzlich muss aber auch deren Sitz angegeben werden, da sonst im Hinblick auf § 30 HGB bei gleichlautenden Firmen an verschiedenen Orten eine Verwechslungsgefahr besteht. Zur Eintragung im Handelsregister des Sitzes der Hauptgesellschaft ist nichts anzumelden. 1625

Die Anmeldung der Eingliederung kann erst vorgenommen werden, wenn die erforderlichen **Hauptversammlungsbeschlüsse** der einzugliedernden Gesellschaft und der zukünftigen Hauptgesellschaft gefasst und **unanfechtbar** geworden sind. Die anmeldenden Vorstandsmitglieder müssen erklären, dass die Hauptversammlungsbeschlüsse innerhalb der Anfechtungsfrist nicht angefochten worden sind oder dass die Anfechtung rechtskräftig zurückgewiesen worden ist; alternativ genügt auch der Nachweis notariell beurkundeter Klageverzichtserklärungen der Aktionäre (§ 319 Abs. 5 AktG). Die Nichtanfechtung kann durch einen – unanfechtbaren – Beschluss des Oberlandesgerichts nach § 319 Abs. 6 AktG ersetzt werden, wonach die Erhebung der Klage der Eintragung nicht entgegensteht. Die Anmeldung ist nicht erzwingbar (§ 407 Abs. 2 AktG). Der Anmeldung sind nach § 12 Abs. 2 HGB der Hauptversammlungsbeschluss der einzugliedernden Gesellschaft samt Anlagen und derjenige der Hauptgesellschaft mit Anlagen (§ 319 Abs. 4 Satz 2 AktG) beizufügen. Eine doppelte Vorlage aufgrund § 130 Abs. 5 und § 319 Abs. 4 Satz 2 AktG ist allerdings überflüssig. 1626

Die **Anmeldung** kann lauten. 1627

Die Gesellschaft ist mit Beschluss der Hauptversammlung vom 7. 8. 2009 in die „Cyberspace GZE Aktiengesellschaft" mit Sitz in Hamburg (Amtsgericht Hamburg HRB 32 333), deren Hauptversammlung mit Beschluss vom 30. 9. 2009 zugestimmt hat, eingegliedert.

Wir, die Vorstandsmitglieder in vertretungsberechtigter Zahl, erklären, dass die Hauptversammlungsbeschlüsse innerhalb der Anfechtungsfrist nicht angefochten wurden.

Als Anlage sind beigefügt die Niederschriften über die Hauptversammlungen der Gesellschaften.

1628 c) **Prüfung und Eintragung der Eingliederung durch das Registergericht.** Das Registergericht (Richter, § 17 Nr. 1 lit. c RPflG) prüft insbesondere, ob der Eingliederungsbeschluss und der Zustimmungsbeschluss den Vorschriften des § 319 bzw. des § 320 AktG entsprechen. Ist dies der Fall, wird die Eingliederung gemäß § 43 Nr. 6 lit. b sublit. bb HRV in Spalte 6 Unterspalte b in das Handelsregister der eingegliederten Gesellschaft eingetragen. Die gemäß §§ 319 Abs. 7 und 320 Abs. 1 Satz 3 AktG konstitutiv wirkende Eintragung kann lauten:

Die Gesellschaft ist mit Beschluss der Hauptversammlung vom 7. 8. 2009 in die „Cyberspace GZE Aktiengesellschaft" in Hamburg (Amtsgericht Hamburg HRB 32 333), deren Hauptversammlung mit Beschluss vom 30. 9. 2009 zugestimmt hat, eingegliedert.

1629 Die Eintragungsmitteilung erfolgt an den anmeldenden Rechtsträger und den Notar sowie an die Hauptgesellschaft als Beteiligte (siehe Rz. 144); zu sonstigen Mitteilungen siehe MiZi Nr. XXI. Zu **veröffentlichen** ist die Eintragung gemäß § 10 HGB; ferner sind die Gläubiger der eingegliederten Gesellschaft auf ihr Recht auf Sicherheitsleistung hinzuweisen (§ 321 AktG) Der Gläubigeraufruf würde ähnlich wie bei der Verschmelzung lauten:

Den Gläubigern der Gesellschaft, deren Forderungen begründet worden sind, bevor die Eintragung der Eingliederung in das Handelsregister gemäß § 10 HGB bekannt gemacht gilt, und die sich zu diesem Zweck bei der Gesellschaft melden, ist Sicherheit zu leisten, soweit sie nicht Befriedigung verlangen können.

1630 Da das Gesetz der Registereintragung – anders als etwa § 20 Abs. 2 UmwG bei Verschmelzungen – keine Heilungswirkung beilegt, kann es nach der Eintragung der Eingliederung zur rechtskräftigen Feststellung von Beschlussmängeln kommen. In diesem Fall wird das Eingliederungsverhältnis allerdings nur mit Wirkung für die Zukunft beendet.[1] Ebenso kommt gegebenenfalls die **Löschung der Eintragung** nach § 398 FamFG in Betracht.[2]

1631 d) **Ende der Eingliederung (§ 327 AktG).** *aa) Gründe für die Beendigung der Eingliederung.* Das Gesetz zählt verschiedene **Gründe für die Beendigung** der Eingliederung auf: Einerseits den Beschluss der Hauptversammlung der eingegliederten Gesellschaft (§ 327 Abs. 1 Nr. 1 AktG). Dieser Beschluss wird vom Vorstand der Hauptgesellschaft gefasst, da diese stets alle Aktien der eingegliederten Gesellschaft hält. Zum anderen beendet der Wegfall der Eigenschaft einer AG im Inland bei der Hauptgesellschaft die Eingliederung (§ 327 Abs. 1 Nr. 2 AktG). Das kann geschehen durch Änderung der Rechtsform der Hauptgesellschaft, da diese nicht nur bei Beginn der Eingliederung, sondern auch während deren Dauer stets eine inländische AG oder SE (siehe Rz. 1620) sein muss. Schließlich führt auch die Veräußerung von Aktien der eingegliederten Gesellschaft (§ 327 Abs. 1 Nr. 3 AktG) zur Beendigung der Eingliederung. Die Hauptgesellschaft muss von Beginn der Eingliederung an Inhaber aller Aktien der eingegliederten Gesellschaft sein, sei es von vornherein (§ 319 AktG) oder bei der Eingliederung durch Mehrheitsbeschluss (§ 320 AktG) aufgrund von § 320 Abs. 4 AktG, und diesen Aktienbesitz unverändert behalten. Gibt die Hauptgesellschaft auch nur eine Aktie aus

---

[1] *Singhof*, in: Spindler/Stilz, AktG, § 319 Rz. 27.
[2] *Hüffer*, AktG, § 319 Rz. 22; *Singhof*, in: Spindler/Stilz, AktG, § 319 Rz. 27.

der Hand oder verliert sie nur eine Aktie im Wege der Zwangsversteigerung, so beendet dies die Eingliederung. Da der eingegliederten Gesellschaft diese Beendigung zur Kenntnis gebracht werden muss, ist der Vorstand der Hauptgesellschaft nach § 327 Abs. 2 AktG verpflichtet, dem Vorstand der eingegliederten Gesellschaft unverzüglich schriftlich mitzuteilen, dass sich die Aktien nicht mehr vollständig im Eigentum der Hauptgesellschaft befinden und wann dieser Umstand eingetreten ist. Die Auflösung der Hauptgesellschaft führt ebenfalls zur Beendigung der Eingliederung (§ 327 Abs. 1 Nr. 4 AktG).

bb) Anmeldung der Beendigung der Eingliederung. Der Vorstand der bisher eingegliederten Gesellschaft hat in vertretungsberechtigter Zahl das Ende der Eingliederung, seinen Grund und seinen Zeitpunkt unverzüglich zur Eintragung in das Handelsregister des Sitzes der bisher eingegliederten Gesellschaft **anzumelden** (§ 327 Abs. 3 AktG). 1632

Über die Beifügung von **Anlagen** enthält das Gesetz keine Ausführungen. Das Registergericht muss aber in der Lage sein, nachzuvollziehen, dass der Grund für die Beendigung der Eingliederung vorliegt und wann diese eingetreten ist. Es sind daher einzureichen: Im Fall des § 327 Abs. 1 Nr. 1 AktG die Niederschrift über die Hauptversammlung, in der die Beendigung der Eingliederung ausgesprochen wurde. Hieraus ergibt sich auch das Datum der Beendigung. Im Fall des § 327 Abs. 1 Nr. 2 AktG (Wegfall der Eigenschaft einer AG im Inland) ist die Niederschrift über die Hauptversammlung der Hauptgesellschaft über die Änderung der Rechtsform der AG und der entsprechende Nachweis der Eintragung im Handelsregister beizufügen. Aus letzterem ergibt sich ebenfalls der Zeitpunkt der Beendigung der Eingliederung. Im Fall des § 327 Abs. 1 Nr. 3 AktG (Aktienveräußerung) ist die schriftliche Mitteilung des Vorstands der Hauptgesellschaft (§ 327 Abs. 2 AktG) nach § 12 Abs. 2 Satz 2 Halbs. 1 HGB als einfache Aufzeichnung einzureichen, die auch den Zeitpunkt der Veräußerung und damit das Ende der Eingliederung enthält. Im Fall des § 327 Abs. 1 Nr. 4 AktG (Auflösung der Hauptgesellschaft) ist je nach Lage des Falls einzureichen ein Registerauszug der Hauptgesellschaft, aus dem die Auflösung durch Zeitablauf (§ 262 Abs. 1 Nr. 1 AktG) ersichtlich ist (§ 39 Abs. 2 AktG; § 43 Nr. 6 lit. b sublit. aa HRV) oder der Auflösungsbeschluss (§ 262 Abs. 1 Nr. 2 AktG) oder der Beschluss über die Eröffnung des Insolvenzverfahrens (§ 262 Abs. 1 Nr. 3 AktG) oder der rechtskräftige Beschluss, durch den die Eröffnung des Insolvenzverfahrens mangels einer den Kosten des Verfahrens entsprechenden Masse abgelehnt wurde (§ 262 Abs. 1 Nr. 4 AktG) oder das sonstige Dokument, durch welches die Auflösung der Hauptgesellschaft herbeigeführt wurde. 1633

cc) Prüfung und Eintragung der Beendigung der Eingliederung. Das Registergericht (Richter, § 17 Nr. 1 lit. c RPflG) prüft insbesondere, ob die Voraussetzungen für die Eintragung des Endes der Eingliederung, seines Grundes und seines Zeitpunkts erfüllt sind. Diese Tatsachen sind sodann in das Handelsregister einzutragen. Die nach allgemeiner Meinung nur deklaratorisch wirkende[1] **Eintragung** in Spalte 6 Unterspalte b (§ 43 Nr. 6 lit. b sublit. bb HRV) kann lauten: 1634

Die Eingliederung in die „Cyberspace ZGE Aktiengesellschaft" in Köln (Amtsgericht Köln HRB 32 333) hat am (...) geendet, da sich nicht mehr alle Aktien in der Hand der Hauptgesellschaft befinden.

Diese Eintragung und die frühere über die Eingliederung sind zu röten (§ 16 Abs. 1 Satz 2 und 3 HRV). Der Inhalt der Eintragung ist gemäß § 10 HGB zu veröffentlichen. Ein Gläubigeraufruf findet nicht statt. 1635

---

[1] Vgl. *Singhof*, in: Spindler/Stilz, AktG, § 327 Rz. 8.

5. Ausschluss von Minderheitsaktionären („Squeeze-out", §§ 327 a ff. AktG)

1636 Nach den verfassungsgemäßen Bestimmungen[1] der §§ 327 a ff. AktG kann die Hauptversammlung einer Aktiengesellschaft oder einer KGaA auf **Verlangen eines Hauptaktionärs**, dem mindestens 95% des Grundkapitals zustehen, die Übertragung der Aktien der Minderheitsaktionäre auf den Hauptaktionär gegen Zahlung einer angemessenen Barabfindung beschließen.[2] Bei der Berechnung der Beteiligung sind nach § 16 Abs. 2 und 4 AktG eigene Aktien der AG und solche, die für ihre Rechnung treuhänderisch gehalten werden, nicht zu berücksichtigen.

1637 Der Hauptaktionär legt nach § 327 b Abs. 1 AktG die Höhe der Barabfindung der Minderheitsgesellschafter fest. Hierüber hat er nach § 327 c Abs. 2 AktG einen schriftlichen Bericht zu erstatten und bei Gericht die Bestellung eines Übertragungsprüfers zu beantragen, der die Angemessenheit der Barabfindung zu überprüfen hat. Vor Einberufung der Hauptversammlung hat der Hauptaktionär dem Vorstand nach § 327 b Abs. 3 AktG eine Verpflichtungserklärung eines in Deutschland zum Betrieb befugten Kreditinstituts zur Gewährleistung der Pflichten des Hauptaktionärs aus der Übernahme vorzulegen. In der Einberufung ist die Person des übernahmewilligen Hauptaktionärs nach § 327 c Abs. 1 AktG zu bezeichnen und die von ihm festgelegte Barabfindung zu veröffentlichen. Von der Einberufung der Hauptversammlung an sind nach § 327 c Abs. 3 AktG im Geschäftsraum der Gesellschaft zur Einsicht für die Aktionäre folgende **Unterlagen** auszulegen, sofern sie nicht im selben Zeitraum über die Internetseite der Gesellschaft zugänglich sind (siehe § 327 c Abs. 5 AktG):
– Entwurf des Übertragungsbeschlusses,
– Jahresabschlüsse und Lageberichte der letzten drei Geschäftsjahre,
– Bericht des Hauptaktionärs und Bericht des Übertragungsprüfers.

1638 Von diesen Unterlagen ist jedem Aktionär auf sein Verlangen unverzüglich und kostenlos eine Abschrift zuzuleiten (§ 327 c Abs. 4 AktG), sofern sie nicht über die Internetseite der Gesellschaft zur Verfügung stehen (§ 327 c Abs. 5 AktG). In der Hauptversammlung sind die genannten Unterlagen zugänglich zu machen (§ 327 d AktG). Dem Hauptaktionär kann in der Hauptversammlung Gelegenheit zur Erläuterung gegeben werden. In der Hauptversammlung muss gegebenenfalls eine **Anpassung der Barabfindung** an die Verhältnisse zum Zeitpunkt der Hauptversammlung erfolgen. Zu diesem geänderten Angebot hat sich der Übernahmeprüfer ergänzend zu äußern. Seine Anwesenheit in der Hauptversammlung ist aus diesem Grund zumindest zweckmäßig.

1639 Nach Beschlussfassung der Hauptversammlung hat der Vorstand der Gesellschaft in vertretungsberechtigter Zahl den Beschluss zur Eintragung in das Handelsregister **anzumelden**. Dabei ist der Hauptversammlungsbeschluss samt Anlagen gemäß § 12 Abs. 2 HGB beizufügen und eine Erklärung nach § 327 e Abs. 2, § 319 Abs. 5 AktG abzugeben, wonach innerhalb der Anfechtungsfrist keine Anfechtung erfolgt ist oder eine solche rechtskräftig zurückgewiesen wurde. Einer solchen Erklärung bedarf es nicht, wenn ein Beschluss des Oberlandesgerichts nach § 327 e Abs. 2, § 319 Abs. 6 AktG vorliegt, dass die Erhebung der Anfechtungsklage einer Eintragung nicht entgegensteht.

1640 Eine entsprechende **Anmeldung** könnte lauten:

> Wir, die unterzeichnenden Vorstandsmitglieder, überreichen beigefügt die Niederschrift der Hauptversammlung vom 20. 5. 2009 mit dem Beschluss zur Übertragung von Aktien gegen Barabfindung samt Übertragungsbericht des Hauptaktionärs und Bericht des ge-

---

[1] **BVerfG** NJW 2007, 3268 (= NZG 2007, 587); **BGH** NZG 2006, 117; **OLG Frankfurt** NZG 2007, 472.
[2] Siehe hierzu *Grunewald* ZIP 2002, 18; *Halm* NZG 2000, 1162; *Rühland* NZG 2001, 448; *Sieger/Hasselbach* NZG 2001, 926; *Vossius* ZIP 2002, 522; *Wittuhn/Giermann* MDR 2003, 327.

richtlich bestellten Übertragungsprüfers und melden zur Eintragung in das Handelsregister an:

> Die Hauptversammlung vom 20. 5. 2009 hat die Übertragung der Aktien der übrigen Aktionäre auf den Hauptaktionär, nämlich die Rupprecht-AG mit dem Sitz in Hannover (Amtsgericht Hannover HRB 45 987) gegen Barabfindung beschlossen. Gegen den Übertragungsbeschluss wurde innerhalb der Anfechtungsfrist keine Anfechtungsklage erhoben.

1641 Das **Registergericht** hat neben den üblichen Voraussetzungen lediglich das Vorliegen der Voraussetzungen des § 327a AktG, das Vorliegen der Beschlussfassung sowie des Berichts des Übertragungsprüfers und die Abgabe der Erklärung über die Nichtanfechtung zu prüfen. Insbesondere hat das Registergericht nicht die Angemessenheit der Abfindung zu prüfen. Diese führt nach § 327f AktG nicht einmal zur Anfechtbarkeit des Übertragungsbeschlusses, sondern lediglich zu einem Verfahren auf Feststellung der angemessenen Entschädigung, einem der Abfindung beim Beherrschungs- und Gewinnabführungsvertrag nachgebildeten Spruchverfahren (§§ 327f, 306 AktG). Zuständig für die Eintragung ist der **Registerrichter**. Zwar wurde keine ausdrückliche Zuweisung geschaffen, jedoch handelt es sich um einen der Eingliederung nachgebildeten Vorgang, für den bei bestehenden Gesetzeslücken auf die dortigen Regeln zurückzugreifen ist. Das Gericht nimmt die Eintragung in Spalte 6 Unterspalte b vor. Die Eintragung hat im aktuellen Ausdruck zu erscheinen, sodass sie als Normaltext und nicht als Übergangstext im Sinne des § 16a HRV einzutragen ist:

> Die Hauptversammlung vom 20. 5. 2009 hat die Übertragung der Aktien der übrigen Aktionäre auf den Hauptaktionär, nämlich die Rupprecht-AG mit dem Sitz in Hannover (Amtsgericht Hannover HRB 45 987) gegen Barabfindung beschlossen.

VI. Auflösung und Abwicklung einer Aktiengesellschaft

1. Auflösung einer Aktiengesellschaft

1642 a) **Gründe für die Auflösung einer AG.** Ein Grund für die Auflösung einer AG ist der Ablauf der in der Satzung bestimmten Zeit, welche nach § 39 Abs. 2 AktG in das Handelsregister einzutragen ist (§ 262 Abs. 1 Nr. 1 AktG). Nach Zeitablauf kann lediglich die Fortsetzung nach § 274 AktG beschlossen werden. Die Auflösung tritt auch durch einen entsprechenden **Beschluss der Hauptversammlung** ein (§ 262 Abs. 1 Nr. 2 AktG). Bei Versicherungsunternehmen (§ 1 VAG) bedarf der Beschluss der Genehmigung der Aufsichtsbehörde, die diese dem Registergericht mitzuteilen hat (§ 43 Abs. 2 VAG).

1643 Die Eröffnung des **Insolvenzverfahrens** über das Vermögen der AG (§ 262 Abs. 1 Nr. 3 AktG) bewirkt ebenfalls die Auflösung der Gesellschaft, ebenso der rechtskräftige Gerichtsbeschluss über die Ablehnung des Insolvenzverfahrens mangels einer den Kosten des Verfahrens entsprechenden Masse (§ 262 Abs. 1 Nr. 4 AktG) und der rechtskräftige Beschluss[1] des Registergerichts, durch den nach § 399 FamFG ein Mangel der Satzung festgestellt worden ist (§ 262 Abs. 1 Nr. 5 AktG; dazu Rz. 464 ff.) sowie die Löschung der Gesellschaft wegen Vermögenslosigkeit nach § 394 FamFG. Weitere Auflösungsgründe sind das rechtskräftige Urteil des Prozessgerichts gemäß §§ 396 ff. AktG, eine entsprechende Verfügung einer Verwaltungsbehörde, z. B. gemäß §§ 3, 17 VereinsG oder gemäß § 38 Abs. 1 KWG, sowie sonstige in der Satzung festgelegte Gründe (§ 262 Abs. 2 AktG), z. B. Kündigung durch einen Aktionär. Auch die Verlegung des Satzungssitzes ins Ausland wurde unzutreffend bislang als Auflösungs-

---

[1] Die Entscheidung ergeht durch Beschluss (vgl. § 399 Abs. 3 FamFG); durch ein Redaktionsversehen erwähnt § 262 Abs. 1 Nr. 5 AktG unzutreffend eine entsprechende „Verfügung".

grund eingeordnet.¹ Richtigerweise ist der entsprechende Beschluss nach derzeitiger Rechtslage nichtig, da er auf eine rechtlich unmögliche Folge zielt.² Wird die Auflösung **von Amts wegen** durch das Registergericht eingetragen, so hat dieses insbesondere in Bezug auf die ggf. geänderte in Spalte 4 Unterspalte a einzutragende allgemeine Vertretungsregelung die Vorschrift des § 384 Abs. 2 FamFG (hierzu Rz. 450 a ff.) zu beachten.

1644 Kein Auflösungsgrund ist demgegenüber die Entziehung der Erlaubnis für den Gewerbetrieb durch die Verwaltungsbehörde, auch nicht die Untersagung der Ausübung des Gewerbebetriebs. Derartige Fälle führen allenfalls zur Aufgabe der geschäftlichen Tätigkeit der Gesellschaft.

1645 **b) Anmeldung der Auflösung.** In den Fällen der Auflösung gemäß Satzung, also bei Zeitablauf oder bei Eintritt sonstiger in der Satzung bestimmter Gründe oder durch Beschluss der Hauptversammlung, ist dies unter Angabe des Auflösungsgrundes zur Eintragung in das Handelsregister **anzumelden** (§ 263 Satz 1 AktG). Die Anmeldung hat, wenn Abwickler die bisherigen Vorstandsmitglieder sind, durch diese, sonst durch die neu bestellten Abwickler je in vertretungsberechtigter Zahl zu erfolgen (§ 263 Satz 1 AktG). Nach anderer Ansicht soll stets der Vorstand anmeldepflichtig sein, der im Zeitpunkt der Auflösung im Amt war.³ Wenn der Vorstand nicht mehr vollständig in vertretungsberechtigter Zahl besetzt war, soll allerdings die Anmeldung durch die verbleibenden Vorstandsmitglieder ausreichen.⁴ Da jedoch in den genannten Fällen die Eintragung der Auflösung im Register lediglich deklaratorisch wirkt, sind nach zutreffender Auffassung bereits die im Amt befindlichen Abwickler anmeldeberechtigt und -verpflichtet. Letztlich gilt auch diesbezüglich trotz des Wortlauts des § 266 Abs. 1 AktG der Grundsatz, dass nur die jeweils zum Zeitpunkt der Anmeldung vorhandenen Organe für die Gesellschaft auftreten müssen. Dies ergibt sich auch aus § 266 Abs. 3 AktG, wonach in der Anmeldung die Abwickler bestimmte Versicherungserklärungen abgeben müssen. Lediglich dann, wenn die Auflösung durch eine Satzungsänderung zu bewirken ist, die nach § 181 Abs. 3 AktG erst mit Eintragung wirksam wird, bedarf es einer Anmeldung durch den noch amtierenden Vorstand.

1646 Daneben wird man in den Fällen, in welchen keine Abwickler oder solche nicht in vertretungsberechtigter Zahl bestimmt sind, eine nachwirkende Mitwirkungspflicht der bisherigen Vorstandsmitglieder annehmen müssen. Die Anmeldung der Auflösung ist gemäß § 14 HGB erzwingbar. Die Urkunde, aus der sich die Auflösung ergibt, ist als **Dokument** nach § 12 Abs. 2 HGB der Anmeldung beizufügen, da das Gericht das Vorliegen des Auflösungsgrundes zu überprüfen hat. Beruht die Auflösung auf einem Hauptversammlungsbeschluss, ist die Niederschrift ohnehin beim Registergericht einzureichen (§ 130 Abs. 5 AktG). Bei Auflösung durch Kündigung ist diese zu belegen. Soweit die Auflösung auf Zeitablauf beruht, besteht allerdings naturgemäß keine Pflicht zur Einreichung weiterer Unterlagen. Neben der Auflösung sind die Abwickler anzumelden (siehe Rz. 1654 ff.). Die Anmeldung kann folgendermaßen aussehen:

---

¹ Zur Zulässigkeit einer nationalen Wegzugsbeschränkung siehe **EuGH**, Urt. v. 16. 12. 2008 – S-210/06, NJW 2009, 569 – „Cartesio".

² *Krafka*, in: MünchKommHGB, § 13 h Rz. 15; siehe auch **BayObLG** FGPrax 2004, 133 (= GmbHR 2004, 490 mit Anm. Stieb); **OLG Brandenburg** FGPrax 2005, 78.

³ Vgl. *Hüffer*, AktG, § 263 Rz. 2; *Bachmann*, in: Spindler/Stilz, AktG, § 263 Rz. 6; *Hermanns* (in: Fleischhauer/Preuß, Handelsregisterrecht, Teil L Rz. 29) empfiehlt die Anmeldung durch die Vorstandsmitglieder und die Abwickler.

⁴ Vgl. *Bachmann*, in: Spindler/Stilz, AktG, § 263 Rz. 6; *Hüffer*, in: MünchKommAktG, § 263 Rz. 8.

Ich, der unterzeichnende Abwickler, melde zur Eintragung in das Handelsregister an:
Die Gesellschaft ist mit Wirkung zum 1. 4. 2009 aufgelöst. Herr Albert Wieland ist nicht mehr Vorstandsmitglied. Ich, Bernhard Hallström, geboren am 2. 5. 1980, Nürnberg, bin zum Abwickler bestellt worden.

Allgemein gilt für die Vertretung der Gesellschaft nunmehr Folgendes: Ist nur ein Abwickler bestellt, so vertritt dieser die Gesellschaft allein. Sind mehrere Abwickler bestellt, so vertreten sie die Gesellschaft gemeinschaftlich.

Der Abwickler versichert:
Es liegen keine Umstände vor, aufgrund derer ich nach § 265 Abs. 2 Satz 2 i. V. m. § 76 Abs. 3 Satz 2 Nr. 2 und 3 sowie Satz 3 AktG vom Amt eines Abwicklers ausgeschlossen wäre: Während der letzten fünf Jahre erfolgte weder im In- noch wegen einer vergleichbaren Straftat im Ausland eine Verurteilung wegen einer oder mehrerer Straftaten
– des Unterlassens der Stellung des Antrags auf Eröffnung des Insolvenzverfahrens (Insolvenzverschleppung),
– nach den §§ 283 bis 283 d StGB,
– der falschen Angaben nach § 82 GmbHG oder § 399 AktG,
– der unrichtigen Darstellung nach § 400 AktG, § 331 HGB, § 313 UmwG oder § 17 PublG oder
– nach den §§ 263 bis 264 a oder den §§ 265 b bis 266 a StGB,
auch wurde mir weder durch gerichtliches Urteil noch durch vollziehbare Entscheidung einer Verwaltungsbehörde die Ausübung eines Berufs, Berufszweigs, Gewerbes oder Gewerbezweigs untersagt, somit auch nicht im Bereich des Unternehmensgegenstands der Gesellschaft; ferner wurde ich nicht aufgrund einer behördlichen Anordnung in einer Anstalt verwahrt. Über meine unbeschränkte Auskunftspflicht gegenüber dem Gericht wurde ich durch den Notar belehrt.

In der Anlage wird überreicht:
– Niederschrift über den Beschluss der Hauptversammlung zur Auflösung der Gesellschaft
– Beschluss über die Bestellung des Abwicklers

c) Prüfung und Eintragung der Auflösung. Das **Registergericht** (Rechtspfleger, § 3 Nr. 2 lit. d RPflG) **prüft** die Ordnungsmäßigkeit der Anmeldung und ob die Auflösung wirksam erfolgt ist. Die Eintragung in das Handelsregister erfolgt in Spalte 6 Unterspalte b (§ 43 Nr. 6 lit. b sublit. dd HRV). Zur Bekanntmachung siehe § 10 HGB; zur Mitteilung an die Beteiligten, regelmäßig einreichender Notar und Gesellschaft vgl. § 383 Abs. 1 FamFG.

1647

Die **bisherigen Vorstandsmitglieder** sind zu röten. Mit der Auflösung treten die Abwickler an die Stelle der Vorstandsmitglieder, so dass die **Beendigung der Vertretungsbefugnis** der Vorstandsmitglieder mit der Auflösung der Gesellschaft eintritt (§ 263 Satz 1 AktG). Dies ist ebenso wie die Änderung der allgemeinen Vertretungsregelung (Vertretung durch die Abwickler und Ausgestaltung derer Vertretungsregelung) anzumelden und auch selbstständig im Handelsregister einzutragen. Die Eintragung ist nötig, da sich das Register nicht nur an Rechtskundige wendet, sondern auch an den allgemeinen, ggf. auch ausländischen Rechtsverkehr. Hierbei ist nicht zu erwarten, dass die Rechtsfolgen einer Auflösung allgemein bekannt sind und diese im Einzelfall richtig subsumiert werden. Die Anmeldung ist erforderlich, weil diese, abgesehen von den Eintragungen von Amts wegen, inhaltlich die Eintragung zu bestimmen hat. Im Übrigen ist nicht ohne weiteres davon auszugehen, dass die gesetzliche Vertretung (Gesamtvertretung nach § 269 Abs. 2 AktG) gewünscht ist. Wenn die Abwicklung durch die bisherigen Vorstandsmitglieder erfolgt, sind diese neu in Spalte 4 Unterspalte b als Abwickler einzutragen. In den sonstigen Fällen hat das Gericht die Eintragung der Auflösung von Amts wegen, z. B. auf Mitteilung der Geschäftsstelle des Insolvenzgerichts, des Prozessgerichts oder der Verwaltungsbehörde,

1648

vorzunehmen (§ 263 Satz 3, § 398 AktG; siehe auch § 38 Abs. 1 Satz 3 KWG, § 17 VereinsG).

1649 Die **Eintragung** erfolgt in Spalte 6 Unterspalte b nach § 43 Nr. 6 lit. b sublit. dd HRV. Der Grund der Auflösung ist in den Fällen der Nr. 3 bis 5 des § 262 Abs. 1 AktG mit einzutragen (§ 263 Satz 3 AktG). Eine Eintragung von Amts wegen erfolgt stets mit Vermerk nach § 19 Abs. 2 HRV. Daneben ist auch in diesen Fällen die Änderung der Vertretung einzutragen (§ 384 Abs. 2 FamFG), da sonst durch die amtswegige Eintragung das Register jedenfalls in der aktuellen Ausgabe falsch würde; eine Maßnahme des Registergerichts darf aber nicht zu einer inhaltlich falschen Aussage des Registers führen (vgl. Rz. 450a ff.). Wird die Löschung wegen Vermögenslosigkeit eingetragen, entfällt nach § 263 Satz 4 AktG die Eintragung der Auflösung.

1650 Beispielsweise kann bei Ablehnung der Eröffnung des Insolvenzverfahrens mangels Masse der entsprechend einzutragende **Vermerk** in der Rechtsverhältnisspalte lauten:

> Die Gesellschaft ist durch rechtskräftige Abweisung eines Antrags auf Eröffnung des Insolvenzverfahrens mangels Masse aufgelöst (Amtsgericht München Az. 15 N 320/2007). Von Amts wegen eingetragen.

2. Eintragungen über Abwickler

1651 a) **Vornahme einer Abwicklung.** Nach Auflösung der Aktiengesellschaft findet in der Regel die Abwicklung statt (§ 264 Abs. 1 AktG). Keine Abwicklung nach den Vorschriften des AktG ist bei Eröffnung des Insolvenzverfahrens und bei Löschung wegen Vermögenslosigkeit nach § 394 FamFG vorzunehmen.

1652 Die Abwicklung erfolgt durch die Vorstandsmitglieder zur Zeit der Auflösung (**geborene Abwickler**, § 265 Abs. 1 AktG). Die Satzung kann andere Personen als Abwickler bestimmen, auch kann durch Beschluss der Hauptversammlung, selbst wenn die Satzung Bestimmungen getroffen hat, die Abwicklung anderen Personen übertragen werden (**gekorene Abwickler**, § 265 Abs. 2 AktG). Abwickler kann nicht sein, wer wegen Inhabilität vom Amt eines Vorstandsmitglieds ausgeschlossen wäre (§ 265 Abs. 2 Satz 2 i. V. m. § 76 Abs. 3 Satz 2 und 3 AktG). Im Gegensatz zum Vorstand kann jedoch auch eine juristische Person Abwickler einer Aktiengesellschaft sein (§ 265 Abs. 2 Satz 3 AktG).

1653 Mehrere **Abwickler vertreten** nach der Regelung der Satzung oder nach den Bestimmungen der durch einfachen Beschluss entscheidenden Hauptversammlung, ggf. auch nach Bestimmung des Aufsichtsrats. Hierbei kann die Vertretung durch einzelne Abwickler in Gemeinschaft mit einem Prokuristen bestimmt werden (§ 269 Abs. 3 AktG). Wird keine besondere Bestimmung getroffen, so vertreten die Abwickler gemeinsam (§ 269 Abs. 1 AktG). Eine Befreiung eines Abwicklers vom Verbot, Geschäfte der Liquidationsgesellschaft mit sich selbst abzuschließen (Verbot des Selbstkontrahierens, § 181 Alt. 1 BGB), ist wie beim Vorstand (Rz. 1301) ausgeschlossen. Demgegenüber ist die Befreiung vom Verbot der Mehrfachvertretung (§ 181 Alt. 2 BGB) zulässig. Einem Abwickler kann also wie einem Vorstandsmitglied gestattet werden, für die Gesellschaft mit sich als Vertreter eines Dritten Rechtsgeschäfte abzuschließen.

1654 b) **Anmeldung und Eintragung der Abwickler.** Die ersten Abwickler sowie deren Vertretungsbefugnis sind zur Eintragung in das Handelsregister **anzumelden** (§ 266 Abs. 1 AktG). Die Anmeldung hat, wenn Abwickler die bisherigen Vorstandsmitglieder sind (§ 265 Abs. 1 AktG), durch diese, sonst durch die neu bestellten Abwickler zu erfolgen (vgl. Rz. 1645). Für eine ordnungsgemäße Anmeldung genügt eine vertretungsberechtigte Zahl der Abwickler. Jedoch ist von allen Abwicklern, auch wenn es sich um bisherige Vorstandsmitglieder handelt, die Versicherung nach § 265 Abs. 2

AktG in notariell beglaubigter Form abzugeben, sodass regelmäßig die Anmeldung durch alle Abwickler erfolgen wird. Die Anmeldung ist gemäß § 14 HGB erzwingbar. Die **Vertretungsbefugnis** der ersten Abwickler ist in allgemeiner Form anzumelden und einzutragen. Die Dokumente über die Bestellung der Abwickler sowie ggf. über ihre Vertretungsbefugnis sind mit der Anmeldung nach § 12 Abs. 2 Satz 2 Halbs. 1 HGB mitzusenden, wobei die Anmeldung der gesetzes- oder satzungskonformen Vertretungsregelung keines weiteren Beweises bedarf (§ 266 Abs. 2 AktG). Nachzuweisen ist die Amtsannahme der Abwickler, die bei der Anmeldung nicht mitwirken. Die Beifügung dieser Dokumente ist ebenfalls erzwingbar (§ 14 HGB). Sofern Unterlagen dem Registergericht bereits vorliegen (Satzung, Hauptversammlungsniederschrift nach § 130 Abs. 5 AktG), sind diese selbstverständlich nicht nochmals einzureichen. 1655

Die Abwickler haben in der Anmeldung **zu versichern**, dass keine Umstände vorliegen, die ihrer Bestellung nach § 265 Abs. 2 Satz 2 i.V.m. § 76 Abs. 3 Satz 2 Nr. 2 und Nr. 3 sowie Satz 3 AktG entgegenstehen und dass sie über ihre unbeschränkte Auskunftspflicht gegenüber dem Gericht belehrt worden sind (§ 266 Abs. 3 Satz 1 AktG). Es gelten insofern dieselben Grundsätze wie für die Versicherung bei der Anmeldung von Vorstandsmitgliedern (siehe Rz. 1585 ff.). 1656

Dabei müssen die Abwickler nicht versichern, dass sie nicht als Betreute bei der Besorgung ihrer Vermögensangelegenheiten ganz oder teilweise einem Einwilligungsvorbehalt nach § 1903 BGB unterliegen. Hinsichtlich der unterschiedlichen Formulierung von § 37 Abs. 2 Satz 1 AktG und § 266 Abs. 3 Satz 1, § 265 Abs. 2 Satz 2 AktG ist zwar – anders als bei den Liquidatoren von Gesellschaften mit beschränkter Haftung[1] – durch das ARUG (siehe Rz. 1124) keine entsprechende Korrektur des Redaktionsversehens im Rahmen des MoMiG erfolgt. Jedoch gelten auch insoweit die Überlegungen zum Gleichlauf der entsprechenden Versicherungen der Vorstandsmitglieder und Abwickler, wie vor der Korrektur im GmbHG.[2] Daher sind keine näheren Erklärungen hinsichtlich der etwaigen Betreuung samt Einwilligungsvorbehalt erforderlich. Die Versicherung ist auch abzugeben, wenn die Abwicklung durch die bisherigen Vorstandsmitglieder oder soweit sie durch einen von ihnen erfolgt, für dessen Eintragung bereits eine Versicherung nach § 37 Abs. 2 oder § 81 Abs. 3 AktG vorliegt. Für deren Eintragung als Abwickler ist ihre Befähigung nach § 265 Abs. 2 Satz 2 i.V.m. § 76 Abs. 3 Satz 2 und 3 AktG, insbesondere im Hinblick auf einen zwischenzeitlich eingetretenen Ausschließungsgrund, neu zu prüfen. 1657

Das **Registergericht** (Rechtspfleger, § 3 Nr. 2 lit. d RPflG) **prüft** die Ordnungsmäßigkeit der Anmeldung sowie, ob die Versicherung nach § 266 Abs. 3 AktG vorliegt und keine Umstände gegeben sind, die der Bestellung der Abwickler entgegenstehen. Im Handelsregister **einzutragen** sind die Abwickler unter der Bezeichnung als solche mit Familiennamen, Vornamen, Geburtsdatum und Wohnort in Spalte 4 Unterspalte b des Handelsregisters (§ 43 Nr. 4 lit. b HRV). Die Eintragung der Vertretungsbefugnis erfolgt in Spalte 4 Unterspalte a, die besondere Vertretungsbefugnis einzelner Abwickler wird in Spalte 4 Unterspalte b bei der jeweils betroffenen Person eingetragen (§ 43 Nr. 4 lit. a und b HRV). Gerichtlich bestellte Abwickler sind von Amts wegen einzutragen (§ 266 Abs. 4 AktG). Zur öffentlichen Bekanntmachung siehe § 10 HGB; zur Mitteilung an die Beteiligten, regelmäßig Gesellschaft, Notar sowie Abwickler vgl. § 383 Abs. 1 FamFG. 1658

---

[1] Siehe Art. 14 b Nr. 8 ARUG zur Änderung des § 67 Abs. 3 Satz 1 GmbHG, in BT-Drucks. 16/13098, S. 44 als „Folgeänderung zum MoMiG" beschrieben.
[2] Siehe **OLG München** NZG 2009, 719 (= GmbHR 2009, 830), hierzu *Wachter* GmbHR 2009, 785 (787).

1659 **c) Änderungen in den Personen der Abwickler.** Die Abwickler haben in vertretungsberechtigter Zahl jede Änderung in ihrer Person und Vertretungsbefugnis unter Beifügung der Dokumente über Neubestellung, Abberufung bzw. sonstiger Amtsbeendigung oder Änderung der Vertretungsbefugnis (§ 266 Abs. 2 AktG) zur Eintragung in das Handelsregister **anzumelden** (§ 266 Abs. 1 AktG). Die Anmeldung ist nach § 14 HGB erzwingbar. Die Versicherung nach § 266 Abs. 3 AktG ist bei jedem Wechsel von Abwicklern einzureichen, nicht aber, wenn lediglich eine Änderung der Vertretungsbefugnis der gleichbleibenden Abwickler angemeldet wird. Die **Eintragung** erfolgt ausschließlich in Spalte 4 Unterspalte b (§ 43 Nr. 4 lit. b HRV) jeweils ggf. mit Rötung nach § 16 Abs. 1 Satz 2 und 3 HRV.

1660 Auch hier ist das **Verbot der Teilrötung** nach § 16 Abs. 3 HRV relevant. Änderungen in der Person oder der konkreten Vertretungsbefugnis eines Abwicklers bedürfen danach immer eines vollständigen Neuvortrags unter Rötung der bisherigen Eintragung zu dem betroffenen Abwickler. Zur öffentlichen Bekanntmachung siehe § 10 HGB; zur Mitteilung an Beteiligte, regelmäßig Gesellschaft, Notar und Abwickler, vgl. § 383 Abs. 1 FamFG.

3. Fortsetzung einer aufgelösten Gesellschaft

1661 In den Fällen der Auflösung durch Zeitablauf (§ 262 Abs. 1 Nr. 1 AktG), durch Beschluss der Hauptversammlung (§ 262 Abs. 1 Nr. 2 AktG), wegen eines Satzungsmangels (§ 262 Abs. 1 Nr. 5 AktG) und durch eine Verbotsverfügung oder eine auflösende aufsichtsrechtliche Maßnahme ist grundsätzlich die **Fortsetzung durch** einen entsprechenden **Beschluss der Hauptversammlung** möglich (vgl. § 274 Abs. 1 und 2 AktG). Der Beschluss bedarf nach § 274 Abs. 1 AktG einer Mehrheit von mindestens drei Vierteln des bei der Beschlussfassung vertretenen Grundkapitals. Neben dem Fortsetzungsbeschluss ist bei Zeitablauf gemäß Satzung auch die entsprechende Änderung der Satzung, bei Auflösung wegen Satzungsmangels die Beseitigung dieses Mangels (§ 274 Abs. 2 Nr. 2 AktG), bei der auflösenden Verfügung der Verwaltungsbehörde die Aufhebung dieser Verfügung und bei sonstigen satzungsmäßigen Auflösungsgründen deren jeweilige Beseitigung erforderlich. Darüber hinaus darf mit der Verteilung des Vermögens unter die Aktionäre noch nicht begonnen worden sein (§ 274 Abs. 1 Satz 1 AktG). Bei Auflösung durch Insolvenzeröffnung kann ein Fortsetzungsbeschluss nur gefasst werden, wenn das Verfahren auf Antrag des Schuldners eingestellt wird oder nach der Bestätigung eines Insolvenzplans, der den Fortbestand der Gesellschaft vorsieht, aufgehoben wird (§ 274 Abs. 2 Nr. 1 AktG).

1662 Die **Fortsetzung kann nicht beschlossen werden** bei Auflösung durch Abweisung des Insolvenzantrags mangels Masse (§ 26 InsO), Einstellung eines Insolvenzverfahrens nach § 207 InsO, Aufhebung eines Insolvenzverfahrens nach Schlussverteilung (§ 200 InsO) oder Löschung wegen Vermögenslosigkeit nach § 394 FamFG.[1] Dies gilt auch dann, wenn sich nachträglich herausstellt, dass die Gesellschaft weiteres, auch wesentliches Vermögen hat. Lediglich bei einer amtswegigen Beseitigung der nach § 394 FamFG erfolgten Löschung aufgrund etwaiger Verfahrensfehler gemäß § 395 FamFG ist auch die Auflösung der Gesellschaft beseitigt. Es bedarf in diesem Fall naturgemäß auch keines Fortsetzungsbeschlusses.

1663 Die Fortsetzung ist von den Abwicklern, soweit bei Auflösung durch Eröffnung des Insolvenzverfahrens keine Abwickler vorhanden waren von den neuen Vorstandsmitgliedern, **anzumelden,** welche die Versicherung nach § 274 Abs. 3 AktG, wonach mit der Verteilung des Vermögens an die Aktionäre noch nicht begonnen wurde, abzugeben haben. Im Ergebnis müssen daher alle Vorstandsmitglieder die Anmeldung unter-

---

[1] **BayObLG** Z 1993, 341; *Hüffer,* AktG, § 274 Rz. 6.

zeichen. Gleichzeitig ist durch die neuen Vorstandsmitglieder der neue Vorstand und die geänderte allgemeine Vertretungsregelung sowie ggf. auch die besondere Vertretungsbefugnis einzelner neuer Vorstandsmitglieder durch diese anzumelden, welche zudem die Versicherungen nach § 81 Abs. 3 AktG abzugeben haben. In diesem Fall gilt ebenfalls, dass diese Versicherungen auch dann zu erfolgen haben, wenn die neuen Vorstandsmitglieder mit den bisherigen Liquidatoren personenidentisch sind.

Das **Registergericht** wird, vorbehaltlich sonstiger gleichzeitig vorliegender, dem Richtervorbehalt unterliegender Anmeldungen, durch den Rechtspfleger nach § 3 Nr. 2 d RPflG tätig und **hat zu prüfen**, ob ein ordnungsgemäßer Fortsetzungsbeschluss und ein Beschluss über die Bestellung des neuen Vorstands gefasst wurde, die Anmeldung ordnungsgemäß durch die Abwickler und den neuen Vorstand erfolgt ist und die notwendigen Versicherungen nach §§ 274 Abs. 3 und 81 Abs. 3 AktG abgegeben wurden. Sodann **trägt das Gericht** in Spalte 6 Unterspalte b (§ 43 Nr. 6 lit. b sublit. dd HRV) die Fortsetzung und in Spalte 4 Unterspalte b die Beendigung des Amts der Abwicklung und die neuen Vorstandsmitglieder mit Familiennamen, Vornamen, Geburtsdatum und Wohnort sowie dort in Unterspalte a die neue allgemeine Vertretungsregelung **ein** (§ 43 Nr. 4 lit. a und b, Nr. 6 lit. a und b HRV). Die Veröffentlichung erfolgt nach § 10 HGB; die Eintragungsmitteilung ergeht an die Gesellschaft und den einreichenden Notar sowie gegebenenfalls neue Vorstandsmitglieder (§ 383 Abs. 1 FamFG).

1664

Die Eintragung könnte lauten:

1665
1666

Spalte 4
Unterspalte a (Allgemeine Vertretungsregelung):
Geändert, nun: *(Vorstehende Worte als Übergangstext gemäß § 16 a HRV)*
Die Gesellschaft wird durch zwei Vorstandsmitglieder oder ein Vorstandsmitglied gemeinsam mit einem Prokuristen vertreten.
Unterspalte b (Vorstand, Abwickler, Besondere Vertretungsbefugnisse):
Geändert, nun: *(Vorstehende Worte als Übergangstext gemäß § 16 a HRV)*
Vorstand: Müller, Gerhard, Hamburg, *2. 10. 1945, einzelvertretungsberechtigt
Geändert, nun: *(Vorstehende Worte als Übergangstext gemäß § 16 a HRV)*
Vorstand: Maier, Hubert, Köln, * 8. 8. 1948, einzelvertretungsberechtigt
Spalte 6
Unterspalte b (Sonstige Rechtsverhältnisse):
Die Gesellschaft wird fortgesetzt.
(Der Text in Spalte 6 Unterspalte b darf keinesfalls im aktuellen Ausdruck erscheinen. Er ist als Gegentext zur Auflösung zusammen mit dieser zu röten. Auch eine Eingabe als Übergangstext erscheint vertretbar. Im Übrigen sind in Spalte 4 Unterspalten a und b die bisherigen Eintragungen zur allgemeinen Vertretungsbefugnis [der Abwickler], den Vertretungsorganen und deren konkrete Vertretungsbefugnis zu röten.)

4. Schluss der Abwicklung und Nachtragsabwicklung

a) **Schluss der Abwicklung.** Ist die Abwicklung, regelmäßig nach Abwarten des Sperrjahres nach § 272 AktG, beendet und die Schlussrechnung vorgelegt, so haben die Abwickler in vertretungsberechtigter Zahl den **Schluss der Abwicklung** zur Eintragung in das Handelsregister **anzumelden** (§ 273 Abs. 1 Satz 1 AktG). Ausreichend ist hierbei nunmehr die einmalige Veröffentlichung der Gläubigeraufforderung in den Gesellschaftsblättern (siehe § 267 Satz 2 und § 272 Abs. 1 AktG). Ist das Gesellschaftsvermögen schon vor Ablauf des Sperrjahrs erschöpft, so kann unter Berücksichtigung der gleichfalls bestehenden Löschungsmöglichkeit nach § 394 FamFG bereits vorher angemeldet und eingetragen werden (vgl. Rz. 1150).[1] Die Anmeldung ist erzwingbar (§ 14 HGB). Sie kann folgendermaßen aussehen:

1667

---

[1] Siehe *Hüffer*, AktG, § 273 Rz. 2; *Bachmann*, in: Spindler/Stilz, AktG, § 273 Rz. 3.

Teil 1. Handelsregister

> Als Abwickler der Gesellschaft melden wir zur Eintragung in das Handelsregister an:
> Die Abwicklung der Gesellschaft ist abgeschlossen. Das Vermögen der Gesellschaft wurde nach Erfüllung der gegenüber den Gläubigern bestehenden Verbindlichkeiten unter den Aktionären bei Beachtung der Frist des § 272 Abs. 1 AktG verteilt. Weiteres Vermögen hat die Gesellschaft nicht.
> Die Bücher und Schriften der Gesellschaft werden durch den letzten Abwickler aufbewahrt.
> In der Anlage wird überreicht:
> – Belegexemplar des elektronischen Bundesanzeigers
> – Niederschrift über die Hauptversammlung zur Genehmigung der Schlussrechnung

1668 Das **Registergericht** (Rechtspfleger, § 3 Nr. 2 lit. d RPflG) **prüft** die Ordnungsmäßigkeit der Anmeldung und die Beendigung der Abwicklung. Ergibt sich dies nicht mit ausreichender Sicherheit aus dem Hauptversammlungsprotokoll über die Schlussrechnung, kann das Gericht im Einzelfall weitere Nachweise anfordern. Der Schluss der Abwicklung und die Löschung der AG werden in Spalte 6 Unterspalte b (§ 43 Nr. 6 lit. b sublit. ff. HRV) des Handelsregisters eingetragen. Sodann ist das Registerblatt nach § 22 Abs. 1 HRV zu röten. Die Eintragung ist gemäß § 10 HGB unter „Löschungen" zu veröffentlichen. Zur Eintragungsmitteilung siehe § 383 Abs. 1 FamFG, also regelmäßig an die Gesellschaft (über Abwickler) und den beglaubigenden Notar. Sonstige Mitteilungen siehe MiZi XXI/1.

1669 b) **Nachtragsabwicklung.** Stellt sich nach Löschung der Gesellschaft heraus, dass weitere Abwicklungsmaßnahmen nötig sind, sind nach **§ 273 Abs. 4 AktG** Nachtragsabwickler zu bestellen. Ein früheres Amt eines Abwicklers lebt nicht wieder auf. Sodann ist die Löschung der Aktiengesellschaft nach § 395 FamFG unter Aufhebung der Löschung zu beseitigen, die neu bestellten Abwickler sowie ihre Vertretungsbefugnis sind von Amts wegen (§ 266 Abs. 4 AktG) in Spalte 4 Unterspalte b und Spalte 6 Unterspalte b des Handelsregisters (§ 43 Nr. 4 lit. b, Nr. 6 lit. b sublit. dd HRV) einzutragen. Die Eintragungen sind nach § 10 HGB zu veröffentlichen. Sind, wie zumeist, nur noch **einzelne Abwicklungshandlungen** erforderlich, so reicht die gerichtliche Bestellung der Nachtragsabwickler, die sich durch die Ausfertigung des Bestellungsbeschlusses legitimieren können, aus. In diesem Fall können die Eintragung im Register und die Veröffentlichung unterbleiben.

1670 Ein entsprechender Antrag kann folgendermaßen aussehen:

> Nach vermeintlicher Beendigung der Abwicklung hat sich ergeben, dass zugunsten der Gesellschaft im Grundbuch des Amtsgerichts Bremen von Schwachhausen Blatt 54 655 in Abteilung III Nr. 1 eine aufgrund Rückzahlung des ursprünglich geschuldeten Betrags hinfällige Grundschuld eingetragen ist, die nunmehr gelöscht werden soll. Es wird beantragt Frau Rechtsanwältin Andrea Reuter, geboren am 5. 11. 1981, Bremen, zur Nachtragsabwicklerin mit der Aufgabe zu bestellen, die bezeichnete Grundschuld durch Erklärung der Aufgabe des Rechts und einer entsprechenden Bewilligung zur Löschung zu bringen. Die Wiedereintragung der Gesellschaft kann unterbleiben, da nach derzeitigen Erkenntnissen nur die beschriebenen Handlungen vorzunehmen sind. Beantragt wird, den Bestellungsbeschluss des Gerichts unmittelbar der Nachtragsabwicklerin zukommen zu lassen.

1671 Die entsprechende **Eintragung im Handelsregister**, sofern erforderlich, würde lauten:

> **Spalte 4**
> **Unterspalte b (Vorstand, Abwickler, Besondere Vertretungsbefugnis):**
> Gerichtlich bestellt und von Amts wegen eingetragen (§ 266 Abs. 4 AktG): *(Vorstehendes als Übergangstext gemäß § 16 a HRV)*
> Abwickler: Reuter, Andrea, Bremen, *5. 11. 1981, einzelvertretungsberechtigt.

Ist die Nachtragsabwicklung beendet, ist dies anzumelden. Die Anmeldung ist erzwingbar (§ 14 HGB). Einzutragen ist die Beendigung der Nachtragsabwicklung. Das ist anschließend zu veröffentlichen. Diese Anmeldung, Eintragung und Veröffentlichung sind allerdings nur erforderlich, wenn die Bestellung der Nachtragsabwickler ihrerseits eingetragen wurde. 1672

VII. Umwandlungsvorgänge unter Beteiligung von Aktiengesellschaften

Die registerliche Behandlung von Umwandlungsvorgängen unter der Beteiligung von Aktiengesellschaften ähnelt stark derjenigen bei Beteiligung von Rechtsträgern in der Form einer GmbH. Zunächst ist daher auf die dortigen Ausführungen Bezug zu nehmen (Rz. 1172 ff.). Die nachfolgend dargestellten Sondervorschriften kommen zur Anwendung, wenn einer der beteiligten Rechtsträger eine Aktiengesellschaft ist, jedoch nur soweit dieser Rechtsträger betroffen ist.[1] 1673

1. Verschmelzung

Gemäß § 60 UmwG ist in jedem Fall einer **Verschmelzung** unter Beteiligung einer Aktiengesellschaft die Prüfung durch einen vom Vorstand zu bestellenden **Prüfer** vorgesehen. Sind mehrere Aktiengesellschaften beteiligt und sollen mehrere Aktiengesellschaften von demselben Prüfer geprüft werden, ist dies nach § 60 Abs. 3 UmwG nur möglich, wenn dieser Prüfer auf Antrag der Vorstände vom Gericht bestellt wurde. Ein Verzicht auf die Prüfung und Berichterstattung nach § 9 Abs. 3 und § 12 Abs. 3 UmwG ist möglich. Bei der Neugründung richtet sich die Prüfpflicht nach § 75 UmwG, so dass grundsätzlich eine Gründungsprüfung durch einen vom Gericht beauftragten Gründungsprüfer vorzunehmen ist. Ausnahmen sind allerdings in § 60 Abs. 2 UmwG für die Verschmelzung zur Neugründung von Kapitalgesellschaften und für eingetragene Genossenschaften vorgesehen. Jedoch muss auch in diesen Fällen die Werthaltigkeit der eingebrachten Rechtsträger belegt werden, was regelmäßig nur durch Prüfgutachten erfolgen kann.[2] 1674

Nach § 61 UmwG ist zur Vorbereitung der Verschmelzungsbeschlüsse die **Einreichung des Verschmelzungsvertrags** oder des Entwurfs vor Einberufung der Hauptversammlung, die über die Zustimmung beschließen soll, beim Registergericht erforderlich sowie durch dieses die Veröffentlichung nach § 10 HGB zu veranlassen. Im Fall eines Entwurfs genügt hierbei die Übermittlung einer einfachen Aufzeichnung (§ 12 Abs. 2 Satz 2 Halbs. 1 HGB). Die Einreichung muss **vor der Einberufung** der Hauptversammlung erfolgen; für die Veröffentlichung ist keine Frist genannt. Das Gesetz regelt auch keine Sanktion für die Nichtbefolgung. Nachdem alle möglichen Betroffenen auf andere Weise geschützt werden (Aktionäre gemäß § 63 UmwG, Gläubiger durch den Gläubigerhinweis nach § 22 UmwG, Betriebsrat nach § 5 Abs. 3 UmwG), ist eine Anfechtbarkeit wegen Nichtbeachtung dieser Vorschrift kaum denkbar. Eine gläubigerschützende Funktion ist ebenfalls nicht erkennbar. Aus diesem Grund scheidet auch eine Ablehnung der Eintragung wegen Verstoßes gegen diese Vorschrift aus,[3] jedenfalls dann, wenn alle Aktionäre auf die Einreichung verzichtet haben.[4] 1675

In § 62 UmwG ist eine Erleichterung für das Verschmelzungsverfahren vorgesehen, indem ein **Verschmelzungsbeschluss** der Hauptversammlung einer übernehmenden Aktiengesellschaft dann nicht erforderlich ist, wenn dieser mindestens 90% der Anteile der übertragenden Gesellschaft gehören. Allerdings erfordert diese Vergünsti- 1676

---

[1] Vgl. *Grunewald*, in: Lutter, UmwG, Vor § 60.
[2] Siehe *Rieger*, in: Widmann/Mayer, UmwG, § 75 Rz. 8 f.
[3] Anderer Ansicht *Rieger*, in: Widmann/Mayer, UmwG, § 61 Rz. 16.
[4] *Diekmann*, in: Semler/Stengel, UmwG, § 61 Rz. 17, 19.

gung nach § 62 Abs. 3 UmwG mindestens einen Monat vor dem Zustimmungsbeschluss der übertragenden Gesellschaft die Auslegung der nach § 63 UmwG genannten Unterlagen in den Geschäftsräumen der übernehmenden Aktiengesellschaft und Einreichung des Verschmelzungsvertrags oder seines Entwurfs beim Registergericht – sofern sie nicht über die Internetseite der Gesellschaft abrufbar waren – und die Veröffentlichung eines Hinweises auf die bevorstehende Verschmelzung in den Gesellschaftsblättern. Dieser Hinweis muss auch die Aktionäre darüber aufklären, dass eine Minderheit von 5%, ggf. eine niedrigere satzungsmäßige Minderheit nach § 62 Abs. 2 UmwG, eine Beschlussfassung fordern kann. Der Anmeldung ist grundsätzlich ein Nachweis über die Bekanntmachung beizulegen. Denkbar ist insbesondere bei Ein-Personen-Gesellschaften oder einer AG mit wenigen Aktionären, dass alle Beteiligten auf die formelle Einberufung der Hauptversammlung verzichten. Im Übrigen hat der Vorstand in der Anmeldung zu erklären, ob ein Antrag auf Einberufung der Hauptversammlung gestellt wurde. Die nach § 63 UmwG auszulegenden Unterlagen sind auf Verlangen jedem Aktionär auch unverzüglich kostenlos zuzuleiten, sofern nicht § 63 Abs. 4 UmwG einschlägig ist.

1677 § 63 UmwG regelt die **Vorbereitung der Hauptversammlung** bezüglich des Zustimmungsbeschlusses. Danach sind ab dem Zeitpunkt der Einberufung der Hauptversammlung der Verschmelzungsvertrag oder sein Entwurf sowie die Jahresabschlüsse und Lageberichte aller an der Verschmelzung beteiligten Rechtsträger für die letzten drei Geschäftsjahre, eventuell eine Zwischenbilanz, die Verschmelzungsberichte und die Prüfberichte in den Geschäftsräumen der Gesellschaft auszulegen. Dies gilt nach § 63 Abs. 4 UmwG nicht, wenn die Unterlagen über die Internetseite der Gesellschaft entsprechend zugänglich waren. Die Durchführung der Hauptversammlung ist in § 64 UmwG geregelt.

1678 Neben den Vorschriften für die Verschmelzung sind nach § 67 UmwG auch die Vorschriften über die **Nachgründung** (siehe Rz. 1568 ff.) zu beachten, wenn der Verschmelzungsvertrag in den ersten zwei Jahren nach der Eintragung der übernehmenden Aktiengesellschaft erfolgt. Bei etwaiger Nichtbeachtung ist die Eintragung vom Registergericht abzulehnen. Eine Verzichtsmöglichkeit besteht hier naturgemäß nicht, da die Nachgründungsvorschriften allgemein die ordnungsgemäße Kapitalausstattung der Gesellschaft gewährleisten sollen. Allerdings ist eine unter Missachtung dieser Vorschrift eingetragene Verschmelzung aufgrund der generellen Heilungswirkung nach § 20 Abs. 2 UmwG dennoch wirksam.[1]

1679 Im Übrigen fordert § 71 UmwG für die übertragenden Rechtsträger die Bestellung eines **Treuhänders** für die Empfangnahme der Aktien und eventueller barer Zuzahlungen von der übernehmenden Aktiengesellschaft durch das jeweilige Vertretungsorgan des übertragenden Rechtsträgers. Eine Eintragung der Verschmelzung darf erst erfolgen, wenn dieser Treuhänder den Empfang der vorgesehenen Leistungen angezeigt hat. Strittig ist, ob ein solcher Treuhänder auch zu bestellen ist, wenn keine Aktienurkunden ausgegeben werden und auch keine bare Zuzahlung vorgesehen ist. In diesem Fall kann die nach der Vorschrift vorgesehene Inbesitznahme nicht erfolgen. Es dürften dementsprechend Bestellung und Anzeige entbehrlich sein. In der Anmeldung ist das Vorliegen dieser Umstände jedoch darzustellen.

2. Spaltungen

1680 Eine **Spaltung** ist in den ersten zwei Jahren nach Eintragung einer Aktiengesellschaft im Handelsregister nach § 141 UmwG ausgeschlossen. Die für die Verschmelzung

---

[1] *Rieger*, in: Widmann/Mayer, UmwG, § 67 Rz. 47; anderer Ansicht: *Diekmann*, in: Semler/Stengel, UmwG, § 67 Rz. 28.

genannten Sondervorschriften, insbesondere zur Prüfungspflicht nach § 60 UmwG, zur Einreichung des Übernahme- und Spaltungsvertrags nach § 61 UmwG, zur Entbehrlichkeit eines Hauptversammlungsbeschlusses einer übernehmenden Aktiengesellschaft nach § 62 UmwG bei der Spaltung zur Aufnahme, zur Vorbereitung und Durchführung der Hauptversammlung nach §§ 63, 64 UmwG, zur Nachgründung nach § 67 UmwG und zur Bestellung eines Treuhänders nach § 71 UmwG finden bei Spaltungen entsprechend Anwendung, wobei allerdings § 71 UmwG bei der Ausgliederung keine Anwendung findet (§ 125 Satz 1 UmwG).

Daneben hat nach § 142 Abs. 1 UmwG stets eine **Prüfung** der Sacheinlage bei der Übertragung von Vermögenswerten auf eine Aktiengesellschaft stattzufinden. Auf diesen Bericht ist in den Spaltungsberichten hinzuweisen, ebenso ist dort anzugeben, bei welchen Registern der Bericht hinterlegt ist (§ 142 Abs. 2 UmwG). Bei Neugründung einer Aktiengesellschaft ist nach § 144 UmwG stets ein **Gründungsbericht** und eine **Gründungsprüfung** erforderlich, also auch dann, wenn sie durch Spaltung einer Kapitalgesellschaft oder Genossenschaft entsteht. Die **Herabsetzung des Grundkapitals** bei der übertragenden Aktiengesellschaft ist nach § 145 UmwG ähnlich wie bei einer übertragenden GmbH erforderlich, wenn durch die Spaltung das ausgewiesene Grundkapital nicht mehr vom Vermögen der Gesellschaft gedeckt ist. Auch hier hat nach § 146 Abs. 1 UmwG die Versicherung in der Anmeldung zu erfolgen, dass bei der Anmeldung der Spaltung weiterhin die Voraussetzungen der Gründung dieser Aktiengesellschaft mit dem noch vorgesehenen Grundkapital vorliegen. Der Spaltungsbericht und ggf. der Prüfungsbericht sind der Anmeldung beizufügen (§ 146 Abs. 2 UmwG). 1681

3. Formwechsel

Der **Formwechsel** von Aktiengesellschaften unterliegt den allgemeinen Sondervorschriften für den Formwechsel von Kapitalgesellschaften (§§ 238 bis 250 UmwG), welche nur einige relativ selten relevante Sonderregelungen enthalten. Hinzuweisen ist lediglich auf § 245 Abs. 4 UmwG, der für den Formwechsel einer Aktiengesellschaft oder einer KGaA einen Sachgründungsbericht entbehrlich macht. Hieraus wird allgemein geschlossen, dass eine Prüfung der Werthaltigkeit beim Formwechsel dieser Gesellschaften nicht stattfindet, weil diese Gesellschaftstypen ohnehin verschärften Vorschriften zur Kapitalerhaltung unterliegen.[1] 1682

4. Muster für Umwandlungen von Aktiengesellschaften

Musterbeispiele für Umwandlungsvorgänge unter Beteiligung von Aktiengesellschaften finden sich an folgenden Stellen:
– Verschmelzung einer GmbH zur Aufnahme auf eine AG: Rz. 1232 ff.;
– Ausgliederung von einem e. V. zur Aufnahme auf eine AG: Rz. 2231 ff.;
– Formwechsel einer GmbH in eine AG: Rz. 1247 ff. 1683

VIII. Sonstige Aufgaben des Amtsgerichts im Zusammenhang mit Eintragungen im Register

1. Bestellung von Gründungs-, externen Sacheinlage-, Abschluss- und Sonderprüfern

Die Anträge zur Bestellung von Gründungs-, Abschluss- und Sonderprüfern sind schriftlich oder zur Niederschrift der Geschäftsstelle (§ 25 FamFG) zu stellen. Die Zuständigkeit richtet sich nach § 377 Abs. 1 FamFG. Für die Bestellung eines externen Sacheinlageprüfers nach § 183 a Abs. 3 AktG ist die Einordnung als unternehmens- 1684

---

[1] *Rieger*, in: Widmann/Mayer, UmwG, § 245 Rz. 42 ff.; *Happ/Göthel*, in: Lutter, UmwG, § 245 Rz. 53 ff.

rechtliches Verfahren nach § 375 FamFG – vermutlich aufgrund eines Redaktionsversehens – unterblieben. Gleichwohl sollte, nach dem zu unterstellenden gesetzgeberischen Willen, die Regelung des § 377 FamFG zur örtlichen Zuständigkeit zur Anwendung kommen, zumal die Aufzählung in § 375 FamFG ohnehin nach zutreffender Auffassung nicht abschließend ist.[1] Zudem spricht die Zweckmäßigkeit der auch sonst in Registersachen und unternehmensrechtlichen Verfahren zu beachtenden örtlichen Zuständigkeitskonzentration und die wertungsmäßige Vergleichbarkeit mit den sonst in § 375 FamFG aufgezählten Verfahren für dessen entsprechende Anwendung.[2] Die Entscheidungen trifft der Richter (§ 17 Nr. 2 lit. a RPflG). Im Übrigen werden auch im Rahmen des Abschlusses von Unternehmensverträgen nach § 293c AktG durch das Gericht auf Antrag Vertragsprüfer und im Zuge des Ausschlusses von Minderheitsaktionären sog. Übertragungsprüfer (§ 327c Abs. 2 Satz 2 AktG) bestellt.

1685 **a) Bestellung von Gründungsprüfern (§ 33 Abs. 3 AktG).** In den Fällen des § 33 Abs. 2 Nr. 1 bis 4 AktG **bestellt das Gericht** des vorgesehenen Gesellschaftssitzes, und zwar nach § 17 Nr. 2 lit. a RPflG der Richter, auf Antrag **Gründungsprüfer** (siehe Rz. 1308 ff.). Eine Gründungsprüfung ist erforderlich, wenn ein Mitglied des Vorstands oder des Aufsichtsrats zu den Gründern gehört (§ 33 Abs. 2 Nr. 1 AktG). Handelt es sich bei dem Gründer um eine juristische Person oder eine Personenmehrheit, so gilt dies auch dann, wenn Personenidentität mit nur einem Vertretungsberechtigten des Gründers besteht.[3] Eine Gründungsprüfung ist zudem erforderlich, wenn bei der Gründung für Rechnung des Vorstands oder Aufsichtsrats Aktien übernommen worden sind, gleich in welcher Höhe (§ 33 Abs. 2 Nr. 2 AktG). Auch hier gilt die beschriebene Erweiterung bei juristischen Personen und sonstigen Gemeinschaften. Außerdem bedarf es der Durchführung einer Gründungsprüfung, wenn ein Mitglied des Vorstands oder des Aufsichtsrats sich einen besonderen Vorteil oder eine Entschädigung oder Belohnung für die Gründung oder deren Vorbereitung ausbedungen hat (§ 33 Abs. 2 Nr. 3 AktG) oder v. a. wenn eine **Gründung mit Sacheinlagen** oder Sachübernahmen vorliegt (§ 33 Abs. 2 Nr. 4 AktG), sofern nicht gemäß § 33a AktG vorgegangen wird. Ist ausschließlich – also nicht in Kombination mit Nr. 3 oder Nr. 4 – ein Fall nach § 33 Abs. 2 Nr. 1 oder 2 AktG gegeben, kann auch der beurkundende Notar ohne Bestellung eines Gründungsprüfers durch das Gericht die Prüfung vornehmen (hierzu Rz. 1308 f.). Hat er dies getan, ist die weitere Bestellung eines Gründungsprüfers nicht erforderlich.

1686 Die Bestellung eines Gründungsprüfers erfolgt nur auf Antrag, wobei streitig ist, ob dieser von allen Gründern zu stellen ist oder auch von einem der Gründer oder vom Vorstand gestellt werden kann.[4] Der Streit hierzu ist weitgehend akademischer Natur, da im Hinblick auf die Notwendigkeit der Gründungsprüfung bei Antragsstellung durch einen dieser Beteiligten regelmäßig davon ausgegangen werden kann, dass er auch für die anderen Beteiligten handelt. Der in Aussicht genommene Gründungsprüfer hat zu erklären, dass er zur Übernahme der Prüfung bereit ist und dass er nicht nach § 33 Abs. 5 AktG von der Übernahme der Gründungsprüfung ausgeschlossen ist. Sinnvollerweise wird diese Erklärung bereits bei Antragstellung beigefügt. Ansonsten hat das Gericht dies durch Anhörung des vorgeschlagenen Gründungsprüfers zu klären.[5]

---

[1] *Heinemann*, in: Keidel, FamFG, § 375 Rz. 100.
[2] Ebenso *Nedden-Boeger* FGPrax 2009, 144 (149) hinsichtlich der Verfahren nach § 264 Abs. 2 und § 290 Abs. 3 AktG.
[3] Vgl. *Hüffer*, AktG, § 33 Rz. 4; *Gerber*, in: Spindler/Stilz, AktG, § 33 Rz. 8.
[4] Zum Streitstand *Hüffer*, AktG, § 33 Rz. 5 und *Gerber*, in: Spindler/Stilz, AktG, § 33 Rz. 16.
[5] Die zwingende Pflicht zur Anhörung der IHK ist bereits durch das TransPuG vom 19. 7. 2002 (BGBl. I S. 2681) entfallen.

Wer als Gründungsprüfer bestellt werden soll und wer nicht, regelt § 33 Abs. 4 und 5 AktG. Sind im Rahmen einer Sacheinlage Unternehmensbewertungen erforderlich, wird man nur bei Wirtschaftsprüfern von hinreichender Eignung ausgehen können. Zum Beschluss des Registergerichts gehört regelmäßig auch die Festsetzung des Geschäftswertes. In Orientierung an § 99 Abs. 6 Satz 5 AktG wird man dabei regelmäßig von einem Wert von 50 000 € ausgehen. Ein niedrigerer Wert wird der Bedeutung für die Gründung einer Aktiengesellschaft nicht gerecht, ein höherer Wert wird nur bei einem besonders hohen Anfangsgrundkapital oder bei einem schwierigen Bestellungsverfahren in Betracht kommen. 1687

Der **Beschluss** könnte lauten: 1688

> Zum Gründungsprüfer wird Wirtschaftsprüfer Dr. Emil Reiser, Hohenbrunner Str. 1, 92837 Heiligenblut, bestellt. Der Geschäftswert des Beschlusses beträgt 50 000 €.

Gegen den Beschluss des Gerichts kann jeder Gründer und jedes Vorstandsmitglied nach § 33 Abs. 3 Satz 3 AktG Beschwerde einlegen. Bei Meinungsverschiedenheiten zwischen den Gründern und den Gründungsprüfern über den Umfang der Aufklärung und der Nachweise, die von den Gründern zu gewähren sind, entscheidet auf Antrag das Gericht nach Anhörung der Beteiligten durch unanfechtbaren Beschluss (§ 35 Abs. 2 AktG). Der schriftliche **Bericht der Gründungsprüfer**, dessen Inhalt sich nach § 34 Abs. 1 AktG bemisst, ist einzureichen (§ 34 Abs. 3 Satz 1 AktG). Die Auslagen und die Vergütung, die den Gründungsprüfern für ihre Tätigkeit zustehen, setzt das Gericht auf Antrag eines Beteiligten fest (§ 35 Abs. 3 Satz 1 und 2 AktG). Diese Festsetzung wird häufig nicht erforderlich sein, da sich die Beteiligten regelmäßig bereits vor Übernahme des Amtes auf den zu erstattenden Betrag geeinigt haben werden. Dies wird zwar von der Literatur wegen der erforderlichen Unabhängigkeit der Prüfer als bedenklich angesehen,[1] dürfte aber dennoch vernünftigerweise vor Erklärung des Einverständnisses zur Übernahme zur Vermeidung von Streit erfolgen können. Schließlich muss von Prüfern auch in sonstigen Fällen, in denen sie unmittelbar von der Gesellschaft beauftragt werden, die notwendige Objektivität erwartet werden können. Auch in Fällen, in denen der Notar die Gründungsprüfung vornimmt, ist – jedenfalls bei Meinungsverschiedenheiten – die Kostenfestsetzung durch das Gericht vorgesehen. Gegen den Festsetzungsbeschluss kann nach § 35 Abs. 3 Satz 3 AktG Beschwerde eingelegt werden, die Rechtsbeschwerde ist jedoch ausgeschlossen. 1689

Auf die Vorschriften der Gründungsprüfung verweisen § 52 Abs. 4 AktG für die Nachgründungsprüfung, § 183 Abs. 3 AktG für die Kapitalerhöhung gegen Sacheinlagen und §§ 69, 142 Abs. 1 UmwG für die Verschmelzungsprüfung in bestimmten Fällen und die Prüfung der Ausgliederung unter Beteiligung von Aktiengesellschaften. Hierfür gelten dieselben Verfahrensvorschriften. Gegen die Bestellung eines Sachkapitalerhöhungsprüfers steht den Aktionären jedoch kein Beschwerderecht zu.[2] 1690

b) **Bestellung von externen Sacheinlageprüfern (§ 183 a Abs. 3 AktG).** Hat im Rahmen einer **Sachkapitalerhöhung** der Vorstand entschieden, von einer **Prüfung der Sacheinlage** unter den Voraussetzungen des § 33 a AktG **abzusehen** (Rz. 1397), so können Aktionäre, die am Tag der Beschlussfassung über die Kapitalerhöhung **gemeinsam 5% des Grundkapitals** halten und am Tag der Antragstellung noch halten, bei dem gemäß § 377 Abs. 1 FamFG zuständigen Amtsgericht den Antrag stellen, einen oder mehrere Prüfer zu bestellen. Der Antrag kann bis zum Tag der Eintragung der Durch- 1690a

---

[1] *Hüffer*, AktG, § 35 Rz. 6; *Pentz*, in: MünchKommAktG, § 35 Rz. 26; *Kraft*, in: KölnKommAktG, § 35 Rz. 22.
[2] **OLG Frankfurt** FGPrax 2009, 179.

führung der Kapitalerhöhung gestellt werden. Das Gericht hat vor seiner Entscheidung den Vorstand der Gesellschaft zu hören.

1690b Das **Gericht prüft,** ob die Kapitalerhöhung noch nicht eingetragen wurde und ob die Antragsteller ihre erforderliche Beteiligung an der Gesellschaft glaubhaft gemacht haben.[1] Weiterhin prüft es, ob die **Voraussetzungen des § 33a Abs. 2 AktG** gegeben sind, also im Fall der Einlage von Wertpapieren oder Geldmarktinstrumenten, ob deren gewichteter Durchschnittspreis durch außergewöhnliche Umstände erheblich beeinflusst worden ist oder ob bei sonstigen Vermögensgegenständen deren beizulegender Zeitwert am Tag ihrer tatsächlichen Einbringung auf Grund neuer oder neu bekannt gewordener Umstände erheblich niedriger ist als der von dem Sachverständigen angenommene Wert. Als außergewöhnlicher Umstand gilt nach der Gesetzesbegründung auch, wenn der Handel mit entsprechenden Papieren über einen längeren Zeitraum völlig zum Erliegen gekommen ist oder ausgesetzt war oder wenn der Markt durch Missbrauch oder verbotene Kursmanipulation künstlich beeinflusst wurde, sofern dadurch eine erhebliche Änderung des Börsenwertes bewirkt wurde, nicht jedoch bei marktüblichem Verhalten, erlaubten Rückkaufprogrammen eigener Aktien oder Maßnahmen zur Kursstabilisierung.[2] Hinsichtlich sonstiger Vermögensgegenstände genügt es, wenn konkrete Umstände auf eine erhebliche Überbewertung hindeuten.[3]

1690c Sind diese Voraussetzungen gegeben, hat das Gericht einen oder mehrere Prüfer zu bestellen. Der Beschluss ist zu begründen (§ 38 Abs. 3 Satz 1 FamFG). Gegen die Bestellung von Prüfern kann der Vorstand der Gesellschaft, gegen eine Ablehnung des Antrages können die Antragsteller Beschwerde einlegen (§ 183a Abs. 3 Satz 4 AktG).

1691 **c) Bestellung von Abschlussprüfern (§ 318 Abs. 3 bis 5 HGB).** Abschlussprüfer werden grundsätzlich von der Hauptversammlung gewählt (§ 318 Abs. 1 HGB). Den gewählten Prüfern hat der Vorstand unverzüglich den Prüfungsauftrag zu erteilen (§ 318 Abs. 1 Satz 4 HGB).

1692 Das Gericht wird jedoch tätig auf Antrag aller Mitglieder des Vorstands oder aller Mitglieder des Aufsichtsrats oder von Aktionären, deren Anteile zusammen den zwanzigsten Teil des Grundkapitals oder den Nennbetrag von 500 000 € erreichen und die gegen die Wahl eines Abschlussprüfers in der Hauptversammlung Widerspruch zu Protokoll erklärt haben. Binnen zwei Wochen[4] seit dem Tag der Hauptversammlung hat das Gericht nach Anhörung der Beteiligten und des gewählten Prüfers an dessen Stelle einen anderen Abschlussprüfer zu bestellen, wenn dies aus einem in der Person des gewählten Prüfers liegenden Grund, z. B. wegen eines Mangels an erforderlichen Spezialkenntnissen, Verdacht enger Beziehungen zu Aktionären, Organen der Gesellschaft oder einem Konkurrenzunternehmen, Zugehörigkeit zu einer Gesellschaft, die von der zu prüfenden Gesellschaft abhängig ist oder sie beherrscht, geboten erscheint, insbesondere wenn Besorgnis der Befangenheit besteht (§ 318 Abs. 3 Satz 1 HGB, s.a. §§ 319a, 319b HGB). Wird der Antrag von Aktionären gestellt, so müssen diese seit mindestens drei Monaten vor dem Tag der Hauptversammlung Inhaber der Aktien (hierzu § 70 AktG) sein. Dies haben sie glaubhaft zu machen, wofür eine eidesstattliche Versicherung vor einem Notar genügt (§ 318 Abs. 3 Satz 4 und 5 HGB). Bei der Auswahl des Prüfers ist § 319 HGB zu beachten. Dies gilt entsprechend bei der Bestellung eines Vertragsprüfers gemäß § 293d Abs. 1 AktG sowie bei der Bestellung eines Übertragungsprüfers nach § 327c Abs. 2 AktG.

---

[1] BT-Drucks. 16/11642, S. 37.
[2] BT-Drucks. 16/11642, S. 22.
[3] BT-Drucks. 16/11642, S. 23.
[4] Hierzu **OLG Frankfurt** FGPrax 2004, 86.

Das **Gericht prüft**, ob die förmlichen und sachlichen Voraussetzungen erfüllt sind. Bei 1693
Fehlen der formalen Voraussetzungen ist der Antrag als unzulässig zu verwerfen. Gegebenenfalls ist der Antrag als unbegründet abzuweisen oder dem Antrag stattzugeben. Das Gericht ist in der Auswahl des Prüfers frei, kann also andere als vorgeschlagene Prüfer bestellen. Gegen die Entscheidung findet die sofortige Beschwerde statt; die Bestellung ist unanfechtbar (§ 318 Abs. 4 Satz 4 Halbs. 2 HGB).

Die **Entscheidung** kann z. B. lauten: 1694

> Auf Antrag des Vorstands wird an Stelle des von der Hauptversammlung am 12. 8. 2009 gewählten Abschlussprüfers Horst Wendel für das Geschäftsjahr 2009 Wirtschaftsprüfer Emil Grob, Breiter Weg 10, 89992 Engbach, bestimmt. Der Geschäftswert des Beschlusses beträgt 50 000 €.

Zudem wird das Gericht tätig auf Antrag des Vorstands in vertretungsberechtigter 1695
Zahl, eines Aufsichtsratsmitglieds oder eines Aktionärs. In diesem Fall hat das Gericht die Abschlussprüfer zu bestellen, wenn die Hauptversammlung bis zum Abschluss des Geschäftsjahres keine Abschlussprüfer gewählt hat oder ein gewählter Prüfer die Annahme des Prüfungsauftrags abgelehnt hat oder weggefallen ist oder am rechtzeitigen Abschluss der Prüfung verhindert ist und die Hauptversammlung keinen anderen Prüfer gewählt hat (§ 318 Abs. 4 Satz 1 und 2 HGB). Das Gericht prüft, ob die förmlichen und sachlichen Voraussetzungen erfüllt sind und hört die übrigen Beteiligten, insbesondere auch den in Aussicht genommenen Prüfer an. Auch in diesem Fall ist die Entscheidung mit der Beschwerde anfechtbar, wobei die Bestellung selbst unanfechtbar ist (§ 318 Abs. 4 Satz 4 HGB).

Wer als Abschlussprüfer bestellt werden soll und wer nicht, regeln §§ 319 ff. HGB. 1696
Die vom Gericht bestellten Abschlussprüfer haben Anspruch auf Ersatz angemessener barer Auslagen und auf Vergütung für ihre Tätigkeit. Die Auslagen und die Vergütung setzt das Gericht auf Antrag der Aktiengesellschaft oder des Prüfers fest (§ 318 Abs. 5 HGB). Regelmäßig wird eine Vereinbarung über Auslagen und Vergütung vor oder nach der Bestellung zustande kommen, sodass es keiner gerichtlichen Festsetzung bedarf. Die Festsetzung ist mit Beschwerde anfechtbar (§ 318 Abs. 5 Satz 3 und 4 HGB), eine Rechtsbeschwerde ist ausgeschlossen.

d) **Bestellung von Sonderprüfern.** In einigen Fällen sieht das AktG die Bestellung von 1697
Sonderprüfern vor, wobei sich gewisse Gemeinsamkeiten, aber auch Unterschiede der einzelnen Vorgänge ergeben.

aa) Sonderprüfer nach § 142 AktG. Zur Prüfung von Vorgängen bei der Gründung 1698
oder eines nicht mehr als fünf Jahre zurückliegenden Vorgangs bei der Geschäftsführung, namentlich auch bei Maßnahmen der Kapitalbeschaffung und Kapitalherabsetzung, hat das Gericht auf Antrag von Aktionären, deren Anteile zusammen den hundertsten Teil des Grundkapitals[1] oder den Nennbetrag von 100 000 € erreichen, Sonderprüfer zu bestellen (§ 142 Abs. 2 Satz 1 und Abs. 4 AktG). Wer als Prüfer bestellt werden soll, regelt § 143 AktG. Die Auswahl und das Verfahren sind ähnlich wie bei der Bestellung von Abschlussprüfern, wobei hier wegen der Brisanz einer Sonderprüferbestellung in besonderem Maße auf die Einhaltung allgemeiner Verfahrensvorschriften, insbesondere auch auf die Gewährung rechtlichen Gehörs für alle Beteiligten zu achten ist. Der schriftliche Bericht der Sonderprüfer ist von diesen unverzüglich dem Registergericht einzureichen (§ 145 Abs. 6 Satz 3 AktG). Die Einreichung ist erzwingbar (§ 14 HGB). Für die Festsetzung der Auslagen und der Vergütung, die den Sonderprüfern zustehen, gilt dasselbe wie bei den Abschlussprüfern

---

[1] Zur Glaubhaftmachung des Quorums bei globalverbrieften Aktien **BayObLG** Z 2004, 260 (= FGPrax 2004, 301 = Rpfleger 2005, 91).

(§ 142 Abs. 6 AktG). Für die Gerichtskosten bei Bestellung eines Prüfers haftet die Aktiengesellschaft (§ 146 AktG), bei Ablehnung der Antragsteller.

1699 bb) *Sonderprüfer nach § 258 AktG.* Besteht Anlass für die Annahme, dass in einem festgestellten Jahresabschluss bestimmte Posten nicht unwesentlich unterbewertet sind (§ 256 Abs. 5 Satz 3 AktG) oder der Anhang die vorgeschriebenen Angaben nicht oder nicht vollständig enthält und der Vorstand in der Hauptversammlung die fehlenden Angaben, obwohl nach ihnen gefragt worden ist, nicht gemacht hat und die Aufnahme der Frage in die Niederschrift verlangt worden ist, so hat das Gericht auf Antrag von Aktionären, deren Anteile zusammen den hundertsten Teil des Grundkapitals oder den Nennbetrag von 100 000 € erreichen, Sonderprüfer zu bestellen (§ 258 Abs. 1 Satz 1 und Abs. 2 Satz 3 AktG). Der Antrag muss innerhalb eines Monats nach der Hauptversammlung über den Jahresabschluss gestellt werden (§ 258 Abs. 2 Satz 1 AktG). Dies gilt auch, wenn der Jahresabschluss nach § 316 Abs. 3 HGB neu zu prüfen ist. Wer als Prüfer bestellt werden soll, regelt § 258 Abs. 4 AktG. Für die Festsetzung der Auslagen und der Vergütung, die den Sonderprüfern zustehen, gilt § 258 Abs. 5 Satz 1 i. V. m. § 142 Abs. 6 AktG.

1700 cc) *Sonderprüfer nach § 315 AktG.* Bei Unternehmensverträgen (§§ 291, 292 AktG) hat das Gericht auf Antrag eines Aktionärs Sonderprüfer zur Prüfung der geschäftlichen Beziehungen der Gesellschaft zu dem herrschenden Unternehmen oder einem mit diesem verbundenen Unternehmen zu bestellen, wenn die Abschlussprüfer den Bestätigungsvermerk zum Bericht über die Beziehungen zu verbundenen Unternehmen eingeschränkt oder versagt haben, der Aufsichtsrat erklärt hat, dass Einwendungen gegen die Erklärung des Vorstands am Schluss des Berichts über die Beziehungen zu verbundenen Unternehmen zu erheben sind oder der Vorstand selbst erklärt hat, dass die Gesellschaft durch bestimmte Rechtsgeschäfte oder Maßnahmen benachteiligt worden ist, ohne dass die Nachteile ausgeglichen worden sind (§ 315 Satz 1 AktG). Dasselbe gilt aber auch bei rein tatsächlicher Abhängigkeit ohne Bestehen eines Beherrschungsvertrags (§ 311 AktG), allerdings findet § 315 AktG bei einem reinen Gewinnabführungsvertrag keine Anwendung (§ 316 AktG).

1701 Das Gericht prüft die förmlichen Voraussetzungen, bezüglich der sachlichen lediglich, ob die in § 315 Satz 1 Nr. 1 bis 3 AktG genannten Voraussetzungen nach dem Inhalt des Prüfungsberichts der Abschlussprüfer oder den Erklärungen des Aufsichtsrats oder Vorstands vorliegen. Gegen die Entscheidung ist die Beschwerde zulässig (§ 315 Satz 5 AktG). Für die Festsetzung der Auslagen und Vergütung, die den Sonderprüfern zustehen, gilt dasselbe wie bei den Sonderprüfern nach § 142 AktG. Hat die Hauptversammlung zur Prüfung derselben Vorgänge Sonderprüfer nach § 142 Abs. 1 AktG bestellt, so kann jeder Aktionär, also nicht nur eine bestimmte Minderheit, den Antrag nach § 142 Abs. 4 AktG stellen (§ 315 Satz 6 AktG).

2. Bestellung und Abberufung von Organmitgliedern und sonstigen Vertretern

1702 a) **Bestellung und Abberufung von Aufsichtsratsmitgliedern (§§ 104, 103 AktG).** *aa) Herstellung der Beschlussfähigkeit des Aufsichtsrats.* Gehören dem Aufsichtsrat die **zur Beschlussfähigkeit nötige Zahl von Mitgliedern** nicht an, hat ihn das Gericht auf Antrag durch eine entsprechende Ersatzbestellung zu ergänzen. Gemäß § 108 Abs. 2 AktG bedarf es zur Herstellung der Beschlussfähigkeit mangels gesetzlicher oder satzungsmäßiger Regelung mindestens der Hälfte der Mitglieder (vgl. auch § 28 MitbestG, § 10 Montan-MitbestG und § 11 Montan-MitbestErgG), in jedem Fall mindestens dreier Mitglieder. Hierbei kommt es darauf an, ob Beschlussfähigkeit tatsächlich nicht gegeben ist. Dies kann nicht nur auf Amtsniederlegung, Tod oder dergleichen beruhen, sondern auch etwa auf schwerer Krankheit, länger andauernder Auslandsreise, Haft et cetera. In Betracht kommt auch die rechtliche Verhinderung wegen eigener Betroffenheit, etwa bei einem Beschluss gemäß § 114 AktG; in diesem Fall ist die gerichtliche Bestellung nach § 104 AktG auf die Teilnahme am Beschluss über diese Entscheidung zu beschränken. Solange eine schriftliche Stimmabgabe nach § 108 Abs. 3 AktG möglich ist oder ein Ersatzmitglied nach § 101 Abs. 3 Satz 2 AktG bestellt ist, liegen die Voraussetzungen des § 104 AktG nicht vor. Die gerichtliche Bestellung ist immer nur **subsidiär**.

Antragsberechtigt sind der Vorstand in vertretungsberechtigter Zahl – der außerdem verpflichtet ist, den Antrag unverzüglich zu stellen (vgl. § 407 Abs. 1 AktG), es sei denn, dass die rechtzeitige Ergänzung vor der nächsten Aufsichtsratssitzung zu erwarten ist – jedes Aufsichtsratsmitglied und jeder Aktionär (§ 104 Abs. 1 Satz 1 und 2 AktG). Hat der Aufsichtsrat auch aus Aufsichtsratsmitgliedern der Arbeitnehmer zu bestehen, so können auch Betriebsrat, Arbeitnehmer, Spitzenorganisationen der Gewerkschaften und Gewerkschaften den Antrag stellen (§ 104 Abs. 1 Satz 3 AktG). Soweit überhaupt ein Antragsrecht gegeben ist, bezieht sich dieses auf alle fehlenden Mitglieder des Aufsichtsrats, nicht nur auf die der jeweiligen Gruppe. Der Antrag muss nicht eine konkrete Person vorschlagen. Ohne einen solchen Vorschlag ist aber eine Bestellung kaum sinnvoll möglich. Gegebenenfalls ist daran zu denken, sich über die Industrie- und Handelskammer geeignete und übernahmebereite Personen benennen zu lassen (vgl. § 380 FamFG). Das Gericht ist bei der Ernennung nicht an die gemachten Vorschläge gebunden.[1] Da es sich um ein unternehmensrechtliches Verfahren gemäß § 375 Nr. 3 FamFG handelt, richtet sich seine nähere Ausgestaltung nach den Bestimmungen des FamFG. 1703

Wer als Aufsichtsratsmitglied **bestellt werden kann** und wer nicht, regelt § 100 AktG. Vor einer Bestellung ist vom Registergericht, regelmäßig durch entsprechende Erklärung des in Aussicht genommenen neuen Aufsichtsratsmitglieds, zu ermitteln, ob diese Voraussetzungen vorliegen. Muss der Aufsichtsrat auch aus Mitgliedern der Arbeitnehmer bestehen, hat das Gericht darauf zu achten, dass das für seine Zusammensetzung maßgebende zahlenmäßige Verhältnis nach Möglichkeit hergestellt wird. Ist ein Aufsichtsratsmitglied zu ersetzen, das nach Gesetz oder Satzung in persönlicher Hinsicht besonderen Voraussetzungen entsprechen muss, hat auch das vom Gericht bestellte Aufsichtsratsmitglied diese Voraussetzungen zu erfüllen. Eine solche Voraussetzung kann z. B. in der Satzung in der Weise festgelegt werden, dass ein Aufsichtsratsmitglied stets Mitglied eines bestimmten Familienstamms oder eines bestimmten Berufs sein muss. Eine gesetzliche Festlegung kennt z. B. § 4 Abs. 4 DrittelbG, wonach darauf zu achten ist, ob das zu ersetzende Aufsichtsratsmitglied Mann oder Frau ist. Eine solche Festlegung enthält auch § 100 Abs. 5 AktG für kapitalmarktorientierte Kapitalgesellschaften (§ 264d HGB), in deren Aufsichtsrat mindestens ein unabhängiges Mitglied über Sachverstand auf den Gebieten Rechnungslegung oder Abschlussprüfung verfügen muss. Hätte eine Spitzenorganisation der Gewerkschaften, eine Gewerkschaft oder der Betriebsrat ein Vorschlagsrecht, soll das Gericht Vorschläge dieser Stellen berücksichtigen, soweit nicht überwiegende Belange der Gesellschaft oder der Allgemeinheit der Bestellung des Vorgeschlagenen entgegenstehen. Das gleiche gilt, wenn das Aufsichtsratsmitglied durch Wahlmänner zu wählen wäre, für gemeinsame Vorschläge der Betriebsräte der Konzernunternehmen, in denen Wahlmänner zu wählen sind (§ 104 Abs. 4 AktG). In jedem Fall sind vor einer Bestellung alle erkennbar Beteiligten zu hören. Bei einem rein aktionärsbestimmten Aufsichtsrat kann dies auch in der Weise erfolgen, dass der Antragsteller die Mehrheitsverhältnisse darlegt und das Einverständnis der relevanten Mehrheitsaktionäre nachweist oder jedenfalls versichert. Bei **mitbestimmten Aufsichtsräten** wird man re- 1704

---

[1] *Hüffer*, AktG, § 104 Rz. 5.

gelmäßig Erklärungen der nach § 104 Abs. 1 Satz 3 AktG antragsberechtigten Einrichtungen, welche der Antragsteller sinnvollerweise mit dem Antrag vorlegt, fordern. Kommt der Antrag von Aktionären, sind auch Vorstand und Aufsichtsrat zu beteiligen.

1705 *bb) Herstellung der gesetzlich erforderlichen Mindestbesetzung.* Ist zwar Beschlussfähigkeit gegeben, gehören dem Aufsichtsrat aber länger als drei Monate, in dringenden Fällen auch vor Ablauf der Frist, weniger Mitglieder als die durch Gesetz oder Satzung festgesetzte Zahl (siehe § 95 AktG, § 7 MitbestG, § 5 Montan-MitbestErgG) an, hat ihn das Gericht in einem unternehmensrechtlichen Verfahren nach § 375 Nr. 3 FamFG auf Antrag auf diese Zahl zu ergänzen. Antragsberechtigt sind die in Rz. 1703 aufgeführten Personen und Gremien. Der Antrag muss erkennen lassen, dass der vorgeschlagene Kandidat einem Mindesteignungsstandard entspricht.[1] Für den Vorstand besteht hier keine Antragspflicht. Im Übrigen sind dieselben Vorschriften zu beachten wie vorstehend ausgeführt, mit der Maßgabe, dass bei Beteiligung von Arbeitnehmern das Gericht den Aufsichtsrat stets so zu ergänzen hat, dass das für seine Zusammensetzung maßgebende zahlenmäßige Verhältnis hergestellt wird (§ 104 Abs. 2 Satz 1 bis 3 und Abs. 4 Satz 1 AktG); zu Einschränkungen siehe § 104 Abs. 3 AktG. Die Entscheidung des Gerichts ergeht ohne Bindung an den Antrag der Beteiligten **nach pflichtgemäßem Ermessen**, das vom Rechtsbeschwerdegericht nur auf Ermessensfehler hin überprüfbar ist.[2] Allerdings sind die Vorschriften der § 100 Abs. 2 Nr. 1 bis 3 und § 105 AktG durch das Registergericht zu beachten. Im Beschluss ist der Geschäftswert anzugeben, wobei man sich an § 99 Abs. 6 Satz 6 AktG orientieren kann. Die finanzielle Bedeutung der Funktionsfähigkeit eines Aufsichtsrats dürfte für eine Aktiengesellschaft mindestens in dieser Höhe liegen (vgl. die Ausführungen zur Bestellung von Gründungsprüfern Rz. 1687).

1706 Der Bestellungsbeschluss könnte z. B. lauten:

> Auf Antrag des Aufsichtsrats/Vorstands der Gesellschaft wird Herr Heinrich Heck, geboren am 13. 3. 1957, Bankdirektor in Bonn, an Stelle des verstorbenen Aufsichtsratsmitglieds Dr. Emil Feinsinn mit sofortiger Wirkung zum Aufsichtsratsmitglied bestellt. Der Geschäftswert dieses Beschlusses beträgt 50 000 €.
>
> Gründe: Es wurde glaubhaft gemacht, dass der Aufsichtsrat nicht mehr vollständig besetzt ist und ein dringender Fall vorliegt (§ 104 Abs. 2 Satz 2 AktG)

1707 Der Beschluss ist dem bestellten Aufsichtsratsmitglied, dem Antragsteller, ggf. auch den übrigen Beteiligten, zuzustellen; zur Herbeiführung der Wirksamkeit genügt allerdings die einfache Bekanntgabe. In beiden Fällen ist die gemäß §§ 58 ff. FamFG zu behandelnde Beschwerde vorgesehen (§ 104 Abs. 1 Satz 5 und Abs. 2 Satz 4 AktG), die von Aktionären auch dann eingelegt werden kann, wenn der ursprüngliche Antrag vom Vorstand gestellt wurde.[3] Ist die Einlegung einer Beschwerde zu erwarten, sollte den voraussichtlichen Beschwerdeführern zum Anlauf der Beschwerdefrist der Beschluss zugestellt werden. Der Vorstand hat auch diesen Wechsel in den Personen des Aufsichtsrats nach § 106 AktG dem Registergericht durch Übersendung einer neuen Liste mitzuteilen; wie üblich macht das Gericht den Eingang der Liste nach § 10 HGB bekannt.

1708 *cc) Erlöschen des Amts bestellter Aufsichtsratsmitglieder.* Das Amt des gerichtlich bestellten Aufsichtsratsmitglieds erlischt in jedem Fall, sobald der Mangel behoben ist (§ 104 Abs. 5 AktG). Es ist deshalb für das Gericht **nicht erforderlich**, die **Amtsdauer**

---

[1] Hierzu **OLG Schleswig** FGPrax 2004, 244.
[2] **OLG Schleswig** FGPrax 2004, 244; s. a. **OLG Köln** FGPrax 2007, 143.
[3] **OLG Schleswig** FGPrax 2004, 244.

eines bestellten Aufsichtsratsmitglieds **zeitlich zu begrenzen.** Auf Antrag des gerichtlich bestellten Aufsichtsratsmitglieds setzt das Gericht die angemessenen baren Auslagen und, wenn den Aufsichtsratsmitgliedern der Gesellschaft eine Vergütung gewährt wird, eine Vergütung für seine Tätigkeit fest (§ 104 Abs. 6 Satz 1 und 2 AktG). Diese, äußerst selten erforderliche Entscheidung ist nach § 104 Abs. 6 Satz 3 und 4 AktG mit Beschwerde anfechtbar; eine Rechtsbeschwerde findet nicht statt.

dd) Abberufung von Aufsichtsratsmitgliedern (§ 103 AktG). Das Gericht hat auf **Antrag des Aufsichtsrats,** zu stellen durch den Vorsitzenden, bei Verhinderung durch dessen Stellvertreter (§ 107 Abs. 1 AktG), ein Aufsichtsratsmitglied oder ein Ersatzmitglied abzuberufen, wenn in dessen Person ein wichtiger Grund vorliegt (§ 103 Abs. 3 Satz 1, Abs. 5 AktG), also ein solcher, der den Verbleib des Aufsichtsratsmitglieds bis zum Ablauf seiner Amtszeit für die Gesellschaft unzumutbar macht.[1] Das gilt für jedes Aufsichtsratsmitglied, gleichgültig, auf welche Weise es berufen wurde. Dem Antrag muss ein Beschluss des Aufsichtsrats mit einfacher Mehrheit zugrunde liegen (§ 103 Abs. 3 Satz 2 AktG). Im Zweifel hat das Gericht das Zustandekommen dieses Beschlusses nachzuprüfen. Zu beachten ist, dass das betroffene Aufsichtsratsmitglied hierbei zwar nicht stimmberechtigt ist, sehr wohl aber an der Beschlussfassung im Sinne des § 108 Abs. 2 Satz 2 und 3 AktG teilnehmen kann und sich gegebenenfalls der Stimme zu enthalten hat. Der Stimmrechtsausschluss eines von drei Aufsichtsratsmitgliedern führt daher nicht zur Beschlussunfähigkeit des Organs.[2] 1709

Bei Aufsichtsratsmitgliedern, die aufgrund der Satzung entsandt sind (§ 101 Abs. 2 AktG), können auch Aktionäre, deren Anteile zusammen ein Zehntel des Grundkapitals oder den Nennbetrag von 1 000 000 € erreichen, den Antrag stellen (§ 103 Abs. 3 Satz 3 AktG). Das Gericht prüft die förmlichen und sachlichen Voraussetzungen des Antrags und hört die Beteiligten, insbesondere auch das abzuberufende Aufsichtsratsmitglied an. Gegen die Entscheidung ist nach § 103 Abs. 3 Satz 4 AktG die Beschwerde gemäß §§ 58 ff. FamFG zulässig. 1710

Zur Abberufung von Aufsichtsratsmitgliedern der Arbeitnehmer siehe § 23 MitbestG, § 10 m Montan-MitbestErgG. Zur Abberufung des „weiteren" Aufsichtsratsmitgliedes nach § 4 Montan-MitbestG vgl. § 11 Abs. 3 Montan-MitbestG. 1711

b) Bestellung von Vorstandsmitgliedern (§ 85 AktG). Fehlt ein erforderliches Vorstandsmitglied, z. B. infolge Tod, Kündigung, usw. oder weil eine neu geschaffene oder neu einschlägige Satzungsbestimmung ein weiteres Vorstandsmitglied erfordert, wobei die bloße Verhinderung des Vorstands hier nicht genügt,[3] so hat das Gericht **in dringenden Fällen auf Antrag** eines Beteiligten[4] das Mitglied zu bestellen (§ 85 Abs. 1 Satz 1 AktG). Das unternehmensrechtliche Verfahren (siehe § 375 Nr. 3 FamFG) richtet sich nach den Bestimmungen des FamFG. Dringlichkeit liegt etwa dann vor, wenn einerseits der Aktiengesellschaft, ihren Aktionären oder Gläubigern, der Belegschaft oder der Öffentlichkeit erhebliche Nachteile drohen und andererseits der Aufsichtsrat nicht oder nicht schnell genug tätig werden kann. Kein Erfordernis zur Bestellung nach § 85 AktG besteht allerdings, wenn bereits ein Abwesenheitspfleger für die Gesellschaft mit identischem Wirkungskreis nach den Bestimmungen des Zuständigkeitsergänzungsgesetzes[5] bestellt ist.[6] Antragsberechtigt ist jeder, der an der Bestel- 1712

---

[1] Vgl. hierzu **OLG Frankfurt** FGPrax 2008, 118.
[2] **BGH** NZG 2007, 516 (517); anderer Ansicht zuvor **OLG Frankfurt** NZG 2006, 29; **BayObLG** Z 2003, 89 (= FGPrax 2003, 137).
[3] *Hüffer,* AktG, § 85 Rz. 2.
[4] **BayObLG** Z 1988, 61.
[5] Vom 7. 8. 1952 (BGBl. I S. 407).
[6] **KG** FGPrax 2005, 174 (= Rpfleger 2005, 440).

lung ein schutzwürdiges, nämlich rechtliches Interesse hat,[1] insbesondere die Gesellschaft selbst, jedes vorhandene Vorstandsmitglied, auch wenn die zur Vertretung der Gesellschaft erforderliche Zahl nicht erreicht wird, jedes Aufsichtsratsmitglied, jeder Aktionär, ggf. aber auch ein Dritter, z. B. ein Gläubiger, der eine Zustellung oder eine Vollstreckungsmaßnahme bewirken will. Aktionäre müssen hierbei ihre Stellung als Gesellschafter gegebenenfalls zumindest glaubhaft machen.[2]

1713 Auch hier ist nicht unbedingt erforderlich, dass ein Vorschlag zur Person des zu bestellenden Vorstandsmitglieds erfolgt. Allerdings ist dies durchaus ratsam, da die Möglichkeiten des Gerichts, eine geeignete Person zu finden, sehr begrenzt sind und darüber hinaus jedenfalls die Gewährung des rechtlichen Gehörs für eine echte Notsituation vermeidbare Zeit in Anspruch nimmt. Als Vorstandsmitglied kann nur eine natürliche, unbeschränkt geschäftsfähige Person bestellt werden. Sie darf nicht wegen Verurteilung oder infolge eines Berufsverbots ausgeschlossen sein (§ 76 Abs. 3 AktG). Soll die Bestellung einer vorgeschlagenen Person erfolgen, wird das Gericht regelmäßig die dahingehende Versicherung wie bei einem bestellten Vorstandsmitglied fordern, da das Vorliegen der Bestellungsvoraussetzungen bei einer Bestellung durch das Gericht genauso gewährleistet sein muss wie bei einer Bestellung durch den Aufsichtsrat. Es ist daher angezeigt, die übliche Versicherung zum Nichtvorliegen der Bestellungshindernisse durch das vorgeschlagene Vorstandsmitglied bereits mit dem Antrag auf Bestellung vorzulegen. Ein Aufsichtsratsmitglied kann nicht zum Vorstandsmitglied bestellt werden (§ 105 Abs. 1 AktG), auch nicht für einen im Voraus bestimmten Zeitraum, weil dies nur im Rahmen des § 105 Abs. 2 AktG möglich ist. Satzungsmäßige Bestimmungen über persönliche Eigenschaften von Vorstandsmitgliedern wird das Gericht nach Möglichkeit beachten. Die Nichtbeachtung berührt aber die Gültigkeit der Bestellung nicht.

1714 Auf die Vornahme nur einzelner Handlungen dürfen die Befugnisse des bestellten Vorstandsmitglieds während der Dauer des Insolvenzverfahrens über das Vermögen der Aktiengesellschaft nicht beschränkt werden.[3] Das gerichtlich bestellte Vorstandsmitglied ist zur Eintragung in das Handelsregister anzumelden (§ 81 Abs. 1 AktG). Die **Anmeldung** ist erzwingbar (§ 14 HGB); § 266 Abs. 4 AktG ist nicht entsprechend anzuwenden. Gegen die Bestellung eines Vorstandsmitglieds für nur einzelne Rechtshandlungen – die keiner Eintragung in das Handelsregister bedürfte – bestehen im Hinblick auf § 82 Abs. 1 AktG erhebliche Bedenken. Das zu bestellende Vorstandsmitglied hat im Übrigen spätestens in der Anmeldung zu versichern, dass keine Umstände vorliegen, die seiner Bestellung nach § 76 Abs. 3 Satz 2 Nr. 2 und 3 sowie Satz 3 AktG entgegenstehen und dass es über seine unbeschränkte Auskunftspflicht gegenüber dem Gericht belehrt worden ist (§ 81 Abs. 3 AktG). Das Amt des gerichtlich bestellten Vorstandsmitglieds erlischt in jedem Fall, sobald der Mangel behoben ist (§ 85 Abs. 2 AktG). Eine **zeitliche Begrenzung** des Amts des Vorstands durch das Gericht **findet nicht statt**. Aus wichtigem Grund kann das Gericht, nicht aber der Aufsichtsrat, ein von ihm bestelltes **Vorstandsmitglied abberufen**. Das gerichtlich bestellte Vorstandsmitglied hat nach § 85 Abs. 3 AktG Anspruch auf angemessenen Ersatz barer Auslagen und auf Vergütung für seine Tätigkeit. Kommt hierüber zwischen dem bestellten Vorstand und der Aktiengesellschaft keine Einigung zustande, setzt das Gericht die Auslagen und die Vergütung fest (§ 85 Abs. 3 Satz 2 AktG). Ein formeller Antrag ist hierzu nicht nötig, jedoch wird das Gericht kaum ohne einen solchen tätig, weil grundsätzlich davon auszugehen ist, dass die Parteien sich geeinigt

---

[1] **KG** FGPrax 2007, 235 (= NZG 2007, 475).
[2] **KG** FGPrax 2007, 235 (= NZG 2007, 475)
[3] Vgl. **BayObLG** Z 1988, 61.

haben. Auch wird das Gericht von sich aus keinen hinreichenden Anhaltspunkt zur Höhe der festzusetzenden Vergütung haben. Die Entscheidung unterliegt der Beschwerde, es findet jedoch keine Rechtsbeschwerde statt (§ 85 Abs. 3 Satz 3 AktG).

c) **Bestellung besonderer Vertreter (§§ 147, 350 AktG).** Hat die Hauptversammlung mit einfacher Mehrheit beschlossen oder eine Minderheit, deren Anteile zusammen ein Zehntel des Grundkapitals erreichen, verlangt, dass gewisse Ersatzansprüche aus Gründung oder Nachgründung gegen die nach §§ 46 bis 48, § 53 AktG verpflichteten Personen oder aus der Geschäftsführung gegen Mitglieder des Vorstands (§§ 93, 94 AktG) oder des Aufsichtsrats (§ 116 AktG) oder gemäß § 117 AktG geltend gemacht werden sollen, so sind diese vom Vorstand (§ 78 AktG), vom Aufsichtsrat (§ 112 AktG) oder von besonderen Vertretern, die die Hauptversammlung bestellt (§ 147 Abs. 1 Satz 1, Abs. 2 Satz 1 AktG), zu erheben. Für den Beschluss der Hauptversammlung genügt einfache Mehrheit (§ 133 AktG), die durch die Satzung nicht erschwert werden kann. 1715

Auf Antrag von Aktionären, deren Anteile zusammen ein Zehntel des Grundkapitals oder den Nennbetrag von 1 000 000 € erreichen, hat das Gericht **andere Personen** zur Geltendmachung des Ersatzanspruchs **zu bestellen,** wenn ihm dies für eine gehörige Geltendmachung zweckmäßig erscheint (§ 147 Abs. 2 Satz 2 AktG). Diese Minderheit nach § 147 Abs. 2 Satz 2 AktG muss 10% des gesamten, nicht etwa nur des in der Hauptversammlung vertretenen Grundkapitals umfassen. Ob die Antragsteller Aktionäre sind, wird das Gericht gelegentlich dem zwar nicht mehr zwingend als Anlage des Hauptversammlungsprotokolls vorliegenden, sehr wohl aber von der Gesellschaft zur Einsichtnahme weiter zu behaltenden Verzeichnis der Teilnehmer (§ 129 Abs. 1, § 130 Abs. 3 Satz 1 AktG) entnehmen können. Bestehen Zweifel daran, ob ein Antragsteller Aktieninhaber ist, so kann sich das Gericht dies nachweisen lassen.[1] Das **Gericht prüft** sodann die förmlichen und sachlichen Voraussetzungen für den Antrag und hört die Beteiligten an, insbesondere von der Hauptversammlung gewählte besondere Vertreter oder Vorstands- oder Aufsichtsratsmitglieder, welche die Antragsteller ablehnen, nicht jedoch Personen, die nach den genannten Vorschriften in Anspruch genommen werden sollen, da keine Prüfung der Erfolgsaussichten der Anspruchserhebung statt zu finden hat. Es ist jedoch zu prüfen, ob die gerichtliche Bestellung besonderer Vertreter für eine gehörige Geltendmachung der Ansprüche zweckmäßig erscheint. Gegen die Entscheidung ist die Beschwerde zulässig. Für die Festsetzung der Auslagen und der Vergütung, die den gerichtlich bestellten besonderen Vertretern zustehen, gilt dasselbe wie bei den Abschlussprüfern (§ 147 Abs. 2 Satz 5 bis 7 AktG). Für die Gerichtskosten haftet die Aktiengesellschaft, wenn dem Antrag stattgegeben wird (§ 147 Abs. 2 AktG), im Übrigen der Antragsteller. 1716

Bei der Verschmelzung, der Spaltung, der Vermögensübertragung und der formwechselnden **Umwandlung** sind nach §§ 25, 125, 176, 177, 178, 179 und § 205 UmwG die Mitglieder des Vorstands und des Aufsichtsrats der übertragenden Gesellschaft als Gesamtschuldner zum Ersatz des Schadens verpflichtet, den diese Gesellschaft, ihre Aktionäre und Gläubiger durch den Umwandlungsvorgang erleiden. Diese Ansprüche können nur durch einen besonderen Vertreter geltend gemacht werden, der auf Antrag eines Aktionärs, soweit dieser seine Aktien bereits gegen Anteile des übernehmenden Rechtsträgers umgetauscht hat, oder eines Gläubigers der übertragenden Gesellschaft, der vom übernehmenden Rechtsträger keine Befriedigung erlangen kann, vom Gericht des Sitzes dieser Aktiengesellschaft zu bestellen ist. Das **Gericht prüft** die 1717

---

[1] Vgl. **BayObLG** Z 2004, 260 (= FGPrax 2004, 301 = Rpfleger 2005, 91); siehe ferner **KG** FGPrax 2007, 235 (= NZG 2007, 475) zum entsprechenden Nachweis im Rahmen des § 85 AktG.

förmlichen und sachlichen Voraussetzungen für den Antrag und hört die Beteiligten an, insbesondere auch die in Aussicht genommenen besonderen Vertreter zu ihrer Bereitschaft zur Übernahme des Amtes. Gegen die Entscheidung ist die Beschwerde zulässig (§ 26 Abs. 1 Satz 4 UmwG). Die Auslagen und die Vergütung, die den gerichtlich bestellten besonderen Vertretern zustehen, setzt das Gericht auf Antrag eines Beteiligten fest (§ 26 Abs. 4 UmwG). Ein solcher Antrag ist nötig, da Auslagen und Vergütung der Verteilungsmasse zur Last fallen und Aktionäre und Gläubiger, die einen Anspruch angemeldet haben, erst dann herangezogen werden, wenn die Verteilungsmasse nicht ausreicht. Auch eine Vereinbarung zwischen den Beteiligten ist möglich. Die Entscheidung des Gerichts ist mit der Beschwerde anfechtbar; eine Rechtsbeschwerde findet nicht statt (§ 26 Abs. 4 Satz 4 UmwG).

1718 d) **Bestellung und Abberufung von Abwicklern (§ 265 Abs. 3 bis 6, § 273 Abs. 4 AktG).** Befindet sich eine Aktiengesellschaft in Abwicklung (§ 264 Abs. 1 AktG), hat das Gericht auf Antrag des Aufsichtsrats oder einer Minderheit von Aktionären bei Vorliegen eines wichtigen Grundes im Rahmen eines unternehmensrechtlichen Verfahrens (§ 375 Nr. 3 FamFG) die **Abwickler zu bestellen und abzuberufen** (§ 265 Abs. 3 Satz 1 AktG). Ist die Aktiengesellschaft auf Antrag der zuständigen obersten Landesbehörde durch Urteil aufgelöst worden (§ 396 Abs. 1 AktG) oder ist bei einem Kreditinstitut die Erlaubnis zur Betreibung von Bankgeschäften zurückgenommen (§ 35 Abs. 1 KWG) und dessen Abwicklung angeordnet worden (§ 38 Abs. 1 Satz 1 KWG), so haben auch die bezeichneten Behörden das Recht, Antrag auf Bestellung oder Abberufung von Abwicklern zu stellen (§ 396 Abs. 2 AktG; § 38 Abs. 1 Satz 5 KWG). Das Gericht muss auch als befugt angesehen werden, in dringenden Fällen auf Antrag eines Beteiligten, insbesondere eines Aktionärs oder eines Gläubigers, für die Zeit bis zur Behebung des Mangels Abwickler zu bestellen.

1719 Ist eine Aktiengesellschaft im Handelsregister bereits gelöscht, stellt sich aber nachträglich heraus, dass weitere Abwicklungsmaßnahmen nötig sind, also wenn sich nachträglich Vermögen findet oder sonstige Maßnahmen der Gesellschaft, z. B. in einem Besteuerungsverfahren erforderlich sind („**Nachtragsabwicklung**"), so hat auf Antrag eines Beteiligten das Gericht die bisherigen Abwickler neu zu bestellen oder andere Abwickler zu berufen (§ 273 Abs. 4 Satz 1 AktG). Ist eine Aktiengesellschaft aufgrund § 394 FamFG wegen Vermögenslosigkeit gelöscht worden und stellt sich nach der Löschung das Vorhandensein von Vermögen heraus, das der Verteilung unterliegt, oder sind sonstige Abwicklungsmaßnahmen erforderlich, gilt dies entsprechend.

1720 Vom Gericht bestellte oder abberufene Abwickler können von Amts wegen in das Handelsregister **eingetragen** werden (§ 266 Abs. 4 AktG). Häufig wird jedoch der Bestellungsbeschluss zur Legitimation ausreichen (Rz. 1669). Zuständig ist nach herkömmlicher Ansicht bei Löschung auf Anmeldung der Rechtspfleger (§ 3 Nr. 2 lit. d RPflG) und bei Löschung nach einem vorausgegangen Amtslöschungsverfahren der Richter.[1] Für bestellte Abwickler ist eine Versicherung über die Amtsfähigkeit nach § 266 Abs. 3 AktG kein Eintragungserfordernis. Die Abgabe einer solchen Versicherung wird jedoch regelmäßig vom Gericht dann gefordert, wenn es sich nicht um von ihm selbst ausgewählte Personen, z. B. dem Gericht bekannte Insolvenzverwalter oder dergleichen handelt. Bei der Bestellung eines Liquidators muss das Gericht genauso sicher sein, dass keine Bestellungshindernisse vorliegen, wie bei der Eintragung eines von der Gesellschaft bestellten Abwicklers. Gegen die Bestellung oder Ablehnung der Bestellung eines Nachtragsliquidators findet nach § 273 Abs. 5 AktG die Beschwerde statt.

---

[1] Anderer Ansicht **OLG Frankfurt** GmbHR 1993, 230 wonach stets der Richter zuständig ist; ebenso *Osterloh/Fastrich*, in: Baumbach/Hueck, GmbHG, § 60 Rz. 66.

Vom Gericht bestellte Abwickler kann die Hauptversammlung nicht abberufen (§ 265 Abs. 5 Satz 1 AktG). Die gerichtlich bestellten Abwickler haben Anspruch auf Ersatz angemessener barer Auslagen und auf Vergütung für ihre Tätigkeit. Einigen sich Abwickler und Aktiengesellschaft nicht, setzt das Gericht die Auslagen und die Vergütung auf Antrag eines Beteiligten fest (§ 265 Abs. 4 Satz 1 und 2, § 273 Abs. 4 Satz 2 AktG). Gegen diese Entscheidung kann Beschwerde eingelegt werden; eine Rechtsbeschwerde findet jedoch nicht statt. 1721

3. Festsetzung der Kosten für Treuhänder nach § 71 UmwG

Nach § 71 Abs. 2 UmwG ist bei Verschmelzungen unter Beteiligung von Aktiengesellschaften § 26 Abs. 4 UmwG für die Festsetzung der Auslagen und Vergütung eines Treuhänders für den Empfang der zu gewährenden Aktien und der baren Zuzahlung entsprechend anwendbar. Auch hier hat das Registergericht (Richter nach § 17 Nr. 2 lit. a RPflG) die Festsetzung auf Antrag vorzunehmen, wenn sich die Beteiligten nicht ohnehin einigen. 1722

4. Aufbewahrung und Einsicht von Büchern und Schriften (§ 273 Abs. 2 und 3 AktG)

Die Bücher und Schriften der Gesellschaft sind auf Antrag an einem vom Gericht bestimmten sicheren Ort auf zehn Jahre zur Aufbewahrung zu hinterlegen (§ 273 Abs. 2 AktG). Dies ist nach § 407 Abs. 1 AktG erzwingbar. Das Gericht kann Aktionären und Gläubigern die Einsicht der Bücher und Schriften gestatten (§ 273 Abs. 3 AktG) und die Durchführung seiner Anordnungen nach § 35 FamFG erzwingen.[1] 1723

5. Genehmigung der Kraftloserklärung von Aktien (§ 73 AktG)

Ist der Inhalt von Aktienurkunden durch eine Veränderung der rechtlichen Verhältnisse unrichtig geworden, kann die Gesellschaft die **Aktien**, die trotz Aufforderung nicht zur Berichtigung oder zum Umtausch bei ihr eingereicht sind, mit Genehmigung des Gerichts (Richter nach § 17 Nr. 2 lit. a RPflG) **für kraftlos erklären** (§ 73 Abs. 1 Satz 1 AktG). Die Veränderung kann in einer Herabsetzung des Nennbetrags einer Aktie, der Umwandlung von Inhaber- in Namensaktien oder von Stamm- in Vorzugsaktien liegen. Die Erhöhung des Nennbetrags ist nach § 73 Abs. 1 Satz 2 AktG ausdrücklich ausgeschlossen. Ist die Bezeichnung des Aktionärs bei Namensaktien unrichtig geworden, berechtigt dies nicht zur Kraftloserklärung. Beendet die Aktiengesellschaft durch Umwandlungsvorgänge ihre Existenz als Aktiengesellschaft, sind auch nur die dort vorgesehenen Folgen einschlägig; eine Kraftloserklärung der Aktien erübrigt sich, sofern die Aktiengesellschaft nicht fortbesteht. 1724

Erforderlich für die Genehmigung ist ein entsprechender **Antrag** des Vorstands oder der Abwickler in vertretungsberechtigter Zahl. Der **Richter prüft** im Rahmen eines unternehmensrechtlichen Verfahrens nach § 375 Nr. 3 FamFG, ob die rechtlichen Voraussetzungen vorliegen, also insbesondere, ob ein ordnungsgemäßer Antrag gestellt wurde und vorher zur Berichtigung oder zum Umtausch aufgefordert wurde, zudem auch, ob die Gesellschaft mit ihrem Beschluss zur Durchführung des Verfahrens nicht ermessensfehlerhaft gehandelt hat, wobei allerdings Zweckmäßigkeitserwägungen der Gesellschaft regelmäßig zu akzeptieren sind.[2] Wird die Genehmigung erteilt, ist eine Anfechtung ausgeschlossen. Wird sie abgelehnt, kann dies mit der Beschwerde angefochten werden (§ 73 Abs. 1 Satz 4 AktG). 1725

---

[1] *Krafka*, in: MünchKommZPO, § 375 FamFG Rz. 38; **OLG Oldenburg** BB 1983, 1484; KG JW 1937, 2289; anderer Ansicht: *Heinemann*, in: Keidel, FamFG, § 375 Rz. 6.
[2] *Hüffer*, AktG, § 73 Rz. 4; *Lutter*, in: KölnKommAktG, § 73 Rz. 10.

1726 Nicht zu den Aufgaben des Registergerichts zählen Tätigkeiten im Rahmen der Kraftloserklärung von abhanden gekommenen oder vernichteten Aktien nach § 72 AktG. Hier ist vielmehr das Aufgebotsverfahren nach §§ 433 ff. FamFG vorgesehen.

6. Ermächtigung von Aktionären zur Einberufung der Hauptversammlung (§ 122 Abs. 3 AktG)

1727 Die Hauptversammlung ist einzuberufen, wenn Aktionäre,[1] deren Anteile zusammen den zwanzigsten Teil oder den nach der Satzung vorgesehenen geringeren Teil des Grundkapitals erreichen, die **Einberufung** schriftlich (§ 126 BGB) unter Angabe des Zwecks und der Gründe vom Vorstand **verlangen** (§ 122 Abs. 1 Satz 1 AktG). Dabei muss das Schreiben nicht an ein Vorstandsmitglied persönlich gerichtet sein. Ausreichend ist ein Schreiben an den „Vorstand der AG" oder an die Anschrift der Aktiengesellschaft. Nicht genügend ist allerdings ein Schreiben an den Aufsichtsrat. Fehlt ein vertretungsbefugter Vorstand, ist nach § 85 AktG zu verfahren. Abwickler stehen im Fall der Auflösung dem Vorstand gleich (§ 268 Abs. 2 AktG). Wird dem Verlangen nicht entsprochen, können die Aktionäre, welche die Einberufung verlangt haben, bei Gericht den Antrag stellen, dass sie ermächtigt werden, die Hauptversammlung einzuberufen (§ 122 Abs. 3 Satz 1 AktG). Hierbei ist für den Verfahrensablauf zu beachten, dass die Aktionäre, die sich erfolglos an den Vorstand gewendet haben, auch mit der gesetzlich vorgeschriebenen Mindestquote das gerichtliche Ermächtigungsverfahren bis zum Zeitpunkt der letzten Tatsachenentscheidung betreiben müssen.[2]

1728 Das **Gericht** (Richter, nach § 17 Nr. 2 lit. a RPflG) **prüft** im Rahmen eines unternehmensrechtlichen Verfahrens nach § 375 Nr. 3 FamFG die rechtliche Zulässigkeit, insbesondere die Aktionärseigenschaft der Antragsteller,[3] ob der Vorstand ordnungsgemäß angegangen und das Verlangen abgelehnt worden ist bzw. unbeantwortet blieb und ob der Gegenstand, der in der Hauptversammlung behandelt werden soll, überhaupt in deren Zuständigkeit fällt (§ 119 AktG). Zu prüfen ist auch, ob der Antrag als rechtsmissbräuchlich zurückzuweisen ist, weil er zur Durchsetzung rechtlich nicht zu billigender Zwecke dienen soll.[4] Zu würdigen sind insoweit die gesamten Umstände des Einzelfalls, wie sie sich im Zeitpunkt der letzten Tatsachenentscheidung darstellen. Gegen die Entscheidung ist die Beschwerde zulässig (§ 122 Abs. 3 Satz 4 AktG).

1729 Ist eine Hauptversammlung bereits, gleichgültig von wem, einberufen (§ 121 AktG), so können Aktionäre, deren Anteile zusammen den zwanzigsten Teil des Grundkapitals oder den Nennbetrag von 500 000 € erreichen, unter Angabe des Zwecks und der Gründe vom Vorstand bzw. von den Abwicklern schriftlich verlangen, dass **Gegenstände auf die Tagesordnung der Hauptversammlung gesetzt** und bekannt gemacht werden (§ 122 Abs. 2 AktG). Wird dem Verlangen nicht entsprochen, können die Aktionäre, welche die Ergänzung der Tagesordnung verlangt haben, bei Gericht den Antrag stellen, dass sie selbst ermächtigt werden, den Gegenstand bekannt zu machen (§ 122 Abs. 3 Satz 1 AktG). Hierbei lässt es § 124 Abs. 1 AktG ausreichen, dass diese Gegenstände unverzüglich nach Zugang des Verlangens in den Gesellschaftsblättern bekannt gemacht werden (vgl. § 124 Abs. 1 Satz 2 i. V. m. § 121 Abs. 4 AktG); ferner ist bei börsennotierten Gesellschaften § 121 Abs. 4a AktG zu beachten. Für das Ver-

---

[1] Hierzu **OLG Frankfurt** OLGZ 1986, 265 (= NJW-RR 1986, 781).
[2] **OLG Düsseldorf** FGPrax 2004, 87.
[3] Ggf. über eine Eintragung im Aktienregister § 67 Abs. 2 AktG. Bei Aktiengesellschaften im Bereich der früheren DDR ist große Sorgfalt anzuwenden; einerseits kam es hier nicht selten zu Fälschungen, anderseits ist v. a. bei gelöschten Gesellschaften die Aktienurkunde nicht immer geeignet, die Beteiligung zu belegen.
[4] **OLG Frankfurt** FGPrax 2005, 176 (= Rpfleger 2005, 437); **KG** NZG 2003, 441.

fahren gelten die Ausführungen über die Ermächtigung zur Einberufung einer Hauptversammlung entsprechend.

In den vorbezeichneten Fällen kann das Gericht zudem den **Vorsitzenden der Versammlung** bestimmen (§ 122 Abs. 3 Satz 2 AktG). Anlass hierfür kann die Befürchtung sein, dass nicht auf dem üblichen Wege (Bestimmung der Satzung oder Wahl in der Hauptversammlung) eine Leitung der Versammlung zustande kommt und daran die ordnungsgemäße Durchführung der Hauptversammlung scheitern könnte. Ein besonderer Antrag ist hierfür nicht vorgesehen. Allerdings wird das Gericht von sich aus regelmäßig keinen Anlass für die Bestellung erkennen können. 1730

Die Kosten der Hauptversammlung, einschließlich der Kosten für eine ergänzte Tagesordnung, trägt die Gesellschaft und bei Stattgeben des Antrags auf Ermächtigung auch die Gerichtskosten (§ 122 Abs. 4 AktG). 1731

7. Befreiung von Prüfung während der Abwicklung (§ 270 Abs. 3 AktG)

Für den Beginn der Abwicklung haben die Abwickler eine Eröffnungsbilanz und einen diese erläuternden Bericht sowie für den Schluss jedes Jahres einen Abschluss und einen Geschäftsbericht nach § 270 Abs. 1 AktG aufzustellen. Die Beachtung dieser Vorschrift kann nach § 407 AktG erzwungen werden. Über die Feststellung dieser Bilanzen hat die Hauptversammlung zu beschließen. Von der **Prüfung der Jahresabschlüsse und des Lageberichts** durch einen Abschlussprüfer kann das Gericht befreien, wenn die Verhältnisse der Gesellschaft so überschaubar sind, dass eine Prüfung im Interesse der Gläubiger und der Aktionäre nicht geboten erscheint (§ 270 Abs. 3 AktG). Eine Tätigkeit des Gerichts (Richter gemäß § 17 Nr. 2 lit. a RPflG) im Rahmen eines unternehmensrechtlichen Verfahrens nach § 375 Nr. 3 FamFG kommt nur auf Antrag in Betracht, der vom Abwickler, vom Aufsichtsrat oder von einem Aktionär ausgehen kann. Besondere Voraussetzungen hierfür sind vom Gesetz nicht vorgesehen. Gegen die Entscheidung ist sowohl bei Anordnung der Befreiung wie auch bei Ablehnung die sofortige Beschwerde zulässig (§ 270 Abs. 3 Satz 2 AktG). 1732

IX. Sonstige Tätigkeiten des Gerichts bei Aktiengesellschaften ohne Eintragung

Für sämtliche nachfolgend beschriebenen Geschäfte des Registergerichts enthält § 17 RPflG keinen Richtervorbehalt, so dass nach § 3 Nr. 3 lit. d RPflG der Rechtspfleger zuständig ist. 1733

1. Einreichung von Dokumenten

a) **Niederschriften über Hauptversammlungen.** Der Vorstand einer AG hat zum Handelsregister des Sitzes die **Niederschrift** über die ordentliche Hauptversammlung (§ 175 AktG) gemäß § 12 Abs. 2 HGB zu übersenden (§ 130 Abs. 5 AktG). Bei nicht börsennotierten Gesellschaften, die eine **Hauptversammlung** ohne notarielle Beurkundung abhalten konnten, muss die Niederschrift vom Vorsitzenden des Aufsichtsrats unterzeichnet sein (§ 130 Abs. 1 Satz 3 AktG). Zu den der Niederschrift beizufügenden Anlagen gehören die Belege über die Einberufung der Versammlung (§ 130 Abs. 3 AktG). Diese Belege müssen nicht eingereicht zu werden, wenn sie unter Angabe ihres Inhalts in der Niederschrift aufgeführt werden (§ 130 Abs. 3 AktG). Über diese Pflichtanlagen hinaus erstreckt sich die Verpflichtung zur Einreichung nicht auf zusätzliche „freiwillige" Protokollanlagen,[1] insbesondere also auch nicht auf das Verzeichnis der Teilnehmer an der Hauptversammlung. Die Einreichung der Hauptversammlungsniederschrift ist nach § 14 HGB erzwingbar. Zur Sicherstellung dieser 1734

---

[1] Siehe **LG München I** NJW-RR 1990, 1124.

jährlich einzureichenden Unterlagen kann durch das Registergericht ein Kontrollverzeichnis angelegt werden. Allerdings ist es durchaus fragwürdig, inwieweit es ohne Anforderung von Interessenten gerichtliche Aufgabe sein soll, den Vorstand von Aktiengesellschaften an die Einhaltung der ihm obliegenden Pflichten zu erinnern.[1]

1735 Die **Prüfung** der eingereichten Versammlungsniederschrift beschränkt sich darauf, ob die Niederschrift notariell beurkundet ist oder ein Fall vorlag, in dem dies nicht erforderlich war. Auf Mängel im Sinne des § 130 Abs. 2 und 4 AktG wird der Rechtspfleger regelmäßig hinweisen, auch wenn daran keine sonstige Maßnahme des Registergerichts anknüpft. Ist die Einreichung der Hauptversammlungsniederschrift mit einer Anmeldung verbunden, z. B. weil eine Satzungsänderung erfolgte und diese angemeldet wird, hat der zuständige Registerrichter auch die formellen Beanstandungen vorzunehmen.

1736 Sonstige Hauptversammlungsprotokolle, also Niederschriften von außerordentlichen Hauptversammlungen (§ 121 Abs. 1, § 122 AktG) sind ebenfalls dem Registergericht nebst Anlagen gemäß § 12 Abs. 2 HGB einzureichen (§ 130 Abs. 5 AktG). Bei der Einreichung bedarf es einer notariellen Signatur gemäß § 12 Abs. 2 Satz 2 Halbs. 2 HGB nur, wenn die Niederschrift notariell beurkundet wurde; im Übrigen genügt eine einfache Aufzeichnung im Sinne des § 12 Abs. 2 Satz 2 Halbs. 1 HGB.

1737 b) **Mitglieder und Vorsitzender des Aufsichtsrats.** Der Vorstand der Gesellschaft hat bei jedem **Wechsel in den Personen der Aufsichtsratsmitglieder** unverzüglich eine Liste der Mitglieder des Aufsichtsrats zum Handelsregister einzureichen, aus der sich Name, Vorname, ausgeübter Beruf und Wohnort dieser Personen ergeben (§ 106 AktG). Haben sich seit Einreichung der letzten Liste mehrere, sachlich bereits wieder überholte Änderungen ergeben, so ist nur eine Liste einzureichen, die den im Zeitpunkt der Einreichung aktuellen Stand der Besetzung des Aufsichtsrats wiedergibt. Ausreichend ist die Übermittlung einer einfachen Aufzeichnung gemäß § 12 Abs. 2 Satz 2 Halbs. 1 HGB. Sodann hat das Gericht nach § 10 HGB einen Hinweis darauf bekannt zu machen, dass die Liste zum Handelsregister eingereicht wurde.

1738 Hat der Aufsichtsrat einen **Vorsitzenden** oder einen **Stellvertreter** gewählt (§ 107 Abs. 1 Satz 1 AktG), hat der Vorstand in vertretungsberechtigter Zahl dem Registergericht mitzuteilen, wer in diese Ämter gewählt ist. Ein „Ehrenvorsitzender", der nicht formelles Mitglied des Aufsichtsrats ist, ist nicht mitzuteilen.[2] Eine förmliche Anmeldung ist hierfür nicht vorgesehen, da auch keine Eintragung im Register erfolgt. Die Mitteilung ist allerdings nach § 14 HGB erzwingbar.

1739 c) **Urteile zur Nichtigkeit von Hauptversammlungsbeschlüssen.** Rechtskräftige **Urteile**, durch die ein Hauptversammlungsbeschluss für nichtig erklärt ist, sind gemäß § 12 Abs. 2 Satz 2 Halbs. 2 HGB ebenfalls dem Registergericht einzureichen (§ 248 Abs. 1 Satz 2, § 249 Abs. 1 Satz 1 AktG). Dasselbe gilt für rechtskräftige Urteile, durch welche folgende Umstände für nichtig erklärt worden sind: die Wahl eines von der Hauptversammlung gewählten Aufsichtsratsmitglieds (§ 250 Abs. 3 Satz 1; § 251 Abs. 3 jeweils i. V. m. § 248 Abs. 1 Satz 2 AktG), ein Hauptversammlungsbeschluss über die Verwendung des Bilanzgewinns (§ 253 Abs. 2 i. V. m. §§ 249, 248 Abs. 1 Satz 2; § 254 Abs. 2 Satz 1 i. V. m. § 248 Abs. 1 Satz 2 AktG), ein Hauptversammlungsbeschluss über die Kapitalerhöhung gegen Einlagen (§ 255 Abs. 3 i. V. m. § 248 Abs. 1 Satz 2 AktG) oder ein festgestellter Jahresabschluss (§ 256 Abs. 7 i. V. m. §§ 249, 248 Abs. 1 Satz 2; § 257 Abs. 2 Satz 1 i. V. m. § 248 Abs. 1 Satz 2 AktG). Betrifft die Entscheidung eine Eintragung im Handelsregister, so muss diese entsprechend von Amts wegen geändert werden. Dabei ist nur zu prüfen, ob die Aufzeichnung einer

---

[1] Vgl. *Kropff* Rpfleger 1966, 33 (38).
[2] Vgl. *Jüngst* BB 1984, 1583.

Ausfertigung oder beglaubigten Abschrift der Entscheidung eingereicht ist und ob sie den Rechtskraftvermerk (§ 706 ZPO) enthält.

d) Satzung der Gesellschaft. Die **Satzung** der Aktiengesellschaft ist dem Registergericht einzureichen, wenn ein Hauptversammlungsbeschluss, der eine Satzungsänderung zum Inhalt hatte, für nichtig erklärt wurde. Die Satzung muss den vollständigen Wortlaut, wie er sich unter Berücksichtigung des Urteils und aller bisherigen Satzungsänderungen ergibt, enthalten mit der Bescheinigung eines Notars über diese Tatsache (§ 248 Abs. 2 AktG). Auch die Einreichung der bescheinigten Satzung ist nach § 14 HGB erzwingbar. 1740

e) Klage auf Nichtigerklärung der Gesellschaft. Der Vorstand hat gemäß § 275 Abs. 4 Satz 2 AktG eine beglaubigte Abschrift der **Klage auf Nichtigerklärung der Gesellschaft** und das rechtskräftige Urteil auf diese Klage (Ausfertigung mit Rechtskraftvermerk nach § 706 ZPO) einzureichen, somit auch das klageabweisende Urteil. Zu prüfen ist hierbei nur der Ausfertigungs- und Rechtskraftvermerk. Gegebenenfalls ist die Nichtigkeit der Gesellschaft in das Handelsregister nach § 275 Abs. 4 Satz 3 AktG einzutragen. 1741

f) Verschmelzungsvertrag. Ein **Verschmelzungsvertrag** oder dessen Entwurf vor Einberufung der Hauptversammlung (§ 61 UmwG) ist ebenfalls durch den Vorstand der Gesellschaft bei dem Registergericht des Sitzes einzureichen (siehe hierzu die Ausführungen zu Umwandlungen, Rz. 1675). Einer notariellen Signatur bedarf das Dokument nur, wenn der Vertrag bereits formgerecht abgeschlossen wurde (vgl. § 12 Abs. 2 Satz 2 Halbs. 2 HGB); liegt dagegen nur ein Entwurf vor, so genügt die Übermittlung einer einfachen Aufzeichnung (§ 12 Abs. 2 Satz 2 Halbs. 1 HGB). 1742

2. Erzwingung vorgeschriebener Angaben auf Geschäftsbriefen

Auf allen **Geschäftsbriefen,** die an einen bestimmten Empfänger gerichtet sind, müssen die Rechtsform und der Sitz der Gesellschaft, falls sich die Gesellschaft in Abwicklung befindet, auch dieser Umstand (§ 268 Abs. 3 Satz 1 AktG), das Registergericht des Sitzes der Gesellschaft und die Nummer, unter der die Gesellschaft in das Handelsregister eingetragen ist, sowie alle Vorstandsmitglieder bzw. Abwickler und der Vorsitzende des Aufsichtsrats mit Familiennamen und mindestens einem ausgeschriebenen Vornamen angegeben werden. Der Vorsitzende des Vorstands ist als solcher zu bezeichnen. Werden Angaben über das Kapital der Gesellschaft gemacht, so müssen in jedem Fall das Grundkapital sowie, wenn auf das Grundkapital der Ausgabebetrag nicht vollständig eingezahlt ist, der Gesamtbetrag der ausstehenden Einlagen angegeben werden (vgl. § 80 Abs. 1, § 268 Abs. 4 Satz 1 und 2 AktG). Beachtet eine Aktiengesellschaft diese Vorschrift nicht, so ist sie vom Registergericht (Rechtspfleger, § 3 Nr. 2 lit. d RPflG) darauf hinzuweisen. Erforderlichenfalls ist die Einhaltung dieser Vorschriften durch **Zwangsgeld** zu erzwingen (§ 407 Abs. 1 AktG). 1743

C. Investmentaktiengesellschaft

I. Allgemeines zur Investmentaktiengesellschaft

Die Bestimmungen des Investmentgesetzes sehen neben der Rekodifizierung des Kapitalanlagerechts auch die Schaffung der „Investmentaktiengesellschaft"[1] vor (§§ 96 ff. InvG), die nur in der Rechtsform der Aktiengesellschaft betrieben werden darf (§ 96 1744

---

[1] Hierzu *Hermanns* ZIP 2004, 1297; *Steck/Schmitz* AG 2004, 658; *Pluskat* WM 2005, 772.

Abs. 1 Satz 1 InvG). Sofern Sondervorschriften nicht einschlägig sind, finden somit nach § 99 Abs. 1 InvG für solche Gesellschaften die Bestimmungen des Aktiengesetzes Anwendung. Investmentaktiengesellschaften bedürfen zum Geschäftsbetrieb stets der schriftlichen **Erlaubnis der Bundesanstalt** für Finanzdienstleistungsaufsicht (§ 97 Abs. 1 Satz 1 InvG). Deren Erteilung setzt die in § 97 Abs. 1 Satz 2 InvG genannten Umstände voraus, sodass insbesondere das **Anfangskapital** mindestens 300 000 € betragen muss (§ 97 Abs. 1 Satz 2 Nr. 1 InvG).

II. Besonderheiten bei der Errichtung einer Investmentaktiengesellschaft

1. Allgemeines

1744a Als **Sondervorschriften** zum allgemeinen Aktienrecht ist zu berücksichtigen, dass bei Investmentaktiengesellschaften die Ausgabe von Aktien ohne Stimmrecht im Gründungsstadium unzulässig ist (§ 96 Abs. 1 b, 1 c InvG) und sämtliche Aktien grundsätzlich denselben Anteil am Grundkapital verkörpern müssen (§ 96 Abs. 1 Satz 4 InvG). Die Satzung muss zudem die Bestimmung enthalten, dass der Betrag des Gesellschaftskapitals dem Wert des Gesellschaftsvermögens entspricht (§ 96 Abs. 1 a InvG). Zu beachten ist ferner, dass in Abweichung von §§ 36, 36 a AktG Aktien nur gegen volle Leistung des Ausgabepreises ausgegeben werden dürfen und Sacheinlagen grundsätzlich unzulässig sind (§ 103 InvG). **Unternehmensgegenstand** muss die Anlage und Verwaltung der Mittel der Gesellschaft nach dem Grundsatz der Risikomischung in Vermögensgegenstände nach Maßgabe des InvG sein mit dem einzigen Ziel, ihre Anteilsinhaber an dem Gewinn aus der Verwaltung des Gesellschaftsvermögens zu beteiligen (§ 96 Abs. 2 InvG). Besonderheiten sind bei der Firmenbildung zu beachten (§ 3 Abs. 2, § 4 Abs. 1, § 98 Abs. 1 InvG). Eine Eintragung der Gesellschaft ist erst mit Nachweis einer Erlaubnis der Bundesanstalt für Finanzdienstleistungsaufsicht zulässig (§ 3 Abs. 4 InvG, § 43 Abs. 1 KWG).

2. Investmentaktiengesellschaften mit veränderlichem Kapital

1744b Investmentgesellschaften steht die Vereinbarung eines veränderlichen Kapitals zur Verfügung (§§ 104 bis 106 InvG). Hierzu ist bei der **Firma** zu beachten, dass nach § 98 Abs. 1 InvG die Bezeichnung „Investmentgesellschaft" oder eine allgemein verständliche Abkürzung enthalten sein muss. Als Abkürzung kommt – mangels bisheriger Verkehrsgeltung – allenfalls „InvAG"[1] in Betracht. Auf Geschäftsbriefen muss zudem auf die Veränderlichkeit des Gesellschaftskapitals hingewiesen werden. Hervorzuheben ist für Investmentaktiengesellschaften, dass das **Gesellschaftskapital** mit einem Mindest- und Höchstbetrag ausgewiesen wird. Während der Mindestbetrag als registerlich zu verlautbarender Grundkapitalbetrag fungiert, ist der Höchstbetrag als zeitlich unbeschränktes[2] statutarisches genehmigtes Kapital ausgestaltet (siehe § 104 InvG); einer Beschlussfassung der Hauptversammlung bedarf es somit nicht. Der Mindest- und der Höchstbetrag müssen exakt bestimmt werden. Allerdings bestehen bei der Festlegung des Höchstbetrags keine zahlen- oder anteilsartigen Grenzen, wie etwa bei der Schaffung eines genehmigten Kapitals.[3]

---

[1] Die Begründung des Regierungsentwurfs der letztendlich Gesetz gewordenen Fassung gibt kein Beispiel einer „allgemein verständlichen Abkürzung" (siehe BT-Drucks. 15/1553, Seite 106). Die wenigen bisher eingetragenen Gesellschaften verwenden die Bezeichnung ausgeschrieben.

[2] Siehe *Pluskat* WM 2005, 772 (774).

[3] Vgl. *Pluskat* WM 2005, 772 (775).

III. Registerrechtliche Behandlung von Investmentaktiengesellschaften

Für Investmentaktiengesellschaften gilt, dass als **Grundkapital** im Handelsregister zunächst das Mindestkapital in Spalte 3 einzutragen ist (§ 43 Nr. 3 HRV). Der satzungsmäßig festgelegte Höchstbetrag dient als Grenze des damit bestehenden statutarischen genehmigten Kapitals (§ 104 Satz 1 InvG). Er ist als Bandbreite des Grundkapitals in Spalte 6 Unterspalte b im Handelsregister zu vermerken (§ 43 Nr. 6 lit. b sublit. ii HRV). Nach vollständiger Ausnutzung kann der Höchstbetrag im Wege der Satzungsänderung unter Berücksichtigung der entsprechend anzuwendenden Vorschrift des § 202 Abs. 2 Satz 2 AktG gegebenenfalls neu festgelegt werden.[1] 1745

Bei der **Ausnutzung des statutarischen genehmigten** Kapitals sieht § 104 Satz 3 InvG vor, dass bereits die Ausgabe der Aktien die Erhöhung des Grundkapitals bewirkt. Die entsprechende Handelsregistereintragung ist – insoweit vergleichbar mit der Behandlung eines bedingten Kapitals einer Aktiengesellschaft – lediglich deklaratorisch. Bislang ist umstritten, ob angesichts dieser Parallele die Bestimmung des § 201 AktG entsprechende Anwendung finden soll.[2] Nach zutreffender Ansicht kann einer solchen Anmeldung und Eintragung allerdings keine besondere Bedeutung zukommen, da ohnehin das Grundkapital andauernden Schwankungen unterliegt, sodass keine Situation vorliegt, die eine Analogie zu § 201 AktG nahe legt[3] und im Übrigen im Register nur das Mindestkapital, nicht aber der aktuelle Grundkapitalbetrag eingetragen wird.[4] 1745a

Bei Errichtung kann die **Eintragung** in den Spalten 3 und 6 im Handelsregister folgendermaßen aussehen: 1745b

Spalte 3 (Grundkapital): 500 000 €
Spalte 6
Unterspalte a (Rechtsform, Beginn, Satzung):
Investmentaktiengesellschaft. Satzung vom 15. 3. 2009.
Unterspalte b (Sonstige Rechtsverhältnisse):
Der Höchstbetrag des Grundkapitals ist 4 000 000 €.

D. Europäische Aktiengesellschaft (SE)

I. Allgemeines zur SE

1. Rechtliche Grundlagen

Die Europäische Aktiengesellschaft (Societas Europaea)[5] war nach der EWIV die zweite originär europarechtliche Rechtsträgerform. Ihre Grundlage – die „Verordnung (EG) Nr. 2157/2001 des Rates vom 8. 10. 2001 über das Statut der Europäischen Gesellschaft (SE)",[6] nachfolgend SE-VO genannt – wurde nach mehreren Jahrzehnten 1746

---

[1] *Hermanns* ZIP 2004, 1297 (1299).
[2] So *Hermanns* ZIP 2004, 1297 (1299); *Pluskat* WM 2005, 772 (775).
[3] *Steck/Schmitz* AG 2004, 658 (662).
[4] Zu Schwierigkeiten dieser Konzeption im Fall der Vornahme einer regulären Kapitalerhöhung siehe *Hermanns* ZIP 2004, 1297 (1299 f.).
[5] Die zutreffende Übersetzung in die deutsche Sprache lautet „Europäische Gesellschaft", *Habersack*, Europäisches Gesellschaftsrecht, § 12 Rz. 1 Fn. 1; *Hirte* DStR 2005, 653 Fn. 4; verwendet wird hier allerdings die für die Charakterisierung des Rechtsträgers aussagekräftigere Bezeichnung „Europäische Aktiengesellschaft".
[6] ABl. EG Nr. L 294/1 vom 10. 11. 2001.

Vorarbeit beschlossen. Ferner wurde für die Berücksichtigung der Arbeitnehmerbelange eine begleitende Richtline erlassen (Richtlinie 2001/86/EG des Rates zur Ergänzung des Statuts der Europäischen Gesellschaft,[1] nachfolgend als SE-Arbeitnehmerrichtlinie bezeichnet). Die erforderlichen nationalen Ausführungsbestimmungen finden sich im SEAG[2] und bezüglich der arbeitnehmerrechtlichen Aspekte im SEBG.[3] Die rechtspolitische Bedeutung einer europarechtlich geregelten Kapitalgesellschaftsform war im Zeitraum der Planungen weitaus größer als letztlich im Zeitpunkt des Inkrafttretens der Verordnung im Herbst 2004, da zwischenzeitlich nicht nur eine Vielzahl europarechtlicher Regelungen[4] die Aktivitäten nationaler Rechtsträger auch in anderen Mitgliedstaaten sicherstellten, sondern zudem die Rechtsprechung des Europäischen Gerichtshofes[5] die grenzüberschreitende Tätigkeitsverlagerung als durch die primärrechtlich verankerte Niederlassungsfreiheit gewährleistet ansieht. Die Zahl der errichteten SE hält sich demgemäß bislang in engen Grenzen.[6] Die folgenden Ausführungen behandeln daher nicht sämtliche Detailfragen zur SE, sondern bieten lediglich ein Grobraster zur Behandlung einiger wesentlicher Registervorgänge dieses Rechtsträgers.

2. Struktur der SE

1747 Die SE ist eine Gesellschaft mit eigener Rechtspersönlichkeit (Art. 1 Abs. 3 SE-VO), deren Grundkapital von mindestens 120 000 € (Art. 4 Abs. 2 SE-VO) in Aktien zerlegt ist (Art. 1 Abs. 2 SE-VO). Eigenständige Rechtsperson als SE ist die Gesellschaft erst mit Eintragung im Register (Art. 16 Abs. 1 SE-VO). Ein bestimmter Zweck oder Unternehmensgegenstand ist für die SE grundsätzlich nicht vorgesehen. Sie kann daher auch zu ausschließlich vermögensverwaltenden Tätigkeiten oder für ideelle und gemeinnützige Zwecke eingesetzt werden.[7]

1748 Die **organschaftliche Struktur** der SE sieht einerseits die dem deutschen Recht vergleichbare Einrichtung der Hauptversammlung der Aktionäre vor (Art. 38 lit. a SE-VO, Art. 52 ff. SE-VO, §§ 50 f. SEAG). Für die Ausgestaltung der Geschäftsführung und Verwaltung stehen wahlweise das dem deutschen Aktienrecht entsprechende dualistische System mit Leitungs- und Aufsichtsorgan (Art. 39 ff. SE-VO und §§ 15 ff. SEAG), entsprechend dem Vorstand-Aufsichtsrats-Modell, und das monistische System mit einem Verwaltungsorgan und geschäftsführenden Direktoren (Art. 43 ff. SE-VO und §§ 20 ff. SEAG) zur Verfügung. Im **dualistischen System** werden die Mitglieder des Aufsichtsorgans von der Hauptversammlung bestellt (Art. 40 Abs. 2 SE-VO). Nähere Bestimmungen zur Zahl der Mitglieder des Aufsichtsorgans enthält § 17 SEAG. Die Mitglieder des Leitungsorgans werden vom Aufsichtsorgan bestellt und abberufen (Art. 39 Abs. 2 SE-VO). Bei einem Grundkapital von mehr als 3 Millionen Euro muss das Leitungsorgan aus mindestens zwei Personen bestehen, sofern die Satzung nichts

---

[1] Vom 8. 10. 2001, ABl. EG Nr. L 294/22 vom 10. 11. 2001.

[2] SE-Ausführungsgesetz, Art. 1 des Gesetzes zur Einführung der Europäischen Gesellschaft (SEEG) vom 22. 12. 2004, BGBl. I S. 3675.

[3] SE-Beteiligungsgesetz, Art. 2 des Gesetzes zur Einführung der Europäischen Gesellschaft (SEEG) vom 22. 12. 2004, BGBl. I S. 3675.

[4] Insbesondere die „Zweigniederlassungsrichtlinie" (11. Richtlinie 89/666/EWG vom 21. 12. 1989, ABl. Nr. L 395/36), abgedruckt im Anhang zu diesem Buch.

[5] **EuGH**, Urt. v. 5. 11. 2002, Rs. C-208/00 – „Überseering", NJW 2002, 3614; **EuGH**, Urt. v. 9. 3. 1999, Rs. C-212/97 – „Centros", NJW 1999, 2027.

[6] Einen Abriss zur Bedeutung und einen Ausblick diesbezüglich gibt *Heckschen,* in: Fleischhauer/Preuß, Handelsregisterrecht, Teil M Rz. 5 ff.

[7] *Waclawik* ZEV 2006, 429; *Schwarz,* SE-VO, Art. 1 Rz. 17; *Casper,* in: Spindler/Stiltz, AktG, Art. 1 SE-VO Rz. 3.

Abweichendes bestimmt (§ 16 SEAG). Zwar darf niemand zugleich Mitglied des Leitungs- und des Aufsichtsorgans sein; jedoch kann für einen Zeitraum von bis zu einem Jahr in Sonderfällen ein Mitglied des Aufsichtsorgans in das Leitungsorgan entstandt werden (Art. 39 Abs. 3 SE-VO, § 15 SEAG). Nach außen vertreten wird die SE durch die Mitglieder des Leitungsorgans, für die letztlich die allgemeinen aktienrechtlichen Vorschriften der §§ 76 ff. AktG anzuwenden sind (Art. 9 Abs. 1 lit. c SE-VO).

Das **monistische System** sieht eine Bestellung der Mitglieder des Verwaltungsorgans, das in Deutschland gemäß § 20 SEAG die Bezeichnung „Verwaltungsrat" führt, durch die Hauptversammlung vor (Art. 43 Abs. 3 SE-VO). Es besteht abhängig von der Größe der Gesellschaft und vorbehaltlich besonderer Bestimmungen des SEBG über die Arbeitnehmerbeteiligung aus mindestens drei Mitgliedern (§ 23 Abs. 1 SEAG). Der Verwaltungsrat, dessen Aufgaben und Rechte in § 22 SEAG näher beschrieben sind, bestellt einen oder mehrere geschäftsführende Direktoren;[1] handelt es sich dabei um Mitglieder des Verwaltungsrats, so muss die Mehrheit des Verwaltungsrats weiterhin aus nicht geschäftsführenden Personen bestehen (§ 40 Abs. 1 SEAG). Vertretungsberechtigt sind sodann die geschäftsführenden Direktoren (§ 41 Abs. 1 SEAG) – mehrere nach § 41 Abs. 2 SEAG mangels abweichender Satzungsregelung gemeinschaftlich –, die zwingend natürliche Personen sein müssen (vgl. § 40 Abs. 1 Satz 4 SEAG i. V. m. § 76 Abs. 3 AktG). Die Satzung kann nach § 41 Abs. 3 SEAG auch unechte Gesamtvertretung bestimmen. **1749**

3. Anzuwendende Vorschriften

Wie bereits bei der rechtlichen Ausgestaltung der EWIV ist auch bei der SE primär von der unmittelbar anwendbaren SE-VO auszugehen und sind lediglich die danach verbleibenden Spielräume und Regelungslücken durch die Vorschriften des SEAG auszufüllen. Sofern im Übrigen keine derartigen Vorschriften vorhanden sind, ist das Recht der Aktiengesellschaft zur Anwendung zu bringen (Art. 9 Abs. 1 SE-VO, Art. 10 SE-VO). **1750**

II. Ersteintragung einer SE

1. Errichtung einer SE

Zur Gründung einer SE stehen der Weg der Verschmelzung von nationalstaatlichen Aktiengesellschaften, sofern mindestens zwei davon dem Recht verschiedener Mitgliedstaaten unterliegen (Art. 2 Abs. 1, Art. 17 ff. SE-VO), sowie die Möglichkeit der Errichtung als Holding-SE (Art. 2 Abs. 2, Art. 32 ff. SE-VO) oder als Tochter-SE (Art. 2 Abs. 3, Art. 35 f. SE-VO) zur Verfügung. Ferner kann eine nationalstaatliche Aktiengesellschaft in eine SE umgewandelt werden (Art. 2 Abs. 4, Art. 37 SE-VO). **1751**

a) **Errichtung durch Verschmelzung.** Mehrere Aktiengesellschaften, von denen wenigstens zwei ihren Sitz in verschiedenen Mitgliedstaaten haben, können entweder durch Aufnahme (Art. 17 Abs. 2 lit. a SE-VO) oder zur Neugründung (Art. 17 Abs. 2 lit. b SE-VO) zu einer SE verschmolzen werden. Zur Durchführung einer solchen Gründung ist hervorzuheben, dass zunächst für jede verschmelzende Gesellschaft die in Art. 21 SE-VO genannten Angaben nach § 5 SEAG unter Einreichung des **Verschmelzungsplans**, der durch die Leitungs- oder Verwaltungsorgane nach Art. 20 SE-VO zu erstellen ist, dem Registergericht mitzuteilen sind. Diese Angaben sind sodann **1752**

---

[1] Zur Organisationsautonomie hinsichtlich geschäftsführender Direktoren siehe *Thamm* NZG 2008, 132.

Teil 1. Handelsregister

durch das Gericht zusammen mit dem nach § 61 Satz 2 UmwG vorgeschriebenen Hinweis nach § 10 HGB bekannt zu machen. Eine entsprechende **Einreichung** durch die Gesellschaft kann folgendermaßen lauten:[1]

> Durch die Vorstandsmitglieder der EG Zentralmassiv AG mit Sitz in Frankfurt am Main wird um folgende Bekanntmachung gebeten:
>
> Es ist beabsichtigt, die Gesellschaft als übernehmenden Rechtsträger mit der ZBM Bauträger AG mit Sitz in Linz (Republik Österreich) nach den Vorschriften der SE-VO (Verordnung [EG] Nr. 2157/2001) zu einer Europäischen Gesellschaft (SE) zu verschmelzen.
>
> Verschmelzende Gesellschaften sind folgende Rechtsträger:
>
> EG Zentralmassiv AG, Rechtsform: Aktiengesellschaft, Sitz: Frankfurt am Main, eingetragen im Handelsregister des Amtsgerichts Frankfurt am Main (Bundesrepublik Deutschland) unter dem Aktenzeichen HRB 65 890;
>
> ZBM Bauträger AG, Rechtsform: Aktiengesellschaft, Sitz: Linz, eingetragen im Firmenbuch des Landesgerichts Linz (Republik Österreich) unter der Nummer FN 543 985 g.
>
> Gläubigern, die einen Anspruch gegen die Gründungsgesellschaft haben, wird Sicherheit geleistet, wenn sie innerhalb von sechs Monaten nach Offenlegung der Eintragung ihre Forderung dem Grunde und der Höhe nach schriftlich geltend machen. Der Anspruch steht den Gläubigern nur soweit zu, als sie glaubhaft machen können, dass ihre Ansprüche durch die Verschmelzung gefährdet sind und sie nicht bereits Befriedigung verlangen können. Die Anmeldung der Forderung ist an folgende Adresse zu richten: 60555 Frankfurt am Main, Reisigstraße 54.
>
> Die Europäische Gesellschaft wird unter der Firma EGZB Massivbauträger SE im Rechtsverkehr auftreten.
>
> Ferner wird als Anlage der entsprechende Verschmelzungsplan überreicht.

1753 Erforderlich ist weiter die Zustimmung der Hauptversammlungen der beteiligten Rechtsträger (Art. 23 Abs. 1 SE-VO) und die Einhaltung der Rechtsvorschriften, die allgemein für die **Verschmelzung von Aktiengesellschaften** in dem Staat vorgesehen sind, in welchem die SE ihren Sitz haben soll (Art. 26 Abs. 1 SE-VO). Für den Vorgang der Verschmelzung ist seitens des hierum angegangenen Amtsgerichts (§ 4 SEAG) eine **Bescheinigung** auszustellen, aus der sich ergibt, dass die der Verschmelzung vorangehenden Rechtshandlungen und Formalitäten durchgeführt wurden (Art. 25 Abs. 2 SE-VO). Den entsprechenden Antrag hat der Vorstand der betroffenen Gesellschaft in zur Vertretung berechtigter Zahl zu stellen (siehe hierzu auch § 8 SEAG). Die Bescheinigung kann folgendermaßen aussehen:

> Hiermit wird gemäß Art. 25 Abs. 2 der Verordnung (EG) Nr. 2157/2001 vom 8. 11. 2001 bestätigt, dass bezüglich der beabsichtigten Verschmelzung folgender Rechtsträger die der Verschmelzung vorangehenden Rechtshandlungen und Formalitäten hinsichtlich der EG Zentralmassiv AG mit Sitz in Frankfurt am Main – „Gesellschaft" – zur Errichtung einer Europäischen Gesellschaft (SE) durchgeführt wurden:
>
> Aufnehmender Rechtsträger:
>
> EG Zentralmassiv AG, Rechtsform: Aktiengesellschaft, Sitz: Frankfurt am Main, eingetragen im Handelsregister des Amtsgerichts Frankfurt am Main (Bundesrepublik Deutschland) unter dem Aktenzeichen HRB 65 890;
>
> Übertragender Rechtsträger:
>
> ZBM Bauträger AG, Rechtsform: Aktiengesellschaft, Sitz: Linz, eingetragen im Firmenbuch des Landesgerichts Linz (Republik Österreich) unter der Nummer FN 543 985 g.
>
> Folgende Unterlagen wurden formgerecht eingereicht:
> – Verschmelzungsplan

---

[1] Siehe *Heckschen,* in: Fleischhauer/Preuß, Handelsregisterrecht, Teil M Rz. 55.

Dritter Abschnitt. D. Europäische Aktiengesellschaft (SE)

– der Zustimmungsbeschluss der Hauptversammlung der Gesellschaft zum Verschmelzungsplan samt Satzung der künftigen SE und Bestellung der Personen zum Aufsichtsrat (alternativ: Verwaltungsrat) gemäß den Bestimmungen der Satzung
– Verschmelzungsbericht des Vorstands des übertragenden Rechtsträgers
– Prüfungsbericht des Prüfers Roman Reitberger vom 3. 5. 2009
– Schlussbilanz des übertragenden Rechtsträgers zum 31. 12. 2008
– Nachweis über die Zuleitung des Entwurfs des Verschmelzungsplans an den Betriebsrat.
Sämtliche vorgenannten Unterlagen wurden formgerecht eingereicht.
Der Vorstand der Gesellschaft hat versichert, dass innerhalb der Frist des Art. 18 SE-VO i.V.m. § 14 Abs. 1 UmwG eine Klage gegen die Wirksamkeit des Zustimmungsbeschlusses nicht erhoben und dass den anspruchsberechtigten Gläubigern gemäß § 8 i.V.m. § 13 Abs. 1 und 2 SEAG Sicherheit geleistet wurde.

b) Errichtung einer Holding-SE und einer Tochter-SE. Für die Gründung einer Holding-SE wird die Teilnahme von Aktiengesellschaften beziehungsweise Gesellschaften mit beschränkter Haftung[1] verlangt, bei denen mindestens zwei der teilnehmenden Gesellschaften dem Recht unterschiedlicher Mitgliedstaaten unterliegen (Art. 2 Abs. 2 lit. a SE-VO) oder seit mindestens zwei Jahren eine dem Recht eines anderen Mitgliedstaates unterliegende Tochtergesellschaft oder dort eine Zweigniederlassung haben (Art. 2 Abs. 2 lit. b SE-VO). Die Errichtung der SE lässt hier die gründenden Rechtsträger unverändert fortbestehen (Art. 32 Abs. 1 SE-VO). Voraussetzung für die Errichtung der Holding-SE ist zunächst die Erstellung eines gleich lautenden Gründungsplans gemäß Art. 32 Abs. 2 SE-VO, der gemäß § 10 HGB offen zu legen ist (Art. 32 Abs. 3 SE-VO). Sodann ist durch sachverständige Prüfer nach Art. 32 Abs. 4 SE-VO eine Prüfung des Gründungsplans durchzuführen und mit einem schriftlichen Bericht abzuschließen. Zudem haben die Haupt- beziehungsweise Gesellschafterversammlungen der beteiligten Rechtsträger dem Gründungsplan zuzustimmen (Art. 32 Abs. 6 SE-VO). Für die Errichtung einer **Tochter-SE** sind außer den in Art. 2 Abs. 3 SE-VO genannten Voraussetzungen im Übrigen für die Durchführung der Gründung keine weiteren Sondervorschriften zu beachten. 1754

c) Errichtung durch Umwandlung. Für die Errichtung durch Umwandlung gilt die Sondervorschrift des Art. 37 SE-VO. Danach muss zumindest einen Monat vor der Beschlussfassung der Hauptversammlung der Umwandlungsplan gemäß Art. 37 Abs. 5 SE-VO offen gelegt werden. Die Offenlegung erfolgt nach § 10 HGB. 1755

2. Anmeldung einer SE

a) Allgemeines zur Anmeldung der Ersteintragung. Für die Anmeldung der Ersteintragung der SE ist zu berücksichtigen, nach welcher Vorgehensweise sie zur Entstehung gelangt und nach welchem System die Verwaltung und Leitung der Gesellschaft organisiert ist. Stets gilt allerdings, dass die Eintragung erst erfolgen darf, wenn eine **Vereinbarung mit den Arbeitnehmern** nach Art. 4 SE-Arbeitnehmerrichtlinie geschlossen worden ist, ein Beschluss nach Art. 3 Abs. 6 SE-Arbeitnehmerrichtlinie gefasst worden ist, oder die Verhandlungsfrist nach Art. 5 SE-Arbeitnehmerrichtlinie abgelaufen ist, ohne dass eine Vereinbarung zustande gekommen ist (Art. 12 Abs. 2 SE-VO). Zu einer solchen Vereinbarung oder einem Beschluss ist dem Gericht auch ohne entsprechende verfahrensrechtliche Anordnung in der Verordnung oder im Ausführungsgesetz ein formgerechter Nachweis beizubringen. Im Fall des Ablaufs der Verhandlungsfrist genügt eine dahingehende Erklärung der anmeldenden Personen; dasselbe gilt, wenn im Zeitpunkt der Errichtung keine Arbeitnehmer vorhanden sind.[2] Für die Anmeldung 1756

---

[1] Siehe hierzu die Aufstellung in Anhang II zur SE-VO.
[2] **OLG Düsseldorf** FGPrax 2009, 124 (= ZIP 2009, 918).

der SE ist ferner zu beachten, dass neben den **Ausschlusstatbeständen** des § 76 Abs. 3 Satz 2 und Satz 3 AktG unter Berücksichtigung des Art. 47 Abs. 2 lit. b SE-VO für die im Register einzutragenden Mitglieder des Leitungsorgans und geschäftsführenden Direktoren auch darauf abzustellen ist, ob infolge einer Gerichts- oder Verwaltungsentscheidung die in einem Mitgliedstaat ergangen ist, die fragliche Person dem Leitungs- Aufsichts- oder Verwaltungsorgan einer dem Recht eines Mitgliedstaates unterliegenden Aktiengesellschaft nicht angehören darf. Nachzuweisen ist dies durch die anmeldenden Personen sinnvollerweise mittels einer dahingehende Versicherungserklärung entsprechend § 37 Abs. 2 AktG und § 81 Abs. 3 AktG. Wird im Übrigen bei der SE das **monistische System** etabliert, muss in der Erstanmeldung ausdrücklich zur Eintragung angemeldet werden, welche allgemeine Vertretungsregelung für die geschäftsführenden Direktoren getroffen wurde und ob für einzelne von ihnen eine besondere Vertretungsbefugnis gilt (vgl. § 21 Abs. 2 Satz 2 SEAG). Beizufügen sind in diesem Fall die Dokumente über die Bestellung des Verwaltungsrats und der geschäftsführenden Direktoren und die Prüfungsberichte der Mitglieder des Verwaltungsrats (§ 21 Abs. 2 Satz 3 SEAG). Für geschäftsführende Direktoren gilt dies neben der ohnehin nach § 21 Abs. 2 Satz 1 SEAG abzugebenden Versicherung in Bezug auf das Nichtvorliegen von Ausschlussgründen nach § 40 Abs. 1 Satz 4 SEAG i.V.m. § 76 Abs. 3 AktG also auch in Bezug auf den weiteren Ausschlussgrund des Art. 47 Abs. 2 lit. b SE-VO.

1757 **b) Gründung durch Verschmelzung.** Im Fall der **Errichtung im Wege der Verschmelzung** durch Aufnahme ist die Anmeldung bei der in Deutschland belegenen Gesellschaft durch deren Vorstandsmitglieder in vertretungsberechtigter Zahl vorzunehmen (§ 16 Abs. 1 UmwG); die Mitglieder des Leitungsorgans der SE oder deren geschäftsführende Direktoren müssen lediglich zur Abgabe der persönlichen Versicherungserklärungen entsprechend § 37 Abs. 2 AktG und nach § 21 Abs. 2 Satz 1 SEAG mitwirken. Bei einer Verschmelzung zur Neugründung ist für die Anmeldung § 36 Abs. 2 UmwG anzuwenden. Im dualistischen System ist damit die Anmeldung durch sämtliche Mitglieder des Aufsichtsrats, des Leitungsorgans und der vertretungsberechtigten Personen der beteiligten Rechtsträger als Gründer erforderlich; im monistischen System treten an die Stelle der Leitungsorgan- und Aufsichtsratsmitglieder alle Mitglieder des Verwaltungsrats und die geschäftsführenden Direktoren (§ 21 Abs. 1 SEAG). Für den Fall einer Gründung im Wege der Verschmelzung durch Aufnahme seitens einer AG kann somit eine **Anmeldung** zur Eintragung folgendermaßen aussehen:[1]

> Durch die Vorstandsmitglieder der EG Zentralmassiv AG mit Sitz in Frankfurt am Main als übernehmende Gesellschaft wird zur Eintragung in das Handelsregister angemeldet:
>
> Die übertragende Gesellschaft, die ZBM Bauträger AG mit Sitz in Linz (Republik Österreich) ist aufgrund des Zustimmungsbeschlusses ihrer Hauptversammlung vom 21. 2. 2009 zum Verschmelzungsplan vom 3. 2. 2009 und des Zustimmungsbeschlusses der Hauptversammlung der übernehmenden Gesellschaft vom 4. 3. 2009 zum Verschmelzungsplan vom 3. 2. 2009 durch Aufnahme gemäß Art. 17 Abs. 2 lit. a SE-VO mit der übernehmenden Gesellschaft verschmolzen.
>
> Die Gesellschaft wird im Rechtsverkehr unter der Firma EGZB Massivbauträger SE auftreten und ihren Sitz in Frankfurt am Main haben.
>
> Die Mitglieder des Leitungsorgans *(alternativ: die geschäftsführenden Direktoren)* vertreten die Gesellschaft jeweils stets einzeln.
>
> Die Mitglieder des Leitungsorgans der zur Entstehung gelangenden SE versichern jeweils für ihre Person, dass sie nicht infolge einer Gerichts- oder Verwaltungsentscheidung, die in

---

[1] Vgl. *Heckschen,* in: Fleischhauer/Preuß, Handelsregisterrecht, Teil M Rz. 59.

Dritter Abschnitt. D. Europäische Aktiengesellschaft (SE)

einem Mitgliedstaat ergangen ist, dem Leitungs- Aufsichts- oder Verwaltungsorgan einer dem Recht eines Mitgliedstaats unterliegenden Aktiengesellschaft nicht angehören dürfen. (Ferner: Versicherungserklärungen bezüglich persönlicher Hindernisse wie bei Vorstandsmitgliedern inländischer Aktiengesellschaften)
(Alternativ: Jeder geschäftsführende Direktor versichert für seine Person: Es liegen keine Umstände vor, aufgrund derer ich nach § 76 Abs. 3 Satz 2 und 3 AktG vom Amt eines Vorstandes ausgeschlossen wäre: Während der letzten fünf Jahre erfolgte weder im Inland noch im Ausland wegen einer vergleichbaren Tat eine Verurteilung wegen einer oder mehrerer Straftaten
- *des Unterlassens der Stellung des Antrags auf Eröffnung des Insolvenzverfahrens (Insolvenzverschleppung),*
- *nach §§ 283 bis 283 d StGB (Insolvenzstraftaten)*
- *der falschen Angaben nach § 82 GmbHG oder § 399 AktG,*
- *der unrichtigen Darstellung nach § 400 AktG, § 331 HGB, § 313 UmwG oder des § 17 PublG oder*
- *nach den §§ 263 bis 264 a oder den §§ 265 b bis 266 a StGB zu einer Freiheitsstrafe von mindestens einem Jahr;*

auch wurde mir weder durch gerichtliches Urteil noch durch vollziehbare Entscheidung einer Verwaltungsbehörde die Ausübung eines Berufs, Berufszweigs, Gewerbes oder Gewerbezweigs untersagt, somit auch nicht im Bereich des Unternehmensgegenstands der Gesellschaft; ferner wurde ich nicht aufgrund einer behördlichen Anordnung in einer Anstalt verwahrt. Vom beglaubigenden Notar wurde ich über die unbeschränkte Auskunftspflicht gegenüber dem Gericht gemäß § 53 BZRG belehrt.

Ferner versichert jeder geschäftsführende Direktor jeweils für seine Person, dass er nicht infolge einer Gerichts- oder Verwaltungsentscheidung, die in einem Mitgliedstaat ergangen ist, dem Leitungs- Aufsichts- oder Verwaltungsorgan einer dem Recht eines Mitgliedstaats unterliegenden Aktiengesellschaft nicht angehören darf.)

Eine Vereinbarung über die Beteiligung der Arbeitnehmer gemäß Art. 4 der Richtlinie 2001/86/EG wurde geschlossen. *(Alternative 1: Ein Beschluss gemäß Art. 3 Abs. 6 der Richtlinie 2001/86/EG wurde gefasst. Alternative 2: Die Verhandlungsfrist nach Art. 5 der Richtlinie 2001/86/EG ist abgelaufen, ohne dass eine Vereinbarung zustande gekommen ist. Alternative 3: Arbeitnehmer sind bei der zur Entstehung gelangenden SE nicht vorhanden.)*

Die inländische Geschäftsanschrift der Gesellschaft lautet: 60555 Frankfurt am Main, Reisigstraße 54.

Beigefügt sind folgende Unterlagen:
- Bescheinigungen nach Art. 25 Abs. 2 SE-VO bezüglich aller beteiligten Rechtsträger, die nicht älter als sechs Monate sind (Art. 26 Abs. 2 SE-VO)
- Verschmelzungspläne der beteiligten Rechtsträger
- Satzung der SE
- Vereinbarung mit den Arbeitnehmern/Beschluss gemäß Art. 3 Abs. 6 der Richtlinie 2001/86/EG
- Niederschriften *über die Bestellung der Mitglieder des Verwaltungsrats und der geschäftsführenden Direktoren*

c) Gründung einer Holding-SE und einer Tochter-SE. Im Zuge der Gründung als Holding-SE ist als Besonderheit zu berücksichtigen, dass nach § 10 Abs. 2 SEAG die Vertretungsorgane der entstehenden SE erklären müssen, dass eine Klage gegen die Wirksamkeit der Zustimmungsbeschlüsse gemäß Art. 32 Abs. 6 SE-VO nicht oder nicht fristgemäß erhoben oder eine solche Klage rechtskräftig abgewiesen oder zurückgenommen worden ist. Im Übrigen hat die Anmeldung als Errichtung mit dualistischem System durch alle Mitglieder des Leitungs- und des Aufsichtsorgans sowie durch die gesetzlichen Vertreter der Gründungsgesellschaften (§ 36 Abs. 1 AktG) und mit monistischem System durch alle Mitglieder des Verwaltungsrats, die geschäftsführenden Direktoren und wiederum durch die gesetzlichen Vertreter der Gründungsge- 1758 sellschaften (§ 21 Abs. 1 SEAG) zu erfolgen. Für die Anmeldung der Ersteintragung einer Tochter-SE gilt dasselbe, jedoch ohne das Erfordernis einer Versicherungserklärung nach § 10 Abs. 2 SEAG. Die **Anmeldung** einer **Holding-SE** kann folgendermaßen aussehen:

> Durch alle Mitglieder des Leitungs- und des Aufsichtsorgans und die Gründer *(alternativ: Verwaltungsratsmitglieder, geschäftsführende Direktoren und Gründer)* der ABC Verwaltung SE mit Sitz in Hamburg wird zur Eintragung in das Handelsregister angemeldet:
>
> Durch die ZBM Bauträger AG mit Sitz in Linz (Republik Österreich) und die EGZ Massivbau AG mit Sitz in Frankfurt am Main (Bundesrepublik Deutschland) wird die hiermit zur Eintragung in das Handelsregister angemeldete ABC Verwaltung SE mit Sitz in Hamburg errichtet.
>
> Die Hauptversammlung der ZBM Bauträger AG mit Sitz in Linz (Republik Österreich) vom 21. 2. 2009 hat dem Gründungsplan vom 3. 2. 2009 zugestimmt. Die Hauptversammlung der EGZ Massivbau AG mit Sitz in Frankfurt am Main (Bundesrepublik Deutschland) vom 21. 2. 2009 hat dem Gründungsplan vom 1. 2. 2009 zugestimmt. Die Hauptversammlungen haben auch die Vereinbarung zur Beteiligung der Arbeitnehmer vom 15. 2. 2009 genehmigt. Ferner wird erklärt, dass die im Gründungsplan festgesetzten Mindestquoten von Anteilen, die zur Gründung der SE einzubringen waren, erreicht sind. Die Mitglieder des Leitungsorgans *(Alternativ: der Verwaltungsrat)* versichern, dass innerhalb der vorgeschriebenen Frist eine Klage gegen die Wirksamkeit des Zustimmungsbeschlusses nicht erhoben wurde.
>
> Die Mitglieder des Leitungsorgans *(alternativ: die geschäftsführenden Direktoren)* vertreten die Gesellschaft jeweils stets einzeln.
>
> Die Mitglieder des Leitungsorgans *(alternativ: die geschäftsführenden Direktoren)* der zur Entstehung gelangenden SE versichern jeweils für ihre Person, dass sie nicht infolge einer Gerichts- oder Verwaltungsentscheidung, die in einem Mitgliedstaat ergangen ist, dem Leitungs- Aufsichts- oder Verwaltungsorgan einer dem Recht eines Mitgliedstaats unterliegenden Aktiengesellschaft nicht angehören dürfen. *(Ferner: Versicherungserklärungen bezüglich persönlicher Hindernisse wie bei Vorstandsmitgliedern inländischer Aktiengesellschaften)*
>
> Eine Vereinbarung über die Beteiligung der Arbeitnehmer gemäß Art. 4 der Richtlinie 2001/86/EG wurde geschlossen. *(Alternative 1: Ein Beschluss gemäß Art. 3 Abs. 6 der Richtlinie 2001/86/EG wurde gefasst. Alternative 2: Die Verhandlungsfrist nach Art. 5 der Richtlinie 2001/86/EG ist abgelaufen, ohne dass eine Vereinbarung zustande gekommen ist. Alternative 3: Arbeitnehmer sind bei der zur Entstehung gelangenden SE nicht vorhanden.)*
>
> Die inländische Geschäftsanschrift der Gesellschaft lautet: 60555 Frankfurt am Main, Reisigstraße 54.
>
> Beigefügt sind folgende Unterlagen:
> – Gründungspläne der beteiligten Rechtsträger
> – Zustimmungsbeschlüsse der beteiligten Rechtsträger
> – Gründungsbericht der Leitungsorgane der gründenden Gesellschaften
> – Prüfungsbericht der Prüfer
> – Vereinbarung mit den Arbeitnehmern/Beschluss gemäß Art. 3 Abs. 6 der Richtlinie 2001/86/EG
> – Niederschriften *über die Bestellung der Mitglieder des Verwaltungsrats und der geschäftsführenden Direktoren*

1759 d) **Errichtung durch Umwandlung.** Für die Anmeldung einer Umwandlung als Formwechsel gelten die allgemeinen Grundsätze entsprechend. Besonderheiten sind – außer der Berücksichtigung der allgemein zur Errichtung einer SE erforderlichen Voraussetzungen – insoweit nicht zu beachten.[1]

---

[1] Ein Formular zur Anmeldung ist bei *Heckschen,* in: Fleischhauer/Preuß, Handelsregisterrecht, Teil M Rz. 71 enthalten.

3. Eintragung einer SE

Für die Eintragung einer SE sieht § 3 SEAG vor, dass diese nach den für Aktiengesellschaften geltenden Vorschriften, und damit im Handelsregister Abteilung B zu erfolgen hat. Somit richten sich auch die **Prüfungsmaßstäbe** in formeller und materieller Hinsicht nach den Vorschriften des AktG, soweit nicht aufgrund der jeweils einschlägigen Sondervorschriften der SE-VO und des SEAG besondere weitere Erfordernisse durch das Registergericht festzustellen sind. Zu letzteren zählt insbesondere auch die Berücksichtigung der SE-Arbeitnehmerrichtlinie, da Art. 12 Abs. 2 SE-VO dies als zwingende Voraussetzung für die Eintragung der SE vorsieht.[1] Für das Eintragungsverfahren muss bei Errichtung einer **Holding-SE** Art. 33 Abs. 5 SE-VO beachtet werden. Danach unterliegt die Einhaltung der Formalitäten nach Art. 32 und Art. 33 Abs. 2 SE-VO zwingend der Prüfung durch das Registergericht.

1760

Die Eintragung einer SE mit dualistischem System, die infolge einer **Verschmelzung** im Wege der Aufnahme zustande kam, kann somit folgendermaßen aussehen:

1761

Spalte 2
Unterspalte a (Firma): EGZB Massivbauträger SE
Unterspalte b (Sitz): Frankfurt am Main; Geschäftsanschrift: 60555 Frankfurt am Main, Reisigstraße 54
Unterspalte c (Gegenstand des Unternehmens): Herstellung und Vertrieb von Fertigbauteilen
Spalte 3 (Grundkapital): 120 000 €
Spalte 4
Unterspalte a (Allgemeine Vertretungsregelung):
Die Gesellschaft wird durch die Mitglieder des Leitungsorgans einzeln vertreten. *(Alternative bei in der Satzung entsprechend vorgesehener unechter Gesamtvertretung: Ist nur ein Mitglied des Leitungsorgans bestellt, so vertritt es die Gesellschaft allein. Sind mehrere Mitglieder bestellt, so wird die Gesellschaft durch zwei Mitglieder oder durch ein Mitglied des Leitungsorgans gemeinsam mit einem Prokuristen vertreten.)*
Unterspalte b (Vorstand und besondere Vertretungsbefugnis):
Mitglied des Leitungsorgans: Gromo, Bernhard, Frankfurt am Main, *3. 5. 1964
Mitglied des Leitungsorgans: Lino, Gerhard, Linz (Österreich), *12. 9. 1965 (*gegebenenfalls mit folgendem Zusatz: einzelvertretungsberechtigt; mit der Befugnis, im Namen der Gesellschaft mit sich als Vertreter eines Dritten Rechtsgeschäfte abzuschließen.)*
Spalte 5 (Prokura): –
Spalte 6
Unterspalte a (Rechtsform, Beginn, Satzung):
Europäische Aktiengesellschaft (SE). Satzung vom 3. 2. 2009.
Unterspalte b (Sonstige Rechtsverhältnisse):
Entstanden durch Verschmelzung der „ZBM Bauträger AG" mit Sitz in Linz, Republik Österreich (Landesgericht Linz FN 543 985 g) als übertragende Rechtsträgerin mit der „EG Zentralmassiv AG" mit Sitz in Frankfurt am Main (Amtsgericht Frankfurt am Main HRB 65 890) als übernehmende Rechtsträgerin aufgrund des Verschmelzungsplans vom 3. 2. 2009 und den Zustimmungsbeschlüssen jeweils vom 21. 2. 2009 unter gleichzeitiger Annahme der Rechtsform einer Europäischen Aktiengesellschaft (SE).

Für eine SE mit monistischem System, die als Holding-SE zustande kam, kann die Ersteintragung folgenden Inhalt haben:

1762

Spalte 2
Unterspalte a (Firma): ABC Verwaltung SE
Unterspalte b (Sitz): Hamburg; Geschäftsanschrift: Lagerstraße 15, 20357 Hamburg
Unterspalte c (Gegenstand des Unternehmens): Verwaltung eigenen Vermögens

---

[1] Sofern Arbeitnehmer beschäftigt werden; siehe **OLG Düsseldorf** ZIP 2009, 918.

Teil 1. Handelsregister

Spalte 3 (Grundkapital): 120 000 €
Spalte 4
Unterspalte a (Allgemeine Vertretungsregelung):
Ist nur ein geschäftsführender Direktor bestellt, vertritt dieser die Gesellschaft allein. Sind mehrere geschäftsführende Direktoren bestellt, so wird die Gesellschaft durch zwei geschäftsführende Direktoren gemeinsam vertreten. *(**Alternative bei in der Satzung entsprechend vorgesehener unechter Gesamtvertretung**: Ist nur ein geschäftsführender Direktor bestellt, vertritt dieser die Gesellschaft allein. Sind mehrere geschäftsführende Direktoren bestellt, so wird die Gesellschaft durch zwei geschäftsführende Direktoren gemeinschaftlich oder durch einen geschäftsführenden Direktor in Gemeinschaft mit einem Prokuristen vertreten.)*
Unterspalte b (Vorstand und besondere Vertretungsbefugnis):
Geschäftsführender Direktor: Gromo, Bernhard, Frankfurt am Main, *3. 5. 1964
Geschäftsführender Direktor: Lino, Gerhard, Linz (Österreich), *12. 9. 1965 (***gegebenenfalls mit folgendem Zusatz****: einzelvertretungsberechtigt; mit der Befugnis, im Namen der Gesellschaft mit sich als Vertreter eines Dritten Rechtsgeschäfte abzuschließen.)*
Spalte 5 (Prokura): –
Spalte 6
Unterspalte a (Rechtsform, Beginn, Satzung):
Europäische Aktiengesellschaft (SE). Satzung vom 12. 11. 2008.
Unterspalte b (Sonstige Rechtsverhältnisse): –

4. Bekanntmachung der Ersteintragung einer SE

1763 Die Eintragung muss gemäß § 10 HGB (vgl. Art. 13 SE-VO) bekannt gemacht werden. Zudem ist die Ersteintragung nach Art. 14 SE-VO zu Informationszwecken im Amtsblatt der Europäischen Union bekannt zu machen. Hierbei sind Firma der SE, Nummer, Datum und Ort der Eintragung der SE, Datum, Ort und Titel der Bekanntmachung nach § 10 HGB sowie Sitz und Geschäftszweck der SE anzugeben. Die Übermittlung dieser Daten an das „Amt für amtliche Veröffentlichungen der Europäischen Gemeinschaften" muss gemäß Art. 14 Abs. 3 SE-VO innerhalb eines Monats nach der gemäß § 10 HGB erfolgten Bekanntmachung vorgenommen werden.

III. Änderungen bei einer bestehenden SE

1. Anzumeldende Vorgänge

1764 Wie bei Aktiengesellschaften sind im Fall des dualistischen Systems Anmeldungen von Änderungen grundsätzlich durch Leitungsorganmitglieder in vertretungsberechtigter Zahl vorzunehmen. Dies gilt insbesondere für Änderungen der Satzung und in der Besetzung oder Vertretungsbefugnis des Leitungsorgans. Lediglich bei **Kapitalmaßnahmen** tritt wie bei Aktiengesellschaften unter Umständen noch der Vorsitzende des Aufsichtsratsorgans hinzu. Im monistischen System treten die vertretungsberechtigten geschäftsführenden Direktoren an die Stelle des Vorstands (vgl. § 41 Abs. 1 SEAG). Für die Anmeldung der Eintragung von Kapitalmaßnahmen ist für diesen Fall keine ausdrückliche Regelung getroffen, sodass es im monistischen System der Mitwirkung des Verwaltungsratsvorsitzenden bedarf, sofern im Gesetz die Mitwirkung des Aufsichtsratsvorsitzenden vorgesehen ist (§ 22 Abs. 6 SEAG). Anzumelden ist auch der **Wechsel etwaiger Mitglieder des Leitungsorgans** und der geschäftsführenden Direktoren, wobei jeweils neu bestellte Personen die Versicherungserklärungen nach § 81 Abs. 3 AktG oder § 46 Abs. 2 SEAG abzugeben haben. Mit einzureichen sind nach § 81 Abs. 2 AktG und § 46 Abs. 3 SEAG die Dokumente über die Bestellung der neu angemeldeten Vertretungspersonen.

Dritter Abschnitt. D. Europäische Aktiengesellschaft (SE)

2. Eintragungen im Handelsregister

Für die Eintragung der angemeldeten Änderungen sind grundsätzlich die Vorschriften zur Aktiengesellschaft entsprechend anzuwenden (siehe Art. 9 SE-VO und § 3 SEAG). Auf die hierzu gemachten Ausführungen ist somit zu verweisen. 1765

3. Sitzverlegung ins Ausland

Nach der Bestimmung des Art. 8 SE-VO kann der Satzungssitz einer SE in einen anderen Mitgliedstaat verlegt werden, ohne dass hierdurch die Auflösung und Neuerrichtung der Gesellschaft erforderlich ist.[1] Als erster Schritt ist hierfür die Einreichung eines vom Leitungsorgan beziehungsweise Verwaltungsrat erstellten **Verlegungsplans** (Art. 8 Abs. 2 SE-VO) beim Registergericht erforderlich, das diesen nach § 10 HGB bekanntmacht. Ein Beschluss der Hauptversammlung kann erst zwei Monate nach der Bekanntmachung gefasst werden (Art. 8 Abs. 6 SE-VO). Ferner ist durch das Leitungs- oder Verwaltungsorgan nach Art. 8 Abs. 3 SE-VO ein **Bericht** zu erstellen, in dem die rechtlichen und wirtschaftlichen Aspekte der Verlegung erläutert und begründet und die Auswirkungen der Verlegung für die Aktionäre, die Gläubiger und die Arbeitnehmer dargelegt werden. Der Verschmelzungsplan und der Bericht sind sodann vor der Hauptversammlung, die über die Sitzverlegung beschließen soll, auszulegen (Art. 8 Abs. 4 SE-VO). Anschließend ist gemäß Art. 8 Abs. 8 SE-VO nach Beibringung der Nachweise (Art. 8 Abs. 7 SE-VO) darüber, dass Gläubigerinteressen ausreichend berücksichtigt wurden, durch das Registergericht (§ 4 SEAG) eine **Bescheinigung** auszustellen, dass die der Verlegung vorangehenden Rechtshandlungen und Formalitäten durchgeführt wurden. Diese wiederum ist der zuständigen Registrierungsstelle des neuen Sitzes vorzulegen (Art. 8 Abs. 9 SE-VO), die sodann die Neueintragung samt Eintragung der Satzungsänderung vornimmt (Art. 8 Abs. 10 SE-VO) und der bisherigen Registrierungsstelle mitteilt, die sodann die Löschung vornimmt (Art. 8 Abs. 11 SE-VO). Sämtliche Eintragungen und Löschungen sind nach den nationalen Bekanntmachungsvorschriften zu veröffentlichen (Art. 8 Abs. 12 SE-VO). Eine **Bekanntmachung** muss zudem nach Art. 14 Abs. 2 SE-VO auch im Amtsblatt der Europäischen Gemeinschaften unter Angabe derselben Umstände wie bei der Neuerrichtung einer SE erfolgen. 1766

4. Einzureichende Unterlagen

Im **dualistischen System** gelten für das Aufsichtsorgan die §§ 106 f. AktG entsprechend, so dass stets eine aktualisierte Liste seiner Mitglieder beim Registergericht nach § 12 Abs. 2 HGB einzureichen ist und sodann diese Tatsache durch das Gericht nach § 10 HGB bekannt gegeben wird. Im **monistischen System** haben die geschäftsführenden Direktoren nach § 46 Abs. 1 Satz 1 SEAG jeden Wechsel der Verwaltungsratsmitglieder unverzüglich in den Gesellschaftsblättern bekannt zu machen und die Bekanntmachung zum Handelsregister einzureichen. Ferner muss die Wahl des Verwaltungsratsvorsitzenden und seines Stellvertreters sowie jede Änderung dieser Personen zum Handelsregister „angemeldet", also, mangels entsprechender Registereintragung, mitgeteilt werden (§ 46 Abs. 1 Satz 3 SEAG). 1767

IV. Auflösung und Abwicklung einer SE

Die Auflösung und Liquidation einer SE erfolgt einerseits nach den Regeln der AG und andererseits nach den insoweit vorrangigen Spezialvorschriften der Art. 63 ff. SE-VO. Die Eintragung ist wie bei der AG nach § 43 Nr. 6 lit. b sublit. dd und ff HRV zu 1768

---

[1] Siehe hierzu *Oechsler* AG 2005, 373.

erledigen. Die Bekanntmachung der Auflösung, Liquidation und Insolvenz ist in Umsetzung des Art. 65 SE-VO nach § 10 HGB vorzunehmen. Zu beachten ist, dass die Löschung der SE wie die Ersteintragung nach Art. 14 SE-VO auch im Amtsblatt der Europäischen Union veröffentlicht werden muss.

E. Kommanditgesellschaft auf Aktien

I. Rechtsnatur

1769 Die Kommanditgesellschaft auf Aktien (KGaA, §§ 278 bis 290 AktG) ist eine Gesellschaft mit eigener Rechtspersönlichkeit, bei der mindestens ein Gesellschafter den Gesellschaftsgläubigern unbeschränkt haftet (persönlich haftender Gesellschafter – „Komplementär") und die übrigen Gesellschafter als Kommanditaktionäre an dem in Aktien zerlegten Grundkapital beteiligt sind, ohne persönlich für die Verbindlichkeiten der Gesellschaft zu haften (§ 278 Abs. 1 AktG). Sie ist ebenso wie die Aktiengesellschaft eine **juristische Person**, zudem eine Handelsgesellschaft und entsteht mit der Eintragung in das Handelsregister (§ 278 Abs. 3 i.V.m. § 41 Abs. 1 Satz 1 AktG).

II. Errichtung einer KGaA

1. Gründung einer KGaA

1770 Die Gründung einer KGaA vollzieht sich wie bei einer Aktiengesellschaft als Einheitsgründung. Die Satzung muss durch notarielle Beurkundung festgestellt werden (§ 280 Abs. 1 Satz 1 und Abs. 3 AktG). Eine Mindestzahl ist für die Gründer nicht mehr vorgeschrieben, sodass eine Person sowohl einziger persönlich haftender Gesellschafter sein und zugleich auch alle Kommanditaktien übernehmen kann.[1] Bereits vor der entsprechenden Änderung des AktG war anerkannt, dass eine KGaA als Ein-Personen-Gesellschaft weiter bestehen kann[2] und ausdrücklich für die Gründung durch Umwandlung geregelt, dass eine Mindestgesellschafterzahl nicht erforderlich ist (§ 36 Abs. 2, § 135 Abs. 2, § 197 UmwG).

1771 An der **Feststellung der Satzung** müssen sich sämtliche persönlich haftenden Gesellschafter beteiligen. Dies können natürliche, unbeschränkt geschäftsfähige Personen sein, geschäftsunfähige oder nur beschränkt geschäftsfähige Personen dann, wenn sie nicht zur Geschäftsführung oder Vertretung berufen sind.[3] Daneben ist anerkannt, dass auch juristische Personen und andere Gesellschaften Komplementär einer KGaA sein können,[4] was sich im Übrigen aus § 279 Abs. 2 AktG ersehen lässt. Zudem müssen an der Errichtung die Personen mitwirken, die als Kommanditaktionäre Aktien gegen Einlagen übernehmen (§ 280 Abs. 2 AktG). Über den besonderen Inhalt der Satzung siehe § 281 AktG.

1772 Hinsichtlich der **Firmenbildung** (vgl. Rz. 253) hat sich für den nach § 279 Abs. 1 AktG erforderlichen Rechtsformzusatz als Abkürzung lediglich „KGaA" durchgesetzt. Andere Bezeichnungen, wie z.B. „KGA", „KAG", „KoAG", „KommAG" können nicht als allgemein verständlich angesehen werden und sind im Hinblick auf die Bedeutung der Ausweisung der Rechtsform für den Geschäftsverkehr nicht eintragungsfähig. Für Gesellschaften, bei denen keine natürliche Person als Komplementär

---

[1] Siehe die Begründung des Regierungsentwurfs BT-Drucks. 15/5092, S. 31.
[2] *Hüffer*, AktG, § 278 Rz. 5; *Semler/Perlitt*, in: MünchKommAktG, § 280 Rz. 30.
[3] *Hüffer*, AktG, § 278 Rz. 7.
[4] BGHZ 134, 392 (= NJW 1997, 1923); *Hüffer*, AktG, § 278 Rz. 8 ff.; *Semler/Perlitt*, in: MünchKommAktG, § 278 Rz. 18 ff.

persönlich haftet, muss – wie § 279 Abs. 2 AktG klarstellend bestätigt – ähnlich wie bei der Kommanditgesellschaft nach § 19 Abs. 2 HGB der Rechtsformzusatz deutlich machen, dass in der Gesellschaft keine natürliche Person persönlich haftet. Er lautet dann beispielsweise „GmbH & Co. KGaA".

2. Anmeldung der KGaA

Für die **Anmeldung** der Gesellschaft, an der sich alle persönlich haftenden Gesellschafter, die Kommanditaktionäre und die Aufsichtsratsmitglieder beteiligen müssen, sowie den Inhalt der Anmeldung, die beizufügenden Unterlagen sowie die Angabe der inländischen Geschäftsanschrift gilt dasselbe wie für die Aktiengesellschaft (§ 278 Abs. 3, §§ 36, 37, 283 Nr. 1 AktG; siehe hierzu Rz. 1315). Die **persönlich haftenden Gesellschafter** vertreten als Mitglieder der Gesellschaft diese nach den Grundsätzen des Rechts der Personenhandelsgesellschaften (§ 278 Abs. 2 AktG), nicht infolge Bestellung zum Organ nach dem Recht der Aktiengesellschaft. Damit könnte in der Anmeldung eine Versicherung darüber entfallen, dass Gründe, die der Bestellung zum Organ entgegenstehen, nicht vorliegen, sodass § 37 Abs. 2 AktG nicht nach § 283 Nr. 1 AktG anwendbar wäre. Nachdem jedoch in der aktienrechtlichen Literatur jedenfalls teilweise für die vertretungsberechtigten persönlich haftenden Gesellschafter angenommen wird, dass § 76 Abs. 3 AktG Anwendung findet,[1] ist anzuraten, die entsprechende Versicherung in der Anmeldung abzugeben. Sondereinlagen der Komplementäre (§ 281 Abs. 2 AktG) müssen zur Vornahme der Anmeldung nicht geleistet sein.

1773

Beispiel für die Anmeldung einer KGaA:

1774

Wir, die sämtlichen Gründer und die Mitglieder des Aufsichtsrats der „IGZT Alpha Chemie GmbH & Co. KGaA" melden die Gesellschaft zur Eintragung in das Handelsregister an.

Zur Vertretung der Gesellschaft gilt allgemein, dass jeder persönlich haftende Gesellschafter die Gesellschaft einzeln vertritt.

Einzige persönlich haftende Gesellschafterin ist die „Raurosen GmbH" mit Sitz in Starnberg (Amtsgericht München HRB 120 120).

Die Aktien werden zum Nennwert ausgegeben. Auf jede Aktie ist der eingeforderte Betrag in Höhe der Hälfte des Nennbetrages eingezahlt. Wir nehmen auf die Bestätigung der Bank Bezug, aus der sich ergibt, dass der Vorstand in der Verfügung über den eingezahlten Betrag, soweit er nicht bereits zur Bezahlung der in dem vorgelegten Nachweis nach Art und Höhe einzeln bezeichneten, bei der Gründung angefallenen Steuern und Gebühren verwendet wurde, nicht, namentlich nicht durch Gegenforderungen, beschränkt ist. Der eingeforderte Betrag steht damit in der in beigefügter Bestätigung der Bank bezeichneten Höhe endgültig zur freien Verfügung der Gesellschaft.

Die vertretungsbefugten Personen der persönlich haftenden Gesellschafterin versichern jede für sich:

Es liegen keine Umstände vor, aufgrund derer ich nach § 76 Abs. 3 Satz 2 und 3 AktG vom Amt eines Vorstandes ausgeschlossen wäre: Während der letzten fünf Jahre erfolgte weder im Inland noch im Ausland wegen einer vergleichbaren Tat eine Verurteilung wegen einer oder mehrerer Straftaten
– des Unterlassens der Stellung des Antrags auf Eröffnung des Insolvenzverfahrens (Insolvenzverschleppung),
– nach §§ 283 bis 283 d StGB (Insolvenzstraftaten)
– der falschen Angaben nach § 82 GmbHG oder § 399 AktG,
– der unrichtigen Darstellung nach § 400 AktG, § 331 HGB, § 313 UmwG oder des § 17 PublG oder

---

[1] *Semler/Perlitt*, in: MünchKommAktG, § 278 Rz. 267.

- nach den §§ 263 bis 264a oder den §§ 265b bis 266a StGB zu einer Freiheitsstrafe von mindestens einem Jahr;

auch wurde mir weder durch gerichtliches Urteil noch durch vollziehbare Entscheidung einer Verwaltungsbehörde die Ausübung eines Berufs, Berufszweigs, Gewerbes oder Gewerbezweigs untersagt, somit auch nicht im Bereich des Unternehmensgegenstands der Gesellschaft; ferner wurde ich nicht aufgrund einer behördlichen Anordnung in einer Anstalt verwahrt. Vom beglaubigenden Notar wurde ich über die unbeschränkte Auskunftspflicht gegenüber dem Gericht gemäß § 53 BZRG belehrt.

Wir zeigen gleichzeitig an, dass Herr Thomas Rothkirch zum Vorsitzenden des Aufsichtsrats und Herr Sigmund Reiter zu seinem Stellvertreter gewählt sind.

Die inländische Geschäftsanschrift lautet: 80331 München, Kaufingerstraße 80.

In der Anlage wird überreicht:
- Urkunde vom 10. 10. 2008, welche die Satzung, die Übernahme der Aktien und die Bestellung des ersten Aufsichtsrats enthält
- Gründungsbericht der Gründer
- Prüfungsbericht der persönlich haftenden Gesellschafterin und des Aufsichtsrats
- Bestätigung der Dresdner Bank in München über die erfolgte Einzahlung als Nachweis, dass der eingezahlte Betrag auf einem Gesellschaftskonto endgültig zur freien Verfügung des Vorstands steht
- Aufstellung über die von dem eingezahlten Betrag bezahlten Steuern und Gebühren samt Nachweisen

3. Eintragung der KGaA

1775 Die **Eintragung** erfolgt nach § 278 Abs. 3, §§ 39, 282 AktG sowie gemäß § 43 Nr. 1 bis 4 und 6 HRV. Da es keine Vorstandsmitglieder gibt, werden in Spalte 4 Unterspalte b die persönlich haftenden Gesellschafter mit Familienname, Vorname, Geburtsdatum und Wohnort eingetragen (§ 282 Satz 1 AktG). Dies gilt auch für Komplementäre, die von der Vertretung ausgeschlossen sind. Ihre allgemeine und ggf. eine hiervon abweichende besondere Vertretungsbefugnis und somit auch der Ausschluss von der Vertretung ist in Spalte 4 Unterspalte a (Allgemeine Vertretungsregelung) bzw. Unterspalte b (Besondere Vertretungsbefugnis) einzutragen (siehe § 43 Nr. 4 lit. a und b HRV). Sondereinlagen der Komplementäre (§ 281 Abs. 2 AktG) werden nicht eingetragen; die **Bekanntmachung** erfolgt nach § 10 HGB.

III. Vertretung der KGaA

1776 Zur Vertretung der KGaA ist grundsätzlich jeder **persönlich haftende Gesellschafter** einzeln befugt (§ 278 Abs. 2 AktG i. V. m. § 125 Abs. 1 HGB). Die Satzung kann Gesamtvertretung anordnen oder einzelne Komplementäre von der Vertretung ausschließen (§ 125 Abs. 2 und 3 HGB). Die Satzung kann auch unechte Gesamtvertretung durch einen persönlich haftenden Gesellschafter in Gemeinschaft mit einem Prokuristen bestimmen (§ 125 Abs. 3 HGB i. V. m. § 278 Abs. 2 AktG), sofern zumindest eine organschaftliche Vertretungsmöglichkeit ohne Mitwirkung eines Prokuristen verbleibt. Welche Vertretungsbefugnis die persönlich haftenden Gesellschafter haben, ist in der Anmeldung anzugeben (§ 37 Abs. 3 Nr. 2, § 283 Nr. 1 AktG) und in das Handelsregister in Spalte 4 einzutragen (§ 43 Nr. 4 HRV). Die den Vorstand der Aktiengesellschaft treffenden Verpflichtungen gelten sinngemäß für die persönlich haftenden Gesellschafter der KGaA (§ 283 Nr. 1 AktG).

IV. Veränderungen bei der KGaA

1777 Es gelten grundsätzlich für die KGaA die Vorschriften für die AG sinngemäß, soweit sich aus dem Fehlen eines Vorstands und dem Folgenden nichts anderes ergibt (§ 278 Abs. 3 AktG). Als Besonderheiten sind hervorzuheben:

1. Satzungsänderungen

Satzungsänderungen bedürfen eines notariell beurkundeten **Beschlusses der Hauptversammlung** der Kommanditaktionäre (§§ 285, 278 Abs. 3 i.V.m. § 179 AktG) und der ebenfalls zu beurkundenden (§ 285 Abs. 3 AktG) Zustimmung aller persönlich haftenden Gesellschafter, also auch der nicht zur Geschäftsführung und Vertretung befugten (§ 285 Abs. 2, § 278 Abs. 2 AktG i.V.m. § 161 HGB). Bei der Hauptversammlung haben persönlich Haftende nur ein Stimmrecht, wenn sie zugleich Kommanditaktionäre sind, soweit dies nicht nach § 285 Abs. 1 AktG ausgeschlossen ist. Durch Satzungsregelung kann das Erfordernis der Einstimmigkeit für die Zustimmung der Komplementäre abgeändert sein. Fassungsänderungen können dem Aufsichtsrat übertragen werden (§ 179 Abs. 1 Satz 2 AktG). Die Übertragung bedarf gleichfalls der Zustimmung der Komplementäre (§ 285 Abs. 2 AktG). Ist die Ermächtigung in der Satzung enthalten, ist darin regelmäßig auch die vorweggenommene Zustimmung der Komplementäre zu sehen.[1]

1778

Anzumelden sind Satzungsänderungen zur Eintragung in das Handelsregister von den persönlich haftenden Gesellschaftern (§ 283 Nr. 1 i.V.m. § 181 Abs. 1 Satz 1 AktG) in vertretungsberechtigter Zahl. Der Anmeldung ist der vollständige Wortlaut der Satzung mit Notarbestätigung beizufügen (§ 278 Abs. 3 AktG i.V.m. § 181 Abs. 1 Satz 2 AktG). Prüfung und Eintragung in das Handelsregister sowie Veröffentlichung erfolgen wie bei der Aktiengesellschaft. Für die Anmeldung der Kapitalerhöhung durch alle persönlich haftenden Gesellschafter, also auch der nicht vertretungsberechtigten, und den Vorsitzenden des Aufsichtsrats (§ 184 Abs. 1 AktG) und andere Sonderfälle gelten die gleichen Besonderheiten wie bei der Aktiengesellschaft.

1779

Abänderungen der im Handelsregister eingetragenen (§ 282 Satz 2 AktG) Vertretungsbefugnis der persönlich haftenden Gesellschafter erfordern eine Satzungsregelung und somit einen satzungsändernden Beschluss der Hauptversammlung sowie die Zustimmung aller persönlich haftenden Gesellschafter.

1780

2. Eintritt und Ausscheiden eines persönlich haftenden Gesellschafters

Änderungen in der Zusammensetzung der in der Satzung bezeichneten (§ 281 Abs. 1 AktG) und im Handelsregister eingetragenen (§ 282 Satz 1 AktG) **persönlich haftenden Gesellschafter** können erfolgen durch Satzungsänderung als Folge von § 281 Abs. 1 AktG oder wenn die Änderung durch die Satzung zugelassen ist, auch ohne Satzungsänderung in der satzungsgemäß bestimmten Weise,[2] z.B. bei Eintritt durch Beschluss des zuständigen Organs (Beschluss der Hauptversammlung, des Aufsichtsrats, nur der persönlich haftenden Gesellschafter, Abgabe einer Beitrittserklärung), Ausscheiden freiwillig oder mit Eintritt eines bestimmten Ereignisses nach Regelung der Satzung (z.B. Kündigung, mit Erreichung einer Altersgrenze, Tod, Vereinbarung mit dem zuständigen Organ) oder nach den Vorschriften des HGB über die Kommanditgesellschaft (§ 289 Abs. 1 AktG; muss nach § 289 Abs. 5 AktG durch Satzung zugelassen sein), sowie durch Ausschließung (§ 289 Abs. 1 und 5 AktG). In diesen Fällen muss wegen § 281 Abs. 1 AktG die Fassung der Satzung angepasst werden, was dem Aufsichtsrat übertragen werden kann (§ 179 Abs. 1 Satz 2 AktG). Bei Ausscheiden eines Komplementärs durch Tod müssen, soweit die gesetzliche Gesamtvertretung gilt oder die verbleibenden persönlich haftenden Gesellschafter nicht alleine vertreten können, alle Erben anmelden (Ausnahme: § 143 Abs. 3 HGB; § 289 Abs. 6 Satz 2 AktG).

1781

---

[1] *Semler/Perlitt,* in: MünchKommAktG, § 285 Rz. 67.
[2] Vgl. *Cahn* AG 2001, 579; *Hüffer,* AktG, § 278 Rz. 19; *Mertens,* in: KölnKommAktG, § 281 Rz. 2; *Semler/Perlitt,* in: MünchKommAktG, § 281 Rz. 15 f.

1782 Die Gesellschaft besteht bei mehreren persönlich haftenden Gesellschaftern bei Ausscheiden eines Komplementärs fort. Bei Eintritt und Ausscheiden eines persönlich haftenden Gesellschafters durch **satzungsändernden Beschluss** sind die Satzungsänderung sowie die Änderungen bei den Komplementären (Eintritt, Ausscheiden) als solche, je von allen persönlich haftenden Gesellschaftern in das Handelsregister **anzumelden** (§ 181 Abs. 1 Satz 1 i. V. m. § 278 Abs. 3 und § 283 Nr. 1 AktG sowie § 278 Abs. 2 AktG i. V. m. §§ 107, 108 HGB und § 289 Abs. 6 AktG). Mit anmelden muss auch der ausgeschiedene Komplementär.[1] Eine durch Änderung unter den Komplementären erforderlich gewordene Anpassung der Satzung durch Beschluss der Hauptversammlung oder des Aufsichtsrats ist ggf. separat als Satzungsänderung anzumelden.

1783 Die **Eintragung** von Komplementäränderungen erfolgt nach § 282 Satz 1 AktG und § 43 Nr. 4 lit. a und b HRV.

3. Umwandlungen und Unternehmensverträge

1784 Die Kommanditgesellschaft auf Aktien ist nach § 3 sowie § 124 Abs. 1, § 175 Nr. 1 und § 191 UmwG wie jede Kapitalgesellschaft ein umfassend **umwandlungsfähiger Rechtsträger**. Bei den einschlägigen Spezialvorschriften des UmwG gelten regelmäßig dieselben Besonderheiten wie für die entsprechenden Umwandlungsvorgänge bei Aktiengesellschaften. Daher ist eine Spaltung nach § 141 UmwG in den ersten zwei Jahren nach Eintragung im Handelsregister nicht zulässig.

1785 Im Übrigen müssen nach § 78 UmwG einer Verschmelzung und nach § 240 Abs. 3 UmwG einem Formwechsel neben der Hauptversammlung auch die persönlich haftenden Gesellschafter, falls die Satzung dies vorsieht auch durch Mehrheitsbeschluss, zuzustimmen. Bei einem **Formwechsel in eine Kommanditgesellschaft** müssen nach § 240 Abs. 2 UmwG alle Gesellschafter oder Aktionäre zustimmen, die in der übernehmenden Gesellschaft persönlich haftende Gesellschafter werden. Dabei ist die ablehnende Stimmabgabe eines Kommanditaktionärs, der zugleich Komplementär ist, in der Hauptversammlung nicht automatisch als Ablehnung der Zustimmung in seiner Funktion als Komplementär zu werten.[2] Umgekehrt wird man aber in der Zustimmung als Kommanditaktionär regelmäßig auch die Zustimmung als Komplementär sehen. Die Zustimmungsbeschlüsse müssen nach § 13 Abs. 3, § 193 Abs. 3 UmwG notariell beurkundet werden.

1786 Bei **Unternehmensverträgen** (§§ 291 ff. AktG) gilt dasselbe wie bei Aktiengesellschaften. Eine **Eingliederung** nach § 319 AktG ist demgegenüber für eine Kommanditgesellschaft auf Aktien nicht möglich.[3]

4. Auflösung der KGaA

1787 a) **Auflösungsgründe.** Eine KGaA wird aufgelöst durch **Beschluss** der persönlich haftenden Gesellschafter (§ 131 Abs. 1 Nr. 2 i. V. m. § 161 Abs. 2 HGB; § 289 Abs. 1 AktG) mit Zustimmung der Hauptversammlung (§ 289 Abs. 4, § 285 Abs. 3 AktG). Der Beschluss der persönlich haftenden Gesellschafter ist nach § 119 HGB regelmäßig einstimmig zu fassen. Für den Beschluss der Kommanditaktionäre in der Hauptversammlung ist die Mehrheit nach § 289 Abs. 4 AktG ausreichend. Die danach vorgesehene Drei-Viertel-Mehrheit kann durch die Satzung erschwert, nicht aber erleichtert werden (§ 289 Abs. 4 Satz 4 AktG).

---

[1] Siehe *Hüffer*, AktG, § 289 Rz. 10; *Bachmann*, in: Spindler/Stiltz, AktG, § 289 Rz. 33.
[2] *Widmann/Mayer*, UmwG, § 240 Rz. 54.
[3] *Hüffer*, AktG, § 319 Rz. 4; *Grunewald*, in: MünchKommAktG, § 319 Rz. 1; *Koppensteiner*, in: KölnKommAktG, Vor § 319 Rz. 5; anderer Ansicht: *Habersack*, in: Emmerich/Habersack, Aktien- und GmbH-Konzernrecht Rz. 5.

Die Eröffnung des **Insolvenzverfahrens** über das Vermögen der Gesellschaft (§ 131 Abs. 1 Nr. 3 i.V.m. § 161 Abs. 2 HGB; § 289 Abs. 1 AktG) bewirkt ebenfalls die Auflösung der Gesellschaft. 1788

Weitere **Auflösungsgründe** (§ 289 AktG) sind der Ablauf der in der Satzung bestimmten Zeit (§ 131 Abs. 1 Nr. 1 i.V.m. § 161 Abs. 2 HGB; § 289 Abs. 1 AktG), der rechtskräftige Gerichtsbeschluss, durch den die Eröffnung des Insolvenzverfahrens mangels Masse abgelehnt wird (§ 289 Abs. 2 Nr. 1 AktG), die rechtskräftige Verfügung des Registergerichts, durch die nach § 399 FamFG ein Mangel der Satzung festgestellt wurde (§ 289 Abs. 2 Nr. 2 AktG), die Löschung der Gesellschaft wegen Vermögenslosigkeit nach § 394 FamFG (§ 289 Abs. 2 Nr. 3 AktG), ein rechtskräftiges Urteil des Prozessgerichts nach §§ 396 ff. AktG und die gerichtliche Entscheidung auf Auflösungsklage nach § 133 HGB, wozu nach § 289 Abs. 4 Satz 2 AktG die Zustimmung der Hauptversammlung der Kommanditaktionäre, regelmäßig mit Drei-Viertel-Mehrheit, erforderlich ist. 1789

Der **Tod eines Komplementärs** führt grundsätzlich nicht zur Auflösung der Gesellschaft (§ 131 Abs. 3 Nr. 1 i.V.m. § 161 Abs. 2 HGB; § 289 Abs. 1 AktG). Ebenso bewirkt die Eröffnung des Insolvenzverfahrens über das Vermögen eines persönlich haftenden Gesellschafters nur dessen Ausscheiden als Komplementär (§ 131 Abs. 3 Nr. 2 i.V.m. § 161 Abs. 2 HGB; § 289 Abs. 1 AktG). Mit Ausscheiden des letzten Komplementärs ist die KGaA allerdings aufgelöst.[1] 1790

b) Anmeldung und Eintragung der Auflösung und der Abwickler. Die **Auflösung**, die Abwickler und deren Vertretungsbefugnis sind zur Eintragung in das Handelsregister **anzumelden**, soweit nicht bei Insolvenzeröffnung, Abweisung des Insolvenzantrags mangels Masse, gerichtlicher Feststellung eines Mangels der Satzung, Löschung wegen Vermögenslosigkeit nach § 278 Abs. 3, 263 AktG und Auflösung durch Entscheidung des Prozessgerichts oder der Verwaltungsbehörde (§ 398 AktG, §§ 7 Abs. 2, 17 VereinsG, § 38 Abs. 1 Satz 3 KWG) die Eintragung von Amts wegen auf Mitteilung der zuständigen Behörde vorzunehmen ist (§ 289 Abs. 6 Satz 1 AktG, § 143 HGB). Bei der amtswegigen Eintragung der Auflösung ist hinsichtlich der erforderlichen Anpassung der allgemeinen Vertretungsregelung in Spalte 4 Unterspalte a die Vorschrift des § 384 Abs. 2 FamFG zu beachten (hierzu Rz. 450 a ff.). Sofern eine gesonderte Anmeldung erforderlich ist, erfolgt sie durch alle Komplementäre und ist erzwingbar (§ 14 HGB). Der Grund der Auflösung ist in der Anmeldung anzugeben (§ 263 Satz 3 i.V.m. § 278 Abs. 3 AktG). 1791

Nach der Auflösung der KGaA findet in der Regel, jedoch nicht bei Insolvenzeröffnung und Löschung wegen Vermögenslosigkeit, die **Abwicklung** statt (§ 264 Abs. 1 i.V.m. § 278 Abs. 3 AktG), die von allen persönlich haftenden Gesellschaftern und einem oder mehreren von der Hauptversammlung gewählten Abwicklern besorgt wird, wenn die Satzung nichts anderes bestimmt (§ 290 Abs. 1 AktG). Auch eine juristische Person kann Abwickler sein (§ 265 Abs. 2 i.V.m. § 278 Abs. 3 AktG). Zur Bestellung oder Abberufung von Abwicklern durch das Gericht ist jeder persönlich haftende Gesellschafter berechtigt. Hierbei können auch persönlich Haftende zwar nicht von der Hauptversammlung allein, wohl aber durch das Gericht abberufen werden. Zu beachten ist, dass sich die gerichtliche Bestellung und Abberufung von Abwicklern nach den Vorschriften des AktG (§ 265 i.V.m. § 278 Abs. 3 AktG) richtet, nicht nach § 146 Abs. 2 HGB. Für die **Anmeldung der Abwickler** und ihre Eintragung in das Handelsregister gilt dasselbe wie bei der Aktiengesellschaft (Rz. 1654 ff.) Die gerichtliche Bestellung oder Abberufung von Abwicklern wird von Amts wegen eingetragen (§ 266 Abs. 4 i.V.m. § 278 Abs. 3 AktG). 1792

---

[1] Vgl. **BGH** Z 51, 198; *Hüffer*, AktG, § 289 Rz. 9.

1793 Für den **Schluss der Abwicklung**, das Erlöschen der Firma und eine etwaige Nachtragsabwicklung ist auf die entsprechenden Ausführungen zur Aktiengesellschaft zu verweisen (siehe Rz. 1667).

F. Versicherungsverein auf Gegenseitigkeit

I. Begriff und Wesen eines VVaG

1794 Der **Versicherungsverein auf Gegenseitigkeit** (VVaG) ist ein privates Unternehmen (§ 1 Abs. 1 VAG) in der Form eines rechtsfähigen Vereins, der die Versicherung seiner Mitglieder als Hauptzweck betreibt und dessen Mitglieder als Versicherte das wirtschaftliche Risiko des gesamten Betriebs tragen[1] (§§ 15, 38, 48 Abs. 2, § 50 Abs. 1 VAG). Ein „großer VVaG" kann jedoch auch Nichtmitglieder versichern (§ 21 Abs. 2 VAG). Der Verein erlangt seine Rechtsfähigkeit durch Erteilung der Erlaubnis seitens der Aufsichtsbehörde (§ 15 VAG).

1795 **Aufsichtsbehörden** sind gemäß § 4 FinDAG[2] die „Bundesanstalt für Finanzdienstleistungsaufsicht" (BAFin) sowie die jeweiligen Landesaufsichtsbehörden. Die Aufsichtsbehörde entscheidet auch nach § 53 VAG darüber, ob der VVaG als „kleinerer Verein" einzuordnen ist, mit der Folge, dass bestimmte Erleichterungen gegenüber der strengen Normierung des Regelungskomplexes der VVaG zur Anwendung kommen. Eine Eintragung des „kleineren Vereins" in ein Register ist nach § 53 VAG nicht vorgesehen; die Aufnahme dieser Vereine in das Vereinsregister verbietet sich, weil der VVaG ein wirtschaftlicher Verein ist (§ 21 BGB).

1796 Der VVaG ist juristische Person (§ 15 VAG). Für ihn gelten insbesondere die Bestimmungen der §§ 8 bis 104 HGB und §§ 238 bis 263 HGB, soweit das VAG nichts anderes bestimmt (§ 16 VAG).

II. Entstehung eines VVaG

1797 Die Entstehung des VVaG zerfällt in zwei Rechtsvorgänge: Einerseits der **Gründungsakt**, also die Einigung der Gründer über die Entstehung des VVaG, insbesondere die Feststellung des Inhalts der Satzung (§§ 17 ff. VAG) und der allgemeinen Versicherungsbedingungen, soweit sie nicht Bestandteil der Satzung sind (§ 10 VAG) sowie die Berufung der Vereinsorgane (Vorstand, Aufsichtsrat gemäß § 35 VAG, Mitgliederversammlung oder Mitgliedervertreterversammlung). Gründer können voll geschäftsfähige natürliche und juristische Personen sein. Auch wenn eine bestimmte Anzahl gesetzlich nicht vorgeschrieben ist, sind mindestens zwei Personen erforderlich, die nach § 20 Satz 2 VAG den Willen haben müssen, zugleich eine Versicherung abzuschließen.[3] Die festzustellende Satzung muss gemäß § 17 Abs. 2 VAG notariell beurkundet sein.

1798 Zum anderen muss dem VVaG **durch die Aufsichtsbehörde erlaubt** worden sein, Geschäfte zu betreiben (§ 5 Abs. 1, § 15 VAG). Die Erlaubnis wird, wenn sich nicht aus dem Geschäftsplan etwas anderes ergibt, ohne zeitliche Beschränkung erteilt (§§ 6 bis 8 VAG). Mit der Zulassung, nicht erst mit der Eintragung im Register, erlangt der VVaG seine Rechtsfähigkeit (§ 15 VAG). Für die **Organe** des VVaG gelten die entsprechenden Bestimmungen des AktG (vgl. §§ 34 ff. VAG). Die oberste Vertre-

---

[1] Vgl. *Benker*, VVaG, Kap. 3, S. 58 ff.
[2] Gesetz über die Bundesanstalt für Finanzdienstleistungsaufsicht, verkündet als Art. 1 des Gesetzes über die integrierte Finanzdienstleistungsaufsicht vom 22. 4. 2002, BGBl. I S. 1310.
[3] *Fahr/Kaulbach/Bähr*, VAG, § 15 Rz. 7.

tung des VVaG (§ 36 VAG) ist entweder eine Versammlung der Mitglieder oder eine Versammlung von Vertretern der Mitglieder.

III. Anmeldung zum Handelsregister

Sämtliche Mitglieder des Vorstands und des Aufsichtsrats haben den VVaG bei dem für seinen Sitz zuständigen Registergericht zur Eintragung in das Handelsregister **anzumelden** (§ 30 Abs. 1 VAG). Die Anmeldung hat in der Form des § 12 Abs. 1 Satz 1 HGB zu erfolgen; rechtsgeschäftliche Vertretung bei der Anmeldung ist möglich (§ 12 Abs. 1 Satz 2 HGB). Die Anmeldung ist gemäß §§ 30, 16 VAG i.V.m. § 14 HGB erzwingbar. In der Anmeldung ist anzugeben, welche Vertretungsbefugnis die Vorstandsmitglieder haben (§ 30 Abs. 1 Satz 2 VAG). Für die Vertretung gelten die Vorschriften zur Aktiengesellschaft (§ 34 Satz 2 VAG i.V.m. § 78 Abs. 2 und 3 AktG). Nach § 34 VAG besteht der Vorstand aus mindestens zwei natürlichen Personen. Aus Sicht der Aufsichtsbehörde ist eine Einzelvertretung durch Vorstandsmitglieder unerwünscht.[1]

Der Anmeldung sind als Anlage (§ 31 Abs. 1 VAG) die **Urkunde über die Erlaubnis** zum Geschäftsbetrieb durch die Aufsichtsbehörde sowie die notariell beurkundete genehmigte **Satzung** beizufügen (§ 17 VAG). Für den notwendigen Satzungsinhalt siehe § 18 (Firma, Sitz), § 22 (Gründungsstock), § 24 (Beitragspflicht), § 28 (Bekanntmachungen des VVaG), § 29 (Vorstand, Aufsichtsrat, oberste Vertretung: Mitglieder- oder Vertreterversammlung), § 37 (Reservefonds) und § 38 Abs. 2 VAG (Verteilung des Überschusses). Die Satzung soll Bestimmungen enthalten über die Versicherungszweige, Grundsätze für Vermögensanlage und Art des Versicherungsgeschäfts (§ 9 VAG), über Beginn und Ende der Mitgliedschaft (§ 20 VAG) und über Nachschüsse und Umlagen (§ 27 VAG).

Beizufügen sind auch die Dokumente über die **Bestellung des Vorstands** und des **Aufsichtsrats** (§§ 34, 35 VAG) samt den Angaben von Name, Beruf und Wohnort der Mitglieder des ersten Aufsichtsrats in einer Liste gemäß § 31 Abs. 1 Nr. 3a VAG und des ersten Vorstands sowie die Urkunden über die **Bildung des Gründungsstocks** mit der Erklärung des Vorstands und des Aufsichtsrats, wieweit und in welcher Weise der Gründungsstock bar einbezahlt und dass der eingezahlte Betrag endgültig zur freien Verfügung des Vorstands steht (§§ 22, 31 Abs. 1 Nr. 4 VAG).

Für die der Anmeldung beizufügenden Schriftstücke gilt § 31 Abs. 2 VAG i.V.m. § 12 Abs. 2 HGB. Eine Versicherung der Vorstandsmitglieder in der Anmeldung, dass keine Umstände vorliegen, die ihrer Bestellung nach dem entsprechend geltenden § 76 Abs. 3 AktG (§ 34 Abs. 1 VAG) entgegenstehen, ist nach § 34 Abs. 1 VAG i.V.m. § 81 Abs. 3 AktG erforderlich.

Beispiel der Anmeldung eines VVaG durch sämtliche Vorstands- und Aufsichtsratsmitglieder:

> Wir, die sämtlichen Vorstands- und Aufsichtsratsmitglieder des „Allgemeiner-Münchner Sterbe-Versicherungsverein auf Gegenseitigkeit" mit dem Sitz in München überreichen
> – Notariell beurkundete Satzung vom 11. 1. 2009; diese Urkunde enthält auch die Bestellung des Aufsichtsrats
> – Beschluss über die Bestellung des Vorstands sowie Liste der Mitglieder des Aufsichtsrats
> – Urkunden über die Bildung des Gründungsstocks
> – Erlaubnis der Aufsichtsbehörde vom 20. 2. 2009
> Wir melden den Verein und die Bestellung der Herren Hans Hochberger, München, geboren am 2. 2. 1950, und Heinrich Huch, Leipzig, geboren am 10. 10. 1960, zu Vorstandmitglie-

---
[1] Siehe *Weigel*, in: Prölss, VAG, Vor § 15 Rz. 61 m.w.N.

dern zur Eintragung in das Handelsregister an und versichern, dass der Gründungsstock voll in bar eingezahlt ist und endgültig zur freien Verfügung des Vorstands steht.

Der Vorstand besteht aus mindestens zwei Mitgliedern. Der Verein wird durch zwei Vorstandsmitglieder oder ein Vorstandsmitglied und einen Prokuristen vertreten.

Wir zeigen gleichzeitig an, dass Herr Adam Berman, Garmisch-Partenkirchen, geboren am 9. 9. 1955, zum Vorsitzenden des Aufsichtsrats und Herr Albert Albrecht, Bremen, geboren am 11. 11. 1950 zu seinem Stellvertreter gewählt ist.

Jedes Vorstandsmitglied versichert für sich:

Es liegen keine Umstände vor, aufgrund derer ich nach § 76 Abs. 3 Satz 2 und 3 AktG vom Amt eines Vorstandes ausgeschlossen wäre: Während der letzten fünf Jahre erfolgte weder im Inland noch im Ausland wegen einer vergleichbaren Tat eine Verurteilung wegen einer oder mehrerer Straftaten

– des Unterlassens der Stellung des Antrags auf Eröffnung des Insolvenzverfahrens (Insolvenzverschleppung),

– nach §§ 283 bis 283 d StGB (Insolvenzstraftaten)

– der falschen Angaben nach § 82 GmbHG oder § 399 AktG,

– der unrichtigen Darstellung nach § 400 AktG, § 331 HGB, § 313 UmwG oder des § 17 PublG oder

– nach den §§ 263 bis 264 a oder den §§ 265 b bis 266 a StGB zu einer Freiheitsstrafe von mindestens einem Jahr;

auch wurde mir weder durch gerichtliches Urteil noch durch vollziehbare Entscheidung einer Verwaltungsbehörde die Ausübung eines Berufs, Berufszweigs, Gewerbes oder Gewerbezweigs untersagt, somit auch nicht im Bereich des Unternehmensgegenstands der Gesellschaft; ferner wurde ich nicht aufgrund einer behördlichen Anordnung in einer Anstalt verwahrt. Vom beglaubigenden Notar wurde ich über die unbeschränkte Auskunftspflicht gegenüber dem Gericht gemäß § 53 BZRG belehrt.

Die inländische Geschäftsanschrift lautet: 80333 München, Richard-Wagner-Straße 100. Eintragungsmitteilung erbitten wir an die beiden Vorstandsmitglieder unter der Anschrift des Vereins.

IV. Eintragung in das Handelsregister

1804 Das **Gericht** (Richter, § 17 Nr. 1 lit. a RPflG) **prüft,** ob der Eintragungsantrag in der gehörigen Form, vollständig und von den dazu legitimierten Personen gestellt worden ist, ob also den Vorschriften der §§ 30, 31 VAG genügt wurde und ob die Vorstands- und Aufsichtsratsmitglieder ordnungsgemäß bestellt sind. Nicht zu prüfen ist dagegen, ob die Satzung vollständig ist und dem Gesetz entspricht, wohl aber, ob sich die Firma deutlich von den anderen eingetragenen Firmen unterscheidet (§ 30 HGB).

1805 Die **Eintragung** erfolgt in das Handelsregister Abteilung B (§ 3 Abs. 3 HRV). Einzutragen sind nach § 32 VAG die Firma, die den Sitz des Vereins erkennen lassen soll und einen Rechtsformzusatz enthalten muss (§ 18 Abs. 2 VAG) und der Sitz des Vereins samt inländischer Geschäftsanschrift (siehe § 3 Abs. 3, § 43 Nr. 2 lit. b HRV) sowie der Gegenstand des Unternehmens, also die Versicherungszweige, auf die sich der Betrieb erstrecken soll, außerdem die Höhe des Gründungsstocks, sämtliche Vorstandsmitglieder mit Familiennamen, Vornamen, Geburtsdatum und Wohnort sowie die Vertretungsbefugnis der Vorstandsmitglieder (§ 43 Nr. 4 HRV), etwaige Prokuren (§ 16 VAG i. V. m. §§ 48 ff. HGB), die Rechtsform des Vereins („Versicherungsverein auf Gegenseitigkeit"), der Tag der Feststellung der Satzung (dies ist trotz des unklaren Wortlauts des § 43 HRV in diesem Punkt schon deshalb erforderlich, weil auch spätere Satzungsänderungen mit Datum einzutragen sind), daneben auch der Tag der Erteilung der Erlaubnis zum Geschäftsbetrieb, etwaige Bestimmungen über die Zeitdauer des Vereins und der Tag der Eintragung (§ 382 Abs. 2 FamFG; § 27 Abs. 4 HRV).

Dritter Abschnitt. F. Versicherungsverein auf Gegenseitigkeit

Beispiel für die Eintragung eines VVaG: 1806

Spalte 2 1807
Unterspalte a (Firma):
Allgemeiner Münchner Sterbe-Versicherungsverein auf Gegenseitigkeit
Unterspalte b (Sitz): München; Geschäftsanschrift: Richard-Wagner-Straße 100, 80333 München
Unterspalte c (Gegenstand des Unternehmens):
Übernahme der Bestattung seiner Mitglieder und auf besonderen Antrag eine zusätzliche Bargeldversicherung, Vertrieb chemischer Erzeugnisse
Spalte 3 (Grund- oder Stammkapital): Gründungsstock: 500 000 €
Spalte 4
Unterspalte a (Allgemeine Vertretungsregelung):
Der Verein wird durch zwei Vorstandsmitglieder oder ein Vorstandsmitglied gemeinsam mit einem Prokuristen vertreten.
Unterspalte b (Vorstand und besondere Vertretungsbefugnis):
Vorstand: Hochberger, Hans, München, *2. 2. 1950,
Vorstand: Huch, Heinrich, Leipzig, *10. 10. 1960
Spalte 5 (Prokura): –
Spalte 6
Unterspalte a (Rechtsform, Beginn, Satzung):
Versicherungsverein auf Gegenseitigkeit. Satzung vom 11. 1. 2009. Erlaubnis zum Geschäftsbetrieb wurde am 20. 2. 2009 erteilt.
Unterspalte b (Sonstige Rechtsverhältnisse): –

Öffentlich **bekannt zu machen** (§ 10 HGB) ist nur der Inhalt der Eintragung. Zusatzbekanntmachungen sind nicht mehr vorgesehen. 1808

V. Anmeldung und Eintragung späterer Änderungen

1. Satzungsänderungen

Änderungen der Satzung erfolgen durch Beschluss der obersten Vertretung (§ 39 VAG) in notariell beurkundeter Form (§ 36 Satz 1 VAG i. V.m. § 130 Abs. 1 Satz 1 AktG). Zur Einberufung siehe § 36 Satz 1 VAG mit §§ 121 ff. AktG. Erforderlich ist, sofern die Satzung nichts anderes vorsieht, eine Mehrheit von drei Viertel der abgegebenen Stimmen (§ 39 Abs. 4 Satz 2 und Abs. 1 VAG). Für die Aufgabe eines Versicherungszweiges oder die Einführung eines neuen (§ 39 Abs. 4 Satz 1 VAG) kann die Satzung keine Erleichterung des Mehrheitserfordernisses statuieren. Die Beschlussfassung über Satzungsänderungen, die nur die Fassung der Satzung betreffen, kann durch die oberste Vertretung dem Aufsichtsrat übertragen werden (§ 39 Abs. 2 VAG). Zu weiteren Fällen, in denen der Aufsichtsrat zur Beschlussfassung über Satzungsänderungen ermächtigt werden kann, siehe § 39 Abs. 3, § 41 Abs. 2 VAG. Für die Beschlussfassung des Aufsichtsrats genügt die einfache Mehrheit (§ 35 Abs. 3 VAG i. V.m. § 108 AktG). Jede Satzungsänderung muss von der Aufsichtsbehörde **genehmigt** werden (§ 5 Abs. 3 Nr. 1 i. V.m. § 13 Abs. 1 VAG). Der die Satzungsänderung enthaltende Beschluss der obersten Vertretung ist beim Registergericht nach § 31 Abs. 2 VAG und § 12 Abs. 2 HGB einzureichen (§ 36 Satz 1 VAG i. V.m. § 130 Abs. 5 AktG). 1809

Die **Anmeldung** der Satzungsänderung hat durch die Vorstandsmitglieder in vertretungsberechtigter Zahl zu erfolgen (§ 40 Abs. 1 VAG). Sofern die ausdrücklich eingetragenen Umstände nach § 32 VAG betroffen sind, muss dies die Anmeldung schlagwortartig erkennen lassen, im Übrigen genügt die Bezugnahme auf die nach § 31 Abs. 2 VAG und § 12 Abs. 2 HGB beizufügende Niederschrift über die Beschlussfassung. Beizufügen ist, neben der Genehmigungsurkunde der Aufsichtsbehörde (§ 40 1810

Abs. 1 Satz 2 VAG), der vollständige Wortlaut der Satzung samt Bescheinigung eines Notars, dass die geänderten Bestimmungen der Satzung mit dem Beschluss über die Satzungsänderung und die unveränderten Bestimmungen mit dem zuletzt zum Handelsregister eingereichten vollständigen Wortlaut der Satzung übereinstimmen (§ 40 Abs. 1 Satz 3 VAG; hierzu allgemein Rz. 1023). Das **Gericht** (Richter, § 17 Nr. 1 lit. b RPflG) **prüft,** ob die Satzungsänderung zulässig und ordnungsgemäß zustande gekommen ist. Die materielle Prüfung steht demgegenüber der Aufsichtsbehörde zu, die über die Genehmigung der Satzungsänderung zu befinden hat und an deren Entscheidung das Registergericht gebunden ist.[1] Zur Eintragung siehe § 43 Nr. 6 lit. a HRV, zur öffentlichen Bekanntmachung § 10 HGB. Die Wirkung der Satzungsänderung tritt erst mit der Eintragung im Register ein (§ 40 Abs. 3 VAG).

2. Sitzverlegung

1811   Auch eine **Sitzverlegung** erfolgt im Wege der Satzungsänderung. Sie bedarf somit der Genehmigung der Aufsichtsbehörde und ist von den Vorstandsmitgliedern in vertretungsberechtigter Zahl bei dem Registergericht des bisherigen Sitzes anzumelden (§ 16 VAG i. V. m. § 13h HGB).

3. Änderungen des Vorstands

1812   **Änderungen** in der Person **des Vorstands,** die Neubestellung, Abberufung sowie die Änderung von deren Vertretungsbefugnissen sind durch die Vorstandsmitglieder in vertretungsberechtigter Zahl unter Beifügung der Urkunden nach § 31 Abs. 2 VAG und § 12 Abs. 2 HGB anzumelden (§ 34 VAG i. V. m. § 81 Abs. 1 AktG). Die neuen Vorstandsmitglieder haben, anders als in der Erstanmeldung, bei welcher die entsprechende Prüfung durch die Aufsichtsbehörde erfolgt, in der Anmeldung zu versichern, dass keine Umstände vorliegen, die ihrer Bestellung nach § 76 Abs. 3 Satz 2 und 3 AktG i. V. m. § 34 Abs. 1 VAG entgegenstehen und dass sie über ihre unbeschränkte Auskunftspflicht gegenüber dem Gericht belehrt worden sind (§ 34 Abs. 1 VAG i. V. m. § 81 Abs. 3 AktG). Die Anmeldung ist nach § 14 HGB erzwingbar. Zur Eintragung siehe § 43 Nr. 4 lit. a und b HRV. Die öffentliche Bekanntmachung richtet sich nach § 10 HGB.

4. Zweigniederlassungen

1813   **Zweigniederlassungen** sind bei dem Gericht des Sitzes durch Vorstandsmitglieder in vertretungsberechtigter Zahl nach § 13 Abs. 1 HGB anzumelden (hierzu Rz. 292 ff.). Inländische Zweigniederlassungen ausländischer Versicherungsunternehmen sind nach § 13e HGB zu behandeln (hierzu Rz. 335 ff.), siehe ferner §§ 105 ff. VAG, insbesondere die Pflicht zur Bestellung eines Hauptbevollmächtigten mit Wohnsitz im Inland der auf erzwingbare Anmeldung hin im Handelsregister einzutragen ist, § 106 Abs. 3 VAG. Die Eintragung erfolgt in Spalte 4 Unterspalte b (§ 43 Nr. 4 lit. b HRV).

VI. Auflösung und Abwicklung eines VVaG

1. Auflösungsgründe

1814   Die **Auflösung** eines VVaG tritt ein (vgl. § 42 VAG) durch Eröffnung des Insolvenzverfahrens über das Vermögen des Vereins (§ 42 Nr. 3, § 88 VAG), mit der Rechtskraft des Beschlusses, durch den die Eröffnung des Insolvenzverfahrens mangels einer die Kosten des Verfahrens deckenden Masse abgelehnt wird (§ 42 Nr. 4 VAG), durch

---

[1] OLG Hamburg OLGZ 1984, 307; ebenso *Weigel,* in: Prölss, VAG, § 40 Rz. 4; offen hingegen *Fahr/Kaulbach/Bähr,* VAG, § 40 Rz. 2.

Widerruf der Erlaubnis für den gesamten Geschäftsbetrieb durch die Aufsichtsbehörde (§ 87 VAG), die wie ein Auflösungsbeschluss der obersten Vertretung (§ 87 Abs. 5 VAG) wirkt, durch Wegfall aller Mitglieder, durch Verbot des VVaG aufgrund des Vereinsgesetzes sowie durch weitere in der Satzung bestimmte Auflösungsgründe, z. B. Herabsinken der Mitglieder unter eine bestimmte Zahl.

Zudem wird ein VVaG **durch Beschluss** der obersten Vertretung aufgelöst, welcher der Genehmigung der Aufsichtsbehörde bedarf, die diese dem Registergericht mitteilt (§ 42 Nr. 2, § 43 Abs. 2 VAG). Ebenso wird durch den Ablauf der in der Satzung bestimmten Zeit (§ 42 Nr. 1 VAG) der Verein aufgelöst, wobei eine Fortsetzung vor Fristablauf durch Satzungsänderung, danach gemäß § 49 VAG möglich ist. Bei Verschmelzung durch Aufnahme durch einen anderen VVaG erlischt der übertragende Verein, bei Verschmelzung durch Neubildung erlöschen sämtliche übertragenden VVaG, bei Übertragung des Vermögens eines Vereins auf eine AG erlischt der VVaG mit Eintragung der Vermögensübertragung. 1815

2. Anmeldung und Eintragung der Auflösung eines VVaG

Die Auflösung ist grundsätzlich von den Vorstandsmitgliedern in vertretungsberechtigter Zahl zur Eintragung in das Handelsregister **anzumelden** (§ 45 VAG). Die Anmeldung ist erzwingbar (§ 14 HGB). Wurde die Auflösung durch Maßnahmen des Insolvenzgerichts bewirkt, so hat das Gericht die Auflösung und ihren Grund auf Mitteilung der Geschäftsstelle des Insolvenzgerichts (§ 45 Satz 3 VAG), im Fall des Widerrufs der Erlaubnis auf Mitteilung der Aufsichtsbehörde von Amts wegen einzutragen (§ 87 Abs. 5 Satz 2 VAG). In diesen Fällen ist insbesondere zur Korrektur der in Spalte 4 eingetragenen Vertretungsregelungen § 384 Abs. 2 FamFG zu beachten (hierzu Rz. 450a ff.). Wurde der Verein durch Wegfall aller Mitglieder aufgelöst, so ist im Regelfall das Amtslöschungsverfahren durchzuführen. Bei einem Verbot nach den Bestimmungen des VereinsG erfolgt die Eintragung auf Anzeige der Verbotsbehörde von Amts wegen (§ 7 Abs. 2 VereinsG). Über die **Eintragung** und Veröffentlichung siehe § 43 Nr. 6 lit. b sublit. dd HRV sowie § 10 HGB. 1816

Beispiel für die **Anmeldung** der Auflösung eines VVaG: 1817

> Wir melden als die bisherigen Vorstandsmitglieder des im Handelsregister des Amtsgerichts München Abteilung B Nummer 2445 eingetragenen „Allgemeiner Münchner Sterbe-Versicherungsverein auf Gegenseitigkeit" mit dem Sitz in München zur Eintragung in das Handelsregister an:
>
> Die Vertreterversammlung hat als oberste Vertretung am 2. 12. 2009 die Auflösung des Vereins beschlossen. Die Genehmigung der Aufsichtsbehörde wurde am 5. 1. 2010 erteilt.
>
> Die Satzung bestimmt, dass im Falle der Auflösung der Verein von zwei Abwicklern gemeinsam vertreten wird.
>
> Wir sind zu satzungsgemäß vertretungsberechtigten Abwicklern bestellt. Die Prokura für Karl Krieg ist erloschen.
>
> Wir versichern, dass keine Umstände vorliegen, die unserer Bestellung zu Abwicklern nach § 265 Abs. 2 Satz 2 AktG i. V. m. § 47 Abs. 3 VAG und § 76 Abs. 3 Satz 2 und 3 AktG entgegenstehen:
>
> Während der letzten fünf Jahre erfolgte weder im Inland noch im Ausland wegen einer vergleichbaren Tat eine Verurteilung wegen einer oder mehrerer Straftaten
> - des Unterlassens der Stellung des Antrags auf Eröffnung des Insolvenzverfahrens (Insolvenzverschleppung),
> - nach §§ 283 bis 283d StGB (Insolvenzstraftaten)
> - der falschen Angaben nach § 82 GmbHG oder § 399 AktG,
> - der unrichtigen Darstellung nach § 400 AktG, § 331 HGB, § 313 UmwG oder des § 17 PublG oder

– nach den §§ 263 bis 264a oder den §§ 265b bis 266a StGB zu einer Freiheitsstrafe von mindestens einem Jahr;
auch wurde mir weder durch gerichtliches Urteil noch durch vollziehbare Entscheidung einer Verwaltungsbehörde die Ausübung eines Berufs, Berufszweigs, Gewerbes oder Gewerbezweigs untersagt, somit auch nicht im Bereich des Unternehmensgegenstands der Gesellschaft; ferner wurde ich nicht aufgrund einer behördlichen Anordnung in einer Anstalt verwahrt. Vom beglaubigenden Notar wurde ich über die unbeschränkte Auskunftspflicht gegenüber dem Gericht gemäß § 53 BZRG belehrt.

Wir übergeben als Anlagen:
– Notariell beurkundete Niederschrift über die Vertreterversammlung vom 2. 12. 2009, die unsere Bestellung zu Abwicklern enthält;
– Genehmigung der Aufsichtsbehörde vom 5. 1. 2010

1818 Die **Eintragung** lautet folgendermaßen:

1819 **Spalte 4**
Unterspalte a (Allgemeine Vertretungsregelung):
Geändert nun: *(Vorstehende Worte als Übergangstext gemäß § 16a HRV)*
Der Verein wird durch zwei Abwickler gemeinsam vertreten.
Unterspalte b (Vorstand und besondere Vertretungsbefugnis):
Geändert nun: *(Vorstehende Worte als Übergangstext gemäß § 16a HRV)*
Abwickler: Hochberger, Hans, München, *14. 11. 1946,
Abwickler: Hörmann, Hugo, München, *1. 11. 1948.

Spalte 5 (Prokura):
Prokura erloschen: Krieg, Karl, Hamburg, * 5. 3. 1953

Spalte 6
Unterspalte a (Rechtsform, Beginn, Satzung): –
Unterspalte b (Sonstige Rechtsverhältnisse): Der Versicherungsverein ist aufgelöst.
Zu röten sind die bisherigen Eintragungen zur allgemeinen Vertretungsregelung der Vorstandsmitglieder, die Eintragungen zu den bisherigen Vorstandsmitgliedern und zum Prokuristen. Ferner ist in Spalte 5 (Prokura) die nunmehrige Eintragung zu röten.

3. Abwicklung (§§ 46 bis 48 VAG)

1820 Nach Auflösung des Vereins findet in der Regel die Abwicklung statt. Keine Abwicklung erfolgt allerdings bei Insolvenzeröffnung (§ 46 Abs. 1 VAG) und Löschung wegen Vermögenslosigkeit nach § 394 FamFG. Die Abwicklung wird von den Vorstandsmitgliedern als **Abwickler** durchgeführt (§ 47 Abs. 1 VAG). Wie bei der Aktiengesellschaft wird im Gesetz der Begriff „Abwickler" verwendet, jedoch ist der Begriff „Liquidator" gleichbedeutend. Die Satzung kann andere Personen als Abwickler vorsehen, auch kann die oberste Vertretung andere Abwickler bestellen (§ 47 Abs. 1 VAG). Zudem kann eine juristische Person als Abwickler bestellt werden (§ 47 Abs. 1 Satz 2 VAG).

1821 Die Abwickler sowie ihre Vertretungsbefugnis sind zur Eintragung in das Handelsregister **anzumelden.** Die Anmeldung hat durch Abwickler in vertretungsberechtigter Zahl zu erfolgen, wobei zusätzlich jeder Abwickler die erforderlichen Versicherungen zu seiner Person bei einem Notar abgeben muss (§ 47 Abs. 3 VAG i. V. m. § 266 Abs. 1 AktG). Dasselbe gilt für jeden Wechsel von Abwicklern und jede Änderung ihrer Vertretungsbefugnis (§ 47 Abs. 3 VAG i. V. m. § 266 Abs. 1 AktG). Sämtliche Anmeldungen sind nach § 14 HGB erzwingbar. Die Abwickler haben in der Anmeldung zu **versichern,** dass keine Umstände vorliegen, die ihrer Bestellung entgegenstehen und dass sie über ihre unbeschränkte Auskunftspflicht gegenüber dem Gericht belehrt worden sind (§ 47 Abs. 3 VAG i. V. m. § 266 Abs. 3 AktG). Der Anmeldung sind die Dokumente über die Bestellung oder Abberufung sowie über die Vertretungsbefugnis **nach § 12 Abs. 2 HGB** beizufügen (§ 47 Abs. 3 VAG i. V. m. § 266 Abs. 2 AktG).

Aus wichtigen Gründen hat das **Gericht** (Richter, § 17 Nr. 2 lit. b RPflG) **Abwickler** zu **bestellen** oder abzuberufen, wenn dies der Aufsichtsrat oder eine in der Satzung zu bestimmende Minderheit von Mitgliedern beantragt (§ 47 Abs. 2 VAG). Abwickler, die nicht vom Gericht bestellt sind, kann die oberste Vertretung jederzeit abberufen (§ 47 Abs. 2 Satz 3 VAG). Die Bestellung oder Abberufung von Abwicklern durch das Gericht wird von Amts wegen in das Register eingetragen (§ 47 Abs. 3 VAG i. V. m. § 266 Abs. 4 AktG). Im Übrigen sind Änderungen in der Person der Abwickler oder ihrer Vertretungsbefugnis von diesen zum Handelsregister **anzumelden**. Zur Eintragung siehe § 43 Nr. 4 lit. a und b HRV. Zu den Aufgaben der Abwickler siehe § 47 Abs. 3 VAG i. V. m. §§ 267 bis 270 AktG. 1822

Der **Abschluss der Abwicklung** ist von den Abwicklern zur Eintragung in das Handelsregister anzumelden (§ 47 Abs. 3 Satz 1 VAG i. V. m. § 273 Abs. 1 AktG). Erzwingbarkeit: § 14 HGB. Der Abschluss ist einzutragen und der Verein zu löschen. Während die Eintragung der Beendigung der Abwicklung und des Erlöschens durch den Rechtspfleger erfolgt, ist für die Entscheidung über einen etwaigen Antrag auf Bestimmung zur Aufbewahrung der Bücher nach § 17 Nr. 2 lit. a RPflG der Richter zuständig. 1823

VII. Fortsetzung eines VVaG (§ 49 VAG)

1. Fortsetzungsbeschluss und Genehmigung

Die oberste Vertretung kann die Fortsetzung des aufgelösten VVaG beschließen. Der **Beschluss** bedarf einer Mehrheit von drei Viertel der abgegebenen Stimmen, wenn die Satzung nichts anderes vorschreibt. Sie kann beschlossen werden bei Auflösung durch Zeitablauf, bei Auflösung durch Beschluss der obersten Vertretung, bei Auflösung des Vereins durch Eröffnung des Insolvenzverfahrens, wenn dieses nach Wegfall des Eröffnungsgrunds oder mit Zustimmung aller Gläubiger eingestellt wird (§§ 212, 213 InsO) oder nach Bestätigung des Insolvenzplans (§ 258 InsO) aufgehoben wird sowie bei Auflösung durch einen weiteren in der Satzung bestimmten Auflösungsgrund. Die Fortsetzung kann in diesen Fällen nur erfolgen, solange nicht mit der Verteilung des Vermögens unter die Anfallberechtigten begonnen wurde. Der Fortsetzungsbeschluss bedarf der **Genehmigung** der Aufsichtsbehörde (§ 49 Abs. 1 Satz 3 VAG). Diese hat die Genehmigung dem Registergericht mitzuteilen. 1824

2. Anmeldung und Eintragung der Fortsetzung

Die Abwickler haben die Fortsetzung des Vereins zur Eintragung in das Handelsregister anzumelden. Sie haben bei der Anmeldung nachzuweisen, dass mit der Verteilung des Vermögens des Vereins unter die Anfallberechtigten noch nicht begonnen worden ist (§ 49 Abs. 3 VAG). Zum schwierig zu führenden Nachweis[1] geeignet ist eine Bescheinigung der Aufsichtsbehörde oder ein Gutachten eines Wirtschaftsprüfers. Gleichzeitig sind die neuen Vorstandsmitglieder sowie das Erlöschen des Amtes der Abwickler unter Anmeldung der neuen allgemeinen Vertretungsregelung anzumelden. Zur Eintragung siehe § 43 Nr. 6 lit. b sublit. dd HRV, zur Veröffentlichung § 10 HGB. Der Fortsetzungsbeschluss wird mit der Eintragung wirksam (§ 49 Abs. 4 VAG). Ist der Beschluss wirksam geworden, so wandelt sich der liquidierende Verein in ein werbendes Unternehmen zurück. 1825

---

[1] *Fahr/Kaulbach/Bähr*, VAG, § 49 Rz. 4.

Teil 1. Handelsregister

VIII. Umwandlungsvorgänge bei VVaG

1826 Versicherungsvereine auf Gegenseitigkeit sind voll umwandlungsfähige Rechtsträger (§ 3 Abs. 1 Nr. 6, § 124 Abs. 1, § 175 Nr. 2 und § 191 Abs. 1 Nr. 5 UmwG).

1. Verschmelzung

1827 Für die **Verschmelzung** von Versicherungsvereinen auf Gegenseitigkeit gelten die Sondervorschriften der §§ 109 bis 119 UmwG. Diese gelten sowohl für große wie auch für kleinere Versicherungsvereine auf Gegenseitigkeit im Sinne des § 53 VAG (§§ 118, 119 UmwG). Registerrechtlich relevant sind jedoch nur Verschmelzungen, bei denen wenigstens ein großer Versicherungsverein beteiligt ist. Nach § 109 UmwG kann sich ein Versicherungsverein als übertragender Rechtsträger an einer Verschmelzung mit einem anderen Versicherungsverein oder einer Aktiengesellschaft, welche auch den Betrieb von Versicherungsgeschäften zum Gegenstand hat („Versicherungs-Aktiengesellschaft"), beteiligen. Als übernehmender Rechtsträger kann er sich nur an einer Verschmelzung mit einem anderen Versicherungsverein auf Gegenseitigkeit beteiligen.

1828 Der notwendige Inhalt des **Verschmelzungsvertrags** ist nach §§ 110, 114 UmwG reduziert. Die Angaben nach § 5 Abs. 1 Nr. 3 UmwG (Umtauschverhältnis der Anteile), § 5 Abs. 1 Nr. 4 UmwG (Übertragung der Anteile), § 5 Abs. 1 Nr. 5 UmwG (Zeitpunkt des Anspruchs auf Bilanzgewinn) und § 5 Abs. 1 Nr. 7 UmwG (Gewährung von Rechten an einzelne Anteilsinhaber oder Inhaber besonderer Rechte) können entfallen (§ 110 UmwG). Der Verschmelzungsvertrag oder sein Entwurf ist nach §§ 111, 114 UmwG wie bei der Verschmelzung von Aktiengesellschaften beim Registergericht einzureichen und zu veröffentlichen. Auch die Vorbereitungshandlungen (§ 112 Abs. 1 und 2, § 114 UmwG) sind der Verschmelzung von Aktiengesellschaften ähnlich: Vor der Versammlung der obersten Vertretung, die über den Verschmelzungsvertrag beschließen soll, sind die nach § 63 Abs. 1 UmwG bezeichneten Unterlagen (Verschmelzungsvertrag oder Entwurf, Jahresabschlüsse und Lageberichte der letzten drei Geschäftsjahre, ggf. eine Zwischenbilanz, die Verschmelzungsberichte und die erstatteten Prüfberichte) in den Geschäftsräumen auszulegen, hierzu erforderliche Zwischenbilanzen sind aufzustellen. Während der Versammlung sind die genannten Unterlagen auszulegen.

1829 Der **Verschmelzungsbeschluss** der obersten Vertretung bedarf nach § 112 Abs. 3, § 114 UmwG der Drei-Viertel-Mehrheit, soweit nicht die Satzung eine höhere Mehrheit oder weitere Erfordernisse bestimmt. Falls nur Versicherungsvereine auf Gegenseitigkeit an der Verschmelzung beteiligt sind, findet eine gerichtliche Prüfung des Umtauschverhältnisses nicht statt (§ 113 UmwG). Verschmelzungen bedürfen wie alle Umwandlungen von Versicherungsunternehmen nach § 14a VAG der **Genehmigung** durch die Aufsichtsbehörde. Bei der Verschmelzung durch Aufnahme ist bei der Veröffentlichung der Gläubigeraufruf nach § 22 UmwG zu beachten. Soweit ein kleinerer Versicherungsverein (§ 53 VAG) beteiligt ist, treten auf dessen Seite an Stelle der Anmeldung der Antrag an die Aufsichtsbehörde und an Stelle der Eintragung und Bekanntmachung die Bekanntmachung durch die Aufsichtsbehörde nach § 119 UmwG. Auf Seiten der anderen Beteiligten gelten die üblichen Regelungen.

1830 Bei der Verschmelzung zur Neugründung (§ 2 Nr. 2 UmwG), sind daneben durch die Vorstände der übertragenden Vereine in notariell beurkundeter Form der Aufsichtsrat sowie der Abschlussprüfer für das erste Voll- oder Rumpfgeschäftsjahr des neuen Versicherungsvereins oder der neuen Versicherungsaktiengesellschaft zu bestellen (§ 115 UmwG). Auch die Satzung und die Bestellung des neuen Rechtsträgers bedürfen der Zustimmung der Versammlung der obersten Vertretung in notariell beurkundeter Form mit Drei-Viertel-Mehrheit oder ggf. unter Beachtung weitergehender satzungsmäßiger Erfordernisse (§ 116 Abs. 1, § 112 Abs. 3 UmwG). Die Bekanntmachung der Tagesordnung ist in § 116 Abs. 2 UmwG geregelt.

Der durch Verschmelzung zustande kommende neue Verein entsteht erst mit der Eintragung in das Handelsregister (§ 117 Abs. 1 UmwG). Bei den übertragenden Rechtsträgern ist der zu veröffentlichende Gläubigeraufruf des § 22 UmwG zu beachten. 1831

2. Spaltungen und Vermögensübertragungen

Die Bestimmung des § 151 UmwG schränkt die **Spaltungsmöglichkeiten** von Versicherungsvereinen auf Gegenseitigkeit dahingehend ein, dass eine Ausgliederung lediglich in der Form erfolgen kann, dass der Versicherungsverein einen Vermögensteil ohne Übertragung von Versicherungsverträgen auf eine bestehende oder eine neue Gesellschaft mit beschränkter Haftung überträgt. Im Übrigen sind nur Aufspaltungen bzw. Abspaltungen auf andere bestehende oder neue Versicherungsvereine oder Versicherungs-Aktiengesellschaften zulässig. 1832

Nach § 175 Nr. 2 UmwG können Versicherungs-Aktiengesellschaften und öffentlich-rechtliche Versicherungsunternehmen Voll- oder Teilübertragungen auf Versicherungsvereine auf Gegenseitigkeit vornehmen. Umgekehrt kann ein Versicherungsverein eine Voll- oder Teilübertragung auf Versicherungs-Aktiengesellschaften oder öffentlich-rechtliche Versicherungsunternehmen vornehmen. Einzelheiten sind in §§ 178 bis 189 UmwG geregelt. 1833

3. Formwechsel

Vorgesehen ist nach § 291 UmwG lediglich der **Formwechsel** eines VVaG **in die Rechtsform einer Aktiengesellschaft,** auch dies allerdings dann nicht, wenn es sich nur um einen kleineren Versicherungsverein (§ 53 VAG) handelt. Nach dem Formwechsel muss auf jedes Vereinsmitglied wenigstens eine volle Aktie entfallen (§ 291 Abs. 2 UmwG). Vorbereitung, Durchführung und Beschlussfassung der obersten Vertretung sind in §§ 292 bis 295 UmwG geregelt. Entscheidend für das Registerverfahren ist, abgesehen von der Beachtung der Bestimmungen für die Neugründung einer Aktiengesellschaft, vor allem die Vorlage der **Genehmigung** nach § 14a VAG. 1834

Die **Anmeldung** zum Handelsregister erfolgt nach § 296 UmwG gemäß § 198 UmwG durch den Vorstand des Versicherungsvereins unter gleichzeitiger Anmeldung samt entsprechenden Versicherungen der Vorstandsmitglieder der neuen Aktiengesellschaft. Falls nicht ein Sitzwechsel mit gleichzeitiger Änderung der Registerzuständigkeit erfolgt (§ 198 Abs. 2 UmwG), sind die Eintragungen des Formwechsels bei dem formwechselnden Versicherungsverein und der neuen Aktiengesellschaft gleichzeitig vorzunehmen. Die Bekanntmachung der beiden Eintragungen erfolgt nach § 10 HGB und § 201 UmwG, wobei die Eintragung bei dem bisherigen Rechtsträger um den Gläubigeraufruf nach §§ 204, 22 UmwG zu ergänzen ist. 1835

IX. Konzernrecht

Eine konzernmäßige Zusammenfassung von VVaG untereinander und mit anderen Unternehmen ist zulässig. Eine Regelung des Konzernrechts findet sich zwar nur im AktG. Die Vorschriften der §§ 15 bis 22 AktG sprechen aber ganz allgemein von „Unternehmen", die Bestimmungen der §§ 291ff. AktG von „Unternehmensverträgen". Der VVaG ist ein Unternehmen in diesem Sinn. Ein VVaG kann daher im Rahmen eines Unterordnungskonzerns das herrschende und eine Versicherungsaktiengesellschaft das beherrschte Unternehmen sein (siehe § 18 Abs. 1 und § 291 AktG), ebenso kann ein VVaG, ohne abhängig zu sein, mit einer anderen Gesellschaft unter 1836 einer einheitlichen Leitung stehen (Gleichordnungskonzern, § 18 Abs. 2 AktG). Die Eingehung einer solchen Unternehmensverbindung kann in Anwendung der §§ 291 ff. AktG erfolgen. Die Vorschriften der §§ 319 ff. AktG über die Eingliederung von Gesellschaften sind auf den VVaG allerdings nicht anwendbar, da für diese rechtliche Konstruktion beide Gesellschaften die Rechtsform einer AG haben müssen.

X. Sonstige Aufgaben des Amtsgerichts oder Registergerichts

1. Einreichung von Unterlagen

1837 Der Vorstand hat dem Registergericht des Sitzes des VVaG einzureichen: eine Liste der Mitglieder des Aufsichtsrats nach jedem Wechsel der Aufsichtsratsmitglieder – bei mehreren, zwischenzeitlich überholten Änderungen allerdings nur unter Wiedergabe der im Zeitpunkt der Einreichung aktuellen Besetzung (§ 35 Abs. 3 VAG i.V.m. § 106 Halbs. 1 AktG mit anschließender Bekanntmachung eines entsprechenden Hinweises des Registergerichts, § 106 Halbs. 2 AktG), eine Niederschrift über jede Versammlung der obersten Vertretung (§ 36 VAG i.V.m. § 130 Abs. 5 AktG) sowie rechtskräftige Urteile, durch die Beschlüsse der obersten Vertretung oder vom Vorstand festgestellte Jahresabschlüsse für nichtig erklärt werden (§ 36 VAG i.V.m. § 248 Abs. 1 Satz 2, § 249 Abs. 1, § 256 Abs. 7 AktG).

1838 Die nach § 142 AktG bestellten Sonderprüfer haben den Prüfungsbericht dem Vorstand und zum Handelsregister des Sitzes des VVaG einzureichen (§ 36 VAG i.V.m. § 145 Abs. 4 Satz 3 AktG). Zur Erzwingung siehe § 14 HGB.

2. Bestellung von Organmitgliedern und sonstige Aufgaben des Gerichts

1839 **Vorstandsmitglieder** hat das Gericht (Richter, § 17 Nr. 2 lit. a RPflG) auf Antrag eines Beteiligten in dringenden Fällen zu bestellen, soweit eine ordnungsgemäße Vertretung nicht möglich ist (§ 34 VAG i.V.m. § 85 AktG). Vgl. hierzu Rz. 1712 ff. **Aufsichtsratsmitglieder** sind nach den Vorschriften des § 104 AktG durch das Gericht (Richter, § 17 Nr. 2 lit. a RPflG) zu bestellen (§ 35 Abs. 3 VAG). Sie können im Übrigen nach § 35 Abs. 3 VAG i.V.m. § 103 AktG vom Gericht abberufen werden. Das Gericht (Richter) kann auf Antrag einer in der Satzung bestimmten Minderheit von Mitgliedern der obersten Vertretung Sonderprüfer bestellen (§ 36 b VAG i.V.m. § 142 Abs. 2 und 4 AktG).

1840 Wie allgemein im Vereins- und Aktienrecht hat das Gericht (Richter) auf Verlangen der in der Satzung bestimmten Minderheit der Mitglieder des VVaG diese Minderheit zur Einberufung der obersten Vertretung oder zur Ankündigung eines Gegenstandes zur Beschlussfassung zu ermächtigen und gegebenenfalls den Vorsitzenden der Versammlung zu bestimmen (§ 36 VAG i.V.m. § 122 Abs. 3 und 4 AktG). Das Gericht kann zudem Vertreter des Vereins zur Führung eines Rechtsstreits des Vereins gegen Mitglieder des Vorstands und des Aufsichtsrats bestellen, und zwar auf Verlangen einer Minderheit der Mitglieder (§ 36 VAG, § 147 Abs. 3 Satz 2 AktG).

1841 Im Rahmen des Firmenmissbrauchsverfahren gelten gemäß § 16 VAG für den VVaG auch § 37 Abs. 1 HGB und § 392 FamFG. Zur Erzwingung der vorgeschriebenen Angaben auf Geschäftsbriefen siehe § 34 Satz 1 VAG i.V.m. § 80 AktG.

1842 Das Gericht hat auf Antrag zu bestimmen, wo die Bücher und Schriften des Vereins nach Abschluss der Abwicklung zur Aufbewahrung auf die Dauer von zehn Jahren zu hinterlegen sind (§ 47 Abs. 3 VAG i.V.m. § 273 Abs. 2 AktG). Zur Erzwingbarkeit siehe § 407 Abs. 1 AktG. Mitgliedern des VVaG und Gläubigern kann das Gericht (Richter) die Einsicht in die Bücher und Schriften gestatten (§ 47 Abs. 3 VAG i.V.m. § 273 Abs. 3 AktG). Stellt sich nach Löschung des Vereins noch weiteres der Verteilung unterliegendes Vermögen heraus, so hat auf Antrag eines Beteiligten das Gericht (Richter) zur Durchführung der **Nachtragsliquidation** die bisherigen Abwickler erneut zu bestellen oder andere zu berufen (§ 47 Abs. 3 VAG; § 273 Abs. 4 AktG). Erfolgt die Bestellung nur zur Vornahme einzelner Rechtshandlungen, so bedarf es keiner Eintragung in das Handelsregister.

XI. Löschung von Amts wegen

Die Löschung eines VVaG von Amts wegen im Handelsregister kann nach Maßgabe von § 395 FamFG erfolgen, z.B. wenn der Verein **ohne Erlaubnis** zum Geschäftsbetrieb ins Handelsregister eingetragen worden ist. Zur Durchführung des Verfahrens siehe Rz. 445 ff. Ist ein **Beschluss** der obersten Vertretung auf Anfechtung hin durch rechtskräftiges Urteil für **nichtig** erklärt worden und ist dieser Beschluss bereits im Handelsregister eingetragen, so ist auch das Urteil von Amts wegen einzutragen und zu veröffentlichen (§ 36 VAG, § 248 Abs. 1 AktG, § 44 HRV). Sind **alle Mitglieder** des VVaG **weggefallen,** was das Registergericht gegebenenfalls gemäß § 26 FamFG feststellen muss, so bleibt keine andere Möglichkeit, als den Verein von Amts wegen zu löschen.

1843

(Randnummern zur Zeit nicht besetzt)

1844–1856

Teil 2. Genossenschaftsregister

I. Allgemeines zur eingetragenen Genossenschaft (eG)[1]

Genossenschaften sind nach § 1 Abs. 1 GenG Gesellschaften von nicht geschlossener Mitgliederzahl, deren Zweck darauf gerichtet ist, den Erwerb oder die Wirtschaft ihrer Mitglieder oder deren soziale oder kulturelle Belange durch gemeinschaftlichen Geschäftsbetrieb zu fördern. Erforderlich ist stets ein gemeinschaftlicher Geschäftsbetrieb,[2] nicht aber, dass die Genossenschaft an ihre Mitglieder Leistungen entgeltlich weitergibt.[3] Hierunter fallen beispielsweise die vormals ausdrücklich im Gesetz genannten Kreditvereine, Absatz- und Produktivgenossenschaften, ferner aber auch Schul-, Sport- oder Mediengenossenschaften.[4] Die Genossenschaft ist ein „förderwirtschaftlicher Personalverein",[5] der durch Eintragung in das **Genossenschaftsregister** den Status einer „eingetragenen Genossenschaft" (eG) erwirbt (§§ 10, 13, 17 Abs. 1 GenG).

1857

Die Einteilung der Genossenschaften in verschiedene Typen, die sich nach der Nachschusspflicht der Mitglieder im Insolvenzfall unterschieden haben (eingetragene Genossenschaft mit unbeschränkter Haftpflicht: „eGmuH"; eingetragene Genossenschaft mit beschränkter Haftpflicht: „eGmbH"), wurde durch den Gesetzgeber 1973 beseitigt.[6] Für Verbindlichkeiten der Genossenschaft haftet den Gläubigern nur das Vermögen der Genossenschaft (§ 2 GenG). Eine Nachschusspflicht ist für das Wesen der Genossenschaft nicht entscheidend. Jedoch muss die Satzung über die Nachschusspflicht Bestimmungen enthalten (§ 6 Nr. 3 GenG) und kann Nachschüsse unbeschränkt oder beschränkt auf eine bestimmte Geldsumme vorsehen oder auch ganz ausschließen.

1858

Mitglied einer Genossenschaft kann jede natürliche oder juristische Person des Privatrechts (Aktiengesellschaft, GmbH, e. V.) oder des öffentlichen Rechts (insbesondere auch eine Gebietskörperschaft) sein, auch eine eingetragene Genossenschaft z. B. bei einer Zentralgenossenschaft. Die Mitgliedschaft können auch offene Handelsgesellschaften, Kommanditgesellschaften, nicht-rechtsfähige Vereine und Gesellschaften bürgerlichen Rechts[7] erwerben, nicht jedoch eine stille Gesellschaft. Gemeinden dürfen sich nach den landesrechtlichen Gemeindeordnungen regelmäßig nur beteiligen, wenn ihre Haftung auf einen bestimmten Betrag begrenzt ist.[8] Ihr Beitritt zu einer Genossenschaft ist daher zulässig, wenn die Satzung die Nachschusspflicht ausschließt oder auf eine bestimmte Haftsumme beschränkt, nicht aber bei unbegrenzter Nachschusspflicht. Eine Gemeinde kann in diesen Grenzen auch einen Geschäftsanteil an einer Kreditgenossenschaft erwerben.[9] Der Beitritt eines beschränkt Geschäfts-

1859

---

[1] Siehe insbesondere zur Reform 2006 *Gschwandtner/Helios* NZG 2006, 691; *Helios/Strieder* DB 2005, 2794 und *Großfeld* ZfgG 56 (2006), 101; *Schulze/Wiese* ZfgG 56 (206), 108.
[2] BT-Drucks. 16/1025, S. 80; hierzu *Fandrich*, in: Pöhlmann/Frandrich/Bloehs, GenG, § 1 Rz. 21 ff.
[3] **BayObLG** Z 1984, 283 (= Rpfleger 1985, 117).
[4] BT-Drucks. 16/1025, S. 80.
[5] *Beuthien*, GenG, § 1 Rz. 3.
[6] Vgl. *Hornung* Rpfleger 1974, 47; *Hornung* Rpfleger 1974, 95.
[7] **BGH** NJW 1992, 499; **BayObLG** DB 1991, 2073; s. a. *Beuthien*, GenG, § 15 Rz. 7.
[8] Vgl. z. B. Art. 92 BayGO, § 122 Abs. 5 HGO, § 108 Abs. 4 GO NW, § 73 Abs. 2 ThürGO; siehe auch *Beuthien*, GenG, § 15 Rz. 5.
[9] **LG Marburg** ZfG 68, 231.

fähigen oder Geschäftsunfähigen bedarf keiner familien- oder betreuungsgerichtlichen Genehmigung. Das gilt nicht nur, wenn die Satzung eine Nachschusspflicht ausschließt (§ 6 Nr. 3 GenG), sondern auch dann, wenn sie Bestimmungen über eine auf eine bestimmte Summe beschränkte[1] oder über eine unbeschränkte[2] Nachschusspflicht trifft.

1860 Im Genossenschaftsregister werden neben den eingetragenen Genossenschaften nach den Bestimmungen des GenG auch die **Europäischen Genossenschaften** (SCE – „Societas Cooperativa Europaea") eingetragen. Diese auf den Bestimmungen der Verordnung über das Statut der Europäischen Genossenschaft[3] und den hierzu ergangenen deutschen Ausführungsbestimmungen[4] beruhende Rechtsform und ihre registerrechtliche Behandlung wird angesichts ihrer sehr eingeschränkten praktischen Bedeutung im Anschluss an die Erläuterungen zur eG nur überblicksartig dargestellt (Rz. 1977 ff.).

II. Einrichtung und Führung des Genossenschaftsregisters

1. Sachliche und örtliche Zuständigkeit

1861 Die Führung des **Genossenschaftsregisters** ist den **Amtsgerichten** übertragen, die zur Führung des Handelsregisters berufen sind (§ 10 Abs. 2 GenG, § 1 GenRegV; vgl. Rz. 9 ff.; siehe ferner §§ 374 Nr. 2, 375 Nr. 7, 376 FamFG). Die **örtliche Zuständigkeit** des Amtsgerichts richtet sich nach dem **Sitz** der Genossenschaft (§ 10 Abs. 1 GenG), der an dem Ort liegt, an dem die Verwaltung der Hauptniederlassung geführt wird (§ 377 Abs. 1 FamFG). Er muss in der Satzung enthalten sein (§ 6 Nr. 1 GenG) und im Inland liegen. Die Satzung kann aber auch einen anderen Ort als Sitz bestimmen, solange er eine gewisse Beziehung zur Betätigung der eG aufweist;[5] eine willkürliche Sitzwahl wie bei einer GmbH, AG oder KGaA ist somit bei Genossenschaften nicht zulässig. Die Bezeichnung „Genossenschaftsregister" steht unter besonderem gesetzlichen Schutz (§ 10 Abs. 3 GenG).

2. Einrichtung des Genossenschaftsregisters

1862 a) **Genossenschaftsregister.** Das zur Eintragung von Genossenschaften bestimmte Genossenschaftsregister wird nach den §§ 1 bis 26 GenRegV[6] eingerichtet. Das Register wurde einstmals in dauerhaft gebundenen Bänden geführt. Ende der 1960er und Anfang der 1970er-Jahre wurde die Registerführung wie beim Handelsregister in Karteiform angeordnet. Nunmehr wird das Genossenschaftsregister von den Gerichten elektronisch geführt (§ 156 Abs. 1 Satz 1 GenG i. V. m. § 8 Abs. 1 HGB; allgemein hierzu Rz. 53 ff.).

1863 Die Eintragungen erfolgen im **Register** gemäß dem als Anlage 1 zu § 25 GenRegV veröffentlichten Muster. Jede Genossenschaft erhält ein eigenes Registerblatt, das nach § 26 GenRegV sieben Spalten vorsieht, die in ihrer Aufteilung dem Handels-

---

[1] Vgl. **BGH** Z 41, 71; *Fandrich*, in: Pöhlmann/Fandrich/Bloehs, GenG, § 15 Rz. 3; *Beuthien*, GenG, § 15 Rz. 3; *Müller*, GenG, § 15 Rz. 3.

[2] Siehe **OLG Hamm** OLGZ 1966, 474 (= NJW 1966, 1971).

[3] Verordnung (EG) Nr. 1435/2003 des Rates vom 22. 7. 2003 (ABl. L 207 vom 18. 8. 2003, S. 1).

[4] SCE-Ausführungsgesetz (SCEAG) vom 14. 8. 2006 (BGBl. I S. 1911) samt SCE-Beteiligungsgesetz (SCEBG) vom 14. 8. 2006 (BGBl. I S. 1917).

[5] Vgl. *Fandrich*, in: Pöhlmann/Fandrich/Bloehs, GenG, § 6 R. 5; *Beuthien*, GenG, § 6 Rz. 5; *Müller*, GenG, § 6 Rz. 7.

[6] Verordnung über das Genossenschaftsregister vom 22. 11. 1923 (RGBl. I S. 1123); die Rechtsgrundlage für diese VO befindet sich nun in § 387 Abs. 2 FamFG.

register Abteilung B nachgebildet sind. Gegenstandslos gewordene Eintragungen sind im Register entweder zu **röten** oder in einer ihre Leserlichkeit nicht beeinträchtigenden Weise zu durchstreichen (§ 1 GenRegV i. V. m. § 16 HRV). Zur **Berichtigung** offenbarer Unrichtigkeiten finden sich Regelungen in § 24 GenRegV. Das Genossenschaftsregister ist dauernd aufzubewahren. Für jede in das Register eingetragene Genossenschaft werden besondere Akten gehalten, für die kraft der Verweisung des § 1 GenRegV dasselbe gilt, wie für das Handelsregister.

b) **Einsichtnahme und Ausdrucke.** Die **Einsicht in das Genossenschaftsregister** und die zu ihm eingereichten Dokumente, die Inhalt des Registerordners (§ 1 GenRegV i. V. m. § 9 HRV) sind, ist jedermann gestattet (§ 156 Abs. 1 GenG, § 9 Abs. 1 HGB). Die Einsicht in den sonstigen Inhalt der Registerakten ist von der Glaubhaftmachung eines berechtigten Interesses abhängig (§ 13 FamFG). Dasselbe gilt für die Einsicht in Akten, die bis zur ersten Eintragung der Genossenschaften gebildet werden. Es gelten durch den Verweis in § 156 Abs. 1 GenG, § 1 GenRegV dieselben Grundsätze wie bei Einsichtnahme in das Handelsregister (§ 9 HGB, § 10 HRV). 1864

Von Eintragungen in das Genossenschaftsregister und von den zum Genossenschaftsregister eingereichten Dokumenten kann jedermann – auf seine Kosten – die **Erteilung von Ausdrucken** und deren Beglaubigung fordern (§ 156 Abs. 1 GenG; § 9 Abs. 4 HGB). 1865

3. Organe der Registerführung

a) **Richter und Rechtspfleger.** Der **Rechtspfleger** ist für die Führung des Genossenschaftsregisters ausschließlich zuständig (§ 3 Nr. 2 lit. d i. V. m. § 17 RPflG). In den Zuständigkeitsbereich des Rechtspflegers fallen somit insbesondere die Entscheidungen über Anmeldungen zum Genossenschaftsregister und die Vornahme der Eintragungen, die Bestellung eines Notvorstands, das Zwangsgeldverfahren (§ 160 GenG), die Löschung unzulässiger Eintragungen nach §§ 395, 398 FamFG und die Amtslöschung einer Genossenschaft nach § 394 FamFG (siehe auch § 17 Nr. 2 lit. b RPflG), außerdem die Entscheidung über Anträge auf Erteilung von Ausdrucken aus dem Genossenschaftsregister und den Registerakten. Dem **Richter** vorbehalten ist die Bestellung und Abberufung eines Prüfers nach § 28 Abs. 2 KWG (§ 17 Nr. 2 lit. a RPflG) sowie die Bestellung eines Abwicklers nach § 38 Abs. 2 Satz 2 KWG (§ 17 Nr. 2 lit. b RPflG). 1866

b) **Urkundsbeamter der Geschäftsstelle.** Die Zuständigkeit des **Urkundsbeamten** bei der Führung des Genossenschaftsregisters ist durch das RPflG nicht berührt worden (§ 26 RPflG). Er hat im Übrigen dieselben Aufgaben wie bei der Führung des Handelsregisters (siehe hierzu § 29 HRV). Insbesondere hat er Ausdrucke der Eintragungen und der zum Register eingereichten Dokumente zu erstellen und sie zu beglaubigen[1] sowie die Insolvenzvermerke einzutragen (§ 26 Abs. 2, § 156 Abs. 1 GenG; § 9 HGB; § 1 GenRegV; §§ 29, 30 Abs. 2, §§ 31, 36 HRV). 1867

III. Ersteintragung einer Genossenschaft

1. Anmeldung zur Eintragung im Genossenschaftsregister

Die Eintragung der Gesellschaft in das Genossenschaftsregister erfolgt aufgrund der Anmeldung durch **sämtliche Mitglieder des Vorstands** (§§ 11 Abs. 1, 157 GenG; § 6 Abs. 1 und 2 GenRegV). Auch die stellvertretenden Vorstandsmitglieder, welche wie bei der Aktiengesellschaft als ordentliche Vorstandsmitglieder zu behandeln sind (§ 35 GenG), müssen mit anmelden. Die Anmeldung ist elektronisch in öffentlich be- 1868

---

[1] Vgl. **OLG Hamm** Rpfleger 1968, 122.

glaubigter Form einzureichen (§ 157 GenG, § 39a BeurkG). Ein Prokurist kann bei der Registeranmeldung nicht mitwirken. Bevollmächtigung ist ausgeschlossen (§ 6 Abs. 3 GenRegV). Hat ein Notar die zur Eintragung erforderliche Erklärung beurkundet oder beglaubigt, so gilt er allerdings gleichwohl ohne Vollmachtsnachweis als ermächtigt, im Namen des zur Anmeldung Verpflichteten die Eintragung zu beantragen (§ 378 Abs. 2 FamFG); siehe hierzu Rz. 119ff. Der Notar kann einen von ihm gestellten Antrag auch zurücknehmen. Hierzu muss seine als elektronische Aufzeichnung zu übermittelnde Rücknahmeerklärung mit Unterschrift und Amtssiegel versehen sein (§ 24 Abs. 3 BNotO).

1869 Der Anmeldung sind als **Anlage** folgende Dokumente in elektronischer Form entsprechend § 12 Abs. 2 HGB (siehe § 7 Abs. 3 GenRegV) beizufügen:
– die **Satzung,** unterzeichnet von den an der Gründung beteiligten und bis zur Einreichung beigetretenen, mindestens drei Mitgliedern (§§ 4, 5, 11 Abs. 2 Nr. 1 GenG). Zum notwendigen bzw. möglichen Inhalt der Satzung siehe §§ 6 bis 8a GenG. Die Unterzeichnung des Gründungsprotokolls, dem die Satzung als Anlage beigefügt ist, genügt;[1]
– Dokumente über die **Bestellung des Vorstands und** – soweit nicht aufgrund § 9 Abs. 1 Satz 2 GenG und des Satzungsinhalts entbehrlich – **des Aufsichtsrats** (§§ 9, 11 Abs. 2 Nr. 2 GenG); ausreichend ist eine einfache Abschrift der Wahlprotokolle;
– **Bescheinigung** eines **Prüfungsverbandes,** dass die Genossenschaft zum Beitritt zugelassen ist (§ 11 Abs. 2 Nr. 3, § 54 GenG);
– eine **gutachtliche Äußerung des Prüfungsverbands,** ob nach den persönlichen oder wirtschaftlichen Verhältnissen, insbesondere der Vermögenslage der Genossenschaft, eine Gefährdung der Belange der Mitglieder oder der Gläubiger der Genossenschaft zu besorgen ist (§ 11 Abs. 2 Nr. 3 GenG),
Genehmigungsurkunden für den Geschäftsbetrieb der Genossenschaft sind nur dann mit einzureichen, wenn dies in der entsprechenden Vorschrift ausdrücklich angeordnet ist, z. B. für die Genehmigung nach § 32 KWG gemäß § 43 Abs. 1 KWG. Eine inländische Geschäftsanschrift ist nicht zur Eintragung anzumelden, weiterhin ist aber die Lage der Geschäftsräume nach § 24 Abs. 2 HRV i. V. m. § 1 GenRegV dem Registergericht mitzuteilen.

1870 In der Anmeldung ist zudem anzugeben, welche **Vertretungsbefugnis** (§ 25 GenG) die Vorstandsmitglieder haben (§ 11 Abs. 3 GenG). Wie bei Anmeldungen zur Eintragung in das Handelsregister ist sowohl die allgemeine Vertretungsregelung als auch die besondere Vertretungsbefugnis einzelner Vorstandsmitglieder, soweit sie von der allgemeinen Regelung abweicht, anzumelden.

1871 **Beispiel** für eine Anmeldung zur Eintragung, § 11 GenG, formgerecht elektronisch gemäß § 157 GenG einzureichen durch sämtliche Mitglieder des Vorstands:

> Zur Eintragung in das Genossenschaftsregister melden wir die „Spar- und Darlehenskasse für Kleinbetriebe eingetragene Genossenschaft" und uns als Vorstandsmitglieder an.
>
> Vorstandsmitglieder sind:
>
> 1. Albert Amann, *5. 5. 1955, München, Amsterdamer Straße 8,
> 2. Balduin Bemann, *3. 3. 1974, München, Belgradstraße 17,
> 3. Christian Cemann, *29. 10. 1943, München, Sonnenstraße 28:
>
> Die Mitglieder des Vorstands sind nur gemeinschaftlich zur Vertretung der Genossenschaft befugt.
>
> Der Anmeldung fügen wir bei:
> – Von den Mitgliedern unterzeichnete Satzung vom 2. 12. 2009;
> – Niederschrift vom 2. 12. 2009 über die Bestellung des Vorstands und des Aufsichtsrats;

---

[1] **RG** Z 125, 158; s. a. *Beuthien,* GenG, § 5 Rz. 2; *Hornung* Rpfleger 1984, 293.

III. Ersteintragung einer Genossenschaft

- Bescheinigung des Prüfungsverbandes vom 10. 12. 2009, dass die Genossenschaft zum Beitritt zugelassen ist;
- Gutachtliche Äußerung des Prüfungsverbandes vom 15. 12. 2009, dass nach den persönlichen und wirtschaftlichen Verhältnissen, insbesondere der Vermögenslage der Genossenschaft, eine Gefährdung der Belange der Mitglieder und der Gläubiger nicht zu besorgen ist;
- Erlaubnis der Bundesanstalt für Finanzdienstleistungsaufsicht vom 20. 12. 2009 gemäß § 32 des Gesetzes über das Kreditwesen.

Die Geschäftsräume der Genossenschaft befinden sich in 81675 München, Prinzregentenplatz 12.

2. Prüfungspflicht des Registergerichts

a) **Allgemeines.** Das **Registergericht** (Rechtspfleger, § 3 Nr. 2 lit. d RPflG) hat die sachlichen und formellen Voraussetzungen der Eintragung **zu prüfen** (§ 11 a Abs. 1 GenG, § 15 Abs. 1 GenRegV), allerdings mit den Einschränkungen des § 11 a Abs. 3 GenG. Danach darf das Gericht die Eintragung der Genossenschaft in das Register wegen einer mangelhaften, fehlenden oder nichtigen Bestimmung der Satzung nur ablehnen, soweit diese Bestimmung, ihr Fehlen oder die Nichtigkeit entweder Tatsachen oder Rechtsverhältnisse betrifft, die nach zwingenden gesetzlichen Vorschriften in der Satzung bestimmt sein müssen (v. a. §§ 6, 7 und 36 Abs. 1 Satz 2 GenG), die im Register einzutragen und bekanntzumachen sind (siehe § 11 a Abs. 3 Nr. 1 GenG), wenn Vorschriften verletzt sind, die dem Schutz der Gläubiger dienen oder die sonst im öffentlichen Interesse zu beachten sind (siehe § 11 a Abs. 3 Nr. 2 GenG) oder die Nichtigkeit der gesamten Satzung durch den vorliegenden Fehler bewirkt wird (siehe § 11 a Abs. 3 Nr. 3 GenG). Diese Regelung[1] führt – wie die Parallelvorschrift des § 9 c Abs. 2 GmbHG – zu einer Beschleunigung der Registereintragung bei Gründung der Genossenschaft. 1872

Zu überprüfen ist einerseits, ob die Genossenschaft **ordnungsgemäß errichtet** ist (§ 11 a Abs. 1 Satz 1 GenG). Das erfordert insbesondere eine Überprüfung dahingehend,[2] 1873

- ob die **Firma** § 3 GenG und § 18 HGB entspricht, insbesondere also den erforderlichen Rechtsformzusatz enthält (vgl. hierzu Rz. 264 f.) und sich von allen an demselben Ort oder in derselben Gemeinde bereits bestehenden und in das Handels- oder Genossenschaftsregister eingetragenen Firmen deutlich unterscheidet (§ 3 GenG, § 30 HGB). Die Unterscheidbarkeit hat sich auch auf die sonstigen eingetragenen Rechtsträger (Vereine, Partnerschaften) zu erstrecken. Soweit es sich um das Firmenrecht des HGB handelt, kann die Industrie- und Handelskammer gehört werden und Anträge nach § 380 Abs. 1 FamFG stellen;[3]
- ob die **Satzung** den gesetzlichen Vorschriften genügt, wobei insoweit die genannten Prüfungsbeschränkungen des § 11 a Abs. 3 Nr. 1 bis 3 GenG zu beachten sind. Zu prüfen ist in diesem Umfang auch, ob der in der Satzung angegebene Zweck der Genossenschaft den Voraussetzungen des § 1 GenG entspricht und keinem gesetzlichen Verbot zuwiderläuft (§ 15 Abs. 1 GenRegV); zwingend müssen Bestimmungen enthalten sein zu Firma, Sitz und Unternehmensgegenstand, zum Bestehen oder Nichtbestehen einer Nachschusspflicht, zur Form der Einberufung einer Generalversammlung, zur Beurkundung von Generalversammlungsbeschlüssen, zur Form von Bekanntmachungen und die hierfür bestimmten Veröffentlichungsblätter, zu betragsmäßigen Festlegungen bzgl. der Geschäftsanteile und zur Bildung der gesetzlichen Rücklage (§§ 6, 7 GenG);

---

[1] Siehe *Beuthien*, GenG, § 11 a Rz. 3.
[2] *Ries*, in: Jansen, FGG, § 147 Rz. 25.
[3] **BayObLG** Z 28, 446 (= JFG 5, 266); s. a. *Hornung* Rpfleger 1974, 49; *Hornung* Rpfleger 1975, 421 (424).

- ob eine erforderliche **staatliche Genehmigung** vorliegt ist nur zu prüfen, wenn – wie im Fall des § 32 KWG gemäß § 43 Abs. 1 KWG – angeordnet ist, dass deren Vorliegen Voraussetzung der Registereintragung ist;
- ob die **Mindestzahl** von **zwei Vorstandsmitgliedern** (§ 24 Abs. 2 GenG; wobei einer ein stellvertretendes Vorstandsmitglied sein darf, § 35 GenG,[1] und im Fall des § 24 Abs. 2 Satz 2 GenG auch eine Person genügt) und – sofern nicht gemäß § 9 Abs. 1 Satz 2 GenG entbehrlich – drei **Aufsichtsratsmitgliedern** (§ 36 Abs. 1 GenG) erfüllt wird, ob sie die Satzung unterzeichnet haben, sowie ob sich aus den Urkunden die Ordnungsmäßigkeit der Bestellung bzw. Wahl ergibt.[2]

1874 Zudem ist andererseits zu prüfen, ob die Genossenschaft **ordnungsgemäß angemeldet** ist (§ 11a Abs. 1 Satz 1 GenG). Das erfordert insbesondere eine Prüfung der örtlichen Zuständigkeit des Registergerichts (siehe § 377 Abs. 1 FamFG), der Form der Anmeldung, ob die Anmeldung **durch sämtliche**, auch stellvertretende **Mitglieder des Vorstands** erfolgt ist, der Angabe der Vertretungsbefugnis der Vorstandsmitglieder und der Vollständigkeit und Form der beigefügten Schriftstücke (hierzu Rz. 1869). Die Wahrheit der angemeldeten Tatsachen ist nur zu prüfen, wenn sich begründete Zweifel aus den vorgelegten Dokumenten ergeben.[3] Die Zweckmäßigkeit der Satzung wird nicht geprüft.

1875 **b) Zwischenverfügung, Ablehnung der Eintragung.** Ergibt die Prüfung Bedenken, so ist grundsätzlich zu deren Behebung Gelegenheit durch eine **Zwischenverfügung** zu geben[4] (§ 382 Abs. 4 FamFG). Können Bedenken gegen die ordnungsgemäße Errichtung oder Anmeldung nicht behoben werden, ist die Eintragung durch einen mit Gründen zu versehenden Beschluss (§ 382 Abs. 3, §§ 38 f. FamFG) abzulehnen (§ 11a Abs. 1 GenG). Der Beschluss ist den Anmeldenden zuzustellen (§ 3 Abs. 1 GenRegV, § 41 Abs. 1 FamFG). Gegen die Zwischenverfügung und die Eintragungsablehnung findet die Beschwerde statt, siehe § 11 RPflG, §§ 58, 59, 382 Abs. 4 Satz 2 FamFG.

1876 **Abzulehnen** ist die Eintragung auch, wenn offenkundig oder aufgrund der gutachtlichen Äußerung des Prüfungsverbands eine Gefährdung der Belange der Mitglieder oder der Gläubiger der Genossenschaft zu besorgen ist (§ 11a Abs. 2 GenG). Dabei hat das Registergericht die gutachtliche Äußerung des Prüfungsverbands (§ 11 Abs. 2 Nr. 3 GenG) nach § 26 FamFG zu würdigen. Hält es eine ablehnende Stellungnahme des Prüfungsverbandes für überzeugend, so trägt es die Genossenschaft nicht ein. Ist jedoch die Stellungnahme des Verbandes allein nicht ausreichend, kann das Registergericht weitere Ermittlungen anstellen (§ 26 FamFG; z.B. Einholung eines Sachverständigengutachtens) und nach deren Ergebnis über die Eintragung entscheiden. Jedoch darf das Registergericht nach § 11a Abs. 2 GenG die Eintragung nur dann ablehnen, wenn sachliche Anhaltspunkte offenkundig befürchten lassen, dass die Genossenschaft die Einlagen in kurzer Zeit verbrauchen wird und die Mitglieder zu erheblichen Nachschüssen herangezogen werden. Eine allgemeine Prüfung dahingehend, dass die Genossenschaft den Mitgliedern wirtschaftliche Vorteile erbringt oder sonst ein wirtschaftliches Bedürfnis für die Tätigkeit der Genossenschaft besteht, findet nicht statt.[5] Die Ablehnung der Eintragung nach § 11a Abs. 2 GenG ist also auf extreme Ausnahmefälle beschränkt.[6]

---

[1] Siehe *Beuthien*, GenG, § 24 Rz. 6.
[2] Vgl. KG J 34 A 200.
[3] *Beuthien*, GenG, § 10 Rz. 9; *Lang/Weidmüller/Metz/Schaffland*, GenG, § 11a Rz. 3 f.
[4] Vgl. KG J 50 A 1.
[5] Vgl. zu § 11a Abs. 2 GenG insbesondere *Beuthien*, GenG, § 11a Rz. 5.
[6] Siehe auch BT-Drucks. 16/1025, S. 83.

III. Ersteintragung einer Genossenschaft

3. Eintragung

Mit der Errichtung der Satzung einer Genossenschaft besteht bis zur Eintragung im Register lediglich eine Vor-Genossenschaft, für die das Recht der Genossenschaft gilt, soweit sich aus dem Fehlen der registerlichen Eintragung nichts Abweichendes ergibt.[1] Ist eine Genossenschaft noch nicht eingetragen, kann die Mitgliedschaft in der Vor-Genossenschaft nur durch Unterzeichnung der Satzung erworben werden.[2] Erst mit der **konstitutiv wirkenden Ersteintragung** erlangt die Genossenschaft ihre Rechtsnatur als eG (§ 13 GenG). 1877

Wird die Eintragung der Genossenschaft für zulässig erachtet, so erfolgt die Eintragung nach § 1 GenRegV i. V. m. § 27 HRV. In das Genossenschaftsregister **eingetragen** werden die Satzung sowie die Mitglieder des Vorstands, auch deren Stellvertreter (§ 35 GenG), und ihre Vertretungsbefugnis (§ 25 GenG). Die Eintragung der Satzung erfolgt durch Aufnahme einzelner ihrer Regelungen. So müssen die in § 12 Abs. 2, § 10 GenG vorgesehenen Angaben übernommen werden, nämlich (siehe § 15 Abs. 3 und 4 GenRegV) das **Datum der Satzung**, die **Firma** und der **Sitz** der Genossenschaft, der **Gegenstand des Unternehmens**, die allgemeine **Vertretungsregelung** für den Vorstand der Genossenschaft und wenn die Vertretungsmacht einzelner Vorstandsmitglieder hiervon abweicht auch deren besondere Vertretungsbefugnis sowie die **Zeitdauer** der Genossenschaft, falls diese, wie nur in seltenen Ausnahmefällen, auf eine bestimmte Zeit beschränkt ist. Einzutragen ist in Spalte 3 (§ 26 Nr. 3 GenRegV) die Angabe des Mindestkapitals (§ 8a GenG), sofern die Satzung ein solches bestimmt (§ 15 Abs. 4 Satz 3 GenRegV). Dort werden auch Bestimmungen über die **Nachschusspflicht** der Mitglieder (§ 6 Nr. 3 GenG) eingetragen sowie Bestimmungen, die vorsehen, dass sich bei Beteiligung mit mehr als einem Geschäftsanteil die Haftsumme auf einen höheren Betrag als den Gesamtbetrag der Geschäftsanteile erhöht (§ 121 Satz 2 GenG) oder dass durch die Beteiligung mit weiteren Geschäftsanteilen eine Erhöhung der Haftsumme nicht eintritt (§ 121 Satz 3 GenG). In Spalte 3[3] werden die Bestimmungen der Satzung über die Nachschusspflicht und die Höhe der Haftsumme bei mehreren Geschäftsanteilen eingetragen (§ 15 Abs. 4 GenRegV; § 26 Nr. 3 GenRegV). Es genügt, die Eintragung auf Fälle zu beschränken, in denen tatsächlich eine Nachschusspflicht besteht. Ohne Angabe in Spalte 3 ergibt sich automatisch, dass keine Nachschusspflicht besteht. 1878

Formulierungsbeispiele[4] zur Eintragung der Nachschusspflicht (Spalte 3): 1879

300 € je Geschäftsanteil *oder*
300 € je Geschäftsanteil, beschränkt auf höchstens drei Geschäftsanteile *oder*
unbeschränkt

Die **Mitglieder des Vorstands** und ihre Stellvertreter – die nach dem Grundsatz der Selbstorganschaft Mitglieder der Genossenschaft sein müssen (§ 9 Abs. 2 Satz 1 GenG) – sind mit Familiennamen und Vornamen, Geburtsdatum und Wohnort einzutragen (§ 18 Abs. 1 Satz 3 GenRegV). Die Eintragung der stellvertretenden Vorstandsmitglieder erfolgt, wie bei der Eintragung stellvertretender Geschäftsführer einer GmbH,[5] ohne Stellvertreterzusatz,[6] sofern nicht gerade hieran die allgemeine Vertretungsregelung anknüpft. 1880

---

[1] BGH Z 20, 281; **BayObLG** Z 1990, 192 (197).
[2] *Lang/Weidmüller/Metz/Schaffland*, GenG, § 11 Rz. 8.
[3] Siehe im Einzelnen *Hornung* Rpfleger 1974, 95; *Hornung* Rpfleger 1975, 421.
[4] Vgl. zu weiteren Fassungsvorschlägen *Hornung* Rpfleger 1974, 50; *Hornung* Rpfleger 1975, 384 (386).
[5] **BGH** NJW 1998, 1071 (= FGPrax 1998, 68 = Rpfleger 1998, 161).
[6] Anders noch **OLG Stuttgart** NJW 1960, 2150; **KG** J 24, A 194.

1881 Als **Vertretungsbefugnis** des Vorstands sind nur die Vertretungsverhältnisse des § 25 GenG einzutragen,[1] nicht auch Einschränkungen der Vertretungsbefugnis des Vorstands im Innenverhältnis gegenüber der Genossenschaft (vgl. § 27 Abs. 2 Satz 1 GenG). Einzutragen und anzumelden ist – wie bei der Aktiengesellschaft und der GmbH – abstrakt die gesetzliche oder nach der Satzung abweichend bestimmte allgemeine Regelung der Vertretungsbefugnis des Vorstands.[2] Eine personenbezogene Eintragung der konkreten Vertretungsmacht erfolgt nur, wenn für einzelne Vorstandsmitglieder eine von der allgemeinen Regelung abweichende besondere Vertretungsbefugnis besteht. Nicht einzutragen und anzumelden ist die gesetzliche Bestimmung, dass für die Abgabe einer Willenserklärung gegenüber der Genossenschaft die Abgabe der Erklärung gegenüber einem Vorstandsmitglied genügt (§ 25 Abs. 1 Satz 3 GenG). Auch eine Befreiung einzelner oder sämtlicher Vorstandsmitglieder vom Verbot der Mehrfachvertretung des § 181 Alt. 2 BGB ist im Register einzutragen. Die Befreiung selbst kann entweder in der Satzung festgelegt sein oder aufgrund einer Ermächtigungsklausel der Satzung durch Beschluss der Generalversammlung erteilt werden. Wie im Recht der Aktiengesellschaft (vgl. § 112 AktG) ist eine Befreiung der Vorstandsmitglieder vom Vertretungsverbot des Selbstkontrahierens (§ 181 Alt. 1 BGB) nicht möglich, da insoweit die Genossenschaft durch den Aufsichtsrat vertreten wird (§ 39 Abs. 1 GenG) und der Grundsatz der Satzungsstrenge (§ 18 Satz 2 GenG) keine Abweichung von dieser gesetzlichen Konzeption erlaubt.[3] Anderes gilt diesbezüglich nur, wenn gemäß § 9 Abs. 1 GenG kein Aufsichtsrat besteht.

1882 Bei der Eintragung ist der **Eintragungstag** anzugeben (§ 382 Abs. 2 FamFG, § 1 GenRegV, § 27 Abs. 4 HRV). Für die **Führung des Registers** enthält die GenRegV mit der Vorschrift des § 26 GenRegV und dem als Anlage beigefügten Formular verbindliche Regelungen. Wie stets ist die allgemeine Vertretungsregelung für den Vorstand in Spalte 4 Unterspalte a zu vermerken (§ 26 Nr. 4 GenRegV) und die Rechtsform („eingetragene Genossenschaft") sowie das Datum der Satzung in Spalte 6 Unterspalte a einzutragen (§ 26 Nr. 6 GenRegV). Während im Übrigen Vorschriften zur Nachschusspflicht, besondere Bestimmungen zur Haftsumme bei Mehrfachbeteiligungen und gegebenenfalls ein Mindestkapital in Spalte 3 zu vermerken sind (§ 26 Nr. 3 GenRegV), werden die sonstigen Eintragungen zur Satzung der Genossenschaft in Spalte 6 Unterspalte b vorgenommen (§ 26 Nr. 6 GenRegV). Prokuren sind in Spalte 5 einzutragen (§ 26 Nr. 5 GenRegV). Im Gegensatz zu den Eintragungen im Handelsregister wird bei eingetragenen Genossenschaften keine **inländische Geschäftsanschrift** im Register eingetragen.

1883 Beispiel für die **Eintragung** einer Genossenschaft

Spalte 2
Unterspalte a (Firma):
Spar- und Darlehenskasse für Kleinbetriebe eingetragene Genossenschaft
Unterspalte b (Sitz): München
Unterspalte c (Gegenstand): Betrieb einer Spar- und Darlehenskasse

Spalte 3 (Nachschusspflicht; Mindestkapital): Mindestkapital: 1 000 000 €

---

[1] Hierzu *Hornung* Rpfleger 1975, 384; *Beuthien*, GenG, § 11 Rz. 9.
[2] *Hornung* Rpfleger 1974, 50; *Hornung* Rpfleger 1975, 421.
[3] **OLG Zweibrücken** Rpfleger 2009, 622; vgl. zur ausschließlichen Vertretungsbefugnis des Aufsichtsrats nach § 39 Abs. 1 GenG: **BGH NJW** 1997, 318; **BGH Z** 130, 108 (= NJW 1995, 2559); *Keßler*, in: Hillebrand/Keßler, GenG, § 39 Rz. 2; *Lang/Weidmüller/Metz/Schaffland*, GenG, § 39 Rz. 18; *Müller*, GenG, § 39 Rz. 6; anderer Ansicht *Beuthien*, GenG, § 39 Rz. 2; *Fandrich*, in: Pöhlmann/Fandrich/Bloehs, GenG, § 39 Rz. 1.

Spalte 4
Unterspalte a (Allgemeine Vertretungsregelung):
Alle Vorstandsmitglieder vertreten gemeinschaftlich
Unterspalte b (Vorstand und besondere Vertretung):
Vorstand: Amann, Albert, München, *5. 5. 1955
Vorstand: Bemann, Balduin, München, *3. 3. 1974
Vorstand: Cemann, Christian, München, *29. 10. 1943
Spalte 5 (Prokura): –
Spalte 6
Unterspalte a (Rechtsform und Satzung):
Eingetragene Genossenschaft. Satzung vom 2. 12. 2009.
Unterspalte b (Sonstige Rechtsverhältnisse): –

4. Benachrichtigung, öffentliche Bekanntmachung (Veröffentlichung)

Zu **benachrichtigen** von der Eintragung ins Genossenschaftsregister ist der Vorstand (§ 3 Abs. 1 Satz 1 GenRegV). Die eingetragene Satzung ist durch Bekanntmachung der Eintragung vom Gericht im Auszug gemäß § 10 HGB zu **veröffentlichen** (§ 12 Abs. 1, § 156 GenG; § 4 GenRegV). Mit aufzunehmen ist die mitgeteilte Lage der Geschäftsräume (§ 1 GenRegV i. V. m. §§ 24 Abs. 2, 34 HRV). Eine Verständigung der Mitglieder über die Eintragung ist nicht erforderlich.[1] Es empfiehlt sich allerdings, den Prüfungsverband über die Eintragung zu informieren. 1884

IV. Zweigniederlassungen eingetragener Genossenschaften

1. Allgemeines

Die **Zweigniederlassung** (§ 14 GenG) ist eine von der Hauptniederlassung räumlich getrennte Geschäftsstelle mit in der Regel gesondertem Vermögen und getrennter Buchführung, deren Leiter selbständig gleichartige Geschäfte wie in der Hauptniederlassung abschließen und durchführen kann.[2] Sie kann am Ort der Hauptniederlassung der Genossenschaft,[3] innerhalb und außerhalb des Gerichtsbezirks der Hauptniederlassung vom Vorstand errichtet werden. Bloße Zweigstellen oder Agenturen, die lediglich Vermittlungs- oder Ausführungsgeschäfte vornehmen, sind keine Zweigniederlassungen. Die Anmeldung einer bestehenden Zweigniederlassung ist obligatorisch, die Eintragung wirkt lediglich deklaratorisch (vgl. Rz. 292 ff.). 1885

Die **Firma der Zweigniederlassung** (vgl. § 14 Abs. 1 GenG) kann mit der Firma des Sitzes übereinstimmen oder Zusätze enthalten, sofern diese nicht irreführend sind.[4] Sie kann auch von der Firma des Sitzes abweichen, muss dann aber die Eigenschaft als Zweigniederlassung offen legen und damit die Firma des Sitzes als Firmenkern führen[5] (siehe Rz. 268 ff.). Das **Zwangsgeldverfahren** (§ 160 GenG, §§ 388 ff. FamFG) und ebenso ein **Amtslöschungsverfahren** (§ 397 FamFG) fallen stets in die ausschließliche Zuständigkeit des Registergerichts am Sitz der Genossenschaft.[6] 1886

---

[1] BGH MDR 1953, 35.
[2] *Beuthien*, GenG, § 14 Rz. 2; *Fandrich*, in: Pöhlmann/Fandrich/Bloehs, GenG, § 14 Rz. 2; *Müller*, GenG, § 14 Rz. 2 ff.
[3] KG JW 1929, 671.
[4] Vgl. **OLG Frankfurt** OLGZ 1989, 159: Zusatz „Volks- und Raiffeisenbank" der Zweigniederlassung einer „Raiffeisenbank" ist irreführend.
[5] **LG Mainz** Rpfleger 1969, 20.
[6] Ebenso *Hornung* Rpfleger 1974, 50.

2. Anmeldung einer Zweigniederlassung

1887 Die Errichtung einer Zweigniederlassung ist von Vorstandsmitgliedern in vertretungsberechtigter Zahl in der gemäß § 157 GenG vorgeschriebenen Form beim Registergericht des Sitzes der Genossenschaft zur Eintragung **anzumelden** (§ 14 Abs. 1 Satz 1 GenG). Die Anmeldung kann nach § 160 GenG erzwungen werden.

3. Behandlung des Vorgangs durch das Registergericht

1888 a) **Prüfung der Anmeldung. Das Gericht** prüft die formelle Ordnungsmäßigkeit und Vollständigkeit der Anmeldung. Dabei wird auch die Zulässigkeit der Firma der Zweigniederlassung durch das Gericht geprüft. In tatsächlicher Hinsicht hat das Gericht die Eintragung nur dann zu versagen, wenn offensichtlich ist, dass die angemeldete Zweigniederlassung nicht errichtet ist. Hierzu bedarf es unzweifelhafter positiver Anhaltspunkte, die für sich gesehen nicht nur den Verdacht begründen, sondern mit ausreichender Sicherheit bereits offensichtlich sein lassen, dass die Voraussetzungen für das Vorliegen einer Zweigniederlassung nicht erfüllt sind. In diesem Sinne besteht nur in extremen Ausnahmefällen für das Gericht Anlass zu Ermittlungen oder Nachforschungen. Nicht zu prüfen ist im Übrigen, ob die Errichtung der Zweigniederlassung mit etwaigen satzungsmäßigen Erfordernissen übereinstimmt, z.B. eine etwa danach erforderliche Zustimmung der Generalversammlung oder des Aufsichtsrats zur Errichtung vorliegt.[1] Das Gericht am Ort der Zweigniederlassung ist bei der Behandlung der Angelegenheit nicht zu beteiligen.

1889 b) **Eintragung der Zweigniederlassung. Das Gericht der Hauptniederlassung** hat nach dieser Prüfung die **Zweigniederlassung** auf dem Registerblatt der Genossenschaft **einzutragen** (§ 26 Nr. 2 GenRegV). Bei der Eintragung des Ortes der Zweigniederlassung ist auch dessen Postleitzahl zu vermerken (§ 26 Nr. 2 GenRegV). Ist der Firma für die Zweigniederlassung ein Zusatz beigefügt, so ist auch dieser einzutragen (§ 14 Abs. 2 GenG). Die Anmeldung und Eintragung einer inländischen Geschäftsanschrift der Zweigniederlassung ist – wie allgemein bei eingetragenen Genossenschaften – nicht vorgesehen. **Beispiel** für eine entsprechende Eintragung:

> Errichtet: Zweigniederlassung in 80802 München unter der Firma „Spar- und Darlehenskasse für Kleinbetriebe eingetragene Genossenschaft Zweigniederlassung Schwabing"

1890 c) **Bekanntmachung und Anzeigen.** Die Errichtung der Zweigniederlassung wird gemäß § 10 HGB i.V.m. § 156 Abs. 1 Satz 1 GenG bekannt gemacht. Im Übrigen sind die Errichtung, Verlegung und Schließung von Zweigstellen durch Kreditinstitute der Bundesanstalt für Finanzdienstleistungsaufsicht und der Deutschen Bundesbank unverzüglich anzuzeigen (§ 24 Abs. 1 Nr. 7 KWG). Hierunter fallen auch Zweigniederlassungen im Sinne des § 14 GenG. Eine Erlaubnispflicht für Zweigniederlassungen einer Genossenschaft, die dem KWG untersteht, besteht jedoch nicht.

4. Laufende Anmeldungen und Eintragungen

1891 Anmeldungen laufender Eintragungen, welche die Hauptniederlassung oder eine eingetragene Zweigniederlassung betreffen, sind bei dem Gericht des Sitzes einzureichen (§ 14 Abs. 1 Satz 2 GenG). Das **Gericht des Sitzes** bewirkt nach der erforderlichen Prüfung die Eintragung in das Register und macht die Eintragung gegebenenfalls öffentlich nach § 10 HGB i.V.m. § 156 Abs. 1 GenG bekannt. Wiederum wird das Gericht am Ort der Zweigniederlassung in keiner Weise mit der Angelegenheit befasst.

---

[1] KG J 33 A 117; KG J 44 A 137; *Beuthien*, GenG, § 14 Rz. 8.

V. Sonstige Eintragungen im Genossenschaftsregister

5. Aufhebung einer Zweigniederlassung

Die nach § 160 GenG erzwingbare Anmeldung und die Eintragung der Aufhebung einer Zweigniederlassung erfolgen in gleicher Weise wie die der Errichtung (§ 14 Abs. 3 GenG). Das Gericht vermerkt entsprechend die Aufhebung der Zweigniederlassung und rötet die sie betreffenden Eintragungen. 1892

6. Zweigniederlassungen mit Auslandsbezug

Inländische Zweigniederlassungen ausländischer Genossenschaften sind nach § 13d HGB im Handelsregister[1] einzutragen. Grund hierfür ist die allgemeine Anerkennung von inländischen Niederlassungen derartiger ausländischer Rechtsträger mit dem Ziel, diese im Handelsregister einheitlich zu erfassen. Eine Unterscheidung danach, ob die jeweilige ausländische Rechtsform einer inländischen eingetragenen Genossenschaft oder einer Kapitalgesellschaft nahe steht und danach die Eintragung entweder im Handels- oder im Genossenschaftsregister vorzunehmen, erscheint nicht angezeigt, da eine einheitliche Behandlung der registerlichen Vorgänge auf diesem Weg verhindert würde. Auch würde eine solche schwierige dogmatische Einordnung das Eintragungsverfahren unangebracht erschweren. Anzuwenden ist allein das deutsche Registerrecht.[2] Zuständig ist das Gericht, in dessen Bezirk die Zweigniederlassung errichtet wurde (§ 13d Abs. 1 HGB). Die Anmeldung hat in öffentlich beglaubigter Form durch das einem Vorstand vergleichbare Organ zu erfolgen und muss, soweit möglich, sämtliche Angaben des § 11 GenG enthalten. Anders als bei der inländischen Genossenschaft ist auch eine inländische Geschäftsanschrift der Zweigniederlassung einzutragen (§ 13d Abs. 2 HGB). Für den Fortgang der Zweigniederlassung ist diese im Registerverfahren wie eine Hauptniederlassung zu behandeln (§ 13d Abs. 2 HGB). Das Registergericht hat im Ersteintragungsverfahren sich insbesondere das Bestehen der Hauptgesellschaft im Ausland und das einer selbständigen Zweigniederlassung im Inland nachweisen zu lassen. **Ausländische Zweigniederlassungen inländischer Genossenschaften** werden in das deutsche Genossenschaftsregister nicht eingetragen. Hierzu fehlt es derzeit an einer Rechtsgrundlage. 1893

V. Sonstige Eintragungen im Genossenschaftsregister

1. Änderungen des Vorstands

a) **Anmeldung der Vorstandsänderung.** Zur Eintragung anzumelden ist jede Änderung des Vorstands oder der Vertretungsbefugnis eines Vorstandsmitglieds (§ 28 GenG). In diesem Sinne sind anzumelden die Neubestellung von auch stellvertretenden (§ 35 GenG) Vorstandsmitgliedern, die Beendigung ihrer Vertretungsbefugnis (z.B. durch Zeitablauf, Amtsniederlegung aus wichtigem Grund oder einvernehmlich mit dem Bestellungsorgan[3] und Ausscheiden aus der Genossenschaft), die Änderung der Vertretungsbefugnis eines Vorstandsmitglieds (§ 25 GenG) sowie die vorläufige Enthebung durch den Aufsichtsrat (§ 40 GenG; § 6 Abs. 2 Nr. 4 und § 18 Abs. 1 GenRegV), nicht dagegen die Wiederwahl von Vorstandsmitgliedern, sofern auch die konkrete Vertretungsbefugnis unverändert geblieben ist. Die Änderung des Wohnsitzes eines im Register eingetragenen Vertreters ist unter Beibringung von Nachweisen 1894

---

[1] Ebenso *Lang/Weidmüller/Metz/Schaffland*, GenG, § 14 Rz. 2; anderer Ansicht hingegen *Beuthien*, GenG, § 14 Rz. 10, der die Eintragung im Genossenschaftsregister vornehmen will; hierfür spricht insbesondere bei Nachschusspflichten die unmittelbare Kompatibilität des Registerblatts mit den dort vorzunehmenden Eintragungen.
[2] *Beuthien*, GenG, § 14 Rz. 10; allgemein *Krafka*, in: MünchKommHGB, § 13d Rz. 21 m.w.N.
[3] Siehe *Fandrich*, in: Pöhlmann/Fandrich/Bloehs, GenG, § 24 Rz. 29.

durch den Betroffenen förmlich anzumelden und sodann in das Genossenschaftsregister einzutragen (siehe Rz. 182 und Rz. 201).

1895 Die **Anmeldung** hat **durch Vorstandsmitglieder in vertretungsberechtigter Zahl** in der Form des § 157 GenG zum Genossenschaftsregister zu erfolgen. Neubestellte Vorstandsmitglieder müssen hierbei nicht zwingend mitwirken. Ferner ist auch die Mitwirkung bisheriger Vorstandsmitglieder bei der Anmeldung ihres Ausscheidens aus dem Vorstand nicht erforderlich. Eine rechtsgeschäftliche Stellvertretung bei der Anmeldung ist zwar grundsätzlich nach § 6 Abs. 3 GenRegV ausgeschlossen, jedoch bleiben hiervon gesetzlich vorrangig vorgesehene Vertretungsmöglichkeiten (vgl. § 378 FamFG) unberührt. Ein Dokument über die Bestellung, Änderung oder Beendigung der Vertretungsbefugnis ist der Anmeldung entsprechend § 12 Abs. 2 HGB (siehe § 7 Abs. 3 GenRegV) beizufügen. Die Anmeldung kann nach § 160 GenG erzwungen werden. Eine einzureichende Niederschrift über die Versammlung, welche die Änderung der Vorstandsbesetzung beschlossen hat, muss zumindest Ort und Datum der General- oder Vertreterversammlung (vgl. § 24 Abs. 2 Satz 1 GenG) sowie den Tagesordnungspunkt über die Wahlen zum Vorstand und das Wahlergebnis unter Angabe der Stimmverhältnisse und ggf. Amtsannahme samt Unterschrift des Protokollführers enthalten.

1896 **Beispiel** zur Anmeldung einer Vorstandsänderung (§ 28 GenG) durch Mitglieder des Vorstands in vertretungsberechtigter Zahl:

> Beigefügt ist das Dokument des Protokolls über die Generalversammlung der im Genossenschaftsregister des Amtsgerichts München Nummer 810 eingetragenen „Spar- und Darlehenskasse für Kleinbetriebe eingetragene Genossenschaft" vom 2. 3. 2010. Wir melden gemäß § 28 GenG zur Eintragung in das Genossenschaftsregister an:
> Das bisherige Vorstandsmitglied Herr Christian Cemann, geboren am 29. 10. 1953, München, Tuchstraße 28, ist ausgeschieden. Herr Siegfried Seemann, geboren am 6. 6. 1962, München, Baldeplatz 2, ist neues Mitglied des Vorstands; er hat die Wahl angenommen.

1897 **b) Prüfung und Eintragung der Vorstandsänderung durch das Gericht.** Das Gericht prüft die Ordnungsmäßigkeit der Anmeldung und ob nach den vorgelegten Dokumenten die Bestellung, Abberufung etc. in gesetz- und satzungsmäßiger Weise erfolgt ist, wobei jedoch nicht zu untersuchen ist, ob die Generalversammlung ordnungsgemäß einberufen war und insgesamt rechtmäßig verlaufen ist und ob die Personen, die entschieden haben, tatsächlich Mitglieder dieses Gremiums waren.[1] Zu prüfen ist allerdings, ob das tätig gewordene Organ zuständig und beschlussfähig war und ob die Entscheidung mit der erforderlichen Mehrheit getroffen wurde.[2] Ferner ist, sofern ein neu bestelltes Vorstandsmitglied nicht bei seiner eigenen Eintragungsanmeldung mitwirkt, zu prüfen, ob es sein Amt angenommen hat, was entweder dem Protokoll der zugrunde liegenden Beschlussfassung oder einer entsprechenden Erklärung des Anmeldenden zu entnehmen ist. Zum Inhalt der **Eintragung** siehe § 18 Abs. 1 und § 26 Nr. 4 GenRegV. Die Eintragung wirkt lediglich deklaratorisch. Zur **Benachrichtigung** siehe § 383 Abs. 1 FamFG und § 3 GenRegV, wonach die Genossenschaft zu verständigen ist und in der Regel auch der einreichende Notar, sowie § 24 Abs. 1 Nr. 1 und 2 KWG. In der **Veröffentlichung** ist der gesamte Eintragungstext in Spalte 4 Unterspalte b aufzunehmen (§ 28 Satz 3 GenG, § 156 Abs. 1 Satz 2 GenG).

1898 Die **Notbestellung von Vorstandsmitgliedern** in entsprechender Anwendung der Regelung des § 29 BGB[3] ist von Amts wegen in das Genossenschaftsregister einzutragen

---

[1] *Beuthien*, GenG, § 28 Rz. 8; *Müller*, GenG, § 28 Rz. 14; s. a. **KG J 18 A 36**.
[2] Vgl. **KG J 40 A 73**.
[3] **RG JW 1936, 2311; BGH Z 18, 334 (337).**

(vgl. § 67 Abs. 2 BGB). Zuständig für die Bestellung und Eintragung ist der Rechtspfleger.
Beispiel der Eintragung einer Vorstandsänderung: 1899

> **Spalte 4**
> **Unterspalte b (Vorstand und besondere Vertretung):**
> Ausgeschieden: Vorstand: Cemann, Christian, München, *29. 10. 1953 (Bis hier gerötet; zusätzlich Rötung der bisherigen Eintragungen zu diesem Vorstandsmitglied)
> Bestellt: (Vorstehendes Wort als Übergangstext nach § 1 GenRegV, § 16a HRV) Vorstand: Seemann, Siegfried, München, *6. 6. 1962

2. Prokura

Prokura (siehe Rz. 359 ff.) kann eine Genossenschaft auch ohne entsprechende Ermächtigung nach den Vorschriften des HGB (§§ 48 bis 53) erteilen (§ 42 Abs. 1 GenG). Lediglich für die Anordnung einer organschaftlich gemischten Gesamtvertretung nach § 25 Abs. 2 GenG ist eine Grundlage in der Genossenschaftssatzung erforderlich. Es können jederzeit mehrere Prokuristen bestellt werden. Die Prokura kann an mehrere Personen gemeinschaftlich erteilt werden, auch kann der Prokurist an die Mitwirkung eines Vorstandsmitglieds gebunden werden (§ 42 Abs. 1 GenG, § 48 HGB), ohne dass es einer Grundlage hierfür in der Satzung der Genossenschaft bedarf,[1] da es sich in diesem Fall allein um eine Beschränkung der rechtsgeschäftlich erteilten Vertretungsmacht handelt, während die organschaftliche Vertretung unverändert bleibt. Der in § 49 Abs. 1 HGB festgelegte Umfang der Vertretungsmacht eines Prokuristen kann auf Veräußerung und Belastung von Grundstücken erweitert werden (§ 49 Abs. 2 HGB), was im Register eintragbar ist (siehe Rz. 368 und 383).[2] Auch ist eine vollständige oder teilweise Befreiung von den Beschränkungen des § 181 BGB möglich, die ebenfalls im Register eintragbar ist (vgl. Rz. 369 und 382).[3] Der Umfang der Prokura kann nur nach Maßgabe von § 50 Abs. 3 HGB beschränkt werden, z.B. auf den Betrieb der Hauptniederlassung oder einer Zweigniederlassung (siehe Rz. 370 und 384). Die **Auflösung der Genossenschaft** hat ein Erlöschen der bestehenden Prokuren nicht zur Folge. Auch können noch in diesem Stadium neue Prokuren erteilt werden. 1900

Anzumelden zum Genossenschaftsregister ist (§ 42 GenG und § 6 Abs. 2 GenRegV, § 53 HGB): 1901
- die Erteilung der Prokura sowie die Art und Weise der Vertretungsberechtigung, z.B. Einzelprokura, Gesamtprokura, unter Angabe von Familienname, Vorname, Geburtsdatum und Wohnort des Prokuristen;
- die Erweiterung der Prokura nach § 49 Abs. 2 HGB;
- die Beschränkung der Prokura nach § 50 Abs. 3 HGB;
- das Erlöschen der Prokura, z.B. durch Widerruf, Tod des Prokuristen, Eintritt der Geschäftsunfähigkeit des Prokuristen;
- Änderungen in der Vertretungsmacht.

Anzumelden zur Eintragung in das Genossenschaftsregister ist die Erteilung, die Erweiterung, Beschränkung, Änderung und das Erlöschen einer Prokura **durch Vorstandsmitglieder** in vertretungsberechtigter Zahl (§ 25 Abs. 1 GenG), bei gemischter Gesamtvertretung durch einzelne Vorstandsmitglieder auch in Gemeinschaft mit einem Prokuristen (§ 25 Abs. 2 GenG). 1902

---

[1] Siehe **LG Regensburg** Rpfleger 1977, 315; **LG Frankenthal** Rpfleger 1975, 137; *Hornung* Rpfleger 1984, 293; anderer Ansicht *Beuthien*, GenG, § 42 Rz. 2; *Beuthien/Müller* DB 1995, 461.
[2] Vgl. **BayObLG** Z 1971, 55 (= NJW 1971, 810 = DNotZ 1971, 243).
[3] Siehe **OLG Hamm** MittRhNotK 1983, 92; **BayObLG** Z 1980, 195 (= DNotZ 1981, 189).

1903 Prokuristen können Prokuraanmeldungen nicht vornehmen und, abgesehen vom Fall der gemischten Gesamtvertretung, bei ihnen ebenso wie bei allen anderen Anmeldungen zum Genossenschaftsregister nicht mitwirken, weil die Verpflichtung zur Anmeldung eine höchstpersönliche Pflicht der Vorstandsmitglieder ist (vgl. § 6 Abs. 3 GenRegV). Ein Prokurist kann daher zur Anmeldung auch nicht durch eine besondere Vollmacht ermächtigt werden. Sonstige Anzeigen und Erklärungen, die zum Genossenschaftsregister zu bewirken sind, können, auch soweit sie mit rechtlicher Wirkung für die Genossenschaft verbunden sind, unter Mitwirkung von Prokuristen in der für die Willensbildung der Genossenschaft vorgeschriebenen Zahl erfolgen (§ 7 GenRegV).

1904 **Beispiel** für die Anmeldung der Erteilung von Prokuren (§ 42 GenG) durch Mitglieder des Vorstands in vertretungsberechtigender Zahl, elektronisch einzureichen in öffentlich beglaubigter Form:

> Die unterzeichneten Vorstandsmitglieder der im Genossenschaftsregister des Amtsgerichts München Nummer 810 eingetragenen „Bank für Kleinbetriebe eingetragene Genossenschaft" melden zur Eintragung in das Genossenschaftsregister an:
> Den Herren
> – Otto Ohmig, geboren am 1. 1. 1970, München, Ottobrunner Str. 5,
> – Paul Pfister, geboren am 4. 10. 1969, Fürstenfeldbruck, Puchheimer Weg 5 und
> – Richard Reinhardt, geboren am 10. 6. 1968, Rosenheim, Fasanstraße 5
> ist Prokura in der Weise erteilt, dass jeder gemeinschaftlich mit einem anderen Prokuristen vertretungsberechtigt ist.

1905 Das **Gericht prüft** die Ordnungsmäßigkeit der Anmeldung. Die Eintragung erfolgt mit Familiennamen, Vornamen, Geburtsdatum und Wohnort in Spalte 5 (§ 26 Nr. 5 GenRegV). Die Eintragung ist nach § 10 HGB bekannt zu machen (§ 42 Abs. 1 Satz 3 i. V. m. § 28 Satz 3 GenG und § 156 Abs. 1 Satz 2 GenG). Die Anmeldung kann erforderlichenfalls im Zwangswege erwirkt werden (§ 160 Abs. 1 GenG).

1906 **Beispiel** für die Eintragung von Prokuristen:

> **Spalte 5 (Prokura):**
> Gesamtprokura gemeinsam mit einem anderen Prokuristen:
> Ohmig, Otto, München, *1. 1. 1970.
> Gesamtprokura gemeinsam mit einem anderen Prokuristen:
> Pfister, Paul, Fürstenfeldbruck, *4. 10. 1969.
> Gesamtprokura gemeinsam mit einem anderen Prokuristen:
> Reinhardt, Richard, Rosenheim, *10. 6. 1968.

3. Satzungsänderungen

1907 a) **Allgemeines.** Die Änderung der Satzung (§ 16 GenG) der Genossenschaft hat durch **Beschluss der Generalversammlung** bzw. der Vertreterversammlung (§ 43a GenG) zu erfolgen. Wirksam ist die Änderung allerdings erst mit der konstitutiven Eintragung im Register (§ 16 Abs. 6 GenG). Aus Vertretern der Mitglieder besteht die Generalversammlung als **Vertreterversammlung** mit mindestens 50 gewählten Vertretern, die nicht durch Bevollmächtigte vertreten werden können (§ 43a Abs. 3 GenG) bei Genossenschaften mit mehr als 1500 Mitgliedern am Schluss des vorangegangenen Geschäftsjahrs, wenn dies die Satzung bestimmt (§ 43a Abs. 1 GenG). Die Vertreterversammlung bedarf stets einer satzungsmäßigen Grundlage, so dass ggf. eine Satzungsänderung erforderlich ist, die erst mit Registereintragung wirksam wird. Sie tritt nicht automatisch an die Stelle der Generalversammlung, wenn die vorgesehene Mitgliederzahl überschritten wird. Der Vertreter muss im Übrigen Mitglied der Genossenschaft sein und darf nicht dem Vorstand oder dem Aufsichtsrat angehören (§ 43a Abs. 2 GenG). Eine Liste der Gewählten einschließlich der Ersatzvertreter ist auszulegen (§ 43a Abs. 6 Satz 1 GenG); die Auslegung ist in einem öffentlichen Blatt bekanntzumachen (§ 43a Abs. 6 Satz 2 GenG). Die Bekanntmachung muss nicht beim Registergericht eingereicht werden. Auf die Vertreterversammlung finden alle gesetzlichen Vorschriften über die Generalversammlung entsprechende Anwendung, z.B. die Bestimmungen über Mehrheiten, Einberufung etc.

Im Regelfall (z. B. Änderung des Unternehmensgegenstands, Erhöhung des Geschäftsanteils oder Einführung von Mehrstimmrechten) bedarf der satzungsändernde Beschluss der **Mehrheit** von mindestens drei Viertel der abgegebenen Stimmen (§ 16 Abs. 2 und 4 GenG), wobei die Satzung für bestimmte Änderungen noch weitere Erfordernisse vorsehen kann (§ 16 Abs. 2 Satz 2 GenG). Für die in § 16 Abs. 3 GenG genannten Gegenstände bedarf es der Mehrheit von mindestens neun Zehntel der abgegebenen Stimmen. Wie stets sind Stimmenthaltungen bei der Ermittlung des Ergebnisses nicht mit einzubeziehen, also als ungültige Stimmen zu behandeln, so dass sie bei der Zahl der abgegebenen Stimmen nicht mitzählen[1] (vgl. auch § 43 Abs. 2 GenG).

Satzungsänderungen sind auch im Liquidationsstadium noch zulässig[2] (vgl. § 87a GenG). Jedoch kann eine Erhöhung des Geschäftsanteils oder der Haftsumme im Liquidationsstadium nicht beschlossen werden[3] (§ 87b GenG).

Beispiele für Satzungsänderungen aus der Rechtsprechung:
– Satzungsbestimmungen, die für zwei Gruppen von Eintretenden verschieden hohe Eintrittsgelder zur Pflicht machen, verstoßen gegen den Grundsatz der Gleichbehandlung von Mitgliedern;[4]
– Erhöhung des Geschäftsanteils und der Haftsumme und Zusammenlegung jeweils zweier Geschäftsanteile eines Mitglieds bei einer vormaligen eGmbH verstoßen nicht gegen den Grundsatz der Gleichbehandlung der Mitglieder;[5]
– rechtsmissbräuchliche Änderungen von Satzungsbestimmungen über strengere Abstimmungsvoraussetzungen und höhere Stimmenmehrheit berechtigen zur Ablehnung der Eintragung;[6]
– keine Einführung eines neuen Ausschließungsgrundes durch Mehrheitsbeschluss;[7]
– unzulässig ist die Einführung oder Erweiterung einer Pflichtbeteiligung mit mehreren Geschäftsanteilen durch satzungsändernden Beschluss, wenn sie völlig außerhalb der nach Art und Zuschnitt der Genossenschaft zu erwartenden und einem Mitglied zumutbaren Größenordnung liegt;[8]
– Gewinnverteilungsprinzip des § 19 Abs. 1 Satz 2 GenG ist dispositiv, so dass eine Abweichung hiervon ohne Verstoß gegen den Gleichbehandlungsgrundsatz zulässig ist.[9]

b) Anmeldung zur Eintragung im Register. Vorstandsmitglieder in vertretungsberechtigter Zahl, ggf. auch stellvertretende **haben** die Satzungsänderung in der Form des § 157 GenG zum Genossenschaftsregister **anzumelden** (§ 16 Abs. 5 Satz 1 GenG). Rechtsgeschäftliche Stellvertretung ist gemäß § 6 Abs. 3 GenRegV ausgeschlossen, sofern nicht nach vorrangigen gesetzlichen Vorschriften gestattet (vgl. § 378 FamFG).

---

[1] Siehe **BGH** Z 83, 35; *Beuthien*, GenG, § 43 Rz. 8; *Müller*, GenG, § 43 Rz. 106.
[2] **RG** Z 121, 246 (253).
[3] Siehe auch **RG** Z 138, 77.
[4] **AG Mannheim** BB 1962, 776.
[5] **LG Stuttgart** Rpfleger 1965, 16 (= BB 1964, 190).
[6] **OLG Schleswig** ZfG 1968, 224.
[7] **OLG Düsseldorf** BB 1968, 1200.
[8] **BGH** Rpfleger 1978, 365 (= BB 1978, 1134).
[9] Vgl. **BayObLG** Rpfleger 1987, 359 (nur Mitteilung).

Die geänderten Bestimmungen sind in der Anmeldung ausdrücklich zu bezeichnen, sofern im Register einzutragende Tatsachen betroffen sind (vgl. § 12 Abs. 2 GenG, § 15 Abs. 3 GenRegV); dies gilt auch bei einer Neufassung der gesamten Satzung. Beizufügen ist der Beschluss der Versammlung in Abschrift (§ 16 Abs. 2 GenRegV) sowie der **vollständige neue Wortlaut der Satzung**, versehen mit einer Erklärung des Vorstandes, dass die geänderten Bestimmungen der Satzung mit dem Beschluss über die Satzungsänderung und die unveränderten Bestimmungen mit dem zuletzt zum Register eingereichten vollständigen Wortlaut der Satzung übereinstimmen (§ 16 Abs. 5 Satz 2 GenG). Ist der vollständige Satzungswortlaut bisher nicht eingereicht worden, so hat der Vorstand zu erklären, dass der eingereichte Wortlaut der Satzung mit dem zuletzt zum Register eingereichten vollständigen Wortlaut der Satzung und allen seither beschlossenen Änderungen übereinstimmt. Ein Teilnehmerverzeichnis (§ 47 Abs. 3 GenG) und, sofern die Versammlungsniederschrift eine Feststellung über die ordnungsgemäße Berufung der Versammlung enthält, Belege über die Einberufung der Versammlung (§ 47 Abs. 2 GenG) brauchen den Beschlussabschriften nicht beigefügt werden.[1] Die Anmeldung der Satzungsänderung kann nicht nach § 160 GenG erzwungen werden.

1912 **Beispiel** für die **Anmeldung** einer Satzungsänderung (§ 16 GenG), einzureichen elektronisch in öffentlich beglaubigter Form von Mitgliedern des Vorstands in vertretungsberechtigter Zahl:

> Unter Vorlage des Beschlusses der Generalversammlung der im Genossenschaftsregister des Amtsgerichts München Nummer 810 eingetragenen „Spar- und Darlehenskasse für Kleinbetriebe eingetragene Genossenschaft" vom 25. 4. 2009 sowie einer Abschrift des vollständigen Wortlautes der Satzung samt Erklärung des Vorstandes melden wir zur Eintragung in das Genossenschaftsregister an:
>
> § 1 (Firma), § 5 (Vertretung) und weitere Bestimmunen der Satzung der Genossenschaft wurden nach Maßgabe des beigefügten Beschlusses geändert.
>
> Die Genossenschaft wird nun durch zwei Vorstandsmitglieder gemeinsam vertreten.

1913 **c) Behandlung der Anmeldung durch das Gericht.** Das **Gericht prüft** die Erfüllung der Formerfordernisse und ob die Satzungsänderung gegen zwingende Gesetzesvorschriften verstößt,[2] allerdings nicht mehr, ob bei Änderung des Unternehmensgegenstands die ggf. erforderliche behördliche Genehmigung vorliegt.[3] Im Übrigen ist hinsichtlich etwaiger Beschlussmängel entscheidend, ob der gegebene Fehler zur Nichtigkeit oder zur Anfechtbarkeit des Beschlusses nach § 51 GenG führt.[4] Ist der Beschluss anfechtbar oder bestehen zumindest begründete Anhaltspunkte für die Anfechtbarkeit, so hat das Registergericht nach pflichtgemäßem Ermessen zu entscheiden, ob die Eintragung noch vor Ablauf der Anfechtungsfrist von einem Monat (§ 51 Abs. 1 GenG) bewirkt wird oder ob ggf. bei Erhebung einer Anfechtungsklage nach §§ 21, 381 FamFG das Verfahren ausgesetzt wird. Zur Anfechtbarkeit führen z. B. die Nichteinhaltung der Form[5] und der Frist von mindestens zwei Wochen für die Einberufung der Generalversammlung (§ 46 Abs. 1 GenG) und die unzulängliche Bekanntmachung von Verhandlungsgegenständen (§ 46 Abs. 2 GenG), sofern nicht alle Mitglieder oder Vertreter anwesend sind und ohne Widerspruch an der Abstimmung teilnehmen. Zur Nichtigkeit führt entsprechend § 241 Nr. 1 AktG die Einberufung der

---

[1] Ebenso *Hornung* Rpfleger 1974, 11.
[2] **RG** Z 140, 180.
[3] Anders früher **OLG München** JFG 17, 53; **OLG Celle** NJW 1964, 1964.
[4] Vgl. hierzu auch *Beuthien,* GenG, § 16 Rz. 27 m.w.N.
[5] Vgl. **RG** Z 141, 230 (233).

V. Sonstige Eintragungen im Genossenschaftsregister

Versammlung durch einen offensichtlich Unbefugten oder wenn einzelne Mitglieder bei der Einladung übergangen wurden,[1] wiederum aber nur, wenn nicht alle Mitglieder erschienen und einverstanden waren.[2]

Die **Eintragung** hat nach Maßgabe des § 16 GenRegV zu erfolgen. Es ist in Spalte 6 Unterspalte a das **Datum der Beschlussfassung** und die Nummer sowie die allgemeine Bezeichnung des geänderten Paragrafen, bei vollständiger Neufassung der Satzung dieser Umstand unter Aufführung der wesentlichen, gesondert einzutragenden Änderungen zu vermerken. Neben dieser Eintragung der Satzungsänderung hat auch die Änderung an der jeweiligen Stelle im Register, also bei Änderung von Firma, Sitz oder Unternehmensgegenstand in Spalte 2, bei Änderung der Nachschusspflicht oder des Mindestkapitals in Spalte 3 und bei Änderung der allgemeinen Vertretungsregelung in Spalte 4 Unterspalte a zu erfolgen. 1914

Die Eintragung erfolgt im **Register** je nach Inhalt der Satzungsänderung in Spalte 4 Unterspalte b bei Änderung der allgemeinen Vertretungsregelung des Vorstands (§ 26 Nr. 4 GenRegV) oder in Spalte 2 Unterspalte a, b bzw. c bei Änderung von Firma, Sitz oder Unternehmensgegenstand (§ 26 Nr. 2 GenRegV) sowie in Spalte 3 bei Änderungen der Nachschusspflichten oder des Mindestkapitals und in Spalte 6 Unterspalte b mit einem Vermerk bei jeder Änderung mit dem Vermerk über das Datum der Beschlussfassung ggf. unter stichwortartiger Beschreibung der Satzungsänderung (§ 26 Nr. 6 GenRegV). 1915

Die Eintragung ist zu **veröffentlichen**, wenn die Satzungsänderung einen der in § 12 Abs. 2 GenG bezeichneten Gegenstände betrifft (§ 16 Abs. 5 Satz 2 i.V.m. § 156 GenG). Besondere Vorschriften über die Bekanntmachung der Eintragungen enthalten § 22 Abs. 1 und § 22a GenG. Zur Benachrichtigung siehe § 383 Abs. 1 FamFG und § 3 GenRegV; siehe im Übrigen auch § 24 Abs. 1 Nr. 5 KWG. 1916

Mit der Eintragung erlangt der Abänderungsbeschluss **rechtliche Wirkung**[3] (§ 16 Abs. 6 GenG). Die Generalversammlung kann im satzungsändernden Beschluss auch bestimmen, dass die Änderung erst von einem bestimmten späteren Zeitpunkt an gelten soll.[4] 1917

Beispiele für die Eintragung von Satzungsänderungen: 1918

Beispiel 1

Spalte 2
Unterspalte a (Firma): Bank für Kleinbetriebe eG *(alte Firma wird gerötet)*

Spalte 6
Unterspalte a (Rechtsform und Satzung): Die Generalversammlung vom 25. 4. 2009 hat die Änderung des § 1 (Firma) der Satzung beschlossen.

Beispiel 2

Spalte 2
Unterspalte b (Sitz): Garmisch-Partenkirchen *(alter Sitz wird gerötet)*

Spalte 6
Unterspalte a (Rechtsform und Satzung): Die Generalversammlung vom 25. 4. 2009 hat die Neufassung der Satzung beschlossen. Dabei wurde geändert: Sitz.

---

[1] Vgl. BGH Z 59, 369; OLG Jena OLG-NL 1994, 233.
[2] BGH Z 18, 334 (338).
[3] Vgl. BGH NJW 1956, 710; OLG Düsseldorf NJW 1950, 826.
[4] *Beuthien*, GenG, § 16 Rz. 29; *Lang/Weidmüller/Metz/Schaffland*, GenG, § 16 Rz. 67; *Müller*, GenG, § 16 Rz. 47.

Beispiel 3

Spalte 3 (Nachschusspflicht; Mindestkapital)
Geändert, nun: *(Bis hierher Übergangstext nach § 1 GenRegV, § 16 a HRV)* 500 € Nachschusspflicht je Geschäftsanteil *(zusätzlich Rötung etwaiger bisheriger Eintragungen zu Nachschusspflichten)*
Eingeführt, nun: *(Bis hierher wiederum als Übergangstext)* Mindestkapital: 300 000 €

Spalte 4
Unterspalte a (Allgemeine Vertretungsregelung): Die Genossenschaft wird durch zwei Vorstandsmitglieder gemeinsam oder durch ein Vorstandsmitglied gemeinsam mit einem Prokuristen vertreten.

Spalte 6
Unterspalte a (Rechtsform und Satzung): Die Generalversammlung vom 25. 4. 2009 hat die Änderung der §§ 4 (Nachschusspflicht), 5 (Vertretung der Genossenschaft) und 25 (Aufsichtsrat) der Satzung beschlossen.
(Die bisherigen Eintragungen in Spalten 3 und 4 Unterspalte a sind zu röten)

Beispiel 4

Spalte 2
Unterspalte a (Firma): Bank für Kleinbetriebe eingetragene Genossenschaft *(und Rötung der bisherigen Firma)*

Spalte 4
Unterspalte a (Allgemeine Vertretungsregelung): Die Genossenschaft wird durch jeweils zwei Vorstandmitglieder gemeinsam vertreten *(und Rötung der bisherigen Eintragung)*

Spalte 6
Unterspalte a (Rechtsform und Satzung): Die Generalversammlung vom 25. 4. 2009 hat die Änderung der §§ 1 (Firma), 6 (Kündigungsfrist), 10 (Willenserklärungen und Vertretungsbefugnis) und 25 (Aufsichtsrats) der Satzung beschlossen

1919 d) **Sonderfall der Sitzverlegung.** Eine Sitzverlegung erfolgt durch satzungsändernden **Beschluss der Generalversammlung.** Anzumelden ist sie nach Maßgabe der Vorschriften über die Satzungsänderung beim Registergericht des bisherigen Sitzes von Vorstandsmitgliedern in vertretungsberechtigter Zahl in der Form des § 157 GenG.[1] Eine neue Bescheinigung des Prüfungsverbandes muss dieser Anmeldung nicht beigefügt werden. In Anwendung des § 13 h HGB hat das Gericht des bisherigen Sitzes die Sitzverlegung dem Gericht des neuen Sitzes unter Übersendung der Registerakten und einer beglaubigten Abschrift der Registereintragungen mitzuteilen. Das Gericht des neuen Sitzes hat nach § 13 h Abs. 2 HGB zu verfahren (vgl. ausführlich Rz. 338 ff.).

1920 e) **Änderung der Haftform.** Die Umwandlung der Haftform ist im GenG nicht gesondert geregelt. Einführung, Erweiterung, Beschränkung oder Aufhebung der **Nachschusspflicht** erfolgen durch Satzungsänderung (§ 6 Nr. 3, § 16 GenG). Die Einführung oder Erweiterung der Verpflichtung der Mitglieder zur Leistung von Nachschüssen erfordert eine Drei-Viertel-Mehrheit der abgegebenen Stimmen (§ 16 Abs. 2 Nr. 4 GenG). Nach § 67 a GenG steht ggf. den Mitgliedern ein außerordentliches Kündigungsrecht zu, dasselbe gilt beispielsweise bei der Einführung oder Erhöhung eines Mindestkapitals. Die Abänderung einer unbeschränkten Nachschusspflicht durch Beschränkung auf eine Haftsumme erfordert im Übrigen die Festsetzung der Haftsumme durch Satzungsänderung (§ 6 Nr. 3, §§ 119, 16 Abs. 4 GenG). Bei der Beschränkung oder der Aufhebung der Nachschusspflicht sind die Gläubigerschutzvorschriften gemäß § 22 Abs. 1 bis 3 GenG anzuwenden (s. a. § 22 a GenG).

---

[1] Vgl. *Beuthien*, GenG, § 6 Rz. 6.

Die **Anmeldung** der Änderung der Bestimmungen über die Nachschusspflicht hat als Satzungsänderung durch Vorstandsmitglieder in vertretungsberechtigter Zahl, ggf. auch der stellvertretenden Vorstandsmitglieder (§ 157 GenG), elektronisch in öffentlich beglaubigter Form zu erfolgen. Die Eintragung des Beschlusses mit seinem Inhalt findet gemäß § 16 Abs. 1, § 15 Abs. 4 GenRegV statt, also nicht nur unter allgemeiner Bezeichnung des Beschlussgegenstands. Zur Veröffentlichung bei Beschränkung oder Aufhebung der Nachschusspflicht siehe § 156 Abs. 1 Satz 2 i.V.m. § 22a Abs. 1, § 22 Abs. 1 bis 3 GenG. 1921

VI. Auflösung und Liquidation einer eingetragenen Genossenschaft

1. Auflösung der Genossenschaft

a) **Auflösungsgründe.** Die Auflösung einer Genossenschaft kann erfolgen: 1922

aa) durch Beschluss der Generalversammlung, der mit Drei-Viertel-Mehrheit der abgegebenen Stimmen zu fassen ist, falls die Satzung nicht noch strengere Erfordernisse aufstellt (§ 78 Abs. 1 GenG);

bb) durch Zeitablauf, falls die Satzung die Zeitdauer der Genossenschaft beschränkt hat (§ 79 Abs. 1 GenG);

cc) durch Beschluss des Amtsgerichts (Rechtspfleger), in dessen Bezirk die Genossenschaft ihren Sitz hat,
– wenn die Zahl der Mitglieder weniger als drei beträgt, und zwar auf Antrag des Vorstandes oder, wenn dieser Antrag nicht binnen sechs Monaten gestellt wird, von Amts wegen (§ 80 Abs. 1 GenG); vor der Beschlussfassung ist der Vorstand zu hören, falls nicht er den Antrag gestellt hat. Der Beschluss ist der Genossenschaft von Amts wegen zuzustellen. Sie kann gegen ihn binnen zwei Wochen ab Zustellung sofortige Beschwerde einlegen (§ 80 Abs. 2 GenG). Die Auflösung tritt mit Rechtskraft des Beschlusses ein;
– wenn eine Genossenschaft aus einem Prüfungsverband ausscheidet und nicht innerhalb der nach § 54a Abs. 1 GenG vom Gericht gesetzten Frist nachweist, dass sie die Mitgliedschaft bei einem Verband erworben hat (§ 54a Abs. 2 GenG);

dd) durch Beschluss der für streitige Verwaltungssachen nach Landesrecht zuständigen Behörde, wenn die Genossenschaft sich gesetzwidrige Handlungen oder Unterlassungen zurechnen lassen muss, durch die das Gemeinwohl gefährdet wird oder wenn sie andere als die in § 1 GenG bezeichneten geschäftlichen Zwecke verfolgt (§ 81 Abs. 1 GenG);

ee) durch Verlegung des Sitzes ins Ausland,[1]

ff) durch Eröffnung des Insolvenzverfahrens (§ 101 GenG);

gg) mit Rechtskraft des Beschlusses, durch den die Eröffnung des Insolvenzverfahrens mangels Masse abgelehnt worden ist (§ 81a Nr. 1 GenG);

hh) durch die Löschung wegen Vermögenslosigkeit nach § 394 FamFG;

ii) durch Entscheidung der Bundesanstalt für Finanzdienstleistungsaufsicht bei Zurücknahme der Erlaubnis oder Untersagung des Geschäftsbetriebs einer unter das KWG fallenden Genossenschaft nach §§ 35, 38 KWG.

Der Auflösung gleich steht die Eintragung der Nichtigkeit einer Genossenschaft nach §§ 94, 95 GenG aufgrund rechtskräftigen Urteils (vgl. § 97 Abs. 1 GenG) oder nach §§ 397, 395 FamFG. 1923

---

[1] Siehe hierzu *Beuthien*, GenG, § 6 Rz. 6; *Müller*, GenG, § 17 Rz. 77 ff.; zur lediglich faktischen Verlagerung des Verwaltungssitzes in einen anderen EU-Mitgliedsstaat: **EuGH**, Urt. v. 5.11.2002, Rs. C-208/00 – „Überseering", NJW 2002, 3614.

1924 **b) Anmeldung zur Eintragung im Register.** Die Auflösung ist in den Fällen aa, bb und ee der Rz. 1922 unter Angabe des Auflösungsgrundes zur Eintragung in das Genossenschaftsregister **anzumelden** (§ 78 Abs. 2, § 79 Abs. 2 GenG; siehe auch § 20 Abs. 1 GenRegV). Die Anmeldung hat, wenn Liquidatoren die bisherigen Mitglieder des Vorstands sind, durch diese, sonst durch die neu bestellten Liquidatoren,[1] jeweils in vertretungsberechtigter Zahl zum Genossenschaftsregister elektronisch in öffentlich beglaubigter Form (§ 157 GenG) zu erfolgen. Da der Auflösungsbeschluss in der Regel sofortige Wirkung entfaltet, haben entgegen dem Wortlaut des § 78 GenG nach allgemeinen Regeln nicht mehr die – damit bereits außer Dienst befindlichen – Vorstandsmitglieder anzumelden, sondern vielmehr die nunmehr vertretungsberechtigten Liquidatoren. Die Anmeldung ist gemäß § 160 GenG erzwingbar. Enthält der Auflösungsbeschluss allerdings eine Satzungsänderung, so ist diese einschließlich der Auflösung und Vertretungsänderung stets noch von den Vorstandsmitgliedern anzumelden, da sie einschließlich der veränderten Vertretungsregelung erst mit Eintragung im Register wirksam ist (§ 16 Abs. 6 GenG). Die Urkunde, aus der sich die Auflösung ergibt, z. B. der Auflösungsbeschluss, ist als Dokument nach § 12 Abs. 2 HGB (siehe § 7 Abs. 3 GenRegV) beizufügen. Das Gericht (Rechtspfleger) muss sich vom Bestehen des angegebenen Auflösungsgrundes überzeugen.

1925 **Beispiel** einer Anmeldung der Auflösung einer Genossenschaft (§ 78 Abs. 2, § 84 Abs. 1 GenG) sowie der Liquidatoren und ihrer Vertretungsbefugnis durch Liquidatoren in vertretungsberechtigter Zahl:

> Als Liquidatoren der im Genossenschaftsregister des Amtsgerichts München Nummer 810 eingetragenen „Bank für Kleinbetriebe eingetragene Genossenschaft" übergeben wir eine Abschrift des Beschlusses der Generalversammlung vom 4. 11. 2009 über die Auflösung der Genossenschaft und die Bestellung der Liquidatoren, und melden zur Eintragung in das Genossenschaftsregister an:
>
> Die Generalversammlung vom 4. 11. 2009 hat die Auflösung der Genossenschaft beschlossen und zu Liquidatoren bestellt:
>
> 1. Siegfried Seemann, geboren am 6. 6. 1962, München, Baldeplatz 2,
> 2. die „Münchener Wirtschaftsbank Aktiengesellschaft" mit dem Sitz in München (AG München HRB 1268).
>
> Die Liquidatoren vertreten gemeinsam. Die Prokuren für Paul Pfister und Richard Reinhard sind erloschen.

1926 **c) Eintragung der Auflösung im Register.** Die Eintragung (§ 82 Abs. 1 GenG, § 20 GenRegV) erfolgt im Register in Spalte 6 Unterspalte b (§ 26 Nr. 6 lit. bb GenRegV). Die Liquidatoren sind in Spalte 4 Unterspalte b unter der Bezeichnung „Liquidator" einzutragen. Dies gilt auch dann, wenn die Liquidation durch die bisherigen Vorstandsmitglieder erfolgt. Daneben ist die bisherige allgemeine Vertretungsbefugnis durch die Vertretungsregelung für die Liquidatoren zu ersetzen und die Änderung als solche im Register in Spalte 4 Unterspalten a und b einzutragen. Die bisherigen Vorstandsmitglieder sind, außer bei Auflösung mit Eröffnung des Insolvenzverfahrens, zu röten. Wenn die Liquidation durch die bisherigen Vorstandsmitglieder erfolgt, sind diese neu in Spalte 4 als Liquidatoren mit Eintragung der Vertretungsregelung in Spalte 4 Unterspalte a inzutragen. Die öffentliche Bekanntmachung erfolgt nach § 156

---

[1] Nach *Beuthien*, GenG, § 78 Rz. 10; *Müller*, GenG, § 78 Rz. 8; *Fandrich*, in: Pöhlmann/ Fandrich/Bloehs, GenG, § 78 Rz. 7 sind stets die Vorstandsmitglieder anmeldepflichtig, siehe auch § 20 Abs. 1 Nr. 1 GenRegV; dies widerspräche dem vorrangigen allgemeinen Grundsatz, dass nur solche Personen anmeldebefugt sind, die noch vertretungsberechtigt sind.

VI. Auflösung und Liquidation einer eingetragenen Genossenschaft

GenG; zur Mitteilung an Vorstand oder Liquidatoren siehe § 383 Abs. 1 FamFG und § 3 Abs. 1 GenRegV.
Beispiel für die Eintragung der Auflösung im Register: 1927

Spalte 4
Unterspalte a (Allgemeine Vertretungsregelung):
Geändert, nun: *(Vorstehendes als Übergangstext gemäß § 1 GenRegV, § 16a HRV)* Die Liquidatoren vertreten gemeinsam.
Unterspalte b (Vorstand und besondere Vertretung):
Bestellt: *(Bis hierher Übergangstext nach § 1 GenRegV, § 16a HRV)*
Liquidator: Seemann, Siegfried, München, *6. 6. 1962;
Liquidator: Münchener Wirtschaftsbank Aktiengesellschaft mit Sitz in München (Amtsgericht München HRB 1268);
(Eintragungen zu den bisherigen Vorstandsmitgliedern sowie zur bisherigen allgemeinen Vertretungsbefugnis sind zu röten)
Spalte 6
Unterspalte b (Sonstige Rechtsverhältnisse): Die Gesellschaft ist aufgelöst.

Bei der Auflösung durch Eröffnung des **Insolvenzverfahrens** erfolgt die Eintragung auf Mitteilung des Insolvenzgerichts (§ 31 InsO, § 102 GenG). In den übrigen Fällen der Auflösung erfolgt die Eintragung von Amts wegen, im Fall dd (Rz. 1922) auf Mitteilung des Verwaltungsgerichts oder der Verwaltungsbehörde (siehe § 20 Abs. 1 Nr. 2 GenRegV). Im Fall ii (Rz. 1922) hat die Bundesanstalt für Finanzdienstleistungsaufsicht den Auflösungsbeschluss dem Registergericht zur Eintragung zu übersenden (§ 38 KWG). Siehe im Übrigen die Ausführungen zu Eintragungen von Amts wegen (Rz. 1956 ff.). Besondere Berücksichtigung verdient hierbei **§ 384 Abs. 2 FamFG**. Danach sind im Register nach Vornahme der amtswegigen Auflösung auch die weiteren Eintragungen von Amts wegen zu erledigen, die infolge der Auflösung zur Unrichtigkeit der sonstigen Vermerke führen würden. Damit ist insbesondere eine Neufassung der Vertretungsverhältnisse erforderlich (siehe hierzu Rz. 450a ff.). Die öffentliche Bekanntmachung erfolgt nach § 156 GenG. Zur Mitteilung an Vorstand oder Liquidatoren siehe § 3 Abs. 1 GenRegV. Im Übrigen sind im Register weitere Vermerke im Zusammenhang mit der Durchführung eines Insolvenzverfahrens (z. B. Einstellung und Aufhebung des Insolvenzverfahrens sowie Überwachung der Erfüllung eines Insolvenzplans) einzutragen (vgl. § 102 Abs. 1 GenG; § 21 Abs. 2 GenRegV; hierzu allgemein Rz. 404 ff.). 1928

2. Liquidation der Genossenschaft

Nach Auflösung der Genossenschaft findet in der Regel die **Liquidation** statt. Keine Abwicklung erfolgt jedoch bei Eröffnung des Insolvenzverfahrens und bei Löschung nach § 394 FamFG. Die **Liquidation** ist durch die Vorstandsmitglieder zur Zeit der Auflösung („geborene Liquidatoren") vorzunehmen, sofern nicht die Satzung oder die Generalversammlung durch Beschluss andere Personen als Liquidatoren bestimmen; letzteres ist selbst dann möglich, wenn in der Satzung Bestimmung getroffen sind, durch welche die Liquidation anderen Personen übertragen würde („gekorene Liquidatoren"; § 83 Abs. 1 GenG). Liquidator kann auch nur eine Person, desgleichen eine juristische Person sein (§ 83 Abs. 2 GenG). 1929

Die **ersten Liquidatoren** und ihre **Vertretungsbefugnis** (vgl. § 85 Abs. 1 GenG) sind zur Eintragung in das Genossenschaftsregister **anzumelden** (§ 84 Abs. 1, § 85 Abs. 2 GenG; § 20 Abs. 2 GenRegV). Die Anmeldung hat, wenn Liquidatoren die bisherigen Mitglieder des Vorstands sind, durch diese, sonst durch neu bestellte Liquidatoren in vertretungsberechtigter Zahl zum Genossenschaftsregister elektronisch in öffentlich 1930 beglaubigter Form (§ 157 GenG) zu erfolgen. Der Anmeldung ist als Dokument gemäß § 12 Abs. 2 HGB (siehe § 7 Abs. 3 GenRegV) eine Abschrift der Bestellungsurkunde sowie zur Festlegung der Vertretungsbefugnis beizufügen (§ 84 Abs. 1 Satz 2 GenG). Die Anmeldung ist nach § 160 Abs. 1 GenG erzwingbar.

1931 Die **Eintragung** der Vertretungsbefugnis der Liquidatoren erfolgt in Spalte 4 Unterspalte a, die Eintragung der Personen der Liquidatoren mit Familiennamen, Vornamen, Geburtsdatum und Wohnort, und eine im konkreten Fall abweichende besondere Vertretungsbefugnis der einzelnen Liquidatoren dort in Unterspalte b. Eine Veröffentlichung der Eintragung der Liquidatoren ist gemäß § 156 i.V.m. § 28 GenG vorzunehmen, da jede Änderung der Zusammensetzung und Vertretung des Vorstands zu veröffentlichen ist und bei der Neueintragung der Liquidatoren die Aussage zu den vertretungsberechtigten Organträgern einer hiernach bekannt zu machenden Änderung unterworfen wird.[1] Die Mitteilung an die Liquidatoren richtet sich nach § 383 Abs. 1 FamFG und § 3 Abs. 1 GenRegV.

1932 Die Liquidatoren in vertretungsberechtigter Zahl (§ 157 GenG) haben **jede Änderung** in der Person oder ihrer Vertretungsbefugnis in elektronischer Form zum Genossenschaftsregister anzumelden (§ 84 Abs. 1 GenG). Neu bestellte – nicht jedoch abberufene oder sonst ausgeschiedene – Liquidatoren haben bei der Anmeldung einer Änderung in den Personen der Liquidatoren nicht zwingend mitzuwirken. Zur Beifügung eines Dokuments über die Änderung siehe § 84 Abs. 1 Satz 2 GenG. Die Anmeldung unterliegt gem. § 160 Abs. 1 GenG ebenfalls dem Registerzwang.

1933 Die **Ernennung** von Liquidatoren kann auf Antrag des Aufsichtsrats oder mindestens des zehnten Teils der Mitglieder durch das Gericht (Rechtspfleger) erfolgen[2] (§ 83 Abs. 3 GenG). Es handelt sich gemäß § 375 Nr. 7 FamFG um ein unternehmensrechtliches Verfahren, für das die Vorschriften des FamFG Anwendung finden. Der Beschluss über die Liquidatorenernennung ist mit der Beschwerde (§§ 58 ff. FamFG) anfechtbar (§ 402 Abs. 1 FamFG). Auf Antrag Dritter oder einzelner Mitglieder kann die Ernennung auch entsprechend §§ 29, 48 BGB erfolgen.[3] Zur Abberufung siehe § 83 Abs. 4 GenG. Die Eintragung der Ernennung oder Abberufung durch das Gericht erfolgt von Amts wegen (§ 84 Abs. 2 GenG).

1934 Ist die Liquidation beendet, so haben die zu diesem Zeitpunkt amtierenden Liquidatoren in vertretungsberechtigter Zahl (§ 157 GenG) den **Schluss der Abwicklung** zum Genossenschaftsregister anzumelden. Eine Veröffentlichung findet nicht statt.

1935 **Beispiel** für die Anmeldung der Beendigung der Liquidation durch die Liquidatoren, elektronisch einzureichen in öffentlich beglaubigter Form (§ 157 GenG):

> Als Liquidatoren der im Genossenschaftsregister des Amtsgerichts München Nummer 810 eingetragenen „Bank für Kleinbetriebe eingetragene Genossenschaft" melden wir gemäß § 84 Abs. 1 GenG zur Eintragung in das Genossenschaftsregister an:
> Die Abwicklung der „Bank für Kleinbetriebe eingetragene Genossenschaft" ist beendet.
> Damit ist auch die Vertretungsbefugnis der Liquidatoren beendet.

1936 Im Register ist dies folgendermaßen **einzutragen**, bevor das gesamte Registerblatt gerötet wird (§ 1 GenRegV, § 22 Abs. 1 HRV):

> **Spalte 6**
> **Unterspalte b (Sonstige Rechtsverhältnisse):**
> Die Liquidation ist beendet. Die Genossenschaft wird gelöscht.

---

[1] Anderer Ansicht: *Hornung* Rpfleger 1984, 293 (303); *Hornung* Rpfleger 1974, 50.
[2] Hierzu **KG** JFG 8, 190 (192).
[3] Siehe **BayObLG** WM 1977, 408; *Beuthien*, GenG, § 83 Rz. 5; *Lang/Weidmüller/Metz/Schaffland*, GenG, § 83 Rz. 9; *Müller*, GenG, § 83 Rz. 13.

VI. Auflösung und Liquidation einer eingetragenen Genossenschaft

Stellt sich nach Beendigung der Liquidation unverteiltes Vermögen der Genossenschaft heraus, so ist die **Liquidation wieder aufzunehmen**.[1] Jedoch lebt die Vertretungsbefugnis der früheren Liquidatoren nicht ohne weiteres wieder auf. Das Registergericht (Rechtspfleger) hat vielmehr in entsprechender Anwendung des § 273 Abs. 4 AktG auf Antrag des Aufsichtsrats oder einer Minderheit der Mitglieder nach § 83 Abs. 3 GenG oder auf Antrag eines Beteiligten nach § 29 BGB die bisherigen oder andere Liquidatoren neu zu bestellen.[2] Diese sind von Amts wegen in das Genossenschaftsregister einzutragen. Nach der Eintragung haben die Liquidatoren nach Beendigung der Abwicklungsmaßnahmen den Schluss der Abwicklung erneut zur Eintragung in das Genossenschaftsregister anzumelden. Die Wiedereintragung der Genossenschaft in Liquidation auf Anmeldung der Liquidatoren ist zulässig, aber nicht notwendig (vgl. Rz. 1153).[3]

1937

3. Fortsetzung der aufgelösten Genossenschaft

Eine Genossenschaft, die durch Beschluss der Generalversammlung oder durch Zeitablauf aufgelöst ist (§§ 78, 79 GenG) kann, solange mit der Verteilung des nach Berichtigung der Schulden verbliebenen Vermögens unter den Mitgliedern noch nicht begonnen ist, die Fortsetzung beschließen (§ 79a Abs. 1 GenG). Dies gilt jedoch nicht, wenn die Mitglieder nach § 87a Abs. 2 GenG zu Zahlungen herangezogen worden sind (§ 79a Abs. 1 Satz 3 GenG). Der **Beschluss der Generalversammlung** bedarf, falls die Satzung nicht noch andere Erfordernisse aufstellt, der Mehrheit von drei Viertel der abgegebenen Stimmen (§ 79a Abs. 1 GenG). Zur Anhörung des Prüfungsverbandes siehe die Regelungen des § 79a Abs. 2 bis 4 GenG.

1938

Die Fortsetzung der Genossenschaft ist durch den Vorstand, der im Anschluss an den Fortsetzungsbeschluss neu zu wählen ist,[4] zur Eintragung in das Genossenschaftsregister elektronisch in der Form des § 157 GenG **anzumelden** (§ 79a Abs. 5 GenG). Ausreichend ist die Mitwirkung von Vorstandsmitgliedern in vertretungsberechtigter Zahl. Diese haben in der Anmeldung, das heißt gleichfalls in öffentlich beglaubigter Form zu versichern, dass der Beschluss der Generalversammlung zu einer Zeit gefasst wurde, zu der noch nicht mit der Verteilung des nach der Berichtigung der Schulden verbleibenden Vermögens an die Mitglieder begonnen worden war. Da die Fortsetzung mit Beschlussfassung Wirkung entfaltet und die Eintragung nur deklaratorisch wirkt, kann die Anmeldung nach § 160 Abs. 1 GenG erzwungen werden. Der Anmeldung beizufügen ist ein Dokument mit dem Beschluss der Generalversammlung, der vollständige Wortlaut der Satzung samt Erklärung des Vorstandes über dessen Übereinstimmung mit dem bisherigen Wortlaut sowie den eingearbeiteten Änderungen und das Gutachten des Prüfungsverbandes nach § 79a Abs. 3 GenG. Zur **Eintragung**, Benachrichtigung und **Bekanntmachung** siehe § 16 Abs. 5, §§ 12, 156 GenG, §§ 16, §§ 3, 4, 26 Nr. 6 lit. bb GenRegV.

1939

Ist die Genossenschaft aufgrund § 394 FamFG gelöscht worden, so kann, wenn die **Löschung** aufgrund eines Verfahrensmangels eingetragen worden ist, diese im Verfahren nach § 395 FamFG **beseitigt** werden.[5]

1940

---

[1] Siehe *Beuthien*, GenG, § 93 Rz. 4 f.; *Müller*, GenG, § 93 Rz. 6 ff.
[2] S. a. *Lang/Weidmüller/Metz/Schaffland*, GenG, § 93 Rz. 3; anderer Ansicht *Müller*, GenG, § 93 Rz. 6.
[3] Vgl. hierzu *Beuthien*, GenG, § 93 Rz. 5.
[4] Ebenso *Beuthien*, GenG, § 79a Rz. 11; *Lang/Weidmüller/Metz/Schaffland*, GenG, § 79a Rz. 7; anderer Ansicht *Müller*, GenG, § 79a Rz. 11.
[5] KG JFG 15, 88.

VII. Umwandlungsvorgänge unter Beteiligung von eingetragenen Genossenschaften
1. Verschmelzungen

1941 Auch für die **Verschmelzung von Genossenschaften** gelten die allgemeinen Vorschriften der §§ 4 bis 45 UmwG, die im Rahmen der Behandlung der Gesellschaft mit beschränkter Haftung dargestellt sind (Rz. 1173 ff.). Insbesondere müssen also der Verschmelzungsvertrag (§ 6 UmwG) und die Verschmelzungsbeschlüsse (§ 13 Abs. 3 UmwG) notariell beurkundet sein. Für die Frist zur Anfechtung der Verschmelzungsbeschlüsse gilt die Monatsfrist des § 14 UmwG. Für die Registeranmeldung ist § 16 UmwG zu beachten. Danach muss grundsätzlich eine Versicherung zur Nichtanfechtung der Verschmelzungsbeschlüsse abgegeben werden, sofern nicht einer der gesetzlich vorgesehenen Ausnahmefälle gegeben ist. Der Anmeldung müssen die Anlagen des § 17 UmwG beiliegen, bei übertragenden Genossenschaften somit auch die Schlussbilanz. Insofern sind die Ausführungen zur Wahrung der Frist des § 17 Abs. 2 Satz 4 UmwG zu beachten (hierzu Rz. 1178). Die Gläubigerschutzvorschrift des § 22 UmwG findet ebenfalls Anwendung. Naturgemäß findet bei einer Verschmelzung einer eingetragenen Genossenschaft zur Aufnahme auf eine andere eingetragene Genossenschaft keine Kapitalerhöhung statt.

1942 Die **Eintragung der Verschmelzung** vollzieht sich somit nur **in drei Schritten:**
– Schritt 1: Eintragung der Verschmelzung bei den übertragenden Rechtsträgern mit Wirksamkeitsvorbehalt, sofern die Eintragung nicht bei allen betroffenen Rechtsträgern am selben Tag erfolgt (Öffentliche Bekanntmachung als „Veränderung" mit Gläubigeraufruf nach § 22 UmwG; bei tagggleicher Eintragung ohne Wirksamkeitsvorbehalt als „Löschung");
– Schritt 2: Eintragung der Verschmelzung bei dem übernehmenden Rechtsträger (Öffentliche Bekanntmachung als „Veränderung" mit Gläubigeraufruf nach § 22 UmwG);
– Schritt 3: Eintragung des Wirksamkeitszeitpunktes bei den übertragenden Rechtsträgern, sofern nicht die Eintragung in allen Registern am selben Tag ohne Wirksamkeitsvorbehalt erfolgt ist; Schließung von deren Registerblättern (Bekanntmachung als „Löschung" ohne Gläubigeraufruf).

Die öffentlichen **Bekanntmachungen** erfolgen nach § 19 Abs. 3 UmwG.

1943 **Sondervorschriften** für die Verschmelzung eingetragener Genossenschaften enthalten die Bestimmungen der §§ 79 bis 98 UmwG. Hierbei sieht § 79 UmwG als weitere Voraussetzung für eine Verschmelzung vor, dass eine Änderung der Satzung zumindest gleichzeitig mit der Verschmelzung beschlossen werden muss, wenn eine solche für die Verschmelzung z. B. im Hinblick auf die Beteiligungen, den Unternehmensgegenstand, die Firma oder die Nachschusspflichten erforderlich ist. Die Bestimmung des § 80 UmwG sieht Sonderregelungen für das Umtauschverhältnis vor. Nach § 81 UmwG ist für jede an der Verschmelzung beteiligte Genossenschaft auch ein Prüfungsgutachten des Prüfungsverbandes erforderlich, welches bei der Anmeldung mit vorzulegen und in der jeweils über den Verschmelzungsvertrag abstimmenden Versammlung zu verlesen ist (§ 83 Abs. 2 UmwG). Die Vorbereitung der Beschlussfassung ist der Regelung für Aktiengesellschaften angenähert. So verweist § 82 UmwG auf § 63 Abs. 1 Nr. 1 bis 4 UmwG, sodass ab der Einberufung der Generalversammlung, die über die Zustimmung beschließen soll, der Verschmelzungsvertrag oder sein Entwurf, die Jahresabschlüsse und die Lageberichte aller an der Verschmelzung beteiligten Rechtsträger, ggf. eine Zwischenbilanz und die Verschmelzungsberichte zur Einsicht für die Mitglieder in den Geschäftsräumen aller beteiligten Genossenschaften auszuliegen haben. Diese Unterlagen sind auf Verlangen jedem Mitglied nach § 82 Abs. 2 UmwG unverzüglich kostenlos in Abschrift zuzusenden. In der Generalver-

VII. Umwandlungsvorgänge unter Beteiligung von eingetragenen Genossenschaften

sammlung müssen diese Unterlagen und alle Prüfgutachten ausliegen. Der Beschluss bedarf der Drei-Viertel-Mehrheit der abgegebenen Stimmen, ggf. satzungsbedingt eine höhere Mehrheit.

2. Spaltungen

Entsprechendes wie für die Verschmelzung gilt für **Spaltungen**. Bei der Anmeldung einer Abspaltung oder Ausgliederung hat der Vorstand einer übertragenden Genossenschaft auch die Versicherung nach § 148 Abs. 1 UmwG abzugeben, wonach zum Zeitpunkt der Anmeldung die gesetzlichen und satzungsmäßigen Voraussetzungen für die Gründung der Genossenschaft auch unter Berücksichtigung der Abspaltung oder Ausgliederung noch vorliegen. Nach § 148 Abs. 2 UmwG sind neben den üblichen Unterlagen sowohl der Spaltungsbericht als auch das Prüfungsgutachten (§§ 127, 125, 81 UmwG) vorzulegen. Im Übrigen ist auch insoweit auf die Ausführungen in Rz. 1189 ff. zu verweisen.

1944

3. Formwechsel

a) **Formwechsel in die Rechtsform der Genossenschaft.** Personen- und Kapitalgesellschaften (§§ 214, 226 UmwG), Partnerschaftsgesellschaften (§ 225a UmwG) sowie eingetragene Vereine (§ 272 UmwG) können einen **Formwechsel in eine eingetragene Genossenschaft** vornehmen (§§ 214, 226 UmwG; allgemein zum Formwechsel Rz. 1200 ff.). Die Vorbereitung der Versammlung, die über den Formwechsel beschließen soll, richtet sich nach §§ 229 bis 231 UmwG, die Durchführung nach § 239 UmwG. Somit ist in der Versammlung der Umwandlungsbericht auszulegen; bei einer Aktiengesellschaft oder KGaA ist der Entwurf des Umwandlungsbeschlusses mündlich zu erläutern. Die Mehrheitserfordernisse richten sich nach § 252 UmwG. Im Umwandlungsbeschluss muss auch die Satzung der Genossenschaft festgestellt werden (§ 253 UmwG). Die Anmeldung erfolgt durch das Vertretungsorgan der formwechselnden Gesellschaft. Gleichzeitig sind auch die neuen Vorstandsmitglieder der Genossenschaft anzumelden (§ 254 Abs. 1 und 2 UmwG).

1945

Nachdem bei einem derartigen Formwechsel stets zwei verschiedene Rechtsträgerregister, nämlich Handels- bzw. Partnerschafts- oder Vereinsregister einerseits und Genossenschaftsregister andererseits, betroffen sind, richtet sich das Verfahren nach § 198 Abs. 2 UmwG. Die Anmeldung hat also sowohl beim Register des formwechselnden Rechtsträgers als auch bei dem für die neue Genossenschaft zuständigen Register zu erfolgen. Die Eintragung ist zunächst im Register des formwechselnden Rechtsträgers regelmäßig mit Wirksamkeitsvorbehalt vorzunehmen (Bekanntmachung nach §§ 10 HGB, 201 UmwG als „Veränderung" mit Gläubigerhinweis (§§ 204, 22 UmwG)) und sodann die Eintragung der neuen Genossenschaft (ebenfalls unter öffentlicher Bekanntmachung als „Veränderung" nach § 201 UmwG, jedoch ohne Gläubigerhinweis). Schließlich wird als Schlusseintragung bei der formwechselnden Gesellschaft die Eintragung des Wirksamkeitszeitpunkts und des Verweises auf den neuen Rechtsträger vorgenommen und als „Löschung" nach § 10 HGB, ebenfalls ohne Gläubigerhinweis, öffentlich bekannt gemacht. Die Eintragung eines Wirksamkeitvermerks und damit auch die Schlusseintragung ist allerdings entbehrlich, wenn alle Eintragungen am selben Tag vorgenommen werden (§ 198 Abs. 2 Satz 4 UmwG).

1946

b) **Formwechsel aus der Rechtsform der Genossenschaft.** Bestehende eingetragene Genossenschaften können ihrerseits nur einen **Formwechsel in eine Kapitalgesellschaft** vornehmen (§ 258 Abs. 1 UmwG). Dabei muss auf jedes Mitglied, das an der neuen Rechtsform beteiligt ist, mindestens ein Geschäftsanteil von einem vollen Euro oder als Aktionär eine volle Aktie entfallen (§ 258 Abs. 2 UmwG). Vor der Einberufung der Generalversammlung ist ein Gutachten des Prüfungsverbandes nach § 259

1947

UmwG einzuholen. In der Einberufung der Generalversammlung ist anzukündigen, dass über den Formwechsel Beschluss gefasst werden soll und auf die nach § 262 UmwG erforderlichen Mehrheiten hinzuweisen. Im Übrigen gelten §§ 229, 230 Abs. 2 und § 231 Satz 1 UmwG. Neben den sonst erforderlichen Unterlagen muss in den Geschäftsräumen der Genossenschaft auch das Prüfungsgutachten ausliegen (§ 260 Abs. 3 UmwG). Auf Verlangen ist den Mitgliedern eine Abschrift hiervon unverzüglich kostenlos zuzusenden. Dieses Gutachten ist nach § 262 Abs. 2 UmwG bei der Generalversammlung zu verlesen. Der Prüfungsverband darf an dieser Generalversammlung beratend teilnehmen. Die Mehrheitserfordernisse richten sich nach § 262 UmwG, so dass grundsätzlich eine Drei-Viertel-Mehrheit der abgegebenen Stimmen erforderlich ist. Haben wenigstens 100 Mitglieder, bei Genossenschaften mit weniger als insgesamt 1000 Mitgliedern 10% von ihnen bis zum Ablauf des dritten Tages vor der Generalversammlung durch eingeschriebenen Brief Widerspruch gegen den Formwechsel erhoben, ist eine Mehrheit von 90% der abgegebenen Stimmen erforderlich. Bei der Fristwahrung für den Widerspruch kommt es auf den Zugang der Einschreiben an.[1] Die Satzung kann weitergehende Anforderungen stellen. Mit dem Umwandlungsbeschluss muss auch die Satzung der neuen Kapitalgesellschaft festgestellt werden (§ 263 Abs. 1 UmwG); § 263 Abs. 2 und 3 UmwG treffen genauere Festlegungen zum Umtausch der Anteilsrechte.

1948 Bei der **Anmeldung** gelten die üblichen Regeln der §§ 198, 222 Abs. 1 Satz 1 und Abs. 3 UmwG, so dass diese durch die Organe der neuen Rechtsform, bei der Genossenschaft auch durch deren Organe erfolgt. Beizufügen sind die für eine Neugründung üblichen Unterlagen, nicht jedoch ein Sachgründungsbericht.[2] Zudem ist nach § 265 Satz 2 UmwG die Vorlage des Prüfungsgutachtens erforderlich. Die Eintragung vollzieht sich wie beim Formwechsel in eine eingetragene Genossenschaft in gegebenenfalls drei, unter Umständen – sofern alle Eintragungen am selben Tag erfolgen können – auch nur in zwei Schritten, da auch hier stets unterschiedliche Register zuständig sind.

4. Beispiel für die Verschmelzung einer eG auf eine andere eG

1949 Am 16. 8. 2009 gehen beim Registergericht München zwei gleichlautende Anmeldungen zu den Raiffeisenbanken Weilheim und Huglfing-Eberfing ein.

> **Betrifft. GnR 470 – Raiffeisenbank Weilheim eG mit dem Sitz in Weilheim**
> Die Raiffeisenbank Huglfing-Eberfing eG mit dem Sitz in Huglfing (Amtsgericht München GnR 2000) als übertragende Genossenschaft ist aufgrund des Verschmelzungsvertrags vom 18. 6. 2009 (URNr. 1032/2009 des Notars Dr. Leopold Obermaier in Weilheim), des Beschlusses der Generalversammlung der Raiffeisenbank Huglfing-Eberfing eG vom 28. 6. 2009 und des Beschlusses der Vertreterversammlung der Raiffeisenbank Weilheim eG vom selben Tag mit der Raiffeisenbank Weilheim eG mit Sitz in Weilheim als übernehmender Genossenschaft verschmolzen.
>
> Eine Klage gegen die Wirksamkeit der Verschmelzungsbeschlüsse ist nicht erhoben worden (§ 16 UmwG). Bei der übertragenden Genossenschaft besteht kein Betriebsrat.
>
> Die Satzung der Genossenschaft ist nach Maßgabe der beigefügten Beschlüsse vom 6. 7. 2009 in §§ 23 (Geschäftsanteile) und 26 (Haftsumme) geändert.
>
> Herrn Alois Unterdorfer, Huglfing, geboren am 18. 8. 1960 ist Prokura in der Weise erteilt, dass er gemeinsam mit einem Vorstandsmitglied oder einem Prokuristen die Genossenschaft vertritt.

---

[1] *Bayer*, in: Lutter, UmwG, § 262 Rz. 14; *Stratz*, in: Schmitt/Hörtnagl/Stratz, UmwG, § 262 Rz. 8.

[2] Vgl. *Bayer*, in: Lutter, UmwG, § 264 Rz. 14.

VII. Umwandlungsvorgänge unter Beteiligung von eingetragenen Genossenschaften

Als Dokumente sind beigefügt:
- Verschmelzungsvertrag vom 18. 6. 2009 (URNr. 1032/2009 des Notars Dr. Leopold Obermaier in Weilheim);
- Verschmelzungsbericht der Vorstände der an der Verschmelzung beteiligten Genossenschaften;
- Prüfungsgutachten des Prüfungsverbandes gemäß § 81 UmwG;
- Niederschriften über die Verschmelzungsbeschlüsse beider Genossenschaften;
- Beschluss der übernehmenden Genossenschaft über die Satzungsänderung;
- Vollständiger Wortlaut der Satzung samt Erklärung des Vorstandes;
- Empfangsbestätigung des Betriebsrates der übernehmenden Genossenschaft als Nachweis über die rechtzeitige Zuleitung des Entwurfs des Verschmelzungsvertrags.

Es folgen die Unterschriften der Vorstandsmitglieder.

Zugleich geht die Anmeldung zur übertragenden Raiffeisenbank Huglfing-Eberfing eG mit Sitz in Huglfing (Amtsgericht München GnR 2000) ein. Diese ist im Wesentlichen inhaltlich identisch mit der Maßgabe, dass keine Satzungsänderung und kein Prokurist angemeldet werden. Entsprechend fehlt in den Anlagen der Beschluss über die Satzungsänderung sowie der Satzungswortlaut. Dafür wird die **Schlussbilanz** der übertragenden Genossenschaft zum 31. 12. 2008 (§ 17 Abs. 2 UmwG), unterzeichnet von den Vorstandsmitgliedern, vorgelegt.

Der nach § 3 Nr. 2 lit. d RPflG zuständige **Rechtspfleger prüft** für jede der beiden Genossenschaften getrennt, aber inhaltlich identisch, die üblichen Anmeldungsvoraussetzungen, die Vollständigkeit der erforderlichen Unterlagen sowie deren formelle und materielle Anforderungen. Bei der übertragenden Genossenschaft hat er zudem das Einreichen der Schlussbilanz und die Rechtzeitigkeit der Anmeldung im Sinne des § 17 Abs. 2 Satz 4 UmwG zu prüfen, bei der übernehmenden Genossenschaft muss er feststellen, ob nach § 79 UmwG eine Satzungsänderung erforderlich war und ob sie formell und inhaltlich diesen Anforderungen entspricht. Der für die übertragende Genossenschaft zuständige Rechtspfleger nimmt sodann folgende **Eintragung** in Spalte 6 Unterspalte b vor:

Die Genossenschaft ist aufgrund Verschmelzungsvertrags vom 18. 6. 2009 sowie den Beschlüssen der Generalversammlung der übertragenden Genossenschaft und der Vertreterversammlung der übernehmenden Genossenschaft jeweils vom 28. 6. 2009 mit der Raiffeisenbank Weilheim eG mit Sitz in Weilheim (Amtsgericht München GnR 470) verschmolzen. (*Sofern nicht alle Eintragungen am selben Tag erfolgen, siehe § 19 Abs. 1 Satz 2 UmwG, ist folgender Zusatz erforderlich:* Die Verschmelzung wird erst wirksam mit Eintragung in das Register des übernehmenden Rechtsträgers.)

Diese Eintragung wird nach § 19 Abs. 3 UmwG als „Veränderung" mit dem Gläubigerhinweis nach § 22 UmwG **bekannt gemacht:**

Den Gläubigern der Genossenschaft ist, wenn sie binnen sechs Monaten nach dem Tag, an dem die Eintragung der Verschmelzung in das Register des Sitzes nach § 19 Abs. 3 UmwG als bekannt gemacht gilt, ihren Anspruch nach Grund und Höhe schriftlich anmelden, Sicherheit zu leisten, soweit sie nicht Befriedigung verlangen können. Dieses Recht steht ihnen jedoch nur zu, wenn sie glaubhaft machen, dass durch die Verschmelzung die Erfüllung ihrer Forderung gefährdet wird.

Eintragungsmitteilungen gehen an die Genossenschaft, den einreichenden Notar sowie zur Registerakte der übernehmenden Genossenschaft. Der für die übernehmende Genossenschaft zuständige Rechtspfleger trägt sodann im Register der übernehmenden Genossenschaft ein:

Spalte 5 (Prokura):
Gesamtprokura gemeinsam mit einem Vorstandsmitglied oder einem anderen Prokuristen: Unterdorfer, Alois, Huglfing, *8. 8. 1960.

Spalte 6
Unterspalte a (Rechtsform, Satzung):
Die Vertreterversammlung vom 6. 7. 2009 hat die Änderung der §§ 23 (Geschäftsanteile) und 26 (Haftsumme) der Satzung beschlossen.
Unterspalte b (Besondere Rechtsverhältnisse):
Die Raiffeisenbank Huglfing-Eberfing eG mit Sitz in Huglfing (Amtsgericht München GnR 2000) ist aufgrund Verschmelzungsvertrag vom 18. 6. 2009 sowie den Beschlüssen der Generalversammlung der übertragenden Genossenschaft und der Vertreterversammlung der übernehmenden Genossenschaft jeweils vom 28. 6. 2009 mit der Genossenschaft verschmolzen.

1954 Auch diese Eintragung wird nach § 19 Abs. 3 UmwG als Veränderung mit dem Gläubigerhinweis nach § 22 UmwG (s. o. Rz. 1952) **veröffentlicht**. Eine Eintragungsmitteilung geht an die Genossenschaft, den einreichenden Notar, zur Registerakte der übertragenden Genossenschaft und, falls Immobilienvermögen übergeht, an das für die Grunderwerbsteuer zuständige Finanzamt nach MiZi XXI/6 Abs. 1 Nr. 5, Abs. 2 Nr. 5 und Abs. 3 Nr. 3. Der für die übertragende Genossenschaft zuständige Rechtspfleger nimmt nunmehr die **Schlusseintragung** in Spalte 6 Unterspalte b vor, sofern nicht bereits die ursprüngliche Eintragung nach § 19 Abs. 1 Satz 2 UmwG ohne Wirksamkeitsvermerk erfolgen konnte:

Die Verschmelzung wurde am 10. 9. 2009 in das Register der übernehmenden Genossenschaft (siehe Amtsgericht München GnR 470) eingetragen.

1955 Das **Blatt** wird insgesamt gekreuzt oder auf sonstige Weise als **gelöscht** gekennzeichnet (§ 1 GenRegV i. V. m. § 22 Abs. 1 HRV). Diese Eintragung wird nach § 19 Abs. 3 UmwG unter „Löschungen" ohne Gläubigerhinweis **veröffentlicht**. Eintragungsmitteilungen erhalten die Genossenschaft und der einreichende Notar, nicht jedoch das Registergericht des übernehmenden Rechtsträgers, da dort keine Eintragung mehr zu erfolgen hat. Die Akte wird nach Kostenbehandlung als Vorband zur Akte der übernehmenden Genossenschaft genommen.

VIII. Eintragungen von Amts wegen im Genossenschaftsregister

1. Amtseintragungen auf Veranlassung des Gerichts

1956 Die Eintragung **gerichtlich bestellter Vorstandsmitglieder** und Liquidatoren sowie die Eintragung der gerichtlichen **Abberufung** derselben erfolgt nach § 84 Abs. 2 GenG, §§ 29, 48 BGB, § 38 Abs. 1 Satz 5 KWG von Amts wegen.

1957 Die **Auflösung infolge** rechtskräftiger Ablehnung der Eröffnung des **Insolvenzverfahrens** mangels Masse (§ 81a Nr. 1 GenG) erfolgt ebenfalls von Amts wegen (§ 82 Abs. 1 GenG), wie auch die Eintragung der Auflösung der Genossenschaft mit weniger als drei Mitgliedern nach § 80 GenG (§ 20 Abs. 1 Nr. 2 GenRegV). Bei amtswegigen Auflösungseintragungen ist stets zu bedenken, dass gemäß §§ 384 Abs. 2 FamFG auch die Eintragung der allgemeinen Vertretungsregelung zu korrigieren ist (allgemein hierzu Rz. 450 a).

2. Amtseintragungen auf Anzeige anderer Behörden

1958 Die Eintragung der **Eröffnung des Insolvenzverfahrens,** der Aufhebung des Eröffnungsbeschlusses, der Bestellung eines vorläufigen Insolvenzverwalters, wenn zusätzlich dem Schuldner ein allgemeines Verfügungsverbot auferlegt oder ein Zustimmungsvorbehalt angeordnet wurde sowie der Aufhebung dieser Maßnahmen, Maßnahmen in Bezug auf eine Eigenverwaltung durch den Schuldner, der Einstellung und Aufhebung des Insolvenzverfahrens sowie der Überwachung der Erfüllung eines Insolvenzplans und der Aufhebung der Überwachung sind auf Mitteilung des Insolvenzgerichts (§ 31 InsO) von Amts wegen in das Genossenschaftsregister vorzunehmen (§ 102 Abs. 1 Nr. 1 bis 5 GenG; § 21 Abs. 2 GenRegV; vgl. Rz. 404 ff.). Die Eintragung ist in Spalte 6 Unterspalte b vorzunehmen (§ 26 Nr. 6 lit. aa GenRegV).

Die Eintragung der **Auflösung** der Genossenschaft **nach § 81 GenG** wird auf Mitteilung des Verwaltungsgerichts oder der Verwaltungsbehörde (§ 20 Abs. 1 Nr. 2 GenRegV) von Amts wegen im Genossenschaftsregister veranlasst, ebenso die Auflösung eines Kreditinstituts durch die Aufsichtsbehörde aufgrund deren Mitteilung (§ 38 Abs. 1 Satz 3 KWG). 1959

3. Löschung der Genossenschaft wegen Vermögenslosigkeit

Eine Genossenschaft, die keinerlei Vermögen besitzt, kann auf Antrag z. B. des Prüfungsverbandes, dem sie angehört (§ 54 GenG), oder der Steuerbehörde sowie von Amts wegen vom Registergericht (Rechtspfleger) gelöscht werden (§ 394 FamFG; siehe auch Rz. 431 ff.). **Vermögenslosigkeit** ist gegeben, wenn die Genossenschaft ohne Aktivvermögen ist. Die Haftpflicht der Mitglieder ist nur dann als Vermögenswert zu berücksichtigen, wenn der Geschäftsanteil nicht voll einbezahlt ist[1] (§ 7 Nr. 1 GenG). Vor der Löschung ist der Prüfungsverband vom Registergericht anzuhören (§ 394 Abs. 2 Satz 3 FamFG). Die **Eintragung** hat nach Maßgabe von §§ 22 und 20 GenRegV unter Hinweis auf die gesetzliche Grundlage zu erfolgen. Gemäß § 26 Nr. 6 lit. bb GenRegV ist die Eintragung in Spalte 6 Unterspalte b vorzunehmen. Die Bekanntmachung der Eintragung erfolgt nach § 156 GenG. 1960

Mit der Löschung gilt die Genossenschaft als **aufgelöst**, eine Liquidation findet nicht statt. Stellt sich nach Löschung das Vorhandensein von Vermögen heraus, so ist die Liquidation durchzuführen (§§ 83 ff. GenG). Das Gericht hat auf Antrag der Beteiligten Liquidatoren zu ernennen (§ 83 Abs. 5 GenG, § 375 Nr. 7 FamFG). Die Genossenschaft ist als solche in Liquidation in das Genossenschaftsregister einzutragen,[2] soweit nicht die bloße Bestellung der **Nachtragsliquidatoren** für die noch erforderliche Abwicklung ausreicht, wovon dann auszugehen ist, wenn nur einzelne bestimmte Maßnahmen vorzunehmen sind, z. B. die Abgabe konkret bezeichneter Erklärungen gemäß § 19 GBO (siehe Rz. 1153). 1961

4. Nichtigkeit der Genossenschaft

a) **Nichtigerklärung durch Urteil.** Eine Genossenschaft kann durch **Urteil** des Landgerichts für nichtig erklärt werden, wenn in der Satzung wesentliche Bestimmungen fehlen oder eine der wesentlichen Bestimmungen nichtig ist (§§ 94, 96 i. V. m. § 51 Abs. 3 bis 5 GenG). Nichtigkeit einer Genossenschaft bewirkt z. B. die Unterlassung der Festsetzung der Haftsumme oder von Bestimmungen über die Nachschusspflicht (§ 6 Nr. 3 GenG; siehe auch § 95 Abs. 4 GenG) in der Satzung.[3] Eine Bestimmung der Satzung ist im Übrigen nichtig, wenn sie gegen das Gesetz oder gegen die guten Sitten verstößt (vgl. §§ 134, 138 Abs. 1 BGB). Zur Möglichkeit der Heilung eines Mangels in der Satzung durch Generalversammlungsbeschluss siehe § 95 Abs. 2 bis 4 GenG. Die 1962

---

[1] Vgl. **OLG München** JFG 14, 147; **OLG München** JFG 15, 1.
[2] **KG** JFG 15, 88; *Müller*, GenG, § 97 Rz. 33.
[3] **BGH** Z 7, 383.

Heilung tritt mit der Eintragung der Satzungsänderung im Register ein (§ 16 Abs. 6 GenG).

1963 Klageerhebung und mündliche Verhandlung sind vom Vorstand in den für die Bekanntmachung der Genossenschaft bestimmten Blättern zu veröffentlichen (§ 51 Abs. 4 i. V. m. § 96 GenG). Das die Nichtigkeit aussprechende rechtskräftige Urteil hat der Vorstand zum Genossenschaftsregister zur Eintragung einzureichen (§ 51 Abs. 5 i. V. m. § 96 GenG). Die Einreichung des Urteils kann nach § 160 Abs. 1 GenG erzwungen werden. Im Genossenschaftsregister ist ein Vermerk, der die Genossenschaft als nichtig bezeichnet, **einzutragen** (§ 22 Abs. 2 GenRegV). Die Eintragung ist nach § 156 GenG öffentlich **bekanntzumachen** (§ 51 Abs. 5 GenG). Die Eintragung der Nichtigkeit hat die Durchführung der Liquidation zur Folge (§ 97 GenG).

1964 b) **Löschung von Amts wegen.** Eine **Genossenschaft** kann vom Gericht der Hauptniederlassung (Rechtspfleger) **von Amts wegen gelöscht** werden, wenn die Voraussetzungen für die Erhebung der Nichtigkeitsklage (§§ 94, 95 GenG) vorliegen[1] (§ 397 Satz 2 FamFG). Das Verfahren richtet sich nach § 397 Satz 2 i. V. m. §§ 395, 394 Abs. 2 Satz 1 und 2 FamFG, § 22 GenRegV. Die Einleitung des Löschungsverfahrens darf nur bei zweifelsfreier Sach- und Rechtslage erfolgen.[2] Sie steht im pflichtgemäßen Ermessen des Gerichts, welches das öffentliche Interesse zu berücksichtigen hat.[3] Die Eintragung der Löschung erfolgt nach § 22 GenRegV und nach § 26 Nr. 6 lit. bb GenRegV in Spalte 6 Unterspalte b. Zur Bekanntmachung siehe §§ 97, 156 GenG und § 4 GenRegV. Die Eintragung der Nichtigkeit hat die Liquidation zur Folge[4] (§ 97 GenG).

5. Nichtigkeit von Generalversammlungsbeschlüssen

1965 Beschlüsse der Generalversammlung können auf **Anfechtungsklage** durch Urteil des Landgerichts wegen Verletzung des Gesetzes oder der Satzung für nichtig erklärt werden[5] (§ 51 GenG). War der Beschluss bereits in das Genossenschaftsregister eingetragen, so hat der Vorstand dem Gericht gemäß § 12 Abs. 2 HGB i. V. m. § 7 Abs. 3 GenRegV elektronisch eine beglaubigte Abschrift des **Urteils** zwecks Eintragung **einzureichen** (§ 51 Abs. 5 GenG). Die Einreichung kann nach § 160 Abs. 1 GenG erzwungen werden. Zur Eintragung siehe § 23 GenRegV. Eine öffentliche Bekanntmachung der Eintragung findet nur statt, wenn der eingetragene Beschluss veröffentlicht war (§ 51 Abs. 5 i. V. m. § 156 Abs. 1 Satz 2 GenG). Zur Benachrichtigung siehe § 383 Abs. 1 FamFG und § 3 GenRegV.

1966 Generalversammlungsbeschlüsse, die durch ihren Inhalt zwingende Vorschriften des Gesetzes verletzen und deren Beseitigung im öffentlichen Interesse erforderlich erscheint,[6] können vom **Registergericht von Amts wegen gelöscht** werden (§ 398 FamFG). Das Verfahren richtet sich nach § 398 i. V. m. §§ 395, 394 Abs. 2 Satz 1 und 2 FamFG. Die Eintragung der Löschung ist nach § 23 GenRegV und § 26 Nr. 6 lit. dd GenRegV in Spalte 6 Unterspalte b vorzunehmen. Auch hier findet eine öffentliche Bekanntmachung der Eintragung nur statt, wenn der eingetragene Beschluss veröffentlicht war (§ 51 Abs. 5 i. V. m. § 156 Abs. 1 Satz 2 GenG). Zur Benachrichtigung siehe § 383 Abs. 1 FamFG und § 3 GenRegV.

---

[1] Vgl. hierzu *Heinemann*, in: Keidel, FamFG, § 397 Rz. 11; *Ries*, in: Jansen, FGG, § 147 Rz. 42 ff.; s. a. **BayObLG** Z 1984, 283 (286).
[2] **BayObLG** Z 1958, 16 (21) (= Rpfleger 1958, 153).
[3] **KG** JFG 21, 315 (319).
[4] **RG** Z 148, 228.
[5] Vgl. **BGH** Z 32, 318; *Beuthien*, GenG, § 51 Rz. 5 ff.
[6] Vgl. z. B. **BayObLG** Z 1958, 294; *Beuthien*, GenG, § 51 Rz. 3 ff.

IX. Sonstige Aufgaben des Registergerichts

6. Löschung unzulässiger Eintragungen

Eintragungen in das Genossenschaftsregister, abgesehen von den Fällen der Nichtigkeit der Genossenschaft oder der Nichtigkeit von Generalversammlungsbeschlüssen, die nur aufgrund der vorrangigen Verfahren nach §§ 397, 398 FamFG von Amts wegen umgestaltet werden dürfen,[1] können **von Amts wegen** vom Registergericht **gelöscht** werden, wenn sie bewirkt worden sind, obgleich sie mangels einer wesentlichen Voraussetzung **unzulässig** waren, z. B. die Bestellung des Vorstands durch eine nur vermeintliche Generalversammlung erfolgt war (§ 395 FamFG). Das Verfahren ist nach §§ 395, 394 Abs. 2 Satz 1 und 2 FamFG auszugestalten (siehe hierzu Rz. 439 ff.). Zur Eintragung siehe § 1 GenRegV i. V. m. § 19 HRV; die Eintragung ist nach § 26 Nr. 6 lit. bb GenRegV in Spalte 6 Unterspalte b vorzunehmen. Zur Bekanntmachung und Benachrichtigung und zur Mitteilung an das Gericht der Zweigniederlassung siehe § 156 GenG und §§ 3, 4 GenRegV.

1967

IX. Sonstige Aufgaben des Registergerichts

1. Bestellung und Abberufung von Organmitgliedern

Vorstands- und Aufsichtsratsmitglieder der Genossenschaft können bei Fehlen der durch Gesetz (§ 24 Abs. 2, § 36 Abs. 1 GenG) oder Satzung vorgeschriebenen Zahl durch das Amtsgericht (Rechtspfleger) **bestellt** und nach Ergänzung wieder **abberufen** werden[2] (entsprechend § 29 BGB). Die Eintragung der Vorstandsmitglieder in das Genossenschaftsregister erfolgt von Amts wegen (vgl. § 67 Abs. 2 BGB).

1968

Liquidatoren können vom Gericht (§ 10 GenG; Rechtspfleger) auf Antrag des Aufsichtsrats oder mindestens des zehnten Teils der Mitglieder bei Vorliegen eines wichtigen Grundes im Rahmen eines der freiwilligen Gerichtsbarkeit unterliegenden unternehmensrechtlichen Verfahrens nach § 375 Nr. 7 FamFG **ernannt** oder **abberufen** werden[3] (§ 83 Abs. 3 und 4 GenG). Allerdings ist die Bestellung eines Abwicklers nach § 38 Abs. 1 Satz 5 KWG dem Richter vorbehalten (§ 17 Nr. 2 lit. a RPflG). Beschlüsse des Gerichts sind mit der Beschwerde anfechtbar (§ 402 Abs. 1 FamFG). Auf Antrag Dritter oder einzelner Mitglieder kann die Bestellung auch nach §§ 29, 48 BGB erfolgen.[4] Die Eintragung der Ernennung oder Abberufung durch das Gericht erfolgt von Amts wegen (§ 84 Abs. 2 GenG).

1969

2. Tätigkeiten im Zusammenhang mit Generalversammlungen

Wird dem Verlangen des zehnten Teils der Mitglieder oder eines in der Satzung bezeichneten geringeren Teils[5] auf Berufung der Generalversammlung nicht entsprochen, so kann das Gericht (§ 10 GenG; Rechtspfleger) die Mitglieder, welche das Verlangen gestellt haben, zur **Einberufung der Generalversammlung** oder zur **Ankündigung des Gegenstandes ermächtigen** (§ 45 Abs. 3 GenG). Die Einberufung oder die Ankündigung muss einen Hinweis auf die gerichtliche Entscheidung enthalten. Auch insoweit handelt es sich um ein unternehmensrechtliches Verfahren der freiwilligen Gerichtsbarkeit (§ 375 Nr. 7 FamFG).

1970

---

[1] Siehe *Heinemann,* in: Keidel, FamFG, § 397 Rz. 4; *Krafka,* in: MünchKommZPO, § 397 FamFG Rz. 3.
[2] BGH NJW 1955, 1917. Siehe auch **RG** JW 1936, 2312.
[3] **KG** JFG 8, 192; siehe auch *Heinemann,* in: Keidel, FamFG, § 375 Rz. 79.
[4] *Beuthien,* GenG, § 83 Rz. 5.
[5] Vgl. hierzu **LG Münster** Rpfleger 1990, 302.

3. Bestellung eines Prüfers oder eines Prüfungsverbands

1971 Gehört eine Genossenschaft keinem Prüfungsverband an, so kann das Gericht (§ 10 GenG; Rechtspfleger) in einem nach § 375 Nr. 7 FamFG unternehmensrechtlichen Verfahren der freiwilligen Gerichtsbarkeit einen **Prüfungsverband** zur Wahrnehmung der im Gesetz den Prüfungsverbänden übertragenen Aufgaben **bestellen** (§ 64b GenG). Für eine Vor-Genossenschaft kann jedoch kein Prüfungsverband bestellt werden.[1] Die Bestellung und Abberufung eines Prüfers nach § 28 KWG ist stets dem Richter vorbehalten (§ 17 Nr. 2 lit. a RPflG).

1972 Die Bestellung eines Prüfers erfolgt durch das Gericht (§ 10 GenG; Rechtspfleger). Eine Bestellung erfolgt zudem nach § 56 Abs. 2 Satz 2 GenG, wenn das Prüfungsrecht des Verbandes ruht. Bei dem Registergericht kann eine Genossenschaft jedoch nicht beantragen, dass in entsprechender Anwendung von § 56 Abs. 2 Satz 2 GenG an Stelle des für sie zuständigen Prüfungsverbandes oder des von diesem ausgewählten Prüfers, den sie wegen Besorgnis der Befangenheit ablehnt, ein anderer Prüfer bestellt wird.[2]

4. Aufbewahrung von Büchern und Schriften

1973 Sehen weder die Satzung noch ein Beschluss der Generalversammlung vor, wem gemäß § 93 GenG für zehn Jahre nach Beendigung der Liquidation die **Bücher und Schriften** der aufgelösten Genossenschaft in Verwahrung zu geben sind, so **bestimmt das Gericht** (§ 10 GenG; Rechtspfleger) im Wege eines unternehmensrechtlichen Verfahrens im Rahmen der freiwilligen Gerichtsbarkeit (§ 375 Nr. 7 FamFG) das ehemalige **Mitglied** oder den **Dritten,** dem sie in Verwahrung zu geben sind (§ 93 Satz 2 GenG). Es kann auch die Mitglieder und deren Rechtsnachfolger sowie Gläubiger der Genossenschaft zur **Einsicht** in die Bücher und Schriften **ermächtigen** (§ 93 Satz 3 GenG). Weil das Gericht keine gesetzliche Handhabe hat, die Aushändigung zu verfügen, können zur Durchsetzung keine Zwangsmittel nach § 35 FamFG verhängt werden, sondern muss gegebenenfalls der Weg zum Prozessgericht eingeschlagen werden.[3]

X. Zwangsgeld- und Ordnungsgeldverfahren

1974 Das Gericht hat die Mitglieder des **Vorstandes** der Genossenschaft zur Erfüllung folgender **Verpflichtungen** anzuhalten (§ 160 Abs. 1 Satz 1 GenG):
- Anmeldung der Errichtung oder Aufhebung einer Zweigniederlassung (§ 14 GenG);
- Angabe der Rechtsform, des Registergerichts des Sitzes, aller Vorstandsmitglieder etc. auf Geschäftsbriefen (§ 25 a GenG);
- Anmeldung der Änderungen des Vorstandes oder der Vertretungsbefugnis eines Vorstandsmitglieds unter Beifügung der Dokumente über die Änderung (§ 28 GenG);
- Führung des Mitgliederliste (§ 30 GenG) und Einreichung einer Abschrift der Liste an das Gericht auf dessen Verlangen (§ 32 GenG); eine regelmäßige Kontrolle der Listenführung findet nicht statt;
- Verpflichtungen des Vorstands gegenüber den Prüfern nach § 57 Abs. 1 GenG;
- Einreichung der Bescheinigung des Prüfungsverbandes über die erfolgte Prüfung und Ankündigung, dass bei der Berufung der Generalversammlung der Prüfungsbericht Gegenstand der Beschlussfassung ist (§ 59 Abs. 1 GenG);

---

[1] Siehe **BayObLG** NJW-RR 1990, 1446.
[2] **OLG Hamm** OLGZ 1989, 285 (= NJW-RR 1989, 1375).
[3] *Heinemann,* in: Keidel, FamFG, § 375 Rz. 15; *Bumiller/Harders,* FamFG, § 375 Rz. 9.

XI. Europäische Genossenschaft (SCE)

– Anmeldung der Auflösung der Genossenschaft (§ 78 Abs. 2, § 79 Abs. 2 GenG); wenn neu bestellte Liquidatoren verpflichtet sind, sind diese zur Anmeldung anzuhalten.

Ferner hat es die **Vorstandsmitglieder** und **Liquidatoren** zur Erfüllung folgender Verpflichtungen anzuhalten (§ 160 Abs. 1 Satz 2 GenG): 1975

– Vorlage des Jahresabschlusses (Bilanz mit Gewinn- und Verlustrechnung) sowie des Lageberichts an den Aufsichtsrat und mit dessen Bemerkungen an die Generalversammlung (§ 33 Abs. 1 Satz 2 GenG);
– Anmeldung der Erteilung sowie des Erlöschens einer Prokura (§ 42 Abs. 1 GenG i. V. m. § 53 HGB);
– Anfertigung einer ordnungsgemäßen Niederschrift über die Beschlüsse der Generalversammlung und Gestattung der Einsicht durch die Mitglieder (§ 47 GenG);
– Auslegung von Jahresabschluss, Lagebericht sowie Bericht des Aufsichtsrats und Erteilung von Abschriften (§ 48 Abs. 3 GenG);
– Veröffentlichung der Erhebung der Anfechtungsklage und des Termins zur mündlichen Verhandlung nach § 51 Abs. 4 GenG und Einreichung des rechtskräftigen Nichtigkeitsurteils nach § 51 Abs. 5 GenG;
– Stellung des Antrags bei dem Spitzenverband und bei dem Gericht auf Bestellung eines Prüfers, wenn das Prüfungsrecht des Verbandes ruht (§ 56 Abs. 2 GenG);
– Anmeldung der Liquidatoren sowie ihrer Vertretungsbefugnis und Änderung derselben (§ 84 GenG);
– Anmeldung von Bestimmungen über die Abgabe von Willenserklärungen durch die Liquidatoren (§ 85 Abs. 2 GenG);
– Erfüllung der Pflichten der Liquidatoren nach § 89 GenG, insbesondere zur Veröffentlichung der ersten Bilanz und Einreichung der Bekanntmachung.

Die Mitglieder des Vorstands und des Aufsichtsrats sowie die Liquidatoren sind ferner dazu anzuhalten, dafür zu sorgen, dass die Genossenschaft nicht länger als drei Monate ohne oder ohne beschlussfähigen Aufsichtsrat ist (§ 160 Abs. 1 Satz 2 GenG), sofern nicht gemäß § 9 Abs. 1 GenG die Einrichtung des Aufsichtsrats verzichtbar ist.

Das Zwangsgeldverfahren richtet sich gemäß § 160 Abs. 2 GenG nach den Vorschriften des Registerzwangs im Handelsregister, also nach den Bestimmungen der §§ 388 bis 392 FamFG (siehe hierzu Rz. 2351 ff.). Beteiligt am Zwangsgeldverfahren sind die säumigen Vorstandsmitglieder und Liquidatoren, nicht die Genossenschaft selbst.[1] Anwendung findet auch § 37 Abs. 1 HGB. Der Gebrauch einer Firma mit einem unzulässigen Zusatz, z.B. „Kaufhaus Franken" für eine Verkaufsstelle in einer mittelfränkischen Kleinstadt, ist deshalb vom Registergericht nach dieser Vorschrift im Wege des Ordnungsgeldverfahrens (§ 392 FamFG) zu unterbinden.[2] 1976

XI. Europäische Genossenschaft (SCE)

1. Allgemeines zur SCE[3] – „Societas Cooperativa Europaea"

a) **Rechtliche Grundlagen.** Nach der EWIV (hierzu Rz. 868 ff.) und der SE (vgl. Rz. 1746 ff.) ist die Europäische Genossenschaft (SCE) die dritte genuin europäische Rechtsform. Auch diesbezüglich wurde durch den zuständigen Rat eine europäische Verordnung[4] in Kraft gesetzt, die unmittelbar wirksam ist und durch mitgliedstaat- 1977

---

[1] KG J 30 A 127; KG J 45 A 178.
[2] Vgl. **BayObLG** Z 1960, 345.
[3] *Schulze* NZG 2004, 792; *Schulze/Wiese* ZfgG 56 (2006), 108.
[4] Verordnung (EG) Nr. 1435/2003 vom 22. 7. 2003 (ABl. L 207 vom 18. 8. 2003, S. 1) über das Statut der Europäischen Genossenschaft (SCE-VO).

liche Ausführungsvorschriften[1] ergänzt wird. Der Erlass der Verordnung im Jahr 2003 nach langjährigen Vorbereitungen im Schatten der SE hat ersichtlich größere rechtspolitische als praktische Bedeutung, da bereits die Zahl der innerstaatlichen Genossenschaften vergleichsweise gering ist. Es darf daher prognostiziert werden, dass sich die vorzunehmenden Registereintragungen im Bereich der SCE bundesweit auf wenige Fälle beschränken werden. Die folgenden Ausführungen enthalten dem gemäß nur eine kurze überblicksartige Darstellung einiger wesentlicher Grundlinien für die registerliche Handhabung.

1978 **b) Natur und Struktur der SCE.** Die SCE ist eine rechtsfähige Gesellschaft, deren **Grundkapital** von mindestens 30 000 € (Art. 3 Abs. 2 SCE-VO) in Geschäftsanteile zerlegt und deren Mitgliederzahl veränderlich ist (Art. 1 Abs. 2 SCE-VO). Ihr **Hauptzweck** ist es, den Bedarf ihrer Mitglieder zu decken beziehungsweise deren wirtschaftliche und/oder soziale Tätigkeiten zu fördern (siehe hierzu Art. 1 Abs. 3 SCE-VO). Die **organschaftliche Struktur** der SCE sieht einerseits die dem deutschen Recht vergleichbare Einrichtung der Generalversammlung vor, die aus den Mitgliedern der Gesellschaft besteht (Art. 52 ff. SCE-VO, §§ 28 ff. SCEAG). Für die Ausgestaltung der Geschäftsführung und Verwaltung stehen andererseits wahlweise das nach deutschem Recht bekannte dualistische System mit Leitungs- und Aufsichtsorgan (Art. 37 ff. SCE-VO und §§ 12 ff. SCEAG) und das aus dem Bereich der SE entliehene monistische System mit einem Verwaltungsorgan und geschäftsführenden Direktoren (Art. 42 ff. SCE-VO und §§ 17 ff. SCEAG) zur Verfügung. Im **dualistischen System** werden die Aufsichtsratsmitglieder (siehe Art. 39 SCE-VO) und die mindestens zwei Mitglieder des Leitungsorgans von der Generalversammlung gewählt und abberufen (§§ 12, 14 SCEAG in Ausübung der Möglichkeit des Art. 37 Abs. 2 SCE-VO); niemand darf zugleich Mitglied des Leitungs- und des Aufsichtsorgans sein (Art. 37 Abs. 3 SCE-VO). Nach außen vertreten wird die SCE in diesem Fall durch die Mitglieder des Leitungsorgans (Art. 37 Abs. 1 SCE-VO). Das **monistische System** sieht gleichfalls eine Bestellung der Mitglieder des Verwaltungsorgans, das in Deutschland gemäß § 17 Abs. 1 SCEAG als Verwaltungsrat bezeichnet wird, durch die Generalversammlung vor (Art. 42 Abs. 3 SCE-VO). Es besteht abhängig von der Größe der Genossenschaft und vorbehaltlich besonderer Bestimmungen des SCEBG über die Arbeitnehmerbeteiligung aus mindestens drei Mitgliedern. Der Verwaltungsrat, dessen Aufgaben und Rechte in § 18 SCEAG näher beschrieben sind, bestellt einen oder mehrere geschäftsführende Direktoren; handelt es sich um Mitglieder des Verwaltungsrats, so muss die Mehrheit des Verwaltungsrats weiterhin aus nicht geschäftsführenden Personen bestehen (§ 22 Abs. 1 SCEAG). Vertretungsberechtigt sind sodann die geschäftsführenden Direktoren (§ 23 Abs. 1 SCEAG), die insbesondere in Bezug auf etwaige Anmeldungen zur Eintragung im Genossenschaftsregister an die Stelle des Vorstands treten (§ 22 Abs. 2 Satz 2 SCEAG).

1979 **c) Anzuwendende Vorschriften.** Das **anzuwendende Recht** bestimmt Art. 8 Abs. 1 SCE-VO dahingehend, dass die von der Verordnung offen gelassenen Regelungsbereiche durch die Rechtsvorschriften zu schließen sind, die der Mitgliedstaat speziell für die SCE erlassen hat, in Deutschland somit die Regelungen des SCEAG und des SCEBG, und wiederum ersatzweise durch die für sonstige Genossenschaften einschlägigen Vorschriften, in Deutschland also insbesondere die Bestimmungen des GenG. Damit kann eine SCE beispielsweise auch **Prokura** erteilen (§ 42 Abs. 1 GenG).

---

[1] SCE-Ausführungsgesetz (SCEAG) vom 14. 8. 2006 (BGBl. I S. 1911), ergänzt durch das SCE-Beteiligungsgesetz (SCEBG) vom 14. 8. 2006 (BGBl. I S. 1917).

XI. Europäische Genossenschaft (SCE)

2. Ersteintragung einer SCE

a) Errichtung der SCE. Die SCE entsteht vornehmlich durch eine **reguläre Neugründung** von mindestens fünf natürlichen Personen, deren Wohnsitze in mindestens zwei Mitgliedstaaten liegen (Art. 2 Abs. 1 Spiegelstrich 1 SCE-VO), oder von insgesamt fünf natürlichen Personen und mitgliedstaatlichen Gesellschaften oder juristischen Personen, die gleichfalls einen europarechtlichen Bezug aufweisen müssen (Art. 2 Abs. 1 Spiegelstrich 2 SCE-VO). Weitere Möglichkeiten schildern die übrigen in Art. 2 Abs. 1 SCE-VO bezeichneten Fälle, sodass zur Errichtung der SCE auch die Wege einer Verschmelzung mitgliedstaatlicher Genossenschaften (hierzu Art. 19 ff. SCE-VO) oder deren formwechselnder Umwandlung (vgl. Art. 35 SCE-VO) zur Verfügung stehen. 1980

b) Anmeldung der Errichtung. Für die Ersteintragung der SCE sieht Art. 11 Abs. 1 SCE-VO die **Anwendung des für Aktiengesellschaften maßgeblichen Rechts** vor. Die Vorschrift des § 3 SCEAG wiederholt und konkretisiert dies dahin gehend, dass die Eintragung im Genossenschaftsregister erfolgt und der Anmeldung zur Eintragung zusätzlich die Bescheinigung des Prüfungsverbandes beizufügen ist, derzufolge die Gesellschaft zum Beitritt zugelassen ist. Mangels spezifischer gesetzlicher Anordnung zur Eintragungsanmeldung ist diese grundsätzlich nach den Vorschriften zur Errichtung einer Aktiengesellschaft vorzunehmen. Hierfür spricht neben der bereits bezeichneten Bezugnahme für die Eintragung auch der Verweis des § 2 SCEAG auf die anzuwendenden Gründungsvorschriften der §§ 32 bis 35 AktG und die konkrete Ausgestaltung der Anmeldungsvorschrift bei der Wahl des monistischen Systems (§ 17 Abs. 1 SCEAG). Danach sind die Bestimmungen der §§ 36 ff. AktG somit sowohl für die Anmeldung als auch für das Eintragungsverfahren entsprechend anzuwenden. Für Details ist somit auf die Ausführungen zur Errichtung einer Aktiengesellschaft zu verweisen. Zu beachten ist dabei insbesondere, dass – anders als bei der inländischen Genossenschaft – auch eine inländische Geschäftsanschrift anzumelden ist (§ 3 SCEAG i. V. m. § 37 Abs. 3 Nr. 1 AktG). Gründungsprüfer im Sinne des § 33 Abs. 2 AktG ist insoweit der Prüfungsverband (§ 2 Satz 2 SCEAG). Ferner kann eine SCE nach Art. 11 Abs. 2 SCE-VO erst eingetragen werden, wenn entweder eine Vereinbarung über die Beteiligung der Arbeitnehmer gemäß Art. 4 der Richtlinie 2003/72/EG geschlossen worden ist, ein Beschluss nach Art. 3 Abs. 6 der genannten Richtlinie gefasst worden ist oder die Verhandlungsfrist nach Art. 5 dieser Richtlinie abgelaufen ist, ohne dass eine Vereinbarung zustande gekommen ist. Über eine solche Vereinbarung oder einen Beschluss ist dem Gericht auch ohne entsprechende verfahrensrechtliche Anordnung in der Verordnung oder im Ausführungsgesetz ein formgerechter Nachweis beizubringen; lediglich im Fall des Ablaufs der Verhandlungsfrist wird eine dahingehende Erklärung der anmeldenden Beteiligten ausreichen. Nicht erforderlich ist dagegen die für die Ersteintragung einer eG nach § 11a Abs. 2 Nr. 3 GenG notwendige gutachterliche Äußerung des Prüfungsverbands.[1] 1981

Die Anmeldung der regulären Errichtung einer SCE könnte daher folgendermaßen aussehen: 1982

> Wir, die sämtlichen Gründer, Mitglieder des Aufsichtsrats und des Vorstands der „Euro-Regio Österreich-Deutschland SCE" melden die Gesellschaft, die Bestellung der Herren Robert Rallo und Josef Lino zu Vorstandsmitgliedern zur Eintragung in das Genossenschaftsregister an.
>
> Der Vorstand besteht aus zwei Mitgliedern. Diese sind gemeinsam vertretungsberechtigt. Die inländische Geschäftsanschrift der Gesellschaft lautet: 94032 Passau, Ludwigstraße 5.

---

[1] *Schulze/Wiese* ZfgG 56 (2006), 108 (114).

Teil 2. Genossenschaftsregister

Auf jeden Geschäftsanteil ist der eingeforderte Betrag eingezahlt. Wir nehmen auf die schriftliche Bestätigung der Bank Bezug, aus der sich ergibt, dass der Vorstand in der Verfügung über den eingezahlten Betrag nicht, namentlich nicht durch Gegenforderungen, beschränkt ist. Der eingeforderte Betrag steht damit in der in beigefügter Bestätigung der Bank bezeichneten Höhe endgültig zur freien Verfügung des Vorstands.

Jedes Vorstandsmitglied versichert, dass in seiner Person keine Umstände vorliegen, die der Bestellung zum Mitglied des Vorstands nach der Verordnung (EG) Nr. 1435/2003 entgegenstehen, das heißt, es liegen keine Umstände vor, die nach dem Recht des Sitzstaates der Genossenschaft dazu führen, dass es dem Leitungs-, Aufsichts- oder Verwaltungsorgan einer dem deutschen Recht unterliegenden Genossenschaft nicht angehören darf oder die dazu führen, dass es infolge einer Gerichts- oder Verwaltungsentscheidung, die in einem Mitgliedstaat ergangen ist, dem Leitungs-, Aufsichts- oder Verwaltungsorgan einer dem Recht eines Mitgliedstaates der Gemeinschaft unterliegenden Genossenschaft nicht angehören darf, und dass es über seine unbeschränkte Auskunftspflicht gegenüber dem Gericht durch den Notar belehrt worden ist.

In der Anlage werden folgende Dokumente überreicht:
– Satzung und Bestellung des ersten Aufsichtsrats
– Beschluss über die Bestellung des ersten Vorstands
– Gründungsbericht der Gründer
– Prüfungsbericht der Mitglieder des Vorstands und des Aufsichtsrats
– Bestätigung der Bank über die erfolgte Einzahlung als Nachweis, dass der eingezahlte Betrag auf dem Gesellschaftskonto endgültig zur freien Verfügung des Vorstands steht
– Bescheinigung des Prüfungsverbandes
– Beschluss nach Art. 3 Abs. 6 der Richtlinie 2003/72/EG

1983 c) **Ersteintragung der SCE.** Die entsprechende Eintragung im Genossenschaftsregister (§ 3 SCEAG) hätte folgende Ausgestaltung:

Spalte 2
Unterspalte a (Firma): Euro-Regio Österreich-Deutschland SCE
Unterspalte b (Sitz): Passau; Geschäftsanschrift: Ludwigstraße 5, 94032 Passau
Unterspalte c (Gegenstand des Unternehmens): Förderung des Betriebs von Bankgeschäften

Spalte 3 (Nachschusspflicht): Veränderliches Grundkapital: 500 000 €
Spalte 4
Unterspalte a (Allgemeine Vertretungsregelung):
Die Gesellschaft wird durch zwei Mitglieder des Leitungsorgans gemeinschaftlich vertreten.
Unterspalte b (Vorstand und besondere Vertretungsbefugnis):
Mitglied des Leitungsorgans: Rallo, Robert, Passau, *1. 2. 1960
Mitglied des Leitungsorgans: Lino, Josef, Linz (Österreich), *1. 3. 1965

Spalte 5 (Prokura): –

Spalte 6
Unterspalte a (Rechtsform, Satzung):
Europäische Genossenschaft. Satzung vom 10. 10. 2009.
Unterspalte b (Sonstige Rechtsverhältnisse): –

1984 Gemäß § 17 Abs. 1 SCEAG erfolgt die Erstanmeldung einer SCE mit **monistischem System** durch alle Gründer, Mitglieder des Verwaltungsrats und geschäftsführende Direktoren. Letztere, nicht aber sonstige Mitglieder des Verwaltungsrats, haben in der Anmeldung nach § 17 Abs. 2 Satz 1 SCEAG zu versichern, dass keine Umstände vorliegen, die ihrer Bestellung nach der Verordnung (EG) Nr. 1435/2003 entgegenstehen und dass sie über ihre unbeschränkte Auskunftspflicht gegenüber dem Gericht belehrt worden sind. Zusätzlich ist in der Anmeldung anzugeben, welche Vertretungsbefugnis die geschäftsführenden Direktoren haben (§ 17 Abs. 2 Satz 2 SCEAG); ist sat-

XI. Europäische Genossenschaft (SCE)

zungsmäßig hierzu nichts Abweichendes geregelt, gelten hierfür § 22 Abs. 1 SCEAG i. V. m. § 23 Abs. 2 SCEAG und Art. 47 Abs. 1 SCE-VO. In Bezug auf das monistische System ist ausdrücklich geregelt, dass die Satzung unechte Gesamtvertretung vorsehen kann (§ 23 Abs. 3 SCEAG). Für die **Eintragung** ergeben sich beispielsweise folgende Besonderheiten:

Spalte 4
Unterspalte a (Allgemeine Vertretungsregelung):
Ist ein geschäftsführender Direktor bestellt, vertritt dieser die Gesellschaft allein. Sind mehrere geschäftsführende Direktoren bestellt, wird die Gesellschaft durch sämtliche von ihnen gemeinschaftlich vertreten.
Oder im Fall satzungsmäßiger unechter Gesamtvertretung:
Ist ein geschäftsführender Direktor bestellt, vertritt dieser die Gesellschaft allein. Sind mehrere geschäftsführende Direktoren bestellt, wird die Gesellschaft durch zwei von ihnen gemeinschaftlich oder durch einen von ihnen in Gemeinschaft mit einem Prokuristen vertreten.
Unterspalte b (Vorstand und besondere Vertretungsbefugnis):
Geschäftsführender Direktor: Rallo, Robert, Passau, *1. 2. 1960
Geschäftsführender Direktor: Lino, Josef, Linz (Österreich), *1. 3. 1965

d) **Bekanntmachung der Ersteintragung.** Die Eintragung ist gemäß § 10 HGB (vgl. Art. 12 SCE-VO) bekannt zu machen. Ferner erfolgt eine **Bekanntmachung** der Ersteintragung nach Art. 13 SCE-VO zu Informationszwecken im Amtsblatt der Europäischen Union. Hierbei sind Firma der SCE, Nummer, Datum und Ort der Eintragung der SCE, Datum, Ort und Titel der Bekanntmachung nach § 10 HGB sowie der Sitz und der Geschäftszweck der SCE anzugeben. Die Übermittlung dieser Daten an das „Amt für amtliche Veröffentlichungen der Europäischen Gemeinschaften" hat nach Art. 13 Abs. 3 SCE-VO innerhalb eines Monats nach der gemäß § 10 HGB geschehenen Bekanntmachung zu erfolgen. 1985

3. Änderungen bei einer bestehenden SCE

a) **Anzumeldende Vorgänge.** Im Gegensatz zur Ersteintragung, die nach Art. 11 Abs. 1 SCE-VO und § 3 SCEAG nach den Bestimmungen des AktG erfolgt, sind spätere Änderungen – sofern hierzu nicht ausdrückliche gesetzliche Regelungen vorhanden sind – nach den Bestimmungen des GenG (siehe Art. 8 Abs. 1 SCE-VO) zu behandeln. Registerpflichtige Änderungen sind daher im dualistischen System entsprechend § 157 GenG von Vorstandsmitgliedern und im monistischen System gemäß §§ 22 Abs. 2 Satz 2 SCEAG i. V. m. § 157 GenG von den geschäftsführenden Direktoren jeweils **in vertretungsberechtigender Zahl** anzumelden. Zur Eintragung anzumelden sind in diesem Sinne Satzungsänderungen (§ 16 GenG), im dualistischen System Vorstandsänderungen (§ 28 GenG) und im monistischen System jede die geschäftsführenden Direktoren betreffende Änderung des Verwaltungsrats sowie die Bestellung, Abberufung und Änderung der Vertretungsbefugnis der geschäftsführenden Direktoren (§ 26 SCEAG). Neu bestellte Vorstandsmitglieder und geschäftsführende Direktoren haben hierbei wiederum die Versicherungserklärungen nach § 17 Abs. 2 SCEAG abzugeben. Trotz der wechselnden Verweisung für Erst- und Folgeeintragungen ist zu fordern, dass auch spätere Anmeldungen in entsprechender Anwendung des § 18 EGAktG eine (geänderte) inländische Geschäftsanschrift mitteilen müssen, um diesbezüglich die Richtigkeit des Registers zu gewährleisten. Diese Mitteilung liegt im Übrigen, im Hinblick auf die Rechtsfolgen des § 15a HGB bei unzutreffenden Angaben, auch im Interesse der Genossenschaft. 1986

b) **Eintragungen im Register.** Für die Eintragung der angemeldeten Änderungen gelten grundsätzlich die Ausführungen zur eG entsprechend. Bei Satzungsänderungen sind 1987 die in Art. 5 Abs. 4 SCE-VO benannten Gegenstände im Fall ihrer Änderung in der Registereintragung ausdrücklich zu benennen (§ 16 Abs. 3 GenRegV). Zu beachten ist ferner, dass eine **Änderung des Grundkapitals** der SCE nach Art. 3 Abs. 5 SCE-VO weder einer Satzungsänderung noch einer Bekanntmachung bedürfen. Da das Mindestkapital nach § 8a GenG bei einer eG nach deutschem Recht Satzungsbestandteil ist und daher jede diesbezügliche Änderung erst mit Registereintragung wirksam ist, besteht insoweit ein Unterschied in der rechtlichen Behandlung zwischen eG und SCE.

1988 c) **Sitzverlegung ins Ausland.** Soll durch Satzungsänderung der Sitz in einen anderen EU-Mitgliedstaat verlegt werden, so sieht hierfür Art. 7 SCE-VO ein detailliertes Verfahren voraus, nach dem das Leitungs- oder Verwaltungsorgan zunächst einen Verlegungsplan zu erstellen hat, der ähnlich der Vorabbekanntmachung nach § 61 UmwG bei der Verschmelzung unter Beteiligung einer Aktiengesellschaft, vorweg durch Einreichung und Veröffentlichung nach Art. 12 SCE-VO offen zu legen ist. Zudem ist von demselben Organ ein Bericht zu erstellen, bevor in der Generalversammlung der Verlegungsbeschluss gefasst werden kann. Die endgültigen Eintragungen im Register erfolgen erst unter Vorlage einer Bescheinigung nach Art. 7 Abs. 8 SCE-VO, aus welcher zweifelsfrei hervorgeht, dass die für die Verlegung vorgesehenen Rechtshandlungen und Formalitäten durchgeführt wurden.

4. Auflösung und Abwicklung einer SCE

1989 Die Auflösung einer SCE erfolgt einerseits nach den Regeln zur eG und andererseits nach den insoweit vorrangigen Spezialvorschriften der Art. 72 ff. SCE-VO. Fragen der Eintragung behandelt diesbezüglich § 20 Abs. 1 GenRegV. Die Bekanntmachung der Auflösung, Liquidation und Insolvenz ist in Umsetzung des Art. 74 SCE-VO nach § 10 HGB vorzunehmen. Ferner ist die Löschung der SCE wie die Ersteintragung nach Art. 13 SCE-VO auch im Amtsblatt der Europäischen Union zu veröffentlichen.

XII. Kosten in Genossenschaftsregistersachen

1. Gebührenfreie Vorgänge

1990 Gebührenfrei sind:
  a) die Aufnahme und Entgegennahme von Anträgen (z. B. auf Bestellung oder Abberufung eines Vorstandsmitglieds) zum Genossenschaftsregister durch das zuständige Gericht (§ 86 Abs. 1 Satz 3 KostO); zur Aufnahme von Anmeldungen zur Eintragung im Genossenschaftsregister ist nicht das Gericht (§§ 157 GenG, § 57 BeurkG), sondern der Notar zuständig und
  b) die Einsicht in das Genossenschaftsregister (§ 90 KostO), wobei für den Datenabruf im automatisierten Verfahren § 7b der Justizverwaltungskostenordnung Anwendung findet.

2. Erhebung von Gebühren

1991 Gebühren werden durch das **Gericht** erhoben
  – bei Eintragungen im Genossenschaftsregister nach Maßgabe von Teil 3 des Gebührenverzeichnisses der HRegGebVO;
  – im Zwangsgeld- und Ordnungsgeldverfahren nach Maßgabe von § 119 KostO; der Geschäftswert ist nach § 30 Abs. 1 und 2 KostO festzusetzen;
  – für Entscheidungen über Ernennung und Abberufung von Vorstands- und Aufsichtsratsmitgliedern (entsprechend § 29 BGB), von Liquidatoren (§ 83 Abs. 3 und 4 GenG), Bestellung von Prüfungsverbänden (§ 64b GenG), Ermächtigung zur Beru-

fung der Generalversammlung (§ 45 Abs. 3 GenG), Auflösung der Genossenschaft (§§ 54a, 80 GenG), Bestimmung über Einsicht in Bücher und Schriften der Genossenschaft nach Beendigung der Liquidation (§ 93 GenG) nach § 121 KostO; der Geschäftswert ist nach § 30 Abs. 1 und 2 KostO festzusetzen;
- für Bestimmungen des Gerichts über die Verwahrung von Büchern und Schriften nach Liquidation (§ 93 GenG) gemäß § 120 KostO;
- für die Erteilung beglaubigter Abschriften und Bescheinigungen aus dem Genossenschaftsregister nach § 89 Abs. 1 und 2 KostO;
- für die Erteilung beglaubigter Abschriften aus den Registerakten (§§ 132, 55 KostO);
- für das Beschwerdeverfahren (§ 131 KostO).

Durch den **Notar** werden Gebühren erhoben 1992
- für die Beurkundung der Anmeldung zum Genossenschaftsregister (Hälfte der vollen Gebühr, § 38 Abs. 2 Nr. 7 KostO); dasselbe gilt für einen durch den Notar erstellten Anmeldungsentwurf (§ 145 KostO); der Geschäftswert ist nach § 30 Abs. 1 und 2 KostO gegebenenfalls i.V.m. der entsprechend anzuwendenden Vorschrift des § 41a KostO festzusetzen;
- für die Beglaubigung von Unterschriften bei Anmeldung unter einer bereits privatschriftlich abgefassten Erklärung nach § 45 Abs. 1 KostO;
- für die Beurkundung des Vertrags über die Errichtung einer Genossenschaft nach § 36 Abs. 2 KostO;
- für die Beurkundung von Generalversammlungsbeschlüssen nach § 47 KostO das Doppelte der vollen Gebühr, höchstens 5000 € (§ 47 Satz 2 KostO).

3. Erhebung von Auslagen

Auslagen werden erhoben für die Erteilung beglaubigter Abschriften und Bescheinigungen aus dem Genossenschaftsregister und zwar Schreibauslagen und sonstige Auslagen nach §§ 136, 137 KostO. 1993

4. Kostenschuldner

Kostenschuldner ist grundsätzlich die Genossenschaft (§ 2 Nr. 1 KostO, siehe auch § 2 Nr. 2 und 3, § 5 sowie § 86 Abs. 2 Satz 3 KostO). Kostenschuldner im Zwangsgeldverfahren ist der an diesem Verfahren Beteiligte (§ 3 Nr. 1 KostO). 1994

(Randnummern zur Zeit nicht besetzt) 1995–2011

Teil 3. Partnerschaftsregister

I. Allgemeines zur Partnerschaftsgesellschaft

Die **Partnerschaftsgesellschaft** bzw. **Partnerschaft** (§ 1 Abs. 1 Satz 1 PartGG) ist eine Personengesellschaft, in der sich Angehörige freier Berufe zu deren Ausübung zusammenschließen. Partner können nur natürliche Personen sein (§ 1 Abs. 1 Satz 3 PartGG), sodass insbesondere die Form einer „GmbH & Co. Partnerschaft" ausgeschlossen ist. Anwendbar sind zwar nach § 1 Abs. 4 PartGG vornehmlich die Vorschriften der §§ 705 ff. BGB, jedoch zudem auch Vorschriften des Rechts der OHG (vgl. § 6 Abs. 3, § 7 Abs. 2 und 3, § 8 Abs. 1 und § 9 Abs. 1 PartGG). Die Partnerschaftsgesellschaft übt gemäß § 1 Abs. 1 Satz 2 PartGG kein Gewerbe aus. Der Partnerschaftsgesellschaftsvertrag bedarf der Schriftform (§ 3 Abs. 1 PartGG) und muss zumindest den Namen und Sitz der Partnerschaft und die Namen, Vornamen, den in der Partnerschaft ausgeübten Beruf und den Wohnort jedes Partners sowie den Gegenstand der Partnerschaft enthalten (§ 3 Abs. 2 PartGG).

2012

Partner können nur Angehörige freier Berufe sein (§ 1 Abs. 1 PartGG). Die Frage, ob alle Mitglieder der Partnerschaft ihren Beruf stets aktiv ausüben müssen, ist in der Literatur umstritten.[1] Der Gesetzgeber ging vom Erfordernis der aktiven Berufsausübung aus.[2] Sofern jedenfalls die Wahrnehmung von internen Verwaltungsaufgaben verbleibt und die freiberufliche Geschäftsführungsbefugnis nach § 6 Abs. 2 PartGG fortbesteht, wird die Möglichkeit einer Mitgliedschaft auch in diesen Fällen zu bejahen sein.[3]

2013

Stets ist bei der Anwendung des PartGG zu beachten, dass die Berufsausübung in der Partnerschaft durch allgemeine oder durch **besondere Vorschriften der einzelnen Berufe** ausgeschlossen oder von weiteren Voraussetzungen abhängig sein kann (§ 1 Abs. 3 PartGG). Beschränkungen bestehen insbesondere hinsichtlich berufsübergreifender Partnerschaften („interprofessionelle Partnerschaften"), bezüglich der Bildung des Partnerschaftsnamens und für die Aufnahme besonderer, über § 3 Abs. 2 PartGG hinausgehender Bestimmungen.[4] Keine solchen Reglementierungen bestehen z.B. für die Berufe des Journalisten, des Übersetzers und des Unternehmensberaters. Erhebliche Einschränkungen gelten dagegen insbesondere für die interprofessionelle Zusammenarbeit bei Rechtsanwälten (§ 59a BRAO), Patentanwälten (§ 52a PAO), Steuerberatern (§ 56 StBerG), Wirtschaftsprüfern (§ 44b WPO), Ärzten, Zahnärzten und Tierärzten. Hingegen ist bislang für keinen freien Beruf die Möglichkeit der Eingehung einer Partnerschaft vollständig ausgeschlossen worden.

2014

Die in einer Partnerschaft ausübbaren **freien Berufe** sind in § 1 Abs. 2 PartGG näher aufgezählt und beschrieben. Die ausdrücklich aufgeführten „Katalogberufe" lassen sich in Heilberufe (z.B. Ärzte, Zahnärzte, Hebammen), rechts- und wirtschaftsberatende Berufe (z.B. Rechtsanwälte, Patentanwälte, Steuerberater), naturwissenschaft-

2015

---

[1] Siehe *Ulmer/Schäfer*, in: MünchKommBGB, § 1 PartGG Rz. 24; *Seibert*, in: Ebenroth/Boujong/Joost/Strohn, HGB, § 1 RdNr. 5; *Michalski/Römermann*, PartGG, § 1 Rz. 5 ff.
[2] Vgl. die Begründung des seinerzeitigen Regierungsentwurfs, BT-Drucks 12/6152, S. 9.
[3] Siehe *Seibert*, in: Ebenroth/Boujong/Joost/Strohn, HGB, PartGG § 1 Rz. 5.
[4] Siehe im Einzelnen z.B. *Ulmer/Schäfer*, in: MünchKommBGB, § 1 PartGG Rz. 77 ff.; *Michalski/Römermann*, PartGG, § 1 Rz. 114 ff.

lich orientierte Berufe (z. B. Ingenieure, Architekten), Vermittler von geistigen Gütern bzw. Informationen (z. B. Journalisten, Übersetzer) und Lotsen einteilen. Hinzu treten die den „Katalogberufen" ähnlichen Berufe, die grundsätzlich im Wege des Vergleichs mit einzelnen im Gesetz benannten Berufen festzustellen sind. Zu berücksichtigen sind die jeweils prägenden Merkmale unter Beachtung des Gesamtbildes der beruflichen Tätigkeiten. Entscheidende Bedeutung kommen den erforderlichen fachlichen Voraussetzungen (Ausbildungsgang) und den konkreten Umständen der Berufsausübung (Tätigkeitsbereich und Tätigkeitsbild) zu.[1] Beispielsweise sind die Berufe des Unternehmensberaters und des beratenden Bauingenieurs als partnerschaftsfähig einzuordnen. Nicht partnerschaftsfähig, da gewerblich, sind hingegen die Berufe des Detektivs und des Anlageberaters. Umstritten ist z. B. die Einordnung des Berufs der Fahrlehrer.[2]

2016 Allgemein werden die **Vorschriften über Handelsgesellschaften** im PartGG weitgehend für anwendbar erklärt. Dies gilt nach § 2 Abs. 2 PartGG für das Firmenrecht des HGB hinsichtlich des Namens der Partnerschaft, nach § 4 Abs. 1 PartGG für die Erstanmeldung der Partnerschaft, nach § 5 Abs. 2 PartGG für die registerliche Behandlung sowie für Zweigniederlassungen, gemäß § 9 Abs. 1 PartGG für das Ausscheiden eines Partners und für die Auflösung der Gesellschaft sowie nach § 10 Abs. 1 PartGG für die Liquidation der Partnerschaft. **Nicht anwendbar** sind allerdings die Vorschriften über die Erteilung von Prokura, da diese Form der rechtsgeschäftlichen Vertretung mit dem Prinzip des besonderen persönlichen Vertrauensverhältnisses bei freiberuflicher Berufsausübung nicht im Einklang steht.[3]

2017 Die Partnerschaft führt nach § 2 Abs. 1 und § 3 Abs. 2 Nr. 1 PartGG einen **Namen** (vgl. hierzu Rz. 256 ff.). Notwendig ist stets die Aufnahme des Familiennamens mindestens eines Partners und der Berufsbezeichnung aller in der Partnerschaft vertretenen, d. h. ausgeübten Berufe und die Führung des Rechtsformzusatzes „und Partner" bzw. „& Partner" oder „Partnerschaft" (§ 2 Abs. 1 Satz 1 PartGG). Stets zu beachten ist, dass Namen von Personen, die nicht Partner sind, nicht in den Namen der Partnerschaft aufgenommen werden dürfen (§ 2 Abs. 1 Satz 3 PartGG) und dass nach § 2 Abs. 2 PartGG die allgemeinen firmenrechtlichen Grundsätze des Irreführungsverbots (§ 18 Abs. 2 HGB), der Unterscheidbarkeit (§ 30 HGB) und der Namensfortführung (§§ 21 ff. HGB) Anwendung finden. Allerdings werden von der Rechtsprechung an eine Namensfortführung strenge Maßstäbe angelegt. So wird grundsätzlich nur die unveränderte Fortführung gestattet. Wird etwa nachträglich auch der Name eines neuen Partners vorangestellt, so müssen die Namen zwischenzeitlich verstorbener Partner entfernt werden.[4]

2018 Der **Sitz** der Partnerschaft befindet sich, wie bei der OHG, am Ort der tatsächlichen Hauptgeschäftsführung.[5] Entscheidend ist also auch hier der Ort, an welchem der Schwerpunkt der ausübenden Betätigung liegt. Sollte sich ein solcher nicht sicher ermitteln lassen, steht den Partnern ein Wahlrecht unter den in Betracht kommenden Orten zu. Eine willkürlich festgelegte statutarische Bestimmung des Sitzes ohne jeden

---

[1] *Ulmer/Schäfer*, in: MünchKommBGB, § 1 PartGG, Rz. 64 ff.; *Michalski/Römermann*, PartGG, § 1 Rz. 80; *Henssler*, PartGG, § 1 Rz. 42 f.

[2] Vgl. die Aufstellungen von *Ulmer/Schäfer*, in: MünchKommBGB, § 1 PartGG Rz. 69 f.; *Seibert*, in: Ebenroth/Boujong/Joost/Strohn, HGB, PartGG § 1 Rz. 13 ff.

[3] **OLG München** NJW 2005, 3730.

[4] **OLG Frankfurt** FGPrax 2005, 270; großzügiger dagegen **LG Essen** RNotZ 2003, 268; zusammenfassend zu den Anforderungen an eine Namensfortführung *Munzig* FGPrax 2006, 47 (49).

[5] Vgl. zur OHG **BGH** BB 1969, 329 (= MDR 1969, 662); **BGH** BB 1957, 799; zur Partnerschaft: *Seibert*, in: Ebenroth/Boujong/Joost/Strohn, HGB, PartGG § 3 Rz. 3.

II. Einrichtung und Führung des Partnerschaftsregisters

Bezug zur tatsächlichen Betätigung ist jedoch nicht zulässig.[1] Ein Mehrfachsitz ist für die Partnerschaft nicht möglich.[2]

Im Verhältnis zu Dritten wird die Partnerschaftsgesellschaft erst mit Registereintragung wirksam (§ 7 Abs. 1 PartGG). Die Ersteintragung der Partnerschaft hat demnach konstitutive Wirkung. Allerdings ist dies – mit Ausnahme von Umwandlungsmaßnahmen – die einzige konstitutive Eintragung im Partnerschaftsregister. Die sonstigen nach den Bestimmungen des PartGG vorgesehenen Eintragungen, wie etwa über den Eintritt oder das Ausscheiden von Gesellschaftern und die Auflösung der Partnerschaft, haben lediglich deklaratorische Wirkung.

2019

II. Einrichtung und Führung des Partnerschaftsregisters

1. Sachliche und örtliche Zuständigkeit

Ohne Not wurde für Partnerschaftsgesellschaften ein eigenständiges sog. Partnerschaftsregister eingerichtet (§§ 5, 7 PartGG, §§ 1 ff. PRV). Die Führung des Partnerschaftsregisters obliegt den **Amtsgerichten**. Zur Führung des Partnerschaftsregisters ist grundsätzlich jedes Amtsgericht zuständig, sofern nicht durch Verordnung die Zuständigkeit auf einzelne Amtsgerichte konzentriert wird (§ 376 Abs. 2 FamFG). Danach stellt sich die Zuständigkeitslage derzeit folgendermaßen dar:

2020

– **Baden-Württemberg:** Die Zuständigkeit zur Führung des Partnerschaftsregisters wurde bei vier Amtsgerichten (Freiburg im Breisgau, Mannheim, Stuttgart und Ulm) zentralisiert.[3]
– **Bayern:** Entsprechend der Regelung des § 376 Abs. 1 FamFG ist grundsätzlich das Amtsgericht zur Führung des Partnerschaftsregisters zuständig, an dessen Sitz sich ein Landgericht befindet, und zwar zur Registerführung für sämtliche Amtsgerichtsbezirke dieses Landgerichtsbezirks, mit denselben Abweichungen wie bei der Handelsregisterführung (Rz. 13).[4]
– **Berlin:** Zuständig ist das Amtsgericht Charlottenburg.[5]
– **Brandenburg:** Zuständig ist das Amtsgericht am Sitz des Landgerichts für dessen gesamten Bezirk.[6]
– **Bremen:** Das Amtsgericht Bremen führt das Partnerschaftsregister auch für den Bezirk des Amtsgerichts Bremen-Blumenthal.[7] Für seinen Bezirk führt das Amtsgericht Bremerhaven das Partnerschaftsregister.
– **Hamburg:** Zuständig ist das Amtsgericht Hamburg.
– **Hessen:** Die Zuständigkeit für das gesamte Land wurde bei dem Amtsgericht Frankfurt am Main konzentriert.[8]
– **Mecklenburg-Vorpommern:** Die Zuständigkeit wurde bei den Amtsgerichten am Sitz der Landgerichte für deren Bezirke konzentriert.[9]

---

[1] Siehe *Ulmer/Schäfer*, in: MünchKommBGB, § 3 PartGG Rz. 18.
[2] Vgl. *Michalski/Römermann*, PartGG, § 3 Rz. 15; *Henssler*, PartGG, § 3 Rz. 27 f.
[3] § 5a ZuVOJu vom 20. 11. 1998, eingefügt durch VO vom 5. 3. 2005 (GBl S. 292).
[4] GZVJu vom 16. 11. 2004 (GVBl S. 471), zuletzt insoweit geändert durch VO vom 8. 12. 2005 (GVBl S. 695).
[5] VO über die Zuweisung amtsgerichtlicher Zuständigkeiten vom 8. 5. 2008 (GVBl S. 116).
[6] VO über gerichtliche Zuständigkeiten und Zuständigkeitskonzentrationen vom 8. 5. 2007 (GVBl II S. 113), zuletzt geändert am 15. 8. 2008 (GVBl S. 330).
[7] § 1 der VO vom 20. 6. 1995 (Brem. GBl. S. 329).
[8] § 10 Abs. 2 GerJZustVO vom 16. 9. 2008 (GVBl I S. 822).
[9] § 1 KonzVO M-V vom 28. 3. 1994 (GVOBl. M-V S. 514), zuletzt geändert am 16. 1. 2008 (GVOBl. M-V S. 18).

- **Niedersachsen:** Die Zuständigkeit liegt für das gesamte Land bei dem Amtsgericht Hannover.[1]
- **Nordrhein-Westfalen:** Die Zuständigkeit wurde für das gesamte Land bei dem Amtsgericht Essen konzentriert.[2]
- **Rheinland-Pfalz:** Das Partnerschaftsregister wird im OLG-Bezirk Koblenz durch das Amtsgericht Koblenz, im OLG-Bezirk Zweibrücken durch das Amtsgericht Zweibrücken geführt.[3]
- **Saarland:** Zuständig ist allein das Amtsgericht Saarbrücken.[4]
- **Sachsen:** Über die Regelung des § 376 Abs. 1 FamFG hinaus ist die Registerführung bei den Amtsgerichten Chemnitz, Dresden und Leipzig für sämtliche Amtsgerichtsbezirke dieses Landgerichtsbezirks sowie der LG-Bezirke Zwickau (Amtsgericht Chemnitz) und Görlitz (Amtsgericht Dresden) konzentriert worden.[5]
- **Sachsen-Anhalt:** Die Zuständigkeit wurde für das gesamte Land beim Amtsgericht Stendal konzentriert.[6]
- **Schleswig-Holstein:** Für das ganze Landesgebiet wurde die Führung bei dem Amtsgericht Kiel zentralisisert.[7]
- **Thüringen:** Das Amtsgericht Jena ist für das gesamte Landesgebiet zuständig.[8]

2021 Der Sitz der Partnerschaft entscheidet im Einzelfall über die örtliche Zuständigkeit (§ 377 Abs. 1 FamFG § 4 Abs. 1 Satz 1 PartGG, § 106 Abs. 1 HGB).

2022 Anzumerken ist, dass die unterschiedliche Zuständigkeit für die Führung der Partnerschaftsregister gegenüber den Handelsregistern unglücklich und für die betroffenen Kreise nur schwer nachvollziehbar ist. Im Sinne einer effektiven Registerführung wäre es wichtig, soweit noch nicht geschehen, allgemein größere Registerbezirke zu schaffen. Langfristig ist zu hoffen, dass alle Rechtsträgerregister einheitlich in einem einzigen Register zusammengeführt werden.

2. Einrichtung des Partnerschaftsregisters und Einsichtnahme

2023 Das zur Eintragung der Partnerschaften bestimmte Partnerschaftsregister wird nach §§ 1 bis 8 der PRV[9] elektronisch (§ 1 Abs. 1 PRV i. V.m. § 7 HRV) geführt.

2024 Die Partnerschaften sind unter fortlaufenden Nummern auf einzelnen Registerblättern (§ 2 PRV) einzutragen. Das Aktenzeichen eingetragener Partnerschaften lautet „PR" gemeinsam mit der jeweiligen Nummer des Registerblatts. Zur näheren Ausgestaltung der Registerführung wurden der PRV verschiedene Muster als Anlagen beigegeben. Im Übrigen enthält § 1 Abs. 1 PRV eine Gesamtverweisung auf die Vorschriften der HRV zur OHG (§ 1 Abs. 2 PRV), die anzuwenden sind, soweit die PRV keine besonderen Vorschriften enthält. Die nachfolgende Darstellung bezieht sich

---

[1] § 16d Abs. 2 ZustVO-Justiz vom 22. 1. 1998 (GVBl S. 66), zuletzt geändert am 18. 6. 2008 (GVBl S. 221).

[2] § 1 Abs. 2 ERegister-VO vom 19. 12. 2006 (GV NRW S. 606), zuletzt geändert am 16. 10. 2008 (GV NRW S. 645).

[3] § 3 Abs. 2 der VO vom 22. 11. 1985 (GVBl S. 267), zuletzt geändert am 8. 5. 2006 (GVBl S. 199).

[4] § 1 Abs. 1 RegisterVO vom 29. 3. 2003 (ABl. des Saarlandes S. 2238).

[5] JuZustVO vom 14. 12. 2007 (GVBl S. 600), zuletzt geändert am 6. 6. 2008 (GVBl S. 336).

[6] § 15 der Grundbuch- und Register-VO vom 13. 12. 2004 (GVBl LSA S. 829), zuletzt geändert am 28. 7. 2008 (GVBl LSA S. 287).

[7] § 2 der VO vom 2. 3. 2004 (GVOBl. S. 76) zuletzt geändert am 12. 12. 2006 (GVOBl. S. 361).

[8] § 2 Thüringer VO über gerichtliche Zuständigkeiten in der ordentlichen Gerichtsbarkeit vom 12. 8. 1993 (GVBl S. 563), zuletzt geändert am 16. 12. 2008 (GVBl S. 587).

[9] Verordnung über die Einrichtung und Führung des Partnerschaftsregisters (Partnerschaftsregisterverordnung – PRV) vom 16. 6. 1995 (BGBl. I S. 808); abgedruckt im Anhang dieses Buchs.

II. Einrichtung und Führung des Partnerschaftsregisters

dem gemäß vor allem auf die Besonderheiten bei der Führung des Partnerschaftsregisters.

Nach § 4 Satz 1 PRV sind bestehende **Berufskammern** in zweifelhaften Fällen bei laufenden Verfahren mit einzubeziehen, indem diesen Gelegenheit zur Stellungnahme gegeben wird. Zur Absicherung dieser Mitwirkungsmöglichkeit sind die Anmeldenden verpflichtet, mitzuteilen, ob und welche Berufskammern für die in der Partnerschaft ausgeübten Berufe bestehen sowie ggf. die Anschrift der jeweiligen Kammer (§ 4 Satz 2 und 3 PRV). Den bestehenden Kammern ist jede Eintragung der betroffenen Partnerschaft mitzuteilen (§ 6 PRV). 2025

Für Fragen der **Einsichtnahme** in das Partnerschaftsregister verweist das PartGG in § 5 Abs. 2 auf § 9 HGB. Die Einsicht in das Register und die zu ihm eingereichten Schriftstücke ist demnach jedermann zu Informationszwecken gestattet. 2026

Von den Eintragungen in das Partnerschaftsregister und von den eingereichten Dokumenten kann jedermann – auf seine Kosten – einen Ausdruck verlangen (§ 5 Abs. 2 PartGG, § 9 Abs. 4 Satz 1 HGB). Ebenso kann jederzeit die Erteilung von Bescheinigungen, dass bezüglich des Gegenstands einer Eintragung weitere Eintragungen nicht vorhanden sind oder dass ein bestimmter Eintrag nicht erfolgt ist (Negativattest), von jedermann verlangt werden (§ 5 Abs. 2 PartGG, § 9 Abs. 5 HGB, § 386 FamFG). 2027

3. Organe der Registerführung

Die Aufgaben bei der Führung des Partnerschaftsregisters sind grundsätzlich zwischen **Rechtspfleger** und **Urkundsbeamten** verteilt. Der **Richter** hat insoweit keine eigenständige funktionale Zuständigkeit. Der **Notar** ist im Übrigen dafür zuständig, Bescheinigungen über eine Vertretungsberechtigung und über das Bestehen oder den Sitz einer Partnerschaft, die Namensänderung, eine Verschmelzung oder sonstige aus dem Register sich ergebende rechtserhebliche Umstände auszustellen (§ 21 BNotO). 2028

a) **Richter und Rechtspfleger.** Die richterlichen Geschäfte in Partnerschaftsregistersachen sind grundsätzlich dem **Rechtspfleger** übertragen (§ 3 Nr. 2 lit. d i.V.m. § 17 RPflG), sofern dieser sie nicht im Einzelfall gemäß § 5 RPflG dem Richter vorlegt. Er ist für die Führung des Registers ausschließlich zuständig. In den Zuständigkeitsbereich des Rechtspflegers fallen die Entscheidungen über Anträge und Anmeldungen zum Partnerschaftsregister und regelmäßig auch die Vornahme der Eintragung oder zumindest deren Verfügung (§ 1 Abs. 1 PRV i.V.m. § 27 HRV), das Zwangsgeldverfahren (§ 5 Abs. 2 PartGG, § 14 HGB), die Löschung unzulässiger Eintragungen nach § 395 FamFG und die Vornahme amtswegiger Eintragungen, etwa nach § 384 Abs. 2 FamFG, außerdem die Entscheidung über Anträge auf Erteilung von Ausdrucken und Bescheinigungen aus dem Partnerschaftsregister und den Registerakten. 2029

b) **Urkundsbeamter der Geschäftsstelle.** Der Urkundsbeamte hat bei der Führung des Partnerschaftsregisters, sofern dies der Rechtspfleger nicht selbst erledigt, die Ausführung der Eintragungsverfügungen des Rechtspflegers zu veranlassen (§ 1 Abs. 1 PRV i.V.m. § 27 Abs. 2 HRV), die Eintragungen in das Partnerschaftsregister zu signieren und die verfügten Bekanntmachungen herbeizuführen, Abschriften oder Ausdrucke der Eintragungen und der zum Register eingereichten Schriftstücke und Dokumente sowie Bescheinigungen und Zeugnisse auszustellen und sie zu beglaubigen[1] und die Insolvenzvermerke einzutragen (§ 5 Abs. 2 PartGG, § 9 HGB; § 1 Abs. 1 PRV; §§ 27, 29, 30 Abs. 2, §§ 31, 36 HRV). 2030

c) **Berufskammern und sonstige berufsständische Organe.** Besondere Bedeutung kommt in Partnerschaftsregistersachen den bestehenden **Berufskammern** zu (siehe § 380 Abs. 1 Nr. 4 FamFG). Diese sind vom Registergericht in zweifelhaften Fällen vor Vornahme 2031

---

[1] Vgl. allgemein **OLG Hamm** Rpfleger 1968, 122.

einer Eintragung im Register anzuhören (§ 4 Satz 1 PRV). Vom Bestehen einer Berufskammer erfährt das Registergericht zumindest durch die Angabe der Beteiligten samt Adresse derselben (§ 4 Satz 2 PRV). Sofern das Registergericht von einer angeforderten Stellungnahme der zuständigen Berufskammer abweicht, hat es der Kammer die Entscheidung unter Angabe von Gründen mitzuteilen (§ 4 Satz 4 PRV). Zudem sind der bestehenden Berufskammer sämtliche Eintragungen mitzuteilen (§ 6 PRV). Aufgrund der offenen Formulierung des § 380 Abs. 1 FamFG sind auch bei der Führung des Partnerschaftsregisters die Organe des Handelsstands (§ 380 Abs. 1 Nr. 1 FamFG) entsprechend zu beteiligen.[1]

III. Ersteintragung einer Partnerschaft im Register

1. Anmeldung der Partnerschaft zur Eintragung in das Register

2032 Die Partnerschaft ist nach § 4 Abs. 1 PartGG bei dem Gericht, in dessen Bezirk sie ihren Sitz hat, zur Eintragung in das Partnerschaftsregister anzumelden (§ 106 Abs. 1 HGB). Die übrigen Partner sind zur Anmeldung verpflichtet und können zur Erfüllung notfalls mit Zwangsmitteln angehalten werden (§ 5 Abs. 2 PartGG, § 14 HGB, §§ 388 ff. FamFG).

2033 Die Anmeldung ist von **sämtlichen Partnern** formgerecht (§ 5 Abs. 2 PartGG, § 12 Abs. 1 Satz 1 HGB) zu bewirken (§ 4 Abs. 1 Satz 1 PartGG, § 108 HGB).
Die **Anmeldung** muss enthalten (§ 4 Abs. 1 Satz 2, § 3 Abs. 2 PartGG):

2034 Die **Personalien** (Familienname, Vorname, Geburtsdatum[2] und Wohnort) jedes Partners sowie den in der Partnerschaft ausgeübten **Beruf** jedes Partners (vgl. § 4 Abs. 2 Satz 1 PartGG, § 3 Abs. 1 Satz 1 PRV). Wenn die Berufsausübung der staatlichen Zulassung oder Prüfung bedarf, soll die Urkunde über die Zulassung oder das Zeugnis über die Befähigung zu diesem Beruf entsprechend § 12 Abs. 2 HGB in Urschrift, Ausfertigung oder öffentlich beglaubigter Abschrift vorgelegt und damit entsprechend § 12 Abs. 2 Satz 2 Halbs. 1 HGB als einfache Aufzeichnung übermittelt werden; allerdings wird die dies vorsehende Vorschrift des § 3 Abs. 1 Satz 2 PRV wegen des verbleibenden Widerspruchs zu § 4 Abs. 2 PartGG für nichtig gehalten.[3] In zweifelhaften Fällen können die Partner jedenfalls das Vorliegen einer freiberuflichen Tätigkeit auf sonstige Weise, ggf. auch durch schlichte Erklärung darlegen (§ 3 Abs. 1 Satz 3 PRV). Die Partner haben zudem eine Erklärung abzugeben, ob der Eingehung der Partnerschaft berufsrechtliche Vorschriften entgegenstehen, insbesondere solche, die eine Zusammenarbeit mit anderen in der Partnerschaft ausgeübten Berufen verbieten (§ 3 Abs. 2 Satz 1 PRV). Wenn für die Ausübung der freiberuflichen Tätigkeit in einer Partnerschaft aufgrund berufsrechtlicher Vorschriften eine staatliche Zulassung erforderlich ist, so genügt statt der in § 3 Abs. 1 und 2 PRV genannten Nachweise bzw. Erklärungen die Vorlage einer Bestätigung der zuständigen Behörde, dass die erforderliche Zulassung erfolgen kann (§ 3 Abs. 3 PRV).

2035 Der **Name der Partnerschaft** und der **Ort** (politische Gemeinde), an dem die Partnerschaft ihren Sitz hat, müssen ebenfalls in der Anmeldung angegeben werden. Ferner soll die Lage der Geschäftsräume mitgeteilt werden (§ 1 PRV i.V.m. § 24 Abs. 2 HRV), während die Anmeldung und Eintragung einer **inländischen Geschäftsanschrift** im Register – wie im Handelsregister bei allen dort eingetragenen Rechtsträgern der Fall (siehe Rz. 340 f.) – gemäß § 5 Abs. 2 Halbs. 2 PartGG unterbleibt. Ob-

---

[1] Siehe *Nedden-Boeger* FGPrax 2009, 144 (145).
[2] Siehe § 5 Abs. 3 PRV.
[3] **LG Augsburg** MittBayNot 2006, 522; **LG München I** DNotZ 2001, 814; siehe ferner *Michalski/Römermann*, PartGG, § 4 Rz. 4, 18.

III. Ersteintragung einer Partnerschaft im Register

wohl die Vorschrift scheinbar nur die Pflicht zur Veranlassung einer entsprechenden Eintragung ausnimmt, gibt sie – wie die unveränderte Beibehaltung der Eintragungsmuster in der PRV bestätigt – den Partnerschaften nicht etwa im Umkehrschluss das Recht, freiwillig eine solche Eintragung zu veranlassen, da dies dem allgemein im Sinne einer effektiven Registerpublizität vorgegebenen Ziel der einheitlichen Darstellung der Rechtsverhältnisse aller eingetragenen Gesellschaften[1] zuwiderliefe.

Die **allgemeine Vertretungsregelung der Partner** sowie etwaige **Besonderheiten** bezüglich einzelner Partner, z. B. der etwaige Ausschluss eines Gesellschafters von der Vertretung und die Anordnung einer Gesamtvertretung (vgl. § 125 Abs. 2 Satz 1 HGB) ist zur Eintragung in das Register anzumelden. Regelmäßig ist demnach anzumelden, dass jeder Partner gemäß der gesetzlichen Bestimmung in § 7 Abs. 3 und § 125 Abs. 1 HGB die Partnerschaftsgesellschaft einzeln vertritt. Ist ein Partner von der Vertretung ausgeschlossen,[2] so ist dieser Wortlaut bei der Anmeldung und bei der Eintragung zu wählen („Der Partner Karl Maller ist nicht zur Vertretung der Partnerschaft ermächtigt"). Die lediglich im Gegenschluss aussagekräftige positive Ausdrucksweise („zur Vertretung der Partnerschaft ist nur Robert Meister ermächtigt") entspricht nicht dem Wortlaut des Gesetzes und führt bei späteren Veränderungen in der Vertretungsbefugnis zu Schwierigkeiten und Missverständnissen. Beschränkungen des Umfangs der Vertretungsmacht der Partner können nur auf den Betrieb einer von mehreren Niederlassungen erfolgen, wenn diese unter einem abweichenden Namen betrieben wird (§ 7 Abs. 3 PartGG, § 126 Abs. 3, § 50 Abs. 3 HGB). In diesem Fall ist die Einschränkung zur Eintragung im Register anzumelden. 2036

Die einem vertretenden Partner erteilte allgemeine Befreiung vom **Verbot des Selbstkontrahierens** (§ 181 BGB) kann zur Eintragung in das Register angemeldet werden[3] und zwar sowohl die Befreiung von beiden Varianten des In-Sich-Geschäfts des § 181 BGB als auch die Befreiung nur für die Fälle des Selbstkontrahierens oder nur der Mehrfachvertretung. Aufgrund der Bedeutung der Eintragung für den Rechtsverkehr handelt es sich bei der Eintragung der Befreiung von § 181 BGB entsprechend § 10 Abs. 1 GmbHG um eine eintragungspflichtige Tatsache.[4] Besonderheiten zur Vertretung sind nach den einschlägigen berufsrechtlichen Bestimmungen zu berücksichtigen[5] (§ 1 Abs. 3 PartGG). So ist beispielsweise bei den als Steuerberatungsgesellschaft anerkannten Partnerschaften nach § 57 Abs. 2 BOStB erforderlich, dass die Gesellschaft durch einen zur Alleinvertretung oder zur Einzelvertretung berechtigten Steuerberater vertreten wird oder durch mehrere zur gemeinschaftlichen Vertretung befugte Steuerberater. Andere Personen als Steuerberater dürfen nicht Einzel- oder Alleinvertretungsmacht haben und lediglich gemeinsam mit einem Steuerberater vertretungsberechtigt sein. 2037

Außerdem ist der **Gegenstand der Partnerschaft**, wie er im Partnerschaftsvertrag festgelegt wurde, in der Anmeldung zur Ersteintragung anzugeben. 2038

Hingegen bedarf es keiner Angabe des **Zeitpunkts**, mit welchem die Partnerschaftsgesellschaft beginnt. Die Eintragung im Register ist für die Wirksamkeit der Partnerschaft gegenüber Dritten konstitutiv (§ 7 Abs. 1 PartGG). 2039

---

[1] Vgl. *Krafka*, Einführung in das Registerrecht, Rz. 171 ff.
[2] Kritisch hierzu *Michalski/Römermann*, PartGG, § 7 Rz. 17.
[3] Vgl. zu Personenhandelsgesellschaften **OLG Frankfurt** FGPrax 2006, 273 (= Rpfleger 2007, 31); **OLG Hamburg** DNotZ 1986, 571 (= ZIP 1986, 1186); **OLG Hamm** MittRhNotK 1983, 92 (= BB 1983, 858); anderer Ansicht: **OLG Hamburg** OLGZ 1983, 23 (= MittRhNotK 1983, 164).
[4] Vgl. zur OHG: *Habersack*, in: Staub, HGB, § 125 Rz. 64; *Baumbach/Hopt*, HGB, § 125 Rz. 26; *Hillmann*, in: Ebenroth/Boujong/Joost/Strohn, HGB, § 125 Rz. 53.
[5] Siehe *Michalski/Römermann*, PartGG, § 7 Rz. 22 ff.; *Ulmer/Schäfer*, in: MünchKommBGB, § 7 PartGG Rz. 19.

2040 Im Übrigen sind weitere Einzelheiten des Partnerschaftsgesellschaftsvertrags, auch z. B. hinsichtlich der Dauer der Partnerschaft, nicht anzumelden und auch nicht einzutragen. Die Anmeldung soll jedoch die „Lage der Geschäftsräume" angeben (§ 1 Abs. 1 PRV, § 24 Abs. 2 HRV; vgl. Rz. 2035).

2041 Beispiel für die **Erstanmeldung** einer Partnerschaft:

> Unter dem Namen „Huber & Partner Steuerberater und Rechtsanwalt" wurde eine Partnerschaftsgesellschaft mit Sitz in München gegründet. Gegenstand der Partnerschaft ist die Ausübung rechtsanwaltlicher und steuerberatender Tätigkeit.
> Partner sind:
> – Hugo Huber, München, Rechtsanwalt, geboren am 15. 5. 1965, und
> – Gerhard Lang, München, Steuerberater, geboren am 3. 3. 1974.
> Jeder Partner vertritt einzeln.
> Wir versichern die Zugehörigkeit jedes Partners zu dem angegebenen freien Beruf und dass die genannten Berufe in der Partnerschaft ausgeübt werden. Als Nachweis legen wir jeweils einen Auszug aus der Registrierung der jeweiligen Kammer bzw. berufsständigen Vereinigung vor. Berufsrechtliche Vorschriften führen weder zu einer Beschränkung noch zu einem Ausschluss der Zusammenarbeit der Partner in einer Partnerschaftsgesellschaft.
> Für die in der Partnerschaft ausgeübten Berufe bestehen folgende Berufskammern:
> – Steuerberaterkammer München, Nederlinger Str. 9, 80638 München;
> – Rechtsanwaltskammer München, Tal 33, 80331 München.
> Die Geschäftsräume der Partnerschaft befinden sich in 80333 München, Karlstraße 20.

2. Prüfung und Eintragung durch das Registergericht

2042 Das Registergericht ist im Hinblick auf die Gefahr der Überlastung mit registerfremden Prüfungsaufgaben in Partnerschaftsregistersachen einer Prüfungspflicht weitgehend entbunden.[1] So sind im Regelfall die tatsächlichen Angaben der Beteiligten in Bezug auf ihre freiberufliche Tätigkeit der Eintragung ohne weiteres zugrunde zu legen, es sei denn dem Gericht ist deren Unrichtigkeit bekannt (§ 4 Abs. 2 Satz 2 PartGG, § 3 Abs. 1 Satz 4 und Abs. 2 Satz 2 PRV). Allgemein wird das Registerverfahren der Partnerschaftsgesellschaft durch den Grundsatz geprägt, dass im Zweifel die beantragte Eintragung vorzunehmen ist.[2] Nachforschungen hat das Registergericht in der Regel nicht anzustellen.[3]

2043 Dem entsprechend **prüft das Registergericht** neben der formellen Ordnungsmäßigkeit des Eintragungsantrags, ob die Partnerschaft besteht. Bei der wohl nur in Ausnahmefällen denkbaren Beteiligung Minderjähriger erstreckt sich diese Prüfung auch auf deren zutreffende gesetzliche Vertretung und auf das Vorliegen einer erforderlichen familiengerichtlichen Genehmigung.[4]

2044 Im Übrigen hat das Registergericht zwar die **Möglichkeit** weitergehende Prüfungen anzustellen, **jedoch** ausnahmsweise **keine Pflicht** hierzu.[5] Da gemäß § 4 Abs. 2 Satz 2 PartGG das Registergericht von der Richtigkeit der Angaben der Anmeldenden auszugehen hat, ist – wie beschrieben – eine nähere Prüfung in der Regel nicht erforderlich. Über den scheinbaren systematischen Zusammenhang hinaus findet hierbei die Bestimmung des § 4 Abs. 2 Satz 2 PartGG auch auf die nach § 4 Abs. 1 PartGG zu machenden Angaben Anwendung. Grund hierfür ist der seinerzeitige Ablauf des Ge-

---

[1] Siehe BT-Drucks 12/6152, S. 29 f.; *Michalski/Römermann*, PartGG, § 4 Rz. 2.
[2] Vgl. *Michalski/Römermann*, PartGG, § 4 Rz. 25.
[3] *Michalski/Römermann*, PartGG, § 4 Rz. 25.
[4] Allgemein *Stöber* Rpfleger 1968, 2 (11); *Haegele* BWNotZ 1969, 2 (6); *Winkler* ZGR 1973, 177.
[5] Vgl. *Michalski/Römermann*, PartGG, § 4 Rz. 25; *Schaub* NJW 1996, 625.

III. Ersteintragung einer Partnerschaft im Register

setzgebungsverfahrens und die Zielsetzung einer größtmöglichen Entlastung des Registergerichts von nur schwer erfüllbaren Prüfungspflichten.[1] Bestätigt wird diese gesetzliche Vorgabe durch § 3 Abs. 1 Satz 4 PRV, wonach v. a. die Angaben der Partner bezüglich der von ihnen ausgeübten freien Berufe der Eintragung zugrunde zu legen sind. Dasselbe gilt aufgrund des Verweises in § 3 Abs. 2 Satz 2 PRV für die Angaben der Partner zur berufsrechtlichen Zulässigkeit des Zusammenschlusses in einer Partnerschaft (vgl. § 1 Abs. 3 PartGG). Nur wenn das Gericht positive Kenntnis von der Unrichtigkeit der Angaben hat, darf es die Eintragung im Register versagen. Die Kenntnis kann sich insbesondere aus der Heranziehung einer Stellungnahme der zuständigen **Berufskammer**, der in zweifelhaften Fällen Gelegenheit zur Stellungnahme zu geben ist (§ 380 Abs. 1 Nr. 4 und Abs. 2 FamFG; § 4 Satz 1 PRV), ergeben. Gebunden ist das Registergericht an die Stellungnahme der jeweiligen Berufskammer nicht, wie sich aus der Vorschrift des § 4 Satz 4 PRV ersehen lässt.

Eine Überprüfung des **Partnerschaftsvertrags** erfolgt im Registerverfahren nicht, so dass dieser dem Registergericht nicht vorgelegt werden muss. Stets ist allerdings nach den allgemeinen Vorschriften die rechtliche **Zulässigkeit des Namens** anhand von § 2 Abs. 1 PartGG sowie nach § 2 Abs. 2 PartGG i. V. m. § 18 Abs. 2 HGB und die Unterscheidbarkeit von bestehenden Namen und Firmen (§ 2 Abs. 2 PartGG i. V. m. § 30 HGB) zu prüfen. 2045

Die **Eintragung** erfolgt nach § 5 PRV. Wie stets ist die Eintragung der abstrakten Vertretungsbefugnis in Spalte 3 Unterspalte a vorgeschrieben. Eine besondere Vertretungsbefugnis einzelner Partner, die von der allgemeinen Bestimmung abweicht, ist bei den jeweils betroffenen Personen in Spalte 3 Unterspalte b zu vermerken (§ 5 Abs. 3 PRV). Als Besonderheit sind im Partnerschaftsregister neben den Personalien der Partner (Vorname, Nachname, Geburtsdatum, Wohnort) auch deren in der Partnerschaft ausgeübten Berufe mit im Register einzutragen (§ 5 Abs. 3 PRV). In Spalte 4 Unterspalte a ist die Rechtsform einzutragen („Partnerschaft"), siehe § 5 Abs. 4 Satz 1 PRV. Zur **öffentlichen Bekanntmachung** siehe § 5 Abs. 2 PartGG i. V. m. § 10 HGB und § 7 PRV; zur Mitteilung an die Beteiligten vgl. § 383 Abs. 1 FamFG. Stets ist die Eintragung auch einer betroffenen Berufskammer mitzuteilen (§ 6 PRV). 2046

Die **Ersteintragung** einer Partnerschaftsgesellschaft sieht danach folgendermaßen aus: 2047

Spalte 2
Unterspalte a (Name): Huber & Partner Steuerberater und Rechtsanwalt
Unterspalte b (Sitz): München
Unterspalte c (Gegenstand): Ausübung rechtsanwaltlicher und steuerberatender Tätigkeit
Spalte 3
Unterspalte a (Allgemeine Vertretungsregelung):
Jeder Partner vertritt die Partnerschaft einzeln
Unterspalte b (Partner und besondere Vertretung):
Partner: Huber, Hugo, Rechtsanwalt, München, *15. 5. 1965
Partner: Lang, Gerhard, Steuerberater, München, *3. 3. 1974
Spalte 4
Unterspalte a (Rechtsform): Partnerschaft
Unterspalte b (Sonstige Rechtsverhältnisse): –

---

[1] Ebenso *Wolff*, in: Meilicke/Westphalen/Hoffmann/Lenz/Wolff, PartGG, § 4 Rz. 47 ff.; *Henssler*, PartGG, § 4 Rz. 42; *Michalski/Römermann*, PartGG, § 4 Rz. 4; anderer Ansicht: *Ulmer/Schäfer*, in: MünchKommBGB, PartGG, §§ 4, 5 Rz. 13; *Hornung* Rpfleger 1995, 481; *Mayr* MittBayNot 1996, 61.

IV. Zweigniederlassungen einer Partnerschaft

2048 Für **Zweigniederlassungen** von Partnerschaften verweist § 5 Abs. 2 PartGG auf die einschlägigen Bestimmungen des HGB (§§ 13, 13 d HGB). Insoweit ist an dieser Stelle auf die allgemeinen Ausführungen zu Zweigniederlassungen von Kaufleuten und Handelsgesellschaften zu verweisen (Rz. 289 ff.). Für das Vorliegen einer Zweigniederlassung ist stets eine ausreichende Selbstständigkeit des grundsätzlich gesondert geführten Geschäftsbetriebs erforderlich. Dies setzt im Regelfall sowohl räumliche als auch sachliche Selbstständigkeit im Sinne eigenständiger, wenn auch der Art nach mit den Geschäften der Hauptniederlassung übereinstimmender Tätigkeiten voraus. Erforderlich ist ein auf eine gewisse Dauer angelegter Geschäftsbetrieb und das Vorhandensein einer in personeller und sachlicher Hinsicht entsprechenden Organisation. Zu beachten ist, dass allgemein die Erteilung von Prokuren bei Partnerschaften ausgeschlossen ist,[1] somit auch keine auf einzelne Zweigniederlassungen beschränkten Prokuren eingeräumt werden können.

2049 Sind bei bestehenden Geschäftsorganisationen mehrere Standorte ihrer Bedeutung nach nahezu gleichberechtigt, so sind die Partner verpflichtet, eine Niederlassung als Hauptniederlassung, die übrigen hingegen als Zweigniederlassungen zu behandeln, da hiervon letztlich auch die Zuständigkeit des Registergerichts abhängt[2] (§ 377 Abs. 1 FamFG, § 5 Abs. 2 PartGG i. V. m. § 13 Abs. 1 HGB). Ein Mehrfachsitz ist jedenfalls auch bei einer Partnerschaftsgesellschaft nicht zulässig.

2050 Zu berücksichtigen sind nach § 1 Abs. 3 PartGG auch bei der Errichtung von Zweigniederlassungen die teilweise entgegenstehenden **Vorschriften der Berufsrechte**.[3] So sehen die einschlägigen Regelungen bei Rechtsanwälten (§ 59a Abs. 2 BRAO), Patentanwälten (§ 52a Abs. 2 PatAnwO), Steuerberatern und Steuerbevollmächtigten (§ 51 BOStB), Wirtschaftsprüfern, Ärzten, Zahnärzten und Tierärzten bestimmte Einschränkungen für die Begründung überörtlicher Zweigniederlassungen vor.

2051 Verwiesen wird in § 5 Abs. 2 PartGG auf die Vorschrift des § 13 d HGB, wonach im Partnerschaftsregister auch inländische **Zweigniederlassungen ausländischer Gesellschaften** eingetragen werden können, die ihrer Art nach „partnerschaftsähnlich" sind und sich somit als gesellschaftsrechtlicher Zusammenschluss von Freiberuflern darstellen. Denkbar sind hierbei z. B. eine deutsche Zweigniederlassung einer französischen „société civile professionnelle", einer englischen „partnership"[4] oder eines spanischen „despacho colectivo".

2052 **Anzumelden** ist eine neue Zweigniederlassung formgerecht (§ 5 Abs. 2 PartGG i. V. m. § 12 Abs. 1 Satz 1 HGB) bei dem Gericht der Hauptniederlassung (§ 5 Abs. 2 PartGG, § 13 Abs. 1 HGB). Anzugeben ist auch die Lage der Geschäftsräume (§ 1 PRV i. V. m. § 24 Abs. 2 und 3 HRV), ohne dass aber eine inländische Anschrift im Register eingetragen wird. Weitere Vorgänge sind, auch wenn sie nur die Zweigniederlassung betreffen, stets gleichfalls ausschließlich bei der Hauptniederlassung zur Eintragung anzumelden (vgl. § 5 Abs. 2 PartGG, § 13 HGB).

2053 Bezüglich des **Namens der Zweigniederlassung** gilt ebenfalls nach § 5 Abs. 2 PartGG i. V. m. § 30 Abs. 2 HGB das zu den Handelsgesellschaften Ausgeführte entsprechend (siehe Rz. 268 ff.).

2054 Die **Eintragung** der Zweigniederlassung ist im Register der Hauptniederlassung in Spalte 2 Unterspalte b vorzunehmen; dem Ort der Zweigniederlassung ist die Post-

---

[1] **OLG München** NJW 2005, 3730.
[2] Siehe *Michalski/Römermann*, PartGG, § 5 Rz. 8.
[3] *Michalski/Römermann*, PartGG, § 5 Rz. 14 ff.
[4] Zur Limited Liability Partnership siehe *Henssler* NJW 2009, 3136 (3137 ff.).

V. Sonstige Eintragungen im Partnerschaftsregister

leitzahl beizufügen (§ 5 Abs. 2 PRV). Dasselbe gilt für die Verlegung oder Aufhebung einer Zweigniederlassung. Ebenfalls an dieser Stelle ist der Name der Zweigniederlassung, sofern dieser einen Zusatz enthält oder von dem der Hauptniederlassung abweicht, aufzunehmen.

V. Sonstige Eintragungen im Partnerschaftsregister

Die **Anmeldung** von registerrechtlich relevanten Änderungen, die nach der Ersteintragung der Partnerschaft eintreten, muss von **sämtlichen Partnern** bewirkt werden, auch von denjenigen, die von der Vertretung ausgeschlossen sind (vgl. § 4 Abs. 1 Satz 1 PartGG i.V.m. § 108 HGB, § 9 Abs. 1 PartGG i.V.m. § 143 Abs. 1 und 2 HGB). Anmeldebedürftig sind neben den nachstehend näher erläuterten Umständen dem Wortlaut des Gesetzes zufolge auch die Änderung des Namens oder des Wohnorts eines Partners (vgl. § 4 Abs. 1, § 3 Abs. 2 Nr. 2 PartGG). Entsprechend den allgemeinen registerrechtlichen Grundsätzen genügt für die Korrektur dieser tatsächlichen Angaben (Personenname und Wohnort) eine formgerecht abgegebene Anmeldungserklärung unter Beibringung entsprechender Nachweise durch den jeweils betroffenen Partner (vgl. Rz. 182 und 201). 2055

1. Änderung des Namens der Partnerschaft

Anzumelden ist die **Änderung** des **Namens der Partnerschaft** (§ 4 Abs. 1, § 3 Abs. 2 Nr. 1 PartGG). Das Registergericht prüft, ob der geänderte bzw. der neue Name den § 2 PartGG §§ 18 Abs. 2, 30 HGB entspricht. 2056

Bei Ausscheiden eines Partners, dessen Familienname im Namen der Partnerschaft enthalten ist, bedarf es zur unveränderten Fortführung der ausdrücklichen Einwilligung des ausgeschiedenen Partners oder seiner Erben (§ 2 Abs. 2 PartGG i.V.m. § 24 Abs. 2 HGB). Bei Ausbleiben der Einwilligung ist der Partnerschaftsname abzuändern. Zu Fragen der Namensbildung und -fortführung siehe auch Rz. 279 ff. 2057/2058

2. Sitzverlegung

Anzumelden ist auch die **Verlegung** des **Sitzes** der Partnerschaft an einen anderen Ort (§ 4 Abs. 1, § 3 Abs. 2 Nr. 1 PartGG), auch innerhalb desselben Registerbezirks.[1] Die Sitzverlegung[2] erfolgt als Maßnahme der Geschäftsführung durch die tatsächliche Änderung des Orts der Hauptgeschäftsführung. Allgemeine Bestimmungen zur registerlichen Behandlung einer Sitzverlegung enthält § 5 Abs. 2 PartGG i.V.m. § 13h HGB (hierzu Rz. 338 ff.). Eine bloße Änderung der Lage der Geschäftsräume innerhalb derselben politischen Gemeinde bedarf gemäß § 1 PRV i.V.m. § 24 Abs. 3 HRV nur der formlosen Mitteilung an das Registergericht, da die Eintragung einer inländischen Geschäftsanschrift im Partnerschaftsregister nicht erfolgt (siehe Rz. 2035). 2059

3. Eintritt eines neuen Partners

Jede Änderung der Zusammensetzung der Partnerschaft ist zur Eintragung in das Partnerschaftsregister anzumelden (vgl. § 4 Abs. 1, § 3 Abs. 2 Nr. 2 PartGG), somit auch der **Eintritt** eines neuen Partners. Der bisher geführte **Name der Partnerschaft** kann nach Aufnahme weiterer Partner grundsätzlich unverändert weitergeführt werden (siehe § 2 Abs. 2 PartGG i.V.m. § 24 Abs. 1 HGB). Übt jedoch der neue Partner in der Partnerschaft einen Beruf aus, der bislang nicht in der Partnerschaft vertreten 2060

---

[1] Vgl. **AG Koblenz** BB 1967, 430.
[2] Siehe **KG** Rpfleger 1997, 217 (= FGPrax 1997, 72).

war, so muss der Name der Partnerschaft um diesen Beruf ergänzt werden, da der Name stets vollständig Auskunft über die von den Gesellschaftern der Partnerschaft erbrachten Dienstleistungen geben soll[1] (§ 2 Abs. 1 Satz 1 PartGG).

2061 In der Anmeldung des Eintritts sind, wie bei der Anmeldung der Ersteintragung der Partnerschaft, von den Partnern verschiedene **Nachweise** zu erbringen bzw. **Erklärungen** abzugeben (§ 3 Abs. 4 PRV). So ist die Urkunde über die Zulassung zur Berufsausübung oder das Zeugnis über die Befähigung zu dem jeweiligen Beruf vorzulegen, sofern derartige berufsrechtliche Erfordernisse bestehen (§ 3 Abs. 1 PRV). Ebenso ist zu erklären, dass berufsrechtliche Vorschriften der Zusammenarbeit der Angehörigen verschiedener in der Partnerschaft ausgeübter Berufe nicht entgegenstehen (§ 3 Abs. 2 PRV). Wie stets im partnerschaftsregisterlichen Verfahren hat das Gericht die Angaben der Beteiligten der Eintragung grundsätzlich ohne weiteres zugrunde zu legen, es sei denn, dem Registergericht ist deren Unrichtigkeit positiv bekannt (§ 3 Abs. 1 Satz 4 und Abs. 2 Satz 2 i. V. m. Abs. 4 PRV).

2062 Der Eintritt eines neuen Partners kann auch im Wege der **Erbfolge** vor sich gehen, sofern im Partnerschaftsvertrag vorgesehen ist, dass die Beteiligung an der Partnerschaft an Dritte vererblich sein soll, die Partner im Sinne des § 1 Abs. 1 und Abs. 2 PartGG sein können[2] (§ 9 Abs. 4 PartGG).

2063 Beispiel zur **Anmeldung** des Eintritts eines neuen Partners:

> In die Partnerschaft ist als weiterer Partner eingetreten:
> Robert Emrich, Steuerberater, München, geboren am 7. 3. 1973.
>
> Wir versichern die Zugehörigkeit des eintretenden Partners zu dem angegebenen freien Beruf und dass dieser Beruf von dem eintretenden Partner in der Partnerschaft ausgeübt wird. Als Nachweis legen wir einen Auszug aus der Registrierung der jeweiligen Kammer bzw. berufsständigen Vereinigung vor.
>
> Für die in der Partnerschaft ausgeübten Berufe bestehen folgende Berufskammern:
> – Steuerberaterkammer München, Nederlinger Str. 9, 80638 München;
> – Rechtsanwaltskammer München, Tal 33, 80331 München.
>
> Berufsrechtliche Vorschriften führen weder zu einer Beschränkung noch zu einem Ausschluss der Zusammenarbeit der Partner mit dem neu eingetretenen Partner in einer Partnerschaftsgesellschaft. Die Geschäftsräume befinden sich in 80333 München, Karlstraße 20.

4. Ausscheiden eines Partners

2064 Ebenfalls anzumelden ist das **Ausscheiden** eines **Partners** unter Fortbestand der Partnerschaftsgesellschaft (§ 9 Abs. 1 PartGG i. V. m. § 143 Abs. 2 HGB). Das Ausscheiden beruht mangels anderweitiger vertraglicher Vereinbarung gemäß § 9 Abs. 1 PartGG i. V. m. § 131 Abs. 3 HGB beispielsweise auf dem Tod des Partners (vgl. hierzu auch § 9 Abs. 1 PartGG i. V. m. § 143 Abs. 3 HGB), der Eröffnung des Insolvenzverfahrens über das Vermögen des Partners, dessen Kündigung oder auf einem Beschluss der Partner. Auch der nicht nur vorübergehende Verlust einer erforderlichen Berufszulassung (z. B. Approbation, Rechtsanwaltszulassung, Eintragung in der Architektenliste) führt gemäß § 9 Abs. 3 PartGG automatisch zum Ausscheiden des betroffenen Partners aus der Partnerschaft.

2065 Der entsprechende Anmeldungstext für das Ausscheiden eines Partners könnte lauten:

> Als Partner ist aus der Partnerschaft ausgeschieden:
> Robert Emrich, Steuerberater, München, geboren am 7. 3. 1973.

---

[1] Vgl. *Michalski/Römermann*, PartGG, § 2 Rz. 15.
[2] Hierzu *Heydn* ZEV 1998, 161; *Michalski/Römermann*, PartGG, § 9 Rz. 24 ff.; *Rudolph*, in: Böttcher/Ries, Registerrecht, Rz. 2694 ff.

V. Sonstige Eintragungen im Partnerschaftsregister

Für die registerliche Behandlung spielt der **Grund des Ausscheidens** keine Rolle. Er muss daher in der Anmeldung nicht aufgeführt werden und ist im Register nicht einzutragen. Da die Partnerschaftsgesellschaft immer aus zumindest zwei Partnern bestehen muss, wird sie durch das **Ausscheiden des vorletzten Partners** kraft Gesetzes ohne Durchführung einer Liquidation beendet.[1] Aus dem Anmeldetext sollte sich eindeutig ergeben, dass nicht nur ein Partner ausgeschieden, sondern die Partnerschaft damit erloschen ist.[2] Die Eintragung im Partnerschaftsregister kann in diesem Sonderfall lauten: 2066

>Spalte 3
>**Unterspalte b (Partner)**
><u>Ausgeschieden:</u> Partner: Müller, Erich, Rosenheim, Steuerberater, *9. 9. 1950.
>*(Die Eintragung und sämtliche auf diesen Partner bezogenen Eintragungen in dieser Spalte sind zu röten)*
>Spalte 4
>**Unterspalte b (Sonstige Rechtsverhältnisse)**
>Der Name der Partnerschaft ist erloschen.
>*(Das Registerblatt ist damit zu schließen)*

Das Ausscheiden eines Partners ist für die Fortführung des **Namens der Partnerschaft** von Bedeutung. Zwar kann nach § 2 Abs. 2 PartGG i. V. m. § 24 Abs. 1 HGB der Name grundsätzlich unverändert fortgeführt werden, jedoch bedarf es u. U. der Einwilligung des bzw. der Erben, wenn der Name des Verstorbenen im Partnerschaftsnamen enthalten ist (§ 2 Abs. 2 PartGG i. V. m. § 24 Abs. 2 HGB). Stets ist zu beachten, dass ggf. auch die im Partnerschaftsnamen angegebenen Berufe zu korrigieren sind, wenn sich hieran durch den Tod des einen Partners etwas geändert hat. Wird der Beruf nicht von zugleich eintretenden neuen oder bereits vorhandenen Partnern ausgeübt, so ist er ersatzlos aus dem Namen der Partnerschaft zu streichen. So kann es auch sein, dass die im Namen enthaltene Mehrzahl („Rechtsanwälte") durch die entsprechende Einzahl („Rechtsanwalt") zu ersetzen ist. 2067

5. Änderung der Vertretungsbefugnis

Nachträgliche **Änderungen** in der **Vertretungsbefugnis** der Partner können z. B. durch die Vereinbarung von Gesamtvertretung nach § 7 Abs. 3 PartGG i. V. m. § 125 Abs. 2 HGB oder durch den Ausschluss eines Partners von der Vertretung eintreten. 2068

Sofern die Änderung die allgemeine Vertretungsregelung betrifft, ist sie im Register in Spalte 3 Unterspalte a einzutragen. Wurde lediglich die besondere Vertretungsbefugnis einzelner Partner geändert, so erfolgt die Eintragung in Unterspalte b bei dem jeweils betroffenen Partner (§ 5 Abs. 3 PRV). 2069

Zu beachten ist, dass die selbstständige Rötung der besonderen Vertretungsbefugnis wegen des Verbots der Teilrötung (§ 16 Abs. 3 HRV) nicht möglich ist. Der Partner ist daher u. U. in der alten Eintragung zu röten und neu vorzutragen. Beispiel für die **Eintragung** einer Änderung der Vertretungsbefugnis von besonderer Gesamtvertretung zu der nach der allgemeinen Regelung bestehenden Einzelvertretungsmacht: 2070

>Spalte 3   2071
>**Unterspalte b (Partner und besondere Vertretungsbefugnis):**
>*(Rötung der bisherigen Eintragungen hinsichtlich des betroffenen Partners)*
>Vertretungsbefugnis geändert, nun: *(Vorstehendes als Übergangstext nach § 1 Abs. 1 PRV i. V. m. § 16a HRV)*

---

[1] KG FGPrax 2007, 238 (= Rpfleger 2007, 551).
[2] KG FGPrax 2007, 238 (= Rpfleger 2007, 551).

Partner: Emrich, Robert, Steuerberater, München, *7. 3. 1973, einzelvertretungsberechtigt.
(Die Bezeichnung der Einzelvertretungsbefugnis ist in Spalte 3 Unterspalte b nicht zu vermerken, wenn diese bereits der allgemeinen Vertretungsregelung entspricht)

6. Änderung des Gegenstands der Partnerschaft

2072 Keine wesentlichen Besonderheiten gelten für die Anmeldung und Eintragung der Änderung des Gegenstands der Partnerschaft nach § 4 Abs. 1, § 3 Abs. 2 Nr. 3 PartGG. Jedoch ist stets der Vorrang des einschlägigen Berufsrechts zu berücksichtigen (§ 1 Abs. 3 PartGG). Wie bei der Ersteintragung der Partnerschaft bedarf es keiner Vorlage des geänderten Partnerschaftsvertrags. Für die Einhaltung der berufsrechtlichen Erfordernisse ist der Eintragung im Register eine ggf. einzuholende Erklärung sämtlicher Partner zugrunde zu legen (vgl. § 3 Abs. 2 PRV). Zur Klärung etwaiger Zweifel kann das Registergericht eine Stellungnahme der betroffenen Berufskammern einholen (§ 380 FamFG, § 4 Satz 1 PRV). Die Eintragung der Änderung erfolgt in Spalte 2 Unterspalte c (§ 5 Abs. 2 PRV).

VI. Auflösung und Liquidation einer Partnerschaft

1. Auflösung einer Partnerschaft

2073 Wie bei den sonstigen Personengesellschaften führt auch bei der Partnerschaft die Auflösung zur Umwandlung in eine Abwicklungsgesellschaft. Auch hier ist die Auflösung von der Vollbeendigung zu unterscheiden, die in der Regel nach der Liquidation (§ 10 Abs. 1 PartGG) eintritt.

2074 a) **Auflösungsgründe.** Gemäß § 9 Abs. 1 PartGG i. V. m. § 131 HGB existieren für die Partnerschaftsgesellschaft folgende **Auflösungsgründe:**

2075 Wurde die Partnerschaft auf eine kalendermäßig bestimmte Zeit eingegangen oder als Endtermin ein bestimmtes Ereignis vereinbart, so führt der **Zeitablauf** zur Auflösung (§ 9 Abs. 1 PartGG i. V. m. § 131 Abs. 1 Nr. 1 HGB).

2076 Ein **Beschluss der Gesellschafter** führt ebenfalls zur Auflösung (§ 9 Abs. 1 PartGG i. V. m. § 131 Abs. 1 Nr. 2 HGB). Erforderlich ist die Zustimmung aller Partner, sofern nicht der Partnerschaftsvertrags Abweichendes regelt. In der Anmeldung der Auflösung durch sämtliche Gesellschafter kann die Mitteilung über einen entsprechenden Beschluss gesehen werden.[1]

2077 Die Eröffnung des **Insolvenzverfahrens über das Vermögen der Gesellschaft** (§ 9 Abs. 1 PartGG i. V. m. § 131 Abs. 1 Nr. 3 HGB) führt ebenfalls zur Auflösung der Partnerschaft. Die Auflösung tritt durch den Eröffnungsbeschluss ein. Wird das Insolvenzverfahren auf Antrag des Schuldners eingestellt oder wird das Verfahren infolge Bestätigung eines Insolvenzplans, der den Fortbestand der Partnerschaft vorsieht, aufgehoben, so können die Partner nach § 9 Abs. 1 PartGG i. V. m. § 144 Abs. 1 HGB die Fortsetzung der Partnerschaftsgesellschaft beschließen. Für die Anmeldung eines Ein- oder Austritts von Partnern während eines laufenden Insolvenzverfahrens ist allein der Insolvenzverwalter über das Vermögen der Partnerschaft anmeldebefugt, die Partner selbst nicht.[2] Die Ablehnung der Eröffnung des Insolvenzverfahrens mangels Masse führt im Übrigen (siehe § 9 Abs. 1 PartGG i. V. m. § 131 Abs. 2 Nr. 1 HGB) nicht zur Auflösung der Partnerschaft.

2078 Auch durch **gerichtliche Entscheidung** kann die Auflösung einer Partnerschaft bewirkt werden (vgl. § 9 Abs. 1 PartGG i. V. m. §§ 131 Abs. 1 Nr. 4, 133 HGB). Siehe im Übrigen § 5 Abs. 2 PartGG i. V. m. § 16 HGB.

---

[1] Vgl. **OLG Köln** DNotZ 1979, 54 (zum Recht der Personenhandelsgesellschaften).
[2] Vgl. **OLG Köln** RNotZ 2001, 593.

VI. Auflösung und Liquidation einer Partnerschaft

Das **Ausscheiden des vorletzten Partners** bewirkt ebenfalls die Auflösung der Partnerschaft,[1] da eine Ein-Personen-Gesellschaft im Recht der Partnerschaftsgesellschaft nicht vorgesehen ist.[2]

2079

Bei der Partnerschaft führt der **Tod eines Partners** nach § 9 Abs. 4 PartGG nicht ohne weiteres zur Auflösung. Ebensowenig die Eröffnung des Insolvenzverfahrens über das Vermögen eines Partners (§ 9 Abs. 1 PartGG i. V. m. § 131 Abs. 3 Nr. 2 HGB) und die Kündigung eines Partners oder eines Privatgläubigers eines Partners (§ 9 Abs. 1 PartGG i. V. m. § 131 Abs. 3 Nr. 3 und 4 HGB). Stets kann jedoch im Partnerschaftsvertrag durch eine hiervon abweichende Regelung jeder dieser Tatbestände zum Auflösungsgrund erhoben werden.

2080

b) **Anmeldung der Auflösung.** In sämtlichen Fällen, bis auf den Fall der Auflösung durch Eröffnung eines Insolvenzverfahrens über das Vermögen der Partnerschaft, ist die Auflösung von sämtlichen Partnern zur Eintragung in das Partnerschaftsregister **anzumelden** (§ 9 Abs. 1 PartGG i. V. m. § 143 Abs. 1 Satz 1 HGB). Die Anmeldung ist nach § 5 Abs. 2 PartGG i. V. m. § 14 HGB erzwingbar. Sofern aufgrund partnerschaftsvertraglicher Bestimmung der Tod eines Partners die Auflösung der Partnerschaft zur Folge hat, sind dessen Erben zur Mitwirkung bei der Anmeldung verpflichtet, soweit nicht der Mitwirkung besondere Hinderungsgründe entgegenstehen (§ 9 Abs. 1 PartGG i. V. m. § 143 Abs. 3 HGB).

2081

In der Registeranmeldung ist der Auflösungsgrund anzugeben bzw. darzulegen, um eine **Nachprüfung durch das Gericht** zu ermöglichen.[3] Zugleich ist die geänderte Vertretungsregelung, die neue Funktion der Partner als Liquidatoren und ggf. eine neue besondere, von der allgemeinen Vertretungsregelung abweichende Vertretungsbefugnis der einzelnen Liquidatoren anzumelden. Als selbständige Registertatsache darf die Eintragung der ordnungsgemäß angemeldeten Auflösung der Gesellschaft nicht deshalb zurückgestellt oder gar zurückgewiesen werden, weil eine gleichzeitig angemeldete weitere selbständige Registereintragung (z. B. die Anmeldung des Ein- und Austritts von Partnern) nicht zugleich vollzogen werden kann.[4]

2082

c) **Eintragung der Auflösung im Partnerschaftsregister.** Die Tatsache der Auflösung der Partnerschaft ist in Spalte 4 Unterspalte b **einzutragen** (§ 5 Abs. 4 Nr. 1 PRV). Bei einer aufgrund gerichtlicher Entscheidung aufgelösten Partnerschaft ist nach deren Vorlage auch der Grund der Auflösung im Register samt Angabe des Prozessgerichts sowie des Datums und Aktenzeichens der Entscheidung einzutragen (§ 1 Abs. 1 PRV i. V. m. § 18 HRV). Zudem sind nach entsprechender Anmeldung in Spalte 3 die bislang eingetragenen Partner zu röten und die Liquidatoren neu einzutragen (§ 5 Abs. 3 PRV). Da die Vertretungsmacht der Liquidatoren (grundsätzlich Gesamtvertretung nach § 10 Abs. 1 PartGG i. V. m. § 150 Abs. 1 HGB) dem Gesetz nach von derjenigen der Partner vor der Auflösung abweicht (grundsätzlich Einzelvertretung nach § 7 Abs. 3 PartGG i. V. m. § 125 Abs. 1 HGB) bedarf es auch einer Änderung der in Spalte 3 Unterspalte a eingetragenen allgemeinen Vertretungsregelung (vgl. § 5 Abs. 3 PRV). Bei amtswegigen Eintragungen von Auflösungen hat diese Eintragung gemäß § 384 Abs. 2 FamFG ebenfalls von Amts wegen zu erfolgen (siehe Rz. 450 a ff.). Einzutragen ist, sofern keine spezifizierte Anmeldung diesbezüglich vorliegt: „Die Gesellschaft wird durch den/die Liquidator/en vertreten". Zur **öffentlichen Bekanntmachung** der Eintragungen siehe § 5 Abs. 2 PartGG i. V. m. § 10 HGB und § 7 PRV; zur Mitteilung an die Beteiligten vgl. § 383 Abs. 1 FamFG.

2083

---

[1] Vgl. *Buchberger* Rpfleger 1994, 54.
[2] Vgl. KG FGPrax 2007, 238 (= Rpfleger 2007, 551).
[3] Siehe **OLG Köln** DNotZ 1979, 54 (zum Recht der Personenhandelsgesellschaften); anderer Ansicht: *Rudolph*, in: Böttcher/Ries, Registerrecht, Rz. 2737.
[4] Vgl. BayObLG Rpfleger 1984, 20 (= MittRhNotK 1983, 222).

2084 Bei Auflösung der Partnerschaft durch Gesellschaftsinsolvenz (§ 9 Abs. 1 PartGG i. V. m. § 131 Abs. 1 Nr. 3 HGB) wird der Eröffnungsbeschluss dem Registergericht durch die Geschäftsstelle des Insolvenzgerichts mitgeteilt (§ 31 Nr. 1 InsO). Zur Bekanntmachung siehe Rz. 421.

2085 Beispiel für die **Eintragung** zur Auflösung und Liquidation einer Partnerschaft:

2086 **Spalte 3**
Unterspalte a (Allgemeine Vertretungsbefugnis): *(Rötung der bisherigen Vertretungsregelung)* Die Liquidatoren sind gemeinsam zur Vertretung der Partnerschaft berechtigt.
Unterspalte b (Partner und besondere Vertretungsbefugnis):
(Rötung der bisherigen Eintragung der Partner und Neuvortrag)
Partner und Liquidator: Huber, Hugo, Rechtsanwalt, München, *15. 5. 1965
Partner und Liquidator: Lang, Gerhard, Steuerberater, München, *3. 3. 1974
Spalte 4
Unterspalte a (Rechtsform): *(Keine Änderung)*
Unterspalte b (Sonstige Rechtsverhältnisse): Die Partnerschaft ist aufgelöst.

2. Liquidation einer Partnerschaft

2087 a) **Durchführung der Liquidation.** Nach Auflösung der Partnerschaft beginnt regelmäßig die **Liquidation**[1] (§ 10 Abs. 1 PartGG i. V. m. § 145 Abs. 1 HGB). Im Fall der **Eröffnung des Insolvenzverfahrens** über das Vermögen der Partnerschaft (§ 10 Abs. 1 PartGG i. V. m. § 145 Abs. 1 HGB) ist allerdings die Abwicklung nach den Vorschriften der InsO vorzunehmen, nicht nach den allgemeinen Vorschriften der gesellschaftsrechtlichen Liquidation. Entsprechend ist in diesem Fall auch eine Änderung der Vertretungsregelung im Handelsregister nicht einzutragen. Zur Möglichkeit der Fortsetzung bei Aufhebung oder Einstellung des Insolvenzverfahrens und über die Anmeldung dieser Fortsetzung siehe § 10 Abs. 1 PartGG i. V. m. § 144 HGB. Wenn die Partner eine **andere Art der Auseinandersetzung vereinbaren** (§ 10 Abs. 1 PartGG i. V. m. § 145 Abs. 1 HGB), z. B. die Veräußerung des Geschäfts im Ganzen,[2] findet ebenfalls keine reguläre Liquidation statt. Dasselbe gilt, wenn das gesamte Gesellschaftsvermögen auf einen der Partner übertragen wird,[3] sei es durch Austritt aller übrigen Partner oder durch Übertragung derer Gesellschaftsanteile.[4] Ist die Partnerschaft durch Kündigung des Gläubigers eines Partners oder durch Eröffnung des Insolvenzverfahrens über das Vermögen eines Partners aufgelöst, kann die Liquidation nur mit Zustimmung des Gläubigers bzw. des Insolvenzverwalters unterbleiben. Sofern Eigenverwaltung angeordnet ist, tritt an die Stelle der Zustimmung des Insolvenzverwalters die des Schuldners (§ 10 Abs. 1 PartGG i. V. m. § 145 Abs. 2 HGB). Unterbleibt die Liquidation und führt die Auseinandersetzung zum **Erlöschen** des Partnerschaftsnamens, so ist das Erlöschen von sämtlichen Partnern zur Eintragung **anzumelden** (§ 10 Abs. 1 PartGG i. V. m. § 157 Abs. 1 HGB).

2088 Bei Durchführung der **Liquidation** erfolgt diese grundsätzlich **durch sämtliche Partner** als Liquidatoren (§ 10 Abs. 1 PartGG i. V. m. § 146 Abs. 1 Satz 1 HGB). Sie kann auch durch Beschluss der Partner oder durch den Partnerschaftsvertrag einzelnen Partnern oder anderen Personen übertragen werden. Wird ein Dritter als Liquidator benannt, so ist erforderlich, dass auch in seiner Person die berufsrechtlichen Vorgaben erfüllt werden[5] (§ 1 Abs. 3 PartGG). Der Dritte erlangt sodann die Stellung des

---

[1] Zur Vereinbarung einer anderen Art der Auseinandersetzung siehe **BGH** NJW 2009, 2205 (= NZG 2009, 778).
[2] **BayObLG** Z 1980, 429 (439); s. a. **BGH** BB 1958, 891; **OLG Oldenburg** WM 1955, 383.
[3] **BayObLG** Rpfleger 2001, 599; **BGH** Z 113, 132; **OLG Düsseldorf** GmbHR 1997, 903.
[4] Vgl. *Hillmann,* in: Ebenroth/Boujong/Joost/Strohn, HGB, § 145 Rz. 22.
[5] *Michalski/Römermann,* PartGG, § 10 Rz. 4.

VI. Auflösung und Liquidation einer Partnerschaft

Liquidators erst mit Annahme des Amtes. Beendet wird die Liquidatorenstellung des Dritten durch Erledigung der ihm übertragenen Tätigkeit, durch Übergang zu einer anderen Art der Auseinandersetzung oder durch Kündigung bzw. Niederlegung des Amtes gegenüber sämtlichen Partnern.[1] Die Bestellung und Abberufung von Liquidatoren erfolgt außerhalb des Registers, so dass die jeweilige Eintragung lediglich rechtsbekundende Wirkung hat.[2] Mehrere Erben eines verstorbenen Partners haben, sofern sie in der Partnerschaft verblieben sind (§ 9 Abs. 4 PartGG), einen gemeinschaftlichen Vertreter zu bestellen (§ 10 Abs. 1 PartGG i. V. m. § 146 Abs. 1 Satz 2 HGB). Wenn der durch Beschluss der Partner oder durch den Partnerschaftsvertrag bestimmte Liquidator wegfällt, treten, solange nicht gemäß § 10 Abs. 1 PartGG i. V. m. § 146 Abs. 1 und 2 HGB etwas anderes bestimmt wird, die gesetzlichen Liquidatoren, also sämtliche Partner, an seine Stelle.[3] An die Stelle eines in Insolvenz befindlichen Partners tritt der Insolvenzverwalter (§ 10 Abs. 1 PartGG i. V. m. § 146 Abs. 3 HGB). An die Stelle eines oder mehrerer Erben kann, sofern vorhanden, ein Testamentsvollstrecker oder ein Nachlassverwalter treten.

b) **Anmeldung der Liquidatoren.** Die **Anmeldung der Liquidatoren** sowie jede Änderung in ihrer Person ist von sämtlichen Partnern zu bewirken (§ 10 Abs. 1 PartGG i. V. m. § 148 Abs. 1 HGB). In der Anmeldung anzugeben sind Familienname, Vorname, Geburtsdatum, Beruf und Wohnort der Liquidatoren. Zur **Eintragung** siehe § 5 Abs. 3 PRV. 2089

c) **Gerichtliche Bestellung von Liquidatoren.** Auf Antrag eines Beteiligten kann das **Amtsgericht**, in dessen Bezirk die Partnerschaft ihren Sitz hat (§ 377 Abs. 1 FamFG, § 17 RPflG: Rechtspfleger), aus wichtigen Gründen an Stelle der gesetzlich oder vertragsmäßig Berufenen **Liquidatoren bestellen** (§ 10 Abs. 1 PartGG i. V. m. § 146 Abs. 2 HGB). Es handelt sich um ein Verfahren der freiwilligen Gerichtsbarkeit (siehe § 375 Nr. 15 FamFG). Antragsberechtigt sind nach der ausdrücklichen Regelung des § 146 Abs. 2 Satz 2 HGB nur Partner, wozu unabhängig von der tatsächlichen Nachfolge auch jeder Erbe eines verstorbenen Partners zu zählen ist, sowie Gläubiger eines Partners, die nach § 9 Abs. 1 PartGG i. V. m. § 135 HGB die Partnerschaft gekündigt haben, nicht aber sonstige Gläubiger eines Partners oder Gläubiger der Partnerschaft. Antragsberechtigt ist ferner der Insolvenzverwalter über das Vermögen eines Partners (§ 10 Abs. 1 PartGG i. V. m. § 146 Abs. 3 HGB), außerdem ein Testamentsvollstrecker,[4] nicht aber ein Nachlassverwalter.[5] Gerichtlich bestellt werden können auch andere Personen als Partner[6] (§ 10 Abs. 1 PartGG i. V. m. § 146 Abs. 2 S. 1 HS. 2 HGB), wobei durch das Gericht die berufsrechtlichen Erfordernisse zu berücksichtigen sind. Derart gerichtlich berufene Liquidatoren werden vom Registergericht von Amts wegen **eingetragen** (§ 10 Abs. 1 PartGG i. V. m. §§ 146 Abs. 2, 148 Abs. 2 HGB; siehe hierzu auch § 1 Abs. 1 PRV i. V. m. § 19 Abs. 2 HRV). Eine Beschwerde gegen die Bestellung ist in der Hauptsache erledigt, wenn der Liquidator abberufen wird.[7] 2090

d) **Abberufung von Liquidatoren.** Die Liquidatoren können durch einstimmigen Beschluss der Partner (§ 10 Abs. 1 PartGG, §§ 146 Abs. 2 und 3, 147 HGB) **abberufen** 2091

---

[1] Vgl. **BayObLG** Z 1980, 429 (zum Recht der Personenhandelsgesellschaft).
[2] Siehe **BayObLG** Z 1980, 429 (437).
[3] **OLG Hamm** OLGZ 1982, 149 (= MDR 1982, 324).
[4] *Baumbach/Hopt*, HGB, § 146 Rz. 5; *Hillmann*, in: Ebenroth/Boujong/Joost/Strohn, HGB, § 146 Rz. 15.
[5] **BayObLG** Z 1988, 24 (= BB 1988, 791); anderer Ansicht: *Habersack*, in: Staub, HGB, § 146 Rz. 37.
[6] Vgl. *Rudolph*, in: Böttcher/Ries, Registerrecht, Rz. 2733; **OLG Karlsruhe** Rpfleger 1967, 176; **OLG Hamm** BB 1958, 497.
[7] **OLG Frankfurt** Rpfleger 1981, 238.

werden. **Anmeldung** und **Eintragung** erfolgen wie in Rz. 2087f. geschildert. Auf Antrag eines Beteiligten[1] erfolgt die Abberufung auch durch das Gericht[2] (§ 10 Abs. 1 PartGG i.V.m. § 147 HGB). Sie wird in diesem Fall von Amts wegen eingetragen (§ 10 Abs. 1 PartGG, § 148 Abs. 2 HGB).

2092 e) **Vertretung der Partnerschaft durch Liquidatoren.** Sind mehrere Liquidatoren bestellt, so gilt der Grundsatz der **Gesamtvertretung.** Durch Beschluss der Partner oder durch den Partnerschaftsvertrag kann für die Liquidatoren Einzelvertretung vorgesehen werden. Die Vertretungsmacht der Liquidatoren ist stets von sämtlichen Partnern anzumelden (§ 10 Abs. 1 PartGG, § 148 Abs. 1 HGB). In das Register ist die allgemeine Vertretungsregelung der Liquidatoren in Spalte 3 Unterspalte a, die abweichende besondere Vertretungsbefugnis einzelner Liquidatoren jeweils zusammen mit den Personendaten in Spalte 3 Unterspalte b einzutragen (§ 5 Abs. 3 PRV). Wird bei Bestellung der Liquidatoren durch das Gericht eine derartige Anordnung getroffen, so ist sie von Amts wegen **einzutragen** (§ 148 Abs. 2 HGB).

2093 f) **Beendigung der Liquidation.** Nach Beendigung der Liquidation ist das **Erlöschen des Partnerschaftsnamens** von sämtlichen Liquidatoren **anzumelden** (§ 10 Abs. 1 PartGG i.V.m. § 157 Abs. 1 HGB). Ob die Liquidation tatsächlich beendet ist, wird durch das Registergericht nur geprüft, wenn hieran begründete Zweifel bestehen. Nicht beendet ist die Liquidation beispielsweise, solange die Partner über die Verteilung noch streiten.[3] Zur **Eintragung des Erlöschens** in Spalte 4 Unterspalte b siehe § 5 Abs. 4 Nr. 1 PRV. Anschließend sind die Registerblätter vollständig zu röten (§ 1 Abs. 1 PRV i.V.m. § 22 Abs. 1 HRV). Die abschließende Eintragung in Spalte 4 Unterspalte b lautet sodann:

Der Name der Partnerschaft ist erloschen.

2094 Ergibt sich nach Erlöschen des Partnerschaftsnamens das Vorhandensein weiteren Gesellschaftsvermögens, so kann das Gericht die Eintragung des Erlöschens seinerseits von Amts wegen nach § 395 FamFG löschen. Die Liquidation ist sodann ohne weiteres fortzusetzen. Die Vertretungsbefugnis der zuletzt im Amt befindlichen Liquidatoren besteht weiter.[4] Das neuerliche Erlöschen des Partnerschaftsnamens ist nach § 10 Abs. 1 PartGG, § 157 HGB anzumelden und im Register einzutragen.

2095 Über die **Verwahrung der Bücher** und Papiere der aufgelösten Partnerschaft kann in Ermangelung einer Verständigung der Liquidatoren untereinander das Amtsgericht, in dessen Bezirk die Gesellschaft ihren Sitz hat (§ 377 Abs. 1 FamFG) im Verfahren der freiwilligen Gerichtsbarkeit (§ 375 Nr. 15 FamFG) eine Anordnung treffen (§ 10 Abs. 1 PartGG i.V.m. § 157 Abs. 2 HGB).

3. Fortsetzung einer Partnerschaft

2096 Während der Liquidation kann mit **Zustimmung aller Partner**, falls der Partnerschaftsvertrag hierfür nicht die Zulässigkeit eines Mehrheitsbeschlusses vorsieht, jederzeit die **Fortsetzung** der Partnerschaft beschlossen werden, im Falle der Gesellschaftsinsolvenz allerdings nur bei Vorliegen der Voraussetzungen nach § 10 Abs. 1

---

[1] BayObLG Z 1988, 24 (= BB 1988, 791); eine (vorläufige) Abberufung oder Beschränkung der Vertretungsmacht durch einstweilige Verfügung ist unzulässig, **OLG Frankfurt** NJW-RR 1989, 98 (= MDR 1988, 169).

[2] Zu Abberufungsgründen siehe **OLG Hamm** BB 1958, 497; **OLG Hamm** BB 1960, 918 und 1355; **OLG Köln** BB 1989, 1432.

[3] Siehe **BayObLG** Rpfleger 1983, 73; zur Beendigung durch Hinterlegung siehe **BayObLG** Z 1978, 353 (= MDR 1979, 404).

[4] Vgl. **BGH** NJW 1979, 1987; *Rudolph*, in: Böttcher/Ries, Registerrecht, Rz. 2763.

PartGG, § 144 HGB. Nach Beendigung der Liquidation kann die Fortsetzung der Partnerschaft nicht mehr beschlossen werden; vielmehr ist entsprechend eine neue Partnerschaftsgesellschaft zu errichten. Durch den Fortsetzungsbeschluss verwandelt sich die Partnerschaft wieder in eine werbende Gesellschaft. Die Fortsetzung ist entsprechend § 10 Abs. 1 PartGG i. V. m. § 144 Abs. 2 HGB von allen Partnern zur Eintragung in das Partnerschaftsregister **anzumelden**. Zur **Eintragung** in Spalte 4 Unterspalte b siehe § 5 Abs. 4 Nr. 1 PRV. Mit Zustimmung aller – auch des oder der ausscheidenden – Partner kann unter Beachtung der § 10 Abs. 1 PartGG, §§ 144, 145 HGB die **Fortsetzung** durch einen **Teil der Partner** beschlossen werden. Sie ist mit dem Ausscheiden der Partner zur Eintragung in das Register **anzumelden** (§ 10 Abs. 1 PartGG i. V. m. § 143 Abs. 1 und 2 HGB).

VII. Umwandlungsvorgänge unter Beteiligung von Partnerschaften

Seit Anpassung der gesetzlichen Vorschriften im Jahre 1998 ist die Partnerschaft allgemein als **umwandlungsfähiger Rechtsträger** anerkannt. Eine Partnerschaft kann daher an einer Verschmelzung (§ 3 Abs. 1 Nr. 1 UmwG) oder einer Spaltung (§§ 124 Abs. 1, 3 Abs. 1 Nr. 1 UmwG) ebenso teilnehmen wie einen Formwechsel durchführen (§ 191 Abs. 1 Nr. 1 UmwG). Sondervorschriften enthalten die Bestimmungen der §§ 45 a ff. UmwG, wobei stets auch die Sondervorschriften für Personenhandelsgesellschaften (§§ 39 ff. UmwG) zu beachten sind (§ 45 e UmwG). Für den Formwechsel von Partnerschaften sehen §§ 225 a ff. UmwG ebenfalls besondere Regelungen vor. Ziel dieser Vorschriften ist u. a. die Einhaltung der berufsrechtlichen Vorgaben und die Berücksichtigung des besonderen Charakters der Partnerschaft als Berufsausübungsgesellschaft abzusichern.

2097

VIII. Sonstige Aufgaben des Registergerichts; Kosten

Für **Eintragungen**, die **von Amts wegen** vorzunehmen sind, gelten die allgemeinen Regelungen der §§ 393 und 395 sowie § 384 Abs. 2 FamFG. Eine Löschung der eingetragenen Partnerschaft nach § 395 FamFG kommt beispielsweise in Betracht, wenn der Partnerschaftsvertrag formunwirksam ist (§ 3 Abs. 1 PartGG), der Partnerschaftsname unzulässig ist (§ 2 PartGG) oder wenn die Partner keinen freien Beruf im Sinne des § 1 Abs. 2 PartGG ausüben.[1] Dagegen ist eine Löschung wegen Vermögenslosigkeit nach § 394 FamFG ausgeschlossen, somit allenfalls bei Vorliegen der dort beschriebenen Voraussetzungen nach § 393 FamFG vorzugehen.[2]

2098

Für das **Zwangsgeldverfahren** gelten die Vorschriften über den Registerzwang bei Führung des Handelsregisters (§§ 388 bis 392 FamFG). Zur Erfüllung der Anmeldung sind sämtliche Partner anzuhalten, ggf. durch Anordnung von Zwangsgeld (§ 5 Abs. 2 PartGG i. V. m. § 14 HGB). Wie stets sind die anmeldepflichtigen Personen, also die Partner, mit dem anzuordnenden Zwangsgeld zu belegen, nicht die Partnerschaft selbst.[3]

2099

Hinsichtlich der **Kosten** in Partnerschaftsregistersachen sind keine Besonderheiten zu beachten. Nach § 41 b KostO gelten für Anmeldungen und Eintragungen die Regelungen des § 41 a KostO in Bezug auf offene Handelsgesellschaften entsprechend. Für die Gebührenerhebung des Gerichts ist nach § 79 Abs. 1 KostO die einschlägige Ver-

2100

---

[1] Vgl. § 8 PRV; *Michalski/Römermann*, PartGG, § 1 Rz. 17 c.
[2] Siehe *Heinemann*, in: Keidel, FamFG, § 394 Rz. 6.
[3] Vgl. *Winkler*, in: Keidel/Kuntze/Winkler, FGG, § 160 b Rz. 21.

ordnung anzuwenden.[1] Diese sieht etwa vor, dass für die Ersteintragung einer Partnerschaft mit bis zu drei einzutragenden Partnern 70 € (Gebühr Nr. 1101) und bei einer solchen mit mehr als drei einzutragenden Partnern für jeden weiteren einzutragenden Partner 20 € (Gebühr Nr. 1102) anfallen.

---

[1] Die Verordnung ist beispielsweise abgedruckt bei *Korintenberg/Lappe/Bengel/Reimann*, KostO, §§ 79, 79 a.

Teil 4. Vereinsregister

I. Einrichtung und Führung des Vereinsregisters

1. Sachliche und örtliche Zuständigkeit in Vereinssachen

Sachlich zuständig für die Führung des Vereinsregisters ist grundsätzlich jedes Amtsgericht (§§ 21, 55 BGB; § 1 Abs. 1 VRV). Örtlich zuständig ist das Amtsgericht, in dessen Bezirk der Verein seinen Sitz hat[1] (§ 55 i. V. m. §§ 21, 24 BGB). Die Landesjustizverwaltungen können die Vereinssachen einem Amtsgericht für die Bezirke mehrerer Amtsgerichte übertragen (§ 23d GVG, § 1 Abs. 2 VRV). In manchen Bundesländern ist hiervon bislang kein Gebrauch gemacht worden (**Mecklenburg-Vorpommern, Saarland, Sachsen-Anhalt** und **Thüringen**). 2101

Hingegen haben folgende Bundesländer in punktueller Weise die örtliche Zuständigkeit der Gerichte zur Führung des Vereinsregisters geregelt: 2102
- in **Baden Württemberg** ist das AG Stuttgart auch für den Bezirk des AG Stuttgart-Bad Canstatt zuständig;[2]
- in **Bayern** sind die Gerichte zuständig, die auch das Handelsregister führen (siehe hierzu Rz. 13);[3]
- in **Berlin** wird für den gesamten Bezirk des Kammergerichts das Vereinsregister durch das AG Charlottenburg geführt;[4]
- in **Brandenburg** wird das Vereinsregister von den Amtsgerichten Cottbus, Frankfurt an der Oder, Neuruppin und Potsdam geführt,[5] also den Gerichten, die auch das Handels-, Genossenschafts- und Partnerschaftsregister führen.
- in **Bremen** ist das Amtsgericht Bremen auch für den Bezirk des Amtsgerichts Bremen-Blumenthal zuständig;[6]
- in **Hamburg** ist das Amtsgericht Hamburg für die Bezirke aller hamburgischen Amtsgerichte zuständig;[7]
- in **Hessen** wurde die Zuständigkeit wie bei den Handelsregistern teilweise konzentriert;[8]
- in **Niedersachsen** wurde die Führung des Vereinsregisters einzelnen Amtsgerichten (Aurich, Braunschweig, Göttingen, Hannover, Hildesheim, Lüneburg, Oldenburg, Osnabrück, Tostedt, Stadthagen und Walsrode) zugewiesen (siehe Rz. 13).[9]

---

[1] Die Eintragung in das Vereinsregister eines örtlich unzuständigen Amtsgerichts hat nicht die Ungültigkeit der Eintragung zur Folge; sie hindert auch nicht den Erwerb der Rechtsfähigkeit (*Ries*, in: Jansen, FGG, § 159 Rz. 5; *Reuter*, in: MünchKommBGB, § 55 Rz. 3). Sie bildet aber einen Grund für die Einleitung des Amtslöschungsverfahrens nach § 395 FamFG (*Ries,* in: Jansen, FGG, § 159 Rz. 5).

[2] § 6 ZuVOJu vom 20. 11. 1998 (GBl. S. 680) zuletzt geändert am 13. 8. 2009 (GVBl. S. 466).

[3] § 10a GZVJu vom 16. 11. 2004 (GVBl S. 471), zuletzt geändert am 1. 10. 2009 (GVBl. S. 523).

[4] VO vom 8. 5. 2008 (GVBl S. 116).

[5] VO vom 8. 5. 2007 (GVBl II, S. 113) zuletzt geändert am 15. 8. 2008 (GVBl. II S. 330).

[6] VO vom 17. 12. 1986 (Brem. GBl. S. 315), geändert am 16. 10. 2001 (Brem. GBl. S. 363).

[7] VO vom 1. 9. 1987 (GVBl S. 172), geändert am 20. 10. 2009 (GVBl. S. 370).

[8] § 4 der VO vom 16. 9. 2008.

[9] § 16d ZustVO-Justiz vom 22. 1. 1998, zuletzt geändert durch VO vom 16. 9. 2009 (GVBl. S. 356).

- in **Nordrhein-Westfalen** wurde die Registerführung nur marginal innerhalb der Amtsgerichtsbezirke Duisburg und Mönchengladbach konzentriert;[1]
- in **Rheinland-Pfalz** wurde die Zuständigkeit zur Führung des Handels- und Vereinsregisters einheitlich geregelt (siehe Rz. 13);[2]
- in **Sachsen** wird voraussichtlich die Zuständigkeit zur Führung des Handels- und Vereinsregisters einheitlich geregelt, so dass lediglich die Amtsgerichte Chemnitz, Leipzig und Dresden zuständig sind;
- in **Sachsen-Anhalt** führt das Amtsgericht Stendal auch das Vereinsregister für das gesamte Landesgebiet;[3]
- in **Schleswig-Holstein** wird das Vereinsregister von den Gerichten geführt, die auch das Handels- und Genossenschaftsregister führen (Flensburg, Pinneberg, Kiel und Lübeck).[4]

Diese teils bereits erfolgte Zuständigkeitskonzentration der Vereinsregisterführung ist für eine effektive Registerführung vorteilhaft. Abgesehen von Synergieeffekten im Einsatz von Personal- und Sachressourcen, insbesondere bei der für die Zukunft vorgesehenen Umstellung auf elektronische Registerführung, ist auch im Hinblick auf den erforderlichen Abgleich von Firmen und Vereinsnamen (§ 30 HGB) und die Durchlässigkeit im Rahmen von Umwandlungsvorgängen eine einheitliche Zuständigkeit bei Handels-, Vereins- und sonstigen Rechtsträgerregistern sinnvoll.

2103 Vereine, die ihren **Satzungssitz im Ausland** haben, können in das deutsche Vereinsregister nicht eingetragen werden.[5] Bei einer Sitzverlegung im Inland durch entsprechende Änderung der Satzung geht die örtliche Zuständigkeit auf das Amtsgericht des neuen Sitzes über. Die Verlegung des Satzungssitzes eines deutschen Vereins in das Ausland ist als Auflösung in das Handelsregister einzutragen (§ 6 Abs. 3 VRV).

2. Organe der Registerführung (Funktionelle Zuständigkeit)

2104 Die Aufgaben bei der Führung des Vereinsregisters und der Erledigung der sonstigen vom Amtsgericht in Vereinssachen wahrzunehmenden Geschäfte sind zwischen **Rechtspfleger** und **Urkundsbeamten** verteilt (§ 1 Abs. 4 VRV). Maßgebend hierfür ist § 3 Nr. 1 lit. a RPflG. Der Richter wird mit Angelegenheiten des Vereinsregisters nur aufgrund § 4 Abs. 2 Nr. 1, 3 und Abs. 3, §§ 5, 6, 7 und 10 RPflG befasst.

2105 **a) Aufgaben des Rechtspflegers.** Der **Rechtspfleger** ist zur Bearbeitung sämtlicher Vereinssachen im Sinn der §§ 29, 37, 55 bis 79 BGB, §§ 374 ff. FamFG berufen (vgl. § 1 Abs. 4 VRV). In seinen Zuständigkeitsbereich fallen insbesondere:
- im Eintragungsverfahren die Entscheidung über die Erstanmeldung und Eintragung eines Vereins (§§ 21, 59, 77 BGB) einschließlich der Prüfung der Satzung sowie der Voraussetzungen der Eintragungsfähigkeit (§§ 56 bis 60 BGB);
- die Eintragung von Änderungen in der Person der Vorstandsmitglieder (§ 67 Abs. 1 BGB);
- die Eintragung der Liquidatoren (§§ 48 bis 53, 76 BGB);
- die Eintragung von Beschränkungen der Vertretungsmacht des Vorstands sowie von Abweichungen von dem Erfordernis der Einstimmigkeit bei der Beschlussfassung des Vorstands oder der Liquidatoren (§ 28, § 48 Abs. 3, § 76 BGB);
- die Eintragung von Satzungsänderungen (§ 33 BGB) gemäß §§ 71, 60, 64, 66 Abs. 2 BGB, auch der Sitzverlegung (§§ 24, 55, 57 BGB);

---

[1] § 1 Abs. 3 in Verbindung mit der entsprechenden Anlage zur E Register-VO vom 19. 12. 2006 (GVBl. S. 606).
[2] VO vom 22. 11. 1985 (GVBl. S. 267), zuletzt geändert am 8. 5. 2006 (GVBl. S. 199).
[3] VO vom 13. 12. 2004 (GVBl. LSA S. 829) zuletzt geändert am 28. 7. 2008 (GVBl. LSA S. 287).
[4] § 1 VO vom 3. 8. 2009 (GVBl. S. 565).
[5] OLG Zweibrücken FGPrax 2006, 34.

I. Einrichtung und Führung des Vereinsregisters

- die gerichtliche Bestellung von Vorstandsmitgliedern (§§ 29, 48 Abs. 1 BGB);
- die Ermächtigung von Mitgliedern zur Berufung einer Mitgliederversammlung (§ 37 BGB);
- die Entscheidung über die Ausstellung von Zeugnissen und Bescheinigungen, von Abschriften aus dem Vereinsregister und zu diesem eingereichter Urkunden sowie dem sonstigen Inhalt der Registerakten und der Einsicht in diese, soweit nicht die Zuständigkeit des Urkundsbeamten gegeben ist (§§ 66, 69, 79 BGB; § 386 FamFG);
- die Eintragung der Auflösung des Vereins auf Anmeldung (§ 74 Abs. 2, § 41 BGB) oder auf Anzeige durch die zuständige Behörde (§ 7 Abs. 2 VereinsG);
- die Entziehung der Rechtsfähigkeit bei sinkender Mitgliederzahl (§§ 73, 43, 44, 74 BGB);
- sofern diese Tatsache vom Vorstand angemeldet wird, die Eintragung der Beendigung der Liquidation und der Fortsetzung des Vereins und des Verzichts auf die Rechtsfähigkeit;
- im Verfahren von Amts wegen z. B. die Eintragung eines nach § 29 BGB bestellten Vorstands (§ 67 Abs. 2 BGB) oder Liquidators (§ 48 Abs. 1, §§ 29, 76 Abs. 3 BGB), die Eintragung von Insolvenzvermerken (§ 75 BGB), die Entziehung der Rechtsfähigkeit von Amts wegen und deren Eintragung ins Vereinsregister (§§ 73, 74 Abs. 1 BGB) auf Anzeige der zuständigen Behörde (§ 43 BGB), die Einforderung einer Bescheinigung nach § 72 BGB;
- das Zwangsgeldverfahren nach § 78 BGB, § 388 ff. FamFG;
- das Amtslöschungsverfahren nach § 395 FamFG;
- die Festsetzung des Geschäftswerts;[1]
- ferner die Maßnahmen nach dem VereinsG (siehe § 7 Abs. 2, §§ 10 und 11 VereinsG).

b) **Aufgaben des Urkundsbeamten.** Die Zuständigkeit des **Urkundsbeamten** in Vereinssachen ist durch das RPflG nicht berührt worden (§ 26 Abs. 1 RPflG). Ihm obliegt es: 2106

- im Papierregister die Eintragungsverfügungen auszuführen und die Eintragung zu unterzeichnen, im elektronischen Register kann der Rechtspfleger die Eintragung selbst vornehmen (§ 27 Abs. 1 VRV);
- die verfügten Bekanntmachungen herbeizuführen sowie
- Abschriften der Eintragungen und der zum Vereinsregister eingereichten Schriftstücke auszustellen und zu beglaubigen;
- die Bescheinigungen und Zeugnisse (Negativatteste) auszufertigen (§§ 69, 79 BGB, § 386 FamFG) und
- Erklärungen aufzunehmen, soweit nicht der Rechtspfleger hierfür zuständig ist (§ 24 RPflG).

c) **Aufgaben der Notare.** Notare sind zur öffentlichen Beglaubigung von Unterschriften auf Anmeldungen zum Vereinsregister (§ 77 BGB) und Fertigung der entsprechenden Entwürfe berufen (§ 129 BGB; §§ 39, 40 BeurkG; § 20 Abs. 1 BNotO). Der Notar kann die Anmeldung auch beurkunden (§ 129 Abs. 2 BGB; § 6 ff. BeurkG). Er ist ferner befugt zur Erteilung von Bescheinigungen über Eintragungen im Vereinsregister gemäß § 21 Abs. 1 BNotO. 2107

3. Führung des Vereinsregisters

a) **Allgemeines zur Registerführung.** Das Vereinsregister wird in **Karteiform** (§ 2 Abs. 1 Satz 1 VRV) als Papierregister geführt, sofern nicht durch Rechtsverordnung 2108

---

[1] Vgl. BayObLG Z 1960, 1 (= Rpfleger 1960, 124).

nach § 55a Abs. 1 BGB die maschinelle Führung als automatisierte Datei („elektronisches Register") angeordnet wird (§ 2 Abs. 2 VRV).

2109 Für jeden einzutragenden Verein wird ein **Registerblatt** angelegt (§ 2 Abs. 1 Satz 2 VRV), das aus einem oder mehreren Blättern besteht, wobei die angelegten Registerblätter fortlaufende Nummern erhalten. Die einzelnen Blätter des Registerblatts werden ebenfalls durchnummeriert (siehe § 2 Abs. 1 Satz 2 VRV). Eintragungen im Papierregister erfolgen auf der Grundlage der jeweiligen **Verfügungen,** die den Wortlaut der Eintragung festzustellen haben (§ 9 Abs. 1 VRV). Sofern angemeldete Umstände nicht vollständig angegeben sind, insbesondere die ladungsfähige Adresse nicht angegeben wird, soll zur Behebung des Eintragungshindernisses eine Frist gesetzt werden (**Zwischenverfügung** gemäß § 382 Abs. 4 FamFG). Die **Eintragungen** sind im Übrigen deutlich und in der Regel ohne Abkürzung vorzunehmen (§ 10 Abs. 1 Satz 1 VRV). Die Rechtsverhältnisse müssen genau und verständlich im Register dargestellt werden.[1] Die Eintragungen werden mit einer laufenden Nummer versehen und mittels eines alle Spalten durchschneidenden Querstrichs abgeschlossen. Mehrere zugleich vorzunehmende Eintragungen (z.B. Satzungsänderung und Änderung der Besetzung des Vorstands) sind unter einer laufenden Nummer einzutragen (§ 10 Abs. 2 VRV). Schließlich ist bei jeder Eintragung der Tag der Eintragung anzugeben und dieser Tag samt der Registerstelle in den Akten bei der gerichtlichen Verfügung zu vermerken (§ 382 Abs. 2 FamFG, § 10 Abs. 3 VRV). Besonderheiten sieht die Vorschrift des § 10 Abs. 4 VRV für Eintragungen aufgrund einer rechtskräftigen oder vollstreckbaren Entscheidung des Prozessgerichts vor. Zu **Änderungen und Löschungen** von Registereintragungen enthält § 11 VRV detaillierte Vorgehensanweisungen. Dasselbe gilt für die **Berichtigung von Eintragungen** nach § 12 VRV.

2110 **Dokumente,** die zum Register eingereicht wurden, sind zu den Registerakten zu nehmen (§ 66 Abs. 2 BGB). Sofern eingereichte Urkunden zurückgegeben werden, ist eine beglaubigte Abschrift zurückzubehalten (§ 7 Abs. 2 Satz 1 VRV). Sofern es sich um Dokumente handelt, die bei demselben Gericht in anderen Akten bereits verwahrt werden, kann ebenso verfahren werden, wobei die Abschriften auch nur die relevanten Teile umfassen können, sofern der übrige Rest des Dokuments für die Registerführung ohne Bedeutung ist (vgl. § 7 Abs. 2 Satz 2 und 3 VRV).

2111 Die **Neufassung eines Registerblatts** (vgl. § 5 VRV) ist angezeigt, wenn es unübersichtlich geworden ist (§ 5 Abs. 1 VRV) oder wenn es durch die Neufassung wesentlich vereinfacht wird (§ 5 Abs. 2 VRV). Eine Bekanntmachung an die Beteiligten ist nicht erforderlich (§ 5 Abs. 3 VRV), sofern auch bei einer Abweichung des neuen Textes von den bisherigen Eintragungen (vgl. § 5 Abs. 1 Satz 2 VRV) keine Zweifel über Art und Umfang der Neufassung verbleiben; sonst ist eine vorherige Anhörung der Beteiligten angezeigt (§ 5 Abs. 3 Satz 2 VRV).

2112 Die **Schließung eines Registerblatts** erfolgt mittels Durchkreuzung sämtlicher Seiten (§ 4 Abs. 1 VRV). Sie ist insbesondere vorzunehmen, wenn der Verein durch Wegfall aller Mitglieder, durch bestandskräftiges Verbot oder nach Beendigung der Liquidation als Rechtssubjekt erloschen ist oder der Verzicht auf die Rechtsfähigkeit eingetragen wurde (§ 4 Abs. 2 VRV). Die Schließung ist rückgängig zu machen, wenn sie zu Unrecht erfolgt ist und durch Neuanlegung des Registerblatts zu korrigieren (§ 4 Abs. 3 VRV). Im elektronischen Register erfolgt die Löschung durch Rötung aller Eintragungen des Registerblattes und den Hinweis, dass das Blatt geschlossen ist (vgl. § 29 VRV).

2113 Für die Führung als **elektronisches Register** sind die Sondervorschriften der §§ 26 bis 30 VRV zu berücksichtigen. Hinsichtlich der Aktenführung ändert sich demnach

---

[1] Vgl. **BayObLG** Z 1999, 237 (241); *Reichert,* VereinsR, Rz. 2337 Nr. 1.

I. Einrichtung und Führung des Vereinsregisters

grundsätzlich nichts (§ 26 VRV i.V.m. § 7 Abs. 1 und 2 VRV), jedoch bedarf es keiner Eintragungsverfügung, wenn die Eintragungen in das elektronische Register durch den Rechtspfleger selbst vorgenommen werden (§ 27 Abs. 1 VRV). Die Eintragung ist durch eine Bestätigungsanzeige oder in anderer geeigneter Weise zu überprüfen (§ 27 Abs. 2 VRV). Die für die Eintragung verantwortliche Person hat ihren Nachnamen der Eintragung hinzuzusetzen und elektronisch zu signieren (§ 382 Abs. 2 FamFG, § 28 VRV i.V.m. § 75 GBV).

Die Führung des Vereinsregisters umfasst im Übrigen auch ein alphabetisches **Namensverzeichnis** der im jeweiligen Register eingetragenen Vereine (§ 1 Abs. 2, § 8 VRV). Hierbei ist die elektronische Führung des Namensverzeichnisses auch dann zulässig, wenn das Register selbst in Papierform geführt wird (§ 8 VRV). Das Namensverzeichnis soll insbesondere dem rechtsuchenden Publikum bei der Auffindung der Eintragungen eines unter Umständen nur teilweise namentlich bekannten Vereins behilflich sein. Bei einem elektronisch geführten Register ersetzt die übliche alphabetische Suchfunktion das Namensverzeichnis. 2114

b) Aktenführung und Aufbewahrung. Für jeden eingetragenen Verein werden besondere **Akten geführt** (§ 7 Abs. 1 VRV). Das Aktenzeichen lautet VR; es wird mit der Eintragungsnummer verbunden (§ 4 Abs. 5 AktO). Die zum Vereinsregister eingereichten Dokumente (Anmeldungen zur Eintragung, Satzungsfassungen, Beschlussniederschriften) können entsprechend der früheren Handhabung der Handelsregisterakten (§ 8 HRV in der bis zum 1.1.2007 gültigen Fassung)[1] für jedes Registerblatt in einem besonderen Aktenband („Sonderband") zusammengefasst werden (§ 7 Abs. 1 Satz 2 VRV). Ein dem Inhalt des Registers wörtlich entsprechendes Handblatt ist unter dem Deckel des letzten Bandes der Registerakten zu verwahren und in den Umschlag zu heften, sofern ein Bedürfnis hierfür besteht (§ 7 Abs. 3 VRV). Im Übrigen sind auch bei Führung des Vereinsregisters als **elektronisches Register** die Vorschriften der § 7 Abs. 1 und 2 VRV (Führung gesonderter Registerblätter, Herausgabe von eingereichten Dokumenten etc.) zu beachten (§ 26 Abs. 1 Satz 1 VRV). Lediglich die Führung des Handblattes unterbleibt (vgl. § 26 Abs. 2 VRV). Die Regeln der seit 1.1.2007 reformierten HRV für den elektronischen Rechtsverkehr und das Urkundenarchiv im Handelsregister gelten nicht für das Vereinsregister. 2115

Das Vereinsregister ist **dauernd aufzubewahren**, ebenso die dazugehörigen Akten. Wurde ein Verein gelöscht, beträgt die Aufbewahrungsfrist für die Akten weitere zehn Jahre (vgl. die Aufbewahrungsbestimmungen in der Fassung von 1983 Abschnitt II D Nr. 75). 2116

4. Einsichtnahme und Abschriftenerteilung

Die **Einsicht in das Vereinsregister** sowie in die von dem Verein beim Amtsgericht eingereichten Dokumente ist jedermann gestattet (§ 79 Abs. 1 Satz 1 BGB). Das Vereinsregister ist öffentlich; ohne Nachweis eines rechtlichen Interesses steht jedermann das Recht zu, das Vereinsregister, die zum Register eingereichten Dokumente, also Anmeldungen und dazugehörige Anlagen, und das Namensverzeichnis während der Dienststunden des Gerichts einzusehen[2] (vgl. § 16 VRV). Bezüglich des Hauptbands, also insbesondere Verfügungen, auch Zwischenverfügungen, der Schriftverkehr sowie noch nicht vollzogene Anmeldungen, bemisst sich die Einsicht nach § 13 FamFG, d.h. es ist ein berechtigtes Interesse glaubhaft zu machen. 2117

---

[1] Hierzu *Keidel/Krafka/Willer*, Registerrecht, 6. Auflage 2003, Rz. 43 f.
[2] *Habermann*, in: Staudinger, BGB, § 79 Rz. 2.

2118 Jedermann kann die **Erteilung von Abschriften** der Eintragungen im Vereinsregister sowie deren Beglaubigung verlangen, ohne dass es des Nachweises eines rechtlichen Interesses bedarf (§ 79 Abs. 1 Satz 2 BGB). Das entsprechende Recht hinsichtlich der zum Register eingereichten Dokumente ergibt sich aus § 13 Abs. 3 FamFG, also nur bei Vorliegen eines berechtigten Interesses.[1] Sofern die eingereichten Schriftstücke zur Ersetzung der Urschrift auf Bild- oder Datenträgern aufbewahrt werden (§ 14 Abs. 4 FamFG), kann nur eine Abschrift der Wiedergabe gefordert werden (§ 13 Abs. 5 FamFG i. V. m. § 299 Abs. 3 ZPO). Die Erteilung und die Beglaubigung erfolgt durch den Urkundsbeamten der Geschäftsstelle (§ 17 Abs. 1 VRV). Ferner kann jedermann die Erteilung einer Bescheinigung darüber verlangen, dass bezüglich des Gegenstandes einer Eintragung weitere Eintragungen im Vereinsregister nicht vorhanden sind oder dass eine bestimmte Eintragung nicht erfolgt ist („Negativ-Attest", § 386 FamFG). Ebenso kann jedermann ein Zeugnis über die Zusammensetzung des Vorstands bzw. der Liquidatoren zum Nachweis gegenüber Behörden fordern (§§ 69, 48 Abs. 2 BGB). Die Erteilung dieser Zeugnisse verfügt der Rechtspfleger (§ 3 Nr. 1 lit. a RPflG), der Urkundsbeamte der Geschäftsstelle fertigt sie aus.

2119 Für das **elektronische Vereinsregister** sind mit den Bestimmungen der §§ 31, 32 VRV besondere Vorschriften zur Einsichtnahme vorhanden. Die Einsicht in das Vereinsregister und das Namensverzeichnis (§ 31 Satz 3 VRV) erfolgt danach über ein Datensichtgerät in einen aktuellen oder chronologischen Ausdruck (§ 31 Satz 1 VRV). An die Stelle der Abschrift tritt der Ausdruck aus dem Register, der „amtliche Ausdruck" steht der beglaubigten Abschrift gleich. Auf jedem **Ausdruck** ist das Datum der letzten Eintragung auf dem Registerblatt sowie das Datum des Abrufs der Daten aus dem Vereinsregister anzubringen; eine Unterzeichnung des Ausdrucks ist nicht vorgesehen. Einfache Ausdrucke aus dem Register können gemäß § 32 Abs. 4 VRV auch elektronisch übermittelt werden. Der „amtliche Ausdruck" ist darüber hinaus mit Ort und Tag der Ausstellung, dem Vermerk, dass der Ausdruck den Inhalt des Vereinsregisters bezeugt und dem Namen des erstellenden Urkundsbeamten der Geschäftsstelle zu versehen (§ 32 Abs. 2 VRV). Regelmäßig wird ein **aktueller Ausdruck** generiert, der ausschließlich den Stand aller noch nicht gegenstandslos gewordenen Eintragungen wiedergibt (§ 32 Abs. 3 Satz 1 VRV). Die Darstellung kann hierbei auch als fortlaufender Text erfolgen, muss also nicht die übliche Spaltendarstellung wiedergeben (§ 32 Abs. 3 Satz 2 VRV). Nur wenn dies ausdrücklich beantragt wird, kann ein **chronologischer Ausdruck** erteilt werden, der als vollständiger Ausdruck alle Eintragungen wiedergibt, also auch die bereits gelöschten und inhaltlich überholten (vgl. § 32 Abs. 3 Satz 1 VRV). Die Verhältnisse sind insoweit denjenigen bei der Einsicht in das Handelsregister (hierzu Rz. 53 f.) vergleichbar.

2120 Zudem kann bei einem elektronischen Vereinsregister ein automatisiertes Abrufverfahren eingerichtet werden (§ 79 Abs. 2 bis 5 BGB, §§ 33, 36 VRV). Auch in diesem Fall dürfen Daten nur zu Informationszwecken abgerufen werden. Dies ist von den zuständigen Stellen stichprobenweise zu überprüfen.

II. Eintragungsfähigkeit des Vereins

1. Inländervereine

2121 Zum Erwerb der Rechtsfähigkeit durch Eintragung in das Vereinsregister sind inländische Vereine geeignet, deren Zweck nicht auf einen wirtschaftlichen Geschäfts-

---

[1] Siehe BT-Drucks. 16/12813, S. 14.

II. Eintragungsfähigkeit des Vereins

betrieb gerichtet ist (§ 21 BGB). Ein wirtschaftlicher Geschäftsbetrieb liegt vor, wenn die nach außen hervortretende Tätigkeit des Vereins im Verkehr mit Dritten auf den Erwerb von vermögenswerten Vorteilen gerichtet ist, gleichgültig, ob der erstrebte Vorteil dem Verein als solchem oder seinen Mitgliedern zufließt.[1] Die mittelbare Förderung der Vorteile der Mitglieder begründet allerdings noch keinen wirtschaftlichen Geschäftsbetrieb.[2] Maßstab ist hierbei nicht nur der Wortlaut der Satzung, sondern vor allem die tatsächlich ausgeübte oder beabsichtigte Tätigkeit.[3] Wirtschaftliche Vereine erlangen ihre Rechtsfähigkeit nach § 22 BGB durch staatliche Verleihung.

Nicht im Vereinsregister eintragungsfähige **wirtschaftliche Vereine** liegen insbesondere vor,[4] wenn 2122
- die Vereinigung unternehmerisch tätig ist, also nach außen am Markt anbietend auftritt,
- der Verein Waren bzw. Dienstleistungen lediglich seinen Mitgliedern im Sinne eines „inneren Markts"[5] anbietet oder wenn
- der Verein zum Zweck genossenschaftlicher Kooperation gegründet wird.

Sofern keine dieser drei Fallgruppen verwirklicht ist, liegt ein im Vereinsregister eintragbarer „Idealverein" vor.[6] Das „**Nebenzweckprivileg**"[7] führt hierbei dazu, dass ein Idealverein auch dann vorliegt, wenn er nur begleitend und untergeordnet neben seinem Hauptzweck den Mitgliedern materielle Vorteile anbietet oder sonst wirtschaftliche Tätigkeiten ausübt oder fördert. Einem e. V. ist es daher auch nicht verwehrt, sich an Handelsgesellschaften (GmbH, AG, eG) zu beteiligen oder als Kommanditist aufzutreten, wenn sich dies insgesamt als Verwaltung vereinseigenen Vermögens darstellt.[8] Sofern zwar nicht ausgeschlossen werden kann, dass eine wirtschaftliche Betätigung erfolgt, aber nach der Satzung und einer entsprechenden Bestätigung des Finanzamts ausschließlich gemeinnützige Zwecke verfolgt werden, ist vom Vorliegen eines Idealvereins auszugehen.[9] 2123

Beispiele für nicht wirtschaftliche Vereine („**Idealvereine**"): 2124
- Vereine die nach ihrem Zweck gemeinnützige, mildtätige oder religiöse Zwecke verfolgen (§§ 51 bis 65 AO);
- Berufsverbände ohne öffentlich-rechtlichen Charakter wie Arbeitgeber- und Arbeitnehmerverbände sowie die Kassenärztliche Vereinigung;[10]
- Behindertenvereine auch bei der Absicht der Einnahme von Fördergeldern;[11]
- Betriebsarztzentren;[12]

---

[1] OLG Hamm FGPrax 2003, 184 (= Rpfleger 2003, 370) m. w. N.
[2] Vgl. *Sauter/Schweyer/Waldner*, Verein, Rz. 43 ff.; *Stöber*, VereinsR, Rz. 50 ff.
[3] OLG Hamm FGPrax 2008, 36 (= Rpfleger 2008, 141); KG FGPrax 2005, 77 (= NZG 2005, 360); **BayObLG** Rpfleger 1977, 191.
[4] OLG Hamm FGPrax 2003, 184 (= Rpfleger 2003, 370); vgl. ferner *Reichert*, VereinsR, Rz. 106; *Eyles*, NJW 1996, 1994; BVerwG NJW 1998, 1166; BayObLG NJW-RR 1999, 765; OLG Hamm FGPrax 1997, 37 (= NJW-RR 1997, 1530 = Rpfleger 1997, 166).
[5] Siehe **BayObLG** MittBayNot 1978, 100; LG Gießen Rpfleger 2000, 24.
[6] **BayObLG** Rpfleger 1998, 345; OLG Düsseldorf FGPrax 1998, 70 (= Rpfleger 1998, 251); *Reichert*, VereinsR, Rz. 105 f.
[7] BGHZ 85, 84 (= NJW 1983, 569); KG FGPrax 2005, 77 (= NZG 2005, 36); BVerwG NJW 1997, 2265.
[8] Vgl. *Reichert*, VereinsR, Rz. 108.
[9] KG FGPrax 2005, 77 (= Rpfleger 2005, 199).
[10] RGZ 83, 231; RGZ 85, 256.
[11] OLG Hamm FGPrax 2008, 36 (= Rpfleger 2008, 141).
[12] OLG Oldenburg Rpfleger 1976, 11; LG Gießen Rpfleger 2000, 24.

Teil 4. Vereinsregister

- Firmenunterstützungsvereine, wenn kein Rechtsanspruch auf Gewährung von Unterstützung besteht;[1]
- Forstbetriebsgemeinschaften ohne wirtschaftlichen Geschäftsbetrieb;[2]
- Haus- und Grundbesitzervereine;[3]
- Vereine zur Förderung gewerblicher Interessen,[4] z. B. eines Kreditkartensystems; ferner Vereine, deren satzungsmäßige Tätigkeit sich als Ausschnitt der Förderung eines übergeordneten Zwecks eines Dachvereins darstellt;[5]
- Interessenverbände der Lohnsteuerzahler (Lohnsteuerhilfeverein),[6] mit staatlicher Anerkennung nach § 13 Abs. 3 StBerG;
- Vereine von Betriebsangehörigen mit dem Zweck, die Bewirtschaftung der vom Arbeitgeber finanziell getragenen Werkskantine zu übernehmen;[7]
- Betriebliche Unterstützungsvereine sowie überbetriebliche Gruppenunterstützungsvereine mehrer mittelständischer Unternehmen.[8]

2125 Beispiele für nicht im Vereinsregister eintragbare **wirtschaftliche Vereine**:
- Abmahnvereine;[9]
- ärztliche Verrechnungsstellen;[10] Inkassovereine;
- Einkaufszentralen;[11]
- Taxizentralen;[12]
- Skisportvereine, die einen Skilift gegen Entgelt betreiben;[13]
- als Verein errichtete Erzeugergemeinschaften im Sinn des MarktstrukturG;[14]
- Vereine zur treuhänderischen Vermietung von Eigentumswohnungen und Garagenstellplätzen sowie Verkehrsvereine zur Vermittlung von Unterkünften für Feriengäste;[15]
- Vereine zur Vergabe von Ferienwohnrechten und Ferienwohnungen;[16]
- Vereine zur Instandhaltung, Verbesserung und Erweiterung einer Wasserversorgungsanlage;[17]
- Technische Prüf- und Vertriebsstellen des Schornsteinfegerhandwerks;[18]

---

[1] **BayObLG** Z 1971, 178 (= Rpfleger 1971, 311); **BVerwG** NJW 1987, 1900; **LG Braunschweig** Rpfleger 2000, 116 (= NJW-RR 2000, 333); vgl. *Sauter/Schweyer/Waldner*, Verein, Rz. 55; *Blomeyer* BB 1980, 789.
[2] **LG Regensburg** Rpfleger 1976, 356.
[3] RG Z 88, 332.
[4] **OLG Bremen** Rpfleger 1988, 532; **LG Frankfurt** NJW 1996, 2039.
[5] **OLG Hamm** FGPrax 2003, 184 (= Rpfleger 2003, 370).
[6] **OLG Stuttgart** Rpfleger 1976, 11; **OLG Stuttgart** OLGZ 1970, 416; **OLG Celle** NJW 1976, 197 (= DNotZ 1976, 368).
[7] **BayObLG** Z 1973, 303 (= MDR 1974, 400).
[8] Vgl. **BayObLG** Z 1975, 435; zu letzterem **LG Bonn** Rpfleger 1991, 423; anderer Ansicht LG **Bielefeld** Rpfleger 2001, 138.
[9] **BayObLG** Z 1983, 24 (= Rpfleger 1983, 282); **AG Frankfurt** ZIP 1984, 708; *Sauter/ Schweyer/Waldner*, Verein, Rz. 57 a.
[10] **KG** OLGZ 1979, 279; **OLG Hamm** Rpfleger 1981, 66; **LG Bonn** MDR 1986, 53; **LG Hagen** Rpfleger 1956, 348.
[11] **AG Alzenau** BB 1961, 8.
[12] **BGH** Z 45, 395.
[13] **OLG Stuttgart** OLGZ 1971, 465.
[14] **BayObLG** Z 1974, 242 (= Rpfleger 1974, 307); **OLG Schleswig** Rpfleger 1990, 303; vgl. *Hornung* Rpfleger 1974, 339.
[15] **BayObLG** Z 1985, 283; **OLG Celle** Rpfleger 1992, 66.
[16] **BayObLG** 1989, 124 (= DNotZ 1990, 103).
[17] **BayObLG** Z 1978, 87; **BayObLG** Rpfleger 1998, 345.
[18] **LG Oldenburg** Rpfleger 1978, 371.

II. Eintragungsfähigkeit des Vereins

- Vereine zur Vermietung eines Segelschiffs;[1]
- Vereine zum Aushandeln gleicher Einkaufskonditionen für Mitglieder;[2]
- Vereinigungen von Immobilienmaklern, auf die Teile des gewerblichen Geschäfts ausgelagert werden sollen;[3]
- Entsorgungsverbände nach § 17 KrW-/AbfG;[4]
- Vereine, die Mitgliedergelder in Immobilien investieren und diese vermieten wollen;[5]
- als Verein organisierte religiöse Gemeinschaften, die ideelle Güter nach Art von Wirtschaftsgütern vermarkten;[6]
- Vereinigungen von Notfallärzten zum Betrieb einer zentralen Sprechstunde.[7]

Sofern begründete Zweifel daran verbleiben, dass der Verein entgegen dem Wortlaut der Satzung nach der von ihm bereits vor der Eintragung ausgeübten Tätigkeit die Voraussetzungen eines „Idealvereins" erfüllt, ist die Anmeldung zur Eintragung in das Vereinsregister zurückzuweisen.[8] Allerdings kann zuvor ggf. eine Stellungnahme der nach § 22 BGB zuständigen Stelle und der Industrie- und Handelskammer eingeholt werden (§ 9 Abs. 2 Satz 2 VRV, § 380 FamFG). Ein von Gefangenen im Strafvollzug gebildeter Verein, der nach seinem Zweck gemeinschaftliche Interessen der Insassen einer Justizvollzugsanstalt gegenüber der Anstaltsleitung vertreten und durchsetzen soll, kann nicht in das Vereinsregister eingetragen werden.[9] Die Eintragung eines Vereins ist stets ausgeschlossen, wenn dessen Zweck gesetzes- oder sittenwidrig ist.[10]

2126

2. Ausländervereine

Vereine mit Sitz im Inland, die von Ausländern gegründet werden, die sich im Gebiet der Bundesrepublik aufhalten, unterliegen keinen Besonderheiten bei der Anwendung der Bestimmungen des BGB (vgl. aber § 14 VereinsG). Heimatlose Ausländer im Sinn des § 1 des „Gesetzes über die Rechtsstellung heimatloser Ausländer im Bundesgebiet"[11] sind hinsichtlich des Rechts, sich in Vereinigungen für kulturelle, soziale, Wohlfahrts-, Selbsthilfe- und ähnliche Zwecke zusammenzuschließen, deutschen Staatsangehörigen gleichgestellt. Diese Gleichstellung gilt nicht für die Bildung von Vereinigungen mit politischen Zwecken.

2127

3. Ausländische Vereine

Vereine, die ihren Sitz im Ausland haben und nach den Gesetzen dieses Staates rechtsfähig sind und die im Inland nur nach den Vorschriften der §§ 21, 22 BGB die Rechtsfähigkeit erlangen könnten, gelten ohne weiteres als rechtsfähig. Die Möglich-

2128

---

[1] **OLG Düsseldorf** Rpfleger 1979, 259.
[2] **OLG Hamm** Rpfleger 2000, 276.
[3] **OLG Düsseldorf** FGPrax 1996, 116 (= Rpfleger 1996, 291).
[4] **LG Bremen** Rpfleger 2000, 165.
[5] **OLG Düsseldorf** Rpfleger 1998, 251.
[6] **OLG Düsseldorf** NJW 1983, 2574 (= Rpfleger 1983, 487 = DNotZ 1984, 486); **VG Stuttgart** NVwZ 1994, 612.
[7] **OLG Hamm** FGPrax 1997, 37 (= Rpfleger 1997, 166).
[8] **BayObLG** Z 1983, 45; zurückhaltender **KG** FGPrax 2005, 77 (= NZG 2005, 360); **OLG Hamm** FGPrax 2008, 36 (= Rpfleger 2008, 141).
[9] **BayObLG** Z 1981, 289 (= NStZ 1982, 84); **OLG Karlsruhe** Rpfleger 1983, 405; anderer Ansicht **LG Mannheim** Rpfleger 1982, 430.
[10] **LG Bonn** NJW-RR 1995, 1515 (= Rpfleger 1995, 302); vgl. *Sauter/Schweyer/Waldner*, Verein, Rz. 51; *Stöber*, VereinsR, Rz. 1032.
[11] Vom 25. 4. 1951 (BGBl. I S. 269).

keit, Ausländischen Vereinen, die im Ausland keine Rechtsfähigkeit besitzen, eine Rechtsfähigkeit im Inland zu verleihen, ist mit Streichung des § 23 BGB weggefallen. Vereine und Stiftungen, denen nach § 23 BGB Rechtsfähigkeit verliehen wurde, bleiben jedoch rechtsfähig.[1] Ebenso besteht keine Möglichkeit, im deutschen Vereinsregister die Sitzverlegung eines dort eingetragenen Vereins in das Ausland einzutragen.[2]

III. Die Rechtsverhältnisse des Vereins

1. Gründung eines Vereins

2129 Die Gründung eines Vereins erfolgt durch Einigung der Gründungsmitglieder, den Verein zu errichten, die für ihn geschaffene Satzung wirksam werden zu lassen und ihm als Mitglied anzugehören.[3] Mitglied und damit Gründer eines eingetragenen Vereins kann jede natürliche oder juristische Person sein, auch eine OHG oder KG, bei einer Einzelfirma der Alleininhaber, auch ein nicht rechtsfähiger Verein sowie eine Gesellschaft des bürgerlichen Rechts,[4] nicht jedoch eine Erbengemeinschaft, ein Testamentsvollstrecker als solcher oder eine nicht als Rechtsträger anzusehende Behörde.[5] Eine nicht voll geschäftsfähige Person bedarf der Einwilligung des gesetzlichen Vertreters (§ 107 BGB), auch wenn sie ihre Verpflichtungen gegenüber dem Verein aus ihr zur freien Verfügung überlassenen Mitteln bestreiten will[6] (§ 110 BGB).

2. Zwingende Bestandteile der Satzung des Vereins

2130 Die Verfassung des Vereins wird geregelt (§ 25 BGB) durch die Satzung des Vereins sowie durch die gesetzlichen Vorschriften des Vereinsrechts (§§ 21 bis 79 BGB). Der Satzungsinhalt muss bei der Vereinsgründung festgelegt werden. Er kann von den Gründungsmitgliedern im Rahmen der zwingenden Vorschriften des Vereinsrechts (vgl. § 40 BGB) frei bestimmt werden („Vereinsautonomie", vgl. auch Art. 8 GG). Besondere Formvorschriften sind für die Satzung nicht vorgesehen, allerdings muss sie nach der verfahrensmäßigen Rechtslage schriftlich in deutscher Sprache festgelegt und von den mindestens **sieben Mitgliedern**[7] unterschrieben sein (§ 59 Abs. 3, § 126 Abs. 1 BGB). Eine andere Sprache ist nur zulässig, wenn zugleich eine sodann maßgebliche deutsche Übersetzung eingereicht wird.[8]

2131 Die Satzung muss (§ 57 BGB) bzw. soll (§ 58 BGB) Bestimmungen zu den nachfolgend erläuterten Gegenständen enthalten. Fehlen erstere und wird der Verein dennoch in das Register eingetragen, so ist die Eintragung zwar nicht unwirksam, aber von Amts wegen gemäß § 395 FamFG zu löschen.[9] Fehlen letztere, wird der Verein aber gleichwohl in das Register eingetragen, so hat eine Amtslöschung zu unterbleiben.[10] Das

---

[1] BT-Drucks. 16/12 813, S. 10.
[2] OLG Zweibrücken FGPrax 2006, 34.
[3] RG Z 153, 270; RG Z 165, 143; BGH Z 47, 172 (179); BayObLG Z 1977, 6 (9); *Sauter/Schweyer/Waldner*, Verein, Rz. 8; *Stöber*, VereinsR, Rz. 13; *Reichert*, VereinsR, Rz. 65.
[4] BGH NJW 1998, 376.
[5] Vgl. *Sauter/Schweyer/Waldner*, Verein, Rz. 11 m. w. N.
[6] Vgl. *Stöber*, VereinsR, Rz. 16; *Bauer*, in: Böttcher/Ries, Registerrecht, Rz. 2242; teilweise abweichend *Sauter/Schweyer/Waldner*, Verein, Rz. 10.
[7] Zu Ausnahmen bei kirchlichen Vereinen OLG Hamm FGPrax 1997, 156 (= Rpfleger 1997, 481).
[8] Vgl. **LG Düsseldorf** Rpfleger 1999, 334; *Sauter/Schweyer/Waldner*, Verein, Rz. 35; anderer Ansicht: LG Osnabrück Rpfleger 1965, 304 (plattdeutsche Fassung genügt).
[9] **BayObLG** Z 1971, 326; *Habermann*, in: Staudinger, BGB, § 57 Rz. 1; *Bauer*, in: Böttcher/Ries, Registerrecht, Rz. 2265.
[10] *Habermann*, in: Staudinger, BGB, § 58 Rz. 1.

III. Die Rechtsverhältnisse des Vereins

Registergericht hat jedoch darauf zu bestehen, dass sowohl die in § 57 BGB wie die in § 58 BGB aufgeführten Erfordernisse in der Satzung enthalten sind. Ist dem nicht der Fall, so ist die Anmeldung zurückzuweisen (§ 60 BGB).
Danach müssen bzw. sollen in der Satzung geregelt sein:
a) **Zweck des Vereins**[1] (§ 57 Abs. 1 Alt. 1 BGB). Dieser ist das gemeinschaftliche Mitgliederinteresse, auf das die Vereinstätigkeit ausgerichtet wird. Vereinszweck können die verschiedenartigsten Ziele und Aufgaben der Vereinigung sein (vgl. Rz. 2124). Der Zweck darf nicht gegen ein gesetzliches Verbot (§ 134 BGB) oder die guten Sitten (§ 138 BGB) verstoßen. Für Versicherungsvereine, auch die so genannten „kleineren Vereine", gelten die Bestimmungen des VAG. Sie erlangen Rechtsfähigkeit durch die Erlaubnis der Aufsichtsbehörde (§ 15 VAG) und können nicht in das Vereinsregister eingetragen werden. Wird ein Rechtsanspruch der Vereinsmitglieder auf Leistungen in der Satzung ausdrücklich ausgeschlossen (meist „Unterstützungsverein", „Unterstützungseinrichtung" oder ähnlich genannt), so handelt es sich nicht um einen „Versicherungsverein". Bei Prüfung der Eintragungsfähigkeit solcher Vereine empfiehlt sich eine Rückfrage bei der Bundesanstalt für Finanzdienstleistungsaufsicht oder der zuständigen Landesaufsichtsbehörde.[2]

2132

b) **Name des Vereins** (§ 57 Abs. 1 Alt. 2 BGB). Der Name hat Kennzeichnungs-, Ordnungs- und Unterscheidungsfunktion. Die Gründer sind bei der Auswahl des Namens frei.[3] Jedoch darf der Name entsprechend § 18 Abs. 2 HGB keine Täuschung über Art oder Größe des Vereins, Zusammensetzung der Mitglieder oder sonstige Verhältnisse enthalten.[4] Hierbei kann das Gericht auch ohne Einholung eines Sachverständigengutachtens, beispielsweise durch die örtliche Industrie- und Handelskammer, aufgrund eigener Sachkunde entscheiden.[5] Von den Namen der an demselben Ort oder in derselben Gemeinde bestehenden eingetragenen Vereine muss sich der Vereinsname deutlich unterscheiden (§ 57 Abs. 2 BGB). Namensgleichheit darf auch mit einer im Handels- oder Genossenschaftsregister eingetragenen Firma nicht bestehen.[6] Ein schon gelöschter Verein hindert die Neueintragung eines gleichnamigen Vereins nicht. Zur Namensgebung bei Parteien siehe §§ 4, 6 Abs. 2 Nr. 1 ParteienG.

2133

Die entsprechende **Anwendung des § 30 HGB** in Bezug auf eingetragene Handelsfirmen ergibt sich nach einhelliger Meinung daraus, dass der bloße Rechtsformzusatz nicht zur hinreichenden Unterscheidbarkeit der Bezeichnung verschiedener Rechtsträger führt. Daher muss die entsprechende Anwendbarkeit nach der Zielrichtung, die den Bestimmungen von § 57 BGB und § 30 HGB zugrunde liegt, nämlich die

2134

---

[1] Vgl. hierzu *Stöber*, VereinsR, Rz. 45 ff.; *Sauter/Schweyer/Waldner*, Verein, Rz. 42 ff.; *Winkler* NJW 1970, 449.
[2] Vgl. *R. Schmidt*, in: Prölss, VAG, § 1 Rz. 52; *Sauter/Schweyer/Waldner*, Verein, Rz. 54; *Bronisch* VersR 1951, 190; s.a. zur registerlichen Behandlung AV des JM Baden-Württemberg vom 30. 6. 1956 (Justiz 1956, 191).
[3] BayObLG Z 1984, 293 (295); BayObLG Z 1982, 278 (= Rpfleger 1982, 476 = MDR 1983, 52); OLG Celle OLGZ 1985, 266 (= Rpfleger 1985, 303).
[4] OLG Köln FGPrax 2006, 129 (Zusatz „Deutschland"); KG FGPrax 2005, 77 („Akademie"); OLG Frankfurt NJW-RR 2002, 176; OLG Hamm FGPrax 1999, 232; Vgl. aus der älteren Rechtsprechung BayObLG Z 1984, 293; BayObLG Z 1982, 278; BayObLG Z 1972, 340 (= Rpfleger 1973, 20; Bezeichnung als „Stiftung"; vgl. auch *Wochner* Rpfleger 1999, 310); OLG Frankfurt Rpfleger 1974, 261 (unzulässige Bezeichnung als „Wirtschaftskammer"); OLG Celle Rpfleger 1974, 222; LG Traunstein Rpfleger 2008, 580 („Bundesverband"); LG Detmold Rpfleger 1999, 333 (Namensbestandteil „Institut").
[5] OLG Köln FGPrax 2006, 129.
[6] OLG Stuttgart OLGE 42, 211; LG Limburg Rpfleger 1981, 23; *Bauer*, in: Böttcher/Ries, Registerrecht, Rz. 2268; anderer Ansicht: *Sauter/Schweyer/Waldner*, Verein, Rz. 58; *Heidinger*, in: MünchKommHGB, § 30 Rz. 10 m.w.N.

Vermeidung von Verwechslungen unterschiedlicher Rechtsträger, bejaht werden. Die verschiedenen Zwecke von Vereinen einerseits und handelsrechtlichen Rechtsträgern andererseits erreichen dieses Ziel alleine nicht, da es einerseits Vereine gibt, deren Zwecke wirtschaftlichen Gegenständen nahe kommen und umgekehrt auch Handelsgesellschaften, die gemeinnützige oder vermögensverwaltende Zwecke verfolgen.

2135 c) **Sitz des Vereins** (§ 57 Abs. 1 Alt. 3 BGB). Dessen Festlegung kann im Hinblick auf § 24 BGB („Verwaltungssitz") nicht unterbleiben. Die Satzung kann den Sitz beliebig festlegen, insbesondere muss der statutarische Sitz nicht mit dem Ort der Verwaltung übereinstimmen.[1] Allerdings ist eine rechtsmissbräuchliche willkürliche Sitzwahl unzulässig.[2] Die Bezeichnung einer politischen Gemeinde als Sitz ist üblich und empfehlenswert, aber nicht zwingend. Als Satzungsbestimmung kann im Einzelfall die Bezeichnung einer geografisch bestimmten Ortschaft, deren Lage und rechtliche Zuordnung für jedermann feststellbar ist, genügen.[3] Daher kann auch der frühere Name der vor einer Gebietsreform selbstständig gewesenen Gemeinde, also ein nunmehriger Gemeindeteil als Vereinssitz bezeichnet und in der Satzung wiedergegeben werden. Bei Errichtung eines Vereins ist jedoch in diesen Fällen bei der Eintragung im Register allein die tatsächliche, im Eintragungszeitpunkt existierende politische Gemeinde zu vermerken.[4] Als Sitz des Vereins kann nicht der jeweilige Wohnort des ersten Vorsitzenden oder einer anderen Person bestimmt werden.[5] Unzulässig ist auch eine Bestimmung, wonach der Sitz des Vereins sich am Ort der Geschäftsführung des Vereins befindet. Ein mehrfacher Vereinssitz ist unzulässig.[6]

2136 d) **Absicht der registerlichen Eintragung des Vereins** (§ 57 Abs. 1 Alt. 4 BGB). Die Kennzeichnung mit dem Namenszusatz „eingetragener Verein" (oder „e. V.") wird insoweit für ausreichend erachtet.[7] Notfalls kann der Wille zur Herbeiführung der Registereintragung durch einen nachträglich gefassten Beschluss der Mitgliederversammlung entsprechend § 33 Abs. 1 Satz 1 BGB bestätigt werden.[8]

2137 e) Regelungen über **Eintritt und Austritt der Mitglieder**[9] (§ 58 Nr. 1 BGB), somit darüber, in welcher Form und auf welchem Weg sich der Eintritt[10] und Austritt[11] vollzieht. Eintritt erfordert eine Beitrittserklärung des neuen Mitglieds und dessen Aufnahme durch den Verein. Gleichwohl soll eine ausdrückliche Satzungsbestimmung über die Form des Antrags auf Aufnahme und eine Regelung darüber, wer über die Aufnahme entscheidet, nicht zwingend erforderlich sein.[12] Der jederzeit mögliche Austritt aus dem Verein (§ 39 Abs. 1 BGB) kann durch die Satzung grundsätzlich nicht erschwert oder beschränkt werden.[13] Allerdings ist es beispielsweise möglich zu bestimmen, dass der

---

[1] *Sauter/Schweyer/Waldner*, Verein, Rz. 65; **Stöber**, VereinsR, Rz. 114; **BayObLG** Z 30, 102; RG JW 1918, 305.

[2] *Reuter*, in: MünchKommBGB, § 24 Rz. 4; *Bauer*, in: Böttcher/Ries, Registerrecht, Rz. 2277; LG Berlin Rpfleger 1998, 476.

[3] Vgl. **BayObLG** Z 1976, 21 (= Rpfleger 1976, 179); **OLG Hamm** Rpfleger 1977, 275; s. a. *Glaser* MittBayNot 1976, 17; *Sauter/Schweyer/Waldner*, Verein, Rz. 65; **Stöber**, VereinsR, Rz. 112.

[4] **BayObLG** Z 1976, 21 (= Rpfleger 1976, 179); **OLG Hamm** Rpfleger 1977, 275 ist nicht zu folgen.

[5] *Sauter/Schweyer/Waldner*, Verein, Rz. 65; **Stöber**, VereinsR, Rz. 114.

[6] **OLG Hamburg** MDR 1972, 417; *Sauter/Schweyer/Waldner*, Verein, Rz. 65; **Stöber**, VereinsR, Rz. 111; einschränkend: *Reuter*, in: MünchKommBGB, § 24 Rz. 7.

[7] **Stöber**, VereinsR, Rz. 103; *Bauer*, in: Böttcher/Ries, Registerrecht, Rz. 2275.

[8] *Reuter*, in: MünchKommBGB, § 57 Rz. 6.

[9] **BayObLG** FGPrax 2001, 30.

[10] Hierzu *Sauter/Schweyer/Waldner*, Verein, Rz. 70 ff.; **Stöber**, VereinsR, Rz. 135 ff.

[11] Vgl. *Sauter/Schweyer/Waldner*, Verein, Rz. 81 ff.; **Stöber**, VereinsR, Rz. 187 ff.

[12] BayObLG Z 1972, 114 (= NJW 1972, 1323); *Sauter/Schweyer/Waldner*, Verein, Rz. 71, 73.

[13] Siehe hierzu *Sauter/Schweyer/Waldner*, Verein, Rz. 86; **Stöber**, VereinsR, Rz. 188.

III. Die Rechtsverhältnisse des Vereins

Austritt nur zum Schluss eines Geschäftsjahres oder erst nach dem Ablauf einer Kündigungsfrist von höchstens zwei Jahren zulässig ist (§ 39 Abs. 2 BGB).

f) Bestimmungen darüber, ob und welche **Beiträge von den Mitgliedern**[1] zu leisten sind (§ 58 Nr. 2 BGB). Der Beitrag muss nicht in Geld, er kann auch in anderen Leistungen bestehen. Den Umfang der Leistungen, also die betragsmäßige Beitragshöhe, muss die Satzung nicht selbst bestimmen. Vielmehr genügt es, wenn sie die Festlegung der Beiträge der Mitgliederversammlung, dem Vorstand oder einem anderen Vereinsorgan überträgt oder die Erhebung von Umlagen zulässt und regelt.[2]

2138

g) Regelungen über die **Bildung des Vorstands**[3] (§ 58 Nr. 3 BGB). Der Verein muss einen Vorstand haben (§ 26 Abs. 1 Satz 1 BGB). Er kann aus einer Person oder aus mehreren Personen bestehen (vgl. § 26 Abs. 2 BGB). Die Satzung hat daher zu regeln, ob eine Einzelperson Vorstand ist oder wie sich der „mehrgliedrige Vorstand" zusammensetzt. Die Satzung kann eine bestimmte Zahl von Vorstandsmitgliedern festlegen. Sie kann aber auch lediglich eine Mindest- oder Höchstzahl oder beides bestimmen.[4] Die Satzungsregelung über die Vorstandsbesetzung muss klar und bestimmt sein. Sie darf keine begründeten Zweifel darüber aufkommen lassen, welche Inhaber der bezeichneten Vereinsämter oder welche Mitglieder eines Vereinsorgans den Vorstand bilden.[5] Es ist allerdings zulässig, dass in der Satzung oder einem Bestellungsbeschluss Personen als „Vorstandsmitglieder" bezeichnet werden, die dem Vorstand im Sinne des BGB nicht angehören, keine Vertretungsmacht besitzen und somit im Registerverfahren nicht eintragbar sind. In einem solchen Fall muss allerdings aus den eingereichten Unterlagen deutlich werden, dass diese Personen keine organschaftliche Vertretungsmacht besitzen; von solchen Regelungen und Bezeichnungen ist einem Verein wegen der zu erwartenden Verwirrungen abzuraten. Geregelt werden kann auch die Dauer der jeweiligen Bestellung der Vorstandsmitglieder, wobei eine Höchstfrist gesetzlich nicht vorgegeben ist, so dass auch eine Bestellung auf Dauer[6] oder auf Lebenszeit in Frage kommt.

2139

Der Vorstand **vertritt den Verein** gerichtlich und außergerichtlich (§ 26 Abs. 1 Satz 2 BGB). In den mehrgliedrigen Vorstand kann daher kein Mitglied berufen werden, dem die Vertretungsmacht voll entzogen ist. Es kann auch nicht bestimmt werden, dass jemand dem Vorstand nur unter einer bestimmten Voraussetzung, also nur bedingt, angehören soll.[7] Es darf somit nicht vorgesehen werden, dass der 1. Vorsitzende der Vorstand im Sinne des § 26 BGB ist, dieser aber im Falle der Verhinderung durch den 2. Vorsitzenden oder sonst einen Dritten vertreten wird.[8] Ebenso unzulässig ist eine alternative Bestimmung des Vorstands,[9] z. B. dergestalt dass „Vorstand entweder der Vorsitzende oder der stellvertretende Vorsitzende" ist. Allerdings ist eine Regelung zulässig, der zufolge die Vorstandmitglieder Einzelvertretungsbefugnis haben, jedoch beispielsweise der stellvertretende Vorsitzende im Innenverhältnis von

2140

---

[1] BayObLG FGPrax 2001, 30.
[2] *Sauter/Schweyer/Waldner*, Verein, Rz. 120; *Stöber*, VereinsR, Rz. 211.
[3] Vgl. **BayObLG** FGPrax 2001, 82; **BayObLG** FGPrax 1996, 74; *Sauter/Schweyer/Waldner*, Verein, Rz. 224 ff.; *Stöber*, VereinsR, Rz. 227 ff.
[4] **BayObLG** Z 1969, 33 (= Rpfleger 1969, 130).
[5] Siehe **BayObLG** Z 1972, 286 (= Rpfleger 1972, 440).
[6] Siehe **OLG Hamm** FGPrax 2008, 36.
[7] **BayObLG** Z 1971, 266 (= DNotZ 1972, 79); **BayObLG** Z 1969, 33 (= Rpfleger 1969, 130); *Sauter/Schweyer/Waldner*, Verein, Rz. 124 und 224.
[8] **BayObLG** FGPrax 2001, 256; **BayObLG** Z 1992, 16 (= Rpfleger 1992, 255 = NJW-RR 1992, 802); **BayObLG** Z 1971, 266 (= DNotZ 1972, 79); **BayObLG** Z 1969, 33 (= Rpfleger 1969, 130); **LG Gießen** Rpfleger 1998, 521; **LG Köln** Rpfleger 1970, 240.
[9] **OLG Celle** NJW 1969, 326 (= Rpfleger 1968, 282).

seiner Vertretungsmacht nur Gebrauch machen soll, wenn der 1. Vorsitzende verhindert ist.[1]

2141 Als Vorstand kann eine natürliche Person, aber auch eine juristische Person bestimmt und bestellt werden.[2] Die Satzung kann die Wählbarkeit zum Vorstand an bestimmte Voraussetzungen knüpfen (z. B. Lebensalter, Dauer der Vereinszugehörigkeit), aber auch vorsehen, dass ein Nichtmitglied zum Vorstand gewählt wird.[3] Die Bestellung der Vorstandsmitglieder erfolgt grundsätzlich durch Beschluss der Mitgliederversammlung (§ 27 Abs. 1 BGB). Die Satzung kann allerdings abweichende Bestimmungen treffen (§ 40 BGB), somit als andere Art der Vorstandsbestellung auch regeln, dass die Wahl der Vorstandsmitglieder durch ein anderes Vereinsorgan, z. B. durch einen Ausschuss, erfolgt oder dass die Bestellung durch einen Dritten (z. B. die Kirchenbehörde, eine Dachorganisation, ein Unternehmen) vorzunehmen ist oder einzelne Vorstandsmitglieder durch die übrigen Mitglieder des Vorstands durch Vorstandsbeschluss kooptiert werden.[4] Die sonst jederzeit mögliche Widerruflichkeit der Bestellung zum Vorstandsmitglied (§ 27 Abs. 2 Satz 1 BGB) kann durch die Satzung gemäß § 27 Abs. 2 Satz 2 BGB abweichend geregelt werden, somit auch auf den Fall beschränkt werden, dass ein wichtiger Grund vorliegt. Die Satzung kann die Amtsdauer des Vorstands regeln und auch vorsehen, dass der Vorstand über seine satzungsgemäße Amtszeit hinaus bis zur Bestellung des nächsten Vorstands im Amt bleibt.

2142 Den **Umfang der Vertretungsmacht** des Vorstands kann die Satzung mit Wirkung gegen Dritte beschränken (§ 26 Abs. 1 Satz 3, § 70 BGB). Die Satzungsbestimmung über die Beschränkung der Vertretungsmacht muss so klar und eindeutig gefasst sein, dass sie das Ausmaß der Einschränkung in der für den Rechtsverkehr notwendigen Weise bestimmt. Diesbezüglich allgemein gehaltene Formulierungen sind daher unzulässig. Es genügt für eine Beschränkung des sachlichen Umfangs der Vertretungsmacht mit Wirkung gegen Dritte nicht schon, dass in der Satzung eine den Handlungsspielraum des Vorstands einschränkende Regelung getroffen wird, wenn nicht zum Ausdruck gebracht wird, dass damit auch die Vertretungsmacht beschränkt sein soll.[5] Von der Satzungsbestimmung über die Beschränkung der Vertretungsmacht zu unterscheiden ist die nur für das Innenverhältnis zwischen Verein und Vorstand getroffene Regelung, dass für das Handeln des Vorstands eine Weisung bzw. Zustimmung eines anderen Organs oder eines Dritten einzuholen ist. Ausgeschlossen ist im Übrigen eine Abänderung der gesetzlichen Vorgabe, dass für den Zugang einer Willenserklärung gegenüber dem Verein der Zugang an ein Mitglied des Vorstands genügt (§ 26 Abs. 2 Satz 2, § 40 BGB).

2143 Für den mehrgliedrigen Vorstand kann die Satzung in Abweichung von der gesetzlichen Vertretungsregelung (§ 26 Abs. 2 Satz 1 BGB), wonach der Verein durch die Mehrheit der Vorstandsmitglieder vertreten wird, bestimmen, dass jedes Mitglied einzeln vertritt oder dass einzelne Vorstandsmitglieder nur gemeinsam handeln können (§ 40 BGB).[6]

2144 In der Satzung kann auch festgelegt werden, dass sämtliche Vorstandsmitglieder oder die Inhaber bestimmter Ämter im Vorstand von den **Beschränkungen des § 181 BGB** bezüglich In-Sich-Geschäfte befreit sein sollen. Auch denkbar ist die Ermächtigung an

---

[1] Vgl. **BayObLG** FGPrax 2001, 256; **BayObLG** Z 1992, 16; **LG Gießen** Rpfleger 1998, 521; *Sauter/Schweyer/Waldner*, Verein, Rz. 227.
[2] Vgl. **LG München I** MittBayNot 1975, 9; **Stöber**, VereinsR, Rz. 251; *Reuter*, in: MünchKommBGB, § 26 Rz. 6.
[3] **OLG Stuttgart** Rpfleger 1964, 20; *Reuter*, in: MünchKommBGB, § 26 Rz. 7.
[4] **OLG Hamm** FGPrax 2008, 36; *Sauter/Schweyer/Waldner*, Verein, Rz. 255.
[5] **BGH** NJW 1980, 2799 (= DNotZ 1981, 381).
[6] **BGH** Z 69, 250.

III. Die Rechtsverhältnisse des Vereins

die Mitgliederversammlung, im Rahmen der Bestellung einzelner Vorstandsmitglieder über die jeweilige Vertretungsmacht zu entscheiden und hierbei Befreiung von den Verboten des § 181 BGB zu erteilen.[1] Geht die erteilte Befreiung über einen bestimmten Einzelfall hinaus, so bedarf es diesbezüglich einer Eintragung im Vereinsregister.

h) Voraussetzungen, unter denen die **Mitgliederversammlung zu berufen** ist (§ 58 Nr. 4 BGB). Zu berufen ist die Versammlung in den durch die Satzung bestimmten Fällen sowie dann, wenn das Interesse des Vereins es erfordert (§ 36 BGB) und auf Verlangen einer Minderheit (§ 37 BGB). Die Satzung kann sich mit der Mindestregelung begnügen, dass die Berufung zu erfolgen hat, wenn das Interesse des Vereins es erfordert oder von einer Minderheit Berufung verlangt wird. Es können aber auch eingehende Bestimmungen über alle möglichen Berufungsgründe getroffen werden. Bestimmt werden kann durch die Satzung auch das für die Berufung zuständige Vereinsorgan. Sofern die Satzung hierzu keine Regelung trifft, hat die Berufung durch den Vorstand zu erfolgen.[2] Durch den im Vereinsregister eingetragenen Vorstand kann die Versammlung stets einberufen werden,[3] wenn nach der Satzung kein anderes Organ zuständig ist, somit ohne Rücksicht darauf, ob der Eingetragene das Amt des Vorstands noch innehat, insbesondere also auch nach Ablauf der Amtszeit oder Niederlegung des Amts. 2145

i) Form der Berufung der Mitgliederversammlung (§ 58 Nr. 4 BGB). Die gesetzlichen Bestimmungen treffen hierzu keine Regelung. Die Satzung kann daher jede zweckmäßige und zuverlässige Berufungsform vorsehen, somit beispielsweise anordnen, dass schriftlich, mündlich, auch fernmündlich, durch eingeschriebenen Brief, Boten, Zeitungsanzeige, per e-mail oder Aushang (z.B. im Vereinslokal oder an der Gemeindetafel) zu berufen ist. Die Form der Berufung muss ausreichend bestimmt geregelt sein. Eine ungenaue Regelung (z.B. „durch die Tagespresse", „in der örtlichen Presse",[4] „durch ortsübliche Bekanntmachung",[5] „durch Aushang" ohne nähere Angabe des Orts, „nach näherer Bestimmung des Vorstands")[6] genügt nicht. Auch kann nicht vorgesehen werden, dass die Berufung wahlweise (z.B. „schriftlich oder durch Zeitungsanzeige", „(...)" oder durch Anschlag an der Gemeindetafel", „im x-Blatt oder in der y-Zeitung") erfolgen soll.[7] Die Berufung kann auch an eine Frist gebunden werden. 2146

j) Beurkundung der Beschlüsse der Mitgliederversammlung (§ 58 Nr. 4 BGB). Die Regelung dient der Festlegung, wer die Niederschrift, in der die Versammlungsbeschlüsse zum Nachweis im Rechtsverkehr festgehalten werden, zu unterzeichnen und damit ihre Richtigkeit und Vollständigkeit verantwortlich zu übernehmen hat. Der bzw. die Protokollführer müssen nicht individuell, also namentlich oder mit ihrem Vereinsamt, festgelegt werden. Ausreichend ist, wenn es dem Vorstand, dem Leiter der Versammlung oder dieser selbst überlassen wird, einen Protokollführer zu bestimmen.[8] Auch nähere Einzelheiten über Form und Inhalt der Niederschrift muss die Satzung nicht regeln. 2147

---

[1] Siehe **OLG München** NJW-RR 1991, 893; **BayObLG** Rpfleger 1985, 301; s.a. *Sauter/Schweyer/Waldner*, Verein, Rz. 239.

[2] **KG** OLGZ 1978, 272 (= MDR 1978, 576); *Coing*, in: Staudinger, BGB, § 32 Rz. 8.

[3] **BayObLG** Z 1985, 24; **BayObLG** Z 1972, 329 (= MDR 1972, 134); **KG** OLGZ 1978, 272 (= MDR 1978, 576); **KG** OLGZ 1971, 480 (= MDR 1971, 1006); **LG Aurich** Rpfleger 1985, 115.

[4] **LG Köln** MittRhNotK 1979, 191.

[5] **OLG Zweibrücken** Rpfleger 1985, 31 (= MDR 1985, 230).

[6] **OLG Hamm** OLGZ 1965, 65 (= MDR 1966, 48).

[7] Ebenso *Hornung* Rpfleger 1978, 46 (48); *Reuter*, in: MünchKommBGB, § 58 Rz. 5; s.a. **OLG Hamm** OLGZ 1965, 65 (= MDR 1966, 48); **OLG Zweibrücken** Rpfleger 1985, 31 (= MDR 1985, 230); anderer Ansicht: **OLG Stuttgart** OLGZ 1986, 257 (= NJW-RR 1986, 995).

[8] **LG Lübeck** Rpfleger 1986, 263.

3. Fakultative Satzungsbestimmungen

2148 Die Satzung kann nach dem Grundsatz der Vereinsautonomie **weitere** Rechtsverhältnisse des Vereins in den Grenzen der zwingenden gesetzlichen Vorschriften (§ 40 BGB) regeln. Vielfach werden **Bestimmungen** zu folgenden Gegenständen getroffen:
- Anforderungen bezüglich der Beschlussfähigkeit einer Mitgliederversammlung, entweder allgemein oder für bestimmte Angelegenheiten;
- Erweiterung der Tagesordnung um bestimmte Beschlussfassungen auch nach Einberufung der Mitgliederversammlung, ggf. nur unter bestimmten Voraussetzungen;
- Regelungen zur Stimmenmehrheit bei Abstimmungen. Ohne Satzungsbestimmung entscheidet bei der Beschlussfassung die Mehrheit der abgegebenen Stimmen (§ 32 Abs. 1 Satz 3 BGB). Die Rechtsprechung nahm schon bisher an, dass die Stimmenmehrheit sich nur nach der Zahl der abgegebenen Ja- und Nein-Stimmen berechnet, Enthaltungen demnach nicht mitzuzählen sind.[1] Durch die Neufassung der Vorschrift im Jahr 2009 soll dies zum Ausdruck kommen, so dass bei der Feststellung der Mehrheit ungültige Stimmen und Stimmenthaltungen nicht berücksichtigt werden.[2] Besonderheiten gelten für
  - die Änderung der Satzung, für welche eine Mehrheit von drei Viertel der abgegebenen Stimmen erforderlich ist (§ 33 Abs. 1 Satz 1 BGB),
  - die Auflösung des Vereins, die ebenfalls eine Mehrheit von drei Viertel der abgegebenen Stimmen erfordert (§ 41 BGB),
  - die Änderung des Zwecks des Vereins; erforderlich ist die Zustimmung aller Mitglieder (§ 33 Abs. 1 Satz 2 BGB),
  - die Beeinträchtigung eines Sonderrechts, welche die Zustimmung des jeweils betroffenen Mitglieds erfordert (§ 35 BGB).
- Bestimmungen über die Bildung weiterer Vereinsorgane (vgl. § 32 Abs. 1 Satz 1 BGB), insbesondere eine erweiterte Vorstandschaft („Gesamtvorstand"), einen Hauptausschuss (Präsidium) oder geschäftsführenden Vorstand;
- Bestimmungen über einen besonderen Vertreter (§ 30 BGB) als Vereinsorgan mit begrenzter Zuständigkeit (hierzu Rz. 2174).

IV. Anmeldung des Vereins

1. Anmeldung durch den Vorstand

2149 Die Ersteintragung eines Vereins erfolgt auf Anmeldung des **Vorstands** (§ 59 BGB). Besteht der Vorstand aus mehreren Personen (mehrgliedriger Vorstand) und vertreten nur alle gemeinsam, so müssen alle Mitglieder des Vorstands die Eintragung des Vereins zum Vereinsregister anmelden. Wenn ein Mitglied dieses mehrgliedrigen Vorstands nicht mit angemeldet hat, ist die Anmeldung der übrigen Vorstandsmitglieder nicht vollziehbar. Das gilt auch, wenn ein Mitglied des für Gesamtvertretung erforderlichen Vorstands fehlt, beispielsweise nicht bestellt oder bereits wieder ausgeschieden ist. Zur Anmeldung verpflichtete Vorstandsmitglieder sind hierbei nur Personen, die zur gerichtlichen und außergerichtlichen Vertretung des Vereins nach § 26 BGB befugt sind. Sofern die Vorstandsmitglieder vor Eintragung des Vereins bzw. während des Eintragungsverfahrens ausgewechselt werden, bedarf es bei angeordneter Gesamtvertretung der Anmeldung der neu bestellten Mitglieder des Vorstands.[3]

2150 Die Anmeldung durch die Mitglieder des Vorstands nur **in vertretungsberechtigter Zahl** ist erforderlich und genügend, wenn die Satzung bestimmt, dass nicht sämt-

---
[1] **BGH** Z 106, 179; **BGH** Z 83, 35; vgl. *Stöber,* VereinsR, Rz. 527.
[2] BT-Drucks. 16/12 813, S. 11.
[3] *Reichert,* VereinsR, Rz. 154.

IV. Anmeldung des Vereins

liche Mitglieder des mehrgliedrigen Vorstands gemeinsam zu vertreten haben (vgl. § 77 BGB). Bei Einzelvertretung durch jedes Mitglied des mehrgliedrigen Vorstands kann sonach der Verein auch allein von einem einzelvertretungsberechtigten Vorstandsmitglied zur Eintragung in das Vereinsregister angemeldet werden. Die Mitwirkung sämtlicher einzelvertretungsberechtigten Mitglieder dieses Vorstands ist dazu nicht erforderlich. Die bislang hierzu bestehenden Streitfragen haben sich durch die Neufassung der Vorschrift im Jahr 2009 erledigt.[1]

Die Anmeldung kann auch durch einen **Bevollmächtigten** erfolgen, wobei sich jedes Vorstandsmitglied vertreten lassen kann. Die durch das Vorstandsmitglied erteilte Vollmacht muss jedoch entsprechend § 12 Abs. 1 Satz 2 HGB öffentlich beglaubigt sein[2] (vgl. §§ 77, 129 BGB). Der Notar, der die Anmeldung beglaubigt oder beurkundet hat, bedarf für die Annahme seiner Bevollmächtigung zur Antragstellung keines weiteren Nachweises (siehe § 378 Abs. 2 FamFG).[3] 2151

2. Form und Inhalt der Anmeldung

Die **Form der Anmeldung** bestimmt § 77 BGB. Die Anmeldung ist mittels öffentlich 2152 beglaubigter Erklärung zu bewirken (§ 129 BGB; §§ 39, 40 BeurkG). Die Anmeldung muss schriftlich abgefasst sein und die Unterschrift des Erklärenden durch einen Notar oder eine aufgrund § 63 BeurkG in Verbindung mit dem jeweiligen Landesrecht berufene Urkundsperson beglaubigt werden. Die elektronische Einreichung ist gemäß § 14 Abs. 2 und 4 FamFG nach entsprechender landesrechtlicher Anordnung möglich und erfolgt dann wie bei Handelsregisteranmeldungen unter Berücksichtigung des § 39a BeurkG. Im Übrigen können nach § 59 Abs. 2 BGB auch die einzureichenden Dokumente gegebenenfalls in elektronischer Form übermittelt werden, da eine Errichtung der Satzung in Urschrift nicht mehr vorgesehen ist.

Inhaltlich sollte die Anmeldung nach § 59 BGB den Erfordernissen der beantragten 2153 Eintragung gemäß § 64 BGB entsprechen, sodass in der Anmeldung Name und Sitz des Vereins, der Tag der Errichtung der Satzung sowie die Mitglieder des Vorstands und deren Vertretungsmacht anzugeben sind. Anzumelden ist die allgemeine Vertretungsregelung sowie die im Einzelfall hiervon abweichende besondere Vertretungsbefugnis einzelner Vorstandsmitglieder (siehe § 3 Satz 2 Nr. 3 VRV). Angezeigt ist angesichts § 15 VRV auch die Angabe der **ladungsfähigen Anschrift** des Vereins, wobei die Anmeldung einer „inländischen Geschäftsanschrift", die sodann im Register eingetragen wird – anders als im Handelsregister (siehe Rz. 340 f) – nicht vorgesehen ist. Wird eine ladungsfähige Anschrift nicht mitgeteilt, ist die Eintragung allerdings zunächst nicht vorzunehmen und dem Verein bzw. den anmeldenden Vorstandsmitgliedern Gelegenheit zu geben, das bestehende Eintragungshindernis zu beseitigen (§ 382 Abs. 4 FamFG). Vollzugsfähig ist die Vereinsanmeldung aber bereits dann, wenn aus der Anmeldung und den beigefügten Anlagen die genannten Umstände zweifelsfrei festzustellen sind, notfalls durch Angabe einer Anschrift „c/o" über ein Vorstandsmitglied.[4]

Beispiel für eine **Vereinsregisteranmeldung** durch die Mitglieder des Vorstands (§ 59 2154 BGB), einzureichen in öffentlich beglaubigter Form:

---

[1] Siehe BT-Drucks. 16/12 813, S. 14; zur Rechtslage zuvor siehe *Krafka/Willer*, Registerrecht, 7. Aufl. 2007, Rz. 2150 m.w.N.
[2] KG J 26 A 232; KG J 33 A 143; *Sauter/Schweyer/Waldner*, Verein, Rz. 16, 432.
[3] **LG München I** MittBayNot 1971, 147; *Sauter/Schweyer/Waldner*, Verein, Rz. 16; *Stöber*, VereinsR, Rz. 1015.
[4] Vgl. **OLG Naumburg** GmbHR 2009, 832 hinsichtlich der Anschrift einer GmbH.

Als Vorstand des neu gegründeten Vereins „Kaninchenzucht-Verein 2010" mit dem Sitz in München (Anschrift: Vogelstraße 33, 80687 München) melden wir zur Eintragung in das Vereinsregister an:
- den am 21. 2. 2010 gegründeten Verein;
- die Mitglieder des Vorstands: Stefan Stein, geboren am 3. 3. 1960, München, und Hugo Holz, geboren am 5. 5. 1960, München.

Der Vorstand besteht aus zwei Mitgliedern. Der Verein wird durch beide Vorstandsmitglieder gemeinschaftlich vertreten. Die Vertretungsmacht ist in der Weise beschränkt, dass Rechtsgeschäfte im Wert von mehr als 5000 € der Zustimmung der Mitgliederversammlung bedürfen.

Als Anlagen fügen wir in Abschrift die Satzung sowie die Urkunde vom 21. 2. 2010 über die Bestellung des Vorstands bei.

3. Anlagen zur Anmeldung

2155 Als Anlagen sind der Anmeldung die **Satzung des Vereins** in Abschrift – nicht beglaubigt – sowie eine Abschrift der Urkunde über die **Bestellung des Vorstands** beizufügen (§ 59 Abs. 2 BGB), gegebenenfalls in elektronischer Form wie bei § 12 Abs. 2 Satz 2 Halbs. 1 HGB als einfache Aufzeichnung. Eine etwa erforderliche staatliche Genehmigung muss wie bei der Errichtung von sonstigen juristischen Personen nicht mit eingereicht werden. Die Satzung soll von mindestens sieben Vereinsmitgliedern unterzeichnet sein[1] und die Angabe des Tages der Errichtung enthalten (§ 59 Abs. 3 BGB). Die Abschrift der Satzung muss die Unterschriften der Mitglieder enthalten, es genügt aber beispielsweise der Vermerk „gez. Meier". Etwaige Unterschriften sollten die Feststellung der Unterzeichner ermöglichen. Namen und Anschriften der Unterzeichner müssen daher u. U. in Druckschrift gekennzeichnet sein.

4. Bearbeitung der Anmeldung durch das Gericht

2156 Für die Erledigung der Eintragungseingänge kommt es nicht auf den Zeitpunkt des Eingangs beim Amtsgericht an. Es besteht also kein Vorrang eines früher eingereichten Antrags vor einem später eingegangenen, also kein Prioritätsrecht bei Anmeldung von Vereinen mit gleichlautenden Namen.[2]

V. Prüfung der Anmeldung; Mitwirkung der Verwaltungsbehörde

2157 Das **Amtsgericht prüft**, ob die Anmeldung den Erfordernissen der §§ 56 bis 59 BGB genügt[3] (§ 60 BGB) und ob seine örtliche Zuständigkeit (§ 55 BGB) begründet ist. Zuständig ist der Rechtspfleger (§ 3 Nr. 1 lit. a RPflG i. V. m. §§ 29, 37 BGB, § 374 Nr. 4 FamFG; § 1 Abs. 4 VRV).

2158 Zu prüfen ist somit insbesondere, ob der Verein vom Vorstand ordnungsgemäß angemeldet ist (§ 59 Abs. 1 BGB; § 77 BGB) und der Anmeldung die erforderlichen Dokumente beigefügt sind (§ 59 Abs. 2 BGB) sowie, ob die Zahl der Mitglieder mindestens sieben beträgt (§§ 56, 59 Abs. 3 BGB), dann, ob der Vereinszweck auf einen nichtwirtschaftlichen Geschäftsbetrieb gerichtet ist (hierzu Rz. 2122 f.), die Satzung den Erfordernissen der §§ 57, 58 BGB entspricht und in ihr alle Rechtsverhältnisse des Vereins ohne Gesetzesverstoß geregelt sind. Die Prüfung erstreckt sich im Allgemeinen nur auf das, was die vorgelegten Dokumente als Grundlage bieten.[4] Be-

---

[1] Siehe für Vereinsverbände **OLG Stuttgart** OLGZ 1983, 307 (= Rpfleger 1983, 318); *Sauter/Schweyer/Waldner*, Verein, Rz. 323.
[2] KG DRiZ 1930 Nr. 292 (= Recht 1930 Nr. 778).
[3] Vgl. **OLG Köln** NJW-RR 1994, 1547.
[4] **OLG Hamburg** JFG 11, 175; **LG Siegen** Rpfleger 1964, 264; **LG Hildesheim** NJW 1965, 2400; **LG Krefeld** Rpfleger 1968, 14.

V. Prüfung der Anmeldung; Mitwirkung der Verwaltungsbehörde

gründete Zweifel an der Richtigkeit der sich aus den Urkunden ergebenden Tatsachen machen es dem Registergericht nach § 26 FamFG zur Pflicht, in eine weitergehende Nachprüfung einzutreten.[1] Solche Zweifel können sich auch aus anderen Umständen und Erkenntnisquellen ergeben. Eine weitergehende Inhaltskontrolle der Satzungsbestimmungen ist allerdings nicht Sache des Registergerichts, sondern gegebenenfalls im Rahmen eines Rechtsstreits unter Beteiligung des Vereins oder seiner Mitglieder Sache des Prozessgerichts.[2]

Hieraus lässt sich folgendes **Prüfungsschema** ableiten, das dem Gericht als Vorprüfungsbogen zur Abarbeitung dienen kann:

Übersicht zur Prüfung der Ersteintragung von Vereinen:
1. Prüfung, ob der verwendete **Name noch frei** ist;
2. Prüfung der Satzungsbestimmungen nach **§ 57 Abs. 1 BGB**
   a) Name des Vereins;
   b) Sitz des Vereins;
   c) Bestimmung darüber, dass der Verein im Register eingetragen werden soll;
   d) Zweck des Vereins;
3. Prüfung der Satzungsbestimmungen nach **§ 58 Nr. 1 bis 4 BGB**
   a) Mitgliedereintritt;
   b) Mitgliederaustritt;
   c) Beitragspflicht;
   d) Vorstand gemäß § 26 BGB;
   e) Berufung der Mitgliederversammlung;
   f) Form der Berufung der Mitgliederversammlung;
   g) Beurkundung der Beschlüsse;
4. Prüfung der Anforderungen nach § 59 BGB:
   a) Minderheitenrechte gewahrt;
   b) Unterschrift von sieben Mitgliedern;
   c) Tag der Errichtung;
5. Feststellung, ob eine **Vertretungsbeschränkung des Vorstands** in der Satzung enthalten ist;
6. **Registeranmeldung**
   a) Prüfung, ob gemäß §§ 59, 77 BGB die erforderlichen Vorstandsmitglieder angemeldet haben;
   b) Behandlung der eingereichten Unterlagen nach §§ 59, 71 BGB:
      – Satzungsabschrift;
      – Abschrift der Urkunde über die Vorstandsbestellung.

Zur Behebung von Mängeln ist mit Erlass einer **Zwischenverfügung** Gelegenheit zu geben (§ 382 Abs. 4 FamFG, vgl. hierzu Rz. 166 ff.). Bedarf die Satzung vor Eintragung des Vereins, insbesondere infolge Beanstandung durch das Registergericht, einer Änderung oder Ergänzung, so hat diese durch Beschluss der Mitgliederversammlung, also mit Mehrheit entsprechend der Satzung oder § 33 BGB, zu erfolgen.[3] Eine Änderung des Zwecks bedarf jedoch der Zustimmung aller Mitglieder. Die Änderung der Satzung des angemeldeten Vereins ist vor dessen Ersteintragung nicht erneut förmlich anzumelden, vielmehr genügt die Einreichung der geänderten Satzung durch den Vorstand.[4]

Zurückzuweisen ist die Anmeldung, wenn sie den Eintragungserfordernissen (§§ 21, 56 bis 59 BGB) nicht genügt und tatsächliche oder rechtliche Eintragungshindernisse

2159

2160

---
[1] **BayObLG** Z 1963, 15; *Stöber,* VereinsR, Rz. 1036.
[2] Siehe *Fleck* Rpfleger 2009, 58 (67).
[3] Vgl. **BayObLG** Z 1972, 29 (= Rpfleger 1972, 132); *Sauter/Schweyer/Waldner,* Verein, Rz. 18.
[4] Vgl. **BayObLG** Z 1978, 143; **BayObLG** Z 1972, 29 (= Rpfleger 1972, 132).

auch nicht auf Zwischenverfügung hin behoben werden. Die Zurückweisung erfolgt durch Beschluss, der zu begründen ist (§ 60 BGB, § 382 Abs. 3 FamFG) und durch Beschwerde nach §§ 58 ff. FamFG, § 11 RPflG angegriffen werden kann. Eine erneute Anmeldung nach Ablauf der Rechtsmittelfrist oder nach erfolgloser Einlegung eines Rechtsmittels ist aufgrund fehlenden Rechtsschutzbedürfnisses als unzulässig zu verwerfen, wenn die gleichen Unterlagen vorgelegt werden wie beim ersten Versuch und keine neue Sach- oder Rechtslage vorliegt bzw. geltend gemacht wird.[1] Zur Möglichkeit der Aussetzung des Verfahrens siehe §§ 21, 381 FamFG.

2161 Nach Aufhebung der §§ 61 bis 63 BGB a. F. durch das Justizmitteilungsgesetz[2] richtet sich die Beteiligung der zuständigen **Verwaltungsbehörde** bei der Ersteintragung eines Vereins nach § 400 FamFG. Danach hat das Amtsgericht der Verwaltungsbehörde die Eintragung des Vereins mitzuteilen, wenn Anhaltspunkte bestehen, dass es sich um einen Ausländerverein oder eine organisatorische Einrichtung eines ausländischen Vereins gemäß §§ 14, 15 VereinsG handelt.

VI. Ersteintragung des Vereins

2162 Mit der Eintragung in das Vereinsregister erlangt der Verein seine Rechtsfähigkeit und wird juristische Person (§ 21 BGB). Die Eintragung hat demnach rechtsgestaltende Wirkung und kann von Dritten nicht durch Einlegung eines Rechtsmittels beseitigt werden (vgl. § 383 Abs. 3 FamFG).[3] Das Vereinsregister gewährt allerdings lediglich einen beschränkten Vertrauensschutz im Sinne negativer Publizität (§ 68 BGB), die vor allem für die Eintragungen bezüglich des Vorstands von Bedeutung ist.[4] Der Name des Vereins erhält mit der Eintragung den als Teil des Vereinsnamens in das Vereinsregister mit einzutragenden Zusatz „eingetragener Verein" (§ 65 BGB). Diesen Namenszusatz hat der Verein zu führen, was jedoch durch das Registergericht nicht erzwungen werden kann. Bei Vorliegen einer entsprechenden Regelung des Vereinsnamens in der Satzung kann der Zusatz auch in der abgekürzten Form „e. V." geführt werden.

1. Eintragung

2163 Die Eintragung des Vereins erfolgt bei einem Papierregister aufgrund einer Verfügung des Rechtspflegers, die den Wortlaut der Eintragung feststellen soll (§ 9 Abs. 1 VRV, § 3 Nr. 1 lit. a RPflG). Eintragungen in das elektronische Register nimmt der Rechtspfleger selbst vor (§ 27 Abs. 1 VRV), er kann aber auch – was regelmäßig nicht geboten ist – die Eintragung durch den Urkundsbeamten mittels Verfügung veranlassen (§ 27 Abs. 1 VRV). Mit der Eintragung sind die Anmeldung sowie die weiteren eingereichten **Dokumente** vom Amtsgericht **aufzubewahren** (§ 66 Abs. 2 BGB). Die vormals vorgesehene Rückgabe der Unterlagen unter Bestätigung der vorgenommenen Eintragung ist im Jahr 2009 entfallen.

2. Inhalt der Eintragung

2164 Bei der Eintragung sind im Vereinsregister der Name und der Sitz des Vereins, der Tag der Errichtung der Satzung sowie die Mitglieder des Vorstands und deren Vertretungsmacht anzugeben (§ 64 BGB). Einzutragen ist der **Name** in Spalte 2 Unterspalte a, der **Sitz** dort in Unterspalte b (§ 3 Satz 3 Nr. 2 VRV); die Eintragung einer

---

[1] KG FGPrax 2005, 130.
[2] JuMiG vom 18. 6. 1997 (BGBl. I S. 1430).
[3] OLG Hamm FGPrax 2005, 226.
[4] Vgl. hierzu *Sauter/Schweyer/Waldner*, Verein, Rz. 429.

VI. Ersteintragung des Vereins

inländischen Anschrift im Register ist nicht vorgesehen. Die **allgemeine Vertretungsregelung** des Vorstands einschließlich allgemeiner Verfügungsbeschränkungen nach § 26 Abs. 1 Satz 3 BGB ist in Spalte 3 Unterspalte a aufzunehmen, die vertretungsberechtigten Vorstandsmitglieder sind mit Familienname, Vorname, Geburtsdatum und Wohnort sowie besonderer Vertretungsbefugnis, falls von der allgemeinen Vertretungsregelung abweichend, in Unterspalte b aufzuführen (§ 3 Satz 3 Nr. 3 VRV). Eine spezielle Position bzw. Funktion im Vorstand (Erster Vorsitzender, Präsident, Schatzmeister) ist nur bei der jeweiligen Person einzutragen, wenn dies nach der allgemeinen Vertretungsregelung Einfluss auf die Vertretung des Vereins hat.[1] Nur dann ist die Eintragung der Funktion „zweckmäßig" im Sinne des § 3 Satz 3 Nr. 3 VRV.

– Beispielsweise kann die allgemeine Vertretungsregelung folgendermaßen lauten: „Der Vorstand besteht aus mindestens zwei, höchstens vier Personen. Jeweils zwei Vorstandsmitglieder vertreten den Verein gemeinsam." Die Anzahl der erforderlichen bzw. zulässigen Vorstandsmitglieder ist nach der VRV nicht im Register einzutragen. Ausreichend wäre daher: „Der Verein wird durch zwei Mitglieder des Vorstands gemeinsam vertreten." Die Funktionsverteilung im Vorstand (Erster Vorsitzender, Zweiter Vorsitzender, Schatzmeister, Schriftführer) hat in diesem Fall auf die Vertretung keinen Einfluss, so dass sie im Register nicht zu verlautbaren ist.[2] Dies soll letztlich für das rechtsuchende Publikum überflüssige Informationen aus dem Register fernhalten und unnötige Formalitäten vermeiden helfen, etwa wenn aufgrund einer neuen Vorstandswahl die verschiedenen Ämter im Vorstand auf andere Weise verteilt werden und daher im Falle der Eintragung im Register eine entsprechende Korrektur erforderlich wäre.

– Anders ist allerdings die Lage, wenn die Vertretung des Vereins von der Ämterverteilung abhängt. Zum Beispiel kann die allgemeine Vertretungsregelung auch folgendermaßen gestaltet sein: „Der Vorstand besteht aus mindestens einem, höchstens vier Mitgliedern. Der Erste Vorsitzende des Vorstands vertritt den Verein stets einzeln, im Übrigen wird der Verein durch zwei Vorstandsmitglieder gemeinschaftlich vertreten." In diesem Fall ist die Stellung des Ersten Vorsitzenden im Vereinsregister bei der betreffenden Person in Spalte 3 Unterspalte b zu vermerken, da sie für die Vertretungsverhältnisse des Vereins relevant ist, sodass die entsprechende Eintragung zweckmäßig bzw. erforderlich ist (vgl. § 3 Satz 3 Nr. 3 VRV). Die übrigen Funktionen sind bei diesem Beispiel wiederum nicht im Register einzutragen.

Sofern eine generelle oder zumindest über einen Einzelfall hinausgehende **Befreiung von** den Beschränkungen des **§ 181 BGB** an ein oder mehrere Vorstandsmitglieder eingeräumt wird, ist auch dies im Vereinsregister einzutragen. Erteilt die satzungsmäßige Vertretungsbestimmung die Befreiung oder knüpft diese an bestimmte Vorstandsämter an (z. B. Befreiung nur des einzelvertretungsbefugten Ersten Vorsitzenden vom Verbot des Mehrfachkontrahierens), so ist dies in allgemeiner Form in Spalte 3 Unterspalte a einzutragen. Wurde die Befreiung hingegen aufgrund einer entsprechenden satzungsmäßigen Ermächtigung durch das zuständige Organ bei Bestellung eines Vorstandsmitglieds diesem persönlich erteilt, so ist dies bei dem betroffenen Vorstandsmitglied in Spalte 3 Unterspalte b einzutragen.

Sachliche Beschränkungen der Vertretungsmacht des Vorstands nach § 26 Abs. 1 Satz 3 BGB sind ebenfalls im Register zu vermerken. Beispielsweise kann vorgesehen werden, dass bei Maßnahmen, die eine Verpflichtung des Vereins über einen bestimmten Geldbetrag hinaus bewirken, die Zustimmung der Mitgliederversammlung

---

[1] Siehe *Schäfer* RNotZ 2005, 481; *Eichler* Rpfleger 2004, 196; *Bauer,* in: Böttcher/Ries, Registerrecht, Rz. 2322.
[2] Ebenso *Schäfer* RNotZ 2005, 481; *Bauer,* in: Böttcher/Ries, Registerrecht, Rz. 2322.

erforderlich ist.[1] Dies ist entsprechend in Spalte 3 Unterspalte a aufzunehmen. Denkbar sind auch **Kombinationen aus persönlicher und sachlicher Beschränkung** der Vertretungsmacht. So kann etwa vorgesehen werden, dass bei einem viergliedrigen Vorstand sämtliche Vorstandsmitglieder bei Maßnahmen bis zu einer Verpflichtungssumme von 10 000 € je einzeln vertreten, im Übrigen der Verein jedoch durch zwei Vorstandsmitglieder gemeinschaftlich vertreten wird.

2167 Die Eintragung eines Vermerks über die Stellung als „**stellvertretendes Vorstandsmitglied**" hat zu unterbleiben. Handelt es sich um unbedingt bestellte Mitglieder des Vorstands so sind sie ohne weiteres und ohne Zusatz in das Vereinsregister in Spalte 3 Unterspalte b einzutragen.[2]

2168 Einzutragen ist auch die **gesetzliche Vertretungsregelung,** wenn die Satzung hierzu keine abweichende Regelung trifft. Nach der Neuregelung durch den Gesetzgeber im Jahr 2009 kann die Eintragung gemäß § 26 Abs. 2 Satz 1 BGB im Register folgendermaßen lauten:

> Ist nur ein Vorstandsmitglied bestellt, vertritt es allein. Sind mehrere Vorstandsmitglieder bestellt, so wird der Verein durch die Mehrheit der Vorstandsmitglieder vertreten.

2169 Dass die gesetzlich bestehende sachliche Vertretungsbefugnis unbeschränkt ist, wird nicht im Register vermerkt, da sich dies entsprechend der Eintragungen bei anderen Rechtsträgern bereits aus dem Grundsatz der unbeschränkten organschaftlichen Vertretungsmacht ergibt (siehe im Übrigen § 26 Abs. 1 Satz 3 BGB).

2170 Bei bereits eingetragenen Vereinen muss die bestehende Vertretungsregelung erst dann zur Eintragung im Vereinsregister angemeldet werden, wenn eine die Vertretungsverhältnisse betreffende Bestimmung in der Satzung getroffen wurde und deren Eintragung beantragt wird oder wenn bei der Auflösung des Vereins erstmals die Liquidatoren zur Eintragung im Register angemeldet und eingetragen werden. Zwar fehlt eine **Übergangsvorschrift** für diese Fälle, jedoch kann Art. 52 EGHGB[3] entsprechend angewendet werden, da diesbezüglich ersichtlich eine planwidrige Regelungslücke vorliegt. Die Eintragung der gesetzlichen Vertretungsregelung kann analog Art. 52 Satz 2 EGHGB auch durch das Registergericht von Amts wegen vorgenommen werden.

2171 In Spalte 4 des Vereinsregisters sind in der Unterspalte a die **Rechtsform** („Eingetragener Verein") sowie **Angaben zur Satzung** und das **Datum ihrer Errichtung** einzutragen (§ 3 Satz 3 Nr. 4 lit. a VRV). Der entsprechende Vermerk kann z.B. wie folgt aussehen: „Satzung vom 1. 4. 2010". Das **Datum der Eintragung** ist schließlich in Spalte 5 Unterspalte a zu vermerken (§ 3 Satz 3 Nr. 5 VRV). Jede Eintragung ist zu unterschreiben (§ 3 Satz 4 VRV).

2172 Beispiel für die Ersteintragung eines Vereins:

> **Spalte 2**
> **Unterspalte a (Name):** Kaninchenzucht-Verein 2010 eingetragener Verein
> **Unterspalte b (Sitz):** München
> **Spalte 3**
> **Unterspalte a (Allgemeine Vertretungsregelung):**
> Der Verein wird durch sämtliche Vorstandsmitglieder gemeinschaftlich vertreten. Die Vertretungsmacht ist in der Weise beschränkt, dass Rechtsgeschäfte im Wert von mehr als 5000 € der Zustimmung der Mitgliederversammlung bedürfen.

---

[1] Vgl. **BayObLG** Rpfleger 1999, 544.
[2] **BayObLG** FGPrax 2001, 256 (= Rpfleger 2002, 82); **BayObLG** FGPrax 2001, 164 (= Rpfleger 2001, 431); **BayObLG** Z 1992, 16; vgl. auch **BGH** NJW 1998, 1071 (= FGPrax 1998, 68); **BayObLG** Z 1997, 107.
[3] Eingefügt durch Art. 3 Nr. 2 des Gesetzes über elektronische Register und Justizkosten für Telekommunikation (ERJuKoG) vom 10. 12. 2001 (BGBl. I S. 3422).

VI. Ersteintragung des Vereins

Unterspalte b (Vorstand, Liquidatoren):
Vorstand: Stein, Stefan, München, *3. 3. 1960
Vorstand: Holz, Hugo, München, *5. 5. 1960
Spalte 4
Unterspalte a (Rechtsform):
Eingetragener Verein. Satzung vom 21. 2. 2010.
Unterspalte b (Sonstige Rechtsverhältnisse): –

Beispiel für ein **Merkblatt des Registergerichts** für Vereine, zu übersenden mit der   2173
Nachricht über die Ersteintragung eines Vereins:

1. Zur Eintragung in das Vereinsregister ist anzumelden:
   – jede Vorstands-Neuwahl unter Vorlage einer Abschrift des Wahlprotokolls,
   – jede Satzungsänderung unter Vorlage einer Abschrift des Protokolls und einem Exemplar des gesamten Wortlauts der geänderten Satzung.
2. Form der Anmeldung: Schriftlich (oder ggf. elektronisch) mit notarieller Beglaubigung der Unterschrift(en) des bzw. der Anmeldenden.
3. Die Protokolle sollen möglichst kurz und übersichtlich sein. Sie müssen enthalten:
   – den Ort und den Tag der Versammlung,
   – die Bezeichnung des Vorsitzenden und des Schriftführers,
   – die Zahl der erschienenen Mitglieder,
   – die Feststellung der satzungsgemäßen Berufung der Versammlung,
   – die Tagesordnung mit der Angabe, ob sie bei der Berufung der Versammlung mit angekündigt war,
   – die Feststellung der Beschlussfähigkeit der Versammlung, falls die Satzung eine diesbezügliche Bestimmung enthält.
   – Die gestellten Anträge sowie die gefassten Beschlüsse und die Wahlen. Dabei ist jedes Mal das Abstimmungsergebnis ziffernmäßig genau anzugeben (Wendungen, wie „mit großer Mehrheit", „fast einstimmig" usw., sind zu vermeiden). Die gewählten Vorstandsmitglieder sind mit Vor- und Familiennamen, Geburtsdatum und Wohnort zu bezeichnen.
   – Bei Satzungsänderungen ist der nunmehrige Wortlaut der geänderten Paragrafen anzugeben. Ist die Satzung geändert und neu gefasst, so ist zweckmäßig im Protokoll folgende Feststellung zu treffen:
   – „Die Satzung wurde geändert und zugleich mit (…) Stimmen bei (…) Stimmenthaltungen und (…) ungültigen Stimmen sowie (…) Gegenstimmen nach beigefügter Anlage neu gefasst."
   – Die Neufassung der Satzung ist dann dem Protokoll als Bestandteil beizuheften.
   – Die Unterschriften derjenigen Personen, die nach der Satzung die Beschlüsse der Mitgliederversammlungen zu beurkunden haben.
   – Alles andere, besonders der Wortlaut der Verhandlungen und sonstige unwesentliche Angaben, sollen tunlichst nicht in das Protokoll aufgenommen werden.
4. Die Protokollabschriften müssen wörtlich mit der Urschrift übereinstimmen und mindestens den Eingang des Protokolls, die gefassten Satzungsänderungsbeschlüsse und Wahlen sowie den Schluss mit den Unterschriften enthalten.
5. Die vorgeschriebenen Anmeldungen haben jeweils sofort zu erfolgen; sie können durch Zwangsgeld erzwungen werden.
6. Anzumelden hat stets der Vorstand des Vereins (§ 26 Abs. 1 BGB); die Anmeldung muss durch Vorstandsmitglieder in vertretungsberechtigter Anzahl erfolgen (§ 77 BGB).

3. Besondere Vertreter und Zweigniederlassungen

Die Satzung des Vereins kann nach § 30 BGB bestimmen, dass neben dem Vorstand   2174
für gewisse Geschäfte **besondere Vertreter** zu bestellen sind, wobei auch die Befugnis
zu deren Bestellung dem Vorstand eingeräumt werden kann.[1] Zur möglichen Eintra-

---
[1] **BayObLG** FGPrax 1999, 71 (= Rpfleger 1999, 332 = MittBayNot 1999, 305).

gung dieser Vertreter im Vereinsregister enthält die VRV in § 3 Satz 3 Nr. 3 die Bestimmung, dass auch „besondere Vertretungsbefugnisse" im Register einzutragen sind. Zur Rechtslage vor In-Kraft-Treten der VRV ging die Rechtsprechung davon aus, dass derartige besondere Vertreter im Register namentlich samt Umfang der Vertretungsbefugnis einzutragen sind.[1] Auch unter Berücksichtigung der nunmehr bestehenden registerlichen Rechtslage sind besondere Vertreter im Sinne des § 30 BGB im Vereinsregister **einzutragen** und zwar mit Familienname, Vorname, Geburtsdatum, Wohnort und Beschreibung des Umfangs der Vertretungsmacht. Allein dies entspricht dem Ziel des Registers, möglichst aussagefähig sämtliche Umstände und Rechtsverhältnisse wiederzugeben, die für Dritte im Rechtsverkehr mit dem jeweiligen Rechtsträger von Bedeutung sind. Hierzu zählt auch die Bestellung organschaftlicher besonderer Vertreter, denen ein maßgeblicher Umfang an Vertretungsmacht eingeräumt werden kann und deren Position gesetzlich in § 30 BGB verankert ist.[2] Die Eintragung hat unter Bezeichnung der Funktion als „Besonderer Vertreter" unter Angabe der ihm eingeräumten Vertretungsbefugnis nach § 3 Satz 3 Nr. 3 VRV in Spalte 3 Unterspalte b zu erfolgen, da es sich wie bei einem Vorstandsmitglied um einen organschaftlichen Vertreter des Vereins handelt.[3]

2175 **Zweigniederlassungen** des Vereins bzw. Zweigvereine eines Gesamtvereins können als solche im Sinne des § 13 HGB nicht begründet und daher **nicht** im Register **eingetragen** werden. Allerdings kann die begründete Zweigniederlassung als weiterer Verein unter den Voraussetzungen der §§ 56 ff. BGB eingetragen werden. Die „Zweigniederlassung" erwirbt hierdurch eine eigenständige Rechtspersönlichkeit.

4. Mitteilung und Veröffentlichung der Eintragung

2176 Die Bekanntmachung im Sinne einer **Vollzugsmitteilung** der Eintragung erfolgt an den Verein bzw. seinen Bevollmächtigten, z. B. den beglaubigenden Notar (§ 383 Abs. 1 FamFG; § 13 VRV). Auf die Bekanntmachung kann verzichtet werden (§ 383 Abs. 1 Halbs. 2 FamFG), worauf das Gericht in geeigneten Fällen hinzuweisen hat (§ 13 Abs. 1 Satz 3 VRV). Maschinell erstellte Benachrichtigungen müssen unter den Voraussetzungen des § 13 Abs. 2 VRV nicht unterschrieben werden.

2177 Die Eintragung ist vom Gericht in dem von der Landesjustizverwaltung bestimmten elektronischen Informations- und Kommunikationssystem unverzüglich **bekannt zu machen** (§ 66 BGB, § 14 Satz 1 VRV). Die Bekanntmachung hat die Tatsache der Eintragung des Vereins, seinen Namen, seinen Sitz und seine Registernummer zu enthalten. Außerdem sind der Tag der Eintragung und das Gericht anzugeben (§ 14 Satz 2 VRV). Die Namen der Vorstandsmitglieder werden nicht bekannt gemacht. Das Unterbleiben der Veröffentlichung hindert nicht die Wirksamkeit der Eintragung und die Erlangung der Rechtsfähigkeit.

5. Zurückweisung der Anmeldung

2178 Die Zurückweisung der Anmeldung des Vereins (§ 60 BGB) durch Beschluss (§ 382 Abs. 3 FamFG) ist dem Vorstand oder dem Bevollmächtigten, der die Anmeldung eingereicht hat, durch Zustellung bekannt zu machen (§ 41 Abs. 1 Satz 2 FamFG). Gemäß §§ 58 ff. FamFG besteht die Möglichkeit, gegen die Zurückweisung im Wege der **Beschwerde** vorzugehen. Das Beschwerderecht steht hierbei allein dem Verein

---

[1] Siehe nur **BayObLG** FGPrax 1999, 71 (= Rpfleger 1999, 332 = MittBayNot 1999, 305); und **OLG Köln** MittRhNotK 1986, 225.

[2] Ebenso *Sauter/Schweyer/Waldner*, Verein, Rz. 313; *Bauer*, in: Böttcher/Ries, Registerrecht, Rz. 2203.

[3] Vgl. BR-Drucks. 982/98, S. 36; ebenso *Reichert*, VereinsR, Rz. 1573; anderer Ansicht: *Stöber*, VereinsR, Rz. 389.

VII. Weitere anzumeldende Eintragungen im Vereinsregister

selbst, vertreten durch die Vorstandsmitglieder in vertretungsberechtigter Anzahl, zu (vgl. § 59 Abs. 1 FamFG).[1] Bei endgültigem Scheitern des Eintragungsvorhabens kann eine erneute Anmeldung nur erfolgreich sein, wenn sie auf eine neue Sach- oder Rechtslage gestützt wird, da sie ansonsten von vornherein mangels Rechtsschutzbedürfnisses zu verwerfen ist.[2]

Beispiel für den Verfahrensgang bei Zurückweisung einer Anmeldung der Ersteintragung eines Vereins: Bei einem Amtsgericht geht eine formgerechte Anmeldung ein, unterzeichnet von drei Vorstandsmitgliedern, gerichtet auf Eintragung des „Wohnungsbauvereins Münchner Alt- und Neubürger" in das Vereinsregister. Als Zweck des Vereins ist in der Satzung angegeben: „Zweck des Vereins ist die Errichtung von Wohnungen für Münchner Alt- und Neubürger, um auf diese Weise der allgemeinen Wohnungsnot abzuhelfen. Der Verein erstrebt keinen Gewinn. Das gesamte Vermögen des Vereins ist ausschließlich für Vereinszwecke zu verwenden." An den Verein ist vom Gericht folgendes Schreiben zu richten: 2179

> Gegen die Eintragung des am (...) zur Eintragung in das Vereinsregister angemeldeten „Wohnungsbauverein Münchener Alt- und Neubürger" bestehen Bedenken. Der Verein bezweckt die Errichtung von Wohnungen für Münchner Alt- und Neubürger, also einen wirtschaftlichen Geschäftsbetrieb; dass kein Gewinn erzielt wird, ändert nichts daran, dass es sich um einen wirtschaftlichen Verein handelt. Solche Vereine können jedoch nicht in das Vereinsregister eingetragen werden, sie können die Rechtsfähigkeit nur durch staatliche Verleihung erlangen (§§ 21, 22 BGB).
> Es wird daher anheim gestellt, die Anmeldung vom (...) zurückzunehmen. Geht binnen einer Frist von einem Monat keine Erklärung ein, so wird über den Antrag entschieden werden; nach Sachlage wird die Zurückweisung der Anmeldung erfolgen müssen.

Da sich die Eintragung des Vereins von vornherein als unzulässig erweist, stünde nichts im Wege, die Anmeldung ohne Zwischenverfügung zurückzuweisen. Das Schreiben dient jedoch der Gewährung rechtlichen Gehörs und gibt den Antragstellern die Möglichkeit, ihre Anmeldung zurückzunehmen und dadurch Gebühren zu sparen (bei Zurücknahme fällt ¼ der vollen Gebühr – § 130 Abs. 2 KostO –, bei Zurückweisung ½ der vollen Gebühr – § 130 Abs. 1 KostO – an). Erfolgt keine Zurücknahme der Anmeldung, so wird die Anmeldung endgültig durch Beschluss, der den Antragstellern zuzustellen ist, zurückgewiesen. Gegen die Zurückweisung ist die Beschwerde zulässig (§§ 58 ff. FamFG).

VII. Weitere anzumeldende Eintragungen im Vereinsregister

In das Vereinsregister sind außer der erstmaligen Eintragung des Vereins grundsätzlich auf Anmeldung, in einer Reihe von Fällen aber auch von Amts wegen, die nachfolgend beschriebenen Vorgänge einzutragen. Die hierdurch hinfällig gewordenen früheren Eintragungen sind durch rote Unterstreichung zu löschen (§ 11 Abs. 1 VRV). Im elektronischen Register kann dies auch auf andere eindeutige Weise geschehen (§ 29 VRV), z.B. durch vollständige Unterstreichung und vollständige Rötung der betroffenen Eintragungen. 2180

1. Vorstandsänderung

Jede Änderung des Vorstands, nicht aber die lediglich erneute und also zeitlich nur verlängerte Bestellung eines bereits eingetragenen Vorstandsmitglieds, ist in das Ver- 2181

---

[1] **KG** FGPrax 2005, 130; **KG** NJW-RR 2005, 339; **OLG Hamm** FGPrax 1999, 232 (= NJW-RR 1999, 1710).
[2] **KG** FGPrax 2005, 130.

Teil 4. Vereinsregister

einsregister einzutragen (§ 67 Abs. 1 BGB). Die Eintragung der Änderung erfolgt aufgrund einer entsprechenden **Anmeldung** durch die Vorstandsmitglieder in vertretungsberechtigter Zahl (§ 77 BGB). Die Anmeldung ist durch Festsetzung von Zwangsgeld erzwingbar (§ 78 Abs. 1 BGB). Ausgeschiedene Vorstandsmitglieder können ebenso wenig mitwirken wie Vorstandsmitglieder, deren Amt erst künftig beginnt.[1] Der Anmeldung ist eine Abschrift der Urkunde über die Änderung (z.B. Beschluss der Mitgliederversammlung, § 27 Abs. 1 BGB) beizufügen (vgl. § 67 Abs. 1 Satz 2 BGB).

2181a Zur Eintragung anzumelden ist gegebenenfalls auch das Ausscheiden eines Vorstandsmitglieds durch die jederzeit ohne wichtigen Grund mögliche **Niederlegung seines Amts**. Die entsprechende Erklärung erfolgt grundsätzlich gegenüber dem Bestellungsorgan, im Regelfall also der Mitgliederversammlung, ausreichend ist allerdings gemäß § 26 Abs. 2 Satz 2 BGB der Zugang bei einem anderen Vorstandsmitglied.[2] Die Anmeldung kann mangels Vertretungsbefugnis nicht mehr durch das ausgeschiedene Vorstandsmitglied erfolgen, es sei denn, die Amtsniederlegung wurde mit Wirkung ab Eintragung des Ausscheidens im Vereinsregister erklärt. Zu führen ist lediglich der Nachweis der Amtsniederlegungserklärung, wenn die Registeranmeldung durch zumindest ein anderes Vorstandsmitglied erfolgt, da sich bereits aus diesem Umstand die Tatsache des Zugangs der Erklärung plausibel ergibt.

2182 Das **Registergericht prüft** in der Regel die materielle Wirksamkeit eines Beschlusses über die Neubestellung von Vorstandsmitgliedern nicht.[3] Nur wenn sich aus den eingereichten Unterlagen Zweifel an der Wirksamkeit der Bestellung ergeben, hat das Gericht gemäß § 26 FamFG weitere Ermittlungen anzustellen, da andernfalls nach § 68 BGB entscheidende materiell-rechtliche Folgen drohen.[4] Derartige Zweifel sind dann angebracht, wenn schwerwiegende Verstöße gegen Gesetz oder Satzung vorliegen, sodass der der Eintragung zugrunde liegende Beschluss nichtig wäre. Sieht z.B. die Satzung für die Vorstandswahl eine bestimmte Mehrheit vor, die nach der Angabe im eingereichten Beschlussprotokoll nicht erreicht wurde, so hat eine Eintragung auf dieser Grundlage zu unterbleiben. Auch die satzungsmäßigen formalen Anforderungen an die zu erstellende Niederschrift müssen hinsichtlich des eingereichten Protokolls erfüllt sein.[5] Wurden zur Mitgliederversammlung nicht alle Mitglieder eingeladen, so sind die gefassten Beschlüsse ungültig, es sei denn der Verein weist nach, dass der Beschluss auf dem Mangel nicht beruhen kann.[6] Gegebenenfalls kann auch ein ungewöhnlicher Termin für die Abhaltung der Mitgliederversammlung zur Nichtigkeit der dort gefassten Beschlüsse führen.[7] Sofern im Übrigen weniger schwere Verstöße vorliegen, v.a. wenn Bestimmungen verletzt wurden, die nur dem Schutz einzelner Mitglieder dienen und kein Widerspruch der Betroffenen vorliegt, hat das Amtsgericht nach pflichtgemäßem Ermessen zu entscheiden, ob weitere Ermittlungen veranlasst sind. In diesem Sinne kann die Anforderung eines Nachweises der ordnungsgemäßen Einberufung der Mitgliederversammlung jedenfalls dann in Betracht kommen, wenn ein diesbezüglicher Fehler bei dem betroffenen Verein nach Aktenlage bereits früher vorgekommen ist.[8]

---

[1] Vgl. **OLG Frankfurt** OLGZ 1983, 385; **KG** JW 1927, 1703.
[2] *Reuter*, in: MünchKommBGB, § 27 Rz. 34.
[3] **OLG Düsseldorf** DNotZ 2009, 145; **BayObLG** NJW 1973, 2066; **KG** JW 1937, 549.
[4] **OLG Düsseldorf** FGPrax 2008, 261; **BayObLG** Z 1981, 270 (= Rpfleger 1981, 487 = DNotZ 1982, 115).
[5] **OLG Hamm** Rpfleger 1996, 513 (= MittBayNot 1996, 384).
[6] Vgl. **BGH** Z 59, 369; **BayObLG** FGPrax 1996, 232; vgl. auch *Reichert*, VereinsR, Rz. 1149 f.
[7] **BayObLG** FGPrax 2004, 295 (Abhaltung in der „Hauptferienzeit").
[8] **OLG Schleswig** FGPrax 2005, 82 (= Rpfleger 2005, 317).

VII. Weitere anzumeldende Eintragungen im Vereinsregister

Die **Annahme der Wahl** durch den zum Vorstand Gewählten ist gesondert nachzuweisen, wenn sie nicht bereits mit dem Inhalt der vorgelegten Urkunde durch Erklärung zu Protokoll der Mitgliederversammlung, auch mit dessen Unterzeichnung, oder durch Mitwirkung bei der Anmeldung erwiesen ist.[1] Ist die Wahl des Vorstands in der Satzung einem besonderen Vereinsorgan, z. B. einem Kuratorium übertragen, so ist der Anmeldung auch die Urkunde über die Bestellung dieses Vereinsorgans beizufügen.[2]   2183

Neue Satzungsbestimmungen über die Zusammensetzung des Vorstands sind unter Berücksichtigung der Vertretungsregelung der alten Satzungsbestimmungen durch den gegebenenfalls danach noch bestellten Vorstand in vertretungsberechtigter Zahl anzumelden (§ 71 Abs. 1 BGB). Zugleich kann die bereits nach der neuen Satzungsregelung unter Umständen unter dem stillschweigenden Vorbehalt ihrer Eintragung im Register bereits vorgenommene Bestellung von Vorstandsmitgliedern angemeldet werden.   2184

Die etwaige Zurückweisung der Anmeldung einer Vorstandsänderung ist nach § 41 Abs. 1 Satz 2 FamFG dem Anmeldenden oder seinem Bevollmächtigten **zuzustellen**. Über den Vollzug der Anmeldung sind die Beteiligten durch schlichte Bekanntmachung nach § 383 Abs. 1 FamFG zu informieren. Eine Veröffentlichung der Eintragung – wie etwa gemäß § 66 Abs. 1 BGB bei der Vereinserrichtung – ist bei einer Vorstandsänderung nicht vorgesehen.   2185

Nicht zu den Aufgaben des Registergerichts gehört es, von sich aus regelmäßig zu überprüfen, ob die eingetragenen **Vorstandsmitglieder noch im Amt** sind. Zunächst gilt, dass die Aufgaben des Registergerichts gesetzlich festgelegt sind. Sonst sinnvoll erscheinende Tätigkeiten, die keine gesetzliche Grundlage haben, sind dem Registergericht grundsätzlich verwehrt. Nicht ausdrücklich vorgesehene Tätigkeiten müssen deshalb zumindest eine Grundlage in § 26 FamFG finden, wobei anerkannt ist, dass für solche Ermittlungen ein ganz konkreter Anlass bestehen muss. Bei eingetragenen Vereinen werden zwar Vorstandsmitglieder oft nur für eine bestimmte Amtszeit gewählt, sodass sie ohne neue Bestellung tatsächlich ausscheiden. Es gibt jedoch keinerlei hinreichende Vermutung, dass die Beteiligten sich nicht selbst über die Notwendigkeit einer Neubestellung klar werden könnten. Nicht selten werden dieselben Personen erneut bestellt, sodass ohnehin keine anzumeldende Änderung eintritt. Eine entsprechende Nachfrage ist damit eine staatliche Einmischung, die zu unterlassen ist.   2185a

2. Satzungsänderung

a) Vorliegen einer Satzungsänderung. Jede **Änderung der Satzung** (§ 33 BGB) bedarf für ihre Wirksamkeit der Eintragung in das Vereinsregister (§ 71 Abs. 1 BGB). Die Eintragung im Register ist somit konstitutiv.[3] Eine Satzungsänderung kann daher grundsätzlich keine Rückwirkung entfalten.[4] Änderung der Satzung ist jede Änderung ihres Inhalts, auch jede Änderung ihres Wortlauts im Wege einer „redaktionellen Änderung". Als Satzungsänderungen, die deren sachlichen Inhalt betreffen, kommen insbesondere Änderungen aller Vorschriften, die nach § 57 Abs. 1 und § 58 BGB in der Satzung enthalten sein müssen oder sollen in Betracht, z. B. Änderung des Vereinsnamens, der Zusammensetzung des Vorstands, des Vereinszwecks, der Regelun-   2186

---

[1] BayObLG Z 1981, 270 (= Rpfleger 1981, 487 = DNotZ 1982, 115).
[2] BayObLG Z 1984, 1 (= Rpfleger 1984, 150 = MDR 1984, 489).
[3] BGH Z 23, 122; **OLG Köln** NJW 1964, 1575.
[4] **OLG Hamm** FGPrax 2007, 141 (= NZG 2007, 318); anderer Ansicht: **LG Frankfurt** GmbHR 1978, 112; *Sauter/Schweyer/Waldner*, Verein, Rz. 143.

gen über Rechte und Pflichten der Mitglieder. Auch eine Neufassung der Satzung ist stets eine Änderung der bisherigen. Satzungsänderungen fallen in die Zuständigkeit der Mitgliederversammlung des Vereins, wenn nicht die Satzung selbst eine andere Zuständigkeit, z.B. des Vorstands, festlegt (§§ 32, 33, 40 BGB). Sie können auch von der Zustimmung bestimmter Vereinsmitglieder oder eines anderen Vereinsorgans, z.B. der Vorstandschaft, abhängig gemacht werden.[1] Befindet sich der Verein nach seiner Auflösung in der **Liquidation** (§ 47 BGB), sind Satzungsänderungen nur noch insoweit zulässig, als sie dem Zweck der Liquidation nicht widersprechen.[2]

2187 b) **Anmeldung der Satzungsänderung.** Die Änderung der Satzung ist von den Vorstandsmitgliedern in vertretungsberechtigter Zahl (§ 77 BGB) unter Beifügung des die Änderung enthaltenden Beschlusses in Abschrift **anzumelden** (§ 71 Abs. 1 Satz 2 und 3 BGB). Ferner ist in einfacher Abschrift[3] der Anmeldung der aktuelle **Satzungswortlaut** beizufügen, wobei die geänderten Bestimmungen mit dem Beschluss über die Satzungsänderung und die übrigen Bestimmungen mit dem zuletzt eingereichten vollständigen Satzungswortlaut übereinstimmen müssen; wurde bislang keine solche Satzung eingereicht, muss der Wortlaut mit den im Register eingetragenen Satzungsänderungen übereinstimmen, also erstmals nach der Vereinsgründung den Gesamtwortlaut der Satzung zutreffend zusammenfassen (§ 71 Abs. 1 Satz 3 BGB). Eine besondere Legitimierung des eingereichten Satzungswortlauts – wie nach § 54 Abs. 1 Satz 2 GmbHG und § 181 Abs. 1 Satz 2 AktG – ist nicht vorgesehen, so dass die Bestätigung des Wortlauts nicht durch die Unterschrift des Vorstands erfolgt, sondern bereits die Einreichung als Anlage zur Anmeldung ausreicht. Die Anmeldung hat als Eintragungsantrag die **geänderten Bestimmungen** der Satzung zu **bezeichnen**, wobei der betroffene Gegenstand schlagwortartig hervorzuheben ist (Name, Sitz, Vertretungsverhältnisse). Dies gilt allerdings nach allgemeinen Grundsätzen nur für die in § 64 BGB genannten, im Register eingetragenen Umstände.[4] Auch bei einer vollständigen Satzungsneufassung sind die geänderten Bestimmungen in der Anmeldung aufzuführen, sofern die in § 64 BGB genannten Regelungsbestandteile betroffen sind. Die Anmeldung ist durch **öffentlich beglaubigte Erklärung** zu bewirken (§§ 77, 129 BGB), gegebenenfalls elektronisch (vgl. § 14 Abs. 4 FamFG), und kann durch die Festsetzung von Zwangsgeld erzwungen werden (§ 78 Abs. 1 BGB). Mit einzureichen ist neben dem beschriebenen Dokument über den Satzungswortlaut der die **Satzungsänderung enthaltende Beschluss** in Abschrift (§ 71 Abs. 1 Satz 3 BGB), wobei die eingereichte Niederschrift sich auszugsweise auf die Beschlussfassung zur Satzungsänderung beschränken kann.

2188 **Beispiel** der Anmeldung (§§ 71, 67 BGB) durch Vorstandsmitglieder in vertretungsberechtigter Zahl, einzureichen in öffentlich beglaubigter Form:

> Ich melde gemeinsam mit Herrn Hugo Holz als bisheriger Vorstand des Vereins „Kaninchenzucht-Verein 2010 eingetragener Verein" in München unter Vorlage der Abschrift der Niederschrift über die Mitgliederversammlung vom 2. 2. 2010 und des aktuellen Wortlauts der Satzung zur Eintragung in das Vereinsregister an:
> – Die Satzung ist durch Beschluss der Mitgliederversammlung vom 2. 2. 2010 geändert und neu gefasst, insbesondere ist der Name des Vereins geändert in „Kaninchenzucht- und Kleintierzucht-Verein 2010 eingetragener Verein"; der Zweck des Vereins ist erweitert, die Vertretungsbefugnis ist geändert. Nunmehr vertritt jedes Vorstandsmitglied einzeln.
> – Herr Stefan Stein ist nicht mehr Vorstandsmitglied.

---

[1] BayObLG Z 1975, 435.
[2] RG Z 121, 246; **RG** Z 138, 79; *Sauter/Schweyer/Waldner*, Verein, Rz. 412.
[3] Eine notarielle Beglaubigung wurde bewusst nicht angeordnet, BT-Drucks. 16/12813, S. 13.
[4] So bereits herrschende Auffassung vor Inkrafttreten der VRV, vgl. *Habermann*, in: Staudinger, BGB, § 71 Rz. 8; anderer Ansicht: *Reichert*, VereinsR, Rz. 442.

VII. Weitere anzumeldende Eintragungen im Vereinsregister

Es wird versichert, dass die Versammlung satzungsgemäß unter Angabe der Tagesordnung einberufen und beschlussfähig war und dass die gefassten Beschlüsse ordnungsgemäß zustande kamen. Im Hinblick auf die Änderung des Zwecks des Vereins wird darauf hingewiesen, dass laut übergebener Niederschrift diese Satzungsänderung von den 347 anwesenden Mitgliedern einstimmig beschlossen wurde; die Zustimmungserklärungen der nicht erschienenen Mitglieder werden nachgebracht.

c) Prüfung, Eintragung und Zurückweisung einer Satzungsänderung. Das Gericht hat das gesetzmäßige und satzungsmäßige Zustandekommen des Änderungsbeschlusses (§§ 33, 40 BGB) und seine inhaltliche Zulässigkeit **zu prüfen**[1] (siehe Rz. 2182 zur Prüfung von Beschlüssen zur Vorstandsbestellung). Bei einer Änderung des Vereinszwecks ist § 33 Abs. 1 Satz 2 BGB zu beachten; eine Abweichung von dieser Vorschrift ist nur zulässig, wenn die Satzung ausdrücklich eine Änderung des Zwecks durch Mehrheitsbeschluss der Mitgliederversammlung vorsieht (§ 40 BGB). Die Beachtung von Ordnungsvorschriften, z. B. über die Form der Einberufung der Mitgliederversammlung oder den Hergang bei der Abstimmung, hat das Gericht nur zu prüfen, wenn im Einzelfall begründete Zweifel am wirksamen Zustandekommen des Änderungsbeschlusses bestehen. Bei einer **Neufassung** der Satzung hat das Gericht nicht nur die geänderten Bestimmungen, sondern die gesamte Satzung zu überprüfen. Auch unveränderte Regelungen, die bei der Voreintragung nicht beanstandet wurden, können nunmehr als unzulässig zurückgewiesen werden.[2] Eine Überprüfung, ob der gemäß § 71 Abs. 1 Satz 3 BGB eingereichte Satzungswortlaut tatsächlich der aktuellen Fassung entspricht, ist dem Registergericht nicht aufgegeben. Das Gesetz hat bewusst davon abgesehen, den eingereichten Wortlaut durch verantwortliche Unterschrift zu legitimieren, sodass er nur als „Lesehilfe" anzusehen ist. Die Wirksamkeit der Satzungsänderung leitet sich nicht hieraus, sondern lediglich aus der entsprechenden Eintragung im Register ab.

2189

Die **Eintragung** hat den Tag der Satzungsänderung und deren Inhalt wiederzugeben (§ 71 Abs. 2, § 64 BGB). Das Datum ist unter Angabe der geänderten Vorschriften und des betroffenen Gegenstands in Spalte 4 Unterspalte a einzutragen (§ 3 Satz 3 Nr. 4 lit. a VRV). Bei Änderung des Namens, des Sitzes oder der Vertretungsmacht des Vorstands des Vereins sind die neuen Verhältnisse in den jeweils betroffenen Registerstellen einzutragen. Bei allen anderen Satzungsänderungen genügt im Register ein Verweis auf die zugrunde liegende Beschlussfassung und eine Bezeichnung der geänderten Bestimmungen. Bei einer vollständigen Neufassung der Satzung genügt jedoch der Eintrag, dass die Satzung neu gefasst sei, nicht. Vielmehr muss bei der Eintragung in gleicher Weise verfahren werden, wie bei einer punktuellen Satzungsänderung, sodass die in § 64 BGB genannten Gegenstände, sofern sie bei der Neufassung geändert wurden, gesondert in der Eintragung aufzuführen sind.[3] Mit der Eintragung wird die Satzungsänderung wirksam (§ 71 Abs. 1 Satz 1 BGB); sie kann daher nicht durch einen Änderungsbeschluss rückwirkend in Kraft gesetzt werden.[4] Unzulässig ist die Eintragung einer befristeten oder bedingten Satzungsänderung, sofern der Termin oder die aufschiebende Bedingung noch nicht eingetreten sind.[5]

2190

Beispiel für die Eintragung einer Satzungsänderung samt Ausscheiden aus dem Vorstand:

2191

---

[1] Vgl. **BayObLG** Z 1969, 33 (= Rpfleger 1969, 130); **BayObLG** Z 1962, 15; **OLG Stuttgart** OLGZ 1971, 465; *Sauter/Schweyer/Waldner*, Verein, Rz. 141.
[2] **BayObLG** Z 1975, 435 (= Rpfleger 1976, 56); **KG** OLGZ 1974, 385.
[3] Vgl. *Sauter/Schweyer/Waldner*, Verein, Rz. 144; **BGH** Z 18, 303.
[4] **OLG Hamm** FGPrax 2007, 141 (= NZG 2007, 318); *Sauter/Schweyer/Waldner*, Verein, Rz. 143; *Ziegler* Rpfleger 1984, 321.
[5] **LG Bonn** Rpfleger 1984, 192; *Sauter/Schweyer/Waldner*, Verein, Rz. 139a; anderer Ansicht *Ziegler* Rpfleger 1984, 321.

Spalte 2
Unterspalte a (Name):
Kaninchenzucht- und Kleintierzucht-Verein 2010 eingetragener Verein *(und Rötung des bisherigen Namens)*

Spalte 3
Unterspalte a (Allgemeine Vertretungsregelung): Jedes Vorstandsmitglied vertritt einzeln *(und Rötung der bisherigen Eintragung)*
Unterspalte b (Vorstand, Liquidatoren): Ausgeschieden: *(Vorstehendes Wort im elektronischen Register als Übergangstext entsprechend § 16a HRV)* Vorstand: Stein, Stefan, München, * 3. 3. 1960 *(und Rötung der dieses Vorstandsmitglied betreffenden Eintragungen)*

Spalte 4
Unterspalte a (Rechtsform):
Die Mitgliederversammlung vom 2. 2. 2010 hat die Änderung von § 1 (Name), § 5 (Austritt der Mitglieder) § 6 (Ausschluss der Mitglieder) und § 9 (Vorstand) der Satzung beschlossen.

2192   Die Eintragung der Satzungsänderung ist dem Verein bzw. dem einreichenden Notar **bekannt zu machen** (§ 383 Abs. 1 FamFG). Die mit der Anmeldung eingereichten Dokumente des Beschlusses über die Satzungsänderung und der Satzungswortlaut werden vom Gericht aufbewahrt (§ 71 Abs. 2 i. V. m. § 66 Abs. 2 BGB). Zu **veröffentlichen** ist die Satzungsänderung durch das Gericht nicht. Eine **Mitteilung** der eingetragenen Satzungsänderung an die zuständige Verwaltungsbehörde ist nach § 400 FamFG veranlasst, wenn Anhaltspunkte bestehen, dass es sich um einen Ausländerverein oder eine organisatorische Einrichtung eines ausländischen Vereins gem. §§ 14, 15 VereinsG handelt.

2193   Die **Zurückweisung** der Anmeldung einer Satzungsänderung (§ 71 Abs. 2, § 60 BGB) erfolgt durch Beschluss (§ 382 Abs. 3 FamFG) und ist dem Vorstand oder dem Bevollmächtigten, der die Anmeldung eingereicht hat, durch Zustellung bekannt zu machen (§ 41 Abs. 1 Satz 2 FamFG).

3. Sitzverlegung

2194   a) Sitzverlegung im Inland. Die **Verlegung des Sitzes** eines eingetragenen Vereins kann nur durch Änderung der Satzung vorgenommen werden, da der Sitz in der Satzung enthalten sein muss (§ 33 Abs. 1, § 57 Abs. 1 BGB). Sie wird erst mit der Eintragung in das Vereinsregister wirksam (§ 71 Abs. 1 Satz 1 BGB). Anzumelden ist sie durch den Vorstand in vertretungsberechtigter Zahl (§ 77 BGB) bei dem Amtsgericht, bei welchem der Verein eingetragen ist. Bei der Anmeldung ist die neue **ladungsfähige Anschrift** des Vereins anzugeben. Fehlt diese, kann das Gericht nach § 15 VRV den Verein zu deren Mitteilung auffordern, wenn dies zweckmäßig ist um die Erreichbarkeit des Vereins sicherzustellen. Sodann wird zunächst die Sitzverlegung dem Registergericht des neuen Vereinssitzes mitgeteilt und anschließend die Registerakte samt den bisherigen Eintragungen übersandt (§ 6 Abs. 1 VRV). Das Gericht des neuen Sitzes hat zu prüfen, ob der Sitz ordnungsgemäß verlegt wurde und ob § 57 Abs. 2 BGB hinsichtlich des Vereinsnamens beachtet ist. Sofern dies der Fall ist, hat das nunmehr zuständige Amtsgericht die ihm mitgeteilten bisherigen Eintragungen ohne weitere Prüfung zu übernehmen und die Vornahme der Sitzänderung dem Gericht des bisherigen Sitzes mitzuteilen. Gemäß § 6 Abs. 1 Satz 6 VRV ist nach Eingang dieser Mitteilung bei dem Gericht des bisherigen Sitzes die Sitzverlegung einzutragen und das bisherige Registerblatt nach § 4 VRV zu schließen. Die Registerblätter haben wechselseitig in Spalte 5 aufeinander zu verweisen (§ 6 Abs. 1 Satz 7 VRV).[1]

---

[1] Unter Hinweis auf die entsprechende Handhabung im Handelsregister spricht sich *Bauer,* in: Böttcher/Ries, Registerrecht, Rz. 2439 f. für die Eintragung der Verweisung in Spalte 4 Unterspalte b aus.

VII. Weitere anzumeldende Eintragungen im Vereinsregister

Sofern mit der Sitzverlegung **weitere Eintragungen** vorzunehmen sind, z. B. zugleich sonstige Satzungsänderungen oder Vorstandsänderungen zur Eintragung im Register angemeldet wurden, ist für deren Behandlung allein das Gericht des neuen Sitzes zuständig (§ 6 Abs. 2 VRV). 2195

b) Sitzverlegung in das Ausland. Zumindest eine **Verlegung des Satzungssitzes ins Ausland** ist nach bislang herrschender Meinung im Vereinsregister in den Spalten 2 und 4 des Registerblattes als Auflösung einzutragen (§ 6 Abs. 3 VRV). Die ihr zugrunde liegende Satzungsänderung ist demnach als Auflösungsbeschluss und Neugründung des Vereins im Ausland anzusehen. Zutreffend bedarf es hierfür einer vom Vorstand in vertretungsberechtigter Zahl vorzunehmenden Anmeldung. 2196

4. Auflösung und Liquidation des Vereins

a) **Auflösungsgründe bei eingetragenen Vereinen.** Die Auflösung eines eingetragenen Vereins erfolgt: 2197
- durch **Beschluss der Mitgliederversammlung** (§ 41 BGB) mit einer Mehrheit von drei Viertel der abgegebenen Stimmen oder der Mehrheit, die eine hierfür einschlägige Satzungsregelung vorschreibt. Die Satzung kann für die Beschlussfähigkeit ein bestimmtes Anwesenheitsquorum vorschreiben oder die Zustimmung aller Mitglieder verlangen. Der Auflösungsbeschluss kann auch mit schriftlicher Zustimmung aller Mitglieder gefasst werden (§ 32 Abs. 2 BGB). Den Mitgliedern kann das Recht auf Auflösung des Vereins nicht genommen werden. Denkbar ist es, die Wirksamkeit des Auflösungsbeschlusses der Mitgliederversammlung von der Zustimmung eines Dritten abhängig zu machen;[1]
- durch **Zeitablauf** bzw. Eintritt einer **auflösenden Bedingung**. Der Verein wird, ohne dass es eines besonderen Auflösungsbeschlusses bedarf, durch Ablauf der in der Satzung festgelegten Zeitdauer aufgelöst (§ 74 Abs. 2 BGB);
- durch **Entscheidung** der zuständigen **Verwaltungsbehörde** (§§ 3 ff. VereinsG). Wird einem Verein durch Gesetz oder von der Verwaltungsbehörde durch Verwaltungsakt die Eigenschaft einer Körperschaft des öffentlichen Rechts verliehen, so ist diese Tatsache in Verbindung mit der Löschung des Vereins von Amts wegen in das Vereinsregister einzutragen;[2]
- bei **Wegfall aller Mitglieder**;[3] allerdings nicht im Fall eines sich in Liquidation befindlichen Vereins.[4] Bei Wegfall sämtlicher Mitglieder ist für die Abwicklung ein Pfleger gemäß § 1913 BGB zu bestellen;[5]
- durch **Sitzverlegung ins Ausland** (siehe Rz. 2196);
- durch **Eröffnung des Insolvenzverfahrens** und mit Rechtskraft des Beschlusses, durch den die Eröffnung des Insolvenzverfahrens **mangels Masse abgewiesen** worden ist (§ 42 Abs. 1 Satz 1 BGB).
- verfolgt ein eingetragener Verein entgegen seinem satzungsmäßigen Zweck einen **wirtschaftlichen Geschäftsbetrieb**, der dem Nebenzweckprivileg nicht mehr gerecht wird, so kann er vom Registergericht im Wege des Amtslöschungsverfahrens aus dem Vereinsregister beseitigt werden (§ 395 FamFG).[6]

Eine bloße Änderung der tatsächlichen Verhältnisse und die daraus sich ergebende Unmöglichkeit, den Vereinszweck zu erfüllen, führt nicht bereits zur Auflösung des 2198

---
[1] BayObLG Z 1979, 303 (= NJW 1980, 1756); LG Aachen DVBl 1976, 914.
[2] Vgl. *Auweder* Rpfleger 1959, 45.
[3] *Sauter/Schweyer/Waldner,* Verein, Rz. 386; vgl. BGH Z 19, 51.
[4] KG OLGZ 1968, 201.
[5] BGH Z 19, 51 (57); KG WM 1957, 1108.
[6] So zumindest die Auffassung des Rechtsausschusses bei der Empfehlung zur Neufassung von § 43 BGB (siehe BT-Drucks. 16/13542, S. 14).

Vereins. In diesem Fall bedarf es vielmehr stets eines gesonderten Beschlusses der Mitgliederversammlung, auch wenn ein solcher Grund als Auflösungsgrund in der Vereinssatzung enthalten ist.[1] Auch langjähriges Untätigsein des Vereins ist kein Auflösungsgrund.[2]

2199 Beispiel der **Anmeldung** der Auflösung eines eingetragenen Vereins (§§ 74, 76 BGB):

> Wir, Ludwig Leikam, München, Drosselstraße 12, und Lina Lermer, München, Amselstraße 32, übersenden beigefügt eine Abschrift der Niederschrift über die Mitgliederversammlung des Vereins „Kaninchenzucht-Verein 2010 eingetragener Verein" in München und melden zur Eintragung in das Vereinsregister an:
>
> Die Mitgliederversammlung vom 12. 1. 2010 hat die Auflösung des Vereins beschlossen. Wir sind zu Liquidatoren dieses Vereins gewählt. Die Liquidatoren vertreten den Verein gemeinschaftlich.
>
> Wir versichern, dass die Mitgliederversammlung ordnungsgemäß einberufen worden ist und dass der Auflösungsbeschluss mit der satzungsgemäß erforderlichen Mehrheit zustande gekommen ist.

2200 **b) Eintragung der Auflösung des eingetragenen Vereins.** Wird der Verein durch Beschluss der Mitgliederversammlung oder durch Zeitablauf aufgelöst, so hat der Vorstand in vertretungsberechtigter Zahl die Auflösung zum Vereinsregister **anzumelden** (§ 74 Abs. 2 Satz 1 i. V. m. § 77 Satz 1 BGB). Eine Abschrift des Auflösungsbeschlusses ist im ersteren Fall beizufügen (§ 74 Abs. 2 Satz 2 BGB). Die Anmeldung kann durch das Amtsgericht nach § 78 BGB erzwungen werden. Bei Auflösung durch die zuständige Verwaltungsbehörde (§§ 3 ff. VereinsG) erfolgt die Eintragung auf Anzeige durch diese (§ 7 Abs. 2 VereinsG). Wird der Verein durch Verfolgung rein wirtschaftlicher Zwecke oder durch Wegfall aller Mitglieder aufgelöst, so wird er von Amts wegen im Vereinsregister gelöscht[3] (§ 395 FamFG). Die **Eintragung** der Auflösung im Vereinsregister erfolgt nach § 3 Satz 3 Nr. 4 lit. b sublit. dd VRV. Hinsichtlich der Liquidatoren ist die Eintragung der ggf. geänderten Vertretungsbefugnis zu beachten. Daher ist auch bei Personenidentität der bisherigen Vorstandsmitglieder mit den Liquidatoren deren neue Amtsstellung mittels Neueintragung zu verlautbaren, z. B. durch die Neuvortragung der Personalien mit den Einleitungsworten: „Geändert, nun: Liquidator: (...)". Im elektronischen Register erfolgt der Einleitungsteil vor dem ersten Doppelpunkt als Übergangstext entsprechend § 16 a HRV.

2201 Wird der Verein durch Eröffnung des **Insolvenzverfahrens** aufgelöst, so ist von Amts wegen neben dem einzutragenden Insolvenzvermerk zudem auch die damit gemäß § 42 Abs. 1 Satz 1 BGB eintretende Auflösung von Amts wegen im Vereinsregister zu vermerken (§ 75 Abs. 1 Satz 1 BGB); dies gilt entsprechend auch für den Beschluss, durch den die Eröffnung des Insolvenzverfahrens mangels Masse rechtskräftig abgewiesen wurde (§ 75 Abs. 1 Satz 1 BGB). Die Eintragungen sind in Spalte 4 Unterspalte b vorzunehmen (§ 3 Satz 3 Nr. 4 lit. b sublit. cc und dd VRV). Ebenso sind **von Amts wegen** in das Vereinsregister einzutragen die Aufhebung des Eröffnungsbeschlusses (§ 75 Abs. 1 Satz 2 Nr. 1 BGB), die Bestellung eines vorläufigen Insolvenzverwalters, wenn zusätzlich dem Verein ein allgemeines Verfügungsverbot auferlegt wurde oder angeordnet ist, dass Verfügungen des Vereins nur mit Zustimmung des vorläufigen Insolvenzverwalters wirksam sind, sowie die Aufhebung derartiger Sicherungsmaßnahmen (§ 75 Abs. 1 Satz 2 Nr. 2 BGB), die Anordnung der Eigenverwaltung durch den Verein und deren Aufhebung sowie die Anordnung der Zustimmungsbe-

---

[1] BGH Z 49, 175.
[2] **OLG München** DFG 1938, 248.
[3] *Sauter* Rpfleger 1954, 289; *Sauter/Schweyer/Waldner*, Verein, Rz. 398.

VII. Weitere anzumeldende Eintragungen im Vereinsregister

dürftigkeit bestimmter Rechtsgeschäfte des Schuldners (§ 75 Abs. 1 Satz 2 Nr. 3 BGB), die Einstellung (vgl. §§ 212, 213 InsO) und die Aufhebung des Insolvenzverfahrens (§ 75 Abs. 1 Satz 2 Nr. 4 BGB) und die Überwachung der Erfüllung eines Insolvenzplans sowie die Aufhebung der Überwachung (§ 75 Abs. 1 Satz 2 Nr. 5 BGB). Die **Eintragung** ist jeweils in Spalte 4 Unterspalte b vorzunehmen (§ 3 Satz 3 Nr. 4 lit. b sublit. cc VRV) und erfolgt auf der Grundlage des vom Insolvenzgericht übermittelten Beschlusses (§ 31 InsO). Wird die Eröffnung des Insolvenzverfahrens aufgehoben, so ist auch dies von Amts wegen im Register einzutragen (§ 75 Abs. 1 Satz 2 Nr. 1 BGB, § 3 Satz 3 Nr. 4 lit. b sublit. cc VRV). Die fortbestehende Auflösung des Vereins bleibt jedoch im Register eingetragen. Durch Eröffnung des Insolvenzverfahrens werden die internen Vereinsstrukturen grundsätzlich nicht verändert. Auch bleiben die **Vorstandsmitglieder** als solche weiter im Amt.[1]   2202

Beispiel der **Eintragung** der Auflösung eines Vereins aufgrund dahingehender Beschlussfassung der Mitglieder: 2203

Spalte 3
Unterspalte a (Allgemeine Vertretungsregelung):
Die Liquidatoren vertreten gemeinsam
Unterspalte b (Vorstand, Liquidatoren):
Ausgeschieden: Vorstand: Fichte Franz *(Und Rötung der sämtliche Vorstandsmitglieder betreffenden Eintragungen)*
Bestellt: Liquidator: Leikam, Ludwig, München, *15. 6. 1950
Bestellt: Liquidator: Lermer, Lina, München, *20. 5. 1965
(Im elektronischen Register sind die Worte „Ausgeschieden" und „Bestellt" als Übergangstext aufzunehmen)

Spalte 4
Unterspalte a (Rechtsform): –
Unterspalte b (Sonstige Rechtsverhältnisse):
Die Mitgliederversammlung vom 12. 1. 2010 hat die Auflösung des Vereins beschlossen.

c) **Liquidation des eingetragenen Vereins.** Mit der Auflösung des Vereins oder der Entziehung der Rechtsfähigkeit fällt dessen Vermögen an die in der Satzung bestimmten Personen (§ 45 Abs. 1 BGB). Fehlt eine Bestimmung des Anfallberechtigten, so fällt das Vermögen, wenn der Verein nach der Satzung ausschließlich dem Interesse seiner Mitglieder diente, zu gleichen Teilen an die vorhandenen Mitglieder, andernfalls an den Fiskus des Landes, in dem der Verein seinen Sitz hatte (§ 45 Abs. 3, § 46 BGB; siehe auch Art. 85 EGBGB). Fällt das Vermögen nicht an den Fiskus, erlangt also ein Anfallberechtigter einen Anspruch auf Ausantwortung des Vereinsvermögens, so muss eine Liquidation stattfinden, sofern nicht über das Vermögen des Vereins das Insolvenzverfahren eröffnet ist (§ 47 BGB). **Keine Liquidation** findet statt bei Wegfall aller Mitglieder vor Einleitung des Liquidationsverfahrens und wenn bei der Vereinsauflösung schon kein Vereinsvermögen mehr vorhanden war oder das vorhandene Vermögen ausschließlich zur Befriedigung der Gläubiger verwendet wurde.[2] Sind keine Mitglieder vorhanden, ist unter Umständen ein Pfleger nach § 1913 BGB zu bestellen. Im Fall der Auflösung des Vereins nach öffentlichem Vereinsrecht (Art. 9 GG, § 3 VereinsG) kann die Verbotsbehörde von der Einziehung des Vermögens absehen, wenn die Voraussetzungen des § 11 Abs. 4 Satz 1 VereinsG vorliegen. Dann ist es Sache des Vereins, die Liquidation nach bürgerlichem Recht durchzuführen. Die Verbotsbehörde kann jedoch selbst Liquidatoren bestellen (§ 11 Abs. 4 Satz 2 VereinsG), die in das Vereinsregister auf deren Anzeige hin einzutragen sind.   2204

---

[1] *Reichert*, VereinsR, Rz. 2041; *Sauter/Schweyer/Waldner*, Verein, Rz. 400.
[2] **OLG Düsseldorf** FGPrax 2004, 132.

2205 Die **Durchführung der Liquidation** erfolgt durch den Vorstand (§ 48 Abs. 1 Satz 1 BGB). Zu Liquidatoren können aber auch andere Personen bestellt werden, und zwar entweder von vornherein durch die Satzung oder durch die Mitgliederversammlung (vgl. § 48 Abs. 1 Satz 2 BGB). Als Liquidatoren können auch Personen bestellt werden, die nicht Mitglieder des Vereins sind, ggf. auch juristische Personen[1] (siehe § 265 Abs. 2 AktG). Fehlt die satzungsmäßig erforderliche Zahl von Liquidatoren, so besteht die Möglichkeit, dass das Amtsgericht nach Maßgabe des § 29 BGB Liquidatoren bestellt. Diese haben die rechtliche Stellung des Vorstands, soweit sich nicht aus dem Zweck der Liquidation ein anderes ergibt (§ 48 Abs. 2 BGB). Im Übrigen sind die Stellung und die Aufgaben der Liquidatoren in den Bestimmungen der §§ 48 Abs. 3, 49 ff. BGB geregelt.

2206 Die **Anmeldung der Auflösung des Vereins und der** ersten **Liquidatoren** zur Eintragung im Register (§ 74 Abs. 2, § 76 Abs. 2 BGB) hat durch die bisherigen Vorstandsmitglieder als Liquidatoren oder durch die neu bestellten Liquidatoren, jeweils in vertretungsberechtigter Zahl, zu erfolgen (§ 77 Satz 1 BGB). Da die Auflösung des Vereins mit der Beschlussfassung der Mitgliederversammlung eintritt, sofern hierzu keine Satzungsänderung erforderlich ist (§ 71 Abs. 1 Satz 1 BGB), haben die Anmeldung, wenn die bisherigen Vorstandsmitglieder Liquidatoren sind, diese, wenn andere Personen zu Liquidatoren bestimmt sind, letztere vorzunehmen.[2] Wird die Auflösung durch die Eintragung einer Satzungsänderung wirksam, so ist diese von den bisherigen Vorstandsmitgliedern anzumelden (§ 71 Abs. 1 Satz 2 BGB). Nach erfolgter Auflösung eventuell noch beschlossene Satzungsänderungen sind durch die Liquidatoren anzumelden. Anzumelden ist auch der Umfang der **Vertretungsmacht** der Liquidatoren (§ 76 Abs. 2 Satz 2 BGB) unter Beifügung einer Abschrift der entsprechenden Beschlussfassung (§ 76 Abs. 2 Satz 3 BGB). Weicht diese vom gesetzlichen Regelfall der Gesamtvertretung des § 48 Abs. 3 BGB nicht ab, so ist anzumelden, dass alle Liquidatoren den Verein gemeinschaftlich vertreten. Spätere **Änderungen** in den Personen der Liquidatoren oder deren Vertretungsmacht haben die Liquidatoren anzumelden (§ 76 Abs. 2 Satz 3 BGB). Die Bewirkung der Anmeldung kann durch das Amtsgericht erzwungen werden (§ 78 BGB). In das Vereinsregister **einzutragen** sind die Auflösung und die Liquidatoren sowie ihre Vertretungsmacht (§ 74 Abs. 1, § 76 Abs. 1 BGB; § 3 Satz 3 Nr. 3 und 4 lit. b sublit. dd VRV). Sofern durch das Amtsgericht aufgrund von §§ 29, 48 Abs. 1 BGB Liquidatoren bestellt werden, sind diese **von Amts wegen** in das Vereinsregister einzutragen (§ 76 Abs. 3 BGB).

2207 Zur **Form** der Anmeldung und bezüglich der erforderlichen **Anlagen** siehe § 76 Abs. 2, § 77 i. V. m. § 129 BGB. Wie stets sind die Anmeldungen danach in öffentlich beglaubigter Form, gegebenenfalls nach entsprechender landesrechtlicher Anordnung gemäß § 14 Abs. 4 FamFG auch elektronisch zu bewirken. Ebenso sind Änderungen der Personen der Liquidatoren oder von deren Vertretungsmacht zur Eintragung in das Vereinsregister anzumelden (§ 76 Abs. 2 Satz 3 BGB).

2208 d) **Beendigung der Liquidation.** Der Verein gilt bis zur **Beendigung der Liquidation** als fortbestehend, soweit der Zweck der Liquidation dies erfordert (§ 49 Abs. 2 BGB). Ist die Liquidation rechtswirksam, also gesetzesgemäß beendet,[3] so erlischt die Vertretungsmacht der Liquidatoren. Der Verein hört damit auf zu bestehen. Die Beendigung der Liquidation und das Erlöschen der Vertretungsbefugnis der Liquida-

---

[1] OLG Karlsruhe JFG 3, 210; *Sauter/Schweyer/Waldner*, Verein, Rz. 408.
[2] *Stöber*, VereinsR, Rz. 1012; *Bauer*, in: Böttcher/Ries, Registerrecht, Rz. 2571; *Buchberger* Rpfleger 1990, 24; vgl. auch LG Bielefeld NJW 1987, 1089; anderer Ansicht: *Sauter/Schweyer/Waldner*, Verein, Rz. 434.
[3] Vgl. OLG Düsseldorf FGPrax 2004, 132; OLG Düsseldorf NJW 1966, 1034.

VII. Weitere anzumeldende Eintragungen im Vereinsregister

toren und des Vereins werden aufgrund einer entsprechenden **Anmeldung** der Liquidatoren unter Beachtung des Sperrjahres für die Vermögensverteilung (§ 51 BGB) in das Vereinsregister eingetragen (§ 76 Abs. 1 Satz 2 BGB, § 3 Satz 3 Nr. 4 lit. b sublit. ee und ff VRV).[1] Zu dieser Anmeldung sind die Liquidatoren verpflichtet (§ 76 Abs. 2 Satz 3 und §§ 77, 78 BGB). Sie kann folgenden Wortlaut haben:

> Die Liquidation ist beendet. Der Verein ist erloschen.

Unterbleibt eine solche Anmeldung, so kann das Registerblatt eines aufgelösten Vereins von Amts wegen geschlossen werden, wenn seit mindestens einem Jahr von der Eintragung der Auflösung an keine weitere Eintragung erfolgt und eine schriftliche Anfrage des Registergerichts beim Verein unbeantwortet geblieben ist (§ 4 Abs. 2 Satz 3 VRV). Die Eintragung erfolgt in Spalte 4 Unterspalte b (§ 3 Satz 3 Nr. 4 lit. b VRV).

e) **Nachtragsliquidation.** Ergibt sich nach förmlicher Beendigung der Liquidation, 2209 dass noch verteilbares Vermögen vorhanden ist, so muss die Liquidation auf Antrag eines Beteiligten, z.B. eines Gläubigers oder eines Anfallberechtigten, wieder aufgenommen werden („**Nachtragsliquidation**"). Die Rechtsfähigkeit des Vereins besteht fort, auch wenn die Löschung im Vereinsregister bereits erfolgt ist. Ist der Verein im Vereinsregister noch nicht gelöscht, so wird die Nachtragsliquidation von den bisher im Vereinsregister eingetragenen Liquidatoren durchgeführt, wenn sie ihr Amt noch nicht niedergelegt haben. Ist der Verein bereits gelöscht, so lebt die Vertretungsbefugnis der früheren Liquidatoren nicht ohne weiteres auf. Das Gericht hat vielmehr auf Antrag entsprechend § 29 BGB die bisherigen Liquidatoren oder andere Personen als Abwickler zu bestellen.[2] Sie sind von Amts wegen im Vereinsregister einzutragen (§ 76 Abs. 3 BGB). Die bereits eingetragene Beendigung der Liquidation ist von Amts wegen zu löschen und der Verein als in Liquidation befindlich wieder einzutragen. Ähnlich wie die Nachtragsliquidatoren bei Kapitalgesellschaften, sind diese von Amts wegen in das Vereinsregister einzutragen, wenn noch eine Vielzahl von Handlungen vorzunehmen ist. Sind jedoch, wie zumeist, nur einige wenige Handlungen erforderlich, reicht die Vorlage einer Ausfertigung des Bestellungsbeschlusses regelmäßig zum Nachweis der Vertretungsbefugnis aus.

5. Fortsetzung des Vereins

Ein Verein, der sich in Liquidation befindet, kann wieder in einen „werbenden" Ver- 2210 ein zurückverwandelt werden, es sei denn, dass ein zwingender gesetzlicher Auflösungsgrund vorliegt. Die **Rückgängigmachung des Auflösungsbeschlusses** erfolgt durch Beschluss der Mitgliederversammlung, der bei Selbstauflösung mit einfacher Mehrheit gefasst werden kann.[3] Zwar ist die Fortsetzung nicht allgemein im Vereinsrecht geregelt. Die Zulässigkeit ergibt sich jedoch daraus, dass diese Gestaltungsmöglichkeit durch das Gesetz nicht untersagt ist, sondern sogar für den Fall der gesetzlichen Auflösung im Falle der Eröffnung des Insolvenzverfahrens ausdrücklich vorgesehen ist (§ 42 Abs. 1 Satz 2 BGB). Auch die Vereinsregisterverordnung geht von dieser Möglichkeit aus (§ 3 Satz 3 Nr. 4 lit. b sublit. dd VRV). Ist die Auflösung durch Zeitablauf oder ein sonstiges in der Satzung bestimmtes Ereignis bewirkt worden, so handelt es sich bei der „Fortsetzung" des Vereins um eine Satzungsänderung,

---

[1] Siehe *Böttcher* Rpfleger 1988, 175.
[2] Vgl. **BGH** Z 53, 264; *Sauter/Schweyer/Waldner*, Verein, Rz. 422; *Bauer*, in: Böttcher/Ries, Registerrecht, Rz. 2618.
[3] **LG Frankenthal** Rpfleger 1955, 106; *Stöber*, VereinsR, Rz. 825; anderer Ansicht: *Reuter*, in: MünchKommBGB, § 49 Rz. 14; *Sauter/Schweyer/Waldner*, Verein, Rz. 394.

die der in § 33 Abs. 1 Satz 1 BGB erforderlichen Mehrheit bedarf. Die Liquidation darf jedenfalls noch nicht beendet sein.[1]

2211 Auch **nach Eröffnung** des **Insolvenzverfahrens** kann die Mitgliederversammlung die Fortsetzung beschließen, wenn das Verfahren auf Antrag des Vereins eingestellt wird oder das Verfahren nach Bestätigung eines Insolvenzplans, der den Fortbestand des Vereins vorsieht, aufgehoben wird (§ 42 Abs. 1 Satz 2 BGB).

2212 Die Einberufung einer Mitgliederversammlung, welche die Rückgängigmachung der Auflösung des Vereins zu beschließen hat, erfolgt durch die Liquidatoren (§ 48 Abs. 2 BGB). Der von der Mitgliederversammlung neu zu bestellende Vorstand hat in entsprechender Anwendung des § 74 Abs. 2 BGB die Aufhebung des Auflösungsbeschlusses und die Fortsetzung des Vereins sowie die Bestellung des neuen Vorstands beim Registergericht **anzumelden** und eine Abschrift des Beschlusses der Mitgliederversammlung beizufügen. In das Vereinsregister ist in Spalte 4 Unterspalte b die Fortsetzung des Vereins **einzutragen** (§ 3 Satz 3 Nr. 4 lit. b sublit. dd VRV).

6. Verzicht auf die Rechtsfähigkeit

2213 Der eingetragene Verein kann auf die Rechtsfähigkeit verzichten[2] und dadurch die Rechtsform eines nicht rechtsfähigen Vereins annehmen. Der Verzicht auf die Rechtsfähigkeit durch die Mitgliederversammlung ist kein Auflösungsbeschluss, sondern ein Satzungsänderungsbeschluss (§§ 33, 71 Abs. 1 BGB). Er führt einen Wandel der Rechtsform herbei. Eine Liquidation des Vereins scheidet somit aus.[3] Der Verzicht auf die Rechtsfähigkeit ist wie ein Satzungsänderungsbeschluss von den Vorstandsmitgliedern in vertretungsberechtigter Zahl zum Vereinsregister anzumelden. In dieses ist der Vorgang entsprechend einzutragen (vgl. § 3 Satz 3 Nr. 4 lit. b sublit. bb VRV) und sodann das Registerblatt zu schließen (§ 4 Abs. 2 VRV):

> Der Verein hat mit Beschluss der Mitgliederversammlung vom (...) auf die Rechtsfähigkeit verzichtet.

VIII. Umwandlungsvorgänge unter Beteiligung von Vereinen

2214 Eingetragene Vereine können nach den Vorschriften des UmwG an Verschmelzungen, Spaltungen und einem Formwechsel teilnehmen. Im Folgenden wird beispielhaft für jede dieser Umwandlungsformen ein Musterverfahren dargestellt. Im Übrigen ist auf die einschlägige Spezialliteratur zu verweisen.[4]

1. Verschmelzung unter Beteiligung eingetragener Vereine

2215 a) **Allgemeines zur Verschmelzung von eingetragenen Vereinen.** Eingetragene Vereine können nach § 3 Abs. 1 Nr. 4 UmwG als übertragende, aufnehmende oder neue Rechtsträger an **Verschmelzungen** beteiligt sein.[5] Ein eingetragener Verein darf allerdings nur dann an einer Verschmelzung teilnehmen, wenn die Satzung des Vereins oder Vorschriften des Landesrechts dem nicht entgegenstehen (§ 99 Abs. 1 UmwG). Dies kann insbesondere dann der Fall sein, wenn für den Fall der Auflösung des Vereins ein Anfallberechtigter benannt ist, der weder Mitglied des Vereins ist, noch mit

---

[1] Vgl. **KG** JW 1935, 3636; *Bauer*, in: Böttcher/Ries, Registerrecht, Rz. 2601.
[2] Vgl. **BayObLG** Z 1959, 152; **BayObLG** Z 1959, 287; *Kollhosser* ZIP 1984, 1434.
[3] Vgl. *Stöber*, VereinsR, Rz. 764; anderer Ansicht *Sauter/Schweyer/Waldner*, Verein, Rz. 401.
[4] Siehe z. B. *Widmann/Mayer*, UmwG; *Schmitt/Hörtnagl/Stratz*, UmwG; *Semler/Stengel*, UmwG; *Kallmeyer*, UmwG; *Lutter*, UmwG; *Sagasser/Bula/Brünger*, Umwandlungen; *Katschinski*, Verschmelzung von Vereinen; *Lettl* DB 2000, 1449; *Balzer* ZIP 2001, 175.
[5] Vgl. *Sauter/Schweyer/Waldner*, Verein, Rz. 396 f.

VIII. Umwandlungsvorgänge unter Beteiligung von Vereinen

dem gegebenenfalls übernehmenden Rechtsträger übereinstimmt.[1] Sofern die Satzung eines der beteiligten Vereine einer Verschmelzung entgegensteht, reicht es aus, dass die Satzung entsprechend geändert und dies zugleich mit der Verschmelzung zur Eintragung im Vereinsregister angemeldet wird.[2]

Für die Verschmelzung gelten die **allgemeinen Vorschriften** der §§ 4 bis 38 UmwG (hierzu Rz. 1172 ff.). Zu berücksichtigen ist, dass manche der dort enthaltenen Regelungen für eingetragene Vereine nicht oder nur partiell einschlägig sind. So werden oftmals, aber durchaus nicht immer, Arbeitnehmer und Arbeitnehmervertretungen des beteiligten Vereins fehlen. Dennoch ist dieser Punkt für alle beteiligten Rechtsträger, also sowohl für übertragende als auch für übernehmende, im Verschmelzungsvertrag zu behandeln (§ 5 Abs. 2 Nr. 9 UmwG), wobei sich dies in einem solchen Fall auf die Feststellung beschränken kann, dass Arbeiternehmer bzw. Arbeitnehmervertretungen nicht vorhanden sind. Sodann entfällt auch die Pflicht zur Vorlage des Nachweises der rechtzeitigen Zuleitung an den Betriebsrat nach § 17 Abs. 1 UmwG. Es ist allerdings darauf hinzuweisen, dass mit einer Zwischenverfügung des Registergerichts gemäß § 382 Abs. 4 FamFG zu rechnen ist, wenn zwar tatsächlich keine Arbeitnehmervertretungen vorhanden sind, dies aber weder im Verschmelzungsvertrag noch in der Anmeldung dargestellt wird. 2216

Ähnlich verhält es sich mit der nach § 17 Abs. 2 Satz 4 UmwG vorgesehenen Vorlage der **Bilanz** bei der Anmeldung der Verschmelzung bei dem übertragenden Rechtsträger. Da eingetragene Vereine grundsätzlich nicht bilanzierungspflichtig sind, kann eine derartige Schlussbilanz nur dann eingereicht werden, wenn sie freiwillig aufgestellt wird oder aus sonstigen Gründen eine Bilanzierungspflicht besteht.[3] Üblicherweise wird lediglich eine Einnahmen-Ausgaben-Rechnung erstellt, die der internen Rechnungslegung dient und bei gemeinnützigen Vereinen zudem den Zweck verfolgt, die Einhaltung der Gemeinnützigkeitsvorschriften zu dokumentieren. Da die Vorlagevorschrift des § 17 UmwG keine eigenständige Pflicht zur Aufstellung einer Bilanz begründet, sondern lediglich eine Pflicht zur Vorlage vorhandener Dokumente, ist in diesen Fällen die entsprechende Einnahmen- und Ausgaben-Rechnung vorzulegen, um den finanziellen Status des übertragenden Vereins darzulegen.[4] 2217

Zu beachten ist, dass das UmwG in § 14 Abs. 1 UmwG im Hinblick auf **Verschmelzungsbeschlüsse** für alle an einer Umwandlung beteiligten Rechtsträger, also auch für eingetragene Vereine, eine einheitliche Anfechtungsfrist von einem Monat nach der Beschlussfassung eingeführt hat. Diese gilt für die Geltendmachung aller Arten von eventuellen Mängeln der Beschlussfassung und ist unabhängig von sonstigen gesetzlichen oder satzungsmäßigen Regelungen des jeweiligen beteiligten Rechtsträgers.[5] 2218

Sondervorschriften für die Verschmelzung unter Beteiligung eingetragener Vereine enthalten die Bestimmungen der §§ 99 bis 104a UmwG. Danach kann ein eingetragener Verein im Wege der Verschmelzung nur andere eingetragene Vereine aufnehmen (§ 99 Abs. 2 Alt. 1 UmwG). Auch bei der Gründung eines neuen Vereins im Wege der Verschmelzung zur Neugründung können nur andere eingetragene Vereine beteiligt sein (§ 99 Abs. 2 Alt. 2 UmwG). Demgegenüber unterliegt die Übertragung des Vermögens eines eingetragenen Vereins im Wege der Verschmelzung auf einen anderen Rechtsträger keinen solchen Einschränkungen. Soweit eine Verschmelzung auf einen 2219

---

[1] Siehe *Katschinski*, in: Semler/Stengel, UmwG, § 99 Rz. 21.
[2] *Sauter/Schweyer/Waldner,* Verein, Rz. 397; *Katschinski*, in: Semler/Stengel, UmwG, § 99 Rz. 25.
[3] Vgl. *Vossius*, in: Widmann/Mayer, UmwG, § 99 Rz. 119 ff.; *Katschinski*, Verschmelzung von Vereinen, S. 171 ff.; *Neumayer/Schulz* DStR 1996, 874.
[4] *Katschinski*, in: Semler/Stengel, UmwG, § 99 Rz. 115; anderer Ansicht: *Vossius*, in: Widmann/Mayer, UmwG, § 99 Rz. 119 ff.
[5] Vgl. *Vossius,* in: Widmann/Mayer, UmwG, § 14 Rz. 8 ff.

Rechtsträger anderer Form vorgenommen wird, sind auch die hierfür anwendbaren Sonderbestimmungen zu beachten.

2220 Eine **Verschmelzungsprüfung** nach §§ 9 bis 12 UmwG findet bei einem eingetragenen Verein nur statt, wenn mindestens 10% der Mitglieder dies schriftlich verlangen (§ 100 UmwG). Vor der Mitgliederversammlung, die über die Zustimmung zur Verschmelzung beschließen soll, sind nach § 101 UmwG der Verschmelzungsvertrag oder sein Entwurf, die Jahresabschlüsse und Lageberichte der beteiligten Rechtsträger für die letzten drei Geschäftsjahre, ggf. eine Zwischenbilanz nach § 63 Abs. 1 Nr. 3 UmwG und die **Verschmelzungsberichte** der Vertretungsorgane der beteiligten Rechtsträger nach § 8 UmwG sowie ein nach § 100 UmwG eventuell erstatteter Prüfungsbericht im Geschäftsraum des Vereins zur Einsicht der Mitglieder **auszulegen**. Auf Verlangen sind den Mitgliedern unverzüglich und kostenlos Abschriften dieser Unterlagen zu erteilen. Auch in der Mitgliederversammlung sind diese Unterlagen auszulegen (§ 102 UmwG). Die Zustimmung zum Verschmelzungsvertrag erfolgt durch Drei-Viertel-Mehrheit der bei der Mitgliederversammlung abgegebenen Stimmen, soweit nicht die Satzung weitergehende Anforderungen stellt (§ 103 UmwG). Der Verstoß gegen Auslegungspflichten führt lediglich zur Anfechtbarkeit des Verschmelzungsbeschlusses.[1] Es kann auf deren Einhaltung auch verzichtet werden, wovon für die betreffenden Mitglieder auszugehen ist, wenn sie in der Mitgliederversammlung ohne Rüge eines Verstoßes gegen diese Pflicht an der Beschlussfassung mitwirken. Das Registergericht hat die Einhaltung dieser Pflichten daher nicht von sich aus zu prüfen.

2221 **b) Verschmelzung eines e.V. zur Aufnahme auf einen anderen e.V.** Für den Fall einer Verschmelzung eines e.V. auf einen anderen e.V. zur Aufnahme (§ 2 Abs. 1 UmwG) bedarf es neben einem in notariell beurkundeter Form seitens der Vorstände für die beteiligten Vereine abzuschließenden **Verschmelzungsvertrag** (§§ 4 ff. UmwG) der **Zustimmung** der Mitgliederversammlungen der beteiligten Vereine (§ 13 UmwG), jeweils im Wege der Beschlussfassung mit einer Mehrheit von drei Viertel der abgegebenen Stimmen, sofern die Satzung keine größere Mehrheit oder weitere Erfordernisse vorsieht (§ 103 UmwG). Zu erstellen ist zudem durch die Vorstände aller beteiligten Vereine gemäß § 8 UmwG ein **Verschmelzungsbericht,** der den gesamten Vorgang rechtlich und wirtschaftlich erläutert und begründet. Eine Verschmelzungsprüfung nach §§ 9 ff. UmwG hat nur stattzufinden, wenn dies mindestens 10% der Mitglieder eines Vereins schriftlich verlangen (§ 100 Satz 2 UmwG). Schließlich bedarf es nach §§ 16, 17 UmwG der Anmeldung der Verschmelzung bei beiden betroffenen Vereinen. Die **Anmeldung** erfolgt jeweils an dem für den Sitz des Vereins zuständigen Gericht (§ 16 Abs. 1 Satz 1 UmwG). Als Anlagen sind beizufügen der Verschmelzungsvertrag, die Niederschriften über die Verschmelzungsbeschlüsse und der Verschmelzungsbericht in Ausfertigung bzw. Abschrift, bei übertragenden Vereinen außerdem die Bilanz bzw. eine Einnahmen-/Ausgabenrechnung (siehe hierzu im Einzelnen § 17 UmwG). Auch bei der Verschmelzung von zwei bei demselben Registergericht geführten Vereinen sind zwei vollständige Sets Urkunden zu jedem der betroffenen Vereinsregisterakten einzureichen.

2222 **c) Beispiel der Verschmelzung eines e.V. zur Aufnahme auf einen anderen e.V.** Am 12.8.2009 geht beim Amtsgericht München – Registergericht – folgende Anmeldung ein:

Betrifft: Vereinsregister VR 8818 – Bona Voluntas e.V. mit Sitz in München

Wir, zwei der Vorstandsmitglieder des Vereins Bona Voluntas e.V. in München, überreichen in der Anlage:

---

[1] *Vossius,* in: Widmann/Mayer, UmwG, § 101 Rz. 27; *Katschinski,* in: Semler/Stengel, UmwG, § 102 Rz. 16.

VIII. Umwandlungsvorgänge unter Beteiligung von Vereinen

- Ausfertigung der Verschmelzungsverträge zwischen unserem Verein und dem Verein Bona Voluntas e. V. mit Sitz in Konstanz (Amtsgericht Konstanz VR 244), URNr. 1321/2009 des Notars Dr. Salber in München, sowie dem Verein Bona Voluntas e. V. mit Sitz in Passau (Amtsgericht Passau VR 13), URNr. 1322/2009 des Notars Dr. Salber in München, jeweils vom 15. 4. 2009;
- beglaubigte Abschriften der Niederschriften über die Mitgliederversammlungen jeweils vom 15. 5. 2009 der genannten drei Vereine, welche die Zustimmung der Mitgliederversammlungen der Vereine zu den Verschmelzungen und die Prüfberichte der Vorstandsmitglieder enthalten;
- mit Siegel versehene Zustimmungserklärungen der Erzdiözese München-Freising und der Diözesen Passau und Konstanz, welche nach § 15 der Satzungen aller beteiligten Vereine zu einer Verschmelzung erforderlich sind;
- die Vereine haben keinen Betriebsrat. Die Zuleitung des Entwurfs der Verschmelzungsverträge an einen Betriebsrat kam daher nicht in Betracht.

Wir melden die Verschmelzung der Vereine in Konstanz und Passau auf den durch uns vertretenen Verein „Bona Voluntas e. V." mit Sitz in München an. Wir versichern, dass gegen die Wirksamkeit der Verschmelzungsbeschlüsse keine Klage erhoben worden ist.

Ähnliche Anmeldungen, die nach § 16 Abs. 1 UmwG sowohl durch den Vorstand der jeweiligen übertragenden Vereine als auch durch den Vorstand des übernehmenden Münchner Vereins erfolgen können, gehen bei den Amtsgerichten Konstanz und Passau ein, jeweils mit dem Zusatz: 2223

Die Vorlage einer Schlussbilanz scheidet aus. § 17 Abs. 2 UmwG ist auf Idealvereine nicht anwendbar. Diese sind nicht verpflichtet, Bilanzen aufzustellen. § 17 Abs. 2 UmwG begründet keine eigenständige Pflicht zur Aufstellung, sondern ordnet lediglich an, dass vorhandene Bilanzen vorgelegt werden müssen. Die Vorlage einer Bilanz ist auch zur Prüfung etwaiger Kapitalerhaltungsgrundsätze nicht notwendig, da bei der Verschmelzung von rechtsfähigen Idealvereinen keine Kapitalerhöhung durchgeführt wird und somit die Bilanz zur Bewertung nicht erforderlich ist. Es ist auch nicht erforderlich, die letzte Einnahmen- und Ausgaben-Rechnung beizufügen. Eine solche Pflicht sieht das UmwG nicht vor. Zudem dient eine derartige Aufstellung lediglich der internen Rechnungslegung und der Dokumentation zur Einhaltung der Gemeinnützigkeitsvorschriften, nicht jedoch dem Gläubigerschutz.

Das **Registergericht** (Rechtspfleger § 3 Nr. 1 lit. a RPflG) **prüft,** ob die Anmeldung in notariell unterschriftsbeglaubigter Form von Vorstandsmitgliedern in vertretungsberechtigter Zahl vorgenommen wurde und ob die erforderliche Versicherung der Nichtanfechtung abgegeben wurde (§ 16 Abs. 2 UmwG) sowie ob die erforderlichen Anlagen beiliegen bzw. erläutert wurde, warum bestimmte, üblicherweise vorzulegende Urkunden nicht beiliegen. Weiterhin hat das Gericht die Einhaltung der Form des Verschmelzungsvertrags (notarielle Beurkundung, § 6 UmwG) und seinen Inhalt auf die notwendigen Regelungen, also auf die Behandlung **aller** in § 5 Abs. 1 Nr. 1 bis 9 UmwG vorgesehenen Punkte, und das ordnungsgemäße Zustandekommen der Beschlüsse der Mitgliederversammlungen (ebenfalls notarielle Beurkundung, § 13 Abs. 3 UmwG) zu überprüfen. Es ist zudem festzustellen, ob die Ausfertigung der Urkunden über die Zustimmungsbeschlüsse jeweils als Anlage den Verschmelzungsvertrag oder den entsprechenden Entwurf enthalten (§ 13 Abs. 3 Satz 2 UmwG). 2224

Im vorliegenden Fall werden die für die **übertragenden Vereine** zuständigen Registergerichte zunächst im Wege der Zwischenverfügung auf die Vorlage der letzten Einnahmen-Ausgaben-Rechnungen bzw. eines kurzen Finanzstatus zu einem Stichtag, der nicht mehr als acht Monate vor der Anmeldung liegen darf (§ 17 Abs. 2 UmwG) bestehen (vgl. Rz. 2217). Nach entsprechender Vorlage werden sie folgende Eintragung vornehmen (§ 19 Abs. 1 UmwG i. V. m. § 3 Satz 3 Nr. 4 lit. b sublit. aa VRV): 2225

Spalte 4
Unterspalte b (Sonstige Rechtsverhältnisse):
Der Verein ist durch Verschmelzungsvertrag vom 15. 4. 2009 und Zustimmungsbeschlüsse der Mitgliederversammlungen der beteiligten Vereine vom 15. 5. 2009 auf den „Bona Voluntas e. V." mit Sitz in München (Amtsgericht München VR 8818) verschmolzen. Die Verschmelzung wird erst wirksam mit Eintragung in das Register des übernehmenden Rechtsträgers. *(Der Wirksamkeitsvorbehalt kann bei entsprechender Absprache zwischen den Registergerichten zu tagggleicher Eintragung gemäß § 19 Abs. 1 Satz 2 UmwG entfallen; das Registerblatt ist dann unmittelbar zu schließen)*

2226 Diese Eintragung ist nach § 19 Abs. 3 UmwG auch bei der Verschmelzung von eingetragenen Vereinen gemäß § 10 HGB zusammen mit einem Gläubigeraufruf **bekannt zu machen.** Als Wortlaut für den Gläubigeraufruf wird wie bei Verschmelzungen anderer Rechtsträger vorgeschlagen:

> Den Gläubigern der an der Verschmelzung beteiligten Rechtsträger ist, wenn sie binnen sechs Monaten nach dem Tag, an dem die Eintragung der Verschmelzung nach § 19 Abs. 3 UmwG als bekannt gemacht gilt, ihren Anspruch nach Grund und Höhe schriftlich anmelden, Sicherheit zu leisten. Dieses Recht steht ihnen jedoch nur zu, wenn sie glaubhaft machen, dass durch die Verschmelzung die Erfüllung ihrer Forderungen gefährdet wird.

2227 Eine **Eintragungsmitteilung** von dieser Eintragung ist zu versenden an den Verein, an den einreichenden Notar und das für den übernehmenden Rechtsträger zuständige Registergericht; letzteres entfällt bei Absprache zur taggleichen Eintragung. Sobald das Registergericht des **übernehmenden** Vereins Eintragungsmitteilungen zu beiden übertragenden Vereinen vorliegen hat, erfolgt folgende die Wirksamkeit der Verschmelzung nach § 20 UmwG herbeiführende **Eintragung** (§ 19 UmwG i. V.m. § 3 Satz 3 Nr. 4 lit. b sublit. aa VRV):

Spalte 4
Unterspalte b (Sonstige Rechtsverhältnisse):
Der „Bona Voluntas e. V." mit dem Sitz in Konstanz (Amtsgericht Konstanz VR 244) und der „Bona Voluntas e. V." mit dem Sitz in Passau (Amtsgericht Passau VR 13) sind durch Verschmelzungsverträge vom 15. 4. 2009 und Zustimmungsbeschlüsse der Mitgliederversammlungen aller beteiligten Vereine vom 15. 5. 2009 mit dem Verein verschmolzen.

2228 Auch diese Eintragung ist nach § 19 Abs. 3 UmwG gemäß § 10 HGB mit einem **Gläubigeraufruf,** der identisch mit dem bei den übertragenden Vereinen ist, bekannt zu machen. **Eintragungsmitteilungen** gehen auch hier an die bei den übertragenden Vereinen genannten Stellen. Falls durch den Umwandlungsvorgang Grundstücksvermögen übertragen wird, ist auch dem zuständigen Finanzamt – Grunderwerbsteuerstelle eine Eintragungsmitteilung zu übersenden (§ 13 Abs. 1 Nr. 4 EGGVG i. V.m. § 18 Abs. 1 Satz 1 Nr. 3 Satz 2 und Abs. 2 Satz 1 GrEStG; siehe MiZi XXI/7 Abs. 1 Nr. 3 und Abs. 2 Nr. 3). Insbesondere ist auch eine Mitteilung an die Registergerichte der übertragenden Vereine erforderlich, sofern diese in ihrem Register eine Schlusseintragung vornehmen müssen (§ 19 Abs. 2 UmwG i.V.m. § 3 Satz 3 Nr. 4 lit. b sublit. aa VRV). Dies ist nicht erforderlich, wenn sie wegen taggleicher Eintragung bereits ohne Wirksamkeitsvorbehalt eingetragen wurde (§ 19 Abs. 1 Satz 2 UmwG):

Spalte 4
Unterspalte b (Sonstige Rechtsverhältnisse):
Die Eintragung bei dem übernehmenden Verein ist am (...) erfolgt.

VIII. Umwandlungsvorgänge unter Beteiligung von Vereinen

Das Registerblatt ist damit zu **schließen** (Kreuzung oder sonstige eindeutige Kennzeichnung, §§ 29, 4 Abs. 1 VRV). Die Registerakten sind nach **Bekanntmachung** gemäß § 10 HGB, Mitteilung an Verein und einreichenden Notar (eine Mitteilung an das Register des übernehmenden Vereins ist nicht erforderlich, da ohnehin die Akten übersandt werden) sowie Bewertung, d.h. hinsichtlich der Gebühren und Auslagen für die Veröffentlichung, an das Registergericht des übernehmenden Vereins zu senden. Sie werden dort als Vorbände zu den Akten des übernehmenden Vereins geführt und unterliegen den Aufbewahrungsvorschriften, die für die Akten dieses Vereins gelten. 2229

2. Spaltung von eingetragenen Vereinen

a) Allgemeines zur Spaltung eingetragener Vereine. Auch an **Spaltungen** können eingetragene Vereine gemäß § 124 Abs. 1 i.V.m. § 3 Abs. 1 UmwG teilnehmen. Dabei sind nach § 149 UmwG ähnliche Beschränkungen wie bei Verschmelzungen vorgesehen. Zunächst darf die Satzung des beteiligten Vereins oder Landesrecht nicht entgegenstehen (§ 129 Abs. 1 UmwG). Ein eingetragener Verein darf als **übernehmender** Rechtsträger bei einer Spaltung nur andere eingetragene Vereine aufnehmen oder durch Spaltung eines oder mehrerer eingetragener Vereine gegründet werden (§ 149 Abs. 2 UmwG). Demgegenüber ist einem eingetragenen Verein die **Übertragung** von Vermögensteilen im Wege der Spaltung ohne Einschränkungen möglich. Daneben sind die allgemeinen Spaltungsvorschriften der §§ 126 bis 137 UmwG sowie die Verschmelzungsvorschriften, soweit diese gemäß § 125 UmwG auf Spaltungen Anwendung finden, zu beachten. 2230

b) Beispiel einer Ausgliederung von Vermögensteilen eines e.V. zur Aufnahme auf eine bestehende Aktiengesellschaft. Zunächst geht am 6.12.2009 beim Registergericht München zu HRB 130 500 folgendes Schreiben des Notars Dr. Ewald Müller in München ein: 2231

> Betreff: FC München 1910 Aktiengesellschaft mit Sitz in München (HRB 130 500)
>
> Einreichung eines Ausgliederungs- und Übernahmevertrages gemäß §§ 125, 61 UmwG
>
> Gemäß §§ 125, 61 Satz 1 UmwG überreiche ich in der Anlage eine beglaubigte Abschrift des am 5.12.2009 notariell beurkundeten Ausgliederungs- und Übernahmevertrags zwischen dem „Turnvater Jahn e.V." mit Sitz in München als übertragendem Rechtsträger und der „FC München 1910 Aktiengesellschaft" mit Sitz in München als übernehmendem Rechtsträger betreffend die Ausgliederung des gesamten steuerpflichtigen wirtschaftlichen Geschäftsbetriebs (Abteilung Profifußball) mit Ausgliederungsstichtag 1.7.2009 mit dem Antrag auf Veröffentlichung.

Der zuständige Rechtspfleger des Registergerichts (§ 3 Nr. 2 lit. d, § 17 RPflG) veranlasst daraufhin ohne inhaltliche Prüfung folgende Veröffentlichung unter „Handelsregister-Vorgänge ohne Eintragung" gemäß § 10 HGB, wobei Gebühren für diese Veröffentlichung nicht erhoben werden (§ 125 Satz 1 i.V.m. § 61 UmwG): 2232

> HRB 130 500 – FC München 1910 Aktiengesellschaft
> (Fritz-Walter-Ring 1, Ecke Kaiser-Franz-Straße, 80999 München)
> Die Gesellschaft hat den Ausgliederungs- und Übernahmevertrag vom 5.12.2009 zwischen ihr und dem Turnvater Jahn e.V. mit Sitz in München (Amtsgericht München VR 2100) beim Amtsgericht (Registergericht) zur Einsichtnahme eingereicht.

Am 20.1.2010 gehen beim Registergericht München zwei **Anmeldungen** ein, zum einen betreffend den übertragenden **eingetragenen Verein**: 2233

Teil 4. Vereinsregister

Betreff: Turnvater Jahn e. V. mit Sitz in München (VR 2100)

Anmeldung einer Ausgliederung gemäß § 123 Abs. 3 Nr. 1 UmwG auf die FC München 1910 Aktiengesellschaft mit dem Sitz in München (AG München HRB 130 500)

Als einzelvertretungsbefugtes Vorstandsmitglied des im Betreff bezeichneten Vereins melde ich zur Eintragung in das Vereinsregister an:

1. Unter Fortbestand des Vereins ist ein Teil seines Vermögens, nämlich die im Ausgliederungs- und Übertragungsvertrag vom 5. 12. 2009 zu Urkunde des Notars Dr. Ewald Müller, München, URNr. 2212/2009 näher bezeichneten Aktiva und Passiva sowie sonstigen Vermögensgegenstände und Vertragsverhältnisse, die zum Teilbetrieb „steuerpflichtiger wirtschaftlicher Geschäftsbetrieb" (kurz: Abteilung Profifußball) gehören, im Wege der Ausgliederung zur Aufnahme nach näherer Maßgabe des Ausgliederungs- und Übernahmevertrags übertragen worden auf die FC München 1910 Aktiengesellschaft (Amtsgericht München HRB 130 500).
2. Gemäß §§ 125 Satz 1, 16 Abs. 2 Satz 1 und Satz 2 UmwG und unter Bezugnahme auf die im Ausgliederungsbeschluss der aufnehmenden Aktiengesellschaft enthaltenen Verzichtserklärungen des alleinigen Aktionärs, des Turnvater Jahn e. V., erklären wir, dass dort der alleinige Aktionär auf sein Klagerecht gegen die Wirksamkeit des Ausgliederungsbeschlusses verzichtet hat und eine Klage dementsprechend für diesen Rechtsträger ausgeschlossen ist. Daher ist eine Negativerklärung gemäß § 16 Abs. 2 Satz 1 UmwG entbehrlich.
3. Hinsichtlich des Vereins als übertragendem Rechtsträger erkläre ich, dass ausweislich des Protokolls der Mitgliederversammlung ein Widerspruch zu notariellem Protokoll nicht erhoben worden ist. Nach Ablauf der Klagefrist wird unverzüglich eine Erklärung nachgereicht, dass auch bis zum Ablauf der Klagefrist keine Anfechtungsklage eingegangen ist.
4. Es wird versichert, dass bei den am Ausgliederungsvorgang beteiligten Rechtsträgern kein Betriebsrat besteht.
5. Weiterhin wurde die Satzung ausweislich des beigefügten Protokolls neu gefasst.

Als Anlagen füge ich bei:
– beglaubigte Abschrift des Ausgliederungs- und Übertragungsvertrags vom 5. 12. 2009, URNr. 2212/2009 des Notars Dr. Ewald Müller in München;
– beglaubigte Abschrift der Niederschrift über die Mitgliederversammlung des Vereins vom 14. 1. 2010, URNr. 85/2010 des Notars Dr. Ewald Müller in München nebst Anlagen;
– beglaubigte Abschrift der Niederschrift über die außerordentliche Hauptversammlung vom 14. 1. 2010, URNr. 86/2010 des Notars Dr. Ewald Müller in München, der aufnehmenden FC München 1910 Aktiengesellschaft nebst Anlagen;
– gemeinsamer Ausgliederungsbericht sämtlicher Präsidiumsmitglieder des Turnvater Jahn e. V. und sämtlicher Vorstandsmitglieder der FC München 1910 Aktiengesellschaft;
– Ausgliederungsbilanz vom 30. 6. 2009.

2234 Zum anderen geht die elektronische **Anmeldung** zum Handelsregister der übernehmenden **AG** ein:

Betreff: FC München 1910 Aktiengesellschaft mit Sitz in München (HRB 130 500)

Anmeldung einer Ausgliederung gemäß § 123 Abs. 3 Nr. 1 UmwG

Als gesamtvertretungsberechtigte Mitglieder des Vorstands und als Vorsitzender des Aufsichtsrats der FC München 1910 Aktiengesellschaft mit dem Sitz in München, der übernehmenden Gesellschaft im Rahmen einer Ausgliederung, melden wir gemäß §§ 129, 16 und §§ 17 i. V. m. 125 UmwG zur Eintragung in das Register der Aktiengesellschaft an:

1. Nach Maßgabe des beigefügten Ausgliederungs- und Übernahmevertrages ist ein Teil des Vermögens des Turnvater Jahn e. V. mit dem Sitz in München (Amtsgericht München VR 2100), der im Ausgliederungs- und Übernahmevertrag näher als Teilbetrieb „steuerpflichtiger wirtschaftlicher Geschäftsbetrieb" (kurz: Abteilung Profifußball) bezeichnet ist und sämtliche hierzu gehörenden Aktiva und Passiva und sonstigen Vermögensgegenstände umfasst, unter Fortbestand des Vereins auf die FC München 1910 Aktiengesellschaft mit dem Sitz in München gegen Gewährung von Gesellschaftsrechten übertragen worden (Ausgliederung zur Aufnahme, § 123 Abs. 3 Nr. 1 UmwG).

VIII. Umwandlungsvorgänge unter Beteiligung von Vereinen

2. Die Mitgliederversammlung des Vereins und die außerordentliche Hauptversammlung, jeweils vom 14. 1. 2010 haben dem Ausgliederungs- und Übernahmevertrag zugestimmt.
3. Die außerordentliche Hauptversammlung der Aktiengesellschaft vom 14. 1. 2010 hat zum Zweck der Durchführung der Ausgliederung die Erhöhung des Grundkapitals der Gesellschaft von 12 000 000 € um 2 000 000 € auf 14 000 000 € beschlossen. § 5 (Höhe und Einteilung des Grundkapitals) der Satzung wurde entsprechend geändert.
4. Gemäß §§ 125 Satz 1, 16 Abs. 2 Satz 1 und 2 UmwG wird erklärt, dass der alleinige Aktionär der aufnehmenden Gesellschaft im Rahmen der außerordentlichen Hauptversammlung auf eine Klage ausdrücklich verzichtet hat.
5. Hinsichtlich des Ausgliederungsbeschlusses der Mitgliederversammlung des übertragenden Vereins wird erklärt, dass kein Widerspruch zu Protokoll erklärt und bisher auch keine Anfechtungsklage erhoben wurde. Die Vertretungsorgane des Vereins werden nach Ablauf der Klagefrist des § 14 UmwG umgehend eine Erklärung nachreichen, wonach auch innerhalb der Monatsfrist keine Klage erhoben worden ist.
6. Im Übrigen wird versichert, dass bei den beteiligten Rechtsträgern kein Betriebsrat besteht.

Als Anlagen sind beigefügt:
– Ausgliederungs- und Übernahmevertrag vom 5. 12. 2009 (URNr. 2212/2009 des Notars Dr. Ewald Müller in München);
– Niederschrift über die außerordentliche Hauptversammlung der aufnehmenden AG vom 14. 1. 2010 (URNr. 86/2010 des Notars Dr. Ewald Müller in München);
– Niederschrift über die Mitgliederversammlung des Turnvater Jahn e. V. mit Zustimmung zum Ausgliederungsvorgang vom 14. 1. 2010 (URNr. 85/2010 des Notars Dr. Ewald Müller in München);
– Ausgliederungsbilanz für den Teilbetrieb „steuerpflichtiger wirtschaftlicher Geschäftsbetrieb" (dem Ausgliederungs- und Übertragungsvertrag als Anlage I beigefügt);
– Neufassung der Satzung mit Notarbescheinigung;
– Prüfungsbericht des Sachgründungsprüfers;
– Berechnung der Kosten, die der Gesellschaft durch die Ausgabe der neuen Aktien entstehen;
– gemeinsamer Ausgliederungsbericht des Turnvater Jahn e. V. und der FC München 1910 Aktiengesellschaft zum Ausgliederungsvorgang.

Der für die Aktiengesellschaft zuständige **Registerrichter** (§ 17 Nr. 1 lit. a und b RPflG) **2235** und der für den Verein zuständige **Registerrechtspfleger** (§ 3 Nr. 1 lit. a RPflG) **prüfen** jeweils unabhängig voneinander, ob ordnungsgemäße Anmeldungen durch die Vorstandsmitglieder ihres Rechtsträgers in vertretungsberechtigter Zahl nach §§ 125, 16 UmwG vorliegen. Gemäß § 129 UmwG könnte die **Anmeldung** der Spaltung beim übertragenden Verein auch durch Vorstandsmitglieder der übernehmenden Aktiengesellschaft in vertretungsberechtigter Zahl erfolgen. Die Anmeldung bei der übernehmenden Aktiengesellschaft muss wegen der gleichzeitig angemeldeten Kapitalerhöhung auch durch den Vorsitzenden des Aufsichtsrats erfolgen (§ 188 AktG). Das Gericht prüft weiterhin, ob die jeweilige Anmeldung die erforderlichen Nichtanfechtungserklärungen nach § 16 Abs. 2 UmwG für beide beteiligten Rechtsträger enthalten oder Verzichtserklärungen in notariell beurkundeter Form abgegeben wurden (§ 16 Abs. 2 Satz 3 UmwG). Im vorliegenden Fall ist ausdrücklich die Nachholung der Erklärung zur Nichtanfechtung bezüglich des Beschlusses der Mitgliederversammlung zugesagt.

Sodann hat das **Registergericht** (Richter) **für die Aktiengesellschaft als übernehmen- 2236 den Rechtsträger** zu prüfen, ob die erforderlichen Anlagen mit der Anmeldung vorgelegt wurden, also zunächst nach §§ 125, 17 UmwG der Ausgliederungs- und Übernahmevertrag, und die Niederschriften der auch für den Verein (§ 13 Abs. 3 Satz 1 i. V. m. § 125 Satz 1 UmwG) notariell beurkundeten Zustimmungsbeschlüsse, sowie der Spaltungsbericht nach §§ 146, 127 UmwG und der Prüfbericht nach § 12 i. V. m.

§ 125 Satz 1 UmwG. Für die Kapitalerhöhung sind außerdem die Dokumente des Kapitalerhöhungsbeschlusses der Hauptversammlung, des Prüfungsberichts zur Kapitalerhöhung (§§ 142, 69 UmwG i. V. m. § 183 Abs. 3 AktG), ggf. auch des Nachgründungsberichts nach § 125 Satz 1 i. V. m. § 67 UmwG, und der neuen bescheinigten Satzung nach § 181 Abs. 1 Satz 2 AktG erforderlich. Zudem hat das Registergericht zu prüfen, ob der Beschluss über die **Kapitalerhöhung** zum Zwecke der Ausgliederung ordnungsgemäß gefasst wurde und die sonstigen Voraussetzungen hierfür vorliegen (siehe Rz. 1461 ff.), insbesondere ist zu prüfen, ob für den hier vorliegenden Fall eine Kapitalerhöhung erforderlich oder zulässig war. Im vorliegenden Fall ist die Kapitalerhöhung nach § 125 Satz 1 i. V. m. § 54 Abs. 1 Satz 2 Nr. 2 UmwG zulässig, da der übertragende Verein Alleinaktionär ist und die Einlagen hierauf voll bewirkt sind. Zudem ist zu prüfen ob der Wert des übertragenen Vermögens das neue Grundkapital deckt. Dazu kann sich der Richter neben den vorgelegten Berichten der Unterstützung durch die wirtschaftlich sachkundige Industrie- und Handelskammer im Rahmen der Mitwirkungspflicht des § 380 FamFG bedienen. Darüber hinaus ist zu prüfen, ob der **Ausgliederungs- und Übernahmevertrag** und die **Zustimmungsbeschlüsse** den gesetzlichen Anforderungen entsprechen, also insbesondere, ob alle nach § 126 Abs. Nr. 1 bis 11 UmwG erforderlichen Angaben enthalten sind und ob die Zustimmungsbeschlüsse mit den erforderlichen Mehrheiten gefasst wurden. Besonderer Wert ist hierbei auf die präzise Bezeichnung der zu übertragenden Vermögenswerte nach § 126 Abs. 1 Nr. 9 UmwG zu legen. Das Fehlen der Veröffentlichung nach § 125 Satz 1 i. V. m. § 61 UmwG wäre kein Hinderungsgrund für die Eintragung (vgl. Rz. 1675).

2237 Nach Eingang der Erklärung des Vorstands der **Aktiengesellschaft**, dass auch bezüglich der Mitgliederversammlung des übertragenden Vereins eine Anfechtung nicht erfolgt ist, nimmt der Registerrichter folgende **Eintragung** vor (§ 130 Abs. 1 UmwG i. V. m. § 43 Nr. 3 und Nr. 6 lit. a und lit. b sublit. ee HRV):

> **Spalte 3 (Grundkapital):** 14 000 000 €
>
> **Spalte 6**
> **Unterspalte a (Rechtsform, Beginn, Satzung):**
> Die Hauptversammlung vom 14. 1. 2010 hat die Erhöhung des Grundkapitals um 2 000 000 € auf 14 000 000 € zum Zwecke der Ausgliederung und die Änderung des § 5 (Grundkapital) der Satzung beschlossen.
> **Unterspalte b (Sonstige Rechtsverhältnisse):**
> Die Gesellschaft hat im Wege der Ausgliederung Teile des Vermögens (Abteilung Profifußball) vom Turnvater Jahn e. V. mit dem Sitz in München (Amtsgericht München VR 2100) gemäß Ausgliederungs- und Übernahmevertrag vom 5. 12. 2009 sowie Zustimmungsbeschlüssen ihrer Hauptversammlung und der Mitgliederversammlung des übertragenden Vereins jeweils vom 14. 1. 2010 übernommen. Die Ausgliederung wird erst wirksam mit Eintragung im Register des übertragenden Rechtsträgers. *(Der letzte Satz entfällt gemäß § 130 Abs. 1 Satz 2 UmwG bei Absprache taggleicher Eintragung)*

2238 Für die **Reihenfolge der Eintragungen** ist zwingend zu beachten, dass die Eintragung bei dem übernehmenden Rechtsträger nach § 130 UmwG vor der Eintragung der Ausgliederung im Register des übertragenden Rechtsträgers oder taggleich erfolgen muss. Demgegenüber ist nicht erforderlich, dass nach § 125 Satz 1 i. V. m. § 66 UmwG die Kapitalerhöhung zuvor in einer getrennten Eintragung enthalten ist. Ausreichend ist vielmehr, dass die Spaltung nicht ohne die damit verbundene Kapitalerhöhung eingetragen wird, so dass eine Eintragung beider Vorgänge in einem Akt ausreicht (siehe Rz. 1193 ff.).

2239 Nach der Eintragung veranlasst der Registerrichter die Bekanntmachung des Eintragungstextes (siehe § 125 Satz 1 i. V. m. § 19 Abs. 3 UmwG) nach § 10 HGB in

VIII. Umwandlungsvorgänge unter Beteiligung von Vereinen

Spalte 6 zusammen mit einem Gläubigeraufruf nach § 125 Satz 1 i. V. m. § 22 UmwG z. B. folgendermaßen:

> Den Gläubigern der Gesellschaft ist, wenn sie binnen sechs Monaten nach dem Tag, an dem die Eintragung nach §§ 125, 19 Abs. 3 UmwG als bekannt gemacht gilt, ihren Anspruch nach Grund und Höhe schriftlich anmelden, Sicherheit zu leisten, soweit sie nicht Befriedigung verlangen können. Dieses Recht steht ihnen jedoch nur zu, wenn sie glaubhaft machen, dass durch die Ausgliederung die Erfüllung ihrer Forderung gefährdet wird.

Eine **Eintragungsmitteilung** von dieser Eintragung ist zu versenden an die Aktiengesellschaft, den einreichenden Notar und das für den übertragenden Verein zuständige Register, falls nicht eine Absprache zur taggleichen Eintragung erfolgt ist. Der für den **Verein** zuständige **Registerrechtspfleger prüft** ebenfalls, wie der für die AG zuständige Richter die Anmeldung, den Ausgliederungs- und Übernahmevertrag sowie die Zustimmungsbeschlüsse (Rz. 2236). Lediglich die Prüfung bezüglich der Kapitalerhöhung entfällt. 2240

Nach Erhalt der Erklärung des Vorstands des Vereins oder auch der übernehmenden Aktiengesellschaft, dass auch bezüglich der Mitgliederversammlung des Vereins in der Monatsfrist des § 14 UmwG eine Anfechtung des Zustimmungsbeschlusses nicht erfolgt ist, sowie nach Erhalt der Eintragungsmitteilung der übernehmenden Aktiengesellschaft über die Eintragung der Übernahme durch Ausgliederung, wobei die bloße Eintragung der Kapitalerhöhung zum Zwecke der Ausgliederung nicht ausreichen würde (§ 130 Abs. 1 UmwG), trägt der Registerrechtspfleger ein bzw. verfügt beim Papierregister folgende Eintragung im Vereinsregister (§ 130 Abs. 1 UmwG i. V. m. § 3 Satz 3 Nr. 4 lit. b sublit. aa VRV): 2241

> **Spalte 4**
> **Unterspalte b (Sonstige Rechtsverhältnisse)**
> Der Verein hat im Wege der Ausgliederung Teile des Vermögens (Abteilung Profifußball) auf die FC München 1910 Aktiengesellschaft mit Sitz in München (Amtsgericht München HRB 130 500) gemäß Ausgliederungs- und Übernahmevertrag vom 5. 12. 2009 sowie Zustimmungsbeschlüssen ihrer Mitgliederversammlung und der Hauptversammlung der übernehmenden Aktiengesellschaft jeweils vom 14. 1. 2010 übertragen.

Nach der Eintragung veranlasst der Rechtspfleger die **Bekanntmachung** bezüglich des Eintragungstextes in Spalte 4 Unterspalte b (siehe § 125 Satz 1 i. V. m. § 19 Abs. 3 UmwG) gemäß § 10 HGB zusammen mit einem Gläubigeraufruf nach § 125 Satz 1 i. V. m. § 22 UmwG, der dem bei der übernehmenden Aktiengesellschaft entspricht (Rz. 2239). Die Eintragung ist mitzuteilen, falls Grundvermögen übertragen wurde, dem zuständigen Finanzamt – Grunderwerbsteuerstelle (§ 13 Abs. 1 Nr. 4 EGGVG i. V. m. § 18 Abs. 1 Satz 1 Nr. 3 Satz 2 und Abs. 2 Satz 1 GrEStG; siehe MiZi XXI/7 Abs. 1 Nr. 3 und Abs. 2 Nr. 3) sowie stets dem Verein, dem einreichenden Notar und dem Register der übernehmenden Gesellschaft gemäß § 130 Abs. 2 UmwG, falls nicht taggleiche Eintragung vereinbart wurde. Nach Erhalt dieser **Eintragungsmitteilung** trägt der Registerrichter bei der übernehmenden Aktiengesellschaft in Spalte 6 Unterspalte b (§ 130 Abs. 2 UmwG i. V. m. § 43 Nr. 6 lit. b sublit. ee HRV) ein: 2242

> Die Ausgliederung wurde im Register des übertragenden Vereins (siehe Amtsgericht München VR 2100) am (…) eingetragen. *(Entfällt gemäß § 130 Abs. 1 Satz 2 UmwG bei taggleicher Eintragung)*

Diese Eintragung ist ebenso wie der Wirksamkeitsvorbehalt in der vorangehenden Eintragung der Ausgliederung zu **röten**, sodass auch hier nur noch die Übernahme 2243 von Vermögenswerten durch Ausgliederung ohne irgendeinen Vorbehalt erscheint. Eine Schließung des Registerblattes erfolgt weder bei dem übernehmenden Rechtsträger, der ohnehin mit zusätzlichem Vermögen erhalten bleibt, noch bei dem übertragenden Verein. Dort würde eine Schließung nur erfolgen, wenn durch eine **Aufspaltung** (§ 123 Abs. 1 UmwG) auf mehrere neue oder bestehende Rechtsträger das gesamte Vermögen übertragen wird und hierdurch auch das gesamte Tätigkeitsfeld des Vereins wegfallen würde.

3. Formwechsel von eingetragenen Vereinen

2244 a) **Allgemeines zum Formwechsel eines e. V.** Nach § 191 Abs. 1 Nr. 4 UmwG steht eingetragenen Vereinen die Möglichkeit eines Formwechsels offen. Nach § 272 UmwG ist dies aber dahingehend eingeschränkt, dass neue Rechtsform nur eine Kapitalgesellschaft oder eine eingetragene Genossenschaft sein kann. Erforderlich ist auch hier, dass die Satzung oder das Landesrecht nicht entgegenstehen (§ 272 Abs. UmwG). Für einen solchen Formwechsel gelten neben den allgemeinen Regeln der §§ 190 bis 213 UmwG die Sondervorschriften der §§ 273 bis 282 UmwG bei einem Formwechsel in eine Kapitalgesellschaft und §§ 283 bis 290 UmwG für einen Formwechsel in eine eingetragene Genossenschaft. Der Formwechsel von einem anderen Rechtsträger in einen eingetragenen Verein ist nicht vorgesehen und damit auch nicht zulässig.

2245 b) **Muster für einen Formwechsel eines e. V. in eine GmbH.** Am 2. 1. 2010 gehen beim Amtsgericht München – Registergericht – folgende, mit Ausnahme der Unterschiede in Bezug auf die nach § 12 HGB gebotene elektronische Einreichung, gleichlautende Anmeldungen ein:

> **Betreff: Vereinsregister VR 8818 – Bona Voluntas e. V.**
> Formwechsel in eine Gesellschaft mit beschränkter Haftung
> Als Geschäftsführer der durch Formwechsel entstehenden GmbH melden wir den Formwechsel des Vereins in die gleichzeitig errichtete „Bona Voluntas gemeinnützige GmbH" sowie die Bestellung der bisherigen Vorstandsmitglieder Monsignore Dr. Stephan Weitherz und Diplom-Kauffrau Amalie Genau zu Geschäftsführern der GmbH zur Eintragung in das Vereins- bzw. Handelsregister an. Die inländische Geschäftsanschrift der entstehenden Gesellschaft ist Marienstraße 12 in 80333 München.
> Zur allgemeinen Vertretungsregelung melden wir an: Ist nur ein Geschäftsführer bestellt, so vertritt er die Gesellschaft allein. Sind mehrere Geschäftsführer bestellt, so wird die Gesellschaft durch zwei Geschäftsführer oder durch einen Geschäftsführer gemeinsam mit einem Prokuristen vertreten.
> Zur besonderen Vertretungsbefugnis der Geschäftsführer melden wir an: Die Geschäftsführer Monsignore Dr. Stephan Weitherz und Diplom-Kauffrau Amalie Genau sind stets einzelvertretungsberechtigt und von den Beschränkungen des § 181 BGB vollumfänglich befreit.
> Die unterzeichneten Geschäftsführer versichern, dass der Wert des derzeitigen Vereinsvermögens das Stammkapital der durch Formwechsel entstehenden Gesellschaft mit beschränkter Haftung übersteigt und sich in ihrer freien Verfügung befindet.
> Jeder der Geschäftsführer versichert für seine Person: Es liegen keine Umstände vor, aufgrund derer ich nach § 6 Abs. 2 Satz 2 Nr. 2 und 3, Satz 3 GmbHG vom Amt eines Geschäftsführers ausgeschlossen wäre: Während der letzten fünf Jahre erfolgte weder im In- noch wegen einer vergleichbaren Straftat im Ausland eine Verurteilung wegen einer oder mehrerer Straftaten
> – des Unterlassens der Stellung des Antrags auf Eröffnung des Insolvenzverfahrens (Insolvenzverschleppung),
> – nach den §§ 283 bis 283 d StGB,
> – der falschen Angaben nach § 82 GmbHG oder § 399 AktG,

VIII. Umwandlungsvorgänge unter Beteiligung von Vereinen

– der unrichtigen Darstellung nach § 400 AktG, § 331 HGB, § 313 UmwG oder § 17 PublG oder
– nach den §§ 263 bis 264a oder den §§ 265b bis 266a StGB,

auch wurde mir weder durch gerichtliches Urteil noch durch vollziehbare Entscheidung einer Verwaltungsbehörde die Ausübung eines Berufs, Berufszweigs, Gewerbes oder Gewerbezweigs untersagt, somit auch nicht im Bereich des Unternehmensgegenstands der Gesellschaft; ferner wurde ich nicht aufgrund einer behördlichen Anordnung in einer Anstalt verwahrt. Weiter versichere ich: Ich wurde vom Notar eingehend belehrt, auch darüber, dass ich dem Registergericht gegenüber unbeschränkt auskunftspflichtig bin.

Als Anlagen fügen wir bei:
– Beschluss vom 28. 11. 2009 über den Formwechsel (URNr. 2144/2009 des Notars Dr. Alois Salber in München), welcher zugleich die Satzung der neuen Gesellschaft mit beschränkter Haftung, die Bestellung der Geschäftsführer sowie den Verzicht der Mitglieder des Vereins auf Erstellung eines Umwandlungsberichts einschließlich einer Vermögensaufstellung, auf Abfindungsangebot und auf das Recht zur Klage gegen die Wirksamkeit des Beschlusses sowie auf etwaige Ansprüche aus § 196 UmwG enthält
– Gründungsbericht der Gesellschafter der neuen GmbH, aus dem sich die Werthaltigkeit des eingebrachten Vermögens ergibt
– Bestätigung der Wirtschaftsprüfer über diesen Wert
– Amtliche Zustimmung der Erzdiözese München-Freising zu diesem Formwechsel
– Bestätigung des Finanzamts München für Körperschaften über die Anerkennung der Gemeinnützigkeit der neuen GmbH
– Auszug des Beschlusses über den Formwechsel ausschließlich mit dem Wortlaut der Satzung der GmbH

Zu vorstehender Anmeldung ist anzumerken, dass zwar eine „bescheinigte" Satzung nach dem Gesetz nicht vorgesehen ist, gleichwohl jedoch für Gericht und Notare äußerst hilfreich sein kann, da die nachfolgend, insbesondere auch für Satzungsänderungen häufig benötigte aktuelle Satzungsfassung leicht aufgefunden werden kann, während sie als Anlage zu einer komplizierten Umwandlungsurkunde nur schwer herauszusuchen wäre. 2246

Eine dieser Anmeldungen wird zum Vereinsakt genommen, mit der zweiten Anmeldung wird ein AR-Akt für die neue GmbH angelegt (siehe § 198 Abs. 2 Satz 2 UmwG). Dies ist erforderlich, da der bisherige Verein nunmehr als Gesellschaft mit beschränkter Haftung unter neuer Registernummer in das Handelsregister einzutragen ist. Der für den Verein zuständige **Rechtspfleger** (§ 3 Nr. 1 lit. a RPflG) **prüft** sodann, ob die Anmeldung durch das zuständige Organ des neuen Rechtsträgers vorgenommen wurde (§§ 278 Abs. 1, 222 Abs. 1 UmwG). Nach § 222 Abs. 3 UmwG kann die Anmeldung auch von den vertretungsberechtigten Vorstandsmitgliedern des Vereins vorgenommen werden. Nachdem aber zugleich die Gründungsvorschriften für die neue Rechtsform nach § 197 UmwG eingehalten werden müssen, sind jedenfalls die nach GmbH-Recht erforderlichen Versicherungen durch die neuen Geschäftsführer abzugeben (§ 8 Abs. 2 und 3 GmbHG). Zudem prüft das Gericht, ob der Formwechsel ordnungsgemäß beschlossen wurde, also insbesondere die erforderliche Mehrheit nach § 275 UmwG erreicht wurde. Bei Änderung des Zwecks im Rahmen des Formwechsels ist die Zustimmung aller Mitglieder, auch der nicht erschienenen, erforderlich. Außerdem ist festzustellen, ob der Beschluss dem Inhalt der Bestimmungen der §§ 194 und 276, § 243 Abs. 3, § 244 Abs. 2 und § 263 Abs. 2 Satz 2 und Abs. 3 UmwG entspricht. Nach § 218 UmwG muss dabei auch der Gesellschaftsvertrag der GmbH enthalten sein, der den allgemeinen Anforderungen des GmbHG entsprechen muss. Obwohl es sich bei einem Formwechsel um eine **Gründung mit Sachwerten** handelt, ist die Aufstellung eines Sachgründungsberichts gemäß §§ 277, 264 Abs. 2 UmwG entbehrlich. Die Prüfung der neuen GmbH obliegt zwar in erster Linie 2247 dem für diese zuständigen **Richter** (§ 17 Nr. 1 lit. a RPflG), sie gehört aber auch zur Feststellung des Rechtspflegers zur Gesetzlichkeit des Umwandlungsbeschlusses. Zur Vermeidung von Widersprüchen zwischen der Auffassung des Rechtspflegers und des Richters, die zu einer unter Wirksamkeitsvorbehalt stehenden Eintragung im Vereinsregister (§ 198 Abs. 2 Satz 4 UmwG) führen könnte, die letztlich wegen endgültigen Scheiterns der Eintragung des neuen Rechtsträgers im Handelsregister von Amts wegen gelöscht werden müsste, ist eine Abstimmung zwischen Richter und Rechtspfleger vor Vornahme der ersten Eintragung ratsam.

2248 Sodann verfügt der Rechtspfleger beim Papierregister bzw. nimmt beim elektronischen Register folgende **Eintragung im Vereinsregister** vor:

> **Spalte 4**
> **Unterspalte b (Sonstige Rechtsverhältnisse):**
> Die Mitgliederversammlung vom 28. 11. 2009 hat die formwechselnde Umwandlung des Vereins in die gleichzeitig errichtete Bona Voluntas gemeinnützige GmbH mit dem Sitz in München beschlossen. Der Formwechsel wird wirksam mit Eintragung der neuen GmbH im Handelsregister. *(Auch hier wird man bei Absprache einer tagggleichen Eintragung nach § 198 Abs. 2 Satz 4 UmwG auf den Wirksamkeitsvorbehalt verzichten)*

2249 Diese Eintragung ist nach § 201 UmwG **bekannt zu machen**, mit einem Gläubigeraufruf nach §§ 204, 22 UmwG zu verbinden (siehe Rz. 1251), und um die Angaben des Umwandlungsbeschlusses zur Festlegung zu ergänzen, nach welchen Maßstäben die Mitglieder des formwechselnden Vereins an der neuen Gesellschaft beteiligt sind, sofern nicht alle Mitglieder in gleichem Maße berücksichtigt werden (§ 279 i. V. m. § 276 Abs. 2 UmwG). Eine **Mitteilung über die Eintragung** geht sodann an den Verein, den beglaubigenden Notar und das für die neue GmbH zuständige Handelsregister.

2250 Der für die neue GmbH zuständige Registerrichter nimmt dieselben Prüfungen wie der Rechtspfleger vor. Er richtet dabei insbesondere auch sein Augenmerk auf die Gründungsvorschriften der GmbH und die Werthaltigkeit des übergehenden Vermögens. Zu beachten ist, dass bei einem Formwechsel die Vorlage einer Bilanz nicht vorgesehen und damit auch nicht erforderlich ist. Von Seiten des Gerichts ist deshalb auch nicht auf die sonst bei Umwandlungsvorgängen übliche Acht-Monats-Frist zwischen Anmeldung und Bilanzdatum zu achten. Bei einem Formwechsel in eine Kapitalgesellschaft muss jedoch geprüft werden, ob das Vermögen des übertragenden Rechtsträgers das satzungsmäßige Stamm- bzw. Grundkapital deckt. Aus diesem Grund wird regelmäßig die Vorlage einer Bilanz, zusammen mit einer Darstellung der Umwandlungsgründer (Gründungsbericht) und tunlichst eine Stellungnahme seitens eines Wirtschaftsprüfers, erfolgen. Nach Erhalt der Eintragungsmitteilung des Vereinsregisters trägt der Registerrichter die neue GmbH mit einer Bezugnahme auf den Formwechsel ein:

> **Spalte 2**
> **Unterspalte a (Firma):** Bona Voluntas gemeinnützige GmbH
> **Unterspalte b (Sitz):** München; Geschäftsanschrift: Marienstraße 12, 80333 München
> **Unterspalte c (Gegenstand des Unternehmens):**
> Betrieb von Seniorenheimen auf selbstlose Weise
> **Spalte 3 (Stammkapital):** 50 000 €
> **Spalte 4**
> **Unterspalte a (Allgemeine Vertretungsregelung):**
> Ist nur ein Geschäftsführer bestellt, so vertritt er die Gesellschaft einzeln. Sind mehrere Geschäftsführer bestellt, vertreten zwei Geschäftsführer oder ein Geschäftsführer gemeinsam mit einem Prokuristen.

IX. Eintragungen im Vereinsregister von Amts wegen

Unterspalte b (Geschäftsführer und besondere Vertretungsbefugnis):
Geschäftsführer: Dr. Weitherz, Stephan, Zorneding, *3. 3. 1933; einzelvertretungsberechtigt, mit der Befugnis, im Namen der Gesellschaft mit sich im eigenen Namen oder als Vertreter eines Dritten Rechtsgeschäfte abzuschließen.
Geschäftsführer: Genau, Amalie, Penzberg, *4. 10. 1945; einzelvertretungsberechtigt, mit der Befugnis, im Namen der Gesellschaft mit sich im eigenen Namen oder als Vertreter eines Dritten Rechtsgeschäfte abzuschließen.
Spalte 6
Unterspalte a (Gesellschaftsvertrag)
Gesellschaft mit beschränkter Haftung. Gesellschaftsvertrag vom 28. 11. 2009
Unterspalte b (Sonstige Rechtsverhältnisse):
Entstanden durch formwechselnde Umwandlung des Bona Voluntas e. V. mit Sitz in München (Amtsgericht München VR 8188).

Sodann veranlasst der Richter die **Bekanntmachung** der Eintragung nach § 10 HGB. 2251
Eine Darstellung der einzubringenden Sachwerte ist schon deshalb nicht erforderlich, da sich der Hinweis, dass keine Bargründung erfolgt, sondern die Vermögenswerte des Vereins eingebracht werden, bereits durch die Aussage über den Formwechsel in der Eintragung ergibt. Ein **Gläubigeraufruf** nach §§ 204, 22 UmwG ist trotz des unklaren Wortlauts der gesetzlichen Vorschriften nicht erforderlich, da die neue GmbH noch keine zu warnenden Gläubiger hat. Eintragungsmitteilungen gehen an den Verein, den einreichenden Notar und das Vereinsregister des formwechselnden Vereins. Der Rechtspfleger, der für den formwechselnden **Verein** zuständig ist, nimmt sodann folgende **Schlusseintragung** vor, wenn er nicht wegen taggleicher Eintragung des Formwechsels bei der GmbH von einem Wirksamkeitsvorbehalt abgesehen hat (§ 198 Abs. 2 Satz 4 UmwG):

Der neue Rechtsträger wurde am 15. 1. 2010 in das Handelsregister eingetragen (siehe Amtsgericht München HRB 144 000).

Gleichzeitig schließt er das Vereinsregisterblatt, veröffentlicht auch diese Eintragung 2252 unter „Löschungen" und übersendet nach Bewertung den Vereinsregisterakt an das Handelsregister, wo er als Vorband zu diesem Akt geführt wird.

IX. Eintragungen im Vereinsregister von Amts wegen

1. Allgemeine Voraussetzungen für Eintragungen von Amts wegen

Ist eine Eintragung in das Vereinsregister erfolgt, obwohl sie wegen Mangels einer 2253 wesentlichen Voraussetzung unzulässig war, so kann das Registergericht sie von Amts wegen löschen (§ 395 FamFG). Zuständig ist gemäß § 3 Nr. 1 lit. a RPflG der Rechtspfleger. Die Löschung ist zulässig, wenn wesentliche Mängel im Zeitpunkt der Eintragung vorliegen, aber auch wenn ursprünglich richtige Eintragungen nachträglich unrichtig geworden sind. Ist allerdings der ursprünglich vorliegende Mangel zwischenzeitlich behoben worden, scheidet eine amtswegige Löschung zumindest bei lediglich deklaratorisch wirkenden Eintragungen aus.[1] Eine Löschung des Vereins wegen Vermögenslosigkeit nach § 394 FamFG findet nicht statt. Im Übrigen sind weitere amtswegige Eintragungen nach § 75 BGB (Insolvenzvermerke) sowie bei gerichtlich bestellten Vorstandsmitgliedern (§ 67 Abs. 2 BGB) und Liquidatoren (§ 76 Abs. 3 BGB) vorzunehmen.

---

[1] **BayObLG** MittBayNot 1995, 406; vgl. *Ries,* in: Jansen, FGG, § 159 Rz. 48 ff.

2254 Von Amts wegen gemäß § 395 FamFG können gelöscht werden:
- die unzulässige Ersteintragung des Vereins (§ 64 BGB),
- die Eintragung einer Satzungsbestimmung (§§ 64, 71 BGB),
- die Eintragung des Vorstands oder eines einzelnen Mitglieds des Vorstands (§§ 64, 67 BGB) oder
- eine sonst unzulässigerweise erfolgte Eintragung im Vereinsregister.

2255 **Rechtsbegründende Eintragungen** – wie insbesondere Satzungsänderungen – können auch gelöscht werden, wenn sie unter Verletzung wesentlicher Verfahrensvorschriften vorgenommen worden sind, weil dann die vom Gesetz geforderten formellen Voraussetzungen für den Eintritt des Rechtserfolgs gefehlt haben. Bei **rechtsbekundenden Eintragungen**, wie z. B. der Änderung der Vorstandsbesetzung, rechtfertigt ein Verfahrensmangel die Löschung nicht, wenn das mit der Eintragung Verlautbarte sachlich richtig ist.[1] Ob ein Mangel wesentlich ist, hat das Registergericht nach Lage des Falles zu entscheiden.

2. Beispielsfälle für Amtslöschungen im Vereinsregister

2256 Als Mangel einer wesentlichen Voraussetzung (§ 395 FamFG) für die **Ersteintragung eines Vereins** ist es anzusehen, wenn dieser eingetragen worden ist, obwohl
- satzungsmäßig sein Zweck auf einen wirtschaftlichen Geschäftsbetrieb gerichtet ist;[2]
- die Gründung unwirksam ist;[3]
- der Verein ohne Anmeldung des tatsächlichen Vorstands eingetragen wurde;[4]
- der Name des Vereins zu Täuschungen Anlass gibt;[5]
- die Satzung nicht den in § 57 Abs. 1 BGB vorgeschriebenen Inhalt hat;
- die Satzung gemäß §§ 134, 138 BGB, beispielsweise wegen Verstoßes gegen zwingende vereinsrechtliche Vorschriften der §§ 26 ff. BGB, nichtig ist[6] oder der Verein vorwiegend wirtschaftliche Zwecke verfolgt und damit nicht mehr als Idealverein anzusehen ist.[7]

2257 Als unzulässige **Eintragung des Vorstands** ist zu erachten, wenn
- dessen Amtszeit abgelaufen und eine Wiederwahl nicht erfolgt ist;[8]
- der Beschluss über die Bestellung des Vorstands unwirksam ist, z. B. auf einer nicht ordnungsgemäß einberufenen Mitgliederversammlung beruht.[9]

2258 Ein wesentlicher Mangel der **Eintragung einer Satzungsänderung** ist gegeben, wenn
- diese nicht vom wirklichen Vorstand (§ 71 Abs. 1 BGB) angemeldet worden ist;[10]
- die Mitgliederversammlung, die einen Beschluss gefasst hat, nicht ordnungsgemäß einberufen war;[11]

---

[1] *Krafka*, in MünchKommZPO, § 395 FamFG Rz. 10; *Nedden-Boeger*, in: Schulte-Bunert/Weinreich, FamFG, § 395 Rz. 33.
[2] RG Z 154, 344; **OLG Hamm** Rpfleger 1993, 249; KG Rpfleger 1993, 69; **OLG Frankfurt** BB 1966, 52; **AG Mannheim** MDR 1959, 620.
[3] KG OLGE 36, 188.
[4] Siehe *Ries*, in: Jansen, FGG, § 159 Rz. 50; *Sauter/Schweyer/Waldner*, Verein, Rz. 453.
[5] **BayObLG** Z 1959, 287; **BayObLG** Z 1971, 329; **BayObLG** Z 1975, 332 (= Rpfleger 1975, 400).
[6] KG NJW 1962, 1917; s. a. *Spitzenberg* Rpfleger 1971, 242.
[7] BT-Drucks. 16/13 542, S. 14.
[8] Vgl. **BayObLG** Z 1988, 410 (= NJW-RR 1989, 765).
[9] **OLG Köln** Rpfleger 2009, 237; **OLG Zweibrücken** FGPrax 2002, 80; **LG Hildesheim** NJW 1965, 2400; s. a. **BayObLG** Rpfleger 1972, 400.
[10] **BayObLG** Z 22, 142 (= JFG 1, 273).
[11] **OLG Schleswig** NJW 1960, 1862; **BayObLG** Z 1963, 15; **OLG Hamm** OLGZ 1965, 65.

IX. Eintragungen im Vereinsregister von Amts wegen

– der Beschluss der Mitgliederversammlung wegen Verstoß gegen das Gesetz oder zwingende Vorschriften der Satzung nichtig ist.

Keine Amtslöschung kommt in Betracht bei Verstößen 2259
– gegen so genannte Sollvorschriften, z.B. §§ 56, 57 Abs. 2, § 58 BGB;[1]
– gegen die Form der Anmeldung (§ 77 BGB);
– schließlich gibt auch der Umstand, dass ein Nichtmitglied zum Mitglied des Vereinsvorstands gewählt worden ist, keinen Anlass zur Amtslöschung,[2] sofern nicht die Satzung ausdrücklich nur Mitglieder als wahlfähig bezeichnet.

3. Verfahren bei Vornahme einer Amtslöschung

Die Amtslöschung nach § 395 FamFG kann **von jedermann**, insbesondere von einem 2260 Vereinsmitglied oder von der Verwaltungsbehörde, **angeregt** werden (§ 24 Abs. 1 FamFG). Das Verfahren kann auch von Amts wegen eingeleitet werden. Anregungen hierzu sind sachgemäß zu prüfen, zwingen aber nicht zur Löschung. Für die Einleitung des Verfahrens ist notwendig, dass der Sachverhalt eine hinreichende Grundlage für die Annahme bildet, dass die Voraussetzungen einer Amtslöschung gegeben sind. Die Amtslöschung steht im **pflichtgemäßen Ermessen** des Gerichts. Sie hat zu erfolgen, wenn nach Überprüfung aller maßgeblichen Umstände ohne vernünftigen Zweifel ein wesentlicher Mangel vorliegt und schutzwürdige Belange Dritter oder ein öffentliches Interesse die Löschung fordert.[3] Eine Löschung wird allerdings nur bei Vorliegen einer völlig zweifels- und bedenkenfreien Sach- und Rechtslage in Betracht kommen, da im Übrigen die Beteiligten weitere Klarstellungen im Prozessweg zu verfolgen haben.[4] Bei einer allseits bestrittenen Rechtslage hat das Registergericht daher keineswegs eine umfassende Beweisaufnahme durchzuführen, sondern ggf. von einer Löschung vorerst Abstand zu nehmen.[5] Zu weiteren Einzelheiten des Verfahrens nach § 395 FamFG wird auf die Ausführungen zur Löschung von Eintragungen im Handelsregister verwiesen (Rz. 439 ff.). Die Löschung ist in der Spalte des Vereinsregisters **einzutragen**, in der sich der zu löschende Vorgang befindet (vgl. § 395 Abs. 1 Satz 2 FamFG).

4. Wirkung der Amtslöschung

Bei Löschung der Eintragung eines Vereins **verliert** dieser damit **die Rechtsfähigkeit**. 2261 Hinsichtlich der Rechtsfolgen steht dieser Verlust der Entziehung der Rechtsfähigkeit im Sinn der §§ 45 bis 47 BGB (Vermögensanfall, Liquidation) gleich. Eine offensichtlich unzulässige Löschung, deren Beseitigung im Interesse der Öffentlichkeit oder eines Beteiligten liegt, kann wiederum im Verfahren nach § 395 FamFG beseitigt werden.

5. Bekanntmachung und Rechtsmittel bei Amtslöschungen

Die Androhung einer Löschung bzw. die Zurückweisung des Widerspruchs sind 2262 dem Verein und sonstigen Beteiligten zuzustellen (Widerspruchsfrist: § 395 Abs. 2 FamFG). Die Eintragung einer Löschung ist dem Verein bekannt zu machen. Folgt der Rechtspfleger einer Anregung zur Löschung nach sachlicher Prüfung nicht, so

---

[1] BayObLG NJW 1972, 957 (= Rpfleger 1972, 149); *Sauter/Schweyer/Waldner,* Verein, Rz. 453; *Ries,* in: Jansen, FGG, § 159 Rz. 51.
[2] OLG Stuttgart Rpfleger 1964, 70.
[3] RGZ 122, 312; RGZ 132, 314; OLG Köln FGPrax 2009, 82; BayObLGZ 1979, 351 (= Rpfleger 1980, 15); BayObLGZ 1971, 329; BayObLGZ 1989, 187; OLG Hamm Rpfleger 1978, 132; KG OLGZ 1967, 97.
[4] OLG Köln FGPrax 2009, 83; OLG Zweibrücken FGPrax 2004, 42; *Sauter/Schweyer/Waldner,* Verein, Rz. 449.
[5] OLG Zweibrücken FGPrax 2004, 42.

ist der Person, die das Verfahren angeregt hat, die Entscheidung des Gerichts bekannt zu machen.

2263 Ein Recht zur **Beschwerde** gegen eine im Vereinsregister erfolgte Eintragung besteht nicht. Eine dennoch eingelegte Beschwerde kann allenfalls in eine Anregung zur Beseitigung der Eintragung (§ 24 Abs. 1 FamFG) auf dem Weg des § 395 FamFG umgedeutet werden.[1] Demgegenüber kann gegen die Zurückweisung des Widerspruchs gegen die Löschungsankündigung Beschwerde eingelegt werden (§ 395 Abs. 3, § 393 Abs. 3 Satz 2 FamFG). Wird die Löschung nach Prüfung durch das Gericht abgelehnt, so hat die Person, die das Verfahren angeregt hat, nur dann ein Beschwerderecht, wenn sie durch die Entscheidung in ihren Rechten beeinträchtigt wird (§ 59 Abs. 1 FamFG). Dies gilt auch für Mitglieder des Vereins,[2] wobei jedoch die schlüssig vorgetragene Möglichkeit, den der Eintragung zugrunde liegenden Beschluss im Wege der Feststellungsklage erfolgreich wegen Verstoßes gegen die Satzung bzw. gegen das Gesetz angreifen zu können, ausreichend sein soll.[3] Dritten, die eine Löschung des Vereins angeregt haben, weil dessen Satzung vorgeblich unwirksam sei, haben kein Beschwerderecht, wenn die Löschung durch das Registergericht abgelehnt wird.[4]

X. Sonstige Aufgaben des Amtsgerichts in Vereinssachen

1. Gerichtliche Bestellung von Vorstandsmitgliedern

2264 Das Amtsgericht, welches für den Bezirk, in dem der Verein seinen Sitz hat, das Vereinsregister führt, hat auf Antrag eines Beteiligten – Vorstandsmitglied, Vereinsmitglied, Gläubiger oder Schuldner des Vereins[5] – soweit die erforderlichen Mitglieder des Vorstands fehlen, in dringenden Fällen diese durch Beschluss zu bestellen (§§ 29, 67 BGB, siehe auch § 48 BGB). Zuständig ist der Rechtspfleger (§ 3 Nr. 1 lit. a RPflG). Obwohl in § 375 FamFG nicht aufgeführt, handelt es sich um ein Verfahren der freiwilligen Gerichtsbarkeit, das den Vorschriften des FamFG unterliegt.[6]

2265 a) **Formelle und materielle Voraussetzungen.** Zunächst muss mindestens ein nach Gesetz oder Satzung für die Beschlussfassung des Vorstands oder die Vertretung des Vereins erforderliches **Vorstandsmitglied fehlen.** Diese Voraussetzungen sind z. B. gegeben, wenn alle Vorstandsmitglieder oder das einzige Vorstandsmitglied weggefallen sind oder die Beschlussfähigkeit des Vorstands wegen Wegfalls einzelner Mitglieder nicht mehr gegeben ist. Der Wegfall kann durch Tod, Krankheit, andauernde Abwesenheit, Amtsniederlegung, Amtsablauf, grundsätzliche Verweigerung der Geschäftsführung, rechtliche Verhinderung bei Ausschluss von der Mitwirkung im Einzelfall nach §§ 34, 28 Abs. 1 oder § 181 BGB eingetreten sein.[7] Ist eine bereits vorgenommene Vorstandswahl nichtig, so ist das Fehlen der erforderlichen Vorstandsmitglieder nur gegeben, wenn das Amt der bisherigen Vorstandsmitglieder bereits beendet ist.[8] Außerdem muss ein **dringender Fall** vorliegen. Ein solcher ist gegeben, wenn ein sofortiges Einschreiten

---

[1] **BayObLG** Rpfleger 1993, 347 (= NJW-RR 1993, 698); s. a. **OLG Düsseldorf** Rpfleger 1999, 29.
[2] **OLG Stuttgart** Rpfleger 1970, 283; **OLG Köln** OLGZ 1984, 401.
[3] Vgl. **BayObLG** Z 1986, 528; **BayObLG** Z 1955, 333; **KG** BB 1967, 1308.
[4] **OLG Hamm** FGPrax 2005, 226.
[5] Vgl. **BayObLG** Z 1950/1951, 340; **BayObLG** Z 1971, 178; **BayObLG** Z 1976, 126 (= Rpfleger 1976, 357); **OLG Hamm** OLGZ 1965, 329; **KG** OLGZ 1967, 97.
[6] *Bumiller/Harders*, FamFG, § 375 Rz. 52; *Heinemann*, in: Keidel, FamFG, § 375 Rz. 100.
[7] **BayObLG** Z 1989, 298; **BayObLG** Rpfleger 1983, 74; **KG** OLGZ 1965, 323; **OLG Frankfurt** NJW 1966, 504; **LG Bonn** Rpfleger 1987, 460; *Sauter/Schweyer/Waldner*, Verein, Rz. 293; *Stöber*, VereinsR, Rz. 140 f.; *Reuter*, in: MünchKommBGB, § 29 Rz. 7.
[8] **BayObLG** NJW-RR 2000, 254; **LG Düsseldorf** Rpfleger 1987, 72.

X. Sonstige Aufgaben des Amtsgerichts in Vereinssachen

erforderlich ist, um Schaden zu vermeiden oder wenn eine notwendige Handlung nur sofort vorgenommen werden kann und das fehlende Vorstandsmitglied auf satzungsmäßige Weise nicht oder nicht alsbald genug bestellt werden kann.[1]
Für die Bestellung ist der **Antrag eines Beteiligten** an das zuständige Amtsgericht (§ 377 Abs. 1 FamFG) erforderlich. Die Voraussetzungen für die Notwendigkeit der Bestellung sind glaubhaft zu machen. Etwa fehlende Tatsachen sind von Amts wegen zu ermitteln[2] (§ 26 FamFG). Der Antragsteller kann bestimmte Personen als Notvorstandsmitglieder vorschlagen, muss dies aber nicht. Das Gericht wird allerdings ohne eine Anregung kaum in der Lage sein, eine geeignete und übernahmebereite Person zu finden. Unter den vorgeschlagenen Personen kann das Gericht auswählen, zudem kann es nach pflichtgemäßem Ermessen auch eine dritte Person bestellen. Die Bestellung kann jedoch nur mit Zustimmung des zu Bestellenden erfolgen.[3] Der zu Bestellende braucht nicht Vereinsmitglied zu sein, muss jedoch ggf. eine in der Satzung vorgeschriebene Qualifikation aufweisen.[4] 2266

b) **Bestellungsbeschluss des Gerichts; Rechtsmittel.** Der zu begründende[5] **Bestellungsbeschluss** (§§ 38 ff. FamFG) wird mit der Bekanntmachung an den Bestellten wirksam (§ 40 Abs. 1 FamFG) und hat somit rechtsgestaltende Wirkung. Er ist auch dem Antragsteller bekannt zu machen[6] (§ 41 Abs. 1 FamFG). Die Bestellung bedarf jedoch der Annahme durch den Ernannten. Die wirksame Vorstandsbestellung bleibt bis zur Aufhebung des Beschlusses in Kraft, selbst wenn die gesetzlichen Voraussetzungen für die Bestellung nicht gegeben waren.[7] Der Notvorstand erlangt in der Regel die volle Organstellung des zu ersetzenden Vorstandsmitglieds. Die gerichtliche Bestellung eines Vorstandsmitglieds bewirkt allerdings nicht das Ausscheiden des in Wirklichkeit nicht fehlenden Vorstandsmitglieds aus seinem Amt.[8] Im Bestellungsbeschluss kann der Umfang der Vertretungsmacht beschränkt werden. Im Übrigen ist die Bestellung nicht weiter zu erstrecken, als nach Art und Dringlichkeit des Anlasses erforderlich.[9] Sind sämtliche Vorstandsmitglieder weggefallen, so kann das Gericht auch bei Gesamtvertretung eine einzelne Person als Vorstand bestellen.[10] Zu einer Festsetzung der Vergütung des bestellten Vorstands ist das Registergericht nicht berufen.[11] 2267

Der Bestellungsbeschluss oder der die Bestellung ablehnende Beschluss des Gerichts können durch **Beschwerde** angegriffen werden (§§ 58 ff. FamFG). Beschwerdeberechtigt sind die Beteiligten am Verfahren, also neben den etwaigen übrigen Vorstandsmitgliedern auch jeder, der ein dringliches rechtliches Interesse an der Bestellung eines Vorstandsmitglieds nach § 29 BGB hat,[12] ferner auch jedes sonstige Vereinsmitglied, weil es auch einen entsprechenden Bestellungsantrag hätte stellen können.[13] 2268

---

[1] Vgl. **OLG Frankfurt** Rpfleger 2001, 241; **BayObLG** FGPrax 1997, 235; *Sauter/Schweyer/Waldner*, Verein, Rz. 293.
[2] **BayObLG** Z 34, 196; **OLG Frankfurt** JZ 1952, 565.
[3] **KG** FGPrax 2001, 86 (= Rpfleger 2001, 239); **BayObLG** Z 1996, 129 (= NJW-RR 1997, 419); *Heinemann*, in: Keidel, FamFG, § 375 Rz. 104.
[4] **BayObLG** Z 1980, 306 (= NJW 1981, 995).
[5] Siehe **BayObLG** Z 1980, 306 (= NJW 1981, 995).
[6] **BGH** Z 6, 232; **KG** OLGZ 1965, 332; **BayObLG** Z 1980, 306 (= NJW 1981, 995).
[7] **BGH** Z 24, 47 (51); **OLG Schleswig** NJW 1960, 1862.
[8] **OLG Schleswig** NJW 1960, 1862.
[9] **BayObLG** Z 1976, 126; *Sauter/Schweyer/Waldner*, Verein, Rz. 297; *Stöber*, VereinsR, Rz. 359.
[10] **KG** OLGZ 1965, 332; **KG** OLGZ 1968, 200; *Stöber*, VereinsR, Rz. 352; anderer Ansicht *Sauter/Schweyer/Waldner*, Verein, Rz. 299.
[11] Vgl. **BayObLG** Z 1975, 260 (= Rpfleger 1975, 354); *Sauter/Schweyer/Waldner*, Verein, Rz. 301.
[12] Siehe *Reuter*, in: MünchKommBGB, § 29 Rz. 13 ff.
[13] **BayObLG** Z 1989, 298; *Heinemann*, in: Keidel, FamFG, § 375 Rz. 104.

2269 c) **Dauer der Bestellung, Eintragung und Bekanntmachung.** Die gerichtliche **Bestellung endet,** wenn sie befristet vorgenommen worden ist, mit dem Ablauf der bestimmten Zeit, sonst endet sie automatisch, **wenn der Mangel behoben ist,** wenn also z. B. durch die Mitgliederversammlung oder das sonst etwa zuständige Vereinsorgan die Bestellung eines neuen Vorstands vorgenommen wurde. Eine förmliche Entlassungsverfügung durch das Gericht ist zwar nicht erforderlich, allerdings ist die Rückforderung der Ausfertigung des Bestellungsbeschlusses zweckmäßig. Der bestellte Vorstand kann durch Anzeige an das Gericht sein Amt niederlegen. In diesem Fall muss es, falls die Voraussetzungen weiterhin gegeben sind, auf Antrag die Bestellung eines neuen Vorstands verfügen.

2270 Das Gericht kann bei Vorliegen wichtiger Gründe den bestellten Vorstand **abberufen.** Hierzu bedarf es keines besonderen Antrags, jedoch sind Vereinsmitglieder sowie der Verein selbst, nicht aber ein Dritter, zur Stellung des Abberufungsantrags berechtigt.[1] Das Gericht kann nach Abberufung, falls die Voraussetzungen noch vorliegen, ohne weiteres eine andere Person als Vorstand bestellen.

2271 In das Vereinsregister sind die gerichtlich bestellten Vorstandsmitglieder von Amts wegen **einzutragen** (§ 67 Abs. 2 BGB), ggf. mit der im Bestellungsbeschluss enthaltenen Beschränkung ihrer Vertretungsmacht; eine etwaige Befristung ist nach allgemeinen Grundsätzen nicht einzutragen. Im Fall der Abberufung oder sonstigen Beendigung des Amtes ist das Ausscheiden entsprechend § 67 Abs. 2 BGB ebenfalls von Amts wegen einzutragen. Beschlüsse über die gerichtliche Bestellung von Vorstandsmitgliedern oder Liquidatoren sind dem Bestellten und dem Antragsteller durch eine entsprechende Mitteilung **bekannt zu machen** (§ 29 BGB, § 41 Abs. 1 Satz 1 FamFG). Beschlüsse über die Ablehnung der Bestellung sind nur dem Antragsteller zuzustellen (§ 41 Abs. 1 Satz 2 FamFG).

2272 d) **Beispiel eines Verfahrens zur Bestellung eines Notvorstands.** Antrag auf Bestellung eines Notvorstands:

Amtsgericht München

München, den 6. 12. 2009

Gegenwärtig: Urber, Rechtspfleger

Herr Werner Wurmer, geboren am 15. 5. 1928, München, Wendelstraße 48, ausgewiesen durch Personalausweis mit Lichtbild, erklärt:

„Ich bin Mitglied des Vereins „Kaninchenzucht- und Kleintierzucht-Verein 1965 eingetragener Verein" in München, eingetragen im Vereinsregister des Amtsgerichts München Nr. 5026. Als Vorstand dieses Vereins ist Franz Fichte, München, aufgrund Wahl der Mitgliederversammlung vom 10. 10. 2009 eingetragen. Diese Wahl ist jedoch ungültig, da die Mitgliederversammlung vom 10. 10. 2009 von Herrn Fichte selbst einberufen wurde, der zwar Mitglied des Vereins ist, aber im Zeitpunkt der Einberufung dieser Mitgliederversammlung nicht Vorstand war. Außerdem hätte die Einladung zu dieser Mitgliederversammlung der Satzung gemäß in der Verbandszeitung „Der Tierzüchter" erfolgen müssen. Herr Fichte hat etwa 100 Mitglieder des Vereins schriftlich eingeladen, aber über 200 weitere Mitglieder erhielten keine Einladung. Ich beantrage daher die Bestellung eines Vorstandes durch das Gericht gemäß § 29 BGB und schlage mich selbst als zu bestellenden Vorstand vor."

V. g. u.

Werner Wurmer

Urber, Rechtspfleger

---

[1] KG OLGZ 1967, 97 (= NJW 1967, 933); **BayObLG** Z 1978, 243.

X. Sonstige Aufgaben des Amtsgerichts in Vereinssachen

Zur **Anhörung der Beteiligten** hat das Gericht folgendermaßen vorzugehen: 2273

Amtsgericht München München, den 10. 1. 2010
– Registergericht –

– Verfügung –

Zustellung einer Abschrift des Antrags vom 6. 12. 2009 an Fichte, Franz zur Stellungnahme, die in doppelter Ausfertigung erbeten wird, binnen zwei Wochen.

WV. m. E. oder 2. 3. 2010

Denkbar ist der Eingang eines Schreibens des Vorstandsmitglieds Franz Fichte mit 2274 folgendem Inhalt:

> Da der frühere Vorstand des Vereins, Hugo Holz, gestorben ist, bin ich, Franz Fichte, im September 2009 durch den „Verband der Tierzüchter e. V.", dem der Verein angehört, zum kommissarischen Leiter des Vereins bestellt worden und habe mich infolgedessen zur Einberufung einer Mitgliederversammlung für befugt gehalten. Eine Einladung zur Mitgliederversammlung in der Verbandszeitung „Der Tierzüchter" hat nicht mehr rechtzeitig erfolgen können, es sind daher die Mitglieder schriftlich einberufen worden. Soweit Mitglieder des Vereins keine Einladungen erhalten haben, beruht dies darauf, dass sie keine Beiträge mehr bezahlt haben.
>
> Falls das Gericht der Auffassung des Antragstellers Wurmer beitritt und meine Wahl für ungültig hält, wird meine Bestellung zum Vorstand gemäß § 29 BGB beantragt, da ich seit September 2009 die Geschäfte des Vereins führe und das Vertrauen der Mehrheit der aktiven Mitglieder des Vereins genieße.
>
> Dagegen wird der Bestellung des Herrn Wurmer widersprochen; er ist nur der vorgeschobene Mann eines kleinen Kreises von Mitgliedern, die schon immer Unfrieden im Verein gestiftet haben; infolge seines hohen Alters von über 80 Jahren und seiner Kränklichkeit ist Wurmer nicht in der Lage, als Vorstand tätig zu sein.

Als Reaktion hätte das Amtsgericht eine Kopie des Schreibens von Franz Fichte zur 2275 Stellungnahme an Werner Wurmer zu senden. Erfolgt innerhalb der gesetzten Frist keine Stellungnahme, ergeht beispielsweise unter Berücksichtigung der Formalien des § 38 Abs. 2 FamFG, also insbesondere unter Benennung der Beteiligten, folgender **Beschluss:**

I.

Herr Franz Fichte, München, Fuchsstraße 21, wird bis zur Neubestellung eines Vorstandes durch eine mit der Tagesordnung „Vorstandswahl" einzuberufende Mitgliederversammlung gemäß § 29 BGB zum Vorstand des Vereins „Kaninchenzucht- und Kleintierzucht-Verein 1965 eingetragener Verein" in München bestellt.

Gründe:

Als Vorstand des im Vereinsregister des Amtsgerichts München Nr. 5026 eingetragenen, oben genannten Vereins war seit 3. 11. 1999 Hugo Holz, München, eingetragen. Dieser ist verstorben. Franz Fichte ließ sich durch den „Verband der Tierzüchter e. V." zum „Kommissarischen Leiter" des Vereins bestellen; als solcher lud er einen Teil der Vereinsmitglieder schriftlich zu einer Versammlung am 10. 10. 2009 ein. In dieser Versammlung wurde die Änderung der Satzung beschlossen und Franz Fichte zum Vorstand gewählt. Dies wurde aufgrund Anmeldung vom 12. 10. 2009 am 8. 11. 2009 in das Vereinsregister eingetragen. Am 6. 12. 2009 beantragte Werner Wurmer, München, Wendelstraße 48, als Mitglied des Vereins seine Bestellung zum Notvorstand mit der Begründung, die Wahl vom 10. 10. 2009 sei ungültig.

Franz Fichte legte mit Schreiben vom 10. 12. 2009 den Sachverhalt dar und beantragte für den Fall der Bestellung eines Notvorstandes durch das Gericht seine eigene Bestellung, mit der Begründung, er führe seit September 2009 die Geschäfte des Vereins und besitze das Vertrauen der Mehrheit der aktiven Mitglieder des Vereins. Dagegen widersprach er der Bestellung des Werner Wurmer zum Notvorstand mit der Begründung, dieser sei nur der vorgeschobene Mann eines kleinen Kreises von unzufriedenen Mitgliedern und infolge seines hohen Alters von über 80 Jahren und seiner Kränklichkeit nicht in der Lage als Vorstand tätig zu sein.

Werner Wurmer gab zu diesem Schreiben des Franz Fichte keine Erklärung ab.

Die Entscheidung beruht auf folgenden Erwägungen:

Seit dem Tod des früheren Vereinsvorstandes Hugo Holz war der Verein ohne gesetzlichen Vertreter (vgl. § 26 BGB). Da die Satzung keine Bestimmung darüber enthält, wer die Mitgliederversammlung einzuberufen hat, steht dieses Recht dem Vorstand zu. Infolge des Mangels dieses notwendigen Vereinsorgans konnte eine gültige Mitgliederversammlung nicht einberufen werden. Zur Behebung dieses Mangels ist gemäß § 29 BGB nur das Amtsgericht zuständig, in dessen Bezirk der Verein seinen Sitz hat. Die Bestellung des Franz Fichte zum „Kommissarischen Leiter" durch den „Verband der Tierzüchter e. V." konnte daher nicht die Wirkung zur Folge haben, dass Franz Fichte die Organstellung des Vorstandes erhielt. Da somit das für die Berufung einer Mitgliederversammlung zuständige Organ fehlte, konnte die Versammlung von 10. 10. 2009 keine gültigen Beschlüsse fassen; es war dies überhaupt keine „Mitgliederversammlung" im Sinne des Gesetzes, sondern lediglich eine Zusammenkunft von Mitgliedern ohne die Möglichkeit, rechtlich als Organ des Vereins zu handeln. Durch die Eintragung in das Vereinsregister trat auch keine Heilung dieser nichtigen Beschlüsse ein.

Als Ergebnis verbleibt sonach, dass der Verein seit dem Tod des Hugo Holz ohne Vorstand war. Der Antrag auf Bestellung eines Notvorstandes ist von Werner Wurmer und Franz Fichte, die beide als Mitglieder hierzu berechtigt sind, ordnungsgemäß gestellt. Die Dringlichkeit des Falles ergibt sich daraus, dass der Mangel auf andere Weise nicht behoben werden kann, es sei denn durch die Vorstandswahl einer Vollversammlung, die aber bei der großen Anzahl der Vereinsmitglieder schwerlich herbeigeführt werden kann. Dem Antrag auf Bestellung eines Vorstandes durch das Gericht war daher gemäß § 29 BGB stattzugeben. Bezüglich der Person des zu bestellenden Vorstandes hatte das Gericht die Wahl zwischen den beiden Antragstellern, von denen sich jeder selbst benannt hatte, da die Bestellung eines Dritten untunlich erschien. Da die erhobenen Bedenken gegen Werner Wurmer unwidersprochen blieben, andererseits Franz Fichte seit September 2009 die Geschäfte des Vereins führt, das Vertrauen des „Verbandes der Tierzüchter e.V." und eines erheblichen Teils der Vereinsmitglieder besitzt, erschien es dem Gericht angezeigt, letzteren zum Vorstand des Vereins zu bestellen.

II.

Aus den Gründen des gleichzeitig ergangenen Beschlusses Nr. I des Amtsgerichts München ergibt sich, dass die am 8. 11. 2009 in das Vereinsregister des Amtsgerichts München erfolgten Eintragungen betreffend den Verein „Kaninchenzucht- und Kleintierzucht-Verein 1965 eingetragener Verein" in München der rechtlichen Grundlage entbehren, da die in der Mitgliederversammlung vom 10. 10. 2009 gefassten Beschlüsse nichtig sind. Es ist daher beabsichtigt, diese Eintragungen in Nr. 5026 des Vereinsregisters des Amtsgerichts München unter Nr. 3 betreffend die Änderung der Satzung, die Bezeichnung des Vorstandes und die Bestellung des Franz Fichte, München, zum Vorstandsmitglied von Amts wegen zu löschen.

III.

Dem Verein wird eine Frist zur Geltendmachung eines Widerspruchs bis zum 28. 2. 2010 bestimmt (§ 395 FamFG).

IV.

Bekanntgabe (§ 41 Abs. 1 Satz 1 FamFG) oder Zustellung (§ 41 Abs. 1 Satz 2 FamFG) von I und II an die Beteiligten samt Rechtsbehelfsbelehrung (§ 39 FamFG).

X. Sonstige Aufgaben des Amtsgerichts in Vereinssachen

Vorzunehmen ist zunächst folgende **Eintragung:** 2276

> **Spalte 3**
> **Unterspalte b (Vorstand, Liquidatoren):**
> Gerichtlich bestellt: *(Vorstehende Worte im elektronischen Register als Übergangstext entsprechend § 16 a HRV)*
> Vorstand: Fichte, Franz, München, *2. 2. 1960
>
> **Spalte 5**
> **Unterspalte b (Bemerkungen):**
> Von Amts wegen eingetragen. Bestellungsbeschluss Bl. 56 SB

Ist ein Widerspruch gegen die vorstehende Entscheidung Nr. II nicht eingegangen, so 2277 wird neben der Rötung der erfolgten Eintragungen zur Satzungsänderung und zur Vorstandsbestellung von Fichte Franz in Spalte 4 Unterspalte a eingetragen:

> **Spalte 4**
> **Unterspalte a (Satzung):**
> Die Eintragungen unter Nr. (...) werden gemäß § 395 FamFG von Amts wegen gelöscht.

2. Entziehung der Rechtsfähigkeit

Einem Verein kann die Rechtsfähigkeit nach § 73 BGB durch das **Amtsgericht,** das 2278 das Vereinsregister für den Verein führt, entzogen werden. Zuständig ist nach § 3 Nr. 1 lit. a RPflG der Rechtspfleger. Sachliche Voraussetzung für die Entziehung ist, dass die Zahl der **Mitglieder** des Vereins **unter drei herabgesunken** ist. Die Entziehung erfolgt auf Antrag des Vorstands und, wenn der Antrag nicht binnen drei Monaten gestellt wird, von Amts wegen nach Anhörung des Vorstands (§ 73 BGB). Zur Feststellung der Zahl der Mitglieder kann das Gericht vom Vorstand eine von diesem erstellte schriftliche Bescheinigung über die Zahl der Vereinsmitglieder verlangen (§ 72 BGB), die gegebenenfalls nach § 14 Abs. 2 Satz 1 FamFG elektronisch eingereicht werden kann.[1] Die Erfüllung dieser Verpflichtung kann durch das Amtsgericht nach § 78 BGB erzwungen werden. Wird hierbei glaubhaft gemacht, dass die Zahl der Mitglieder sich alsbald wieder auf mindestens drei erhöhen wird, so kann das Verfahren durch das Gericht einstweilig zurückgestellt werden.

Der Beschluss des Gerichts, durch welche die Rechtsfähigkeit entzogen wird, ist allen 2279 Vorstandsmitgliedern **zuzustellen,** sofern sie nicht ihr Einverständnis mit dem Verlust der Rechtsfähigkeit haben erkennen lassen (§ 41 Abs. 1 Satz 2 FamFG). Fehlen erforderliche Vorstandsmitglieder, so sind diese zuvor nach § 29 BGB, auch ohne hierzu vorliegende Antragstellung, durch das Gericht zu bestellen. Gegen den Beschluss findet die **Beschwerde** statt (§ 58 FamFG). Beschwerdeberechtigt sind nicht die einzelnen noch vorhandenen Mitglieder, sondern allein der Verein, vertreten durch den Vorstand. Der Entziehungsbeschluss wird mit Eintritt der Rechtskraft wirksam (§ 401 FamFG). Nach Rechtskraft ist die Entziehung von Amts wegen in das Vereinsregister in Spalte 4 Unterspalte b einzutragen (§ 74 Abs. 1 BGB; zur Eintragung siehe § 3 Satz 3 Nr. 4 lit. b VRV).

Ein Entzug der Rechtsfähigkeit eines eingetragenen Vereins durch die **Verwaltungs-** 2280 **behörde** ist seit der Reform des bürgerlichen Vereinsrechts im Jahr 2009 durch die Vorschriften des BGB nicht mehr vorgesehen. Sofern allerdings der Verein satzungswidrig einen wirtschaftlichen Zweck verfolgt, kommt eine Löschung nach § 395 FamFG durch das **Registergericht** in Betracht.[2]

---
[1] BT-Drucks. 16/12813, S. 13.
[2] Siehe die Auffassung des Rechtsausschusses BT-Drucks. 16/13542, S. 14.

3. Ermächtigung zur Berufung einer Mitgliederversammlung

2281 **a) Einberufung der Mitgliederversammlung aufgrund Minderheitsverlangen.** Die Mitgliederversammlung des Vereins (§ 32 BGB) ist auch dann **einzuberufen,** wenn der durch die Satzung bestimmte Teil oder in Ermangelung einer Satzungsbestimmung der zehnte Teil der Mitglieder die Berufung schriftlich unter Angabe des Zwecks und der Gründe verlangt[1] (§ 37 Abs. 1 BGB). Die Satzung darf das Minderheitsrecht schmälern, indem es das Quorum höher setzt. Da es sich um ein Minderheitsrecht handelt, muss dieses aber jedenfalls unter der Hälfte der Mitglieder liegen.[2] Die Einberufung hat durch das nach der Satzung zuständige Vereinsorgan, meist den Vorstand, zu erfolgen. Bestimmt die Satzung nichts anderes, so ist der Vorstand das zuständige Organ.

2282 Sämtliche Aufgaben der Mitgliederversammlung können durch die Satzung des Vereins einer **Vertreter- oder Delegiertenversammlung** übertragen werden (§§ 40, 32 BGB). In diesem Fall werden die Rechte der Mitglieder in Angelegenheiten des Vereins ausschließlich durch die von den Mitgliedern bestellten Vertreter ausgeübt. Dies ist insbesondere bei großen Vereinen mit vielen Mitgliedern zweckmäßig und üblich. Die Satzung muss bestimmen, aus welchen Personen sich die Vertreterversammlung zusammensetzt und wie die Vertreter durch die Mitglieder zu bestellen sind.[3] Die Vertreterversammlung hat die Befugnisse, welche nach Gesetz und Satzung der Mitgliederversammlung zukommen. Die Satzung muss Bestimmungen darüber treffen, unter welchen Voraussetzungen die Vertreterversammlung zu berufen ist, über die Form der Berufung, die Beschlussfähigkeit sowie die Beschlussfassung. § 37 BGB gilt auch für die Vertreterversammlung.[4]

2283 **b) Gerichtliche Ermächtigung zur Berufung der Mitgliederversammlung.** Zunächst ist **Voraussetzung** einer derartigen Ermächtigung, dass der durch die Satzung bestimmte Teil oder in Ermangelung einer solchen Bestimmung der zehnte Teil der Vereinsmitglieder die Berufung der Mitgliederversammlung bzw. Vertreterversammlung schriftlich unter Angabe des Zwecks und der Gründe vom Vorstand verlangt hat.[5] Dem ordnungsgemäß gestellten Verlangen muss der Vorstand innerhalb angemessener Frist nicht entsprochen haben. Sind diese Voraussetzungen gegeben, so kann das Amtsgericht, das für den Bezirk, in dem der Verein seinen Sitz hat, das Vereinsregister führt (vgl. § 377 Abs. 1 FamFG), die Mitglieder, die das Verlangen gestellt haben, zur Einberufung der Versammlung ermächtigen und Bestimmungen treffen über die Führung des Vorsitzes in dieser (§ 37 Abs. 2 BGB). Das Verfahren richtet sich, auch wenn es in der Aufzählung des § 375 FamFG nicht enthalten ist, nach den Vorschriften des FamFG.[6] Zur Ermittlung, ob die gesetzlich oder satzungsmäßig erforderliche Mindestzahl an Mitgliedern die Einberufung verlangt, ist seitens des Vereinsvorstands dem Gericht Auskunft über die Zahl der vorhandenen Mitglieder zu geben.[7] Zuständig für das Verfahren ist nach § 3 Abs. 1 lit. a RPflG der Rechtspfleger. § 37 BGB gilt auch im Liquidationsstadium; die Ermächtigung kann auch noch nach Eröffnung des Insolvenzverfahrens über das Vermögen des Vereins erteilt werden. Stets bleibt aller-

---

[1] Vgl. **BayObLG** Z 1970, 120 (= Rpfleger 1970, 240); **BayObLG** Z 1971, 84; **OLG Frankfurt** OLGZ 1973, 137 (= Rpfleger 1973, 54).

[2] Vgl. *Heinrichs,* in: Palandt, BGB, § 37 Rz. 1.

[3] *Sauter/Schweyer/Waldner,* Verein, Rz. 217; *Reichert,* VereinsR, Rz. 2789 ff.

[4] **OLG Frankfurt** OLGZ 1973, 137 (= Rpfleger 1973, 54); KG JW 1930, 1214.

[5] **OLG Frankfurt** OLGZ 1973, 137 (= Rpfleger 1973, 54); **BayObLG** Z 20, 328; *Sauter/Schweyer/Waldner,* Verein, Rz. 161; s. a. *Stöber,* VereinsR, Rz. 425 ff.

[6] *Heinemann,* in: Keidel, FamFG, § 375 Rz. 101 ff.

[7] Vgl. *Sauter/Schweyer/Waldner,* Verein, Rz. 164.

dings auch im Fall einer Ermächtigung nach § 37 Abs. 2 BGB daneben der Vorstand zur Einberufung einer Mitgliederversammlung zuständig.[1]

Hinsichtlich des **Verfahrens** ist zu beachten, dass antragsberechtigt die Mitglieder sind, die den Antrag beim Vorstand gestellt haben. Der Antrag kann von der Minderheit schriftlich oder zur Niederschrift der Geschäftsstelle des Gerichts gestellt werden (§ 25 Abs. 1 FamFG). Die Minderheit kann den Antrag auch durch einen Bevollmächtigten stellen lassen (§ 10 FamFG). Der Antrag hat die Angabe des Zwecks der Versammlung und die Gründe des Verlangens zu bezeichnen und darzutun, dass dem an den Vorstand bzw. an das sonstige zur Einberufung der Mitgliederversammlung zuständige Vereinsorgan gerichteten Antrag nicht entsprochen wurde. Der Antrag kann sich auch auf eine Ergänzung der Tagesordnung einer vom Vorstand bereits berufenen Mitgliederversammlung beschränken. Im Hinblick auf das durch Art. 103 Abs. 1 GG gewährleistete Gebot des rechtlichen Gehörs muss dem Vorstand als Antragsgegner vor einer Entscheidung Gelegenheit zur Äußerung gegeben werden. Die Anhörung soll auch erfolgen, wenn das Gericht die Ablehnung des Antrags schon in Aussicht genommen hat.[2] Das Gericht prüft das Vorliegen der formellen Voraussetzungen sowie in sachlicher Hinsicht, ob die Antragsteller ihr Recht nicht missbräuchlich wahrnehmen, insbesondere weil der beabsichtigten Einberufung eine gesetzes- oder sittenwidrige Absicht zugrunde liegt. Zudem ist zu prüfen, ob die Mitgliederversammlung für den betreffenden Gegenstand zuständig ist und ob die Antragsteller ein schutzwürdiges Interesse der Mitglieder verfolgen.[3] 2284

In den gerichtlichen **Beschluss**, der dem Antrag stattgibt, sind die einzeln namentlich anzuführenden Ermächtigten zur Einberufung einer Versammlung mit einer bestimmten, im Einzelnen anzugebenden Tagesordnung zu ermächtigen (siehe ferner §§ 38 f. FamFG).[4] Die Ermächtigung kann Zeit und Ort der Versammlung bereits konkret festlegen oder jedenfalls einen zeitlichen Rahmen hierfür setzen.[5] Gemäß § 37 Abs. 2 Satz 1 BGB kann das Gericht Anordnungen über die Führung des Vorsitzes der Versammlung treffen und in den Beschluss aufnehmen. Der Beschluss wird erst mit förmlicher Zustellung an die Beteiligten wirksam[6] (§§ 40, 41 FamFG). Im Hinblick auf das Recht zur Einlegung der Beschwerde (§§ 58 ff. FamFG) ist der Beschluss auch dem Vorstand des Vereins gemäß §§ 40, 41 FamFG bekannt zu machen. 2285

Die ermächtigte Minderheit kann in **Durchführung** des Beschlusses nach seiner Bekanntmachung, also schon vor dessen Rechtskraft, die Mitgliederversammlung wirksam einberufen. Bei der Einberufung müssen die ermächtigten Mitglieder auf die gerichtliche Ermächtigung Bezug nehmen (§ 37 Abs. 2 Satz 3 BGB). Die Einberufung hat in der gleichen Form und auf dem gleichen Weg wie die ordentliche Berufung der Versammlung durch das zuständige Vereinsorgan zu erfolgen. 2286

Ist der Ermächtigungsbeschluss lediglich formlos den Antragstellern bekannt gemacht worden, so handeln die Antragsteller bei Einberufung der Mitgliederversammlung als Unbefugte. Die in dieser Mitgliederversammlung gefassten Beschlüsse sind deshalb unwirksam.[7] Ist die Ermächtigung vom Gericht befristet erteilt worden und wird von 2287

---

[1] BayObLG FGPrax 2004, 295; OLG Stuttgart Rpfleger 2004, 106.
[2] *Ries,* in: Jansen, FGG, § 160 Rz. 6.
[3] BayObLG Z 1970, 120 (= Rpfleger 1970, 240); OLG Frankfurt OLGZ 1973, 137 (= Rpfleger 1973, 54).
[4] *Sauter/Schweyer/Waldner,* Verein, Rz. 165.
[5] BayObLG Z 1971, 84 (= Rpfleger 1971, 176).
[6] BayObLG Z 1970, 120 (= Rpfleger 1970, 240); BayObLG Z 1971, 84 (= Rpfleger 1971, 176).
[7] BayObLG Z 1970, 120 (= Rpfleger 1970, 240); BayObLG Z 1971, 84 (= Rpfleger 1971, 176).

ihr bis zu dem festgesetzten Zeitpunkt kein Gebrauch gemacht, ist die Ermächtigung erloschen, ohne dass es einer förmlichen Aufhebung des Ermächtigungsbeschlusses durch das Gericht bedarf. Eine nach Fristablauf einberufene Versammlung kann keine wirksamen Beschlüsse fassen.[1] Mit der Einberufung der Versammlung ist die Ermächtigung verbraucht; dies gilt unabhängig davon, ob die fraglichen Beschlussgegenstände in einer von der ermächtigten Minderheit oder einer regulär vom dafür zuständigen Organ einberufenen Mitgliederversammlung behandelt werden sollen. Eine Beschwerde gegen den Ermächtigungsbeschluss ist nach Durchführung dieser Versammlung unzulässig.

2288 Der Beschluss, durch den dem Antrag ganz oder teilweise nicht entsprochen wird, ist den Antragstellern und dem Vorstand gemäß § 41 Abs. 1 Satz 2 FamFG zuzustellen. Auch hiergegen besteht die Möglichkeit, **Beschwerde** einzulegen. (§§ 58 ff. FamFG). Beschwerdeberechtigt ist der Verein, vertreten durch den Vorstand.[2] Auch gegen die Antragsablehnung besteht die Möglichkeit, durch Beschwerde vorzugehen. Beschwerdeberechtigt sind in diesem Fall jedoch nur alle Antragsteller gemeinsam, nicht also einzelne Angehörige der Minderheit.[3]

2289 **c) Beispiel eines Verfahrens zur Ermächtigung hinsichtlich der Einberufung einer Mitgliederversammlung.** Beginn des Verfahrens durch Eingang eines anwaltlichen Schreibens:

> Dr. Simon Seeger, Rechtsanwalt
>
> An das
> Amtsgericht München
>
> **Betreff: Kaninchenzucht-Verein 1965 eingetragener Verein in München.**
> hier: Antrag auf Ermächtigung zur Einberufung einer Mitgliederversammlung.
> Anlagen: 3
>
> Laut anliegender Vollmacht vertrete ich die in der Vollmacht genannten 52 Personen, die Mitglieder des im Betreff genannten Vereins sind. Der Verein hat zurzeit 178 Mitglieder. Gemäß § 17 der Vereinssatzung ist ein Viertel der Mitglieder berechtigt, die Einberufung einer Mitgliederversammlung schriftlich unter Angabe des Zwecks und der Gründe zu verlangen.
>
> Unter Nachweis meiner Vollmacht habe ich mit Schreiben vom 11. 3. 2010 namens der in der anliegenden Vollmacht aufgeführten 52 Vereinsmitglieder bei dem Vorstand des Vereins die Einberufung einer Mitgliederversammlung beantragt mit der Tagesordnung „Verschmelzung des Kaninchenzucht-Vereins 1965 e.V." mit dem „Münchener Kleintierzucht-Verein e.V.". Zur Begründung dieses Antrags wurde angegeben, dass der Kaninchenzucht-Verein 1965 e.V. durch den ständigen Rückgang seiner Mitglieder an Einfluss verloren habe, dass eine Verschmelzung mit dem genannten Verein eine Ermäßigung der Vereinsbeträge und wesentlich bessere Förderung des Vereinszweckes zur Folge haben würde und dass daher eine solche Verschmelzung von der Mehrheit der Mitglieder gewünscht werde. Der Vorstand, der im Falle einer Verschmelzung seinen Posten verlieren würde, hat sich jedoch ablehnend verhalten. Abschrift meines Schreibens vom 11. 3. 2010 mit Zustellungsnachweis vom 12. 3. 2010 liegt anbei.
>
> Ich stelle daher gemäß § 37 Abs. 2 BGB den Antrag, die von mir vertretenen Vereinsmitglieder zur Berufung einer Mitgliederversammlung zu ermächtigen und Herrn Ludwig Leikam, geboren am 15. 6. 1950. München, Drosselstraße 12, mit der Führung des Vorsitzes in der Versammlung zu betrauen, da zu befürchten ist, dass der derzeitige Vorstand eine sachgemäße Leitung der Mitgliederversammlung zu vereiteln bestrebt ist. Herr Leikam ist

---

[1] BayObLG Z 1971, 84 (= Rpfleger 1971, 176).
[2] Vgl. KG NJW-RR 1999, 1488; *Sauter/Schweyer/Waldner*, Verein, Rz. 167.
[3] BayObLG Z 1986, 289 (= Rpfleger 1986, 437 = NJW-RR 1986, 1499); *Ries*, in: Jansen, FGG, § 160 Rz. 7.

X. Sonstige Aufgaben des Amtsgerichts in Vereinssachen

seit 10 Jahren Mitglied des Vereins und zur Übernahme der Leitung der Mitgliederversammlung bereit.

Dr. Seeger, Rechtsanwalt

Nach Zustellung der Abschrift dieses Schreibens an den Vorstand unter Fristsetzung zur Stellungnahme geht bei Gericht folgende **Gegenäußerung** ein: **2290**

Kaninchenzuchtverein 1965 e. V.
München, den 17. 4. 2010
Hasenstraße 82
An das
Amtsgericht München
Betreff: Kaninchenzucht-Verein 1965 e. V. in München.
hier: Antrag auf Ermächtigung zur Einberufung einer Mitgliederversammlung
Bezug: Ersuchen des Gerichts vom 7. 4. 2010 – VR 5026.
Wir beantragen die Zurückweisung des Antrags aus folgenden Gründen:
Der Vorstand weist zunächst die Unterstellung, er klebe an seinem Posten, mit aller Entschiedenheit zurück. Er sieht seine Aufgabe, die er in uneigennütziger Weise ehrenamtlich ausführt, darin, dass er die Interessen des Vereins fördert und vertritt.
In der Sache ist der Vorstand mit dem Schreiben des Herrn Rechtsanwalts Dr. Seeger der Auffassung, dass eine Verschmelzung unseres Vereins mit dem Münchener Kleintierzuchtverein e. V. für beide Vereine ein Vorteil wäre. Da unser Verein jedoch älter ist, vertritt der Vorstand die Auffassung, dass sich der Münchener Kleintierzuchtverein unserem Verein anschließen soll. Über diese Frage konnte aber mit dem Vorstand des Münchener Kleintierzuchtvereins noch keine Einigung erzielt werden, weshalb weder ein Verschmelzungsvertrag zustande kam, noch die Einberufung einer Mitgliederversammlung zur Abstimmung über diese Frage erfolgte. Solange aber hierüber keine Klarheit besteht, ist die Einberufung einer Mitgliederversammlung nicht nötig. Der Antrag des Herrn Rechtsanwalts Dr. Seeger ist daher unbegründet.
Außerdem verweisen wir darauf, dass das Schreiben vom 11. 3. 2010 nur an das Vorstandsmitglied Heinz Hofer gerichtet war. Der Verein wird aber durch zwei Vorstandsmitglieder gemeinsam vertreten.

Heinz Hofer   *Heribert Hlinka*

Abschließend könnte folgender **Beschluss** unter Berücksichtigung der Formalien des § 38 Abs. 2 FamFG und mit Rechtsbehelfsbelehrung nach § 39 FamFG ergehen: **2291**

I.

Auf den Antrag der durch Herrn Rechtsanwalt Dr. Simon Seeger in München, Eulenweg 80, vertretenen 52 Mitglieder des Vereins „Kaninchenzucht-Verein 1965 eingetragener Verein" werden die folgenden Antragsteller (...) gemäß § 37 Abs. 2 BGB i. V. m. § 17 der Vereinssatzung nach Anhörung des Vorstandes ermächtigt, eine Mitgliederversammlung dieses Vereins einzuberufen mit der Tagesordnung „Verschmelzung des Vereins mit dem Münchener Kleintierzuchtverein e. V.".
Den Vorsitz in dieser Mitgliederversammlung führt das Vereinsmitglied Ludwig Leikam, geboren am 15. 6. 1950, München, Drosselstraße 12.

Gründe:

Auf den Antrag des Herrn Rechtsanwalt Dr. Seeger vom 4. 4. 2010 wird Bezug genommen. Der Antrag ist gemäß § 37 Abs. 2 BGB i. V. m. § 17 der Vereinssatzung ordnungsgemäß gestellt. Wenn der Vorstand darauf hinweist, dass das Schreiben vom 11. 3. 2010 nur einem Vorstandsmitglied zugestellt wurde, obwohl der Verein durch zwei Vorstandsmitglieder gemeinsam vertreten wird, so kann er damit keinen Erfolg haben. Gemäß § 26 Abs. 2 Satz 2

BGB ist für Willenserklärungen gegenüber dem Verein die Abgabe gegenüber einem Vorstandsmitglied genügend. Dasselbe muss für Willenserklärungen gelten, die gegenüber dem Vorstand als solchem abzugeben sind.

Der Antrag ist auch sachlich begründet. Hinsichtlich der etwaigen Beschlussfassung über einen abzuschließenden Verschmelzungsvertrag hat die Mitgliederversammlung zu bestimmen. Der Vorstand hat daher einem entsprechenden Verlangen auf Einberufung der Mitgliederversammlung nachzukommen (§ 37 Abs. 1 BGB). Dieses Verlangen ist im vorliegenden Fall von der erforderlichen Anzahl von Vereinsmitgliedern gestellt worden (§ 17 der Vereinssatzung). Da der Vorstand diesem Verlangen nicht entsprochen hat, waren die Antragsteller gemäß § 37 Abs. 2 BGB zur Berufung einer Mitgliederversammlung zu ermächtigen. Die Tagesordnung war jedoch entsprechend den obenstehenden Ausführungen richtig zu stellen mit „Verschmelzung des Vereins mit dem Münchener Kleintierzuchtverein e. V.".

Um zu vermeiden, dass der Vorstand in einen Konflikt gegenüber der von ihm bisher vertretenen Einstellung zur Frage des Fortbestehens des Vereins gerät, erschien es angebracht, die Führung des Vorsitzes in dieser Mitgliederversammlung antragsgemäß Herrn Ludwig Leikam zu übertragen (§ 37 Abs. 2 BGB).

II.

Zustellung des Beschlusses an den Vorstand des Vereins und an Rechtsanwalt Dr. Seeger, und zwar unter Beifügung einer Abschrift des Schreibens des Vorstandes vom 17. 4. 2010.

XI. Zwangsmittel des Gerichts
1. Allgemeines zu Zwangsmitteln in Vereinssachen

2292 Aufgabe des Vereinsregisters ist es, bestimmte tatsächliche und rechtliche Verhältnisse des Vereins, die für den Rechtsverkehr von besonderer Bedeutung sind, in zuverlässiger Weise für den Verein darzustellen und damit der Öffentlichkeit zugänglich zu machen. Diesem Zweck dient die Festsetzung von Zwangsgeld zur Erfüllung bestimmter Pflichten des Vereins gegenüber dem Amtsgericht.[1] Gemäß § 78 BGB kann das Amtsgericht durch den zuständigen Rechtspfleger (§ 3 Nr. 1 lit. a RPflG) **Mitglieder des Vereinsvorstands** oder **Liquidatoren** zur Befolgung bestimmter Vorschriften (Anmeldungs- und Einreichungspflichten) durch Festsetzung von Zwangsgeld anhalten. Das Verfahren bestimmt sich nach §§ 388 bis 391 FamFG. Auch ein Einschreiten gegen einen eingetragenen Verein wegen unbefugten Firmengebrauchs nach § 37 Abs. 1 HGB, § 392 FamFG ist zulässig, wenn dieser eine ihm nicht zustehende Firma oder firmenähnliche Geschäftsbezeichnung gebrauchet. Das **Verfahren**, das die Festsetzung von Zwangsgeld bezweckt, richtet sich gegen die anmeldepflichtigen Vorstandsmitglieder oder Liquidatoren, nicht gegen den Verein als solchen.

2. Einzelfälle zur Anwendung von Zwangsmitteln

2293 Das Gericht kann die **Mitglieder des Vorstands** zur Befolgung folgender Verpflichtungen anhalten:
– zur Anmeldung von Änderungen des Vorstands unter Beifügung einer Abschrift der Urkunde über die Änderung (§ 67 Abs. 1 BGB);
– zur Anmeldung von Änderungen der Satzung unter Beifügung des die Änderung enthaltenden Beschlusses in Abschrift (§ 71 Abs. 1 BGB);
– zur Einreichung einer Bescheinigung des Vorstands über die Zahl der Vereinsmitglieder (§ 72 BGB);
– zur Anmeldung der Auflösung des Vereins durch Beschluss der Mitgliederversammlung oder durch Zeitablauf, im ersten Fall unter Beifügung einer Abschrift des Auflösungsbeschlusses der Mitgliederversammlung (§ 74 Abs. 2 BGB);

---

[1] Siehe *Sauter/Schweyer/Waldner*, Verein, Rz. 436 ff.; *Ries*, in: Jansen, FGG, § 159 Rz. 46; *Bassenge* Rpfleger 1974, 173.

XII. Kosten in Vereinssachen

– zur Anmeldung der Liquidatoren durch den Vorstand, evtl. unter Beifügung der Abschrift des Beschlusses der Mitgliederversammlung über die Bestellung von Liquidatoren, (§ 76 BGB).

Das Gericht kann die **Liquidatoren** zur Anmeldung von Änderungen in ihrer Person oder der erneuten Bestellung von Liquidatoren ggf. zur Anmeldung der ersten Liquidatoren oder der Änderung ihrer Vertretungsbefugnis sowie zur Anmeldung der Beendigung des Vereins anhalten (§ 76 Abs. 2 BGB). 2294

3. Verfahren bei der Anwendung von Zwangsmitteln in Vereinssachen

Die Einzelheiten des Verfahrens ergeben sich aus §§ 388 bis 391 FamFG (vgl. hierzu Rz. 2351 ff.). Am Verfahren **beteiligt** sind nur die verpflichteten Vorstandsmitglieder oder Liquidatoren, gegen die es sich richtet, nicht der Verein als solcher.[1] **Mindest- und Höchstbetrag** des Zwangsgelds ergeben sich aus Art. 6 Abs. 1 EGStGB. Zulässig und genügend ist die Androhung eines Betrags „bis zu 1000 €", wenn nach dem vorausschauenden Ermessen des Gerichts die Verhängung des Höchstbetrags des Zwangsgelds bei Nichtbefolgung der Anordnung in Betracht kommt.[2] Beschlüsse bzgl. der Anordnung eines Zwangsgeldes sind dem Betroffenen nach § 41 Abs. 1 Satz 2 FamFG zuzustellen (§ 78 BGB, §§ 388 ff. FamFG). Das festgesetzte Zwangsgeld und die Kosten des Verfahrens können nur von den verpflichteten Vorstandsmitgliedern bzw. Liquidatoren beigetrieben werden (§ 3 Nr. 1 KostO). 2295

XII. Kosten in Vereinssachen

Der folgende Überblick zeigt nur in Grundzügen auf, wie sich die kostenrechtliche Behandlung von Vereinssachen darstellt. Für Einzelfragen ist die einschlägige Spezialliteratur heranzuziehen.[3] 2296

1. Anmeldungen für Eintragungen im Vereinsregister (Notargebühren)

Für die Beglaubigung der Unterschrift für eine **Anmeldung** zum Vereinsregister erhält der Notar **ein Viertel der vollen Gebühr,** mindestens 10 €, höchstens jedoch einen Betrag von 130 € (§§ 140, 33, 45 KostO). Beurkundet der Notar die Anmeldung oder fertigt er den Entwurf der zu beglaubigenden Anmeldung, so steht ihm die Gebühr nach § 38 Abs. 2 Nr. 7 KostO, also die Hälfte der vollen Gebühr, zu. Fertigt der Notar den Entwurf der Satzung, so fällt die Gebühr nach § 145 Abs. 1 Satz 1 i. V. m. § 36 Abs. 2 KostO an. Der Geschäftswert ergibt sich aus §§ 28, 30 Abs. 2 KostO. Danach ist der **Wert** regelmäßig[4] mit 3000 € anzunehmen; er kann nach Lage des Falles niedriger oder höher, jedoch nicht unter 100 € und nicht über 500 000 € angenommen werden. Zur Gebühr tritt die gesetzliche Umsatzsteuer hinzu. Bei gleichzeitiger **Anmeldung mehrerer Eintragungen**, z. B. von Satzungsänderungen und Änderungen in der Besetzung des Vorstands, findet für deren Beglaubigung § 44 KostO keine Anwendung; das gleiche gilt, wenn der Notar eine solche Anmeldung beurkundet. Nicht denselben Gegenstand im Sinne des § 44 KostO haben somit die Anmeldung des Ausscheidens und gleichzeitigen Eintritts verschiedener Personen als Vorstandsmitglieder; vielmehr hat eine Anmeldung stets so viele Gegenstände, wie Per- 2297

---

[1] KG J 26. 232; *Sauter/Schweyer/Waldner*, Verein, Rz. 436.
[2] BGH NJW 1973, 2288; BayObLG Z 1970, 114.
[3] *Korintenberg/Lappe/Bengel/Reimann*, KostO, 16. Aufl. 2005; *Rohs/Wedewer*, KostO; *Waldner*, Kostenordnung für Anfänger, 6. Aufl. 2002.
[4] Zum Regelwert siehe BayObLG Z 1960, 1; zum Geschäftswert bei Anmeldungen eines Amateursportvereins vgl. BayObLG Rpfleger 1979, 398 (= JurBüro 1979, 1691).

sonen betroffen sind.¹ Ebenso haben die Anmeldung einer Satzungs- und einer Vorstandsänderung jeweils auch in kostenrechtlicher Hinsicht einen verschiedenen Gegenstand.² Die Vorlage des Antrags beim Amtsgericht ist gebührenfrei (§ 146 Abs. 3 KostO).

2. Eintragungen in das Vereinsregister (§ 80 KostO)

2298 Für die **Ersteintragung** des Vereins wird das Doppelte der vollen Gebühr erhoben (§ 80 Abs. 1 Nr. 1 KostO); zugrunde zu legen ist grundsätzlich der Regelwert von 3000 €. Für die **Löschung** der Gesamteintragung, z. B. bei Eintragung der Beendigung der Liquidation, ist die Hälfte der vollen Gebühr zu entrichten (§ 80 Abs. 1 Nr. 3 KostO); hierunter fällt aber nicht die Eintragung der Auflösung als solche. Diese ist vielmehr eine spätere Eintragung gemäß § 80 Abs. 1 Nr. 2 KostO. Für **alle übrigen Eintragungen**, also z. B. Satzungsänderungen, Änderung der Vorstandsmitglieder, Eintragung von Vorstandsmitgliedern als Liquidatoren, Änderung bei den Liquidatoren, Sitzverlegung und Auflösung des Vereins wird eine volle Gebühr erhoben (§ 80 Abs. 1 Nr. 2 KostO). Werden aufgrund derselben Anmeldung **mehrere** spätere **Eintragungen** vorgenommen, so wird die Gebühr nur einmal erhoben (§ 80 Abs. 2 KostO). Dieselbe Anmeldung liegt auch vor, wenn die einzutragenden Tatsachen und Änderungen in getrennten Urkunden angemeldet sind, und zwar nicht nur bei gleichzeitiger Einreichung, sondern auch dann, wenn die vorherige Anmeldung noch nicht erledigt war, als die spätere Anmeldung bei Gericht eingegangen ist. Der **Geschäftswert** wird nach § 28 i. V. m. § 30 Abs. 2 KostO festgesetzt. Hierbei ist die Bedeutung des Vereins und der Eintragung zu berücksichtigen.³ Hinsichtlich des Geschäftswerts bei mehreren gleichzeitig angemeldeten Eintragungen, die ein und denselben Verein betreffen, kann der Ausgangswert nach § 80 Abs. 2 KostO angemessen erhöht werden.⁴ **Gebührenfrei** ist die Eintragung gerichtlich bestellter Vorstandsmitglieder oder Liquidatoren, die Eintragung der Entziehung der Rechtsfähigkeit durch das Amtsgericht oder die Verwaltungsbehörde und die Eintragung von Insolvenzvermerken (§ 87 Nr. 1 KostO). Ebenfalls gebührenfrei ist die Einsicht in das Vereinsregister (§ 90 KostO), mit Ausnahme des automatisierten Abrufs der elektronischen Register (§ 7b Justizverwaltungskostenordnung).

3. Gerichtliche Maßnahmen und Zwangsgeldverfahren

2299 Für die **gerichtliche Bestellung** von Vorstandsmitgliedern oder Liquidatoren (§ 29 BGB) und die **Ermächtigung** der Mitglieder eines Vereins zur Einberufung einer Mitgliederversammlung (§ 37 BGB) wird jeweils das Doppelte der vollen Gebühr erhoben (§ 121 KostO). Der Geschäftswert bestimmt sich nach § 30 Abs. 1 und 2 KostO. Gemäß § 119 Abs. 1 KostO wird das Dreifache der vollen Gebühr für die **Festsetzung des Zwangsgelds** und die Verwerfung des Einspruchs erhoben. Die Gebühr wird aus dem festgesetzten oder angedrohten Zwangsgeld berechnet; sie darf den Betrag des Zwangsgelds nicht übersteigen (§ 119 Abs. 2 KostO). Jede Wiederholung der Festsetzung des Zwangsgeldes gilt als besonderes Verfahren (§ 119 Abs. 3 KostO). Für die Androhung von Zwangsgeld wird keine Gebühr erhoben (§ 119 Abs. 4 KostO). **Amtslöschungen** gemäß § 395 FamFG sind gebührenfrei (§ 88 Abs. 2 KostO). Für die Zurückweisung des Widerspruchs und für die Verwerfung oder Zurückweisung der

---

¹ Vgl. BGHZ 153, 22 (= FGPrax 2003, 92 = Rpfleger 2003, 266 mit Anm. *Waldner*).
² *Sauter/Schweyer/Waldner*, Verein, Rz. 614.
³ BayObLGZ 1960, 1 (= Rpfleger 1960, 187); KG DNotZ 1941, 19; *Mümmler* JurBüro 1975, 1444.
⁴ Vgl. *Sauter/Schweyer/Waldner*, Verein, Rz. 614.

Beschwerde werden Gebühren nach Maßgabe des § 88 Abs. 1 KostO erhoben, nicht aber Gebühren für die Löschung als solche.

4. Abschriften, Bescheinigungen, Auslagen und Kostenschuldner

Für die Erteilung einfacher **Abschriften** aus dem Register oder den Registerakten wird eine Gebühr von 10 € erhoben. Für die Erteilung beglaubigter Abschriften wird eine Gebühr in Höhe von 18 € erhoben. Schreibauslagen werden daneben nicht verlangt. Für die Erteilung von Bescheinigungen aus dem Register (§ 69 BGB, § 386 FamFG) wird die gleiche Gebühr erhoben wie für beglaubigte Abschriften (§ 89 Abs. 2 KostO). Außer der Dokumentenpauschale nach § 136 Abs. 1 Nr. 1 und Abs. 3 KostO können Barauslagen, z. B. für die Veröffentlichung der Neueintragung des Vereins, gemäß § 137 KostO, anfallen. **Kostenschuldner** für die Beglaubigung oder Beurkundung von Anmeldungen, für die Eintragung nebst den damit verbundenen Auslagen ist der Verein (§ 2 Nr. 1 KostO); Vorstandsmitglieder oder Liquidatoren, die persönlich zur Anmeldung verpflichtet sind, haften nach der hierzu bislang herrschenden Meinung nicht persönlich neben dem Verein, obwohl sie letztlich zur Abwendung der Festsetzung eines Zwangsgelds gegen sich und damit auch in einer eigenen Angelegenheit tätig werden. Kostenschuldner in Zwangs- und Ordnungsgeldverfahren ist der jeweils betroffene Beteiligte (§ 3 Nr. 1 KostO). Zu Kostenvorschüssen siehe § 8 KostO.

2300

5. Beschwerdeverfahren

Bei Verwerfung einer unzulässigen **Beschwerde** oder bei Zurückweisung einer unbegründeten Beschwerde wird die Hälfte der vollen Gebühr erhoben. Bei Zurücknahme der Beschwerde fällt ein Viertel der vollen Gebühr an (§ 131 Abs. 2 KostO). Hat die Beschwerde vollumfänglich Erfolg, so kann keine Gebühr verlangt werden.

2301

Teil 5. Güterrechtsregister

I. Allgemeines zur Führung des Güterrechtsregisters

1. Eheliche Güterstände

Gesetzlicher Güterstand des deutschen Eherechts ist seit dem 1. 7. 1958[1] die Zugewinngemeinschaft (§§ 1363 bis 1390 BGB), die im Jahr 2009 durch eine Gesetzesänderung verschiedenen, in registerrechtlichem Zusammenhang unwesentlichen Änderungen unterzogen wurde.[2] Sie ist an die Stelle des seinerzeitigen gesetzlichen Güterstands der Verwaltung und Nutznießung getreten. Vertragliche Güterstände, die durch notariell beurkundeten Ehevertrag (vgl. §§ 1408 ff. BGB) begründet werden können, sind die **Gütertrennung** und die **Gütergemeinschaft** (siehe §§ 1415 ff. BGB). Gütertrennung entsteht im Übrigen in bestimmten Fällen kraft Gesetzes (§§ 1388, 1414 BGB). Eine Verweisung auf nicht mehr geltende oder ausländische Güterstände kann ehevertraglich nicht vorgenommen werden (§ 1409 BGB). Die Errungenschaftsgemeinschaft oder die Fahrnisgemeinschaft können daher nach deutschem Recht nicht vereinbart werden. Lediglich in den Fällen des Art. 15 Abs. 2 Nr. 2 EGBGB kann eine Rechtswahl auch zugunsten ausländischen Rechts getroffen werden, wenn einer der Ehegatten seinen gewöhnlichen Aufenthalt im Ausland hat. 2302

Eine Überleitung des Güterstands für Eheleute, die **Vertriebene** sind, sieht das „Gesetz über den ehelichen Güterstand von Vertriebenen und Flüchtlingen"[3] vor. Für den in § 1 dieses Gesetzes umschriebenen Personenkreis, insbesondere für Vertriebene sehen die §§ 1 und 3 eine Überleitung in den gesetzlichen Güterstand der Zugewinngemeinschaft vor, jedoch konnte bzw. kann jeder Ehegatte unter den in §§ 2 und 3 Satz 2 bestimmten Voraussetzungen die Überleitung ablehnen. 2303

Im Güterrechtsregister sind auch Eintragungen hinsichtlich gleichgeschlechtlicher **Lebenspartnerschaften** nach den Bestimmungen des LPartG vorzunehmen (§ 7 Satz 2 LPartG i. V. m. §§ 1558 ff. BGB).[4] Dies gilt insbesondere auch für den Ausschluss der sog. Schlüsselgewalt (§ 8 Abs. 2 LPartG i. V. m. § 1357 BGB). 2304

2. Sachliche und örtliche Zuständigkeit zur Registerführung

Das Güterrechtsregister – dessen praktische Bedeutung bislang insbesondere aufgrund seiner unzureichenden organisatorischen Ausgestaltung und der fehlenden Zuständigkeitskonzentration (vgl. § 377 Abs. 3 FamFG) gering ist – ist von den **Amtsgerichten** zu führen (§ 1558 Abs. 1 BGB). Die Landesjustizverwaltungen können die Führung des Registers für mehrere Amtsgerichtsbezirke einem Amtsgericht übertragen[5] (§ 1558 Abs. 2 BGB, § 23d GVG). Eine elektronische Registerführung ist bisher nicht vorgesehen. 2305

---

[1] Gleichberechtigungsgesetz vom 18. 6. 1957 (BGBl. I S. 609).
[2] Gesetz zur Änderung des Zugewinnausgleichs- und Vormundschaftsrechts vom 6. 7. 2009 (BGBl. I S. 1696).
[3] Gesetz vom 4. 8. 1969 (BGBl. I S. 1067, in Kraft seit 1. 10. 1969); siehe hierzu *Bürgel* NJW 1969, 1838; *Haegele* Rpfleger 1969, 325; *Herz* DNotZ 1970, 134; *Firsching* FamRZ 1970, 472 und insbesondere *Keidel/Schmatz/Stöber*, Registerrecht, 5. Auflage 1991, Rz. 1203 Fn. 1.
[4] Vgl. *Wellenhofer* NJW 2005, 705 (706).
[5] Siehe für Nordrhein-Westfalen VO vom 15. 2. 1966 (GVNW S. 69) sowie in Sachsen JuZust-VO vom 6. 5. 1999 (SächsGVBl S. 281).

2306 **Örtlich zuständig** ist nach § 1558 Abs. 1 BGB und § 377 Abs. 3 FamFG jedes Amtsgericht, in dessen Bezirk auch nur einer der Ehegatten seinen gewöhnlichen Aufenthalt hat. Haben die Ehegatten keinen gemeinsamen gewöhnlichen Aufenthalt oder haben sie gemeinsam mehrere gewöhnliche Aufenthalte, so sind die Eintragungen in das Güterrechtsregister bei jedem dafür zuständigen Amtsgericht zu bewirken. Hat keiner der Ehegatten seinen gewöhnlichen Aufenthalt im Inland, so ist eine Eintragung im Güterrechtsregister ausgeschlossen. Hat ein Ehegatte als Kaufmann seine **Handelsniederlassung** im Bezirk eines Amtsgerichts, das nicht für den gewöhnlichen Aufenthalt auch nur eines der Ehegatten zuständig ist, so muss in Ansehung der sich auf den Betrieb des Handelsgewerbes beziehenden Rechtsverhältnisse die Eintragung auch im Güterrechtsregister des Amtsgerichts erfolgen, das für den Ort der Handelsniederlassung zuständig ist; bei mehreren Niederlassungen genügt die Eintragung in das Güterrechtsregister für den Ort der Hauptniederlassung (Art. 4 EGHGB).

2307 **Verlegt ein Ehegatte** nach der Eintragung **seinen gewöhnlichen Aufenthalt** in den Bezirk eines anderen Amtsgerichts, so muss die Eintragung bei dem Amtsgericht des neuen gewöhnlichen Aufenthalts wiederholt werden[1] (§ 1559 Satz 1 BGB), auch wenn der andere Ehegatte seinen gewöhnlichen Aufenthalt im bisherigen Registerbezirk behält. Bei Rückverlegung des gewöhnlichen Aufenthalts lebt die alte Eintragung wieder auf (§ 1559 Satz 2 BGB). Die Eintragung im bisherigen Register wird daher bei Aufenthaltsverlegung und Wiederholung der Eintragung im Register des Gerichts des neuen Aufenthalts nicht gelöscht (vgl. Rz. 2324).

2308 Ein **Verstoß gegen die örtliche Zuständigkeit** führt nicht zur Unwirksamkeit der Eintragung im Register (§ 2 Abs. 3 FamFG). Die Eintragung ist jedoch in diesem Fall nicht geeignet, die nach § 1412 BGB an die Eintragung in das Güterrechtsregister des zuständigen Amtsgerichts geknüpften rechtlichen Wirkungen zu erzeugen. Eine solche Eintragung kann nach § 395 FamFG von Amts wegen gelöscht werden.

3. Funktionelle Zuständigkeit zur Registerführung

2309 Die Geschäfte des Registergerichts bei der Führung des Güterrechtsregisters sind zwischen Rechtspfleger und Urkundsbeamten der Geschäftsstelle verteilt; ausnahmsweise kann eine Zuständigkeit des Richters in Frage kommen. Maßgebend hierfür sind die Bestimmungen in § 3 Nr. 1 lit. e, § 5 Abs. 2, §§ 6, 26, 28 RPflG.

2310 Die richterlichen Geschäfte in Güterrechtsregistersachen (§§ 1558 bis 1563 BGB; § 374 Nr. 5 FamFG) sind vollumfänglich dem **Rechtspfleger** übertragen (§ 3 Nr. 1 lit. e RPflG). Er trifft alle Maßnahmen, die zur Erledigung der ihm übertragenen Geschäfte erforderlich sind (§ 4 Abs. 1 RPflG). Ausnahmen ergeben sich aus § 4 Abs. 2 RPflG. Im Einzelnen hat der Rechtspfleger im Rahmen der ihm übertragenen Führung des Güterrechtsregisters im Wesentlichen folgende Aufgaben zu erledigen:
– die Entscheidung über Anträge auf Eintragung in das Register (§§ 1560, 1561 BGB);
– die Entscheidung über die Löschung von Amts wegen bei unzulässigen Eintragungen (§ 395 FamFG);
– die Erteilung von Negativattesten gemäß § 386 FamFG;
– die Anordnung der Erteilung von Abschriften aus Eintragungen im Güterrechtsregister (§ 1563 BGB) und aus Registerakten (§ 13 Abs. 3 FamFG).

2311 Der **Richter** kann tätig werden auf Vorlage einer Sache durch den Rechtspfleger in den Fällen der §§ 4 und 5 RPflG. In Frage kommt in der Hauptsache eine Vorlage nach § 5 Abs. 2 RPflG in Angelegenheiten, in denen ausländisches Güterrecht anzuwenden ist. Ferner ist er bei Ablehnung des Rechtspflegers zur Entscheidung berufen (§ 10 RPflG, §§ 46, 48 ZPO).

---

[1] Siehe **OLG Hamburg** MDR 1975, 492.

II. Eintragungen im Güterrechtsregister

Dem **Urkundsbeamten** obliegt die Ausführung der Eintragungsverfügungen zum Register, die Unterzeichnung der Eintragungen, die Herbeiführung der verfügten Bekanntmachungen und Veröffentlichungen, die Ausstellung von Abschriften, Zeugnissen und Bescheinigungen aus dem Güterrechtsregister und den Registerakten sowie deren Beglaubigung (§ 1563 BGB, § 33 GBO, § 3 VGBest). 2312

Zu der nach § 1560 BGB erforderlichen öffentlichen Beglaubigung der Anträge auf Eintragung in das Güterrechtsregister (§ 129 Abs. 1 BGB, § 20 BNotO i. V. m. §§ 39 ff. BeurkG) ist der **Notar** berufen. 2313

4. Aktenführung

Zum Güterrechtsregister werden **besondere Akten** geführt (§ 15 VGBest;[1] § 24 Abs. 1 AktO). Für jedes Ehepaar werden Akten nach der Seitenzahl der ersten Eintragung gebildet (§ 24 Abs. 1 AktO), bei Führung des Registers in Karteiform für jede Nummer des Güterrechtsregisters (§ 8 Abs. 2 VGBest). Sowohl die Akten- als auch die Registerführung kann nach § 14 Abs. 4 FamFG aufgrund entsprechender Ausführungsanordnungen der Länder elektronisch erfolgen. Zum Inhalt der Akten siehe § 15 Satz 2 VGBest, § 24 Abs. 1 AktO. Die Aktenführung bestimmt sich im Übrigen nach § 1 Abs. 2, §§ 4 und 5 AktO. Zum Güterrechtsregister wird ein **Namensverzeichnis** nach dem Ehenamen (§ 1355 BGB) einheitlich für den gesamten Gerichtsbezirk geführt. Neben dem Ehenamen sind auch Vorname und Geburtsname der Ehegatten anzugeben (§ 23 Abs. 2 AktO, § 16 VGBest). Bei Führung des Registers in Karteiform gilt § 4 Abs. 2 VGBest; hiernach ist kein Namensverzeichnis zu führen. Das Güterrechtsregister ist dauernd aufzubewahren. Die zum Güterrechtsregister gehörenden Akten sind 70 Jahre ab dem Zeitpunkt der Eintragung aufzubewahren.[2] 2314

II. Eintragungen im Güterrechtsregister

1. Eintragungsantrag

Eintragungen in das Güterrechtsregister erfolgen **nur auf Antrag** und nur insoweit, als sie beantragt sind (§ 1560 Satz 1 BGB). Da die Eintragungen im Güterrechtsregister nur deklaratorische Wirkung haben,[3] sind entsprechende Anmeldungen vergleichsweise selten. Der Antrag ist schriftlich oder gemäß § 14 Abs. 2 FamFG elektronisch (siehe hierzu allgemein Rz: 137) in **öffentlich beglaubigter Form** zu stellen (§ 1560 Satz 2 BGB); er kann auch in einem notariell beurkundeten Ehevertrag enthalten sein (§ 1410 i. V. m. § 129 Abs. 2 BGB) und durch **Bevollmächtigte** gestellt werden. Diese müssen sich bei Antragstellung durch eine öffentlich beglaubigte Vollmacht ausweisen.[4] Die gesetzlich vermutete Vollmacht der Notare gemäß § 378 Abs. 2 FamFG setzt hier voraus, dass der **Notar** nicht nur den Ehevertrag oder die einseitige güterrechtliche Erklärung beurkundet hat, sondern auch bezüglich des Antrags des oder der Ehe- 2315

---

[1] §§ 15, 16 VGBest sind in Bayern aufgehoben durch Nr. 44 lit. c Bek. vom 5. 12. 1934 (JMBl. n. F. VI, S. 203; siehe §§ 23, 24 AktO). Das Aktenzeichen lautet GR. Es wird mit der ersten Seitenzahl des Registereintrags verbunden; für Karteiform vgl. § 2 Abs. 2 VGBest; siehe in Bayern auch die Bek. vom 22. 10. 1982 (JMBl. S. 235, ber. S. 248) zur Führung des Güterrechtsregisters.

[2] Siehe Best. über die Aufbewahrungsfristen der Akten, Register und Urkunden bei den Justizbehörden, Fassung 1983 unter Abschnitt II D 74.

[3] Vgl. *Heinemann*, in: Keidel, FamFG, § 374 Rz. 32.

[4] *Kanzleiter*, in: MünchKommBGB, § 1560 Rz. 4; *Gaul*, in: Soergel, BGB, § 1560 Rz. 3; *Ries*, in: Jansen, FGG, § 161 Rz. 13.

gatten nach § 1560 Satz 1 BGB auf Eintragung zumindest eine Unterschrift beglaubigt hat.[1] Allein die Beurkundung der einzutragenden ehevertraglichen Vereinbarung genügt demnach zur Begründung der notariellen Vollmachtsvermutung nicht.

2316 Dem Antrag nur eines Ehegatten (§ 1561 Abs. 2 BGB) zur Eintragung eines Ehevertrags muss der Ehevertrag, zur Eintragung einer auf gerichtlicher Entscheidung beruhenden Änderung der Güterrechtsverhältnisse muss als **Anlage des Eintragungsantrags** die mit Rechtskraftzeugnis versehene Entscheidung beigefügt werden (§ 1561 Abs. 2 Nr. 1 BGB). Bei Stellung des Antrags auf Wiederholung der Eintragung durch nur einen Ehegatten ist die öffentlich beglaubigte Abschrift der früheren Eintragung vorzulegen (§ 1561 Abs. 2 Nr. 2 BGB).

2317 Antragsberechtigt ist auch nur **einer der Ehegatten** (§ 1561 Abs. 2 BGB) unter den folgenden Voraussetzungen:
– bei Antragstellung zur Eintragung eines Ehevertrages oder einer auf gerichtlicher Entscheidung beruhenden Änderung der Güterrechtsverhältnisse der Ehegatten, wenn mit dem Antrag der Ehevertrag oder die mit dem Zeugnis der Rechtskraft versehene Entscheidung vorgelegt wird; eine Eintragung im Güterrechtsregister aufgrund einstweiliger Verfügung ist unzulässig;
– bei Antragstellung zur Wiederholung einer Eintragung im Register eines anderen Bezirks nach § 1559 BGB, wenn eine öffentlich beglaubigte Abschrift der früheren Eintragung, die nach Aufhebung des bisherigen Wohnsitzes auch nur eines der Ehegatten (siehe § 1558 Abs. 1 BGB) erteilt ist, vorgelegt wird. Der Zeitpunkt der Aufhebung des Wohnsitzes ist nur bei begründeten Zweifeln an der Richtigkeit des angegebenen neuen Wohnsitzes durch Vorlage einer meldebehördlichen Bescheinigung nachzuweisen;[2]
– zur Eintragung des Einspruchs gegen den selbstständigen Betrieb eines Erwerbsgeschäfts durch den anderen Ehegatten und zur Eintragung des Widerrufs der Einwilligung, wenn die Ehegatten in Gütergemeinschaft leben und der Ehegatte, der den Antrag stellt, das Gesamtgut allein oder mit dem anderen Ehegatten gemeinschaftlich verwaltet (siehe §§ 1431, 1456 BGB). Antragsberechtigt ist im Fall des § 1431 BGB der verwaltende Ehegatte, im Fall des § 1456 BGB derjenige, der das Erwerbsgeschäft nicht betreibt;
– zur Eintragung der Beschränkung oder Ausschließung der Berechtigung des anderen Ehegatten, Geschäfte mit Wirkung für den Antragsteller zu besorgen (§ 1357 Abs. 2 BGB);
– zur Stellung des Antrags auf Eintragung des bisher in der Ehe geltenden Güterstands von Vertriebenen und Flüchtlingen gemäß § 4 Abs. 3 und 4 i.V.m. §§ 2, 3 des Gesetzes über den Güterstand von Vertriebenen und Flüchtlingen.[3]

2318 Antragsberechtigt sind zudem **beide Ehegatten gemeinschaftlich** (§ 1561 Abs. 1 BGB) in allen übrigen Fällen, also insbesondere, wenn in den in § 1561 Abs. 2 Nr. 1 und 2 BGB bezeichneten Fällen die dort aufgeführte Urkunde nicht vorgelegt wird. Das Gericht hat aber zu prüfen, ob die beigebrachten Urkunden die beantragten Eintragungen rechtfertigen.[4] Ein Antrag beider Ehegatten ist auch erforderlich bei Eintragung

---

[1] **OLG Köln** OLGZ 1983, 267 (= Rpfleger 1983, 159 = MittRhNotK 1983, 155); *Gaul*, in: Soergel, BGB, § 1560 Rz. 3; *Nedden-Boeger*, in: Schulte-Bunert/Weinreich, FamFG, § 378 Rz. 29.

[2] Vgl. *Kanzleiter*, in: MünchKommBGB, § 1561 Rz. 4; anderer Ansicht hingegen, sodass stets die Vorlage einer meldebehördlichen Bescheinigung verlangt wird: *Thiele*, in: Staudinger, BGB, § 1561 Rz. 10; s.a. *Gaul*, in: Soergel, BGB, § 1561 Rz. 3; *Heckelmann*, in: Erman, BGB, § 1561 Rz. 2.

[3] Gesetz vom 4. 8. 1969, BGBl. I, S. 1067; hierzu *Bürgel* NJW 1969, 1838; *Haegele* Rpfleger 1969, 325; *Herz* DNotZ 1970, 134; *Firsching* FamRZ 1970, 472.

[4] Vgl. *Thiele*, in: Staudinger, BGB, § 1561 Rz. 7.

II. Eintragungen im Güterrechtsregister

von Vorbehaltsgut nach § 1418 BGB, wenn dieses nicht aus dem Ehevertrag hervorgeht (vgl. insbesondere § 1418 Abs. 1 Nr. 2 und 3 BGB).

Der Antrag, dem ein unter **Verlobten** geschlossener Ehevertrag zugrunde liegt, kann schon vor der Eheschließung gestellt werden.[1] Die Eintragung darf aber erst nach der Eheschließung vorgenommen werden, was im Zweifelsfall durch das Gericht mittels Vorlage eines entsprechenden Nachweises zu überprüfen ist.

2319

Beispiel für einen Eintragungsantrag zum **Ausschluss der „Schlüsselgewalt"** (§ 1357 BGB) durch einen der Ehegatten (§ 1357 Abs. 2 BGB), einzureichen in öffentlich beglaubigter Form:

2320

> **Ehegatten Max Müller, geboren am 15. 10. 1960, und Martha Müller, geborene Meier, geboren am 5. 8. 1962 beide wohnhaft in München, Westendstraße 3:**
>
> Ich, Max Müller, melde zur Eintragung in das Güterrechtsregister an: Durch mündliche Erklärung habe ich die Berechtigung meiner Ehefrau Martha Müller Geschäfte zur angemessenen Deckung des Lebensbedarfs der Familie mit Wirkung auch für mich zu besorgen, ausgeschlossen (§ 1357 Abs. 2 BGB).

Eintragungsantrag hinsichtlich vereinbarter **Gütertrennung**:

2321

> **Ehegatten Max Müller, geboren am 15. 10. 1960, und Martha Müller, geborene Meier, geboren am 5. 8. 1962 beide wohnhaft in München, Westendstraße 3:**
>
> Wir, die Eheleute Müller,[2] melden zur Eintragung in das Güterrechtsregister an: Durch notariell beurkundeten Ehevertrag vom 5. 4. 2010, URNr. 690/2010 des Notars Hans Hohmann, München, haben wir den Güterstand der Gütertrennung vereinbart.

Eintragungsantrag hinsichtlich **modifizierter Zugewinngemeinschaft**:

2322

> **Ehegatten Max Müller, geboren am 15. 10. 1960, und Martha Müller, geborene Meier, geboren am 5. 8. 1962 beide wohnhaft in München, Westendstraße 3:**
>
> Wir, die genannten Eheleute Müller, melden zur Eintragung in das Güterrechtsregister an: Durch notariell beurkundeten Ehevertrag vom 10. 9. 2009, URNr. 1684/2009 des Notars Hans Hohmann, München, haben wir den Güterstand der Zugewinngemeinschaft durch vertragliche Vereinbarungen folgendermaßen modifiziert:
>
> **1. Verfügungsbeschränkungen**
> Die Verfügungsbeschränkungen der §§ 1365, 1369 BGB wurden ausgeschlossen und finden für beide Ehegatten keine Anwendung.
>
> **2. Zugewinnausgleich**
> Der Zugewinnausgleich findet nach den gesetzlichen Vorschriften nur im Fall der Beendigung der Ehe durch den Tod eines der Ehegatten statt. Wird die gemeinsame Ehe aus anderen Gründen, insbesondere durch Scheidung beendet, so findet kein Zugewinnausgleich statt.
> *(Alternativbeispiel: Wird unsere gemeinsame Ehe aus anderen Gründen als dem Tod eines der Ehegatten, insbesondere durch Scheidung beendet, so sind bei der Berechnung des Zugewinnausgleichs folgende Gegenstände weder bei der Ermittlung des Anfangsvermögens, noch bei Feststellung des Endvermögens zu berücksichtigen: Grundstück der Ehefrau [z. B. Angabe der Grundbuchstelle]; Gegenstände, die einer der Ehegatten nach Eheschließung von Todes wegen oder mit Rücksicht auf ein künftiges Erbrecht, durch Schenkung oder durch Ausstattung erwirbt.)*

---

[1] Siehe z. B. *Kanzleiter*, in: MünchKommBGB, § 1560 Rz. 7; KG J 20 A 68.
[2] Ausreichend wäre die Antragstellung durch nur einen der Ehegatten, wenn der Ehevertrag in beglaubigter Abschrift mit vorgelegt wird (§ 1561 Abs. 2 Nr. 1 BGB).

Teil 5. Güterrechtsregister

2323 Eintragungsantrag hinsichtlich vereinbarter **Gütergemeinschaft**:

> **Ehegatten Max Müller, geboren am 15. 10. 1960, und Martha Müller, geborene Meier, geboren am 5. 8. 1962 beide wohnhaft in München, Westendstraße 3:**
>
> Wir, die Eheleute Müller, melden zur Eintragung in das Güterrechtsregister an: Durch notariell beurkundeten Ehevertrag vom 15. 10. 2009, URNr. 1892/2009 des Notars Hans Hohmann, München, haben wir den Güterstand der Gütergemeinschaft vereinbart. Das unter der Firma „Martha Müller e. K." in München (Amtsgericht München HRA 65 067) betriebene einzelkaufmännische Unternehmen sowie die weiteren in dem genannten Ehevertrag aufgeführten Gegenstände sind Vorbehaltsgut der Ehefrau.
>
> Anlage: Beglaubigte Abschrift des bezeichneten Ehevertrags

2324 Bei einer **Verlegung des gewöhnlichen Aufenthalts** ist – wie beschrieben – die Eintragung bei dem nunmehr zuständigen Gericht zu wiederholen (Rz. 2307). Auf Antrag der Ehegatten bei dem bisher zuständigen Gericht auf Erteilung einer beglaubigten Abschrift über die erfolgte Eintragung im Güterrechtsregister zum Zwecke der Wiederholung der Eintragung bei dem neu zuständigen Gericht wird durch das bisher zuständige Gericht verfügt:

> I.
>
> Beglaubigte Abschrift der Eintragung im Güterrechtsregister Nr. 10 256 an Max und Martha Müller erteilen.
>
> II.
>
> Einzutragen in das Güterrechtsregister des Amtsgerichts München Nummer 10 256 in Spalte 3 (Bemerkungen): Beglaubigte Abschrift zum Zwecke der Wiederholung der Eintragung in dem Register des Amtsgerichts Augsburg an Max Müller erteilt.

Nunmehr ist bei dem neu zuständigen Amtsgericht in öffentlich beglaubigter Form (§ 1560 Satz 2 BGB) folgender Antrag zu stellen:

> **Ehegatten Max Müller, geboren am 15. 10. 1960, und Martha Müller, geborene Meier, geboren am 5. 8. 1962 beide wohnhaft in Augsburg, Friedensplatz 15:**
>
> Ich beantrage, die am 5. 4. 2009 vereinbarte Gütertrennung in das Güterrechtsregister einzutragen. Ich überreiche eine Bescheinigung der Stadt München über die Aufhebung meines bisherigen Wohnsitzes vom 15. 12. 2009 und eine beglaubigte Abschrift vom 22. 7. 2009 betreffend die Eintragung beim Amtsgericht München im dortigen Güterrechtsregister Nr. 10 256.

2. Prüfungspflicht des Registergerichts

2325 Das Registergericht prüft vor der Eintragung im Güterrechtsregister[1] seine örtliche **Zuständigkeit** (§ 1558 BGB) und die **Antragsbefugnis** (§ 1561 BGB), die Wahrung der Form (§ 1560 Satz 2 BGB), die Vollständigkeit und Verständlichkeit des Antrags, die Vorlage der erforderlichen Urkunden (z. B. Ehevertrag, rechtskräftiger Beschluss), die Tatsache der Eheschließung – wobei die Vorlage von Personenstandsnachweisen nicht erforderlich ist, wenn in einem notariell beurkundeten Ehevertrag die Vertragsteile als Ehegatten auftreten[2] – und die **abstrakte rechtliche Zulässigkeit** der beantragten Eintragung (hierzu Rz. 2328 ff.).

---

[1] *Kanzleiter,* in: MünchKommBGB, § 1560 Rz. 6 ff.; *Thiele,* in: Staudinger, BGB, § 1560 Rz. 10; *Gaul,* in: Soergel, BGB, § 1560 Rz. 4.
[2] **KG** J 45 A 192.

II. Eintragungen im Güterrechtsregister

Das Gericht **prüft** im Allgemeinen **nicht**, ob die abgegebenen Erklärungen der Wahrheit entsprechen.[1] Eine Nachprüfungspflicht ist aber dann zu bejahen, wenn begründete Zweifel an der Richtigkeit der einzutragenden Tatsachen bestehen. Die Prüfungspflicht erstreckt sich jedoch z. B. bei gemeinsamer Antragstellung beider Ehegatten nicht darauf, ob die Ehegatten tatsächlich in einem ausländischen Güterstand leben und keinen Ehevertrag geschlossen haben.[2] Bei Eintragung der Entziehung der Schlüsselgewalt hat das Gericht nicht zu prüfen, ob der Ausschluss begründet ist.[3] Zu prüfen ist jedoch, ob die Vereinbarung, deren Eintragung beantragt ist, gegen das Gesetz oder die guten Sitten verstößt (§§ 134, 138 BGB). Trotz der höchstrichterlichen Rechtsprechung[4] zur **Inhaltskontrolle von Eheverträgen** wird das Gericht im Rahmen der Führung des Güterrechtsregisters sich in diesem Punkt größere Zurückhaltung auferlegen, als dies bei den Prozessgerichten der Fall ist. Grund hierfür ist einerseits, dass mit der Eintragungsablehnung keine verbindliche, rechtskräftige Entscheidung über die Wirksamkeit des Ehevertrags verbunden ist. Auch hat die Eintragung keine Vermutung der Richtigkeit und Wirksamkeit für sich (Rz. 2338). Zum anderen verbleibt es Sache der Beteiligten, ggf. im prozessualen Streitverfahren die Wirksamkeit des Ehevertrags abschließend zu klären. Da zudem die große Gestaltungsfreiheit der Ehegatten im Rahmen des Güterrechts durch den Bundesgerichtshof bisher ausdrücklich hervorgehoben wird, kommt eine Verweigerung der Eintragung aufgrund der richterlich auszuübenden Wirksamkeitskontrolle kaum in Betracht. 2326

Das Gericht kann das Eintragungsverfahren **aussetzen** (§§ 21, 381 FamFG), wenn z. B. unter den Ehegatten über die Wirksamkeit des angemeldeten Ehevertrags Streit besteht. Die Eintragung eines in sich widersprüchlichen Ehevertrags ist abzulehnen.[5] Behebbare Hindernisse sind in entsprechender Anwendung des § 382 Abs. 4 FamFG durch **Zwischenverfügung** zu beanstanden.[6] 2327

3. Zulässige Eintragungen im Güterrechtsregister

Vom Amtsgericht ist stets zu überprüfen, ob die beantragte Eintragung im Güterrechtsregister zulässig ist. Eintragungsfähig[7] sind alle Tatsachen, welche die Rechtsstellung der Ehegatten zu Dritten – insgesamt oder hinsichtlich einzelner Gegenstände – beeinflussen. Dem Güterrechtsregister kommt **umfassende Publikationsfunktion** zu, nicht nur die Schutzwirkung des § 1412 BGB. Es dient der Offenlegung der güterrechtlichen Verhältnisse zur Erleichterung des Rechts- und Geschäftsverkehrs.[8] Die Eintragungsfähigkeit güterrechtlicher Vereinbarungen der Ehegatten ist daher immer gegeben, wenn diese eine **Außenwirkung** entfalten, d. h. die Rechtsstellung der 2328

---

[1] KG J 45 A 192; **BayObLG** Z 1959, 89 (101); *Ries,* in: Jansen, FGG, § 161 Rz. 14.
[2] BayObLG Z 1959, 89.
[3] OLG Schleswig SchlHA 1953, 289.
[4] BGH NJW 2009, 2124; BGH NJW 2009, 842 mit Anm. *Grziwotz;* BGH NJW 2008, 3426; BGH NJW 2008, 1080; BGH NJW 2007, 2851; BGH NJW 2006, 3142; **BGH** NJW 2005, 2391; BGH NJW 2005, 2387; BGH Z 158, 81 (= NJW 2004, 930); siehe auch *Bredthauer* NJW 2004, 3072; *Brudermüller,* in: Palandt, BGB, § 1408 Rz. 8 ff.
[5] OLG Colmar RJA 6, 55.
[6] Vgl. *Nedden-Boeger* FGPrax 2009, 144 (146); *Nedden-Boeger,* in: Schulte-Bunert/Weinreich, FamFG, § 382 Rz. 29 f.; anderer Ansicht: *Heinemann,* in: Keidel, FamFG, § 382 Rz. 21.
[7] Siehe hierzu *Heinemann,* in: Keidel, FamFG, § 374 Rz. 33; *Gaul,* in: Soergel, BGB, vor § 1558 Rz. 4 ff.; *Kanzleiter,* in: MünchKommBGB, vor § 1558 Rz. 6 ff.; *Thiele,* in: Staudinger, BGB, vor § 1558 Rz. 4 ff.; *Gottschalg* DNotZ 1969, 339; *Kanzleiter* DNotZ 1971, 452; *Lange* FamRZ 1964, 549.
[8] BGH Z 66, 203 mit abl. Anm. *Gottschalg* NJW 1976, 1741; BayObLG Z 1979, 60 (= DNotZ 1980, 109).

Ehegatten zu Dritten zu beeinflussen vermögen.[1] Nicht eintragungsfähig sind dagegen güterrechtliche Vereinbarungen, die nur das **Innenverhältnis** der Ehegatten betreffen, also für den rechtsgeschäftlichen Verkehr ohne Bedeutung sind.

2329 **Eintragungsfähig** sind somit:
- Beschränkung oder Ausschließung der **Schlüsselgewalt** sowie Aufhebung dieser Maßnahme (§ 1357 Abs. 2, § 1561 Abs. 2 Nr. 1 und 4 BGB, § 8 Abs. 2 LPartG);
- das Ruhen der Befugnis nach § 1357 Abs. 1 BGB während des Getrenntlebens der Ehegatten (§ 1357 Abs. 3 BGB);[2]
- die Änderung des gesetzlichen Güterstandes der Zugewinngemeinschaft in einzelnen Beziehungen durch Ehevertrag (§ 1408 Abs. 1 BGB), insbesondere der Ausschluss oder die Modifikation der **Verfügungsbeschränkungen der §§ 1365 ff. BGB**;[3]
- ehevertragliche **Regelungen über den Ausgleich des Zugewinns** sind ebenfalls eintragungsfähig; beispielsweise die Vereinbarung wonach einzelne Gegenstände bei Ausgleich des Zugewinns nicht berücksichtigt werden sollen oder wenn vereinbart wird, dass der Zugewinnausgleich nur bei Beendigung der Ehe durch Tod eines der Ehegatten stattfinden soll; da derartige Regelungen geeignet sind, auch Rechtsbeziehungen mit Dritten zu beeinflussen;[4]
- die Vereinbarung von **Zugewinngemeinschaft** durch Ehevertrag, wenn bisher ein anderer Güterstand bestanden hat, aber auch durch Ehegatten mit verschiedener Staatsangehörigkeit, die ein berechtigtes Interesse an der Klarstellung und Offenlegung ihres Güterstandes haben, wenn nicht eindeutig feststeht, welche Rechtsordnung das eheliche Güterrecht ohne Ehevertrag regeln würde;[5]
- die **Ausschließung oder Aufhebung des gesetzlichen Güterstandes** der Zugewinngemeinschaft (§§ 1363 ff. BGB) durch Ehevertrag (§ 1408 Abs. 1 BGB) und die dadurch eingetretene Gütertrennung[6] (§ 1414 BGB);
- die Vereinbarung von **Gütertrennung** oder von **Gütergemeinschaft** durch Ehevertrag[7] (§ 1408 Abs. 1, §§ 1415 ff. BGB);
- der Eintritt von Gütertrennung mit Urteilsrechtskraft nach § 1388 BGB[8] sowie nach §§ 1449, 1470 BGB;
- beim Güterstand der **Gütergemeinschaft** zwingend die Regelung der **Gesamtgutverwaltung** (§ 1421 BGB),[9] auch bei nachträglicher Änderung der Verwaltungsart, und bei Gesamtgutverwaltung durch nur einen Ehegatten die Bezeichnung des Gesamtgutverwalters sowie Änderungen dieser Verwaltungsbefugnis, außerdem die

---

[1] BGH Z 66, 203.
[2] Zu Recht *Kanzleiter,* in: MünchKommBGB, vor § 1558 Rz. 11 m.w.N.; *Gaul,* in: Soergel, BGB, vor § 1558 Rz. 5; anderer Ansicht **OLG Hamm** MDR 1951, 740; *Thiele,* in: Staudinger, BGB, vor § 1558 Rz. 11; *Heinemann,* in: Keidel, FamFG, § 374 Rz. 33.
[3] *Gaul,* in: Soergel, BGB, vor § 1558 Rz. 5; *Kanzleiter,* in: MünchKommBGB, vor § 1558 Rz. 7; *Thiele,* in: Staudinger, BGB, vor § 1558 Rz. 7; anderer Ansicht zu § 1365 BGB: *Heinemann,* in: Keidel. FamFG, § 374 Rz. 33.
[4] Vgl. **OLG Schleswig** FamRZ 1995, 1586 (1587); **OLG Köln** Rpfleger 1994, 464 (= NJW-RR 1995, 390 = FamRZ 1994, 1256); **LG Köln** RNotZ 2001, 588; *Fieseler,* in: AltKomm-BGB, §§ 1558–1563 Rz. 2; *Lange* FamRZ 1964, 546 (550); anderer Ansicht: *Gaul,* in: Soergel, BGB, vor § 1558 Rz. 7; *Kanzleiter,* in: MünchKommBGB, vor § 1558 Rz. 10; *Thiele,* in: Staudinger, BGB, vor § 1558 Rz. 7; *Ries,* in: Jansen, FGG, § 161 Rz. 20; *Heinemann,* in: Keidel, FamFG, § 374 Rz. 33.
[5] BayObLG Z 1979, 60 (= DNotZ 1980, 109).
[6] BGH Z 66, 203.
[7] BGH Z 66, 203; *Kanzleiter,* in: MünchKommBGB, vor § 1558 Rz. 8 f.
[8] *Kanzleiter,* in: MünchKommBGB, vor § 1558 Rz. 8.
[9] *Ries,* in: Jansen, FGG, § 161 Rz. 16; anderer Ansicht: *Kanzleiter,* in: MünchKommBGB, § 1421 Rz. 4.

II. Eintragungen im Güterrechtsregister

Bestimmung von Vorbehaltsgut durch Ehevertrag (§ 1418 Abs. 2 Nr. 1 und Abs. 4 BGB) oder die Vorbehaltsguteigenschaft von Vermögensgegenständen in sonstigen Fällen (§ 1418 Abs. 2 Nr. 2 und 3 sowie Abs. 4 BGB)[1] und die Änderung der eingetragenen Eigenschaft eines Gegenstands als Vorbehaltsgut (siehe § 1412 Abs. 2 BGB);
- beim Güterstand der **Gütergemeinschaft** der **Einspruch eines Ehegatten** gegen den selbstständigen Betrieb eines Erwerbsgeschäfts durch den anderen Ehegatten, der Widerruf seiner Einwilligung sowie die Zurücknahme des Einspruchs oder des Widerrufs (§§ 1431, 1456 BGB);
- die Aufhebung einer im Güterrechtsregister eingetragenen vertraglichen Regelung des Güterstandes durch Ehevertrag (§ 1412 Abs. 2 BGB)[2] oder durch Urteil (§ 1449 Abs. 2, § 1470 Abs. 2 BGB);[3]
- ehevertragliche Vereinbarungen bei **Fortbestehen von Errungenschaftsgemeinschaft oder Fahrnisgemeinschaft** (Art. 8 Abs. 1 Nr. 7 GleichberG i.V.m. § 1523, 1526 Abs. 2, § 1559 BGB a.F.). Eintragbar ist die Beendigung der Errungenschaftsgemeinschaft durch Eröffnung des Insolvenzverfahrens oder durch Todeserklärung eines Ehegatten (Art. 8 Abs. 1 Nr. 7 GleichberG i.V.m. §§ 1543–1545 BGB a.F.) sowie ihre Wiederherstellung durch rechtskräftiges Urteil (Art. 8 Abs. 1 Nr. 7 GleichberG i.V.m. §§ 1547, 1548 BGB a.F.);
- ein ehevertraglich vereinbarter **ausländischer Güterstand** sowie ein ausländischer Güterstand im Falle des Art. 16 EGBGB; hier kommen auch Eintragungen aufgrund § 4 des Gesetzes über den ehelichen Güterstand von Vertriebenen und Flüchtlingen[4] in Betracht;
- die Bestimmung des Güterrechtsstatuts durch **Rechtswahl** nach Art. 15 Abs. 2 EGBGB, auch wenn deutsches Recht gewählt wird;[5]
- die Eintragungsfähigkeit des bisherigen gesetzlichen Güterstands von Vertriebenen und Flüchtlingen gemäß der Erklärung eines Ehegatten nach §§ 2, 3 und 4 Abs. 2 des genannten Gesetzes – auch auf Antrag eines Ehegatten – in das Güterrechtsregister ergibt sich aus § 4 Abs. 3 und 4 dieses Gesetzes.

Hingegen sind **nicht eintragungsfähig:** 2330
- Vereinbarung fortgesetzter Gütergemeinschaft oder die Aufhebung einer solchen Vereinbarung (§ 1483 BGB) und der Eintritt der fortgesetzten Gütergemeinschaft, da dies nicht die Rechtsstellung der Ehegatten betrifft;[6]
- bei Gütergemeinschaft die nicht zulässige Regelung der Verwaltung des Gesamtguts in der Weise, dass beiden Ehegatten miteinander konkurrierende selbstständige Verwaltungsrechte zustehen;[7]
- die Regelung des **Versorgungsausgleichs** in einem Ehevertrag (§ 7 VersAusglG) betrifft nur das Innenverhältnis der Ehegatten;
- die Sonderguteigenschaft nach § 1417 BGB.

4. Vornahme der Eintragung im Güterrechtsregister

a) Inhalt und Form des Güterrechtsregisters. Die Eintragung im Güterrechtsregister 2331 erfolgt aufgrund einer **Verfügung** des Rechtspflegers, ggf. des Richters (§ 1 VGBest, § 3 Nr. 1 lit. e RPflG). Die Fassung der Eintragung (§ 382 Abs. 1 FamFG) liegt im

---

[1] *Kanzleiter,* in: MünchKommBGB, vor § 1558 Rz. 9.
[2] *Ries,* in: Jansen, FGG, § 161 Rz. 21; *Gottschalg* DNotZ 1970, 274.
[3] *Ries,* in: Jansen, FGG, § 161 Rz. 21.
[4] Vom 4. 8. 1969, BGBl. I S. 1067.
[5] *Kanzleiter,* in: MünchKommBGB, vor § 1558 Rz. 13.
[6] Zutreffend *Kanzleiter,* in: MünchKommBGB, vor § 1558 Rz. 10.
[7] **BayObLG** Z 1968, 15 (= DNotZ 1968, 557 = NJW 1968, 896).

pflichtgemäßen Ermessen des Amtsgerichts.[1] An den Wortlaut des gestellten Antrags ist es hierbei nicht gebunden. Vielmehr ist der Eintragung eine sachgerechte Form zu geben, wobei die im Gesetz gebrauchten Ausdrücke zu verwenden sind. Der **Rechtsgrund** der Eintragung, z. B. Ehevertrag, Beschluss oder Urteil, **ist anzugeben**. Bei Eintragung von Vorbehaltsgut muss der jeweilige Gegenstand bezeichnet werden. Das kann durch ausdrückliche Benennung des Gegenstands, der Vorbehaltsgut ist, im Register oder auch mit näherer Bezeichnung der einzelnen zum Vorbehaltsgut gehörenden Gegenstände durch Bezugnahme auf ein bei den Registerakten befindliches Verzeichnis geschehen[2] (§ 13 VGBest). Es genügt aber auch die Bestimmung des Vorbehaltsguts nach Kategorien im Wege einer Sammelbezeichnung, z. B. Vorbehaltsgut ist ein sodann zu bezeichnendes Erwerbsgeschäft, eine Wohnungseinrichtung, das Erwerbseinkommen der Ehefrau. Der **Rechtspfleger** entscheidet ggf. auch über die Ablehnung der Eintragung, ebenso über eine etwaige Amtslöschung nach § 395 FamFG.

2332 Die Eintragungen werden im Güterrechtsregister unter fortlaufender Nummer vorgenommen. Sie sind zu datieren und vom Urkundsbeamten als Registerführer zu unterschreiben (§ 382 Abs. 2 FamFG). Im Übrigen sind zur näheren Bestimmung des Inhalts der Eintragung die §§ 1 bis 7 und 13 VGBest sowie die landesrechtlichen Vollzugsbestimmungen heranzuziehen, insbesondere in Bayern die Bekanntmachung vom 22. 10. 1982, JMBl. S. 235 (ber. S. 248). Zu Rötungen und Berichtigungen siehe § 5 VGBest.

2333 Wird das Güterrechtsregister in **Karteiform**[3] (Loseblattform) geführt, so gelten folgende Besonderheiten: Die Eintragungen werden nach den Mustern für das Güterrechtsregister in drei Spalten auf die Karteikarte gesetzt. Für jedes Ehepaar wird eine gesonderte Karte angelegt. Auf jeder Karte ist die fortlaufende Registernummer anzuführen. In Listenform ist eine besondere Nummern-Kontrolle zu führen. Für das Güterrechtsregister in Karteiform (Loseblattform) ist ein Namensverzeichnis nicht vorgesehen. Bei Eintragungen und Bekanntmachung in Güterrechtsregistersachen ist neben dem Wohnort des Ehemanns auch Straße und Hausnummer seiner Wohnung, gegebenenfalls das Geburtsdatum, anzugeben, wenn dieses zur näheren Kennzeichnung des von der Eintragung betroffenen Ehegatten erforderlich erscheint. In Spalte 1 des Registerblatts ist die laufende Nummer der Eintragung zu verzeichnen und in Spalte 2 das einzutragende Rechtsverhältnis.

2334 Beispiel für die Eintragung des **Ausschlusses der „Schlüsselgewalt":**

Kopfleiste:
Müller Max, *15. 10. 1960 und Müller Martha, geborene Meier, *5. 8. 1962, beide wohnhaft in München, Westendstraße 3

Spalte 2 (Rechtsverhältnis):
Der Ehemann Max Müller hat die Berechtigung der Ehefrau Martha Müller, Geschäfte zur angemessenen Deckung des Lebensbedarfs der Familie mit Wirkung auch für ihn zu besorgen, ausgeschlossen.

---

[1] *Kanzleiter,* in: MünchKommBGB, § 1560 Rz. 5; *Thiele,* in: Staudinger, BGB, § 1560 Rz. 11; BayObLG Z 3, 562.

[2] KG OLGE 12, 303 (305).

[3] Bestimmungen zur Führung des Güterrechtsregisters in Karteiform: **Baden-Württemberg:** AV vom 19. 9. 1974 (Justiz 1974, 355); **Bayern:** Bek. vom 22. 10. 1982 (JMBl. 1982, 235, ber. 248); **Berlin:** AV vom 8. 10. 1973 (ABl. 1973, 1331); **Hamburg:** AV vom 1. 3. 1974 (JVBl. 1974, 91); **Hessen:** RdErl. vom 13. 1. 1986 (JMBl. 1986, 115); **Nordrhein-Westfalen:** AV vom 4. 5. 1973 (JMBl. 1973, 122); **Schleswig-Holstein:** AV vom 9. 1. 1984 (SchlHA 1984, 37).

II. Eintragungen im Güterrechtsregister

Spalte 3 (Bemerkungen):
EintrVfg. Bl. 4

Eintragung der Vereinbarung von **Gütertrennung:** 2335

Kopfleiste:
Müller Max, *15. 10. 1960 und Müller Martha, geborene Meier, *5. 8. 1962, beide wohnhaft in München, Westendstraße 3
Spalte 2 (Rechtsverhältnis):
Durch Ehevertrag vom 5. 4. 2010 ist Gütertrennung vereinbart.
Spalte 3 (Bemerkungen): EintrVfg. Bl. 4

Eintragung der Vereinbarung **modifizierter Zugewinngemeinschaft:** 2336

Kopfleiste:
Müller Max, *15. 10. 1960 und Müller Martha, geborene Meier, *5. 8. 1962, beide wohnhaft in München, Westendstraße 3
Spalte 2 (Rechtsverhältnis):
Durch Ehevertrag vom 10. 9. 2009 wurde der Güterstand der Zugewinngemeinschaft folgendermaßen modifiziert:
Die Verfügungsbeschränkungen der §§ 1365, 1369 BGB wurden ausgeschlossen und finden für beide Ehegatten keine Anwendung. Der Zugewinnausgleich findet nach den gesetzlichen Vorschriften nur im Fall der Beendigung der Ehe durch den Tod eines der Ehegatten statt. Wird die gemeinsame Ehe aus anderen Gründen, insbesondere durch Scheidung beendet, so findet kein Zugewinnausgleich statt.
(Alternativbeispiel: Wird die gemeinsame Ehe aus anderen Gründen als dem Tod eines der Ehegatten, insbesondere durch Scheidung beendet, so sind bei der Berechnung des Zugewinnausgleich folgende Gegenstände weder bei der Ermittlung des Anfangsvermögens, noch bei Feststellung des Endvermögens zu berücksichtigen: Grundstück der Ehefrau [Angabe der Grundbuchstelle]; Gegenstände, die einer der Ehegatten nach Eheschließung von Todes wegen oder mit Rücksicht auf ein künftiges Erbrecht, durch Schenkung oder durch Ausstattung erwirbt.)
Spalte 3 (Bemerkungen): EintrVfg. Bl. 4

Eintragung der Vereinbarung der **Gütergemeinschaft:** 2337

Kopfleiste:
Müller Max, *15. 10. 1960 und Müller Martha, geborene Meier, *5. 8. 1962, beide wohnhaft in München, Westendstraße 3
Spalte 2 (Rechtsverhältnis):
Durch Ehevertrag vom 15. 10. 2009 wurde der Güterstand der Gütergemeinschaft vereinbart:
Vorbehaltsgut der Ehefrau ist das unter der Firma „Martha Müller e. K." in München (AG München HRA 65 067) betriebene Handelsgeschäft und die weiteren im Ehevertrag (Registerakten Bl. 3 ff.) aufgeführten Gegenstände.
Spalte 3 (Bemerkungen): EintrVfg. Bl. 4

b) Wirkung der Eintragung. Die Wirkung der Eintragung im Güterrechtsregister ergibt sich aus § 1412 BGB. Die Eintragung hat nicht die Vermutung der Richtigkeit für sich. Liegt keine Eintragung im Güterrechtsregister vor, so darf ein Dritter im Rechtsverkehr jedoch darauf vertrauen, dass zwischen den Ehegatten der gesetzliche Güterstand und im Übrigen die gesetzlichen eherechtlichen Rechtsfolgen gelten. Abweichungen hiervon sind Dritten gegenüber nur wirksam, wenn sie in das Güter- 2338 rechtsregister eingetragen oder diesen sonst bekannt sind. Wurden abweichende Vereinbarungen eingetragen, können sich Dritte, wenn die Eintragungen wirksam sind, auf ihr Fortbestehen verlassen, es sei denn, dass ihnen eine wirksame Änderung bekannt geworden ist.

2339 Bedeutung hat die Eintragung außerdem nach § 33 GBO. Der Nachweis, dass zwischen Ehegatten Gütertrennung oder ein vertragsmäßiges Güterrecht besteht oder dass ein Gegenstand zum Vorbehaltsgut eines Ehegatten gehört, kann für den Grundbuchverkehr durch ein Zeugnis des Gerichts über die Eintragung des güterrechtlichen Verhältnisses im Güterrechtsregister geführt werden.

2340 c) **Löschung einer Eintragung.** Wirkungslos wird eine Eintragung, wenn eine entsprechende Gegeneintragung erfolgt, z. B. die Eintragung der Aufhebung der Beschränkung der Schlüsselgewalt. Derartige Eintragungen sind zu röten. Auf eine teilweise Änderung ist in Spalte 3 bei der früheren Eintragung zu verweisen.

5. Bekanntmachung und Veröffentlichung

2341 Die Eintragung soll stets beiden Ehegatten **bekannt gemacht** werden (§ 383 Abs. 1 FamFG), auch wenn der Eintragungsantrag nur von einem Ehegatten gestellt worden ist. Die Benachrichtigung wird in der vereinfachten Form des § 15 Abs. 3 FamFG vorgenommen.[1] Die Nichtbeachtung der Bekanntmachungspflicht ist ohne Einfluss auf die Wirksamkeit der Eintragung. Auf die Bekanntmachung kann von jedem Ehegatten für seine Person verzichtet werden (§ 383 Abs. 1 Halbs. 2 FamFG). Bei Ablehnung des Antrags ist der Beschluss (§ 382 Abs. 3 FamFG) dem Antragsteller zuzustellen (§ 41 Abs. 1 Satz 2 FamFG). Im Übrigen hat das Amtsgericht durch den Urkundsbeamten der Geschäftsstelle in dem für seine Bekanntmachungen bestimmten Blatt jede Eintragung **zu veröffentlichen** (§ 1562 Abs. 1 BGB). Zum Inhalt der Veröffentlichung siehe § 1562 Abs. 2 BGB und die landesrechtlichen Vollzugsvorschriften.

III. Eintragungen von Amts wegen im Güterrechtsregister

2342 Eintragungen in das Güterrechtsregister erfolgen **nur auf Antrag** der Beteiligten. Die Erzwingung von Anmeldungen durch Zwangsgeld ist ausgeschlossen. Allerdings können unzulässige Eintragungen von Amts wegen gelöscht werden. Das Verfahren hierzu richtet sich nach der allgemeinen Vorschrift des § 395 FamFG (siehe hierzu Rz. 439 ff.).

2343 Beispielsweise sind von Amts wegen zu löschen:
- Eintragungen ohne formgerechten Antrag,[2] wobei der Mangel nach allgemeinen Grundsätzen bis zur Löschung beseitigt werden kann;
- auf Antrag eines nicht antragsberechtigten Ehegatten erfolgte Eintragungen;
- Eintragungen eines örtlich unzuständigen Gerichts;[3]
- Eintragungen auf bloßes Ersuchen eines Gerichts (Ausnahme: Art. 8 Abs. 1 Nr. 3 Abs. 2 GleichberG);[4]
- sachlich unrichtige Eintragungen, z. B. die Eintragung der Ausschließung der Schlüsselgewalt, wenn keine Erklärung gegenüber dem anderen Ehegatten erfolgt ist.[5]

---

[1] Siehe hierzu die einschlägigen landesrechtlichen Vorschriften, z. B. für Bayern Bek. vom 5. 2. 1957 (BayBS V Ju III, S. 278).
[2] *Heinemann*, in: Keidel, FamFG, § 374 Rz. 33; *Kanzleiter*, in: MünchKommBGB, § 1560 Rz. 9; *Thiele*, in: Staudinger, BGB, § 1560 Rz. 5.
[3] *Ries*, in: Jansen, FGG, § 161 Rz. 22; anderer Ansicht: *Nedden-Boeger*, in: Schulte-Bunert/Weinreich, FamFG, § 395 Rz. 40.
[4] Vgl. **BayObLG** Z 1963, 45 (= FamRZ 1963, 251).
[5] **KG** J 32 A 34; *Heinemann*, in: Keidel, FamFG, § 374 Rz. 33.

Löschungen von Amts wegen können dagegen nicht erfolgen aufgrund Anfechtung 2344
des Ehevertrags[1] oder wegen Eintragung vor Eheschließung.

IV. Einsicht, Erteilung von Abschriften, Bescheinigungen

Die **Einsicht** in das Güterrechtsregister ist jedermann gestattet, ebenso in die Akten- 2345
stücke, auf welche die Eintragung Bezug nimmt (§ 1563 BGB). Im Übrigen ist die
Einsicht in die Registerakten von der Glaubhaftmachung eines berechtigten Interesses
abhängig (§ 13 Abs. 2 FamFG).

Die **Erteilung von Abschriften** aus dem Register und deren Beglaubigung kann jeder- 2346
mann verlangen (§ 1563 BGB). Dagegen erfolgt die Erteilung von Abschriften aus den
Registerakten nur bei Glaubhaftmachung eines berechtigten Interesses (§ 13 Abs. 2
und 3 FamFG). Auf Verlangen ist jedem Antragsteller eine Bescheinigung (Negativzeugnis) darüber zu erteilen, dass bezüglich des Gegenstandes einer Eintragung weitere
Eintragungen im Register nicht vorhanden sind oder dass eine bestimmte Eintragung
nicht erfolgt ist (§ 386 FamFG). Zur Ausstellung von Zeugnissen zum Nachweis güterrechtlicher Verhältnisse gegenüber dem Grundbuchamt siehe § 33 GBO.

Über die Gewährung der Akteneinsicht entscheidet der **Rechtspfleger** (§ 13 Abs. 7 2347
FamFG), ebenso über die Erteilung der Abschriften hieraus und die Erteilung von Bescheinigungen nach § 386 FamFG. Der Urkundsbeamte der Geschäftsstelle fertigt sie
aus.

V. Kosten in Güterrechtsregistersachen

1. Anmeldungen zur Eintragung im Güterrechtsregister

Für die Beurkundung der **Anmeldung** zum Güterrechtsregister wird die Hälfte einer 2348
vollen Gebühr erhoben (§ 38 Abs. 1 Nr. 7, § 86 Abs. 1 Satz 1, § 141 KostO). Bei
gleichzeitiger Beurkundung des Ehevertrags und der Anmeldung wird für letztere
keine gesonderte Gebühr erhoben.[2] Der Geschäftswert bestimmt sich nach §§ 29, 30
Abs. 2, § 39 Abs. 3 KostO. Für die Beglaubigung der Unterschrift einer Anmeldung
wird die Gebühr aus § 45 KostO erhoben. Siehe auch die Sondervorschriften für die
Aufnahme der Anmeldungen zum Güterrechtsregister durch das Amtsgericht in § 5
des Gesetzes über den ehelichen Güterstand von Vertriebenen und Flüchtlingen.

2. Eintragungen im Güterrechtsregister

Für die **Eintragung** wird eine volle Gebühr erhoben (§§ 81, 32 KostO). Der Geschäfts- 2349
wert bestimmt sich bei Eintragungen aufgrund von Eheverträgen nach dem zusam-
mengerechneten Reinvermögen beider Ehegatten. Betrifft die Eintragung nur das Vermögen eines Ehegatten, so bestimmt sich der Geschäftswert nach dem Wert des Rein-
vermögens dieses Ehegatten. Betrifft der Ehevertrag nur bestimmte Gegenstände, z. B.
solche des Vorbehaltsguts, so ist der Wert dieser Gegenstände ohne Abzug von Schulden maßgebend (§ 29 i. V. m. § 39 Abs. 3 KostO). Bei Eintragungen, die nicht aufgrund von Eheverträgen erfolgen (z. B. § 1357 BGB; Art. 9 II Nr. 6 FamRÄndG), ist
der Wert nach § 30 Abs. 2 KostO zu berechnen. Sondervorschriften für den Geschäftswert enthält § 5 des Gesetzes über den ehelichen Güterstand von Vertriebenen
und Flüchtlingen. Bei **Eintragungen an mehreren** Orten wird die Gebühr für jede Eintragung erhoben. Zu Gebühren bei Zurückweisung und Zurücknahme von Anträgen

---
[1] KG DFG 1937, 61.
[2] Vgl. **OLG München** DNotZ 1937, 633.

siehe § 130 KostO. Kostenschuldner ist der Antragsteller (§ 2 Nr. 1 KostO, siehe auch § 3 Nr. 2 und 3, § 5 KostO). Er hat auch die Kosten der Bekanntmachung zu tragen.

3. Sonstige Kosten in Güterrechtsregistersachen

2350 **Löschungen** nach § 395 FamFG sind gebührenfrei (§ 88 Abs. 2 KostO). Die Gebühr für die Zurückweisung des Widerspruchs ergibt sich aus § 88 Abs. 1 i. V. m. § 81 KostO. Die **Einsicht** in das Güterrechtsregister ist gebührenfrei (§ 90 KostO). Für die Erteilung von beglaubigten Abschriften und Bescheinigungen aus dem Register wird eine Gebühr von 10 bis 18 € erhoben (§§ 73, 89, KostO). Für einfache Abschriften entsteht nur die Dokumentenpauschale (§ 136 KostO). Wegen der Gebühren für die Erteilung beglaubigter Abschriften aus den Registerakten siehe §§ 132, 55 KostO.

Teil 6. Zwangsgeld- und Ordnungsgeldverfahren

I. Allgemeines zum Zwangs- und Ordnungsgeldverfahren

Das Registerrecht kennt zur Durchsetzung der für die Beteiligten angeordneten Verpflichtungen verschiedene Ordnungs- und Zwangsmittel. Hinsichtlich der angedrohten Rechtsnachteile ist der Art nach allgemein zwischen folgenden Gruppen zu unterscheiden: 2351
- für repressive Rechtsfolgen bezüglich eines vorausgegangenen Ordnungsverstoßes wird die Bezeichnung „**Ordnungsgeld**" bzw. „**Ordnungshaft**" verwendet (z.B. in § 178 GVG und in § 392 FamFG);
- für Zwangs- oder Beugemaßnahmen, die ausschließlich darauf gerichtet sind, ein künftiges Verhalten durchzusetzen, wird die Bezeichnung „**Zwangsgeld**" oder „**Zwangshaft**" verwendet (siehe §§ 35, 388, FGG; § 78 BGB; §§ 14, 37 HGB; § 407 AktG; § 79 GmbHG; § 160 Abs. 1 GenG);

Allgemeine Regelungen für Ordnungs- und Zwangsmittel enthalten die Bestimmungen der Art. 5 ff. EGStGB. Insoweit sieht Art. 6 Abs. 1 Satz 1 EGStGB ein **Mindestmaß** (5 €) und ein **Höchstmaß** (1000 €) für Ordnungs- und Zwangsmittel vor. Art. 7 EGStGB beschreibt die Gewährung von Zahlungserleichterungen bei Ordnungsgeld. Nachträgliche Entscheidungen über die Ordnungshaft sind nach Art. 8 EGStGB möglich. Art. 9 EGStGB regelt die Verjährung von Ordnungsmitteln. 2352

Die praktische Anwendung von Ordnungs- und Zwangsmitteln erfolgt hauptsächlich im Rahmen der **Rechnungslegungspublizität.** Da die Einreichung von Jahres- und Konzernabschlüssen nebst Unterlagen nicht bei den Registergerichten, sondern bei dem Betreiber des elektronischen Bundesanzeigers erfolgt (§ 325 HGB, § 9 PublG), ist das Gericht von den entsprechenden Durchsetzungsaufgaben entlastet. Zuständig ist hierfür das Bundesamt für Justiz, das die Nichteinhaltung der Offenlegung mittels Ordnungsgeld durchsetzen kann (§ 335 HGB). Die Darstellungen in diesem Handbuch beschränken sich allerdings auf die gerichtlichen Aufgabenstellungen, sodass die Publizität der Rechnungslegung nachfolgend keine Berücksichtigung findet. 2353

1. Zwangsgeld

Die Androhung und Festsetzung von Zwangsgeld in Registersachen dient dazu, die Zuverlässigkeit und Vollständigkeit der öffentlichen Register zu sichern. Dieses Ziel wird dadurch erreicht, dass die Beteiligten zur Erfüllung ihrer Verpflichtungen gegenüber dem Registergericht, also zur Anmeldung registerpflichtiger Tatsachen und zur vorgeschriebenen Einreichung von Dokumenten durch Androhung von Zwangsmaßnahmen, namentlich von Zwangsgeld, angehalten werden.[1] Das Zwangsgeldverfahren ist nur im Bereich des Handels-, Genossenschafts-, Partnerschafts- und Vereinsregisters zulässig. Bei Führung des Güterrechtsregisters gibt es kein derartiges Verfahren.[2] 2354

Das Zwangsgeldverfahren ist nur in den Fällen eröffnet, in denen es im Gesetz ausdrücklich vorgesehen ist. Das Recht des Registergerichts, die Beteiligten durch Zwangsgeld zur Erfüllung ihrer Verpflichtungen anzuhalten, ergibt sich aus 2355

---
[1] Vgl. **BayObLG** Z 1973, 293; **OLG Karlsruhe** OLGZ 1970, 248; s.a. **OLG Braunschweig** FamRZ 1974, 576.
[2] *Heinemann*, in: Keidel, FamFG, § 388 Rz. 3.

- § 14 HGB (Pflicht zur Anmeldung und zur Einreichung von Dokumenten), ggf. i. V. m. § 5 Abs. 2 PartGG;
- § 125 a Abs. 2 i. V. m. § 161 Abs. 2 HGB, § 35 a Abs. 4 GmbHG, § 80 AktG; § 37 a HGB (Pflicht zur Angabe auf Geschäftsbriefen);
- §§ 407, 408 AktG (Pflichten der Vorstandsmitglieder und Abwickler einer AG sowie der persönlich haftenden Gesellschafter und Abwickler einer KGaA);
- § 79 Abs. 1 GmbHG (Pflichten der Geschäftsführer und Liquidatoren der GmbH);
- § 316 Abs. 1, § 13 Abs. 3 Satz 3 UmwG (Erteilung von Vertragsabschriften bei Umwandlungsvorgängen);
- § 12 EWIV-AG.

Das Verfahren ist für alle Registersachen einheitlich in §§ 388 bis 391 FamFG geregelt.

2. Ordnungsgeld

2356 Die Androhung und Festsetzung von Ordnungsgeld zielt in Registersachen ausschließlich auf die **Unterlassung** des Gebrauchs einer bestimmten unzulässigen Firma ab. Die Grundlage hierzu enthält § 37 Abs. 1 HGB i. V. m. § 392 FamFG.

3. Funktionelle Zuständigkeit

2357 Das Verfahren zur Erzwingung der Anmeldung registerpflichtiger Tatsachen, der Einreichung von Dokumenten und Schriftstücken (§§ 388 ff. FamFG) und der Unterlassung des Firmenmissbrauchs (§ 392 FamFG) fällt in den Aufgabenbereich des **Rechtspflegers**. Das gilt sowohl für das Handelsregister wie für das Genossenschafts-, Partnerschafts- und das Vereinsregister.[1] Im Rahmen dieses Verfahrens kann er alle zur Erledigung notwendigen Maßnahmen treffen (§ 4 Abs. 1 RPflG), soweit hiervon nicht in § 4 Abs. 2 RPflG Ausnahmen angeordnet sind. Er kann daher den Beteiligten die Erfüllung der sie treffenden Verpflichtungen innerhalb angemessener Frist aufgeben und für den Fall, dass die Verpflichtung nicht erfüllt und auch kein Einspruch eingelegt wird, die Festsetzung von Zwangsgeld androhen. Der **Richter** wird auf Vorlage gemäß § 4 Abs. 3 und § 5 RPflG mit diesem Verfahren befasst. Das gleiche gilt für das Ordnungsgeldverfahren nach § 37 HGB i. V. m. § 392 FamFG.

2358 Der Rechtspfleger entscheidet auch über den **Einspruch** gegen die Androhungsverfügung (§§ 389 f., 392 FamFG). Es ergibt sich sonach folgende Rechtslage:[2] Gegen die aufgrund § 388 Abs. 1 FamFG erlassene Verfügung[3] des Rechtspflegers, in der die Vornahme der gebotenen Handlung unter Androhung eines Zwangs- bzw. Ordnungsmittels aufgegeben wird, ist die Beschwerde nicht gegeben, da es sich lediglich um eine Zwischenentscheidung handelt (vgl. § 58 Abs. 1 FamFG).[4] Über den hiergegen zulässigen Rechtsbehelf des Einspruchs (§ 389 Abs. 1 FamFG, § 392 Abs. 1 Nr. 2 FamFG) entscheidet in allen Fällen der Rechtspfleger. Auch über die Wiedereinsetzung gegen die Versäumung der Einspruchsfrist (§§ 17 ff. FamFG) trifft er die Entscheidung. Er setzt das angeordnete Zwangsgeld fest und wiederholt zugleich die frühere Verfügung unter Androhung eines neuerlichen Zwangsgeldes (§ 389 FamFG). Gegen die Festsetzung des Zwangsgelds und die Verwerfung des Einspruchs findet die Beschwerde statt (§ 391 Abs. 1 FamFG).

---

[1] Vgl. § 3 Nr. 1 lit. a und Nr. 2 lit. d RPflG; vgl. *Nedden-Boeger*, in: Schulte-Bunert/Weinreich, FamFG, Vor § 388 Rz. 11.
[2] **KG** Rpfleger 1959, 221; *Jansen* DNotZ 1958, 109.
[3] Vgl. *Krafka*, in: MünchKommZPO, § 388 FamFG Rz. 23.
[4] *Heinemann*, in: Keidel, FamFG, § 388 Rz. 40; *Nedden-Boeger*, in: Schulte-Bunert/Weinreich, FamFG, § 388 Rz. 50.

III. Durchführung des Zwangs- und Ordnungsgeldverfahrens

4. Sachliche und örtliche Zuständigkeit

Zur Durchführung des Zwangsgeld- und Ordnungsgeldverfahrens ist sachlich und örtlich ausschließlich das Amtsgericht – Registergericht – zuständig, bei dem die Hauptniederlassung oder der Sitz eingetragen ist (§ 377 Abs. 1 FamFG).[1] Dies gilt auch für Verpflichtungen, die sich ausschließlich auf eine Zweigniederlassung beziehen, insbesondere die Anmeldung der Errichtung oder Aufhebung einer Zweigniederlassung, oder bei einer Sitzverlegung. Das Gericht des Ortes der Zweigniederlassung ist zuständig für Verfahren, die sich auf die inländische Zweigniederlassung eines ausländischen Unternehmens beziehen[2] (§ 13 d ff. HGB). 2359

II. Pflicht des Gerichts zum Einschreiten

Hat das Gericht, gleichgültig auf welchem Weg, **glaubhafte Kenntnis von Tatsachen** erhalten, aufgrund derer sich eine Verpflichtung zu einer der gesetzlich vorgeschriebenen Handlungen ergibt,[3] die durch Festsetzung von Zwangsgeld erzwungen werden können, so ist es zum Einschreiten verpflichtet.[4] Die Anregung hierzu kann von dritten Personen, Behörden oder den berufsständischen Organen (§§ 379 f. FamFG; § 30 Abs. 2, § 43 Abs. 2 VAG; § 43 Abs. 3 KWG) ausgehen. Von einem Antrag ist das Verfahren nicht abhängig. 2360

Für das Gericht besteht nur im Ausnahmefall die Pflicht, **nach Tatsachen** zu **forschen**, die ein gerichtliches Einschreiten rechtfertigen können. Erforderlich für die Annahme einer derartigen Aufklärungspflicht ist, dass zunächst plausible Anhaltspunkte dafür bestehen, dass solche Ermittlungen veranlasst sind.[5] Sodann kann das Gericht im Rahmen der nach § 26 FamFG gebotenen Aufklärung des Sachverhalts vorbereitende und daher unanfechtbare Verfügungen (siehe § 58 Abs. 1 FamFG) treffen.[6] 2361

Das Gericht muss hierbei zunächst nur zum Ergebnis gelangen, dass die Einleitung des Zwangsgeldverfahrens aufgrund der schlüssig ermittelten Tatsachen geboten ist, wobei bereits zu diesem Zeitpunkt nach §§ 21, 381 FamFG die Möglichkeit besteht, das Verfahren nach §§ 388 ff. FamFG auszusetzen. Die endgültige beweismäßige Klärung des Sachverhalts und gegebenenfalls eine endgültige Entscheidung bleibt jedoch dem weiteren Verfahren, insbesondere bei Einlegung des Einspruchs der hierüber zu treffenden Entscheidung vorbehalten.[7] 2362

III. Durchführung des Zwangs- und Ordnungsgeldverfahrens

1. Beteiligte

Das Verfahren richtet sich **gegen die Personen**, denen das Gesetz die zu erzwingende Verpflichtung auferlegt. Diese sind die Beteiligten des Verfahrens. Bei einer AG, KGaA, VVaG, GmbH, Genossenschaft oder Juristischen Person (§ 33 HGB) sind das **die einzelnen Vorstandsmitglieder,** persönlich haftenden Gesellschafter, Abwickler 2363

---

[1] **KG** J 31 A 206; **KG** JFG 20, 134; *Krafka*, in: MünchKommZPO, § 388 FamFG Rz. 18; *Heinemann*, in: Keidel, FamFG, § 388 Rz. 24.

[2] Vgl. **BayObLG** Z 1978, 319 (= Rpfleger 1979, 25); *Steder*, in: Jansens, FGG, § 132 Rz. 63; *Nedden-Boeger*, in: Schulte-Bunert/Weinreich, FamFG, § 388 Rz. 33.

[3] Vgl. **BayObLG** Z 1978, 319 (= Rpfleger 1979, 25); *Bassenge* Rpfleger 1974, 173.

[4] *Heinemann*, in: Keidel, FamFG, § 388 Rz. 25 ff.

[5] Siehe **BayObLG** Z 1978, 319 (= Rpfleger 1979, 25); *Steder*, in: Jansen, FGG, § 132 Rz. 70; *Heinemann*, in: Keidel, FamFG, § 388 Rz. 26; *Bassenge* Rpfleger 1974, 173.

[6] **OLG Hamm** OLGZ 1965, 225.

[7] **OLG Frankfurt** DNotZ 1979, 620; **BayObLG** Z 1978, 319; *Heinemann*, in: FamFG, § 388 Rz. 26.

bzw. Liquidatoren und **Geschäftsführer, nicht** aber **die Gesellschaft** oder etwa der Vorstand als solcher,[1] auch nicht der Aufsichtsrat, wohl aber einzelne seiner Mitglieder, wenn diese die Gesellschaft vertreten (§ 105 Abs. 2 AktG) oder mit Vorstandsmitgliedern zur Anmeldung verpflichtet sind (siehe aber § 407 Abs. 2 AktG).[2] Ferner sind – mit Ausnahme der Verpflichtung nach § 13e Abs. 3 Satz 1 und Abs. 4 HGB – auch Bevollmächtigte der Pflichtigen nicht Beteiligte eines Zwangs- oder Ordnungsgeldverfahrens.[3] Die erzwingbare Verpflichtung zur Anmeldung und Einreichung, die Prokuristen bei unechter Gesamtvertretung zusammen mit einem Vorstandsmitglied, Geschäftsführer oder Gesellschafter erfüllen können, ist ihnen für eine Gesellschaft nicht auferlegt. In solchen Fällen richtet sich das Verfahren daher nicht gegen den Prokuristen.[4]

2364 Für die Erfüllung der erzwingbaren Verpflichtung einer juristischen Person, insbesondere der Komplementär-GmbH zur Anmeldung in der Registerangelegenheit der Kommanditgesellschaft, richtet sich das Verfahren gegen die **Mitglieder ihres Vertretungsorgans**, also beispielsweise gegen die Geschäftsführer der GmbH.[5] Zwangsgeld kann hierbei nur gegen eine natürliche Person angeordnet und festgesetzt werden. Mit betroffen und selbst zum Einspruch sowie zur Beschwerde berechtigt ist aber auch die originär verpflichtete juristische Person, im Beispielsfall also die Komplementär-GmbH.[6] Ist eine **juristische Person** zum Abwickler bestellt (§ 265 Abs. 2 Satz 2 AktG), so richtet sich das Verfahren gegen die Person, die als Mitglied des Vertretungsorgans der juristischen Person zur Ausführung der dieser obliegenden Aufgaben berufen ist.[7] Sind **mehrere Personen** anmeldepflichtig, so richtet sich das Verfahren gegen alle, die der Verpflichtung nicht nachkommen.[8] Bei inländischen Zweigniederlassungen ausländischer Unternehmen (§§ 13 d ff. HGB) kann ein Zwangs- bzw. Ordnungsgeldverfahren nur durchgeführt werden, wenn die anmeldepflichtigen Personen sich im Inland befinden.[9]

2. Beginn des Verfahrens

2365 Das Zwangsgeldverfahren beginnt nach Durchführung der etwa erforderlichen Ermittlungen (siehe Rz. 2362) und Prüfung der Voraussetzungen des Einschreitens mit der Bekanntmachung einer Verfügung („**Androhungsverfügung**") an die Beteiligten (§ 15 Abs. 1 FamFG), nach Ermessen des Gerichts durch förmliche Zustellung oder Aufgabe zur Post (§ 15 Abs. 2 FamFG), die folgende Gegenstände enthalten muss:[10]
– die bestimmte – also möglichst genaue – **Bezeichnung der zu erfüllenden Verpflichtung** (Handlung oder Unterlassung), evt. auch mehrerer selbstständiger Verpflich-

---

[1] BGH Z 25, 154 (157); **BayObLG** Z 1987, 399 (402); **BayObLG** Z 1978, 54 (57); **BayObLG** Z 1962, 107 (110); siehe *Steder,* in: Jansen, FGG, § 132 Rz. 89 ff.
[2] **BayObLG** Z 1968, 118 (122); vgl. § 105 Abs. 2 AktG; § 30 VAG; *Steder,* in: Jansen, FGG, § 132 Rz. 82.
[3] KG J 35 A 354.
[4] Ebenso *Steder,* in: Jansen, FGG, § 132 Rz. 91.
[5] **BayObLG** Rpfleger 2002, 31; **BayObLG** Z 2000, 11 (= FGPrax 2000, 74); *Heinemann,* in: Keidel, FamFG, § 388 Rz. 28; *Nedden-Boeger,* in: Schulte-Bunert/Weinreich, FamFG, § 388 Rz. 27.
[6] **BayObLG** Z 1987, 399 (402).
[7] KG JFG 10, 86; *Jansen,* FGG, § 132 Rz. 49.
[8] *Heinemann,* in: Keidel, FamFG, § 388 Rz. 29; *Steder,* in: Jansen, FGG, § 132 Rz. 93; KG RJA 9, 50; **OLG Hamm** JMBl NRW 1959, 32.
[9] **BayObLG** Z 1978, 121; *Heinemann,* in: Keidel, FamFG, § 388 Rz. 32.
[10] Vgl. *Steder,* in: Jansen, FGG, § 132 Rz. 99 ff.; zur Zustellung der Verfügung siehe **BayObLG** Z 1973, 293, an Bevollmächtigte **BGH** NJW 1975, 1518 (= Rpfleger 1975, 350 mit Anm. *Walchshöfer*); **OLG Zweibrücken** Rpfleger 1974, 398.

III. Durchführung des Zwangs- und Ordnungsgeldverfahrens

tungen.¹ Ist eine Aufforderung nicht hinreichend bestimmt oder ist sie auch nur teilweise ungerechtfertigt oder besteht von mehreren auferlegten Verpflichtungen auch nur eine nicht, so kann die Aufforderung nicht zur Zwangsgeldfestsetzung führen;²
- die Bestimmung einer **angemessenen Frist**, innerhalb derer entweder die auferlegte Verpflichtung zu erfüllen oder die Nichterfüllung mittels Einspruch zu rechtfertigen ist.³ Die Alternativandrohung muss in der Verfügung enthalten sein. Fehlt der Hinweis auf die Zulässigkeit des Einspruchs, so ist die Verfügung mangelhaft und eine Zwangsgeldfestsetzung nicht zulässig. Eine unzulässige Beschwerde (vgl. § 58 Abs. 1 FamFG; die Androhungsverfügung ist nur eine Zwischen- und keine Endentscheidung) hiergegen ist in den allein zulässigen Rechtsbehelf des Einspruchs umzudeuten. Die Frist kann vor Ablauf auf Antrag oder von Amts wegen verlängert werden, solange sie noch nicht abgelaufen ist (§ 16 Abs. 2 FamFG i. V. m. § 224 Abs. 2 ZPO); nach Ablauf ist eine Erstreckung ausgeschlossen,⁴ nimmt jedoch – falls sie dennoch erfolgt – der Zwangsgelddrohung nicht ihre Wirkung;⁵ eine zu kurz gewählte Frist ist rechtswidrig, mangels Antrag nicht durch eine Fristverlängerung (§ 16 Abs. 2 FamFG i. V. m. § 224 Abs. 2 ZPO) heilbar und gegebenenfalls nach Rechtsmitteleinlegung im Rahmen eines neu durchzuführenden Zwangsgeldverfahrens zu korrigieren.
- die **Androhung** eines **ziffernmäßig bestimmten Zwangsgeldes** für den Fall, dass weder Einspruch eingelegt noch die zu erzwingende Verpflichtung erfüllt wird. Die Höhe beträgt zwischen 5 € und 1000 € (siehe Art. 6 Abs. 1 EGStGB), wenn das Mindest- oder Höchstmaß nicht spezialgesetzlich anderweitig bestimmt ist, wie beispielsweise in § 14 HGB (5 bis 5000 €). Die Androhung eines Zwangsgelds von „bis zu (…) €" genügt dem ziffernmäßigen Bestimmtheitsgrundsatz, sofern vom Gericht die Festsetzung des Höchstbetrags wirklich in Betracht gezogen wird.⁶

Beispiel zur Einleitung des Zwangsgeldverfahrens zur Erzwingung einer Anmeldung (Verfügung des Registergerichts): 2366

I. Aktenfeststellung:
An der Ecke der Main-Donau-Straße in München befindet sich ein neuerrichtetes Radiogeschäft mit vier großen Schaufenstern, in dem mehrere Verkäufer und Verkäuferinnen beschäftigt sind. Als Firma ist in großen Leuchtbuchstaben angebracht „Radio – Television – Orbis", als Inhaber ist an der Ladentüre angegeben: „Maria Münch". Diese Firmierung „Radio – Television – Orbis" wird auch auf Geschäftsbriefen und Rechnungen verwendet. Im Handelsregister ist keine Firma ähnlicher Art eingetragen.

II. Eintragen im AR

III. Schreiben an Industrie- und Handelskammer:
„Um gutachtliche Äußerung wird gebeten, ob das von Frau Maria Münch in München, Donaustraße 1, betriebene Geschäft eintragungspflichtig ist."

IV. Schreiben an Stadtverwaltung der Landeshauptstadt München, Gewerbeamt:
„Um Mitteilung wird gebeten, ob das von Frau Maria Münch in München, Donaustraße 1, betriebene Geschäft gewerbepolizeilich gemeldet ist, da bisher eine Nachricht hierüber hier nicht eingegangen ist."

---

[1] **BayObLG** Z 1978, 319; **BayObLG** Z 1967, 458; *Steder,* in: *Jansen,* FGG, § 132 Rz. 100.
[2] **BayObLG** Z 1967, 458.
[3] Siehe hierzu und zu den folgenden Bemerkungen **OLG Hamm** Rpfleger 1986, 390.
[4] **BayObLG** Z 1967, 458; s. a. *Heinemann,* in: Keidel, FamFG, § 388 Rz. 37.
[5] **BayObLG** Z 1967, 458; *Steder,* in: Jansen, FGG, § 132 Rz. 104.
[6] **BGH** NJW 1973, 2277; **BayObLG** FamRZ 1996, 878; *Nedden-Boeger,* in: Schulte-Bunert/Weinreich, FamFG, § 388 Rz. 45. Anderer Ansicht *Steder,* in: Jansen, FGG, § 132 Rz. 105 m. w. N. zum Streitstand.

Das Gewerbeamt teilt mit, dass das Geschäft am 15. 9. 2009 gewerberechtlich angemeldet wurde. Die Industrie- und Handelskammer gibt an, dass nach ihren Ermittlungen der Gewerbebetrieb der Frau Maria Münch nach Art und Umfang einen in kaufmännischer Weise eingerichteten Geschäftsbetrieb erfordert. Eine Anmeldung zur Eintragung in das Handelsregister ist trotz wiederholter Aufforderung nicht erfolgt. Die Akten werden daher wieder dem Rechtspfleger vorgelegt.

2367 **Beispiel** zur Zwangsgeldandrohung zur Erzwingung einer Anmeldung (Verfügung des Registergerichts):

> Amtsgericht – Registergericht – München
> München, den 10. 10. 2009
> AR 1001/09
>
> Frau
> Maria Münch
> Donaustraße 1
> 80333 München
>
> – Verfügung –
> I.
>
> Nach § 29 HGB ist jeder Kaufmann verpflichtet, seine Firma und den Ort seiner Handelsniederlassung dem Gericht, in dessen Bezirk die Niederlassung liegt, zur Eintragung in das Handelsregister anzumelden. Sie betreiben in München, Donaustraße 1, ein Geschäft – Handel mit Rundfunk- und Fernsehgeräten –, das nach Art und Umfang seines Betriebes gemäß § 1 Abs. 2 HGB und § 29 HGB der Eintragungspflicht in das Handelsregister unterliegt.
>
> Der Verpflichtung zur Anmeldung Ihrer Firma und des Orts Ihrer Handelsniederlassung sind Sie bisher nicht nachgekommen. Es wird Ihnen deshalb aufgegeben, innerhalb einer mit der Zustellung dieser Verfügung beginnenden Frist von
>
> einem Monat
>
> die Anmeldung vorzunehmen oder die Unterlassung durch Einspruch gegen diese Verfügung zu rechtfertigen, ansonsten wird ein Zwangsgeld von 150 € gegen Sie festgesetzt[1] (§ 14 HGB, § 388 FamFG). Die Anmeldung ist in öffentlich beglaubigter Form, schriftlich mit Beglaubigung der Unterschrift durch einen Notar, dem Gericht elektronisch einzureichen (§ 12 HGB). Den Einspruch können Sie durch schriftliche Eingabe oder zu Protokoll der Geschäftsstelle erheben.
>
> II.
>
> Zustellung von I. an Frau Maria Münch.

3. Erfüllung der Verpflichtung bzw. Einspruch des Beteiligten

2368 **Erfüllt** der Verpflichtete die ihm aufgegebene Handlung innerhalb der gesetzten Frist, so ist die Androhungsverfügung erledigt. Das gilt auch bei verspäteter vor Zwangsgeldfestsetzung erfolgter Erfüllung. Einer Aufhebung oder Zurücknahme der Androhungsverfügung bedarf es nicht.[2] Dem Gericht bleibt zudem die Möglichkeit unbenommen, die Verfügung wegen einer nachträglichen Änderung der zugrunde liegenden Sach- oder Rechtslage, z.B. wegen nunmehr auch nach Fristablauf erfolgter Erfüllung der Anmeldepflicht und der damit eingetretenen Gegenstandslosigkeit, aufzuheben[3] (§ 48 Abs. 1 Satz 1 FamFG).

---

[1] Die Androhung **eines** Zwangsgelds zur Herbeiführung **mehrerer** selbständiger Verpflichtungen ist zulässig. Ist aber nur eine der Auflagen ungerechtfertigt, so darf insgesamt eine Zwangsgeldfestsetzung nicht erfolgen (**KG J 5, 11**).

[2] *Krafka*, in: MünchKommZPO, § 389 FamFG Rz. 5.

[3] *Heinemann*, in: Keidel, FamFG, § 389 Rz. 4; *Krafka*, in: MünchKommZPO, § 389 Rz. 5, 7; anderer Ansicht: *Bumiller/Harders*, FamFG, § 389 Rz. 2.

III. Durchführung des Zwangs- und Ordnungsgeldverfahrens

Zulässiger Rechtsbehelf des Beteiligten gegen die Androhungsverfügung ist der **Einspruch**. Die Beschwerde findet hiergegen nicht statt[1] (vgl. § 58 Abs. 1 FamFG); sie ist auch dann nicht gegeben, wenn geltend gemacht wird, dass das Zwangsgeldverfahren unzulässig, weil im vorliegenden Fall nicht einschlägig war.[2] Im Zwangsgeldverfahren gegen Mitglieder des Vorstands oder gegen Geschäftsführer einer juristischen Person ist auch die in ihren Rechten beeinträchtigte Gesellschaft selbst, die beispielsweise das Bestehen der Pflicht bestreitet, zu deren Erfüllung der Vorstand oder die Geschäftsführer mit Zwangsgeld angehalten werden soll, zur Einlegung des Einspruchs und sodann zur Beschwerde berechtigt.[3] Nach herrschender Meinung gilt dies auch für die Personenhandelsgesellschaft im Zwangsgeldverfahren gegen die anmeldepflichtigen Gesellschafter.[4] Einer gesonderten Zustellung der Androhungsverfügung an die Gesellschaft bedarf es jedoch nicht. Diese ist vielmehr mit der Zustellung an den organschaftlichen Vertreter als den jeweils Handlungsverpflichteten als Verfahrensbeteiligte zugezogen. 2369

Die Einlegung des Einspruchs kann **schriftlich** oder **zu Protokoll** der Geschäftsstelle des Registergerichts erfolgen (§ 25 Abs. 1 FamFG). Einer Begründung bedarf es nicht, sofern nur deutlich wird, dass die Verfügung gerichtlich überprüft werden soll.[5] Bei Einlegung dieses Rechtsbehelfs kann sich das Verfahren auf zweierlei Weise entwickeln: 2370

a) Begründeter Einspruch. Erachtet das Gericht den Einspruch ohne weiteres, also aufgrund des Sachverhalts, wie er sich nach der Einspruchseinlegung und etwa vorgelegten Belegen ergibt, für begründet, so hat es die **Androhungsverfügung** durch Beschluss (§ 38 FamFG) **aufzuheben** (§ 390 Abs. 1 FamFG), der dem Beteiligten bekannt zu geben ist (§ 41 Abs. 1 Satz 1 i. V. m. § 15 Abs. 1 und 2 FamFG). Sofern das Verfahren durch ein berufsständisches Organ angeregt wurde, ist die Aufhebung dem Organ des Handelsstandes bzw. des Handwerksstandes mit Rücksicht auf sein Beschwerderecht (§ 380 Abs. 5 FamFG) gleichfalls bekannt zu machen. 2371

b) Erörterungstermin. Ist die Sachlage nicht zur sofortigen Entscheidung in einem für den Einspruchsführer günstigen Sinne reif, so soll das Gericht von Amts wegen einen nicht öffentlichen **Termin zur Erörterung** der Sache mit den Beteiligten anberaumen. Die Anberaumung des Termins steht im Ermessen des Gerichts, ist jedoch regelmäßig auch dann vorzunehmen, wenn der fristgerecht eingelegte Einspruch offensichtlich unbegründet ist oder der Beteiligte auf die Anberaumung verzichtet, da der Erörterungstermin nicht nur eine bloße Formalie darstellt.[6] Gegen die Terminanberaumung ist kein Rechtsmittel gegeben. Die fehlende Anberaumung kann nicht durch Abhaltung eines Erörterungstermins vor dem Beschwerdegericht geheilt werden, jedoch kann das Gericht auf Erinnerung hin den Termin nachholen.[7] Die Beteiligten sind zu dem Termin zu laden (§ 390 Abs. 1 FamFG); das persönliche Erscheinen kann angeordnet und gegebenenfalls mit Ordnungsmitteln (§ 33 FamFG) erzwungen werden.[8] 2372

---

[1] Vgl. **OLG Hamm** Rpfleger 1986, 390.
[2] *Krafka*, in: MünchKommZPO, § 388 FamFG Rz. 28; *Heinemann*, in: Keidel, FamFG, § 388 Rz. 40; *Nedden-Boeger*, in: Schulte-Bunert/Weinreich, FamFG, § 390 Rz. 6. Anderer Ansicht zu den Vorschriften des FGG: **BayObLG** FGPrax 2005, 36.
[3] **BGH** Z 25, 154; **BayObLG** Rpfleger 2002, 31; *Heinemann*, in: Keidel, FamFG, § 390 Rz. 3.
[4] **BayObLG** Z 1978, 54 (57); **BayObLG** Rpfleger 1984, 105.
[5] *Heinemann*, in: Keidel, FamFG, § 389 Rz. 3; *Steder*, in: Jansen, FGG, § 133 Rz. 14.
[6] *Heinemann*, in: Keidel, FamFG, § 390 Rz. 9; *Krafka*, in: MünchKommZPO, § 390 FamFG, Rz. 3; anderer Ansicht: *Bumiller/Harders*, FamFG, § 390 Rz. 3
[7] *Krafka*, in: MünchKommZPO, § 390 FamFG Rz. 3; anderer Ansicht, nämlich jederzeit nachholbar: *Heinemann*, in: Keidel, FamFG, § 390 Rz. 10 unter Verweis auf **BayObLG** NJW 1999, 297.
[8] *Krafka*, in: MünchKommZPO, § 390 FamFG Rz. 5; *Heinemann*, in: Keidel, FamFG, § 390 Rz. 15; *Bumiller/Harders*, FamFG, § 390 Rz. 4; *Nedden-Boeger*, in: Schulte-Bunert/Weinreich, FamFG, § 390 Rz. 13.

Nach Abhaltung des Termins in nichtöffentlicher mündlicher Verhandlung (vgl. § 170 Abs. 1 Satz 1 GVG) hat das Gericht auch dann, wenn die Beteiligten nicht erschienen sind, nach Sachlage zu entscheiden (§ 390 Abs. 2 FamFG). Die Tatsachen- und Rechtsfragen, von denen die zu treffende Entscheidung abhängt, sind hierbei, vorbehaltlich der Aussetzungsbefugnis nach §§ 21, 381 FamFGG, zu prüfen.

2373 Wird der Einspruch für begründet erachtet, so ist wie in Rz. 2371 zu verfahren. Erweist sich der Einspruch hingegen als unbegründet und hat daher das Gericht Gewissheit von dem Sachverhalt, der die zum Einschreiten berechtigte Norm erfüllt, so ist der **Einspruch** durch Beschluss (§§ 38 f. FamFG) als unbegründet zu verwerfen (§ 390 Abs. 4 FamFG). Das Gericht hat entweder gleichzeitig in derselben Entscheidung **das angedrohte Zwangsgeld festzusetzen** (§ 390 Abs. 4 Satz 1 FamFG) oder wenn die Umstände dies rechtfertigen, ein **geringeres** als das angedrohte **Zwangsgeld** festzusetzen[1] (§ 390 Abs. 4 Satz 2 FamFG).

2374 Hingegen besteht keine Möglichkeit, im Zwangsgeldverfahren zunächst nur über den Einspruch zu entscheiden und erst nach rechtskräftigem Abschluss des Verfahrens das Zwangsgeld festzusetzen.[2] Im Übrigen ist stets zugleich die Kostenpflicht des Verpflichteten auszusprechen[3] (§ 389 Abs. 2 FamFG).

2375 Schließlich kann auch **von der Festsetzung** des Zwangsgelds überhaupt **abgesehen werden** (§ 390 Abs. 4 Satz 2 FamFG), z. B. wenn der Betroffene sich in gutem Glauben befindet und die Erfüllung der Auflage aus entschuldbaren Gründen unterlassen hat. Das Absehen von der Festsetzung ist in der Entscheidung zum Ausdruck zu bringen.[4]

2376 Außerdem hat das Gericht in den genannten Fällen, auch wenn es von der Festsetzung des Zwangsgelds absieht, die Verpflichtung aber noch nicht erfüllt ist, **erneut** eine **Zwangsgeldandrohung** zu **erlassen** (§ 390 Abs. 5 i. V. m. § 388 FamFG). Die in dieser Verfügung gesetzte Frist beginnt mit der Rechtskraft des die Verwerfung des Einspruchs aussprechenden Beschlusses, also regelmäßig mit Ablauf von einem Monat seit der schriftlichen Bekanntgabe des Beschlusses nach § 15 Abs. 1 und 2 FamFG an den Beteiligten (vgl. § 45 Satz 1 i. V. m. § 63 Abs. 1 und 3 FamFG).

2377 **Beispiel** zur Zwangsgeldfestsetzung mit erneuter Zwangsgeldandrohung: Sofern binnen der in der Androhungsverfügung gesetzten Frist weder Anmeldung noch Einspruch erfolgt, wird nach Feststellung, dass die genannte Verfügung am 12. 10. 2009 zugestellt wurde, entschieden:

Amtsgericht München
München, den 13. 11. 2009
– Registergericht –
AR 1001/09

In dem Zwangsgeldverfahren gegen die Kauffrau Maria Münch ergeht

I. Beschluss

Gegen Frau Maria Münch, Donaustraße 1, 80803 München, wird ein Zwangsgeld in Höhe von 150 € festgesetzt. Der Beteiligten Maria Münch werden die Kosten des Verfahrens auferlegt.

Gründe:

Die Beteiligte Maria Münch betreibt in München, Donaustraße 1, den Handel mit Rundfunk- und Fernsehgeräten. Dieser Gewerbebetrieb erfordert nach Art und Umfang einen in kaufmännischer Weise eingerichteten Geschäftsbetrieb.

---

[1] *Winkler*, in: Keidel/Kuntze/Winkler, FGG, § 135 Rz. 7; *Steder*, in: Jansen, FGG, § 135 Rz. 11 f.
[2] **BayObLG** Z 1970, 317; *Nedden-Boeger*, in: Schulte-Bunert/Weinreich, FamFG, § 390 Rz. 20; *Steder*, in: Jansen, FGG, § 135 Rz. 13.
[3] **OLG Hamm** Rpfleger 1955, 241 mit Anm. *Keidel*.
[4] **BayObLG** Z 1960, 317; *Steder*, in: Jansen, FGG, § 135 Rz. 15; *Heinemann*, in: Keidel, FamFG, § 390 Rz. 24; *Krafka*, in: MünchKommZPO, § 390 FamFG Rz. 9.

III. Durchführung des Zwangs- und Ordnungsgeldverfahrens

> Als Kaufmann ist die Beteiligte verpflichtet, ihre Firma und den Ort ihrer Handelsniederlassung samt inländischer Geschäftsanschrift zur Eintragung in das Handelsregister anzumelden (§ 29 i. V. m. § 1 Abs. 2 HGB).
> Mit Verfügung vom 10. 10. 2009 wurde der Beteiligten unter Androhung eines Zwangsgeldes aufgegeben, innerhalb bestimmter Frist ihrer gesetzlichen Verpflichtung nachzukommen oder die Unterlassung mittels Einspruch gegen diese Verfügung zu rechtfertigen. Die Beteiligte hat jedoch weder der gesetzlichen Verpflichtung genügt noch Einspruch erhoben. Das angedrohte Zwangsgeld war daher festzusetzen (§ 14 HGB, §§ 388, 389 FamFG). Zugleich waren der Beteiligten die Kosten des Verfahrens aufzuerlegen (§ 389 Abs. 2 FamFG).
>
> II. Verfügung
>
> Unter Androhung eines weiteren Zwangsgeldes von 250 € wird der Beteiligten Maria Münch erneut aufgegeben, binnen einem Monat ihre Firma und den Ort ihrer Handelsniederlassung zur Eintragung in das Handelsregister anzumelden oder die Unterlassung mittels Einspruch zu rechtfertigen (§§ 14, 29 HGB, §§ 388, 389 FamFG).
> Die Anmeldung muss dem Registergericht in öffentlich beglaubigter Form (schriftlich mit Beglaubigung der Unterschrift durch einen Notar und elektronisch übermittelt) eingereicht werden.
>
> III. Abschließendes
>
> Zustellung von I. samt Formalien nach § 38 FamFG und Rechtsbehelfsbelehrung nach § 39 FamFG und II. an Frau Maria Münch.
> Zum Kostenbeamten.
> WV. m. E. oder 20. 12. 2009

Wenn binnen der gesetzten Frist wiederum weder Anmeldung noch Einspruch erfolgt, wird das vorstehend angedrohte Zwangsgeld auf 250 € festgesetzt, die Kostentragungspflicht ausgesprochen und ein neues Zwangsgeld in Höhe von 400 € angedroht.

4. Kein Einspruch des Beteiligten

Wird **kein Einspruch** erhoben oder wird dieser nicht innerhalb der bestimmten Frist eingelegt, so hat das Gericht durch Beschluss das angedrohte **Zwangsgeld festzusetzen**[1] (§ 389 Abs. 1 FamFG), die Auferlegung der Kosten auszusprechen (§ 389 Abs. 2 FamFG), einen etwa verspätet eingegangenen Einspruch ggf. zu verwerfen und zugleich eine **neue Androhungsverfügung** zu erlassen (§ 389 Abs. 1 i. V. m. § 388 FamFG). Das Zwangsgeld ist in der angedrohten Höhe festzusetzen. Die erneut gesetzte Frist beginnt mit der Bekanntmachung der wiederholten Verfügung zu laufen. Das Verfahren ist so lange zu wiederholen, bis entweder die Verpflichtung erfüllt oder rechtzeitig Einspruch erhoben wird (§ 389 Abs. 3 FamFG). 2378

5. Einspruch gegen die wiederholte Androhungsverfügung

Wird im Fall des § 389 FamFG gegen die wiederholte Androhungsverfügung Einspruch erhoben und dieser für begründet erklärt, so kann das Gericht, wenn die Umstände es rechtfertigen, zugleich das **früher festgesetzte Zwangsgeld aufheben** oder an dessen Stelle ein **geringeres Zwangsgeld** festsetzen (§ 390 Abs. 6 FamFG). Dies gilt aber nur, wenn die wiederholte Verfügung wegen nicht oder nicht rechtzeitig erhobenem Einspruch ergangen ist, nicht jedoch wenn sie mit der Einspruchsverwerfung nach § 390 Abs. 5 FamFG erlassen worden ist.[2] 2379

---

[1] Siehe hierzu *Bassenge* Rpfleger 1974, 173.
[2] **BayObLG** Z 1967, 458 (463); **BayObLG** Z 1955, 124 (= Rpfleger 1955, 239); *Krafka*, in: MünchKommZPO, § 390 FamFG Rz. 11.

Teil 6. Zwangsgeld- und Ordnungsgeldverfahren

2380 **Beispiel** zur Einlegung von Rechtsbehelfen im Zwangsgeldverfahren: Wird gegen eine am 12. 10. 2009 zugestellte Zwangsgeldandrohung, die mit zwei Wochen befristet ist, am 29. 10. 2009, bei Gericht eingegangen am 30. 10. 2009, Einspruch eingelegt, so ist, da der Einspruch verspätet ist, das angedrohte Zwangsgeld von 350 € festzusetzen, die Kostentragungspflicht auszusprechen und ein neues Zwangsgeld in Höhe von 500 € anzudrohen. Einer gesonderten Verwerfung des Einspruchs bedarf es nicht. Jedoch ist es ratsam, dem Beteiligten mitzuteilen, warum über seinen Rechtsbehelf nicht entschieden wird, da ggf. die Möglichkeit der Wiedereinsetzung (§§ 17 ff. FamFG) besteht. Wird diese Entscheidung, also der Beschluss über die Festsetzung eines Zwangsgeldes von 350 €, die Anordnung der Kostentragungspflicht und die Androhung eines weiteren Zwangsgeldes von 500 €, am 31. 10. 2009 zugestellt, so kann rechtzeitig bis einschließlich Montag, 16. 11. 2009 Einspruch eingelegt werden. Geschieht dies, so ist Folgendes durch Verfügung anzuordnen:

I.

Termin zur Erörterung der Sache wird bestimmt auf Montag, den 7. 12. 2009, vormittags 9 Uhr, Zimmer 493.

II.

Ladung zustellen an Frau Maria Münch unter Hinweis auf Vertretungsmöglichkeit.

III.

WV. m. E. oder 04. 11. 2009

Amtsgericht – Registergericht – München
München, den 7. 12. 2009
AR 1001/09

Niederschrift

Gegenwärtig: Der unterzeichnende Rechtspfleger

Es erscheint[1] zu dem auf heute anberaumten Termin in dem Zwangsgeldverfahren gegen Frau Maria Münch, Herr Martin Münch, Ingenieur in München, Donaustraße 1, ausgewiesen durch Ladung und Sachkenntnis, übergibt schriftliche Terminsvollmacht seiner Ehefrau Maria Münch und erklärt:

„Meine Ehefrau Maria Münch ist Inhaberin des in München, Donaustraße 1 betriebenen Geschäfts. Sie lehnt jedoch ihre Eintragung in das Handelsregister, die ihr nur Kosten verursachen würde, unter Berufung auf die Gewerbefreiheit ab."

V. u. g.

Martin Münch

Dem Erschienenen, der einer Belehrung nicht zugänglich ist, wird bekannt gegeben, dass die zu treffende Entscheidung schriftlich zugestellt werde.

Reger, Rechtspfleger

Über den Einspruch wird wie folgt entschieden:

Amtsgericht – Registergericht – München
München, den 7. 12. 2009
AR 1001/09

I. Beschluss

in dem Zwangsgeldverfahren gegen die Kauffrau Maria Münch

Der Einspruch der Beteiligten Maria Münch vom 31. 10. 2009 gegen die Verfügung des Amtsgerichts München vom 30. 10. 2009 wird verworfen. Das Zwangsgeld wird auf 500 € festgesetzt. Der Beteiligten Maria Münch werden die Kosten des Verfahrens auferlegt.

---

[1] Erscheint die Beteiligte ohne vertreten zu werden nicht, so wird dies durch einen Aktenvermerk festgehalten und nach Aktenlage über den Einspruch entschieden.

III. Durchführung des Zwangs- und Ordnungsgeldverfahrens

Gründe:

Die Beteiligte Maria Münch betreibt in München, Donaustr. 1, den Handel mit Rundfunk- und Fernsehgeräten. Nach dem Gutachten der Industrie- und Handelskammer München, dem sich das Gericht anschließt, handelt es sich um ein kaufmännisches Unternehmen, das gemäß § 1 Abs. 2, § 29 HGB im Handelsregister eintragungspflichtig ist. Frau Münch ist dieses Gutachten bekannt, sie hat sachlich dagegen auch nichts eingewendet. Die öffentlich-rechtliche Verpflichtung zur Anmeldung wird weder durch den Hinweis auf die Gewerbefreiheit noch durch die mit der Anmeldung und Eintragung im Handelsregister verbundenen Kosten berührt. Die Verpflichtung zur Anmeldung in der Frau Münch wiederholt bekannt gegebenen Form beruht auf §§ 12, 29 HGB.

Der Einspruch war daher als unbegründet zu verwerfen (§ 390 Abs. 4 FamFG). Gleichzeitig war das angedrohte Zwangsgeld gemäß §§ 29, 12, 14 HGB, §§ 388, 390 Abs. 4 FamFG festzusetzen und die Kostentragungspflicht der Beteiligten Maria Münch auszusprechen (§ 389 Abs. 2 FamFG).

II. Verfügung

Unter Androhung eines weiteren Zwangsgeldes von 750 € wird Frau Maria Münch aufgegeben, binnen zwei Wochen ab Rechtskraft der Verwerfung des Einspruchs ihre Firma und den Ort der Handelsniederlassung zur Eintragung in das Handelsregister anzumelden oder die Unterlassung mittels Einspruchs zu rechtfertigen (§§ 14, 29 HGB, §§ 388, 390 Abs. 5 FamFG).

Die Anmeldung muss dem Registergericht formgerecht über einen Notar eingereicht werden.

III. Sonstiges

Zustellung von I. und II. an Frau Maria Münch, den Beschluss samt Formalien (§ 38 Abs. 2 FamFG) und mit Rechtsbehelfsbelehrung (§ 39 FamFG)

Gegen die am 9. 12. 2009 zugestellte Entscheidung des Amtsgerichts vom 7. 12. 2009 kann Beschwerde und Einspruch eingelegt werden. Bei Verwerfung des Einspruchs beginnt für eine neuerliche Zwangsgeldfestsetzung die gesetzte Frist erst einen Monat nach Rechtskraft der Verwerfung des Einspruchs zu laufen (§ 390 Abs. 5 Satz 2 FamFG). Sobald ordnungsgemäß die Anmeldung erfolgt, sind die Zwangsgeldfestsetzungsbeschlüsse wegen veränderter Umstände aufzuheben, es sei denn, dass ein Zwangsgeldfestsetzungsbeschluss bereits vollstreckt wird.

6. Wiedereinsetzung bei Versäumung der Einspruchsfrist

Gegen die Versäumung der Einspruchsfrist kann binnen zwei Wochen nach Beseitigung des Hindernisses Wiedereinsetzung in den vorigen Stand bei dem Registergericht beantragt werden (§ 18 Abs. 1 FamFG). Innerhalb dieser Frist ist auch der Einspruch einzulegen (§ 18 Abs. 3 Satz 2 FamFG). Die Glaubhaftmachung des Wiedereinsetzungsgrundes kann nachträglich erfolgen (§ 18 Abs. 3 Satz 1 FamFG).

2381

7. Absehen von der Zwangsgeldfestsetzung; weiterer Fortgang des Verfahrens

Auch ohne Einspruch hat das Gericht **von der Zwangsgeldfestsetzung abzusehen**, wenn die aufgegebene Handlung nachgeholt wird oder die Verpflichtung nachträglich entfallen ist.[1] Es kann auch ohne Einspruch von der Festsetzung des Zwangsgelds und dem weiteren Verfahren nach § 389 FamFG absehen, wenn sonstige Umstände dies rechtfertigen, z.B. wenn es die Androhung nachträglich für ungerechtfertigt erachtet oder wenn das Registergericht verschiedene, die Sache selbst betreffende Zwischenmaßnahmen vornimmt.[2] Werden nur einzelne von mehreren selbstständigen Ver-

2382

---

[1] **OLG München** JFG 14, 315; *Heinemann*, in: Keidel, FamFG, § 389 Rz. 1.
[2] **OLG München** JFG 22, 205.

pflichtungen erfüllt oder erfüllen nur einzelne Beteiligte von mehreren Betroffenen ihre Pflichten, so ist das Verfahren ggf. gegenüber den Beteiligten oder den sonstigen betroffenen Personen fortzusetzen.[1]

2382a **Erfüllt der Betroffene** die **Verpflichtung** zwar **nach** Erlass eines **Zwangsgeldfestsetzungsbeschlusses**, aber vor dem Eintritt seiner Rechtskraft, so sind sowohl die Androhungsverfügung als auch der Festsetzungsbeschluss samt Kostenentscheidung entsprechend § 48 Abs. 1 FamFG aufzuheben.[2] Für den Beteiligten besteht in diesem Fall keine Möglichkeit, das erledigte Zwangsgeldverfahren mit dem Ziel der Feststellung der Rechtswidrigkeit der ursprünglichen Androhungsverfügung fortzusetzen. Wird der aufgegebenen Verpflichtung nach Erlass des Zwangsgeldfestsetzungsbeschlusses, jedoch zugleich mit der Einlegung der Beschwerde nachgekommen, so muss das Beschwerdegericht diesen Umstand als neue Tatsache berücksichtigen und die Zwangsgeldfestsetzung aufheben.[3] Auch rechtskräftige Festsetzungsbeschlüsse können auf Antrag wegen veränderter Umstände aufgehoben werden, wenn die gerichtliche Anordnung erfüllt ist.[4] Veränderte Umstände können jedoch nicht zur Aufhebung oder Änderung des Festsetzungsbeschlusses führen, wenn sie erst nach Einziehung des Zwangsgeldes eingetreten sind.[5]

IV. Beschwerde im Zwangs- und Ordnungsgeldverfahren

1. Beschwerde gegen Zwangsgeldfestsetzung und Einspruchsverwerfung

2383 Gegen die Festsetzung des Zwangsgelds und Verwerfung des Einspruchs kann von den Beteiligten, also auch von einer in ihren Rechten beeinträchtigten Gesellschaft innerhalb eines Monats ab Bekanntgabe (§ 63 Abs. 1 und 3 FamFG) **Beschwerde** eingelegt werden (§ 391 Abs. 1 i. V. m. § 58 Abs. 1 FamFG). Rechtsmittelgericht ist das Oberlandesgericht (§ 119 Abs. 1 Nr. 1 lit. b GVG). Voraussetzung der Zulässigkeit ist allerdings, dass der Wert des Beschwerdegegenstands, im gegebenen Fall also das Zwangs- oder Ordnungsgeld, den Betrag von 600 € erreicht (§ 61 Abs. 1 FamFG) oder das erstinstanzliche Gericht die Beschwerde zugelassen hat (§ 61 Abs. 2 und 3 FamFG).

2384 Die Beschwerde ist unabhängig davon gegeben, ob das Zwangsgeld festgesetzt worden ist, weil weder erfüllt, noch rechtzeitig Einspruch eingelegt worden ist (§ 389 Abs. 1 FamFG), oder ob dies nach durchgeführtem Einspruchsverfahren (§ 390 Abs. 4 FamFG) geschehen ist. Sie ist in diesem Fall auch dann gegeben, wenn der Einspruch verworfen, aber gemäß § 390 Abs. 4 Satz 2 FamFG von der Festsetzung eines Zwangsgelds abgesehen worden ist. Gegen den mit der Festsetzung verbundenen neuen Androhungsbeschluss ist dagegen nur die Einlegung eines Einspruchs zulässig.

2385 Im Einzelnen gilt Folgendes:
– richtet sich die Beschwerde **gegen die Festsetzung nach § 389 Abs. 1 FamFG**, so kann sie nicht darauf gestützt werden, dass die Aufforderung zur Erfüllung der Verpflichtung ungerechtfertigt war. Bei einer Verbindung der Festsetzung mit der Androhung eines weiteren Zwangsgeldes kann bezüglich letzterer wiederum Ein-

---

[1] *Steder,* in: Jansen, FGG, § 133 Rz. 4 f.; *Nedden-Boeger,* in: Schulte-Bunert/Weinreich, FamFG, § 389 Rz. 6 f.
[2] Vgl. **BayObLG** Rpfleger 1984, 143; *Heinemann,* in: Keidel, FamFG, § 389 Rz. 4; *Krafka,* in: MünchKommZPO, § 389 Rz. 5, 7; anderer Ansicht: *Bumiller/Harders,* FamFG, § 389 Rz. 2.
[3] **BayObLG** Rpfleger 1979, 215 (= DB 1979, 1981).
[4] *Steder,* in: Jansen, FGG, § 133 Rz. 11 f.; **BayObLG** Rpfleger 1979, 215 (= DB 1979, 1981); BayObLG Z 1955, 124.
[5] Vgl. **BayObLG** Z 1973, 293; **BayObLG** Z 1955, 124.

IV. Beschwerde im Zwangs- und Ordnungsgeldverfahren

spruch erhoben werden.[1] Die Frage der Rechtmäßigkeit der Androhung ist hierbei allein im Einspruchs- nicht aber im Beschwerdeverfahren zu prüfen[2] (§ 391 Abs. 2 FamFG). Die Beschwerde kann daher nur darauf gestützt werden, dass das vorhergegangene Verfahren fehlerhaft war.[3] Es kann also z.B. die Unangemessenheit der bestimmten Frist,[4] die Höhe des festgesetzten Zwangs- oder Ordnungsgelds, die Erfüllung der auferlegten Verpflichtung oder ihr nachträglicher Wegfall eingewendet werden.[5] Wenn bei der Zwangsgeldfestsetzung ein Einspruch unbeachtet geblieben ist, ist der angefochtene Zwangsgeldbeschluss aufzuheben und die Sache an das Registergericht zur Durchführung des Einspruchsverfahrens gemäß § 390 FamFG zurück zu verweisen;[6] wird parallel gegen die erneute Androhung Einspruch erhoben, so kann das Beschwerdegericht das Verfahren bis zur Entscheidung über den Einspruch nach § 21 FamFG aussetzen, nicht aber umgekehrt das Registergericht bis zur Entscheidung über die Beschwerde;[7]

– richtet sich die Beschwerde **gegen die Verwerfung des Einspruchs** und die damit verbundene Zwangsgeldfestsetzung (§ 390 Abs. 4 Satz 1 FamFG), so führt das Rechtsmittel zur vollständigen Nachprüfung der Einspruchsentscheidung in verfahrens- und sachlichrechtlicher Hinsicht.[8]

Bestätigt das Beschwerdegericht die Entscheidung des Rechtspflegers, so ist gegen diesen Beschluss unter den Voraussetzungen des § 70 FamFG – also bei entsprechender Zulassung durch das Beschwerdegericht – die Rechtsbeschwerde zum Bundesgerichtshof gegeben.[9] 2386

2. Beschwerde gegen Ablehnung des Einschreitens und Aufhebung der Androhungsverfügung

Lehnt der Rechtspfleger den Antrag der Industrie- und Handelskammer oder Handwerkskammer auf ein Einschreiten nach § 388 FamFG ab, so kann diese gegen den Beschluss Beschwerde einlegen (§ 380 Abs. 5 FamFG). Ein sonstiger Dritter ist nur dann zur Einlegung der Beschwerde berechtigt, wenn durch die Ablehnung seine Rechte beeinträchtigt werden[10] (§ 59 Abs. 1 FamFG). Das gleiche gilt bezüglich eines Beschlusses, durch den auf Einspruch die Androhungsverfügung aufgehoben wird. 2387

Weist das Beschwerdegericht den Rechtspfleger zur Einleitung eines Verfahrens nach § 388 FamFG an, so besteht gegen diese Entscheidung zunächst kein Rechtsbehelf. Vielmehr steht nur der Einspruch gegen die vom Registergericht zu erlassende Androhungsverfügung offen.[11] Erklärt das Beschwerdegericht den Einspruch für begründet und hebt sodann der Rechtspfleger die Zwangsgeldfestsetzung durch Beschluss auf, so findet gegen diese Entscheidung gemäß § 58 Abs. 1 FamFG die Beschwerde statt. 2388

---

[1] Vgl. **BayObLG** FGPrax 2004, 301.
[2] **BayObLG** FGPrax 2004, 301; *Steder,* in: Jansen, FGG, § 139 Rz. 6.
[3] *Steder,* in: Jansen, FGG, § 139 Rz. 7 mit Beispielen; *Nedden-Boeger,* in: Schulte-Bunert/Weinreich, FamFG, § 391 Rz. 6.
[4] **BayObLG** FGPrax 2004, 301; **BayObLG** Z 1978, 54 (59).
[5] Siehe **BayObLG** Z 29, 82; **BayObLG** Z 1967, 458; **OLG Hamm** Rpfleger 1955, 241; **OLG Hamm** JMBl NRW 1953, 185; **LG Landau** Rpfleger 1970, 244.
[6] **OLG Hamm** Rpfleger 1985, 302.
[7] *Heinemann,* in: Keidel, FamFG, § 389 Rz. 16.
[8] **BayObLG** Z 1978, 54.
[9] Vgl. **OLG Hamm** Rpfleger 1955, 241 mit Anm. *Keidel.*
[10] **BayObLG** Z 26, 291 (= JFG 4, 163); *Heinemann,* in: Keidel, FamFG, § 388 Rz. 44.
[11] **KG** JW 1937, 1984; **OLG Hamm** JMBl NRW 1957, 234.

V. Firmenmissbrauchsverfahren

1. Allgemeines

2389 Das **Ordnungsgeldverfahren nach § 37 Abs. 1 HGB** i. V. m. § 392 FamFG kann gegen jeden eingeleitet werden, der eine ihm nicht zustehende Firma gebraucht.[1] Dem unberechtigten Gebrauch eines Vereinsnamens kann hingegen mit Festsetzung von Ordnungsgeld nicht begegnet werden, wohl aber dem unzulässigen Gebrauch einer Firma durch einen Verein. § 392 FamFG gilt auch für eingetragene Genossenschaften und gemäß Abs. 2 dieser Vorschrift auch für unbefugten Namensgebrauch einer Partnerschaft.[2] Ein Einschreiten wegen eines Verstoßes gegen markenrechtliche Bestimmungen aufgrund § 392 FamFG findet hingegen nicht statt. Das Registergericht kann durch den Rechtspfleger auch gegen Nichtkaufleute und Freiberufler wegen Firmenmissbrauchs einschreiten.[3] Bei unzulässigem Firmengebrauch durch eine Personenhandelsgesellschaft oder juristische Person richtet sich das Verfahren gegen die vertretenden Gesellschafter oder Mitglieder ihres Vertretungsorgans. Für das Verfahren gelten neben den allgemeinen, bereits dargestellten Grundsätzen die nachfolgend beschriebenen Besonderheiten.[4]

2. Unzulässiger Namens- und Firmengebrauch

2390 Voraussetzung ist der **Gebrauch einer Firma**,[5] zu der die betreffende Person oder Gesellschaft (Personen- bzw. Kapitalgesellschaft) nicht befugt ist. Ob der die Firma gebrauchende Rechtsträger in einem Register eingetragen ist, spielt für die Verhängung eines Ordnungsgelds keine Rolle.[6] Entsprechendes gilt nach § 392 Abs. 2 FamFG auch für den Gebrauch des Namens durch eine Partnerschaftsgesellschaft.

2391 Beispiele für unzulässigen Firmengebrauch:
– Gebrauch einer unzutreffenden Rechtsform[7] („X-GmbH" wirbt mit „X-KG"); Weglassung des Zusatzes „(haftungsbeschränkt)" bei einer UG;
– Führung des Zusatzes „und (&) Partner" firmentäuschend durch eine Gesellschaft bürgerlichen Rechts;[8]
– Bezeichnung mit der Firma „Grabmale Niemann, Inh. Bode Baumann" durch einen Nichtkaufmann.[9]

Die zuletzt genannte Bezeichnung stellt sich in erster Linie wegen der Übernahme des alten Geschäftsinhabers „Niemann" als Firmenbezeichnung dar. Demgegenüber wird zunehmend anerkannt, dass auch sonstige Betriebe, Einzelunternehmer oder Gesellschaften bürgerlichen Rechts ihrer notwendigen Bezeichnung mit Vor- und Familiennamen, Sachzusätze, Branchenbezeichnungen, Tätigkeits- und auch Etablissementsbezeichnungen („Geschäftsbezeichnungen") im Sinne des § 5 Abs. 1 MarkenG (zum

---

[1] *Steder*, in: Jansen, FGG, § 140 Rz. 5 ff.; *Heinemann*, in: Keidel, FamFGG, § 392 Rz. 1 ff.; *Krebs*, in: MünchKommHGB, § 37 Rz. 10 ff.; *Krafka*, in: MünchKommZPO, § 392 FamFG Rz. 1 ff.
[2] BayObLG Z 1960, 345; *Heinemann*, in: Keidel, FamFG, § 392 Rz. 3.
[3] Vgl. OLG Hamm OLGZ 1968, 17; *Krafka*, in: MünchKommZPO, § 392 FamFG Rz. 2.
[4] Siehe *Bassenge* Rpfleger 1974, 173; zum Verhältnis zwischen § 392 FamFG (= § 140 FGG aF) und § 395 FamFG (= § 142 FGG aF) siehe *Jansen* NJW 1966, 1813; **OLG Oldenburg** NJW 1958, 26.
[5] Vgl. §§ 17 ff. HGB, §§ 4, 279 AktG, § 4 GmbHG, § 3 GenG, § 18 Abs. 2 VAG; Sondervorschriften enthalten beispielsweise § 59k BRAO; § 6 REIT-G; § 39 ff. KWG, § 43 Abs. 4 StBerG, § 3 Abs. 1 InvG; §§ 31, 128 Abs. 2 WPO.
[6] BayObLG NJW 1999, 297; **OLG Hamm** OLGZ 1979, 1 (4).
[7] OLG Hamm NJW-RR 1989, 549.
[8] OLG Karlsruhe NJW-RR 1986, 582.
[9] OLG Zweibrücken BB 1990, 1153 (= MDR 1990, 250); s. a. **OLG Hamm** BB 1990, 1154.

Beispiel „Zum Goldenen Ochsen", „CinePlus", „Hyper-Boutique") hinzufügen dürfen. Es wären demnach auch eine Bezeichnung „Grabmale Ruhesanft Bodo Baumann" oder „Sweet Home Karin Immergrün und Sofia Wenzel-Tränenreich GbR" unbedenklich, sodass ein Einschreiten des Registergerichts hiergegen nach § 392 FamFG ausgeschlossen ist.[1] Demgegenüber sind Bezeichnungen nicht zulässig, die zu Zweifeln über die Rechtsform führen können, beispielsweise nicht der Zusatz „GbRmbH".[2]

Unter Gebrauch fallen alle Handlungen, aus denen der Wille ableitbar ist, sich der Firma beim Betrieb des Handelsgewerbes zu bedienen. Diese Voraussetzungen müssen, wenn das Verfahren eingeleitet werden soll, festgestellt werden, die bloße Glaubhaftmachung des Sachverhalts genügt nicht.[3] Das Gericht ist, wenn die Voraussetzungen festgestellt sind, zur Wahrung des öffentlichen Interesses an der Verhinderung einer unbefugten Firmenfortführung zum Einschreiten verpflichtet (§ 37 Abs. 1 HGB). Es kann jedoch ausnahmsweise davon absehen, wenn sich aus der unzulässigen Firmenfortführung nur geringe Unzuträglichkeiten ergeben, durch eine Verhinderung aber dem Unternehmen unverhältnismäßig große Nachteile entstehen. Die widerstreitenden Interessen sind bei der Prüfung, ob ein Einschreiten erforderlich ist, gegeneinander abzuwägen.[4]

2392

3. Durchführung des Ordnungsgeldverfahrens

In der nach § 392 Abs. 1 i.V.m. § 388 FamFG zu erlassenden Verfügung ist unter Androhung eines Ordnungsgeldes dem bzw. den Beteiligten aufzugeben, sich des Gebrauchs der Firma zu enthalten oder innerhalb der in der Verfügung zu bestimmenden Frist Einspruch einzulegen. Die Verfügung muss sich stets **gegen den Gebrauch der Firma im Ganzen** richten. Andere Auflagen, insbesondere eine Änderung der Firma oder die Herbeiführung ihrer Löschung, sind unzulässig.[5] Im Ordnungsgeldverfahren gegen Gesellschafter einer Personenhandelsgesellschaft oder Mitglieder des Vorstands sowie Geschäftsführer einer juristischen Person ist auch die in ihren Rechten beeinträchtigte Gesellschaft selbst zum Einspruch und sodann zur Beschwerde berechtigt.[6]

2393

Die Festsetzung des Ordnungsgelds (§ 392 Abs. 1 i.V.m. §§ 389f. FamFG) setzt voraus, dass entweder kein Einspruch erhoben oder dieser rechtskräftig verworfen wurde (§ 392 Abs. 1 Nr. 2 FamFG). Vor Festsetzung des Ordnungsgelds hat das Gericht außerdem stets zu prüfen, ob der Betroffene nach Bekanntmachung der Androhungsverfügung dieser schuldhaft[7] zuwider gehandelt hat.[8] Das Handeln von Angestellten ohne zu vertretendes Nichtwissen des Unternehmensinhabers genügt nicht.[9] Bei rechtzeitiger Erhebung des **Einspruchs** ist die Festsetzung des **Ordnungsgelds erst nach Rechtskraft** des den Einspruch verwerfenden Beschlusses zulässig (§ 392 Abs. 1 Nr. 2 FamFG). Das Gericht muss deshalb auch vor der Festsetzung den Beteiligten

2394

---

[1] *Heinemann*, in: Keidel, FamFG, § 392 Rz. 11; *Krafka*, in: MünchKommZPO, § 392 FamFG Rz. 8.
[2] BayObLG NJW 1999, 297.
[3] *Heinemann*, in: Keidel, FamFG, § 392 Rz. 20; *Ries*, in: Jansen, FGG, § 140 Rz. 50.
[4] BayObLG Z 1986, 150; **OLG Zweibrücken** OLGZ 1972, 392; KG OLGZ 1965, 124 (= NJW 1965, 254 = Rpfleger 1965, 146); *Bassenge* Rpfleger 1974, 173; *Heinemann*, in: Keidel, FamFG, § 392 Rz. 17f.; strenger *Nedden-Boeger*, in: Schulte-Bunert/Weinreich, FamFG, § 392 Rz. 16 unter Hinweis auf die 1998 in Kraft getretenen Änderungen.
[5] *Ries*, in: Jansen, FGG, § 140 Rz. 57; *Krafka*, in: MünchKommZPO, § 392 FamFG Rz. 15.
[6] KG JFG 12, 258; **OLG München** JFG 14, 488 (492).
[7] KG OLGE 44, 181; *Ries*, in: Jansen, FGG, § 140 Rz. 62; *Heinemann*, in: Keidel, FamFG, § 392 Rz. 25; *Krafka*, in: MünchKommZPO, § 392 FamFG, Rz. 16; *Nedden-Boeger*, in: Schulte-Bunert/Weinreich, FamFG, § 392 Rz. 38.
[8] BayObLG Z 1967, 353 (356); *Bassenge* Rpfleger 1974, 173 (175).
[9] OLG Frankfurt Rpfleger 1980, 345 (= DB 1980, 1794).

hören.[1] Liegen die Voraussetzungen des § 392 Abs. 1 i. V. m. § 390 Abs. 4 Satz 2 FamFG vor, so kann es von der Festsetzung absehen. Wird nicht rechtzeitig Einspruch erhoben, so bleibt auch eine unberechtigt ergangene Ordnungsgeldandrohung bestehen; entsprechend § 392 Abs. 1 FamFG i. V. m. § 390 Abs. 4 FamFG hat das Gericht jedoch von einer Ordnungsgeldfestsetzung abzusehen.[2]

2395 Bei weiteren Zuwiderhandlungen kann die Festsetzung wiederholt werden, ohne dass es einer neuerlichen Androhung bedarf. Eine solche ist nur bei Erhöhung des Ordnungsgeldes notwendig.[3] Im Übrigen gelten die Vorschriften der §§ 388 ff. FamFG entsprechend. Hat auf Beschwerde[4] hin das Beschwerdegericht die Einleitung eines Firmenmissbrauchsverfahrens angeordnet, so ist der Rechtspfleger bei seiner Entscheidung über den Einspruch an die der Entscheidung des Rechtsmittelgerichts zugrunde liegende Auffassung der Sach- und Rechtslage nicht gebunden.[5]

2396 Nach rechtskräftiger Festsetzung des Ordnungsgeldes ist dieses zu **vollstrecken**. Die Festsetzung kann **nicht** mit der Begründung **aufgehoben werden**, dass der Beteiligte später die **Zuwiderhandlung nicht mehr fortgesetzt** hat. Von der Beitreibung des Ordnungsgeldes kann daher nur im Gnadenweg abgesehen werden. Zahlungserleichterung kann die zur Vollstreckung berufene Stelle nach Maßgabe des Art. 7 EGStGB gewähren. Eine nach Art. 9 EGStGB eintretende Verjährung hindert die Vollstreckung des Ordnungsgeldes.

2397 **Beispiel** zum Ordnungsgeldverfahren wegen Firmenmissbrauchs: Im Handelsregister ist die Firma „Orbis Rundfunk- und Fernsehgeräte-Handel Maria Münch e. K." eingetragen. Auf den Geschäftsbriefen und Rechnungen wird jedoch die Bezeichnung „Radio-Television" gebraucht. Diese Tatsache wird in den Registerakten festgestellt und folgende Verfügung erlassen:

Amtsgericht – Registergericht – München
München, den 15. 2. 2010
HRA 1550

Frau Maria Münch
Kauffrau
Donaustraße 1
80333 München

I. Verfügung

Sie führen für das von Ihnen betriebene Geschäft unzulässigerweise die Firmenbezeichnung „Radio – Television". Hierin liegt ein Firmenmissbrauch nach §§ 18, 37 HGB.
Es wird Ihnen deshalb unter Androhung eines Ordnungsgeldes von 250 € aufgegeben, den Gebrauch der beanstandeten Firma zu unterlassen oder binnen einer mit der Zustellung dieser Verfügung beginnenden Frist von einer Woche den Gebrauch dieser Firma mittels Einspruch gegen diese Verfügung zu rechtfertigen (§ 37 HGB, §§ 388 ff., 392 FamFG). Der Einspruch kann schriftlich oder zu Niederschrift der Geschäftsstelle des Registergerichts erhoben werden.

II. Abschließendes
Zustellung von I. an Maria Münch
W. V. m. E. oder 25. 2. 2010

---

[1] *Heinemann,* in: Keidel, FamFG, § 392 Rz. 26.
[2] Vgl. *Nedden-Boeger* FGPrax 2009, 144 (147).
[3] *Krafka,* in: MünchKommZPO, § 392 FamFG Rz. 17; *Heinemann,* in: Keidel, FamFG, § 392 Rz. 28.
[4] Zu Rechtsmitteln im Ordnungsgeldverfahren siehe *Heinemann,* in: Keidel, FamFG, § 392 Rz. 41 f.; *Nedden-Boeger,* in: Schulte-Bunert/Weinreich, FamFG, § 392 Rz. 57 ff.; *Ries,* in: Jansen, FGG, § 140 Rz. 70 ff.
[5] KG NJW 1955, 1926; *Heinemann,* in: Keidel, FamFG, § 392 Rz. 31.

Geht kein Einspruch ein, so wird zweckmäßigerweise – gegebenenfalls durch Ersuchen der Industrie- und Handelskammer (§ 380 Abs. 1 FamFG) – festgestellt, ob der Verfügung noch zuwidergehandelt wird. Ist der Firmenmissbrauch abgestellt, können die Akten, unter Fortbestand der Verfügung, eingelegt werden. Wird der Firmenmissbrauch fortgesetzt, ergeht ein Ordnungsgeldfestsetzungsbeschluss, gegebenenfalls unter erneuter Androhung eines erhöhten Ordnungsgeldes.

VI. Zwangsgeldverfahren nach § 35 FamFG

Neben dem Zwangsgeldverfahren nach §§ 388 ff. FamFG kommt für das Amtsgericht (Registergericht, Rechtspfleger) auch das Zwangsgeldverfahren aufgrund § 35 FamFG in Betracht.

2398

1. Einzelfälle

Zur Erzwingung der **Vorlage von Büchern**, Papieren, Bilanzen und sonstigen Aufklärungen seitens des persönlich haftenden Gesellschafters an den Kommanditisten (§ 166 Abs. 3 HGB) kann durch das Gericht nach § 35 FGG vorgegangen werden.[1] Dies gilt ebenso für das Kontrollrecht des stillen Gesellschafters nach § 233 Abs. 3 HGB.

2399

Auch die Erzwingung der **Einsichtnahmegestattung in Bücher und Schriften** einer AG, KGaA, eines VVaG, einer GmbH oder Genossenschaft nach Abschluss der Abwicklung gemäß § 273 Abs. 3, § 278 Abs. 3 AktG, § 74 Abs. 2 Satz 2 GmbHG bzw. § 93 Satz 2 GenG kann durch Anordnungen des Gerichts gemäß § 35 FamFG durchgesetzt werden.[2] Die Herausgabe der Bücher und Papiere an den nach § 157 Abs. 2 HGB bestimmten Verwahrer kann nicht durch Festsetzung von Zwangsgeld erzwungen werden. Dagegen kann das Gericht im Fall des § 273 Abs. 2 AktG die Durchführung der Verwahrung mit der Festsetzung von Zwangsgeld herbeiführen (§ 407 Abs. 1 AktG); anders ist dies wiederum im Fall des § 74 GmbHG.[3]

2400

Zur Erzwingung des **persönlichen Erscheinens** eines Beteiligten (§ 33 FamFG) besteht die Möglichkeit der Verhängung eines Ordnungsgelds nach § 33 Abs. 3 Satz 1 FamFG, sowie gegebenenfalls bei wiederholtem unentschuldigtem Fernbleiben auch die Möglichkeit der Vorführung (§ 33 Abs. 3 Satz 3 FamFG). Für die Höhe des etwaigen Ordnungsgelds ist Art. 6 Abs. 1 Satz 1 EGStGB heranzuziehen.[4]

2401

Nicht zulässig ist das Zwangsgeldverfahren nach § 35 FamFG zur Erzwingung von Auskünften im Zuge von Ermittlungen nach § 26 FamFG, insbesondere bei Einzelkaufleuten, Personengesellschaften, Zweigniederlassungen oder für die Ausfüllung von Fragebögen zur Aufklärung, ob eine Verpflichtung zur Eintragung besteht.[5] Das Registergericht kann einen Gewerbetreibenden auch nicht mit Zwangsgeldandrohung anhalten, der Industrie- und Handelskammer Auskünfte über Art und Umfang seines Unternehmens zu geben.[6]

2402

2. Zuständigkeit und Verfahren

Hinsichtlich der **funktionellen Zuständigkeit** ist für das Zwangsgeldverfahren, soweit es die Erledigung von Angelegenheiten betrifft, die in den Aufgabenbereich des Rechts-

2403

---

[1] BayObLG DB 1995, 36; s.a. KG JFG 6, 207; KG JW 1937, 2289; *Heinemann*, in: Keidel, FamFG, § 375 Rz. 20; anderer Ansicht (Vollstreckung nach § 95 FamFG): *Bumiller/Harders*, FamFG, § 375 Rz. 10.
[2] OLG Oldenburg BB 1983, 1434; *Krafka*, in: MünchKommZPO, § 375 FamFG Rz. 30; anderer Ansicht: *Heinemann*, in: Keidel, FamFG, § 375 Rz. 61 (Durchsetzung im Prozessweg).
[3] BayObLG Z 1967, 240.
[4] BT-Drucks. 16/6308, S. 191.
[5] BayObLG Z 1978, 319 (unter Aufgabe von BayObLG Z 1967, 385 = NJW 1968, 306).
[6] BayObLG Z 1967, 385 (= NJW 1968, 306).

pflegers fallen, dieser zuständig, z. B. zur Erzwingung von Maßnahmen nach § 166 Abs. 3, § 233 Abs. 3 HGB, § 74 Abs. 2 GmbHG.

2404 Das **Zwangsgeldverfahren** setzt eine vollzugsfähige gerichtliche Verfügung voraus, welche die Vornahme einer Handlung, die ausschließlich vom Willen des Verpflichteten abhängt, zum Inhalt hat und diesem bekannt gemacht sein muss. Die Festsetzung des Zwangsmittels kann erst erfolgen, wenn die Entscheidung, die die Verpflichtung zur Vornahme oder Unterlassung der fraglichen Handlung anordnet, dem Beteiligten bekannt gemacht worden ist und einen Hinweis darauf enthält, welche Folgen eine Zuwiderhandlung haben kann (§ 35 Abs. 2 FamFG).

2405 Ein angedrohtes **Zwangsgeld** beträgt mindestens 5 €, es darf den Betrag von 25 000 € nicht übersteigen (§ 35 Abs. 3 Satz 1 FamFG). Erst gegen die Festsetzung des Zwangsmittels besteht die Möglichkeit der innerhalb einer Notfrist von zwei Wochen einzulegenden sofortigen Beschwerde gemäß §§ 567 ff. ZPO (§ 35 Abs. 5 FamFG).

2406 **Kommt** der Beteiligte innerhalb der ihm gesetzten Frist, die vor Ablauf auf Antrag verlängert werden kann, der auferlegten **Verpflichtung nicht nach,** so wird das Zwangsgeld nach Anhörung der Beteiligten festgesetzt.[1] Die Festsetzung ist dem Betroffenen bekannt zu machen (§ 15 Abs. 2 FamFG). Bei der Festsetzung sind dem Beteiligten zugleich die Kosten des Verfahrens aufzuerlegen (§ 35 Abs. 3 Satz 2 FamFG). Nach Wiederholung der Androhung kann ein Zwangsgeld erneut festgesetzt werden.

VII. Kosten, Vollstreckung

1. Kosten im Zwangsgeld- und Ordnungsgeldverfahren

2407 Hinsichtlich der **Gerichtskosten** wird im Verfahren nach §§ 388 bis 391, 392, 35 Abs. 1 FamFG für jede Festsetzung eines Zwangsgelds oder Ordnungsgelds sowie für jede Zurückweisung oder Verwerfung eines Einpruchs oder einer Beschwerde eine Gebühr von 100 € erhoben (§ 119 Abs. 1 Satz 1 Nr. 1, und 3 KostO), wobei die Gebühr nicht höher sein darf, als das festgesetzte Zwangs- oder Ordnungsgeld. Für die mit der Androhung verbundene Aufforderung, innerhalb einer bestimmten Frist einer gesetzlichen Verpflichtung nachzukommen oder die Unterlassung durch Einspruch zu rechtfertigen (§ 388 Abs. 1 FamFG), sich des Gebrauchs einer Firma zu enthalten (§ 392 FamFG) oder eine sonstige vom Gericht angeordnete Handlung vorzunehmen (§ 35 Abs. 1 FamFG) wird somit keine Gebühr erhoben. Kommt es im Verfahren nicht zur Festsetzung von Zwangs- oder Ordnungsgeld, sei es, weil der Beteiligte der Verpflichtung nachkommt, sei es, weil der Einspruch für begründet erklärt wird, so entsteht ebenfalls keine Gebühr. Auch Auslagen werden in Ermangelung eines Kostenschuldners nicht erhoben.

2408 **Kostenschuldner** ist bei der Festsetzung des Zwangs- oder Ordnungsgeldes der zur Kostentragung verurteilte **Beteiligte** (§ 389 Abs. 2, § 35 Abs. 3 Satz 2 FamFG). Er ist gemäß § 3 Nr. 1 KostO Schuldner der gerichtlichen Gebühren und Auslagen[2] (§§ 119, 136 ff. KostO).

2409 Wird die **Festsetzung** gemäß § 390 Abs. 6 FamFG wieder **aufgehoben,** so ist zugleich die damit verbundene Kostenentscheidung hinfällig und aufzuheben. Beträge, die der Beteiligte aufgrund der Auferlegung bereits gezahlt hat, sind ihm zu erstatten.[3] Für die **Verwerfung des Einspruchs** im Verfahren nach §§ 388 ff., 392 FamFG wird ebenfalls eine Gebühr von 100 € erhoben (§ 119 Abs. 1 Satz 1 Nr. 2 KostO).

---

[1] Siehe *Ulrici*, in: MünchKommZPO, § 35 FamFG Rz. 12; *Zimmermann*, in: Keidel, FamFG, § 35 Rz. 35.
[2] Siehe *Keidel* Rpfleger 1955, 243.
[3] KG HRR 1938 Nr. 985.

Richtet sich das Verfahren gegen mehrere Personen, z. B. gegen mehrere Vorstands- 2410
mitglieder einer Aktiengesellschaft, so wird die Gebühr von jeder Person einzeln, und
zwar nach dem Betrag des gegen sie festgesetzten oder angedrohten Zwangs- oder
Ordnungsgelds erhoben. Für die Auslagen haften die Verpflichteten als Gesamtschuldner. Hat jedoch nur einer von ihnen Einspruch erhoben, so haftet er allein für
die durch seinen Einspruch erwachsenen Auslagen (§ 5 KostO).

Bei Festsetzung des Zwangs- oder Ordnungsgelds muss das Gericht zugleich die Kos- 2411
tentragungspflicht aussprechen (§ 35 Abs. 3 Satz 2, § 389 Abs. 2 FamFG). Eine fehlende Kostenentscheidung kann – ggf. auch im Beschwerdeverfahren[1] – nachgeholt
werden.[2] Bei **Verwerfung des Einspruchs** ist dagegen eine Entscheidung über die
Tragung der Gerichtskosten nicht erforderlich, da in diesem Fall sich die Pflicht zur
Tragung der Gerichtskosten durch den Einspruchsführer unmittelbar aus § 2 Nr. 1
KostO ergibt.[3]

Die nach § 35 Abs. 3 Satz 2, § 389 Abs. 2 FamFG gebotene Kostenentscheidung be- 2412
zieht sich nur auf die Gerichtskosten. Die **Erstattung außergerichtlicher Kosten** kann
nach § 81 Abs. 1 Satz 1 FamFG nicht erfolgen, da Beteiligter im Verfahren über die
Festsetzung des Zwangs- oder Ordnungsgeldes nur derjenige ist, gegen den es sich
richtet. Der Grund hierfür liegt letztlich darin, dass das Verfahren von Amts wegen
betrieben wird.

Bei der Entscheidung über die **Verwerfung des Einspruchs** können im entgegenge- 2413
setzten Sinn Beteiligte einander gegenüber stehen.[4] In diesen Fällen ist daher § 81 Abs. 1
Satz 1 FamFG einschlägig, nicht jedoch § 84 FamFG, da der Einspruch nur ein
Rechtsbehelf und kein Rechtsmittel in diesem Sinne ist.

Zur **Kostenfestsetzung** siehe § 85 FamFG i. V. m. §§ 103 ff. ZPO, § 21 RPflG. 2414

2. Vollstreckung festgesetzten Zwangsgeldes bzw. Ordnungsgeldes

Die Vollstreckung rechtskräftig festgesetzten Zwangsgeldes bzw. Ordnungsgeldes er- 2415
folgt aufgrund § 1 Abs. 1 Nr. 3, §§ 2 ff. JBeitrO i. V. m. § 1 Abs. 1 Nr. 3, Abs. 2 bis 5,
§§ 2 ff. der bundeseinheitlichen Einforderungs- und Beitreibungsordnung[5] (EBAO).
Sie fällt in den Zuständigkeitsbereich des Rechtspflegers (§ 31 Abs. 2 und 3 RPflG).
Vollstreckungsbehörde ist das Gericht, das die Festsetzung des Zwangs- bzw. Ordnungsgeldes verfügt hat.

Ist auf Zwangsgeld einmal oder mehrfach rechtskräftig erkannt, so wird dessen Voll- 2416
streckung betrieben. Diese ist erst zulässig, wenn das Zwangsgeld und die Kosten unter Setzung einer Zahlungsfrist von zwei Wochen eingefordert sind und nach Ablauf
einer weiteren Woche keine Zahlungsanzeige bei der Gerichtskasse eingegangen ist
(§ 3 Abs. 2, § 4 Abs. 1 EBAO). Sofern es angebracht erscheint, erfolgt eine Mahnung
(§ 9 EBAO). Sodann wird in der Regel als einfachste und wirksamste Maßnahme die
Zwangsvollstreckung in bewegliche körperliche Sachen betrieben.

VIII. Formulare für einzelne Zwangsgeldverfahren

Allgemeines Formblatt für Anmeldungen zum Handelsregister, hier **Zwangsgeldan-** 2417
drohung:

---

[1] OLG Hamm Rpfleger 1955, 241 mit Anm. *Keidel*.
[2] *Heinemann*, in: Keidel, FamFG, § 389 Rz. 11.
[3] Anderer Ansicht **OLG Hamm** Rpfleger 1955, 241.
[4] Vgl. **OLG Oldenburg** Rpfleger 1958, 381; **KG** Rpfleger 1959, 221.
[5] Siehe BayJMBl. 1974, 396 (403); s. a. *Zimmermann*, in: Keidel, FamFG, § 35 Rz. 45 m. w. N.

Amtsgericht (...)
- Registergericht -
HR (...)
(...), den (...)

I. Verfügung

Es wird Ihnen gemäß §§ (...) und § 14 HGB sowie § 388 FamFG unter Androhung eines Zwangsgeldes von (...) € aufgegeben, binnen einer Frist von (...) Wochen formgerecht über einen Notar zur Eintragung in das Handelsregister anzumelden oder die Unterlassung mittels Einspruchs gegen diese Verfügung zu rechtfertigen: (...). Der Einspruch kann durch schriftliche Eingabe oder zu Protokoll der Geschäftsstelle erhoben werden.

II. Sonstiges

Zustellung und Wiedervorlage

2418 **Allgemeines Formblatt** für Anmeldungen zum Handelsregister, hier **Zwangsgeldfestsetzung** und erneute Zwangsgeldandrohung

Amtsgericht (...)
- Registergericht -
HR (...)
(...), den (...)
In dem Zwangsgeldverfahren gegen (...) ergeht

I. Beschluss

Gegen Herrn/Frau (...) wird ein Zwangsgeld in Höhe von (...) € festgesetzt. Dem/Der Beteiligten (...) werden die Kosten des Verfahrens auferlegt.

Gründe:

Der/Die Beteiligte ist verpflichtet, (...) zur Eintragung in das Handelsregister anzumelden, §§ (...) HGB. Mit Verfügung vom (...) wurde dem/der Beteiligten unter Androhung eines Zwangsgeldes aufgegeben, innerhalb bestimmter Frist dieser gesetzlichen Verpflichtung nachzukommen oder die Unterlassung mittels Einspruch gegen die Verfügung zu rechtfertigen. Der/Die Beteiligte hat jedoch weder der gesetzlichen Verpflichtung genügt noch Einspruch erhoben.

Das angedrohte Zwangsgeld war daher festzusetzen (§ 14 HGB, §§ 388, 389 FamFG). Zugleich waren dem/der Beteiligten die Kosten des Verfahrens aufzuerlegen (§ 389 Abs. 2 FamFG).

II. Verfügung

Unter Androhung eines weiteren Zwangsgeldes von (...) wird dem/der Beteiligten (...) erneut aufgegeben, binnen einer Frist von (...) Wochen (...) formgerecht zur Eintragung in das Handelsregister anzumelden oder die Unterlassung mittels Einspruchs zu rechtfertigen (§§ (...) HGB, §§ 388, 389 FamFG). Die Anmeldung ist über einen einen Notar einzureichen. Der Einspruch kann durch schriftliche Eingabe oder zu Protokoll der Geschäftsstelle erhoben werden.

2419 Anmeldung des **Erlöschens einer Einzelfirma,** hier Zwangsgeldandrohung:

Amtsgericht (...)
- Registergericht -
HR (...)
(...), den (...)

I. Verfügung

in dem Zwangsgeldverfahren gegen (...).

Es wird Ihnen aufgegeben, innerhalb einer Frist von (...) Wochen ab Zustellung dieser Verfügung bei dem Gericht das Erlöschen der Firma des früher von Ihnen unter der Firma (...)

VIII. Formulare für einzelne Zwangsgeldverfahren

betriebenen Unternehmens zur Eintragung anzumelden oder die Unterlassung durch Einspruch gegen diese Verfügung zu rechtfertigen. Sonst wird ein Zwangsgeld von (...) € gegen Sie festgesetzt werden (§§ 14, 31 HGB, § 388 FamFG).

Die Anmeldung ist formgerecht über einen Notar einzureichen (§ 12 HGB). Den Einspruch können Sie durch schriftliche Eingabe oder zu Protokoll der Geschäftsstelle erheben.

II. (...)

Allgemeines Formblatt für Anmeldungen zum Genossenschaftsregister bzw. Vereinsregister (Zwangsgeldandrohung und -festsetzung) 2420

Amtsgericht (...)
– Registergericht –
GnR/VR (...)
(...), den (...)

I. Verfügung

Es wird Ihnen gemäß §§ (...) GenG/BGB sowie § 388 FamFG unter Androhung eines Zwangsgeldes von (...) € aufgegeben, binnen einer Frist von (...) Wochen formgerecht über einen Notar zur Eintragung in das Genossenschaftsregister – Vereinsregister – anzumelden oder die Unterlassung mittels Einspruchs gegen diese Verfügung zu rechtfertigen.

II. Sonstiges

Zustellung und Wiedervorlage

Amtsgericht (...)
– Registergericht –
GnR/VR (...)
(...), den (...)

In dem Zwangsgeldverfahren gegen (...) ergeht

I. Beschluss

Gegen Herrn/Frau (...) wird ein Zwangsgeld in Höhe von (...) € festgesetzt. Dem/Der Beteiligten (...) werden die Kosten des Verfahrens auferlegt.

Gründe:

Der/Die Beteiligte ist verpflichtet, (...) zur Eintragung in das Genossenschafts- bzw. Vereinsregister anzumelden, §§ (...) GenG/BGB. Mit Verfügung vom (...) wurde dem/der Beteiligten unter Androhung eines Zwangsgeldes aufgegeben, innerhalb bestimmter Frist dieser gesetzlichen Verpflichtung nachzukommen oder die Unterlassung mittels Einspruch gegen die Verfügung zu rechtfertigen. Der/Die Beteiligte hat jedoch weder der gesetzlichen Verpflichtung genügt noch Einspruch erhoben.

Das angedrohte Zwangsgeld war daher festzusetzen, § (...) GenG/BGB, §§ 388, 389 FamFG. Zugleich waren dem/der Beteiligten die Kosten des Verfahrens aufzuerlegen (§ 389 Abs. 2 FamFG).

II. Verfügung

Unter Androhung eines weiteren Zwangsgeldes von (...) € wird dem/der Beteiligten (...) erneut aufgegeben binnen einer Frist von (...) Wochen (...) zur Eintragung in das Register anzumelden oder die Unterlassung mittels Einspruchs zu rechtfertigen (§§ (...) GenG/BGB, §§ 388, 389 FamFG). Die Anmeldung ist formgerecht über einen Notar einzureichen.

(Randnummern zur Zeit nicht besetzt) 2421–2433

Teil 7. Beschwerdeverfahren

I. Allgemeines

Die den Gerichten übertragene Führung öffentlicher Register, also des Handels-, Genossenschafts-, Partnerschafts-, Vereins- und Güterrechtsregisters, sind als Registersachen (§ 374 Nr. 1 bis 5 FamFG) gemäß § 23a Abs. 2 Nr. 3 GVG Angelegenheiten der freiwilligen Gerichtsbarkeit im Sinne des § 1 FamFG. Für **Rechtsmittel** gelten daher, soweit in Buch 5 des FamFG nichts Besonderes vorgeschrieben ist, die Bestimmungen der §§ 58 bis 75 FamFG.[1] Rechtsmittel ist die Beschwerde gegen die im ersten Rechtszug, also durch das Amtsgericht ergangenen Endentscheidungen (§ 58 Abs. 1 FamFG) und die Rechtsbeschwerde gegen die Entscheidungen des Oberlandesgerichts (siehe § 119 Abs. 1 Nr. 1 lit. b GVG) als Beschwerdegericht (§ 70 FamFG). Stets besteht für die Einlegung der Beschwerde eine Beschwerdefrist von einem Monat, laufend ab schriftlicher Bekanntgabe des angegriffenen Beschlusses (§ 63 Abs. 1 und 3 FamFG). Über die Beschwerde entscheidet das Oberlandesgericht (§ 119 Abs. 1 Nr. 1 lit. b GVG). Die Rechtsbeschwerde (§§ 70 bis 75 FamFG) zum Bundesgerichtshof dient der Anfechtung von Entscheidungen des Beschwerdegerichts.

2434

Rechtsbehelfe sind die befristete Erinnerung gegen die Entscheidungen des Rechtspflegers, wenn gesetzlich kein ordentliches Rechtsmittel vorgesehen ist (§ 11 Abs. 2 RPflG), ferner im Zwangsgeld- bzw. Ordnungsgeldverfahren der Einspruch (§§ 388 ff. FamFG), im Amtslöschungsverfahren der Widerspruch (§§ 393 bis 399 FamFG). Allgemein besteht die Möglichkeit, gemäß § 44 FamFG mit der Rüge der Verletzung rechtlichen Gehörs die Fortsetzung des Verfahrens in derselben Instanz zu verlangen, wenn ein Rechtsmittel oder ein Rechtsbehelf gegen die angegriffene Entscheidung oder eine andere Abänderungsmöglichkeit nicht gegeben ist. Denkbar ist diese **Anhörungsrüge**[2] allerdings nur gegen Endentscheidungen (siehe § 44 Abs. 1 Satz 2 FamFG). Relevant ist sie nur, wenn ein Richter an der Entscheidung mitgewirkt hat, nicht also bei Handlungen des Rechtspflegers, da rechtliches Gehör im Sinne des Art. 103 Abs. 1 GG durch ihn nicht gewährt werden kann.[3] Denkbar ist sie gegen die Entscheidung des Beschwerdegerichts, wenn dieses die Rechtsbeschwerde nicht zugelassen hat (vgl. § 70 Abs. 1 FamFG) oder gegen die Entscheidung des Bundesgerichtshofs im Rahmen einer Rechtsbeschwerde, wenn sie sich gegen eine neue und eigenständige Verletzung des rechtlichen Gehörs durch den Bundesgerichtshof selbst richtet.[4] Die Rüge ist innerhalb von zwei Wochen nach Kenntnis von der Verletzung des rechtlichen Gehörs zu erheben (vgl. § 44 Abs. 2 FamFG) und führt im Erfolgsfall im Rahmen der Fortsetzung des Verfahrens zur Abhilfe (§ 44 Abs. 5 FamFG).

2435

Neben der Anhörungsrüge des § 44 FamFG besteht – wie allgemein in Angelegenheiten der freiwilligen Gerichtsbarkeit – für andere Verstöße als der Verletzung rechtlichen Gehörs auch in Registersachen die Möglichkeit einer **außerordentlichen Beschwerde**. Dies gilt jedoch allenfalls in Fällen greifbarer Gesetzeswidrigkeit, also

2436

---

[1] Zur Anwendbarkeit des FamFG siehe **OLG Köln** FGPrax 2009, 241.
[2] Siehe dazu *Abramenko* FGPrax 2009, 198.
[3] **BVerfG** E 101, 397 (= NJW 2000, 1709); *Bumiller/Harders*, FamFG, § 44 Rz. 5; *Meyer-Holz*, in: Keidel, FamFG, § 44 Rz. 12.
[4] **BGH** NJW 2008, 2126; **BGH** NJW 2008, 923.

dann, wenn die getroffene Entscheidung erkennbar jeder gesetzlichen Grundlage entbehrt und daher mit der geltenden Rechtslage erkennbar unvereinbar ist.[1]

2437 Neben diesen förmlichen Rechtsmitteln und Rechtsbehelfen, die sich gegen gerichtliche Verfügungen bzw. Beschlüsse richten, ist ferner die **Dienstaufsichtsbeschwerde** gegeben. Sie wendet sich lediglich gegen den Geschäftsbetrieb und die äußere Ordnung des Verfahrensablaufs, z.B. gegen Untätigkeit oder Verzögerung der Sachbearbeitung. Sie ist an keine Form oder Frist gebunden. Die nachfolgende Darstellung versteht sich als Überblick und Einführung. Hinsichtlich einzelner Detailfragen ist auf die einschlägige Speziallitratur zu verweisen.[2]

II. Statthaftigkeit der Beschwerde

1. Allgemeines zur Statthaftigkeit der Beschwerde

2437 Die Beschwerde nach §§ 58 ff. FamFG ist gegen jede im ersten Rechtszug ergangene **Endentscheidung des Registergerichts** statthaft, d.h. gegen sämtliche Beschlüsse. Ein Beschluss ergeht als Entscheidung zur ganzen oder teilweisen Erledigung des Verfahrensgegenstands (vgl. § 38 Abs. 1 FamFG). Im Verfahren einer Anmeldung zur Eintragung in das Register sieht hierzu § 382 Abs. 3 FamFG ausdrücklich vor, dass eine die Eintragung ablehnende Entscheidung entsprechend durch Beschluss ergeht, der damit nach § 58 Abs. 1 FamFG durch Beschwerde angreifbar ist. Dagegen sieht § 383 Abs. 3 FamFG vor, dass die einer Anmeldung durch Eintragung im Register stattgebende Entscheidung, die nach § 382 Abs. 1 FamFG nicht durch Beschluss, sondern durch ihren schlichten Vollzug erfolgt, nicht anfechtbar ist.

2439 Zwischenentscheidungen des Gerichts sind zwar nach § 58 Abs. 2 FamFG grundsätzlich nicht isoliert, sondern erst mit der Endentscheidung anfechtbar, jedoch enthält hiervon § 382 Abs. 4 Satz 2 FamFG für **Zwischenverfügungen** (siehe hierzu Rz. 166 ff.) im registerlichen Eintragungsverfahren eine Ausnahme. Sie beeinträchtigen durch die Bestimmung, dass ein der Eintragung entgegenstehendes Hindernis zu beseitigen ist, das Recht des jeweiligen Antragstellers auf sofortigen Vollzug seines Antrags (vgl. § 25 Abs. 1 Satz 2 HRV). Anfechtbare Zwischenverfügung in diesem Sinne ist jede sachliche Entschließung des Gerichts, welche die Behebung eines Hindernisses für den Vollzug der beantragten Eintragung fordert. Dies gilt auch, wenn sie als Anordnung erlassen wird, dass der Antrag zu ergänzen oder Eintragungsunterlagen beizubringen seien. Die fehlende Setzung einer Frist zur Behebung des Hindernisses durch das Gericht hindert nicht die Angreifbarkeit der Verfügung durch die Beschwerde.[3] Ist das in der Zwischenverfügung bezeichnete Hindernis allerdings objektiv aus Rechtsgründen nicht behebbar, so soll die zu Unrecht ergangene Zwischenverfügung nicht anfechtbar sein, sondern vielmehr erst der hieraus resultierende Zurückweisungsbeschluss;[4] diese Auffassung kann aus Gründen effektiven Rechtsschutzes jedoch nicht überzeugen. Werden im Übrigen durch eine Zwischenverfügung mehrere Punkte beanstandet, so können hiervon gegebenenfalls auch nur einzelne durch Beschwerde angegriffen werden.[5] Ergeht im Anschluss an

---

[1] *Bumiller/Harders*, FamFG, § 44 Rz. 2; vgl. **OLG München** FGPrax 2006, 175; **OLG München** FGPrax 2005, 278.

[2] Etwa MünchKommZPO, FamFG; *Keidel*, FamFG; *Bumiller/Harders*, FamFG; *Schulte-Bunert/Weinreich*, FamFG; *Prütting/Helms*, FamFG; *Bork*, FamFG; *Jansen*, FGG.

[3] **OLG Hamm** MittRhNotK 1986, 128 (= Rpfleger 1986, 139).

[4] **OLG Hamm** MittBayNot 1998, 362; vgl. auch **BayObLG** FGPrax 1998, 27 (= MittBayNot 1998, 46).

[5] **BayObLG** Rpfleger 1970, 288; *Briesemeister*, in: Jansen, FGG, § 19 Rz. 23.

II. Statthaftigkeit der Beschwerde

die Zwischenverfügung ein Zurückweisungsbeschluss, so ist nur noch dieser anfechtbar.[1]

2. Unstatthaftigkeit der Beschwerde

a) **Allgemeines.** Die Beschwerde findet nicht statt gegen Verfügungen, die nur den internen Dienstablauf betreffen oder die den tatsächlichen Erfolg, den sie bezwecken, unmittelbar herbeiführen.[2] Eine bloße **Meinungsäußerung** des Gerichts, etwa die Beantwortung einer Anfrage, eine Rechtsbelehrung oder eine Äußerung über einen Urkundenentwurf, unterliegt ebenfalls nicht der Beschwerde.[3] Als Zwischenverfügung nach § 382 Abs. 4 Satz 2 FamFG anfechtbar hingegen ist jede Äußerung des Gerichts, die einen Beteiligten nach einer Anregung oder einem Antrag vor die Wahl stellt, entweder in bestimmter Richtung tätig zu werden, z.B. weitere Dokumente vorzulegen, die Anmeldung zu ändern, oder aber mit der Ablehnung des gestellten Antrags rechnen zu müssen. Letzteres ist hierbei durch das Gericht hinreichend deutlich zum Ausdruck zu bringen.[4] Keine beschwerdefähige Entscheidung ist eine fälschlich als „Zwischenverfügung" titulierte Entscheidung, mit der die **Rücknahme der Anmeldung** anheimgestellt wird, weil die angemeldete Eintragung aufgrund eines nicht mehr behebbaren Hindernisses für unzulässig erachtet wird.[5] In diesem Fall ist die Beschwerde erst gegen den darauffolgenden Beschluss der Antragszurückweisung statthaft. Das Recht zur Einlegung einer Beschwerde besteht nicht, wenn hierauf nach Bekanntgabe der Entscheidung **verzichtet** wurde (§ 67 Abs. 1 FamFG). Eine dennoch eingelegte Beschwerde ist unzulässig. Ebenfalls nicht anfechtbar ist die Aufforderung des Gerichts zur Erfüllung einer nach § 14 HGB **erzwingbaren Verpflichtung**.[6]

b) **Eintragungsvorgänge.** Die Vornahme einer **Eintragung in das Register** unterliegt nicht der Beschwerde (§ 383 Abs. 3 FamFG). Bei Einlegung oder Entgegennahme einer Beschwerde gegen eine Eintragung ist allerdings stets zu prüfen, ob sie nicht als Anregung (§ 24 Abs. 1 FamFG) auf Einleitung eines Amtslöschungsverfahrens (§ 395 FamFG), gegebenenfalls verbunden mit dem Antrag auf eine Neueintragung, umgedeutet werden kann,[7] über die das Registergericht zu entscheiden hat. Wenn bei Vornahme der Eintragung die Anmeldung nicht so ausgeführt wurde, wie es beantragt war, eine angemeldete Eintragung mithin in einem rechtlich selbstständigen Teil nicht vollzogen wurde, ist die darin enthaltene teilweise Ablehnung der Anmeldung rechtsmittelfähig;[8] dies muss zum Schutz des Antragstellers unabhängig davon gelten, ob für den antragsablehnenden Teil der Entscheidung die Beschlussform (siehe § 382 Abs. 3 i.V.m. § 38 FamFG) eingehalten wurde oder nicht.

c) **Unstatthaftigkeit kraft Gesetzes.** Kraft Gesetzes ist die Beschwerde unzulässig im Sonderfall des § 73 Abs. 1 Satz 4 Halbs. 2 AktG, also bei der Erteilung der Genehmigung zur Kraftloserklärung von Aktien.

2440

2441

2441a

---

[1] *Ries* Rpfleger 2009, 441.
[2] Vgl. *Kahl,* in: Keidel/Kuntze/Winkler, FGG, § 19 Rz. 5 und Rz. 9; s.a. *Meyer-Holz,* in: Keidel, FamFG, § 58 Rz. 23 ff. und Rz. 41.
[3] BayObLG Rpfleger 2000, 136; OLG Köln Rpfleger 1978, 21; OLG Hamm Rpfleger 1973, 172; KG OLGZ 1966, 78; KG OLGZ 1965, 320; *Meyer-Holz,* in: Keidel, FamFG, § 58 Rz. 42; *Briesemeister,* in: Jansen, FGG, § 19 Rz. 15; *Ries* Rpfleger 2009, 441.
[4] OLG Hamm Rpfleger 1973, 172 (173).
[5] BayObLG FGPrax 2000, 39; BayObLG DNotZ 1995, 224; BayObLG Z 1987, 449 (= DNotZ 1988, 515 = NJW-RR 1988, 869); BayObLG Rpfleger 1975, 349; BayObLG Z 1970, 243.
[6] BayObLG Rpfleger 1978, 59.
[7] OLG Köln FGPrax 2004, 88; BayObLG Z 1991, 337 (= MittBayNot 1992, 221); OLG Hamm OLGZ 1967, 471; BayObLG Z 1956, 303; KG JFG 1, 260; KG JFG 5, 270.
[8] BGH Z 104, 61; BayObLG Z 1988, 187 (= MittBayNot 1988, 242).

3. Fassungsbeschwerde

2442 Die **Fassungsbeschwerde** gegen eine Eintragung ist auch in Registersachen als zulässig zu erachten.[1] Allerdings ist das Registergericht an den Vorschlag der Fassung eines Registereintrags in der Anmeldung der Beteiligten regelmäßig nicht gebunden. Vielmehr bleibt es dem Gericht vorbehalten, nach pflichtgemäßem Ermessen die Art und Weise der Eintragung einschließlich ihrer Schreibweise zu bestimmen.[2] Das Registergericht und das Beschwerdegericht haben hierbei die zu treffende Ermessensentscheidung nach allgemeinen Grundsätzen vorzunehmen. Durch das Gericht der Rechtsbeschwerde ist diese Entscheidung lediglich darauf zu überprüfen, ob das Beschwerdegericht das ihm eingeräumte Ermessen überhaupt ausgeübt hat und ob ihm eine Ermessensüberschreitung oder ein Ermessensfehlgebrauch unterlaufen ist.[3] Denkbar ist eine Beschwerde zur Durchsetzung der Änderung eines Registereintrags jedoch in den nachfolgend beschriebenen Fällen.

2443 a) **Eintragung von Tatsachenangaben.** Wenn eine andere Fassung der Eintragung einer **Tatsachenangabe** verlangt wird, z. B. die Berichtigung der Namensangabe oder einer sonst unrichtigen Bezeichnung einer eingetragenen Person, deren Identität feststeht, hindern Publizitätsgründe[4] die Abänderung, d. h. Richtigstellung der Registereintragung nicht. Der Anspruch der Beteiligten auf Vornahme einer zulässigen Berichtigung (§ 17 Abs. 2 HRV) kann stets auch im Rechtsmittelverfahren verfolgt werden.

2444 b) **Eintragung rechtlicher Verhältnisse.** Wenn eine andere Fassung der Eintragung **rechtlicher Verhältnisse**, also einer eintragungsfähigen Tatsache des Einzelkaufmanns, einer Handelsgesellschaft, einer Genossenschaft, einer Partnerschaft oder eines Vereins verlangt wird, sollen die eingetragenen rechtlichen Verhältnisse (Art, Inhalt und Umfang) unverändert bleiben. Die Publizitätswirkung der mit dem Eintragungsvermerk bereits inhaltlich richtig und vollständig offengelegten Rechtsverhältnisse, d.h. die eintragungsfähige Tatsache darf nicht verändert, rückgängig gemacht, eingeschränkt oder erweitert werden. Durchgesetzt werden soll dann allenfalls die **Klarstellung** eines unklar gefassten Eintragungsvermerks. Daher ergibt sich die Zulässigkeit der Fassungsbeschwerde wie die zulässige Eintragung eines Klarstellungsvermerks aus dem öffentlich-rechtlichen Anspruch der Beteiligten an das Registergericht auf richtige Registerführung und daher eindeutige, rechtlich zutreffende und damit auch klare Fassung beantragter Registereintragungen (§ 12 Satz 1 HRV). Eine nicht zulässige Beschwerde gegen eingetragene Rechtsverhältnisse kann mit einer Fassungsbeschwerde jedoch nicht durchgesetzt werden.[5]

2445 c) **Ablauf des Verfahrens.** Das Verfahren zur Durchführung einer Fassungsbeschwerde erfordert zunächst einen auf Abänderung der erfolgten Eintragung zielenden Antrag (§ 23 FamFG), der nicht der Form der ursprünglichen Registeranmeldung (vgl. § 12 HGB, § 78 BGB) bedarf. Folgt das Amtsgericht diesem Antrag nicht und lehnt die beantragte Klarstellung durch verfahrensbeendenden Beschluss (§ 38 Abs. 1 FamFG)

---

[1] Nunmehr herrschende Meinung: ausgehend von *Krafka* FGPrax 2007, 51 (54); BT-Drucks. 16/6308, S. 286 unter Bezugnahme auf *Keidel/Krafka/Willer*, Registerrecht, 6. Aufl. 2003, Rz. 2442; *Meyer-Holz*, in: Keidel, FamFG, § 58 Rz. 59; *Bumiller/Harders*, FamFG, § 383 Rz. 5; *Holzer* ZNotP 2008, 138; anderer Ansicht: **OLG Hamm** DNotZ 1954, 92.

[2] KG MittRhNotK 2000, 396; **BayObLG** Z 1971, 163 (= DNotZ 1971, 431); **OLG Karlsruhe** NJW 1970, 1379 (= DNotZ 1970, 702); **BayObLG** NJW 1968, 364; s.a. **OLG Düsseldorf** MittRhNotK 1997, 437 (= NJW-RR 1998, 245).

[3] **KG** MittRhNotK 2000, 396; **OLG Karlsruhe** NJW 1970, 1379 (= DNotZ 1970, 702).

[4] Vgl. **BGH** Z 104, 61; **BayObLG** DNotZ 1985, 168.

[5] Vgl. **BayObLG** DNotZ 1986, 48; **BayObLG** DNotZ 1985, 168.

ab, kann gegen diesen „Fassungsbeschwerde" eingelegt werden, ohne dass § 383 Abs. 3 FamFG dem entgegen steht.[1]

III. Einlegung der Beschwerde

Die Beschwerde kann durch Einreichung einer Beschwerdeschrift oder durch Erklärung zur Niederschrift der Geschäftsstelle nur bei dem Gericht eingelegt werden, dessen Entscheidung angefochten wird (§ 64 Abs. 1 FamFG). Notwendig ist, dass die Beschwerde erkennen lässt, gegen welche Entscheidung das Rechtsmittel eingelegt wird. Ferner muss der Beschwerdeführer ermittelbar sein. Die Beschwerde soll zur Förderung des Verfahrens begründet werden (§ 65 Abs. 1 FamFG), wobei ein Verstoß gegen diese Pflicht nicht zur Verwerfung der Beschwerde als unzulässig führt.[2] Es besteht kein Anwaltszwang; für die Vertretung ist allerdings § 10 FamFG zu beachten; § 378 Abs. 1 FamFG findet für die Einlegung einer Beschwerde keine Anwendung. Ausreichend ist die Wahrung der Schriftform. Insbesondere genügt die Einreichung per Telefax[3] und entsprechend § 130a ZPO auch per elektronischem Dokument.[4]

2446

Möglich ist auch die Beschwerdeeinlegung durch **Erklärung zu Protokoll der Geschäftsstelle** des Gerichts, dessen Entscheidung angefochten wird. Eine zu Protokoll der Geschäftsstelle eines anderen Gerichts eingelegte Beschwerde ist unwirksam und nicht etwa als Beschwerdeschrift an das zuständige Gericht weiterzuleiten.[5] Das Protokoll ist vom Urkundsbeamten in Gegenwart des Beschwerdeführers selbstständig abzufassen. Es ist vom Urkundsbeamten zu unterzeichnen. Die Unterschrift des Beschwerdeführers ist nicht notwendig. Die Niederschrift muss die angefochtene Entscheidung bezeichnen und zum Ausdruck bringen, dass diese durch die übergeordnete Instanz nachgeprüft werden soll. Auch in diesem Fall soll die Beschwerde begründet werden (§ 65 Abs. 1 FamFG). Auf ein vom Beschwerdeführer übergebenes Schriftstück kann, z. B. zur Begründung, Bezug genommen werden. Neue Tatsachen und Beweismittel, auf welche die Beschwerde gestützt wird, sind zweckmäßigerweise anzuführen.

2447

Die Beschwerde wird regelmäßig durch einen **Bevollmächtigten** namens des Beschwerdeführers eingelegt (§ 10 FamFG). In den Fällen, in denen ein Notar ohne Vollmacht zur Antragstellung ermächtigt ist (§ 378 Abs. 2 FamFG; siehe Rz. 119 ff.), ist er und ein etwaiger Amtsnachfolger[6] ermächtigt, ohne Vollmachtsnachweis Beschwerde einzulegen.[7] Allerdings kann das Bestehen der gesetzlich vermuteten Vollmacht formlos widerlegt werden.[8] Der Notar hat den Beschwerdeführer in der Rechtsmittelschrift zu benennen.[9] Ist ein Beschwerdeführer nicht explizit benannt, so gilt die Beschwerde im Zweifel als im Namen der Beteiligten eingelegt, für die der Notar tätig geworden ist. Der Gebrauch der Wendung „lege ich Beschwerde ein" ist hierbei ohne Bedeutung.[10] Auch zur Zurücknahme der Beschwerde ist der Notar

2448

---

[1] Vgl. *Krafka* FGPrax 2007, 51 (54); *Heinemann* DNotZ 2009, 1 (32 f.).
[2] BT-Drucks. 16/6308, S. 206.
[3] Vgl. BGH FamRZ 1999, 21; *Bassenge/Herbst/Roth*, FGG, § 21 Rz. 4.
[4] *Bumiller/Harders*, FamFG, § 64 Rz. 6.
[5] OLG München Rpfleger 2008, 192; *Bumiller/Harders*, FamFG, § 64 Rz. 5.
[6] BayObLG MittBayNot 1994, 59.
[7] BayObLG MittBayNot 1998, 267; BayObLG Z 1975, 137; BayObLG Z 1966, 337; KG OLGZ 1969, 501; s. a. BayObLG MittRhNotK 2000, 173.
[8] OLG Frankfurt DNotZ 1984, 489.
[9] BayObLG Z 1988, 187 (= MittBayNot 1988, 242).
[10] OLG Zweibrücken MittRhNotK 2000, 440; OLG Frankfurt DNotZ 1978, 750.

befugt (§ 24 Abs. 3 BNotO). Stets ist allerdings zu beachten, dass die Einlegung der Beschwerde durch den Notar im eigenen Namen nicht zulässig ist.[1]

2449 Die **Frist** für die Einlegung der Beschwerde beträgt einen Monat (§ 63 Abs. 1 FamFG). Sie beginnt mit der Bekanntgabe der Entscheidung (§ 63 Abs. 3 FamFG). Voraussetzung der Beschwerde ist, dass der Beschwerdewert 600 € übersteigt (§ 61 Abs. 1 FamFG), was allerdings in Registersachen in der Regel der Fall sein wird.[2]

2450 Bis zum Erlass der Entscheidung des Beschwerdegerichts kann die Beschwerde jederzeit **zurückgenommen** werden (§ 67 Abs. 4 FamFG). Die Rücknahme bedarf keiner besonderen Form. Sie muss gegenüber dem Gericht erklärt werden (Amtsgericht oder Oberlandesgericht) und ist umgehend dem Gericht zuzuleiten, bei dem sich die Akten befinden. Die Rücknahme ist bedingungsfeindlich und unwiderruflich.[3] Auf die Einlegung der Beschwerde kann auch nach der Bekanntgabe der Entscheidung **verzichtet** werden (§ 67 Abs. 1 FamFG). Der Verzicht ist dem Gericht gegenüber zu erklären.

IV. Beschwerdeberechtigung

1. Unmittelbare Betroffenheit

2451 Die **Beschwerdeberechtigung** besteht nach § 59 Abs. 1 FamFG, wenn der Beschwerdeführer durch die angefochtene Entscheidung in seiner Rechtsstellung unmittelbar betroffen wird. Dies setzt einen unmittelbar nachteiligen Eingriff in ein dem Beschwerdeführer zustehendes Sonder- oder Individualrecht voraus.[4] Die Verletzung eines wirtschaftlichen, rechtlichen oder berechtigten Interesses begründet noch keine Beschwerdeberechtigung,[5] zudem muss die Rechtsbeeinträchtigung nicht nur behauptet werden, sondern tatsächlich und bis zum Erlass der Beschwerdeentscheidung vorliegen.[6] Die Beschwerde kann auf trennbare Teile des ursprünglichen Verfahrensgegenstands beschränkt werden.[7] Im Einzelfall kann das bestehende Beschwerderecht verwirkt sein.[8] Gegen die Ablehnung der Einleitung eines Amtslöschungsverfahrens steht die Beschwerde demjenigen zu, der durch den Beschluss in einem eigenen sachlichen Recht beeinträchtigt wird.[9] Auch Dritten, insbesondere Gläubigern des betroffenen Rechtsträgers kann ein Beschwerderecht zukommen, sofern sie unmittelbar betroffen sind. Angenommen wurde dies beispielsweise bei der Bestellung eines Notgeschäftsführers einer GmbH durch das Gericht.[10] Abzulehnen ist hingegen ein Beschwerderecht eines Gläubigers im Verfahren zur Löschung eines Rechtsträgers.[11]

2. Ablehnung einer Anmeldung zur Eintragung

2452 a) **Allgemeines.** Im Fall der Zurückweisung eines Eintragungsantrags im Sinne einer Registeranmeldung sind gemäß § 59 Abs. 2 FamFG jedenfalls sämtliche Anmelden-

---

[1] BayObLG MittRhNotK 2000, 173; **OLG Zweibrücken** MittRhNotK 2000, 440; **BayObLG Z** 1984, 29; **OLG Frankfurt** Rpfleger 1978, 411; *Briesemeister*, in: Jansen, FGG, § 20 Rz. 111.
[2] *Ries* Rpfleger 2009, 441 (442).
[3] *Bumiller/Harders*, FamFG, § 67 Rz. 8 f.; *Sternal*, in: Keidel, FamFG, § 67 Rz. 17.
[4] **OLG Frankfurt** FGPrax 2009, 179 (= NZG 2009, 876); **KG** FGPrax 2007, 276; **OLG Düsseldorf** FGPrax 2004, 135; **OLG Hamm** FGPrax 2003, 185; **OLG Köln** Rpfleger 2002, 209 (210); *Briesemeister*, in: Jansen, FGG, § 20 Rz. 4 ff.
[5] **OLG Frankfurt** FGPrax 2009, 178 (= NZG 2009, 876); **KG** FGPrax 2007, 276; **OLG Hamm** FGPrax 2003, 185; *Bumiller/Harders*, FamFG, § 59 Rz. 5.
[6] KG FGPrax 2007, 276; *Meyer-Holz*, in: Keidel, FamFG, § 59 Rz. 19.
[7] BayObLG MittBayNot 2000, 568.
[8] BGH Z 43, 289; BayObLG Z 1996, 69.
[9] KG FGPrax 2001, 31; **OLG Düsseldorf** Rpfleger 1995, 257; **KG** OLGZ 1967, 97.
[10] OLG Hamm FGPrax 1996, 70.
[11] OLG Hamm FGPrax 2003, 185.

IV. Beschwerdeberechtigung

den beschwerdeberechtigt.[1] Hat das Registergericht die fehlende Mitwirkung einzelner anmeldeverpflichteter Personen übersehen oder wurde der Antrag nicht durch alle hierzu gesetzlich Verpflichteten vorgenommen, so ist jeder einzelne Anmeldende beschwerdeberechtigt.[2] Allgemein lässt sich zudem formulieren, dass bei der Zurückweisung einer Registeranmeldung die Beschwerdebefugnis grundsätzlich der Antragsbefugnis folgt; wer also berechtigt ist, die entsprechende Eintragungsanmeldung zu erklären, ist auch befugt, im Fall der Ablehnung des Antrags gegen den Ablehnungsbeschluss oder eine Zwischenverfügung Beschwerde einzulegen.[3] Im Übrigen ist darüber hinaus stets der Antragsteller beschwerdeberechtigt.[4] Hängt zudem die zutreffende Vertretung bei der Erhebung der Beschwerde von der zu treffenden Sachentscheidung ab, ist die richtige Vertretung für die Zulässigkeit der Beschwerde zu unterstellen.[5]

b) Eintragungen bei juristischen Personen. Bei **Ablehnung** oder Beanstandung durch Zwischenverfügung einer **Anmeldung**, die für eine **juristische Person** (AG, KGaA, GmbH, VVaG, Genossenschaft, Verein) auf eine **konstitutiv wirkende**, also die Rechtsänderung erst herbeiführende Eintragung gerichtet ist, ist die Gesellschaft beschwert und daher auch beschwerdeberechtigt[6] (§ 59 FamFG). Nicht beschwert sind regelmäßig die anmeldenden Organmitglieder selbst, beispielsweise Vorstandsmitglieder oder Geschäftsführer (zu Ausnahmen siehe Rz. 2454). Gleiches muss für die Vor-GmbH bei Ablehnung der beantragten Ersteintragung gelten. Die beschwerdeberechtigte Gesellschaft kann Beschwerde daher durch die Vorstandsmitglieder oder Geschäftsführer in vertretungsberechtigter Zahl, bei Vertretung in Gemeinschaft mit einem Prokuristen auch unter seiner Mitwirkung in organschaftlicher Gesamtvertretung, einlegen.[7] Dass die Anmeldenden selbst und ggf. mehrere gemeinsam das Beschwerderecht ausüben, ist demnach nicht erforderlich. 2453

Bei Ablehnung oder Beanstandung durch Zwischenverfügung einer mit Festsetzung von Zwangsgeld durchsetzbaren Anmeldung einer Tatsache, deren Eintragung nur **deklaratorische Bedeutung** hat, ist jedenfalls der betroffene Rechtsträger beschwerdeberechtigt.[8] Stets steht allerdings in diesen Fällen auch den zur Anmeldung des konkreten Vorgangs gesetzlich verpflichteten Organmitgliedern ein eigenes Beschwerderecht zu. Für die im Handelsregister eingetragenen Gesellschaften gilt dies ausschließlich in Bezug auf Anmeldungen zu deklaratorisch wirkenden Eintragungen, da nur bezüglich solcher eine ggf. mit Zwangsmitteln durchsetzbare Anmeldpflicht besteht.[9] Darüberhinaus ist bei der Anmeldung von Eintragungen zur Änderung der Geschäftsführer auch jeder Gesellschafter beschwerdeberechtigt.[10] Bei **Vereinen** be- 2454

---

[1] BayObLG Z 1984, 29.
[2] BayObLG NJW-RR 1988, 873.
[3] OLG München GmbHR 2009, 663; OLG Hamm FGPrax 2007, 138; OLG Hamm FGPrax 2005, 39 (= NJW-RR 2005, 629).
[4] KG FGPrax 2007, 276.
[5] OLG München FGPrax 2007, 281; BayObLG NZG 2000, 41; BGH NJW 1981, 1041; *Meyer-Holz,* in: Keidel, FamFG, § 59 Rz. 20.
[6] BGH Z 117, 323 (= NJW 1992, 1844); BGH Z 105, 324; OLG Hamm FGPrax 2007, 140; OLG Naumburg FGPrax 1998, 67 (= GmbHR 1998, 236); OLG Hamm DB 1992, 264; *Meyer-Holz,* in: Keidel, FamFG, § 59 Rz. 86.
[7] OLG Hamm FGPrax 2007, 140.
[8] OLG München FGPrax 2009, 127; OLG Düsseldorf FGPrax 2007, 32; KG FGPrax 2004, 45; OLG Köln FGPrax 2001, 214 (= NJW-RR 2001, 1417); BayObLG FGPrax 2000, 40 (= NJW-RR 2000, 414); anderer Ansicht: *Meyer-Holz,* in: Keidel, FamFG, § 59 Rz. 86; offen gelassen in BGH NJW 1989, 295.
[9] KG FGPrax 2004, 45 (46).
[10] OLG Düsseldorf FGPrax 2007, 32; *Meyer-Holz,* in: Keidel, FamFG, § 59 Rz. 86.

steht eine Zwangsgelddrohung allerdings nach § 78 Abs. 1 BGB auch für die konstitutiv wirkende Ersteintragung und die Eintragung von Satzungsänderungen, so dass auch in diesen Fällen den Vorstandsmitgliedern neben dem Verein[1] beziehungsweise bei der Ersteintragung dem Vorverein[2] ein eigenes Beschwerderecht zusteht. Ein Grund, die Organmitglieder zur Wahrung ihrer Rechte auf die bei Einleitung eines Zwangsgeldverfahrens bestehenden Rechtsbehelfe zu verweisen,[3] ist nicht erkennbar. Den einzelnen Vereinsmitgliedern steht jedoch kein Beschwerderecht in Angelegenheiten des Vereins zu.[4]

2455 c) **Eintragungen bei Personenhandelsgesellschaften.** Bei Ablehnung oder Beanstandung durch Zwischenverfügung der von sämtlichen Gesellschaftern einer **OHG** oder **KG** vorgenommenen Anmeldung, insbesondere nach §§ 108, 143, 148, 161 Abs. 2 HGB, sind die zur Anmeldung berufenen Gesellschafter als Mitglieder der Personenhandelsgesellschaft beschwert. Die Beschwerde steht daher nur ihnen als Antragsteller, nicht aber der Gesellschaft selbst, zu[5] (§ 59 Abs. 2 FamFG). Die Beschwerde muss daher nicht von allen anmeldenden Gesellschaftern, deren Anmeldung zurückgewiesen oder beanstandet wurde, gemeinsam erhoben werden; vielmehr ist die Erhebung durch eine zur Vertretung berechtigte Zahl von ihnen ausreichend.[6]

2456 Bei Ablehnung oder Beanstandung durch Zwischenverfügung der von Gesellschaftern einer OHG oder KG in vertretungsberechtigter Zahl vorgenommenen Anmeldung (z. B. §§ 13, 53 HGB) sind die Gesellschafter als Mitglieder der Personenhandelsgesellschaft beschwert, deren Antrag zurückgewiesen oder beanstandet ist. Die Beschwerde ist daher von den anmeldenden Gesellschaftern, deren Antrag zurückgewiesen oder beanstandet wurde, zu erheben. Zulässig ist auch die Beschwerde der ansonsten vertretungsberechtigten Gesellschafter, da insoweit auch der betroffenen Gesellschaft ein Beschwerderecht zuzugestehen ist. Beschwerdebefugt sind die anmeldenden Gesellschafter in vertretungsberechtigter Zahl (§ 59 Abs. 1 FamG) auch, wenn eine Zurückweisung oder Beanstandung erfolgt ist, weil nicht alle Verpflichteten oder Berechtigten angemeldet haben, diese Feststellung der erforderlichen Zahl der Anmelder aber beanstandet wird.[7] Hat ein Gesellschafter in Gemeinschaft mit einem Prokuristen angemeldet, so sind sie zusammen als zur Anmeldung für die Gesellschaft Handelnde beschwert und beschwerdeberechtigt.

2457 d) **Beschwerderecht der Gesellschafter.** Einzelne **Gesellschafter** einer GmbH oder Aktionäre sind nur dann beschwerdeberechtigt, wenn durch eine gerichtliche Entscheidung bestimmte Rechte des Einzelnen im Sinne des § 59 Abs. 1 FamFG beeinträchtigt sind.[8] Denkbar ist dies z. B. bei Ablehnung der Löschung eines eingetragenen Kapitalerhöhungsbeschlusses nach § 398 FamFG oder der Löschung von sonstigen eingetragenen Hauptversammlungsbeschlüssen, gegen die der Beschwerdeführer Widerspruch zu Protokoll eingelegt und rechtzeitig Anfechtungsklage erhoben hat. In sonstigen Fällen steht insbesondere den Gesellschaftern einer GmbH bezüglich etwaiger Entscheidungen in deren Registerverfahren kein Beschwerderecht zu.[9] Dasselbe gilt auch

---

[1] **BayObLG** Z 1969, 33 (35).
[2] **BayObLG** Z 1991, 52; **OLG Jena** Rpfleger 1994, 218.
[3] So noch *Keidel/Krafka/Willer,* Registerrecht, 6. Auflage 2003, Rz. 2454.
[4] **KG** FGPrax 2005, 175; **KG** NJW 1967, 933; **OLG Stuttgart** Rpfleger 1970, 283.
[5] **OLG Hamm** FGPrax 2008, 78; **OLG Frankfurt** NZG 2008, 749.
[6] *Meyer-Holz,* in: Keidel, FamFG, § 59 Rz. 86.
[7] **BayObLG** Z 1984, 29; vgl. auch **BayObLG** NJW-RR 1988, 873.
[8] **OLG Frankfurt** FGPrax 2009, 179 (= NZG 2009, 876); **BayObLG** Z 1979, 65; **OLG Hamm** OLGZ 1971, 226 (= DNotZ 1971, 247); näher hierzu *Briesemeister,* in: Jansen, FGG, § 20 Rz. 80.
[9] **OLG Hamm** GmbHR 1997, 414.

IV. Beschwerdeberechtigung

in unternehmensrechtlichen Verfahren, so dass etwa den Aktionären mangels eigener Rechtsbeeinträchtigung im Sinne des § 59 Abs. 1 FamFG kein Beschwerderecht gegen die Ernennung eines Sachgründungs- oder -kapitalerhöhungsprüfers (§§ 33 Abs. 3, 183 Abs. 3, 205 Abs. 5 AktG) zusteht.[1]

3. Ablehnung eines sonstigen Antrags

Im Übrigen steht, wenn eine Entscheidung nur auf Antrag ergehen kann, das Beschwerderecht gegen eine Zurückweisung des Antrags **nur dem Antragsteller** zu, dessen Recht durch die Verfügung beeinträchtigt ist (§ 59 Abs. 2 FamFG), z.B. dem Antragsteller gegen Zurückweisung seines Antrags auf Bestellung eines Geschäftsführers oder Liquidators, den Antragstellern bei Zurückweisung des Antrags auf Ermächtigung zur Einberufung der Hauptversammlung. Ein Beschwerderecht steht danach auch der Bundesanstalt für Finanzdienstleistungsaufsicht in Verfahren wegen Löschung unzulässiger Eintragungen von Firmen zu, die keine Kreditinstitute sind, wenn es um den zulässigen Gebrauch der Bezeichnungen „Bank", „Bankier", „Volksbank", „Sparkasse", „Bausparkasse" sowie „Spar- und Darlehenskasse" geht.[2] Bei Verweigerung der Eintragung von Insolvenzvermerken gemäß § 32 HGB steht dem Insolvenzgericht ein Beschwerderecht zu.[3]

2458

Die **Ablehnung einer Anregung** auf Einleitung eines von Amts wegen durchzuführenden Verfahrens nach § 24 Abs. 1 FamFG berechtigt nur dann zur Beschwerde, wenn der Anregende durch die Ablehnung in seinen subjektiven Rechten beeinträchtigt ist. Dies kann nur dann der Fall sein, wenn das amtswegige Verfahren zur Beseitigung eines seiner Rechtsstellung nachteiligen Zustands dienen sollte.[4]

2459

4. Sonstige Beschwerdemöglichkeiten

Für Rechtsmittel in **Firmenmissbrauchsverfahren** nach § 392 FamFG ist es erforderlich, dass der Beschwerdeführer geltend macht, in eigenen Rechten verletzt zu sein, beispielsweise hinsichtlich seines Namens- oder Firmenrechts.[5] Ein wettbewerbsrechtlicher oder vertraglicher Unterlassungsanspruch begründet kein Beschwerderecht.[6] Gegen die Ablehnung des gerichtlichen Einschreitens nach **§§ 388 ff. FamFG** kann Beschwerde nur erheben, wer in bestimmten individuellen Rechten beeinträchtigt wird.[7] Stets beschwerdeberechtigt sind die Organmitglieder, gegen die sich das Zwangsgeld- oder Ordnungsgeldverfahren richtet.[8]

2460

Die betroffene Gesellschaft ist beschwerdeberechtigt bei der **Bestellung von Aufsichtsratsmitgliedern** und bei der **Ernennung und Abberufung von Abwicklern und Liquidatoren.**[9] Gegen die Auswahl eines Liquidators durch das Registergericht für eine wegen Vermögenslosigkeit im Register gelöschte GmbH steht auch einem Gesellschafter ein Beschwerderecht zu.[10] Ebenso steht neben der Gesellschaft auch den Gesellschaftern ein Beschwerderecht gegen die Bestellung eines Liquidators durch das

2461

---

[1] OLG Frankfurt NZG 2009, 876.
[2] OLG Frankfurt Rpfleger 1982, 229.
[3] Vgl. OLG München JFG 20, 11 zu Vermerken nach der aufgehobenen VerglO.
[4] OLG Zweibrücken FGPrax 2002, 80; *Meyer-Holz*, in: Keidel, FamFG, § 58 Rz. 18.
[5] OLG Köln NJW 1963, 541; **BayObLG** Z 1956, 260.
[6] RG Z 132, 311; KG RJA 7, 186.
[7] BayObLG Rpfleger 1984, 105; **BayObLG** JFG 4, 163.
[8] BayObLG Z 1960, 345.
[9] BayObLG Rpfleger 1996, 514; **BayObLG** Z 1983, 130.
[10] BayObLG FGPrax 1995, 244.

Gericht zu sowie dem ernannten Liquidator selbst, zumindest sofern er gegen seinen Willen bestellt wurde, weil das Gericht seine Verpflichtung zur Übernahme des Amtes annimmt.[1] Gegen die Bestellung eines Notgeschäftsführers entsprechend § 29 BGB sind die Gesellschafter[2] und Gläubiger[3] beschwerdebefugt.

2462 Bei einem **Amtslöschungsverfahren** besteht eine Beschwerdeberechtigung nach § 59 Abs. 1 FamFG nur für denjenigen, der durch die zu beseitigende Eintragung in seinen Rechten beeinträchtigt ist, nicht also für jeden, der die Löschung „beantragt" hat, da es sich letztlich nur um eine Anregung im Sinne des § 24 Abs. 1 FamFG handelte. Für die Beschwerdeberechtigung nicht ausreichend sind auch in diesem Zusammenhang nur mittelbare Beeinträchtigungen.[4]

5. Beschwerderecht der berufsständischen Organe

2463 Eine besondere Beschwerdeberechtigung wurde den berufsständischen Organen (§ 380 Abs. 1 FamFG), insbesondere den **Industrie- und Handelskammern** und Handwerkskammern sowie den Organen des land- und forstwirtschaftlichen Berufsstandes durch § 380 Abs. 5 FamFG verliehen. Das Beschwerderecht besteht ohne Rücksicht darauf, ob die Voraussetzungen des § 59 Abs. 1 FamFG gegeben sind[5] und unabhängig davon, ob das berufsständische Organ förmlich am Verfahren beteiligt war. Die Bestimmung gilt gemäß § 380 Abs. 1 Nr. 4 FamFG bei der Eintragung von Rechtsanwaltsgesellschaften zur Verfahrensbeteiligung der Rechtsanwaltskammer entsprechend.[6]

2464 Allerdings findet § 59 **Abs. 2 FamFG** Anwendung, so dass eine Beschwerde gegen die Zurückweisung eines Eintragungsantrags nicht auf § 380 Abs. 2 FamFG gestützt werden kann.[7] Ergebnisunabhängige Verfahrensfragen können auch von einem berufsständischen Organ nicht zum Gegenstand einer Beschwerde gemacht werden.[8]

2465 Im Übrigen kommt **Behörden** oder Verbänden ein Beschwerderecht nur dann zu, wenn sie zur Wahrnehmung öffentlicher Interessen in der fraglichen Angelegenheit oder zur Vertretung des Interesses Beteiligter kraft Gesetzes berufen sind, z. B. die Bundesanstalt für Finanzdienstleistungsaufsicht in Handelsregistersachen des VVaG bzw. nach § 43 Abs. 3 KWG, oder wenn die Behörde in ihren eigenen Rechten unmittelbar beeinträchtigt ist (§ 59 Abs. 1 FamFG). In Verfahren, an denen sich ein berufsständisches Organ nach § 380 FamFG beteiligen darf, hat ihm das Beschwerdegericht rechtliches Gehör zu gewähren.[9] Es ist im Beschwerdeverfahren von Amts wegen zu beteiligen, wenn es sich an einem Anmeldeverfahren vor dem Registergericht beteiligt hat.[10]

V. Ablauf des Beschwerdeverfahrens

2466 Nach Einlegung der Beschwerde **prüft das Amtsgericht**, ob seine Entscheidung gerechtfertigt ist. Es kann, eventuell nach Vornahme weiterer Ermittlungen (§ 26 FamFG), der Beschwerde **abhelfen** und seine eigene Entscheidung entweder ganz aufheben oder teilweise aufheben und ändern (§ 68 Abs. 1 FamFG). Erachtet es seine

---

[1] **OLG München** FGPrax 2008, 171 (= GmbHR 2008, 822); **KG** GmbHR 2000, 660 (= NJW-RR 2001, 900); **OLG Hamm** NJW 1997, 32.
[2] BayObLG Z 1998, 179.
[3] OLG Hamm FGPrax 1996, 70.
[4] KG FGPrax 2007, 276.
[5] *Bumiller/Harders,* FamFG, § 380 Rz. 13; *Heinemann,* in: Keidel, FamFG, § 380 Rz. 36.
[6] Siehe zu § 126 FGG aF: **BayObLG** Z 1996, 188 (= NJW 1996, 3217).
[7] OLG Oldenburg NJW 1957, 349; *Bumiller/Harders,* FamFG, § 380 Rz. 14.
[8] OLG Karlsruhe FGPrax 1997, 71.
[9] OLG Hamm Rpfleger 1983, 116; **OLG Stuttgart** Rpfleger 1983, 116.
[10] OLG Saarbrücken NJW-RR 1986, 464.

VI. Rechtsbeschwerde

Entscheidung für richtig, so hat es die Akten mit der Verfügung: „Der Beschwerde wird nicht abgeholfen", dem zuständigen Oberlandesgericht (§ 119 Abs. 1 Nr. 1 lit. b GVG) vorzulegen. Die Nichtabhilfeentscheidung ist zu begründen[1] und den Beteiligten zur Wahrung rechtlichen Gehörs mitzuteilen.[2] Es bedarf aufgrund des Devolutiveffekts der Beschwerde keiner gesonderten Aufrechterhaltung des Verfahrens in erster Instanz, solange das Verfahren bei dem Beschwerdegericht anhängig ist.

Der **Gang des Beschwerdeverfahrens** bestimmt sich nach § 68 FamFG. Nach Prüfung der Zulässigkeit der Beschwerde ist gegebenenfalls bei negativem Ergebnis die Beschwerde ohne nähere Sachprüfung zu verwerfen (§ 68 Abs. 2 FamFG). Im Übrigen richtet sich das Verfahren nach den Vorschriften über das Verfahren im ersten Rechtszug, so dass eine zweite Tatsacheninstanz mit der Verpflichtung zur amtswegigen Ermittlung (§ 26 FamFG) gegeben ist. Eine Erweiterung des gestellten Antrags im Beschwerdeverfahren ist ausgeschlossen.[3]

2467

Die nach § 69 Abs. 2 FamFG zu begründende Entscheidung des Beschwerdegerichts ergeht formal unter Berücksichtigung der Vorschriften der §§ 38 ff. FamFG und erfolgt materiell im Fall einer zulässigen Beschwerde entweder als Sachentscheidung (§ 69 Abs. 1 Satz 1 FamFG) oder als Zurückverweisung an das Amtsgericht, wenn dieses in der Sache noch nicht entschieden hat oder das Verfahren an einem wesentlichen Mangel leidet, umfassende Beweiserhebungen nötig wären und ein Beteiligter die Zurückverweisung beantragt (§ 69 Abs. 1 Satz 2 und 3 FamFG).

2468

Gehen **nach Abschluss des Beschwerdeverfahrens** dem Amtsgericht die Akten wieder zu, so hat es etwaige in der Beschwerdeentscheidung getroffene Weisungen, z.B. die Einleitung eines Zwangsgeld- oder eines Amtslöschungsverfahrens bzw. die Vornahme einer Eintragung im Register, durchzuführen. Es ist an die Entscheidung des Beschwerdegerichts hinsichtlich der rechtlichen Beurteilung des gegebenen Sachverhalts gebunden (§ 69 Abs. 1 Satz 4 FamFG). Tritt jedoch, z. B. durch weitere Ermittlungen, eine Änderung der Sachlage zutage, so kann die Bindung ganz oder teilweise entfallen.[4]

2469

VI. Rechtsbeschwerde

1. Allgemeines zur Rechtsbeschwerde

Die Rechtsbeschwerde zum Bundesgerichtshof (§ 133 GVG) ist gegen Endentscheidungen des Beschwerdegerichts statthaft (§ 70 FamFG). Dazu gehören auch Entscheidungen, mit denen über eine Beschwerde gegen Zwischenverfügungen des Amtsgerichts entschieden worden ist. In bestimmten Fällen, insbesondere im Rahmen einiger unternehmensrechtlicher Verfahren ist die Rechtsbeschwerde ausdrücklich ausgeschlossen (siehe etwa §§ 26 Abs. 4 Satz 4 UmwG, § 35 Abs. 3 Satz 3, § 104 Abs. 6 Satz 3, § 142 Abs. 6 Satz 3, § 147 Abs. 2 Satz 7, § 265 Abs. 4 Satz 3 AktG, § 30 Abs. 4 Satz 3 SEAG).

2470

Voraussetzung für die Möglichkeit der Rechtsbeschwerde ist ihre **Zulassung durch das Beschwerdegericht** (§ 70 Abs. 1 FamFG). Ist im Beschluss des Beschwerdegerichts hierzu keine ausdrückliche Anordnung enthalten, so gilt dies ohne weiteres als Nichtzulassung der Rechtsbeschwerde.[5] Im Übrigen ist die Zulassung der Rechtsbeschwerde nach Erlass der Beschwerdeentscheidung in der Regel nicht nachhol-

2471

---

[1] **OLG Zweibrücken** Rpfleger 2000, 537; **OLG Hamm** Rpfleger 1996, 99; *Sternal*, in: Keidel, FamFG, § 68 Rz. 33.
[2] **OLG Zweibrücken** Rpfleger 2000, 537; **BayObLG** Rpfleger 1995, 495.
[3] **OLG Hamm** FGPrax 2007, 138.
[4] **OLG Karlsruhe** Rpfleger 1988, 315; *Bumiller/Harders*, FamFG, § 69 Rz. 12.
[5] *Zimmermann*, Das neue FamFG, Rz. 185; *Meyer-Holz*, in: Keidel, FamFG, § 70 Rz. 37.

bar.¹ Die Zulassungsgründe nach § 70 Abs. 2 FamFG sind im Übrigen so ausgestaltet, dass allein der möglicherweise falsch entschiedene Einzelfall nicht genügt, um eine Erweiterung des Instanzenzugs zu begründen. Bei registerrechtlichen Verfahren wird allerdings regelmäßig schon dann die Zulassung geboten sein, wenn nicht Tatsachen-, sondern Rechtsfragen im Mittelpunkt des Rechtsstreits stehen, da die Zahl von Rechtsmittelverfahren aufgrund der üblichen Eilbedürftigkeit gering, der höchstrichterliche Klärungsbedarf im Gegensatz dazu wegen der gebotenen bundeseinheitlichen Rechtsanwendung aber hoch ist. Anders als etwa in Familiensachen, wird daher bei Registersachen in der Regel die Zulassung der Rechtsbeschwerde geboten sein.

2472 Im Einzelnen ist gemäß § 70 Abs. 2 FamFG die Rechtsbeschwerde vom Beschwerdegericht zuzulassen – ohne dass also diesbezüglich ein Ermessen besteht – wenn die **Rechtssache grundsätzliche Bedeutung** hat oder die Fortbildung des Rechts oder die Sicherung einer einheitlichen Rechtsprechung eine Entscheidung des Bundesgerichtshofs erfordert. Von einer derartigen grundsätzlichen Bedeutung (§ 70 Abs. 2 Nr. 1 FamFG) ist auszugehen, wenn die Lösung des zu entscheidenden Rechtsstreits von einer Frage abhängt, die über den konkreten Fall hinaus das Interesse der Allgemeinheit berührt, weil sie sich ebenso in einer noch unbestimmten Zahl von Fällen stellen kann² oder weil sie für die beteiligten Verkehrskreise ein besonderes Gewicht hat.³

2473 Zur **Wahrung einer einheitlichen Rechtsprechung** (§ 70 Abs. 2 Nr. 2 FamFG) ist die Rechtsbeschwerde zuzulassen, wenn ohne höchstrichterliche Klärung schwer erträgliche Differenzen zwischen verschiedenen Entscheidungen verbleiben würden, insbesondere das Beschwerdegericht mit seiner Entscheidung von der ständigen höchstrichterlichen Rechtsprechung abweicht⁴ oder die Möglichkeit besteht, dass aufgrund der unterschiedlichen Judikate das Vertrauen in die Rechtsprechung insgesamt gefährdet ist.⁵

2474 Für den Fall einer fehlenden Zulassung durch das Beschwerdegericht besteht **keine „Nichtzulassungsbeschwerde"**,⁶ sodass eine entsprechende Kontrolle allenfalls im Rahmen der Verfassungsbeschwerde im Fall einer willkürlichen Entscheidung durch das Bundesverfassungsgericht ausgeübt werden kann.⁷ Sofern hierbei auch eine Verletzung des rechtlichen Gehörs vorgebracht werden soll (Art. 103 Abs. 1 GG) ist zuvor zur Erschöpfung des Rechtswegs die Einlegung einer Anhörungsrüge nach § 44 FamFG erforderlich (siehe hierzu Rz. 2435).

2475 Der Bundesgerichtshof ist an die Zulassung durch das Beschwerdegericht gebunden (§ 70 Abs. 2 Satz 2 FamFG), kann allerdings durch einen einstimmigen **Zurückweisungsbeschluss nach § 74a FamFG** nach entsprechendem Hinweis an die Beteiligten das Verfahren vorzeitig beenden. Denkbar ist dies, wenn das Beschwerdegericht die Zulassungsvoraussetzungen zu Unrecht bejaht und die Rechtsbeschwerde keine Aussicht auf Erfolg hat.⁸ Letzteres ist aufgrund der Aktenlage unter Berücksichtigung gegebenenfalls neu vorgetragener Argumente des Beschwerdeführers zu entscheiden.

2476 Nach § 75 FamFG besteht zudem die Möglichkeit der **Sprungrechtsbeschwerde** unter Umgehung der Beschwerdeinstanz. Anstelle der Beschwerde zum Oberlandesgericht kann mit Einwilligung der Beteiligten und Zulassung durch den Bundesgerichtshof

---

¹ *Zimmermann*, Das neue FamFG, Rz. 185; *Meyer-Holz*, in: Keidel, FamFG, § 61 Rz. 36. Ausnahmefall: siehe **BGH NJW-RR 2007**, 1654.
² **BGH NJW 2003**, 1943.
³ **BGH NJW 2003**, 3765.
⁴ Vgl. **BGH NJW 2003**, 3783.
⁵ **BGH NJW 2004**, 1167; **BGH NJW 2002**, 3180.
⁶ Vgl. *Zimmermann*, Das neue FamFG, Rz. 185.
⁷ Siehe *Meyer-Holz*, in: Keidel, FamFG, § 58 Rz. 59 ff.
⁸ Vgl. dazu BT-Drucks. 16/9733, S. 363; *Bumiller/Harders*, FamFG, § 74a Rz. 2.

VI. Rechtsbeschwerde

gegen die Ausgangsentscheidung des Amtsgerichts Rechtsbeschwerde eingelegt werden. Die Zulassungsgründe ergeben sich aus einer entsprechenden Anwendung des § 70 Abs. 2 FamFG.[1] Sie müssen in der Zulassungsschrift näher dargelegt werden (§ 75 Abs. 2 FamFG i.V.m. § 566 Abs. 2 Satz 3 ZPO). Sollte die Zulassung durch das Rechtsbeschwerdegericht verweigert werden, so ist allerdings die Entscheidung der ersten Instanz unmittelbar rechtskräftig, da weder gegen die Nichtzulassung ein Rechtsmittel besteht, noch die Möglichkeit, nachträglich noch Beschwerde gegen die Ausgangsentscheidung einzulegen, da die Einwilligung zur Sprungrechtsbeschwerde als Verzicht auf das Rechtsmittel der Beschwerde gilt (§ 75 Abs. 1 Satz 2 FamFG).

2. Einlegung der Rechtsbeschwerde

Die Rechtsbeschwerde kann nur durch Einreichen einer Beschwerdeschrift bei dem Rechtsbeschwerdegericht, also gemäß § 133 GVG beim Bundesgerichtshof, eingelegt werden (§ 71 Abs. 1 Satz 1 FamFG). Die Beschwerdeschrift muss durch einen beim Bundesgerichtshof zugelassenen **Rechtsanwalt** unterzeichnet sein (§ 10 Abs. 4 Satz 1 FamFG). Für die Rechtsbeschwerde von Behörden sieht § 10 Abs. 4 Satz 2 FamFG eine Ausnahme vor.

2477

Die Rechtsbeschwerde kann nur auf eine **Verletzung des Rechts** gestützt werden, also darauf, dass eine Rechtsnorm nicht oder nicht richtig angewendet worden ist (§ 72 Abs. 1 FamFG). Eine Stützung auf die zu Unrecht vom Gericht erster Instanz bejahte Zuständigkeit ist ausgeschlossen (§ 72 Abs. 2 FamFG). Einzulegen ist die Rechtsbeschwerde binnen eines Monats nach der schriftlichen Bekanntgabe des Beschlusses durch Einreichung einer Beschwerdeschrift, die den Formalien des § 71 Abs. 1 FamFG entsprechen muss. Sie muss, sofern nicht in der Beschwerdeschrift enthalten, innerhalb eines Monats begründet werden (§ 71 Abs. 2 FamFG) und dabei sowohl einen Antrag, als auch Beschwerdegründe enthalten (§ 71 Abs. 3 FamFG). Verfahrensmängel sind hierbei ausdrücklich zu rügen (vgl. § 74 Abs. 3 Satz 3 FamFG).

2478

3. Entscheidung der Rechtsbeschwerdeinstanz

Der Bundesgerichtshof überprüft zunächst die Zulässigkeit der Rechtsbeschwerde, also deren Statthaftigkeit, sowie Form und Frist der Einlegung und das Vorliegen einer Begründung. Bei Nichtvorliegen dieser Umstände verwirft er die Rechtsbeschwerde als unzulässig (§ 74 Abs. 1 Satz 2 FamFG). Bei Zulässigkeit überprüft das Rechtsbeschwerdegericht sodann nur, ob das Beschwerdegericht in der Sache richtig entschieden hat (§ 74 Abs. 2 FamFG), wobei es an die Anträge der Beteiligten, nicht aber an deren Begründung gebunden ist (§ 74 Abs. 3 FamFG). An die **Tatsachenwürdigung der Vorinstanz** ist das Gericht der Rechtsbeschwerde grundsätzlich gebunden, so dass eine Nachprüfung der tatsächlichen Verhältnisse ausscheidet.[2] Eine Überprüfung ist nur dahingehend möglich, ob die Vorinstanzen gemäß § 26 FamFG den maßgebenden Sachverhalt ausreichend erforscht haben, ob bei der Erörterung des Beweisstoffes alle wesentlichen Umstände berücksichtigt wurden und ob hierbei gegen gesetzliche Beweisregeln und Verfahrensvorschriften sowie gegen Denkgesetze und feststehende Erfahrungssätze verstoßen wurde.[3] Im Übrigen hat das Rechtsbeschwerdegericht die Zulässigkeit der Erstbeschwerde selbstständig zu prüfen.[4]

2479

Im Fall der Zulässigkeit der Rechtsbeschwerde erfolgt in der **Entscheidung des Bundesgerichtshofs** entweder im Fall ihrer Unbegründetheit die Zurückweisung oder im Fall ihrer Begründetheit eine eigene Sachentscheidung unter Aufhebung der Entschei-

2480

---

[1] *Bumiller/Harders*, FamFG, § 75 Rz. 2.
[2] **BayObLG** DNotZ 1994, 652.
[3] Vgl. beispielsweise **BayObLG** Z 1984, 208; **KG** OLGZ 1966, 85.
[4] **OLG Köln** FGPrax 2006, 130; **BayObLG** FGPrax 2000, 40.

dung des Beschwerdegerichts. Bedarf diese des Vollzugs, wie insbesondere im Fall einer beantragten Registereintragung nach § 383 Abs. 1 FamFG, ist diese dem erstinstanzlichen Gericht zu überlassen.[1] Denkbar ist schließlich noch die Aufhebung der angefochtenen Entscheidung samt Zurückweisung zur anderweitigen Verhandlung und Entscheidung in den Fällen des § 74 Abs. 6 Satz 2 FamFG.

VII. Erinnerung gegen die Entscheidung des Rechtspflegers

2481   Gegen Entscheidungen des Rechtspflegers ist grundsätzlich das Rechtsmittel gegeben, das nach den allgemeinen verfahrensrechtlichen Vorschriften zulässig ist (§ 11 Abs. 1 RPflG), in Registersachen demnach bei Endentscheidungen und Zwischenverfügungen die Beschwerde (§ 58 Abs. 1 FamFG, § 382 Abs. 4 Satz 2 FamFG). Hingegen ist gemäß § 11 Abs. 2 RPflG die **Erinnerung** statthaft, wenn nach den allgemeinen Vorschriften kein Rechtsmittel gegen die Entscheidung des Rechtspflegers gegeben ist, sei es etwa bei einer Beschwerde mangels Erreichen der Beschwerdesumme von 600 € bei fehlender Zulassung (§ 61 FamFG) oder allgemein bei sonst nicht anfechtbaren Zwischenentscheidungen in verfahrensrechtlicher oder sachlicher Hinsicht. Die Erinnerung ist befristet und muss binnen der für die Beschwerde nach § 63 FamFG geltenden Frist eingelegt werden (§ 11 Abs. 2 RPflG). Die Erinnerung führt dazu, dass die angegriffene Entscheidung im gleichen Rechtszug durch das gleiche Gericht **richterlich nachgeprüft** wird. Im Erinnerungsverfahren gelten dieselben Grundsätze wie im Beschwerdeverfahren (§ 11 Abs. 2 Satz 4 RPflG).

2482   Nach Einlegung der Erinnerung hat der Rechtspfleger die fragliche Entscheidung im Rahmen der Zulässigkeit des Rechtsbehelfs nochmals zu überprüfen. Ist die Erinnerung begründet, so hat der Rechtspfleger der Erinnerung, ggf. nach der Gewährung rechtlichen Gehörs für die übrigen Beteiligten, **abzuhelfen**.[2] Wird keine Abhilfe gewährt, so erfolgt nach § 11 Abs. 2 Satz 3 RPflG die Vorlage an den zuständigen Richter durch einen Nichtabhilfe- und Vorlagebeschluss, der zu begründen und den Beteiligten bekannt zu geben ist (§ 11 Abs. 2 Satz 4 RPflG i.V.m. §§ 38, 41 FamFG).

2483   Über die Erinnerung **entscheidet** sodann **der Richter** im Wege einer eigenen Sachentscheidung. Soweit er sie für begründet hält, hilft er ab. Im Übrigen wird die Erinnerung bei Unzulässigkeit verworfen, bei Unbegründetheit zurückgewiesen. Leidet die Entscheidung des Rechtspflegers an schwerwiegenden Verfahrensmängeln, so kann die Entscheidung an den Rechtspfleger zurückverwiesen werden. Die Entscheidung des Richters ist grundsätzlich – mit Ausnahme der Anhörungsrüge nach § 44 FamFG – unanfechtbar.[3] Das Erinnerungsverfahren ist zwar **gerichtsgebührenfrei** (§ 11 Abs. 4 RPflG), jedoch werden Auslagen erhoben.

VIII. Rechtskraft

1. Formelle Rechtskraft

2484   Während ein Beschluss mit seiner Bekanntgabe an denjenigen, für den er seinem wesentlichen Inhalt nach bestimmt ist, wirksam wird (§ 40 Abs. 1 FamFG), tritt seine formelle Rechtskraft nicht ein, bevor die Frist für die Einlegung des zulässigen Rechtsmittels, Einspruchs, Widerspruchs oder der Erinnerung abgelaufen ist (§ 45 Satz 1 FamFG). Sofern alle Beteiligten auf Rechtsmittel wirksam verzichten, ist der Instanzenzug bereits vorzeitig erschöpft und damit die Entscheidung des Gerichts formell

---

[1] OLG Karlsruhe FGPrax 2005, 229.
[2] *Meyer-Holz*, in: Keidel, FamFG, § 58 Rz. 6 f.
[3] *Meyer-Holz*, in: Keidel, FamFG, § 58 Rz. 7; **BVerfG** NJW 2000, 1709.

VIII. Rechtskraft

rechtskräftig.[1] Die Wirkung der formellen Rechtskraft ist, dass die Entscheidung das Verfahren abschließt. Von besonderer Bedeutung ist die formelle Rechtskraft nach § 390 Abs. 5 Satz 2 und § 393 Abs. 5 FamFG.

Der Eintritt der **Wirksamkeit einer Entscheidung** ist in der Regel nicht von ihrer formellen Rechtskraft abhängig (§ 40 Abs. 1 FamFG). Eintragungen in die öffentlichen Register werden mit dem Zeitpunkt ihrer Vornahme wirksam (§ 383 Abs. 1 FamFG). Mit dem Eintritt der formellen Rechtskraft wirksam werden die Entscheidungen, durch die im Amtslöschungsverfahren der Widerspruch zurückgewiesen wird (§ 393 Abs. 5 i.V.m. § 395 FamFG) und Beschlüsse, durch die einem Verein die Rechtsfähigkeit entzogen wird (§ 401 FamFG). Im Übrigen werden Beschlüsse in der Regel mit der Bekanntmachung an die Beteiligten wirksam (§ 40 Abs. 1 FamFG). 2485

Mit der Wirksamkeit der Entscheidung tritt in der Regel deren Rechtserfolg ein, z.B. bei der Berufung von Vorstandsmitgliedern, Abwicklern oder deren Abberufung (§§ 29, 48 BGB, § 85 AktG, § 34 VAG). 2486

Die Beteiligten und jeder, der als Beteiligter oder Beschwerdeberechtigter in Betracht kommt, können von der Geschäftsstelle des Gerichts erster Instanz, nach Eintritt der formellen Rechtskraft die Ausstellung eines **Rechtskraftzeugnisses** verlangen[2] (§ 46 Satz 1 FamFG). 2487

2. Materielle Rechtskraft

Der Eintritt der **materiellen Rechtskraft**[3] bewirkt, dass ein neues Verfahren über denselben Gegenstand unzulässig und dass ein anderes Gericht an die Entscheidung gebunden ist, wenn über eine Vorfrage bereits ein Gericht rechtskräftig entschieden hat. Der Eintritt der materiellen Rechtskraft setzt die formelle Rechtskraft der Entscheidung voraus. In der freiwilligen Gerichtsbarkeit wird die materielle Rechtskraft grundsätzlich nur in privatrechtlichen, echten Streitsachen, in denen Beteiligte im entgegengesetzten Interesse einander gegenüberstehen, anerkannt, sonst wird sie allgemein verneint. Sie wird z.B. abgelehnt im handelsrechtlichen Zwangsgeld- und Amtslöschungsverfahren,[4] ebenso bei Verfahren auf Eintragung im Handelsregister.[5] Dagegen wird sie bejaht bei einem Beschluss aufgrund § 37 Abs. 2 BGB oder bei der Bestellung von Notvertretern aufgrund § 375 Nr. 1 FamFG i.V.m. § 146 Abs. 2 und § 147 HGB. 2488

---

[1] *Bumiller/Harders*, FamFG, § 45 Rz. 3; *Engelhardt*, in: Keidel, FamFG, § 45 Rz. 3.
[2] *Bumiller/Harders*, FamFG, § 46 Rz. 5.
[3] Siehe *Bumiller/Harders*, FamFG, § 45 Rz. 7 ff.
[4] KG J 37 A 182; KG J 47, 108; *Engelhardt*, in: Keidel, FamFG, § 45 Rz. 10.
[5] BayObLG NJW 1996, 217; *Bumiller/Harders*, FamFG, § 45 Rz. 10; *Engelhardt*, in: Keidel, FamFG, § 45 Rz. 10.

Anhänge

	Seite
1. Mustereintragungen	755
I. Einzelfirma (A-Firma)	757
1. Chronologischer Ausdruck	758
2. Aktueller Ausdruck	760
II. GmbH	765
1. Chronologischer Ausdruck	766
2. Aktueller Ausdruck	772
III. Aktiengesellschaft	779
1. Chronologischer Ausdruck	780
2. Aktueller Ausdruck	788
2. Handelsregisterverordnung (HRV)	803
3. Verordnung über das Genossenschaftsregister (GenRegV)	825
4. Partnerschaftsregisterverordnung (PRV)	834
5. Vereinsregisterverordnung (VRV)	842
6. Publizitätsrichtlinie	854
7. Zweigniederlassungsrichtlinie	862

1. Mustereintragungen

Übersicht

	Seite
I. Einzelfirma (A-Firma)	757
1. Chronologischer Ausdruck	758
2. Aktueller Ausdruck nach jeder Eintragung	760
II. GmbH	765
1. Chronologischer Ausdruck	766
2. Aktueller Ausdruck	772
III. Aktiengesellschaft (AG)	779
1. Chronologischer Ausdruck	780
2. Aktueller Ausdruck	788

I. Einzelfirma
(A-Firma)

Anhang 1

1. Chronologischer Ausdruck

Handelsregister A des Amtsgerichts München

Nr. der Eintragung	a) Firma b) Sitz/Niederlassung/inländische Geschäftsanschrift/Zweigniederlassungen c) Gegenstand des Unternehmens (bei juristischen Personen)	a) Allgemeine Vertretungsregelung b) Inhaber/Persönlich haftende Gesellschafter/Vertretungsberechtigte/ besondere Vertretungsbefugnis	Prokura
1	2	3	4
1	a) Gelateria Arturo Topolino e.K. b) Garmisch-Partenkirchen Geschäftsanschrift: Hauptstraße 12, 82467 Garmisch-Partenkirchen	a) Der Inhaber/die Inhaberin handelt allein. b) Inhaber: Topolino, Arturo, Farchant, *24. 12. 1965	
2	a) Geändert, nun: Gelateria Topolino und Benedetti OHG b) Zweigniederlassung/en unter gleicher Firma mit Zusatz: Filiale Tegernsee, 83 684 Tegernsee Geschäftsanschrift: Seestraße 4, 83684 Tegernsee	a) Geändert, nun: Jeder persönlich haftende Gesellschafter vertritt einzeln. b) Geändert, nun: Persönlich haftender Gesellschafter: Topolino, Arturo, Farchant, *24. 12. 1965 Eingetreten: Persönlich haftender Gesellschafter: Benedetti, Gabriella, Tegernsee, *10. 2. 1971 Vertretungsbefugnis beschränkt auf die Zweigniederlassung Tegernsee.	
3	a) Geändert, nun: Gelati Cortina KG	b) Ausgeschieden: Persönlich haftender Gesellschafter: Benedetti, Gabriella, Tegernsee, *10. 2. 1971	
4	b) Geändert, nun: Bad Tölz Geschäftsanschrift: Alleestraße 9, 83646 Bad Tölz Zweigniederlassung aufgehoben: Gelateria Topolino und Benedetti OHG Filiale Tegernsee, 83684 Tegernsee		
5	a) Geändert, nun: Gelati Cortina e. K.	a) Geändert, nun: Der Inhaber/die Inhaberin handelt allein. b) Geändert, nun: Inhaber: Topolino, Arturo, Farchant, * 24. 12. 1965	

Mustereintragungen/I. Einzelfirma (A-Firma)

Nummer der Firma: HRA 80 543

Rechtsverhältnisse a) Rechtsform, Beginn und Satzung b) Sonstige Rechtsverhältnisse c) Kommanditisten, Mitglieder	a) Tag der Eintragung b) Bemerkungen
5	6
a) Einzelkaufmann/Einzelkauffrau	a) 15. 1. 2009 Amam
a) Geändert, nun: Offene Handelsgesellschaft	a) 18. 11. 2009 Amam

a) Geändert, nun:
   Kommanditgesellschaft
c) Als Kommanditist/en eingetreten:
   Benedetti, Gabrielle, Tegernsee, *10. 2. 1971,
   Einlage: 20 000,00 EUR
	a) 20. 11. 2010
	Amam

	a) 18. 9. 2011 Amam

a) Einzelkaufmann/Einzelkauffrau
b) Die Gesellschaft ist aufgelöst.
c) Ausgeschieden:
   Benedetti, Gabriella, Tegernsee, *10. 2. 1971,
   Einlage: 20 000,00 EUR
	a) 15. 5. 2012
	Amam

Anhang 1

2. Aktueller Ausdruck

Aktueller Ausdruck nach Eintragung Nr. 1

Handelsregister A des Amtsgerichts München	Abteilung A Wiedergabe des aktuellen Registerinhalts	Nummer der Firma: **HRA 80 543**
– Ausdruck –	Seite 1 von 1	

1. **Anzahl der bisherigen Eintragungen:**
   1

2. a) **Firma:**
   Gelateria Arturo Topolino e. K.

   b) **Sitz, Niederlassung, inländische Geschäftsanschrift, Zweigniederlassungen:**
   Garmisch-Partenkirchen
   Geschäftsanschrift: Hauptstraße 12, 82467 Garmisch-Partenkirchen

   c) **Gegenstand des Unternehmens (bei juristischen Personen):**
   —

3. a) **Allgemeine Vertretungsregelung:**
   Der Inhaber/die Inhaberin handelt allein.

   b) **Inhaber/Persönlich haftende Gesellschafter/Vertretungsberechtigte/besondere Vertretungsbefugnis:**
   Inhaber: Topolino, Arturo, Farchant, *24. 12. 1965

4. **Prokura:**
   —

5. **Rechtsverhältnisse:**

   a) **Rechtsform, Beginn und Satzung:**
   Einzelkaufmann/Einzelkauffrau

   b) **sonstige Rechtsverhältnisse:**
   —

   c) **Kommanditisten, Mitglieder:**
   —

6. a) **Tag der letzten Eintragung:**
   15. 1. 2009

Mustereintragungen/I. Einzelfirma (A-Firma)

Aktueller Ausdruck nach Eintragung Nr. 2

Handelsregister A des Amtsgerichts München	Abteilung A Wiedergabe des aktuellen Registerinhalts	Nummer der Firma: **HRA 80 543**
– Ausdruck –	Seite 1 von 1	

1. Anzahl der bisherigen Eintragungen:
2

2. a) Firma:
Gelateria Topolino und Benedetti OHG

b) Sitz, Niederlassung, inländische Geschäftsanschrift, Zweigniederlassungen:
Garmisch-Partenkirchen
Geschäftsanschrift: Hauptstraße 12, 82467 Garmisch-Partenkirchen

Zweigniederlassung/en unter gleicher Firma mit Zusatz:
Filiale Tegernsee, 83684 Tegernsee
Geschäftsanschrift: Seestraße 4, 83684 Tegernsee

c) Gegenstand des Unternehmens (bei juristischen Personen):
—

3. a) Allgemeine Vertretungsregelung:
Jeder persönlich haftende Gesellschafter vertritt einzeln.

b) Inhaber/Persönlich haftende Gesellschafter/Vertretungsberechtigte/besondere Vertretungsbefugnis:
Persönlich haftender Gesellschafter: Topolino, Arturo, Farchant, *24. 12. 1965

Vertretungsbefugnis beschränkt auf die Zweigniederlassung Tegernsee:
Persönlich haftender Gesellschafter: Benedetti, Gabriella, Tegernsee, *10. 2. 1971

4. Prokura:
—

5. Rechtsverhältnisse:

a) Rechtsform, Beginn und Satzung:
Offene Handelsgesellschaft

b) sonstige Rechtsverhältnisse:
—

c) Kommanditisten, Mitglieder:
—

6. a) Tag der letzten Eintragung:
18. 11. 2009

Anhang 1

Aktueller Ausdruck nach Eintragung Nr. 3

Handelsregister A des Amtsgerichts München	Abteilung A Wiedergabe des aktuellen Registerinhalts	Nummer der Firma: **HRA 80 543**
– Ausdruck –	Seite 1 von 1	

1. **Anzahl der bisherigen Eintragungen:**
   3

2. **a) Firma:**
   Gelati Cortina KG

   b) Sitz, Niederlassung, inländische Geschäftsanschrift, Zweigniederlassungen:
   Garmisch-Partenkirchen
   Geschäftsanschrift: Hauptstraße 12, 82467 Garmisch-Partenkirchen

   Zweigniederlassung/en unter gleicher Firma mit Zusatz
   Filiale Tegernsee, 83684 Tegernsee
   Geschäftsanschrift: Seestraße 4, 83684 Tegernsee

   c) Gegenstand des Unternehmens (bei juristischen Personen):
   —

3. **a) Allgemeine Vertretungsregelung:**
   Jeder persönlich haftende Gesellschafter vertritt einzeln.

   b) Inhaber/Persönlich haftende Gesellschafter/Vertretungsberechtigte/besondere Vertretungsbefugnis:
   Persönlich haftender Gesellschafter: Topolino, Arturo, Farchant, *24. 12. 1965

4. **Prokura:**
   —

5. **Rechtsverhältnisse:**

   a) Rechtsform, Beginn und Satzung:
   Kommanditgesellschaft

   b) sonstige Rechtsverhältnisse:
   —

   c) Kommanditisten, Mitglieder:
   Benedetti, Gabriella, Tegernsee, *10. 2. 1971, Einlage 20 000,00 EUR

6. **a) Tag der letzten Eintragung:**
   20. 11. 2010

Mustereintragungen/I. Einzelfirma (A-Firma)

Aktueller Ausdruck nach Eintragung Nr. 4

Handelsregister A des Amtsgerichts München	Abteilung A Wiedergabe des aktuellen Registerinhalts	Nummer der Firma: **HRA 80 543**
– Ausdruck –	Seite 1 von 1	

1. Anzahl der bisherigen Eintragungen:
4

2. a) Firma:
Gelati Cortina KG

b) Sitz, Niederlassung, inländische Geschäftsanschrift, Zweigniederlassungen:
Bad Tölz
Geschäftsanschrift: Alleestraße 9, 83646 Bad Tölz

c) Gegenstand des Unternehmens (bei juristischen Personen):
—

3. a) Allgemeine Vertretungsregelung:
Jeder persönlich haftende Gesellschafter vertritt einzeln.

b) Inhaber/Persönlich haftende Gesellschafter/Vertretungsberechtigte/besondere Vertretungsbefugnis:
Persönlich haftender Gesellschafter: Topolino, Arturo, Farchant, *24. 12. 1965

4. Prokura:
—

5. Rechtsverhältnisse:

a) Rechtsform, Beginn und Satzung:
Kommanditgesellschaft

b) sonstige Rechtsverhältnisse:
—

c) Kommanditisten, Mitglieder:
Benedetti, Gabriella, Tegernsee, *10. 2. 1971, Einlage 20 000,00 EUR

6. a) Tag der letzten Eintragung:
18. 9. 2011

Anhang 1

Aktueller Ausdruck nach Eintragung Nr. 5

Handelsregister A des Amtsgerichts München	Abteilung A Wiedergabe des aktuellen Registerinhalts	Nummer der Firma: **HRA 80 543**
– Ausdruck –	Seite 1 von 1	

1. **Anzahl der bisherigen Eintragungen:**
   5

2. **a) Firma:**
   Gelati Cortina e. K.

   b) Sitz, Niederlassung, inländische Geschäftsanschrift, Zweigniederlassungen:
   Bad Tölz
   Geschäftsanschrift: Alleestraße 9, 83646 Bad Tölz

   c) Gegenstand des Unternehmens (bei juristischen Personen):
   —

3. **a) Allgemeine Vertretungsregelung:**
   Der Inhaber/die Inhaberin handelt allein.

   b) Inhaber/Persönlich haftende Gesellschafter/Vertretungsberechtigte/besondere Vertretungsbefugnis:
   Inhaber: Topolino, Arturo, Farchant, *24. 12. 1965

4. **Prokura:**
   —

5. **Rechtsverhältnisse:**

   a) Rechtsform, Beginn und Satzung:
   Einzelkaufmann/Einzelkauffrau

   b) sonstige Rechtsverhältnisse:

   c) Kommanditisten, Mitglieder:
   —

6. **a) Tag der letzten Eintragung:**
   15. 5. 2012

II. GmbH

Anhang 1

1. Chronologischer Ausdruck

Handelsregister B des Amtsgerichts München Abteilung B

Nr. der Eintragung	a) Firma b) Sitz/Niederlassung/ inländische Geschäftsanschrift/empfangsberechtigte Person/ Zweigniederlassungen c) Gegenstand des Unternehmens	Grund- oder Stammkapital	a) Allgemeine Vertretungsregelung b) Vertretungsberechtigte und besondere Vertretungsbefugnis	Prokura
1	2	3	4	5
1	a) Prima-Prima Veranstaltungsservice GmbH b) Starnberg c) Promotion und Organisation von Konferenzen, Kongressen, Konzerten und anderen Top Events	50 000,00 DEM	a) Ist nur ein Geschäftsführer bestellt, so vertritt er die Gesellschaft allein. Sind mehrere Geschäftsführer bestellt, so wird die Gesellschaft durch zwei Geschäftsführer oder durch einen Geschäftsführer gemeinsam mit einem Prokuristen vertreten. b) Geschäftsführer: Winkelhof, René, Starnberg, *15. 4. 1976 einzelvertretungsberechtigt; mit der Befugnis, im Namen der Gesellschaft mit sich im eigenen Namen oder als Vertreter eines Dritten Rechtsgeschäfte abzuschließen.	
2		26 000,00 EUR		

766

HRB 144 665

a) Rechtsform, Beginn, Gesellschaftsvertrag/Satzung b) Sonstige Rechtsverhältnisse	a) Tag der Eintragung b) Bemerkungen
6	7
a) Gesellschaft mit beschränkter Haftung Gesellschaftsvertrag vom 23. 12. 1996.	a) 7. 1. 1997 Dr. Brusius b) Gesellschaftsvertrag Bl. 3 SB;
a) Die Gesellschafterversammlung vom 18. 1. 1999 hat die Umstellung auf Euro und die Erhöhung des Stammkapitals um 345,41 EUR auf 26 000 EUR und die Änderung des § 3 (Stammkapital) der Satzung beschlossen.	a) 25. 1. 1999 Dr. Brusius b) Beschluss Bl. 7 SB; neue Satzung Bl. 8 SB;

Anhang 1

Nr. der Eintragung	a) Firma b) Sitz/Niederlassung/ inländische Geschäftsanschrift/empfangsberechtigte Person/ Zweigniederlassungen c) Gegenstand des Unternehmens	Grund- oder Stammkapital	a) Allgemeine Vertretungsregelung b) Vertretungsberechtigte und besondere Vertretungsbefugnis	Prokura
1	2	3	4	5
3			b) <u>Vertretungsbefugnis geändert:</u> Geschäftsführer: <u>Winkelhof, René, Starnberg, *15. 4. 1976 einzelvertretungsberechtigt.</u> Bestellt: Geschäftsführer: <u>Neumatzke, Oliver, Berlin, *18. 9. 1975 einzelvertretungsberechtigt.</u>	
4	a) Geschäftsanschrift: Seepromenade 19, 82319 Starnberg b) <u>Zweigniederlassung/en mit abweichender Firma: Firstclass Events Zweigniederlassung der Prima-Prima Veranstaltungsservice GmbH, in: 12555 Berlin Geschäftsanschrift: Ahornallee 5, 12555 Berlin</u>			<u>Gesamtprokura gemeinsam mit einem Geschäftsführer oder einem anderen Prokuristen beschränkt auf die Zweigniederlassung Berlin: Krawuschke, Lydia, Potsdam, *24. 12. 1976</u>
5	a) Top Ten Star Events GmbH b) <u>Geändert:</u> Zweigniederlassung/en mit abweichender Firma: Firstclass Events Zweigniederlassung der Top Ten Star Events GmbH, in: 12555 Berlin Geschäftsanschrift: Ahornallee 5, 12555 Berlin			<u>Name und Vertretungsbefugnis der Prokuristin Krawuschke Lydia geändert: Einzelprokura mit der Befugnis, im Namen der Gesellschaft mit sich im eigenen Namen oder als Vertreter eines Dritten Rechtsgeschäfte abzuschließen: Martinelli, Lydia, geb. Krawuschke, Potsdam, *24. 12. 1976</u>
6				<u>Von Amts wegen eingetragen: Prokura erloschen: Martinelli, Lydia, geb. Krawuschke, Potsdam, *24. 12. 1976</u>

Mustereintragungen/II. GmbH

a) Rechtsform, Beginn, Gesellschaftsvertrag/Satzung b) Sonstige Rechtsverhältnisse	a) Tag der Eintragung b) Bemerkungen
6	7
b) Die Firstclass Events GmbH mit dem Sitz in Berlin (Amtsgericht Charlottenburg HRB 38 955) ist auf Grund des Verschmelzungsvertrages vom 24. 8. 1999 und der Beschlüsse der Gesellschafterversammlungen vom selben Tag mit der Gesellschaft verschmolzen.	a) 25. 9. 1999 Dr. Brusius b) Verschmelzungsvertrag und Beschlüsse Bl. 13 SB
	a) 3. 1. 2009 Mayer
a) Die Gesellschafterversammlung vom 20. 3. 2009 hat die Schaffung eines Genehmigten Kapitals und die Neufassung der Satzung beschlossen. Dabei wurde geändert: Firma. b) Die Geschäftsführer sind durch Beschluss der Gesellschafterversammlung vom 20. 3. 2009 ermächtigt, das Stammkapital bis zum 20. 3. 2014 gegen Bar- und/oder Sacheinlagen einmal oder mehrmals um insgesamt bis zu 13 000,00 EUR zu erhöhen (Genehmigtes Kapital 2009/I).	a) 2. 4. 2009 Dr. Brusius
b) Über das Vermögen der Gesellschaft ist durch Beschluss des Amtsgerichts Starnberg vom 15. 8. 2009 (Az. 3 IN 78/09) das Insolvenzverfahren eröffnet worden. Die Gesellschaft ist dadurch aufgelöst. Von Amts wegen eingetragen.	a) 20. 8. 2009 Mayer

Anhang 1

Nr. der Eintragung	a) Firma b) Sitz c) Gegenstand des Unternehmens	Grund- oder Stammkapital	a) Allgemeine Vertretungsregelung b) Vertretungsberechtigte und besondere Vertretungsbefugnis	Prokura
1	2	3	4	5
7			a) Von Amts wegen eingetragen: Geändert, nun: Die Gesellschaft wird durch den/die Liquidatoren vertreten. b) Von Amts wegen eingetragen: Geändert, nun: Liquidator: Winkelhof, René, Starnberg, *15. 4. 1976 Liquidator: Neumatzke, Oliver, Berlin, *18. 9. 1975	
8				

770

Mustereintragungen/II. GmbH

a) Gesellschaftsvertrag/Satzung b) Sonstige Rechtsverhältnisse	a) Tag der Eintragung und Bestätigung b) Bemerkungen
6	7
b) Das Insolvenzverfahren ist durch Beschluss des Amtsgerichts Starnberg vom 28. 2. 2010 (Az. 3 IN 78/09) mangels einer die Kosten des Verfahrens deckenden Masse eingestellt.	a) 8. 4. 2010 Mayer
b) Die Gesellschaft ist wegen Vermögenslosigkeit gemäß § 399 FamFG gelöscht. Von Amts wegen eingetragen.	a) 22. 11. 2010 Dr. Brusius

Anhang 1

2. Aktueller Ausdruck

Aktueller Ausdruck nach Eintragung Nr. 1

Handelsregister B des Amtsgerichts München	Abteilung B Wiedergabe des aktuellen Registerinhalts	Nummer der Firma: **HRB 144 665**
– Ausdruck –	Seite 1 von 1	

1. Anzahl der bisherigen Eintragungen:
1

2. a) Firma:
Prima-Prima Veranstaltungsservice GmbH

b) Sitz:
Starnberg

c) Gegenstand des Unternehmens:
Promotion und Organisation von Konferenzen, Kongressen, Konzerten und anderen Top Events

3. Grund- oder Stammkapital:
50 000,00 DEM

4. a) Allgemeine Vertretungsregelung:
Ist nur ein Geschäftsführer bestellt, so vertritt er die Gesellschaft allein. Sind mehrere Geschäftsführer bestellt, so wird die Gesellschaft durch zwei Geschäftsführer oder durch einen Geschäftsführer gemeinsam mit einem Prokuristen vertreten.

b) Vertretungsberechtigte und besondere Vertretungsbefugnis:
Einzelvertretungsberechtigt; mit der Befugnis, im Namen der Gesellschaft mit sich im eigenen Namen oder als Vertreter eines Dritten Rechtsgeschäfte abzuschließen:
Geschäftsführer: Winkelhof, René, Starnberg, *15. 4. 1976

5. Prokura:
—

6. a) Gesellschaftsvertrag/Satzung:
Gesellschaft mit beschränkter Haftung
Gesellschaftsvertrag vom 23. 12. 1996

b) Sonstige Rechtsverhältnisse:
—

7. a) Tag der letzten Eintragung:
7. 1. 1997

Mustereintragungen/II. GmbH

Aktueller Ausdruck nach Eintragung Nr. 2

Handelsregister B des Amtsgerichts München	Abteilung B Wiedergabe des aktuellen Registerinhalts	Nummer der Firma: **HRB 144 665**
– Ausdruck –	Seite 1 von 1	

1. Anzahl der bisherigen Eintragungen:
2

2. a) Firma:
Prima-Prima Veranstaltungsservice GmbH

b) Sitz:
Starnberg

c) Gegenstand des Unternehmens:
Promotion und Organisation von Konferenzen, Kongressen, Konzerten und anderen Top Events

3. Grund- oder Stammkapital:
26 000,00 EUR

4. a) Allgemeine Vertretungsregelung:
Ist nur ein Geschäftsführer bestellt, so vertritt er die Gesellschaft allein. Sind mehrere Geschäftsführer bestellt, so wird die Gesellschaft durch zwei Geschäftsführer oder durch einen Geschäftsführer gemeinsam mit einem Prokuristen vertreten.

b) Vertretungsberechtigte und besondere Vertretungsbefugnis:
Einzelvertretungsberechtigt; mit der Befugnis, im Namen der Gesellschaft mit sich im eigenen Namen oder als Vertreter eines Dritten Rechtsgeschäfte abzuschließen:
Geschäftsführer: Winkelhof, René, Starnberg, *15. 4. 1976

5. Prokura:
—

6. a) Gesellschaftsvertrag/Satzung:
Gesellschaft mit beschränkter Haftung
Gesellschaftsvertrag vom 23. 12. 1996
Zuletzt geändert durch Beschluss vom 18. 1. 1999

b) Sonstige Rechtsverhältnisse:
—

7. a) Tag der letzten Eintragung:
25. 1. 1999

Anhang 1

Aktueller Ausdruck nach Eintragung Nr. 3

Handelsregister B des Amtsgerichts München	Abteilung B Wiedergabe des aktuellen Registerinhalts	Nummer der Firma: **HRB 144 665**
– Ausdruck –	Seite 1 von 1	

1. **Anzahl der bisherigen Eintragungen:**
   3

2. **a) Firma:**
   Prima-Prima Veranstaltungsservice GmbH

   b) Sitz:
   Starnberg

   c) Gegenstand des Unternehmens:
   Promotion und Organisation von Konferenzen, Kongressen, Konzerten und anderen Top Events

3. **Grund- oder Stammkapital:**
   26 000,00 EUR

4. **a) Allgemeine Vertretungsregelung:**
   Ist nur ein Geschäftsführer bestellt, so vertritt er die Gesellschaft allein. Sind mehrere Geschäftsführer bestellt, so wird die Gesellschaft durch zwei Geschäftsführer oder durch einen Geschäftsführer gemeinsam mit einem Prokuristen vertreten.

   b) Vertretungsberechtigte und besondere Vertretungsbefugnis:
   Einzelvertretungsberechtigt:
   Geschäftsführer: Neumatzke, Oliver, Berlin, *18. 9. 1975
   Geschäftsführer: Winkelhof, René, Starnberg, *15. 4. 1976

5. **Prokura:**
   —

6. **a) Gesellschaftsvertrag/Satzung:**
   Gesellschaft mit beschränkter Haftung
   Gesellschaftsvertrag vom 23. 12. 1996
   Zuletzt geändert durch Beschluss vom 18. 1. 1999

   b) Sonstige Rechtsverhältnisse:
   Die Firstclass Events GmbH mit dem Sitz in Berlin (Amtsgericht Charlottenburg HRB 38 955) ist auf Grund des Verschmelzungsvertrages vom 24. 8. 1999 und der Beschlüsse der Gesellschafterversammlungen vom selben Tag mit der Gesellschaft verschmolzen.

7. **a) Tag der letzten Eintragung:**
   25. 9. 1999

Mustereintragungen/II. GmbH

Aktueller Ausdruck nach Eintragung Nr. 4

Handelsregister B des Amtsgerichts München	Abteilung B Wiedergabe des aktuellen Registerinhalts	Nummer der Firma: **HRB 144 665**
– Ausdruck –	Seite 1 von 1	

1. Anzahl der bisherigen Eintragungen:
4

2. a) Firma:
Prima-Prima Veranstaltungsservice GmbH

b) Sitz, Niederlassung, inländische Geschäftsanschrift, empfangsberechtigte Person, Zweigniederlassungen:
Starnberg
Geschäftsanschrift: Seepromenade 19, 82319 Starnberg
Zweigniederlassung/en mit abweichender Firma:
Firstclass Events Zweigniederlassung der Prima-Prima Veranstaltungsservice GmbH, in: 12555 Berlin
Geschäftsanschrift: Ahornallee 5, 12555 Berlin

c) Gegenstand des Unternehmens:
Promotion und Organisation von Konferenzen, Kongressen, Konzerten und anderen Top Events

3. Grund- oder Stammkapital:
26 000,00 EUR

4. a) Allgemeine Vertretungsregelung:
Ist nur ein Geschäftsführer bestellt, so vertritt er die Gesellschaft allein. Sind mehrere Geschäftsführer bestellt, so wird die Gesellschaft durch zwei Geschäftsführer oder durch einen Geschäftsführer gemeinsam mit einem Prokuristen vertreten.

b) Vertretungsberechtigte und besondere Vertretungsbefugnis:
Einzelvertretungsberechtigt:
Geschäftsführer: Neumatzke, Oliver, Berlin, *18. 9. 1975
Geschäftsführer: Winkelhof, René, Starnberg, *15. 4. 1976

5. Prokura:
Beschränkt auf die Zweigniederlassung Berlin:
Gesamtprokura gemeinsam mit einem Geschäftsführer oder einem anderen Prokuristen:
Krawuschke, Lydia, Potsdam, *24. 12. 1976

6. a) Gesellschaftsvertrag/Satzung:
Gesellschaft mit beschränkter Haftung
Gesellschaftsvertrag vom 23. 12. 1996
Zuletzt geändert durch Beschluss vom 18. 1. 1999

b) Sonstige Rechtsverhältnisse:
Die Firstclass Events GmbH mit dem Sitz in Berlin (Amtsgericht Charlottenburg HRB 38 955) ist auf Grund des Verschmelzungsvertrages vom 24. 8. 1999 und der Beschlüsse der Gesellschafterversammlungen vom selben Tag mit der Gesellschaft verschmolzen.

7. a) Tag der letzten Eintragung:
3. 1. 2009

Anhang 1

Aktueller Ausdruck nach Eintragung Nr. 5

Handelsregister B des Amtsgerichts München	Abteilung B Wiedergabe des aktuellen Registerinhalts	Nummer der Firma: **HRB 144 665**
– Ausdruck –	Seite 1 von 1	

1. **Anzahl der bisherigen Eintragungen:**
   5

2. **a) Firma:**
   Top Ten Star Events GmbH

   b) Sitz, Niederlassung, inländische Geschäftsanschrift, empfangsberechtigte Person, Zweigniederlassungen:
   Starnberg
   Geschäftsanschrift: Seepromenade 19, 82319 Starnberg
   Zweigniederlassung/en mit abweichender Firma:
   Firstclass Events Zweigniederlassung der Top Ten Star Events GmbH, in: 12555 Berlin
   Geschäftsanschrift: Ahornallee 5, 12555 Berlin

   c) Gegenstand des Unternehmens:
   Promotion und Organisation von Konferenzen, Kongressen, Konzerten und anderen Top Events

3. **Grund- oder Stammkapital:**
   26 000,00 EUR

4. **a) Allgemeine Vertretungsregelung:**
   Ist nur ein Geschäftsführer bestellt, so vertritt er die Gesellschaft allein. Sind mehrere Geschäftsführer bestellt, so wird die Gesellschaft durch zwei Geschäftsführer oder durch einen Geschäftsführer gemeinsam mit einem Prokuristen vertreten.

   b) Vertretungsberechtigte und besondere Vertretungsbefugnis:
   Einzelvertretungsberechtigt:
   Geschäftsführer: Neumatzke, Oliver, Berlin, *18. 9. 1975
   Geschäftsführer: Winkelhof, René, Starnberg, *15. 4. 1976

5. **Prokura:**
   Einzelprokura mit der Befugnis, im Namen der Gesellschaft mit sich im eigenen Namen oder als Vertreter eines Dritten Rechtsgeschäfte abzuschließen:
   Martinelli, Lydia, geb. Krawuschke, Potsdam, *24. 12. 1976

6. **a) Gesellschaftsvertrag/Satzung:**
   Gesellschaft mit beschränkter Haftung
   Gesellschaftsvertrag vom 23. 12. 1996
   Zuletzt geändert durch Beschluss vom 20. 3. 2009

   b) Sonstige Rechtsverhältnisse:
   Die Firstclass Events GmbH mit dem Sitz in Berlin (Amtsgericht Charlottenburg HRB 38 955) ist auf Grund des Verschmelzungsvertrages vom 24. 8. 1999 und der Beschlüsse der Gesellschafterversammlungen vom selben Tag mit der Gesellschaft verschmolzen.
   Die Geschäftsführer sind durch Beschluss der Gesellschafterversammlung vom 20. 3. 2009 ermächtigt, das Stammkapital bis zum 20. 3. 2014 gegen Bar- und/oder Sacheinlagen einmal oder mehrmals um insgesamt bis zu 13 000,00 EUR zu erhöhen (Genehmigtes Kapital 2009/I).

7. **a) Tag der letzten Eintragung:**
   2. 4. 2009

Mustereintragungen/II. GmbH

Aktueller Ausdruck nach Eintragung Nr. 6

Handelsregister B des Amtsgerichts München	Abteilung B Wiedergabe des aktuellen Registerinhalts	Nummer der Firma: **HRB 144 665**
– Ausdruck –	Seite 1 von 1	

1. Anzahl der bisherigen Eintragungen:
6

2. a) Firma:
Top Ten Star Events GmbH

b) Sitz, Niederlassung, inländische Geschäftsanschrift, empfangsberechtigte Person, Zweigniederlassungen:
Starnberg
Geschäftsanschrift: Seepromenade 19, 82319 Starnberg
Zweigniederlassung/en mit abweichender Firma:
Firstclass Events Zweigniederlassung der Top Ten Star Events GmbH, in: 12555 Berlin
Geschäftsanschrift: Ahornallee 5, 12555 Berlin

c) Gegenstand des Unternehmens:
Promotion und Organisation von Konferenzen, Kongressen, Konzerten und anderen Top Events

3. Grund- oder Stammkapital:
26 000,00 EUR

4. a) Allgemeine Vertretungsregelung:
Ist nur ein Geschäftsführer bestellt, so vertritt er die Gesellschaft allein. Sind mehrere Geschäftsführer bestellt, so wird die Gesellschaft durch zwei Geschäftsführer oder durch einen Geschäftsführer gemeinsam mit einem Prokuristen vertreten.

b) Vertretungsberechtigte und besondere Vertretungsbefugnis:
Einzelvertretungsberechtigt:
Geschäftsführer: Neumatzke, Oliver, Berlin, *18. 9. 1975
Geschäftsführer: Winkelhof, René, Starnberg, *15. 4. 1976

5. Prokura:
—

6. a) Gesellschaftsvertrag/Satzung:
Gesellschaft mit beschränkter Haftung
Gesellschaftsvertrag vom 23. 12. 1996
Zuletzt geändert durch Beschluss vom 20. 3. 2009

b) Sonstige Rechtsverhältnisse:
Die Firstclass Events GmbH mit dem Sitz in Berlin (Amtsgericht Charlottenburg HRB 38 955) ist auf Grund des Verschmelzungsvertrages vom 24. 8. 1999 und der Beschlüsse der Gesellschafterversammlungen vom selben Tag mit der Gesellschaft verschmolzen.
Die Geschäftsführer sind durch Beschluss der Gesellschafterversammlung vom 20. 3. 2009 ermächtigt, das Stammkapital bis zum 20. 3. 2014 gegen Bar- und/oder Sacheinlagen einmal oder mehrmals um insgesamt bis zu 13 000,00 EUR zu erhöhen (Genehmigtes Kapital 2009/I).
Über das Vermögen der Gesellschaft ist durch Beschluss des Amtsgerichts Starnberg vom 15. 8. 2009 (Az. 3 IN 78/09) das Insolvenzverfahren eröffnet worden.
Die Gesellschaft ist dadurch aufgelöst.
Von Amts wegen eingetragen.

7. a) Tag der letzten Eintragung:
20. 8. 2009

Anhang 1

Aktueller Ausdruck nach Eintragung Nr. 7

Handelsregister B des Amtsgerichts München	Abteilung B Wiedergabe des aktuellen Registerinhalts	Nummer der Firma: **HRB 144 665**
– Ausdruck –	Seite 1 von 1	

1. **Anzahl der bisherigen Eintragungen:**
   7

2. **a) Firma:**
   Top Ten Star Events GmbH

   b) Sitz, Niederlassung, inländische Geschäftsanschrift, empfangsberechtigte Person, Zweigniederlassungen:
   Starnberg
   Geschäftsanschrift: Seepromenade 19, 82319 Starnberg
   Zweigniederlassung/en mit abweichender Firma:
   Firstclass Events Zweigniederlassung der Top Ten Star Events GmbH, in: 12555 Berlin
   Geschäftsanschrift: Ahornallee 5, 12555 Berlin

   c) Gegenstand des Unternehmens:
   Promotion und Organisation von Konferenzen, Kongressen, Konzerten und anderen Top Events

3. **Grund- oder Stammkapital:**
   26 000,00 EUR

4. **a) Allgemeine Vertretungsregelung:**
   Die Gesellschaft wird durch den/die Liquidatoren vertreten.

   b) Vertretungsberechtigte und besondere Vertretungsbefugnis:
   Liquidator: Neumatzke, Oliver, Berlin, *18. 9. 1975
   Liquidator: Winkelhof, René, Starnberg, *15. 4. 1976

5. **Prokura:**
   —

6. **a) Gesellschaftsvertrag/Satzung:**
   Gesellschaft mit beschränkter Haftung
   Gesellschaftsvertrag vom 23. 12. 1996
   Zuletzt geändert durch Beschluss vom 20. 3. 2009

   b) Sonstige Rechtsverhältnisse:
   Die Firstclass Events GmbH mit dem Sitz in Berlin (Amtsgericht Charlottenburg HRB 38 955) ist auf Grund des Verschmelzungsvertrages vom 24. 8. 1999 und der Beschlüsse der Gesellschafterversammlungen vom selben Tag mit der Gesellschaft verschmolzen.
   Die Geschäftsführer sind durch Beschluss der Gesellschafterversammlung vom 20. 3. 2009 ermächtigt, das Stammkapital bis zum 20. 3. 2014 gegen Bar- und/oder Sacheinlagen einmal oder mehrmals um insgesamt bis zu 13 000,00 EUR zu erhöhen (Genehmigtes Kapital 2009/I).
   Über das Vermögen der Gesellschaft ist durch Beschluss des Amtsgerichts Starnberg vom 15. 8. 2009 (Az. 3 IN 78/09) das Insolvenzverfahren eröffnet worden.
   Die Gesellschaft ist dadurch aufgelöst.
   Von Amts wegen eingetragen.
   Das Insolvenzverfahren ist durch Beschluss des Amtsgerichts Starnberg vom 28. 2. 2010 (Az. 3 IN 78/09) mangels einer die Kosten des Verfahrens deckenden Masse eingestellt.

7. **a) Tag der letzten Eintragung:**
   8. 4. 2010

Vermerk: Da bei gelöschten Registerblättern kein aktueller Ausdruck vorgesehen ist, kann nach Eintragung Nr. 8 ein solcher nicht mehr erstellt werden.

III. Aktiengesellschaft

Anhang 1

1. Chronologischer Ausdruck

Handelsregister B des Amtsgerichts München

Nr. der Eintragung	a) Firma b) Sitz/Niederlassung/ inländische Geschäftsanschrift/empfangsberechtigte Person/ Zweigniederlassungen c) Gegenstand des Unternehmens	Grund- oder Stammkapital	a) Allgemeine Vertretungsregelung b) Vertretungsberechtigte und besondere Vertretungsbefugnis	Prokura
1	2	3	4	5
1	a) Alois Muskelmann Aktiengesellschaft b) München c) <u>Hoch- und Tiefbau</u>	200 600,00 EUR	a) Ist nur ein Vorstandsmitglied bestellt, so vertritt es die Gesellschaft allein. Sind mehrere Vorstandsmitglieder bestellt, so wird die Gesellschaft durch zwei Vorstandsmitglieder oder durch ein Vorstandsmitglied gemeinsam mit einem Prokuristen vertreten. b) <u>Vorstand: Muskelmann, Alois, Eurasburg, *28. 1. 1946</u>	
2	b) Geschäftsanschrift: Baumeisterstr. 7, 81477 München	250 000,00 EUR		

Mustereintragungen/III. Aktiengesellschaft

HRB 144 669

a) Rechtsform, Beginn, Gesellschaftsvertrag/Satzung b) Sonstige Rechtsverhältnisse	a) Tag der Eintragung b) Bemerkungen
6	7
a) Aktiengesellschaft Satzung vom 23. 12. 2004. b) Entstanden durch formwechselnde Umwandlung der Xaver und Alois Muskelmann OHG mit dem Sitz in Freising (Amtsgericht München HRA 8738).	a) 5. 1. 2005 Dr. Brusius b) Umwandlungsbeschluss Bl. 8 SB; Satzung Bl. 9 SB;
a) Die Hauptversammlung vom 15. 3. 2009 hat die Erhöhung des Grundkapitals um 50 000,00 EUR auf 250 000,00 EUR zur Durchführung der Verschmelzung mit der Schmalz & Schmalz Bau GmbH mit dem Sitz in Eschborn (Amtsgericht Frankfurt am Main HRB 29 812) und der Dieter Schräg Bau GmbH mit dem Sitz in Köln (Amtsgericht Köln HRB 12 997) und die Änderung des § 3 (Grundkapital – Bedingtes Kapital, Genehmigtes Kapital) der Satzung beschlossen. b) Das Grundkapital der Gesellschaft ist durch Beschluss der Hauptversammlung vom 15. 3. 2009 um 20 000 EUR bedingt erhöht (Bedingtes Kapital 2009/I). Das Bedingte Kapital dient der Ausgabe von Mitarbeiteroptionen. Der Vorstand ist durch Beschluss der Hauptversammlung vom 15. 3. 2009 ermächtigt, das Grundkapital mit Zustimmung des Aufsichtsrates bis zum 15. 3. 2014 gegen Bar- und/oder Sacheinlage einmal oder mehrmals um insgesamt bis zu 125 000 EUR zu erhöhen, wobei das Bezugsrecht der Aktionäre ausgeschlossen werden kann (Genehmigtes Kapital 2009/I).	a) 25. 3. 2009 Dr. Brusius

Anhang 1

Nr. der Eintragung	a) Firma b) Sitz/Niederlassung/ inländische Geschäftsanschrift/empfangsberechtigte Person/ Zweigniederlassungen c) Gegenstand des Unternehmens	Grund- oder Stammkapital	a) Allgemeine Vertretungsregelung b) Vertretungsberechtigte und besondere Vertretungsbefugnis	Prokura
1	2	3	4	5
3				
4	b) Errichtet: Zweigniederlassung/en mit abweichender Firma: Schmalz & Schmalz Bau Zweigniederlassung der Alois Muskelmann Aktiengesellschaft, in: 65760 Eschborn Geschäftsanschrift: Herzbergweg 1, 65760 Eschborn Dieter Schräg Bau Zweigniederlassung der Alois Muskelmann Aktiengesellschaft, in: 50676 Köln Geschäftsanschrift: Baumstr. 6, 50676 Köln			Gesamtprokura gemeinsam mit einem Vorstandsmitglied oder einem anderen Prokuristen beschränkt auf die Hauptniederlassung und die Zweigniederlassung Eschborn: Zähmoser, Mathilde, Buchschlag, *11. 5. 1963 Gesamtprokura gemeinsam mit einem Vorstandsmitglied oder einem anderen Prokuristen beschränkt auf die Hauptniederlassung und die Zweigniederlassung Köln: Sawitzki, Georg, Köln, *22. 6. 1958

Mustereintragungen/III. Aktiengesellschaft

a) Rechtsform, Beginn, Gesellschaftsvertrag/Satzung b) Sonstige Rechtsverhältnisse	a) Tag der Eintragung b) Bemerkungen
6	7
b) Die Schmalz & Schmalz Bau GmbH mit dem Sitz in Eschborn (Amtsgericht Frankfurt am Main HRB 29 812) und die Dieter Schräg Bau GmbH mit dem Sitz in Köln (Amtsgericht Köln HRB 12 997) sind auf Grund des Verschmelzungsvertrages vom 15. 3. 2009 sowie des Beschlusses der Hauptversammlung vom selben Tag und der Beschlüsse der Gesellschafterversammlungen der übertragenden Gesellschaften vom selben Tag mit der Gesellschaft verschmolzen.	a) 20. 6. 2009 Dr. Brusius
	a) 10. 9. 2009 Huber

Anhang 1

Nr. der Eintragung	a) Firma b) Sitz/Niederlassung/ inländische Geschäftsanschrift/empfangsberechtigte Person/ Zweigniederlassungen c) Gegenstand des Unternehmens	Grund- oder Stammkapital	a) Allgemeine Vertretungsregelung b) Vertretungsberechtigte und besondere Vertretungsbefugnis	Prokura
1	2	3	4	5
5		350 000,00 EUR	b) Geändert: Vorstand: Dr. h. c. Muskelmann, Alois, Eurasburg, *28. 1. 1946 einzelvertretungsberechtigt; mit der Befugnis, im Namen der Gesellschaft mit sich als Vertreter eines Dritten Rechtsgeschäft abzuschließen. Bestellt: Vorstand: Sanftleben, Karl, Baldham, *3. 3. 1959	
6	c) Hoch- und Tiefbau, Ingenieurleistungen aller Art, Bauträgertätigkeit	370 000,00 EUR		
7				

Mustereintragungen/III. Aktiengesellschaft

a) Rechtsform, Beginn, Gesellschaftsvertrag/Satzung b) Sonstige Rechtsverhältnisse	a) Tag der Eintragung b) Bemerkungen
6	7
a) Auf Grund der von der Hauptversammlung vom 15. 3. 2009 erteilten Ermächtigung ist die Erhöhung des Grundkapitals um 100 000,00 EUR auf 350 000,00 EUR durchgeführt. Durch Beschluss des Aufsichtsrats vom 8. 12. 2009 ist die Satzung in § 3 (Genehmigtes Kapital) geändert. b) Das Genehmigte Kapital vom 15. 3. 2009 (Genehmigtes Kapital 2009/I) beträgt nach teilweiser Ausschöpfung noch 25000 EUR.	a) 15. 12. 2009 Dr. Brusius
a) Die Hauptversammlung vom 12. 3. 2008 hat die Erhöhung des Grundkapitals um 20 000,00 EUR auf 370 000,00 EUR zum Zwecke der Abspaltung und die Änderung der §§ 2 (Gegenstand des Unternehmens) und 3 (Grundkapital) der Satzung beschlossen. b) Die Gesellschaft hat im Wege der Abspaltung gemäß Spaltungsplan vom 28. 12. 2009 sowie Beschluss ihrer Hauptversammlung vom 12. 3. 2010 und Beschluss der Gesellschafterversammlung der übertragenden Gesellschaft vom 25. 2. 2010 Teile des Vermögens (Teilbetrieb Tiefbau) von der Pretzsch Bau GmbH mit dem Sitz in Chemnitz (Amtsgericht Chemnitz HRB 12 566) übernommen. Die Abspaltung wird erst wirksam mit der Eintragung im Register des Sitzes des übertragenden Rechtsträgers. Die Gesellschaft hat am 15. 12. 2009 mit der AM Holding GmbH mit dem Sitz in München (Amtsgericht München HRB 132 900) als herrschender Gesellschaft einen Beherrschungs- und Gewinnabführungsvertrag geschlossen. Die Hauptversammlung hat mit Beschluss vom 12. 3. 2010 zugestimmt.	a) 5. 4. 2010 Dr. Brusius
b) Die Abspaltung wurde am 20. 6. 2010 im Register des Sitzes des übertragenden Rechtsträgers eingetragen (siehe Amtsgericht Chemnitz HRB 12 566).	a) 2. 7. 2010 Dr. Brusius

Anhang 1

Nr. der Eintragung	a) Firma b) Sitz/Niederlassung/ inländische Geschäftsanschrift/empfangsberechtigte Person/ Zweigniederlassungen c) Gegenstand des Unternehmens	Grund- oder Stammkapital	a) Allgemeine Vertretungsregelung b) Vertretungsberechtigte und besondere Vertretungsbefugnis	Prokura
1	2	3	4	5
8				Geändert: Einzelprokura: Sawitzki, Georg, Köln, *22. 6. 1958
9		405 000,00 EUR		

Mustereintragungen/III. Aktiengesellschaft

a) Rechtsform, Beginn, Gesellschaftsvertrag/Satzung b) Sonstige Rechtsverhältnisse	a) Tag der Eintragung b) Bemerkungen
6	7
b) Infolge Firmen- und Sitzänderung der herrschenden Gesellschaft besteht der Beherrschungs- und Gewinnabführungsvertrag vom 15. 12. 2009 nun mit der AM Beteiligungs GmbH mit Sitz in Grünwald (Amtsgericht München HRB 132 900).	a) 15. 4. 2011 Dr. Brusius
a) Auf Grund des am 15. 3. 2009 beschlossenen Bedingten Kapitals (2009/I) wurden 10 000 Bezugsaktien ausgegeben. Auf Grund der von der Hauptversammlung vom 15. 3. 2009 erteilten Ermächtigung ist die Erhöhung des Grundkapitals um 25 000,00 EUR auf 405 000,00 EUR durchgeführt. Durch Beschluss des Aufsichtsrats vom 15. 1. 2012 ist die Satzung in § 3 (Grundkapital) geändert. b) Das Bedingte Kapital 2009/I beträgt nach Ausgabe von Bezugsaktien im Geschäftsjahr 2011 noch 10 000 EUR. Das Genehmigte Kapital vom 15. 3. 2009 (Genehmigtes Kapital 2009/I) ist damit ausgeschöpft.	a) 10. 2. 2012 Dr. Brusius

Anhang 1

2. Aktueller Ausdruck

Aktueller Ausdruck nach Eintragung Nr. 1

Handelsregister B des Amtsgerichts München	Abteilung B Wiedergabe des aktuellen Registerinhalts	Nummer der Firma: **HRB 144 669**
– Ausdruck –	Seite 1 von 1	

1. Anzahl der bisherigen Eintragungen:
1

2. a) Firma:
Alois Muskelmann Aktiengesellschaft

b) Sitz:
München

c) Gegenstand des Unternehmens:
Hoch- und Tiefbau

3. Grund- oder Stammkapital:
200 000,00 EUR

4. a) Allgemeine Vertretungsregelung:
Ist nur ein Vorstandsmitglied bestellt, so vertritt es die Gesellschaft allein. Sind mehrere Vorstandsmitglieder bestellt, so wird die Gesellschaft durch zwei Vorstandsmitglieder oder durch ein Vorstandsmitglied gemeinsam mit einem Prokuristen vertreten.

b) Vertretungsberechtigte und besondere Vertretungsbefugnis:
Vorstand: Muskelmann, Alois, Eurasburg, *28. 1. 1946

5. Prokura:
—

6. a) Gesellschaftsvertrag/Satzung:
Aktiengesellschaft
Satzung vom 23. 12. 2004

b) Sonstige Rechtsverhältnisse:
Entstanden durch formwechselnde Umwandlung der Xaver und Alois Muskelmann OHG mit dem Sitz in Freising (Amtsgericht München HRA 8738).

7. a) Tag der letzten Eintragung:
5. 1. 2005

Mustereintragungen/III. Aktiengesellschaft

Aktueller Ausdruck nach Eintragung Nr. 2

Handelsregister B des Amtsgerichts München	Abteilung B Wiedergabe des aktuellen Registerinhalts	Nummer der Firma: **HRB 144 669**
– Ausdruck –	Seite 1 von 1	

1. Anzahl der bisherigen Eintragungen:
2

2. a) Firma:
Alois Muskelmann Aktiengesellschaft

b) Sitz, Niederlassung, inländische Geschäftsanschrift, empfangsberechtigte Person, Zweigniederlassungen:
München
Geschäftsanschrift: Baumeisterstr. 7, 81477 München

c) Gegenstand des Unternehmens:
Hoch- und Tiefbau

3. Grund- oder Stammkapital:
250 000,00 EUR

4. a) Allgemeine Vertretungsregelung:
Ist nur ein Vorstandsmitglied bestellt, so vertritt es die Gesellschaft allein. Sind mehrere Vorstandsmitglieder bestellt, so wird die Gesellschaft durch zwei Vorstandsmitglieder oder durch ein Vorstandsmitglied gemeinsam mit einem Prokuristen vertreten.

b) Vertretungsberechtigte und besondere Vertretungsbefugnis:
Vorstand: Muskelmann, Alois, Eurasburg, *28. 1. 1946

5. Prokura:
—

6. a) Gesellschaftsvertrag/Satzung:
Aktiengesellschaft
Satzung vom 23. 12. 2004
Zuletzt geändert durch Beschluss vom 15. 3. 2009

b) Sonstige Rechtsverhältnisse:
Entstanden durch formwechselnde Umwandlung der Xaver und Alois Muskelmann OHG mit dem Sitz in Freising (Amtsgericht München HRA 8738).
Das Grundkapital der Gesellschaft ist durch Beschluss der Hauptversammlung vom 15. 3. 2009 um 20 000 EUR bedingt erhöht (Bedingtes Kapital 2009/I). Das Bedingte Kapital dient der Ausgabe von Mitarbeiteroptionen.
Der Vorstand ist durch Beschluss der Hauptversammlung vom 15. 3. 2009 ermächtigt, das Grundkapital mit Zustimmung des Aufsichtsrates bis zum 15. 3. 2014 gegen Bar- und/oder Sacheinlage einmal oder mehrmals um insgesamt bis zu 125 000 EUR zu erhöhen, wobei das Bezugsrecht der Aktionäre ausgeschlossen werden kann (Genehmigtes Kapital 2009/I).

7. a) Tag der letzten Eintragung:
25. 3. 2009

Anhang 1

Aktueller Ausdruck nach Eintragung Nr. 3

Handelsregister B des Amtsgerichts München	Abteilung B Wiedergabe des aktuellen Registerinhalts	Nummer der Firma: **HRB 144 669**
– Ausdruck –	Seite 1 von 1	

1. Anzahl der bisherigen Eintragungen:
3

2. a) Firma:
Alois Muskelmann Aktiengesellschaft

b) Sitz, Niederlassung, inländische Geschäftsanschrift, empfangsberechtigte Person, Zweigniederlassungen:
München
Geschäftsanschrift: Baumeisterstr. 7, 81477 München

c) Gegenstand des Unternehmens:
Hoch- und Tiefbau

3. Grund- oder Stammkapital:
250 000,00 EUR

4. a) Allgemeine Vertretungsregelung:
Ist nur ein Vorstandsmitglied bestellt, so vertritt es die Gesellschaft allein. Sind mehrere Vorstandsmitglieder bestellt, so wird die Gesellschaft durch zwei Vorstandsmitglieder oder durch ein Vorstandsmitglied gemeinsam mit einem Prokuristen vertreten.

b) Vertretungsberechtigte und besondere Vertretungsbefugnis:
Vorstand: Muskelmann, Alois, Eurasburg, *28. 1. 1946

5. Prokura:
—

6. a) Gesellschaftsvertrag/Satzung:
Aktiengesellschaft
Satzung vom 23. 12. 2004
Zuletzt geändert durch Beschluss vom 15. 3. 2009

b) Sonstige Rechtsverhältnisse:
Entstanden durch formwechselnde Umwandlung der Xaver und Alois Muskelmann OHG mit dem Sitz in Freising (Amtsgericht München HRA 8738).
Die Schmalz & Schmalz Bau GmbH mit dem Sitz in Eschborn (Amtsgericht Frankfurt am Main HRB 29 812) und die Dieter Schräg Bau GmbH mit dem Sitz in Köln (Amtsgericht Köln HRB 12 997) sind auf Grund des Verschmelzungsvertrages vom 15. 3. 2009 sowie des Beschlusses der Hauptversammlung vom selben Tag und der Beschlüsse der Gesellschafterversammlungen der übertragenden Gesellschaften vom selben Tag mit der Gesellschaft verschmolzen. Das Grundkapital der Gesellschaft ist durch Beschluss der Hauptversammlung vom 15. 3. 2009 um 20 000 EUR bedingt erhöht (Bedingtes Kapital 2009/I). Das Bedingte Kapital dient der Ausgabe von Mitarbeiteroptionen.
Der Vorstand ist durch Beschluss der Hauptversammlung vom 15. 3. 2009 ermächtigt, das Grundkapital mit Zustimmung des Aufsichtsrates bis zum 15. 3. 2014 gegen Bar- und/oder Sacheinlage einmal oder mehrmals um insgesamt bis zu 125 000 EUR zu erhöhen, wobei das Bezugsrecht der Aktionäre ausgeschlossen werden kann (Genehmigtes Kapital 2009/I).

7. a) Tag der letzten Eintragung:
20. 6. 2009

Mustereintragungen/III. Aktiengesellschaft

Aktueller Ausdruck nach Eintragung Nr. 4

Handelsregister B des Amtsgerichts München	Abteilung B Wiedergabe des aktuellen Registerinhalts	Nummer der Firma: **HRB 144 669**
– Ausdruck –	Seite 1 von 2	

1. **Anzahl der bisherigen Eintragungen:**
   4

2. **a) Firma:**
   Alois Muskelmann Aktiengesellschaft
   b) Sitz, Niederlassung, inländische Geschäftsanschrift, empfangsberechtigte Person, Zweigniederlassungen:
   München
   Geschäftsanschrift: Baumeisterstr. 7, 81477 München
   Zweigniederlassung/en mit abweichender Firma:
   Dieter Schräg Bau Zweigniederlassung der Alois Muskelmann Aktiengesellschaft, in: 50676 Köln
   Geschäftsanschrift: Baumstr. 6, 50676 Köln
   Schmalz & Schmalz Bau Zweigniederlassung der Alois Muskelmann Aktiengesellschaft, in: 65760 Eschborn
   Geschäftsanschrift: Herzbergweg 1, 65760 Eschborn
   c) Gegenstand des Unternehmens:
   Hoch- und Tiefbau

3. **Grund- oder Stammkapital:**
   250 000,00 EUR

4. **a) Allgemeine Vertretungsregelung:**
   Ist nur ein Vorstandsmitglied bestellt, so vertritt es die Gesellschaft allein. Sind mehrere Vorstandsmitglieder bestellt, so wird die Gesellschaft durch zwei Vorstandsmitglieder oder durch ein Vorstandsmitglied gemeinsam mit einem Prokuristen vertreten.
   b) Vertretungsberechtigte und besondere Vertretungsbefugnis:
   Vorstand: Muskelmann, Alois, Eurasburg, *28. 1. 1946

5. **Prokura:**
   Beschränkt auf die Hauptniederlassung:
   Gesamtprokura gemeinsam mit einem Vorstandsmitglied oder einem anderen Prokuristen:
   Sawitzki, Georg, Köln, *22. 6. 1958
   Zähmoser, Mathilde, Buchschlag, *11. 5. 1963
   Beschränkt auf die Zweigniederlassung Eschborn:
   Gesamtprokura gemeinsam mit einem Vorstandsmitglied oder einem anderen Prokuristen
   Zähmoser, Mathilde, Buchschlag, *11. 5. 1963
   Beschränkt auf die Zweigniederlassung Köln:
   Gesamtprokura gemeinsam mit einem Vorstandsmitglied oder einem anderen Prokuristen:
   Sawitzki, Georg, Köln, *22. 6. 1958

6. **a) Gesellschaftsvertrag/Satzung:**
   Aktiengesellschaft
   Satzung vom 23. 12. 2004
   Zuletzt geändert durch Beschluss vom 15. 3. 2009
   b) Sonstige Rechtsverhältnisse:
   Entstanden durch formwechselnde Umwandlung der Xaver und Alois Muskelmann OHG mit dem Sitz in Freising (Amtsgericht München HRA 8738).
   Die Schmalz & Schmalz Bau GmbH mit dem Sitz in Eschborn (Amtsgericht Frankfurt am Main HRB 29 812) und die Dieter Schräg Bau GmbH mit dem Sitz in Köln (Amtsgericht Köln HRB

Handelsregister B des Amtsgerichts München	Abteilung B Wiedergabe des aktuellen Registerinhalts	Nummer der Firma: **HRB 144 669**
– Ausdruck –	Seite 2 von 2	

12 997) sind auf Grund des Verschmelzungsvertrages vom 15. 3. 2009 sowie des Beschlusses der Hauptversammlung vom selben Tag und der Beschlüsse der Gesellschafterversammlungen der übertragenden Gesellschaften vom selben Tag mit der Gesellschaft verschmolzen. Das Grundkapital der Gesellschaft ist durch Beschluss der Hauptversammlung vom 15. 3. 2009 um 20 000 EUR bedingt erhöht (Bedingtes Kapital 2009/I). Das Bedingte Kapital dient der Ausgabe von Mitarbeiteroptionen.
Der Vorstand ist durch Beschluss der Hauptversammlung vom 15. 3. 2009 ermächtigt, das Grundkapital mit Zustimmung des Aufsichtsrates bis zum 15. 3. 2014 gegen Bar- und/oder Sacheinlage einmal oder mehrmals um insgesamt bis zu 125 000 EUR zu erhöhen, wobei das Bezugsrecht der Aktionäre ausgeschlossen werden kann (Genehmigtes Kapital 2009/I).

7. a) Tag der letzten Eintragung:
10. 9. 2009

Mustereintragungen/III. Aktiengesellschaft

Aktueller Ausdruck nach Eintragung Nr. 5

Handelsregister B des Amtsgerichts München	Abteilung B Wiedergabe des aktuellen Registerinhalts	Nummer der Firma: **HRB 144 669**
– Ausdruck –	Seite 1 von 2	

1. Anzahl der bisherigen Eintragungen:
5

2. a) Firma:
Alois Muskelmann Aktiengesellschaft

b) Sitz, Niederlassung, inländische Geschäftsanschrift, empfangsberechtigte Person, Zweigniederlassungen:
München
Geschäftsanschrift: Baumeisterstr. 7, 81477 München
Zweigniederlassung/en mit abweichender Firma:
Dieter Schräg Bau Zweigniederlassung der Alois Muskelmann Aktiengesellschaft, in: 50676 Köln
Geschäftsanschrift: Baumstr. 6, 50676 Köln
Schmalz & Schmalz Bau Zweigniederlassung der Alois Muskelmann Aktiengesellschaft, in: 65760 Eschborn
Geschäftsanschrift: Herzbergweg 1, 65760 Eschborn

c) Gegenstand des Unternehmens:
Hoch- und Tiefbau

3. Grund- oder Stammkapital:
350 000,00 EUR

4. a) Allgemeine Vertretungsregelung:
Ist nur ein Vorstandsmitglied bestellt, so vertritt es die Gesellschaft allein. Sind mehrere Vorstandsmitglieder bestellt, so wird die Gesellschaft durch zwei Vorstandsmitglieder oder durch ein Vorstandsmitglied gemeinsam mit einem Prokuristen vertreten.

b) Vertretungsberechtigte und besondere Vertretungsbefugnis:
Vorstand: Sanftleben, Karl, Baldham, *3. 3. 1959
Einzelvertretungsberechtigt; mit der Befugnis, im Namen der Gesellschaft mit sich als Vertreter eines Dritten Rechtsgeschäfte abzuschließen:
Vorstand: Dr. h. c. Muskelmann, Alois, Eurasburg, *28. 1. 1946

5. Prokura:
Beschränkt auf die Hauptniederlassung:
Gesamtprokura gemeinsam mit einem Vorstandsmitglied oder einem anderen Prokuristen:
Sawitzki, Georg, Köln, *22. 6. 1958
Zähmoser, Mathilde, Buchschlag, *11. 5. 1963
Beschränkt auf die Zweigniederlassung Eschborn:
Gesamtprokura gemeinsam mit einem Vorstandsmitglied oder einem anderen Prokuristen:
Zähmoser Mathilde, Buchschlag, *11. 5. 1963
Beschränkt auf die Zweigniederlassung Köln:
Gesamtprokura gemeinsam mit einem Vorstandsmitglied oder einem anderen Prokuristen:
Sawitzki, Georg, Köln, *22. 6. 1958

6. a) Gesellschaftsvertrag/Satzung:
Aktiengesellschaft
Satzung vom 23. 12. 2004
Zuletzt geändert durch Beschluss vom 8. 12. 2009

b) Sonstige Rechtsverhältnisse:
Entstanden durch formwechselnde Umwandlung der Xaver und Alois Muskelmann OHG mit dem Sitz in Freising (Amtsgericht München HRA 8738).

Anhang 1

Handelsregister B des Amtsgerichts München	Abteilung B Wiedergabe des aktuellen Registerinhalts	Nummer der Firma: **HRB 144 669**
– Ausdruck –	Seite 2 von 2	

Die Schmalz & Schmalz Bau GmbH mit dem Sitz in Eschborn (Amtsgericht Frankfurt am Main HRB 29 812) und die Dieter Schräg Bau GmbH mit dem Sitz in Köln (Amtsgericht Köln HRB 12 997) sind auf Grund des Verschmelzungsvertrages vom 15. 3. 2009 sowie des Beschlusses der Hauptversammlung vom selben Tag und der Beschlüsse der Gesellschafterversammlungen der übertragenden Gesellschaften vom selben Tag mit der Gesellschaft verschmolzen.
Das Grundkapital der Gesellschaft ist durch Beschluss der Hauptversammlung vom 15. 3. 2009 um 20 000 EUR bedingt erhöht (Bedingtes Kapital 2009/I). Das Bedingte Kapital dient der Ausgabe von Mitarbeiteroptionen.
Der Vorstand ist durch Beschluss der Hauptversammlung vom 15. 3. 2009 ermächtigt, das Grundkapital mit Zustimmung des Aufsichtsrates bis zum 15. 3. 2014 gegen Bar- und/oder Sacheinlage einmal oder mehrmals um insgesamt bis zu 125 000 EUR zu erhöhen, wobei das Bezugsrecht der Aktionäre ausgeschlossen werden kann (Genehmigtes Kapital 2009/I).
Das Genehmigte Kapital vom 15. 3. 2009 (Genehmigtes Kapital 2009/I) beträgt nach teilweiser Ausschöpfung noch 25 000 EUR.

7. a) Tag der letzten Eintragung:
15. 12. 2009

Mustereintragungen/III. Aktiengesellschaft

Aktueller Ausdruck nach Eintragung Nr. 6

Handelsregister B des Amtsgerichts München	Abteilung B Wiedergabe des aktuellen Registerinhalts	Nummer der Firma: **HRB 144 669**
– Ausdruck –	Seite 1 von 2	

1. Anzahl der bisherigen Eintragungen:
6

2. a) Firma:
Alois Muskelmann Aktiengesellschaft

b) Sitz, Niederlassung, inländische Geschäftsanschrift, empfangsberechtigte Person, Zweigniederlassungen:
München
Geschäftsanschrift: Baumeisterstr. 7, 81477 München
Zweigniederlassung/en mit abweichender Firma:
Dieter Schräg Bau Zweigniederlassung der Alois Muskelmann Aktiengesellschaft, in: 50676 Köln
Geschäftsanschrift: Baumstr. 6, 50676 Köln
Schmalz & Schmalz Bau Zweigniederlassung der Alois Muskelmann Aktiengesellschaft, in: 65760 Eschborn
Geschäftsanschrift: Herzbergweg 1, 65760 Eschborn

c) Gegenstand des Unternehmens:
Hoch- und Tiefbau, Ingenieurleistungen aller Art, Bauträgertätigkeit

3. Grund- oder Stammkapital:
370 000,00 EUR

4. a) Allgemeine Vertretungsregelung:
Ist nur ein Vorstandsmitglied bestellt, so vertritt es die Gesellschaft allein. Sind mehrere Vorstandsmitglieder bestellt, so wird die Gesellschaft durch zwei Vorstandsmitglieder oder durch ein Vorstandsmitglied gemeinsam mit einem Prokuristen vertreten.

b) Vertretungsberechtigte und besondere Vertretungsbefugnis:
Vorstand: Sanftleben, Karl, Baldham, *3. 3. 1959
Einzelvertretungsberechtigt; mit der Befugnis, im Namen der Gesellschaft mit sich als Vertreter eines Dritten Rechtsgeschäfte abzuschließen:
Vorstand: Dr. h. c. Muskelmann, Alois, Eurasburg, *28. 1. 1946

5. Prokura:
Beschränkt auf die Hauptniederlassung:
Gesamtprokura gemeinsam mit einem Vorstandsmitglied oder einem anderen Prokuristen:
Sawitzki, Georg, Köln, *22. 6. 1958
Zähmoser, Mathilde, Buchschlag, *11. 5. 1963
Beschränkt auf die Zweigniederlassung Eschborn:
Gesamtprokura gemeinsam mit einem Vorstandsmitglied oder einem anderen Prokuristen:
Zähmoser Mathilde, Buchschlag, *11. 5. 1963
Beschränkt auf die Zweigniederlassung Köln:
Gesamtprokura gemeinsam mit einem Vorstandsmitglied oder einem anderen Prokuristen:
Sawitzki, Georg, Köln, *22. 6. 1958

6. a) Gesellschaftsvertrag/Satzung:
Aktiengesellschaft
Satzung vom 23. 12. 2004
Zuletzt geändert durch Beschluss vom 12. 3. 2010

b) Sonstige Rechtsverhältnisse:
Entstanden durch formwechselnde Umwandlung der Xaver und Alois Muskelmann OHG mit dem Sitz in Freising (Amtsgericht München HRA 8738).

Anhang 1

Handelsregister B des Amtsgerichts München	Abteilung B Wiedergabe des aktuellen Registerinhalts	Nummer der Firma: **HRB 144 669**
– Ausdruck –	Seite 2 von 2	

Die Schmalz & Schmalz Bau GmbH mit dem Sitz in Eschborn (Amtsgericht Frankfurt am Main HRB 29 812) und die Dieter Schräg Bau GmbH mit dem Sitz in Köln (Amtsgericht Köln HRB 12 997) sind auf Grund des Verschmelzungsvertrages vom 15. 3. 2009 sowie des Beschlusses der Hauptversammlung vom selben Tag und der Beschlüsse der Gesellschafterversammlungen der übertragenden Gesellschaften vom selben Tag mit der Gesellschaft verschmolzen.
Die Gesellschaft hat im Wege der Abspaltung gemäß Spaltungsplan vom 28. 12. 2009 sowie Beschluss ihrer Hauptversammlung vom 12. 3. 2010 und Beschluss der Gesellschafterversammlung der übertragenden Gesellschaft vom 25. 2. 2010 Teile des Vermögens (Teilbetrieb Tiefbau) von der Pretzsch Bau GmbH mit dem Sitz in Chemnitz (Amtsgericht Chemnitz HRB 12 566) übernommen. Die Abspaltung wird erst wirksam mit der Eintragung im Register des Sitzes des übertragenden Rechtsträgers.
Das Grundkapital der Gesellschaft ist durch Beschluss der Hauptversammlung vom 15. 3. 2009 um 20 000 EUR bedingt erhöht (Bedingtes Kapital 2009/I). Das Bedingte Kapital dient der Ausgabe von Mitarbeiteroptionen.
Der Vorstand ist durch Beschluss der Hauptversammlung vom 15. 3. 2009 ermächtigt, das Grundkapital mit Zustimmung des Aufsichtsrates bis zum 15. 3. 2014 gegen Bar- und/oder Sacheinlage einmal oder mehrmals um insgesamt bis zu 125 000 EUR zu erhöhen, wobei das Bezugsrecht der Aktionäre ausgeschlossen werden kann (Genehmigtes Kapital 2009/I).
Das Genehmigte Kapital vom 15. 3. 2009 (Genehmigtes Kapital 2009/I) beträgt nach teilweiser Ausschöpfung noch 25 000 EUR.
Die Gesellschaft hat am 15. 12. 2009 mit der AM Holding GmbH mit dem Sitz in München (Amtsgericht München HRB 132 900) als herrschender Gesellschaft einen Beherrschungs- und Gewinnabführungsvertrag geschlossen. Die Hauptversammlung hat mit Beschluss vom 12. 3. 2010 zugestimmt.

7. a) **Tag der letzten Eintragung:**
   5. 4. 2010

Mustereintragungen/III. Aktiengesellschaft

Aktueller Ausdruck nach Eintragung Nr. 7

Handelsregister B des Amtsgerichts München	Abteilung B Wiedergabe des aktuellen Registerinhalts	Nummer der Firma: **HRB 144 669**
– Ausdruck –	Seite 1 von 2	

1. Anzahl der bisherigen Eintragungen:
7

2. a) Firma:
Alois Muskelmann Aktiengesellschaft

b) Sitz, Niederlassung, inländische Geschäftsanschrift, empfangsberechtigte Person, Zweigniederlassungen:
München
Geschäftsanschrift: Baumeisterstr. 7, 81477 München
Zweigniederlassung/en mit abweichender Firma:
Dieter Schräg Bau Zweigniederlassung der Alois Muskelmann Aktiengesellschaft, in: 50676 Köln
Geschäftsanschrift: Baumstr. 6, 50676 Köln
Schmalz & Schmalz Bau Zweigniederlassung der Alois Muskelmann Aktiengesellschaft, in: 65760 Eschborn
Geschäftsanschrift: Herzbergweg 1, 65760 Eschborn

c) Gegenstand des Unternehmens:
Hoch- und Tiefbau, Ingenieurleistungen aller Art, Bauträgertätigkeit

3. Grund- oder Stammkapital:
370 000,00 EUR

4. a) Allgemeine Vertretungsregelung:
Ist nur ein Vorstandsmitglied bestellt, so vertritt es die Gesellschaft allein. Sind mehrere Vorstandsmitglieder bestellt, so wird die Gesellschaft durch zwei Vorstandsmitglieder oder durch ein Vorstandsmitglied gemeinsam mit einem Prokuristen vertreten.

b) Vertretungsberechtigte und besondere Vertretungsbefugnis:
Vorstand: Sanftleben, Karl, Baldham, *3. 3. 1959
Einzelvertretungsberechtigt; mit der Befugnis, im Namen der Gesellschaft mit sich als Vertreter eines Dritten Rechtsgeschäfte abzuschließen:
Vorstand: Dr. h. c. Muskelmann, Alois, Eurasburg, *28. 1. 1946

5. Prokura:
Beschränkt auf die Hauptniederlassung:
Gesamtprokura gemeinsam mit einem Vorstandsmitglied oder einem anderen Prokuristen:
Sawitzki, Georg, Köln, *22. 6. 1958
Zähmoser, Mathilde, Buchschlag, *11. 5. 1963
Beschränkt auf die Zweigniederlassung Eschborn:
Gesamtprokura gemeinsam mit einem Vorstandsmitglied oder einem anderen Prokuristen:
Zähmoser Mathilde, Buchschlag, *11. 5. 1963
Beschränkt auf die Zweigniederlassung Köln:
Gesamtprokura gemeinsam mit einem Vorstandsmitglied oder einem anderen Prokuristen:
Sawitzki, Georg, Köln, *22. 6. 1958

6. a) Gesellschaftsvertrag/Satzung:
Aktiengesellschaft
Satzung vom 23. 12. 2004
Zuletzt geändert durch Beschluss vom 12. 3. 2010

b) Sonstige Rechtsverhältnisse:
Entstanden durch formwechselnde Umwandlung der Xaver und Alois Muskelmann OHG mit dem Sitz in Freising (Amtsgericht München HRA 8738).

Anhang 1

Handelsregister B des Amtsgerichts München	Abteilung B Wiedergabe des aktuellen Registerinhalts	Nummer der Firma: **HRB 144 669**
– Ausdruck –	Seite 2 von 2	

Die Schmalz & Schmalz Bau GmbH mit dem Sitz in Eschborn (Amtsgericht Frankfurt am Main HRB 29 812) und die Dieter Schräg Bau GmbH mit dem Sitz in Köln (Amtsgericht Köln HRB 12 997) sind auf Grund des Verschmelzungsvertrages vom 15. 3. 2009 sowie des Beschlusses der Hauptversammlung vom selben Tag und der Beschlüsse der Gesellschafterversammlungen der übertragenden Gesellschaften vom selben Tag mit der Gesellschaft verschmolzen.
Die Gesellschaft hat im Wege der Abspaltung gemäß Spaltungsplan vom 28. 12. 2009 sowie Beschluss ihrer Hauptversammlung vom 12. 3. 2010 und Beschluss der Gesellschafterversammlung der übertragenden Gesellschaft vom 25. 2. 2010 Teile des Vermögens (Teilbetrieb Tiefbau) von der Pretzsch Bau GmbH mit dem Sitz in Chemnitz (Amtsgericht Chemnitz HRB 12 566) übernommen.
Das Grundkapital der Gesellschaft ist durch Beschluss der Hauptversammlung vom 15. 3. 2009 um 20 000 EUR bedingt erhöht (Bedingtes Kapital 2009/I). Das Bedingte Kapital dient der Ausgabe von Mitarbeiteroptionen.
Der Vorstand ist durch Beschluss der Hauptversammlung vom 15. 3. 2009 ermächtigt, das Grundkapital mit Zustimmung des Aufsichtsrates bis zum 15. 3. 2014 gegen Bar- und/oder Sacheinlage einmal oder mehrmals um insgesamt bis zu 125 000 EUR zu erhöhen, wobei das Bezugsrecht der Aktionäre ausgeschlossen werden kann (Genehmigtes Kapital 2009/I).
Das Genehmigte Kapital vom 15. 3. 2009 (Genehmigtes Kapital 2009/I) beträgt nach teilweiser Ausschöpfung noch 25 000 EUR.
Die Gesellschaft hat am 15. 12. 2009 mit der AM Holding GmbH mit dem Sitz in München (Amtsgericht München HRB 132 900) als herrschender Gesellschaft einen Beherrschungs- und Gewinnabführungsvertrag geschlossen. Die Hauptversammlung hat mit Beschluss vom 12. 3. 2010 zugestimmt.

7. a) **Tag der letzten Eintragung:**
2. 7. 2010

Mustereintragungen/III. Aktiengesellschaft

Aktueller Ausdruck nach Eintragung Nr. 8

Handelsregister B des Amtsgerichts München	Abteilung B Wiedergabe des aktuellen Registerinhalts	Nummer der Firma: **HRB 144 669**
– Ausdruck –	Seite 1 von 2	

1. Anzahl der bisherigen Eintragungen:
8

2. a) Firma:
Alois Muskelmann Aktiengesellschaft

b) Sitz, Niederlassung, inländische Geschäftsanschrift, empfangsberechtigte Person, Zweigniederlassungen:
München
Geschäftsanschrift: Baumeisterstr. 7, 81477 München
Zweigniederlassung/en mit abweichender Firma:
Dieter Schräg Bau Zweigniederlassung der Alois Muskelmann Aktiengesellschaft, in: 50676 Köln
Geschäftsanschrift: Baumstr. 6, 50676 Köln
Schmalz & Schmalz Bau Zweigniederlassung der Alois Muskelmann Aktiengesellschaft, in: 65760 Eschborn
Geschäftsanschrift: Herzbergweg 1, 65760 Eschborn

c) Gegenstand des Unternehmens:
Hoch- und Tiefbau, Ingenieurleistungen aller Art, Bauträgertätigkeit

3. Grund- oder Stammkapital:
405 000,00 EUR

4. a) Allgemeine Vertretungsregelung:
Ist nur ein Vorstandsmitglied bestellt, so vertritt es die Gesellschaft allein. Sind mehrere Vorstandsmitglieder bestellt, so wird die Gesellschaft durch zwei Vorstandsmitglieder oder durch ein Vorstandsmitglied gemeinsam mit einem Prokuristen vertreten.

b) Vertretungsberechtigte und besondere Vertretungsbefugnis:
Vorstand: Sanftleben, Karl, Baldham, *3. 3. 1959
Einzelvertretungsberechtigt; mit der Befugnis, im Namen der Gesellschaft mit sich als Vertreter eines Dritten Rechtsgeschäfte abzuschließen:
Vorstand: Dr. h. c. Muskelmann, Alois, Eurasburg, *28. 1. 1946

5. Prokura:
Einzelprokura:
Sawitzki, Georg, Köln, *22. 6. 1958
Beschränkt auf die Hauptniederlassung:
Gesamtprokura gemeinsam mit einem Vorstandsmitglied oder einem anderen Prokuristen:
Zähmoser, Mathilde, Buchschlag, *11. 5. 1963
Beschränkt auf die Zweigniederlassung Eschborn:
Gesamtprokura gemeinsam mit einem Vorstandsmitglied oder einem anderen Prokuristen:
Zähmoser Mathilde, Buchschlag, *11. 5. 1963

6. a) Gesellschaftsvertrag/Satzung:
Aktiengesellschaft
Satzung vom 23. 12. 2004
Zuletzt geändert durch Beschluss vom 12. 3. 2010

b) Sonstige Rechtsverhältnisse:
Entstanden durch formwechselnde Umwandlung der Xaver und Alois Muskelmann OHG mit dem Sitz in Freising (Amtsgericht München HRA 8738).

Anhang 1

Handelsregister B des Amtsgerichts München	Abteilung B Wiedergabe des aktuellen Registerinhalts	Nummer der Firma: **HRB 144 669**
– Ausdruck –	Seite 1 von 2	

Die Schmalz & Schmalz Bau GmbH mit dem Sitz in Eschborn (Amtsgericht Frankfurt am Main HRB 29 812) und die Dieter Schräg Bau GmbH mit dem Sitz in Köln (Amtsgericht Köln HRB 12 997) sind auf Grund des Verschmelzungsvertrages vom 15. 3. 2009 sowie des Beschlusses der Hauptversammlung vom selben Tag und der Beschlüsse der Gesellschafterversammlungen der übertragenden Gesellschaften vom selben Tag mit der Gesellschaft verschmolzen. Die Gesellschaft hat im Wege der Abspaltung gemäß Spaltungsplan vom 28. 12. 2009 sowie Beschluss ihrer Hauptversammlung vom 12. 3. 2010 und Beschluss der Gesellschafterversammlung der übertragenden Gesellschaft vom 25. 2. 2010 Teile des Vermögens (Teilbetrieb Tiefbau) von der Pretzsch Bau GmbH mit dem Sitz in Chemnitz (Amtsgericht Chemnitz HRB 12 566) übernommen.
Das Grundkapital der Gesellschaft ist durch Beschluss der Hauptversammlung vom 15. 3. 2009 um 20 000 EUR bedingt erhöht (Bedingtes Kapital 2009/I). Das Bedingte Kapital dient der Ausgabe von Mitarbeiteroptionen.
Der Vorstand ist durch Beschluss der Hauptversammlung vom 15. 3. 2009 ermächtigt, das Grundkapital mit Zustimmung des Aufsichtsrates bis zum 15. 3. 2014 gegen Bar- und/oder Sacheinlage einmal oder mehrmals um insgesamt bis zu 125 000 EUR zu erhöhen, wobei das Bezugsrecht der Aktionäre ausgeschlossen werden kann (Genehmigtes Kapital 2009/I). Das Genehmigte Kapital vom 15. 3. 2009 (Genehmigtes Kapital 2009/I) beträgt nach teilweiser Ausschöpfung noch 25 000 EUR.
Die Gesellschaft hat am 15. 12. 2009 mit der AM Holding GmbH mit dem Sitz in München (Amtsgericht München HRB 132 900) als herrschender Gesellschaft einen Beherrschungs- und Gewinnabführungsvertrag geschlossen. Die Hauptversammlung hat mit Beschluss vom 12. 3. 2010 zugestimmt.
Infolge Firmen- und Sitzänderung der herrschenden Gesellschaft besteht der Beherrschungs- und Gewinnabführungsvertrag vom 15. 12. 2009 nun mit der AM Beteiligungs GmbH mit Sitz in Grünwald (Amtsgericht München HRB 132 900).

7. a) Tag der letzten Eintragung:
15. 4. 2011

Mustereintragungen/III. Aktiengesellschaft

Aktueller Ausdruck nach Eintragung Nr. 9

Handelsregister B des Amtsgerichts München	Abteilung B Wiedergabe des aktuellen Registerinhalts	Nummer der Firma: **HRB 144 669**
– Ausdruck –	Seite 1 von 2	

1. Anzahl der bisherigen Eintragungen:
9

2. a) Firma:
Alois Muskelmann Aktiengesellschaft

b) Sitz, Niederlassung, inländische Geschäftsanschrift, empfangsberechtigte Person, Zweigniederlassungen:
München
Geschäftsanschrift: Baumeisterstr. 7, 81477 München
Zweigniederlassung/en mit abweichender Firma:
Dieter Schräg Bau Zweigniederlassung der Alois Muskelmann Aktiengesellschaft, in: 50676 Köln
Geschäftsanschrift: Baumstr. 6, 50676 Köln
Schmalz & Schmalz Bau Zweigniederlassung der Alois Muskelmann Aktiengesellschaft, in: 65670 Eschborn
Geschäftsanschrift: Herzbergweg 1, 65760 Eschborn

c) Gegenstand des Unternehmens:
Hoch- und Tiefbau, Ingenieurleistungen aller Art, Bauträgertätigkeit

3. Grund- oder Stammkapital:
405 000,00 EUR

4. a) Allgemeine Vertretungsregelung:
Ist nur ein Vorstandsmitglied bestellt, so vertritt es die Gesellschaft allein. Sind mehrere Vorstandsmitglieder bestellt, so wird die Gesellschaft durch zwei Vorstandsmitglieder oder durch ein Vorstandsmitglied gemeinsam mit einem Prokuristen vertreten.

b) Vertretungsberechtigte und besondere Vertretungsbefugnis:
Vorstand: Sanftleben, Karl, Baldham, *3. 3. 1959
Einzelvertretungsberechtigt; mit der Befugnis, im Namen der Gesellschaft mit sich als Vertreter eines Dritten Rechtsgeschäfte abzuschließen:
Vorstand: Dr. h. c. Muskelmann, Alois, Eurasburg, *28. 1. 1946

5. Prokura:
Einzelprokura:
Sawitzki, Georg, Köln, *22. 6. 1958
Beschränkt auf die Hauptniederlassung:
Gesamtprokura gemeinsam mit einem Vorstandsmitglied oder einem anderen Prokuristen:
Zähmoser, Mathilde, Buchschlag, *11. 5. 1963
Beschränkt auf die Zweigniederlassung Eschborn:
Gesamtprokura gemeinsam mit einem Vorstandsmitglied oder einem anderen Prokuristen:
Zähmoser Mathilde, Buchschlag, *11. 5. 1963

6. a) Gesellschaftsvertrag/Satzung:
Aktiengesellschaft
Satzung vom 23. 12. 2004
Zuletzt geändert durch Beschluss vom 15. 1. 2012

b) Sonstige Rechtsverhältnisse:
Entstanden durch formwechselnde Umwandlung der Xaver und Alois Muskelmann OHG mit dem Sitz in Freising (Amtsgericht München HRA 8738).

Anhang 1

Handelsregister B des Amtsgerichts München	Abteilung B Wiedergabe des aktuellen Registerinhalts	Nummer der Firma: **HRB 144 669**
– Ausdruck –	Seite 2 von 2	

Die Schmalz & Schmalz Bau GmbH mit dem Sitz in Eschborn (Amtsgericht Frankfurt am Main HRB 29 812) und die Dieter Schräg Bau GmbH mit dem Sitz in Köln (Amtsgericht Köln HRB 12 997) sind auf Grund des Verschmelzungsvertrages vom 15. 3. 2009 sowie des Beschlusses der Hauptversammlung vom selben Tag und der Beschlüsse der Gesellschafterversammlungen der übertragenden Gesellschaften vom selben Tag mit der Gesellschaft verschmolzen. Die Gesellschaft hat im Wege der Abspaltung gemäß Spaltungsplan vom 28. 12. 2009 sowie Beschluss ihrer Hauptversammlung vom 12. 3. 2010 und Beschluss der Gesellschafterversammlung der übertragenden Gesellschaft vom 25. 2. 2010 Teile des Vermögens (Teilbetrieb Tiefbau) von der Pretzsch Bau GmbH mit dem Sitz in Chemnitz (Amtsgericht Chemnitz HRB 12 566) übernommen.

Das Grundkapital der Gesellschaft ist durch Beschluss der Hauptversammlung vom 15. 3. 2009 um 20 000 EUR bedingt erhöht (Bedingtes Kapital 2009/I). Das Bedingte Kapital dient der Ausgabe von Mitarbeiteroptionen.

Das Bedingte Kapital 2009/I beträgt nach Ausgabe von Bezugsaktien im Geschäftsjahr 2011 noch 10 000 EUR.

Die Gesellschaft hat am 15. 12. 2009 mit der AM Holding GmbH mit dem Sitz in München (Amtsgericht München HRB 132 900) als herrschender Gesellschaft einen Beherrschungs- und Gewinnabführungsvertrag geschlossen. Die Hauptversammlung hat mit Beschluss vom 12. 3. 2010 zugestimmt.

Infolge Firmen- und Sitzänderung der herrschenden Gesellschaft besteht der Beherrschungs- und Gewinnabführungsvertrag vom 15. 12. 2009 nun mit der AM Beteiligungs GmbH mit Sitz in Grünwald (Amtsgericht München HRB 132 900).

7. a) Tag der letzten Eintragung:
10. 2. 2012

2. Verordnung über die Einrichtung und Führung des Handelsregisters (Handelsregisterverordnung – HRV)

Vom 12. August 1937
(DJ S. 1251)
zuletzt geänd. durch Art. 4 Abs. 7 ERVGBG v. 11. 8. 2009 (BGBl. I S. 2713)
FNA 315-20

I. Einrichtung des Handelsregisters. Örtliche und sachliche Zuständigkeit

§ 1. Zuständigkeit des Amtsgerichts. Soweit nicht nach § 376 Abs. 2 des Gesetzes über das Verfahren in Familiensachen und in den Angelegenheiten der freiwilligen Gerichtsbarkeit etwas Abweichendes geregelt ist, führt jedes Amtsgericht, in dessen Bezirk ein Landgericht seinen Sitz hat, für den Bezirk dieses Landgerichts ein Handelsregister.

§ 2. *(aufgehoben)*

§ 3. [Einrichtung des Registers.] (1) Das Handelsregister besteht aus zwei Abteilungen.

(2) In die Abteilung A werden eingetragen die Einzelkaufleute, die in dem § 33 des Handelsgesetzbuchs bezeichneten juristischen Personen sowie die offenen Handelsgesellschaften, die Kommanditgesellschaften und die Europäischen wirtschaftlichen Interessenvereinigungen.

(3) In die Abteilung B werden eingetragen die Aktiengesellschaften, die SE, die Kommanditgesellschaften auf Aktien, die Gesellschaften mit beschränkter Haftung und die Versicherungsvereine auf Gegenseitigkeit.

§ 4. [Zuständigkeit des Richters und Urkundsbeamten.] [1]Für die Erledigung der Geschäfte des Registergerichts ist der Richter zuständig. [2]Soweit die Erledigung der Geschäfte nach dieser Verordnung dem Urkundsbeamten der Geschäftsstelle übertragen ist, gelten die §§ 5 bis 8 des Rechtspflegergesetzes in Bezug auf den Urkundsbeamten der Geschäftsstelle entsprechend.

§§ 5, 6. *(aufgehoben)*

§ 7. Elektronische Führung des Handelsregisters. [1]Die Register einschließlich der Registerordner werden elektronisch geführt. [2]§ 8 a Abs. 2 des Handelsgesetzbuchs bleibt unberührt.

§ 8. Registerakten. (1) [1]Für jedes Registerblatt (§ 13) werden Akten gebildet. [2]Zu den Registerakten gehören auch die Schriften oder Dokumente über solche gerichtlichen Handlungen, die, ohne auf eine Registereintragung abzuzielen, mit den in dem Register vermerkten rechtlichen Verhältnissen in Zusammenhang stehen.

(2) [1]Wird ein Schriftstück, das in Papierform zur Registerakte einzureichen war, zurückgegeben, so wird eine beglaubigte Abschrift zurückbehalten. [2]Ist das Schriftstück in anderen Akten des Amtsgerichts enthalten, so ist eine beglaubigte Abschrift zu den Registerakten zu nehmen. [3]In den Abschriften und Übertragungen können die

Teile des Schriftstückes, die für die Führung des Handelsregisters ohne Bedeutung sind, weggelassen werden, wenn hiervon Verwirrung nicht zu besorgen ist. ⁴In Zweifelsfällen bestimmt der Richter den Umfang der Abschrift, sonst der Urkundsbeamte der Geschäftsstelle.

(3) ¹Die Landesjustizverwaltung kann bestimmen, dass die Registerakten ab einem bestimmten Zeitpunkt elektronisch geführt werden. ²Nach diesem Zeitpunkt eingereichte Schriftstücke sind zur Ersetzung der Urschrift in ein elektronisches Dokument zu übertragen und in dieser Form zur elektronisch geführten Registerakte zu nehmen, soweit die Anordnung der Landesjustizverwaltung nichts anderes bestimmt; § 9 Abs. 3 und 4 gilt entsprechend. ³Im Fall einer Beschwerde sind in Papierform eingereichte Schriftstücke mindestens bis zum rechtskräftigen Abschluss des Beschwerdeverfahrens aufzubewahren, wenn sie für die Durchführung des Beschwerdeverfahrens notwendig sind und das Beschwerdegericht keinen Zugriff auf die elektronisch geführte Registerakte hat. ⁴Das Registergericht hat in diesem Fall von ausschließlich elektronisch vorliegenden Dokumenten Ausdrucke für das Beschwerdegericht zu fertigen, soweit dies zur Durchführung des Beschwerdeverfahrens notwendig ist; § 298 Abs. 2 der Zivilprozessordnung gilt entsprechend. ⁵Die Ausdrucke sind mindestens bis zum rechtskräftigen Abschluss des Beschwerdeverfahrens aufzubewahren.

§ 9. Registerordner. (1) ¹Die zum Handelsregister eingereichten und nach § 9 Abs. 1 des Handelsgesetzbuchs der unbeschränkten Einsicht unterliegenden Dokumente werden für jedes Registerblatt (§ 13) in einen dafür bestimmten Registerordner aufgenommen. ²Sie sind in der zeitlichen Folge ihres Eingangs und nach der Art des jeweiligen Dokuments abrufbar zu halten. ³Ein Widerspruch gegen eine Eintragung in der Gesellschafterliste (§ 16 Abs. 3 Satz 3 des Gesetzes betreffend die Gesellschaften mit beschränkter Haftung) ist der Gesellschafterliste zuzuordnen und zudem besonders hervorzuheben. ⁴Die in einer Amtssprache der Europäischen Union übermittelten Übersetzungen (§ 11 des Handelsgesetzbuchs) sind den jeweiligen Ursprungsdokumenten zuzuordnen. ⁵Wird ein aktualisiertes Dokument eingereicht, ist kenntlich zu machen, dass die für eine frühere Fassung eingereichte Übersetzung nicht dem aktualisierten Stand des Dokuments entspricht.

(2) ¹Schriftstücke, die vor dem 1. Januar 2007 eingereicht worden sind, können zur Ersetzung der Urschrift in ein elektronisches Dokument übertragen und in dieser Form in den Registerordner übernommen werden. ²Sie sind in den Registerordner zu übernehmen, sobald ein Antrag auf Übertragung in ein elektronisches Dokument (Artikel 61 Abs. 3 des Einführungsgesetzes zum Handelsgesetzbuch) oder auf elektronische Übermittlung (§ 9 Abs. 2 des Handelsgesetzbuchs) vorliegt.

(3) ¹Wird ein Schriftstück, das in Papierform zum Registerordner einzureichen war, zurückgegeben, so wird es zuvor in ein elektronisches Dokument übertragen und in dieser Form in den Registerordner übernommen. ²Die Rückgabe wird im Registerordner vermerkt. ³Ist das Schriftstück in anderen Akten des Amtsgerichts enthalten, so wird eine elektronische Aufzeichnung hiervon in dem Registerordner gespeichert. ⁴Bei der Speicherung können die Teile des Schriftstückes, die für die Führung des Handelsregisters ohne Bedeutung sind, weggelassen werden, sofern hiervon Verwirrung nicht zu besorgen ist. ⁵Den Umfang der Speicherung bestimmt der Urkundsbeamte der Geschäftsstelle, in Zweifelsfällen der Richter.

(4) ¹Wird ein Schriftstück in ein elektronisches Dokument übertragen und in dieser Form in den Registerordner übernommen, ist zu vermerken, ob das Schriftstück eine Urschrift, eine einfache oder beglaubigte Abschrift, eine Ablichtung oder eine Ausfertigung ist; Durchstreichungen, Änderungen, Einschaltungen, Radierungen oder ande-

re Mängel des Schriftstückes sollen in dem Vermerk angegeben werden. ²Ein Vermerk kann unterbleiben, soweit die in Satz 1 genannten Tatsachen aus dem elektronischen Dokument eindeutig ersichtlich sind.

(5) ¹Wiedergaben von Schriftstücken, die nach § 8a Abs. 3 oder Abs. 4 des Handelsgesetzbuchs in der bis zum Inkrafttreten des Gesetzes über elektronische Handelsregister und Genossenschaftsregister sowie das Unternehmensregister vom 10. November 2006 (BGBl. I S. 2553) am 1. Januar 2007 geltenden Fassung auf einem Bildträger oder einem anderen Datenträger gespeichert wurden, können in den Registerordner übernommen werden. ²Dabei sind im Fall der Speicherung nach § 8a Abs. 3 des Handelsgesetzbuchs in der in Satz 1 genannten Fassung auch die Angaben aus dem nach § 8a Abs. 3 Satz 2 des Handelsgesetzbuchs in der in Satz 1 genannten Fassung gefertigten Nachweis in den Registerordner zu übernehmen. ³Im Fall der Einreichung nach § 8a Abs. 4 des Handelsgesetzbuchs in der in Satz 1 genannten Fassung ist zu vermerken, dass das Dokument aufgrund des § 8a Abs. 4 des Handelsgesetzbuchs in der in Satz 1 genannten Fassung als einfache Wiedergabe auf einem Datenträger eingereicht wurde.

(6) ¹Im Fall einer Beschwerde hat das Registergericht von den im Registerordner gespeicherten Dokumenten Ausdrucke für das Beschwerdegericht zu fertigen, soweit dies zur Durchführung des Beschwerdeverfahrens notwendig ist; § 298 Abs. 2 der Zivilprozessordnung gilt entsprechend. ²Die Ausdrucke sind mindestens bis zum rechtskräftigen Abschluss des Beschwerdeverfahrens aufzubewahren.

§ 10. Einsichtnahme. (1) Die Einsicht in das Register und in die zum Register eingereichten Dokumente ist auf der Geschäftsstelle des Registergerichts während der Dienststunden zu ermöglichen.

(2) ¹Die Einsicht in das elektronische Registerblatt erfolgt über ein Datensichtgerät oder durch Einsicht in einen aktuellen oder chronologischen Ausdruck. ²Dem Einsichtnehmenden kann gestattet werden, das Registerblatt selbst auf dem Bildschirm des Datensichtgerätes aufzurufen, wenn technisch sichergestellt ist, dass der Abruf von Daten die nach § 9 Abs. 1 des Handelsgesetzbuchs zulässige Einsicht nicht überschreitet und Veränderungen an dem Inhalt des Handelsregisters nicht vorgenommen werden können.

(3) Über das Datensichtgerät ist auch der Inhalt des Registerordners einschließlich der nach § 9 Abs. 4 oder Abs. 5 Satz 2 aufgenommenen Angaben und der eingereichten Übersetzungen zugänglich zu machen.

§ 11. *(aufgehoben)*

II. Führung des Handelsregisters

§ 12. Form der Eintragungen. ¹Die Eintragungen sind deutlich, klar verständlich sowie in der Regel ohne Verweis auf gesetzliche Vorschriften und ohne Abkürzung herzustellen. ²Aus dem Register darf nichts durch technische Eingriffe oder sonstige Maßnahmen entfernt werden.

§ 13. [Registerblatt.] (1) Jeder Einzelkaufmann, jede juristische Person sowie jede Handelsgesellschaft ist unter einer in derselben Abteilung fortlaufenden Nummer (Registerblatt) in das Register einzutragen.

(2) ¹Wenn ein Amtsgericht das Register für mehrere Amtsgerichtsbezirke führt, können auf Anordnung der Landesjustizverwaltung die fortlaufenden Nummern für

einzelne Amtsgerichtsbezirke je gesondert geführt werden. ²In diesem Fall sind die fortlaufenden Nummern der jeweiligen Amtsgerichtsbezirke durch den Zusatz eines Ortskennzeichens unterscheidbar zu halten. ³Nähere Anordnungen hierüber trifft die Landesjustizverwaltung.

(3) ¹Wird die Firma geändert, so ist dies auf demselben Registerblatt einzutragen. ²Bei einer Umwandlung ist der übernehmende, neu gegründete Rechtsträger oder Rechtsträger neuer Rechtsform stets auf ein neues Registerblatt einzutragen.

(4) Die zur Offenlegung in einer Amtssprache der Europäischen Union übermittelten Übersetzungen von Eintragungen (§ 11 des Handelsgesetzbuchs) sind dem Registerblatt und der jeweiligen Eintragung zuzuordnen.

§ 14. [Laufende Nummern, Trennung von Eintragungen.] (1) Jede Eintragung ist mit einer laufenden Nummer zu versehen und mittels eines alle Spalten des Registers durchschneidenden Querstrichs von der folgenden Eintragung zu trennen.

(2) Werden mehrere Eintragungen gleichzeitig vorgenommen, so erhalten sie nur eine laufende Nummer.

§ 15. Übersetzungen. ¹War eine frühere Eintragung in einer Amtssprache der Europäischen Union zugänglich gemacht worden (§ 11 des Handelsgesetzbuchs), so ist mit der Eintragung kenntlich zu machen, dass die Übersetzung nicht mehr dem aktuellen Stand der Registereintragung entspricht. ²Die Kenntlichmachung ist zu entfernen, sobald eine aktualisierte Übersetzung eingereicht wird.

§ 16. [Änderungen und Löschungen.] (1) ¹Änderungen des Inhalts einer Eintragung sowie Löschungen sind unter einer neuen laufenden Nummer einzutragen. ²Eine Eintragung, die durch eine spätere Eintragung ihre Bedeutung verloren hat, ist nach Anordnung des Richters rot zu unterstreichen. ³Mit der Eintragung selbst ist auch der Vermerk über ihre Löschung rot zu unterstreichen.

(2) Eintragungen oder Vermerke, die rot zu unterstreichen oder rot zu durchkreuzen sind, können anstelle durch Rötung auch auf andere eindeutige Weise als gegenstandslos kenntlich gemacht werden.

(3) ¹Ein Teil einer Eintragung darf nur gerötet oder auf andere eindeutige Weise als gegenstandslos kenntlich gemacht werden, wenn die Verständlichkeit der Eintragung und des aktuellen Ausdrucks nicht beeinträchtigt wird. ²Andernfalls ist die betroffene Eintragung insgesamt zu röten und ihr noch gültiger Teil in verständlicher Form zu wiederholen.

§ 16 a. Kennzeichnung bestimmter Eintragungen. Diejenigen Eintragungen, die lediglich andere Eintragungen wiederholen, erläutern oder begründen und daher nach § 30a Abs. 4 Satz 4 nicht in den aktuellen Ausdruck einfließen, sind grau zu hinterlegen oder es ist auf andere Weise sicherzustellen, dass diese Eintragungen nicht in den aktuellen Ausdruck übernommen werden.

§ 17. [Berichtigungen.] (1) ¹Schreibversehen und ähnliche offenbare Unrichtigkeiten in einer Eintragung können durch den Richter oder nach Anordnung des Richters in Form einer neuen Eintragung oder auf andere eindeutige Weise berichtigt werden. ²Die Berichtigung ist als solche kenntlich zu machen.

(2) ¹Die Berichtigung nach Absatz 1 ist den Beteiligten bekanntzugeben. ²Die öffentliche Bekanntmachung kann unterbleiben, wenn die Berichtigung einen offensichtlich unwesentlichen Punkt der Eintragung betrifft.

(3) ¹Eine versehentlich vorgenommene Rötung oder Kenntlichmachung nach § 16 oder § 16a ist zu löschen oder auf andere eindeutige Weise zu beseitigen. ²Die Löschung oder sonstige Beseitigung ist zu vermerken.

§ 18. [Eintragung aufgrund Entscheidung des Prozessgerichts.] ¹Erfolgt eine Eintragung auf Grund einer rechtskräftigen oder vollstreckbaren Entscheidung des Prozeßgerichts, so ist dies bei der Eintragung im Register unter Angabe des Prozessgerichts, des Datums und des Aktenzeichens der Entscheidung zu vermerken. ²Eine Aufhebung der Entscheidung ist in dieselbe Spalte des Registers einzutragen.

§ 19. [Löschung von Amts wegen.] (1) Soll eine Eintragung von Amts wegen gelöscht werden, weil sie mangels einer wesentlichen Voraussetzung unzulässig ist, so erfolgt die Löschung durch Eintragung des Vermerks „Von Amts wegen gelöscht".

(2) ¹Hat in sonstigen Fällen eine Eintragung von Amts wegen zu erfolgen, so hat sie den Hinweis auf die gesetzliche Grundlage und einen Vermerk „Von Amts wegen eingetragen" zu enthalten. ²Dies gilt nicht für die Eintragung der Vermerke über die Eröffnung, die Einstellung oder Aufhebung des Insolvenzverfahrens, die Aufhebung des Eröffnungsbeschlusses, die Anordnung der Eigenverwaltung durch den Schuldner und deren Aufhebung, die Anordnung der Zustimmungsbedürftigkeit bestimmter Rechtsgeschäfte des Schuldners nach § 277 der Insolvenzordnung sowie die sonstigen in § 32 des Handelsgesetzbuchs vorgesehenen Vermerke.

§ 19a. *(aufgehoben)*

§ 20. [Verlegung von Firmen.] ¹Wird die Hauptniederlassung eines Einzelkaufmanns, einer juristischen Person oder der Sitz einer Handelsgesellschaft oder die Zweigniederlassung eines Unternehmens mit Sitz oder Hauptniederlassung im Ausland aus dem Bezirke des Registergerichts verlegt, so ist erst bei Eingang der Nachricht von der Eintragung in das Register des neuen Registergerichts (§ 13h Abs. 2 Satz 5 des Handelsgesetzbuchs; § 45 Abs. 2 Satz 6 des Aktiengesetzes) die Verlegung auf dem bisherigen Registerblatt in der Spalte 2 und in der Spalte „Rechtsverhältnisse" zu vermerken; § 22 ist entsprechend anzuwenden. ²Auf dem bisherigen Registerblatt ist bei der jeweiligen Eintragung auf das Registerblatt des neuen Registergerichts zu verweisen und umgekehrt.

§ 21. Umschreibung eines Registerblatts. (1) ¹Ist das Registerblatt unübersichtlich geworden, so sind die noch gültigen Eintragungen unter einer neuen oder unter derselben Nummer auf ein neues Registerblatt umzuschreiben. ²Dabei kann auch von dem ursprünglichen Text der Eintragung abgewichen werden, soweit der Inhalt der Eintragung dadurch nicht verändert wird. ³Auf jedem Registerblatt ist auf das andere zu verweisen, auch wenn es bei derselben Nummer verbleibt.

(2) Die Zusammenfassung und Übertragung ist den Beteiligten unter Mitteilung von dem Inhalt der neuen Eintragung und gegebenenfalls der neuen Nummer bekannt zu machen.

(3) Bestehen Zweifel über die Art oder den Umfang der Übertragung, so sind die Beteiligten vorher zu hören.

§ 22. Gegenstandslosigkeit aller Eintragungen. (1) ¹Sämtliche Seiten des Registerblatts sind zu röten oder rot zu durchkreuzen, wenn alle Eintragungen gegenstandslos geworden sind. ²Das Registerblatt erhält einen Vermerk, der es als „geschlossen" kennzeichnet.

(2) ¹Geschlossene Registerblätter sollen weiterhin, auch in der Form von Ausdrucken, wiedergabefähig oder lesbar bleiben. ²Die Datenträger für geschlossene Registerblätter können auch bei der für die Archivierung von Handelsregisterblättern zuständigen Stelle verfügbar gehalten werden, soweit landesrechtliche Vorschriften nicht entgegenstehen.

III. Verfahren bei Anmeldung, Eintragung und Bekanntmachung

§ 23. [Stellungnahme der Organe des Handelsstandes.] ¹Das Gericht hat dafür Sorge zu tragen, dass die gesetzlich vorgeschriebenen Eintragungen in das Register erfolgen. ²Die Stellungnahme der Organe des Handelsstandes gemäß § 380 Abs. 2 des Gesetzes über das Verfahren in Familiensachen und in den Angelegenheiten der freiwilligen Gerichtsbarkeit soll elektronisch eingeholt und übermittelt werden.

§ 24. [Inhalt der Anmeldung.] (1) Werden natürliche Personen zur Eintragung in das Handelsregister angemeldet (insbesondere als Kaufleute, Gesellschafter, Prokuristen, Vorstandsmitglieder, Mitglieder des Leitungsorgans, geschäftsführende Direktoren, Geschäftsführer, Abwickler), so ist in der Anmeldung deren Geburtsdatum anzugeben.

(2) ¹Bei der Anmeldung ist die Lage der Geschäftsräume anzugeben. ²Dies gilt nicht, wenn die Lage der Geschäftsräume als inländische Geschäftsanschrift zur Eintragung in das Handelsregister angemeldet wird oder bereits in das Handelsregister eingetragen worden ist. ³Eine Änderung der Lage der Geschäftsräume ist dem Registergericht unverzüglich mitzuteilen; Satz 2 gilt entsprechend.

(3) Absatz 2 gilt für die Anmeldung einer Zweigniederlassung und die Änderung der Lage ihrer Geschäftsräume entsprechend.

(4) Es ist darauf hinzuwirken, daß bei den Anmeldungen auch der Unternehmensgegenstand, soweit er sich nicht aus der Firma ergibt, angegeben wird.

§ 25. [Entscheidung über die Eintragung, Bekanntmachung.] (1) ¹Auf die Anmeldung zur Eintragung, auf Gesuche und Anträge entscheidet der Richter. ²Über die Eintragung ist unverzüglich nach Eingang der Anmeldung bei Gericht zu entscheiden. ³Ist eine Anmeldung zur Eintragung in das Handelsregister unvollständig oder steht der Eintragung ein durch den Antragsteller behebbares Hindernis entgegen, so hat der Richter unverzüglich zu verfügen; liegt ein nach § 23 einzuholendes Gutachten bis dahin nicht vor, so ist dies dem Antragsteller unverzüglich mitzuteilen. ⁴Der Richter entscheidet auch über die erforderlichen Bekanntmachungen.

(2) Der Richter ist für die Eintragung auch dann zuständig, wenn sie vom Beschwerdegericht oder nach § 395 des Gesetzes über das Verfahren in Familiensachen und in den Angelegenheiten der freiwilligen Gerichtsbarkeit verfügt ist.

§ 26. *(aufgehoben)*

§ 27. Vornahme der Eintragung, Wortlaut der Bekanntmachung. (1) Der Richter nimmt die Eintragung und Bekanntmachung entweder selbst vor oder er verfügt die Eintragung und die Bekanntmachung durch den Urkundsbeamten der Geschäftsstelle.

(2) ¹Nimmt der Richter die Eintragung nicht selbst vor, so hat er in der Eintragungsverfügung den genauen Wortlaut der Eintragung sowie die Eintragungsstelle im Register samt aller zur Eintragung erforderlichen Merkmale festzustellen. ²Der Wort-

laut der öffentlichen Bekanntmachung ist besonders zu verfügen, wenn er von dem der Eintragung abweicht. ³Der Urkundsbeamte der Geschäftsstelle hat die Ausführung der Eintragungsverfügung zu veranlassen, die Eintragung zu signieren und die verfügten Bekanntmachungen herbeizuführen.

(3) ¹Die Wirksamkeit der Eintragung (§ 8a Abs. 1 des Handelsgesetzbuchs) ist in geeigneter Weise zu überprüfen. ²Die eintragende Person soll die Eintragung auf ihre Richtigkeit und Vollständigkeit sowie ihre Abrufbarkeit aus dem Datenspeicher (§ 48) prüfen.

(4) Bei jeder Eintragung ist der Tag der Eintragung anzugeben.

§ 28. Elektronische Signatur. ¹Der Richter oder im Fall des § 27 Abs. 2 der Urkundsbeamte der Geschäftsstelle setzt der Eintragung seinen Nachnamen hinzu und signiert beides elektronisch. ²Im Übrigen gilt § 75 der Grundbuchverfügung entsprechend.

§ 29. [Obliegenheiten des Urkundsbeamten.] (1) Der Urkundsbeamte der Geschäftsstelle ist zuständig:
1. für die Erteilung von Abschriften oder Ausdrucken oder die elektronische Übermittlung der Eintragungen und der zum Register eingereichten Schriftstücke und Dokumente; wird eine auszugsweise Abschrift, ein auszugsweiser Ausdruck oder eine auszugsweise elektronische Übermittlung beantragt, so entscheidet bei Zweifeln über den Umfang des Auszugs der Richter;
2. für die Beglaubigung und die Erteilung oder elektronische Übermittlung von Bescheinigungen nach § 9 Abs. 5 des Handelsgesetzbuchs;
3. für die Eintragung der in § 32 des Handelsgesetzbuchs vorgesehenen Vermerke im Zusammenhang mit einem Insolvenzverfahren;
4. für die Eintragung der inländischen Geschäftsanschrift.

(2) ¹Wird die Änderung einer Entscheidung des Urkundsbeamten der Geschäftsstelle verlangt, so entscheidet, wenn dieser dem Verlangen nicht entspricht, der Richter. ²Die Beschwerde ist erst gegen seine Entscheidung gegeben.

§ 30. [Abschriften.] (1) ¹Einfache Abschriften der in Papierform vorhandenen Registerblätter und Schriftstücke sind mit dem Vermerk: „Gefertigt am ..." abzuschließen. ²Der Vermerk ist nicht zu unterzeichnen.

(2) ¹Die Beglaubigung einer Abschrift geschieht durch einen unter die Abschrift zu setzenden Vermerk, der die Übereinstimmung mit der Hauptschrift bezeugt. ²Der Beglaubigungsvermerk muß Ort und Tag der Ausstellung enthalten, von dem Urkundsbeamten der Geschäftsstelle unterschrieben und mit Siegel oder Stempel versehen sein.

(3) ¹Soll aus dem Handelsregister eine auszugsweise Abschrift erteilt werden, so sind in die Abschrift die Eintragungen aufzunehmen, die den Gegenstand betreffen, auf den sich der Auszug beziehen soll. ²In dem Beglaubigungsvermerk ist der Gegenstand anzugeben und zu bezeugen, daß weitere ihn betreffende Eintragungen in dem Register nicht enthalten sind.

(4) ¹Werden beglaubigte Abschriften der zum Register eingereichten Schriftstücke oder der eingereichten Wiedergaben von Schriftstücken (§ 8a Abs. 4 des Handelsgesetzbuchs in der bis zum Inkrafttreten des Gesetzes über elektronische Handelsregister und Genossenschaftsregister sowie das Unternehmensregister am 1. Januar 2007 geltenden Fassung) beantragt, so ist in dem Beglaubigungsvermerk ersichtlich zu ma-

chen, ob die Hauptschrift eine Urschrift, eine Wiedergabe auf einem Bildträger oder auf anderen Datenträgern, eine einfache oder beglaubigte Abschrift, eine Ablichtung oder eine Ausfertigung ist; ist die Hauptschrift eine Wiedergabe auf einem Bildträger oder auf anderen Datenträgern, eine beglaubigte Abschrift, eine beglaubigte Ablichtung oder eine Ausfertigung, so ist der nach § 8 a Abs. 3 Satz 2 des Handelsgesetzbuchs in der bis zum Inkrafttreten des Gesetzes über elektronische Handelsregister und Genossenschaftsregister sowie das Unternehmensregister am 1. Januar 2007 geltenden Fassung angefertigte schriftliche Nachweis über die inhaltliche Übereinstimmung der Wiedergabe mit der Urschrift, der Beglaubigungsvermerk oder der Ausfertigungsvermerk in die beglaubigte Abschrift aufzunehmen. [3]Durchstreichungen, Änderungen, Einschaltungen, Radierungen oder andere Mängel einer von den Beteiligten eingereichten Schrift sollen in dem Vermerk angegeben werden.

(5) [1]Die Bestätigung oder Ergänzung früher gefertigter Abschriften ist zulässig. [2]Eine Ergänzung einer früher erteilten Abschrift soll unterbleiben, wenn die Ergänzung gegenüber der Erteilung einer Abschrift durch Ablichtung einen unverhältnismäßigen Arbeitsaufwand, insbesondere erhebliche oder zeitraubende Schreibarbeiten erfordern würde; andere Versagungsgründe bleiben unberührt.

§ 30 a. **Ausdrucke.** (1) [1]Ausdrucke aus dem Registerblatt (§ 9 Abs. 4 des Handelsgesetzbuchs) sind mit der Aufschrift „Ausdruck" oder „Amtlicher Ausdruck", dem Datum der letzten Eintragung und dem Datum des Abrufs der Daten aus dem Handelsregister zu versehen. [2]Sie sind nicht zu unterschreiben.

(2) [1]Ausdrucke aus dem Registerordner sind mit der Aufschrift „Ausdruck" oder „Amtlicher Ausdruck", dem Datum der Einstellung des Dokuments in den Registerordner, dem Datum des Abrufs aus dem Registerordner und den nach § 9 Abs. 4 oder Abs. 5 Satz 2 aufgenommenen Angaben zu versehen. [2]Sie sind nicht zu unterschreiben.

(3) [1]Der amtliche Ausdruck ist darüber hinaus mit Ort und Tag der Ausstellung, dem Vermerk, dass der Ausdruck den Inhalt des Handelsregisters oder einen Inhalt des Registerordners bezeugt, sowie dem Namen des erstellenden Urkundsbeamten der Geschäftsstelle und mit einem Dienstsiegel zu versehen. [2]Anstelle der Siegelung kann maschinell ein Abdruck des Dienstsiegels eingedruckt sein oder aufgedruckt werden; in beiden Fällen muss unter der Aufschrift „Amtlicher Ausdruck" der Vermerk „Dieser Ausdruck wird nicht unterschrieben und gilt als beglaubigte Abschrift." aufgedruckt sein oder werden.

(4) [1]Ausdrucke aus dem Registerblatt werden als chronologischer oder aktueller Ausdruck erteilt. [2]Der chronologische Ausdruck gibt alle Eintragungen des Registerblatts wieder. [3]Der aktuelle Ausdruck enthält den letzten Stand der Eintragungen. [4]Nicht in den aktuellen Ausdruck aufgenommen werden diejenigen Eintragungen, die gerötet oder auf andere Weise nach § 16 als gegenstandslos kenntlich gemacht sind, die nach § 16a gekennzeichneten Eintragungen sowie die Angaben in den Spalten § 40 (HR A) Nr. 6 Buchstabe b und § 43 (HR B) Nr. 7 Buchstabe b. [5]Die Art des Ausdrucks bestimmt der Antragsteller. [6]Soweit nicht ausdrücklich etwas anderes beantragt ist, wird ein aktueller Ausdruck erteilt. [7]Aktuelle Ausdrucke können statt in spaltenweiser Wiedergabe auch als fortlaufender Text erstellt werden.

(5) [1]Ausdrucke können dem Antragsteller auch elektronisch übermittelt werden. [2]Die elektronische Übermittlung amtlicher Ausdrucke erfolgt unter Verwendung einer qualifizierten elektronischen Signatur nach dem Signaturgesetz.

(6) § 30 Abs. 3 gilt entsprechend.

§ 31. [Ausfertigungen.] ¹Ausfertigungen der Bescheinigungen und Zeugnisse sind von dem Urkundsbeamten der Geschäftsstelle unter Angabe des Ortes und Tages zu unterschreiben und mit dem Gerichtssiegel oder Stempel zu versehen. ²Bescheinigungen und Zeugnisse können auch inelektronischer Form (§ 126a des Bürgerlichen Gesetzbuchs) übermittelt werden.

§ 32. [Veröffentlichung.] Die Veröffentlichung der Eintragung ist unverzüglich zu veranlassen.

§ 33. [Form der Bekanntmachungen.] (1) Die öffentlichen Bekanntmachungen sollen knapp gefaßt und leicht verständlich sein.

(2) In den Bekanntmachungen ist das Gericht und der Tag der Eintragung zu bezeichnen, einer Unterschrift bedarf es nicht.

(3) ¹Die Bekanntmachungen sind tunlichst nach dem anliegenden Muster abzufassen (Anlage 3). ²Der Tag der Bekanntmachung ist durch die bekannt machende Stelle beizufügen.

§ 34. [Besondere Angaben in der Bekanntmachung.] ¹In den Bekanntmachungen sind, falls entsprechende Mitteilungen vorliegen, auch der Unternehmensgegenstand, soweit er sich nicht aus der Firma ergibt, und die Lage der Geschäftsräume anzugeben. ²Ist eine inländische Geschäftsanschrift eingetragen, so ist diese anstelle der Lage der Geschäftsräume anzugeben. ³Es ist in den Bekanntmachungen darauf hinzuweisen, daß die in Satz 1 genannten Angaben ohne Gewähr für die Richtigkeit erfolgen.

§ 34a. Veröffentlichungen im Amtsblatt der Europäischen Union. Die Pflichten zur Veröffentlichung im Amtsblatt der Europäischen Union und die Mitteilungspflichten gegenüber dem Amt für amtliche Veröffentlichungen der Europäischen Union nach der Verordnung (EWG) Nr. 2137/85 des Rates vom 25. Juli 1985 über die Schaffung einer Europäischen wirtschaftlichen Interessenvereinigung (EWIV) (ABl. EG Nr. L 199 S. 1) sowie der Verordnung (EG) Nr. 2157/2001 des Rates vom 8. Oktober 2001 über das Statut der Europäischen Gesellschaft (SE) (ABl. EG Nr. L 294 S. 1) bleiben unberührt.

§ 35. [Angabe des Löschungsgrundes.] ¹Wird eine Firma im Handelsregister gelöscht, weil das Unternehmen nach Art oder Umfang einen in kaufmännischer Weise eingerichteten Geschäftsbetrieb nicht erfordert, so kann auf Antrag des Inhabers in der Bekanntmachung der Grund der Löschung erwähnt werden. ²Handelt es sich um einen Handwerker, der bereits in die Handwerksrolle eingetragen ist, so kann neben der Angabe des Grundes der Löschung in der Bekanntmachung auch auf diese Eintragung hingewiesen werden.

§ 36. [Benachrichtigungen.] ¹Der Urkundsbeamte der Geschäftsstelle unterschreibt die Mitteilungen. ²In geeigneten Fällen ist darauf hinzuweisen, daß auf die Bekanntgabe verzichtet werden kann (§ 383 Abs. 1 Satz 1 des Gesetzes über das Verfahren in Familiensachen und in den Angelegenheiten der freiwilligen Gerichtsbarkeit).

§ 37. Mitteilungen an andere Stellen. (1) ¹Das Gericht hat jede Neuanlegung und jede Änderung eines Registerblatts
1. der Industrie- und Handelskammer,
2. der Handwerkskammer, wenn es sich um ein handwerkliches Unternehmen handelt oder handeln kann, und

3. der Landwirtschaftskammer, wenn es sich um ein land- oder forstwirtschaftliches Unternehmen handelt oder handeln kann, oder, wenn eine Landwirtschaftskammer nicht besteht, der nach Landesrecht zuständigen Stelle

mitzuteilen. ²Die über Geschäftsräume und Unternehmensgegenstand gemachten Angaben sind ebenfalls mitzuteilen.

(2) Soweit in anderen Rechtsvorschriften oder durch besondere Anordnung der Landesjustizverwaltung eine Benachrichtigung weiterer Stellen vorgesehen ist, bleiben diese Vorschriften unberührt.

§ 38. [Anfragen bei anderen Registergerichten.] Gehört ein Ort oder eine Gemeinde zu den Bezirken verschiedener Registergerichte, so hat jedes Registergericht vor der Eintragung einer neuen Firma oder vor der Eintragung von Änderungen einer Firma bei den anderen beteiligten Registergerichten anzufragen, ob gegen die Eintragung im Hinblick auf § 30 des Handelsgesetzbuches Bedenken bestehen.

§ 38 a. [Maschinelle Verfügungen und Benachrichtigungen.] (1) ¹Gerichtliche Verfügungen und Benachrichtigungen an Beteiligte, die maschinell erstellt werden, brauchen nicht unterschrieben zu werden. ²In diesem Fall muß anstelle der Unterschrift auf dem Schreiben der Vermerk „Dieses Schreiben ist maschinell erstellt und auch ohne Unterschrift wirksam." angebracht sein. ³Die Verfügung muß den Verfasser mit Funktionsbezeichnung erkennen lassen.

(2) ¹Die in Absatz 1 bezeichneten maschinell zu erstellenden Schreiben können, wenn die Kenntnisnahme durch den Empfänger allgemein sichergestellt ist, auch durch Bildschirmmitteilung oder in anderer Weise elektronisch übermittelt werden. ²§ 15 des Gesetzes über das Verfahren in Familiensachen und in den Angelegenheiten der freiwilligen Gerichtsbarkeit bleibt unberührt.

(3) Für die Texte für die öffentliche Bekanntmachung der Eintragungen sowie für Mitteilungen nach § 37 und Anfragen nach § 38 gelten die Absätze 1 und 2 entsprechend.

IV. Sondervorschriften für die Abteilungen A und B

§ 39. [Trennung, Muster.] Die Abteilungen A und B werden in getrennten Registern nach den beigegebenen Mustern geführt.

Abteilung A

§ 40. Inhalt der Eintragungen in Abteilung A. In Abteilung A des Handelsregisters sind die nachfolgenden Angaben einzutragen:

1. In Spalte 1 ist die laufende Nummer der die Firma betreffenden Eintragungen einzutragen.
2. In Spalte 2 sind
   a) unter Buchstabe a die Firma;
   b) unter Buchstabe b der Ort der Niederlassung oder der Sitz, bei Einzelkaufleuten und Personenhandelsgesellschaften die inländische Geschäftsanschrift sowie die Errichtung oder Aufhebung von Zweigniederlassungen, und zwar unter Angabe des Ortes einschließlich der Postleitzahl, der inländischen Geschäftsanschrift und, falls der Firma für eine Zweigniederlassung ein Zusatz beigefügt ist, unter Angabe dieses Zusatzes;

c) unter Buchstabe c bei Europäischen wirtschaftlichen Interessenvereinigungen und bei juristischen Personen der Gegenstand des Unternehmens

und die sich jeweils darauf beziehenden Änderungen anzugeben.

3. ¹In Spalte 3 sind
   a) unter Buchstabe a die allgemeine Regelung zur Vertretung des Rechtsträgers durch die persönlich haftenden Gesellschafter, die Geschäftsführer, die Mitglieder des Vorstandes, bei Kreditinstituten die gerichtlich bestellten vertretungsbefugten Personen sowie die Abwickler oder Liquidatoren, und
   b) unter Buchstabe b der Einzelkaufmann, bei Handelsgesellschaften die persönlich haftenden Gesellschafter, bei Europäischen wirtschaftlichen Interessenvereinigungen die Geschäftsführer, bei juristischen Personen die Mitglieder des Vorstandes und deren Stellvertreter, bei Kreditinstituten die gerichtlich bestellten vertretungsberechtigten Personen, die Abwickler oder Liquidatoren unter der Bezeichnung als solche, bei ausländischen Versicherungsunternehmen die nach § 106 Abs. 3 des Versicherungsaufsichtsgesetzes bestellten Hauptbevollmächtigten sowie bei einer Zweigstelle eines Unternehmens mit Sitz in einem anderen Staat, die Bankgeschäfte in dem in § 1 Abs. 1 des Gesetzes über das Kreditwesen bezeichneten Umfang betreibt, die nach § 53 Abs. 2 Nr. 1 des Gesetzes über das Kreditwesen bestellten Geschäftsleiter jeweils mit Familiennamen, Vornamen, Geburtsdatum und Wohnort oder gegebenenfalls mit Firma, Rechtsform, Sitz oder Niederlassung

   und die jeweils sich darauf beziehenden Änderungen anzugeben.²Weicht die Vertretungsbefugnis der in Spalte 3 unter Buchstabe b einzutragenden Personen im Einzelfall von den Angaben in Spalte 3 unter Buchstabe a ab, so ist diese besondere Vertretungsbefugnis bei den jeweiligen Personen zu vermerken.

4. In Spalte 4 sind die die Prokura betreffenden Angaben einschließlich Familienname, Vorname, Geburtsdatum und Wohnort der Prokuristen und die sich jeweils darauf beziehenden Änderungen einzutragen.

5. In Spalte 5 sind anzugeben
   a) unter Buchstabe a die Rechtsform sowie bei juristischen Personen das Datum der Erstellung und jede Änderung der Satzung; bei der Eintragung genügt, soweit sie nicht die Änderung der einzutragenden Angaben betrifft, eine allgemeine Bezeichnung des Gegenstands der Änderung; dabei ist in der Spalte 6 unter Buchstabe b auf die beim Gericht eingereichten Urkunden sowie auf die Stelle der Akten, bei der die Urkunden sich befinden, zu verweisen;
   b) unter Buchstabe b
      aa) die besonderen Bestimmungen des Gründungsvertrages oder der Satzung über die Zeitdauer der Europäischen wirtschaftlichen Interessenvereinigung oder juristischen Person sowie alle sich hierauf beziehenden Änderungen;
      bb) die Eröffnung, Einstellung und Aufhebung des Insolvenzverfahrens sowie die Aufhebung des Eröffnungsbeschlusses; die Bestellung eines vorläufigen Insolvenzverwalters unter den Voraussetzungen des § 32 Abs. 1 Satz 2 Nr. 2 des Handelsgesetzbuchs sowie die Aufhebung einer derartigen Sicherungsmaßnahme; die Anordnung der Eigenverwaltung durch den Schuldner und deren Aufhebung sowie die Anordnung der Zustimmungsbedürftigkeit bestimmter Rechtsgeschäfte des Schuldners nach § 277 der Insolvenzordnung; die Überwachung der Erfüllung eines Insolvenzplans und die Aufhebung der Überwachung;
      cc) die Klausel über die Haftungsbefreiung eines Mitglieds der Europäischen wirtschaftlichen Interessenvereinigung für die vor seinem Beitritt entstandenen Verbindlichkeiten;

dd) die Auflösung, Fortsetzung und die Nichtigkeit der Gesellschaft, Europäischen wirtschaftlichen Interessenvereinigung oder juristischen Person; der Schluss der Abwicklung der Europäischen wirtschaftlichen Interessenvereinigung; das Erlöschen der Firma, die Löschung einer Gesellschaft, Europäischen wirtschaftlichen Interessenvereinigung oder juristischen Person sowie Löschungen von Amts wegen;

ee) Eintragungen nach dem Umwandlungsgesetz;

ff) im Fall des Erwerbs eines Handelsgeschäfts bei Fortführung unter der bisherigen Firma eine von § 25 Abs. 1 des Handelsgesetzbuchs abweichende Vereinbarung;

gg) beim Eintritt eines persönlich haftenden Gesellschafters oder eines Kommanditisten in das Geschäft eines Einzelkaufmanns eine von § 28 Abs. 1 des Handelsgesetzbuchs abweichende Vereinbarung;

c) unter Buchstabe c Familienname, Vorname, Geburtsdatum und Wohnort oder gegebenenfalls Firma, Rechtsform, Sitz oder Niederlassung und der Betrag der Einlage jedes Kommanditisten einer Kommanditgesellschaft sowie bei der Europäischen wirtschaftlichen Interessenvereinigung die Mitglieder mit Familiennamen, Vornamen, Geburtsdatum und Wohnort oder gegebenenfalls mit Firma, Rechtsform, Sitz oder Niederlassung

und die sich jeweils darauf beziehenden Änderungen.

6. In Spalte 6 sind unter Buchstabe a der Tag der Eintragung, unter Buchstabe b sonstige Bemerkungen einzutragen.

7. Enthält eine Eintragung die Nennung eines in ein öffentliches Register eingetragenen Rechtsträgers, so sind Art und Ort des Registers sowie die Registernummer dieses Rechtsträgers mit zu vermerken.

§ 41. [Änderung der Firma, Neueintragung, Verweisungen.] (1) [1] Wird bei dem Eintritt eines persönlich haftenden Gesellschafters oder eines Kommanditisten in das Geschäft eines Einzelkaufmanns oder bei dem Eintritt eines Gesellschafters in eine bestehende Gesellschaft die bisherige Firma nicht fortgeführt und die neue Firma unter einer neuen Nummer auf einem anderen Registerblatt eingetragen, so ist der Eintritt in Spalte 5 des Registers bei der bisherigen und bei der neuen Firma zu vermerken. [2] Dasselbe gilt von einer von § 28 Abs. 1 des Handelsgesetzbuchs abweichenden Vereinbarung.

(2) Auf jedem Registerblatt ist auf das andere in Spalte „Bemerkungen" zu verweisen.

§ 42. [Übergang eines Handelsgeschäfts, Verweisungen.] [1] Wird zum Handelsregister angemeldet, daß das Handelsgeschäft eines Einzelkaufmanns, einer juristischen Person, einer offenen Handelsgesellschaft oder einer Kommanditgesellschaft auf eine in Abteilung B eingetragene Handelsgesellschaft mit dem Recht zur Fortführung der Firma übergegangen ist, so sind die das Handelsgeschäft betreffenden Eintragungen in Abteilung A des Registers rot zu unterstreichen. [2] Wird von dem Erwerber die Fortführung der Firma angemeldet, so ist bei der Eintragung in Abteilung B auf das bisherige Registerblatt in der Spalte „Bemerkungen" zu verweisen und umgekehrt.

Abteilung B

§ 43. Inhalt der Eintragungen in Abteilung B. In Abteilung B des Handelsregisters sind die nachfolgenden Angaben einzutragen:

1. In Spalte 1 ist die laufende Nummer der die Gesellschaft betreffenden Eintragung einzutragen.
2. In Spalte 2 sind
   a) unter Buchstabe a die Firma;
   b) unter Buchstabe b der Ort der Niederlassung oder der Sitz, bei Aktiengesellschaften, bei einer SE, bei Kommanditgesellschaften auf Aktien und Gesellschaften mit beschränkter Haftung die inländische Geschäftsanschrift sowie gegebenenfalls Familienname und Vorname oder Firma und Rechtsform sowie inländische Anschrift einer für Willenserklärungen und Zustellungen empfangsberechtigten Person, sowie die Errichtung oder Aufhebung von Zweigniederlassungen, und zwar unter Angabe des Ortes einschließlich der Postleitzahl, der inländischen Geschäftsanschrift und, falls der Firma für eine Zweigniederlassung ein Zusatz beigefügt ist, unter Angabe dieses Zusatzes;
   c) unter Buchstabe c der Gegenstand des Unternehmens
   und die sich jeweils darauf beziehenden Änderungen anzugeben.
3. In Spalte 3 sind bei Aktiengesellschaften, bei einer SE und bei Kommanditgesellschaften auf Aktien die jeweils aktuellen Beträge der Höhe des Grundkapitals, bei Gesellschaften mit beschränkter Haftung die Höhe des Stammkapitals und bei Versicherungsvereinen auf Gegenseitigkeit die Höhe des Gründungsfonds anzugeben.
4. [1]In Spalte 4 sind
   a) unter Buchstabe a die allgemeine Regelung zur Vertretung des Rechtsträgers durch die Mitglieder des Vorstandes, des Leitungsorgans, die geschäftsführenden Direktoren, die persönlich haftenden Gesellschafter sowie bei Kreditinstituten die gerichtlich bestellten vertretungsbefugten Personen, die Geschäftsführer, die Abwickler oder Liquidatoren und
   b) unter Buchstabe b bei Aktiengesellschaften und Versicherungsvereinen auf Gegenseitigkeit die Mitglieder des Vorstandes und ihre Stellvertreter (bei Aktiengesellschaften unter besonderer Bezeichnung des Vorsitzenden), bei einer SE die Mitglieder des Leitungsorgans und ihre Stellvertreter (unter besonderer Bezeichnung ihres Vorsitzenden) oder die geschäftsführenden Direktoren, bei Kommanditgesellschaften auf Aktien die persönlich haftenden Gesellschafter, bei Kreditinstituten die gerichtlich bestellten vertretungsbefugten Personen, bei Gesellschaften mit beschränkter Haftung die Geschäftsführer und ihre Stellvertreter, ferner die Abwickler oder Liquidatoren unter der Bezeichnung als solcher, jeweils mit Familiennamen, Vornamen, Geburtsdatum und Wohnort oder gegebenenfalls mit Firma, Rechtsform, Sitz oder Niederlassung
   und die jeweils sich darauf beziehenden Änderungen anzugeben.[2] Weicht die Vertretungsbefugnis der in Spalte 4 unter Buchstabe b einzutragenden Personen im Einzelfall von den Angaben in Spalte 4 unter Buchstabe a ab, so ist diese besondere Vertretungsbefugnis bei den jeweiligen Personen zu vermerken.[3] Ebenfalls in Spalte 4 unter Buchstabe b sind bei ausländischen Versicherungsunternehmen die nach § 106 Abs. 3 des Versicherungsaufsichtsgesetzes bestellten Hauptbevollmächtigten, bei einer Zweigstelle eines Unternehmens mit Sitz in einem anderen Staat, die Bankgeschäfte in dem in § 1 Abs. 1 des Gesetzes über das Kreditwesen bezeichneten Umfang betreibt, die nach § 53 Abs. 2 Nr. 1 des Gesetzes über das Kreditwesen bestellten Geschäftsleiter sowie bei einer Zweigniederlassung einer Aktiengesellschaft, SE oder Gesellschaft mit beschränkter Haftung mit Sitz im Ausland die ständigen Vertreter nach § 13e Abs. 2 Satz 5 Nr. 3 des Handelsgesetzbuchs jeweils mit Familiennamen, Vornamen, Geburtsdatum und Wohnort unter Angabe ihrer Befugnisse zu vermerken.

5. In Spalte 5 sind die die Prokura betreffenden Eintragungen einschließlich Familienname, Vorname, Geburtsdatum und Wohnort der Prokuristen sowie die jeweils sich darauf beziehenden Änderungen anzugeben.
6. In Spalte 6 sind anzugeben
    a) unter Buchstabe a die Rechtsform und der Tag der Feststellung der Satzung oder des Abschlusses des Gesellschaftsvertrages; jede Änderung der Satzung oder des Gesellschaftsvertrages; bei der Eintragung genügt, soweit nicht die Änderung die einzutragenden Angaben betrifft, eine allgemeine Bezeichnung des Gegenstands der Änderung;
    b) unter Buchstabe b neben den entsprechend für die Abteilung A in § 40 Nr. 5 Buchstabe b Doppelbuchstabe bb einzutragenden Angaben:
        aa) die besonderen Bestimmungen der Satzung oder des Gesellschaftsvertrages über die Zeitdauer der Gesellschaft oder des Versicherungsvereins auf Gegenseitigkeit;
        bb) eine Eingliederung einschließlich der Firma der Hauptgesellschaft sowie das Ende der Eingliederung, sein Grund und sein Zeitpunkt;
        cc) das Bestehen und die Art von Unternehmensverträgen einschließlich des Namens des anderen Vertragsteils, beim Bestehen einer Vielzahl von Teilgewinnabführungsverträgen alternativ anstelle des Namens des anderen Vertragsteils eine Bezeichnung, die den jeweiligen Teilgewinnabführungsvertrag konkret bestimmt, außerdem die Änderung des Unternehmensvertrages sowie seine Beendigung unter Angabe des Grundes und des Zeitpunktes;
        dd) die Auflösung, die Fortsetzung und die Nichtigkeit der Gesellschaft oder des Versicherungsvereins auf Gegenseitigkeit;
        ee) Eintragungen nach dem Umwandlungsgesetz;
        ff) das Erlöschen der Firma, die Löschung einer Aktiengesellschaft, SE, Kommanditgesellschaft auf Aktien, Gesellschaft mit beschränkter Haftung oder eines Versicherungsvereins auf Gegenseitigkeit sowie Löschungen von Amts wegen;
        gg) das Bestehen eines bedingten Kapitals unter Angabe des Beschlusses der Hauptversammlung und der Höhe des bedingten Kapitals;
        hh) das Bestehen eines genehmigten Kapitals unter Angabe des Beschlusses der Hauptversammlung oder Gesellschafterversammlung, der Höhe des genehmigten Kapitals und des Zeitpunktes, bis zu dem die Ermächtigung besteht;
        ii) bei Investmentaktiengesellschaften das in der Satzung festgelegte Mindestkapital und Höchstkapital (§ 105 Abs. 1 des Investmentgesetzes);
        jj) der Beschluss einer Übertragung von Aktien gegen Barabfindung (§ 327a des Aktiengesetzes) unter Angabe des Tages des Beschlusses;
        kk) der Abschluss eines Nachgründungsvertrages unter Angabe des Zeitpunktes des Vertragsschlusses und des Zustimmungsbeschlusses der Hauptversammlung sowie der oder die Vertragspartner der Gesellschaft;
        ll) bei Versicherungsvereinen auf Gegenseitigkeit der Tag, an dem der Geschäftsbetrieb erlaubt worden ist
    und die sich jeweils darauf beziehenden Änderungen.
7. Die Verwendung der Spalte 7 richtet sich nach den Vorschriften über die Benutzung der Spalte 6 der Abteilung A.
8. § 40 Nr. 7 gilt entsprechend.

§ 44. [Eintragungen von Urteilen über Nichtigkeitserklärungen und Verfügungen über Löschungen.] Urteile, durch die ein in das Register eingetragener Beschluß der Hauptversammlung einer Aktiengesellschaft, SE, Kommanditgesellschaft auf Aktien oder der Gesellschafterversammlung einer Gesellschaft mit beschränkter Haftung rechtskräftig für nichtig erklärt ist, sowie die nach § 398 des Gesetzes über das Verfahren in Familiensachen und in den Angelegenheiten der freiwilligen Gerichtsbarkeit verfügte Löschung eines Beschlusses sind in einem Vermerk, der den Beschluß als nichtig bezeichnet, in diejenigen Spalten des Registerblatts einzutragen, in die der Beschluß eingetragen war.

§ 45. [Löschung einer Gesellschaft wegen Nichtigkeit, Benachrichtigung über Heilung eines Mangels.] (1) Soll eine Aktiengesellschaft, eine SE, eine Kommanditgesellschaft auf Aktien oder eine Gesellschaft mit beschränkter Haftung als nichtig gelöscht werden, so ist, wenn der Mangel geheilt werden kann, in der nach § 395 Abs. 2, § 397 des Gesetzes über das Verfahren in Familiensachen und in den Angelegenheiten der freiwilligen Gerichtsbarkeit ergehenden Benachrichtigung auf diese Möglichkeit ausdrücklich hinzuweisen.

(2) ¹Die Löschung erfolgt durch Eintragung eines Vermerks, der die Gesellschaft als nichtig bezeichnet. ²Gleiches gilt, wenn die Gesellschaft durch rechtskräftiges Urteil für nichtig erklärt ist.

§ 46. [Verweisung bei Firmenänderung.] Wird bei einer in Abteilung B eingetragenen Handelsgesellschaft die Änderung der Firma zum Handelsregister angemeldet, weil das Geschäft mit dem Recht zur Fortführung der Firma auf einen Einzelkaufmann, eine juristische Person oder eine Handelsgesellschaft übertragen worden ist, und wird von dem Erwerber die Fortführung der Firma angemeldet, so ist bei der Eintragung in die Spalte „Bemerkungen" auf das bisherige Registerblatt zu verweisen und umgekehrt.

IV a. Vorschriften für das elektronisch geführte Handelsregister

1. Einrichtung des elektronisch geführten Handelsregisters

§ 47. Grundsatz. (1) ¹Bei der elektronischen Führung des Handelsregisters muss gewährleistet sein, dass
1. die Grundsätze einer ordnungsgemäßen Datenverarbeitung eingehalten, insbesondere Vorkehrungen gegen einen Datenverlust getroffen sowie die erforderlichen Kopien der Datenbestände mindestens tagesaktuell gehalten und die originären Datenbestände sowie deren Kopien sicher aufbewahrt werden,
2. die vorzunehmenden Eintragungen alsbald in einen Datenspeicher aufgenommen und auf Dauer inhaltlich unverändert in lesbarer Form wiedergegeben werden können,
3. die nach der Anlage zu § 126 Abs. 1 Satz 2 Nr. 3 der Grundbuchordnung erforderlichen Maßnahmen getroffen werden.

²Die Dokumente sind in inhaltlich unveränderbarer Form zu speichern.

(2) Wird die Datenverarbeitung im Auftrag des zuständigen Amtsgerichts auf den Anlagen einer anderen staatlichen Stelle oder eines Dritten vorgenommen (§ 387 Abs. 5 des Gesetzes über das Verfahren in Familiensachen und in den Angelegenheiten der freiwilligen Gerichtsbarkeit), so muss sichergestellt sein, dass Eintragungen in das Handelsregister und der Abruf von Daten hieraus nur erfolgen, wenn dies von dem zuständigen Gericht verfügt worden oder sonst zulässig ist.

(3) Die Verarbeitung der Registerdaten auf Anlagen, die nicht im Eigentum der anderen staatlichen Stelle oder des Dritten stehen, ist nur zulässig, wenn gewährleistet

ist, dass die Daten dem uneingeschränkten Zugriff des zuständigen Gerichts unterliegen und der Eigentümer der Anlage keinen Zugang zu den Daten hat.

§ 48. Begriff des elektronisch geführten Handelsregisters. [1]Bei dem elektronisch geführten Handelsregister ist der in den dafür bestimmten Datenspeicher aufgenommene und auf Dauer unverändert in lesbarer Form wiedergabefähige Inhalt des Registerblattes (§ 13 Abs. 1) das Handelsregister. [2]Die Bestimmung des Datenspeichers nach Satz 1 kann durch Verfügung der nach Landesrecht zuständigen Stelle geändert werden, wenn dies dazu dient, die Erhaltung und die Abrufbarkeit der Daten sicherzustellen oder zu verbessern, und die Daten dabei nicht verändert werden.

§ 49. Anforderungen an Anlagen und Programme; Sicherung der Anlagen, Programme und Daten. (1) Hinsichtlich der Anforderungen an die für das elektronisch geführte Handelsregister verwendeten Anlagen und Programme, deren Sicherung sowie der Sicherung der Daten gelten die §§ 64 bis 66 der Grundbuchverfügung entsprechend.

(2) Das eingesetzte Datenverarbeitungssystem soll innerhalb eines jeden Landes einheitlich sein und mit den in den anderen Ländern eingesetzten Systemen verbunden werden können.

§ 50. Gestaltung des elektronisch geführten Handelsregisters. (1) [1]Der Inhalt des elektronisch geführten Handelsregisters muß auf dem Bildschirm und in Ausdrucken entsprechend den beigegebenen Mustern (Anlagen 4 und 5) sichtbar gemacht werden können. [2]Der letzte Stand aller noch nicht gegenstandslos gewordenen Eintragungen (aktueller Registerinhalt) kann statt in spaltenweiser Wiedergabe auch als fortlaufender Text nach den Mustern in Anlage 6 und 7 sichtbar gemacht werden.

(2) Der Inhalt geschlossener Registerblätter, die nicht für die elektronische Registerführung umgeschrieben wurden, muss entsprechend den beigegebenen Mustern (Anlagen 1 und 2 in der bis zum Inkrafttreten des Gesetzes über elektronische Handelsregister und Genossenschaftsregister sowie das Unternehmensregister am 1. Januar 2007 geltenden Fassung dieser Verordnung) auf dem Bildschirm und in Ausdrucken sichtbar gemacht werden können, wenn nicht die letzte Eintragung in das Registerblatt vor dem 1. Januar 1997 erfolgte.

2. Anlegung des elektronisch geführten Registerblatts

§ 51. Anlegung des elektronisch geführten Registerblatts durch Umschreibung. Ein bisher in Papierform geführtes Registerblatt kann für die elektronische Führung nach den §§ 51, 52 und 54 in der bis zum Inkrafttreten des Gesetzes über elektronische Handelsregister und Genossenschaftsregister sowie das Unternehmensregister am 1. Januar 2007 geltenden Fassung dieser Verordnung umgeschrieben werden.

3. Automatisierter Abruf von Daten

§ 52. Umfang des automatisierten Datenabrufs. [1]Umfang und Voraussetzungen des Abrufs im automatisierten Verfahren einschließlich des Rechts, von den abgerufenen Daten Abdrucke zu fertigen, bestimmen sich nach § 9 Abs. 1 des Handelsgesetzbuchs. [2]Abdrucke stehen den Ausdrucken (§ 30a) nicht gleich.

§ 53. Protokollierung der Abrufe. (1) ¹Für die Sicherung der ordnungsgemäßen Datenverarbeitung und für die Abrechnung der Kosten des Abrufs werden alle Abrufe durch die zuständige Stelle protokolliert. ²Im Protokoll dürfen nur das Gericht, die Nummer des Registerblatts, die abrufende Person oder Stelle, ein Geschäfts-, Aktenzeichen oder eine sonstige Kennung des Abrufs, der Zeitpunkt des Abrufs sowie die für die Durchführung des Abrufs verwendeten Daten gespeichert werden.

(2) ¹Die protokollierten Daten dürfen nur für die in Absatz 1 Satz 1 genannten Zwecke verwendet werden. ²Sie sind durch geeignete Vorkehrungen gegen zweckfremde Nutzung und gegen sonstigen Missbrauch zu schützen.

(3) ¹Die nach Absatz 1 gefertigten Protokolle werden vier Jahre nach Ablauf des Kalenderjahres, in dem die Zahlung der Kosten erfolgt ist, vernichtet. ²Im Fall der Einlegung eines Rechtsbehelfs mit dem Ziel der Rückerstattung verlängert sich die Aufbewahrungsfrist jeweils um den Zeitraum von der Einlegung bis zur abschließenden Entscheidung über den Rechtsbehelf.

4. Ersatzregister und Ersatzmaßnahmen

§ 54. Ersatzregister und Ersatzmaßnahmen. (1) ¹Ist die Vornahme von Eintragungen in das elektronisch geführte Handelsregister vorübergehend nicht möglich, so können auf Anordnung der nach Landesrecht zuständigen Stelle Eintragungen ohne Vergabe einer neuen Nummer in einem Ersatzregister in Papierform vorgenommen werden, wenn hiervon Verwirrung nicht zu besorgen ist. ²Sie sollen in das elektronisch geführte Handelsregister übernommen werden, sobald dies wieder möglich ist. ³Auf die erneute Übernahme sind die Vorschriften über die Anlegung des maschinell geführten Registerblatts in der bis zum Inkrafttreten des Gesetzes über elektronische Handelsregister und Genossenschaftsregister sowie das Unternehmensregister am 1. Januar 2007 geltenden Fassung dieser Verordnung entsprechend anzuwenden.

(2) Für die Einrichtung und Führung der Ersatzregister nach Absatz 1 gelten § 17 Abs. 2 und die Bestimmungen des Abschnitts IV dieser Verordnung sowie die Bestimmungen der Abschnitte I bis III in der bis zum Inkrafttreten des Gesetzes über elektronische Handelsregister und Genossenschaftsregister sowie das Unternehmensregister am 1. Januar 2007 geltenden Fassung dieser Verordnung.

(3) ¹Können elektronische Anmeldungen und Dokumente vorübergehend nicht entgegengenommen werden, so kann die nach Landesrecht zuständige Stelle anordnen, dass Anmeldungen und Dokumente auch in Papierform zum Handelsregister eingereicht werden können. ²Die aufgrund einer Anordnung nach Satz 1 eingereichten Schriftstücke sind unverzüglich in elektronische Dokumente zu übertragen.

V.
(aufgehoben)

Anlagen 1, 2
(aufgehoben)

Anlage 3
(zu § 33 Abs. 3)

Muster für Bekanntmachungen
Amtsgericht Charlottenburg – Registergericht –,
Aktenzeichen: HRB 8297
In ( ) gesetzte Angaben der Anschrift und des Geschäftszweiges erfolgen ohne Gewähr:
Neueintragungen
27. 6. 2009
HRB 8297 Jahn & Schubert GmbH, Berlin, Behrenstr. 9, 10117 Berlin. Gesellschaft mit beschränkter Haftung. Gegenstand: der Betrieb einer Buchdruckerei. Stammkapital: 30 000 EUR. Allgemeine Vertretungsregelung: Ist nur ein Geschäftsführer bestellt, so vertritt er die Gesellschaft allein. Sind mehrere Geschäftsführer bestellt, so wird die Gesellschaft durch zwei Geschäftsführer oder durch einen Geschäftsführer gemeinsam mit einem Prokuristen vertreten. Geschäftsführerin: Wedemann, Frauke, Berlin *18. 5. 1986, einzelvertretungsberechtigt mit der Befugnis im Namen der Gesellschaft mit sich im eigenen Namen oder als Vertreter eines Dritten Rechtsgeschäfte abzuschließen. Gesellschaftsvertrag vom 13. 1. 2009 mit Änderung vom 17. 1. 2009.
Bekannt gemacht am: 30. 6. 2009

Anlage 4
(zu § 50 Abs. 1)

Muster maschinelles Register – Abteilung A

Handelsregister des Amtsgerichts   Abteilung A   Nummer der Firma: HR A

1	2	3	4	5	6
Nummer der Eintragung	a) Firma b) Sitz, Niederlassung, inländische Geschäftsanschrift, Zweigniederlassungen c) Gegenstand des Unternehmens[1]	a) Allgemeine Vertretungsregelung b) Inhaber, persönlich haftende Gesellschafter, Geschäftsführer, Vorstand, Vertretungsberechtigte und besondere Vertretungsbefugnis	Prokura	a) Rechtsform, Beginn und Satzung b) Sonstige Rechtsverhältnisse c) Kommanditisten, Mitglieder[2]	a) Tag der Eintragung b) Bemerkung

Anmerkung: Die Kopfzeile und die Spaltenüberschriften müssen beim Abruf der Registerdaten auf dem Bildschirm stets sichtbar sein.

---

[1] Die Anmeldung des Unternehmensgegenstandes ist nur bei der Europäischen wirtschaftlichen Interessenvereinigung und juristischen Personen zwingend.
[2] Mitglieder sind hier solche der Europäischen wirtschaftlichen Interessenvereinigung.

Anlage 5
(zu § 50 Abs. 1)

Muster maschinelles Register – Abteilung B

Handelsregister des Amtsgerichts   Abteilung B   Nummer der Firma: HR B

1	2	3	4	5	6	7
Nummer der Eintragung	a) Firma b) Sitz, Niederlassung, inländische Geschäftsanschrift, empfangsberechtigte Person, Zweigniederlassungen c) Gegenstand des Unternehmens	Grund- oder Stammkapital	a) Allgemeine Vertretungsregelung b) Inhaber, persönlich haftende Gesellschafter, Geschäftsführer, Vorstand, Vertretungsberechtigte und besondere Vertretungsbefugnis	Prokura	a) Rechtsform, Beginn, Satzung oder Gesellschaftsvertrag b) Sonstige Rechtsverhältnisse	a) Tag der Eintragung b) Bemerkung

Anmerkung: Die Kopfzeile und die Spaltenüberschriften müssen beim Abruf der Registerdaten auf dem Bildschirm stets sichtbar sein.

Handelsregisterverordnung

Anlage 6
(zu § 50 Abs. 1)

Muster maschinelles Register Abteilung A –
Wiedergabe des aktuellen Registerinhalts

Handelsregister des Amtsgerichts   Abteilung A   Nummer der Firma: HR A
                        Wiedergabe des aktuellen Registerinhalts

1. Anzahl der bisherigen Eintragungen:
2.
   a) Firma:
   b) Sitz, Niederlassung, inländische Geschäftsanschrift, Zweigniederlassungen:
   c) Gegenstand des Unternehmens:[1]
3.
   a) Allgemeine Vertretungsregelung:
   b) Inhaber, persönlich haftende Gesellschafter, Geschäftsführer, Vorstand, Vertretungsberechtigte und besondere Vertretungsbefugnis:
4. Prokura:
5.
   a) Rechtsform, Beginn und Satzung:
   b) Sonstige Rechtsverhältnisse:
   c) Kommanditisten, Mitglieder:[2]
6. Tag der letzten Eintragung:

Anmerkung: Die Kopfzeile und die Spaltenüberschriften müssen beim Abruf der Registerdaten auf dem Bildschirm stets sichtbar sein.

---

[1] Die Anmeldung des Unternehmensgegenstandes ist nur bei der Europäischen wirtschaftlichen Interessenvereinigung und juristischen Personen zwingend.
[2] Mitglieder sind hier solche der Europäischen wirtschaftlichen Interessenvereinigung.

Anlage 7
(zu § 50 Abs. 1)

Muster maschinelles Register Abteilung B –
Wiedergabe des aktuellen Registerinhalts

Handelsregister des Amtsgerichts   Abteilung B   Nummer der Firma: HR B

Wiedergabe des aktuellen Registerinhalts

1. Anzahl der bisherigen Eintragungen:

2.
   a) Firma:
   b) Sitz, Niederlassung, inländische Geschäftsanschrift, empfangsberechtigte Person, Zweigniederlassungen:
   c) Gegenstand des Unternehmens:

3. Grund- und Stammkapital:

4.
   a) Allgemeine Vertretungsregelung:
   b) Inhaber, persönlich haftende Gesellschafter, Geschäftsführer, Vorstand, Vertretungsberechtigte und besondere Vertretungsbefugnis:

5. Prokura:

6.
   a) Rechtsform, Beginn, Satzung oder Gesellschaftsvertrag:
   b) Sonstige Rechtsverhältnisse:

7. Tag der letzten Eintragung:

Anmerkung: Die Kopfzeile und die Spaltenüberschriften müssen beim Abruf der Registerdaten auf dem Bildschirm stets sichtbar sein.

Anlage 8

(aufgehoben)

3. Verordnung über das Genossenschaftsregister (Genossenschaftsregisterverordnung – GenRegV)

In der Fassung der Bekanntmachung vom 16. Oktober 2006
(BGBl. I S. 2268)
zuletzt geänd. durch Art. 13 Abs. 19 BilanzrechtsmodernisierungsG v. 25. 5. 2009
(BGBl. I S. 1102)
FNA 315-16

Abschnitt 1. Allgemeines

§ 1. Zuständigkeit und Verfahren. Zuständigkeit und Verfahren bei der Führung des Genossenschaftsregisters bestimmen sich, soweit nicht durch bundesrechtliche Vorschriften oder die nachstehenden Vorschriften etwas anderes vorgeschrieben ist, nach den für das Handelsregister geltenden Vorschriften.

§ 2. (weggefallen)

§ 3. Benachrichtigung der Beteiligten. (1) Jede Eintragung oder Ablehnung einer Eintragung in das Genossenschaftsregister ist dem Vorstand, bei einer Europäischen Genossenschaft dem Leitungsorgan oder den geschäftsführenden Direktoren, oder den Liquidatoren bekannt zu geben.

(2) Die Benachrichtigung kann durch einfache Postsendung erfolgen.

§ 4. Bekanntmachung der Registereintragungen. Soweit die öffentliche Bekanntmachung einer Eintragung in das Genossenschaftsregister vorgeschrieben ist, ist sie zu veranlassen, sobald die Eintragung bewirkt ist und ohne dass eine andere Eintragung abgewartet werden darf.

§ 5. *(aufgehoben)*

§ 6. Form der Anmeldung. (1) Die Vorschrift, dass Anmeldungen zum Genossenschaftsregister in öffentlich beglaubigter Form einzureichen sind (§ 157 des Gesetzes), gilt nur für die Anmeldungen, die in dem Gesetz als solche ausdrücklich bezeichnet sind.

(2) Dahin gehören:
1. die Anmeldung der Satzung (Gesetz §§ 10, 11);
2. die Anmeldung von Änderungen der Satzung (Gesetz § 16);
3. die Anmeldung einer Zweigniederlassung und ihrer Aufhebung (Gesetz § 14);
4. die Anmeldung der Bestellung, des Ausscheidens, der vorläufigen Enthebung und der Änderung der Vertretungsbefugnis eines Vorstandsmitglieds, seines Stellvertreters oder eines Liquidators (Gesetz §§ 10, 11, 28, 35, 84 Abs. 1, § 85 Abs. 2);
5. die Anmeldung der Erteilung, der Änderung und des Erlöschens einer Prokura (Gesetz § 42 Abs. 1, Handelsgesetzbuch § 53);
6. die Anmeldung der Auflösung und der Fortsetzung einer Genossenschaft in den Fällen der §§ 78, 79, 79a, 117 des Gesetzes;
7. die Anmeldung der Umwandlung unter Beteiligung einer Genossenschaft (§§ 16, 38, 125, 129, 137, 148, 198, 222, 254, 265, 286 UmwG).

(3) ¹Die Anmeldung durch einen Bevollmächtigten ist ausgeschlossen. ² § 378 des Gesetzes über das Verfahren in Familiensachen und in den Angelegenheiten der freiwilligen Gerichtsbarkeit bleibt unberührt.

(4) Auf Anmeldungen zum Genossenschaftsregister, welche die Europäische Genossenschaft betreffen, sind die Absätze 1 bis 3 unter Berücksichtigung der §§ 3, 17, 22 Abs. 1 und des § 26 des SCE-Ausführungsgesetzes entsprechend anzuwenden.

§ 7. Sonstige Anzeigen und Erklärungen. (1) Für die sonstigen Anzeigen und Erklärungen, die zum Genossenschaftsregister zu bewirken sind, bedarf es, soweit nichts anderes vorgeschrieben ist, nicht der öffentlich beglaubigten Form.

(2) Sind die sonstigen Anzeigen oder Erklärungen mit rechtlicher Wirkung für die Genossenschaft oder die Europäische Genossenschaft verbunden, müssen sie in der für die Willenserklärungen der Genossenschaft oder der Europäischen Genossenschaft vorgeschriebenen Form erfolgen, insbesondere unter Mitwirkung der hiernach erforderlichen Zahl von Vorstandsmitgliedern, bei einer Europäischen Genossenschaft von Mitgliedern des Leitungsorgans oder geschäftsführenden Direktoren, von Prokuristen oder Liquidatoren (§§ 25, 42 Abs. 1 und § 85 des Gesetzes sowie § 23 des SCE-Ausführungsgesetzes).

(3) Die Einreichungen und Anzeigen sind in der Form des § 12 Abs. 2 des Handelsgesetzbuchs zu bewirken.

§ 8. Form der einzureichenden Abschrift einer Urkunde. In den Fällen, in welchen die Abschrift einer Urkunde zum Genossenschaftsregister einzureichen ist, genügt, sofern nicht ein anderes vorgeschrieben ist, eine einfache Abschrift (vgl. Gesetz § 11 Abs. 2 Nr. 2, § 16 Abs. 5 Satz 1, § 28 Satz 2, § 84 Abs. 1 Satz 2).

§ 9. (weggefallen)

§ 10. (weggefallen)

§ 11. (weggefallen)

Abschnitt 2. Eintragungen in das Genossenschaftsregister

§§ 12–13. *(aufgehoben)*

§ 14. (weggefallen)

§ 15. Eintragung der Satzung. (1) Vor der Eintragung der Satzung (§§ 10 bis 12 des Gesetzes) hat das Gericht zu prüfen, ob die Satzung den Vorschriften des Gesetzes genügt, insbesondere ob
1. der in der Satzung bezeichnete Zweck der Genossenschaft den Voraussetzungen des § 1 des Gesetzes entspricht,
2. auf Grund der gutachtlichen Äußerung des Prüfungsverbandes keine Gefährdung der Belange der Mitglieder oder der Gläubiger der Genossenschaft zu besorgen ist und eine solche Gefährdung auch nicht offenkundig ist (§ 11a Abs. 2 des Gesetzes) und
3. die Satzung die erforderlichen Bestimmungen (§§ 6, 7 und 36 Abs. 1 Satz 2 des Gesetzes) enthält.

(2) Die Eintragung der Satzung in das Register erfolgt durch Aufnahme eines Auszugs.

(3) Der Auszug muß die im § 12 Abs. 2 des Gesetzes vorgesehenen Angaben enthalten, nämlich:
1. das Datum der Satzung;
2. die Firma und den Sitz der Genossenschaft;
3. den Gegenstand des Unternehmens;
4. die Zeitdauer der Genossenschaft, falls diese auf eine bestimmte Zeit beschränkt ist;

ferner:
5. die Mitglieder des Vorstands, ihre Vertretungsbefugnis (Gesetz § 25) und ihre Stellvertreter (Gesetz § 35).

(4) [1]In den Auszug sind ferner die Bestimmungen der Satzung über die Nachschusspflicht der Mitglieder (Gesetz § 6 Nr. 3) aufzunehmen. [2]Ist in der Satzung bestimmt, dass sich bei Beteiligung mit mehr als einem Geschäftsanteil die Haftsumme auf einen höheren Betrag als den Gesamtbetrag der Geschäftsanteile erhöht (Gesetz § 121 Satz 2) oder dass durch die Beteiligung mit weiteren Geschäftsanteilen eine Erhöhung der Haftsumme nicht eintritt (Gesetz § 121 Satz 3), sind auch diese Bestimmungen aufzunehmen. [3]Bestimmt die Satzung ein Mindestkapital (§ 8a Abs. 1 des Gesetzes), ist auch diese Bestimmung aufzunehmen.

(5) Die Satzung (Gesetz § 11 Abs. 2 Nr. 1) ist zu den Akten zu nehmen.

(6) Auf die Eintragung der Satzung der Europäischen Genossenschaft sind die Absätze 1 bis 5 nicht anzuwenden.

§ 16. Eintragung von Satzungsänderungen. (1) Beschlüsse der Generalversammlung, die eine Änderung der in § 15 Abs. 3 und 4 bezeichneten Bestimmungen der Satzung oder die Fortsetzung einer auf bestimmte Zeit beschränkten Genossenschaft zum Gegenstande haben, werden nach ihrem Inhalt, Beschlüsse, die eine sonstige Satzungsänderung betreffen, nur unter allgemeiner Bezeichnung des Gegenstandes eingetragen (Gesetz § 16).

(2) Eine Abschrift des Beschlusses (Gesetz § 16 Abs. 5 Satz 1) sowie der vollständige neue Satzungswortlaut nebst Erklärung des Vorstands (Gesetz § 16 Abs. 5 Satz 2) ist zu den Akten zu nehmen.

(3) Die Absätze 1 und 2 sind auf satzungsändernde Beschlüsse der Generalversammlung einer Europäischen Genossenschaft entsprechend anzuwenden; an die Stelle der in § 15 Abs. 3 und 4 bezeichneten Bestimmungen der Satzung treten die Satzungsbestimmungen nach Artikel 5 Abs. 4 der Verordnung (EG) Nr. 1435/ 2003 des Rates vom 22. Juli 2003 über das Statut der Europäischen Genossenschaft (SCE) (ABl. EU Nr. L 207 S. 1).

§ 17. (weggefallen)

§ 18. Vorstandsmitglieder, Prokuristen. (1) [1]Die Bestellung von Vorstandsmitgliedern und ihrer Stellvertreter, bei einer Europäischen Genossenschaft von Mitgliedern des Leitungsorgans oder von geschäftsführenden Direktoren und ihrer Stellvertreter, ihre Vertretungsbefugnis sowie die Änderung und die Beendigung der Vertretungsbefugnis (§ 10 Abs. 1, § 25 Abs. 1 und 2, § 28 und § 35 des Gesetzes sowie § 17 Abs. 1 bis 3, § 23 Abs. 1 bis 3 und § 26 des SCE-Ausführungsgesetzes) sind unverzüglich zur Eintragung anzumelden. [2]Als Ende der Vertretungsbefugnis gilt auch eine vorläufige

Enthebung durch den Aufsichtsrat (Gesetz § 40). ³Die Vorstandsmitglieder, Mitglieder des Leitungsorgans, geschäftsführende Direktoren und ihre Stellvertreter sind mit Familiennamen, Vornamen, Geburtsdatum und Wohnort einzutragen.

(2) ¹Absatz 1 Satz 1 gilt für die Anmeldung von Prokuristen (Gesetz § 42 Abs. 1) entsprechend. ²Die Prokuristen sind mit Familiennamen, Vornamen, Geburtsdatum und Wohnort einzutragen.

§ 19. (weggefallen)

§ 20. Eintragung der Auflösung. (1) Die Eintragung der Auflösung einer Genossenschaft oder einer Europäischen Genossenschaft in das Register der Hauptniederlassung erfolgt

1. in den Fällen der §§ 78 und 79 des Gesetzes auf Grund der Anmeldung des Vorstands, bei einer Europäischen Genossenschaft auf Grund der Anmeldung des Leitungsorgans oder der geschäftsführenden Direktoren,
2. in den übrigen Fällen von Amts wegen, und zwar
   a) im Falle des § 80 des Gesetzes sowie im Falle des Artikels 73 Abs. 1 der Verordnung (EG) Nr. 1435/2003 nach Eintritt der Rechtskraft des von dem Registergericht erlassenen Auflösungsbeschlusses,
   b) im Falle des § 81 des Gesetzes auf Grund der von dem zuständigen Landgericht dem Registergericht mitgeteilten rechtskräftigen Entscheidung, durch welche die Auflösung ausgesprochen ist,
   c) im Falle der Eröffnung des Insolvenzverfahrens und im Falle des § 81a Nr. 1 des Gesetzes auf Grund der Mitteilung der Geschäftsstelle des Insolvenzgerichts (§ 31 der Insolvenzordnung).

(2) ¹In allen Fällen der Auflösung, außer dem Falle der Eröffnung des Insolvenzverfahrens und der Auflösung infolge Verschmelzung oder Aufspaltung, sind die Liquidatoren von dem Vorstand, bei einer Europäischen Genossenschaft vom Leitungsorgan oder den geschäftsführenden Direktoren anzumelden. ²Dies gilt auch dann, wenn die Liquidation durch die Mitglieder des Vorstands, bei einer Europäischen Genossenschaft des Leitungsorgans oder die geschäftsführenden Direktoren als Liquidatoren erfolgt (Gesetz §§ 83, 84). ³Sind die Liquidatoren durch das Gericht ernannt, so geschieht die Eintragung der Ernennung und der Abberufung von Amts wegen (Gesetz § 84 Abs. 2).

(3) Für die Anmeldung und Eintragung der Vertretungsbefugnis und jeder Änderung der Vertretungsbefugnis der Liquidatoren (Gesetz § 84 Abs. 1, § 85) sowie für den Inhalt der Eintragung gilt § 18 Abs. 1 Satz 1 und 3 entsprechend.

§ 21. Anmeldepflicht bei Beendigung der Liquidation und Eintragungen bei Insolvenz. (1) Sobald mit der vollständigen Verteilung des Genossenschaftsvermögens die Liquidation beendigt ist, haben die Liquidatoren die Beendigung ihrer Vertretungsbefugnis zur Eintragung anzumelden.

(2) Von Amts wegen auf Grund der Mitteilung der Geschäftsstelle des Insolvenzgerichts sind einzutragen (§ 102 Abs. 1 des Gesetzes)
1. die Aufhebung des Eröffnungsbeschlusses,
2. die Bestellung eines vorläufigen Insolvenzverwalters unter den Voraussetzungen des § 102 Abs. 1 Satz 2 Nr. 2 des Gesetzes,
3. die Anordnung der Eigenverwaltung durch den Schuldner und deren Aufhebung sowie die Anordnung der Zustimmungsbedürftigkeit bestimmter Rechtsgeschäfte des Schuldners nach § 277 der Insolvenzordnung,

4. die Einstellung und die Aufhebung des Insolvenzverfahrens und
5. die Überwachung der Erfüllung eines Insolvenzplans und die Aufhebung der Überwachung.

§ 21 a. (weggefallen)

§ 21 b. (weggefallen)

§ 22. Eintragung der Nichtigkeit der Genossenschaft. (1) Soll eine Genossenschaft oder eine Europäische Genossenschaft von Amts wegen als nichtig gelöscht werden, so ist in der Verfügung, welche nach § 395 Abs. 2 in Verbindung mit § 397 des Gesetzes über das Verfahren in Familiensachen und in den Angelegenheiten der freiwilligen Gerichtsbarkeit der Genossenschaft oder der Europäischen Genossenschaft zugestellt wird, ausdrücklich darauf hinzuweisen, dass der Mangel bis zur Löschung durch Beschluss der Generalversammlung gemäß § 95 Abs. 2 bis 4 des Genossenschaftsgesetzes, § 10 Abs. 1 Satz 2 des SCE-Ausführungsgesetzes geheilt werden kann.

(2) [1]Die Löschung erfolgt durch Eintragung eines Vermerkes, der die Genossenschaft oder Europäische Genossenschaft als nichtig bezeichnet. [2]Das Gleiche gilt in dem Falle, dass die Genossenschaft oder Europäische Genossenschaft durch rechtskräftiges Urteil für nichtig erklärt ist (Gesetz §§ 94, 96).

(3) Im Übrigen finden die Vorschriften des § 20 Abs. 2, 3 und des § 21 Abs. 1 entsprechende Anwendung.

§ 23. Eintragung der Nichtigkeit von Beschlüssen der Generalversammlung. [1]Soll ein eingetragener Beschluss der Generalversammlung von Amts wegen als nichtig gelöscht werden (§ 398 des Gesetzes über das Verfahren in Familiensachen und in den Angelegenheiten der freiwilligen Gerichtsbarkeit), so erfolgt die Löschung durch Eintragung eines Vermerkes, der den Beschluss als nichtig bezeichnet. [2]Das Gleiche gilt, wenn der Beschluss durch rechtskräftiges Urteil für nichtig erklärt ist (Gesetz § 51 Abs. 5).

§ 24. Berichtigung von Schreibfehlern. [1]Schreibfehler und ähnliche offenbare Unrichtigkeiten, die in einer Eintragung vorkommen, sind von dem Gerichte zu berichtigen, ohne dass es einer vorgängigen Benachrichtigung der Genossenschaft oder der Europäischen Genossenschaft bedarf. [2]Die Berichtigung erfolgt in Form einer neuen Eintragung oder auf andere eindeutige Weise.

§ 25. Gestaltung des Genossenschaftsregisters. [1]Der Inhalt des Genossenschaftsregisters muss auf dem Bildschirm und in Ausdrucken entsprechend dem beigegebenen Muster (Anlage 1) sichtbar gemacht werden können. [2]Der letzte Stand aller noch nicht gegenstandslos gewordenen Eintragungen (aktueller Registerinhalt) kann statt in spaltenweiser Wiedergabe auch als fortlaufender Text nach dem Muster in Anlage 2 sichtbar gemacht werden.

§ 26. Inhalt der Eintragungen. In das Genossenschaftsregister werden Angaben entsprechend den folgenden Nummern 1 bis 8 eingetragen.

1. In Spalte 1 ist die laufende Nummer der die Genossenschaft oder die Europäische Genossenschaft betreffenden Eintragungen einzutragen.
2. In Spalte 2 sind unter Buchstabe a die Firma, unter Buchstabe b der Sitz der Genossenschaft oder der Europäischen Genossenschaft sowie bei einer Europäischen

Genossenschaft die inländische Geschäftsanschrift und gegebenenfalls Familienname und Vorname oder Firma und Rechtsform sowie inländische Anschrift einer für Willenserklärungen und Zustellungen empfangsberechtigten Person, und die Errichtung oder Aufhebung von Zweigniederlassungen, und zwar unter Angabe des Ortes einschließlich der Postleitzahl und, falls der Firma für eine Zweigniederlassung ein Zusatz beigefügt ist, unter Angabe dieses Zusatzes, und unter Buchstabe c der Gegenstand des Unternehmens und die sich jeweils darauf beziehenden Änderungen anzugeben.

3. In Spalte 3 sind die Bestimmungen der Satzung über die Nachschusspflicht der Mitglieder und, sofern die Satzung bestimmt, dass sich bei Beteiligung mit mehr als einem Geschäftsanteil die Haftsumme auf einen höheren Betrag als den Gesamtbetrag der Geschäftsanteile erhöht oder dass durch die Beteiligung mit weiteren Geschäftsanteilen eine Erhöhung der Haftsumme nicht eintritt, auch diese Bestimmungen der Satzung einzutragen; auch ist die Bestimmung eines Mindestkapitals in der Satzung einzutragen. Ferner sind alle Änderungen der in Satz 1 bezeichneten Bestimmungen einzutragen. Bei einer Europäischen Genossenschaft ist das Grundkapital mit dem Hinweis, dass dieses veränderlich ist, einzutragen.

4. In Spalte 4 sind unter Buchstabe a die allgemeine Regelung zur Vertretung der Genossenschaft oder der Europäischen Genossenschaft durch die Mitglieder des Vorstands, bei einer Europäischen Genossenschaft durch die Mitglieder des Leitungsorgans oder die geschäftsführenden Direktoren sowie bei Kreditinstituten durch die gerichtlich bestellten vertretungsbefugten Personen oder die Liquidatoren und die Bestimmungen bei der Bestellung der Liquidatoren über die Form, in welcher diese ihre Willenserklärungen kundzugeben und für die Genossenschaft oder Europäische Genossenschaft zu zeichnen haben, einzutragen. Unter Buchstabe b sind die Mitglieder des Vorstands, bei einer Europäischen Genossenschaft durch die Mitglieder des Leitungsorgans oder die geschäftsführenden Direktoren sowie bei Kreditinstituten die gerichtlich bestellten vertretungsberechtigten Personen und die als solche bezeichneten Liquidatoren mit Familiennamen, Vornamen, Geburtsdatum und Wohnort oder gegebenenfalls mit Firma, Rechtsform, Sitz oder Niederlassung einzutragen. Ferner ist unter Buchstabe b jede Änderung in den Personen der Mitglieder des Vorstands, bei einer Europäischen Genossenschaft durch die Mitglieder des Leitungsorgans oder die geschäftsführenden Direktoren, oder der Liquidatoren einzutragen. Weicht die Vertretungsbefugnis der in Spalte 4 unter Buchstabe b einzutragenden Personen im Einzelfall von den Angaben in Spalte 4 unter Buchstabe a ab, so ist diese besondere Vertretungsbefugnis bei den jeweiligen Personen zu vermerken.

5. In Spalte 5 sind die die Prokura betreffenden Eintragungen einschließlich Familienname, Vorname, Geburtsdatum und Wohnort der Prokuristen und die sich jeweils darauf beziehenden Änderungen anzugeben.

6. In Spalte 6 sind unter Buchstabe a die Rechtsform, das Datum und Änderungen der Satzung sowie die Zeitdauer der Genossenschaft oder Europäischen Genossenschaft, falls diese auf eine bestimmte Zeit beschränkt ist, einzutragen. Änderungen der Satzung, die nicht die Änderung von einzutragenden Angaben betreffen, sind nur unter der allgemeinen Bezeichnung des Gegenstandes der Änderung einzutragen. Unter Buchstabe b sind die sonstigen Rechtsverhältnisse einzutragen, namentlich

aa) die Eröffnung, Einstellung und Aufhebung des Insolvenzverfahrens sowie die Aufhebung des Eröffnungsbeschlusses; die Bestellung eines vorläufigen Insolvenzverwalters unter den Voraussetzungen des § 102 Abs. 1 Satz 2 Nr. 2 des Gesetzes sowie die Aufhebung einer derartigen Sicherungsmaßnahme; die An-

ordnung der Eigenverwaltung durch den Schuldner und deren Aufhebung sowie die Anordnung der Zustimmungsbedürftigkeit bestimmter Rechtsgeschäfte des Schuldners nach § 277 der Insolvenzordnung; die Überwachung der Erfüllung eines Insolvenzplans und die Aufhebung der Überwachung;
bb) die Auflösung, Fortsetzung und die Nichtigkeit der Genossenschaft oder Europäischen Genossenschaft; das Erlöschen der Firma, die Löschung der Genossenschaft oder Europäischen Genossenschaft sowie Löschungen von Amts wegen;
cc) Eintragungen nach dem Umwandlungsgesetz;
dd) die Nichtigkeit von Beschlüssen der Generalversammlung.
7. In Spalte 7 erfolgt unter Buchstabe a die Angabe des Tages der Eintragung und unter Buchstabe b die Eintragung sonstiger Bemerkungen.
8. Enthält eine Eintragung die Nennung eines in ein öffentliches Unternehmensregister eingetragenen Rechtsträgers, so sind Art und Ort des Registers sowie die Registernummer dieses Rechtsträgers mit zu vermerken.

§ 27. *(aufgehoben)*

Anlage 1
(zu § 25)

Inhalt des Genossenschaftsregisters in spaltenweiser Wiedergabe

Genossenschaftsregister des Amtsgerichts　　　　　　　　　　　　　　　　Nummer der Firma: GnR

1	2	3	4	5	6	7
Nummer der Eintragung	a) Firma b) Sitz, Niederlassung, inländische Geschäftsanschrift und empfangsberechtigte Person der Europäischen Genossenschaft, Zweigniederlassungen c) Gegenstand des Unternehmens	Nachschusspflicht, Mindestkapital; Grundkapital der Europäischen Genossenschaft	a) Allgemeine Vertretungsregelung b) Vorstand; Leitungsorgan oder geschäftsführende Direktoren der Europäischen Genossenschaft; Vertretungsberechtigte und besondere Vertretungsbefugnis	Prokura	a) Rechtsform und Satzung b) Sonstige Rechtsverhältnisse	a) Tag der Eintragung b) Bemerkungen

Anmerkung: Die Kopfzeile und die Spaltenüberschriften müssen beim Abruf der Registerdaten auf dem Bildschirm stets sichtbar sein.

Anlage 2
(zu § 25)

Inhalt des Genossenschaftsregisters als fortlaufender Text

Genossenschaftsregister des Amtsgerichts   Nummer der Firma: GnR

Wiedergabe des aktuellen Registerinhalts

1. Anzahl der bisherigen Eintragungen:

2. a) Firma:
   b) Sitz, Niederlassung, inländische Geschäftsanschrift und empfangsberechtigte Person der Europäischen Genossenschaft, Zweigniederlassungen:
   c) Gegenstand des Unternehmens:

3. Nachschusspflicht, Mindestkapital; Grundkapital der Europäischen Genossenschaft:

4. a) Allgemeine Vertretungsregelung:
   b) Vorstand; Leitungsorgan oder geschäftsführende Direktoren der Europäischen Genossenschaft; Vertretungsberechtigte und besondere Vertretungsbefugnis:

5. Prokura:

6. a) Rechtsform und Satzung:
   b) Sonstige Rechtsverhältnisse:

7. Tag der letzten Eintragung:

Anmerkung: Die beiden Kopfzeilen müssen beim Abruf der Registerdaten auf dem Bildschirm stets sichtbar sein.

4. Verordnung über die Einrichtung und Führung des Partnerschaftsregisters (Partnerschaftsregisterverordnung – PRV)

Vom 16. Juni 1995
(BGBl. I S. 808)
zuletzt geänd. durch Art. 5 Abs. 3 G über elektr. Handels- und Genossenschafts- sowie Unternehmensregister v. 10. 11. 2006 (BGBl. I S. 2553)

FNA 315-1-1

Auf Grund des § 160b Abs. 1 Satz 2 in Verbindung mit § 125 Abs. 3 und 4 des Gesetzes über die Angelegenheiten der freiwilligen Gerichtsbarkeit in der im Bundesgesetzblatt Teil III, Gliederungsnummer 315-1, veröffentlichten bereinigten Fassung, von denen § 125 Abs. 3 neugefaßt und § 125 Abs. 4 eingefügt worden ist durch Artikel 6 des Gesetzes vom 20. Dezember 1993 (BGBl. I S. 2182) und § 160b eingefügt worden ist durch Artikel 2 des Gesetzes vom 25. Juli 1994 (BGBl. I S. 1744), geändert durch Artikel 5 Abs. 3 des Gesetzes vom 6. Juni 1995 (BGBl. I S. 778), verordnet das Bundesministerium der Justiz:

§ 1. Anwendbares Recht. (1) Die Einrichtung und Führung des Partnerschaftsregisters bestimmen sich nach den Vorschriften der Handelsregisterverordnung, soweit nicht nachfolgend etwas anderes vorgeschrieben ist.

(2) Dabei steht die Partnerschaft einer offenen Handelsgesellschaft gleich; an die Stelle der persönlich haftenden Gesellschafter treten die Partner, an die Stelle der Firma der offenen Handelsgesellschaft tritt der Name der Partnerschaft.

§ 2. Einteilung und Gestaltung des Registers. (1) ¹Jede Partnerschaft ist unter einer fortlaufenden Nummer (Registerblatt) in das Register einzutragen. ²Das Register wird nach dem beigegebenen Muster in Anlage 1 geführt.

(2) Bei der Führung des Registers sind die beigegebenen Muster (Anlagen 1 bis 3) zu verwenden.

§ 3. Anmeldung. (1) ¹In der Anmeldung der Partnerschaft zur Eintragung in das Register ist die Zugehörigkeit jedes Partners zu dem Freien Beruf, den er in der Partnerschaft ausübt, anzugeben. ²Bedarf die Berufsausübung der staatlichen Zulassung oder einer staatlichen Prüfung, so sollen die Urkunde über die Zulassung oder das Zeugnis über die Befähigung zu diesem Beruf in Urschrift, Ausfertigung oder öffentlich beglaubigter Abschrift vorgelegt werden. ³Besteht für die angestrebte Tätigkeit keine anerkannte Ausbildung oder ist zweifelhaft, ob die angestrebte Tätigkeit als freiberuflich im Sinne des § 1 Abs. 2 des Partnerschaftsgesellschaftsgesetzes einzustufen ist, können die anmeldenden Partner die Ausübung freiberuflicher Tätigkeit auf sonstige Weise, notfalls auch durch schlichte Erklärung, darlegen. ⁴Das Gericht legt in diesem Fall bei der Eintragung die Angaben der Partner zugrunde, es sei denn, ihm ist deren Unrichtigkeit bekannt (§ 4 Abs. 2 Satz 2 des Partnerschaftsgesellschaftsgesetzes).

(2) ¹Die anmeldenden Partner sollen eine Erklärung darüber abgeben, daß Vorschriften über einzelne Berufe (§ 1 Abs. 3 des Partnerschaftsgesellschaftsgesetzes), insbesondere solche über die Zusammenarbeit von Angehörigen verschiedener Freier Berufe, einer Eintragung nicht entgegenstehen. ²Absatz 1 Satz 4 gilt entsprechend.

(3) Bedarf die Partnerschaft auf Grund von Vorschriften über einzelne Berufe (§ 1 Abs. 3 des Partnerschaftsgesellschaftsgesetzes) der staatlichen Zulassung, so tritt an die Stelle der in den Absätzen 1 und 2 genannten Nachweise die Bestätigung der zuständigen Behörde, daß eine solche Zulassung erfolgen kann.

(4) Die Absätze 1 bis 3 gelten bei Anmeldung des Eintrittes eines Partners in eine bestehende Partnerschaft oder der Umwandlung in oder auf eine Partnerschaft entsprechend.

§ 4. Stellungnahme der Berufskammer. ¹Bestehen für in der Partnerschaft ausgeübte Berufe Berufskammern, so soll das Gericht diesen in zweifelhaften Fällen vor Eintragung Gelegenheit zur Stellungnahme geben. ²Die anmeldenden Partner sollen dem Gericht mit der Anmeldung mitteilen, ob und welche Berufskammern für die in der Partnerschaft ausgeübten Berufe bestehen. ³Dabei sollen auch die Anschriften der Berufskammern mitgeteilt werden. ⁴Weicht das Gericht von einer Stellungnahme ab, so hat es seine Entscheidung der Berufskammer, die die Stellungnahme abgegeben hat, unter Angabe der Gründe mitzuteilen.

§ 5. Inhalt der Eintragungen. (1) In Spalte 1 ist die laufende Nummer der die Partnerschaft betreffenden Eintragungen anzugeben.

(2) ¹In Spalte 2 sind unter Buchstabe a der Name, unter Buchstabe b der Sitz und die Errichtung oder Aufhebung von Zweigniederlassungen, und zwar unter Angabe des Ortes einschließlich der Postleitzahl und, falls dem Namen der Partnerschaft für eine Zweigniederlassung ein Zusatz beigefügt ist, unter Angabe dieses Zusatzes und unter Buchstabe c der Gegenstand der Partnerschaft und die sich jeweils darauf beziehenden Änderungen anzugeben. ²Zum Namen der Partnerschaft gehören auch die Berufsbezeichnungen aller in der Partnerschaft vertretenen Berufe (§ 2 Abs. 1 des Partnerschaftsgesellschaftsgesetzes). ³Dies gilt auch für Partnerschaften, an denen Steuerberater, Steuerbevollmächtigte, Wirtschaftsprüfer oder vereidigte Buchprüfer beteiligt sind, es sei denn, die Partnerschaft soll als Steuerberatungs-, Wirtschaftsprüfungs- oder Buchprüfungsgesellschaft anerkannt werden (§ 53 des Steuerberatungsgesetzes, §§ 31, 130 Abs. 2 der Wirtschaftsprüferordnung).

(3) ¹In Spalte 3 ist unter Buchstabe a die allgemeine Regelung zur Vertretung der Partnerschaft durch die Partner und die Liquidatoren einzutragen. ²In Spalte 3 unter Buchstabe b sind die Partner und die als solche bezeichneten Liquidatoren mit Familiennamen, Vornamen, Geburtsdatum, dem in der Partnerschaft ausgeübten Beruf und Wohnort einzutragen. ³Ferner ist in Spalte 3 unter Buchstabe b jede Änderung in den Personen der Partner oder Liquidatoren einzutragen. ⁴Weicht die Vertretungsbefugnis der in Spalte 3 unter Buchstabe b einzutragenden Personen im Einzelfall von den Angaben in Spalte 3 unter Buchstabe a ab, so ist diese besondere Vertretungsbefugnis bei den jeweiligen Personen zu vermerken.

(4) ¹In Spalte 4 ist unter Buchstabe a die Rechtsform einzutragen. ²In Spalte 4 unter Buchstabe b sind einzutragen:
1. die Auflösung, Fortsetzung und die Nichtigkeit der Partnerschaft; das Erlöschen des Namens der Partnerschaft sowie Löschungen von Amts wegen;
2. Eintragungen nach dem Umwandlungsgesetz;
3. die Eröffnung, Einstellung und Aufhebung des Insolvenzverfahrens sowie die Aufhebung des Eröffnungsbeschlusses; die Bestellung eines vorläufigen Insolvenzverwalters unter den Voraussetzungen des § 32 Abs. 1 Satz 2 Nr. 2 des Handelsgesetzbuchs sowie die Aufhebung einer derartigen Sicherungsmaßnahme; die Anordnung der Eigenverwaltung durch den Schuldner und deren Aufhebung sowie die Anord-

nung der Zustimmungsbedürftigkeit bestimmter Rechtsgeschäfte des Schuldners nach § 277 der Insolvenzordnung; die Überwachung der Erfüllung eines Insolvenzplans und die Aufhebung der Überwachung
und die sich jeweils darauf beziehenden Änderungen.

(5) In Spalte 5 erfolgt unter a die Angabe des Tages der Eintragung, unter b sonstige Bemerkungen.

(6) Enthält eine Eintragung die Nennung eines in ein öffentliches Unternehmensregister eingetragenen Rechtsträgers, so sind Art und Ort des Registers und die Registernummer dieses Rechtsträgers mit zu vermerken.

§ 6. Mitteilungen an Berufskammern. Besteht für einen in der Partnerschaft ausgeübten Beruf eine Berufskammer, so sind dieser sämtliche Eintragungen mitzuteilen.

§ 7. Bekanntmachungen. Die Bekanntmachungen erfolgen in dem für das Handelsregister bestimmten Veröffentlichungssystem (§ 10 des Handelsgesetzbuchs).

§ 8. Namenslöschung wegen Nichtausübung freiberuflicher Tätigkeit. Wird der Name einer Partnerschaft gelöscht, weil unter diesem keine freiberufliche Tätigkeit ausgeübt wird, so kann auf Antrag der Gesellschafter in der Bekanntmachung der Grund der Löschung erwähnt werden.

§ 9. *(aufgehoben)*

§ 10. Inkrafttreten. Diese Verordnung tritt am 1. Juli 1995 in Kraft.

Anlage 1
(zu § 2 Abs. 1 und 2)

Partnerschaftsregister des Amtsgerichts …   Nummer der Partnerschaft: PR

Nummer der Eintragung	a) Name b) Sitz, Zweigniederlassungen c) Gegenstand	a) Allgemeine Vetretungsregelung b) Partner, Vertretungsberechtigte und besondere Vertretungsbefugnis	a) Rechtsform b) Sonstige Rechtsverhältnisse	a) Tag der Eintragung b) Bemerkungen
1	2	3	4	5
1	a) Müller und Partner, Rechtsanwälte und Steuerberater b) München c) Ausübung rechtsanwaltlicher und steuerberatender Tätigkeit	a) Jeder Partner ist zur Vertretung der Partnerschaft berechtigt. b) Müller, Peter, Rechtsanwalt, Starnberg, geb. 1. Januar 1966; Schmidt, Christian, Steuerberater, München, geb. 12. Mai 1967; Dr. Mittler, Gabriele, Rechtsanwältin, Dachau, geb. 25. April 1968	a) Partnerschaft	a) 28. Juli 2001 Röcken
2		b) Jung, Ute, Rechtsanwältin, Augsburg, geb. 15. Oktober 1965. Ute Jung ist als Partnerin in die Partnerschaft eingetreten.[1] Ute Jung ist nur gemeinsam mit Peter Müller oder Christian Schmidt vertretunsgberechtigt.		a) 10. Oktober 2001 Schirmer

3		b) Jung, Ute, ist nun einzelvertretungsberechtigt.[1]	a) 1. Januar 2002 Schirmer
4	b) In Augsburg ist eine Zweigniederlassung (Amtsgericht Augsburg, PR 345) errichtet.		a) 5. Februar 2002 Schirmer
5	a) Müller, Schmidt und Partner, Rechtsanwälte und Steuerberater	b) Der Name der Partnerschaft ist gändert.[1]	a) 18. Okober 2002 Schirmer
6	a) Die Liquidatoren sind nur gemeinsam zur Vertretung der Partnerschaft berechtigt. b) Liquidatoren: Schmidt, Christian, Steuerberater, München, geb. 12. Mai 1967; Jung, Ute, Rechtsanwältin, Augsburg, geb. 15. Oktober 1965	b) Die Partnerschaft ist aufgelöst.	a) 10. Januar 2003 M. Schmidt
7		b) Der Name der Partnerschaft ist erloschen.[2]	a) 30. April 2003 Scholz

Anmerkung: Die Kopfzeile und die Spaltenüberschriften müssen beim Abruf der Registerdaten auf dem Bildschirm stets sichtbar sein.

[1] Als nicht in den aktuellen Ausdruck aufzunehmen kenntlich gemacht gemäß § 1 der Partnerschaftsregisterverordnung i. V. m. § 16a der Handelsregisterverordnung.

[2] Die Durchkreuzung oder die auf sonstige Weise erfolgte Kenntlichmachung des Registerblattes als gegenstandslos ist hier weggelassen.

Anlage 2
(zu § 2 Abs. 2)

Partnerschaftsregister des Amtsgerichts	Nummer der Partnerschaft: PR
	Wiedergabe des aktuellen Registerinhalts

1. Anzahl der bisherigen Eintragungen:
2.
   a) Name:
   b) Sitz, Zweigniederlassungen:
   c) Gegenstand:
3.
   a) Allgemeine Vetretungsregelung:
   b) Partner, Vertretungsberechtigte und besondere Vertretungsbefugnis:
4.
   a) Rechtsform:
   b) Sonstige Rechtsverhältnisse:
5. Tag der letzten Eintragung:

Anmerkung: Die beiden Kopfzeilen müssen beim Abruf der Registerdaten auf dem Bildschirm sichtbar sein.

Anlage 3
(zu § 2 Abs. 2)

Amtsgericht   Partnerschaftsregister   Stand:

Detailanzeige aus dem Namensverzeichnis

Registernummer:
Der vollständige Name der Partnerschaft lautet:

Geschäftsadresse (ohne Gewähr):
Straße/Hausnummer:
Postfach:
PLZ/Ort:

Anlage 4
(zu § 7)

Muster für Bekanntmachungen

Amtsgericht München – Registergericht –, Aktenzeichen: PR 1292

Die in ( ) gesetzten Angaben der Geschäftsanschrift und des Unternehmensgegenstandes erfolgen ohne Gewähr:
Neueintragungen
27. 6. 2004
PR 1292 Müller und Partner, Rechtsanwälte und Steuerberater, München (Junkerstr. 7, 80117 München). Partnerschaft. Gegenstand: Ausübung rechtsanwaltlicher und steuerberatender Tätigkeit. Jeweils zwei Partner vertreten gemeinsam. Partner: Müller, Peter, Rechtsanwalt, Starnberg, *18. 5. 1966; Schmidt, Christian, Steuerberater, München, *13. 1. 1966.
Bekannt gemacht am: 30. 6. 2004

5. Vereinsregisterverordnung
(VRV)

vom 10. Februar 1999
(BGBl. I S. 147)
zuletzt geänd. durch Art. 6 G v. 24. 9. 2009 (BGBl. I S. 3145)
FNA 315-22

Abschnitt 1. Zuständigkeit, Einrichtung des Vereinsregisters

§ 1. Zuständigkeit. (1) Jedes Amtsgericht führt für seinen Bezirk ein Vereinsregister, soweit nicht die Landesjustizverwaltung gemäß § 23 d des Gerichtsverfassungsgesetzes die Führung des Vereinsregisters für die Bezirke mehrerer Amtsgerichte einem Amtsgericht zugewiesen hat.

(2) Zu dem Vereinsregister wird ein alphabetisches Verzeichnis der Namen der Vereine geführt, die im Register eingetragen sind (Namensverzeichnis).

(3) Wird die Zuständigkeit des Amtsgerichts durch die Landesjustizverwaltung geändert, gibt das bisher zuständige Amtsgericht das Vereinsregister einschließlich der geschlossenen Registerblätter, das dazu geführte Namensverzeichnis und die Registerakten an das künftig zuständige Amtsgericht ab.

(4) Für die Erledigung der Geschäfte des Registergerichts ist der Rechtspfleger zuständig, soweit nicht nach dem Bürgerlichen Gesetzbuch oder dieser Verordnung der Urkundsbeamte der Geschäftsstelle zuständig ist.

§ 2. Aufbau des Vereinsregisters. (1) ¹Das Vereinsregister wird in Karteiform geführt. ²Es enthält für jeden dort einzutragenden Verein ein Registerblatt, das aus einem oder mehreren Blättern besteht. ³Die Registerblätter erhalten fortlaufende Nummern. ⁴Wenn ein Amtsgericht das Register für mehrere Amtsgerichtsbezirke führt, können auf Anordnung der Landesjustizverwaltung die fortlaufenden Nummern für einzelne Amtsgerichtsbezirke je gesondert geführt werden. ⁵In diesem Fall sind die fortlaufenden Nummern der jeweiligen Amtsgerichtsbezirke durch den Zusatz eines Ortskennzeichens unterscheidbar zu halten. ⁶Nähere Anordnungen hierüber trifft die Landesjustizverwaltung. ⁷Die Blätter eines Registerblatts sind durchzunumerieren; auf die Benutzung der Rückseite eines Registerblattes ist auf seiner Vorderseite hinzuweisen.

(2) Das Registerblatt wird in Papierform geführt, soweit nicht durch Rechtsverordnung nach § 55a Abs. 1 des Bürgerlichen Gesetzbuchs die maschinelle Führung als automatisierte Datei angeordnet wird.

(3) *(aufgehoben)*

§ 3. Gestaltung und Benutzung des Registerblatts. ¹Das Registerblatt hat fünf Spalten. ²Die Einzelheiten ergeben sich aus dem Muster in der Anlage 1 zu dieser Verordnung. ³Es sind einzutragen:
1. in Spalte 1: die laufende Nummer der Eintragung;
2. in Spalte 2: unter Buchstabe a der Name und unter Buchstabe b der Sitz;
3. in Spalte 3: unter Buchstabe a die allgemeine Vertretungsregelung und unter Buchstabe b die Vertretungsberechtigten (der Vorstand und etwaige Liquidatoren) mit Namen, Vornamen, Wohnort, Geburtsdatum und, soweit zweckmäßig, auch die

Stellung im Vorstand sowie besondere Vertretungsbefugnisse sowie die Änderung dieser Eintragungen unter kurzer Angabe des Grundes;
4. in Spalte 4:
 a) unter Buchstabe a Angaben zur Satzung, namentlich die Rechtsform, das Datum der Errichtung der Satzung, ihre Änderungen unter Beschränkung auf die geänderten Vorschriften der Satzung und den Gegenstand ihrer Änderung, und
 b) unter Buchstabe b Angaben zu den sonstigen Rechtsverhältnissen, namentlich
  aa) Umwandlungen,
  bb) der Verzicht auf die Rechtsfähigkeit und die Entziehung der Rechtsfähigkeit,
  cc) der Beschluss, durch den die Eröffnung eines Insolvenzverfahrens mangels Masse rechtskräftig abgewiesen worden ist, die Eröffnung, Einstellung und Aufhebung eines Insolvenzverfahrens, die Aufhebung des Eröffnungsbeschlusses, die Bestellung eines vorläufigen Insolvenzverwalters oder Treuhänders unter den Voraussetzungen des § 75 Absatz 1 Nummer 2 des Bürgerlichen Gesetzbuchs und die Aufhebung dieser Maßnahme, die Anordnung der Eigenverwaltung durch den Schuldner, deren Aufhebung und die Anordnung der Zustimmungsbedürftigkeit bestimmter Rechtsgeschäfte des Schuldners sowie die Überwachung der Erfüllung eines Insolvenzplans und die Aufhebung der Überwachung,
  dd) die Auflösung und die Fortsetzung,
  ee) die Beendigung des Vereins nach der Liquidation und
  ff) das Erlöschen;
5. in Spalte 5: unter Buchstabe a das Datum einer Eintragung und unter Buchstabe b zum Verständnis der Eintragung notwendige Bemerkungen.
[4]Eintragungen in den Spalten 1 bis 4 sind in Spalte 5 zu unterschreiben.

§ 4. Schließung des Registerblatts. (1) Ist das Registerblatt zu schließen, so sind sämtliche Seiten des Registerblatts rot zu durchkreuzen.

(2) [1]Das Registerblatt ist insbesondere zu schließen, wenn alle Eintragungen gegenstandslos geworden sind. [2]Gegenstandslos sind alle Eintragungen eines Registerblatts namentlich, wenn
1. der Verein wegen Wegfalls sämtlicher Mitglieder oder durch bestandskräftiges Verbot erloschen und das Erlöschen eingetragen ist,
2. die Beendigung der Liquidation des Vereins, die Fortführung als nichtrechtsfähiger Verein oder der Verzicht auf die Rechtsfähigkeit eingetragen worden ist.
[3]Das Registerblatt eines aufgelösten Vereins kann geschlossen werden, wenn seit mindestens 1 Jahr von der Eintragung der Auflösung an keine weitere Eintragung erfolgt und eine schriftliche Anfrage des Registergerichts bei dem Verein unbeantwortet geblieben ist.

(3) Ist ein Registerblatt zu Unrecht geschlossen worden, so wird die Schließung rückgängig gemacht.

(4) [1]Die geschlossenen Registerblätter können nach näherer Anordnung der Landesjustizverwaltung elektronisch aufbewahrt werden, wenn sichergestellt ist, daß die Daten innerhalb angemessener Zeit lesbar gemacht werden können. [2]Sie können bei einer anderen Stelle aufbewahrt werden, wenn sie elektronisch auch beim Registergericht abrufbar sind.

§ 5. Neufassung des Registerblatts. (1) [1]Ist ein Registerblatt unübersichtlich geworden, so sind die noch gültigen Eintragungen unter Beibehaltung der bisherigen Blattnummer auf ein neues Registerblatt zu übertragen (Neufassung). ²Dabei kann auch von dem ursprünglichen Text der Eintragung abgewichen werden, soweit der Inhalt der Eintragung dadurch nicht verändert wird. ³Abweichend von Satz 1 können auch nicht mehr gültige Eintragungen übertragen werden, soweit dies im Einzelfall dazu dient, die Nachvollziehung von Eintragungen zu erleichtern. ⁴Auf dem neu gefaßten Registerblatt ist die Neufassung unter Angabe des Datums zu vermerken. ⁵Nach der Eintragung der noch gültigen Eintragungen auf dem neuen Blatt wird das bisherige Registerblatt geschlossen.

(2) Das Registerblatt kann neu gefaßt werden, wenn es durch die Neufassung wesentlich vereinfacht wird.

(3) ¹Eine Benachrichtigung der Beteiligten von der Neufassung ist nicht notwendig. ²Bestehen Zweifel über die Art oder den Umfang der Neufassung, so sind die Beteiligten vorher zu hören.

§ 6. Sitzverlegung und Umwandlung von Vereinen. (1) ¹Wird der Sitz eines Vereins aus dem Bezirk des Registergerichts des bisherigen Sitzes verlegt, so hat dieses unverzüglich von Amts wegen die Verlegung dem Gericht des neuen Sitzes mitzuteilen. ²Der Mitteilung sind die Eintragungen für den bisherigen Sitz sowie die Registerakten beizufügen. ³Das Gericht des neuen Sitzes hat zu prüfen, ob der Sitz ordnungsgemäß verlegt und § 57 Abs. 2 des Bürgerlichen Gesetzbuchs beachtet ist. ⁴Ist dies der Fall, so hat es die Verlegung einzutragen und dabei die ihm mitgeteilten Eintragungen ohne weitere Nachprüfung in sein Vereinsregister zu übernehmen. ⁵Die Eintragung ist dem Gericht des bisherigen Sitzes mitzuteilen. ⁶Nach Eingang dieser Mitteilung trägt das Gericht des bisherigen Sitzes die Sitzverlegung ein und schließt das bisherige Registerblatt. ⁷Auf dem bisherigen Registerblatt ist in der Spalte 5 unter „Bemerkungen" auf das Registerblatt des neuen Registergerichts zu verweisen und umgekehrt.

(2) Sind mit der Sitzverlegung weitere Eintragungen vorzunehmen, ist das Gericht des neuen Sitzes auch für die Vornahme dieser Eintragungen zuständig.

(3) Die Verlegung des Vereinssitzes in das Ausland ist in den Spalten 2 und 4 des bestehenden Registerblatts als Auflösung einzutragen.

(4) ¹Die Umwandlung (Verschmelzung, Spaltung oder Formwechsel) von Vereinen ist in Spalte 4 unter Buchstabe b des Registerblatts aller beteiligten Vereine einzutragen. ²Bei einer Verschmelzung durch Aufnahme wird nach der Eintragung des Tages der Verschmelzung in das Registerblatt eines aufgenommenen Vereins dieses Registerblatt geschlossen. ³Dies gilt entsprechend bei einer Aufspaltung oder einem Formwechsel. ⁴Bei einer Verschmelzung durch Neugründung werden nach der Eintragung des Tages der Verschmelzung in die Registerblätter der beteiligten Vereine diese Registerblätter geschlossen. ⁵Für die aus der Verschmelzung oder Spaltung entstandenen Vereine sind neue Registerblätter anzulegen. ⁶Auf den Registerblättern der übertragenden oder formwechselnden Vereine ist in der Spalte 4 unter „b) Sonstige Rechtsverhältnisse" auf das Registerblatt der übernehmenden, neu gegründeten Vereine oder Rechtsträger neuer Rechtsform zu verweisen und umgekehrt. ⁷Die vorstehenden Vorschriften gelten entsprechend, wenn Vereine in andere Rechtsträger aufgenommen werden oder aus ihnen andere Rechtsträger entstehen sollen.

§ 7. Registerakten, Handblatt. (1) ¹Für jedes Registerblatt wird eine Registerakte geführt. ²Die zum Vereinsregister eingereichten Dokumente können für jedes Registerblatt in einem besonderen Aktenband zusammengefaßt werden.

(2) ¹Werden Urkunden, die zum Register einzureichen waren, zurückgegeben, so wird eine beglaubigte Abschrift zurückbehalten. ²Wird ein Dokument aus anderen Akten des Amtsgerichts für die Führung des Register gebraucht, so ist eine beglaubigte Abschrit zu den Registerakten zu nehmen. ³In den Abschriften können die Teile des Dokuments, die für die Führung des Vereinsregisters ohne Bedeutung sind, weggelassen werden. ⁴Im Zweifel bestimmt der Rechtspfleger den Umfang der Abschrift, sonst der Urkundsbeamte der Geschäftsstelle.

(3) Für jedes Registerblatt des Vereinsregisters ist ein dem Inhalt des Registers wörtlich entsprechendes Handblatt zu führen; es ist unter dem Deckel des letzten Bandes der Registerakten zu verwahren und in einen Umschlag zu heften, wenn ein Bedürfnis hierfür besteht.

§ 8. **Führung des Namensverzeichnisses.** ¹Das Namensverzeichnis kann elektronisch geführt werden. ²Im Übrigen richtet sich die Führung des Namensverzeichnisses nach den Vorschriften über die Aktenführung.

Abschnitt 2. Führung des Vereinsregisters

§ 9. **Eintragungsverfügung.** (1) Die Eintragung erfolgt auf Grund einer Eintragungsverfügung, die den Wortlaut der Eintragung feststellt.

(2) ¹Das Registergericht hat dafür Sorge zu tragen, daß die gesetzlich vorgeschriebenen Eintragungen in das Register erfolgen. ²Ist zweifelhaft, ob der Zweck eines angemeldeten Vereins auf einen nichtwirtschaftlichen Geschäftsbetrieb gerichtet ist, kann das Registergericht im Wege der Amtshilfe eine Stellungnahme der nach § 22 des Bürgerlichen Gesetzbuchs zuständigen Stelle und der Industrie- und Handelskammer oder einer anderen geeigneten Stelle einholen. ³Das Registergericht teilt seine Entscheidung dieser Stelle mit, wenn sie darum gebeten hat.

(3) *(aufgehoben)*

(4) *(aufgehoben)*

§ 10. **Form der Eintragungen.** (1) ¹Die Eintragungen sind deutlich und in der Regel ohne Abkürzung herzustellen. ²In dem Register darf nichts radiert oder unleserlich gemacht werden.

(2) ¹Jede Eintragung ist mit einer laufenden Nummer zu versehen und mittels eines alle Spalten des Registerblatts durchschneidenden Querstrichs von der folgenden Eintragung zu trennen. ²Werden mehrere Eintragungen gleichzeitig vorgenommen, so erhalten sie nur eine laufende Nummer.

(3) ¹Bei jeder Eintragung ist der Tag der Eintragung anzugeben. ²Der Tag der Eintragung und ihre Stelle im Register sind in den Registerakten bei der gerichtlichen Verfügung zu vermerken.

(4) ¹Erfolgt eine Eintragung auf Grund einer rechtskräftigen oder vollstreckbaren Entscheidung des Prozeßgerichts, so ist dies bei der Eintragung im Register unter Angabe des Prozeßgerichts, des Datums und des Aktenzeichens der Entscheidung zu vermerken. ²Eine Aufhebung der Entscheidung ist in dieselbe Spalte des Registers einzutragen. ³Hat in sonstigen Fällen eine Eintragung von Amts wegen zu erfolgen, so muß sie den Hinweis auf die gesetzliche Grundlage und den Vermerk „Von Amts wegen eingetragen" enthalten. ⁴Dies gilt nicht für die Eintragung der Vermerke über den Beschluss, durch den die Eröffnung eines Insolvenzverfahrens mangels Masse rechtskräftig abgewiesen worden ist, die Eröffnung, die Einstellung oder Aufhebung des

Insolvenzverfahrens, die Aufhebung des Eröffnungsbeschlusses, die Anordnung der Eigenverwaltung durch den Schuldner und deren Aufhebung, die Anordnung der Zustimmungsbedürftigkeit bestimmter Rechtsgeschäfte des Schuldners nach § 277 der Insolvenzordnung sowie die sonstigen in § 75 des Bürgerlichen Gesetzbuchs vorgesehenen Vermerke.

§ 11. Änderung und Löschung von Eintragungen. (1) [1]Änderungen des Inhalts einer Eintragung sowie Löschungen sind unter einer neuen laufenden Nummer einzutragen. [2]Eine Eintragung, die durch eine spätere Eintragung ihre Bedeutung verloren hat, ist rot zu unterstreichen. [3]Die rote Unterstreichung kann dadurch ersetzt werden, daß über der ersten und unter der letzten Zeile der Eintragung oder des Vermerks ein waagerechter roter Strich gezogen wird und beide Striche durch einen von oben links nach unten rechts verlaufenden roten Schrägstrich verbunden werden; erstreckt sich eine Eintragung oder ein Vermerk auf mehr als eine Seite, so ist auf jeder Seite entsprechend zu verfahren. [4]Mit der Eintragung selbst ist auch der Vermerk über ihre Löschung rot zu unterstreichen.

(2) Ein Teil einer Eintragung darf nur rot unterstrichen oder durchkreuzt werden, wenn die Verständlichkeit der Eintragung und des aktuellen Ausdrucks nach § 32 Abs. 3 nicht beeinträchtigt wird.

(3) Soll eine Eintragung von Amts wegen gelöscht werden, weil sie mangels einer wesentlichen Voraussetzung unzulässig war, so erfolgt die Löschung durch Eintragung des Vermerks „Von Amts wegen gelöscht".

§ 12. Berichtigung von Eintragungen. (1) [1]Bei noch nicht unterschriebenen Eintragungen können Schreibfehler, die den Sinn der Eintragung nicht verändern, dadurch berichtigt werden, daß die fehlerhaften Worte, Buchstaben oder Zeichen durchgestrichen und, soweit erforderlich, in richtiger Schreibweise wiederholt werden. [2]Die Berichtigung kann entweder unmittelbar bei der Streichung oder unter Verwendung von Einschaltezeichen an geeigneter Stelle außerhalb des Eintragungstextes erfolgen. [3]Die unrichtig geschriebenen Worte, Buchstaben oder Zeichen müssen lesbar bleiben.

(2) [1]Sonstige Schreibversehen und ähnliche offenbare Unrichtigkeiten, die in einer Eintragung vorkommen, sind an oder neben dieser Eintragung zu berichtigen. [2]In Spalte 5 unter Buchstabe b ist ein Berichtigungsvermerk einzutragen. [3]Berichtigungen können auch in Form einer neuen Eintragung vorgenommen werden.

(3) [1]Die Berichtigung wird von der für die Eintragung zuständigen Person angeordnet. [2]Eine Berichtigung nach Absatz 2 ist den Beteiligten bekanntzugeben.

(4) Eine versehentliche rote Unterstreichung ist dadurch zu beseitigen, daß der rote Strich durch kleine schwarze Striche durchkreuzt wird.

§ 13. Bekanntmachung gegenüber den Beteiligten. (1) [1]Für die Bekanntgabe der Eintragung an die Beteiligten sollen Vordrucke verwendet werden. [2]Die Benachrichtigungen zur Bekanntgabe der Eintragung sind zu unterschreiben. [3]In geeigneten Fällen ist darauf hinzuweisen, dass auf die Bekanntgabe der Eintragung verzichtet werden kann.

(2) [1]Werden die Benachrichtigungen nach Absatz 1 maschinell erstellt, brauchen sie nicht unterschrieben werden. [2]Anstelle der Unterschrift ist der Vermerk „Dieses Schreiben ist maschinell erstellt und auch ohne Unterschrift wirksam." anzubringen.

§ 14. Öffentliche Bekanntmachung der Ersteintragung. [1]Die Veröffentlichung der Eintragung des Vereins ist unverzüglich zu veranlassen. [2]In ihr sollen Name und Sitz des Vereins und die Registernummer angegeben werden. ³In den Veröffentlichungen ist das Gericht und der Tag der Eintragung zu bezeichnen, einer Unterschrift bedarf es nicht. ⁴§ 13 Abs. 2 gilt entsprechend. ⁵Erfolgen mehrere Veröffentlichungen desselben Gerichts gleichzeitig, so sind sie möglichst zusammenzufassen.

§ 15. Erreichbarkeit des Vereins. Bei der Benachrichtigung über die erstmalige Eintragung in das Register, bei der Eintragung nach § 6 Abs. 1 und in anderen Fällen, in denen dies zweckmäßig ist, um die Erreichbarkeit des Vereins sicherzustellen, kann das Registergericht den Verein auffordern, die Änderung der ladungsfähigen Vereinsanschrift unverzüglich mitzuteilen.

§ 16. Einsicht in das Vereinsregister. ¹Das Register, die von dem Verein zum Register eingereichten Dokumente und das Namensverzeichnis sind in der Geschäftsstelle des Registergerichts während der Dienststunden zur Einsicht vorzulegen. ²Werden die vom Verein zum Register eingereichten Dokumente oder geschlossene Registerblätter elektronisch aufbewahrt, wird die Einsicht nach § 31 Satz 2 gewährt. ³Dasselbe gilt für die Einsicht in ein elektronisch geführtes Namensverzeichnis.

§ 17. Abschriften, Bescheinigungen und Zeugnisse. (1) ¹Einfache Abschriften sind mit dem Vermerk: „Gefertigt am ..." abzuschließen. ²Der Vermerk ist nicht zu unterzeichnen. ³Die Beglaubigung einer Abschrift geschieht durch einen unter die Abschrift zu setzenden Vermerk, der die Übereinstimmung mit der Hauptschrift bezeugt. ⁴Der Beglaubigungsvermerk muß Ort und Tag der Ausstellung enthalten, von dem Urkundsbeamten der Geschäftsstelle unterschrieben und mit Siegel oder Stempel versehen sein.

(2) ¹Wird eine beglaubigte Abschrift von einem zum Register eingereichten Dokument beantragt, so ist in dem Beglaubigungsvermerk ersichtlich zu machen, ob das Dokument eine Urschrift, eine Wiedergabe auf einem Bildträger oder anderen Datenträger nach § 55a Absatz 5 des Bürgerlichen Gesetzbuchs in der vor dem 30. September 2009 geltenden Fassung, eine Ausfertigung oder eine einfache oder beglaubigte Abschrift ist. ²Ist das Dokument eine beglaubigte Abschrift, eine Ausfertigung oder eine Wiedergabe nach Satz 1, so ist der Ausfertigungsvermerk, der Beglaubigungsvermerk oder der Vermerk nach § 55a Absatz 5 Satz 2 des Bürgerlichen Gesetzbuchs in der vor dem 30. September 2009 geltenden Fassung in die beglaubigte Abschrift aufzunehmen. ³Auch Durchstreichungen, Änderungen, Einschaltungen, Radierungen oder andere Mängel des Dokuments sollen in dem Vermerk angegeben werden.

(3) Ausfertigungen der Bescheinigungen und Zeugnisse sind unter Angabe des Ortes und Tages zu unterschreiben und mit dem Gerichtssiegel oder Stempel zu versehen.

Abschnitt 3. Besondere Vorschriften für das maschinell geführte Vereinsregister

Unterabschnitt 1. Einrichtung des maschinell geführten Vereinsregisters

§ 18. Grundsatz. Wird das Vereinsregister auf Grund einer Bestimmung nach § 55a Abs. 1 des Bürgerlichen Gesetzbuchs in maschineller Form als automatisierte Datei geführt, sind die Vorschriften der Abschnitte 1 und 2 entsprechend anzuwenden, soweit nachfolgend nichts anderes bestimmt ist.

§ 19. Begriff des maschinell geführten Vereinsregisters. [1] Bei dem maschinell geführten Vereinsregister ist der in den dafür bestimmten Datenspeicher aufgenommene und auf Dauer unverändert in lesbarer Form wiedergabefähige Inhalt des Registerblatts (§ 2 Abs. 1 Satz 2) das Vereinsregister. [2] Die Bestimmung des Datenspeichers nach Satz 1 kann durch Verfügung der nach Landesrecht zuständigen Stelle geändert werden, wenn dies dazu dient, die Erhaltung und die Abrufbarkeit der Daten sicherzustellen oder zu verbessern, und die Daten dabei nicht verändert werden. [3] Die Verfügung kann auch in allgemeiner Form und vor Eintritt eines Änderungsfalls getroffen werden.

§ 20. Anforderungen an Anlagen und Programme, Sicherung der Anlagen, Programme und Daten. (1) Hinsichtlich der Anforderungen an die für das maschinell geführte Vereinsregister verwendeten Anlagen und Programme, deren Sicherung sowie der Sicherung der Daten gelten die §§ 64 bis 66 der Grundbuchverfügung entsprechend.

(2) Das eingesetzte Datenverarbeitungssystem soll innerhalb eines jeden Landes einheitlich sein und mit den in den anderen Ländern eingesetzten Systemen verbunden werden können.

§ 21. Gestaltung des maschinell geführten Vereinsregisters. [1] Der Inhalt des maschinell geführten Vereinsregisters muß auf dem Bildschirm und in Ausdrucken entsprechend § 3 und dem Muster der Anlage 1 zu dieser Verordnung sichtbar gemacht werden können. [2] Kopfzeile und Spaltenüberschrift müssen beim Abruf der Registerdaten auf dem Bildschirm oder in einem Ausdruck stets sichtbar sein; eine Einteilung in Blätter (§ 2 Abs. 1 Satz 2) ist nicht erforderlich. [3] Der letzte Stand aller noch nicht gegenstandslos gewordenen Eintragungen (aktueller Registerinhalt) darf statt in spaltenweiser Wiedergabe auch als fortlaufender Text nach dem Muster in Anlage 2 zu dieser Verordnung sichtbar gemacht werden.

Unterabschnitt 2. Anlegung des maschinell geführten Registerblatts

§ 22. *(aufgehoben)*

§ 23. Anlegung des maschinell geführten Registerblattes durch Umschreibung. [1] Ein bisher in Papierform geführtes Registerblatt ist für die maschinelle Führung umzuschreiben. [2] Die Landesjustizverwaltung kann anordnen, dass für Registerblätter, die von anderen Registergerichten übernommen werden, bestimmte Nummern vergeben werden. [3] Es können nicht mehr gültige Eintragungen übertragen werden, soweit dies im Einzelfall dazu dient, die Nachvollziehung von Eintragungen zu erleichtern. [4] Der Tag der ersten Eintragung des Vereins in das Vereinsregister ist in dem maschinell geführten Registerblatt in Spalte 5 unter Buchstabe b zu vermerken.

§ 24. *(aufgehoben)*

§ 25. Freigabe des maschinell geführten Registerblatts. (1) [1] Das nach § 23 angelegte maschinell geführte Registerblatt tritt mit seiner Freigabe an die Stelle des in Papierform geführten Registerblatts. [2] Die Freigabe erfolgt, wenn die Vollständigkeit und Richtigkeit der Übertragung des angelegten maschinell geführten Registerblatts und seine Abrufbarkeit aus dem Datenspeicher gesichert sind.

(2) In der Wiedergabe des Registerblatts auf dem Bildschirm oder bei Ausdrucken soll folgender Freigabevermerk erscheinen:

„Dieses Blatt ist zur Fortführung auf EDV umgeschrieben worden und dabei an die Stelle des bisherigen Registerblatts getreten. Freigegeben am/zum ... Name(n)."

(3) Die Umschreibung des Registerblattes einschließlich seiner Freigabe kann ganz oder teilweise dem Urkundsbeamten der Geschäftsstelle übertragen werden.

Unterabschnitt 3. Maschinelle Führung des Vereinsregisters

§ 26. Registerakten, Namensverzeichnis und Handblatt. (1) [1] Nach Anlegung des maschinell geführten Vereinsregisters werden die Registerakten nach § 7 Absatz 1 und 2 weitergeführt. [2] Ein Namensverzeichnis und Handblätter werden zu dem maschinell geführten Vereinsregister nicht geführt. [3] Das Namensverzeichnis und die Handblätter zu dem in Papierform geführten Register werden geschlossen.

(2) [1] Die Handblätter können ausgesondert und vernichtet werden. [2] Wird das Handblatt bei den Registerakten verwahrt, ist es deutlich als Handblatt des wegen Umschreibung geschlossenen Registers zu kennzeichnen.

§ 27. Eintragung in das maschinell geführte Vereinsregister. (1) Einer Eintragungsverfügung bedarf es nicht, wenn die Eintragungen in das maschinell geführte Vereinsregister von dem Rechtspfleger selbst vorgenommen werden.

(2) Bei der Überprüfung nach § 55a Absatz 3 des Bürgerlichen Gesetzbuchs soll die Eintragung auch auf ihre Richtigkeit, Vollständigkeit, Verständlichkeit und auf ihre Übereinstimmung mit der Eintragungsverfügung durchgesehen werden.

§ 28. Elektronische Registersignatur. [1] Bei dem maschinell geführten Vereinsregister soll eine Eintragung nur möglich sein, wenn die für die Eintragung zuständige Person der Eintragung ihren Nachnamen hinzusetzt und beides elektronisch signiert. [2] Im übrigen gilt § 75 der Grundbuchverfügung entsprechend.

§ 29. Rötungen. [1] Bei dem maschinell geführten Vereinsregister können Eintragungen oder Vermerke, die rot zu unterstreichen oder rot zu durchkreuzen sind, statt durch Rötung auch auf andere eindeutige Weise als gegenstandslos kenntlich gemacht werden. [2] Eine versehentlich vorgenommene Rötung oder Kenntlichmachung nach Satz 1 ist zu löschen oder auf andere eindeutige Weise zu beseitigen. [3] Die Löschung oder sonstige Beseitigung ist zu vermerken.

§ 30. Behandlung der nach Neufassung geschlossenen Registerblätter. Wird ein maschinell geführtes Registerblatt nach einer Neufassung entsprechend den §§ 4 und 5 geschlossen, soll weiteres, als geschlossen erkennbar, weiterhin lesbar und in Form von Ausdrucken wiedergabefähig bleiben.

Unterabschnitt 4. Einsicht in das maschinell geführte Vereinsregister

§ 31. Einsicht in das maschinell geführte Vereinsregister. [1] Die Einsicht in das maschinell geführte Vereinsregister ist über ein Datensichtgerät oder durch Einsicht in einen aktuellen oder chronologischen Ausdruck zu gewähren. [2] Dem Einsichtnehmenden kann gestattet werden, das Registerblatt selbst am Datensichtgerät einzusehen, wenn sichergestellt ist, dass er die zulässige Einsicht nicht überschreitet und Veränderungen am Inhalt des Vereinsregisters nicht vorgenommen werden können. [3] Für die Einsicht in die vom Verein eingereichten Dokumente, die elektronisch aufbewahrt werden, in ein elektronisch geführtes Namensverzeichnis oder elektronisch aufbewahrte geschlossene Registerblätter gilt Satz 1 entsprechend.

§ 32. Ausdrucke. (1) [1]Ausdrucke aus dem maschinell geführten Vereinsregister sind mit der Aufschrift „Ausdruck" oder „Amtlicher Ausdruck", dem Datum der letzten Eintragung und dem Datum des Abrufs der Daten aus dem Vereinsregister zu versehen. [2]Sie sind nicht zu unterschreiben.

(2) [1]Der amtliche Ausdruck ist darüber hinaus mit Ort und Tag der Ausstellung, dem Vermerk, daß der Ausdruck den Inhalt des Vereinsregisters bezeugt, sowie dem Namen des erstellenden Urkundsbeamten der Geschäftsstelle und mit einem Dienstsiegel zu versehen. [2]Anstelle der Siegelung kann maschinell ein Abdruck des Dienstsiegels eingedruckt sein oder aufgedruckt werden; in beiden Fällen muß unter der Aufschrift „Amtlicher Ausdruck" der Vermerk „Dieser Ausdruck wird nicht unterschrieben und gilt als beglaubigte Abschrift." aufgedruckt sein oder werden.

(3) [1]Auf Antrag ist anstelle eines Ausdrucks, der ausschließlich den letzten Stand aller noch nicht gegenstandslos gewordenen Eintragungen wiedergibt (aktueller Ausdruck), ein vollständiger Ausdruck zu erteilen, in dem alle Eintragungen enthalten sind (chronologischer Ausdruck). [2]Aktuelle Ausdrucke können statt in spaltenweiser Wiedergabe auch als fortlaufender Text erstellt werden.

(4) Ausdrucke und amtliche Ausdrucke können dem Antragsteller auch elektronisch übermittelt werden.

Unterabschnitt 5. Automatisierter Abruf von Daten

§ 33. Umfang des automatisierten Datenabrufs. [1]Umfang und Voraussetzungen des Abrufs im automatisierten Verfahren richten sich nach § 79 Abs. 1 bis 4 des Bürgerlichen Gesetzbuchs. [2]Die Fertigung von Abdrucken ist zulässig. [3]Abdrucke stehen den Ausdrucken (§ 32) nicht gleich.

§§ 34–35. *(aufgehoben)*

§ 36. Abrufprotokollierung. (1) [1]Die Rechtmäßigkeit der Abrufe durch einzelne Nutzer prüft das Gericht nur, wenn es dazu nach den konkreten Umständen Anlaß hat. [2]Für die Kontrolle der Rechtmäßigkeit der Abrufe, für die Sicherstellung der ordnungsgemäßen Datenverarbeitung und für die Erhebung der Kosten für die Abrufe durch die Justizverwaltung protokolliert das Registergericht alle Abrufe. [3]Das Registergericht hält das Protokoll für Stichprobenverfahren durch die aufsichtsführenden Stellen bereit. [4]Das Protokoll muß jeweils das Gericht, die Nummer des Registerblatts, die abrufende Person oder Stelle, deren Geschäfts- oder Aktenzeichen, den Zeitpunkt des Abrufs und die für die Durchführung des Abrufs verwendeten Daten ausweisen.

(2) [1]Die protokollierten Daten dürfen nur für die in Absatz 1 Satz 2 genannten Zwecke verwendet werden. [2]Sie sind durch geeignete Vorkehrungen gegen zweckfremde Nutzung und gegen sonstigen Mißbrauch zu schützen.

(3) [1]Nach Ablauf des auf die Erstellung der Protokolle nächstfolgenden Kalenderjahres werden die nach Absatz 1 Satz 2 gefertigten Protokolle vernichtet. [2]Protokolle, die im Rahmen eines Stichprobenverfahrens den aufsichtsführenden Stellen zur Verfügung gestellt wurden, sind dort spätestens ein Jahr nach ihrem Eingang zu vernichten, sofern sie nicht für weitere bereits eingeleitete Prüfungen benötigt werden.

Unterabschnitt 6. Schlußbestimmungen

§ 37. Datenverarbeitung im Auftrag. (1) ¹Die Vorschriften der Unterabschnitte 1 bis 5 gelten für die Verarbeitung von Vereinsregisterdaten im Auftrag des zuständigen Gerichts (§ 387 Abs. 1 und 5 des Gesetzes über das Verfahren in Familiensachen und Angelegenheiten der freiwilligen Gerichtsbarkeit) sinngemäß. ²Hierbei soll sichergestellt sein, daß Eintragungen in das maschinell geführte Vereinsregister und der Abruf von Daten hieraus nur erfolgen, wenn dies von dem zuständigen Gericht verfügt worden oder sonst zulässig ist.

(2) Die Verarbeitung von Registerdaten im Auftrag des zuständigen Gerichts ist auf Anlagen, die nicht im Eigentum des Auftragnehmers stehen, nur zulässig, wenn gewährleistet ist, dass die Daten dem uneingeschränkten Zugriff des Gerichts unterliegen und der Eigentümer der Anlage keinen Zugang zu den Daten hat.

§ 38. Ersatzregister. (1) ¹Ist die Vornahme von Eintragungen in das maschinell geführte Vereinsregister vorübergehend nicht möglich, so können auf Anordnung der nach Landesrecht zuständigen Stelle Eintragungen ohne Vergabe einer neuen Nummer in einem Ersatzregister in Papierform vorgenommen werden, sofern hiervon Verwirrung nicht zu besorgen ist. ²Sie sollen in das maschinell geführte Vereinsregister übernommen werden, sobald dies wieder möglich ist. ³Auf die erneute Übernahme sind die Vorschriften über die Anlegung des maschinell geführten Registerblatts sinngemäß anzuwenden.

(2) Bestimmt die Landesregierung oder die von ihr ermächtigte Landesjustizverwaltung durch Rechtsverordnung auf der Grundlage des § 55a Abs. 1 des Bürgerlichen Gesetzbuchs, daß ein maschinell geführtes Vereinsregister wieder in Papierform geführt wird, weil die Voraussetzungen nach § 55a Abs. 1 Satz 2 des Bürgerlichen Gesetzbuchs nicht nur vorübergehend entfallen sind und in absehbarer Zeit nicht wieder hergestellt werden können, so sind die betroffenen maschinell geführten Registerblätter im Wege der Umschreibung oder der Neufassung auf Registerblätter in Papierform zu übertragen.

(3) Für die Einrichtung und Führung der Ersatzregister nach Absatz 1 und der wieder in Papierform umgeschriebenen Registerblätter nach Absatz 2 gelten die Bestimmungen der Abschnitte 1 und 2.

§ 39. Übergangsregelung. ¹Für das in Papierform geführte Vereinsregister können die bisher zulässigen Muster weiterverwendet werden. ²Wird ein Registerblatt neu gefaßt, ist für das neu gefaßte Registerblatt das in § 2 und der Anlage 1 zu dieser Verordnung vorgesehene Muster zu verwenden. ³In diesem Falle erhalten die Beteiligten eine Eintragungsnachricht.

Anlage 1
(zu § 2 Satz 2)

Vereinsregister des Amtsgerichts			Nummer des Vereins: VR	
Nummer der Eintragung	a) Name b) Sitz	a) Allgemeine Vetretungsregelung b) Vertretungsberechtigte und besondere Vertretungsbefugnis	a) Satzung b) Sonstige Rechtsverhältnisse	a) Tag der Eintragung b) Bemerkungen
1	2	3	4	5

Anlage 2
(zu § 21 Satz 3)

Vereinsregister des Amtsgerichts	Wiedergabe des aktuellen Registerinhalts	Nummer des Vereins: VR

1. Anzahl der bisherigen Eintragungen
2.
   a) Name
   b) Sitz
3.
   a) Allgemeine Vertretungsregelung
   b) Vertretungsberechtigte und besondere Vertretungsbefugnis
4.
   a) Satzung
   b) Sonstige Rechtsverhältnisse
5. Tag der letzten Eintragung

6. Erste Richtlinie 68/151/EWG zur Koordinierung der Schutzbestimmungen, die in den Mitgliedstaaten den Gesellschaften im Sinne des Artikels 58 Absatz 2 des Vertrages im Interesse der Gesellschafter sowie Dritter vorgeschrieben sind, um diese Bestimmungen gleichwertig zu gestalten (Publizitätsrichtlinie)*

vom 9. März 1968 (ABl. Nr. L 65/8), geändert durch Beitrittsakte vom 27. 3. 1972 (ABl. Nr. L 73/14), Beschluß Nr. 101/73/EWG (ABl. Nr. L 2/1), Beitrittsakte vom 19. 11. 1979 (ABl. Nr. L 291/9), Beitrittsakte vom 12. 6. 1985 (ABl. Nr. L 302/23), Beitrittsakte vom 24. 6. 1994 (ABl. Nr. C 241/21), Beschluß vom 1. 1. 1995 (ABl. Nr. L 1/1), Richtlinie 2003/58/EG vom 15. 7. 2003 (ABl. Nr. L 221/13), Beitrittsakte vom 16. 4. 2003 (ABl. Nr. L 236/33) und Richtlinie 2006/99/EG vom 20. 11. 2006 (ABl. Nr. L 363/137)

DER RAT DER EUROPÄISCHEN GEMEINSCHAFTEN –
gestützt auf den Vertrag zur Gründung der Europäischen Wirtschaftsgemeinschaft, insbesondere auf Artikel 54 Absatz 3 Buchstabe g),
gestützt auf das Allgemeine Programm zur Aufhebung der Beschränkungen der Niederlassungsfreiheit,[1] insbesondere auf Titel VI,
auf Vorschlag der Kommission,
nach Stellungnahme des Europäischen Parlaments,[2]
nach Stellungnahme des Wirtschafts- und Sozialausschusses,[3]
in Erwägung nachstehender Gründe:

Die in Artikel 54 Absatz 3 Buchstabe g) und im Allgemeinen Programm zur Aufhebung der Beschränkungen der Niederlassungsfreiheit vorgesehene Koordinierung ist insbesondere bei den Aktiengesellschaften, den Kommanditgesellschaften auf Aktien und den Gesellschaften mit beschränkter Haftung dringlich, da die Tätigkeit dieser Gesellschaften häufig über die Grenzen des nationalen Hoheitsgebiets hinausreicht.

Der Koordinierung der einzelstaatlichen Vorschriften über die Offenlegung, die Wirksamkeit eingegangener Verpflichtungen und die Nichtigkeit dieser Gesellschaften kommt insbesondere zum Schutz der Interessen Dritter eine besondere Bedeutung zu.

Auf diesen Gebieten müssen Vorschriften der Gemeinschaft für diese Gesellschaften gleichzeitig erlassen werden, da diese Gesellschaften zum Schutze Dritter lediglich das Gesellschaftsvermögen zur Verfügung stellen.

Die Offenlegung muß es Dritten erlauben, sich über die wesentlichen Urkunden der Gesellschaft sowie einige sie betreffende Angaben, insbesondere die Personalien derjenigen, welche die Gesellschaft verpflichten können, zu unterrichten.

Der Schutz Dritter muß durch Bestimmungen gewährleistet werden, welche die Gründe, aus denen im Namen der Gesellschaft eingegangene Verpflichtungen unwirksam sein können, so weit wie möglich beschränken.

Um die Rechtssicherheit in den Beziehungen zwischen der Gesellschaft und Dritten sowie im Verhältnis der Gesellschafter untereinander zu gewährleisten, ist es erforderlich, die Fälle der Nichtigkeit sowie die Rückwirkung der Nichtigerklärung zu be-

---

* Diese Bezeichnung ist nicht amtlich.
[1] ABl. Nr. 2 vom 15. 1. 1962, S. 36/62.
[2] ABl. Nr. 96 vom 28. 5. 1966, S. 1519/66.
[3] ABl. Nr. 194 vom 27. 11. 1964, S. 3248/64.

schränken und für den Einspruch Dritter gegen diese Erklärung eine kurze Frist vorzuschreiben –

DAS EUROPÄISCHE PARLAMENT UND DER RAT DER EUROPÄISCHEN UNION –

gestützt auf den Vertrag zur Gründung der Europäischen Gemeinschaft, insbesondere auf Artikel 44 Absatz 2 Buchstabe g), auf Vorschlag der Kommission,[1] nach Stellungnahme des Europäischen Wirtschafts- und Sozialausschusses,[2] gemäß dem Verfahren des Artikels 251 des Vertrags,[3] in Erwägung nachstehender Gründe:

(1) Die Erste Richtlinie 68/151/EWG des Rates vom 9. März 1968 zur Koordinierung der Schutzbestimmungen, die in den Mitgliedstaaten den Gesellschaften im Sinne des Artikels 58 Absatz 2 des Vertrags im Interesse der Gesellschafter sowie Dritter vorgeschrieben sind, um diese Bestimmungen gleichwertig zu gestalten,[4] regelt die Verpflichtung der Gesellschaften, deren Haftung beschränkt ist, zur Offenlegung einer Reihe von Urkunden und Angaben.

(2) Im Rahmen der im Oktober 1998 von der Kommission eingeleiteten vierten Phase der Initiative zur Vereinfachung der Rechtsvorschriften im Binnenmarkt (SLIM) legte eine für das Gesellschaftsrecht eingesetzte Arbeitsgruppe im September 1999 einen Bericht über die Vereinfachung der Ersten und Zweiten Gesellschaftsrechtsrichtlinie vor, der verschiedene Empfehlungen enthielt.

(3) Eine Modernisierung der Richtlinie 68/151/EWG anhand der in diesen Empfehlungen dargelegten Grundsätze sollte den Zugang der betroffenen Parteien zu Unternehmensinformationen erleichtern und beschleunigen und die Offenlegungspflichten der Gesellschaften erheblich vereinfachen.

(4) Die Liste der Gesellschaften, die von der Richtlinie 68/151/EWG erfasst werden, sollte aktualisiert werden, um den auf nationaler Ebene seit der Verabschiedung der Richtlinie geschaffenen neuen oder abgeschafften Gesellschaftsformen Rechnung zu tragen.

(5) Verschiedene Richtlinien sind seit 1968 mit dem Ziel verabschiedet worden, die Anforderungen an die Rechnungslegungsunterlagen, die von Gesellschaften aufgestellt werden müssen, zu harmonisieren, namentlich die Vierte Richtlinie 78/660/EWG des Rates vom 25. Juli 1978 über den Jahresabschluss von Gesellschaften bestimmter Rechtsformen,[5] die Siebente Richtlinie 83/349/EWG des Rates vom 13. Juni 1983 über den konsolidierten Abschluss,[6] die Richtlinie 86/635/EWG des Rates vom 8. Dezember 1986 über den Jahresabschluss und den konsolidierten Abschluss von Banken und anderen Finanzinstituten[7] und die Richtlinie 91/674/EWG des Rates vom 19. Dezember 1991 über den Jahresabschluss und den konsolidierten Abschluss von Versicherungsunternehmen.[8] Die Verweise in der Richtlinie 68/151/EWG auf die Rechnungslegungsunterlagen, die in Übereinstimmung mit diesen Richtlinien veröffentlicht werden müssen, sollten entsprechend geändert werden.

---

[1] ABl. C 227 E vom 24. 9. 2002, S. 377.
[2] ABl. C 85 vom 8. 4. 2003, S. 13.
[3] Stellungnahme des Europäischen Parlaments vom 12. März 2003 (noch nicht im Amtsblatt veröffentlicht) und Beschluss des Rates vom 11. Juni 2003.
[4] ABl. L 65 vom 14. 3. 1968, S. 8. Zuletzt geändert durch die Beitrittsakte von 1994.
[5] ABl. L 222 vom 14. 8. 1978, S. 11. Zuletzt geändert durch die Richtlinie 2003/38/EG des Rates (ABl. L 120 vom 15. 5. 2003, S. 22).
[6] ABl. L 193 vom 18. 7. 1983, S. 1. Zuletzt geändert durch die Richtlinie 2003/51/EG (ABl. L 178 vom 17. 7. 2003, S. 16).
[7] ABl. L 372 vom 31. 12. 1986, S. 1. Zuletzt geändert durch die Richtlinie 2003/51/EG.
[8] ABl. L 374 vom 31. 12. 1991, S. 7.

(6) Im Zusammenhang mit der angestrebten Modernisierung sollten Gesellschaften unbeschadet der grundlegenden Anforderungen und vorgeschriebenen Formalitäten des einzelstaatlichen Rechts der Mitgliedstaaten die Möglichkeit haben, die erforderlichen Urkunden und Angaben auf Papier oder in elektronischer Form einzureichen.

(7) Die betroffenen Parteien sollten in der Lage sein, von dem Register Kopien dieser Urkunden und Angaben sowohl in Papierform als auch in elektronischer Form zu erhalten.

(8) Die Mitgliedstaaten sollten das Amtsblatt, in dem die offen zu legenden Urkunden und Angaben bekannt zu machen sind, in Papierform oder in elektronischer Form führen oder Bekanntmachungen durch andere ebenso wirksame Formen vorschreiben können.

(9) Der grenzüberschreitende Zugang zu Unternehmensinformationen sollte erleichtert werden, indem zusätzlich zur obligatorischen Offenlegung in einer der im Mitgliedstaat des Unternehmens zugelassenen Sprachen die freiwillige Eintragung der erforderlichen Urkunden und Angaben in weiteren Sprachen gestattet wird. Gutgläubig handelnde Dritte sollten sich auf diese Übersetzungen berufen können.

(10) Es sollte klargestellt werden, dass die in Artikel 4 der Richtlinie 68/151/EWG vorgeschriebenen Angaben in allen Briefen und Bestellscheinen der Gesellschaft unabhängig davon zu machen sind, ob sie Papierform oder eine andere Form aufweisen. Im Zuge der technischen Entwicklungen sollte auch vorgesehen werden, dass diese Angaben auf den Webseiten der Gesellschaft zu machen sind.

(11) Die Richtlinie 68/151/EWG sollte entsprechend geändert werden –

HABEN FOLGENDE RICHTLINIE ERLASSEN:

Art. 1.[1] **[Betroffene Gesellschaften].** Die durch diese Richtlinie vorgeschriebenen Koordinierungsmaßnahmen gelten für die Rechts- und Verwaltungsvorschriften der Mitgliedstaaten für Gesellschaften folgender Rechtsformen:
– *in Deutschland:*
die Aktiengesellschaft, die Kommanditgesellschaft auf Aktien, die Gesellschaft mit beschränkter Haftung;
– *in Belgien:*

de naamloze vennootschap,	la société anonyme,
de commanditaire vennootschap op aandelen,	la société en commandite par actions,
de personenvennootschap met beperkte aansprakelijkheid;	la société de personnes à responsabilité limitée;

– *in Frankreich:*
la société anonyme, la société en commandite par actions, la société à responsabilité limitée, la société par actions simplifiée;
– *in Italien:*
società per azioni, società in accomandita per azioni, società a responsabilità limitata;
– *in Luxemburg:*
la société anonyme, la société en commandite par actions, la société à responsabilité limitée;

---

[1] Art. 1 3., 6., 9. und 14. Gedankenstrich neu gefasst durch die Richtlinie 2003/58/EG (ABl. L 221 vom 4. 9. 2003, S. 13). Art. 1 Gedankenstriche 26 u. 27 angef. durch Richtlinie 2006/99/EG (ABl. L 363 vom 20. 11. 2006, S. 137).

- *in den Niederlanden:*
de naamloze vennootschap, de besloten vennootschap met beperkte aansprakelijkheid;
- *im Vereinigten Königreich:*
Companies incorporated with limited liability;
- *in Irland:*
Companies incorporated with limited liability;
- *in Dänemark:*
aktieselskab, kommanditaktieselskab, anpartsselskab;
- *in Griechenland:*
ἀνώνυμη ἑταιρία, ἑταιρία περιωρισμένης εὐθύνης, ἑτερόρρυθμη κατά μετοχές ἑταιρία;
- *in Spanien:*
la sociedad anónima, la sociedad commanditaria por acciones, la sociedad de responsabilidad limitada;
- *in Portugal:*
a sociedade anónima de responsabilidade limitada, a sociedade em comandita por acções, a sociedade por quotas de responsabilidade limitada;
- *in Österreich:*
die Aktiengesellschaft, die Gesellschaft mit beschränkter Haftung;
- *in Finnland:*
yksityinen osakeyhtiö/privat aktiebolag, julkinen osakeyhtiö/publikt aktiebolag;
- *in Schweden:*
aktiebolag;
- *in der Tschechischen Republik:*
společnost s ručením omezeným, akciová společnost;
- *in Estland:*
aktsiaselts, osaühing;
- *in Zypern:*
Δημόσιες εταιρείες περιορισμένης ευθύνης με μετοχές ή με εγγύηση, ιδιωτικές εταιρείες περιορισμένης ευθύνης με μετοχές ή με εγγύηση;
- *in Lettland:*
akciju sabiedrība, sabiedrība ar ierobežotu atbildību, komanditsabiedrība;
- *in Litauen:*
akcinė bendrovė, uždaroji akcinė bendrovė;
- *in Ungarn:*
részvénytársaság, korlátolt felelősségutársaság;
- *in Malta:*
kumpanija pubblika/public limited liability company, kumpanija privata/private limited liability company;
- *in Polen:*
spółka z ograniczoną odpowiedzialnością, spółka komandytowoakcyjna, spółka akcyjna;
- *in Slowenien:*
delniška družba, družba z omejeno odgovornostjo, komaditna delniška družba;
- *in der Slowakei:*
akciová spoločnosť, spoločnosť s ručením obmedzeným;
- *in Bulgarien:*
акционерно дружество, дружество с ограничена отговорност, командитно дружество с акции;

– *in Rumänien:*
societate pe acţiuni, societate cu răspundere limitată, societate îcomandită pe acţiuni.

Abschnitt I. Offenlegung

Art. 2.[1] **[Publizität].** [1]Die Mitgliedstaaten treffen die erforderlichen Maßnahmen, damit sich die Pflicht zur Offenlegung hinsichtlich der Gesellschaften mindestens auf folgende Urkunden und Angaben erstreckt:
a) den Errichtungsakt und, falls sie Gegenstand eines gesonderten Aktes ist, die Satzung;
b) Änderungen der unter Buchstabe a) genannten Akte, einschließlich der Verlängerung der Dauer der Gesellschaft;
c) nach jeder Änderung des Errichtungsaktes oder der Satzung, den vollständigen Wortlaut des geänderten Aktes in der geltenden Fassung;
d) die Bestellung, das Ausscheiden sowie die Personalien derjenigen, die als gesetzlich vorgesehenes Gesellschaftsorgan oder als Mitglieder eines solchen Organs
   i) befugt sind, die Gesellschaft gerichtlich und außergerichtlich zu vertreten,
   ii) an der Verwaltung, Beaufsichtigung oder Kontrolle der Gesellschaft teilnehmen.
[2]Bei der Offenlegung muß angegeben werden, ob die zur Vertretung der Gesellschaft befugten Personen die Gesellschaft allein oder nur gemeinschaftlich vertreten können;
e) zumindest jährlich den Betrag des gezeichneten Kapitals, falls der Errichtungsakt oder die Satzung ein genehmigtes Kapital erwähnt und falls die Erhöhung des gezeichneten Kapitals keiner Satzungsänderung bedarf;
f) die nach Maßgabe der Richtlinien 78/660/EWG,[2] 83/349/EWG,[3] 86/635/EWG[4] und 91/674/EWG[5] für jedes Geschäftsjahr offen zu legenden Unterlagen der Rechnungslegung;
g) jede Verlegung des Sitzes der Gesellschaft;
h) die Auflösung der Gesellschaft;
i) die gerichtliche Entscheidung, in der die Nichtigkeit der Gesellschaft ausgesprochen wird;
j) die Bestellung und die Personalien der Liquidatoren sowie ihre Befugnisse, sofern diese nicht ausdrücklich und ausschließlich aus dem Gesetz oder der Satzung hervorgehen;
k) den Abschluss der Liquidation sowie in solchen Mitgliedstaaten, in denen die Löschung Rechtswirkungen auslöst, die Löschung der Gesellschaft im Register.

Art. 3.[1] **[Register].** (1) In jedem Mitgliedstaat wird entweder bei einem zentralen Register oder bei einem Handels- oder Gesellschaftsregister für jede der dort eingetragenen Gesellschaften eine Akte angelegt.

---

[1] Art. 2 Abs. 1 lit. f neu gefasst sowie Abs. 2 aufgehoben durch die Richtlinie 2003/58/EG (ABl. L 221 vom 4. 9. 2003, S. 13).
[2] ABl. L 222 vom 14. 8. 1978, S. 11. Zuletzt geändert durch die Richtlinie 2003/38/EG des Rates (ABl. L 120 vom 15. 5. 2003, S. 22).
[3] ABl. L 193 vom 18. 7. 1983, S. 1. Zuletzt geändert durch die Richtlinie 2003/51/EG (ABl. L 178 vom 17. 7. 2003, S. 16).
[4] ABl. L 372 vom 31. 12. 1986, S. 1. Zuletzt geändert durch die Richtlinie 2003/51/EG.
[5] ABl. L 374 vom 31. 12. 1991, S. 7.

(2) Alle Urkunden und Angaben, die nach Artikel 2 der Offenlegung unterliegen, sind in dieser Akte zu hinterlegen oder in das Register einzutragen; der Gegenstand der Eintragungen in das Register muss in jedem Fall aus der Akte ersichtlich sein.

¹Die Mitgliedstaaten sorgen dafür, dass die Gesellschaften und sonstige anmelde- oder mitwirkungspflichtige Personen und Stellen alle Urkunden und Angaben, die nach Artikel 2 der Offenlegung unterliegen, spätestens ab dem 1. Januar 2007 in elektronischer Form einreichen können. ²Die Mitgliedstaaten können außerdem den Gesellschaften aller oder bestimmter Rechtsformen die Einreichung aller oder eines Teils der betreffenden Urkunden und Angaben in elektronischer Form vorschreiben.

¹Alle in Artikel 2 bezeichneten Urkunden und Angaben, die spätestens ab dem 1. Januar 2007 auf Papier oder in elektronischer Form eingereicht werden, werden in elektronischer Form in der Akte hinterlegt oder in das Register eingetragen. ²Zu diesem Zweck sorgen die Mitgliedstaaten dafür, dass alle betreffenden Urkunden und Angaben, die spätestens ab dem 1. Januar 2007 auf Papier eingereicht werden, durch das Register in elektronische Form gebracht werden.

¹Die in Artikel 2 bezeichneten Urkunden und Angaben, die bis spätestens zum 31. Dezember 2006 auf Papier eingereicht wurden, müssen nicht automatisch durch das Register in elektronische Form gebracht werden. ²Die Mitgliedstaaten sorgen jedoch dafür, dass sie nach Eingang eines Antrags auf Offenlegung in elektronischer Form nach den zur Umsetzung von Absatz 3 verabschiedeten Regelungen durch das Register in elektronische Form gebracht werden.

(3) ¹Eine vollständige oder auszugsweise Kopie der in Artikel 2 bezeichneten Urkunden oder Angaben muss auf Antrag erhältlich sein. ²Spätestens ab dem 1. Januar 2007 können die Anträge bei dem Register wahlweise auf Papier oder in elektronischer Form gestellt werden.

¹Ab einem von jedem Mitgliedstaat festzulegenden Zeitpunkt, spätestens aber ab dem 1. Januar 2007 müssen Kopien gemäß Unterabsatz 1 von dem Register wahlweise auf Papier oder in elektronischer Form erhältlich sein. ²Dies gilt für alle Urkunden und Angaben unabhängig davon, ob sie vor oder nach dem festgelegten Zeitpunkt eingereicht wurden. ³Die Mitgliedstaaten können jedoch beschließen, dass alle oder bestimmte Kategorien der spätestens bis zum 31. Dezember 2006 auf Papier eingereichten Urkunden und Angaben von dem Register nicht in elektronischer Form erhältlich sind, wenn sie vor einem bestimmten, dem Datum der Antragstellung vorausgehenden Zeitraum bei dem Register eingereicht wurden. ⁴Dieser Zeitraum darf zehn Jahre nicht unterschreiten.

Die Gebühren für die Ausstellung einer vollständigen oder auszugsweisen Kopie der in Artikel 2 bezeichneten Urkunden oder Angaben auf Papier oder in elektronischer Form dürfen die Verwaltungskosten nicht übersteigen.

¹Die Richtigkeit der auf Papier ausgestellten Kopien wird beglaubigt, sofern der Antragsteller auf diese Beglaubigung nicht verzichtet. ²Die Richtigkeit der Kopien in elektronischer Form wird nicht beglaubigt, es sei denn, die Beglaubigung wird vom Antragsteller ausdrücklich verlangt.

Die Mitgliedstaaten treffen die erforderlichen Maßnahmen, damit bei der Beglaubigung von Kopien in elektronischer Form sowohl die Echtheit ihrer Herkunft als auch die Unversehrtheit ihres Inhalts durch die Heranziehung mindestens einer fortgeschrittenen elektronischen Signatur im Sinne des Artikels 2 Absatz 2 der Richtlinie 1999/93/EG des Europäischen Parlaments und des Rates vom 13. Dezember 1999

---

¹ Art. 3 neu gefasst durch die Richtlinie 2003/58/EG (ABl. L 221 vom 4. 9. 2003, S. 13).

über gemeinschaftliche Rahmenbedingungen für elektronische Signaturen[1] sichergestellt wird.

(4) [1]Die in Absatz 2 bezeichneten Urkunden und Angaben sind in einem von dem Mitgliedstaat zu bestimmenden Amtsblatt entweder in Form einer vollständigen oder auszugsweisen Wiedergabe oder in Form eines Hinweises auf die Hinterlegung des Dokuments in der Akte oder auf seine Eintragung in das Register bekannt zu machen. [2]Das von dem Mitgliedstaat zu diesem Zweck bestimmte Amtsblatt kann in elektronischer Form geführt werden.

Die Mitgliedstaaten können beschließen, die Bekanntmachung im Amtsblatt durch eine andere ebenso wirksame Form der Veröffentlichung zu ersetzen, die zumindest die Verwendung eines Systems voraussetzt, mit dem die offen gelegten Informationen chronologisch geordnet über eine zentrale elektronische Plattform zugänglich gemacht werden.

(5) Die Urkunden und Angaben können Dritten von der Gesellschaft erst nach der Offenlegung gemäß Absatz 4 entgegengehalten werden, es sei denn, die Gesellschaft weist nach, dass die Urkunden oder Angaben den Dritten bekannt waren.

Bei Vorgängen, die sich vor dem sechzehnten Tag nach der Offenlegung ereignen, können die Urkunden und Angaben Dritten jedoch nicht entgegengehalten werden, die nachweisen, dass es ihnen unmöglich war, die Urkunden oder Angaben zu kennen.

(6) Die Mitgliedstaaten treffen die erforderlichen Maßnahmen, um zu verhindern, dass der Inhalt der nach Absatz 4 offen gelegten Informationen und der Inhalt des Registers oder der Akte voneinander abweichen.

Im Fall einer Abweichung kann der nach Absatz 4 offen gelegte Text Dritten jedoch nicht entgegengehalten werden; diese können sich jedoch auf den offen gelegten Text berufen, es sei denn, die Gesellschaft weist nach, dass der in der Akte hinterlegte oder im Register eingetragene Text den Dritten bekannt war.

(7) Dritte können sich darüber hinaus stets auf Urkunden und Angaben berufen, für die die Formalitäten der Offenlegung noch nicht erfüllt worden sind, es sei denn, die Urkunden oder Angaben sind mangels Offenlegung nicht wirksam.

(8) Im Sinne dieses Artikels bedeutet der Ausdruck „in elektronischer Form", dass die Information mittels Geräten für die elektronische Verarbeitung (einschließlich digitaler Kompression) und Speicherung von Daten am Ausgangspunkt gesendet und am Endpunkt empfangen wird und sie vollständig über Draht, über Funk, auf optischem oder anderem elektromagnetischen Wege in der von den Mitgliedstaaten bestimmten Art und Weise gesendet, weitergeleitet und empfangen wird.

Art. 3 a.[2] **[Sprachen].** (1) Urkunden und Angaben, die nach Artikel 2 der Offenlegung unterliegen, sind in einer der Sprachen zu erstellen und zu hinterlegen, die nach der Sprachregelung, die in dem Mitgliedstaat gilt, in dem die Akte gemäß Artikel 3 Absatz 1 angelegt wird, zulässig sind.

(2) [1]Zusätzlich zu der obligatorischen Offenlegung nach Artikel 3 lassen die Mitgliedstaaten die freiwillige Offenlegung der in Artikel 2 bezeichneten Urkunden und Angaben in Übereinstimmung mit Artikel 3 in jeder anderen Amtssprache der Gemeinschaft zu. [2]Die Mitgliedstaaten können vorschreiben, dass die Übersetzung dieser Urkunden und Angaben zu beglaubigen ist.

---

[1] ABl. L 13 vom 19. 1. 2000, S. 12.
[2] Art. 3 a eingefügt durch die Richtlinie 2003/58/EG (ABl. L 221 vom 4. 9. 2003, S. 13).

Die Mitgliedstaaten treffen die erforderlichen Maßnahmen, um den Zugang Dritter zu den freiwillig offen gelegten Übersetzungen zu erleichtern.

(3) Zusätzlich zu der obligatorischen Offenlegung nach Artikel 3 und der freiwilligen Offenlegung nach Absatz 2 des vorliegenden Artikels können die Mitgliedstaaten die Offenlegung der betreffenden Urkunden und Angaben in Übereinstimmung mit Artikel 3 in jeder anderen Sprache zulassen.

Die Mitgliedstaaten können vorschreiben, dass die Übersetzung dieser Urkunden und Angaben zu beglaubigen ist.

(4) Im Fall einer Abweichung zwischen den in den Amtssprachen des Registers offen gelegten Urkunden und Angaben und deren freiwillig offen gelegten Übersetzungen können letztere Dritten nicht entgegengehalten werden; diese können sich jedoch auf die freiwillig offen gelegten Übersetzungen berufen, es sei denn, die Gesellschaft weist nach, dass ihnen die Fassung, für die die Offenlegungspflicht gilt, bekannt war.

Art. 4.[1] [Hinweise im Geschäftsverkehr]. ¹Die Mitgliedstaaten schreiben vor, dass auf Briefen und Bestellscheinen, die auf Papier oder in sonstiger Weise erstellt werden, Folgendes anzugeben ist:
a) die notwendigen Angaben zur Identifizierung des Registers, bei dem die in Artikel 3 bezeichnete Akte angelegt worden ist, sowie die Nummer der Eintragung der Gesellschaft in dieses Register;
b) die Rechtsform und der satzungsmäßige Sitz der Gesellschaft sowie gegebenenfalls, dass sich die Gesellschaft in Liquidation befindet.
²Wird auf diesen Dokumenten das Gesellschaftskapital angegeben, so ist das gezeichnete und eingezahlte Kapital anzugeben. ³Die Mitgliedstaaten schreiben vor, dass die Webseiten der Gesellschaft zumindest die in Absatz 1 genannten Angaben enthalten sowie gegebenenfalls die Angabe des gezeichneten und eingezahlten Kapitals.

Art. 5 [Verantwortliche Personen]. Jeder Mitgliedstaat bestimmt, welche Personen verpflichtet sind, die Formalitäten der Offenlegung zu erfüllen.

Art. 6.[2] [Maßregelandrohung]. Die Mitgliedstaaten drohen geeignete Maßregeln zumindest für den Fall an,
a) dass die in Artikel 2 Absatz 1 Buchstabe f) vorgeschriebene Offenlegung der Rechnungslegungsunterlagen unterbleibt;
b) dass die in Artikel 4 vorgesehenen obligatorischen Angaben auf den Geschäftspapieren oder auf der Webseite der Gesellschaft fehlen.

Art. 7. bis 14.
(nicht abgedruckt)

---

[1] Art. 4 neu gefasst durch die Richtlinie 2003/58/EG (ABl. L 221 vom 4. 9. 2003, S. 13).
[2] Art. 6 neu gefasst durch die Richtlinie 2003/58/EG (ABl. L 221 vom 4. 9. 2003, S. 13).

7. Elfte Richtlinie 89/666/EWG über die Offenlegung von Zweigniederlassungen, die in einem Mitgliedstaat von Gesellschaften bestimmter Rechtsformen errichtet wurden, die dem Recht eines anderen Staates unterliegen (Zweigniederlassungsrichtlinie)*

vom 21. Dezember 1989 (ABl. Nr. L 395/36)

DER RAT DER EUROPÄISCHEN GEMEINSCHAFTEN –
gestützt auf den Vertrag zur Gründung der Europäischen Wirtschaftsgemeinschaft, insbesondere auf Artikel 54,
auf Vorschlag der Kommission,[1]
in Zusammenarbeit mit dem Europäischen Parlament,[2]
nach Stellungnahme des Wirtschafts- und Sozialausschusses,[3]
in Erwägung nachstehender Gründe:

Um die Ausübung der Niederlassungsfreiheit durch Gesellschaften im Sinne des Artikels 58 des Vertrages zu erleichtern, sehen Artikel 54 Absatz 3 Buchstabe g) des Vertrages und das allgemeine Programm zur Aufhebung der Beschränkungen der Niederlassungsfreiheit die Koordinierung der Schutzbestimmungen vor, die in den Mitgliedstaaten den Gesellschaften im Interesse der Gesellschafter sowie Dritter vorgeschrieben sind.

Die Koordinierung wurde hinsichtlich der Offenlegung bislang durch die Erste Richtlinie 68/151/EWG,[4] zuletzt geändert durch die Beitrittsakte von 1985, für die Kapitalgesellschaften verwirklicht; sie wurde für den Bereich der Rechnungslegung durch die Vierte Richtlinie 78/660/EWG über den Jahresabschluß von Gesellschaften bestimmter Rechtsformen,[5] zuletzt geändert durch die Beitrittsakte von 1985, die Siebte Richtlinie 83/349/EWG über den konsolidierten Abschluß,[6] geändert durch die Beitrittsakte von 1985, und die Achte Richtlinie 84/253/EWG über die Zulassung der mit der Pflichtprüfung der Rechnungsunterlagen beauftragten Personen[7] fortgesetzt.

Diese Richtlinien sind anwendbar auf die Gesellschaften als solche, jedoch nicht auf ihre Zweigniederlassungen. Die Errichtung einer Zweigniederlassung ist jedoch neben der Gründung einer Tochtergesellschaft eine der Möglichkeiten, die derzeit einer Gesellschaft zur Ausübung des Niederlassungsrechts in einem anderen Mitgliedsaat zur Verfügung stehen.

Das Fehlen einer Koordinierung für die Zweigniederlassungen, insbesondere im Bereich der Offenlegung, hat im Hinblick auf den Schutz von Gesellschaftern und Dritten zu Unterschieden geführt zwischen den Gesellschaften, welche sich in anderen Mitgliedstaaten durch die Errichtung von Zweigniederlassungen betätigen, und den Gesellschaften, die dies durch die Gründung von Tochtergesellschaften tun.

---

* Diese Bezeichnung ist nicht amtlich.
[1] ABl. Nr. C 105 vom 21. 4. 1988, S. 6.
[2] ABl. Nr. C 345 vom 21. 12. 1987, S. 76 und ABl. Nr. C 256 vom 9. 10. 1989, S. 72.
[3] ABl. Nr. C 319 vom 30. 11. 1987, S. 61.
[4] ABl. Nr. L 65 vom 14. 3. 1968, S. 8.
[5] ABl. Nr. L 222 vom 14. 8. 1978, S. 11.
[6] ABl. Nr. L 193 vom 18. 7. 1983, S. 1.
[7] ABl. Nr. L 126 vom 12. 5. 1984, S. 20.

Solche Unterschiede in den Rechtsvorschriften der Mitgliedstaaten können die Ausübung des Niederlassungsrechts stören und sind deshalb unter anderem zur Sicherung der Ausübung dieses Rechts zu beseitigen.

Zum Schutz der Personen, die über eine Zweigniederlassung mit einer Gesellschaft in Beziehung treten, müssen in dem Mitgliedstaat, in dem sich die Zweigniederlassung befindet, Maßnahmen der Offenlegung getroffen werden. Der wirtschaftliche und soziale Einfluß einer Zweigniederlassung kann in gewisser Hinsicht demjenigen einer Tochtergesellschaft vergleichbar sein, so daß ein öffentliches Interesse an einer Offenlegung der Gesellschaft bei der Zweigniederlassung besteht. Zu deren Regelung bietet es sich an, von dem Verfahren Gebrauch zu machen, das bereits für Kapitalgesellschaften in der Gemeinschaft eingeführt worden ist.

Die Offenlegung erstreckt sich auf eine Reihe von Urkunden und wichtigen Angaben sowie diesbezügliche Änderungen.

Die Offenlegung kann – von der Vertretungsmacht, der Firma und der Rechtsform sowie der Auflösung der Gesellschaft und dem Verfahren bei Insolvenz abgesehen – auf Angaben beschränkt werden, welche die Zweigniederlassung selbst betreffen, sowie auf Hinweise auf das Register der Gesellschaft, zu der die Zweigniederlassung gehört, da aufgrund der bestehenden Gemeinschaftsvorschriften bei diesem Register die Angaben über die Gesellschaft insgesamt zur Verfügung stehen.

Einzelstaatliche Vorschriften, welche die Offenlegung von Unterlagen der Rechnungslegung verlangen, die sich auf die Zweigniederlassung beziehen, haben ihre Berechtigung verloren, nachdem die einzelstaatlichen Vorschriften über die Erstellung, Prüfung und Offenlegung von Unterlagen der Rechnungslegung der Gesellschaft angeglichen worden sind. Deshalb genügt es, die von der Gesellschaft geprüften und offengelegten Rechnungsunterlagen beim Register der Zweigniederlassung offenzulegen.

Geschäftsbriefe und Bestellscheine, die von der Zweigniederlassung benutzt werden, müssen mindestens die gleichen Angaben wie die Geschäftsbriefe und Bestellscheine der Gesellschaft sowie die Angabe des Registers, in das die Zweigniederlassung eingetragen ist, enthalten.

Damit die Ziele dieser Richtlinie erreicht werden können und damit jede diskriminierende Behandlung nach dem Herkunftsland der Gesellschaft vermieden wird, muß diese Richtlinie auch die Zweigniederlassungen von Gesellschaften erfassen, die dem Recht eines Drittlands unterliegen und eine Rechtsform haben, die derjenigen der unter die Richtlinie 68/151/EWG fallenden Gesellschaften vergleichbar ist. Allerdings sind für solche Zweigniederlassungen aufgrund der Tatsache, daß Gesellschaften aus Drittländern nicht in den Anwendungsbereich der oben erwähnten Richtlinie fallen, in gewissem Umfang unterschiedliche Vorschriften gegenüber denen erforderlich, die für Gesellschaften gelten, die dem Recht eines anderen Mitgliedstaats unterliegen.

Die vorliegende Richtlinie berührt nicht die Informationspflicht, denen die Zweigniederlassungen aufgrund anderer Vorschriften unterliegen, wie z.B. im Sozialrecht in bezug auf das Informationsrecht der Arbeitnehmer, im Steuerrecht oder im Hinblick auf statistische Angaben –
HAT FOLGENDE RICHTLINIE ERLASSEN:

Abschnitt I. Zweigniederlassungen von Gesellschaften aus anderen Mitgliedstaaten

Art. 1. [Grundsatz der Offenlegung]. (1) Die Urkunden und Angaben über eine Zweigniederlassung, die in einem Mitgliedstaat von einer Gesellschaft errichtet worden ist, welche dem Recht eines anderen Mitgliedstaats unterliegt und auf welche die

Richtlinie 68/151/EWG Anwendung findet, sind nach dem Recht des Mitgliedstaats der Zweigniederlassung im Einklang *mit Artikel* 3[1] der genannten Richtlinie offenzulegen.

(2) Weicht die Offenlegung bei der Zweigniederlassung von der Offenlegung bei der Gesellschaft ab, so ist für den Geschäftsverkehr mit der Zweigniederlassung die Offenlegung bei der Zweigniederlassung maßgebend.

Art. 2. [Gegenstände der Offenbarung]. (1) Die Pflicht zur Offenlegung nach Artikel 1 erstreckt sich lediglich auf folgende Urkunden und Angaben:
a) die Anschrift der Zweigniederlassung;
b) die Tätigkeit der Zweigniederlassung;
c) das Register, bei dem die in Artikel 3 der Richtlinie 68/151/EWG bezeichnete Akte für die Gesellschaft angelegt worden ist, und die Nummer der Eintragung in dieses Register;
d) die Firma und die Rechtsform der Gesellschaft sowie die Firma der Zweigniederlassung, sofern diese nicht mit der Firma der Gesellschaft übereinstimmt;
e) die Bestellung, das Ausscheiden und die Personalien derjenigen, die befugt sind, die Gesellschaft gerichtlich und außergerichtlich zu vertreten, und zwar
   – als gesetzlich vorgeschriebenes Organ der Gesellschaft oder als Mitglied eines solchen Organs gemäß der Offenlegung, die nach Artikel 2 Absatz 1 Buchstabe d) der Richtlinie 68/151/EWG bei der Gesellschaft erfolgt,
   – als ständige Vertreter der Gesellschaft für die Tätigkeit der Zweigniederlassung, unter Angabe ihrer Befugnisse;
f) – die Auflösung der Gesellschaft, die Bestellung, die Personalien und die Befugnisse der Liquidatoren sowie den Abschluß der Liquidation gemäß der Offenlegung, die nach Artikel 2 Absatz 1 Buchstaben h), j) und k) der Richtlinie 68/151/EWG bei der Gesellschaft erfolgt,
   – ein die Gesellschaft betreffendes Konkursverfahren, Vergleichsverfahren oder ähnliches Verfahren;
g) die Unterlagen der Rechnungslegung gemäß Artikel 3;
h) die Aufhebung der Zweigniederlassung.

(2) Der Mitgliedstaat der Zweigniederlassung kann vorschreiben, daß folgendes gemäß Artikel 1 offenzulegen ist:
a) eine Unterschrift der in Absatz 1 Buchstaben e) und f) des vorliegenden Artikels bezeichneten Personen;
b) der Errichtungsakt und, sofern diese Gegenstand eines gesonderten Aktes gemäß Artikel 2 Absatz 1 Buchstaben a), b) und c) der Richtlinie 68/151/EWG ist, die Satzung sowie Änderungen dieser Unterlagen;
c) eine Bescheinigung aus dem in Absatz 1 Buchstabe c) des vorliegenden Artikels genannten Register in bezug auf das Bestehen der Gesellschaft;
d) Angaben über die Sicherheiten, bei denen Vermögenswerte der Gesellschaft belastet werden, die sich in diesem Mitgliedstaat befinden, sofern diese Offenlegung sich auf die Gültigkeit solcher Sicherheiten bezieht.

Art. 3. [Unterlagen der Rechnungslegung]. Die Pflicht zur Offenlegung nach Artikel 2 Absatz 1 Buchstabe g) erstreckt sich lediglich auf die Unterlagen der Rechnungslegung der Gesellschaft, die nach dem Recht des Mitgliedstaats, dem die Gesell-

---

[1] Diese beiden Worte fehlen im EG-Amtsblatt; dies ist wohl auf ein Redaktionsversehen zurückzuführen.

schaft unterliegt, im Einklang mit den Richtlinien 78/660/EWG, 83/349/EWG und 84/253/EWG erstellt, geprüft und offengelegt worden sind.

Art. 4. [Sprachenfrage]. Der Mitgliedstaat der Zweigniederlassung kann vorschreiben, daß die in Artikel 2 Absatz 2 Buchstabe b) und Artikel 3 bezeichneten Unterlagen in einer anderen Amtssprache der Gemeinschaft offengelegt werden und die Übersetzung dieser Unterlagen beglaubigt wird.

Art. 5. [Mehrere Zweigniederlassungen]. Wenn in einem Mitgliedstaat mehrere Zweigniederlassungen ein und derselben Gesellschaft bestehen, kann die in Artikel 2 Absatz 2 Buchstabe b) und Artikel 3 genannte Offenlegung von dieser Gesellschaft nach ihrer Wahl bei dem Register einer dieser Zweigniederlassungen vorgenommen werden.

In diesem Fall erstreckt sich die Offenlegungspflicht der übrigen Zweigniederlassungen auf die Angabe des Registers der Zweigniederlassung, bei dem die Offenlegung erfolgt ist, sowie auf die Nummer der Eintragung dieser Zweigniederlassung in dieses Register.

Art. 6. [Geschäftsbriefe]. Die Mitgliedstaaten schreiben vor, daß auf Geschäftsbriefen und Bestellscheinen, die von der Zweigniederlassung benutzt werden, außer den in Artikel 4 der Richtlinie 68/151/EWG verlangten Angaben das Register, bei dem die Akte für die Zweigniederlassung angelegt worden ist, und die Nummer der Eintragung in dieses Register anzugeben sind.

Abschnitt II. Zweigniederlassungen von Gesellschaften aus Drittländern

Art. 7. [Grundsatz der Offenlegung]. (1) Die Urkunden und Angaben über eine Zweigniederlassung, die in einem Mitgliedstaat von einer Gesellschaft errichtet worden ist, welche nicht dem Recht eines Mitgliedstaats unterliegt, jedoch eine Rechtsform hat, die mit den Rechtsformen vergleichbar ist, auf welche die Richtlinie 68/151/EWG Anwendung findet, sind nach dem Recht des Mitgliedstaats der Zweigniederlassung im Einklang mit Artikel 3 der genannten Richtlinie offenzulegen.

(2) Artikel 1 Absatz 2 findet Anwendung.

Art. 8. [Gegenstand der Offenlegung]. [1]Die Pflicht zur Offenlegung nach Artikel 7 erstreckt sich mindestens auf folgende Urkunden und Angaben:
a) die Anschrift der Zweigniederlassung;
b) die Tätigkeit der Zweigniederlassung;
c) das Recht des Staates, dem die Gesellschaft unterliegt;
d) sofern dieses Recht es vorsieht, das Register, in das die Gesellschaft eingetragen ist, und die Nummer der Eintragung in dieses Register;
e) den Errichtungsakt und, falls sie Gegenstand eines gesonderten Aktes ist, die Satzung sowie jede Änderung dieser Unterlagen;
f) die Rechtsform, den Sitz und den Gegenstand der Gesellschaft sowie mindestens jährlich den Betrag des gezeichneten Kapitals, sofern diese Angaben nicht in den unter Buchstabe e) genannten Urkunden gemacht werden;
g) die Firma der Gesellschaft sowie die Firma der Zweigniederlassung, sofern diese nicht mit der Firma der Gesellschaft übereinstimmt;
h) die Bestellung, das Ausscheiden und die Personalien derjenigen, die befugt sind, die Gesellschaft gerichtlich und außergerichtlich zu vertreten, und zwar

- als gesetzlich vorgeschriebenes Organ der Gesellschaft oder als Mitglied eines solchen Organs,
- als ständige Vertreter der Gesellschaft für die Tätigkeit der Zweigniederlassung.

²Dabei ist anzugeben, welchen Umfang die Vertretungsmacht hat und ob die betreffenden Personen diese allein oder nur gemeinschaftlich ausüben können;

i) – die Auflösung der Gesellschaft, die Bestellung, die Personalien und die Befugnisse der Liquidatoren sowie den Abschluß der Liquidation;
- ein die Gesellschaft betreffendes Konkursverfahren, Vergleichsverfahren oder ähnliches Verfahren;

j) die Unterlagen der Rechnungslegung gemäß Artikel 9;

k) die Aufhebung der Zweigniederlassung.

Art. 9. [Unterlagen der Rechnungslegung]. (1) ¹Die Pflicht zur Offenlegung nach Artikel 8 Buchstabe j) erstreckt sich auf die Unterlagen der Rechnungslegung der Gesellschaft, die nach dem Recht des Staates, dem die Gesellschaft unterliegt, erstellt, geprüft und offengelegt worden sind. ²Werden diese Unterlagen nicht gemäß den Richtlinien 78/660/EWG bzw. 83/349/EWG oder in gleichwertiger Form erstellt, so können die Mitgliedstaaten die Erstellung und Offenlegung der Unterlagen der Rechnungslegung, die sich auf die Tätigkeiten der Zweigniederlassung beziehen, verlangen.

(2) Die Artikel 4 und 5 finden Anwendung.

Art. 10. [Geschäftsbriefe]. ¹Die Mitgliedstaaten schreiben vor, daß auf Geschäftsbriefen und Bestellscheinen, die von der Zweigniederlassung benutzt werden, das Register, bei dem die Akte für die Zweigniederlassung angelegt worden ist, und die Nummer der Eintragung in dieses Register anzugeben sind. ²Sofern das Recht des Staates, dem die Gesellschaft unterliegt, eine Eintragung in ein Register vorsieht, sind das Register, in das die Gesellschaft eingetragen ist, und die Nummer der Eintragung in dieses Register ebenfalls anzugeben.

Art. 11. bis 18.
(nicht abgedruckt)

Sachregister

(Die Zahlen bezeichnen die Randnummern)

Abberufung, Geschäftsführer GmbH 1086, 1089; Liquidator GmbH 1140; Liquidator KG 800; Liquidator OHG 674; Notgeschäftsführer GmbH 1257; Vorstandsmitglied AG 1584

Abberufung, gerichtliche, Aufsichtsratsmitglied AG 1709; Liquidator GmbH 1140; Organmitglied Genossenschaft 1968

Ablehnung, Rechtspfleger 28; Richter 26; Urkundsbeamter 29

Abschlussprüfer, Bestellung durch Gründer AG 1298; gerichtliche Bestellung AG 1691

Abschrift, Genossenschaftsregister 1865; Güterrechtsregister 2346; Handelsregister 49; Partnerschaftsregister 2027; Vereinsregister 2118; *s. a. Ausdruck*

Abspaltung von GmbH auf GmbH zur Aufnahme mit Kapitalerhöhung/-herabsetzung (Mustervorgang) 1239 f.

Abteilung A, Handelsregister 39

Abteilung B, Handelsregister 39

Abtretung, Anzeige an Registergericht bei GmbH-Geschäftsanteil 1103

Abwickler, Amtsfähigkeit bei AG 1652; Änderungen in der Person bei AG 1659; anmeldungspflichtige Person bei AG 105; Bestellung bei AG 1652; EWIV 902; geborener bei AG 1652; gekorener bei AG 1652; gerichtliche Bestellung/Abberufung bei AG 1718; Handelsregisteranmeldung bei AG 1654, 1659; Handelsregisteranmeldung bei EWIV 903; Handelsregistereintragung bei AG 1658, 1659; In-Sich-Geschäfte bei AG 1653; KGaA 1791; Prüfung Handelsregisteranmeldung durch Registergericht bei AG 1658; Versicherungserklärung bei AG 1656; Vertretungsbefugnis bei AG 1653, 1655; VVaG 1820; *s. a. Liquidator*

Abwicklung, AG 1642; Befreiung von Prüfung bei AG 1732; Eröffnungsbilanz bei AG 1732; EWIV 902; Fortsetzung bei GmbH & Co. KG 828; GmbH 1130 f.; Handelsregisteranmeldung der Beendigung bei GmbH 1148; KGaA 1792; Nachtragsabwicklung 1669; Schluss der 1667; Unterlageneinreichung zum Handelsregister 1755; VVaG 1820 f.; *s. a. Liquidation*

Akademischer Grad, eintragungsfähige Tatsachen 86

Aktenzeichen, Genossenschaftsregister 1864; Handelsregister 46; Partnerschaftsregister 2024; Vereinsregister 2115

Aktie, Amortisation 1558 f.; Aufgeld 1303; Auflösung der Gesellschaft bei Fehlen/Nichtigkeit 465; Ausgabe neuer bei Kapitalerhöhung aus genehmigtem Kapital 1499, 1513; Ausgabe neuer bei Kapitalerhöhung aus Gesellschaftsmitteln 1433; Einforderung der Einzahlung 1303; Einziehung bei Kapitalherabsetzung 1558 f.; geringster Ausgabebetrag 1303; Herabsetzung des Nennbetrags 1530; Inhaberaktie 1279; Kraftloserklärung 1724; Namensaktie 1279; Nennbetragsaktie 1278; Stückaktie 1278; Übernahme der 1290; Überpariemission 1303; Umrechnung auf Euro 1449; Zusammenlegung 1530

Aktiengattung, Zustimmung der Aktionäre jeder Gattung zur bedingten Kapitalerhöhung 1505; Zustimmung der Aktionäre jeder Gattung zur Kapitalherabsetzung 1527

Aktiengesellschaft 1269 ff.; Abwicklung 1642 f.; Amtslöschung nichtiger 452; anmeldepflichtige Personen 1314; Aufbewahrung der Geschäftsbücher 1723; Auflösung 1642 f.; Auflösung wegen Satzungsmangel 464; Ausgliederung von Vermögensteilen eines e. V. zur Aufnahme auf AG (Mustervorgang) 2231 f.; Ausschluss von Minderheitsaktionären 1636 f.; bedingte Kapitalerhöhung 1500 f.; Bekanntmachung Handelsregistereintragung 1333; Bekanntmachung Mitgliederwechsel/Vorsitz im Aufsichtsrat 1737; Bekanntmachungsblatt/-form der 1281; Beschwerdeberechtigung 2453; Bestellung Abschlussprüfer 1298; Bestellung erster Aufsichtsrat 1291, 1297; Bestellung erster Vorstand 1299; Einforderung der Einzahlung auf Aktien 1303; eingegliederte Gesellschaft 1620; Einreichung Hauptversammlungsniederschrift 1734; eintragungsfähige Tatsachen 101; Eintragungsmängel 1340 f.; eintragungspflichtige Tatsachen 97; Erbringung Sacheinlage 1304; Feststellung der Satzung 1271; Firma 251, 1275; Formwechsel 1682; Formwechsel GmbH in AG 1247 f.; Fortsetzung der aufgelösten Gesellschaft

867

Sachregister

1661 f.; Freigabeverfahren bei Hauptversammlungsbeschlüssen 171b; genehmigtes Kapital 1473 f.; gerichtliche Abberufung Aufsichtsratsmitglied 1709; gerichtliche Bestellung Abwickler 1718; gerichtliche Bestellung Aufsichtsratsmitglied 1702 f.; gerichtliche Bestellung besonderer Vertreter 1715; gerichtliche Bestellung Vorstandsmitglied 1712 f.; gerichtliche Bestellung/Abberufung Abwickler 1718; gerichtliche Erzwingung vorgeschriebener Angaben auf Geschäftsbriefen 1743; Gründer 1273; Grundkapital 1277; Grundsatz der Satzungsstrenge 1282; Gründung 1271 f.; Gründungsaufwand 1287; Gründungsbericht 1305; Gründungsprüfer 1285, 1308 f., 1685 f.; Gründungsprüfung 1307, 1695 f.; Gründungsprüfung durch Notar 1308 f.; Handelsregisteranmeldung der Auflösung 1645; Handelsregisteranmeldung der Gründung 1314 f., 1318; Handelsregistereintragung der Auflösung 1649; Handelsregistereintragung der Gründung 1324 f., 1332; Handelsregisteranmeldung einer Satzungsänderung 1372; In-Sich-Geschäfte des Vorstands 1301; Kapitalerhöhung 1389 ff.; Kapitalerhöhung aus Gesellschaftsmitteln 1429 f.; Kapitalerhöhung bei Umwandlung 1461 f.; Kapitalerhöhung gegen Einlagen 1391 f.; Kapitalherabsetzung 1525 f.; Kapitalmaßnahmen zur Umstellung auf Euro 1448; Liquidation 1642 f.; Löschung der Firma 422; Nachgründung 1568 f.; Nachtragsabwicklung 1669; Nichtigkeitsklage 1741; notwendiger Satzungsinhalt 1274; ordentliche Kapitalherabsetzung 1527 f.; Pflichtangaben Geschäftsbrief 1743; Prüfung Registergericht bei Auflösung der AG 1647; Prüfung Registergericht bei bedingtem Kapital 1508, 1519; Prüfung Registergericht bei genehmigtem Kapital 1490; Prüfung Registergericht bei Gründungsvorgang 1319; Prüfung Registergericht bei Kapitalerhöhung 1406, 1420; Prüfung Registergericht bei Kapitalerhöhung aus Gesellschaftsmitteln 1438; Prüfung Registergericht bei Kapitalherabsetzung 1535, 1541; Prüfung Registergericht bei Nachgründung 1575; qualifizierte Gründung 1285; Rechtsnatur 1269; Sacheinlage 1288; Sachkapitalerhöhung 1416, 1419; Sachübernahme 1289; Satzungsänderung nach Eintragung 1284; Satzungseinreichung zum Registergericht 1740; Satzungsinhalt, notwendiger 1274; Satzungsinhalt, zusätzlicher 1282; Schluss der Abwicklung 1667; Sitz 1275; Sitzverlegung 344; Sonderbeschluss 1384; Sonderprüfung der 1697 f.; Sondervorteil 1286; Spaltung 1680; Squeeze-out 1636 f.; Übernahme der Aktien 1290; Umwandlungsvorgänge 1673 f.; Unternehmensgegenstand 1276; Unternehmensvertrag 1595 f.; vereinfachte Kapitalherabsetzung 1548 f.; Verschmelzung 1674 f.; Verschmelzung GmbH zur Aufnahme AG 1232 f.; Vollzug Erstanmeldung 190; Vorgesellschaft 1290; Vorstand 1280; Vorstandsänderungen 1582; Zweigniederlassung 1353 f.

Aktiengesellschaft, ausländische, Hauptzweigniederlassung 1363; inländische Zweigniederlassung 337, 1358 f.

Aktiennennbetrag, Glättung durch Neueinteilung 1454

Aktionär, Antrag auf gerichtliche Bestellung Aufsichtsratsmitglied 1703; Beschwerdeberechtigung 2457; Bestellung Sonderprüfung 1697 f.; Einberufungsverlangen Hauptversammlung 1727; Nebenverpflichtung durch Satzungsänderung 1385; Squeeze-out 1636 f.; Unterrichtung über Inhalt Unternehmensvertrag 1600

Aktionär, außenstehender, Ausgleichszahlung bei Gewinnabführungsvertrag 1598; Gewinnanteil bei Beherrschungsvertrag 1598; Sonderbeschluss bei Änderung Unternehmensvertrag 1612

Alleingesellschafter, Verschmelzung Kapitalgesellschaft mit Vermögen des 594

Allgemeines Register (AR) 46

Altersheim, Genehmigungspflicht 968

Amortisation 1558 f.

Amtseintragung 400 ff.; aufgrund Anzeige Dritter 415; öffentliche Bekanntmachung 421; Berichtigung nach Amtsauflösung und Insolvenzeintragungen 450a ff.; Genossenschaftsregister 1956 f.; aufgrund Insolvenz 404; Partnerschaftsregister 2098; Vereinsregister 2253 f.

Amtsermittlung 151

Amtsgericht, Genossenschaftsregister 1861; Güterrechtsregister 2305; Handelsregister 9; Partnerschaftsregister 2020; Prüfung nach Beschwerdeeinlegung 2465; Vereinsregister 2101; Zwangsgeldverfahren 2359

Amtslöschung, Bekanntmachung 428, 436, 449; Berichtigung nach Amtseintragungen 450a ff.; eingetragener GmbH-Gesellschafterbeschluss 1263; Handelsregistereintragung 183 f.; Kapitalerhöhung gegen Einlage 1428; Löschung der erloschenen Firma 422 f.; nichtige Gesellschaft 451 f.;

nichtiger Gesellschafterbeschluss 459; nichtiger Hauptversammlungsbeschluss 459; unzulässige Eintragung 439 f.; Vereinsregister 2256 f.; Vermerk 449; bei Vermögenslosigkeit 431 f.; VVaG 1843
Amtslöschungsverfahren 400 ff.; Auflösung der Gesellschaft wegen Satzungsmangel 466; Handelsregistereintragung 428, 435, 449; Löschung der erloschenen Firma 424 f.; Löschung der gelöschten Firma 438a; nichtige Gesellschaft 458; Rechtsmittel 430, 450; unzulässige Handelsregistereintragung 445; Unzulässigkeit der Beschwerde im 2441; Vermögenslosigkeit der Gesellschaft 431 f.; Widerspruch 427, 435, 447, 458, 469
Amtsniederlegung, GmbH-Geschäftsführer 1086, 1092 f.; Vereinsvorstand 2181a
Androhungsverfügung, Einspruch 2369 f.; Einspruch gegen wiederholte 2379, 2380; Erfüllung 2368; Zwangsgeldfestsetzung (Beschluss) 2377; Zwangsgeldverfahren 2365 f., 2367
Anfechtungsklage, Gesellschafterbeschluss 1027
Anhörungsrüge 2435
Anlagen, Form bei der Einreichung 132, Handelsregisteranmeldung 131
Arbeitnehmeraktie, bedingtes Kapital 1501, 1505; genehmigtes Kapital 1477
Arbeitnehmerüberlassung, Genehmigungspflicht 968
Arbeitnehmervertreter, mitbestimmter Aufsichtsrat 1292 f.
Arbeitnehmervertreter Aufsichtsrat, Abberufung 1711
Arbeitsdirektor, Bestellung 1302
Aufbewahrung, Geschäftsbücher nach Beendigung Liquidation 1147; Registerakten 47
Aufbewahrungsfrist, Registerakten 47
Aufenthaltsverlegung, Eintragungsantrag Güterrechtsregister 2307, 2324, 2329
Aufforderungsverfügung, Unzulässigkeit der Beschwerde gegen 2441
Aufgeld, Aktie 1303
Aufhebung, Unternehmensvertrag 1614; Zweigniederlassung 320; Zweigniederlassung der Genossenschaft 1892
Aufhebung, einvernehmliche, Unternehmensvertrag 1116
Aufhebungsvertrag, Unternehmensvertrag 1614
Auflösung, AG 1642 f.; amtswegige Korrektur der Vertretungsverhältnisse 450a ff.; Bekanntmachung in Gesellschaftsblättern bei GmbH 1148a; Bekanntmachung Handelsregistereintragung bei GmbH 1129; eingetragene Genossenschaft 1922 f.; EWIV 900; GmbH 1119 f.; GmbH & Co. KG 822; Handelsregisteranmeldung GmbH 1123, 1125; Handelsregistereintragung der GmbH 1126; Juristische Person 857; KG 779; KGaA 1787; OHG 654 f.; Partnerschaft 2073 f.; Verein 2197 f.; VVaG 1814 f.
Aufsichtsrat, anmeldungspflichtige Person 105; Arbeitnehmervertreter bei AG 1292 f.; Bekanntmachung Mitgliederwechsel/Vorsitz bei AG 1737; beschlussunfähiger bei AG 1702; Bestellung erster Vorstand bei AG 1299; delegierte Zuständigkeit zur Satzungsänderung bei AG 1388; erste Bestellung bei AG 1291; fehlende Bestellung bei Handelsregistereintragung AG 1346; fehlende Vorstandsbestellung bei AG 1347; Genossenschaft 1873; GmbH 941, 970; GmbH & Co. KG 821; Handelsregistereintragung bei GmbH 1004; Mindestbesetzung bei AG 1705; Prüfung Nachgründungsvertrag bei AG 1571; Satzungsänderung bei AG 1383
Aufsichtsrat, erster, Besetzung bei AG 1291, 1297
Aufsichtsrat, fakultativer, GmbH 1261
Aufsichtsrat, obligatorischer, GmbH 1261
Aufsichtsratsmitglied, Amtsfähigkeit bei AG 1704; anmeldungspflichtige Person bei AG 105; Bestellungsbeschluss bei AG 1706; Erlöschen des Amts des bestellten A. bei AG 1708; erster Aufsichtsrat bei AG 1291, 1297; gerichtliche Abberufung bei AG 1709; gerichtliche Bestellung bei AG 1702 f.
Aufsichtsratsvergütung, Herabsetzung 1383
Aufsichtsratsvorsitzender, Bekanntmachung des 1737
Aufstockung, GmbH-Geschäftsanteil 1043
Auktionshaus, Genehmigungspflicht 968
Ausdruck, aktueller Registerausdruck 53, 66; chronologischer Registerausdruck 53; Handelsregister 53 f; historischer Registerausdruck
Ausgabebetrag, Aktie 1304
Ausgliederung, Erlöschen der Firma des Einzelkaufmanns 577; bei Juristischer Person 862; Kapitalerhöhung zum Zweck der Durchführung einer 1064; aus Vermögen Einzelkaufmann 582 f.; von Vermögensteilen eines e. V. zur Aufnahme auf AG (Mustervorgang) 2231 f.; VVaG 1832
Auskunft, Erzwingung von 2402
Auskunftspflicht nach Bundeszentralregistergesetz (BZRG) 960
Auslagen, Handelsregisterverfahren 489

Ausland, ausländische Urkunde als Beweismittel 152
Ausländerverein 2127
Ausscheiden, Mitglied aus EWIV 892
Ausschließung, Rechtspfleger 28; Richter 24; Urkundsbeamter 29
Ausschluss, Minderheitsaktionäre 1636 f.
Aussetzung des Verfahrens 170; Güterrechtsregister 2327

Baden-Württemberg, Zuständigkeit Handelsregister 13; Zuständigkeit Partnerschaftsregister 2020; Zuständigkeit Vereinsregister 2102
Bankgeschäfte, Genehmigungspflicht 968
Barabfindung, Aktionär bei Squeeze-out 1636 f.; Anpassung 1638
Bareinlage 937
Bargründung, Nachweis endgültiger freier Verfügung über eingezahlten Betrag 1317
Barkapitalerhöhung, GmbH 1049 f.; Handelsregisteranmeldung bei GmbH 1052; Handelsregistereintragung bei GmbH 1053; Versicherung GmbH-Geschäftsführer 1050
Baubetreuertätigkeit, Genehmigungspflicht 968
Bauträgertätigkeit, Genehmigungspflicht 968
Bayern, Zuständigkeit Handelsregister 13; Zuständigkeit Partnerschaftsregister 2020
Beanstandung, Registerverfahren 169
Bedingte Kapitalerhöhung, AG 1500 f.; Bezugserklärung neuer Aktien 1513; Durchführung 1513 f.; Handelsregisteranmeldung der Durchführung 1515; Handelsregisteranmeldung Kapitalerhöhungsbeschluss 1506; Handelsregistereintragung der Durchführung 1520 f.; Handelsregistereintragung Kapitalerhöhungsbeschluss 1509 f.; Kapitalerhöhungsbeschluss 1505; Prüfung Registergericht der Durchführung 1519; Prüfung Registergericht Kapitalerhöhungsbeschluss 1508, 1524a; Veröffentlichung Handelsregistereintragung 1512
Bedingtes Kapital, Änderung/Aufhebung 1503; Ausübungszeitraum 1505; Begriff 1500; Bezugsberechtigte 1505; EDV-Register 63; Erhöhung bei Kapitalerhöhung aus Gesellschaftsmitteln 1431, 1443; Hauptversammlungsbeschluss 1505; Höhe 1504; bei Kapitalerhöhung aus Gesellschaftsmitteln 1431, 1443; Satzung 1502; Sonderbeschluss der Aktionäre 1505; Umstellung auf Euro 1458; Zweckbindung 1500, 1505
Beendigung, Eingliederung 1631; Unternehmensvertrag bei AG 1614; Unternehmensvertrag bei GmbH 1116, 1117

Befangenheit, Selbstablehnung des Richters 25
Beherrschungsvertrag, Gewinnanteil für außenstehenden Aktionär 1598; GmbH 1111; Handelsregisteranmeldung bei AG 1603; herrschendes ausländisches Unternehmen 1602; Sonderprüfung bei AG 1700; Unternehmensvertrag 1595; Zustimmung der herrschenden Gesellschaft 1602
Behindertenheim, Genehmigungspflicht 968
Behörde, Beschwerdeberechtigung 2463
Bekanntmachung, abweichende Verfügung des Gerichts 200; Allgemeines zur öffentlichen Bekanntmachung von Handelsregistereintragungen 197 ff; Amtseintragung 421; Amtslöschung 428, 436, 449; Handelsregistereintragung an die Beteiligten 194 f.; Handelsregistereintragung AG 1281, 1333; Handelsregistereintragung der GmbH-Auflösung 1129; Handelsregistereintragung Gesellschaftsvertragsänderung GmbH 1039; Handelsregistereintragung GmbH 1003; Handelsregistereintragung KG 729; Sitzverlegung 353; Verschmelzung 1184
Belegschaftsaktie, bedingtes Kapital 1501, 1505
Bemerkungen im Handelsregister 64
Benachrichtigung bei Genossenschaftsregistereintragung 1884; bei Güterrechtsregistereintragung 2341; bei Handelsregistereintragung 194 f.; bei Handelsregistereintragung AG 1338
Berichtigung, Handelsregistereintragung 180 f., 201; öffentliche Bekanntmachung 1352
Berlin, Zuständigkeit Handelsregister 13; Zuständigkeit Partnerschaftsregister 2020; Zuständigkeit Vereinsregister 2102
Berufskammer, Einbeziehung Partnerschaftsregister 2025, 2031
Beschlussfassung, unwirksame Vertretung bei 1029
Beschlussfassung Hauptversammlung, Bekanntmachung der Gegenstände der 1729
Beschwerde, Abhilfe 2466; Beschwerdeberechtigung 2451 ff.; Einlegung 2446 ff.; Einlegung durch Notar 125; gegen Eintragungsverfügung 2441; Prüfung des Amtsgerichts 2466; Statthaftigkeit 2440 f.; Unstatthaftigkeit 2439; Unzulässigkeit kraft Gesetz 2441a; Verfahrensablauf 2445, 2466 ff.; Zwangs-/Ordnungsgeldverfahren 2383 f.; gegen Zwischenverfügung 2439
Beschwerdeberechtigung, Ablehnung der Eintragung 2452; Aktionär/Gesellschafter

2457; Antragsteller 2458; Behörde/Verband 2463; Berufsständische Organe 2463; Firmenmissbrauchsverfahren 2460; Handwerkskammer/IHK 2463; Juristische Person 2453; Personenhandelsgesellschaft 2455; unmittelbare Betroffenheit 2451
Beschwerdeverfahren 2466 ff.; Beschwerdeberechtigung 2451 f.; Dienstaufsichtsbeschwerde 2436; Erinnerung 2475; Fassungsbeschwerde 2442; Rechtskraft 2484; Rechtsbehelfe 2435; Rechtsmittel 2434; Rechtsbeschwerde 2470 ff.
Besonderer Vertreter, gerichtliche Bestellung bei AG 1715
Bestellung, Abwickler 1652; Liquidator bei GmbH 1131, 1139; Liquidator bei KG 800; Neubestellung GmbH-Geschäftsführer 1086, 1089; Notgeschäftsführer bei GmbH 1254; Vorstandsmitglied bei AG 1584
Bestellung, gerichtliche, Abwickler bei AG 1718; Aufsichtsratsmitglied AG 1702 f.; Liquidator 673, 800, 860; Liquidator bei Partnerschaft 2090; Liquidator der GmbH 1139; Notvorstand bei Verein 2272 f.; Organmitglied Genossenschaft 1968; Organmitglied VVaG 1839; Vorstandsmitglied der AG 1712 f.; Vorstandsmitglied Verein 2264 f.
Beteiligte, Abberufung von Vertretern 145a; Allgemeines für das Registerverfahren 142 ff.; Bestellung von Vertretern 145; Satzungsänderungen 145b; Umwandlungen 145c; Unternehmensverträge 145c
Beteiligtenversicherung, Sonderrechtsnachfolge bei KG 750
Betreuer, Handelsregisteranmeldung 112
Betreuungsgericht, Genehmigung durch 111
Betriebsaufgabe, OHG 694
Betriebspachtvertrag, Unternehmensvertrag 1595; unwirksamer 1599
Betriebsüberlassungsvertrag, Handelsregisteranmeldung 1603; Unternehmensvertrag 1595; unwirksamer 1599
Bevollmächtigter, Handelsregisteranmeldung 109
Bewachungsgewerbe, Genehmigungspflicht 968
Beweismittel, Registerverfahren 151
Bezugrechtsausübung, bei/vor Kapitalerhöhung aus Gesellschaftsmitteln 1446
Bezugserklärung, Aktien aus bedingter Kapitalerhöhung 1513
Bezugsrecht, Ausschluss bei Kapitalerhöhung 1399
Brandenburg, Zuständigkeit Handelsregister 13; Zuständigkeit Partnerschaftsregister 2020

Bremen, Zuständigkeit Handelsregister 13; Zuständigkeit Partnerschaftsregister 2020; Zuständigkeit Vereinsregister 2102
Briefkastenfirma, EuGH-Rspr 8
Buchstabenkombination, Firma 217, 237
Bundesanstalt für Finanzdienstleistungsaufsicht, Aufsichtsbehörde VVaG 1795; Beschwerdeberechtigung 2458; Genehmigung durch 968; Mitwirkung Registerverfahren 30
Bundesanzeiger, Veröffentlichung im 197
Bundeszentralregister, Auskunftspflicht nach BZRG 960

Dauertestamentsvollstreckung, Kommanditanteil 767
Dienstaufsichtsbeschwerde 2436
Differenzhaftung, Vor-GmbH 920
Dokumente, Einreichung in elektronischer Form 132
Doppelsitz 15, 355 f.; Juristische Person 836
Drittelbeteiligungsgesetz, Arbeitnehmervertreter Aufsichtsrat 1293

Ehevertrag, Güterrechtsregister 2315, 2328 f.; Wirksamkeitskontrolle 2326
Eigenbetrieb 841
Eigenurkunde, Berichtigung Handelsregisteranmeldung 81
Einberufungsverlangen, Hauptversammlung 1727
Einbringung, Einzelkaufmann/-unternehmen in KG 715
Eingliederung, AG 1620; Beendigung der 1631; Begriff 1620; Handelsregisteranmeldung 1625; Handelsregisteranmeldung der Beendigung 1632; Handelsregistereintragung 1628; KGaA 1786; Prüfung der Beendigung durch Registergericht 1634; Prüfung Registergericht 1628; Veröffentlichung 1630; Zustimmung Hauptversammlung 1624
Eingliederungsbeschluss 1621
Einlagen, ausstehende, Handelsregisteranmeldung bei Kapitalerhöhung einer AG 1402, 1406; Kapitalerhöhung aus Gesellschaftsmitteln einer AG 1435
Einreichung, Klage auf Nichtigerklärung der AG 1741; Mitgliederwechsel/Vorsitz Aufsichtsrat bei AG 1737; Niederschrift Hauptversammlung 1734; Satzung AG 1740; Urteil zur Nichtigkeit des Hauptversammlungsbeschlusses 1739
Einsichtnahme, durch Ausdruck aus dem Register 53 f.; noch nicht eingetragene Vorgänge 49; Genossenschaftsregister 1864;

Sachregister

Güterrechtsregister 2345, 2350; Handelsregister 48; online-Einsicht Handelsregister 51; Papierunterlagen in elektronischer Form 50; Partnerschaftsregister 2026; Vereinsregister 2117, 2119; Zwangsgeldverfahren zur Erzwingung der Einsichtnahmegestattung in Geschäftsbücher 2400

Eintragungsmängel, Handelsregistereintragung AG 1340 f.

Eintragungsmitteilung des Registergerichts bei Verschmelzung 1182

Eintragungsverfügung, Handelsregistereintragung 175; Rechtsmittelfähigkeit 2440

Eintragungsvermerk, Fassung des 173; Handelsregistereintragung 172

Einzahlungsmängel, Handelsregistereintragung 1348

Einzelkaufmann 496 ff.; Änderung 525 f.; Anmeldepflicht 502; anmeldungspflichtige Person 105; Aufnahme eines Gesellschafters 570; Ausgliederung aus Vermögen des 582 f.; ehelicher Güterstand 498; eintragungspflichtige Tatsachen 93; Erlöschen der Firma 577 f.; Errichtung OHG durch Gesellschaftereintritt 615; Erwerb von Todes wegen 561 f.; Firma 508; Firma des 240; Firmenänderung 521; Firmenfortführung nach Inhaberänderung 545 ff.; Gründung KG durch Einbringung Einzelunternehmen 715; Handelsregisteranmeldung 508; Handelsregisteranmeldung bei Änderungen 520 ff.; Handelsregisteranmeldung Zweigniederlassung 301; Handelsregistereintragung 515, 518; Handelsregistereintragung Zweigniederlassung 306; Inhaberänderung 539 f.; Kannkaufleute 503; Land- und Forstwirtschaft 506; Löschung der erloschenen Firma 422; persönliche Voraussetzungen 497; Prokura 534; Prüfungspflicht Registergericht 511; Testamentsvollstrecker 563; Umwandlung 582 f.; Umwandlung bei Gesellschafteraufnahme 570; Verlegung der Handelsniederlassung 342, 529; Verpachtung 543, 562; Verschmelzung Kapitalgesellschaft mit Vermögen des Alleingesellschafters 594; Zweigniederlassung 534

Einziehung, Aktien bei Kapitalherabsetzung 1558 f.; Hauptversammlungsbeschluss 1560

Einziehung, zwangsweise, Aktien 1559

Elektronisches Register, aktueller Ausdruck 53; bedingtes Kapital 63; Bemerkungen 64; Berichtigung Eintragungsentwurf 181; Berichtigung Handelsregistereintragung 201 f.; chronologischer Ausdruck 53; Einsichtnahme im automatisierten Verfahren 51; elektronische Registerführung 55; genehmigtes Kapital 63, 1481; Genossenschaftsregister 1861; Handelsregister 38, 55; Handelsregistereintragung 181; on-line-Einsichtnahme 51; Partnerschaftsregister 2023; Rechtsverhältnisspalte 62; Spalteneinteilung 57; Übergangstexte 73; Umschreibung 185; Umwandlung 63; Verbot der Teilrötung 69, 182; Vereinsregister 2113; Vertretungsregelung 59; Verweise im 67

Englische private limited company (Limited), siehe Zweigniederlassung, ausländischer Rechtsträger

Erbauseinandersetzung, Übertragung Handelsgeschäft 561

Erbbaurecht, Eintragungsmitteilung bei Übertragung 1338

Erbe, Wahlrecht Kommanditistenstellung 639

Erbengemeinschaft, Gesellschafter OHG 605

Erbfolge, Eintritt in OHG 636; Handelsregisteranmeldung bei Einzelunternehmen 564; Kommanditanteil 755; Nachweis 128

Erbgang, Erwerb Einzelunternehmen durch 561 f.

Erbschein, Beweismittel 128, 152

Erhöhung, Kommanditeinlage 773, 775

Erinnerung gegen Entscheidung des Rechtspflegers 2481

Erlaubniswiderruf, Amtseintragung aufgrund 415

Eröffnung Insolvenzverfahren, Auflösung eingetragener Genossenschaft 1928; Auflösung GmbH 1121

Eröffnungsbilanz, Abwicklung 1732

Errungenschaftsgemeinschaft, ehevertragliche Vereinbarung 2329

Erscheinen, persönliches, Zwangsgeldverfahren zur Erzwingung 2401

Erwerb von Todes wegen, Einzelunternehmen 561 f.

EuGH, Einfluss auf Handelsregisterwesen 8

Euro, Kapitalmaßnahmen bei AG zur Euroumstellung 1448; Kapitalmaßnahmen bei GmbH zur Euroumstellung 1078; Umrechnung Kommanditeinlage 752

Europäische Aktiengesellschaft (SE, Europäische Gesellschaft), Abwicklung 1768; Änderungen bei bestehender SE 1764 ff.; Arbeitnehmervereinbarung 1756; Auflösung 1768; Begriff 1746; Bekanntmachung der Ersteintragung 1763; dualistisches System 1748; Errichtung 1752 ff.; Firma 252, geschäftsführende Direktoren 1749; Gründung durch Verschmelzung 1752 ff., 1761, 1757; Handelsregisteranmeldung Errichtung 1756 ff.; Handelsregistereintragung 1760 ff.; Holding-SE 1754, 1758, 1762; monistisches System 1749, 1756; Organe 1748; anzuwendendes Recht 1750; Sitzverlegung ins Ausland 1766; Tochter-SE 1754, 1758; Verwaltungsrat 1749

Europäische Genossenschaft (SCE), Abwicklung 1989; Änderungen bei bestehender SE 1986 ff.; Allgemein 1977; Arbeitnehmervereinbarung 1981; Auflösung 1989; Begriff 1977; Bekanntmachung der Ersteintragung 1985; dualistisches System 1978; Errichtung 1980; Firma 265, geschäftsführende Direktoren 1978; Handelsregisteranmeldung Errichtung 1982; Handelsregistereintragung 1983; monistisches System 1978; Organe 1978; anzuwendendes Recht 1979; Sitzverlegung ins Ausland 1988; Verwaltungsrat 1978

Europäische Wirtschaftliche Interessenvereinigung (EWIV) 868 ff.; Abwicklung 902; Änderung der Dauer 889; Änderung Gründungsvertrag (nicht registerpflichtige Teile) 899; Änderungen 885 f.; Auflösung 900; Ausscheiden Mitglied 892; Bestellung/Änderung Geschäftsführer 897; Eintritt Mitglied 892; Firma 266; Fortsetzung 906; Gründung 869; Gründungsvertrag 869, 872; Haftungsbeschränkung neues Mitglied 893 f.; Handelsregisteranmeldung 873 f., 885 f.; Handelsregistereintragung 880; Insolvenzeröffnung 900; Mitgliedereintritt 892; Nichtigkeit 907; Prokura 891; Prüfung Registergericht 876, 898; Sitzverlegung 887; Umwandlungsvorgänge 909; Unternehmensgegenstand 872, 888; Vertretung der 871; Zwangsgeldverfahren 908; Zweigniederlassung 890

Europarecht, Einfluss auf Handelsregisterwesen 6 ff.

Externe Prüfung (Absehen von) 1309a; Anmeldung 1315a, 1317; Bedingtes Kapital 1506; Genehmigtes Kapital 1485; Kapitalerhöhung 1397a, 1407, 1422; Prüfung des Gerichts 1320b

Fahrnisgemeinschaft, ehevertragliche Vereinbarung 2329

Familiengericht, Genehmigung durch 111

Fantasiename, Firma 218, 237

Fassungsbeschwerde gegen Eintragungsvermerk 174, 2442

Filialprokura, Handelsregistereintragung 384; Handelsregisteranmeldung 312

Firma 203; AG 251, 1275; Änderung bei Einzelkaufmann 521; Änderung bei EWIV 886; Änderung bei GmbH 1015; Änderung bei OHG 626; Änderungen bei KG 733; ausländische Namensbestandteile 219; Begriff 203; Bildung 234; Buchstabenkombination 217, 237; Eigenname 218; eingetragene Genossenschaft 264; Einzelkaufmann 240, 508; Erlöschen bei Einzelkaufmann 577 f.; Erlöschen bei Juristischer Person 858; EWIV 266; Fantasiebezeichnung 218, 237; Firmenfortführung 279 f.; Firmenmissbrauchsverfahren 2389 f.; Fortführung durch neuen Inhaber 552; Gattungsbezeichnung 221; Genossenschaft 1873; geografische Hinweise 239; geschützte Firmenbestandteile 232; GmbH 249, 924; GmbH & Co. KG 248, 808; Irreführungsverbot 222; Juristische Person 833; Kennzeichnungseignung 214; KG 246 f., 702; KGaA 253, 1772; Nachfolgevermerk 522; OHG 243, 606; Partnerschaft, Name der 256; Personenfirma 235; Rechtsformzusatz 225, 227 f.; Sachfirma 236; Schreibweise 206; SE 252; Sonderzeichen 215; Übergangsvorschrift zu HRefG 207; Übernahme OHG als Einzelunternehmen 687; Unterscheidbarkeit 212; Unterscheidungskraft 220; unzulässiger Gebrauch 2390; Verwechslungsgefahr 220; Vor-GmbH 919; VVaG 255; Zweigniederlassung 268; Zweigniederlassung eingetragener Genossenschaft 1886

Firma, erloschene, Löschung 422 f.

Firma, nichtige, Auflösung der Gesellschaft 465

Firmenänderung, Handelsregisteranmeldung bei Einzelkaufmann 523; Handelsregistereintragung bei Einzelkaufmann 524

Firmenbeständigkeit, Grundsatz der 211

Firmenbildung, Grundsätze 208 f., 234 f.; bei Umwandlung 273 f.

Firmeneinheit, Grundsatz der 213

Firmenfortführung, Änderung der Firma bei Einzelkaufmann 522; Erwerb des Unternehmens 281; Gesellschafterwechsel 285; Grundsätze 279 f.; Handelsregisteranmeldung 555; Handelsregistereintragung 558; Inhaberänderung 552; Namensänderung 279; Prüfung Registergericht 557; unwesentliche Änderungen 284

Firmenmissbrauch 2390

Firmenmissbrauchsverfahren 2389 f.; Beschwerdeberechtigung 2460; Musterbeispiel 2397; Unzulässigkeit der Beschwerde im 2441

Firmenrecht, Grundsätze 203 ff.

Firmenwahrheit, Grundsatz der 210

Sachregister

Firmenzusatz, unzulässiger, Amtslöschungsverfahren 450
Flüchtling, Eintragungsfähigkeit des gesetzlichen Güterstands von 2329
Formwechsel, AG 1682; Allgemeine Ausführungen 1200 ff.; in eingetragene Genossenschaft 1945; der eingetragenen Genossenschaft 1947; eintragungsfähige Tatsache 101; e.V. in GmbH (Mustervorgang) 2245 f.; Firmenbildung bei 278; GmbH 1200 f.; GmbH in AG (Mustervorgang) 1247 f.; GmbH in KG 786 f.; GmbH & Co. KG in GmbH 792 f.; Handelsregisteranmeldung 1204; Handelsregisteranmeldung (keine Frist) 1206; Handelsregistereintragung 1207; Juristische Person 866; KGaA in KG 1785; Offene Handelsgesellschaft 698; Partnerschaft 2097; Prokura 1205; Prüfung Registergericht 1208; Registerwechsel bei 699; **Übersicht der registerrechtlichen Behandlung 1211;** Umwandlungsbericht 1202; Verein 2244 f.; VVaG 1834; Zweigniederlassung 1205
Formwechsel GmbH in KG 786 f., 790
Forstwirtschaftsbetrieb, Handelsregisteranmeldung 506
Fortsetzung der aufgelösten AG 1661; der aufgelösten eingetragenen Genossenschaft 1938; der aufgelösten GmbH 1155; des aufgelösten Vereins 2210; EWIV 906; Handelsregisteranmeldung bei AG 1663; Handelsregisteranmeldung bei GmbH 1158; Handelsregistereintragung bei AG 1665 f.; Handelsregistereintragung bei GmbH 1161 f.; Partnerschaft 2096; Prüfung Registergericht bei AG 1664; VVaG 1824
Freigabeverfahren bei Registersperre 171a; bei Hauptversammlungsbeschlüssem 171b, keine amtswegige Löschung 461
Führungszeugnis 960

Gattungsbezeichnung, Firma 221
Genehmigtes Kapital (bei Aktiengesellschaften) 1473 f.; Aktien gegen Sacheinlage 1477; Arbeitnehmeraktie 1477; Bezugsrechtausschluss der alten Aktionäre 1485; Bezugsrechtsausschluss 1477; Durchführung Kapitalerhöhung aufgrund 1483 f.; EDV-Register 63; Handelsregisteranmeldung 1479; Handelsregisteranmeldung der Kapitalerhöhung 1487; Handelsregistereintragung bei teilweiser Ausschöpfung 1498; Handelsregistereintragung bei voller Ausschöpfung 1497; Handelsregistereintragung der Kapitalerhöhung 1494; Höhe 1476; Prüfung Handelsregisteranmeldung durch Registergericht 1490; Satzungsanpassung 1486; Satzungsermächtigung 1474; Umstellung auf Euro 1458; Veröffentlichung Handelsregistereintragung 1498; Zeichnungsschein 1484; zeitliche Beschränkung 1475
Genehmigtes Kapital, bei AG 1315; bei Gesellschaften mit beschränkter Haftung 1068 ff.
Generalversammlung Genossenschaft, gerichtliche Einberufung 1970; nichtige Beschlussfassung 1965
Generalvollmacht, nicht eintragungsfähige Tatsache 101
Genossenschaft 1857 ff.; Amtseintragung des Registergerichts 1956 f.; Änderung der Haftform 1920; Anmeldung der Auflösung 1924; Anmeldung zur Ersteintragung 1868 f., 1871; Aufbewahrung Geschäftsbücher 1973; Auflösung 1922 f.; Aufsichtsrat 1873; Begriff 1857; Beschwerdeberechtigung 2453; Eintragung der Auflösung 1926, 1959; Eröffnung Insolvenzverfahren 1928, 1958; Firma 264, 1873; Firma der Zweigniederlassung 1886; Formwechsel der 1947; Formwechsel in 1945; Fortsetzung der aufgelösten 1938; Genossenschaftsregistereintragung 1877 f., 1883; gerichtliche Bestellung Prüfer/Prüfungsverband 1971; gerichtliche Bestellung/Abberufung von Organmitgliedern 1968; gerichtliche Einberufung Generalversammlung 1970; Liquidation 1929 f.; Liquidator 1929 f.; Löschung bei Vermögenslosigkeit 1960; Mitgliedschaft 1859; Nachschusspflicht 1920; nichtiger Generalversammlungsbeschluss 1965; Nichtigkeit 1962; ordnungsgemäße Anmeldung 1874; Prokura 1900 f.; Prüfung der Anmeldung durch Registergericht 1872 f.; Prüfungsverband 1869, 1971; Rechtsformzusatz 1857; Registerakten 1864; Satzung 1873; Satzungsänderung 1907 f.; Sitzverlegung 1919; Spaltung 1944; Umwandlung 1941 f.; Verschmelzung 1941; Verschmelzung auf eingetragene Genossenschaft (Mustervorgang) 1949; Vorstandsänderung 1894 f.; Wiederaufnahme der Liquidation 1937; Zentralgenossenschaft 1859; Zulassungsbescheinigung des Prüfungsverbandes 1869; Zweigniederlassung 1885; Zweigniederlassung ausländischer G. 1893; Zwischenverfügung bei Anmeldung 1875
Genossenschaftsregister 1857 ff.; Ablehnung der Eintragung 1876; Abschriften 1865; Aktenzeichen 1864; Amtseintragung des Registergerichts 1956; Amtseintragung

874

Die Zahlen bezeichnen die Randnummern

durch Behörden 1958; Änderung Liquidator 1932; Anmeldung Zweigniederlassung 1887; Auslagen 1993; Berichtigung 1863; Beschwerdeverfahren 2434 ff.; Einrichtung 1862 f.; Einsichtnahme 1864; gebührenfreie Angelegenheiten 1992; gebührenpflichtige Angelegenheiten 1993; Kosten 1992; Kostenschuldner 1994; Löschung der nichtigen Genossenschaft 1964; Löschung nichtiger Generalversammlungsbeschlüsse 1965; Löschung unzulässiger Eintragung 1967; Löschung vermögensloser Genossenschaft 1960; Namensregister 1864; notarielle Gebühren 1993; Ordnungsgeldverfahren 1974 f.; Prokura 1900 f.; Prüfung Zweigniederlassung 1888; Registerführung 1866; Rötung 1863; Veröffentlichung der Eintragung 1884; Zuständigkeit 1861; Zuständigkeit des Richters 1866; Zuständigkeit des Urkundsbeamten 1867; Zuständigkeit Rechtspfleger 1866; Zwangsgeldverfahren 1974 f., 2354; Zwischenverfügung 1875

Genossenschaftsregisteranmeldung, Änderung der Nachschusspflicht 1920; Auflösung der eingetragenen Genossenschaft 1924; Beendigung der Liquidation 1935; Ersteintragung 1868 f., 1871; Prokura 1904; Satzungsänderung 1911; Vorstandsänderung 1894, 1896; Zwangsgeldandrohung/-festsetzung (Formblatt) 2420

Genossenschaftsregistereintragung, Auflösung der eingetragenen Genossenschaft 1926, 1959; Beendigung der Liquidation 1936; Benachrichtigung 1884; Genossenschaft 1877 f., 1883; Nachschusspflicht 1879; Prokura 1906; Satzungsänderung 1914 f., 1918; Veröffentlichung 1884; Vorstandsänderung 1897; Zweigniederlassung 1889

Genossenschaftsvorstand 1873, 1880; Änderungsanmeldung 1894; Änderungseintragung 1897; Einreichungspflichten 1974 f.; geborener Liquidator 1929; gerichtliche Bestellung 1968; In-Sich-Geschäfte 1881; Vertretungsbefugnis 1881

Gerichtskosten, Handelsregistereintragung 483; Zwangsgeldverfahren 2407

Gesamtgutsverwaltung 2329

Gesamtprokura 365

Gesamtprokura, unechte 365

Gesamtrechtsnachfolge, Kommanditist 755

Gesamtrechtsnachfolgevermerk, KG 755, 772

Gesamtvertretung, Vereinbarung bei OHG 649

Gesamtvertretung, unechte, anmeldungspflichtige Personen 106; GmbH-Geschäftsführer 989

Gesamtvertretungsbefugnis, Liquidator 675

Geschäftsanschrift, inländische, Allgemeines und Änderungen 340 f.; bei GmbH 926, 947a; Anmeldung 1019a

Geschäftsanteil 936, Anzeige der Abtretung 1103; Aufstockung 1043; Versicherung 945, 947

Geschäftsbrief, gerichtliche Erzwingung vorgeschriebener Angaben auf 1743, 1841; Pflichtangaben bei AG 1743

Geschäftsbücher, Aufbewahrung bei AG 1723; Aufbewahrung bei Genossenschaft 1973; Aufbewahrung nach Liquidation 1147; Verwahrung nach Liquidation 679; Zwangsgeldverfahren zur Erzwingung der Einsichtnahmegestattung 2400

Geschäftsfähiger, beschränkt, Handelsregisteranmeldung 111

Geschäftsfähigkeit, Wegfall bei GmbH-Geschäftsführer 1086 f., 1088

Geschäftsführer, Änderung bei EWIV 897; Vor-GmbH 918

Geschäftsführerbestellung, Handelsregisteranmeldung 966

Geschäftsführung, Änderung bei GmbH 1086

Geschäftspapiere, Aufbewahrung bei aufgelöster Partnerschaft 2095

Geschäftsunfähiger, Handelsregisteranmeldung 111

Geschäftswert, Zwangsgeldverfahren 2409

Geschäftswertfestsetzung 493

Gesellschaft, ausländische, Rechtsformzusatz 230

Gesellschaft bürgerlichen Rechts, Geschäftsanteilserwerb bei GmbH-Kapitalerhöhung 1042; Gesellschafter an KG 700; Gesellschafter an OHG 604; Gesellschafter einer GmbH 921, 966

Gesellschaft, eingegliederte, AG 1620

Gesellschaft mit beschränkter Haftung 910 ff.; Abspaltung von GmbH auf GmbH zur Aufnahme mit Kapitalerhöhung/-herabsetzung (Mustervorgang) 1239 f.; Abwicklung 1130 f.; Allgemeine Vertretungsregelung der Geschäftsführer 988; Amtslöschung eingetragener Gesellschafterbeschluss 1263; Amtslöschung nichtiger 455; Änderung der Geschäftsführung 1086; Änderung Gesellschafterbestand 1101 f.; Änderung in der Person des Geschäftsführers 1086; Änderung Unternehmensgegenstand 934; anmeldungspflichtige Person 105; Aufbewahrung Geschäftsbücher nach Liquidation 1147; Auflösung 1119 f.; Auflösung durch Verwaltungsakt/-urteil 1121; Auflösung wegen Gesellschaftsvertragsmangel

875

1121; Auflösung wegen Satzungsmangel 464; Auflösungsgründe 1121; Aufsichtsrat 1004, 1260; Auflösungsbeschluss 1120; Bareinlage 937; Barkapitalerhöhung 1049 f.; Beirat 1260; Bekanntmachungsblatt 1148a; Bekanntmachung der Auflösung 1129, 1148a; Bekanntmachung Handelsregistereintragung 1003; Beschwerdeberechtigung 2453; besondere Vertretungbefugnis der Geschäftsführer 995; Eintragung im Handelsregister 984, 1005a; eintragungsfähige Tatsachen 101; eintragungspflichtige Tatsachen 96; Erlöschen nach Beendigung der Abwicklung 1148; Eröffnung Insolvenzverfahren 1121, 1143; Errichtung 915 f.; Firma 249, 924; Formwechsel 1200 f. V.; Formwechsel e. V. in GmbH (Mustervorgang) 2245; Formwechsel GmbH in AG (Mustervorgang) 1247; Formwechsel, -GmbH & Co. KG in GmbH 792; Formwechsel in KG 786; Fortsetzung der Gesellschaft 1155 ff.; Genehmigung hinsichtlich Unternehmensgegenstand 968; Geschäftsanschrift 947a; Gesellschafterliste 966, 1101; Gesellschaftsvertrag 915 f., 941 f.; Gesellschaftszweck 913; Gründer 921; Gründung 912; Gründung mit Musterprotokoll 941a ff.; Gründungsaufwand 941; Handelsregisteranmeldung der Auflösung 1123; Handelsregisteranmeldung Liquidator 1134; Handelsregisteranmeldung Zweigniederlassung 301; Handelsregisteranmeldung (Anlagen zur Ersteintragung) 965 f., 971; Handelsregisteranmeldung (Ersteintragung) 942 f., 971; Handelsregistereintragung 975 f., 983, 1005a; Handelsregistereintragung der Auflösung 1126; Handelsregistereintragung der Löschung 1151; Handelsregistersperre 1040; inländische Geschäftsanschrift 947a; Insolvenzverfahren 1143 ff.; Kapitalerhöhung 1041 ff.; Kapitalerhöhung aus Gesellschaftsmitteln 1059 f.; Kapitalerhöhung und Prüfung des Gerichts 1048; Kapitalerhöhung zum Zweck der Durchführung einer Umwandlung 1064 f.; Kapitalherabsetzung 1070 f.; Kapitalmaßnahme aufgrund Euroumstellung 1078; Kapitalmaßnahme betr. Mindeststammkapital 1085; Komplementär GmbH & Co. KG 807; Kontrolle der Angaben auf Geschäftsbriefen 1262, 2351 f.; Liquidation 1130 f.; Liquidatorbestellung 1131; Löschung der erloschenen Firma 422; Nachtragsliquidation 1152; Nichteinhaltung § 19 Abs. 4 S. 1 GmbHG 1121; Notgeschäftsführer 1254; Sacheinlage 937; Sachgründungsbericht 940; Sachkapitalerhöhung 1054 f.; Satzungsänderung s. a. GmbH-Gesellschaftsvertrag 1011 ff.; Satzungsänderung vor Eintragung 917; Sitz 926; Sitzverlegung 345; Sitzverlegung ins Ausland 1122; Spaltung 1189; Stammeinlage 936; Stammkapital 935; Umwandlungsvorgänge 1172 ff.; Unternehmensgegenstand 913, 928; Unternehmensvertrag 1110 f.; Verdeckte Sacheinlage 937; vereinfachte Gründung (§ 2 Abs. 1a GmbHG) 941a ff.; vereinfachte Kapitalherabsetzung 1077; Vermögenslosigkeit 1121; Vermögensübertragung 1199; Verschmelzung 1173 f.; Verschmelzung auf KG (Mustervorgang) 1226 f.; Verschmelzung durch Neugründung 1185; Verschmelzung mit Vermögen des Alleingesellschafters 595; Verschmelzung zur Aufnahme auf AG (Mustervorgang) 1232 f.; Verschmelzung zweier GmbHs auf weitere GmbH zur Aufnahme mit Kapitalerhöhung (Mustervorgang) 1213 f.; Versicherungserklärung der Geschäftsführer 945, 953; Vertretungsbefugnis der Geschäftsführer 948 ff., 987 ff., 995; Vollzug Erstanmeldung 190; Vor-GmbH 915; Vorratsgründung 931; Zeitablauf 1120; Zweigniederlassung 1006

Gesellschaft mit beschränkter Haftung, ausländische, inländische Zweigniederlassung 335

Gesellschaft, nichtige, Löschung 451 f.

Gesellschafter, Aufnahme in Einzelunternehmen 570; Ausscheiden aller OHG-Gesellschafter 660; Ausscheiden aus OHG 643; Ausschluss aus OHG 686; Beschwerdeberechtigung 2457; Eintritt in OHG 632; Eintritt in OHG durch Erbfolge 636; Haftungsausschluss des Eintretenden bei Einzelkaufmann 572, 716; Juristische Person als KG-Gesellschafter 727; minderjähriger 603; OHG 603; Tod des OHG-Gesellschafters 660; Übernahme OHG als Einzelunternehmen 686; Vertretungsbefugnisänderung bei OHG 649

Gesellschafter, persönlich haftender, Änderung Vertretungsbefugnis 649; Eintritt/Austritt in/aus KGaA 1781; Wechsel in Kommanditistenstellung 722

Gesellschafteraufnahme, Handelsregisteranmeldung bei Einzelkaufmann 570; Handelsregistereintragung bei Einzelkaufmann 574

Gesellschafterbeschluss, Abberufung, -GmbH-Geschäftsführer 1087; Amtslöschung eingetragener 1263; Amtslöschung nichtiger

459; Änderung Gesellschaftsvertrag GmbH 1012, 1020; Anfechtungsklage 1027; Auflösung der Gesellschaft 1120; Bestellung GmbH-Geschäftsführer 1087; Feststellung des Versammlungsleiters 1027; Formwechsel 1203; Fortsetzung der Gesellschaft bei GmbH 1155; Kapitalherabsetzung bei GmbH 1071; nichtiger 1027, 1028; Prüfungskompetenz Registergericht 162, 1025; Spaltung 1191; Umwandlungsbeschluss bei Formwechsel 1203; unrichtige Feststellung des Abstimmungsergebnisses 1027; Unternehmensvertrag von GmbH 1111; unwirksame Vertretung eines Gesellschafters 1029; unwirksamer 1027; Verschmelzungsbeschluss 1174; Vollversammlung 1027

Gesellschafterliste, Aktualisierung 1028, 1102; GmbH 966, 1101; Form der Einreichung 132; bei Handelsregisteranmeldung der GmbH 966; Information der Geschäftsführer durch Registergericht 1107; bei Kapitalerhöhung 1051a; Prüfung Registergericht 1105; Widerspruch 1028, 1105a; Zwangsgeld bei fehlender 1108

Gesellschafterversammlung, Selbstkontrahieren GmbH-Geschäftsführer 999

Gesellschafterwechsel, Firmenfortführung 285

Gesellschaftsorgan, nicht eintragungsfähige Befugnisse 104

Gesellschaftsvertrag, nicht eintragungsfähige Tatsache bei Personengesellschaften 104; Selbstkontrahieren GmbH-Geschäftsführer 997; Verschmelzung durch Neugründung 1186

Gesellschaftsvertrag GmbH, zeitliche Beschränkung 941

Gesellschaftsvertragsänderung, Prüfungskompetenz Registergericht 162

Gesellschaftsvertragsmangel, Auflösung der Gesellschaft wegen 464

Gesellschaftszweck, nicht eintragungsfähige Tatsache 104

Getrenntleben, Geschäfte zur Deckung des täglichen Lebensbedarfs 2329

Gewerbeaufgabe, Einzelkaufmann/-unternehmen 577

Gewerbeverbot, GmbH-Geschäftsführer 1086; Zweigniederlassung ausländischer Unternehmen 328

Gewinnabführungsvertrag, Ausgleichszahlung für außenstehenden Aktionär 1598; GmbH 1111; Handelsregisteranmeldung bei AG 1603; herrschendes ausländisches Unternehmen 1602; Unternehmensvertrag 1595; Zustimmung der herrschenden Gesellschaft 1602

Gewinngemeinschaft, Handelsregisteranmeldung bei AG 1604; Unternehmensvertrag 1595

Gewinnrücklage, Umwandlung in Grundkapital 1429

Gewinnverwendungsregelung, Handelsregistersperre bei GmbH 1040

Glättung, Kapitalmaßnahme zur G. des Kapitals 1080

Gläubigerschutz, Veröffentlichung ordentliche Kapitalherabsetzung 1537

Gleichberechtigungsgesetz 2302

GmbH & Co. KG 803 ff.; Auflösung 822; Aufsichtsrat 821; Beginn der 819; Eröffnung Insolvenzverfahren 824; Errichtung 805; Firma 248, 808; Formwechsel in GmbH 792 f.; Fortsetzung der Abwicklung 828; GmbH-Geschäftsführer als Prokurist der KG 810; Handelsregisteranmeldung 806, 811; Handelsregisteranmeldung Auflösung 827; Handelsregistereintragung 813, 818; Handelsregistereintragung Auflösung 827; In-Sich-Geschäfte 809; Insolvenzverfahren 823 f.; Komplementär-GmbH 807; Liquidation 826; mittelbare Errichtung 820; Prokurist 810; Prüfung Re-gistergericht 817; Selbstkontrahieren 809; Unternehmensgegenstand 933; Vertretungsmacht 808, 809; Vor-GmbH 818

GmbH-Aufsichtsrat 1260; Mitgliederwechsel 1260; Ergänzung des 1261

GmbH-Beschlussfassung, Prüfung Registergericht 1025 f.

GmbH-Geschäftsanteil, Anzeige der Abtretung 1103

GmbH-Geschäftsführer, Allgemeine Vertretungsregelung 988; Amtsniederlegung 1092; Änderung in der Person des 1086; Änderung Vertretungsbefugnis 1090; ausländischer 958; behördlicher Ausschluss 955; Belehrung zur Auskunftspflicht nach BZRG 960, 964; besondere Vertretungsbefugnis 995; bei Eröffnung Insolvenzverfahren 1143; Handelsregisteranmeldung bei Änderungen in der Person des 1086 f., 1089; Handelsregistereintragung Selbstkontrahieren 996 ff.; Handelsregistereintragung Vertretungsbefugnis 987 f.; Handelsregistereintragung von Änderungen 1098; In-Sich-Geschäfte 952, 996; Mitwirkung bei Handelsregisteranmeldung zur Vertretungsänderung 1095; nichtige Bestellung 957; Notgeschäftsführer 1254; persönliche Versicherungserklärung 953 f.; persönliche Voraussetzungen 954; Selbstkontrahieren 952; Selbstkontrahieren als Liquidator

1133; strafrechtlicher Ausschluss 954; Versicherung bei Barkapitalerhöhung 1050; Versicherung bei Sachkapitalerhöhung 1055; Versicherungserklärung zur Bewirkung der Stammeinlagen 945, 947, 970; Vertretungsbefugnis 948, 987

GmbH-Gesellschafterliste s. *Gesellschafterliste*

GmbH-Gesellschaftsvertrag, Abfindungsklausel 941; Abtretung Geschäftsanteil 941; Änderung der Personalien 1086; Änderung Unternehmensgegenstand 1015; Änderung Vertretungsbefugnis GmbH-Geschäftsführer 1017; Änderung vor Ersteintragung 972; Änderung vor Handelsregistereintragung 917; Anpassung bei Kapitalerhöhung 1044; Auflösungsgründe 941; Aufsichtsrat 941, 970; Bareinlage 937; Einziehung Geschäftsanteil 941; Firma 924; Firmenänderung 1015; Geschäftsführerbestellung 941; Geschäftsführer-Vertretungsbefugnis 948; Gesellschafterbeschluss zur Änderung 1012, 1020; Gesellschaftszweck 913; Gewinnverteilung 941; Gründer 921; Gründungsaufwand 941; Handelsregisteranmeldung Neufassung 1022; Handelsregisteranmeldung von Änderungen 1011 f., 1018, 1031; Handelsregistereintragung der Änderung 1034; Handelsregistersperre für Änderungen 1040; Nachschusspflicht 941; Nebenleistungen der Gesellschafter 941; Neufassung 1011, 1022, 1033; Notarbescheinigung bei Änderung 1020 f.; notarielle Beurkundung 915; Prüfung Registergericht bei Änderung 156, 1025 ff.; Sacheinlage 937; Sitz 926; Sitzverlegung 1015; Sonderrechte/-pflichten 941; Stammeinlage 936; Stammkapital 935; Stammkapitaländerung 1016; Unternehmensgegenstand 928; Widerspruch infolge Änderung/Einfügung 1032; Wirksamkeit der Änderung 1014

GmbH-Mantel, Prüfung Registergericht bei Übertragung aller Geschäftsanteile 1109

GmbH-Notgeschäftsführer, Bestellung durch Registergericht 1254

GmbH-Vorratsgesellschaft, Prüfung Registergericht bei Übertragung aller Geschäftsanteile 1109

Grenzüberschreitende Verschmelzung 1188a ff

Gründer AG, anmeldungspflichtige Person 105

Grunderwerbsteuerstelle, Benachrichtigung bei Handelsregistereintragung 196

Grundkapital, AG 1277; Anpassung bei Kapitalherabsetzung 1532; Auflösung der Gesellschaft wegen nichtigem 465; Erhöhung bei Kapitalerhöhung aus genehmigtem Kapital 1499; fehlende Angabe bei Handelsregistereintragung 1344; Handelsregistereintragung 1327; Kapitalerhöhung aus Gesellschaftsmitteln 1429, 1432; Umrechnung auf Euro 1449; Unterschreiten des Mindestbetrags bei ordentlicher Kapitalherabsetzung 1544; Unterschreiten des Mindestbetrags bei vereinfachter Kapitalherabsetzung 1554; vereinfachte Kapitalherabsetzung 1552; Zerlegung in Aktien 1278

Grundkapitalglättung, Handelsregisteranmeldung Kapitalerhöhung aus Gesellschaftsmitteln zur 1460; Hauptversammlungsbeschluss 1453; Neueinteilung der Aktiennennbeträge 1454; nach Umstellung auf Euro 1452

Grundsatz der Satzungsstrenge, AG 1282

Grundstücksbelastung/-veräußerung, Eintragungspflicht bei Prokura 98, 368, 383

Gründung, KGaA 1770; Sonderprüfung bei AG 1698; VVaG 1797

Gründung, qualifizierte, AG 1285; Satzungsänderung nach 1381

Gründungsaufwand 1287; Kostentragung bei AG 1317; Kostentragung bei GmbH 941

Gründungsbericht, AG 1305; fehlender bei Handelsregistereintragung 1349; Handelsregisteranmeldung 1317

Gründungsmängel, AG 1343

Gründungsprüfer, AG 1308 f., 1685 f.; Antrag auf Bestellung 1311, 1686; Bericht der 1689; Bestellung 1308, 1312, 1685 f.; Kenntnisse des 1310; bei qualifizierter Gründung 1285

Gründungsprüfung, AG 1307

Gründungsprüfungsbericht 1307; Handelsregisteranmeldung 1317; notarieller 1309

Gründungsstock, VVaG 1801

Gründungsvertrag, EWIV 869, 872

Grundvermögen, Eintragungsnachricht bei Übertragung 1338; Übertragung bei Verschmelzung 1182

Gütergemeinschaft 2302; ehevertragliche Vereinbarung 2329; Einspruch eines Ehegatten 2329; Eintragungsantrag Güterrechtsregister 2323; Gesamtgutsverwaltung 2329; Gesellschafter KG 700; Gesellschafter OHG 605; Güterrechtsregistereintragung 2337; Verfügung über Einzelunternehmen der 498

Güterrechtsregister 2302 ff.; Abschriften 2346; Aktenführung 2314; Antragsberechtigung 2317; Antragsverfahren 2315 f.; Aufhebung vertraglicher Güterstandsregelung durch Ehevertrag 2329; Ausschluss der Schlüsselgewalt 2320, 2329, 2334; Aussetzung des Verfahrens 2327; Beschwerdeverfahren 2434 ff.; Ehevertrag 2315, 2328 f.; Einsicht 2345, 2350; Eintragungsantrag 2315 f.; nicht eintragungsfähige Eintragungen 2330; Gütergemeinschaft 2323, 2337; Güterrechtsregistereintragung 2331 f.; Gütertrennung 2321, 2329, 2335; Kosten 2348; Lebenspartnerschaft 2304; Löschung der Eintragung 2340; modifizierte Zugewinngemeinschaft 2322, 2336; Namensverzeichnis 2314; Negativzeugnis 2346; Prüfung Registergericht 2325 f.; Rechtspfleger 2310; Richter 2311; Urkundsbeamter 2312; Verlegung des gewöhnlichen Aufenthalts 2324, 2329; Wirksamkeitskontrolle bei Eheverträgen 2326; zulässige Eintragungen 2328; Zuständigkeit, funktionelle 2309; Zuständigkeit, örtliche 2306; Zuständigkeit, sachliche 2305

Güterrechtsregistereintragung 2331 f.; Amtseintragung 2342; Bekanntmachung 2341; Kosten 2349; Löschung 2340, 2350; Veröffentlichung 2341; Wirkung 2338

Güterrechtssache, Kosten 2348 f.

Güterrechtsstatut, Bestimmung durch Rechtswahl 2329

Güterstand, ausländischer, ehevertragliche Vereinbarung 2329

Gütertrennung 2302; ehevertragliche Vereinbarung 2329; Eintragungsantrag Güterrechtsregister 2321; Güterrechtsregistereintragung 2335

Hafteinlage, Kommanditist 709

Haftung, Änderung bei eingetragener Genossenschaft 1920; Kommanditistenwechsel 747; Vor-GmbH 920

Haftungsausschluss des Eintretenden bei Einbringung 572, 716

Haftungsausschluss bei Eintritt in einzelkaufmännisches Unternehmen, eintragungsfähige Tatsache 101

Haftungsausschluss Firmenfortführung, eintragungsfähige Tatsache 101

Hamburg, Zuständigkeit Handelsregister 13; Zuständigkeit Partnerschaftsregister 2020; Zuständigkeit Vereinsregister 2102

Handelsgeschäft, Erwerb von Todes wegen 561 f.; Firmenfortführung nach Inhaberwechsel 552; Inhaberänderung 539 f.

Handelsgewerbe 499; Juristische Person 832

Handelsniederlassung, örtliche Zuständigkeit Handelsregister 14

Handelsregister, Abteilung A 38; Abteilung B 38; Aktenzeichen 46; Allgemeines Register (AR) 46; anmeldepflichtige Personen 105 ff.; anmeldepflichtige Tatsachen 85; Anmeldung 75 f.; Aufbewahrung Registerakten 47; Aufgabe und Zweck 1 ff.; aufschiebend bedingte Eintragung 31; Bemerkungsspalte 64 ff.; Beschwerdeverfahren 2434 ff.; EDV-Register 38, 55 ff.; Einfluss EuGH 8; Einreichung der Nichtigerklärung der AG 1741; Einreichung Niederschrift Hauptversammlung 1734; Einreichung Satzung der AG 1740; Einreichung Urteil zur Nichtigkeit der AG 1739; Einreichung Wechsel/Vorsitz im Aufsichtsrat der AG 1737; Einsicht 48; Eintragung 172; eintragungsfähige Tatsachen 85, 87 f.; eintragungsunfähige Tatsachen 104; Eintragungsvoraussetzungen 146; elektronisches 7; Erbfolge 128; fortlaufende Nummer 40; Führung des Registers 16 ff.; Führung Registerakten 42; Gestaltung 38; Grundsätze 1 ff.; Harmonisierung 6; Hauptband 44; Kompetenzkonzentration 12; Kontrollfunktion 4; mitwirkende Behörden 30; online-Einsicht 51; Organe der Registerführung 16; Prüfungsfunktion 4; Publizität 1, 4; Registerakten 41 ff; Registerblatt 40; Registerordner 44 f; Übergangstexte 73 f.; Wirkung der Eintragung 191; Zuständigkeit des Rechtspflegers 21; Zuständigkeit des Richters 18; Zuständigkeit des Urkundsbeamten 23; Zuständigkeit, funktionelle 16 ff.; Zuständigkeit, örtliche 13 ff.; Zuständigkeit, sachliche 9 ff.; Zwangsgeldverfahren 2354

Handelsregisteranmeldung 75 ff.; Abwickler 1654, 1659; Abwickler EWIV 903; AG (Anlagen) 1317; AG (Ersteintragung) 1314 f., 1318; Amtsniederlegung GmbH-Geschäftsführer 1092 f., 1094; Änderung Einzelkaufmann/-unternehmen 520 f.; Änderung EWIV 885 f.; Änderung Gesellschaftsvertrag GmbH 1011 f., 1018, 1031; Änderung in der Person des Liquidators 1134, 1137; Änderung KG 732 f.; Änderung OHG 624 f.; Änderung Vertretungsbefugnis (OHG) 649; Änderung Vertretungsbefugnis GmbH-Geschäftsführer 1090; Änderungen in der Person des GmbH-Geschäftsführers 1086 f., 1089; Anlagen zur Anmeldung 131; anmeldepflichtige Personen 105; kein Antragsverbrauch 84; Auflösung AG 1645; Auflösung GmbH 1123, 1125; Auflösung GmbH & Co. KG 827; Auflösung KGaA 1791; Auflösung OHG 662; Auflösung VVaG 1816; Aus-/Eintritt Kommanditist 744; Ausgliederung aus Einzelkaufmann/-unternehmen 582 f.; Auslegung 76 f.; Ausscheiden Gesellschafter aus OHG 643; Barkapitalerhöhung 1052; bedingte 78, 148; Beendigung der Eingliederung 1632; Beendigung der Liquidation 1148; Beendigung Unternehmensvertrag 1615; befristete 78, 147; beschränkt Geschäftsfähiger 111; bei bestehender Zweigniederlassung 314; Betreuer 112; Bevollmächtigung 109; bei Doppelsitz 358; Durchführung bedingter Kapitalerhöhung 1515; Durchführung der Kapitalerhöhung gegen Einlagen 1413 f., 1418; Durchführung der Kapitalherabsetzung durch Einziehung von Aktien 1567; Durchführung ordentliche Kapitalherabsetzung 1539; durchgeführte Kapitalerhöhung gegen Einlage 1405; Eigenurkunde bei Ergänzungen und Änderungen 81; Eingliederung 1625; Einschränkung 84; eintragungsfähige Tatsachen 100; eintragungspflichtige Tatsachen 92 f.; Einzelkaufmann 499 f.; elektronische Einreichung 80; Erbfolge bei Einzelkaufmann 564; Ergänzung 81; Erlöschen der Firma des Einzelkaufmanns 578; Errichtung SE 1754 ff.; EWIV 873 f., 885 f.; familiengerichtliche Genehmigung 111; fehlende 1342; fehlerhafte Prüfung 1340; Firmenfortführung 555; Form 80 ff.; formelle Prüfung 154 f.; Formwechsel 1204; Formwechsel GmbH in KG 786; Formwechsel GmbH & Co. KG in GmbH 792; Fortsetzung AG 1663; Fortsetzung der Gesellschaft 1158; Fortsetzung VVaG 1825; Fristwahrung 82; genehmigtes Kapital 1479; Gesamtrechtsnachfolge KG 755; Geschäftsunfähiger 111; Gesellschafteraufnahme in Einzelunternehmen 570; gesetzliche Stellvertretung 111; gewillkürte Stellvertretung 115; Gewinngemeinschaft 1604; GmbH & Co. KG 806, 811; GmbH-Anlagen (Ersteintragung) 965 f., 971; GmbH (Ersteintragung) 942 f., 971; Haftungsbeschränkung neues EWIV-Mitglied 894; Inhaberänderung Einzelkaufmann/-unternehmen 541 f.; Inhalt 76; Juristische Person 844; Kapitalerhöhung aus Genehmigtem Kapital bei AG 1487; Kapitalerhöhung aus Gesellschaftsmitteln bei GmbH 1060; Kapitalerhöhung aus Gesellschaftsmitteln zur Grundkapitalglättung 1460; Kapitalerhöhung bei GmbH 1045; Kapitalerhöhung bei Spaltung der AG 1466; Kapitalerhöhung bei Verschmelzung der AG 1466; Kapitalerhöhung gegen Einlage bei AG 1404; Kapitalerhöhungsbeschluss bedingte Kapitalerhöhung bei AG 1506; Kapitalerhöhungsbeschluss Erhöhung aus Gesellschaftsmittel bei AG 1434; Kapitalerhöhungsbeschluss Erhöhung gegen Einlagen bei AG 1401; Kapitalerhöhungsbeschluss vereinfachte Kapitalherabsetzung bei AG 1550; Kapitalglättung bei GmbH 1082; Kapitalherabsetzung bei GmbH 1072; Kapitalherabsetzung mit gleichzeitiger Kapitalerhöhung bei AG 1556; Kapitalherabsetzungsbeschluss bei AG 1533; KGaA 1773; KG(Erstanmeldung) 704 f., 713; Kommanditistenwechsel 747, 753; land-/forstwirtschaftliches Unternehmen 506; Liquidator 672, 800; Liquidator der GmbH 1134; Löschung der GmbH 1149; mangelhafte 1323, 1342; materielle Prüfung 159 f.; Minderjähriger 111; Mitwirkung GmbH-Geschäftsführer bei Änderung der Geschäftsführung 1095; Nachgründungsvertrag 1573; Neufassung Gesellschaftsvertrag GmbH 1022; OHG (Ersteintragung) 609 f.; OHG (Erwerb eines Handelsgeschäfts) 617; OHG-(Gesellschaftereintritt in Einzelunternehmen) 615; organschaftliche Vertretung 117; post-/transmortale Vollmacht 114; Prokura 377 f.; Prokurist 116; Prüfung durch Registergericht 153; Prüfung Zweigniederlassung 302; Prüfungskompetenz Registergericht (Einzelfälle) 162; Rechtsnachfolger 128; Rücknahme 83, 127; Sachkapitalerhöhung 1057; Satzungsänderung AG 1368 ff.; Satzungsänderung bei Kapitalerhöhung aus Gesellschaftsmitteln 1437; Sitzverlegung 338 f., 342; Spaltung 1192; Squeeze-out Hauptversammlungsbeschluss 1639; Testamentsvollstrecker 565; Testamentsvollstreckung KG 767; Übernahme OHG als Einzelunternehmen 686, 688; Übernahme OHG durch Dritten 692; Umstellung Grundkapital auf Euro 1459; Unternehmensgegenstand 76; Unternehmensvertrag 1112, 1603; Unternehmensvertragsänderung 1611; kein Verbrauch 84; verfrühte 78, 147; Verschmelzung 1175; Verschmelzung durch Neugründung 1185; Verschmelzung Kapitalgesellschaft mit Vermögen des Alleingesellschafters 594; durch Vertreter 109; Vertretung bei 80; Vertretung durch Notar 119 f.; Vertretungsbefugnis der Liquidatoren 675; Vollmacht 114; Vormund 112; vormundschaftsgerichtliche Genehmigung 111; Vor-/Nacherbfolge 129; Vor-/Nacherbfolge KG 757; Vorstandsänderung 1585; Vorstandsänderung Juristische Person 854; vorzeitige 78, 147; VVaG 1799; Wechsel

Komplementär in Kommanditistenstellung 765; Wirksamwerden 79; Zurückweisung 192, 1323; Zwangsgeldandrohung, erneute (Formblatt) 2418; Zwangsgeldandrohung (Formblatt) 2417; Zwangsgeldfestsetzung (Formblatt) 2418; Zwangsmittel 136; Zweigniederlassung 297; Zweigniederlassung ausländischen Unternehmens 329 f.; Zweigniederlassung der ausländischen AG 1358 f., 1359, 1364; Zweigniederlassung der inländischen AG 1355; Zweigniederlassung GmbH 1009

Handelsregisteranmeldung, gesonderte bei Verschmelzung 1179

Handelsregistereintragung 1441; Ablehnung bei GmbH 982; abweichende Veröffentlichung 200; Abwickler 1658, 1659; AG 1324 f., 1332; Amtslöschung der erloschenen Firma 428; Änderung Einzelkaufmann/-unternehmen 524; Änderung Firma der OHG 630; Änderung Gesellschaftsvertrag GmbH 1034; Änderung GmbH-Geschäftsführung 1098; Änderung GmbH-Gesellschaftsvertrag vor 972; Änderung Vertretungsbefugnis (OHG) 651; anfänglich unrichtige 184; Anhörung Sachkundiger 164; Aufhebung Zweigniederlassung 320; Auflösung AG 1649; Auflösung der Gesellschaft wegen Nichtigkeit der Satzung 471; Auflösung der GmbH 1126; Auflösung GmbH & Co. KG 827; Auflösung OHG 665; Auflösung VVaG 1818 f.; Aufsichtsrat bei GmbH 1004; Ausgliederung aus Einzelkaufmann/-unternehmen 582 f., 585; Auslagen 489; Aussetzung 170; Barkapitalerhöhung 1053; Bearbeitungsdauer 145a; bedingte Kapitalerhöhung 1509 f.; Beendigung Unternehmensvertrag 1618; Befreiung von Beschränkungen des § 181 BGB 1000; Befristung 31, 147; Beherrschungsvertrag 1111, 1114; Bekanntmachung 194, 197; Bekanntmachung bei AG 1333; Bekanntmachung bei GmbH 1003; Benachrichtigung Sachkundiger 196; Berichtigung 180 f., 201; besondere Vertretungsbefugnis GmbH-Geschäftsführer 995; Beweis des ersten Anscheins 2; Bezugsrechtsausübung vor Kapitalerhöhung aus Gesellschaftsmitteln 1446; deklaratorische 2; Durchführung der ordentlichen Kapitalherabsetzung 1542; Eingliederung 1628; Einordnung Unternehmensvertrag 1605, 1609; Einsicht 48; Eintragung 178 f.; Eintragungsmängel bei AG 1340 f.; nicht eintragungspflichtige Tatsachen 100; Eintragungsverfügung 175; Eintragungsvermerk 172 f.; Eintragungsvoraussetzungen 146; Eintritt Kommanditist 738 f., 745 f.; Eintritt Komplementär 738 f.; Einzelkaufmann 515, 518; Erhöhung Kommanditeinlage 773, 775; Erlöschen der Firma des Einzelkaufmanns 580; EWIV 880; Fassungsbeschwerde 174; Firmenfortführung 558; Formwechsel 1207; Formwechsel GmbH in KG 786 f., 790; Formwechsel GmbH & Co. KG in GmbH 792 f., 796; Fortsetzung AG 1665 f.; Fortsetzung der Gesellschaft 1161 f.; gegenstandsloses Registerblatt 186; gemeinsamer Vollzug mehrerer Anmeldungen 188; Gerichtskosten 483; Gesamtrechtsnachfolgevermerk 772; Gesellschafteraufnahme bei Einzelkaufmann 574; Gesellschaftereintritt in OHG 634 f.; Gesetzesverstoß der AG-Satzung 1345; getrennter Vollzug mehrerer Anmeldungen 189; Gewinnabführungsvertrag 1111, 1114; GmbH 975 f., 983; GmbH & Co. KG 814; Gründung KG durch Eintritt Kommanditist in OHG 719; Gründung KG durch Wechsel eines persönlich haftenden Gesellschafters der OHG in Kommanditistenstellung 723 f.; Haftungsbeschränkung neues EWIV-Mitglied 893, 895 f.; Heilung von Mängeln 191; Herabsetzung Kommanditeinlage 773, 777; Inhaberänderung Einzelkaufmann/-unternehmen 545 f.; Inhaberwechsel bei Nachfolge von Todes wegen 567; Juristische Person 849; Juristische Person als Gesellschafter der KG 727; Kapitalerhöhung aus genehmigtem Kapital 1494; Kapitalerhöhung aus Gesellschaftsmitteln bei AG 1441 f.; Kapitalerhöhung aus Gesellschaftsmitteln bei GmbH 1063; Kapitalerhöhung bei Spaltung der AG 1468; Kapitalerhöhung bei Verschmelzung der AG 1468; Kapitalerhöhung gegen Einlage bei AG 1423; Kapitalerhöhung zum Zweck der Durchführung einer Umwandlung der GmbH 1064 f., 1067; Kapitalerhöhungsbeschluss vereinfachte Kapitalerhöhung bei AG 1551; Kapitalerhöhungsbeschluss (Kapitalerhöhung gegen Einlage) bei AG 1408; Kapitalglättung bei GmbH 1083 f.; Kapitalherabsetzung bei GmbH 1075 f.; Kapitalherabsetzung durch Einziehung von Aktien 1563; Kapitalherabsetzungsbeschluss bei AG 1536; KG 726 f., 730 f.; KG durch Einbringung Einzelunternehmen 717 f.; KGaA 1775; Kommanditist 728; Kommanditistenwechsel 754; konstitutive 2; Kosten 482 f.; Kostenvorschuss 149, 490; Liquidator der GmbH 1136; Löschung GmbH

1151; Löschung unzulässiger 445; Löschung von Amts wegen 183, 184; Mängel der Einzahlung 1348; Mitteilung an Antragsteller 1005; Mitteilung an IHK 1005; Nachgründung AG 1576; Nachgründung im Weg der Kapitalerhöhung 1579 f.; Nachtragsabwicklung 1670 f.; Namensänderung 182; Notarkosten 487; Notgeschäftsführer 1258; Nummerierung 179; offensichtliche Unrichtigkeit 180; OHG 620; Prokura 396; Prokurist der AG 1329; aufgrund rechtskräftiger Entscheidung 183; Rötung 179; sachliche Mängel 440; Satzungsänderung 1014; Satzungsänderung AG 1376; Satzungsmängel 1344; Schluss der Abwicklung 1668; Schreibfehler 180; Selbstkontrahieren GmbH-Geschäftsführer 996; Sitzverlegung 183, 349; Sonderrechtsnachfolgevermerk 747, 754, 772; Spaltung 1193 f.; Squeeze-out 1641; Teilgewinnabführungsvertrag 1111, 1114; teilweise/vollständige Ausschöpfung der Kapitalerhöhung aus Genehmigtem Kapital 1497 f.; Testamentsvollstreckung 769; Übernahme OHG als Einzelunternehmen 686, 690 f.; Übernahme OHG durch Dritten 692; Umschreibung Registerblatt 185; unrichtige 180; Unternehmensvertrag 1608 f.; unzulässige 440; unzuständiges Gericht 1341; Verfahren 145 ff.; verfahrensrechtlicher Mängel 440; Vermerk des Zwecks der Kapitalerhöhung 1441, 1469; Veröffentlichung 197 ff.; Veröffentlichung bei Berichtigung 181; Verschmelzung 1181; Verschmelzung Kapitalgesellschaft mit Vermögen des Alleingesellschafters 594; Vertretungsbefugnis GmbH-Geschäftsführer 987 f.; Vorlage staatlicher Genehmigung 969; Vor-/Nacherfolge KG 760; Vorsitzender des Vorstands 1328; Vorstandsänderung 1593; Vorstandsänderung Juristische Person 855; VVaG 1804; Wechsel Komplementär in Kommanditistenstellung 766; Wirkung 191; zukünftige Tatsachen 146; Zurückweisung 192; Zusammenfassung mehrerer Eintragungen 187; Zweigniederlassung 302, 305; Zweigniederlassung ausländischer AG 1365, 1366; Zwischenverfügung 166

Handelsregistereintragung, gerichtlich bestellter Liquidator 1141

Handelsregistersperre, Gewinnverwendungsregelung GmbH 1040

Handelsregisterverfahren, Vertretung im 109

Handlungsvollmacht, nicht eintragungsfähige Tatsache 101

Handwerksbetrieb, eingetragener 969

Handwerkskammer, Anhörung Registerverfahren 164; Benachrichtigung bei Handelsregistereintragung 196; Beschwerdeberechtigung 2462; Eintragungsnachricht AG 1338; Mitwirkung Registerverfahren 30

Hauptband, nunmehr Registerakten 42

Hauptniederlassung, Sitzverlegung 338 f.

Hauptversammlung, Bekanntmachung der Gegenstände der Beschlussfassung 1729; Delegation der Zuständigkeit zur Satzungsänderung 1388; Einreichung der Niederschrift 1734; Fortsetzungsbeschluss bei aufgelöster AG 1661; Satzungsänderung 1368; Sonderbeschluss 1384; Verschmelzung AG 1675; Zustimmung Nachgründungsvertrag 1572; Zustimmung Unternehmensvertrag 1601; Zustimmung zur Eingliederung 1624

Hauptversammlungsbeschluss, Amtslöschung nichtiger 459; bedingtes Kapital 1505; Einreichung Urteil zur Nichtigkeit 1739; Fortsetzung der aufgelösten AG 1661; gesetzeswidriger 1375; Freigabeverfahren 171b; Grundkapitalglättung 1453; Kapitalerhöhung aus Gesellschaftsmitteln 1432; Kapitalerhöhung gegen Einlagen 1394; Kapitalerhöhung gegen Sacheinlage 1397; Kapitalherabsetzung 1525, 1527, 1549; Kapitalherabsetzung durch Einziehung 1560; Nebenverpflichtungen für Aktionäre 1385; nichtiger 1375; Satzungsänderung 1368; Satzungsänderung KGaA 1778; Sonderbeschluss 1384; Squeeze-out 1639; unwirksamer 1375; Verschmelzung der AG 1676

Hauptzweigniederlassung 334, 1363

Herabsetzung, Kommanditeinlage 773, 777

Hessen, Zuständigkeit Handelsregister 13; Zuständigkeit Partnerschaftsregister 2020

Hin- und Herzahlen, bei AG 130;, Anmeldung bei AG 1315, 1317; bedingtes Kapital 1506; bei GmbH 938, 943a; Kapitalerhöhung bei AG 1414, 1416, 1421; Kapitalerhöhung bei GmbH 1051; Prüfung bei AG 1320a; Prüfung bei GmbH 978a; Unterlagen bei GmbH 967; Versicherung bei GmbH 945, 945a, 947

Idealverein 2123, 2124

Industrie- und Handelskammer, Anhörung im Registerverfahren 164; Benachrichtigung bei Handelsregistereintragung 196; Beschwerdeberechtigung 2462; Eintragungsnachricht AG 1338; Mitteilung Handelsregistereintragung 1005; Mitwirkung Registerverfahren 30, 164

Die Zahlen bezeichnen die Randnummern

Inhaberaktie 1279; Auflösung der Gesellschaft bei Fehlen/Nichtigkeit 465
Inhaberänderung, Einzelkaufmann 539 f.; Firmenfortführung 552; Handelsregisteranmeldung 541 f.; Handelsregistereintragung 545 f.; Pachtverhältnis 539, 543
In-Sich-Geschäfte, Verbot der, Handelsregistereintragung 996; *s. a. Selbstkontrahieren*
Insolvenz, Erlöschen der Firma 578
Insolvenzabweisung, Fortsetzung der Gesellschaft 1662
Insolvenzabweisung mangels Masse, Amtseintragung aufgrund 405
Insolvenzantrag, Ablehnung mangels Masse 1146
Insolvenzeröffnung, Amtseintragung aufgrund 410
Insolvenzgericht, Mitwirkung Registerverfahren 30
Insolvenzverfahren, Ablehnung mangels Masse bei GmbH 1121, 1146; Amtseintragung aufgrund 404; Durchführung bei GmbH 1143; Einstellung bei GmbH 1145; Eröffnung bei eingetragener Genossenschaft 1928, 1958; Eröffnung bei GmbH 1121, 1143 ff.; Eröffnung bei GmbH & Co. KG 824; Eröffnung bei Juristische Person 860; Eröffnung bei OHG 657; Eröffnung bei OHG-Gesellschafter 660; Eröffnung bei Verein 2201; Eröffnung bei Zweigniederlassung 318, 333
Insolvenzvermerk, Allgemein 63, 404 ff., Folgeeintragungen 450d
Insolvenzverwalter 107, 1143; anmeldungspflichtige Person 107
Investmentaktiengesellschaft, Allgemeines 1744; Eintragung des Mindestkapitals 1327, 1745c; Errichtung 1744a ff.; Eintragung der Bandbreite des genehmigten Kapitals 1330, 1745c; mit fixem Kapital 1744b, 1745; mit veränderlichem Kapital 1744c, 1745a f.
Irreführung, angesprochene Verkehrskreise 223; Ersichtlichkeit der Täuschungseignung 224; Rechtsformzusatz 231
Irreführungsverbot, Firma 222
Istkaufmann 500

Juristische Person 829 ff.; Änderungen 853; Auflösung 857; Ausgliederung aus 862; Beschwerdeberechtigung 2453; Eigenbetrieb 841; Eintragungen von Amts wegen 860; Erlöschen der Firma 858; Eröffnung Insolvenzverfahren 860; Firma 833; Formwechsel 866; gerichtliche Vorstandsbestellung 860; Handelsgewerbe 832; Handelsregisteranmeldung 844; Handelsregistereintragung 849; als KG-Gesellschafter 727; Prokura 842; Rechtsform 843; Sitz 836; sonstige Rechtsverhältnisse 843; Umwandlungsvorgänge 861 ff.; Unternehmensgegenstand 837; Verhinderungsvertreter 840; Vermögensübertragung 863; Vertretungsbefugnis 839; Vorstand 839; Vorstandsänderung 853; Zweigniederlassung 852

Kaduzierung 1558
Kannkaufmann 503
Kapitalanlagegesellschaft, Genehmigungspflicht 968
Kapitalerhöhung, AG 1389 ff.; Anpassung Gesellschaftsvertrag GmbH 1044; Barkapitalerhöhung 1049 f.; Durchführung aufgrund genehmigtem Kapital 1483 f.; gegen Einlagen bei AG 1391 f.; GmbH 1041 ff.; Handelsregisteranmeldung bei GmbH 1045; Heraufsetzung Nennbetrag bei AG 1391, 1395; Prüfung Registergericht bei GmbH 1048; gegen Sacheinlage bei AG 1397; gegen Sacheinlage bei Umwandlung 1462; Sachkapitalerhöhung bei GmbH 1054 f.; Übernahme der Stammeinlagen 1042; Übernahmeerklärung des neuen Gesellschafters 1042, 1047; bei Umwandlung der AG 1461; vergessene K. vor Verschmelzungseintragung 1183; bei Unternehmergesellschaft 1044a, Veröffentlichung der K. bei Umwandlung der AG 1471; bei Verschmelzung 1181; Verschmelzung durch Neugründung 1186; zum Zweck der Durchführung einer Umwandlung 1064 f.
Kapitalerhöhung aus Gesellschaftsmitteln, AG 1429 f.; Ausgabe neuer Aktien 1433; ausstehende Einlagen 1435; bedingtes Kapital bei 1431, 1443; Bezugsrechtsausübung bei/vor 1446; entgegenstehende Vermögensminderung 1435; Glättung Grundkapital 1452; GmbH 1059 f.; Handelsregisteranmeldung bei GmbH 1060; Handelsregisteranmeldung Kapitalerhöhungsbeschluss 1434; Handelsregisteranmeldung Satzungsänderung 1437; Handelsregistereintragung bei AG 1441 f.; Handelsregistereintragung bei GmbH 1063; Hauptversammlungsbeschluss 1432; Prüfung Registergericht bei AG 1438, 1447a; Prüfung Registergericht bei GmbH 1062; Vermerk des Erhöhungszwecks 1063, 1441; zugrunde zu legende Bilanz 1430
Kapitalerhöhung, bedingte, AG 1500 f.
Kapitalerhöhung gegen Einlage, amtswegige Löschung 1428; Durchführung bei AG

1411; Erhöhungsbetrag „bis zu" 1399, 1414; Handelsregisteranmeldung bei AG 1404; Handelsregisteranmeldung der durchgeführten 1405; Handelsregistereintragung bei AG 1423; Handelsregistereintragung Kapitalerhöhungsbeschluss 1408; Prüfung Kapitalerhöhungsbeschluss durch Registergericht 1406, 1428a
Kapitalerhöhung gegen Einlagen, AG 1391 f.; Handelsregisteranmeldung der Durchführung 1413 f., 1418; Hauptversammlungsbeschluss 1394; registerliche Prüfung der Durchführung 1420; Zeichnungsschein 1411
Kapitalerhöhung gegen Sacheinlage, AG 1397; Hauptversammlungsbeschluss 1397; Prüfung Kapitalerhöhungsbeschluss durch Registergericht 1407; Umwandlung 1462, bei Unternehmergesellschaft 1054
Kapitalerhöhung, nominelle 1059
Kapitalerhöhungsbeschluss 1041; bedingtes Kapital 1505; Erhöhungsrahmen 1399, 1414; Handelsregisteranmeldung bei Kapitalerhöhung aus Gesellschaftsmitteln 1434; Handelsregisteranmeldung bei Kapitalerhöhung gegen Einlagen 1401; Handelsregistereintragung (Kapitalerhöhung gegen Einlage) 1408; Kapitalerhöhung aus Gesellschaftsmitteln 1432; Kapitalerhöhung gegen Einlage 1394; Prüfung Registergericht 1406; Zeitrahmen 1399
Kapitalgesellschaft, Formwechsel in eingetragene Genossenschaft 1945; Verschmelzung mit Alleingesellschafter 594; Verschmelzung mit Vermögen des Alleingesellschafters 594; Zweigniederlassungen ausländischer K. 315 ff.
Kapitalglättung 1080; Handelsregisteranmeldung bei GmbH 1080; Handelsregistereintragung bei GmbH 1083 f.
Kapitalherabsetzung, AG 1525 f.; Betrag der 1528; Durchführung der ordentlichen K. 1538; effektive 1526; Einziehen von Aktien 1558 f.; Gesellschafterbeschluss 1071; Glättung Grundkapital 1452; GmbH 1070 f.; Handelsregisteranmeldung bei GmbH 1072; Handelsregisteranmeldung der Durchführung der ordentlichen K. 1539; Handelsregistereintragung bei GmbH 1075 f.; Handelsregistereintragung der Durchführung der ordentlichen K. 1542; Hauptversammlungsbeschluss 1525, 1527, 1549; Herabsetzung des Nennbetrags der Aktien 1530; nominelle 1526; ordentliche 1527 f.; ordentliche K. mit gleichzeitiger Kapitalerhöhung 1544; Prüfung Registergericht bei AG 1535; Prüfung Registergericht bei GmbH 1074; Rückwirkung der vereinfachten K. 1555; Sonderbeschluss der Aktionäre jeder Gattung 1527; Sonderprüfung bei AG 1698; vereinfachte 1548 f.; vereinfachte K. durch Einziehung von Aktien 1561; vereinfachte K. mit gleichzeitiger Kapitalerhöhung 1556; Veröffentlichung der vereinfachten K. 1552; Zusammenlegen von Aktien 1530; Zweckangabe 1529
Kapitalherabsetzung durch Einziehung, Satzungsänderung 1383
Kapitalherabsetzung, vereinfachte, GmbH 1077
Kapitalherabsetzungsbeschluss, Einziehung von Aktien 1562; Handelsregisteranmeldung bei AG 1533; Handelsregistereintragung bei AG 1536; vereinfachte Kapitalherabsetzung 1549; Veröffentlichung der ordentlichen K. 1537
Kapitalmaßnahme zur Glättung des Kapitals bei GmbH 1080; Mindeststammkapital 1085; Sonderprüfung bei AG 1698; Umstellung auf Euro bei AG 1448
Kapitalrücklage, Umwandlung in Grundkapital 1429
Katalogberufe, Partnerschaft 2015
Kaufmann kraft Handelsregistereintragung 507; Istkaufmann 500; Kannkaufmann 503
Klage auf Nichtigerklärung der Gesellschaft 451
Klarstellungsvermerk 89
Kleingewerbe, eintragungsfähige Tatsache 101
Kleingewerbetreibende 503
Kommanditanteil, erbrechtlicher Zuerwerb 768; Nießbrauch 770; Testamentsvollstreckung 767; Vererbung 755
Kommanditbeteilung, Zwischeneintragung bei Übertragung von 89
Kommanditeinlage, Erhöhung 773, 775; Herabsetzung 773, 777; Umrechnung in Euro 752
Kommanditgesellschaft 700 ff.; Änderung bestehender 732; Änderung der Firma 626 f., 732; Änderung Vertretungsbefugnis Komplementär 649 f., 732; anmeldepflichtige Personen 105, 705; Auflösung 779; ausländischer Rechtsträger als Gesellschafter 701; Ausscheiden Kommanditist 736 f., 740, 743; Bekanntmachung Handelsregistereintragung 729; Beschwerdeberechtigung 2455; eintragungspflichtige Tatsachen 95; Eintritt Kommanditist 736 f., 743; Erhöhung Kommanditeinlage 773 ff.; Euroumstellung der Haftsumme 752; Firma 246 f.,

702; Formwechsel GmbH in KG 786; Gesamtrechtsnachfolge 755; Geschäftsaufnahme 703; Gesellschafter an OHG 604; Gründung durch Einbringung Einzelunternehmen 715; Gründung durch Eintritt Kommanditist in OHG 719; Hafteinlage Kommanditist 709; Handelsregisteranmeldung 704 f.; Handelsregistereintragung 726 f., 730 f.; Herabsetzung Kommanditeinlage 773 ff.; Juristische Person als Gesellschafter 727; Kommanditistenwechsel 747 ff.; Komplementäraus-/eintritt 632 f., 732; Liquidation 782; Liquidatorenbestellung und -abberufung 800; Löschung der erloschenen Firma 422; Minderjährige als Kommanditisten 701; Mitgliederwechsel durch Übertragung Gesellschaftsanteil 747; Nachtragsliquidation 800, 802; Nießbrauch an Kommanditbeteiligung 770; aus OHG durch Wechsel persönlich Haftender Gesellschafter in Kommanditistenstellung 722; Prokura 363 f., 711; Prüfung Erstanmeldung der KG 725; Sitz 703; Sitzverlegung 338 f., 342, 732; Sonderrechtsnachfolge bei Kommanditisten 747; Testamentsvollstreckung 767; Tod eines Kommanditisten 755; Umwandlungsvorgänge 784 f.; Versicherungserklärung bei Sonderrechtsnachfolge 750; Vertretungsmacht der Gesellschafter 710; Vor-/Nacherbfolge 757; Wechsel Komplementär in Kommanditistenstellung 764; Zweigniederlassung 705; Zwischeneintragung bei mehrfacher Sonderrechtsnachfolge 751

Kommanditgesellschaft auf Aktien 1769 ff.; Abwicklung 1792; Amtslöschung nichtiger 452; Auflösung 1787; Auflösung wegen Satzungsmangel 464; Ausscheiden Komplementär 1790; Beschwerdeberechtigung 2453; Eintritt/Ausscheiden persönlich haftender Gesellschafter 1781; Firma 253, 1772; Formwechsel in KG 1785; Gründung 1770; Handelsregisteranmeldung Auflösung 1791; Handelsregisteranmeldung bei Gründung 1773; Handelsregistereintragung bei Gründung 1775; Löschung der erloschenen Firma 422; Rechtsnatur 1769; Satzung 1771; Satzungsänderung 1778; Schluss der Abwicklung 1793; Sitzverlegung 344; Squeeze-out 1636 f.; Umwandlung 1784; Unternehmensvertrag 1786; Vertretung der 1776

Kommanditist, ausländischer Rechtsträger 701; Ausscheiden aus KG 736 f., 740, 743; Begriff 700; Eintritt in KG 736 f., 743; Gesamtrechtsnachfolge 755; Gründung KG durch Eintritt in Einzelunternehmen 715; Gründung KG durch Eintritt in OHG 719; Hafteinlage 709; Handelsregisteranmeldung Aus-/Eintritt 744; Handelsregistereintragung 728; Handelsregistereintragung Eintritt 738 f., 745 f.; minderjähriger 701; Tod des 755; Übertragung Gesellschaftsanteil 747; Überwachungsrechte 797; Vor-GmbH als 919; Wahlrecht des Erben 639; Zwangsgeldverfahren zur Erzwingung der Vorlage von Geschäftsbüchern 2399

Kommanditistenwechsel 747; Haftung bei 747; Handelsregisteranmeldung 753

Komplementär, Änderung Vertretungsbefugnis 649 f., 732; ausländischer Rechtsträger 701; Ausscheiden aus KGaA 1790; Begriff 700; Vor-GmbH als 919; Wechsel in Kommanditistenstellung 764

Konzentration, registerrechtliche Kompetenzen 12

Konzernrecht, VVaG 1836

Kosten, Genossenschaftsregistersachen 1992 f.; Geschäftswertfestsetzung 493; Güterrechtssachen 2348 f.; Handelsregistersachen 482 f.; Ordnungsgeldverfahren 2407 f.; Partnerschaftssachen 2100; Vereinssachen 2296 f.; Zwangsgeldverfahren 2407 f.

Kostenerstattung 494

Kostenfestsetzung 495

Kostenvorschuss, Handelsregistereintragung 149, 490

Kraftloserklärung, Aktien 1724

Kreditinstitut, juristische Person 829; Unternehmensgegenstand 837

Kreditinstitutsauflösung, Amtseintragung aufgrund 415, 418

Kündigung, OHG durch Gesellschafter 660; Unternehmensvertrag 1614

Land- und Forstwirtschaft, eintragungsfähige Tatsache 101

Landwirtschaftsbetrieb, Handelsregisteranmeldung 506

Landwirtschaftskammer, Anhörung Registerverfahren 164; Benachrichtigung bei Handelsregistereintragung 196; Eintragungsnachricht AG 1338

Lebensbedarfsdeckung bei Getrenntleben der Ehegatten 2329

Lebenspartnerschaft, gleichgeschlechtliche, Güterrechtsregister 2304

Limited, englische private limited company, siehe Zweigniederlassung, ausländischer Rechtsträger

Liquidation, AG 1642 f.; Aufbewahrung Geschäftsbücher nach Beendigung 1147; Beendigung 677; Beendigung bei Verein 2208; Durchführung 671; Erlöschen der Firma 677; Fortsetzung der Abwicklung bei GmbH & Co. KG 828; Fortsetzung der OHG 682; Genossenschaft 1929 f.; GmbH 1130 f.; GmbH & Co. KG 826; Handelsregisteranmeldung der Beendigung bei GmbH 1148; KG 782; Nachtragsliquidation bei GmbH 1152; OHG 669 f.; Partnerschaft 2087 f.; Verein 2204 f.; Verwahrung der Bücher 679; Wiederaufnahme bei Genossenschaft 1937; s. a. *Abwicklung*

Liquidationsverfahren, OHG 671 f.

Liquidator, Abberufung bei KG 800; Abberufung bei OHG 674; Abberufung bei Partnerschaft 2091; Änderung in der Person des 1134, 1137; Anmeldung bei OHG 672; anmeldungspflichtige Person 105; Bestellung bei GmbH 1131, 1139; Bestellung bei KG 800; Bestellung bei OHG 671; geborener 1131; gekorener 1131; gerichtlich bestellter Notliquidator 1142; gerichtliche Abberufung bei GmbH 1140; gerichtliche Bestellung 673, 800, 860; gerichtliche Bestellung bei GmbH 1139; gerichtliche Bestellung bei Partnerschaft 2090; Handelsregisteranmeldung bei GmbH 1134; Handelsregistereintragung bei GmbH 1136; In-Sich-Geschäfte bei GmbH 1132; Nachtragsliquidator 1152; Partnerschaft 2088; Partnerschaftsregisteranmeldung 2089; Selbstkontrahieren bei GmbH 1132; Vereinsvorstand 2205; Versicherungserklärung des 1135; Vertretungsbefugnis bei GmbH 1132, 1137; Vertretungsbefugnis bei OHG 675; Vertretungsbefugnis bei Partnerschaft 2092; s. a. *Abwickler*

Liquidator, geborener, eingetragene Genossenschaft 1929

Liquidator, gekorener, eingetragene Genossenschaft 1929

Löschung der erloschenen Firma 422 f.; der von Amts wegen eingetragenen Löschung nach § 394 FamFG 438a; nichtige Gesellschaft 451 f.; nichtiger Gesellschafter-/Hauptversammlungsbeschluss 459; Prokura bei Eröffnung Insolvenzverfahren 1144; unzulässige Handelsregistereintragung 439 f.

Löschungsverfahren, erloschene Firma 424; unzulässige Eintragung 439 f.

Mantelgesellschaft, Prüfungskompetenz Registergericht 1109

Mecklenburg-Vorpommern, Zuständigkeit Handelsregister 13; Zuständigkeit Partnerschaftsregister 2020

Mehrfachsitz 355; örtliche Zuständigkeit Handelsregister 15; registerrechtliche Behandlung 356

Meinungsäußerung, Rechtsmittelfähigkeit 2439

Minderheitsaktionäre, Ausschluss aus AG 1636 f.

Minderjähriger, Gesellschafter OHG 603; Handelsregisteranmeldung 111; Kommanditist 701

Mindestbetrag Grundkapital, Unterschreiten 1544

Mindeststammkapital, Kapitalmaßnahmen zur Herstellung des 1085

MitbestG, Arbeitnehmervertreter Aufsichtsrat 1294

Mitbestimmung, Arbeitnehmervertreter im Aufsichtsrat 1292 f.

Mitgliederversammlung, Auflösung des Vereins 2197; Delegation der Aufgaben der M. bei Verein 2282; Einberufung 2145, 2281; gerichtliche Einberufung der M. des Vereins 2283; Minderheitenverlangen zur Einberufung bei Verein 2281 f., 2289; Verein 2145 f.; Verfügung Registergericht zur Einberufung nach Minderheitenverlangen 2291

Mitgliedschaft, eingetragene Genossenschaft 1859

Montan-MitbestErgG, Arbeitnehmervertreter Aufsichtsrat 1296

Montan-MitbestG, Arbeitnehmervertreter Aufsichtsrat 1295

Mustersatzung, Gründung 941a ff, Anmeldung und Eintragung 974 a

Nacherbenvermerk 757

Nacherbfolge, Erwerb Handelsgeschäft 561; Handelsregisteranmeldung 129; OHG 641

Nachfolgeklausel, einfache 636

Nachfolgeklausel, qualifizierte 636

Nachfolgevermerk, Einzelkaufmann 522

Nachgründung, AG 1568 f.; Handelsregistereintragung 1576; bei Verschmelzung 1464; bei Verschmelzung AG 1678

Nachgründungsvertrag 1568; Handelsregisteranmeldung 1573; Prüfung durch Aufsichtsrat 1571; Prüfung Registergericht 1575; Schriftform 1570; Zustimmung Hauptversammlung 1572

Nachschusspflicht, Änderung bei eingetragener Genossenschaft 1920; Genossenschaft 1878

Nachtragsabwickler 1669

Nachtragsabwicklung 1669, 1719; Beendigung 1672; Handelsregistereintragung 1670 f.

Nachtragsliquidation, GmbH 437, 1152; Publikums-KG 800, 802; Verein 2209
Nachtragsliquidator 1153
Name, Firma 214 f.; Partnerschaft 2017; Partnerschaftsgesellschaft 256
Name, ausländischer, eintragungsfähige Tatsachen 86
Namensaktie 1279; Auflösung der Gesellschaft bei Fehlen/Nichtigkeit 465
Namensänderung, Firmenfortführung 279; Handelsregistereintragung 182
Nebenverpflichtung, Satzungsänderung 1385
Nebenzweckprivileg, Verein 2123
Negativzeugnis, Güterrechtsregister 2346
Nennbetragsaktie 1278
Nennwertaktie, Kapitalherabsetzung 1531; Umstellung auf Euro 1451
Neufassung, Gesellschaftsvertrag GmbH 1011, 1022, 1033
Nichtigkeitsklage, Einreichung zum Registergericht bei AG 1741
Niedersachsen, Zuständigkeit Handelsregister 13; Zuständigkeit Partnerschaftsregister 2020
Niederschrift, Hauptversammlung 1734
Nießbrauch, Einzelkaufmann und Firmenfortführung 281; Kommanditanteil 770
Nordrhein-Westfalen, Zuständigkeit Partnerschaftsregister 2020; Zuständigkeit Vereinsregister 2102
Notar, Anzeige an Registergericht der GmbH-Geschäftsanteilabtretung 1103; Beschwerdeeinlegung durch 125; Rücknahme eines Eintragungsantrags 127; Vereinsregister 2107; Vertretung bei Handelsregisteranmeldung 119 f.
Notargebühren, Handelsregistersache 487; Vereinsregistersache 2297
Notarielle Bescheinigung, Änderung Gesellschaftsvertrag GmbH 1020 f.
Notgeschäftsführer, Abberufung 1257; Ablehnung der Bestellung 1256; Amtsfähigkeit des 1256; Bestellung durch Registergericht 1254; Erlöschen des Amtes 1259; Handelsregistereintragung 1258
Notliquidator, gerichtlich bestellter Liquidator 1142
Notvorstand, Bestellung bei Verein 2272 f.

Offene Handelsgesellschaft 602 ff.; Änderung bestehender 624 f.; Änderung Firma 626; Änderung Vertretungsbefugnis 649; anmeldungspflichtige Person 105; Auflösung der 654 f.; Auflösungsbeschluss der Gesellschafter 656; Aufnahme der Tätigkeit 608; Ausscheiden aller Gesellschafter 659; Ausscheiden eines Gesellschafters 643; Beginn der Gesellschaft 608; Begriff 602; Beschwerdeberechtigung 2455; Bestellung Liquidator 671; Betriebsaufgabe 694; eintragungspflichtige Tatsachen 94; Eintritt durch Erbfolge 636 ff.; Eintritt eines neuen Gesellschafters 632; durch Eintritt in Einzelunternehmen 615; Eröffnung Insolvenzverfahren 657; Errichtung 609 ff.; Errichtung durch Eintritt eines Gesellschafters 615; Errichtung unter Erwerb eines Handelgeschäfts 617; Firma 243, 606; Formwechsel 698; Fortsetzung bei Liquidation 682; Geschäftsübernahme durch einen Dritten 692; Geschäftsübernahme durch einen Gesellschafter 686; Gesellschafter 603; Gesellschafter an OHG 604; Gesellschafterausschluss 686; Gründung KG durch Wechsel eines persönlich haftenden Gesellschafters in Kommanditistenstellung 722; Handelsregisteranmeldung 609 ff.; Handelsregisteranmeldung bei Änderungen 624 ff.; Handelsregistereintragung 620; Handelsregistereintragung bei Änderungen 630; Handelsregistereintragung bei Auflösung 665; Insolvenz 657, 660; Kündigung durch Gesellschafter 660; Liquidation 669 ff.; Löschung der erloschenen Firma 422; Nachfolgeklausel 636; Prokura 631; Prüfung der Handelsregisteranmeldung durch Registergericht 619; Rechtsformzusatz 606; Sitz 607; Sitzverlegung 342, 631; Spaltung 697; Testamentsvollstreckung 642; Tod eines Gesellschafters 660; Umwandlung 695; Verpachtung Handelsgeschäft 694; Verschmelzung 696; Vor-/Nacherbfolge 641; Wahlrecht des Erben bez. Kommanditistenstellung 639; Zeitablauf 655; Zweigniederlassung 631
Offensichtliche Unrichtigkeit, Handelsregistereintragung 180, 1351
OHG-Gesellschafter, anmeldungspflichtige Person 105
Optionen, bedingtes Kapital 1501, 1505
Ordnungsgeld, Begriff 2351, 2356
Ordnungsgeldverfahren 2351 ff.; Beschwerde 2383 f.; Durchführung 2393; Firmenmissbrauch 2389 f.; Genossenschaftsregister 1974 f.; Geschäftswert 2409; Kosten 2407 f.; Musterbeispiel bei Firmenmissbrauch 2397; Vollstreckung 2415
Organmitglied, gerichtliche Bestellung bei VVaG 1839

Partner, Ausscheiden 2064; Berufsausübung 2013; Liquidator 2088; Neueintritt in

Partnerschaft 2060; Partnerschaftsregisteranmeldung 2034; Partnerschaftsregisteranmeldung bei Neueintritt 2063; Partnerschaftsregistereintragung bei Ausscheiden 2066; Selbstkontrahieren 2036; Vertretungsmacht 2036
Partnerschaft 2012 ff.; Abberufung Liquidator 2091; Änderung Vertretungsbefugnis 2068; anwendbares Recht 2016; Aufbewahrung Geschäftspapiere bei aufgelöster 2095; Auflösung 2073 f.; Auflösungsanmeldung 2081; Auflösungseintragung 2083; Auseinandersetzung der 2087; Ausscheiden eines Partners 2064; Beendigung Liquidation 2093; Berufsausübung 2014; Mehrfachsitz 2018; Fortsetzung 2096; freie Berufe 2015; Gegenstand 2038; Gegenstandsänderung 2072; In-Sich-Geschäfte 2037; interprofessionelle 2014; Katalogberufe 2015; Liquidation 2087 f.; Name 256, 2017; Namensänderung 2056, 2060; Namensfortführung 2067; Neueintritt weiterer Partner 2060; Partnerschaftsregisteranmeldung 2032 f., 2041; Partnerschaftsregistereintragung 2047; Rechtsformzusatz 2017; Selbstkontrahieren 2037; Sitz 2018; Sitzverlegung 2059; Umwandlung 2097; Vertretungsbefugnis Liquidator 2092; Vertretungsmacht der Partner 2036; Zweigniederlassung 2048; *s.a. Partnerschaftsgesellschaft*
Partnerschaft, ausländische, Zweigniederlassung 2051
Partnerschaftsgesellschaft, Begriff 2012; Formwechsel in eingetragene Genossenschaft 1945; Name bei Verschmelzung 276; Name der 256; Rechtsformzusatz 259; *s.a. Partnerschaft*
Partnerschaftsgesellschaftsvertrag 2012
Partnerschaftsregister 2012 ff.; Abschriften 2027; Aktenzeichen 2024; Amtseintragung 2098; Anmeldung 2032 f.; Beschwerdeverfahren 2434 ff.; Einbeziehung Berufskammer 2025, 2031; Einrichtung Registerführung 2023; Einsichtnahme 2026; Ersteintragung Partnerschaft 2032 f.; Kosten 2100; Negativtest 2027; Organe 2028; Registerblätter 2024; sonstige Eintragungen 2055 f.; Zuständigkeit, örtliche/sachliche 2020; Zuständigkeit Rechtspfleger 2029; Zuständigkeit Richter 2028, 2029; Zuständigkeit Urkundsbeamter der Geschäftsstelle 2030; Zwangsgeldverfahren 2099, 2354
Partnerschaftsregisteranmeldung, Auflösung der Partnerschaft 2081; Ausscheiden eines Partners 2064; Eintritt neuer Partner 2063; Erlöschen Partnerschaftsname 2093; Liquidation der Partnerschaft 2085 f.; Liquidator 2089; Partnerschaft 2032 f., 2041; Personalien 2034; Prüfung Registergericht 2042; Zweigniederlassung 2052
Partnerschaftsregistereintragung 2046; Änderung Vertretungsbefugnis 2070 f.; Auflösung der Partnerschaft 2083, 2085 f.; Ausscheiden eines Partners 2066; Erlöschen Partnerschaftsname 2093; Partnerschaft 2047; Zweigniederlassung 2054
Person, eintragungsfähige Tatsachen 86
Personengesellschaft, Formwechsel in eingetragene Genossenschaft 1945
Personenhandelsgesellschaft, Beschwerdeberechtigung 2455
Prioritätsrecht, Vereinsregister 2156
Private limited company, *siehe Zweigniederlassungen, ausländische Rechtsträger*
Prokura, anmeldepflichtige Person 394; Begriff 359; Beschränkung der 370, 384, 387; Bestellung 361; eingetragene Genossenschaft 1900 f.; eintragungspflichtige Tatsachen 93; Einzelkaufmann/-unternehmen 534; Erlöschen bei Eröffnung Insolvenzverfahren 1144; Erlöschen der 371 f., 393; bei Eröffnung Insolvenzverfahren 376, 412; Erteilung 360, 378; Erweiterung 385; EWIV 891; Filialprokura 312; bei Formwechsel 376, 1205; Gesamtprokura 365; Geschäftsunfähigkeit 374; Grundstücksbelastungs-/ -veräußerungsbefugnis 98, 368, 383; Handelsregisteranmeldung 377 f.; Handelsregistereintragung 396; Handelsregistereintragung bei AG 1329; In-Sich-Geschäfte 369, 382, 386; im Insolvenzverfahren 375; Juristische Person 842; KG 363 f., 711; nachträgliche Beschränkung auf Zweigniederlassung 317; OHG 631; Person des Prokuristen 363; Prüfung Handelsregisteranmeldung 396; Prüfung Registergericht bei Genossenschaft 1905; Selbstkontrahieren 369, 382, 386; Umfang Vertretungsmacht 368; Umfangsänderung 385 f.; Umwandlungsvorgänge 376; bei Veräußerung Handelsgeschäft 372; Widerruf 371
Prokurist, anmeldungspflichtige Person 106; Handelsregisteranmeldung 116
Prüfbericht, Gründungsbericht AG 1317
Prüfung, Erstanmeldung 156; Handelsregisteranmeldung 153; materielles Prüfungsrecht des Registergerichts 159
Prüfungsverband, Genossenschaft 1869, 1971

Die Zahlen bezeichnen die Randnummern

Rechnungslegung, Offenlegung von Jahres- und Konzernabschlüssen 2353
Rechtliche Verhältnisse, Fassungsbeschwerde gegen Eintragung von 2444
Rechtsbeschwerde, 2470 ff.
Rechtsformwechsel, Aufbewahrung Registerakten bei 47
Rechtsformzusatz, AG 251; Beteiligung ausländischer Gesellschaft 230; Einzelkaufmann 242; Firma 225, 227 f.; Firmenfortführung 284; Genossenschaft 264, 1857; GmbH 250; Haftungsbeschränkung 229; Juristische Person 835; KG 247; KGaA 253; OHG 244, 606; Partnerschaft 259, 263, 2017; Versicherungsverein auf Gegenseitigkeit 255
Rechtskraft, formelle 2484; materielle 2488
Rechtsnachfolge, Nachweis 128
Rechtsnachfolger, anmeldungspflichtige Person 107; Handelsregisteranmeldung 128
Rechtspfleger, Ablehnung/Ausschluss 28; Erinnerung gegen Entscheidung des 2481; Güterrechtsregister 2310; Partnerschaftsregister 2029; Vereinsregister 2105; Zuständigkeit, funktionelle 21; Zuständigkeit Genossenschaftsregister 1866; Zwangsgeldverfahren 2357
Registerakten, Aktenzeichen 46, 1864, 2024, 2115; Allgemeines Register (AR) 46; Aufbewahrung 47; Aufbewahrungsfrist 47; Einsicht 51; Form der Akten 43; Führung der 41 ff.; bei Rechtsformwechsel 47
Registerblatt, gegenstandslose Eintragungen 186; Handelsregister 40; Umschreibung 185
Registereintragung 172
Registergericht, Abberufung Aufsichtsratsmitglied AG 1709; Ablehnung der Eintragung der Genossenschaft 1876; Amtseintragung 401; Amtslöschung nichtiger Gesellschaft 458; Amtslöschung nichtiger Gesellschafter-/Hauptversammlungsbeschluss 459; Auflösung der Gesellschaft wegen Satzungsmangel 466; Ausgliederung aus Einzelkaufmann/-unternehmen 585; Befreiung von Prüfung während Abwicklung 1732; Bekanntmachung bei Verschmelzung 1184; Bestellung Abschlussprüfer bei AG 1684, 1691 f.; Bestellung Abwickler der AG 1718; Bestellung Aufsichtsratsmitglied AG 1702 f.; Bestellung besonderer Vertreter der AG 1715; Bestellung Gründungsprüfer bei AG 1684, 1685 f.; Bestellung Liquidator 673, 800; Bestellung Notgeschäftsführer 1254; Bestellung Sonderprüfer bei AG 1684, 1697 f.; Bestellung Vorstandsmitglied der AG 1712 f.; Bestellung/Abberufung Abwickler der AG 1718; Bestellung/Abberufung Liquidator bei KG 800; Bestellung/Abberufung Organmitglieder der Genossenschaft 1968; Einberufung Mitgliederversammlung des Vereins 2283; Einforderung zusätzlicher Informationen/Nachweise 981; Eintragungsmitteilung bei Verschmelzung 1182; Ermächtigung von Aktionären zur Einberufung der Hauptversammlung 1727; Erzwingung vorgeschriebener Angaben auf Geschäftsbriefen der AG 1743; fehlerhafter Hauptversammlungsbeschluss 1375; Festsetzung der Kosten/Vergütung für Treuhänder 1722; formelle Prüfung Handelsregisteranmeldung 154; Genehmigung der Kraftloserklärung von Aktien 1724; GmbH-Geschäftsanteilsabtretung 1103; Information der Geschäftsführer zur Gesellschafterliste 1107; Kontrolle der Angaben auf GmbH-Geschäftsbriefen 1262, 2351 f.; Löschung der erloschenen Firma 424; Löschung unzulässiger Eintragung 445, 450; Löschung wegen Vermögenslosigkeit 431, 433; materielle Prüfung Handelsregisteranmeldung 159; Nachprüfung bei AG-Gründung 1321; Nachtragsabwicklung bei AG 1719; Nachtragsliquidation bei GmbH 1153; Notliquidator 1142; Partnerschaftsregister 2020; Prüfung, Allgemeines Recht zur 153 ff.; Prüfung Auflösung AG 1647; Prüfung bedingte Kapitalerhöhung 1508; Prüfung Beendigung Unternehmensvertrag 1618; Prüfung bei Beendigung der Liquidation 1150; Prüfung bei Formwechsel 1208; Prüfung bei Kapitalherabsetzung durch Einziehung von Aktien 1560; Prüfung bei Spaltung 1193 f.; Prüfung bei Verschmelzung 1180; Prüfung Beschlussfassung Squeeze-out 1641; Prüfung der Änderung der KG 735, 771; Prüfung der Beendigung der Eingliederung 1634; Prüfung der Durchführung bedingter Kapitalerhöhung 1519; Prüfung der Kapitalerhöhungsbeschlussanmeldung 1406; Prüfung Durchführung Kapitalerhöhung gegen Einlagen 1420; Prüfung Eingliederung 1628; Prüfung Eintragungsantrag zum Güterrechtsregister 2325 f.; Prüfung Erstanmeldung KG 725; Prüfung EWIV 876, 898; Prüfung Firmenfortführung 557; Prüfung Fortsetzung AG 1664; Prüfung Genossenschaftsanmeldung 1872 f.; Prüfung Gesellschafterbeschluss der GmbH 1025 f.; Prüfung Gesellschafterliste 1105; Prüfung GmbH & Co. KG 817; Prüfung GmbH-Ersteintra-

889

Sachregister

gung 975 f.; Prüfung GmbH-Geschäftsführung 1097; Prüfung GmbH-Sachgründung 978; Prüfung Gründung der AG 1319; Prüfung Handelsregisteranmeldung 153 ff.; Prüfung Handelsregisteranmeldung Abwickler 1658; Prüfung Handelsregisteranmeldung der Kapitalerhöhung mit Genehmigtem Kapital 1490; Prüfung Handelsregisteranmeldung Prokura 396; Prüfung Kapitalerhöhung 1048; Prüfung Kapitalerhöhung aus Gesellschaftsmitteln 1062, 1438; Prüfung Kapitalherabsetzung 1535; Prüfung Kapitalherabsetzung bei GmbH 1074; Prüfung Nachgründungsvertrag 1575; Prüfung Neufassung Gesellschaftsvertrag GmbH 1033; Prüfung Niederschrift Hauptversammlung 1734; Prüfung OHG-Handelsregisteranmeldung 619; Prüfung Partnerschaftsregisteranmeldung 2042; Prüfung Satzungsänderung AG 1373; Prüfung Satzungsänderung bei Verein 2189; Prüfung Sonderrechtsnachfolge bei Kommanditistenwechsel 750, 771; Prüfung umwandlungsfähiger Rücklagen 1439; Prüfung Unternehmensvertrag 1607; Prüfung Vereinsregisteranmeldung 2157; Prüfung Verschmelzung durch Neugründung 1188; Prüfung Versicherung des GmbH-Geschäftsführers 959; Prüfung Versicherungserklärung 980; Prüfung Vorstandsänderung 1591; Prüfung Vorstandsänderung der Genossenschaft 1897; Prüfung Zeichnungsschein 1421; Prüfungskompetenz (Einzelfälle) Handelsregisteranmeldung 162; Prüfungspflicht bei Handelsregisteranmeldung Einzelkaufmann 511; Satzungsänderung Genossenschaft 1913; Übersicht zur Behandlung eines Formwechsels 1211; Übersicht zur Behandlung von Spaltungsvorgängen 1198; Übersicht zur Behandlung von Verschmelzungsvorgängen 1188; Überwachungsrechte des Kommanditisten 797; unzuständiges 1341; Verfügung zur Einberufung Mitgliederversammlung bei Verein 2291; Zweckmäßigkeitskontrolle 977; Zwischenverfügung 166, 1323; Zwischenverfügung bei Anmeldung 1875
Registerordner Einrichtung 44; Einsichtnahme 44, 48
Registerrecht, Abgrenzung zu Handels-/Gesellschaftsrecht 31; Abgrenzung zu öffentlichem Recht 34; Einfluss des Europarechts 6
Registerverfahren, Amtsermittlung 151; Anhörung Sachkundiger 164; Aussetzung des Verfahrens 170; Bearbeitungsdauer 145a; Bekanntmachung Handelsregistereintragung 194; Beweismittel 151; Eintragungsverfügung 175; formlose Beanstandung des Registergerichts 169; Freigabeverfahren 171a; Handelsregistereintragung 145 ff.; Irreführung 224; mitwirkende Behörden 30; Zwischenverfügungen 166
Registerwechsel bei Formwechsel 699
REIT (Real Estate Investment Trust) 1269
Rheinland-Pfalz, Zuständigkeit Handelsregister 13; Zuständigkeit Partnerschaftsregister 2020; Zuständigkeit Vereinsregister 2102
Richter, Ablehnung/Ausschluss 24 f.; Güterrechtsregister 2311; Partnerschaftsregister 2028, 2029; Selbstablehnung 25; Zuständigkeit, funktionelle 18; Zuständigkeit Genossenschaftsregister 1866; Zwangsgeldverfahren 2357
Rötung, versehentliche 180
Rücklagen, umwandlungsfähige, Prüfung Registergericht 1439
Rückwirkung, vereinfachte Kapitalherabsetzung 1555

Saarland, Zuständigkeit Handelsregister 13; Zuständigkeit Partnerschaftsregister 2020
Sacheinlage 937; AG 1288; Bestimmtheit 939; Erbringung bei Gründung der AG 1304; zur freien Verfügung 944; Handelsregisteranmeldung 967; Prüfung bei Verschmelzung 1463
Sacheinlage, verdeckte, bei AG 1303; bei Genehmigtem Kapital 1485; bei GmbH 937; bei Kapitalerhöhung AG 1414
Sachgründung, Ausgliederung aus Einzelkaufmann/-unternehmen zur Neugründung auf GmbH 584; Besetzung erster Aufsichtsrat 1297; Prüfung Registergericht bei GmbH 978; registerliche Prüfung bei AG 1320; Verschmelzung durch Neugründung 1186
Sachgründungsbericht 940
Sachkapitalerhöhung, GmbH 1054 f.; Handelsregisteranmeldung 1057; Versicherung GmbH-Geschäftsführer 1055
Sachsen, Zuständigkeit Handelsregister 13; Zuständigkeit Partnerschaftsregister 2020
Sachsen-Anhalt, Zuständigkeit Handelsregister 13; Zuständigkeit Partnerschaftsregister 2020
Sachübernahme, AG 1289
Satzung, Anpassung bei genehmigtem Kapital 1486; Anpassung bei Kapitalherabsetzung 1532; bedingtes Kapital 1502; Einreichung der AG-Satzung zum Registergericht 1740; Einziehungs- und Amortisationsplan 1560; Ermächtigung für genehmigtes Kapital 1474; Feststellung bei AG 1271; gegen Ge-

setz verstoßende Bestimmungen 1345; Handelsregisteranmeldung AG 1317; KGaA 1771; Verein 2130f., 2148; VVaG 1800

Satzungsänderung, bei AG und GmbH Aufsichtsrat 1383; bedingtes Kapital bei Kapitalerhöhung aus Gesellschaftsmitteln 1443; Delegation der Zuständigkeit 1388; Handelsregisteranmeldung 1368 ff.; vor Handelsregistereintragung 917; nach Handelsregistereintragung 1284; Handelsregistereintragung 1376; Hauptversammlungsbeschluss 1368; Herabsetzung Aufsichtsratsvergütung 1383; Kapitalerhöhung aus Gesellschaftsmitteln 1432, 1437; Kapitalherabsetzung durch Einziehung 1383; KGaA 1778; Nebenverpflichtung für Aktionäre 1385; nur die Fassung betreffende 1388; Prüfung Registergericht 156, 1373; Prüfungskompetenz Registergericht 162; nach qualifizierter Gründung 1381; Rückwirkung 1379; Sonderbeschlussfassung 1384; Unternehmensgegenstand AG 1382; Verein 2186f.; VVaG 1809; Wirksamwerden der 1379

Satzungsänderung, bei eG Anmeldung Genossenschaftsregister 1911; eingetragene Genossenschaft 1907 f.; Genossenschaftsregistereintragung 1914f., 1918

Satzungsmangel, Auflösung der Gesellschaft wegen 464

Satzungsstrenge, Grundsatz der 1282

SCE (Societas Cooperativa Europaea) *siehe Europäische Genossenschaft*

Schleswig-Holstein, Zuständigkeit Handelsregister 13; Zuständigkeit Partnerschaftsregister 2020

Schlüsselgewalt, Ausschließung/Beschränkung 2329; Eintragungsantrag zum Güterrechtsregister auf Ausschluss der 2320; Güterrechtsregistereintragung des Ausschlusses 2334

Schreibfehler, Handelsregistereintragung 180, 1351

SE (Societas Europaea, Europäische Gesellschaft) *siehe Europäische Aktiengesellschaft*

Selbstablehnung, Richter 25

Selbstkontrahieren, Abwickler 1653; Ein-Personen-GmbH 1000; eintragungspflichtige Tatsachen 98; GmbH & Co. KG 809; GmbH-Geschäftsführer 952; Handelsregistereintragung bei GmbH-Geschäftsführer 996; Liquidator 1132; Partner der Partnerschaft 2036; Vereinsvorstand 2144; Vorstand AG 1301; Vorstandsmitglied 1582

Sicherheiten, Werthaltigkeit 982

Sitz, AG 1275; Doppelsitz 355; EDV-Register 57; GmbH 926; Juristische Person 836; KG 703; Mehrfachsitz 355; OHG 607; Partnerschaft 2018

Sitz, nichtiger, Auflösung der Gesellschaft wegen 465

Sitzverlegung 338 f.; ins Ausland 341; Bekanntmachung 353; eingetragene Genossenschaft 1919; Einzelkaufmann 529; EWIV 887; gleichzeitige Anmeldung weiterer Vorgänge 354; GmbH 1015; der GmbH in Ausland 1122; Handelsregisteranmeldung 338 f., 342; Handelsregistereintragung 183, 349; Hauptniederlassung 338; OHG 631; Prüfung Registergericht 347; Verein 2194; VVaG 1811

Sonderband nunmehr Registerordner 44

Sonderbeschlussfassung, Satzungsänderung 1384

Sonderprüfer, gerichtliche Bestellung bei AG 1697; nach § 142 AktG 1698; nach § 258 AktG 1699; nach § 315 AktG 1700

Sonderprüfung, Bestellung bei AG 1697 f.; KG 797

Sonderrechtsnachfolge, Beteiligtenversicherung 750; Kommanditistenwechsel 747; Prüfung Registergericht 750, 771

Sonderrechtsnachfolgevermerk 747, 754, 772

Sonderrücklage, bedingtes Kapital bei Kapitalerhöhung aus Gesellschaftsmitteln 1431

Sondervorteil, AG 1285

Sonderzeichen, Firma 215

Spaltung, Abspaltung von GmbH auf GmbH zur Aufnahme mit Kapitalerhöhung/-herabsetzung (Mustervorgang) 1239 f.; AG 1680; Allgemeine Ausführungen 1189 ff.; eingetragene Genossenschaft 1944; eintragungsfähige Tatsache 101; Eintragungsreihenfolge 1198; Firmenbildung bei 277; GmbH 1189; Handelsregisteranmeldung 1192; Handelsregisteranmeldung (Frist) 1178, 1217, 1220; Handelsregisteranmeldung Kapitalerhöhung der AG 1467; Handelsregistereintragung 1193 f.; Handelsregistereintragung der Kapitalerhöhung der AG 1468; Kapitalerhöhung der AG bei 1461; Kapitalerhöhung zum Zweck der Durchführung einer 1064; Mitteilungspflicht des Registergerichts bei 1196; zur Neugründung 1198; OHG 697; Partnerschaft 2097; Prüfung Registergericht 1193 f.; Schlussbilanz zu jedem übertragenen Rechtsträger 1192; **Übersicht der registerrechtlichen Behandlung** 1198; Verein 2230; Vermerk des Zwecks der Kapitalerhöhung bei Handels-

Sachregister

registereintragung 1469; Veröffentlichung 1197; Vollzugsschritte 1194; VVaG 1832; Zustimmungsbeschlüsse zur 1191
Spaltung zur Neugründung 1198; eintragungsfähige Tatsache 101
Spaltungsvertrag 1190
Sparkasse, juristische Person 829
Squeeze-out, Barabfindung 1636 f.; Handelsregistereintragung 1641; Hauptversammlungsbeschluss 1639; Minderheitsaktionär 1636 f.; Prüfung der Beschlussfassung durch Registergericht 1641
Stammeinlage, Auflösung der Gesellschaft bei Fehlen/Nichtigkeit 465; freie Verfügung über 938; GmbH 936; Mindesteinlage 943; Prüfung Registergericht zur Leistung der 979; Übernahme neuer bei Kapitalerhöhung 1042; Verbrauch vor Eintragung 982; Versicherungserklärung Geschäftsführer 945, 947, 970
Stammkapital, Auflösung der Gesellschaft wegen nichtigem 465; Erhöhung bei GmbH 1041 ff.; GmbH 935; Kapitalherabsetzung bei GmbH 1070 f.; Kapitalmaßnahme betr. Mindeststammkapital 1085; Prüfungskompetenz Registergericht bei Vorbelastungen 162
Stammkapitaländerung, GmbH 1016
Stellvertretung *siehe Vertretung*
Stille Gesellschaft, Gesellschafter OHG 605
Stiller Gesellschafter, Zwangsgeldverfahren zur Erzwingung der Vorlage von Geschäftsbüchern 2399
Stilllegung, vorübergehende, Gewerbebetrieb Einzelkaufmann/-unternehmen 577
Stimmabgabe, fehlerhafte bei Beschlussfassung 1029
Stückaktie 1278; Kapitalherabsetzung 1531; Umstellung auf Euro 1450

Tatsachen, eintragungsfähige 85, 87 f., 100 f.; nicht eintragungsfähige 104; eintragungspflichtige 92 f.; nicht eintragungspflichtige 100 f.
Tatsachen, eintragungsfähige, AG 101; GmbH 101; Haftungsausschluss bei Eintritt in einzelkaufmännisches Unternehmen 101; Haftungsausschluss bei Firmenfortführung 101; Kleingewerbe 101; Land- und Forstwirtschaft 101; Umwandlungsgesetz 101
Tatsachen, eintragungspflichtige, AG 97; Einzelkaufmann 93; GmbH 96; Grundstücksbelastungen/veräußerungsbefugnis bei Prokura 98; KG 95; OHG 94; Prokura 93; Selbstkontrahieren 98; Zweigniederlassung 93

Tatsachen, zukünftige, Handelsregistereintragung 31, 146
Tatsachenangabe, Fassungsbeschwerde gegen Eintragung von 2443
Teilgewinnabführungsvertrag, GmbH 1111; Handelsregisteranmeldung 1603, 1604; Unternehmensvertrag 1595
Teilrötung, Verbot bei Registereintragungen 69 ff., 182
Teilvollzug, bei mehreren angemeldeten Tatsachen 187 ff.
Testamentsvollstrecker, anmeldungspflichtige Person 107; Fortführung Einzelunternehmen im eigenen Namen 563; Handelsregisteranmeldung 565; Nachweis Verfügungsbefugnis 129; Verwaltung Einzelunternehmen 563; Verwaltung OHG-Anteil 642
Testamentsvollstreckerzeugnis, Beweismittel 129, 152
Testamentsvollstreckung, nicht eintragungsfähige Tatsache bei Personengesellschaftsanteilen 104; Handelsregistereintragung 769; Kommanditanteil 767
Thüringen, Zuständigkeit Handelsregister 13; Zuständigkeit Partnerschaftsregister 2020
Treuhänder, Bestellung für übertragenden Rechtsträger bei Verschmelzung 1679; gerichtliche Festsetzung der Kosten/Vergütung 1722

Übergangstexte 73 f.
Übernahmeerklärung, Kapitalerhöhung 1042, 1047
Übernahmevertrag, Spaltung 1190
Überpariemission 1303
Übersetzungen freiwillig eingereicht zum Handelsregister 133 ff.; *s.a. Zweigniederlassungen ausländischer Unternehmen*
Überwachungsrecht des Kommanditisten gegen KG 797
Umschreibung, Registerblatt 185
Umwandlung, AG 1673 f.; Allgemeine Ausführungen 1172 ff.; eingetragene Genossenschaft 1941 f.; Einzelkaufmann/-unternehmen 582 f.; EWIV 909; Firmenbildung 273 f.; Freigabeverfahren 171a; GmbH 1172 f.; Handelsregisteranmeldung (Frist) 82, 1178, 1217, 1220; Juristische Person 861 f.; Kapitalerhöhung bei Umwandlung der AG 1461; Kapitalerhöhung gegen Sacheinlage 1462; Kapitalerhöhung zum Zweck der Durchführung einer 1064 f.; KG 784 f.; KGaA 1784; OHG 695; Partnerschaft 2097; Prokura und Umwandlungsvorgänge 376; **Übersicht zur Behandlung eines Formwechsels** 1211; Übersicht zur Behand-

lung von Spaltungvorgängen 1198; Übersicht zur Behandlung von Verschmelzungsvorgängen 1188; Verein 2214f.; VVaG 1826f.; Zweigniederlassung bei 322
Umwandlungsbericht, Formwechsel 1202
Umwandlungsbeschluss, Formwechsel GmbH 1203
Umwandlungsgesetz, eintragungsfähige Tatsache 101
Umwandlungsmuster, Abspaltung von GmbH auf GmbH zur Aufnahme mit Kapitalerhöhung/-herabsetzung 1239f.; Ausgliederung aus Vermögen eines Einzelkaufmanns zur Neugründung auf GmbH 584f.; Ausgliederung von Vermögensteilen aus e.V. zur Aufnahme auf AG 2231f.; Formwechsel e.V. in GmbH (Mustervorgang) 2245f.; Formwechsel GmbH in AG 1247f.; Formwechsel GmbH in KG 786; Formwechsel GmbH & Co. KG in GmbH 792f.; Verschmelzung eingetragene Genossenschaft auf andere eingetragene Genossenschaft 1949; Verschmelzung e.V. zur Aufnahme auf anderen e.V. 2222f.; Verschmelzung GmbH auf bestehende KG 1226f.; Verschmelzung GmbH mit Vermögen Alleingesellschafter (Mustervorgang) 595f.; Verschmelzung GmbH zur Aufnahme auf bestehende AG 1232f.; Verschmelzung zweier GmbHs auf weitere GmbH zur Aufnahme mit Kapitalerhöhung 1213f.
Unleserlichmachung, Handelsregistereintragung 180
Unrichtigkeit, Handelsregistereintragung 180
Unrichtigkeit, offensichtliche, Handelsregistereintragung 1351
Unternehmen, ausländisches, Firmenbildung für Zweigniederlassung 272ff.; inländische Zweigniederlassung 327f., 334
Unternehmen, einzelkaufmännisches 496ff.; Aufnahme eines Gesellschafters 570; Ausgliederung aus Vermögen 582f.; Erlöschen der Firma 577f.; Errichtung OHG durch Gesellschaftereintritt 615; Erwerb von Todes wegen 561f.; Firmenänderung 521; Inhaberänderung 539f.; Sitzverlegung 529; Umwandlung 582f.; Verschmelzung Kapitalgesellschaft mit Vermögen der Alleingesellschafter 594; Zweigniederlassung 534
Unternehmen, forstwirtschaftliches, Handelsregisteranmeldung 506
Unternehmen, kleingewerbliches 503
Unternehmen, landwirtschaftliches, Handelsregisteranmeldung 506
Unternehmen, verbundene, Unternehmensvertrag 1110

Unternehmenserwerb, Firmenfortführung 281
Unternehmensgegenstand, AG 1276; Änderung 934; Änderung bei GmbH 1015; Änderungsmehrheit bei AG 1382; EWIV 872, 888; fehlender bei Handelsregistereintragung 1344; Genehmigungspflicht bei AG 1317; genehmigungspflichtiger 968; GmbH 928; GmbH & Co. KG 933; in Handelsregisteranmeldung 76; Handelsregistereintragung bei AG 1326; Juristische Person 837; Vorratsgründung 931
Unternehmensübernahme, Besetzung erster Aufsichtsrat bei Sachgründung durch 1297
Unternehmensvertrag, AG 1595f.; Änderung 1116, 1611; Aufhebung 1614; Aufhebungsvertrag 1614; Beendigung 1117, 1614; Begriff 1595; Begründung 1597; EDV-Register 63; Einordnung Vertragstyp 1605, 1609; einvernehmliche Aufhebung 1116; Gesellschafterbeschluss 1111; GmbH 1110f.; Handelsregisteranmeldung bei AG 1603; Handelsregisteranmeldung bei GmbH 1112; Handelsregisteranmeldung der Änderung 1611; Handelsregisteranmeldung der Beendigung 1615; Handelsregistereintragung bei AG 1596, 1608f.; Handelsregistereintragung bei GmbH 1111, 1114; Handelsregistereintragung der Beendigung 1618; KGaA 1786; Kündigung 1614; Prüfung der Beendigung durch Registergericht 1618; Prüfung Registergericht 1607; Schriftform 1597; Sonderbeschluss der außenstehenden Aktionäre bei Änderung 1612; Sonderprüfung bei AG 1700; Unterrichtung der Aktionäre über den Inhalt 1600; Verschmelzung/Eingliederung der herrschenden Gesellschaft 1614; Zeitablauf 1614; Zustimmung Hauptversammlung 1601
Unternehmensregister 37a
Unternehmergesellschaft (haftungsbeschränkt) 940a ff.
Urkunde, ausländische, Beweismittel 152
Urkunde, öffentliche, Beweismittel 152; Nachweis Rechtsnachfolge 128
Urkundsbeamter, Ablehnung/Ausschluss 29
Urkundsbeamter der Geschäftsstelle, Genossenschaftsregister 1867; Güterrechtsregister 2312; Handelsregister 23f.; Partnerschaftsregister 2030; Vereinsregister 2106
Urteil, Amtseintragung aufgrund 415

Verband, Beschwerdeberechtigung 2463
Verbot, behördliches, Amtseintragung aufgrund 415

Sachregister

Verein, Absicht registerlicher Eintragung 2136; Abweisung Insolvenzantrag 2202; Auflösung 2197 f.; Ausgliederung von Vermögensteilen des e. V. zur Aufnahme auf AG (Mustervorgang) 2231 f.; Ausländerverein 2127; ausländischer 2128; ausländischer Sitz 2103, 2196; Beendigung der Liquidation 2208; Beschwerdeberechtigung 2453; besonderer Vertreter 2174; Delegation der Aufgaben der Mitgliederversammlung 2282; Eintragungsfähigkeit 2121 f.; Entziehung der Rechtsfähigkeit 2278, 2280; Eröffnung Insolvenzverfahren 2201; Formwechsel 2244 f.; Formwechsel in GmbH (Mustervorgang) 2245 f.; Fortsetzung des aufgelösten 2210; gerichtliche Einberufung Mitgliederversammlung 2283; Gründung 2129; Handelsregistereintragung Satzungsänderung 2189 f.; Idealverein 2123, 2124; inländischer 2121; Liquidation 2204 f.; Merkblatt Registergericht 2173; Minderheitenverlangen zur Einberufung Mitgliederversammlung 2281 f., 2289; Mitgliederein-/-austritt 2137; Mitgliederversammlung 2145 f.; Mitgliedsbeitrag 2138; Nachtragsliquidation 2209; Name 2133; Nebenzweckprivileg 2123; Rechtsfähigkeit 2162; Satzung 2130 f., 2148; Satzungsänderung 2186 f.; Sitz 2135; Sitzverlegung 2194; Spaltung 2230; Umwandlungsvorgänge 2214 f.; Vereinsautonomie 2130; Vereinsregisteranmeldung 2149 f.; Vereinsregisteranmeldung zur Auflösung 2199; Vereinsregistereintragung 2162 f., 2172; Vereinsregistereintragung der Auflösung 2203; Vermögensübertragung zur Spaltung 2230; Veröffentlichung Vereinsregistereintragung 2176; Verschmelzung e. V. zur Aufnahme auf anderen e. V. 2221 f.; Verschmelzung e. V. zur Aufnahme auf anderen e.V. (Mustervorgang) 2222 f.; Verschmelzung von Vereinen 2215 f.; Vertreter-/Delegiertenversammlung 2282; Vertretungsmacht Vorstand 2142; Verzicht auf Rechtsfähigkeit 2213; Vorstand 2139; wirtschaftlicher 2122, 2125; Zweck 2132; Zweigniederlassung 2175

Verein, eingetragener, Formwechsel in eingetragene Genossenschaft 1945

Verein, gerichtliche Bestellung Vorstandsmitglied 2264 f.

Vereinsautonomie 2130

Vereinsregister 2101 ff.; Abschriften 2118; Aktenführung/-zeichen 2115; Amtseintragung 2253 f.; Amtslöschung 2256 f.; Amtslöschungsverfahren 2260; Aufbewahrung 2116; Bekanntmachung Amtslöschung 2262; Beschwerdeverfahren 2434 ff.; Beteiligung Verwaltungsbehörde 2161; EDV-Register 2113; Einreichung von Urkunden 2110; Einsichtnahme 2117, 2119; eintragungsfähiger Verein 2121 f.; Entziehung der Rechtsfähigkeit 2278, 2280; gerichtliche Bestellung Notvorstand 2272 f.; gerichtliche Bestellung Vorstandsmitglied 2264 f.; Kosten Beschwerdeverfahren 2301; Kosten für Abschriften/Bescheinigungen 2300; Kosten gerichtlicher Maßnahmen 2299; Kosten Vereinssache 2296 f.; Namensverzeichnis 2114; notarielle Mitwirkung 2107; Organe 2104; Prioritätsrecht 2156; Rechtspfleger 2105; Registerblätter 2109 f.; Registerführung 2108; Urkundsbeamter der Geschäftsstelle 2106; Zuständigkeit, funktionelle 2104; Zuständigkeit, örtliche/sachliche 2101; Zwangsgeldverfahren 2354; Zwangsmittel 2292 f.; Zwangsmittelverfahren in Vereinssache 2295; Zwischenverfügung 2159

Vereinsregisteranmeldung, Anlagen 2155; Auflösung des Vereins 2197 f., 2199; Erstanmeldung Verein 2149 f., 2154; Kosten 2297; Prüfung Registergericht 2157; Satzungsänderung 2186 f.; Sitzverlegung 2194; Vorstandsänderung 2181 f.; Zurückweisung 2160, 2178; Zwangsgeldandrohung/-festsetzung (Formblatt) 2420

Vereinsregistereintragung, Bekanntmachung 2192; Ersteintragung Verein 2162 f., 2172; Kosten 2298; Satzungsänderung 2189, 2191; Vereinsauflösung 2200 f., 2203; Veröffentlichung 2176

Vereinssache, Kosten 2296 f.; Zwangsmittelverfahren 2295

Vereinsverbot, Amtseintragung aufgrund 415, 419

Vereinsvorstand, Amtsniederlegung 2181a; Änderung 2181 f.; Bestellung 2139; Bestellung Notvorstand 2272 f.; gerichtliche Bestellung Vorstandsmitglied 2264 f.; Kosten gerichtlicher Bestellung 2299; Liquidator 2205; Person des 2141; Selbstkontrahieren 2144; Vertretungsmacht 2142; Zwangsmittel der Vereinsregister gegen 2293

Verfügung, gerichtliche, Rechtskraft 2478 f.

Verfügungsbefugnis, Nachweis des Testamentsvollstreckers 129

Verfügungsbeschränkung, Ausschluss/Modifikation bei Zugewinngemeinschaft 2329; nicht eintragungsfähige Tatsache 101

Verfügungsnachweis, Bargründung 1317

Verhinderungsvertreter 840

Die Zahlen bezeichnen die Randnummern

Verkauf, OHG 694
Verlegung, Hauptniederlassung 338; Sitzverlegung ins Ausland 341; Zweigniederlassung 324
Vermächtnis, Übertragung Handelsgeschäft 561
Vermögenslosigkeit, Amtslöschung 431 f.; Auflösung GmbH 1121; Begriff 432; Fortsetzung der Gesellschaft 1662; Löschung eingetragene Genossenschaft 1960
Vermögensübertragung, eintragungsfähige Tatsache 101; GmbH 1199; Juristische Person 863; Verein 2230; VVaG 1832
Veröffentlichung, abweichende 200; Amtseintragung 421; Amtslöschung 428, 436, 449; Berichtigung Handelsregistereintragung 181, 1352; Genossenschaftsregistereintragung 1884; Güterrechtsregistereintragung 2341; Handelsregistereintragung 197 ff.; Handelsregistereintragung VVaG 1808; Kapitalerhöhung bei Umwandlung 1471; Kapitalherabsetzungsbeschluss bei ordentlicher K. 1537; vereinfachte Kapitalherabsetzung 1552; Vereinsregistereintragung 2176
Verpachtung, Einzelunternehmen nach Erbgang 562; Inhaberänderung bei 539, 543; OHG 694
Versammlungsleiter, Feststellung Gesellschafterbeschluss 1027
Versammlungsleitung Hauptversammlung, Bestimmung der 1730
Verschmelzung, AG 1674 f.; Allgemeine Ausführungen 1172 ff.; bedingtes Kapital 1501, 1505; Bekanntmachung 1184; eingetragene Genossenschaft 1941; eintragungsfähige Tatsache 101; Eintragungsmitteilung des Registergerichts 1182; Eintragungsreihenfolge 1188; e.V. zur Aufnahme auf anderen e.V. (Mustervorgang) 2222 f.; Firmenbildung bei 274; gesonderte Handelsregisteranmeldung der Beteiligten 1179; GmbH 1173 f.; grenzüberschreitende V. 1188a ff; Handelsregisteranmeldung 1175; Handelsregisteranmeldung (Frist) 1178, 1217, 1220; Handelsregisteranmeldung Kapitalerhöhung der AG 1466; Handelsregistereintragung 1181; Handelsregistereintragung Kapitalerhöhung der AG 1468; Hauptversammlungsbeschluss der AG 1676; Kapitalerhöhung der AG bei 1461; Kapitalerhöhung zum Zweck der Durchführung einer 1064; Kapitalgesellschaft mit Vermögen des Alleingesellschafters 594; KGaA 1784; Nachgründung 1464, 1678; OHG 696; Partnerschaft 2097; Prüfung der Sacheinlage 1463; Prüfung Registergericht 1180; Schlussbilanz des übertragenden Rechtsträgers 1177; Treuhänderbestellung für übertragenden Rechtsträger 1679; **Übersicht der registerrechtlichen Behandlung 1188;** Übertragung von Grundvermögen bei 1182; Verein 2215 f.; Vermerk des Zwecks der Kapitalerhöhung bei Handelsregistereintragung 1469; Veröffentlichung Handelsregistereintragung 1184; Verschmelzung GmbH auf KG (Mustervorgang) 1226 f.; Verschmelzung GmbH zur Aufnahme auf AG (Mustervorgang) 1232 f.; Verschmelzung zweier GmbHs auf weitere GmbH zur Aufnahme mit Kapitalerhöhung (Mustervorgang) 1213 f.; VVaG 1827
Verschmelzung zur Neugründung, eintragungsfähige Tatsache 101; GmbH 1185; Prüfung Registergericht 1188; VVaG 1830
Verschmelzungsbericht 1174
Verschmelzungsbeschluss 1174; AG 1676; Verein 2218
Verschmelzungsprüfung, Verein 2220
Verschmelzungsvertrag 1173; AG 1675; Einreichung zum Registergericht 1742; VVaG 1828
Verschweigerecht, Wegfall bei Auskunftspflicht nach BZRG 960
Versicherungsanstalt, öffentlich-rechtliche, Juristische Person 829
Versicherungserklärung, Abwickler bei AG 1656; Belehrung zur Auskunftspflicht nach BZRG 960, 964; zur Bewirkung der Stammeinlage 945, 947, 970; getilgte BZRG-Eintragung 961; GmbH-Geschäftsführer bei Barkapitalerhöhung 1050; GmbH-Geschäftsführer bei Gründung 945; GmbH-Geschäftsführer bei Sachkapitalerhöhung 1055; Liquidator bei GmbH 1135; persönliche des GmbH-Geschäftsführer 953 f.; Prüfung Registergericht 959, 980
Versicherungsverein auf Gegenseitigkeit 1794 ff.; Abschluss der Abwicklung 1823; Abwickler 1820; Abwicklung 1820 f.; Amtslöschung 1843; Auflösung 1814 f.; Aufsichtsbehörde 1795; Begriff 1794; Beschwerdeberechtigung 2453; Entstehung 1797; Firma 255; Formwechsel 1834; Fortsetzung eines VVaG 1824; gerichtliche Bestellung Organmitglieder 1839; Geschäftserlaubnis 1798; Geschäftserlaubnis, fehlende 1843; Gründung 1797; Gründungsstock 1801; Handelsregisteranmeldung 1799; Handelsregisteranmeldung Auflösung 1816; Handelsregistereintragung 1804; Konzernrecht 1836; Löschung der

Sachregister

erloschenen Firma 422; Satzung 1800; Satzungsänderung 1809; Sitzverlegung 344, 1811; Spaltung 1832; Umwandlung 1826 f.; Vermögensübertragung 1832; Verschmelzung 1827; Verschmelzungsbeschluss 1829; Verschmelzungsvertrag 1828; Vorstand 1801; Vorstandsänderung 1812; Zweigniederlassung 1813
Versorgungsausgleich, ehevertraglicher Ausschluss 2330
Versteigerungshaus, Genehmigungspflicht 968
Vertreter, Handelsregisteranmeldung 109
Vertreter, besonderer, gerichtliche Bestellung bei AG 1715; Verein 2174
Vertreter, gesetzlicher, nicht eintragungsfähige Tatsache 101
Vertreter, ständiger, Zweigniederlassung ausländischer Rechtsträger 331
Vertreter-/Delegiertenversammlung, Verein 2282
Vertretung im Handelsregisterverfahren 109
Vertretung, gesetzliche 111
Vertretung, notarielle 119 f.
Vertretung, organschaftliche, Handelsregisteranmeldung 117
Vertretung, rechtsgeschäftliche, Handelsregisteranmeldung 114 f.
Vertretungsbefugnis, Änderung bei GmbH-Geschäftsführer 1017; Änderung bei OHG 649; Änderung der V. des GmbH-Geschäftsführers 1090; GmbH & Co. KG 808; GmbH-Geschäftsführer 948, 987 f.; Juristische Person 839
Vertretungsbefugnis, besondere, GmbH-Geschäftsführer 995
Vertretungsmacht, Gesellschafter der KG 710; Nachweis elterlicher 113; Nachweis organschaftlicher 118; Vereinsvorstand 2142
Vertretungsmacht, beschränkte, Zweigniederlassung 311
Vertretungsregelung 59
Vertretungsregelung Vorstand 1582
Vertriebene, Güterstand 2303
Vertriebener, Eintragungsfähigkeit des gesetzlichen Güterstands von 2329
Verurteilung, strafrechtliche, GmbH-Geschäftsführer 1086
Verwaltungsakt, Auflösung GmbH 1121
Verwaltungsbehörde, Beteiligung an Registerersteintragung bei Verein 2161; keine Entziehung Rechtsfähigkeit bei Verein 2280
Verwaltungstestamentsvollstreckung, Kommanditanteil 767
Verwaltungsurteil, Auflösung GmbH 1121
Verwechslungsgefahr, Firma 220

Verweis im Register 67
Verwertungsverbot im BZRG getilgte Eintragung 961
Vollmacht, Handelsregisteranmeldung 114
Vollmacht, post-/transmortale, Handelsregisteranmeldung 114
Vollstreckung, Zwangsgeldverfahren 2415
Vollversammlung, Gesellschafterbeschluss 1027
Vollzug, getrennter bei mehreren Tatsachen 189
Vorbehaltsgut, ehevertragliche Vereinbarung 2329
Vorerbfolge, Handelsregisteranmeldung 129; OHG 641
Vorgesellschaft, AG 1290
Vor-GmbH, Differenzhaftung 920; Errichtung 915; Firma 919; Geschäftsführung 918; Gesellschafter an OHG 603; bei GmbH & Co. KG 818; Haftung Gründungsgesellschafter 920; als Komplementär/Kommanditist 919; Parteifähigkeit 919; Vertretung der 918
Vormund, Handelsregisteranmeldung 112
Vor-/Nacherbfolge, Handelsregisteranmeldung 129; Kommanditist 757
Vor-/Nacherbfolge, Handelsregisteranmeldung bei KG 757; Handelsregistereintragung bei KG 760
Vorratsgesellschaft, Prüfung Registergericht bei Übertragung aller Geschäftsanteile 1109
Vorratsgründung, Unternehmensgegenstand 931
Vorschusspflicht 490
Vorstand, AG 1280; Amtsfähigkeit 1300; Änderung bei VVaG 1812; Änderungen 1582; fehlende Bestellung durch Aufsichtsrat 1347; Genossenschaft 1873, 1880; gerichtliche Bestellung 860; Handelsregisteranmeldung Satzungsänderung 1371; Handelsregistereintragung 1328; Juristische Person 839; Verein 2139; VVaG 1801
Vorstand AG, anmeldungspflichtige Person 105
Vorstand, erster, Bestellung 1299
Vorstand juristische Person, anmeldungspflichtige Person 105
Vorstandsänderung, Handelsregisteranmeldung 1585; Handelsregistereintragung 1593; Juristische Person 853; Prüfung Registergericht 1591
Vorstandsbestimmung, Auflösung der Gesellschaft bei Fehlen/Nichtigkeit 465
Vorstandsmitglied, Abberufung 1584; Auflösung der AG 1648; Bestellung 1584; ge-

richtliche Bestellung bei AG 1712 f.; Handelsregisteranmeldung Vorstandsänderung 1586; Selbstkontrahieren 1301, 1582; Vertretungsbefugnis 1301, 1582
Vorstandsvorsitzender, Handelsregistereintragung 1328
Vorstandsvorsitzender AG, anmeldungspflichtige Person 105
Vorwegleistungspflicht 491

Wagniskapitalgesellschaft, Handelsregistereintragung der Beteiligungshöhe bei Unternehmensvertrag 1609
Währungsumstellung, Kapitalmaßnahmen aufgrund 1078
Wandelschuldverschreibung, bedingtes Kapital 1501, 1505
Widerruf, Prokura 371
Widerspruch, Amtslöschungsverfahren 427, 435, 447, 458, 469
Wirtschaftliche Neugründung einer Kapitalgesellschaft 1109
Wohnort, eintragungsfähige Tatsachen 86
Wohnort, ausländischer, eintragungsfähige Tatsachen 86

Zeichnungsschein, genehmigtes Kapital 1484; Kapitalerhöhung gegen Einlagen 1411; Prüfung Registergericht 1421
Zeitdauer, EDV-Register 63
Zentralgenossenschaft 1859
Zugewinnausgleich, ehevertragliche Regelung 2329
Zugewinngemeinschaft, Aufhebung/Ausschließung 2329; Ausschluss/Modifikation der Verfügungsbeschränkung 2329; ehevertragliche Vereinbarung 2329; Verfügung über Einzelunternehmen bei 498
Zugewinngemeinschaft, modifizierte, Eintragungsantrag Güterrechtsregister 2322; Güterrechtsregistereintragung 2336
Zurückweisung, Beschwerde gegen 193; Handelsregisteranmeldung 192, 1323
Zusatzbekanntmachungen 200
Zuständigkeit, Genossenschaftsregister 1861; Güterrechtsregister 2305 f.; Handelsregister 9 f.; Partnerschaftsregister 2020 f.; Vereinsregister 2101 f.
Zwangsgeld, Begriff 2351, 2354; fehlende Gesellschafterliste 1108
Zwangsgeldverfahren, Absehen von Zwangsgeldfestsetzung 2382; Androhungsverfügung 2365 f., 2367; Beginn des Verfahrens 2365; Beschwerde gegen Ablehnung des Einschreitens 2387; Beschwerde gegen Zwangsgeldfestsetzung 2383; Beteiligte 2363; Durchführung 2363 f.; Einschreiten auf Antrag 2360 f.; Einschreiten von Amts wegen 2360; kein Einspruch 2378; Einspruch gegen Androhungsverfügung 2369 f.; Einspruch gegen wiederholte Androhungsverfügung 2379, 2380; Erfüllung der Androhungsverfügung 2368; erneute Zwangsgeldandrohung (Muster) 2377; Erörterungstermin bei Einspruch 2372; Erzwingung der Einsichtnahmegestattung in Geschäftsbücher 2400; Erzwingung der Vorlage von Geschäftsbüchern gegen persönlich haftenden Gesellschafter 2399; Erzwingung des persönlichen Erscheinens 2401; Erzwingung von Auskünften 2402; EWIV 908; Formblatt Zwangsgeldandrohung 2417; Genossenschaftsregister 2001 f.; Geschäftswert 2409; Kosten 2407 f.; Kostenfestsetzung 2413; Musterbeispiel zur Einlegung von Rechtsbehelfen 2380; nach § 35 FamFG 2398 f.; nach §§ 388 ff. FamFG 2351 ff.; Partnerschaftsregister 2099; Rechtspfleger 2357; Vollstreckung 2415; Wiedereinsetzung bei Versäumung der Einspruchsfrist 2381; Zuständigkeit aufgrund § 35 FamFG 2403; Zuständigkeit, funktionelle 2357; Zuständigkeit, örtliche/sachliche 2359; Zwangsgeldandrohung für Genossenschaftsregisteranmeldung (Formblatt) 2420; Zwangsgeldandrohung zu Handelsregisteranmeldung wegen Erlöschen Einzelfirma (Muster) 2419; Zwangsgeldandrohung/festsetzung für Vereinsregisteranmeldung (Formblatt) 2420; Zwangsgeldandrohung (Muster) 2367; Zwangsgeldfestsetzung (Beschluss) 2377
Zwangsmittel, Handelsregisteranmeldung 136; Vereinsregister 2292 f.
Zweckmäßigkeitskontrolle, Registergericht 977
Zweigniederlassung, inländische Rechtsträger im Handelsregister, AG 1353 f.; Allgemeines 289; Änderungen 307; Aufhebung 308; Beschränkungen der Vertretungsmacht 302; Eintragung Handelsregister 300 f.; Einzelkaufmann/-unternehmen 534; Errichtung 290; EWIV 890; Firmenbildung 268 bei Formwechsel 304; Handelsregisteranmeldung Errichtung 295 ff; Handelsregisteranmeldung Errichtung AG 1355; Handelsregisteranmeldung Errichtung eK 297; Handelsregisteranmeldung Errichtung GmbH 298; Juristische Person 852; KG 705; OHG 631; Prüfung Handelsregister 299; Rechtsnatur 289; bei Spaltung 304; Umwandlungsmaßnahmen 303 ff.; Verle-

gung 309f.; bei Verschmelzung 304; Vorliegen einer Z. 290ff.; VVaG 1813; Zuständigkeit 15, 40

Zweigniederlassungen, inländische Rechtsträger in sonstigen Registern, Anmeldung Genossenschaftsregister 1887; eingetragene Genossenschaft 1885; Eintragung Genossenschaftsregister 1889; Partnerschaft 2048; Partnerschaftsregisteranmeldung 2052; Partnerschaftsregistereintragung 2054; Prüfung Genossenschaftsregister 1888; Verein 2175

Zweigniederlassung, ausländischer Rechtsträger, AG 324, 331, 1358 ff.; Allgemeines 311; Änderungen 332 ff.; Aufhebung 337; Errichtung 313; Firmenbildung 272 ff.; Genossenschaft 1893; Gewerbeverbot 328; Handelsregisteranmeldung 314; Handelsregisteranmeldung bei Kapitalgesellschaft 315 ff.; Handelsregisteranmeldung bei GmbH 315 ff., 322 f.; Handelsregisteranmeldung bei AG 324, 1358 f.; Handelsregisteranmeldung bei österreichischer AG; Handelsregisteranmeldung englische Limited (plc) 323; Handelsregistereintragung bei AG 331; Handelsregistereintragung bei GmbH 330; Handelsregistereintragung bei englischer Limited (plc) 330; Hauptzweigniederlassung bei mehreren Niederlassungen 336; Insolvenz 335; Löschung 337; beizubringende Nachweise 319 ff; Prüfung durch Registergericht 326 ff.; anzuwendendes Recht 312; ständiger Vertreter 316 ff.; Übersetzungen 312; Unternehmensgegenstand 327

Zwischeneintragung 89

Zwischenverfügung bei Anmeldung, Genossenschaft 1875; Beschwerde gegen 168, 1323, 2438; Handelsregisteranmeldung 1323; Mängelbeanstandung 1323; Registerverfahren 166; Vereinsregister 2159